贵州经济社会发展报告

（2018年）

贵州经济社会发展报告编审委员会　编

当代中国出版社
Contemporary China Publishing House
2019年·北京

武陵山脉主峰梵净山得名于“梵天净土”，位于贵州省铜仁市的印江、江口、松桃三县交界，是中国佛教五大名山之一、著名的弥勒菩萨道场，也是国家5A级旅游景区、国家级自然保护区，因拥有珍稀野生动植物及原生森林生态系统，被誉为“地球绿洲”“动植物基因库”“人类的宝贵遗产”。2018年7月，梵净山获准列入世界自然遗产名录，成为我国第53处世界遗产、第13处世界自然遗产，使贵州成为全国世界自然遗产数量最多的省份。

武陵山脉主峰梵净山得名于“梵天净土”，位于贵州省铜仁市的印江、江口、松桃三县交界，是中国佛教五大名山之一、著名的弥勒菩萨道场，也是国家5A级旅游景区、国家级自然保护区，因拥有珍稀野生动植物及原生森林生态系统，被誉为“地球绿洲”“动植物基因库”“人类的宝贵遗产”。2018年7月，梵净山获准列入世界自然遗产名录，成为我国第53处世界遗产、第13处世界自然遗产，使贵州成为全国世界自然遗产数量最多的省份。

编辑说明

一、《贵州经济社会发展报告》是2017年在时任贵州省委常委、常务副省长秦如培的关心和支持下，由贵州省发改委、省政府发展研究中心、省社科院联合各市（州、贵安新区）党委（党工委）和政府（管委会）主办，贵州经济社会发展报告编审委员会编辑、出版、发行的年度性与资料性工具书。出版后得到社会各界广泛认可，经请示领导同意并嘱托我们继续做好编辑工作，以此作为今后的一项连续性任务，努力发挥好存史资政惠民、服务贵州发展的积极作用。

二、《贵州经济社会发展报告》力求权威、全面、集中地反映全省上一年度经济社会的发展概况和下一年度的发展构想，为各级党政领导、组织机构科学决策及研究者提供省情资料和有关数据，为构建多彩贵州、和谐贵州努力贡献一份力量。

三、在编辑方针上，我们坚持以马克思列宁主义、毛泽东思想、邓小平理论、“三个代表”重要思想、科学发展观、习近平新时代中国特色社会主义思想为指导，突出实用性、资料性、工具性。同时，充分展示全省各族各界在加速发展、加快转型、推动跨越和“守底线、走新路、奔小康”中的积极行动、巨大成就，充分发挥服务贵州、宣传贵州的窗口作用。

四、本书设有政务发布篇、区域发展篇、多彩贵州篇三大篇目，所涉及内容有的由省直相关部门、各市州及县区提供官方资料，有的则是通过相关渠道收集、编辑而成。

五、由于编辑此书的工作量较大，书中大量使用的数据为各地各部门预计数、统计数，可能与统计部门的数据不尽一致，请在使用相关数据时加以核实。

六、本书在资料收集、编辑出版过程中，得到各级领导、有关单位和当代中国出版社的大力支持与帮助，在此深表谢忱。由于我们水平有限，书中可能存在这样或那样的问题、缺点，诚请各位领导、读者朋友提出宝贵意见，以便我们在今后的工作中加以改进和提高。

贵州经济社会发展报告编审委员会
二〇一九年九月

主办、协办单位

主　办

贵州省发展和改革委员会
贵州省政府发展研究中心
贵州省社会科学院

联合主办

贵阳市委、市政府
安顺市委、市政府
毕节市委、市政府
铜仁市委、市政府
黔东南苗族侗族自治州委、州政府
黔南布依族苗族自治州委、州政府
黔西南布依族苗族自治州委、州政府
贵安新区党工委、管委会

协　办

花溪区政府
贵阳国家高新区管委会
汇川区政府
播州区政府
仁怀市政府
习水县政府
余庆县政府
务川仡佬族苗族自治县政府
紫云县政府
六枝特区政府
普定县委
金沙县政府
百里杜鹃管理区管委会
碧江县政府
石阡县政府
万山区政府
德江县政府
沿河土家族自治县政府
玉屏侗族自治县政府
大龙经济开发区管委会
凯里市政府
麻江县政府
锦屏县政府
黎平县政府
榕江县政府
剑河县政府
龙里县政府
福泉市政府
荔波县政府
兴仁市政府
晴隆县政府
铜仁市发展和改革委员会
黔南州发展和改革委员会
贵阳农商行
中国烟草总公司贵州分公司
中国农业发展银行贵州省分行
贵阳南明老干妈风味食品有限公司

目录 Contents

黔西南布依族苗族自治州

贵安新区

多彩贵州篇

政务发布篇

贵州省政府工作报告

（2019 年 1 月 27 日在贵州省第十三届人民代表大会第二次会议上）

贵州省委副书记、省长 谌贻琴

各位代表：

现在，我代表省人民政府向大会报告工作，请予审议，并请省政协委员和其他列席人员提出意见。

一、2018 年政府工作回顾

过去一年，是我省发展历程中具有特殊意义的一年。习近平总书记先后为 2018 中国国际大数据产业博览会和生态文明贵阳国际论坛 2018 年年会发来贺信，对毕节试验区等工作作出重要指示，充分体现了对贵州发展的高度重视和对贵州人民的关怀厚爱，为我省发展指明了前进方向、注入了强大动力。一年来，在中共贵州省委的坚强领导下，在省人大、省政协的监督和支持下，我们坚持以习近平新时代中国特色社会主义思想为指导，认真贯彻党的十九大和习近平总书记在贵州省代表团重要讲话精神，全面落实习近平总书记对贵州工作的重要指示，统筹推进“五位一体”总体布局，协调推进“四个全面”战略布局，树牢“四个意识”、坚定“四个自信”，坚决做到“两个维护”，坚持新发展理念，坚持稳中求进工作总基调，坚持以脱贫攻坚统揽经济社会发展全局，落实高质量发展要求，牢牢守住发展和生态两条底线，全面深化改革开放，全力打好三大攻坚战，强力推进三大战略行动，着力加快三大国家级试验区建设，经济社会发展取得了显著成绩。

——经济增速继续领先。地区生产总值增长 9.1%，增速位居全国第一；固定资产投资增长 15.8%、农业增加值增长 6.8%、金融机构贷款余额增长 18.5%，增速均居全国第一，继续保持赶超进位的良好势头。

——脱贫攻坚连战连捷。减少贫困人口 148 万人，贫困发生率下降到 4.3%，14 个贫困县成功脱贫摘帽，易地扶贫搬迁入住 76.19 万人，朝着按时打赢脱贫攻坚战的目标迈出关键步伐。

——农村产业革命取得历史性突破。调减低效玉米种植面积 785 万亩，新增高效经济作物 667 万亩，粮经饲比例进一步优化，一些地方农村祖祖辈辈种玉米的传统、样样都有样样都不成规模的历史正在加快改变。

——发展质量明显提升。全员劳动生产率提高到每人 6.8 万元，科技进步贡献率提高到 48.6%，制造业增加值占规模以上工业增加值比重达到 70.6%，现代服务业占服务业比重提高到 41%，旅游业持续“井喷”，新经济、绿色经济、民营经济占比分别达到 19%、40%、55%，新旧动能转换加快。

——大数据产业蓬勃发展。1625 户实体经济企业与大数据实现深度融合，电信业务总量增长 165.5%，电子信息制造业增加值增长 11.2%，规模以上软件和信息技术服务业、互联网和相关服务营业收入分别增长 21.5%、75.8%。国家电子政务云南方节点建成，国家大数据综合试验区建设向纵深推进。

——生态环境持续向好。完成国家生态文明试验区 11 项年度改革任务。在全国率先实施磷化工企业“以渣定产”，全域取缔网箱养鱼，县城以上城市空气质量优良天数比率保持 97% 以上，主要河流出境断面水质优良率保持 100%，森林覆盖率提高到 57%。梵净山列入世界自然遗产名录，我省成为全国世界自然遗产最多的省份。

——民生福祉全面增进。城镇新增就业 77.7 万人，城镇、农村常住居民人均可支配收入分别增长 8.6%、9.6%，农村学前教育儿童营养改善计划全覆盖，在西部率先实现县域义务教育基本均衡发展，在全国率先建成省市县乡四级公立医院远程医疗服务体系，开展远程医疗会诊服务23.6万例。建成城镇保障性安居工程35.78万套，改造农村危房20.64万户。人民群众得到的实惠越来越多。

过去一年取得的成绩，十分不易。国际环境错综复杂，国内需求增长放缓、发展动能仍然不足，经济下行压力逐步加大；我省多年积累的结构调整阵痛凸显，要素约束趋紧，风险和挑战明显增多。面对前所未有的困难，我们坚决贯彻落实中央和省委的决策部署，始终保持战略定力、工作定力、作风定力，下大力研究问题、破解难题，迎难而上、排难而进，实现了本届政府良好开局。

我们重点抓了以下工作：

（一）坚持尽锐出战务求精准，超常规推进脱贫攻坚战。全力打好"四场硬仗"，狠抓"五个专项治理"，实施"四个聚焦"，按照"八要素"要求大力推进农村产业革命，深入开展"春风行动""夏秋攻势""秋后喜算丰收账"和"冬季充电"，夺取脱贫攻坚关键之年决定性胜利。完成农村"组组通"硬化路5.1万公里，98%的村民组通硬化路，解决88.4万农村贫困人口饮水安全问题。用好城乡建设用地增减挂钩等政策，多渠道筹集资金，建成易地扶贫搬迁安置房18.24万套。实现县域冷库全覆盖，库容达到120万吨。规范化培训农村劳动力63万人。教育精准扶贫资助贫困家庭学生46.5万人。深度贫困村卫生室规范化建设全覆盖，基本医疗保险、大病保险、医疗救助覆盖全部贫困人口。安排预算内资金170多亿元用于脱贫攻坚，其中深度贫困地区近60亿元。制定实施支持毕节试验区按时打赢脱贫攻坚战政策措施。扎实推进东西部扶贫协作和定点扶贫，深入推进与澳门特别行政区扶贫合作，积极推进国有企业"百企帮百村"、民营企业"千企帮千村"行动。扶贫云、扶贫专线作用充分发挥。全面启动实施乡村振兴战略，"四在农家·美丽乡村"小康行动完成投资802亿元。

（二）坚持调优结构加快转型，全方位推进供给侧结构性改革。全力推进"三去一降一补"，为企业降低成本500多亿元，关闭煤矿74处、压减产能1038万吨，采煤机械化程度达到71.7%。全力推进"双千工程"，对1688户工业企业实施技术改造，引进技术含量高、成长性好的企业1100多家。全力推进"十百千万"计划，新增规模以上工业企业680户。实施"万企融合"大行动，上云企业突破1万户。深入贯彻军民融合发展战略，军民融合产业产值增长18%。完善能源工业运行新机制，电煤供应得到有力保障，发电量达到2118亿千瓦时。茅台集团、詹阳重工获中国工业大奖。建成2个国家工程技术研究中心，高新技术企业突破1000家。新增国家4A级景区18处，梵净山成为国家5A级景区，接待游客人次、旅游总收入分别增长30.2%、33.1%。网络零售额增长30%。服务业增加值增长9.5%。

（三）坚持生态优先绿色发展，出重拳打好污染防治攻坚战。中央环保督察反馈问题整改工作有力、有序推进。全力打好污染防治"五场战役"，扎实推进"双十工程"，城市（县城）污水、生活垃圾无害化处理率分别提高到91.5%、90.8%，万元生产总值能耗下降4%以上。农村环境综合整治项目覆盖600个行政村。改造农村户用厕所93.7万个、村级公共厕所5300多个。完成营造林520万亩，实施退耕还林350万亩，新增高效节水灌溉面积18万亩。划定发布生态保护红线，开展生态产品价值实现机制和赤水河流域横向生态补偿机制试点。河（湖）长制全面建立。开展生态日活动。

（四）坚持补齐短板夯实基础，多渠道扩大有效投资。重大工程项目投资完成9512亿元，民间投资增长13.8%。产业投资增长10%，贵阳吉利整车、黔希煤制乙二醇等项目建成投产。基础设施投资增长15.8%，高速公路里程达到6450公里，高铁里程达到1262公里，铜玉铁路建成通车，盘兴高铁正式开工，贵阳市轨道交通1号线全线开通；开工建设67个骨干水源工程，中型水库投运的县增加到74个；通信光缆达到96.8万公里，出省带宽达到9130Gbps，行政村光纤、4G网络实现全覆盖。城建投资增长12%，农业转移人口落户城镇60万人，常住人口城镇化率提高到47.5%。

（五）坚持深化改革扩大开放，下大力破除体制机制障碍。数博会、生态文明贵阳国际论坛、中国—东盟教育交流周、酒博会等重大活动成功举办。实施312项重点改革措施，形成370多项改革成果，完成省级机构改革。国有企业战略性重组取得重大突破。农村"三变"改革实现乡镇全覆盖，所有贫困县财政涉农资金实现整合。贵阳跨境电子商务综合试验区和贵安新区深化服务贸易创新发展试点获批建设。主动融入"一带一路"，积极参与国际陆海贸易新通道建设。深入开展产业大招商突破年行动和优化营商环境集中整治行动，开通服务民营企业直通车，引进500强企业21家，招商引资到位资金和实际利用外资均增长15%。贵阳龙洞堡机场旅客吞吐量突破2000万人次，开通贵阳至旧金山、洛杉矶、莫斯科等洲际航线；高铁客运量突破7000万人次、增长63%。“1+8”国家级开放创新平台提档升级。遵义综合保税区封关运行。

（六）坚持尽力而为量力而行，多举措保障和改善民生。“十件民生实事”全面完成。调增低于当地公务员平均工资收入水平的贫困地区中小学教师绩效工资。建成公办幼儿园669所，改造农村义务教育薄弱学校973所。花溪大学城和清镇职教城入住学生新增3万人。初步建成全国首个山地紧急医学救援体系。国内三级医院1400多名医生到我省贫困县人民医院开展对口帮扶，基层医疗卫生服务能力明显提升。城乡居民最低生活保障标准、退休人员养老金水平稳步提高。文化惠民工程加快推进，第十届省运会、第九届省少数民族传统体育运动会成功举办。获批建设首个智慧广电综合试验区。双拥共建活动扎实开展，国防动员能力和退役军人服务保障水平进一步提升。民族、宗教、外事、人防、青年、妇女、儿童、老龄、残疾人等各项事业取得新成绩。

（七）坚持积极稳妥统筹施策，出实招防范化解风险。严格落实政府性债务管理“七严禁”和“1+8”系列政策，设立省级债务风险应急资金池，存量债务全部置换完毕，降低债务成本3.8个百分点，综合债务率稳步下降。强化金融风险防范市场化处置，严打非法集资，整治交易场所和互联网金融，金融秩序持续趋好。积极防范化解社会领域风险，安全生产实现“双降”，扫黑除恶专项斗争形成压倒性态势，群体性事件、刑事案件持续下降，信访维稳形势持续好转，社会大局和谐稳定。

（八）坚持依法履职提升效能，严要求抓好政府自身建设。扎实开展深入贯彻落实习近平总书记对贵州工作重要指示批示精神“回头看”，不折不扣抓好中央巡视、国务院大督查反馈意见整改落实。严格落实中央八项规定及其实施细则精神和省委有关作风建设规定，严防享乐主义、奢靡之风反弹，坚决整治形式主义、官僚主义突出问题。强化政府法治建设，提请省人大常委会审议法规草案6件，制定省政府规章2件。“放管服”改革深入推进，编制审批服务便民化“六张清单”，省直部门实施的行政许可减少为270项。全面推行政务服务“一网通办”，省级政府网上服务能力位列全国前三。投资项目审批、核准、备案办理时限分别缩减为法定时限的30%、15%、15%。取消地方性法规、政府规章、规范性文件设定的证明事项160项。强化审计监督和民生监督，廉政建设取得新进展。

各位代表，过去一年能取得这样的成绩，是以习近平同志为核心的党中央掌舵领航、对贵州关怀厚爱的结果；是省委坚强领导的结果；是省人大、省政协监督支持的结果；是全省各族干部群众牢记嘱托、感恩奋进，大力弘扬新时代贵州精神的结果。我代表省人民政府，向全省各族人民、各级干部表示崇高的敬意！向人大代表、政协委员，向各民主党派、各人民团体和各界人士，向驻黔人民解放军、武警官兵、公安干警和消防救援队伍指战员，向中央各部门各单位和兄弟省区市，向关心贵州建设的港澳台同胞、海外侨胞和国际友人，表示衷心的感谢！

各位代表，在充分肯定成绩的同时，我们也清醒地认识到，我省发展不平衡、不充分问题还比较突出，面临的挑战还比较多。主要有：脱贫攻坚仍有不少“硬骨头”。全省还有51个贫困县未脱贫摘帽，剩余的155万贫困人口，一半以上生活在深度贫困地区，脱贫攻坚越往后难度越大；扶贫产业规模化、市场化水平不高；易地扶贫搬迁后续扶持任务艰巨；一些贫困群众脱贫内生动力不足。实体经济面临困难明显增多。部分企业经营困难、开工不足，民营企业和中小企业融资难、融资贵等问题仍然存在，企业负担依然较重。营商环境有待进一步优化。简政放权还不够到位，政策落实存在“中梗阻”“最后一公里”“一刀切”等问题，企业和群众办事还不够方便。民营企业发展仍有不少隐形壁垒。一些领域风险隐患突出。部分地方债务负担较重，个别市县财政支出压力较大，有的债券违约风险较高。有的地方环境污染防治任务艰巨。安全生产、社会治理等领域存在薄弱环节。政府自身工作也存在诸多不足。少数干部艰苦奋斗精神缺乏、破解难题能力不足、改革创新力度不大，形式主义、官僚主义在一些地方和部门还不同程度存在，不作为、慢作为、乱作为现象时有发生，党风廉政建设还存在薄弱环节。对这些问题，我们要高度重视、深入研究，拿出务实管用举措，切实加以解决。

二、2019年政府工作总体考虑

2019年是新中国成立70周年，是决胜全面建成小康社会第一个百年奋斗目标的关键之年，是我省脱贫攻坚决战之年，做好全年经济社会发展各项工作至关重要、意义重大。今年政府工作的总体要求是：以习近平新时代中国特色社会主义思想为指导，全面贯彻党的十九大和十九届二中、三中全会精神，认真落实中央和全省经济工作会议精神，深入贯彻落实习近平总书记对贵州工作重要指示精神，牢记嘱托、感恩奋进，统筹推进“五位一体”总体布局，协调推进“四个全面”战略布局，坚持稳中求进工作总基调，坚持新发展理念，坚持推进高质量发展，坚持以供给侧结构性改革为主线，坚持深化市场化改革、扩大高水平开放，加快建设现代化经济体系，继续打好三大攻坚战，着力激发微观主体活力，创新和完善宏观调控，统筹推进稳增长、促改革、调结构、惠民生、防风险工作，保持经济运行在合理区间，进一步稳就业、稳金融、稳外贸、稳外资、稳投资、稳预期，提振市场信心，提高人民群众获得感、幸福感、安全感，守好发展和生态两条底线，推进三大战略行动，加快三大国家级试验区建设，决战脱贫攻坚、决胜同步小康，保持经济持续健康发展和社会大局稳定，为全面建成小康社会收官打下决定性基础，以优异成绩庆祝中华人民共和国成立70周年。

按照上述总体要求，综合考虑国内外环境和我省实际，今年经济社会发展的主要预期目标是：

经济增长目标：地区生产总值增长9%左右、力争超过1.6万亿元。一二三产业分别增长6.8%、9.5%、10%，规模以上工业增加值增长9%。固定资产投资增长13%左右，社会消费品零售总额增长10%左右。

脱贫攻坚目标：减少农村贫困人口110万人，18个县通过脱贫摘帽考核验收，17个县达到脱贫摘帽标准，全面完成188万人搬迁任务。

高质量发展目标：全员劳动生产率提高到每人7.3万元左右，科技进步贡献率提高到50%左右，新经济、绿色经济、制造业占地区生产总值比重分别提高到20%、42%、25%左右。常住人口城镇化率提高到49%。县城以上城市空气质量优良天数比率保持在95%以上，森林覆盖率达到58.5%，节能减排降碳指标控制在国家下达计划范围内。

民生保障目标：城镇新增就业75万人，城镇调查失业率、登记失业率分别控制在5.5%左右、4.2%以内。城镇、农村居民人均可支配收入分别增长9%左右、10%左右。居民消费价格指数涨幅控制在3%左右。

当前，世界经济不确定、不稳定因素增多，国内经济下行压力持续增大，要实现今年的各项目标任务，面临不少问题和挑战，我们要做好打硬仗的准备。也要看到，我国发展仍处于并将长期处于重要战略机遇期，中央为应对外部环境变化作出系列重大决策部署，实施加力提效的财政政策和松紧适度的货币政策，大幅度增加地方政府专项债券和一般性转移支付等，为我省经济持续健康发展提供了有利条件。同时，决战脱贫攻坚、推动乡村振兴、做强实体经济、新时代实施西部大开发战略等方面的政策叠加，为我们强弱项补短板、调结构促转型提供了难得机遇。随着我省交通等基础设施全面改善，开放创新平台不断提升，工业化城镇化加快推进，新兴产业迅猛成长，经济发展的韧性好、潜力大。只要我们因势利导、善加把握，抢抓机遇、苦干实干，就一定能够实现全年目标任务。

在具体工作中，要注重把握以下六个方面：

一是必须牢记嘱托、感恩奋进。越是形势复杂、挑战严峻，越要坚决听从以习近平同志为核心的党中央号令。当前，贵州正处于爬坡过坎、攻坚克难的关键时期，我们要深入学习习近平新时代中国特色社会主义思想，全面贯彻党的十九大精神和习近平总书记对贵州工作的重要指示精神，始终牢记总书记嘱托，以强烈的感恩之心激发强大的奋进激情，勇于担当作为，努力谱写新时代贵州发展新篇章。

二是必须坚持稳中求进工作总基调。稳中求进，是我们党治国理政的重要原则，体现了唯物辩证法的要求，是做好经济工作的根本方法论。要牢牢把握高质量发展的要求，坚持新发展理念，坚持以供给侧结构性改革为主线，处理好稳与进的辩证关系，做到基本面稳、关键领域进，保持全省经济持续健康发展。

三是必须着力防范化解重大风险。坚持底线思维、增强忧患意识，是我们党治国理政的一条重要经验。要准确把握外部环境的深刻变化和我省改革发展稳定面临的新情况、新问题、新挑战，进一步强化风险意识，提高风险化解能力，健全风险防范机制，应对好每一场重大风险挑战，确保经济持续健康发展和社会大局稳定。

四是必须以脱贫攻坚统揽经济社会发展全局。脱贫攻坚是我省最大的政治、最重的任务、最严的责任。要做到目标不变、靶心不散、频道不换，尽锐出战、务求精准，确保按时打赢脱贫攻坚战。要将脱贫攻坚与实施乡村振兴战略、推动高质量发展、促进城乡协调发展、保障和改善民生等工作相互融合，统筹推进，做到脱贫攻坚和各方面工作都有新进步。

五是必须守好发展和生态两条底线。绿水青山就是金山银山。要坚持生态优先、绿色发展，着力推进生态产业化、产业生态化，在发展中保护、在保护中发展，加快形成绿色发展方式和生活方式，实现百姓富、生态美的有机统一，走出一条有别于东部、不同于西部其他省份的发展新路。

六是必须大力推动创新驱动发展。唯改革者进，唯创新者强，唯改革创新者胜。要统筹推进国家大数据综合试验区、国家生态文明试验区、国家内陆开放型经济试验区建设，实现三区联动发展。依靠全面深化改革和高水平对外开放激发动力活力，大力培育发展新技术、新产业、新业态，为经济发展增添强大动能。

三、坚决夺取脱贫攻坚决战之年根本性胜利

在贵州与全国同步全面建成小康社会的进程中，2018 年是关键之年，2019 年是决战之年，2020 年是决胜之年。我们必须把脱贫攻坚作为重中之重、急中之急，对标“两不愁，三保障”，继续打好“四场硬仗”，确保 2019 决战之年取得根本性胜利，掌握总攻决胜的主动权、制胜权，为彻底撕下贫困标签打下坚实基础。

（一）深入推动农村产业革命。认真对照“八要素”要求，以 500 亩以上坝区和 25 度以下坡耕地为重点，以特色化、规模化、标准化、品牌化、绿色化为方向，以市场为导向，发展“专精特优”农产品，着力培育 10 个百万亩农业生态产业，打造一批现代农业示范区。加大茶园改造力度，着力建设全国优质茶园基地。大力发展食用菌、辣椒、韭黄等特色优势蔬菜以及错季蔬菜，扩大市场占有率。扩大石斛等中药材种植面积，集中力量打造 10 个左右黔药优势品种。大力发展刺梨、猕猴桃、火龙果、百香果、蓝莓等精品水果种植业，实现规模化生产。大力发展短平快的生态家禽，加快发展生态畜牧业。加强非洲猪瘟等疫病防治。推动大数据在农业产销各环节的广泛应用，大力发展智慧农业。加强农田水利、用电、机耕道等设施建设，健全农业技术服务体系。全面推行“公司 + 合作社 + 农户”模式，大力引进一批农产品精深加工龙头企业，农产品加工转化率达到 50%，打造贵州绿色优质农产品整体品牌。完善农业支持保护政策，推动农业保险扩面、增品、提标。完善冷链物流体系，积极发展农村电子商务，推动更多农产品进学校、进机关、进军营、进医院、进社区、进超市、进对口帮扶城市，让贵州农产品主导省内市场、抢占省外市场。

（二）持续打好易地扶贫搬迁硬仗。认真落实“六个坚持”“五个三”部署，建成安置房 16 万套，完成年度 67 万人易地扶贫搬迁任务，并把后续扶持作为工作重点，加快建设基本公共服务、培训和就业服务、文化服务、社区治理、基层党建五个体系，推进搬迁群众市民化。多措并举支持搬迁群众就业创业，确保有劳动力的搬迁家庭至少 1 人稳定就业。实施公共服务均等化行动，按规定配建公办中小学、幼儿园、社区卫生服务中心（站）、卫生室和警务室，让易地扶贫搬迁群众在社会保障上同等享受城镇居民待遇，全面融入城镇。

（三）持续打好基础设施硬仗和“三保障”硬仗。全面完成通组硬化路建设任务，实现 30 户以上自然村寨 100% 通硬化路。全面解决农村人口饮水安全问题。全面完成深度贫困地区农村电网改造。全面落实建档立卡农村贫困家庭学生资助政策，加大控辍保学力度，确保贫困家庭子女顺利完成义务教育。精准落实基本医疗保险、大病保险、医疗救助政策，加强乡镇卫生院、村卫生室建设，着力提升贫困地区医疗服务能力。做好残疾人、孤寡老人等特殊贫困群体的保障工作，完成剩余危房改造任务，同步实施“三改”，基本消除农村老旧住房透风漏雨现象。

（四）推动脱贫资源向深度贫困地区聚焦。全面落实深度贫困地区脱贫攻坚行动方案，财政转移支付增量向深度贫困地区倾斜。对 16 个深度贫困县，今明两年省级财政每年再各安排专项资金 1 亿元。实行差异化信贷政策，全省深度贫困县扶贫再贷款限额不少于 60 亿元。充实深度贫困县帮扶力量，引导社会资源帮扶深度贫困地区，推动深度贫困村与东部对口帮扶地区实现结对帮扶全覆盖。农村基础设施和产业扶贫项目优先安排深度贫困地区，已安排的提前实施。全免费订单职业教育精准脱贫班面向深度贫困地区招生 4000 人。

（五）统筹用好各方帮扶资源。深化与东部对口帮扶城市协作，提升组织领导、产业合作、劳务协作、资金支持、人才支援和携手奔小康实效。将东部省份对我省的帮扶资金集中用于易地扶贫搬迁安置点学校、医院建设。大力推广教育、医疗等“组团式”帮扶机制，力争东部帮扶城市与我省贫困县中小学和乡镇卫生院结对帮扶全覆盖。深化与澳门特别行政区扶贫合作。主动对接中央国家机关和企事业单位定点帮扶工作，统筹推进国有企业“百企帮百村”、民营企业“千企帮千村”和“百千万行动”，用好中国社会扶贫网。抓好生态、旅游、“文军”、体育、消费等扶贫，新增生态护林员 1 万名。推进扶贫与扶智、扶志相结合，增强贫困人口脱贫内生动力。

（六）确保脱贫资金投入。继续加大财政脱贫资金投入，用好城乡建设用地增减挂钩政策和贵州绿色产业扶贫投资基金。继续落实好扶贫小额贷款和再贷款政策，加快保险助推脱贫攻坚示范区建设。完善县级脱贫攻坚项目库，确保脱贫资金精准使用。深入推进涉农资金整合，构建省市县乡四级扶贫资金全链条监管机制。加大扶贫资金审计力度，用好扶贫云、扶

贫专线，从严查处贪污挪用、截留私分等行为。

（七）加强脱贫攻坚与乡村振兴统筹衔接。研究制定收入水平略高于建档立卡贫困户群体的支持政策，对已脱贫摘帽县政策不变、力度不减、责任不松，防止脱贫人口返贫。始终坚持农业农村优先发展，突出抓好“三农”领域各项硬任务落实，发挥农业“压舱石”“稳定器”重要作用。深入推进农村产权制度改革，“三变”改革覆盖50%以上行政村，按期完成农村集体资产清产核资，发展壮大新型农村集体经济，扎实做好农村承包地确权登记颁证收尾工作，审慎推进农村宅基地改革。学习借鉴浙江“千万工程”经验，抓好农村人居环境整治三年行动，启动实施“十县百乡千村”乡村振兴示范工程，深入推进“四在农家·美丽乡村”小康升级行动计划，因地制宜确定村庄整治类型，实施好农村厕所革命、农村生活垃圾治理、农村生活污水治理、村庄清洁四个专项行动，着力推进畜禽养殖废弃物资源化利用，实现农村外在美、内在美、持续美的和谐统一。

四、全力推动经济高质量发展

坚决落实“巩固、增强、提升、畅通”八字方针，坚持高端化、绿色化、集约化的主攻方向，深入推进供给侧结构性改革，加快实现质量变革、效率变革、动力变革。

（一）加快工业经济转型升级。我省发展实体经济，关键是要继续实施工业强省战略，把工业做强做优。大力改造提升传统产业，培育壮大新动能，加快推进“双千工程”，着力打造十大千亿级工业产业，确保产值超过1.2万亿元。推动先进装备制造业做强做优，深入推进军民融合发展，聚焦航空、航天、汽车三大产业，重点发展节能与新能源汽车、高级教练机、无人机、航空发动机等，实施军民融合项目60个以上、产值增长18%以上。推动基础能源产业做强做优，完善能源工业运行新机制，积极推进发电权交易，加快煤矿机械化智能化改造，确保煤矿开采机械化程度提高到80%，开工一批煤矿项目，确保电煤供应7000万吨以上。推动清洁高效电力产业做强做优，加大燃煤机组超低排放和绿色化改造力度，大力推进智能电网建设，有序发展风力、光伏、生物质发电，确保发电装机容量超过6150万千瓦。推动现代化工产业做强做优，强力推进企业战略性整合重组、强力推进技术进步和转型升级、强力推进磷石膏新型建材推广应用，提高高端化肥比重、提高精细磷化工比重、提高共生矿综合利用比重、提高磷石膏综合利用比重，确保今年初见成效、明年大见成效。确保化工产业产值达到1000亿元。推动烟酒产业做强做优，优化调整卷烟产品层次，进一步提高中高端产品占比；大力推进白酒产业转型升级发展，巩固提升我省白酒产业的优势地位。确保烟酒产业产值超过1300亿元。推动基础材料产业做强做优，以有色冶金行业为重点，强化上下游产业配套衔接，大力支持铝及铝加工等项目建设。确保基础原材料产业产值超过1000亿元。推动新型建材产业做强做优，以节能环保低碳为导向，加快建材行业升级改造步伐，确保产值达到1500亿元。同时，加快发展大数据电子信息、生态特色食品、健康医药等产业。

推动工业经济高质量发展，必须强化要素保障，创造有利条件，促进“贵州制造”向产业链中高端提升。巩固“三去一降一补”成果，落实更大规模的减税、更明显的降费政策以及降成本措施，降低企业合规成本，降低企业用能和物流成本，确保再降低实体经济企业成本400亿元左右。推动产业园区转型升级，引导关联企业向园区集中，不断强链补链增链。支持企业开拓市场，办好贵阳工业产品博览会，鼓励省行业协会等机构在省内外开展产品推介、供需对接活动，着力提高贵州产品市场占有率。

（二）深度推动大数据融合发展。按照“四个强化”“四个融合”要求，充分运用大数据、人工智能、物联网、量子计算等新一代信息技术，提升经济社会发展智能化水平。推动大数据产业创新发展。加快下一代互联网建设应用，加快推进贵阳5G实验网综合应用示范项目建设。推进华为、苹果、腾讯等大数据项目建设。规模以上软件和信息技术服务业营业收入、网络零售额均增长18%以上。推动“万企融合”。加快推进数字产业化、产业数字化，启动实施大数据新领域百企引领行动，建设融合标杆项目100个、示范项目1000个，带动2000户实体经济企业与大数据深度融合。实施10个以上省级智能制造试点示范项目。推动大数据开放共享。深化数据聚通用，加快建设“一云一网一平台”，建成电子证照、公共信用等政务服务库，完善全省政务数据资源体系。省级政府部门和市州政府开放数据全部接入“云上贵州”，电子政务网络实现省市县乡村五级全覆盖。加快国家社会信用体系与大数据融合发展试点省建设。推动大数据基础设施升级。深化光网贵州、满格贵州、宽带乡村建设，通信光缆达到100万公里，新增1万个30户以上自然村4G网络覆盖。积极谋划5G网络布局和建设。出省带宽突破1万Gbps。推动网络提速降费。推进智慧广电综合试验区建设。完成信息基础设施投资120亿元。

（三）大力加强科技创新和人才队伍建设。聚焦三大战略行动，加强关键共性技术科技攻关和科技成果运用。充分发挥高等院校和科研院所作用，深入开展“千企面对面”科技服务，制定产业转型升级关键技术清单，开展协同创新。实施智能网联汽车、植物萃取等科技重大专项。大力推进科技创新创业平台建设，新增1家国家级高新区和2家省级高新区。申建贵遵安国家自主创新示范区、国家科技成果转移转化示范区，新增400家高新技术企业。实施独角兽企业“十年百企千亿”培育行动。引导全社会加大研发投入，鼓励企业设立独立法人科研型企业。大力推动创新型企业上市。支持发行双创专项金融债券、孵化专项债券。严格知识产权保护。实施更加有力的人才政策，在技术路线选择、经费使用、收益分配等方面，赋予高等院校、科研机构和领军人才更多自主权。深入实施“百千万人才引进计划”“黔归人才计划”“高技能人才振兴计划”，加强工匠人才培养，增强人力资源对高质量发展的支撑作用。

（四）推动服务业提质增效。加强服务业集聚区建设，新增规模以上服务业企业300户。围绕打造山地旅游升级版，大力发展全域旅游。高品质开发山地旅游业态，培育壮大温泉康养、森林康养等旅游产品；高标准优化山地旅游服务，严厉惩处损害游客利益行为；高水平完善山地旅游设施，加快建设“快旅慢游”体系；高端化发展山地旅游装备制造，开发生产索道、登山、露营等旅游装备。旅游总收入和入黔游客分别增长30%以上。积极发展大健康产业。促进制造业与生产性服务业深度融合，推动现代物流、金融、研发等产业发展壮大。加快发展家政、养老等生活性服务业。保持房价总体稳定，促进房地产业健康发展。

（五）千方百计扩大有效需求。抢抓西部大开发20周年机遇，在特色产业、基础设施、生态保护、乡村振兴等方面，谋划实施一批大项目好项目。围绕打造十大千亿级工业产业，制定实施进一步扩大产业投资的政策措施，完成工业投资4200亿元。积极促进吉利发动机、汉能汉瓦等项目投产，加快推进织金年产60万吨聚烯烃等重大项目建设。实施基础设施“六网会战”，统筹推进新时代高速公路建设五年决战，总里程突破7000公里；建成贵阳至成都、安顺至六盘水等高速铁路，总里程突破1650公里；加大县乡公路提级改造力度，扩大农村客运覆盖面和服务范围；开工建设1~2个大型水库和60个骨干水源工程，中型水库投运县达到76个。基础设施投资增长14%以上。加快补齐农业农村、生态环保、社会民生等领域投资短板。积极争取国家专项债券支持，用好政府产业投资基金，推动投贷联动，引导金融机构加大对投资项目的信贷支持。放宽民间投资准入，规范有序推进政府和社会资本合作（PPP）项目，实施1000个重点民间投资项目，确保完成民间投资6500亿元。创新消费模式，支持社会力量扩大教育、医疗、文化、体育等服务消费。加强新能源汽车充电设施建设，完善汽车消费相关政策。打造10条商贸特色步行街和100个社区便利店，开展100个传统农贸市场信息化改造。强化消费领域企业和个人信用体系建设，严厉打击假冒伪劣商品违法活动，创建安全放心的消费环境。

（六）着力提升城镇化发展水平。全力培育黔中城市群，推进贵阳、贵安同城化，实施交通互联互通、产业相互配套、环保联防联治、公共服务设施共用共享等项目。完善市州中心城市和县城功能，实施一批海绵城市、地下综合管廊、排水防涝、垃圾污水处理、停车场、基本公共服务等项目，深入实施城市交通文明畅通提升工程，大力推进老旧小区、棚户区改造。推动产城互动，坚持因地制宜、突出特色，加快形成分工明确、优势互补的城镇产业发展格局。推广“1+N”镇村联动模式，促进特色小镇和特色小城镇高质量发展。加快发展县域经济，培育更多全国百强县。

（七）大力支持民营经济加快发展。全面落实省委、省政府“1+6”政策文件，深入实施六大专项行动和市场主体培育四转工程，民营经济占比提高到57%左右。坚决破除制约民营经济发展的各类壁垒，在市场准入、审批许可、经营运行、招投标、军民融合等方面，为民营企业打造公平竞争环境，给民营企业发展创造充足市场空间。开好贵商大会，扶持贵商发展。构建亲清新型政商关系，用好投资投诉热线和服务民营企业直通车，解决好政府部门和国有大企业拖欠民营企业款项等问题，依法保护民营企业家人身安全和财产安全，让民营企业家倍受尊重，让民营经济倍加壮大。

（八）高水平推进改革开放。深化重点领域改革。积极推进财税体制改革，全面实施零基预算管理和预算绩效管理，稳妥推进省以下分领域财政事权和支出责任划分改革。推进教育领域综合改革和医药卫生体制改革，深化科技、司法、文化旅游等领域改革。完善服务业和新经济统计制度。深入推进国有企业战略性重组。全省国有企业都要定位定向，聚焦主业做精做强。推动重组的盘江煤电、乌江能源等企业集团加快成长为行业领军型企业。今年还要在国有企业战略性重组上迈出新步伐，促进资源要素向优势企业集中。加强与在黔央企的深度合作和项目对接，实现地方经济与企业发展双赢。大力优化营商环境。按照服务和效率高于周边、成本和负担低于周边的目标，以自我革命精神深化“放管服”改革，对所有涉及市场准入的行政审批事项按“证照分离”模式进行分类管理。将企业开办时间压缩至3个工作日以内，工程建设项目审批时间压缩至80个工作日以内，不动产登记办理时间压缩至5个工作日以内。省级政务服务网上可办率达到100%。建设全省统一的公共资源交易平台、监督平台，完善场内交易规则。深入推进产业大招商。围绕十大千亿级工业产业加大招商引资力度，重点产业招商引资到位资金5000亿元以上，实际利用外资增长10%。创新招商方式，大力开展产业链招商和先进生产力招商，推行以商招商、以企招企，招引更多关联企业。强化招商引资责任制，完善督查考核机制，落实好“省带头、市推动、县落实”工作机制，切实提高项目履约率、入园率、开工率、投产率。深化对内对外开放。深入实施推动企业沿着“一带一路”方向“走出去”行动计划，围绕国际陆海贸易新通道建设，建立重点企业库、重大项目库和重要产品库，制定实施支持政策措施。加快完善口岸基础设施和智慧航空口岸建设。大力推进中瑞产业园等国际合作园区建设。支持贵阳市建设国家级跨境电商综合试验区和贵安新区开展国家服务贸易创新发展试点。主动融入长江经济带、粤港澳大湾区、泛珠三角区域，深化产业、商贸、科技等领域合作。

（九）积极防范化解政府性债务和金融风险。严格落实“七严禁”和“1+8”债务管理系列政策，健全“借用还”与“责权利”相统一的地方政府性债务管理机制。加快政府融资平台公司市场化转型。盘活高校闲置旧校区用地、高速公路沿线土地、园区闲置土地等存量资产，提高政府偿债能力。用好省级债务风险应急资金池，完善省市资金池联动机制。持续开展非法集资、交易场所和互联网金融专项整治行动，遏制和打击跟风违约、恶意逃避债务等行为，整顿规范表外、同业、理财等业务，加大不良贷款处置力度。健全债券违约处置机制。强化企业债券存续期本息兑付风险排查和监管。在加快发展中防范化解风险，平衡好稳增长与防风险的关系，着力涵养和培植财源，合理控制非税收入占比，做大财政收入总量、提升质量。大力压缩一般性支出，坚决取消无效支出，一律收回长期沉淀资金，有效盘活财政存量资金，保障脱贫攻坚、乡村振兴、创新驱动、生态环保、民生改善等领域支出。加强地方金融体系建设，强化政金企联动，加强金融产品创新，着力缓解中小微企业、民营经济、“三农”等领域融资难、融资贵问题。加大企业上市培育和支持力度，积极发展区域性股权市场。

五、全面提升生态文明建设水平

深入贯彻习近平生态文明思想，围绕加快国家生态文明试验区建设，努力为人民群众提供更多优质生态产品，建设美丽贵州。

（一）打好污染防治“五场战役”。持续抓好中央环保督察反馈问题整改。深入开展扬尘、工业企业大气污染、散煤燃烧等治理行动，加快页岩气和煤层气勘查开发利用，推广使用地热能。开展城市黑臭水体治理攻坚行动，持续推进“双十工程”和“百千万”清河行动，保持出境断面水质优良率100%。实施土壤污染防治行动计划，重金属历史遗留废渣治理率超过80%。持续推进磷化工企业“以渣定产”，力争磷石膏堆存量实现零增长。

（二）加强生态保护与修复。严格生态环境准入，划定省级“三线一单”，建立应用监管平台，推进生态保护红线勘界定标。加快绿色贵州建设，加强自然保护区、饮用水源地等生态安全核心区域生态修复，实施贵州乌蒙山片区山水林田湖草生态保护修复试点工程，加强梵净山等世界自然遗产地保护，抓好草海、南明河等综合治理。开展石漠化综合治理三年攻坚，完成营造林520万亩，实施退耕还林350万亩，治理石漠化1000平方公里、水土流失2520平方公里。

（三）培育壮大绿色产业。推动绿色经济“四型”产业发展。深入实施绿色制造三年专项行动，创建绿色园区、建设绿色工厂、开发绿色产品、延长绿色链条。培育壮大节能环保产业，发展循环经济，提高工业固体废弃物综合利用率。发展绿色建筑，稳步推广装配式建筑应用。实施森林扩面提质增效三年行动计划，加强油茶、竹等林业产业基地建设，推进林产品配套精深加工。

（四）大力倡导绿色生活。加强生态文明宣传教育，倡导简约适度、绿色低碳的生活方式。大力创建绿色家庭、绿色学校、绿色社区、绿色商场、绿色餐馆。推行绿色消费，推广环境标志产品、有机产品等绿色产品，减少过度包装。提倡绿色居住，节约用水、用电、用气。积极发展公共交通，加快清洁能源汽车推广应用，倡导绿色出行。大力推进生活垃圾分类收集处理和焚烧发电。

（五）完善生态文明制度。完成国家生态文明试验区建设34项重点任务。深入实施生态环境损害赔偿制度，探索建立黔中水利枢纽工程涉及流域生态补偿机制。推行排污许可制度。推进碳排放交易市场建设。完成长江经济带战略环评市州“三线一单”编制。加快资源性产品价格改革，完善土地和矿产资源有偿使用制度。支持贵安新区绿色金融改革创新试验区建设。深化河（湖）长制，实行林长制。办好贵州生态日活动。持续开展“守护多彩贵州·严打环境犯罪”执法专项行动，推动跨区域、跨流域环境联合执法、交叉执法。

六、着力保障和改善民生

人民对美好生活的向往，就是我们的奋斗目标。经济下行压力越大，越要重视保民生。我们要始终坚持以人民为中心的发展思想，努力提高人民群众的获得感、幸福感、安全感。

（一）促进就业创业。制定实施稳定就业预案，落实积极创业就业政策。更大力度开展“双创”，以创新创业带动更多就业。实施高校毕业生就业创业促进计划和基层成长计划，做好化解过剩产能职工和退役军人移交安置、就业创业服务工作。实施农民全员培训三年行动计划和“雁归兴贵”行动计划，提高劳务输出组织化、规模化水平，促进农民就业创业。做好农民工工资清欠工作。构建和谐劳动关系。

（二）推动教育内涵式发展。紧紧围绕人才供给质量和教育服务经济社会发展水平提升，大力加强教师队伍建设，弘扬良好师德师风，完善中小学教师待遇保障机制。抓紧消除城镇义务教育学校大班额，减轻中小学生课外负担，推动县域义务教育优质均衡发展。推动学前教育普惠提质，学前三年入园率提高到88%。开展城镇小区配套幼儿园治理工作。加强普通高中特色学校建设，大力实施职业教育兴黔富民行动计划。推进高校“双一流”建设，调整优化高等院校学科结构和专业设置，为建设特色教育强省奠定坚实基础。

（三）加快健康贵州建设。实施医疗卫生服务能力提升八大工程和“银龄计划”。深入推进“百院大战”建设，新增3家三甲医院、3所儿童医院。推进“互联网＋医疗”，推动远程医疗服务向村延伸。加强疾控能力建设，进一步做好传染病、地方病、慢性病综合防控。深入开展生育健康全程服务。传承发展中医药事业。深化公立医院综合改革。加强医保监管和支付方式改革。严格食品药品全链条监管，坚决消除监管盲区盲点。推动医养结合，积极发展居家养老服务。实施全民健身“六个身边”工程。

（四）大力发展文化等各项事业。健全公共文化服务体系，推动文化基础设施向基层延伸，开展更多的文化下乡活动。大力倡导全民阅读。加强文化遗产保护传承和传统村落保护，大力弘扬红色文化、民族文化、阳明文化、生态文化。巩固提升“多彩贵州”品牌，推动文化与旅游深度融合发展，打造引领全域文旅产业发展龙头企业。繁荣发展哲学社会科学。重视国防动员和后备力量建设。加强国家安全、司法行政和外事、侨务、人防等工作。

（五）织牢社会保障网。企业职工基本养老保险实现省级统收统支，城乡居民基本养老保险基础养老金提高到每人每月93元，城乡低保标准平均提高3%和5%。提高城乡居民基本医保政府补助标准，把更多救命救急的好药纳入医保，减轻群众就医负担。保障好退役军人合法权益，建立困难退役军人军属帮扶援助机制。统筹推进城乡社会救助体系建设，加强农村“三留守”人员、城镇困难职工、失独失能老人、残疾人关爱保护，农村生活不能自理特困人员集中供养率达到45%。完善社会救助标准与物价上涨联动机制，兜住民生网底。

（六）加强创新社会治理。推进社会治安防控体系建设，依法严厉打击违法犯罪，深化扫黑除恶专项斗争，着力整治黄赌毒。学习推广“枫桥经验”，强化矛盾纠纷多元化解。加强民族团结进步示范区建设，创建宗教关系和谐示范区，依法打击非法宗教和邪教活动。加大公共安全防控和监管，新建“雪亮工程”视频监控3万个，建成50个重点村寨农村消防综合管控系统平台。加强重点行业领域安全生产隐患专项排查整治，做好防灾、减灾、救灾工作，快速稳妥处置各种安全和突发事件，努力把贵州建设成为全国最平安的省份之一。

我们要把人民群众的小事当成自己的大事，从人民群众的操心事、烦心事、揪心事做起，筹集资金900亿元，扎实办好“十件民生实事”。（1）解决280万左右农村人口饮水安全问题。（2）农村公路安全生命防护工程处置隐患里程5000公里。（3）新建城市公共停车位3万个。（4）建设500所公办幼儿园、50所易地扶贫搬迁安置点配套学校、50所义务教育阶段学校，启动建设50所“强基”工程中等职业学校。（5）为贫困地区6~24月龄儿童免费发放营养包。（6）公益性岗位安置就业困难人员6万人，转移农村劳动力70万人，强化40万贫困劳动力技能培训。（7）建成城镇保障性安居工程8.38万套，改造农村危房4

万户。（8）建设城乡养老机构设施500个、精神康复社会福利院5所，新建老年体育活动中心、农民体育健身设施466个。（9）建设改造农村户用卫生厕所53万户、农村公共卫生厕所5000个、旅游厕所260个、城镇社区公共卫生厕所350个。（10）开工建设建制镇生活垃圾处理设施160个、生活污水处理设施110个。我们要通过办好一件一件的实事，让广大群众的生活一年更比一年好。

七、切实加强政府自身建设

打铁必须自身硬。面对艰巨繁重的改革发展任务，我们要做到信念过硬、政治过硬、责任过硬、能力过硬、作风过硬，全面提升履职水平，努力建设人民满意的政府。

（一）把政治建设摆在首位。牢固树立“四个意识”，坚定“四个自信”，做到“两个维护”，把坚持党对一切工作的领导贯穿政府工作各方面和全过程，始终对党绝对忠诚。深学笃用习近平新时代中国特色社会主义思想，努力掌握贯穿其中的马克思主义立场、观点、方法，用以指导解决改造客观世界和主观世界的实际问题。全面贯彻习近平总书记对贵州工作重要指示精神，认真落实省委决策部署，确保政令畅通、令行禁止。深入推进“两学一做”学习教育常态化、制度化，开展“不忘初心、牢记使命”教育，深化“牢记嘱托、感恩奋进”教育。认真贯彻落实新形势下党内政治生活若干准则，严肃党内政治生活，严守政治纪律和政治规矩，全面落实“一岗双责”，坚决落实党组全面从严治党主体责任。

（二）全面加强政府法治建设。全体政府工作人员都要坚持法治思维和依法行政，自觉尊法学法守法用法，把政府工作全面纳入法治轨道。坚持民主集中制原则，健全依法决策机制，完善决策制度，规范决策程序。加强决策合法性审查，推行政府法律顾问制度。完善执法体制机制，推进执法规范化建设，加强行政执法与刑事司法有机衔接。加快建设普惠性现代公共法律服务体系。强化行政权力运行监督，自觉接受省人大及其常委会的法律、工作监督和省政协的民主监督，全面接受监察监督，主动接受新闻媒体和社会各界监督。认真听取民主党派、工商联、无党派人士和人民团体的意见。大力推进政务村务厂务公开，让权力在阳光下运行。支持军队、武警部队建设和法院、检察院工作。

（三）全面加强政府能力建设。按照政治过硬、本领高强的要求，着力提升“八个本领”。各级政府机关都要努力成为学习型组织，针对知识弱项、能力短板、经验盲区，开展系统化、规范化培训，让各级干部具备专业思维、专业素养、专业方法，成为新时代各领域的行家里手。树立底线思维，增强忧患意识，提高风险的发现力研判力处置力。注重培养干部的斗争精神，增强斗争本领，敢于善于跟贫穷落后斗争，跟矛盾困难斗争，跟不正之风斗争。坚持严管和厚爱相结合，完善容错纠错机制，大力褒奖和鼓励政治坚定、奋发有为的干部，警醒和惩戒慢作为、不作为、乱作为的干部。

（四）全面加强政府作风建设。深入贯彻中央八项规定及其实施细则精神和省委关于作风建设的规定，大力培育和弘扬新时代贵州精神，把践行“三严三实”贯穿于政府全部工作中，坚定不移兴“三风”、纠“四风”、树新风。对形式主义、官僚主义坚决整治，对享乐主义、奢靡之风等歪风陋习露头就打。牢固树立过紧日子的思想，继续压缩行政经费6%用于教育精准扶贫，再压缩一般性支出5%用于重点支出。统筹规范督查检查考核，压缩数量和频次，大幅减少材料表格报送，让基层从迎评迎检的繁琐事务中解脱出来。

（五）全面加强政府廉政建设。巩固发展反腐败斗争压倒性胜利，紧盯重大工程、重点领域、关键岗位，保持反腐高压态势。加强对公共资金、国有资产、国有资源和领导干部履行经济责任审计，对发现的问题坚决查处。坚决整治领导干部利用茅台酒等特殊资源、特殊产品谋取私利问题。向群众身边不正之风和腐败问题亮剑，坚决纠正损害群众利益的行为。深化标本兼治，夯实治本基础，织牢制度铁笼。全体政府工作人员都要带头践行社会主义核心价值观，恪守职业道德，模范遵守社会公德、家庭美德，干干净净干事、清清白白做人，做全心全意为人民服务的好公仆。

各位代表，幸福不会从天而降，好日子是干出来的。为政之要，贵在落实。今年是全省政府系统深化落实年，我们将把抓落实作为全部工作的主题，全面推行“五步工作法”，带头做到知行合一、当好“施工队长”，以抓铁有痕、踏石留印的劲头，把工作抓具体、抓深入，让中央各项决策部署在贵州大地落地生根、开花结果，以苦干实干的业绩诠释对党的忠诚。

各位代表，脱贫攻坚鏖战正酣，小康梦想就在眼前。让我们更加紧密地团结在以习近平同志为核心的党中央周围，在中共贵州省委的领导下，牢记嘱托、感恩奋进，为脱贫攻坚而努力拼搏，为小康梦想而不懈奋斗，坚决完成全年经济社会发展各项任务，以优异成绩庆祝新中国成立70周年！

贵州省 2018 年国民经济和社会发展计划执行情况与 2019 年国民经济和社会发展计划草案的报告

（2019 年 1 月 27 日在贵州省第十三届人民代表大会第二次会议上）

贵州省发展和改革委员会

各位代表：

受省人民政府委托，现将贵州省 2018 年国民经济和社会发展计划执行情况与 2019 年国民经济和社会发展计划草案提请省十三届人大二次会议审议，并请各位政协委员和其他列席人员提出意见。

一、2018 年国民经济和社会发展计划执行情况

2018 年，在省委、省政府的坚强领导下，在省人大、省政协的有力监督和大力支持下，全省上下坚持以习近平新时代中国特色社会主义思想为指导，深入贯彻党的十九大精神和习近平总书记在贵州省代表团重要讲话精神，全面贯彻落实中央和省委、省政府各项决策部署，坚持稳中求进工作总基调，坚持新发展理念，坚持以供给侧结构性改革为主线，坚持以脱贫攻坚统揽经济社会发展全局，牢牢守住发展和生态两条底线，坚决打好三大攻坚战，深入实施三大战略行动，加快推进三大国家级试验区建设，强力推动三大变革，着力构建现代化经济体系，统筹做好稳增长、促改革、调结构、惠民生、防风险各项工作，全面落实“六稳”部署，全省经济社会发展呈现稳中有进、结构优化、质量提升、动能增强、民生改善的良好态势，脱贫攻坚取得阶段性重大成就，高质量发展迈出坚实步伐，各项事业稳中向好、持续向好。

各级各部门认真执行省十三届人大一次会议审议批准的 2018 年全省国民经济和社会发展计划，落实省人大审议意见，年度计划指标总体完成较好。全省地区生产总值增长 9.1%，一二三产业分别增长 6.9%、9.5%、9.5%。规模以上工业增加值、固定资产投资、社会消费品零售总额增长 9%、15.8%、8.2%。一般公共预算收入增长 7%，金融机构贷款余额增长 18.5%。城镇和农村常住居民人均可支配收入增长 8.6%、9.6%，居民消费价格指数上涨 1.8%，控制在目标范围以内。城镇新增就业 77.7 万人，城镇登记失业率 3.16%，控制在目标范围内；常住人口城镇化率提高到 47.5%，森林覆盖率提高到 57%，节能减排降碳指标控制在国家下达计划范围内。“十三五”规划目标进度完成情况较好。

经过全省上下共同努力，2018 年我省经济社会发展多项工作取得重要突破，呈现新的亮点。一是综合经济实力跃上新台阶。经济增速居全国第 1 位、连续 8 年居全国前 3 位，农业增加值、投资、贷款余额增速均居全国第 1 位。经济总量达 1.48 万亿元、人均突破 4 万元，市场主体达 268 万户、注册资本 6.6 万亿元，金融机构贷款余额达 2.5 万亿元。黔中城市群城镇人口首次突破 1000 万人。二是脱贫攻坚夺取新胜利。减少贫困人口 148 万人，贫困发生率下降到 4.3%，减贫人数为近 5 年来最多。14 个贫困县脱贫摘帽。易地扶贫搬迁任务量及争取资金量均居全国第 1 位，完成搬迁入住 76.19 万人、累计实现 123 万人搬迁入住。98% 的村民组通硬化路，沿线受益群众达 1190 万余人。扶贫贷款余额首次突破 1 万亿元。世界银行等国际组织盛赞贵州脱贫攻坚经验值得向全世界推广。三是农村经济产业革命带来新变化。坚持“八要素”全面掀起振兴农村经济的深刻产业革命，调减低效玉米种植面积 785 万亩，调增蔬菜、水果、中药材、茶叶、食用菌等经济作物 667 万亩，粮经作物种植比调整为 35：65。产业革命带动农业增加值增长 6.8%、创近 5 年来最快增速，带动 204 万农户户均增收 1.01 万元。四是新旧动能转换迈出新步伐。

能源工业运行新机制成效加快显现，"企业利益共同化、全省利益最大化"格局加快形成，持续多年的冬季电煤紧张状况得到极大缓解。"双千工程"带动制造业增加值占规模以上工业增加值比重达70.6%、提高3.7个百分点。1625家实体经济企业与大数据深度融合发展。数字经济及其吸纳就业增速连续3年居全国第1位。贵阳被列为全国首批5G试点城市。旅游经济持续"井喷"。新经济、绿色经济、民营经济占比分别达到19%、40%、55%，大健康产业增加值增长15%。服务业对经济增长的贡献率达47.6%。组建6户省属国有企业大集团。民间投资创近3年来最快增速。全省经济呈现传统产业转型增长、新兴产业快速增长、新旧动能加快转换的良好态势。五是生态文明建设取得新进步。"双十"工程强力推进，在全国率先实施磷化工企业"以渣定产"、率先全域取缔网箱养鱼，磷石膏综合利用率达66%、提高23个百分点。梵净山成功申遗，我省世界自然遗产数量居全国第1位。社会公众对贵州生态环境满意度居全国第2位。六是交通建设实现新突破。"市市通高铁"项目全部获批建设，盘兴铁路开工建设，贵阳至重庆、铜仁至玉屏高铁开通，高铁通车里程达1262公里，贵阳正加快建成全国十大高铁枢纽；贵阳市轨道交通3号线开工建设、1号线全线开通，贵州进入"地铁时代"。1万公里高速公路加密网规划加快实施，高速公路突破6000公里、达6450公里。高铁进出旅客达到7375万人次，贵阳机场旅客吞吐量突破2000万人次、全省达2800万人次，高铁和民航进出旅客首次突破1亿人次。七是改革开放取得新成效。农村"三变"、行政审批、能源、司法、生态文明体制等改革走在全国前列，"三变"改革连续两年写入中央1号文件。全面推开"证照分离"改革，新增市场主体67.2万户、企业12.3万户。省级政府网上政务服务能力连续两年居全国前3位。完成省级机构改革。与全国口岸实现一体化通关，进出通关时间大幅缩短。产业大招商和营商环境大整治成效明显，新引进500强企业21家。八是"民生三感"得到新提升。"1+7"民生工程完成投资2469亿元、创近4年新高。城镇新增就业连续4年保持在70万人以上。居民收入增速连续3年居全国前2位。农村学前教育儿童营养改善计划实现全覆盖，在西部率先实现县域义务教育均衡发展，中小学教科书价格全国最低，参加高考人数连续3年居全国前10位。在全国率先建成省市县乡四级远程医疗服务体系，分级诊疗和医联体建设试点实现市州全覆盖。建成城镇保障性安居工程35.78万套。"两抢一盗"案件、刑事案件持续下降，社会保持和谐稳定。

围绕经济社会发展主要目标任务，重点抓了以下工作。

（一）坚决打好精准脱贫攻坚战，夺取关键之年决定性胜利。专门召开省委全会对脱贫攻坚作出全面部署，扎实开展"春风行动""夏秋攻势""秋后喜算丰收账""冬季充电"。一是"四场硬仗"战果连连。建成农村"组组通"硬化路5.1万公里、累计建成7.75万公里。实施全面解决农村饮水安全攻坚决战行动，解决88.4万农村贫困人口饮水安全问题。按照"六个坚持""五个三"要求加快实施易地扶贫搬迁工程，用好城乡建设用地增减挂钩等政策多渠道筹集资金，建成易地扶贫搬迁安置房18.24万套；国家新增我省19.4万建档立卡贫困人口搬迁任务，易地扶贫搬迁家庭劳动力就业创业32万人。安排2.1亿元支持深度贫困县"一县一业"产业扶贫。产业扶贫带动143.73万贫困人口增收。46.5万建档立卡贫困家庭学生享受教育精准扶贫资助16.99亿元，228.72万建档立卡贫困人口享受"三重医疗保障"。易地扶贫搬迁安置区卫生室建设、深度贫困村卫生室规范化建设、农村中小学校医务室标准化建设实现全覆盖。改造农村危房20.64万户，同步实施改厨改厕改圈。二是"五个专项治理"成效明显。贫困人口漏评、错评、错退率大幅下降。在全国率先开展农村老旧住房透风漏雨整治。闲置扶贫资金全部完成清理整改。脱贫攻坚作风年活动扎实推进，扶贫领域监督执纪问责不断加强。三是"四个聚焦"扎实推进。新增资金、项目、举措等进一步向深度贫困地区倾斜，安排预算内投资170多亿元支持脱贫攻坚，其中深度贫困地区近60亿元。保险扶贫项目实现贫困县全覆盖。四是生态、就业、旅游、电商、党建、文军、体育等扶贫工作力度加大。召开脱贫攻坚七一表彰大会。生态扶贫十大工程深入推进，单株碳汇精准扶贫试点启动实施。规范化培训农村劳动力63万人。选准配强驻村第一书记，制定实施村级组织建设"一任务两要点三清单"。新时代学习大讲堂、农民（市民）讲习所覆盖广，效果好。东西部扶贫协作力度加大。深入推进与澳门特别行政区扶贫合作。集团帮扶、国有企业"百企帮百村"、民营企业"千企帮千村"和"百千万行动"扎实开展。扶贫云、扶贫专线作用充分发挥。制定实施支持毕节试验区按时打赢脱贫攻坚战政策措施。五是乡村振兴全面启动实施。编制乡村振兴战略规划。实现村庄规划全覆盖。"四在农家·美丽乡村"小康行动完成投资802亿元。农村人居环境整治三年行动扎实推进。农村“三变”改革实现乡镇全覆盖，496.75万农民变股东。

（二）坚决打好污染防治攻坚战，生态环境向优向好。与时俱进部署“五场战役”，构建生态文明“五大体系”。一是污染防治较真碰硬。中央环保督察反馈问题整改完成率达93%以上。强力推进“双十工程”、“以渣定产”、全域禁止网箱养鱼等务实举措。长江经济带污染专项整治有效开展。全面落实河（湖）长制，开展生态日“巡河、巡山、巡城”活动。主要河流出境断面水质优良率和县城以上集中式饮用水源地水质达标率稳定在100%。城市（县城）污水、生活垃圾无害化处理率分别提高到91.5%、90.8%。中心城市和县级城市空气质量指数优良天数平均比率分别为97.2%、97.7%。农村环境综合整治项目覆盖600个行政村。“厕所革命”建设改造农村厕所93.7万户、村级公共厕所5320个、社区公共厕所725个、旅游厕所881个。规模养殖场粪污综合利用率、处理设施装备配套率达64%、70%。二是生态建设持续加强。深入实施新一轮绿色贵州建设行动计划和十大生态修复、草海综合治理等生态工程。完成营造林520万亩，退耕还林350万亩，治理石漠化1055平方公里、水土流失2647平方公里。三是生态文明体制机制不断完善。全面完成国家生态文明试验区11项年度改革任务。划定生态保护红线。试行生态环境损害赔偿制度。生态产品价值实现机制试点省加快建设。设立赤水河流域横向生态补偿资金。

（三）坚决打好防范化解重大风险攻坚战，风险防控处置能力明显提升。一是地方政府债务率稳步下降。严格落实“七严禁”和“1+8”债务管理系列政策，制定防范化解地方政府隐性债务风险实施意见，设立省级债务风险应急资金池，有序推动融资平台公司市场化转型，规范发展PPP模式。存量债务全部置换完毕，降低债务成本3.8个百分点，全省综合债务率和省本级债务率稳步下降。二是防范化解金融风险力度加大。金融风险防范化解体系不断健全，银行业不良贷款余额和不良贷款率继续实现“双降”。严打非法集资，整治交易场所和互联网金融，金融秩序持续趋好。三是防范化解安全和社会领域风险成效明显。安全生产实现“双降”。烟花爆竹、水上运输、农业机械、渔业船舶和航空运输等行业实现“零死亡”。加强非洲猪瘟疫情防控。社会风险处置和社会面管控力不断增强，扫黑除恶专项斗争形成压倒性态势。

（四）深入推进供给侧结构性改革，实体经济不断壮大。一是振兴农村经济产业革命成效显著。启动500亩以上坝区产业结构调整，蔬菜、食用菌、水果、中药材种植面积分别增长20.9%、91.5%、25.6%、18.1%，茶叶、辣椒、火龙果种植规模居全国第1位，马铃薯种植规模居全国第2位。“三品一标”农产品达5350个。产销衔接和利益联结机制不断创新，“公司＋合作社＋农户”模式不断完善，省级以上龙头企业达952家，农民专业合作社6.74万户。新增冷库库容24万吨、冷藏车239台，冷库实现县域全覆盖，库容达到120万吨。农产品加工转化率达49%。产业革命带动农业增加值和农民收入实现快速增长。二是制造业品质革命深入推进。大力实施“双千工程”，对1688家工业企业实施技术改造、完成投资1600亿元，引进技术含量高、成长性好的企业1101家。全力推进“十百千万”计划，启动实施十大千亿级工业产业振兴行动，贵阳吉利整车、汉能制造、黔希煤制乙二醇等项目建成投产。积极创建国家军民融合创新示范区，军民融合产业产值增长18%。设立工业及省属国有企业绿色发展基金。传统产业转型增长，煤电烟酒四大传统支柱产业增加值增长11.9%、提高5.5个百分点。能源结构调整基金和煤电保障投贷联动机制启动实施，盘江马依西一井年产240万吨煤矿项目获批建设，建成投产大中型煤矿24处、新增产能1107万吨/年，关闭煤矿74处、压减产能1038万吨，采煤机械化率达71.7%、同比提高7.7个百分点。原煤产量达1.1亿吨，供应电煤6300万吨，发电量达2118亿千瓦时。新兴产业快速增长，对大数据、新材料等11个新兴产业和特色优势产业实行电价支持政策，装备制造业、高技术制造业增加值分别增长10.5%、14.8%。工业大类行业实现全覆盖，乙二醇、通信导航设备、印制电路板、起重机、升降机等产品实现零突破。三是以旅游业为重点的现代服务业加快发展。实施服务业创新发展十大工程，新增认定8家省级现代服务业集聚区。大力发展山地旅游，强力推进100个精品旅游景区和10个国际旅游目的地建设，加快“快旅慢游”体系建设，高标准优化旅游服务，新增4A级景区18家，梵净山成为5A级景区，旅游总人数、旅游总收入分别增长30.2%、33.1%。快递业务量超过2亿件、增长34.3%，乡镇快递网点覆盖率达96.8%。四是市场主体活力动力不断增强。全力推进“三去一降一补”，降低实体经济企业成本500多亿元。加快国有企业战略性重组，实施民营经济六大专项行动和市场主体培育“四转”工程。新增规模以上工业企业680家、规模以上服务业企业352家。规模以上工业企业利润增长24.6%，亏损企业亏损额下降到18%，每百元主营业务收入中的成本同比减少1.5元。省国资委监管的27户企业利润增长30%。五是质量品牌建设力度加大。颁发第二届省长质量奖。贵州茅台、詹阳动力获中国工业大奖，贵州钢绳获提名奖。发布首个省级区域品牌目录，中国驰名商标达63件，贵州名牌产品达692个，新增34个国家地理标志产品、总数达293个。产品质量监督抽查合格率达93.9%，农产品抽检合格率连续4年保持在99%以上。

（五）加快推动大数据融合发展，数字贵州建设取得新进展。一是大数据加速融合发展。国家大数据综合试验区加快建设，推动“四个强化”、做实“四个融合”，全面实施“万企融合”大行动，推动大数据与实体经济深度融合，大数据企业达9500多家，上云企业突破1万户。苹果iCloud中国（贵安）数据中心开工建设，腾讯贵安数据中心试运行。数博会签约项目199个、金额352.8亿元。获批建设首个国家级智慧广电综合试验区。数字化研发设计工具普及率和关键工序数控化率分别达到48.7%、33.6%。电子信息制造业增加值增长11.2%，互联网和相关服务业、软件和信息技术服务业营业收入分别增长75.8%、21.5%，网络零售额增长30%。二是大数据应用加快提升。启动建设“一云一网一平台”，贵州政府服务网首批接入国家政务服务平台，国家电子政务云南方节点建成。社会信用体系与大数据融合发展试点省加快建设，建成投运全国首朵“信用云”。启动全国首个5G实验网综合应用示范项目。三是大数据引领创新驱动发展。发布遥感大数据应用等技术榜单。建成贵州科学城。省部共建国家大数据重点实验室、“双创”支撑平台、“雪亮工程”、“百兆乡村”等加快建设。新增3个国家级企业技术中心、3个国家地方联合工程研究中心，建成2个国家工程技术研究中心，国家级和省级“双创”示范基地加快建设。新增高新技术企业539家。高新技术产业产值增长15.6%。研发投入强度增幅居全国第2位，专利授权量增长54.9%，万人有效发明专利拥有量2.82件。科技进步贡献率达48.6%。

（六）千方百计抓项目扩投资促消费，有效需求持续扩大。一是重大项目建设加快。强化重大项目储备，在国家重大项目库储备项目6256个、总投资5.6万亿元。省政府追加安排1亿元支持重大基础设施和公共服务项目前期工作。举办两次项目现场观摩活动。新开工重大工程项目919个、建成554个，省重大工程项目完成投资9512亿元。中央预算内投资执行情况获国家监测评比综合排名第1位。二是投资结构持续优化。大数据、大生态、大旅游等投资持续快速增长，信息传输、软件和信息技术服务业投资增长49.7%，生态环保产业投资增长26.3%，批发零售和住宿餐饮业投资增长24.5%、29.7%，装备制造业、高技术产业投资增长20.8%、27.7%。基础设施投资增长15.8%。高速公路加密网和贵阳至南宁铁路、龙洞堡机场三期工程等项目加快建设。凤山大型水库获国家批准建设，开工建设67个骨干水源工程，中型水库投运的县增加到74个，水利投资完成275亿元。通信光缆达到96.8万公里，互联网出省带宽达9130Gbps，行政村光纤网络、4G网络全覆盖，信息基础设施投资完成120亿元。改造农村电网10千伏线路2933公里，开工建设500千伏威宁输变电工程，电力装机总容量突破6000万千瓦，基本形成“三横一中心”500千伏主网架，电网投资完成140亿元。43个县通天然气管道。城市建成区面积超过1800平方公里、增加90平方公里，城建投资完成2000多亿元。移民搬迁项目投资增长59.9%，教育、医疗卫生投资分别增长35.9%、38.9%。三是民间投资力度加大。出台进一步激发民间有效投资活力促进经济持续健康发展的实施意见等政策措施，扎实开展民间投资政策落实情况“回头看”专项行动，先后3次发布重大民间投资项目工程包、2次发布重点PPP项目工程包，共向社会推出项目1166个、项目总投资1.46万亿元。大数据、大旅游、大健康、智能制造等新兴产业领域民间投资占比均超过70%。四是资金保障总体有力。财政总收入2975.66亿元、增长12.4%。争取中央各项补助2992.15亿元、增加221.58亿元。获国家核准发行企业债券17支、总规模210.7亿元，获核准发行境外企业债券3支、规模10亿美元。政府出资产业投资基金达80支，累计到位资金1092亿元。

同时，消费转型升级步伐加快。出台完善促进消费体制机制实施方案，着力释放居民消费潜力。消费升级类商品销售增长较快，建筑及装潢材料类、化妆品类、家用电器和音响器材类零售额分别增长20%、14.4%、12.8%，与汽车消费相关的石油零售额增长16.8%。旅游、文化、信息等服务消费较快增长，限额以上企业单位通过公共网络实现的商品零售额增长16.7%，电信业务总量增长165.5%，移动互联网用户总数增长15.2%，4G用户增长20.6%。

（七）全面推进改革开放，发展动力不断增强。精心举办改革开放40周年系列活动。加快建设国家内陆开放型经济试验区。一是重点领域改革全面深化。实施312项重点改革措施，形成370多项改革成果。产权制度改革和资源配置体制改革扎实推进。“放管服”改革持续深化，编制审批服务便民化“六张清单”，省直部门实施的行政许可减少为 270 项。投资项目审批、核准、备案办理时限分别缩减为法定时限的 30%、15%、15%。社会信用体系与大数据融合发展试点省建设、“三十四证合一”改革、市场准入负面清单制度深入推进，日均新增市场主体 1841 户。所有贫困县财政涉农资金实行整合。贵安新区国家级绿色金融改革创新试验区加快建设。启动毕节贯彻新发展理念示范区建设。贵州省定价目录数缩减 23.7%。对重点国有景区门票全面实行降价政策，减少游客门票支出 3 亿多元。二是对外开放深入推进。积极参与“一带一路”建设、长江经济带发展和泛珠三角区域合作。主动参与国际陆海贸易新通道建设。贵阳国家级跨境电商综合试验区和贵安新区深化服务贸易创新发展国家试点获批建设。深入开展产业大招商行动和营商环境大整治行动，开通服务民营企业直通车，省领导带头到欧美日韩和港澳招商，全面实施外来投资服务和保障条例，发布多批重点产业招商引资项目，引进项目 7317 个，招商引资到位资金、实际利用外资均增长 15%。遵义综合保税区封关运行，64 个开发区列入国家目录。新增开通贵阳至旧金山、洛杉矶、莫斯科等 5 条洲际航线，铜仁凤凰机场实现临时口岸开放。成功举办数博会、生态文明贵阳国际论坛、中国—东盟教育交流周、酒博会、国际山地旅游暨户外运动大会、全球贵商发展大会等重大活动。黔渝、黔粤等区域合作不断深化。

（八）大力保障和改善民生，民生福祉持续增强。“十件民生实事”全面完成。一是就业收入水平不断提升。就业增收渠道不断拓宽，城乡居民增收综合配套政策试点省加快建设，居民收入增速快于经济增速。调增低于当地公务员平均工资收入水平的贫困地区中小学教师绩效工资。二是社会保障水平不断提升。城乡居民基本医保政府补助标准提高到 490 元。城乡低保平均标准分别提高 6.6%、9.1%。基本养老、社会救助、工伤保险等标准稳步提高。调整机关事业单位工作人员基本工资标准。三是教育、医疗卫生等服务能力不断提升。建成公办幼儿园 669 所，改造农村义务教育薄弱学校 973 所。花溪大学城、清镇职教城入住学生新增 3 万人、达 22.7 万人，基层医疗卫生服务能力 3 年提升计划全面完成。初步建成全国首个山地紧急医学救援体系。3 所省属医院纳入国家疑难病症诊治能力提升工程。开展远程医疗会诊服务 23.6 万例。对 100 个病种实行按病种收费。跨省异地就医实现即时结算。四是文化、体育等服务能力不断提升。文化惠民工程加快推进，第十届省运会、第九届省少数民族传统体育运动会成功举办。民族团结进步繁荣发展示范区、宗教关系和谐示范区加快建设。双拥共建活动扎实开展，国防动员能力和退役军人服务保障水平不断提升。

总的来看，2018 年全省经济社会持续快速健康发展，这是党中央、国务院亲切关怀和各方大力支持的结果，是省委、省政府科学决策和正确领导的结果，是省人大、省政协监督支持的结果，是全省上下团结拼搏、苦干实干的结果。成绩来之不易、难能可贵，需倍加珍惜。同时也要看到，受复杂多变的宏观环境等因素影响，我省经济下行压力持续加大，经济运行稳中有变、变中有忧，部分经济指标增速回落，我省经济社会发展中仍然存在一些亟待破解的困难和问题。一是脱贫攻坚任务仍然繁重。贫困地区基础设施、公共服务等短板和薄弱环节依然不少。扶贫产业规模化、市场化水平不高。易地扶贫搬迁后期扶持任务艰巨。一些贫困群众脱贫内生动力不足。二是实体经济发展面临困难仍然不少。传统产业转型升级步伐还需加快，新兴产业规模仍然较小，部分企业开工不足。民营企业、中小微企业融资难融资贵问题尚未有效解决。三是保持投资较快增长压力加大。占比超过 40% 的基础设施投资增速持续回落。工业投资仍是我省投资短板。民间投资对房地产开发投资依赖度仍然较高。金融机构存款余额增速出现回落。投资项目资金保障压力较大。四是一些领域风险隐患不容忽视。部分地方和行业存在债务风险隐患，个别市县财政支出压力较大，非法集资等违法违规金融活动仍有发生。个别地方环境污染隐患仍较突出。安全生产、社会治理等领域仍然存在薄弱环节。对这些问题，我们将高度重视，采取有效措施切实加以解决。

二、2019 年经济社会发展的主要任务

2019 年是新中国成立 70 周年，是决胜全面建成小康社会第一个百年奋斗目标的关键之年，是我省脱贫攻坚决战之年，是西部大开发 20 周年。全省经济社会发展的总体要求是：以习近平新时代中国特色社会主义思想为指导，全面贯彻党的十九大和十九届二中、三中全会精神，认真落实中央和全省经济工作会议精神，深入贯彻落实习近平总书记对贵州工作重要指示精神，牢记嘱托、感恩奋进，统筹推进“五位一体”总体布局，协调推进“四个全面”战略布局，坚持稳中求进工作总基调，坚持新发展理念，坚持推进

高质量发展，坚持以供给侧结构性改革为主线，坚持深化市场化改革、扩大高水平开放，加快建设现代化经济体系，继续打好三大攻坚战，着力激发微观主体活力，创新和完善宏观调控，统筹推进稳增长、促改革、调结构、惠民生、防风险工作，保持经济运行在合理区间，进一步稳就业、稳金融、稳外贸、稳外资、稳投资、稳预期，提振市场信心，提高人民群众获得感、幸福感、安全感，守好发展和生态两条底线，推进三大战略行动，加快三大国家级试验区建设，决战脱贫攻坚、决胜同步小康，保持经济持续健康发展和社会大局稳定，为全面建成小康社会收官打下决定性基础，以优异成绩庆祝中华人民共和国成立70周年。

按照上述总体要求，综合考虑2019年国内外发展环境和我省实际，对标打赢脱贫攻坚战和高质量发展要求，2019年的主要预期目标是：地区生产总值增长9%左右、力争超过1.6万亿元。一二三产业增加值分别增长6.8%、9.5%、10%，规模以上工业增加值增长9%。固定资产投资、社会消费品零售总额分别增长13%左右、10%左右。减少农村贫困人口110万人，18个县通过脱贫摘帽考核验收，17个县达到脱贫摘帽标准，全面完成188万人易地扶贫搬迁任务。全员劳动生产率提高到每人7.3万元左右，科技进步贡献率提高到50%左右，新经济、绿色经济、制造业占地区生产总值比重分别提高到20%、42%、25%左右。常住人口城镇化率提高到49%。县城以上城市空气质量优良天数比率保持在95%以上，森林覆盖率达到58.5%，节能减排降碳指标控制在国家下达计划范围内。城镇新增就业75万人，城镇调查失业率和登记失业率分别控制在5.5%左右、4.2%以内。城镇和农村常住居民人均可支配收入分别增长9%左右、10%左右。居民消费价格指数涨幅控制在3%左右。

围绕实现上述目标，我们将更加聚焦脱贫攻坚头等大事和高质量发展大局，牢牢把握重要战略机遇期，抢抓中央强力实施三大攻坚战、全力推动高质量发展、强化区域发展战略举措、强基础补短板、促进形成强大国内市场和我省内在变革蓄能聚能持续发力带来的重大机遇，重点抓好九个方面工作。

（一）全力打好精准脱贫攻坚战，奋力夺取决战之年根本性胜利。（1）持续打好“四场硬仗”。围绕基础设施建设硬仗，全面完成农村“组组通”硬化路建设任务，累计建成通组硬化路8.08万公里，实现30户以上自然村寨100%通硬化路。全面解决30户以上自然村寨279.54万农村人口饮水安全问题。全面完成深度贫困地区农村电网改造。围绕易地扶贫搬迁硬仗，落实“六个坚持”“五个三”，建成安置房16万套，完成年度67万人搬迁入住任务。出台实施易地扶贫搬迁“1+6”后续扶持政策，加快构建“五个体系”，推进搬迁群众市民化。围绕产业扶贫硬仗，深入实施贫困地区特色产业提升工程，用好贵州绿色产业扶贫投资基金。加快推进深度贫困县“一县一业”产业扶贫。加强产销对接和市场渠道建设，健全利益联结机制。大力推进电商扶贫。实施农村贫困家庭收入三年倍增行动计划。围绕教育医疗住房“三保障”硬仗，继续压缩行政经费6%用于教育精准扶贫，全面落实建档立卡农村家庭贫困学生资助政策，加快易地扶贫搬迁配套学校和医院建设。实施健康扶贫三年攻坚行动，精准落实基本医疗保险、大病保险、医疗救助政策。完成农村危房改造，同步实施“三改”，基本消除农村老旧住房透风漏雨现象。（2）持续抓好“五个专项治理”。对标“两不愁，三保障”和“三率一度”，按季度及时调整新识别和自然增减人口。完善县级脱贫攻坚项目库，确保脱贫资金精准使用。深入推进涉农资金整合，构建省市县乡四级扶贫资金全链条监管机制。强化扶贫资金审计。确保建档立卡贫困户农村危房应改尽改。（3）持续深化“四个聚焦”。全面落实深度贫困地区脱贫攻坚行动方案，新增脱贫攻坚资金、项目、举措重点向深度贫困地区聚焦，农村基础设施和产业扶贫项目优先安排深度贫困地区。推动16个深度贫困县与东部结对区县开展建设用地增减挂钩结余指标跨省调剂。推动深度贫困村与东部对口帮扶地区实现结对帮扶全覆盖。全免费订单职业教育精准脱贫班面向深度贫困地区招生4000人。深度贫困县扶贫再贷款限额不少于60亿元。（4）持续抓好生态、旅游、就业、网络、党建、文军、体育、消费等扶贫。扎实推进东西部结对帮扶、产业协作、智力帮扶和劳务协作，力争东部帮扶城市与我省贫困县中小学和乡镇卫生院结对帮扶全覆盖。深入实施生态扶贫十大工程、旅游扶贫九项工程和网络扶贫，新增生态护林员1万名。大力实施消费扶贫。强化贫困劳动力规范化培训。深化与澳门特别行政区扶贫合作。主动对接中央国家机关和企事业单位定点帮扶，统筹推进国有企业“百企帮百村”、民营企业“千企帮千村”和“百千万行动”。用好扶贫专线，完善提升扶贫云。

（二）全力打好污染防治攻坚战，加快国家生态文明试验区建设。（1）坚决打好“五场战役”。持续抓好中央环保督察反馈问题整改。强力推进“双十工程”和“百千万”清河行动。统筹推进长江经济带“三水共治”，深入实施生态环境污染治理“4+1”工程，加强乌江、清水江等八大流域环境综合治理，扎实开展入河排污口规范整治和城市黑臭水体治理攻坚行动，出境断面水质优良率和集中式饮用水源地水质达标率稳定在100%。深入开展扬尘、工业企业大气污染、散煤燃烧等治理行动，加快页岩气和煤层气勘查开发利用。全面推进磷化工企业“以渣定产”，力争磷石膏堆存量实现零增长。实施土壤污染防治行动计划，重金属历史遗留废渣治理率超过80%。扎实开展农业面源污染治理，粪便资源化利用率达到75%以上。实施城镇污水处理提质增效三年行动，稳步推进生活垃圾焚烧发电，城市（县城）污水、生活垃圾无害化处理率分别达到92.3%、91.4%。（2）强化生态保护与修复。深入推进新一轮绿色贵州建设行动计划、十大生态修复工程和草海综合治理等生态工程，深入实施森林扩面提质增效三年行动计划。实施贵州乌蒙山片区山水林田湖草生态保护修复试点工程。大力推进国家储备林建设。划定省级“三线一单”，建立应用监管平台，推进生态保护红线勘界定标。实施石漠化综合治理三年攻坚行动，完成营造林520万亩，实施退耕还林350万亩，治理石漠化1000平方公里、水土流失2520平方公里。（3）加快发展绿色经济。深入实施绿色经济倍增计划和绿色制造三年行动计划，建立大生态企业库，支持传统制造业绿色化改造和绿色制造技术创新应用示范项目建设，创建一批绿色园区、绿色工厂、绿色产品，延长绿色链条，推动绿色经济“四型”产业做强做优。培育壮大节能环保产业，发展循环经济，提高工业固体废弃物综合利用率。加快推进林产品配套精深加工。稳步推广装配式建筑应用，积极发展绿色建筑。创新和完善绿色发展价格政策，制定生活垃圾分类考核办法，推进生活垃圾分类收集处理和焚烧发电。强化能源消耗总量和强度“双控”。（4）完善生态文明制度。完成国家生态文明试验区建设34项制度性改革任务。加快国家生态产品价值实现机制和省级空间规划试点省建设。完成长江经济带战略环评市州“三线一单”编制。推行排污许可制度。深化资源性产品价格改革，完善土地和矿产资源有偿使用制度。深入实施生态环境损害赔偿制度，探索建立黔中水利枢纽工程涉及流域生态补偿机制。扎实推进碳排放交易市场建设。全面实行河（湖）长制和林长制。办好“贵州生态日”系列活动。

（三）全力打好防范化解重大风险攻坚战，进一步强化风险防控处置。制定实施打好防范化解重大风险攻坚战三年行动方案。（1）全力防范政府性债务风险。严格落实“七严禁”和“1+8”债务管理系列政策，健全“借用还”与“责权利”相统一的地方政府性债务管理机制，优化政府隐性债务化解方案，确保政府性债务在可控范围内。严格政府债务限额管理。争取国家支持我省继续发行地方政府债券置换符合政策规定的债务。加快政府融资平台公司市场化转型。盘活高校闲置旧校区用地、高速公路沿线土地、园区闲置土地等存量资产，提高政府偿债能力。规范发展PPP模式转化存量债务。用好省级债务风险应急资金池，完善省市资金池联动机制。（2）全力防范化解金融风险。持续开展非法集资、交易场所和互联网金融专项整治行动，整顿规范表外、同业、理财等业务，加大不良贷款处置力度。健全债券违约处置机制。强化企业债券存续期本息兑付风险排查和监管。（3）全力防范安全生产和社会稳定风险。严格落实安全生产责任制，加强道路运输、建筑施工、煤矿、旅游等重点领域安全监管和隐患排查整治。加强综合应急救援基地和队伍建设，大力提高防灾减灾救灾能力。强化食品药品安全监管。强化非洲猪瘟疫情防控处置。深入开展扫黑除恶专项斗争。

（四）全力深化供给侧结构性改革，做大做强实体经济。坚持供给侧结构性改革“巩固、增强、提高、畅通”八字方针，坚持高端化、绿色化、集约化，坚持三次产业全面发力、重点突破，制定出台推动高质量发展的实施意见和建设现代化经济体系的意见，加快建设现代产业体系。

（1）坚持深化农村经济产业革命引领农业高质量发展。① 全面落实“八要素”，更加聚焦产品培育，大力发展蔬菜、茶叶、食用菌、中药材、精品水果、油茶、竹子、辣椒、刺梨、石斛、生态畜牧、生态渔业等特色产业产品。② 以东西部扶贫协作对口帮扶城市为突破口和近期主要目标市场，立足省内市场，加快建设一批“黔货出山”绿色优质农产品标准化示范基地。③ 落实推进500亩以上坝区农业产业结构调整优惠政策，继续调减玉米种植面积，粮经作物种植比调整为33∶67。培育引进一批农产品精深加工龙头企业，农产品加工转化率达到50%。改进农产品包装。加快冷链物流体系建设，积极发展农村电商。大力推行“公司＋合作社＋农户”发展模式，打造一批农民专业示范合作社。④ 以技术革命助推产业革命，每个重点产业组建一支专家团队和科技特派员队伍，开发推广标准化规模化现代种养技术和全产业链食品安全质量保障技术。提高农业耕种收综合机械化水平。大力推进“互联网＋”现代农业。⑤ 全面推行农村“三变”改革，深入推进农村产权制度改革，积极稳妥推进承包地、宅基地“三权”分置改革，土地征收制度改革，农村集体经营性建设用地入市改革等，发展壮大新型农村集体经济。

（2）坚持以制造业为重点促进工业高质量发展。①大力培育十大千亿级工业产业。做大做强基础能源、清洁高效电力、优质烟酒、新型建材、现代化工、先进装备制造、基础材料、生态特色食品、大数据电子信息、健康医药等十大千亿级产业，力争增加值达到4300亿元。推动产业园区和开发区健康发展。创建国家级新型工业化产业示范基地15个。落实降低大数据、新材料等新兴产业和特色优势产业用电成本政策。进一步压缩工业产品生产许可证和产品强制性认证种类。办好贵阳工业产品博览会。②深入实施“双千工程”。对1000户以上规模以上工业企业实施技术改造，完成投资1800亿元以上。聚焦强链补链延链增链，引进1000户以上优强企业。③深入实施能源工业运行新机制。深入实施煤炭工业转型升级高质量发展三年行动，改造提升和建设大中型煤矿40处、产能2000万吨/年。用好能源结构调整基金和投贷联动机制。做大做强盘江、乌江能源集团。加大发电权交易力度。生产煤矿采煤机械化率达到80%，原煤产量达到1.2亿吨、电煤供应7000万吨以上，发电装机容量超过6150万千瓦。④发挥军民融合对制造业高质量发展的重要作用。加快建设贵遵安军民融合经济示范带，推动贵州航天城、航空城建设，深化与航天科工集团等企业合作。全力争取国家在我省布局国家实验室。用好军民融合产业发展基金，实施军民融合项目60个以上、产值增长18%以上，积极争取国家支持实施军民融合重大示范项目。⑤巩固推进“三去一降一补”。降低实体经济企业成本400亿元左右。关闭退出煤矿80处、压减产能1000万吨。制定国有企业“僵尸企业”退出实施办法。坚决防止“地条钢”死灰复燃。降低国有企业杠杆率，分类建立省属国有企业资产负债率警戒线，强化负债规模和资产负债率双重管控。推进市场化法治化债转股扩量提质。⑥加强标准体系建设。实施新兴产业标准领航工程和企业标准“领跑者”制度。加强大数据等新一代信息技术标准研制，推进特色食品等标准体系建设。

（3）坚持以旅游业为龙头带动服务业高质量发展。深入实施服务业创新发展十大工程。制定服务业重点领域高质量发展实施方案。深入推进国家服务业综合改革试点，认定培育10个省级现代服务业集聚区。①加快发展山地旅游业。推进国家全域旅游示范省创建。实施对标国际标准跨区域联合打造世界级精品旅游线路工程。培育壮大温泉疗养、森林康养、户外运动等旅游产品，开发生产索道、登山、露营等山地旅游装备制造产品。加强重点旅游景区基础设施建设，完善“快旅慢游”体系。推进4A、5A级景区旅游标准应用示范建设。加大旅游营销推介力度。旅游总收入和入黔游客分别增长30%以上。②加快发展现代金融等生产性服务业和养老等生活性服务业。实施金融服务贵州发展十项行动计划，创新政策性金融产品。加快建设现代物流示范园区（企业），建设城乡一体化智能化物流运输配送体系，推进100个冷库建设，“黔货出山”销售额增长30%以上。大力发展电子商务、现代商贸和现代仓储业。启动实施世行、法开署联合贷款支持我省养老服务体系建设项目。③大力发展大健康产业。深入实施新一轮大健康产业六项行动计划，制定大健康产业高质量发展行动方案，大健康产业增加值增长15%以上。

（4）大力推动国有企业高质量发展。全力推动重组的省属国有企业发挥更大作用，打造5户以上重点领域国有领军企业。加快国有企业集团混合所有制改革。深入实施市场主体培育“四转”工程，新增企业市场主体8万户以上、规模以上工业企业500户、规模以上服务业企业300户。深入开展服务建筑企业专项行动，支持省外优强建筑企业在我省设立独立法人分公司。做好第四次全省经济普查工作，全面摸清二、三产业大中小企业底数。

（5）大力支持民营企业高质量发展。扎实开展民营经济六大专项行动，用好“民营企业省长直通车”，消除民营企业在准入许可、经营运行、招投标等方面的不公平待遇。实施百亿民营企业培育工程和中小企业“星光”培育工程。开展中国500强民营企业家贵州行活动。落实好普惠性减税政策。全面实施市场准入负面清单制度，落实产权保护措施。鼓励民营企业参与国有企业改制重组。研究建立民营企业贷款风险补偿机制。鼓励金融机构向民营企业发放3年期以上的中长期贷款特别是先进制造业中长期贷款。支持优质企业申报发行债券。开好贵商大会，扶持贵商发展。民营经济占比提高到57%左右。

（五）全力推进以大数据融合发展为引领的科技革命，加快国家大数据综合试验区建设。（1）推动大数据产业创新发展。深入落实数字经济发展意见和规划，加快华为智能终端机服务器产业基地等项目建设，建成投运一批大数据重大项目。支持贵阳建设中国数谷和数博大道。电子信息制造业增加值、软件和信息服务业收入、网络零售额均增长18%以上。

（2）深入实施“万企融合”大行动。建设融合标杆项目100个、示范项目1000个，带动2000户实体经济企业与大数据深度融合。加快推进企业上云，实施10个以上省级智能制造试点示范项目。加快4A级及以上景区智能化升级建设。（3）支持大数据企业发展。启动实施大数据新领域百企引领行动。培育大数据重点企业20家，引进优强企业10家，大数据企业突破1万家。（4）推动大数据开放共享。加快建设“一云一网一平台”，建成电子证照、公共信用等政务服务库。省级政府部门和市州政府开放数据全部接入“云上贵州”，电子政务网络实现省市县乡村五级全覆盖。加快国家社会信用体系与大数据融合发展试点省建设。加快建设国家智慧广电综合试验区。申建国家生物医学大数据中心。（5）推动数字基础设施建设升级。深化光网贵州、满格贵州、宽带乡村建设，推进三大基础电信企业贵安中心扩容增效。争取国际互联网数据专用通道获批建设。加快推进贵阳5G试点商用进程，积极谋划5G网络布局和建设。继续推进网络提速降费。（6）大力推动科技创新。制定高新技术产业高质量发展行动计划。完善支持首台套、首批次示范应用的招投标、政府采购等政策措施，制定重大技术装备攻关工程清单。发布采煤业“四化”改造等技术榜单，推广“智力收割机”模式。支持龙头企业及民营高技术企业实施智能网汽车、植物萃取等科技重大专项。深入开展“千企面对面”科技服务，制定产业转型升级关键技术清单，开展协同创新。新增1家国家级高新区和2家省级高新区。申建贵遵安国家自主创新示范区、国家科技成果转移转化示范区。实施独角兽企业“百企千亿”培育行动，支持民营企业牵头重大科技项目。新增高新技术企业400家。大力推动创新型企业上市。鼓励发行双创专项金融债券、孵化专项债券。高新技术产业产值4500亿元以上。万人有效发明专利拥有量达到3件。深入实施“百千万人才引进计划”“黔归人才计划”“高技能人才振兴计划”，加强工匠人才培养，新增各类人才30万人。

（六）全力扩大有效投资，充分发挥投资关键作用。坚持传统基础设施和新型基础设施建设、基础设施投资和产业投资、政府投资和民间投资并举，选准重点领域和关键项目，抢抓国家促进形成强大国内市场的机遇，用好新一轮西部大开发政策，全力稳住投资基本盘。

（1）大力培育投资增长点。① 加大基础设施投资力度。实施路网、水网、电网、油气网、地下管网和互联网基础设施“六网会战”专项行动。路网方面，深入实施新时代高速公路建设五年决战，开工纳雍至晴隆等一批高速公路，总里程突破7000公里；全力推动铜仁至吉首铁路、瓮马铁路南北延伸线等项目开工建设，加快推进贵阳至南宁高铁、龙洞堡机场三期工程、贵阳和遵义城市轨道交通项目等建设，建成贵阳至成都、安顺至六盘水高铁和贵阳市域快速铁路网，积极推动渝贵客专、黄百铁路等项目有关前期工作，高铁总里程达到1650公里。加大县乡公路提级改造力度，扩大农村客运覆盖面和服务范围。完成交通投资1450亿元。水网方面，开工建设1–2座大型水库和60个骨干水源工程，中型水库投运县达到76个。加强长距离管道输水工程建设。完成水利投资240亿元以上。电网方面，深入推进新一轮农村电网改造升级工程，加快推进威宁、金州等500千伏输变电项目建设，完成电网投资140亿元。油气网方面，建成天然气管道100公里，累计实现47个县通天然气管道。地下管网方面，统筹推动城市地上地下基础设施建设，开工建设地下综合管廊117公里，新增污水管网1000公里以上。互联网基础设施方面，加强人工智能、工业互联网、物联网等新型基础设施建设。通信光缆达到100万公里，出省带宽突破1万Gbps。新增1万个30户以上自然村4G网络覆盖。完成信息基础设施投资120亿元。② 加大工业投资力度。制定实施进一步扩大产业投资的政策措施，新开工亿元以上产业项目200个左右、建成150个左右，加快推进织金年产60万吨煤制烯烃等重大项目建设，推动汉能汉瓦、吉利年产40万台发动机等项目建成投产，完成工业投资4200亿元。能源投资600亿元以上。③ 加大民间投资力度。放宽民间投资准入，陆续发布一批重大民间投资项目工程包，健全向民间资本推介项目长效机制。扎实抓好扩大民间投资五大专项服务行动，建立健全PPP项目实施方案联评联审机制，规范有序推进PPP项目，推动实施1000个重点民间投资项目，完成民间投资6500亿元。④ 加大重大项目建设力度。安排实施省重大工程项目2700个以上，完成投资7200亿元以上。加大用地、林业、环保、资金等要素保障力度，对新上重大项目能耗指标实行单列。办好项目建设现场观摩活动。建立完善加大基础设施等领域补短板力度协调机制，引导金融机构依法合规加大对存在资金缺口的在建项目后续融资和补短板重大建设项目的融资支持力度。⑤ 加大项目资金保障力度。争取国家在转移支付、中央预算内投资、地方政府专项债券、中央财政技改专项资金、企业债券等方面给予我省更大支持。加强发改、财政等部门间沟通衔接，建立地方政府债券项目争取和安排协调机制。引导金融机构支持现代产业体系、“千企改造”工程、新兴产业等项目合理融资需求。健全小微企业贷款风险补偿机制，推广投贷联动模式；支持小微企业开展应收账款质押融资，依托“税务信用云”推进“银税互动”。鼓励银行向企业发放制造业中长期贷款。办好重大项目政金企融资对接会。力争金融机构贷款余额突破3万亿元。深入实施企业上市“百千行动计划”，积极推进“险资入黔”。用好政府产业投资基金和创业投资引导基金。

（2）多措并举促进消费升级。制定出台完善促进消费体制机制进一步激发居民消费潜力的政策措施。扎实开展批零住餐重点领域市场主体培育和上规入统专项行动。全面取消二手车限迁政策，加强新能源汽车充电基础设施建设，完善汽车消费相关政策，加快发展汽车、石油等大宗消费。稳步扩大旅游、教育、文化、体育、养老、家政、托幼、住房租赁等消费。打造10条商贸特色步行街和100个社区便利店，开展100个传统农贸市场信息化改造。健全农村流通网络体系和售后服务体系，大力发展农村电商。加强消费领域信用体系建设。落实好个人所得税专项附加扣除等政策，千方百计增加城乡居民收入，增强居民消费能力。

（七）全力深化改革扩大开放，加快国家内陆开放型经济试验区建设。

（1）坚定不移深化市场化改革。① 加快“放管服”改革。全面实施“证照分离”改革，工程建设项目审批时间、企业开办时间、不动产登记办理时间分别压缩至80个、3个、5个工作日以内。省级政务服务网上可办率达到100%。建成全省统一的公共资源交易平台、监督平台。推动出台《贵州省社会信用条例》。② 加快投融资改革。推广投资项目承诺制。全面推开“多评合一、联合评审”和“先建后验”管理模式。推动出台《贵州省政府投资条例》。③ 加快金融改革。推动出台《贵州省地方金融》条例。开展金融机构持有企业股权试点，完善保险资金等机构资金对项目建设的投资机制。加快建设贵安新区国家绿色金融改革创新试验区。④ 加快财税体制改革。全面实施零基预算管理和预算绩效管理，稳妥推进省以下分领域财政事权和支出责任划分改革。巩固扩大税收征管体制改革成果。⑤ 加快能源、价格、科技、司法、文化旅游等领域改革。强化举措支持毕节加快建设贯彻新发展理念示范区。完善服务业和新经济统计制度。深化教育领域综合改革和医药卫生体制改革。

（2）坚定不移扩大高水平开放。制定深化改革扩大开放加快推进贵州内陆开放型经济试验区建设的意见。① 积极参与“一带一路”建设和推动全方位对外开放。深入实施参与“一带一路”建设三年行动计划和推动企业沿着“一带一路”方向“走出去”行动计划，完善重大项目库、重点企业库和重要产品库，制定支持国际陆海贸易新通道建设的政策措施。落实好外商投资两个负面清单，全面清理取消负面清单外对外资设置的准入限制，推动中瑞产业园、中英产业园等国际合作园区加快建设。加快完善口岸基础设施和智慧航空口岸建设。支持贵阳国家级跨境电商综合试验区建设和贵安新区国家服务贸易创新发展试点。② 深入推进产业大招商。坚持引商稳商并举，大力开展产业链招商和先进生产力招商，推行以商招商、以企招企，重点产业招商引资到位资金5000亿元以上，实际利用外资增长10%。强化招商引资责任制，完善督查考核机制，落实“省带头、市推动、县落实”工作机制，提高项目履约率、入园率、开工率、投产率。③ 做强开放平台。加快推进“1+8”开放创新平台建设。深入实施千亿级开发区培育升级计划。积极参与第二届“一带一路”国际合作高峰论坛和第二届中国国际进口博览会。办好数博会、中国—东盟教育交流周、酒博会等重大活动。④ 强化区域合作。制定实施强化举措推进西部大开发形成新格局的实施意见。加强长江上游地区省际合作，协调推进成渝贵内陆开放开发示范区建设，积极承接长江下游和沿海地区产业转移。制定融入粤港澳大湾区建设三年行动计划，深化泛珠三角区域合作，推进广东（贵州）产业园等加快建设。

（八）全力推进乡村振兴和新型城镇化，促进城乡区域融合协调发展。

（1）大力实施乡村振兴战略。① 出台实施乡村振兴战略规划。深入推进“四在农家·美丽乡村”小康升级行动计划，完成投资500亿元以上。启动实施“十县百乡千村”乡村振兴示范工程。推动宽带乡村、智慧乡村工程向30户以上自然村延伸。② 深入开展农村人居环境整治三年行动。大力实施厕所革命、农村生活垃圾治理、农村生活污水治理、村庄清洁四个专项行动，以整县推进方式加快实施农村生活垃圾收运处置体系建设，行政村公共厕所普及率达到75%。③ 加强乡村振兴与脱贫攻坚统筹衔接，研究制定收入水平略高于建档立卡贫困户群体的支持政策。

（2）全面提升城镇化发展质量。① 加快建设黔中城市群。深入实施黔中城市群发展规划。支持贵阳和区域中心城市加快发展，建好贵安新区，依托交通一体化推进同城化，培育高质量发展动力源。实施城市品质提升行动计划。加快智慧城市、海绵城市和高铁新城建设。② 提升新型城镇化水平。抓好国家级和省级试点示范。加快农业转移人口市民化，新增城镇人口60万人以上。分类培育特色鲜明的工业小镇、农产品集散小镇、旅游小镇。③ 加快发展县域经济。实施宜居县城建设行动。培育一批现代山地特色高效农业、现代工业、现代服务业和旅游经济示范县。加快县域开发区转型升级。深入推进以县为单位同步小康创建活动。

（九）全力保障和改善民生，不断增强“民生三感”。民生工程实事完成投资1400亿元以上。（1）全面落实就业优先政策。制定实施稳定就业预案。深入实施高校毕业生就业创业促进计划和基层成长计划。扎实做好化解过剩产能职工和退役军人等群体就业工作。大力实施农民全员培训三年行动计划和“雁归兴贵”计划。制定扩大中等收入群体规划。出台近期促进居民增收行动计划，深入推进城乡居民增收试点省建设。（2）大力提升教育质量。实施推进教育现代化建设教育强省实施纲要。深入推进第三期学前教育行动计划，学前三年入园率提高到88%。开展城镇小区配套幼儿园治理工作。完善中小学教师待遇保障机制。抓紧消除城镇义务教育学校大班额，减轻中小学生课外负担，推动县域义务教育优质均衡发展。创新职业教育发展和职业技能培训，深化产教融合。加强普通高中特色学校建设，大力实施职业教育兴黔富民行动计划。推进高校“双一流”建设，调整优化高等院校学科结构和专业设置，为建设特色教育强省奠定坚实基础。（3）加快推进健康贵州建设。实施健康中国人行动计划。深入实施医疗卫生服务能力提升八大工程和“银龄计划”。深入推进“百院大战”建设，新增3所三甲医院、3所儿童医院。推进“互联网+医疗”，推动远程医疗向村延伸。全面推进分级诊疗。推动省市县乡四级紧急医学救援中心全覆盖。深入实施黔医人才计划、千人支医计划。加强疾控能力建设，进一步做好传染病、地方病、慢性病综合防控。深入开展生育健康全程服务。开展城企合作发展普惠性养老服务专项行动。推动医养结合。（4）完善社会保障安全网。深入推进全民参保计划。尽快与全国实现统一的城乡居民基本医保和大病保险制度，继续提高人均财政补助标准。扩大跨省异地就医直接结算定点医疗机构覆盖范围。完善养老保险省级统筹，企业职工基本养老保险实现省级统收统支，城乡居民基本养老保险基础养老金提高到每人每月93元。城乡低保标准平均提高3%、5%。完善社会救助标准与物价上涨联动机制。统筹推进城乡社会救助体系建设，加强未成年人、困境儿童和农村“三留守”人员、城镇困难职工、失独失能老人、残疾人关爱保护，农村生活不能自理特困人员集中供养率达到45%。建立困难退役军人军属帮扶援助机制。（5）加快补齐公共服务领域短板。制定社会领域公共服务补短板、强弱项、提质量行动实施方案，加快补齐托育、幼儿园、义务教育、就医、养老、助残、家政等领域发展短板。（6）不断推动文化繁荣发展。健全公共文化服务体系，开展文化下基层活动，加强非遗技艺传承培训。大力倡导全民阅读。加快数字文化馆建设。加强文化遗产保护传承和传统村落保护，开展整县推进传统村落公共传统建筑修缮加固。实施艺术精品工程，推动文化与旅游深度融合发展，打造引领全域文旅产业龙头企业。（7）加强社会创新管理。加强民族团结进步繁荣发展示范区建设，创建宗教关系和谐示范区。深入开展拖欠农民工工资专项治理。加强社会治安综合治理，加大公共安全防控和监管，新建“雪亮工程”视频监控3万个，建成50个重点村寨农村消防综合管控系统平台。扎实做好信访维稳等工作，维护社会和谐稳定。

扎实办好“十件民生实事”。（1）解决280万左右农村人口饮水安全问题。（2）农村公路安全生命防护工程处置隐患里程5000公里。（3）新建城市公共停车位3万个。（4）建设500所公办幼儿园、50所易地扶贫搬迁安置点配套学校、50所义务教育阶段学校，启动建设50所“强基”工程中等职业学校。（5）为贫困地区6~24月龄儿童免费发放营养包。（6）公益性岗位安置就业困难人员6万人，转移农村劳动力70万人，强化40万贫困劳动力技能培训。（7）建成城镇保障性安居工程8.38万套，改造农村危房4万户。（8）建设城乡养老机构设施500个、精神康复社会福利院5所，新建老年体育活动中心、农民体育健身设施466个。（9）建设改造农村户用卫生厕所53万户、农村公共卫生厕所5000个、旅游厕所260个、城镇社区公共卫生厕所350个。（10）开工建设建制镇生活垃圾处理设施160个、生活污水处理设施110个。

各位代表，做好今年全省经济社会发展工作意义重大、任务艰巨。我们要更加紧密团结在以习近平同志为核心的党中央周围，在省委、省政府的坚强领导下，自觉接受省人大、省政协的监督，虚心听取代表和委员的意见建议，大力培育和弘扬新时代贵州精神，凝心聚力、真抓实干，全力保持经济社会发展持续向好势头，全力完成全年经济社会发展各项目标任务，奋力夺取脱贫攻坚决战之年根本性胜利，推动高质量发展迈出更大步伐，以优异成绩庆祝中华人民共和国成立70周年！

贵州省2018年全省和省本级预算执行情况与2019年全省和省本级预算草案的报告

（2019年1月27日在贵州省第十三届人民代表大会第二次会议上）

贵州省财政厅

各位代表：

受省人民政府委托，现将2018年全省和省本级预算执行情况与2019年全省和省本级预算草案，提请省十三届人大二次会议审议，并请省政协各位委员和其他列席人员提出意见。

一、2018年全省和省本级预算执行情况

过去的一年，全省各级财政部门以习近平新时代中国特色社会主义思想为指导，深入贯彻党的十九大精神和习近平总书记在贵州省代表团重要讲话精神，全面贯彻党的十九届二中、三中全会精神，省委十二届三次、四次全会精神，在省委、省政府的坚强领导下，在各级人大和政协的监督下，依法理财、履职担当，认真执行省十三届人大一次会议批准的预算，牢记嘱托、感恩奋进，全力支持打好三大攻坚战，推进三大战略行动，深化财税体制改革，依法行政、依法理财，财政收支目标圆满完成。

（一）一般公共预算

全省财政总收入2975.66亿元，比上年增加327.34亿元，增长12.4%。全省一般公共预算收入1726.8亿元，为预算的100%，比上年增加112.96亿元，增长7%。其中，税收收入1265.97亿元，增加86.24亿元，增长7.3%；非税收入460.83亿元，增加26.72亿元，增长6.2%，非税收入占比为26.7%，下降0.2个百分点。加上中央转移支付2966.69亿元、地方政府一般债务收入1346.14亿元（含置换债券收入）、调入预算稳定调节基金340.43亿元、调入资金362.12亿元和上年滚存结余收入102.17亿元，收入合计6844.35亿元。全省一般公共预算支出5017.32亿元，增加404.8亿元，增长8.8%。加上地方政府一般债务支出1339.49亿元（含置换债券还本支出）、上解中央支出6亿元、补充预算稳定调节基金367.52亿元、结转下年安排支出139.59亿元和调出资金0.11亿元，支出合计6870.03亿元。全省赤字25.68亿元（为赤字市县的历年滚存赤字），较上年消化3.36亿元。

省本级一般公共预算收入341.49亿元，为预算的119.2%，比上年增加46.17亿元，增长15.6%。其中，税收收入229.8亿元，为预算的112.9%，增加37.78亿元，增长19.7%；非税收入111.69亿元，为预算的135%，增加8.38亿元，增长8.1%。加上中央转移支付2966.69亿元、地方政府一般债务收入1346.14亿元（含置换债券）、调入省级预算稳定调节基金246.14亿元、调入资金34.99亿元、市县上解省级收入79.85亿元和上年结转收入68.16亿元，收入合计5083.46亿元。省本级一般公共预算支出948.12亿元，增加141.59亿元，增长17.6%。加上省对市县补助支出2456.66亿元、地方政府一般债务支出1307.16亿元（含置换债券还本和转贷市县支出）、上解中央支出6亿元、补充省级预算稳定调节基金290.8亿元和结转下年支出74.72亿元，支出合计5083.46亿元。收支平衡。

全省民生类重点支出完成3498.86亿元，增加252.12亿元，增长7.8%。

（二）政府性基金预算

全省政府性基金收入1249.89亿元，比上年增加288.73亿元，增长30%。加上中央补助41.77亿元、上年结转122.35亿元、调入资金2.63亿元、地方政府专项债券收入883.86亿元（含置换专项债券及再

融资专项债券收入），收入合计2300.5亿元。全省政府性基金支出1075.92亿元，增加197.21亿元，增长22.4%。加上调出资金1.39亿元、地方政府专项债券支出871.86亿元（含置换专项债券还本及再融资专项债券支出），支出合计1949.17亿元。收支相抵，当年收大于支351.33亿元，减去结转下年安排支出，按规定调入一般公共预算资金后，收支平衡。

省本级政府性基金收入48.41亿元，为预算的178.2%，比上年增加21.42亿元，增长79.4%。主要是国有土地使用权出让收入增加14.07亿元。加上中央补助41.77亿元、上年结转10.43亿元、调入资金2.63亿元、地方政府专项债券收入827.03亿元（含置换专项债券及再融资专项债券收入），收入合计930.27亿元。省本级政府性基金支出39.57亿元，加上省对市县补助支出33.68亿元、调出资金1.39亿元、地方政府专项债券支出827.03亿元（含转贷市县支出、置换专项债券及再融资专项债券还本支出），支出合计901.67亿元。收支相抵，结转28.6亿元。

（三）国有资本经营预算

省本级国有资本经营收入47.91亿元，为预算的100%，比上年增加38.66亿元，增长418%，增长的主要原因是为了保障和改善民生，提高了调入一般公共预算的比例，同时，根据利润实际情况实施分类上交比例，完善了国有资本经营预算管理制度，规范了省属企业国有资本收益管理。省本级国有资本经营支出47.91亿元，为预算的100%，增长418%。收支平衡。

（四）社会保险基金预算

全省社会保险基金收入1146.49亿元，为预算的111.6%，比上年减少29.29亿元，下降2.5%。全省社会保险基金支出993.71亿元，完成预算的104.3%，比2017年减少20.12亿元，下降2%。2018年全省社会保险基金当年收支结余152.78亿元。

省本级社会保险基金收入189.67亿元，为预算的103.6%，比上年减少42.76亿元，下降18.4%。省本级社会保险基金支出141.81亿元，完成预算的103.4%，减少41.75亿元，下降22.7%。2018年省本级社会保险基金当年收支结余47.86亿元。

全省和省本级社会保险基金收支较上年下降，是因为我省上年启动机关事业单位养老保险征缴工作，按照财政部要求，上年基金收支预算及完成数是按39个月（2014年10月至2017年12月）累计数编报。因此，2018年完成数比上年下降。

（五）地方政府债务

2018年，财政部下达我省政府债务限额9361.5亿元（一般债务限额5601.47亿元，专项债务限额3760.03亿元）。其中，省本级政府债务限额1330.91亿元（一般债务限额1004.02亿元，专项债务限额326.89亿元）。2018年12月快报反映，我省政府债务余额8368.43亿元，加上利用置换政策转化的债务合计余额8834.15亿元（一般债务余额5326.48亿元，专项债务余额3507.66亿元），其中，省本级政府债务余额1091.96亿元（一般债务余额908.91亿元，专项债务余额183.05亿元）。2018年，全省及省本级政府债务余额均未超过本地区政府债务限额。

二、2018年的财政工作

2018年，全省各级财政部门认真落实省人大预算决议要求，严格执行预算法各项规定，完善体制机制，加强收支管理，提高资金绩效，财政管理和改革取得积极进展，促进了全省经济社会持续健康发展。

（一）持续聚焦重大任务，打好脱贫攻坚战。一是主攻“四场硬仗”。从中央车购税补助资金中安排106.53亿元用于农村公路三年会战，安排21.65亿元助力高速公路加密网建设。“组组通”贷款由省级财政全额贴息6.28亿元，超额建成“组组通”公路7.75万公里，完成投资200亿元。我省易地扶贫搬迁188万人，已划拨补助资金到各县915.01亿元，已搬迁入住128.52万人。其中，2018年计划建设的136个安置项目已建成住房14.33万套。农村产业革命蓬勃兴起，农业保险、农业担保、政策性担保跟进助力；绿色产业扶贫投资基金、普惠金融政策、民贸民品补贴持续推动，财政和金融联动保障，玉米调减指标超额完成，县有主业、乡有特色、村有一品的农业产业结构战略性调整初见雏形。省级下达教育精准扶贫资助资金10.45亿元，46.51万寒门学子受益，实现了“精准资助，应助尽助”。农村“危改”“三改”补助资金24.33亿元及时到位，11.48万户建档立卡贫困户等4类重点对象受益，解决88.4万农村贫困人口饮水安全问题。着力保障基层医疗卫生服务能力三年提升计划，安排12.66亿元，支持全省县级医疗机构“5+2”重点学科、社区卫生服务中心、乡镇卫生院中医馆建设和基层人才队伍培训，补齐基层医疗卫生服务能力薄弱的短板。支持完善基本医保、大病保险、医疗救助等有效衔接的多重保障机制，有效防止建档立卡贫困人口因病致贫返贫。二是主攻深度贫困地区。统筹中央和省级财政资金464.3亿元，加大对深度贫困地区转移支付补助力度，在省对市县均衡性转移支付、县级基本财力保障机制奖补资金、重点生态功能区转移支付以及财政扶贫专项资金等转移支付分配时，加大贫困因素和权重。三是主攻乡村振兴。下达农业农村发展专项资金51.62亿元，重点用于耕地地力保护、农业产业发展、高效农业示范园区建设等方面。全省小康寨行动计划完成投资45.06亿元，完成年度目标任务的128.7%，广大农村生产生活条件进一步改善。继续支持贫困县涉农资金统筹整合，66个贫困县整合资金269.81亿元。在全省范围内开展闲置扶贫资金专项清查工作，逐一提出整改时限，共清理16.58亿元，全部整改完毕。启动扶贫资金动态监控，实现扶贫资金与项目精准对接。

（二）持续聚焦发展和生态底线，推动经济高质量发展。一是推进大数据战略行动。安排信息化项目预算15.52亿元，充分发挥财政资金引导作用，撬动更多社会资本参与我省大数据、信息化产业的发展。二是支持实施大生态战略。及时下达中央和省环保专项资金支持农村环境整治和水污染防治。在全国率先建立跨省流域生态补偿制度，赤水河流域横向生态保护补偿机制运行良好；中央环保督察反馈意见中涉及财政投入问题，省级财政整改任务已全部销号整改，督促指导各级财政加大环保资金投入并追踪问效；“贵州省乌蒙山国家脱贫攻坚区山水林田湖草生态保护修复重大工程”成功入围全国第三批试点。三是扶持实体经济发展。省级工业和信息化发展专项资金14.4亿元，60%以上支持民营经济发展；安排省级资金7亿元扶持微型企业发展，优化微型企业“3个15万元”扶持政策；省级安排10亿元支持煤矿企业“一去二化三利用”，完善能源工业运行新机制，加强煤电要素保障，极大地缓解了电煤供应紧张局面；下达支持科技资金19.44亿元，加大基础研究投入，加强科技力量建设；深入推进“政银担”合作模式，“4321”政策性融资担保完成担保额53.66亿元。推动农担体制改革，推广“一县一业农担产业贷”产品包试点取得明显成效。持续推进“贵工贷”“黔微贷”“贵园信贷通”等融资政策，进一步缓解民营经济和中小微企业融资难问题。四是落实减税降费措施。积极落实供给侧结构性减税政策，全年共减税431.61亿元，减轻企业负担，激发微观主体活力，促进经济持续稳定增长。下调增值税税率1个点、年应纳税所得额低于100万元的小微企业按20%的税率减半征收所得税、小规模纳税人标准提高至年销售额500万元等减税政策的实施，促进了实体经济发展。积极贯彻中央和省关于政府性基金和行政事业性收费清理优惠政策，全年为我省社会和企业共减负约3亿元。

（三）持续聚焦改革开放，推进财政体制改革。一是推动财政与金融深度融合。探索PPP模式与脱贫攻坚的有机结合。截至目前，全省已进入执行阶段的PPP项目共211个，总投资5501.91亿元，PPP项目的实施助推近100万人实现脱贫。承办亚太地区PPP和基础设施融资联络网首次活动。加强与国际金融组织和外国政府之间的贷款合作，提升外贷项目的示范性和创新性。世界银行行长金墉考察调研我省农村电商、养老产业、大数据发展和满帮集团，对贵州通过发展农村电商和大数据助力脱贫攻坚给予充分肯定，为加强世界银行与贵州的进一步合作打下了良好基础。二是健全预算管理制度。加快省以下财政事权和支出责任划分改革，确定八大类18项基本公共服务领域省与市县共同财政事权及支出责任分担办法，稳妥推进医疗卫生领域省以下事权和支出责任划分改革，逐步建立起我省权责清晰、依法规范、运转高效的医疗卫生领域省以下财政事权和支出责任划分模式，提高基本医疗卫生服务的供给效率和水平。全面实施零基预算管理，改变原有“基数加增长”的省级部门预算编制方式，持续优化财政支出结构。着力打造预算管理一体化系统，从年初预算编制、年度预算执行、预算调整控制、资金支付管理和预决算编报等各环节的数据规范、业务流程、节点控制等方面实行技术管控，强化政府预算刚性约束，进一步提高各级政府预算管理水平。三是进一步推进国库集中支付制度改革。继续扩大国库集中支付制度改革范围，实现省、市、县三级国库集中支付电子化管理全覆盖；完善预算执行动态监控机制，建立起集事前、事中、事后监控于一体覆盖省、市、县三级的预算执行动态监控体系。突出专项监控，重点加强“三公”经费监控力度，与省纪委省监委实现“三公”经费监控信息共享，助力监督执纪精准化。四是全面实施预算绩效管理。制定完善绩效管理相关规章制度，将绩效理念和方法贯穿预算编制、执行、监督全过程，着力提高财政资源配置效率和使用效益。督促指导107家省级预算部门编制2018年度预算绩效目标，并随同预算同步批复407个项目支出预算绩效目标。通过政府购买服务方式，引入第三方专业机构，对74个财政专项资金进行重点绩效评价，为项目后续资金投入和政策完善提供决策依据。

（四）持续聚焦财政风险，着力化解政府债务。一是稳妥化解存量债务。平均成本从7.8%降至3.5%，平均年限从4.2年拉长至6.1年，2015—2018

年累计节约利息约1000亿元，极大缓解了我省集中还本付息压力。政府债务已全部置换为政府债券，按规定可通过发行再融资债券予以置换，加上政府债券利息已纳入预算安排，政府债务风险总体可控。二是坚决遏制债务增量。严格落实贵州省政府性债务管理“七严禁”。从严控制新建投资项目，强化融资平台公司的风险意识、成本意识和底线意识，从严监管、审核国有企事业及平台公司新增债务。严格落实各市县债务风险管控责任，从严加强项目管理，坚持量入为出、量力而行，围绕脱贫攻坚主战略，突出重点投资项目，严格执行建设标准，着力控制投资规模，严禁以脱贫攻坚之名违规审批“花架子”项目，坚决遏制债务增量。通过统筹财力性转移支付增量等安排32.47亿元用于债务高风险市县偿还到期债务本息。三是建立债务风险应急预案。建立债务风险应急处置机制，从快速响应、分类施策、各司其职、协同联动、稳妥处置等方面，指导和规范全省债务风险应急处置工作。设立省级债务风险应急资金池，推动市州资金池的设立，强化省市协同形成全省合力，有效防范和化解债务风险。四是扎实推进巡视整改。成立巡视整改工作领导小组，组建政府性债务清理化解、企业债务清理化解等14个专项工作组，自上而下推进巡视整改相关工作。省财政厅相应组建5个工作专班，建立并完善巡视整改工作机制。中央巡视组指出的典型问题已整改完毕，全省和省本级综合债务率均降至100%以内。

（五）持续聚焦民生改善，不断增强人民获得感。一是提高养老金标准。企业职工基本养老保险实现省级统收统支，城乡居民基本养老保险基础养老金提高到每人每月93元。全年共下达城乡居民基本养老保险中央和省级补助资金47.76亿元，城乡居民基本养老保险待遇进一步提高。及时拨付职工基本养老保险中央补助资金90.23亿元，人民获得感进一步增强。二是提高医疗保障标准。2018年城乡居民医保财政补助标准比2017年提高40元，达到每人每年490元。下达城乡居民基本医疗保险中央和省级补助资金160.08亿元，确保提标政策落实到位。三是提高基本公共卫生服务均等化标准。下达中央和省级基本公共卫生服务项目补助资金18.58亿元，将基本公共卫生服务补助标准由2017年的50元提高到55元，重点推进城乡居民免费建立健康档案、健康教育、传染病防治等工作。四是提升县乡医疗卫生水平。安排1.29亿元，支持全省2732个深度贫困村卫生室规范化建设、农村中小学医务室诊疗设备和移民搬迁点卫生室设备配置，进一步提升贫困地区基层卫生机构建设和诊疗水平。新增重要基础性民生项目医疗卫生建设资金6.9亿元，重点推进全省易地扶贫搬迁配套的医疗卫生基础设施和省市儿童医院项目建设。下达县乡公立医疗卫生机构化债奖补资金5亿元，积极稳妥推动公立医院历史债务的化解工作，为公立医院改革发展减负。

（六）持续聚焦法治财政，推动依法行政依法理财。一是贯彻落实预算法的规定，对虚增财政收入开展专项核查，针对核查发现的问题，及时完善制度，堵塞漏洞。二是组织5个检查组，对全省16个贫困县2017年中央和省级财政专项扶贫资金的投入、管理和使用情况开展了专项检查，针对检查存在的问题督促整改，进一步加强了扶贫资金的管理，提高了使用效益。三是在全省范围内开展贯彻落实政府性债务管理“七严禁”情况专项检查；会同财政部驻贵州专员办，对全省9个市州及贵安新区置换债券使用管理情况进行全面检查，并对相关责任人进行了问责。四是按照政府采购法等法律法规，组织开展全省政府采购代理机构监督检查工作，对违法违规的代理机构依法进行处理处罚。五是按照财政部内部控制相关规定，随机抽取代理记账机构、行政事业单位、非证券资格会计师事务所和资产评估机构等开展会计监督检查，进一步规范行业发展。六是完成省级人大预算联网监督系统建设，市州人大预算联网监督系统建设正在有序推进中。配合省人大研究制定我省国有资产报告制度，参与制度起草工作，组织开展2018年国有资产报告工作，试编贵州省2017年度国有资产报告。七是办理提案议案答复300件，均在规定时限内办理完毕，件件有落实、事事有回复。

在肯定成绩的同时，我们也清醒地认识到，财政工作还面临一些问题和挑战，主要是全省财政仍存在财源基础不够稳固、财政收支矛盾突出、隐性债务风险积聚等问题，预算绩效管理、扶贫资金管理等还有待深化细化。对于这些问题，我们将进一步深化财政改革，妥善加以解决。

三、2019年全省和省本级预算草案

2019年是新中国成立70周年，是决胜全面建成小康社会第一个百年奋斗目标的关键之年，是脱贫攻坚决战之年。编制2019年预算的指导思想是：以习近平新时代中国特色社会主义思想为指导，全面贯彻党的十九大和十九届二中、三中全会精神，深入贯

彻落实习近平总书记对贵州工作系列重要指示批示精神，认真落实中央和全省经济工作会议、全国财政工作会议精神以及省委十二届二次、三次、四次全会部署，加强党对经济工作的领导，牢记嘱托、感恩奋进，统筹推进“五位一体”总体布局，协调推进“四个全面”战略布局，坚持稳中求进总基调，坚持新发展理念，坚持推动高质量发展，坚持以供给侧结构性改革为主线，统筹推进稳增长、促改革、调结构、惠民生、防风险各项工作，进一步稳就业、稳金融、稳外贸、稳外资、稳投资、稳预期，守好发展和生态两条底线，强力推进三大战略行动，决战脱贫攻坚、决胜同步小康。按照党中央、国务院和省委、省政府决策部署，积极的财政政策加力提效，实施更大规模的减税降费；优化财政支出结构，提高资金配置效率；全面实施预算绩效管理，加强地方债务管理，保持经济持续稳定健康发展和社会大局稳定。根据2019年全省经济社会发展主要预期目标，综合考虑国家宏观经济调控总体要求以及国家出台的大规模减税降费政策等因素，全省和省本级预算遵循“稳中求进、积极稳妥、统筹兼顾，勤俭节约、量力而行，讲求绩效、收支平衡”的原则编制。

（一）一般公共预算

2019年，全省一般公共预算收入按增长2%的预期目标安排为1761亿元。全省一般公共预算支出根据中央提前预告知的各项补助等情况，按增长6%安排为4660亿元。年度预算执行中，中央非固定专项补助下达后，实际支出还会变化。

2019年，省本级一般公共预算收入按增长2%的预期目标安排为348.32亿元。省本级安排的支出预算为1013.53亿元（省本级列支696.66亿元、补助市县316.87亿元），省本级支出预算安排本级列支696.66亿元，加上中央预下达新增地方政府一般债券用于易地扶贫搬迁项目51亿元、中央转移支付在省本级列支275.58亿元，省本级一般公共预算支出合计为1023.24亿元。

按上述收支预算，2019年省本级一般公共预算收入348.32亿元，加上中央提前告知的转移支付2256.32亿元、新增一般债券51亿元、调入资金和市县按规定上解省级资金108.86亿元、上年结转资金74.72亿元以及动用预算稳定调节基金332.99亿元，省本级收入合计为3172.21亿元。省本级一般公共预算支出合计为1023.24亿元，加上省对市县相对固定补助支出1950.24亿元、上解中央支出33.32亿元、债券还本支出90.69亿元和结转74.72亿元等，省本级支出总计为3172.21亿元。收支平衡。

（二）政府性基金预算

汇总代编全省政府性基金预算收入1127.4亿元，比2018年完成数减少122.5亿元，下降9.8%，主要是预计国有土地使用权出让收入减少130.5亿元。全省政府性基金预算支出1127.4亿元。收支平衡。

省本级政府性基金预算收入28.54亿元，加上中央预下达补助25.96亿元、中央预下达新增专项债券收入7亿元、上年结转28.6亿元，收入合计90.1亿元。省本级政府性基金预算支出21.54亿元（含中央预告知转移支付省本级列支5.23亿元），主要用于大中型水库库区建设、重大水利工程建设、支持社会福利公益事业和专项债券付息等方面。加上补助市县支出32.42亿元（含中央预告知转移支付安排20.73亿元）、中央预下达新增专项债券支出7亿元、预计调出计提的地方水利建设基金0.54亿元、结转安排支出28.6亿元，支出合计90.1亿元。收支平衡。

（三）国有资本经营预算

省本级国有资本经营预算收支均为50亿元，收支平衡。主要用于国有企业资本金注入，重点支持省属国有企业战略性重组和改革发展；建立工业和省属国有企业绿色发展基金；支持企业市场化债权转股权等。

（四）社会保险基金预算

全省社会保险基金预算收入1214.16亿元，比2018年完成数增加67.67亿元，增长5.9%。全省社会保险基金预算支出1100.84亿元，比2018年完成数增加107.13亿元，增长10.7%。2019年全省社会保险基金当年收支结余113.32亿元。

省本级社会保险基金预算收入200.36亿元，比2018年完成数增加10.69亿元，增长5.6%。省本级社会保险基金预算支出152.90亿元，比2018年完成数增加11.09亿元，增长7.8%。2019年省本级社会保险基金当年收支结余47.46亿元。

此外，为贯彻落实党中央、国务院决策部署，加快地方政府债券发行使用进度，保障重点项目资金需求，更好发挥积极的财政政策，经全国人大授权，财政部提前下达我省2019年新增地方政府债务限额为58亿元。其中，一般债券51亿元，专项债券7亿元。新增一般债券51亿元由省级统筹用于易地扶贫搬迁，专项债券7亿元转贷市县用于棚户区改造。按照财政部关于对中央提前下达债券发行的相关要求，为做好新增债务限额管理工作，在省人民代表大会批准当年地方政府债务限额之前，对于中央提前下达我省的新增债务限额，建议授权省人民政府做好新增债券安排、发行以及提前下达市县债务限额相关工作。授权期限为2019年1月1日至2022年12月31日。

需要报告的是，在将预算草案提请会议审议前，为确保部门必须支付的基本支出和项目支出顺利进行，我们已按照预算法的规定，预安排了部门部分基本支出和项目支出，提前预下达了市县固定部分的转移性支出等相关支出。

四、2019年的重点工作

2019年，我们将以习近平新时代中国特色社会主义思想为指导，全面贯彻党的十九大和十九届二中、三中全会及中央和全省经济工作会议、全国财政工作会议精神，认真执行“巩固、增强、提升、畅通”的八字方针，加强财源建设，坚持开源节流，尽力而为、量力而行，牢固树立长期过紧日子的思想，加大脱贫攻坚、乡村振兴、民生改善等重点领域的保障力度，把有限的财政资金更多投向有利于补短板、增后劲、提效益的领域。重点做好以下工作。

（一）进一步落实积极财政政策，促进收支结构不断优化。大力培植财源、涵养税源，夯实增收基础。着力提高税收收入和可用财力两个比重，把涵养税源作为基础性工作来抓。强化财政服务经济的意识，围绕经济抓财源，强化收入征管，继续提高财政收入质量，严格控制非税收入的不合理增长，逐步提高税收收入占财政收入的比重。围绕提高发展质量和效益，创新和完善财政调控机制，支持守好发展和生态两条底线，实现培植财源与增加收入的有机统一、减税降费与稳定财源的有机统一，保障财政稳健发展。调整优化财政支出结构，提高财政资金配置效率和使用效益。大力压减一般性支出，严控“三公”经费预算，取消低效无效支出，把更多的财力投入到脱贫攻坚、“三农”、结构调整、科技创新、生态环保、民生等重点领域。继续压缩省级党政机关行政经费的6%用于教育精准扶贫。在此基础上，再压缩省级一般性支出的5%用于加大对全省脱贫攻坚的投入。

（二）进一步加大减税降费力度，持续推动经济转型升级。实施更大规模的减税降费，出台我省增值税小规模纳税人按国家授权的最高限额，减按50%征收地方税及附加的政策；落实对小微企业和科技型初创企业实施普惠性税收减免、适当降低增值税税率、进一步健全抵扣链条、提高小规模纳税人起征点、逐步建立增值税留抵退税制度等减税政策，进一步减轻企业负担，改善营商环境，增强市场活力。大力支持实体经济，推动经济高质量发展。落实企业改制重组、去产能调结构等方面的财税优惠政策，加快“僵尸企业”处置，推进企业优胜劣汰。深入推进十大千亿级产业发展，支持加快建设“一云一网一平台”，推动大数据开放共享，鼓励支持新兴企业，推进重大创新平台、示范小城镇建设和龙头企业培育。落实研发经费投入激励政策，改进财政科研投入管理方式，积极支持基础研究和应用基础研究，加大支持突破关键核心技术，加快提升自主创新能力。规范推广PPP和政府购买服务，完善政策性金融保障体系，切实缓解融资难融资贵。

（三）进一步推进农村产业革命，保障脱贫攻坚向纵深发展。继续强化财政投入保障，重点解决好实现“两不愁，三保障”面临的突出问题。支持推进500亩以上坝区农业产业结构调整，建设一批规模化、标准化特色农产品基地。支持实施易地扶贫搬迁后续扶持措施，增强贫困地区、贫困群众内生动力和自我发展能力。适度提高医疗救助水平，按规定提高城乡居民基本医保补助标准和优抚对象补助标准，支持优先开展建档立卡贫困户、低保户、分散供养特困人员和贫困残疾人家庭等重点对象危房改造。加大涉农资金统筹整合力度，实行扶贫项目资金绩效管理。

（四）进一步强化环境治理，坚决守住发展和生态底线。支持推进国家生态文明试验区建设，深入推进新一轮绿色贵州建设行动计划。实施好贵州乌蒙山片区山水林田湖草生态保护修复试点工程，继续抓好草海综合治理。进一步提高公益林补偿标准，加强地方森林生态补偿金管理。建立健全省内及省际流域生态补偿制度，促进区域间的协调发展。支持深入实施绿色经济倍增和绿色制造三年专项行动，大力发展环保产业，对资源消耗多、环境压力大的工业企业实施清洁生产改造，推进绿色发展。支持推进生活垃圾分类收集处理和焚烧发电，积极发展公共交通，鼓励绿色出行。继续加大财政投入力度，支持开展扬尘污染、工业企业大气污染、土壤污染等治理行动和城市黑臭水体治理攻坚行动，推进实施十大污染源治理和十大行业治污减排“双十”工程、“百千万”清河行动。

（五）进一步强化民生兜底保障，让人民得到更多实惠。继续做好政府性工程拖欠农民工工资清欠工作，切实维护劳动者合法权益。继续保持财政教育投入持续稳定增长。巩固城乡统一、重在农村的义务教育经费保障机制，改善乡村学校办学条件。实施农村学前教育儿童营养改善计划，改善我省农村学前儿童营养健康水平。完善高校预算拨款制度体系，支持加快"双一流"建设。完善家庭经济困难学生资助制度，提升资助精准度。落实调整退休人员基本养老待遇政策。加快推动全省城乡居民基本医疗保险制度整合，健全城乡居民医保可持续筹资机制，稳步推动生育保险与基本医疗保险合并实施工作。适当提高基本公共卫生服务经费人均补助标准，强化卫生健康服务。完善政府对公立医院的投入政策，继续支持公立医院巩固破除以药补医成果。统筹推进社会救助体系建设，完善低保标准制定和调整办法。完善公共文化服务体系。推进文物保护利用和文化遗产保护传承。改善城乡公共体育设施条件，支持广泛开展全民健身活动。推进农村厕所革命，加快改善村容村貌。

（六）进一步强化绩效理念，硬化政府预算约束。树牢"用钱必问效、无效必问责"理念，落实主体责任，督促指导省直各预算单位加强本部门及所属单位的绩效管理，对预算执行过程中绩效目标实现情况、项目实施情况和资金支出进度进行绩效监控管理。将预算绩效管理延伸至基层单位和资金使用终端，推进全覆盖、全方位、全过程的预算绩效管理制度。完善预算绩效管理办法和流程，加快预算绩效管理信息化建设。将绩效方法深度融入预算编制执行全过程，推动实现预算和绩效管理一体化。扩大绩效评价范围，做好评价结果应用，落实绩效评价结果与预算安排、政策调整挂钩机制，削减低效无效资金。

（七）进一步强化风险防范，守住债务风险的底线。坚决打好防范化解重大风险攻坚战，按照坚定、可控、有序、适度的要求，积极化解地方政府债务风险。严格落实"七严禁""1+8"等债务管理制度，硬化、细化债务防控措施，压实各级政府作为本地区地方政府性债务管理的责任主体，建立政府举债终身问责制和债务问题倒查机制。拟定"八个一批"化解债务和"十个坚决"等债务管控措施，制定化债目标，督促各地多渠道、多方式化解债务存量。指导地方根据自身财力实际，控制总量、优化结构，分领域、分行业细化存量隐性债务化解举措，压紧压实各级责任、层层抓好落实。加强债务风险监测和应对，充分利用信息化手段分析债务风险状况。用好省级债务风险应急资金池，完善省市资金池联动机制，有效防范和化解隐性债务风险。

（八）进一步强化财政管理，不断提高依法理财水平。严格执行预算法，把预算法的各项规定作为财政管理活动的行为准则，坚持以法治思维和法治方式推进财政各项工作，增强预算的法治性和约束力。自觉守法律、重程序、受监督，始终在依法行政、依法理财的轨道上运行，把依法行政、依法理财贯穿到财政工作的各个环节，切实把权力关进制度的笼子。充分发挥人大预算联网监督平台的作用，增强人大监督力度。按照政府采购法的规定，坚持问题导向，健全政府采购监管机制，深化政府采购制度改革。落实新会计法的各项规定，推动政府会计准则制度顺利施行。高度重视并认真整改审计提出的问题，认真自查和深刻分析原因，着力督促相关部门和地区深入整改，并在部门预算编制和执行管理中狠抓落实。

各位代表，我们将在省委、省政府的坚强领导下，自觉接受省人大的依法监督和省政协的民主监督，主动作为、扎实工作，凝心聚力、锐意进取，努力完成全年各项任务，努力为开创百姓富、生态美的多彩贵州新未来作出新的更大贡献，以全省财政发展的优异成绩迎接中华人民共和国成立70周年！

2018 年贵州省国民经济和社会发展统计公报

（2019 年 4 月 3 日）

贵州省统计局　国家统计局贵州调查总队

2018 年，全省坚持以习近平新时代中国特色社会主义思想为指导，在省委、省政府的坚强领导下，认真贯彻党的十九大精神和习近平总书记在贵州省代表团重要讲话精神，全面落实中央各项决策部署，坚持稳中求进工作总基调，坚持以脱贫攻坚统揽经济社会发展全局，坚持守好发展和生态两条底线，以供给侧结构性改革为主线，坚决打好三大攻坚战，深入实施三大战略行动，加快推进三大试验区建设，统筹推进稳增长、促改革、调结构、惠民生、防风险、保稳定各项工作，经济社会发展继续保持总体平稳、稳中有进的良好态势，决战脱贫攻坚、决胜同步小康取得了新进展。

一、综合

初步核算，2018 年全省地区生产总值 14806.45 亿元，比上年增长 9.1%。按产业分，第一产业增加值 2159.54 亿元，增长 6.9%；第二产业增加值 5755.54 亿元，增长 9.5%；第三产业增加值 6891.37 亿元，增长 9.5%。第一产业增加值占地区生产总值的比重为 14.6%，第二产业增加值的比重为 38.9%，第三产业增加值的比重为 46.5%。人均地区生产总值 41244 元，比上年增加 3288 元。全员劳动生产率为 68958 元 / 人，比上年增加 4884 元。

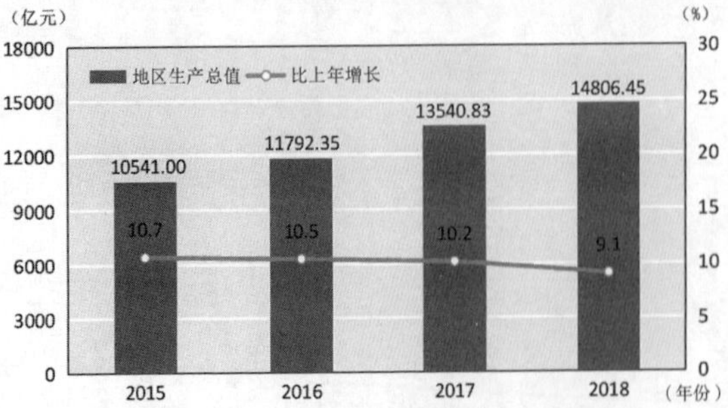

图1　2015—2018年地区生产总值及其增长速度

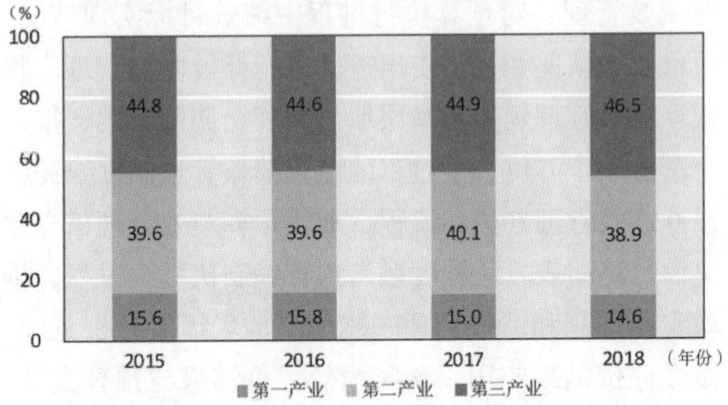

图2　2015—2018年三次产业增加值占地区生产总值比重

年末常住人口 3600.00 万人，比上年末增加 20.00 万人。其中，城镇常住人口 1710.72 万人，占年末常住人口的比重（常住人口城镇化率）为 47.52%，比上年末提高 1.50 个百分点。男女性别比（以女性为 100）为 106.89。全年出生人口 49.90 万人，出生率为 13.90‰；死亡人口 24.59 万人，死亡率为 6.85‰；自然增长率为 7.05‰。

指标名称	绝对数（万人）	占年末常住人口比重（%）
年末常住人口	3600.00	100
按城乡分		
城镇	1710.72	47.52
乡村	1889.28	52.48
按性别分		
男性	1859.95	51.67
女性	1740.05	48.33
按年龄分		
0~15 岁（含不满 16 周岁）	855.38	23.76
16~59 岁（含不满 60 周岁）	2165.74	60.16
60 周岁及以上	578.88	16.08
#65 周岁及以上	379.08	10.53

表 1　2018 年年末常住人口数及其构成

年末就业人员2038.50万人，其中，城镇就业人员925.29万人，农村就业人员1113.21万人。全年城镇新增就业77.71万人，比上年增长1.0%。其中，失业人员再就业14.54万人，就业困难人员实现就业7.79万人。年末城镇登记失业率为3.16%。

二、脱贫攻坚

全省以脱贫攻坚统揽经济社会发展全局，深入开展“春风行动”“夏秋攻势”“秋后喜算丰收账”和“冬季充电”。根据全国扶贫开发信息系统，年末全省建档立卡贫困人口155.12万人，全年减少贫困人口148.14万人，贫困发生率下降至4.29%。

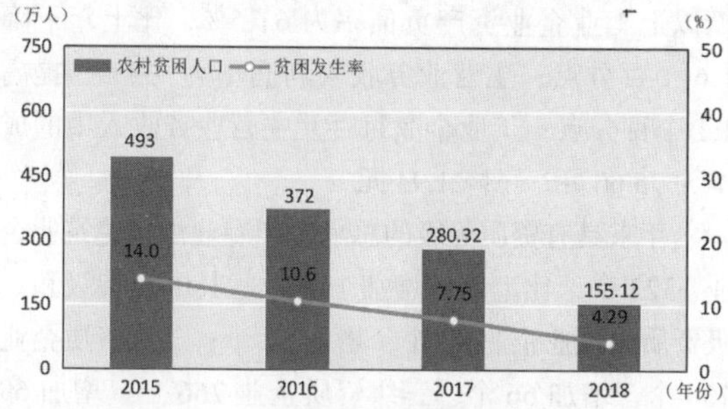

图3 2015—2018年农村建档立卡贫困人口及贫困发生率

全年建成易地扶贫安置房18.22万套，易地扶贫搬迁入住76.19万人；建成城镇保障性安居工程35.78万套，改造农村危房21.13万户，教育精准扶贫资助农村建档立卡贫困学生46.51万人。

三、农业

“来一场振兴农村经济的深刻的产业革命”深入推进，全年农林牧渔业增加值2276.74亿元，比上年增长6.8%。

表2 2018年农林牧渔业增加值及其增长速度

指标名称	绝对数（亿元）	比上年增长（%）
农林牧渔业增加值	2276.74	6.8
种植业	1438.46	8.0
林　业	174.61	8.1
畜牧业	508.04	4.3
渔　业	38.43	持平
农林牧渔专业及辅助性活动	117.20	5.0

全年种植业增加值1438.46亿元，比上年增长8.0%。粮食种植面积4110.30万亩，下降10.2%。籽粒玉米种植面积大幅调减，经济作物种植面积增加，蔬菜及食用菌种植面积2101.51万亩，增长13.4%；年末实有果园面积870.39万亩，增长42.8%；年末实有茶园面积698.76万亩，增长2.1%；中草药材种植面积316.70万亩，增长13.9%。

表3 2018年粮食作物种植面积及其增长速度

指标名称	种植面积（万亩）	比上年增长（%）
粮食作物		
#稻谷	1007.67	-4.1
小麦	212.43	-9.2

表4 2018年经济作物种植面积及其增长速度

指标名称	种植面积（万亩）	比上年增长（%）
经济作物		
#蔬菜及食用菌	2101.51	13.4
果园	870.39	42.8
茶园	698.76	2.1
中草药	316.70	13.9

全年粮食总产量1059.70万吨。其中，稻谷产量420.73万吨，玉米产量258.96万吨。主要经济作物中，蔬菜及食用菌产量2613.07万吨，比上年增长14.9%；园林水果产量305.32万吨，增长44.7%；中药材产量57.67万吨，增长13.6%。

全年林业增加值174.61亿元，比上年增长8.1%。造林面积520万亩，商品材产量278.7万立方米。

全年畜牧业增加值508.04亿元，比上年增长4.3%。猪牛羊禽肉产量209.81万吨，比上年增长3.5%；禽蛋产量20.03万吨，增长7.2%；牛奶产量4.58万吨，增长4.1%。年末猪存栏1549.30万头，比上年末下降3.0%；牛存栏465.32万头，下降5.5%；羊存栏401.53万只，增长4.7%；家禽存栏9693.99万羽，增长5.6%。全年猪出栏1869.87万头，比上年增长2.5%；牛出栏157.53万头，增长4.3%；羊出栏297.12万只，增长3.9%；家禽出栏11759.62万羽，增长6.5%。

全年渔业增加值38.43亿元，比上年下降0.04%。水产品产量23.73万吨，比上年下降6.9%。其中，养殖水产品产量22.64万吨，下降6.9%。

全年农业机械总动力2910.51万千瓦，新增节水灌溉面积87.93万亩。

四、工业和建筑业

全年规模以上工业增加值比上年增长9.0%。分经济类型看，国有控股企业增加值增长13.2%，股份制企业增长9.5%，外商及港澳台商投资企业增长2.0%，私营企业增长6.7%。分门类看，采矿业增长6.9%，制造业增长9.6%，电力、热力、燃气及水生产和供应业增长8.7%。

全年规模以上工业中，煤炭开采和洗选业增加值比上年增长7.7%，电力、热力生产和供应业增长8.6%，烟草制品业增长8.1%，酒、饮料和精制茶制造业增长17.5%，医药制造业增长12.3%，电气机械和器材制造业增长25.8%，计算机、通信和其他电子设备制造业增长11.2%。

表5　2018年规模以上工业主要行业增加值及其增长速度

指标名称	比上年增长（%）	占规模以上工业增加值比重（%）
规模以上工业增加值	9.0	100
#煤炭开采和洗选业	7.7	14.4
非金属矿采选业	6.6	2.0
农副食品加工业	-3.8	1.4
酒、饮料和精制茶制造业	17.5	26.0
烟草制品业	8.1	8.2
化学原料和化学制品制造业	-2.4	3.4
医药制造业	12.3	3.3
非金属矿物制品业	2.1	8.9
黑色金属冶炼和压延加工业	1.6	1.5
有色金属冶炼和压延加工业	5.6	3.2
汽车制造业	5.2	1.2
电气机械和器材制造业	25.8	1.6
计算机、通信和其他电子设备制造业	11.2	1.9
电力、热力生产和供应业	8.6	11.0

全年高技术制造业增加值比上年增长14.8%，占规模以上工业增加值的比重为7.6%。

表6　2018年规模以上工业主要产品产量及其增长速度

指标名称（单位）	绝对数	比上年增长（%）
发电量（亿千瓦时）	1945.35	4.2
磷矿石（折含五氧化二磷30%）（万吨）	3420.96	2.0
饮料酒（万千升）	127.51	17.8
卷烟（亿支）	1075.79	持平
中成药（万吨）	7.55	6.4
乳制品（万吨）	11.26	5.4
辣椒制品（万吨）	52.08	11.3
吉他（万把）	181.27	67.2
农用氮、磷、钾化学肥料（折纯）（万吨）	493.19	-3.8
橡胶轮胎外胎（万条）	570.59	14.7
水泥（万吨）	11031.75	4.8
生铁（万吨）	342.01	-0.5
钢材（万吨）	554.28	12.6
铁合金（万吨）	167.09	-4.3
十种有色金属（万吨）	132.69	20.5
原铝（电解铝）（万吨）	107.42	5.5
家用电冰箱（万台）	143.12	13.4
集成电路（万块）	3782.11	1.4
电子元件（亿只）	30.83	74.4
汽车（辆）	68743	4.0
彩色电视机（万台）	132.74	-33.7
#智能电视	126.91	2.8

年末电力装机容量6038.81万千瓦，比上年末增长4.5%。其中，火电装机容量3262.69万千瓦，增长3.2%；水电装机容量2212.22万千瓦，增长4.4%；并网风电装机容量386.36万千瓦，增长6.3%；并网太阳能发电装机容量177.54万千瓦，增长31.5%。

全年规模以上工业企业利润总额899.08亿元，比上年增长20.7%。分经济类型看，国有控股企业利润620.95亿元，比上年增长28.8%；股份制企业826.78亿元，增长21.5%；外商及港澳台商投资企业31.01亿元，增长40.3%；私人控股企业245.48亿元，增长1.4%。分门类看，采矿业利润67.05亿元，比上年增长16.4%；制造业861.71亿元，增长24.6%；电力、热力、燃气及水生产和供应业–29.68亿元。规模以上工业企业资产负债率为61.5%，比上年下降1.6个百分点；主营业务收入利润率为9.3%，提高1.1个百分点；工业企业每百元主营业务收入中的成本为75.66元，下降1.94元。

年末具有资质等级的总承包和专业承包建筑业企业1323个，比上年末增加158个。其中，特级和一级资质建筑业企业87个，增加22个；二级资质企业469个，增加66个；三级资质企业766个，增加69个；其他资质企业1个，增加1个。建筑业总产值3329.98亿元，比上年增长13.5%。

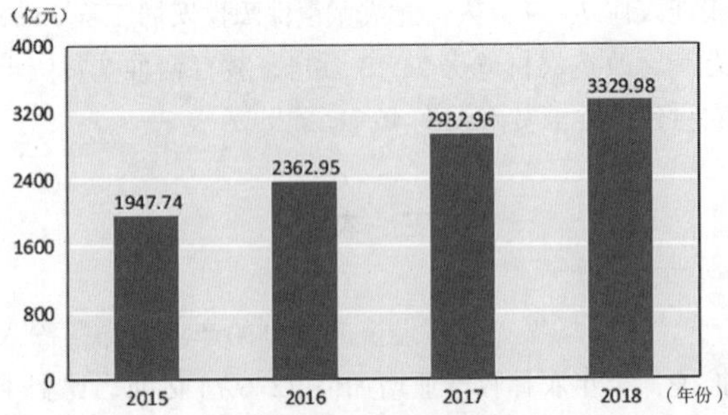

图4　2015—2018年建筑业总产值

五、固定资产投资

全年固定资产投资比上年增长15.8%。其中，第

图5　2018年三次产业投资占固定资产投资比重

一产业投资增长 29.0%，占固定资产投资的比重为 4.2%；第二产业投资增长 13.2%，比重为 12.7%；第三产业投资增长 15.6%，比重为 83.1%。基础设施投资比上年增长 15.8%，高技术产业投资增长 27.7%。

表 7　2018 年分行业固定资产投资增长速度

指标名称	比上年增长（%）
固定资产投资	15.8
#农、林、牧、渔业	29.8
采矿业	11.3
#煤炭开采和洗选业	17.3
制造业	14.6
#酒、饮料和精制茶制造业	8.2
化学原料和化学制品制造业	-3.5
医药制造业	14.6
黑色金属冶炼和压延加工业	-6.8
有色金属冶炼和压延加工业	9.1
电力、热力、燃气及水生产和供应业	9.9
交通运输、仓储和邮政业	6.0
水利、环境和公共设施管理业	20.5
教　育	35.9
卫生和社会工作	38.9
信息传输、软件和信息技术服务业	49.7
租赁和商务服务业	39.8
科学研究和技术服务业	18.0

全年房地产开发投资比上年增长 6.7%，其中住宅投资增长 14.1%。商品房销售面积 5181.96 万平方米，比上年增长 10.3%。

六、市场与物价

全年社会消费品零售总额比上年增长 8.2%。按经营地统计，城镇消费品零售额增长 8.0%，乡村消费品零售额增长 9.5%。按消费类型统计，商品零售额增长 8.0%，餐饮收入额增长 10.6%。

全年限额以上法人企业（单位）商品零售额 2005.54 亿元，比上年增长 5.7%。其中，粮油、食品类零售额 126.07 亿元，增长 6.8%；日用品类 53.68 亿元，增长 26.5%；家用电器和音像器材类 84.02 亿元，增长 12.8%；中西药品类 55.93 亿元，增长 10.7%；石油及制品类 540.37 亿元，增长 16.8%；建筑及装潢材料类 13.91 亿元，增长 20.0%；烟酒类 117.14 亿元，下降 5.5%；服装、鞋帽、针纺织品类 76.21 亿元，下降 0.3%；汽车类 746.14 亿元，下降 1.2%。限额以上法人企业（单位）通过公共网络实现的商品零售额 87.54 亿元，比上年增长 16.7%。

表 8　2018 年居民消费价格比上年涨跌幅度

指标名称	比上年增长（%）
居民消费价格	1.8
#食品烟酒	0.7
衣着	0.9
居住	2.9
生活用品及服务	0.9
交通和通信	2.1
教育文化和娱乐	3.4
医疗保健	2.0
其他用品和服务	0.6

全年居民消费价格比上年上涨 1.8%，工业生产者出厂价格上涨 1.8%，工业生产者购进价格上涨 3.4%，固定资产投资价格上涨 5.2%，建筑安装、装饰工程价格上涨 6.0%。

七、对外经济

全年进出口总额 500.96 亿元，比上年下降 9.1%；出口总额 337.58 亿元，下降 13.7%。出口总额中，加工贸易 120.79 亿元，增长 10.7%；一般贸易 208.27 亿元，下降 24.5%。进口总额 163.38 亿元，增长 2.1%。进口总额中，加工贸易 89.87 亿元，增长 8.2%；一般贸易 58.91 亿元，下降 2.7%。出口市场中，对非洲和日本出口分别增长 27.4%、19.3%。主要出口商品中，机电产品 218.19 亿元，下降 10.1%；高新技术产品 170.83 亿元，下降 11.6%；酒 30.23 亿元，增长 35.4%；茶叶 1.56 亿元，下降 0.1%。

全年新设外商投资企业 122 个，比上年增长 52.5%；实际利用外资总额 44.86 亿美元，增长 15.3%；高技术产业（制造业）实际直接使用外资 2.06 亿美元，增长 290.2%；对外经济技术合作完成额 12.08 亿美元，增长 9.8%。其中，对外承包工程完成营业额 10.02 亿美元，增长 16.3%。对外劳务合作派出各类劳务人员 2268 人，增长 19.2%。

八、旅游发展

全年旅游总人数 9.69 亿人次，比上年增长 30.2%；旅游总收入 9471.03 亿元，增长 33.1%。

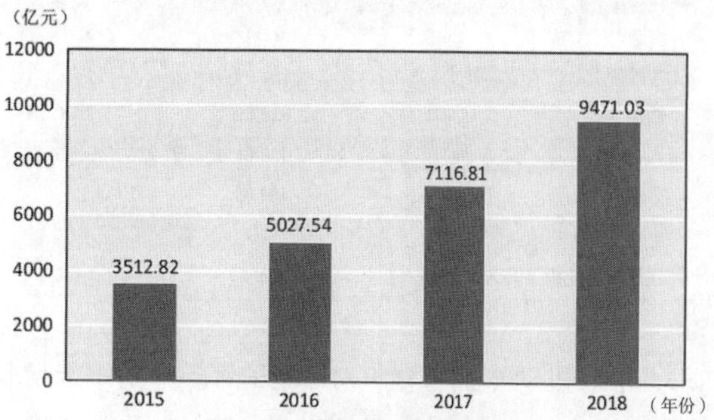

图6　2015—2018年旅游总收入

年末有国家5A级旅游景区6个，比上年末增加1个；4A级旅游景区111个，增加16个。全国重点文物保护单位71个，省级乡村旅游示范区（村）131个，乡村旅游扶贫重点村2422个。

九、交通运输

年末公路通车里程19.69万公里，比上年末增长1.3%。其中，高速公路通车里程6453公里，增长10.6%；年末铁路营业里程3560公里，增长8.4%。其中，高铁营业里程1127公里，增长31.0%；年末内河航道里程3745公里，增长2.2%。

全年铁路、公路、水运货物运输总量102536万吨，比上年增长6.5%。其中，公路货物运输量95355万吨，增长6.8%；铁路货物运输量5511万吨，增长4.4%；水运货物运输量1670万吨，增长0.3%。

表9　2018年各种运输方式完成货物运输量及其增长速度

指标名称（单位）	绝对数	比上年增长（%）
货物运输总量（万吨）	102536	6.5
铁路	5511	4.4
公路	95355	6.8
水运	1670	0.3
货物周转量（亿吨公里）	1797.68	8.5
铁路	606.10	0.6
公路	1146.51	13.7
水运	45.07	持平
民航货邮吞吐量（万吨）	11.80	10.2

全年铁路、公路、水运旅客运输总量93025万人，比上年增长1.3%。其中，公路旅客运输量84053万人，增长0.3%；铁路旅客运输量6761万人，增长16.7%；水运旅客运输量2211万人，增长0.6%。

表10　2018年各种运输方式完成旅客运输量及其增长速度

指标名称（单位）	绝对数	比上年增长（%）
旅客运输总量（万人）	93025	1.3
铁路	6761	16.7
#高铁	3700	62.7
公路	84053	0.3
水运	2211	0.6
旅客周转量（亿人公里）	798.67	10.9
铁路	322.82	29.4
#高铁	180.61	108.2
公路	469.08	1.1
水运	6.77	0.7
民航旅客吞吐量（万人次）	2799.51	14.4

年末机动车拥有量771.56万辆，比上年末增长10.8%。其中，民用汽车拥有量480.60万辆，增长15.6%。在民用汽车中，轿车拥有量222.60万辆，增长17.6%。

十、邮电通讯

年末互联网出省带宽9130Gbps，光缆线路长度96.90万千米，互联网用户总数4116.72万户。

全年邮政业务总量63.07亿元，比上年增长18.5%；电信业务总量2191.17亿元，增长165.5%。年末移动电话用户数4248.90万户，增长12.0%。

全年快递业务量21193.68万件，比上年增长34.3%；快递业务收入40.45亿元，增长29.9%。

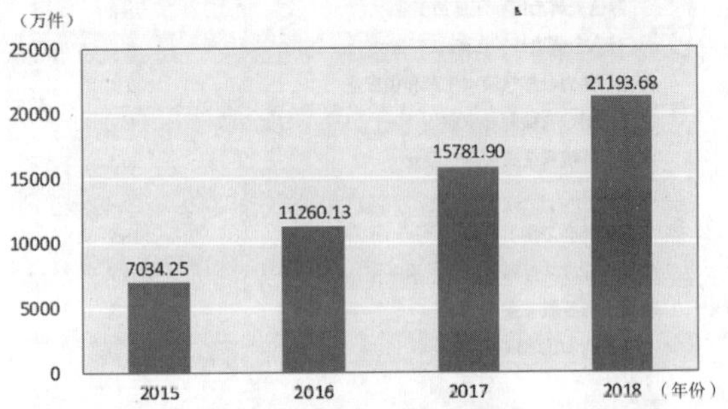

图7　2015—2018年快递业务量

十一、财政和金融

全年财政总收入2975.66亿元，比上年增长12.4%。一般公共预算收入1726.80亿元，增长7.0%。其中，税收收入1265.97亿元，增长7.3%。

表11　2018年财政收入主要指标及其增长速度

指标名称	绝对数（亿元）	比上年增长（%）
财政总收入	2975.66	12.4
#一般公共预算收入	1726.80	7.0
#税收收入	1265.97	7.3
#国内增值税(含改征增值税)	485.24	16.8
企业所得税	184.46	25.8
个人所得税	69.31	42.8
城市维护建设税	85.53	27.2
契税	96.11	7.6
非税收入	460.84	6.2
#专项收入	125.22	37.2

全年一般公共预算支出5017.32亿元，比上年增长8.8%。其中，教育支出995.33亿元，增长10.4%；农林水支出649.86亿元，增长6.2%；社会保障和就业支出543.33亿元，增长8.9%。

年末金融机构人民币各项存款余额26473.34亿元，比年初增加384.46亿元，比上年末增长1.5%。其中，境内存款26467.07亿元，比年初增加383.91亿元，增长1.5%；住户存款10588.61亿元，比年初增加 1006.39 亿元，增长 10.5%。

表 12　2018 年财政支出主要指标及其增长速度

指标名称	绝对数（亿元）	比上年增长（%）
一般公共预算支出	5017.32	8.8
#一般公共服务支出	519.59	11.8
教育支出	995.33	10.4
科学技术支出	107.05	22.0
文化体育与传媒支出	60.83	-6.0
社会保障和就业支出	543.33	8.9
医疗卫生与计划生育支出	487.31	11.7
节能环保支出	141.14	12.6
城乡社区支出	280.57	41.1
农林水支出	649.86	6.2
#扶贫	288.31	40.2
交通运输支出	368.54	9.4
住房保障支出	228.98	-9.1

表 13　2018 年年末金融机构人民币各项存贷款余额及其增长速度

指标名称	绝对数（亿元）	比上年末增长（%）
各项存款余额	26473.34	1.5
#境内存款	26467.07	1.5
住户存款	10588.61	10.5
非金融企业存款	8861.95	-11.9
各项贷款余额	24715.05	18.5
#境内贷款	24710.04	18.5
住户贷款	7462.12	20.3
短期贷款	1967.40	28.8
中长期贷款	5494.72	17.6
非金融企业及机关团体贷款	17247.93	17.7
短期贷款	2308.92	2.0
中长期贷款	14523.65	19.8

年末金融机构人民币各项贷款余额 24715.05 亿元，比年初增加 3851.12 亿元，比上年末增长 18.5%。其中，住户贷款 7462.12 亿元，比年初增加 1259.60 亿元，增长 20.3%；非金融企业及机关团体贷款 17247.93 亿元，比年初增加 2587.71 亿元，增长 17.7%。

表 14　2018 年保险业主要指标及其增长速度

指标名称	绝对数（亿元）	比上年增长（%）
原保险保费收入	445.88	15.0
#财产险	208.03	16.0
#机动车辆保险	163.30	11.1
人身险	237.85	14.1
意外伤害保险	18.37	29.2
健康保险	57.58	53.0
人寿保险	161.90	3.4
赔付支出	181.27	17.9
#财产险	108.37	18.6
#机动车辆保险	89.58	16.4
人身险	72.90	16.8
意外伤害保险	5.36	12.2
健康保险	26.41	34.2
人寿保险	41.13	8.3

年末 A 股上市公司 29 家，全国中小企业股份转让系统（新三板）挂牌公司 54 家，上市公司总股本 274.85 亿股，总市值 9378.53 亿元。全年企业通过资本市场累计募集资金 307.66 亿元，其中股票融资 72.99 亿元、债券融资 234.67 亿元。全年证券交易金额 19048.92 亿元，比上年下降 4.9%。

全年保险公司原保险保费收入 445.88 亿元，比上年增长 15.0%。其中，财产险保费收入 208.03 亿元，增长 16.0%；人身险保费收入 237.85 亿元，增长 14.1%。支付各项赔款与给付 181.27 亿元，增长 17.9%。

十二、人民生活

全年全体居民人均可支配收入 18430 元，比上年名义增长 10.3%。按常住地分，城镇常住居民人均可支配收入 31592 元，增长 8.6%；农村常住居民人均可支配收入 9716 元，增长 9.6%。

表 15　2018 年城乡常住居民人均可支配收入及其增长速度

指标名称	绝对数（元）	比上年名义增长（%）
城镇常住居民人均可支配收入	31592	8.6
#工资性收入	17392	5.1
经营净收入	5262	11.5
财产净收入	3066	40.3
转移净收入	5871	4.5
农村常住居民人均可支配收入	9716	9.6
#工资性收入	4276	17.6
经营净收入	3227	-1.8
财产净收入	126	37.2
转移净收入	2087	12.4

全体居民人均消费支出 13798 元，比上年增长 6.4%。按常住地分，城镇常住居民人均消费支出 20788 元，增长 2.2%；农村常住居民人均消费支出 9170 元，增长 10.5%。

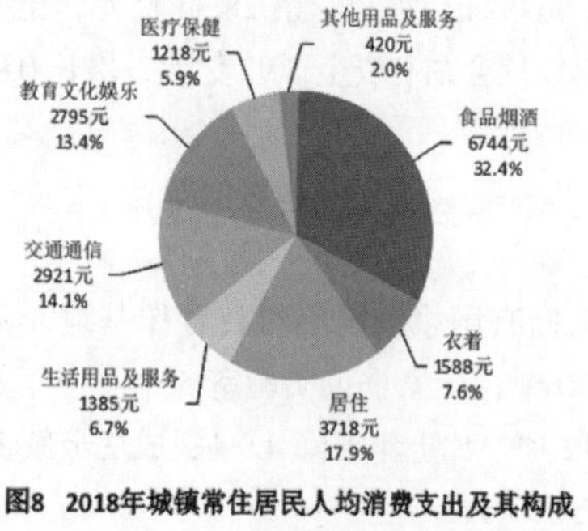

图8　2018年城镇常住居民人均消费支出及其构成

城镇居民人均现有住房建筑面积 37.93 平方米，农村居民人均现有住房建筑面积 34.99 平方米。

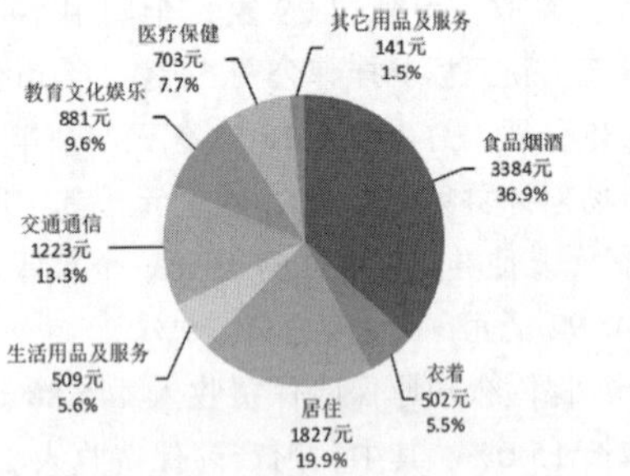

图9 2018年农村常住居民人均消费支出及其构成

年末每百户城镇居民家庭拥有家用汽车 39.88 辆，比上年末增长 14.0%；拥有空调器 34.51 台，增长 0.1%；拥有移动电话 282.26 部，增长 9.9%。每百户农村居民家庭拥有电冰箱 86.42 台，比上年末增长 5.0%；拥有摩托车 54.21 辆，与上年持平；拥有移动电话 287.52 部，增长 12.5%。

年末城镇职工基本养老保险参保人数 639.81 万人，比上年末增长 8.8%。其中，企业职工 376.98 万人，增长 11.6%。城乡居民基本养老保险参保人数 1802.66 万人，增长 3.1%。失业保险参保人数 257.33 万人，增长 9.2%。基本医疗保险参保人数 1040.47 万人，增长 3.9%。工伤保险参保人数 355.7 万人，增长 7.0%。其中，农民工 94.73 万人，增长 2.0%。生育保险参保人数 326.18 万人，增长 7.3%。

年末城市居民最低生活保障人数 33.79 万人，月人均保障标准 598 元，比上年增长 6.6%。年末农村最低生活保障人数 225.55 万人，年人均保障标准 3908 元，比上年增长 9.2%。

年末拥有各类提供住宿的社会服务机构 1014 个，其中，养老服务机构 909 个，儿童福利和救助机构 24 个。社会服务床位 20.02 万张，其中养老服务床位 18.75 万张，儿童服务床位 0.51 万张。生活无着人员救助管理站 44 个，救助生活无着人员 40881 人次。全年销售社会福利彩票 28.34 亿元，比上年增长 0.4%；筹集社会福利资金 8.92 亿元，增长 0.9%。

十三、科技创新

年末拥有国家级国际科技合作基地 5 个、院士工作站 80 个，国家重点实验室 5 个。全年签订技术合同 2812 项，比上年下降 4.9%；成交金额 171.40 亿元，增长 104.4%。

全年专利申请 42024 件，比上年增长 21.4%；授权专利 19456 件，增长 54.9%。

全年全国质量强市创建城市 1 个，全国知名品牌创建示范区 3 个，省级知名品牌创建示范区 12 个，省级名牌产品 723 个；国家有机产品认证示范创建区 13 个，有机产品认证证书 1356 张，无公害农产品产地 7811 个、产品 5175 种。

十四、教育、文化、卫生和体育

全年研究生培养单位招生 0.78 万人，在校生 2.09 万人；普通高等教育招生 22.96 万人，在校生 68.75 万人；普通高中招生 33.73 万人，在校生 100.78 万人；中职教育招生 16.66 万人，在校生 47.22 万人；初中招生 61.52 万人，在校生 180.84 万人；普通小学招生 67.52 万人，在校生 371.73 万人；特殊教育招生 0.61 万人，在校生 3.11 万人；幼儿园在园幼儿数 154.94 万人。九年义务教育巩固率 91.0%，高中阶段毛入学率 88.0%，高等教育毛入学率 36.0%。

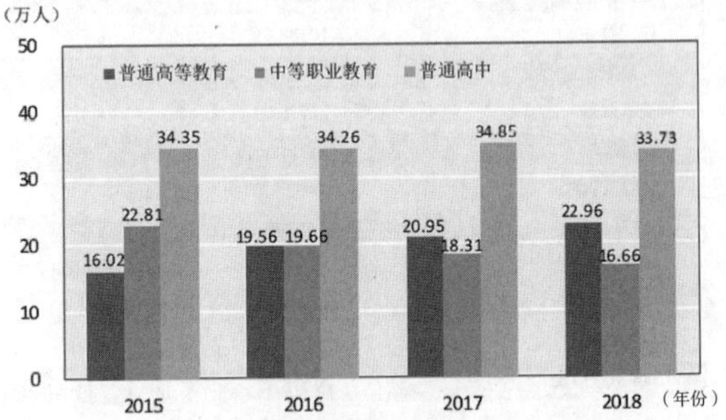

图10 2015—2018年普通高等教育、中等职业教育及普通高中招生人数

年末电视综合人口覆盖率为 96.74%，广播综合人口覆盖率为 93.93%。拥有城市影院 204 家，票房收入 7.27 亿元。出版各类图书 1001 种、报纸 27 种、期刊 93 种，录像制品 1 种。拥有艺术表演团体 41 个，艺术表演场所 6 个，博物馆、纪念馆 73 个，公共图书馆 98 个，群众艺术馆、文化馆 99 个，乡镇综合文化站 1567 个；全国重点文物保护单位 71 个。

年末拥有医疗卫生机构 2.81 万个，其中，医院、卫生院 0.27 万个；专业公共卫生机构 349 个，其中，疾病预防控制中心 100 个。医院、卫生院床位 23.27 万张，比上年末增长 5.3%。

全年在国际、国内重大体育比赛中获奖 123 个，比上年增长 105.0%。其中，获得世界冠军 2 个，增长 100.0%；获得国内最高水平赛事金牌 27 个，增长 42.1%。全民健身器材安装 1091 套，与上年持平；乡镇体育健身工程 1178 个，增长 7.3%；村级农民体育健身工程 11631 个，增长 7.1%。

十五、生态环境和节能降耗

全年营造林面积34.67万公顷，年末森林覆盖率57.0%。拥有国家级自然保护区11个、国家级森林公园30个，省级森林公园45个、市级森林公园1个，国家级湿地公园45个、省级湿地公园4个，湿地类自然保护区1个。综合治理水土流失面积26.47万公顷。

全年9个市（州）中心城市空气中细颗粒物（$PM_{2.5}$）、可吸入颗粒物（PM_{10}）、二氧化硫（SO_2）、二氧化氮（NO_2）平均浓度分别比上年下降3.4%、2.0%、7.7%、4.8%。9个市（州）中心城市空气质量优良天数比例为97.2%。主要河流省控断面（151个断面）化学需氧量（COD）年均浓度为9mg/L，与上年持平；氨氮年均浓度0.215mg/L，下降6.9%。9个市（州）中心城市集中式饮用水水质达标率为100%。

全年清洁能源发电中，水力发电770.14亿千瓦时，比上年增长4.7%；风力发电68.41亿千瓦时，增长8.4%；太阳能发电15.76亿千瓦时，增长277.6%；生物质及垃圾发电量8.93亿千瓦时，增长59.7%。万元地区生产总值（GDP）能耗比上年下降6.54%，规模以上工业万元增加值能耗下降5.87%。

注释：

1. 本公报中数据均为初步统计数。

2. 地区生产总值、规模以上工业增加值及其分类项目增长速度按可比价计算，为实际增长速度；其他指标除特殊说明外，按现价计算，为名义增长速度。

3. 地区生产总值是指一个地区内所有常住单位在一定时期内生产的全部最终产品和服务的价值总和。

4. 2016年后，建档立卡贫困人口登记开展动态调整，存在新识别、返贫、人口自然增减影响，上下年度数据与减少贫困人口数据不闭合。

5. 固定资产投资的统计范围为计划总投资500万元以上的固定资产项目投资及所有房地产开发项目投资。固定资产投资是指以货币形式表现的在一定时期内完成的建造和购置固定资产的工作量及与此有关的费用的总称。

6. 规模以上工业的统计范围为年主营业务收入2000万元及以上的工业企业。

7. 社会消费品零售总额统计中限额以上单位是指年主营业务收入2000万元及以上的批发业企业（单位）、500万元及以上的零售业企业（单位）、200万元及以上的住宿和餐饮业企业（单位）。

8. 社会消费品零售总额包括实物商品网上零售额，不包括非实物商品网上零售额。

9. 居民消费价格指数是指反映一定时期内城乡居民所购买的生活消费品价格和服务项目价格变动趋势和程度的相对数。

10. 部分数据因四舍五入的原因，存在总计与分项合计不等的情况。

区域发展篇

贵阳市

贵阳市政府工作报告

（2019 年 1 月 21 日在贵阳市第十四届人民代表大会第四次会议上）

贵阳市委副书记、市长 陈 晏

各位代表：

现在，我代表市人民政府向大会报告工作，请予审议，并请市政协委员和其他列席人员提出意见。

一、2018 年政府工作回顾

时节如流，日新月异。刚刚过去的 2018 年，面对严峻复杂的国际形势和繁重艰巨的改革发展稳定任务，我们以习近平新时代中国特色社会主义思想为指导，深入学习贯彻党的十九大精神、习近平总书记对贵州工作系列重要指示批示精神，在中共贵阳市委的坚强领导下，牢记嘱托、感恩奋进，统筹推进“五位一体”总体布局，协调推进“四个全面”战略布局，以践行新发展理念引领高质量发展；牢牢守好发展和生态两条底线，坚决打好防范化解重大风险、精准脱贫、污染防治三大攻坚战，纵深推进大扶贫、大数据、大生态三大战略行动，以新作为带来新气象，以新斗争开启新局面，经济社会发展取得了可观可感的实绩，建设公平共享创新型中心城市收获了令人鼓舞的成果。

经济发展态势良好。地区生产总值完成 3798.45 亿元，同比增长 9.9%；社会消费品零售总额达到 1299.47 亿元，增长 8%；固定资产投资增长 15%。经济增速有望连续 6 年位居全国省会城市第一，经济总量持续增大，全面小康指数在全国 294 个地级城市中位列第 49 名，荣获“影响中国”2018 年度城市称号。

新旧动能加速转换。新经济增加值占地区生产总值比重达到 21%，比上年提高 2 个百分点；大数据与实体经济融合指数达到 45.3，全社会研究与试验发展经费投入占地区生产总值比重提高到 1.7%；科技进步对经济增长的贡献率达到 61%，分别比上年提高 0.36、0.67 个百分点。

质量效益不断提高。绿色经济增加值占地区生产总值比重达到 42%，比上年提高 3 个百分点；规模以上工业企业利润总额增长 15.8%，比上年提高 14.3 个百分点；完成一般公共预算收入 411.34 亿元，增长 8.9%，一般公共预算支出 627.54 亿元，增长 7.7%；城乡居民人均可支配收入分别达到 35115 元、15648 元，分别增长 9.1%、9.7%，与经济增长基本保持同步。

改革开放成果丰硕。全市日均新增市场主体 286 户，市场主体总量达到 49.4 万户；在 2018 年中国大陆最佳商业城市 100 强中排名第 27 位，比 2017 年上升 38 位，荣获 2018 年中国国际营商环境标杆城市称号；开通洲际航线 3 条，填补了贵州没有洲际航线的空白。

环境保护力度加大。集中式饮用水源地水质 100% 稳定达标，主要河流国控、省控断面水质优良率达到 93.75%；$PM_{2.5}$ 等 6 项污染物浓度均低于国家二级标准，空气质量优良率达到 97.8%，比 2017 年提高 2.7 个百分点，在全国 169 个大气污染防治重点城市中列第 11 位；森林覆盖率达到 52%，比 2017 年提高 3.34 个百分点。

民生福祉持续增进。城镇登记失业率 3.1%；居民消费价格上涨 1.7%，物价水平保持平稳，惠民生鲜超市总量达到 154 个，实现行政社区全覆盖；学前三年毛入园率达到 93.05%，九年义务教育巩固率达到 95.03%，高中阶段教育毛入学率达到 93.52%；社区卫生服务中心标准化建设达标率超过 80%，公立医院药占比降至 30% 以下，食品药品抽检合格率分别达到98.94%、99.5%，创历史新高。

一年来，我们付出很多，也收获满满。全市人民挥洒的汗水已经成为高质量发展的累累硕果，正在转化为推动贵阳经济社会加快发展、跨越发展的强大动力。

（一）尽锐出战、精准发力，三大战役战果丰硕。防范化解重大风险攻坚战有力有效。进一步统筹政府债务管理，依法依规开展融资工作。实施PPP项目17个，总投资755.3亿元，整治非法金融机构27家，取消12家融资担保机构、20家小额贷款公司经营资格，牢牢守住了不发生区域性系统性金融风险的底线。精准脱贫攻坚战强力推进。脱贫攻坚"春风行动""夏秋攻势""秋后算账""冬季充电"连战连捷，"五个专项治理"深入推进。1462名非兜底保障贫困人口出列，建成"组组通"公路5294.4公里，30户以上村民组全部通硬化路，易地扶贫搬迁工程入住519户、2042人，建档立卡贫困人口全部纳入健康扶贫对象，教育精准扶贫实现贫困家庭全覆盖，惠及贫困学生1.66万人；大力推动贵阳大市场带动全省大扶贫，实施对口帮扶项目59个，安排对口帮扶资金1.49亿元，采购本省农产品120万吨，提供就业岗位17.6万个，带动省内10万贫困人口稳定脱贫。污染防治攻坚战成效明显。深入开展中央环保督察反馈问题和"回头看"发现问题整改，群众反映的环保突出问题全面整改。中央环保督察反馈的32个问题整改基本完成，1681件群众信访投诉件全部办结，群众满意度达到86%；建设再生水厂18个、投入运营9个，日新增污水处理能力20.08万吨，红枫湖饮用水源地一级保护区内房屋全部搬迁，19条排污大沟整治完成，七彩湖等33个黑臭水体得到有效治理，花溪城市生活垃圾综合处理项目运营；全年查处环境违法案件237起、林业违法案件641起；通过全国水生态文明城市建设试点国家验收，南明河实现除臭变清目标。爽爽的贵阳天更蓝、山更绿、水更清，老百姓生活更舒畅。

（二）结构优化、产业壮大，实体经济加快发展。供给侧结构性改革扎实推进。"三去一降一补"工作深入开展，全年淘汰落后产能99万吨，减免税费203.96亿元，完成补短板投资956.76亿元，三次产业结构调整为4∶37.2∶58.8；质量强市战略深入推进，获得第五届中国工业大奖项目表彰奖1个、省长质量奖2个、省长质量奖提名奖2个，颁发第二届市长质量奖2个、市长质量奖提名奖2个。农村产业革命成效显著。农业产业结构调整完成82.78万亩，种植特色农产品200万亩，乡村旅游收入150亿元，新增省级农业高效示范园区4个，新认证"三品一标"农产品161个，成功举办贵州省首届中国农民丰收节等系列活动，一二三产业加快融合，一产增加值完成153.1亿元，增长6.6%，现代农业增加值占一产增加值比重提高到39%。工业企业加速转型。"双千工程""万企融合"行动强力推进，全年新引进工业项目276个，新增规模以上工业企业92个，规模以上工业增加值增长7.4%，"千企改造、一企一策"完成投资175亿元，4个项目成为国家2018年智能制造试点示范项目，贵州工业互联网平台成为国家2018年工业互联网创新发展工程，吉利汽车批量生产，吉利汽车发动机、汉能汉瓦产品顺利下线，上云工业企业超过500个。现代服务业提档升级。现代服务业增加值占服务业增加值比重提高到53%，观山湖现代服务产业试验区成立；金融机构人民币存贷款余额分别达到11357.44亿元、12412.75亿元，增长5%、19.3%，中国进出口银行贵州分行营业，浙商银行贵阳分行筹建；接待游客1.88亿人次、增长26.7%，实现旅游总收入2456.56亿元、增长31.2%，入境游客54万人次、增长32%，新增4A级旅游景区3个，荣获2018年度全国最佳优质旅游城市，连续4年荣膺全国最佳避暑旅游城市，国家全域旅游示范区建设加快推进；建成贵阳农产品物流园、普洛斯配送中心等大型物流基地，成为国家物流枢纽承载城市。

（三）创新驱动、深度融合，数字经济蓬勃发展。大数据产业不断壮大。大数据企业主营业务收入达到1000亿元，增长22.4%；互联网出省带宽达到9130Gbps，通信光缆超过19万公里，行政村100%通光纤，市域4G网络全覆盖，成为全国首批5G应用示范城市，入选"宽带中国"优秀城市；服务器总量达到28.5万台，中电西南云计算中心等3个数据中心成为国家绿色数据中心试点单位；建成大数据产业园10个，引进大数据优强企业58个，新增规模以上大数据企业51个，满帮集团成为福布斯中国50家最具创新力企业，易鲸捷荣获2018世界物联网博览会银奖，贵阳大数据交易所可交易数据量超过150PB。大数据应用不断拓展。政府数据实现100%共享交换，政府数据开放水平全国第一，政务系统100%接入"云上贵州"平台，"互联网+政务"服务平台成为2018年度全国政府网站十大优秀创新案例；推出中国数谷大数据应用场景100个，培育典型应用示范项目44个，实施大数据融合标杆项目36个、融合示范项目300个，中国人工智能开放创新平台等大数据应用创新平台加快建设，贵阳大数据创新产业（技术）发展中心成为国家级众创空间。大数据法规不断完善。《贵阳市大数据安全管理条例》《贵阳市政府数据资源管理办法》《贵阳市政府数据共享开放实施办法》《贵阳市政府数据共享开放考核暂行办法》等法规规章施行。大数据标准不断充实。参与交易数据描述、数据质量评价指标等国家标准制定，人口基础数据、法人单位基础数据等地方标准施行，国家技术标准创新基地（贵州大数据）贵阳区域分基地成立。大数据安全不断加强。政府网络安全指数在全国 36 个中心城市中排名第 10 位，大数据安全产业示范区（一期）、国家大数据安全靶场（一期）、态势感知综合防护平台（一期）建成，大数据及网络安全技术创新中心、应用示范中心成立，贵阳大数据及网络安全攻防演练成功举行，贵阳经济技术开发区成为全国首个大数据安全认证示范区，全市网络安全防护能力大幅提升。创新的贵阳正在驶入大数据发展快车道，“中国数谷”的影响力、美誉度越来越大。

（四）交通引领、建设发力，城乡面貌日新月异。交通基础设施加快完善。新增普通国省干线公路 82 公里、乡镇连接高速公路联络线 42 公里，创建“四好”农村路 600 公里，提等改造农村公路 103 公里，高速公路通车里程 602 公里，花冠路、同城大道、北京东路延伸段等一批重大路网项目建成通车，人民大道北段基本建成，新东二环提质完成；渝贵高铁开通，贵南高铁加快建设，高铁贵阳东站全面运营，十字型高铁网初步形成；贵阳龙洞堡国际机场 3 号航站楼开工建设、三期扩建工程顺利推进。人居环境质量加快改善。实施棚户区城中村改造 960.08 万平方米，惠及 21.15 万人，改造老旧小区院落 158 个，整治背街小巷 200 公里；农村危房改造完成 9376 户，农村老旧住房整治 3404 户，小康房建设 2700 户，建设田园综合体 30 个，建成富美乡村示范村 30 个；新建和提升改造城区公厕 203 座、农村公厕 376 座、农村户用卫生厕所 1.25 万户。城乡融合水平加快提升。常住人口城镇化率达到 75.4%；镇（乡）村建筑风貌导则、行政村村域规划及 30 户以上农村居民点建设规划编制完成；新建和改造供水管网 118 公里，建成中小型水库 5 座，“小康水”项目完成 194 个，17.7 万人饮水安全和 6.5 万亩耕地灌溉问题得到有效解决；新增和改造 110 千伏及以下农村电网 4481.06 公里、配电变压器 788 台，农村供电可靠率达到 99.9%，建制村通邮率达到 99.4%，快递网点乡镇全覆盖，城市基础设施、公共服务设施正在加快向农村延伸、向乡镇覆盖。

（五）深化改革、锐意进取，活力动能持续增强。营商环境持续优化。“放管服”改革深入推进，取消各类证明材料 757 项，企业和群众办事需提供的材料减少 30% 以上，一次办成的政务服务事项达到 48 个，企业开办时间缩减至 5 个工作日以内，政务服务“一网通办”作为典型经验受到国务院办公厅通报表扬；成为全国首批工程建设项目审批制度改革试点城市，工程建设项目审批时限压减至 100 天以内；营商环境指数排名从 2017 年的第 30 位跃升至第 14 位，企业和群众办事更方便、更快捷、更高效、更舒心。重点领域改革持续深入。市级和区（市、县）机构改革工作有序推进，国有企业战略性重组进展顺利，公立医院综合改革全面推开，生态文明体制机制改革不断完善；实施城市“三变”改革项目 40 个，惠及城市居民 23.2 万人，完成 300 个行政村农村集体产权制度改革、642 个农村“三变”改革试点工作，24.28 万农民变成股东。改革的贵阳全面发力，改出了前进的新动力，改出了发展的新天地。

（六）增进交流、深化融合，开放大门越开越大。开放通道加速拓展。开通贵阳至旧金山、洛杉矶、莫斯科洲际航线，贵阳龙洞堡国际机场旅客吞吐量突破 2000 万人次，高铁直达香港。开放平台不断做优。中国（贵阳）跨境电子商务综合试验区设立；2018 中国国际大数据产业博览会、生态文明贵阳国际论坛 2018 年年会等重大活动成功举办；贵阳国家高新技术产业开发区成为国家国际科技合作基地、国家双创示范基地，贵阳经济技术开发区成为国家循环化改造示范试点园区，贵阳综合保税区跨境股权投资国家试点工作取得突破，贵州双龙航空港经济区发展规划实施。开放合作持续深化。东盟—贵州（贵阳）旅游文化推广中心成立，中印 IT 产业聚集区启动建设，瑞士（贵州）产业示范园加快建设，国际友好交往城市达到 17 个。开放红利加快释放。进出口总额达到 34.94 亿美元，增长 15.2%，实际利用外资 15.89 亿美元，增长 18.1%；新引进国内外 500 强企业 15 家，累计达到 113 家，新引进项目实际到位资金 2218.67 亿元，增长 35.4%，新增对外投资企业 15 家、外贸企业 74 家、外商投资企业 54 家，贵州轮胎股份有限公司越南项目进展顺利。开放的贵阳通向世界的道路越来越宽，迈向世界的步伐越来越快。

（七）和谐共享、普惠于民，人民生活更加幸福。就业更加稳定。全员培训农村贫困劳动力 17562 人次，发放创业担保贷款 2.72 亿元，新增城镇就业

23.31万人，农村劳动力转移3.82万人，803个建设项目实行农民工实名制管理，充分就业社区（村）创建率达到88%。教育更加均衡。“百校攻坚”行动计划和“全面改薄”工作扎实推进，新建、改扩建中小学、幼儿园276所，新增学位30480个，清理无证校外培训机构2360所，在全省率先开展“乐童计划”，学生托管率达到85%以上。医疗更加普惠。“百院攻坚”行动计划深入推进，新建、改扩建医院13所，建成健康细胞工程示范单位30个，贵阳市人口健康信息云平台运营，全面实现跨省异地住院即时结算。出行更加便捷。轨道交通1号线全线运营、2号线建设加快、3号线开工建设，贵阳进入轨道交通时代；贵阳牌照小型客车环城高速免费通行，交通互联互通卡使用率达到70.6%，建成人行过街设施30个，修补提质人行道4.7万平方米、车行道8.5万平方米，新增公共停车位1万个，治理堵点30个。文化更加繁荣。建成基层综合文化服务中心142个、社区图书共享系统15个、全民健身路径工程40个，第十四届亚洲越野跑锦标赛、贵阳市第十三届运动会暨市第十届少数民族传统体育运动会、第六届国际阳明文化节等重大文体活动成功举办。养老更加安心。成为全国第三批中央财政支持开展居家和社区养老服务改革试点，建成城乡社区日间照料中心25个、农村互助幸福院30个。社会更加和谐。通过国家卫生城市复审；全年未发生重大及以上生产安全事故，安全生产实现“双降”；有效化解矛盾纠纷和信访案件7610件，“两严一降”、扫黑除恶专项斗争、禁毒人民战争战果累累，全市刑事案件发案数下降2.02%、破案数上升3.53%，人民群众安全感指数达到98.98%，成为全国新的社会阶层人士统战工作实践创新推广城市，清镇市成为全国新时代文明实践中心建设试点。

此外，国家安全、国防动员、民族宗教、人防、档案、侨务、气象、地方志、双拥优抚、工青妇、红十字、老龄和残疾人等事业全面发展。和谐的贵阳人民群众获得感、幸福感、安全感和对发展的满意度持续上升。

（八）忠诚担当、依法守纪，从严治政坚决有力。深入贯彻全面从严治党要求。把政治纪律和政治规矩挺在前面，扎实抓好中央巡视、国务院大督查和省委巡视反馈问题整改，不断加强政府系统党风廉政建设，反腐败斗争取得压倒性胜利并巩固发展。驰而不息兴“三风”、纠“四风”、转作风。坚决贯彻落实中央八项规定及其实施细则精神，认真开展违反“禁酒令”、违规发放津补贴、违规公务接待等突出问题集中专项整治，以过硬的作风解决历史遗留问题463个，化解率达到93.72%，政府执行力和公信力不断提高。纵深推进法治政府建设。修订《贵阳市人民政府工作规则》，开展市政府开放日活动，提请市人大常委会审议地方性法规草案5件，制定政府规章12件，全面清理政府规章200件，办理各级人大代表建议244件、各级政协委员提案358件，办复率均达到100%。

各位代表，春华秋实何寻常，如椽巨笔著华章。成就来自牢记嘱托，发展源于感恩奋进。这些成绩的取得，根本就在于以习近平同志为核心的党中央掌舵领航、举旗定向，就在于习近平新时代中国特色社会主义思想的科学指引。这些成绩的取得，是省委、省政府和市委坚强领导与科学决策的结果，是市人大、市政协监督支持与群策群力的结果，更是全市各族人民齐心协力、拼搏奋斗的结果。我代表市人民政府，向全市各族人民致以崇高的敬意！向人大代表、政协委员，向各民主党派、各人民团体，向驻筑人民解放军、武警官兵和人民警察，向中央和省驻筑单位，向贵阳市的老领导、老同志及所有关心支持贵阳发展的各界人士表示衷心的感谢！

凡是过往，皆为序章。成绩属于历史，我们完全有理由为之自豪，但没有理由为之自满。“行百里者半九十”，我们仍需跋山涉水、砥砺前行。我们清醒地认识到，面对中美经贸摩擦带来的不确定性和稳中有变、变中有忧的严峻复杂形势，推动高质量发展仍面临许多困难和挑战，主要是：实体经济不强。工业企业数量不多、体量不大、质量不高，工业化进程滞后于城镇化进程，贵阳作为全省经济社会发展的“火车头”“发动机”动力不强、马力不足。城市体量不大。城市建设力度不够，城市功能配套不强，产业吸引力、人口集聚力、发展承载力不大，贵阳作为大城市的能级量级不够。开放水平不高。开放型经济规模小，外向型企业数量少，对外合作交流不多，国际化程度不高，贵阳作为国家内陆开放型经济试验区核心区作用发挥不全。创新动力不足。创新体系不健全，创新意识不强烈，创新企业不够多，创新人才不充足，贵阳作为创新型中心城市的创新能力不强。风险隐患不少。随着经济下行压力加大，一些深层次问题和矛盾集中暴露，金融风险、环境风险、安全风险、社会风险不断增多，贵阳作为全省首善之区维护社会和谐稳定的压力不小。担当有为不够。有些地方和部门政策理解力、决策执行力、行动落实力不强，少数干部观大局、谋大事的能力不足，克难攻坚、创新突破的本领不够，贵阳作为省会城市不作为、慢作为、乱作为的现象不少。对这些问题我们要高度重视、认真研究、切实解决，把政府工作做得更好，让省委、省政府和市委放心，让全市人民满意。

二、2019 年政府工作安排

2019 年是新中国成立 70 周年，是全面建成小康社会、实现第一个百年奋斗目标的关键之年，是全省脱贫攻坚决战之年，做好政府工作意义十分重大。

当前，世界正面临百年未有之大变局，中国特色社会主义进入新时代。面对复杂严峻的国际形势，面对繁重艰巨的改革发展稳定任务，我们必须增强“四个意识”、坚定“四个自信”、做到“两个维护”，坚决贯彻落实以习近平同志为核心的党中央决策部署，在省委、省政府和市委的坚强领导下，大力弘扬新时代贵州精神，准确识变、科学应变，守住“稳”的大局、坚定“进”的决心，把大力实施高水平对外开放、加快推动经济高质量发展的宏伟蓝图一笔一笔地绘就在贵阳大地上。

今年政府工作的总体要求是：以习近平新时代中国特色社会主义思想为指导，全面贯彻党的十九大和十九届二中、三中全会精神，认真落实中央和全省经济工作会议精神，落实市委十届五次、六次全会精神，深入贯彻落实习近平总书记对贵州工作系列重要指示批示精神，牢记嘱托、感恩奋进，统筹推进“五位一体”总体布局，协调推进“四个全面”战略布局；坚持稳中求进工作总基调，坚持新发展理念，坚持推进高质量发展，坚持以供给侧结构性改革为主线，坚持深化市场化改革、扩大高水平开放，加快建设现代化经济体系；统筹推进稳增长、促改革、调结构、惠民生、防风险各项工作，进一步稳就业、稳金融、稳外贸、稳外资、稳投资、稳预期，保持经济运行在合理区间，着力激发微观主体活力，提振市场信心，提高人民群众获得感、幸福感、安全感；守好发展和生态两条底线，继续打好三大攻坚战，推进三大战略行动，紧扣“一品一业、百业富贵”发展愿景，坚持扩大开放兴市、振兴实体强市、广聚人才旺市，持续做大城市规模、做强实体经济、做美生态环境、做好民生保障，围绕把贵阳打造成为在西部地区有影响力的国际化都市、中高端消费品贸易之城和制造之城的目标，苦干实干、拼搏奋斗，为全面建成小康社会收官打下决定性基础，以优异成绩迎接中华人民共和国成立 70 周年。

今年经济社会发展主要预期目标是：地区生产总值增长 10% 左右，规模以上工业增加值增长 8% 以上，固定资产投资增长 13%，社会消费品零售总额增长 10%，进出口总额增长 15%，绿色经济、新经济增加值占地区生产总值比重分别达 45%、23%，一般公共预算收入增长 6%，城乡居民人均可支配收入分别增长 9%、9.5%，城镇登记失业率控制在 4.2% 以内，居民消费价格涨幅控制在省调控目标范围内，森林覆盖率达到 53%，$PM_{2.5}$ 浓度控制在每立方米 35 微克以内，新增能源消费总量控制在 74 万吨标准煤以内，完成省下达的节能减排降碳目标。

确保上述目标实现，今年的政府工作要在聚力抓好十项重点工作上取得实效。

（一）在强合作、引资源上聚力，推动高水平对外开放取得实效。以高水平对外开放推动高质量发展，我们必须在历史前进的逻辑中前进，在时代发展的潮流中发展。积极融入“一带一路”建设、长江经济带发展、粤港澳大湾区建设等国家战略，以中高端消费和中高端制造为引擎，坚持“市场引领、贸易先行、以贸促工、工贸并进”的原则，加快建设国家内陆开放型经济试验区核心区，形成具有贵阳特色的高水平对外开放新格局。（1）强化互联互通。全力推进改貌铁路口岸建设，加快申报木材、粮食等进口指定口岸；积极推动中欧班列、国际陆海贸易新通道班列常态化运行，新开通 6 条国际航线；加快推进国际邮件互换局、国际快件中心和保税物流中心建设，着力打造国际陆海贸易新通道物流节点。（2）强化平台支撑。进一步优化完善开发区管理体制机制，加大政策支持和资源配置力度，有序推进开发区空间拓展；以大数据创新发展为抓手，加快把贵阳国家高新技术产业开发区培育成为引领贵阳高质量发展的强大引擎；依托军工资源优势，加快把贵阳经济技术开发区培育成为国家军民结合（装备制造）高新技术产业化基地；发挥好功能作用和政策优势，加快把贵阳综合保税区培育成为贵州内陆开放型经济试验区的桥头堡；利用好临空经济优势，加快把贵州双龙航空港经济区培育成为富有特色的高质量国家级临空经济示范区；规划建设中欧产业园，大力推进瑞士（贵州）产业示范园、中英产业园等国际合作园区建设。（3）强化交流合作。筹办好 2019 中国国际大数据产业博览会、生态文明贵阳国际论坛等活动，加快构建“一带一路”经贸文化信息交流平台，不断扩大贵阳的影响力和美誉度。（4）强化产业招商。深入推进产业大招商行动，加快构建全球招商引业平台，面向欧洲、日韩、东盟、南亚等地区，面向京津冀、长三角、珠三角、粤港澳大湾区等开展精准招商，全年新引进产业项目500个以上，实际到位资金1265亿元以上，增长15%以上，其中，工业项目到位资金占30%以上；实际利用外资17.8亿美元、增长13%，进出口总额40亿美元、增长15%；围绕把国家级开发区打造成为国际化高端消费品制造核心区的目标，积极引进国际知名高端消费品制造企业和产品；围绕把云岩区、南明区、观山湖区打造成为国际化高端消费品工贸并进示范区的目标，积极引进国际知名卖场、高端消费品制造企业和产品；围绕把花溪区、乌当区、白云区打造成为中高端大众消费品制造核心承载区的目标，积极引进中高端大众消费品制造企业和产品、生产性服务业企业和平台；围绕把清镇市、修文县、息烽县、开阳县打造成为中高端制造业核心配套区的目标，积极引进中高端消费品制造配套企业和产品。（5）强化配套服务。进一步完善市级口岸协调机制，提升贵阳口岸通关便利化水平；认真落实外商投资企业准入前国民待遇加负面清单管理制度，积极争取72小时过境免签政策；设立开放型经济发展专项资金，发挥好市级出口退税资金池作用。（6）强化人才引进。设立境外招才引智工作站，实施重点产业领军人才工程，谋划一批具有特色风情的商业街区、人才小镇，建设国际化社区、国际化医院和国际化学校，增强对人才的吸引力。

（二）在调结构、兴产业上聚力，推动实体经济做强取得实效。实体经济是贵阳发展的根基，是高水平对外开放推动高质量发展的重要抓手，我们必须下大决心、花大力气，全力以赴兴实业、强实体。认真落实“巩固、增强、提升、畅通”八字方针，加快推动供给侧结构性改革，大力推进质量变革、效率变革、动力变革，推动产业结构迈向中高端，加快构建现代化经济体系。深入实施市场主体培育“四转”工程，新增规模以上工业企业100个、规模以上服务业企业100个、上市和新三板挂牌企业2个。（1）大力发展中高端制造业。以打造中高端消费品制造基地为目标，统筹推进工业发展倍增计划和“双千工程”，改造提升四大传统支柱产业，培育发展五大战略性新兴产业，积极争创制造业高质量发展国家级示范区；以德国、日本、韩国等为代表的制造业强国为目标，新引进培育不少于10个中高端制造和商贸服务优强企业，推进吉利整车制造和发动机项目达产增效，推动宝能新能源汽车产业园、中电新能源汽车西南产业园加快建设，比亚迪贵阳智能制造产业基地开工建设，新引进15个以上汽车配套企业，汽车制造业产值比上年翻两番。（2）加快发展中高端商贸业。以建设中国（贵阳）跨境电子商务综合试验区为抓手，推进跨境电子商务公共服务平台和线下体验店建设，建成西部进口商品展销中心；实施“百店引进”计划，引入各类中高端消费品商贸主体，布局建设中高端商业综合体，推动现有的商业综合体提质升级，打造高水平新型商圈，新增限额以上批发、零售、住宿、餐饮企业150个以上，塑造“爽爽的贵阳，购物的天堂”消费品牌。（3）转型发展传统优势产业。全面完成中铝退城进园，力争引进培育5个规模以上铝精深加工项目，铝及铝加工业产值增长8%；加快推进开磷集团以渣定产、绿色转型，积极推进磷石膏新型建筑建材基地建设。（4）培育发展战略性新兴产业。加快推进陶氏化学水性环保材料产业园、玖行汽车充换电产业及国家级新能源示范中心等新能源、新材料项目建设，汉能移动新能源项目一期实现量产、二期完成厂房建设和设备安装；建成德威智能制造等项目；推进国家西部医疗健康大数据中心及产业园、乌当区和修文县全省大健康医药产业示范区县建设，医药食品产业产值增长10%；积极开展国家军民融合创新示范区创建工作，大力推动军转民、民参军，实施军民融合项目20个以上。（5）积极发展生产性服务业。大力实施“互联网+物流”行动计划，建成清镇国家电商物流园、贵州跨境电商产业园、改貌铁路物流中心，推进贵阳铁路枢纽都拉营货运场站专用线项目（一期）建设，引进生产性服务业企业50个以上，规模以上交通运输、仓储和邮政业营业收入增长10%。（6）着力发展文化旅游产业。加快创建国家全域旅游示范区，大力推动天河潭景区创建国家级旅游度假区，加快建设恒大文化旅游城、华强文化旅游小镇等项目，新增4A级旅游景区2至3个，新设海外旅游文化营销推广中心5个，全年接待游客人次、实现旅游总收入分别增长20%、25%以上。

（三）在抓强化、促融合上聚力，推动数字经济发展取得实效。大数据是一个时代、一种潮流。我们必须乘势而上、顺势而为，把中国数谷的品牌做得更加响亮，为实现高质量发展提供强大动能。坚持“四个强化”、做实“四个融合”，坚定不移推进大数据战略行动，做强做优数字经济，加快建设国家大数据（贵州）综合试验区核心区。把创新作为大数据发展的核心，引进大数据优强企业60个，新增规模以上大数据企业50个，培育大数据核心竞争力品牌3个，大数据企业主营业务收入增长20%以上，力争高新技术企业突破1000个，全社会研究与试验发展经费投入占地区生产总值比重达到2%，科技进步对经济增长的贡献率达到63%。（1）全力构建大数据产业体系。加快推进公安部大数据中心、戴尔国际软件服务外包基地、华为智能制造及数据中心、浪潮大数据产业园、腾讯云启（贵阳）创新基地和西南区域交付中心等引领性项目建设。（2）全力构建大数据应用体系。启动“数智贵阳”建设，推出大数据智慧治理应用15个、大数据智慧民生应用10个；建成国家工业互联网标识解析二级节点，加快建设“一品一业、百业富贵”大数据支撑平台、国家IPv6大数据应用创新中心、贵阳智能制造协同共享平台、“万企融合”服务与监测平台，数博大道建设取得实质性成果，着力打造永不落幕的数博会；实施工业企业智能化改造项目50个，规模以上工业企业上云比例达到80%以上。（3）全力构建大数据标准体系。开展5项国家标准示范验证和5项地方标准制定，打造大数据技术标准创新公共服务平台，完善国家技术标准创新基地（贵州大数据）贵阳区域分基地功能。（4）全力构建大数据法规体系。认真实施《贵阳市健康医疗大数据应用发展条例》等大数据法规和规章，积极做好大数据领域立法工作。（5）全力构建大数据安全体系。加快推进国家级大数据及网络安全示范试点城市、国家大数据安全靶场（二期）、大数据安全产业示范区、工业信息安全制造业创新中心建设，办好2019贵阳大数据及网络安全精英对抗赛。

（四）在拓空间、强功能上聚力，推动宜居城市建设取得实效。坚持人民城市为人民，不断提升城市环境质量、人民生活质量、城市竞争力，建设和谐宜居、富有活力、特色鲜明的现代化城市。抓重点、破难点、抢时点、做亮点，进一步优化城市功能，提升城市能级量级。（1）拓展城市空间。编制完成《贵阳空间发展战略（2020—2035）》，开展国土空间规划编制工作，优化完善市域空间格局和产业空间格局；以“三县一市”撤县（市）设市辖区为契机，推进北部新城建设，规划建设中高端消费品制造特色产业小镇，进一步提高区域融合发展水平；推进贵阳与贵安新区同城化发展、贵阳与遵义、安顺、黔南联动发展，加快构建黔中城市群。（2）优化城市路网。强力推进基础设施“六网会战”专项行动，以大交通构建城市发展大格局，产业大道、贵阳至长顺高速公路等重大项目开工建设，加快推进旅游公路环线建设，启动修文至开阳、修文至乌当城市道路规划建设，力争人民大道南段、延安东路延伸段、花溪大道改造提升工程建成通车，实施城市路网联通工程，打通“断头路”20公里以上；加快轨道交通2号线、3号线建设，贵阳至成都高速铁路、市域快铁西南环线贵阳段建成通车。（3）完善城市功能。实施棚户区城中村改造4.8万户、660万平方米，三马片区改造取得新进展；建设地下综合管廊10公里，建成海绵城市项目10个、防空地下室5万平方米；开工建设贵阳奥林匹克体育中心（二期）、花溪水库至南郊水厂、花溪水库至中曹水厂输水工程等重大项目；优化城市公交、轨道交通接驳换乘体系，完善高铁贵阳北站和东站、金阳客车站配套路网，增加公交线路7条，新增公共停车位1万个，新建人行过街设施11个；加快城市直联网、物联网、5G网络和智慧广电网络建设，提升信息基础设施水平。（4）加强城市管理。深入开展城市乱象整治行动、文明城市提升行动，启动22个占道夜市摊区退街入室工作，完成汽配市场专项整治工作；建设智慧市政大数据监管平台，实施公共设施管理提升工程，常态化开展“三车”整治和机动车违停治理。

（五）在补短板、强弱项上聚力，推动乡村振兴取得实效。把乡村振兴战略作为新时代做好“三农”工作的总抓手，因地制宜、步步为营、扎实推进。建立健全城乡融合发展体制机制和政策体系，着力推进“五个振兴”，真正让农业强起来、农村美起来、农民富起来。（1）坚决打好脱贫攻坚战。以脱贫攻坚统揽经济社会发展全局，深入推进大扶贫战略行动，聚焦“两不愁，三保障”目标，打好脱贫攻坚“2019春季攻势”，常态化开展扶贫领域突出问题“五个专项治理”，精准脱贫13200人以上，巩固提升64个贫困村脱贫成果；全面完成3019户、12090人易地扶贫搬迁任务，着力构建后续扶持“五个体系”，稳步推进搬迁群众市民化，确保有劳动力的搬迁家庭实现至少1人稳定就业、每个安置点建设1个卫生服务机构、搬迁群众子女就学需求得到满足、不因搬迁出现各类社会保障漏保断保；精准落实教育医疗住房“三保障”政策，确保不让一个孩子因家庭经济困难而失学、贫困人口看得起病、符合条件的农村住房应搬尽搬、应保尽保、应改尽改；打好农村饮水安全问题攻坚决战，解决11.96万农村人口饮水安全巩固提升问题，确保饮水不愁；加大脱贫攻坚对口帮扶力度，深入推进贵阳大市场带动全省大扶贫，实施产销对接、保供稳价体系建设工程，启动“互联网+”农产品进城工程，带动10万以上省内贫困人口实现脱贫。（2）纵深推进农村产业革命。深入实施绿色农产品泉涌工程，农业产业结构调整20万亩，全面完成100万亩产业结构调整任务，粮经作物比重降低到1∶9；

新增省级乡村旅游点10个，打造精品乡村旅游线路5条，乡村旅游总收入180亿元；推动农业优势产业园区化、品牌化发展，加快建设开阳县富硒农产品加工示范区，新增省级现代高效农业示范园区3个，扶持农产品加工企业20家以上，农产品加工总产值850亿元以上、转化率52%以上。（3）深入实施农村人居环境提升行动。进一步提高政治站位，深入开展“大棚房”问题专项清理整治，在100个村寨开展千村整治提升行动，建成特色小城镇6个、富美乡村示范村35个，县级以上文明村寨创建率100%。（4）全面深化农村改革。实现农村“三变”改革行政村全覆盖，完成农村集体产权制度改革整市试点工作，实现村社合一、集体经济股份合作社全覆盖，确保所有贫困户都参加合作社，每个贫困家庭都能获得稳定的收入；积极开展城乡要素双向流动试点工作，建成农村产权综合交易中心4个；有序引导非农产业和农村人口向城市和小城镇转移，常住人口城镇化率提高到76%。

（六）在严保护、优环境上聚力，推动生态文明建设取得实效。发展经济绝不能以牺牲生态环境为代价，必须正确处理经济发展和生态环境保护的关系，推动形成人与自然和谐发展新格局。坚持生态优先、绿色发展，坚决落实长江经济带“共抓大保护、不搞大开发”的要求，打好污染防治攻坚战，巩固中央环保督察反馈问题整改成效，大力推进生态文明制度创新，加快建设全国生态文明示范城市。（1）打好碧水保卫战。实施城镇污水处理提质增效三年行动，建成再生水厂9个、日新增污水处理能力40.5万吨，提标改造再生水厂8个，巩固提升南明河治理成效；制定实施污水收集管网建设规划，完善雨污分流系统，城市生活污水处理率达到95%以上，集中式饮用水源地水质100%稳定达标，全面消除黑臭水体。（2）打好蓝天保卫战。突出抓好城市扬尘、工业废气、燃煤管控、柴油车尾气、夜市油烟等污染源治理，持续开展绿美贵阳行动计划，完成植树造林及新造林抚育12万亩、山体治理2000亩，新增城市绿地100万平方米，环境空气质量优良率保持在95%以上。（3）打好净土保卫战。实施农业环境突出问题治理工程、农业废弃物资源化利用整县推进工程和化肥农药使用零增长计划，开展重点行业企业用地土壤污染状况详查，实行建设用地准入环境管理，严控污染地块再开发利用。（4）打好固废治理战役。落实好固废工程性治理措施，工业固体废物安全处置率达到98%以上，开磷集团交椅山磷石膏渣场治理取得明显成效；加快推进城市生活垃圾焚烧发电项目和餐厨废弃物处置项目建设，生活垃圾分类处理覆盖率达到60%以上；积极发展节材环保装配式建筑，装配式建筑在新建住宅中使用比例达到15%。（5）打好乡村环境整治战役。大力开展农村厕所革命、农村生活垃圾治理、农村生活污水治理、村庄清洁专项行动，新建、改造农村村级公共卫生厕所325个、农村户用卫生厕所9000户，大型养殖场实现粪污处理设施装备全配套，力争90%左右的村庄生活垃圾得到有效治理，农村生活污水治理能力明显提高。

（七）在优服务、增活力上聚力，推动重点领域改革取得实效。贵阳经济社会的加速发展、跨越发展，只有依靠改革这个历史前进的动力前进、顺应改革这个时代发展的潮流发展，才能不断争创贵阳发展的新优势。以打造政务服务最优城市为目标，加快建立公平开放透明的市场规则和法治化营商环境。（1）深化“放管服”改革。全面落实“非禁即入”要求，严格执行市场准入负面清单，加强社会信用体系建设，建成贵阳市优化营商环境大数据平台，持续开展“减证便民”行动，企业开办审批通过“一网通办”系统办理1个工作日以内完成，工程建设项目审批80个工作日以内完成，政务服务事项网上办理率达到100%，100个高频事项的办理最多跑一次。（2）深化财税体制改革。全面实施零基预算管理和预算绩效管理，全面落实国家减税降费政策，对小微企业和科技型初创企业实施普惠性税收减免，继续执行阶段性降低失业和工伤保险费率政策，全面实施修改后的个人所得税法，切实减轻个人税负。（3）深化投融资体制改革。建立政府投资正面清单管理制度，探索推行企业投资项目建设承诺制，积极鼓励社会资本进入提供公共产品和公共服务的领域。（4）深化国有企业改革。完成市属国有企业战略性重组工作，建立健全国有企业法人治理结构，积极开展混合所有制改革，优化整合资源资产配置，降低企业资产负债率，真正让企业实现实业做强、主业做优。（5）支持民营经济加快发展。抓紧制定出台贵阳市支持民营经济发展的政策措施，加快民营经济服务平台建设，深入开展拖欠民营企业资金问题专项治理，设立民营企业纾困基金和小微企业政策性融资担保基金，扶持微型企业3000家以上，民营经济增加值占地区生产总值比重达到58%。

（八）在稳投资、扩内需上聚力，推动重大项目建设取得实效。在高质量发展中，新的投资领域层出不穷，企业投资活力全面释放，我们要坚定发展信心、保持战略主动，以有效投资稳住经济发展基本盘，保持稳中求进的良好态势。坚持抓发展必须抓投资，不断做大投资增量、壮大经济总量、增强发展后劲。（1）抓实项目储备。进一步完善和充实投资项目三年滚动计划，确保市级重大项目库规模动态保持在3万亿元以上。（2）抓好前期工作。积极争取国家和省前期工作资金支持，抓好水资源保障战略研究和优化配置、区域融合道路联网工程等一批战略性、基础性重大项目前期工作。（3）抓紧项目建设。新开工建设项目824个，年度投资1500亿元，完成农业农村投资43亿元、交通基础设施投资127亿元、教育投资45亿元、水务投资18亿元，抓好工业项目集中开工、集中投产活动，确保新开工建设工业项目60个、建成投产70个，完成工业投资260亿元。（4）抓足项目融资。抢抓国家较大幅度增加地方政府专项债券规模等机遇，强化融资服务平台建设，规范有序推进政府和社会资本合作，发挥好资本市场和非银行金融机构融资功能，争取更多的资金支持；按照不低于5%的比例压减一般性财政支出，增加对脱贫攻坚、“三农”、结构调整、科技创新、生态环境、民生等领域的投入。（5）抓严项目管理。进一步加强投资管理和项目督查，建立“政府定标准、企业作承诺，过程强监管、失信重惩戒”的企业投资项目建设管理新模式；建立重点项目专班服务机制，营造良好建设环境。

（九）在办实事、促共享上聚力，推动民生改善取得实效。保障和改善民生没有终点，只有连续不断的新起点；民生改善不仅仅是发展的目的，更是让发展迈向高质量的动力。在高质量发展中，我们要坚定不移增进民生福祉，不断满足人民对美好生活的向往，把民之所盼作为政之所向，把民之所需作为政之所为，把民生实事办好、办实，让发展指标的幸福含量更高、发展成果的民生比重更大。（1）促进充分就业。深入实施高校毕业生就业创业促进计划和基层成长计划，扎实开展农民全员培训三年行动计划，全年新增城镇就业18.5万人以上，农村劳动力转移就业3.76万人，动态消除城乡“零就业家庭”，加快创建充分就业城市。（2）保持物价稳定。建设城市保供基地1万亩、社区智慧微菜场50个，建成贵阳市肉类交易中心批发市场，进一步降低生鲜农产品价格。（3）优先发展教育。加快推进“百校攻坚”行动计划和“全面改薄”工作，新建、改扩建中小学、幼儿园181所，新增学位3万个以上，学前教育普惠率达到80%；开展优质示范高中创建，推动清镇职教城内涵式发展，夯实中职基础，推进高校“双一流”学科建设，确保教师平均工资收入水平不低于当地公务员平均工资收入水平。（4）建设健康贵阳。深入开展健康城市建设试点工作，进一步调整医疗服务价格和降低公立医院药占比，完成15个社区卫生服务中心标准化建设，建成30分钟乡村健康服务圈，深入开展“互联网＋医疗健康”便民惠民活动，居民实名就诊率达到80%以上；扎实抓好食品药品安全监管，争创国家食品安全示范城市。（5）繁荣文体事业。市少年儿童图书馆主体工程完成，建设社区图书共享系统50个，开展“全民健身贵阳行”系列活动，持续办好贵阳国际马拉松赛等重大活动和赛事，争创全民运动健身模范城市。（6）健全保障体系。不断扩大社会保险覆盖面，健全完善城乡社会救助体系和低保标准与物价上涨挂钩联动机制；完善住房市场体系和住房保障体系，稳定地价房价，启动1万套安居房工程建设，推进公租房、保障房配套设施建设；完善养老护理体系，建成15个城乡社区日间照料中心、15个农村互助幸福院，农村生活不能自理特困人员集中供养率提高到45%。

（十）在防风险、促和谐上聚力，推动社会治理取得实效。树牢风险防范意识，保持社会大局和谐稳定，为人民群众筑起牢不可破的安全网。持续打好防范化解重大风险攻坚战，构建新时代共建共治共享的社会治理新格局。（1）防范金融风险。严格落实政府性债务管理“七严禁”和“1+8”系列政策，开展全市政府隐性债务再核查和政府债务风险突出地区专项督查，采取有效措施，减少政府债务存量、严控政府债务增量，坚持净地出让和低效用地有效利用“两条腿”走路，实施好土地储备和土地出让“两个计划”，建好资金池和土地池“两个池子”，保证发展资金需要；完善贵阳大数据防范金融风险系统平台，规范整治互联网金融，严厉打击非法集资，守好不发生区域性系统性金融风险的底线。（2）防范社会风险。健全重大决策社会稳定风险评估机制，提高重大决策群众参与度；完善矛盾纠纷多元调解机制，加大解决历史遗留问题力度；严厉打击传销违法犯罪行为，大力实施社会治理智慧提升工程，加快推进“平安贵阳”建设；深入开展“两严一降”、扫黑除恶专项斗争、禁毒人民战争，创建全国禁毒示范城市；严格落实安全生产责任制，全面加强自然灾害预测预防，坚决防止发生重大及以上生产安全事故，全力守护人民群众生命财产安全，努力把贵阳建设成为全国最安全的城市之一。

各位代表，新时代是大发展、大作为的时代。我们要以永不懈怠的精神状态和一往无前的奋斗姿态，铸就贵阳发展的新辉煌，让贵阳人民在建设公平共享创新型中心城市中共享幸福和荣光。

三、持之以恒抓好政府自身建设

我们的政府是人民政府。我们要牢记嘱托、感恩奋进，永远把人民放在心中最高位置，全心全意为人民服务，为人民的利益和幸福勤奋工作，建设新时代人民满意的服务型政府。

（一）加强政治建设，始终做到忠诚为政。提高政治站位、锤炼政治能力，旗帜鲜明讲政治。认真开展“不忘初心、牢记使命”专题教育，增强“四个意识”、坚定“四个自信”、做到“两个维护”，坚定对马克思主义的信仰、对中国特色社会主义的信念、对实现中华民族伟大复兴中国梦的信心，坚持党的基本理论、基本路线、基本方略不动摇，始终在政治立场、政治方向、政治原则、政治道路上同以习近平同志为核心的党中央保持高度一致，严守政治纪律和政治规矩，坚决贯彻落实好中央、省委和市委的决策部署，以实干实绩诠释对党和人民的绝对忠诚。

（二）坚持厉行法治，始终做到依法行政。全面完成市级和区（市、县）机构改革，形成职责明确、依法行政的政府治理体系，增强政府公信力和执行力。恪守宪法法律，用法治思维和法治方式履行职责，严格规范公正文明执法，崇尚诚信、守信践诺。全面推进政务公开工作，养成在监督下履职的习惯，依法接受市人大及其常委会的法律和工作监督，自觉接受市政协的民主监督，全面接受监察监督，主动接受社会和舆论监督，让政府工作在法治轨道上稳步前行。

（三）永葆公仆本色，始终做到为民执政。牢固树立以人民为中心的发展思想，始终把人民对美好生活的向往作为我们的奋斗目标。政府要过紧日子，百姓要过好日子，加大民生投入，办好民生实事，民生支出占一般公共预算支出比例不低于65%。整合全市公共服务热线，实现“12345”一号集中受理，为企业和群众提供优质高效的服务。坚持干字当头、勤勉敬业，善始善终、善作善成，以踏石留印、抓铁有痕的劲头抓紧每一天、干好每件事，全心全意为贵阳人民谋幸福，为贵阳大地添光彩。

（四）勇于担当作为，始终做到高效施政。深入践行“五步工作法”，精准把握“八个关键细节”，不断提升研究问题、破解难题的能力。全面落实好中央、省委、市委激励广大干部新时代新担当新作为的措施，不断激发广大干部干事创业、比学赶超的内生动力。进一步规范督查考核工作，为基层减负松绑，激发干部崇尚实干、攻坚克难的责任担当。

（五）狠抓具体深入，始终做到实干勤政。坚持把抓具体、抓深入作为推动工作的认识论和方法论，坚决摒弃形式主义、官僚主义，深入一线、深入基层，多到困难大、矛盾多的地方去，紧盯要害环节，搞好调查研究，摸清具体情况，找准问题关键，拿出务实管用的办法措施，形成一级抓一级、层层抓落实，一鼓作气、一抓到底的干事创业氛围，推动问题一个一个解决，让抓具体抓深入在全市政府系统蔚然成风。

（六）严格正风肃纪，始终做到干净从政。严格落实中央八项规定及其实施细则精神，驰而不息整治“四风”、转变作风。加强全市政府系统领导干部政德建设，做到明大德、守公德、严私德，正心明道、防微杜渐，着力构建亲清新型政商关系。始终保持惩治腐败高压态势，盯紧盯牢公共资金、公共资源、公共工程等重点领域廉政风险，严惩群众身边的不正之风和腐败问题，扎实推进廉洁政府建设。

各位代表，我们前进的道路上困顿和坎坷不会少，困难和麻烦都还在。历史只会眷顾坚定者、奋进者、搏击者，不会等待犹豫者、懈怠者、畏难者。春风虽凛冽，未来更浩荡，方此“船到中流浪更急、人到半山路更陡”之时，初心越久，芳华越长。我们要以更宽阔的视野、更长远的眼光来思考问题，破解难题，要以坚如磐石的信心、只争朝夕的劲头、坚忍不拔的毅力去战胜前进中难以想象的惊涛骇浪，一步一个脚印地创造无愧于人民、无愧于历史的辉煌业绩。

各位代表，中国特色社会主义进入新时代，摆在我们面前的使命更光荣、任务更艰巨、挑战更严峻、事业更伟大。我们既然选择远航，就不惧惊涛骇浪。红日初升，其道大光。今天，历史的接力棒交到了我们手中，我们要肩负起历史赋予的使命和责任，在新时代的接力跑中，始终保持想跑的动力、会跑的定力、快跑的能力、能跑的耐力，心无旁骛、聚精会神地跑好属于我们的这一棒。

让我们紧密团结在以习近平同志为核心的党中央周围，在中共贵阳市委的坚强领导下，以自我革命、自我完善的勇气，以逢山开路、遇水架桥的锐气，以只争朝夕、敢教日月换新天的豪气，奋力书写新时代爽爽贵阳发展的新篇章，以优异成绩迎接中华人民共和国成立70周年！

云岩区政府工作报告

（2019 年 1 月 16 日在云岩区第十七届人民代表大会第三次会议上）

云岩区委副书记、区长 王黔

各位代表：

现在，我代表区人民政府向大会作工作报告，请予审议，并请区政协委员和其他列席人员提出意见。

一、2018 年工作回顾

刚刚过去的一年，在习近平新时代中国特色社会主义思想的指导下，在省委、省政府、市委、市政府和区委的坚强领导下，我们深入贯彻落实党的十九大精神和习近平总书记在贵州代表团重要讲话精神，树牢“四个意识”、坚定“四个自信”、践行“两个维护”，坚持稳中求进工作总基调，以供给侧结构性改革为主线，以公平共享为价值取向，以城市开发建设和棚户区改造为重要抓手，统筹推进“五位一体”总体布局，协调推进“四个全面”战略布局，加快打造公平共享创新型中心城市核心区，全区经济健康发展、社会和谐稳定、人民安居乐业，各项事业取得新的进步。

——过去一年，我们谱写了稳中有进的经济发展新篇章。面临经济下行压力，全区上下迎难而上，顺利完成全年各项经济任务。

*一是稳住经济增长势头。*预计全年实现地区生产总值 830 亿元、增长 10.5%，总量继续保持全省第一。规模以上工业增加值 46.13 亿元、增长 5%；固定资产投资完成 252.5 亿元、增长 7%；社会消费品零售总额 416 亿元、增长 9.5%；财政总收入 185.49 亿元、增长 10.14%；公共财政预算收入 33.4 亿元，增长 2.29%；公共财政预算支出 51.02 亿元、增长 3.43%；十项民生支出 40.63 亿元、增长 8.06%；城镇常住居民人均可支配收入完成 35958 元、增长 9.1%。

*二是促进实体经济发展。*启动三马都市产业园规划建设，打造实体经济发展平台。推动全区 29 家规上工业企业加快转型升级。益佰制药成为全市“千企改造、一企一策”首批转型升级示范企业，益佰肿瘤大数据中心影响力不断扩大，国家苗药工程中心项目投产。服务业进一步提质增效，规上服务业企业达 137 家，规上其他营利性服务业预计增长 12%。新增市场主体 1.6 万户，保持数量全省领先。预计接待旅游总人数 2955.79 万人次，增长 23.67%；预计实现旅游总收入 736.45 亿元，增长 25.33%，连续 10 年蝉联全省第一。

*三是加快大数据融合发展。*新增上规大数据企业 6 家，全年预计完成大数据主营业务 94.5 亿元，增长 26%。自建平台电商企业 8 家，电子商务网络零售额达 17 亿元，全年预计增长 30%。大数据与实体经济深度融合发展水平达到 64.64，比 2017 年提高 17.44。

*四是推动创新型产业培育。*促进高新技术产业发展，引导企业加大研发投入力度，增强产业核心竞争力。64 家企业通过高新技术企业认定，新建省级以上科技研发机构 2 家，完成技术合同交易额 21.9 亿元，综合科技进步水平指数 99.76%，连续 7 年保持全省第一，被评为 2018 年度全国科技创新百强区。

*五是提升对外开放水平。*出台新“招商十条”。新增产业项目 136 个，引进省外实际到位资金 199.4 亿元；实际利用外资 1.65 亿美元，增长 16%；外贸进出口总额完成 10.72 亿美元，增长 9%。引进世界 500 强国药控股股份有限公司、中国 500 强浙商银行股份有限公司等企业相继落地，盒马鲜生、万达影院等知名企业在我区设立区域总部或分支机构。我区城市投资潜力位列全国投资潜力百强区第 50 位。

——过去一年，我们谱写了城市升级的开发建设新篇章。云岩是我们共同的家园。一年来，我们全力推进城市开发建设，努力让人民群众在云岩生活得更方便、更舒心、更美好。

*一是坚持规划先行，精准定位城市格局。*坚持“一核三片”城市发展方向不动摇，按“高起点规划、高标准建设、高效率推进”要求，谋划城市格局。以“国际一流的眼光”，精确定位三马片区发展方向，编制完成三马片区最新城市、产业及路网规划；制定《贵阳小关项目概念规划》，完成小关片区控制性详细规划调整及小关湿地公园项目设计、立项等工作。

*二是坚持交通引领，持续完善城市功能。*以交通促发展，融合文化、商业、旅游、智慧城市于一体，进一步完善城市功能、提升城市品质。人民大道（云岩段）主体工程完工，月底将实现通车，这条“文化路、旅游路、生态景观路、智慧创新路”，将有效缓解交通压力，促进城市要素优化配置。轨道交通1号线正式开通，轨道2号线、3号线建设正有序推进，云岩与全市共同迈进地铁时代。麻冲路建成通车，延安东路延伸线启动建设。三马片区“五横七纵”12条道路主骨架体系建设有序推进，投资100多亿元建设片区18条支路。

*三是坚持区域并进，纵深推进片区开发。*东片区沿河7公里成为贵阳的新地标，逐渐成为贵阳市民休闲、聚会、就餐的首选聚集地。西南地区最大的智能全民健身活动中心开馆。具有亚洲目前最大巨幕影厅的上影·越界国际影城投入运营，苏宁易购贵州销售总部等项目落地。贵阳世贸中心、方舟体育健康城、东懋中心等项目快速推进。西片区征收工作取得大进展，宏阳机械厂二、三、四期地块及工矿棚户区A地块成功挂牌出让，轮胎厂地块启动开发。万科大都会、恒大帝景、普天中央国际等项目加快推进。北片区小关污水处理厂建成完工，进入调试运行阶段。雅关、偏坡整村搬迁即将启动，正在完善相关手续，为开工建设做准备。

*四是坚持旧城改造，着力营造宜居环境。*全年改造棚户区10272户、160.1万平方米，着力提高城市发展的持续性、宜居性。人民大道（云岩段）征收工作全面完成，轨道交通3号线征收工作基本完成；加快推进枣山路贵铁棚户区改造项目、同城大道延伸段、马王路连接段等征收工作。以盐务街、六广门为试点的城市“三变”改革项目取得突破，社区共建、共享公司反响良好，共享群众获得实惠。城乡人居环境持续向好。

——过去一年，我们谱写了生态优先的环境提升新篇章。以中央环保督察“回头看”为契机，切实解决一批环保突出问题，共办理230件信访转办件，对市民反映强烈的生态环境问题进行深入整治，生态质量显著提升，被评为2018年全国绿色发展百强区。

*一是加强水环境治理。*全面落实三级“河长制”，全力开展南明河、市西河等水环境治理，加强阿哈湖饮用水源保护，推进贵医、六广门、松山等再生水厂项目建设。建成市西河、贯城河分洪隧洞水质自动监测站点，完成10条大沟、12处黑臭水体治理及金钟河一、二期水环境综合治理项目。

*二是加强公园绿地建设。*新建旭东山体公园、崇义城市公园等12个公园，全区各类公园总数达到118个。完成山体治理690亩，新增绿地10.16万平方米，空气质量优良率达到97.48%。

*三是加强环境整治提升。*顺利通过国家文明城市复检考核。深入推进整脏治乱，持续巩固“创文”“创卫”成果。全力实施50公里背街小巷综合整治，提升改造免费公厕40座，清掏整治化粪池1218座。常态化精细化治理陕西路、普陀路等7个规范夜市摊区。加强违法建筑管控，拆除违法建筑2129户、65.7万平方米。

——过去一年，我们谱写了为民惠民的民生事业新篇章。始终坚持以人民为中心的发展理念，千方百计保障和改善民生，十项民生支出占一般公共预算支出的79.63%。

*一是扎实推进脱贫攻坚。*对外强化精准帮扶，大力做好印江县、开阳县、长顺县长寨镇、望谟县打易镇等地对口帮扶工作，从产业、市场、就业、教育、医疗、旅游等方面开展立体式帮扶，帮助对口帮扶地实现1.4万人脱贫。对内强化精准救助，共保障城乡低保对象14万户次，发放低保金1.33亿元。

*二是持续改善民生保障。*城镇新增就业5.85万人，城镇登记失业率控制在2.86%以内。社会保险参保人数达93.9万人。帮助农民工讨薪6944万元。社会救助失信惩戒机制荣获2018社会救助领域全国十佳优秀创新实践案例称号。新建24家惠民生鲜超市，总数达到44家，“菜篮子”零售网点达90余个。

*三是坚持做精“学在云岩”教育名片。*继续深化学区教育共同体建设，强力推进“百校攻坚”，全面实施“乐童计划”，率先在全省完成区域内教育机构基本现代化评估认定，代表全省顺利通过国家义务教育基本均衡复查。新建、改扩建校（园）8所，新增学位5070个，确定新优质培育校13所，“入园难、

上学难”问题有效缓解，教师待遇全面提升，校外培训机构清理整顿工作获得教育部全国通报表扬。

*四是不断提升医养水平。*完成5个社区卫生服务中心标准化建设。成立“云岩区养老联盟”，5家老年人日间照料中心和1家农村幸福院投入使用，建成云岩老年人中西医结合康养中心，与贵州医科大学附属医院和贵阳市第一人民医院合作共建老年康复病区。

*五是着力狠抓文化发展。*文化产业增加值突破34.97亿元，增长79.07%。完成毛公馆文化遗址、《新华日报》分销处修缮和展陈设计，毛公馆被故宫博物院纳入故宫文物南迁的国家级保护点。完善25家图书小站、19家农家书屋建设。建成8个行政村和29个居委会的综合性文化服务中心。成功举办“2018黔·视界”非遗艺术周。代表贵州参加全国电子竞技公开赛并获单项第二名的历史佳绩。丰富旅游发展模式，引导业态多元化。

——过去一年，我们谱写了和谐稳定的社会治理新篇章。强化责任担当、增强法治思维，深入推进社会治理，着力构建平安云岩，切实为人民群众营造安全祥和的社会环境。

*一是安全生产形势向好。*坚持把安全生产作为发展前提和保障，认真落实安全生产“党政同责，一岗双责”，加强安全生产监管，加大对违法违规行为处罚力度，全年无较大以上安全责任事故发生。成功创建省级电梯安全管理示范区。

*二是社会风险有效防控。*夯实应急管理工作基础，应急能力和市民应急安全意识显著增强，城市安全得到有效保障。针对重点领域、重点项目、重点对象等深入开展矛盾纠纷排查，依法开展群众矛盾化解工作，切实维护了社会和谐稳定。

*三是社会环境平安和谐。*深入推进平安云岩建设，全力构建“大巡（处）警”工作新格局。开展扫黑除恶专项行动，大力推进执法办案管理服务中心建设，常态化抓好“两严一降”“禁毒人民战争”和实有人口服务管理，全区刑事立案数同比下降2.97%，群众安全感测评达98.62%。毓秀、友谊等4个居委会荣获省级“民主法治村（居）”称号。信访、司法、人民调解等工作取得全面进步。

——过去一年，我们谱写了便民公开的政务服务新篇章。深化改革创新服务模式，实施“互联网+政务服务”等行动，不断加强政府自身能力建设，持续增强服务经济社会发展能力。

*一是营商环境不断优化。*营商环境评估排名继续提升，“放管服”改革深入推进，取消区级事项证明19项，企业开办时间缩减至5个工作日。帮助中小微企业融资2.38亿元。推进社会信用体系建设，23家企业通过市级“贵州省诚信示范企业”审核。政府数据开放平台正式运行。

*二是依法行政不断加强。*更加重视人大代表、政协委员、民主党派、无党派人士和各人民团体、社会各界人士的意见，促进决策科学化、民主化。认真执行人大及常委会决议、决定，自觉接受人大及常委会法律监督、工作监督和政协民主监督及群众监督，人大代表建议和政协委员提案办复率达100%。

*三是工作作风持续改进。*认真落实全面从严治党主体责任，深化“四风”专项整治，查处政府系统失职渎职人员98人，党风廉政建设和反腐败工作取得新成效，政府执行力、公信力进一步提升。“三公”经费持续下降。全面推进“决策、执行、管理、服务、结果”公开，扩大公众参与，切实增强政务公开实效。

此外，全区民宗、档案、侨务、人防、移民、双拥、国防动员、人民武装等各项工作整体推进、全面发展，均取得可喜成绩。

各位代表，过去一年的成绩，是中央、省、市和区委坚强领导与科学决策的结果，是区人大、区政协监督支持与群策群力的结果，更是全区人民群众齐心协力、拼搏奋斗的结果。在此，我代表区人民政府，向全区人民，向各位人大代表和政协委员，向各民主党派、工商联、无党派人士、各人民团体和各界人士，向驻区各省属单位、市级单位、解放军、武警官兵和人民警察，向所有关心和支持云岩建设发展的各位老领导、老同志和各界朋友，表示衷心的感谢！

在看到成绩的同时，我们也清醒认识到，当前的云岩，正处于百年未有之大变局。作为省会城市核心区、全省首善之区，我们的城市能级和核心竞争力正面临诸多挑战，存在诸多困难：一是产业业态亟待升级。在产业规模、结构、层次等方面仍处于产业链和价值链的中低端，缺少中高端制造业和中高端服务业，产业发展水平与新一轮高水平对外开放的新形势和省会城市核心区的使命担当不相适应、不相匹配。二是城市品质亟待升级。区域发展不平衡，部分基础设施陈旧老化，城市品质与国内先进城区相比还有不少差距，城市能级与中心城区定位不匹配、不协调问题突出。三是核心功能亟待升级。作为全省首善之区的优质资源辐射力、文化形象影响力、科技源头创新力、空间综合承载力等核心能力，已不适应新形势新使命新任务的要求，不足以完全支撑我区经济社会高质量发展。四是公共供给亟待升级。随着人民群众对美好生活的需要日益增长、不断升级，我们公共服务供给不平衡不充分的问题和矛盾日益凸显，教育、医疗、文化、体育、养老、交通等基本公共服务尚不能完全满足老百姓的需求。五是城市要素亟待升级。作为省会城市核心区，云岩对于资金、项目、科技、人才、金融、物流等发展“硬”要素的聚集优势没有得到充分发挥，营商环境、体制机制等发展“软”要素还有很大优化提升空间，适应实体经济、数字经济、开放型经济发展需求的高层次人才匮缺。此外，少数干部精气神不足、执行力不强、责任心不够，对党委、政府的部署落不到实处，抓不到细处，怕吃苦、怕担责的情况时有发生。对这些困难和挑战，我们必须精准把握、坦诚面对，在今后的工作中采取有效措施切实加以解决。

二、2019 年工作安排

各位代表，2019 年是中华人民共和国成立 70 周年，也是新一轮改革开放再出发之年，市委作出了大力实施高水平对外开放、加快推动高质量发展的重大决策，区委召开九届四次全会作出了全面部署。我们没有时间歇脚喘气，要以“滚石上山、爬坡过坎”的干劲迎难而上，坚持一张蓝图绘到底、一任接着一任干，站在新的历史起点上，全力以赴回答好“改革开放再出发”的时代新考题。

改革开放再出发，必须坚持感恩奋进。习近平总书记对贵州工作高度关心关怀，作出系列重要指示批示。我们要把总书记的关心关怀变为砥砺前行的强大动力，牢记嘱托、感恩奋进，坚决贯彻落实好中央、省、市和区委的决策部署，做到心有定力、行不偏移。

改革开放再出发，必须坚守为民初心。为人民服务是我们的根本宗旨，是我们一切工作的出发点和落脚点。我们要坚持以人民为中心的发展思想和价值取向，全力为群众做好事、办实事、解难事，让我们的发展更有温度，让群众更有获得感、幸福感、安全感。

改革开放再出发，必须牢记发展使命。发展是硬道理。作为省会城市核心区、全省首善之区，我们必须紧紧盯住率先迈向基本现代化的目标不动摇，紧紧盯住国际化高端消费品工贸并进示范区的定位不动摇，坚定不移实施高水平开放、推动中高端制造、促进中高端消费、推动高质量发展。

改革开放再出发，必须坚定信心决心。信心是成功的指引，决心是力量的源泉。站在全面升级的历史节点上，我们有过去 40 年发展积累的牢固基础、有省会中心城区的区位优势、有 135 万人的消费潜力、有辐射全省全市的市场空间。展望未来，云岩一定大有可为、务必大有作为。

改革开放再出发，必须弘扬创新精神。过去 40 年云岩能取得经济社会发展的显著成就，关键就在于敢为人先、勇于创新。面对当前“百年未有之大变局”，我们必须秉持创新精神、强化创新思维、提升创新能力，不断推进体制机制创新、实践创新、制度创新以及其他方面的创新，为云岩的高质量发展提供源源不断的动能。

改革开放再出发，必须凝聚发展合力。能用众力，则无敌于天下。云岩要实现城市能级和核心竞争力的跃升，必须用好一切有利于云岩发展的要素，聚集一切有利于云岩发展的力量，让“云岩精神”在新时期焕发出新的光彩，激发全区各部门、各行业干部群众热爱云岩、建设云岩的激情和斗志。

今年经济社会发展的总体要求是：以习近平新时代中国特色社会主义思想为指导，以新发展理念为统揽，以供给侧结构性改革为主线，紧紧围绕“一品一业、百业富贵”发展愿景，引领城市能级和核心竞争力持续跃升，加快高水平开放，推动中高端制造，促进中高端消费，推进高质量发展，当好高水平对外开放“领头雁”，打造国际化高端消费品工贸并进示范区，为建设公平共享创新型中心城市核心区奠定基础，努力建设全国一流、全省领先、全市示范的现代化新云岩。

全区经济社会发展的主要预期目标是：地区生产总值确保增长 10% 左右，力争增长 10.5%；固定资产投资确保增长 13% 左右，力争增长 15%；公共财政预算收入确保增长 2.1%，力争增长 2.5%；社会消费品零售总额确保增长 9% 左右，力争增长 9.5%；规模以上工业增加值确保增长 5% 左右，力争增长 8%；引进省外实际到位资金确保增长 25%，力争增长 26%；城镇常住居民人均可支配收入确保增长 9%，力争增长 9.5%。城镇登记失业率控制在 4.2% 以内。

做好今年经济社会发展工作，核心在于把实施高水平对外开放、实现高质量发展作为根本要求，体现到云岩发展的各方面和全过程，重点推进产业业态、城市品质、要素聚集、核心功能、公共供给五个方面迭代升级，加快城市能级和核心竞争力的跃升。

第一，坚持工贸并进，推进产业业态迭代升级。围绕制造端、消费端做好文章，强力推动中高端制造、引领中高端消费，深化供给侧结构性改革，促进有效供给与有效需求“无缝对接”，实现产业业态升级。

坚定信心发展中高端制造业。紧紧围绕“一品一业、百业富贵”的发展愿景，把中高端制造业作为实体经济的主体部分，提高实体经济质量。建好产业发展平台。启动建设三马现代都市产业园，贯彻绿色生态、创新驱动、大数据融合的发展理念，以生产服务、新型产业、智能制造等为主导，打造成为具有科技汇聚、产业转型示范、国际开发水平的现代都市型产业园区。建设基础设施完善、生活设施配套的标准化厂房、工业楼宇和工业综合体，为地均产值高、成长性好的中高端制造业和都市工业提供载体。以益佰制药、永吉印务等现代龙头企业为基础，聚集一批具备转型条件和发展规模的工业企业。扶持企业升级发展。继续实施好“千企引进”“千企改造”工程，完善云岩区中小型企业配套政策，鼓励辖区中小型实体企业快速发展，形成经济增长的新支撑。深入推进商事登记制度改革。壮大高新技术企业集群，扶持培育一批掌握自主知识产权和具有自主品牌的科技型行业骨干企业。

坚持不懈培育中高端消费市场。主动顺应国内消费升级趋势，实施促进中高端消费行动计划，培育中高端消费新增长点。依托市西路商业街、国贸大厦、汇金星力城、大上海万达广场等区内商业载体，积极引进更多国际知名商业企业品牌、商品品牌和服务品牌；大力发展进口贸易供应链服务企业，打造一批进口贸易供应链服务平台，催生一批中小型商贸主体，做活多种经营模式；大力引进一批国外知名卖场，打造一批高品位特色商业街区，形成进口商品集散和交易中心；大力发展跨境电商，发展以数字贸易为标志的新型贸易。紧紧依托全省旅游业井喷式发展的良好态势，强化商旅联动，促进旅游购物消费，着力扩大中高端消费和外来消费比重。

坚定不移壮大现代服务业。用好云岩的市场区位优势，紧盯消费新趋势，聚焦需求端，瞄准中高端消费市场主体，大力发展现代服务业。做强生产性服务业。加快发展工业设计、软件服务、融资租赁、电子商务、商务咨询、人力资源服务和品牌建设等业态，大力引进办公、生活、电子用品等消费产品企业到云岩研发、组装、展示、经营，形成规模化的集聚区域和总部楼宇。舞活金融业的龙头，在人民大道和中华路沿线核心区域探索建立金融楼宇综合体，大力引入基金、信托、证券等非银行金融机构，加速发展普惠金融、互联网金融、大数据金融等新金融业态，力争全区金融业增加值突破 140 亿元。依托贵州医科大学等优质医疗机构和重点医院资源，发展医养结合的大健康产业。做优生活性服务业。把商贸业发展作为重中之重，推进商圈经济提质升级，引导传统商贸业龙头企业向体验式消费、线上线下融合方向发展，加快向智能化、多样化商业服务综合体转型。结合“百店入黔”，吸引注入式消费，打造商业 3.0 版本。进一步强化入驻企业的服务机制。做好旅游产业布局，促进全域旅游“井喷式”增长，力争实现旅游业总收入突破 850 亿元、旅游人次突破 3000 万人次。

着力推动大数据融合发展。推动大数据与实体经济、社会治理、民生服务等方面深度融合。打造更多的大数据总部楼宇，在未来方舟、三马片区等区域谋划数字经济产业基地。做强思普政府投融资平台、威众佳和智慧用电安全隐患监管服务系统、“互联网+”智慧监管平台、东华教育大数据管理平台，促进大数据在棚户区改造、国有企业管理等方面的多场景运用。

第二，坚持产城融合，推进城市品质迭代升级。以棚户区改造为契机，以片区开发建设为抓手，着力构建“一核三片”产城空间布局，逐步实现对城市的机能修复、功能重塑和动能转换，不断增强城市要素聚集能力。

大力推进棚户区改造。力争完成棚户区改造 1.5 万户、153 万平方米。加快推进人民大道沿线、三马片区、小关片区、东山片区等 16 个重点项目建设。加快实施国有企业老旧小区改造工程。大力推进计划内项目的土地一级开发，积极推进和尚坡、西瓜村、飞山街等地块一次性招标工作。力争完成马王山文化园、一树、杨惠村老坡上等 12 宗地块收储，确保土地供应。

着力优化产城空间布局。推动云岩与周边城区同城发展、融合发展，逐步形成横向错位发展、纵向分工协作的空间发展格局。在老城区，以点带面：以喷水池带动延安路、北京路等沿线，布局银行、保险、证券、会计等产业的金融服务功能圈；以大西门辐射带动市西路沿线，布局大型商业、餐饮酒店等产业的“新市西”商业休闲功能圈；以紫林庵辐射带动瑞金路沿线，布局金融、会计、律师、信息咨询等产业的现代商务服务功能圈；以大十字辐射带动中华路、中山路、小十字周边区域，布局现代商贸、新闻传媒、文化创意等产业的文化服务功能圈；以中建华府、中大国际辐射带动大营坡、观山东路等周边区域，布局大型商贸、时尚购物等新都市产业功能圈。以线带面：以人民大道云岩段建成通车为契机，加快沿线龙泉巷、人民剧场等6个地块开发，把沿线建设成展示贵阳文化、生态的新窗口；抓住轨道交通1号线开通运营发展机遇，重点发展总部经济、高端商务、投资性金融、科技研发及文化创意等现代服务业；以轨道2号线建设启动为起点，谋划好轨道沿线经济的产业布局，实现服务业再次提质增效，打造中央商务区。在西片区，按照“一核两翼一带”规划布局，加快基础设施建设，按时序完成“五横七纵”骨架路网建设，加快同城大道延伸段、马王路连接段、合肥路等道路施工建设，力争年内实现通车。重点发展大数据应用、工业研发设计、教育培训、高端商务、大健康服务、现代产业配套六大产业，打造现代经济体系先行区。以数博大道建设为契机，谋划好沿线经济布局，实现三马片区与数博大道联动发展。积极引进“互联网+”、云计算、物联网、量子信息、人工智能等高技术含量、高价值密度的项目落户，打造成为集研、产、销、用为一体，“大数据+实体经济”深度融合的综合示范区。在东片区，以未来方舟为主体，南明河7公里沿线为主轴，围绕贵州省现代服务业发展集聚区的要求和目标，加快贵阳世贸中心、东懋中心、贵州歌剧院建设，加快实施“东线西进”计划，以延安东路延伸段开工建设为标志，加快未来方舟片区与中心城区的融合发展。在北片区，依托良好的生态环境以及毗邻综保区和贵阳北站、贵阳东站的优势，重点打造高端商贸服务业教育业聚集板块、生态宜居板块、大健康板块，实现老城区和各个邻近区域的产业联动，将北片区建设成集“养老、养心、养生、养子”一体化的智慧康养区。

强力筑牢生态底线。继续围绕中央、省环保督察组通报的问题、群众反映集中的问题，全力推进整改落实。持续深入开展环保专项行动和环境安全隐患大排查，推动环境质量持续改善。突出水环境治理，推进南明河流域、金钟河、小关湖综合整治工作，实施水质净化工程、景观修复工程。完善民间河长巡河检查制度，确保实现南明河（云岩段）除臭变清目标。完成贵医、六广门、松山再生水厂项目建设。加强大气治理，建立大气污染防治长效机制，重点解决好夜市烧烤油烟、工地扬尘问题，确保空气质量优良率达到96%以上。厚植绿色屏障，大力开展绿化造林，不断提升城市绿化品质，实施“百山”项目建设，新增城市绿地152亩。

全力美化城市环境。完善文明城市创建长效机制，推进城市环境净化、亮化、美化。继续深化城市管理体制改革，提升执法扁平化水平，完善环卫市场一体化运行机制，加强社区在城市管理中的基础性作用，推动城市管理向城市治理转变。优化市政基础设施配套，启动对罗汉营路、东山路等背街小巷20公里综合整治。继续推进“厕所革命”，升级改造免费公厕40座，整治化粪池300座。推进交通综合整治，加快化工路、贵沙路等道路的改造。严查重处各类乱停乱放违法行为，打造有序、畅通、安全、文明的城市交通环境。加强违法建筑管控力度，加快制定《违法建设行为人管理办法》，探索建立违法建设行为人名录，形成违法建筑信用体系。用好无人机巡查违建手段，重点加大三马、小关等片区查违力度，通过卫星图片、航拍图片、大数据对比分析，严控和拆除违法建筑，为三马、小关等片区开发建设提供有力保障。

第三，坚持优化环境，推进要素聚集迭代升级。以国家实施新一轮高水平对外开放为发展契机，重点围绕开放合作空间、营商环境、招商引资等发展要素，久久为功、绵绵用力，不断夯实云岩发展基础。

拓展开放合作空间。主动融入国家对外开放战略，进一步加强与欧美、日韩、港澳台地区及“一带一路”沿线重点国家（地区）的经贸往来与交流合作，大力引进境外中高端消费品、先进装备和前沿技术项目，支持辖区优势企业广泛开展境外经贸合作。积极深化国内区域合作，加强与京津冀、泛珠三角、成渝经济区、长株潭、长三角等区域的产业协作和互动发展，深度参与长江经济带、粤桂黔高铁经济带建设，制定产业转移承接规划和准入标准，争取在共享开放平台、承接产业转移等方面取得突破。统筹推进与观山湖、南明、乌当、白云等周边区域的一体化发展，共同打造合作平台，协调制定专项规划，全力推进合作项目，推动实现基础设施互联互通、产业发展一体布局、城市功能协调配套、社会事业融合均衡，努力打造区域协同开放发展的典型示范。深入推进对口扶贫协作，持续加大资金、产业、项目等领域帮扶力度，加强与帮扶地的产销对接、产用结合和产业链整合，加快推进全省扶贫总部大楼、蔬菜保供稳价基地、“黔品云集”展销平台等帮扶载体建设。

持续提升营商环境。紧紧围绕“稳定、公平、透明、可预期”九字要求，坚持以问题为导向，深化“放管服”改革。“放”的方面，做好省、市下放权限

的承接，确保“接得住、接得好”。接住用好上级下放事项，坚决砍掉繁琐手续，以政府权力的“减法”换取市场活力的“加法”，以政府的工作效率换取企业的发展效益，努力把云岩建成行政审批事项最少、行政效能最高、企业运营成本最低的区之一。“管”的方面，严格执行“双随机、一公开”制度，切实解决多头执法、重复执法、标准不一等问题。推动“互联网＋政务服务”，构建以权责清单为核心的阳光高效审批体制、以企业和群众需求为导向的简约便捷公共服务模式。实施行政审批和服务事项标准化管理，探索“前台综合服务受理、后台分类审批、综合窗口出件”的政务服务新模式。健全社会信用体系，加快构建以信用为核心的新型市场监管体制。“服”的方面，推进线上线下政务服务融合发展，全面开展政务服务“一网通办”，实现政务服务事项网上可办率达100%。创新审批方式，继续推行“一趟不用跑”和“最多跑一趟”办事清单，实现企业和群众办事只“进一扇门”“最多跑一次”。全面推行企业开办“一网通”和集成套餐服务，力争“一窗式”分类受理事项达70%以上。

*建强开放型人才队伍。*围绕推动实体经济发展，制定中长期人才培养计划，选拔培养专业化招商人才和复合型管理人才。加大人才高端要素引进力度，在未来方舟、三马片区等区域着力打造功能完备、特色鲜明、品质优良的人才小镇，提高人才归属感、获得感、幸福感。深入实施领军人才引进工程，大力引进研发设计、经营管理、高级技能等专业人才。支持辖区高等院校、科研院所、医疗机构、骨干企业建立人才联络交流机制，加快院士、专家、博士后科研工作站和创新实践基地建设。完善政府领导干部直接联系人才机制，制定鼓励引进高层次紧缺急需人才的奖励资助办法，实行人才柔性流动模式，搭建人力资源协同共享平台，推动优秀人才同优势产业、重大项目、重点企业高效匹配。强化人才服务激励措施，落实优惠扶持政策，最大化地提供发展空间和成长平台。

*大力实施精准招商。*坚持要素招商与服务招商齐抓，单项招商与链式招商结合，政府招商与各方招商联动，招商引资与招才引智并举，加快各类要素集聚，储备一批基础设施和产业发展重点项目，形成动态投资2500亿元左右的项目总库。建好平台和载体。将人民大道、三马片区、未来方舟、市西路商圈作为全区招商引资的主战场，用好数博会、贵洽会、生态文明贵阳国际论坛等高端交流活动平台，将楼宇作为企业落户的主载体，形成规模化的集聚区域和总部楼宇。明确重点和方向。引进产业链关键环节、核心企业、上下游配套企业，推进产业集聚发展。瞄准受众面大的消费产品，大力引进以消费品为主的中高端品牌和项目落地。紧盯产业集聚度高、品牌辐射能力广、科技创新能力强、产品附加值高及成长性好的企业或项目。完善政策和措施。尽快制定“安商十条”。瞄准北上广、聚焦高精尖、用好小分队、提升精准性，积极对标“一带一路”梯次国家和节点城市，谋划好外出招商和领导带队招商。年内力争引进中高端制造产品1个，引进国内到位资金43.48亿元，实际利用外资1.75亿美元以上。

第四，坚持能级转换，推进核心功能迭代升级。聚焦新一轮高水平对外开放、“一带一路”建设带来的重大历史契机，提升城市辐射力、影响力、创新力、服务力。

*狠抓城市辐射力提升。*引导辖区优势企业建立区外乃至海外生产基地、产业园区、采购中心和直采基地，逐步实现从产品跨区域生产到资源跨区域配置，努力培育一批本土知名企业和跨国公司。支持辖区企业积极参与国家援外项目招投标，拓展国际工程承包市场，带动我区设备、技术、服务、劳务输出。充分发挥区位优势，结合片区开发建设，带动三马片区、未来方舟、小关片区等周边区域发展特色产业，形成聚集效应，做好产业分工和合作布局，延伸产业链，壮大中小企业产业规模，辐射周边。

*狠抓城市文化影响力提升。*讲好云岩故事、传播云岩声音，提升文化内涵，形成具有云岩印记、特色鲜明的黔中文化符号。努力打造“老贵阳”历史文化的承载地。充分利用阳明祠、文昌阁等传统文化平台，继续开展“走进阳明祠良知行”“阳明文化接力”等系列活动，将云岩打造成为阳明文化的核心展示区。加强对老贵阳文化标记、红色文化遗址及民族习俗文化的传承保护和推介宣传。聚力形成“新贵阳”时尚文化的中心区。大力发展具有云岩特色的公共文化和时尚文化，建成7个行政村及60个居委会综合性文化服务中心。继续打造5所特色文化校园和4家特色文化社区。同时，推动辖区多元文化融合发展，让云岩既留住传统文化之根，又结满时尚文化之果，彰显浓厚人文气息和现代时尚都市文化魅力。

*狠抓城市创新力提升。*通过政府强力推动、社会积极参与，加快建立以创新为驱动的现代化经济体系。以人才创新激发活力。牢牢把握科技创新优势和主导地位，突出和强化“五湖四海聚人才、不拘一格用贤才”的政策导向，为云岩发展注入新鲜活力，将

云岩打造成为国际一流人才的汇聚之地、培养之地、事业发展之地、价值实现之地。以科技创新提升动力。全力推进前沿科技研究和重大科技基础设施等平台建设，加快打通从“科学”到“技术”再到“产品”的转化通道，把科技成果转化为具体的增长点，占据新兴产业、高端产业发展制高点。新增1个省级以上科技研发机构和10家高新技术企业。以管理创新保持耐力。积极向发达地区引进先进管理经验，不断提升企业质量效益和发展后劲，加快形成一批具有核心竞争力的高端制造业集群，推动城市结构向多元化转变。

狠抓城市服务力提升。强化云岩担当、彰显云岩作为，不断提升经济首位度，充分发挥核心引领带动作用，以云岩的“进”支撑全市的“稳”，服务全市乃至全省经济社会发展大局。完善城市功能服务配套，建设一批高水准高品质的医疗、教育、住房、环保项目。围绕应急救助、康复理疗、卫生防疫等领域，积极与国内外知名企业开展远程合作。健全公共服务体系，积极申办承办各类国际化的文化活动和体育赛事，加快建设提升一批图书馆、文化馆、美术馆、体育馆和群众活动中心，推进城市市政基础设施逐步与国际标准接轨。全方位提升服务环境，提升公共服务水平，着力打造务实高效的政务环境、公平有序的市场环境、开放包容的宜商环境、严肃公正的法治环境、温馨和谐的社会环境。同时，积极开展基于5G技术的智慧应用场景示范，打造智慧城区，切实提高城市管理服务水平。

第五，坚持民生至上，推进公共供给迭代升级。坚持以人民为中心的价值取向，把人民群众的难点、痛点作为工作的切入点，提高人民群众的获得感、幸福感、安全感。

深入实施精准扶贫。创新和完善帮扶政策措施，继续做好印江县、开阳县、长顺县长寨镇和望谟县打易镇等地的对口帮扶工作，保证各种扶贫投入和力度不减不缓，接收对口帮扶地建档立卡贫困农村劳动力转移就业，确保对口帮扶地1.2万贫困人口实现脱贫。持续巩固全面小康创建成果，建全稳定脱贫长效机制，坚决防止“灯下黑”。继续建好贵州省扶贫攻坚产业聚集发展基地，为各地农业产业发展搭建平台，支持全省各地的农业基地在云岩建立总部。

综合施策稳控物价。全面实现生鲜超市城市市区全覆盖。按照“成熟一家、改造一家”的原则，做好农贸市场升级改造工作，继续抓好“菜篮子”价格监管，确保物价水平同周边省会城市持平。

做好社会保障服务。提升公共就业服务水平，促进高校毕业生、城镇就业困难人员等重点群体多渠道就业创业，确保全年新增城镇就业5.8万人以上。保障失业人员、“三无”人员、低收入困难家庭的基本生活。不断完善城镇医疗保险和城乡居民医疗保险制度，落实好城乡居民大病保险制度，深入推进被征地农民参保工作，持续开展农民工工资支付保障、人力资源市场秩序清理整顿等专项行动，全力维护劳动者合法权益。

稳步提高医养水平。持续推进公立医院改革，做好药品零差率销售及医疗服务价格调整工作，解决群众看病贵问题。加快推进区妇幼保健院、疾控中心及综合性医院和5个社区卫生服务中心标准化建设，推进分级诊疗、基层首诊制度建设。加强基层卫生人才队伍建设，推动贵州医科大学附属医院、中医一附院等优质资源下沉，鼓励和引导社会资本参与医疗卫生事业，进一步提升基层医疗水平。依托辖区优质医疗机构和重点医院资源，培育养护、检测、康复等配套产业，进一步完善居家养老服务设施。加快云岩区中心敬老院二期项目建设。

促进教育优质均衡。继续强力推进“百校攻坚”，新建义务教育阶段学校1所、幼儿园1所，改扩建中小学5所。加快推进学区教育共同体建设，着力孵化新优质培育校，推动大数据在教育中的综合应用。全面加强新时代教师队伍建设，夯实教育强区师资基础。进一步扩大教育开放，加快我区教育国际化进程，努力办好公平优质的教育。

维护社会平安和谐。在维护社会安全和谐上持续发力，推动“平安云岩”建设再上新台阶。开展扫黑除恶专项斗争，依靠群众、发动群众，严厉打击违法建筑、征地拆迁、信访维稳等领域背后的黑恶势力，维护人民群众合法权益。对三马、小关等开发建设较为集中的区域，有针对性地加强调查摸底，深挖黑恶犯罪线索。全力提升群众安全感，创新和深化社会治理，提高网格化社会治理水平，提高街面见警率，再建成一批星级平安示范小区、零发案小区、大数据人脸识别智慧小区，抓好全国首批禁毒示范城市创建工作，推进社区矫正监控平台升级改造，确保群众安全感达97%以上，让云岩更加宜居、安居。全力维护公共安全，严格落实“党政同责、一岗双责、齐抓共管、失职追责”的安全生产责任制，严防重特大公共安全事故发生。抓好校园、消防、道路交通等安全，进一步巩固省级电梯安全管理示范区建设成果。强化食品药品安全监管，创建国家食品安全示范城市。

严密防范各类风险。坚决打好防范化解重大风险攻坚战，为高质量发展创造良好环境。全力防控政府性债务风险。严格落实“七严禁”。做好债务置换工作，开展集中清理规范行动，妥善化解存量债务，严控新增隐性债务；深化与金融机构合作，规范举债行为，以申报政府债券资金、建立产业引导基金、强化PPP项目推广等方式为抓手，推动多元化融资方式落地生根。加强国有资产监管工作，防止国有资产流失，实现国有资产保值增值。全力防控社会风险。健全重大决策社会稳定风险评估机制，提高重大决策群众参与度，构建共商共建共治共享的社会治理格局。完善矛盾纠纷多元调节机制，妥善解决渔安新城、市西路等项目历史遗留问题，依法解决群众合理诉求。

三、加强政府自身建设

新的一年，我们将坚持以新理念继续统领政府工作、以新要求继续加强自身建设，全面提高服务管理水平，建成人民群众更满意的政府。

我们一定坚定不移推进从严治党。切实履行全面从严治党主体责任，着力形成不敢腐、不能腐、不想腐的长效机制。深化重点部门、重要岗位、关键领域廉政风险防控，强化公共资金、国有资产、国有资源和领导干部经济责任审计监督，营造风清气正的政治生态，扎实推进廉洁政府建设。

我们一定坚持不懈加强法治建设。纵深推进“七五”普法宣传，全面提高公职人员依法行政能力和全社会法治化水平。持续深化政务信息公开，重点推进财政预算、公共资源配置、重大项目批准和实施等领域的政府信息公开，充分保障人民群众的知情权、参与权、监督权、表达权。推动行政执法体制改革，探索跨部门、跨行业综合执法，严格规范行政执法行为，推进执法全过程记录制度落实。自觉接受区人大及其常委会的法律监督和工作监督，自觉接受区政协的民主监督，自觉接受社会和舆论监督，让权力在阳光下运行。

我们一定与时俱进打造效能政府。按照全面深化改革的目标任务，把更多精力聚焦到重点难点问题上来，通过改革，形成运行机制健全、队伍精干实干、工作高效实效的整体工作格局。对应省、市机构改革，建立健全和优化政府机构设置和职能配置，积极构建职责明确、科学规范、运行高效的政府体系，增强政府公信力和执行力。围绕事关改革、发展、稳定和人民群众安危冷暖等重大问题，坚持从政府领导班子做起，带头深入一线、深入群众，开展系统、全面的调查研究，竭尽全力为群众办好事、实事。同时，在财政、税收、融资、担保、用地和社保等方面营造好的政策环境，降低企业成本；完善诉求办理和督查督办机制，保证企业诉求“事事有回音、件件有着落”，营造“尊商、亲商、扶商、护商”的良好氛围。

我们一定驰而不息推进作风转变。狠抓作风转变和工作落实，加大治庸、治懒、治散力度，力促广大公职人员把精力放在干事业上、把本领用在促发展上，把更多时间和精力用在接地气、抓项目、跑招商上。严格落实工作责任制，特别是对重点任务，铆紧各方责任、层层传导压力，确保不折不扣落实到位。建立健全激励机制和容错纠错机制，努力形成全区上下想干事、能干事、会干事、干成事的生动局面。

各位代表、同志们，幸福都是奋斗出来的，唯有只争朝夕、苦干实干，才能书写新历史、创造新未来、铸就新辉煌。我们要坚持以习近平新时代中国特色社会主义思想为指导，在市委、市政府和区委的坚强领导下，以永不懈怠的精神状态、一往无前的奋斗姿态，着力推进“五个迭代升级”，全力推动高水平开放、高质量发展，当好全市开放发展的“领头雁”，以优异成绩迎接中华人民共和国成立70周年，不断开创更加美好的云岩新未来，谱写更加壮丽的云岩新篇章！

南明区政府工作报告

（2019年1月16日在南明区第十七届人民代表大会第三次会议上）

南明区委副书记、区长 朱 刚

各位代表：

现在，我代表区人民政府向大会作工作报告，请予审议，并请区政协委员和其他列席人员提出意见。

一、2018年工作回顾

过去一年，在市委、市政府和区委的坚强领导下，在区人大、区政协的监督支持下，全区以习近平新时代中国特色社会主义思想为指导，深入贯彻党的十九大和习近平总书记对贵州的一系列重要指示批示精神，拥抱新时代、展现新作为，牢记嘱托、感恩奋进，圆满完成了区十七届人大二次会议确定的各项工作任务。

一年来，我们稳中求进强实力，经济发展实现新跨越。发展首位度更高。2018年全区生产总值达到800.36亿元、增长11.2%，继续保持两位数增长；全区地方生产总值跨跃三个台阶，2015年跃过600亿元、2017年跃过700亿元、2018年跃过800亿元大关。全区县域经济增比进位自2016年起连续排名全省前列。产业结构性更好。一产增加值完成1.62亿元，增长0.3%；二产增加值完成189.75亿元，增长14.0%；三产增加值完成609.00亿元，增长10.4%；三次产业结构调整为0.2：23.7：76.1。工业支撑增强，规模以上工业增加值完成30.85亿元，增长13.0%，工业投资完成4.06亿元。500万元固定资产投资增长20.9%。社会消费品零售总额达到373.80亿元，增长8.2%，绝对值排名全省第一。经济含金量更足。一般公共预算收入（含双龙）迈过40亿元大关，达到41.58亿元，增长5.4%。一般公共预算支出（含双龙）完成61.49亿元，增长15.1%。其中，八项支出54.73亿元，增长20.8%。城镇新增就业51619人。城镇常住居民人均可支配收入35740元，增长8.6%。对外开放度更大。引进省外实际到位资金123.76亿元；实际直接利用外资17136万美元，增长5.7%；外贸进出口总额完成79561万美元，增长1.1%；旅游总收入618.49亿元，增长30.1%；旅游总人数2257.95万人次，增长24.2%。辐射影响力更强。荣获“中国最具投资价值旅游名区”“中国避暑养生休闲旅游最佳目的地”“国家级妇女儿童发展纲要示范区”等称号，入选全国科技创新百强区、全国绿色发展百强区，连续5年入选全国中小城市综合实力百强区和投资潜力百强区。

一年来，我们创新驱动转动能，发展支撑得到新加强。千企引育势头强劲。引进中国500强华润医药1家，引进阿里淘鲜达超市西南区总部、苏宁红孩子贵州总部等16家总部企业，清华同方、台湾联华神通、太一云等60余家优质企业，北京盈科律师事务所等40余家高端服务业企业。新增上规上限企业74家，超全年目标28家，其中，工业4家、商贸业35家、房地产业3家、建筑业6家、服务业26家。项目投资领跑全省。固定资产投资增速排名全省前列。培育入库项目25个，完成投资84.1亿元。新引进项目125个、投资总额188.63亿元，分别占全年目标的463%、176.3%，项目开工率100%。新增投产（投运）项目116个，占全年目标513.6%。11个省级重大工程和重点项目完成投资130亿元，占年度投资目标157.8%。转型升级步伐稳健。推动老干妈、星力百货、家乐福、沃尔玛等传统业态“线上线下”融合，接轨天猫、美团、京东等平台开展货物配送。盒马鲜生、苏宁红孩子、淘鲜达、苏宁小店等新零售企业入驻各大商圈并快速扩张。大数据电商产业集聚区注册企业535家，入驻线下体验店45家，培育引进车网联盟、黔五福等知名电商企业，获评“贵州电子商务十佳示范基地”。长和长远智慧产业港一期项目正式投入运营。创新驱动动能充足。全口径软件和信息技术服务业收入完成65.4亿元，其中500万口径软件和信息技术服务业收入完成12.7亿元，占全年目标127%。新增71家高新技术企业，占全省新增数的11%。全区综合科技进步水平指数98.3%，排名全省第二。技术合同认定登记金额突破30亿元，占全市总量35%，排名全市第一。大数据企业主营业务收入达到96.56亿元，占全年目标102%，被省大数据局列入全省大数据发展第一梯队，达到全国平均水平。

一年来，我们突破常规闯新路，发展模式开创新格局。创新投融资模式。南明区第一个PPP项目——人民大道一期及配套工程和4个再生水厂PPP项目成功落地，进入财政部项目管理库。创新土地供应模式。南明区第一个低效用地项目——雨高桥棚改项目成功挂牌，前景预期更加向好。创新工业发展模式。南明区第一个“大数据+智能制造”项目——南明智能制造产业园项目建设有序推进，鹰明·马力可全国总部项目开工建设，实现“大数据+智能制造”项目“零”的突破。包容新兴商业模式。南明区第一批新零售项目——盒马鲜生、淘鲜达落户南明，全区网络零售额达到25亿元以上，同比增长30%以上，绝对值排名全省前列。创新产城互动模式。全省第一家——花果园服务型数字经济集聚区蓬勃发展，建成“云服务产业化基地”，被省发改委认定为省级现代服务业集聚区，获评“省级双创示范基地”。创新社会治理模式。南明区第一个政企治理工作模式——花果园社会治理正在推进，实施“六大民生提升行动”，基层网底建设取得明显进展，交通基础设施、市政设施、公共配套设施不断完善，群众反映强烈的堵、脏、乱、差等突出问题得到系统整治。创新营商服务模式。建成南明区第一个“放管服”大数据平台——南明区“智慧共治·社会共享”平台，在全省首创微企扶持手机一键申办、企业注册登记手机申办、在线审批、24小时自助取照全流程办理，实现服务企业“零跑腿”。该平台获评2018年数字治理省级典型示范项目，以及全国首届市场监管领域十大社会共治案例。

一年来，我们综合施策提品位，城市建设取得新进步。棚户区改造持续发力。整片谋划恒鹏世界、碧桂园·星作、“一号码头”到人民大道朝阳洞区域。完成贵州文化广场河滨地块、省冶金研究所及周边地块、啤酒厂周边等11个省级棚户区改造项目，涉及2690户。完成市级棚户区改造项目18个，签约11034户，改造面积172万平方米。城乡面貌持续美化。启动青山路道路改造工程项目。蟠桃宫路延伸段、李端棻墓地周边配套道路项目、桃园路项目已完成总工程量的50%。加快推进贵钢棚户区改造、星云家电城、中铁国际城、碧桂园·星作、恒大南明御府等项目建设。开展南厂路、市府路等58条区管背街小巷31.4公里环境综合整治。完成营盘路等4条道路改造提升。完成19个集中居住30户以上自然村寨整治。完成水塘村大关口137户农房立面整治和屋面改造。市政设施持续完善。实施翠微巷、兴隆东巷、八达巷3条市政道路提升改造。完成甲秀广场等40座环卫免费公厕及5座旅游公厕提升改造工程。新建或改建花果园3号、亨特、八里屯3座垃圾转运站。花果园区域新建投用社会停车场10个，新增车位10488个。管理水平持续提升。开展为期4个月的乱停乱放、占道经营综合整治专项行动，持续推进“门前三包”示范街、“占道经营”严管街、垃圾分类示范区建设。成立“百姓拍”指挥平台，受理城市管理案件12.15万件，处置12.1万件，多次月度评比位列全市优秀等级。拆除违法建筑1176户、85.04万平方米。

一年来，我们补好短板守底线，生态环境迎来新变化。污染防治攻坚战强力推进。完成老干妈公司153台大灶改造，企业油烟污染治理全面完成。推进贵钢老厂区土壤污染治理，完成99个区域场地修复11.8万立方米。在第二次全国污染源普查工作中，纳入普查污染源308家。规模以上工业增加值能耗平均下降4.36%，工业固体废物综合利用率及处置利用率均达到97%以上。地表水环境质量达标率100%，集中式饮用水源地水质达标率100%。城市环境空气质量优良率达到97.5%，提高3.3个百分点。中央环保督察反馈问题整改强力推进。完成南明河9条大沟改造和麻堤河（摆郎村、二戈村段）专项治理工程。五里冲再生水厂进入试运行阶段，4个再生水厂、1个污水处理站建设项目全面开工。中央环保督察期间反馈的17个问题全面办结销号，290个信访问题中已办结289个，对剩余1个“灯笼坡片区违法毁林建房问题”开展专项整治，对涉及违法犯罪案件7桩、40类的涉黑团伙进行收网打击，拆除违法建筑105栋、13.5万平方米。中央环保督察“回头看”期间146起信访转办件全部办结。生态文明建设强力推进。建立生态环境损害责任终生追究制。严格落实河长制，巡察南明河1480人次，未发现污水直排南明河现象。完成“百山”保护治理17个地块、299.88亩。完成6处黑臭水体治理、4处生活污水问题整治。新增绿地5.2万平方米。建成5个社区公园，全区公园总数增加到154个。

一年来，我们蹄疾步稳推改革，营商环境凸显新活力。城乡“三变”改革开局良好。统筹推进雨高桥、啤酒厂周边、西湖路周边等10余个棚改“三变”项目，启动实施城市“三变”共享改革项目4个，农村“三变”共享改革项目3个。国有企业改革步入正轨。完善法人制度和薪酬制度，继续向南明投资（集团）有限公司注资2亿元，向新成立的桃李漫投资建设发展有限责任公司注资0.5亿元。行政审批制度改革先行先试。主动备案取消行政职权事项8项、调整事项39项、新增事项4项，取消证明材料70项，压缩办理时限50%以上。工程建设项目审批制度改革试点有力推进。率先在全省开展政务服务“集成套餐服务”试点。制定实施《南明区乡（社区）政务服务标准化建设模板》。开发微信小程序“爱南明”，将241个为民办事事项纳入《南明区政务服务事项一本通》。商事制度改革成效显著。发放创业贷款2232万元。减免890户企业所得税6796.84万元，减免73465户小微企业增值税5635.15万元，为享受其他优惠的16147户企业减免增值税48538万元。兑现微企扶持补助500户2250万元，带动就业2044人。全区市场主体总数达到100502户（其中，企业60129户，个体工商户40400户），排名全省第一，同比增长25.31%。2018年测评结果显示，2017年度南明区营商环境测评位列全省第五、全市第二，其中“开办企业数”位列全省第一，招商引资指数排名全省第一。

一年来，我们千方百计保民生，群众幸福指数获得新提高。脱贫攻坚作出贡献。向普安、长顺、修文、望谟拨付产业项目帮扶资金500万元，惠及10545人。老干妈公司与普安县签订2000亩500吨辣椒产品购售合同。全区39家惠民生鲜超市全部设立贵州省农产品销售专区。组织203名贫困县劳动力开展挖掘机技能培训。销售贫困县滞销农产品1.5万公斤。乡村振兴更进一步。改扩建农村“组组通”公路8公里。完成105亩农业产业结构调整。完成永乐乡卫生院标准化改造工程、羊角村大水井村民饮水工程和水塘村山水桃源居民生活污水处理工程、“桃花坞吧寨”商旅特色小镇项目一期工程。706名困难群众入伙农村“三变”改革项目成为股东。农村电商交易额达到2100余万元。教育资源均衡提质。新增普惠性幼儿园7所，新建或改扩建幼儿园3所、义务教育阶段学校4所、高中1所，改造薄弱学校14所，新增学位10095个。学前三年毛入园率达93.6%，普惠率达79%。进城务工随迁子女就读比例达78.3%，“乐童计划”学生参与率达90%以上。南明甲秀高级中学（贵阳格致中学）实现开学，建成从学前到高中的完整教育体系。卫生事业健康发展。完成5个社区卫生服务中心标准化建设。区公共卫生综合楼建成并投入使用。南明区人民医院、永乐乡卫生院改扩建工程全面完工。新增花果园社区S区等4个卫生服务中心。花果园社区第一卫生服务中心、二戈社区卫生服务中心被授予国家级示范社区卫生服务中心称号。每千人口医疗卫生机构床位数达到11.07张。社会事业全面进步。建成2家省级创业孵化基地，南明大数据电商产业集聚区成功申报为省级农民工创业示范园。城镇登记失业率控制在3.16%。城镇职工基本养老保险参保23.39万人。新建并开业惠民生鲜超市22家（其中双龙3家），实现行政社区全覆盖。建成太慈社区中铁国际城省级医养结合示范点老年人日间照料中心。贵阳应战应急血液制品配送中心项目完工。按照国家县级图书馆标准建成南明区图书馆，成为全省首个社会化运营模式管理的图书馆。社会治理有力有效。“12345”“12319”公共服务热线平台结案率98.91%，群众反馈满意率100%。安全生产事故稳中有降。累计创建“零发案小区”30个，申报20个“星级居住平安小区”。新创建4个省级民主法治示范村居。完成22个派出所改造，新建2个派出所。深入推进“扫黑除恶”专项斗争，侦办涉黑涉恶案件65起、打击处理256人，查破典型涉黑团伙2个、涉恶团伙3个。捣毁传销窝点628个，查获传销人员3138人，查处传销房屋518套。通过人像识别系统抓捕全国在逃人员188人。刑事立案同比下降3.94%。2018年度群众安全感达到98.73%，同比提升0.61个百分点。有力应对非洲猪瘟疫情。

一年来，我们加强党建转作风，政府自身建设得到新加强。讲政治。深入学习贯彻习近平新时代中国特色社会主义思想，深入贯彻落实党的十九大精神和习近平总书记在贵州省代表团重要讲话精神，对习近平总书记心怀感恩、砥砺奋进，切实增强“四个意识”，坚决维护习近平同志核心地位，坚决维护以习近平同志为核心的党中央一锤定音、定于一尊的权威。防风险。规范政府举债控增量，确保全区资金风险在可控范围内。执行偿债计划减存量，政府债务上线财政部债务监测平台，得到妥善有序偿还。认真研究人民大道、花冠路和再生水厂等重大项目建设融资模式，实现既防范债务风险、又持续拉动投资，既补好民生短板、又化解历史遗留问题。强法治。全力推进法治政府建设，认真贯彻“法无授权不可为”“法定职责必须为”的原则，切实做到决策依法、履责守法、行政用法、程序合法、公正执法，自觉接受人大的法律监督和政协的民主监督，各级干部运用法治思维和法治方式开展工作的自觉性进一步增强。严纪律。认真履行“两个责任”，严格遵守中央八项规定及其实施细则和省委、市委有关规定精神，带头兴“三风”、着力纠“四风”，始终敬仰事业、敬畏权力、敬重人民，自觉接受各方监督。

此外，国防动员、人民防空、拥军优属、民族宗教、对台事务、外事侨务、保密、信息等工作继续加强。统计、审计、档案、地方志、妇女、儿童、残疾人、工商联、知识产权、物价、质监、爱国卫生、红十字会、科协、机关事务、消费者权益保护和关心下一代等工作也取得了新成绩。

各位代表，过去一年取得的成绩，来自以习近平同志为核心的党中央掌舵领航，来自省委省政府、市委市政府和区委的正确领导，来自省市部门和双龙航空港经济区的全力支持，来自区人大、区政协的监督支持和全区各级各部门的共同奋斗，也来自全区社会各界和群众的参与支持。在此，我谨代表区人民政府，向各位人大代表、政协委员、离退休老同志、无党派人士和工商联、各人民团体、驻区企事业单位、驻区部队官兵、政法干警及全区各族干部群众与社会各界人士，表示衷心的感谢并致以崇高的敬意！

在肯定成绩的同时，我们也清醒地认识到发展中存在的薄弱环节和突出问题。主要是：实体经济不强，制造业发展受到规划、土地、成本等诸多限制，工业支撑严重不足；传统工业企业占比高，企业创新意识不强，研发人员、研发投入、研发实力不足，转型升级困难，总体处于产业链价值链低端；对外开放水平不高，城市国际化水平低，外资引入、外经外贸主体引进不足，吸引力不强；城市品位不高，棚户区、城中村改造越往后难度越大，城市功能、城市配套不够完善，现代城市建设仍需发力；风险防控压力增大，就业形势、金融风险、污染防控、安全生产、社会稳定等方面压力不小；民生保障与老百姓对美好生活的向往还有差距，花果园治理仍需加强；担当精神不强，有的干部大局观念、创新思维、攻坚勇气、破题能力不足。面对严峻复杂的发展形势，面对推动经济高质量发展的要求，面对群众日益增长的美好生活需要，我们要坚定信心、负重前行，切实解决好困难和问题，以实际行动做好新时代的答卷人。

二、2019年工作任务

各位代表，2019年是新中国成立70周年，是深入贯彻党的十九大精神的关键之年，是实施高水平对外开放的破题之年，是决战脱贫攻坚、决胜同步小康的重要一年，做好今年的政府工作意义重大。当前，经济运行稳中有变、变中有忧，外部环境复杂严峻，经济面临下行压力。面对复杂的形势和繁重的任务，我们必须增强“四个意识”，做到“两个维护”，始终与以习近平同志为核心的党中央保持高度一致，有力贯彻落实省委省政府、市委市政府和区委的部署，不驰于空想、不骛于虚声，以强有力胆识、强有力措施、强有力担当推动经济高质量发展，牢牢保持、巩固和扩大南明领先地位。

今年政府工作的总体要求是：以习近平新时代中国特色社会主义思想为指导，深入贯彻落实中央经济工作会议、全省经济工作会议、市委十届五次全会和区委九届五次全会精神，紧紧围绕市委“一品一业、百业富贵”的愿景，牢牢把握高质量发展的根本要求，强化省会核心区担当，围绕“一河、四路、两园、两区、六商圈”空间布局，立足“国际化高端消费品工贸一体示范区”的定位，抢抓机遇，以打造实体经济融合发展区、城市更新先行示范区、社会治理创新应用区为实现途径，创新驱动、深度融合，推动中高端消费与中高端制造齐头并进，当好贵阳开放发展的“领头雁”，以高水平开放为引领，全面推动经济高质量发展。

今年经济社会发展的主要预期目标是：地区生产总值增长10.5%；500万元以上固定资产投资总额增长15.0%；社会消费品零售总额增长10.0%；规模以上工业增加值增长10.0%；一般公共预算收入（含双龙）增长3.0%；引进省外实际到位资金增长25.0%；实际直接利用外资增长6.0%；外贸进出口总额增长8.0%；城镇常住居民人均可支配收入增长9%左右。万元生产总值综合能耗、主要污染物排放总量控制在市下达目标以内，空气质量优良率保持在95%以上。

围绕以上目标，要重点做好以下工作：

（一）全力打造实体经济融合发展区。坚持以实体经济发展为支撑，以高水平开放为引领，以“一品一业、百业富贵”为愿景，坚持市场引领、贸易先行、以贸促工、工贸并进，牢牢把握“国际化高端消费品工贸一体示范区”的定位，推动中高端消费、发展中高端制造，推动先进制造业与现代服务业深度融合，加快构建现代化经济体系。

（1）以“互联网+”推动中高端消费，促进网下网上融合，优先发展商贸流通业。释放通道优势建平台。抢抓全省建设国家内陆开放型经济试验区和全市实施高水平对外开放的重大机遇，与双龙航空港经济区合作，全力打造以龙洞堡机场、二戈寨物流集聚区为重点的国际贸易港口口岸，推动“空、铁、陆”三网融合联动，共同打造以国际贸易为重点的临空经济平台。强化跨境电商扶持政策，做大买手经济，支持企业建立海外营销物流网络，力争启动建设全球商品购物中心，打造一批O2O体验店。释放市场优势促消费。围绕打造商业消费中心目标，以人民大道及各大商圈为平台，实施“百店引进”计划，引进培育2家中高端消费品制造企业，培育3个中高端制造业品牌及产品，引进5个包含电子产品及日用品在内的国际知名商业企业品牌、商品品牌和服务品牌，打造2家中高端消费品品牌卖场。积极打造国家级电子商务示范基地，推动大型超市、批零住餐企业全面“触电上网”，培育发展新零售企业3家、线下门店10个，实现全区网络零售额绝对值增长20%，推动商圈升级。释放枢纽优势抓物流。抢抓贵阳被列为国家物流枢纽承载城市和开放平台通道建设的重大机遇，将二戈寨现代物流集聚区融入全市数字物流产业园建设，加快推进贵州省物资现代物流集团物流中心（含冷链物流）项目二三期工程、长和长远智慧产业港和满堂红现代物流中心二期项目工程建设，积极打造“互联网+生产制造+现代商贸+现代金融+现代物流”的物流平台，建成省级现代物流业发展基地。

（2）以“服务+”打造产业集群，促进供给需求融合，全力发展中高端制造业。做好“飞地”园区。坚持规划先行，编制工业产业发展暨空间布局专项规划，突破规划、土地、配套等瓶颈，与兄弟区县合作共建中高端制造产业园项目。落实工业投资比重三年行动计划，确保新开工工业项目4个以上，纳入省市重大工程和重点项目20个以上，完成工业投资4亿元。做大智能制造。加快建设南明智能制造产业园，推进满堂红现代物流园、鹰明·马立可全国总部项目建设，努力实现智能车棱镜、汽车连锁服务、融资租赁、汽车智能硬件制造等业态落地投产，力争引进智能产业和电子产业、机器人制造、5G芯片制造及总部项目，实现以中高端制造业为重点的规模以上工业增加值达40亿元以上。做强医药制造。启动欧美医药产业园二期建设，加快贵州鑫运现代医药配送中心建设步伐。依托欧美医药产业园企业，重点发展医疗器械、生物制剂、植物提取物等健康医药衍生品种，力争面向欧美、日韩引进韩国WINIS美瞳、芬兰口腔护理等名优产品项目，依托贵州柏强、济仁堂、益佰女子大药厂等制药企业，发展“苗药”品牌，力争医药制造业产值达到16亿元以上。做长产业链条。在“服务+”基础上，以“平台+服务+端设备制造”的方式，大力发展智能制造、医疗大健康、高端医药器械、社会智能治理、装备式建筑、智能家居制造等方面产业，重点承接东部沿海地区转移的加工企业及上下游配套产业，实现基于服务的产业融合，努力形成具有南明特色的中高端消费品制造产业生态链。

（3）以“大数据+”推动产业重构，促进数字经济与实体经济融合，深入发展现代服务业。推动“大数据+实体经济”。建成华中科技大学贵州集成电路联合研究中心，落地6家集成电路设计企业，建成2家博士后创新基地。力争引进广东制造业协会、深圳设计联合会、中国信息界工业设计研究院与我区合作联动。鼓励企业在智能生产线建设、产品质量控制、品牌宣传推广、物流网络建设等方面开展研发创新，对规模以上工业、重点服务业企业及资质以上建筑业企业（不含军工企业），对其研究与试验发展投入按市级财政给予的资助金额1∶1比例进行后补助，力争研发投入（R&D）达5.76亿元，同比增长20%。推动医药制造、特色食品、传统制造等行业转型升级，扶持培育10家以上中小企业特别是产值500万至2000万之间成长性好的企业。推动“大数据+科技创新”。推进花果园服务型数字经济集聚区建设，大数据企业主营业务收入达到100亿元、增长6.4%，新增规模以上大数据企业6户，新增高新技术企业35家，新增科技型备案企业120家，全区综合科技进步水平指数达到98.5%，继续排名全省前列。新增上规上限企业46家，其中，规模以上工业企业2家、规模以上服务业企业13家、限额以上商贸企业15家。推动“大数据+楼宇经济”。围绕打造商务与总部经济中心目标，以人民大道、花冠路、沙冲路、花溪大道为主轴，打造律师大楼、会计师大楼等特色楼宇，着力发展金融、保险、证券、中介、旅游、通信、商业等现代服务业，大力发展文化传媒、广告策划、时尚消费、家居装饰、环境艺术等创意设计业务，完善酒店、公寓、交通、文化娱乐等配套设施，力争再引进高端现代服务业企业8家，着力打造生产性服务业集聚示范区。

（4）以“品牌+”提振名气人气，促进集散消费融合，大力发展精品旅游业。增强旅游品牌吸引力。围绕世界旅游名城重要目的地、消费地、集散地的定位，编制专项规划，以南明河十里生态走廊做好“一河”文章，重点引进世界知名酒店和高端避暑度假酒店、国际化商业休闲街等项目，打造形成南明避暑度假旅游产业链。推进花果园城市旅游综合体5A级景区、筑城广场4A级景区创建工作。建成永乐旅游集散中心三级驿站，加快打造城市“周末花园”。宣传推介南明区全新文旅融合区域旅游产品——“细说南明，即知贵阳；慢游南明，始知多彩”主题活动，大力开展旅游宣传促销活动，让“爽爽贵阳·秀甲南明”旅游形象更具魅力。增强旅游消费吸附力。结合棚户区改造，加快推进啤酒厂（花冠路）、首钢贵州之光、贵州文化广场（河滨剧场）等项目，在大十字、大南门、河滨、贵钢、花果园等商圈打造中高端卖场，增强旅游消费吸引力、吸附力，实现旅游总人数同比增长19%，旅游总收入同比增长24.5%。增强旅游设施亲和力。加快补齐旅游基础设施短板，结合南明河景观带、公园绿地、文物古迹布局慢行网络，打造甲秀楼、汉湘街、河滨公园、筑城广场等步行街区，建设人民大道沿线、大南门等立体步行街区。加快推进旅游环线建设，打造绿色旅游公路环线。完成全域旅游标识标牌提升改造，完善“跟着名人游南明”系列活动标识标牌建设，新建、改造提升旅游公厕8座。

（二）全力打造城市更新先行示范区。紧紧围绕环境再造、功能再造、生态再造，进一步形成符合省会城市中心城区现代城市定位的空间格局、产业布局和城市品位、城市品质，提升老城区形象，焕发老城区活力，破解二元化矛盾，不断推进现代城市建设。

（1）聚焦空间重塑、产业重构，全力构建城市更新体系。坚持科学规划、精准定位、合理布局、优化形象，加快建成符合现代城市定位的品质城区。更新空间格局。在市的总体规划框架下，形成“一河（南明河）、四路（人民大道、花冠路、花溪大道、沙冲路）、两园（南明欧美医药产业园、南明智能制造产业园）、两区（二戈寨现代物流集聚区、永乐乡村振兴示范区）、六商圈（花果园、火车站、贵钢、河滨、大十字、大南门）”的城市发展空间布局，结合低效用地出让，优化城市功能分区，不断增强城市承载功能和辐射带动能力。更新产业布局。围绕“一河”，重点推进华侨城甲秀楼文旅综合体项目，配合十里生态走廊建设规划进行打造，逐步形成旅游慢行带、都市生活带、生态示范带、高端产业带。围绕“四路”，全力实现人民大道建成通车，有序推进火车站改造升级，打造公园路特色骑楼街、滨河商业步行街、大型商业综合体、高端商品市场和文化旅游综合体，形成中高端消费品商贸特色街区，与双龙、花溪、经开联动融合发展；围绕“两园”“两区”，加大选商安商力度，完善园区生活服务功能配套，帮助企业延伸产业链条，打造先进制造业与现代服务区两大功能板块；围绕“六商圈”，确保法国雅高集团旗下费尔蒙酒店入驻花果园双子塔并成功开业，建成花果园贵阳街、花果园海豚广场、红星美凯龙项目，推进1号码头、贵钢爱琴海、恒丰碧桂园·贵阳中心项目建设，有力释放市场、人气、商业优势，全方位打造商业消费中心。更新城市形象。坚定不移朝着“三年消除棚户危房”目标前进，启动贵州水泥厂周边、兰草坝、红岩A2地块等12个棚户区城中村改造项目，改造6193户、67万平方米。围绕人民大道、花冠路、旅游环线、花溪大道及西湖路周边地块，抓紧完成青云路、贵惠路、啤酒厂、西湖路周边等棚改项目土地使用权一次性招标工作，全面启动实施。加快推进星云家电城、人民大道周边棚户区、贵钢片区、二戈寨贵铁片区、雨高桥、兰草坝等旧城改造及棚户区改造重点项目。更新基础设施。统筹推进城乡路网建设，启动桐荫路改扩建工程，力争打通青山路东延长段滨河路、恒丰一路、恒丰二路、恒丰三路、贵钢一路、贵钢二路、青年路延伸段6公里断头路项目，力争打通万科·翡翠滨江小区、恒丰碧桂园·贵阳中心小区、首钢·贵州之光小区形成道路微循环体系。完成海绵城市项目1个，建设地下综合管廊2公里，建成市政道路5公里。完成富水南路、文昌南路、上观水路等10条道路提升改造。新增停车位1500个。新建1座大型垃圾转运站。新建及改造提升10座免费公厕。实施青云路、新寨路周边老旧院落改造项目。持续推进花果园区域“六大民生提升行动”，建成人行天桥38座，配合建设220千伏五里变电站，推进通讯公司信号覆盖计划，力争建成花果园大剧院，建成花果园联动调解中心。更新城市品质。严格执行城市规划与设计导则，加强整体设计把关，提升城市建筑的质感、美感，逐步形成环境与空间、多元与个性、景观与人文、产业与生态相互交融的城市风貌。加大城市管理科技创新投入，完善指挥有力、扁平有效、协同有序、群众满意的城市管理机制，提升城市管理水平。

（2）聚焦生态优先、绿色发展，全力构建城市生态体系。深入贯彻习近平生态文明思想，坚持绿水青山就是金山银山，全力以赴打赢污染防治攻坚战，让美好南明的绿色发展底色更加鲜明。打好碧水保卫战。加强南明河流域水环境治理，全面完成河滨、太慈、贵棉、贵钢4个再生水厂和红岩污水处理站建设，新增污水处理能力12.8万吨/天，基本解决南明河污水处理问题。加强城市大沟治理，严防生活污水直排南明河，确保母亲河长治久清。配合实施污水收集管网规划，全面消除城市黑臭水体，城市污水处理率达到97.8%以上，地表水环境质量达标率100%，饮用水源水质100%稳定达标。打好蓝天保卫战。推广花果园大街及B区餐饮服务业油烟整治长效管理办法，推动青云路、油榨街夜市入室工作，加强花果园等区域油烟污染整治。严格林地（湿地）用途管制，新增城市绿地5万平方米，实施山体治理90亩，森林覆盖率达到41.88%，城市环境空气质量优良率保持在95%以上。打好净土保卫战。加强农业面源污染防治，实施化肥农药使用零增长计划。完成贵钢土壤污染地块治理修复。确保工业固体废物综合利用率及处置利用率均达到97%以上。打好环保攻坚战。着力解决好灯笼坡毁林建房历史遗留问题，依法拆除违法建筑，加快完成植被恢复。建立噪音扰民应急机制，及时解决好夜市喧哗、火车鸣笛、夜间施工等噪音扰民问题，提高群众满意度。建立长效机制，有力巩固中央环保督察反馈意见整改成效。推进自然资源确权登记，落实领导干部自然资源资产离任审计制度。工业企业中高新技术企业占比达到20%以上，绿色经济“四型”产业增加值占地区生产总值比重达到46%。

（3）聚焦城乡融合、乡村振兴，全力构建新型城乡体系。加强资源均衡配置、要素均衡保障、服务均衡供给，着力打造永乐乡村振兴示范区。推动城乡融合。全面建成乡村自来水管网系统，巩固提升12500名农村人口饮水安全。全面完成新一轮农村电网改造，实现行政村无线宽带网络全覆盖。着力破解水源保护区建房刚需难题，严格控制二级水源保护区范围内人口量。力争全面消除农村薄弱学校，在各乡建成1所标准化卫生院，在各行政村建成1所标准化卫生室，实现行政村幼儿园全覆盖。深化农村改革。有力推进永乐桃花坞、永乐村停车场、云关乡二戈村“三变”改革项目。全面完成农村集体资产清产核资，建立集体资产信息化管理体系。开展土地流转经营权颁证试点，积极探索宅基地“三权”分置试点。完成90亩农业产业结构调整任务，经济作物占种植业比重提高到95%以上。改善人居环境。依托双龙排洪沟和旅游环线市政综合管网，建设污水收集管网和污水处理站，实现污水统一收集、越域排放。农村生活垃圾治理覆盖率达到70%以上。编制建筑规划导则，全面完成老旧农房立面整治。培育文明乡风。通过道德讲堂、新时代农民讲习所等平台，深入开展习近平新时代中国特色社会主义思想、社会主义核心价值观、中国梦宣传教育。深入实施文化惠民工程和公共数字文化工程，加强村落、民居和历史建筑保护，开展乡村非物质文化遗产普查，开发民俗文化活动等载体，发展观光式、体验式城郊旅游。加强基层治理。深化村民自治机制，加大民主法治示范村创建力度。大力实施“农村警务”战略，建立以村民组为单位的治安网格防范机制，完善村级公共法律服务体系实体平台和网络在线平台，重拳出击、集中整治“村霸”、宗族恶势力及其“保护伞”，确保文明村镇创建率达到100%。大力强村富民。以“永乐桃花坞吧寨A-IFC国际村”“永乐甘井农业生态百货公园”等示范项目为龙头，促进一二三产业深度融合。推进永乐农旅电商大数据产业园项目建设，融入全市农村电商服务体系。采取“互联网+企业+合作社+农户”模式，扶持培育本辖区内农产品加工龙头企业，申报农业产业化资金项目，促进农业产业规模化、销售网上化。农村低收入困难群体人均收入达到8316元。

（三）全力打造社会治理创新应用区。围绕政府治理、营商环境治理和社会治理，通过深化改革不断发力，提升率先发展能力、社会治理能力和民生保障能力，着力营造最佳营商环境、最好社会环境，全力推进治理体系和治理能力现代化。

（1）聚焦深化改革、优化环境，全力构建特色营商体系。坚定不移、有力有序深化改革，以营商环境建设为重点，打造全省乃至全国企业营商环境最佳城区。力争政务服务最优。新建区级政务服务大厅，完善和规范行政审批操作规范和流程图，确保下放审批项目放得下、接得住。加快推进“不能说不行”改革，打造“提智、增效、减证、优服”的南明政务特色模式，政务服务事项全部进驻政务大厅，“零跑腿”“只跑一次”事项占比超过90%，政务服务加快实现“一网通办、一门服务、一次办成”。精简证明材料达到30%以上。进一步完善“智慧共治·社会共享”平台功能，让注册登记业务全部走上移动端，企业开办时间压缩到3个工作日。力争投融资能力最强。大力支持民营经济发展，推进优强民营企业培育、民营科技成果转化、民营品牌创建、民营人才引进四大工程，大力扶持民营企业上规上限，民营经济占地区生产总值比重提高到58%。加大金融对全区重点项目服务力，探索PPP等融资新渠道，有力推进人民大道、再生水厂等PPP项目建设，到位PPP项目融资40.24亿元。贯彻落实好国家激发民间投资“新十条”和贵阳市产业大招商“三十一条”政策措施，吸引更多社会资本参与到公共服务、产业升级、生态环保等建设发展中来。力争营商环境最好。以规划引领好营商环境，以规划定产业、以土地定企业，积极稳妥保障土地供应。以金融辅助好营商环境，着力破解中小企业融资难、融资成本高的问题。以政策支撑好营商环境，加强“智慧共治·社会共享”平台建设。以服务营造好营商环境，切实为企业解决具体困难和问题。深化工程建设项目审批制度改革试点的前期策划改革，确保工程建设项目审批时间压减至99个工作日以内，其中工业建设项目压减至58个工作日以内。用最优的政策、环境、配套、服务，大力引进龙头企业、领军企业。力争创业环境最活。围绕企业关心的政府服务、经营成本和市场预期三大问题，设计落实好优化服务、减费降税、造血输血、修复信用等具体措施，在降低企业生产经营成本、缓解融资难融资贵问题、优化政策执行环境等方面，给予企业充分的成长空间，让发展活力充分释放、充分涌流。落实好产业优惠、招才引智政策，完善园区附属功能配套，加大对企业高管、尖端人才、产业工人三类重点人才引进的真金白银投入。

（2）聚焦发展共享、普惠民生，全力构建发展共享体系。坚持在发展中满足人民对美好生活的向往，让人民共享改革开放成果，拥有更多、更直接、更实在的获得感、幸福感、安全感。打好精准脱贫攻坚战。向普安县、长顺县鼓扬镇、望谟县石屯镇、修文县落实帮扶资金500万元，援建产业项目5个，助推普安县、长顺县实现2019年脱贫摘帽。开发“大数据＋精准扶贫”云平台，推动贫困县优质农产品出山。做好全区39家惠民生鲜超市“贵州省农特产品销售专区”运营管理，实现对口帮扶的贫困县（镇）农产品全进入、全覆盖。向全省贫困劳动力提供就业岗位3.5万个以上。优先保障就业创业。扎实抓好对高校毕业生、复员退伍军人、低收入人员、返乡农民工、城镇“零就业家庭”和农村“零转移就业家庭”的就业创业帮扶，落实好企业稳岗补贴、小微企业和民营经济组织吸纳高校毕业生就业奖励补贴、企业吸纳就业困难人员就业社保补贴等各项补贴，鼓励企业开发更多就业岗位。城镇新增就业49448人，城镇登记失业率控制在4%以内，保持城乡“零就业家庭”动态为零。优化教育资源供给。加快扩大普惠性资源，增加5所普惠性、2所示范性幼儿园，学前三年毛入园率达93.8%以上，普惠率达80%。加快推进百校攻坚行动，持续提升教育资源供给能力，新建、改扩建学校10所，新增学位10620个，九年义务教育巩固率达99.26%以上，进城务工随迁子女就读比例达到85%，义务教育向优质均衡迈进。重点提升教育供给质量，在全区20所中小学建立STEAM课程体系，省、市级骨干教师比重提升5个百分点以上。提升卫生服务水平。实施8个省级社区卫生服务中心设备配置项目和4个社区卫生服务机构标准化建设项目，实现乡级卫生服务机构标准化建设全覆盖。建成花果园社区第三卫生服务中心。加大对基层医疗机构业务用房、医疗设备等基础建设的投入，推动全民健康信息平台建设，逐步配齐基础数字化医疗设备，推进基层远程医疗及“五室”标准化建设，构建“15分钟城市社区健康服务圈”“30分钟乡村健康服务圈”。完善成果共享机制。推进基层管理体制改革，积极向上争取组建成立花果园管委会。深入推进城乡“三变”改革，实施“三变”改革项目6个，“市民（农民）变股东”人数达到3400人。构建“菜篮子”工程惠民体系，建成3个社区老年人日间照料中心，建设社区图书共享系统等3个文化项目，全力推动社会事业全面发展。

（3）聚焦风险防控、系统防范，全力构建社会治理体系。积极应对形势变化，打好防范化解重大风险攻坚战，守住不发生系统性风险的底线，全力确保社会大局安全稳定。有力防控金融风险。严格遵守政府性债务管理“七严禁”“三不得”规定，严格防控债务风险，有效地降低我区债务率。坚持净地出让和低效用地“两条腿”走路，做好土地储备和土地出让“两个计划”，建好资金池和土地池“两个池子”，利用地块资源平衡收支，确保全区资金风险在可控范围。整顿P2P网络借贷和民间借贷，依法打击网络传销、非法集资等行为，维护正常金融秩序。有力防控治理风险。基于互联网、大数据、人工智能技术，统筹推进项目建设、城市管理、智慧公安、智慧社区、数治小区、旅游服务、市场监管、生态环境监测等治理创新项目，新建650路街面人像识别系统，引进软通动力等大数据龙头企业推进花果园社会治理，全方位建设社会治理创新应用区。有力推广新时代“枫桥经验”，落实重大决策社会稳定风险评估机制，加强矛盾纠纷调处化解，建立完善公共法律服务体系，有力化解处置历史遗留问题，满足群众合理合法诉求，实现减存量、控增量，确保社会大局稳定。有力防控安全风险。扎实建立完善宗教领域工作体制机制，将其置于全面、规范、有力的监管引导之下。抓好“人命关天”的安全生产工作，深入开展食品药品、特种设备安全监管、高层建筑消防等重点领域风险隐患排查整治，严防重特大安全事故和灾害事故。纵深推进“两严一降”、扫黑除恶专项斗争和禁毒人民战争，进一步提升群众安全感，保障改革发展稳定大局。

（4）聚焦人民政府、法治政府，全力构建依法行政体系。坚持人民政府为人民，不忘初心、牢记使命，一棒接着一棒跑下去，努力建设人民满意的服务型政府。坚持政治标准。深入学习贯彻习近平新时代中国特色社会主义思想，自觉用党的十九大精神和习近平总书记对贵州工作的指示批示精神推动工作，深入开展“不忘初心、牢记使命”主题教育，自觉增强“四个意识”、坚定“四个自信”、做到“四个服从”，坚决做到“两个维护”。全力贯彻落实中央、省、市和区委的决策部署，坚决维护区委权威，始终把政治纪律和政治规矩挺在前面。坚决厉行法治。有力有序完成政府机构改革，形成依法行政的政府治理体系。加强法治政府建设，自觉弘扬宪法精神，坚持依法行政、依规办事，公正执法、文明执法，在法治轨道上推进发展。自觉接受区人大的法律监督、工作监督和区政协的民主监督，支持监察、审计机关开展行政监督，主动接受社会和舆论监督，坚持依法决策、科学决策、民主决策。坚定为民宗旨。坚持以人民为中心的发展思想，把人民对美好生活的向往作为奋斗目标，坚持把人民拥护不拥护、赞成不赞成、高兴不高兴作为制定政策的依据，认真办好群众关心的教育、就业、收入、社保、医疗、养老、居住、环境等方面的事情，以造福人民为最大政绩，让人民共享改革开放成果。坚守廉洁底线。牢固树立正确政绩观、权力观、地位观和利益观，严格遵守中央八项规定及其实施细则，不搞政绩工程、形象工程，不搞寅吃卯粮，坚决反对和防止虚报浮夸、弄虚作假。认真履行党风廉政建设主体责任和“一岗双责”，着力防控公共资金资源、重大工程项目、重要领域环节的廉政风险，持续正风肃纪，确保干部清正、政府清廉、政治清明，为继续推进改革开放营造海晏河清的政治生态。

各位代表，习近平总书记指出，改革开放40年来取得的成就不是天上掉下来的，更不是别人恩赐施舍的，而是全党全国各族人民用勤劳、智慧、勇气干出来的。让我们紧密团结在以习近平同志为核心的党中央周围，在区委的坚强领导下，咬定目标、一往无前、苦干实干、奋勇争先，为打造实体经济融合发展区、城市更新先行示范区、社会治理创新应用区而努力奋斗，以优异成绩迎接中华人民共和国成立70周年！

2019年南明区为民办“十件实事”：

（一）实施教育供给提升工程。1. 继续实施“百校攻坚”行动，新建1所幼儿园、2所小学，改造提升26所学校，开工建设1所幼儿园、3所小学、1所中学；2. 加强课程体系建设，在全区20所中小学建立STEAM课程体系；3. 全面落实市委、市政府关于保障教师收入待遇的相关政策；4. 整合资源，打造“乐童计划”升级版。

（二）实施就业创业收入提升工程。1. 确保全年城镇新增就业49448人（新口径）；2. 实施农业产业结构调整90亩；3. 扶持微型企业500户以上；4. 培育市级以上孵化器（众创空间）3个，新增入孵企业（创业团队）30个；5. 完成南明区农村集体产权制度改革整区试点。

（三）实施医疗健康提升工程。1. 新建1个社区卫生服务中心，完成2个城市社区卫生服务中心标准化建设；2. 深入推进“医联体”“医共体”“专科联盟”建设，主动推送居民电子健康档案、电子病历，实现“互联网+医疗健康”便民应用；3. 建成30分钟乡村健康服务圈。

（四）实施社会治理创新工程。1. 启动花果园“大数据+”社会治理平台建设；2. 建成花果园联动调解中心；3. 新建650路街面人像识别系统。

（五）实施养老服务工程。建设3个社区老年人日间照料中心、1个农村互助福院。

（六）实施人居环境改善工程。1. 实施4个农村“三变”项目；2. 实施棚户区改造6193户；3. 实施青山小区环境综合整治工程；4. 实施黔江路、珠江路5号安置点小区基础设施改造项目；5. 全面启动全区3条占道夜市摊区退街入室工作，完成1条；4. 开展农村人居环境整治，启动2个村寨乡村环境整治工程；5. 建设富美乡村示范村1个。

（七）实施市政提升工程。1. 大力推进“厕所革命”，新建、扩建公厕10座，新建、改造提升旅游厕所8座；2. 实施2个老旧小区院落提升改造。

（八）实施交通出行提升工程。1. 实施“三年提升大会战”道路提升整治工程，提升改造10条市政道路；2. 新增公共停车位1300个以上；3. 新建人行过街设施1个。

（九）实施碧水蓝天工程。1. 继续实施南明河流域综合治理、系统提升工程，建成4座再生水厂；2. 新增城市绿地5万平方米，实施山体治理90亩。

（十）实施便民服务提升工程。1. 构建“菜篮子”工程惠民体系；2. 建设区级政务服务大厅；3. 推动“全民阅读”，打造3个图书共享系统。

花溪区政府工作报告

（2019 年 2 月 26 日在花溪区第十七届人民代表大会第三次会议上）

花溪区委副书记、区长 梅 俊

各位代表：

现在，我代表区人民政府向大会报告工作，请予审议，并请区政协委员和其他列席人员提出意见。

一、2018 年政府工作回顾

时节如流，万象更新。过去一年，我们在习近平新时代中国特色社会主义思想指引下，深入学习贯彻党的十九大精神、习近平总书记对贵州工作系列重要指示批示精神，在市委、市政府和区委的坚强领导下，牢记嘱托、感恩奋进，不断提高政治站位，坚决贯彻执行中央、省、市和区委的决策部署，全面落实区委十一届三次、四次全会精神，紧盯建设公平共享创新型中心城市、以生态为特色的世界旅游名城核心区和全域文化旅游创新区的目标，坚守发展和生态两条底线，迎难而上、奋力拼搏，圆满完成了全年目标任务，经济社会呈现出稳中有进、稳中有升的良好态势。

2018 年，全区完成地区生产总值 640.45 亿元，同比增长 10.7%；规模以上工业增加值（2000 万元口径）同比增长 8.8%；固定资产投资（500 万元口径）同比增长 20.7%；社会消费品零售总额 281.37 亿元，同比增长 7.5%；一般公共财政预算收入 41.53 亿元（其中，花溪 15.70 亿元、经开 13.72 亿元、贵安新区直管区 12.11 亿元），同比下降 0.9%（其中，花溪增长 8.05%）；引进实际到位资金 352.32 亿元（其中，花溪 173.16 亿元、经开 179.16 亿元）；实际直接利用外资 26666 万美元（其中，花溪 13337 万美元、经开 13329 万美元），同比增长 5.5%；旅游总收入 370.87 亿元，同比增长 38.3%；城镇常住居民人均可支配收入 34462 元，同比增长 9.2%；农村常住居民人均可支配收入 16211 元，同比增长 9.7%；城镇新增就业人数 20962 人。经济发展综合测评位列全省城区方阵 18 个区（市）第 3 位，工业增加值、人均 GDP 等指标继续领跑全省城区方阵。

一年来，我们苦干实干、齐心用力，付出很多，收获满满。我们始终保持战略定力、工作定力、作风定力，主要抓了以下 8 个方面的工作：

（一）全力以赴精准施策，三大战役取得扎实进展。在防范化解重大风险攻坚战方面。多措并举化解存量债务，申报获得债券转贷资金，全部用于置换 2018 年及以后年度到期存量债务本金。严格控制新增债务，按照“借、用、还”一体化的要求加强债务管理，严格把全区政府性债务控制在财政可承受的能力范围内，确保不发生区域性、系统性债务风险。全力防范社会风险，着力构建公共安全人防、物防、技防网络，确保社会大局和谐稳定。在精准脱贫攻坚战方面。以打好“四场硬仗”为重点，扎实开展脱贫攻坚“春风行动”“夏秋攻势”“1+5 专项治理”三大行动，脱贫成果不断巩固。投资 6800 万元，建成 25 条、109 公里的“组组通”公路。易地扶贫搬迁项目基本达到搬迁入住条件。全年新增茶叶种植 1.51 万亩，种植果树 2.32 万亩、蔬菜 20.3 万亩次、食用菌 950 亩、中药材 1.21 万亩（含野生抚育），生态家禽出栏 98.97 万羽，禽蛋产量 5513.4 吨，产业扶贫带动贫困户户均增收约 800 元。发放各类教育补助资金约 1100 万元，惠及学生 2 万余人次；农村建档立卡贫困人口共 350 人次享受健康扶贫医疗保障救助政策，补偿金额 32.89 万元，贫困人口经转诊住院医疗费用实际补偿比达 90%；完成 27 户农村危房改造。落实结对帮扶资金370万元，帮助镇宁县、长顺县代化镇和望谟县边饶镇“一县两镇”共计1.35万建档立卡贫困人口脱贫出列。在污染防治攻坚战方面。深入开展中央环保督察反馈问题整改，23个反馈问题全部整改到位。严格落实“水十条”“气十条”“土十条”，全力推进大生态战略花溪十大行动。严格落实“河长制”，加快花溪河流域综合治理，建成孟关污水处理厂，完成养牛大沟4.4公里截污管道铺设、3000立方米清淤工程，集中式饮用水水源地水质达标率100%。加强建筑工地施工扬尘、露天焚烧和餐饮油烟防治，全区环境空气质量优良率达97.7%，空气质量综合指数为3.42。完成造林任务约10万余亩，森林覆盖率预计达49.6%。

（二）全力做好顶层设计，城乡融合发展稳健推进。以规划编制完善顶层设计。积极推进《花溪区乡村振兴战略规划》编制工作，编制完成《花溪区乡村振兴战略实施意见》；乡（镇）级乡村振兴规划逐步完善，开展花溪、孟关、久安三个城市组团控制性详细规划、总则和《黔陶乡综合规划》编制工作，完成石板组团总则、导则、细则编制工作；村级乡村振兴规划逐步细化，完成《花溪区全域乡村建设规划》编制任务，启动全区52个行政村、272个30户以上农村居民点的村庄规划编制工作，全区乡村振兴规划体系基本形成。以交通路网打通城乡脉络。花冠路建成通车，旅游公路环线花溪示范段顺利完工，全区骨干路网逐步完善，中心城区拥堵点治理初见成效。省道S209燕楼至团茶公路改扩建和黔陶至岩脚、青岩至思惹县乡道路改造加速推进，修通一批园区道路、小区道路、通组路和串户路。积极配合市域快铁、轨道交通3号线、S1号线建设，全区地上、地下立体交通时代即将来临。以城乡建设推进协同发展。按照现代城市的标准打造中心城区，加快建设万科花溪大都会、碧桂园·印象花溪等一批现代化的商住小区，启动桐木岭（机械厂）等6个棚户区改造，完成吉林新村等10个老旧小区改造，实施背街小巷整治21.8公里。按照留住乡愁的标准打造乡村，投资2600余万元启动19个村寨农村环境综合整治，积极推进黔陶乡和高坡乡石门村、青岩镇新哨村整乡整村实施“富美乡村”建设试点，基本建成石板镇隆昌村摆陇等4个“提高型”美丽乡村示范点。严格管控城乡风貌，加大违法建筑管控和查处力度，全年拆除违法建筑61.87万平方米。

（三）全力加快转型升级，实体经济不断提质增效。大数据产业有新亮点。完成溪云小镇改造提升，成为2018年“数博会”观摩点之一。基本建成运行大数据应用场景项目5个。上线试运营花溪区政府数据开放二级平台。引进大数据企业15家，签约项目投资总额25.76亿元。全区大数据企业主营业务收入累计达8.26亿元，同比增长14.29%。工业倍增有支撑点。企业实力增强，全区42户规模以上工业企业完成转型升级设计方案，进入正式实施阶段。全年新增规上工业企业7户。园区承载力提升，加快推进燕楼产业园二期、三期建设，园区规模不断扩大；燕楼产业园污水处理厂建成并投入试运行，加快推进道路、供水等配套设施建设，园区功能不断完善。农业转型有创新点。积极探索以“区属平台公司＋乡（镇）＋合作社”的新模式推进农业产业结构调整，培育以茶、蔬、果为主导，花、药、苗木为辅助的新型农业产业，建成10个农业产业示范基地，完成高效经济作物种植8万亩，籽粒玉米实现零种植。加强农产品“三品一标”认证，完成无公害产地申报15.53万亩，无公害农产品申报5个。服务业发展有增长点。石板片区市场管理逐步规范，挖掘一大批潜在的规上企业，逐步打造成全区服务业新的增长极。改貌现代物流、传化智能公路港等业态快速聚集，正在形成新的增长点。孟关汽车贸易城、青岩古镇特色优势服务产业等省级服务业集聚区加快发展，不断做大做强。全年新增规模以上服务业企业13户、限额以上批发零售和住宿餐饮企业27户。

（四）全力聚焦旅游要素，全域旅游基础持续夯实。核心景区增强带动力。完成“1+5个100”工程投资9.03亿元，集中打造青岩古镇、湿地公园（孔学堂）、天河潭等核心景区。核心景区日益成为聚集人气的宠儿、旅游推介的名片、品牌竞争的招牌。三大核心景区备受游客青睐，带动全区接待游客达3739.61万人次，同比增长27.7%；在第六届澳门国际旅游（推广）博览会等系列宣传推介活动上，核心景区成为对外宣介的靓丽名片。乡村旅游增强吸引力。全力打造最美“溪南十锦”乡村旅游风景线，旅游“线”更美。围绕“旅游＋农业”“旅游＋工业”“旅游＋文化”“旅游＋城镇”，努力打造久安茶园、板桥艺术村、黔陶两周文化园等项目，主题“面”更宽。围绕“旅游＋扶贫”，成功打造乙级和标准级乡村旅游村寨4个、精品级乡村旅游客栈6个、三星级以上乡村旅游农家乐8家，驻足“点”更多。管理服务增强创新力。在体制机制、规划统筹、优质服务等8个方面推出一批创新举措，加快国家全域旅游示范区创建，新增四星级酒店2家、三星级酒店1家，新建和改建旅游厕所12座，开发旅游商品146款，不断完善全域旅游标识标牌，加快构建旅游集散体系。充分运用大数据手段提升旅游管理能力，打造智慧旅游管理服务平台，积极推动旅游数据中心建设。

（五）全力加快以文化区，文化强区迈出坚实步伐。在保护中留住“文脉”。在大开发大建设中坚持开展文物保护工作，进一步梳理“三线建设”、黔陶片区土司文化等史料，修缮并利用好贵州茶马古道青岩段、川主庙等一批历史文化遗产，留住文化的根。积极开展非遗保护工作，完成镇山非遗数字化项目，推进高坡非遗传习基地建设，持续开展花溪苗绣等非遗展演、体验、传习活动，开展布依族蜡染、青岩玫瑰糖制作技艺等非遗项目数字化采集工作，留住文化的魂。在开发中助推“文产”。充分利用传统文化资源，推进青岩古镇文化产业聚集区、贵阳故事街等文化产业项目建设。依托多种盈利模式并存的文化产业园区，发展黔茶、黔酒、黔菜、苗绣等传统文化产业。通过文化创新，对传统手工艺进行改造提升，开发了“名门闺秀”木梳、“一琴堂”古琴等文化产品。在发展中繁荣“文化”。“花溪之夏”艺术节、苗族“四月八”、布依族“六月六”等文化活动亮点纷呈，吸引更多游客和群众参与其中，传播力影响力大幅提升，文化活动更加出彩。开展文艺惠民活动165场，积极开展图书惠民活动，建强一批农家书屋，全区群众精神文化生活更加充实，讲文明树新风氛围更加浓厚。

（六）全力抓好重大项目，投资项目质效保持稳定。项目编制总量扩大。框定项目盘子，项目储备总投资规模达2000亿元左右，涉及工业、农业、水利、旅游等行业。确定项目内容，优先安排续建项目、配套项目，加大了产业项目比重。细化实施步骤，近期优先实施短、平、快项目，中远期重点安排一批打基础、利长远的项目。项目实施进度加快。狠抓重点项目，中央预算内投资项目、省重大工程和重点项目、重大民生工程和基础设施建设项目有序推进，花溪湖项目取得实质进展。狠抓民间投资项目，统筹协调企业投资项目36个，总投资约341.55亿元。狠抓PPP项目，采取PPP模式融资13.28亿元的花冠路南段（花溪段）项目，已进入财政部PPP项目库。项目招商力度加大。坚持按照“亩产论英雄”的要求开展产业大招商，坚持外出招商、平台招商、以商招商并重，坚持领导带头招商、小分队招商并行，全年累计开展招商活动495次，新签约项目81个，开工率97.53%，新增投产达产项目67个，新引进国内500强企业1家，新引进科技含量高、成长性好企业6家。

（七）全力深化各项改革，创新驱动实现关键突破。在“放管服”改革方面。坚决贯彻落实国务院“将企业开办时间和工程建设项目审批时间压缩一半以上”的要求，工程建设项目总体审批时间由平均200多个工作日压减至100个工作日，新增企业注册登记由20个工作日压缩至5个工作日，全部实现“一套材料、一表登记、一窗受理”。全年新增企业市场主体1753户。持续提高政务服务效率，取消无谓证明材料27项，集中公布权责清单、公共服务事项清单、收费清单等19张清单；加快网上政务大厅建设，基本形成“区、乡、村”三级政务服务平台体系，群众办事更加方便快捷舒心。在城乡“三变”改革方面。农村“三变”改革深入推进，全区122个行政村“三变”改革工作全面推开，39个农民专业合作社、72个新型经济实体参与改革，分别投入资金约1亿元、8000万元，实施“三变”共享项目30个，5050户、1.9万农民变股东，覆盖贫困人口235户、507人。城市“三变”改革全面启动，实施7个棚改“三变”低效用地试点项目，总用地面积约5000亩。在其他改革方面。全年推进100多项改革事项，实施90多个改革创新项目，区级机构改革、国地税征管体制改革、公立医院改革、供销联社改革等有序推进，形成一批可复制、可推广的经验，激发了全区大众创业、万众创新的热情。

（八）全力办好民生实事，公平共享更加深入人心。群众得到更多实惠。全年民生支出共12.9亿元，占公共预算支出的61.6%，扎实推进教育供给、医疗健康、养老敬老和“菜篮子”提升等十一大民生提升工程。新建及改造幼儿园8所，新建、改扩建中小学4所，完成“全面改薄”中小学9所，在全区义务教育阶段学校全面开展“乐童计划”；完成区疾病预防控制中心提升改造，完成2家社区卫生服务中心标准化建设，新建1家社区卫生服务中心，大力推进远程医疗全覆盖；基本建成1个社区老年人日间照料中心、10个农村互助幸福院，累计发放养老金5.5亿元以上；新建惠民生鲜超市10个。民生拥有更多保障。城乡居民最低生活保障标准提高到8076元/年·人，实现城乡低保标准一体化。累计发放各类社会救助资金及各类慰问补贴资金4705.46万元。社会保险征缴超额完成预期目标任务。大力推行建设项目农民工实名制管理等制度。社会增添更多和谐。不断完善应急救援体系，提升应急管理水平。扎实开展矛盾纠纷排查，切实做好信访维稳工作。实行“党政同责、一岗双责、失职追责”，压实安全生产责任，安全生产事故起数、死亡人数实现“双降”。禁毒人民战争有序推进，深入开展“三打击一整治”专项行动、扫黑除恶专项斗争，全面打击各类违法犯罪行为，群众安全感测评指数达99.23%，涌现出新时代人民英雄马金涛同志等先进人物代表事迹。此外，国家安全、国防动员、双拥优抚、民族宗教、食品安全、人防、档案、侨务、地方志、工青妇、红十字、老龄和残疾人等各项事业取得新进步，人民群众获得感、幸福感、安全感持续提升。

过去一年，我们坚持不懈地加强政府自身建设。坚决贯彻全面从严治党要求，把政治纪律和政治规矩挺在前面，扎扎实实抓好中央巡视、国务院大督查和省委巡视反馈问题整改，全面加强政府系统党风廉政建设，反腐败斗争压倒性态势巩固发展。全年立案审查调查177件、177人，处分166人，移送司法机关4人。坚决纠正部门和行业不正之风，政务环境不断优化，政治生态风清气正。坚持依法行政，自觉接受人大法律监督、工作监督和政协民主监督，办理人大代表建议135件、政协委员提案78件，答复率、满意率均达100%。

各位代表，过去一年发展振奋人心、成绩来之不易、经验弥足珍贵。这些成绩的取得，根本就在于以习近平同志为核心的党中央掌舵领航、举旗定向，根本就在于习近平新时代中国特色社会主义思想的科学指引。这些成绩的取得，是市委、市政府和区委坚强领导与科学决策的结果，是区人大和区政协监督支持、群策群力的结果，更是全区广大干部和各族群众齐心协力、拼搏奋斗的结果。在此，我代表区人民政府，向全区各族人民致以崇高的敬意！向人大代表、政协委员，向各民主党派、各人民团体，向驻区人民解放军、武警官兵和人民警察，向驻区各级单位，向花溪区的老领导、老同志及所有关心支持花溪发展的各界人士表示衷心的感谢！

在看到成绩的同时，我们也要清醒地认识到，我区经济发展不平衡、不充分的问题还比较突出。一是产业结构不够优。农业产业结构调整尚处于起步阶段，农业规模化、特色化、现代化水平不高；大数据、高端装备制造等新兴企业占比小、动力弱，传统工业企业比重仍较大，转型升级较慢；汽车销售占社会消费品零售总额比重偏高，商贸、物流、售后等生产性服务业发展滞后。二是开放水平不够高。主动融入国家“一带一路”建设，面向欧洲、日韩、京津冀、泛珠、长三角等国内外发达地区开放的广度和深度有待拓展，开放型经济水平有待提高，对外合作交流效果不够明显。三是创新动力不够强。高新技术企业等创新主体不多，创新人才少，科技开发投入不足，科技成果转化率偏低；全区实体经济的总量小、规模小，对地区生产总值的支撑性不够。四是担当作为不够实。有些部门和少数乡（镇、社区）执行落实不到位，少数干部攻坚克难、创新突破的本领还不够，不作为、不会为、乱作为的现象不同程度存在，群众关注的交通、医疗、教育等民生保障还有差距。对此，我们要坚持问题导向，采取扎实有效的措施，切实加以解决。

二、2019年工作安排

2019年是新中国成立70周年，是决胜全面建成小康社会第一个百年奋斗目标的关键之年，是全省脱贫攻坚决战之年，是落实“高标准要求、高水平开放、高质量发展”要求的开局之年。做好今年政府工作，意义十分重大。

我们必须增强“四个意识”、坚定“四个自信”、做到“两个维护”，坚决贯彻以习近平同志为核心的党中央决策部署，坚定发展信心、保持发展定力、创新发展举措，在稳住全区经济社会基本面的前提下，全力推进各项工作取得新进展，不断增强发展的动力和韧性，推动经济社会实现高质量发展。

今年政府工作的总体要求是：以习近平新时代中国特色社会主义思想为指导，全面贯彻落实党的十九大和十九届二中、三中全会精神，深入贯彻落实习近平总书记对贵州工作系列重要指示批示精神，认真贯彻落实中央和全省经济工作会议精神，贯彻落实市委十届五次、六次全会、区委十一届五次全会精神，牢记嘱托、感恩奋进，统筹推进“五位一体”总体布局，协调推进“四个全面”战略布局；坚持稳中求进工作总基调，坚持新发展理念，坚持推进高质量发展，坚持以供给侧结构性改革为主线，坚持深化市场化改革、扩大高水平开放，加快建设现代化经济体系；统筹推进稳增长、促改革、调结构、惠民生、防风险各项工作，进一步稳就业、稳金融、稳外贸、稳外资、稳投资、稳预期，保持经济运行在合理区间，提高人民群众获得感、幸福感、安全感；坚定不移守好发展和生态两条底线，继续打好三大攻坚战，继续推进三大战略行动，精准聚焦“一品一业、百业富贵”的发展愿景，牢牢抓住改貌铁路口岸建成国际陆海贸易新通道重要节点的契机，紧密结合全域文化旅游创新区的定位，强力推进国际对外开放平台、中高端消费商贸平台、中高端制造园区平台建设，做大城市规模、做强实体经济、做美生态环境、做好民生保障，努力在高标准要求、高水平开放、高质量发展上实现良好开局，为全面建成小康社会收官打下决定性基础，以优异的成绩庆祝中华人民共和国成立70周年。

今年经济社会发展的主要预期目标是：地区生产总值增长10%左右，规模以上工业增加值增长8.5%左右，固定资产投资增长10%左右，社会消费品零售总额增长9%左右，外贸进出口总额增长15%，一般公共财政预算收入增长2.1%，城镇、农村常住居民人均可支配收入分别增长9%、10%左右，城镇登记失业率控制在4.2%以内，居民消费价格涨幅控制在全市调控目标范围内。单位生产总值综合能耗下降率、单位生产总值二氧化碳排放降低率、主要污染物排放总量控制在市下达目标范围内。

围绕上述目标，今年将重点抓好以下9个方面的工作：

（一）聚焦顶层设计，在优化发展空间上取得实效。紧紧抓住改貌铁路口岸建成国际陆海贸易新通道重要节点的契机，紧盯把花溪打造成为贵阳开放发展重要“增长极”、中高端大众消费品制造核心承载区的目标，构建总体规划与空间规划、产业规划、配套规划等相衔接的规划体系，优化和拓展城市发展的空间。一是多规合一优化空间布局。紧紧围绕花溪发展的战略定位，开展《花溪区空间发展战略规划（2020—2035）》编制工作，按照多规合一的原则，以构建国际性对外开放平台、中高端商贸综合体、中高端制造产业园区三个平台为重点，统筹生产空间、生活空间和生态空间布局，科学制定空间规划“一张图”，实现城市规划、土地规划、生态规划（林规）与道路交通、产业发展、市政基础设施、公共服务配套等专项规划相衔接，完成花溪全域空间布局的顶层设计，拓展花溪发展的新空间。二是高标规划优化产业布局。紧紧围绕市委十届五次全会提出的花溪要成为贵阳开放发展“增长极”的目标，邀请国内外顶尖的设计团队，高水平、高起点编制三个平台的产业规划及配套规划，优化产业发展布局。按照产城互动的原则，完善产业园区发展规划，调整产业园区功能定位，明确产业发展主攻方向及配套措施，提高产业园区对引进企业的吸附能力和承载能力，努力走出一条以产兴城、以城促产、产城融合发展之路。三是依托交通优化城乡布局。以路网为依托、旅游为载体、产业为导向，优化城乡布局，统筹城乡发展。围绕贵阳环城高速、花安高速、贵惠高速等高速公路，甲秀南路、花冠路及正在实施综合改造提升的花溪大道等城市快速道路，孟溪路、花石路等城市主干道，加快编制城市综合整治提升规划。依托各乡镇的交通优势、旅游资源和产业基础，加快编制乡村振兴战略规划，促进城乡要素双向流动，激发乡镇发展动能，为实施“一镇一品”战略、推进特色小镇和富美乡村建设创造条件。

（二）聚焦对外开放，在推动招商引业上取得实效。抢抓中央、省、市推进新一轮高水平对外开放的战略机遇，统筹好国际国内两个市场、两种资源，强力推进高水平对外开放，努力构建具有花溪特色的对外开放新格局。一是加快构筑对外开放大通道。全力配合省、市做好改貌铁路口岸规划设计、项目建设及一类口岸申建等工作，在提升配套服务能力和布局周边产业上下功夫，全力以赴将孟关片区打造成为贵阳乃至全省国际性的对外开放新平台，使之成为花溪实现高水平开放、高质量发展最具活力的区域和重要引擎。积极融入国家“一带一路”建设，抢抓贵阳积极推动中欧班列、国际陆海贸易新通道班列常态化运行的机遇，依托对外贸易国际性物流平台，实现“借港出海”“借道出山”。发挥比邻龙洞堡航空口岸的优势，借助开通到欧洲主要城市洲际直达航线的重大利好，把花溪的文化旅游资源推介出去，把国外的人流、物流、资金流吸引进来，实现借“机”起飞。二是加快促进对外开放大合作。以打造对外开放平台为载体，加快推进花溪与贵安新区同城化发展，积极推进花溪与经开区等国家级开放创新平台的合作，积极探索花溪与黔南州龙里县、惠水县的合作路径，实现优势互补、互利共赢。持续深化改革，推动生产服务和生活服务创新，以企业为主体，搭建校企联动合作机制，开展项目合作。对标国际标准，全面提升医疗服务、子女教育、商务休闲等配套服务能力，让海内外企业家在花溪安心经营、放心投资、专心创业。三是加快推进对外开放大招商。充分发挥政府的引领作用和企业、协会的桥梁作用，在德国、法国建立花溪区欧洲品牌招商中心。抓紧制定对外招商的总体方案及一揽子配套措施，瞄准欧洲、日韩和京津冀、泛珠、长三角等国内发达地区，以中高端商贸业、中高端制造业为重点，积极开展产业大招商活动。充分利用生态文明贵阳国际论坛、“数博会”、“酒博会”等载体，以及省、市举行的各类外出招商活动，积极拓宽招商引资渠道。全年引进项目40个以上，新签约产业项目30个，新落地500强企业1家，新引进产业项目到位资金增长15%，实际直接利用外资增长9.5%。

（三）聚焦产业转型，在振兴实体经济上取得实效。实体经济是花溪发展的基础，是落实“高标准要求、高水平开放、高质量发展”的重要抓手，我们必须贯彻落实“巩固、增强、提升、畅通”八字方针，瞄准中高端定位，突出消费领域，加快产业转型升级，加速民营经济发展壮大，做大做强做优实体经济。一是推动三次产业迈向中高端。推动制造业向中高端发展，围绕把花溪打造成为中高端大众消费品制造核心承载区的目标，依托燕楼、黔陶等乡镇，超前谋划和推动中高端制造产业园区建设，积极引进中高端大众消费品制造企业和产品、生产性服务企业和平台。积极推动本地装备制造企业与国际知名日用消费品牌合作，积极推动42家重点工业企业加快实施“一企一策”转型升级方案，完成技术改造，不断扩大生产规模、提高生产效率，逐步提高中高端制造业占比。积极推动服务业向中高端发展，在孟关、青岩和主城区规划建设一批大型中高端商贸综合体；加快石板片区市场规范化管理，培育一批规上服务业企业；创新青岩古镇旅游市场主体经营管理模式，加强行业监管，促进旅游服务标准化、规模化、效益化；强化孟关汽贸城管理服务和品牌营销，培育汽车文化，丰富市场业态，提高市场份额。积极配合省、市建成改貌铁路物流中心，推动电子商务、现代物流等业态发展，引导住宿、餐饮企业提档升级，确保全年新增服务业企业12家，新增限额以上批发零售和住宿餐饮企业11家。推动农业向中高端发展，提升农产品的品质和品牌，打造一批绿色农产品、无公害农产品和有机农产品，积极培育农产品地理标志。二是推动“大数据+”拓展产业链。从今年起，区政府连续三年安排大数据发展专项资金，支持大数据产业做大做强，促进大数据与三次产业深度融合，推动大数据政用、民用、商用。持续推进“1+N”数字经济总部区建设，加快发展数字经济，加快建设一批大数据应用场景，重点推动大数据在脱贫攻坚、生态环保、城市管理、社会治理等领域的应用。三是推动民营企业再创新成就。深入贯彻落实习近平总书记在民营企业座谈会上的重要讲话精神，按照全省民营企业座谈会的部署要求，大力开展政策落实等六项专项行动，抓紧研究支持民营经济发展的意见，帮助民营企业减负，为民营企业营造良好发展环境，力争民营企业户数有较大幅度增长，民营经济占地区生产总值比重持续提高。

（四）聚焦乡村振兴，在推动城乡融合上取得实效。把握城市发展规律、乡村建设规律，以城市功能品质提升为关键点，打造现代城市；以乡村振兴为着力点，建设富美乡村，构建城乡共富共美新格局。一是促进城乡结合互惠互利。纵深推进大扶贫战略行动，打好精准脱贫攻坚战，全面完成2019年度脱贫攻坚目标任务。加快建设大数据平台，精准抓好区内建档立卡贫困户的高质量脱贫和动态管理。持续打好脱贫攻坚四场硬仗，确保产业扶贫有新成效。切实抓好288户1060人易地扶贫搬迁及后续工作，加大教育医疗住房“三保障”力度，确保扶贫对象稳定实现“两不愁，三保障”。强化结对帮扶工作，对照帮扶方案，逐项梳理和落实帮扶项目，确保我区帮扶的镇宁县、长顺县代化镇和望谟县边饶镇“一县两镇”保质保量完成脱贫任务。要促进城乡要素双向流动，积极引导城市的人才、资本、技术、信息等生产要素流向农村，推动更多城市公共服务向农村延伸，破除各种体制机制障碍，为农民进城落户提供更多便利。二是促进城乡产业相互补充。全面落实“八要素”，持续推广“区属平台公司+乡（镇）+合作社”的模式，全面完成12.61万亩农业产业结构调整任务。以供销马车队农商互联大数据平台建设为契机，优化农产品加工业布局，发展一批农产品加工企业。大力发展农村电商，打造线上线下结合的农产品流通渠道。大力推广农旅融合模式，培育乡村旅游的新热点，推动农业发展“接二连三”。三是促进城乡风貌各有特色。按照城市要有“现代气息”的理念，高水平规划、建设和管理好城市，加快实施十和田等棚户区改造项目，持续推进老旧院落提升，充分利用大数据手段推行智慧化管理，推进夜市摊点退街入室，提升城市的品质、颜值和气质。按照乡村要有“乡土气息”的理念，建设生态宜居乡村，全面推进农村人居环境整治，在122个行政村全面开展“三清一改”“两拆三化”，重点治理农村生活垃圾、生活污水，大力推动“厕所革命”，确保全区30户以上村寨生活垃圾、生活污水有效治理率达80%以上，卫生厕所普及率达到94%以上。深入清理整治“大棚房”，加快实施石板镇山等3个富美乡村示范村建设，实施城市主干道周边和城中村等重点区域农房风貌整治，不断提升城乡风貌。

（五）聚焦全域旅游，在打造区域品牌上取得实效。积极创建国家全域旅游示范区，推动旅游业持续“井喷”，力争全年新增3A级景区4个，接待游客超过4400万人次，实现旅游总收入478亿元以上。一是持续加快文旅融合。加快推进恒大路网建设，集中打造贵阳恒大文化旅游城，使其成为推进全区文化旅游产业发展的重要引擎。大力推动天河潭景区创建国家级旅游度假区。立足“花溪风物”品牌，积极推进旅游产品研发，做精“久安千年红”“下山狮”“景区手绘”等系列文创旅游产品。深入挖掘历史文化、民族民俗文化、传统农耕文化等特色文化，充分利用孔学堂和石板镇山文化资源，建成龙井村布依文化百坊、高坡云顶非物质文化遗产展厅，发展体验旅游、研学旅游和传统村落休闲旅游。二是持续做精乡村旅游。推进“溪南十锦”沿线乡村旅游点建设，丰富旅游业态，提升乡村旅游风景线的吸引力。积极开展乡村旅游人才培训，培育更多乡村旅游村寨、乡村旅游客栈及经营户。创新乡村旅游组织方式，推广乡村旅游合作社模式，让广大农民通过乡村旅游获得更多收益。三是持续提升旅游服务。围绕建成全国山地旅游目的地、全省旅游集散地的目标，完善“吃住行游购娱”旅游六要素。健全“1+5+X”综合旅游管理体制机制。加快智慧旅游管理体系建设，优化区旅游综合执法指挥调度中心功能，建立旅游投诉和监管大数据平台。加快推进省级旅游集散中心建设、旅游厕所提升及标识标牌完善等，大力引进高端酒店，打造系列旅游驿站，提高旅游接待能力，构建“快旅慢游”服务体系。

（六）聚焦绿色发展，在厚植生态优势上取得实效。坚决打好污染防治攻坚战，全力推进大生态战略花溪十大行动，在长效治理、绿色发展和制度建设上下功夫，守好发展和生态两条底线。一是污染防治要长效化。狠抓中央环保督察“回头看”反馈问题和群众反映问题的整改巩固，坚决打好蓝天保卫、碧水保卫、净土保卫、固废治理和乡村环境整治“五场战役”。扎实推进“河长制”工作，启动全区 17 条中小河流“一河一策”治理，扎实推进小黄河流域综合治理。全面推进集中式饮用水水源保护区“划、立、治”工作。积极推进大水沟污水处理厂建设，加快主城区老旧排污管网改造，全面启动甲秀南路雨污分流管网建设。充分发挥燕楼垃圾焚烧发电厂示范效应，推动垃圾减量化、无害化处理，深入开展农业面源污染防治和餐厨废弃物治理。全面贯彻落实习近平总书记在深入推动长江经济带发展座谈会上的重要讲话精神，坚持“共抓大保护、不搞大开发”，持续开展“十大”重点行业专项整治，抓好工业污染防治，加强施工扬尘、汽车尾气、露天焚烧等综合管控，确保环境空气质量优良率保持在 95% 以上。持续开展森林覆盖率提升三年行动计划，确保森林覆盖率达到 52.85%。二是经济发展要绿色化。按照“产业生态化、生态产业化”要求，大力发展绿色经济“四型”产业，构建具有花溪特色的绿色产业体系。大力推广新能源汽车，抓好充电桩、加气站等各项配套设施建设。大力推广装配式建筑。鼓励民间资本充分利用全区丰富的生态资源开发更多的旅游产品。三是制度建设要系统化。坚持党政同责、一岗双责、终身追责，构建属地政府、主管部门、主体企业“三位一体”责任制度。建立健全环保投入长效机制，建立体现生态文明要求的目标体系、考核办法、奖惩机制。继续推进花溪区生态环保大数据平台建设，推动信息资源共享，实现河长制信息化管理。

（七）聚焦项目建设，在持续稳定投资上取得实效。牢固树立“抓发展就要抓项目、抓投资就是抓未来”的理念，只争朝夕地加快项目建设，以大项目带动大投资，以大投资带动大发展。一是强化项目统筹力度。狠抓项目谋划，抓紧谋划和储备一批强基础、补短板、管长远、利大局的重大项目，确保区级项目盘子投资总额保持在 2000 亿元左右，年度计划投资达 480 亿元以上，其中产业类项目投资达 20% 左右。狠抓项目争取，强化项目申报对接，积极向国家、省、市争取项目专项资金。狠抓项目融资，大力推广 PPP 模式，融入城乡“三变”改革理念，进一步激发民间投资活力，多渠道筹措项目建设资金。二是加快项目建设进度。切实做好手续办理、征地拆迁、资金落实等项目前期工作，做好水、电、路、气等要素保障，加大项目建设推进力度，确保 17 个省重大工程和重点项目完成投资 107.8 亿元以上，力争形成更多的实物投资工作量。把工业项目建设作为重中之重，加快推进燕楼产业园区产城融合发展，不断完善园区道路、排洪大沟等基础设施，提升园区承载力；加快推进茅台新建玻璃瓶生产线项目，加快中建科技、宇培电子项目竣工投产。加快花溪湖项目建设，全力完成花溪大道综合改造提升项目。三是提高项目管理精度。建立“一个重大项目、一名县级领导、一套工作班子、一抓到底”的项目管理机制，实行分类管理、分级实施，重点加强亿元以上项目的清单化管理和精细化调度，按照时间节点严格目标控制，统筹各项目建设指挥部、区属部门、乡（镇、社区）和平台公司的力量，共同抓好协调服务与要素保障，做到项目推进“零障碍”、项目业主“零投诉”，以优质的服务坚定投资者的信心。

（八）聚焦重点领域，在推进改革发展上取得实

效。落实全面深化改革要求，深入推进重点领域、关键环节改革，为全区经济社会发展注入强劲动力和活力。一是深入推进“放管服”改革。以优化营商环境为目标，不断提高政府办事效率，进一步落实商事登记制度改革，企业开办时间压缩到3个工作日以内，通过“一网通办”系统办理1个工作日以内完成。加快推进工程建设项目审批制度改革，工程建设项目审批时间压缩到80个工作日以内。加快网上政务大厅建设，大力推进“不能说不行，怎么做才行”改革，提高政务大厅服务水平，确保政务服务事项网上可办率达到100%，100个高频办理事项实现“最多跑一次”。二是深入推进城乡“三变”改革。全面完成122个村集体产权制度改革系列任务，摸清“三资”、认定集体经济组织成员，推动集体资产盘活增值。稳步推动承包土地“三权”分置，力争在我区率先启动全市农村产权交易平台建设。探索推进“联股联营、联股联责、联股联心”新机制，深入推进全区农村“三变”改革，加快推进城市“三变”棚改试点项目建设。三是深入推进投融资体制改革。持续打好防范化解重大风险攻坚战，加快研究中央经济工作会议提出的较大幅度增加地方政府专项债券规模、允许使用财政拨款提前开展专项债券对应的项目建设等利好政策，最大限度分享政策红利。在确保不新增政府债务的前提下，坚持净地出让和低效用地有效利用“两条腿”走路，做好土地储备和土地出让“两个计划”，建好资金池和土地池“两个池子”，依法依规开展融资，坚决守住不发生区域性系统性金融风险的底线。全面实施零基预算改革和部门预算绩效管理，提高资金使用效益。

（九）聚焦公共服务，在织牢民生“三网”上取得实效。坚持以人民为中心的发展思想，突出公平共享，解决一批人民群众最关心、最直接、最现实的利益问题，持续提升人民群众获得感、幸福感、安全感。一是织好民生保障网。落实好各项创业创新政策，加强各类创业孵化基地建设。做好公共租赁住房补贴发放工作，强化公租房、廉租房动态管理，持续开展好农村小康房建设、危房改造、老旧住房整治，进一步完善住房保障制度。持续抓好社会保险工作，进一步扩大覆盖面，健全完善城乡社会救助体系和低保标准与物价上涨挂钩联动机制。二是织好公共事业网。持续推进“百校攻坚”，新建中小学、幼儿园6所，新增学位2160个，推动“乐童计划”在全区义务教育阶段学校实现全覆盖。全面落实新建居民小区配建幼儿园、中小学和医疗卫生服务用房政策。加快区人民医院、区中医院、区妇幼保健院整体搬迁项目建设。新建4个老年人日间照料中心、2个农村互助幸福院。开展新一轮医疗服务价格调整，推进公立医院改革，确保医疗费用增长控制在10%以内，药占比控制在30%以内。大力实施农村饮水安全工程、“广电云”村村通工程等，推动农村公益事业发展。三是织好社会治理网。积极推广新时代“枫桥经验”和“一核多元、五力共治”的明珠模式，加强乡村社会治理，大力提升基层治理现代化水平。不断完善矛盾纠纷排查调解处理机制，逐步化解信访历史遗留问题。健全食品安全工作责任制，保障人民群众“舌尖上的安全”。持续推进“平安花溪”建设，深入开展扫黑除恶专项斗争、“两严一降”、禁毒人民战争，全面提升应急救援防灾减灾能力，坚决防止重特大安全事故和灾害事故，切实提升人民群众安全感。

2019年，区委、区政府为民办“十件实事”：一是完成城镇新增就业1.7万人；二是加快花溪区社会治理大数据综合服务平台项目建设；三是完成“平安孟关”大数据社会治理平台建设；四是完成夜市引摊入室项目2个；五是新建、改扩建免费星级公厕2个，改造学校厕所7个；六是完成1个老旧小区院落提升改造；七是完成美丽社居创建项目4个；八是完成2个农村群众服务中心建设；九是完成孟关乡中心幼儿园迁建工程和花溪区第二中学新建工程；十是完成花溪大道综合整治建设项目人行过街设施2处。

三、切实加强政府自身建设

贯彻落实“高标准要求、高水平开放、高质量发展”新要求，必须建设一个组织信任、人民满意的政府，必须打造一支忠诚干净担当有为的高素质干部队伍。我们要进一步转变政府职能，不忘初心、牢记使命，带领全区人民群众凝心聚力，向着既定目标苦干实干，奋力建设新时代人民满意的服务型政府。

（一）坚持忠诚为政，加强政治能力建设。始终坚持以习近平新时代中国特色社会主义思想武装头脑、指导实践、推动工作，深入开展“不忘初心、牢记使命”专题教育，增强“四个意识”，坚定“四个自信”，做到“两个维护”。始终在政治立场、政治方向、政治原则上同以习近平同志为核心的党中央保持高度一致，严守政治纪律和政治规矩，不折不扣执行落实中央、省、市和区委的各项决策部署，以实干实绩诠释对党和人民的绝对忠诚。

（二）坚持依法行政，加强法治政府建设。按时完成全区政府系统机构改革，统筹推进人员转隶、“三定”方案编制、资产划转、档案移交等工作，形成职责明确、依法行政的政府治理体系，提高政府的公信力、执行力。恪守宪法法律，用法治思维、法治方式履行职责，严格依法办事和规范公正文明执法。依法接受区人大及其常委会的法律和工作监督，自觉接受区政协的民主监督，支持审计机关依法独立开展工作，主动接受社会和舆论监督，让政府工作在法治轨道上稳步前进。

（三）坚持为民勤政，加强行政效能建设。始终把人民对美好生活的向往作为我们的奋斗目标，强化公仆意识、站稳人民立场，多谋民生之利、多解民生之忧，全心全意为全区人民谋幸福。大力弘扬“马上就办”作风，以“今天再晚也是早、明天再早也是晚”的精神，用心用情、勤勉高效地解决全区群众的操心事和烦心事，让全区群众从每一件小事中感受到党和政府的温暖，增强政府的凝聚力、感召力。

（四）坚持高效施政，加强干部队伍建设。深入践行“五步工作法”，精准把握“八个关键环节”，不断提升研究问题、破解难题的能力和本领。全面落实中央、省、市和区委关于进一步激励广大干部新时代新担当新作为的措施，进一步完善容错纠错机制，激发全区干部干事创业、比学赶超的内生动力，让勇于担当、敢想敢干的干部有为有位。

（五）坚持干净从政，加强党风廉政建设。严格落实中央八项规定及其实施细则精神，持之以恒兴“三风”、纠“四风”、转作风。加强全区政府系统干部理想信念教育和政德建设，做到明大德、守公德、严私德，正心明道，防微杜渐，筑好反腐的思想堤坝。始终保持惩治腐败高压态势，紧盯公共资金、公共资源、公共工程等重点领域廉政风险，扎紧制度的笼子，严惩群众身边的不正之风和腐败问题，坚决惩治“保护伞”，扎实推进廉洁政府建设。

各位代表，做好今年工作意义重大，实现今年的目标任务艰巨。唯其艰难，方显勇毅；唯其磨砺，始得玉成。让我们紧密团结在以习近平同志为核心的党中央周围，在市委、市政府和区委的坚强领导下，以逢山开路、遇水架桥的勇气，以踏石留印、抓铁有痕的决心，苦干实干加油干，绵绵用力、久久为功，在实施高水平开放、推动高质量发展的宏伟征程中展示新作为，续写新时代花溪发展的新篇章，以优异成绩庆祝中华人民共和国成立70周年！

乌当区政府工作报告

（2019 年 2 月 24 日在乌当区第十七届人民代表大会第三次会议上）

乌当区委副书记、代理区长 李 成

各位代表：

现在，我代表区人民政府向大会作工作报告，请予审议，并请区政协委员和其他列席人员提出意见。

一、2018 年工作回顾

2018 年，以习近平新时代中国特色社会主义思想为指导，认真学习贯彻党的十九大精神和习近平总书记在贵州省代表团重要讲话精神，在市委、市政府和区委的坚强领导下，在区人大依法监督、区政协民主监督下，区政府团结带领全区人民，牢记嘱托、感恩奋进，统筹推进“五位一体”总体布局，协调推进“四个全面”战略布局，以践行新发展理念引领高质量发展，坚守发展和生态两条底线，统筹抓好稳增长、促改革、调结构、惠民生、防风险各项工作，全力打造公平共享创新型中心城市腹地，全面推进“生态健康之区”建设，攻坚克难、勠力前行，全区经济社会保持稳中有进、进中向好的发展势头，较好完成了全年经济发展主要目标任务。

2018 年，全区地区生产总值完成 190.75 亿元，增长 9.3%；固定资产投资增长 15.2%；规模以上工业增加值增长 3.4%，高新技术制造业增加值占工业增加值比重达 64.4%，提升 13.3 个百分点；社会消费品零售总额增长 8.1%；规模以上服务业增长 18.69%；一般公共预算收入完成 20.78 亿元；城镇、农村常住居民人均可支配收入分别达到 34285 元、17062 元，分别增长 9.1%、9.6%。25 个省市重大工程、重点项目完成投资 97.67 亿元。

一年来，我们主要做了以下工作：

（一）坚持抓重点、防风险，发展步伐更加稳健。精准施策补短板、强弱项，全面打好重大风险、脱贫攻坚、污染防治攻坚战，风险防范取得阶段性成效。

（1）*重大风险有效化解*。严格执行“开前门、堵后门”和政府债务管理“七严禁”政策措施，强化政府债务统筹管控，及时足额偿还到期债务，未发生政府债务风险。严厉整治违法违规套利、干扰金融市场秩序等违法行为，完成 4 起非法集资案件司法审判及资金清退工作，未发生系统性区域性金融风险。积极构建社会治安综合防控体系，全区历史遗留问题 43 件，成功化解 42 件，化解率达 97.7%。完成 29 个重大决策项目社会稳定风险评估，无重大信访维稳安全事故发生。

（2）*脱贫攻坚再战告捷*。“春风行动”“夏秋攻势”成效明显，完成农业产业结构调整 7.31 万亩，实施 28 个产业扶贫项目，带动 613 户、1170 人增收。“四场硬仗”扎实推进，建成易地扶贫搬迁安置房 14 栋、286 套。教育、医疗、住房“三保障”全面覆盖 3675 名建档立卡贫困人口，实现减贫 2007 人。区属国有企业结对帮扶 6 个边远困难村，水田安多猕猴桃、下坝谷金蔬菜、百宜罗广红香米种植等项目成效明显。对口帮扶天柱县油茶同心林、蓝田党建扶贫示范园等项目基本建成，长顺县敦操乡牛角井贫困户集中建房点基础配套设施建设、望谟县麻山镇产业扶贫等项目扎实推进，落实帮扶资金 348 万元。

（3）*污染防治扎实有力*。扎实推进中央环保督察及 2018 年“回头看”反馈问题整改，反馈的 17 个问题、交办的 121 件群众投诉案件全部整改完成。偏坡污水处理厂基本建成，奶牛场污水处理厂主体完工，新增日处理污水能力 5.12 万吨。阿栗、小谷龙

“单家独户”新型污水处理站试点成效显著。严格执行“河长制”，“河长云平台”运营管理效率明显提升，九眼桥排污口治理、龙塘大沟整治全面完成，新东桥段污水溢流治理成效明显，南明河（乌当段）水质持续改善，南门河、三江河等8条河流水质达Ⅱ类以上，饮用水源地水质100%稳定达标。

（二）坚持抓转型、强质效，产业支撑更加有力。深入推进供给侧结构性改革，全面实施“万企融合”“双千工程”，抢抓全省大健康产业引领示范区建设机遇，大健康、大数据、大旅游现代产业体系基本形成。

（1）*产业发展平台建设日趋完善。*智汇云锦大健康产业孵化基地（一期）基本建成，医渡云、科大讯飞人工智能医疗联合实验室等企业和项目成功落户。贵州·台湾大健康产业（云锦）示范基地挂牌运营。国家健康医疗大数据西部中心及产业园、洛湾云锦医药食品新型工业园、智客小镇、贵州智源大数据创新创业基地等重大产业发展平台建设快速推进。乌当区与贵州理工学院共建的贵州省大健康医药产业技术研究院挂牌投运。中航力源液压军民融合配套产业园入驻企业8家。

（2）*大健康产业引领效应日趋明显。*深入实施《乌当区大健康产业引领示范区总体规划》，围绕“四大攻坚”任务，强力推进41个重点项目建设，完成投资56.9亿元。康美智慧药房、远程药业规模化生产线扩建、光正医药智慧物流中心建成投入运营，全年大健康医药产业总产值完成112亿元。贵阳市公共卫生救治中心、乐湾国际老年养护院、羊昌镇和新阳社区日间照料中心等14个项目基本建成。贵黔国际医院（一期）、贵州阜安心血管病医院等项目主体完工。联科中贝化药基地、千叶药包生产线、北京格致体外诊断试剂、贵阳精康脑科医院、乌当区妇幼保健院等项目加快建设。远程药业、友康达、东风医养健康小镇分别获省级以苗医药为主的民族医药发展示范企业、省级大健康和大数据融合发展示范企业、省级医养结合领域示范基地。

（3）*大数据产业融合创新日趋增强。*“1+N”大数据产业体系建设不断完善。成功在“数博会”上举办“大数据+大健康”高端对话和“智慧医疗·数据先行”“数化健康·智绘未来”等4个专业论坛。微商圈云、空间决策大数据、智慧城市综合指挥管理、智慧医疗等跨平台数据融合深入实施。信息产业孵化基地、贵州（乌当）大数据智慧产业基地全面建成，汇聚大数据创新创业企业275家，服务外包及呼叫中心座席投运8427席，新增规模以上企业6家。大数据主营业务收入达42.8亿元。振华集团工厂网络集成创新应用被评为全国工业互联网示范点，振华新云“国产高科电子元件柔性数字化车间建设”被评为国家智能制造示范项目。乌当区块数据工程、智慧水务及水利综合管理大数据平台被评为省级数字治理数字民生典型示范项目。

（4）*大旅游产业辐射带动日趋彰显。*全面启动《乌当区创建国家级旅游度假区总体规划》编制及申报工作，大力实施《乌当区全域健康旅游规划》。羊昌·花画小镇被评为国家3A级景区，万象温泉、枫叶谷旅游度假区等4A级旅游景区申报全面完成。“寻秘乌当”微信公众号上线运行，“冬游乌当·泉释健康”旅游活动全面启动。全年接待游客1832.39万人次，旅游总收入103.68亿元，分别增长27.5%、34.6%。

（三）坚持抓统筹、提品位，城乡环境更加宜居。以破解城乡发展不平衡、不充分问题为重点，以强化基础设施建设为统领，促进城乡要素双向流动，不断缩小城乡差距。

（1）*城市布局持续优化提升。*持续优化“一核两翼”城市发展格局，全力加快东风片区、奶牛场片区城市开发建设，乐湾国际一期、保利公园·2010、恒大·都会广场、外滩壹号等项目进展顺利。洛湾半岛、新庄地块等12个棚户区改造项目强力推进，完成北衙片区、温泉南路等地块“三变”共享棚改项目土地使用权一次性招标方案。实现信贷融资36亿元，全面完成2874户棚改任务。完成老旧小区院落改造项目4个。发放公租房租赁补贴308户、82.1万元。

（2）*综合交通体系加快完善。*持续推进城市“二环十一射”、城乡“一环两纵三横”交通路网建设，北京东路延伸段全面建成通车。新东路、振华东路等4条市政道路建成通车，新增城市道路14.67公里。轻轨3号线加快推进，新东二环及航天路立交、狮都路、138县道等城市路网加快建设。香喇线、新罗公路建成，凉喇线、新杨公路、徐冬公路等城乡路网建设扎实推进，新增和改扩建乡村公路31.4公里。完成121条、276公里“组组通”公路建设，贵阳精品旅游环线（乌当段）加快推进，2.73公里示范段基本建成。

（3）*乡村振兴战略深入实施。*羊昌·花画小镇改造提升，投入6000万元启动北纬26度植物园、花卉苗木展销区等项目建设。“原味小镇·醉美偏坡”投入3.68亿元完成布依客栈、布依摆集等23个项目建设，被列为省级“6个50”重点项目和市级6个特色小城镇培育试点项目。新堡全域旅游休闲、水田康体运动健康养生、下坝山区都市农业生态旅游、新场农事体验、百宜五彩等特色小镇建设加快推进。百宜罗广、新堡马头等15个田园综合体加快建设。大力推进农村环境整治，完成6个富美乡村示范点建设。新堡大寨村被列为全省第三批少数民族特色村寨。贵阳国家农业科技园区成功申报“国家专家服务基地”，6个高效农业园区建设扎实推进，建成高标准产业基地面积22.17万亩，销售收入48.2亿元。新增“三品一标”产品认证10个，无公害农产品产地认定面积16.16万亩。

（四）坚持抓改革、促开放，发展活力更加强劲。把深化改革、扩大开放作为发展动力，突破重点领域、关键环节，推动重大改革措施落地生效。

（1）改革力度持续加大。扎实推进“放管服”改革，新增各类市场主体2913户，注册资本59.28亿元。企业信用信息全区“一张网”归集26个部门行政许可信息6500余条。深入开展“简政放权”改革，区级职能部门、乡镇分别公开权力清单1417项、880项，分别减少59项、136项。2083项事务全部进驻政务大厅和网上办事大厅办理，1886个事项达到“最多跑一次”目标，取消各类证明19项。推行“套餐办理”窗口、工程建设项目并联审批、“一网通办”等服务，受理便民政务98009件、办结率100%，平均优化8.63天、优化率75.16%。

（2）开放幅度不断扩大。持续优化提升营商环境，组建乌当区营商办，制定出台《乌当区进一步优化提升营商环境行动方案》《乌当区产业大招商行动计划（2018—2020年）》，全区各级领导赴日本、韩国、新加坡等地开展境外招商2次，党政主要领导带队赴京津冀、长三角、珠三角等区域开展小分队招商22次，对接企业68家、签约项目26个。借助数博会、贵洽会等省市重大活动平台开展专题招商，新引进项目81个，总投资达211.78亿元，新引进国内500强企业康美药业，引进科技含量高、成长性好的医渡云、友乐活等7家企业。

（3）科技金融逐渐增强。全力推动国有企业市场化转型升级，支持国有企业发行企业债券15亿元，鼓励国有企业以多种方式参与制造业企业生产经营，探索混合所有制改革，切实增强市场化运营能力。充分发挥政府性资金的示范和引领作用，组建易华录数字产业基金、乌当医渡云产业基金等7支产业投资基金，大力扶持产业平台建设和实体经济发展。投入科技经费3000万元，支持高新技术产业发展，新增高新技术企业20家、省级农业科技园1个、市级以上众创空间（孵化器）2家，奖励“创新型人才”10余名，4名高层次人才入选大数据“百人计划”培养对象。

（五）坚持抓生态、美环境，绿色魅力更加彰显。深入践行绿水青山就是金山银山的理念，坚定不移走好生态优先、绿色发展之路，切实加大保护生态，推动“两山”理论在乌当落地生根。

两山理论深入实践。认真贯彻落实区委《关于落实大生态战略贵阳行动建设“两山”理论实践创新基地的实施意见》，研究制定《乌当区“两山”理论实践创新基地十年发展规划》，在全国率先制定“两山”理论指数监测指标体系，国家生态环境部专家组对我区“两山”理论实践创新给予高度评价。被中国报业集团“两山”理念研究院授予首个“两山”理念创新实践基地。

生态环境持续改善。扎实推进“一河百山千园”建设，建成滴水岩、沙鱼沟等21个生态公园。水东文化公园、梅兰山山体运动公园强力推进。治理山体迹地59个，修复面积331.2亩。植树造林80245亩、森林覆盖率达55.46%，保持全市第一。新桃水库开工建设，盘龙、谷溪等水库加快推进。高雁垃圾填埋场升级改造成效显著。偏坡乡水务一体化项目建成。

环保执法从严落实。严格执行森林保护“六个严禁”和环境保护“六个一律”，查处林业违法案件23起，环境违法案件13起。严格落实《大气污染防治行动计划》，查处油烟、噪音、大气、扬尘等各类污染案件82起，有效管控扬尘、秸秆焚烧、烟花爆竹燃放等大气污染源，空气质量持续改善。

（六）坚持抓民生、增福祉，人民生活更加幸福。以人民对美好生活的向往为奋斗目标，全力推进民生事业发展，全年民生支出累计22.24亿元，占一般公共预算支出的70%，十件民生实事如期全面完成，群众幸福感和获得感不断提升。

教育基础更加扎实。深入实施“百校攻坚”，投入3.11亿元新建和改扩建教育项目21个，下坝九年制学校建成投用，新增学位3810个。乌当四中（初中部）主体工程完工，北衙学校、乌当五中等4个项目加快推进。新招聘教师66人，培训师资16368人次。资助各类家庭经济困难学生15422人次、1563.89万元。教育综合改革、教育教学质量绩效考核改革、“两自一包”管理体制改革、后勤社会化服务改革成效显著，成功引进扬州世明双语幼儿园与振新幼儿园联合办学。

医疗事业更加普惠。围绕“百院攻坚”，完成区人民医院与市一医“医联体”建设，完成以区人民医院为龙头、10个基层医疗卫生机构为成员的医共体建设，新建各类医院5所。全面落实“1+1+5”医改配套政策，完成公立医疗机构远程医疗网络体系、规范化数字预防接种门诊、区人民医院统一预约挂号平台、区级医药监管平台和人口健康信息基础平台建设。公立医院“五室一中心”建成投用，区域内就诊率达90%以上。全面推行药品和耗材购销“两票制”，大病保险实现“一站式”即时结算，公立医院医疗费用实现“三降一升”。

社会事业齐头并进。全国卫生城市国家复审顺利通过，全国文明城市复查测评顺利完成。第四次全国经济普查工作有序推进。人才储备厚度持续增强，新引进高层次人才53名。文化事业全面发展，加大非物质文化遗产保护和传承，开展送文化下基层103场次，实现农家书屋全覆盖。成功承办全国残疾人羽毛球锦标赛。在贵阳市第十三届运动会上有10个比赛项目获得第一名的好成绩。老年事业蓬勃发展，区老体协工作成效明显，被评为全国先进集体，老干部为全区经济社会发展增添正能量。扶持自主创业126人，完成职业技能培训3042人，新增城镇就业11840人。劲嘉新天荟、保利温泉新城等4个惠民生鲜超市建成运营。“两严一降”和“禁毒人民战争”深入推进，扫黑除恶保持高压严打态势，打掉涉黑涉恶犯罪团伙13个，一审判决5个，破获案件50余起，刑事发案同比下降7.02%，群众安全感测评达99.47%，排全市第二。安全生产事故起数、死亡人数持续“双降”。

（七）坚持抓效能、优服务，自身建设更加务实。始终把政治建设摆在首要位置抓实抓好，坚决贯彻全面从严治党要求，以永远在路上的韧劲和执着，严格落实中央八项规定及其实施细则、省委十项规定及市委和区委有关规定精神。扎扎实实抓好中央巡视、省委巡视反馈问题整改，全面加强政府系统党风廉政建设，全年共给予政府系统公职人员党纪政务处分59人。依法接受人大法律监督，主动接受政协民主监督，办结省、市、区级人大代表议案建议和政协委员提案共272件，办复率100%。积极推进法治政府建设，31个政府部门、8个乡镇和5个社区服务中心均推行法律顾问制度，依法行政水平进一步提高。驰而不息兴“三风”、纠“四风”、转作风，“两学一做”学习教育成效明显，为人民服务质量显著提高。

此外，人事、审计、粮食、档案、供销、人防、通讯、气象、消防、科协等工作取得了新发展。人民武装、国防动员、新闻传媒、爱国卫生、外事侨务、地方志、残疾人、妇女儿童及各人民团体的工作也都取得了新进步。

各位代表！社会总是在传承更替中发展进步，事业总是在继往开来中铸就辉煌。2018年，我们主动应对各种风险挑战，在产业转型、城乡建设、改革创新、生态保护、改善民生、维护稳定等各项工作中取得较好的发展，成绩得来不易。这些成绩的取得，是市委、市政府和区委坚强领导与亲切关怀的结果，是区人大和区政协建言献策、科学监督的结果，饱含了各位代表、各位委员的智慧和力量，凝聚了全区各族人民的辛勤和汗水。在此，我代表乌当区人民政府，向全区各族人民、各级干部致以崇高的敬意！向人大代表、政协委员，向各民主党派、人民团体和各界人士，向驻区部队、武警官兵和人民警察，向关心支持乌当发展的老领导、老同志及各界朋友表示衷心的感谢！

各位代表！安不忘危、兴不忘忧。2018年我们客观审视全区发展实际，经济社会发展依然存在不少差距和短板，主要是发展不平衡不充分的问题。一是经济贡献度不高，仅占全市经济总量的5%，规模经济不强，发展质量和效益相对较低，经济综合实力薄弱问题仍然存在。二是高质量发展仍需加强，大健康、大数据、大旅游等优势产业聚集融合效应还不明显，产业园区建设步伐不快，企业创新能力不强，助推加快发展的大项目、大企业较少，内生动力不足，产业结构调整和转型升级任务仍然艰巨。三是城乡发展不平衡，城市更新速度较慢，棚户区改造任务艰巨，城乡生产运行管理和社会治理、民生领域还有不少短板和薄弱环节，城乡发展差距仍然较大。四是作风转变还不彻底，一些部门和干部服务意识、配合意识、责任意识不强，干的标准不高、不彻底，作风不实、效率不高等问题仍然存在。对此，我们将坚持问题导向，不回避、不推诿、不畏难，坚持抓重点、补短板，一个一个地加以解决。

二、2019年主要工作目标任务

2019年是新中国成立70周年，是深入贯彻党的十九大精神的关键之年，是决战脱贫攻坚、实现更高水平小康社会的攻坚之年，是全面实现“十三五”规划建设目标、打造公平共享创新型中心城市腹地、“生态健康之区”建设重要之年，是打造全市开放发展“增长极”、中高端大众消费品制造和中高端商贸业核心承接区的起步之年。做好今年的工作，意义十分重大。

今年政府工作的总体要求是：坚持以习近平新时代中国特色社会主义思想为指导，深入贯彻党的十九大精神和习近平总书记参加贵州代表团重要讲话精神，牢记嘱托、感恩奋进，统筹推进“五位一体”总体布局，协调推进“四个全面”战略布局。坚持稳中求进工作总基调，坚持新发展理念，坚持以供给侧结构性改革为主线，坚持深化市场化改革。深入落实省委十二届、市委十届和区委十届历次全会决策部署，高标准要求、高水平开放、高质量发展，统筹推进稳增长、促改革、调结构、惠民生、防风险工作。牢牢守住发展和生态两条底线，紧扣“一品一业、百业富贵”愿景，深入推进大健康、大数据、大旅游、大生态、大扶贫融合创新发展，纵深推进全省大健康产业发展引领示范区建设，全面打造贵阳市公平共享创新型中心城市腹地、全市开放发展“增长极”、中高端大众消费品制造和中高端商贸业核心承接区。

今年经济社会发展的主要预期目标是：地区生产总值增长10.5%，固定资产投资增长15%，规模以上工业增加值增长9.5%，社会消费品零售总额增长11%，外贸进出口总额增长15%，一般公共预算收入完成20.78亿元，城镇、农村常住居民人均可支配收入分别增长9%和10%，城镇登记失业率控制在4%以内，居民消费价格涨幅控制在市调控目标范围内。单位地区生产总值综合能耗下降率、二氧化碳排放降低率等约束性指标均控制在市下达目标范围内。空气质量优良率持续提升。

为实现上述目标，我们将重点抓好以下六个方面工作。

（一）全力推进高质量发展，加快建设产业乌当。坚持以构建现代化产业体系为着力点，深入实施“万企融合”和“双千工程”，全面推进大健康、大数据、大旅游产业深度融合，推动经济高质量发展。

集聚力量推进大健康产业发展引领示范区建设。围绕“医、养、健、管、游、食”六大领域，深入实施《乌当区大健康产业引领示范区总体规划》，启动张天水片区控制性规划编制，高标准推进洛湾云锦医药食品新型工业园基础设施PPP项目、贵阳医疗健康城等重大产业平台建设，加快完善智汇云锦大健康产业孵化基地功能配套建设。确保贵黔国际医院（一期）、贵州阜安心血管病医院和健兴、千叶、新天、威门等制药企业技改扩能项目全面建成运营。重点加快推进联科中贝化药基地、七喜肿瘤医院、北京格致体外诊断试剂等项目建设。加速推动新加坡燕窝系列产品研发生产基地项目落地建设。全力支持贵州医目数康产业园和贵州·台湾大健康产业（云锦）示范基地建设。积极巩固壮大中医药、民族药，加快发展化学药，培育发展生物药，培育完成10亿元级医药企业2家、20亿元级医药企业1家，培育20亿元级医药物流企业2家，全年大健康产业完成投资30亿元以上，完工投产项目6个以上。

集聚精力做好大数据产业创新驱动发展文章。深入推进“1+N”大数据产业体系建设，全力做好“大数据+”文章，强力推进国家健康医疗大数据西部中心及产业园建设。扎实推动大数据政用、民用、商用等应用创新，重点加快推进医疗健康云平台、空间决策大数据云平台等九个大数据场景任务建设。全面完成贵州智源大数据创新创业基地建设。深入推进大数据与工业、农业、服务业等领域融合，新增大数据企业5家，培育2个大数据核心竞争力品牌，培养1至2家大数据领军企业，大数据企业主营业务收入超过53亿元。

集聚资源打造大旅游产业全域融合发展格局。严格按照“六全”模式建立全域健康旅游体系，高标准编制完成《乌当区创建国家级旅游度假区总体规划》，扎实推进国家旅游度假区申报工作。围绕贵阳精品旅游环线（乌当段）建设，按照打造世界旅游名城重要景区景点的要求，重点盯紧相思河、巴喇峡谷、香纸沟温泉度假景区、马头温泉康养生态度假区等沿线景点景区开发建设，瞄准国内外中高端服务业企业，大力引进国际先进管理理念和经营团队。全力提升振华万象、枫叶谷等温泉品牌效应和推广营运水平。强力推进乐湾国际温泉、贵御温泉度假酒店等项目建设。着力引进星力集团和国内中高端商贸服务知名企业参与偏坡、百宜等农文旅项目建设经营，持续不断丰富中高端商贸服务业态。力争全年接待游客数和旅游总收入同比增长21%和29%。

（二）全力推进新型城镇化发展，加快建设品质乌当。坚持以打破制约城乡发展瓶颈为重点，着力改善交通路网建设，完善城市功能，提升城乡形象，推进城乡统筹协调发展。

坚定不移提升城市发展品质。围绕“一核两翼”城市发展布局，加速推进城市化进程。以新添老城区为“核心”，加快城市更新速度，基本建成恒大·都会广场、外滩壹号等城市开发项目；实质性开工建设北衙片区、新庄地块棚户区“三变”改革共享试点项目，扎实推进马家湾、温泉南路等8个棚户区改造项目建设；全面完成振华广场、乌当中学地下停车场建设，新增停车位1200个；全面启动航天路口、新添大道、顺海中路、土巴寨等区域性城市更新开发建设工作。以东风片区为“右翼”，加快产城融合发展，全力推进乐湾国际大二期城市开发建设，加快推进北京东路延伸段沿线开发建设力度，扎实推进东风大道、水东路、洛湾云锦医药食品新型工业园、贵阳医疗健康城等建设，实现产城互动。以贵阳东站为“左翼”，加快奶牛场片区核心枢纽城市新区建设，重点推进中天·吾乡、保利公园·2010北区等建设，航天大道、中环、新东二环等重要节点启动建设，全力推进奶牛场片区与新添城区深度融合，着力提升乌当“城市门户”。

全力以赴完善基础设施建设。围绕城市“二环十一射”和城乡“一环两纵三横”交通路网建设，完成新东二环、138县道建设，加快推进狮都路、龙王路等路网建设。完成环城高速3个互通建设和改造提升。扎实推进东新路、白岩路等4条市政道路建设。马东路、云锦路等工业园区路网全面建成通车，全力打通断头路，改善城区内循环。凉喇线、新杨公路、徐冬公路等城乡路网全面建成通车，着力推进头偏线、新香线等重要旅游道路改造建设。全力推进竹水路、贵阳精品旅游环线（乌当段）建设，切实做好贵阳至黄平、羊昌至长顺、羊昌至平塘高速公路乌当段服务保障工作，着力改善外部交通环境，提升对外通达能力。

持之以恒推进乡村振兴战略。依托农业科技园区，发挥园区示范带动作用，加快农民增收致富步伐。持续丰富羊昌·花画小镇产业业态，提高消费品质，提升“旅游+”附加值，辐射带动新场农事体验、百宜五彩小镇发展。按照“天人合一、道法自然”的理念，累计投资5.5亿元，全面完成“原味小镇·醉美偏坡”建设，全力打响“原味小镇·醉美偏坡”品牌，高起点谋划布局偏坡布依原味小镇、新堡全域旅游休闲小镇中高端消费业态，着力提升乡村旅游服务业发展质量和水平。扎实推进水田康体运动健康养生、下坝山区都市农业生态旅游小镇建设。加大农村环境整治力度，整合各类资金，集中整治1至2个中心集镇，改善镇容镇貌，优化集镇人居环境，提升公共服务保障能力。

（三）全力推进深化改革创新，加快建设开放乌当。坚持把培育新动能作为打造新增长极的首要任务，强化改革推动、创新驱动、开放带动，不断激发发展动力活力。

持续扩大高水平开放。着力提升开放水平，深化区域协同开放合作，强力推进与云岩区、南明区、观山湖区的城市功能性区域协作，特别在医疗、教育、物流商贸等领域深入开展合作。强力推进与双龙航空港经济区、综保区、高新区的产业分工区域协作，特别在大型仓储物流、中高端制造及配套产业等领域深入开展区域协作；与开阳县、龙里县等深入开展生态环境共建共享、基础设施互联互通、人力资源双向流动等方面的区域协作。加快推进北部产业新城建设，强力推进新场与修文县龙场、扎佐、久长融合发展，打造产业拓展承接地和开放经济新平台。

持续推进体制机制改革。全面深化行政审批“六个一”改革，继续精简政府行政审批事项120项，平均优化办理时限82%以上。全面推行“网上办、马上办、就近办、一次办”等便民利企政务服务工作，新增网上办理事项320项。加强政务服务“一云一网一平台”综合实体大厅建设，落实“非禁即入”，推进“五证合一、一证一码”和企业注册全程电子化办理，企业开办时间压缩至3个工作日，市场主体个数增长15%以上、注册资本总量增长13%以上。

持续加强招商引业力度。围绕《乌当区产业大招商行动计划（2018—2020年）》，延链扩链补链。瞄准欧洲、日韩、东盟、南亚等国家和地区的国际中高端消费品制造、流通、营销等业态，大力引进国际知名企业和知名品牌。瞄准国内大健康、大数据、大旅游领域知名企业，大型商贸流通、零售服务龙头企业开展精准招商。全力支持区内产品出口企业、军转民企业、中医药制造企业等广泛开展国际合作，嫁接国际前沿科技、战略品牌、现代企业管理理念。力争招商签约190亿元以上。

（四）全力推进两山理论发展，加快建设生态乌当。坚持绿水青山就是金山银山，高标准推进绿色共享的“两山”理论实践创新基地建设，为绿色发展筑牢稳固的生态屏障。

健全完善两山实践制度。深入推进《乌当区“两山”理论实践创新基地十年发展规划》，加强“两山”理论实践创新基地指标体系监测及成果运用，提升“两山”智慧生态云平台监测监管能力，把生态环境评估摆在重要位置，构建政府主导、企业推动、公众参与、社会监督的环境共建共治体系。推进生态环境监管体制改革，推行第三方环境评估、环境治理和环保管家服务，培育发展环保技术咨询服务机构，补齐防污治污生态环境保护制度短板。

毫不放松抓好环境治理。持续巩固中央环保督察及"回头看"问题整改成果，确保奶牛场污水处理厂建成投用。扎实推进百宜、下坝污水处理厂建设，大力推广"单家独户"新型污水处理站建设。深入实施"河长制"目标管理，全面推进南明河（乌当段）、三江河等13条河流生态保护治理。强力推进高雁垃圾填埋场提升改造，着力培育和发展一批生态环保产业，引进一批生态环保技术，高水平推进垃圾减量化、资源化处理工作。大力整治背街小巷、景区景点、集镇村寨集中突出的餐饮油烟、露天烧烤、秸秆焚烧等环境问题。

全力建设绿色生态屏障。全力推进贵阳城市环城林带绿色生态走廊、南明河（乌当段）水体生态走廊建设。扎实推进水东文化公园、梅兰山山体运动公园建设，治理修复山体迹地面积331.2亩，新增植树造林4.3万亩，森林覆盖率达57.11%以上。着力加强集镇和农村水环境保护与治理。

（五）全力推进区域经济发展，加快建设活力乌当。坚持把营商环境、科技金融、人才培养作为高质量发展重要抓手，着力提升区域经济发展承载力。

持续加强营商环境建设。严格按照《乌当区进一步优化提升营商环境行动方案》，重点在产业用地征收及供应、政策兑现、水电路气讯保障上加大工作力度，充分利用大数据手段，探索建立营商环境应用监测平台，切实解决营商服务效率不高、公共要素配套差的问题。持续深化"放管服"改革，着力在50项部门权力清单下放、简政放权、多部门联合服务、窗口人员履职能力提升等方面加大督查问责力度。以公平优质的营商环境，公道正派的服务态度，把企业、群众的需求作为我们工作努力方向，不断提升服务水平、提高服务效率，为推动高质量发展打造一流营商环境。

持续加强科技金融创新。深化国有企业改革，支持国有企业混合所有制经营、提升国有企业市场化运营水平和资本运营能力，发行企业债、项目收益债、棚改专项债等各类债券20亿元。强化中小微企业服务，深入开展"3个20万""微企服""博众双创基金"服务，扶持260家企业。加强科技创新平台建设与高新技术企业培育，新增1个以上科技创新平台、5家高新技术企业、100项科技专利。

持续加强人才队伍建设。坚持党管人才原则，实施《乌当区人才发展三年行动计划》，不断健全完善人才培养、职级晋升、奖补政策、考核评价等制度，切实做好人才服务保障、人才成长通道、人才培训培养、人才激励保障体系等方面工作，落实好人才政策，夯实人才发展基础。探索建立人岗相适的轮岗交流制度。重点围绕大健康、大数据、大旅游、智慧城市管理、科技创新等领域，强化本地人才的培养培训力度，加大高层次人才和紧缺人才引进力度，切实培养一批专业型、知识型、创新型的技能管理人才队伍。

持续加强民营经济发展。全面落实《中共贵州省委办公厅贵州省人民政府办公厅关于进一步促进民营经济发展的政策措施》，着力破解影响制约民营经济发展的重点难点问题，扎实开展政策落实、金融服务、降本减负、扩大民间投资、营商环境整治、领导干部联系服务企业六大专项行动。制定出台《乌当区关于进一步促进民营经济发展实施方案》，探索建立中小企业转贷应急机制、小微企业差别化监管机制和转贷应急资金管理平台，全面推进优强民营企业培育、民营科技成果转化、民营品牌创建、民营企业人才引进四大工程。探索建立县级领导"一对一"联系民营企业发展机制，支持10户以上民营企业上规上限，民营企业引进高层次人才20人以上，民营经济增加值占地区生产总值比重达到60%。

（六）全力推进民生事业发展，加快建设幸福乌当。坚持以人民为中心的发展思想，用政府过紧日子换来百姓过好日子，加大财政对民生投入，不断满足人民日益增长的美好生活需要，全面提升公共服务保障能力，扎实办好民生实事，为全区人民创造更加美好的生活。

全力打好脱贫攻坚战。坚持脱贫攻坚思路不变、力度不减，加大脱贫攻坚力度，提前一年全面完成1600人脱贫减贫任务。高质量打好"四场硬仗"，全面推进"三变"改革，全方位推进产业扶贫，确保完成13585亩农业产业结构调整。深入推进教育、医疗、住房"三保障"，易地扶贫搬迁洛湾云锦安置房全面建成投用，易地搬迁扶贫任务全面完成，确保搬得出、稳得住、能致富。扶贫领域突出问题"五个专项治理"形成常态化机制。天柱县、长顺县敦操乡、望谟县麻山镇对口帮扶工作取得明显成效。

全力发展教育优质均衡。扎实推进"百校攻坚"，重点优化公办学校规划布局，确保乌当四中全面建成投用，北衙九年制学校、乌当五中、乌当小学建设扎实推进。完成改扩建和改薄项目16个，新增校舍面积10万平方米。学前教育普惠率达到80%以上，打造"乐童计划"升级版。深入实施教育"1+2"突破工程，整合各类教育资源，落实跨区域教师轮岗交流制度，充分发挥优秀教师传帮带作用，不断优化教师人才队伍建设。加快推进教育管理体制、办学模式改革，扩大“两自一包”管理体制改革和后勤社会化服务改革范围，引进优质教育资源或教育团队到我区合作办学。

全力提升医疗健康水平。深入实施“1+1+5”医改配套工程，扎实推进全区公立医院药品网上采购、医疗服务价格调整、公立医院薪酬制度改革。强力推进省级“医共体”试点建设，提升完善区人民医院与社区卫生服务中心、乡镇卫生院“医共体”互联互通体系，实现分级诊疗、双向转诊医改目标。落实健康扶贫政策，确保建档立卡贫困人员实现门诊、住院治疗“一站式”结报、“先诊疗，后付费”等改革事项，实现报销比例达 90% 以上。全面落实 41 种慢病保障和大病集中免费救治。继续推进家庭医生签约服务，重点人群签约服务覆盖率达 60% 以上。

全力推进民生事业发展。举办 2019 年乌当区第二届大健康运动会。持续巩固提升国家文明城市和国家卫生城市建设成果。加大水东文化、民族文化、非遗文化等挖掘传承力度，注重文化保护性开发。全力抓好老龄、老年教育工作，推进老年事业提质发展。认真落实创业就业政策，新增就业 11482 人，农村劳动力转移就业 2310 人，职业技能培训 2700 人次。广泛开展“七五”普法活动，加快公共法律服务网络、热线、实体三大平台建设，构建城乡全覆盖的公共法律服务体系。加快“乌当区块数据系统”项目建设，着力提升社会治安综合治理能力、公共安全执法管理水平，深入开展国家食品安全城市创建，努力提高人民群众幸福指数。

更加严格防范政府债务风险。进一步健全完善“借、用、还”一体化机制，细化政府债务风险评估方案，超前安排部署政府债务风险化解工作，做实政府债务风险防范和化解措施。进一步加强规范国有企业投融资程序和规定，强化预算管理，消化存量债务，严控新增债务，杜绝各类违法违规举债行为。加大与金融机构的合作力度，充分发挥政府性基金的作用，创新金融产品，加大金融支持实体经济力度，支持国有企业加速向“专业化、市场化、规范化”转型，增强国有资本造血功能。

更加严格防范区域金融风险。探索建立政府引导、金融机构参与的防范化解金融风险“资金池”，增强金融风险抵抗能力。强化准入管理、资金监测、规范市场竞争，坚决打击违法违规金融活动，全力整治各类非法集资，开展互联网金融机构的排查整改工作，重点整治 P2P 网络借贷和股权众筹等业务。从严打击违法违规融资担保、“借壳戴帽”违规经营或超范围经营等现象，维护良好的金融信用环境，坚决守住不发生系统性金融风险底线。

更加严格防范各类社会风险。健全重大决策社会稳定风险评估机制、社会矛盾预防化解处置机制，完善矛盾纠纷多元调解机制。强化重点领域、重点行业和重大危险源的动态监管。深入开展“两严一降”和扫黑除恶专项斗争、“禁毒人民战争”，认真开展矛盾纠纷大排查、公共安全大整治、信访积案大调解、网络环境大整顿，突出防控社会风险，坚决防止发生重特大安全事故，全力保护好人民群众的生命财产安全，确保社会大局和谐稳定。

三、加强政府自身建设

新时代要有新作为，新作为需要新本领。我们要以党的十九大精神为统领，不断加强政府自身建设，切实提高为民服务、推动发展的能力和水平。

（一）强化政治意识，建设忠诚政府。自觉用习近平新时代中国特色社会主义思想武装头脑、指导实践、推动工作。牢固树立“四个意识”，增强“四个自信”，做到“两个维护”。推进“两学一做”学习教育常态化、制度化，认真开展“不忘初心、牢记使命”主题教育，严守政治纪律和政治规矩，以鲜明的政治立场、自觉的责任担当、坚决的实际行动，切实把党的十九大精神贯彻落实到政府工作各方面和经济社会发展全过程，确保中央、省、市和区委各项决策部署落到实处，用实际行动践行对党绝对忠诚。

（二）全面履职尽责，建设高效政府。深入践行“五步工作法”，精准把握“八个关键细节”和“五全工作模式”，坚持把狠抓落实作为政府工作的核心，完善月度工作例会、重点工作调度、重点难点事项协调等机制，强化绩效管理、政务督查和行政问责，以“钉钉子”精神将重点工作抓紧盯牢、落细落实。强化政府工作人员的公仆意识、责任意识、效率意识，坚决整治庸懒散拖、落实不力、敷衍塞责等行为。深入推进行政审批服务、公共资源交易等平台建设，提升“互联网 + 政务服务”水平，推动基层政务服务标准化规范化，打造优质高效的政务环境。

（三）坚持依法行政，建设法治政府。强化法治思维，严格依法办事，把依法行政贯穿于政府工作全过程。健全依法决策机制，发挥新型智库作用，加强与人大代表、政协委员的沟通联络，广泛听取各民主党派、工商联、无党派人士和人民团体意见，提高决策科学化民主化法治化水平。坚持严格规范公正文明执法，推动行政执法和刑事司法有效衔接。依法接受区人大法律监督、区政协民主监督，重视司法、舆论、社会监督。深化政务公开，加强信息发布，及时回应社会关切，让行政权力在阳光下运行。

（四）持续改进作风，建设廉洁政府。认真贯彻执行中央八项规定精神及其实施细则，深入落实党风廉政建设“一岗双责”，紧盯不敬畏、不在乎、喊口号、装样子的问题，坚决破除形式主义、官僚主义。坚持过紧日子思想，厉行勤俭节约，从严管理“三公”经费，把有限的资源和财力用在推动发展、改善民生上。突出公共权力运行、公共资源配置、公共资金分配等重点领域监管，严肃查处各类腐败问题，切实解决损害群众利益的不正之风。深化标本兼治，保持惩治腐败高压态势，着力打造干部清正、政府清廉、政治清明的“三清示范区”。

各位代表，使命呼唤担当，奋斗成就未来。让我们紧密团结在以习近平同志为核心的党中央周围，以习近平新时代中国特色社会主义思想为指导，在市委、市政府和区委坚强领导下，始终保持永不懈怠的精神状态、一往无前的奋斗姿态，顺势而为、乘势而上，开拓进取、拼搏实干，强力推进全市创新型中心城市腹地、全省大健康产业发展引领示范区和全国“两山”理论实践创新基地建设，全力打造全市开放发展“增长极”、中高端大众消费品制造和中高端商贸业核心承接区，为全区人民对美好生活的向往而努力奋斗，以优异成绩庆祝新中国成立70周年！

白云区政府工作报告

（2018年1月16日在白云区第十一届人民代表大会第二次会议上）

白云区委副书记、代理区长 步 岚

各位代表：

现在，我代表区人民政府向大会作工作报告，请予审议，并请区政协委员和其他列席人员提出意见。

一、2018年政府工作回顾

过去一年，我们坚持以习近平新时代中国特色社会主义思想为指导，深入学习贯彻党的十九大精神、习近平总书记对贵州工作系列重要指示批示精神，在中共白云区委的坚强领导下，在区人大、区政协的监督和支持下，统筹推进"五位一体"总体布局，协调推进"四个全面"战略布局，牢牢守好发展和生态两条底线，坚决打好防范化解重大风险、精准脱贫、污染防治三大攻坚战，纵深推进大扶贫、大数据、大生态三大战略行动，全力打造高质量发展示范区和高水平治理示范区，经济社会发展取得显著成绩，建设公平共享创新型中心城市示范区迈出了坚实步伐。

全区地区生产总值完成231.58亿元，增长9.2%；农业增加值7.22亿元，增长6.5%；规模以上工业增加值（2000万元口径）增长1.0%，新增规模以上工业企业8家；固定资产投资（500万元口径）增长14.5%；社会消费品零售总额32.69亿元，增长8.6%；实际利用外资1.28亿美元，增长4.4%；外贸进出口1.06亿美元，增长63.7%；旅游总收入97.01亿元，增长34.47%；城镇、农村常住居民人均可支配收入分别完成34358元、18071元，分别增长9.0%、9.5%；城镇就业新增13952人，城镇登记失业率控制在2.87%以内；一般公共预算收入实际完成16.30亿元，增长8.5%；招商引资省外到位资金187.5亿元。在2018年全省县域经济综合测评中，列18个城区方阵第7位；其中，农村常住居民人均可支配收入、城乡生活垃圾无害化处理率、贫困发生率、贫困人口减少年度计划完成比例、财政专项扶贫资金使用效率等5项指标，排名均为全省第一。

一年来，全区上下以践行新发展理念引领高质量发展，砥砺前行、锐意进取，苦干实干、攻坚克难，重点抓了以下工作。

——坚持尽锐出战、务求精准，三大战役成果丰硕。防范化解重大风险攻坚战成效明显。坚决"堵后门、开前门"，加快推进PPP化债和区属国有平台公司实体化转型，实施PPP项目2个、总投资3.64亿元；合法合规开展融资，获得政府置换债券资金10.71亿元，发行企业债券6亿元，牢牢守住不发生系统性、区域性金融风险的底线。脱贫攻坚"内外战场"战果累累。建成农村"组组通"公路50条、109.67公里，实现全区通组公路全覆盖；实施产业扶贫项目10个，带动336户、960人增收；农村困难人口全部列为健康扶贫对象，教育扶贫实现贫困家庭全覆盖；落实结对帮扶资金982.75万元，带动2.19万名贫困人口稳定脱贫。污染防治攻坚战有力有效。启动麦架河、小湾河、宋家冲河等7个综合治理项目，建成麦架河、七彩湖、小湾河3个污水处理项目，黑石头污水处理厂正在加快建设，彻底消除七彩湖黑臭水体，城镇污水处理率达97.8%，环境空气质量优良率达97.0%；国家黑臭水体督查期间反馈的2个问题、中央环保督察"回头看"反馈的33件群众信访投诉件全部整改到位，其中，17件信访投诉件群众满意度达100%。

——坚持优化结构、壮大产业，实体经济持续向好。经济发展质量大幅提升。持续深入推进供给侧结构性改革，供给体系、质量和效率不断提高，三次产业结构调整为2.9∶47.9∶49.2，产业结构得到进一步优化；全年固定资产投资及重大工程和重点项目考核获全市一等奖。农业产业结构调整持续深化。调整种植业结构2.02万亩，种植精品果蔬、药材1.81万亩；完成农产品加工业总产值28.5亿元，规模以上企业农产品加工转化率为16.8%；新增农业专业合作社19个，实现全区56个行政村全覆盖。工业转型升级全面提速。深入实施工业倍增行动计划，强力推进“双千工程”和“万企融合”行动，建成工业企业设备物联网平台，完成企业“大数据＋工业”应用改造20家，培育“互联网＋”示范企业28家，实施智能制造试点示范项目6个、融合示范项目20个，大数据与实体经济总体融合指数达75以上；罗伯斯机器人在线平台项目、特康电子智能制造项目实现试产，吉利汽车1.5TD发动机生产项目产品顺利下线，新引进工业企业2家，新开工工业项目8个；新增高新技术企业16家、省级企业技术中心1家、省级重点实验室1个，军民融合企业完成产值14.4亿元，综合科技进步水平指数为90.5，排名全省第五位。现代服务业发展提档升级。全力推进全域旅游城市建设，全年接待游客1175.64万人次；加快推进物流、商贸等服务业发展，新增物流企业2家，新登记各类市场主体6565户，电子商务网络零售额实现3.54亿元，增长21.18%。

——坚持深度融合、示范引领，创新动能日趋强劲。大数据产业体系日益壮大。建成服务外包及呼叫中心产业园，新建呼叫中心产业聚集区1个，引进大数据企业18家，大数据企业主营业务收入增长27.78%，软件和信息技术服务业业务收入增长20%。大数据应用体系加速拓展。启动“生态云”平台建设，推进“块数据”幼儿服务、“区块链”助困、“块数据”养老、“大数据＋大扶贫”等试点，建成大数据企业公共服务平台，率先在全省开发建设诚信大数据云平台并率先实现与省级信用数据中心交换运用，“大数据＋大诚信”获得2018年数字治理贵州省省级典型示范项目第一名、全国信用应用十大实践成果提名奖。大数据治理体系不断完善。“大数据＋七大治理”综合应用持续深入，完成“数治白云”块数据新指挥中心建设，建成平安白云大数据分析指挥系统等立体防控体系，推出“数治城管”指挥云平台、白云城管APP、智慧路灯等创新应用。

——坚持深化改革、扩大开放，动力活力有效进发。营商环境持续优化。持续开展营商环境专项治理行动，深入推进“放管服”改革，成立为民服务全程代办中心，制定《优化营商环境二十条措施》，完成上级改革试点任务5项，“一网通办”“全程代办”“一次办成”政务服务事项达189个，企业开办时间缩减至3个工作日，工程建设项目审批时限压减至100天以内。重点领域改革不断深入。全面启动农村集体产权制度改革，启动沙文农创城、马鞍山城中村改造、贵铝金东社区棚户区改造等4个共享项目，实施31个村级“三变”改革项目，全区行政村“三变”改革覆盖率达58.93%，梵华共享、蒙台三香等城乡“三变”改革项目红利持续释放。对外开放再上台阶。深入实施产业大招商行动，全年引进项目87个，引进国内外500强企业2家，外贸进出口完成1.06亿美元。

——坚持统筹城乡、优化功能，城市品质持续提升。补齐短板进程不断加快。启动嘉园大道、龙岭路、永丰路等城市道路项目，实施华中师大一附中高新白云嘉禾校区、区医院改扩建、省骨科医院等城市功能配套重点项目，推动城市轨道交通2号线、5.36公里旅游环线、云程大道延伸段等10余个基础设施项目建设，完成云环西路、白云北路等5条道路整治提升工程，新增停车位1639个。人居环境持续改善。完成棚户区城中村改造2399套、50余万平方米，改造提升老旧小区院落29个，整治背街小巷39条，新建改造城市公厕15座，建成人行过街设施2个；实施上水村、阿所村、蓬莱村3个富美乡村建设，建成农村生活垃圾和生活污水处理示范项目2个，完成4个村的环境综合整治；七彩湖顺利实现如期通水，综合治理成效基本实现精彩亮相。城乡融合快速迈进。全面启动白云区空间发展战略规划研究，积极推进中航标“退城进园”，全面完成中铝贵州分公司退城进园，新型城镇化体系建设不断加快，全区城镇化进程指数达91.2，排名全省第二位。启动建设富美乡村及田园综合体8个，启动实施农村饮水安全工程，改造农村电网线路18公里，快递网点实现乡镇全覆盖，城市基础设施、公共服务设施加快向农村延伸。

——坚持和谐共享、改善民生，人民生活日益美好。民生保障更加稳定。各项民生工程强力推进，“十件民生实事”顺利实施，其中，9项民生支出达17.45亿元，占一般公共预算支出的67.54%；社会保险覆盖范围进一步扩大，城乡居民养老保险参保率达95%；纳入住房保障家庭7366户，实现“应保尽保”；新建德旺佳、富万家等3家惠民生鲜超市；非洲猪瘟疫区封锁、疫情防控有力有序，疫区实现如期解除封锁。教育保障更加优质。率先在全省实施免除公办高中本区户籍学生书学费计划，完成贵州铝厂3所幼儿园移交地方政府，全年新建和改扩建中小学、幼儿园9所，新增学位3590个，农村营养餐改善“4+X”计划实现全覆盖。医疗保障更加普惠。深入开展“百院大战”、基层医疗卫生服务能力提升三年行动，改扩建各类医院3个，五级诊疗体系日益完善；新型农村合作医疗参合率达100%，大病保险实现全覆盖。社会治理更加有效。持续深入开展“两严一降”、禁毒人民战争和扫黑除恶专项斗争，基本建成立体化治安防控体系；积极推进历史遗留问题化解，化解率达97.73%，排名全市第二；人民群众安全感、获得感、幸福感持续上升，群众安全感满意度达98.95%。

此外，全区国防、人防、双拥、特种设备和食品药品安全、审计、司法行政、民族宗教、移民、地方志、档案、侨务、外事、气象、老龄、工青妇、关心下一代、慈善、残疾人、红十字、爱国卫生等事业全面发展，取得了新的进步。

——坚持遵规守纪、忠诚担当，行政效能全面提高。全面从严治党坚决有力。坚决把政治纪律和政治规矩挺在前面，切实抓好中央巡视、国务院大督查、省委巡视反馈问题整改；全面加强政府系统党风廉政建设，反腐败斗争已经基本形成压倒性态势。狠抓正风肃纪持续深入。坚决贯彻落实中央八项规定及其实施细则，认真开展违反“禁酒令”、违规发放津补贴、违规公务接待等问题集中专项整治；配合区纪委监委严查政府机关、事业单位不正之风和违规违纪违法行为，全年查处违反中央八项规定案件58起、58人，在全区公开进行实名通报曝光58人，“四风”得到有效遏制；不断加大民生执纪监督，检查发现民生领域问题95个，立案95件、95人，党纪政务处分76人，移送司法机关2人。法治政府建设纵深推进。坚持以制度建设规范权力运行，不断完善行政执法、政务公开等制度，新修订《白云区人民政府工作规则》；落实权力清单、责任清单制度，公布清单事项2077项，涉及29个单位和部门；办理人大代表意见建议91件、政协委员提案88件，办复率均为100%。

各位代表，过去一年，白云经济社会发展取得累累硕果，根本就在于以习近平同志为核心的党中央掌舵领航、举旗定向，就在于习近平新时代中国特色社会主义思想的科学指引。成绩的取得，是市委、市政府和区委正确领导与科学决策的结果，是区人大、区政协监督支持与群策群力的结果，是全区各族人民齐心协力、拼搏奋斗的结果。在此，我代表区人民政府，向全区人民，向各位人大代表和政协委员，向各民主党派、工商联、人民团体和各界人士，向驻区单位，向驻区武警和民兵预备役官兵、公安政法干警、消防救援队伍，向所有关心和支持白云建设与发展的各位老领导、老同志，表示衷心的感谢，并致以崇高的敬意！

在充分肯定成绩的同时，我们也要清醒地看到，面对中美经贸摩擦带来的不确定性和稳中有变、变中有忧的严峻复杂形势，推动经济社会高质量发展、解决好发展不平衡不充分的问题，还面临许多困难和挑战。主要体现在以下6个方面：经济实力不强。经济总量偏小，对全市经济指标贡献度不高，辐射带动作用还不强。产业结构不优。区内绝大多数工业企业产业层次处于价值链层级低端，相互之间关联度不高，没有形成完整的产业链，缺乏中高端制造龙头企业及具有辐射带动作用的核心企业；三产发展结构不均衡，缺乏成熟配套商圈，参与周边区域竞争的能力较弱。发展困难不小。传统产业发展受限，新兴产业体量不大，尚未形成规模优势，特别是随着中铝贵州公司的退城进园，部分铝及铝加工下游企业短时间转型困难；区内部分工业企业因资金、市场等原因，经营困难、开工不足；企业创新意识不强、创新主动性不够，新开工项目数量和投资大幅下降；金融机构融资口子收紧，部分企业再融资受阻。城市水平不高。城市建设力度还不够大，城市更新速度还不够快，城市功能配套还不完善，产业吸引力、人口聚集力、发展承载力与贵阳城市核心区定位不符，缺乏吸引高端人才留居的环境。风险隐患不少。随着经济下行压力加大，加上历史遗留欠账较多，一些深层次问题集中暴露，金融风险、污染风险、安全风险、社会风险增多，维护社会和谐稳定的压力依然较大。担当作为不够。有的地方和部门担当作为还不够，执行力、落实力还不强，少数干部观大局、谋大事能力还不足，攻坚克难、创新突破的本领还不够。我们要进一步增强全局意识、危机意识，坚持问题导向，实施靶向治疗，坚决有效地解决好突出问题，把政府工作做得更好，让市委、市政府和区委放心，让全区人民满意。

二、2019年主要目标任务

2019年是新中国成立70周年，是全面建成小康社会、实现第一个百年奋斗目标的关键之年，是全省脱贫攻坚的决战之年。做好政府工作，意义十分重大。

当前，世界正面临百年未有之大变局，中国特色社会主义进入新时代，我区也正处于产业结构调整阵痛期、新旧动能转换困难期、历史遗留问题消化期。面对复杂严峻的国际国内形势，面对繁重艰巨的改革发展稳定任务，我们必须增强“四个意识”、坚定“四个自信”、做到“两个维护”，坚决贯彻落实以习近平同志为核心的党中央的决策部署，在市委、市政府和区委的坚强领导下，大力弘扬新时代贵州精神和工匠精神，落实好“巩固、增强、提升、畅通”八字方针，守住“稳”的大局、坚定“进”的决心，以深化改革来焕发新活力，以高水平开放来集聚新主体，着力打造全市开放发展的“增长极”，加快建设“中高端大众消费品制造核心承载区”。

今年政府工作的总体要求是：以习近平新时代中国特色社会主义思想为指引，牢牢把握高质量发展的根本要求，坚持稳中求进工作总基调，坚持新发展理念，坚持以供给侧结构性改革为主线，坚持以人民为中心，坚持守底线、走新路，抢抓重要战略机遇期，以“一品一业、百业富贵”为发展愿景，以“市场引领、贸易先行、以贸促工、工贸并进”为战略路径，深度融入“一带一路”倡议，大力发展以中高端消费、中高端制造为核心的实体经济和以大数据、人工智能为核心的数字经济，强化高标准要求、加快高水平开放、推动高质量发展，为建设公平共享创新型中心城市示范区奠定坚实基础，以优异成绩庆祝中华人民共和国成立70周年。

按照上述总体要求，综合考虑各种因素和我区实际，今年经济社会发展的主要预期目标是：

经济增长目标：地区生产总值增长11%左右，一二三产业分别增长6%、10%、22%，规模以上工业增加值增长10%，固定资产投资增长15%左右，社会消费品零售总额增长11%左右，进出口总额增长13%左右。

脱贫攻坚目标：做好2.23万亩农业产业结构调整后续管护，完成1万亩玉米种植调减。实施完成城乡饮用水安全巩固提升工程。启动建设水·溪·石田园综合体、上·下水田园综合体，建成3个富美乡村示范村。确保对口帮扶联系点全部按规定期限脱贫“摘帽”。

高质量发展目标：综合科技进步指数达90以上。制造业占地区生产总值比重达40%左右。环境空气质量优良率保持在95%以上，森林覆盖率达47.58%以上，单位地区生产总值综合能耗下降率、单位地区生产总值二氧化碳排放降低率控制在市下达目标范围内。

民生保障目标：新增城镇就业1.4万人以上，城镇登记失业率控制在4%以内，城乡居民人均可支配收入分别增长8.5%、9.5%，居民消费价格涨幅控制在市调控目标范围内。

围绕上述目标，今年将凝心聚力抓好十项重点工作。

（一）聚力强化交流合作，推动高水平对外开放取得新成效。抢抓国家推进“一带一路”建设、贵州建设国家内陆开放型经济试验区、贵阳获批设立中国（贵阳）跨境电子商务综合试验区等战略机遇，统筹好国际国内两个市场、两种资源，深入实施“1+7”系列文件，以发展中高端消费品制造业为导向，强力推进高水平对外开放，加快推动经济高质量发展。积极用好开放平台。充分用好省、市搭建的对外开放平台，切实增强发展实体经济、促进对外贸易的能力和水平。主动用好贵阳空港、陆港口岸，促进中铝铝业、威顿晶体等重点外贸企业进出口业务便捷化、通关便利化，帮助吉利发动机、特康电子等企业拓展面向欧洲、东南亚、国内主要港口城市的贸易合作。积极参与2019数博会、生态文明贵阳国际论坛、酒博会、东盟“一带一路”旅游文化交流周等对外推介活动平台，高水平承办好贵阳市第十届旅游产业发展大会，举办好梵华里西部进口商品展销会和各国国际消费品展览会，不断提升白云对外影响力、美誉度。深入推进产业招商。积极融入国家“一带一路”倡议，按照市委、市政府的统一部署，全面向欧洲、日韩、东盟、印度等方向开放。树立白云以外都是外的大开放观念，加强与北上广深和佛山、东莞、苏州、宁波等国内先进发达地区的交流与合作，持续开展产业大招商行动，加快引进国内外先进制造业，促进中高端消费，推动中高端制造，全面提高白云开放型经济发展水平。全年新引进产业项目40个以上，新引进产业项目到位资金90亿元以上，工业项目到位资金占比达30%以上；实际直接利用外资增长15%。全面提升承载能力。加快标准厂房、写字楼、人才公寓、员工宿舍“四大件”建设，启动建设云城中心写字楼、金融北城A地块人才公寓、白云城西标准厂房等项目，建成白金片区槟果社区、大氧路标准厂房等配套设施。抓紧实施高水平开放加快高质量发展人才保障行动计划，积极引进高端人才、重点产业领军人才和专业人才，着力补齐高质量发展的人才短板。引进和推动一批省内一流医院和学校建设，聚力打造全省领先的配套环境。全面执行《优化营商环境二十条措施》，持续开展专项治理行动，探索建立鼓励创新、服务创新、宽容创新、保障创新的体制机制，打造一流的营商新环境。

（二）聚力做高现代产业，推动做强实体经济取得新成效。实施“双千工程”，推动产业结构加速迈向中高端，全力打造开放发展的增长极和中高端大众消费品制造核心承载区。全力发展中高端制造业。紧扣白云“双核”功能定位和“六大两高”发展战略，抓紧抓实加快中高端制造业发展行动计划，深入实施工业倍增行动计划，全力发展电子信息、医药食品、高端智能装备制造、军民融合、高技术新材料五大产业，积极争创制造业高质量发展国家级示范区。启动新天力提升改造、富美生物等9个中高端制造项目，加快建成亮玛科技、贵州泉三期等12个中高端制造项目，全力推动吉利40万台发动机、特康电子、优米手机等项目达产增效。依托观云大道—青山路、同城大道，谋划布局一批中高端制造产业园区，联动高新区、综保区打造北部产业新城。着力引进5家规模以上汽车配套企业，汽车制造及其衍生产业产值超过10亿元。新开工建设4家医药食品企业项目、1家军民融合企业，分别实现产值9.5亿元、5亿元，全区规模以上工业增加值增长10%，工业总产值超过237亿元，中高端制造业占比超过23%。大力发展中高端服务业。以满足群众的最终需求为目标，围绕打造“贵阳爽购、全球卖场”品牌，着力实施促进中高端消费行动计划。启动建设唯品会贵州运营总部项目一期工程等经贸流通项目；加快推进金融北城洲际华邑酒店、云泰广场等商业综合体建设；高水平打造梵华里商业街、博泰世界岛等商业综合体，确保梵华里“五一”期间正式开街；引进北京华联打造中高端进口消费品卖场；全力建设进口高端消费品展销平台、展销区、特色馆，打造一批中高端消费商务中心、体验馆、品牌店。全年新增限额以上批零住餐企业8家。着力发展文化旅游业。全力推进长坡岭森林公园提升改造，建成云程大道富美乡村示范走廊、302贵铝工业原址文创园，加快推进罗格湖片区建设，提等升级“五纵一横”道路景观，全面提升白云旅游目的地的知名度。全年旅游接待人次、旅游总收入分别增长26%和34%。倾力培育新经济增长点。实施市场主体培育“四转”工程，积极推进“个转企”“企转规”“规转股”“股转上”，新增规模以上工业企业8家、服务业企业10家、限额以上商业企业8家。全面清理“僵尸企业”，结合实际稳步推进企业优胜劣汰，探索制定退出办法，腾出产业发展空间，优化提升医药食品产业园、高端装备制造产业园，促进新技术、新组织形式、新产业集群形成和发展。

（三）聚力促进“数”“智”融合，推动做优数字经济取得新成效。坚持大数据发展思路，坚定不移推动大数据战略向纵深发展，着力强化园区、项目、人才、金融、环境5个支撑，不断健全完善大数据应用体系和产业体系。加速拓展大数据应用体系。把握数博大道建设契机，加快建设大数据综合试验区核心区、国家自主创新示范区，全力打造“中国数谷”之心。突出大数据、人工智能、基于5G应用的智能网联城市、区块链、量子信息、生命科学，加快城市直联网、物联网、5G网络和智慧广电网络建设，完成智慧医疗、智慧校园、智慧社区、智慧市政、智慧消防5个5G创新应用场景试点。持续深化“大数据+七大治理”创新应用，完成“数治白云”云平台各乡（镇、社区）分平台建设，建成白云区“乡村振兴，智慧档案”数字化档案室，形成数字政府、数字社会协同治理平台和模式，电子政务网络实现区、乡、村全覆盖。加快完善大数据产业体系。加速推动大数据与工业经济的深度融合，以吉利发动机、康恩贝拜特制药、娃哈哈等企业为重点，实施工业企业智能化改造项目20个。加大制造业技术改造和设备更新，完成传统企业升级改造10户以上，培育25家典型融合示范项目。深入实施“互联网+物流”计划，新增2家规模以上物流企业，建成电商、物流、金融等领域大数据融合示范项目4个，物流业增加值达到12亿元。继续完善农村电商网络，农村电商网点电商服务金额月均达到2000元以上。充分发挥大数据创新引领作用。大力开展“企业上云”工程，实现区内规模以上工业企业全部上云。实施数据资源招商“寻苗行动”，引进国内有影响力的大数据龙头企业1家，新增规模以上大数据企业3家，培育大数据核心竞争力品牌1个，大数据企业主营业务收入增速达26.5%。实施规模以上企业和高新技术企业发展“双提升”工程，新增高新技术企业10家、省级及以上科技研发机构1个，综合科技进步水平指数达90以上。

（四）聚力做强功能配套，推动提升城市能级取得新成效。树牢经营城市理念，把握城市发展规律，提高城市治理能力，全面做优城市功能品质，不断提升城市的承载力、辐射力、带动力。优化城市空间布局。以2035年聚集服务150万人为目标，编制完成《白云区2035空间发展战略研究》；围绕“一品一业、百业富贵”发展愿景，按照“一轴一环三核两带多片”

的空间结构，形成“一脉两翼”的空间布局；坚持“东启、西优、南连、北拓、中提”的城市空间发展思路，以数博大道为中心轴，内圈加快推进棚户区、城中村改造，与高新区、综保区深度融合，外圈加强与观山湖区、老城区同城化发展，加强与修文共享经济园区联动，不断提高城市承载力和宜居度。加快城市建设步伐。启动白沙关地块、鸡场片区棚户区城中村改造项目，实施铝兴南路棚户区城中村改造安置点建设项目，加快推进贵铝金东社区棚户区、黑石头片区城中村改造项目，促进金融北城片区连片发展；加快推进马鞍山片区棚户区城中村改造项目，推动城区建设向观云大道延伸；启动建设共大片区、大山洞片区等棚户区城中村改造安置点项目，加快泉湖片区建设，推动与观山湖同城化发展；启动建设商专片区棚户区城中村改造安置点项目，加快推进铝厂片区开发建设，推动城区建设由同心路向云环路北拓；启动大山洞片区棚户区城中村改造项目，加快推进中宇金园棚户区城中村改造项目，积极推动中航标公司“退城进园”，加快老城区中心“中提”进程。全年完成棚户区城中村改造 2200 户、50 余万平方米。完善城市功能配套。加快完善“六横六纵四环”骨架路网，启动实施嘉园二号路、嘉园四号路等主干道路项目，强力推进青龙大道、青山路白云段等重要市政道路建设。完成朝晖路、新育才路等 2 条道路提升改造，实施尖山路、建设路、建设北路等 3 条道路的高空管线入地工程，提升云环中路、云环东路、白金大道的道路等级、绿化水平、灯光效果。启动实施麦架 20 万吨水厂、绿漪湖综合治理等社会发展及环保项目。提升城市管理水平。启动建设智慧市政大数据监管平台，实施环境卫生、市政设施、违法建筑监测、渣土运输等智慧化管理，全年新增智慧停车位 700 个、城区覆盖率达 80%，安装智慧路灯 4812 盏、覆盖率达 47%，新增平安在线 270 路、人脸识别 200 路、高点 22 路，基本实现白云主城区监控全覆盖；装配模块式公厕 3 座，完成城区免费公厕整体提升改造 14 座；开展重点区域夜市摊点占道、车辆乱停乱放等城市管理乱象专项整治行动，全面展示文明有序的白云城市形象。加速城市融合进程。以数博大道、白龙大道、同城大道为主线，以“六横六纵四环”骨架路网为支撑，加快推进沿线开发建设，着力推动周边乡（镇）村（居）与城区的互动发展。充分借助和运用高新区大数据优势、综保区跨境贸易优势，用好“两轮驱动”的平台和政策优势，实现主动融入、错位发展，培育和提升自身发展优势和特色产业，形成利益共同体、发展共同体，实现全域大融合、同城化发展。联动修文、开阳、息烽等建设一批共建共享产业园区，形成一套较为完整的优势互补、互惠共赢推进机制。

（五）聚力补齐短板弱项，推动促进乡村振兴取得新成效。把实施乡村振兴战略作为抓好新时代“三农”工作的总抓手，按照产业兴旺、生态宜居、乡风文明、治理有效、生活富裕的总要求，着力推进“五个振兴”，真正让农业强起来、农村美起来、农民富起来。坚决打好脱贫攻坚战。聚焦“内外”两个战场，统筹做好脱贫攻坚与乡村振兴战略衔接，持续打好打赢脱贫攻坚“四场硬仗”，深入推进“五个专项治理”和“农业产业革命”；全面优化公共服务，强力推进教育医疗住房“三保障”，帮扶对象稳定实现“一达标，两不愁，三保障”；继续抓好对口帮扶，充分发挥白云区的市场、资源优势，深入实施观念帮扶、市场帮扶、产业帮扶、就业帮扶、民生帮扶、共享帮扶、大数据帮扶“七大工程”，扎实做好水城县、长顺县白云山镇、望谟县乐旺镇对口帮扶工作，确保对口帮扶联系点全部按规定期限脱贫“摘帽”，为全省决胜脱贫攻坚作出白云的贡献。纵深推进农村产业革命。以田园综合体、城镇周边、交通要道沿线为重点持续推进产业结构调整，同步推进 2.23 万亩农业产业结构调整的后续管护与 1 万亩玉米种植调减工作；全面布局“富美乡村五大特色产业”，推动食用菌等优势产业向园区化、品牌化发展，巩固提升 3000 亩保供蔬菜基地，启动食用菌全产业链数字农业建设项目，积极推动蒙台三香建设项目，建成农创共享农副产品批发中心；打造乡村旅游示范点 2 个、精品乡村旅游线路 3 条；着力构建农产品网货供应链，全力推动村社合一全覆盖，新增农业专业合作社 10 个、家庭农场 5 个，培育农业经纪人 50 人，力争全区第一产业增加值增长 6% 以上；有序引导非农产业和农村人口向城市和小城镇就地转移，推动人才、土地、资本等要素在城乡间双向流动。全面推进“大棚房”问题清理专项治理行动，坚决防止“农地非农化”。着力改善农村人居环境。加快贵阳旅游环线白云段和云程大道延伸段建设进度，抓好“四好农村路”建设，提等改造农村公路 5.9 公里。实施城乡饮用水安全巩固提升工程，确保牛场乡、麦架镇、沙文镇 25 个行政村 3.15 万人喝上城市自来水，率先实现农村供水城市化。深入实施农村厕所革命、农村生活垃圾治理、农村生活污水治理、村庄清洁等四大专项行动，改造农村户用卫生厕所 1340 个、农村公共厕所 13 个，农村卫生厕所普及率达 92% 以上，建成农村污水处理设施31座，整治后的行政村生活污水处理率达60%以上，生活垃圾定点清运率达100%。启动建设水·溪·石田园综合体、上·下水田园综合体，加快推进小山田园综合体和黄官万枫园建设项目，建成3个富美乡村示范村，实现文明村寨创建率达100%。提升农村通讯水平，20户以上自然村寨光纤、4G网络覆盖率达85%以上。

（六）聚力推进环境保护，推动建设生态文明取得新成效。全面落实长江经济带“共抓大保护、不搞大开发”要求，持续开展“一河三山七湖百园”生态治理和保护，坚决打赢蓝天保卫、碧水保卫、净土保卫、固废治理、乡村环境治理五场战役，全力建好绿色生态家园。坚决推进污染治理。启动贵州铝厂一矿矿山修复等环境治理项目，加强对麦架河、宋家冲河、大泥窝河等流域的有效治理，完成七彩湖水环境综合治理、高山排洪渠综合整治，建成黑石头污水处理厂。制定实施全区污水收集管网规划，城市生活污水处理率达95%以上，全面消除黑臭水体，饮用水源100%稳定达标。突出抓好扬尘、工业废气、高污染材料、尾气、露天烧烤油烟等污染治理，环境空气质量优良率保持在95%以上。持续推进工业废弃物、建筑垃圾、生活垃圾、餐厨垃圾等无害化、资源化利用，工业固体废弃物综合利用率达100%以上，城市生活垃圾回收利用率达20%以上。全力维护绿色屏障。持续开展绿色城市建设，建成公园1个，植树造林355亩，山体治理664.54亩，修复山体迹地551.19亩，新增城市绿地16万平方米，森林覆盖率达47.58%以上。加快发展生态经济。大力发展生态利用型、循环高效型、低碳清洁型、环境治理型产业，着力推进生活垃圾分类收集处理，积极推广装配式建筑应用。积极探索保护机制。申报山水林田湖草生态保护试点，完成自然资源确权登记，探索生态产品价值实现机制，推进生态环境数据资源开放共享。巩固国家黑臭水体督查反馈问题、中央环保督察“回头看”反馈意见整改成效，形成长效管控机制，切实防止问题反弹。

（七）聚力做优发展环境，推动重点领域改革取得新成效。以打造“国内一流、省市领先”的营商环境为目标，进一步抢抓发展机遇、抓好改革落实，通过改革推动经济社会高质量发展。持续深化“放管服”改革。全面落实“非禁即入”要求，严格执行全国市场准入负面清单，进一步落实好更大规模的减税降费，切实降低企业营商成本。全面推行政务服务“减证便民”“一网通办”“全程代办”服务，企业开办时间压缩至24小时，工程建设项目审批时间压减至80个工作日以内，政务服务事项网上可办率达100%。深入推进“双随机、一公开”监管，大力推行“互联网+监管”，最大限度激发市场活力和社会创造力。持续深化财税投融资体制改革。建立政府投资正面清单管理制度，探索推行企业投资项目承诺制。认真落实国家激发民间投资“新十条”，规范有序推进政府与社会资本合作，在交通基础设施、生态建设、社会事业等领域推出一批示范项目，依法合规利用PPP方式，最大限度吸引社会资本参与项目建设。开展小微企业应收账款融资专项行动，推行面向中小企业的一站式投融资信息服务，支持“筑企成长”系列产品信贷额扩大规模，解决好小微企业信贷难、信贷贵的问题。持续深化城乡“三变”改革。巩固梵华里、蒙台三香等城乡“三变”改革成果，总结城乡“三变”改革经验，探索推进“股股联业、股股联责、股股联心”新机制。启动大山洞片区、白金片区（白沙关地块）等棚户区城中村“三变”改革项目，加快推进马鞍山片区、鸡场村片区等棚户区城中村改造及农创共享农副产品批发中心等共享项目，实现乡（镇、社区）“三变”改革全覆盖。实施10个以上农村“三变”改革项目，辖区行政村“三变”改革覆盖率达76.8%以上。持续支持民营经济发展。充分发挥民营经济服务平台作用，及时制定加快民营经济发展措施，有效激发微观市场主体活力。深入开展拖欠民营企业资金问题专项治理，切实为民营企业降本减负。全年力争民营企业户数增长12%以上，确保民营经济占地区生产总值比重超过59%。

（八）聚力扩大有效投资，推动集聚发展动能取得新成效。树牢“抓发展必须抓投资、抓投资必须抓项目”理念，不断做大投资总量、壮大经济总量、增强发展后劲。抓实项目储备。围绕打造全市开放发展的“增长极”、建设“中高端大众消费品制造核心承载区”目标，编制三年滚动政府投资计划，确保区级重大项目库投资总额动态保持在2000亿元以上，其中，产业类项目超过30%，年度可实施投资项目总投资超过1500亿元。精准聚焦基础设施、农业、脱贫攻坚、生态环保等重点领域，按照近期、中期、长期规划，分类储备总投资800亿元以上的基础设施项目、总投资10亿元以上的PPP项目。抓好项目实施。加大征地拆迁、市政配套、水电接入、资金落实等推进力度，着力实施好21个中高端制造业项目、29个“四大件”建设项目、6个特色小镇建设项目、29个城市建设项目、19个社会发展和基础设施建设项目。

完成制造业投资4亿元、棚户区改造投资54亿元、城市建设34.7亿元、民生工程23.15亿元、交通基础设施6亿元、市政配套工程5.5亿元。确保新开工投资亿元以上工业项目5个以上，纳入省、市重大工程和重点项目63个以上，完成投资127.33亿元以上。抓牢项目管理。全面加强投资管理和项目督查，严格落实项目法人责任制、招投标制、工程监理制、合同管理制、项目审计制，严格执行统计法律法规，及时开展项目入库入统，力争形成更多实物量、投资量。严厉打击挡工堵路违法行为，维护良好建设环境。抓紧项目争取。积极向上争取国家、省、市补短板扩内需项目，力争获得更多的项目资金和产业资金支持；积极争取并启动实施2个以上社会发展和生态环保项目，加快补齐民生短板。

（九）聚力做实社会保障，推动增进民生福祉取得新成效。坚持以人民为中心的发展思想，进一步加大民生投入，多办利民实事、多解民生难事，让人民群众拥有实实在在的获得感、幸福感。办好"十件实事"。紧盯广大群众最关心、最直接、最现实的民生痛点，从人民群众的操心事、烦心事、揪心事做起，推动城乡教育、医疗、住房、养老、文化等事业均衡发展，不断满足人民群众日益增长的美好生活需要。促进充分就业。加快推进充分就业城市建设，把稳就业摆在突出位置，扎实做好高校毕业生、退役军人、下岗职工、贫困劳动力等重点群体就业帮扶工作，新增城镇就业1.4万人以上，农村富余劳动力转移就业2100人，动态消除城乡"零就业家庭"。发展优质教育。积极实施"百校攻坚"行动计划，启动白云一高改扩建、白金三小、米兰春天幼儿园等项目，新建和改扩建中小学、幼儿园7所，新增学位3000个，普惠性幼儿园覆盖率达80%。加快贵阳六中等优质教育资源引进步伐，不断满足市民群众多层次教育需求。推动"乐童计划"全覆盖，确保全区中小学生受益。提升健康水平。深入推进医疗体制改革，实施卫生健康能力提升"八大工程"，完善五级诊疗体系。推动省人民医院、市妇幼保健院与区医院、区妇幼保健院紧密型医联体建设。加快"健康城市"建设，改扩建医院3所，建成15个规范化村卫生室。着力推进区医院改扩建、省骨科医院等项目，启动区妇幼保健院、区中医院项目，加快形成更加便捷的城乡"医疗服务圈"。推动实施新一轮医疗服务价格调整，持续降低公立医院药占比。严格食品药品全链条监管，坚决消除监管盲区盲点，确保人民群众舌尖上的安全。确保安居目标。改造老旧小区院落4个，深入开展农村危房改造，确保发现一户改造一户。启动21万平方米安居房工程建设，加快公租房、保障房配套设施建设。完善住房市场体系和住房保障体系，全面实施"租售并举"。保障交通出行。完成"城乡公交一体化改造"公交车辆更新。持续开展治乱缓堵行动，常态化精准治理白云南路、南湖路、尖山路等重点交通堵点。

（十）聚力防控重大风险，推动创新社会治理取得新成效。全面加强和创新社会治理，持续打好防范化解重大风险攻坚战，努力维护和谐稳定的社会环境。有效防范金融、债务风险。严格落实政府性债务管理"七严禁"和"1+8"系列政策，强化预算管理，规范举债行为，健全完善"借、用、还"一体化机制，消化存量债务，严控新增债务。在确保不新增政府隐性债务的前提下，依法合规创新融资方式，坚持净地出让和低效用地"两条腿"走路，实施好土地储备和土地出让"两个计划"，建好资金池和土地池"两个池子"，保证发展资金需要。积极争取省、市增加我区地方政府债券额度，加快推进PPP化债、融资平台公司市场化转型。严厉打击非法集资等违法违规金融活动，强化互联网金融等薄弱环节监管，依法整顿民间借贷，坚决守住不发生区域性系统性金融风险的底线。切实维护社会稳定。完善风险防控机制，建立健全风险研判机制、决策风险评估机制、风险防控协同机制、风险防控责任机制，主动加强协调配合，着力构建共商共建共治共享的社会治理格局。完善矛盾纠纷多元调解机制，依法解决群众合理诉求，逐步消除信访历史遗留问题。加快建设覆盖城乡的公共法律服务体系，最大限度保障群众合法利益。全力建设"平安白云"。深入开展"两严一降"、扫黑除恶专项斗争、禁毒人民战争，严格落实安全生产责任制，全面加强自然灾害预测预防，坚决防止发生重大及以上生产安全事故，全力守护人民群众生命财产安全，努力把白云建设成为最安全的城市核心区。

三、切实加强政府自身建设

2019年是全省政府系统深化落实年。面对艰巨繁重的改革发展任务，我们必须牢记嘱托、感恩奋进，按照"信念过硬、政治过硬、责任过硬、能力过硬、作风过硬"的要求，全面提升履职水平，努力建设人民满意的服务型政府。

（一）强化政治建设，始终做到绝对忠诚。始终把政治建设摆在首位，把坚持党对一切工作的领导贯穿政府工作各方面和全过程，旗帜鲜明讲政治。深入开展“不忘初心、牢记使命”主题教育，牢固树立“四个意识”、坚定“四个自信”、做到“两个维护”，坚持党的基本理论、基本路线、基本方略不动摇，始终在政治立场、政治方向、政治原则、政治道路上同以习近平同志为核心的党中央保持高度一致；认真贯彻落实新形势下党内政治生活若干准则，严肃党内政治生活，严守政治纪律和政治规矩，自觉维护风清气正的良好政治生态，不折不扣执行中央、省委、市委和区委各项决策部署，自觉接受区委领导，以实干实绩诠释对党和人民的绝对忠诚。

（二）强化法治建设，始终做到依法行政。大力弘扬社会主义法治精神，自觉学法守法用法，把政府工作全面纳入法治轨道，始终用法治思维和法治方式履职尽责。全面完成政府机构改革，形成职责明确、依法行政的政府治理体系，增强政府公信力和执行力。坚持民主集中制原则，健全依法决策机制，完善决策制度、规范决策程序。强化行政权力运行制约监督，依法接受区人大及其常委会的法律和工作监督，自觉接受区政协的民主监督，全面接受监察监督，大力支持审计机关开展行政监督，主动接受社会和舆论监督，让政府工作在法治轨道上稳步前行。

（三）强化能力建设，始终做到高效履职。按照政治过硬、本领高强的要求，深入践行“五步工作法”，精准把握“八个关键细节”，不断提升研究问题、破解难题的能力。努力建设学习型政府，针对知识弱项、能力短板、经验盲区，开展系统化、规范化培训，让各级干部具备专业思维、专业素养、专业方法，成为新时代各领域的行家里手。注重培养干部的斗争精神，增强斗争本领，敢于善于跟贫穷落后斗争、跟矛盾困难斗争、跟不正之风斗争。全面落实好中央、省委、市委、区委激励广大干部新时代新担当新作为的措施，坚持严管和厚爱相结合，完善容错纠错机制，不断激发广大干部干事创业、比学赶超的内生动力。

（四）强化作风建设，始终做到实干担当。牢固树立以人民为中心的发展思想，把践行“三严三实”贯穿于政府全部工作，坚决摒弃形式主义、官僚主义，保持工作的狠劲、干劲、实劲、韧劲，深入一线、深入基层，抓紧每一天、干好每件事，确保中央、省、市的各项决策部署在白云落细、落小、落实。大力弘扬勤俭节约之风，牢固树立过紧日子的思想，继续压缩行政经费8%用于教育民生，民生支出占一般公共预算支出比例不低于60%。统筹规范督查检查考核，压缩数量和频次，大幅减少材料表格报送，让基层从迎评迎检的繁琐事务中解脱出来，为基层减负松绑，激发干部崇尚实干、攻坚克难的责任担当。

（五）强化廉政建设，始终做到清正廉洁。严格落实中央八项规定、省委十项规定、市委二十九条实施细则，驰而不息整治“四风”、转变作风。保持惩治腐败高压态势，紧盯重大工程、关键岗位、公共资金、公共资源等重点领域廉政风险，严惩群众身边的不正之风、腐败问题，坚决惩治“保护伞”，扎实推进廉洁政府建设。加强全区政府系统领导干部政德建设，带头践行社会主义核心价值观，恪守职业道德，模范遵守社会公德、家庭美德，干干净净干事、清清白白做人，着力构建亲清新型政商关系，做全心全意为人民服务的好公仆。

各位代表，中国特色社会主义进入新时代。新时代赋予新使命，新征程呼唤新作为。为政之要，贵在落实。让我们紧密团结在以习近平同志为核心的党中央周围，在中共白云区委的坚强领导下，牢记嘱托、感恩奋进，抢抓机遇、担当作为，争做高标准要求、高水平开放、高质量发展的“急先锋”“排头兵”，为建成公平共享创新型中心城市示范区而努力拼搏，以优异成绩庆祝中华人民共和国成立70周年！

观山湖区政府工作报告

（2019年1月16日在观山湖区第二届人民代表大会第三次会议上）

观山湖区委副书记、代理区长 汤 辉

各位代表：

现在，我代表区人民政府向大会作工作报告，请予审议，并请区政协委员和其他列席人员提出意见。

一、2018年工作回顾

过去一年，我们坚持以习近平新时代中国特色社会主义思想为指导，在市委、市政府和区委的坚强领导下，深入落实核心区战略定位，扎实推进“一二三四五六”总体工作部署，经济社会各项事业取得重要进展，城市综合实力持续增强。地区生产总值完成207.07亿元，增长11.6%；财政总收入完成142.51亿元，增长59.7%；一般公共预算收入完成50.43亿元、增长18.6%，总量及增速均排名全市第一；社会消费品零售总额完成140.29亿元，增长8.8%；固定资产投资完成486.8亿元，增长19.3%；城镇、农村常住居民人均可支配收入分别突破34000元、17000元，分别增长9%、10%。在全省县域经济发展综合测评城区方阵中排名第一，连续3年入围“中国最具投资潜力中小城市百强区”，中央和省、市主流媒体频频聚焦，“现代都市·滨湖花城”的城市名片越来越响亮。

过去一年，我们主要做了以下工作，交出了5份答卷：

（一）抓化解、强攻坚，交出了三大战役有力有效的答卷。

（1）*打好防范化解重大风险攻坚战*。牢固树立“开源节流”理念，依法依规开展融资，加强政府债务统筹管理，及时足额偿还到期债务，未发生政府债务违约。按要求抓好非法集资集中整治、互联网金融专项整治工作，切实维护金融市场秩序，未发生金融风险。（2）*打好精准脱贫攻坚战*。大力开展脱贫攻坚“春风行动”“夏秋攻势”，建档立卡贫困户脱贫退出170人，全面完成年度减贫任务。新建成“组组通”道路158公里。产业结构调整实现低收入困难村全覆盖，带动建档立卡户及低收入困难户1173人增收。招收“春风班”学生60人，家庭经济困难学生资助金发放惠及2510人次。建档立卡贫困人口全部列为健康扶贫对象。爱心企业援建住房困难户房屋52户。积极开展脱贫攻坚对口帮扶工作，落实资金1240万元，实施项目23个。（3）*打好污染防治攻坚战*。中央环保督察反馈问题整改工作深入开展，群众反映的突出环保问题全面整改。小湾河环境综合整治工程基本完成，有效治理黑臭水体8个，集中式饮用水源地水质100%达标。植树造林1.9万亩，新增城市绿地20万平方米，森林覆盖率达45.7%，全年空气质量优良率达97.2%、排名六城区第一。“双河长”机制深入实施，完成第三方环境治理示范项目3个，区资源环境承载力监测预警及区域生态损益管理体系平台上线运行。

（二）抓实体、促发展，交出了质量效益稳步提升的答卷。

（1）*工业实现跨越发展*。累计建成汽车配套标准厂房30万平方米，引进汽车零部件生产企业24家，座椅总成等汽车零部件实现本地化生产，吉利整车项目实现量产。“双千工程”“万企融合”为工业经济注入新活力，新引进固达电缆等中高端非汽车产业链工业企业4家，实施技改项目5个，吉利智慧工厂入选省“大数据与工业深度融合发展工业互联网”优秀项目，兴达兴高性能混凝土工厂入选国家智能制造试点示范项目。区直管规模以上工业增加值预计完成6.4亿元，增长41.4%。（2）现代服务业不断提质增量。世界著名会计师事务所普华永道首次落户贵州入驻我区，贵州金融城聚集金融及相关机构达260余家，中国进出口银行贵州分行、浙商银行贵阳分行正式营业，全区金融业增加值完成18.12亿元、增长5.4%，金融机构存贷款余额预计分别突破1000亿元、600亿元，增长17%、20%。红星·天合广场、远大购物广场、依文绣梦、度势电竞等项目成功签约，CCPARK、华润万象汇、王府井国贸广场、江华·荔星中心、宜家家居广场加快建设，万达广场、云上方舟相继开业，全年新增商业综合体面积16万平方米；成功打造省级电子商务示范基地培育点2个，网络零售额预计完成44亿元、排名全省第一；全年接待旅客780万人次，旅游综合收入预计完成98亿元、增长35%；生态文明贵阳国际论坛、数博会等大型展会活动成功举办244场次，会展综合经济效益突破100亿元、增长11.1%。（3）数字经济日益壮大。新引进大数据企业17家，新增大数据规上企业5家，累计打造大数据融合示范项目24个、融合带动示范企业35家，贵州人和致远数字化工地等4个项目入选“中国数谷”100个大数据应用场景，贵阳大数据创新产业（技术）发展中心被认定为“国家级众创空间”。全年大数据主营业务收入预计完成80亿元、增长25%，软件信息技术服务业收入预计完成33.86亿元、增长135.8%。（4）都市精致高效农业加快发展。累计组建45个农民专业合作社，“村社合一”实现全覆盖，整合资金近1亿元，实施项目19个，带动5008人增收。打造百花湖现代高效茶叶基地等农业产业化项目3个。完成农业产业结构调整1.7万亩，超目标任务52个百分点。农业增加值完成3.56亿元、增长6.5%。

（三）抓开放、扩投资，交出了发展活力不断释放的答卷。

（1）推出几项重要举措。强化顶层设计，出台发展“六大一制”产业三年攻坚行动计划，为全区主导产业发展提供路线图、制定任务书。出台优化营商环境三年行动方案、重点产业项目土地供应实施规程，制定加快重点产业发展政策措施系列文件，为营商环境改善、土地资源利用效率提升和重点产业快速发展提供政策性保障。优化整合全区招商引业力量，招商队伍力量更加充实，招商能力不断提升。推行建设项目造价全过程跟审机制，有效规范工程建设行为，提高项目建设资金使用效益。探索实施招商引业项目服务专员机制，有力促进招商项目快落地、快建设。着力开展土地“大收储”行动，完成土地征收近6000亩，有力保障了吉利整车等61个项目快速建设。（2）开放合作持续深化。区政务服务大厅办结事项43.2万件，政务服务事项网上可办率达95%以上，企业开办时间压缩至4个工作日，全年减免税费22.2亿元；新增市场主体1.2万户，民营经济主体占新设立市场主体比重达95%以上；全年民间投资增长15.9%，民间投资占全部投资比重达70%以上；通源集团入选贵州企业及贵州民营企业“双百强”名单，位居民营企业“百强”榜首。积极开展精准招商活动85次，签约项目69个，其中500强企业投资项目2个、实体经济项目占比达94.2%，新引进省外实际到位资金预计完成219.2亿元，实际利用外资完成1.85亿美元，外贸进出口总额完成4.6亿美元。

（四）抓统筹、提品质，交出了城乡建设加速推进的答卷。

（1）交通基础条件不断改善。在建市政道路工程项目15个，总投资达137亿元。轨道交通1号线、同城大道全线开通，金清联络线、北京西路与金阳南路立交等达到通车条件，同城大道东林寺路立交工程完成建设，打通石标路北段等断头路4条，新建及改造整修农村公路161公里，宾阳大道北段、金湖路、环湖路及慢行系统、市旅游环线观山湖段等项目有序推进。建成人行过街天桥2座，启动建设金朱东路与长岭北路交叉口等地下通道5个。完成交通堵点治理5个。新增停车位1700个，智能化改造停泊车位2577个。（2）城市颜值持续提升。改造老旧小区院落11个，整治背街小巷40公里，实施生活垃圾分类试点项目6个，社区环卫一体化覆盖率达100%，新建及提升改造城区公厕25座。补种绿植近40万株，种植更换鲜花600万余盆。贵州金融城灯光秀、观山湖公园水幕电影在数博会期间火遍网络。（3）城乡融合发展步伐加快。启动实施棚改项目14个，改造面积17.4万平方米，签约完成率达100%。投入财政资金2.7亿元，实施统筹城乡发展“8+1”项目175个。打造田园综合体1个，建成富美乡村7个，新建及提升改造农村公厕35座、农村户用卫生厕所569个，完成15个行政村环境综合整治，城市基础设施、公共服务加快向镇覆盖、向村延伸。城镇化率达85.4%，较2017年提高2.7个百分点。

（五）抓民生、增福祉，交出了社会大局持续稳定的答卷。

（1）办好人民满意的教育。全年投入教育经费

7.03 亿元，新开办学校 10 所，新增学位 1 万个，打造市级示范幼儿园 3 所，“乐童计划”惠及学生近 5 万名，学生营养改善计划实现农村学前和义务教育阶段学校全覆盖，清理取缔违规违法教育培训机构 278 家。（2）医疗卫生条件持续改善。区妇幼保健院、区疾控中心项目有序推进，会展、观山社区卫生服务中心及区“母婴关爱中心”投入使用，完成基层各类医疗卫生机构标准化建设 45 家，卫生院、卫生服务中心远程医疗实现全覆盖。（3）文体事业更加惠民。播放农村公益电影 723 场，完成“户户用”安装 7818 户，投入使用图书共享平台 14 个，建成全民健身工程 7 个，成功举办灯会庙市、“爱心观山湖”旅游文化节等系列文体活动，“钟书阁”观山湖店成为“最美”网红书店。（4）社会保障供给有力。城镇零就业家庭保持动态为零，农村零转移就业家庭援助率达 100%。建成“爱心妈妈”小屋 12 个，新建及提升改造社区老年人日间照料中心 3 个，新建农村幸福院 3 个，建成惠民生鲜超市 5 个。建成安置房 8 万平方米，移交 564 套。（5）社会治理卓有成效。“平安观山湖”视频监控系统工程深入实施。完成政府购买公益服务项目 33 个，惠及群众 20 万人。“文明在行动·满意在贵州”活动综合考核成绩排名全省第一。拥军爱军工作得到上级肯定。全国首部军改题材电影《我是老兵》成功上映。成功创建省级食品安全示范区。全区万人发案数下降 11.32%，扫黑除恶专项斗争战果排名全市第一，群众安全感测评指数达 99.48%、排名全市第一。

此外，国防动员、民族宗教、人防、档案、地方志、工青妇、红十字、老龄和残疾人等事业全面发展，人民群众获得感、幸福感、安全感持续提升。

各位代表！我们在推动经济社会发展的同时，还扎实推进政府自身建设。坚决贯彻落实全面从严治党要求，扎实抓好巡视反馈问题整改，全年立案 138 件、党纪政务处分 92 人、移送司法机关 5 人。自觉接受区委领导，自觉接受区人大法律监督、区政协民主监督，坚持重大事项、重要工作向区委和区人大报告、向区政协通报，办理各级人大代表建议 98 件、政协委员提案 139 件，办复率均达 100%。区政府网站公开信息近 10 万条、累计点击数达 1700 万余次，区政府网站连续 5 年在全省 88 个区（市、县）门户网站绩效评估中位列前五。

各位代表，观山湖经济社会发展的良好态势来之不易，全区干部群众的良好精气神来之不易，社会各界对观山湖未来的良好预期来之不易。我们深切感受到，观山湖进步是市委、市政府和区委坚强领导的结果，是区人大、区政协监督支持的结果，是各级各部门认真贯彻市委、市政府和区委重要决策部署的结果，更是全区人民群众苦干实干的结果。在此，我代表区人民政府，向全区人民群众致以崇高的敬意！向人大代表、政协委员，向各民主党派、工商联、人民团体、无党派人士，向驻区人民解放军、人民警察和消防救援队伍，向省和市驻区单位，向区老领导、老同志及关心支持观山湖区发展的各界人士表示衷心的感谢！

在看到成绩的同时，我们也清醒地认识到，发展中还面临不少困难和挑战，主要体现在：一、经济体量偏小，发展质量和效益不高，产业竞争力不强，人才支撑力不足，作为核心区的辐射带动、资源整合能力仍需提升；二、新建项目投资规模总体不大，开发建设进度不够快，固定资产投资增长乏力，经济向好的基础还不够牢固；三、城市基础设施及功能配套不完善，城市经营管理水平不高，城市的产业吸引力、人口聚集力、发展承载力还需进一步提升；四、教育和医疗等民生领域仍然存在不少短板，城乡二元结构问题还未得到根本解决；五、政府历史性债务包袱沉重，财政收支矛盾仍然较为突出；六、体制机制创新和政府职能转变还不到位，营商环境还需优化，开放型经济发展水平仍需进一步提高；七、少数干部主动谋划工作的意识不强，狠抓落实的功夫下得不足，创新攻坚克难的本领还不够，不担当、不作为、不会为甚至乱作为现象不同程度存在。对于这些问题，我们将采取切实有效的措施，认真加以解决。

二、2019 年工作安排

2019 年是新中国成立 70 周年，是全面建成小康社会关键之年，是全省脱贫攻坚决战之年，也是我区高水平开放、高质量发展的突破之年。做好今年政府工作，意义十分重大。我们必须牢牢把握历史方位、抢抓历史机遇，以永不懈怠的精神状态、一往无前的奋斗姿态，扬长补短、彰显特色，把短板拉长补齐、把优势做强放大，奋力开拓新时代观山湖发展的新境界。

今年政府工作的总体要求是：坚持以习近平新时代中国特色社会主义思想为指导，全面贯彻党的十九大精神和习近平总书记在贵州省代表团重要讲话精神，在市委、市政府和区委的坚强领导下，按照“五个坚持”“六个稳”要求，紧紧围绕“一品一业、百业富贵”发展愿景，统筹推进“五位一体”总体布局，协调推进“四个全面”战略布局，纵深推进“一二三四五六”总体工作部署，持续做大城市规模、做强实体经济、做美生态环境、做富市民群众、做足民生保障，加快建设公平共享创新型中心城市核心区，为全面建成小康社会收官打下决定性基础，以优异成绩迎接中华人民共和国成立70周年。

今年经济社会发展的主要预期目标是：地区生产总值增长11%左右，固定资产投资增长15%，区直管规模以上工业增加值增长9%以上，社会消费品零售总额增长10%，一般公共预算收入增长6%，城镇、农村常住居民人均可支配收入分别增长9%、9.5%，单位地区生产总值综合能耗及二氧化碳排放控制在省市下达目标范围内。

围绕上述目标，今年将着力抓好以下7项重点工作：

（一）更加聚焦市场主体活力激发，推动新一轮高水平对外开放取得新进展。全面落实“开放兴区”战略，以更加开放的思维、胸怀和视野，推动开放促改革、促创新、促发展，持续释放开放红利，加快打造成全市开放发展的“领头雁”。

（1）深入改善营商环境。持续推进“放管服”改革，全面贯彻落实“1+6”政策文件精神，确保企业开办时间压减至3个工作日以内、工程建设项目审批时间压减至80个工作日以内、企业和群众办事证明材料减少60%以上、40个高频办理事项实现“最多跑一次”、政务服务事项网上可办率达100%、招商引业项目全程代办实现100%。全面落实“非禁即入”，“观山湖营商环境”微信公众号上线运行，完善守信联合激励和失信联合惩戒制度，深入落实招商引业项目服务专员等工作机制，加快出台重点产业发展政策及配套措施，大力搭建“政银企”沟通平台，进一步强化社区经济服务职能，以实际行动为民营企业发展营造良好的发展环境，让民营企业家倍受尊重、让民营经济倍加壮大。确保新增市场主体1.3万户以上，民营经济占地区生产总值比重达58%以上。（2）加强对外开放合作。积极抢抓新时代西部大开发、贵州建设国家内陆开放型经济试验区机遇，深入打造观山湖现代服务产业试验区统揽下的“六园”对外开放平台，借力数博会等重大展会活动，充分发挥核心区优势，强化与粤港澳大湾区、长三角、京津冀、成渝等先进发达地区交流合作，构建大格局、跨出小天地、做大“朋友圈”。以基础设施互联互通、产业联动协同发展为重点，深入推进与周边兄弟区（市、县）和贵安新区同城化发展，加强与市“四个对外开放平台”合作，打造全市开放发展共同体。整合行业协会、企业商会等各方力量，面向先进发达地区开展常态化定向招商推介活动，精准对接中高端消费品、中高端制造业龙头企业及中小企业“隐形冠军”，推动招商引业质量不断提升。确保全年新引进项目60个以上，其中500强企业投资项目2个以上，新引进省外到位资金增长7%以上，实际直接利用外资增长5%以上，外贸进出口总额增长15%以上。

（二）更加聚焦实体经济壮大，推动经济高质量发展取得新进展。全面落实“实体强区”战略，围绕以中高端消费为主的现代商贸服务业、以汽车制造为主的中高端制造业“两个引擎”，认真落实“巩固、增强、提升、畅通”八字方针，促进商贸业与制造业联动发展、融合发展，推动产业迈向价值链中高端，加快将我区打造成全市中高端消费品集散中心、进口商品集散中心、国际化高端消费品工贸一体示范区。

（1）大力发展中高端现代制造业。深入推进工业发展倍增计划，确保全年新开工投资5000万元以上工业项目5个以上，完成工业投资12亿元以上，新增上规入统工业企业8家以上，中高端制造业产值占工业总产值比重达60%以上。加快推进产业园区土地储备及基础设施、生活服务配套建设，完成土地收储500亩，新建成标准厂房10万平方米以上，汽车零部件生产企业累计达35家以上，推动吉利产能不断提升。聚焦中高端消费品、新能源、新材料、装备制造、军民融合等现代制造业态，新引进成长性好、科技含量高、市场潜力大的中高端制造企业5家以上。加大工业传统支柱企业改造力度，实施技改项目5个以上。精心筹备好项目集中开工活动，加快推动固达电缆等项目落地建设，确保在今年工业项目集中开工仪式上开工一批项目。（2）大力推动现代商贸服务业提档升级。按照增量崛起、存量求变思路，大力发展商圈经济，支持世纪城、奥体中心、新世界商圈丰富业态，推动贵州金融城、贵阳北站、环观山湖公园新兴商圈发展壮大，推进商贸、会展、旅游等产业深度融合发展，确保新增商业综合体面积33万平方米，新增限额以上批零住餐企业29家，社消总额达160亿元以上，旅游综合收入达125亿元以上，会展综合效益达105亿元以上。着力打造全省全市“购物天堂”，加快红星·天合广场、远大购物广场等项目落地，推动江华·荔星中心、宜家家居广场建成开业，支持云上方舟等大型商业综合体建设“智慧商场”，推动西南国际商贸城发展中高端商贸业态，新引进中高端消费品牌及市场运营主体5个以上，累计建成中高端消费品集聚的商业综合体9个以上；探索打造进口商品免税店，力争开设保税店1个；加快市跨境电商小镇、人才实训基地、综合服务平台落地建设，力争打造跨境电子商务O2O体验店1至2个。加快依文绣梦、度势电竞、洲际酒店等项目落地建设，新引进高端、精品度假等酒店1至3家。精心筹办好2019首届中国·贵州贵阳现代服务产业博览会，继续协办好数博会、酒博会等重大展会活动，新引进知名会展企业3家以上。（3）大力提升全省金融中心地位。深入推进“引金入黔”“引银入筑”工程，加快将贵州金融城打造成环境优美、配套完善、生活便捷、智能化程度高、产业链健全的现代金融业综合聚集区，着力提升金融服务实体经济的能力，切实擦亮全省金融中心这块牌子。确保贵州金融城聚集金融及相关机构超过330家；全区金融产业增加值达21亿元以上，银行金融机构存贷款余额分别超过1240亿元、730亿元。加快推进贵州金融城一期“双子塔”项目，确保二期建成投用。新引进一批国内外高端餐饮、休闲、文娱等项目入驻贵州金融城，推动CCPARK商业综合体建成开业，不断完善贵州金融城周边交通、商业等基础设施及功能配套，加快将贵州金融城区域打造成引领全省的高端商务圈。持续加大金融机构引进力度，推动会计师事务所、审计评估机构、服务咨询机构等金融服务业聚集发展，促进中国农业银行贵州省分行、贵州银行、贵阳银行等机构快速入驻。抢抓“数博大道”建设机遇，推动贵州金融城与贵阳北站片区及白云区、高新区联动发展。（4）大力做强做优数字经济。加快“中国数谷”核心区建设步伐，确保大数据企业主营业务、软件信息技术服务业收入分别超过100亿元、35亿元，大数据企业总量达500家以上，大数据规上企业总量达30家以上。强力推进“百花数谷”“数博大道”规划建设，夯实大数据产业发展基础；着力提升贵阳大数据创新产业（技术）发展中心等产业平台发展能级，推动服务外包与呼叫中心基地转型升级；深入推动大数据与实体经济融合发展，打造大数据融合项目11个以上；打造大数据应用场景2个以上；引进和培育具有核心竞争力的大数据品牌1个以上；支持贵阳大数据创新产业（技术）发展中心申报国家中小企业公共服务示范平台及创新创业示范基地。持续发挥大数据创新引领作用，组织实施科技计划项目10项以上，促进产学研用等科技合作项目15项以上，新增创新型企业20家以上。

（三）更加聚焦工程项目建设，推动有效投资规模扩大取得新进展。牢固树立“抓投资就是抓发展、抓项目就是抓投资”理念，持续扩大有效投入，为壮大经济总量、增强经济发展后劲提供强有力支撑。

（1）强化项目储备质量。坚持“以收定支、量入为出、保障重点”原则，精准聚焦“一品一业”培育发展、城市功能增强、生态环保建设、群众幸福指数提升等投资导向，滚动编制投资三年计划，集中资金保障民生和重点项目建设，优先安排竣工收尾项目，积极支持续建项目，合理安排新开工项目，切实提高投资的计划性、针对性、有效性。确保区重大项目库投资总额动态保持在4000亿元以上，其中产业类项目超过60%、年度可实施项目总投资超过400亿元。（2）强化项目建设进度。加强项目分级分层分类协调，严格落实项目建设目标责任、台账管理、动态管控、运行调度、督查考核“五项机制”，加大征地拆迁、市政配套、手续办理推进力度，所有重点项目实行专班服务机制，严厉打击挡工堵路违法行为，重点抓好年度省市区重大工程、重点项目建设，切实提升“投转固”水平。确保全年新开工重点项目10个、纳入省市调度重点项目20个以上，完成年度投资160亿元以上。（3）强化项目资金保障。围绕产业转型升级、创新驱动发展、保障和改善民生等关键领域，积极争取国家和省市补短板、扩内需项目资金和产业基金支持。持续实施好土地储备和出让“两个计划”，建好资金和土地“两个池子”，保证发展资金需求。提升现有产业结构层次，培育财税持续增收动力。充分发挥财政资金杠杆作用，规范有序推进政府与社会资本合作，确保完成民间投资300亿元以上，民间投资占总投资比重保持在70%以上。

（四）更加聚焦城市承载能力提升，推动现代宜居都市建设取得新进展。牢固树立经营城市的理念，对标现代化、国际化标准，以拓空间、治拥堵、强功能为抓手，大力构建城市发展新体系，不断提升城市的承载能力和形象品质。

（1）着力优化空间功能布局。综合考虑城市未来增长潜力、动力和资源环境约束，深入推进“多规合一”，细化城市建设控制指标，高标准编制《贵阳空间发展战略（2020—2035）观山湖版》、《观山湖区控制性详细规划（细则）》及城市公共服务设施规划，完成《观山湖区控制性详细规划（总则）》及综合交通改造提升规划编制，为增强核心区政治、经济、文化、金融、交通中心功能提供指引和支撑。实施“东进、西拓、中提升”城市发展战略，完成“高铁经济产业园”“百花数谷”规划编制，以“高铁经济产业园”“百花数谷”开发建设为引领，做大城市规模，加快将东、西两个片区打造成城市新的要素聚集区、功能提升区、城市新名片和未来城市新的增长极；精细化经营好中部建成区，大力提升中部建成区城市核心功能承载能力，加快形成东、中、西三个片区分工协作、资源优化配置、业态布局合理的鼎足发展态势。（2）着力加强城市建设管理。实施城市“治堵”行动。力争观山湖城市环线纳入市重大道路工程项目盘子，启动金清线改造提升工程，加快推进金湖路、环湖路及慢行系统、市旅游环线观山湖段等道路建设，持续完善贵阳北站和西南国际商贸城区域路网，宾阳大道北段、学院路等道路建成投用。实施城区微循环畅通工程和道路渠化拓宽工程分别达5个以上。力争建成地下通道5个，完成交通堵点治理5个，新增停车位1000个。大力推动小区停车位对外开放。建成综合加油站4个。新建及提升改造城市公厕7座。实施入城口景观提升工程3个。改造老旧小区院落3个。完成观山湖公园水环境综合治理、塑胶步道改造提升等工程。启动实施省级棚改项目8个，改造面积161万平方米。深入推进智慧城管建设、垃圾分类试点和环卫一体化向农村延伸工作，对公共厕所等进行标准化管理，常态化开展“三车”整治和机动车违停治理，加强城市主次干道、背街小巷、城郊结合部及重大功能性设施周边环境综合治理，持续保持控违拆违高压态势。

（五）更加聚焦农村短板弱项补齐，推动乡村振兴战略取得新进展。按照以城带乡、城乡融合发展思路，全面落实乡村振兴“20字”总要求，着力推进“五个振兴”，抓实农村产业革命“八要素”，完成农村集体产权制度改革，推动人才、土地、资本等要素在城乡之间双向流动，加快把富美乡村建设成为星罗棋布、共商共建、主客共享的休闲度假群落。

（1）持续打好精准脱贫攻坚战。常态化开展扶贫领域突出问题“五个专项治理”，深入推进脱贫攻坚“六大帮扶”工程，强化驻村工作和结对帮扶，坚持精准施策，突出抓好产业扶贫带动，切实增强脱贫内生动力，有效防止返贫，确保扶贫对象稳定实现“两不愁，三保障”，全面完成年度减贫任务。利用核心区市场及平台优势，持续做好脱贫攻坚对口帮扶工作。（2）扎实推进农村产业革命。因地制宜培育“一村一业”，大力发展果蔬、花卉、茶叶、中药材等都市精致高效农业，重点培育休闲农业、乡村旅游、健康养老等产业形态，加快亿利贵阳百花湖山地公园等项目落地建设，实施田园综合体2个，打造农业产业化基地项目3个以上，完成农业产业结构调整3.8万亩，新认证“三品一标”产品1至3个，新增及提质乡村旅游村寨3个、乡村旅游经营户120户。确保农业产业增加值完成4.14亿元、增长6%。（3）深入推动农村基础设施改善。纵深推进统筹城乡发展“8+1”行动，计划投资3亿元，实施项目70个。新建富美乡村示范村6个，新建及改建整修农村公路70公里，完成三个镇农村饮水安全巩固提升工程，建设改造农村卫生厕所1500个，农村卫生厕所普及率达92%以上，20户以上自然村光纤及4G网络覆盖率达90%以上。

（六）更加聚焦生态环境改善，推动生态文明建设取得新进展。牢固树立“绿水青山就是金山银山”理念，纵深推进大生态观山湖战略行动，持续完善“双河长”等生态保护机制，着力巩固中央环保督察“回头看”反馈意见整改成效，实现“经济发展高质量、生态环境高颜值”交相辉映。

（1）坚决打好碧水保卫战役。严格落实“水十条”，编制完成城市排水管网规划，持续强化“三湖七河”治理，加快推进宾阳大道、阅山湖周边等城市管网建设，配合完成金阳污水处理厂三期工程建设，新增污水处理能力8万吨/天，大力巩固黑臭水体治理成效，城市生活污水处理率达95%以上，集中式饮用水源地水质100%达标，百花湖水质稳定保持在三类及以上标准。（2）坚决打好蓝天保卫战役。抓好扬尘、工业废气、高污染燃料、露天烧烤油烟、秸秆焚烧等污染治理。深入推进“绿美贵阳行动计划”，植树造林1万亩以上，新增城市绿地10万平方米，森林覆盖率达47.7%，环境空气质量优良率保持在95%以上，空气质量持续位居全市前列。（3）坚决打好净土保卫战役。严格执行“土十条”和《土壤污染防治法》，完成土壤污染状况详查，实行建设用地准入环境管理，深入推动工业企业土壤污染防治，扎实开展医疗废物及其他废物污染防治行动，做好农业面源污染防治，主要农作物化肥、农药施用量实现零增长，确保全区土壤环境质量总体保持稳定并逐步改善。（4）坚决打好固废治理战役。积极推动渣土场规划建设，严格落实以渣定产，深入开展工业固体废物综合利用攻坚行动，坚决禁止随意倾倒造成环境污染，确保工业固废、危废得到安全处置，城市生活垃圾收运处置率达98%以上。（5）坚决打好乡村环境整治战役。完成25个行政村环境综合整治。新增农村生活垃圾集中转运设施50个，农村生活垃圾集中收运处理率达90%。新建及提升农村生活污水集中处理设施26个，推动农村生活污水处理能力不断提高。

（七）更加聚焦民生福祉增进，推动社会事业发展和社会治理取得新进展。坚持以人民为中心的发展思想，计划投入民生资金41.4亿元、占一般公共预算支出的65.5%，全力办好民生实事，使人民群众的获得感、幸福感、安全感更加充实、更有保障、更可持续。

（1）扎实发展优质均衡教育。深入推进“百校攻坚”，新开办学校6所，新增学位6000个以上，学前教育普惠率达80%，创建市级示范幼儿园1所，“乐童计划”实现全覆盖，完善教师考核奖励机制，强化民办学校及校外培训机构常态化监管，持续推进“一校一品”体育建设，健全教师“双轨制”、集团化办学和“两自一包”等工作机制。（2）扎实改善医疗卫生条件。积极配合省医金朱分院、省妇女儿童医院建设，加快推进区人民医院、区妇幼保健院项目，区疾控中心及逸景、金岭等卫生服务中心投入使用，实现卫生服务中心社区全覆盖，持续推进紧密型“医疗联合体”建设，深入开展“互联网＋医疗健康”服务，构建多元化医疗供给体系，规范妇幼健康服务。（3）扎实繁荣文化体育事业。积极配合省图书馆、市少年儿童图书馆建设，区文化馆、区图书馆投入使用，提升改造农家书屋45个，继续办好灯会庙市、“爱心观山湖”旅游文化节。积极配合贵阳奥体中心二期建设，建成全民健身路径工程5个，新增健身步道15公里，着力打造好“乐跑嘉年华”等体育活动招牌。（4）扎实做好就业和基本社会保障工作。重点做好贫困劳动力、退役军人等群体就业帮扶工作，登记失业率控制在4.2%以内，动态消除城乡“零就业家庭”。建立留守儿童数量动态清零长效机制。积极推进居家养老和社区养老服务改革试点工作，新建老年人日间照料中心5个。深入推进全民参保工作，城乡居民参保率达98%。扎实做好城乡低保优抚和救助工作。开工建设安置房200万平方米，力争建成53万平方米以上、移交3000套以上。（5）加强和创新社会治理。深入开展社会治理“6+1”行动，积极推进“大数据＋社会治理”，引导社会组织等各方力量广泛参与，不断夯实基层治理基础。深入推进“军创中心”“军人之家”建设，扎实开展拥军爱军工作。精细化做好流动人口服务管理。严格落实安全生产责任制，坚决防止发生重特大安全事故。深入开展“两严一降”、禁毒人民战争、扫黑除恶专项斗争，全力保护好人民群众的生命财产安全，努力把观山湖区建设成为全市最安全的区域。

三、坚定不移加强政府自身建设

各位代表，新时代赋予新使命，对政府自身建设提出了新要求。我们要始终不忘初心、牢记使命，深入建设新时代“六型”政府，不断提高政府的公信力、执行力。

（一）增强核心意识、提高政治水平，深入建设忠诚型政府。坚持以习近平新时代中国特色社会主义思想为指导，旗帜鲜明讲政治，严守政治纪律和规矩，树牢“四个意识”、坚定“四个自信”、做到“两个维护”，自觉在思想上政治上行动上同以习近平同志为核心的党中央保持高度一致。按照省市对观山湖区的发展定位，主动把工作放在中华民族伟大复兴的大背景和省市发展的大局中去谋划推动，不折不扣执行中央、省市和区委各项决策部署，以实干实绩诠释对党和人民的绝对忠诚。

（二）增强担当意识、提高落实水平，深入建设担当型政府。大力弘扬“事事马上办、人人‘钉钉子’、个个敢担当”精神，以“功成不必在我，功成必定有我”的思想境界，深入践行“五步工作法”，精准把握“八个关键细节”，扎实锤炼“五个过硬”。全面落实中央、省委、市委和区委关于进一步激励广大干部新时代新担当新作为的实施意见，让愿干事的干部有平台、能干事的干部有舞台、敢担当的干部能出彩，不断激发广大干部干事创业、比学赶超的内生动力。

（三）增强创新意识、提高克难水平，深入建设创新型政府。全区政府系统要进一步解放思想、与时俱进，不断开阔思路视野、突破思维定式，在政府工作实践中深入研究新情况、探索新方法、总结新经验、解决新问题，大力推动政府治理理念创新、服务模式创新、体制机制创新；尤其是要围绕贯彻落实新发展理念，紧扣全区高水平开放、高质量发展的关键环节和重点领域，推出更多实质性动作、突破性措施、创新性招法，切实提升政府系统攻坚克难的能力和水平。

（四）增强法治意识、提高行政水平，深入建设法治型政府。严格遵守宪法和法律，坚持依法行政、职权法定，始终做到法无授权不可为、法定职责必须为，加强政策解读，严格规范文明执法。养成在监督下履职的习惯，依法接受人大及其常委会的法律和工作监督，自觉接受政协的民主监督，大力支持监察、审计机关开展行政监督，认真听取民主党派、工商联、无党派人士和人民团体意见，主动接受社会和舆论监督，让政府工作在法治轨道上稳步前行。

（五）增强诚信意识、提高信用水平，深入建设诚信型政府。我们要充分发挥政府在社会信用体系建设中的表率和导向作用，引领和支撑社会诚信，形成诚实守信的社会风尚。将危害群众利益、损害市场公平交易等政务失信行为作为治理重点，严格依法依规开展招商引业、政府采购、招标投标等工作。加强社会各方对政务诚信的评价监督，形成多方监督的信用约束体系。对政府系统各级各部门及人员在行政过程中的失信行为，要加大查处力度、从严追究责任。

（六）增强廉洁意识、提高廉政水平，深入建设廉洁型政府。认真落实全面从严治党主体责任和“一岗双责”，坚决执行中央八项规定及其实施细则精神，驰而不息整治“四风”、转变作风。加强政府系统领导干部政德建设，做到明大德、守公德、严私德，正心明道、崇廉拒腐。加强对公共资金、公共资源、公共工程等重点领域的经济责任监督，严惩群众身边的不正之风、腐败问题，坚决打掉黑恶势力“保护伞”，努力营造风清气正、干事创业的良好环境。

各位代表，中国特色社会主义已经进入新时代，观山湖区发展的美好前景催人奋进。让我们更加紧密地团结在以习近平同志为核心的党中央周围，在市委、市政府和区委的坚强领导下，同心同德、团结奋进，开拓创新、攻坚克难，为谱写公平共享创新型中心城市核心区新篇章而努力奋斗！

清镇市政府工作报告

（2019年1月16日在清镇市第六届人民代表大会第三次会议上）

清镇市委副书记、市长 孙绍雪

各位代表：

现在，我代表市人民政府向大会报告工作，请予审议，并请各位政协委员和其他列席人员提出意见。

回首过去，我们始终协力同心谋发展

2018年，在贵阳市委、市政府和清镇市委的坚强领导下，在市人大、市政协的监督和支持下，我们与全市52万人民一起，紧紧围绕六届二次人民代表大会既定的目标任务，攻坚克难、奋起直追，取得了一系列可喜可贺的成绩，交出了一份令人满意的答卷。

——获得一批沉甸甸的荣誉。成功入选全国新时代文明实践中心建设试点、2018—2020年创建周期全国文明城市提名城市、全国“2018百佳深呼吸小城”、全国电商示范百强县、第五批国家级农村职业教育和成人教育示范县等各大榜单；先后荣获“全国基层中医药工作先进单位”“全国妇幼健康优质服务示范县”“全省十佳体育旅游示范县”“全省基层卫生应急规范化建设达标县”“贵州省十大蔬菜基地县”“贵州省食品安全示范市”“全省农商联动示范县”等称号，再次入围“全国投资潜力百强县”，区域经济在中国西部百强县市排位跃升至第39位，城市综合竞争力不断增强。

——办理一批惠民生的实事。启动实施河堤村等15个棚改项目，涉及群众6526户；完成农房立面改造779户。启动建设农村户用卫生厕所1008个；村级卫生公厕实现全覆盖；完成城乡旅游景区等各类厕所24个。完成9个乡镇卫生院和181个行政村卫生室标准化建设；市妇幼保健院建成投用。完成4000个公共停车位建设。建成盘化路口、三号路2座人行天桥。建成云岭西路店等4个惠民生鲜超市，人民群众的获得感、幸福感不断提升。

——建成一批强基础的配套。新建改造城乡供水管网96.4公里。启动农村电网升级改造工程。完成“天网”三期工程。S211公路提级改造如期完工，龙凤大道顺利通车，城北新区路网基本形成；建成61公里红枫湖旅游小环线；完成“组组通”硬化559公里，30户以上自然村寨通组路硬化实现全覆盖，城乡基础配套不断夯实。

——谋划一批利长远的项目。充实完善国家重大项目库项目云平台，储备项目投资总额常年保持在3000亿元以上。以打造“黔茶出山”重要形象展示窗口为目标，启动“中华茶博园”建设。引进全国500强企业华夏幸福入驻打造产业新城。启动吾悦广场、时代广场等大型城市综合体建设，引进红星美凯龙、星力百货等知名品牌入驻，为将清镇打造成为具有竞争力和区域带动力的中高端消费贸易之城打下坚实基础。按照5A级风景区打造标准，完成暗流河风景区规划编制，经济发展潜力不断释放。

——承办一批高规格的节会。相继承办2018数博会“讯飞时光·智享未来”活动及“精准扶贫”高端对话活动、中国餐饮大会暨贵州（清镇）第二届生态美食文化节等一批重大活动；成功举办亚洲越野跑锦标赛暨全国越野跑锦标赛、贵州省首届健身气功站点联赛、贵州省第八届青少年健身气功交流比赛、贵阳（清镇）亚高原精英越野挑战赛、贵阳·清镇首届半程马拉松赛等一批重大节会，城市影响力不断扩大。

一年来，所做的工作和成效主要体现在：

我们始终聚焦目标抓发展、促深化，经济实力在加快转型升级中跨上大台阶。坚持做大总量、做优质量，不断提升服务实体经济发展。2018 年，完成地方生产总值 335.93 亿元，增长 10.4%；完成规模以上工业增加值 66.15 亿元，增长 17.5%；完成固定资产投资 200.11 亿元；完成社会消费品零售总额 55.46 亿元，增长 8.3%；完成财政总收入 38.5 亿元，增长 18.67%；完成一般公共预算收入 17.52 亿元，增长 8.33%；实际利用外资 5013 万美元，增长 16%；城乡居民人均可支配收入分别完成 34276 元、15281 元，分别增长 9.4%、10.1%。

我们始终着眼长远抓转型、调结构，产业结构在全面融合发展中实现大优化。坚持“调整结构、优化产业、大上项目、促进转型”发展思路不动摇，全面调优经济结构，三次产业结构比为 7.91∶46.03∶46.06。发展后劲显著增强。立足全市资源禀赋和产业基础，深入落实产业大招商行动，精心谋划包装项目 100 个，赴北京、上海等地精准招商 50 次，成功引进全国 500 强企业华夏幸福等优强企业 8 家，引进项目 88 个，招商引资实际到位资金 150 亿元。158 个重大项目建设稳步推进，完成投资 139 亿元。获得中央预算内项目 8 个，争取建设资金 1.4 亿元。实体经济加速升级。新开工工业项目 20 个、新增投产 8 个。实施“千企改造”项目 76 个，总投资 106.9 亿元。新增规上企业 14 家，阳光铝业、浙江卧加等项目落户清镇，全铝产业链正逐渐形成。全市工业总产值达 233.6 亿元，排名贵阳市第二，工业增加值增速排贵阳市第一。现代农业魅力彰显。坚持龙头企业带动，引进智联科技、国品黔茶等 18 家龙头企业，完成农业产业结构调整 14 万亩。10 个现代高效农业园区建设稳步推进。92 个产品获得“三品一标”认证，排名贵阳市第三。一产增加值完成 27.4 亿元，同比增长 6.6%。第三产业品质提升。寻味贵州、四季贵州等旅游综合体成为省内外热点，时光贵州、乡愁贵州分别入围第七届全国百佳避暑小镇，茶马古镇、恐龙小镇等特色项目稳步推进。全年接待游客 1886 万人次、实现旅游总收入 115.4 亿元，分别同比增长 27%、34%，旅游工作目标考核位列贵阳市一等奖第一名。全年新增大数据企业 6 家，成功推出智慧教育大数据云平台、普洛斯际链城市物流云平台等 7 个应用场景；“链上清镇·智惠城乡”项目入选全国“可信区块链十大案例”；成功打造大数据与实体经济融合标杆项目 1 个、融合示范项目 8 个，盘江民爆工业雷管智能制造试点示范项目入选“2018 年智能制造试点示范项目”；大数据主营业务收入预计完成 11.1 亿元，增长 58.9%。稳步推进货运物流、汽车贸易等产业发展，累计建成电子商务服务点 167 个，预计完成电子商务交易额 1.6 亿元、增长 41%，预计实现三产增加值 159.1 亿元，增长 13%，物流园区再获“全国优秀物流园区”荣誉称号。

我们始终锲而不舍抓整治、严管理，生态环境在强化保护治理中实现大改善。坚持一手抓保护、一手抓治理，生态效益持续释放。生态保护措施有力。全力开展“碧水、蓝天、净土、固废治理、乡村环境整治”保卫战，完成中央环保督察“回头看”、省委环保督察交办案件和反馈问题整改。累计投入资金 8.65 亿元，大力推进红枫湖一级保护区农户搬迁工程，保护区农户全部实现搬离；投资 1.8 亿元实施二级保护区 19 个村 128 个村民组污水收集处理项目，红枫湖水源涵养和生态修复得到明显改善。完成东门河环境综合整治主体工程，娃娃桥和争旗冲污水处理厂建成投用，东门河水质持续向好，主要水质指标从劣Ⅴ类提升到Ⅳ类。建成投用的红枫生态体育公园开创土壤污染治理新模式，为全国土壤重金属污染治理提供了“清镇样本”。生态屏障日益牢固。大力实施绿美清镇行动，完成境内 14 条河流、9 个集中式饮用水源地、22 座水库“河长”设置工作；6 个乡镇集中式饮用水源地水质达标率达 100%，红枫湖水质持续稳定在Ⅲ类，取水口水质达Ⅱ类，水环境保护工作在贵阳市排名第二；城市生活垃圾无害化处理率达 100%，全市森林覆盖率达 46.8%，中心城区环境空气质量优良率达 97%。

我们始终凝心聚力抓基础、重建设，城乡面貌在加强统筹协调中得到大提升。坚持规划引领、基础先行，人居环境不断优化。规划体系不断健全。完成《清镇市生态文明示范城市样板区总体规划》编制，《清镇市棚户区改造总体规划》《百花湖、暗流河风景名胜区规划》《清镇市中心城区再生水利用规划》等专项规划完成修编，148 个行政村村庄规划编制全面完成，为城乡健康发展提供了蓝图保证。基础设施更加完善。A2 通用机场选址顺利通过国家民航局委托单位评审。成贵高铁（清镇段）顺利推进；贵黔高速 K34 大坪落地互通建成，高速路过境总里程达 76.6 公里，在贵阳市 10 个区市县中排名第一；实施“建养一体化”县乡道改造 31.5 公里，农村公路质量安全督查及农村公路建设均在贵阳市排名第一，全市交通路网体系更加完善。大麦西水库、戈家寨水库完成截流验收，席关水库、燕尾水库主体工程完成建设；启动莲花山水厂建设；完成14个“小康水”巩固提升工程，农村饮水卫生合格率达100%，供水保障能力明显提升。新建通组光缆1100公里，新建、升级改造4G基站611个，181个行政村通光缆率、4G覆盖率均达100%；新增“广电云”户户用工程用户22000户；完成城区免费WiFi一期工程30个AP点建设；综合行政执法系统上线运行，城市管理迈入智慧化、数字化时代。城乡品质不断提升。完成红枫街等9条主次干道修缮，改造背街小巷54条；依法拆除违法建筑69.2万平方米，排贵阳市第二；完成棚户区改造1360户。建城区面积达40平方公里，城镇化率达55.9%，城区亮化率达100%，城市秩序更加规范，城市承载能力持续增强。持续抓好站街、卫城等示范小城镇建设；启动新店“水东第一镇”项目建设；完成红枫湖镇大冲村等3个美丽乡村示范点建设，乡村“颜值”和“内涵”实现同步提升。

我们始终积极稳妥抓改革、激活力，发展动能在深化开放合作中得到大释放。紧紧围绕改革总目标谋篇布局、稳扎稳打，全面深化改革纵深推进。“三变”改革不断深化。按照全域“三变+”发展模式，稳步推进以红枫湖“退湖进城”为代表的城市“三变”改革，深入推进以智联科技精品果蔬等为代表的155个农村“三变”改革项目；全市建成合作社607家，实现“村社合一”合作社141家，城乡“三变”改革成效逐步显现。重点领域改革持续推进。大力推进供给侧结构性改革及增配售电业务、小微创业者激励计划等改革工作试点；全市政府系统机构改革筹备工作有序开展，国地税顺利合并；撤市设区申报工作有序推进。自然资源统一确权登记试点工作顺利通过省级评估验收。“多证合一、一照一码”“证照分离”改革持续推进，新增各类市场主体11351户、累计达43132户，以30%增速位列全省县域第一方阵第二名。营商环境稳步提升。全面深化“放管服”改革，持续推进“诚信政务、阳光政务、效能政务”建设，实施营商环境集中整治行动，制定出台“3+13”配套文件，精简和取消行政审批事项20项，工程建设项目审批时限压缩至91天，企业开办时限压缩至3个工作日；兑现企业优惠扶持承诺资金2.3亿元。营商环境指数在全省88个区县市中排名第四，在县域第一方阵排名第二，在贵阳市各区县市中排名第一。

我们始终坚定不移抓实事、惠民生，社会事业在推进共建共享中取得大实效。坚持以人民为中心的执政理念，全年投入26.7亿元用于民生实事，占一般公共预算支出73%。脱贫攻坚成果显现。持续以脱贫攻坚统揽经济社会发展全局，全面完成省下达的年度贫困人口脱贫目标，贫困发生率降至0.59%，在全省县域第一方阵及贵阳市“三县一市”中均排名第一。深入实施农业产业结构调整，建档立卡贫困户合作社参与率达100%。全面完成2017年368人易地扶贫搬迁任务，2018年易地扶贫搬迁项目主体工程建设稳步推进。84户农村危房改造和176户农村老旧楼透风漏雨整治全面完成；投入210万元用于教育资助和教育减免，惠及农村建档立卡贫困户学生676人次；全市建档立卡贫困人口实现门诊就医和住院就医报销累计达768万元，惠及3914人次。社会保障坚实有力。全年下拨3542万元用于学前和义务教育营养改善，惠及学生45628人次。新增城镇就业1.5万人。发放急难救助、特困供养等社会保障资金1578万元，惠及12209人次。稳步推进“全民参保计划”，发放社会化养老金5.8亿元。社会大局和谐稳定。大力开展扫黑除恶，严厉打击各类违法犯罪行为，成功打掉鲤鱼村涉黑组织，人民群众安全感达99.01%；人民群众对公安机关满意度达97.76%，较2017年上升40个位次，在贵阳市排名第二。禁毒人民战争年度考评在贵阳市排名第一，社会治安形势总体稳定。全面加强应急管理，安全生产事故起数和死亡人数实现双降，连续5年未发生重大及以上生产安全事故。社会事业全面进步。全面完成国家语言文字工作验收，验收成绩位列全国受检单位第一。清镇一中新校区二期等31个教育项目稳步推进，累计增加学位1.2万个。2018年高考600分以上156人，本科上线人数和上线率均创历史新高。深入推进医药卫生体制改革，乡镇卫生院、行政村卫生室标准化建设均达100%，市一医新院建设稳步推进，卫生医疗服务水平和能力不断提高。

我们始终锐意进取抓履职、树形象，执政能力在加强自身建设中得到大提高。坚持建设人民满意服务型政府，政府履职能力明显提升。风险防控稳定有力。严格执行政府性债务管理“七严禁”规定，杜绝违法违规举债，遏制隐性债务增量，政府债务结构合理、风险可控。严厉打击违反和破坏金融市场秩序行为，依法合规利用PPP模式引入社会资本103亿元；市城投公司获批公开发行10亿元7年期企业债券；中国银行清镇支行正式营业，全市金融机构达33家，银行12家，金融机构存贷款余额分别达284.1亿元、257.6亿元，增长14.1%、15.7%。严格落实安全生产责任，深入开展平安建设，社会风险总体平稳。廉政建设驰而不息。始终保持惩治腐败高压态势，集中打好惩贪治腐、正风肃纪、刷新吏治持久战，干部清正、政府清廉、政治清明的良好政治生态进一步巩固。法治建设持续推进。主动接受人大法律监督和政协民主监督，人大代表建议及政协提案办复率均达100%。认真落实法治政府建设各项工作部署，坚持重大事项集体决策制度，依法行政工作在贵阳市排名第一，全面依法行政水平不断提升。

此外，国家安全、审计监督、民族宗教、文化事业、外事侨务、国防教育、人民防空、双拥优抚、防震减灾、气象消防、妇女儿童等各项工作有序开展。

各位代表、同志们，过去一年取得的成绩，是习近平新时代中国特色社会主义思想正确指引的结果，是省委、省政府及贵阳市委、市政府坚强领导的结果，是清镇市委统揽全局、科学决策的结果，是市人大、市政协有效监督、倾力支持的结果，是全市广大干部群众和各族各界人士和衷共济、奋力拼搏的结果。在此，我代表市人民政府，向全市广大人民群众、人大代表、政协委员，向离退休老同志、人民团体、驻清部队官兵，向所有关心、支持清镇发展的各界人士表示衷心的感谢，并致以崇高的敬意！

回顾一年来的工作，我们真切地感受到，伟大时代空前变革，我们唯有始终保持“敢叫日月换新天”的豪情壮志，才能不负时势所趋；城市竞争静水深流，我们唯有始终保持“吹尽黄沙始到金”的奋斗意识，才能不负事业所需；宏阔事业道阻且长，我们唯有始终保持“吾将上下而求索”的拼搏精神，才能不负组织所托；美好生活人人向往，我们唯有始终保持“一枝一叶总关情”的民生情怀，才能不负人民所盼。

“风雨多经人未老，关山初度路犹长。”在总结成绩的同时，我们也清醒认识到，发展不足、发展不快、发展不优依然是清镇现阶段的基本市情。主要体现在：一、实体经济不强。传统产业转型升级亟待突破，新兴产业尚未形成强力支撑，一些领域发展不平衡不充分的问题亟待解决。二、开放水平不高。对外合作交流效果不明显，职教城、物流园区对外开放合作的活力还未充分激发，缺乏吸引国际国内人才留居的配套环境，商贸流通业态还处于初级阶段。三、创新动力不足。创新主体不多、创新人才不足，全社会研发费用投入强度不大，科技成果转化率不高，四、担当作为不够。一些单位执行力、落实力不强，个别干部观大局谋大事的能力不足，破难攻坚、创新突破的本领不够。对此，我们将下最大气力认真加以解决，绝不辜负组织的重托和全市广大人民群众的期待。

展望未来，我们必须凝心聚力抓落实

2019年是新中国成立70周年，是全面建成小康社会、实现第一个百年目标的关键之年，也是我市高水平开放、高质量发展的突破之年。展望新的一年，改革开放、乡村振兴、高质量发展等国家战略将深入实施，大扶贫、大数据、大生态三大省级战略行动将纵深推进，扩大开放兴市、振兴实体强市、广聚人才旺市三大省会城市战略将开启新篇章。

围绕上述发展目标、战略定位，我们今年经济社会发展的总体思路是：以习近平新时代中国特色社会主义思想为指导，全面贯彻落实党的十九大和十九届二中、三中全会精神，认真落实中央和全省经济工作会议、贵阳市委十届五次全会、市委六届七次全会精神，深入贯彻落实习近平总书记对贵州工作系列重要指示批示精神，牢记嘱托、感恩奋进，积极践行“以人民为中心”“生态优先”发展理念，紧紧围绕“一品一业、百业富贵”美好愿景，坚持稳中求进工作总基调，坚持高质量发展根本方向不动摇，坚定不移打好“三大攻坚战”、推进“三大战略行动”，全力以赴做好“六稳”工作，纵深推进乡村振兴，持续巩固改革开放成果，全力开拓经济融合发展新空间，全力培育经济持续增长新引擎，推动经济社会发展实现质量变革、效率变革、动力变革，加快建设形成“一区双城三平台”高水平对外开放新高地，不断提升民生普惠度、群众幸福感，为全面建成小康社会收官打下决定性基础，以优异成绩庆祝中华人民共和国成立70周年。

今年经济社会发展的主要预期目标是：地方生产总值增长10%左右；固定资产投资增长13%；规模以上工业增加值达72亿元；财政总收入增长10%；一般公共预算收入增长7%；全社会消费品零售总额增长10%；引进国内产业项目到位资金增长15%，实际利用外资增长13%；旅游总收入增长29%；城镇新增就业完成1.2万人；城乡居民人均可支配收入分别增长9.3%、10%；居民消费价格涨幅控制在贵阳市调控目标范围内；森林覆盖率完成贵阳市下达目标任务；单位地区生产总值综合能耗下降率、主要污染物排放总量、单位地区生产总值二氧化碳排放降低率控制在贵阳市下达目标范围内。

为实现上述目标，我们将认真做好以下7项重点工作：

（一）聚焦乡村振兴，奋力发起冲刺，建设更高质量的全面小康。坚持把实施乡村振兴战略作为新时代“三农”工作的总抓手，按照“产业兴旺、生态宜居、乡风文明、治理有效、生活富裕”的总要求，以打赢打好脱贫攻坚战为首要任务，真正让农业强起来、农村美起来、农民富起来。

（1）着力强化规划引领。按照“集聚提升、融入城镇、特色保护、搬迁撤并”的思路，推动城乡融合发展，制定出台《清镇市乡村振兴战略规划（2018—2022年）》，优化乡村内部生产生活生态空间。充分发挥农民主体作用，建立健全政府负责、社会协同、公众参与、法制保障的乡村振兴社会治理体制，确保乡村振兴战略落实落地。（2）深入推进脱贫攻坚。积极抢抓中央、省政策支持机遇，系统谋划、整体推进易地扶贫搬迁工作，确保374户、1600名搬迁对象完成入住。同步做好农村水、电、气、讯等基础设施建设，进一步健全安全有效、保障有力的供水、供电、通讯保障体系，确保农村生活质量显著提高，农村生产生活环境明显改善。大力实施教育脱贫攻坚行动，坚持压缩8%的行政经费支持教育发展，坚决落实教育扶贫政策措施，确保贫困家庭子女不因贫辍学。深入实施健康扶贫工程，巩固完善医疗保障救助制度，确保贫困户住院医疗费用实际报销比例达90%以上，防止因病致贫、因病返贫。继续加强农村住房保障动态管理，扎实抓好地质灾害防灾避险搬迁，全力做好农村老旧住房透风漏雨整治工作，确保群众住有所居。（3）着力提高农业产业结构调整质量。按照“一核一中心三带五园九基地”产业布局及“三二一”三产融合和农文旅“三位一体”发展定位，以500亩以上坝区为主战场，将农业产业结构调整与田园综合体、富美乡村建设融为一体，推动“一村一品”特色产业有序发展，促进农业产业规模化、组织化、市场化、特色化、标准化、高效化，扩大产业项目对贫困户的覆盖面，让贫困户成为产业结构调整的最大受益者。（4）全力加快富美乡村建设。大力开展“千村整治”提升行动，大力推进厕所革命，力争90%左右的村庄生活垃圾得到有效治理，农村生活污水治理能力明显提高。在红枫湖周边沿着已建成的60公里“组组通”周围种植万亩果园、万亩花海、万亩茶园、万亩蔬菜，打造最美高原滨湖及环湖最美自行车赛道，全面激发富美乡村“汇资源、绘品牌、惠民生”的动能和潜能，带动城乡产业融合发展。

（二）聚焦产业强市，强力决战发展，实现更高质量的转型升级。充分发挥中高端制造、中高端消费“两大引擎”驱动作用，着力推进经济实现高质量发展。

（1）大力发展中高端制造业。按照打造贵阳市中高端制造业核心配套区发展目标，重点围绕“1+6”战略布局，全面改造提升传统动能，推动铝及铝加工制造业升级发展；大力发展汽车整车和零部件制造产业，重点围绕吉利、一汽凌源等项目，打造贵阳市汽车零部件制造重要产业基地；大力发展绿色建筑及新型建材产业，重点围绕正和加气，立足科建装备式建筑及联塑、海螺、陶瓷等新型绿色材料产业，打造黔中重要建筑材料基地，促进全市建材企业向中高端消费领域延伸；大力发展全铝智能家居产业，加快形成铝制智能家居产业集群；大力发展装备制造业，加快向高附加值的铝及铝合金新材料和制造发展；大力发展绿色食品及保健品产业，瞄准中高端消费市场，重点围绕乳制品和果脯加工，大力研发药食两用产品；大力发展医药制造业，重点依托圣济堂、科伦等一批具有自主知识产权的企业做大做强，促进知识、技术、信息、数据等新生产要素合理流动、有效集聚。持续开展工业项目集中开工、集中投产活动，确保新增规模以上工业企业10家，力争规模以上工业总产值达250亿元。（2）大力发展商贸服务业。始终坚持把现代服务业作为新经济引擎，围绕中高端消费市场，不断推动现代服务业创新发展、升级融合。按照市委提出的“一区双城三平台”的总体思路，紧抓贵阳市将清镇作为主城区拓展区机遇，打造清镇市商贸旅游新中心，大力推动吾悦广场、红星美凯龙、红枫城市广场、迪拜城和星力百货等商业综合体建设。大力推动四季贵州、乡愁贵州、茶马古镇、恐龙小镇等商文旅为一体的旅游综合体建设。打造全国家居制造展示交易新平台，依托以红星美凯龙为主体的家具交易市场，积极引入欧洲、北美等发达国家家具进行展示交易，切实将清镇打造成具有主城区商贸业态又区别于主城区风格的具有山水园林特色的商贸中心。（3）大力发展生态农业。以创建农产品质量安全示范县为契机，依托以江田智联为代表的大型企业，全面做好精品水果种植；大力推动以贵州正丰为主体的龙头企业发展蔬菜种植，形成从基地种植到蔬菜加工到配送的“一品一业”农业产业结构调整全链条；依托国品黔茶等龙头企业，打造红枫湖周边茶农旅一体的茶产业基地，加快建成中华茶博园；推动苗艾科技做大做强，大力发展“果、蔬、茶、药”四大精品产业。坚持质量兴农、品牌强农，不断延伸农业产业链，加快发展以农产品储藏保鲜、精深加工为主的第二产业和以农业观光旅游、农业物流为主的第三产业，确保2019年一产增加值增速达6%。（4）大力发展现代旅游业。进一步发挥四季贵州、时光贵州、寻味贵州、乡愁贵州等旅游产品辐射带动作用，抢抓贵阳市打造世界旅游名城机遇，积极促进地方特色与科技、旅游、体育等产业融合发展。加快开发打造鸭池河、茶马古镇等温泉产品，启动暗流河5A级景区建设。围绕红枫湖旅游小环线，全力打造红枫湖环湖生态慢行系统、竹海森林公园等一批重点生态旅游项目；加快推进恐龙小镇、茶马古镇等重点项目建设。认真办好第三届贵州（清镇）生态美食文化节，力争实现年接待游客突破2000万人次以上，实现旅游总收入增长29%以上。（5）*大力发展健康产业*。围绕落实全省“医、养、健、管、游、食”大健康全产业链体系，大力发展健康医药、健康养生、健康运动产业。依托科伦、圣济堂等入驻龙头企业带动作用，加快推进赤天化大健康产业园项目及毛栗山医药园入驻企业提质扩能、优化升级，形成以糖尿病药、大输液、医疗器械等产品生产为主，其他医药制造为辅的新医药产业园。依托丰富的水资源、地热资源，加大对运动康体项目的引进力度，打造集养生温泉、健康体验、健康食品等功能为一体的新型产业园。依托两个国家级体育训练基地及“全国武术之乡”品牌优势，大力发展休闲康体运动、山地户外运动、水上户外运动等康体产业。（6）*大力发展物流产业*。以“互联网+高效物流”产业发展为基调，整合“省现代服务业集聚区”与“国家级示范物流园区”政策资源，启动普洛斯贵州大数据中心、贵阳市城市配送示范中心建设，不断延伸物流产业链，切实把清镇打造成立足清镇、辐射全省、面向西南、融入全国、走向世界的区域性商贸物流中心。重点依托清镇物流园区交通、信息、贸易等优势，积极融入“一带一路”，将清镇打造成贵阳市“陆港复兴”战略的主战场之一，将物流园区打造成贵阳市“东西南北”西向物流节点。（7）*大力发展大数据产业*。深入推动大数据与实体经济融合发展，以物联网、人工智能、区块链等新一代信息技术手段在三次产业应用为核心，持续抓好清镇市人工智能产业园、科大讯飞智能语音云呼叫产业园、普洛斯智慧物流园、双创基地等重点项目建设，力争全年新增规模以上大数据企业2户，引进大数据领军企业2家，新增融合示范项目8个，做实应用场景4个，大数据企业主营业务收入突破12亿元。

（三）聚焦重点领域，协力防范风险，构建更高质量的防控体系。坚持“主动防范、系统应对、标本兼治、守住底线”的总体思路，聚焦重点领域、重点环节，坚定不移打好防范化解重大风险攻坚战。

（1）*严格防控地方政府债务风险*。牢固树立过“紧日子”的思想，开源节流，通过各种方式争取上级资金，加快发展产业经济，强化社会资本融资，增强区域内金融机构对实体经济的扶持力度。严格落实政府性债务管理“七严禁”，开展全市隐性债务再核查和债务风险突出领域专项督查，全力消化债务存量、严控债务增量。主动转变发展思路，正确处理好上项目、抓发展与防风险、化债务的关系，使债务规模与经济发展水平、财政承受能力相适应。（2）*严格防控金融风险*。健全完善诚信体系，加强对各类违法金融活动的风险监管和处置，依法打击非法集资、金融诈骗和恶意逃废金融债务等违法犯罪行为，着力营造健康有序的金融信贷环境。（3）*严格防控社会风险*。严格执行重大项目、重大政策风险评估机制，加快建立健全风险评估、报告、备案、跟踪全流程机制，有效预防和化解各类社会风险，确保社会大局持续平稳。紧扣“平安清镇”建设目标，严格落实安全生产责任制，着力推进隐患排查和风险管控双重治理体系建设，扎实抓好食品药品安全监管，着力加强应急管理体系建设。深入开展“两严一降”和扫黑除恶专项斗争、禁毒人民战争，织牢织密社会治理“保障网”，压紧压实社会安全“稳压器”，切实保障群众生命财产安全，不断提升人民群众的安全感、满意度。

（四）聚焦内涵发展，合力推进建设，打造更高质量的美丽城乡。以提升城乡品质、丰富城市内涵为抓手，坚持抓重点、补短板、强弱项、扬优势，大力实施城乡协调发展战略，加快构建城乡一体化发展新格局。

（1）*城乡发展再提质*。以撤市设区为契机，积极抢抓将清镇城区纳入贵阳主城区拓展区、将站卫片区纳入贵阳西部产业发展外围城区的机遇，围绕“一区双城三平台”战略空间布局，加快编制《清镇城市发展空间战略（2020—2035）》，全面统筹县域规划与乡镇规划、村庄规划融合调整，逐步实现城乡规划无缝衔接，绘好城乡发展“蓝图”。大力推进城市建设，重点抓好幸福大街一期、寻味大道改造等5个项目建设。大力实施城市增绿工程，统筹实施好公园、道路沿线等配套绿化，深入推进红枫景观工程建设，红枫之城整体形象初步呈现。以全国文明城市创建为契机，持续有力推进“一站二中心八馆”建设，逐步提升城市功能配套水平。大力实施城市畅通工程，快速推进红旗路延伸段、滨湖路、城北新区百花中路等路网项目建设。抢抓棚户区改造政策机遇，全力推进巢凤片区等10个棚改项目及800套保障房建设，努力实现住有所居。（2）特色培育再提速。按照“产城融合、城乡一体”要求，依托华夏幸福集团推动清镇西区产业新城建设，全力打造一二三产业协同发展的产业化城镇新区，形成以站卫片区为核心，暗流—王庄—新店协调发展的产业城镇集群。强化梯次培育、示范引领，融合文化、旅游等要素，深入推进新店“水东第一镇”建设，持续推进“寻味贵州——卫城·味城”“乡愁贵州”等田园综合体建设。以卫城、麦格、暗流等旅游特色小镇建设为载体，谋划打造一批产业“特而强”、功能“聚而合”、形态“小而美”的特色小镇。（3）城乡一体再提效。全力推进城乡基本公共服务均等化建设，促进公共资源配置向城镇倾斜、公共服务向城镇延伸。持续加大农业农村投入，补齐乡村发展短板，推动城乡资源要素合理流动和优化配置。全力抓好旅游环线、卫暗路等项目建设，进一步提升完善市乡路网整体性，推动城乡基础设施互联互通。

（五）聚焦生态保护，全力巩固提升，再创更高质量的宜居环境。以打造公平共享生态文明示范城市样板区为目标，严格落实长江经济带“共抓大保护、不搞大开发”要求，全力推动绿色发展。

（1）坚持防治结合。持续巩固中央环保督察反馈问题整改成效及红枫湖饮用水源一级保护区“退湖进城”成果，全力抓好红枫湖生态功能示范区建设；持续推进东门河生态系统整体保护、系统修复及综合治理，加快建设景观廊道，恢复河流湿地功能。纵深推进城乡环境综合整治，加快推进暗流镇及其他地区污水处理厂建设，重点实施雨污分流、污水处理、水质提升和再生水回用等治理工程，加大城市黑臭水体排查治理，确保城市、城镇生活污水处理率分别达100%、98%，城乡生活垃圾无害化处理率达90%以上。大力实施新一轮退耕还林工程和绿美清镇行动，力争全市森林蓄积量达244.3万立方米，城市新增绿地达5万平方米，建成区绿化覆盖率达43%，空气质量优良率保持在95%以上。（2）促进规范管理。全面推行政府、民间双“河（湖、库、路段）长制”，探索建立“林（园）长制”，不断提升管理水平和质量。注重力量共享，重点将红枫湖镇、综合行政执法局分局、风景名胜区管理处“三队合一”，共同保护红枫湖。加强与贵阳市公众教育中心合作力度，强化生态保护联合会作用发挥，鼓励发动第三方、专家学者、广大市民和民间组织参与生态保护。以推进自然资源登记试点工作为契机，积极落实省和贵阳市林权、水权、土地经营权等制度改革措施，积极探索建立更广泛、更深入、更有效的环境保护监督和生态考核机制，织牢生态环境保护网。（3）聚焦数据共建。统筹生产、生活、生态三大空间，统筹“监管、跟踪、回复”三大机制，打造“绿水青山”一张网平台建设，推动环境监测、监控向深度与智能化转变，以大数据推动生态治理和保护。

（六）聚焦改革开放，致力深化合作，激发更高质量的发展动能。坚持以供给侧结构性改革为主线不动摇，着力在“巩固、增强、提升、畅通”八字上下功夫，加快推进重点领域和关键环节改革，深化拓展区域交流合作，狠抓招商引资突破，切实增强经济发展后劲。

（1）持续推进重点改革。坚持以“为市场增活力，为企业增效益，为群众增便利”为目标，以“三集中三到位”为抓手，着力构建更加符合高水平开放、高质量发展的政务环境、法治环境、市场环境和政策环境。深入实施事项管理目录和动态管理目录、跑腿次数清单、权力清单、责任清单和负面清单等制度，确保清单之外无审批。以打造全省营商环境最优区县为目标，深入推进营商环境优化提升行动，进一步压缩审批时限，力争工程项目审批、企业开办分别压缩至80个工作日、1个工作日，实现时间更少、流程更短、成本更低、服务更优，确保企业和群众获得感和满意度有效提升。继续推进农村土地确权登记颁证工作，全面激活农村发展活力；全力推动行政体制、金融投资体制、医药卫生体制、综合行政执法体制、财税体制等重点领域改革，不断激发市场活力和社会创造力。（2）全面加强对外开放。抢抓新时代西部大开发机遇和贵州建设国家内陆开放型经济实验区机遇，统筹国际国内两个市场、两种资源，全力构建具有清镇特色的对外开放新格局。以打造贵州（清镇）职教城“人才旺市”新平台为抓手，充分发挥职教城作为“中国—东盟教育交流周”对外展示中心“助推器”作用，积极引进东盟国家留学生进入清镇，同时将清镇技能型人才有效输送到东盟国家，通过留下一批产业、输送一批人才、引进一批留学生提升全市对外开放程度和国际化程度；大力争取省市支持，促成职教城公共实训中心、入驻职业院校与德国柏林职业教育集团等国际职业技术技能培育与认证中心深度合作，打造中德职教产业园；率先布局建设先进制造业、中高端制造业领域区域创新中心和新型研发机构，通过申报项目、承办高端论坛等形式，不断提升职业教育国际交流合作水平。围绕“一品一业、百业富贵”人才聚集区优势，全力办好全国职业技能大赛。强力推动“匠天下”特色小镇在清镇落户，不断提升职业技能人才在清镇就地就业转化率，将清镇打造成人才培养、产业孵化、技术运用等重要战略基地。以打造国家级示范物流园区“开放兴市”新平台为抓手，充分发挥“全国优秀物流园区”辐射带动作用，围绕“打造全省‘一带一路’西向通道”目标，推进以物流新城为核心的数字物流产业园建设，打通公铁多式联运国际大通道，建设无缝连接的物流运输网络，带动清镇物流园区深度融入国家物流枢纽网络体系，构建物流产业新业态；加快推进普洛斯“两港三中心”建设，引进一批商贸物流企业入驻园区，实现物流生态资源有机集聚，带动地区产业结构调整，不断增强区域发展活力动力。（3）竭力抓好引业引资。牢固树立“清镇以外都是外”的发展理念，纵深推进产业大招商行动。重点围绕铝及铝精深加工、绿色装备建材、医药制造等 7 大产业开展借会招商、以商招商、代理招商、委托招商、网络招商、驻点招商、驻外招商，力争引进一批技术含量高、附加值高、关联度高、带动性强的中高端制造项目落地建设。通过开展系列活动，为民营企业营造好发展、投资、办事、就业环境，让民营企业在清镇具有强烈的归属感、主人翁意识，不断提升引业引资吸引力。确保全年新引进亿元以上项目 15 个，引进产业项目到位资金 87 亿元，实际利用外资 5500 万美元；市级重大项目库投资总额动态保持在 3000 亿元以上，其中产业类项目超过 25.3%，年度可实施项目总投资超过 1343 亿元。

（七）聚焦民生改善，着力强化保障，共享更高质量的发展成果。继续加大民生投入，确保一般公共预算民生支出占比保持在 70% 以上，使人民获得感、幸福感、满意度更加充实、更有保障、更可持续。

（1）办好优质公平教育。继续推进“百校攻坚”“全面薄改”，规划新（改、扩）建一批幼儿园、小学和中学，力争学前教育三年毛入园率达 94% 以上、九年义务教育巩固率达 98% 以上、高中阶段毛入学率达 91.5% 以上、残疾儿童少年入学率达 95% 以上、城市新居民子女进入公办学校就读比例巩固在 85% 以上。强力推进省级示范高中项目建设，完成贵阳市中小学实验基地建设，积极引进新欧鹏、贵阳一中新世界等优质教育品牌，把教育办成清镇人民的骄傲。（2）提升卫生健康水平。强化优质医疗卫生公共服务有效供给，巩固提升市、乡、村三级医疗卫生机构标准化建设成果，全力确保市一医新院区建成投用。切实加快老年医疗卫生服务体系建设，全力构建“15 分钟城市社区医疗健康服务圈”“30 分钟乡村医疗健康服务圈”，力争形成“小病在基层、大病到医院、康复回基层”的卫生服务网络。（3）加强社会保障供给。认真落实创业就业优惠政策，重点做好就业困难人员、院校毕业生和农村转移劳动力就业工作，全力确保零就业家庭动态“清零”。严格落实城乡养老、基本医疗、大病救助、民政救济、特困人员供养等社会保障制度，加强残疾人康复服务，大力支持、引领、发展养老事业，健全留守儿童、妇女和老人关爱服务体系，进一步扩大社会保险覆盖范围。（4）全力办好民生实事。以“让改革发展成果更多更公平惠及全体人民”为愿景，以“民生十件实事”为抓手，继续把保障改善民生放在更加突出的位置，坚定不移地走小财政办大民生的路子，持续推动各项民生改善。

审视自身，我们自当牢记嘱托勇担当

各位代表，伫立新时代，奋战新事业，不仅需要全市上下同心同向、一起努力，更需要加强政府自身建设、积极作为。我们将以习近平新时代中国特色社会主义思想为指导，不忘初心、牢记使命，始终做到信念过硬、政治过硬、责任过硬、能力过硬、作风过硬，着力打造一支“忠诚、干净、担当、有为”的干部队伍，努力建设为人民服务、对人民负责、受人民监督、让人民满意的服务型政府。

将忠诚作为奋斗之源，做到依法施政。强化法治意识、法治思维，推动政府系统领导干部职工自觉遵法学法守法用法，严格依法行政。切实将政府工作全面纳入法治轨道，严格规范公正文明执法，推进权责清单标准化建设，依法维护群众合法权益。自觉接受市人大、市政协及社会各界监督，依照法定权限和法定程序履行政府职能，做到授予有据、行使有规、监督有效，形成工作办事依法、解决问题用法、化解矛盾靠法的法治环境。

将有为作为从政之基，做到实干兴政。把抓落实的成效作为衡量干部能力的标准，大力弘扬崇尚实干抓落实的工作作风，引导全市政府系统干部把更多的时间、精力集中到抓落实上来。紧抓重大问题、难点问题、关键问题办理，真正把大事办成，把难事办妥，把实事办好。立足区位优势、依托优质平台，吸引更多投资、布局更大项目、产生更好效益，以实干立身、凭实绩说话。

将担当作为履职之要，做到务实理政。坚持说实话、谋实事、出实招、求实效，做到重大决策、重点任务、具体工作立说立行，一抓到底。强化公仆意识，着力整治“为官不为”，遏制懒政怠政，严格督查督办，加大跟踪问效、追责问责力度。坚持工作科学化设计、项目化落实、日历化推进，面对责任不推诿、面对问题不回避、面对困难不退缩，全力推动政府履职提速、提质、提效。

将干净作为立身之本，做到廉洁从政。严格落实党风廉政主体责任，认真履行“一岗双责”，严守廉洁从政各项规定。强化廉政风险防控，盯紧盯牢公共资金、公共资源、公共工程等重点领域和关键岗位，严惩群众身边的不正之风、腐败问题，推动政府系统全面从严治党向纵深发展，做到政府清廉、政治清明、干部清正。

各位代表，新的征程已经开启，新的目标催人奋进。让我们紧密团结在以习近平同志为核心的党中央周围，在市委的坚强领导下，继续凝心聚力、奋力拼搏，不断提高政府执政能力和水平，为实现清镇跨越发展、夺取全面建成小康社会新胜利而努力奋斗！

修文县政府工作报告

（2018年1月16日在修文县第十六届人民代表大会第二次会议上）

修文县委副书记、代理县长 管庆良

各位代表：

现在，我代表县人民政府向大会报告工作，请予审议，并请各位县政协委员和其他列席人员提出意见。

一、2018年工作回顾

过去一年，在市委、市政府和县委的坚强领导下，在县人大的法律监督、县政协的民主监督支持下，我们坚持以习近平新时代中国特色社会主义思想为指导，深入学习贯彻党的十九大精神，按照“五位一体”总体布局、“四个全面”战略布局，围绕“三地一路”战略定位，紧扣“三三五五”发展目标，着力打好“三大攻坚战”，认真做好“近、水、文、产、旅”五篇文章，较好地完成了县第十六届人民代表大会第二次会议确定的目标任务。

一年来，我们坚持稳增长，综合经济稳中有升。全县上下积极应对经济下行压力，深入推进供给侧结构性改革，持之以恒推动经济高质量转型发展，在稳增长方面取得重大进展和突破。完成地区生产总值193.11亿元，增长11.1%；固定资产投资增长12.8%；规模以上工业增加值增长11.3%；完成社会消费品零售总额25.89亿元，增长8.4%；城镇、农村常住居民人均可支配收入分别达34197元、14441元，分别增长9.2%、10.0%；金融机构人民币各项存款余额172亿元、贷款余额183.28亿元，分别增长35.7%、41.9%。在全省经济社会发展综合测评中，位列县域经济第一方阵第八。大力开展产业大招商、营商环境大整治两大行动，“领导重商、全民招商、光明营商”的氛围浓厚，富春集团、碧桂园集团、绿地集团、鼎瓯集团等一批500强和行业优强企业相继落户，新引进项目到位资金179.61亿元。

一年来，我们坚持调结构，产业结构不断优化。坚持扶强、调优、融合原则，推动一二三产业互补融合发展，三次产业结构调整为12.6∶44.1∶43.3。山地特色农业提质增效。申报获批创建国家现代农业产业园，7个省级、5个市级现代高效农业示范园区和7个田园综合体建设有力有序推进。涉农企业达258家、农民专业合作社达331个。大数据物联网质量安全追溯系统覆盖猕猴桃基地5.6万亩。蔬菜基地达18.73万亩，总播面达35.85万亩次。持续推进国家级有机产品认证示范区创建，有机产品认证达17个。“三品一标”认证占种植总面积的68%以上。新建、改扩建生态家禽规模养殖场30个，新增“家庭牧场”34个。工业经济加快转型升级。工业园区完成投资50亿元。新增规模以上工业企业8家，累计达92家。高技术制造业增加值占规模以上工业增加值比重提高到17.68%。工业园区新签约项目23个，计划投资43.48亿元。工业用电量10.66亿千瓦时，同比增长28.04%。培育税收千万元以上工业企业13家。大数据关联企业达37家，贵州轮胎智能制造生产管理系统、猕猴桃大数据物联网可追溯系统入选全省大数据与实体经济融合2017年度十大典型案例，大数据企业主营业务收入达11.28亿元。现代服务业蓬勃发展。省级大健康医药产业示范县创建各项工作顺利推进。成功举办“两节一会”，较好地展示我县农业、文化、旅游产业发展水平和良好对外形象。拉动景区景点基础配套和服务设施建设，推动形成文旅、农旅、商旅融合发展的良好态势。阳明文化产业园、桃源河景区等项目加快推进，建成投用龙冈书院。新建和改建旅游厕所31个。新增黔贵六广温泉4A级旅游景区，全县4A级景区达4个，是贵阳市4A景区最多的地区。全年接待游客1699.42万人次，实现旅游收入136.98亿元，分别增长29%、35.1%。国家级电子商务进农村示范县绩效评估为优秀等次。完成贵阳农产品电商物流园项目一期、澳林电子商贸城二期建设。建成县级仓储物流中心，县、乡、村三级统一配送模式被省商务厅作为先进经验在全省推广。

一年来，我们坚持民为本，脱贫攻坚取得实效。深入推进“春风行动”“夏秋攻势”“五个专项治理”，整合资源、集中精力打好脱贫攻坚“四场硬仗”，推动137户、391人顺利脱贫，全县建档立卡未脱贫人口减少至1246户、2839人，贫困发生率从1.21%降到1.06%。产业扶贫带动明显。投入扶贫资金2.97亿元，实施专项扶贫资金项目180个，覆盖贫困人口4531户、12071人次。完成以经果林为主的农业产业结构调整7.35万亩。完成农村贫困劳动力培训769人，各类农技普训3万余人次。农村发展基础夯实。投入2000余万元实施人饮工程5个，有效解决14614人饮水安全问题。实施“组组通”公路441条、978公里，村民出行和劳作更加便捷。县乡公路提等改造33公里、大中修133公里。完成王官水库、蚌壳堰水库等5座水库除险加固，完成西冲水厂一期工程供水管网建设13公里，基本完成鱼梁河河道治理和小桥河河道治理二期工程；桃源水库、金龙水库达到蓄水条件。实施基本农田建设项目2550亩。新建富美乡村示范村6个。推动48个行政村环境综合整治，农村人居环境进一步改善提升。行政村100%通光纤，建成4G基站380个，4G网络覆盖率提高到85%。易地搬迁扎实推进。2017年度102户375人喜迁新居，安居乐业，配套幼儿园建成投用。2018年度285户、1075人安置点主体完工，搬迁户抽签分房。教育医疗住房三保障惠及大众。建档立卡贫困户子女受教育权利得到充分保障，全年资助学生14864人次，农村学前教育机构及义务教育学校实施营养改善计划惠及66063人次，累计拨付各级各类补助资金3746.62万元。坚持病有所医，建档立卡贫困对象门诊住院报销比例提高5%，报销金额82.4万元。完成5个村标准化卫生室和45所农村中小学及教学点医务室建设。完成农村危房改造778户和老旧住房透风漏雨专项整治652户。

一年来，我们坚持强统筹，城乡面貌焕然一新。城乡规划不断强化。编制完成贵阳市北部产业新城（修文大健康产业2018—2035）远景规划、修文县空间战略发展规划等，启动“三规合一”修编工作，完成城镇规划区外的98个行政村、735个自然村寨脱贫攻坚村庄规划编制。完成县城三条河流沿河景观整治提升及沿线城市设计。城镇建设有序推进。完成贵钢大道提升改造，建成滨河路、新寨路、栖凤路延伸段、新山路东段、堡生路，基本完成堡寨路、永沙路、扎久城市主干道建设工程和同城大道提升改造。启动金龙大道立交桥、市民广场、新山路南段、龙场城区东片区路网、扎佐路网、龙扎线延伸段等项目建设。实施城镇棚户区改造7193户，棚户区城中村改造工程79.2万平方米，惠及2.5万人。城市管理水平逐步提升。实施环卫一体化改革，提升了县城环境卫生工作水平。改造提升永安巷、良知路。完成县城亮化、主干道景观提升工作。启动小箐镇、六桶镇、洒坪镇生活垃圾中转站建设，城乡生活垃圾无害化处理率达93%。实现县城厨余垃圾无害化处理。

一年来，我们坚持守底线，生态保护成效明显。空气环境质量明显提升。推进蓝天保卫计划，大力巡查整治焚烧垃圾和秸秆行为，大货车进城得到有效管制，尾气、扬尘治理扎实有效。全县环境空气质量优良率达97%。水环境质量持续改善。河长制得到认真落实，市、县、乡三级河长坚持带头巡河护河。启动县城3条河治理，河流、湖泊、水库水体保护措施进一步落实。拆除长江支流上游索枫湖养鱼网箱13.4亩，集中式饮用水源水质达标率为100%，连续3年排名贵阳市第一。生态建设稳步推进。加大城市绿地、植树造林力度，完成植树造林12.36万亩、植被恢复费造林3552亩，落实天然林保护工程69.92万亩、公益林管护43.73万亩。贵铝一矿和昊天矿山采矿迹地生态恢复治理扎实推进，复绿补植536亩。森林覆盖率达53.09%。建成城乡公园3个，新增城市绿地10.4万平方米，人均公园绿地面积达17.32平方米。保护治理依法推进。认真抓好中央环保督察“回头看”问题整改，一批破坏生态、影响环境的问题得到有效整治，办结回复52个、4个正在整改推进中。环保执法“风暴”行动下达处罚决定35起，行政拘留3人、追究刑事责任2人。

一年来，我们坚持促改革，内生动力不断增强。重大事项顺利推进。完成“十三五”规划纲要中期评估调整。全国第三次农业普查、第四次经济普查扎实开展。“撤县设区”已经市委同意按程序上报省政府、国务院审批。完成综合行政执法体制改革试点，组建综合行政执法局。全面开展村级专职村干部改革工作，提高村干部的履职荣誉感和待遇，促进队伍稳定。“放管服”改革持续推进。规范清理调整并及时公布权责清单4592项。积极开展“六个一”改革工作。全省政务服务标准化示范县建设通过验收，涉及行政审批服务事项的38家单位全部进驻大厅。落实“只进一扇门”“最多跑一次”各项措施，607项群众办理事项中，153项实现“最多跑一次”、7项实现“一次不用跑”。取消无依据证明材料事项42项。全面完成税务征收体制改革。持续深化落实“多证合一”、放宽经营场所登记等一系列商事制度改革措施，核发市场主体“多证合一”营业执照8079张。重点领域改革稳步推进。清理吊销僵尸企业260户。推进直购电双边协商交易，为企业减少成本1400余万元。全年为企业和个人减税4.86亿元。校长职级制改革在全省推广，县级公立医院改革深入推进。农村土地确权登记颁证53174户，颁证率达97%。全面推进“村社合一”，启动“一平台四中心”建设。推进65个改革试点村“三变”改革工作。规范宅基地管理，共受理不动产登记19252件，办理完成19064件。水利投融资体制改革、农业水价综合改革、水权交易试点改革、小型水利工程产权制度改革等水务综合改革稳步推进。新增注册商标55个、省名牌6个。新增49个农村金融扶贫服务点，推出“避暑贷”、地方特色农险等金融产品。

一年来，我们坚持惠民生，发展红利不断释放。“为民办实事”十大项、34小项工程项目建设全面完成。坚持民生优先，全年在教育、农林水、医疗卫生和计划生育等方面支出18.9亿元，占财政支出比重达72.67%。就业局势稳定。巩固创建国家级创业型城市成果，充分就业村（居）创建率达90%以上，城镇新增就业人数12045人，农村劳动力转移6060人。落实“3个20万”政策，扶持小微企业200户，兑现深度扶持资金451万元。社会保障有力。建成农村幸福院3个、社区老年人日间照料中心1个；完成中心敬老院和洒坪、六屯敬老院提升改造。落实城乡低保64653人次。向低收入住房困难家庭发放租赁补贴234.58万元，完成共有产权公租房销售212套。社会保险制度全覆盖，社会保险参保11.93万人次，城乡居民基本养老保险参保11.28万人，城乡居民基本医疗保险（一档）参保15615人。教育优先发展。顺利通过省语言文字工作督导评估和国家三类城市语言文字工作达标验收。引进北大新世纪贵阳实验学校、湖南师范大学附属明雅学校等优质教育资源。省级教师发展中心落户修文。“优质均衡”“乐童计划”扎实推进。投入2.76亿元，完成“百校攻坚”教育实事工程建设。进城务工人员随迁子女公办学校就读率达100%；累计投入5127万元用于学生资助，学校营养餐工作作为省级亮点，推荐给联合国世界粮食计划署中国区办公室观摩。医疗卫生稳步推进。县乡村三级医疗网络基本健全，完成十乡镇卫生院标准化建设，村卫生室标准化率达69%。县级公立医疗机构执行药品零差率销售为群众减少支出367.5万元。建档立卡贫困人口实现新农合100%参保。常住人口出生率为16.1‰，人口自然增长率为10.41‰。文体广电协调发展。建成村（居）综合文化服务中心22个、幸福书院3个。完成县体育中心建设，人均占有公共体育场地面积约2.5平方米，位居全省前列。成功举办首届乡村旅发大会山地马拉松等赛事活动。放映公益电影1437场。建成观音山无线发射台，为农村居民免费提供16套公益类电视节目。社会稳定和谐局面持续巩固。“非洲猪瘟”防控有力。龙场镇、六广镇、谷堡镇、龙岗社区入选省级食品安全示范乡镇（社区）。成功创建大石布依族乡国家级卫生乡镇、六屯镇省级卫生乡镇、久长镇市级卫生乡镇，独山、茶山等省级卫生村寨9个，红星、石安等市级卫生村寨61个。扫黑除恶专项斗争扎实开展，社会治安综合治理和禁毒人民战争持续深化，群众安全感达99.34%、满意度达97.67%。

此外，统筹推进机构编制、民政、防灾减灾、民族、宗教、双拥、气象、档案、残疾人、外事、侨务、史志、红十字会、科协、文学艺术、殡葬、老龄、国防动员等工作，推动工会、共青团、妇女儿童等事业加快发展。

一年来，我们坚持依法行政，服务群众能力不断提升。全面加强政府自身建设，坚持依法行政，自觉接受人大、政协和社会监督，办理人大代表建议168件，办复率100%、满意率99.4%；办理政协提案158件，办复率100%、满意率100%。拨付代表建议和委员提案实事专项资金366万元，完成代表、委员关注和群众关心期盼的38个实事项目建设。开展作风建设年活动，推进机关作风、工作作风整改提升，坚决查处违规违纪行为，营造风清气正的发展环境。推行在建项目农民工实名制管理，农民工工资保障金累计缴存金额达7783万元，督促兑现农民工工资6168万元。

各位代表，过去一年我们在充满机遇与挑战的历程中，不忘初心、牢记使命、笃实创新、迎难而进，办成了一件件令人瞩目的大事，取得了一项项丰硕成果。这一切来之不易，是上级党委、政府和县委坚强领导与科学决策的结果，是县人大、县政协有效监督和支持的结果，是全县上下团结一心、共同奋斗的结果，是社会各界情系修文、真情付出的结果。在此，我谨代表县人民政府，向全县人民，向人大代表、政协委员、各民主党派、工商联、各人民团体、无党派人士、离退休老同志、关心和支持修文发展的各界朋友，致以衷心的感谢和崇高的敬意！

在看到成绩的同时，我们也清醒地看到工作中的短板和不足。2018年，由于受国家宏观调控减税政策和缺少一次性大额税收影响，财政总收入完成16.26亿元、同比下降2.14%，一般公共预算收入完成7.21亿元、同比下降20.9%，增收非常困难。固定资产投资、工业增加值等指标随着统计核算方法改变，工作的压力和难度也在不断增大，需要我们以更加开放的姿态、更加扎实的作风抓好项目建设，才能弥补短板。经过认真剖析和总结，我们在发展过程中，还存在以下困难和问题：一是世界经济下行，国际贸易摩擦不断，国内经济增速放缓，实体经济发展动力不足；二是经济总量不大，结构不优，土地、资金、人才等瓶颈制约仍然突出，项目落地困难、融资难的状况短时期不会改变；三是开放程度不够，招商引资优强项目少，投资主体单一，发展的体制机制有待优化，法治思维、市场化运作还需进一步加强；四是城市规模不大，提质扩容还需进一步加强，同城化推进力度需进一步加大；五是民生短板仍然突出，教育、医疗卫生等基本公共服务均衡发展水平与群众期盼差距较大。针对这些问题，我们将在下一步工作中加强统筹，认真加以解决。

二、2019年工作安排

2019年是新中国成立70周年，是深入学习贯彻党的十九大精神、决战脱贫攻坚、决胜全面小康和实现第一个百年目标的关键之年。做好今年政府工作，意义十分重大。

今年政府工作的总体要求是：坚持以习近平新时代中国特色社会主义思想为指引，深入学习贯彻习近平总书记对贵州工作系列重要批示指示精神，按照中央、省委、市委和县委的决策部署，抢抓贵阳北部产业新城建设战略机遇，以加快实施高水平对外开放、推动经济高质量发展为统揽，以做大城市规模、做强实体经济为目标，立足“三地一路”发展定位，坚持以人民为中心，坚守发展和生态两条底线，紧扣县委确立的“5个3”工作重点，持之以恒做好“近、水、文、产、旅”五篇文章，全力以赴推动全县经济社会持续健康发展，为全面建成小康社会圆满收官打下决定性基础，努力谱写百姓富、生态美新时代秀美修文新篇章，以优异成绩庆祝新中国成立70周年。

今年经济社会发展的主要预期目标是：地区生产总值增长11%；一般公共预算收入增长8%；固定资产投资增长15%；社会消费品零售总额增长12%；城镇居民人均可支配收入增长9%，农村居民人均可支配收入增长10%；城镇登记失业率控制在4%以内；单位生产总值能耗降低和主要污染物排放控制在省、市下达目标范围内。

围绕上述目标，我们要重点抓好8个方面工作：

（一）聚焦调结构、兴产业，着力推动高质量发展。千方百计做大做强实体经济，持续推进经济发展质量变革、效率变革、动力变革，加快构建现代化经济体系。

（1）突出抓好现代制造业。围绕“一品一业、百业富贵”愿景，抢抓贵阳北部产业新城规划建设机遇，着力打造产业承载平台，推动中高端制造业加快发展。加快园区“僵尸企业”清理步伐，退出低效用地100亩以上，为现代制造业发展腾出空间。持续推进“千企改造”工程，以绿色低碳循环为发展方向，积极培育汽车零部件制造、电子信息、新材料等中高端制造业。深入实施质量强县战略，推动产品和服务质量提升。扎实推进贵州奇伟实业智能家居、贵州同济堂中药饮片等17个工业项目建设。全年新增规模以上工业企业8家，规模以上工业增加值增长11%以上。（2）突出抓好大数据产业。坚定不移推进大数据战略行动，大数据与实体经济融合指数达55以上。建成工业服务云平台，运用大数据、信息技术提升企业生产水平，推动“修文制造”向“修文智造”转变。抓好“农业云”、农业信息化、富春供应链等大数据项目建设，建成大数据示范引领项目3个，大数据企业主营业务收入达12亿元。启动5G商用工作。完善“雪亮工程”应用平台，新增视频监控探头1200个。全面推进政府数据“聚通用”工程，确保政务系统100%接入“云上贵州贵阳分平台”。（3）突出抓好大健康产业。全力抓好全省大健康医药产业发展示范县建设，推动以心健康、康养、医药、健康食品为主导的大健康产业取得新突破。大力弘扬和传承阳明文化，持续推动中国阳明文化园、玩易窝公园及配套功能区建设，策划举办一批阳明传统文化、心健康培训活动，培植心健康产业发展基础。支持医药企业发展壮大，着力引进、整合提升2家医药企业。加快猕猴桃康养保健功能产品研发，延伸猕猴桃产业链，增强康养产业核心竞争力。加快避暑养生精品民宿、度假酒店等建设，积极推动农旅一体化发展。更加注重大数据对大健康的融合引领，促进“互联网＋医疗健康”发展。大健康产业产值同比增长15%。（4）突出抓好现代服务业。认真筹办好第二届乡村旅游发展大会。扎实推进鼎瓯苏格兰牧场中国院子、凤凰谷大健康产业城、六广温泉度假小镇等项目建设，着力开发以阳明文化为主的系列旅游文创产品，确保全年旅游收入增长30%以上。推动生产性和生活性服务业加快发展，着力培育中高端消费市场。完善现代物流体系，力争实现物流综合服务覆盖所有行政村。推动全省冷链物流服务基地建设，建成冷藏库容量3万吨。加快农村电商配套设施和综合服务建设，村级电商服务站点和电子商务综合服务覆盖率达90%以上。全力做好贵阳农产品电商物流园投运服务保障工作，开展各种形式产品促销对接活动，活跃商品流通市场，新增限额以上批零住餐企业6家以上。

（二）聚焦大招商、优环境，着力推动高水平开放。按照市委、市政府高水平开放战略部署，以海纳百川的姿态吸纳八方来客，汇聚一切有利于修文发展的资源要素，加快修文高质量发展步伐。

（1）持续扩大对外开放。抢抓生态文明国际论坛、“数博会”、“酒博会”等平台的拉动机遇，加快完善经济开发区、工业园区、农业园区、生产性服务业集聚区的配套服务功能，打造产业扩展承载地和开放经济新平台。积极对接高新区、综保区等开放资源，为本地企业搭建对外贸易平台，开展跨境贸易，确保实际利用外资增长12%以上，外贸进出口总额增长15%以上。抢抓贵阳市打造跨境电商试点城市机遇，培育跨境电商企业1家以上。支持企业积极引进高层次人才，严格按相关政策兑现奖励。（2）持续推进大招商行动。牢固树立“全县抓经济、关键抓招商”“处处都是招商环境、人人都是招商形象”的理念，立足区域产业关联配套，严格生态环保审查，注重投资强度和经济效应，努力提升招商引资实效。重点围绕大数据、电子商务、医药食品、现代制造等主导产业，进一步编制完善招商引资项目库，坚持“一把手”带头，瞄准京津冀、长三角等发达地区，积极“走出去”、全力“引进来”，确保全年新签约项目59个以上，签约投资额达207亿元以上，完成省外到位资金178亿元、增长25%以上。（3）持续优化营商环境。持续优化机制体制，全力推动法治化思维和市场化运作，积极营造公平、公正、公开的发展环境。以营商环境评估体系和第三方评估反映问题为导向，不断精简办事环节、压缩办事时限、降低办事成本、增强办事透明度、提升政务服务效率，加强县代办服务中心建设，坚决整治部门和行业不正之风。力争开办企业、办理施工许可、获得用水、企业信心等指标评估指数在全省县域第一方阵排前十位以上。不断加大企业服务力度，深入开展企业走访活动，解决企业生产经营和项目建设过程中遇到的困难和问题，促成项目早建成、早投产、早见效。

（三）聚焦提质量、扩容量，着力做大城市规模。按照“老城提质、新城扩容”思路，共享贵阳发展成果，缩短与贵阳心理距离，融入贵阳发展大势，全力推进高水平城市建设。

（1）突出高水平规划。按照贵阳北部产业新城、同城化发展战略部署，积极推进“撤县设区”工作，启动县城总体规划修编，推动“三规合一”。全面推进近期建设区域控规全覆盖。实行最严格规划管控制度，进一步严格规划专家审查、政府审批程序，所有项目选址、项目指标、建设方案必须严格审查审批，严格按规划建设、验收。强化规划执法监管，规划一经批准，非因法定程序不得改变，扎实做好乡镇、村庄规划执行情况巡查检查，严打违规建设行为，严防低水平重复建设，严控过度超前建设。（2）坚持高强度建设。充分发挥区位优势、有效拓展城市发展空间，以大交通拉开城市发展大框架，加快推进金龙大道、白龙路、同城大道、贵遵高速沿线规划布局、产业承接和开发建设等工作，推动城市基础配套、文化教育、医疗康养、通讯服务等公共服务设施建设，积极主动融入贵阳主城区发展。启动大青村路网二期、东片区路网一期建设。加快推进翠屏路、长征路、温家坡片区棚户区改造和洒坪、扎佐、六屯、久长、六广等乡镇棚户区配套基础设施建设。充分彰显阳明文化元素，打造良知路、宾阳路文创一条街。推进河滨路沿线建筑风貌整治，不断提升城市品位。推进久长特色小城镇建设。加快实施乡镇“8+X”项目，确保全年完成投资15亿元以上。启动龙场镇文城逸都地埋式污水处理厂和久长、谷堡、洒坪三个集镇污水处理厂建设，完成龙场、扎佐已建污水处理厂提升改造工作。完成洒坪、六桶、小箐垃圾中转站建设。（3）推动高品质开发。大力发展房地产市场，坚持公开、公平、竞争、择优供地，坚决防止违规干预土地市场，强化低容积率、高绿地率，推动打造建成一批引领消费市场、高品质宜居高端房产，构建房地产市场健康发展长效机制。严格规范在建房开项目工程验收，全面清理涉及房地产领域的不合理收费、押金、监管资金等，确保商品房预售许可及商品房销售合同备案办结率100%，力争商品房网签销售面积达50万平方米以上。积极加强与绿地、恒大等优强企业对接洽谈，推进房地产业品牌化发展。建立健全物业服务企业退出机制，规范物业服务市场秩序，以“大物管”理念，持续推进物业管理水平提升。（4）强化高精细管理。着力在城市美化、亮化、绿化、净化上下功夫，不断提升城市宜居水平。完善智慧市政大数据平台建设，提升城市智能化管理水平。加强市政道路、路灯、城区及沿河雨污管网等设施建设，确保设施设备安全正常运行，县城区各主次干道亮灯率保持在98%以上。严格审查建设项目绿化方案，全面监督按方案实施验收。加快推进扎佐城区、久长城区环卫一体化工作。提升改造智能化停车位750个以上。有序推进生活垃圾分类、餐厨废弃物无害化处理和机关生活垃圾强制分类工作。加大对违法违章建筑的打击力度，严厉查处干部参与违规建设行为。

（四）聚焦防风险、守底线，着力推进三大攻坚战。统筹规划、深处着力，持续打好三大攻坚战，为决胜全面小康社会建设奠定坚实基础。

（1）坚决打好防范化解重大风险攻坚战。坚持做大增量、盘活存量、减少负量，坚决落实政府性债务管理“七严禁”要求，强化预算管理，健全完善“借、用、还”一体化机制，进一步规范举债行为，逐步消化存量债务，防范债务风险。在确保不新增政府性债务的前提下，依法合规创新融资方式，鼓励和支持县级银行业、保险业机构推动金融创新，切实解决企业融资及续贷难题，支持实体经济加快发展。做好土地文章，提升土地价值，坚持净地出让和盘活低效用地“两条腿”走路，实施好土地储备和土地出让“两个计划”，建好资金池和土地池“两个池子”，保证发展资金需要。严密防范金融风险，加大金融宣传教育、风险排查化解、广告资讯信息排查清理等工作力度，依法整顿民间借贷，严厉打击非法集资，牢牢守住不发生区域性系统性金融风险的底线。（2）坚决打好精准脱贫攻坚战。围绕“一达标，两不愁，三保障”，打好“四场硬仗”，全面提升脱贫攻坚成效。推进国家级现代农业产业园建设，实施7个省级、5个市级园区升级工程，推动农村一二三产业融合发展。启动10个500亩以上坝区产业结构调整，完成以经果林为主的结构调整5.6万亩，建成蔬菜基地19万亩，年蔬菜播种面达36万亩次。新增以猕猴桃、蔬菜为主的绿色农产品认证10个，“三品一标”认证面积占比达70%以上。持续推进农村公路“三年会战”，加快“组组通”道路安防设施建设。实施基本农田建设项目6个，治理改善耕地面积2600亩以上。实施岩鹰山水厂提升改造工程，建成西冲供水工程一期。实施人饮工程4个，巩固提升人饮安全6000人以上。新建小水利工程10个。围绕“搬得出、稳得住、能致富、融合好”，做好易地扶贫搬迁户后续服务和保障工作。深入推动扶贫开发与农村低保标准“两线合一”，全面落实教育、医疗、住房“三保障”政策措施，强化社会救助兜底保障，确保符合政策规定对象全覆盖。（3）坚决打好污染防治攻坚战。强化生态环境治理，打好蓝天、碧水、净土、固废治理战役，全面开展大气污染防治行动，大力推广使用天然气，确保环境空气质量优良率保持在95%以上。加强5个集中式饮用水源保护区的建设与保护，推进金龙水库储备水源地建设，地表水集中式饮用水源地水质达标率达100%。深入开展农用地土壤污染状况详查，推进疑似污染地治理，加快土壤污染防治信息化进程。完成全国污染源普查工作，建立污染源普查数据库，全面加强污染源监控和治理。持续巩固中央生态环保督察“回头看”反馈问题整改成效，坚决防止问题反弹。加大矿山复垦力度，对矿山迹地、水土流失严重区域及生态脆弱区域进行恢复治理，完成14个历史遗留矿山环境恢复治理。强化生态文明制度落实，深入开展环境保护“六个一律”专项行动，严查重处破坏生态环境的违法行为。

（五）聚焦补短板、强弱项，着力推进乡村振兴。围绕“产业兴旺、生态宜居、乡风文明、治理有效、生活富裕”20字方针，加强农村基础设施建设，持续改善农业农村生产生活条件。

（1）提升农村基础产业。推进国家农产品安全县创建。加强猕猴桃产业生产端监管和市场端冷链体系建设，全力塑造绿色、有机猕猴桃品牌，实现猕猴桃大数据物联网监控6万亩。坚决做好非洲猪瘟等疫病防控，确保养殖业健康持续发展。围绕贵阳农产品电商物流园需求，加大农产品研发力度，延伸农产品加工链条，农产品加工转化率达52%以上。大力培育休闲农业及乡村旅游产业，加速推进农旅融合发展。积极培育发展新型经营主体，扶持龙头企业5个、专业合作社15个。（2）提升农村宜居水平。大力实施山、水、林、田、路综合治理，全面推进“六个小康”建设和农村人居环境综合整治。实施营造林3000亩，森林覆盖率达56%以上。推动落实畜禽粪污治理三年行动计划，完成治理40户。新建富美乡村示范点5个。实施厕所革命农村户厕改造1500户，新建公厕35座。加大村容寨貌和门前屋后环境整治，加强农村文化、卫生等公共服务配套，深入推进阳明文化进农村和送文化下乡活动，丰富群众文化生活，倡导积极文明健康的生活方式，激发群众参与乡村建设的内生动力，推动乡风文明，不断改善农村生活环境，持续提升群众生活质量。（3）增强农村改革实效性。充分盘活用好农村集体各种资源、资产、资金，在巩固 65 个村“三变”改革成果基础上新增 25 个村。全力抓好农村集体产权制度改革，完成村居清产核资、村集体成员身份认定和村集体产权确权登记颁证。加快推进农村土地流转服务“一平台四中心”建设，推动地方特色农业保险创新，不断扩大农业保险覆盖面。全年猕猴桃产业保险拓展到 8000 亩以上。

（六）聚焦稳投资、夯基础，着力提升发展后劲。牢固树立“抓投资就是抓发展”理念，加快推进项目建设、扩大有效投资，不断夯实发展基础。

（1）认真谋划项目。紧紧围绕中央宏观政策及省、市产业支持，县域产业发展规划和“近、水、文、产、旅”五篇文章，谋划一批对县域发展有支撑性的重点项目，谋划一批群众关注、便民利民惠民的实事项目，确保重大项目库投资总额动态保持在 2000 亿元以上，其中产业类项目超过 50%、达 1000 亿元以上。安排 500 万元项目前期工作经费，确保项目达到开工条件，提高向上争取项目资金成功率。（2）强化要素保障。强化项目资金争取，实行争取项目资金月通报制度。启动新一轮土地利用规划编制工作，争取更多用地指标，积极组织用地报批，深化批后监管工作，加快已批土地征收工作，力争完成 1913 亩土地储备。全力推进“旱改水”项目建设，组织备案水田指标 3000 亩。全面清理“批而未供、供而未用”土地，严格按照供地目录和用地标准，抓好建设用地供地，确保供地率达 80% 以上，挂牌出让土地 4000 亩左右，坚决查处违规违法用地。（3）狠抓项目建设。完成龙场至扎佐城市干道建设。扎实推进市民广场建设。加快金龙大道、“贵阳旅游环线”、“贵阳—金沙—古蔺”高速公路、乌当（羊昌）到长顺高速公路等县境内道路工程建设。推进同城大道 BRT 站点规划建设。全力推进县城三条河流治理、阳明文化园、产业新城、桃源河景区为重点的“五篇文章”标志性项目建设。持续实施县级领导包保项目制度，开展项目建设年活动，坚持每月举行一次项目集中开工或投产仪式。全年新开工、投产工业项目不少于 20 个。整合力量推动“半拉子”工程，确保年底全部销号。以问题为导向，制定服务企业责任表，限时办结，逐一销案，以铁的纪律推动服务项目水平大提升。每日在电视、微信平台向广大干部群众晒项目建设“成绩单”。

（七）聚焦推改革、增活力，着力推动重点领域创新。进一步解放思想、开拓创新，纵深推进各项改革，激发动力、增强活力，推动经济高质量发展。

（1）深化审批制度改革。建立政府投资正面清单管理制度，探索推行企业投资项目承诺制。深化工程建设项目审批制度改革，全面推进联合审图，并联审批，推行“五个一”审批体系，将工程建设项目审批时间由原 200 多个工作日压减至 100 个工作日以内。（2）深化医药卫生体制改革。实施医疗、医保、医药联动改革，完善县、乡镇、村三级医疗卫生服务体系。持续深化县级公立医院改革，推动实施院长年薪制，加强与省、市三级综合医院和专科医院医联体建设，积极提升县级公立医院服务能力和管理水平。（3）深化国资改革。探索集团化发展路径，推动国有平台公司战略重组，进一步完善法人治理结构，推动平台公司实体化转型。积极开展混合所有制改革。全面开展国有资产清理工作，加快形成全面覆盖、分工明确、协同配合、制约有力的国有资产监督体系，有效防止国有资产流失。（4）全面完成机构改革。按照中央、省、市相关要求，有序推进全县机构改革工作，做好“三定”规定制定、人员转隶、档案移交等工作，按时完成机构改革各项任务。统筹推进事业单位改革和综合行政执法体制改革。

（八）聚焦保民生、谋福祉，着力推动社会事业发展。坚持以人民为中心的发展理念，把保障和改善民生作为政府工作的出发点、落脚点，加强投入保障，让人民群众公平共享改革发展红利。

（1）保持稳定就业创业。严格落实创业担保贷款、自主创业奖励奖金、创业补贴等就业创业扶持政策，开展职业技能培训 2700 人，扶持微型企业 200 户以上。抓好充分就业城市创建，新增就业 7050 人，农村劳动力转移就业 6000 人，城镇登记失业率控制在 4% 以内。（2）强化社会保障。推进省级农村养老服务综合改革试点县工作，抓好农村老年幸福院、城区老年人日间照料中心项目建设，建成景阳护理院二期、沙溪养老护理院等项目，启动扎佐香巴湖养老项目。实现城乡低保应保尽保。进一步扩大公共租赁住房保障覆盖面，将城镇住房困难家庭、新就业人员、外来务工人员纳入保障范围，公租房分配率达 98% 以上。（3）办好人民满意的教育。积极引进优质民办教育资源，推动义务教育资源均衡配置，促进教育事业协调发展。拓宽教育经费筹措渠道，优先保障教育投入。持续推进“百校攻坚”“全面薄改”工程，新建修文四小、修文六幼、六屯镇中心小学、谷堡镇乌栗小学教学楼，启动扎佐二中、扎佐三中建设。抓好师资队伍培训和稳定工作，坚持实施“乐童计划”，全面提高教育教学质量。（4）*推动卫计事业发展*。推动医疗大数据与城乡居民医保等数据交换，加强健康档案管理，全面实现大病保险、基本医疗保险和医疗救助等“一站式”及时结算服务。推进县中医院和县妇幼保健院建设，积极改善基层卫生条件，推动实现“大病不出县、90%的县域内就诊率”目标。提升生殖保健服务水平，做好计划生育家庭扶助工作。（5）*切实维护社会稳定*。学习借鉴“枫桥经验”，注重发挥人民调解作用，积极防范化解各类社会风险，提升重大突发风险发现、研判、预警和处置能力。严格落实安全生产责任制，严防重特大安全生产事故发生，确保实现“双降”目标。加强公共安全管理，提升应急管理和处置突发事件能力。深化“平安修文”建设，深入开展扫黑除恶专项斗争，打好禁毒人民战争，开展“扫黄打非”“净网行动”“平安校园”行动，确保群众安全感、满意度保持在97%以上。（6）*稳步发展其他事业*。推进现代公共文化服务体系试点工作，抓好第五次全国文化馆修文馆评估定级，持续开展各类群众文化、公共文化、体育赛事等活动。深入推进多彩贵州“广电云”户户用工程建设。健全县乡村齐抓共管责任体系，推动国家农产品安全示范县、贵阳市“国家食品安全示范城市”创建各项工作落实。全面贯彻落实优抚安置及帮扶政策，抓好第四届省级双拥模范县创建工作。

此外，统筹推进气象、防灾减灾、档案、残疾人、民族宗教、民政、殡葬、外事、侨务、史志、工会、红十字会、科协、文学艺术、老龄、青年、妇女儿童等方面工作协调发展。

三、加强政府自身建设

各位代表，新时代赋予我们新使命，新事业激励我们新作为。我们要始终牢记使命、顺应时代，勇于担当、不忘重托，切实增强“四个意识”，奋力开创政府工作新局面。

（一）加强忠诚型政府建设。深入学习贯彻习近平新时代中国特色社会主义思想，增强“四个意识”、坚定“四个自信”、做到“两个维护”，严守政治纪律和政治规矩，坚决做到县委有号召、政府有行动、人民有期盼、政府有回应，积极构建忠诚型政府，营造“绿色干净”的政治生态，以良好的政治氛围，不断提高抢抓机遇、执行担当、防控风险能力。

（二）加强担当型政府建设。坚定“敢打必胜”信心和决心，以海纳百川的胸怀，以踏石留印、抓铁有痕的干劲，以“等不起”的紧迫感、“慢不得”的危机感、“坐不住”的责任感，推动各项工作落到实处。把为民担当作为根本追求，把群众想干的事作为政府要干的事，把实事办好、把好事办实。建立健全正确的考核评价机制和容错纠错机制，鼓励干部担当作为、大胆工作，营造敢担当、善担当、干成事、不出事的良好氛围。

（三）加强高效型政府建设。扎实推进机关效能建设，切实提高办事效率。深化“放管服”改革，推进“先照后证、多证合一、一照一码、证照分离”改革，为企业提供更加公平、公开、透明、高效、便捷的服务，积极推进企业开办“一网通”工作，办理企业设立登记的时间压缩至1个工作日以内，打造“门槛低于周边、服务高于周边”的营商环境。深化“互联网+政务服务”，让“数据多跑路、群众少跑腿”，推进政务服务“一网、一门、一次”改革，构建一体化网上政务服务体系。加强干部履职能力教育培训，逐步提升胜任本职工作和服务群众的本领，促进作风转变和服务效率提升。

（四）加强法治型政府建设。坚持法无授权不可为，加强依法行政、强化法治思维、理顺权责清单，做到“权力法定”“法外无权”，进一步增强政府的公信力、执行力。认真执行县人大及其常委会各项决议并报告工作，主动与县政协协商讨论重大事项，自觉接受人大法律监督、政协民主监督、社会舆论监督。开展法律法规宣传教育，强化干部法律法规学习和运用，增强全社会法治意识，整体推进依法治县工作进程。

（五）加强廉洁型政府建设。始终把纪律和规矩挺在前面，加强党风廉政建设“一岗双责”执行，对违纪违法行为“零容忍”，着力防范整治隐性变异的“四风”问题。严格落实中央八项规定及其实施细则精神，坚决整治懒政怠政现象。始终保持利剑高悬，强化不敢腐的震慑、扎牢不能腐的笼子、增强不想腐的自觉。规范政府采购、资源交易行为，加强项目资金管理。坚决反对奢侈浪费，严控“三公”经费支出，不断强化行政监察、效能监察、审计监督。坚持把企业家当朋友，构建“亲、清”新型政商关系，努力营造风清气正的政务环境。

潮平岸阔催人进，风劲扬帆正当时。各位代表，伟大的征程已经开启，让我们更加紧密地团结在以习近平同志为核心的党中央周围，在省委、省政府、市委、市政府和县委的坚强领导下，牢记嘱托、不忘初心、久久为功，决战脱贫攻坚、决胜全面小康，以优异成绩喜迎新中国成立70周年，为建设百姓富、生态美新时代秀美修文而努力奋斗！

息烽县政府工作报告

（2019 年 2 月 27 日在息烽县第十七届人民代表大会第三次会议上）

息烽县委副书记、代理县长 廖勇

各位代表：

现在，我代表县人民政府向大会报告工作，请予以审议，并请县政协委员和其他列席人员提出宝贵意见。

一、2018 年政府工作回顾

一年来，全县上下以习近平新时代中国特色社会主义思想为指导，坚持五大发展理念，坚守发展和生态两条底线，在市委、市政府和县委的坚强领导下，全力克服经济下行、减税降费、资金紧张、支柱企业税收锐减等压力，打好三大攻坚战，统筹推进稳增长、促改革、调结构、惠民生、防风险各项工作，经济社会发展总体平稳。

全年完成地方生产总值 186.79 亿元，增长 4%；规模以上工业增加值增长 1.4%；城乡常住居民人均可支配收入分别为 33067 元、14393 元，分别增长 9.5%、10%；实际直接利用外资、外贸进出口总额分别为 4800 万美元、185 万美元；新引进项目到位资金 142.56 亿元；社会消费品零售总额 23.07 亿元，增长 7.8%；公共财政预算收入 4.56 亿元。“十件民生实事”基本完成。

这一年，我们苦干、实干，重点开展了 7 个方面工作：

（一）坚持精准施策，脱贫攻坚“四场硬仗”战果更加稳固。

一是基础设施硬仗战绩明显。“组组通”公路 481 条、1072 公里建成通车，极大改善了乡村通行条件。投资 497 万元建成 3 条特别困难村公路。投资 1484 万元建成 8 处农村饮水安全巩固提升工程，解决 13959 人饮水安全问题。投资 817 万元实施“一户一法”项目 39 个。二是产业扶贫战果普惠民众。经果林、蔬菜、生态家禽扶贫产业带动贫困户 1674 户，户均增收 0.15 万元。“校农结合”向贫困户采购农产品达 40% 以上。农村“三变”改革实现 2045 户贫困户参股分红 320 余万元。探索企业、村集体、贫困户共建共享的“康农共享”产业扶贫模式。三是易地扶贫搬迁硬仗战事顺利。精准识别搬迁对象 368 户 1519 人。完成 371 套安置房主体工程建设，启动卫生室、便民购物小超市、幼儿园等配套设施建设。开展搬迁对象技能培训 110 余人次，提供就业岗位 874 个，实现就业 424 人。四是“三保障”硬仗战力提升。1.3 万余学生享受困难寄宿生生活费补助、国家助学金等 1368 万元。2069 人次学生得到生源地助学贷款 1466 万元。5.63 万人次健康扶贫对象获提高报销费用 190 余万元。5 个特别困难村标准化卫生室建成投用。改造治理农村危旧房 4027 户，实现建档立卡贫困户危改全覆盖。息烽脱贫攻坚“四场硬仗”连战连捷，交出满意答卷。

（二）坚持量质并举，产业发展路径更加清晰。

一是农业产业不断优化。“3+N”完成农业产业结构调整 12.91 万亩，带动农户 2.17 万户 5.23 万人。初步形成以葡萄、吊瓜、刺梨为主，猕猴桃、李子等为辅的经果林产业发展格局。种植蔬菜 27.6 万亩，实现肉鸡出栏 1300 万羽。创建省级、市级农业示范园区 2 个，实现农业总产值 32.9 亿元。完成市级以上农产品追溯体系建设 28 家。“猕天大圣”特色优质农产品获得第十二届中国国际有机食品博览会金奖。完成“三品一标”认证 18.07 万亩，农产品产地认证 13.77 万亩，打造绿色食品 4 个、有机农产品 4 个。

食用农产品抽检合格率达99.1%。建成美丽南山田园综合体，成功承办贵州省首届“中国农民丰收节”暨第六届贵阳农业嘉年华。二是工业转型稳步推进。关闭为息烽经济作出30年重大贡献的黄磷厂，引进年处理能力100万吨磷石膏企业2家。“千企改造”完成30家规模以上工业企业转型升级方案申报及评审。大宏煤矿45万吨、味美e平方小厨房等技改项目有序推进，西洋磷复肥产业提升、开磷10万吨磷酸二氢铵配套15万吨高效水溶肥等技改项目建成投用。大力培育新兴业态，南山风电部分投产试车，中建科技生产基地建设推进有序，应力钢筒混凝土管道、智慧水务等重大项目建成投产。引进中国食品工业西南总部等17家企业落户息烽，完成投资12亿元。以阳朗鸡为引领的一批特色食品，成功在中国食品网络平台线上销售。全力支持民营经济大发展，实现增加值121.4亿元、增长18%。完成2家工业企业上规入统。关闭淘汰落后产能煤矿企业1家。三是服务业发展持续向好。南山温泉、九庄多缤洞等项目有序推进，累计完成投资4.35亿元。游客集散中心、智慧旅游平台建成投用，温泉疗养院、华公馆精品酒店成功打造成市级铜兰级酒店。举办“跑贵州”2018年西望山国际越野跑挑战赛、2018年全国滑翔伞定点联赛贵州息烽站等重大赛事。培育限上住宿企业2家、商贸类企业4家。旅游接待人数增长26%，完成旅游总收入72.73亿元、增长35%。成功创建省级电子商务进农村综合示范县，完成18个电商服务站升级改造，实现村级电商全覆盖。在京东、苏宁、淘宝等开设网店264个，产品种类400余种。三友吊瓜籽、中康猕猴桃成功入选阿里巴巴兴农扶贫频道产品库。辣子鸡、吊瓜籽等产品在线销售额突破3800万元。贵州首个“淘宝村”立碑村电商经营模式得到世界银行行长金墉高度赞誉、广泛推荐。金融机构存贷款余额分别达97.66亿元、102.07亿元。商品房销售面积23.17万平方米，销售额8.78亿元、增长55.2%。通过推进一产调整、二产转型、三产扩充，走出了一条切合息烽实际的发展新路。

（三）坚持统筹发展，城乡基础面貌更加靓丽。

一是城市空间加快扩展。同城北路息烽中段部分建成通车、南段建设有序推进，团圆山环线主线、兰海高速息烽南互通、鹿窝高速互通连接线建成投用，流长、九庄互通连接线建设有序推进。完成南门坝地块规划调整。城市发展空间扩展到20平方公里，基本搭建城市发展“大骨架”，为打造贵遵城市带上20万人口节点城市奠定了坚实基础。二是城乡基础持续夯实。完成续建、大修及灾毁重建公路89.93公里。启动温泉至乌江等9条世行贷款项目。高洞水库主体完工，清沙河水库成功截流。新增高效节水灌溉面积6250亩。完成阳光新城、一品城等小区天然气入户安装。行政村通光纤实现100%。虎城大道、文化北路等区域实现免费WiFi全覆盖。“广电云”接入1.5万用户。三是城乡环境不断改善。西门、老气象站等棚改项目有序进行。开磷城E区、梦园水厂等房开项目完成投资6.2亿元，增长158.61%。市级特色小城镇试点项目完成投资1990万元。新增城镇人口3260人，城镇化率达48.45%。拆除违章建筑32.8万平方米，整治占道经营1.79万起。小寨坝镇、九庄镇生活垃圾收运中转站建成投用。城区生活垃圾无害化处理率达100%。“厕所革命”完成新建改造公厕73座。永靖大道、同城北路息烽中段景观绿化提升全面完成。农村人居环境改善“10+N”项目全面推进。国家卫生县城和卫生乡镇顺利通过省级复审考核。通过搭骨架、夯基础、美环境，城乡面貌日新月异，呈现一幅宜居宜业的城乡画卷。

（四）坚持守好底线，污染防治攻坚更加深入。

一是污染防治持续加强。全面完成中央环保督察反馈问题及“回头看”转办案件整改。乌江息烽水域钓鱼棚、水上漂浮物整治全面完成。建成日处理中水能力7.2万吨和处理氨氮废水5000吨工业污水厂各1座。全面推行河长制，乡镇以上集中式饮用水源地水质达标率100%，息烽河出境断面水质稳定达Ⅲ类水体。县城污水处理厂完成提标改造，小寨坝、温泉、九庄镇污水处理厂建成投用，养龙司、青山等5个污水处理厂完成主体工程。完成交椅山、贾家堰磷石膏全覆盖覆膜71万平方米。关停12万吨磷酸二铵等生产装置，淘汰改造燃煤锅炉40.5蒸吨。县城环境空气质量优良率达95%。6项污染物全部达到国家二级标准。二是增绿护绿稳步推进。完成营造林4.6万亩，农业产业结构调整可纳入森林计算面积8.39万亩，森林覆盖率达56%。完成林地“占一补一”储备库建设6300亩并登记发证，异地补偿资金收入1亿元。完成林业有害生物防治1.14万亩。依法办理涉林案件64起。全年未发生森林火灾事故。“百园县”完成阳朗湿地、水岭、开磷城3个精品公园建设。三是节能减排不断强化。申报工业和信息化发展专项资金项目2个，磷石膏综合利用补贴资金企业2家，申报市级循环经济项目1个，完成开磷息烽合成氨、贵阳开磷化肥和太和制药厂清洁生产审核验收。依法发放企业排污许可证11家次，单位地区生产总值能耗下降3.31%，主要污染物排放控制在省市下达范围内。息烽天更蓝、水更清、地更绿，绿色发展思维更加深入人心。

（五）坚持改革开放，发展动能释放更加有力。

一是重点改革加快推进。农村“三变”完成土地入股12.91万亩，村集体资产、各级财政入股资金1.5亿元，撬动社会资本4.6亿元，农民变股东1.91万户6.86万人，分红收益3715万元。“放管服”调整修改行政权力419项。全面启动工程建设项目审批制度改革。商事制度改革完成各类市场主体登记3837户，增长12.18%。县级公立医院综合改革实现县乡村三级“人、财、物”一体化管理。水利体制、城市综合管理等改革有序推进。二是投资拉动持续发力。“三年滚动计划”储备项目895个，总投资1956.6亿元。实施省级重大工程和重点项目28个，完成投资56.5亿元。实施县级重点项目100个，完成投资63亿元。污水综合治理、G210集中营至黎安公路改扩建等一批省级重大工程和重点项目顺利推进。三是招商引资取得实效。对外开展招商活动388次，成功签约中建科技、厦门象道物流等中国500强企业，落地刺梨健康食品深加工等项目23个，签约资金126亿元。企业投资项目承诺制代办382项，代办率、办结率均达100%。排查整治营商环境问题23个。息烽在进一步解放思想、改革创新、聚力奋进的进程中，为实施高水平对外开放、推动经济高质量发展夯实了基础。

（六）坚持民生为本，社会事业发展更加扎实。

一是科技教育事业持续进步。西洋实业、黔桥鑫烁、开磷质检被认定为高新技术企业。申请专利180件、授权110件，有效发明专利40件。综合科技进步水平测评指数63.9%。立碑电商众创空间通过市级评审。强力推进“全面改薄”“百校攻坚”工程。完成4所山村幼儿园改扩建。县第一幼儿园、养龙司镇中心幼儿园通过市级示范园评估。学前幼儿三年入园率、九年义务教育巩固率、高中阶段毛入学率、残疾儿童入学率、进城务工人员子女公办学校就读率分别达93.38%、97.4%、97.24%、96.55%、100%。营养改善计划投入资金1995万元，受益学生2.55万人。“乐童计划”获益学生达2.48万人。获评“全国中小学校责任督学挂牌督导创新县”称号。二是文化体育事业持续发展。启动“猫洞”遗址保护、挖掘及开发，纪念馆参观接待突破100万人次。放映农村公益电影1975场。开设舞蹈、声乐、农民画等艺术培训班，免费培训2500人次。举办青山苗族“四月八”、纪念改革开放40周年音乐会等大型文体活动20余场次。体育馆项目主体工程完成75%。成功承办贵阳市第八届老年人运动会棋类、乒乓球交流赛。组队参加省市运动会分别获金牌10枚、8枚。三是卫计服务水平逐步提高。县人民医院、中医院分别与5个乡镇卫生院组建县域内医疗共同体。42所农村中小学校医务室标准化建成投用。新农合参合22.99万人，报销51.22万人次，补偿金额1.27亿元。人口健康信息化建设开展远程影像、心电等诊断9292例。全面落实“二孩”政策，常住人口出生率16.82‰，自增率9.99‰。四是创业就业氛围越发浓厚。发放创业担保贷款1200万元、自主创业奖励14.7万元、场租补贴26.6万元、农民工返乡创业奖励资金60万元。完成各类培训6563人，转移农村劳动力7020人，实现城镇新增就业1.44万人。创建充分就业社区、村41个，城镇登记失业率控制在2.93%。处置工资拖欠信访投诉58件，清欠兑现农民工工资2269万元。五是社会保障水平不断提升。及时足额发放城乡低保金2853万元。深入推进农村留守儿童妇女、老年人关爱服务体系建设，切实做好妇女权益保障和残疾人保障工作。完成敬老院提质改造2所。发放优抚对象抚恤金887.4万元、遗属生活费143.48万元、城乡困难群众救助金60.2万元、重度残疾人护理补贴95.8万元。城镇职工基本养老、城镇职工基本医疗、城乡居民医疗、失业、工伤、生育保险参保比例稳步提升。城乡居民社会养老参保人数达9.58万人，征缴各类保险费4.03亿元，发放各类保险待遇3.17亿元。息烽民生事业全面发展，社会事业不断进步，人民群众的获得感、幸福感全面提升。

（七）坚持和谐稳定，社会治理成效更加显现。

一是风险防控不断增强。未发生较大以上安全生产事故和群体性事件，生产安全事故起数和死亡人数均实现“双降”。全力防控政府性债务风险，采取展期降息、引入社会资本、争取地方政府专项债券等进一步降低政府性债务风险，政府性债务余额20.94亿元，负债率10.93%，债务风险整体可控。二是治理能力不断提升。主动接受县人大监督，办理代表意见建议108件。主动接受县政协民主协商，办理委员提案109件。建议和提案满意和基本满意率均达100%。强力开展扫黑除恶专项斗争，收集处理问题线索11个。深入推进“两严一降”立体化防控体系建设，新增高清视频监控探头1500路。全县刑事发案下降11.48%，破案率增长3.7%，刑事、行政打击1321人。打击处理毒品犯罪嫌疑人24人，缴获毒品443.03克。实现“两抢”零发案。成功侦办“全国统一行动、公安部指挥的‘107’专案”。石硐镇探索乡村治理“六权共治”新模式获得上级认可。建成农村社会治理示范点1个、村民组群众服务中心32个。“五型”社区建设全面推进。开展人民调解“五化”建设，成功调解矛盾纠纷654件，调解成功率99.39%。三是政府自身建设不断加强。加强政府门户网站第一公开平台建设，政务系统100%接入“云上贵州贵阳分平台”，政府数据100%实现开放共享，政务公开第三方评估获全省88个区市县第一名。狠抓作风建设，认真执行中央八项规定。强化政府系统党风廉政建设，坚决遏制民生等重点领域腐败问题发生。加大财政审计监督力度，投资评审审减资金2.42亿元，审计审减资金4485.73万元。严格控制“三公”经费，政府部门一般性支出减少39%。息烽防风险、稳秩序、明政风能力进一步增强，积极营造了和谐共美的生活、工作和发展环境。

此外，应急、国防、人防、国家安全、民族宗教、地方志、侨务、对台、仲裁、气象、智力支边、工青妇、关心下一代、红十字等事业也持续取得新成绩。

各位代表，改革开放40年来，在历届县委的正确领导下，全县干部群众自力更生、奋发图强，相比1978年，GDP年均增长16.5%、翻了八番，城乡居民收入年均分别增长9.9%、11.6%，城镇居民收入相比1995年翻了三番，农村居民收入相比1978年翻了六番。我们干成了许多大事，城乡面貌发生了深刻变化，实现了从解决温饱到全面小康质的飞跃，广大人民群众的获得感、幸福感、安全感不断提升，我们无比自豪。

过去一年的成绩来之不易，得益于党中央国务院、省委省政府、市委市政府及县委的正确领导，得益于县人大、县政协强有力的监督支持，得益于全县人民齐心协力、苦干实干。在此，我谨代表县人民政府，向各位人大代表、政协委员、离退休老同志、各民主党派、无党派人士和工商联、各人民团体、驻县企事业单位、驻县部队官兵、政法干警及全县各族干部群众、社会各界人士，表示衷心感谢并致以崇高的敬意！

在取得成绩的同时，我们也清醒地看到形势的严峻及存在的问题和不足。一是息烽山多平地少，开发空间稀缺。二是一磷独大，新项目少，新工业园区小，工业振兴任重道远。三是贵阳和遵义对息烽人才、资金、资源“虹吸”效应持续加深，县城高铁站、息烽港对重庆等地开放功能未彰显，改革开放深度广度有待进一步挖掘。四是百姓对教育、卫生等基本民生需求美誉度不高。五是财政收支压力巨大。支柱磷产业税收贡献断崖式下跌、减税降费持续扩大、偿债高峰来临、筹资环境紧张、教育等刚性支出又陡增，多重不利因素叠加，全县防风险守底线全口径创收工作任务艰巨。六是执行力有待进一步提高。面对省委、市委高标准要求、高水平开放、高质量发展的“三高”要求，干部思想解放、知识储备、能力建设、视野心胸有待进一步提高，个别干部有不愿作为、不愿担当现象。

各位代表，当前形势严峻、压力空前，但是有党中央的英明领导和对欠发达地区的关心厚爱，有上级党委政府的大力支持，困难是暂时的、前途是光明的。放眼未来，我们打基础、利长远的工作效益逐步彰显，实体经济正逐步壮大，新的经济支撑点也即将成型。新时代有新作为，我们必须紧紧围绕高质量发展要求，坚持稳字当头、实字为要、好字优先，稳中求进、进中求胜，全力以赴做强长板、补齐短板，扎实抓好2019年各项工作。

二、2019年工作打算

2019年是贯彻党的十九大精神的推进之年，是新中国成立70周年，是实施“十三五”规划及决战脱贫攻坚、决胜全面小康冲刺之年。做好今年经济社会工作，总体要求是以习近平新时代中国特色社会主义思想为指引，按照中央、省委、市委、县委的决策部署，牢牢把握高质量发展的根本要求，抢抓高水平对外开放新机遇，紧紧围绕“一品一业、百业富贵”的新愿景和“成为开放发展的‘新亮点’，打造中高端制造业核心配套区”的新定位，坚持高标准要求和“快”“稳”结合，持续推进大扶贫、大数据、大生态三大战略行动，以“红色息烽·氡泉之城”建设为总抓手，加快推动县域经济高质量发展，打造更高水平全面小康示范县。全年力争实现地方生产总值增长10.5%，公共财政预算收入增长6%，公共财政预算支出增长6%，规模以上工业增加值增长8%，社会消费品零售总额增长10.5%，城乡常住居民人均可支配收入分别增长9.2%、9.6%，旅游总收入增长26%，主要污染物排放控制在省市下达指标范围内，努力为民办好“十件实事”。

今年，我们要重点高质量抓好7个方面工作：

（一）以“一品一业”为引领，高质量打造工业发展新引擎。

一是加快传统产业转型升级。以磷产品提升为重点，深入实施“千企改造”工程，重点支持开磷化肥15万吨全水溶肥、磷镁公司磷镁基特种预拌砂浆生产线技改项目。系统推进磷矿渣综合利用，变废为宝。按“以渣定产”要求，加快推进绿色建材基地建设，重点支持开磷建筑石膏粉、石膏条板等项目建设，积极争取年产60万吨高温石膏、40万吨建筑石膏等项目落地投产。大力开展“以渣引商”，引进消化利用磷渣企业10家以上，年消纳磷渣350万吨以上。督促息烽磷矿露天转地下、息烽合成氨熔渣气化技改、大宏煤矿技改等在建项目加快建成投产。二是加快新兴项目落地投产。争取中食集团食品加工基地、黄氏酒业5万吨其他酒等项目尽快落地开工。加快华能南山风力发电、中建科技装配式建筑、开磷塑料包装异地技改、年产3000吨高性能环保电子显影材料等项目进度，尽快实现投产达产。培育上规企业6家。三是加快优化提升发展环境。围绕“一品一业、百业富贵”新愿景，以“千企引进”为抓手，围绕装配制造、新型建材、医药、食品等中高端制造业和大健康消费品产业，进一步完善工业园区配套基础设施，大力开展招商引业行动，力争引进10个以上项目落地，投资30亿元以上。

（二）以“乡村振兴”为抓手，高质量开创“三农”工作新局面。

一是持续深入开展田园综合体建设。坚持“农味无穷、趣味无限、庄园引领、共建共享”及“政府主导、企业主体、群众参与”原则，以田园综合体建设为载体，发挥示范带动效应，提升农村现有资源经济效益，带动群众增收致富，全面推动乡村振兴。每个乡镇启动建设田园综合体1个以上。二是持续深化农业产业结构调整。抓牢农业产业“八要素”，按照“3+N”模式，以“三变”改革为路径，推进互联网、大数据、物联网等技术在种植、养殖、加工、物流、营销等各环节应用。引进培育一批有实力的新型农业经营主体，采取“公司+合作社+农户”共建共享模式，围绕重点攻坚区域，更加注重产业管护及市场拓展，继续扩大葡萄、吊瓜、刺梨三大主导产业种植规模，带动猕猴桃、李子等精品水果产业同步发展，完成农业产业结构调整3万亩，引进农产品深加工企业1家以上，创建优质精品水果品牌1个以上。继续巩固肉鸡养殖和蔬菜种植，肉鸡出栏1100万羽以上，发展蔬菜20万亩次以上。培育农民专业合作社20个、市级以上农业龙头企业2个、省市级农业园区各1个。加快国家农产品质量安全示范县创建，新认证“三品一标”产品10个以上，生态原产地保护产品5个。瞄准国际国内中高端跨境电子商贸业，打造具备市场竞争力的县域电商公共品牌1个以上，建立功能相对完善的县级快递物流综合配送中心，力争农产品网货出山销售额达6000万元。三是持续完善农民发展保障举措。按照“一达标，两不愁，三保障”标准，严格落实农村医疗、养老保障；持续落实教育精准扶贫政策，确保在校贫困户学生不因贫失学辍学；深入推进健康扶贫工程，落实好大病医疗救助制度，为农村卫生室配齐相关医疗设备；全面完成易地扶贫搬迁永靖安置点项目建设，确保如期实现搬迁入住，有劳动力家庭每户至少实现1人就业。开展职业技能培训2500人次以上，农村贫困劳动力培训达2900人。鼓励和引导返乡农民工、大学生、退伍军人回乡就业创业，培育乡村振兴生力军。持续加强干部结对帮扶管理，用心用力用情做好帮扶工作。四是持续提升农村人居环境质量。大力实施“千村整治”行动，打造更加生态宜居乡村环境。建成农村公厕60个，改造户用卫生厕所3510户，实现农村垃圾治理覆盖率达70%以上，打造富美乡村示范村5个以上。启动清沙河水厂建设，建成水头坝、九庄等水厂，巩固农村饮水安全。实现全县20户以上自然村寨光纤、4G网络全覆盖。

（三）以大健康消费品为统筹，高质量开启旅游发展新征程。

依托息烽的地理优势、资源禀赋，以大健康消费品统领全县一二三产业向中高端融合发展，大力发展健康药食材、健康医药、健康食品、健康运动、健康医疗、健康养生、健康养老、健康避暑等中高端大健康消费品产业，研究探索“大健康+”中高端复合产业发展模式，抢占大健康消费产业新高地。一是大力发展健康农业。全力做好“大健康+农业”大文章，大力发展绿色果品、蔬菜、肉鸡三大主导产业，推动息烽农产品入驻贵阳农产品物流园，打通息烽绿色农产品进入贵阳千家万户的主通道，大力抢占贵阳、遵义市场份额。立足现有农业发展资源优势，以美丽南山田园综合体及富美乡村示范村为支撑，围绕吊瓜、葡萄、猕猴桃、刺梨等产业，注重品牌和市场拓展，推进“一镇一业，一村一品”。全力推进现代农业、观光农业、创意农业、共享农业、体验农业，打造息烽农业中高端大健康消费品。二是大力发展工业大健康消费品。围绕全省“十大千亿级工业产业”及脱贫攻坚“五大产业”，以大健康医药、健康食品制造为核心，结合“一品一业”新要求，积极谋划大健康食品深加工产业，以工业产品为核心，一体化发展种植业、养殖业、商贸业、进出口产业、生产性服务业，努力实现“接二连三”。重点加快推动刺梨全产业链发展，做好“全省种植、息烽加工”这篇文章。深化吊瓜“一品一业”全产业链谋划与布局。围绕葡萄酒厂，积极引进知名企业、先进的技术和管理运营团队，打造息烽高端红酒品牌和产业。加快推进生物制药发展，支持制药企业进行生物制药研发，引进高新技术制药企业入驻息烽。支持企业在产品开发、外观设计、产品包装、市场营销等方面加强创新，丰富和细化消费品种类。着力提升阳朗辣子鸡、味美食品、苗姑娘食品等特色旅游产品的知名度，扩大产品销量。三是大力发展现代服务业大健康消费品。以“百里氡泉”为底盘，深挖氡泉文化，高水平策划、打造“百里氡泉·康养息烽”旅游品牌，探索推进“大健康+康养+文旅+升级版人居”发展模式。大力招商植入健康运动、医疗保健、养生养老、避暑休闲等大健康现代服务消费品产业，配套规划建设升级版人居产品。全力推进南山温泉、九庄多缤洞、小寨坝温泉大世界等项目建设，力争南山温泉、九庄多缤洞一期建成营业。积极推动底寨温泉、胡家湾温泉、西望山和乌江峡风景名胜区综合开发项目合作洽谈年内取得实质性进展。以息烽集中营革命历史纪念馆为龙头，南山红色研学拓展营地为支撑，充分整合红色文化资源，打造红色主题教育培训基地。以西望山国际越野跑挑战赛、全国滑翔伞定点联赛为基础，积极谋划南山驿站汽车拉力赛、乌江峡攀岩挑战赛。培育星级以上民宿、乡村客栈农家乐 30 家，完成旅游限上企业培育 1 家。力争接待游客 1182 万人次以上，实现旅游综合收入 83 亿元以上。

（四）以改善居住质量为目标，高质量优化山地特色城镇新布局。

一是优化城乡布局。有序推进“撤县设区”，加快实现与市中心城区的联动发展。编制完成《息烽县空间发展战略规划（2020—2035）》，明确城市开发边界，优化城乡发展空间，加快推进同城大道息烽段建设，加大与遵义播州区、贵阳修文县的协调力度，力争早日打通南起黔灵山路、北至遵义市播州区的贵遵同城大道，全面拉开城市发展“大骨架”。加快推进息烽西南新城开发战略，为我县人民打造升级版人居环境。二是改善城镇面貌。启动酒厂纸厂、武校片区等 3380 户棚户区改造项目。加快推进毛栗冲、长峰化工厂、永靖大道两侧等地块房地产开发项目进度，同步推进同城北路、团圆山环线等城市主干道两侧土地开发，为我县人民提供中高端商住产品。大力推进特色小城镇建设，力争城镇化率达 49.43%。完成城乡生活垃圾收运体系和垃圾综合处理项目建设。持续提升全国卫生县城、省级文明城市创建成果，确保国家、省、市复核合格率达 100%。三是夯实城镇基础。大力推进团圆山城市干道息烽特大桥、江都高速流长互通连接线建设，确保年内建成通车。加快推进小寨坝至兴隆等 9 条世界银行公路建设贷款项目。完成底寨至马路岩公路改造工程、沙湾至久长等 40 条公路生命安全防护工程建设。新建县城二级客运站。推广应用甲醇汽车 600 辆，配套建设甲醇加注站 1 个。加快清沙河、中坝水库等骨干水源工程建设，强力推进水井槽、清水河、水落凼等水库建设前期准备工作，力争开工建设两岔河水库。深入推进城镇供电、供气建设，争取创建全省首个 5G 场景应用示范县，全力打造功能完善、生活便捷的城乡宜居环境。持续提升商贸、物流、金融、保险、餐饮、住宿等配套服务水平，力争三产增加值增长 16% 以上。

（五）以中央环保督察整改为契机，高质量巩固生态文明建设新成效。

一是持续巩固环保整改成效。完成生态环境保护规划编制。持续巩固提升中央环保督察反馈问题及“回头看”转办案件整改成效，重点督促开磷集团稳定运行 3000 立方米 / 小时污水处理回用工程及 5000 立方米 / 天污水处理综合治理，全面完成乌江支流总磷污染治理、枧槽沟水库饮用水源保护等项目。加强磷石膏渣场渗漏整治力度，配合抓好乌江 34 号泉眼污染治理设施监管，确保出境断面水质保持Ⅲ类水体。按照“六个一律”环保执法利剑行动要求，从严从重查处各类环境违法违规行为，始终保持环保执法监管高压态势。二是持续完善治污基础设施。持续强化黑臭水体排查和治理。进一步完善县城排污管网建设。启动建设县城污水处理三期工程。加快完善养龙司等 5 个乡镇污水处理设施，实现乡镇污水收集处理全覆盖。进一步落实县、乡、村三级河长制管理职责，确保全县水体安全、清洁、健康。完成县城第二环境空气自动监测站建设。抓好扬尘、工业废气、秸秆垃圾焚烧等污染源治理，确保县城环境空气质量优良率达 95% 以上。抓好磷石膏综合利用企业达产扩能，确保全县固体废物综合利用率达 65% 以上。三是持续推进绿色息烽建设。按照“四个价值”最大化要求，推进“退粮进经”战略，加快退耕还林管护力度，提升 25 度以上坡耕地经果林种植质量，完成人工造林 2.3 万亩、封山育林 1.3 万亩，持续推进森林保护“六个严禁”专项执法行动，管好全县 74.34 万亩天然林，实现森林覆盖率达60%。继续实施城市绿色景观提升工程，新建精品公园2个。

（六）以深化改革开放为杠杆，高质量释放发展开放新动能。

一是着力推进重点改革。深入推进农村集体产权制度改革，建立村集体资产管理、成员认定、股份量化等体系，全面推进农村“三变”改革，构建农村集体经营发展新机制，促进农民收入持续增加。加快推进信息进村入户试点工作，完成县、乡、村三级信息服务体系建设。全力推动“放管服”改革，创建工程建设项目审批制度改革试点，探索行政审批“六个一”模式。搬迁县政务服务大厅，实现全县部门和事项应进必进集中办理，全面推进“一网通办、一门服务、一次办成”“不能说不行”等政务服务改革，提升政务服务质量和效能。加快推动城市管理、民主法制、文化体育、生态文明、教育、医疗等领域改革，并积极争取上级改革试点，全方位探索“息烽路径”、打造“息烽模式”、积累“息烽经验”。二是着力推进投融资体制改革。依法依规、积极创新融资模式、建设模式，大力推广PPP模式，鼓励社会资本参与提供公共产品和公共服务并获取合理回报。加快完善政府性债务风险防控机制，积极采取各项有力措施防控政府性债务风险发生。加大与有关金融机构对接，大力推进债务展期降息。按照“先急后缓、量力而行”原则，严格政府投资项目审批。在确保不新增政府性债务前提下，开好用好融资“前门”，抓好地方政府债券、企业债券申报发行。三是着力推动国企转型。加快推进县城投、旅投、农投3家县属国有企业转型升级发展，全力抓好政府投资项目“投转固”，推动资源资产注入，提升企业融资能力。鼓励县属国有企业采取市场化方式，积极参与棚户区改造、土地储备一级开发、房地产开发等项目实施，提升企业市场竞争力。加强企业所辖资源资产经营管理，确保资产保值增值，产生经济效益。四是着力提升开放水平。充分挖掘息烽高铁站、小寨坝及养龙司铁路货运站台、贵遵同城大道、息烽港、电商平台等存量资源开放功能潜力。抢占贵州5G产业试点、贵阳龙洞堡国际机场空港口岸、中国（贵阳）跨境电商综合试验区等开放平台建设机遇，逐步搭建息烽陆上、水上、空中和网上“四大对外开放平台”，逐步加大息烽对贵阳、遵义、重庆、广州、深圳等大中城市及国际开放力度。

（七）以人民为中心，高质量保障民生领域新需求。

一是努力抓好科教文体事业。力争新增省级农业科技示范园区1家、培育省级高新技术企业1家，科技备案企业累计达100家以上，科技进步综合指数达75%以上。全力落实“百校攻坚”行动，加快息烽一中三期、第三中学、第二小学等项目建设。推进义务教育学校标准化管理，强化教师队伍建设，加快提升教育教学质量。稳步推进县域义务教育优质均衡发展试点县创建。大力推进职业技术学校“校企结合、订单委培”办学模式，培育都市型农民，助力脱贫攻坚。实现学前三年入园率和高中阶段毛入学率均达到85%以上，小学辍学率和初中辍学率分别控制在0.05%和1%以内。高质量实施“乐童计划”。全面清理整顿规范校外培训机构。继续开展校农结合工作，推进农村义务教育和学前教育营养改善计划提质升级，申报A、B级食堂20个。组织开展好“百村农民篮球赛”、青山苗族“四月八”、红岩葡萄节等群众文化活动。加快推进融媒体中心和体育馆建设。二是努力提升卫生健康服务水平。着力推进县域医疗共同体建设，促进分级诊疗落地落实。抓好城镇医疗保险和新农合工作。推动计划生育服务管理转型升级，大力提升基本医疗和公共卫生服务质量及水平。推行高危孕产妇“五色”服务管理，推进县妇幼保健院创建新一轮全国计划生育优质服务先进单位。抓好传染病防控工作，强化卫生应急能力建设。加大对民营医院的监管和支持，促进民营医院健康有序发展。三是努力完善社会保障体系。积极引导社会力量通过独资、合作、租赁等方式，建立公建民营及医养结合的综合性养老机构，实现全县社会化养老零突破。完善基层就业服务平台功能和劳动力资源信息管理系统，确保城镇新增就业1.05万人，劳动力转移就业7000人，城镇登记失业率控制在4%以内。落实创业贷款、岗位补贴等扶持政策，发放小额担保贷款新增1200万元以上。继续实施“全民参保计划”，确保基本社会保险覆盖率达93%以上。持续开展好城乡低保工作，加大拥军爱军工作，落实各项优抚政策。深入推进农村留守儿童和老年人关爱服务体系建设，切实做好妇女权益保障和残疾人保障工作。继续抓好救灾救济工作，全面提高防灾减灾能力。四是努力维护社会和谐稳定。纵深开展扫黑除恶、“两严一降”、禁毒人民战争等，创新社会治安防控体系建设，筑牢社会稳定防线。持续巩固“全国平安建设先进县”“贵州省无毒害示范单位”等建设成果。持续深化人民调解“五化”建设，不断提升人民群众的安全感、满意度，擦亮“平安息烽”名片。加快构建共商、共治、共建、共享社会治理格局。扎实做好群众来信来访工作，不发生重大群体性上访事件及非访事件。持续开展安全隐患大排查、大整治行动，彻底排查治理安全隐患，严打非法违法违规违章行为，努力遏制生产安全事故发生。

此外，持续推动国防、人防、应急、国家安全、民族宗教、地方志、侨务、对台、仲裁、气象等事业发展，支持监委、法院、检察院工作，支持工青妇、工商联、红十字会等组织做好工作。

三、持之以恒抓好政府自身建设

（一）强化政治建设，全力锻造对党忠诚品质。

树牢“四个意识”、坚定“四个自信”、做到“四个服从”、做好“两个维护”，始终在思想上、政治上、行动上同以习近平同志为核心的党中央保持高度一致。自觉用习近平新时代中国特色社会主义思想武装头脑、推动工作，确保省委省政府、市委市政府及县委各项决策部署落地生根。

（二）强化依法行政，全力推进法治政府建设。

全面完成政府机构改革和乡镇相关改革。按照“谁决策、谁负责”原则，继续深入实行权力清单和责任清单，推进政务公开，严格依法履行职责，规范公正文明执法，加强普法宣传教育。自觉接受人大法律监督、工作监督，自觉接受政协民主监督，主动接受社会监督和舆论监督，认真听取人大代表、政协委员，民主党派、无党派人士和各人民团体意见，做到有权必有责、用权受监督。

（三）强化思想解放，全力提升政府施政效率。

深入践行“五步工作法”，精准把握“八个关键细节”，不断提升研究问题、破解难题的能力和本领。鼓励领导深入基层推进“三大攻坚战”、产业转型、项目建设等中心工作，进一步转变作风，以“钉钉子”精神解决发展难题、推动工作落实。全面落实中央、省委、市委、县委关于进一步激励广大干部新时代新担当新作为的实施意见，完善容错纠错机制，坚持“三个区分开来”，为勇于创新、担当作为的干部撑腰鼓劲。

（四）强化为民宗旨，全力提升为民服务水平。

牢固树立以人民为中心的发展思想，强化公仆意识，始终把人民对美好生活的向往作为奋斗目标，多谋民生之利、多解民生之忧，真正把政府工作做到人民群众心坎上。坚持干字当头、勤勉敬业，善始善终、善作善成，以踏石留印、抓铁有痕的劲头抓紧每一天，干好每件事，全心全意为息烽人民谋幸福。

（五）强化正风肃纪，全力构建清明政治生态。

严格执行中央八项规定及实施细则，坚决纠正形式主义、官僚主义新表现，驰而不息纠正“四风”。严格履行全面从严治党主体责任和“一岗双责”，强化巡视巡察和审计结果运用，加强工程建设、土地出让、政府采购、产权交易等重点领域监管，扎牢织密制度笼子，坚决惩治腐败行为，推进以案促改制度化、常态化，大力营造风清气正、干事创业的良好环境。

各位代表，站在中国特色社会主义新时代的历史起点上，我们深感责任重大、使命光荣。让我们紧密团结在以习近平同志为核心的党中央周围，深入贯彻落实党的十九大精神，认真落实“高标准要求、高水平开放、高质量发展”要求及省市县决策部署，团结奋进、拼搏创新、苦干实干、攻坚克难，加快建成更高水平全面小康示范县，努力为开创百姓富、生态美的富美息烽新未来作出新贡献！

开阳县政府工作报告

（2019 年 1 月 14 日在开阳县第十七届人民代表大会第三次会议上）

开阳县委副书记、县长 李仕勇

各位代表：

现在，我代表县人民政府向大会报告工作，请予审议，并请县政协委员和列席人员提出宝贵意见。

一、2018 年工作回顾

刚刚过去的一年，在市委、市政府和县委的正确领导下，在县人大、县政协的监督支持下，县政府团结带领全县人民，认真学习领会习近平总书记系列重要讲话精神，深入贯彻落实党的十九大和十九届二中、三中全会精神，以习近平新时代中国特色社会主义思想为指引，深入践行新发展理念，坚持高质量发展要求，牢牢把握主基调、主战略，坚守“两条底线”，统筹推进“五位一体”总体布局，协调推进“四个全面”战略布局，深入实施“三大战略行动”，纵深推进“三大一小”建设，圆满完成十七届人大第二次会议、第十四次人大常委会议明确的年度目标任务，全县呈现经济平稳增长、社会和谐稳定、人民安居乐业、干部感恩奋进、政治生态山清水秀的良好局面，在实现更高水平全面小康社会、奋力打造新时代公平共享富美开阳新征程中迈出了关键一步。

一年来，我们聚焦综合经济，着力稳增长、提效益，拼出了“开阳自信”。坚持稳中求进工作总基调，盯住发展不动摇、紧抓发展不放松，顺时应势、砥砺前行。预计全年实现地区生产总值 255 亿元，同比增长 11%；实现规模以上工业增加值 50.3 亿元，同比增长 11%；500 万元规模以上固定资产投资 215 亿元，同比增长 16%；社会消费品零售总额 46.52 亿元，同比增长 12%；公共财政预算收入 11.94 亿元，同比下降 19.03%；新引进省外到位资金 141.01 亿元，同比增长 25%；实际利用外资 5000 万美元，同比增长 16%；城镇居民人均可支配收入达 34473 元，同比增长 9.5%；农村居民人均可支配收入达 15004 元，同比增长 10%；金融机构各项存款余额 132.48 亿元、同比下降 12.85%，各项贷款余额 144.45 亿元、同比增长 29.2%。荣获“中国优秀生态旅游县”“中国十大富硒之乡”等 12 项国家级、8 项省级荣誉称号；在社科院发布的“全国县域经济投资潜力百强县”榜单中排第 14 位，居贵州省入选县市第一位；综合竞争力指数排名西部百强县第 70 位，较 2017 年上升 4 位。

一年来，我们聚焦产业转型，着力调结构、促升级，作出了“开阳贡献”。坚持以供给侧结构性改革为主线，以产业调整为主攻方向，三次产业结构优化为 13.54 ∶ 55.33 ∶ 31.13，发展质量和效益进一步提升。工业转型步伐加快。投资 26 亿元，实施“千企改造”技改项目 29 个，18 家企业完成改造升级。三环磨料 5 万吨棕刚玉磨料扩能项目建成投产，中广核高寨风电场已并网发电；贵地宝兰建材年产 3 万套卫浴系列产品项目已投产，华煜丰轮毂制造项目完成 2 号厂房建设，重庆同辉气体年产 10 万吨液体二氧化碳项目已开工建设，安达科技 2 万吨 / 年锂离子电池正极材料前驱体技改扩建有序推进。磷煤化工基地在全省产业园区综合排名居第五位。台湾产业园年加工 7500 吨黄花菜、8000 吨中药材、100 吨水果蜜饯、100 吨桑葚果酒及饮料、3000 吨米粉等项目已投产；年产 12 万剂膏药、1000 吨紫苏油项目已试产；新引进的中药食材全产业链、现代高科技农产品等项目已开工建设。全年引进工业项目 30 个，新增规模以上工业企业 12 家，总数达 71 家。二产增加值达 141.1

亿元，全县工业总产值达210亿元，同比增长11%。荣获“四星级国家新型工业化产业示范基地”。现代农业提质增效。大力实施振兴农村经济的深刻产业革命，全年调减低效玉米种植8.2万亩，全县建成茶园17.9万亩、投产茶园13.5万亩，建成经果林26.9万亩；完成蔬菜种植33.92万亩（次），食用菌种植2193万棒，“菜篮子”供应量占贵阳市场份额的四分之一。完成《开阳县硒产业发展规划（2019—2023）》编制，最新权威普查确定全县99.91%的土壤富含硒元素，含量是全国平均值的2倍；“开阳富硒枇杷”“开阳富硒茶”完成省级地方标准发布，并被评为“中国十大富硒品牌”，开阳县成功进入“中国农业技术推广协会富硒农业技术专业委员会常务理事单位”，“中国硒州”打造又迈出坚实一步。农产品加工企业增至208家，农产品加工转化率51.8%。一产增加值34.53亿元，农林牧渔总产值56.66亿元，同比增长6.5%。服务产业提档升级。圆满承办贵阳市第九届旅游产业发展大会暨第五届农业嘉年华，成功举办了全国汽车拉力锦标赛、首届开阳龙舟文化节、24集小镇赶集开阳等系列农旅推介展示活动。十里画廊休闲度假旅游带加速提档升级，建成十里画廊游客服务中心、明德广场、水东布依农耕文化体验园、水东乡舍等一批重点农旅融合项目。旅游产业持续井喷，全年接待游客2094.3万人次，同比增长34.6%；实现旅游总收入150.61亿元，同比增长42.5%。被评为“首批国民休闲旅游胜地”。新增规上服务业企业4家，限上服务业企业6家。完成网络零售额1750万元，同比增长44.5%。完成商品房销售面积39.03万平方米，同比增长58.57%。第三产业增加值79.37亿元，同比增长15.5%。

一年来，我们聚焦改革开放，着力强招商、增后劲，积蓄了“开阳力量”。以自我革新的勇气、锐意创新的决心、攻坚破难的力度，着力推进改革开放不断深入。改革取得重大进展。持续深化“放管服”改革，取消审批事项40项，调整后置审批监管事项29项。新增市场主体3412户、注册资本69.43亿元。加快财政金融体制改革，推进政府债务剥离，切实防范政府性债务风险。推进国库集中支付改革，健全财政资金安全管理长效机制。落实税收优惠政策，共计减免各类税收3.48亿元，企业职工基本养老保险单位缴费降费1214万元。县公立医院改革加快，启动3所县级医院和3所乡级卫生院一体化改革。深入开展农村承包土地经营权抵押贷款试点，累计发放贷款4.86亿元。实施城乡“三变”改革试点96个，农民、市民变股东6.15万人，增加收益815万元。开放取得显著成效。深入实施产业大招商突破年行动，四大班子主要领导带头开展高质量招商引资，先后精准对接上海均和集团、北京新农创、中瑞恒泰投资集团等各行业企业139家，全年新签约项目129个，投资总额169.76亿元，项目开工率100%，资金到位率72.6%。项目取得实质进展。实施中央预算内投资项目31个，完成投资6.21亿元；省市重大项目37个，完成投资125.1亿元。储备2019年固定资产投资项目272个，总投资530.39亿元，其中省市重大项目28个，总投资204.16亿元。创新取得更大突破。贵阳市大数据人才培训中心建成投用，北斗卫星导航定位基准站网基础设施项目建设有序推进。扶持企业开展科技研究与开发，匹配补助资金726万元，完成专利申请613件，有效发明专利45件，企业专利成果转化项目2个，认定县级知识产权示范企业3家，新增高新技术企业2家，完成科技型企业备案51家。综合科技进步水平指数达81.98%。积极落实“3个20万”微企扶持政策，共扶持发展微型企业230户，扶持资金2185万元。民营经济增加值达152亿元。

一年来，我们聚焦城乡建设，着力夯基础、补短板，跑出了“开阳速度”。突出城乡联动，加快城镇化进程，不断完善城镇基础设施和服务功能，全力补齐民生建设短板。城乡规划不断完备。编制完成《开阳县乡村振兴战略规划》《县域30户以上农村居民点扶贫攻坚村庄规划》《开阳县空间战略发展规划初步方案》，启动《开阳县县城总体规划》修编。完成《开阳县永久基本农田划定方案》编制，划定基本农田保有量53900公顷。城乡基础不断夯实。贵遵复线高速公路建成通车，全面开工建设开瓮高速，实质性动工G354国道肖家坳至县城改扩建项目，旅游环线示范段、世行贷款农村公路等快速推进；改建县乡公路79公里，完成公路生命防护工程72.9公里；开阳综合客运枢纽站有序推进；开阳港区建成1个500吨级货运泊位和2个客运泊位。致富大道、城东路等基础提档升级已完成。县城建成区面积为14.56平方公里，新增城镇人口1.02万人，常住人口城镇化率提升到59.6%。城乡面貌不断改善。楠木渡等4个镇棚户区改造已完成省市年度任务，苏家坡、顶方大道、文明巷3个棚户区改造项目已全面启动房屋征收工作。整合资金3.44亿元，实施项目79个，新建及提升改造旅游厕所13座，完成农村卫生厕所改造7685户。创建田园综合体4个，建设富美乡村示范村8个。城乡管理不断优化。深化政府购买服务，实行环卫市场整体外包，城区保洁面积扩大到176万平方米。依法拆除违法违章建筑40.52万平方米，治理违法用地1192.79亩。建立城市管理“百姓拍”指挥处置平台，办理案件4908件。建成城乡垃圾中转站16个，城乡生活垃圾处置率达98.73%。

一年来，我们聚焦生态环保，着力抓治理、重保护，体现了“开阳作为”。严格执行“水十条”“土十条”“气十条”，大生态开阳行动深入推进。抓实中央环保督察问题整改。中央环保督察反馈的19个问题和47件转办件均完成省、市整改销号。累计投入3.17亿元，用于洋水河流域环境综合整治，对中央环保督察“回头看”指出的问题，主动认领、照单全收，聘请中国环境科学研究院专家组实地考察调研，制定洋水河流域系统污染治理总体方案，各项整改治理工作有力有序推进。抓牢生态建设保护。完成植树造林20.94万亩，生态退耕还林4万余亩，累计建成各类公园85个，全县森林覆盖率达55.3%。环境空气质量优良率达96.7%，1至11月综合指数3.04，排名全市第一。建成县城三期污水处理厂和11座乡镇污水处理厂，县城污水收集处理率达98.38%，全县污水治理覆盖率达70%以上。完成清龙河流域水环境综合整治主体工程，全县29条地表水优良率97%，集中式饮用水源地水质达标率100%。建成全省唯一的“风云四号”卫星地面接收站，气象监测预报能力大幅提升。抓严生态文明制度执行。严格实行领导干部生态环境保护“一票否决制”，强化生态环保“两把利剑”“两个问责”，全年立案查处环境违法行为企业14家，移送公安机关2件，行政拘留4人；依法免职1人，党内警告处分4人，行政记过处分1人，以高压手段倒逼生态环境保护责任落实。

一年来，我们聚焦脱贫攻坚，着力补短板、惠民生，抒写了“开阳情怀”。坚持把脱贫攻坚作为头等大事、第一民生工程，全年民生投入23.85亿元，占财政总支出的79.6%。贫困发生率下降至0.56%。全力打好“四场硬仗”。围绕产业发展“八要素”大力推进农业产业结构调整，通过产业扶贫带动建档立卡贫困户2444户8278人增收。下达财政扶贫资金6088.4万元，实施项目329个。培训农村贫困劳动力6155人，发放扶贫贷款1.39亿元；“三变”改革贫困农户变股东6340人，增加收益318万元。全面完成2018年度2188.2公里农村“组组通”公路建设任务；完成毛竹林水库大坝主体工程建设，启动詹家湾水库大坝主体工程建设；持续推进三岔河、三口河、杉木林等一批骨干水源工程建设。实施7个农村饮水安全巩固提升工程，解决3.98万人饮水安全问题。完成2017年度314户1301人易地扶贫搬迁入住；完成2018年度886套易地扶贫搬迁房屋主体工程建设。发放各类学生资助资金3628万余元，6.97万余人（次）受益；为4454名家庭经济困难大学生办理大学生助学贷款3007万元。落实健康扶贫医疗保障救助政策，全面推行“先诊疗，后付费”及“一站式”结算服务，建档立卡贫困人口参合率达100%，医疗费用报销比例达90.35%。荣获“第二批国家级健康促进县”和“省级妇幼健康优质服务示范县”。完成农村危房改造1338户、农村老旧住房透风漏雨整治1373户。全力解决民生之需。以“百校攻坚”为重点，实施开阳职校实训基地、双流中学教学综合楼等教育项目45个，完成五中一期工程、开阳县第二幼儿园、蒋家寨幼儿园等项目20个，教育支出占财政总支出的28.49%；学前三年入园率93.8%，小学毛入学率99.67%，初中毛入学率99.31%，高中毛入学率90.65%，智慧教育平台覆盖68所学校，教育基础不断夯实。建成全省第一家土司文化专题博物馆，持续开展“月月有主题·周周有活动”；积极组队参加贵阳市第十届少数民族传统体育运动会，金牌数、奖牌数位列各区（市、县）第一，文化体育事业不断推进。城镇新增就业15256人，农村劳动力转移就业6984人，城镇登记失业率控制在2.79%。养老、医疗、失业、工伤、生育参保人数达32.37万人，城乡低保实现应保尽保。强化军民融合，狠抓国防动员，高标准完成年度征兵任务。完成省、市级“十件实事”29件，县级“民生百事”129件。全力维护安全稳定。深入开展信访维稳“一号工程”、安全生产大排查大整治、“两严一降”、禁毒人民战争以及“扫黑除恶”专项斗争。信访案件化解率97%，全年无较大及以上安全事故发生，刑事案件同比下降3.85%，破获九类涉恶案件23起，刑拘九类涉恶犯罪嫌疑人73人，成功通过省级“无毒害”示范县创建验收，人民群众的安全感、满意度持续向好。

一年来，我们聚焦自身建设，着力提效能、优环境，展现了“开阳效率”。牢记“全心全意为人民服务”宗旨，在效能、效率、效果上下功夫，不断提升为民、务实、清廉的政府形象。政府服务不断优化。制定出台优化提升营商环境“1+7”政策保障文件，清理县级政府部门行政权力2115项，梳理乡（镇、社区）通用行政权力211项；取消各类办事证明材料121个，项目审批备案所需资料压缩至4项，行政审批流程从5个环节优化到3个环节，全年办理审批服务事项50万余件，其中，网上办理10万余件，群众办事“一次都不跑”“最多跑一次”达85%以上，群众满意率达99.8%。政府作风持续从严。坚持“三重一大”集体决策制度，认真履行党风廉政建设主体责任和监督责任，严格执行中央八项规定，强化中央巡视组和省委巡视组反馈意见整改，持之以恒纠“四风”、反腐败，查处违反中央八项规定问题28个，给予党纪政务处分31人。审计政府投资项目214个，核减政府投资项目工程造价8546万元，“三公”经费同比下降18.17%，政府系统95%以上的公文实现无纸化办公，节约型政府建设不断推进。政府执政依法透明。坚持依法行政，坚决贯彻落实县委各项决策部署，自觉接受人大法律监督和政协民主监督，办理省市县人大代表建议186件、政协提案187件，办复率达100%。充分利用新老媒体深入推进政务公开，政府透明度不断提升；开阳县政府系统门户网站评估在全省88个区（市、县）中排名第三。

此外，我们在应急人防、统计税务、机构编制、外事侨务、民族宗教、供销、移民、消防、机关事务、档案史志等方面都取得新成绩；工青妇、工商联、红十字、慈善、残联、科协、文联、爱国卫生、关心下一代等事业实现了新发展。

各位代表，过去一年的成绩来之不易，这是县委总揽全局、科学决策的结果，是县人大、县政协高效监督与鼎力支持的结果，是各位老领导、老同志长期关心、大力帮助的结果，是全县干部群众同心同德、团结拼搏的结果。在此，我谨代表县人民政府，向全县各族干部群众，向各位人大代表、政协委员，向各民主党派、工商联、无党派人士和人民团体，向驻县部队全体官兵，向离退休老同志和所有关心支持开阳经济社会发展的各界朋友，表示最崇高的敬意和最衷心的感谢！

各位代表，在肯定成绩的同时，我们也清醒地认识到仍存在不少短板和不足：在综合实力上，经济总量不大。虽然我们跻身西部百强县，且在全国县域经济投资潜力百强县榜单中排位靠前，但与贵阳市中心城区相比，经济综合实力差距仍较大。在产业结构上，产业层次不高。三次产业融合不够紧密，科技创新驱动能力不足，高新技术制造业增加值占规模以上工业增加值比重仅为7.1%，企业拥有核心技术和完全知识产权的主导产业不多，摆脱“资源依赖”，实现高质量发展任重道远。在开放发展上，基础支撑不强。与主城区融合发展的“主动脉”尚未打通，交通依然是制约开阳融入同城化发展和实施高水平对外开放的最大瓶颈。园区基础配套依然薄弱，中高端制造业发展缓慢，各类开放平台对经济高质量发展的拉动性不明显。在生态环境上，环保警钟长鸣。洋水河流域整治、部分重点领域污染防控问题依然较为突出，生态与发展的底线还需进一步守牢。在民生保障上，脱贫仍需攻坚。我县建档立卡贫困人口还有1035户、2894人，大多自然条件差、经济基础弱、贫困程度深，脱贫任务艰巨；看病难、上好学校难、养老难问题依然存在，民生保障力度仍需加大。我们将始终以民之所盼为施政所向，守土有责、守土负责、守土尽责，采取积极措施，切实加以解决。

二、2019年工作安排

2019年是新中国成立70周年，是决战脱贫攻坚、决胜全面小康的冲刺之年。科学研判发展形势，准确把握面对挑战和发展机遇，对于做好今年的工作至关重要。从挑战上来看，世界经济深度调整，不确定不稳定因素还很多。国内经济运行稳中有变、变中有忧，经济下行压力有所加大，部分企业经营困难较多，长期积累的风险隐患有所暴露，一些政策效应有待进一步释放。中央经济工作会议指出，世界面临百年未有之大变局，我们要善于化危为机、转危为安，变压力为加快推动经济高质量发展的动力。从机遇上来看，开阳作为推动黔中经济圈融入长江经济带的“桥头堡”，具有良好的开放优势，实施高水平对外开放大有可为；省委、省政府出台促进民营经济发展“1+6”政策文件，市委确立“一品一业、百业富贵”愿景，作出实施高水平开放的战略部署，县委十二届七次全会也出台相应实施意见，发展壮大实体经济环境绝佳；近年来，我们纵深推进“三大一小”建设，经济结构进一步优化，发展动力进一步增强，发展活力进一步释放，实现赶超跨越正当其时。

今年政府工作的总体要求是：以习近平新时代中国特色社会主义思想为引领，全面贯彻落实党的十九大及历次全会精神、习近平总书记对贵州工作重要指示批示精神，以及中央经济工作会、省委十二届四次全会、全省经济工作会和全省民营经济发展大会、市委十届五次全会、县委十二届七次全会精神，坚持稳中求进工作总基调，坚持新发展理念，坚持推动高质量发展，坚持以供给侧结构性改革为主线，坚持深化市场化改革、扩大高水平开放，坚定不移打好“三大攻坚战”，坚定不移推进“三大战略行动”，坚定不移实施开放兴县、实体强县、商贸活县、人才旺县战略，围绕市委“一品一业、百业富贵”愿景，持续聚焦“三化统筹”，加快“三大一小”建设，统筹稳增长、促改革、调结构、惠民生、防风险，保持经济运行在合理区间，进一步稳就业、稳金融、稳外贸、稳外资、稳投资、稳预期，提振市场信心，加快建设现代化经济体系，全力打造贵阳市中高端制造业核心配套区，为全面建成小康社会收官打下决定性基础。

今年经济社会发展的主要预期目标是：实现地区生产总值增长 11% 左右；规模以上工业增加值增长 8%；固定资产投资增长 13%；社会消费品零售总额增长 11%；一般公共财政预算收入增长 8%；省外到位资金增长 25%；实际直接利用外资增长 10%；外贸进出口总额增长 13%；旅游总收入增长 25%；城镇居民人均可支配收入增长 9%，农村居民人均可支配收入增长 9.5%；城镇登记失业率控制在 4.2% 以内；万元 GDP 综合能耗控制在市下达指标范围内。

根据县委的总体要求，做好今年政府工作，要坚持把握好以下几点：

坚持高质量发展这一根本要求。高质量发展是现代化经济体系的核心目标。必须牢牢把握高质量发展的要求，更加注重速度背后的质量效益，着力提高供给体系质量，增加制度有效供给、增强市场活力、加大公共产品供给，推动开阳经济发展的质量变革、效率变革和动力变革。

坚持深化改革这一前进动力。改革是最大的红利。必须从群众最期盼的领域改起，从制约经济社会发展最突出的问题改起，加快推进基础性、关键性改革，抓好政府机构、“放管服”、营商环境、民营经济、社会民生等各领域改革，让全社会感受到改革带来的实实在在成果，最大限度凝聚改革正能量。

坚持扩大开放这一关键招数。开放是时代强音，开放水平决定着发展水平。必须把实施高水平对外开放作为壮大实体经济的着力点，着眼磷煤化工、新型建材、新能源材料、药品食品加工等优势产业，引进国内外先进制造业，促进中高端消费、推动中高端制造，推进经济社会实现高质量发展。

坚持以人民为中心这一发展思想。以人民为中心是政府工作的根本落脚点。必须把发展硬道理更多体现在增进人民福祉上，花大力气、下苦功夫、干实在事，不断解决群众增收、教育、医疗、养老等现实问题，让人民群众的获得感、幸福感、安全感更加充实，更有保障，更可持续。

根据上述总体要求，围绕全年预期目标，我们要以决战决胜、勇往直前的姿态，跨步新时代、展现新担当、实现新作为，坚决打好三大攻坚战，全力做好 5 篇大文章。

（一）坚决打好精准脱贫攻坚战，确保实现更高水平的全面小康。坚持以脱贫攻坚统揽经济社会发展全局，坚持精准扶贫精准脱贫基本方略，向贫困发起总攻，夺取全胜。一是压紧压实脱贫攻坚责任。坚定必胜信念、下定总攻决心、集聚智慧力量，层层扣牢压实脱贫攻坚责任，确保投入财政专项扶贫资金不少于 6200 万元。全年减少建档立卡贫困人口 1000 人，贫困人口发生率下降至 0.5% 以内，稳定实现“两不愁，三保障”；农村居民人均可支配收入增长幅度高于全县平均水平，基本公共服务主要领域指标接近全县平均水平。二是决战决胜“四场硬仗”。围绕“八要素”深入推进产业革命，以 9 个省级、5 个市级高效农业示范园区为带动，重点推进茶叶、中药材、食用菌全产业链发展，完成投资 40 亿元，实现综合产值 120 亿元，实现销售收入 118 亿元，园区内农民人均纯收入增加至 2.5 万元，辐射带动 15 万人，完成 6.27 万亩农业产业结构调整任务；进一步完善利益联结机制，实现“村社合一”“三变”改革全覆盖，完成农村贫困劳动力全员培训 4660 人。完成 2018 年度 886 户、3722 人易地扶贫搬迁任务，确保“搬得出、稳得住、能致富”。全力推进教育扶贫攻坚行动和农村住房保障行动，落实好健康扶贫医疗保障救助政策和农村低保生活保障政策，筑牢兜底保障“安全网”。三是深入推进专项治理。深入开展脱贫攻坚“1+5+1”专项治理，坚决纠正“按指标脱贫”、“数字脱贫”和贫困户“被脱贫”问题，降低贫困人口错评率、漏评率、错退率。健全财政专项扶贫资金动态监控机制，发挥好审计监督、民生监督、群众监督等作用，有效运用监督执纪“四种形态”，持续正风肃纪，不断提高人民群众的满意度、获得感。

（二）坚决打好污染防治攻坚战，不断擦亮“山清水秀生态美”的金字招牌。坚持生态优先，深入推进大生态战略行动，聚焦“五大战役”，努力实现百姓富、生态美有机统一。一是突出绿色基调，推进生态建设。植树造林 20.65 万亩，实施并储备林地占一补一指标 1 万亩，建成各类公园 10 个，森林覆盖率达到 63.11%。新增耕地 900 亩，新增水田 1.5 万亩，建成高标准农田 3.29 万亩。严格落实磷石膏“以用定产”，实现增量“零堆存”，存量逐步消纳，打造磷石膏新型建筑材料基地，加快推动磷化工产业绿色发展，全年工业固体废弃物综合回收利用率达 70% 以上。二是强化污染治理，深化生态行动。打好蓝天保卫战，$PM_{2.5}$ 年均浓度稳定控制在 35 微克 / 立方米左右，环境空气质量优良率保持在95%以上。打好碧水保卫战，全力完成中央环保督察反馈问题整改，加大集中式饮用水源地保护力度，扎实推进重点流域生态环境系统性保护修复，实现全县29条地表水均达到或优于Ⅲ类水体。推进宅吉、米坪、龙水、高寨4座污水处理厂建设，实现集镇污水处理全覆盖，处理率达90%以上。持续打好净土、固废治理和乡村环境整治战役，开展农村生活垃圾分类处理试点工作，农村生活垃圾集中收运处理率达到90%以上。三是狠抓制度建设，筑牢生态屏障。认真落实环境保护“党政同责、一岗双责”制度，健全完善生态文明绩效考核和责任追究制度，构建县、乡（镇）、村三级生态文明建设责任体系。完善管理体制机制，深入推行“河长制”“林长制”，强化源头管控。严格落实“三同时”制度。持续深入开展“六个一律”环保“利剑”执法专项行动，保持生态环境保护高压态势。

（三）坚决打好防范化解重大风险攻坚战，全力构筑安全稳定的发展环境。坚持把防控风险摆在重要位置，切实增强风险隐患的防控能力、应对水平。一是全力防范化解金融债务风险。严格落实政府性债务管理“七严禁”要求，规范政府投融资行为，严控债务风险。积极推进实施PPP项目，撬动社会资本参与重大项目建设。用好中央较大幅度增加地方政府专项债券规模政策，加大化解政府债务力度，严厉打击非法集资和违法违规金融活动，切实守住不发生区域性金融风险底线。二是全力防范化解安全生产风险。严格落实安全生产责任制，完善和落实突发事件应急联动机制，盯紧看牢道路交通、建筑施工、非煤矿山、地质灾害、人员密集场所等重点行业领域，深入开展安全生产大排查、大整治，实现安全生产事故起数和死亡人数“双下降”。三是全力防范化解社会矛盾风险。学习新时代“枫桥经验”，完善矛盾纠纷多元调解机制，逐步消除信访历史遗留问题，依法解决群众合理诉求。纵深推进“扫黑除恶”专项斗争，依法严厉打击各类违法犯罪活动，构建共商共建共治共享的社会治理格局，人民群众安全感指数保持在98%以上，打造新时代“平安开阳”。

（四）紧紧围绕高质量发展，全力做好现代产业大文章。按照“一品一业、百业富贵”战略定位，围绕中高端制造业“四大产业体系”，做强主导产业、做优特色产业、做大新兴产业。一是聚焦“中高端制造”，做强现代工业。支持开磷集团、路发公司等工业企业绿色转型，磷煤化工产业产值超过173亿元。启动三环磨料公司10万吨/年蓝刚玉项目建设，加快推动复合刚玉、铝镁刚玉等中高端产品的开发，力争实现铝及铝加工产值达12亿元。推进安达公司、鑫新公司年产6万吨磷酸盐正极前驱体材料、年产3万吨锂离子电池正极材料等项目建设，全力打造“新能源材料产业基地”。新增规模以上工业企业5家，规上工业总产值达229亿元。全力打造贵阳市中高端制造业核心配套区。二是聚焦“富硒品牌”，做优特色农业。积极推进富硒产品质量检测中心、硒资源研究中心建设，加快富硒农产品批发市场和富硒农产品标准化体系建设，举办好“硒望在黔方”富硒论坛，扩大“中国硒州”影响力。支持三联乳业、粉龙王、健康农等企业做大做强，以台湾产业园为核心，大力发展绿色有机健康养生产品、富硒保健食品、药膳保健产品为主的健康食材产业，全力打造以茶叶、中药材、食用菌全产业链为基础的“富硒农产品加工示范区”。全年新增省级农业龙头企业1家、农民专业合作社12家、家庭农场9家，农产品加工转换率提高至53%以上，确保实现农林牧渔总产值达60.34亿元，增长6.5%。三是聚焦“中高端消费”，做大现代服务业。加快南江大峡谷、十里画廊及数谷小镇等为核心的贵阳北部大5A景区规划建设。大力发展徒步、露营、攀岩等山地体育装备制造，加快推进云开溪谷、紫江地缝、猴耳天坑山地酷玩公园等山地旅游项目建设，积极承办国际国内山地户外运动高端赛事，打造以山地旅游资源为基础的“山地体育装备制造产业园”。全年接待游客2320万人次，同比增长26%。实施大数据融合示范项目8个、智慧城市项目5个，推动全市青少年科技培训基地打造，大数据与实体经济深度融合发展水平达45以上。培育规上服务业企业4家、限上服务业企业6家；完成网络零售额2145万元，增长30%；完成大数据企业主营业务收入7.2亿元，增长20%。

（五）紧紧围绕乡村振兴，全力做好城乡融合发展大文章。按照“产业兴旺、生态宜居、乡风文明、治理有效、生活富裕”的总要求，整合资源、加大投入，着力推进乡村振兴。一是补齐基础设施短板。积极争取渝贵高铁实施东线方案，深度融入渝贵高铁经济带。力争启动贵阳（综保区）至开阳（经开区）产业大道建设，加快开瓮高速、通用机场、G354开阳县城经开阳港至肖家坳、旅游环线等项目建设，着力打通“外循环”促进区域融合协同发展。推进开阳港提等升级，争取久永货运铁路延伸经贵阳港开阳港区至瓮安，完成2个物流冷库建设，全面打造现代物流体系。力争启动S207龙岗至天星桥、S308金中至永温、S102宅吉至米坪公路改扩建工作，畅通“内循环”拉开县域发展框架。全面完成马落桥、毛竹林水库工程建设；加快三岔河、杉木林、三口河、詹家湾水库工程建设，启动宅吉保兴、南江山口河水库建设。二是推动城镇扩容提质。加快推进苏家坡、顶方大道和文明巷3个棚户区改造；完成公园路和县城4号路建设；加快开阳综合客运枢纽站建设。按照“一镇一品”，启动14个乡（镇）控制性详细规划、总体规划、村镇总体规划修编。依托大交通、小城镇规划建设一批高端生态疗养、港务经济、特色农产品加工和中高端消费品制造特色产业小镇，推动上海均和集团国际贸易小镇、中瑞恒泰教育文化小镇尽快落地建设，促进城乡融合发展。三是打造生态宜居乡村。完成7个田园综合体、4个富美乡村示范村、3个生态文明村寨建设。扎实开展农村人居环境整治“三年行动”，推进农村“厕所革命”，完成4个示范乡镇、6个示范村30户以上村寨农村人居环境整治。大力推行水东乡舍“622”运营模式，建设水东乡舍100栋，实现利益共享、生态共赢，构建美丽宜居的生产生活环境。

（六）紧紧围绕壮大民营经济，全力做好实体经济发展大文章。坚持质量第一、效益优先，围绕“三大行动”，推动质量变革、效率变革、动力变革。一是减轻企业税费负担。全面对接国务院和省市政府取消、下放、调整的简政放权事项，优化政务服务，压缩行政审批时限，全面终结非行政许可审批。推进增值税等实质性减税，对小微企业、科技型初创企业实施普惠性税收免除，全年“营改增”为企业减税4.2亿元，企业职工基本养老保险实现降费1000余万元。二是营造良好营商环境。大力实施“营商环境大提升”行动，加强数据共享，开展“三十四证合一”、推行“一网通”模式，推进政务服务集中办理和“集成套餐服务”项目，实行政务服务标准化审批，实现“一张网、一朵云、一个号、一扇门、一支笔、一次成”，确保营商环境指数排在全省第一方阵前列。积极落实“3个20万元”微企扶持政策，全年扶持发展微型企业230户，新增各类市场主体4200余户。三是培育壮大实体经济。大力实施“民营经济大发展”行动，加快推进重庆同辉气体年产10万吨液体二氧化碳、华煜丰汽车轮毂制造、贵地宝兰年产3万套卫浴系列产品等项目建设。大力发展以节能型、环保型、综合利用型为重点的新型建筑材料产业。充分发挥贵州开阳台湾产业园平台效应，加快抹茶、中药饮片、乳制品等项目建设，强化园区招商，新引进一批中高端农特产品加工企业，打造服务全省、面向全国的“富硒农产品深加工产业聚集区”。民营经济增加值占地区生产总值比重达60%以上。

（七）紧紧围绕激发动力活力，全力做好改革开放大文章。顺应大势、立足当前、着眼长远、深化改革，加快新一轮高水平对外开放。一是坚持改革推动，提升发展潜力。巩固“三去一降一补”成果，推进供给侧结构性改革；完成政府系统机构改革；深入推进医疗卫生体制改革，扩大县域医疗卫生一体化管理服务试点面。深化农村承包土地“三权”分置改革，实施城乡“三变”改革项目120个，增加收益1200万元。二是突出创新驱动，激发发展动力。坚持人才旺县，加大“高、精、尖、特”创新人才引进，抓好人才政策落实，为引进人才提供过渡性住房20套。组建3个工程技术中心，培育高新技术企业5家，努力构建以企业为主体、产学研紧密结合的技术创新体系，提升县级财政科技研发经费投入占比。协助企业申请知识产权转化扶持项目2个以上，实现专利申请600件，充分激活改革创新动力源。三是狠抓招商带动，注入发展活力。大力实施“招商引资大突破”行动，有计划有步骤开展招商引资，制定《开阳县实施高水平对外开放精准招商行动计划（2019—2025）》，实施“一把手”招商工程，立足产业基础，紧盯中高端消费和中高端制造，实施精准招商、专业招商。全年引进项目58个，亿元以上项目30个，投资总额达177.5亿元；确保落地1个以上中高端制造企业，项目落地率达85%以上。

（八）紧紧围绕以人民为中心，全力做好美好生活需要大文章。坚持发展成果由人民共享，多办利民实事、多解民生难事，让群众有更多的获得感、幸福感、安全感。一是强化民生保障。新增城镇就业1.5万人以上，城镇登记失业率控制在4.2%以内；新型城乡居民养老保险参保人数15万人以上。完成104件为民拟办“民生百事”；消化商品住房库存36万平方米。二是破解民生难题。巩固义务教育基本均衡成果，推进义务教育优质均衡发展，投入资金5.7亿元，实施“百校攻坚”项目11个，完成开阳五中二期等21个项目工程，启动六中等5个项目工程，加快开阳七小、八小、职校、实验小学和幼儿园等项目建设进度，新增中小学、幼儿园学位6310个，着力缓解城镇上学难问题。实施好基本医疗保险、大病保险、医疗救助、医疗扶助等医疗保障制度，遏制和减少“因病致贫、因病返贫”现象。加快完善社会救助体系，完成楠木渡敬老院二期、双流敬老院提升改造，城乡低保实现应保尽保。三是优化民生服务。加强对马头寨古建筑群整体保护利用和水东文化保护开发，完成7条全民健身路径示范点建设，加快文旅融合，发展文化产业。加大乡村治理力度，持续加强滥办酒席治理，推动移风易俗。完成8个群众服务中心、1所便民服务站建设，大力开展文明创建活动，引导广大群众讲文明、树新风，实现乡村“风景美”与“风尚美”双提升。

三、全面加强政府自身建设

各位代表，打铁必须自身硬，从严治党永远在路上。做好政府工作，关键在“干”、重在“落实”。我们必须崇尚实干、拒绝空谈，打造忠诚、干净、担当的干事队伍，让实干在开阳蔚然成风，推进各项工作干在实处、走在前列。

——坚持“忠”字为先，把牢坚定不移的政治方向。旗帜鲜明讲政治，坚持“三个一以贯之”，牢固树立“四个意识”、增强“四个自信”，坚持党中央权威和集中统一领导，自觉在政治立场、政治方向、政治原则、政治道路上同以习近平同志为核心的党中央保持高度一致。坚持用习近平新时代中国特色社会主义思想武装头脑，深入开展“不忘初心、牢记使命”主题教育，在学懂、弄通、做实上下功夫，切实把党的十九大精神转化为指导实践推动工作的强大动力。坚定理想信念、坚持忠诚为本、牢记为民宗旨，坚定不移把中央、省委、市委和县委决策部署落到实处，把所有心思用在事业上，把全部精力用在工作上，把最大劲头用在发展上，确保政令畅通、令行禁止，维护好开阳山清水秀的政治生态，用实干实绩诠释对党忠诚。

——坚持“担”字为要，提升攻坚克难的干事本领。始终把党和人民的事业放在首要位置，坚持高目标、追求大作为，干就干最好、争就争第一，不断提升“八大本领”，在矛盾困难面前敢于作为，在风险考验面前敢于负责，在大事难事面前敢于担当。深化激励机制和容错纠错机制，给干事者点赞、为担当者担当、向懒政者开刀，让想干事的有机会、能干事的有舞台、干成事的有地位。坚持群众工作法，俯下身子去干事，培养工匠精神，鼓励首创、支持破冰，以逢山开路、遇水架桥的勇气，改革创新、锐意进取，以“钉钉子”精神做实做细各项工作，推动更多工作走在全省全市前列。

——坚持“勤”字为本，永葆勤政为民的初始情怀。坚持以人民为中心的发展思想，把造福人民作为最大政绩，大力推进“五步工作法”“一线工作法”，定下的事雷厉风行、看准的事一抓到底、承诺的事坚决兑现，建设人民满意政府。大兴调查研究之风，深入基层找“痛点”，虚心请教找路径、脚踏实地找方法，切实为民办实事、办好事。完善政务公开制度，利用政府门户网站集中公开、更新和发布各类政策信息，接受社会监督。上紧督查发条、拧紧责任螺丝，提高问责等级，完善精准考核评价体系，打造全程监管、全面覆盖的工作链条，做到事事有着落、件件有结果。

——坚持“廉”字为基，树立清正廉洁的政府形象。坚持依法行政，做到再忙不忘法、再急不违法、再亲不枉法。立公心、守法纪，清白做人、干净做事。认真落实县委决策部署，接受人大、政协监督，务实办理人大代表议案、建议和政协委员提案。深入落实全面从严治党主体责任和“一岗双责”，坚持用制度管权管事管人，紧盯重要领域、重要岗位、关键环节，用好监察监督、审计监督、司法监督、群众监督、舆论监督，切实管好公务人员、公共资源、公共权力、公共资金，保证干部清正、政府清廉、政治清明。

各位代表，没有等来的辉煌，只有拼来的精彩。风正潮涌，自当扬帆破浪；任重道远，更需快马加鞭。让我们紧密团结在以习近平同志为核心的党中央周围，以习近平新时代中国特色社会主义思想为指引，在省委、市委和县委的坚强领导下，不忘初心、牢记使命、感恩奋进，为决胜脱贫攻坚和更高水平全面小康、推动新时代开阳高质量发展而努力奋斗，以优异的成绩庆祝中华人民共和国成立70周年！

今年为民拟办“民生百事”：

（一）城镇基础设施建设

1. 完成双流镇棚户区改造配套设施建设工程；2. 建成双流镇中心学校门口人行天桥；3. 完成开阳县农村信息基础设施提升工程；4. 完成县城4号路（云开广场至久铜路）建设；5. 建成天鼎新能源开阳甲醇加注站；6. 完成公园路道路建设工程；7. 完成蒋家寨易地扶贫搬迁主体及配套设施建设；8. 完成龙岗镇一号路二期工程；9. 完成龙岗镇体育文化公园建设；10. 完成龙岗镇紫江大道延伸线建设；11. 完成智慧停车场项目；12. 完成智能化交通项目。

（二）农村基础设施建设

1. 完成高标准农田建设（旱改水）项目；2. 完成

花梨镇翁昭村下河坝蜂糖李园区道路硬化工程；3. 完成毛云乡毛栗庄村富美乡村建设工程；4. 完成冯三镇马江村富美乡村建设工程；5. 完成高寨乡久场村富美乡村建设工程；6. 完成双流镇三合村白果塘生态文明村寨建设工程；7. 完成双流镇田坝生态文明村寨建设工程；8. 完成花梨镇清江村岩脚组生态文明村寨建设工程；9. 完成南江乡双塘村人居环境改造工程；10. 完成龙水乡龙江村移民区及安置区公厕修建工程；11. 完成花梨镇新山街上公厕修建工程；12. 完成花梨镇卫生厕所改造工程；13. 完成南龙乡卫生厕所建设工程；14. 完成中桥村花山岩广场建设工程；15. 完成南龙乡垃圾中转站运营建设工程；16. 优化提升全县远教站点设备。

（三）交通基础设施建设

1. 完成楠木渡老街白改黑改造工程；2. 完成花梨镇集镇道路改造工程；3. 完成花梨镇串户路改造工程；4. 完成道路交通黑点治理工程；5. 完成龙水乡花山村龙溪通村公路工程；6. 完成南江乡南江村主比通村公路工程；7. 完成三岔河至西凉灾毁重建工程；8. 完成南龙乡南贡道路提升改造建设工程。

（四）水利基础设施建设

1. 完成南龙乡自来水厂提升改造建设工程；2. 完成高寨乡安全人饮提升工程；3. 完成开阳县饮用水源地围栏工程；4. 完成南江乡毛家院村香树组排洪渠水毁应急修复工程；5. 完成禾丰乡祖阳坡烟水配套工程；6. 完成花梨镇、米坪乡烟水配套工程；7. 完成南龙乡中桥村、土香村烟水配套工程；8. 完成双流镇刘育村干田组饮水改造工程；9. 完成禾丰乡王车村王姑渠道防渗改造工程；10. 完成冷家沟水库除险加固工程；11. 完成冯三镇四坪村小寨渠道防渗改造工程；12. 完成南江乡龙广村渠道防渗改造工程；13. 完成高寨乡石头村许家坝和黄金组人饮巩固提升工程；14. 完成永温镇大坝村水利设施建设工程；15. 完成米坪乡伍寨村灌溉渠道工程；16. 完成米坪乡大坪村人饮巩固提升工程；17. 完成宅吉乡三联村应急水源工程；18. 完成金中镇洋水河石笋口防洪堤水毁应急修复工程。

（五）教育事业

1. 完成高寨乡平寨小学标准化学校建设工程；2. 完成双流镇幼儿园建设工程；3. 完成城关镇蒋家寨幼儿园建设工程；4. 完成城关镇蒋家寨小学建设工程；5. 完成楠木渡镇中心学校运动场建设工程；6. 完成冯三镇中学运动场建设工程。

（六）医疗卫生事业

1. 完成双流镇田坝村卫生室建设工程；2. 完成南龙乡田坎村卫生室建设工程。

（七）社会民生工程

1. 完成楠木渡镇敬老院提质改造工程；2. 完成双流镇敬老院提质改造工程；3. 完成东湖公园绿色健身步道工程；4. 完成米坪乡健身步道建设工程；5. 新建龙岗镇大水塘村全民健身路径示范点；6. 新建冯三镇马江社区全民健身路径示范点；7. 新建南山社区凌角堰居委会太一佳园全民健身路径示范点；8. 新建南山社区六块碑居委会吉城名苑全民健身路径示范点；9. 新建紫兴社区金湖湾居委会金碧园全民健身路径示范点；10. 完成南江乡苗寨村新寨坡组群众服务中心建设工程；11. 完成南江乡龙广村枇杷哨组群众服务中心建设工程；12. 完成米坪乡米坪村街上组群众服务中心建设工程；13. 完成米坪乡大坪村群众服务中心建设工程；14. 完成高寨乡高寨村高寨组群众服务中心建设工程；15. 完成高寨乡久场村主比组群众服务中心建设工程；16. 完成城关镇顶方村白泥组群众服务中心建设工程；17. 完成禾丰乡长红村群众服务中心建设工程；18. 完成南龙乡佘家营村群众服务中心建设工程；19. 完成开阳县米阳坡居委会便民服务站建设工程；20. 完成南龙乡电网改造工程；21. 完成南龙乡富硒农产品展示中心建设工程；22. 完成田坎村村史馆建设工程；23. 完成2018年县级植被恢复费建设工程；24. 完成南山社区南江居委会民族团结同心苑建设工程；25. 完成冯三镇毛坪村文体活动中心建设工程；26. 完成县中小学、幼儿园教师全员培训项目；27. 全面推行县公立学校食堂单位明厨亮灶建设工程；28. 优化2条公交线路；29. 推广适用环保的新型农机具；30. 完成基础党务干部教育培训。

（八）社会公益事业

1. 推行企业开办“一网通”项目；2. 加强非公有制企业和社会组织党建工作标准化建设；3. 培育创新型党组织示范点建设项目；4. 实施老年人健康管理服务项目；5. 实施开阳县困难职工帮扶工程；6. 为困难群众提供法律援助170件。

（九）劳动就业和社会保障

1. 为我县引进人才提供过渡性住房20套；2. 实施公共租赁住房保障项目；3. 完成城镇新增就业15155人；4. 实施企业稳岗补贴工程；5. 完成职业培训2700人；6. 完成新型职业农民培育300人。

贵阳国家高新区 2018 年工作总结

2018 年，在习近平新时代中国特色社会主义思想指引下，在省委省政府、市委市政府的坚强领导下，贵阳国家高新区始终聚焦高质量发展提档升级，以大数据为引领，以“发展高科技、实现产业化”为宗旨，坚守发展和生态两条底线，狠抓高质量发展“十项重点工作”，着力抓好数字经济、实体经济转型升级、改革开放、创新创业、园区建设、招商引资等重点工作，加快推进“中国数谷之心”打造，区域呈现出统筹发展、活力增强、提档升级、创新示范的良好态势。

2018 年经济发展情况

第一，着力目标完成，奋力打造高质量发展引擎。

高新区不断增强建设引领全市高质量强大引擎的责任感、使命感，努力在再造贵阳工业上当引擎，在大数据发展引领上当引擎，在现代产业体系构建上当引擎，使高新区真正成为引领全市经济高质量发展的强大引擎。突出增比进位，强化经济运行调度，坚持落实“群一场一会”机制严格落实各负其责、分级调度，奋力攻坚克难、全力冲刺，以旬保月、以月保季、以季保全年，各项经济指标保持较好增长态势。火炬口径：营业总收入预计全年完成 3200 亿元，工业总产值预计完成 2300 亿元。地域口径：1—9 月财政总收入累计完成 31.18 亿元，同比增长 26.12%。

第二，着力主导产业，不断培育壮大实体经济。

大数据方面：以建设“中国数谷之心”为抓手，谋划推进“数博大道”、大数据国际信息产业园等建设，投用块数据调度管理指挥中心，推进“十百千万”培育工程、品牌培育工程，培育茅台电商、朗玛信息、北京供销大数据、贵农网、东方世纪、高登世德、力创科技等一批大数据品牌企业。年内规模以上大数据企业可达 12 户。中国数谷大数据产业生态园 1—9 月累计入驻大数据企业 350 余户，完成产值 40 亿元；全年预计完成累计入驻企业 500 户，完成产值 50 亿元。高端制造业方面：以“千企改造”“万企融合”为抓手，推动大数据、互联网、人工智能与工业深度融合，推动区内制造业企业向数字化、网络化、智能化发展，促进工业存量提档升级，强力推进贵阳精铸、汉方制药、振华新材料等区内龙头企业提质增效。贵州航天云网公司“区域平台测试及推广应用”项目入选国家工业互联网平台创新发展工程首批项目（全国仅 4 家）。大健康方面：重点发展生物工程、基因工程、生命科学、“互联网 + 大健康”等产业，加快推进华大基因、泛特尔等基因项目建设，抢占基因产业高地。全力推进云上医疗影像中心、贵·制造世界、国际医药产业园、神奇生产研发基地、中科康膳超微粉碎等项目建设，打造全省大健康产业发展示范基地。高新区大健康产业在生态文明贵阳国际论坛 2018 年年会精彩亮相，贵州省综合细胞库与贵州省区域细胞制备中心揭牌。目前，全区已聚集大健康骨干企业 57 家，全年预计营业收入完成 100 亿元。高端服务业方面：制定《贵阳国家高新区促进服务业高质量发展行动计划（2018 年—2020 年）》，全年预计完成服务业营业收入 500 亿元，新增达标入统服务业 50 家。实施“万企融合”行动，推动大数据与服务业深度融合发展，全年计划重点推进大数据与服务业深度融合项目 30 个（其中，大健康融合应用专项 5 个、科技服务融合专项 8 个、商贸流通融合专项 5 个、智慧服务融合专项 11 个、共享平台融合专项 1 个）。发力楼宇经济，贵阳大数据创客公园商务楼宇在建面积 163.52 万平方米，投入使用 181.87 万平方米、入住率达 80%，累计建成 11 个纳税 1000 万元大楼、5 个纳税亿元大楼。

第三，着力风险防范，坚决打好打赢三大攻坚战。

全力抓好政府负债风险、网络舆情风险、历史遗留问题风险、拆迁安置超期过渡风险、项目征地拆迁风险、廉政风险等风险防范。一是拓宽融资渠道。通过银行贷款、融资租赁、承兑汇票、理财直融等方式筹措资金，大力推动棚改融资。二是强化债务管理。制定全年偿债计划及未来 3 年偿债计划，统筹安排各类偿债资金，有效防止逾期债务发生；通过申请政府置换债券资金、银行贷款、融资租赁等方式筹集偿债资金，有效保障偿债资金需求，未发生逾期债务。三是强化生态文明建设。落实推进中央环保督察问题整改，层层压实责任，推进涉及的12个共性问题共24个小项任务整改，整改完成率为100%。投资5177.25万元，重点实施麦架河干流及支流截污工程，大泥窝河两岸景观提升2.32公里；投入4788.93万元，强力推进建筑工地、道路、砂石矿山扬尘以及餐饮油烟治理工程，有力保障园区生态环境质量持续向好。四是助力大扶贫攻坚战。根据省、市统筹安排，继习水结对帮扶后，去年高新区再次担当重任，结对帮扶纳雍县并及时制定《贵阳国家高新区结对帮扶纳雍县工作方案》《关于强化责任担当 抓实结对帮扶助推纳雍县决胜脱贫攻坚三年行动夺取全胜的实施意见》《贵阳国家高新区2018年助推纳雍县脱贫攻坚夏秋攻势行动方案》等系列文件，形成观念、产业、市场、就业、共享、保障、大数据“七大帮扶”的良好氛围。截至9月底，工管委班子带队先后5次赴纳雍县开展实地调研，全区共有22个区属部门（单位）、30家企业、400余人次赴纳雍县开展实地帮扶，开展“大就业”专场招聘会、扶志帮扶等活动，挂牌成立纳雍高新园区，签订帮扶协议和友好合作、线上线下帮扶销售等协议。突出帮扶机制，明确1000万元财政资金专项用于扶贫工作，派遣6人组成扶贫工作队进驻纳雍开展结对帮扶，实施“点线面”结对帮扶布局，开展大就业、大产业、大市场、大共享、扶志帮扶、实事帮扶“六大工程”，全力助推纳雍县脱贫攻坚。

第四，着力引资引智，努力构建现代产业体系。

一是领导带头招商。工管委主要领导、分管领导亲自带队，分赴英国、瑞士、北京、上海、深圳、青岛、天津等地开展招商20余次，推动苏宁集团、海康威视、重庆猪八戒、深圳华杉、中冶赛迪、英国帝国理工学院、新加坡南洋理工等一批标志性项目落地。二是实施专班招商。充分发挥职能部门作用，联动协作面向主攻产业重点和方向开展招商。主动对接海康威视、浪潮、百度等一批中国500强企业，还有中科聚信、传化智联、华大基因、汇桔网等一批行业知名企业。三是依托平台招商。紧抓2018“数博会”机遇，面对面接洽1018家企业，挖掘投资意向141个，签约项目32个，签约金额50.306亿元。其中，苏宁电器、科大国创、海康威视、NIIT等4个项目参加全省集中签约，签约金额28.65亿元；RayCatch、凡迪基因、太库科技、环宇麒麟等20个项目参加区级集中签约，签约金额21.6亿元；帝国理工、NIIT等其他专场签约项目8个，签约金额0.056亿元。签约个数及签约金额均位列全市第一。四是突出人才引进。创新人才智力“发掘”和“收割”机制，打造“智力收割机”，优化“双招联动”，面向全球“收割”人才。利用各类机会联系走访各类人才，成功邀请童坦君院士、龚克校长、周志华院长、潘锦功博士等行业领域顶级专家为高新区发展顾问。1—9月引进各类高层次人才205名，其中博士57名、海归人才43名，完成全年目标的85.4%。五是突出人才培训。依托NIIT、Infosys、北大青鸟等大数据专业培训机构，开展大数据人才培训，累计开展各类大数据专题培训70余期，培训各类大数据人才6460余人次。

第五，着力“双创”示范，培育创新平台转换动能。

一是搭建科技创新平台。搭建英特尔人工智能创新平台、华为软件开发云平台、戴尔优特云平台、伯克利大学创新中心等一批开放创新平台，新增研发机构（平台）11家、创新服务机构20家，研发机构及平台累计达166家，创新服务机构累计达260家。二是搭建孵化培育平台。做实“种子—苗圃（众创空间）—孵化器—加速器—产业园”链条，打造“出彩贵州人俱乐部”“贵州全球·贵商俱乐部”等载体，全区孵化面积达248万平方米，聚集各类孵化器（众创空间）及加速器50个，其中国家级孵化器4个、国家级众创空间5个，在孵企业近1200家。三是搭建成果转化平台。做优做强“国家知识产权示范园区”等平台，聚集国家食品（云技术应用）质量监督检验中心、贵州省分析测试院、健安德科技等24家科研院所及成果转化企业，建成自动化信息工程技术研发平台、先进材料研发及产业化示范平台等一批成果转化平台，新增专利申请1000件、专利授权403件。四是丰富“双创”活动载体。成功举办首届全球出彩贵州人俱乐部迎新联谊会，全球出彩贵州人代表、北美、俄罗斯、黑龙江、湖北等30余家海内外贵州商会代表参加活动。中国西部众创园·联合智造众创空间先后举办2次“Move it无人驾驶全球协作共享社区活动”，吸引来自全球11个国家的30余名顶级无人驾驶工程师参加。成功举办第四届创客嘉年华，通过52项子活动展现全区互联网、大数据、云计算、人工智能、物联网、区块链与实体经济深度融合成效，营造浓厚的创新创业氛围，不断激发创新创业活力。

第六，着力营商环境，激发改革活力推动发展。

一是提升服务效能，设立重大项目推进办公室、手续办理办公室、资金保障办公室、政策兑现中心等机构，制定《总部经济十条》《实体经济十条》《人工智能十条》等政策，全力推动项目落地。二是推动相对集中行政许可权改革试点工作落实落地，组建行政审批局，完成第一批集中事项交接，对外开展审批，实现“一颗印章管审批”的高效行政审批模式。三是深入推进“放管服”改革。扎实推进“三去一降一补”，大力推行“互联网 + 政务服务”，启用全省首个自助服务大厅，实现政务服务 24 小时不打烊。四是推动“一趟都不跑”改革。加快推进商事制度、“减证便民”“证照分离”、全程电子化等一系列改革，发挥大数据优势，大力推行“五个 e”，加快一体化平台建设，努力让数据多跑路、群众少跑腿。五是推进“三变共享”改革。坚持以人民为中心的发展理念，大力培育共享经济，启动建设总面积 7300 平方米的大型科研仪器共享平台，推动“中国西部众创园”等 16 个实体空间开放共享。

第七，紧扣投资增长，加快项目建设夯实基础。

基础设施方面：加快青龙路北段、青山路西段、金城北路等 12 条道路建设，实施大泥窝河治理、麦架河干流及支流截污工程，建成截污管网 28.92 公里。着力推进“千园之城”建设，建成中医药文化产业园、大数据创客公园慢行系统二、三期，白虎山花园一期工程、高质量发展展示平台等项目。1—8 月完成投资 32.7 亿元，9—12 月预计完成 14 亿元，全年预计完成 46.7 亿元；重大项目方面：谋划 45 个重点项目，总投资 569.33 亿元，计划全年投资 124.12 亿元。加来众科、雅光工业园、振华科技产业中心、南园智谷（二期）等 10 余个重点项目开工建设。新型园区建设方面：获批建设省级人力资源产业园，全力推进世界大学科技园、“一带一路”产业园项目，加快打造人工智能产业园、国际基因工程产业园、国际 IT 产业园、国际新材料产业园、国际航天航空产业园、国际医药产业园等一批新型产业园区。配套建设方面：狠抓标准厂房、写字楼、专家公寓、员工宿舍“四大建”，建成沙文标准厂房一至四期结构面积 6.5 万平方米，累计建成结构面积 95.4 万平方米。全面启动科学城智谷二期后续标段 14.32 万平方米写字楼建设，完工标准厂房二期 C3–C4 主体，致远郡 1 万平方米人才公寓加快推进，园区承载能力进一步增强，

第八，紧扣国际合作，拓展全球视野聚集要素。

一是搭建国际合作平台。强化国际拓展能力，成功签约建设帝国理工贵阳实验室、中新智慧大健康产业技术研究院、贵阳高新（硅谷）创新中心、贵阳高新（莫斯科）创新中心、贵阳高新（特拉维夫）创新中心、贵阳高新（悉尼）创新中心，在华韩国创新中心等平台，获批国家级“国际科技合作基地”“全国为侨服务体系示范基地”。二是引进国际高端要素。成功举办英中企业对接会、中韩企业对接会、中印 IT 与 DT 产业合作论坛、中瑞对话等活动，引进以俄罗斯自然科学院彼得里琴科院士为首的科技创新团队；引进英国萨里大学校长、澳大利亚双院院士、新西兰皇家科学院院士、加拿大卡尔加里大学校长等 10 名院士到辖区企业兼职；与格鲁吉亚、阿塞拜疆、乌克兰等国家的专家达成深度合作意向项目 15 个，为区内企业及有关机构拓宽合作渠道。上半年对接境外企业 52 家、洽谈境外企业 34 家，引进境外项目 10 个、投资总额 1.5 亿元。三是推动企业国际合作。组织区内企业中科易农、航天智慧农业、益佰制药、汉方制药、高科集团、楚云环保等企业参加“一带一路”沿线专家对接会，达成多项合作意向；航宇科技与英国劳斯莱斯公司签署项目合作协议，成功取得供应商批准书；东方世纪在尼泊尔顺利开展洪水预警业务谈判；益佰制药公司已与乌克兰帕拉丁生物医学研究所在治疗骨质疏松症的维生素矿物质药方面达成合作意向。

第九，紧扣党风廉政，不断强化干部作为担当。

一是持续加强政治建设。始终以习近平新时代中国特色社会主义思想武装头脑、指导实践、推动工作，切实贯彻落实国务院及省、市政府廉政工作会议精神。深入开展“牢记使命、不忘初心”主题教育，坚定不移做到“两个维护”、牢固树立“四个意识”，推进中央省市各项决策部署在高新区迅速落地落实。二是持续加强作风建设。严格执行中央八项规定及其实施细则，驰而不息纠正“四风”，强化干部担当作为，进一步优化营商环境。以上率下大兴“三风”，管委会领导班子 50% 以上的时间用在基层调研，帮助企业解决实际困难和问题。三是持续加强廉政建设。践行“四种形态”，强化正风肃纪。围绕“六大纪律”和全面从严治党、高质量发展重大事项，强化全面从严治党“十个从严”，加强对区属各部门（单位）履职情况、作风纪律、项目建设、“三公”经费等重点领域的监督检查。开展监督检查 13 次，预防提醒约谈党员干部 2043 人次；对全区各部门（单位）的库存酒类封存情况进行检查。制定出台《贵阳国家高新区巡察工作规划（2017—2021 年）》，明确区属 20 个部门（单位）巡察时间表、任务书、施工图，确保实现巡察全覆盖。开展 4 次党规党纪教育、廉洁纪律教育，实现干部职工勤政廉洁教育覆盖率达 100%。四是持续加强干部队伍建设。强化干部忠诚、干净、担当、有为，按照好干部标准，打造高素质专业化干部队伍。强化干部教育培训，开展干部职工学习测试，举办专题讲座 10 余期，累计培训干部职工 1500 余人次。多措并举，着力提升干部队伍能力本领，推进各项工作再上新台阶。

遵义市

遵义市政府工作报告

（2019年1月14日在遵义市第五届人民代表大会第三次会议上）

遵义市委副书记、市长 魏树旺

各位代表：

现在，我代表市人民政府向大会作工作报告，请予审议，并请各位政协委员和其他列席人员提出意见。

一、2018年政府工作回顾

过去一年，我们在省委、省政府和市委的坚强领导下，在市人大、市政协的监督支持下，以习近平新时代中国特色社会主义思想为指导，深入贯彻党的十九大精神和习近平总书记在贵州省代表团重要讲话精神，坚持稳中求进工作总基调，践行新发展理念，落实高质量发展要求，全力推进供给侧结构性改革，坚守发展和生态两条底线，统筹推进稳增长、促改革、调结构、惠民生、防风险各项工作，全市经济社会发展稳中有进、稳中向好。

据初步统计，全年完成地区生产总值3000.23亿元，增长10.4%，排全省第3位；规模工业增加值增长12.1%，排全省第1位；固定资产投资增长17.8%，排全省第2位；一般公共预算收入252.14亿元，增长16.5%，排全省第1位；社会消费品零售总额增长8.7%，排全省第2位；金融机构存贷款余额分别增长3.3%、19.5%；城乡居民人均可支配收入分别达32312元、12265元，分别增长9%、10.2%；全面小康实现程度达92%。

一年来，我们坚持发展第一要务，紧紧围绕黔川渝结合部中心城市战略定位，积极推进“一枢纽，两中心，三基地”建设，综合实力跃上新台阶，经济增速高于全国、高于西部、高于全省。一年来，我们坚决打好三大攻坚战，政府债务风险总体可控，没有发生区域性、系统性金融风险，夺取脱贫攻坚关键之年的决定性胜利，生态环境质量持续改善。一年来，我们尽力而为、量力而行，持续保障和改善民生事业，人民群众的获得感、幸福感、安全感持续增强。

一年来，我们主要抓了以下工作：

（一）尽锐出战发起总攻，脱贫攻坚再创新佳绩。深入实施大扶贫战略行动，全力打好“四场硬仗”，狠抓“五个专项治理”，脱贫攻坚连战连捷。桐梓、习水、湄潭、凤冈脱贫摘帽，210个贫困村出列，减少贫困人口10.52万人，贫困发生率降到2.02%。贫困户“一长两短”产业及利益联结机制更加优化，贫困人口人均可支配收入增长24.4%。建成“组组通”公路7662公里，实现通组公路全覆盖，完成农村电网改造1.4万公里，农村饮水安全新增受益人口25.8万人。建立“三大体系”后续扶贫机制，实施易地扶贫搬迁2.36万人。教育扶贫力度空前，贫困人口教育资助实现全覆盖；健康扶贫医疗保障政策全面落实，贫困人口住院合规报销比例达90%以上；改造农村危房2.97万户。上海对口帮扶成果丰硕。

（二）扎实推进乡村振兴，“三农”工作开创新局面。始终把“三农”工作摆在重中之重的位置，深入推进农村产业革命，调减低效作物121万亩，粮经比调整到37∶63。农业五大主导产业更加巩固，红粱、食用菌等特色产业蓬勃发展，农业总产值达550亿元，农产品加工业产值460亿元。县级以上农业园区185个，市级以上龙头企业695家，专业合作社7546个，建设集配中心12个，冷库容量突破100万立方米。“三品一标”认证面积达850万亩、产品957个，地理标志农产品12个，遵义绿色优质农产品“走出大山、风行天下”。世界辣椒加工贸易基地建设有序推进，中国辣椒城一期建成营业，辣椒招商走进意大利、俄罗斯，中国遵义辣椒指数面向全球发布。推进村庄“三清一改”，农村人居环境持续改善，整治老旧住房5万户，改建农村户用厕所12.1万户。“大棚房”整治扎实开展，重大疫情有效防控。农民精神文化生活更加丰富，农民丰收节精彩亮相，新时代农民讲习所惠及群众百万人以上。

（三）深化供给侧结构性改革，产业发展取得新成效。纵深推进工业强市战略，深入实施“双千工程”，编制实施“两计划一规划”，工业总量和增速继续领跑全省，规模工业利润增长20%以上。世界酱香白酒产业基地建设加快推进，“一带两区”白酒产业布局持续巩固，“遵义十大名酒”影响不断扩大。传统产业加快转型升级，完成遵义卷烟厂、华润雪花啤酒、中航电梯异地技改。引进亿元以上项目204个，完成工业投资550亿元，务川氧化铝、绥阳煤电锰等项目投产在即。电子信息、新能源汽车等新兴产业快速成长。“两化”融合、智能制造等试点示范初见成效。工业转型发展经验获国务院表彰。黔川渝结合部医疗康养中心建设有序推进，遵义康养示范中心、桃花江康养旅游示范基地、赤水医疗康养小镇等项目稳步实施。新增3A级以上景区48个，赤水河谷旅游度假区获“国家级旅游度假区”称号，游客接待量和旅游综合收入分别增长30%以上。“引金入遵”工程扎实推进，泰永长征登陆深圳中小板，新增2家“新三板”挂牌企业，银河期货遵义营业部开业。深入实施大数据战略行动，完成大数据产业投资80亿元，电子商务交易额增长39%，发展水平居全省第二。国家物流标准化试点城市建设成效显著，48个商贸物流项目完成投资140亿元，高铁新城、黔北物流新城一期迅速推进，快递物流网络体系加快形成。绿地红城项目顺利启动。成功举办“茶博会”、“辣博会”、遵义十大名酒展销会等展会活动。组建文旅集团，61个文化产业项目加快建设。

（四）加快公共设施建设，城乡面貌呈现新变化。加快新型城镇化建设，城镇化率达53%。新一轮城市总规编制基本完成，绥阳、湄潭撤县设区和习水撤县设市有序推进。“城市双修”扎实开展，完成长沙路、人民路等6条城区道路改造，新增停车位1.3万个，66个海绵型示范路、示范公园、示范小区、生态景观示范河项目全面启动。房地产市场健康发展，成品住宅建设稳步推进。34个特色小城镇加快建设，实施城镇棚户区改造7.9万套。全国文明城市创建成果持续巩固，启动生活垃圾分类试点，70座垃圾中转站主体完工，44座污水处理厂加快建设，新改建城镇公厕95座，国家卫生城市、卫生县城实现全覆盖，卫生乡镇数量名列全省第一。综合交通枢纽建设扎实推进，新舟机场二期改扩建工程正式启动，旅客吞吐量突破200万人次，成为全省首个跨入中型机场行列的支线机场；茅台机场成为全国首个通航一年旅客吞吐量超百万的支线机场。渝贵铁路建成通车，川黔铁路外迁工程顺利接驳通车，遵泸铁路、城区轨道交通项目前期工作顺利开展。正习、余遵等5条高速加快建设，江习古、务德高速遵义段建成通车。改造提升国省干道260公里，建制村通客运全覆盖。乌江渡、桐梓河等航运工程进展顺利。新开工骨干水源工程13个，10座水库下闸蓄水，治理病险水库12座。绥阳500千伏输变电工程建成运营。行政村4G网络和光纤宽带全覆盖，荣获“宽带中国优秀示范城市”称号。

（五）全力打好污染防治攻坚战，生态质量实现新提升。深入实施大生态战略行动，全力打好污染防治“五场战役”，国家生态文明建设示范市创建扎实推进。深入开展环保“利剑”行动，聚焦城市黑臭水体、饮用水源保护、企业违规排放、违法建设用地、森林植被破坏等突出问题，中央环保督察反馈问题整改完成率94%。绿色遵义三年行动计划有序开展，完成营造林90万亩，森林覆盖率达59.62%，治理水土流失面积80.2平方公里。积极推进“治污治水·洁净家园”五年攻坚行动，主要河流监测断面水质优良率、县城以上集中式饮用水水质达标率100%，城镇生活污水处理率94.9%，城乡生活垃圾无害化处理率87.9%。大力防治农业面源污染，绿色防控覆盖率30.03%，畜禽粪污综合利用率64%。全面推行河长制，《遵义市湘江保护条例》获省人大常委会批准，重点水域网箱养殖全部取缔。用水总量、用水效率、限制纳污“三条红线”低于省控目标。中心城区环境空气质量优良率98.4%。赤水被生态环境部命名为“绿水青山就是金山银山”实践创新基地，仁怀成功创建国家生态文明建设示范市。

（六）强力推进改革开放，城市发展增添新动力。“放管服”改革深入实施，取消、下放市级行政许可和非行政许可18项，清理规范中介服务事项50项，行政审批环节压缩23%、审批时限压缩58%。综合行政执法体制、税收征管体制等17项改革任务全面完成，国家农村集体产权制度改革试点、市属国有企业改革重组等67项改革成效明显。商事制度、财政金融、基础教育等改革稳步实施。公立医院综合改革获国务院表彰。庆祝改革开放40周年系列活动隆重举行。遵义综合保税区封关运行，入驻企业45家。完成外贸进出口总额4亿美元，实际利用外资4.5亿美元。沪遵、渝遵合作更加紧密，先后与绿地、万达等知名企业及泸州、宜宾、南川等地建立战略合作关系，招商引资到位资金增长14.9%。黔川渝结合部教育科创中心建设有序推进，成功列入国家创新型城市，国家高新区、农高区申报取得实质性进展，遵义院士工作中心产学研一体化进程加快。新增国家高新技术企业45家，新建市级以上科技创新平台和人才团队35个，综合科技进步指数达79%。民营经济新增市场主体11万户，实现增加值1600亿元，占地区生产总值的53.3%。

（七）全力保障和改善民生，社会事业实现新进步。“十件民生实事”累计完成投资329.2亿元。教育事业加快发展，开工建设教育类工程1272个，已建成1156个；义务教育基本均衡全域通过国家验收；国家特殊教育改革试验区建设任务全面完成；遵义医学院更名遵义医科大学，播州区中等职业学校成为国家中职教育改革发展示范学校，中国足球运动学院西南分院建成招生。“百院大战”深入开展，市中医院通过三甲评审，三级医院增至10家、二甲医院增至22家，第九次蝉联全国无偿献血先进城市，城乡医疗卫生机构标准化建设达83%以上。社会保障不断加强，城镇新增就业13.6万人，农村劳动力转移就业14.1万人，城镇登记失业率控制在4.2%以内；进城落户农民工纳入住房公积金政策覆盖范围，城乡三项医保参保率95%以上；最低生活保障、特困人员供养等政策全面落地。全国著名红色文化传承基地建设积极推进，毛主席住居等红色文化综合体加快建设，红色教育培训蓬勃发展，红色文化论坛精彩纷呈。《出山记》《天渠》全国上映，《遵义市志》《遵义丛书》出版发行，荣获“中华诗词之市”称号，遵义大剧院、文化馆、美术馆建成投用，成功承办第九届中国少儿合唱节。精彩承办省十运会，遵义选手获金牌数、奖牌数全省第一，遵义奥体中心、遵义体校新蒲校区、贵州卧龙湖水上运动基地建成投用。持续开展扫黑除恶、打击“两抢一盗”、禁毒人民战争等专项行动，矛盾纠纷和信访遗留问题不断化解，成功处置98个房开突出问题，政府投资项目历史遗留问题有序化解。安全生产实现双降，社会安全指数保持在98%以上。国防动员能力不断加强，兵役登记率达100%。

此外，外事侨务、民族宗教、人民防空、粮食安全、气象水文、防灾减灾、档案管理、应急管理、妇女儿童、残疾人、红十字等社会事业全面进步。

（八）从严加强政府自身建设，工作效能得到新提高。增强“四个意识”、坚定“四个自信”、做到“两个维护”，深入开展贯彻落实习近平总书记重要指示批示精神“回头看”，全面抓好中央和省委巡视、国务院大督查反馈意见整改落实。围绕“解放思想敢担当、真抓实干有作为”主题教育活动，推动政府效能不断提高。修订完善《政府工作规则》《政府会议制度》，自觉接受人大及其常委会的法律监督和工作监督、政协民主监督、审计监督、新闻媒体及群众监督，办理人大代表建议172件、政协委员提案358件。落实政府法律顾问制度，行政应诉、行政复议等步入规范化、常态化轨道。开展营商环境整治百日攻坚行动，33个业务系统迁入“云上贵州”平台运行。深入开展政府系统党风廉政建设和反腐败工作，全面落实党风廉政建设主体责任和“一岗双责”，政风行风持续好转。

各位代表，这些成绩的取得，得益于党中央、国务院和省委省政府亲切关怀，得益于市委坚强领导，得益于市人大、市政协监督支持，得益于全市干部群众艰苦奋斗，得益于社会各界倾力相助和上海对口帮扶。在此，我谨代表市人民政府，向全市各族人民、知识分子、广大干部职工，向各民主党派、工商联、人民团体、无党派人士，向驻遵解放军指战员、民兵预备役人员、武警官兵、公安干警和消防救援队伍指战员，向历届老领导老同志和所有关心支持遵义经济社会发展的各界人士，表示衷心感谢并致以崇高敬意！

在充分肯定成绩的同时，我们也清醒看到稳增长的压力持续加大，各类风险交织叠加，特别是部分地方债务负担较重，部分企业、项目融资受阻，新开工项目个数和投资出现下降，企业生产经营困难；也有我们对困难估计不足，创造性抓工作有差距，导致地区生产总值、投资、工业、消费等预期增长目标未能全面实现。当前，经济社会发展仍然面临不少挑战和问题，主要是：发展不平衡、不充分问题依然突出，拥有的资源禀赋、比较优势没有充分发挥，发展质量和效益仍然不高；新旧动能转换较慢，产业结构仍需优化；政府投资比重较大，产业投资占比偏低，社会投资活力不足；三大攻坚战任务依然艰巨；民生领域仍有欠账；营商环境还需改善，少数干部不担当、不作为、慢作为、乱作为现象时有发生。针对这些问题，我们将认真加以解决。

二、2019年的总体要求、奋斗目标及重点任务

2019年是新中国成立70周年，是决胜全面建成小康社会第一个百年奋斗目标的关键之年，是我市脱贫攻坚决战之年，做好全年经济社会发展各项工作至关重要、意义重大。我们既要看到经济下行压力加大、投资增长乏力、化解债务风险任务艰巨等严峻挑战，又要看到中央决战脱贫攻坚、做强实体经济、推动乡村振兴、新时代实施西部大开发战略政策效应持续叠加释放；省委、省政府持之以恒推进三大战略行动，加快三大国家级试验区建设的战略机遇；特别是市委五届五次、六次全会作出建设黔川渝结合部中心城市、推动工业高质量发展等一系列重大战略部署，为我们补短板强弱项、调结构促转型、加快经济社会发展注入了强劲动力。同时，遵义经济外向度不高，经济社会发展稳中向好的基本面没有变。稳增长，关键在稳信心、核心在善作为、基础在抓项目。我们必须牢牢把握遵义经济发展的时代特征，辩证看待和正确处理好政府与市场、扩大投资与防范债务风险、工业化与城镇化、经济发展与环境保护4个关系，审时度势、保持定力、精准发力，推动遵义经济社会持续健康发展。

今年政府工作的总体要求是：以习近平新时代中国特色社会主义思想为指导，深入贯彻党的十九大及十九届二中、三中全会精神和习近平总书记在贵州省代表团重要讲话精神，统筹推进“五位一体”总体布局，协调推进“四个全面”战略布局，坚持稳中求进工作总基调，坚持新发展理念，贯彻落实“巩固、增强、提升、畅通”八字方针，以供给侧结构性改革为主线，深化市场化改革、扩大高水平开放，推动经济高质量发展，遵循“六稳”要求，坚决打好三大攻坚战、实施三大战略行动，守牢发展和生态两条底线，全面落实市委五届五次、六次全会决策部署，全力抓好稳增长、促改革、调结构、惠民生、防风险各项工作，提高人民群众的获得感、幸福感、安全感，为全面建成小康社会收官打下决定性基础，以优异的成绩庆祝新中国成立70周年。

今年的主要预期目标是：地区生产总值增长11%左右；规模工业增加值增长11%；固定资产投资增长18%；社会消费品零售总额增长11.5%；一般公共预算收入增长7%；城乡居民人均可支配收入分别增长9%、10%；金融机构存贷款余额分别增长5%、18%；全面小康实现程度93.5%；居民消费价格指数、节能减排降碳等指标控制在省下达的目标范围内。

围绕上述目标，我们将主要抓好以下工作任务：

（一）决战决胜脱贫攻坚，夯实全面小康基础。（1）坚决落实精准方略。对标“一达标，两不愁，三保障”，聚焦深度贫困，奋力夺取决战之年的根本性胜利。减少贫困人口6万人以上，贫困发生率下降到1%以内，实现45个贫困村出列，务川、道真脱贫摘帽，正安达到国家贫困县退出评估标准。持续减少面上“插花型”贫困现状，巩固提升已脱贫摘帽县（市）脱贫成果。（2）持续打好“四场硬仗”。用好用足绿色产业发展扶贫基金，因地制宜培育壮大主导产业和特色产业，巩固提升贫困人口产业覆盖水平；新增扶贫龙头企业20家以上，发展订单农业300万亩。确保易地扶贫搬迁入住2.36万人，完善225个安置点后续配套服务，确保贫困群众“搬得出、稳得住、能致富”。新建和改造农村电网1.03万公里，持续提升农村4G网络通信质量。保障10万名农村学前儿童、55万名农村义务教育学生营养改善计划实施，完成2.17万贫困人口职业技能免费培训；确保建档立卡贫困人口全部参加新农合，住院合规报销比例保持在90%以上，贫困村和安置点卫生室全部实现规范化建设。（3）完善扶贫工作体系。巩固提升产业发展“一长两短”和利益联结、易地搬迁“三大体系”、医疗扶贫“四精准一便民”和全员育人导师制等工作机制，持续保障政策精准滴灌。深化东西部扶贫协作，推进沪遵深度合作，推动上海对口帮扶与深度贫困村、贫困县中小学和医院实现结对帮扶全覆盖。抓好干部驻村、结对帮扶、千企帮村等工作。致力扶志扶智，强化“文军扶贫”“法治扶贫”，增强群众脱贫内生动力和自我发展能力，防止脱贫人口返贫。深入开展“城市解困·和弦行动”。

（二）实施乡村振兴战略，推进美丽乡村建设。（1）推动农业高质量发展。加快发展现代山地特色高效农业，粮食产量稳定在235万吨以上，农业增加值增长6.8%。大力实施农村产业革命，新增土地流转100万亩，以500亩以上坝区为突破口，不断优化产业结构和布局，实现茶叶、辣椒、竹、生态畜禽综合产值分别达200亿元以上，中药材综合产值100亿元以上；推进红粱、花椒等特色产业发展，种植红粱100万亩，新增花椒20万亩。巩固提升农业园区建设水平和质量，大力培育新型农业经营主体，组建遵义茶业集团、遵义辣椒集团，壮大遵义供销集团，市级以上龙头企业增至745家，农民专业合作社增至7800个，实现农产品加工业总产值500亿元。推进

遵义红、遵义绿、遵义朝天椒等品牌发展壮大，“三品一标”认证面积增至900万亩以上、产品1000个以上，地理标志农产品16个。强力推进世界辣椒加工贸易基地建设，实施辣椒“种源工程”12万亩以上，加快中国辣椒城升级改造，实现干辣椒交易40万吨，常态发布中国遵义辣椒指数，加快实现“中国辣椒、遵义定价、全球销售”。（2）深化农村综合改革。积极推广湄潭“四确五定”和播州“五权五定”经验，完成农村集体产权制度改革试点任务。深化农村“三变”改革，推动农村“三社融合”，培育农村发展新动能，支持各类人才返乡下乡创新创业，拓展农村就业空间和农民增收渠道。持续推进美丽乡村建设。深入实施“四在农家·美丽乡村”小康升级行动计划，加强农村人居环境整治，推进农村“三改”。持续推进“治污治水·洁净家园”五年攻坚行动，完善农村垃圾处置机制，提升农村污水处理设施建管运能力。持续推进“大棚房”整治和重大疫情防控。探索以乡镇为主的基层社会治理创新模式，加强农村基层基础工作，健全自治、法治、德治相结合的乡村治理体系，推动网格化实体运行，提升乡村治理水平。新办2000个新时代农民讲习所，开展“明礼知耻·崇德向善”道德大讲堂活动，提升乡村文明水平。

（三）构建现代产业体系，加快新旧动能转换。（1）推动工业高质量发展。深入实施工业强市战略，聚力发展“七大主导产业”，奋力建设西部现代工业强市。加快打造世界酱香白酒产业基地，推动白酒企业兼并重组，培育壮大一批新型白酒企业，提升“遵义十大名酒”影响力；支持茅台集团加快形成年产5万千升茅台酒、10万千升系列酒生产规模，重点推动茅台酒厂中华片区和201厂技改、国台酒业万吨技改等项目，全力打造“中国酱香白酒产区”地理标志、“中国酱香·赤水河谷”地域品牌。深入开展“千企改造”，推进装备制造、能源、材料等传统产业转型升级，加快贵州钢绳、遵义钛厂等企业异地技改。积极推动遵义卷烟厂扩大高档烟比例。加快提升煤矿开采智能化机械化程度，提高煤矿产能。夯实工业园区平台，实施“千企引进”战略，围绕主导产业和本地资源培育龙头，立足补链、强链、延链开展招商引资，引进产业项目330个，开工建设亿元以上工业项目100个。加快国家军民融合创新试验区建设，强化与航天科工集团合作，振兴军民融合产业。推动“两化”融合，着力打造一批“数字车间”“智慧工厂”。积极发展清洁能源，确保正安页岩气开采利用取得实质性突破。大力发展航空航天、新能源、新材料、节能环保、高端装备制造等战略性新兴产业，支持巴斯巴、凯山特种车等新能源汽车发展。（2）不断提升三产发展水平。加快“三区三中心”建设，引领高端产业集聚发展，推动第三产业量质齐升，有效扩大居民消费。加快黔川渝结合部医疗康养中心建设，推进医养游融合发展，打造“醉美遵义·康养福地”。建成遵义康养示范中心，加快赤水河谷国家级旅游度假区、桃花江康养旅游示范基地建设，启动播州恒大养生谷、桐梓康养旅游度假区、洛安江生态康养小镇、金鼎山特色小镇等项目建设。持续推进“创A工程”，新增3A级以上景区42个，启动湄潭茶壶景区提升工程，加快推进海龙屯、云门囤等景区建设，加强旅游市场营销管理，实现游客接待量、旅游综合收入分别增长20%、25%以上，争取国家全域旅游示范区创建通过首批验收。持续优化金融业发展环境，提升金融服务实体经济水平，引进金融企业3家，培育一批中小企业在“新三板”挂牌。深入实施大数据战略行动，加快“数字经济”建设，启动实施大数据新领域百企引领行动，培育一批软件和信息技术服务企业，促进物联网产业应用发展。强化商贸物流、会展、文化等产业发展，加快构建“一园区两中转四层级”快递物流体系，推动黔北物流新城等项目建设，建成启用黔北快递物流园；引进一批会展文化企业，加快绿地红城会展中心、乌江古村落等会展文化项目建设，办好“茶博会”、“辣博会”、省第五届大健康产业发展大会、国际盆景赏石大会等展会活动。（3）大力推动民营经济发展。全面贯彻民营经济“两个毫不动摇”“三个没有变”总方针，扎实开展民营经济政策落实、金融服务、降本减负、扩大民间投资、营商环境整治、领导干部联系服务企业六大专项行动，出台支持民营经济发展、农民工返乡创业的政策措施，强化政策落实、提升服务质量，依法保护民营经济主体合法权益。全年新增市场主体6万户以上，完成民营经济增加值1800亿元，占地区生产总值比重54%以上。

（四）建设新型城镇体系，推动城镇品质提升。（1）加快推进新型城镇建设。围绕构建500万人口中心城市框架，提升城乡建设发展水平，城镇化率提高到54%以上。建设中心城区“控规一张图”管理平台，完善“两图合一”。推进城市基础设施、公共服务设施等专项规划编制。力争绥阳、湄潭撤县设区，加快推进习水撤县设市。启动遵义至绥阳、湄潭、桐梓、仁怀快速通道建设。加快武汉路、新南快线、航新快线等骨干道路建设，确保凤新快线建成通车。启动新火车站东广场等重点项目建设。加快实施“城市双修”，推进老城区路网改造和居住设施配套能力建设，完成海绵城市项目14个、城镇一类公厕37座。实施“增绿添色”工程，建成一批城市公园、示范小区、生态景观项目。因地制宜推进播州泮水、仁怀九仓、中国习酒城等30个特色小城镇建设。（2）全面提升城市管理水平。持续巩固全国文明城市创建成果，强化市容环境整治，从严打击“两违”行为。鼓励建设立体车库，中心城区新增停车位5000个。加快城乡垃圾收运处置设施建设，新建垃圾中转站18个，中心城区推行生活垃圾强制分类和处置监管，启动建设东部城区垃圾焚烧发电工程。持续巩固国家卫生城镇创建成果，创建国家卫生乡镇5个。强化房地产市场监管，促进房地产市场平稳健康发展。

（五）强化基础设施建设，不断改善发展条件。加快建设黔川渝结合部综合交通枢纽，完成交通投资240亿元。加强航空运输能力建设，新舟机场、茅台机场旅客吞吐量实现360万人次以上，加快新舟机场改扩建工程建设，完成赤水、播州、正安通用机场前期工作。加快昭黔、遵泸及古蔺大村至遵义铁路前期工作，启动瓮马铁路延伸线、遵义动车所和城市轨道交通1号线建设。开工建设金仁桐、桐新高速公路，加快余遵、湄石、遵仁、重遵扩容等高速公路建设，确保绥正、正习、乐冷高速公路建成通车，总里程增至1321公里。改造干线公路180公里。加大农村公路管护力度。启动余庆河、芙蓉江等库区航运工程建设。不断完善城乡水利设施。完成水利投资50亿元。新开工观音水库等骨干水源工程10个以上，确保6座水库下闸蓄水。治理病险水库23座。开工建设中小河流及大江大河治理项目11个。健全水利设施管理机制。提升电力通信承载能力。完成投资17.3亿元，建成播州500千伏、绥阳220千伏输变电工程，开工建设习水500千伏和正安、习水220千伏输变电工程。开展“数字设施”提升行动，完成投资10亿元以上，推进全光网城市建设，通信光缆达17.3万公里，省网骨干带宽达2500G，30户以上自然村4G网络覆盖率达95%，积极推进物联网基站和5G试验网建设。

（六）狠抓生态文明建设，不断筑牢生态底线。（1）推动绿色发展。强化节能减排，加强煤化工、火电厂、水泥厂等重点企业“三废”监控，确保单位产品能耗控制在国家和省限额标准以内。推进国家节水型城市创建，用水总量、万元GDP和工业增加值用水量控制在目标值内。单位GDP建设用地下降4.7%。强化资源循环利用，提高粉煤灰、酒糟等大宗工业固废物综合利用率。（2）加强生态建设。加快国家生态文明建设示范市、县创建。抓好裸露山体绿化，实施营造林90万亩，森林覆盖率提高到60%以上。严格保护耕地和基本农田，确保耕地保有量不低于1206万亩，基本农田保护面积不低于1027万亩。治理水土流失面积60平方公里。（3）强化环境治理。坚持铁腕治污，坚决打好蓝天、碧水、净土保卫战，全面落实中央环保督察整改问题。落实河长制，强化重点水域综合治理保护，确保监测断面水质优良率达100%，县城以上集中式饮用水水质全部达标，中心城区环境空气质量优良率持续巩固。推进城乡生活污水和垃圾处理设施建设，实现城镇污水处理率95%，中心城区和县城生活垃圾无害化处理率分别达95%、90%。全面推广集中连片村寨一体化生态整治，强化农业面源污染治理，持续减少化肥农药用量，绿色防控覆盖率达32%以上，畜禽粪污综合利用率达68%。抓好第二次全国污染源普查工作。

（七）深化改革开放创新，全面增强发展活力。（1）抓好改革关键一招。深入推进供给侧结构性改革，以“改革指数”提升“发展指数”。完成市县两级政府机构改革，建立健全科学管理机制，推动机构高效运转。深化“放管服”改革，扎实推进行政审批“六个一”、商事制度等改革事项。不断优化营商环境，将企业开办时间压缩到3个工作日以内、工程建设项目审批时间压缩到80个工作日以内、不动产登记办理时间压缩到5个工作日以内。持续深化市属国有企业改革，推动实体化、市场化转型。完成农村信用社改制工作。全面推进基础教育、医疗卫生、生态文明、县级供销社等领域改革。（2）纵深推进开放合作。积极搭乘渝新欧班列和南向通道快车，扩大与“一带一路”沿线国家和长江经济带沿线城市交流合作。建立完善黔川渝结合部城市间协作机制，持续深化沪遵、渝遵合作。加快新舟机场正式航空口岸建设。完善国开区、综保区等开放平台功能。深入开展产业大招商，完善考核机制，招商引资到位资金增长14%。确保外贸进出口总额增长10%，实际利用外资增长10%。（3）加快建设黔川渝结合部教育科创中心。深入实施教育科创中心三年行动计划，全力打造西部非省会教育强市，提升国家创新型城市水平，推进国家高新区、农高区建设。与北京师范大学合作建设遵义研究院，深化与华东师范大学等高校合作，建设一批带动力强的科技创新平台。出台促进科技创新的政策措施，培育国家高新技术企业和省级科技型企业60家以上、科技服务机构10个以上，引进培育一批领军人才及创新团队，加快构建产学研深度融合的科技创新体系。大力推动“大众创业、万众创新”，完善创新创业孵化基地功能，重点扶持大学生创新创业。全社会研发经费占地区生产总值比重0.6%，综合科技进步指数82%以上。

（八）着力重大风险防控，确保社会和谐稳定。（1）全力防控政府债务风险。按照坚定、可控、有序、适度的要求，健全债务风险防控机制，落实债务主体责任，坚决遏制债务增量、减少债务存量。通过盘活资源、资金、资产，积极申请发行政府专项债券，推进PPP项目建设模式，重组、审减、处置、整合、停建、转股和预算偿还一批政府债务，确保不发生区域性、系统性金融风险。（2）全力防控社会稳定风险。强化基层治理能力建设，纵深推进扫黑除恶专项斗争，为人民群众营造和谐稳定的生活环境。完善禁毒“五大体系”，打赢新时代禁毒人民战争。开展“七五”普法，全面推广新时代“枫桥经验”，推进“雪亮工程”建设，发挥综合治理“五治”作用。完善多元化解矛盾纠纷问题机制，推动信访积案化解。（3）全力防控安全生产风险。强化安全生产底线思维和红线意识，落实安全生产“党政同责、一岗双责、齐抓共管、失职追责”机制。加强重点行业领域安全生产隐患专项排查整治，从源头遏制安全生产事故发生，确保安全生产形势稳定向好。

（九）推动民生事业发展，切实增进人民福祉。（1）促进就业创业。深入开展职业技能培训，重点保障易地搬迁群众、返乡农民工、高校毕业生、城镇困难人员、退役军人等创业就业，城镇新增就业12.6万人，转移农村劳动力就业10.5万人，城镇登记失业率控制在4.2%以内。（2）坚持教育优先发展。推进中心城区基础教育发展提升三年行动计划，公办幼儿园比例提高到47%；巩固提升义务教育基本均衡创建成果，新改扩建中心城区学校21所、新增学位3.6万个，基本消除大班额。引导高中阶段教育高效发展，推动高职高专优质内涵发展，支持驻遵高校积极争取博士、硕士学位授予单位和授权点资格。稳步实施第二期特殊教育行动计划。积极支持社会力量办学。（2）加快健康遵义建设。深入实施“百院大战”，创建三甲医院2家，建成市妇女儿童医院、市中医院新蒲院区，遵义医科大二附院、市公共卫生中心。完善和巩固医疗卫生机构标准化建设，推进全面分级诊疗，加快医联体医共体建设。深入开展生育健康全程服务，完善全面“二孩”配套政策。鼓励和规范社会办医。推进全民健身和竞技体育发展。（3）着力红色文化引领。围绕加快建设全国著名红色文化传承基地，组建遵义红色文化专家团队，强化红色文化资源保护利用，加快播州长征园等红色文化项目建设，抓好全国红色旅游五好讲解员建设行动试点，申报挂牌一批爱国主义教育示范基地，推出红色经典影视作品，开发红色精品课程，形成有影响力的红色文化研究成果，提升遵义红色文化影响力。巩固提升“五大群众文化活动品牌”，组织申报第八批全国重点文物保护单位，巩固“中华诗词之市”创建成果。提升文化体育场馆运营服务水平。（4）全面加强社会保障。实施“全民参保计划”，提升高风险行业工伤保险参保率，推进城乡居民医保并轨，将住房公积金制度覆盖到城市灵活就业人员。持续推进劳动保障大数据监测分析试点工作。统筹推进城乡社会救助体系建设，加强农村“三留守”人员、城镇困难职工、失独失能老人关爱保护。构建社区居家养老、社会服务养老和农村敬老院结合的城乡养老服务体系。完善殡葬基本公共服务制度，规划建设汇川、新蒲殡仪馆。争创全国民族团结进步示范市，确保蝉联全国双拥模范城市。深化国防动员备战准备，推动国防动员深度发展。

此外，推动外事侨务、人民防空、气象水文、疾病防控、应急管理、粮食安全、妇女儿童、档案管理、地方志、老年人、残疾人、红十字等社会事业再上新台阶。

全力办好“十大民生实事”。一是完成80个全面改薄项目，新改扩建镇村幼儿园100所；二是建成专业儿童医院1所，建成智慧卫生急救站100个；三是开展就业困难群体职业技能培训3万人，实现就业2万人；四是持续提高城乡低保标准，城乡居民基本养老金提高24%；五是新建改造农村户用卫生厕所1.2万户、农村公厕590座、旅游公厕100座；六是城镇棚户区改造基本建成3.59万户，建成公租房1774套；七是完成播州区公交同城化、国有化改造；八是改扩建遵义、务川精神病院，建成40个日间照料中心；九是农村饮水安全巩固提升工程解决受益人口4.55万人；十是设立12345市民服务热线，建成政务服务“一张网”云平台，实现政务服务“一门进、并联审、限时办、一窗结”。

（十）加强政府自身建设，全面提升工作效能。（1）旗帜鲜明讲政治。牢固树立“四个意识”、坚定“四个自信”、做到“四个服从”，坚决维护习近平同志核心地位，坚决维护党中央权威和集中统一领导，坚决服从省委、省政府和市委领导，全面推动决策部署落实，用工作实绩把对党的绝对忠诚镌刻在黔北大地上。（2）真抓实干强担当。全面增强推动经济社会高质量发展的工作本领，大力弘扬求真务实、真抓实干的作风，敢于克难攻坚、动真碰硬，完善督考合一、正向激励和容错机制，激励广大干部主动作为、担当尽责，做到政府决策的每项工作都能落实、政府承诺的每件事都能兑现，干出经得起历史和人民检验的工作业绩。（3）依法行政重规范。牢固树立法治意识和法治思维，严格依法行政，认真执行风险评估、合法性审查、行政复议、政府法律顾问、行政应诉等制度，自觉接受人大法律监督、工作监督及政协民主监督，接受群众监督、审计监督、舆论监督，习惯在约束中干事、在监督下履职，确保政府工作在法治的轨道上、人民的监督下规范运行。（4）廉洁自律守规矩。全面落实党风廉政建设责任制，时刻把纪律和规矩挺在前面，模范遵守中央、省委和市委作风建设各项规定，严格“三公”经费管理，强化财政资金使用效果评估考核，坚定不移兴“三风”、纠“四风”、树新风。坚决防止靠山吃山、假公济私、以权谋私等腐败问题发生，确保政府系统风清气正。

各位代表，奋斗创造幸福，实干成就梦想。让我们更加紧密团结在以习近平同志为核心的党中央周围，在省委、省政府和市委的坚强领导下，牢记嘱托、感恩奋进，以新视野把握新形势、以新观念开创新局面、以新举措推动新发展，为加快建设黔川渝结合部中心城市而不懈奋斗！

红花岗区政府工作报告

（2019 年 1 月 9 日在红花岗区第五届人民代表大会第三次会议上）

红花岗区委副书记、区长 *游劲松*

各位代表：

现在，我代表区人民政府向大会报告工作，请予审议，并请区政协各位委员和其他列席人员提出意见。

一、2018 年工作回顾

2018 年，区人民政府以习近平新时代中国特色社会主义思想为指导，在市委、市政府和区委的坚强领导下，在区人大、区政协的监督支持下，全面贯彻党的十九大和十九届二中、三中全会精神，深入学习贯彻习近平总书记在贵州省代表团重要讲话精神，按照市委五届五次、区委四届四次全会部署，坚持稳中求进工作总基调，坚守发展和生态两条底线，坚决打好三大攻坚战，深入实施“三大战略行动”，奋力在建设黔川渝结合部中心城市中当先锋、走前列，着力打造“三区三高地”，统筹做好稳增长、促改革、调结构、惠民生、防风险各项工作，全区经济稳中向好、社会和谐稳定。

回顾 2018 年，我们较好地完成区五届人大二次会议确定的目标任务，全年政府工作报告共涉及 172 项任务，目前已完成 155 项、完成率为 90%。由于国内经济形势变化、上级政策调整等原因，有 17 项未完成或部分未完成，如社会消费品零售总额、规模以上工业增加值等未达到年初预期目标。“十件民生实事”完成 9 件：6 所公办幼儿园校舍建设和六中、九中、二十五中改扩建完工，区人民医院经开区新院、区中医院完成主体施工；城镇新增就业达 3 万人，实现农村劳动力转移就业 8040 人；完成 51 条 91.14 公里“组组通”公路建设任务，湘江桥危桥加固并通车；农村安全饮水工程全部完工、惠及 2.73 万人，新华大沟水库完成大坝移民、蓄水验收；新（改）建 103 座公厕，巷口镇岩脚地质灾害点群众已搬离。正在推进 1 件实事：区图书馆主体已完工，正在审核装修方案。

一年来，我们主要做了以下工作。

（一）坚持稳中求进，着力推动区域经济稳步发展。面对经济下行、产业转型的双重压力，我们坚持把促进实体经济健康稳定发展作为工作的重中之重。全年地区生产总值完成 500.24 亿元，同比（下同）增长 7%；500 万元以上固定资产投资增长 18.8%；一般公共预算收入完成 31.03 亿元（不含新蒲新区），增长 12.1%。服务业升级在望，社会消费品零售总额完成 185.88 亿元、增长 8.7%。有效降低市场准入门槛，新增市场主体 16519 户、注册资本 624.7 亿元、从业人员 11.37 万人；建成线下实体网络零售服务平台，网络零售额达 3.39 亿元；65 万方吾悦广场城市商业综合体启动建设，引进广州尚品天河打造精品商业中心，韩国 CGV 国际影城落户我区，绿地会展新城一期进入征收阶段，新雪域西南农产品交易中心、西南遵义大康养孕育基地建设有序推进，建成东欣万象特色街区。全域旅游扎实开展，示范创建稳步推进，老鸦山红军战斗遗址保护及修复项目前期工作进展顺利，郑莫祠改造主体完工，成功创建深溪莲池湿地公园、百草园等 4 个 3A 级景区，接待国内过夜游客 234 万人次、入境游客 4700 人次，旅游收入达 370 亿元。工业稳中转型，高新区升建步伐加快，成功创建国家知识产权示范园区，新增高新技术企业 11 家，培育规上企业 6 家。深入推进“双千工程”，签约西密机电等 13 个项目，贵绳集团等 3 家企业启动搬迁，容百一期1.5万吨锂电项目顺利投产。新能源汽车产业加速发展，产品覆盖电机、电控、充电设备等领域，电机产能达10万套，充电设备达50万套，控制盒系列达40万套。加速推进军企融合，博文软件等4家企业完成军队供应商申请注册，航锐航空等6家企业进入产业发展基金项目库。加快大数据产业发展，引进贵州亿垒科技等5家大数据企业，电子信息制造业产值达21亿元。完成105家大数据与实体经济企业在线评估，融合巴斯巴智能制造等30个项目。推进国有企业社会职能剥离，接收乌江渡发电厂、遵义卷烟厂等5家企业"三供一业"。加强协调服务，做好铁路专用沿线16家企业关停工作。农业不断做优，完成农业增加值35.77亿元、增长6.7%。编制乡村振兴规划，围绕"一长两短""一村一品"，确立村庄产业发展方向。着力调整种植结构，调减玉米种植面积10992亩，新增水果、蔬菜种植面积各5000亩，非粮占比达98%。"公司＋合作社＋农户"模式不断完善，基本实现农民专业合作社行政村全覆盖，新增省级农业产业化龙头企业1家、农民专业合作社31家。深入推进供销社综合改革，规范建立社有资产管理委员会，新增市级"三位一体"新型基层供销合作社2家。有序推进12个村"三变"改革试点工作。加快土地确权登记，颁证率达97.6%。大力实施耕地保护，新增耕地3150亩。省级农业科技示范园区顺利挂牌，成功举办首届中国农民丰收节暨海龙土司贡米节。

（二）坚持城乡融合，着力加快城市化建设步伐。旧城改造持续推进，征收房屋9855户，兑付资金35.28亿元。完成刘家湾、内环片区模拟征收，开展长征八厂、罗家坝等片区征收拆除扫尾工作，有序推进延安路东片区（一、二期）、中华南路东片区（一、二期）、万里路西片区等改造。征收零星棚户区房屋3476户，处置C、D级危房107栋。多途径推动还房安置，安置群众12394户。累计购买房源4337套，用于征收安置3970套。加快棚改还房建设，经开区棚户区（南宫山）、银山棚户区、凉水棚户区等改造项目建成交付。建成7603套保障性住房，超额完成省级下达任务，被评为省级保障性安居工程示范区。交通路网不断完善，统筹推进"832"项目建设。银河路—共青大道改扩建基本完工，官桃隧道、新南大道等主干道建设有序推进，启动遵松公路改扩建，全面完成凤新快线征收任务，配合开展武汉路、蓉遵高速（遵仁段）征收工作。城市功能配套不断完善，老城纪念广场地下停车场投入使用，C级危房三期监测系统正式启用。加强信息基础设施建设，新建光缆7200公里。完成中心城区灯饰亮化、7条6.8公里小微循环路网改造和1.05万平方米破损道路修补，启动东欣大道垃圾中转库改造，开展红军山凤凰山广场、湘滨公园等综合整治。忠庄河、洛江河等沿河公园建成开园，完成6条主次干道景观提升和15所学校小微花园建设工程。编制生态文明建设"增绿、复绿、护绿"总体规划。建成区绿化覆盖率达41.95%，森林覆盖率提升至47.04%。深溪示范小城镇、金鼎和海龙特色小镇建设有序推进。行政村村庄规划编制实现全覆盖，编制23个特色村庄规划，后庄特色村庄（一期）建设基本完成。全国文明城市创建成果持续巩固，长效常态机制不断健全。

（三）坚持矛盾化解，着力解决历史遗留问题。主动担当作为，推动历史遗留欠账化解，切实保障群众合法利益。开展专项矛盾纠纷和信访问题排查17次，建立台账管理和包案化解责任机制。顺利解决长征片区石佛路等10个项目近13年、遵义大道建设近7年遗留问题，安置群众1208户。妥善处置海尔大道剩余81户群众还房问题，存在近20年的南部新城指挥部即将退出历史舞台。43个房开突出问题通过市级出列验收，开通26个产权办理通道，累计交付房屋24828套。坚持"一个专班、一个方案"，全力配合市级化解鼎诚家园等6个经适房项目突出问题。市容秩序混乱"顽疾"逐步消除，依法取缔丁字口轻工摊区、内环路"马路市场"，完成军嫂街夜市搬迁。大力化解企业改制矛盾，解决原丝织厂、原遵义砖厂等企业多年历史遗留问题。丝钢路改扩建占地、土坝公寓留地安置等问题基本解决。蔬菜公司、金龙饮司改制遗留问题和乳品公司胚胎移植项目、巷口红岩水库土地补偿、海龙水库失地农民养老保险等问题逐步化解。

（四）坚持攻坚克难，着力打好三大攻坚战。以问题为导向，精准聚焦、靶向发力，努力跨越决胜全面小康社会的重要关口。金融风险防控攻坚战稳步开展，严格落实政府性债务管理"七严禁"，有效控制隐性债务规模，政府债务风险逐步化解。争取地方政府棚改专项债券8亿元，运用3P模式化解存量债务4.64亿元。完善区属投融资企业法人治理结构，加快向市场化、实体化转型。强化小额贷款公司、融资性担保公司监管，规范经营行为。加强各类交易场所、互联网金融等领域清理整顿，严厉打击非法集资等违法活动，侦破案件59起，抓获犯罪嫌疑人64名，挽回经济损失325万元。脱贫攻坚战强力推进，有序开展“春风行动”、“夏秋攻势”和“1+5”专项治理，年度脱贫1345人，超过市级下达任务120%，后庄村、大窝村实现脱贫摘帽。“一长两短”扶贫产业加快发展，带动5231人增收。大力开发村民自治补贴性“五员”岗位，解决贫困劳动力就业154人。易地扶贫搬迁工作顺利完成，84户329人全部迁入新居。教育医疗住房“三保障”加快落实。减免670名建档立卡贫困户学生费用39.18万元，发放1241名学生精准扶贫资助金285.21万元。实施新农合大病医疗救助补偿3639人次，发放补助款681.3万元。“三改”工程加快推进，完成农村危房改造246户。发放农村低保金629.41万元，惠及困难群众2642人。污染防治攻坚战成效显著，空气质量优良率达97.8%，集中式饮用水源水质达标率稳定保持100%，地表水水质基本达到Ⅲ类水体要求。顺利通过中央环保督察“回头看”检查，扎实推进23项交办件问题整改，分别办理中央、省委环保督察交办信访投诉件190件、73件。投资49.83亿元，实施生态环保项目57个。完成饮用水源保护区居民搬迁313户，拆除房屋176栋78771平方米，覆土植绿面积6.6万平方米。扎实推进“治污治水·洁净家园”攻坚行动，实现农村垃圾收运全覆盖，建成饮用水源二级保护区14个村寨污水处理站。编制“一河一策”方案，综合推进洛江河、忠庄河等河道治理，深溪、坪桥污水处理厂投入使用，建成虾子河地埋式污水处理厂，完成海龙、巷口污水处理厂越域排放工程。全面启动第二次全国污染源普查，率先完成“五源”清查建库。全面推行“河长制”管理，落实区、镇（街道）、村（居）三级河长责任制，实现从见河长向见行动、见成效转变。

（五）坚持夯实民生基石，着力促进社会事业全面发展。城镇居民人均可支配收入完成34849元，增长8.6%；农村居民人均可支配收入完成14586元，增长9.8%。优先发展教育事业，出台教育发展“1+4”文件，投入11.78亿元实施72个新（改扩）建项目，义务教育阶段新增学位4600个，办学条件明显改善。深化教育体制机制改革，投入1.8亿元在全市率先实施教师薪酬制度改革。优质教育资源不断拓展，建成学前教育集团5个、义务教育集团8个、职业教育集团1个。中考成绩持续全市领跑，高考成绩稳中有升。深入贯彻落实基层医疗卫生服务能力“三年提升计划”，区级医院、乡镇卫生院等远程诊疗实现全覆盖。全面开展分级诊疗，实现双向转诊。全面落实健康扶贫医疗保障救助“一站式”结算、跨省异地就医即时结报。有效控制公立医院医疗费用不合理增长，药占比为24.7%。加大就业扶持力度，城镇登记失业率控制在2.89%。加强城镇贫困群众救助，出台城镇特殊困难群体解困“八项政策”，累计解困2642户4587人。深化“四民社区”创建，建成10个社区老年人日间照料中心，启动社区办公阵地建设，全面提高村（居）干部补贴标准。深入开展“扫黑除恶”专项斗争，破获9类案件86起，刑事打击318人。“网上公安”办事平台、天网三期工程建成投用，治安警情持续下降。深入开展反恐防恐，“五张网”新体系不断完善。禁毒工作成效显著，毒品滥用问题得到根本性扭转，“国家通报警示地区”成功摘帽。丰富群众文化生活，组织公益性文化演出400余场。深入实施全民健身计划，开展体育赛事12次。竞技体育长足发展，连续两届夺得全市运动会团体总分第一。协助办好省十运会，荣获先进集体称号。深入推进安全生产“双控体系”和“六级六覆盖”网格化管理，及时排查消除安全隐患，事故起数、死亡人数实现“双降”。民族团结进步工作稳妥推进，宗教关系和谐示范区创建进一步深化。

此外，统计、审计、档案、双拥、残疾人、红十字会、国防教育、外事侨务、民兵预备役、关心下一代、老龄和妇女儿童等工作也得到全面推进。

（六）坚持优化环境，着力提升服务能力。树牢“四个意识”，坚决做到“两个维护”，修订完善《政府党组工作规则》《政府工作规则》《政府会议制度》。迎接国务院大督查，推动9个方面126项重点工作整改落实。高度重视省委第二轮巡视组反馈问题，完成“债务增长迅速”“擅自制定土政策”等20项整改销号。严格落实“三重一大”制度，出台政府投资项目建设办法，按照“信息公开、严格程序、比选择优、集体决策”原则，规范和推动全区重大工程重点项目建设。深化行政审批制度改革，取消12项行政许可，压缩行政权力事项42%，压缩行政审批时限54%以上。清理规范并公布区镇两级权责清单。“互联网+政务服务”向基层延伸，实现政务服务中心、便民服务站镇（街道）村（居）全覆盖。扎实开展营商环境整治“百日攻坚行动”，整改问题104个。自觉接受区人大及其常委会法律监督和区政协民主监督，累计办理人大代表建议意见118件，满意率为99.15%；办理政协委员提案167件，满意率为97.01%。

各位代表，成绩的取得是全区共同努力的结果。在此，我代表区人民政府，向奋斗在各行各业、各条战线上的广大干部群众，向给予政府工作大力支持的人大代表、政协委员，向所有关心、支持、参与我区建设和发展的社会各界人士，表示衷心的感谢并致以崇高的敬意！

在总结成绩的同时，我们也清醒地认识到，我区经济社会发展仍面临不少困难和问题：一是经济增长缓慢，下行压力仍然较大，发展速度不快、质量不高的问题同时存在；二是债务总量大，债务风险隐患仍然存在；三是历史欠账多，遗留问题成因复杂，全面化解任重道远；四是产业转型慢，棚户区改造推进较为滞缓，三产发展空间缺乏；五是投资体量小，民间投资活力不强，投资增长支撑和后劲依然不足；六是少数干部法制意识、规矩意识不强，不想为、不会为、不敢为的现象依然突出。

下一步，我们将正视发展中的困难、直面工作中的差距，采取坚决有力的措施加以解决。

二、2019年工作的总体要求和主要任务

各位代表，2019年是新中国成立70周年，是决胜全面建成小康社会、如期实现第一个百年奋斗目标的关键之年。我们要朝着党的十九大描绘的美好蓝图，一步一个脚印、踏踏实实干好各项工作。

今年政府工作的总体要求是：高举中国特色社会主义伟大旗帜，以习近平新时代中国特色社会主义思想为指导，继续深入学习贯彻党的十九大精神和习近平总书记在贵州省代表团重要讲话精神，坚持稳中求进工作总基调，全面践行新发展理念，按照高质量发展要求，统筹推进“五位一体”总体布局，协调推进“四个全面”战略布局，坚持以供给侧结构性改革为主线，守好两条底线，加快推进质量变革、效率变革、动力变革，在“巩固、增强、提升、畅通”上下功夫，主动适应经济发展新常态，继续打好三大攻坚战，大力弘扬新时代贵州精神，强力推进三大战略行动，深入贯彻落实市委五届五次、六次全会和区委四届四次全会决策部署，围绕建设“三区三高地”总体目标，凝心聚力、开拓进取，奋力在建设黔川渝结合部中心城市中当先锋、走前列。

今年经济社会发展的主要预期目标是：地区生产总值完成584亿元，增长11%以上（其中，一产增长6.2%、二产增长10.5%、三产增长12%）；500万元以上固定资产投资增长18%以上，产业投资占比达32%；规模以上工业增加值完成32亿元，增长11%以上；社会消费品零售总额完成200亿元，增长11.5%以上；财政总收入完成78亿元，一般公共预算收入完成22.54亿元，分别增长10%以上；城镇常住居民人均可支配收入完成38125元，农村常住居民人均可支配收入完成15841元，分别增长9%以上。

为实现以上目标，我们将重点抓好以下7个方面工作：

（一）聚焦旧城改造，努力在城市建设上取得新突破。加大基础设施补短板力度，加快推动城市更新，统筹好城市生产、生活、生态布局，为高质量发展注入新活力，全力建设现代都市核心区。

*（1）突出规划强引领。*尊重城市发展规律，严格遵照城市总规和详规，坚持一张蓝图绘到底。持续将“一核引领、两轮驱动、六带发力”产业发展战略引向深入，配合完成《遵义市城市总体规划（2017—2035）》编制，积极推动忠庄片区规划和南郊水厂上移后片区规划，完成八七厂电厂片区城市规划设计，启动礼仪片区B、C区域和外环路北片区、中片区的控制详细规划编制。完成深溪集镇和金鼎特色小镇规划设计、巷口栖水小镇修建性详细规划，完善商业、市政、教育、文旅等配套服务设施，努力打造一批现代商业集聚区、特色商业消费区、高端居住体验区、历史人文风貌区、教育医疗生活服务区、智慧城市应用示范区。

*（2）突出“棚改”补短板。*聚焦关键领域、薄弱环节，以棚户区改造为契机，加大城市基础设施补短板力度。启动忠庄等5个片区棚户区改造。加快内环等3个片区房屋征收兑付，实现一批基础施工。有序推进万里路西片区等11个片区改造，促进一批主体完工。力争完成长征片区、舟水桥片区（AB地块）、经开区四号棚户区等改造，实现部分交房入住。继续开展零星棚户区改造，强力推进C、D级危房处置。协助做好兰家堡等片区市级项目征拆工作。统筹解决“三房”问题，有效处置43个问题楼盘、6个经适房各类问题，强力推进政府性还房建设，确保所有还房项目按计划完成。

*（3）突出路网夯基础。*加快辖区路网规划建设，形成“外联内畅”交通新格局。启动汤家湾路、延安路延长线、凉水片区路网建设，完成6条城市小微循环路网改造，打通一批城市内循环道路。有序推进官桃隧道、东快线南段、新南快线北延伸段等道路建设，畅通新老城区连接。加快推进新龙快线、桃溪南路、遵义大道延长线、忠深大道西延线等道路建设，完成舟水桥棚户区路网建设，逐步实施新城区路网加密工程。配合做好蓉遵高速（遵仁段）、武汉路、西安路、航新快线等征拆工作。建成东联线卷烟厂人行

天桥、外环路公交港湾中心。

（二）聚焦产业升级，努力在融合发展上取得新突破。产业是城市的根基，我们要以新发展理念引领发展行动，促进产业转型升级，全力推动高质量发展，提升区域产业核心竞争力，建设城市经济引领区。

（1）坚定不移发展城市服务业。立足黔川渝结合部中心城市服务业中心发展定位，强化现代服务业发展主导地位、集聚辐射效应。统筹生产和生活性服务业、传统和新兴服务业，积极培育适应新时代发展的互联网物联网、健康养老、休闲娱乐、总部经济、创意设计及物流等产业。持续激发微观主体活力，确保新增市场主体8200家以上，新增限额以上商贸企业30家以上。加快推进吾悦广场、大雁湿地片区等城市商业综合体和黔北会展中心建设，建成时代天街城市综合体、遵义大健康母婴护理中心，助推星力城B馆开业运营。继续推进冷链电商一体化工程，启动遵义快递物流中心建设。加快住宿餐饮等传统服务业提档升级。继续做好国际商贸城、新雪域等专业批发市场的培育和扶持，引导苟家井等老旧市场商户有序转移入驻。制定棚户区改造区域的产业布局规划，启动商业招商。

（2）坚定不移促进文旅融合。历史文化是城市的灵魂，我们要延续城市历史文脉，充分发挥文化资源禀赋优势，加快促进文旅融合，积极打造文化旅游升级版。严格落实《遵义历史文化名城保护规划（2017—2030年）》，打造“三山环抱、一江两城”的历史城区整体山水风貌格局。围绕建设全国著名红色文化旅游新高地，深入挖掘红色文化和地域文化，以遵义会议会址为龙头，建设集城市休闲与红色旅游为一体的城市公园。完成红花冈剧院招商，打造经典历史舞台剧。启动老鸦山红军战斗遗址保护及修复项目建设，恢复遵义县革命委员会旧址，建成浙大西迁陈列馆，完成郑莫祠陈列布展。加大红色培训发展力度，按照“整合资源、做强产业、塑造品牌”思路，依托遵义会议干部学院等红色培训机构，做长产业链。深挖工业文化，依托药业园区中药材种植观光旅游区（百草园），促进“工业+旅游”融合发展。大力培育非物质文化品牌，深入挖掘通草堆画、川剧、汇集药堂、盆景制作、古法榨油等潜力，全力做好“2019国际盆景大会”服务工作。实施创A工程，积极配合做好遵义会议会址申报国家5A级景区，创建拓路仕绳攀基地3A级景区。

（3）坚定不移推动工业产能升级。坚持立足基础、着眼未来，重点打造“五大产业”，加快升建国家高新区。大力发展新材料产业，依托钢绳、合金、锰等资源优势，推动新材料产业链发展，促进产业集聚。大力发展健康医药产业，以遵义市医药健康产业园为载体，打造生物医药健康产业化基地，支持廖元和堂等企业壮大发展。发挥容百锂电、巴斯巴、梅花汽车核心企业引领优势，提升新能源汽车整车制造水平，完善充电基础设施，构建新能源汽车全产业链。大力发展军民融合装备制造业，以航锐航空、精立航太等军工零部件企业为核心，全力打造航空航天装备产业集群。全面服务好维讯光电、鸿兴时代、圳通光电等企业，促进电子信息产业大力发展。启动5G网络建设，加大智慧城市技术的推广应用。深入实施“双千工程”，培育7家规上企业、8家高新企业，推动赛德水泥、天津泰达发电项目建成投产，配合做好汇兴公司、林源医药等企业技改搬迁工作。

（4）坚定不移实施乡村振兴战略。坚持农业农村优先发展，以实施乡村振兴为抓手，着力推动产业发展、人居环境改善，打造生态文明建设示范区。继续完善农村基础设施，加快推进金巷公路、遵松公路改扩建、野里经苟坝至枫香旅游公路等建设。加速深溪示范小城镇建设，完成老街二期改造。推动巷口栖水特色小镇招商，加快金鼎特色小镇、海龙特色小镇建设，启动西部三镇还房安置工程。配合做好南郊水厂搬迁，完善巷口集镇城市供水管网和污水收集处理设施。推进野里、五指山特色村庄建设，完成后庄村特色村庄建设项目（二期），实施3个村寨以“增绿、复绿、护绿”为主的人居环境整治。大力促进农旅融合，支持金川农旅产业园、巷山农旅产业园、深溪苟园发展，深入推进红花岗区现代高效农业园、海龙生态农业示范园和金华生态农业园建设，巩固提升“莲池·新天地”3A级景区创建成果。不断做优特色农产品，修订完善农村产业发展扶持政策，加大招商引资力度，推进“一村一品”产业发展步伐，重点在远郊村发展特色产业。新增蔬菜、水果种植面积各3000亩，建设2000亩海龙贡米基地和巷口花卉种植交易中心。办好第二届中国农民丰收节。

（三）聚焦三大攻坚，努力在强基固本上取得新突破。以打硬仗的决心、“钉钉子”的韧劲，抓重点、补短板、强弱项，全力打好决胜全面建成小康社会的三大攻坚战。

（1）坚决打好债务风险防控攻坚战。按照坚定、可控、有序、适度的要求，着力化解债务风险。严格落实债务“七严禁”，健全“借用还”一体化机制，坚决避免盲目投资、重复建设，规范举债行为，严格控制增量，逐步消化存量。坚持花钱必见效、无效必问责，加强财政绩效管理。严厉打击非法集资等违法金融活动，强化小额贷款公司、融资性担保公司和互联网金融等监管。加强信用体系建设，加大不良贷款清收力度。

（2）坚决打好精准脱贫攻坚战。“小康路上，不让一个困难群众掉队。”进入脱贫攻坚冲刺阶段，要把精准贯穿全过程，凝聚各方力量、压实各方责任、整合各方资源，确保实现农村2807人脱贫。充分运用脱贫质量大排查成果，补足“四场硬仗”短板。精准推进到户产业、集中式产业扶贫，确保贫困家庭收入稳定达标。启动“3年200公里”新（改）建农村道路计划，打通一批“断头路”、拓宽一批“产业路”、新建一批“脱贫路”。继续落实“五个三”后续扶持政策，着力促进易地扶贫搬迁户就业增收，加快完善生产生活配套基础设施，确保搬迁群众安居乐业。深入开展农村老旧危房透风漏雨专项治理，全力消除农村危房安全隐患。继续加大教育扶贫力度，确保助学资助政策全覆盖。进一步完善“四重医疗”保障机制，从根本上有效遏制因病致贫、因病返贫现象。

（3）坚决打好污染防治攻坚战。用最严格制度、最严密法治保护生态环境，强化制度执行，让制度成为刚性约束、不可触碰的高压线。按照“党政同责、一岗双责”环保工作机制，全面巩固中央环保督察反馈问题整治成效，严格落实整改责任，认真做好迎接第二次中央环保督察准备工作。坚决打赢蓝天保卫战，启动空气质量攻坚行动，建立完善空气预警机制。加强工业企业稳定达标管控和规范建筑工地管理，加大油烟、道路扬尘及垃圾焚烧治理力度，确保空气清新。坚决打好碧水保卫战，实施西部三镇越域排放工程，加快饮用水源二级保护区和深溪村寨污水处理站建设。启动雨污分流工程，加快实施虾子河黑臭水体治理、忠庄监狱片区和新店子片区管网、深溪集镇雨污分流等工程建设。继续实施喇叭河、忠庄河、洛江河等中小河流综合治理，全力做好水源保护。坚决推进净土保卫战，积极实施土壤面源污染防治，开展土壤污染详查工作，建立健全土壤污染防治体系，全面管控土壤环境风险。推进垃圾综合治理，加快生活垃圾分类收集、运输、处置管理体系建设，提高生活垃圾无害化处理水平，新建一座日处理500吨垃圾中转库。实施“清废行动”，依法对非法转移、倾倒固体废物及危险废物等环境违法行为实施精准打击。加大耕地保护力度，完成2000亩土地整治。

（四）聚焦城市治理，努力在提升品位上取得新突破。不断完善“党委领导、政府负责、社会协同、公众参与、法治保障”的社会治理体制，形成共建共治共享的社会治理新格局，全力建设黔北现代城市治理新高地。

（1）加强市民思想道德建设。大力弘扬民族精神、时代精神，加强爱国主义、集体主义、社会主义教育，引导人们树立正确的历史观、民族观、国家观、文化观。深入实施公民道德建设工程，推进社会公德、职业道德、家庭美德、个人品德建设，激励人们向上向善、孝老爱亲，忠于祖国、忠于人民。弘扬科学精神，普及科学知识，开展移风易俗、弘扬时代新风行动，抵制腐败落后文化侵蚀，涵养和净化社会风气。推进诚信建设和志愿服务制度化，强化社会责任意识、规则意识、奉献意识，形成重信守诺、互信互助的浓厚氛围。大力弘扬新时代贵州精神和“遵道行义·自强不息”城市精神。以“红色义务宣讲团”为载体，以“新时代农民（市民）讲习所”为平台，大力开展红色义务宣讲。继续推进社会主义核心价值观主题公园（广场）建设，打造一批市区示范点。

（2）强力推进“扫黑除恶”专项斗争。按照“涉及对象无禁区”要求，围绕“有黑扫黑、无黑除恶、无恶治乱、无乱创平安”总目标，深入开展“扫黑除恶”专项斗争三年行动，严厉打击群众反映最强烈、最深恶痛绝的各类黑恶势力，深挖保护伞。做好“部门联动、问题线索、发动群众”三个结合，加大对重点地区、重点领域、重点行业摸排整治力度，定期公布扫黑除恶成果，增强人民群众同黑恶势力作斗争的信心。加大“三盗两抢一诈骗”、毒品犯罪等行为打击力度，加强社区矫正人员、刑满释放人员等特殊人群网格化管理。继续实施“雪亮工程”，安装1500个高清摄像头。

（3）强化社会综合治理。积极开展法治宣讲进机关、进企业、进农村、进校园等活动，增强市民法治意识。推进网上信访综合业务规范系统建设，全力化解一批信访积案。健全完善多元化矛盾纠纷化解机制，大力提高人民调解水平。健全劳动争议调解仲裁机制，积极落实欠薪预防制度。积极稳妥推进村居换届，不断增强基层治理能力。大力化解企业改制矛盾，有效处置5家以上遗留问题。加大食品药品监管力度，全力保障食品药品安全，让老百姓吃得安全、吃得放心。落实安全生产责任制，以打非治违为重点，进一步强化重点行业、重点领域安全监管，严防各类安全事故发生。提升宗教事务管理水平，严厉打击非法宗教活动，营造良好的宗教氛围。

（4）不断提升城市品位。围绕建设“山为屏、水为脉、山水城融合”城市目标，实施自然山体修复保护，奠定“以山为屏”的山地城市风貌基础，全力建设宜居宜业宜游生态区。保持历史文化风貌，打造“高低错落、四季分明、四季有花、色彩斑斓”的山水城市，塑造城市特色风貌、提升城市环境质量，为市民提供更加舒适、优美的生活环境。持续深入开展森林保护“六个严禁”执法专项行动，加大天然林、自然保护区保护力度，建立保护森林资源长效机制，确保森林资源安全。开展“互联网＋全民义务植树”试点，积极打造全市示范基地。实施矿山覆土复绿工程等生态环保项目，完成东联线沿线生态修复、洛江河水生态修复。继续巩固全国文明城市创建成果，持续深化长效常态管理机制。推进城市精细化管理，不断提升市容环境综合整治水平，重点解决交通拥堵及停车难、停车乱等问题。

（五）聚焦民生改善，努力在增进福祉上取得新突破。为政之要，民生至上。我们要顺应人民群众共建共享的美好愿景，致力于增进民生福祉，让发展更有“温度”、幸福更有“质感”。

（1）实施“暖心”工程，推动教育优质均衡。秉持“发展再难不能影响教育所急、财力再弱不能影响教育所需”理念，严格落实“三个增长”，全力建设黔川渝结合部教育强区。大力推进中心城区学校布局三年行动计划，实施优质教育资源“东扩南拓”工程，在东联线片区、八七厂电厂片区合理布局幼儿园、中小学。实施“三名”工程，全面提高教学质量。深化教育体制机制改革，推进城乡一体化办学。提升高中阶段办学水平，启动一高中、二高中分别申报省级一类、二类示范工作，职教中心力争成功申报省级示范性中职学校。实施初中教育“壮腰计划”，重点扶持5所初级中学。切实解决随迁子女入学矛盾，确保进城务工人员随迁子女就读公办学校比例不低于80%。大力发展民办教育，至少引进1所优质民办学校。提升教育智能化水平，启动中国智慧试验区建设。继续开展教育环境净化行动，加强校外培训机构管理，建设综合素质教育基地，促进学生全面发展。

（2）实施“省心”工程，推动卫生健康大发展。牢固树立大卫生、大健康理念，深入推进医药卫生体制改革，全面提升基层医疗机构服务能力，着力解决群众“看病贵、看病难”问题。全面落实大健康产业发展新一轮六项行动计划，积极开展地方病防治专项三年攻坚行动，以促健康、转模式、重保障为着力点，把以治病为中心转变到以人民健康为中心，为群众提供全方位全周期健康服务。完成区人民医院经开区新院、区中医院建设。启动区妇幼保健院、万里路社区卫生服务中心建设。加快托管镇卫生院，健全分级诊疗、有序就医的医疗服务体系，完善智能转诊、远程医疗系统建设。加快体育事业发展，推进全民健身计划，开展各种体育赛事11次以上。加快老龄事业和产业发展，完善以居家为基础、社区为依托、机构为补充、医养相结合的养老服务体系，充分发挥社区老年人日间照料中心作用，不断满足老年人多样化、多层次的养老服务需求。

（3）实施“顺心”工程，健全社会保障体系。持续抓好城镇解困相关政策落实，深入实施“六项行动”，打造典型示范社区，不断提升贫困群众解困内生动力。全面落实就业创业政策，积极引导返乡农民工、高校毕业生到非公企业就业。进一步加强社会救助，抓好城乡低保提标，扩大城乡居民最低生活保障范围。继续探索开展“一站式”医疗救助，推进新农合减免补贴政策，提高救助效率和补助水平。积极开展被征地农民失地养老保险办理。积极筹措匹配资金，整合各种资源，做好社区便民服务创新项目。健全农村留守儿童和妇女、老年人关爱服务体系，加强残疾人康复服务和就业培训服务，大力发展残疾人事业。此外，我们要同步推进统计、审计、档案、双拥、红十字会、国防教育、外事侨务、民兵预备役、关心下一代等各项工作。

办好11件“民生实事”。一是建成坪桥等6家幼儿园；二是启动13所学校改扩建工程，新增学位2万个；三是加大卫生健康基础设施建设力度，新增病床1000张；四是完成疾控中心标准化建设，提高疾病防控服务水平；五是完成6000套以上政府性还房交付；六是新（改）建90座公厕，完成城区100条排污沟改造；七是完成10个社区办公阵地建设，建成5家养老机构，智慧社区便民服务系统实现全覆盖；八是新（改）建50公里农村道路；九是完成40个农村污水处理点建设；十是缓解中心城区停车压力，建成3500个智慧停车位；十一是确保城镇新增就业3万人以上，农村劳动力转移就业8000人以上，扶持创业300户以上。

（六）聚焦改革开放，努力在激发活力上取得新突破。坚持把改革开放作为高质量发展的关键一招，进一步加快改革步伐，不断优化营商环境，全力建设西南内陆开放新高地。

（1）着力深化“放管服”改革。全面完成政府机构改革，加快推进职能转变。进一步深化行政审批制度改革，深入开展“集成套餐服务”“减证便民”行动，全力推进“一窗”服务。大力推行“互联网+政务服务”，加速网上服务平台深度融合，完善区、镇、村三级政务服务体系。继续创新审批方式，推进权责清单“两单融合”，实现权责一致。继续深化商事制度改革，全面推进企业“多证合一、一照一码”，鼓励个体工商户升级为企业。推行电子营业执照，加强网上审批，促进市场准入和退出全程便利化。

（2）着力优化营商环境。全力支持民营经济发展，深入开展营商环境整治，着力打破各种“卷帘门”“玻璃门”“旋转门”，深入整治“三个不到位”，千方百计降低营商成本，着力解决小微企业融资难、融资贵问题，为民营企业打造公平竞争环境。实行重点民营企业区级领导挂帮制度，及时帮助民营企业解决发展中遇到的各种困难。积极开展专项清欠行动，切实解决拖欠民营企业账款问题。

（3）着力加强招商引资。坚持“走出去”与“请进来”相结合、政府招商与社会招商联动、招商引资与招才引智齐抓，以“亲商、扶商、爱商、安商”为宗旨，结合城市更新、高新区发展，围绕文化旅游、现代物流、商贸服务、装备制造、新材料等重点产业，面向长三角、珠三角、成渝等重点区域，大力开展资源招商、以商招商、委托招商，加强定位、定向、定点精准招商，确保引进产业项目30个以上，力争引进1家全国500强企业、3家高新企业和3家龙头行业优强企业。

（七）聚焦能力建设，努力在为民服务上取得新突破。牢记全心全意为人民服务宗旨，坚持崇尚实干、追求卓越，进一步增强政府的公信力、执行力，全力建设人民满意的服务型政府。

（1）始终坚持对党忠诚。把对党绝对忠诚作为根本政治要求，坚决扛起全面从严治党的政治责任，树牢“四个意识”，坚决做到“两个维护”，自觉在思想上、政治上、行动上同以习近平同志为核心的党中央保持高度一致，坚决维护党中央权威和集中统一领导，不折不扣地抓好中央、省委省政府、市委市政府和区委各项决策部署的贯彻落实，用实际行动诠释对党的绝对忠诚。

（2）始终坚持以民为本。坚持以人民为中心的发展思想，践行宗旨意识、厚植群众基础、提升群众工作能力，主动顺应人民群众对美好生活的向往，全心全意为人民服务，着力解决好人民最关心、最直接、最现实的利益问题，用实干赢得群众的支持，以实绩取得人民的信任。

（3）始终坚持担当作为。直面问题不回避、主动作为勇担当，努力攻坚化解社会问题、激流勇进突破发展瓶颈、不畏艰险推动改革大业。坚持好干部标准，突出“五个过硬”，大力选拔敢于负责、勇于担当、善于作为、实绩突出的干部。坚持优者上、庸者下、劣者汰，让“有为者有位、无为者失位”，坚决整治不担当不作为突出问题。严格按照“三个区分开来”要求，准确把握容错界限，理直气壮为敢于担当干部撑腰鼓劲。切实保护担当作为干部，及时阻止、严查严处对担当作为干部恶意中伤、诬告陷害、打击报复等行为。

（4）始终坚持依法行政。深入贯彻全面依法治国要求，尊崇法治、敬畏法律、依法办事，加快建成职能科学、权责法定、执法严明、公开公正、廉洁高效、守法诚信的法治政府，切实做到依法行政制度体系完备、行政决策科学民主合法、行政权力规范透明运行。依法接受区人大及其常委会法律监督，自觉接受区政协民主监督，主动接受社会和舆论监督，认真听取人大代表、政协委员、民主党派、工商联、无党派人士和各人民团体的意见。

（5）始终坚持勤政廉政。认真落实党风廉政建设主体责任，严格贯彻落实中央八项规定精神，持之以恒反“四风”，始终保持廉洁本色。切实加强审计监督，扎牢“数据铁笼”“制度铁笼”，坚持用制度管权、管钱、管人，筑牢拒腐防变的思想道德防线，做到干部清正、政府清廉、政治清明。

各位代表，实干托起梦想，奋斗铸就辉煌。让我们在习近平新时代中国特色社会主义思想的指导下，更加紧密团结在以习近平同志为核心的党中央周围，在市委、市政府和区委的坚强领导下，上下同心、真抓实干，在追梦的道路上加快奔跑，以经济社会发展的优异成绩庆祝中华人民共和国成立70周年！

汇川区政府工作报告

（2019年1月8日在汇川区第四届人民代表大会第四次会议上）

汇川区委副书记、区长 曾 征

各位代表：

现在，我代表区人民政府向大会作工作报告，请予审议，并请各位区政协委员和其他列席同志提出宝贵意见。

一、2018年工作回顾

过去的一年，在市委、市政府和区委的坚强领导下，在区人大、区政协的监督支持下，我们坚持以习近平新时代中国特色社会主义思想为指导，认真贯彻党的十九大和习近平总书记在贵州省代表团重要讲话精神，坚持稳中求进工作总基调，守住发展和生态两条底线，倾力打好三大攻坚战，围绕建设黔川渝结合部中心城市战略定位，深入实施“15555”发展战略，全区经济社会发展稳中向好、稳中有进。

全年完成地区生产总值341.59亿元，增长11.6%；500万元以上固定资产投资增长20.1%；2000万元以上规模工业增加值增长4.8%；社会消费品零售总额120.34亿元，增长8.3%；财政总收入、一般公共预算收入分别为68.31亿元、16.94亿元，分别增长7.6%、1%；城镇常住居民人均可支配收入34881元、增长8.7%，农村常住居民人均可支配收入14597元、增长9.7%。

一年来，我们主要抓了以下7个方面工作：

（一）坚定不移强基础、兴产业，脱贫攻坚再创新佳绩。（1）精准扶贫成效明显。始终坚持以脱贫攻坚统揽经济社会发展全局，按照“4541”工作部署，认真落实“五个一批”“六个精准”要求，聚焦聚力“四场硬仗”，全力打好“春风行动”“夏秋攻势”“百日攻坚”三大战役，脱贫攻坚取得阶段性胜利。麻沟、大梨、丛坝、打鼓、新华、高原等6个贫困村顺利出列，10360户、41142人实现稳定脱贫，贫困发生率从5.09%降至2.36%。（2）发展基础不断夯实。投入62.1亿元，加快基础设施建设。治理病险水库3座，实施饮水工程28个，农村饮水安全覆盖率达100%；944公里通村通组路建成投用，30户以上自然村寨通硬化路实现全覆盖，群众出行难问题得到根本解决；普惠推进“三改三化”和老旧房屋整治，大力实施易地扶贫搬迁和农村危房改造，1.2万群众住上安全房、安心房。村级集体经济不断壮大，新建村级办公阵地52个，全区村集体经济积累突破3.8亿元。农村综合改革深入推进，29个村列入省级“三变”改革试点村，新增农民专业合作社105家，贫困户覆盖率达100%。（3）农业产业持续增效。围绕“12224”产业布局，大力发展蔬菜、经果、中药材、红粱、生态禽五大产业，常年蔬菜种植面积30万亩，新增经果林9万亩、中药材2.5万亩、红粱3.66万亩，生态禽出栏260万羽，种植优质烤烟3.5万亩，“一长两短”产业更加优化。培育壮大市级以上龙头企业7家，实现农业总产值44.12亿元，农业增加值27.27亿元、同比增长6.6%。建成区级电商运营服务中心、85个村级互联网综合服务站、29个村级淘宝点。成功举办汇川区首届农民丰收节系列活动，电商扶贫实现农产品网络销售额4600万元。区产销对接智慧服务中心建成投用，实现农产品定制化生产、订单式销售。

（二）坚定不移调结构、促转型，工业发展取得新成效。（1）工业经济提质增效。“千企改造”步伐加快，28家企业得到省、市级扶持，13家企业获评省级龙头企业、高成长企业称号，完成工业投资

80.12亿元。“万企融合”纵深推进，成功搭建“工业云”平台，中航电梯成为“贵州工业云大数据”首批试点企业，航天十院11家企业完成信息化改造。泰永长征赴深交所中小板上市，欧瑞欣合在“新三板”挂牌。民营工业企业不断壮大，完成增加值13.9亿元。科技创新能力不断提升，新增省级创新平台3个、市级创新平台8个、高新技术企业11家，有效发明专利拥有量达587件，位列全市第一。规模工业总产值299亿元，规模工业增加值增速位列全市第四，较上年提升5位。（2）园区建设步伐加快。基础设施不断完善，建成标准化厂房41万平方米；遵龙大道、柳江路延长线等骨干路网建成投用；兰海高速高坪互通加快推进；高坪园区自来水厂、污水处理厂投入运营；园区餐饮、住宿、教育等配套设施逐步完善，循环化改造顺利通过国家验收。军民融合产业持续发力。全市军民融合创新示范区落户汇川；天义电器整体搬迁项目有序推进；乌江机电（二期）、新力铸锻（二期）启动建设；中航电梯、凯星液力等企业建成投产；航天十院“退城进园”稳步推进；实现规模军民融合企业总产值77.19亿元。特色轻工业加快发展，华润雪花啤酒异地技改项目全面投产，年产70万箱遵义卷烟厂异地技改项目实现试生产。（3）沪遵合作成效明显。漕河泾遵义科创绿洲产业园升级为临港遵义科技城，入驻企业19家，实现产值5亿元；漕河泾遵义科创绿洲产业园（二期）、上海光明森源定制化厂房全面启动，上海健士星定制化厂房建设加快；遵义临港科技管理有限公司、临港创新管理学院遵义分院挂牌成立，跨区域合作迈出坚实步伐。

（三）坚定不移抓三产、聚人气，区域发展增添新活力。（1）城市经济快速发展。商圈集群效益明显，昆明路、温州路商圈业态不断丰富，新增限额以上商贸企业17家。持续推进“引金入汇”工程，各类金融机构达63家。林达美食城、遵义古城等项目有序推进。李家湾物流园启动前期工作，遵义北部物流园（一期）开工建设。6681油库搬迁完成跨区域选址。阿里新零售建成运营，全区网络零售额3.95亿元、增长25%。遵义国际汽贸城（二期）完成招商，成功举办汇川区第十一届春、秋两季汽车文化节，累计成交额4.5亿元。实施三产项目80个，完成投资139.69亿元，增加值达163.39亿元。（2）全域旅游加快发展。娄山关·海龙屯文化旅游创新区创建工作稳步推进，海龙屯土司小镇、娄山关旅游小镇商业业态不断丰富。旅游配套设施日益完善，娄山关第二游客服务中心建成投用，汇川温泉康养城（一期）主体建设完工，雅阁、喜来登等一批星级酒店加快建设。创A工程取得实效，新增国家3A级旅游景区5个。全年接待游客2174万人次，实现旅游综合收入305亿元，分别增长40%、42%。（3）文化产业蓬勃发展。大型长征史诗电视剧《伟大的转折》开机拍摄，纪录电影《海龙屯》获省文艺奖电影类一等奖，广播剧《娄山奇兵》获省优秀文艺作品奖和省文艺奖广播剧三等奖。省级非物质文化遗产项目“播州杨应龙传说”扩编工作全面完成，《遵义市海龙屯保护条例》颁布施行。成功举办中国首届海龙屯甲胄文化旅游节、中国·遵义重走长征路暨首届娄山勇士国际越野跑挑战赛，承办第八届中国制度与土司文化国际学术研讨会。成功举办第十届娄山关·海龙屯国际山地户外挑战赛，荣获中登协“十年成就奖”、省“十佳体育赛事”称号，汇川区获评“十佳全民健身模范县”“中国十大诗意小城”，泗渡镇获得“中华诗词之乡”称号。

（四）坚定不移优布局、提品质，城镇建设实现新突破。（1）规划布局不断优化。高起点谋划区域布局，国开区扩区移位工作获省人民政府批复；中心城区区划调整工作稳步推进；板桥、泗渡两镇合并工作进入申报程序。完成《汇川区乡镇协调发展规划》和茅草铺、河溪坝、高坪片区控规编制报批，各镇总体规划和控规编制全面完成，村庄规划实现全覆盖，城乡空间布局更加科学合理。（2）城乡统筹强力推进。投资115亿元，高标准完成上海路（一期）、人民路等6条城区道路改造，城区交通拥堵问题得到有效缓解；高新快线西段（一期）加快推进；兰海高速观坝站改（扩）建工程建成投用；重遵高速复线（汇川段）进展顺利；仁遵高速（汇川段）全面启动。黔渝快铁建成通车，完成川黔铁路（汇川段）东移。鸣庄（二期）、吴家坝（二期）、温州路等改造项目顺利完成，荷花池、干田坝棚户区等7个保障性安居工程有序推进，完成棚户区改造6571套。团泽、沙湾、山盆特色小城镇建设全面完成，城乡面貌焕然一新。城镇化率提升至66.24%。（3）治理水平不断提升。持续巩固全国文明城市创建成果，城市综合治理纵深推进，行政执法改革成效不断显现，依法拆除违法建设26万平方米，取缔违章摊点摊贩5万户，市容市貌更加规范有序。新增城市绿化美化面积77.6万平方米，中心城区保洁面积增至570万平方米。新建莲花山、东联线人行天桥2座，新增停车位5918个。持续推进“厕所革命”，新建标准化公厕8座。全面推行生活垃圾收集转运市场化，全区餐厨剩余物实现全链条监管。“三房”突出问题处置化解工作稳步推进，全区37个问题楼盘均获市级验收出列。

（五）坚定不移护环境、美家园，生态建设开创新局面。（1）责任体系更加健全。始终守牢生态底线，严格落实生态环境保护“党政同责、一岗双责”，建立健全生态文明建设考评问责机制、干部提拔使用生态环保征求意见机制，环境保护主体责任进一步强化。保持生态环境保护高压态势，坚决杜绝环保“一刀切”行为，“大环保”工作格局基本形成。（2）治理成效更加明显。深入实施“增色添彩”工程、山水林田湖生态保护修复工程，中桥水库生态复绿全面完成。实施退耕还林10.4万亩、营造林13.35万亩，森林覆盖率达57%。严格落实河长制，23条区级河流“一河一策”方案编制完成，干溪河综合治理加快推进，高坪河、高泥河等流域综合治理全面完成，累计治理河道25.1公里。严守耕地红线，扎实推进国家武汉督察局土地例行督察反馈问题整改，清理整治“大棚房”问题4个，实施土地整治项目57个，新增耕地面积1.3万亩。投入1.8亿元，建成村庄生活污水处理工程72个。城乡生活垃圾无害化处理率达98%，空气优良率达98.5%。（3）环保执法更加有力。实施最严格的环保监管，强力推进中央环保督察反馈问题整改，深入开展森林保护“六个严禁”、环保“利剑”行动，严厉打击“六黑”环境违法行为，整改环保问题124起，立案查处企业45家，环保投诉案件办结率100%。重拳整治中桥水库水源地环境，关停饮用水源保护区内企业13家，全力保障城区饮水安全。

（六）坚定不移增福祉、促和谐，民生事业取得新进步。（1）教育事业优质发展。巩固义务教育均衡发展成果。投入4亿元，完成航天中学恒大分校、第十四小学等教育工程22个，维修改造学校48所，新增学位5600个。积极推进华东师范大学跨区办学工作。航天幼儿园移交地方管理。全区学前三年幼儿入园率达94%，九年义务教育巩固率达127.5%，高中阶段毛入学率达87.1%。教育综合改革有序推进，公办学校教师薪酬制度和离退休教师生活补助金全面落实。全年新增教师363名，教师队伍结构进一步优化。（2）医疗卫生全面进步。医共体建设取得突破，公立医院改革有序推进，区人民医院成功创建二甲医院，沙湾、松林分获得国家卫生镇、省级卫生镇称号。区中医院主体完工，大梨、剑坝、新庄等村卫生室建成投用。建立家庭医生服务团队129个，贫困人口签约覆盖率100%。新农合参合率达97.9%，兑现补助资金2.2亿元。医养结合扎实起步，基层医疗卫生服务能力“三年提升计划”全面完成。大力开展疫苗防疫监督，切实保障公共卫生安全。（3）社会保障更加有力。实施积极就业政策，城镇新增就业1.32万人，“双创”示范基地建设扎实推进，成功承办“创响中国”贵州遵义汇川站系列活动，城镇调查登记失业率控制在3%以内。城乡基本社会保险参保73.4万人次。失能特困人员实现集中供养，全年发放低保金3085万元、各类社会救助金2508万元。建成老年人日间照料中心4所、农村幸福院4个，完成板桥敬老院提质改造。上海办茅草西社区老年人日间照料中心成功创建省级示范点。全面加强农村留守困境儿童关爱救助保护工作。全面完成退役士兵安置计划。（4）社会治理深入推进。全面打响“扫黑除恶”专项斗争，持续开展禁毒攻坚、打击“两抢一盗”等专项行动，人民群众安全感达98.72%，对政法机关的满意度达97.28%。推行“1+N”接访模式，积极开展矛盾纠纷信访问题集中排查化解工作，化解积案370件，受理群众来信来访1438件，按期办结率100%。扎实推进“双控”体系和“六级六覆盖”网格化建设，安全生产事故起数和死亡人数持续“双降”。防灾减灾救灾能力全面提升。

（七）坚定不移强服务、树形象，自身建设展现新面貌。（1）党的建设全面加强。始终坚持把党的政治建设摆在首位，牢固树立“四个意识”、坚定“四个自信”、践行“两个维护”。全面强化区政府党组班子建设，班子团结奋进、担当作为的氛围日益浓厚。严肃党内政治生活，“两学一做”学习教育常态推进，“解放思想敢担当、真抓实干有作为”主题教育活动深入开展。严格落实意识形态工作责任制，切实做好民族宗教工作。认真贯彻中央八项规定及其实施细则精神，大兴“三风”、严防“四风”，全力打造学习型、节约型政府。扎实推进中央和省委巡视反馈问题整改，建章立制巩固整改成效，政府运行更加规范。（2）依法行政持续推进。认真贯彻落实《法治政府建设实施纲要（2015—2020）》，严格执行“三重一大”议事制度、重大行政决策有关规定，完善区政府常务会议学法制度、重要文件文稿合法性审查制度，推进规范性文件政策解读与公开。强化行政复议应诉和法律顾问辅助行政决策，行政机关负责人出庭应诉率进一步提升，法治政府建设取得阶段性成效。自觉接受区人大及其常委会法律监督、区政协民主监督、群众监督和舆论监督，办理区人大代表建议意见87件、区政协委员提案169件，办复率100%。

（3）改革开放不断深化。倾力打造营商环境新高地，深入实施“放管服”改革，依法取消行政审批事项5项、下放事项181项，各类事项办结率达99.84%，审批时限压缩57.62%，获得“2018年度中国十佳营商环境示范县”称号。综合执法体制改革、税收征管体制改革、镇（街）财政管理体制改革稳步实施。积极推动区属国有企业市场化转型，全力防范化解债务风险。招商引资机制更加健全，“千企引进”深入推进，产业大招商成效显著，引进新入黔中国500强企业2家、500万元以上省外项目115个，到位资金145.5亿元。完成进出口贸易总额3970万美元。

此外，全面推进人民武装、国防教育、外事侨务、档案（方志）工作，积极支持妇女儿童、工会、红十字会、老年人、残疾人等群团部门工作，全区各项事业实现了共同进步。

各位代表，2018年是汇川经济社会发展进程中极不平凡的一年，面对脱贫攻坚的艰巨任务、经济下行压力的持续影响、防范化解风险的严峻挑战，我们不畏艰难、扎实苦干，大力发扬新时代贵州精神，创造了跨越发展的崭新业绩，共同走过了一段值得铭记的奋斗历程。这些成绩的取得，是市委、市政府亲切关怀的结果，是区委坚强领导的结果，是区人大、区政协有效监督和全力支持的结果，是社会各界关心帮助的结果，更是全区干部群众苦干实干、奋力拼搏的结果。在此，我谨代表区人民政府，向全区干部群众、驻区部队官兵和离退休老同志，向在汇川投资兴业的企业家，向所有关心支持汇川发展的各级领导、各界人士，表示最衷心的感谢并致以最崇高的敬意！

成绩来之不易，经验弥足珍贵。回顾一年来的历程，我们深深体会到：一是必须坚持以改革开放增强动力。办法总比困难多。只有保持与时俱进、不断改革创新、坚持对外开放，才能在竞争中抢占发展先机、赢得发展主动权。二是必须坚持以聚焦发展推动跨越。发展才是硬道理。只有坚持把发展作为第一要务，认真践行新发展理念，推动各项工作落地落实，全区发展才能取得实效。三是必须坚持以民生优先凝聚民心。民生是最大的政治。只有牢固树立以人民为中心的思想，以改善民生为重点加强社会建设，以实事工程为抓手惠及广大群众，才能让群众得到看得见、摸得着的实惠。四是必须坚持以优良作风砥砺斗志。作风建设永远在路上。只有不断强化作风建设，始终保持昂扬向上的精神状态，一心一意谋发展、全力以赴抓落实，才能不断创造新的业绩。

在总结成绩的同时，我们也要清醒地看到存在的困难和问题。一是发展质量仍然不高。发展不平衡、不充分问题依然突出，结构性矛盾仍然存在，重大项目支撑力有待进一步加强，实现高质量发展任重道远。二是收支矛盾仍然突出。经济总量仍然不够大，新财源培植乏力，刚性支出增长较快，资金保障压力增大。三是民生保障仍待加强。脱贫攻坚任务艰巨，还有3个贫困村、3142户、8339人未脱贫。农村基础设施建设、社会事业发展与人民群众日益增长的美好生活需要还有较大差距。四是干部作风仍需转变。部分干部思想不新、方法不多、效率不高，执行力、落实力还亟待加强。这些困难和问题，在今后的工作中我们将高度重视，采取有效措施切实加以解决。

二、2019年重点工作

2019年是新中国成立70周年，是脱贫攻坚决胜之年，更是实现高质量发展的关键之年。我们将迎来国家实施新一轮西部大开发战略、乡村振兴战略，省、市相继出台一系列支持国开区发展的政策措施，沪遵合作愈加紧密及市委提出建设黔川渝结合部中心城市等难得的发展机遇；也面临着外部环境复杂多变、经济下行压力加大、投资增长乏力等严峻挑战。从总体看，机遇与挑战并存，机遇大于挑战。我们要充分认清形势、把握机遇，变压力为加快推动经济高质量发展的动力，以坚如磐石的信心、只争朝夕的劲头、坚韧不拔的毅力，推动汇川经济社会持续健康发展。

今年工作的总体要求是：以习近平新时代中国特色社会主义思想为指导，深入贯彻党的十九大和习近平总书记在贵州省代表团重要讲话精神，按照“五位一体”总体布局、“四个全面”战略布局，坚持稳中求进工作总基调，全面践行新发展理念，加快推进供给侧结构性改革，坚决打好三大攻坚战、实施三大战略行动，守牢发展和生态两条底线，统筹抓好稳增长、促改革、调结构、惠民生、防风险各项工作，全面贯彻落实市委建设黔川渝结合部中心城市的战略部署，深入实施“15555”发展战略，全力打造“一区两地三中心”，推动全区经济社会实现高质量发展，以优异成绩庆祝新中国成立70周年。

今年的主要预期目标是：确保地区生产总值增长11.5%左右；2000万以上规模工业增加值增长11.5%；500万元以上固定资产投资增长18.5%；社会消费品零售总额增长12%；一般公共预算收入增长8%；城镇常住居民、农村常住居民人均可支配收入分别增长9%、10%。节能减排降碳指标控制在日标值内。

围绕上述目标，我们将着力抓好以下工作：

（一）始终坚持把脱贫攻坚作为头等大事，全力夯实发展根基。坚持以脱贫攻坚统揽经济社会发展全局，按照“4541”工作部署，聚焦“一达标，两不愁，三保障”，紧盯“五个一批”脱贫路径，举全区之力、坚决打赢脱贫攻坚这场硬仗。

（1）决战决胜脱贫攻坚。严格落实“五主五包”责任制和“六个精准”“六个到村到户”基本要求，持续打好“四场硬仗”、狠抓“五个专项治理”、着力“四个聚焦”，巩固提升脱贫成效，全力推进扶贫资金、基础设施建设、帮扶力量向贫困村倾斜，确保教育、医疗、住房等各项政策落地落实，贫困村全部出列，贫困发生率降至1.5%以内。

（2）聚焦聚力基础设施。深入推进基础设施建设，持续推进农村人居环境整治，普惠推进“三改三化”，实施老旧危房改造和城乡供水巩固提升工程，全面完成通村通组路收尾工程，确保连心路、放心水、安全房全覆盖。启动建设东风水库，加快推进鲁家坝水库加高工程建设，完成红峰水库枢纽主体工程。实施农村电网改造工程项目10个，新建农村通讯基站10个。全面落实“五个三”政策，完成易地扶贫搬迁346户、1331人，确保搬迁群众“搬得出、稳得住、能致富”。

（3）助力助推乡村振兴。坚持“五化”兴产业，围绕“12224”产业布局，做大做强蔬菜、经果、中药材、红粱、生态禽等主导产业，着力增加优质农产品供给，确保主导产业综合产值达28亿元以上，粮食总产量稳定在6万吨以上，优质烤烟种植4万亩以上。全力推进农业基地建设，建成百亩镇级示范点9个、千亩区级蔬菜（辣椒）示范基地1个、万亩辣椒专业镇2个。加快推进20万亩酒用高粱基地、板桥万亩天麻基地建设。积极培育新型农业经营主体，确保新增市级以上农业龙头企业2家，实现规模以上农产品加工总产值28亿元。深入推进农村综合改革，加快“三社融合”建设步伐，创建市级“三变”改革示范点29个以上。以农村集体产权制度改革为突破口，切实加强农村基层基础建设工作。完善乡村治理体系，提升乡村治理水平，促进乡风文明。

（二）始终坚持把工业发展作为主攻方向，着力推动转型升级。深入实施工业强区战略，以产业园区为载体，以“双千工程”为抓手，加快发展以军民融合为核心的高端装备制造业、以烟酒为核心的特色轻工业，全力推动工业高质量发展。

（1）完善功能配套。坚持把园区作为产业集聚的平台、工业发展的支撑，稳步推进园区基础设施建设，确保兰海高速高坪互通建成通车，完成李家湾物流通道、遵绥路改扩建（G210至汇川大道段）等道路建设。积极推进田沟绿色食品工业园和中小企业园建设。持续完善生活性配套设施，加快产城融合。

（2）强化产业支撑。加快推进国家军民融合创新试验区建设，积极培育省市高成长型、骨干型企业20家。大力推进航天十院“退城进园”和“长征”系列企业异地技改，建成乌江机电（二期）、新力铸锻（二期），加快梅岭电源、天马机电、贵州海尔、南海科技等企业入园步伐。启动珍酒年产9000千升扩能技改，确保雪花啤酒年产量达15万千升，遵义卷烟厂全面投产。完成山盆、毛石等风能基地建设，确保实现2019年底定网发电。完成技改投资18亿元以上。力争新增规模企业10家，完成工业总产值350亿元。

（3）突出科技引领。以临港遵义科技城、院士工作中心为载体，积极承接人才、技术、资金和产业转移。确保新增科技创新平台5个以上、国家高新技术企业3家以上，完成专利申请1100件以上，实现高技术行业增加值占比18%以上，综合科技进步水平继续保持全市领先，全力打造全市科创中心。

（三）始终坚持把城镇建设作为重要引擎，优化提升城市品质。围绕区委打造“一区两地三中心”的战略目标，坚持城镇带动、城乡互动、产城联动，奋力在建设黔川渝结合部中心城市中当先锋、走前列。

（1）推动城镇规划上水平。坚持规划引领、强化系统思维，按照“规划超前、质量优良、环境优美、设施齐全、功能完善”的原则，完成城市总规修编，合理布局城市功能分区。加快推进“多规合一”，完成《新舟坝片区城市设计》《温州路现代服务业集聚区发展概念研究》等专项规划编制工作，强化中心城区服务功能，优化城市发展空间布局。

（2）推动城乡一体上品质。全力构建交通枢纽中心，高质量推进董公寺—高坪片区建设，构建优化主城区与拓展新城区的联动示范带。加快推进重遵高速复线（汇川段）、仁遵高速（汇川段）建设，启动上海路（二期）改扩建工程，完成高新快线西段（一期）改扩建工程，积极推进武汉路项目建设，构建科学合理的城市化交通体系。加快推进荷花池、珍酒厂等棚户区改造进度，完成嘉陵江（一期）、千工堰等棚户区改造。巩固特色小城镇建设成效。城镇化率提升至 67%。

（3）推动管理水平上台阶。坚持“五化”管城市，健全常态长效管理机制，提升建筑工地“七个一”管理水平，扎实推进城乡环境综合整治，持续巩固全国文明城市创建成果。大力开展市政设施“1+N”示范区创建，新增城市公共停车位 5000 个，持续推进“厕所革命”，不断提升城市综合承载能力。从严打击“两违”行为，消化存量违建 20 万平方米。

（四）始终坚持把第三产业作为主要抓手，不断丰富发展内涵。坚持把第三产业作为优化经济结构、提升经济发展质量的重要抓手，着力优化布局、完善功能、做实项目，全力推动第三产业发展。

（1）加快发展文化旅游业。加快推进全省文旅融合示范基地建设，以建设娄山关·海龙屯文化旅游创新区为契机，编制完成《汇川区全域旅游发展总体规划》《娄山关·海龙屯旅游区总体规划暨 5A 景区创建规划》，打造 4A 级景区 1 个、3A 级景区 5 个以上、甲级村寨 3 个以上；办好娄山关·海龙屯国际山地户外运动挑战赛、娄山勇士越野跑等品牌赛事。实现游客接待量、旅游综合收入分别增长 40%、42%。强化文物修缮保养和安全防护，完善公共文化服务体系，打造“诗意汇川”等文化品牌。

（2）加快发展现代服务业。加快全市商贸物流中心建设步伐，积极培育昆明路、温州路、汇川大道等新兴商圈，建成林达美食城、温泉康养城、遵义古城（一期）。加快李家湾、李子垭物流园建设，着力构建集运输、仓储、加工、配送为一体的物流体系。加快推动遵义花卉、农副产品交易中心、汽车后服务、二手车交易等专业市场建设。继续办好春、秋两季汽车文化节，力争成交额达 5 亿元以上。新增限额以上商业企业 10 家、上市企业 1 家，持续推进“引金入汇”“引资入汇”工程，倾力打造全市金融中心。

（3）加快发展大数据服务业。加快数字经济建设，培育一批软件和信息技术服务企业，积极推动 5G 试商用。加快发展大数据产业，全力推进大数据与产业深度融合，力争引进大数据企业 8 家以上，完成融合示范项目创建 50 个以上。建成区融媒体中心，提升“新闻 + 政务 + 服务”水平。大力推动区级数据基础平台建设，确保区大数据应用创新示范中心投入运营，建成大数据应用平台 2 个，实现软件服务业收入 5 亿元以上。

（五）始终坚持把生态红线作为执政底线，深入推动绿色发展。坚持把守住生态底线作为第一责任，大力推进生态文明建设，深入实施“大生态”战略行动，坚决打好污染防治攻坚战，努力实现山青、天蓝、水清、地洁。

（1）筑牢生态屏障。深入实施“增色添彩”工程，完成营造林 2 万亩，新增城市公共绿地 1.65 万平方米。继续加强生态保护修复工作，加快喇叭河国家湿地公园建设，力争森林覆盖率提升至 58% 以上。严格保护耕地和基本农田，确保耕地保有量不低于 60.1 万亩，基本农田保护面积不低于 46.8 万亩。

（2）加强生态治理。持续推进“治污治水·洁净家园”攻坚行动、水污染防治行动计划。强化农村面源污染治理，实施化肥、农药零增长计划，切实提升农村生态环境质量。纵深推进河长制，完成干溪河、仁江河春台段、麻沟河柏杨至中寺段治理工程，中桥水库环境综合整治和湘江河流域生态补水工程。加快推进第二次全国污染源普查工作。

（3）强化生态保护。持续巩固国家生态文明建设示范区成果，严格落实生态环境保护“党政同责、一岗双责”，不断深化中央环保督察和国家土地例行督察整改成效。严格执行环评和“三同时”制度，完善突发环境事件应急机制，始终保持查处环境违法行为高压态势，严控主要污染物排放总量。

（六）始终坚持把改革开放作为发展动力，全面激发经济活力。坚持以供给侧结构性改革为主线，进一步释放改革红利、增强开放动力、激发创新活力，以“改革指数”提升“发展指数”。

（1）坚持深化改革不停步。完成行政机构改革，推动机构高效运转。深化“放管服”改革，扎实推进行政审批“六个一”、商事制度等改革事项。政务大厅建成投用，大力推进“最多跑一次”改革和“多规合一”联合审批改革。深入推进“555”营商工程，打造“行政审批事项最少、办事效率最高、营商成本最低、政府服务最优、创新创业活力最强”的营商环境。

（2）坚持扩大开放不松劲。充分发挥全省“1+8”开放创新平台优势，持续深化沪遵合作，扩大与长江经济带沿线城市交流合作。持续推进“千企引进”工程，加快招商引资市场化步伐，用好用活“娄山关”“海龙屯”两张名片，围绕军民融合、高端装备制造、特色轻工等主导产业招大引强，确保招商引资到位资金 180 亿元以上。

（3）坚持预防风险不懈怠。牢固树立风险意识，把防风险摆在政府各项工作突出位置，坚决打好防范化解重大风险攻坚战。严把项目入口关，落实债务风险防控主体责任，进一步完善金融、投资、招商安全防范和风险应急处置机制，加快推进区属国有企业转型发展，全力以赴防范化解政府债务风险。

（七）始终坚持把民生事业作为根本前提，持续改善社会民生。牢固树立以人民为中心的发展思想，坚持把人民幸福作为第一追求，着力解决民生事业发展中的不平衡、不充分问题，让人民群众享有更多的获得感、幸福感、安全感。

（1）统筹社会事业发展。办好优质公平教育。巩固提升“义教均衡”成果，推进第三期学前教育行动计划，确保学前教育三年入园率94%以上，小学、初中入学率分别达99%、95%以上，高中阶段毛入学率89%以上。完成航天小学改造、山盆中学改扩建、毛石中学迁建等教育项目。创建市级示范幼儿园1所，认定普惠性民办幼儿园10所以上。提升医疗卫生服务水平。加快推进全省医疗康养示范基地建设，进一步深化医药卫生体制改革，启动新一轮基层医疗卫生服务能力三年提升计划。松林镇争创国家卫生镇，力争启动山盆卫生院扩建工程。大力推进乡镇卫生院、社区卫生服务中心“中医馆”建设。加快推动医养结合，积极推进遵义市康养示范中心项目建设。强化社会民生保障。坚持把稳就业摆在突出位置，解决好高校毕业生、农民工、退役军人等群体就业，城镇调查登记失业率控制在3%以内。实施全民参保计划，扩大社会保险覆盖面。强化农村低保、扶贫开发两项制度，完善城乡社会救助体系，加强特困人员供养救助工作，关心关爱弱势群体。稳步推进流浪乞讨搜救、殡葬管理等工作。强力推进农村养老服务试点工作。完成第十一届村（居）换届。

（2）保持社会和谐稳定。纵深推进“扫黑除恶”专项斗争和禁毒工作，构建严打整治、社会治安防控、公共安全防控“三大体系”。完善提升“天网工程”“雪亮工程”，深化重点场所和治安难点、管理盲点整治，确保人民群众安全感和满意度达96%以上。健全完善“四级联动视频接访”工作机制，积极预防和有效化解各类矛盾纠纷。强化防灾减灾救灾体系建设，提升应急处置能力。继续深化道路交通、煤矿、危化物品、烟花爆竹、建筑施工等重点行业和领域专项整治，确保安全生产形势持续稳定向好。

（3）办好“十件民生实事”。一是改造3所农村薄弱学校，新增学位1485个；二是建成汇川区中医院、高桥卫生院；三是建成保障性住房3678套；四是新增城镇就业13450人；五是启动上海路（二期）改扩建工程；六是实施农村人饮巩固提升工程，妥善解决6000人农村饮水安全问题；七是启动建设区殡葬管理服务中心，建成区救助管理站；八是新增停车位5000个以上；九是建成汇川区文化馆，启动建设全民健身中心；十是实施农村公路生命防护工程700公里。

（八）始终坚持把自身建设作为第一工程，倾力打造满意政府。毫不动摇坚持党的绝对领导，严守政治纪律和政治规矩，坚持依法行政，不断增强政府公信力、执行力，建设人民满意的服务型政府。

（1）旗帜鲜明讲政治。坚持把党的建设作为第一保障，牢固树立“四个意识”、切实增强“四个自信”、坚决践行“两个维护”，在思想上、政治上、行动上同以习近平同志为核心的党中央保持高度一致。坚决贯彻执行党的路线方针政策和党中央的决策部署，在省委、省政府，市委、市政府及区委领导下，不折不扣推动决策部署落地落实。

（2）依法行政重规范。严格按照法定权限和程序履行政府职能，加快建设“职能科学、权责法定、执法严明、公开公正、廉洁高效、守法诚信”的法治政府。建立健全正向激励、负向惩戒和容错纠错机制，营造“优胜劣汰、能上能下、奖惩并重”的干事创业氛围。自觉接受区人大及其常委会法律监督、区政协民主监督、群众监督和舆论监督，不断提高人大代表建议、政协委员提案办复率和满意率。深入推进“七五”普法，增强全民法制意识。深化政务公开，加强诚信建设，推进行政权力公开透明运行，切实保障人民群众知情权、参与权、监督权。

（3）廉洁自律守规矩。始终把纪律和规矩挺在前面，全面落实党风廉政建设责任制，推动政府系统全面从严治党向纵深推进。严守中央八项规定精神，持之以恒纠正“四风”，严厉整肃庸政懒政怠政行为，坚决查处损害群众利益的问题。严格“三公”经费管理，强化审计监督、行业监管，确保公共资金高效使用、公共资源合理配置、公共权力阳光运行。

各位代表，事业凝聚人心，实干铸就辉煌。让我们更加紧密地团结在以习近平同志为核心的党中央周围，在区委的坚强领导下，大力弘扬新时代贵州精神，以逢山开路的闯劲、久久为功的韧劲、时不我待的干劲、只争朝夕的冲劲，共同谱写跨越发展新篇章，奋力在建设黔川渝结合部中心城市中当先锋、走前列，以优异的成绩庆祝新中国成立70周年！

赤水市政府工作报告

（2019 年 1 月 6 日在赤水市第七届人民代表大会第三次会议上）

赤水市委副书记、市长 谭 海

各位代表：

现在，我代表市人民政府向大会报告工作，请予审议，并请各位市政协委员和其他列席人员提出宝贵意见。

一、2018 年工作回顾

过去一年，在市委的坚强领导下，在市人大、市政协的监督支持下，我们以习近平新时代中国特色社会主义思想为指导，全面贯彻党的十九大精神，坚持稳中求进工作总基调，坚持新发展理念，坚持高质量发展，坚持“生态优先、绿色发展、共建共享”战略，坚守发展和生态两条底线，聚焦打好三大攻坚战，聚力建设“一城一地”，奋力推动经济社会持续健康发展。

2018 年，预计（下同）完成地区生产总值 125.09 亿元，同比（下同）增长 11.5%；规模工业增加值增长 12.0%；500 万元以上固定资产投资增长 18.0%；财政总收入完成 14.26 亿元，增长 18.61%；一般公共预算收入完成 6.35 亿元，增长 9.65%；社会消费品零售总额完成 34.38 亿元，增长 11.5%；城乡居民人均可支配收入分别实现 31324 元、12303 元，分别增长 9.5%、10.5%；全面小康实现程度达 98.4%。

（一）坚持凝心聚力，真抓实干、排难争先，三大攻坚战旗开得胜。

（1）持续推进精准扶贫，实现“脱贫”向“致富”转变。扎实开展脱贫攻坚“春风行动”“夏秋攻势”，打好“四场硬仗”，建成天苑新城（二期）等安置点 3 个、搬迁 3619 人，打造易地扶贫搬迁“五个三”示范点 4 个，提前 2 年完成“十三五”规划搬迁目标。继续落实医疗扶贫救助政策，报销补偿比例稳定在 90% 以上；保持教育扶贫全覆盖，发放教育资助金 1501 万元，惠及学生 11781 人。创新“五统两分一带”扶贫模式，实施扶贫项目 79 个，实现产业扶贫“127”利益联结机制建档立卡贫困户全覆盖，人均收入 9540 元、增收 1129 元。承接上海对口援建项目 17 个，投入资金 1668 万元。促进扶贫与扶志、扶智深度融合，培训农村贫困劳动力 1010 人，易地扶贫搬迁对象户均就业 1.58 人。长期镇太平村、元厚镇石梅村脱贫出列，全面消除贫困村。全市减少贫困人口 345 户、1126 人，贫困发生率降至 0.96%。

（2）坚决打赢“三大战役”，实现天蓝、地绿、水清。加强赤天化纸业废气排放在线监测，开展道路、工地扬尘专项治理，淘汰燃煤锅炉 15 台、黄标车及老旧车辆 197 台，全市空气优良率达 93%。国家自然生态空间用途管制试点稳步推进，率先开展“三线一单”编制工作，完成生态功能区产业准入负面清单，《国家森林城市建设总体规划》通过国家评审。新造林地 2.9 万亩，治理水土流失 20 平方公里，森林覆盖率达 82.77%。实施村级污水治理项目 36 个，完成城区污水处理厂提标改造，达到一级 A 标排放标准。市级生活垃圾处理厂建成投运，新建乡镇垃圾转运站 3 座，农村垃圾收运率达 91%。完成严家河一期综合治理，全市集中式饮用水水源地水质达标率 100%，赤水河、习水河出境断面水质保持Ⅱ类标准。完成中央环保督察、“绿盾 2018”等专项行动反馈问题整改 72 个，全面禁止河道采砂，清理取缔“三无”船舶 48 艘，查处破坏生态环境案件 17 起。赤水河长制、领导干部自然资源资产离任审计、自然资源资产负债表编制等经验做法在全省推广，成为全国“绿水青山就是金山银山”实践创新基地，在“全国生态保护与建设典型示范区”中期评估中排名全国第四、贵州第一。

（3）严密防范化解重大风险，实现经济社会稳定有序。清理政府隐性债务，制定十年化债计划。不断规范国有企业融资行为，通过调整债务结构、发行债券、PPP 转化、盘活资产等方式，积极化解存量债务 3.25 亿元，债务风险总体可控。开展金融机构非现场监测和执法检查 27 次，查处打击非法集资、金融诈骗等犯罪活动 3 起。开展“遵义市金融机构赤水行”活动，签约合作项目 11 个、融资 28.9 亿元。推行水稻、玉米等政策性农业保险，创新推出“石斛种植特色保险”“乌骨鸡价格指数保险”。配备 1228 名安全网格管理员，50 家企业完成“双控体系”建设，生产安全事故发生率、死亡人数分别下降 75%、77.78%。“平安赤水”创建深入推进，“天网工程”“雪亮工程”联网监控 7734 个，破获“11·21”特大涉黑案件，摧毁恶势力团伙 1 个，人民群众安全感始终保持高位水平。有效整治宗教领域突出问题，建立宗教监管网格 144 个，实现市、乡、村三级全覆盖。建成市、乡两级矛盾纠纷多元化解中心，办理群众来信来访 276 件，获“国家级信访工作‘三无’县”“全国法治县创建活动先进单位”称号。建立乡镇应急管理平台系统，积极有效应对自然灾害、非洲猪瘟等突发事件。

（二）坚持推进供给侧结构性改革，聚焦转型升级、注重提质增效，发展后劲明显增强。

（1）坚持突出重点、突破难点抓工业。新建标准厂房 20 万平方米、路网 7 公里，园区生产生活配套设施不断完善。盘活低效工业用地 650 亩，利用闲置厂房 32 万平方米。推进竹原料基地流转，完成赤天化纸业本色浆技改项目，新投产终端纸生产企业 4 家，全市人民期盼的“林浆纸一体化”实现全产业链生产。西南（赤水）家具产业园全年签约企业 230 家、入驻投产 69 家，成为承接成渝地区产业转移的重要园区。成立园区金融服务中心，注资 5000 万元充实工业发展基金，建立 2000 万元中小微企业续贷周转资金池，撬动社会资本 12 亿元。帮助 59 家企业实施“千企改造”，9 家企业实现复产。依托四川自贸区川南临港片区和蓉欧班列，打通国际物流通道。经开区业态布局、产业链条初步形成，规模效应、集聚效应逐步显现，被列为贵州省第三批清洁生产试点示范园区。全市 2000 万元以上规模企业达 79 家，工业税收突破 3 亿元、增长 320%。

（2）坚持龙头引领、多点开花抓第三产业。长江半岛文化产业园（一期）稳步推进，投入 6.59 亿元完成基础设施建设和设备采购；整改赤水丹霞旅游区 5A 创建问题 43 个，丙安古镇 4A 级景区创建有序推进，新增 3A 级景区 2 个、农旅一体化园区 2 个。“赤水印迹”大型演艺节目正式公演，举办赤水河谷音乐季、“多彩贵州”自行车联赛等主题活动 60 余次，央视、《人民日报》、人民网等主流媒体报道赤水旅游 22 次，全年接待游客 1800 万人次，旅游综合收入实现 200 亿元。石沓沓、玫瑰天街、五洲国际等商业街区更聚人气，规模夜市、特色餐饮、家居建材等商业集群功能逐步显现。天岛湖、天鹅堡度假区康养配套不断完善，常住居民 4 万余人，成为黔川渝结合部主要康养旅游目的地。新增物流企业 46 家，建立村级服务点 109 个，实现村村通物流。农商旅互联综合体主体完工，红赤水冷链物流项目建成投用。全市网络零售额达 1.3 亿元，获“国家级电子商务进农村综合示范县”称号。扎实推动大众创业、万众创新，新增三产市场主体 4720 家，挂牌“四板”企业 3 家。

（3）坚持培育特色、打造精品抓农业。完成农村土地承包经营权确权登记颁证，核实登记集体资产 26 亿元。稳步推进农村“三变”改革，流转耕地 5.3 万亩、林地 20.1 万亩。深入实施供销综合改革，“村社合一”“村社融合”步伐加快。新增金钗石斛 8120 亩、花卉苗木 1060 亩、山地生态水产 5205 亩，培育丰产竹林 10 万亩。采伐竹原料 52.6 万吨，出栏以乌骨鸡为主的家禽 1045 万羽，生产生态鱼 6600 吨、石斛 5000 吨。稳步开展国家农产品质量安全县、国家有机产品认证示范区创建，新增有机转换认证企业 5 家、绿色认证企业 2 家、无公害产品认证面积 25 万亩，通过“三品一标”认证产品 61 个，赤水楠竹笋、元厚龙眼通过地标产品认证。大力培育农业市场主体，新认定家庭农场 64 家，农民专业合作社实现“3 个 100%”全覆盖，带动 5.2 万农户增收致富。

（三）坚持统筹兼顾，实施城镇化带动，建设美丽乡村，城乡发展更趋协调。

（1）坚持城乡规划引领。《“十三五”规划纲要》通过中期评估，开展《土地利用总体规划（2021—2035 年）》修编试点工作，编制《沟域经济发展规划》《县域乡村规划》《村庄规划》《中心城区“城市双修”专项规划》，完成《中心城区控制性详细规划》《中心城区海绵城市专项规划》《“老城记忆”专项规划》编制。基本实现城市总体规划与土地利用总体规划两规合一，城乡发展定位更加明晰。加强对城市建筑风貌、公共配套和容积率等指标的管控，城市的颜值与气质同步提升。

（2）注重城市品质提升。赤水通用机场前期工作有序推进，泸遵高铁建设方案获国家同意，渝赤叙高速公路确定接线方案。人民南北路风貌提升“城市双修”项目有序推进。天台、大同、复兴三镇同城化步伐加快，建成区面积扩大到21平方公里，城镇化率达48.1%。老城棚户区改造稳步推进，签订房屋征收协议3246户，拆除旧房4万平方米，新建安置房2094套。新增新能源汽车充电桩29个、城市停车位2600余个。新建碧桂园、缇香湖等高品质商住小区6个，全年销售商品房92.23万平方米，房地产市场逐步回暖。完成综合行政执法体制改革，执法立案220件、结案175件，整治违章建筑24498平方米，城市管理能力大幅提升。全国文明城市创建有序推进。

（3）狠抓人居环境改善。实施天台、长沙等7个特色小城镇建设项目84个，完成东部乡镇1000余户房屋风貌整治、水电路气等基础设施建设，快速推进93个农村人居环境改造项目。硬化通村通组公路1121公里，建成生命防护工程1045公里。实施县级土地整治项目26个，新增耕地2786亩。新建宝源35千伏变电站，改造供电线路300公里，新建通讯基站54座，新增网络光纤线路620公里、“广电云”用户4000户，实现优质电、光纤网络、4G信号村组全覆盖。日供4万吨的太和水厂建成投用，惠泽全市人民的重大水源工程丙安水库、旺隆水库动工建设。

（四）坚持共建共享发展理念，回应人民关切，持续增进民生福祉，群众生活更美好。

（1）优先推动教育事业发展。蹄疾步稳推进教育综合改革，公开竞聘中小学（幼儿园）校长24名，完成一中、三中、中职学校去行政化试点，大规模开展校际教师轮岗交流395人次。持续改善办学条件，完成实验幼儿园、六中改扩建工程，一小、二小改扩建工程稳步推进。重视教师队伍素质提升，选派教师到北大、清华等学校开展提升培训967人次，构建起黔川渝名校名师长效培训体系。严格师德师风考评，改革教育奖励办法，不断提升教师待遇，绩效工资总量比上年提高25%，充分激发教师队伍内在动力。扎实推动教育优质均衡，城乡教育硬件配置、师资力量、教育质量差距逐渐缩小，基本消除大班额现象和解决学龄儿童就近入学问题。高考本科上线率65.6%、录取率93.7%，全市教育质量普遍提升。

（2）积极推动医疗卫生事业发展。深入推进医药卫生体制改革、公立医院去行政化改革、薪酬制度改革，建立院长年薪制、公立医院绩效考核等制度。妇幼保健院、市人民医院门诊医技综合楼、康养医疗中心办公楼、4个乡镇卫生院综合楼主体完工。市人民医院创建为三级综合医院，市中医医院通过二甲复评，医疗服务水平显著提高。县级公立医院药占比下降2.46%，住院次均费用下降9.09%，公益性更加凸显。全市无甲类传染病及重大突发公共卫生事件发生。

（3）努力推动文体事业发展。多彩贵州民族文化演艺中心、苗寨博物馆、四洞沟竹编非遗展陈中心建成投用。新增省级文物保护单位7处，大同古镇社区入选“中国传统村落”，葫市高竹村入选省级少数民族特色村寨。开展“百姓大舞台”、非遗传承展示等活动48场次，放映农村公益电影1080场次，举办首届农民丰收节，开展“纪念改革开放40周年”系列活动。举办“四渡赤水”冬泳抢渡赛等大型赛事5场，跑步、广场舞等健身活动成为群众的生活时尚。

（4）切实增强社会保障能力。转移农村劳动力就业8722人，新增城镇就业9831人，城镇登记失业率2.42%。基本养老保险参保率99.8%，兑现养老保险金4.68亿元，基本医疗保险参保率98%，兑现基本医疗保险金3.1亿元。初步实现基本医保全国联网、异地直接结算。城镇、农村低保标准分别提高6%、9%，发放低保、特困供养等救助资金7500万元。兑现保障性住房租赁补贴277.9万元，保障对象1404户，新增实物配租250户。建成老年人日间照料中心7个，天鹅堡度假区被评为贵州省养老服务示范园区。

（五）坚持党的领导，牢记为民服务宗旨，勇于自我革新，政府自身能力显著提升。

（1）全面贯彻新时代党的建设总要求。坚持党对政府工作的领导，把政治建设放在首位，不折不扣地落实中央、省委、遵义市委和赤水市委的决策部署，深入推进“两学一做”学习教育制度化常态化。严格落实中央八项规定精神，全面落实从严治党主体责任，切实履行党风廉政“一岗双责”。加强涉农、扶贫、医疗、教育等民生领域财政专项资金监管，对保障性安居工程、易地扶贫搬迁、民营医院报销医保资金等进行专项审计，开展民生监督6次，立案63件，党纪政务处分50人、问责25人。

（2）深入推进“放管服”改革。扎实开展营商环境整治“百日攻坚”行动，取消行政审批事项83项，承接上级下放权力19项，减少证明材料84项。

完成新政务大厅搬迁，审批和服务事项全部进驻。大力推行“一窗受理、集成服务”套餐，简化审批流程 106 项，减少申请材料 30%，投资项目实现网上申报和审批，企业开办、水电气报装等业务办理时限压缩 50% 以上。落实各项税收优惠政策，全年减税降费 2.5 亿元。实现招商引资（省外 3000 万元以上项目）签约到位资金 220 亿元。

（3）不断提高依法行政水平。建立健全政府重大行政决策程序制度、风险评估制度、听证制度、法律顾问制度，法制审查重大项目合同等文本 105 件。清理规范性文件 47 件，失效废止 4 件。制定政务公开制度 4 个，公开重要政府信息 105 次。自觉接受人大法律监督、政协民主监督、监察监督、司法监督、社会监督，办理人大代表建议 116 件、政协委员提案 118 件，办结率均达 100%，政府负责人出庭应诉率达 100%。

此外，人民武装、国教人防、拥军优属、外事侨务、水文气象、统计调查、档案方志、人口计生、妇女儿童、老龄人、残疾人、红十字等各项事业全面进步。

各位代表，2018 年是极其艰难、极不平凡的一年。我们在国际国内形势错综复杂、经济下行压力持续加大、多重困难和挑战相互交织的大背景下，遭遇了债务风险、融资困难、投资不足、消费疲软、市场低迷等诸多问题。面对百年未有之大变局，我们始终坚持稳中求进总基调，坚定发展信心、保持战略定力，积极沉着应对、主动攻坚克难，在风险防控、产业转型、城乡发展、生态建设、民生保障、社会治理等重点领域取得重大进展，用实际行动践行了习近平总书记“守住发展和生态两条底线”的殷切嘱托，用实际成效彰显了新时代的赤水精神、赤水担当、赤水作为。

各位代表，艰难困苦，玉汝于成。这些成绩的取得，得益于市委的正确领导，得益于市人大、市政协的监督支持，得益于全市干部群众的共同努力。在此，我谨代表市人民政府，向全市各族人民，向各民主党派、工商联、人民团体和社会各界人士，向全体驻赤部队官兵、政法干警和消防救援队伍指战员，向所有关心、支持赤水发展的离退休老领导、老同志，致以崇高的敬意！对全体人大代表、政协委员给予政府的高度信任、大力支持表示衷心的感谢！

在肯定成绩的同时，我们也清醒地认识到，当前工作还存在不少问题：一是经济总量偏小，发展质量偏低，抗风险能力偏弱。受经济下行压力影响，国民生产总值、规模工业增加值、固定资产投资等没达到预期目标。二是基本公共服务供给仍然不足。受融资困难等因素影响，部分民生项目进展缓慢，生态文化体育公园，一中、一小和二小改扩建等项目没能如期完成。三是政府自身建设存在差距。行政审批程序还需进一步简化，营商环境还需进一步优化，干部队伍作风还需进一步转变。

对于这些问题、短板，我们将更加奋发有为，坚持问题导向，采取更有力的措施认真加以解决，全力推动我市经济社会高质量发展，绝不辜负党和人民的期盼与重托。

二、2019 年工作主要任务

2019 年是新中国成立 70 周年，是完成“十三五”规划目标的关键之年，是打赢脱贫攻坚战、全面建成小康社会的决胜之年，是突破困局、脱虚向实、转型跨越的攻坚之年。做好今年各项工作，意义尤为重大。

今年工作的总体要求是：以习近平新时代中国特色社会主义思想为指导，全面贯彻党的十九大和十九届二中、三中全会精神，统筹推进“五位一体”总体布局，协调推进“四个全面”战略布局，坚持稳中求进工作总基调，坚持新发展理念，坚持推动高质量发展，坚持深化市场化改革、扩大高水平开放，坚持“生态优先、绿色发展、共建共享”战略，以脱贫攻坚为统揽，以供给侧结构性改革为主线，继续打好三大攻坚战，统筹抓好稳增长、促改革、调结构、惠民生、防风险工作，扎实推进稳就业、稳金融、稳投资、稳预期，增强人民群众的获得感、幸福感、安全感，在建设现代生态宜居城市上实现新突破，在建设国际康养旅游目的地上取得新成效，为全面建成小康社会收官打下决定性基础。

今年的主要预期目标是：地区生产总值增长 11% 以上；规模工业增加值增长 12% 以上；500 万元以上固定资产投资增长 18% 以上；财政总收入增长 8% 以上，一般公共预算收入增长 8% 以上；社会消费品零售总额增长 12% 以上；城乡居民人均可支配收入分别增长 9%、10% 以上。

围绕上述目标任务，要扎实抓好以下 6 个方面的重点工作：

（一）久久为功提升脱贫成效，开启乡村振兴新征程。以巩固提升脱贫成果为抓手，按照“四个不摘”“四个只增不减”要求，推动脱贫攻坚与乡村振兴有机结合、相互促进，实现贫困消除、乡村富裕。

（1）激活乡村振兴资源要素。编制《乡村振兴战略发展规划》。深化农村资源要素市场化配置，全面完成土地确权、林地确权，持续推进农村集体产权制度改革，深化农村“三变”和“三权”分置改革，积极开展土地承包权质押、融资抵押试点。发挥财政资金引导作用，鼓励金融资本、社会资本投入乡村振兴，打破农村生产发展融资瓶颈。持续推进30万亩林地流转、10万亩耕地流转。实施城乡建设用地增减挂钩和土地整治，盘活土地资源1000亩以上。发展壮大村级集体经济组织，培训新型职业农民600人，新增专业合作示范社4个、农业产业化龙头企业4家。

（2）筑牢乡村振兴硬件基础。加快天长路（天岛湖—长期镇）建设，推进仁切路（仁友溪—切角垭）改扩建工程，完成长活路（长期镇—活闪溪）、华德路（华坪—德胜场）和官渡集镇过境公路改扩建工程，实施生命防护工程500公里，创建“四好农村路”省级示范县。全速推进丙安水库、旺隆水库建设，开工建设沙千水库，规划建设观音滩水库、宝源水库、大头石水库。实施10个乡镇供水巩固提升工程，打造5个高效节水灌区，实现农村集中供水率90%以上。升级改造农村电网480公里，新建通讯基站50座，新增网络光纤线路400公里。

（3）培育乡村振兴支撑产业。紧紧围绕农村产业发展“八要素”，深入推进农村产业革命，新建金钗石斛优质基地5000亩，建成乌骨鸡标准化规模养殖场（小区）120个，新发展生态水产3000亩，规划发展10万头标准化规模生猪养殖基地。种植花卉苗木4000亩，改造低产竹林1.8万亩，培育丰产林13万亩。出栏以乌骨鸡为主的家禽1000万羽以上，生产生态鱼7000吨、竹浆材60万吨、竹笋6万吨。深入推进“三区同创”，强化农产品监管、质量安全追溯、企业安全诚信体系建设。扎实开展“三品一标”认证，产地认证面积占比达75%以上。用好东西部扶贫协作、电子商务等平台，大幅提升我市优质农产品在上海、重庆等城市的销量，争取优势特色农产品列入国家对外准入谈判目录，实现农产品国际贸易零突破。

（4）建设宜居宜业美丽家园。引进优质团队打造传统特色村落，鼓励社会资本参与特色民宿改造，推动各乡镇至少打造1个传统特色村落。深化农村人居环境改造，实施“七改一增两治理”项目点117个。深入推进新时代文明实践中心建设，凝聚乡贤力量推动农村社会治理，整治民间信仰活动场所，破除封建迷信，革除赌博、大操大办等陈规陋习，弘扬农村优秀传统文化，践行社会主义核心价值观，开创乡风文明新风尚。

（二）坚定有力建设“一城一地”，实现区域发展新跨越。聚焦城市生产、生活、生态三大布局，提升城市规划、建设、管理水平，提高旅游产业发展品质和格局，精心守护绿水青山，努力把赤水建设成为人人向往的现代生态宜居城市、国际康养旅游目的地。

（1）精心建设现代宜居城市。加速完成延安路、公园路、向阳路、复兴镇等棚户区改造，建设安置房2802套，实施风貌整治3092户。围绕恢复“老城记忆”，重点打造西门、北门、延安路、文昌宫等仿古特色商业街区。加快推进国宾壹号、寰宇江山等住宅小区项目，依法清理盘活河滨南路9个商务宾馆地块等“僵尸”项目。加快生态文化体育公园建设，实施河滨东路、大同大道美化、绿化、亮化工程，改造延安路、公园路、康佳单行道等“瓶颈路”，全面清理城市“蜘蛛网”，新建城市公厕4座。引进新能源汽车综合体1家，新建充电桩20个，增加停车位2000个，地下停车位综合利用率提高到80%以上。持续推进智慧城市建设，建立大数据精细化城市管理系统，构建全民共管的城市管理体系，全国文明城市创建取得阶段性成果，国家三类城市语言文字工作通过省级验收。

（2）精心打造国际康养旅游目的地。完成1个5A级、2个4A级、5个3A级景区创建。加快推进旅游新城、麓云森林、富春山居康养特色小镇、旺隆盐卤温泉小镇等重大引领性项目。加快长江半岛水上乐园建设，推动康养园区建成投用。加强与陆军军医大、华西医科大等知名医院深度合作，把赤水打造成黔川渝结合部康体养生基地。用好“丹青赤水”“长寿之乡”品牌，开发长寿食品，推出“养生醋”等康养旅游产品，逐步形成康养度假新业态。加大赤水旅游宣传营销力度，策划推动“桫椤精灵”大型演艺节目，承办贵州省第五届大健康产业发展大会。持续举办民俗节、音乐节等旅游主题活动，确保周周有活动、月月有赛事、季季有爆点。开展旅游市场专项治理，整治低价团、高价餐等不正当竞争行为，大幅提升赤水旅游品质和形象。大力培育民宿、旅行社、酒店等市场主体，不断丰富旅游业态。实现游客接待量1900万人次以上，旅游综合收入突破220亿元，让赤水旅游持续升温。

（3）精心保护和改善生态环境。全面完成第二次全国污染源普查、第三次全国国土调查和生态红线勘界定桩。完成《国家森林城市规划》编制，推动《赤水风景名胜区总体规划（2016—2030年）》通过国家审批。全力打好污染防治攻坚战，切实抓好中央环保督察、土地督察反馈问题整改。完成环境监管大数据平台建设，加强环境监测和执法力度，严厉打击破坏生态环境的违法行为。深入推进河长制，搭建赤水河全息智能监测系统，提高科技管河治河能力。全面推进污水处理PPP项目和严家河生态综合治理二期、三期工程，实现城镇污水处理全覆盖，全部达到一级A标排放。积极开展垃圾分类处理试点，实现餐厨剩余物无害化处理率80%以上。继续开展"治污治水·洁净家园"攻坚行动，大力完善农村污水垃圾收集处理设施，城乡生活垃圾污水处理率达90%以上。

（三）厚植根基做强实体经济，培育高质量发展新动能。坚持"两个毫不动摇"，大力支持民营经济，帮助民营企业融化市场的冰山、削低融资的高山、跨越转型的火山，推动实体经济发展壮大，不断提升经济发展的质量与效益。

（1）下大决心改善营商环境。围绕"六个一"目标，大力精简行政审批事项和程序，企业开办时间压缩至3个工作日、工程建设项目审批时限压缩至80个工作日以内。加快全国一体化在线政务服务平台建设，实现县级政府同一部门行政权力事项名称、类型、依据、编码基本一致，公共服务事项名称基本一致。清理规范行政权力事项、公共服务事项，实施目录清单、负面清单管理。继续推行"一窗受理、集成套餐服务"，落实全程代办、容缺后补等便利措施，开展智慧审批、并联审批、多图联审，着力实现"只进一扇门、最多跑一次"。清理各类中介服务事项，规范中介机构管理，成立中介服务超市。全面落实各项实质性、普惠性降税减负政策。深化"双随机一公开"监管，探索建立跨部门"随机联查"、多部门"组团"检查机制，切实减轻企业负担。

（2）下大力气扶持民营经济。全面贯彻落实省委、省政府"1+6"政策文件，深入实施"六大专项行动"，立足解决民营企业融资难、融资贵难题，加强政金企合作，引导金融产品创新、拓宽融资途径，发挥民营银行、小额贷款公司、风险投资、股权和债券等融资渠道作用，力争新引进金融机构1家，在乡镇设立中银富登村镇银行1家。建立中小企业孵化中心，做大融资担保行业，做活中小微企业续贷资金池，缓解企业还款压力。整合工业、农业、旅游等发展基金，成立"绿色产业发展基金"，增资7000万元、达到2亿元规模，撬动社会资本10亿元。深入实施"四转工程"，培育年产值5000万元以上企业3家、上市（挂牌）企业1家，净增市场主体5000家以上。增强为民营经济服务的主动性，开展优秀企业家评选活动，严厉打击损害民营企业的违法行为，让企业家在政治上有地位、社会上有声誉、法律上有保障，全力构建"亲、清"新型政商关系和"尊商、重商、扶商、助商"的良好社会氛围。

（3）下大功夫做强新型工业。持续提升园区承载力、可持续发展能力，新建标准厂房30万平方米，新增园区路网5公里，进一步完善配套生产生活设施。完成赤天化纸业本色浆10万吨技改扩能，引进3家以上终端纸生产企业，支持竹运、汇美佳源、升翔纸业等企业稳产增产，达到年产15万吨终端纸生产规模，实现产值30亿元。以西南（赤水）家具产业园为载体，全力推动签约企业新投产40家以上，实现产值15亿元以上。全力推动金钗石斛药食两用列入国家名录，扎实推动永斛源、斛满堂、国礼金钗等企业深度研发、打造品牌、拓宽销路。积极促进赤水晒醋资源整合集聚，组建赤水晒醋集团，改变企业弱小零散、各自为政的无序局面，实现规模集聚、抱团发展。全力推动巴蜀液、赤水老窖、贵福酒业稳定生产，宝之源实现年产矿泉水20万吨。加速推进生物质发电、乌骨鸡产业化生产经营等项目建成投产。支持新锦、闽兴等规模企业稳产增产，促成青禾木业投产达产，实现竹集成材料生产新突破。加快规划建设物流园区，合理布局片区物流中心和乡镇物流配送点，建成农副产品冷链物流体系，规划建设1个市级中心冷库、5个产地型预冷库。加速推动电子商务发展，实现更多赤水产品线上经营、线下销售。

（四）真抓实干解决民生需求，积极顺应人民群众新期盼。坚持"民之所望、施政所向"，持续加大民生投入、补齐民生短板，让人民群众的生活质量越来越好、幸福指数越来越高、获得感越来越强。

（1）更加重视教育事业发展。坚持把教育摆在优先发展的战略地位，不断扩大投入，加快教育现代化，努力建设教育强市。新建四小、天台中学，推进一中、一小、二小改扩建工程，完成三中学生宿舍、复兴幼儿园、元厚前进小学综合教学楼建设。切实解决入园难、入园贵问题，消除"大班额""择校热"等现象。加大与泸川渝教师培训合作力度，试行教师员额制改革，完善教师流动机制，通过强校带弱校缩短城乡师资差距。加强师德师风建设，关心教师成长，确保中小学教师平均工资收入水平不低于市内公务员平均水平，大张旗鼓表彰优秀教师、弘扬尊师重教，提升教师的职业使命感、幸福感、荣誉感。推进一小、文华小学和文化中学等品质学校建设，推动三中申报省级三类示范性高中，确保教育质量稳步提升、中高考保位进位。打造赤水市全国中小学研学实践教育基地。

（2）更加重视卫生健康事业发展。持续提升公立医院运行效率，实现公立医院每千人口床位数、床位使用率高于全国平均水平，宝源、葫市、丙安、长沙卫生院综合楼建成投用。巩固全国中医药先进单位创建成果，申报国家级中医药创新示范区，实现卫生院中医综合服务区全覆盖。加强食品药品、医疗市场监管，确保无假药、无假疫苗、无假医生、无假冒伪劣食品。管好用好医保资金，重点整治过度医疗、服务不佳等群众关心的热点问题。继续强化民营医疗机构监管，建立退出机制。强化免疫规划，实施重大传染病防控，降低传染病发病率。继续落实全面“二孩”政策，出生缺陷干预率达100%，提升生育健康全程服务质量。深入开展爱国卫生运动，持续推进卫生城镇创建和巩固。

（3）更加重视文化体育事业发展。建设完善博物馆、图书馆、城市规划展陈馆、文化馆、美术馆、融媒体中心和30个村（社区）文化活动阵地，提档升级复兴江西会馆、丙安红一军团陈列馆、黄陂洞战斗遗址，推动2个全国文物保护单位申报。深入开展“我们的节日”、“送文化（戏）下乡”、全民阅读等活动，丰富春节、元宵、端午等传统节日文化内涵。积极倡导全民健身活动，持续办好“奥跑中国”半程马拉松等体育赛事，开展更多具有地方特色的群众性文化体育活动。培育文化传媒、文化创意等本土企业2家，引进文化品牌企业1家。强化档案管理，编撰出版乡镇（街道）志2部。

（4）更加重视社会保障事业发展。加强“五险一金”扩面征缴，确保城乡基本养老、基本医疗参保率稳定在98%以上，统筹解决被征地农民养老保险问题，城镇新增就业10000人以上，城镇登记失业率控制在3.5%以内，有效解决老百姓吃饭、看病、养老、就业的后顾之忧。实施城市解困行动，高度关注留守儿童、困境儿童、空巢老人、失独家庭等弱势群体，引导社会力量共同参与.深化“走出大山”“走进大山”等活动内涵，让弱势群体更多更好地感受温暖、增强自信、拥有健康、享受快乐。

（5）更加重视提升社会治理水平。持续巩固安全生产网格化管理和“双控体系”，加快筹建安全生产体验中心、应急指挥中心、应急物资储备中心，积极推进应急管理机构改革，实现应急资源大整合。夯实社会治理基础，推进村（社区）组织规范管理，提升服务功能，变“坐等上门”为“主动敲门”。坚决打击失信行为，严厉惩治“老赖”。深化“平安赤水”创建，保持“扫黑除恶”高压态势，坚决打击黑恶势力“保护伞”，铲除黑恶势力经济基础，让人民群众更有安全感。

（五）解放思想深化改革开放，激发创新发展新活力。牢固树立创新发展理念，坚守底线思维、破除思想禁锢，坚持将改革开放进行到底，让改革发展成果更多更公平地惠及人民。

（1）严控债务金融风险。强化政府项目投融资管理，杜绝实施面子工程、政绩工程，不新增政府隐性债务。严格落实中长期化债计划，采取预算安排、资产处置、协商展期等措施，有序偿还政府债务。强化预算绩效管理，加大专项债券争取力度，坚决守牢债务风险底线。强化对金融机构的非现场监管，加强宏观审慎评估。严厉打击非法集资、金融诈骗等违法犯罪活动，提升群众防范非法集融资的意识，不发生系统性、区域性金融风险。

（2）加快重点领域改革。坚决落实“巩固、增强、提升、畅通”八字方针，持续推进供给侧结构性改革，深化教育、公立医院、综合执法、税收征管体制和户籍制度等改革。按照事权与财权相宜的原则，调整市、乡两级财政管理体制。全力推动国有企业实体化转型，改革国有企业薪酬制度，通过资产重组、债转股等形式，实现轻装上阵、减负前行。全面完成政府机构改革，进一步精简机构、整合职能，减少审批、提升效能。

（3）构建对外开放格局。加快融入长江经济带、成渝经济区，实现与四川自贸区川南临港片区的密切合作。深入推进“千企引进”，强化强链、补链、扩链招商，引进与现有龙头企业深度融合的配套企业25家，签约资金340亿元以上，实现招商引资省外（3000万元以上项目）到位资金250亿元以上。开工建设赤水通用机场，努力推动泸遵高铁、渝赤叙高速公路取得实质性进展。深化东西部扶贫协作，推动赤水与上海在脱贫攻坚、招商引资、人才培养、劳动力转移就业等方面深度合作。

（4）培育创新创业动力。鼓励企业自主创新，落实各项创业就业政策，建立省级科技创新平台3个，储备科技型中小企业10家，申请发明专利80件以上。深化与江南大学、贵州大学等高校合作，支持科研院所、高等院校、企业在赤设立研究中心（所），加强产学研合作，力争申报市级工程技术中心1家。强化科技创新领军人才、创业人才、青年科技优秀人才培养，积极引进旅游、金融、企业管理等领域人才，稳步提升综合科技进步指数。

（六）奋发有为加强自身建设，塑造人民满意政府新形象。牢固树立“四个意识”、始终坚定“四个自信”、坚决做到“两个维护”，建设为人民服务、让人民满意的政府。

（1）坚持党的领导。把政治建设放在首位，严守政治纪律和政治规矩。自觉接受市委领导，在政治上、思想上、行动上始终与市委保持高度一致，认真落实好市委各项决策部署，定期向市委及其常委会报告工作，重大事项及时报告、及时请示。

（2）坚持担当作为。强化政府“三力”建设，以“发展为己任”的精神主动担当，做好上级交办的“重大事”，办好群众关心的“热点事”。以“敢啃硬骨头”的精神勇于担当，聚焦重大决策、重大项目、重大问题、重大风险，实行一个专班、一套方案、一抓到底。

（3）坚持依法行政。修订完善《政府工作规则》，落实政务公开四项制度，推动政府决策行为有章可循、有据可依。运用法治思维、法治方式推动政府工作，坚决做到法无授权不可为、法定职责必须为。自觉接受人大法律监督、政协民主监督、监察监督、司法监督、社会监督，认真办理人大代表建议、政协委员提案，认真吸纳民主党派、工商联、无党派人士、人民团体和各阶层的意见。

（4）坚持廉洁勤政。深入贯彻中央八项规定和六项禁令精神，持之以恒纠正“四风”，不折不扣抓好省委巡视反馈问题整改。认真落实党风廉政建设责任制，健全内部控制管理体系，持续加强对国有资产、公益事业、涉农资金的审计监督、民生监督，切实有效管控政府系统廉政风险，做到政府清廉、政治清明、政风清新。坚持把不断满足人民日益增长的美好生活需要作为政府工作的使命和追求，坚决治理庸、懒、散，慢、浮、拖，及时回应人民的期盼和关切。

各位代表，宝剑锋从磨砺出，梅花香自苦寒来。幸福不会从天而降，只能依靠不懈奋斗。让我们更加紧密地团结在以习近平同志为核心的党中央周围，牢记嘱托、感恩奋进，在市委的坚强领导下，保持“功成不必在我”的定力，发扬“建功必定有我”的拼劲，苦干实干、负重拼搏，为把赤水建成现代生态宜居城市、国际康养旅游目的地而努力奋斗，以优异的成绩向中华人民共和国成立70周年献礼！

播州区政府工作报告

（2019年1月9日在播州区第一届人民代表大会第三次会议上）

播州区委副书记、区长　肖光强

各位代表：

现在，我代表区人民政府向大会作工作报告，请予审议，并请区政协委员和其他列席人员提出意见。

一、2018年，聚力克难攻坚硕果累累

一年来，我们认真学习贯彻党的十九大精神，团结带领全区人民，以习近平新时代中国特色社会主义思想武装头脑、指导实践、推动工作，克难攻坚、苦干实干，保持经济社会发展良好势头，共同绘就了“田园城市·乡愁播州”的新画卷。

一是扩大开放、借船出海，播州发展谱写新篇。渝贵铁路、贵遵高速复线等重要交通干线相继建成，全球贵商发展大会、“辣博会”、农民丰收节等重要会展活动相继举行，《人民日报》、新华社等主流媒体频频聚焦播州，入选“2018中国最美县域榜单”，播州发展已经迈上更为宽广的舞台。

二是解放思想、敢闯敢试，播州经济提档升级。科学研判撤县设区后经济发展新优势，着力做好“无中生有”大文章，成功与观印象公司、东方希望集团、恒大集团等行业巨头牵手。明确“四大中心”定位，找准发展新路径，培育发展新动能。国家新型城镇化、农村集体产权制度改革、基层政务公开标准化规范化等试点工作有序推进，先行先试成效显著。

三是民生至上、埋头苦干，播州环境日新月异。南白客运站、播南大道、张青公路让群众生活更为便捷，历史文化展览馆、文体活动中心、图书馆丰富了群众的精神生活，遵义南站、桂花山酒店、播州文化广场、播州湿地完善了城市功能，市二十一中、市二十二中新校区建成投用，人民幸福指数不断提升。

四是勇挑重担、迎难而上，播州干部历经锤炼。面对严守底线和规矩的要求，面对宏观经济持续下行的压力，面对上级和群众的期望，我们主动作为、履职尽责，顺利迎接土地卫片执法检查、国务院大督查等检查检验，攻克乌江流域网箱拆除、问题楼盘整治、创文攻坚等顽疾难题，为省、市发展作出了应有贡献。

2018年是贯彻党的十九大精神的开局之年，也是改革开放40周年，更是国际国内形势最为复杂的一年。面对各方面严峻复杂的形势考验，面对各种艰难险阻，我们团结一心、顽强拼搏，在以下8项工作上迈出了更为坚实的步伐。

（一）着力稳定增长，保持稳中有进新态势。一是经济运行稳中有进。预计全年完成地区生产总值348亿元，同比增长12%；2000万元以上规模工业增加值增长12.5%；500万元以上固定资产投资增长18.5%；社会消费品零售总额111亿元，同步增长13.3%；财政总收入37.45亿元、同比下降1.2%，一般公共预算收入17.61亿元、同比下降7.7%；城镇居民人均可支配收入34082元、同比增长8.8%，农村居民人均可支配收入14175元、同比增长9.5%。在当前经济持续下行、国家政策收紧的情况下，较好地完成了各项目标任务。二是发展基础不断夯实。全区重大工程和重点项目189个，新开工亿元项目52个，全年完成投资200亿元。以铝加工产业园为代表的铝工业精深加工项目，以乌江古村落、“中国·长征园”为代表的康养旅游项目，以黔北物流新城、阁老坝1300万吨货运场为代表的现代物流项目，以辣椒生态产业园、泉源菌业二期为代表的绿色农业项目推进有力、成效明显、潜力巨大。土地要素保障有力，获批建设用地1万余亩。成功争取中央预算内资金

3.65亿元，创历年新高。有效防范政府债务风险，没发生区域性、系统性金融风险。三是创新驱动深入实施。稳步推进大数据战略行动，入库省级大数据与实体经济深度融合示范项目15个，区大数据发展中心挂牌成立。新增科技型企业备案30家，同心源建材、金义磨料获科技部高新技术企业认定。获得专利授权200余件。方智远、宋宝安等院士多次亲临指导，创建省级人才基地1个、院士工作站4个、博士工作站4个。引进高层次人才19名，全区人才综合发展指数位列全市第一。

（二）着力促进转型，夯实工业强区主阵地。一是工业经济多点发力。178家规模企业完成规模工业总产值550亿元，同比增长15%。完成遵义铝业智能制造等千企改造项目15个，投资12.5亿元。东方希望集团320万吨氧化铝项目完成前期工作。恒佳铝业二期启动建设。帕斯博、金泰源等电子生产企业投产。建成全市首家民营检测机构精科信公司。温氏集团贵州总部大楼、35万吨饲料厂推进有力。富贵红新型建材产品试生产。鸭溪酒业5000吨技改项目启动建设。茅台循环经济产业园8万吨有机肥、中节能1187万方天然气项目正式投产。二是园区基础不断夯实。苟江经开区“四园两组团”项目有序推进，铝加工产业园A区、高新技术产业园、阁老坝新材料产业园启动建设，铝业大道北段建设顺利推进，苟江高铁新城东环线北段、南段建成投用。和平经开区《增量配电网试点规划方案》通过省级评审，鸭乐大道、酒业大道延长线建成通车，日处理能力3000吨污水处理厂投用，金钟土地平整项目释放土地385亩。三是营商环境持续优化。高位推进招商营商“两大行动”，紧盯全国优强企业“量身订制”包装项目，新签约引进省外亿元以上产业类项目38个，招商引资到位资金284.7亿元。成功引进恒大集团、福耀集团等全国500强企业投资项目6个，引进福建富贵红、重庆紫阳纸业等优强企业12个。创新推行“九心”服务法，为企业代办行政审批事项151件次，获得项目业主一致好评。

（三）着力迈步新路，唱响乡村振兴重头戏。一是脱贫攻坚稳步推进。出列贫困村9个，减少贫困人口1.37万人，贫困发生率降至2.42%。下拨扶贫资金7416.6万元，发放特惠贷607.2万元。完成易地扶贫搬迁49户179人，实现户均1人以上就业和医疗保障全覆盖。发放教育资助资金3805万元，受助学生37129人。“1+N”智力扶贫行动实现全覆盖。全国健康扶贫动态管理系统“三个一批”救治5321人，“一站式”医疗服务17788人次。完成5个深度贫困村卫生室新改建工程，完成1403户农村“危改”“三改”。解决24548人饮水安全问题，实现建档立卡贫困人口饮水不愁、安全达标。建成“组组通”公路1155公里，实现30户以上村民组100%通硬化路。建成通信基站84个，行政村通宽带率95%。二是现代农业提质增效。突出抓好四大优势产业，种植绿色蔬菜43.88万亩、辣椒45.66万亩、绿色“稻+”工程12.02万亩、食用菌8020亩，出栏生猪101万头。“两区”划定面积50.1万亩，高标制定500亩坝区产业结构调整方案。强化“三品一标”认证，农产品种植适宜区域无公害产地认证实现全覆盖。强化新型经营主体培育，新增省级龙头企业3家、市级龙头企业7家、农民专业合作社35个。泉源菌业二期建成投产，花香龙泉开园运营。辣椒生态产业园强势推进，火锅底料、牛油植物油加工等生产线正式投产，顺利承办第三届国际辣椒博览会。石板镇获批开展全国农业产业强镇示范创建。三是农村改革成效明显。纵深推进农村集体产权制度改革，清理出村、组资产8.59亿元，成立村级、组级股份经济联合社3431个，顺利通过省级督导组检查。农村“三变”改革试点全面开展，6.41万农民变为股东，人均增收500余元。农村土地承包经营权确权登记颁证15.51万户，龙坪镇“三权”分置改革试点工作稳步推进。农村“三社”融合改革试点成效初显，蔬菜配送中心、辣椒烘干线建成投用，农产品网上销售额突破1000万元。

（四）着力深挖潜力，书写三产发展大文章。一是全域旅游上台阶。全年接待游客1632万人次，增长50.4%；旅游综合收入145.5亿元，增长51.2%。乌江古村落旅游扶贫项目主体完工、初具雏形，“中国·长征园”园区道路基本贯通；“归来遵义·长征之路”实景演出土建工程全面启动，室内演出完成制作。苟坝红色文化旅游景区成功创建我区首个4A级景区，洪关太阳坪、播州湿地等6个景区成功创建3A级景区，大发天渠旅游景区投入运行。新改建旅游厕所8座。二是商贸物流上台阶。阁老坝1300万吨货运场建成。黔北物流新城大数据展示中心、电商快递仓库等功能板块投用，“五纵七横”道路工程建成通车。弘鑫如、泉源菌业等冷库建设有序推进，现有容量30万立方米。播州时代、华诚大都汇等新的商贸中心投用。完成电子商务交易总额42.57亿元。三是市场活力上台阶。新增市场主体17812户，增长22%；新增限上商贸企业22家，规上服务业企业9家。投资20亿元的西南钢材机电城动工建设，龙泉农贸市场主体完工，建成播州建材城二期。旭阳食品香辣脆油辣椒、兴伟食品花色挂面等8个本土产品成功申报“贵州省名牌产品”。获得市级“守合同、重信用”授牌企业20家，省级授牌5家。扶持发展小微企业200户。

（五）着力强化统筹，描绘城乡建设全景图。一是城市建设有序开展。市城乡规划局播州分局挂牌成立。积极推进《播州新城控制性详细规划及城市设计》编制，逐步实现与中心城区基础设施互联互通、主导产业深度融合、城市功能修补完善。播州湿地、高铁站前广场等项目建成，象山森林公园、影山湖人民公园局部开放，南龙快线、南环高速公路、遵余高速公路等重点项目快速推进，后坝片区等9个城市棚户区改造项目有序推进。大力实施保障性安居工程，实现城乡低收入家庭住房保障全覆盖。房地产市场稳中有进，商品房销售面积达160万平方米。二是城市管理日趋完善。综合行政执法体制改革顺利推进，区综合行政执法局正式挂牌成立。20个市级统筹“问题楼盘”全部处置销号，解决1600余户征收拆迁安置问题。持续巩固创文成效，不断提高城市常态化、长效化管理水平。建成区绿地率36.61%，城市绿化率38.79%。中心城区新增公厕11座、社会停车场8个、停车泊位3317个，南白客运站建成投用。严厉打击“两违”建设，拆除违法建设10.82万平方米。三是城乡统筹加快推进。全区城镇化率达55.59%，完成特色小城镇建设投资59.62亿元。枫香镇、新民镇等7个镇完成城镇总规修编。芶江镇、三合镇等市级特色小城镇建设稳步推进，石板镇、龙坪镇成功迎接全市特色小城镇现场观摩。乌江镇成功创建国家森林小镇。坚持以行政村和30户以上的自然村为单位，加快推动村庄规划与乡村振兴规划深度融合，乡村规划编制实现全覆盖。

（六）着力坚守底线，打出生态环保组合拳。一是生态建设更扎实。成功获评省级生态区。完成造林33.85万亩，实现25度以上坡耕地一次性退耕还林16.16万亩，森林覆盖率达55.28%。治理水土流失面积20.37平方公里。全面推行河长制，完成“一河一策”编制，启动“一河一档”编制。完成水资源管理“三条红线”控制目标。扎实开展耕地资源保护，新增耕地1.9万亩。18家矿山开展环境恢复治理工作。城区空气质量优良率达93.5%。二是环境治理更有力。79件中央环保督察群众投诉案件、27件省委环保督察群众投诉案件、9个突出环境问题全部办结，24件中央环保督察组反馈问题已整改22件。土寨污水处理厂、南部污水处理厂扩建提标工程有序推进，19个镇乡污水处理厂新建及提标工程逐步建成投入运行，新建改造镇乡污水收集管网134千米，新建农村污水处理设施53个。完成水泊渡一级保护区36户居民搬迁，完成保护区硬隔离修复。认真开展土地卫片执法监督检查工作，立案查处44宗、罚款251万元。超前谋划渔民上岸转产转业，拆除乌江流域网箱养殖184户、300.49亩。三是源头管控更严格。严把项目审批关，强化环评审批备案制度、公示制度，加强“三同时”管理，严格控制新建高污染项目。强化执法监管工作，抽查企业200余家，立案查处62家、罚款金额531万元。完成排污费征收342万元、水行政规费征收338万元。定期对重点减排设施开展巡查，确保企业脱硫脱硝设施、城镇污水处理厂在线监测设备正常运行。

（七）着力补齐短板，下好民生改善先手棋。一是促进社会事业发展。义务教育基本均衡发展顺利通过国家复查监测。市二十一中、市二十二中迁入新校区，新办区十小，区六小及第二幼儿园主体竣工。205个全面改薄项目如期完工。遵义交通运输学院成功签约启动建设。市肿瘤医院、区医院门（急）诊综合楼主体完工。乡镇卫生院打捆建设项目完成投资5790万元。加快推进全民健身工程，成功举办区第一届职工运动会，承办“省十运会”部分赛事。发展多彩贵州广电云户户用工程1.2万户。历史文化展览馆建成开馆，区文化馆、区五小获评非物质文化遗产传承基地。成功举办区首届“金秋艺术节”，并形成区域性文化品牌。苟坝会议会址获评省级国防教育基地，大发渠、陈公祠获评省级爱国主义教育基地。以时代楷模黄大发为原型的电影《天渠》在全国热映。二是加大社会保障力度。新增城镇就业2.22万人，转移农村富余劳动力1.2万人，开发公益性岗位1000余个。组织各类大型现场招聘会12场。审核发放创业担保贷款4286万元。完成年度城乡低保提标工作，发放城乡最低生活保障金6945万元、医疗救助金1470万元、临时救助金416万元、抚恤定补资金2712万元。完成6个老年人日间照料中心、4个农村幸福院建设。加快推进社会福利中心公建民营工作，全面落实惠民殡葬政策改革。三是健全社会治理体系。创新社会治理管理模式，建立区级实体化实战化综治中心，区镇村三级综治中心初步建成。完成“雪亮工程+”总体规划设计和“天网工程三期”。积极推进扫黑除恶专项斗争，破获涉恶九类案件92件。织牢治安防控“六张网”，实现刑事案发数、治安案发数、命案数持续下降。强力推进信访维稳联动责任机制，完成“七个坚决防止”目标。强化安全生产主管部门监管责任，压实属地责任，督促企业落实生产责任制“一二三”模式，实现生产安全事故起数、死亡人数“双降”。

（八）着力树立形象，争当干事创业领头雁。一是法治政府加快建设。全面推行行政执法“三项制度”工作，促进严格规范公正文明执法。强化法律顾问制度建设，形成区、镇、村三级顾问工作机制。全区公共法律服务、法律援助稳步推进、持续发力。加强推动行政复议委员会试点工作，高标准办理行政复议案件 35 件。高质量办理人大代表建议 139 件、政协委员提案 131 件。二是服务效能稳步提高。基层政务公开标准化规范化试点工作通过省级验收，清理发布公开事项清单 896 项，调整优化全区权责清单 3301 项。大力开展“减证便民”专项行动。深入推进全程代办、并联审批和“绿色通道”服务，梳理推出“集成套餐服务”办事指引 15 个。突出抓好“互联网 + 政务服务”，发布网上申报“零跑腿”清单 115 项，行政审批系统受理办结事项 14.13 万件。国家税务总局遵义市播州区税务局挂牌成立。三是机关作风持续好转。坚持民主集中制，从严执行“三重一大”事项集体决策制度，涉及政府重大项目、招商引资和重要规划，主动邀请区四家班子成员参与，集体讨论、集体审议、共同决策。认真落实重大事项向区委请示报告制度，主动及时向区人大常委会、区政协报告、通报工作情况。坚持“兴三风、纠四风”，查处违反中央八项规定精神问题 14 起，查处形式主义、官僚主义突出问题 24 起。始终保持惩治腐败高压态势，党纪政务处分 161 人。

此外，司法行政、民族宗教、外事侨务、国教人防、机构编制、妇女儿童、青少年、红十字、双拥、老龄、统计、审计、移民、档案、金融、工会、气象、科普、人民武装和国防后备力量建设等各项事业全面健康发展。

各位代表，过去一年面对复杂形势、困难挑战，我们始终坚持以改革破除发展瓶颈、以创新释放发展动力、以实干厚植发展优势，全区经济社会继续保持了良好发展势头。这些成绩的取得，是市委、市政府和区委坚强领导的结果，是社会各界鼎力支持的结果，是全区上下苦干实干的结果。成绩来之不易，必须倍加珍惜。在此，我代表区人民政府，向全区各族人民，向各位人大代表、政协委员，向各民主党派、工商联、无党派人士、各人民团体，向驻区部队、政法干警，向中央及省、市驻区单位，向历届老领导、老同志及所有关心支持我区建设发展的社会各界人士，表示衷心的感谢并致以崇高的敬意！

过去的一年，发展成绩来之不易、发展成就振奋人心、发展经验弥足珍贵。播州虽已进入中心城区序列，但发展中不平衡、不充分的问题依然突出。一是创新引领能力不强，产业结构不优，有效投资不足，实体经济效益不好，推动高质量发展仍需持续发力；二是基本公共服务不够均衡，财政收支矛盾突出，债务风险问题尖锐，城市建设品质有待提升，补齐民生领域短板仍需持续发力；三是现有的发展态势，与播州的悠久历史、产业基础、区位优势不相匹配，区域发展不平衡，深挖潜力仍需持续发力；四是经济发展“软环境”还有差距，环境保护、社会治理、安全生产等压力不断加大，对政府工作要求越来越高，优化作风仍需持续发力。我们将坚持问题导向，系统谋划、精准施策，切实加以解决。

发展的道路不可能一帆风顺，但对播州的未来我们充满信心。这信心源于找准定位才能行稳致远，在中央、省、市的坚强领导下，我们沉着应对各种挑战，以“七个播州”为奋斗目标，以“四大中心”为发展路径，播州追赶跨越、加速崛起势不可挡；这信心源于长久积淀才能厚积薄发，撤县设区以来我们接过接力棒，打好了脱贫攻坚决胜战、深化改革阵地战、产业发展突围战、生态环境保卫战、城市建设大会战、民生事业持久战，播州勇争一流、敢拼敢闯势不可挡；这信心源于着眼长远才能抢占先机，举全区之力大手笔推进的乌江古村落、“中国·长征园”、辣椒生态产业园、黔北物流新城等项目，均是发展的强力引擎，潜力无穷，播州产业转型、后发赶超势不可挡；这信心源于勠力同心才能连战连胜，全区上下同心同向，人民坚韧不拔、干部干事创业的精气神十足，播州凝心聚力、迎难而上势不可挡。我们有信心，交出一份无愧于党、无愧于人民、无愧于这个伟大时代的精彩答卷。

二、2019 年，冲刺全面小康正当其时

2019 年是中华人民共和国成立 70 周年，也是决战脱贫攻坚、决胜全面小康的关键之年和冲刺之年。我们要按照党的十九大部署要求，深学笃用习近平新时代中国特色社会主义思想，始终坚持党的领导，立足新时代、担当新使命、开启新征程，向全面小康发起冲刺，奋力谱写播州区新时代发展新篇章。冲刺全面小康，必须践行新理念、培育新动能，坚持把促进发展作为第一要务。发展绝非坦途，必须坚持以经济建设为中心，全

力支持实体经济发展，牢牢抓住发展主动权，致力于率先高水平全面建成小康社会。冲刺全面小康，必须瞄准新目标、遵守新要求，坚持把防范风险作为第一责任。正确预估各方面风险不断积累、集中显现的可能，正确处理好求发展与守底线的关系、顾眼前与看长远的关系，既不墨守成规也不过分冒进，全力保障经济行稳致远，社会和谐稳定。冲刺全面小康，必须直面新矛盾、顺应新期盼，坚持把惠及民生作为第一遵循。始终把人民的利益摆在至高无上的地位，始终把保障和改善民生作为政府工作的出发点、落脚点，坚持尽力而为、量力而行，切实增强人民群众的获得感、幸福感、安全感。冲刺全面小康，必须开启新征程、跑出新速度，坚持把狠抓落实作为第一标准。重任千钧惟担当，区政府将一如既往讲实干、重执行，不驰于空想、不骛于虚声，冲在最前线、走在最前列。

今年政府工作的总体要求是：坚持以习近平新时代中国特色社会主义思想为指导，全面贯彻党的十九大精神，坚持稳中求进工作总基调，坚持新发展理念，坚定不移推动高质量发展，落实“六稳”要求，坚决打好三大攻坚战，深入推进三大战略行动，坚持克难攻坚保增长、开放创新求突破、凝心聚力谋跨越，统筹推进稳增长、促改革、调结构、惠民生、防风险、严治政等各项工作，在建设“四大中心”上持续发力，为遵义加快建设黔川渝结合部中心城市、打造“一枢纽两中心三基地”提供强力支撑，奋力开启率先建设社会主义基本现代化新征程。

主要预期目标是：地区生产总值增长12%；规模工业增加值增长12%；500万元以上固定资产投资增长20%；社会消费品零售总额增长13%；财政总收入增长10%；一般公共预算收入增长10%；城乡居民人均可支配收入分别增长9%、10%；万元GDP综合能耗和主要污染物排放量、生产安全事故起数和死亡人数控制在市下达指标范围内。

幸福都是奋斗出来的。围绕以上目标，我们将全力聚焦以下8个方面的工作：

（一）聚焦实体经济，优化产业结构，不断凸显发展实力。

（1）持续发力打造铝产业精深加工中心。全力推动铝产业运用新技术、新工艺、新装备，向绿色化、高端化、集群化、精品化发展。建成投用铝加工产业园A区，启动B区建设，铝业大道北段正式通车。力争东方希望集团年产320万吨氧化铝项目建成投产。加快推进中铝遵义氧化铝技改项目，尽快开工新增100万吨氧化铝项目。恒佳铝业二期、正合铝业二期、建镁特铝加工建成投产。科学编制铝土矿开采计划，保障原材料就近供应，实现铝土矿产量800万吨。强力构建再生铝回收和加工再利用体系，探索打造再生铝基地。

（2）持续发力打造康养旅游中心。乌江古村落建成开园。强化扶贫效应，打造旅游扶贫、文化传承、康养度假新标杆。积极推动以恒大养生谷、枫香温泉小镇、保利温泉等为核心的康养项目建设，打造一批健康医疗产业园区、旅游康养示范基地，建立一批集温泉康养、医疗护理、休闲度假、养老服务等为一体的医疗康养品牌，为遵义建设医疗康养中心提供强力支撑。苟坝会议会址力争申报国家级重点文物保护单位、创建省级党性教育基地，实现单一观光型景区向综合红色教育培训基地转型。“中国·长征园”一期建成，《归来遵义·长征之路》实景演出上演，室内外体验项目建成，中国第一个“一站式”长征之窗、红色迪斯尼体验园完美呈现，为遵义建设全国著名红色文化传承基地提供强力支撑。

（3）持续发力打造现代物流中心。黔北物流新城试运营，承办第三届全球“物博会”，积极申报国家B型保税物流中心，建成“一带一路”南向通道关键节点。做好阁老坝1300万吨货运场全面启用的承载服务工作。做好遵义港建设服务工作，提升乌江航道航运能力。力促传化公路港建成商用车市场，启动二期商贸物流市场建设。黔北汽车城二期、九鼎建材市场二期、西南钢材机电城建成投用。启动湘源五交化仓储物流项目建设。加快第三方物流发展，促进各类物资有效中转和快速集散。建强冷链物流体系，实现全区冷链物流全覆盖。

（4）持续发力打造绿色农产品供给中心。深入实施农业绿色发展“五大行动”，积极创建国家现代农业示范区。做大做强绿色蔬菜、绿色“稻+”、生态畜牧、辣椒等特色优势产业，完成粮食产量28万吨，种植蔬菜40万亩，出栏生猪100万头，新增经果林2万余亩，打造全市优质菜篮子、生态后花园。强化农产品质量安全监管，广泛开展绿色产品认证，开设“三品一标”特色直营店。建成龙坑绿色农产品交易市场二期。积极申报国家地理标志保护产品，着力打造播州专属公共品牌。

（二）聚焦动能转换，促进开放创新，不断挖掘经济潜力。

（1）以建强园区强后劲。坚定不移推动工业入园发展，新增工业用地指标、新上工业项目一律进园区。苟江经开区重点围绕铝产业精深加工，加快“四园两组团”建设，新建标准厂房15万平方米。温氏集团贵州总部大楼、35 万吨饲料厂建成投用。启动卓豪农业有机肥、新希望饲料厂、昭阳建材等项目建设。加快推进贵州钢绳厂异地技改项目。和平经开区重点围绕循环经济发展，完成配售电公司股权改革和实体化运作。富贵红新型建材项目建成投产。加快推进 10 万平方米标准厂房二期、马蹄 1000 万吨洗选煤厂建设。茅台循环经济产业园复糟酒项目全面复产，鸭溪酒业 5000 吨技改项目建成投产，为遵义建设世界酱香白酒产业基地提供强力支撑。

（2）*以招商引资强后劲*。紧紧围绕“四大中心”建设，紧盯行业龙头主动对接，提档延伸铝产业链条。坚持量质并举，不断提高招商引资精准度、优质度、成熟度。按照扩链、补链、强链原则，灵活开展中介招商、上门招商、以商招商、驻点招商，着力引进一批投资规模大、科技含量高、发展前景好、财税贡献高的项目，全区招商引资省外到位资金 326 亿元、增速 15% 以上。

（3）*以项目推动强后劲*。持续发挥项目助推器作用，继续开展月调度、集中开工、现场观摩，加强在建项目资金保障，全力推进总投资 494 亿元的 54 个省市重点项目建设。在项目储备上下功夫，积极引进更多大项目、好项目、标杆项目，做好可研、规划、土地、环评等前期工作。不断优化民间投资环境，调动民间投资积极性。动真碰硬促进低效产业用地再开发，强化以亩产论英雄原则，做好“腾笼换凤”工作。

（4）*以优化环境强后劲*。持续深入优化营商环境，更贴心地做好各种涉企服务，落实好领导干部联系企业制度，建立“亲、清”新型政商关系。强化金融信贷、科技创新、人才培养、生产要素配置等方面政策支持，全力支持民营企业发展。政府性投资建设项目，同等条件下优先采购本地企业产品。深入推进“放管服”改革，强化“双随机一公开”工作，健全监管与执法联动机制，切实加强事中事后监管。深入推进商事制度改革，多管齐下放宽市场准入。按照“应进必进”原则，推进政务服务事项全部进驻政务服务大厅，实现办事只进一扇门、只问一个人、只跑一次路。

（三）聚焦城镇环境，坚持建管并重，不断提升城市魅力。

（1）*让城市更具质感*。启动中心城区控规全覆盖编制、调整及重要节点城市设计，强化城市修补、生态修复。启动中心城区路网专项规划编制。完成部分镇（乡）总规、控规修编。有序推进象山森林公园、影山湖人民公园建设，加快推进龙坑片区 965 户棚改项目。加大高品质住宅供给力度，加快推进恒大养生谷、紫薇园、滨江和城等项目建设。建成龙坑谢家坝“梦想小镇”项目，积极发展总部经济。以绿色、集约为“底色”，通过城市微更新、微整治，下大力气改造提升背街小巷、老旧小区、城乡结合部等重点区域。

（2）*让生活更为便捷*。东风湖大道、播南大道起始段、南龙快线和平至三岔段建成通车，快速推进南溪大道、金杯路等项目建设，力争启动新龙快线、南龙快线三岔至龙坪段建设，做好贵遵高速遵义段改为城市快速通道相关工作，继续做好遵义至仁怀高速、遵义至余庆高速、瓮马铁路北延伸线等项目服务工作，力争启动石板镇通用机场建设，为遵义建设综合交通枢纽提供强力支撑。全面推动公交国有化改革，实现公交同城化、一体化发展。投放出租车 220 辆。加大农村电网升级改造，建成 110 千伏五里堡变电站，新建 110 千伏后坝变电站。建成建筑垃圾填埋场 3 个。力争启动象山、娄山、商贸城市场改造，南白老客运站、商贸城车站、保利综合性农贸市场建设。

（3）*让城镇更有特色*。通过乡村振兴战略、新型城镇化“双轮驱动”，坚持规划引领，优化产业布局，突出城镇特色，强化镇村融合，以“3+2”项目建设为载体，深入推进整区推进示范小城镇建设工作，不断提升城乡建设品质、融合发展水平。全年完成小城镇建设投资 55 亿元，城镇化率达 58.5% 以上。

（4）*让管理更加科学*。持续开展城市卫生、交通、商贸、建筑、文化等秩序综合整治，推动数字化城市管理信息平台建设运用。深化“创文”成效，加大占道经营、车辆乱停乱放、野广告等行为整治力度，加大违法违章建筑拆除力度。持续做好城区绿化工作，继续推进人行道改造、绿化亮化美化、小微循环道路等市政设施建设。力争启动马家湾转盘、复烤厂路口、市二十二中等重要节点人行天桥建设。建立健全餐厨剩余物全链条监管机制。强化生活垃圾无害化处理，积极推进垃圾分类处置。

（四）聚焦乡村振兴，补齐“三农”短板，不断释放农村活力。

（1）*做强产业支撑*。着力将辣椒生态产业园打造成一二三产业联动发展的示范园区，推动 20 万吨辣椒系列产品生产线一期全面投产，种植辣椒 45 万亩，为遵义建设世界辣椒加工贸易基地提供强力支撑。做大绿色“稻 +”工程，订单发展 12 万亩以上。扎实推动温氏生猪种养循环发展，发展家庭农场 100 户出栏生猪 54 万头。大力助推食用菌产业，种植食用菌8000万棒。实现500亩坝区“一坝一策、一坝一业”。培育种养殖能手5000户、农村专业合作社40个、市级龙头企业6家，把小农户引入现代农业发展大格局。着力培养懂农业、爱农村、爱农民的“三农”工作队伍。

（2）做优“三农”基础。加快上水、苟江、清水河、平正水库建设，力争龙坪、马蹄水库开工建设，完成病险水库除险加固。加快推进农业综合开发、烟水配套、土地整治等项目建设，提高农业设施配套水平和综合生产能力。加强农村公路管养建设，全区农村公路好路率达95%以上。整治高标准农田2.95万亩，改善农业基础设施。继续坚持最严格的耕地保护制度和节约集约用地制度，加强耕地数量、质量、生态“三位一体”保护，严格落实耕地占补平衡责任。

（3）做实农村改革。加快农村土地确权成果转化利用，统筹推进农村“三权”分置扩面提质、“三变”改革提档升级、“三社融合”稳步实施。畅通“三变”改革优化利益联结分享机制，争取全区一半以上的行政村、所有贫困村纳入省级“三变”改革试点。总结深化农村集体产权制度改革“播州模式”，进一步探索村社企融合发展，加大新型经营主体培育力度，提高土地适度规模经营水平。深入推进供销社综合改革。

（4）做好基层治理。坚持“德治为先、法治为要、自治为主”原则，深化村务公开民主管理，强化村规民约效力，完善基层治理体系。顺利推进第十一届村（居）委会换届选举，规范村（社区）事务管理，创建6个省级村规民约示范村。引导村集体经济联合发展、多元发展、异地发展，实现全区所有行政村（社区）年纯收益达3万元以上。

（五）聚焦脱贫攻坚，突显精准方略，不断凝聚决战合力。

（1）大力提升脱贫质量。坚持脱贫不脱政策、脱贫不脱帮扶、脱贫不脱责任、脱贫不脱干劲，建立防范返贫预警机制，对返贫户及时确认、精准帮扶。深入推进农村低保三年治理专项行动，统筹推动保障兜底扶贫与特殊困难群体脱贫融合。深度挖掘脱贫典型，坚持扶贫与扶志扶智并重。积极推进文化产业扶贫“千村计划”试点工作，提升贫困群众的公共文化服务获得感。深入实施“千企帮千村”行动，探索建立“以企带村、以村促企、村企共赢”新模式。贫困人口减少1.25万人，贫困发生率降至1%以下。

（2）持续打好“四场硬仗”。继续推进饮水安全项目建设，力争农村安全饮水全覆盖。实施农村电网改造升级项目77个。探索建立组组通公路管护机制。全面落实易地扶贫搬迁“五个三”“一构架三清单”要求，建立健全安置点公共服务、产业发展、就业保障体系。大力推动“一长两短”扶贫产业全覆盖，强化利益联结机制。深入开展教育扶贫扶智行动，让教育成为阻断贫困代际传递的治本之策。深入实施健康扶贫工程，强化“先诊疗，后付费”“一站式”即时结算等措施落实。分类推进地质灾害搬迁、农村老旧住房整治、特困供养对象民政兜底等工作。

（3）全力攻克深度贫困。采取超常规措施攻克深度贫困，确保平正乡葛藤村、团结村顺利出列，全面消除深度贫困村。完成平正团结大发渠防渗加固、枫香保海黑脚岩引水灌溉工程。积极争取上级对贫困村转移支付及财政专项扶贫资金，继续加大财政专项扶贫资金支持力度。加强扶贫贷款投放，实现当地存款70%以上用于当地贷款投放，确保5个深度贫困村各项贷款增速高于全区平均水平。扎实做好中天金融挂帮平正团结村有关工作。

（六）聚焦共建共享，加强改善民生，不断增强惠民能力。

（1）大力发展优质教育。坚持教育优先发展，大力优化师资队伍。区六小、第二幼儿园建成使用，启动区八小、十一小建设。积极盘活市二十一中老校区，新办品质民办学校。着力提升初中办学质量和环境。积极引进四川希望教育、西南大学、陕西华山等教育行业龙头，力争启动遵义物流管理职业学院项目建设，推动基础教育示范区建设，为遵义建设教育科创中心提供强力支撑。

（2）大力提升医疗水平。持续深化公立医院改革。完善远程医疗后续建设，深入推进分级诊疗工作。实现乡镇卫生院中医馆全覆盖。积极鼓励民间资本投入医疗事业，大力扶持民营医疗机构发展。加强公共卫生项目管理，深化家庭医生签约服务。加强医疗机构产科、儿科、中医馆建设。完成区中医院“二甲”复评，启动“三乙”创建。力争启动区妇幼保健院迁建项目。建成投用区医院门（急）诊综合楼，启动“三甲”创建筹备工作。建成投用市肿瘤医院，打造西南地区肿瘤治疗航母。

（3）大力繁荣文体事业。全面推动公共文化服务均衡发展，打造城区30分钟文化综合服务圈。加大“两馆一中心”免费开放力度，确保通过“国家一级文化馆”评估定级。深化金秋艺术节、农民丰收节等品牌活动，不断满足群众精神文化生活需求。做好国家级文物保护单位、非遗项目申报工作。加强基层公共文体阵地建设，建成全民健身中心，基本实现区、镇、村三级公共体育健身场地设施全覆盖。推进多彩贵州广电云建设。积极推进融媒体中心建设。

（4）大力完善社会保障。继续实施就业优先战略、更加积极的就业政策，力争新增城镇就业2.2万人，农村劳动力转移就业1.2万人。做好社保金扩面征缴工作，不断扩大社会保险覆盖面。积极推进医保付费方式改革。完善居家养老、医养结合模式，推进敬老院公建民营，构建多层次社会养老服务体系。巩固双拥创建成果，完成退役军人信息采集，加强国防动员、民兵预备役、人民防空工作。发挥工青妇等群团组织和社会组织作用，加强民族、宗教、人才等工作。

（七）聚焦风险防范，统筹综合施策，不断强化工作定力。

（1）切实防范金融风险。强化“过紧日子”思想，加强政府债务管理，严格控制债务增量，坚决杜绝隐形债务，妥善化解存量债务，全面规范举债融资行为。加快国有融资平台公司实体化转型，创新投融资机制，全力保障重点项目建设。扎实开展“诚信播州”建设，健全失信联合惩戒机制，升级打造农村信用工程质量体系。大力引进民营金融机构，持续抓好企业上市工作，严厉查处非法集资、金融诈骗、恶意欠贷等违法行为，营造良好的金融生态环境。

（2）切实防范环保风险。牢固树立生态优先、绿色发展理念，落实最严格的环境保护制度，加快实现环境质量由局部提升向全面改善转变。持续推进植树造林“增绿添彩”工程，森林覆盖率达57%以上。认真落实河长制，切实抓好水资源保护、水污染防治、水环境治理、水生态修复，积极创建国家级节水型城市。推进乐民河国家湿地公园建设。启动PPP水环境综合治理，城镇污水处理厂全部建成投用。深入开展农村人居环境整治，加大畜禽养殖综合治理力度，探索建立村庄清洁保洁制度。彻底整治城区扬尘问题，确保空气质量持续改善。彻底整治工业领域“三废”污染问题，确保达标排放。加强土壤分级分类管理，推进土壤污染防治和修复。全面推动绿色矿山建设。

（3）切实防范安全风险。坚持生命至上、安全第一，全面落实属地管理责任、部门监管责任、企业主体责任，加强安全生产基层基础建设，健全风险管控和隐患排查治理双重预防机制，常态化开展打非治违和专项整治。强化应急管理体系建设，优化防灾减灾救灾体制机制，提高有效应对处置突发事件能力。健全食品安全监管网络，大力推进食品安全战略行动。继续织密织牢社会治安防控体系，深入推进综治中心实体化、实战化建设，推动信访法治化建设，健全完善矛盾纠纷多元化解机制，建成“雪亮工程+”项目。围绕“深挖根治”目标，纵深推进扫黑除恶专项行动。

（八）聚焦自身建设，强化政治素养，不断彰显担当魄力。

（1）加强政治建设不动摇。深入学习贯彻习近平新时代中国特色社会主义思想，全面落实从严治党责任，把党的政治建设摆在首位，严守政治纪律和政治规矩，树牢“四个意识”、坚定“四个自信”、践行“两个维护”、恪守“四个服从”，坚定不移把党的政治建设贯穿于政府工作各领域、全过程，牢记嘱托、感恩奋进，用苦干实干业绩诠释对党的忠诚。

（2）加强法治建设不松劲。加强法治政府建设，把政府工作纳入法治框架内，把权力关进制度笼子里。坚决贯彻执行民主集中制、“三重一大”集体决策制度。坚决执行区委决策部署，自觉接受区人大常委会法律监督、区政协民主监督，不断提高人大代表建议、政协委员提案办理质量。深入推进基层政务公开规范化标准化建设，切实保障人民群众的知情权、表达权、参与权、监督权。

（3）加强作风建设不停歇。坚决贯彻执行中央八项规定及其实施细则，坚持把纪律和规矩挺在前面，持之以恒正风肃纪反腐。坚决防止“四风”问题反弹回潮，集中整治干部不担当、不作为问题。大力推动公共资金、公共资源、国有资产和领导干部履行经济责任情况审计全覆盖。强化重点部门和岗位廉政风险防控，坚持抓早抓小、挺纪在前。坚持“一岗双责、一案双查”，纵深推进政府系统党风廉政建设。

（4）加强勤政建设不懈怠。全面完成政府机构改革，以“朝受命夕饮冰”的事业心、“昼无为夜难寐”的责任感，坚决破除一切妨碍发展的思想禁锢、行动制约、体制束缚。紧盯经济社会发展的短板弱项，尽锐出战、战则必胜，真正在干事业上用心思、抓落实上想办法、求实效上下功夫，给干事者鼓劲、为担当者撑腰，用新思想引领新时代，用新理念指导新实践，用新作为赢得新未来。

各位代表，海阔潮平风正劲，奋起扬帆正当时。让我们更加紧密地团结在以习近平同志为核心的党中央周围，在市委、市政府和区委的坚强领导下，团结带领全区人民，拿出“而今迈步从头越”的豪情、激扬“事事当争第一流”的斗志、振奋“不待扬鞭自奋蹄”的精神，勇立潮头敢为先、撸起袖子加油干，以优异的成绩庆祝中华人民共和国成立70周年！

仁怀市政府工作报告

（2019年2月24日在仁怀市第六届人民代表大会第三次会议上）

仁怀市委副书记、市长　汪能科

各位代表：

现在，我代表市人民政府向大会作报告，请予审议，并请市政协委员和其他列席会议的同志提出意见。

一、2018年政府工作回顾

过去一年，是全面贯彻落实党的十九大精神的开局之年。面对外部环境深刻变化、金融土地政策趋紧、各种矛盾交织叠加的严峻形势，在市委的坚强领导下，在市人大、市政协的监督支持下，市人民政府坚持以习近平新时代中国特色社会主义思想为指引，全面深入贯彻落实党的十九大精神，坚持稳中求进总基调，坚守发展和生态两条底线，聚焦“1234”奋斗目标，勇立时代潮头、奏响奋进凯歌，深入实施“三大战略行动”，着力打好三大攻坚战，经济社会实现高速度、高质量发展，较好地完成了市第六届人民代表大会第二次会议确定的各项目标任务。

据统计，全年实现地区生产总值722.74亿元、同比增长13.9%，增速高于全国7.3个百分点、高于全省4.8个百分点，位居遵义市第一；三次产业结构比为4∶70.7∶25.3；规模以上工业增加值增长17.2%；完成财政总收入360.18亿元，增长39.66%；一般公共预算收入67.28亿元，增长49.58%；500万元以上固定资产投资增长14.6%；社会消费品零售总额60.67亿元，增长6.33%；城乡居民人均可支配收入分别达34390元、12357元，分别增长9.5%、9.9%。增比进位列全省县域经济第一方阵第1名，全国综合实力百强县市列第80位、提升6位，全国投资潜力百强县市列第70位、提升3位，全国新型城镇化质量百强县市列第87位、提升5位，全国百强工业县市列第39位、提升6位；新晋全国科技创新百强县市、全国绿色发展百强县市，分别列第73位、第92位。赤水河荣获“中国好水”称号，获评贵州省森林城市，成功创建国家生态文明建设示范市。

一年来，我们用心谋大事、用情解难事、用力干实事，实现了“七个新突破”。

（一）聚力稳增长、促转型，产业发展不断取得新突破。全域落实高质量发展要求，三次产业有效供给不断提高，全国质量强市示范市创建通过预验收。茅台集团发展势头强劲，行业龙头地位不断巩固，为地方经济社会发展作出巨大贡献。“双千工程”扎实推进，新增2000万元规模以上企业5家。6家企业完成兼并重组，白酒产业集群效应更加凸显。规模白酒企业白酒包装销售量完成21.8万千升，产值完成783.55亿元、增长17.3%，销售额完成817.43亿元、增长33.6%。经开区“一区多园”稳步发展，国家级经济开发区创建工作有序推进。完成省级食品安全地方标准《仁怀大曲酱香酒一至七轮次基酒》《仁怀大曲酱香酒综合基酒》编制，评选发布首届“中国酒都·酱香酒匠”“仁怀酒类十强企业”，酱香白酒行业话语权进一步增强。新增39个村实施“三变”改革，全面推进农村集体产权制度改革。农业产业结构调整有力，调减玉米8万亩，“4个10万亩”工程稳步推进，完成农业增加值30.4亿元。新增无公害地块16.5万亩、有机地块12万亩、绿色食品2个，“学孔黄花”获得农产品地理标志认证。第三产业“五区”建设成效显现，商圈吸附能力显著增强，酒都·方圆荟、国贸广场、国际商贸城投入运营，茅台现代商贸物流园、华夏民族酒文化博览园项目有力推进。国家级工业旅游创新示范区加快创建，茅台酒酿酒作坊列入国家工业遗产。茅台醉里水街、正觉山水洞等景区建成投运，天酿景区获中国最佳旅游产业创新奖，《天酿》剧目广受好评。新增4个3A级景区，新建旅游服务中心13个、旅游厕所18个，引进培育旅行社5家，宾馆床位达1.3万个，开展旅游推介20多场，荣获“中国十大全域旅游示范县市”称号，仁怀旅游名声更响亮。实现旅游总接待人数988万人次，增长19.6%；旅游综合收入128.7亿元，增长18%。

（二）聚力补短板、增动力，脱贫攻坚不断取得新突破。优化调整脱贫攻坚指挥体系，压茬推动责任落实，全力推进“春风行动”“夏秋攻势”“冬季补短板”，持续打好“四场硬仗”，抓实“五个专项治理”，一家一户靶向攻坚更精准、更到位。9个贫困村如期出列，2278户、7582人稳定脱贫，全市贫困发生率降至2.44%。投入资金3.1亿元，完成“三改”2万余户，治理房屋透风漏雨2177户，220户无房户实现住有所居。建成“组组通”公路784公里，实现通组公路全覆盖。完成易地扶贫搬迁854户、3468人，水库移民260户、1189人，“七个一”专项行动、“六个+”工程有序落实，凤凰小区成为“移民搬迁安置一批”的生动实践。产业扶贫效益更好发挥，扶贫产业格局更壮大，“村社合一”覆盖132个村和社区，“一长两短”产业有效覆盖贫困户。培训农村贫困劳动力3806人次，2155人实现上岗就业。教育扶贫成效显著，落实教育扶贫资金2200余万元，资助学生6453人次。健康扶贫医疗保障全面落实，建档立卡贫困户人口参合率达100%，住院治疗实际补偿比达90%，家庭医生签约服务、慢性病管理全覆盖，累计减轻贫困家庭医疗负担超过1亿元。扶贫与扶志同步推进，农村精神文明建设“十个一”工程落地见效，处处呈现村容村貌规范整齐、农家庭院干净有序、乡风家风文明和谐的新农村新气象。众人拾柴火焰高，“百企帮百村”累计投入资金9000余万元，社会帮扶力量集聚升华。

（三）聚力抓修复、治污染，生态文明建设不断取得新突破。坚持向生态要生产力，严格落实生态环保责任制，扎实推进污染防治攻坚战。中心城区空气质量优良率达93%，集中式饮用水源水质100%达标，赤水河仁怀段监测断面水质100%达标，城区生活垃圾收集无害化处理率达100%，城乡污水处理率达95%，森林覆盖率提高至53.48%。持续推进“绿色仁怀”行动，完成营造林20.5万亩。盐津湖环境综合整治工程有序推进，茅台亲水河堤建成投用。深入推进河长制，450名“河长”履职尽责，巡河护河成效显著。乡镇污水处理厂提标改造工程全面完成，城乡垃圾收运处理系统逐步完善。第三次国土调查有序推进。增减挂钩、拆旧复垦有力推进，新增耕地4287亩。115家企业完成煤改气，绿色创建加快推进。中央环保督察反馈问题全面整改到位，顺利通过“回头看”，新华社等国内主流媒体点赞“酒都”绿色发展。

（四）聚力强特色、添活力，城乡统筹发展不断取得新突破。完成第五轮城市总规、15个乡镇规划、124个村庄规划修编，“一心两翼多点”的城乡融合发展新格局逐步构建。建成区拓展到25.1平方公里，常住人口城镇化率达54%。茅台机场航线增至20条、通达城市24个，成为全国首个通航第一年旅客吞吐量突破百万的支线机场，蓉遵高速仁怀复线破土动工，国道212鲁班至五马段竣工投用，现代立体交通体系加快构建。棚户区改造有序推进，完成产权调换安置1118户、交房1450套。实施留地安置“统规联建”272户，遗留问题稳步化解。西环线、苍龙大道、上坪大道推进有力，南部新城“一快四横五纵”路网骨架基本成型。罗家坝、水仙寺、国酒新城等城市山体公园和酒都广场美食城、楠竹林精品夜市建成投用，新增城市停车位7800个，临街经营规范化和城市资源市场化初见成效。特色小镇活力迸发，合马美食小镇、美酒河三角梅小镇展露新颜，长岗红色小镇、五马滨水田园小镇、大坝商贸小镇加快推进。乡镇返乡农民工创业园、小微产业园多点开花，集镇承载力、吸附力不断增强。清理违法建设917宗13.1万平方米，依法现场拆除“两违”建筑9.77万平方米，规划管控成效明显。大力推行农村建房通用图集，农民自建房逐步规范。覆盖132个村寨、3.5万户、15万人的农村环境综合整治工程基本完成，实施农村房屋风貌改造3358户，农村人居环境和功能配套大幅改善，乡村振兴开篇起步。

（五）聚力促创新、扩开放，改革发展不断取得新突破。“放管服”改革有序推进，进驻政务中心办理事项502项，在全省率先实现95项警务服务一窗办理，获评全省政务服务标准化建设示范市。商事制度改革落实有力，企业平均开办时间从15天缩减到7天，新增企业2800家、个体工商户5100户。重点领域和行业改革稳步实施，国有企业改革取得积极进展，盐业体制改革全面完成。营商环境整治“七大行动”、经开区发展环境综合整治专项行动扎实开展，营商指数全省排名从80位上升到17位。“保知打假”

专项行动成效显著。成功牵手洋河集团、京东物流等500强企业。招商引资省外到位资金195亿元，为省下达目标的123.4%。开放的大门越开越大，仁怀与法国德伊拉巴尔市签署缔结友好城市，酒投公司与法国波尔多吉尼亚酒庄达成合作协议，酱香酒产区走向国际市场迈出重要一步。茅台学院面向全国招生。协力办好“中国酱香酒节”。创新创业成效明显，综合科技水平稳步提升，建成3家创客空间，完成专利申请540件，获得授权专利167件。

（六）聚力夯基础、惠民生，社会事业不断取得新突破。认真办好民生实事，人民群众的获得感、幸福感、安全感更有保障、更可持续。城镇新增就业7680人，农村劳动力转移就业1.2万人，城镇登记失业率3.05%。教育“三年创优”推进有力，率先在全省实施普通高中免学费、书本费教育，仁怀一中迁建投用、盐津二小开班办学，新开办6所公办幼儿园，城乡办学条件极大改善。高考质量实现遵义市综合排名“三连冠”。医疗卫生事业快速发展，妇幼保健院、中心血站、10个乡镇卫生院改扩建项目主体完工，茅台医院、中医院迁建项目启动。中医院成为全省首批县级三级乙等中医院。“五险合一”加快实施，社会保险参保人数达58.3万人，新农合参合率达99.7%，城市解困和救灾救助工作给力有效。文体事业扎实推进，承办、主办系列活动40余场，33处红色遗迹完成申报，新增10处省级文物保护单位。建成20个村级文化活动中心。“模改数”工程全面完成，新增“广电云”用户1.2万户。“七五”普法扎实推进，社会治理不断创新，矛盾纠纷多元化解“1234”模式全面推广，扫黑除恶专项斗争扎实推进，群众安全感达98.91%。强化食品安全监管，狠抓重点领域隐患排查整治，安全生产连续3年实现“双降”目标。此外，民族、宗教、外事、侨务、对台、人防、档案、气象、妇女、儿童、老龄、残疾人、地方志等各项事业都取得了新进步。

（七）聚力转作风、重实效，政府自身建设不断取得新突破。自觉接受人大法律监督和工作监督、政协民主监督，积极接受社会公众监督，办结人大代表建议190件、政协委员提案140件，办复率达100%。支持纪检监察机关履职尽责，配合完成自然资源资产责任审计，认真整改巡视巡察问题。严格执行民主集中制，坚持依法行政，落实科学民主决策制度。坚持用数据说话，抓好调查研究，重实干、求实效蔚然成风，办实事、解难题积小成大，政府工作效率更高、质量更好。坚持全面从严治党，严格执行中央八项规定及其实施细则精神，驰而不息纠正“四风”，财政支出结构更加优化，政府系统党风廉政建设持续向好。

各位代表，时间是最忠实的记录者，奋斗的脚步总会留下最深的印迹。一年来，“酒都”儿女携手并肩、风雨同行，谱写了精彩篇章。在此，我谨代表市人民政府，向全市各族人民，向各位人大代表、政协委员，向各民主党派、工商联、人民团体、无党派人士，向驻仁解放军、武警官兵、公安干警和消防队员，向各位老领导、老同志，向茅台酒厂集团公司，向我们美好家园的劳动者、创造者、守护者，向所有关心支持仁怀经济社会发展的各界人士，表示崇高的敬意和衷心的感谢！

在肯定成绩的同时，我们也清醒地认识到，全市发展不平衡、不充分问题还比较突出，满足人民美好生活需要仍面临诸多实际挑战。一是产业结构仍需优化，培育战略性新兴产业、推动经济转型升级还要狠下功夫；二是脱贫攻坚还有不少“硬骨头”，扶贫产业规模化、市场化水平不高，一些贫困群众脱贫内生动力不足；三是赤水河流域区域性中心城市基础支撑仍需强化，“六中心一示范一高地”聚合效应尚未形成，经营城市还要加快步伐；四是项目投资结构和质量仍需优化，社会投资、产业投资占比仍需进一步加大；五是基础设施配套不优，教育、医疗、养老等公共服务供给不足，有限财力与民生刚性需求匹配仍有差距；六是政府职能转变还不到位，营商环境还有较大提升空间，少数干部慵、懒、散现象仍然存在。特别要向各位代表说明的是，2018年我们提出“十件民生实事”量化的86个具体项目中，只有酒都广场商业综合体、凤凰小区幼儿园、易地扶贫搬迁安置房等52个项目全面建成投用，五马至寒婆岭公路、集镇供水工程等15个项目正在加快推进，仍有火石至三合、五马至九仓等4个乡镇二级公路项目暂时停建，城北社区幼儿园、苍龙街道文体中心等15个项目暂缓启动。究其原因，一方面是受债务防控、金融收紧、土地限制等政策制约，以及中央巡视、省委巡察、国务院大督查整改的要求；另一方面，是由于前期工作深度不够、征地拆迁力度不大所致。这充分反映出我们的工作与人民群众的期盼还有较大差距。目前，我们正在全力争取上级支持，分类梳理矛盾问题，集中攻坚逐项突破。我们一定以更大的决心、更实的措施、更强的保障，解决问题、建好项目、兑现承诺。

二、2019年政府工作安排

2019年是新中国成立70周年，是全面建成小康社会的关键之年，是实现“十三五”规划的冲刺之年，是推动工业经济高质量发展的开局之年、决战脱贫攻坚率先全员脱贫之年。这一年，既是乘风破浪的机遇期、也是爬坡上坎的考验期，我们必须保持拼搏的耐力和韧劲，拿出冲锋的胆识和劲头，锐意进取、真抓实干，奋力书写经济强、百姓富、生态美的“酒都”新篇章。

*政府工作的总体要求是：*以习近平新时代中国特色社会主义思想为指导，全面贯彻落实党的十九大和十九届二中、三中全会及习近平总书记在贵州代表团重要讲话精神，统筹推进“五位一体”总体布局，协调推进“四个全面”战略布局，坚持稳中求进总基调，坚持新发展理念，坚持以供给侧结构性改革为主线，推动经济高质量发展，坚决落实省委省政府、遵义市委市政府决策部署，深入推动三大战略行动，持续打好三大攻坚战，守好发展和生态两条底线，全面落实仁怀市委六届二次、三次全会精神，紧盯“1234”奋斗目标，推进工业强市、质量强市、城镇化带动、乡村振兴战略，推动第三产业加快发展，全力打造世界酱香白酒产业基地核心区，加快建设赤水河流域区域性中心城市，统筹推进稳增长、促改革、调结构、惠民生、防风险各项工作，提高人民群众的获得感、幸福感、安全感，保持经济持续健康发展、社会大局稳定，为全面建成小康社会完美收官打下决定性基础，以优异的成绩庆祝新中国成立70周年。

*主要预期目标是：*地区生产总值增长11.5%以上；规模以上工业增加值增长12%以上；500万元以上固定资产投资增长18%以上；一般公共预算收入增长8%以上；社会消费品零售总额增长10%以上；城乡居民人均可支配收入分别增长9.5%、10%以上；城镇登记失业率控制在4.2%以内；常住人口城镇化率提高到57%；减少贫困人口13500人；环境质量稳定达标，完成节能减排降碳任务。

围绕上述目标，要重点抓好8个方面的工作：

（一）坚持以脱贫攻坚统揽经济社会发展全局，精准发力，稳步推动乡村振兴战略落地见效。坚持农业农村优先发展，奋力夺取脱贫攻坚决战之年根本性胜利，在实现农业农村现代化征程上迈出新步伐。

（1）*打好脱贫攻坚决战。*对标“两不愁，三保障”，紧盯“按时打赢”目标，巩固60个贫困村出列、5.27万贫困人口脱贫成效，完成上级下达减贫目标，向全员脱贫目标冲锋。全面完善基础设施。坚持因地制宜，瞄准“一家一户”，严格质量标准，全面补齐到户短板，消除农村危房及透风漏雨现象。抓好搬迁后续扶持，培育壮大支撑产业，支持搬迁群众就业创业，实现有劳动力的搬迁家庭至少有1人稳定就业，科学配置教育、医疗资源，满足搬迁群众就学就医，继续探索“仁怀经验”、打造“仁怀示范”，让移民群众乐居新家园。推动政策精准滴灌。完善动态监测体系，精准贫困人口识别和退出管理。持续落实好教育医疗扶贫政策，狠抓贫困家庭义务教育阶段辍学学生劝返工作，细化贫困人口大病专项救治，提高家庭医生签约服务履约率。充分发挥敬老院、儿童福利院作用，建成残疾人康复中心、托养中心，提升精神病医院收治能力，让每一个特殊群体贫困人口都有保障。巩固发展扶贫产业。稳步发展新产业，科学管好现有产业，持续推动扶贫产业“五化”发展，提高扶贫专项资金使用效益，建立更紧密的利益联结机制、更完善的产销对接机制，把产业扶贫落实到一家一户，让群众拥有稳固的增收来源，避免“断崖式”减收返贫。持续抓好结对帮扶。更注重扶贫先扶志，加强宣传引导，讲好减贫故事，形成正向激励，增强内生动力，让所有群众在脱贫路上都能活出精彩。

（2）*推进农村产业革命。*坚持强特色、扩规模、树品牌、提效益，全面延伸农业产业链、价值链，推动农业高质量发展，完成农业增加值31亿元以上。做实做强高粱产业，高标准打造茅台酒“第一车间”。力争有机认证面积达50万亩，种植有机高粱30万亩，让高粱产业惠及更多贫困群众。严格有机认证、茅台酒原料标准，加大有机高粱优质品种选育力度。加快完善有机高粱生产标准、高粱基地建设标准，探索建立轮作补偿机制，建好配套设施，抓好病害防治，划定地块图斑，强化过程管控，保证有机高粱质量。稳步发展特色产业，稳定粮食、肉类产量，持续推进“4个10万亩”工程，以经果林、中药材为主实施地方退耕还林1万亩，建立健全经果林后续管护机制。持续夯实农业基础，瞄准500亩以上坝区，推进现代农业园区建设，全面完成大坝簸箕坝高粱标准化生产示范园、高大坪金山银水田园综合体、茅台中华和火石荣华优质柑橘示范园建设，新增省级现代高效农业示范园区1个。实施农田水利三年攻坚行动、智慧农业工程，完善农业配套服务功能。大力实施新型农民培育工程，组织培训农民10万人次以上。坚持引进与培育共举、大户与散户齐抓、扶持与规范并重，培育地级以上龙头企业4家、县级龙头企业8家，培育新增专业合作社70家，发展家庭农场30家，不断提高农业集约化、专业化、组织化、社会化、市场化水平。借助展销、电商等渠道，逐步扩大小湾茶叶、学孔黄花、坪营盐菜等名优农产品影响力，打造一批新兴品牌。新增无公害产地认证10万亩，有机农产品认证25个、绿色农产品认证2个、无公害农产品认证2个。强化农产品质量安全监管，争创国家农产品质量安全示范市。

（3）推进美丽乡村建设。着力强基础、建机制、促文明，打造“四在农家·美丽乡村”升级版。坚持规划先行、有序推进、从容建设，完善村庄布局规划，推动以村为单位编制实用性村庄建设规划。全面推行农村建房通用图集，有序推进房屋风貌改造。坚持示范引领、以点促面，创建一批乡村振兴示范镇、示范村，打造一批新型农村社区试点，评选一批美丽宜居村寨、最美庭院。继续推进农村环境综合整治工程，加快实现农村垃圾收运、污水处置设施全覆盖，建成55座村级公共卫生厕所。坚持建管并重，健全长效机制，确保基础设施有制度管护、有资金维护、有人员看护，能长久惠及群众。完善农村供水服务体系，推动电网升级改造，加快农村宽带、移动通信网络覆盖步伐，着力解决信号盲区通讯问题，加快现代生产生活要素下乡，促进公共服务提档升级。全面增强乡村治理能力，提升基层管理服务水平，深入开展民主法治示范村创建，促进自治、法治、德治有机结合。深入推进农村精神文明建设“十个一”工程，挖掘乡土文化、保存农耕记忆，破除陈规陋习，涵养乡愁、树立新风。

（二）坚持以工业强市战略带动产业转型升级，全面发力，扎实推进世界酱香白酒产业基地核心区建设。全面贯彻市委六届三次全会精神，做足酒文章、扩大酒天地，打造世界酱香白酒产业基地核心区，加快推动工业经济高质量腾飞，规模工业产值完成889亿元以上。

（1）倾力服务茅台集团。建立更灵活高效的厂市会商机制，提供更精准到位的个性服务措施，持续做好茅台酒“十三五”技改及各子公司项目群工服务、要素保障，统筹做好全市经济社会发展总体规划与茅台集团战略规划的融汇衔接，支持茅台集团如期实现“千亿”目标。

（2）强力推进园区建设。紧盯2020年创建国家级经济开发区目标，优化产业规划布局，提升生产生活服务功能，着力补齐园区基础短板，持续掀起建设发展高潮。强力实施坛厂大道、温泉大道等园区基础项目，大力推进大二公路、五岔河沿线环境治理及景观提升工程，建成坛厂园区粮食仓储二期工程、茅台现代商贸物流产业园等产业项目，推动白酒生产向园区集聚、配套向园区集合、人才向园区集中。

（3）竭力扶持地方酒业。启动编制《仁怀市白酒产业发展规划（2020—2025）》。深入推进“双千工程”，加大力度培育“1314”产业集群。组建产业引导基金，强化财政奖扶支持，用真金白银撬动产业发展。引导市内白酒企业采取联合、并购等形式组建大型白酒企业集团，新增规模企业5家，培育2家企业成功上市，引进1家以上500强企业、2家以上国内外优强企业参与兼并重组。逐步增强酒投公司引领作用，建成投用白酒收储一期10万千升仓储项目。围绕“一年扭转、两年理顺、三年规范”目标，深入开展白酒作坊专项整治行动，努力消除白酒质量风险、安全生产隐患。

（4）着力抓好品牌培育。实施产区品牌提升工程，规范使用“仁怀酱香酒”地理标志证明商标，扶持企业积极申报中华老字号、地理标志保护产品。深入开展“诚信做酒”宣传教育活动。着力保护茅台酒、地方名优白酒知识产权，保持高压态势、严厉打击制假售假行为，持续整治虚假广告和市场乱象，扩大仁怀酱香酒质量和品牌优势。

（5）全力促进营销推介。鼓励企业开拓市场，大力推进线上线下营销平台建设，力争在全国各地新增仁怀酱香酒道馆100家以上。深入挖掘酱香白酒文化，大力推动文化营销，规划建设赤水河酱香文化长廊，制作“神秘酱香”主题影视作品，持续办好“仁怀酱香酒中国行”等主题推介活动，争取设立贵州酒博会仁怀分会场，组团参加国际烈酒展会，不断提升“中国国酒文化之都”“世界酱香白酒产业基地核心区”的知名度、影响力。

（6）大力完善标准体系。推广“仁怀酱香酒”团体标准，完善仁怀大曲酱香酒技术标准体系，加快推进酱香酒分级标准、价格评估体系建设，守牢传统工艺和质量安全底线。开展“市长质量奖”评选，推进白酒企业标准化建设，打造省级质量标杆企业2家。大力弘扬工匠精神，培养一批白酒工匠、白酒营销人才。

（7）努力优化工业结构。立足酒、依托酒，深入梳理产业短板、基础条件，启动高新技术、节能环保、绿色建材、装备制造等非酒工业项目5个以上，加快推进酒糟综合利用项目建设，培育工业新增长点。实施“万企融合”大行动，支持各类企业与大数据深度融合，提升工业发展绿色化、高端化、智能化水平。

（三）坚持以“五区”建设引领第三产业，全域发力，加快构建特色鲜明充满活力的现代产业体系。全面实施《仁怀市第三产业发展总体规划》，紧盯“五区”建设目标，着力提升第三产业容量和层级，第三产业增加值完成 205 亿元以上，新增规模以上服务企业 30 家，确保总量保持在 110 家以上。

（1）做大白酒配套。依托产业基础、园区平台，全力推进华夏民族酒文化博览园项目建设，努力打造酱香酒产业“总部经济区”。深化与行业协会、专业院校及科研机构合作，建立产学研创新联盟，提升白酒产品、酿酒原料综合检测市场化运营能力。推进酱香酒收储交易平台建设，大力发展原料供给、包装印刷、仓储物流、技术咨询等涉酒生产性服务业，推动白酒全产业链融合发展。

（2）做强文旅康养。全力推进国家级工业旅游创新示范区创建，引导、支持酒企打造 30 个文化酒庄，推动酒旅融合再上新台阶。升级茅台酒镇业态、文态、生态，加快建成名酒工业园区旅游基础设施、后山西苗故里等景区景点，新增 4 个以上 3A 级景区。办好第五届全市乡村旅游产业发展大会，建成运营大中华喜来登酒店、惠邦希尔顿酒店，新建 26 个旅游厕所。实施“服务创佳”行动，推进“智慧旅游”建设，强化从业人员培训，全面提升导游解说、酒店运营、景区管理等精细化、标准化、规范化服务水平。用好赤水河谷国家级旅游度假区品牌，加大旅游推介力度，形成 3 条以上游客向往、市场认可的旅游精品路线。实现游客接待量、旅游综合收入分别增长 20%、25% 以上。启动南部新城康养小镇建设，建成 2 个大健康产业综合项目。

（3）做旺商贸物流。推动传统商贸业态转型，引导批零行业规范化、专业化、规模化、连锁化发展。完善酒都·方圆荟、国贸广场、国际商贸城周边配套，促进多元化发展，增强“商圈经济”辐射带动能力。启动坛厂物流综合园区建设，完善现代物流基础设施、服务功能，加快推动市镇村三级物流网络联动发展。建成农产品批发市场，启动生鲜冷链物流配送中心建设。加快发展电子商务，规范电商行业管理。加快建设乡镇商贸中心，大力发展农村商贸服务业。

（4）做优金融服务。深入实施“引金入仁”“引资入仁”工程，出台奖励扶持政策，引进银行、保险、证券、信托、担保、小贷、基金等各类金融机构和中介服务机构 30 家以上。支持金融机构设立个性化服务网点、乡村网点，鼓励金融机构创新金融服务。加快推进金融小镇建设，聚力打造以“金融 + 白酒”为核心的赤水河流域金融服务集聚区。

（5）做实科技信息。深入实施大数据产业主体培育工程，加快电商孵化园建设，力争引进 2 家以上信息技术服务或大数据企业落户仁怀，引进 2 家以上省内外科技企业、高等院校、科研院所等在仁怀设立区域中心或延伸机构，提升科技信息服务水平。建成仁怀科技馆，全力支持茅台学院发展，实施产学研项目 2 个以上。

（四）坚持以城镇化带动战略促进城乡融合发展，重点发力，夯实赤水河流域区域性中心城市基础。围绕赤水河流域区域性中心城市目标定位，持续拓展城市格局，增强城乡发展动能。

（1）优化城市规划布局。以第五轮城市总体规划为纲领，坚持整体谋划、一体推进，逐步构建“一城两心三带四片”的城镇发展新格局。突出国酒茅台之乡、世界名酒之城的定位，优化完善城市设计、空港新区规划，推动城镇开发边界、生态保护红线与基本农田保护等“多规合一”，实现国土空间规划管控一张图。完成第三次国土调查。

（2）夯实城乡发展基础。支持茅台机场实施改扩建工程，启动建设城市轨道交通规划，做好泸遵高铁仁怀段前期工作，配合推进蓉遵高速仁怀复线、遵仁快线、金仁桐高速建设。启动中坛大道、盐津大道、仁怀大桥建设，开辟主城区与南部新城、经开区新通道，优化鲁坛区域路网衔接，加快中枢鲁班坛厂一体化进程。建成城市公交始末站，提升城市公交运营水平。加快火石至三合、五马至茅坝至九仓通道建设，推进乡镇二级路全覆盖，争创全国“四好农村路”示范县。配合做好观音水库前期工作，加快推进梭萝坪、石坝河、蔺家坪水库建设，开工建设岩角塘水库，启动大沙坝、石坝河水库供水配套工程，实施长岗、五马、后山、大坝、高大坪、火石镇、坪营等 7 个集镇供水改造工程，大幅提升城乡供水保障能力。

（3）加快中心城区建设。攻坚克难纾老城，聚焦中枢、苍龙主战场，稳步推进城市棚户区改造，建成西环线、苍龙大道，启动建设国酒大道北段、中枢大道、文化西路，贯通内部道路，联通旧城棚改区域路网骨架，推出一批商住综合体、公共配套项目，焕发旧城新生机。加足马力建新城，建成南部新城温泉综合体一期工程，启动推进八一湖、李村河区域开发建设，完成尚礼大道、长征路、锦绣路等主次干道建设，实现新城内外连接、互联互通，掀起新城建设新高潮。强力推进“安置攻坚年”行动，加快推进钟鼓铭苑、金河湾等6个棚改安置区建设，完成统规联建安置1260户、产权调换安置1800户。实施4个以上城市开发项目，稳步推进房地产产业健康发展。

（4）做精特色城镇集群。紧紧抓住整市推进示范小城镇建设试点机遇，按照“321”梯次结构，巩固提升茅台酒镇，完善提升茅坝商贸集镇、九仓滨河小镇，全面建成五马滨水田园小镇、长岗红色小镇、大坝商贸小镇，丰富发展合马美食小镇、美酒河三角梅小镇，加快推进三合商贸集镇、龙井生态小镇、高大坪生态农业小镇、空港小镇建设，形成竞相争艳、各有千秋的集镇发展格局。着力发展“一镇一业”，完善基础设施和公共服务配套，力争每个集镇建成1个星级水准旅游餐饮酒店、1个综合图书馆、1个现代农业产业园或1个微型产业园，培育高质量发展的小镇经济。

（5）打造一流城市环境。紧盯创建全国文明城市目标，着力完善功能、精细管理城市、提升城市内涵。巩固国家卫生城市创建成果，持续开展卫生与秩序整治。梳理补齐姜家寨、罗家坝等安置小区和部分老旧小区、背街小巷基础短板。优化交通组织，重拳整治占道经营、乱停乱放行为，下大力气消除东环线、符阳路等城市交通“堵点”。加快智慧城市建设进程，推动城市功能修补、生态修复，实施中心城区绿化亮化提升、管网普查工程，科学布局一批新能源基础设施。保持打击违法占地、违法建设、违法抢栽抢种高压态势，营造公平公正、良好和谐的城乡发展环境。

（五）坚持以改革开放创新促进高质量发展，纵深发力，为县域经济持续健康发展蓄积更强动能。坚持用改革推动创新、用开放倒逼改革，着力优化营商环境，扶持壮大民营经济，形成聚合效应，保持西部内陆开放新高地领头雁争先势头。

（1）稳步推进改革。全面深化供给侧结构性改革，推动“放管服”改革落地。完成农村集体产权制度改革试点工作，健全农村股份经济合作组织。按期完成政府系统机构改革。扩大社会领域有效投资，全力推动产业项目落地投产，力争产业投资占固定资产投资比重达40%。持续深化国资国企改革，通过整合重组、集聚资源，不断做优资产、做大资本、做实主业、做强平台，加快实现从管企业向管资本转变。推动公立学校、公立医院去行政化改革，逐步提高专业技术人员薪酬待遇。持续深化水资源管理体制、水行政管理体制、农业水价综合改革。

（2）提高开放能级。积极对接“一带一路”倡议和长江经济带发展，争取更多政策和实体化项目。巩固和发展国内外友好城市关系，加快与法国波尔多等名酒产区深度合作，推动产业联盟建设，促进多领域对话交流。深度参与区域产业链、工业链、价值链分工，积极承接产业转移。深入推动产业大招商，精准建立产业招商项目库，持续发力开展小分队招商，更主动地推动企业招商。

（3）强化创新驱动。加大科技投入力度、加快科技强市建设，引进培育高新技术企业，实现高新技术产值3000万元以上。抓好知识产权保护，支持专利申报500件，实施国家级、省级重大科技立项和科技成果转化项目10个以上。推动大众创业、万众创新，巩固提升“全国创新创业百强县市”成果，力争建成2家省级众创空间。高效、公平落实各类创业创新扶持政策，大力支持大学生、返乡农民工创业，扶持发展小微企业。

（4）构筑营商高地。持续推进“一网一门一次”改革，优化面向企业、企业家服务项目的办事流程，将企业开办时间压缩至3个工作日以内、工程项目审批时间压缩至80个工作日以内、不动产登记办理时间压缩至5个工作日以内，新增企业2000家、个体工商户5000户以上。果断向破坏营商环境的行为亮剑，坚决打击非法阻工阻厂、强揽工程、强买强卖行为，维护企业项目建设、生产经营秩序。

（5）壮大民营经济。始终坚持“两个毫不动摇”，扶在关键、帮到实处，不遗余力推动民营经济发展。严格落实国家、省出台的各项税收优惠、收费减免政策，努力降低企业用地、用能、物流成本，着力减轻民营企业运行负担。强化政银企对接，建立中小企业纾困资金池，着力解决融资难、融资贵问题。实行重点企业一对一挂帮制度，认真梳理各类涉企矛盾和遗留问题，专班专抓限时解决、用心用力排忧解难。依法保护民营企业家的人身、财产安全，让民营企业家备受尊重、民营经济倍加壮大。

（六）坚持以污染防治攻坚战筑牢生态底线，持续发力，厚植“酒都”仁怀绿色永续发展根基。坚定不移推进生态文明建设，坚决打好蓝天、净土、碧水、固废、农村环境综合整治5场战役，让良好生态成为撬动经济发展的重要砝码，让美丽仁怀永远生机焕发。

（1）强化污染治理。强化油烟污染、扬尘污染、汽车尾气综合治理，确保中心城区空气质量优良率达94%以上。深入实施河长制，开展河道“乱占、乱采、乱堆、乱建”专项清理整治，全力守护赤水河“中国好水”。推进城乡污水收集管网建设，落实常态化管护机制，实现污水达标排放。建成二合安龙场污水处理厂，强化企业主体责任，加强工业废水集中处理监管，确保主要河流断面水质稳定达标，集中式饮用水源水质达标率 100%。持续开展垃圾分类收集、农村非正规垃圾堆放点治理，健全城乡生活垃圾收运处理系统，建成投用长岗垃圾焚烧发电厂，实现前端分类和后端无害化处理的闭合运行，城乡生活垃圾无害化处理率达 90%，医疗固废安全处置率保持 100%。强化农村面源污染治理，让城乡大地处处整洁清爽。

（2）加强生态建设。加快推进盐津湖综合整治与开发，完成污水管网和污水处理厂建设，建成城市绿道，打造节点公园，提升绿化景观，逐步恢复记忆中的东门河。巩固省级森林城市创建成果，推进奶子山森林公园建设，实施地方退耕还林 1 万亩，森林覆盖率提高到 55% 以上。治理消除地灾隐患 7 处，完成矿山环境恢复治理 29 个。治理水土流失 40 平方公里，新增耕地 1000 亩、旱改水 2000 亩，确保耕地保有量不减少、基本农田质量有提升。实施五马河、九仓河等生态修复，深入推进仁溪沟、石坝河等溪沟治理，让河流溪沟水清岸绿。

（3）推动绿色发展。巩固国家生态文明建设示范市创建成果。加强绿色生产政策引导，壮大“四型 15 种”产业。严格执行环境准入，将高污染、高能耗拒之门外。培育壮大节能环保、清洁能源产业，全面推动工业企业清洁化生产。推进绿色“六进”行动，大力倡导绿色消费、绿色出行，深入开展节约型机关和绿色家庭、绿色学校、绿色社区创建行动，让绿色理念成为行动自觉。

（4）健全长效机制。认真抓好中央环保督察整改巩固提升，常态化开展环保问题自查自纠，坚决防止反弹反复。坚持公检法环“四位一体”联动，用好生态环保“两把利剑”，严厉打击环境违法行为。深入推进生态文明制度改革，健全环境损害赔偿、奖励举报、黑名单管理等制度，扎紧生态环保“紧箍咒”。

（七）坚持以人民为中心的发展理念，均衡发力，不断实现人民群众对美好生活的向往。着力补齐民生短板、增进民生福祉，建成更高水平的幸福仁怀。

（1）教育创优再添彩。启动城乡义务教育优质均衡发展工程，实施乡村教育振兴计划、第三轮学前教育三年行动计划，新建 9 所公办幼儿园，启动仁怀五中、坛厂小学、冠英小学迁建和仁怀十二中、外国语学校、特殊教育学校、中枢三小扩建工程。确保学前三年入园率、残疾少年儿童入学率、九年义务教育巩固率、高中阶段毛入学率分别达 90%、97%、93%、90%，教育教学质量保持遵义市前列。加强师德师风建设，增强民族教育办学特色，加快发展职业教育、特殊教育，支持发展民办教育，治理规范校外教育培训机构。

（2）健康仁怀再发力。全力构建城区“15 分钟卫生健康服务圈”、农村“30 分钟卫生健康服务圈”，加快构建赤水河流域区域性医疗中心。新建市传染病医院、精神病专科医院、疾控中心，加快推进市医院三期、中医院、中心血站整体迁建和妇女儿童医院项目建设，全力支持茅台医院建设。支持民营医疗机构规范发展。深入推进医疗机构高层次人才引进、重点学科建设、等级创建等内涵建设，切实提高市、乡、村三级医疗服务水平。

（3）文化体育再丰富。全面推进街道文体活动中心和乡镇灯光篮球场、五人制足球场、村级文化活动中心建设，提升乡镇综合文化站、农家书屋规范化水平。做好文化馆县级一级馆复评工作，推进文化馆、图书馆分馆建设。完成 4 处国保文物维修展陈项目，实施周林故居维修工程，启动工人文化宫建设。加强文化遗产保护传承、历史文化整理研究，开展乡镇志书编纂。加强文化艺术队伍建设，鼓励文艺作品创作。推动文化惠民，深入开展群众性文体活动，不断满足人民群众日益增长的精神文化需求。

（4）民生保障再给力。积极增加就业岗位、拓宽就业渠道。完善社会保险制度，加强社保基金管理，加快实施全民参保计划，实现各项社会保险参保人数达 65 万人。重拳整治恶意欠薪行为，推动工程建设领域劳务用工实名制、工资支付专户制度覆盖 90% 以上项目。稳步提高城乡低保、优抚补助、城乡居民基础养老金最低标准。做好城镇困难职工解困脱困工作，加强对未成年人、困境儿童、失独失能老人、农村“三留守”人员的关爱保护。建成投用市中心敬老院，创建星级敬老院 10 所。积极拓展养老服务市场，支持社会力量兴办养老机构。

（5）治理水平再提升。持续深化“平安仁怀”“法治仁怀”建设，严打严防严控违法犯罪活动，持续推进扫黑除恶专项斗争，深化禁毒人民战争，加强网络安全防护。推动综治中心实体化运行、三级网格化服务管理，排查矛盾纠纷，做好人民调解，预防化解社会矛盾。坚持“三到位一处理”，依法处理群众诉求，全面化解信访积案。集中精力解决好社区居民的操心事、烦心事、揪心事，打造10个和谐文明示范社区。加快创建“全国双拥模范城”。持续抓好“七五”普法，深入实施法律援助工程。严格落实安全生产责任，着力增强应急管理能力，加强特种设备、道路交通、危化品、食品药品等重点行业整治，提高“双控体系”使用效率，推动安全生产网格化、智能化监管全覆盖，坚决遏制重特大安全事故。抓好重大动物疫病防控工作。完成第二次全国地名普查。依法加强宗教事务管理，全面规范宗教场所。抓好退役军人、统计、外事、气象、档案、人防、残疾人、地方志等各项工作。

着力办好“十件民生实事”：一是完成城镇新增就业7500人，农村劳动力转移就业1万人；二是新增城区中小学及学前教育学位3000个以上；三是建设苍龙社区卫生服务中心、美酒河镇卫生院；四是新增公交线路3条，投放出租车180辆；五是新建集中式水源水质自动监测站2个；六是建成中心城区餐厨剩余物处理项目；七是完成农村无害化厕所建设改造4000户；八是新增“雪亮工程”农村视频监控2400个；九是新增中心城区停车位5000个；十是新建中心城区农贸市场2个。

（八）坚持以实干担当激发干事创业精气神，共同发力，全面加强政府自身建设。坚持打铁必须自身硬，始终保持干字当头、快字为要、不采华名、专注实事的状态，坚决守住不发生系统性风险的底线，努力建设人民满意政府。

（1）*牢牢把握政治方向*。旗帜鲜明讲政治。时刻树牢“四个意识”、增强“四个自信”、践行“两个维护”，始终在政治立场、政治方向、政治原则、政治道路上同以习近平同志为核心的党中央保持高度一致，把维护核心作为思想自觉、党性观念、纪律要求、实际行动，确保政令畅通、令行禁止，掀起干事创业新高潮。

（2）*大力弘扬实干精神*。世上的事情都是干出来的。继续推行“用数据说话、靠作风吃饭”，增强斗争本领、永葆斗争精神，鼓励干部勇挑最重的担子、敢啃最硬的骨头、善接最烫手的山芋。大力整治慢作为、不作为，推动各项决策部署落地有声。集中精力化解一批历史遗留问题，时时刻刻把老百姓的大小事扛在肩上、放在心上、抓在手上、办好办实，用行动回应群众心声，用实绩赢得群众掌声。

（3）*始终保持艰苦奋斗*。经济越是发展，越要抓艰苦创业。坚决贯彻落实中央八项规定及其实施细则精神、各级关于作风建设的规定，对“四风”问题露头就打，确保厉行节约要求落到实处。增强忧患意识，牢固树立过紧日子的思想，强化预算绩效管理，优化财政支出结构，严控项目投资成本，继续压缩行政经费6%用于教育精准扶贫，再压缩一般性支出5%用于重点支出，把有限的资金用在刀刃上。

（4）*防范化解重大风险*。守土有责，守土尽责。严格落实“七严禁”，从严规范举债行为，加强政府债务管理。通过债券置换、资产盘活、设立应急资金池等方式，多渠道化解存量债务，努力提高政府偿债能力，切实防范政府债务风险。坚决打击违法违规金融活动，确保不发生系统性、区域性金融风险。着力涵养培植财源，依法合规拓宽融资渠道，保障重大民生项目资金需求。

（5）*全面加强法治建设*。法律是政府一切行为的根本准则、行动指南。完善重大行政决策程序制度、合法性审查制度、终身责任追究制度、责任倒查机制。依法接受人大法律监督和工作监督，自觉接受政协民主监督，主动接受社会监督、舆论监督。全面推行“双随机、一公开”，坚决杜绝“选择性执法”行为。扎实抓好政务公开，充分听取社会各界人士意见，吸纳各方专家、法律顾问建议，提高决策的民主化、科学化水平。

（6）*驰而不息正风肃纪*。廉政建设只有进行时，作风建设永远在路上。把全面从严治党要求贯穿政府工作始终，以更高标准抓好党风廉政建设。紧盯重大工程、重点领域、关键岗位，保持反腐高压态势。强化领导干部经济责任审计，发现问题坚决查处。坚决整治领导干部利用茅台酒等特殊资源产品谋取私利的问题。持续抓好巡视巡察整改，坚决纠正损害群众利益的行为。加强纪律教育，让干部知敬畏、存戒惧、守底线，习惯在受监督和约束的环境中工作、生活。

各位代表，团结凝聚力量，奋斗铸就梦想。让我们更加紧密地团结在以习近平同志为核心的党中央周围，在仁怀市委的坚强领导下，奋发有为、敢于担当，只争朝夕、埋头苦干，向着打造世界酱香白酒产业基地核心区、建成赤水河流域区域性中心城市、率先向基本现代化迈进的宏伟目标努力奋斗！

绥阳县政府工作报告

（2019 年 1 月 10 日在绥阳县第十七届人民代表大会第四次会议上）

绥阳县委副书记、县长 刘兆武

各位代表：

现在，我代表县人民政府向大会作工作报告，请予审议，并请县政协委员和其他列席人员提出意见。

一、2018 年工作回顾

一年来，面对经济下行压力加大、复杂多变的发展形势，在县委的坚强领导下，在县人大、县政协的监督支持下，我们坚持以习近平新时代中国特色社会主义思想为指导，深入学习贯彻党的十九大和习近平总书记在贵州省代表团重要讲话精神，全面落实新发展理念，守好发展和生态两条底线，真抓实干、锐意进取，较好地完成了年初确定的主要目标任务。

——迎难而上、奋力作为，经济保持平稳增长。预计全年完成地区生产总值 128.98 亿元，增长 11 %；规模工业增加值 14.6 亿元；500 万元以上固定资产投资 119.6 亿元，增长 15.4%；社会消费品零售总额 24.71 亿元，增长 10%；财政总收入、一般公共预算收入分别为 11.84 亿元、5.95 亿元；城镇、农村居民人均可支配收入分别为 30199 元、12576 元，均增长 9.0 %；金融机构年末存贷款余额分别为 167 亿元、117 亿元，分别增长 0.41 %、16.8%。全面小康实现程度达 96%。

——矢志不移、倾力为民，人民生活更加美好。脱贫攻坚取得重大进展，实现 5456 人脱贫、24 个贫困村出列，贫困发生率降至 2.29%。30 户以上村民组通硬化路全覆盖。完成棚户区改造 8775 户，继续在省、市保持领先位次。农村安全饮水工程新增受益 14641 人。实施兜底保障 9464 户 20575 人。县域义务教育基本均衡发展以全省第 1 名通过国家评估认定。儿童关爱工作得到全国政协调研组高度肯定，被评为全国先进县。

——包容自信、逐梦前行，魅力形象精彩绽放。成功承办第 38 届世界诗人大会、省十运会水上运动比赛项目。双河洞最新探测长度达 238.48 公里，荣膺亚洲第一、跻身世界第六，《深探中国第一长洞》纪录片全球放映。全国第二家“旅游地学文化村”落户温泉镇，卧龙湖入选中国体育旅游精品景区，宽阔水原始森林冰雪奇景、非遗传承空心面等一批自然景观、人文传承得到中央电视台等主流媒体高频聚焦，绥阳对外形象不断提升。

过去一年，我们重点抓了以下工作：

（一）打好防控风险、精准脱贫、污染防治三大战役，攻坚克难步履坚实。始终把打好三大攻坚战作为首要政治任务，举全力防风险、补短板、打硬仗。防控风险有力有效。严格落实政府性债务管理“七严禁”，规范政府举债融资行为，全县综合债务率保持在警戒线以内。规范推进 PPP 项目，完成县属国有企业整合重组，启动国有资产清理建档工作。持续开展打击非法集资、互联网金融风险专项整治。加强金融机构风险防控，坚决守住不发生区域性、系统性金融风险的底线。脱贫攻坚深入推进。强化脱贫攻坚作风建设，抓实“五个专项治理”，深入开展“春风行动”“夏秋攻势”。统筹各方资金、带动社会投资共计 8.5 亿元，集中打好“四场硬仗”。实施“一长两短”产业扶贫项目 18 个，带动 12000 名贫困群众脱贫增收。建成农村“组组通”公路 797 公里。2017 年度易地扶贫搬迁 703 户、3039 人完成搬迁入住，1075 人实现就业；2018 年度易地扶贫搬迁安置点主体完工。开展教育资助46612人次。建档立卡贫困户参合全面覆盖，住院合规报销比例达90.30%。实施农村危房改造、"三改"4725户。农村贫困劳动力培训1837人，实现就业1189人。完成21个巡视、审计及交叉检查反馈问题整改。生态环境持续优化。完成7个县级自然保护区总体规划编制，划定91万亩基本农田、641.13平方公里生态保护红线。实施退耕还林8万亩，低效竹林改造、人工造竹15.22万亩，森林覆盖率达57.97%。县域空气质量优良率保持在95%以上。严格落实河长制，健全"一河一策"保护措施。划定县城饮用水源地保护区，集中式水源地水质达标率100%。县城生活垃圾无害化处理率达80%、污水处理率达90%，14个乡镇污水处理厂建成投用，农村面源污染治理覆盖66个村。医疗废弃物安全处置率达100%。完成中央环保督察交办37件信访件、反馈26个问题整改，认真办理中央环保督察"回头看"交办33件信访件。

（二）推动结构、质量、效益三大转变，产业体系优化升级。坚持调结构、提质量、增效益，持续推动产业转型升级。第三产业日益兴旺。完成《绥阳县全域旅游发展规划》。螺江九曲成功创建3A景区，万佛洞等5个3A景区通过景观质量评估，唯中酒店获评"四星级旅游饭店"，红果树玻璃栈道、神山欢乐水世界建成投用，汇善谷温泉康养基地、双河洞洞穴露营地等项目完成提级改造，建成A级旅游厕所12座，创建省级精品旅游客栈1家、四星级乡村旅游经营户3个，新增乡村民宿50家、新增床位1082张。全年接待游客突破1000万人次，完成旅游总收入82.09亿元，均增长36%以上。同济堂智慧医疗投入运行，红瑞养生等项目有序推进。智慧文化广场等商业街区、农商旅互联综合体主体完工，金融集聚区启动建设。物流快递注册登记企业20家、末端网点36家，进出货物突破500万件。培育大数据衍生业态企业7家。农村淘宝、福农宝项目落地，新建"天猫优品"电商服务站点20个。工业经济稳步发展。完成经开区产业发展规划修编和环境影响跟踪评价，经开区二期基础设施配套项目有序推进。依法清退"僵尸"企业4家。新引进项目13个，新增入园企业12家。煤电锰2x150兆瓦自备电厂、40万吨锰系合金项目历经10年艰辛正式投产见效，托起工业崛起的希望。恒泰精密等9个项目建成投产，金业特种材料精密铸造智能化项目主体完工并试运行。苗老藤与华西医科大（口腔医院）合作生产生物牙膏。昌义航、大连环嘉等项目有序推进。投入技改资金6.2亿元，实施拓特锻造等"千企改造"项目15个。"贵园信贷通"放贷4700万元支持企业发展。现代农业提质增效。紧盯产业革命"八要素"，深化农业供给侧结构性改革。累计流转土地26.14万亩，调减玉米种植面积6.17万亩，粮食总产量达23.64万吨。完成烟叶收购7.8万担，种植辣椒33.1万亩，新增金银花种植9000亩，中药材、茶叶、精品水果等1.8万亩。生猪出栏39.64万头，生态家禽出栏176万羽。成功与贵州百灵集团签署金银花产业发展战略合作协议。福轩精品蔬菜及休闲农业示范区、双胞胎生猪养殖产业链项目加快推进。打造崖上秋歌等农旅一体化示范点15个，新增农民专业合作社64个。认定无公害产地7.23万亩，认证无公害农产品23个、绿色食品2个、地理标志产品1个。

（三）统筹区域、特色、功能三大布局，城乡面貌尽展新颜。突出规划执行、彰显特色、建管并重，一体化推进城乡建设。城市品质有效提升。同城化发展步伐加快，撤县设区省级已审批上报，洋川镇撤镇设办获省政府批复。积极创建省级园林县城，坚持以棚改带城建，完成城建投资98亿元。房地产开发规模达80万平方米，改造旧城房屋20余万平方米，获批城乡建设用地5000亩。鑫港国际、诗乡映象·熙园、绥阳碧桂园等项目完工，龙泉壹号、林达阳光城等项目快速推进，紫御华府、诗乡幸福里等项目启动建设。完成洋川河综合治理主体工程，雅泉公园一期开园。全面开展城市环境综合整治行动，拆除"双违"建筑5万余平方米，城区亮化绿化美化不断提升，"三创一巩固"持续深化。美丽乡村魅力凸显。按照"1+2+4"工作思路，扎实推进风华省级和郑场、茅垭市级特色小城镇建设。完成95个行政村规划编制，7个乡镇农村环境综合整治项目竣工验收，积极创建蒲场新场、宽阔红河乡村振兴示范点，打造"四在农家·美丽乡村"小康寨183个。基础设施日趋完善。建成县城至东山城市干线等城市路网8公里，配套建设雨污管网20公里。城乡垃圾收运系统二期项目投用。金月湾公共停车场等项目建成投用，新增停车位1000个。新增绿化面积16万平方米。县城至牛心城市干道、S207县城段扩建工程，G352、绥正高速、G75复线等项目有序推进。青龙堡、团山、后河沟等骨干水源工程大坝主体完工。启动芙蓉江流域河道治理。新建通讯基站245座、通讯光缆4080千米，建成500千伏诗乡变二期，改造农村电网988千米。

（四）聚集改革、开放、创新三大动能，发展活力加快释放。坚持问题导向、聚焦重点领域、打通关键环节，着力破除障碍、增添动力。重点改革步伐加快。扎实推进国家和省、市 9 项改革试点。持续深化“放管服”改革，制定《绥阳县政府部门权责清单动态管理办法（试行）》，调整公布 2018 年度权责清单。清理取消证明事项 64 项。深入开展商事制度改革，新增市场主体 6800 余户。严格落实“双随机、一公开”。政务服务“一站式”办事大厅建成投用。大力推进“互联网 + 政务服务”，实施“集成套餐”审批 21 项。新增农村“三变”改革试点村 24 个。自然资源统一确权登记通过国家验收。综合行政执法改革、农村土地确权基本完成。乡镇财政管理体制、国税地税征管体制、公办学校薪酬制度等改革顺利实施。殡葬改革持续巩固。户籍、文化、医疗等改革有序落实。开放合作成效显著。大力实施“千企引进”工程，出台《重点招商引资项目优惠政策（试行）》。深入开展营商环境“百日攻坚行动”，县领导带头开展企业大走访 126 次，帮助企业解决问题 42 个。扎实推进产业大招商，开展招商活动 60 余次，对接客商 125 批次，引进居然之家等 61 个项目落户绥阳。新增外贸企业 3 家，完成外贸进出口总额 240 万美元。创新驱动后劲增强。坚持人才第一资源理念，引进专业技术人才 8 名。持续推进“引金入绥”，新引进大地保险公司等 2 家保险业金融机构入驻。培育省级名牌产品 5 个。新增科技型中小企业 4 家，获批高新技术企业 1 家。申请专利 289 件，其中发明专利 180 件。

（五）致力惠民、利民、安民三大目标，幸福指数持续提升。坚持以人民为中心的发展思想，切实加大民生投入，扎实办好民生实事。公共服务更优质均衡。优化中小学校规划布局，撤并学校 15 所。实施“全面改薄”项目 26 个。完成实验一小、实验二小、育红小学等学校新（改、扩）建工程，全县新增学位 14000 余个，全面消除“大班额”。新招引教师 149 人。投入 9380 万元，补齐农村学校硬件短板，办学条件大幅提升。学前教育营养改善计划全覆盖。特殊教育经验在全省推广。全民医疗保障体系不断健全，精准医疗保障制度有效推开。县医院、中医院实现医疗保险全国联网结算。县妇幼保健院一期投用，建成乡镇医疗卫生基础设施项目 25 个。国家卫生县城通过复核，卫生乡镇创建和巩固工作稳步推进。开展党的十九大精神“七进”、诗歌“五进”、新时代农民（市民）讲习所活动 3000 余场次，开展送文化下乡 1700 余场次。建成投用基层文化服务中心 16 个、镇村农体工程 104 个。8 个非遗项目走进多彩贵州“非遗周末聚”专场展演。新增市级非遗名录 22 个。新增广电云户户用 5194 户。“十二背后”入选全国中小学生研学实践基地。全民健身中心对外开放，卧龙湖水上运动中心建成投用。完成电视台升级改造和整体搬迁。社会保障更普惠公平。城镇新增就业 12258 人，农村劳动力转移就业 8045 人，失业人员再就业 1797 人，城镇登记失业率控制在 4.2% 以内。实施全民参保计划，“五险”参保人数达 37.2 万人，社保基金收支分别达 9 亿元、8.54 亿元。最低生活保障制度、城乡社会救助体系不断完善，发放城乡低保等各类救助补贴资金 8638.22 万元。日间照料中心建成投用，绥康医院温泉敬老院医养结合先试先行，县儿童福利院、社会福利综合体、老年养护楼竣工，残疾人康复、托养中心建设有序推进。社会大局更安定和谐。保持扫黑除恶、禁毒斗争高压态势。升级“天网工程”、建成“雪亮工程”，智慧治安防控体系基本形成。严格落实信访工作责任制，认真开展信访“百日攻坚战”“五个攻坚”工作。矛盾纠纷多元化解中心建成投用，化解矛盾纠纷 829 件。创建省级、市级民主法治示范村 8 个。“双控”体系建设经验在全省推广，“六级六覆盖”责任体系不断健全，安全生产形势持续稳定。启动消防二中队建设。食品药品监管、交通安全监管、防灾减灾、应急管理能力持续加强，成功应对 7·2 洪灾考验。此外，民族宗教、外事侨务、国防教育、红十字、计生协会、工青妇、双拥、残联、档案、方志、老龄等事业同步推进。

（六）践行为民、务实、清廉三大要求，自身建设从严从实。深学笃用习近平新时代中国特色社会主义思想，强化“四个意识”、践行“两个维护”。依法依规全面履职，扎实开展“七五”普法。高度重视行政应诉、行政复议等工作，行政诉讼负责人出庭率达 100%。落实政府常务会会前学法制度，政府系统法律顾问全覆盖，实施行政决策合法性审查 84 件，建立行政执法“三项制度”。自觉接受县人大及其常委会法律监督、县政协民主监督，办理人大代表建议 145 件、政协委员提案 144 件，公开政府信息 11700 条。持续深化作风建设。深入开展“解放思想敢担当、真抓实干有作为”主题教育活动。坚决落实中央八项规定精神，坚持不懈兴“三风”、纠“四风”。推行重大决策、重点工作清单化管理、跟踪化督查、目标化落实。强力治庸治懒治散治慢，围绕脱贫攻坚、营商环境整治等重点工作开展暗访督查 100 余次，曝光问责 27 个单位、22 人。恪守廉洁从政底线。认真落实全面从严治党主体责任，切实抓好中央巡视组反馈问题自查整改。严守纪律规矩，保持惩治腐败“零容忍”态势。强化财政、审计监督，“三公”经费只减不增，审减工程造价2.26亿元。

各位代表，过去一年我们同心同德、同甘共苦、同舟共济，共同肩负了沉重的压力，共同经受了严峻的考验，共同创造了来之不易的成绩。这得益于市委市政府坚强领导、亲切关怀，得益于县委统揽全局、科学决策，得益于县人大、县政协有效监督和互促共进，得益于全县人民和社会各界团结拼搏、合力奋斗。在此，我代表县人民政府，向奋战在各条战线上的全县广大干部群众，向人大代表、政协委员，向离退休老领导老同志，向所有关心、支持和参与绥阳发展的社会各界人士，表示衷心的感谢并致以崇高的敬意！

各位代表，前进路上无坦途，披荆斩棘勇攀高。在肯定成绩的同时，我们必须清醒地看到发展中存在的问题和不足。主要是：综合实力不强，产业结构不优，发展基础薄弱，提高发展质量仍是当务之急；实体经济后劲乏力，项目支撑能力不强，要素保障供给不足，转型升级依然任重道远；农民增收渠道不多，农村发展活力不旺，基础设施欠账较多，脱贫攻坚任务依然艰巨繁重；城镇化水平不高，城市集聚功能不强，加快城市建设，提升城市品质仍是重中之重；少数干部思想保守、担当不够、作风不实、能力不足问题依然存在。对此，我们将以更大的决心、更强的力度、更实的举措，认真加以解决。

二、2019年主要工作

2019年是实现“两个一百年”奋斗目标的历史交汇期，是决战脱贫攻坚、决胜全面小康的冲刺之年，是实施“十三五”规划的关键之年。做好全年工作，必须牢牢把握高质量发展要求，全力赶、加快转、奋力超。

总体思路是：坚持以习近平新时代中国特色社会主义思想为指导，全面贯彻党的十九大和十九届二中、三中全会精神，坚持稳中求进工作总基调，坚持新发展理念，遵循“六稳”方针，深入推进供给侧结构性改革，守好发展和生态两条底线，弘扬新时代贵州精神，坚决打好三大攻坚战，强力推进三大战略行动，统筹抓好稳增长、促改革、调结构、惠民生、防风险工作，奋力建设百姓富、生态美新绥阳。

预期目标是：地区生产总值增长11%以上；规模工业增加值增长12%以上；500万元以上固定资产投资增长18%以上；财政总收入、一般公共预算收入均增长7.5%以上；社会消费品零售总额增长12%以上；城镇、农村居民人均可支配收入分别增长9%、10%以上；金融机构存贷款余额分别增长5%、20%以上。节能减排降碳等指标控制在省市调控要求内。

围绕上述目标，按照县委确定的发展思路、总体部署，尽心竭力谋发展、攻坚克难求突破。新的一年，我们要全力夺取脱贫攻坚根本性胜利。坚持以脱贫攻坚统揽经济社会发展全局，集中各类资金、集聚各种资源、集合各方力量，尽锐出战，坚决打好打赢脱贫攻坚战。新的一年，我们要全力推动项目建设关键性突破。坚持把项目建设作为推动发展的主抓手，扎实开展项目攻坚行动，科学有效谋划项目、千方百计招引项目、全力以赴攻坚项目，用大项目推动大发展，用硬实效促进大提升。新的一年，我们要全力抢抓撤县设区战略性机遇。坚持围绕建设黔川渝结合部中心城市目标，突出规划引领、夯实基础支撑、提升品质品位，优化城市人居环境、塑造城市地域特色、转变城市发展方式、积蓄汇聚发展动能，加快与主城区一体化发展步伐。新的一年，我们要全力实现作风建设实质性转变。坚持把作风建设作为后发赶超的重要保证，强化责任意识、执行意识，拿出真抓的实劲、敢抓的狠劲、善抓的巧劲、常抓的韧劲，奋力谱写后发赶超新篇章。

新的一年，我们将全力做好以下工作：

（一）紧扣精准施策、提升质量，全力以赴决战脱贫攻坚。强化脱贫保障措施。落实脱贫攻坚片区指挥机制，健全“1+4+15”作战指挥网格。严格“432”包保责任，对照“一达标，两不愁，三保障”标准，逐村逐户核查验收，做到脱真贫、真脱贫。强化脱贫攻坚目标责任制考核，加强督导检查、严肃追责问效。深入落实“六个坚持”、继续推进“五个三”，完成379户、1584人易地扶贫搬迁。坚持“应助尽助”，认真落实教育扶贫政策，坚决防止因学致贫、返贫。全面落实健康医疗扶贫政策，确保建档立卡贫困人口100%参合，住院合规报销比例保持在90%以上。推动贫困人口基本养老保险全覆盖，最低生活保障应保尽保。实施贫困人口就业培训1300人以上。统筹推进金融、电商、旅游等专项扶贫，致力扶志扶智，深化道德扶贫、法治扶贫、文化扶贫，激发贫困群众内生动力。确保5500名以上贫困人口稳定脱贫、黄杨镇金子村出列，贫困发生率降至1.2%。补齐农村发展短板。紧盯4类重点人员，关注边远村、边缘户以及贫困人口集中、通达度差的村寨，统筹安排各类资金2亿元以上，着力破解房、水、路、电、讯等同步小康路上的薄弱环节。全面实现农村人口安全饮水，实施农村老旧房屋整治1877户，改造农村电网421.2千米，新增通讯光缆3100千米、通讯基站250座。加快推进飞水、擦耳岩等水库建设。严格农村建房规划管理，加大政策、资金扶持力度；落实拆旧复垦，盘活低效闲置用地300亩以上，实施城乡建设用地增减挂钩4000亩以上。大力开展农村人居环境整治，建成村级公共厕所40间，改造农村户用厕所930户以上。打造"四在农家·美丽乡村"小康寨80个。稳步实施乡村振兴。深入推进农村产业革命，大力实施"一县一业多特"工程，围绕辣椒、金银花、红高粱、方竹、花椒等主导和特色产业，因地制宜实施"一长两短"产业扶贫项目50个以上，带动贫困人口1.5万人。大力发展山地高效特色农业，持续稳定粮食生产总量，种植烤烟4万亩以上。依托500亩以上坝区，加快农业产业结构调整，调减玉米种植3.34万亩。辣椒种植稳定在33万亩以上，创建500亩以上县级示范点3个，推广朝天椒示范种植9.6万亩，培养职业椒农3200户。用好用活绿色产业发展基金，引进辣椒深加工龙头企业2家以上。全力创建国家级绥阳金银花标准化种植实验区，新建300亩育苗基地1个、500亩以上金银花基地6个，新增金银花种植1.5万亩，加快打造小关、郑场金银花产业带。改造低产低效竹林1.5万亩，新增人工造竹3.5万亩，引进竹产品加工企业1家。加强与茅台集团合作，着力建设红高粱基地县，发展红高粱种植8万亩以上，新增花椒10000亩、花卉苗木1000亩以上。加快推进"双胞胎"生猪养殖产业链项目，扶持福轩精品蔬菜、融盛生态养牛场等现代农业园区加快发展。新增市级以上龙头企业5家，发展家庭农场25家、专业合作社50个、种养大户2000户。发展适度规模经营，土地承包经营权流转20万亩以上，新建农业标准化基地20个，壮大农村集体经济。强化农村实用人才队伍建设，培育一批"田专家""土秀才"，引导农业产业带头人、致富能人等参与治理村务。落实回乡创业政策，加快返乡农民工创业园建设，吸引乡贤回归、青年返乡创业。积极开展文明村寨创建，培育农村新风尚。完善村规民约，强化村务监督、村务公开，加快构建自治、法治、德治相结合的乡村治理体系。

（二）紧扣提档升级、做大做强，凝心聚力提振新型工业。夯实园区平台支撑。围绕满足需要、适度超前、整体配套、滚动开发的理念，逐步完善园区公共服务等生产生活配套，不断提升园区承载力。扎实推进经开区1号棚户区改造、标准厂房及配套路网等二期基础设施项目建设，有序完善供电供水供气、污水处理等配套建设，力争完成园区固定资产投资20亿元以上。依法依规开展"僵尸"企业清理，推动产业集群发展。坚持产业向园区集中、要素向园区流动、企业向园区聚集的思路，努力构建"一区两园三基地"发展格局，形成"3+3"产业体系。突出大项目引领工业大发展，强化煤电锰一体化循环产业项目服务保障，围绕电煤保供，积极争取政策支持，盘活县内煤矿资源，推进仓储物流配套建设，全力把循环经济打造成顶天立地的"龙头"。抢抓军民融合发展机遇，深化与航天十院互动合作，盘活原061资产，强力推进"三大中心"建设；支持风华实业、金业铸造等军转民、民参军企业发展壮大，扶持肯富来泵业、拓特铸锻等装备制造企业加快发展，着力打造军民融合示范区。启动辣椒产业园区建设，依托"中国辣椒之乡"品牌、产业优势，加快椒之源等特色农产品加工项目建设；深化与贵州百灵集团合作，启动金银花初加工项目建设，推动以工促农、以农强工。培育壮大生物医药产业，推动同济堂智慧医疗提速发展，加快腾峰医疗、臻坤堂等项目建设。启动页岩气开发，依托大连环嘉等项目，推动新能源、新材料产业突破发展。强化企业培育扶持。扎实推进"四转"工程，新增小升规企业6个，完成个转企30个以上、企业股改1个，扶持微型企业150家以上，促进中小微企业提速发展。深入实施"千企改造"工程，支持力强科技等8家企业技改，推动企业提质发展。实施培大育强计划，新培育亿元企业1家，力争"新三板"挂牌企业1家。

（三）紧扣扩大投资、增强后劲，奋发有为突破项目建设。以更大的力度抓项目建设。着力实施项目攻坚，严格落实"五个一"机制，破解项目储备少、落地难、推进慢、效果差等问题。出台《绥阳县重大项目决策实施意见》，完善项目决策机制。规范项目基础工作，全力抓好今年中央预算内投资项目、30个省市级重点项目建设，全年新开工项目40个以上。以更活的机制抓招商引资。坚定不移推动对外开放，推行招商项目"一站式"服务、全过程跟踪，提高项目履约率、开工率、投产率。深入实施"千企引进"工程，持续强化产业大招商。聚焦产业布局、资源优势，围绕建链补链强链，紧盯国内外500强、知名和龙头企业，努力引进一批支撑型、基地型、全链型企业和项目。全年力争引进重点项目80个以上、亿元项目25个以上、5亿元以上三次产业项目各1个以上。以更实的举措抓要素保障。发挥绿色产业扶贫投资基金、PPP模式对社会资本的引导作用，深化政银企合作，多渠道、多元化融资，引导信贷资金支持重大项目、实体企业。密切关注国家产业政策导向、重点投资方向，积极争取中央投资、各级财政资金，力争到位资金增长10%以上。加大征地拆迁工作力度，提高土地供应量，新增耕地5000亩以上，保障用地指标2000亩以上。

（四）紧扣全景全域、业态集聚，不遗余力繁荣第三产业。着力打造旅游康养集聚区。依托“两核三带”、围绕“两+一工程”，推动景点旅游走向全域旅游，全力建设西南知名全域旅游目的地。完成清溪峡4A景区、万佛洞等5个3A景区创建，着力抓好“十二背后”景区建设，启动双河洞5A景区、绥阳双河国家级旅游度假区、宽阔水原始森林生态科普基地建设，推动遵义桃花江国际医养中心绥阳螺江九曲示范基地建设。加强与市交旅投合作，稳步推动双门峡、观音岩等景区整合，规划建设“双泉”小镇，快速推进红瑞养生、华夏久康等重点项目。打造香树湾、岗上等乡村旅游示范村寨12个，建成黄鱼江等精品民宿客栈50家，加快丘比特、浙商金辉等星级酒店建设，开发特色旅游产品4件，建设A级旅游厕所5座。强化全域旅游营销，全年接待游客1300万人次以上，旅游综合收入达114亿元以上。着力打造现代服务业集聚区。依托诗乡映象等城市综合体，引进一批中高端商贸品牌，巩固提升老商圈。支持智慧文化广场招商运营，着力推进醉美遵义折扣村、林达阳光美食城、居然之家等特色街区建设，不断拓展新集群。投入运行农商旅互联综合体，启动农产品现代流通中心建设，规划建设汽车交易市场、商贸物流中心。推动大数据与实体经济融合，培育示范项目10个。支持BB购等本土电商平台壮大，创建电子商务示范站点5个。着力构建县乡村三级物流网络。推进金融集聚区建设，力争新引进金融机构2家。培育科技服务、咨询评估、家政服务、教育培训等业态，新增限额以上企业3家。着力打造文化体育服务中心。深度挖掘二冉、尹珍、三线文化，建成张公祠展示厅。扎实开展非物质文化遗产普查，新增省市级非遗项目12个。充分发挥中国诗乡诗文化陈列馆、祝焘美术馆等平台交流作用，用好“一场四馆”、卧龙湖水上运动中心，对外开放公共文化服务项目，吸引和承接重大文化交流、体育赛事活动，促进文体旅融合，提升中国诗乡、全国文化先进县的知名度、美誉度。

（五）紧扣融入主城、扩容提质，精益求精打造品质城镇。优化空间布局。抢抓撤县设区发展机遇，深度对接遵义市城市总体规划，立足“一主两核三轴五组团”的发展定位，细化分区规划、控制性详规、城市交通规划、城市设计等修订和编制，拓展城市空间，着力打造遵义“后花园”。完成县城至牛心城市干道、郑小公路、G352等项目，绥正高速建成通车，加快推进G75复线等重点工程，开工建设县城至新蒲城市廊道、新蒲至桐梓高速（绥阳段）。规划建设高坊子至新蒲、S207提级等城市廊道，全力争取渝贵高铁过境绥阳。从严管控城乡用地。提升城市品位。坚持疏解老城与提升新区并举。突出功能优化，加快推进红旗东路片区、紫御华府等老城区改造项目，启动红旗东路扩建，天台南路、老城北路延伸段、解放南路延伸段建设，促进老城焕发新活力。突出积聚人气，建成林达阳光城、龙泉壹号等城市综合体，加快推进碧桂园诗乡1号、天台西路等项目。推动地下综合管廊与新建道路一体设计、同步实施，力争建设城市绿道6条，城区增绿20万平方米以上，新增城市公共停车位1200个以上。扎实推进风华、郑场、茅垭等省市级特色小城镇建设，启动蒲场美食、旺草文旅、宽阔高山康养特色小城镇项目，加快建设雅泉温泉小镇，完成城建投资110亿元以上。强化运营管理。建立健全规范高效综合行政执法治理机制，加快构建智慧城市体系。建立家园共管机制，完善老旧小区物业管理，抓好市容市貌、交通秩序、户外广告、施工管理及国省干线等整治。启动建设生活垃圾焚烧发电项目。强化“双违”综合治理，减存量控增量。巩固国家卫生县城、省级文明县城创建成果，全力创建省级园林县城。

（六）紧扣动能集聚、活力激发，持之以恒深化改革创新。抓实重点改革。完成县级党和国家机构改革。完善县、乡两级财政体制，加强财政绩效管理。推动农村金融体制改革，支持农信社改制，完善农村政策性金融服务。遵循市场规律、优化资源配置，持续深化国有企业改革，加快实体化、市场化转型发展步伐，启动2家以上国有企业AA信用评级申报。完成农村集体产权制度改革。持续推进农村“三变”改革，创建市级示范点2个、县级示范点15个。稳步推进国家社会救助综合改革。深化供销综合改革，新建基层供销社2个。加快户籍制度改革，城镇化率达49%以上。统筹推进教育综合、公立医院、文化事业、殡葬管理、事业单位等领域改革。创优营商环境。持续深化“放管服”改革，深入落实“六个一”，全力推进智能化政务服务建设。完善“多证合一”、推行简易注销登记，推进证照分离改革。健全“双随机一公开”信用约束、失信惩戒机制。坚持两个“毫不动摇”，落实支持民营经济发展政策，切实帮助企业解决融资、土地、用工等问题。继续推进减税降费政策，着力降低企业成本。开展“千名干部帮百企”活动，完善“一企一策”帮扶机制，构建“亲、清”新型政商关系。强化科技创新。实施人才引进培育计划，引进各类急需人才、专业技术人才10名以上。深化与遵义院士工作中心、遵义市农科院等机构合作，开展辣椒、竹产品等绿色农产品研发，延伸产业链、提高附加值。新培育高新技术企业2家、科技型中小微企业8家。实施质量强县行动，开展增品种、提品质、创品牌工程，新增省级以上名牌产品3个、申请专利260件。

（七）紧扣绿色发展、环境改善，坚持不懈筑牢生态屏障。扮靓绿色家园。积极创建国家生态文明试验区，大力实施全域增绿行动，开展义务植树，新增营造林12.95万亩以上，森林覆盖率达59%。强力推动矿山综合治理，持续恢复生态。积极申报省级森林特色小镇。开展城镇街道、学校、医院、机关单位见缝插绿、留白补绿；引导农村群众房前造绿，全力打造四季常绿的绿色家园。强化环境治理。深入开展“污染防治三年攻坚行动”，严格落实“三个十条”，全力整治水、气、土、固废物污染问题。打好蓝天保卫战，扎实开展“抑尘、减煤、控车、治源、禁燃”行动，确保全县$PM_{2.5}$、PM10达到省市控制要求，空气质量优良率保持在95%以上。打好碧水保卫战，严格落实河长制。全面加强城镇、农村千人以上集中式饮用水源地整治，加快芙蓉江流域综合治理。深入实施“治污治水·洁净家园”五年攻坚行动，启动县城污水处理厂扩容改造工程。打好净土保卫战，强化土壤污染管控和修复。完成农用地土壤污染状况详查、第二次污染源普查。强化固废物处置监管。加强农业面源污染、畜禽养殖污染综合整治，推广减肥增效、绿色防控、地膜回收，增加有机肥、推广清洁生产技术。严格生态保护。全面开展生态文明建设“六进”活动，厚植生态环保理念。严格执行“三线一单”，落实最严环境保护制度，执行损害生态环境行为责任终身追究制。建立环保“黑名单”制度，持续加强环境保护执法专项行动，扎实做好中央环保督察“回头看”反馈问题整改及迎检工作。

（八）紧扣共建共享、和谐安宁，矢志不渝增进民生福祉。努力让群众享有更多幸福感。编制《绥阳县推进教育现代化建设特色教育强县规划》，制定完善学前教育配套政策。完成实验幼儿园改扩建等4个项目，新增幼教学位1200个。推动义务教育优质均衡发展，提升教育教学质量，实施中职强基工程，支持、规范社会力量兴办教育，全面推进新时代教师队伍建设。建成县中医院门诊大楼、县妇幼保健院二期，完成第二人民医院主体工程，推动县医院、县中医院创建三级医院。完善分级诊疗和家庭医生签约服务。提升乡村医疗卫生机构服务能力，完成洋川街道社区卫生服务中心、茅垭卫生院建设。稳步实施医共体建设。完善计划生育服务管理。继续推进省级公共文化服务体系试点县，建设村级综合文化服务中心20个。启动诗乡百姓大剧院、县级图书馆总分馆制建设，建成智慧图书馆。开展送文化下乡活动30场次以上。镇村农体工程覆盖率达90%以上。举办全民健身活动20场次以上。完成融媒体中心建设。努力让群众享有更多获得感。实施稳就业行动，新增城镇就业1万人以上，农村劳动力转移就业7900人以上。大力整治拖欠农民工工资行为。基本社会保险覆盖率保持在90%以上。推动城乡居民医保并轨。落实城乡居民最低生活保障，实施“城镇解困·和弦行动”，深化儿童关爱工作，完善特殊群体关爱服务体系。积极构建居家、社区、机构、医养相结合的养老服务体系，完成残疾人康复中心、托养中心项目，完善老年养护楼附属设施，鼓励社会力量参与养老事业，新增养老床位500个。坚持尽力而为、量力而行，扎实办好民生实事。努力让群众享有更多安全感。深化“平安绥阳”建设，推进社会治安智慧防控建设。围绕“一年遏制、两年根治、三年长治”要求，深入开展扫黑除恶专项行动；巩固无毒害县创建，着力抓好“双提升”。认真落实信访工作责任制，加强信访法治化建设。完善人民调解、行政调解、司法调解衔接联动机制。严格落实安全生产责任制，深化“双控”体系、“六级六覆盖”责任体系建设，坚决遏制重特大安全事故发生。加强市场监督管理，筑牢食品药品安全防线。健全应急救援体系，提升防灾减灾能力。此外，全力保障统计、气象、档案、双拥、残联、乡镇志、国防动员、民族宗教、红十字、外事侨务、妇女儿童等事业健康发展。

（九）紧扣铸廉提效、担当作为，驰而不息提升政府形象。始终把政治建设摆在首位。坚持用习近平新时代中国特色社会主义思想武装头脑，旗帜鲜明讲政治，做到对党绝对忠诚。严肃认真开展党内政治生活。自觉接受县委统一领导，坚决贯彻执行上级重大决策部署。始终把尊崇法治作为准绳。自觉维护宪法权威，运用法治思维、法治方式研究解决问题，深化法治政府建设。主动接受县人大及其常委会法律和工作监督，县政协民主监督，监察监督和社会舆论监督，认真办理建议、提案以及批评意见。完善政府议事规则。深入推进“七五”普法。始终把实干担当落到实处。弘扬新时代贵州精神。锤炼担当作为的能力，实干不争论、苦干不畏难、快干不懈怠。涵养勇于攻坚的锐气，积极应对重大挑战、抵御重大风险、克服重大阻力、解决重大矛盾。秉持雷厉风行的作风，践行“五步工作法”，在执行上比精神、在落实上赛速度、在效果上见高低。始终把纪律规矩挺在前面。严格落实全面从严治党主体责任，认真履行“一岗双责”，切实强化干部教育监督管理。锲而不舍落实中央八项规定精神，严防“四风”反弹。加强正向激励，强化负面问责。树立“过紧日子”思想，严控“三公”经费支出。规范政府举债融资行为，严防债务和金融风险。加强财政资金、工程招投标、征地拆迁等重点领域监管，促进干部清正、政府清廉、政治清明。

各位代表，使命在肩，唯有奋勇争先，方能不负重托；责重千钧，唯有苦干实干，才能梦想成真。让我们更加紧密地团结在以习近平同志为核心的党中央周围，在县委的坚强领导下，以坚如磐石的发展定力、舍我其谁的责任担当、只争朝夕的进取精神、立说立行的过硬作风，抢抓机遇、振奋精神、砥砺前行，在决战脱贫攻坚、决胜同步小康的伟大征程中作出新贡献！

绥阳县今年“十件民生实事”：

1. 全面完成379户1584人易地扶贫搬迁，建档立卡贫困人口参合率达100%，实施贫困人口就业培训1300人以上，确保5500名以上贫困人口稳定脱贫、黄杨镇金子村出列。

2. 实施农村老旧房屋整治1877户，建成村级公共厕所40间，改造农村户用厕所930户。

3. 完成实验幼儿园改扩建工程，建成蒲场第二幼儿园、郑场第二幼儿园、红海幼儿园项目，新增学前学位1200个。

4. 建成县中医院门诊大楼、妇幼保健院二期，完成县第二人民医院主体工程和洋川镇街道社区卫生服务中心、茅垭卫生院建设。

5. 新增城镇就业1万人以上，农村劳动力转移就业7900人以上。

6. 完成残疾人康复中心、托养中心建设；完善老年养护楼附属设施，新增养老床位500个。

7. 建成村级综合文化服务中心20个。

8. 完成县城至牛心城市干道、S207城区段拓展工程、郑小公路、G352项目建设，绥正高速建成通车。

9. 开工建设县城至新蒲城市廊道、新蒲至桐梓高速（绥阳段）项目，启动高坊子至新蒲、S207提级等城市廊道前期工作。

10. 进一步完善城乡垃圾收运系统，启动建设垃圾焚烧发电项目。

桐梓县政府工作报告

（2019 年 1 月 8 日在桐梓县第十六届人民代表大会第三次会议上）

桐梓县委副书记、县长 刘兆武

各位代表：

现在，我代表县人民政府向大会作工作报告，请予审议，并请各位县政协委员和其他列席人员提出意见。

一、回首 2018，我们团结奋进，拼搏创新铸辉煌

刚刚过去的 2018 年，是我县经济社会发展极不容易、极不平凡的一年。一年来，我们在市委、市政府和县委的坚强领导下，在县人大、县政协的监督支持下，团结带领全县人民克难攻坚、负重前行，在逆境中突围、在实干中奋进，各项工作成效显著。

预计全年完成地区生产总值 172 亿元、增长 6.5%，500 万元以上固定资产投资增长 16%，财政总收入 15 亿元、增长 12%，一般公共预算收入 6.78 亿元、增长 11.8%，社会消费品零售总额增长 12%，城镇常住居民人均可支配收入 29062 元、增长 9%，农村常住居民人均可支配收入 11982 元、增长 11%，金融机构存款余额增长 12.8%、贷款余额增长 34.4%，全面小康实现程度达 97%。经济社会发展呈现出重点突破、亮点凸显、基础夯实、民生改善的良好态势。

——最值得铭记的是：脱贫攻坚精彩出列。我们以贫困不除、愧对历史的责任感，以超常的决心、超常的力度、超常的举措，打赢了这场规模最大、战线最长、投入最多的脱贫大决战。1400 多个日日夜夜，5000 多名党员干部舍小家顾大家，与群众同吃、同住、同劳动，轻伤不下火线、重伤不离战场；广大群众不等不靠，积极参与；社会各界鼎力支持、倾情相助，众志成城跨越“九重山”、织牢“九张网”。修建通村、通组路 3800 公里，实施饮水安全项目 3369 个，建成通讯基站 2378 个，改造农网 1951 公里、安全住房 5.2 万户、人居环境 6.49 万户，易地扶贫搬迁 4015 户、1.6 万人，实现了基础设施大提升、农业产业大发展、农村面貌大改观、干部作风大转变。累计出列贫困村 120 个，减少贫困人口 1.4 万户、5.2 万人，贫困发生率降到 1.46%，成为世界减贫中国智慧的成功典范。2018 年 9 月 21 日，省政府正式批复桐梓退出贫困县行列。我们用实际行动向组织交出了减贫摘帽的满意答卷，向全县人民兑现了如期脱贫的庄严承诺；我们用实际行动弘扬了桐梓精神、诠释了桐梓担当、重塑了桐梓形象，汇聚了无往不胜的桐梓力量。这一无愧于时代、无愧于人民的非凡业绩，必将被桐梓人民永远铭记，必将载入桐梓发展的光辉史册。

——最提振信心的是：产业发展势头向好。工业触底回升，煤炭产业加快复苏，完成产量 210 万吨，比 2017 年翻一番。钛厂恢复生产，钛精深加工产业园开工建设；协鑫风电、双盛电器落户桐梓，永福贵水泥厂建成投产，新增规模以上工业企业 10 家。农业提质增效，实现产值 57 亿元、同比增长 7%。主抓“一县一业”，新增笋用竹 12.8 万亩，总面积达 55.8 万亩，产值突破 4.5 亿元；种植果蔬 55 万亩，肉类产量达 7.2 万吨，“1115”产业格局初步形成。完成烤烟收购 9.5 万担，食用菌、红粱、花椒等特色产业稳步发展。培育省级龙头企业 4 家。新增“三品一标”产地认证面积 45 万亩、产品 26 个。第三产业加快发展，出台《加快旅游产业发展的实施意见》，围绕“六大组团”加快旅游项目建设，官仓绿地康养小镇、九坝兴茂度假区等一批引

领性项目开工建设，黄石公园、枕泉翠谷等项目加速推进，柏芷山度假宾馆正式营业，创建3A级景区8个。乡村旅游提档升级，新增乡村旅馆203家。举办“渝南黔北区域旅游发展联盟”成立大会，联合打造旅游精品线9条。游客接待量、旅游综合收入分别增长31%、35%。地产、餐饮、电商等产业持续壮大，销售商品房40万平方米，新增餐饮业个体户713家，建成电商服务站120个、线上交易额增长25%。

——**最引人瞩目的是：城镇建设突围提升**。我们坚持把棚户区改造作为城建工作的头号工程，成立“四大战区”强势攻坚突围，征拆房屋7000户80万平方米，开工建设安置还房7000套。用半年时间完成相当于过去两年的征拆任务，破解黄家咀、贺家湾、官渡河等一批久攻不下的“老大难”问题，拓展了城区发展新空间。林达阳光城、滨江国际、龙城香郡、桐城记忆等项目加快推进，改造人行道1.5万平方米，新建人行天桥4座、停车位3500个，成功打造河滨大道文明示范一条街。建成星级物管小区3个，城区保障性住房实现物管全覆盖。专班化处置房开突出问题。严厉打击违法违章建设，拆除违建1.2万平方米。官仓、新站、松坎、狮溪等特色小城镇建设成效明显。城镇化率达48.5%，提升2.5个百分点。

——**最难能可贵的是：生态环境持续改善**。实施退耕还林10万亩，完成矿山复垦复绿580亩，森林覆盖率达58.7%。创建国家卫生乡镇1个、省级卫生乡镇3个、省级卫生村9个。建成县城污水处理提标工程、生活垃圾处理应急工程和8个乡镇污水处理厂，改造污水管网3.5千米，城镇污水处理率达95%。深入推进河长制，强化河道“四乱”治理，拆除网箱养殖8.6万平方米，主要河流监测断面水质、集中式饮用水源地水质达标率均为100%。全面落实中央、省委环保督察问题整改，严厉打击环保违法行为，查处环保违法案件119起。强化企业生产排放实时监控，持续开展扬尘治理，全县空气质量优良率达98%，位居全市前列。

——**最令人欣喜的是：发展活力竞相迸发**。深化“放管服”改革，搬迁政务服务中心，新增进驻事项194项，政务服务窗口推行7天工作制。全面完成县国土规划局、综合行政执法局、税务局、融媒体中心机构改革和国企改革。深化农村综合改革，土地确权登记颁证工作基本完成。基础教育、医药卫生、商事制度等领域改革深入推进。渝贵铁路建成通车，开启了桐梓发展的“快铁时代”。密切与成渝、东部沿海地区合作交流，启动藻渡水库建设，落实上海普陀区对口帮扶项目7个，外出招商35次，签约项目34个、到位资金180亿元。深入推进大众创业、万众创新，新增市场主体1.3万户，培育省级科技型企业7家，获得国家授权专利89件，综合科技进步水平指数达72%。

——**最惠及民众的是：社会事业全面进步**。教育事业优质发展。投入资金2亿元，实施教育项目26个，招聘教师264名，大班额问题得到有效化解，教师新增绩效工资全面兑现。高考本科上线2419人，创历史新高。县中职校成功“创示”，被列为全省50个强基项目学校之一。教育扶贫政策全面落实。医疗服务持续提升。县中医院、县妇幼保健院、黔北医院全面竣工，精神康复医院（二期）、县人民医院后勤保障楼建成投用，新建4个乡镇卫生院、64个贫困村卫生室。贫困人口医疗保障实现全覆盖，住院费用补偿比例达90%。文体事业加快发展。建成广播电视发射台和50个镇村农体广场，实施“广电云”户户用工程8468户。获评贵州（灯谜）民间文化艺术之乡。我县运动员在省十运会上喜摘7金4银6铜，娄小龙、李记在世界级体育赛事中勇创佳绩，并双双入选国家队。社会保障不断加强。城镇新增就业1.1万人，登记失业率保持在3.6%以内。城乡居民养老保险、新农合参保率分别达92%、96%。全面推行就医备案，实现持卡异地就医即时结算。城乡最低生活保障、特困人员供养、临时救助工作全面加强。社会更加和谐稳定。“法治桐梓”建设深入推进，安全生产形势持续向好。扫黑除恶、“利剑斩毒”专项行动成效明显，刑事案件发案率同比下降4.6%，成功摘掉全国禁毒重点整治通报警示地区帽子，群众的安全感、满意度实现“双提升”。

此外，审计、统计、气象、外事侨务、民族宗教、史志档案、工会、共青团、妇女儿童、残疾人、老龄事业、关心下一代、人民武装、国教（人防）等工作全面进步。

——**最凝心聚力的是：自身建设不断加强**。树牢“四个意识”、坚定“四个自信”，坚决做到“两个维护”，铸就对党忠诚的政治品格。“两学一做”学习教育常态化、制度化推进，“解放思想敢担当、真抓实干有作为”主题教育扎实开展，重拳整治不作为、慢作为、乱作为等突出问题，营商环境更加优化。修订完善《政府工作规则》《政府党组议事规则》《政府“三重一大”工作制度》，坚持重大事项向县委汇报、人大报告、政协通报，自觉接受县人大法律监督和工作监督、县政协民主监督、审计监督、新闻媒体及群众监督，办理人大代表建议136件、政协委员提案111件。认真贯彻《中国共产党廉洁自律准则》和《中国共产党纪律处分条例》，政府党风廉政建设取得新成效。

各位代表，春华秋实，天道酬勤。过去一年，我们迎难而上、奋力拼搏，桐梓形象加快提升。中央、省、市主流媒体多次聚焦桐梓，易地扶贫搬迁先后荣登央视新闻、《焦点访谈》栏目；老高山无盐酸菜亮相“进博会”，康利红油笋荣获贵州名牌产品认证；省、市项目观摩会、现场会多次走进桐梓，展现了“贵州最美北大门”繁荣进步新形象。过去一年，我们抢抓机遇、精准发力，发展势能加快集聚。工业浴火重生，农业蓬勃发展，旅游持续“井喷”，城建强势突围。干成了一批打基础、利长远的大事，干成了一批桐梓人民期盼已久的实事，干成了一批多年想干却没干成的难事。干部群众盼发展、思奋进、奔小康的动力更加强劲，桐梓步入加快发展的“快车道”。

一年的艰辛付出、一年的奋力攀高，娄山儿女以非凡的胆略和气魄，经受住脱贫攻坚的严峻考验，承受住产业转型的必然阵痛，再一次站在时代前沿，在桐梓改革发展史上写下了浓墨重彩的一笔。我们每一位亲身经历这段峥嵘岁月、并为之贡献智慧和力量的干部群众，都有理由为之振奋、为之骄傲、为之自豪。

艰难困苦，玉汝于成。过去一年取得的成绩，是县委统揽全局、正确领导的结果，是县人大、县政协有力监督与鼎力支持的结果，是社会各界和衷共济、通力协作的结果，更是全县干部群众自强不息、砥砺奋进的结果。在此，我代表县人民政府，向全县各族人民，向人大代表、政协委员，向离退休老领导、老同志，向驻桐部队官兵和公安干警，向所有在桐投资兴业的企业家和关心、支持桐梓发展的各界人士，致以崇高的敬意和衷心的感谢!

在肯定成绩的同时，我们也要清醒地看到，我县仍处于爬坡过坎、攻坚转型的发展阶段，加快发展仍面临不少困难和问题。主要表现在：一、产业结构不优，产业发展“青黄不接”，经济增长缺乏战略性产业支撑；二、内生动力不足，投资增长乏力，财政收支矛盾突出，防范化解债务风险压力大；三、征地拆迁、问题房开、特殊群体等矛盾错综复杂，维护社会稳定的任务重；四、部分干部履职能力不强、主动作为不够，庸政、懒政、怠政的问题仍然存在。面对困难和问题，我们将勇于直面、敢于担当，以更加扎实有效的措施认真加以解决，决不辜负全县人民的期望。

二、阔步2019，我们苦干实干，后发赶超谱新篇

2019年是新中国成立70周年，是全面建成小康社会的关键之年，是全县“产业突破年”和“作风夯实年”。我们要全面落实县委十三届六次全会的工作部署，在决胜同步小康中拥抱新时代、践行新思想、展现新作为。

今年工作的总体要求是：以习近平新时代中国特色社会主义思想为指导，全面贯彻党的十九大和十九届二中、三中全会精神，深入贯彻落实习近平总书记对贵州工作的系列重要指示批示精神，认真落实中央、全省经济工作会和市委五届六次全会精神，统筹推进“五位一体”总体布局，协调推进“四个全面”战略布局，坚持稳中求进工作总基调，坚持新发展理念，坚持推动高质量发展，加快供给侧结构性改革，牢牢守住发展和生态两条底线，聚焦打造遵义融入重庆“桥头堡”、建设“贵州最美北大门”，持续打好三大攻坚战、做强“四大支撑”，全力推进改革开放、项目建设、民生改善等各项工作，奋力在遵义打造黔川渝结合部中心城市战略中走前列、作贡献，以优异的成绩庆祝新中国成立70周年。

今年工作的预期目标是：地区生产总值增长12%左右，规模工业增加值增长20%，500万元以上固定资产投资增长20%，社会消费品零售总额增长12%，财政总收入增长10%，一般公共预算收入增长10%，城镇常住居民人均可支配收入增长9%，农村常住居民人均可支配收入增长10%。

围绕上述目标，我们将全力以赴抓好以下工作：

（一）聚焦脱贫攻坚，坚决打好全面小康冲刺战。围绕全面建成小康社会目标补短板、强弱项，奋力夺取冲刺之年的根本性胜利。扎实巩固脱贫成果。坚持脱贫不脱政策、脱贫不脱帮扶、脱贫不脱责任，围绕“一达标，两不愁，三保障”等核心指标，抓好脱贫对象动态管理。强化帮扶措施，致力扶志扶智，提升脱贫户就业创业能力，拓宽致富渠道，确保持续稳定增收不返贫。全面完成减贫任务。围绕“五个一批”，聚焦未脱贫人口精准施策。持续打好“四场硬仗”，全面完成扶贫基础设施项目建设，巩固提升“一长两短”产业覆盖水平，实施易地扶贫搬迁979户3987人，强化教育医疗住房保障。深化“千企帮千村”工作，凝聚更大扶贫合力。确保贫困村全部出列，减少贫困人口2000人以上。坚决补齐小康短板。

聚焦全面小康指标体系，围绕人均GDP、生态环境指数等关键指标查漏补缺，夯实工作基础。进一步优化公共服务，切实提升群众的满意度，确保全面小康创建指标高线达标，顺利通过省级验收。

（二）聚焦工业强县，坚决打好转型升级攻坚战。围绕打造“一谷一都一基地”，深入推进“双千”工程、实施“四大攻坚行动”，重塑工业强县新形象。推动煤矿扩能攻坚。落实煤矿包保责任，“一矿一策”抓服务，切实解决企业融资难、审批难等问题。加快推动煤矿复工复产，实施煤矿扩能技改6对，确保完成煤炭产量300万吨、创税3亿元以上。建成投产6个瓦斯发电站，创建全省煤矿瓦斯抽采利用示范县。强化要素保障，确保火电厂、煤化工、永福贵水泥厂满负荷生产，打造“全省煤电化循环经济工业基地”。推动钛产业升级攻坚。加快推进遵义钛厂异地技改项目建设，确保钛精深加工产业园（一期）建成投用。引进钛精深加工企业3家以上，打造集钛冶炼、锻造、型材加工、终端制品生产于一体的产业链，加快建设“西南钛都”。推动新兴产业提质攻坚。加快推动娄山水务智能终端生产线搬迁升级，引进涉水企业2家以上，加快建设“中国水谷”。支持娄山云、大数据服务外包、甲骨文人才培训基地、伍尔特等企业做大做强，建成朗盛科技、爱康实业等项目。开工建设茅龙、黄莲风电项目，加快推进白马山（二期）、大顶山风电场等项目建设。推动园区增效攻坚。优化园区规划，完善考核制度，创新管理模式，实现封闭运行。开工建设高新区智能制造产业园、经开区热电联产和小微企业产业园、北部返乡农民工创业园，建成标准化厂房11万平方米。加快处置“僵尸”企业。开展园区大招商行动，确保新增规模工业企业8家以上。

（三）聚焦农业稳县，坚决打好乡村振兴立体战。把实施乡村振兴战略作为“三农”工作的总抓手，持续推动农业增效、农民增收、农村发展。突出质量提升兴产业。聚焦“八要素”，按照南部发展红粱、种草养畜业，北部发展花椒、中药材产业，中部发展果蔬业，东部以园区为引领、推动一二三产业融合发展的产业布局，深入推进“1115”产业扶贫工程。做大方竹主导产业，完成造竹25万亩、改造低产林10万亩，产量突破4万吨、产值突破5亿元；打造黄莲、楚米、九坝竹海公园，启动建设环城百里方竹长廊。加快推进食用菌、肉牛全产业链项目，种植食用菌3000万棒、出栏大牲畜80万头。稳定烤烟生产，种植红粱8万亩、辣椒13万亩，新增花椒4万亩，推动中药材、中华蜂、生态禽等特色产业规模化发展。开工建设畜禽综合屠宰加工厂。大力培育新型经营主体，新增家庭农场30家，创建新型农民专业合作示范社20个。申报“三品一标”产地认证20万亩、产品20个。办好农产品产销对接会，全力推动“桐货出山”。突出宜居宜业优环境。加快推进G75复线建设，做好金仁桐高速、桐新高速建设协调服务工作，打造“四好农村路”示范路30公里，确保习正高速桐梓段、桐官公路改扩建工程建成通车。开工建设天门河茅坝排洪工程和大峡、小水等5座水库，加快推进楠木、和平等4座水库建设，建成高效节水灌溉项目。实施电力、通讯提升工程，实现乡镇电力“双回路”、30户以上自然村寨4G网络全覆盖。完善农村公共设施管养护机制，确保安全高效运营。抓好村庄规划，扎实推进“四在农家·美丽乡村”升级版创建活动，持续改善人居环境。突出乡风文明强治理。加强“三农”工作队伍建设。健全自治、法治、德治相结合的乡村治理体系，提升乡村治理水平。整合新时代农民讲习所、道德讲堂、农民夜校等资源，突出抓好“感党恩·不返贫·能致富·奔小康”农村思想政治教育活动。大力推动移风易俗，坚决整治农村赌博、大操大办、厚葬薄养等陈规陋习。扎实开展文明村镇、星级文明户创建，培育良好家风、文明乡风、淳朴民风。

（四）聚焦旅游旺县，坚决打好第三产业升级战。全力打造黔川渝结合部红色文化旅游创新区、国家乡村度假目的地，加快发展商贸物流业，确保三产占GDP比重达40%。坚定不移做强旅游业。以“旅游项目建设年”为抓手，围绕“六大组团”项目，开工建设南溪小镇、南山文旅康养小镇、小西湖抗战文化旅游小镇、县城游客集散中心，加快推进官仓绿地、九坝兴茂、狮溪柏芷山、黄莲黄石公园、坡渡南天门、木瓜城南山等重点项目建设，创建省级旅游度假区1个、4A级景区1个、3A级景区8个。以“旅游规范管理年”为抓手，建立健全乡村旅游管理服务标准体系，全面推动乡村旅馆评星定级，打造示范乡镇3个、示范点30个、星级乡村客栈50个、标准级乡村民宿500个。扎实开展“七个一”旅游推介活动，高标准承办遵义市第十一届旅发大会。确保游客接待量、旅游综合收入分别增长30%以上。坚定不移做大商贸业。建成2家以上大型购物商场，着力打造城市商圈。以蟠龙大道、河滨大道、桐楚大道为主轴，通过划行归市，推动金融、餐饮、文体、康养等服务业集聚集群发展，形成一批新的消费热点区域。依托桐梓东站、县城客运站，规划建设现代物流园区。培育电商网点，完善电商配套体系，建成农商旅互联综合体，成功创建国家级电子商务进农村综合示范县。新增限上"社零"企业16家以上。

（五）聚焦城建兴县，坚决打好融合发展阵地战。 以打造遵义城市副中心为引领，加快推进以人为核心的新型城镇化，确保城镇化率达50%。推动县城建设大突破。全力推进棚户区改造，突破溱水半岛、南都花园等遗留拆迁问题，实现征拆"清零"。启动龙城御景、彩阳澜柏湾开发项目，加快推进城郊农贸市场、龙凤大道等项目建设，建成林达阳光城（一期）、滨江国际、城区河道治理等一批重点项目。实施城市门户提升工程。持续推进城区路网、广场、公园、停车场、充电桩等配套设施建设，有效解决买菜远、停车难等问题。推动集镇品质大提升。加快完善集镇路、水、电、讯和文体等配套基础设施和公共服务设施，促进集镇产业层次、功能品质和环境秩序同步提升。突出抓好狮溪、花秋、水坝塘等集镇建设，培育一批特色鲜明的农产品集散小镇、文化旅游小镇。推动管理服务大规范。深入推进"创文巩卫"，加大市容环境、物业管理、交通秩序整治力度，提升城市文明程度。加快推进"智慧城市"建设，全面提高城市管理精细化水平。持续整治房开问题，从严打击"两违"建设，切实维护城市开发建设秩序。

（六）聚焦扩大投资，坚决打好项目建设大会战。 牢固树立"项目为王、项目引领一切"的理念，坚持以大项目拉动大投资、以大投资推动大发展。全力争引项目。强化单位部门争引项目资金工作责任，深入研究上级政策，找准对接点，超前谋划包装，主动向上争取，让更多项目挤进国家和省、市"盘子"。全面推动行业招商，瞄准大型央企和民营巨头，下大力引进一批附加值高、关联度强的大项目。全速推进项目建设。严格落实项目包保责任制，分行业成立专班高效推动项目落地。综合运用集中开工、项目观摩等方式倒逼项目推进，形成大干快上项目的火热场面。强化项目调度考核，对重点项目挂牌督办、重奖重惩，在全县营造以项目论英雄、论成败的浓厚氛围。全心服务项目。坚持一切为项目服务、一切为项目让路，优先保障项目要素需求。超前做好规划选址、环评等前期工作，落实专人对接协调，实现项目手续办理全提速。强化征拆工作属地责任，全面推进阳光拆迁、依法拆迁，有效破解征拆难题，确保所有项目"零障碍"施工。

（七）聚焦绿色发展，坚决打好绿水青山保卫战。 深入践行绿色发展理念，推动生态环境质量持续向好，让天蓝、地绿、水清成为桐梓最靓丽的发展底色。切实加强生态建设。全力推进国家生态文明示范县创建，扎实开展生态环保宣传"六进"活动，倡导简约适度、绿色低碳生活方式，让环保理念更加深入人心。完成增减挂项目6300亩、土地整治4万亩。深入推动县城周边、景区、山体公园、交通干道沿线绿化美化，加大天保工程管护力度，推动森林资源扩面提质增效，确保森林覆盖率达59.7%。突出抓好污染防治。全面落实中央、省委环保督察反馈问题整改，"零容忍"打击各类环境违法行为，坚决防止问题反弹。开工建设农村生活垃圾综合处置项目，加快推进城镇污水管网、村庄分散污水处理项目建设，建成县城污水处理厂三期工程。全力抓好"治污治水·洁净家园"攻坚行动。纵深推进河长制，加强重点流域污染治理，确保出境断面水质达标。强化扬尘污染和"散乱污"企业综合治理，保持良好空气质量。大力推动绿色发展。强化节能减排，加强重点企业"三废"监控，确保单位产品能耗控制在国家和省限额标准以内。强化资源循环利用，提高粉煤灰、煤矸石等固废物综合利用率。严控高能耗、高污染项目。大力发展茶、竹、林下养殖等生态产业，促进生态产业化、产业生态化。

（八）聚焦动能提升，坚决打好改革开放突围战。 坚持以改革促创新、以创新促开放、以开放促发展，最大限度激发加快发展新动能。深化改革增动力。纵深推进综合执法体制、国有企业改革，按期完成政府机构改革。全面推进基础教育、医疗卫生、农村综合改革，创建农村"三变"改革示范点2个以上。深化"一网一门一次"改革，推进"一云一网一平台"建设，持续优化政务服务。深入整治营商环境，坚决破除制约民营经济发展的隐形壁垒。扩大开放强引力。按照"北联成渝抓融合、东进苏沪求拓展、南攻两广强招商"的开放战略，通过桐梓（重庆）工业园、藻渡水库项目、渝南黔北区域旅游发展联盟等平台，深化对渝合作；加快融入长江经济带发展，大力培育外向型企业，努力扩大外贸出口；深化与上海普陀区扶贫协作，聚焦长三角、珠三角等区域建立"桐梓缘客商库"，扩大桐梓"朋友圈"。力推创新添活力。做大高新区众创空间、孵化中心等创业创新平台，引进入驻"创客"团队10个以上。支持大学生、返乡农民工创业，实施市场主体培育"四转"工程，确保新增市场主体8000户以上。完善人才引进激励机制、流动调配机制，加大人才引进力度；弘扬工匠精神，推动“技能兴桐”，引导企业加大科技创新投入，不断提升核心竞争力，让人才汇聚娄山、企业深耕桐梓。

（九）聚焦民计民生，坚决打好社会保障持久战。始终把保障和改善民生作为发展的根本目的，多谋民生之利、多解民生之忧，让发展更有温度。办好优质均衡教育。改造薄弱学校4所，开工建设长征小学、花园小学，加快娄山中学改扩建工程和燎原中学建设。招聘教师200名以上。推进二中“复评”、蟠龙高中“创特”，巩固中职校“创示”成果，确保一中成功“升类”。支持社会力量办学，规范民办教育管理。开展中小学性别平等教育进课堂试点工作。确保语言文字工作通过国家督导评估。提升卫计服务水平。开工建设县医院第二住院部，建成30个乡村旅游示范点卫生室。强化中医药管理，推进医养结合。加强全科医生队伍建设，招聘医务人员150名。全面推进分级诊疗，促进公共卫生服务均等化，确保县内就诊率达87%。优化妇幼保健服务，转型推进人口计生工作。繁荣文化体育事业。加强文化资源的保护和利用，充分挖掘、宣传红色文化、地域文化，建成一批爱国主义教育基地，提升桐梓文化的影响力。强化基层文化阵地管理，推进数字文化馆、图书馆建设。建成县档案馆，启动到期档案清理和乡镇志编纂工作。办好全民健身运动会、艺术节、合唱节、村跑等系列活动。兜牢社会保障网底。城镇新增就业1.2万人，失业率控制在4.2%以内。深入实施全民参保计划。推动项目“一金三制”全覆盖。强化养老服务，建成一批社区日间照料中心、农村幸福院。抓好第十一届村（居）换届选举。做实优抚安置、双拥工作。强化保基本兜底线，支持公益慈善事业发展。此外，推动统计、审计、工会、妇女儿童、关心下一代、老年人、残疾人、人民武装、国教（人防）等工作再上新台阶。

百姓之所需，施政之所向。今年，我们将重点抓好以下民生实事：一是建成60个镇村农体广场；二是建成鞍山小学和3所幼儿园；三是建成县医院传染病区、海校社区卫生服务中心；四是完成“一城一公交”改革，改造公交站台90座，新增停车位2000个；五是新改建农村公路234公里，建成农村公路安全防护工程150公里；六是建成狮溪、水坝塘、芭蕉等3个乡镇集镇天然气管道；七是建成棚户区保障性安居工程5000套；八是推进农村“厕所革命”，实现行政村公厕全覆盖；九是深入推进殡葬改革，建成第二殡仪馆；十是新建蟠龙农贸市场、红庄农贸市场。

（十）聚焦和谐稳定，坚决打好重大风险防控战。建立完善风险防范和处置机制，及时有效防范化解各类风险，确保社会和谐稳定。强化债务风险防控。切实规范政府债务管理，严控新增债务。有序推进财政与县属国有企业债务剥离，通过债务置换、发行债券等方式缓解还债压力。盘活国有资源、资金、资产，千方百计筹集资金偿还债务，降低综合债务率。提高金融风险预警能力，严厉打击非法金融活动，确保不发生金融风险。强化安全风险防控。严格落实安全生产责任、执法、考核和问责机制。加强重点行业领域安全生产隐患专项排查整治，加大人员密集场所公共安全防控力度，确保安全生产形势持续向好。抓好非洲猪瘟疫情防控，加大食品药品安全监管力度，创建省级食品安全示范县。强化稳定风险防控。深入推进“七五”法治宣传教育。高度重视意识形态工作，依法打击非法宗教和邪教活动。深化扫黑除恶专项斗争，扎实巩固禁毒成果。学习借鉴新时代“枫桥经验”，健全矛盾纠纷多元化解机制，依法解决群众合理诉求，大力推动信访积案化解，确保信访总量和越级访量“双下降”。

三、牢记使命，我们铁肩担当，务实作为树形象

各位代表，今天的桐梓，又站在了新的起点。我们要始终牢记嘱托、感恩奋进，做到信念过硬、政治过硬、责任过硬、能力过硬、作风过硬，以新担当、新作为展现政府新形象。

我们要提升施政之能。时刻保持“能力不足”“本领恐慌”的紧迫感，在对比中找不足、在学习中强本领、在实践中增才干，全面提升适应新时代、落实新部署、实现新目标的能力。坚定不移贯彻新发展理念，深入一线问政、问需、问效。坚持解放思想、实事求是、与时俱进、开放创新，向上对标要求、向外集聚要素、向内激发活力、向下狠抓落实，凝聚干事创业的强大合力。

我们要砥砺担当之勇。打通梗阻、破解难题，贵在勇于担当、积极作为。人在事上练，刀在石上磨。敢于接“烫手山芋”、敢于钻“矛盾窝”，在加快发展中亮出勇于担当的“铁肩膀”。坚持“三个区分开来”，奖勤罚懒、奖优罚劣，认真落实干部培训、带薪休假、调休补休、健康体检等制度，加大对基层干部特别是边远乡镇干部的关怀、帮助力度，让他们心无旁骛干事创业。

我们要大兴实干之风。大道至简，实干为要。

当此之时，关键在于激发上下同心、真抓实干的精气神。改革关头勇者胜。认准的事情，就要坚定不移、善作善成。要迎着晨光实干，不要面对晚霞幻想。新时代是奋斗者的时代，空谈者没有舞台，实干家未来无限。涵养实干的态度，葆有实干的姿态，笃定逢山开路、遇水架桥的决心，砥砺滚石上山、爬坡过坎的意志，我们终将战胜一切艰难险阻。

我们要永葆廉洁之心。全面落实党风廉政建设责任制，时刻把纪律和规矩挺在前面，守身如玉、洁身自好，违纪的事坚决不做、违法的事坚决不干，严格“三公”经费管理，坚决防止“四风”反弹回潮。聚焦廉政风险点，创新监管方式，铲除滋生腐败土壤，深入整治群众身边的腐败问题，确保干部清正、政府清廉、政治清明，始终保持蓬勃朝气、昂扬锐气、浩然正气。

各位代表，今天的桐梓，天时、地利、人和，万事俱备；心齐、气顺、劲足，生机勃发。面对巨大差距，我们更要自省、自警、自励，奋起直追、埋头苦干。潮起海天阔，扬帆正当时。让我们更加紧密地团结在以习近平同志为核心的党中央周围，在县委的坚强领导下，以坚如磐石的定力、狭路闯关的勇气、真抓实干的作风，排难奋进、跨越争先，为全面建成小康桐梓、谱写新时代“贵州最美北大门”的崭新篇章而努力奋斗！

习水县政府工作报告

（2019年1月8日在习水县第十六届人民代表大会第三次会议上）

习水县委副书记、县长 陈钊

各位代表：

现在，我代表县人民政府向大会报告工作，请予审议，并请县政协委员和其他列席会议的同志提出意见。

一、2018年工作回顾

过去一年，我们紧密团结在以习近平同志为核心的党中央周围，在市委、市政府和县委的坚强领导下，在县人大、县政协的监督支持下，深入学习贯彻党的十九大和习近平总书记在贵州省代表团重要讲话精神，统筹推进"五位一体"总体布局，协调推进"四个全面"战略布局，坚持稳中求进工作总基调，牢牢守住发展和生态两条底线，践行新发展理念，以脱贫攻坚统揽全局，克难攻坚、砥砺奋进，顺利完成了县十六届人大二次会议确定的主要目标任务。

——经济平稳较快增长。完成地区生产总值189.07亿元，同比增长11.9%；规模工业增加值同比增长15.7%；500万元以上固定资产投资同比增长17.3%；社会消费品零售总额30.6亿元，同比增长9.7%；财政总收入、公共财政收入分别完成34.3亿元、10.4亿元，同比分别增长34.1%、21.7%；城乡居民人均可支配收入29860元、10492元，同比分别增长9.2%、10.8%；金融机构存贷款余额首次"双突破"200亿元，存款余额210.9亿元、贷款余额207.7亿元，同比分别增长3.1%、24.3%。

——三件大事进展良好。脱贫攻坚顺利通过国家第三方贫困县退出专项评估检查，经省政府公告，成功实现减贫摘帽。健康扶贫获得国家卫健委、国务院扶贫办通报表彰。"十面合围治十穷"荣获遵义市脱贫攻坚创新奖。习水作为全市唯一的同步小康创建达标县进入公示。撤县设市决议案通过市委五届五次全会审议，正在按程序申报。

——产业发展取得新成效。农业"六个一"产业工程取得实效。新增耕地8486亩，有效解决耕地占补平衡问题，订单红粮种植面积20万亩、产量3.6万吨。习水麻羊全产业链不断完善，新开发"习羊品"等产品市场前景向好。习酒公司销售额达56亿元、同比增长80.58%，超过年初计划13亿元。二郎电厂、习水电厂发电量首次突破50亿千瓦时，同比增长34.9%。全域旅游游客集散中心、土城游客接待中心等一批旅游重点项目即将完工，土河荷塘苗乡、土城宋窖博物馆、中国杉王等7个景区获批国家3A级旅游景区。丁山坝、淋滩场核心区初探页岩气储量超过2000亿立方米，羊九淋页1号井试点火成功，为县城区居民用气、大规模开发提供了条件。

——基础设施不断改善。"四好农村路全国示范县"成功通过复评。江习古高速习水境内全线贯通，习正高速正常推进。完成西区车站、8个乡镇客运站及杨家园码头建设。改建马临至习酒、土城至太平，新建三元至步待坎等国省干道建成通车。大茅坡、金家沟、万家沟水库正式蓄水，铜灌口水库涉及习水国家级自然保护区功能区划调整获批，即将下闸蓄水。县城坭垭水厂建成投用。连接新老城区的重要道路环北大道、九龙横路等4条城市主干道建成通车。"白改黑"工程全面竣工投用。新一代天气雷达监测系统项目建设顺利推进。

——习水新形象不断提升。第十四届全国社科农经协作网络大会、第六次全国报告文学创作会在习水召开，"中国报告文学创作基地"落户习水，承办鳛国历史文化研讨会。“全国农产品安全示范县”创建顺利通过国家验收。四渡赤水纪念馆获评国家二级博物馆、国家文物系统先进集体、贵州省服务名牌。土城新添“中国华侨国际文化交流基地”“最美黔北乡镇”“全省食品安全示范镇”等荣誉称号。程寨石门红九军团陈列馆等5家单位（场所）获得“贵州省爱国主义教育基地”命名。县图书馆被评为国家一级馆，新增6家省级重点文物保护单位。马临村民罗吉恩荣登“中国好人”榜。四渡赤水培训学院挂牌运行。第四届红军节暨文化旅游推介会、习水首届中国农民丰收节、首届城市和旅游康养地产推介会相继顺利举办。“习酒杯”2018贵州国际拳击公开赛、首届国际女子精英挑战赛等国际国内赛事精彩纷呈。习水的吸引力、知名度、美誉度持续提升。

一年来，我们主要抓了以下工作：

（一）三大攻坚战持续推进。第一，脱贫攻坚战首战告捷。紧扣县委“十面合围治十穷”总体部署，聚焦“四场硬仗”，坚持精准制胜、团结制胜、实干制胜，夺取了脱贫攻坚决定性胜利。减少贫困人口1027户、4251人，出列贫困村15个，贫困发生率下降至1.36%，贫困人口可支配收入增长10%。累计减少贫困人口32028户、137876人，18个贫困乡镇、127个贫困村全部出列。坚持减贫摘帽后“四个不摘”，持续巩固提升脱贫成效。中石油定点帮扶、东西部扶贫协作成效明显。完成“组组通”硬化路60条、115.35公里，全面完成15户以上聚居区水泥硬化路任务，“村村通、组组通”水泥硬化路实现全覆盖。农村饮水安全巩固提升工程全面完工，新增蓄水量2.93万立方米，覆盖农村人口23372人。110千伏庙坪主变、35千伏桑木主变增容工程建成投用，新建35千伏线路14.57公里、10千伏及以下线路1717.8公里，新（改）建台区656台。新（改）建通讯基站634个、光缆1806公里。持续推进农业“六个一”产业工程，贫困户“一长两短”产业实现全覆盖。农特产品电商网络上行零售额1.2亿元，增长94%。大力实施促进就业“三个万人计划”，顶尖制衣厂迁入县城生产，骏华鞋厂建成投产，技能培训、劳务输出就业、县内开发岗位就业32714人。完成易地扶贫搬迁23869人。落实教育扶贫资金2201.65万元，资助贫困学生10818人次。建档立卡贫困户住院合规费用实际补偿比达90%以上，大病集中专项救治率、在家贫困户家庭医生签约服务率达100%。39个易地扶贫搬迁安置区卫生室规范化建设全面完成。农村危房户、无房户、人均居住面积不足13平方米户、老旧危房等住房问题得到解决。

第二，污染防治攻坚战取得实效。中央环保督察反馈问题全面整改，22件信访投诉案件全部办结，信访投诉案件较上年减少53件、下降70.6%。生态环保体制机制建设不断健全。完成“三线一单”编制工作。环保“利剑行动”、“绿盾行动”和“治污治水·洁净家园”攻坚行动扎实开展。河长制巩固提升，渔溪坝水库饮用水源地一级保护区搬迁群众55户、237人。74家规模养殖场污染防治设施通过验收。县城污水处理厂提标改造工程主体完工，新（改）建县城污水管网54.5公里。安装天然气管道86.2公里，新增用气户9627户，县城燃气普及率达80%以上。启动习水河流域生态保护、修复并制定实施方案，习水河流域沿线乡镇垃圾转运站全部建成投用。实施退耕还林种植1万亩经果林，完成退耕还林9.6万亩，森林覆盖率提高到57.6%。县城环境空气优良率达95.26%，集中式饮用水水源地水质达标率为100%，城乡生活垃圾无害化处理率达90%。

第三，重大风险防范化解战成效明显。扎实开展政府隐性债务清理，坚持“控增量、化存量”并进，有效防范风险。持续打击非法集融资，纵深推进扫黑除恶专项行动，坚决打好禁毒攻坚战。加大打击“两抢一盗”刑事犯罪力度，依法打击非法宗教邪教活动。扎实开展“七五”普法，推行矛盾纠纷化解多元化，信访总量下降40%。强化食品药品安全监管，非洲猪瘟重大疫情有效防控。健全安全生产举报奖励制度，全面建成安全生产“双控”体系。创新实施“所队合一”，率先在全市完成“六级六覆盖”基层网格化建设，打通安全监管“最后一厘米”。安全生产形势向好，社会安全指数保持在97%以上。应急管理、舆情监测机制不断健全，应急处置能力不断提高。

（二）产业结构持续优化。农业产业提速增效。深入推进农村产业革命，农业“六个一”产业工程巩固提升，实现农业增加值34.6亿元、增长6.5%。完成生猪存栏85万头、出栏88万头，肉牛存栏22万头、出栏5.68万头，麻羊存栏45万只、出栏34.2万只，家禽存栏400万羽、出栏450万羽；订单蔬菜种植10.3万亩，建设蜜柚基地1万亩。农业龙头企业培育增至94家，完成县城牲畜定点屠宰场、种猪家庭农场、黔北麻羊保种扩繁场、一品红辣椒加工厂等农业项目建设，“国家有机产品认证示范县”创建有序推进。工业产业量质同升。启动习酒公司、茅台201厂“双5万千升”酱香白酒基地建设。习酒公司迈入中国酒业市值前十强，省外销售市场和习酒·窖藏1988占总销售额均超过50%。全县实现白酒产量3.9万千升，完成销售额80亿元，税收17.5亿元、增长52.2%。德州晶华高端白瓷瓶项目建设加快推进。完成15对煤矿综合治理，生产煤炭412.5万吨。习水电厂易地建设燃机综合发电项目前期工作有序推进，脱硫石膏综合利用和粉煤灰综合利用项目建成投产。完成赛德水泥环保和节能降耗技改，生产水泥88.5万吨。有序推进绿色矿山建设，生产砂石1100万吨。现代服务业蓬勃发展。《习水县全域旅游发展规划》编制完成，中国鳛酒城建设提速推进，鳛国文化园开工建设，贵州革命文化研究中心挂牌运行，县城欢乐谷、土城水上游乐园一期、青杠坡景区、“土城往事”剧场等一批三产项目建成投用。全年接待游客650万人次，增长40%。全县客运、货运周转量分别增长15%。民营经济健康发展，拥有市场主体26392户、增长48.8%。交通运输、仓储物流、批发零售、住宿餐饮等传统服务业持续发展。

（三）城乡建设水平持续提升。完成城市总规中期评估、城市总体设计及环北大道、华润大道城市设计，县城控规覆盖率达87.5%。县城建成区面积18.5平方公里，城镇化率达46%。县城秦岭东路等8条断头路全面打通，县城道路网络基本完善。完成习酒大道、华润大道A段等回迁安置，分房1763户、3417套。伏龙片区、体育馆片区等棚户区改造项目有序推进，完成棚户区改造4097户。新建商品房90万平方米、销售45万平方米，其中，鳛创区商品房销售15万平方米。建成投用文昌公园，东风湖国家湿地公园建设即将完工。西区排洪工程全面完成。良村、寨坝等6个市级特色示范小城镇加快培育。城市治理水平不断提升，城市管理更加精细化、系统化、集约化。持续改善农村人居环境，城乡生活垃圾处理一体化PPP项目建成投用，乡镇污水处理厂全部建成运行。隆兴淋滩村、良村洋化村白土台组列入第五批中国传统村落名录。乡村治理体系不断完善，精神文明建设持续深入，“新时代农民讲习所”传递了党的“好声音”、弘扬了正能量。

（四）改革开放持续深化。扎实开展营商环境整治百日攻坚行动，深入推进“放管服”改革，保留行政审批事项223项，承接市政府下放行政许可项目6项。公布行政审批“六个一”改革清单，动态调整部门权责清单3597项、公共服务事项190项。清理规范行政审批中介服务事项28项，保留12项。深入开展“减证便民”行动，清理保留证明材料307项，取消133项。完成25个“政务服务集成套餐”。“双随机一公开”成为常态。综合行政执法体制、国有林场、教育去行政化、农村集体产权制度、县级公立医院等10项改革任务全面完成。县属国有公司改革不断深化，向市场化、实体化转型步伐加快。扎实开展“产业招商突破年”活动，引进步长集团投资贵州洞酿洞藏酒业，完成省外招商引资到位资金182.9亿元、同比增长19.13%。由江津区发起的首届渝川黔毗邻地区协作会召开，习水融入区域经济发展迎来新机遇。

（五）民生福祉持续增进。民生性支出占财政支出比重达77.55%。启动建设城乡12所公（民）办幼儿园，岷山小学建设正常推进。教育质量稳步提升，招聘教师408人，高考本科上线2208人、上线率53.2%，同比提高4.6个百分点。顺利通过“贵州省社区教育试点县”省级验收。县人民医院创建三级综合医院通过省级预评审。荣获“省级妇幼健康优质服务示范县”“省级卫生应急规范化建设达标县”称号。成功创建11个一级甲等乡镇卫生院，中医馆实现全覆盖。“分级诊疗”“医共体”等深入推进。新农合参合率达99.23%。落实国家“二孩”政策，计生服务水平不断提升。苗族蜡染、茗汤圆制作等4项非物质文化遗产列入市级名录。FM908调频广播实现镇村全覆盖。县融媒体中心建设顺利启动，数字图书馆建成开馆。“两馆一站”免费开放，接待群众约22万人次。贵州广电云“户户用”、“雪亮工程”加快推进。城乡低保标准分别提高7%、10%。新增城镇就业9108人。“十件民生实事”除白鹭湿地公园未开工建设外，其余9件全部完成。

此外，人民防空、国防教育、人民武装、双拥、应急管理、防灾减灾、疾病防控、卫生监督、爱国卫生、民族宗教、外事侨务、对台联络、智力支边、史志档案、统计、科普、气象、供销、残疾人、红十字、老龄、妇女儿童、青少年、三关爱、关心下一代等各项事业取得新进步。

（六）政府自身建设持续加强。健全政府决策规则和程序，制定《中共习水县人民政府党组工作规则》《习水县人民政府领导班子“三重一大”事项集体决策实施细则》等制度，政府党组领导核心作用更加突出，政府党组会、常务会、县长办公会集体决策与科学决策能力不断提高。法治政府建设有力推进，政务公开规范有序。全县行政应诉案件135件，胜诉率达81%；行政复议案件98件，维持率达92%。顺利完成国务院第四次大督查、脱贫攻坚、国家审计、中央环保督察“回头看”、省委巡视等重点工作。办理人大代表建议92件、政协委员提案88件。县长信箱网上受理446件，办结433件。加大对重点领域、重大项目的审计监督力度。严格遵守中央八项规定及其实施细则，驰而不息纠正“四风”，持续从严治理不作为、慢作为、乱作为等突出问题，政府效能不断提升、政风明显好转。

各位代表，回顾2018年的工作，在县委的坚强领导下，全县干部群众共同努力，经历了脱贫攻坚专项评估检查、融资政策收紧、各类督察检查审计等重大工作检验，安全生产、生态环保“两条底线”一起守，脱贫攻坚、经济社会发展“两个成果”一起收，为全面小康收官打下了坚实基础。在此，我谨代表县人民政府，向辛勤工作在各条战线上的全县广大干部群众，向各位人大代表、政协委员，向社会各界人士，向所有关心、支持习水脱贫攻坚和经济社会发展的同志们、朋友们，致以崇高的敬意和衷心的感谢!

总结一年来的工作，差距和不足主要是：脱贫攻坚质量还需巩固提升，扶贫产业链仍需培育和完善，贫困人口持续稳定增收压力大；政府性投资比重过大，新引进的好项目少，社会投资活力不足；煤电等传统产业生产运营要素保障不稳定，“一矿一策”实施不力，产能未完全释放，产业水平低；教育、卫生等公共服务支出压力大、改革任务重，需持续改革巩固提升；开放环境仍需优化，群众和企业办事的“隐性壁垒”依然存在，干部缺乏责任与担当的现象还一定程度存在；政府债务、安全生产、社会稳定三大风险依然存在，政府隐性债务化解需高度重视。年初确定的个别指标、个别任务，因政策调整等原因未能如期完成。

二、2019年工作的总体要求

2019年是新中国成立70周年，是巩固脱贫质量、决战全面小康的关键之年，更是建设黔川渝结合部县域旅居中心的开局之年。做好全年各项工作，意义重大。

总体要求是：以习近平新时代中国特色社会主义思想为指导，深入学习贯彻党的十九大和习近平总书记在贵州代表团重要讲话及中央、全省、全市经济工作会议精神，认真贯彻落实县委十三届五次全会精神，坚持稳中求进工作总基调，践行新发展理念，坚定不移贯彻巩固、增强、提升、畅通“八字方针”和“六个稳”方针，推动经济高质量发展，以供给侧结构性改革为主线，守牢发展和生态两条底线，坚决打好三大攻坚战，加快“七个习水”建设进程，深入实施“酒旅并举·富民强县”战略，全力建设黔川渝结合部县域旅居中心，统筹推进稳增长、促改革、调结构、惠民生、防风险各项工作，保持全县经济持续健康发展、社会大局稳定，以优异的成绩庆祝新中国成立70周年。

各位代表，刚过去的2018年是改革开放40周年。在党的坚强领导下，40年来尤其是“十二五”时期以来，习水城乡面貌发生了深层次、根本性的历史性变革。从交通落后到“村村通”“组组通”公路、三条高速公路形成枢纽；从“农业大县”到“工业立县”产业变革，“煤电酒”“六个一”等工农产业优势厚植；从1997年旅游开发起步，到“三区一城一谷”全域旅游蓄势待发；从县城西区开发到城市面貌焕然一新；从国家扶贫开发工作重点县，到成功减贫摘帽、全面小康达标。我们的交通基础、产业基础、开放基础不断筑牢夯实，为进一步转型升级、释放生产力、推动高质量发展奠定了扎实的基础。在今后的工作中，我们务必谋长远、观大局、看周边、聚主业、保定力，一棒接着一棒跑下去，聚焦高质量发展，实现由高速增长向适度较快增长、高质量增长转变，由重城市向重城镇、重乡村转变，由政府投资主导向社会投资主体转变，不驰于空想、不骛于虚声，坚定信心、踏踏实实做好习水的事，习水就会越来越美好。

三、2019年工作的主要任务

主要目标是：地区生产总值完成225亿元，增长12%；500万元以上固定资产投资完成200亿元，增长18%；规模工业增加值完成93亿元，增长15%；财政总收入、公共财政收入分别完成40亿元、11.48亿元，分别增长16.64%、10%；社会消费品零售总额完成34.4亿元，增长12.5%；城乡居民人均可支配收入分别完成32548元、11489元，分别增长9%、9.5%；金融机构存贷款余额分别增长6%、10%。节能减排降碳等指标控制在省调控目标内。

围绕以上目标，我们将全力抓好以下工作：

（一）大力推进三大攻坚战。一是持续打好脱贫攻坚战。聚焦脱贫质量巩固提升，深入落实“四个不摘”要求，加强与乡村振兴战略统筹衔接，坚决杜绝返贫现象，防止发生“插花型”“点状型”贫困。一鼓作气重点解决好“一达标，两不愁，三保障”薄弱环节。继续推进扶贫“五个专项治理”，抓好扶贫

"三落实"。强化省委巡视、国家审计、扶贫成效考核等问题整改。年内再减少贫困人口4000人，贫困人口发生率下降到0.9%以内。深化精准管理。健全建档立卡贫困人口动态调整机制，强化贫困人口返贫预警、动态监测，加强扶贫、卫计、民政系统数据信息比对，巩固提升识别和退出准确率，确保进退不漏一户、不错一户。强化东西部扶贫协作项目实施和监管，推动产业、人才、教育、医疗等领域深度合作。深化扶智扶志。启动实施新型职业农民培训三年行动计划。继续深化"法治扶贫""三关爱"工程。充分发挥"农民讲习所"、FM908调频广播电台等宣传阵地作用，强化政策宣传、典型选树、送法进乡、感恩教育，同步推进"物质脱贫"与"精神扶贫"，增强群众脱贫的内生动力。深化"四场硬仗"。继续推行"路长制"。实施农村公路生命防护工程、城乡安全饮水巩固提升工程，提高农村公路、安全饮水设施后续管护水平，发挥长远效益。持续提高农村通讯质量，加快新一轮农村电网改造升级、已脱贫村通动力电步伐。围绕"一长两短"，落实农业产业"四新一高"要求，培育壮大"六个一"主导产业、特色产业，提高贫困群众在产业链、利益链上的份额。稳定产销关系，推进"农校对接、农超对接、农企对接"等工作，拓宽农特产品销售渠道。着力完善易地扶贫搬迁后续扶持"五个体系"建设，完成易地扶贫搬迁3000人以上，稳住已搬群众，确保有劳动力的搬迁家庭至少1人稳定就业。完善安置点教育、卫生、文化等公共设施配套，全面提升安置社区管理服务水平。抓好搬迁对象旧房拆除和复垦复绿，实施城乡建设用地增减挂3500亩以上。深化"全员育人导师制"，落实好建档立卡贫困学生资助政策，全力阻断贫困代际传递。继续实施"医生＋患者"结对帮扶，确保建档立卡贫困人口新农合100%参保，住院合规报销比例保持在90%以上。加强对农村已保障住房家庭的动态监测，及时处置新发现住房不保障情况。

二是持续打好污染防治攻坚战。持续抓好环境保护"五场战役"，全面整改中央环保督察反馈问题，确保机制全、不反弹、见成效。持续开展"治污治水·洁净家园"五年攻坚行动。完善提升城乡污水治理工程。强化节能减排，推进清洁生产，加强工业"三废"监控，提高粉煤灰等工业固废综合利用率。落实县城阶梯水价改革，促进全社会节约用水。持续推进城乡生活垃圾无害化、减量化、资源化处置，开工建设城乡生活垃圾焚烧发电项目，建成潲水回收处理站，推进餐厨剩余物循环利用。县城生活垃圾无害化处理率达95%以上。大力发展工业、农业资源循环经济，建成畜禽粪污资源化利用项目。依托煤矿瓦斯、页岩气能源资源，加快瓦斯发电，加强县城区页岩气开发转化利用，为居民提供经济安全可靠的用气保障。纵深推进河长制，抓好赤水河流域生态保护。整合资源、资金、项目，有序推进习水河流域生态保护和修复。启动全县森林生态产业资源大普查工作，加快国家储备林项目尽快落地，森林覆盖率提高到58%以上。加强饮用水源地综合治理保护，确保集中式饮用水水源地水质100%达标。县城环境空气优良率保持在95%以上。扎实开展环保"利剑行动""绿盾行动"，强化环保综合执法，严厉查处各类环境违法违规行为。统筹兼顾好环保与发展关系，避免处置措施简单粗暴和"一刀切"。认真开展全国第二次污染源普查。

三是持续打好风险防范化解攻坚战。全力防控政府债务风险。按照"坚定、可控、有序、适度"要求，强化债务风险防控主体责任，坚决遏制隐性债务增量。高度重视县属国有公司债务化解，加快混合制改革，聚焦主业、配置资源，增强企业盈利和化债能力，在转型发展中化解风险。高度重视乡镇政府债务增加问题，盘活乡镇闲置资产，增强乡镇偿债能力、化债动力。紧紧抓住中央较大幅度增加地方政府专项债券的机遇，加大专项债券项目申报力度，加快城交投集团债券发行。打好"七个一批"债务化解组合拳，有效减少债务总量，稳步降低政府债务率，坚决守住不发生系统性、区域性风险的底线。全力防控安全生产风险。落实"党政同责、一岗双责、齐抓共管、失职追责"责任制。继续推进"双控"体系、"六级六覆盖"基层网格化建设，排查治理重点行业领域风险隐患，防范遏制重特大安全事故。全力防控社会稳定风险。持续推进"七五"普法。学习推广"枫桥经验"，深化"网格化"社会治理，建立完善信访矛盾多元化解机制，确保信访量减少50%以上。始终保持扫黑除恶专项斗争高压态势，严厉打击各类犯罪行为，做好2019年初中央对扫黑除恶督查准备。坚决打赢禁毒攻坚战，争创全省禁毒示范县，营造和谐稳定的发展环境。加快"雪亮工程""天网工程"建设。强化食品药品、特种设备安全监管。建立健全应急管理体制机制，加强应急能力建设，提升应急处置水平，高度重视舆情预测、研判、应对等工作，确保"网清舆正"、传递正能量。

（二）大力推动产业转型发展。推动工业高质量发展。围绕实施工业强县战略，奋力主攻三年、实现工业翻番。全力支持习酒公司、茅台201厂技改工程，尽快形成“双5万千升”产能。建成投产德州晶华高端白瓷瓶项目，延长白酒产业链。加快县内白酒企业兼并重组，支持习湖酒厂转型升级，支持小糊涂仙、安酒、洞酿洞藏酒业、宋窖等白酒企业完善产业链，扩大规模生产。实现白酒产量4.5万千升，销售突破100亿元以上。推进煤矿转型、煤电联动，积极支持兴隆煤矿股权交易、法人变更后企业复工，加快天成煤矿建设，力争“两个大矿”年内实现投产。全面推进煤矿智能化系统建设，进一步释放煤炭产能，生产煤炭500万吨以上。全力保障习水电厂、二郎电厂电煤供应，完成发电量50亿度以上。支持习水电厂开展易地建设燃机综合发电前期工作，推进桑木风电场项目开工建设。加快页岩气开发。稳定发展新型建材产业。主动面向重庆招商，引进优强企业入驻良温工业园区。依托贵州习水经开区主战场，推动“一区多园”要素聚集、产业集群发展，增强工业发展内生动力。大力扶持、推动大企业创造税收，中小企业解决就业。推动服务业提档转型。坚持以资产、资源为纽带，大力推动旅游从资源开发、项目建设转向品牌塑造和市场营销。依托赤水河谷度假区品牌，深入创建全域旅游示范县，尽快形成“一圈两核三轴、八景八镇、多星全域”的全域旅游格局。加快中国鳛酒城建设。建成投用东风湖湿地公园、全域旅游游客集散中心、四渡赤水纪念公园等一批重点旅游项目。完善仙源、寨坝等镇乡旅游基础设施配套，增强城镇承载能力，提升旅游市场管理和服务水平。加强红色文化资源保护和有效利用，深度挖掘鳛文化、酒文化、历史文化，持续打造“历史人文圣地”“红色教育基地”。持续推动土城创建国家5A级景区、土城青杠坡创建国家4A级景区，巩固提升国家级3A景区。围绕“旅居习水·康养福地”，推动医疗、养老、养身、旅游深度融合。高标准、高水平筹办遵义市第十届旅发大会。确保游客接待人数、旅游综合收入分别增长24%、32%，入境过夜游、国内过夜游人数大幅提升。鼓励和引进新兴金融业态发展，完成农村信用社改制。规划启动县城物流园区、小微企业创业园区建设，加快完善快递物流体系。持续发展信息、保险、中介服务、家政服务、物业管理等现代服务业。推动民营经济加快发展。坚持“两个毫不动摇”“三个没有变”总方针，着力营造“六大环境”、开展“六大专项行动”，贴心为企业服务，改变随口说“不行”的思维定式、行为习惯，真心诚意帮助企业排忧解难。积极引进优质民营企业项目入驻园区空置标准厂房，实现园区“腾笼换鸟”发展。构建“亲、清”新型政商关系，坚决查处对企业吃拿卡要等行为。确保市场主体增速达25%以上。

（三）大力推进乡村振兴战略。深化农村产业革命。认真落实“八要素”要求，发挥好农民主体作用，推进生产体系、产业体系、经营体系建设。加大500亩以上坝区产业结构调整力度，继续实施新增千亿斤粮食田间产能工程，粮食产量稳定在24万吨以上。深入推进农业“六个一”产业工程，加快组建县级农业投资公司和习水供销集团，发挥龙头企业引领作用，助推农业新旧动能转换。强化农业产业集中度，做大做强“红粮、习水麻羊”两大主导产业，在资金、土地等要素保障优先支持。紧紧抓住茅台集团和茅台201厂生产扩能机遇，推动有机红粮扩面提质，新增10万亩有机地块转换认证，确保种植面积25万亩，实现产量6.2万吨。实施习水麻羊产业提质增量增效计划，实现存栏50万只、出栏38万只。统筹规划发展茶、柚、椒、竹等产业，积极推行绿色“稻+”生态养殖业。新建蜜柚、花椒基地3万亩，订单种植蔬菜（辣椒）10万亩。稳定发展生猪、肉牛、家禽产业。支持黔道食品等农特产品加工企业提质发展，积极培育和引进一批优强企业，农产品加工转化率43%以上。强化品牌塑造、市场营销，持续推进“国家有机产品认证示范县”创建，抓实“三品一标”农产品认证，毫不松懈抓好非洲猪瘟及畜禽疫情防控工作。推动农村电商转型发展，积极创建“省级农商互联示范县”，利用大数据精准产销对接，确保网络上行零售增长40%以上，把习水农特产品卖出贵州、卖向全国。推进农村综合改革。启动乡村振兴项目库建设，细化分解42项指标任务清单，凝聚“美丽乡村”建设强大合力。深化农村集体产权制度、“三变”、“三权”分置改革，建立健全集体经济运管平台，推广回龙洞湾等“三变”改革试点经验，探索创新农村集体经济发展新路径。支持农业担保公司、农业保险公司入驻习水发展。强化乡村人才振兴，整合各渠道培训资金资源，就地培养更多爱农业、懂技术、善经营的新型职业农民。大力培育农业新型经营主体，清理整顿“挂牌协会”，依法取缔“僵尸协会”。强化基层基础，对村委会成员空缺的依法补选配齐，村干部工资提高到每月3100元至3800元水平。完成全国第四次经济普查工作。改善乡村环境面貌。因地制宜推进农村人居环境治理，抓好垃圾污水治理、厕所革命、村容村貌提升等重点工作。完善“户分类、村收集、镇转运、县处理”农村生活垃圾处理机制，梯次推进农村污水治理。抓好村庄规划执行，下大力气整治农村“两违”建房行为。加强古村落、古建筑保护与修复，继续推进名村、少数民族特色村寨建设。深入开展“乡风文明五创建”活动，推动移风易俗，有力整治滥办酒席、低俗婚闹、厚葬薄养等农村陋习，营造文明乡风良好氛围。

（四）大力推进新型城镇化进程。突出规划引领。有序推进撤县设市申报工作。完成县城总体规划修编，强化编制县城控规，更加突出规划执行刚性，启动建设县城区“控规一张图”管理平台。县城建成区面积达19.3平方公里，城镇化率48%以上，新增城镇人口1.5万人。加快城镇建设。深入实施“城市双修”、城市“增色添绿”工程，启动建设一批中高端精品住宅。持续推进柿子沟、木楠坝等棚户区改造续建项目，加快推进希望花园二期、麒龙香山美域二期等在建房开项目。加大环北大道、城市主干道等片区开发力度，加快环东风水库开发建设，实现“依山而建、环水而建”同步，确保新建商品房100万平方米，销售商品房60万平方米以上，其中鳛创区新建商品房40万平方米以上。建成投用昆仑路等城市次干道。重点培育习酒、官店等市级示范小城镇。有序推进回龙镇、习酒镇一体化发展。强化城镇管理。巩固国家卫生县城，加快推进全国文明城市创建，积极创建国家卫生乡镇、文明村镇。城市建到哪里，管理服务覆盖到哪里，增加县城新建城区的管理投入，健全城乡污水管网运行维护管理体制机制。理顺城镇管理职能，鼓励城镇公共服务向市场化转型。推动居民小区物业规范化管理，持续理顺城市小区停车位产权关系和管理体制。加强市容环境整治，采取有力措施解决非正常停电停水、噪声扰民等群众闹心事。加大城管综合执法力度，促进“大数据城管”运用升级，有效提高城市精细化、标准化、智慧化管理水平。

（五）大力推进基础设施建设。抓牢国家“基础设施领域补短”、全省“六网会战”机遇，积极谋划一批补齐农业农村、生态环保、社会民生等领域投资项目。完成全县国道规划调整。加快习正高速公路建设进度，确保年底竣工通车。建成投用江习古赤水河特大桥、太平渡大桥、二里观摩大桥、三色水至蒿枝龙旅游公路。开工建设美酒河大桥，力争开工建设温水大水至双龙公路。加快推进保丰水库建设。开工建设新田沟、游龙溪水库，做好白水洞水库、向阳水库前期工作。启动500千伏、220千伏输变电项目建设，实施银龙二期扩建工程，新建35千伏线路11.8公里、10千伏线路及以下线路1078公里，新（改）建台区428台。新（改）建通讯基站380个、光缆里程560公里，新增广电云“户户用”6900户以上。

（六）大力保障和改善民生。促进就业创业。全面落实中央、省、市“稳就业”各项部署，以高校毕业生、返乡农民工、退役军人、城镇困难人员等为重点，推动多元化就业。按照“技能培训有提高、劳务输出有组织、农民工维权有保障”的要求，推动农村劳务输出就业，助力脱贫攻坚。新增城镇就业9000人以上。加快教育发展。推动学前教育普惠发展，新建城乡幼儿园12所。推进第八小学建设，建成投用岷山小学。巩固提升城乡义务教育均衡发展，强化义务教育“控辍保学”，积极向上争取学校改薄项目计划，推动高中教育提质发展、职业教育特色发展，支持和规范社会力量办学。持续推进“名师名校名校长”工程，扩大优质教育资源总量。落实教师薪酬政策，确保中小学教师平均工资收入不低于公务员平均工资收入。加强师德师风教育，全面深化新时代教师队伍建设改革。启动“遵义市三类城市语言文字达标”工作，确保顺利通过市级评估验收。建设健康习水。完善“分级诊疗”和家庭医生签约服务，加快“医共体”建设，提高县域内就诊率。完善巩固城乡医疗卫生机构标准化建设，促进基本公共卫生服务标准化、均等化、便捷化。加快县妇幼保健院等项目建设。加强村医队伍建设和管理，落实村医基本养老保险。贯彻落实全面“二孩”政策，持续提升计生优质服务水平。繁荣城乡文化。完成县融媒体中心建设工作。积极申报省级习酒酿造技艺、国家级温水小手拳非物质文化遗产。加快推进全民科学素质提升行动，继续实施“百县万村”广播试点工程。丰富公共文化服务，大力传承红色文化、传统优秀文化，推动群众体育发展。夯实社会保障。推动城乡医保并轨，加快住房公积金制度扩面，覆盖到城市灵活就业人员、易地扶贫搬迁群众。启动杉王街道、岷山路等4个幸福院建设，提高养老供给质量。深化城乡殡葬改革，推进殡葬服务便民化、利民化。抓好城乡低保、特困供养、社会救助等工作，筑牢社会保障“兜底防线”。

（七）大力深化改革开放。完成行政管理体制改革，在3月底前出台部门“三定”方案，完成机构改革工作。全面落实中央各项减税降费政策。深化“放管服”改革，持续推出“政务服务集成套餐”，实现县政务中心“一门进、并联审、限时办、一窗结”。扎实开展“优化营商环境”五大专项行动，转变政府职能，理顺政府与市场关系，干政府该干的事，凡是企业能干的让企业干。深化“互联网+政务服务”，打造“指尖政务”。进一步压缩企业开办、工程建设项目审批时限，持续推动“办事不见面、最多跑一次”。加强“双随机、一公开”常态化监管。深化县属国有公司改革，推动国有资本向全县主导产业、城市建设集聚，加快国有公司“四化转型”。深入推进户籍制度、投融资体制、乡镇财政体制等改革任务，全面推进基础教育、医疗卫生、生态文明等领域改革。加强开放平台建设，对经开区、红创区、鳛创区定目标、定指标、强考核。强化项目包装策划，建立重大产业项目招商协调机制，强化产业链招商，确保省外产业招商到位资金100亿元以上。

此外，抓好人民防空、国防教育、人民武装、双拥、应急管理、防灾减灾、疾病防控、卫生监督、爱国卫生、民族宗教、外事侨务、对台联络、智力支边、史志档案、统计、科普、气象、供销、残疾人、红十字会、老龄、妇女儿童、青少年、三关爱、关心下一代等各项工作，促进社会和谐发展。

（八）大力加强政府自身建设。始终做到忠诚干事。加强政府系统党的建设，把政治建设贯穿到政府工作的全过程、各领域，推动全面从严治党向纵深发展。强化对党的十九大精神、习近平新时代中国特色社会主义思想的学习教育，旗帜鲜明讲政治，坚决做到“两个维护”、切实增强“四个意识”，推动“两学一做”学习教育常态化、制度化。严格遵守政治纪律和政治规矩，全面整改省委巡视、各类督察督查审计等反馈问题。加强党对经济工作的领导，不折不扣落实县委决策部署。始终做到依法干事。加强法治政府建设。认真执行“三重一大”集体决策制度，习惯在约束中工作，坚持有作为不乱为。实行重点工作、重大项目清单制管理，确保工作落实精准化、目标化、项目化。加强重大项目全过程监管，坚决遏制决策随意、调规随意、超概随意、分拆项目规避招投标等行为。加强工程项目规划建设、脱贫攻坚、政府采购等重点领域跟踪审计，强化审计问题整改和结果运用，彻底扭转屡审屡犯屡不改现象。落实好省、市项目观摩会确定的项目建设任务。出台管理办法规范临聘人员聘用工作。始终做到担当干事。践行省委“五步工作法”，着力提升干部服务项目、服务企业、服务群众能力。大力弘扬苦干、实干、创新干作风，不做表面文章。推行一线工作法，旗帜鲜明地为敢担当者担当、为敢负责者负责、为被诬告者正名。始终做到廉洁干事。严格落实党风廉政建设责任制，履行“一岗双责”。主动接受人大及其常委会工作监督、政协民主监督和社会各界监督。加强预算绩效管理，强化扶贫资金使用绩效考核，做到“花钱必问效、低效必问责”。树立“过紧日子”思想，严格压缩一般性支出，厉行勤俭节约，打造节约型政府。建立“统筹兼顾、督考合一”工作机制，进一步提升督查质量，防范督查工作中的形式主义、官僚主义。落实中央八项规定及其实施细则，持之以恒纠“四风”，坚决防止靠山吃山、假公济私、以权谋私等腐败问题发生，确保干部清正、政府清廉。

今年，我们还要办好“十件民生实事”：一是新建投用中央公园、柿子沟、仙源镇等公（民）办幼儿园12所，新增学位4000个以上；二是建成投用县城停车位3000个以上；三是完成县城易地扶贫搬迁3000人以上；四是实质开工建设县城罗天河、朝阳河河道治理项目；五是完成畜禽粪污资源化利用集中处理项目；六是建成投用县城档案馆；七是完成县城回迁安置分房1500套以上；八是完成农村实用技术培训3万人（次）以上；九是确保政务服务事项网上可办率不低于70%；十是建成投用县城老年养护楼、残疾人康复中心、中医院康复中心。

各位代表，实干才能兴县富民，奋斗才能赢得幸福。让我们紧密团结在以习近平同志为核心的党中央周围，以党的十九大精神和习近平新时代中国特色社会主义思想为指导，在市委、市政府和县委的坚强领导下，紧紧围绕全年各项工作目标任务，尽锐出战、真抓实干，为决战决胜全面小康、建设黔川渝结合部县域旅居中心而不懈努力！

湄潭县政府工作报告

（2019年1月10日在湄潭县第十六届人民代表大会第三次会议上）

湄潭县委副书记、县长 李 勰

各位代表：

现在，我代表县人民政府向大会作工作报告，请予审议，并请各位县政协委员和列席会议的其他同志提出意见。

一、2018年工作回顾

2018年，是改革开放40周年。40年来，湄潭这块土地充满改革的基因与活力，“湄潭经验”不断呈现。湄潭探索形成的“增人不增地、减人不减地”经验，写入中发〔1993〕11号文件，成为农村土地承包关系“长久不变”的理论基础、政策基础、法律基础；“均衡减负、户户减负”试验成果，被国发〔2002〕12号文件吸收；2015年8月实施的农村集体经营性建设用地入市改革，率先敲响全国农村集体经营性建设用地入市拍卖“第一槌”，探索形成“五定五明”经验；“四确五定”改革成果，写入中发〔2016〕37号文件。40年来，全县人民风雨同舟、求是创新、砥砺奋进，经济社会发生翻天覆地的变化：地区生产总值增长168倍、财政总收入增长114倍、一般公共预算收入增长54倍、城镇居民人均可支配收入增长102倍、农村居民人均可支配收入增长66倍。40年来，湄潭的精神与力量不断释放，社会各界不断讲述着动人的湄潭故事：“全国高考最美女孩”肖丽、“最美村医”雍元书、排雷英雄杜富国、励志楷模李明勇等先进事迹，在中央、省、市媒体广泛传播。

2018年，也是湄潭发展进程中极不平凡、成效卓著的一年。一年来，我们紧密团结在以习近平同志为核心的党中央周围，在省委省政府、市委市政府和县委的坚强领导下，在县人大、县政协的监督、支持和帮助下，以习近平新时代中国特色社会主义思想为指导，深入学习贯彻党的十九大精神，坚守发展和生态底线，坚持稳中求进工作总基调，突出打好三大攻坚战，宜居、宜业、宜游的湄潭魅力彰显。一年来，全县人民万众一心，打赢脱贫攻坚战，顺利通过国家第三方评估验收，实现精彩“脱贫摘帽”。一年来，全县人民和衷共济，打好防范和化解债务风险攻坚战，社会发展稳步向前。一年来，全县人民勠力同心，打好污染治理攻坚战，有效保护绿水青山，生态环境持续向好。

——经济发展稳中有进。预计全年完成地区生产总值120亿元，增长12.9%；三次产业结构调整为27∶26.5∶46.5；规模工业增加值25亿元；500万元以上固定资产投资118亿元，增长15%；财政总收入10.6亿元、一般公共预算收入4.8亿元，分别增长2.96%、3.5%；社会消费品零售总额38.3亿元，增长12.3%；城镇居民人均可支配收入32165元、农村居民人均可支配收入13338元，分别增长8.9%、9.9%；金融机构存、贷款余额165亿元、152亿元，分别增长0.6%、10.4%；全面小康实现程度达97.8%。

——脱贫攻坚成效显著。聚焦“一达标，两不愁，三保障”，落实“五个一批”“六个精准”，全面打响并打赢脱贫攻坚战，5个贫困镇（街道）“减贫摘帽”、64个贫困村“出列”，累计减少贫困人口37024人，贫困发生率降至1.51%，扶贫成效进一步巩固提升。

——开放创新优势增强。撤县设区有序推进，国家农高区创建取得实质进展，国家新型城镇化综合试点县、永兴特色小镇等国家级平台建设步伐加快，遵义桃花江健康旅游示范基地建设持续推进，贵州省茶产业智能冷链物流信息平台全面建成。成功承办2018贵州茶“一节一会”、全国“乡村振兴巾帼行动”农村妇女带头人培训会、中医中药中国行——贵州中医药健康文化大型主题活动。先后荣获“中国茶业品牌影响力全国十强县”“中国好粮油行动示范县”“首批全国创新型建设县”等称号。“遵义红”成为全国“两会”用茶。

——城乡面貌焕然一新。小城镇、小集镇建设整县推进取得显著成效。西河、天城、茅坪、抄乐创建省、市特色示范小城镇稳步推进；S205（黄莲坝至龙家）、S102（蒋坪岩至青龙嘴）、县道永复线、象山公路等改扩建顺利完成；农村人居环境整治“七改一增两处理”整县推进，成为全省农村人居环境整治示范县。

——全域景区魅力彰显。构建山水田园风光、茶旅一体化全景域旅游体系，“快进慢游”基本形成，荣获“全国茶旅金牌路线”称号，入选全国百佳深呼吸小城。全年接待游客506万人、过夜游客68.2万人、入境游客1842人，分别增长35%、35%、200%，接待外宾、驻华使节96人；实现旅游收入39.5亿元，增长53.3%。

一年来，我们集中精力抓了以下工作：

（一）锲而不舍抓脱贫攻坚，扶贫工作取得重大胜利。合力共扶助脱贫。县委、县政府以脱贫攻坚为统揽，四家班子主要领导亲自挂帅出征，35名县级领导驻镇（街道）包镇（街道）扶贫，省、市、县213个单位挂帮扶贫，11483名干部职工与12961户贫困户结对扶贫，3000名干部脱产扶贫，64名“第一书记”驻村扶贫，2000名乡贤寨老参与扶贫，300家企业定点扶贫，上海杨浦区对口扶贫，形成专业扶贫、行业扶贫、社会扶贫的大扶贫格局。聚焦标准抓脱贫。坚持据实统收入、分类建台账、分类定措施、分类保达标，有序推进“一达标，两不愁，三保障”，精准解决收入达标、家中有粮、吃穿不忧、子女入学、住房医疗保障等问题，实现贫困户人均收入3335元以上。在国务院第三方评估中，取得零漏评、零错退、满意度位居全市第一的优异成绩。产业支撑促增收。整合产业发展资金3亿元，发展壮大茶叶、优质稻、烟叶、果蔬等特色产业。扎实开展“黔货出山·遵茶入沪”活动，推动在上海建立绿色农产品销售中心、供应渠道，全面促销农产品。引导贫困户以发展生产、土地流转、入股分红、就近就业等方式增收。民生改善强基础。投资13.7亿元，实施农村人居环境整治61622户；实施农村饮水安全工程735处，解决饮水困难群众12.9万人；核准搬迁对象1863户、7368人，新建易地搬迁县城安置点3个。“两免一补”政策全面落实，资助贫困家庭学生28.9万人次1.2亿元。常住人口家庭医生签约服务率达100%，农村贫困人口参合率达100%，四重医保“一站式”结算全面开通，患者补偿比例达90%。

（二）坚持不懈抓环境保护，生态文明建设成效明显。治污治水扎实推进。县城污水处理厂提标改造并投运，城镇生活垃圾收运系统、12个镇（街道）污水收集处理工程有序推进。镇级以上河流编制“一河一策”方案、建立“一河一档”，沿江渡国控断面、湄江河出入域断面水质均达到地表水Ⅲ类标准。城镇集中式饮用水源地水质达标率为100%；城镇生活垃圾无害化处理率达89.3%，城镇污水处理率达89%。造林增绿力度加大。投资0.3亿元，水土流失治理44平方公里；投资1.2亿元，实施退耕还林、重点区域绿化、苗木培育等项目，营造林13.2万亩，森林覆盖率达64.8%、环境空气优良率达96.6%。环境保护持续高压。立行立改完成中央、省委环保督察反馈问题35个，限时办结中央、省委环保督察移交群众信访投诉案件22件。办理森林督查违法案件18件，查处河道生态案件29件，查处违法排污企业18家。全面拆除乌江流域县域网箱4504口、168.9亩。

（三）心无旁骛抓绿色经济，高效园区发展蒸蒸日上。工业经济持续增长。完成规模工业总产值84亿元、规模工业增加值25亿元、工业固定资产投资38.5亿元，新增规模工业企业3家。绿色园区蓬勃发展。“一区四园”入园企业217家，其中规模企业85家。成功获批国家高新技术企业1家，建成省级企业技术中心2个、省级研发平台3个；获得省级以上科技扶持项目46个、专利122件，引进新技术19项、应用科技成果46项，推动企业产值增幅达20.5%。“双千工程”扎实开展。引进落地大林硫铁矿开发利用、黔海黑茶加工、绿循生物质燃料等项目，玖天印务包装彩印、天琪服装加工等项目建成投产。引导企业编制技改项目96个。投资29亿元，实施县级以上重点工业项目43个，完成仙谷飞泉、琦福苑等30家企业转型升级，茯莹食品公司技改、黔茶联盟集中精制平台建设、回香茶业公司名优茶自动加工生产线等技改项目顺利推进。

（四）持续发力抓城乡配套，特色城镇建设步伐加快。城镇规划执法强化。县、镇、村三级规划全覆盖，完成县城东出口片区城市设计及控规、小城镇“8+N”专项规划、93个行政村“一图一表一说明”村庄规划；启动城市双修专项规划编制和湄江风景名胜区、百面水省级自然保护区规划修编。严打违法建设行为，严控违章建筑增长。城镇发展健康有序。有效处置万象城、世纪园、龙泉山森林公园等遗留问题，县城房开项目和西河、茅坪、鱼泉、永兴城镇棚户区改造顺利推进。完成33个新增耕地项目，新增耕地12860亩。出让土地35期、708.5亩，出让收入6亿元。特色小城镇建设加快。新型城镇化综合试点工作取得阶段性成效，永兴国家级特色小城镇规划基本完成，古镇核心区建设启动，13个镇（街道）“8+N”项目开工173个、完成投资14.2亿元。城镇化率达49.6%。

（五）始终不渝抓乡村振兴，农业农村事业蓬勃发展。农业设施持续完善。投资4.5亿元，实施骨干水源工程、农村饮水安全工程、农田水利建设、中小河流治理、病险水库除险加固等项目；扎实排查整改“大棚房”问题，确保农业设施合法使用。农业园区持续增效。茶业园区、翠芽27°茶旅一体化、优质稻、精品水果、烟草、水湄花谷六大省级园区完成投资23.3亿元，实现总产值46.7亿元。特色产业持续巩固。强化新型职业农民培育、农村实用人才培训，农民技术水平不断提高。种植优质稻18.5万亩、蔬菜9.2万亩、辣椒23万亩，新建精品水果基地0.8万亩、花椒基地0.4万亩；巩固稻鱼共生核心基地1.6万亩，稻田综合种养4.6万亩，绿色生态种养4万亩；收购烟叶10.5万担；实现茶叶总产量6.8万吨、产值48.2亿元。农村环境持续改善。新（改）建黔北民居5086户，农村居住条件改善率达98%。投资11.9亿元，实施城乡公路改造954公里、“组组通”公路510公里，实现100%镇（街道）通油砼路、100%行政村和自然村寨通水泥路。

（六）全神贯注抓全域旅游，康养胜地迈出坚实步伐。景区打造纵深推进。编制完成《湄潭县旅游发展总体规划暨全域旅游规划环境影响报告》，6家景区通过3A景区景观质量评审，3家景区成功申报为国家3A级景区，天壶中华茶文化博览园创国家5A级景区有序推进。投资3.7亿元，全力打造茶海生态园、天下第一壶茶文化旅游、四月园林等景区。七彩部落获评省级甲级旅游村寨，芸香茶庄、兰馨茶庄获评四星茶庄。景区环境提档升级。智慧旅游稳步推进，A级以上景区完成监控设施建设，免费WiFi、通信信号、标识标牌实现全覆盖，建成旅游厕所14座。康旅基地加速推进。遵义桃花江健康旅游示范基地规划获市政府批复，全面完成桃花江康养步道、花时间·曲水和户晓民宿、国际温泉度假城水上娱乐设施等项目，全力实施水湄花谷、恒亚养老中心、金黔万丽酒店等项目。

（七）始终如一抓民生事业，人民美好生活不断提升。教育事业稳步发展。基础教育综合改革有效推进，高中教育提质行动扎实开展；办学基础不断改善，实施项目187个，61所学校完成“厕所革命”，湄江高级中学扩建、新南中学教学楼、天城中学综合楼等建成投用，完成投资3.3亿元；师资队伍建设不断加强，招录教师112人、培训教师5200人次；教育教学水平不断提升，小学适龄儿童入学率99.7%、初中适龄少年入学率99.3%、“三残”儿童少年入学率89.6%，高中阶段毛入学率87.8%，高考专科以上总录取率94.3%，是全市一二本上线率较好的6个县之一，中考总平均分位列全市第6。卫生事业健康发展。全国健康促进县创建验收达标，全面消除地方病，群众健康素养全面提升。县医院二期、中医院改扩建、妇幼保健院迁建和9个卫生院项目主体完工，14个易地扶贫安置点卫生室建成投用，完成投资2.6亿元。医联体、医共体集团建设成效明显，药品零差率销售全面推行，让利群众2000余万元；新农合参合率达99%，补偿受益65.8万人次、受益率160.6%；人口出生率11.57‰，人口自然增长率6.08‰。文体事业更加繁荣。成功创建“中华诗词之乡”，贵州茶文化生态博物馆、红九军团历史陈列馆分别成为国家三级博物馆、“贵州省爱国主义教育基地”。成功举办昆仑决·城市英雄中外拳王争霸赛、“吉安达杯”足球赛等体育赛事，湄潭籍运动员在省十运会上获得7金11银8铜的优异成绩。社会保障更加深化。民生网底进一步兜牢，社会救助全面落实，发放救助金5594.5万元，惠及群众17.6万人。职工养老、城乡居民基本养老、城镇职工基本医疗、城镇居民基本医疗保险和工伤、失业、生育保险等覆盖进一步延伸。新增城镇就业8563人，完成农村劳动力转移就业6572人，处理劳动保障案件75起1078.9万元。安全稳定持续好转。全面落实安全生产“党政同责、一岗双责、齐抓共管、失职追责”制度，安全生产主体责任更加落实，安全生产形势持续稳定向好。社会治安防控体系逐步完善。全力建设“平安湄潭”，按照“有黑扫黑、无黑除恶、无恶治乱”要求的扫黑除恶专项斗争，以“打击制毒犯罪、打击贩毒犯罪和管控制毒物品、管控吸毒人员”为重点的禁毒工作深入开展。全年安全生产事故起数、死亡人数分别下降37%、34%；刑事案件发案总数下降15%，社会治安持续向好，群众安全感逐年提升。

（八）百折不回抓改革创新，发展创新活力竞相

进发。农村综合改革试验得到国家、省、市高度肯定，先后在全国庆祝农村改革40周年座谈会、全国新一轮农村土地制度改革交流调研座谈会、山东济南新型城镇化试点会上交流“湄潭经验”。县公立医院、综合行政执法体制改革有序推进，融媒体中心、矛盾纠纷多元化解中心探索建立，国有平台公司实现优化重组，持续巩固“所队合一”成果。土地制度改革成果丰硕。农村土地确权工作率先完成省、部级验收，率先在全省建成县、镇两级产权交易平台，实现农村产权顺畅流转。宅基地流转经营权颁证有序开展，“五定五明”经验实现农村集体经营性建设用地与国有建设用地同等入市、同权同价，为国家提供了务实有效的“湄潭方案”。农村宅基地颁证率达98%，承包地颁证率达100%，“房地合一”颁证369宗。出让集体经营性建设用地51宗210亩，成交价款4019万元，土地增值收益956万元。“两权”抵押贷款不断拓宽。“五定一控”经验充分实践，农村综合改革不断呈现“湄潭成果”。9家银行机构累计发放“两权”抵押贷款2487笔9.1亿元，支持“欧标茶”茶园建设贷款356笔5765.7万元。

（九）持之以恒抓作风建设，政府自身效能全面提高。“放管服”改革不断深化。完成“一表两单”编制审查，涉及行政权力事项3863项。办理便民服务事项25.4万件，现场办结率100%、群众满意率99.9%。营商环境整治有效。国务院大督查问题整改深入开展，营商环境整治“百日攻坚行动”全面打响，负面清单台账办结率达99%。法制建设更加完善。“七五”普法扎实推进，政府定期学法制度化、常态化，审计监督成效明显。深入贯彻落实统计法律法规，依法统计更加规范，统计公信力显著提升。自觉接受人大法律监督和工作监督、政协民主监督、新闻媒体和群众监督，办理人大代表建议82件、政协委员提案98件，办复率均达100%。廉政建设纵深推进。认真履行党风廉政建设“一岗双责”，坚持不懈反“四风”，全面开展清理领导干部违规经营茅台酒、利用茅台酒谋取私利行为，干部管理不断规范；扎实开展“解放思想敢担当、真抓实干有作为”主题教育活动，党员干部宗旨意识显著增强。

此外，国防建设、消防改革稳步推进，外事侨务、档案、编制、住房公积金管理、民族宗教、人民防空、应急管理、防灾减灾、妇女儿童、残疾人、老龄、工会、共青团、红十字会等工作全面进步。

各位代表，这些成绩的取得，得益于党中央、国务院的亲切关怀，得益于省委省政府、市委市政府和县委的坚强领导，得益于县人大、县政协的监督支持，得益于全县干部群众的团结奋斗，得益于社会各界与上海杨浦区对口帮扶单位的鼎力相助。在此，我谨代表县人民政府，向全县各族人民、知识分子、广大干部职工，向各民主党派、工商联、人民团体、无党派人士，向驻湄部队官兵、消防救援官兵、公安干警，向历届老领导老同志及所有关心支持湄潭发展和改革稳定的各界人士，向在我县投资兴业的企业家、创业者，表示衷心的感谢并致以崇高的敬意！

在充分肯定成绩的同时，我们也清醒地看到，湄潭面临的发展任务仍然艰巨、繁重，问题与挑战不容忽视。主要是：发展不平衡、不充分，发展质量与效益仍然不高；工业经济短板明显，实体经济发展困难较多，抗风险能力不强；财政收入增长乏力，债务风险防控艰巨；农村产业发展转型较慢，乡村振兴任重道远；营商环境活力不足，服务意识还需改善；作风建设仍需加强，担当作为仍有差距。所有这些问题，我们将切实加以解决。

二、2019年工作部署

今年政府工作的总体要求是：以习近平新时代中国特色社会主义思想为指导，深入学习贯彻党的十九大精神，统筹推进“五位一体”总体布局，坚持新发展理念，推动高质量发展。统筹推进稳增长、促改革、调结构、惠民生、防风险工作，进一步提振市场信心，提高人民群众的获得感、幸福感、安全感。遵循“团结奋进、拼搏创新、苦干实干、后发赶超”的新时代贵州精神，继续打好三大攻坚战，巩固提升脱贫攻坚成果，持之以恒实施“三新一全”战略，努力建设生态美、百姓富的活力、魅力、实力新湄潭，以优异的成绩庆祝新中国成立70周年。

今年经济社会发展的主要预期目标是：地区生产总值增长12%；规模工业增加值增长12%；财政总收入、一般公共预算收入分别增长8%；500万元以上固定资产投资增长18%；社会消费品零售总额增长15%，网络零售额增长35%；城镇居民、农村居民人均可支配收入分别增长8%、9.5%；金融机构存、贷款余额分别增长10%、15%。

围绕上述目标，我们将主要抓好以下工作：

（一）坚定不移打赢三大攻坚战，保持经济健康发展。坚决打好债务风险防范攻坚战。守住不发生系统性债务风险的底线，全面落实“保工资、保运转、保民生、稳发展”要求，采取PPP转化、盘活资产、整合资源等方式，化解存量债务。多渠道培植财源，扶持壮大市场经营主体，依法维护好纳税人权益，依法严厉打击偷逃税费行为。规范政府举债，建立政府性债务偿还和风险处置机制，改革预算方式，严格执行限额管理、预算管理、项目债务风险评估，严控新增债务。认真落实政府债务管理“七严禁”，逐步剥离非财政资金偿还债务。从紧控制一般性财政、“三公”经费支出。加大财源建设力度，建立增收节支工作机制，加快国有资产盘活、变现和国有土地出让。加快三大国有公司实体转型，配齐配强资源，提高企业投融资、经营发展能力。积极谋划、申报和储备国家、省、市政策支持的重大民生项目，严禁实施无资金来源、资金来源不足70%的项目。探索建立政府贷款金融机构展期降息机制，降低债务风险。

坚决巩固提升脱贫攻坚战果。全面落实教育、住房、医疗、社会兜底保障。大力实施农民增收工程，拓宽农民就业创业与增收渠道，促就业、增收入。减少贫困人口1350人，贫困发生率降至1.2%左右。持续加大资金投入。投资3.2亿元，提档升级农村水、电、路、讯等基础设施，加大管护力度，彻底改善农村生产、生活条件；投资2亿元，完成经开区、潘家桥、双河湿地3个县城易地扶贫搬迁安置点建设并搬迁入住。持续抓好产业扶贫。发展壮大特色产业，完善贫困村、贫困户与产业项目利益联结机制；大力发展旅游扶贫产业，继续实施电商扶贫产业，促进农特产品产销对接；继续落实“特惠贷”、绿色产业发展基金等产业扶持政策，持续带动农民增收致富。持续激发群众动力。强化基层组织引领脱贫作用，依托“群众会+”、农民讲习所等平台，讲好脱贫故事，激发内生动力，实现实干增收、勤劳致富。强化扶志与扶智培训，增强劳动素养、职业技能、生产经营意识，激发贫困群众自主脱贫动力。引导、支持农村集体经济组织盘活集体资源，不断增加贫困户财产性收入。持续抓好对口帮扶。积极落实好上海杨浦区及相关企业帮扶，用好用活帮扶资金，加快推进帮扶项目，搭接农特产品销售平台，承接东部产业转移，积极开展项目合作，形成互利共赢的发展格局。

坚决打好环境污染防治攻坚战。坚守发展和生态底线，践行“绿水青山就是金山银山”理念，坚持“五位一体”生态文明建设，扎实推进“双十”工程、“治污治水·洁净家园”三年行动，严格执行“三线一单”准入制度，坚决制止、惩处破坏生态环境行为，严禁“两高一资”企业生产经营。实行城镇排水许可管理，强化污水处理费征收、监管、使用。持续巩固建筑施工、道路扬尘、网箱养殖等环境污染整治成果；深入落实河长制，切实抓好水生态环境保护与治理，执行最严格的水资源管理制度，开展集镇及1000人以上集中饮用水源地保护工作。深入推进绿色贵州建设行动，持续开展植树造林增绿活动，严守生态红线，保护良好生态。投资1.6亿元，全面完成12个集镇污水处理厂建设；启动县城三期污水处理厂新建和县城雨污管网改造；投资13.3亿元，启动实施桃花江水环境综合治理和农村生活垃圾、污水收运处理等14个项目。

（二）坚定不移推进新型工业化，助力实体经济重生。提升绿色园区效能。完善“一区四园”管理体制，设立企业代办服务中心，优化产业布局，巩固提升传统产业、培育壮大新兴产业、做精做强绿色产业，不断激发园区发展动力活力。只要路子对，就不怕路途遥远。工业总产值要向100亿元目标冲刺，贡献税收达1亿元以上；新增规模工业企业10家以上，新增亿元级企业8家以上。加快“双千”工程进程。深入实施“千企改造”六大行动，加快培育龙头企业、高成长性企业，改造提升传统优势产业，加快实施竹香米业、盛兴茶业、统之源食品等30家企业技改转型升级。加快破解白酒发展难题，提升白酒产业竞争力，推进“贵州湄窖·中国飘香”品牌复兴工程，重振湄窖雄风。全力推进“千企引进”三大工程，引入一批高精尖、强带动、潜力好的优质企业及高效产业项目落户湄潭，紧盯国内外500强企业、央企、民营企业及上市公司，力争取得招商引资重大突破。突破企业发展瓶颈。优化发展环境，统筹解决企业“三边工程”遗留问题，完善企业土地等手续。建立完善园区产、供、销配套机制，设立产业发展基金、倒贷资金池，鼓励金融机构创新金融产品，延长企业贷款期限，降低融资成本。引导企业实施战略重组，做大规模、壮大实力、创响品牌。

（三）坚定不移推进新型城镇化，加快城乡统筹发展。抢抓融遵历史机遇。加快撤县设区，推进遵余高速（湄潭段）、湄石高速（湄潭段）、遵义至湄潭城市快速通道建设，力争把湄潭建成黔北经济区的东部中心、成渝经济区产业扩散转移重要辐射区。启动县城总规中期评估修编，全力打造“一城两区三中心”。完善城镇功能设施。严格城镇发展规划，完善城镇功能定位，激活小城镇发展优势，加强资源调控、产业调整、基础设施、绿色生态空间等供给与管理，提升小城镇发展质量、生活环境魅力。引导城乡要素双向流动，促进小城镇与乡村互动融合发展。

坚持以工促农、以城带乡，建设山水融合、特色鲜明、产业兴旺、绿色生态的小城镇。全面完成“一场两馆”、县城防洪分洪工程、2018年1820户城镇棚户区改造、13个小城镇“8+N”、18个小集镇“6+N”项目；加快推进县城房开项目；启动实施城乡供水巩固提升工程、城市道路路灯智能升级工程、农贸街以南片区旧城改造等项目，预计投资100亿元以上。提升城市管理水平。巩固文明中国茶城创建成果，持续深化网格区域责任包保，强化市场秩序综合整治，探索建立城镇市政维护、环卫保洁、绿化养护市场运营模式，建立健全常态化、长效化、精细化城市综合管理机制，为创建“全国文明县城”打牢基础。发挥综合行政执法优势，综合运用物联网、云计算、大数据等现代信息技术，拓展数字化城市管理功能，建设智慧城市；畅通公众参与城市治理渠道，形成多元共治、良性互动的城市治理模式。

（四）坚定不移推进新农村建设，全面助推乡村振兴。加快美丽乡村建设。深入开展农村基础设施补短板惠民生行动，建立农村设施运营管护机制，巩固提升人居环境整治“七改一增两处理”成效；优化乡村环境、完善农业设施、保护村寨风貌、留住韵味乡愁，建设美丽村庄；规划建设循环农业、创意农业、农事体验、田园社区“四位一体”的田园综合体示范点，辐射带动庄园经济、庭院经济，加快三产融合、农旅一体化进程。加快实施高标准农田、新增千亿斤粮食产能、小河水库、高台水库等建设项目，启动实施中小河流治理、病险水库除险加固等项目。巩固提升特色产业。优化产业布局，调整种植结构，实现一镇一产业、一片区一产业。培育龙头企业，壮大生产基地规模，打造特色农业品牌。积极推动茶叶、烤烟、优质稻、精品水果等园区提质增效，加快推进国家农高区创建、国家创新型县建设工作，全力推进农产品“三品一标”认证、“欧标茶”“雨林联盟”茶园建设；全力保障畜禽、蔬菜产品供给，稳定市民“菜篮子”；建立产品质量安全可追溯体系，加强农业投入品管控，保障农产品质量安全，夯实产业兴旺基础。大力弘扬文明乡风。弘扬社会主义核心价值观，传承中华优秀传统文化，健全乡村公共文化服务体系。持续开展送文化下乡活动，积极培育优良家风、文明乡风、淳朴民风、诚信社风，广泛开展农村精神文明创建活动，不断丰富人民群众的精神生活，切实提升群众的生活质量。

（五）坚定不移推进全域旅游，实现三产提质增效。完善旅游配套设施。夯实旅游基础，完善景区通道，提档升级景区景点。加快推进精品景区建设，打造精品乡村旅游点及精品民宿，完成九洞桥、关子门精品茶庄主体工程，完成G243（湄潭段）改扩建，启动实施永兴至兴隆旅游公路改扩建、S102（岩孔坝至瓮水司段）改扩建等项目。加快医疗康养建设。加快“医、养、游”融合进程，以遵义桃花江康养示范基地建设为核心，全力打造国际知名的养生健康医疗旅游目的地、医疗高端人才集聚区。引进国内外知名大健康企业，加快推进桃花溪生命科学中心、中医康养仙谷小镇等项目建设。助推旅游融合升级。继续承办好贵州茶“一节一会”，围绕“1512”发展目标，推动茶旅生态休闲度假旅游服务业发展。打造东部物流商务中心、遵义东部会展中心。突出“多彩贵州·醉美遵义·茶海湄潭”旅游品牌，重点做好重庆、上海及贵广高铁沿线等旅游市场；推动茶旅、康旅、农旅、文旅、体旅、红旅等一体化发展，挖掘新业态、研发新产品，提升旅游文化软实力，加快全域旅游进程。启动天下第一壶国家5A级景区创建、永兴古镇建设。全年接待游客600万人以上、增长30%以上，实现旅游总收入53.5亿元以上、增长35％以上。

（六）坚定不移推进改革创新，加快激活内生动能。构建活力十足的改革机制。“农村改革的动力是从土地里迸出来的”，用好用活湄潭农村综合改革试验区的金字招牌，充分利用农村产权制度改革——“四确五定＋三变改革”模式、集体经营性建设用地入市——“五定五明＋三定一议”模式、农村集体土地经营权流转——“五定一控＋‘三权’分置”模式及“两权”抵押贷款、农村集体林权制度等9项国家级改革成果，加快释放改革红利。建立农村综合改革运行机制，组建综合性农村改革机构，提高工作效率、节约改革成本。建立专家智力支撑机制，聘请全国农村土地、金融政策、旅游、规划设计等专家，为湄潭改革与发展问诊把脉、建言献策。建立改革成果转化机制，加快三大集团公司向企业发展实体化、人才队伍专业化、资源配置市场化转型，加快建立镇级股份经济合作联社，引入社会资本与国有企业、集体股份经济合作社组建“湄潭县农村集体资产收储投融资担保公司”，推动集体资产、国有资产与社会资本重组，推动城乡资本、金融资本融合发展。构筑功能完善的开放平台。依托贵州茶“一节一会”、遵义桃花江健康旅游示范基地、国家现代农业产业园、永兴国家级特色小城镇等平台，精心策划、包装一批重大项目，吸引国内外知名企业落户湄潭。举办高端文化交流、峰会论坛主题活动，扩大各领域对外交流合作，提高湄潭对外知名度。充分利用对口帮扶平台，深化长三角等重要区域交流合作，为打造黔川渝中心城市作出湄潭贡献。打造服务一流的发展环境。扎根于群众有多深，我们的发展就能走多远。深化“放管服”改革，着力打造重商、亲商、近商、安商的市场环境，努力构建“亲、清”新型政商关系。驰而不息开展营商环境整治，推动行政服务进企业、进项目、进基地、进社区。开展市场准入负面清单试点，依法平等保护企业产权及合法权益。探索推行工商登记全程电子化，逐步实现“双随机、一公开”综合监管常态化、标准化、智能化；精简和规范行政审批，推进“多规合一、多评合一、多图联审”3个平台建设，创新服务途径，实现“一门进、并联审、限时办、一窗结”的政务服务成效。完善政府守信践诺机制和商务诚信、社会诚信、司法公信的管理制度，建立健全社会诚信体系。

（七）坚定不移增进民生福祉，不断增强群众获得感。扎实抓好教育事业。深入推进基础教育综合改革、新时代教师队伍建设改革，实施学前教育普惠提质、义务教育优质均衡、普通高中示范引领、职业教育兴湄富民行动。全面提升高中教育教学质量，合理调配教育资源、创新办学机制，引入创建高端品牌教育学校，奋力打造高中教育优质品牌，高考一本上线率不入全市前列。全面完成新城区小学、黄家坝第二小学、第二幼儿园建设，启动湄江中学教学楼、职中实训楼、求高片区小学、实验小学和湄潭中学、湄江二小改扩建等项目。扎实抓好卫生健康事业。深化医药卫生体制改革，完善基本药物制度，健全医疗卫生服务体系，促进医疗服务、妇幼健康、基本公共卫生服务均等化；开展新时期爱国卫生运动，巩固创建国家卫生镇、村；优化计生优质服务，全面促进人口均衡发展。投资3.1亿元，完成县医院二期、中医院改扩建及9个卫生院等项目建设。扎实抓好文体事业。加强现代公共文化服务体系建设，深入推进黔川渝结合部湄潭文化中心建设，举办全省乃至全国体育品牌赛事，提升湄潭的知名度、美誉度；积极筹备承办遵义市第三届运动会。扎实抓好社会保障。全面落实保障政策，提高特困供养管理、服务水平，建立更优化的急难救助长效机制；探索医养结合的新型养老模式，推行养老机构公建民营、民办公助运营。强化劳动保障监察，全面落实农民工工资“两金三制”，全面推进被征地农民社会保障、城乡居民基本养老保险“代扣代缴”工作。扎实抓好安全稳定。坚持“党政同责、一岗双责、齐抓共管、失职追责”“管行业必须管安全、管业务必须管安全、管生产经营必须管安全、管安全生产必须管职业健康”要求，全面落实企业安全生产主体责任及各行业、属地监管责任，开展安全生产巡查督查，加强安全风险管控，确保安全生产形势持续稳定。人民战争要动员人民广泛参与。加快“天网工程”、智慧门禁、“雪亮工程”建设，完善立体治安防控体系；持续深入开展扫黑除恶专项斗争、禁毒人民战争，坚持严打高压不放松，确保社会治安平稳可控。

此外，要全面抓好人才引进和管理使用、外事侨务、编制、科技服务、应急管理、住房公积金管理、国教人防、双拥、档案、妇女儿童、红十字会、民族宗教、残疾人等工作。

（八）坚定不移提升行政水平，加强满意政府建设。旗帜鲜明讲政治。坚决做到“两个维护”、牢固树立“四个意识”，始终做到对党忠诚。不折不扣贯彻执行党中央制定的大政方针、决策部署，坚决执行省委省政府、市委市政府、县委的决定和决策部署，确保令行禁止、政令畅通。依法行政重规范。牢固树立法治意识、法治思维，深化“七五”普法，继续完善行政负责人出庭应诉、政府部门法律顾问制度，依法规范统计工作。自觉接受人大法律监督、工作监督和政协民主监督，高度重视司法监督、舆论监督、社会监督。认真落实县人大及县人大常委会决议决定、审议意见，认真办理人大代表建议意见、政协委员提案。强化网络问政，拓宽政民对话渠道，有效疏导、妥善解决群众诉求。真抓实干勇担当。大力发扬求真务实、苦干实干作风，牢固树立“功成不必在我、功夫必须有我”的担当精神，勇于探索实践、敢于攻坚克难、敢于动真碰硬、敢于拍板表态，做到不怕事、不误事、不出事。廉洁自律守底线。完善惩治和预防腐败体系，认真履行党风廉政建设“一岗双责”，强化行政监察、审计监督，建立警示教育常态化机制，加大源头治腐力度，坚决查处违纪违法行为。加强效能监察、行政问责，重拳治庸、治懒、治散、治奢。牢固树立过“紧日子”思想，严控“三公”经费，探索政务接待市场化，树立勤政、廉政的良好政府形象。

各位代表，乘风破浪潮头立，扬帆起航正当时。让我们紧密团结在以习近平同志为核心的党中央周围，高举新时代中国特色社会主义伟大旗帜，在省委省政府、市委市政府和县委的坚强领导下，以只争朝夕的拼劲、敢为人先的闯劲、奋发有为的干劲、锲而不舍的韧劲，克难奋进、实干争先，为乡村振兴、决胜全面小康，奋力谱写生态美、百姓富的茶海湄潭新篇章而努力奋斗！

凤冈县政府工作报告

（2019 年 1 月 10 日在凤冈县第十六届人民代表大会第三次会议上）

凤冈县委副书记、县长 马 华

各位代表：

现在，我代表县人民政府向大会作工作报告，请予审议，并请各位县政协委员和其他列席人员提出意见。

一、2018 年工作回顾

过去一年，是凤冈发展进程中极不平凡的一年。我们经历了脱贫攻坚迎国检的艰难考验，经历了政治生态大手术的剧烈阵痛，经历了防风险、保发展的双重挑战。在县委的坚强领导下，以习近平新时代中国特色社会主义思想为指导，深入贯彻落实党的十九大精神，坚持稳中求进工作总基调，守住生态和发展两条底线，全力推进供给侧结构性改革，着力打好三大攻坚战，奋力实施三大战略行动，统筹推进稳增长、促改革、调结构、惠民生、防风险各项工作，迎难而上、砥砺前行，全县经济社会发展稳中有进、稳中转好。

（一）国民经济艰难前行。在全国、全省经济增速放缓的大环境下，我县虽然没有完成年初确定的预期目标，但绝大部分指标仍然实现了正增长。预计完成地区生产总值 86.14 亿元、增长 8.1%，三次产业结构调整为 31 ：24 ：45；规模工业增加值增速下降 15%；500 万元以上固定资产投资 51.3 亿元，增长 15%；社会消费品零售总额 23.18 亿元，增长 7.4%；财政总收入 7.28 亿元、增长 6.9%，一般公共预算收入 3.18 亿元、增长 8.3%；城乡居民人均可支配收入分别为 29036 元、11217 元，分别增长 9%、10%；金融机构存款余额 111.27 亿元、增长 3%，贷款余额 96.08 亿元、增长 22%。居民消费价格指数控制在目标值以内，全面小康实现程度达 94%。

（二）脱贫攻坚精彩出列。2018 年 7 月，我县以零漏评、零错退、群众满意度达 95.17% 的优异成绩精彩出列，截至去年底贫困发生率降至 1.6%。产业扶贫成效显著。茶叶产量达 5.5 万吨、综合产值 70 亿元，荣获“中国茶叶百强县”称号。肉牛存栏 16.2 万头、出栏 6.1 万头，实现产值 10 亿元；生猪出栏 35 万头，实现产值 9.4 亿元。收购烤烟 10.76 万担，实现产值 1.61 亿元。全县养殖家禽 180 万羽，发展蔬菜 38 万亩、蜜蜂 1.8 万群、万寿菊 3.68 万亩，粮食产量稳定在 20 万吨以上。成功列入首批“国家农业绿色发展试点先行区”“国家农村一二三产业融合发展先导区”建设单位。申报绿色产业扶贫投资基金 6080 万元，实施产业扶贫项目 3 个；累计实施农业产业项目 175 个，培育县级以上扶贫龙头企业 124 家、农民专业合作社 442 个，建成产业扶贫示范基地 29 个。基础设施全面改善。累计硬化通村公路 1307 公里、通组公路 1118.8 公里，完成绥阳至官坝等县乡公路升级改造，启动建设两河口至茶花公路改扩建工程，建制村通客运率达 100%。累计建成农村安全饮水工程 1385 处，完善散户供水设施 10146 户。完成易地扶贫搬迁 2023 户 8618 人，实施“增减挂钩”拆除危旧房 10395 栋，实施农村危旧房改造和安居工程 34678 户、“三改三治三化”30275 户。完成农村电网升级改造 1271.58 公里。累计建成通讯基站 1324 个，电视网络“户户通”实现全覆盖。扶贫协作成效显著。通过上海奉贤区、省监狱管理局、西北民族大学等单位的大力帮扶，累计协调资金 2650 万元，实施扶贫项目 61 个，大力助推凤冈脱贫出列。农民面貌焕然一新。广大群众综合素质明显提升，社会不良风气得到纠正，摆脱贫困的斗志、勇气充分激发，内生动力显著增强。干群关系更加融洽。全县干部“以人民为中心”的思想更加深入，群众路线走得更加扎实；全县群众对党和国家政策更加理解，感党恩、跟党走逐渐变为行动自觉，人民群众的获得感、幸福感大幅提升。

（三）工业经济提质转型。园区基础配套不断完善。新建标准化厂房32.7万平方米，水、电、讯等要素保障能力得到提升，住房、教育、医疗等配套设施相继建成投用。主导产业基本成形。以农产品精深加工、水暖卫浴为代表的工业集群逐步成形。以茶叶、大米为代表的农产品加工企业发展规模不断壮大、产业链条逐步延长。中西部水暖卫浴城签约企业达43家，注册16家、投产达产13家，集群式发展效应初步显现。工业规模持续壮大。全年新引进工业企业20家，累计入驻企业达150家、投产达产127家。14家企业通过“千企改造”实现提质发展，碳酸钡加工厂正式投产。全县工业总产值完成16.3亿元。

（四）第三产业稳步发展。旅游产业加速发展。旅游业态不断丰富，建成茶海之心景区观景索道、玻璃吊桥、观光车道、生态餐厅等项目，民俗文化风情街改造有序推进，中国禅茶瑜伽小镇文旅项目建成并启动招商工作；旅游配套设施不断完善，旅游公路、旅游厕所、生态停车场相继建成；旅游品牌持续打响，全年共接待国内过夜游客33.75万人次、增长9.26%，境外过夜游客693人次、增长236.4%，实现旅游综合收入43.44亿元。九龙景区成功创建为国家3A级景区，长碛古寨、临江村获得“甲级乡村旅游村寨”称号，进化镇沙坝村、王寨镇高坝村、新建镇新建社区龙塘溪组成功列入“中国第五批传统村落”。住宿餐饮业提质升级。打造星级酒店7家，新增酒店2家、茶庄5家，凤冈美食城建成投用。物流业快速发展。建成冷库6个，总容量11680立方米。快递物流实现镇乡全覆盖，邮政业务总量达2956万元。电子商务迅速延伸。建成县级电商产业园、电商物流中心、电商人才孵化中心，建成电商服务站81个，覆盖80%以上的行政村。“引金入凤”工程稳步推进。农村商业银行挂牌成立，新增银行服务网点3个，引进保险公司2家。

（五）城镇建设步伐加快。城镇化率达48.95%。启动编制《凤冈县城市总体规划》，编制完成58个行政村及30户以上居民点《村庄规划》。启动建设棚户区改造项目10个6286户，完成投资8.87亿元。思源学校公租房、茶园路公租房建成投用。龙潭河综合治理项目提升工程有序推进，翠湖路景观绿化、文峰桥区域整治全面完成，凤冈一级客运站建成投用。永安、琊川等7个特色小城镇建设加快推进。房地产业健康发展，全年完成投资18.2亿元，销售商品房56.83万平方米、产值19.38亿元。严厉打击“两违”建设行为，查处违法建筑4380平方米。

（六）生态环境持续改善。蓝天、碧水、净土保卫战顺利推进，全面完成中央环保督察反馈问题整改，各项环保专项行动持续开展，第二次全国污染源普查工作有序推进。建立耕地质量调查点87个、污染监测点43个，实现耕地、农产品质量动态监测全覆盖。按照“一控两减三基本”要求，大力实施有机肥替代化肥、生物农药替代化学农药、畜禽粪污资源化利用三大行动，全县化肥、农药施用量实现“双降”，畜禽粪污综合利用率达90%以上。“三品一标”认证、农作物病虫害绿色防控工作稳步推进，绿色认证面积达1.5万亩、有机认证面积达3.18万亩，完成农作物病虫害绿色防控37万亩，成功创建为“国家农产品质量安全县”“全省种养循环发展试点县”。污水处理厂全面建成，饮用水源自动监测站建成投用，县城和集镇集中式饮用水源水质达标率达100%。“六个严禁”专项行动深入推进，完成新一轮退耕还林1.63万亩，植树造林4.8万亩，实现森林面积、活立木蓄积、森林覆盖率3个稳步增长。

（七）风险防控初见成效。扎实开展存量债务清理化解，严格控制新增债务规模，按照“一债一策”制定还款计划，通过“七个一批”有效管控债务风险。“六级六覆盖”网格化管理扎实开展，“双控”体系建设、“七进”活动有序推进，安全生产事故起数、死亡人数实现“双降”，全年无较大安全生产事故发生，安全生产形势总体稳定。“非洲猪瘟”得到有效防控。公共法律服务体系不断完善，普法责任制全面落实，法律援助范围不断扩大。信访工作步入法治化轨道，社会矛盾纠纷多元化解机制基本建立。防灾减灾救灾能力不断增强。“平安凤冈”建设稳步推进，扫黑除恶专项行动深入开展，社会风险得到有效防控，人民群众的安全感、满意度分别为99.34%、98.72%。

（八）改革开放扎实推进。“放管服”改革持续深化，营商环境整治“日日攻坚行动”强力推进，得到市委、市政府充分肯定。发展环境持续改善，培育微型企业150家，新增市场主体3835户。“双随机、一公开”“一窗通办”“一网通办”全面推进，行政审批环节进一步压减，取消权责事项42项、证明材料102项，项目审批时限缩短40%，成功创建为“全省政务服务标准化建设示范县”。财政体制改革稳步推进，荣获全省综合考核一等奖。国有企业实体化转型基本完成。综合行政执法局挂牌成立。国有林场改革、农村土地确权颁证工作通过省级验收。农村集体产权制度改革顺利启动。公立医院综合改革全面推行。教师薪酬制度改革、义务教育招生制度改革有序推进。对外开放合作不断深化，全年招商引资项目184个，总投资149.8亿元、到位资金50.6亿元。与北京大学、浙江大学、西南大学、贵州大学等高校及国家环保总局有机食品发展中心、国家进出口检验检疫局等科研单位战略合作不断深入，全面开放新格局逐步形成。

（九）社会事业有效托底。实现学有所教。完成教育投入1.8亿元，凤冈一中、二中改扩建工程稳步推进，凤冈职校实现整体搬迁，凤冈五小、凤冈四幼建成投用。实施义务教育改薄项目84个、旱厕改造项目67个。通过引进、招聘和选聘教师325人，投入1670万元购置“班班通”、实验仪器、音体美器材等教学设备，义务教育基本均衡发展通过国家复评，荣获“第五批国家级农村职业教育和成人教育示范县”称号。累计发放各类教育惠民资金1.3亿元，惠及学生14.7万人次。实现病有所医。茶海春医院和漆坪村、凤翔社区卫生室建成投用，全面完成琊川、土溪、永安、进化卫生院附属工程建设。实现基本公共卫生服务均等化，居民健康档案建档率达98%以上，建档立卡贫困户、重点管理人群家庭医生签约率达100%。全县“新农合”参合率达99%以上，建档立卡贫困户住院报销比例达90%以上。分级诊疗和医联体建设加快推进，投入1300万元建成远程医疗系统和区域健康信息平台，基本实现异地就医住院费用直接结算。实现困有所助。城乡低保分别提标7%、10%，惠及8578户、19860人，累计发放保障金7159.5万元。医疗救助、临时救助、冬春救助、优抚补助、退役士兵生活补助等全面落实，发放补助资金4000余万元，惠及1.6万人次。实现老有所养。城镇企业职工基本养老保险参保人数达1.9万人，城乡居民基本养老保险参保人数达19万人，工伤保险参保人数达1.5万人，失业保险参保人数达1.1万人，城镇居民基本医疗保险参保人数达1.9万人。累计发放养老保险金2.61亿元，集中供养、分散供养五保对象535人。实现业有所就。建成凤翔社区技能培训中心、人才交流市场，开通“凤奉劳务直通车”，凤冈县创业孵化园被评为“2018年度省级创业孵化示范基地”，凤冈·凤翔就业创业园被评为“市级就业扶贫示范园”。投入资金2.15亿元，开发就业岗位6000余个，解决贫困群众就业7000余人。全年完成就业培训1700人次，新增就业3496人，转移农村剩余劳动力6012人，城镇登记失业率控制在4%以内。实现生有所育。“二孩”政策全面落实，兑现“计生四项制度”资金1150万元，人口出生率、自增率达到预期目标。实现活有所乐。文化“六个一”工程深入推进，玛瑙山遗址课题研究和考古圆满完成，平头溪、旧寨等红军活动遗址成功申报为省级文物保护单位。全年送电影下乡800余场次，开展演出活动98场次。全民阅读、全民健身活动参与人数分别增长12%、16%。完成多彩云“户户通”5000套、行政村“户户用”41个，实现文体设施村级全覆盖。成功创建为“国家卫生县城”，“文明在行动·满意在贵州”群众满意度位列全省第一。

此外，外事侨务、民族宗教、国防教育、人民防空、档案方志、应急管理、疾病防控、妇女儿童、老年人、残疾人、红十字等各项社会事业取得新进步。

（十）自身建设不断加强。全面落实管党治党责任，推动政府效能不断提升。“两学一做”学习教育常态化、制度化推进，“解放思想敢担当·真抓实干有作为”主题教育深入开展。法治政府建设全面推进，依法决策、法制审查、复议应诉、法律顾问等工作不断强化。自觉接受人大及其常委会的法律监督和工作监督、政协民主监督、审计监督、舆论监督、和群众监督，办理人大代表建议意见75件、政协委员提案80件。坚决执行中央、省委、市委和县委关于作风建设的各项规定，“三公”经费下降15.53%。坚决惩治腐败行为，驰而不息纠正“四风”，持之以恒整治不作为、慢作为、乱作为等突出问题。

各位代表，回顾过去一年，我们面对的压力前所未有。脱贫攻坚投入巨大，财政支出压力前所未有；国家投资和金融政策收紧，防范化解风险压力前所未有；各项督查空前严厉，经济发展压力前所未有。面对这些压力，我们不畏艰难、迎难而上、奋力而为，着力调速度、优结构，控数量、提质量，总体实现了高质量发展。成绩来之不易，这是县委统揽全局、科学决策、正确领导的结果，是县人大、县政协监督支持的结果，是上海奉贤区、省监狱管理局、西北民族大学和上级有关部门关心帮助的结果，是社会各界鼎力支持的结果，是全县干部群众勠力同心、同甘共苦、真抓实干的结果。在此，我谨代表县人民政府，向全县干部群众、驻凤部队官兵和离退休老同志，向在凤冈创业的投资者，向所有关心和支持凤冈发展的各级领导、各界人士，表示诚挚的感谢并致以崇高的敬意!

在肯定成绩的同时，困难和问题也不容忽视。经济总量小、结构不合理、人均水平低的基本县情，还没有根本改变；财源结构单一、财政收支矛盾突出、防范化解各类风险压力较大的基本态势，还没有根本改变；工业规模小仍然是全县经济发展最大短板的现状，还没有根本改变；在新的政策环境、市场环境下，投资拉动难以持续发力的形势，还没有根本改变；部分干部信心不足、创新不够、斗志不强、激情不高、等待观望、得过且过的状态，还没有根本改变。面对这些问题，我们必须痛下决心、直面矛盾，敢于亮剑、敢于斗争，彻底加以解决。

二、2019 年工作总体部署

2019 年，我们将面临政府融资政策的收紧期、偿还债务的高峰期、政治生态的修复期、经济发展的追赶期、增长动能的转换期，机遇与挑战并存、红利与风险同在，做好全年工作意义重大、影响深远。面对艰巨繁重的改革发展稳定任务，我们将顶住压力、保持定力、精准发力，推动各项事业高质量、高效率、高速度发展。

今年工作的总体要求是：以习近平新时代中国特色社会主义思想为指导，深入学习贯彻党的十九大和习近平总书记在贵州代表团的重要讲话精神，牢固树立“四个意识”，统筹推进“五位一体”总体布局，协调推进“四个全面”战略布局，坚持稳中求进工作总基调，坚持新发展理念，全面推进改革开放，认真落实“巩固、增强、提升、畅通”八字方针，深入推进供给侧结构性改革，守好发展和生态两条底线，抓住“双有机”、农工旅一体化两条主线，突出新型工业、新型城镇、乡村振兴三大抓手，聚焦城区、园区、景区三区平台，打造茶、牛、旅三大百亿级产业集群，建设“三园三基地”，统筹抓好稳增长、促改革、调结构、惠民生、防风险各项工作，推动经济社会高质量发展，为加快建成百姓富、生态美、产业强的大遵义都市圈后花园而努力奋斗。

今年的主要预期目标是：地区生产总值增长 10% 以上；规模工业增加值增长 10%；500 万元以上固定资产投资增长 18%；社会消费品零售总额增长 9.5%；财政总收入增长 8%，一般公共预算收入增长 8%；城乡居民人均可支配收入分别增长 9%、10%；金融机构存贷款余额分别增长 12%、20%；招商引资到位资金增长 10%，全面小康实现程度达 94.5% 以上。居民消费价格指数、节能减排降碳等指标控制在目标值以内。

围绕上述目标，今年工作的主要任务是：

（一）聚焦决胜三大战役，坚决打赢守牢底线保卫仗。（1）持续打好精准脱贫攻坚战，决胜全面小康。全面贯彻中共中央、国务院《关于打赢脱贫攻坚三年行动的指导意见》《关于实施乡村振兴战略的意见》，县委、县政府《关于巩固脱贫攻坚成果建设全面小康社会的实施意见》，认真落实“四个切实”“五个一批”“六个精准”要求，紧扣“一达标，两不愁，三保障”标准，持续打好“四场硬仗”。以“双有机”战略为引领，全面实施乡村振兴战略，着力推进“三引四变”、打造“三园一栈”。持续巩固脱贫成果。坚持焦点不散、靶心不变、力度不减、队伍不撤，大力推进“七个转变”。继续实施“五主五包”“321”结对帮扶机制，用好东西部扶贫协作、对口帮扶机制。坚持常态化、制度化开展动态识别，建立防范返贫预警机制，加强信息管理，确保脱贫路上不落一人、小康路上不漏一户。全面完成易地扶贫搬迁拆旧复垦复绿工作，进一步完善搬迁群众就业、就学、就医等后续服务。力争减少贫困人口 3000 人以上，贫困发生率降至 1% 以内。着力实施产业振兴。牢牢把握农村产业发展“八要素”，全力推进农村产业革命，坚持“调结构、增特色、优质量”，持续抓好“国家农业可持续发展试验示范区”“国家农业绿色发展试点先行区”“国家一二三产业融合发展先导区”建设，积极创建“国家重要农产品优势区”，启动申报“国家现代农业产业园”，着力实施“中国好粮油示范县”工程，探索建立全国农村一二三产业融合发展标准体系。积极培育主导产业，加大茶叶种植管控力度，持续稳定茶园 50 万亩，实现茶叶产量 5.7 万吨、综合产值 85 亿元，做响做靓“东有龙井·西有凤冈”名片。稳定肉牛产业发展，新增存栏 1 万头，新增肉牛养殖户 100 户，巩固建设标准化示范养殖场 5 个，新增家庭农场 50 个，新组建专业合作社 50 个，种植优质牧草 8 万亩，交易肉牛 10 万头，实现综合产值 13 亿元，夯实百亿级肉牛产业基础。巩固传统优势产业，种植优质水稻 21 万亩，发展烤烟 4.5 万亩、辣椒 17.5 万亩、食用菌 1000 亩，养殖家禽 200 万羽，新增精品水果 2000 亩。探索特色新产业，按照政府引导、市场化运作原则，发展以万寿菊、茯苓为主的中药材5万亩；新建蜜源林5000亩，新增蜜蜂5000群，做大做强“甜蜜事业”。持续打响有机品牌，新增有机产品基地认证1.85万亩、有机养殖场4家、有机加工厂6家。着力实施生态振兴。严格自然资源开发空间和管控措施，推动多规融合。大力实施“治污治水·洁净家园”三年行动计划，加大农村面源污染防治力度。强化“河长制”落实，加大强河道治理力度，推进主要江河控制断面水质自动监测站建设。坚持“土长制”管控，加强土壤环境监测监管，扎实开展土壤污染防治工作。健全“林长制”机制，巩固休耕面积4万亩，完成退耕还林1.73万亩，森林覆盖率提高1个百分点。实施万佛峡谷景区公路绿化工程，完成蜂岩一品泉、进化大堰、天桥河闪渡等13个村级经济林建设。着力实施组织振兴。建立健全党委领导、政府负责、社会协同、公众参与、法治保障的现代乡村社会治理体制，充分发挥农民主体作用，提高群众自力更生能力。完成第十一届村（居）民委员会换届工作，优化村级组织架构设置，提升基层组织治理能力和服务水平。着力实施文化振兴。强力推进文化“六个一”工程，大力开展全民阅读、全民健身活动。持续开展文化扶贫行动，精心组织送文化下乡活动。启动电子农家书屋建设，鼓励支持引导群众文化消费。全面加强文物保护，组织申报一批非物质文化遗产。推进镇乡综合服务站提档升级，启动实施村级文化中心建设，力争建设乡村文化广场30个。着力实施人才振兴。大力引进和培养农业技术、城乡规划、生态保护、电子商务、景观设计等方面人才。加大产业创新、技术攻关、产品研发等奖励扶持力度，为乡村振兴提供智力支持和人才保障。（2）*持续打好污染防治攻坚战，保住良好生态*。深入贯彻落实习近平总书记关于生态文明建设的重要思想，加强生态环境保护、生态文明体制机制建设。认真抓好中央环保督察“回头看”反馈问题整改，扎实做好“三线一单”工作，确保按期建成城乡环卫一体化项目。加大燃煤锅炉清理整治力度，完成县城区餐饮业油烟净化设施改造。加快“黄标车”、老旧车辆淘汰步伐，切实加强工业生产、建筑施工、道路运输等行业烟粉尘治理。完善镇乡污水处理厂配套设施，实现集镇排污管网全覆盖、生活污水全收集。扎实开展第二次全国污染源普查工作，建立健全联动执法机制，全方位开展生态文明宣传教育活动，力争创建为“国家生态文明建设示范县”。（3）*持续打好防范化解重大风险攻坚战，保持大局稳定*。坚持“主动防范、系统应对、标本兼治、守牢底线”的总体思路，始终把防范化解重大风险放在突出位置。坚决防范化解金融风险。严格落实债务限额管理和财政预算管理制度，健全风险预警和应急处置机制。开展国有企业历史遗留问题专项整治，合理制定债务偿还计划，严防债务逾期风险。强化金融行业监管，严厉打击非法集资、金融诈骗、高利贷等违法行为。全力防范社会稳定风险。深入推进扫黑除恶专项行动，坚决铲除黑恶势力及其保护伞。大力推进智慧警务建设，统筹抓好综治、维稳、禁毒、扫黄、“两抢一盗一骗”等专项治理。大力推进县乡两级综治服务中心建设，深化矛盾纠纷多元化解机制。扎实抓好民族宗教工作，严防境外势力渗透。扎实防范安全生产领域风险。加强安全生产、自然灾害防治和应急管理能力建设，落实“党政同责、一岗双责、齐抓共管、失职追责”责任制。健全安全生产监管、执法、考核、问责体系，深入推进“六级六覆盖”网格化管理和“双控”体系建设，加大宣传教育力度，加强各领域安全隐患整治，确保安全生产形势持续稳定向好。

（二）聚焦突破五条战线，坚决打赢增比进位翻身仗。（1）*找资金，以资金引领*。围绕金融政策、产业政策、金融产品挖资金，围绕财政政策、民生短板争资金，围绕优势资源、存量资产引资金，围绕东西部扶贫协作、对口帮扶聚资金，围绕土地资源保护与开发找资金，力争新增债券资金15亿元以上、银行融资10亿元、招商引资到位资金56亿元、绿色产业扶贫投资基金8亿元，确保完成财政转移支付收入23亿元、国有资产处置收入1亿元、国有资产经营收入3500万元、土地出让金收入3亿元、土地增减挂钩指标交易收入4.8亿元、社会捐（助）资2500万元。（2）*抓项目，凭项目支撑*。围绕金融政策谋划争取融资项目，围绕国家政策谋划争取政府投资项目，围绕优势资源谋划招商项目，围绕国有企业实体化改革谋划开发项目，围绕社会关注热点谋划争取民生项目，围绕对口帮扶谋划争取资助项目，力争进入中央、省、市重点项目“盘子”24个，新开工重点项目72个、亿元项目40个，编制储备项目200个以上，完成500万元以上固定资产投资60亿元。（3）*统指标，拿数据说话*。牢固树立指标意识、数据思维，强化入规入统，确保数出有库；强化生产调度，确保库中有数；强化协调匹配，确保库能出数；强化统计执法，确保不出假数。力争新增5000万元以上投资项目20个，新入库规模以上工业企业6家以上、限额以上批发和零售业企业6家以上、其他营利性服务业企业5家以上、限额以上住宿和餐饮业企业5家以上。确保经济综合测评进位争先。(4)练内功，靠本领吃饭。弘扬敢为人先、敢争第一、敢于碰硬的拼搏精神，保持说干就干、干就干好、一抓到底的务实作风，坚持补短板、强弱项、守底线、闯新路的工作思路，把握锁定目标、压实责任、紧追不舍、较真碰硬的工作方法。坚持以公心决策、凭良心办事、靠决心破题、用信心立业的从政理念，遵从忠诚干净担当做官、高效专业精明做事、诚信守规厚道做人的从政准则。增强"八大本领"、防范"四大危险"、应对"四大考验"，确保不发生重大决策失误。(5)守底线，靠安全托底。牢固树立底线思维，重点守牢民生、法律、速度、生态、安全、稳定、廉洁、意识形态8条底线，确保政府工作控制在红线之内、运行在底线之上。

(三)聚焦决战六大战场，坚决打赢高质量发展突击仗。(1)持续补齐基础设施短板。加快实施"大交通"工程。加快推进湄石高速凤冈段工程建设，积极争取务彭高速、遵义至湄潭城市快速通道延伸到凤冈，争取326国道凤冈至湄潭段扩建项目。启动鄢家桥至大松、花坪至大兴二级公路提质改造，力争按照二级公路标准启动S304洋溪口至新民、S515新民至天桥等路段改造。完善"组组通"公路建设，大力实施危桥改造工程。积极配合上级部门开展昭黔铁路、通用机场建设前期工作。加快实施"大水利"工程。有序推进穿家坪水库建设，启动德隆水库、车拗口水库建设，力争启动潭子口、洋子溪水库建设，加大病险水库鉴定治理力度。完善农村安全饮水项目工程，彻底解决饮水困难问题。加快实施"大网络"工程。投资1120万元新建通讯基站58个，彻底消除网络盲区盲点。投资4500万元完成小康电改造，确保供电可靠率达99%以上。加快实施"天网工程"四期、"雪亮工程"，构建安全防护网。继续完善各类基础设施管护养护机制，落实"五员"管养责任。(2)持续推进新型工业化。深入实施工业强县战略，坚持"高端化、绿色化、集约化"发展思路，构建具有凤冈特色的现代工业体系，夯实工业高质量发展基础。调整优化工业布局。将金鸡产业园纳入经开区统筹规划建设，有序推进西部水泥厂迁建扩能，加快推进宏发米业、神农米业、兴阳米业等企业"退城入园"。夯实工业发展基础。加快职工公租房、安置房、四期及五期标准化厂房配套工程建设进度，着力提高现有标准化厂房利用率，持续提升园区住房、医疗、教育、金融等配套服务能力。大力支持凤冈陆氏锌硒食品开发、湘凤锌硒蓝莓开发冷链物流园、凤冈县2万吨茶叶精深加工等项目加快建设，支持企业自建厂房8万平方米以上。突出打造主导产业。重点打造农产品精深加工、水暖卫浴两大主导产业。继续延长以茶叶、肉牛为代表的农产品精深加工产业链条，确保建成一家集科研、生产、销售为一体的锌硒茶饮规上企业。加快建设中西部水暖卫浴集散中心，完成水暖卫浴城一期项目建设。力争引进有机食品精深加工、水暖卫浴实体企业50家。培育壮大工业规模。深入推进"千企改造""千企引进""万企融合"战略，坚持以园区为主平台，着力在招大引强上下功夫，力争引进1至2家高新企业入驻园区。大力支持碳酸钡加工厂、缫丝厂扩大生产规模和延伸产业链，加快推进页岩气项目开发。加大对外贸易政策支持力度，力争完成出口额1500万美元。(3)持续推进新型城镇化。全面贯彻落实《中共凤冈县委关于推进新型城镇化打造大遵义后花园的决定》《凤冈县关于推进新型城镇化打造大遵义后花园的实施意见》，着力实施"六大工程"。实施"城市疏解"工程。完成《凤冈县城市总体规划》《控制性详细规划》修编工作，优化"两区两园"功能布局，加快推进新城区建设和行政中心南迁工程。实施"城市之心"工程。合理规划建设行政、商贸、旅游、康养区，打造经济适用的行政中心、经济繁荣的商贸中心、环境优美的旅游中心和生活舒适的康养中心。实施"城市之肺"工程。加快龙潭河国家湿地公园建设进度，开展"见缝插绿、拆临透绿、打违还绿"专项行动，建设一批休闲绿地。建立健全城镇管理机制，全面提升城市管理水平。实施"城市之园"工程。规划建设市民健身中心、图书馆、游泳馆，大力建设康体养生广场、文化娱乐广场。启动"一井一塔一树一寺"历史印记保护和打造，改造提升高速匝道口、鄢家桥、土桥河、天河桥、永安大道等重要节点景观。实施"集镇提升"工程。加快推进琊川、永安省级示范小城镇建设，蜂岩、绥阳市级示范小城镇建设，永和、新建、进化特色小城镇建设。加快城市棚户区改造进度，提升城镇品位，形成"一镇一特"。实施"美丽乡村"工程。加强传统村落保护，完成建制村村庄规划及30户以上集中居住村寨建设规划，制定完善"三型"乡村创建标准。力争打造县级有机示范点3个，每个镇乡打造有机示范点2个，培育打造特色集镇2个、升级型乡村5个、特色型乡村50个。(4)持续推进农康旅一体化。认真组织实施《中共凤冈县委凤冈县人民政府关于加快第三产业发展的实施意见》，推动第三产业健康快速发展，力争实现第三产业增加值40亿元，规模以上企业达10家以上。推动旅游业快速发展。建成县城游客服务中心，实施茶海之心景区智慧旅游工程。启动仙人岭、万佛山、洋子溪、林仙康、九龙森林康养基地建设，启动太极洞、知青茶山农旅一体化项目，完善茶海之心景区观光设施并投入运营，力争启动打造温泉康养休闲中心。力争创建4A级景区1个、3A级景区2个。全年接待过夜游客人数突破45万人次。推动住宿餐饮业快速发展。建成四星级标准酒店1家，挖掘打造本土特色餐饮品牌，培育老字号餐饮名店3家以上，争创省市级名优小吃20种以上。开展“十佳旅游酒店”“十佳旅游特色农产品”评选活动。推动电子商务快速发展。配套完善电子商务运营中心，确保“全国电子商务进农村综合示范县”顺利通过验收。培育电商带头人10名、电商创业者100名，实现网络零售额1200万元以上。加大牛云大数据交易平台建设和运用，实现云交易肉牛1万头。抓住奉贤区对口帮扶机遇，助推“凤货出山、凤货入沪”。推动现代服务业快速发展。加快现代商贸业发展，完善湘黔国际商贸城、民生综合市场等功能配套设施，引进限上商贸企业5家以上。优化百货商场、汽车城、家居城等大型商贸市场规划布局，规划建设1至2个集金融、购物、餐饮、娱乐为一体的城市商业综合体。大力实施“引金入凤”工程，力争引进金融服务机构2家。加快冷链物流建设，引进规模冷链物流企业1家以上，建设冷库5万立方米以上。力争培育和引进规模以上社区服务企业7家、规模以上中介服务企业5家。（5）持续推进改革精准化。坚持问题导向，把人民群众期望什么、反对什么、痛恨什么作为改革的出发点和落脚点。以政府机构改革为契机，深入推进“放管服”改革、审批服务便民化，切实加强事业单位分类改革、法人治理结构建设。深入推进营商环境“日日攻坚行动”，落实减税降费政策，构建亲清新型政商关系。加快金融体制改革，着力解决小微企业融资难、融资贵问题，全力支持民营经济发展，力争市场主体增长22%。推进社会体制改革，深化养老保险制度改革，建立企业职工基本养老保险基金。深化公立医院医疗价格、人事薪酬、药品流通、医保支付改革，建立现代医院管理制度。推进教育去行政化综合改革、队伍体制机制改革、薪酬制度改革。完善生态环境管理制度，推行生态环境损害赔偿制度和责任追究制度。推进跨部门、跨区域综合行政执法体制改革，优化执法力量，提高执法能力和水平。加大对外开放力度，加强对外交流合作，着力构建对外开放新格局。（6）持续推进民生事业精细化。坚持教育优先发展。全面落实习近平总书记“九个坚持”教育理念、县委《关于深化教育改革加快推进教育事业高质量发展的决定》。实施义务教育优质均衡行动计划，确保顺利通过国家义务教育质量监测。实施普通高中示范引领计划，打造高水平示范高中。实施职业教育富民计划，开展多种形式的职业培训。实施要素保障计划，确保教师收入不低于公务员平均收入水平。落实教育投入“三个增长”要求，优先化解教育债务，优先匹配教育资金，优先安排教育教学设备和科研经费。优化医疗卫生服务。深入实施卫生服务能力三年提升计划，全面落实“四重医疗保障”制度，确保建档立卡贫困人口住院报销比例达90%以上，农村贫困人口参合率达100%。推进多种形式医联体建设，落实公立医院“六项投入”，扎实开展县医院三级综合医院、县妇幼保健院“二甲”创建工作。启动镇乡卫生院专科建设和等级创建工作。加强社会民生保障。完成城乡低保年度核查和提标工作，启动建设天河殡仪服务中心。深入开展多元化职业技能培训，培训创业人才500人、技能人才2000人。新增城镇就业3500人以上，帮助贫困户就业1000人，下岗失业人员再就业500人，新增转移农村劳动力6000人，城镇登记失业率控制在4%以内。着力办好民生实事。建成凤冈三幼、凤冈五幼和土溪、绥阳、天桥第二幼儿园。建成龙泉第二社区卫生服务中心和何坝卫生服务中心。建成投用凤冈县养老服务中心。建成残疾人康复中心。建设垃圾中转站13个，建成垃圾收集处理一体化系统。实施棚户区改造900户以上。实施农村公路生命防护工程1000公里。

此外，还有统筹推进外事侨务、人民武装、人民防空、国防教育、双拥创建、防灾减灾、档案方志、三关爱、红十字等各项事业再上新台阶。

（四）聚焦攻破四大堡垒，坚决打赢治理能力现代化突围仗。就当前的凤冈而言，加强政府治理能力现代化建设，首要任务就是坚决彻底扫除廖其刚余毒对政治生态、经济秩序的破坏。要彻底扫除不明真相、是非不辨，仍追随、感恩、同情廖其刚的思想余毒；彻底扫除做人不讲道德、做事不讲规矩、做官不守底线的作风余毒；彻底扫除因学廖其刚而养成的不守工作规矩，因怕廖其刚而养成的不按规矩办事、不负责任的工作习惯余毒；彻底扫除讲江湖不讲党性、讲团伙不讲原则、有匪气而无正气的庸俗文化余毒。

彻底扫除看似为了推进工作，实则是为了谋取私利、方便个人说了算；看似为了解放思想，实则是为了输送利益、加快私利实现开口子的制度余毒。我们必须要让政府运行回归到正确的法治轨道上来。

（1）围绕政治正确、法律正确、方法正确提高决策力。始终把政治正确作为干好政府工作的首要标准，牢固树立“四个意识”、增强“四个自信”、做到“两个维护”。全面加强法治政府建设和依法行政工作，自觉接受县人大及其常委会的法律监督和工作监督、县政协的民主监督、群众的社会监督，确保权力在阳光下运行。大兴调查研究之风，坚持群众路线，坚持实事求是，确保行政决策符合党中央要求、符合法律法规规定、符合市场经济规律、符合凤冈县情实际、符合人民群众期待。

（2）围绕有令则行、立说立行、有需则应提高执行力。坚持不讲条件、不打折扣、不欺上瞒下的工作态度，保持“咬定青山不放松”的定力和“踏石留印、抓铁有痕”的劲头，弘扬主动作为、真抓实干、以身作则、率先垂范的奋斗精神，做到看准了就马上干、决定了就盯死干、起步了就拼命干。坚持以人民需求为导向，做到民有所呼我必有应、民有所想我必有思、民有所难我必有解、民有所需我必有为。

（3）围绕政令畅通、运行畅顺、心情畅爽提高管控力。自觉服从县委领导、维护县委权威、落实县委决定。坚持民主集中制，坚决执行《政府工作规则》、“三重一大”事项集体决策制度，坚决防止“一言堂”“拍脑袋决策”等行为。建立健全正向激励、负向惩戒、容错纠错机制，坚决为实干者撑腰、为干事者鼓劲，营造“优胜劣汰、能上能下、奖惩并重”的干事创业氛围。

（4）围绕政出有据、政府清廉、运转高效建设人民满意的政府。牢固树立法治意识、法制思维，严格按照法定权限、程序行使权力，确保政府工作在法治的轨道上规范运行。认真履行管党治党责任，坚决惩治腐败和不正之风，充分利用“监督执纪”四种形态和巡视巡察利剑，加强政府系统党风廉政建设，努力营造风清气正的政治生态。坚持以人民为中心的发展思想，坚持发展为了人民、发展依靠人民、发展成果由人民共享，努力提高人民群众幸福指数。

各位代表，习近平总书记指出“伟大梦想不是等得来、喊得来的，而是拼出来、干出来的”，凤冈的美好未来也是干出来的。政府的核心要义就是“干”。唯有干，凤冈才会有希望；唯有干，凤冈人民才会有幸福；唯有干，我们才能无愧于历史、跟得上时代；唯有干，我们才能冲出谷底、不负众望。让我们紧密地团结在以习近平同志为核心的党中央周围，在省委省政府、市委市政府和县委的坚强领导下，始终保持锐意进取、永不懈怠的精神状态，始终保持敢闯敢干、一往无前的奋斗姿态，苦干、实干、巧干、拼命干，干出一片新天地，干成一个大遵义都市圈的后花园，干出一个百姓富、生态美、产业强、气质好、颜值高、品质优的锌硒新凤冈，为让每一个凤冈人民过得更加幸福而不懈奋斗，以优异的成绩迎接中华人民共和国成立70周年！

余庆县政府工作报告

（2019 年 1 月 9 日在余庆县第十七届人民代表大会第三次会议上）

余庆县委副书记、县长 王 飞

各位代表：

现在，我代表县人民政府向大会作工作报告，请予审议，并请列席会议的同志提出宝贵意见。

一、2018 年工作回顾

过去一年，是经济社会发展进程中困难叠加、充满挑战的一年，也是极不寻常、尤为艰难的一年，更是全县上下团结奋进、实干攻坚的一年。一年来，在市委、市政府和县委的坚强领导下，在县人大、县政协的监督支持下，我们全面贯彻落实习近平新时代中国特色社会主义思想和党的十九大精神，牢牢聚焦防范化解重大风险、精准脱贫、污染防治三大攻坚战，紧紧围绕“六区”新余庆建设目标，积极应对错综复杂的宏观经济环境，统筹做好稳增长、调结构、惠民生等各项工作，社会大局和谐稳定，县域经济健康发展。

国民经济稳步增长。预计全年地区生产总值完成 88 亿元；完成财政总收入 9.4 亿元，一般公共预算收入 4.3 亿元；完成 500 万元以上固定资产投资 43.5 亿元；城镇居民人均可支配收入增长 9.2%、农村居民人均可支配收入增长 9.5%；完成社会消费品零售总额 21.2 亿元，增长 9.5%；金融机构存贷款余额分别实现 99 亿元、104 亿元。

民生福祉持续增进。减少农村贫困人口 1622 户 5672 人，贫困发生率下降到 2.64%，10 个贫困村出列，顺利通过国家第三方评估和省际交叉检查。全县新增城镇就业 4100 人，转移农村劳动力 3.1 万人，城镇登记失业率降至 3.1%。各类社会保险参保覆盖率达 96%，城乡居民最低生活保障标准持续提升。全面实现“村村通客运”，改造农村危房 1050 户，建成“组组通”公路 192 条 576 公里，群众“民生三感”明显增强。

创先争优硕果累累。跻身“2018 中国茶业百强县”，县级公立医院综合改革考核荣列全省第一，成功创建“中华诗词之乡”“省级生态示范县”“省级食品安全示范县”，高分通过国家三类城市语言文字工作评估；子营街道、敖溪镇获评“省级食品安全示范乡镇（街道）”，大乌江镇、构皮滩镇、龙家镇分获国家、省级、市级卫生乡镇，松烟镇获评“省级餐饮服务食品安全示范乡镇”“全省先进人民调解组织”，敖溪镇获评“全省小城镇建设工作先进单位”，花山苗族乡入围“全国民族团结进步示范单位”。

一年来，我们主要抓了以下工作：

（一）致力聚焦靶心、精准发力，脱贫攻坚连战连捷。基础设施更加完善。完成农村公路安全生命防护工程 232 公里。实施农村安全饮水项目 562 个，解决 6.7 万人饮水安全问题；魁龙水库、打鼓台水库蓄水运行，小乌江水库、太平水库、新寨水库等项目序时推进。投资 1.1 亿元，实施电网项目 164 个，改建配网线路 560 千米。建成县级自然灾害预警信息发布指挥中心。易地搬迁全面转段。建成 10 个安置点，拆旧复垦 2010 户、128 亩，搬迁入住 8123 人，户均就业 1 人以上。实施搬迁入户临时救助 3700 人，兑现资金 555 万元。成立积善社区、龙家安置点等 4 个服务中心，易地扶贫搬迁全面转入后续扶持发展阶段。精准扶贫成效显著。投入专项资金 1556 万元，发放“特惠贷”1.6 亿元、绿色产业基金 1.99 亿元，大力开展产业扶贫，带动贫困户增收 60.5 万元。投入资金 3.1 亿元，实施扶贫项目 242 个。兑现公益林生态补助1200万元，受益22个贫困村、4.3万人。健全教育扶贫体系，发放资助4979万元，受助学生3.4万人次。精准执行医疗扶贫救助政策，建档立卡对象定点就医费用报销达90%。

（二）致力兴工旺农、转型升级，产业发展提质增效。工业基础持续夯实。贵州余庆经开区跻身2018年版《中国开发区审核公告目录》。全年招引项目23个，新增企业17家，园区入驻企业达95家。完成工业总产值50.3亿元、工业增加值10.8亿元。"一区三园"水、电、路、讯、房等设施持续改善。白泥高新技术产业园52万平方米标准厂房建设有序推进，创客大厦主体完工，温氏总部、龙溪烟花爆竹仓库建成投产。现代农业提效发展。持续调优结构，发展中药材1.7万亩、花椒1.5万亩，新增茶叶基地5000亩。生态畜禽产业稳步发展，年出栏生猪32万头，累计建成温氏生猪养殖家庭农场147户、标准棚218个。收购烟叶10.9万担。完成乌杨田园农旅综合体一期建设。建成省级现代高效农业示范园区5个。第三产业提速上档。浪水湾景区露营基地、高空滑索建成运营。新建A级旅游厕所10座。老林河生态旅游综合体项目招商落地。红渡景区获评国家3A级景区。桃花节、采茶节等特色文旅活动交相辉映。全年接待过夜游客30万人次，旅游综合收入34.5亿元。金融保险、电子商务、现代物流快速发展。培育电商企业29家，网络零售额达450万元，电商交易额突破3200万元。全年完成第三产业增加值41.9亿元，占GDP比重达47.6%。

（三）致力融城带乡、协调发展，城乡面貌欣欣向荣。县城魅力更加彰显。建成土司衙署一期、石羊湖城市综合体。完成余庆河河道治理一期、农特产品交易服务中心建设。汽车站、车辆考试中心建成投用。石羊湖水舞声光秀建成运行。余庆大酒店主体完工。碧桂园、清华园等商住小区快速推进。城镇特色更加明显。稳步推进山地特色新型城镇化建设，完成《余庆县县域乡村规划》编制，实现村庄规划全覆盖。敖溪"土司文化"特色小城镇初具雏形。龙溪"烟花小镇"建设序时推进。"苗韵花山"特色旅游小镇基本成型。城乡融合更加紧密。"四在农家·美丽乡村"内涵不断丰富，"乡村振兴先行示范县"创建扎实推进。全面小康示范创建成效明显，创建市级示范镇（村）11个。遵余高速、湄石高速快速推进，乡镇80%通高速、"20分钟"上高速目标指日可待。箐口至柏林至坪桃、许家坝至关庄、玉石洞至魁龙等公路建成通车。乌江构皮滩水电站通航工程全面调试，余庆通江达海近在眼前。

（四）致力绿色发展、铁腕治污，生态环境持续优良。监管治理扎实有效。认真整改落实中央环保、国家土地督察反馈问题93个。受理群众信访举报案件50余件，环保执法力度空前。强化土地综合开发利用，治理石漠化32.5平方公里，完成城乡建设用地增减挂钩5200亩，新增耕地9457亩。治污治水卓有成效。累计建成污水处理厂12座，35个村寨污水处理项目推进有力。建成中心村垃圾收运系统34个，全年无害化处理垃圾5.18万吨、处理率67.7%，集中收处能力逐步提高。农村面源污染得到有效整治。严格落实河长制，全面完成县域养殖网箱拆除。生态屏障逐步筑牢。实施绿化造林6.5万亩，森林覆盖率达61.13%。贵州飞龙湖湿地公园顺利通过国家复核验收。"国家级生态示范县"创建有序推进。白泥镇、敖溪镇、龙溪镇顺利申报国家级生态示范乡镇。扎实开展森林资源保护"六个严禁"执法专项行动，森林资源、野生动植物得到有效保护。

（五）致力民生至上、共建共享，社会事业成绩斐然。教科文体协同发展。投入3.5亿元，新增校舍6.1万平方米，维修改造学校60所，顺利搬迁城关一小，中心城区新增学位2520个；投入营养改善计划资金2480万元，惠及学生3.5万人；投入1957万元，落实教师新增25%绩效工资。创建市级民办普惠性幼儿园4所。高考一本上线率22.8%、本科上线率68%，综合排位居全市第五。全民科学素质有效提升，成功申报"全省知识产权战略推进工程示范县"。成功承办省十运会山地自行车越野赛，获评"贵州省十运会先进承办单位"。女子门球赛、冬泳锦标赛等省级赛事好戏连台，非遗周末聚、文化惠民季等活动精彩不断，省十运会、市二运会等赛事余庆健儿连创佳绩。卫计事业成绩突出。医药卫生体制改革持续深化，余庆医改模式成为"省级样板"在全省推广复制。县妇幼保健院创建"二甲"，县人民医院入列全国建立健全现代医院管理制度试点医院、通过"二甲"复审并启动三级综合医院创建，疾控、妇幼体系不断完善，公共卫生服务能力持续提升。深入开展爱国卫生运动，实现国家、省、市三级卫生乡镇创建全覆盖。社会治理全面加强。保持扫黑除恶高压态势，侦破涉恶案件21件，打掉犯罪团伙8个，抓获犯罪嫌疑人76名。创建省、市级"民主法治示范村（居）"13个，县、乡两级"矛盾纠纷多元化解中心"11个，青少年法制教育、预防未成年人犯罪等工作扎实开展，"法治余庆"建设成效明显。严格落实安全生产责任制，连续76个月未发生较大以上安全生产事故。全面完成“天网工程”“雪亮工程”年度建设任务，“平安余庆”建设深入推进。矛盾化解在基层标准化试点项目，高标准通过国家终期验收，“余庆经验”不断深化。

（六）致力深化改革、转变作风，自身建设全面加强。深化改革蹄疾步稳。全面推进“互联网+政务服务”，行政审批“三集中、三到位”成效明显。农村综合改革有序推进。全面完成综合执法体制和国税、地税征管体制改革。“放管服”改革、供给侧结构性改革、商事制度改革、文化体制改革等重点领域改革稳步推进。风险防控坚定有力。加快国有企业市场化、实体化转型步伐，稳步推进债务风险防范化解。加强“政金企”合作，积极引导金融资本服务实体经济，严厉打击违法违规金融活动，金融市场健康有序。政府效能持续提升。坚决贯彻落实县委决策部署，自觉接受人大、政协监督，办理人大代表议案、建议意见67件，政协委员提案45件。深入开展“营商环境整治行动”，政务环境不断优化、服务效率持续提升。深入开展“解放思想敢担当，真抓实干有作为”主题教育活动。切实履行全面从严治党政治责任，严格执行廉洁从政各项规定，持续强化审计监督，主动接受监察监督，全县立案21件、23人，结案10件，给予政务处分10人，政府系统党风廉政建设、反腐败工作全面加强。

一年来，我们在统计税务、民族宗教、应急人防、外事侨务、国防教育、气象消防、档案史志、智力支边等方面取得了新成绩，工青妇、工商联、红十字、老龄、残联、科协、文联、关心下一代等事业实现了新发展。

各位代表，过去一年我们坚守信念、应对挑战，化解风险、砥砺前行，破解瓶颈、奋力开拓，成绩来之不易。这是中央、省、市关怀的结果，是县委统揽大局、运筹帷幄的结果，是县人大、县政协有效监督和鼎力支持的结果，也是全县广大干部群众同心同德、苦干实干的结果。在此，我代表县人民政府，向所有关心、支持和参与余庆建设和发展的全县干部群众、驻余官兵、社会各界人士和离退休老同志，致以崇高的敬意和衷心的感谢!

当前，余庆正处在蓄势提档、奋力赶超的发展阶段，转型升级还存在诸多压力和困难。主要表现在：发展速度不快、发展质量不高是我们跨越发展的最大制约；工业基础不强、产业结构不优是我们加快转型的最大短板；投资活力不显、资金保障不足是我们提速赶超的最大难题；开放创新不够、服务效能不佳是我们实现高质量发展的最大障碍。对此，我们要理性面对、清醒认识、切实解决。

二、2019年主要工作目标和任务

2019年是打赢脱贫攻坚战、全面建成小康社会的决战之年，也是实施“十三五”规划、建设“六区”新余庆的关键之年，做好全年工作至关重要。

今年工作的总体要求是：坚持以习近平新时代中国特色社会主义思想为指导，全面深入贯彻落实党的十九大和十九届二中、三中全会精神，中央、省、市经济工作会议精神，坚持稳中求进工作总基调，守牢发展和生态“两条底线”，坚持质量第一、效益优先，统筹兼顾、重点推进，坚决打好三大攻坚战，以新思维破解新问题、新开放应对新挑战，有力有序有效做好各项工作，确保进位赶超，经济运行在合理区间，社会大局持续稳定，奋力开创“六区”新余庆建设新局面。

今年工作的主要预期目标是：地区生产总值增长11.5%；规模工业增加值增长12%；财政总收入增长10%，一般公共预算收入增长8%；500万元以上固定资产投资增长18.5%；社会消费品零售总额增长12%；农业增加值增长6.5%；城镇居民人均可支配收入增长9.5%，农村居民人均可支配收入增长10.5%；第三产业增加值增长15%以上；贫困发生率降至1%以下；城镇登记失业率控制在3.5%以内；节能减排完成年度任务。

今年拟办10个方面的实事：①完成龙溪小河小流域治理、满溪河河道治理项目，启动两岔河水库建设。②启动构皮滩至瓮脚公路大修工程，推进全县农村公路安全生命防护工程。③建成余庆县城乡生活垃圾收运全覆盖一期、二期工程，完成县城、龙溪镇、花山乡、构皮滩镇、龙家镇、松烟镇基础设施综合整治项目，推进全县棚改项目。④新建茶叶基地2万亩，带动5000人脱贫。⑤启动梓桐幼儿园、龙溪第三幼儿园，建成箐口幼儿园、光明幼儿园、他山中学运动场及附属工程、松烟中学综合楼项目。⑥整体迁建龙家镇、白泥镇、花山乡卫生院，改扩建松烟镇、敖溪镇、构皮滩镇卫生院，新建60个村卫生室。⑦推进贵州余庆经开区高新技术产业园、龙溪石材产业园建设，新增就业2000人。⑧推进余庆河河道整治二期项目。⑨完成16.65平方公里石漠化综合治理工程。⑩建成110千伏白泥变电站，加快新一轮农村电网改造。

围绕上述目标，我们将努力做好以下 7 个方面工作：

（一）决战决胜脱贫攻坚，迈出全面小康新步伐。 始终把脱贫攻坚作为头等大事、第一民生工程，用更大决心、更精措施，坚决打好既有速度、更重质量的精准脱贫攻坚战，确保全面消除贫困村。重抓产业引领。以“春风行动”“夏秋攻势”为抓手，持续推进特色农产品“泉涌”以及贫困村“一村一品”“一长两短”等工程，强化利益联结机制和产销对接机制，加大“农校对接”“农超对接”力度，精准提升扶贫项目到户覆盖率和群众受益率。建成松烟、龙家专供贵州财经大学蔬菜基地 2 个，带动贫困户 270 余户、800 余人。兜好政策网底。持续推行贫困家庭学生教育扶贫、医疗健康扶贫救助、“特惠贷”等政策，确保贫困户享受更多政策红利。深化农村综合改革，全面完成农村集体产权制度改革任务，扎实抓好农村土地“三权”分置和农村“三变”改革，增加贫困群众财产性收益。注重扶贫与扶志扶智结合，激发群众内生动力，大力开展贫困劳动力就业创业，实现贫困生资助全覆盖。保障后续发展。整合县镇村三级资源，靠实帮扶责任，落地“234”措施，全面推进易地扶贫搬迁群众后续扶持发展工作，确保搬得出、稳得住、能致富。

（二）持续提升产业质效，构建协调发展新体系。 树立“产业兴则余庆兴”思想，坚持做大总量与提升质量并重、全面推进与重点突破并举，持续调结构、促转型，做大做强工业、做优做精农业、做活做旺三产。

坚定工业强县战略。坚持以贵州余庆经开区为主战场，加快改革步伐、激发创新活力。统筹完善“一区三园”设施，加快推进白泥高新技术产业园、农商旅一体化、1040 套公租房等重点项目，全力推进龙溪石材产业园、余庆茶产业园及精深加工等项目，盼福果蔬、12 家汽车电子配套产品加工等项目建成投产，切实提高标准厂房利用率。聚力推进龙溪烟花爆竹产业园建设，发挥全省最大烟花爆竹仓储基地优势，全年力争引进烟花企业 8 家，产值突破 10 亿元；推动组建市级烟花爆竹产业协会，打通外贸出口创汇通道，促进烟花产业向文旅融合发展；加大行业管控力度，着力提升税收贡献率。立足延伸轻工业链条，致力将松烟创业园打造为“全县加工制造业基地”。精准“两新一大一特”产业定位，全力抓好招商引资。大力发展大健康产业，积极引导茶企转型升级；科学开发石材、陶土、钒矿、重晶石等“沉睡”资源，延长产业链条，力争启动钒矿加工项目；引进石材企业 2 家，建成 2 条生产线，产值突破 2 亿元；引进其他企业 25 家。全年力争完成固定资产投资 20 亿元，建成标准厂房 52 万平方米，新增规模企业 10 家，努力完成工业总产值 60 亿元。“一区三园”建设取得重大突破，余庆工业发展奏响最强音。

坚定农业兴县战略。加快完善水、电、路等基础设施，完成小乌江水库主体建设，提速推进农村饮水安全巩固提升、污水处理二期（管网）、污水处理厂提标改造等项目。科学划定粮食生产功能区和重要农产品生产保护区。大力发展茶叶、花木、生态养殖、中药材、精品水果等山地特色高效农业，稳定粮油种植面积，发展烤烟 4.5 万亩、中药材 2.3 万亩，新增“稻 +”工程 5000 亩。加大龙头企业培育力度，力争省级达 10 家、市级 30 家、县级 40 家。切实提升优质绿色农产品知名度和市场占有率，强力抓好粮食储管和品牌建设，全力打造“余庆干净茶”“中国好粮油”。大力推进现代高效农业园区建设，申报省级园区 1 个、市级园区 3 个，5 个省级园区提质增效。

坚定三产活县战略。突出发展文化旅游业。不断完善公共文化服务体系，着力开展文化体育“双强双创”活动，创新推动文化事业和文化产业发展。加强红色文化资源保护和有效利用，提升“五大群众文化活动品牌”，深入开展“书香余庆·全民阅读”活动。以“文化 +”为驱动，积极培育新型文化业态。持续推动飞龙寨、浪水湾景区提质升级，促进文创旅游产业融合发展，加强对外宣传推介，不断提升接待水平。加快推进老林河文化旅游综合体、乌江风情小镇、敖溪土司古镇、余庆坊·河滨等旅游项目建设。实施康养产业带动，深入推进旅游扶贫。积极推进国家全域旅游示范县创建。实现游客接待量、旅游综合收入分别增长 30%，国内过夜游客人数达 33 万人次。全力发展商贸物流业。加快建设县城智慧城物流园、江北农副产品综合交易物流园，启动大乌江港口物流园规划建设。优化商业布局，余庆大酒店建成投用，建设农商旅综合体、居然之家等一批专业市场，加快聚集人气商机。新增限上商贸企业 10 家，外贸进出口总额 150 万美元，社会消费品零售总额 23.6 亿元。创新发展新兴服务业。发挥“全省电子商务示范县”功能，规范管理电商产业园，科学发展农村电商，强力推进电商创业创新，完善物流设施提升配送水平，着力开发茶叶、水果等优质农产品上线销售，实现“三增”目标，助推“余货出山”。实施市场主体增量行动，扶持发展一批中小微企业。鼓励发展托幼托管、代收代缴、医养结合等新型服务业态。

（三）强力扩大对外开放，增强科学发展新动能。牢固树立开放意识，创优内部环境，坚定不移走出去，全力实现合作共赢，奋力打造对外开放“新高地”。

配优发展要素。加强金融创新，提升财税水平。持续推进4000亩城乡建设用地增减挂钩项目，挖掘土地开发复垦潜力，有效配置资金、土地等资源，最大限度保障项目资金和用地。巩固营商环境整治“百日攻坚战”成果。纵深推进“放管服”改革，以壮士断腕的决心打通盲点、清除堵点、解决痛点，全力打造“四最”营商环境。完善联动协调和督查考核机制，做到“服务零距离、指导不干预、帮忙不添乱”，当好企业发展“保姆”。

强力招商引资。以招商引资论英雄，大力实施“招商引资突破年”行动，举全县之力构建大招商格局，激发民间投资活力，厚植县域经济发展基础。坚持“政府主推、企业主体、团队主抓”思路，聚焦茶叶、石材、烟花、钒矿等优势资源，致力招大引强，精准锁定目标企业，实行专业化招商、团队化合作、市场化运作、实战化推进。健全招商项目风险评估、重大项目迅速决策、全程代办服务等机制，确保招商引资项目签约率、落地率“双提升”。力争全年引进百强企业2家以上。

强推项目建设。以争取资金项目评实绩，聚焦国家政策导向，瞄准中央战略规划和投资方向，围绕基础设施建设和产业发展“短板”，科学谋划、申报、建设一批重大项目，千方百计争取更多项目落地。全年拟实施项目120个，计划投资61亿元。年度计划投资23.8亿元，实施棚户区改造、余庆河河道整治二期等一批城建项目。计划投资8.5亿元，实施高新技术产业园、龙溪石材产业园等一批工业项目。计划投资6.3亿元，推进敖溪至关兴、新界河至农林、撤并建硬化公路等一批交通项目。启动德余高速公路建设。计划投资6.4亿元，实施浪水湾景区、飞龙寨整体提升、老林河生态旅游区等一批旅游项目。计划投资3.2亿元，实施太平水库、城乡供水巩固提升工程等一批民生项目。完善重点项目目标责任、层级调度、督查考核等机制，全面加强管理，确保“四率”提高。

（四）科学统筹城乡建设，彰显美丽宜居新风貌。坚持“城乡统筹、产城互动”理念，以城乡民生基础设施补短板和乡村振兴战略为抓手，同步提升城乡规划、建设、管理水平，增强城市承载功能，改善乡村人居环境。

提升城市品位。完善城市规划体系，完成县城两个高速出口片区控规及城市景观风貌、城区道路标识等专项规划编制。推进城市“双修”，以土司衙署、教师新村、老车站和小神寨片区、西部新城“3号、4号、5号”地块等重点区域为核心，打造一批园林绿化、夜景亮化、立面美化精品工程及“口袋公园”。加快完善西部新城、东部产城交通、教育、医疗、文体等公共服务配套，加快建设驾驶员考试培训中心，推动新城人气聚集、产业兴旺。强化“两违”综合治理和城乡市容市貌整治。深入推进“四化”城管，强化执法队伍建设，大力提升城市治理水平。

完善城镇配套。加快市政基础设施、餐厨垃圾处理等项目建设。启动余庆屠宰场建设，实施冷链物流配送，逐步规范全县屠宰场。提升改造一批乡镇农贸市场，规划建设一批乡镇精神文明服务中心。推进城区、景区、商业区停车场规划建设，发展多样化停车设施。加快城区电动汽车充电桩规划和建设。推进各类公共场所无障碍设施改造。推进城镇公共厕所、旅游厕所、人员密集公共场所厕所等十大“厕所革命”，建设改造城乡公厕90座，实现县域厕所品质大提升。

推动乡村振兴。坚定不移以“四在农家·美丽乡村”建设为抓手，统筹推进乡村经济、政治、文化、社会、生态文明“五位一体”建设，持续改善农村人居环境，提升村容村貌，打造一批具有农耕文化、历史记忆、地域特点的乡村振兴示范样板，着力将“四在农家”升华为乡村振兴的“余庆经验”。持续推进农民住房财产权、农村土地承包经营权抵押贷款试点工作，加快农村经营制度改革进程。不断夯实农村基层基础，壮大村级集体经济，强化村级阵地建设，健全自治、法治、德治相结合的乡村治理体系，持续提升乡村治理水平。科学统筹人、财、物资源，用好用活绿色产业扶贫投资基金、上海市对口帮扶资金，建设一批绿色产业基地，培育一批新型农业经营主体，带动一批种养大户、致富能人，促进农业增效、农民增收、农村繁荣。

（五）大力推进绿色发展，厚植生态环境新优势。坚守生态底线思维，稳步提升环境质量，打赢环境保护和污染防治攻坚战，打造天蓝、地绿、水清的美丽家园，努力实现生态环境“高颜值”、经济发展“高素质”。

坚持生态优先。严格落实环境保护“三线一单”

制度，注重森林和湿地资源保护与培育，启动老林河、团结湖省级森林公园建设，完善飞龙湖国家湿地公园项目。深入推进生态文明建设工程，完成造林2.9万亩，森林覆盖率达62%。突出绿色发展导向，强化环保、土地等刚性指标管理，对能源和水资源消耗、建设用地等实行总量和强度“双控”。坚决守住全县67.7万亩耕地红线，严格落实耕地保护。加强饮用水源保护、河流水质监测和森林防火、病虫害防治，持续筑牢生态屏障。

强化环境治理。坚持全民共治、源头防治，不断完善城乡环境治理体系，严格执行环境保护“三同时”、生态环境损害“一票否决”与责任终身追究制，打好“蓝天、碧水、净土”保卫战。全面加强农业面源污染防治。扎实开展全国第三次国土调查、污染源第二次普查工作。持续推进“河长”制，不断健全河流管护体系。扎实开展废弃矿山地质环境恢复治理、绿色矿山建设。加强地质灾害防治和预报预警，抓好石漠化治理。积极探索环境监管和执法新路径，着力提升环境监测能力。高标准抓好中央及省市土地、环保督察反馈问题整改工作。

发展绿色经济。实行最严格的环境准入制度、项目风险评估机制，促进经济效益与生态效益有机统一。快速推进温氏养殖粪污综合利用项目，提高畜禽废弃物利用水平。推广“稻+”模式，加快建立资源循环利用体系。盘活森林资源资产，完善林地林木流转及林权抵押贷款投融资平台，加强“政金企”合作，助推企业融资成功。加快建立绿色生产、消费导向，倡导简约适度、绿色低碳生活方式。深入推进节能减排，大力实施“千企改造”，能源消耗排放达标。

（六）全力补齐民生短板，凝聚共建共享新合力。坚持民生至上，实实在在增福祉，让发展更有温度、幸福更具质感，全力打造共建共治共享的社会治理格局。

优先发展教育。全面实施《加快教育发展建设教育强县的意见》，以立德树人为根本，着力树师德、育师风。坚持以提升教学质量为核心，狠抓学校规范化管理。财政预算6800余万元，确保教师绩效、高中、学前生均公用经费、教师继续教育经费按时足额拨付，确保教师平均工资高于公务员平均工资水平。创新教育教学改革，深化教育人事制度改革，探索员额制教师管理模式，有效激发师资队伍活力。加快余庆中学、“东城三校”项目进度，改扩建实验中学。科学统筹教育资源布局，积极扩大开放、引入民办教育，不断增加优质资源供给，办好人民满意的教育。扎实推进县域经济知识产权战略工程建设，不断提升科技进步水平。

致力卫生健康。坚持保基本、强基层、建机制，优化配置卫生资源，形成县乡一体、乡村一体格局。加强医疗卫生监管体系建设，规范运行医疗卫生机构，强化医德医风建设，完善便民惠民措施。增强基本公共卫生服务，持续完善疾控、妇幼健康服务体系，实施健康信息一体化管理，探索医养结合、康养结合新路。继续深化医疗健康扶贫政策，全面落实贫困人口建档立卡精准扶贫。持续深化医药卫生体制改革，着力推进薪酬制度、医共体建设、家庭医生签约等内容，丰富余庆医改内涵，发挥引领示范作用。

完善社保体系。拓展就业创业渠道，全年城镇新增就业4100人，农村劳动力转移就业3500人，发放创业小额贴息贷款3000万元。健全城乡救助体系，抓好社会保险征收移交，完善易地扶贫搬迁人员养老保险、居民医疗保险后续衔接和保障服务，做好城乡低保、社会福利、优抚安置等工作，健全农村留守儿童、妇女和老人关爱服务体系，实现贫困人口参加城乡居民基本养老保险、基本医疗保险全覆盖。启动福寿山公墓建设，搬迁新殡仪馆。全面推进跨省异地就医即时结算工作。推进项目工程“一金三制”全覆盖，破解治欠保支难题。

创新社会治理。不断丰富矛盾纠纷多元化解的“余庆经验”，持续强化法治信访建设。扎实推进安全生产“六级六覆盖”“双控”体系建设，坚决遏制重特大事故发生。健全应急联动机制，切实提升突发事件处置能力。坚持露头就打，以霹雳手段强力推进“扫黑除恶”工作。全面推进“六警”建设，着力加强市场监管，扎实推进“七五”普法，推动公共法律服务向信息化、网络化转型，确保人民群众安全感、满意度“双提升”。加快军民融合发展，强化退役军人服务管理，巩固“省级双拥模范县”创建成果。积极做好第十一届村（居）民委员会、监督委员会换届工作。支持工会、共青团、妇联、科协、残联、工商联、红十字会等人民团体和民主党派，参与社会治理和公共服务；做好民族宗教、外事侨务、人防、档案、气象、老龄等工作。

（七）抓实抓好自身建设，开创政府工作新局面。持之以恒转作风、提效能，全面增强狠抓落实、改革创新本领，努力打造人民满意政府。

旗帜鲜明讲政治。坚持把党的政治建设放在首位，把学习、贯彻、落实习近平新时代中国特色社会主义思想和党的十九大精神作为首要任务，强化“两个维护”、增强“四个意识”、坚定“四个自信”，站稳政治立场、把准政治方向，始终同党中央，同省、市、县委的决策部署保持高度一致，坚决做到令行禁止，确保各项工作落地生根。

真抓实干促发展。保持发展定力、弘扬实干作风，实事求是、因地制宜开展工作。健全正向激励、容错纠错机制，激发广大干部干事创业激情。大力开展股级以上干部教育轮训工程。围绕创优“四最”营商环境，做好“互联网+政务服务”，让群众少跑路、不添堵，政务服务能力再上新台阶。坚持把防风险作为维护稳定的“压舱石”，全面防范各类风险，突出防范债务风险、安全生产风险。统筹推进政府机构、县属国有企业等重点领域改革，全力破解发展难题。

依法行政促公平。坚持法定职责必须为、法无授权不可为，切实加强法治政府建设。健全“公众参与、专家论证、风险评估、合法性审查、集体讨论决定”决策机制，做到依法、民主、科学决策。主动接受人大及其常委会的法律监督、工作监督和县政协的民主监督，主动适应监察监督，广泛接受社会媒体监督，持续加强审计监督。大力推进政务公开。认真办理人大议案、代表建议和政协提案。

锤炼作风保廉政。坚持把纪律和规矩挺在前面，认真落实全面从严治党主体责任，持之以恒抓好党风廉政建设和反腐败工作。严格落实中央八项规定精神，坚持首问负责、限时办结等制度，驰而不息纠正“四风”。坚持无禁区、全覆盖、零容忍，坚决整治“庸政、懒政、怠政”和“不作为、慢作为、乱作为”现象，巩固发展反腐败斗争高压态势，以永远在路上的坚韧，大力营造风清气正的政治生态。

各位代表，疾风知劲草，拼搏正当时。让我们在县委的坚强领导下，在县人大、县政协的监督支持下，保持战略定力、坚定必胜信心，紧紧团结和依靠全县人民，以“功成不必在我”的为民情怀、“舍我其谁”的使命担当，抢抓机遇、奋勇争先，全力夺取决战之年的根本性胜利，共同谱写建设“六区”新余庆、决胜全面小康的崭新篇章，以优异的成绩迎接新中国成立70周年！

正安县政府工作报告

（2019年1月9日在正安县第十七届人民代表大会第三次会议上）

正安县委副书记、县长 吴 起

各位代表：

现在，我代表县人民政府向大会报告工作，请予审议，并请各位县政协委员和列席会议的同志提出意见。

一、2018年工作回顾

过去一年，在市委、市政府和县委的正确领导下，在县人大及其常委会和县政协的监督支持下，我们深入学习贯彻党的十九大精神和习近平新时代中国特色社会主义思想，认真执行中央、省、市各项决策部署，以脱贫攻坚统揽经济社会发展全局，抢抓机遇、砥砺前行，坚定不移稳增长、调结构、促改革、惠民生、防风险，圆满完成十七届人大二次会议确定的各项目标任务，为决战脱贫攻坚、决胜全面小康奠定了坚实基础。

2018年，预计完成地区生产总值115亿元，增长13%；完成500万元以上固定资产投资105亿元，增长18%；完成2000万元以上规模工业增加值17.5亿元，增长4%；完成地方财政总收入13.4亿元、增长8.03 %，一般公共预算收入6.6亿元、增长13.96%；完成社会消费品零售总额27.5亿元，增长7.3%；金融机构存款余额达167亿元、增长0.4 %，金融机构贷款余额达173亿元、增长40%；完成常住城镇居民人均可支配收入29325元、增长10 %，农村居民人均可支配收入10181元、增长11%；全面小康实现程度达93%。

一年来，我们攻难关、克堡垒，脱贫攻坚卓有成效。始终坚持以脱贫攻坚为统揽，严格按照“四场硬仗”“五个专项治理”等要求，扎实推进“春风行动”“夏秋攻势”“冬季会战”，全面强化县、镇（乡、街道）、村三级指挥体系和深化“54321”挂帮机制，层层压实责任，全力攻克深度贫困。全年减少贫困人口4330户、16897人，实现42个贫困村出列销号，贫困发生率下降至3.3%。基础设施大改善。绥正、正习高速公路建设有序推进；全力实施“十三五”撤并建制村硬化路建设，累计硬化路面1692公里；完成“组组通”公路路面硬化657公里。全面实施24894户、108848人农村安全饮水工程建设，基本实现农村饮水安全全覆盖；骨干水源开发利用工程顺利推进，续建新洲、杨柳溪、庙塘3座水库，开工建设猫溪沟、渔溪河、风光3座水库。扎实推进农村电网改造升级工程，解决低电压台区399台，清除木电杆2671根，全面开工建设智能电表安装和低压集抄项目。新建通讯基站109个，铺设“广电云”户户用工程光缆1266公里，新增用户10338户。产业扶贫大推进。获批省级扶贫产业子基金项目19个、资金7.5亿元，统筹整合财政涉农资金4.4亿元，重点发展茶、竹两个主导产业和生态畜牧、中药材、野木瓜、蔬菜及生态旅游等特色辅助产业，实现贫困村、贫困户全覆盖。贫困户与产业组织全面实现利益联结，贫困人口人均收入增加1011元。易地搬迁大见效。完成3217户、14834人搬迁入住，成立移民服务中心，创新建立单位帮栋、企业帮元、干部帮户和转户口、转低保、转教育“三帮三转”机制，让3843名搬迁劳动力实现就业，基本实现“搬得出、稳得住、能致富”的目标。基本保障大扩面。全面实行农村贫困家庭子女无障碍入学，兑现教育资助资金5012.68万元，资助学生64358人次；全面落实贫困人口医疗健康保障政策，建档立卡贫困人口参合率达

100%，住院医疗费用实际补偿比达90.2%；全面启动31658户农村人居环境综合整治，实施农村危房改造4137户。不断强化扶智扶志，大力宣传党的政策和扶贫先进典型，全面激发干部群众干事创业热情。大力开展法治扶贫，有效整治争当贫困户、争要扶贫政策等行为，群众认可度大幅提升。

一年来，我们调结构、提质效，产业后劲全面增强。着力扩规模、调结构、促转型，产业建设迈出坚实步伐，三次产业结构调整为27∶23∶50。农业产业再提升。深入推进农村产业革命，新发展白茶1.2万亩、方竹5.07万亩、中药材4.64万亩、商品蔬菜10万亩、订单高粱2.68万亩，种植烤烟4.93万亩，完成烟叶收购11.15万担。大力发展畜禽产业，实现生猪出栏28.84万头、牛3.04万头、羊6.12万只、家禽458.76万羽，存群蜜蜂12万余群，畜牧渔业产值达20亿元。大力实施商标品牌战略，新增无公害农产品产地认定36.2万亩、有机认证面积30325亩，国家有机产品认证示范区通过现场验收，有208家企业405个产品在“贵州绿色农产品推介平台”上线运营，新成功注册商标220件。大力推动现代农业发展，培育农业企业168个，名录管理农民专业合作社303家，90个贫困村建立合作社169家，打造省级现代高效农业示范园区3个、市级园区5个、县级园区10个、乡镇级30个，农业产业持续壮大。工业经济再提档。全年新增规模工业企业4家，总量达81家。园区吉他及配套企业增至54家，实现产销吉他600万把，成为吉他产销市场份额最多的地区、全省最具特色的产业园区。完成安页1井测采合一，向县内外居民供气56万方，安页2井、3井开钻，为正安页岩气规模化开采打下坚实基础。第三产业再提速。完成旅游项目投资20亿元，实现旅游综合收入19.43亿元，接待游客197.49万人次；桃花源记景区竣工营运并成功创建为国家4A级景区，北郊湖湿地公园成功创建为国家3A级景区。持续推进电子商务进农村示范工程，完成99个电商服务站点运营，推动9家本地企业开展电商销售，新增个人店铺数38家，网络零售额突破1.5亿元。整合县域快递物流资源，成立四通一达快递物流公司，在镇村设立快递投放点，切实打通物流快递“最后一公里”。“引银入正”深入推进，全县银行业金融机构发展至9家、保险业金融机构达5家，金融有效供给不断提高。

一年来，我们优环境、拓功能，城乡统筹深入推进。深入实施城镇化带动战略，统筹推进城乡联动，完成城镇建设投资135亿元，新增城镇人口2万人，城镇化率达49.6%。城镇建设大提质。以城市道路建设为突破口，城市主体框架支撑路网基本形成，滨江大道、临江仙路建设加快推进，完成播州大道、南环路、芙蓉中路、尹珍北路改扩建等市政道路建设。全面启动北门、文家寨、一小和安场城市棚户区改造项目，实施棚户区改造9651户。完成桃园山人防疏散地域建设，北郊湖公园、胜利潭市民健身中心、吉他广场、吉他风情一条街、吉他文化创意产业园、石梁河污水处理工程等市政设施配套项目快速推进，白茶城、莱茵半岛、七鑫·未来世界、凤栖尚城、正安天下、泊景湾等房地产开发续建项目有序推进，城市功能不断完善，城市品位大幅提升。城镇管理大增效。智慧城市建设深入推进，利用“天网”对城区市场秩序、市政设施和环境卫生等进行全面监控，智能化管理水平大幅提升；启动“全县生活垃圾收运处理在线监测”，实现城乡垃圾收运处理智能化管理，确保生活垃圾精准处理。农村面貌大改善。大力推进“特色新集镇·美丽新农村”创建，重点打造桴焉、瑞溪等特色小城镇和安场、土坪、新州、庙塘、市坪、谢坝等示范小城镇。围绕“四改、两化、一拆除”，全面实施农村人居环境综合整治31658户，整治农村透风漏雨老旧住房10959户，精品型村庄示范建设全力推进，农村居住环境明显改善。

一年来，我们控源头、强治理，生态环境持续改善。牢固树立生态优先、绿色发展理念，大力加强生态环境保护，生态效益持续释放。环境治理成效显著。严格执行“两个问责办法”，持久开展森林保护“六个严禁”专项行动，查处涉林行政案件33起；坚决打好污染防治攻坚战，强化建筑施工行业监管、扬尘治理，开展油烟污染、噪声治理、五小场所等专项整治，检查企事业单位125家，限期整改企事业单位76家，立案处罚19家。环境质量全面改善。切实强化大气污染源、扬尘、机动车尾气治理，建立健全空气质量监测及预警体系，中心城区环境空气质量优良率达98.8%。用水效率不断提升，万元GDP、万元工业增加值用水量持续下降。扎实推进河长制，芙蓉江等重点河流监测断面水质达标率100%，千人以上集中式饮用水水源地水质达标率100%。生态经济效益突显。完成营造林11.89万亩，完成林业投资13亿元，森林覆盖率达60.94%。实施城乡建设用地增减挂钩4000亩，实现增减挂钩节余指标跨省交易2700亩、收益8.1亿元。

一年来，我们重创新、增动能，改革活力全面进发。始终坚持全面深化改革，着力破解体制机制壁垒，全力推进创新驱动，不断释放县域经济发展活力。综合改革深入推进。“放管服”改革成效明显，“减证便民”“一照一码”“证照分离”等制度全面推行，依法取消行政审批事项4项，保留行政许可171项、行政服务180项，承接上级下放行政审批事项183项。县级机构改革工作全面启动，县综合行政执法局、税务局挂牌成立，设置瑞濠街道通过省市政府批复。国有企业改革纵深推进，将原有8家国有投融资企业改革重组为三大投融资集团，国有企业活力全面激发。农村“三变”改革全面推广，全面完成农村土地确权登记工作，91个村（居）已完成农村集体产权制度改革清产核资和成员身份确认。财政金融、医药卫生、供销合作、综合教育及扶贫领域等改革扎实推进。对外协作成效凸显。“走出去、请进来”逐年增加，外来投资不断涌进，先后赴北京、上海、重庆、广州等地开展专题招商30余次，引进项目81个。主动承接上海杨浦、国开行、省委宣传部等对口帮扶，获上海援建项目34个，帮扶资金4123万元；国开行在棚户区改造、易地扶贫搬迁、生源地助学贷款等方面累计授信49.5亿元；省委宣传部协调落实项目19个，资金9.7亿元。创新驱动持续迸发。申报科技型企业18家，申请专利428件。继续放宽政策、放开市场、放活主体，民营经济活力彰显，新增市场主体9000余户。

一年来，我们补短板、惠民生，人民福祉持续向好。始终把改善民生作为头等大事，加大民生投入、补齐民生短板、筑牢保障体系，人民生活更加殷实。教育事业稳步发展。新（改、扩）建公办幼儿园5所，完成10所学校“全面改薄”项目、129所学校“义教均衡补短板”项目和115所学校厕所改造。优化调整九年一贯制学校8所。正安四小建成投用，格林中学、正安五小主体完工。学前三年入园率、九年义务教育巩固率分别达94.44%、95.39%。义务教育基本均衡发展工作，以考核成绩全省第一通过国家评估认定；国家三类城市语言文字工作顺利通过评估验收；县机关幼儿园成功通过省级示范园复评验收。卫计服务不断提升。第二人民医院（三级医院）、县疾控中心实验楼等项目主体完工。庙塘、小雅、班竹、中观4个乡镇卫生院中医馆建成投用。医药卫生体制改革深入推进，分级诊疗、药品供应保障、现代医院管理、全民医保等制度初步建立，城乡公共卫生服务更加均等。国家卫生县城创建成果喜人，以全省第一的优异成绩通过评估。人口出生率为12.05‰、人口自然增长率为4.9‰，出生人口性别比为104.97，均控制在正常值范围内。文体事业全面进步。新建村级文化活动室41个。“三馆一站”继续免费开放，年接待量达10万人次。以我县返乡农民工创业为主题的电视连续剧《吉他兄弟》成功开机拍摄。举办首届农民丰收节文艺演出、非遗竹琴演出、“千人吉他”大型文艺节目等精品活动40余场。被省文化厅命名为贵州（书法）民间文化艺术之乡。在贵州省第十届运动会上，以77枚奖牌获得遵义市代表团综合排名第二的优异成绩。社会保障不断健全。城镇职工基本养老保险参保1.93万人，城乡养老保险参保人数31.55万人，城乡三项医保参保率稳固在99%以上。农村最低生活保障制度和扶贫开发政策有效衔接，实施农村低保13850户、31278人，特困供养1895人。城乡低保、五保供养等标准进一步提高，临时救助、医疗救助等社会救助进一步完善。发放各类民政救助资金1.75亿元。公租房运营管理机制逐步完善，城镇中低收入家庭住房实现应保尽保。全面落实就业创业政策，完成职业技能培训5386人、贫困劳动力培训4028人，新增城镇就业6306人，城镇登记失业率控制在4.2%以内。全年为中低收入职工发放住房公积金贷款1.1亿元，为城镇建设注入新的活力，进城落户农民建缴住房公积金试点经验向全市推广。社会治理持续向好。安全生产形势总体平稳，全年未发生较大以上安全生产事故。以阳光信访、法治信访、责任信访为抓手，扎实开展“百日攻坚战”“五个攻坚”“三拖欠”矛盾纠纷排查化解行动，有效维护社会和谐稳定。扎实推进“平安正安”建设，持续开展扫黑除恶、禁毒攻坚等专项斗争，积极预防和严厉打击各类违法犯罪活动，全年破获涉恶类案件26起，刑拘141人，打掉涉恶团伙17个，人民群众的获得感、安全感、满意度全面提升。

此外，疾病防控、双拥工作、人民武装、民族宗教、行政学校、妇女儿童、国教人防、防灾减灾、外事侨务、智力支边及档案、统计、气象、供销、老龄、残疾人、地方志、红十字会、关心下一代等各项工作全面推进。

一年来，我们转作风、优服务，政府建设全面加强。始终坚守为民宗旨，依法行政、务实从政，行政效能不断提升。行政决策更加透明高效。主动接受县人大的法律监督，自觉接受县政协的民主监督，认真听取社会各界的意见建议，积极办理人大代表建议、政协委员提案，办理人大代表建议154件、政协委员提案142件。“七五”普法中期评估通过市级验收，矛盾纠纷多元化解中心有效运行，创建省级民主法治示范村 5 个、市级 12 个。认真落实重大决策专家咨询、社会公示和听证制度，推进重大事项合法性审查机制全覆盖。政务环境更加廉洁高效。严格落实中央八项规定和省、市、县委各项要求，政府作风建设持续向好，“三公”经费逐年下降。扎实推进“两学一做”学习教育常态化、制度化，认真履行党风廉政建设主体责任，加强审计监督和行政效能监察，风清气正、勤政廉政的良好氛围进一步形成。为民服务更加便捷高效。大力开展营商环境“五大”专项整治行动，扎实推进“互联网 + 政务服务”，网上窗口年办理业务突破 23 万件。强化乡镇政务服务功能，19 个镇（乡、街道）设立便民服务中心，实现政务服务“一站式”办理，营商环境明显改善，为民服务更加便捷高效。

各位代表，2018 年我们走过了一段不平凡的历程。回首过去一年，面对经济下行压力加大、财政收支矛盾加剧的严峻形势，我们坚韧不拔、毫不懈怠；面对融资政策收紧、投资活力不足的巨大挑战，我们坚持不懈、迎难而上；面对脱贫攻坚、赶超跨越的繁重任务，我们凝心聚力、攻坚克难。一路走来，我们历经坎坷、艰难困苦、玉汝于成；一路走来，我们同心同德、同向同行、同甘共苦。在爬坡过坎的艰难跋涉中，取得了难能可贵的新业绩，演绎了正安追赶跨越、后发赶超的最强音。这是县委坚强领导、科学决策的结果，是县人大、县政协监督支持和参政议政的结果，是全县人民众志成城、团结拼搏的结果。在此我代表县政府，向辛勤工作在各条战线上的广大干部群众，向给予政府工作大力支持的人大代表、政协委员和离退休老同志，向所有关心、支持和参与正安建设发展的社会各界人士，致以崇高的敬意和衷心的感谢!

在看到成绩的同时，也要清醒地认识到，我们仍然处于负重前行的关键时期，经济总量小、人均水平低、财政收支矛盾突出的基本县情没有根本改变，支柱产业弱、骨干企业少、产业化水平低的基本格局没有根本改变，脱贫攻坚欠账大、公共服务能力弱、社会创新活力不足的基本现状没有根本改变；同时，部分干部工作标准不高、争先意识不强，缺乏谋大事、创大业、争一流的胆识和气魄，缺乏攻难关、克堡垒、抢先锋的干劲和作风。对这些矛盾和问题，我们将坚持问题导向，积极面对、精准施策，下更大的决心、以更大的力度加快解决。

二、2019 年重点工作

2019 年是中华人民共和国成立 70 周年，是实施“十三五”规划承上启下之年，是我们决战脱贫攻坚、决胜全面小康的关键之年。做好全年的工作，意义重大、使命光荣。我们必须更加充分地估计形势、更加有效地应对挑战、更加有力地推动落实，保持定力、精准发力、持续用力，奋力开创全县经济社会发展新局面。

今年政府工作的指导思想、总体要求：以习近平新时代中国特色社会主义思想为指导，深入贯彻党的十九大和省委、市委、县委相关会议精神，以脱贫攻坚为统揽，坚持稳中求进工作总基调，遵循“六稳”方针，统筹推进稳增长、促改革、调结构、惠民生、防风险各项工作，坚决打好三大攻坚战、实施好三大战略行动，全力守牢发展和生态两条底线，奋力推进“一心三区”建设，全面推动高质量跨越发展，保持战略定力、坚定必胜信心，担当实干、锐意进取，为决战脱贫攻坚、决胜全面小康，夺取决战之年的根本性胜利而努力奋斗，以优异的成绩迎接新中国成立 70 周年。

今年政府工作的主要预期目标：实现地区生产总值增长 13% 以上；2000 万元以上规模工业增加值增长 11% 以上；500 万元以上固定资产投资增长 21% 以上，其中产业投资占比 40% 以上；地方财政总收入增长 8% 以上，一般公共财政预算收入增长 10% 以上；金融机构存款余额增长 5.5% 以上，贷款余额增长 20% 以上；城镇居民人均可支配收入增长 10 % 以上，农村居民人均可支配收入增长 11% 以上；社会消费品零售总额增长 12% 以上；全面小康实现程度达 95% 以上。确保增比进位综合考核实现保位进位。

围绕上述目标，我将重点做好以下几个方面的工作：

（一）始终把脱贫攻坚作为首要任务，坚定不移攻克深度贫困堡垒。把脱贫攻坚作为压倒一切的头等大事，全面压紧压实县、镇（乡、街道）、村三级指挥体系和帮扶责任，全力以赴、奋力冲刺，实现 10000 人以上脱贫，贫困发生率下降到 1.8% 以内，出列贫困村 35 个，确保精彩脱贫、漂亮脱贫。

坚决打赢基础设施硬仗。勠力打好交通大会战。全力配合做好正习、正绥高速公路建设，确保如期建成通车；全力配合做好正安至万盛高速公路建设的前期工作，力争年内开工建设；全力争取渝贵高铁、涪柳铁路过境正安；完成格林至大院子公路改扩建工程；加快推进谢坝至流渡、安场至水巴岩普通省道改扩建工程建设；开工建设流渡至龙泉、龙泉至格林、格林至班竹普通省道改扩建工程；开工建设晏溪至新木、丁木至班竹、乐俭至楼台县乡道改造工程；全力打造“四好农村路”，实施好“组组通”安防工程，实现乡道以上公路安全隐患路段治理全覆盖。着力打好水利攻坚战。继续抓好庙塘、猫溪沟、渔溪河和风光水库建设，动工建设吐香坝、巫家水库和唐家沟病险水库治理工程，力争白狮水库开工建设；实施桴焉、庙塘和小雅3个镇的农田水利设施项目建设，解决灌溉面积7336亩；全面实施农村饮水安全及巩固提升项目建设，强力推进建后运行管护，确保全面解决农村饮水安全问题，实现农村安全饮水全覆盖。全力打好电讯歼灭战。大力推进农村电网改造升级，彻底消除木电杆，全面实施并完成381台低电压台区改造工程，开工建设220千伏变电站；推进“宽带乡村”和“无线网络”进程，实现154个村（居、社区）光纤网络、4G网络全覆盖，30户以上自然村4G移动信号全覆盖。坚决打赢易地扶贫搬迁硬仗。强力推进2018年二期1289人安置房建设，确保在今年9月底全部搬迁入住。坚持以“五个三”为统揽，强化“三帮机制”，确保所有搬迁户每户有一条就业门路，实现户均就业1.5人以上，让搬迁户一步住进新房子、快步过上好日子，真正使搬迁群众搬得放心、住得顺心、过得舒心。坚决打赢产业扶贫硬仗。紧紧围绕“2+4”农业产业结构，抢抓绿色产业基金和国开行产业扶贫试点县的新机遇，认真落实“一长两短”全覆盖，确保农民持续增收。大力推广“公司+合作社+农户（贫困户）”产业发展模式，完善新型农业经营主体与贫困农户利益联结，确保贫困人口长效脱贫。坚决打赢基本保障硬仗。全面落实教育扶贫政策。大力开展“1+N”智力扶贫行动，对建档立卡贫困学生结对帮扶全覆盖，严格落实控辍保学机制，确保义务教育阶段建档立卡贫困学生入学率达100%。全面落实健康扶贫政策。健全“先诊疗，后付费”“一站式”即时结算结报便民惠民措施，确保贫困户住院报销补偿比例达到规定标准。全面落实住房保障政策。推进农村危房改造、地质灾害防灾避险搬迁、无房户民政救助兜底、农村老旧住房整治等工作，完成脱贫攻坚四类对象农村危房改造任务，大力实施农村人居环境整治，实现农村住房“应改尽改、应搬尽搬、安全保障”目标。

（二）始终把结构调整作为重要任务，坚定不移提升经济质量效益。紧扣“一心三区”目标，综合施策、多管齐下，持续优化产业结构，不断推动产业转型升级，全力构建现代产业体系。

着力打造山地高效农业。加快农业产业调整步伐。紧紧围绕“中国白茶优质示范区”建设，按照“2+4”产业调整思路，着力实施“一调四改”，新栽种以白茶为主的茶叶6.3万亩，以方竹为主的竹林5万亩，发展商品辣椒13万亩、有机高粱3万亩、中药材3万亩、商品蔬菜10万亩，确保完成烤烟收购10.5万担。加快畜禽特色产业发展。继续实施50万头生猪养殖精准扶贫项目，完成2400头祖代种猪场建设和120个家庭农场建设。确保出栏生猪40万头、肉牛4.5万头、羊8万只、家禽500万羽，肉类总产量6万吨，实现畜牧渔业产值25亿元。加快现代农业园区创建。在重点推进新茶园建设和老茶园提质增效的同时，因地制宜抓好方竹、蔬菜（辣椒）、中药材、野木瓜、生态畜牧等特色辅助产业，确保每个乡镇重点培育1个以上特色产业，建设1个以上特色产业园，每个村重点培育1个以上优势品种。创建省级“引领性”园区3个、新增市级园区1个，逐步形成以省级农业园区为龙头，市级农业园区为骨干，县级农业园区为纽带，乡级农业园区为支撑，构建大、中、小型农业园区特色各具、优势互补、协同发展的格局。着力打造特色新型工业。全力推进吉他产业发展。紧紧围绕“世界知名吉他生产集聚区”建设，按照“中国唯一、世界一流”产业发展定位和吉他工业、吉他文化、吉他旅游“三位一体”发展思路，全力打造正安吉他园区、产品、文化“三大品牌”，努力把正安吉他产业建设成规模效应显著、竞争优势突出、技术创新能力强、国际化程度高的先进特色文化产业集群。加快推进吉他文化城项目建设。确保入驻吉他及其配套企业累计达70家以上，实现年产吉他700万把，新增就业2000人以上。全力推动页岩气资源开发。紧紧围绕“千亿级新型能源工业开发区”建设，按照“一年探明地质储量、二年先导性开发试验、三年规模建产”目标，全面启动以页岩气为主的能源化工企业园区规划编制工作，大力推进安页1井实质性开发，继续推进安页2井、3井及班竹向斜1号参考井等后续矿井的钻探工作，尽快把页岩气的资源优势转变为经济优势，让正安页岩气开发的成果惠及更多地区和民众。全力推动建材产业发展。加快铝及相关产业招商力度，着力推进铝土矿资源开发；加快推进日产3200吨熟料水泥生产线异地扩能工程，确保年内实质性动工。全力推动农特资源加工。走农业工业化道路，充分利用茶叶、方竹笋、野木瓜等传统产业优势，大力发展特色、绿色、生态农产品加工业。着力培育新兴第三产业。大力实施服务业优化工程，加快发展第三产业，努力推动城市经济发展，促进二、三产业融合发展。突出发展现代商贸业。全力推进黔北区域现代物流集散中心建设，加快推进云港广场、县城综合市场等重点综合商贸服务中心建设；确保吉他广场商贸服务中心如期投用；深入推进“万村千乡市场工程”，抓好农超对接工作，促进城乡商贸繁荣发展。突出发展现代电商业。深入实施大数据战略行动，进一步扩大电子商务发展空间，推动吉他电商销售模式向特色产业、绿色农产品等领域复制延伸，加快推进国家级、省级电子商务进农村综合示范县创建，培育电商企业 10 家以上。突出发展现代旅游业。按照“一心两轴、两廊四区”的空间布局，加快推进市坪桃花源记、九道水等重点景区建设；全力打造瑞溪、桴焉、市坪、谢坝等特色旅游乡镇，完成 19 个乡镇的乡村旅游规划、6 个乡镇的 3A 级旅游景区创建工作，加快推进正安国际吉他产业园、正安欧盟外交官小镇、正安九道水景区建设，力争将九道水景区申报为国家 4A 级景区。突出发展特色康养业。充分发挥生态环境、气候条件等优势，大力发展医药医疗、康体养生、健康养老等大健康产业，促进多业态深度融合。突出发展现代金融业。深入实施“引银入正”工程，积极引进银行业、保险业、证券业和融资担保、基金管理等在正设立分支机构或开办营业网点，不断提高金融有效供给。着力推动民营经济发展。深入学习国家、省、市和县民营企业座谈会精神，全面贯彻民营经济“两个毫不动摇”“三个没有变”总方针，认真落实“千企改造”“千企引进”相关政策措施，扎实开展“六大专项行动”，切实抓好服务体系、服务能力建设，不断夯实民营经济发展基础，全力支持、推动民营经济发展。确保新增市场主体 7000 户以上，民营经济占地区生产总值比重提高到 68% 以上。

（三）始终把城乡统筹作为战略方向，坚定不移实施乡村振兴战略。以乡村振兴战略为统揽，深入实施城镇化带动战略，按照“一城三区”总体布局，围绕做优县城、做特集镇、做美乡村的总体思路，切实推动城乡统筹协调发展，努力打造“城有品位、镇有特色、村有乡愁”的新型城乡体系。

全力做优县城。突出规划引领。围绕建设遵义北部“金三角”中心的发展定位，按照撤县设市指标体系要求，加快推进第六轮《正安县城市发展总体规划》、城市“双修”和海绵城市专项规划编制工作，加快完善各项详细规划和专项规划。突出功能拓展。继续实施飞洋·世纪城、华锐港湾、七鑫·未来世界、凤栖尚城、正安天下、皓正·新天地、时代天街、云港广场和安场时代广场、幸福家园等房开项目，完善房地产租赁市场，鼓励房地产开发企业从单一的开发销售向租售并举模式转变，引导房地产企业向健康、养身、休闲方向发展；加快推进北门、文家寨、一小等棚户区改造项目，启动塔山体育场建设，快速完善滨江大道、临江仙路、西外环延伸线等市政骨干路网建设，扎实推进果蔬批发市场、垃圾焚烧发电项目建设，不断提升城市综合承载能力和拓展城市空间布局。突出管理提质。以巩固创建国家级卫生城市为抓手，持续推进智慧城市、“厕所革命”，大力实施城市道路交通文明畅通提升行动，深化“打非治违”专项行动，不断提升城镇综合管理水平。全力做特集镇。高标准打造桴焉示范小城镇，因地制宜推进谢坝、市坪、班竹、中观、小雅等特色小城镇建设，鼓励各乡镇立足地域特色，将自然景观、历史文化、产业发展与现代元素相结合，充分挖掘历史文化及产业、生态等特色，全力打造宜居、宜业、宜游的特色新集镇。全力做美乡村。按照“产业兴旺、生态宜居、乡风文明、治理有效、生活富裕”20 字要求，启动实施乡村振兴战略。围绕农村人居环境综合整治三年行动，严格执行县域乡村规划和村庄规划，按照“五改、四化、三清、两治、一拆除”要求，扎实推进“百村示范、千村整洁”工程，基本完成全县 154 个村（居、社区）农村人居环境综合整治。持续推进“治污治水、洁净家园”五年攻坚行动和“厕所革命”，大力实施农村环境整治污水处理 PPP 项目，解决农村房前屋后污水横流、农村道路泥泞通行不便等问题，基本实现农村卫生厕所全覆盖、所有村庄人居环境干净整洁。

（四）始终把生态文明作为立县之本，坚定不移推进“美丽正安”创建。实施生态立县战略，牢固树立“绿水青山就是金山银山”的生态理念，坚持生态优先、建养并重、绿色发展，把呵护碧水蓝天作为使命担当，把生态资源变成永久财富。

狠抓生态建设，筑牢绿色屏障。扎实推进林业重点工程项目建设，加大营造林力度，森林覆盖率提高至 61.5%。持续推进高标准基本农田建设、城乡建设用地增减挂钩工作，实施新增耕地面积 6500 亩，耕地保有量、基本农田保护面积不低于红线值。实施格林镇水土流失坡耕地治理 2.4 平方公里、小雅镇石漠化治理 32.02 平方公里。继续抓好县城周边、景区、山体公园、高速公路沿线及乡镇村寨美化绿化建设。狠抓生态管理，守护绿色家园。严守生态保护红线、永久基本农田、城镇开发边界三条控制线，深入推进中央、省委环保督察反馈问题整改。纵深推进“河长制”，深入实施“气十条”“水十条”“土十条”，扎实推进蓝天、碧水、净土“三大行动”，坚决打击破坏生态环境违法行为，铁腕治污、铁心执法、铁面问责。确保中心城区环境空气质量优良率保持在95%以上，重点河流监测断面水质达到功能区标准，县城集中式饮用水源水质达标率、城乡生活垃圾无害化处理率、医疗废物集中处置率均达100%。狠抓生态产业，做强绿色经济。因地制宜引进和发展生态利用型、循环高效型、低碳清洁型、环境治理型绿色经济。围绕生态农业、生态旅游、现代服务业等绿色产业，大力打造茶叶、方竹、中药材等绿色农特产品，实现无公害农产品产地认定面积20万亩、无公害产品认证20个以上。同时，大力实施全民节能行动计划，大力开展节约型机关、绿色家庭、绿色学校、绿色社区创建，积极倡导简约适度、绿色低碳的生活方式，引领绿色经济发展。

（五）始终把改革创新作为第一动力，坚定不移激发内生动力活力。牢固树立创新发展理念，坚持改革推动、强化创新驱动、突出开放带动，着力破解影响经济社会发展的体制机制障碍。

突出抓好改革推动。以新一轮政府机构改革为契机，新建实体政务大厅，实现全县行政权力事项、公共服务事项全入驻。以持续深化“放管服”改革为重点，坚持“四最”要求，扎实推进行政审批“六个一”制度，切实简政放权，深入开展营商环境集中整治，全力营造亲商、敬商、安商、富商的良好氛围，着力优化营商环境。以土地确权、集体产权制度改革为基础，进一步探索以“三变”改革和“三位一体”新型基层供销合作社创建等为重点的农村综合改革，全面激发农村发展活力。以防范和化解政府性债务风险为紧要，严格预算约束，积极化解债务存量，严控债务增量，坚决守住不发生系统性风险的底线。以创新投融资机制为突破，加快推进县属国有企业实体化、市场化转型，逐步完善现代企业制度，促进县属国有投资集团持续健康发展。稳步推进房产开发、教育综合、水务一体、医疗卫生、生态建设、城市综合执法等重点领域改革，着力破除制约发展的体制机制障碍。突出抓好创新驱动。加强创新体制机制建设，深入推动大众创业、万众创新。深化与南京林业大学、贵州大学等院校科技合作，扎实推动科技工作站（研究中心）有效运行，不断完善科技创新体系建设，加速科技成果转化。强化科技创新领军人才、创业人才和青年科技优秀人才培训，在白茶、野木瓜等产业上分领域形成一批创新成果。实现申报并实施各级各类科技计划项目10个以上，申报高新企业2家以上，培育高新企业5家以上，申报科技型企业10家以上，建立科技特派员示范基地5个以上，申请专利350件以上，全县综合科技进步水平指数达75%以上。突出抓好开放带动。牢牢抓住上海对口帮扶正安机遇，围绕“一带一路”重要节点及长江经济带重要城市，借助省市推介会、“茶博会”、旅发大会、展销会等活动，大力实施“千企引进”工程，着力开展大健康、大旅游、大数据及吉他企业、高新企业、农特产品精深加工、现代服务业等产业招商，吸引国内外500强企业、上市企业落户正安，确保招商引资省外到位资金增长15%以上。

（六）始终把为民谋福作为最大使命，坚定不移增进人民群众福祉。把保障和改善民生摆在更重要的位置，持续加大民生投入、补齐民生短板，积极回应群众关切，满足群众日益增长的美好生活需要。

全面发展社会事业。着力补齐教育基础设施短板，加快推进九中建设进度；确保格林中学和正安五小建成投用；完成正安八中图书楼，职校综合实训楼等校园配套项目；新建县第四、第五幼儿园和凤仪山峰幼儿园、流渡第二幼儿园、班竹第二幼儿园。深入推进教育综合改革，大力实施教育提质工程，着力突破高中教育瓶颈，推动正安教育均衡、协调、优质发展，办好人民满意教育。围绕建设黔北区域医疗服务中心目标，加快推进第二人民医院建设，全面完成县精神病院扩建项目，坚持以医药卫生体制改革为抓手，切实加强公立医院法人治理结构和县域医共体试点建设，落实薪酬制度改革，继续推行分级诊疗和国家基本药物制度，全方位提升医疗卫生服务能力，建立健全爱国卫生长效管理机制。进一步夯实基层文化阵地建设，确保村级文化阵地“七个一”工程建设覆盖率达95%以上，“广电云”户户用工程覆盖率达85%以上。全面提升保障水平。大力实施“全民参保”计划，扩大以养老、医疗保险为重点的参保覆盖面，确保新型农村合作医疗参合率达98%以上，城乡居民养老保险综合参保率达100%。依托“雁归兴贵”“技能兴遵”等活动，大力引导农民工返乡创业就业，培训未就业贫困劳动力2000人次以上，新增城镇就业6600人以上，实现转移农村劳动力就业10000人以上。全面织牢民政兜底“保障网”，加快社会化养老服务、留守儿童、困境儿童服务体系建设，新建瑞濠街道、瑞溪镇社区日间照料中心，完成老年养护楼建设。启用儿童福利院、流浪乞讨救助站及残疾人托养中心，保障弱势群体基本生活。稳步推进城乡低保提标工作，着力城乡低保规范化、制度化建设。全面推进住房公积金缴存扩面提标，让更多职工住有所居。全面加强社会治理。严格落实安全生产三大主体责任，坚决防范和遏制较大以上安全生产责任事故，努力维护人民群众生命财产安全。以“平安正安”创建为抓手，纵深推进扫黑除恶、禁毒攻坚等专项斗争，有黑扫黑、有恶除恶、有乱治乱，积极探索构织区域巡逻“防护网”，着力构建立体化社会治安防控体系。持续开展“七五”普法中后期工作，全面推进公共法律服务实体、热线和网络三大平台建设，努力为人民群众提供普惠性、公益性、可选择的公共法律服务。整合综治、信访、维稳等力量，全力发挥矛盾多元化解中心作用，推动矛盾纠纷信访问题排查化解工作常态化、制度化。

此外，统筹抓好疾病防控、双拥工作、人民武装、民族宗教、行政学校、妇女儿童、国教人防、防灾减灾、外事侨务、智力支边及档案、气象、老龄、残疾人、地方志、红十字会、关心下一代等各项工作。

（七）始终把自身建设作为施政关键，坚定不移提升执政能力水平。始终坚持以人为本、勤政为民，坚定不移把自身建设作为施政关键，更加扎实有力地提升执政能力水平。

坚持初心不改，做到勤政为民。深入开展“不忘初心、牢记使命”主题教育，切实把党的十九大精神转化为指导实践推动工作的强大动力。进一步加强基层调研、一线走访，畅通政民互通渠道，真诚倾听群众呼声，真实反映群众意愿，真情关心群众疾苦，竭尽全力为群众办好事，办实事。坚持尊崇法治，做到公平正义。坚持法定职责必须为、法无授权不可为，切实加强法治政府建设。严格落实“三重一大”制度，健全“公众参与、专家论证、风险评估、合法性审查、集体讨论决定”决策机制，做到依法、民主、科学决策。主动接受人大及其常委会的法律监督、工作监督和县政协的民主监督，认真办理人大议案、代表建议和政协提案。大力推进政务公开，保障广大群众的知情权、参与权、监督权，广泛接受公众监督、社会舆论监督。坚持真抓实干，做到担当有为。持续加强作风建设，强化责任担当，把“人民对美好生活的向往”烙在心上、扛在肩上、抓在手上。坚持说实话、谋实事、出实招、求实效，对定下的目标、出台的政策、下达的任务，以“钉钉子”精神做实做细做好。坚持严字当头、效字为要，严厉查处推诿扯皮、敷衍塞责等不作为、慢作为和乱作为行为，确保政令畅通、令行禁止。坚持从严执政，做到清廉务实。严格落实“一岗双责”，持之以恒抓好党风廉政建设和反腐败工作。加强行政监察和审计监督，严惩扶贫领域贪污挪用、截留私分、优亲厚友等违法违纪行为，为打赢脱贫攻坚战提供纪律保障。不折不扣落实中央八项规定精神，严查吃拿卡要等侵害群众利益的不正之风、腐败问题，大力营造风清气正的政治生态。

各位代表，决胜贫困战鼓齐鸣，同步小康号角嘹亮，珍州大地旌旗高扬。让我们更加紧密地团结在以习近平同志为核心的党中央周围，在市委、市政府和县委的坚强领导下，解放思想创新干、脚踏实地务实干、撸起袖子加油干，奋力谱写新时代正安经济社会发展的壮丽篇章！

今年拟办“十件民生实事”：

1. 加快谢坝至流渡、安场至水巴岩普通省道改扩建工程建设进度，开工建设流渡至龙泉、龙泉至格林、格林至班竹普通省道改扩建工程；全力打造“四好农村路”，实施好“组组通”安防工程，实现乡道以上公路安全隐患路段治理全覆盖。

2. 继续抓好庙塘、猫溪沟、渔溪河和风光水库建设，动工建设吐香坝、巫家、白狮水库和唐家沟病险水库治理工程；实施桴焉、庙塘和小雅3个镇的农田水利设施项目建设，解决灌溉面积7336亩；全面实施人饮水安全及巩固提升项目建设，全面解决农村饮水安全问题，实现农村安全饮水全覆盖。

3. 大力推动农村电网改造升级，彻底消除木电杆，全面实施并完成381台低电压台区改造工程，开工建设220千伏变电站。

4. 推进“宽带乡村”和“无线网络”，新建通讯基站64个，实现154个村（居、社区）光纤网络、4G网络全覆盖，30户以上自然村4G移动信号全覆盖。

5. 依托“雁归兴贵”“技能兴遵”等活动，大力引导农民工返乡创业就业，培训未就业贫困劳动力2000人次以上，新增城镇就业6600人以上，实现转移农村劳动力就业10000人以上。

6. 切实开展好农村人居环境整治三年行动，基本完成全县154个村（居、社区）农村人居环境综合整治；持续推进“治污治水洁净家园”五年攻坚行动、“厕所革命”，实施农村环境整治污水处理PPP项目，解决农村房前屋后污水横流、农村道路泥泞通行不便等问题，基本实现农村卫生厕所全覆盖。

7. 完成1289人易地扶贫搬迁任务，确保所有搬迁户每户有一条就业门路，真正使搬迁群众搬得放心、住得顺心、过得舒心。

8. 加快九中建设进度，确保格林中学、正安五小建成投用，完成正安八中图书楼、职校综合实训楼等校园配套项目，新建县第四幼儿园、县第五幼儿园、凤仪山峰幼儿园、流渡第二幼儿园、班竹第二幼儿园。

9. 加快推进第二人民医院建设，全面完成县精神病院扩建项目建设。

10. 新建瑞濠街道、瑞溪镇社区日间照料中心，完成老年养护楼建设；启用儿童福利院、流浪乞讨救助站及残疾人托养中心，保障弱势群体基本生活。

务川仡佬族苗族自治县政府工作报告

（2019年5月29日在务川自治县第八届人民代表大会第三次会议上）

务川自治县委常委、常务副县长 肖 扬

各位代表：

现在，我代表自治县人民政府向大会作工作报告，请予审议，并请县政协委员和其他列席同志提出宝贵意见。

一、2018年工作回顾

过去一年，我们逢山开路、遇水架桥，发展难题一个一个解决；过去一年，我们抢抓机遇、共克难关，赶超之力一点一点累积；过去一年，我们群策群力、万众一心，脱贫步伐一步一步坚实。一年来，我们牢记嘱托、感恩奋进，在市委、市政府和县委的正确领导下，在县人大和县政协的监督、支持、帮助下，以习近平新时代中国特色社会主义思想为指导，认真贯彻落实中央、省、市各项决策部署，坚持稳中求进工作总基调，按照高质量发展要求，三大攻坚战开局良好、五大战略快速推进，较好完成了第八届人民代表大会第二次会议确定的各项目标任务。

一年来，我们驰而不息凝聚赶超之力，经济实力稳中有进。全县地区生产总值完成77.49亿元，增长10%；500万元以上固定资产投资增长18.8%；工业增加值完成7.98亿元，增长0.6%；财政总收入、一般公共预算收入分别完成11.88亿元、5.8亿元，分别增长7.1%、12.9%；社会消费品零售总额完成15.06亿元，增长9.6%；城乡居民人均可支配收入分别完成29120元、10091元，分别增长9.5%、10.6%；金融机构存贷款规模达241亿元，增长11.6%。综合排位在县域第二方阵中排名第9位，比2017年上升4位，创历史新高。

一年来，我们聚指成拳攻坚脱贫之战，整县出列指日可待。始终坚持以脱贫攻坚统揽经济社会发展全局，紧扣“一达标，两不愁，三保障”脱贫标准，全面推行“四定五确保”工作机制，扎实推进“春风行动”、“夏秋攻势”和五个专项治理，切实筑牢整县出列根基。极贫乡镇石朝乡，天山、双河、上坝3个深度贫困村及45个贫困村顺利出列，减少农村贫困人口23483人，贫困发生率下降到1.62%。“四场硬仗”全面收官。完成通村通组公路885公里，30户以上村组公路实现全覆盖。完成2028个农村饮水安全工程，解决25万农村人口饮水安全问题。全面完成农村电网升级改造，建成通讯基站126个。实施“三变”项目53个、因户施策项目113个，利益联结贫困户72289人。完成易地扶贫搬迁县城集中安置点四期、五期工程，实现2184户、9792人搬迁入住。严格实施“双线包保”，建档立卡贫困户子女教育资助率达100%，义务教育阶段实现零辍学目标。建档立卡贫困人口参合率、家庭医生签约服务率、医疗救助率、健康档案建档率、年度体检率实现100%，实际住院报销比例达90%，健康扶贫医疗保障救助2.4万人次，重大病集中救治和慢性疾病健康管理实现全覆盖。完成人居环境综合整治44829户，实施农村“危改”“三改”1032户。就业扶贫高效推进。开发扶贫“四大员”公益岗位，解决贫困劳动力就业2969人。着力开展就业创业生活技能培训，培训贫困劳动力6000余人次，转移就业8210人。社会扶贫统筹有力。借助上海奉贤、国开行、省信合联社等单位挂帮契机，承接捐赠资金2.88亿元，获取信贷资金50亿元，用于基础设施、扶贫产业等项目建设。发放特惠贷5.23亿元，覆盖贫困农户10489户。依托“百企联村帮户”，凝集其他社会帮扶资金3.2亿元，精准帮扶贫困群众。内生动能全面激发。强化扶智扶志，大力宣传党的政策和脱贫先进典型，全面激发干部群众干事创业热情。大力开展法治扶贫，有效整治争当贫困户、争要扶贫政策等行为，群众满意度大幅提升。

一年来，我们牢牢把握振兴乡村之机，脱贫产业逐步兴旺。始终坚持产业融合发展，加快推动产业转型升级，脱贫致富更有保障。农业经济提质增效。紧紧围绕农村产业革命“八要素”，“一主多特”产业格局基本形成。完成玉米调减11.54万亩，种植烤烟7.96万亩、商品蔬菜（辣椒）23.58万亩、精品水果10万亩、香椿2.13万亩、酿酒用高粱3万亩，实现存栏生猪17.8万头、羊14.2万只、禽72.3万羽。培育县级以上扶贫龙头企业64个、农民专业合作社437个，农业总产值实现39亿元。工业经济提量增产。镇南铝工业园区快速推进，100万吨/年氧化铝瓦厂坪项目试投产，赤泥堆场、输水工程及矿山建设全面完工。完成大坪绿智产业园三期标准化厂房6.4万平方米。持续推进“双千工程”，成功引入氟钡产业，改造提升传统企业6家，引进入园产业项目43个，新增规模企业2家，实现工业总产值16.5亿元。服务经济提档增速。石朝旅游扶贫、青少年研学旅行基地等项目快速推进，红丝土内、丰乐田村等8个旅居农家示范点有序推进，建成旅游星级厕所24座，市民健身中心、游泳馆建成投用。成功申报省级“乡村旅游甲级村寨”2个，仡佬之源景区荣获“省级满意旅游景区”“第七批省级现代服务业集聚区”称号。全年接待游客316万人次，实现旅游综合收入25亿元，同比分别增长19%、24%。加快物流项目建设，完善物流体系，黔途物流投入运营，快递物流企业达13家。商贸服务不断繁荣，限上批零住餐企业达29家、家庭服务业达26家、中介服务业达34家。电子商务进农村国家级综合示范县项目顺利通过中期评估，电商销售额达1462.8万元，创历史新高。

一年来，我们坚守底线走实绿色之路，污染防治成效斐然。始终坚持“绿水青山就是金山银山”理念，大力加强生态环境保护，生态效益持续释放。污染防治成效显著。严格落实“气十条”，秸秆禁烧整治成效明显，淘汰黄标车105台，环境空气质量全年优良率93.6%。全面落实“水十条”，深入贯彻“河长制”，完成县城污水处理提标改造工程，县城河道水生态修复工程全面启动，13个集镇污水处理二级管网工程建设快速推进，启动农村生活污水、垃圾处理工程。洪渡河生态环境综合治理项目快速推进，水质达到Ⅲ类水体标准。集中式饮用水源达标率100%。深入落实“土十条”，持续强化污染源头排查防治，大力开展农业面源污染整治，土壤治理成效明显。长效监管逐步形成。深入开展森林保护“六个严禁”、环保“利剑”百日攻坚行动，处理各类涉林案件66件，查处环境违法行为5起、关停取缔企业2家，恢复植被4万平方米。中央环保督察反馈问题整改有序推进，完成整改22件。生态经济效益凸显。完成退耕还林7.65万亩、石漠化治理2.6万亩，森林覆盖率达60.5%。生态农业、生态旅游发展迅速，绿色农特产品走向全国。新增无公害农产品产地认定5000亩、绿色食品认证9000亩、地标认证1个，永惠蜂业获得欧盟和美国有机认证。建成经济林产业基地10万亩，生态经济增长6%。

一年来，我们综合施策紧握稳定之盾，风险防范稳妥掌控。始终坚持防范化解重大风险，牢牢守住区域性风险底线，发展环境和谐稳定。金融风险有力管控。稳步推进政策性保险、商业保险，促进各项金融资源高效利用。加强互联网金融等薄弱环节监管，重点整治非法集资、违法违规套利等严重干扰金融市场秩序行为。加快完善金融机构体系，积极帮助县内金融机构化解不良贷款2850万元。坚决打击逃税、骗税等违法行为，清缴税收3000万元。债务风险高效化解。严控新增地方性政府债务，开展政府债务清理和政府存量债务置换，化解存量债务2.37亿元。争取上级各类财政专项补助资金1500万元，申报产业扶贫子基金10.4亿元，融资到位资金25.25亿元。全面启动8亿元易地扶贫搬迁收益债发行工作。出让国有建设用地使用权35宗，收取、清缴土地出让金9.85亿元。用好贫困地区企业上市“绿色通道”，新增新四板挂牌企业3家。社会风险屏障筑牢。“雪亮工程”、综治中心建设快速推进，建立健全重大事项风险评估机制。全力开展扫黑除恶专项斗争，持续加大宗教事务管理，切实营造安定和谐的社会环境，人民群众安全感达100%、位列全省第一。创新社会基层治理“三合一”联动工作模式，创建国家级民主法治示范社区1个，省、市级5个。调处各类矛盾纠纷2360起，化解信访积案634件，妥善解决群众合理诉求。深入开展各类应急预案编制和应急演练，切实加强交通运输、地质灾害、食品药品等重点行业领域专项排查整治，全年无重特大事故发生。

一年来，我们统筹城乡谱写蝶变之章，城乡面貌焕然一新。始终统筹推进城乡发展，坚持以城带乡、以乡促城、城乡互动，不断完善城市功能、建设美丽乡村，城乡魅力进一步彰显。城区面貌持续改观。以棚户区改造推动老城提档升级，中学路、环城北路、大坪片区等棚户区改造全面开工，完成协议签订4887户。以房地产开发助推新城提质扩容，麒龙城市广场综合项目全面建成，碧桂园、思州壹品、东郡华府等项目蓬勃发展，城镇化率达到46%，城市活力进一步彰显。公园路、外环东路延长线、木家园隧道等路网基本完工，城市通达力进一步提高。持续巩固国家卫生县城成果，拆除两违建筑8.4万平方米，城市综合管理水平大幅提升。特色城镇推进有力。科学抓好特色小城镇规划布局，以"8+X"项目建设为抓手，全力推进浞水、黄都等特色示范小城镇建设，大坪街道荣获"黔北最美乡镇"称号。完成特色小城镇建设投资2.1亿元，小城镇绿色发展、吸纳就业、振兴经济等能力不断提高。美丽乡村颜值倍增。村庄规划编制全面完成。大力实施"四在农家·美丽乡村"小康行动升级版，打造乡村旅游示范点8个。深入实施"十化"工程，全面启动马拱坡、大竹、沈家坝、造纸塘四个国家级传统古村落保护建设。板场成功申报第五批国家级传统古村落。一个个多彩靓丽、古朴自然、充满乡愁的美丽乡村逐步呈现。

一年来，我们破立并举推进改革之策，开放发展迸发活力。始终坚持以新发展理念为引领，坚持改革创新、扩大对外开放，不断释放县域经济发展活力。深化改革稳步推进。启动县级机构改革工作，县综合行政执法局、税务局挂牌成立，务川农商银行顺利改制完成；国企改革步伐加快，县属国有企业实体化、市场化进程逐步缩短。殡葬改革实现全覆盖，农村"三变"改革全面推广，农村产权制度改革、教育薪酬制度改革全面完成，其他各项改革有序推进。创新活力持续迸发。加大科技创新力度，申报专利300件，组织实施科技创新项目7个，争取立项资金673万元。贵州中信云联科技有限公司列入国家级高新技术企业，高新技术产值达1654万元。建成全省唯一构树产业工程技术研究中心。持续推进大众创业万众创新，引导各类创新要素向产业集聚、为企业服务，新增市场主体3522户，扶持小微企业77家。开放体系逐渐形成。借东西部扶贫协作契机，不断深化与上海、西北民大等在经济、文化等领域的合作交流。赴上海等地开展仡佬文化巡演12场，"仡佬之源·乐活务川"品牌知名度、美誉度进一步提高。乘全省产业大招商东风，主动走出去招大引强，新增招商引资项目70个，协议引资238亿元、到位资金108亿元，分别增长32%、21.7%。

一年来，我们矢志不渝恪守为民之心，社会事业更趋普惠。始终坚持以人民为中心，加快推动社会事业发展，不断满足人民对美好生活的向往，切实解决人民所需、所求、所盼。基础建设稳步提升。德务高速务川段建成通车，G352道角至藕塘、务川至当阳，S302蕉坝至茅天等有序推进；冉渡滩、兰草湾、双岔河等水库建设快速推进，高生水电站一台机组安装发电，闹水水电站等加快推进。教育事业全面发展。第五小学、务川中学三期项目快速推进，县中心幼儿园、石朝乡大漆幼儿园、石朝乡中心幼儿园顺利投入使用，23个薄弱学校项目改造完成。县特教学校被评为贵州省首批10所省级示范性特殊教育学校之一，课程开发走在全省前列。2018年全县高考600分以上人数突破百人大关，高分段人数居全省、全市前列。全面提升教育教学质量，实现学前三年教育毛入园率92.25%、义务教育巩固率107.43%、高中阶段毛入学率92.33%。卫计服务显著提高。县人民医院整体迁建项目二期、县妇幼保健院主体完工，中医康养PPP项目落地。乡镇卫生院标准化建设实现全覆盖，村卫生室升级改造全面完成。强化优质医疗服务下沉，全面完成3个医联体建设，城乡公共卫生服务更加均等。全面"二孩"政策稳妥实施，人口出生率控制在14.64‰以内，自然增长率控制在7.14‰以内。保障体系逐步完善。13所敬老院升级改造全面完成，医养结合试点正式运行，供养条件全面改善，特困人员集中供养、分散保障供养达100%。低保专项整治工作扎实推进，城乡低保较上年度分别提高4.3%、21.6%。城乡居民常住人口养老保险参保率达95%，城镇登记失业率为2.91%。第八届人民代表大会第二次会议承诺的"十件民生实事"，除水库建设、县医院、妇幼保健院异地搬迁未如期完成外，其他已全部兑现。

此外，工会、团委、妇联、工商联、文联、残联、红十字会、老龄事业、国防教育、史志档案、外事侨务、人事编制、气象、供销等各项工作都取得新进步，各项社会事业协调发展。

一年来，我们不忘初心牢树廉勤之风，政府效能稳步提升。牢固树立"四个意识"，坚守为民宗旨、狠抓作风建设，切实转变政府职能，提高政府服务效能。权力运行更加规范。始终坚持县委坚强领导，认真执行县委决策部署。自觉接受人大、政协监督，办理市级人大建议13件、县级人大建议96件、政协提案82件。认真落实民主集中制，严格执行"三重一大"集体决策制度，政府决策民主化、科学化水平持续提升。牢固树立法治思维和法制意识，扎实开展“七五”普法，进一步完善行政决策及监督机制，深入推进政府法律顾问制度，依法行政能力全面提升。办事服务更加便捷。纵深推进“放管服”，全面落实责权清单管理，深化行政审批制度改革，承接行政审批事项135项、取消35项、下放试点195项。开展营商环境“五大”专项整治行动，扎实推进“互联网+政务服务”，以“最多跑一趟”为办事准则，真正让数据“多跑腿”、群众“少走路”。大力推进政务公开，依法公开政府信息5671条，办理扶贫专线15件，办理“县长信箱”群众反映事项372件，答复率100%、满意率100%。作风建设更加深入。认真贯彻《中国共产党廉洁自律准则》《中国共产党纪律处分条例》，严格落实中央八项规定精神，扎实开展政府系统党风廉政建设和反腐败工作。认真开展“脱贫攻坚作风建设年”“解放思想敢担当、真抓实干有作为”等活动，不断营造风清气正、勤政廉政的良好氛围。

各位代表，回首过去一年，我们凝心聚力共谋发展大计，誓死奋战脱贫攻坚一线，务川崛起腾飞梦想逐渐凝实，同步小康目标指日可待。一路走来历经坎坷，艰难困苦玉汝于成。最令人鼓舞的是：省、市领导对我县脱贫攻坚高度重视，上海奉贤和各级各部门倾力帮扶，国开行、省信合联社等企业积极参与，激励和鼓舞全县人民开拓创新、破浪前行；最令人欣慰的是：我们用一年时间修通相当于过去3年的通村通组公路，用一年时间干成相当于过去3年的安全饮水工程，用一年时间改造相当于过去3年的农村住房；最令人感动的是：全县2880名党员干部扎根脱贫一线，战天斗地、傲雪凌霜，撕下贫困的标签，谱写了一首首动人的赞歌。人民群众不等不靠、自力更生，过上了幸福的日子。广大农村焕发新颜，干群关系空前密切。

各位代表，回首过去一年，之所以能在迈步新时代征程中，推动新跨越、续写新篇章、塑造新未来，这是市委、市政府亲切关怀的结果，是县委坚强领导的结果，是县人大、县政协监督支持的结果。它离不开全县广大干部夙夜为公、勤勉付出，彻底将忠诚、奉献、干净、担当刻进心坎里、写在岗位上、融入事业中；更离不开社会各界人士的倾力相助，人民群众摆脱贫困、渴望发展的奋斗伟力。在此，我代表县人民政府，向全县各族人民，向人大代表、政协委员、离退休老同志，向各民主党派、工商联、人民团体、无党派人士，向各级驻务单位、武警官兵、消防官兵、公安干警及关心、支持务川经济社会发展的各界人士，表示崇高的敬意和衷心的感谢！

在肯定成绩的同时，我们应清醒地认识到，发展不充分是最大的短板，经济总量偏小、财政增收困难、产业化水平低，脱贫后续保障任务重，发展步伐还需进一步加快；活力不强是最大的差距，资源利用水平低、科技支撑能力弱、重大投资项目少，各类人才匮乏、企业实力不强，发展潜力有待进一步提升；观念落后是最大的制约，开放发展视野不宽，干事创业因循守旧，开拓创新的能力还需进一步提高；作风不实是最大的隐忧，政府职能转变还不到位，少数部门和干部还存在“门好进、脸好看、事难办”等现象，转作风、优服务的意识有待进一步加强。对于这些问题，我们绝不回避，必将认真研究逐一解决。

二、2019年工作打算

2019年是新中国成立70周年，是贯彻落实党的十九大精神的深化之年，是实施“十三五”规划承上启下的关键一年，更是我县决战脱贫攻坚的收官之年、决胜同步小康的重要一年，做好全年各项工作意义十分重大。我们一定要牢记嘱托加油干、抢抓机遇加快赶，顺势而为、乘势而上、造势而行，努力在新征程中实现新作为、在实现新发展上体现新价值，向党和人民上交一份满意的答卷。

今年政府工作的总体要求是：高举中国特色社会主义伟大旗帜，以习近平新时代中国特色社会主义思想为指导，全面贯彻党的十九大和十九届二中、三中全会以及习近平总书记在贵州省代表团重要讲话精神，认真落实中央、省、市决策部署，统筹推进“五位一体”总体布局，协调推进“四个全面”战略布局，坚持稳中求进工作总基调，扎实践行新发展理念，持续打好三大攻坚战，强力实施“五大战略”，坚持推动高质量发展，着力做好稳增长、促改革、调结构、惠民生、防风险各项工作，决战脱贫攻坚、决胜同步小康，努力建设山灵水秀、产业兴旺、城乡共荣、开放包容的乐活务川，奋力开创新时代务川发展新未来，以优异的成绩庆祝中华人民共和国成立70周年。

今年的主要预期目标是：全县地区生产总值完成92亿元，增长12%；500万元以上固定资产投资增长20%；规模工业增加值增长15%；财政总收入完成13.19亿元、增长11%，一般公共预算收入完成6.44亿元、增长11%；社会消费品零售总额完成17亿元，增长13%；城乡居民人均可支配收入分别完成32032、11201元，分别增长10%、11%。顺利通过第三方评估验收、实现整县脱贫，在全省县域经济第二方阵综合排位前移2位。

为实现以上预期目标，我们将重点抓好以下9个方面工作：

（一）聚焦整县出列，全力实现摘帽目标，在建成全面小康上开启新征程。紧紧对照“一达标，两不愁，三保障”“三率一度”考核要求，全力查缺补漏，一鼓作气实现整县稳定脱贫、精彩出列，确保剩余贫困人口全部“清零”。

守牢脱贫攻坚“责任田”。坚持“摘帽不摘责任、摘帽不摘政策、摘帽不摘帮扶、摘帽不摘监管”，保持推进扶贫开发的强大定力，坚持把巩固脱贫成效作为头等大事，确保贫困人口全部脱贫，小康路上不落一人。对标评估标准“补短板”。坚持问题导向，全面排查水、路、房等“最后一公里”问题，进一步查找教育医疗、兜底保障政策落实情况，精准算清收入账，补齐收入短板，全面消除漏评和错退隐患。坚持动态识别工作常态化、制度化，强化人员动态信息管理，及时掌握返贫人员和新增贫困人口情况。扎好长效脱贫“防护网”。坚持脱贫攻坚力度不减、政策不变、责任不松，确保长效脱贫、稳定脱贫。加大产业扶贫力度，确保每个乡镇培育1个以上主导产业、每个村发展1个以上特色产业、每户农户联结1个以上致富产业。加快推进“五个体系”建设，切实做好易地扶贫搬迁“后半篇文章”。认真开展清尾工作，精准制定脱贫方案，不断强化后扶管理，做到“扶上马、送一程”，确保应脱尽脱、稳定长效。筑牢返贫风险“防火墙”。坚持兜底保障政策和惠民扶贫政策只增不减，进一步完善社保、教育、医疗、住房等保障体系。坚决防止因学因灾因病返贫，切实织密织牢“兜底网”。深入实施农村转移劳动力技能培训，促进农村劳动力多渠道就业。

（二）聚焦项目带动，全力实现经济增长，在增强发展后劲上实现新跨越。坚定不移将项目投资作为实现经济增长的突破口，千方百计强谋划、抓建设、重效益，以项目投资大突破推动经济发展大跨步。

聚焦重点项目抓谋划。抢抓国家新一轮西部大开发机遇，用好用活国家、省、市支持贫困地区的政策，找准结合点和着力点，努力在交通运输、文化旅游、城市建设、能源材料等方面取得新突破。实施重点项目136个，计划投资139亿元，列入省市重点项目清单49个以上。坚持叩门招商、精准招商、全民招商，构建“亲、清”政商关系，力争招商引资项目100个以上、到位资金125亿元以上。聚焦项目投入抓建设。启动务彭、务沿高速前期工作，启动遵义至务川快捷通道空间规划布局，加快推进G352道角至藕塘、G352藕塘至当阳、S302麻青至岩子头、蕉坝至茅天公路，启动“村村通双车道”项目建设，开展通村通组公路路网普查，确保全县农村公路管养到位。加快推进三岔河、龙洞湾、双岔河和兰草湾水库项目建设。高生电站竣工投产，开工建设红丝水库、红毛洞电站；重抓骨干电网、农村电网升级改造，建成环网供电系统。聚焦项目效益抓管理。注重协调服务，强化跟踪督促，继续实行重点项目领导包保责任制。坚持项目建设基本程序，坚决杜绝“三边”工程。切实做到新建项目及时开工、续建项目及时完工、完工项目如期投产。

（三）聚焦乡村振兴，全力实现产业兴旺，在实现提质增效上取得新突破。持续推进农业供给侧结构性改革，以农村产业革命“八要素”为抓手，聚焦产业兴旺，着力打造现代山地特色农业产业体系。

走规模农业之路。坚持“长在山上、短在耕地、长短结合、以短养长”的工作思路，紧紧围绕“构树+生态畜牧”主导产业，以17个500亩以上坝区农业产业结构调整为着力点，加快推进镇南种猪场、生猪育肥场项目建设，着力推动构树、茶叶、辣椒、花椒、肉羊、家禽养殖等主导特色产业发展取得实效，确保“村村有主打产业、户户有增收项目、人人有脱贫门路”。实现农业总产值48.65亿元以上。走品牌农业之路。实施品牌建设工程，力促农产品品质、品相、品牌全面提升。重点围绕“构树+”生态畜牧、茶产业、花椒、香榧等产业及务川白山羊、锯齿山蜂蜜、草石蚕等地理标志保护农产品，坚持科技驱动、深化产品加工、延伸产业链条、强化宣传推介，集中打造一批地域公共品牌、企业品牌、产品品牌，提升务川农产品的核心竞争力、影响力。强化企业经营主体培育，新增市级以上农业龙头企业10家、市级以上农民专业合作示范社10家、县级新型农民经营主体100家。走质量农业之路。实施食品安全战略，聚焦规模产业、示范基地等重点产业和关键领域，加强农业投入和农产品质量安全监管，大力推动标准化生产，实现农产品质量安全可追溯。大力实施农业面源污染综合治理、畜禽养殖场所疫情防控行动，实现疫情防控全覆盖，农膜回收利用率达63.7%、粪污综合利用率达85.6%、秸秆综合利用率达83%。

（四）聚焦新型工业，全力实现总量提升，在推动工业强县上迈上新台阶。强力实施新型工业化战略，坚持增量赶超与存量变革协同并进，促进全县工业经济高质量发展，实现工业强县目标。

建设园区强支撑。依托“1+4+N”，积极申报贵州务川经开区。加快推进大坪绿智工业园区建设，确保三期标准化厂房和配套生活区建成投用，新增标准化厂房面积6.5万平方米。稳步推进涪洋生态产业园和乡镇返乡创业园建设。力争新增入园企业8家以上，新开工项目3个以上。集约发展促效益。100万吨/年氧化铝项目一期全面投产，启动二期生产线工程建设。加快推进氧化铝配套产业项目建设，确保镇南加气混凝土砌块及节能环保砖项目同步建成投产。加快建设100亿级氟钡新材料产业园，培育氟化钡全产业链，力争将我县打造成西南地区绿色氟钡化工产业基地，实现与氧化铝产业联动发展。创新驱动增活力。持续推进“双千工程”，扎实开展“小微行动”、民营经济“五年行动计划”，加快引进技术含量高、成长性好、引领性强的优强企业，推动新型材料、绿色食品、医药健康、电子信息产业集群高质量发展。全年完成规模工业总产值20亿元，新增规上企业3家。

（五）聚焦第三产业，全力实现集聚繁荣，在提升优势内涵上实现新发展。围绕“一区、两中心、三基地”发展目标，全面加快第三产业发展。

推动旅游业持续井喷。全面完成石朝旅游扶贫、青少年研学旅行基地等项目，成功创建红丝土内、涪洋陈家湾等6个3A级景区，开工建设中国仡佬民族博物馆文化旅游提升工程，全面启动桃符温泉小镇、泥高康养特色产业扶贫项目建设。不断强化景区运营管理，完善景区配套设施，逐步丰富旅游业态、提升景区内涵，新建旅游商品专柜3个。以“沪渝入遵”行动为契机，加大上海、重庆等地客源市场宣传推介力度。力争游客接待量突破350万人次，文旅综合收入28亿元。推动服务业流光溢彩。加快推进黔北铝产品物流配送园、接官坪现代汽车物流园、黔沪智慧生态产业园区项目建设，推进冷链物流网络建设，引进物流公司3家。有序推进农贸市场升级改造，引导传统批零住餐服务业进入专业市场，新增星级酒店3家、限上企业4家。积极引进金融保险机构，不断提升金融服务经济发展能力。全面建成养老乐活苑项目，快速推进仡福中医康养院、康复保健及医养结合中心项目建设，持续推广特色食疗、传统中医、民族体育等康养产品。大力发展培育家政、中介、技术服务等社会服务业。推动大数据遍地开花。依托全省电子政务示范县优势，推动大数据与实体经济、政务服务融合发展，形成“大数据+”全域融合发展格局。加快推动电商产业发展，加强全县批发市场、超市与电商企业之间的合作，力争农产品线上销售额增长30%以上，培育1家大型电子商务平台，建成村级电子商务服务点10个以上。

（六）聚焦城乡统筹，全力实现宜居宜游，在建设美丽家园上展现新面貌。积极推动城乡协调发展，努力实现宜居宜游，城市让生活更美好，乡村让城市更向往。

让中心城区更“强”。大力实施“提质培优·美丽县城”发展计划，全面启动县城空间规划布局调整。加快推进中学路、东升片区、环城北路片区等棚户区改造，基本完成外环南路、洪渡大桥等路网建设。加快推进民族风情街、碧桂园、思州壹品等项目建设。大力整治易淹易涝等“城市病”。深入开展城建领域“五大乱象”集中治理，开展农贸市场专项整治和物业管理质量提升行动，全面提升城市管理水平。城镇化率提高到48%以上。让特色小镇更“特”。坚持市场运作，促进小城镇“产、城、人、文、景”融合发展。以“8+X”项目为抓手，强力实施“十大提升工程”，全力推进镇南省级示范镇提档升级，完成泥高、涪洋市级示范小城镇建设。力争完成小城镇建设投资28亿元以上。让美丽乡村更“美”。全面启动板场第五批传统村落规划编制工作。加快推进农村基础设施建设，强化农村生活污水整治。加强农村医疗卫生、文化体育设施建设，促进优质公共服务向农村延伸。突出抓好民族文化建设和精神文明建设，努力实现“生态宜居、乡风文明、治理有效、生活富裕”。

（七）聚焦生态文明，全力实现水绿天蓝，在推动绿色发展上取得新成效。坚决打赢污染防治攻坚战，坚守阵地、巩固成果，让青山养目、流水静耳、空气净肺。

狠抓生态建设，构建绿色家园。加大森林资源培育力度，不断厚积生态优势，全面完成营造林任务8万亩、退耕还林补植补造任务8万亩，治理石漠化3.2万亩，切实扩大森林面积，森林覆盖率提高到61%。狠抓生态保护，筑牢绿色屏障。深入推进“蓝天、碧水、净土”三大行动。强化空气质量预警、解析、管控能力，推动天然气管网向乡镇延伸，提升秸秆综合利用率，空气质量优良天数比例达95%。深入实施“治污治水·洁净家园”行动，持续落实河长制，完成县城河道水生态修复工程、乡镇污水处理厂二级管网项目建设，全县污水收集处理率达96%，饮用水源水质达标率100%。快速推动污染地块治理修复，启动乡镇垃圾集中收集、运输、处理试点，城镇生活垃圾无害化处理率达100%。抓好新一轮环保督查问题整改，完成第二次全国污染源普查，严守生态保护底线。狠抓生态产业，做强绿色经济。深入实施绿色经济倍增计划，积极推广林药、林禽等林下经济模式，发展林下经济15万亩。围绕生态农业、生态旅游、现代服务业等绿色产业，大力推广大叶茶、艾健康、草石蚕、虾蟹等绿色农特产品，新增无公害产地认证10万亩、产品20个，有机产品2个、绿色产品5个，努力实现生态产业化、产业生态化，生态经济增长8%。

（八）聚焦新发展理念，全力实现对外开放，在推动改革创新上激发新活力。坚持践行新发展理念，持续扩大对外开放，扎牢风险防范根基，全力释放县域经济社会发展新活力。

狠抓风险防范促稳定。坚持结构性去杠杆的基本思路，始终做到坚定、可控、有序、适度。积极化解金融风险，严厉打击非法集资、扰乱金融市场等行为。加快政府存量债务置换，严控增量、化解存量，大力开展国有资产处置盘活，加大基础设施补短板项目申报力度，力争入库40个以上。积极争取绿色产业扶贫投资基金，力争生猪养殖、花椒、香榧3个项目投放资金10.4亿元。完成土地出让金收入10亿元，清缴企业欠税1亿元。建立扶贫贷款还款台账，全面实施财政预算绩效管理制度，优化财政资源配置，提高财政保障能力。全面落实安全生产“党政同责、一岗双责”，切实加强道路交通、消防、煤矿、食品药品等重点领域安全监管和应急处置，防范和遏制重特大事故发生。纵深推进扫黑除恶专项斗争，高压扫除黑恶势力社会毒瘤，严厉打击各类违法犯罪活动，全力提升群众的幸福感、获得感、安全感。狠抓深化改革增内力。持续推进“放管服”改革，大力开展营商环境集中整治，全力营造亲商、敬商、安商、富商的良好氛围。严格按照“六张清单”要求规范行使权力，推动“只跑一次”“不见面审批”。全面完成机构改革，优化县乡财政体制，深入推进教育、医疗、卫生等重点领域改革。加快推动县属国有企业市场化、实体化运营。纵深推进农村产权制度改革，全面推广农村“三变”改革。狠抓创新开放激活力。主动融入“一带一路”、黔川渝经济圈，实现高水平对外开放。抢抓上海奉贤、国开行、西北民大、省联社等对口帮扶机遇，争取各类帮扶项目50个，落实帮扶资金3亿元。加快培育创新动力，建立产研学相结合的创新体系。加大科技创新投入，组织实施科技创新项目5个，申报专利100件。健全人才引进激励机制，大力引进创新团队、领军人才。

（九）聚焦共建共享，全力实现群众所盼，在增进民生福祉上展现新作为。践行全心全意为人民服务宗旨，想群众之所想、急群众之所急，让发展更有“温度”、民生答卷更有“厚度”。

强化文教建设，共享民生成果。完成务川中学三期工程、第五小学建设，加快推泥水完小易地搬迁项目、大坪幼儿园、红丝幼儿园建设，规划启动第二普通高级中学、都濡完小异地搬迁项目，实现县内薄弱学校改造全覆盖。持续巩固义务教育均衡发展成果，全面改善“择校热”“择班热”等突出问题。扎实开展教育对外交流，全面提高教育教学质量，实现学前三年教育毛入园率92.3%、义务教育巩固率100%、高中阶段毛入学率92.4%，全县高考上线率再创新高。“一场四馆”高效运营，加强文化阵地建设，推动农村文化事业繁荣发展。强化医疗服务，增进民生福祉。全面完成县人民医院、县中医院整体搬迁，加快推进县妇幼保健院项目建设。积极推进分级诊疗制度，进一步探索健全医联体管理运营机制。全面开展医疗服务满意提升行动，加大医疗卫生人才队伍建设，扎实推进家庭医生签约服务，全力提升基层医疗卫生服务能力。强化社会保障，筑牢民生网底。完善城乡医疗救助、临时救助、急难救助制度，持续做好留守儿童等特殊群体的关爱服务工作。扎实推进农村低保专项整治工作，做到应保尽保、应退尽退。鼓励和规范社会力量兴办福利机构，全力提升养老服务规范化、专业化水平，提高敬老院床位利用率，确保全县特困人员100%集中供养、分散保障供养。认真落实全民参保计划，确保常住人口城乡居民基本医疗保障参保率100%。推进全民创业行动计划，新增城镇就业5200人，城镇登记失业率控制在4.2%以内。加强劳动保障监察力度，确保农民工工资按时足额发放。

各位代表，纷繁世事多元应，击鼓催征稳驭舟。人民对美好生活的向往就是我们的奋斗目标，我们将从解决好人民群众普遍关心的突出问题入手，全力办好“十件民生实事”：（1）开展就业创业培训，培训贫困劳动力6000人次，转移农村劳动力就业8000人，新增城镇就业5200人。（2）推进“厕所革命”，完成800户农村户用卫生厕所改造，新建8座旅游厕所。（3）启动都濡完小易地搬迁项目。（4）加快落实2017年、2018年棚户区改造任务，启动2019年800户公租房建设。（5）启动“一云、一网、一平台”建设，实现政府数据聚通用；设立市民服务热线，实现政务服务“一门进、并联审、限时办、一窗结”。（6）启动建设务川自治县老年养护院，建成养老乐活苑。（7）开展通村通组公路路网普查，实现通村通组公路养护全覆盖。（8）完成县人民医院、县妇幼保健院项目建设并投入使用，完成务川精神病院改扩建。（9）完成县城黑臭水体整治、乡镇污水处理厂二级管网项目建设，启动乡镇垃圾收集、运输、处理试点。（10）整治城区背街小巷20条、小区院落35个。

三、全面加强政府自身建设

各位代表，打铁必须自身硬。面对新时代、新要求，我们将以永不懈怠的精神状态、一往无前的奋斗姿态，不断提高施政能力、服务水平，努力干好各项工作，用实际行动兑现庄严承诺。

——牢固树立核心意识，建设服务型政府。旗帜鲜明讲政治，坚决服从党的领导，自觉增强“四个意识”，在政治上、思想上、行动上始终同以习近平同志为核心的党中央保持高度一致。切实提升执行能力，全面贯彻党中央国务院、省委省政府、市委市政府和县委的决策部署，坚持抓具体抓深入，脚踏实地推进各项工作落实。始终坚持人民立场、坚守为民情怀，将群众所需、所盼、所求作为施政方向，不断回应群众关切、解决群众难题、满足群众需求。全面推行政务公开，深入推进“互联网＋政务服务”，力争实现政务服务“只进一扇门、最多跑一次”。从严惩治庸政、懒政、怠政，坚决转变工作作风，以精准高效的执行力推动各级决策部署落小落实。

——牢固树立法治思维，建设法治型政府。牢固树立法治理念，带头遵法守法学法用法。深入开展“七五”普法，自觉维护宪法和法律权威，严格按法定程序、法定权限行使职权。绝不发生以言代法、以权压法、逐利违法、徇私枉法等行为。坚持政府常务会议会前学法，严格执行政府工作规则、“三重一大”集体决策制度。坚持重要事项向县委报告，自觉接受人大法律监督、政协民主监督，加大行政决策、执行、管理、服务、结果公开力度，把依法行政贯穿于政府工作全过程，切实提高政府依法决策水平。

——牢固树立从严意识，建设廉政型政府。时刻牢记党和人民的重托、富民强县的重任，从自身做起，严格遵守《中国共产党章程》、严格执行《中国共产党廉洁自律准则》《中国共产党纪律处分条例》，坚决贯彻落实中央八项规定精神，深入正风肃纪，扎实开展政府系统党风廉政建设和反腐败工作。严格实行“一岗双责”，持续强化审计监督，加强对工程招投标、政府采购等关键环节的监管，严肃查处违纪违规行为，确保干部清正、政府清廉、政治清明，切实用清廉政风带好淳朴民风。

各位代表，历史只会眷顾勇士，幸福更需艰苦奋斗。新的征程已经开启，新的奋斗正待书写。让我们更加紧密地团结在以习近平同志为核心的党中央周围，大力弘扬新时代贵州精神，不断汇聚47万仡乡人民齐心战贫困、协力奔小康的磅礴伟力，以实干的辛勤去耕耘、以挥洒的汗水去浇灌，奋力开拓全面小康路，续写务川新时代跨越发展的新篇章！

道真仡佬族苗族自治县政府工作报告

（2019 年 1 月 8 日在道真自治县第八届人民代表大会第三次会议上）

道真自治县委副书记、县长 杨润民

各位代表：

现在，我代表自治县人民政府向大会作工作报告，请予审议，并请各位县政协委员和其他列席人员提出宝贵意见。

一、2018 年工作回顾

过去一年，我们在市委、市政府和自治县委的坚强领导下，在自治县人大、县政协的监督支持下，坚持以习近平新时代中国特色社会主义思想为指导，以脱贫攻坚统揽经济社会发展全局，深入实施“八大工程”、致力强化“五大保障”，克难攻坚、砥砺奋进，脱贫攻坚持续深入，全县经济社会发展稳中向好。

2018 年，预计完成地区生产总值 74 亿元、增长 13.6%；工业增加值 7 亿元，增长 8.8%；500 万元以上固定资产投资 77 亿元，增长 22%；社会消费品零售总额 17.1 亿元，增长 6%；财政总收入 7.11 亿元、下降 20.4%，一般公共预算收入 2.71 亿元、下降 39.7%；城镇、农村居民人均可支配收入分别达 29872 元、10493 元，分别增长 11%、13%；金融机构存、贷款余额分别达 105.58 亿元、78.28 亿元，分别增长 1.5%、37%。经济发展逐渐由速度、总量向效益、质量转变。

这一年，我们尽锐出战攻脱贫，脱贫基础明显夯实。紧扣“一达标，两不愁，三保障”，扎实推进“春风行动”“夏秋攻势”，脱贫攻坚工作取得阶段性胜利。攻坚合力更加聚集。建立完善五级作战体系、“1+12”工作调度体系，全县近万名党员干部全部下沉一线，结对帮扶贫困户 1.66 万户、6.3 万人，包保非贫困户 6.54 万户、24.2 万人，实现帮扶全覆盖。48 家县内企业、26 家省市单位和国家民委、上海杨浦、省税务局、茅台集团、国开行、农发行、银河证券等社会力量积极参与，累计投入帮扶资金 5.22 亿元。扶贫措施更加精准。围绕“七个坚持”脱贫思路，投入财政专项资金 9497 万元，整合涉农资金 2.8 亿元，发放“特惠贷”1.7 亿元。全力推进“四场硬仗”，发展“短平快”扶贫产业，累计覆盖贫困户 1.2 万户、4 万余人；完成“组组通”1045 公里，实施搭接路、串户路 40 余万平方米，实施农村人饮“户户通”1.27 万户；建成县城一期、二期、三期和洛龙二期易地扶贫搬迁安置点，搬迁入住 2630 户、11224 人，实施危房改造 1368 户、人居环境整治 2.22 万户。兑现公益林补助资金 1449 万元，落实各类教育资助 12.5 万人（次）、4975 万元，兑现健康扶贫医疗补偿 2.55 万人（次）、6476 万元，大病集中救治率、慢病管理率、家庭医生签约服务率均达 100%。脱贫成效更加明显。深入开展问题专项治理，做到“户户过关、人人达标”，全年累计减少贫困人口 2250 户、8281 人，实现 48 个贫困村全部出列，贫困发生率降至 1.757%，小康实现程度达 96.5%，顺利通过市级贫困县退出专项审查。

这一年，我们优化结构促转型，产业调整明显提速。始终坚持做强一产、做大二产、做优三产，产业结构调整步伐明显加快。特色农业提质增效。围绕“菜县菇乡”定位，大力实施“23221”农业产业化工程，调减低效玉米 2.64 万亩，种植商品蔬菜 15 万亩，投放食用菌 1500 万棒，巩固发展中药材 18 万亩，管护茶园 10 万亩，种植烤烟 6.2 万亩、收购烟叶 10.8 万担，生态家禽出栏 100 万羽，肉类总产量

3.2 万吨；新增无公害产品 5 个、绿色有机产品 3 个、地标产品 1 个，认证“三品一标”企业 26 家、农产品基地 24.7 万亩；同辉、贵旺两家食用菌龙头企业建成投产，建设食用菌扶贫产业园区 5 个；培育市级龙头企业 33 家、专业合作社 213 家。实现农业综合产值 45 亿元。新型工业步伐加快。完成重庆产业园（三期）路网 1.2 公里、公租房 13.35 万平方米和工业园区技术服务中心主体工程。博联茶业调味茶研发成功，建成四季常青大健康产业园，完成天豪生物药业改造升级，启动浣溪煤矿 30 万吨扩能改造，桷木塘、浩口电站建成投产。与上海东方希望集团签订氧化铝项目投资框架协议。贵州贵邦实业、遵义贝嘉玩具、重庆果知味食品等 6 家企业进驻“雁归园”。实现规模工业产值 29 亿元。第三产业不断提速。实施全域旅游基础设施 PPP 项目（一期），大沙河旅游度假区项目稳步推进，仡佬文化旅游产业创新区完成规划编制，游客接待中心、智慧旅游系统平台投用，中国傩城建设有序推进。全年接待游客 300 余万人次，实现旅游总收入 30 亿元。推进国家级电子商务进农村综合示范县建设，村级电商综合服务站实现全覆盖，发展电商骨干企业 44 家，建成乡（镇）电商服务中心 12 个。浙商建材家居城、悦冠生活广场建成投用，农商旅一体化项目开工建设。累计完成三产固投 64 亿元，实现增加值 34 亿元、增长 15%。新增限额以上商贸企业 6 家、微型企业 260 户、市场主体 2960 户，民营经济占地区生产总值比重提高到 50%。

这一年，我们立足品位提速度，城乡面貌明显改观。始终坚持建管并举、提升品位，推动城乡联动发展。城乡建设稳步推进。完成城镇建设投资 80 亿元，城镇人口增至 12.1 万人，城镇化率提高到 45%，县城建成区面积扩大到 15.5 平方公里。启动县城总规第四轮修编工作，完成洛龙、三桥特色小镇总规、控规和 83 个村（居）农村人居环境村级规划编制。完成仡佬文化园、玉龙谷附属工程和玉溪河道综合治理，游泳馆主体工程完工。建成商品房 41.66 万平方米，销售 44.7 万平方米。启动 2018 年棚户区改造一期、二期工程，教育局片区棚户区改造加快推进。城乡基础逐步夯实。道南高速傩城半互通开通运营，道武高速前期工作有序开展，三桥至阳溪公路全线打通，243 国道、大礦至三桥、芭蕉湾至桃源公路加快推进；完成通村硬化路 368 公里、产业路 344 公里；创建“四好农村路”155 公里并通过省级示范县验收。芙蓉江流域桷木塘、火烧滩航运停靠点项目即将完工；大岩角、双坝水库下闸蓄水，完成沙坝水库加高扩容工程，启动富强水库建设；治理中小河流 10 公里，新建农村人饮工程 555 处，增扩县城水厂 2 万吨。完成农村配电线路架设 582 千米，安装设备 270 余台。实现行政村所在地 100% 通光纤、1 公里 30 户范围内居民区通讯网络覆盖率 100%。城镇管理不断加强。持续巩固国家卫生城镇创建成果，顺利通过省级文明创建行动三年评估。实行县城区市场“户籍化”管理。治理违法建设 139 宗、2.5 万平方米。启动垃圾分类试点工作，处理城乡生活垃圾 4.3 万吨，城乡垃圾无害化处理率达 83%、县城垃圾处理率达 97%。县乡文体活动中心、小微循环路网、无障碍通道等配套设施日臻完善。

这一年，我们以民为本办实事，民生事业明显进步。始终把工作落脚点放在群众是否受益、是否满意上，公共服务质量、均等化水平不断提升。社会保障全面加强。新增城镇就业 3500 人，实现失业人员再就业 840 人、农村劳动力转移就业 4770 人，发放创业贷款 4276 万元，城镇登记失业率控制在 3.02% 以内。城乡居民社会养老保险参保率达 91%，城镇、农村居民医疗保险参保率分别达 92%、97%。完成城乡低保扩面提标，发放各类社会救助资金 9718 万元、优抚经费 1320 万元，特困人员集中供养率达 52%。完成县城区教师公租房、田嘴公租房、上坝团结公租房建设，启动鸭子坝公租房建设，分配廉租住房 243 户，发放廉租住房租赁补贴 351 户 82 万元。社会民生全面推动。启动县医院整体搬迁工程、县精神病专科医院建设，完成 14 个乡（镇）卫生院业务用房、51 间村级卫生室新（改、扩）建工程，全年无重大突发公共卫生事件发生。持续巩固“计划生育优质服务县”成果，人口自然增长率 7.2‰。第四小学建成投用，忠信、大礦幼儿园通过市级示范园验收；义务教育基本均衡目标如期实现，高考本科录取实现新突破。文化事业全面发展。黔北渝南文化中心建设顺利推进，实施傩戏王国基础设施项目建设，中国傩城入围贵州十大文化产业示范基地。成功申报市级以上非遗传承人 6 人、非遗项目 5 个，荣获全国非遗保护先进集体称号。完成 59 个村级综合文化服务中心建设，举办“仡山欢歌”等各类群众文艺活动 100 余场。加强知识产权工作，完成专利申请 307 件，科技综合进步指数达 59.3%。

同时，“十件民生实事”稳步推进。一是建成通村硬化路 368 公里、“组组通”公路 1045 公里。二是完成沙坝水库蓄水安全鉴定，改造县城区输水管道 5 公里。三是升级改造农村电网 1287 千米，新建通讯基站202座，新增光缆1430千米。四是实施农村人居环境改造2.22万户。五是棚户区改造一期项目启动基础施工、二期项目启动主体施工。六是规划区内殡葬改革全面启动，完成农村公益性公墓规划。七是完成第六小学前期工作，第三公办幼儿园启动建设。八是新（改）建村卫生室51间。九是新增县城区停车位1600个、乡（镇）驻地停车位590个，启动大揽水库、凡岩、马金台3座公厕建设。十是完成大坪综合农贸市场建设。受宏观政策、经济下行、规划调整等因素影响，部分民生实事项目完成进度尚有差距，我们将认真回应群众关切、加强跟踪调度，确保尽早完成。

这一年，我们全力以赴守底线，生态环境明显改善。严格落实生态环境保护“党政同责、一岗双责”，全面加强生态环境建设，切实守牢生态红线。生态建设力度更大。划定生态红线范围76.29万亩，新增耕地5859亩，完成城乡建设用地增减挂钩1600亩、营造林26.1万亩，森林覆盖率达58.6%，全县河流水质达标率、县乡集中式饮用水源地水质达标率均为100%。14个乡（镇）均获得省级生态乡（镇）命名。污染防治力度更大。大力实施“治污治水·洁净家园”行动，全面落实河长制，聘任河流巡查保洁员56人，开展巡河巡湖3000余次。完成芙蓉江干流（道真段）确权划界工作，与武隆区签订了芙蓉江流域保护框架协议。9个乡（镇）和上玉工业园区、县城（二期）污水处理厂建成投用，污水处理率达91.7%；完成14个乡（镇）生活垃圾中转站建设，沙坝水库集中式饮用水源地越域排放工程基本完工。环保执法力度更大。深入开展环境执法巡查、森林保护“六个严禁”、河流整治执法专项行动，立案查处61件、查处违法违规项目8个，全面清除河道水库养殖网箱；淘汰落后生产企业1个，整改完成环保督察问题29个，办结投诉案件22件。

这一年，我们强化治理防风险，综合保障明显加强。深入推进社会稳定风险评估，强化要素支撑，着力从源头上预防、减少矛盾，营造良好发展环境。财税支出基本保障。按照“保工资、保运转、保民生”要求，有序安排各项支出，加快投融资体制改革，实现县兴园公司、兴农公司等国有企业实体运营，启动水务投资集团公司组建工作，大力推动PPP项目入库，加大政府性基金预算收入，积极争取融资到位资金21.48亿元。金融服务体系不断健全，农村信用社完成农商行改制，农业保险投保面积20余万亩。风险防控全面加强。认真落实党政领导干部安全生产责任制，全面推进“六级六覆盖”网格化管理、“双控”体系建设，深入开展安全生产领域大检查，全年未发生较大以上安全生产事故。强化金融风险防控，建立重点行业、特色产业按月监测机制。修订完善金融突发事件应急预案，全县金融风险“零发生”。强化债务风险防控，出台债务管理风险评估及预警管理实施细则，开展债务风险自查整改。坚持重大事项社会稳定风险评估制度，建立完善网络舆情管理体系，妥善解决各领域风险防范化解工作。社会治理扎实有效。强化社会治安防控体系建设，顺利完成“天网三期”工程，深入开展扫黑除恶、扫黄打非、打击“黄赌毒”等专项行动，加强食品药品等重点领域监管，全面推进“七五”普法、全国第四次经济普查等工作；坚持领导干部接访包案制度，全年办结信访案件310件、办结率100%，人民群众的获得感、安全感、满意度持续提升。

这一年，我们深化改革扩开放，发展活力明显释放。坚定不移将改革红利与创新动力紧密结合，全面深化改革、强化创新驱动、扩大对外开放，发展动力不断增强。综合改革稳步推进。全面启动县级行政机构改革工作。积极推进县、乡两级综合行政执法体制改革，挂牌成立县综合行政执法局，设立乡（镇）分局。抓好税务体制改革，道真自治县税务局挂牌成立。稳步开展公办学校去行政化及教师薪酬制度改革。持续推进公立医院改革，大力开展医共体建设。实施农村集体产权制度改革，完成土地确权颁证。继续深化水利改革，确权小型水利工程5200余处。全面启动殡葬改革，第一阶段火葬规划区内火化率达100%。开放水平不断提升。成功举办各类招商引资专题活动，碧桂园集团、上海东方希望集团等国内500强企业签约落地。全年新招商引资项目55个，签约资金225亿元、到位资金131亿元。《唱响新时代》《中国影像方志——道真篇》《印象非遗之道真仡佬族傩戏》在央视专栏播出。成功举办国际马拉松半程赛、全国广场舞邀请大赛等体育活动。营商环境持续优化。全力抓好营商环境整治，深入推进“放管服”、网上并联审批制改革，实现网上问政。清理整改行政许可24项、行政处罚307项、行政强制30项、行政确认7项、其他权力59项。严格执行首问负责制、一次性告知制、限时办结制，企业登记办结时间压缩85%，企业开户限时当天办结。

这一年，我们务实担当转作风，自身建设明显增强。牢固树立“四个意识”，认真贯彻《中国共产党廉洁自律准则》《中国共产党纪律处分条例》，全面落实中央、省、市党风廉政建设和反腐败工作部署，严守中央八项规定，严控“三公”经费，全面接受省委第四轮巡视第七巡视组巡察。加强经济责任审计和政府投资项目、财政专项资金等审计监督，整改审计发现问题55项。完善行政决策规则、政府运行规则，强化政府法律顾问制度。落实《政府信息公开条例》，主动接受人大法律监督、政协民主监督和社会舆论监督，办理人大代表建议86件、政协委员提案70件，办复率达100%。强化政务公开，深入推进行政审批制度改革，累计落实下放事权196项，开展行政服务事项1919件、行政许可事项326件、行政执法122件。

此外，防灾救灾、民族宗教、外事侨务、人民武装、国防动员、交通战备、国教人防、档案管理、工商联、妇女儿童、老年人、残疾人、共青团、工会、红十字会、征兵、双拥等各项工作都取得新成效，人民群众的获得感明显增强。

各位代表，2018年是道真极不平凡的一年。这一年，我们开启了波澜壮阔的脱贫攻坚、顶住了持续收紧的金融压力、攻克了制约发展的重重难关；这一年，全县干部流血流汗最多、牺牲奉献最大、辛苦指数最高；这一年，全县民生改善最突出、群众受惠最明显、满意度提升最显著，为脱贫攻坚第三方评估验收打下了坚实基础。这些成绩的取得，是市委、市政府和自治县委正确领导与科学决策的结果，是自治县人大、县政协监督支持与群策群力的结果，是全县各族人民同心同德、苦干实干的结果，是省市有关部门和社会各界对口帮扶、倾力相助的结果。在此，我谨代表自治县人民政府，向各位人大代表、政协委员，向各民主党派、无党派人士、人民团体，向驻县公安政法干警、武警官兵、民兵预备役人员，向老领导、老同志及所有关心、支持、参与道真改革发展的各界人士，向全县35万各族人民群众，表示衷心的感谢并致以崇高的敬意！

在肯定成绩的同时，我们也清醒地看到，全县经济社会发展还存在不少困难和问题：一是脱贫攻坚任务较重。按照国家标准减贫摘帽，顺利迎接第三方评估验收，还需投入大量人力、物力、财力。二是财政收支压力较大。保民生、保运转和保专项支出困难，债务风险隐患不容忽视，面临既要“赶”、又要“转”的双重压力。三是产业质效提升较缓。农业、工业、第三产业质效亟待提升，产业化程度不高、投入不足，招商引资力度不够，发展动力不强，优化结构调整压力较大。四是创新发展能力较弱。投资增速回落明显，实体经济发展的要素瓶颈制约仍然存在，稳增长的基础还不牢固，新的增长渠道尚未打通。此外，部分党员干部思想观念转变不够、干事创业力度不够、破解难题方法不够。针对这些问题，我们必须转变观念、创新思路，认真加以解决。

二、2019年主要工作

2019年是新中国成立70周年，是我县实现脱贫出列目标、迎接第三方评估验收的决胜之年，是加快经济结构转型和决战全面小康、实现“十三五”规划的冲刺之年。做好全年工作，任务繁重、意义重大。我们必须立足新时代、聚焦新目标、落实新任务，在决胜脱贫攻坚、决战全面小康，建成县强民富生态美的新道真征程中展现新作为、开创新局面、实现新跨越。

今年工作的总体要求是：全面贯彻党的十九大和中央、省市经济工作会议精神，以习近平新时代中国特色社会主义思想为指导，坚持稳中求进总基调，统筹推进“五位一体”总体布局，协调推进“四个全面”战略布局，持续打好三大攻坚战、推进乡村振兴战略，扎实做好稳增长、促改革、调结构、惠民生、防风险各项工作，确保脱贫攻坚精彩出列，促进经济社会平稳健康发展。

今年的主要预期目标是：实现地区生产总值增长13%，固定资产投资增长20%，工业增加值增长11%，社会消费品零售总额增长16%，财政总收入增长7%、一般公共预算收入增长11%，城镇、农村居民人均可支配收入分别增长10%、11%，金融机构存、贷款余额分别增长10%、30%；小康实现程度达98.7%。

围绕上述目标，我们将重点抓好以下八大方面的工作：

（一）聚焦脱贫攻坚，奋力如期实现精彩出列。 脱贫攻坚时不我待，总攻决战在此一举。坚持把脱贫攻坚作为头等大事、第一民生，一鼓作气、持续发力，减少农村贫困人口2000人以上，确保如期实现精彩出列。

强化目标导向。聚焦“三率一度”“一达标，两不愁，三保障”要求，持续优化“五级”作战体系，不断压实工作责任，全面补齐脱贫短板，确保实现“零漏评、零错退、群众认可度98%以上”的目标，以充足的信心、底气迎接第三方评估验收。夯实脱贫根基。突出“产业发展增收入、基础设施改环境、易地搬迁稳就业、就医就学有保障”4个重点，持续打好“四场硬仗”。围绕“一长两短”产业布局，培育壮大食用菌、花椒、蔬菜等主导产业，不断拓宽增收致富渠道。加强水、电、路、讯、房等基础设施建设，不断改善农村生产生活条件。全面落实易地扶贫搬迁“五个三”后续扶持政策，实现“三保”城乡转接，大力推动搬迁群众就业创业。全面落实医疗扶贫政策，确保建档立卡贫困人口医疗费用实际补偿比例达90%以上，贫困人口参合率、家庭医生签约服务率达100%。全面落实教育扶贫政策，确保贫困学生应助尽助。凝聚攻坚合力。坚持扶贫与扶志（扶智）并举，扎实开展“三治五评”“登门五个一”“开好四场会”等各项工作，不断激发贫困群众的内生动力。深化国家民委、上海杨浦、省税务局、茅台集团、国开行、农发行等定点对口帮扶单位合作，持续推进“千企帮千村”精准扶贫行动，加大“特惠贷”“惠农易贷”等普惠金融产品投放力度，加快绿色扶贫产业子基金申报，积极引导更多企业和其他社会力量、金融要素助力脱贫攻坚。巩固脱贫成效。继续开展贫困人口精准管理，持续关注“五类”重点人员、深度贫困村组，全力提升乡村综合实力，持续推进产业革命，实现贫困群众稳定增收，有机衔接脱贫攻坚、乡村振兴战略，切实做到工作力度、资金投入、政策支持、帮扶力度只增不减，确保全县脱贫人口不返贫、退出贫困村不倒退、贫困发生率不反弹。

（二）聚焦产业提升，全力加快经济结构转型。始终坚持做大总量与转型升级并举，全面推进供给侧结构性改革，促进产业融合发展。

加快现代农业提档升级。用好用活“八要素”，持续推进“23221”产业工程，以蔬菜、中药材为重点，巩固提升“一长两短”产业，全力打造“菜县菇乡”。发展辣椒17万亩，实现种植商品蔬菜30万亩；投放食用菌1.5亿棒，启动野生菌抚育基地建设，围绕食用菌“三心、十园、百庄”规划，全面建成隆兴、旧城、洛龙、三桥食用菌扶贫产业园，新建3个食用菌扶贫产业示范园；全面推进《花椒产业助推脱贫攻坚三年行动方案（2018—2020）》，新增花椒8万亩，实现中药材稳定种植20万亩；巩固茶园10万亩；种植烤烟6万亩，收购烟叶10万担以上；出栏生猪25万头、家禽300万羽、商品牛2万头、商品羊3万头。实现农业综合产值50亿元以上。大力推动“三品一标”认证，新增市级以上农业龙头企业10家，创办农民专业合作社30家、家庭农场2000户。加快新型工业发展进程。加大“千企改造”“千企引进”力度，不断淘汰落后产能，助推工业经济转型升级。推进官庄电站建成投产，持续推动浣溪煤矿30万吨扩能技改工程，实现四季常青药业全面投产，重塑“银山乡”酒业品牌，力争启动铝土矿和页岩气开发项目。持续开展“退城进园”小微企业入驻“雁归园”工作。大力发展大健康医药及特色农产品深加工产业，创建医药及特色食品品牌，提高市场竞争力。强化工作要素支撑，力争实现水泥产量70万吨、发电量4.2亿千瓦时、煤炭10万吨。完成工业投资23亿元，实现规模工业总产值35亿元，规模工业增加值增长11%以上，新增规模工业企业3家以上。加快第三产业扩容提质。继续支持大沙河旅游度假区建设，推进中华仡佬文化园、玉龙谷景区、仡山茶海、隆兴花园等3A级旅游景区建设，力争启动十里长峡旅游区、棕坪白滩农旅观光园和旧城长坝、洛龙大塘、河口梅江等5个3A级旅游景区创建工作，启动云峰天景康养旅游小镇项目，实现旅游总收入增长35%以上。力争建成巴渔农商旅综合体项目。推动大数据与实体经济深度融合，实现网络零售额1000万元，确保通过国家级电子商务示范县评估验收。大力支持民营经济，积极助推市场主体发展，优化微型企业申办服务，力争扶持微企200户；积极支持个体工商户转型升级，力争个体经济比例增加20%，新增限额以上商贸企业3家以上。

（三）聚焦城镇带动，致力统筹城乡一体发展。始终坚持高标准、高品位，优化城乡布局、推动城市开发、加强城乡管理，促进城乡一体发展，实现县城建成区面积16.6平方公里、城镇人口12.6万人、城镇化率达47%以上。

完善城镇布局。围绕“做优县城、做特乡镇、做美村庄”的总体要求，按照“一主四辅、三带一圈”城镇空间一体化格局，注重城乡统筹、着力区域联动，完成全县新一轮城市修编，完善镇村规划编制。加快城镇建设。积极谋划新型城镇化项目，力争开发商品房60万平方米、建成40万平方米；加快2018年棚户区改造一期、二期和教育局片区安置房建设，力争建成保障性安居工程3400套。完成道路、照明、燃气管网等城镇配套基础设施、公共服务。依托洛龙古镇、旧城真安州遗址、大礁文家坝等重点打造3个特色小城镇；继续打造大礁镇茅台新村和阳溪社区传统村落；实施83个村（居）农村人居环境村级规划，提升打造一批特色村寨。加强城镇经营。推动仡佬文化园、体育公园、玉龙谷等城市公共资源市场化运作，探索城市道路公共资源社会化管理模式，完善城乡供水、城镇环卫、园林绿化等公共服务领域市场化运作机制；启动“房地一体”不动产权籍调查，加强城市资源、资本重组运营，最大限度盘活存量，聚集、组合资产，实现城市资源配置容量、效益最大化。创新城镇管理。持续巩固国家卫生城镇创建成果，集中开展八个专项整治行动，完善市容市貌、城市环境卫生等管理办法，打造一批专业市场、特色街区，加大公共配套设施管护力度，不断提高城镇管理水平。

（四）聚焦补齐短板，大力推进基础设施建设。 始终坚持以交通、水利、电网通讯为重点，全面补齐基础设施建设短板。

全面夯实水利基础。加强骨干水源工程建设，推进乡乡有稳定水源工程，力争完成桃源水库、凉天沟至玉溪河连通工程，启动关坝、龙塘水库工程和双坝至忠信调水工程前期工作，完成县城供水管网改造提升工程，提高县城区供水保障率，实现城乡集中供水全覆盖。投资1600万元，实施双河、谭村河道整治2.8公里。全面完成“户户通”工程，实现农村安全饮水全覆盖。全面夯实交通基础。全力推动道武高速公路动工，建成傩城互通及回转车道项目。累计投资3亿元完成大礤至三桥、三桥至阳溪公路改扩建工程；稳步推进通乡二级路建设，力争启动县城至桃源、旧城至棕坪公路建设；实施农村公路安防工程300公里以上；实施洛龙大桥危桥改造。积极配合做好涪柳铁路、渝贵高铁前期工作。全面夯实电讯基础。投资2.2亿元，实施增容提质电网工程，完成10千伏配网线路建设，启动三桥、大礤35千伏变电站增容改造和巴渔至文家坝110千伏电网线路建设，建成工业园区和三江群乐35千伏变电站，实现户均容量2千伏安。新建通讯基站120座，做好5G基站启动前期工作，全面提升网络通讯覆盖率。

（五）聚焦民生事业，努力提升社会保障水平。 始终坚持人民利益至上，全面发展民生事业，努力让人民群众拥有更多的获得感、安全感、幸福感。

大力发展文教事业。实现职业中学整体搬迁，投入1.2亿元实施城区第六小学和第三、第四公办幼儿园。启动义务教育优质均衡创建，持续推进“全面改薄”项目，不断改善办学条件，全面提升教育质量；加大民办教育扶持力度，促进各类教育均衡发展。完成游泳馆建设；投资3000万元，建设绿色健身步道150公里，完成11个五人制足球场和新城社区全民健身中心；完成32个村级文化活动室配套设施建设。举办2019道真国际半程马拉松赛等体育赛事。加强非遗普查、整理、申报、传承工作，力争开展省级文物保护单位旧城镇真安州古城垣修缮工作，积极申报国家级非遗生态保护区。持续开展“仡山欢歌”系列活动，不断满足人民群众的文化需求。大力发展卫计事业。加快县医院整体搬迁项目建设，建成投用玉溪第二社区卫生服务中心、县精神病专科医院，启动玉溪社区卫生服务中心、10个村卫生室建设，实现村卫生室标准化建设全覆盖。持续推进妇幼健康服务工作，全面落实“二孩”政策，人口出生率、自然增长率分别控制在13.3‰、7‰以内。大力发展社保事业。以养老、医疗保险为重点，全面推进全民参保登记计划，实现城乡居民大病保险、基本社会养老保险参保率达92%以上，基本医疗保险参保率达97%以上。完善社会救助体系，开展低保年度核查、提标工作，提高优抚对象抚恤优待标准、医疗补助标准，不断提升特困人员集中供养水平、敬老院服务管理水平。严格落实退役士兵安置政策，确保符合政策安置率100%。加强就业创业培训，新增城镇就业4000人，城镇登记失业率控制在4.2%以内。

围绕社会民生事业，解决群众最关切、最期盼的问题，着力办好民生实事：（1）建成投用大礤至三桥公路，完成县城至旧城至务川（道真段）二级公路改造路基工程，力争完成243国道基础工程。（2）开工建设第六小学，完成第三、第四公办幼儿园建设，完成职业中学整体搬迁并开办1间中学。（3）完成县城区供水管网升级改造，启动12个乡（镇）供水管网升级改造。（4）加快县医院整体搬迁项目主体工程建设，建成投用精神病专科医院。（5）完成大礤、三桥35千伏变电站增容改造和巴渔至文家坝110千伏电网线路建设，建成工业园区和三江群乐35千伏变电站，新建通讯基站120座。（6）建成县城区公共停车位1000个以上，新增集镇停车位500个以上。（7）开工建设县城区老年养护楼，完成玉溪敬老院升级改造。（8）完成棚户区改造项目3015套。（9）开工建设关坝水库，完成富强水库、龙塘水库大坝主体浇筑。（10）实现利民加油站、遵义路中石化加油站整体搬迁。

（六）聚焦改革创新，竭力增强经济发展动能。 始终坚持以改革促开放、以开放促开发，不断激发经济发展的动力、活力。

全面深化改革。全面完成县级行政机构改革，不断深化综合行政执法体制改革。稳步推进公立医院改革，提升公立医院管理服务水平。深化教师薪酬制度和公办学校去行政化改革。扎实推进农村集体产权制度改革、农村宅基地专项改革，积极探索农村土地

“三权”分置，全面完成农村集体资产清产核资。按期启动第二阶段殡葬改革。强化招商引资。紧扣“五大产业”、绿色经济“四型”产业，紧盯成渝地区和长三角、珠三角经济带，围绕特色农业、新型工业、现代服务业精准招商，着力招大商、招好商、招实商；不断完善招商服务机制，提高招商引资履约率、资金到位率、项目开工率、投产率，力争新引进项目75个以上、500强企业1家以上，投资10亿元以上主导产业项目1个以上，签约资金260亿元以上，累计到位资金158亿元以上。推动开放创新。抢抓遵义建成黔川渝结合部中心城市的战略机遇，加大东西部扶贫协作力度，推动遵沪第三产业深度合作，全力加快生态旅游示范区、仡佬文化体验区、康体养生休闲区、黔渝经济协作区、特色农产品集聚区、区域性物流中心建设。加大特色食品、大健康医药产业、新型建材等行业开发力度。大力实施知识产权战略，力争申请专利190件以上，力争培育高新技术企业2家，申报科技型企业备案5家以上，完成科技成果转移转化和支撑计划项目3个，争取市级以上重大科技项目1个以上，不断提高综合科技进步水平。

（七）聚焦底线保障，聚力破解发展制约瓶颈。 始终坚守生态底线、严守法治红线、筑牢保障防线，促进经济社会良性互动发展。

筑牢绿色生态底线。扎实推进森林扩面提质增效三年行动计划，积极开展国家生态文明示范县创建，大力争取退耕还林指标，实现森林覆盖率达59%以上。完成全国第二次污染源普查，抓好重点领域、重点行业、重点企业污染治理，启动生活垃圾无害化综合处理场、玉溪河排污管网建设；县城区集中式饮用水源地水质达标率保持100%，实现乡（镇）水质达标率达98%以上、城镇生活污水处理率达95%以上。全面运行乡（镇）生活垃圾中转站，完善生活垃圾“村收集、镇转运、县处理”处置体系，推进农村生活垃圾治理示范县建设。落实河长制责任，加强护河员管理。全面完成中央环保督察反馈问题整改，持续开展“六个一律”环保利剑行动，严厉打击各类环境违法行为。严格环评、建设项目“三同时”和排污许可制度，强化污染物排放源头防控。筑牢社会稳定基础。加强基层社会治理体系建设，认真开展第十一届村（居）委员会换届选举工作。加快“法治道真”建设进程，深入推进“七五”普法工作。强化“平安道真”建设，加大扫黑除恶力度，依法严厉打击各类违法犯罪，依法处理各类信访问题。加强突发事件应急体系建设，全面推进安全生产“双控”体系、“六级六覆盖”建设，严格落实安全生产责任制，深化道路交通、社会消防、建筑施工等重点行业领域安全专项整治，坚决防止重特大安全事故发生；加强食品药品安全监管，严防公共卫生事件发生。筑牢发展要素保障。切实用好用活金融政策，努力在棚户区改造、城乡供水、产业扶贫和PPP项目融资上取得突破，力争协议融资30亿元以上、到位资金20亿元以上。稳定粮食储备，健全农业保险体系，提高政策性农业保险水平。深化多层次资本市场建设，千方百计降低企业融资成本，积极引导金融资本更好服务实体经济。完成全国第四次经济普查、第三次国土调查工作；完成城乡建设用地增减挂钩、新增耕地项目建设；加大土地出让力度，确保国有土地出让收入6亿元以上。持续做好税收征管工作，确保应收尽收。加大涉农资金整合力度，提高财政资金使用效益。加快国有公司实体化进程，提高国有企业经营能力、国有资本运营效益。严格落实中央、省市关于加强地方政府性债务管理要求，坚决执行债务管理“七严禁”规定，全面加强债务风险管控，切实开展新建项目债务评估，做到项目建设与项目融资有效衔接。积极申请建立地方政府债务风险化解“偿债资金池”，坚决守住不发生区域性金融风险的底线。

（八）聚焦效能提升，勠力加强政府自身建设。 始终把党的十九大精神作为做好各项工作的根本遵循，坚定理想信念宗旨不动摇，不断强化政府自身建设、提高行政效能，更好服务群众。深入落实“放管服”改革，强化营商环境整治，着力打造区域“办事效率最高、营商成本最低、政府服务最优、创新创业活力最强”的服务环境。提升行政效率。坚持实干兴政，破除坐而论道、倡导务实苦干，以饱满的精神状态、奋斗姿态，奋战在改革发展的最前沿。完善绩效考核评价体系，加强正向激励，建立容错纠错机制，敢于为担当者担当、为负责者负责、为干事者撑腰；强化负面问责，整肃懒政、庸政、怠政，让不作为者、慢作为者、乱作为者无立足之地，营造肯干事、能干事、干成事的浓厚氛围，提升政府执行力、落实力。转变工作作风。坚持执政为民，把增进民生福祉作为发展的根本目的，注重调查研究，积极深入基层一线，查实情、出实招、办实事、求实效。主动接受各方监督，认真办理人大代表建议、政协委员提案。多角度关注民生、多渠道倾听民意、多举措解决民忧，做到重大决策依民而定、工作措施应民而出、项目设施为民而建、安危冷暖唯民所系、发展成果由民共享，建设群众满意的服务型政府。加强廉政建设。

坚持廉洁从政，始终把纪律和规矩挺在前面，严格落实中央八项规定和有关纪律要求，驰而不息纠正“四风”，全面落实党风廉政建设责任制，健全惩治和预防腐败体系。运用好政策设计、工作部署、干部培训、监督检查、追责问责“五步工作法”，强化重要政策、重点领域、重大项目审计监督，把中央、省市和自治县委的决策部署落细落小落实，以清正廉洁、苦干实干的作风取信于民。

各位代表，新时代是奋进者的时代、是拼搏者的时代、是担当者的时代，让我们更加紧密地团结在以习近平同志为核心的党中央周围，高举新时代中国特色社会主义伟大旗帜，在市委、市政府和自治县委的坚强领导下，在自治县人大、县政协的监督支持下，团结和带领全县党员干部群众，披荆斩棘、逢山开路、遇水搭桥，以昂扬的姿态、奋进的精神、优异的成绩，向新中国成立70周年献礼，向全县人民交上一份满意的答卷！

六盘水市

六盘水市政府工作报告

（2019 年 1 月 12 日在六盘水市第八届人民代表大会第四次会议上）

六盘水市委副书记、市长 李 刚

各位代表：

现在，我代表市人民政府向大会作工作报告，请予审议，并请市政协委员和其他列席人员提出意见。

一、2018 年政府工作回顾

过去的一年，是外部环境深刻变化的一年，也是各种矛盾交织叠加的一年。在市委的坚强领导下，在市人大、市政协的监督和支持下，我们坚持以习近平新时代中国特色社会主义思想为指导，全面贯彻党的十九大和十九届二中、三中全会精神，深入贯彻习近平总书记对贵州工作的系列重要指示批示精神，统筹推进“五位一体”总体布局，协调推进“四个全面”战略布局，坚持稳中求进工作总基调，坚持新发展理念，大力弘扬新时代贵州精神，牢牢守住三条底线，统筹推进稳增长、促改革、调结构、惠民生、防风险工作，三大攻坚战开局良好，实现经济持续健康发展、社会和谐稳定。预计地区生产总值突破 1500 亿元大关，增长 9% 左右；人均地区生产总值 5.18 万元，比上年增加 0.17 万元，比全省高 1.18 万元；全员劳动生产率每人 9.6 万元，比上年增加 0.56 万元，比全省高 2.8 万元；固定资产投资增长 18%；规模以上工业增加值增长 7.6%；社会消费品零售总额增长 10%；一般公共预算收入增长 2.24%；金融机构贷款余额增长 12.8%；城镇登记失业率为 3.48%。

一年来，按照习近平总书记对经济高质量发展的要求，全市经济社会发展沿着“六有”方向迈进。产品有市场方面：农产品产销两旺，540 吨“弥你红”红心猕猴桃远销俄罗斯、加拿大、中国台湾等国家和地区；规模以上工业产品产销率达 98.9%，比上年提高 0.1 个百分点；全年接待游客人次、旅游总收入分别增长 40%、50%。投资有回报方面：亿元投资 GDP 产出达 1.17 亿元，较上年提高 0.29 亿元；三次产业亿元投资投入产出分别为 1.51 亿元、3.55 亿元、0.66 亿元，分别比上年提高 0.42 亿元、1.21 亿元、0.17 亿元。员工有收入方面：城镇新增就业 9.25 万人；城镇、农村居民人均可支配收入分别为 30402 元、9976 元，分别增长 9%、10% 左右。企业有利润方面：规模以上工业企业利润总额增长 50%，每百元资产实现主营业务收入 52.2 元、比上年提高 2.1 元。政府有税收方面：在严格落实国家减税降费政策、为市场主体减税 17.22 亿元的情况下，税收收入仍增长 8.29%。环境有改善方面：森林覆盖率提高近 3 个百分点，达到 59%；千人以上集中式饮用水水源地水质达标率稳定保持 100%，单位地区生产总值能耗下降 3%，主要污染物排放总量控制在省下达的指标范围内；绿色经济“四型十五种”产业占地区生产总值比重达 40%，比上年提高 5 个百分点。

一年来，我们按照稳就业、稳金融、稳外贸、稳外资、稳投资、稳预期的要求，保持定力、迎难而上、扎实工作，各方面都取得了新成绩。

（一）脱贫攻坚取得决定性胜利。围绕实现“两不愁，三保障”，坚持以脱贫攻坚统揽经济社会发展全局，狠抓“五个专项治理”，实施“四个聚焦”，推进“四个三”攻坚举措，“春风行动”“夏秋攻势”尽锐出战，“秋后喜算丰收账”“冬季充电”有力开展，“四场硬仗”再传捷报，预计减少贫困人口 10.8 万人，贫困发生率下降到 3.74%，六枝特区、盘州市贫困发生率均下降到 2% 以下，脱贫摘帽工作通过市级审查，并报省评估检查。落实农业产业革命“八要素”要求，五大扶贫主导产业全面完成省下达计划，产业扶贫带动8万贫困人口增收。新建成农村“组组通”公路3914公里，实现30户以上村民组100%通水泥路。2017、2018年度易地扶贫搬迁任务全面完成，在全省率先开展易地扶贫搬迁安置点和谐社区、活力社区创建。超过33万人次贫困学生享受到教育资助，所有深度贫困村、易地扶贫搬迁安置点卫生室规范化建设实现全覆盖。农村危房改造任务全面完成。生态扶贫走出新路，水城县入围2018年全省整县碳汇扶贫试点。东西部扶贫协作迈上新台阶，与大连市在互访交流、资金投入、项目合作等方面取得新突破，鞍钢集团、中科大、中科院定点帮扶取得新进展。

（二）污染防治实现重大突破。坚决扛起环保督察问题整改责任，中央、省委环保督察交办信访案件办结率分别达100%、95%，中央环保督察反馈意见省交办问题整改完成率达87%。统筹推进蓝天保卫、碧水保卫、净土保卫、固废治理、乡村整治“五场战役”。市中心城区开展蓝天保卫战扬尘治理六大专项行动以来，未出现一天污染天气，全年环境空气质量优良率达96.4%，优的天数比上年增加44天，主要污染物PM10、$PM_{2.5}$平均浓度首次达到国家二级标准。地表水省控以上断面水质优良率完成省下达任务；国家下达的黑臭水体治理任务全面完成，市民对水城河治理的满意率达98%。完成土壤详查阶段性任务，治理历史遗留重金属废渣235万吨。综合整治农村人居环境，农村垃圾、污水治理力度进一步加大，实施改厨33.83万户、改厕23.14万户、改圈10.26万户。大力推动爱绿、植绿、护绿，完成营造林85.54万亩，治理水土流失面积170平方公里、石漠化面积65.74平方公里；获批创建国家森林城市，娘娘山国家湿地公园顺利通过验收。启动生物多样性调查，完成野钟黑叶猴自然保护区、玉舍老林沟自然保护点总体规划编制，森林资源、野生动植物得到了有效保护。

（三）防范化解风险有力有效。全面清理政府隐性债务，严控政府性债务增量。通过建立偿债风险准备金、开展政府债券置换、推广PPP模式等，化解政府性债务风险，全市未发生一起债务违约事件。加强金融运行监管，妥善处置非法集资，深入开展网络借贷风险专项整治，金融形势平稳可控。始终把安全生产作为泰山之责，对市、县两级煤矿安全监管人员进行集中培训，在63家企业开展企业全员安全生产责任制试点，完成安全生产强基固本两年攻坚、遏制重特大事故试点城市年度任务，生产安全事故起数、死亡人数持续“双降”。全年未发生地质灾害伤亡。深入开展扫黑除恶专项斗争，持续深化严打整治专项行动，加强社会矛盾纠纷排查化解，有力保障了人民安居乐业、社会安定有序。

（四）产业转型升级可圈可点。坚持提升传统产业、培育新兴产业两手抓，“双百工程”实施技改工业企业148家、引进外来企业110家。启动煤炭工业转型升级高质量发展三年攻坚行动计划，释放煤炭产能840万吨/年，采煤机械化率达82.5%、排名全省第一，发耳煤矿建成西南地区第一个通过省级验收且正常生产的智能化采煤工作面。发布六盘水焦煤价格指数，填补全省煤炭价格指数体系建设空白。纺织、新材料、新能源、旅游装备、农产品加工、物联网、现代物流七大产业板块全链条发展指导意见出台实施，电解铝全部实现就地深加工。玄武岩连续纤维产能达1.5万吨，规模为全国最大。大力发展以物联网为重点的大数据产业，与华为、科大讯飞等多家企业联合组建六盘水物联网产业联盟，六盘水成为中国电信物联网示范城市、中国联通智慧城市试点城市，大数据企业主营业务收入增长14%。深入实施振兴农村经济的深刻产业革命，完成省下达的玉米调减任务，“3155工程”投产面积达152万亩。刺梨产业国家创新联盟获批成为全省第一个林业和草原国家创新联盟，发布全省第一个市级地方标准体系《六盘水市猕猴桃生产技术标准体系》。畜牧业增加值占农林牧渔业增加值比重达26%，比上年提高1个百分点以上。“1+10”现代农业产业园总产值增长7.76%，水城县现代农业产业园成为全省唯一一个获国家首批认定的现代农业产业园。加快发展以旅游业为重点的现代服务业，新增4个国家4A级景区、2个省级旅游度假区；全省“1+5个100工程”考核为“优”的26个景区中我市有9个，前五名我市占4个；水城县猴场乡猕猴桃产业园、钟山区梅花山国际滑雪场入选2018年农业农村部推荐的100个休闲农业和乡村旅游精品景点线路；“玩转六盘水”APP作为智慧旅游平台在全省率先上线。

（五）基础设施建设多点突破。紧盯国家和省的政策导向、项目取向、资金投向，争取上级资金226.5亿元、增长12.7%。持续推进以“383”工程为重点的交通基础设施建设，预计完成投资267亿元。盘兴高铁开工建设，安六城际铁路顺利铺轨。六盘水至威宁高速公路建成通车，市中心城区72公里高速环线全面建成，高速公路出口由2个增加到4个；

玉舍至普田、普定至盘州、纳雍至晴隆、六枝至安龙、织金至六枝5个高速公路项目纳入《贵州省新时代高速公路建设五年决战实施方案》，六盘水境内里程337公里，占全省新增项目总里程的17.5%。盘州官山机场选址获国家批复。持续推进以“181”工程为重点的水利基础设施建设，预计完成投资60.49亿元。开工建设中小型水库12座，懒龙河、观音岩、河头上3座中型水库主体完工，新增有效灌溉面积1.23万亩，解决25.74万农村人口饮水安全问题。持续推进以“131”工程为重点的信息基础设施建设，预计完成投资15亿元。建成六盘水智慧城市体验中心，实现与贵阳·贵安国家级互联网骨干直联点高速互联，移动信号实现行政村全覆盖。持续推进市政基础设施建设，城市集中供暖工程新增供热面积181万平方米；市中心城区建成区雨污系统改造提升项目启动实施，建成后将基本实现污水全收集、全处理；地下综合管廊试点工作通过住建部、财政部现场考核。

（六）营商环境更加利企便民。严格执行中央、省进一步清理规范涉企收费的部署要求，为市场主体降费8300万元。水城经济开发区获批为国家增量配电业务改革试点；组织市内24户用电企业与6家电厂开展电力直接交易，为企业节约电费2.58亿元。深入推进“放管服”改革，市直机关取消行政许可事项11项、下放3项；实施行政审批“六个一”改革，按时向社会公布审批服务便民化“六张清单”。进一步优化审批服务，工程建设项目审批办理时限缩减至法定时限的50%以下，固定资产投资项目的审批、核准、备案办理时限分别缩减为法定时限的25%、15%、30%；企业开办时间减少为8.5天以内，提前一年达到国家要求。率先在全省启动政务服务“一窗分类受理”改革，创新开展政务“集成套餐服务”，政务服务大厅事项办理“最多跑一次”达83%，“减证便民”共计取消证明材料170余类498个，六盘水被评为贵州省政务服务标准化建设示范市。大力开展优化营商环境集中整治行动，在全省首推由纪委监委牵头开展营商环境检查整治，做法得到省的肯定、推广。

（七）深化改革开放蹄疾步稳。深入推进176项改革重点任务，出台重点事项改革方案31个。全国农村改革试验区建设有序推进，入选农业农村部2018年度农村集体产权制度改革试点单位，“三变”改革入选全国产业扶贫十大机制创新典型。机构改革、国企改革、财税金融改革等稳步推进，市供销商贸集团挂牌成立。大力推动民营经济发展，268户小微企业纳入“125”培育名单，92户中小微企业纳入省“精专特新”培育名单，142户民营企业纳入“百企改造”工程，民营经济比重达59%、比上年提高1.62个百分点，全年新增市场主体3.94万户。积极推动企业上市，建立上市企业、“三变”企业主体上市（挂牌）后备资源库，盘州市久泰邦达能源控股有限公司在香港上市，是全省第二家、全市首家上市的民营煤炭企业。全省首个在欧洲挂牌设立驻欧洲投资促进代表处。成功举办物联网高峰论坛；妥乐论坛被列入全省推动企业沿着“一带一路”方向“走出去”行动计划，与生态文明论坛、中国—东盟教育交流周、“数博会”等一并作为全省面向“一带一路”沿线国家举办重要经贸活动的依托平台。新引入500强企业5家。新增高新技术企业19家，首次获得中国专利奖，六盘水高新技术产业开发区获省批复，全市综合科技进步水平指数达54%，比全省平均水平高5.4个百分点。

（八）民生各项事业全面进步。财政民生类重点支出达231.98亿元，占财政总支出的72.84%。“十件民生实事”全面完成。全面推进基础教育领域综合改革，在全省率先对城镇低收入困难家庭子女就学进行资助、率先开展公办学校教师员额制管理改革试点、率先落实教育综合改革经费保障。启动基础教育三年攻坚，市中心城区超大班额全部消除，完成义务教育学校划片招生，小学入学年龄从6.5岁调整为6岁。提前两年实现县域义务教育基本均衡发展。六盘水幼儿师范高等专科学校挂牌招生，六盘水师范学院二期工程全面建成。14家二级以上医院纳入跨省异地就医结算系统，率先在全省开展新农合付费支付方式改革；我市获得国家精神卫生综合管理示范区称号。社会保险扩面工作稳步推进，覆盖率超过94%，城乡低保、居民基本医保政府补助标准进一步提高，被财政部、民政部确定为第三批中央财政支持开展居家和社区养老服务改革试点。2018年度保障性安居工程考核成绩位列全省第一。着力丰富群众文化体育生活，获批创建国家第四批公共文化服务体系示范区；突出消夏文化节的群众性，打造“开放的平台、百姓的舞台”；获得2022年第十一届省运会承办权，省第十届运动会参赛成绩较上届提升2位，圆满举办市第二届运动会及马拉松、滑雪、滑翔伞等系列重大赛事，入选全国青少年校园足球改革试验区。成功创建省食品安全示范城市。此外，司法行政、民族、宗教、外事、侨务、对台、人防、档案、妇女、儿童、老龄、残疾人、地方志、红十字等各项事业都取得了新成绩。

各位代表，新时代对政府工作提出了新的更高要求。一年来，我们树牢“四个意识”、坚定“四个自信”，坚决做到“两个维护”，始终在政治立场、政治方向、政治原则、政治道路上同以习近平同志为核心的党中央保持高度一致。围绕信念过硬、政治过硬、责任过硬、能力过硬、作风过硬，践行“五步工作法”，不断提高施政能力、服务水平。自觉把政府工作置于市委领导之下，重要情况主动向市委请示汇报，重大问题及时提请市委研究决策；按规定向人大报告有关工作、与政协委员开展民主协商，高质量办理建议、提案，办复率、满意率均达100%。切实履行全面从严治党主体责任，严格执行中央八项规定及其实施细则精神和省委、市委作风建设有关规定，持之以恒兴“三风”、纠“四风”，巡视问题整改取得阶段性成效，党风廉政建设不断加强。

过去的一年，我们走过的路很不寻常。面对资金、土地、劳动力等要素约束趋紧，面对安全生产、环境保护、债务化解等风险防范巨大压力，我们始终积极应对，全市改革发展稳定局面持续向好，成绩来之不易。这是以习近平同志为核心的党中央掌舵领航、对贵州亲切关怀的结果，是省委、省政府坚强领导和关心支持的结果，是在市委领导下全市各族干部群众艰苦奋斗、苦干实干的结果。在此，我代表市人民政府，向全市各族人民致以崇高的敬意！向人大代表、政协委员，向各民主党派、各人民团体，向驻市人民解放军、武警官兵、人民警察，向所有关心六盘水建设发展的各界人士，表示衷心的感谢！

在肯定成绩的同时，我们也清醒认识到，发展不平衡、不充分问题还比较突出。目前，全市还有贫困人口约9.5万人，贫困人口较多、内生动力不足，产业扶贫基础还需夯实，深度贫困地区生产生活条件还需改善，脱贫攻坚任务还十分繁重。新的经济增长点支撑作用不强，产业之间、产业内部结构性矛盾突出，结构调整面临不少困难，转型升级任务还十分艰巨。金融机构存款余额同比下降，融资难、融资贵问题较为突出，地方政府性债务风险隐患不容忽视，生态环境保护任务压头，安全生产形势依然严峻。教育、卫生等公共服务供给不足、质量不高，与人民群众日益增长的美好生活需要还有较大差距。我们要全面、客观、准确把握形势，培养战略思维、树立底线思维，从最坏处着想、向最好处努力，居安思危、化危为安，把工作的主动权牢牢握在手上。

二、2019年政府工作主要任务

2019年是新中国成立70周年、西部大开发20周年，是全面建成小康社会的关键之年，做好经济社会发展各项工作至关重要、意义重大。

今年政府工作的总体要求是：以习近平新时代中国特色社会主义思想为指导，全面贯彻党的十九大和十九届二中、三中全会精神，深入落实习近平总书记对贵州工作的重要指示批示精神，按照中央和全省经济工作会议决策部署，牢记嘱托、感恩奋进，统筹推进“五位一体”总体布局，协调推进“四个全面”战略布局，坚持稳中求进工作总基调，坚持新发展理念，坚持推动高质量发展，坚持以供给侧结构性改革为主线，坚持深化市场化改革、扩大高水平开放，坚持“巩固、增强、提升、畅通”八字方针，加快建设现代化经济体系，统筹推进稳增长、促改革、调结构、惠民生、防风险工作，保持经济运行在合理区间，进一步稳就业、稳金融、稳外贸、稳外资、稳投资、稳预期，提振市场信心，增强人民群众的获得感、幸福感、安全感，继续打好三大攻坚战，持续推进三大战略行动，牢牢守好三条底线，决战脱贫攻坚、决胜同步小康，保持经济持续健康发展、社会大局稳定，为全面建成小康社会收官打下决定性基础，以优异的成绩庆祝中华人民共和国成立70周年。

根据市委安排，今年经济社会发展的主要预期目标是：地区生产总值增长10%左右，固定资产投资增长14%，社会消费品零售总额增长11%，金融机构存、贷款余额分别增长11%、17%，一般公共预算收入增长1%，城镇、农村居民人均可支配收入分别增长9%、10%左右，城镇登记失业率控制在4.2%以内，森林覆盖率达61%以上，完成省下达的节能减排降碳任务。

围绕全年主要目标任务，我们将重点抓好以下8个方面工作：

（一）全力夺取脱贫攻坚决战之年根本性胜利。巩固提升脱贫攻坚成果，坚持标准、一鼓作气，着力解决好实现“两不愁，三保障”面临的突出问题，减少农村贫困人口5.2万人，贫困发生率下降到3%以内。深入推进振兴农村经济的深刻产业革命，继续调减玉米种植面积，“3155工程”投产面积165万亩；深入细致做好新增10万亩猕猴桃、100万亩刺梨的种植工作，落实地块、完善规划、创造条件，分年度积极、有序推进。稳定烤烟种植面积。按照“一坝一策”原则，围绕把500亩以上坝区培育成农业现代化的样板田、科技田、效益田，以特色化、规模化、标准化、品牌化、绿色化为方向，大力推动坝区结构调整，将 10 个以上坝区打造成农业产业优化升级示范区。把坝区农业结构调整与农业园区建设紧密结合起来，持续推进“1+10”现代农业产业园建设，积极推动盘州市刺梨现代农业产业园申报国家现代农业产业园。大力发展山地草食生态畜牧业，实施“粮改饲”2 万亩以上，稳定发展生猪产业，加快发展种草养牛养羊，畜牧业增加值占比提高 1 个百分点。多措并举严防非洲猪瘟。完成“十三五”易地扶贫搬迁任务，全面推进和谐社区、活力社区创建，促进搬迁群众市民化。全面落实教育扶贫政策，确保教育扶贫资助兑现率达 100%、义务教育贫困学生入学率达 100%。加强精准健康扶贫，建档立卡贫困人口 100% 参合或参保。继续实施农村危房改造，按照“四个一批”要求，完成村庄老旧房整治。加快补齐以交通、水利为重点的基础设施短板，加快提升农村公路养护、管理水平，巩固“四好农村路”钟山区国家级示范县、盘州市省级示范县创建成果，支持六枝特区创建省级示范县。全面解决 30 户以上自然村寨饮水安全问题。大力开展扶贫扶志行动，增强贫困群众的内生动力、自主脱贫能力。统筹用好各方帮扶资源，扎实推进东西部扶贫协作、定点扶贫、社会帮扶。扎实开展漏评、错评、错退专项整治，确保“三率一度”达到国家标准。用好扶贫专项，加大扶贫资金审计力度，从严从快查处贪污挪用、截留私分扶贫资金等行为。坚持严管与厚爱相结合，关心爱护基层扶贫干部。

（二）加快传统产业改造提升、新兴产业集群发展。巩固提升传统产业战略性基础地位，稳住煤电钢材四大支柱产业基本面，稳住全市工业经济基本盘。坚持“保安全、促增产”，实施煤炭产能释放三年攻坚行动，技改、建成和复工复产煤矿 26 处，释放煤炭产能 1160 万吨 / 年。启动 10 处煤矿智能机械化改造，采煤机械化率达 88% 以上。加大正常生产和建设煤矿涉法涉诉、矿界重叠等问题处置力度，促进现成产能释放。积极争取省能源结构调整基金和投贷联动资金，优先支持扩产能、增产量见效快、见效大的企业，优先支持动力煤煤矿建设。淘汰煤炭落后产能 120 万吨 / 年以上。全力支持盘江煤电集团聚焦主业做大做强，全力支持首钢水钢集团做精钢铁主业、做大非钢产业，全面完成省下达的燃煤机组超低排放改造任务，积极扩大水泥生产等企业绿色工厂试点。

坚持依托资源、依据市场、依靠创新、依赖环境的基本原则，按照板块布局、产业耦合、链条发展、集聚建设的要求，一体聚焦、同向发力，稳扎稳打推进七大产业板块全链条发展。大力发展纺织产业，在确保环保达标的前提下，启动发耳织染科技产业园 24 万吨 / 年印染项目一期工程，积极推进盘北经济开发区伟亿纺织年产 20 万锭棉纱项目，逐步形成纺纱—织布—印染—服装加工产业链。大力发展新材料产业，稳定玄武岩连续纤维质量，加大下游产品研发生产、市场推广力度；推动水城经济开发区电解铝技术改造、铝产业链进一步向下延伸，推动盘北经济开发区发展铝深加工。大力发展新能源产业，加快实施 10 万吨高纯硫酸锰项目和 1.5 万吨电池级锂盐项目，力争在正极材料领域取得突破；积极开展废氢收集利用，启动液氢工厂建设；继续推进煤层气综合开发利用，煤层气抽采利用率达 47%。大力发展旅游装备产业，建成与多贝玛亚索道项目配套的热镀锌项目，启动 2 条索道建设；加快六盘水高新技术产业开发区房车生产项目实施；利用纺织、玄武岩连续纤维、铝材等方面的资源配套，积极发展其他旅游装备产业。大力发展农产品加工产业，继续支持人民小酒、盘县火腿发展壮大，积极开拓猕猴桃酒市场，全力突破刺梨加工和市场推广。大力发展物联网产业，扩大在工业制造、农业生产、节能环保、商贸流通等领域的应用，依托煤矿智能机械化、智慧城市建设等方面的需求，大力发展矿山传感器、电子元器件、通信模组、智能终端等产业，加快形成安防产业链。大力发展现代物流产业，实施冷链物流业三年攻坚行动，深挖公路和铁路运输潜力，推动多式联运，谋划建设现代物流中心，加快形成现代物流体系。多渠道加大七大产业板块发展投入，大力争取省绿色产业扶贫投资基金、工业及省属国有企业绿色发展基金更多支持。深入推进“百企改造”“百企引进”工程。

（三）加强污染防治和生态建设。把环保督察问题整改作为重中之重，确保反馈问题按时整改到位。继续打好污染防治攻坚战，巩固扩大市中心城区蓝天保卫战扬尘治理六大专项行动成果，完成以气代煤压减燃煤污染三年行动任务，市中心城区环境空气质量优良率达到省的要求。集中力量攻坚水污染治理，严格落实“水十条”和河长制，强化集中式饮用水水源地保护，千人以上集中式饮用水水源地水质达标率保持 100%，力争地表水省控以上断面水质优良率达 100%。大力推进城镇污水处理设施建设三年行动，市中心城区生活污水处理率达 90%、县城达 80%、建制镇达 35%。继续打好净土保卫、固废治理战役，完成土壤污染成因调查、地块污染风险筛查，加大重金属历史遗留废渣治理力度，提高固废综合利用率。编制完善生态保护红线、环境质量底线、资源利用上线、环境准入“负面清单”，加快建立“三线一单”管理机制。深入推进“六个一律”“守护多彩贵州·严打环境犯罪”专项行动，严惩各类环境违法犯罪。

实施国土绿化行动、森林扩面提质增效三年行动计划，积极推进乌蒙山片区山水林田湖草生态保护修复试点工程，完成营造林72万亩，治理水土流失面积170平方公里、石漠化面积62平方公里。加大生物多样性保护力度，开展野钟黑叶猴市级自然保护区综合科学考察，对珍稀濒危野生动植物进行拯救性保护，提升生态系统抵抗和自我修复能力。坚持生态产业化、产业生态化，大力发展绿色经济“四型十五种”产业，走绿色低碳、循环发展之路。

（四）大力推动城乡协同发展。坚持把城市作为城乡协同发展的龙头，加快建设百姓富、生态美，高颜值、高气质、高品质的新型现代化山地城市，常住人口城镇化率提高1.5个百分点。注重规划引领、优化空间布局，加快鱼塘片区路网和用地整理研究，推进麒麟北路及延伸段、鱼塘西路、鱼塘北路地下综合管廊建设。继续推进乌蒙大道建设，建成凤凰东路、凤凰南路，完成钢城大道二期下穿铁路工程，打通城市“断头路”。以市中心城区建成区雨污系统改造提升项目为抓手，改造疏通污水收集管网，加大污染较重河段治理力度，着力解决雨污混流问题。大力开展城镇生活垃圾处理设施建设三年行动，建设钟山区100吨/日餐厨垃圾处理设施。继续推进火车站、德坞、官寨、塔山等棚户区改造，建成城镇保障性安居工程1.37万户。启动老旧房屋电梯加装工作，改造提升生鲜店、便利店，提升物业管理服务水平，解决好人民群众的衣食住行、柴米油盐酱醋茶等具体而微小的事情。稳步扩大市中心城区集中供暖覆盖面，打造夏季凉爽、冬季温暖的城市。继续抓好城市绿化和美化，大力开展国家森林城市创建，全市城市建成区绿地率达33.8%。推动六枝特区、盘州市县城改造提升，因地制宜打造各具特色的康养小镇、旅游小镇、商贸小镇、体育小镇。深入开展文明城市创建，深度挖掘和弘扬“盘县会议”红色革命精神、“三线”建设创业奉献精神、“三变”改革创新争先精神，彰显城市文化，提振市民精气神。

深入实施乡村振兴战略，强化农业农村优先发展的政策导向，突出抓好“三农”工作各项硬任务落实。在推进农村产业革命、加快产业兴旺的同时，加快乡村人才振兴、文化振兴、生态振兴、组织振兴。建立完善人才下乡、返乡、回乡就业创业激励引导机制，实施新型职业农民培育工程，引进30名农业技术专家、培养300名农村致富带头人、培育3000名新型职业农民。加强农村公共文化建设，农村基层综合文化服务中心覆盖70%的行政村。坚持改善人居环境同农村经济发展水平相适应、同当地文化和风土人情相协调，大力实施农村人居环境整治三年行动，抓实农村厕所革命、农村生活垃圾治理、农村生活污水治理、村庄清洁四个专项行动，推广生活垃圾“户分类、村收集、镇转运、县处理”模式，科学合理利用城镇污水管网收集、建设分散式污水处理设施等处理农村污水，有序解决农村垃圾围村、污水横流问题。以“四在农家·美丽乡村”小康升级行动计划为抓手，提升村容村貌，实现公共厕所、公共照明分别覆盖75%、70%的行政村。积极开展“践行新时代村规民约示范村”创建，打造充满活力、和谐有序的善治乡村。

（五）大力推动扩投资促消费。紧盯国家加大基础设施领域补短板力度九大领域，加快推进237个重大基础设施、民生领域项目前期工作，力争60%以上项目开工建设。实施重大工程和重点项目630个，完成投资1100亿元以上。加快“三级一千”民间投资重点项目、PPP“样板工程”项目建设，带动民间投资500亿元以上。稳定以交通、水利、信息为重点的基础设施投资，分别完成交通投资310亿元、水利投资40亿元、信息投资12亿元。积极推进六威昭城际铁路、水盘城际铁路前期工作，大力推进盘兴高铁建设，基本建成安六城际铁路、启动沿线站房建设。加快赫章至六盘水高速公路建设，开工建设纳雍至晴隆、六枝至安龙高速公路，力争开工建设玉舍至普田高速公路，争取普定至盘州高速公路纳入国家高速公路网规划；开工建设六枝大用至落别一级公路。开工建设盘州官山机场试验段和盘州通用机场。深入推进水利建设“三大会战”，加快英武大型水库前期工作并力争开工，开工建设1座中型水库和5座小型水库，启动4个中小河流治理工程。基本建成信息“131”工程，实现公共WiFi县城全覆盖。促进农村电网改造升级，农村电网供电可靠率、综合电压合格率提前一年达到国家要求。

加快发展现代服务业，促进消费提质升级，增强消费对经济发展的基础性作用。实施服务业创新发展十大工程，新增1个省级服务业集聚区，新增限上批零住餐企业20家以上。用好“一江、一泉、一雪、两口气”资源，做足“大、地、人、和”文章，大力发展全域旅游，把旅游业打造成老工业城市转型发展的重要支撑，接待游客人次、旅游总收入分别增长22%、30%以上。围绕全省旅游“1+5个100工程”建设，完善明码标价、景区标识、道路导航、旅游厕所等景区设施设备，提升景区服务质量，打造更多“优”“良”级景区。启动4个重点景区提级改造，新增国家4A级景区或省级旅游度假区2个以上，推进野玉海国家级旅游度假区申报创建。支持和规范民宿发展，增加住宿供给。深入推动文旅、体旅、农旅、工旅及旅游、康养融合发展，打造南方重要的旅居目的地。继续办好全市旅游文化产业发展大会，精心筹办2020年第十五届全省旅游产业发展大会。继续推进国家级电子商务进农村综合示范县建设，全市网络零售额增长20%以上。支持社会力量扩大教育、育幼、养老、医疗、文化、体育等服务供给，积极发展科技信息服务业。实施质量提升行动，加强消费者权益保护，维护安全放心的消费环境。

（六）坚定不移推进改革开放。积极推进正在开展的33项国家和省改革试点任务。聚焦全国农村改革试验区建设，深化农村集体产权制度改革，逐步建立规范高效的“三权”分置运行机制，不断提升“三变”改革经营主体质量效益，优化利益联结机制，强化入股农户合同书、股权证、分红单“三个到户”，打造“三变”改革升级版，使之真正成为脱贫致富的黄金腰带、现代农业的制度基础、工商资本的下乡通道、乡村善治的有效激励。深入推进“放管服”改革，对市级实施的184项行政许可事项继续清理下放；探索开展权力清单内权力行使情况报告机制，推动政府部门按清单履职尽责。积极推进投融资体制改革，抓好“先建后验”改革试点，加大企业上市培育和支持力度。完成机构改革，统筹推进财税金融、收入分配、社会保障、国有企业等领域改革。加快融入“一带一路”、长江经济带，进一步发挥好妥乐论坛、物联网高峰论坛等对外交流平台作用。强力推动产业大招商，立足现有企业和产业，加强领导招商、小分队招商、第三方平台招商，充分发挥六盘水驻欧洲投资促进代表处作用，用好招商引资奖励政策，加大上下游产业引进力度，推动补链强链延链。建好六盘水高新技术产业开发区，加快国家小型微型企业创业创新示范基地建设，打造6个市级以上科技创新平台，新增高新技术企业10家，综合科技进步水平指数提高3个百分点。

持续优化营商环境，大力支持民营企业发展壮大。坚决落实减税降费政策、降成本措施。进一步减少行政审批，企业开办时间压减至3个工作日以内，工程建设项目审批服务时间压减至80个工作日以内，电力用户办电平均时间压减至40个工作日以内。加快推进增量配电业务改革试点，积极推动电力直接交易，进一步降低企业用电成本。严格落实六条政策措施、实施六大专项行动，用好“服务民营企业市长直通车”，切实为民营经济营造更好发展环境，帮助民营经济解决发展中的困难，让民营经济创新源泉充分涌流、创造活力充分迸发。设立创业投资小微企业基金，继续用好“3个15万元”政策，加大小微企业培育力度，推动大众创业、万众创新。承办好第六届全球贵商发展大会。大力构建“亲、清”新型政商关系，打造服务和效率高于周边、成本和负担低于周边的营商环境新高地。

（七）严密防范化解重大风险。严格落实“七严禁”“1+8”债务管理系列政策，切实履行政府性债务“借用还”主体责任，综合采取推进PPP模式、盘活闲置土地等存量资产、用好偿债风险准备金和债务风险应急周转资金池等措施化解到期债务，确保不发生一起债务违约事件。开展隐性债务再核查，严控政府性债务增量。紧盯中央增加地方一般性转移支付、增发地方政府专项债券等政策措施，积极向上对接，争取得到更多支持。坚持在发展中化解矛盾、防范风险，平衡好稳增长与防风险的关系，在严控债务增量的基础上，采取市场的办法、借助市场的力量，吸引有实力的企业参与项目建设、资源开发，着力涵养和培植财源，做大财政收入总量，用发展的办法创造新财富、增强偿债能力。压缩一般性支出，推动预算与绩效管理一体化，提高财政资源配置效率、使用效益。立足增强自身“造血”功能，加快平台公司实体化、市场化转型，提高自主还款能力。加强金融生态环境建设，深入开展非法集资、交易场所、互联网金融专项整治行动，加大不良贷款处置力度，坚决防范系统性风险。

（八）全力保障和改善民生。坚持把稳就业摆在突出位置，切实解决好高校毕业生、农民工、退役军人等群体就业问题，加强对零就业家庭成员、大龄失业人员、化解过剩产能职工等的就业帮扶，城镇新增就业9万人以上。坚持教育优先发展，大力推进基础教育改革发展追赶跨越三年攻坚，深入推进基础教育领域综合改革，学前三年毛入园率、普惠性幼儿园覆盖率、九年义务教育巩固率、高中阶段毛入学率分别达92%、80%、97%、94%以上。继续支持六盘水师范学院开展应用型高校转型试点，深化职业教育办学体制改革和育人机制改革，鼓励社会力量兴办教育，全面提高各级各类学校教育教学质量。加快“健康六盘水”建设，实施医疗卫生服务能力提升八大工程和“银龄计划”，80%的乡镇卫生院或社区卫生服务中心建成中医馆；全面推进分级诊疗，深化公立医院综合改革，县域内就诊率达90%以上。强化社会保障兜底，社会保险覆盖率达94.6%以上，稳步提高各类保障水平。加强农村“三留守”人员关爱保护，扎实做好城镇困难职工解困脱困工作。推进国家公共文化服务体系示范区创建，“广电云”户户用基本实现全覆盖。新建、改扩建村（居）综合文化服务中心298个。积极筹备省第十一届运动会，精心打造“一县一特、四季四品”体育赛事，广泛开展多样性群众体育活动。弘扬科技精神、普及科技知识，提高公民科学素质。进一步完善安全生产责任体系，全面推广企业全员安全生产责任制，深入开展煤矿瓦斯灾害防治攻坚、危险化学品和电气火灾综合治理等专项行动，统筹抓好道路交通、建筑施工、非煤矿山、特种设备等领域安全生产，防范和遏制重特大事故。加强食品药品安全管理，推进国家食品安全示范城市创建。加强应急能力建设，加大地质灾害防治力度，提高防灾减灾救灾能力。完善矛盾纠纷多元化解体制机制、社会治安防控体系，纵深推进扫黑除恶专项斗争，不断提升群众的安全感、满意度。重视国防动员、双拥共建、后备力量建设，积极支持军队、武警部队建设和监委、法院、检察院工作。此外，加强国家安全、司法行政和民族、宗教、外事、侨务、对台、人防、档案、妇女、儿童、老龄、残疾人、地方志、红十字会等工作。

继续办好“十件民生实事”：（1）新建、改扩建中小学校及幼儿园20所；（2）新建易地扶贫搬迁安置点医疗卫生项目10个、教育项目13个；（3）新增市中心城区新建小区、老旧小区供热面积100万平方米；（4）调整延长市中心城区夜间人流量较大的10条公交车线路运营服务时间；（5）新建、改建农村户用卫生厕所3.9万户；（6）解决13.32万农村人口饮水安全问题；（7）新建、改造农村电网中低压线路6000公里，新增配电变压器1700台、容量22万千伏安；（8）实施农村公路生命安全防护工程，处置隐患里程200公里；（9）改造城乡老年院60所，其中敬老院3所、日间照料中心12所、幸福院45所；（10）实施贫困劳动力全员培训2.56万人。

三、加强政府自身建设

面对艰巨繁重的改革发展任务，我们将围绕“五个过硬”要求，全面加强政府自身建设，提高施政能力和水平，在重要战略机遇期实现更大的新作为。

（一）坚定不移拥护看齐核心。坚持把政治建设摆在首位，牢固树立“四个意识”、坚定“四个自信”、做到“四个服从”，坚决维护习近平总书记党中央的核心、全党的核心地位，坚决维护党中央权威、集中统一领导，坚决杜绝“七个有之”、坚决做到“五个必须”。以求真务实作风坚决把中央、省的决策部署落到实处，做到令行禁止、对党绝对忠诚。自觉强化政治责任、保持政治定力、把准政治方向、提高政治能力、增强斗争精神，坚决同破坏政治纪律、政治规矩的行为作斗争。

（二）不断加强法治政府建设。坚持法定职责必须为、法无授权不可为，带头尊崇和执行宪法，把政府工作全面纳入法治轨道。进一步加强政府立法工作，严格执行《六盘水市人民政府工作规则》，健全依法决策机制，加强合法性审查，规范决策程序。推进执法规范化建设，抓好“双随机、一公开”，对新业态新模式包容审慎监管，留足发展空间。依法接受市人大及其常委会的法律、工作监督，自觉接受市政协的民主监督，全面接受监察监督，主动接受新闻媒体、社会各界监督，认真听取人大代表、政协委员和民主党派、工商联、无党派人士、人民团体的意见。全面推进政务公开，让施政更加透明高效。

（三）自觉做到勤勉务实为民。坚持政府的所有工作都要体现人民意愿，干得好不好要看实际效果、最终由人民来评判。不驰于空想、不骛于虚声，严禁弄虚作假、虚报浮夸，杜绝“形象工程”“政绩工程”，确保工作经得起人民和历史的检验。聚焦“五个为”“六个一”，进一步破除各种束缚创新发展活力的桎梏，让企业、群众创业创新的热情持久不衰，靠公平竞争加快实现高质量发展。大力推动“互联网+”，让百姓少跑腿、数据多跑路，不断提升公共服务均等化、普惠化、便捷化水平。坚持“三个区分开来”，褒奖和鼓励政治坚定、奋发有为的干部，警醒和惩戒慢作为、不作为、乱作为的干部。规范督查检查考核，压缩总量和频次，减少材料表格报送，把精力集中到抓落实上。

（四）持之以恒提升工作能力。坚持用习近平新时代中国特色社会主义思想武装头脑、指导实践、推动工作，及时学习领会习近平总书记最新重要讲话精神，继续在真正学懂、弄通、做实上下功夫。着力观大势、谋大局，不断增强抢抓机遇的意识、提升驾驭复杂局面的能力。坚持“重点论”与“两点论”相统一，弹好“钢琴”、转好“盘子”，把牢工作主动权。按照既要政治过硬、也要本领高强的要求，提升“八个本领”，让干部职工不仅有担当的宽肩膀，还有成事的真本领。

（五）落实全面从严治党责任。始终敬仰党的事业、敬畏手中的权力、敬重服务的人民，认真履行党风廉政建设主体责任和“一岗双责”，纵深推进政府系统党风廉政建设。坚决扛起巡视整改政治责任，以整改诠释忠诚。严格执行中央八项规定及其实施细则精神和省委、市委作风建设有关规定，大兴“三风”、整治“四风”。严格执行《中国共产党廉洁自律准则》，坚决守住理想信念高线、筑牢思想道德防线、管住从政行为底线，坚决打掉权力寻租空间、铲除腐败滋生土壤。推动全面从严治党向基层延伸，让群众感受到清正干部、清廉政府、清明政治就在身边、就在眼前。

各位代表，新时代是奋斗者的时代，新时代也是干出来的。让我们紧密团结在以习近平同志为核心的党中央周围，在市委的坚强领导下，不忘初心、牢记使命，不负嘱托、感恩奋进，用苦干实干决战脱贫攻坚、决胜同步小康，用决战决胜续写百姓富、生态美的多彩贵州新未来的六盘水篇章，以优异的成绩向中华人民共和国成立70周年献礼！

钟山区政府工作报告

（2019年2月14日在钟山区第八届人民代表大会第四次会议上）

钟山区委副书记、区长 陈松

各位代表：

现在，我代表区人民政府向大会报告工作，请予审议，并请区政协委员和其他列席人员提出意见。

一、2018年政府工作回顾

过去一年，在区委的坚强领导下，在区人大、区政协的监督和支持下，我们以习近平新时代中国特色社会主义思想为指导，全面贯彻落实党的十九大和十九届二中、三中全会精神，深入贯彻习近平总书记对贵州工作重要指示批示精神，统筹推进“五位一体”总体布局，协调推进“四个全面”战略布局，坚持稳中求进工作总基调，坚持新发展理念，大力弘扬新时代贵州精神，牢牢守住三条底线，坚决打好三大攻坚战，深入实施三大战略行动，统筹推进稳增长、促改革、调结构、惠民生、防风险工作，重点抓好脱贫攻坚、以城市棚户区改造为主线的城市建设管理“两件大事”，凝心聚力、攻坚克难、奋勇拼搏，经济持续健康发展、社会大局和谐稳定、各项工作有序推进。

——**经济实力稳步增强**。全区地区生产总值完成470.93亿元，增长8.3%；社会消费品零售总额完成172.41亿元，增长7.7%；一般公共预算收入完成22.24亿元；税收收入完成53.89亿元，增长10.35%；500万元及以上固定资产投资增长9.7%；规模以上工业增加值增长1.7%。

——**脱贫攻坚连战连捷**。实现13个贫困村脱贫出列，减贫3974户、16821人。18个非贫困镇（社区）减贫409户、1488人，贫困发生率从2.35%下降到1.49%；北部5个贫困乡镇减贫3565户、15333人，贫困发生率从16.93%下降到7.71%。

——**产业结构更趋合理**。三大产业占比从1.35∶46.61∶52.04调整为1.43∶40.71∶57.86；一产增加值完成6.72亿元、增长6.9%，粮经比调整为14∶86；二产增加值完成191.73亿元、增长3.5%，完成技改投资19亿元、“百企改造”工程投资33亿元；三产增加值完成272.47亿元、增长12.6%，培育新增市场主体1.01万户。

——**基础设施不断完善**。新增城市道路17.2公里、农村公路351.9公里；顺利推进6个骨干水源工程建设；完成农网改造项目24个，新建或改造10千伏线路87.63公里；建成通讯基站81个，敷设通信光缆2.5万千米，行政村100%通光纤；实施棚户区改造6971户，建成安置房3467套、公租房396套。

——**生活水平持续提升**。城乡居民人均可支配收入分别达32269元、13056元，分别增长8.5%、9.3%；基本完成市、区两级“十件民生实事”；义务教育基本均衡发展顺利通过国家评估认定；城镇居民医疗保险参保率达96.03%，城、乡低保标准分别提高6%、9%；转移农业劳动力实现就业4325人，新增城镇就业3.9万人。

一年来，我们重点抓了以下几个方面工作：

（一）统筹兼顾、全力攻坚，精准扶贫质效显著。坚持以“五先五后”攻坚法践行“五步工作法”，深入推进“春风行动”“夏秋攻势”，持续开展“五个专项治理”，坚决打好“四场硬仗”。聚力攻坚基础设施。基本建成北部5个贫困乡镇30户以上自然村寨“组组通”公路，修缮改造18个非贫困镇（社区）通村通组公路。顺利推进农村饮水安全巩固提升工程，敷设管网919千米，实现746个村民组正常通水，通水率达 91.65%。基本完成 22 个贫困村电网升级改造，农网供电可靠率达 99.8%、综合电压合格率达 97.9%。建成乡级“广电云”户户用工程服务站 5 个、村级机房 37 个，开通 4.1 万户。聚力攻坚产业扶贫。围绕农村产业革命“八要素”，大力发展生态草食畜牧业，累计完成牲畜出栏 23.21 万头（只）、家禽出栏 253 万羽，调整种植结构 23.29 万亩，培育食用菌、乌蒙凤鸡等 20 个产业示范基地，带动农户 14.69 万人增收，其中，贫困人口 3.1 万人。依托食材配送中心、“贵农网”等平台，实现 26 个贫困村农产品与 160 家大型商超、学校等单位签订供销合同。聚力攻坚易扶搬迁。全面落实“六个坚持”“五个三”政策，建成水月园区、南开合兴安置点，搬迁 773 户、3664 人，推进“和谐社区”“活力社区”建设，按照所有安置点搬迁群众适龄儿童 100% 入学、户均就业 1 人以上、医疗覆盖率 100% 的要求推动落实。聚力攻坚政策保障。持续压缩 6% 的行政经费用于教育精准扶贫，完善贫困学生从幼儿园到大学全程资助体系，资助贫困学生 2.35 万人次、2212.13 万元；落实控辍保学“双线”责任制、“七长”负责制，实现 843 名辍学生复学。启动实施教育扶贫项目 54 个，完工 16 个；配建易扶搬迁学校 7 所，规范村点校及寄宿制学校 5 所。全面落实健康扶贫医疗保障救助政策，实现建档立卡贫困人口参合率、家庭医生签约率达 100%，累计报销补偿建档立卡贫困人口门诊就医、住院等 8.45 万人次、5000 余万元。启动建设村级卫生室标准化项目 71 个，实现农村中小学医务室设备配置标准化全覆盖。按照“四个一批”原则，完成农危房改造 1365 户，拆除破漏闲置房和残垣断壁房等 4216 栋、36.2 万平方米。

（二）坚守底线、防范风险，社会大局和谐稳定。着力打好防范化解重大风险攻坚战，夯实安全生产基础，提升社会治理能力。全面推动债务风险防控。严格落实地方政府债务管理相关规定，建立合理的政府债务管理和风险预警机制。积极争取国家、省、市资金支持，通过拓展融资渠道、盘活存量资产、债券置换、PPP 模式转化等方式，稳步消化存量债务，牢牢守住不发生系统性区域性债务风险的底线，未发生一起违约债务。全面筑牢安全生产底线。扎实推进安全生产领域改革，成功创建省级食品安全示范区，完成遏制重特大事故试点城市建设任务；牢固树立红线意识、底线思维，深入开展安全生产大检查，严格落实打非治违“四个一律”，不断强化道路交通、建筑工地、食品药品、工矿企业、地质灾害等重点行业、重点区域安全防范，全年未发生重大及以上安全生产事故。全面提升社会治理能力。深化“平安钟山”建设，打好新时代禁毒人民战争、扫黑除恶专项斗争，深入开展系列严打整治专项行动，打掉涉恶团伙 10 个、犯罪集团 6 个，“两抢”、盗窃案件发案率同比分别下降 9.3%、2.8%。不断夯实社会治安防控体系基础，实施“钟山鹰眼”视频点位建设，新增 1900 路前端摄像头；深入推进“雪亮工程”建设，新增 610 个前端摄像头。大力开展信访维稳“百日攻坚战”“五个专项治理”，严格落实领导包案化解、下访、接访制度，全年集中清理、化解信访案件 115 件。依法管理指导宗教事务，严厉打击非法宗教活动，有效提升了宗教工作法治化水平。

（三）强化治理、筑牢屏障，生态环境持续改善。以改善生态环境质量为核心，深入践行长江经济带发展战略行动，打好污染防治攻坚战。环保问题整改有力有效。办结环保督察期间群众反映强烈问题 191 个，办理环保“12369”投诉热线举报问题 261 个，建成市政污泥处置项目，完成双桥水库一级保护区环境综合整治、德坞污水处理厂提标改造，治理大湾煤矿等 15 个矿山矿渣及尾矿库（坝），全面做好中央生态环保督察“回头看”工作，按时摘牌验收环保督察问题。生态环境质量逐步好转。全力打好“蓝天保卫战”，中心城区空气质量优良率达 96.71%，PM_{10}、$PM_{2.5}$ 首次实现双达标。全面落实河长制，持续巩固水城河治理成效，继续推进三岔河综合整治项目，4 个地表水省控断面全部达标，18 个集中式饮用水水源地水质达标率 100%，城镇污水处理率达 89.12%。启动第二次全国污染源普查，持续推进土壤污染防治，累计治理面积 636.5 亩。大湾镇等 5 个小城镇垃圾清运系统、城镇垃圾中转站投入使用，垃圾无害化处理率达 91.33%；有序推动农村农业面源污染治理，规模养殖场粪污处置利用率达 96%；扎实推进天然林保护、矿山生态修复、“退耕还生态”工程，新增造林 15.19 万亩，森林覆盖率达 52.23%，治理水土流失 20 平方公里，恢复矿山环境 150 亩。生态环境监管不断加强。划定生态保护红线 130.77 平方公里，凉都森林公园、木果杜鹃国家森林公园等重要生态功能区域纳入生态红线保护范围。稳步推进以气代煤压减燃煤污染三年行动，划定高污染禁燃区 53.07 平方公里，淘汰中心城区 35 蒸吨燃煤锅炉 4 台，新增天然气用户 1.23 万户。实现水钢等 70 余家重点企业及大湾煤矿等 5 个煤矿环境在线监控。严格环保准入、森林保护“六个严禁”，有效保障生态环境安全。

（四）调整结构、转型升级，产业发展更加优质。以供给侧结构性改革为主线，推动三大产业融合发展。一产加快转型。建成省级现代高效农业示范园区3个、市级山地特色现代农业产业园2个，引进规模以上农产品加工企业5家，入驻园区经营主体96家，农业园区总产值达38.91亿元。调减玉米种植面积20.06万亩，培育市级以上龙头企业29家，运营农民合作社208家。二产提质增效。深入实施工业“双百工程”，大力支持水钢、水矿、安凯达等龙头企业加快发展，基本建成10万吨中药饮片加工厂；完成原煤产量560万吨，煤炭资源就地转化率达83%，煤矸石综合利用率达65%，累计发电26.9亿千瓦时，抽采瓦斯1亿立方米，综合利用率为44.6%。三产蓬勃发展。扎实推进国家服务业综合改革试点区建设，大力发展旅游度假、康体养老等现代服务业。围绕创建国家全域旅游示范区，完成韭菜坪索道建设前期工作，加快完善现有景区景点配套服务功能，梅花山旅游景区、三线建设博物馆成功创建国家4A级旅游景区，全年接待游客1452.36万人次，实现旅游总收入117.05亿元，分别增长33.72%、56.69%。大力发展电子商务，完成网络零售额1.9亿元，增长30%。扎实推进水城古镇、万达商业广场、红星美凯龙等区域商圈建设，城市商业活力稳步增强。

（五）优化布局、提升品质，城乡面貌日新月异。坚持“以工促农、以城带乡、城乡互动、共同进步”的发展理念，统筹推动城乡融合发展。基础设施持续完善。六威高速建成通车，基本建成木月旅游扶贫产业路、大大路、德宏北路等城乡路网，稳步推进安六铁路、六赫高速、大董公路、钢城大道、乌蒙大道等交通路网建设；大力推进关门山、玉兰等骨干水源工程建设，小型农田水利重点县、县域节水型社会达标建设通过省级验收。城市环境持续优化。完成德坞等4个城市片区规划设计，完善苹果园等6个重要节点城市设计，有力推进火车站等4大片区棚户区改造，建成荷谐园一期等6个安置点。开展自然生态空间用途管制和新一轮土地利用总体规划编制国家级“双试点”工作，用途管制试点工作通过国家预验收。全力做好土地收储、用地保障，大力发展房地产业，完成土地收储984.66亩，新增商品房面积99.5万平方米。不断完善城市基础功能设施，建成2个智能停车场、2座新能源汽车充电站，新增城市停车位610个，安装充电桩102个；完成背街小巷综合改造100条，新建和改造老旧小区雨污管网47.13公里、排洪设施13.2公里。持续加大“四创”工作力度，启动新一轮全国文明城市创建，实施道路交通文明畅通提升工程，加大“两违”建筑管控力度，建成水城河带状公园和三线记忆长廊，城市内涵品质、颜值气质全面提升。乡村面貌持续改善。编制2017年至2030年县域乡村建设规划，完成68个行政村村庄规划。稳步推进大河、月照、南开等小城镇建设，巩固提升大湾示范小城镇“8+X”建设。启动实施77个行政村“三改三化”工程，完成改厕1.95万户、改圈0.86万户、改厨2.14万户、房屋靓化2.24万户、庭院硬化2.8万户、环境美化4.8万户，硬化串户路737.1公里。全面实施204个村寨点农村生活污水治理项目，基本建成184个，敷设管网311公里。

（六）深化改革、扩大开放，发展活力有效释放。全面深化改革、扩大开放，不断增强经济发展活力动力。深化改革全面推进。紧扣全国农村改革试验区建设，稳步推进农村集体产权制度改革，确员7.01万户、28.74万人，建立全市首家镇级农村产权交易中心，土地确权1.8万户19.1万亩，努力打造“三变”改革升级版。深入推进“放管服”改革，实施改革任务74项，出台改革方案68个，推开第一批“证照分离”改革事项27项。开放合作成效明显。深入开展产业大招商和营商环境大整治“两大行动”，引进省外项目126个，投资总额约231.3亿元，新增到位资金276.52亿元。完成进出口总额1.45亿美元，实际利用外资246.77万美元。积极融入“一带一路”、长江经济带发展，参加国际进口博览会、国际酒类博览会等大型会议活动。深化拓展东西部扶贫协作，大力推动“黔货出山”，在大连市西岗区设立3个农特产品销售专区，合力打造“三合一品牌融合店”，利用大连市帮扶资金1100万元实施产业项目12个。创新创业活力迸发。投入4.26%的财政支出用于科技创新，实现高新技术产业产值82亿元，申请专利932件，授权354件，综合科技进步水平指数达85%。加大中小企业扶持力度，7家企业纳入省中小企业“专精特新”培育范畴，发展新增468户小微企业，落实创业贷款8211万元，带动就业1367人。

（七）加大投入、夯实基础，民生保障更加有力。坚持以人民为中心的发展理念，织牢民生保障“综合网”。教育事业不断发展。实施基础教育三年攻坚工程，投资10.73亿元启动新建、改扩建学校82所，完工33所。实施义务教育学校划片招生和小学6岁入学招生，基本消除中心城区66人以上超大班额。投资1.09亿元配备教学设施设备，基本实现班班通、校校通、多媒体、宽带进校全覆盖。积极实施“人才兴教”战略，招聘引进教师 330 名，交流教师 371 人。“三残”儿童入学率、学前三年毛入园率、九年义务教育巩固率、高中阶段毛入学率分别达 96.69%、92%、95.53%、93.01%。卫生事业不断提升。积极组建医疗集团，顺利推进医共体和三级医院领办社区卫生服务中心建设，公立医院控费初见成效，药占比为 17.65%。设立“大连专家工作室”，引进专业技术人才、全科医生、村医 148 名，每千人常住人口拥有执业（助理）医师 2.98 人；持续推进远程医疗服务体系标准化建设，发起远程会诊、远程影像和心电申请 3992 例，有效缓解看病难、看病远问题。加大传染病防控力度，发病率下降 13.83%。社会保障体系不断健全。社会救助保障兜底措施不断完善，设立医疗扶贫扶助基金、健康扶贫基金，加大农村留守儿童、困境儿童、拾荒儿童、孤寡老人、残疾人等特殊困难群体关爱救助力度，发放低保金 5429.38 万元、救济金 134.63 万元、救助金 395.08 万元、优待抚恤补助金 1323.37 万元、福利金 984.11 万元。区儿童福利院、区救助站投入使用，建成 11 个养老服务场所及 5 个农村医养综合服务场所，每千名老年人拥有服务床位数 43.2 张，成功申报全国居家养老示范城市。增发创业担保贷款 8056 万元，完成“一户一技能”和贫困劳动力全员培训 4177 人，跟踪就业 2514 人。文体事业不断进步。加快现代公共文化服务体系建设，建成乡、村体工程 32 个和全民健身路径工程 44 个，铺设健身步道 354 公里。三线建设博物馆列为全国关心下一代党史国史教育基地、省国防教育基地。成功举办全国高山滑雪青少年邀请赛、夏季国际马拉松等系列大型活动，参加全市第二届运动会并保持奖牌数第一，举办“文化钟山”等文化活动 30 余场，马坝苗族剪纸、水城羊肉粉等 5 项名录成功申报为市级非物质文化遗产。

（八）建强作风、优化服务，自身建设稳步提升。坚持以作风建设为抓手，着力优化政务服务、提升行政效能。突出政风作风转变。坚决落实党风廉政建设主体责任，深入贯彻中央八项规定及其实施细则精神，驰而不息整治“四风”突出问题。持续压缩行政支出，“三公”经费支出下降 24.97%。不断强化审计监督，工程项目审减资金达 4.57 亿元。积极配合落实省委巡视和市委巡察，对标对表抓好巡视巡察“后半篇文章”，不折不扣抓好国务院大督查反馈意见整改落实。认真落实意识形态工作责任制，牢牢把握意识形态工作主动权、话语权和管控权。着力优化政务服务。顺利通过全省县级政务大厅标准化建设示范县验收，“最多跑一次”服务事项占政务服务事项的 89.9%，基本实现群众办事“最多跑一次”目标，承诺办结时限比法定时限缩短 59.72%。通过网上办事大厅审批服务系统受理各类事项 12.38 万余件，办结率达 100%。持续规范政务公开，公开政府信息 3.1 万余条，依申请公开 13 件。切实提升行政效能。自觉接受区人大及其常委会的法律监督、工作监督和区政协的民主监督、群众监督，办理人大代表建议 39 件、政协委员提案 83 件，回复率、满意率均达 100%。清理公布区级行政机关权责清单 2959 项，取消行政审批事项 11 项，清理公布各类奇葩证明、繁琐手续 233 项。坚持依法行政，深入实施法律顾问制度，实现全区 173 个村（居）法律顾问全覆盖。全面贯彻民主集中制和“三重一大”集体决策制度，重大问题、重要事项及时向区委请示报告、向区人大及其常委会报告、向区政协通报。

各位代表，2018 年是我们深入贯彻落实习近平新时代中国特色社会主义思想的开局之年，是改革开放 40 周年，也是六盘水建市 40 周年、钟山建区 30 周年。一年来，我们在外部环境深刻变化、各种矛盾交织叠加、风险压力持续加大的情况下，顶住压力、迎难而上、克难而进，不断强化“四个意识”、坚定“四个自信”、践行“两个维护”、恪守“四个服从”，纠“四风”、兴“三风”，讲协作、谋发展，提速度、强效益，在稳步发展中实现风险防控、转型升级、提质增效，维护了风清气正的政治生态、发展环境。

各位代表，发展有目共睹，过程蕴含艰辛，成绩难能可贵。这是以习近平同志为核心的党中央掌舵领航的结果，是省委省政府、市委市政府和区委坚强领导的结果，是区人大及其常委会依法监督、区政协民主监督的结果，是各位人大代表和政协委员理解信任、建言献策、共同践行的结果，更是全区干部群众团结奋斗、辛劳付出、努力拼搏的结果。在此，我代表区人民政府，向全区各族人民、各级干部表示崇高的敬意！向人大代表、政协委员，向各民主党派、工商联、无党派人士和各人民团体，向驻区武警官兵和人民警察，向省、市驻区单位及所有关心、支持钟山建设发展的各位老领导、老同志和各界朋友，致以崇高的敬意和衷心的感谢！

“风雨多经志弥坚，关山初度路犹长。”在总结成绩与经验的同时，我们也清醒地认识到，发展不平衡、不充分问题还比较突出，主要表现在：脱贫攻坚任务依然艰巨，仍有深度贫困村 22 个，建档立卡贫困人口 4608 户、15396 人；北部 5 个贫困乡镇基础设施薄弱，教育、医疗卫生等基本公共服务资源配置不均衡；农业产业化、规模化程度不深，产销对接渠道不畅。防范风险任务依然艰巨，收支矛盾突出，财税增收困难，刚性支出增加，融资形势严峻，偿债压力加大，不确定性因素增多，债务金融风险凸显，多重压力交织重叠，维护社会稳定压力较大。生态保护任务依然艰巨，环保基础设施不完善，环保历史遗留问题依然突出，农村环境卫生综合治理成效不明显，重点领域污染综合防治任重道远。经济发展任务依然艰巨，经济下行压力加大，产业结构性矛盾突出。民营经济基础薄弱，抗风险能力不强；传统产业转型升级慢，发展后劲不足；新兴产业经营规模小，发展参差不齐；现代服务业活力不够，供给品质不优。对此，我们将积极应对、科学谋划、精准施策，全力破解发展难题，奋力推动全区经济社会高质量发展。

二、2019 年政府工作主要任务

今年政府工作的总体要求是：以习近平新时代中国特色社会主义思想为指导，全面贯彻党的十九大和十九届二中、三中全会精神，深入落实习近平总书记对贵州工作的重要指示批示精神，认真落实中央、全省、全市经济工作会议精神，按照省、市“两会”决策部署，牢记嘱托、感恩奋进，统筹推进“五位一体”总体布局，协调推进“四个全面”战略布局，坚持稳中求进工作总基调，坚持新发展理念，坚持推动高质量发展，坚持以供给侧结构性改革为主线，坚持深化市场化改革、扩大高水平开放，坚持“巩固、增强、提升、畅通”八字方针，加快建设现代化经济体系，继续打好三大攻坚战，着力激发微观主体活力，统筹推进稳增长、促改革、调结构、惠民生、防风险工作，保持经济运行在合理区间，进一步稳就业、稳金融、稳外贸、稳外资、稳投资、稳预期，提振市场信心，增强人民群众的获得感、幸福感、安全感，持续推动三大战略行动，牢牢守好三条底线，全力抓好脱贫攻坚、城市建设经营管理两件大事，决战脱贫攻坚、决胜同步小康，保持经济持续健康发展、社会大局稳定，为全面建成小康社会打下决定性基础，以优异的成绩庆祝中华人民共和国成立 70 周年。

今年经济社会发展的主要预期目标是：地区生产总值增长 10% 左右，固定资产投资增长 14% 左右，社会消费品零售总额增长 11% 左右，金融机构存、贷款余额分别增长 11%、17% 左右，一般公共预算收入增长 4% 左右，城镇、农村居民人均可支配收入分别增长 8%、9% 左右，城镇登记失业率控制在 4.2% 以内，森林覆盖率达 53% 以上，完成省、市下达的节能减排降碳任务。

紧扣全年目标，我们将重点抓好以下 7 个方面工作：

（一）围绕“四场硬仗”，全力以赴决战脱贫攻坚。以脱贫攻坚统揽经济社会发展全局，贯彻落实省委“五步工作法”、市委“五先五后”攻坚法，按照“三段攻坚法”要求，对标“一达标，两不愁，三保障”“三率一度”，加快 25 个贫困村出列步伐，力争减贫 11100 人。18 个非贫困镇（社区）减贫 2500 人；北部 5 个贫困乡镇出列贫困村 10 个，减贫 8600 人，贫困发生率下降到 2.5% 左右。打好打赢基础设施攻坚战。完成北部 5 个贫困乡镇在建农村公路扫尾工程，推进 18 个非贫困镇（社区）农村公路提级改造及安防工程建设，实现“乡乡通、村村通、组组通”。不断加大通信基础设施建设力度，确保 30 户以上自然村通信网络覆盖率达 95%，基本消除偏远农村地区网络信号盲点。建成大湾等 3 个人工影响天气作业炮站。扎实推进“厕所革命”，新建改造景区、城市、农村等卫生厕所 4798 个（户）。深入实施农村安全饮水工程，实现北部 5 个贫困乡镇饮水安全全覆盖。持续推动北部 5 个贫困乡镇农村电网改造，确保农村电网供电可靠率、电压合格率分别达 97.9%、99.8% 以上。打好打赢产业扶贫攻坚战。围绕农村产业革命“八要素”，巩固提升现有存量产业，继续调减玉米种植 6 万亩，实施烤烟种植 2.52 万亩、商品蔬菜 1.32 万亩、食用菌 250 万棒、中药材 0.77 万亩、茶叶 0.55 万亩；扎实推动 7 个 500 亩以上坝区农业产业结构调整，打造大湾新寨、大河大桥等坝区农业产业优质升级示范区。整合贵州绿色产业扶贫投资基金，推进落实 10 万亩刺梨种植计划，培育国家储备林 10 万亩，实施石漠化严重耕地退耕还林 5.21 万亩；大力发展生态草食畜牧业，种植牧草 1.5 万亩，存栏牛 2 万头、羊 3 万只，出栏猪 18.35 万头、家禽 250 万羽。加大“三品一标”认证推广力度，新增无公害产品认证 3 个，培育养殖场 5 个，助力贫困群众稳定增收脱贫。打好打赢易扶搬迁攻坚战。全面落实易地扶贫搬迁“六个坚持”，扎实抓好“五个三”及钟山易扶“惠民十条”后续服务保障措施，规范安置点社会化综合管理，完善提升安置点教育、医疗等配套公共服务设施，力争拆旧复垦复绿率达 100%，有劳动力家庭实现户均 1 人以上就业，水月园区、南开合兴安置点“和谐社区”“活力社区”示范点通过市级验收。打好打赢“三保障”攻坚战。全面落实教育精准扶贫资助政策，继续压缩6%的行政经费用于教育精准扶贫，巩固提升控辍保学成果，全面推进脱盲再教育、校农对接等教育扶贫。完善健康扶贫医疗保障救助政策，持续加大建档立卡贫困人口医疗保障力度。按照“四个一批”要求，全面完成农村透风漏雨老旧房及面积不达标户的房屋整治，实现安全住房保障达100%。

（二）围绕社会稳定，全力以赴抓好风险防控。坚定不移打好防范化解重大风险攻坚战，确保风险可控、社会和谐稳定。全力加强风险防控。坚决落实“七严禁”“1+8”债务管理系列政策，认真履行“借用还”主体责任，做好做实“清、规、控、降、防”各项工作。全力推动企业债券发行，加强专项债券、基金申报力度，通过预算安排、盘活存量资产资源、向上争取资金、PPP模式转化等方式，有效化解存量债务，降低政府综合债务率，严控债务规模，强化财政预算刚性约束，提升财政资源配置效率、使用效益，平衡好稳增长与防风险的关系，坚决守住不发生系统性区域性债务风险的底线。加快推动平台公司市场化、实体化转型，通过资产授权、重资产剥离等实现企业减负，采取兼并重组等方式整合归并同类业务，增强企业自主造血功能。坚决打击非法集资、金融诈骗等活动，杜绝违法违规融资行为。严格执行项目建设程序，及时发现、纠正项目建设管理中的不规范行为。全力夯实安全生产基础。深化标本兼治遏制重特大事故试点城市建设成果运用，全面落实全员安全生产责任制，扎实推进安全生产“双控”工作，强力推进煤矿瓦斯灾害防治三年攻坚行动，加大重点行业领域安全生产监管力度，加强地质灾害、道路交通、危爆物品等安全防控，深入开展药品质量安全、特种设备安全提升行动，大力实施食品安全放心工程，稳步推进国家食品安全示范城市创建，坚决遏制重特大事故发生，保障人民群众生命财产安全。全力保障社会和谐稳定。深化“平安钟山”建设，持续提升社会治理社会化、法治化、智能化、专业化水平。以扫黑除恶专项斗争为龙头，配套开展行业专项整治行动，严厉打击涉黑涉恶、毒品犯罪等各类违法违规活动，打好禁毒人民战争，确保社会大局和谐稳定。围绕“减增量、去存量”目标，集中攻坚重点领域、特定利益群体突出矛盾问题，依法处置非访闹访缠访案件，提高执法司法公信力。坚持党的宗教工作基本方针，深入推进宗教关系和谐示范区创建，有效预防、妥善处置宗教领域各类矛盾纠纷、突发事件，确保宗教领域和谐稳定。

（三）围绕生态环保，全力以赴攻坚污染防治。深入践行“绿水青山就是金山银山”理念，坚持生态优先、绿色发展，全力打造天蓝地绿、山青水秀的美丽宜居钟山。稳步加大生态环境建设力度。深入推进国土绿色行动、新一轮绿色贵州建设行动计划，巩固石漠化治理、天然林保护、“退耕还生态”工程成果，积极推进乌蒙山片区山水林田湖草生态保护修复试点工程，治理水土流失20平方公里、石漠化20平方公里，推动实施2.56亿元山水林田湖草专项项目。深入推进绿色矿山试点，加快安凯达、大湾煤矿等绿色矿山建设。建成双戛社区垃圾中转站并投入使用，启动标准化垃圾中转场选址。积极推进餐厨垃圾处置等绿色产业项目建设，助推循环经济发展。扎实推进以气代煤压减燃煤污染三年行动，逐步提高市中心城区清洁能源使用比例。稳步推动生态环境问题整改。全面完成中央、省委环保督察和“回头看”反馈问题后续整改，持续巩固整改成果。继续实施扬尘污染八大专项整治行动，巩固提升市中心城区空气质量。强化集中式饮用水水源地保护，加快推动双桥水库二级保护区环境综合整治，有效治理明湖湿地公园、老水城河、麻窝寨等片区污水，确保4个地表水省控断面、18个集中式饮用水水源地水质达标。大力开展长江经济带固体废物大排查专项整治行动，力争完成大湾镇历史遗留铅锌废渣治理，建成天源路建筑废弃物综合再利用等4个建筑消纳场。稳步提升生态环境监管能力。完善环境保护准入制度，做好生态红线勘界落地工作。新建3个省控空气环境质量自动监测站，配合建设机动车遥感监测网络，力争实现市中心城区施工工地在线监控；深化落实河长制、积极推行林长制，完成阿勒河、连山河河道划界，实现三岔河钟山段24小时视频监控。强化生态环境执法，用好森林保护“六个严禁”、环境保护“六个一律”两把利剑，以“零容忍”态度严厉打击环境违法行为。

（四）围绕产业发展，全力以赴推动转型升级。深化供给侧结构性改革，紧盯高质量发展，大力发展实体经济、民营经济、城市经济、旅游经济。加快推东农业转型发展。持续推进山地特色现代农业产业园建设，建成标准茶叶种植基地、乌蒙凤鸡养殖场等项目。全力推进农业产业品牌创建，培育市级以上龙头企业5个。继续推进“三变”改革，以示范合作社创建为抓手，全面清理“僵尸”合作社，建设一批善经营、带动强、效益好的优质合作社。扩大农业保险覆盖面，全力加强非洲猪瘟等疫病防治，增强农业抗风险能力。加快推动工业升级发展。深入实施“双百工程”，全力支持水钢、水矿、安凯达等龙头企业及高成长性企业转型升级。大力推动停产煤矿复工复产，完成大湾、大河、汪家寨、那罗等煤矿智能机械化改造，新增释放煤炭产能60万吨。加快煤层气勘探工程和集输气站建设，新增采气500万立方米，瓦斯综合利用率达70%。全面推进新能源汽车充电基础设施PPP项目建设，初步形成充电桩运营网络体系。围绕市级七大产业板块，加快推进华新矿山废矿石资源综合利用、大湾韭菜坪索道项目建设，大力推进传化物流公路港项目，投入运营10万吨中药饮片加工厂，启动建成牛（羊）屠宰加工厂，力争培育规模以上工业企业4家，助力新兴产业发展。稳步推进园区开发建设，加快推动已签约项目落地开工、已建项目投产达效，水月产业园区、大河经济开发区产值分别达225亿元、38.79亿元以上。加快推动服务业提质发展。围绕全省旅游“1+5个100工程”建设、打造中国南方重要旅居目的地目标，持续推进国家全域旅游示范区创建，谋划实施2020年省、市旅发大会和2022年省运会项目，完善提升旅游配套服务功能，加快发展休闲避暑、康体养生、温泉养生、滑雪运动等山地旅游产业，努力提升景区管理及营运水平，大力创建旅游优质品牌，全年接待游客、旅游总收入分别增长15%、20%左右。全力发展大健康医药产业，投入运营月照养生养老基地。积极培育发展文创、文旅、文体等文化产业。深入推进服务业综合改革试点工作，大力发展商贸物流服务业，支持规范民宿发展，培育壮大一批服务业企业，新增限上商贸服务业企业20家，力争服务业增加值突破285亿元。大力发展电子商务，完成网络零售额2.5亿元左右。

（五）围绕规划建设，全力以赴促进城乡融合。以统筹推进城乡改革发展先行区为抓手，以不断优化生态生产生活环境为工作标准，突出抓好城乡融合协同发展，推进首善城市建设，更好满足人民日益增长的美好生活需要。围绕城市让生活更美好的目标，以建设国际大健康旅游目的地城市、创建全国文明城市和国家园林城市为平台，努力打造设施全、功能强、服务好、环境优的新型现代化山地城市。抓好城市规划引领，利用空间规划“多规合一”成果，优化大坪子、德湖等5个片区规划设计，完善鱼塘片区发展战略研究规划方案，推动城市扩容提质。稳步推进安六铁路、六赫高速、钢城大道、乌蒙大道、凤凰东路、德宏北路北延伸段等交通路网建设，全力推进钢城大道二期项目下穿沪昆铁路隧道工程、火车站站前广场等重要节点性项目建设。加快推进冷水河、罗家沟等7个骨干水源工程建设，启动盐井沟、登亨水源工程建设。建强城市功能配套，启动实施中心城区棚户区改造4290户，持续推进火车站站前广场及东西两侧、东城区集中连片区、水城古镇CBD、苹果园等产城融合项目，加快推进德坞老街、荷谐园二期等5个安置房项目建设，新增房地产开发面积100万平方米。快速建成一批高端酒店、大型商场，完善停车场、主题公园、文化场所等城市功能配套；大力支持地下综合管廊、老水城河黑臭水体治理和水钢污水处理厂建设，完善中心城区雨污管网，加快环卫、防洪排涝设施建设。持续开展“四创”“文明在行动·满意在钟山”等活动，加强中心城区山体保护、景观提升，大力实施城市道路交通文明畅通提升工程，加大违法建设管控力度，强化应急处置能力，提升城市环境、秩序、物业等管理水平。围绕农村让城市更向往的目标，深入实施乡村振兴战略、农村人居环境整治三年行动，优化城乡资源要素配置，大力推进大湾、大河、月照、南开等一批特色小镇建设，示范带动乡村发展。全面推进“三改三化”工程，完成改厕3.18万户、改圈2.8万户、改厨3.21万户、房屋靓化2.7万户、庭院硬化1.33万户，硬化串户路725公里。逐步推进北部5个贫困乡镇农村生活污水治理、生活垃圾清运系统建设，不断完善农村基础设施、公共服务，推进农村人居环境“四项专项行动”，努力让农民对自己生活的乡村倍感自豪、市民对美丽乡村更加向往。

（六）围绕改革创新，全力以赴增强发展活力。大力实施创新驱动战略，深入推进重点领域改革，持续拓展对外开放范围和层次。全面深化改革。力争完成改革任务30项，持续深化“放管服”改革，清理行政审批事项2935项；扎实推进“减证便民”行动，取消区级证明材料233项，企业、群众办事提供材料减少60%以上。完善农村集体产权制度改革，完成农村集体资产清产核资，做好农村承包地确权登记颁证收尾工作，逐步构建归属清晰、权能完整、流转顺畅、保护严格的农村产权交易体系。加快国有企业改革，提高国有资本配置效率。统筹推进“三变”改革、机构改革和财税体制、投融资体制、教育体制、医疗体制、司法体制、综合执法、旅游管理、社会治理等领域改革。扩大开放合作。全力加强营商环境整治，打造“门槛低于周边、服务高于周边”的营商环境，企业开办时间压缩至5个工作日以内，工程建设项目审批服务时间压减至80个工作日以内，充分激发市场活力。新引进省外项目 96 个，到位资金 270 亿元左右，引进全国 500 强企业 1 家。深入实施民营经济发展“六大专项行动”，加大民营企业扶持力度，力争民营经济增加值占全区地区生产总值比重达 59% 以上。主动融入“一带一路”、长江经济带发展，积极参加生态文明贵阳国际论坛、“进博会”、“数博会”等系列活动。继续加大东西部扶贫协作力度，在组织领导、产业合作、劳务协作、资金支持、人才资源、携手奔小康等方面加强与大连市西岗区合作交流。支持创新创业。继续加大科技投入力度、研发经费支出，提高企业自主知识产权比重。大力培育高新技术企业、科技型成长梯队企业、知识产权优势企业，综合科技进步水平指数达 86% 以上，培育省、市著（知）名商标 2 件以上。支持中小企业发展壮大，新增市场主体 8400 户以上，孵化培育小微企业 121 户以上。

（七）围绕人民福祉，全力以赴保障民生需求。加大民生投入，努力提升更多优质民生服务。坚持优先发展教育事业。全面推进基础教育改革发展追赶跨越三年攻坚，继续推进 49 个教育项目建设，启动 33 个新建改扩建教育项目，有效改善办学条件，扩大公办教育资源供给，力争消除 56 人以上大班额；加快教育信息化进程，建成创客实验室 10 个，录播教室 7 间，巩固提升义务教育基本均衡发展成果，推动义务教育向优质均衡发展；大力推动教育内涵发展，创建 1 所省级特色示范性普通高中，鼓励支持民办教育、职业教育、特殊教育发展，规范管理校外教育培训机构。加强教师队伍建设，完善教师补充管理机制，推行师德考核负面清单制度，加强教师交流培训，培育壮大高素质专业化师资队伍。持续发展医疗卫生事业。深入推进“健康钟山”建设，加大区人民医院重点学科投入、基层医疗人才队伍建设力度，鼓励医师多点执业、下沉基层，提升基层卫生服务能力。建立慢病、传染病防控、健康教育体系，做实做细做优家庭医生签约服务。加快推进区人民医院二期工程和社区卫生服务中心标准化建设，建成汪家寨、保华、青林、金盆等卫生院。巩固提升“国家卫生城市”创建成果，开展卫生乡镇（村寨）创建。做好出生人口监测工作，政策外多孩率控制在 5% 以内。聚力完善社会保障体系。健全社会救助、防灾救灾等保障体系，持续提高低保对象、困难老人、高龄老人、留守儿童、留守妇女等群体保障水平。规范养老服务体系，启动世行贷款资助居家养老服务项目和信息化平台建设，提升居家和社区养老服务、健康服务等公共服务能力。全面落实就业创业扶持政策，开发公益性岗位、编外用工托底等就业渠道，统筹做好就业帮扶、劳动力输出，加大劳动力全员培训力度，新增城镇就业 3.6 万人。全面提升文化影响力。围绕创建国家公共文化服务示范区，推进文化服务软硬件设施建设、基层综合性文化服务中心提级改造，实现多彩贵州“广电云”户户用工程全覆盖，完成三线建设博物馆提级改造，大力推动“文化 +”产业融合发展，充分挖掘三线文化、农耕文化、古城文化，增强文化软实力。实施全民健身计划，办好凉都消夏文化节、凉都夏季国际马拉松、冬季滑雪等系列活动，提升“魅力钟山”影响力。统筹推动各项事业全面发展。重视国防动员、双拥共建、后备力量建设，积极支持监委、法院、检察院工作。此外，加强国家安全、司法行政和外事、侨务、人防、档案、妇女、儿童、老龄、残疾人、红十字会等工作。

继续办好“十件民生实事”：（1）推进基础教育三年攻坚行动，新建、改建幼儿园、中小学校 10 所；（2）实施多彩贵州“广电云”户户用工程，新增用户 2000 户；（3）推进农村电网升级改造工程，新建、改造中低压线路 149 公里，新增配变电 62 台、容量 0.6 万千伏安；（4）大力实施农村饮水安全工程，解决农村 37931 人饮水安全问题；（5）加强基层文化阵地建设，新建、改扩建村（居）综合公共文化服务中心 13 个；（6）加强农村交通安全建设，实施农村公路生命安全防护工程 10 公里；（7）加大贫困人口培训力度，完成贫困劳动力培训 2557 人；（8）大力推进农村厕所改造工程，新建、改造农村户用厕所 4700 户；（9）改扩建敬老院 1 个，提级改造日间照料中心 5 个；（10）开工建设钟山区人民医院（二期）项目。

三、不断加强政府自身建设

各位代表，新时代要有新气象、新作为。我们要全面加强政府自身建设、深入推动政府职能转变，持续提升履职水平，不断开创政府工作新局面，做到为人民服务、对人民负责、受人民监督、让人民满意。

（一）旗帜鲜明讲政治。始终坚定政治信仰不变、政治立场不移，政治方向不偏，在思想上、政治上、行动上同以习近平同志为核心的党中央保持高度一致，牢固树立“四个意识”、坚定“四个自信”、践行“两个维护”、恪守“四个服从”，把对党绝对忠诚体现在行动中、落实到工作上，强化政治责任、政治担当，严守政治纪律、政治规矩，坚定不移贯彻落实中央、省委、市委、区委的决策部署，确保政令畅通、令行禁止。自觉接受区委领导，重大问题、重要事项及时向区委请示报告、向区人大及其常委会报告、向区政协通报。

（二）持之以恒强职能。把政府工作全面纳入法治轨道，加快法治政府建设，严格遵守宪法法律，坚持规范公正文明执法，做到有权不可任性、用权必受监督。强化行政权力运行制约监督，自觉接受区人大及其常委会的法律监督、工作监督，自觉接受区政协的民主监督，全面接受监察监督，接受新闻舆论、社会公众监督，高度重视民主党派、工商联、无党派人士和各人民团体的意见建议，让权力在阳光下运行。全面推动政务公开，推行政府法律顾问制度。严格落实民主集中制、“三重一大”集体决策制度，规范执行重大行政决策合法性审查制度，确保政府决策科学、民主、合法。

（三）一抓到底转作风。以党和国家机构改革为契机，优化政府机构、职能配置，形成职责明晰、分工明确的政府治理体系，不断增强政府的公信力、执行力，决不能“新官不理旧账”。做好第十一届村（居）民委员会换届选举工作。坚决贯彻中央八项规定及其实施细则精神，发扬求真务实的作风，驰而不息纠治“四风”，着力改进调查研究、精简会议文件、厉行勤俭节约，严禁搞“形象工程”“政绩工程”。始终把人民群众放在心中，解决好群众反映强烈的热点、难点问题，办好事关群众利益的民生实事，不断增强群众的获得感、幸福感。完善激励约束、容错纠错机制，为积极干事者撑腰鼓劲，从严整肃懒政、庸政、怠政现象。

（四）千方百计抓执行。大力开展学习型政府建设，制定完善“两要点两清单”实施方案，深入实施干部素质能力提升工程，促使干部明底线、知红线，提高适应新常态、研究新问题、破解新难题的能力。积极完善“一任务、两要点、三清单”机制，加强村（居）干部、农村致富带头人、优秀返乡农民工等队伍建设，有效推动脱贫攻坚。充分弘扬工匠精神，当好表率、立好标杆，更好发挥“头雁效应”。坚持干字当头、久久为功，不断健全抓落实的责任链、任务链，拿数字说话、凭实绩交卷，严禁表态多调门高、行动少落实差，把中央、省委、市委、区委的决策部署落细落小落实。严格落实意识形态工作责任制，提升预警监测、应急处置能力，牢牢掌握意识形态工作的主动权、管理权、话语权。

（五）清正廉洁树形象。纵深推进政府系统全面从严治党，巩固反腐败斗争压倒性态势，严守党的相关《中国共产党廉洁自律准则》《中国共产党纪律处分条例》，依法依纪惩治各类腐败行为。坚定不移落实党风廉政建设主体责任，加强政府系统党员干部监管，扎紧扎牢“制度铁笼”，坚决反对特权现象，抵制贪污腐化思想侵蚀，确保干部职工勤勉尽责、清正廉洁。严格遵守新形势下党内政治生活若干准则，从严落实双重组织生活制度，维护风清气正的良好政治生态。严格执行党内监督条例，拓展民生监督，实现公共资金使用审计全覆盖，推动公共资源交易全过程公开，确保政府清廉、政治清明。

各位代表，实干成就梦想，奋斗赢得未来。让我们更加紧密地团结在以习近平同志为核心的党中央周围，在市委、市政府和区委的坚强领导下，牢记嘱托、感恩奋进，不忘初心、砥砺前行，以苦干实干落实中央、省、市的各项决策部署，为决战脱贫攻坚、决胜同步小康，续写新时代钟山发展新篇章作出新的更大贡献，以实干实绩向中华人民共和国成立70周年献礼！

水城县政府工作报告

（2019 年 1 月 17 日在水城县第八届人民代表大会第三次会议上）

水城县委副书记、代理县长 赵庆强

各位代表：

现在，我代表县人民政府向大会报告工作，请予审议，并请各位县政协委员和列席同志提出宝贵意见。

一、2018 年工作回顾

刚刚过去的一年，在县委的坚强领导下，在县人大、县政协的监督支持下，我们坚持以习近平新时代中国特色社会主义思想为指导，深入学习贯彻党的十九大和习近平总书记在贵州省代表团重要讲话精神，坚持以脱贫攻坚统揽经济社会发展全局，较好地完成了全年目标任务。全年预计完成地区生产总值 295.5 亿元，同比增长 10.5%；完成财政总收入 37.5 亿元，同比增长 15.39%；完成公共财政预算收入 23.06 亿元，同比增长 7.17%；完成 500 万元以上固定资产投资 338 亿元，同比增长 20.5%；实现社会消费品零售总额 23.97 亿元，同比增长 11.2%；城乡居民人均可支配收入分别达 28195 元、9402 元，分别同比增长 9%、11%，县域经济综合实力不断增强，“中国凉都·生态水城”的知名度、美誉度持续提升。

一年来，我们聚焦第一要务，脱贫攻坚取得阶段性胜利。坚持把脱贫攻坚作为最大的政治任务、第一民生工程，认真践行“五步工作法”、“五先五后”攻坚法，强力推进“春风行动”、“夏秋攻势”和 5 个专项治理，按照“四个三”攻坚法，一战接着一战打。经过一年努力，实现 6.4 万人脱贫，贫困人口从 11.66 万人减少到 5.27 万人，贫困发生率从 17.3% 下降到 7.82%。一是全力推进产业扶贫。借力全省产业革命之势，紧扣产业发展“八要素”，新增种植猕猴桃 3.5 万亩、茶叶 1 万亩、刺梨 25 万亩、烤烟 5.1 万亩、食用菌 1000 万棒，完成温氏养猪 4325 头、桃花鸡养殖 28 万羽、中蜂养殖 2 万群，农业产业结构调整取得重大突破，支撑脱贫的产业体系基本形成。二是全力推进易地扶贫搬迁。注重将易地扶贫搬迁与城市拓展、产业园区、旅游景区有机结合，建成海坪彝族文化小镇、龙场白族文化小镇、米箩布依文化小镇、陡箐苗族文化小镇、水城经开区工业文化小镇、百车河水车文化小镇。2016 年安置点搬迁入住率、旧房拆除率达 100%；2017 年 22425 人完成分房入住；2018 年，米箩、龙场安置点基本完工并搬迁入住 369 户，小山、以朵、红桥、水城经开区、玉舍、蟠龙 6 个安置点建设有序推进，搬迁对象基本锁定。集中力量打造和谐、活力社区，新设立居委会 17 个，成立党支部 15 个。新建、改扩建学校 16 所，所有适龄儿童全部就近入学；新建卫生院（室）14 个，搬迁群众可就地接受医疗卫生服务。13526 名搬迁群众实现稳定就业。三是全力推进基础设施建设。完成交通水利投资 52.3 亿元，10 座水库、72 个山塘已蓄水或达到蓄水条件，28 座泵站、43 个水厂、354 个水池、7179 公里管网完成工程量 75% 以上。累计实施“组组通”公路 617 条、2315 公里，有序推进 12 条、307 公里二级公路，21 条、182 公里产业路建设。10 万户的“广电云”户户用全面完成，投资 2.8 亿元的供电提升工程基本完工，197 个通讯基站全部开通，全县基础设施条件得到大幅改善。四是全力推进住房安全保障。完成住房保障投资 15.5 亿元，完成农村危房改造 4634 户，实施棚户区综合整治 6962 户，整治透风漏雨住房 8694 户，拆除无人居住破旧房 3974 栋。采用 PPP 模式实施农村人居环境

“三改三化”，完成改厨5.3万户、改厕2.2万户、改圈2711户，完成庭院硬化139万平方米、串户路硬化2023公里、房屋靓化2768户。五是全力推进教育保障。完成教育事业投入16.9亿元，新建、改扩建学校99所，161所学校的1930个班级配置“优质资源班班通”，招录教师581名。高考本科上线人数突破2000人大关。1063名辍学生全部劝返复学，3563名贫困学生通过“绿色通道”实现无障碍入学，累计资助贫困学生6.1万人次，发放资助金5917万元、生源地助学贷款3719万元，免费发放校服9.5万套。义教均衡提前两年通过国家验收。六是全力推进医疗卫生保障。完成医疗卫生投入7.4亿元，建成71个深度贫困村卫生室、178个农村中小学医务室，实现县乡村三级医疗卫生机构标准化建设全覆盖。招录合同制医务人员483名，引进或招聘专业技术人才27人。县乡村三级公立医疗机构药品全部执行“两票制”采购、零差率销售。创新“三化三共三强”机制，“医共体”建设取得新成效。贫困人口参合率、疾病筛查率、家庭医生签约服务率均达100%，住院报销率达90%以上。七是全力推进综合保障。民生实事全部完成，完成投资50.6亿元，占年度投资计划的102%。下大力气清理2014—2018年实施的437个财政扶贫资金项目，完工率、报账率分别达95%、84%。从贫困人口中解决生态护林员、公路管护员、卫生保洁员、水管员等岗位8308人。按照“应保尽保”原则，5.6万人实现民政兜底保障。

一年来，我们聚焦转型升级，产业结构调整取得重大进展。坚持多产业融合发展，着力丰富产业体系、夯实发展基础，三次产业结构比调整为15∶48∶37。一是特色农业初见成效。稳步推动规模化发展，新增产业31万亩，落实精细化管护面积105万亩，产业投产率达62%、农产品加工率达42%。新增农业龙头企业13户，新增绿色有机认证2万亩，水城现代农业产业园成为全省唯一获国家首批认定的现代农业产业园，“弥你红”水城红心猕猴桃获评“贵州省农产品地理标志示范样板”并远销俄罗斯、加拿大等地。“水城春”市场品牌进一步巩固并走向东北、广东市场，刺梨开发出“初好吉梨到”原浆、果汁、口服液、气泡饮料等系列产品。食用菌、烤烟融合发展取得突破，山地特色农业的优势、竞争力开始显现。实现农业总产值70.7亿元、农产品加工业产值31亿元、农产品销售收入13亿元，分别增长6.7%、15%、12%。二是工业发展后劲增强。规模以上工业增加值增速达10.2%。稳步推动煤炭产业发展，完成原煤产量930万吨、焦炭产量25万吨、洗精煤产量155万吨、供应电煤646万吨、发电量达144亿度，同比分别增长35%、36%、59%、29%、11%。实施综合机械化改造5处、辅助系统智能化改造3处，新增释放产能415万吨，淘汰落后产能24万吨。发耳煤业建成西南地区第一个智能化采煤工作面。铝产业集群化发展取得重大突破，双元铝业14.5万吨电解铝全部就地转化；铝王铝业、十九度、安润吉、莹月帆等铝加工企业相继投产达产，实现产值30亿元。玄武岩产品在城乡人居环境综合整治、农业大棚设施等领域得到广泛应用，实现产值3亿元。高纯硫酸锰（饲料级）生产项目建成投产，发耳产业园区透水砖、硅酸钙板等循环经济项目建成投产，织染科技产业园前期工作有序推进。三是全域旅游持续井喷。全力推进野玉海创建国家级旅游度假区，获2018年全省5个100景区考核第一名，成功举办藏羌彝文化走廊彝族文化产业博览会。百车河成功创建4A级景区、省级旅游度假区，北盘江码头、颐年山庄全面建成并投入运营，森呼吸小镇建设快速推进。猴场乡猕猴桃产业园入选2018年农业农村部推荐的100个休闲农业和乡村旅游精品景点线路，米箩景区经营性收入大幅提升，天门传统古村落得到有效保护。旅游营销力度持续加大，在广州、大连、成都等地宣传推介“中国凉都·生态水城”夏季康养、冬季滑雪20余次。农民画、刺绣等文化产业不断发展壮大，文化产值预计达4.7亿元、同比增长148%。全年旅游总人数预计达840万人次，旅游综合收入预计达52.5亿元，分别增长80%、74%。荣获“全国森林旅游示范县”“2018年全国最佳全域旅游目的地”称号。大力推进电子商务进农村综合示范县建设，预计实现网络零售额3273万元、同比增长94%。批发业、零售业、住宿业、餐饮业增速分别达21%、16%、3%、4%。

一年来，我们聚焦统筹发展，城乡建设协调推进。按照统筹推进、一体发展的思路，突出城市带动功能，进一步加快新型城镇化建设步伐，着力改善城乡环境。一是大力推进城市建设。旅游集散中心、乌蒙大道等建设有序推进，安六城际铁路六盘水东站启动建设。启动城市棚户区改造5953户。御景江山、雨田境界、东部国际城二期等房开项目有序发展，实现房地产投资3.4亿元、商品房销售23万平方米，同比分别增长58%、31%。玉舍、发耳小城镇主要功能性设施启动建设。城镇化率达36.66%，增长2.86个百分点。二是强力改善城乡环境。深入推进“文明在行动·满意在水城”活动，强力开展城市扬尘污染防治，下大力气解决双水城区雨污合流问题，以朵污水处理厂建成投入运营，新增城区停车位1800个，朝阳居委、小山社区马路市场得到有效整治，城市文明形象、市民文明程度不断提升，城市规范化管理水平不断提高。累计编制137个村庄规划，建成32个垃圾中转站。深入发动开展“三新一清洁”，大力实施乡村人居环境综合整治，村容村貌得到较大改善。三是持续推进生态文明建设。统筹推进蓝天保卫、碧水保卫、净土保卫、固废治理、乡村整治“五场战役”，深入推进“六个一律”环保“利剑”行动，稳步推进河长制。积极开展低效用地摸底调查，全面完成土地矿产卫片执法举证并通过验收，34家关闭矿山完成地质环境恢复治理。加大森林资源培育、管护力度，完成营造林17万亩。启动生物多样性调查，完成野钟黑叶猴保护区、玉舍老林沟自然保护点总体规划编制，森林资源、野生动物得到有效保护。空气质量优良天数达标率达96.7%，千人以上集中式饮用水源地水质达标率达100%，森林覆盖率预计达60%，荣获“省级森林城市”称号。以迎接中央环保督察为契机，玉舍水库水源保护区环境综合整治全面完成，双水河水质得到大幅改善。“生态水城”区域品牌已在全县深入人心并形成社会共识。

一年来，我们聚焦社会管理，风险防控有力有效。坚持突出重点、系统防控，对各类风险的预防、研判、处置能力得到显著提升，重点领域风险防范化解扎实开展。一是有效防范政府债务风险。不断完善融资担保体系建设，通过盘活存量资金、合理出让国有资产、统筹安排偿债支出等方式，大力化解债务。精心包装并推出一批教育、农村人居环境综合整治、污水处理、城镇建设PPP项目，总投资达67.2亿元，政府存量债务得到有效化解。二是不断完善社会治安防控体系。深入开展扫黑除恶专项斗争，依法严厉打击各类涉黑涉恶违法犯罪。通过政府购买服务推进“雪亮工程”，整合天网工程、地网工程监控探头，在85个村新增建成视频监控探头1013个，实现全县所有村（居）视频监控探头全覆盖，累计达3358个。投入7500万元实施“暖警工程”，新建、改扩建派出所28个，面积2万平方米。强化智能案管中心、县乡村三级综治中心、基层网格化服务管理建设，违法犯罪打击能力显著增强。“七五”普法顺利推进，群众的法治意识明显提升。三是牢牢抓好安全生产。深入开展安全生产隐患大排查大整治，全年未发生较大及以上生产安全事故，事故起数、死亡人数分别下降30%、26%。落细落实地质灾害防治责任，认真开展群测群防、预警预报、应急演练，有效应对发耳尖山营、化乐小岩上、勺米坡脚地质灾害。

一年来，我们聚焦深化改革，动力活力显著增强。坚持把改革作为推动政府职能转变的“先手棋”，“放管服”改革不断深化，经济发展活力得到增强。一是不断深化“三变”改革。新增入股农户3.55万户，新增入股承包地25.45万亩，3.18万户实现入股分红，分红金额1.21亿元。农村土地确权登记颁证全面完成，实现土地经营权抵押贷款26宗，交易金额5227万元。二是不断深化体制机制改革。将15家国有企业重组成6个集团公司，“借用管还”一体化体系不断完善。稳步推进公安辅警改革，624名合同制警务辅助人员全部上岗。积极支持开展诉前调解和诉调衔接改革，构建调解协议与司法确认对接机制，减少群众诉讼负担，有效节约审判资源。深入推进村干部职业化管理，积极探索建立报酬增长机制，将村支书、主任报酬提高到每月4000元，其他村干部报酬提高到每月3000元，落实村民小组长报酬每月1000元，村民自治网络进一步完善。三是不断深化政务服务改革。首创“九统一”政务服务标准，县乡村三级政务服务规范化建设成效明显，减少行政审批事项41项，承接下放权力事项63项，取消证明材料清单778项。累计受理服务事项97万件，办结率达98%以上，获评全省首批“政务服务标准化管理示范县”。以全产业链发展为重点，围绕支柱产业开展产业招商、以商招商、定向招商、精准选商，引进省外项目127个，到位资金305亿元。

一年来，我们聚焦勤政为民，自身建设不断加强。坚决在县委的领导下开展工作，主动接受县人大的法律监督、县政协的民主监督，全面落实监察监督，广泛听取群团组织、老干部、社会各界的意见建议，积极接受社会监督、舆论监督。坚决践行“五步工作法”、“五先五后”攻坚法，建立常态化的议事机制、调度督办机制，坚持对重点、难点工作实行挂图作战、挂牌督办，政府系统作风持续改善，行政效能大幅提高。坚决履行全面从严治党主体责任，严格执行中央八项规定，持之以恒兴“三风”、纠“四风”。纪检监察机关立案372件、处分389人，在全省党风廉政建设社会民意抽样调查中得分名列全市第一、全省前列。其他各项社会事业全面进步，国防后备力量建设不断加强。妇女、儿童、老龄、残疾人、工会、科协、民族、宗教、侨务、红十字会、计生协会、人防、消防、档案、史志、保密、气象等工作取得长足发展。

各位代表，成绩源自奋斗，发展凝聚智慧。一年来我们所取得的各项成绩，得益于中央、省、市和县委的正确领导，得益于县人大和县政协的有效监督、鼎力支持，得益于全县人民的团结拼搏、共同奋斗。在此，我代表县人民政府，向各位人大代表、政协委员，向各民主党派、工商联、人民团体和离退休老同志，向武警官兵、政法干警和省、市属驻县单位，向全县各条战线上辛勤奋斗的同志们，向所有关心、支持和参与水城发展的朋友们，致以衷心的感谢和崇高的敬意！

在充分肯定成绩的同时，我们也清醒地看到发展中存在的问题、不足，主要表现在：一、全县仍有贫困人口5.27万人，贫困发生率达7.82%，交通、水利、易扶搬迁、农村人居环境综合整治短板较多，脱贫攻坚任务依然繁重；二、受宏观经济影响，国家融资渠道、方式进一步收窄，政府债务风险隐患不容忽视，防范化解重大风险的任务依然繁重；三、特殊的地形地貌、多样的气候环境，尤其是山高谷深等因素，导致生态环境脆弱，环境保护、生态文明建设任务依然繁重；四、应对新形势、破解新难题的办法还不多，干部队伍作风建设有待进一步增强，有时还存在不作为、慢作为、乱作为现象，执行力、落实力提升和党风廉政建设任务依然繁重。对于这些问题，我们将以高度负责的态度，认真予以解决。

二、2019年主要工作安排

2019年是新中国成立70周年，是水城县夺取脱贫攻坚全面胜利之年，是迈向全面小康的关键之年，做好全年工作尤为重要。今年政府工作的总体要求是：高举习近平新时代中国特色社会主义思想伟大旗帜，深入学习党的十九大和习近平总书记在贵州省代表团重要讲话精神，统筹推进“五位一体”总体布局，协调推进“四个全面”战略布局，牢固树立五大发展理念，紧扣“中国凉都·生态水城”建设主题，坚持产业生态化、生态产业化，坚决守住发展、生态、安全三条底线，坚持以脱贫攻坚统揽经济社会发展全局，用“四个三”攻坚法尽锐出战夺取脱贫攻坚全面胜利。坚持稳中求进工作总基调，统筹推进稳增长、促改革、调结构、惠民生、防风险工作，保持县域经济强劲发展势头，为乡村振兴战略实施打下坚实基础。

根据县委安排，全年经济社会发展的主要预期目标是：地区生产总值增长10%以上，达340亿元以上；500万元以上固定资产投资增长15%，达到388.6亿元；社会消费品零售总额增长12.1%，达到26.6亿元；公共财政预算收入增长1.02%以上，达到23.3亿元以上；城镇、农村居民可支配收入分别增长9%、11%，分别达到30733元、10436元。完成市下达的节能减排任务。实现4.1万贫困人口脱贫，贫困发生率控制在3%以下。

围绕实现全年目标，我们将坚持以脱贫攻坚统揽经济社会发展全局，全力做好以下方面的工作：

第一，尽锐出战，坚决夺取脱贫攻坚全面胜利。坚定不移贯彻落实“四个三”攻坚法，拿出“干得苦不叫苦、干得累不喊累、干得难不畏难”的决心和豪情，调动整合东西部协作、定点帮扶、社会力量等一切力量和要素，全面激发群众内生动力，全力以赴，坚决夺取脱贫攻坚全面胜利。第一阶段，在春节前坚决拿下基本面，突出重点、攻坚难点、聚集力量，确保在春节前住房保障完成85%以上、饮水安全保障完成90%以上、“组组通”工程建设完成80%以上，教育保障、医疗保障、产业管护、用电保障、培训就业、“广电云”户户用等100%完成。对财政扶贫资金尽量在第一季度全部安排，确保项目早开工、早实施、早见效。第二阶段，在上半年坚决全面补齐短板，在完成基本面的基础上继续强力攻坚，切实打赢住房保障、饮水安全、“组组通”、易扶搬迁、教育保障、医疗保障等收官战，全面补齐短板，脱贫攻坚取得决定性胜利。第三阶段，在下半年坚决全面提升完善，聚焦“三率一度”，对照“一达标，两不愁，三保障”要求，一户一户地下足“绣花功夫”，深入推进“5个100%”落实落地，做到干部到岗到位率100%、帮扶干部入户到位率100%、扶贫政策宣传知晓率100%、政策措施落实率100%、村级矛盾纠纷排处率100%。加大对非贫困户的走访核查力度，用扎实的工作切实提高群众参与度、认可度，坚决夺取脱贫攻坚全面胜利。

第二，提质增效，构建山地特色农业体系。突出农业产业对脱贫的重要支撑作用，紧扣产业“八要素”，充分运用“公司+合作社+农户”模式，着力在田间管护、品质打造、加工储藏、产销对接上狠下功夫，推动农业供给侧改革取得重大突破，实现产业兴旺、群众致富、绿色崛起。农业总产值增速6.8%以上，达到77.4亿元以上。一是稳步推动规模化发展。新增种植猕猴桃1万亩、茶叶4000亩、刺梨3万亩。投入1000万元用于烟叶高质量发展，实现烤烟种植6万亩以上。同步发展蔬菜35万亩、马铃薯 44 万亩，完成温氏养猪养殖 20 万头、食用菌生产 4000 万棒、桃花鸡养殖 130 万羽、中蜂养殖 3 万群。充分利用生态、立体气候特点，同步发展草莓、山桐子、红香椿、小麦等产业，实现大产业顶天立地、小产业铺天盖地。二是精细化抓好田间管护。进一步健全主管部门与园区、乡村、公司、合作社、农户的管护责任体系，将所有管护责任包保到部门、园区、乡村、公司、合作社、农户，让产业从粗放布局向精细化管理、集约化经营迈进，确保全年猕猴桃、茶叶、刺梨、特色经果分别达产 2.5 万亩、4.5 万亩、3 万亩、12 万亩以上。三是大力抓好农产品精深加工。以延长产业链、提升附加值为目标，确保中蜂加工厂在 2 月底前、刺梨加工厂在 5 月底前、生猪屠宰场在 9 月底前建成投产，分别实现年加工能力 500 吨、3.6 万吨、3 万头以上。全年实现农业加工业产值 34 亿元以上，增长 9% 以上。四是着力完善产销对接体系。以市场需求倒逼产业发展，切实抓好有机品质打造、品牌包装、标准提升、市场营销等关键环节，大幅提升“弥你红”水城红心猕猴桃、“水城春”的市场竞争力，推动农产品产销对接取得重大突破，确保全年实现猕猴桃销售收入 3 亿元、茶叶销售收入 1.5 亿元、刺梨销售收入 3000 万元、温氏养猪销售收入 3 亿元、食用菌销售收入 3.6 亿元、桃花鸡鸡蛋销售收入 1.3 亿元、中蜂蜂蜜销售收入 5400 万元以上。大力推动农产品线上销售，确保全年网络销售额达 5000 万元以上、增长 35% 以上。建立永久性的农产品销售展示平台，支持农业龙头企业全产业链发展。五是高标准打造现代农业园区。积极运用“三变”改革模式，按照标准化、现代化、产学研、农旅文的思路，猕猴桃园区新增有机认证 1 万亩以上、绿色认证 5000 亩以上、良好农业规范认证 3000 亩以上、果园节水灌溉 1 万亩以上、物联网 1 万亩以上，建成猕猴桃小镇，全面巩固提升国家现代农业产业园创建成果，做成乡村振兴的引擎。统筹推动富硒茶叶园区、杨梅生态产业园区不断发展壮大，带动全县农业结构调整、产业升级。

第三，循环发展，大力推动工业转型升级。把提升优势产业集聚能力摆在重要位置，抢抓政策机遇，推动工业经济提质增效。工业增加值增速 10.5% 以上，达到 133.7 亿元以上。一是全力培育新兴产业。紧扣全省千亿级开发区定位，坚定不移推动水城经开区铝及铝加工、玄武岩纤维、锰锂新能源三大主导产业全产业链发展。在跨省区电力交易、增电配网、铝土矿资源配置等要素保障上争取更大政策空间，力争二季度启动双元铝业技术升级改造、一季度启动实施鑫新碳素 30 万吨阳极项目。同步加快铝芯电缆、铝漆包线、铝扣板、铝模板、智能家居、汽车零部件等企业落地建设，实现铝水第二轮就地转化，完成铝产业产值 60 亿元以上。借助省、市支持玄武岩产业发展的机遇，以原料本地化、市场全域化为着力点，推动玄武岩产业在标准体系建设、推广应用上取得突破，逐步实现产品从中低端向高端转换，完成玄武岩产值 6 亿元以上。以 1 万吨 / 年电池级碳酸锂、5000 吨 / 年电池级氢氧化锂项目为核心，同步推进 10 万吨高纯硫酸锰项目建设、3 万吨高纯硫酸锰项目升级改造，完成锰锂产值 1 亿元以上。加快推进发耳织染科技产业园建设，在环保、安全的前提下，力争年内一期项目开工建设。二是全力提升传统产业。牢牢把握煤电材等传统优势产业，推动复工复产复建和扩能新建矿井 13 处，建成联合试运转矿井 3 个，释放产能 285 万吨，淘汰落后产能 69 万吨。在确保安全的前提下，完成原煤产量 1100 万吨、洗精煤产量 180 万吨、焦炭产量 25 万吨、发电量 152 亿度，完成市下达的电煤供应任务。着力推动传统煤炭向新兴能源转型，实现煤层气抽采 5 亿立方米以上，新增瓦斯发电站 7 个，煤炭就地转化率达 80% 以上。积极推进煤化工循环基地建设，启动鑫晟煤化工技改，发耳产业园区透水砖、硅酸钙板等循环经济项目产值 3 亿元以上。

第四，办好活动，持续推动全域旅游井喷增长。把“以人气聚集财气”作为推动旅游持续井喷的关键一招，全面盘活旅游资源、升级旅游业态、提升服务品质，让旅游成为助推经济转型、脱贫攻坚的重要支柱产业，全年游客接待人数、旅游综合收入均增长 30% 以上。一是精彩出彩办好旅发大会。充分运用市场手段，在线路设置、项目谋划、经营活动上开拓思维，紧紧抓好项目建设、环境打造、宣传营销等关键环节，健全“景区 + 旅游公司 + 贫困户”模式，做足旅游扶贫文章，进一步提升“中国凉都·生态水城”的知名度、美誉度。二是精心打造景区品牌。健全旅游体系、完善服务功能、深挖特色资源、加强市场营销，确保野玉海景区成功创建为国家级旅游度假区，多渠道推动百车河 4A 级景区旅游产业持续升温。持续扩大米箩景区农旅文一体化发展，推动创建 4A 级景区。不断强化海坪彝族文化小镇、陡箐苗族文化小镇、米箩布依文化小镇、龙场白族文化小镇的影响力、带动力。积极鼓励、支持农民画走向市场，多渠道丰富民族文化产业形态，实现文化产值增长60%以上。三是强力推进旅游项目。重点推进野玉海森林公园户外拓展体验项目、可渡河索道、北盘江森呼吸小镇、乌蒙大地缝、百车河温泉疗养中心二期等项目建设，统筹做好乡村旅游、传统古村落保护开发，实现景区景点建设取得重大进展。四是持续加强宣传营销。精心筹办彝族火把节、苗族花山节、布依六月六、白族文化节等文化活动，推动形成具有区域性影响力的文化品牌。进一步丰富民俗民间活动内涵，不断扩大夏季康养、冬季滑雪、温泉养生、乡村旅游的影响力，形成完善的宣传体系。进一步加大在重庆、广州等重要客源地城市开展文化旅游宣传推介力度，全方位展示水城旅游形象，全面打响“中国凉都·生态水城”品牌。全力促进大型购物中心、商场超市入驻双水，同步推动城镇金融网点、批零住餐、文化娱乐等蓬勃发展，确保批发业、零售业、住宿业、餐饮业增速分别达22%、17%、18%、19%以上。

第五，建管并重，强力促进城乡统筹发展。牢固树立协调发展理念，全面提升城镇品位、改善乡村环境。一是不断完善城市功能。大力推动旅游集散中心、明硐国际新城二期、恒维生态国际城、以朵影视文化城高标准建成，提升改造龙池公园，建成全民健身中心。加大城市棚户区建设力度，实现塔山、朝阳、文阁棚户区3024户分房入住。加快推进以朵、金竹林、老鹰山5953户棚户区安置点建设。借助安六城际铁路六盘水东站、冷坝站带来的交通、区位优势，谋划建设高铁经济和基础配套。二是切实加强城市管理。强力整顿城区主次干道、背街小巷的环境卫生，全面规范城区规划建设管理秩序。利用城市建设，推动城区面貌取得大幅度改观。深入开展小区院落整治，强力推进“四创”，提升城市文明程度。三是加快新型城镇化进程。全面提升玉舍、发耳、龙场、蟠龙等特色小城镇建设，加快玉舍全国特色小城镇迎宾大道、幼儿园、安置房、“三馆一中心”建设，尽快启动发耳镇主大街、安置房和各项公共服务设施，城镇化率达40%以上。四是全面改善乡村环境。大力推动人居环境综合整治，全面完成“三改三化”，城乡生活垃圾实现一体化运营。加快推进27个乡镇污水处理站建设，因地制宜有效处理农村污水横流问题，城区、集镇、景区景点、农村等地的公厕实现分类有效管理。以村规民约、卫生大扫除、环境大整治、三新一清洁等为载体，大力提升乡村文明程度，美丽乡村建设取得重大突破。五是全力补齐基础设施短板。紧盯项目工期、质量和安全，确保雨汪河、板桥、出水沟、鱼目柱、方家沟、天门、谢家塘草坝等8个水库实现下闸蓄水，加快河湾水库建设，赵家河水库、花地河水库启动建设。“组组通”公路在3月底前基本建成，21条产业路在6月底前基本建成，12条二级路在8月底前基本建成，公路管护率达100%。开工建设纳晴高速，力争开工建设玉普高速。投入资金4.68亿元，新建35千伏变电站1座、10千伏线路516公里、变压器740台，改造升级低压线路2647公里，实现组组通动力电。突出建管并重，让农村基础设施建设覆盖到哪里，日常管护就延伸到哪里。

第六，以民为本，全力改善和保障社会民生。把改善社会民生作为一切工作的出发点、落脚点，统筹解决好公共服务、社会保障问题，实现脱贫攻坚与民生改善有效衔接，促进社会全面进步。一是坚决强化教育保障。巩固提升义教均衡成果，完成教育事业投入13亿元以上。全面落实建档立卡户学生、城镇低收入困难群体资助政策，确保家庭经济困难学生无障碍入学、适龄儿童少年100%入学。推进校农结合、助推脱贫攻坚，保障农村学生营养餐安全放心、群众满意。建设金竹林中学、以朵小学，新建、改扩建各类农村学校（幼儿园）41所。加大学科缺额教师补充力度，健全教师管理、激励机制，提升教学质量。二是坚决强化卫生健康保障。完成医疗卫生事业投入5亿元以上，完成县中医院、县第二人民医院二期、第三人民医院、县医疗废弃物处置中心建设。加大公立医院综合改革力度，全面推进“医共体”建设，加快县级医院“5+2”重点学科、乡镇卫生院特色专科、中医药健康养老服务建设。加强公共卫生服务管理，完善生育健康服务体系。全面开展普通人群健康摸底核查、贫困人口疾病筛查，提高家庭医生签约服务能力，有效遏制“因病致贫、因病返贫”。三是坚决强化就业保障。切实加大就业岗位开发、对外输出力度，持续推进稳就业助推脱贫攻坚工程，开发1万个扶贫公共服务岗位，促进劳动力转移就业2万人以上、返乡农民工就业创业2000人以上、大学生就业创业500人以上，新增城镇就业1.2万人以上，城镇登记失业率控制在4.2%以内。四是坚决强化易扶安置保障。全面完成易扶“三块地”流转，实现产业布局全覆盖，真正让易扶对象搬迁过来不吃亏。健全搬迁后续扶持“五个体系”，6月底前所有安置点全部建成和谐、活力社区，所有城镇安置群众全部迁移落户。通过开发公共服务岗位、加强组织化劳务输出、引进劳动密集型企业等途径，确保有劳动力家庭一人以上稳定就业。统筹抓好农贸市场、便民超市、老年幸福院、文化广场等建设，提升搬迁群众的认可度、满意度，促进搬迁群众融入安置新区，确保群众搬迁过后更幸福。五是坚决强化综合保障。扎实抓好城乡低保提标核查，充分发挥低保制度政策性兜底脱贫功能，确保 3.7 万“两无”人员、1927 名特困供养对象、15623 名残疾人、325 名孤儿、2714 名留守儿童、804 名困境儿童生活得到妥善保障。六是全力办好“十件民生实事”：（1）完成龙池公园改造提升；（2）开发 1 万个扶贫公共服务岗位；（3）建设金竹林初级中学、以朵小学；（4）建成全民健身中心；（5）实现城乡垃圾收运全覆盖；（6）建成医疗废弃物处置中心；（7）完善乡乡有稳定水源建设，开工建设赵家河水库；（8）建成水城经开区产业扶贫刺梨深加工厂；（9）完善易扶安置后续扶持“五个体系建设”，实现和谐活力社区建设全覆盖；（10）实现组组通动力电。

第七，生态优先，坚定不移推动绿色发展。认真履行长江、珠江重要生态屏障保护职能，牢牢守住生态底线、抓好绿色发展。一是大力实施生态工程。完成营造林 22 万亩、石漠化综合治理 24 平方公里，森林覆盖率达 62% 以上。继续实施退耕还林还草、天然林保护、水生态治理等重大生态工程，持续推动土地开发整治，获取新增耕地指标服务脱贫攻坚。严格按照人员到位、设施设备到位、责任落实到位的“三到位”要求，有效防范森林火灾。二是持续强化环境保护。加强对源头企业、建筑工地、运输车辆扬尘的治理力度，确保空气质量持续改善。认真落实河长制，加强水污染防治，严管企业排污，确保河流断面水质、饮水水源地水质稳定达标。有效防控农业面源污染，持续加大工业废弃物处置力度。落实耕地保护责任，坚守耕地保护红线，继续开展矿山储量动态监督管理，有序推动地质环境恢复治理。认真抓好对中央环保督察反馈问题、信访投诉的整改落实及办理。三是扎实抓好节能减排。健全激励约束机制，严格执行节能环保法律法规和标准，确保二氧化硫、氮氧化物、化学需氧量、氨氮等主要污染物排放总量控制在市下达的指标范围内。

第八，提升服务，推动关键领域改革创新。坚持把改革创新作为推进脱贫攻坚的重要举措，坚定不移地推进改革、驰而不息地优化环境。一是深入推进“三变”改革。紧扣关键环节，有效盘活村集体闲置的资源资产，大力推进财政资金股权量化，积极探索和创新“三变”改革新模式，推动更多的资产、资金投入到“三变”改革中。二是持续提升政务服务水平。把今年作为“一网通办”深化年，加大“一网一门一次”“一窗受理、集成服务”改革力度。全面启用电子印章，所有政务服务事项 100% 进驻综合性实体政务大厅、70% 以上实现“一窗”分类受理，年底前确保办事提供材料再减少 30% 以上。进一步加大对村级政务服务规范化助推脱贫攻坚的力度。三是强化发展要素支撑。健全政银企合作交流机制，争取金融机构对县域经济发展的支持。全力支持民营经济发展，坚决在政策兑现、降低成本、扩大投资、营商环境、金融服务等方面出实招、见实效。大力培植财源，夯实财政基础。坚持保工资、保运转、保民生，以脱贫攻坚为重点，有序安排财政支出。坚定不移支持国有企业在治理体系建设、投融资能力、国有资产运营、借用管还一体化等方面深化改革，在抓项目、抓融资、抓市场、抓管理上取得重大突破。四是扩大对外开放。充分借助大连市、中科院等对口帮扶平台，在实施好帮扶项目的同时，加大交流力度、提升开放水平。紧紧围绕纺织、新材料、新能源、旅游装备、农产品加工、物联网、现代物流七大板块全产业链发展，不断完善要素供给、服务保障，持续优化营商环境，新引进项目 130 个以上，到位资金达 300 亿元以上。

第九，守住底线，牢牢抓好风险防控。把强化、创新社会管理作为维护社会稳定的重要措施，协同推动政府治理风险点防控，让良好的社会管理成为脱贫攻坚的重要保障。一是从严抓好债务风险防范。认真履行政府债务主体责任，大力支持县属公司实体化转型，提升保障能力和水平。做大做强担保体系，多渠道争取支持拉长债务周期。充分运用资本市场手段筹集资金，积极向上对接、争取更多支持，严密防范并逐步化解政府债务风险。二是从严抓好社会风险防控。进一步畅通信访渠道，切实解决群众合理诉求。深化社会稳定风险评估全覆盖建设，妥善解决引发社会矛盾的源头性、基础性问题。大力实施“雪亮工程”“暖警工程”，加快县乡村三级综治中心、基层网格化建设进度，完善社会治安群防群管群治体系。以整治重点地区、行业、领域乱象为突破口，深挖彻查“保护伞”“关系网”，推动扫黑除恶专项斗争不断取得新突破。三是从严抓好安全监管。严格落实安全生产责任制，强力推进煤矿领域灾害治理、隐患排查整治，统筹做好道路交通、地质灾害、危化品、食品药品、建筑施工等领域安全监管和防治，坚决防范和遏制安全生产事故发生，确保安全生产态势持续平稳，全力保障群众生命财产安全。多措并举严防非洲猪瘟。

第十，实干担当，不断加强政府自身建设。牢固树立“四个意识”、切实增强“四个自信”、坚决做到“两个维护”，时时刻刻以敬畏之心履行党和人民赋予的职责，努力打造人民满意的服务型政府。一是坚持依法治县。自觉在县委的领导下开展工作，主动接受人大法律监督、政协民主监督，全面接受监察监督，全力支持法院检察院独立行使司法职能，广泛听取社会各界的意见和建议，认真办理代表议案、建议和提案。重视国防动员、双拥共建、后备力量建设，加强民族、宗教、外事、侨务、人防、档案、妇女、儿童、老龄、残疾人、工会、科协、保密、史志、红十字会、计生协会等工作。二是坚决提升执行力。坚持把抓落实作为政府工作的“生命线”，制定的政策坚决落实、承诺的事项必须兑现，定了的事情马上就办、部署的工作一抓到底。进一步健全优化重点工作督查督办机制，坚决整治不作为、慢作为、乱作为、中梗阻现象。加强政府绩效管理，努力形成讲政治、政令通、节奏快、效率高的良好局面。健全和落实激励机制、容错纠错机制，为敢于担当、踏实做事、不谋私利的干部撑腰鼓劲。三是切实强化服务意识。全面完成政府机构改革，深入转变政府职能。以保障企业生产、项目建设、引资落地为重点，切实提高政府服务意识、办事效率。不断完善群众办事首问负责、限时办结、清单回执制度，让群众和企业办事少走冤枉路、心里不添堵，让水城大地充满公平正义、充满正能量。四是坚定不移抓好廉政建设。始终敬仰党的事业、敬畏手中的权力、敬重服务的群众，认真落实党风廉政建设主体责任、“一岗双责”。坚持把作风建设贯穿政府工作全过程，深入推动扶贫领域腐败、作风问题专项治理。主动习惯接受监督，强化在工作履职中筑牢思想防线，增强不想腐的自觉，营造风清气正、干事创业的良好氛围。

各位代表，幸福都是奋斗出来的。让我们紧密团结在以习近平同志为核心的党中央周围，在县委的坚强领导下，不忘初心、牢记使命，不负嘱托、感恩奋进，用苦干实干拼尽全力夺取脱贫攻坚的全面胜利，坚定不移把“中国凉都·生态水城”打造成为百姓富、生态美的金山银山，以优异的成绩向新中国成立70周年献礼！

六枝特区政府工作报告

（2019 年 1 月 20 日在六枝特区第十二届人民代表大会第三次会议上）

六枝特区委副书记、区长 方裕谦

各位代表：

现在，我代表特区人民政府向大会作工作报告，请予审议，并请各位特区政协委员和其他列席会议的同志提出意见。

一、2018 年工作回顾

2018 年，是全面深入贯彻落实党的十九大精神的开局之年，也是我区决战脱贫攻坚“减贫摘帽”的决胜之年。一年来，在特区党委的坚强领导下，在特区人大、政协的监督和支持下，我们坚持以习近平新时代中国特色社会主义思想为指导，认真学习贯彻党的十九大、十九届历次全会和习近平总书记在贵州省代表团重要讲话精神，全面落实中央、省、市及特区党委各项决策部署，坚持稳中求进工作总基调，坚持以脱贫攻坚为统揽，深入实施三大战略、打好三大攻坚战、推动“三大变革”，砥砺奋进、克难攻坚，全区经济社会保持了平稳健康发展的良好态势。

全区生产总值预计完成 200 亿元，增长 6%；规模以上工业增加值预计下降 29.8%；500 万元以上固定资产投资预计增长 19%；社会消费品零售总额预计完成 50 亿元，增长 12%；受减税降费影响，一般公共预算收入完成 10.01 亿元、下降 23.05%；金融机构存款余额 152.98 亿元、下降 11.4%，贷款余额 161.38 亿元、增长 12.75%；预计城镇居民、农村居民人均可支配收入分别为 28150 元、9611 元，分别增长 9%、10.5%。

一年来，我们主要抓了以下 7 个方面的工作：

（一）聚力脱贫攻坚，“减贫摘帽”步履坚实。坚持把脱贫攻坚作为最大的政治、最重的任务、最严的责任，以“绣花”功夫落实脱贫举措。2018 年计划脱贫 2.5 万人以上，出列贫困村 60 个以上，截至年底实现 27150 人脱贫、82 个贫困村出列，贫困人口降至 10511 人，贫困发生率降至 1.84%。产业就业稳增收。投入 2.8 亿元实施产业扶贫项目 76 个，种植蔬菜 22.6 万亩（次）、中药材 5.81 万亩，投产茶园 10.64 万亩，出栏生态家禽 537.2 万羽，实现产业对贫困户全覆盖，贫困户户均年增收 1200 元；开展创业、技能培训 10513 人，通过东西部劳务协作、扶贫专场招聘会、公益性岗位等方式，实现建档立卡贫困劳动力就业创业 45530 人、农村劳动力转移就业 22365 人，促进了贫困群众增收。基础设施增动力。建成农村“组组通”公路 671.4 公里，实现 30 户以上自然村寨通硬化路；实施农网改造升级项目 72 个，实施多彩贵州“广电云”户户用 5 万余户，30 户以上自然村寨通信覆盖率达 95% 以上；建成农村饮水安全巩固提升工程 167 个，解决 26.66 万农村人口饮水安全问题；新建 4 个易扶搬迁安置点，搬迁入住 954 户、4575 人；推动农村危房与人居环境同步改造，完成农村危房改造 1944 户、老旧房整治 7422 户、房屋透风漏雨整治 8655 户，改厨 2.2 万户、改厕 2.23 万户、改圈 594 户，硬化串户路 77.33 万米、庭院 90.14 万平方米，促进了农村条件改善。政策保障惠民生。“营养午餐改善计划”惠及学前和义务教育学生 9.48 万人；建档立卡贫困学生教育资助 6.53 万人次 5674.61 万元，免除义务教育阶段学生书费 20.31 万人次 1065.34 万元，受理大专及以上高校生源地信用助学贷款 6832 人、4673.67 万元，贫困家庭子女实现应助尽助。建成 9 个深度贫困村、12 个易扶搬迁安置点规范化标准化卫生室，完成 211 个村卫生室阵地建设。新型农村合作医疗参合率达99.78%，大病慢病得到有效救治，家庭医生签约应签尽签，有效遏制因病致贫、因病返贫，促进了农村社会和谐。协作帮扶促共建。大连市为我区开展创业和技能培训263人，提供财政援助资金6070万元，实施项目30个，受益贫困人口9183人；中科大实施帮扶项目4个，为我区培训各类人员2732人次。深入推进“百企帮百村”行动，147家企业结对帮扶130个贫困村，投入4229.23万元帮助完善村内设施及发展产业，促进了农村经济发展；市脱贫攻坚指挥部及特区各攻坚团、攻坚专班、10141名结对帮扶干部奋战在脱贫攻坚一线，募集扶贫资金500余万元，用“辛苦指数”换取了群众的“幸福指数”。

（二）聚力转型升级，发展质量显著提升。坚持以质量、效益为中心，推进供给侧结构性改革，实现更高质量、更有效率、更可持续的发展。一产提质增效。牢牢把握农业产业革命“八要素”，创建57个产业革命示范点。以“短平快”产业为主攻方向，建成标准化产业示范基地8个，发展特色产业35.1万亩。建成大用食用菌核心区生产基地、木岗粤旺蔬菜核心示范基地、凉都跑山猪一期等项目。建成郎岱、大用猕猴桃基地和大用食用菌基地可追溯系统。全区无公害产地认证面积达81.5万亩，认证无公害农（畜）产品13个、绿色食品4个、有机食品3个、地理标志产品10个。9个现代农业产业示范园区加快发展，产值58.72亿元。一产增加值完成37.4亿元，增长6.8%。二产转型升级。煤矿复工复产16处，六龙煤矿、六家坝煤矿实现综合机械化采煤，建成猴子田等6处煤矿智能化辅助系统，全年原煤产量124.33万吨。华润六枝电厂运转正常，建成六家坝煤矿瓦斯发电站，小黄桶协鑫光伏项目并网发电，全年发电量73亿千瓦时。稳步推动煤层气勘探开发综合利用，日产气量10000立方米。实施“百企改造”项目26个，新增外贸企业备案登记4户。扎实推进“两大行动”，新引进项目86个，开工率98.84%；引进外来企业22家，新增500强企业1家。三产优化提速。旅游业“井喷式”发展，旅游人次及旅游总收入均增长30%以上。廻龙溪康养休闲度假景区成功创建国家4A级景区，龙井温泉、318房车营地运营良好，新增乡村旅游村寨、五星级经营户、精品级客栈6个，六盘水牂牁江国际滑翔伞大赛入选全国体育旅游精品项目。开工建设六枝特区粮油仓库及农产品批发专业市场。电子商务“春笋式”发展，开设网店微商800余家，网络零售额3455万元；与阿里巴巴签订战略协议，建设50个天猫优品农村电商站点；农村电商精准扶贫站点村级覆盖率达86.2%，获批创建国家级电子商务进农村综合示范县。民营经济增加值增长14.34%，占地区生产总值的64.5%。多点支撑、多元互补的产业体系正在形成，经济发展活力、韧性进一步增强。

（三）聚力城乡统筹，城乡面貌华丽嬗变。大力实施“三大工程”，在统筹城乡发展上率先突破，城镇化率达44.51%。实施城镇路网改造工程。六定路、人民路延伸段建成通车。完成林场至新华、化董至捞河等6条县乡道改造76公里。实施油路大修53.44公里。矿业南路延伸段、大用至化处矿连接公路等道路建设稳步推进。开工建设西嘎至毛口旅游公路。实施城镇功能提升工程。推进九方御景海绵型示范小区建设，玫瑰花园、瑞星银座等楼盘复工建设，完成商品房销售37.36万平方米。实施棚户区改造7896户。六枝河生态景观示范河道综合治理项目完成投资1.91亿元。补植绿化中心城区主次干道、广场绿地等区域，城市建成区绿化覆盖率达35.63%、绿地率达31.49%。建成“雪亮工程”监控点位1983路。懒龙河、阿雨等5座水库下闸蓄水，城镇供水保障能力进一步提升。实施乡村环境整治工程。启动垃圾焚烧发电厂建设。垃圾收运覆盖率达85%，无害化处理率达71.23%。创建国家卫生乡镇5个、省级卫生乡镇5个、省级卫生村68个。木岗镇嘎陇塘村入选第五批“中国传统村落”，月亮河乡补雨村等7个村获“贵州省村规民约示范村”称号。城乡一体、统筹发展的格局初步形成，画廊六枝正成为一张亮丽的名片。

（四）聚力改革创新，发展动力不断增强。以重要领域、关键环节改革创新为突破口，不断激发振兴发展的动力活力。深化“三变”改革。整合财政资金2.1亿元投入“三变”改革，覆盖211个村居195个经营主体，实现20.87万亩土地资源变资产，7.89万户、29.13万农民变股东，农户累计分红1.98亿元。深化“放管服”改革。清理并公布企业设立后经营许可事项95项、行政审批中介服务事项7项。推进“一次办好”集中审批、“减证便民”行动，梳理公布“最多跑一次”事项425项、“集成套餐服务”事项52项，取消证明材料75项。国家基层政务公开标准化规范化试点工作顺利通过验收并获《人民日报》点赞。深化农村产权制度改革。实现土地确权94.13万亩，确权合同12.54万份。农村土地流转交易备案1234宗、4634.75万元，农村承包土地经营权抵押贷款1097宗、35053.49万元。深化医疗卫生事业改革。特区人民医院纳入全国现代医院管理制度改革试点，获“全省公立医院改革示范县”称号。以“医共体”为抓手，改革创新医保支付、激励及服务等机制，获“全省‘医共体’示范县”称号，健康扶贫受到国务院扶贫办、国家卫健委通报表扬。2018年，基层医疗卫生机构门诊53.99万人次，增长16.48%；住院1.48万人次，增长12.12%。深化税务体制改革。国地税机构改革平稳过渡，个人所得税改革全面启动，减税降费持续推进，减免企业税费24867.34万元，为民营经济健康发展释放了重大改革红利。

（五）聚力生态建设，环境质量持续改善。大力推进“五大战役”，污染防治攻坚取得新成效。强化环境监管执法。开展森林保护“六个严禁”专项执法行动，查处涉林违法案件108起。狠抓环保督察问题整改，完成2017年中央环境保护督察组反馈的16个问题整改，办结中央环境保护督察“回头看”信访件20件、省委环境保护督察组信访件7件。对33起环境违法行为进行立案查处，罚款215万元、移送拘留4起。强化生态环境保护。以退耕还林、植被恢复、石漠化综合治理等林业重点工程为抓手，完成营造林10.82万亩，森林覆盖率达56.5%，获“贵州省森林城市”称号，郎岱镇青菜塘等4个村、月亮河乡补雨等2个村共61户获“贵州省森林人家”称号。推动生态保护红线划定，全区纳入生态保护红线面积528.47平方公里。完成中心城区污水处理厂提标改造，出水水质达到一级A标。中心城区环境空气AQI优良率达99.7%，千人及以上集中式饮用水水源地水质达标率100%，画廊六枝的生态底色更加鲜明、更加靓丽。

（六）聚力风险防控，社会大局和谐稳定。坚决打好防范化解重大风险攻坚战，为高质量发展营造安全稳健环境。有效化解债务风险。加强政府债务管理，建立债务防风险机制，完善化债计划、严控新增债务，确保不发生区域性债务风险。通过自有资金偿还、核销核减债务1.17亿元，完成系统内政府债务置换35.63亿元、置换率达100%。有效化解安全风险。以防范遏制重特大事故为重点，狠抓安全生产责任落实。大力实施煤矿机械化换人、智能化减人，织密扎牢安全生产防护网。亿元GDP死亡率为0.039、道路万车死亡率为0.84，煤矿、非煤矿山、危险化学品、食品药品等重点行业全年无事故发生。牂牁镇获评“贵州省食品安全示范乡镇”称号。有效化解稳定风险。强力推进“百日攻坚战”“五个专项治理”，化解办结信访件93件，九龙社区人民调解委员会获评“全省先进人民调解组织”称号。加大毒品问题整治力度，顺利摘掉“毒品问题严重地区”帽子。实现“扫黄打非”基层全覆盖，落别乡抵耳村获评第二批全国“扫黄打非”先进基层示范点。依法严厉打击各类违法犯罪活动，深入推进扫黑除恶专项斗争，打掉恶势力集团、团伙12个，逮捕99人，人民群众的安全感显著提升。

（七）聚力民计民生，人民生活更加幸福。始终筑牢民生底线、加快补齐民生短板，民生福祉不断改善增进。社会保障稳步发展。城镇职工基本养老保险参保人数4.1万人，城乡居民养老保险参保人数20万人。发放农村低保金8591.11万元、城市低保金3414.8万元、特困人员生活和照料护理费1467.8万元，发放城镇低收入家庭住房租赁补贴4877户244.56万元。建成2所新型日间照料中心、5所农村幸福院。建档立卡贫困户疑似残疾人鉴定办证全覆盖。完成职业技能培训1.6万人，培训新型职业农民1139人。城镇新增就业20277人，城镇登记失业率为3.38%。教育事业优先发展。投资15.6亿元实施各类教育项目159个，基本解决学校大班额问题。投入5972.72万元完善教学设施设备。引进教师355名，培训教师5.88万人次。特区实验幼儿园通过省级示范园复查评估，县域内义务教育基本均衡发展顺利通过国家督导评估认定。卫生事业健康发展。特区人民医院改扩建项目加快推进，市二医改扩建项目开工建设。完成乡镇卫生院、社区卫生服务中心“五个全面建设”，银壶社区卫生服务中心获评“全国优质示范社区卫生服务中心”“全国优秀家庭医生签约服务团队”称号。通过“外招内培”，充实卫生技术人员1231人，实现每个乡镇卫生院均有1名以上全科医生的目标。慢性病综合防控工作成效显著，获评“国家慢性病综合防控示范区”称号。持续抓好计划生育服务工作，获评“全国计划生育基层群众自治示范县”称号。文体事业繁荣发展。组织开展送文化下基层活动100余场，为222个农家书屋配送图书14430册。建成关寨镇农体工程及35个村级农体工程。成功举办全国皮划艇静水冠军赛、“翱翔贵州”国际滑翔伞特技大赛。第二届市运会取得19金19银26铜的历史最好成绩。各项事业全面发展。“十件民生实事”基本完成。科技事业进步明显，获得第33届全国青少年科技创新大赛一等奖1个。关工委工作成效显著，获评“全国青少年普法教育示范区”“贵州省基层关工委工作样板县”称号。此外，民族、宗教、外事、侨务、对台、国防动员、人民防空、档案、妇女、儿童、老龄、残疾人、地方志等各项事业齐头并进。

各位代表，去年我们坚持把习近平新时代中国特色社会主义思想贯穿各项工作始终，始终同以习近平同志为核心的党中央保持高度一致，增强“四个意识”、坚定“四个自信”、做到“两个维护”，坚持实干之风、从严整治“四风”，持续营造了风清气正的政治生态、团结和谐的社会生态。我们坚持把发展的着力点放在抓重点、补短板、强弱项上，顶住经济下行压力、保持转型发展定力、增强突破瓶颈毅力，经济发展由量向质转变，走出了一条平稳增长与结构优化互为促进、有效接续的发展之路。我们坚持把脱贫攻坚责任扛在肩上、落实在行动上，全区广大干部职工坚持“身”在一线、“心”在一线，坚持“干”字当头，干出了民生保障的厚重底色，干出了人民群众的好口碑。我们坚持把纪律和规矩挺在最前面，深入开展扶贫领域作风整治，坚决纠正损害群众利益的不正之风，严厉整肃庸政懒政怠政行为，政风行风持续好转。

过去一年的成绩来之不易。这是特区党委坚强领导的结果，是特区人大、政协和社会各界监督支持的结果，是全区各族干部群众勠力同心、团结拼搏的结果。在此，我代表特区人民政府，向全区各族人民致以崇高的敬意！向人大代表、政协委员，向各民主党派、工商联、无党派人士、人民团体，向驻境部队官兵、政法公安干警，向所有关心我区建设发展的各界人士表示衷心的感谢！

“脚上有泥土，心中才有数。”我们必须清醒正视发展中的困难和问题。一是总体经济实力弱，税源不足，产业层次不高，新旧动能转换步伐缓慢，经济发展的基础仍很薄弱；二是基础设施不够完善，民生事业欠账多，城乡基本公共服务水平仍需提高；三是城乡发展不平衡，群众内生动力不足，贫困群众稳定增收难度较大，同步小康的任务仍很艰巨；四是重商、亲商、营商意识不够强，配套服务和办事效率有待进一步提高，发展环境要素仍需改善；五是作风建设有待加强，一些干部思想观念、能力作风仍不适应新时代、新形势、新要求，服务发展的意识仍需加强。

差距是压力、差距是责任，差距更是潜力。我们要正视差距，坚持民之所望为施政所向，坚持加快发展不止步，不断解决前进中的各种矛盾和问题。

二、2019 年工作主要任务

大道至简，实干为要。2019 年是新中国成立 70 周年，也是全面建成小康社会的冲刺之年。我们要在习近平新时代中国特色社会主义思想指引下，以坚如磐石的信心、只争朝夕的劲头、坚韧不拔的毅力，不断把各项事业推向前进。

今年政府工作的总体要求是：以习近平新时代中国特色社会主义思想为指导，全面贯彻党的十九大和十九届二中、三中全会精神，习近平总书记对贵州工作的系列重要指示批示精神及庆祝改革开放 40 周年重要讲话精神，统筹推进“五位一体”总体布局，协调推进“四个全面”战略布局，坚持稳中求进工作总基调，坚持新发展理念，坚持以供给侧结构性改革为主线，坚持以脱贫攻坚统揽经济社会发展全局，全力推动三大变革、打好三大攻坚战、守牢三条底线，大力实施乡村振兴战略，统筹推进稳增长、促改革、调结构、惠民生、防风险各项工作，推动经济高质量发展，努力提高人民群众的获得感、幸福感、安全感，为全面建成小康社会收官打下决定性基础。

主要预期目标是：地区生产总值增长 9%；规模以上工业增加值增长 10%；500 万元以上固定资产投资增长 14%；社会消费品零售总额增长 11%；一般公共预算收入增长 1%；金融机构存、贷款余额分别增长 12%、18.43%；城镇、农村居民人均可支配收入分别增长 9%、10% 以上；完成省下达的节能减排降碳任务。

时代是出卷人，人民是阅卷人，我们是答卷人。围绕实现全年目标，我们有决心、有信心向全区人民交上一份满意的答卷。

（一）持续提高脱贫质量，夯实同步小康基础。对标“一达标，两不愁，三保障”，振奋精神、鼓足干劲，奋力夺取脱贫攻坚的更大胜利。聚焦重点产业抓提升。聚焦“五大优势产业”，新增蔬菜、茶叶、食用菌、中药材和其他传统产业种植面积 29.1 万亩，出栏生态家禽 360 万羽。聚焦“一县一业”，大力发展优质肉牛和生猪养殖，出栏生猪 15 万头、肉牛 1.5 万头。推进长效产业提质增效，提质改造茶园、猕猴桃、车厘子、核桃等产业 30.95 万亩，带动贫困户稳定增收致富。聚焦设施短板抓提升。全力完善水、电、路、讯等基础设施。加强农村道路养护及隐患排查整治，持续推进村村通客运工程，提升农村公共服务水平。实施农村饮水安全巩固提升工程，解决剩余 5.7 万人饮水质量提升问题，自来水普及率达 85% 以上。实施新一轮农村电网提质改造，提升边远乡村供电能力。开展“无线网络·满格贵州2020信息网络全覆盖”行动，切实消除通信盲区。聚焦长效保障抓提升。全力做好易扶搬迁后续扶持工作，盘活迁出区“三地”资源，促进搬迁农户增收。统筹解决好搬迁对象养老、就业、就医、就学等实际问题。围绕创建和谐·活力社区“三十二”字目标，加快建立完善“五个体系”，让搬迁群众稳得住、融得进、能发展。推动控辍保学精细化管理，实施贫困户大学生教育专项扶持政策。完善健康扶贫救助医疗保障政策，遏制因病致贫、因病返贫。落实好低保提标政策，实现“两项制度”衔接，不断增强保障能力。深入开展扶志扶智活动，完成贫困劳动力培训3513人。进一步强化社会帮扶和东西部扶贫协作，汇聚起向脱贫攻坚发起总攻、夺取全胜的磅礴力量，坚决夺取脱贫攻坚的全面胜利。

（二）持续扩大有效投资，提振经济发展动力。千方百计抓项目、扩投资、促消费，持续为经济发展增加“稳”的压舱石、注入“进”的驱动力。扩大有效投资。谋划储备一批基础设施等重点领域补短板重大项目，申报省、市重大工程和重点项目153个，总投资708.4亿元，计划投资151.6亿元。强化项目动态管理和“六个一”服务，大力推进项目前期工作和开工建设，坚决避免“半拉子”工程。继续推进碧桂园、九方御景、大兴滨湖壹号、大兴半山郡、凤凰城、学府壹号等商品房项目建设。强化招商引资。加大产业大招商力度，重点围绕全省五大产业、全市七大产业板块，大力引进科技含量高、成长性好、带动力强的产业类项目。积极推进红星美凯龙星艺佳、台湾合联创民宿集群等项目建成投产，力争全球金商控股集团重离子加速器治疗中心项目落户六枝。深入推进“双百工程”，编制储备项目90个以上，新引进产业类项目43个以上、投产39个以上，力争引进世界500强企业1家；改造企业30家，一批企业实现“蝶变突围”。深挖内需潜力。加快推进健康养老、信息服务、健身休闲等新型消费业态发展，扩大旅游、住房、汽车、养老等消费。打通保障性住房、易扶搬迁安置住房、农业转移人口落户住房之间的政策性通道。促进技能人才、新型职业农民等群体增收，提升消费能力。加快城乡流通网络建设，挖掘农村消费潜力。健全产品质量追溯体系，坚决打击制售假冒伪劣产品行为，让老百姓吃得放心、穿得称心、用得舒心。

（三）持续推动转型升级，提升经济发展质量。以供给侧结构性改革为主线，大力推进“三大”变革，加快发展实体经济。大力发展新型工业。构建“煤电+”产业链。继续推动煤矿机械化、智能化升级改造，快速释放安全高效产能，煤炭产量达200万吨，产值突破10亿元、税收突破1.5亿元。加快技改矿井建设，盘活现有产能、培育新增产能，启动聚鑫、杉树林、川黔友谊等大中型矿井建设，推动新华、宏顺发等矿井建成投产，构建“大煤保大电”格局。盘活境内洗煤企业，增加产品附加值、延长产业链。构建“煤气+”产业链。强力推进煤层气勘探开发综合利用，同步推进煤矿低浓度瓦斯发电。以中缅、六六支线管道为“走廊”，通过就地消纳、余气返输，实现从瓦斯发电、分布式能源到中高端利用。建成新华、青菜塘矿井瓦斯发电项目，建成牛场煤层气勘探开发示范区集输气站项目。构建“新能源电力+”产业链。启动锂矿资源勘查评价，加快推进勘探开采前期工作。依托新能源开发利用和充电基础设施建设，助推新能源汽车推广应用。推进六枝特区光伏扶贫电站、朝华农业分布式光伏项目建设，构建多能互补能源互联网。大力发展民营经济。认真落实习近平总书记提出的六个方面政策措施，为民营企业发展创造良好营商环境和充足市场空间。继续落实“3个15万”政策，助推小微企业发展壮大，新登记市场主体增长15%。促进小黄桶协鑫光伏发电二期、元如亨石材产业、金指纹集团智慧社区、环嘉再生资源利用、问候自然食品深加工等项目做强做大。加快推动岩脚园区粉煤灰筛选、豆制品加工等产业创新发展。民营经济增加值增长15%以上。大力发展第三产业。以全域旅游为引领，发挥温泉、文化和生态等独特优势，大力发展体育休闲和温泉旅游产业，加快推进郎岱山地旅游扶贫度假区、阿志河生态旅游扶贫度假区等项目建设，力争新增4A级景区1家，创建国家级旅游度假区1家。加快发展冷链物流等生产性服务业，建成六枝商品粮油批发市场和冷链物流中心，肉禽类、果蔬类冷链流通率分别提高到22%、10%。推动大数据与实体经济深度融合，大力推进国家级电子商务进农村综合示范县建设。全面开展第四次经济普查工作，切实摸清家底，集中精力发展实体经济，加快推动经济向更高质量发展目标迈进。

（四）持续优化资源配置，大力推动乡村振兴。坚持农业农村优先发展政策导向，大力实施乡村振兴战略。围绕效益做文章，让产业更兴。按照补天窗、连断点、推纵深的思路，着力打造大用经落别至木岗、月亮河经郎岱至中寨、新窑至龙河、岩脚至梭戛4条凉都“猕你红”猕猴桃产业带，北部、中部乡镇荒山区黄金刺梨产业带。以木岗、郎岱高标准蔬菜基地为龙头，建成一批长期直供农特产品基地。开展第三次全国国土调查工作，精心抓好全区19个500亩以上坝区产业结构调整，推进耕地休耕制度试点工作。实施产业兴村行动，加快推进大用食用菌及下游配套基地、木岗粤旺蔬菜基地、大北农100万头优质肉猪、凉都跑山猪等重点项目扩面提质。大力发展设施农业，着力打造3个乡村振兴市级示范点。启动国家农产品质量安全示范县创建工作，推进农产品质量监测体系建设。围绕生态做文章，让乡村宜居。巩固“森林城市”创建成果，创建“森林小镇”6个、“森林村寨”3个、“森林人家”60户。创建省级“四好农村路”示范县，改善群众出行条件。大力实施农村人居环境整治，启动实施“三清一改”行动，重点抓好农村生活垃圾、村内塘沟、畜禽养殖粪污等农业生产废弃物清理，改变影响农村人居环境的不良习惯。加快推进“厕所革命”，改造农村厕所6561个、旅游厕所6个，新建城镇公共厕所3个。垃圾焚烧发电厂建成发电，完善城乡生活垃圾收运体系，生活垃圾无害化处理率达75%以上。围绕“三治”做文章，让乡村善治。发挥自治主导作用。完善以村民委员会为主体，村务监督委员会为制约，新型社会组织为补充的乡村自治组织体系，全面落实“四议两公开”，强化民生监督，提升基层治理水平。发挥法治保障作用。开展“以案释法”活动，引导群众依法行使权利、表达诉求、解决纠纷，让遵法守纪者扬眉吐气，让违法失德者寸步难行。发挥德治示范作用。把社会主义核心价值观体现到村规民约、家规家训中，让好家训好家风代代相传。广泛开展道德评议、乡风评议活动，依托村规民约、教育惩戒等褒扬善行义举、贬斥失德失范，培育文明乡风、良好家风、淳朴民风。围绕增收做文章，让农民致富。积极探索农村土地“三权”分置多种实现形式，推进农村“房地一体”不动产登记，拓宽农民财产性收入渠道。大力培育新型经营主体，新增农民专业合作社30家、市级龙头企业5家。全面推广“龙头企业+合作社+农户”模式，建立完善利益联结机制。推动“互联网+现代农业”发展，新增5家以上农业企业使用电商平台销售产品，培育30个以上农村电商经营主体，网络零售额达4000万元以上。大力培育新型职业农民，鼓励和引导大学毕业生、返乡农民工回乡创业，努力让乡村成为有志创业人士“人生出彩，梦想成真”的舞台。

（五）持续统筹城乡发展，不断补足发展短板。 坚持以人的城镇化为核心，构建城乡一体的公共服务体系，促进城乡基本公共服务均等化。推进城镇设施建设。扎实推动“多规合一”，编制完成《六枝特区城市总体规划（2018—2030年）》。全面放宽转移人口落户限制，推行居住证制度，城镇化率达47.59%。创新城市管理机制，优化社区生活服务设施布局，提升物业管理服务水平，创建1至2个物业管理服务示范住宅小区。大力推动城区主次干道、居民小区、公园绿地绿化景观提级改造。加快水利设施建设，建成小坝田等5座水库，加快推进头塘等5座水库建设，力争开工建设丁孝塘、竹林脚水库，提升城镇供水保障能力。推进城乡路网建设。完成醒狮路、工农路等城市道路建设；建成岩脚至梭戛、大草坝至新华、大用至木岗快速路及大用至化处矿连接公路；推进六枝至黄果树、西嘎至毛口、新场至牛场公路建设；开工建设老卜底至两路口（新场段）、G356落别至大用、黄果树源头对外连接旅游公路等道路工程；为纳雍经六枝至晴隆、六枝至安龙高速公路建设做好服务。助推六枝南站站前广场建设，力推安六城际铁路建成通车，迈进“高铁时代”，为六枝经济社会发展插上腾飞的翅膀。

（六）持续推动污染防治，筑牢生态保护屏障。 坚持“绿水青山就是金山银山”发展理念，全力以赴打好“五大战役”。打好蓝天保卫战。认真落实“大气十条”，切实推进“降煤、控尘、治车、减排、增绿、打违”六大综合治理，确保城区空气质量达到《环境空气质量标准》（GB 3095-2012）二级以上标准。打好碧水保卫战。认真落实“水十条”，深入实施河长制、湖长制，加强三岔河、北盘江流域生态环境保护，完成六枝河综合治理，确保省控以上断面水质达标率达三类以上，千人以上集中式饮用水水源地水质监测达标率保持100%。打好净土保卫战。认真落实“土十条”，治理水土流失面积30平方公里、石漠化面积12平方公里；继续开展土壤污染详查，加强农业面源污染治理，有序推进土壤污染治理与修复；探索建立林长制，完成营造林面积10万亩，森林覆盖率达58%以上。打好固废治理战。加强固体废物、危险废物排查整治，推动“全国固体废物管理信息系统”应用，实现固体废物产生、贮存、转移、利用、处置全程信息化管理，全区危险废物产生单位和经营单位规范化管理抽查达标率分别达90%、95%以上，工业固体废物综合利用率达75%以上，医疗废物100%集中无害化处理。打好农村环境综合治理攻坚战。加快推动农村环境综合整治，逐步完善农村污水收集处理、饮用水水源地保护等设施建设。扎实做好全国第二次污染源普查工作，为打赢污染防治攻坚战奠定坚实基础，努力实现生态环境“高颜值”、经济发展“高质量”，让六枝的天更蓝、地更绿、水更清，人民生活更加美好。

（七）持续深化改革创新，着力优化发展环境。 坚持改革增动力、创新增活力、开放扩空间、服务提效率，为经济社会发展营造宽松、便捷、高效的优质环境。深化行政效能改革。完善政务服务体系，实现“一网覆盖、一次办好”，企业开办时间压缩至3个工作日，工程建设项目审批服务时间压减至80个工作日以内，打通政务服务“最后一公里”。全面实行市场准入负面清单管理，统筹推进“证照分离、多证合一”，全面推行“双随机、一公开”，积极推动企业登记全程电子化及认证机构与政府部门彻底脱钩，打造“放管服”改革升级版。深化统计管理体制改革。推进事业单位分类改革、城市综合执法改革。深化经济体制改革。继续推进供给侧结构性改革，加快“僵尸企业”市场出清，助推经济提质增效。深入推进农村集体产权制度改革，建成市、县、乡、村统一的农村产权流转交易网络服务平台。深化水利工程运行管理体制改革，力促2座水库管理工作达到省级示范点管理水平。加快政府平台公司市场化改革，扩大产业基金规模，提高平台公司自身发展能力和抵御市场风险能力。深化社会体系改革。深化医疗卫生事业改革，突出抓好公立医院、药品集中带量采购、医保支付方式改革。深化教育管理体制、办学机制改革。建立县级公共法律服务中心。大力推行“红黑榜”，建立健全守信激励和失信惩戒机制，完善社会信用体系。建立人才成长的培养机制、人尽其才的使用机制，努力让各类人才创造力竞相迸发。

（八）持续强化风险防范，维护社会和谐稳定。 坚持把防范化解重大风险摆在更加突出的位置，统筹做好重点领域风险防范和处置工作。高质量防控化解债务风险。严格落实“七严禁”“1+8”债务管理系列政策，健全“借用还”与“债权利”相统一的政府性债务管理机制，通过预算安排、债权转换、资产重组、资源盘活等有效措施，增强政府偿债能力。坚持量力而行、量入为出原则，严格规范政府投资项目举债融资行为，从严控制债务增量。高要求防控化解金融风险。建立健全金融协调机制和风险防控处置机制，重拳整治非法集资、传销等经济犯罪，严厉打击跟风违约、恶意逃废债行为，有效防范、惩治金融失信和违法违规行为，促进金融业与实体经济良性循环、互促发展。高标准防控化解安全风险。坚决守牢安全底线，坚决遏制重特大安全生产事故发生。加强应急管理，提升突发事件处置能力。扎实抓好重大动物疫病防控，持续强化食品药品安全监管，深入推进食品安全示范城市创建工作，确保群众“舌尖上的安全”。

（九）持续保障改善民生，全面发展社会事业。 坚持保障民生不减量，大力推动教育、医疗、社会保障等各项社会事业协调健康发展。完善社会保障体系。继续强化社会保障扩面征缴工作，城乡居民养老保险参保21万人，加快完善覆盖城乡、人人享有、保障更好的社会保障体系。多渠道拓展就业岗位，加大公益性岗位开发力度，确保零就业家庭至少一人就业。发放创业担保贷款900户、9000万元，开展职业技能培训4800人。引导返乡农民工10536人、留守儿童困境儿童家庭劳动力1750人就业创业。城镇新增就业2万人，城镇登记失业率控制在4.2%以内。加快社会事业发展。巩固推动义务教育基本均衡向优质均衡发展，确保学前教育入园率、义务教育巩固率、高中阶段入学率、“三残”儿童少年入学率分别达92%、95%、92%、93%；强化教育对外交流合作，实现“借船出海、借梯登高”。加快特区人民医院、市二医、中医院、疾控中心、妇幼保健院项目建设，完成乡镇卫生院提级改造；巩固国家慢性病综合防治示范区创建成果，做好国家精神卫生综合管理示范区创建评估验收工作。计生基层自治工作常态化开展，人口长期均衡发展。推动康养、医养结合，积极开辟养老服务业发展新路子。统筹各项事业发展。加强农村“三留守”人员、城镇困难职工、失独失能老人关爱保护。健全拖欠农民工工资预防和处理机制，保障农民工合法权益。加大执法力度，稳定市场物价。稳步推进双拥优抚安置工作。依法处置信访问题，有效化解社会矛盾。持续加强社会治安综合治理，深化扫黑除恶专项斗争，确保社会大局和谐稳定。此外，扎实推动民族、宗教、妇女、儿童、外事、侨务、对台、国防动员、人民防空、科技、档案、老龄、残疾人、地方志等各项事业协同发展。

各位代表，民有所呼、必有所应，保障和改善民生要一件接着一件办、一年接着一年干。今年，我们将继续办好“十件民生实事”：（1）建成六枝特区农产品批发市场；（2）完成六枝特区牲畜定点屠宰场搬迁；（3）新建、改扩建中小学校、幼儿园100所；（4）新建贫困村电商服务站点70个；（5）建设

100个以上车位的新能源充电设施公共停车场2个；(6)完成旧院水库至中心城区复线输水管网建设；(7)实施交通安全防护工程100公里以上；(8)建成六枝特区儿童福利院和光荣院，新建标准化村卫生室10个；(9)建成乡村污水处理项目31个；(10)新建村级农体工程10个、村级文化广场10个，新建、改扩建村（居）综合文化活动服务中心70个。

人民群众的小事，就是我们的大事。我们一定要把民生实事办好、办出成效，让全区人民生活更加安康、更加殷实、更加幸福。

三、加强政府自身建设

各位代表，万物生长，砥砺前行。我们将不忘初心、牢记使命，崇尚学习、崇尚创新、崇尚团结、崇尚廉洁，大兴学习之风、调查研究之风、干事创业之风、勤俭节约之风，不断提高施政能力、服务水平，努力建设人民满意政府。

（一）始终做到信念坚定，忠诚履职。认真落实新时代党的建设总要求，严格执行新形势下党内政治生活若干准则、双重组织生活制度，一以贯之推进党的建设新的伟大工程。旗帜鲜明讲政治，严守政治纪律、政治规矩，在重大原则问题、大是大非面前，立场坚定、旗帜鲜明。坚决服从特区党委领导，定期向特区党委常委会汇报工作，确保政府工作始终沿着正确的方向奋力前行。

（二）始终做到厉行法治，依法行政。坚持依法执政，进一步完善重大决策法定程序，扩大公众参与、深化风险评估，提升行政决策水平。全面实施重大执法决定法制审核、行政执法公示、行政执法全过程记录“三项制度”，规范行政执法行为。强化行政权力运行制约监督，自觉接受特区人大及其常委会的法律和工作监督、特区政协民主监督，推动审计监督全覆盖，高度重视民主党派、工商联和无党派人士的意见建议，接受新闻舆论、社会公众监督，让权力在阳光下运行。

（三）始终做到担当有为，服务发展。坚持以人民为中心的发展思想，真正做到日常工作能尽责、难题面前敢负责、出现过失敢担责。健全督查问责机制，坚决整治庸政、懒政、怠政行为。健全激励机制和容错纠错机制，给改革创新者撑腰鼓劲，点燃“想干事、敢干事”的激情，历练“会干事、干成事”的本领，以实干推动发展、以实干赢得未来。

（四）始终做到从严治政，清正廉洁。坚持靶向治疗、精确惩治，聚焦重大工程、重点领域、关键岗位，加大反腐力度。坚决纠正“四风”不止步，向群众身边不正之风、腐败问题亮剑，维护群众切身利益。认真落实党风廉政建设主体责任，敢于斗争、善于斗争，不松劲、不停歇，以永远在路上的坚韧、执着认真履职尽责，巩固发展反腐败斗争压倒性胜利。

各位代表，团结凝聚力量，奋斗成就伟业。让我们紧密团结在以习近平同志为核心的党中央周围，在特区党委的坚强领导下，大力弘扬“创新开放、奉献担当”的新时代六枝精神，保持战略定力、坚定必胜信念、聚起前进力量，奋力开创各项工作新局面，以优异的成绩向新中国成立70周年献礼！

盘州市政府工作报告

（2019年4月11日在盘州市第一届人民代表大会第三次会议上）

盘州市委副书记、市长 李令波

各位代表：

现在，我代表市人民政府向大会报告工作，请予审议，并请市政协委员和其他列席人员提出意见。

一、2018年政府工作回顾

过去的一年，是外部环境深刻变化的一年，是我市改革发展取得全面进步的一年，也是我市发展历程中具有特殊意义的一年。新年伊始，习近平总书记深情祝福岩博人民、深切关爱盘州发展，为我市发展指明了前进方向、注入了强大动力。一年来，在市委的坚强领导下，在市人大、市政协的监督支持下，我们始终坚持以习近平新时代中国特色社会主义思想为指导，坚持新发展理念，大力弘扬新时代贵州精神，积极应对外部环境深刻变化、自身结构性矛盾交织叠加的各种挑战和困难，抢抓国家宏观政策带来的有利条件，千方百计稳增长、稳扎稳打调结构、刀刃向内抓改革、多措并举防风险、不遗余力惠民生，牢牢守住三条底线，三大攻坚战打出成效，经济社会发展取得显著成效。在2018年全国县域经济基本竞争力百强县（市）中排名第69位，比上年提升2位；在全省县域第一方阵增比进位中排名第5位，连续3年排名持续上升。全年地区生产总值达596.4亿元，增长11.3%，增速分别高于全国、全省、六盘水市4.7%、2.2%、2.5%；规上工业增加值增长11.3%；500万元以上固定资产投资增长20.2%；一般公共预算收入达51.81亿元，增长2.54%；社会消费品零售总额达101.43亿元，增长7.9%；金融机构贷款余额增长21.02%；农村、城镇居民人均可支配收入分别增长10.3%、9.3%。

一年来，我们紧扣社会主要矛盾变化，准确把握高质量发展要求，脚踏实地、真抓实干，各项工作都取得了新进展。

——脱贫攻坚取得决定性胜利。坚持以脱贫攻坚统揽经济社会发展全局，以“五先五后”攻坚法践行“五步工作法”，全力打好“四场硬仗”、狠抓“五个专项治理”，扎实开展“春风行动”“夏秋攻势”“秋后喜算丰收账”“冬季充电”以及大整改、大帮扶等行动，夺取脱贫攻坚决定性胜利，贫困发生率下降到1.73%，顺利通过西南大学评估验收。全年完成易地扶贫搬迁入住2103户、8072人，易地扶贫搬迁后续工作有序推进；完成“组组通”公路建设1525公里，30户以上自然村寨全部通硬化公路；农村安全饮水、人居环境整治等基础设施建设全面建成投用；调减玉米种植55.94万亩，大力发展蔬菜、中药材等短平快产业，实现贫困户产业全覆盖，带动2.48万贫困人口通过产业发展稳定脱贫；扎实做好九年义务教育阶段建档立卡贫困学生“控辍保学”工作，教育资助应助尽助；建档立卡贫困人口参合（保）率达100%，家庭医生签约履约覆盖率达100%，住院报销补偿比例达90.26%；投资1.72亿元、完成农村危房改造8839户，自筹资金3.2亿元、对19334户老旧房进行全面整治，农村住房安全得到全面保障；东西部扶贫协作迈上新台阶，与大连市金普新区在互访交流、资金投入、项目合作等方面取得新突破，普田小黄牛、韩伟养鸡等产业类项目有序推进，援建的13个卫生室、10个幼儿园全部投入使用，鞍钢集团定点帮扶工作取得新进展。

——经济社会发展质量明显提升。按照习近平总书记对经济高质量发展的要求，全市经济社会发展朝着“六有”方向迈进。全年亿元投资GDP产出达1.14，较上年增加0.24；全员劳动生产率提高到10.66万元/人，高于全省和六盘水市；规模以上工业企业产品销售率达99.8%，比六盘水市高1.4个百分点；规模以上工业企业利润总额38.69亿元，增长20.05%；全年新增城镇就业2.7万人；税收收入占一般公共预算收入比重达72.99%。生态环境明显改善。以中央环保督察“回头看”为契机，对市民反映强烈的生态环境问题进行深入整治，切实解决一批环保突出问题，生态质量显著提升，位列年度全国中小城市绿色发展百强县（市）第94位。持续推进天然林保护、石漠化治理、退耕还林还草等项目，完成营造林3.2万亩、石漠化治理2.6万亩，森林覆盖率达58%以上。娘娘山国家湿地公园顺利通过国家认证。河长制从“有名”走向“有实”。污染防治攻坚战有序推进。深入实施大气、水、土壤污染防治行动计划，红果城区PM_{10}、$PM_{2.5}$均达到国家二级标准，空气质量优良天数达标率为97.2%。县级集中式饮用水水源地水质、城镇千人以上集中式饮用水水源水质、国控断面黄泥河水质，省控断面拖长江、小云尚和乌都河水质均达到或优于《地表水环境质量标准》Ⅲ类水质。

——重点风险防范化解有力有效。全面清理政府隐性债务，严控政府性债务增量，多渠道筹措资金、积极化解存量债务。强化政府债务“借用管还”一体化管理，通过开展政府债券置换、发行企业债和公司债、有序组织土地出让等渠道，化解政府性债务风险，确保工资发放及时、工作运转正常、重点项目有序推进，未发生一起债务违约事件。全年争取上级资金62.35亿元，发行再融资债券13.47亿元、置换债券资金2.04亿元，获准11批次、7748.17亩城镇建设用地，完成69宗、165.63公顷土地招拍挂出让。利用互助保证金、供应链融资等模式，为煤矿、高新技术等实体企业解决生产流通资金贷款8.2亿元。狠抓安全生产强基固本工作，顶住“8.6”重大事故压力，事故起数、死亡人数实现“双降”。政府应急能力\市民应急安全意识显著增强，荣获全省地质灾害防治工作先进集体。深入开展扫黑除恶专项斗争，大力推进“平安盘州”建设，刑事案件持续下降，信访维稳形势持续好转，社会大局和谐稳定，荣登全国“幸福百强县”第74位。

——产业发展质量效益同步提升。农业经济稳步发展。深入推进农村产业革命，完成刺梨、软籽石榴等特色主导产业管护113.2万亩，可采收面积达38万亩，较上年增加14.52万亩，产值增加5.1亿元；蔬菜、食用菌、中药材产品分别增长47.35%、330%、258%，粮经比由2017年的30∶70调整为25∶75；畜牧业增加值占农林牧渔增加值比重达47%；新增规模以上农产品加工企业3家，建成年产20万吨刺梨、7万吨生姜加工厂和9个火腿加工厂，农产品加工率达22%。天刺力食品公司获中国专利优秀奖，实现六盘水市中国专利奖零突破。工业经济结构加快优化。坚持提升传统产业、培育新兴产业两手抓，全年完成工业投资243亿元、增长24.79%，新增规模以上工业企业13家，电子信息、智能终端、新材料、新能源等新兴产业对规模以上工业增加值的贡献率首次超过5%。抢抓省、六盘水市大力支持煤炭产业发展的重要政策机遇，加快实施煤矿兼并重组和机械化改造，新增煤炭产能360万吨，综采生产原煤占煤炭产量的88%，原煤、精煤、焦炭产量分别完成3793.56万吨、851.67万吨、258.41万吨；强化电煤保障，完成电煤供应1272万吨，发电量突破200亿度；瓦斯利用成效明显，利用瓦斯2.31亿立方、利用率达47.41%，完成瓦斯发电5.19亿度，煤电支柱产业的战略性、基础性作用进一步巩固提升。3个经济开发区（产业园区）新增入园企业30家，以装备制造、农产品加工、现代物流等为主导的产业链条进一步完善，企业集聚、产业集群效应明显增强。现代服务业快速发展。加快发展以旅游业为重点的现代服务业，全年接待游客突破1000万人次，完成旅游总收入86.73亿元，分别增长44.88%、59.69%。成功承办第五届六盘水市旅游文化产业发展大会，获得一致好评。金融、物流、电子商务等现代服务业发展加快，服务业增加值完成180.7亿元、增长8.9%，新增规模以上服务企业22家。组建贵州万罡资产管理有限公司，实现全省县域层面私募基金牌照“零”突破。通过国家级电子商务进农村综合示范县第三方评估验收，完成电子商务交易额8.02亿元、增长31.5%，网络零售额7974.68万元、增长80.76%。永辉超市、肯德基、星空影院等一批标志性城市经济业态入驻盘州。

——基础设施条件加快改善。坚持把基建项目投资作为改善发展条件、扩大比较优势的重要基础，分别完成交通、水利、电力投资50.89亿元、19.59亿元、1.42亿元。盘兴高铁开工建设，刘官至粑粑铺快速通道建成通车，两刘线基本建成，成功创建省级“四好农村公路”示范县。盘州官山机场选址获国家批复，英武水库等重大项目前期工作进展顺利；普定至盘关、玉舍至普田2个高速公路项目纳入《贵州省新时代高速公路建设五年决战实施方案》。朱昌河、出水洞水库建设有序推进；通过实施新一轮农村安全饮水工程，累计巩固解决67.47万人饮水安全问题。完成新建和改造10千伏及以下线路1384.64千米、变压器339台，新增配变容量33785千伏安。中心城区扩容提质的重要节点性基础设施建设有序推进，平川北路、金秋南路、胜境大道延长线、北环大道、西环大道、纵三跨沪昆高速大桥、竹海东路上跨铁路桥等市政道路建成通车，复兴湖、西湖、北湖、体育馆、南湖酒店、月亮庄酒店等城市功能服务设施项目建设加快推进，恒大、碧桂园集团等城市综合体项目快速推进，城市发展承载能力、辐射带动能力进一步增强，城镇化率达49.51%，区域性节点城市初显雏形。

——深化改革扩大开放纵深推进。余留芬荣获全国扶贫战线唯一、贵州省唯一中国"改革先锋奖章"荣誉称号，是盘州人民的骄傲。深化拓展"三变"改革，"平台公司+村级合作社+农户"的利益联结机制进一步完善。深入推进"放管服"改革，"减证便民"改革行动取得实效、排名全省第一，政务服务事项证明材料、行政许可事项、行政审批中介服务事项精简率均达25%以上；全省一流的政务服务大厅建成投用，线上线下政务服务能力同步提升；扎实推进"多证合一""证照分离"等商事制度改革，前置审批精简率达85%；全面落实降税减费，为各类市场主体降税减费6.3亿元，新增各类市场主体1.41万户。民营经济发展势头良好，恒鼎公司、湾田煤业等4家民营企业入选年度全省百强民营企业，久泰邦达能源控股有限公司成功登陆香港资本市场，成为六盘水市第一家主板上市的民营企业。妥乐论坛的水平、质量进一步提升，成为全省面向"一带一路"沿线国家举办重要经贸活动的重要平台。招商引资取得新突破，新引进恒大集团、碧桂园集团、奥园集团等一批优强企业，招商引资实际到位资金557亿元，新增投产项目255个，继续在全省招商引资综合测评中排名第一，营商环境评价指数比2017年提升27位。成功召开首届盘商大会。

——民计民生各项事业全面进步。扎实推进"十件民生实事"，完成投资17.06亿元。实施棚户区改造1.43万户，城乡居民最低生活保障年标准分别增长9%、6%，企业基本养老金月人均增长6%，城乡居民基本养老保险每人每月基础养老金由70元增加到93元，基本社会保险覆盖率提高到95.38%。完成新改扩建幼儿园55所、"全面改薄"项目50个，新增幼儿园学位990个、小学学位385个，全面消除"超大班额"现象，入园难问题得到初步解决。十四中、市人民医院二期、市中医院等项目加快实施，90个村卫生室全部建成投用，新增床位792个、千人拥有床位数提高至6.16；辖区内所有公立医院全面取消药品加成，进一步完善公立医院绩效考核制度，紧密型"医共体"建设加快推进，乡、村两级医疗服务水平明显提升。文化馆、群艺馆等项目加快实施，成功举办第二届中国东盟围棋邀请赛、滑翔伞国际邀请赛等赛事，完成"广电云"户户用11.04万户，实现农村综合文化活动室、体育工程全覆盖。

同时，民族宗教、外事侨务、国防动员、人民武装、地方志、档案、人防、气象、邮政、通信、金融保险等工作不断进步，妇女儿童、老年人、残疾人、红十字等事业健康发展。此外，积极支持总工会、共青团、工商联、文联、科协等开展工作。

过去的一年，也是政府加强自身建设、着力提高履职能力的一年。我们高度重视人大代表、政协委员、民主党派、无党派人士和各人民团体、社会各界人士的意见，人大代表建议、政协委员提案办复率均达100%。强化重大决策风险防范意识与合法性审查机制，促进行政决策更加科学化、民主化、规范化、法制化。在政府系统大兴学习调研之风，大力弘扬"真抓实干、马上就办"的优良作风，认真落实全面从严治党主体责任，驰而不息纠正"四风"，坚决整治为官不为、庸懒散拖等问题，狠抓巡视巡察发现问题整改，政府的执行力、公信力进一步提升。加大审计监督力度，政府廉政建设深入推进。

各位代表，纸上得来终觉浅，绝知此事要躬行。一年来，面对"背水一战"打赢脱贫攻坚战的巨大压力，面对资金、土地等要素约束趋紧的多重挑战，面对中央环保督察、国土例行督察、省委巡视、审计监督等各类反馈问题整改和安全生产、债务防范化解等重大风险的繁重任务，我们以不负时代、不负历史、不负人民的责任担当，积极应对、迎难而上、统筹兼顾、主动作为，在爬坡过坎的艰难跋涉中砥砺前行，经受住了考验、交出了一份合格答卷，全市经济社会持续保持向好向上的良好态势。这些成绩的取得，是以习近平同志为核心的党中央掌舵领航、对贵州亲切关怀的结果，是省委省政府、六盘水市委市政府坚强领导和关心支持的结果，是市委统揽全局、科学决策的结果，是市人大、市政协有效监督、倾力支持的结果，是全市各族干部群众和衷共济、苦干实干的结果。在此，我代表市人民政府，向全市各族人民致以崇高的敬意！向人大代表、政协委员，向各民主党派、工商联、无党派人士、人民团体，向驻市人民解放军、武警官兵和人民警察，向所有关心、支持盘州建设发展的各界人士，表示衷心的感谢！

各位代表，在充分肯定成绩的同时，我们也清醒地认识到，我市还存在一些不容忽视的问题和短板，面临的挑战还比较多，主要表现为：一是农业特色产业链还未完全形成，农业龙头企业少、带动产业发展能力不强；传统工业在产业规模、结构和层次仍处于产业链和价值链的中低端，缺少中高端制造业和高新技术产业；现代服务业发展相对滞后，业态不够丰富，产业发展水平与区域性节点城市的发展定位还有较大差距。二是城乡公共服务供给不平衡、不充分，农村基础设施、公共服务设施还有许多欠账；城市教育、医疗、文化体育、养老、交通等基本公共服务尚不能较好满足广大市民的需求。三是土地、资金等要素制约瓶颈趋紧，经济发展保持较快增长的不确定性因素增多；收支矛盾突出，偿还到期债务压力较大；安全生产、社会治理等领域仍存在许多薄弱环节，环境污染防治任务较重。四是一些干部思想不够解放，法治意识、责任意识、担当意识、服务意识不强，一些干部的工作方法、思维不能完全适应新形势下发展的新要求。对于这些困难和挑战，我们将认真对待、深入研究，不推脱、不回避、不掩饰，在今后的工作中采取有效措施切实加以解决。

二、2019年政府工作主要任务

2019年是新中国成立70周年、西部大开发20周年，是全面建成小康社会的关键之年，做好经济社会发展各项工作至关重要。今年，经济下行压力加大、内外环境复杂多变，结构调整阵痛进一步加剧，必须做好应对更加困难局面的充分准备。但综合分析，机遇与挑战并存、机遇大于挑战。当前，我们仍处于改革发展的重要战略机遇期，全市经济社会发展平稳健康的基本面没有改变，长期向好向上的趋势没有改变，支撑高质量发展的条件要素没有改变。中央和省在脱贫攻坚、乡村振兴、新兴产业培育、实体经济等领域，叠加释放一系列更加积极的政策措施，将为经济社会发展注入强大动力；全市多年在经济、产业、基础设施和城乡建设等方面奠定的基础，正在转变为加快发展的比较优势。只要我们把握大势、用好政策，就一定能够化“危”为“机”；只要我们保持定力、务实进取，就一定能够开创盘州高质量发展的新局面。

今年政府工作的总体要求是：以习近平新时代中国特色社会主义思想为指导，全面贯彻党的十九大和十九届二中、三中全会精神，深入贯彻落实习近平总书记对贵州工作的重要指示批示精神，认真按照中央经济工作会、全省经济工作会决策部署，统筹推进“五位一体”总体布局，协调推进“四个全面”战略布局，坚持稳中求进工作总基调，坚持新发展理念，坚持推动高质量发展，坚持以供给侧结构性改革为主线，坚持深化市场化改革、扩大高水平开放，加快建设现代化经济体系，统筹推进稳增长、促改革、调结构、惠民生、防风险工作，保持经济运行在合理区间，继续打好三大攻坚战，持续推动三大战略行动，牢牢守好三条底线，决战脱贫攻坚、决胜同步小康，保持经济持续健康发展、社会大局稳定，为全面建成小康社会收官打下决定性基础，以优异的成绩庆祝中华人民共和国成立70周年。

今年经济社会发展的主要预期目标是：地区生产总值增长11%左右，规模以上工业增加值增长11%，固定资产投资增长15%以上，社会消费品零售总额增长11%，金融机构存贷款余额分别增长11%、18%，城镇、农村居民人均可支配收入分别增长9%、10%以上，城镇登记失业率控制在4.2%以内，完成六盘水市下达的节能减排降碳任务。

围绕实现全年目标，我们将重点抓好以下8个方面工作：

（一）全面巩固脱贫攻坚成果。按照脱贫不脱政策、脱贫不脱责任、脱贫不脱帮扶的要求，持续强化以“户”为核心的政策落实、工作落实、责任落实，统筹用好各方帮扶资源，扎实做好东西部扶贫协作、定点帮扶、社会帮扶，全面解决影响“一达标，两不愁，三保障”实现的突出问题，最大限度减少、防止贫困人口返贫，确保顺利通过国家抽查验收，并在去年基础上再减少贫困人口1.34万人，实现3个贫困村出列。积极探索国家关于收入略高于建档立卡贫困户的群体帮扶脱困的制度性安排。把加强农业产业发展作为群众增收的主路径，深入推进农业产业革命。认真对照“八要素”要求，坚决把坡耕地上集中连片的玉米等低效农作物调减下来，进一步规范村级合作社管理，持续做好特色主导产业管护工作，积极发展果菜茶、食用菌、杂粮杂豆、中药材、特色养殖、林特花卉苗木等产业。把25个500亩以上的坝区产业结构调整与农业园区建设紧密结合起来，建成一批“样板田、科技田、效益田”。积极推进刺梨现代农业产业园申报国家现代农业产业园。合理调整粮经饲种植结构，实施“粮改饲”1万亩，发展青贮玉米、苜蓿等优质饲草料生产，重点依托大北农、普田小黄牛、韩伟养鸡等项目，稳步发展生猪产业，积极发展养牛、养羊和生态养鸡，力争实现畜牧业占比达48%以上。大力引进和培育农业龙头企业，用市场换产业，在养牛、蔬菜种植领域各引进2家以上优强龙头企业，新增培育省、市级农业龙头企业10家以上，培育创建规上农产品加工企业2家以上，农产品加工率提高2个百分点。加快易地扶贫搬迁思源安置点建设进度，确保6月底实现搬迁入住。按照建设“五个体系”、打造“两个社区”的要求，全力推进易地扶贫搬迁后续工作，重点推动八小、九小配套建设，让易地扶贫搬迁群众在社会保障上同等享受城镇居民待遇，全面融入城市。强化政策保障，采取一户一策，重点加大对未脱贫群众的帮扶力度。加强脱贫攻坚与乡村振兴统筹衔接，重点抓好农村人居环境整治三年行动，深入推进“四在农家·美丽乡村”小康升级行动计划，实施好农村厕所革命、农村生活垃圾治理、农村生活污水处理等专项行动，全面整治农村乱办、滥办酒席不良社会风气，让盘州农村大地景美人富。

（二）着力提升工业经济质效。坚定不移走工业强市之路，把工业做强做优。突出稳住传统工业经济的基本盘。以加快实施智能机械化改造为重点，进一步巩固提升煤电支柱产业的战略性基础性地位。坚持“保安全、促生产”，实施煤炭产能释放三年攻坚行动，推动10个煤矿进入联合试运转，完成23个煤矿辅助系统智能化升级改造、6个煤矿综合机械化改造，确保新增原煤产量500万吨以上，力争综采生产原煤占煤炭产量达90%。积极争取更大份额的省、六盘水市能源结构调整基金和投贷联动资金，优先用于支持在扩产能、增产量上见效快见效好的煤矿企业。加大正常生产和建设煤矿涉法涉诉、矿界重叠等问题处理力度，加快释放产能。认真落实煤电联动的能源工业运行新机制，稳定市场价格和能源供应，力争盘江电投、国投盘江、盘南电厂发电利用小时数均达5000小时。加快推动煤炭产业与上下游产业、新技术新业态融合发展，力争在煤机维修与制造、瓦斯发电、煤矸石综合利用、运输体系建设等煤炭关联产业上取得新突破。着力扩大园区新兴产业集群优势。坚持依托资源、依据市场、依靠创新、依赖环境的基本原则，坚持把经济开发区（产业园区）作为优化工业经济内部结构的主阵地，按照板块布局、产业耦合、链条发展、集聚建设的要求，稳步推进工业产业实现集群发展。大力发展以贵州伟亿纺织年产20万锭棉纱项目为支撑的纺织产业，以盘江矿机、龙鼎工贸为支撑的能矿装备制造与维修产业，以贵州高通为支撑的安防产业，以刺梨、火腿、核桃乳饮料为支撑的农产品加工产业，以龙马集团、江苏工业园、贵州丰德为支撑的新材料制造和加工产业，重点支持好创新孵化基地、中心物流园等平台建设。大力发展新兴产业。加快煤层气综合利用步伐，力争完成新建（扩建）8座瓦斯发电站、实现瓦斯发电5.3亿度，利用瓦斯3.92亿立方米，瓦斯利用率达49%。稳步推动“人民小酒”产业发展，积极构建绿色生态的“盘县火腿”全产业链，力争实现“盘县火腿”“人民小酒”产量分别达15万只、5000吨以上；积极引进战略合作者，进一步加强刺梨产品研发、加工和市场推广，力争尽快形成知名品牌产品。

（三）坚定不移推动绿色发展。切实抓好中央、省环保督察反馈问题以及群众反映强烈、舆论关注集中重点问题的整改落实，确保按时达标销号。以迎接做好第二轮中央环保督察、新一轮省级生态环保督察为契机，深入实施“六个一律”“守护多彩贵州·严打环境犯罪”执法专项行动，以常态化的环保监管执法，倒逼各级落实污染防治责任，推动形成环境问题治理长效机制。全面落实“水十条”“土十条”“大气十条”以及河长制，持续开展好蓝天、碧水、净土、固废治理、乡村环境整治“五大攻坚战”，积极推动煤矿、砂石矿山、城乡污水垃圾、饮用水水源地等重点行业领域和重点企业生态环境监测全覆盖，确保主要污染物PM10、$PM_{2.5}$年均浓度持续降低，空气质量优良天数的比例达96%以上，饮用水水源地水质、辖区内地表水国省断面和主要河流水质达标率均达100%。加快推进垃圾焚烧发电项目和农村垃圾收运体系建设，大力推动生活垃圾分类收集处理，中心城市规划区、乡（镇、街道）小城镇规划区和农村地区垃圾无害化处理率分别达95%、85%、75%。实施城镇污水处理设施建设三年行动，确保市中心城区生活污水处理率达80%以上、建制镇达35%以上。编制完善生态保护红线、环境质量底线、资源利用上线、环境准入负面清单，加快建立“三线一单”管理机制，落实最严格的水资源保护、土地用途管制和产业退出制度，从源头上筑牢环境保护屏障。进一步强化“绿水青山就是金山银山”理念，着力实施好十大生态修复工程、森林扩面增效三年行动计划、石漠化综合治理三年攻坚行动，力争完成营造林13万亩、治理水土流失面积69平方公里、治理石漠化3.9万亩。加快发展绿色经济“四型十五种”产业，坚定不移推动绿色发展。加强生态文明宣传教育，倡导绿色低碳的生活方式，积极发展绿色公交，加快清洁能源汽车推广应用。

（四）加快提升城镇化发展水平。坚定不移实施城镇化带动战略，按照“优先发展中心城市、稳步发展特色城镇”的思路，加快推动城乡协调发展。着力提升中心城市能级。注重规划引领，牢牢把握好城市总规中期修编机遇，严格落实“多规合一”要求，紧紧围绕区域性节点城市的发展定位，进一步优化完善城市组团的功能区划控制性详细规划。注重发挥中心城市龙头引领作用，重点加快完善以路网为主的城市基础设施建设，以学校、医院为主的公共服务设施建设，以购物休闲、住宿餐饮为主的城市服务业业态，突出加快盘州城市综合体市政道路纵一纵三路上跨沪昆高速大桥、东湖大道上跨铁路桥、盘州大道、九头山东路、会展中心、团结西路上跨铁路桥、盘兴能投商业综合体等重点项目建设，建成一批城市精品工程，进一步提升城市的通透性和承载力，带动城市扩容提质。充分利用“因城施策”的房地产政策，大力支持好恒大、碧桂园集团等城市综合体项目加快建设，加强房地产市场监管，建立外地户籍人口购房绿色通道，改善商品住房供求，促进房地产市场健康稳定发展。以全国文明城市、国家卫生城市创建工作为抓手，加快推进城市绿化、棚户区改造、公共交通、停车场等项目建设，积极创新管理模式，引进公司化、专业化队伍，加快推进城市管理精细化。着力增强城镇集聚力。科学定位小城镇的发展方向，坚持宜工则工、宜农则农、宜游则游，支持各乡镇差异化、特色化发展。大力实施城乡建设用地增减挂钩项目，力争增加周转指标800亩以上，用于统筹城乡发展。稳步实施示范小城镇及特色镇“8+X”项目和“1+N”镇村联动项目，加快推进竹海、丹霞、坪地等23个棚户区改造项目，着力增强城镇吸引力和聚集度，积极促进有条件、有意愿的农民落户城镇，常住人口城镇化率提高2个百分点。

（五）千方百计扩投资促消费。充分发挥投资对优化供给结构的关键性作用，更好发挥消费对经济发展的基础性作用，促进经济持续健康发展。坚定不移实施项目带动战略。紧扣国家宏观调控总体要求、政策支持重点和我市转型发展的实际需求，扎实做好国家保持基础设施领域补短板项目谋划储备工作，争取更多项目进入国家、省重大工程和重点项目库。科学编制政府三年滚动投资计划和年度投资计划，稳定以交通、水利、电力、信息为重点的基础设施投资，完成交通投资31.8亿元、水利投资5.63亿元、电力投资6.5亿元、信息投资3亿元。突出加快推进116个省级重大工程和重点项目前期工作，力争80%以上的项目开工建设，完成投资249亿元以上。加大向上争取力度，谋划争取中央预算内投资项目85个以上，争取中央预算内及省级预算内资金15亿元以上；积极推动政府与社会资本合作，完成以PPP模式融资40亿元以上，带动民间投资30.25亿元以上；大力支持“人民小酒”“盘县火腿”等优质企业积极申报绿色产业基金；完成宏财集团11亿元的城市停车场债券发行工作，积极推进盘北标准厂房、盘北物流园等4支企业债券的发行工作，力争发行债券39.5亿元。盘州官山机场正式获批立项并开工建设飞行区试验段，扎实做好盘兴高铁项目建设征地拆迁、协调服务等保障工作，力争开工建设玉舍至普田高速公路，争取普定至盘关高速公路纳入国家高速公路网规划。加快推进英武水库社会风险评估、环境影响评价等前期工作，力争年内开工建设；加快朱昌河、出水洞水库建设进度，开工建设锅圈洞水库和付家小河水库2座中型水库和一批小型水库。加快推动新一轮农村电网改造升级，基本建成信息“131”工程。加快促进消费提质升级。围绕全域旅游示范区创建、2020年全省旅发大会筹办两条主线，大力发展以旅游业为重点的现代服务业，紧盯高铁沿线城市、东部沿海城市加大旅游营销力度，确保全市旅游接待人次、旅游总收入均增长30%以上，打响盘州旅游品牌。加快完善娘娘山、大洞竹海、哒啦仙谷、妥乐古银杏、乌蒙大草原等全省“1+5个100工程”景区标识、道路导航、旅游厕所等功能服务设施，着力提升现有旅游产品品质、优化旅游服务质量，打造更多精品景区、特色线路。围绕丰富城市经济业态，加快推动生活性、生产性服务业向高品质、专业化方向发展，确保月亮庄酒店、南湖酒店建成投用。大力发展电子商务、现代商贸、现代仓储业，加快推进城乡一体化物流运输体系建设，进一步提高市场配送能力和水平，新增冷库库容5000吨，实现辐射50%的村（居）快递物流双向通达。支持社会力量扩大医疗、教育、文化、体育、养老服务、房屋租赁、汽车销售租赁、旅游商品开发等有效服务供给，新增规模以上服务业企业10家以上、限上批零住餐企业20家以上。严厉打击各类假冒伪劣商品违法活动，维护公平竞争的市场秩序，积极创建安全放心的消费环境。

（六）持续深化改革扩大开放。深入持续推进改革开放，最大限度聚集发展要素、激发活力动力。持续加大改革力度。全面完成市政府机构改革任务，构建系统完备、科学规范、运行高效的行政体系。进一步深化拓展“三变”改革，着力提升各类经营主体的质量和效益，打造“三变”改革升级版。积极落实财税和投融资体制改革政策，全面实施零基预算管理和预算绩效管理，认真落实推进省以下分领域财政事权和支出责任划分改革。紧紧围绕实现“服务和效率高于周边、成本和负担低于周边”的目标，持续深化“放管服”改革，接住管好上级下放事项，深入推进权责清单、公共服务清单规范化建设，扎实开展“减证便民”“证照分离”等工作，以政府的工作效率激发微观市场活力、换取企业的发展效益。将企业开办时间压缩至3个工作日、不动产登记办理时间压缩至5个工作日以内，工程建设项目审批服务时间压减至80个工作日以内，其中工业建设项目施工许可40个工作日以内。扎实做好国家和省的各类试点改革，统筹推进统计、科技、司法、文化旅游等领域改革。不断扩大对外开放。主动融入国家对外开放战略，进一步提升妥乐论坛的层次、质量和影响力，进一步加强与“一带一路”沿线国家和地区的经贸往来、交流合作。积极创新平台招商、精细化招商、产业链配套招商方式，立足现有的企业和产业加大精准招商、高质量招商力度，推动强链补链延链，力争引进1家以上500强企业和一批行业优强企业，完成到位资金439亿元以上，新增投产项目138个以上。以完善经济开发区（产业园区）生产生活配套服务，补齐物流、人才等配套短板为重点，大力优化营商环境，加快推动有意向项目尽快落地、已落地项目尽快投产达产。大力支持民营经济发展。认真落实国家减税降费政策、省促进民营经济发展30条和降成本42条，助推各类民营企业快速成长。重点围绕降低民营企业合规性成本、缓解民营企业融资难题、放宽民间投资准入、保护民营企业合法权益等方面优化政府服务。建立健全政银企协作机制，积极帮助企业争取专项基金资金支持，积极创新担保质押方式，着力解决民营企业融资难问题。

（七）严密防范化解重大风险。坚持主动防范、系统应对、标本兼治、守住底线，有效防范化解各类风险。积极稳妥管控政府性债务风险。坚持把严格落实“七严禁”和“1+8”政府性债务管理系列措施作为加强债务管控、防范债务风险的根本要求，严格按政策规定办事，严控新增债务。紧盯中央增加地方政府专项债券和一般性转移支付、扩大企业债发行规模等利好政策，牢牢把握国家和省加大脱贫攻坚、乡村振兴等领域投入力度的重大机遇，积极向上对接，争取更多支持。通过争取发行企业债和公司债、PPP模式转化、加大批而未供和闲置土地处置力度等方式，多渠道筹集资金化解债务，确保不发生债务逾期。平衡好稳增长与防风险的关系，更加注重通过改革和发展的办法创造新财富、增强偿债能力，在严控增量债务的基础上，积极引入社会资本参与项目建设和资源开发、产业发展等方式培植和涵养税源，加快推进政府融资平台公司市场化转型。牢固树立过紧日子的思想，继续压缩行政经费6%用于教育精准扶贫，再压缩一般性支出10%用于重点支出。坚决防控金融风险。持续开展非法集资、交易场所和互联网金融专项整治，遏制和打击跟风违约、恶意逃避债务、高利贷等行为，加大对不良贷款的处置力度，高度关注流动性风险，坚决守住不发生系统性金融风险的底线。有效防范安全生产和社会稳定风险。进一步压紧压实属地和部门的监管责任及企业的主体责任，深入开展煤矿瓦斯灾害防治攻坚等专项行动，加大道路交通、非煤矿山、建筑施工、森林防火、地质灾害、食品安全、危险化学品等重点行业领域安全隐患源头治理力度，坚决遏制较大以上安全事故。加强自然灾害综合防治、应急管理等工作，切实提升防灾减灾救灾能力。不断深化“平安盘州”建设，持续深入开展扫黑除恶专项斗争，严厉打击违章建筑、征地拆迁、信访等背后的黑恶势力，依法打击和惩治黄赌毒等违法犯罪活动。学习推广“枫桥经验”，创新矛盾风险化解防控机制，提高网格化、信息化社会治理水平，及时疏导和化解社会矛盾。加强公共安全防控和监管，新建“雪亮工程”视频监控6187个。

（八）凝心聚力增进民生福祉。坚持把高质量发展的落脚点放在保障和改善民生上，倾情倾力做好各项民生工作。促进稳定就业富民。坚持把稳定和扩大就业放在更加突出的位置，全面落实好各类就业服务、人才激励、资金奖补等就业扶持政策。切实做好高校毕业生、退役军人、易地扶贫搬迁户、化解过剩产能职工等群体的安置和就业创业服务工作，支持和鼓励通过发展产业、创办企业等方式带动就业，完成城镇新增就业2.7万人。优化公共服务利民。坚持把教育放在优先发展的位置，大力推进学前教育三年攻坚，深入推进基础教育领域综合改革，学前三年毛入园率、普惠性幼儿园覆盖率、九年义务教育巩固率、高中阶段毛入学率分别达92%、80%、99%、94.4%

以上。进一步优化教育资源配置，全面加强农村寄宿制学校建设，重点解决好中心城区“大班额”、乡镇学校闲置等问题，稳步推动义务教育“基本均衡”向“优质均衡”发展。完成十四中建设，努力创建一所省级一类示范性高中。围绕我市产业发展办好职业教育，深入推动产教融合、校企融合；办好特殊教育，支持和规范民办教育发展，持续加强对各类校外培训机构的监管。全面深化新时代教师队伍建设改革，加快打造一支师德高尚、业务精湛、结构合理、充满活力、适应未来教育发展形势的高素质专业化创新型教师队伍。深化医药卫生体制改革，加强医疗、医保、医药联动，持续加强医共体、医联体和“智慧医疗”建设，完善分级诊疗、双向转诊机制，加快构建更加紧密的市乡村医疗服务共同体，市域内就诊率提高到92%以上。深化公立医院改革，加强医疗技术人才和专科建设，加大对辖区定点医疗机构的监管力度，确保医保资金安全，不断提升市域医疗服务保障水平。加快市人民医院二期、市中医院、医学中心和200个村卫生室规范化建设，确保中医院今年内建成投用，市人民医院二期主体建设完工。深入推进国家公共文化服务体系示范区创建，积极推动优秀传统文化“进机关、进校园、进企业、进社区、进农村、进家庭”。建成文化馆、体育馆和群艺馆，积极筹备办好山地自行车、滑翔伞等系列重大赛事，加快塑造1至2个品牌赛事，进一步丰富广大市民文化生活。提高惠民保障水平。深入实施全民参保计划，基本社会保险覆盖率达95.72%。进一步完善城乡社会救助体系，认真落实城乡低保、农村“五保”、城市“三无”、孤弃儿童保障标准增长机制，全力做好未成年人、困境儿童、城镇困难职工、失独失能老人和农村“三留守”人员等特困群体基本生活保障。积极发展健康养老产业，大力发展残疾人事业，确保残疾人康复中心建成投用。

此外，支持人民团体发挥桥梁、纽带作用，加强民族宗教、外事侨务、妇女儿童、工会、红十字会等工作，支持军队、武警部队建设和监察委、法院、检察院工作，加强对台、人防、档案、老龄、地方志等工作。

扎实办好“十件民生实事”：（1）新建、改建幼儿园3所；（2）新建、改造易地扶贫搬迁安置点配套卫生室1个，小学1所、幼儿园2所；（3）实施美丽乡村建设行动，改造提升岩博村350户村民的基础设施；（4）新建、改造27个乡（镇、街道）综合文化站；（5）新建、改造农村户用厕所10275户；（6）扩建盘州市人民医院二期工程；（7）新建、改造农村电网中低压线路3922.54公里、配电变压器995台，新增变压器容量14.04万千伏安；（8）围绕创建国家“四好农村公路示范县”目标，打造“畅安舒美”公路走廊1000公里；（9）改造城乡敬老院15所，其中日间照料中心2所、幸福院13所；（10）实施贫困劳动力全员培训8453人。

三、切实加强政府自身建设

打铁必须自身硬。面对艰巨繁重的改革发展任务，我们必须秉持忠诚、务实、担当、高效、廉洁的工作理念，全面提升履职水平，努力建设人民满意政府。

（一）坚定政治方向。坚持用习近平新时代中国特色社会主义思想武装头脑、指导实践、推动工作。牢固树立“四个意识”、坚定“四个自信”，坚决做到“两个维护”，全面贯彻落实党的十九大和习近平总书记对贵州工作的重要批示指示精神。坚持把党的领导贯穿于政府工作的各领域、全过程，以实际行动确保党中央、国务院政令畅通，确保省委省政府、六盘水市委市政府和市委的各项决策部署落到实处。

（二）坚持依法行政。积极推进法治政府建设，切实做到法无授权不可为、法定职责必须为。严格按照法定权限和程序行使权力、履行职责，把政府工作全面纳入法治化轨道。严格执行《盘州市人民政府工作规则》，全面落实公众参与、专家论证、风险评估、合法性审查、集体讨论决定等行政决策法定程序。自觉接受人大法律监督、政协民主监督、监察监督，畅通各类监督渠道。全面推进政务公开，促进政府施政更加透明、高效。

（三）持续改进作风。牢固树立以人民为中心的发展思想，不摆“花架子”、不做表面文章，确保各项工作经得起历史和人民的检验、信任，让发展成果更多更好惠及人民群众。加强政府诚信建设，依法兑现政府承诺，坚决整治不作为、乱作为问题，坚决杜绝“说空话”“放空炮”。大力弘扬“真抓实干、马上就办”的工作作风，切实增强真抓的实劲、敢抓的狠劲、善抓的巧劲、常抓的韧劲，进一步完善政府目标管理绩效考核体系，以关心关爱促担当作为，着力提升政府工作效率。

（四）强化廉洁从政。严守政治纪律、政治规矩和廉洁从政各项规定，严格落实中央八项规定精神，持之以恒纠正“四风”，严控“三公”经费、压减一般性支出，真正把有限的资金用在刀刃上。严格落实政府系统从严治党要求和党风廉政建设“一岗双责”。加强对民生资金、投资项目等重点领域、关键环节廉洁风险防控，以零容忍的态度严肃查处各类违纪违法行为，营造干部清正、政府清廉、政治清明的氛围。

各位代表，一个时代有一个时代的历史使命，一代人有一代人的责任担当，一年有一年的阶段性任务。让我们更加紧密地团结在以习近平同志为核心的党中央周围，在市委的坚强领导下，不忘初心、锐意进取，牢记使命、砥砺前行，用苦干实干创造加快推动高质量发展的盘州方案，用决战决胜续写百姓富、生态美的多彩贵州新未来盘州篇章，以优异的成绩庆祝新中国成立70周年！

安顺市

安顺市政府工作报告

（2019年1月15日在安顺市第四届人民代表大会第四次会议上）

安顺市委副书记、市长 陈训华

各位代表：

现在，我代表市人民政府向大会作工作报告，请予审议，并请市政协委员和其他列席同志提出意见。

一、2018年工作回顾

过去一年，我们坚持以习近平新时代中国特色社会主义思想为指导，深入学习贯彻党的十九大和习近平总书记对贵州工作的系列重要指示批示精神，在市委的坚强领导下，在市人大、市政协的监督支持下，认真贯彻落实省委十二届三次、四次全会和市委四届四次全会精神，团结带领全市各族人民，坚决打好三大攻坚战，深入实施三大战略行动，扎实打好“一二四”攻坚战，全市经济社会实现持续健康稳定发展。

——**主要指标稳中向好**。预计全市实现地区生产总值900亿元、增长11%，固定资产投资增长14%，规模以上工业增加值增长11.2%，社会消费品零售总额增长8.1%，一般公共预算收入增长1.4%。全市金融秩序总体稳定，政府债务风险总体可控。

——**脱贫攻坚稳扎稳打**。“春风行动”“夏秋攻势”成效显著，涌现出“大坝模式”“彩虹模式”等经验和做法。全市减少贫困人口10.88万人，贫困发生率下降到3.7%，180个贫困村出列，西秀区、平坝区通过国家评估验收成功脱贫摘帽。

——**基础设施稳固改善**。安紫、普织高速建成通车，30户以上村民组100%通硬化路。纳井田、猫洞河水库下闸蓄水。新建10千伏及以下农网线路3500公里，铺设城镇燃气管网75公里。30户以上自然村4G网络覆盖率达80%。

——**高质量发展稳健前行**。安顺国家农业科技园区顺利通过科技部评估验收，无公害农产品产地认证面积达321.75万亩，有机产品认证35个、地理标志产品22个。柳江公司荣获国家科学技术进步奖二等奖，安大公司荣获省长质量奖提名奖。高技术制造业增加值占规上工业增加值比重达31%，科技进步综合指数达55.9%，单位地区生产总值能耗下降4%。接待游客突破1亿人次，旅游总收入超过1000亿元。

——**生活水平稳步提升**。城镇、农村居民人均可支配收入为29675元、9878元，分别增长9%、10.3%。居民日用品类、家用电器类消费保持两位数增长，体育、教育、文化、养老、医疗等服务消费供需两旺，居民消费价格涨幅控制在2%。

一年来，我们主要做了以下工作：

（一）围绕脱贫攻坚尽锐出战，全面小康加快推进。

脱贫责任扣紧扣牢。认真贯彻习近平总书记关于扶贫工作的重要论述和贵州大扶贫战略行动部署，落实“五主五包”责任制，层层立下军令状。市委、市政府出台《关于深入实施打赢脱贫攻坚战三年行动发起总攻夺取全胜的实施意见》。市政府将脱贫攻坚作为常务会议常设议题，加强工作研究和落实。扎实开展扶贫领域“五个专项治理”、巡视问题整改，脱贫攻坚质量稳步提高。先后举行两次市级脱贫攻坚表彰活动，熔铸、提振了安顺脱贫的精气神。

“四场硬仗”打好打赢。围绕脱贫攻坚短板、难点，全力打好“四场硬仗”组合拳。投入扶贫子基金24.75亿元实施产业扶贫，完成2017年度易地扶贫搬迁14个安置点、3.53万人搬迁，2018年度6个安置点主体工程全部完工。建成“组组通”硬化路1500公里，解决14.6万建档立卡贫困人口的饮水安全问题。资助23136名建档立卡贫困学生6249.97万元，免除12040名普通高中贫困学生学费852.46万元。实现建档立卡贫困人口参合全覆盖，住院费用实际补偿比达90%；实施贫困人口大病集中专项救治行动，免费救治819人次，补偿1883.79万元。完成农村危房改造13740户，竣工率达100%。

“四个聚焦”攻坚克难。全力整合各类帮扶资源，千方百计攻克深度贫困堡垒。57名厅级干部、121名县处级干部定点帮扶深度贫困村，选派3808名干部担任第一书记、驻村干部。统筹资金42.9亿元，用于深度贫困地区的交通、水利、电力等基础设施建设；安排1.78亿元扶贫产业子基金，用于178个深度贫困村发展产业，空壳村基本实现“脱壳”。青岛市投入财政资金2.46亿元、社会帮扶资金2549万元对口帮扶我市，青岛鑫源环保、鸿德盛中药饮片、红星工业辣椒等项目落地投产，教育医疗、人才支援、劳务协作等领域不断深化，携手奔小康向纵深发展。航空工业、南方电网、开磷集团等企业，投入2.54亿元定点帮扶我市4个贫困县。

（二）围绕项目投资提质扩容，发展支撑不断夯实。

项目带动持续发力。紧紧围绕中央、省、市重大发展战略谋划项目，重大项目库亿元以上项目保持在500个以上。全年实施重大工程、重点项目675个，总投资6452.4亿元，完成年度投资1201亿元。先后组织10次集中开工，累计新开工项目259个。192个项目获得中央、省补助资金25.67亿元，51.38亿元全域旅游军民融合扶贫投资基金落地实施。

有效投资持续扩大。狠抓关键领域、薄弱环节，着力补短板、增动能。安大航空锻造产业园、黎阳国际军民融合产业基地等产业项目加快建设；安六铁路顺利铺轨，都香、紫望高速建设加快推进，建成普通国省道93公里、改造县乡道56公里，完成交通投资130亿元；黄家湾、打冲沟、白沙水库成功截流，新场河、老营等8座水库主体工程完工，完成水利投资30亿元。全市完成城建投资330亿元、农网改造升级投资5.8亿元、信息基础设施投资7亿元。

产业大招商成效明显。大力实施“千企引进”工程，先后赴深圳、海口、青岛等地开展主题招商，通过黄果树飞行大会、“石博会”“贵治会”等平台开展招商推介。引进温氏集团、上海电气、江苏中利等企业落户我市，全年新引进省外投资500万元以上项目684个，新增到位资金905亿元。

（三）围绕高质量发展优化结构，产业发展提档升级。

农业产业成果丰硕。紧扣“八要素”，全面开展振兴农村经济的深刻产业革命。全年调减玉米种植面积63.72万亩，蔬菜、茶叶、水果、中药材种植面积分别增长8.1%、13.3%、10.5%、3.9%，收购烤烟10.29万担。关岭牛、金刺梨、蜂糖李、红芯薯、普定韭黄、紫云花猪等特色农产品产业化步伐不断加快。柳江鸡蛋、黔山屯土鸡蛋荣获“贵州省十大优质特色禽产品”称号，畜牧业增加值占农林牧渔业增加值比重连续7年排名全省第一。产销对接不断加强，“安货出山”持续推进，订单农产品销售额达13.85亿元。新增市级以上龙头企业26家、农民专业合作社421家，规模以上农产品加工企业达102家。

工业产业强筋健骨。着力构建特色鲜明、结构合理、功能配套、竞争力强的工业体系。“千企改造”工程扎实推进、完成投资105亿元，安顺铝业等18户企业纳入省级龙头企业、高成长性企业升级改造。传统支柱产业支撑带动作用明显，煤炭、电力、有色等行业增加值增速高于全市工业平均水平；新兴产业拉动效应突出，全市规模以上电子信息制造业、医药行业、装备制造业增加值分别增长70%、15%、13%。军民融合深度发展，贵飞工业联合体已扩展到6户企业配套生产，贵飞公司自主研制生产的FTC-2000G外贸飞机首飞成功。大数据产业加快发展，“安顺彩云”大数据综合云平台成功上线，安顺煤炭大数据管理平台投入使用，102户企业实现大数据与实体经济深度融合。

现代服务业蓬勃发展。以全域旅游为龙头，引领现代服务业提档升级。旅游产品“1+5个100工程”实现投资24.38亿元。小河湾、高荡被评为国家4A级旅游景区，多彩万象城获批省级旅游度假区。安顺获评2018年度《中国国家旅游》最佳全域旅游目的地，再次荣膺“中国最佳避暑旅游城市”。旅游业持续“井喷”，接待游客人次、旅游总收入分别增长35%、37%。成功承办全省第四届大健康医药产业发展大会，全市大健康医药产业实现增加值120亿元。电子商务加快发展，整体推进国家级电子商务进农村综合示范县、省级农商互联示范县建设，共获1亿元资金支持。黔中（安顺）物流园区入选第二批国家级示范物流园区。金融服务、家政服务、快递物流等加快发展，实现服务业增加值445亿元、增长12%。

（四）围绕新型城镇化建设融合发展，城乡面貌显著改观。

城镇化进程加快推进。全力加快山地特色新型城镇化建设，统筹城、镇、村融合发展。在全省率先完成市级多规融合专章规划，积极推广“一分三向”安顺模式，构建“中心城区—县城和特色镇—美丽乡村”新型城镇体系，新增城镇人口10万人，户籍人口、常住人口城镇化率分别达41.5%、52%。推广实施“1+N”镇村联动模式，带动278个村“联动、联建、联富、联美”发展。

城市“颜值”显著提升。牢牢把握特、新、化、美内涵，全力建设“五型城市”，14个城市“双修”试点项目基本完工。打通中心城区横一路等5条断头路，新增城市道路50公里，城市路网不断优化。贯彻落实《安顺市虹山湖保护条例》，娄湖、贯城河焕然一新，城市建成区人均公园绿地面积达20.43平方米。完成棚户区改造3.26万户，治理城区黑臭水体11个，做法和成效得到生态环境保护部点赞。

城乡活力持续焕发。不断加强县城、示范小城镇、美丽乡村建设，西秀、平坝、普定同城化加快推进，镇宁、关岭、紫云县城活力焕发。建成澳维天下乐城等10个城市综合体，打造5个示范小城镇，建成“8+X”项目90个，新增20个美丽乡村，完成866个村庄规划编制。14个少数民族村寨入选全省第三批少数民族特色村寨，大坝村获评“中国美丽休闲乡村”。

（五）围绕绿色发展守牢底线，生态环境明显好转。

生态建设成效显著。深入践行“绿水青山就是金山银山”理念，划定生态红线面积2317.65平方公里，优化确定永久基本农田310.16万亩，综合治理石漠化面积108.63平方公里、水土流失面积220平方公里，完成营造林46.13万亩，森林覆盖率达56%。邢江河国家湿地公园通过国家验收，紫云格凸河、镇宁高荡·夜郎洞分别获得国家地质公园、省级地质公园称号，安顺药王谷被认定为第四批全国森林康养基地，6个建制县（区）成功创建省级森林城市。

环境质量大幅改善。牢牢守住发展和生态两条底线，全力打好污染防治“五场战役”。淘汰燃煤锅炉27台、165.55蒸吨，全市环境空气质量优良率达98.6%。严格落实河长制，全域取缔网箱养鱼，国控、省控地表水断面水质优良率均达100%，8个县级以上饮用水源地水质达标率均为100%，县级以上城市污水处理率达92.5%，工业固体废物综合利用率达76%，城市噪声污染防治持续强化，全面完成中央、省委环保督察反馈问题整改。

（六）围绕改革开放激发活力，发展动能持续增强。

深化改革蹄疾步稳。以庆祝改革开放40周年为契机，实现各领域改革向纵深发展。供给侧结构性改革持续推进，为企业降低各类成本40亿元。推进“三权”促“三变”改革，“塘约经验”推广率达90.4%，集体经济超百万元的村达429个。深化商事制度改革，各类市场主体达15万户，民营经济增加值占生产总值比重达65%。完成税务征管体制改革。创新驱动加快发展，新增高新技术企业24户、院士工作站2个、省级科技创新平台3个。

对外开放逐步拓展。坚持内引外联开放发展，成功举办黄果树·屯堡自然文化遗产分会、“一带一路”贵州（安顺）国际商旅陆港投资合作交流会。积极参加“数博会”“酒博会”“进博会”等大型活动，与港澳台、欧盟、东盟等地的交流合作不断加强。安顺高新区、黄铺新区成为安顺开放发展的新高地，全市外贸进出口总额达2.3亿美元，实际利用外资9370万美元。

（七）围绕民生福祉补齐短板，民生事业稳步发展。

社会保障稳步提高。坚持以人为本，不断织牢织密民生保障兜底网。城镇新增就业6.5万人，城镇登记失业率为3.2%。城市、农村低保平均标准提高到603元/月、3906元/年，分别增长6.5%、9.4%；保障城乡困难群众12.15万人，发放最低生活保障金4.28亿元；保障特困供养人员4143人，发放救助供养金5785万元。公租房分配率达93%。主城区实现双水源供水，有效解决用水紧张难题。“十件民生实事”涵盖的17项具体工作，1项基本完成、16项全面完成。

社会事业稳步提升。始终坚持把改善民生作为工作的出发点，不断提高公共服务有效供给，完成“1+7”民生工程投资171.53亿元。全市县域义务教育基本均衡顺利通过国家验收，一批优质民办学校落户我市。医疗卫生资源逐步优化，市、县、乡三级远程医疗全部实现互联互通，基层医疗卫生服务能力三年提升计划全面完成，连续7次获评“全国无偿献血先进城市”。成功举办第二届全市运动会，紫云格凸贵州攀岩基地成为全国首个授牌的国家攀岩训练基地。多彩贵州“广电云”户户用工程达18万户。“全民阅读”等文化活动蓬勃发展。

社会治理稳步推进。不断创新和加强社会治理，社会大局和谐稳定。法律服务能力加快提升，实现村（居）法律顾问全覆盖。信访工作责任制度持续完善，安全生产形势持续稳定，食品药品安全监管不断加强，地质灾害防治稳步推进。建成公安大数据中心，群众的安全感、满意度分别排名全省第2、第3，创历史最佳成绩。

此外，外事侨务、民族宗教、国防教育、人民防空、防灾减灾、档案管理、应急管理、地方志等各项事业取得新进步，工会、共青团、妇联、文联、社科联、残联、侨联、科协、关工委、红十字会、计生协会等群团组织的桥梁、纽带作用得到充分发挥。

（八）围绕政府建设提升效能，政务服务高效便捷。

以中央、省委巡视反馈问题整改为契机，着力加强作风建设，坚持不懈纠治“四风”，全面推进政府系统党风廉政建设。坚持依法行政，贯彻实施宪法和监察法，自觉接受法律监督、监察监督、审计监督、民主监督、社会监督、舆论监督，依法办理市人大代表建议59件、市政协提案185件，办复率均达100%。全面推进政务公开，网站在线访谈、民意征集、政府数据开放等工作不断加强。深入推进“放管服”改革，公布实施新一轮权力清单、责任清单，行政审批办理时限压缩56%，在全省率先实现不动产交易登记“一窗式”服务，政务服务更加高效便捷。

回顾过去一年的工作，成绩来之不易。这是省委、省政府和市委坚强领导的结果，是市人大依法监督、市政协民主监督的结果，是全市各族人民团结拼搏的结果。在此，我谨代表市人民政府，向全市各族人民，向人大代表、政协委员，向各民主党派、工商联、无党派人士、人民团体，向驻安人民解放军、武警、消防救援、公安政法干警、中央和省驻安单位，向老同志及关心、支持安顺经济社会发展的各界人士，表示衷心的感谢并致以崇高的敬意！

各位代表，在看到成绩的同时，我们也清醒地认识到存在的问题、不足。主要表现在：经济总量小、总体实力弱，提速发展压力大；贫困程度深、攻坚难度大，脱贫任务艰巨；新旧动能转换不足，实体经济质量不高，发展动力支撑不强；传统税源支撑下滑、新兴财源培育不够，财税持续增收难度大；在基本公共服务方面，群众还有一些不满意的地方；形式主义、官僚主义还不同程度地存在，政府效能还需进一步提高。我们将努力破解难题、全力做好工作，决不辜负全市人民的重托。

二、2019年工作重点

2019年是新中国成立70周年，是决胜全面建成小康社会第一个百年奋斗目标的关键之年，是我市脱贫攻坚决战之年。做好今年的政府工作，要以习近平新时代中国特色社会主义思想为指导，全面贯彻党的十九大和习近平总书记对贵州工作的系列重要指示批示精神，统筹推进“五位一体”总体布局，协调推进“四个全面”战略布局，坚持稳中求进工作总基调，坚持新发展理念，坚持推动高质量发展，坚持以供给侧结构性改革为主线，坚持深化市场化改革、扩大高水平开放，进一步做好“六个稳”工作，守好发展和生态两条底线，推进实施三大攻坚战，全力实施三大战略行动，持续打好“一二四”攻坚战，保持经济持续健康发展、社会大局稳定，为全面建成小康社会收官打下决定性基础，以优异的成绩庆祝中华人民共和国成立70周年。

今年全市经济社会发展的主要预期目标是：地区生产总值增长10.5%左右，固定资产投资增长16%左右，规模以上工业增加值增长10%左右，社会消费品零售总额增长11.5%左右，一般公共预算收入增长6%左右，城乡居民人均可支配收入分别增长9%、10%以上，居民消费价格涨幅控制在3%左右。

围绕实现以上目标，我们将重点抓好9个方面工作：

（一）抓紧抓实脱贫攻坚，着力冲刺全面小康。

全面发起脱贫总攻。用好用活绿色产业扶贫投资基金，实施特色产业提升工程，确保每户贫困家庭至少有2个增收产业。扎实推进石漠化片区水利精准扶贫示范区建设，全面解决农村人口饮水安全问题。完成2018年度易地扶贫搬迁6个安置点搬迁入住，加强和完善易地扶贫搬迁后续扶持，加快搬迁群众市民化步伐。全面落实教育精准扶贫资助政策。深入实施健康扶贫，贫困人口住院费用实际补偿比稳定保持在90%以上。推动农村危房改造，有效解决贫困户住房安全问题。持续开展“五个专项治理”，切实提升扶贫质量。扎实推动东西部扶贫协作，积极引导企业帮扶、社会帮扶。深化“四个聚焦”，坚持扶贫与扶志、扶智相结合。全力抓好紫云县和简嘎乡、大营镇及178个深度贫困村脱贫攻坚，持续巩固西秀区、平坝区脱贫成效，实现普定县、镇宁县通过评估验收脱贫摘帽、全市110个贫困村出列，关岭县达到退出标准。

全面提升产业成效。切实抓好粮食生产，合理调整“粮经饲”结构，增加优质绿色农产品，加快建设全省唯一的高标准蔬菜保供基地。认真落实“八要素”要求，以500亩以上坝区为重点推动农业产业结构调整，加快发展蔬菜、茶叶、烤烟、中药材等高效经济作物及金刺梨、蜂糖李、火龙果、红芯薯等特色农产品，鼓励发展林下经济，大力发展生态畜禽、淡水生态养殖。加强农村土地整治、农田水利基础设施建设，建成高标准农田12.68万亩。推动农产品精深加工，扎实抓好产销对接，大力发展订单生产，加快冷链物流体系建设和电商扶贫。继续推广“塘约经验”“大坝模式”“一村一公司”“菜单式扶贫”等做法，不断创新利益联结机制。培育壮大新型农业经营主体，新增省级龙头企业6家、市级龙头企业17家、农民专业合作社400家。一产增加值增长6.5%左右。

全面推进乡村振兴。编制实施《安顺市乡村振兴战略规划》。加强脱贫攻坚与乡村振兴统筹衔接，做优做强农村产业。推进“四在农家·美丽乡村”小康升级行动计划、田园综合体建设。继续实施“厕所革命”，加强农村生活垃圾治理，推动城镇污水管网向乡村延伸，逐步实现污水集中收集处理。实施农村公共服务提升计划，引导科技、教育、文化、医疗、卫生、体育、法律等向乡村延伸覆盖。严厉整治乡村滥办酒席，遏制各类陈规陋习。加强农村群众性自治组织建设，完善现代乡村社会治理体系。改造和治理“空心村”，增强乡村活力。实施新型职业农民培育工程，培训农村青壮年劳动力3万人。

（二）抓紧抓实污染防治，着力建设美丽安顺。

加强生态建设。严格环保准入，制定“三线一单”，全面排查违法违规挤占生态空间、破坏自然遗迹等行为。全面完成第三次国土调查。加强天然林保护，完成营造林81万亩，森林覆盖率提高到58%。综合治理石漠化面积120平方公里，治理水土流失面积220平方公里。加快推进紫云县黑颈长尾雉自然保护区科考和申报工作，推动普定夜郎湖、镇宁桫椤河、紫云翠河申建省级湿地公园。加快国家生态文明试验区（安顺）各项任务建设，创建国家森林城市。

强化环境治理。打好蓝天保卫战，淘汰重点区域20蒸吨及以下燃煤设施，依法取缔城区周边非法采矿、采石和采砂企业，严控农村秸秆焚烧，全市环境空气质量优良率达95%以上。打好碧水保卫战，认真落实河长制，抓实县级及以上集中式饮用水水源地保护工作，完成全市90%的黑臭水体整治，加强农业面源污染防治和畜禽养殖废弃物资源化利用，县级以上城市污水处理率达93%以上。打好净土保卫战，编制完成农用地土壤环境质量分类清单。打好固废治理攻坚战，提升固废资源综合利用率。

加快绿色发展。深入实施绿色制造三年专项行动计划，大力发展绿色经济“四型产业”，推动园区集聚绿色工厂，促进产业延长绿色链条，创建绿色示范园区3个以上。实施森林扩面提质增效三年行动计划，林业产值达200亿元。深化矿业权出让制度改革，创建省级绿色矿业发展示范区。加强重点用能、重点排放单位监管，能源消费增量、单位地区生产总值能耗、化学需氧量、氨氮排放量等指标控制在省下达标准范围内。

（三）抓紧抓实风险防范，着力维护社会稳定。

切实防范化解金融债务风险。严格落实地方金融监管责任，开展各类新兴金融业态风险排查治理，严厉打击非法集资，确保不发生区域性金融风险。严格落实政府债务管理相关规定，健全“借用还”与“责权利”相统一的地方政府性债务管理机制，强化市、县两级政府债务限额管理和预算管理，用好债务风险应急资金池，有效防范和化解政府性债务风险。多途径盘活存量资产，着力涵养和培植财源。

切实防范化解社会安全风险。加强安全生产“双控”体系建设，强化道路运输、建筑施工、矿山、危险化学品、地质灾害等隐患排查治理，加强食品药品全链条监管，规范餐厨废弃物管理，坚决遏制重特大安全事故发生。健全完善信访工作责任制度，依法分类处理各类信访诉求。完善应急管理体系，提高突发事件快速响应和应急处置能力。深入开展公共安全大整治、扫黑除恶专项斗争。创新发展新时代“枫桥经验”，加快推进基层社会治理现代化，让社会更加公平、有序、和谐。

（四）抓紧抓实有效投资，着力增强发展后劲。

做实项目基础。围绕交通、水利、能源、生态环保、城镇基础设施、产业发展等领域谋划和储备项目，确保重大项目库储备亿元项目规模保持在3000亿元以上。加大项目申报力度，争取国家、省资金30亿元以上，增长15%以上。全年实施重大工程、重点项目600个以上，总投资3700亿元以上，年度计划投资800亿元以上。扎实做好项目前期工作，不断强化项目建设要素保障。

加快项目建设。加快推进县域通用航空机场建设前期工作；建成安六城际铁路；开工建设六枝经关岭至安龙高速，加快建设都香高速，建成紫望高速；加快建设贵安大道（安顺经开区至黄果树段），加强普通国省道、县乡道改造，稳步推进乡村窄路面加宽改造。启动建设引子渡、小兴浪航运工程，加快黄家湾、白沙、打冲沟、木桥等水库建设，建成新场河、老营、三岔河等水库。推进城乡信息基础设施建设，实施新一轮农村电网改造升级工程。

聚力招大引强。持续开展产业大招商行动，聚焦军民融合、通用航空、电子信息、大健康医药、文化旅游等产业，策划和编制600个招商项目。强化招商引资责任制，完善项目退出机制，规范招商引资行为。加大项目推介力度，深入开展“青企入安”招商行动和安顺高新区、黄铺新区及黄果树国家路游公园、城镇建设领域等专题招商活动。紧盯500强企业、上市公司、行业龙头，引进一批高端型、配套型、基地型、龙头型产业项目，全年引进省外投资500万元以上项目748个，新增到位资金1000亿元以上。

（五）抓紧抓实新型工业，着力振兴实体经济。

壮大产业规模。加大产业园区转型升级力度，盘活闲置土地，引导关联企业向园区集聚，不断强链补链增链，努力培育壮大航空、智能终端、特色轻工、原材料、能源和战略性新兴产业。紧盯发达地区优势资源，积极发展“飞地经济”。持续推动军民融合发展，加快贵飞工业联合体签约项目落地、风雷公司整体搬迁，推进安大航空锻造产业园、安吉精铸航空产业园及黎阳国际军民融合产业基地等项目建设。推动大数据产业发展，建设“大数据指挥调度中心”“大数据共享交换平台”，全市规模以上电子信息制造业、软件和信息技术服务业增加值分别增长20%、25%。

做优产业质量。深入实施“千企改造”工程，推动制造业高质量发展。加快推进安铝等量置换项目，延长铝精深加工产业链，推进宏盛化工、红星化工等企业技改扩能，引导贵飞、安吉、华兴科技等企业提升关键产品技术水平，完成投资75亿元以上。持续开展“万企融合”大行动，打造融合标杆项目8个、融合示范项目80个、带动融合企业120户。大力实施质量品牌提升工程，引导产业增品种、提品质、创品牌。

支持企业发展。落实好领导干部联系重点企业联席制度，加大对企业的支持力度。指导企业申报中央建设专项基金、省级工业和信息化专项资金、省工业及省属国有企业绿色发展基金，用好“贵工贷”“贵园信贷通”等政策。完善煤电铝化联动运行协调机制，电煤供应量达400万吨，推动电力直接交易，降低企业用电成本。加快创新驱动发展，培育省级以上科技型企业80户，建设工程技术中心3个、科技创新战略联盟1个，新增高新技术企业10户。加快推进三力制药、亿丰实业、汇景纸业、黄果树旅游集团上市培育工作。新增规模以上工业企业35户。

（六）抓紧抓实现代服务业，着力扩大有效消费。

推动旅游业创新发展。实施旅游精品景区提升工程、旅游景区培育工程，创建国家全域旅游示范区、贵州旅游名城。挖掘城市旅游热点，加快历史文化街区改造提升，丰富万象旅游城、苗岭屯堡、神骏生态文旅小镇等旅游业态。加快建设黄果树国家路游公园，提档升级关岭古生物化石群国家地质公园。建设一批休闲度假酒店，培育一批生态农庄、森林人家、乡村民宿、青年旅馆，创新生产一批旅游文创商品。支持西秀区办好第六届安顺旅游产业发展大会。加强旅游市场营销，积极开拓海内外旅游市场。全年接待游客人次增长25%，旅游总收入增长30%。

推动服务业繁荣发展。加快发展现代商贸、现代仓储、检验检测、智慧物流等生产性服务业，大力发展文化服务、养老服务、教育服务、体育服务、居民和家庭服务等生活性服务业。加快黔中（安顺）物流园区、中国（安顺）石材城等服务业集聚区发展，新增1个以上省级现代服务业集聚区。推动传统商业综合体创新升级，促进实体零售转型发展、线上线下融合发展。服务业增加值增长12%左右。

推动居民消费扩大升级。大力促进实物消费提档升级，全面取消二手车限迁政策，落实新能源汽车免征车辆购置税、购置补贴等财税优惠政策，促进汽车消费优化升级。大力推动服务消费提质扩容，发展文化旅游体育消费、健康养老家政消费、教育培训托幼消费。推动发展会展消费，支持本地会展企业发展壮大。大力引导消费新模式，积极培育体验消费、智能消费、时尚消费等新热点。大力推动农村消费梯次升级，鼓励农村居民增加家装、家具、家电及大宗商品消费，不断激发居民消费潜力。

（七）抓紧抓实“新型城镇化+”，着力统筹城乡融合。

深化综合试点。继续推广“一分三向”安顺模式，落实好户籍制度改革配套政策，户籍人口、常住人口城镇化率分别达42.5%、53.5%。完善多元化可持续的城镇化投融资机制。继续推广“1+N”镇村联动模式，推进山地特色新型城镇化示范区建设。加快推动“多规合一”，完善城市控制性详规和新一轮城市设计。新开工建设城市地下综合管廊8公里。城市“双修”试点工作顺利通过住建部中期检查验收。

加快城镇建设。积极推进黄铺新区、安顺高铁新城建设，启动北部新城规划建设。深入实施棚改大会战。推进老旧院落改造，启动老旧小区加装电梯试点工作。力争启动主城区南环线建设和安顺东出口立交化改造项目。推进城镇燃气基础设施建设，镇宁县、紫云县开通管道燃气。加大城市环境噪声污染综合整治力度，用绣花功夫抓好城市治理。支持普定县办好第九届安顺市新型城镇化推进暨小城镇建设发展大会。

促进融合发展。加快贵阳—安顺都市圈建设，稳定增强西秀、平坝、安顺经开区作为中心城区增长极的功能，持续推动普定、镇宁、关岭、紫云县域城市“提质培优”发展，深入提升黄果树旅游区的产城融合水平，不断优化区域发展的联动性、协调性。强化产业支撑，加大蔡官、乐平、白岩、丁旗、永宁、猫营、幺铺、白水等城镇产城融合力度，新增5个示范小城镇，形成“中心城区集聚、县域城市崛起、城镇产城融合”的区域发展格局。

（八）抓紧抓实改革开放，着力释放发展活力。

坚定不移全面深化改革。继续推进供给侧结构性改革，坚决落实减税降费政策、降成本措施，增强微观主体活力。深入推进“三权”促“三变”改革，实现“塘约经验”全市行政村全覆盖。深入开展农村房地一体不动产确权登记，积极探索农村宅基地“三权”分置。深化国有企业改革，促进国有企业实体化、市场化转型和集团化、差别化发展。推进城区公交体制改革，深化统计、供销、教育、医疗、科技等领域改革。

坚定不移扩大对外开放。实施开放带动政策，主动融入“一带一路”、长江经济带，深入推进贵州内陆开放型经济试验区建设。加快安顺高新区、安顺青岛产业园、黄铺新区国际商旅陆港建设。推动各类开发区改革创新，促进产业集聚发展。办好国际半程马拉松、坝陵河国际跳伞、格凸河国际攀岩等活动，用好黄果树飞行大会、国际“石博会”等平台，不断扩大开放水平。积极引进金融机构在安顺设立分支机构。引导、支持现有外贸企业发展壮大，全年完成外贸进出口总额2.5亿美元，实际利用外资1亿美元以上。

坚定不移发展民营经济。坚持“两个毫不动摇、三个没有改变”，坚决把中央、省、市关于民营经济发展的政策措施落实到位。搭建政银企合作平台，拓宽民营企业融资途径，充分发挥“中小企业应急周转金”应急救助作用，帮助民营企业解决融资难、融资贵问题。加大民营企业降本减负力度。加快完善公平竞争的市场环境，在审批许可、经营运行、招投标、资源要素配置等方面对民营企业一视同仁。构建“亲、清”新型政商关系，深入开展民营企业大走访，以实际行动让民营企业家放心、舒心。民营经济增加值占生产总值比重达65.1%以上。

（九）抓紧抓实社会事业，着力改善人民生活。

强化社会保障。落实积极的创业就业政策，实现城镇新增就业5.8万人，新增创业3000户以上，城镇登记失业率控制在4.2%以内。大力实施“雁归兴安”“锦绣计划”，引导农民工返乡就业创业1.42万人。实施大学生就业创业促进计划和基层成长计划，加强化解过剩产能职工、退伍军人等重点群体就业创业援助。完善城乡医保基金统筹保障机制，落实特殊困难群体筹资参保政策。健全农村留守儿童和妇女、老年人、残疾人等关爱服务体系，加强社会救助、社会福利等工作，推动志愿服务、慈善事业加快发展。

提升公共服务。优先发展教育事业，推动学前教育普惠健康发展，促进义务教育城乡一体化发展。实施优质学校培育计划，促进普通高中优质特色发展、职业教育内涵建设。加快安顺学院“双一流”项目建设，支持安顺职院加快发展。推进健康安顺建设，全面实施14项基本公共卫生服务惠民工程，提升基本公共卫生服务质量。加强重点专科（学科）、智慧医疗建设，提升中医服务能力。加强基层医疗卫生队伍建设。实施“苗圃工程”，推动0至3岁儿童早期综合发展。大力发展养老事业，满足多元化养老服务需求。推出音乐、舞蹈、戏剧、曲艺等节目，冲刺国家第十八届群星奖。举办全市第二届文艺调演。加快推进黄果树·屯堡申报世界自然与文化双遗产工作，大力发展竞技体育、群众体育。深入开展全国文明城市、双拥模范城市、禁毒示范城市等创建工作，巩固国家卫生城市创建成果。大力提升公民科学素质，打造紫云猫营科普惠民小镇。开展第四次全国经济普查。加强人民防空、国防后备力量建设。此外，支持工会、共青团、妇联、文联、社科联、残联、侨联、科协、关工委、红十字会、计生协会等依法按章履行职责，进一步做好国防教育、民族宗教、新闻出版、广播影视、地方志、文物、档案、外事、对台、气象等工作。

办好“十件民生实事”：（1）减少农村扶贫对象6.76万人，完成易地扶贫搬迁18695人，其中贫困人口14861人；（2）解决6万人农村饮水安全问题；（3）新建、改扩建公办幼儿园8所和中小学校16所，新增学位3600个；（4）实现全市所有乡镇卫生院中医馆（国医馆）全覆盖，建成市公共卫生服务中心、康养中心老年养护楼、市级健康管理中心一期；（5）实施农村老旧房屋透风漏雨问题整治3000户；（6）新建农民工综合劳务市场7个；（7）实施贫困地区生鲜农产品直通车进社区，新建10个生鲜超市（生鲜店）；（8）新增主城区非占道公共停车位1000个；（9）新增城市公交线路3条、新能源公交车90辆；（10）完成村级农体工程30个、乡镇农体工程3个、全民健身路径工程10个。

三、切实加强政府自身建设

各位代表，我们将持续加强政府自身建设，全力为人民群众提供优质、高效的政务服务。

一是加强政治建设。坚持把政治建设放在首位，树牢“四个意识”、坚定“四个自信”、践行“两个维护”，坚决落实党中央国务院、省委省政府和市委的各项决策部署。坚定理想信念、强化理论武装，严明政治纪律、政治规矩，坚决杜绝“七个有之”、做到“五个必须”。深入开展“不忘初心、牢记使命”主题教育活动，继续推进“两学一做”学习教育常态化、制度化。强化中央、省委巡视整改落实，扎实做好巡视“后半篇文章”。

二是严格依法行政。全面贯彻落实依法治国方略，按照法定权限和程序行使权力、履行职责。完善重大事项公众参与、专家论证等制度，推动合法性审查全覆盖。深入推进政务公开，让权力在阳光下运行。加强诚信建设，提高政府公信力。完成《安顺市城市综合执法管理条例》起草工作。自觉接受人大法律监督、工作监督，自觉接受政协民主监督，主动接受监察监督、审计监督、社会监督和舆论监督，认真听取人大代表、政协委员、民主党派、工商联、无党派人士和各人民团体意见，做到有权必有责、用权受监督。

三是提升政务效能。完成市、县政府机构改革。深入推进“放管服”改革、商事制度改革，优化行政审批流程，严查取消、下放事项“留尾巴”现象。实行市场准入负面清单制度，推动“非禁即入”全面落实。积极推动“双随机、一公开”和跨部门联合监管，做到“一次检查、全面体检”，切实提升监管实效。深入推进“互联网+政务服务”，加强市县乡村政务服务平台标准化建设。大力实施“一网通办”，让企业、群众办事更加便捷。

四是坚持廉洁从政。切实履行政府系统全面从严治党主体责任、“一岗双责”，严格执行《中国共产党廉洁自律准则》《中国共产党纪律处分条例》。贯彻落实中央八项规定及其实施细则精神、省委和市委相关规定，坚持不懈纠治“四风”，坚决破除形式主义、官僚主义。加强重点领域、关键环节审计，严防严控重点工程、重点领域廉政风险。改进和规范督查工作，严厉整治不担当、不作为、慢作为、假作为，全力营造清正廉洁、务实担当的干事创业环境。

各位代表，大道至简，实干为要。让我们更加紧密地团结在以习近平同志为核心的党中央周围，在市委的坚强领导下，紧紧依靠全市各族人民，以坚如磐石的信心、只争朝夕的劲头、坚韧不拔的毅力，奋力续写新时代富美安顺高质量发展新篇章，以更优异的成绩向新中国成立70周年献礼！

西秀区政府工作报告

（2019年1月7日在西秀区第五届人民代表大会第四次会议上）

西秀区委副书记、区长 陈天一

各位代表：

现在，我代表区人民政府向大会作工作报告，请予审议，并请区政协委员和其他列席人员提出意见。

一、2018年工作回顾

2018年是西秀牢记嘱托、苦干实干、拼搏进取的一年。我们深自砥砺、笃定前行，面对错综复杂的经济形势、艰巨繁重的改革发展稳定任务，坚持以习近平新时代中国特色社会主义思想为指引，深入学习贯彻党的十九大和习近平总书记在贵州省代表团重要讲话精神，全面贯彻习近平总书记对贵州工作的系列重要指示批示精神，在市委、市政府和区委的坚强领导下，认真贯彻落实省委十二届三次、四次全会和市委四届四次全会、区委五届七次全会精神，在区人大、区政协的监督、支持和帮助下，团结带领全区各族人民，以脱贫攻坚统揽经济社会发展全局，坚决守好发展和生态两条底线、防范和化解各类重大风险，以供给侧结构性改革为主线，深化大扶贫、大数据、大生态三大战略行动，扎实打好“一二四”攻坚战，全面推进稳增长、促改革、调结构、惠民生、防风险各项工作，社会保持和谐稳定，经济向高质量发展不断迈进。

2018年，全区预计实现生产总值362.26亿元，同比增长12.8%；500万元以上固定资产投资增速预计达14%；预计实现社会消费品零售总额86.9亿元，同比增长12%；一般公共预算收入预计完成20.28亿元；城乡居民人均可支配收入预计增长9%、10%。节能减排降碳控制在国家下达计划范围内。贫困发生率从年初的1.46%下降到1.08%，顺利通过国家第三方评估验收，成功退出贫困县。

（一）我们攻坚克难打硬仗、凝心聚力谋发展，三大攻坚战成效显著。

脱贫攻坚再战再胜。把脱贫攻坚作为头等大事，全力做好“春风行动”“夏秋攻势”。加快帮扶力量向贫困地区聚集，派出50名县级干部、136名帮村书记、161名第一书记、2760名干部开展结对帮扶，选派870名机关干部组建党员突击队、集中攻坚队驻村开展工作，全面推进“十个一批”精准施行。把基础设施建设作为筑基之本，累计实施农村“危改”“三改”40063户，建成农村“组组通”、硬化路253.3公里，实现农村饮水安全全覆盖，实施农村电网通讯改造、村寨亮化工程，实现所有村（居）通讯亮化全覆盖；把产业扶贫作为根本之策，投入5.5亿元发展蔬菜、茶叶、精品水果、中药材、食用菌等扶贫产业。以绿野芳田为平台，与辖区160家生产企业（合作社）签订采购合同，惠及贫困户7400余名。把易地搬迁扶贫作为首要任务，建成易地扶贫搬迁安置点8个，安置建档立卡贫困人口2484户、10933人。引进5家劳动密集型企业入驻，通过“楼上安居、楼下就业”模式实现搬迁群众“挪穷窝、断穷根”。彩虹社区、大坝新农村建设模式，得到省委书记、省人大常委会主任孙志刚点赞。把就业扶贫作为重中之重，紧紧围绕劳动密集型产业内移，深化“三个我和你”就业扶贫模式，引进车间29个，解决2000余名贫困人口就业问题。在各村（居）创新开发“一村七岗”公益性岗位，吸纳1908名贫困人口就业。把教育扶贫作为治本之方，全面落实贫困学生从学前教育到大学阶段各项资助政策，累计投入6.1亿元，资助贫困学生 177.4 万余人次。全区普通高中、中职学校对建档立卡贫困学生全部按规定标准实行免费入学；投入 3.7 亿元，实现全区农村幼儿园、中小学义务教育学生营养改善全覆盖。把医疗扶贫作为关键要素，全区定点医疗机构全部实行“先诊疗，后付费”、“一站式”结报，贫困人口医疗费用综合报销比例达 90% 以上。累计发放健康扶贫医疗保障救助资金 2774.9 万元，救助 14710 人次，贫困群众新农合参合率达 100%。把生态扶贫作为“双赢”之举，累计种植生态经济林 24 万亩，惠及 1.3 万贫困人口。吸纳 2000 余名贫困群众参与森林抚育等林业项目，实现脱贫攻坚、生态文明建设“双赢”。把助残扶贫作为重要路径，实施“百合花”行动，整合资源建立“残疾人托养就业联合体”，带动 3836 人次残疾人就业。把社会扶贫作为强劲助力，通过东西部对口扶贫协作，在教育、医疗、经贸等领域广泛深入开展对口帮扶，熊猫精酿、青岛食品等一批项目落户西秀，全区获青岛东西部扶贫协作资金 2041 万元，用于 27 个农村基础设施项目建设，14466 名农民群众受益。创新实施“百企派驻产业村长”行动，得到省委副书记、省长谌贻琴高度评价。成功推动 116 家企业向 131 个贫困村开展定向帮扶。把政策脱贫作为兜底保障，发放农村最低生活保障金 5215 万元、特困人员供养救助金 1216.1 万元、城乡医疗救助资金 1619.7 万元、困难人员临时救助资金 1875.1 万元。全区实现退出贫困村 13 个，740 户、2581 名贫困人口实现脱贫。

污染防治战果丰硕。严格落实“大气十条”“水十条”“土十条”等环保政策，狠抓中央、省委环保督察反馈问题整改。通过“蓝天”保卫战，深入实施大气污染防治行动计划，加大秸秆禁烧与综合利用力度，大力整治工地及道路扬尘、城区散煤经营、夜市油烟等污染源，城市环境空气质量优良天数比例达 95.57%，做到了“蓝天无尘染”；通过“碧水”保卫战，深入实施水污染防治行动计划，全面落实河长制，实施最严格的水资源管理制度，投入 6400 万元完成贯城河干流、西支流等 5 段黑臭水体整治，“鱼翔浅底”的美好景象再度重现，集中式饮用水水质 100% 达标，做到了“碧水清若空”；通过“净土”保卫战，强化面源污染控制，完成退耕还林 2.8 万亩，综合治理石漠化面积 17.01 平方公里，造林 1.3 万亩，森林覆盖率达 50.15%，成功创建省级森林城市，做到了“西秀景更美”。

风险防控攻守兼备。严格落实政府性债务管理“七严禁”、问责办法，通过多种方式化解存量债务、严控增量债务。支持区属国有企业市场化、实体化转型，将优良国有资产注入区属国有企业，增强自身造血功能，提升抗风险能力。加大国有企业债务经营监管力度。全面查处、打击非法集资行为，深入开展互联网金融风险专项整治，全年立案查处非法集资组织 7 家，牢牢守住不发生区域性金融风险的底线；切实防范化解社会安全风险，开展安全生产“双控”体系建设，加大对地质灾害、道路交通、建筑施工、消防安全等重点领域的综合整治、排查力度，全区安全生产形势稳定。

（二）我们齐心协力调结构、提质增效促转型，产业发展不断升级。

工业发展蹄疾步稳。传统产业做实做新。完成 30 家企业技改转型升级，完成“互联网 +”转型升级 50 家，获评省级“千企改造”龙头企业 3 家、高成长型企业 4 家，技改扩能实现煤炭行业、有色行业、非金属矿物制品业产值同比分别增长 52.5%、21.2%、20.2%。新兴产业做特做强。通过实施“千企引进”工程，深圳欧拓电子、纽维数码科技等 37 户智能终端企业入驻西秀智能终端产业园（已投产 29 户），智能终端产值同比增长 164.7%，翰瑞电子实现产值 19.6 亿元。军民融合做深做广。以安大锻件产业园、安吉铸造产业园项目建设为核心，在航空发动机、飞机和燃气轮机锻件、轴承等领域发展装备制造企业 10 户。全年装备制造业产值达 28 亿元、军民融合产值达 26.5 亿元，同比分别增长 12%、18%。产业园区做精做优。累计建成标准化厂房 70 万平方米、公寓楼（公租房）1908 套、道路 21 条，供水、供气、供电线（管）网长度分别达 60 千米、60 千米、15 千米。通过“三个三”机制改革，运营效能不断提升，西秀产业园区工业总产值预计达 237 亿元、同比增长 14.84%。全区累计完成工业总产值 277 亿元，同比增长 35.66%。

农业发展调优稳增。基础设施不断完善。全市新增主干道、机耕道、生产便道 257.3 公里，新增沟渠管网 36.6 公里，新增大棚 425 个。产业结构不断优化。全面落实农村产业革命“八要素”，全年调减玉米 6.02 万亩，以辣椒为主的蔬菜、茶叶、精品水果、中药材种植面积分别达 35 万亩、19 万亩、22 万亩、13.6 万亩，种植食用菌 7200 万棒，粮食产量稳定在 16.8 万吨，西秀被省农委评为全省十大蔬菜产业基地县、食用菌产业裂变县。有机创建不断深入。以全国有机农业示范县创建为抓手，专家技术服务培训农民 1.3 万人次。深入开展化肥农药减量工程，全面实施绿肥轮作、水肥一体化，减少使用化肥300吨以上、农药60吨以上；新增“三品一标”认证面积21万亩，农产品检测合格率达99%。产品市场不断扩展。先后与贵州大学、北京华联（贵州）、永辉超市等606家单位签订长期供给合同，全年销售农产品3.2万吨；建成规模以上农产品精深加工企业31个，畜牧业产值达15.8亿元、同比增长12.1%。预计实现农业增加值42.8亿元，同比增长6.8%。

旅游发展行稳致远。旅游设施建设全面推进。大屯堡旅游景区建设步伐加快，9座旅游公厕、1381时光小镇、百年婚庆广场、瑞禄盈民宿森林康养中心等项目稳步推进，华通、华博等一批高端酒店全面建成，邢江河国家湿地公园顺利通过验收。旅游服务全面升级。行政效能不断提升，管理体制改革继续深化；旅游融合全面发展，连续两年成功举办“环中国国际公路自行车赛·安顺赛段”赛事及系列活动，旧州镇赛段荣获“2018年最美古镇赛段”称号，旧州镇药王谷获批为全国森林康养基地，九龙山森林康养小镇获批为国家首批森林特色小镇试点。全区预计接待游客2598.34万人次，同比增长35%；实现旅游收入284.38亿元、同比增长36%，旅游收入连续3年实现“井喷式”增长。

（三）我们坚定不移推项目、坚持不懈补短板，基础设施更加夯实。

重大项目加快实施。先后举办重大项目集中开工10次，开工项目73个、总投资256.2亿元，年内完成投资52.6亿元。实施省、市重大项目和重点工程131个，总投资1313.34亿元，年度计划投资267.8亿元，年内投资完成率达110.49%。全年获批中央预算内投资项目26个、总投资7.5亿元，累计下达投资3.15亿元。

交通网络更加优化。完成七眼桥至跳蹬场、关帝庙至旧州等5条县乡道“建养一体化”提等改造，完成X415旧州至陇灰段、S313牛昌坡至老鹰坡段、S314新场至炭窑段3个灾毁恢复项目，G321马路场至木山堡项目加快推进，都香高速过境段征拆工作稳步实施，建成安全生命防护工程400公里，扎实推进“四好农村路”示范县创建，全年完成交通投资27.06亿元。

水利设施不断完善。芦坝水库、雨棚水库建设加快推进，新场河水库主体完工。建成岩腊乡、大西桥镇连片供水工程，惠及5.9万人。实施贯城河、邢江河、千峰河水环境综合治理工程，建成果峰小流域水土保持重点工程。全年完成水利投资18.2亿元。

（四）我们铆足干劲抓建设、精雕细琢提品质，城乡面貌焕然一新。

城市发展欣欣向荣。城市建设日新月异。全面启动头铺片区、畜牧局片区等16个棚改项目建设，已完成投资8.3亿元，改造棚户区6542户。疏通环湖西路（武当山路至狮子山公园）断头路，一批高品质住宅小区拔地而起，黄果树大街一批新建项目全面启动。城市配套日趋完善。加快虹湖东生态停车场、东体育场地下停车场建设，新增中心城区公共停车位1000个，新建、改造城区公厕15座；完成虹山湖公园、金钟广场、若飞广场等城市灯光升级亮化，建成安大厂、南门大桥等口袋公园9个，城区主次干道绿化养护覆盖率达100%，城市绿化率达37.7%。城市管理日益精细。完成涌金街、图书路、家喻五洲等街区环境卫生整治，建成区机械化保洁率达100%，中心城区路灯亮灯率达99%，城市污水处理率达93.1%，城市垃圾无害化处理率达100%。

镇村发展蒸蒸日上。城镇建设彰显活力。新增小城镇“8+X”项目22个，小城镇建成区面积增加到30平方公里；加快推广“1+N”镇村联动模式，联动村增加到166个，镇村联动覆盖率达86%，实现1.4万名农业转移人口城镇化，常住人口城镇化率达58.2%、同比增长3%。乡村振兴激发潜力。完成所有村庄规划编制，完成36个村庄、7824户景观整治，新建小康房640套，打造美丽乡村3个；启动30户以上自然村寨污水管网及处理站建设，日处理农村生活垃圾达200余吨，生活垃圾无害化处理率达98.4%。刘官乡嘉穗村、蔡官镇格来月村列入中国传统村落名录，双堡镇大坝村获评“中国美丽休闲乡村”。

（五）我们求真务实迎挑战、敢作敢为推改革，发展潜力全面释放。

深化改革成效明显。不断深化“放管服”改革，落实取消调整的行政审批事项42项，承接下放行政审批事项15项，清理规范行政审批中介服务事项9项。企业开办时间由平均20天减至8.5天，各项许可证办理由最多30个工作日压缩到5个工作日。全力推动“双随机、一公开”监管全覆盖，深化“多证合一、证照分离”商事登记制度改革。医疗卫生体制改革不断推进，以药养医全面取消。“三去一降一补”成效明显，淘汰落后过剩产能9万吨。顺利推进国税地税征管体制改革，国地税完成合并，落实好国家各项减免税政策，全年预计减免各项税收9.08亿元。

创新驱动成效显著。与中国科学院天然产物化学重点实验室在高标准种植、产品研发、人才培养等方面开展深度合作，安大院士工作站挂牌成立，新增省级农业科技示范园区2个，完成科技型企业备案148家，新增高新技术企业6家。申报省、市科技计划项目52项，申请专利672件（发明专利255件），引进高级人才147人，全区综合科技进步水平指数达90.9%。

招新引优成效斐然。以改革开放40周年为契机，积极响应省委、省政府"产业大招商突破年行动"号召，制定鼓励民办医疗、教育发展的系列优惠政策。抢抓东部沿海产业转移机遇，以珠三角、长三角为核心，聚焦智能终端大数据、全域旅游、军民融合、医药健康、生态建设、城市发展等领域，成功引进万达集团、浙江群升集团、广东黄赛航空科技等78家企业，全年引入各类亿元项目42个，实现省外投资500万元及以上项目招商引资到位资金244.54亿元、同比增长12.15%。

（六）我们持之以恒惠民生、不遗余力增福祉，社会事业繁荣发展。

社会保障提标提质。新增城镇就业1.9万人，农村劳动力就业转移3.6万人，失业率控制在3.13%。全区城镇、农村低保标准同比增长6%、8%，社会保险参保人数达58.7万人，60周岁以上建档立卡贫困人员全部纳入社会保障。严格落实农民工工资"四项制度"，创新使用"1+3"模式，切实维护劳动者合法权益。扎实做好非洲猪瘟疫情防控，全区物价指数保持在合理区间。

社会服务共建共享。教育事业均衡发展。顺利通过国家义教均衡督导评估认定。深化学区化管理、乡镇中心校管理改革，通过义务教育学校扩容增量增加2520个学位供给，66人以上超大班额全部消除。加大控辍保学力度，小学、初中辍学率分别控制在0.5%、1.5%以内，义务教育巩固率达97.93%。医疗事业健康发展。推进医疗联合体建设，落实分级诊疗制度。与清华大学一附院、青岛大学附属医院、贵州省人民医院开展技术合作与对口帮扶，会诊救治危重症患者416例。总投资8.9亿元的西秀区人民医院二期全面启动。文体事业繁荣发展。"智慧广电"建设工作得到上级充分肯定，新增"广电云"用户16000户，放映公益性电影3635场。组织参加安顺市第二届运动会，我区体育健儿获奖牌129枚，排名全市第一。我们千方百计惠民生、谋福祉，"十件民生实事"基本完成。

社会治理同治同安。食品药品安全监管不断加强，保持重大食品、药品安全事件"零记录"，旧州镇成功创建省级食品安全示范乡镇。深化大数据信息化整合应用，初步完成网格化基层防控体系建设，整合"小天网"视频监控资源，率先在全市建立人脸识别系统，大幅提升社会治安防控效能，全年保持"两抢"零发案天数320余天。顺利完成国家社区治理、服务创新实验区验收。扎实开展扫黑除恶专项斗争，治安形势平稳向好，信访积案得到有效化解。民族团结进步、宗教和睦和顺，群众的安全感、满意度分别提升至98.53%、98.23%。

（七）我们知行合一转作风、重任千钧惟担当，依法行政不断深化。

牢固树立"四个意识"、坚定"四个自信"，坚决做到"两个维护"。自觉接受区人大法律监督、区政协民主监督，主动接受社会监督，认真听取人大代表、政协委员、民主党派、工商联、无党派人士和人民团体的意见建议。办理人大代表建议25件、政协提案57件，满意率、办结率均达100%。完善行政复议机构，健全行政复议案件审理、政府法律顾问参与重大决策机制。完成公车制度改革，全面落实中央八项规定、省委十项规定、市委实施意见，严格控制"三公"经费支出，全面彻底执行公务活动"禁酒令"，严格落实全面从严治党责任，查处违反中央八项规定精神等问题18件、20人，维护了政府良好形象。

此外，充分发挥工会、共青团、妇联、残联、科协、工商联、红十字会等群团组织联系广泛的作用，支持群团组织依法按章履职；档案、气象、消防、老干、外侨、人防、国教、应急等工作取得了新成绩。

各位代表，回望2018年，我们付出了艰辛努力、收获了丰硕成果。这些成绩的取得，是市委、市政府和区委坚强领导、科学决策的结果，是区人大依法监督、区政协民主监督的结果，是全区各族人民群众奋力拼搏、锐意进取的结果。在此，我代表区人民政府，向全区各族人民，向人大代表、政协委员，向各民主党派、工商联、无党派人士、人民团体和社会各界人士，向驻区人民解放军、武警、消防救援、公安政法干警，向老同志及关心、支持西秀经济社会发展的各界人士，表示衷心的感谢并致以崇高的敬意！

在肯定成绩的同时，我们也清醒地认识到在，经济下行压力不断增大的背景下，前进道路上还存在不少困难和问题：经济继续保持较快高质量发展面临诸多挑战，脱贫攻坚巩固提升任务艰巨，财政税收持续增长后劲不足，生态环境修复治理任重道远，供给侧结构性改革还需深入，城乡发展资源配置尚不均衡，开放创新驱动效应不够明显，政府效能优化提升不到位，民生福祉供给保障仍有欠账，等等。面对这些问题，我们将高度重视，采取切实有效的措施认真加以解决。

二、2019 年工作安排

2019 年是中华人民共和国成立 70 周年，是贯彻落实党的十九大精神的关键之年，是决胜全面小康的冲刺之年。做好全年的政府工作，意义重大、使命光荣。

今年政府工作的总体要求是：以习近平新时代中国特色社会主义思想为指导，全面贯彻党的十九大和习近平总书记对贵州工作的系列重要指示批示精神，认真落实中央、省、市、区经济工作会议精神，统筹推进“五位一体”总体布局，协调推进“四个全面”战略布局，坚持稳中求进工作总基调，坚持新发展理念、坚持高质量发展，坚持以供给侧结构性改革为主线，坚持深化市场化改革、扩大高水平开放，进一步做好“六稳”工作，坚持以脱贫攻坚统揽经济社会发展全局，守好生态和发展两条底线，推进实施三大攻坚战、全力实施三大战略行动，持续打好“一二四”攻坚战，保持经济持续健康发展、社会大局稳定，为全面建成小康社会收官打下决定性基础，奋力谱写新时代富美西秀跨越发展新篇章，以优异的成绩庆祝中华人民共和国成立 70 周年。

今年的主要预期目标是：地区生产总值增长 12% 左右，城乡居民人均可支配收入分别增长 9%、10% 以上，实现城镇就业新增 2 万人以上，进一步巩固提升脱贫攻坚成效，完成国家下达的节能减排降碳目标。

围绕实现以上目标，我们将重点抓好以下 8 个方面工作：

（一）聚焦全面小康、振兴乡村，开启西秀共享发展新征程。

深化巩固脱贫取得新成绩。全面贯彻落实中央、省、市和区委关于打赢脱贫攻坚战三年行动发起总攻夺取全胜的工作部署及要求，健全长效扶贫机制，制定“两防两抓”具体措施，持续加大剩余贫困人口脱贫帮扶力度、已脱贫人口巩固提升力度。狠抓扶贫领域作风整治，坚决查处扶贫领域腐败问题。加大思想扶贫力度，树立正确导向，消除贫困群众“等靠要”思想，激发贫困群众的内生动力，进一步巩固脱贫成效、夯实脱贫成果。

推动“四场硬仗”再上新台阶。精准发力特色产业扶贫。新增蔬菜 5 万亩、茶叶 2 万亩、精品水果 1 万亩、中药材 1 万亩、食用菌 500 万棒。进一步拓展销售市场，力争与广州、深圳、青岛等地的大型市场及省外单位签订长期供给合同，实现日均销售农产品 200 吨。精准补齐基础设施短板。扎实开展好新一轮农村电网升级改造，力争实现 80% 以上自然村覆盖 4G 网络；加快推进乡镇污水处理厂、村级污水处理站建设，实现农村污水处理率达 50% 以上。精准做好易地扶贫搬迁。扎实做好 8 个易地扶贫安置点巩固提升工作，确保各安置点“五个三”综合配套政策全面落地见效。精准实现三个全面保障。进一步完善从学前教育到高等教育全覆盖的贫困学生资助体系；加快提升基层医疗卫生服务能力，全面落实参保个人缴费财政补贴政策、健康扶贫医疗保障救助政策，确保贫困人员参合率达 100%，住院实际报销比例达 90% 以上。加大农村危房排查力度，确保贫困群众住房安全。

加快乡村振兴实现新发展。以产业兴旺为重点，深化农村产业革命，深入推行“五步工作法”，牢牢把握农村产业结构调整“八要素”，编制实施《西秀区乡村振兴战略规划》，新增“三品一标”产地面积 20 万亩，进一步培育壮大新型农业经营主体。以生态宜居为关键，推进“四在农家·美丽乡村”建设，加快农村人居环境改善，新建一批垃圾收运设施，确保垃圾无害化处理率达 98.48% 以上，力争打造 5 个美丽乡村。以乡风文明为保障，推进农村精神文明示范县创建，大力弘扬农耕文化、优秀传统文化，全面遏制陈规陋习，不断提高乡村社会文明程度。以治理有效为基础，进一步完善综合治理工作机制，深入推广“塘约经验”“大坝模式”，加快形成自治、法治、德治相结合的乡村治理体系。以生活富裕为根本，加快推动公共服务向乡村延伸，推进“雁归兴秀计划”“锦绣计划”，积极鼓励、引导农民工返乡就业。

（二）发力污染防治、牢守底线，营造西秀绿色发展新环境。

织好生态环境防护网。深入贯彻落实省委、省政府《关于全面加强生态环境保护坚决打赢污染防治攻坚战的实施意见》，严格执行环境保护“六个一律”、森林保护“六个严禁”，全力打好“五场战役”。加快实施退耕还林还草及石漠化治理等重点生态工程，严肃查处生态环境违法违规行为。力争完成营造林8万亩，治理石漠化面积24平方公里，实现森林覆盖率达51%。

打好环境治理组合拳。打好“蓝天”保卫战，进一步完善重点领域强制性应急减排措施，加大工业、扬尘、非煤矿山等污染源综合防控力度，持续加强秸秆禁烧、秸秆综合利用，实现城区空气质量优良天数比例达95.5%以上，让西秀天蓝气爽；打好“碧水”保卫战，严格落实河长制，深入开展入河排污口专项整治，推动“十大污染源”治理，继续实施贯城河南支流河段黑臭水体治理，加快12个乡镇农村饮水安全巩固提升连片供水工程，确保集中式饮用水水质稳定达标，让西秀河清湖秀；打好“净土”保卫战，深入开展第二次污染源普查，推动工业、医疗废物综合处置，大力推广科学施肥及合理用药技术，减少农药施用量，加大破损山体修复力度，让西秀土净山幽。

做好绿色发展践行者。以建设国家生态文明试验区为契机，深入落实贵州省绿色制造三年专项行动计划，加快推进绿色动力公司垃圾焚烧发电二期项目建设，实现宏达塑胶公司年再生利用3万吨废旧塑料项目建成投产。大力推动新型建材普及使用，逐步将绿色建筑比例提高至50%。推动城乡垃圾分类处理，大力推行绿色低碳生活，地区生产总值能耗控制在省市下达标准范围内，努力建设资源节约型、环境友好型社会。

（三）紧盯风险防范、强化监管，构建西秀健康发展新防线。

防范化解财政金融风险。管控好债务规模。推动政府性债务化解，完善政府性债务管理、风险防范化解、应急处置机制，加快推动财政零基预算，提高财政资金使用效率。化解好政府债务。规范政府举债融资机制，推动政府债券发行，扩大置换债券规模，有序化解存量债务；强化项目资金监管，遏制隐性债务增量。防范好金融风险。深化金融体系建设，支持金融机构围绕实体经济、小微企业、“三农”发展金融产品，进一步降低企业融资成本；加强金融监管，深入开展类金融业风险排查，严厉打击、处置非法集资行为，牢牢守住不发生区域性金融风险的底线。

防范化解社会安全风险。进一步完善安全生产风险防范应急处置机制，严格落实安全生产责任制，全力抓好矿山、烟花爆竹、交通运输、危险化学品、城市安全等重点领域专项整治，全面提升安全生产保障能力和水平；进一步强化自然灾害风险防范应急处置机制，做好气象、洪涝、地质等灾害监测预警和应急救援工作；进一步加强食品药品安全监管，深入开展各类市场专项执法行动，确保不发生食品药品安全问题；进一步加强平安西秀、法治西秀建设，加大扫黑除恶专项斗争力度，健全“大防控”工作机制，依法分类处理信访诉求，继续提升人民群众的获得感、幸福感、安全感、满意度。

（四）推动产业升级、优化结构，点燃西秀跨越发展新引擎。

奏响工业升级主旋律。让产业园区“挑大梁”。加快建设北一号路、北三号路、给排水管网等基础设施，完成标准化厂房四期配套工程，抓好增量配电业务改革试点，加快处置“僵尸企业”，盘活西秀产业园区土地资源，力争实现西秀产业园区工业总产值达260亿元、同比增长10%。让传统产业“发新枝”。实施“千企改造”工程，加快宏盛化工、黄果树铝业等企业技改扩能，力争实施技改项目30个。推动煤炭行业、有色行业、非金属矿物制品业等传统产业发展。让新兴产业“结硕果”。推动黄赛航空、纽维科技、欧拓电子等16个智能终端企业建成投产，推进翰瑞智能终端产业园建设，实现智能终端产值达80亿元。推动大数据与实体经济融合发展，力争打造融合标杆项目3个、示范项目20个，带动融合企业40户。让军民融合“换新颜”。加快安大锻件产业园、安吉铸造产业园建设，引导军工企业提升核心产品技术水平，培育一批“民参军”企业，实施军民融合项目5个，实现军民融合产值达28.5亿元、同比增长8%。新增规模以上工业企业9家。

唱响农业发展新乐章。以园区为载体。以建设安顺高标准蔬菜示范园区为契机，实施农业示范园区提升工程，推动西秀区蔬菜园区、山京茶产业园区等4个省级农业园区高效节水灌溉项目建设，力争新建省级农业园区1个，新建主干道、机耕道120公里，新建沟渠管网60公里，实现全区优良农业基础设施覆盖率达90%以上。以产业为核心。加快推动生态畜牧业发展，实现生态畜牧业产值占比达28%以上。打造邢江河沿线有机农业示范区，加快鸡场万亩白茶、杨武万亩精果、旧州万亩中药材等产业基地建设，加快500亩以上大坝产业结构调整，确保非粮占比达94.6%。严守耕地红线、粮食安全底线，新增高标准农田6万亩，确保粮食产量稳定在16.8万吨。以融合为主攻。加快推动农产品精深加工，建设现代化冷链物流、烘干仓储体系，推进茶旅小镇、金鸡农庄等一批田园综合体建设，推动农业一二三产业融合。力争实现农业增加值达45.8亿元，同比增长7%。

发出全域旅游最强音。完善基础配套。以承办安顺市第六届旅游产业发展大会为契机，加快完善旅游体系建设，建设中心城区游客服务中心、涉旅乡镇游客服务驿站，完成智慧旅游系统建设。打响文化品牌。依托文庙、武庙、儒林路、王若飞故居等景区景点，在城区培养专家型导游，讲好西秀故事，继续办好虹湖音乐季；以屯堡传统文化为核心，在乡镇加快云峰景区打造，建设屯堡活态博物馆，打造文化名片。丰富旅游业态。加大向长三角、珠三角、川渝等地的旅游宣传推介力度，吸引更多外地游客到西秀休闲度假、避暑康养。以“旅游+”融合为抓手，大力开发观光游、乡村游、体验游等精品旅游线路；以虹山湖商业街、贯城河、好吃街为核心，大力发展“旅游夜经济”。继续办好“2019 环中国国际公路自行车赛·安顺赛段”活动，保持好旅游业发展的井喷态势。

（五）加速城乡融合、夯实基础，打开西秀协调发展新格局。

加快基础设施建设。力争实施省、市重大项目 168 个，投资达 1283.6 亿元；完成都香高速过境段征拆工作，推进 G321 马路场至木山堡、S212 挖沙坡至张家庄、S211 旧州至板桐关、宁—龙—黄公路等国省道建设。加快农村公路危桥改造，实施农村安全生命防护工程 265 公里，做好省级“四好农村路”示范县创建工作；全面启动勐党、青鱼塘、驿马寨等 6 座水库建设，加快推进大洞口水库建设相关工作，实现芦坝、雨棚、新场河水库下闸蓄水。启动区域内相关河流水环境综合治理。

加快城市内外兼修。城市发展向新而生。推进南片区、关脚片区等 13 个棚改项目续建，做好 2019 年棚户区改造项目。加快推动儒林路历史文化街区升级改造，完成虹山湖湿地公园建设，全面打通凤东路、北山路、文轩路等 14 条断头路，配合做好安顺市有轨电车 3、4 号线一期建设。城市功能向需而行。完成黄果树大街、塔山东西路、龙青路等城区道路灯光升级改造；加快推进海绵城市建设，新建和改造雨污管网 17 公里；新增中心城区停车位 600 个，新建、改造城镇公厕 14 座。加大城市“双修”试点力度，按照“山城、水城、林城、花城”定位，进一步提升城市品质。城市管理向精而治。按照习近平总书记关于城市管理要用“绣花的细心和耐心”的要求，全面推进城市管理执法体制改革，提升城市精细化管理、服务水平。全力做好全国文明城市及其他相关品牌创建工作，让城市“颜值”更高、“气质”更好。

加快新型城镇化试点。以“一分三向”安顺模式为核心，推进小城镇“8+X”项目建设，提高小城镇基础设施供给。逐步引导农业人口向城区、中心集镇、美丽乡村转移，加快推动优质公共服务向镇村延伸，实现城乡要素平等交换、公共资源均衡配置。大力培育城镇优势产业，加快产城融合，增加镇村居民收入。新增城镇人口 5000 人以上，实现常住人口城镇化率达 64.1%。

（六）加快改革进程、扩大开放，激活西秀创新发展新动能。

深化重点领域改革。继续深化供给侧结构性改革，提高经济发展质量。全面落实减税降负政策。深化投融资体制改革，降低医疗康养、文化旅游等领域准入门槛，充分激发社会投资活力、动力。深化国有企业改革，推动国有企业市场化、实体化转型，实现集团化、差别化发展。深化农村土地制度改革。深化旅游、执法、医疗、教育、财税等体制改革。做好第四次全国经济普查工作。完成政府系统机构改革。

打造开放合作高地。按照贵州内陆开放型经济试验区建设要求，积极参与“一带一路”建设，重点加强与珠三角、川渝、青岛等地交流合作，探索建立跨境合作互助产业园区。推进区内外产业合作试验区建设。以“千企引进”为抓手，围绕智能终端、先进制造、大健康医药等新兴产业，加大招商引资力度，引进一批成长性好、技术含量高的企业落户西秀，力争引进全国 500 强企业 1 个，引进亿元项目 50 个、产业项目 90 个以上，实现省外投资 500 万元及以上项目招商引资到位资金 270.6 亿元、同比增长 10%。

提升科技创新水平。深化科技体制改革，实施科技型企业梯队提升培育计划，推动规模以上大中型企业组建产业技术创新联盟，实现科技型企业备案数达 180 家，高新技术企业、创新性企业总数达 25 家以上。加强工程实验室、企业技术中心、院士（博士后）工作站创建培育，推动产学研深度融合，力争实现综合科技进步水平指数达 92%。

（七）深化简政放权、提升服务，树立西秀行政效能新标杆。

全面深化“放管服”改革。加大简政力度，全面做好行政权力下放承接工作，最大限度取消、下放行政审批事项，继续推行“双随机、一公开”。加快推进商事制度改革。优化政务服务，深入推进“互联网+政务服务”，全面推行“一网通”，实现政务服务事项网上办理率达 100%、“最多跑一次”事项占比达 60%，让企业、群众现场办理“只进一扇门”。提升营商环境，深入落实园区“三个三”服务理念，推动招商引资项目尽快落地；持续开展减证便民行动，力争企业、群众办事提供材料减少60%以上；继续清理、规范行政审批中介服务，大力降低企业制度性交易成本，全力支持民营、中小企业发展，构建"亲"则两利、"清"则两安的新型政商关系。

（八）全力改善民生、普惠共享，创造西秀富裕美好新生活。

继续强化社会保障。重点解决好高校毕业生、农民工、退役军人等群体就业问题，城镇登记失业率控制在4.2%以内。实现基本社会保险覆盖率达90%。加快火烧寨、水溪庄等7个安置房项目建设，力争建成安置房5631套。建设5个以上社区老年人日间照料中心、农村幸福养老院。完善社会救助、社会福利、优抚安置制度，健全农村留守儿童、残疾人关爱服务体系。

全面优化社会服务。推动教育事业新发展。深化教育体制机制改革，启动义务教育优质均衡发展工作，全面保障进城务工人员随迁子女平等入学权利。深入实施第三期学前教育行动计划，完成七眼桥中心幼儿园等3所公办幼儿园建设。加快推进新五中、新八小、凤仪小学改扩建等项目建设，完成特殊教育学校、机械工业学校"申示"目标。推动医疗事业新跨越。深化医疗卫生体制改革，推进分级诊疗体系建设，健全区、乡、村三级医联体，加快区人民医院二期项目建设。推动文体事业新繁荣。扎实巩固、发展多彩贵州"广电云"户户用工程，加大文化、体育等公共服务场所及设施向社会免费开放力度。

扎实做好"十件民生实事"：（1）减少农村扶贫对象500人以上，加快推进各乡镇饮水安全巩固提升工程；（2）新建、改扩建公办幼儿园3所、中小学3所，新增学位1300个以上；（3）实现全区所有乡镇、两郊办卫生院中医馆（国医馆）全覆盖；（4）新建农民工综合劳务市场1个；（5）实施贫困地区生鲜产品直通车进社区，新建、改扩建生鲜超市（生鲜店）2个；（6）新增主城区非占道公共停车位600个；（7）完成村级农体工程5个、乡镇农体工程1个；（8）完成农村公路危桥改造2座，完成通村公路窄路面拓宽工程50公里；（9）新建活禽屠宰场1个；（10）全力推进"厕所革命"，新建、改扩建村级公共卫生厕所79个、城乡公共厕所70个（城镇公共厕所14个、旅游厕所2个、国省干线公共厕所2个、医疗机构厕所27个、学校厕所23个、商贸流通厕所2个）。

此外，支持工会、共青团、妇联、科协、残联、工商联、红十字会等人民团体发挥更大作用，扎实做好民族宗教、气象、档案、保密等工作；加强国防教育，支持驻区人民解放军、武警部队建设。

三、全面加强政府自身建设

各位代表，我们将自觉以习近平新时代中国特色社会主义思想为指引，深入贯彻落实党的十九大和习近平总书记对贵州工作的系列重要指示批示精神，真抓实干、埋头苦干，建设人民满意的服务型政府。

（一）加强政治建设。坚持把政治建设放在首位，坚决牢固树立"四个意识"、坚定"四个自信"、践行"两个维护"，坚决贯彻落实党中央、国务院，省委、省政府，市委、市政府和区委的各项决策部署。强化理论武装、坚定理想信念，坚决杜绝"七个有之"、做到"五个必须"。严格履行全面从严治党主体责任，继续推进"两学一做"学习教育常态化、制度化，深入开展"不忘初心、牢记使命"主题教育活动，强化中央、省委巡视整改落实，扎实做好巡视"后半篇文章"。

（二）严格依法行政。全面贯彻落实依法治国方略，把政府工作全面纳入法治轨道，加快推进法治政府建设。进一步健全依法决策机制，健全重大行政决策程序，严格执行"三重一大"制度，促进科学决策、民主决策。自觉接受区人大法律监督、工作监督和区政协民主监督，广泛听取民主党派、工商联、无党派人士、人民团体意见，确保行政权力在阳光下运行。加大政务信息公开力度，建立规范性文件动态清理制度，加强政策文件解读，主动回应社会关切，自觉接受人民群众监督，全面提高政府公信力。

（三）恪守廉政底线。严格执行《中国共产党廉洁自律准则》《中国共产党纪律处分条例》，严格执行中央八项规定实施细则及省委、市委、区委相关规定，坚决贯彻落实习近平总书记关于作风建设的重要批示精神，驰而不息纠"四风"、转作风，坚决反对形式主义、官僚主义。严格落实党风廉政建设"一岗双责"，坚持无禁区、全覆盖、零容忍态度，坚定不移把全面从严治党推向深入。筑牢拒腐防变的思想道德防线，真正做到严以用权、为民用权、廉洁用权，努力营造风清气正的良好政治生态环境。

各位代表，艰难困苦，玉汝于成。让我们更加紧密地团结在以习近平同志为核心的党中央周围，高举习近平新时代中国特色社会主义思想伟大旗帜，在区委的坚强领导下，依靠全区各族人民，牢记嘱托、感恩奋进，奋力谱写新时代富美西秀新篇章，以经济社会发展的优异成绩迎接中华人民共和国成立70周年！

平坝区政府工作报告

（2019年2月26日在平坝区第二届人民代表大会第四次会议上）

平坝区委副书记、区长 唐友波

各位代表：

现在，我代表区人民政府向大会报告工作，请予审议，并请各位区政协委员和其他列席人员提出意见。

一、2018年工作回顾

过去的一年，我们以习近平新时代中国特色社会主义思想为指导，深入贯彻党的十九大和习近平总书记对贵州工作的系列重要指示批示精神，在市委、市政府和区委的坚强领导下，在区人大、区政协的监督支持下，团结带领全区各族人民，苦干实干、砥砺前行，强力推进大生态、大产业、大扶贫三大行动，全区经济社会实现持续健康稳定发展。

一年来，我们尽锐出战、精准施策，夺取了脱贫攻坚的根本性胜利。累计投入66.73亿元，全力打好“四场硬仗”，扎实抓好“五个专项治理”，深入开展“春风行动”“夏秋攻势”“冬季充电”，全面攻克贫困堡垒，顺利通过国家评估验收成功脱贫摘帽，全区贫困发生率下降到1.23%。

一年来，我们保持定力、稳定增长，增强了区域经济综合实力。实现地区生产总值137亿元，增长10.4%；规模以上工业增加值49.98亿元，增长9.7%；社会消费品零售总额增长7.6%；财政总收入23.14亿元，增长15.97%；金融机构人民币存贷款余额分别为173.76亿元、154.67亿元。在全省18个城区方阵中，增比进位综合测评排名第13位，经济发展群众满意度排名第2位。全区金融秩序总体稳定，政府债务风险总体可控。

一年来，我们加快转型、壮大实体，迈出了产业升级的新步伐。大力推进农村产业革命，非粮产业增加值占农林牧渔业增加值比重达94.5%。实施“千企改造”项目35个，培育“万企融合”示范企业15家、标杆项目2个，新增高新技术企业8家，高新技术制造业增加值占规模以上工业增加值比重达58.6%。

一年来，我们求真碰硬、铁腕治污，取得了生态建设的新成果。饮用水源地水质达标率为100%、空气质量达标率达99.7%，城市污水处理率达93%，城乡生活垃圾无害化处理率达94.52%。中央环保督察反馈的14个问题、省委环保督察反馈的18个问题全部办结，成功创建省级森林城市。

一年来，我们回应期盼、改善民生，取得了社会事业的新进步。城镇新增就业9428人，成功入选全国农村创业创新典型县。城镇、农村常住居民人均可支配收入分别增长9.2%、9.9 %，城市、农村低保分别提标6%、9%。义务教育持续均衡发展，区乡两级远程医疗实现互联互通，人民群众得到的实惠越来越多。

过去的一年，我们重点抓了以下工作：

（一）摘穷帽、拔穷根，小康基础更加牢固。

脱贫责任扣牢扣紧。认真贯彻习近平总书记关于扶贫工作的重要论述和贵州大扶贫战略行动，坚持以脱贫攻坚统揽经济社会发展全局，严格落实“一把手”负总责、“五主五包”责任制，构建“1+4+N”立体化工作架构，出台《平坝区脱贫攻坚总决战实施方案》和16个配套文件，为打赢脱贫攻坚提供政策支撑。把脱贫攻坚作为区政府常务会议常设议题，加强工作研究和部署。扎实抓好脱贫攻坚巡视发现问题整改落实，不断巩固脱贫攻坚工作成果。

“四场硬仗”打好打赢。建成通组路494公里，修复破损路面641公里，硬化联户路和庭院190万平方米。建成农村饮水安全巩固提升工程173处，解决15.64万人安全饮水问题。大力发展蔬菜、优质稻、食用菌等扶贫产业和肉鸡、生猪、肉牛养殖项目，带动11.7万人增收。全面完成易地扶贫搬迁3年任务，完成农村危房改造1286户。落实资金3383万元，资助困难家庭学生2.19万人次，2309名贫困大学生获得生源地贷款1576万元。健康医疗扶贫补偿资金5596万元，贫困人口家庭医生签约率达100%。

精准帮扶贯穿全程。实行“54321”结对帮扶、“双书记双保险”等帮扶机制，扎实推动“千企帮千村”、东西部扶贫协作，做到帮扶资金、帮扶项目、帮扶措施、帮扶干部“四个到村到户”。43名区级领导带头挂帮43个贫困村，299名干部进驻81个行政村开展工作，93家企业累计投入帮扶资金2.54亿元。召开院坝会2000余次，广泛宣传脱贫政策，不断激发贫困群众的内生动力。青岛市南区投入资金740万元帮扶我区，教育医疗、人才支援、劳务派遣等领域协作不断深化。

（二）调结构、促转型，产业发展步伐加快。

农业产业调优增效。调减玉米等低效农作物6.84万亩，建成蔬菜基地10万亩、优质稻基地10万亩，新增中药材1.1万亩、茶叶5000亩；建成食用菌大棚600余个，年产菌棒2100万棒。新增无公害产地认定3.29万亩，新增无公害农产品认证36个、有机农产品认证3个、绿色食品认证2个，平坝大米申报国家地理标志产品通过农业农村部专家评审。天龙农产品批发交易市场建成运营。

工业转型步伐加快。完成“千企改造”投资25亿元，新增“五上”工业企业9户，29家中小企业入围全省“专精特新”项目。三力制药上市培育进展顺利，大健康新医药产业加快发展。军民融合发展扎实推动，黎阳国际2万平方米厂房改造基本完成，引进军民融合企业2家，黎阳航空发动机公司平坝老厂区列入“国家工业遗产”名录。强化知识产权保护，全区专利拥有量达310件，技术交易额首次突破亿元大关。

第三产业加快发展。全域旅游工作扎实推进，全年接待游客人次同比增长42.63%，旅游综合收入同比增长42.58%。新建旅游厕所9座，新增宾馆酒店31家、客房510间、床位1013张。小河湾成功创建4A级景区，航空小镇创建3A级景区通过评审。电商产业加快发展，培育电商市场主体200余家，区、乡、村三位一体电商网络体系基本形成，电商网络零售额达8163万元。

（三）抓投资、稳增长，保持经济平稳运行。

项目建设扎实推进。实施重大工程、重点项目131个，完成投资128.13亿元。申报2018年中央预算内投资项目26个，争取中央资金1.11亿元。先后组织10批次20个项目集中开工，总投资达195.79亿元。航空职院一期9栋教学楼全部封顶，乐平通用机场项目前期工作加快推进。

招商引资取得成效。深入开展“千企引进”活动，组建“五大”招商引资专班，派出两个工作组驻扎长三角、珠三角常年招商，先后开展外出招商活动50余次，引进航空叶片制造、富乐森医、灏瑞科技等一批优质项目，引入20个小企业入驻标准厂房发展，新中盛玻璃、浙江慧聪等12个产业项目集中开工，全年招商引资到位资金160亿元。

瓶颈制约加快缓解。强化政银企沟通对接，不断扩大“贵工贷”覆盖面，积极发挥工业发展专项基金、融资担保平台作用，着力缓解企业融资难、融资贵问题。持续开展减税降费行动，为各类市场主体减免税款2.15亿元。园区闲置低效用地清理处置力度持续加大，黎阳航空动力公司“三供一业”分离移交工作顺利推进，盘活“三线企业”闲置资产取得积极进展。

（四）强统筹、促融合，城乡面貌持续改观。

城市品质不断提升。常住人口城镇化率提高到52.23%。建成城市道路2条，整治背街小巷3条，提升改造城市次干道3条，新建和改造社区公厕8座，新增公共停车位250个。城区供水二期工程3万吨水厂基本建成，铺设石朱桥至城区供水管网9.8公里。完成棚户区改造房屋征收650户、房屋综合整治2585户。城市管理综合水平不断提高，规范经营摊点1500余个，清理取缔流动摊点1800余个，新建劳务市场1个，启动市政园林管护工程外包，城市居民的获得感更加充实。

城乡基础不断夯实。实施农村道路安防工程267公里、农村公路小修保养641公里，恢复灾毁公路6公里，完成窄路基拓宽改造29公里，城乡通达能力进一步提升。申报“四好农村路”19条69公里。信息基础设施建设加快推进，全区通信光缆总长1.43万公里，出口总带宽130G，移动基站2700个，光纤到户26.76万户，建成公共免费WiFi热点396个。

城乡活力持续焕发。实施夏云、天龙、乐平、羊昌4个示范小城镇“8+X”项目7个。乐平镇区规模进一步扩大，岗樟等3个搬迁安置点加快建设，乐平新城初具雏形。夏云镇产城融合效应进一步显现，聚集了人气、增添了财气。实施“美丽乡村·六项行动计划”项目48个，完成投资9.78亿元。新增高田、小山等一批美丽乡村，小河湾提档升级改造工程加快推进。

（五）防污染、护环境，生态优势不断厚植。

生态建设持续加强。完成营造林2.68万亩，落实天然林管护25.51万亩，森林覆盖率提高到45.02%。查处破坏森林资源违法犯罪案件30起。深入开展林业有害生物防治，森林检疫率达100%。综合治理水土流失面积31.13平方公里、石漠化面积18.17平方公里、坡耕地240公顷。音关桥、石朱桥等饮用水源地保护全面加强，夏云金银、羊昌陈寨等13个农村千人以上集中式饮用水源地建设扎实推进。

污染防治坚决有力。划定生态红线138.08平方公里，落实三级“河长”170名。综合治理城区河道5.95公里，取缔入河排污口39处，清淤河道14.8公里，安装截污管道1450米，修建排污管沟1150米，铺设污水收集管网2300米，建成农村污水处理站32个，城乡污水处理设施不断完善，污水处理能力明显增强。村收集、乡转运、区处理“环卫一体化”项目运行良好，全年清运垃圾5.3万吨，新建垃圾中转站11座。划定城市禁燃区，全面推行秸秆禁烧，空气质量保持良好。

（六）促改革、扩开放，内生活力有效激发。

重点改革稳步推进。“塘约经验”全面推广，塘约村上榜全国改革开放40年地方改革创新40案例。农村集体产权制度改革试点全面铺开，集体经济“空壳村”全部消除。率先在全市构建“交巡处”一体化社会治安防控新模式，集“治安防控、交通管理、应急处突、服务群众”四大职能于一体，取得“1+1+1>3”的良好效应。政府机构改革全面启动，税务征管体制改革全面完成，水利、司法、教育等各项改革取得新成绩。“一村（居、社区）一法律顾问”实现全覆盖。

开放平台不断夯实。赋予安顺高新区更多权限和职能，下放部分区级行政审批事项给安顺高新区，明确10亿元以下项目由安顺高新区自主招商签约，积极推进安顺高新区产业投资有限公司建设，启动夏云工业园区30平方公里控制性详规修订，全力支持安顺高新区加快发展。黔中新区完成未来科技城控制性详规编制，加快高铁新城片区建设，积极推进省级开发区创建工作。

市场活力不断激发。“放管服”改革持续深化，调整公布36家单位、9个乡镇（街道）的权责清单、权力事项、责任事项。“减证便民”行动持续开展，取消区、乡、村三级证明材料157项。开展“双随机一公开”抽查106次，检查对象1647家，事中事后监管的针对性不断提高。商事制度改革纵深推进，办理“一照一码”企业2560户、电子营业执照154户。新增市场主体5179家，增速排在全省18个城区方阵第2位。民营经济占GDP比重提高到68%。

（七）办实事、惠民生，群众福祉不断增进。

民生保障更加有力。落实积极的就业创业政策，培训农村劳动力4043人，转移劳动力8951人，发放创业担保贷款1729万元。8715人纳入城市低保和农村低保，发放低保资金3111万元。保障特困人员425人，发放特困供养金526万元。补贴80岁及以上高龄老人资金246万元。

社会事业不断进步。义务教育持续均衡发展，平坝一中去年高考升学率跻身全市前三名。医疗改革持续推进，分级诊疗制度逐步完善。疾控中心、妇幼保健院项目主体工程完成，新建或改扩建村卫生室23个，完成9个卫生院远程信息系统建设，医疗卫生服务水平不断提升，区域内就诊率达90.23%，新农合参合率达99.87%，居民健康档案建档率达94.6%。“十件民生实事”按年初计划推进和完成的为9件，还有1件没有完成：“建成20个农村污水处理站项目”实际实施27个，目前仅完成招投标工作，还需加大力度、加快推进。

社会治理持续加强。安全生产形势总体向好，全年未发生较大以上生产安全事故。畅通信访渠道，成功调处矛盾纠纷1095件，群众来信来访批次、人次分别下降24.7%、1.4%。扫黑除恶专项斗争、清除“四害”等行动深入开展，刑事案件、“两抢一盗”发案率创10年来最低，群众的安全感、满意度测评在全省分别排名第11位、第12位，较上年分别上升17位、22位。“七五”普法中期工作顺利通过验收。工会、共青团、妇联等群团组织发挥积极作用，人民武装、机构编制、气象、邮政、通信等部门作出积极努力，民族宗教、外事侨务、史志、档案、老龄等各项工作取得新进步。

一年来，我们切实加强政府自身建设，不断改进工作作风，努力建设人民满意政府。始终把政治建设放在首位，切实增强“四个意识”、坚决做到“两个维护”，不折不扣落实好中央、省委、市委、区委的各项决策部署。自觉接受人大、政协和社会各界监督，办理代表建议 55 件、委员提案 79 件，办复率均达 100%。积极推动监察体制改革试点，旗帜鲜明支持纪委监委开展工作，在编制、人员、经费、场所、车辆等方面给予充分保障。严格执行中央八项规定和省委、市委有关要求，全面落实“禁酒令”，驰而不息纠正“四风”。持续压缩“三公”经费，把有限的财力向保民生、保重点倾斜。

各位代表，过去一年能取得这样的成绩，是全区上下认真学习贯彻习近平新时代中国特色社会主义思想、坚决贯彻执行上级精神和要求的结果，是市委、市政府和区委正确领导的结果，是区人大、区政协监督支持的结果，是全区干部群众奋力拼搏的结果。在此，我代表区人民政府，向为平坝经济社会发展贡献智慧和力量的各族人民、各级干部职工致以崇高的敬意！向人民代表、政协委员，向各民主党派、各人民团体和社会各界人士，向驻平人民解放军、武警官兵、公安政法干警和消防救援队伍指战员，表示衷心的感谢！

在肯定成绩的同时，我们也清醒地认识到，全区经济社会发展中不平衡、不充分的问题还有不少，政府工作离人民群众的期待还有差距。主要是：一、经济总量仍然偏小，项目总体规模不大，部分企业生产经营比较困难，部分经济指标增速回落。地区生产总值增速差年初目标 2.6 个百分点，500 万元以上固定资产投资增速下降 0.9%；一般公共预算收入完成 11.58 亿元，下降 2.53%；一般公共预算支出完成 38.37 亿元，下降 2.86%。二、改革红利释放不充分，平台承载力不强，招大引强成效不够，土地、资金、人才等资源要素供给瓶颈还未全面破解。三、基本公共服务供给仍然不足，教育、医疗、社保、住房、环境等民生工作还有不尽如人意的地方。四、政府工作的理念观念、体制机制、方法方式，与新时代要求还有不小距离，洞察力、谋划力、执行力、协作力有待提升。对于这些问题、短板，我们将高度重视、深入研究，拿出务实、管用的措施，切实加以解决。

二、2019 年工作重点

2019 年是新中国成立 70 周年，是决胜全面建成小康社会第一个百年奋斗目标的关键之年，是我区巩固脱贫成果、推进脱贫攻坚与乡村振兴战略实施统筹衔接的重要一年。

今年政府工作的总体要求是：以习近平新时代中国特色社会主义思想为指导，全面贯彻党的十九大和十九届二中、三中全会精神，深入贯彻落实习近平总书记对贵州工作的系列重要指示批示精神，认真落实中央和省、市经济工作会议精神，统筹推进“五位一体”总体布局，协调推进“四个全面”战略布局，坚持稳中求进工作总基调，坚持新发展理念，坚持推动高质量发展，坚持以供给侧结构性改革为主线，坚持深化市场化改革、扩大高水平开放，进一步做好“六稳”工作，守好发展和生态两条底线，继续打好三大攻坚战，全力实施三大战略行动，聚焦乡村振兴、招商引资两大重点任务，全面巩固提升脱贫攻坚成果，保持经济社会持续健康发展、社会大局稳定，为全面建成小康社会收官打下决定性基础，以优异的成绩庆祝中华人民共和国成立 70 周年。

今年全区经济社会发展的主要预期目标是：地区生产总值增长 10.5% 左右，固定资产投资增长 16% 左右，规模以上工业增加值增长 10% 左右，社会消费品零售总额增长 11.5% 左右，一般公共预算收入增长 6% 左右，城镇、农村居民人均可支配收入分别增长 9%、10.5% 以上，居民消费价格上涨指数控制在市下达目标范围以内。

围绕实现以上目标，我们将重点抓好 7 个方面工作：

（一）坚定不移扩大有效投资，着力增强发展后劲。进一步发挥投资对优化供给结构的关键性作用，有效推动经济稳健运行。

抓实投资强支撑。围绕中央和省的重大战略部署、重大建设规划，聚焦城镇基础设施、生态环保、特色产业等领域，抓好项目谋划和储备，确保项目库资金规模保持在 1000 亿元以上。高标准编制项目建议书、可行性研究报告，抓好选址、环评、用地、批复等手续办理，提高项目申报质量。把向上争取项目、资金作为今年政府工作的重中之重，加大“跑部进京”“跑省进厅”力度，确保争取中央和省级预算内项目资金 10 亿元以上。严格执行基本建设程序，不断提升项目建设规范化水平。全力推动项目落地，挂图作战、定期调度，确保全年实施的重点工程、重大项目按计划推进。

抓牢招商增后劲。坚持把招商引资作为扩大有效投资的重要途径，创新招商方式、提高招商实效。主攻产业链招商，坚持一二三产业齐抓，抓大不放小。突出军民融合、大健康新医药、文化旅游、高效农业等重点领域，围绕建链、补链、强链，抓实项目编制等基础工作，加大走出去、请进来频次，力争引进产业类项目 30 个以上，其中亿元项目 10 个以上。主攻大项目招商，紧盯500强企业、上市公司和行业龙头，加快引进投资规模大、产业层次高、创新能力强、扩张和带动潜力足的龙头型、基地型项目。主攻重点区域招商，认真研究成渝地区、长三角、珠三角等重点区域的产业布局和转移方向，有针对性地组织产业对接活动。

破解瓶颈促保障。进一步加强政银企沟通对接，提升金融服务实体经济能力。积极创新担保方式，探索新型政银担合作机制，为企业发展纾困解危。建立健全企业服务体系，强化用电、用水、用气、物流、社会环境治理等保障措施，全力服务企业发展。实行征地拆迁绩效目标管理，全力推动征地拆迁，为重点项目提供用地保障。积极争取省级专项资金（基金）支持项目建设。加快推动区中兴国资公司市场化实体化转型。发挥政府产业基金引导放大作用，做好PPP项目2个以上，撬动更多社会资本参与公共项目建设、园区产业培育。积极盘活土地资源，力争土地出让收入5亿元以上。

（二）坚定不移加快转型步伐，推动产业提档升级。在“巩固、增强、提升、畅通”上下功夫，落实“去降补”政策，推动新旧动能加快转换。

积极打造特色品质农业。以500亩以上坝区为重点，以特色化、规模化、品牌化、绿色化为方向，以蔬菜、大米、茶叶、中药材、经果林和生态畜牧业为主导产业，大力实施优势特色农业提质增效工程，加快推动农业产业结构调整。集中力量建设全省唯一的高标准蔬菜保供基地，带动全区蔬菜产业发展上台阶，让平坝蔬菜抢占更多的省内外市场份额。发挥龙头企业示范、带动作用，扩大优质稻种植规模，做大茶叶种植总量，支持天龙、十字中药材基地加快建设发展，推动生态畜牧业、特色淡水养殖业发展。完善农业支持保护政策，推动农业保险扩面、增品、提标。强化农产品原产地保护，提升“三品一标”农产品比重。大力引进农业龙头企业，积极培育新型农业经营主体，加快提高农产品加工转化率。

强力推动工业转型升级。引导企业积极申报工业及省属国有企业绿色发展基金，扎实推进“千企改造”，助推企业优化升级，提高产业层次和水平。推动煤矿产业大幅提高机械化开采、科学化管理水平，加快释放煤炭产能。继续实施名优白酒提升工程，尽快启动平坝酒厂技改扩能项目，推动贵州龙黔威酒业加快建成投产。以节能环保低碳为导向，支持园区建材企业大力发展新型产品，提高市场竞争力。坚持市场化、法治化方向，坚决淘汰无效供给，引导“僵尸企业”依法有序退出，帮助暂时困难但有市场前景的企业尽快复工复产。加快黎阳国际技改扩能等项目建设，全力盘活“三线企业”资产，积极引进高端装备制造企业落户园区发展，确保军民融合产业产值增速达15%以上。全力保障华兴玻璃二期项目建设，积极支持三力制药上市和思特公司技术创新。强力推进乐平通用机场开工建设，确保贵州民用航空职业学院九月份顺利开学。深入推进“万企融合”，加快慧聪建筑装备器材产业园建设，支持华讯科技、灏瑞科技加快发展，积极抓好数字经济试点工作。

全力加快第三产业发展。积极创建全域旅游示范区，加快发展全域旅游，实现全年接待游客增长28%以上、旅游总收入增长33%以上。继续开展A级景区创建，完善景区景点旅游配套服务设施，加快小河湾、航空小镇等“1+5个100”工程建设，加快盘活白水龙项目，丰富旅游业态。加快开发特色旅游商品，积极开展旅游推介活动，抓好旅游市场诚信建设。支持社会力量扩大教育、医疗、文化、体育等服务消费。推动房地产市场平稳健康发展。加快发展农村电商，培育更多优质特色农产品上网销售，抢占网络市场。做好第四次全国经济普查工作。

（三）坚定不移打好三大攻坚战，夯实全面小康基础。在统筹协调推进经济社会发展各项工作中，着力抓好防范化解重大风险、精准脱贫、污染防治3项重点工作，为经济社会保持平稳健康发展提供强大支撑。

打好防范化解重大风险攻坚战。稳妥处理政府债务，严格落实“七严禁”要求、做到“十个坚决”，通过“八个一批”有效化解存量隐性债务，逐步降低债务率。加快盘活黎阳航空小镇、工业园区闲置土地等存量资产，做好占补平衡、增减挂钩等土地文章，提高偿债能力。吃透政策、加强调度，积极争取中央、省加大对我区地方政府债券的支持力度。强化财政预算管理，严格压缩一般性支出，严控“三公”经费预算。盘活财政存量资金，对沉淀资金要及时收回、重新安排，提高财政资金使用效率。严厉打击非法集资、高利转贷、暴力催收等行为，确保不发生区域性金融风险。有效防控安全生产和社会稳定风险，强化非洲猪瘟疫情防控处置，强化食品药品安全监管，确保社会大局稳定。

打好污染防治攻坚战。巩固中央和省委环保督察“回头看”反馈问题整改成果，打好蓝天、碧水、净土保卫战，确保饮用水源地水质达标率、空气质量达标率保持100%，森林覆盖率提高到46.5%。严格秸秆禁烧、禁燃区管理，坚决淘汰20蒸吨及以下燃煤设施。加强重点用能、重点排放单位监管，单位地区生产总值能耗控制在省、市下达指标范围内。全面落实河长制，持续推动以东门河为重点的城市黑臭水体综合治理，扎实推进乐平河治理项目，确保27个农村污水处理站在上半年全部建成。健全运行管理机制，严格督查问责，确保已建成的城镇村污水处理厂（站）全部正常运行。切实抓好农业面源污染防治、畜禽养殖废弃物资源化利用。完成营造林7.5万亩、水土流失综合治理24平方公里，完成森林生态产业资源普查。持续开展森林保护“六个严禁”执法专项行动，严厉打击破坏森林资源违法行为。

巩固提升脱贫攻坚成果。坚持精准扶贫、精准脱贫，帮助剩余建档立卡贫困人口顺利实现脱贫退出，对返贫户要一户一策抓好帮扶，保持已退出农户享受政策不变。扎实抓好省委巡视组反馈脱贫攻坚存在问题整改。认真梳理脱贫攻坚期间实施的各类项目，抓紧完善项目手续，落实后续管护措施。管好用好财政扶贫资金，切实提高财政扶贫资金使用效率。加强对口帮扶协作，用好对口帮扶资金。实施好易地扶贫搬迁后续服务管理“六大工程”。加强调查研究、分类施策，扶持一批有发展前景的村社一体合作社加快发展。管好用好扶贫产业子基金，积极争取省绿色产业扶贫投资基金，全力做好肉牛养殖项目的组织实施，稳妥推进食用菌、生猪、肉鸡等项目。持续落实好教育扶贫、健康医疗扶贫等政策，全面织牢贫困群众保障网底。

（四）坚定不移推动乡村振兴，扎实做好“三农”文章。坚持农业农村优先发展，打造充满活力、和谐有序的美丽乡村，扎实推动乡村振兴。

持续深化农村综合改革。大力推广“塘约经验”、深化“三变”改革，加快推进农村集体产权制度改革试点，全面完成农村集体资产清产核资，鼓励农村集体经济成员参与组建股份经济合作社，壮大农村集体经济，激发农村发展活力。支持农民创业就业，鼓励社会力量在农村有序投资，引导农村土地经营权有序流转，发展多种形式适度规模经营。积极培育和发展休闲农业、乡村旅游等新产业新业态，多渠道促进农民增收。

全面增强农村发展后劲。学习借鉴浙江美丽乡村“千万工程”经验，持续推进农村人居环境整治三年行动计划，加快补齐农村基础设施和公共服务短板。深入实施“四在农家·美丽乡村”小康升级版行动，以垃圾污水治理、厕所革命、村容村貌整治为重点，切实改善农村生产生活条件。扎实推进省级“四好农村路”示范县创建，抓好危桥改造、灾毁公路工程建设，改善群众出行条件。强化乡村规划引领，继续抓好行政村村庄规划和30户以上的居民点村庄规划，严控农村无序建房。

积极构建乡村治理体系。持续推进“一村（居、社区）一法律顾问”工作开展。加强农村思想道德建设，完善村规民约、推动移风易俗，治理滥办酒席、聚众赌博等不良社会风气，培育文明乡风、良好家风、淳朴民风，健全自治、法治、德治相结合的乡村治理体系。加强懂农业、爱农村、爱农民农村工作队伍建设。发挥好农民主体作用，保护并调动广大农民的积极性、创造性，有效激发内生动力，增强自我发展能力。

（五）坚定不移推进新型城镇化，提升城市发展水平。抢抓贵阳、贵安同城化发展机遇，积极推动城乡区域协调发展，有效提升城乡发展整体水平。

提升城市承载能力。加快编制老城区控制性详细规划、项目建设修建性详细规划。持续打好棚改大会战，多渠道筹集资金，积极消化棚改存量任务，认真实施好棚改综合整治项目。启动主城区电网改造工程。积极协调推动东外环线、迎宾路三期砂石冲路段改造项目建设，配合做好贵阳第二绕城高速西环线建设，积极争取沪昆高速贵阳至安顺段扩容工程过境平坝，加快推进厦蓉高速齐伯连接线建设，优化城市“外连”通道，提升区域发展联动性。积极实施“8+X”小城镇项目，加快乐平新区建设，提升夏云、乐平小城镇产城融合能力。

提高城市管理水平。持续深化城市管理综合行政执法改革，推进城市管理科学化、管理作业精细化。巩固文明城市创建成果，加大综合治理力度，加强主城区违章建筑、交通秩序、农贸市场、牌匾广告、占道经营、环卫保洁等专项整治。完善路牌标识系统。研究制定城市管理长效机制，明晰管理责任，建立健全管理责任网络体系，推动形成网格化、全天候、全覆盖长效管控格局。建立小区物业管理长效机制，加强日常考评，提升管理水平，打造2个以上示范小区。持续巩固环卫外包成果，加快完善市政园林管理市场化模式，着力打造整洁、有序、靓丽的城市形象。

构建城乡融合机制。按照“一分三向”安顺模式，有效衔接上位规划，加快构建主城区、小城镇、美丽乡村城乡一体规划体系。推动城市资本、技术、人才下乡，实现城乡要素双向融合互动、资源优化配置。积极构建城乡统一的就业、社会保障等制度。推动城镇优质公共服务资源向农村延伸，加快形成综合服务功能完善的乡村公共服务体系。建立农业转移人口市民化激励机制，加快农业转移人口市民化，落实好户籍制度改革政策，维护进城落户农民在农村的合法权益，促进有能力在城镇稳定就业、生活的农业转移人口进城落户，与城镇居民享有同等权利、履行同等义务，确保常住人口城镇化率提高到56%。全面完成第三次国土资源调查，为统筹城乡区域协调发展提供基础数据支撑。

（六）坚定不移深化改革开放，有效激发活力动力。坚持刀刃向内抓改革，进一步优化发展环境、提高效率效能，改出动力、改出活力。

大力优化营商环境。把今年作为"营商环境优化年"，下大力气整治企业、群众反映强烈的突出问题，切实取信于民、取信于企。持续深化"放管服"改革，优化行政审批流程，严查已取消和下放事项"留尾巴"现象。全面实施市场准入负面清单制度，不断缩减清单事项，推动"非禁即引"全面落实。积极推进"双随机一公开"，不断提高事中事后监管的针对性、有效性，切实把政府该管的事情管好、管到位。积极推行"保姆式"服务，着力帮助企业解决发展难题。持续推进"一网一门一次"、"集成套餐服务"等政务服务改革，大幅提高区级政务服务网上可办率。健全签约项目服务机制，提高项目履约率、开工率、投产率。

加快开放平台建设。积极推动安顺高新区开发投资有限公司尽快正式组建运行。加快夏云工业园服务聚集区建设，加快产城B线、黄龙东路、营黄路等园区道路建设，扎实推进40万平方米标准厂房建设。加快实施羊昌工业园供电、供水工程项目。完成5平方公里大健康新医药产业园规划编制，加快引进制药企业落地，推动大健康新医药产业加速聚集。积极做好航空职院、乐平通用机场有关配套项目建设。强力推动高铁新城加快发展，尽快实现黎阳B线全面建成通车，加快农商行大楼、黔中大厦、温泉小镇二期等项目建设，力争黔中新区申报省级开发区取得突破性进展。

大力支持民营经济发展。坚持"两个毫不动摇"，全面落实省委、省政府"1+6"政策文件，深入实施"六大专项行动"，为民营经济发展营造良好环境。严格落实国家、省出台的减税降费政策，降低民营企业经营成本。积极帮助民营企业争取省绿色发展基金，支持民营企业通过上市、债券等方式直接融资。加快完善公平竞争市场环境，在行政审批、经营运行、招投标、资源要素配置等方面对国企、民企一视同仁。大力弘扬企业家精神，保障企业家合法的人身、财产权益，保障企业合法经营。积极主动为民营企业服务，加快构建"亲、清"新型政商关系，以实际行动让民营企业家放心、舒心。

（七）坚定不移增进民生福祉，不断满足美好生活需要。经济下行压力越大，越要重视保民生，确保民生支出只增不减，切实解决好群众最关心、最直接、最现实的利益问题。

促进社会保障更有力。落实积极的创业就业政策，确保城镇登记失业率控制在4.2%以内。积极引导农民工返乡创业就业，多渠道促进高校毕业生就业创业，做好去产能企业职工、退役军人等重点群体的创业就业援助工作。扎实推进全民参保登记计划，提高城乡居民基本医保政府补助标准、抚恤优待标准，确保退休人员基本养老保险按时足额发放。加强对农村"三留守"人员、城镇困难职工、失独家庭等特殊困难群体的关心关爱。加强社会救助、社会福利等工作。推动志愿服务、慈善事业发展。

促进社会事业更繁荣。优先发展教育事业，把提升教育教学质量放在首位，大力实施基础教育质量上台阶工程。持续实施学前教育三年行动计划，推动学前教育普惠发展。加快平坝四中、实验小学等教育基础设施建设，持续改善办学条件。着力解决中小学生课外负担重、"城镇挤"、"乡村弱"等突出问题，统筹推进城乡义务教育一体化发展。推动普通高中优质特色发展，加快发展特殊教育。推进健康平坝建设，实施医改三年行动计划，健全体系完整、覆盖城乡的分级诊疗机制和现代医院管理制度，建立多种形式的医共体，实现区域医共体全覆盖。加强村医培训和管理，建立激励机制。加快区中医院、区人民医院、区残疾人康复中心等项目建设。深入开展爱国卫生运动，巩固国家卫生城市创建成果。提升突发公共卫生事件应对处置能力。加强食品药品全过程监管，保障群众饮食用药安全。加强人民防空、国防后备力量建设，支持工会、共青团、妇联等依法按章履行职责，进一步做好国防教育、民族宗教、广播影视等工作。

促进社会环境更稳定。强化安全生产管理，深入开展安全生产隐患大排查大整治行动，加强煤矿及非煤矿山、危险化学品、道路交通、油气管网、消防等重点行业领域专项整治，严防重特大事故发生。持续抓好信访维稳，切实抓好矛盾纠纷排查化解，畅通民意诉求渠道，积极回应群众诉求，确保社会大局和谐稳定。推进平安平坝建设，完善社会治安防控体系，深入开展扫黑除恶等专项斗争，严厉打击涉枪涉爆、电信诈骗、涉众型经济犯罪等违法犯罪行为。突出风险预警防控，完善多元矛盾化解机制，形成群防群治、齐抓共管的工作格局。妥善处置各类突发事件，保障人民群众的生命、财产安全。深入推动“七五”普法规划实施，着力提高全区法治化管理水平。

今年，我们将聚焦群众所期所盼，本着尽力而为、量力而行的原则，努力办好“十件民生实事”：（1）新增城镇就业9300人，转移农村劳动力8300人；（2）城镇、农村居民最低生活保障标准分别提高2.2%、5.18%，城乡居民基本养老保险基础养老金提高到每人每月93元；（3）建成公办幼儿园2所，新建、改扩建中小学校3所；（4）减少建档立卡贫困人口3300人；（5）启动区工人文化宫建设；（6）建成区残疾人康复中心；（7）新增城区新能源公交车35辆；（8）完成东门文化馆至北拐角道路建设；（9）启动区政务服务大厅建设；（10）建成“雪亮工程”摄像头360个，完善城乡社会治安防控体系。

三、坚持执政为民，努力建设人民满意政府

新形势、新任务，对政府自身建设提出了新的更高要求。我们将对标忠诚干净担当、为民务实清廉，全面加强政府自身建设，努力建设人民满意的政府。

（一）提高政治站位。坚持把政治建设摆在首位，树牢“四个意识”、坚定“四个自信”、做到“两个维护”，深学笃用习近平新时代中国特色社会主义思想，始终在政治立场、政治方向、政治原则、政治道路上同以习近平同志为核心的党中央保持高度一致。继续推进“两学一做”学习教育常态化、制度化，深入开展“不忘初心、牢记使命”主题教育活动。认真贯彻落实新形势下党内政治生活若干准则，严守政治纪律和政治规矩，全面落实“一岗双责”。

（二）坚持依法行政。健全依法决策机制，完善决策制度、规范决策程序，加强决策合法性审查。强化行政权力运行监督，自觉接受区人大的法律监督、工作监督，自觉接受区政协的民主监督，全面接受监察监督，主动接受新闻媒体、社会各界监督，认真听取民主党派、工商联、无党派人士和人民团体的意见。积极推动政务公开，让权力在阳光下运行。抓好人大代表建议、政协委员提案办理。

（三）加强能力建设。按照政治过硬、本领高强的要求，不断补齐知识弱项、能力短板、经验盲区，提高专业思维、专业素养、专业方法，努力成为推动经济社会发展的行家里手。牢固树立底线思维、增强忧患意识，提高风险防范和化解能力。保持斗争精神、增强斗争本领，敢于善于跟矛盾困难斗争，跟不正之风斗争。

（四）守牢廉洁底线。深入推进政府系统党风廉政建设，严格落实中央八项规定和省委、市委有关要求，大力整治“四风”新表现、新动向。健全权力运行制约、监督机制，依法加强审计监督，全力支持纪委监委严肃查处违纪违法案件，推动各类巡视巡察反馈问题整改，坚决防止和纠正损害群众利益的不正之风，让清廉从政、清正干事成为政府工作的鲜明底色。

各位代表，奋斗创造幸福，实干成就梦想。让我们更加紧密地团结在以习近平同志为核心的党中央周围，在市委、市政府和区委的坚强领导下，紧紧团结和依靠全区人民，同心同德、砥砺奋进，谱写新时代平坝更加出彩的新篇章，以优异的成绩向中华人民共和国成立70周年献礼！

普定县政府工作报告

（2019年1月24日在普定县第十七届人民代表大会第五次会议上）

普定县委副书记、县长 赵开运

各位代表：

现在，我代表县人民政府向大会作工作报告，请予审议，并请县政协委员和其他列席会议的同志提出意见。

一、2018年政府工作回顾

2018年，面对错综复杂的宏观经济形势、艰巨繁重的改革发展稳定任务，我们坚持以习近平新时代中国特色社会主义思想为指导，深入学习贯彻党的十九大和习近平总书记对贵州工作的系列重要指示批示精神，在市委、市政府和县委的坚强领导下，在县人大、县政协的监督和支持下，紧紧依靠和团结全县各族人民，以脱贫攻坚统揽经济社会发展全局，坚决打好三大攻坚战，深入实施三大战略行动、"一二四"攻坚战，凝心聚力、苦干实干，经济社会不断向高质量发展迈进。

预计全县实现地区生产总值127.4亿元，增长11%；固定资产投资同比增长9.4%；规模以上工业增加值增长9.8%；社会消费品零售总额完成20.7亿元，增长8.2%；财政总收入完成10.91亿元，增长1.79%；城镇、农村居民人均可支配收入分别达28260元、9210元，分别增长9.0%、10.5%。

一年来，我们主要做了以下几方面工作：

——全力决战脱贫攻坚，摘帽基础不断夯实。

在目标精准上狠下功夫。紧盯脱贫退出目标，全力以赴推进"春风行动""夏秋攻势""秋后喜算丰收账""冬季充电"，围绕"一达标，两不愁，三保障"脱贫标准和"四场硬仗"的要求，聚焦32131户121602人建档立卡贫困户，扎实推进"五个专项治理"，深入开展信息核查和资料完善，夯实了精准脱贫基础。坚持问题导向，对识别退出不精准、住房安全保障不到位、资金报账不及时、利益联结不规范、资料准备不充分、帮扶工作不扎实等问题，逐项销号落实，迅速补齐各项短板。全年实现脱贫9338户、32752人，35个贫困村出列，贫困发生率由8.78%下降至1.66%。

在责任精准上狠下功夫。进一步完善脱贫攻坚三级指挥体系，所有县级领导结对包保12个乡（镇、街道）脱贫攻坚工作，实现实地督战、实时跟踪、实质督查全覆盖。实行脱贫攻坚"网格化"管理机制，明确县、乡、村三级网格长，划分884个网格单元，落实3655名网格员，开展"无死角"大走访、大排查、大帮扶，推动责任、政策、工作高效落实。

在措施精准上狠下功夫。围绕打好"四场硬仗"，以产业扶贫为主攻方向，争取绿色产业扶贫投资基金1.45亿元，整合财政涉农资金3.12亿元，实施扶贫产业项目86个，实现所有贫困户产业发展利益联结全覆盖。实施通村通组公路建设项目751个850公里，实现30户以上村民组至少通一条硬化路目标；完成连户路硬化123.98万平方米，农村庭院硬化31943户95.19万平方米。实施安全饮水巩固提升项目25个，全面解决农村安全饮水问题。完成全年易地扶贫搬迁计划2075户9772人；强化"十三五"3248户14396人易地扶贫搬迁户后续跟踪管理服务，搬迁对象后续发展得到有效保障。投入1.52亿元完成农村危房改造及"三改"5469户、农村老旧住房整治1391户。落实各阶段教育扶贫资助4108万元，资助家庭经济困难学生4.67万人次。东西部扶贫协作、定点帮扶进一步加强，青岛崂山、航空工业、省工业和信息化厅等实施帮扶项目37个，投入帮扶资金4826万元。

——全力加快产业发展，质量效益不断提高。

农业结构持续优化。按照“五步工作法”“八要素”要求，依托“一村一公司”扎实推进农村产业革命，全面推动“三种一养”主导产业发展，全年调减玉米种植面积9.7万亩，累计种植韭黄10万亩，韭黄产业初步形成“三镇三办”为核心区、“马场、鸡场坡”为重点区、其余乡镇辐射发展的产业格局，并登上中央电视台新闻联播宣传报道；新增茶叶5000亩，建成食用菌大棚3200个、1800亩，累计出栏肉兔155万只。新增精品水果6.5万亩，种植蔬菜30.6万亩，无公害农产品种植面积达44.18万亩。“三品一标”数量和水平逐年提升，认定企业61家，认证产品71个。新增龙头企业2家，农民专业合作社634个，产销对接不断加强。全年实现农林牧渔总产值30亿元，农业增加值20.58亿元，增长7.0%；非粮产业增加值占农林牧渔业增加值比重达85%。

工业经济稳步发展。普定经济开发区军民融合及装备制造产业园、智慧产业园等标准化厂房建设项目快速推进，新增标准化厂房45万平方米；工业大道升级改造启动实施，西四路建成通车。大力实施“千企引进”工程，建成热蒸汽管网5公里，春归刺梨、由达沥青等一批企业建成投产；扎实推进“千企改造”，完成9个项目技改投资14.78亿元，为17家企业成功申报省工业和信息化发展专项资金支持，获批项目资金2380万元。持续抓好安顺电厂电煤保供工作，电厂存煤量达50万吨，全年发电57亿度、增长10%。

第三产业不断壮大。兴东民族大健康产业园投入运营，“旅游+”业态不断丰富；乡村休闲度假旅游日趋活跃，农家乐旅游点达30余处；新增旅游酒店床位2000余张，全年旅游人次、旅游综合收入分别增长41.5%、40.98%。住宿餐饮、通讯信息、仓储物流、客货运输、营销贸易、金融保险等服务业加快发展，成功获批国家级电子商务进农村综合示范县，全县网络零售额达1369.46万元。全年完成服务业增加值58.8亿元，增长14%。

——全力促进城乡融合，发展条件不断改善。

基础设施日益完善。实施省、市重大工程和重点项目89个，新开工项目53个，完成投资267.3亿元。普织高速、普定至四角田公路建成通车，跳场坝至偏石板、等堆至坪上等8条省、县乡道改造项目有序推进，完成安六城际铁路普定段建设，全年交通基础设施投资达16.7亿元。木桥、朵贝、核桃冲水库等骨干水源工程建设有序推进，红坪、木拱河水库下闸蓄水；陇黑、余官、屯院、西北中小河流治理工程全面完成。新增高效节水灌溉面积2400亩，完成水利类投资5.1亿元。完成农村电网升级改造投资1.7亿元，建成全国小康用电示范县。投资5280万元强化网络深度覆盖，实现自然村4G网络全覆盖。

城乡面貌不断提升。实施棚户区改造项目13个、6800户，农贸市场一期棚户区改造及马场、鸡场坡等棚户区配套基础设施项目有序推进，定南古城人居环境整治项目启动建设，沙湾湿地公园、体育场山体公园建成开放，城市品质不断提升；碧桂园、仁和铭府、筑佳首府二期、翡翠花园、书香府邸等项目加快推进，中兴大道、第三中学人行天桥建成投用，新增主城区公共停车场3个、停车位327个、天然气管网9公里，城市功能不断完善；实施旱厕改造192个，按照旅游公厕A类标准新建和改造公厕3座，拆除违法建筑74户、9200平方米，城市环境不断改善。白岩、马官小城镇提质提升工程有序推进，各乡镇小城镇加速发展。大力推广“1+N”镇村联动模式，实施“八个小康行动计划”，新增美丽乡村示范点3个；争取资金4050万元，完成18个行政村农村环境综合整治，农村人居环境持续改善。

——全力建设美丽家园，生态环境不断转好。

“建”的步伐加快。完成县城周边及安普城市干道两侧山体高标准大苗绿化7539亩，新增安普大道慢道系统绿化带13公里；不断巩固18.8万亩退耕还林全覆盖成果，完成补植补种5万余亩，综合治理石漠化面积14平方公里、水土流失面积42平方公里，完成营造林建设8万亩，森林覆盖率达50.68%，荣获“贵州省森林城市”称号。

“管”的力度升级。全面推进中央、省环保督察和饮用水源地专项督查反馈问题整改，限期整改经营户18家、查封企业3家、行政处罚22家，44件群众投诉全部办结，42个重点问题整改全面达标。全面推动24条河流县、乡、村三级河长责任落实，集中式饮用水源水质达标率100%，城镇污水收集处理率达99.61%。扎实开展餐厨垃圾无害化排查整治工作，新置环卫保洁车110辆、钩臂车25辆、垃圾转运箱450个，垃圾无害化处理率达43%。划定高污染燃料禁燃区63.7平方公里，有效管控扬尘、垃圾秸秆焚烧等大气污染源，空气环境质量优良率达98.6%。森林保护“六个严禁”行动有力推进，查处生态环保违法案112件。

——全力推动改革开放，发展优势不断凸显。

风险防范多措并举。严格落实政府性债务管理“七严禁”要求，初步形成“权责明确、偿债有序、监管规范”的全资金链债务管理体系。分类处置存量债务，积极稳妥推进存量债务置换；对新增政府项目进行严格把关，有效遏制隐性债务增量。申报省级置换债券资金6.95亿元，金融机构杠杆率控制在合理水平。重新组建4个县属国有公司，完成资产划转注入工作，公司实体化运营不断加快。金融秩序规范整治不断加强。

改革开放蹄疾步稳。供给侧结构性改革持续推进，关闭煤矿3家，淘汰落后产能39万吨。全年销售商品房1330套，实现去库存17.81万平方米。深化“放管服”改革，减少行政审批程序，对不合理收费进行清理，规范清理权力事项6268项、责任事项20840项。新增各类市场主体3714户、增长20.4%，注册资本23.8亿元，扶持微型企业146户。自然资源统一确权登记试点、不动产登记、“两权”确权工作扎实推进，清查自然资源53957.18公顷、发放不动产登记证1522本。“信合联村”“三台三路”改革措施渐趋完善，群众、企业和政府实现三赢。深入推进“三权”促“三变”改革，巩固扩大“一村一公司”“秀水五股”工作成效，“一村一公司”在全市178个深度贫困村复制推广。殡葬改革深入推进，县域内全面实现火葬。完成国有企业“三供一业”改革、税务征管体制改革和农村信用社改制工作。大力开展产业大招商突破年行动，新引进3000万以上项目68个，完成招商引资到位资金182.96亿元、增长2.9%。

——全力补齐民生短板，人民福祉不断增进。

社会保障更加到位。加强易地搬迁人员、零就业家庭成员、大龄失业人员、残疾人等就业困难人员就业帮扶，城镇新增就业7120人，城镇登记失业率3.1%，农村劳动力转移就业1.1万人。城乡低保标准分别提高6.94%、9.86%，达到570元/月、3876元/年；保障城乡困难群众3.02万人，发放最低生活保障金9429.6万元；全面实施特困人员救助，平均供养标准达每年10560元/人。保障和完善残疾人社会福利，全年发放残疾人生活补贴3469人、186万元。

社会事业更加进步。2018年“十件民生实事”共16项具体任务，除“完成城关河治理”项因旧城改造仅完成总工程量的82%外，其余15项全面完成。新办县第六、第七小学和第五中学，有效保障鑫旺大市场、玉兔山易地扶贫搬迁安置点迁入子女入学；建成4所公办幼儿园，实现每个乡（镇、街道）至少建成2个以上公办幼儿园目标；县中等职业学校顺利通过省级示范性中职学校评审；义务教育巩固率达95.84%，高中阶段毛入学率达90.63%，学前三年毛入学率达91.4%。县中医医院扩建及门诊综合楼建设项目、县人民医院急门诊综合大楼建设项目快速推进，县妇幼保健院新院、县疾控中心综合楼投入使用，马场、猫洞、鸡场坡卫生院升级改造工程全面完成；新建、改扩建村卫生计生室100个，实现所有行政村、易地扶贫搬迁安置区卫生计生室建设全覆盖；成功创建省级卫生监督示范所，获评省级妇幼健康优质服务示范县。完成“广电云”户户用工程1.3万户。文军扶贫扎实推进，顺利承办全省“文军扶贫”脱贫攻坚三年行动推进会，马官镇被文化和旅游部评为2018—2020年度“中国民间文化艺术之乡”，马堡农民艺术团获“第七届全国服务农民、服务基层文化建设先进集体”称号。此外，民族宗教、人防、国教、档案、侨务、气象、老龄、史志、工青妇、老干部、关心下一代、慈善、残疾人、红十字、劳促等各项事业取得新成绩。

社会治理更加高效。全面落实首接首办和公开接访制度，依法化解群众合理诉求，全年办理信访件767件，化解率达85%。城乡基层民主政治建设持续推进，秀水村被评为“全国民主法治示范村”。狠抓农村社会治安防范网格化建设，设立201个网格警务室；扎实开展扫黑除恶专项斗争，全年立涉恶、涉黑犯罪案件20起，刑事拘留涉黑涉恶犯罪嫌疑人138人，摧毁各类违法犯罪团伙35个，社会治安环境持续向好，群众安全感、满意度分别达99.35%、98.54%，分别位列全省第18名、第8名，取得历史最好成绩。强化食品药品安全监管，扎实开展非洲猪瘟防控工作。严格落实安全生产责任，加大安全生产监管执法，安全生产形势持续稳定。

一年来，我们坚持把全面从严治党要求落实到政府各项工作之中，牢固树立“四个意识”，自觉同以习近平同志为核心的党中央保持高度一致。严格执行中央八项规定、省委十项规定以及市委、县委相关要求，驰而不息纠正“四风”。强化审计监督，规范资金使用，严控“三公”经费，全面执行公务活动“禁酒令”。严格落实党风廉政建设责任制，努力营造风清气正的政务环境。主动接受人大的法律监督、工作监督和政协的民主监督，办理人大代表建议49件、政协委员提案53件，办结率均达100%，认真听取各民主党派、工商联、人民团体和无党派人士的意见和建议。

各位代表，过去一年的成绩来之不易，是省委省政府、市委市政府亲切关怀和省、市有关部门大力支持的结果，是县委科学决策、正确领导的结果，是县人大和县政协监督、支持和帮助的结果，是全县广大干部群众齐心协力、负重奋进、共同奋斗的结果。在此，我代表县人民政府，向全县各族人民，向各位人大代表、政协委员，向工商联和各人民团体，向离退休老同志，向驻县解放军指战员、武警官兵和民兵预备役人员、消防救援队伍干部和人员、公安政法干警，向关心支持、积极参与普定经济社会发展的社会各界人士，表示衷心感谢并致以崇高敬意！

在肯定成绩的同时，我们也清醒地认识到，前进道路上还面临不少困难和问题。主要表现在：脱贫攻坚“绣花功夫”下得还不够，接受国家评估验收任务重、压力大；社会投资和政府投资回落，扩投资稳增长任务繁重；产业优势不突出，新兴产业体量小，传统产业转型升级步伐缓慢，大企业大项目不多；税源支撑不足，刚性支出需求增加，财政收支矛盾突出；教育、医疗等公共服务供给不足，社会治理仍存在不少薄弱环节；政府效能还需进一步提高；等等。对于这些困难和问题，我们将以对人民群众高度负责的态度，直面挑战、主动作为、综合施策，采取有效措施切实加以解决。

二、2019年主要工作任务

2019年是新中国成立70周年，是决战脱贫攻坚、决胜全面小康和实施“十三五”规划的冲刺之年。做好今年的政府工作，要以习近平新时代中国特色社会主义思想为指导，全面贯彻党的十九大和习近平总书记对贵州工作的系列重要指示批示精神，统筹推进“五位一体”总体布局，协调推进“四个全面”战略布局，坚持稳中求进工作总基调，坚持新发展理念，坚持推动高质量发展，坚持以供给侧结构性改革为主线，坚持深化市场化改革、扩大高水平开放，进一步做好“六个稳”工作，守好发展和生态两条底线，推进实施三大攻坚战，全力实施三大战略行动，持续打好“一二四”攻坚战，保持经济持续健康发展、社会大局稳定，坚决夺取决战之年的根本性胜利，为全面建成小康社会收官打下决定性基础，以优异的成绩庆祝中华人民共和国成立70周年。

今年经济社会发展的主要预期目标是：地区生产总值增长12%，500万以上固定资产投资增长18%，规模以上工业增加值增长10%，社会消费品零售总额增长12%，一般公共预算收入增长6.5%，城镇、农村居民人均可支配收入分别增长10%、11%。

围绕实现以上目标，我们将重点抓好7个方面工作：

（一）全面推进脱贫攻坚，着力在决战决胜、巩固提升上取得新胜利。脱贫攻坚是摆在我们面前最大的政治、最大的大局、最中心的工作。我们将坚持以脱贫攻坚统揽经济社会发展全局，对标对表、真抓实干、尽锐出战，确保顺利通过国家脱贫攻坚第三方评估验收，正式退出贫困县。

攻坚克难确保通过验收。认真落实脱贫攻坚“网格化”管理机制，压紧压实县级领导的领导责任、乡级班子的主体责任、包村单位的包保责任，第一书记、作战队及包保干部的直接责任、行业主管部门的牵头责任，形成强势总攻、决战决胜的浓厚氛围。紧紧围绕“一达标，两不愁，三保障”脱贫标准，全面排查各方面存在的短板和问题，建立台账、倒排工期、挂图作战、逐一销号，确保“组组通”、农村饮水安全巩固提升、危房改造及“三改”、老旧住房整治等建设任务高质量完成，不断夯实教育扶贫、医疗扶贫工作基础。聚焦建档立卡贫困户、边缘户、“七类重点人群”，发动全县干部到组到户开展真蹲实访、政策宣传、技术指导、环境整治，做到“村村过硬、户户过关”，全面提升群众的知晓率、认可度。加强实时跟踪、交叉检查和全程督查，通过严厉督查问效，做到安排部署无盲区，政策落实无死角，工作成效实现无漏评、无错退。

齐心协力巩固脱贫成效。完善玉兔、玉秀、鑫旺社区服务功能，规范培育打造安置点商贸、物流、制造、服务业市场，强化搬迁农户生产生活跟踪服务管理，确保有劳动力的搬迁家庭至少1人稳定就业，实现稳定长久脱贫。用好城乡建设用地增减挂钩政策，拆除旧房656户，抓好“五个三”工作落实。不折不扣落实教育扶贫资助减免政策和控辍保学“七长”责任制，切实保障贫困家庭子女有学上、上好学，确保义务教育巩固率达95%以上。抓好贫困人口参合工作，完善健康扶贫医疗保障救助机制，确保贫困人口住院医疗费用实际补偿比稳定保持在90%以上，扎实推进家庭医生签约服务工作。低保兜底做到应保尽保，各项救助做到应救尽救。继续发挥“一村一公司”脱贫致富带动作用，完善产业利益联结机制，在利益分红、务工增收等方面为贫困群众提供稳定增收渠道，确保贫困家庭至少有2个增收产业。大力推行“农村传统美德积分超市”，深入推进“扶志”工作。强化扶贫资金使用的监督管理，从严查处贪污挪用、截留私分等行为。

（二）全面推进项目建设，着力在拉动投资、稳定增长上形成新支撑。以“项目落地”为引领，牢固树立“抓项目就是抓发展、抓财源、抓后劲”的理念，充分发挥投资对经济发展的支撑作用。

全力抓好项目谋划。不断提升项目谋划能力，谋划一批交通、水利、城镇基础设施、产业发展等项目纳入项目库并推动实施，确保重大项目库储备规模保持在1000亿元以上。认真落实项目建设“三集中、三倒逼”机制和县领导联系挂帮重大项目工作制度，协调解决项目推进中的重大问题，全力推进91个省（市）重点项目和重大工程快开工、快建设、快投产、快见效，确保完成年度计划投资124.8亿元。新开工产业项目11个，建成运营4个，产业投资占比达28.1%，完成固定资产投资80亿元。

有效拓宽资金渠道。充分把握政策加力提效、补短板扩内需增后劲等重大机遇，加大跑项目、争资金工作力度，积极争取一般性转移支付、增发地方政府专项债券等各项政策支持，确保争取上级资金增长20%。继续优化支出结构，通过大力压减一般性支出、取消无效支出，用于重点领域、重点项目建设，大力争取绿色产业扶贫投资基金、工业及省属国有企业绿色发展基金支持。积极谋划PPP项目入库，设立引导基金，推动一批PPP库内项目转化实施。

扎实推进基础设施建设。加快龙（场）鸡（场）路、黄（桶）半（厢）路等县乡道建设，实现县城至马官、跳场坝至偏石板、等堆至坪上、青山至秀水等公路建成通车，构建外连内达交通网络体系；积极推进“四好农村路”建设工作，把全县农村公路建好、管好、护好、运营好。加快推动木桥水库、朵贝水库、核桃冲水库等骨干水源工程，启动夹山水库、龙潭水库建设。巩固小康用电示范县建设成果，推进新一轮农村电网升级改造，完成投资2400万元。大力推进信息基础设施建设，完成投资5200万元以上。

（三）全面推动产业转型升级，着力在培育增长点、形成新动能上实现新突破。坚持质量第一效益优先，全力推动产业转型升级、三产深度融合，积极构建“主导产业支撑有力、新兴产业集聚发展、特色产业优势鲜明”的产业体系。

推动工业做大做强。加快普定经济开发区标准化厂房、南六路、北二路、工业大道升级改造等基础设施建设，不断完善基础配套设施、商贸物流能力、服务管理机制。依托锦程铝业等龙头企业，加快引进相关配套产业，延伸产业链、拓宽产业幅，打造煤电铝一体化产业。发挥安顺电厂热蒸汽供应等优势，抢抓黄铺物流园快速发展机遇，积极推进热电联营，吸引优势关联产业聚集。不断健全企业服务机制，支持博大包装、春归刺梨等企业做大做强，推进恒信达能源等企业加快投产达产，持续做好“腾笼换鸟”工作，确保经开区总产值增长14%以上。对县内招商引资企业扎实开展“回头看”工作，找准企业生产经营存在的困难和问题，逐户拿出措施，进一步盘活做大工业存量。持续推进“三去一降一补”，按照“高端化、绿色化、集约化”方向，推动传统产业转型升级，力争实施“千企改造”项目10个，完成技改投资15亿元。抓住省工业和信息化厅党建帮扶机遇，加强项目申报跟踪对接，争取获得更多工业发展绿色基金支持。加快打磨冲煤矿技改进度，支持高龙煤矿完善相关手续实现正常运转，稳定扩大煤矿产能。

推动农业做精做特。深入落实“八要素”要求，以更大力度推进农村产业革命。加大21个省、市级农业园区建设力度，打造农业园区升级版，加快500亩以上大坝产业结构调整。坚持特色化、规模化、标准化、品牌化、绿色化，突出抓好“三种一养”特色优势产业项目，制定可量化、可复制、可操作的行业质量标准，强化标准引领作用，切实提升产业竞争力。加快10万亩韭黄提质增效，稳步推动种植规模扩大，加快产业链延伸；种兔规模达到12万只，建成一批种兔基地、肉兔饲料加工厂，打造全省韭黄种植、肉兔养殖大县，确保非粮增加值占比、畜牧业占农业总产值比例均提高2个百分点以上。建成特色产业研究中心，加大农业科技投入，抓好农产品品牌建设，加强农产品地理标志认证和品牌保护，新增无公害产地认定3万亩以上、绿色产地认定1万亩以上。继续抓好绿色产业扶贫投资基金申报和使用，坚持强龙头、创品牌、带农户，促进三次产业深度融合。抓好省农商互联示范县建设，完成6个乡（镇、街道）冷库建设，进一步完善冷链物流网络。加强农校、农科、农超、农企对接，加大珠三角、长三角市场开拓力度，让更多普定农特产品走出去。

推动服务业做特做优。围绕“培育龙头、繁荣业态”的目标，大力支持兴东民族大健康产业园加快发展，打造旅游暨服务业发展新引擎。着力推进青山湿地生态园、沙湾农业大观园等升级改造，培育和扶持以休闲农业、乡村度假、古镇村落、特色民宿为代表的乡村旅游新业态。充分利用环境资源、气候优势，紧抓高铁经济圈发展机遇，引进知名旅游优强企业，谋划旅游营销推介方案，继续保持旅游业“井喷”增长态势，力争全年实现接待游客增长40%，旅游总收入增长42%。加快推进商贸会展、餐饮住宿、文化娱乐、康体养生、信息通讯、运输物流、电子商务、金融服务等产业发展，提升服务业有效供给质量，培育一批服务行业优强企业，服务业增加值增长13.4%。

（四）全面推动城乡融合发展，着力在城镇提质、乡村振兴上谋求新作为。以办好第九届安顺市新型城镇化推进暨小城镇建设发展大会为抓手，推动现代城市、特色小镇、富美乡村“三级联动”，着力提高城镇化质量，常住人口城镇化率达48%。

提升城镇功能品位。探索建立多元化可持续的城镇化投融资模式，以定南古城人居环境整治为重点，加快推进县城棚户区改造及配套基础设施建设，完成旧城区人居环境改善、迎宾大道、水景街等项目建设。支持碧桂园、仁和铭府、筑佳城市综合体等项目加快建成。统筹地上地下设施建设，积极实施城市“双修”项目，完善相关配套设施。高标准打造化处镇农业产业强镇，支持各乡镇发展彰显自身地域、历史、文化的特色小城镇。全力筹办好市第九届城发大会。

加快乡村振兴步伐。高标准编制乡村振兴战略规划，高质量制定工作目标和措施，实现村土地利用规划编制全覆盖，进一步加强农村建房和宅基地管理。推进“新一轮小康行动计划”，有序推进16个美丽乡村示范村建设。结合乡村资源禀赋和生产生活传统，推动规模适度、带动就业、市场稳定的现代农业、轻工业和服务业企业在乡村安营扎寨，实现“镇村联动”。以全域改善农村人居环境为目标，以“10+N”项目建设为主线，积极争取整县推进农村环境综合整治、农村生活污水治理工程环保专项资金，加强农村生活垃圾、污水治理，持续推进“厕所革命”，城乡垃圾无害化处理率、污水处理率分别达60%、92%。

提升城市管理水平。强化市容市貌管理，加强已建成公共游园、城市绿化带管理和维护，重拳整治占道经营、乱停乱放、乱贴乱画等不文明行为，引导市民文明出行。严防周末马路市场反弹，严控市政道路无序开挖行为。不断巩固国家卫生县城创建成果。扎实推进智慧城市建设，加强大数据在城市公共安全、交通秩序、社区服务等方面的应用，提升城市精细化管理水平，持续提升城市品位。

（五）全面推动污染防治，着力在生态靓化、环境美化上绘就新蓝图。强化生态底线思维，认真落实全省污染防治“五场战役”各项安排部署，坚决扛起打好污染防治攻坚战的重大政治责任。

统筹推进生态工程建设。坚决落实水、气、土三大污染防治行动计划，推进生活垃圾、建筑垃圾、医疗废弃物综合处置。严格落实森林保护“六个严禁”，切实巩固退耕还林成果，新增城市绿地120万平方米，完成各类营造林3万亩，综合治理石漠化面积20平方公里、水土流失面积42平方公里，森林覆盖率达53%以上。申建夜郎湖省级湿地公园。

综合推进生态环境整治。巩固和完善中央、省委环保督察问题整改落实成果，确保整改成果长效化、整治工作常态化。加大工地、矿山、道路等扬尘污染治理，强化产业结构调整和科技运用，有效解决秸秆焚烧问题，实现环境空气质量优良率达95%以上。执行最严格的水资源管理制度，全面实施河长制，加强水污染防治，水源地水质100%达标。加强农业面源污染防治、废弃物污染防治、生活垃圾再生利用等工作，保护土地生态。推进项目全过程监管，加大现场检查、随机抽查力度，确保重点行业全面达标排放。深入开展“大棚房”问题专项清理整治行动，强力打击土地违法行为。推进“煤改电”“煤改气”，加快形成绿色低碳的生活方式、消费模式。

（六）全面推进改革开放，着力在释放活力、激发动力上走出新路子。坚持把深化改革、扩大开放摆在发展全局的核心位置，严密防范化解重大风险，以改革激发活力、用开放增添动力。

强化风险防范。遵循经济规律，坚持疏堵结合，健全“借用还”与“责权利”相统一的地方政府性债务管理、风险防控和应急处置机制，加强监督管理，从严审核把关，把制定资金平衡方案作为新上项目必备条件，严禁各种违法违规担保和变相举债。通过“八个一批”，切实化解存量隐性债务，逐步降低债务率。全面清理国有资产，加大土地收储和挂牌力度，分类制定开发利用方案，加紧实现有效盘活、高效利用，推动存量债务妥善化解。加快国有企业实体化、市场化转型和集团化、差别化发展。坚决打击违法违规金融活动，严厉整治各类非法集资、违法违规套利、干扰金融市场秩序等违法行为。

全面深化改革。按照“巩固、增强、提升、畅通”八字方针深化供给侧结构性改革，提升经济发展质量。扎实做好“放管服”改革，全面推行“双随机、一公开”。不断深化农村综合改革，深入推进“一村一公司”“秀水五股”改革，以股权为纽带，探索群众增收致富的新路径新模式，力求脱贫成效可持续。深入推进不动产统一登记、自然资源统一确权登记工作。全面完成县级机构改革，深入推进财税金融体制、税收征管体制改革，加强政—银—企有效沟通合作，力争普拓建设公司获得AA主体信用评级。深入推进户籍制度、医疗卫生体制、殡葬管理等改革。

全力支持民营经济发展。严格实行项目并联审批制度，推进政府服务规范化，打破各种各样的“卷帘门”“玻璃门”“旋转门”，不断清除一切妨碍市场公平竞争的规定和做法，在市场准入、审批许可、经营运行、招投标等方面打造公平竞争环境，新增市场主体2000户以上。按照“125”目标的安排部署，积极支持民营企业解决融资难题。进一步规范涉企执法检查活动，避免随意限制企业正常生产经营活动。构建、政商关系，大力支持民营企业纾难解困，营造良好服务环境，落实联系服务重点企业制度，深入开展民营企业大走访，帮助解决企业在发展中遇到的困难和问题。

加大招商引资。坚持把招商引资作为扩大经济总量、优化产业结构、推动经济高质量发展的强大“引擎”，以产业大招商为主攻方向，积极谋划、精心编制军民融合、高端装备制造、大健康、农产品精深加工等高质量招商引资项目50个以上，切实提高招商引资项目的可行性和可操作性。抢抓珠三角、长三角等发达地区产业转移机遇，做好重点招引企业跟踪研究，加大对外宣传推介力度，抓好铝产业精深加工、韭黄、肉兔等优势产业的产业链招商。积极做好签约项目跟踪落实、协调服务工作，及时了解并协调解决项目推进过程中遇到的困难和问题，推动意向项目抓紧签约、签约项目落地开工，确保招商引资省外到位资金增长20%。

（七）全面推动民生事业改善，着力在创造人民美好生活上作出新业绩。践行以人民为中心的发展思想，把满足人民需求作为根本目标，不遗余力改善民生、增进福祉，让发展成果更多惠泽人民群众。

提高社会保障水平。全面落实就业创业政策，实现城镇新增就业7200人、新增创业420户以上，确保城镇登记失业率控制在4.2%以内。按照兜底线、织密网、建机制的要求，全面实施全民参保计划。不断完善城乡居民基本养老、医疗、工伤保险等多种保障体系，实现社会保险覆盖率达90%以上。建立社会捐赠、群众互助等多形式救助机制，推进慈善事业加快发展。

加大社会事业发展力度。坚持把教育事业放在优先发展位置，持续推进学前教育行动计划，加大普惠幼儿园建设，学前教育毛入园率达92%以上；进一步优化教育资源布局，完成教育信息化、教育设施等改造提升工程，建成化处镇中心学校和党固、白桥、谷毛寄宿制小学，着力改善农村教育条件，加快推动义务教育基本均衡向优质均衡发展。推进普及高中阶段教育攻坚计划实施，确保高中阶段毛入学率达91%；继续推动特殊教育、中等职业教育加快发展，不断加强与青岛等地教育教学交流合作。持续推动医疗卫生事业发展，加快县人民医院改扩建工程、县中医医院康复大楼和二期项目建设，完成乡镇卫生院升级改造和村卫生计生室标准化建设任务；进一步深化医药卫生体制改革，做实县人民医院与省人民医院，县中医院、县妇幼保健院与贵阳中医一附院医疗联合体，提升“五个全面建成”医疗体系服务水平，有序推进分级诊疗，加快县乡医疗卫生一体化管理。大力推进现代公共文化服务体系建设，加快白岩镇21世纪国际学校建设、马官镇文昌阁修复，进一步完善乡镇文化阵地设施配套，推动文化事业、文化产业发展。加快城乡体育基础设施建设，推动群众性体育运动广泛开展。此外，支持工会、共青团、妇联、武警、科协、人防、国教、民宗、侨务、外事、对台、气象、工商联、文联等单位依法遵章开展工作，推动史志、档案、红十字、残疾人、老龄、关心下一代、劳促等事业全面进步。

提高社会治理水平。继续推行社会治安网格化管理，加强社会治安大防控体系建设，深入开展扫黑除恶专项斗争，依法打击、惩治各种违法犯罪活动，持续提升群众的安全感、满意度。加强“法治信访”“阳光信访”“责任信访”建设，切实解决群众合法合理诉求，坚决维护信访秩序。加强基层自治，增强社区服务功能，实现政府治理和社会调节、居民自治良性互动。严格落实安全生产责任制，突出道路交通、消防、食品药品、工矿商贸等重点领域、重点行业、重点部位的督查整治，坚决遏制重特大事故发生。继续落实好“四个最严”要求，加强食品药品安全监管。扎实做好动物疫病防控工作。

全力办好“十件民生实事”。围绕保障和改善民生，继续办好民生实事：（1）完成公益性岗位安置就业困难人员60人，转移农村劳动力11000人，强化3000名贫困劳动力技能培训，新增生态护林员95

名；（2）城乡居民基本养老保险基础养老金提高到每人每月93元，城乡低保标准平均提高3%、5%；（3）新建改造农村户用卫生厕所12000户以上、公共卫生厕所2个、旅游厕所5个；（4）实现所有行政村（居委会）“雪亮工程”视频监控全覆盖，乡（镇、街道）驻地不少于20个、每个行政村不少于10个，县域内主要干道、道路关键节点、重点部位视频监控全覆盖；（5）新建幼儿园2所，改扩建中小学校3所，新增学位600个；（6）完成村级农体工程5个、全民健身路径工程2个，完成3000盏村级太阳能路灯安装；（7）减少农村扶贫对象1000人以上；（8）实现全县所有乡（镇、街道）卫生院中医馆（国医馆）全覆盖；（9）新增新能源公交车10辆，更换50辆以上节能出租车，新增中心城区非占道公共停车位118个；（10）新建农民工综合劳务市场1个。

三、加强政府自身建设

我们将自觉以习近平新时代中国特色社会主义思想为指引，加快转变政府职能，推进政府及职能部门事权规范化，切实增强践行新发展理念的坚定性、自觉性，努力建设勤政务实、守法诚信、廉洁亲民的服务型法治政府。

（一）坚持党的领导，做到对党绝对忠诚。牢固树立“四个意识”、坚定“四个自信”、做到“四个服从”、践行“两个维护”，始终在政治立场、政治方向、政治原则、政治道路上同党中央保持高度一致，坚定不移把中央、省委、市委、县委的决策部署落到实处。扎实推进“两学一做”学习教育常态化、制度化，认真开展“不忘初心、牢记使命”主题教育活动。强化中央、省委巡视有关问题后续整改落实，扎实做好巡视“后半篇文章”。

（二）坚持依法行政，维护宪法法律权威。坚持法定职责必须为、法无授权不可为，运用法治思维、法治方式深化改革、推动发展。落实法律顾问制度，健全重大决策风险评估和责任追究机制。密切同县人大、县政协的沟通联系，及时报告工作、通报情况，提高人大代表建议和政协委员提案办理水平。广泛听取民主党派、工商联、老同志和社会各界人士的意见建议。

（三）坚持从严治政，锻造优良工作作风。加强政府效能管理，完善常态化督查工作机制，推动政府各项决策部署落实。深入开展效能整治行动，下大力气整治有令不行、有禁不止、推诿扯皮、敷衍塞责、消极怠政、为官不为等问题。树立定了就干、干就干成、干就干好的施政新风，确保政府工作高标准、高效率、高质量完成。深化行政审批制度改革，以“互联网+政务服务”为核心，以群众办理事项“最多跑一次”为目标，全面提升政务服务水平。

（四）坚持廉洁从政，增强拒腐防变能力。坚决落实党风廉政建设主体责任，严格执行中央八项规定及其实施细则和省委、市委有关规定，大力支持监察委对“公权”全覆盖监督。紧盯不敬畏、不在乎、喊口号、装样子等行为，严肃整治群众身边的腐败问题。严格规范公共资源管理，切实加强对社保资金、惠农资金、民生保障、土地出让、工程招投标等重点领域和环节的监管，强化权力集中部门和高风险岗位管控，有效发挥审计监督作用，从源头治理腐败。加强廉政教育和纪律教育，增强廉洁自律意识，提高拒腐防变能力，努力建设廉洁政府。

各位代表，伟大时代召唤着我们，伟大事业激励着我们，脱贫攻坚已到决战决胜的最后关头，乡村振兴已到擂鼓加油的关键时刻，活力普定已到负重远征的全新起点。让我们更加紧密地团结在以习近平同志为核心的党中央周围，在县委的坚强领导下，紧紧依靠全县各族人民，不忘初心、牢记使命，以永不懈怠的奋进状态、一往无前的奋斗精神，全力打赢脱贫攻坚战，开创普定改革发展新未来，为新中国成立70周年献礼！

关岭布依族苗族自治县政府工作报告

（2019 年 2 月 12 日在关岭自治县第十届人民代表大会第四次会议上）

关岭自治县委副书记、县长 韦朝虎

各位代表：

现在，我代表县人民政府向大会作工作报告，请予审议，并请县政协委员和其他列席会议的同志提出意见。

一、2018 年工作回顾

过去的一年，在市委、市政府和县委的坚强领导下，在县人大、县政协的监督支持下，我们坚持以习近平新时代中国特色社会主义思想为指导，深入学习贯彻党的十九大和习近平总书记对贵州工作的重要指示精神，以脱贫攻坚统揽经济社会发展全局，团结一心、众志成城、负重奋进，全力打好三大攻坚战，深入实施三大战略行动，扎实打好“一二四”攻坚战，持续加快“生态关岭”建设，经济社会发展取得了显著成绩。

这一年，我们砥砺前行、奋力争先，开创了经济优质高效发展的新局面。努力克服脱贫攻坚压力倍增、经济发展下行的不利因素，举全县之力攻坚克难，经济社会发展成就亮点纷呈。实现地区生产总值 94.67 亿元，增长 10.5%；500 万元以上固定资产投资增长 19.8%；规模以上工业增加值增长 9.8%；社会消费品零售总额 25.24 亿元，增长 8.4%；城乡居民人均可支配收入分别为 27804 元、8807 元，分别增长 9.4%、10.2%。各项指标增幅再创佳绩，均居全市前列。其中：社会消费品零售总额、城镇居民人均可支配收入增速全市第一，固定资产投资、农村居民人均可支配收入增速全市第二，地区生产总值、规模以上工业增加值增速全市第三。

这一年，我们尽锐出战、务求精准，夺取了脱贫攻坚决战之年的新胜利。坚定不移把脱贫攻坚作为头等大事、第一民生工程，以置之死地而后生的勇气，以背水一战、务求全胜的决心，先后掀起“春风行动”“夏秋攻势”“五个专项治理”“四场硬仗”“农村产业革命”高潮，持续补齐住房、饮水、教育、医疗和社会保障短板，扶贫精准度大幅提升，脱贫质量不断提高，全年减少贫困人口 14461 人，实现 17 个贫困村出列，贫困发生率下降到 7.51%，为决胜脱贫攻坚奠定了坚实基础。

这一年，我们调整结构、转换动能，加快了向高质量发展迈进的新征程。山地特色农业加快转型，传统低效作物持续调减，“牛猪鹅、菜果药”高效产业规模不断扩大，“关岭牛”产业得到省委书记、省人大常委会主任孙志刚的肯定，“关岭牛 + 饲草”石漠化治理模式获得国家林草局点赞。新型工业加快转型，普利风电场等一批新能源和新型建材项目建成投产，鑫源环保、黔林塑业等一批节能环保、劳动密集型企业落户关岭。现代服务业加快转型，冰雪小镇、101 项目进入发展快车道，九仙洞天景区即将开业，国际商贸城快速建设，花江大峡谷开发稳步推进。山地新型城镇化加快转型，顶云新区各组团功能持续完善，花江等小城镇建设蓬勃发展，辐射带动作用越来越强。

这一年，我们凝心聚力、后发赶超，实现了保障改善社会民生的新跨越。始终坚持民生优先，努力在保障和改善民生上下功夫，社会事业取得的成绩精彩不断。义务教育均衡发展通过国家评估验收，综合排名全市第 1 位、全省第 3 位。安全感排名全省第 3 位。“文明在行动·满意在贵州”排名全省第 30 位，同比上升 53 位。政法、信访、工会、供销、生态畜牧、全域旅游、禁毒示范城市创建、空气质量综合指数等年度考评均名列全市各县（区）之首。民中合作办学质量再创新高，医联体改革成效明显，“道德超市”得到省、市领导批示肯定，法治扶贫经验在全市推广实施。

一年来，我们重点抓了以下工作：

（一）致力攻坚克难，脱贫成效显著提升，打赢了关键之年的关键之仗。脱贫责任再压实。认真贯彻习近平总书记关于扶贫工作的重要论述和贵州大扶贫战略行动部署，集结优势兵力，实行脱贫攻坚战区负责制、专班负责制、村组网格员负责制，将所有村寨划分为968个网格，选派147名科级干部担任村级指挥长，968名干部担任网格员，有力充实村级工作力量，确保责任落实横到边、纵到底。着力在精准上下功夫，持续找准脱贫攻坚中的重点难点，对症下药，精准补齐短板。“三大举措”助脱贫。就业扶贫促增收。开展贫困劳动力全员培训7000余人次，培训后实现就业5000余人。举办现场巡回招聘达成用工协议700余人。建成扶贫车间26个，吸纳贫困群众就近就业。机关单位扶贫专岗、公益性岗位吸纳就业400余人。就业扶贫成为高质量稳定脱贫的主渠道之一。生态扶贫保双赢。建成2个500亩以上生态扶贫示范园。兑现退耕还林补贴及劳务费2023.12万元，贫困户受益505.78万元。合理设置700个公益林、生态林管护岗位，兑现管护费626万元。生态扶贫“建、管、补”同步推进，实现了生态保护与群众增收“双赢”。综合保障强兜底。发放低保金、救助金、特困供养人员基本生活费3516.32万元，先后3次集中免费开展残疾人等级鉴定和办证工作，办理残疾证2387个，累计4523名残疾人家庭识别为建档立卡贫困户。残疾人就业康复政策全面落实，特殊困难群众及弱势群体得到有效兜底。“四场硬仗”稳基础。产业扶贫成效显著。谋划扶贫项目入库2352个，财政专项扶贫发展资金到位7975.5万元，整合涉农资金2.7亿元。大力打造关岭牛、食用菌、蔬菜、精品水果等特色产业带，抓好农特产品产销对接，健全“721”利益联结模式，产业扶贫带动1.25万户贫困户增收。易地扶贫搬迁深入推进。新建2个安置点，完成2357套住房主体工程建设，计划搬迁2083户、9641人。旧房拆除、复垦复绿有序推进，“五个三”后续保障措施不断完善。贫困群众搬入新居，迈出脱贫致富奔小康坚实步伐。教育医疗住房“三保障”全面覆盖。发放各类教育资助及助学贷款7359.25万元，惠及贫困学生6.8万人次，营养餐改善计划实现全覆盖。建档立卡贫困人口参合率、参合资助率达100%，健康扶贫医疗“一站式”补偿1.5万人次，实际补偿比例达90%以上。完成农村危房改造1435户、老旧住房透风漏雨整治7414户。贫困群众“幼有所育、学有所教、病有所医、住有所居”得到全面保障。基础设施建设不断夯实。实施农村饮水安全项目135处，解决11.9万人饮水安全问题。建设“组组通”公路39.38公里，实现30户以上村民组全部通硬化路。行政村通畅率达100%、通客车率达100%。农村扶贫路、致富路四通八达，供水管网纵横交错，为脱贫攻坚、乡村振兴奠定了坚实基础。

（二）致力内争外引，重大项目稳步推进，发展后劲和活力持续增强。投资保障进一步提升。抢抓国家补短板、扩内需、增后劲等机遇，着力抓实项目建设保障。从资金保障上下功夫，争取到中央预算内资金1.26亿元、省市级资金1656.4万元。从用地保障上出实招，土地报批117.73公顷，供地55.46公顷。从招商引资上求突破，成功引进新亚行、北京东方园林、上海天马实业、青岛鑫源环保、山西山力铂纳橡胶机带等优强企业入驻关岭，全年累计签约项目80个，约定投资总额151.34亿元，新增项目到位资金108.58亿元，增长6.08%。项目建设进一步加快。坚持高标准、高质量、高效益推进重点项目建设，实行一个项目一套服务专班，完善协调、服务、督办推进机制，破解制约项目建设难题，确保项目快落地、快建设、快投产。全年新增入库5000万元以上项目22个，总投资49.49亿元。实施省市级重大工程和重点项目73个，累计完成投资125.97亿元，完成率达100.78%。有效投资进一步扩大。紧盯“稳增长、调结构、促改革、惠民生”关键环节，持续扩大有效投资，建成一批重大民生工程。关花大道即将建成通车，基本建成高铁站至月亮湾公路，实施农村公路窄路面扩建41公里、安全生命防护工程170公里，完成交通投资29.89亿元。小鲁灰水库主体工程完工，坝陵河水库建设加快推进，大坪、戈林、上坡贡等7座水库前期工作稳步进行，完成水利投资4.79亿元。城镇建设、农村电网改造升级、信息基础设施等领域投资不断扩大，完成投资64.59亿元。

（三）致力创新驱动，产业结构持续优化，高质量发展起步良好。现代农业取得新成果。聚焦农业产业革命“八要素”，坚持以“牛猪鹅、菜果药”和食用菌为主导，调减传统低效作物7.86万亩，完成蔬菜种植30万亩，精品水果16万亩，茶叶、中药材7万亩，花椒2万亩，食用菌年产600万棒。成功申报关岭牛省级农业科技示范园区，关岭牛存栏 16 万余头，出栏 4.29 万头。生态家禽出栏 82.45 万羽，畜牧业增加值占农林牧渔业增加值比重达 36%。4 个省级现代高效农业示范园区总产值预计达 96.7 亿元，增速 10% 以上。工业发展实现新转型。坚定不移实施工业强县战略，以传统产业生态化、特色产业规模化、新兴产业高端化为方向，着力构建新型工业体系。扎实推进“千企改造”工程，对 6 家企业实施“千企改造”。完成工业用电量 1.79 亿千瓦时。新增规模以上工业企业 1 户，高新技术企业 1 家，入统限上企业 3 户。启动园区 10 万平方米标准厂房建设，新增入园企业 9 个，标准厂房入驻率达 98%。鑫源环保、橡胶机带等项目加快推进。完成工业投资 12.33 亿元。第三产业实现新突破。推动全域旅游加快发展，引领现代服务业提档升级。九仙洞天旅游景区即将正式运营。地质公园、木城丽水景区配套设施不断完善。奇缘谷冰雪小镇成功创建国家 3A 级旅游景区。全年接待游客 536.67 万人次，增长 29.88%；旅游综合收入 54.2 亿元，增长 30.7%。农商联动有序推进，成功获评国家级电子商务进农村综合示范县。金融服务、家政服务、快递物流等快速发展，第三产业完成增加值 49.34 亿元、增长 9.8%。

（四）致力提升品质，城乡面貌持续改善，群众获得感、满意度显著提升。城镇化进程持续加快。按照合理规划、分步实施的原则，持续拓展顶云、关索、龙潭、花江、永宁“五位一体”城镇区域化大格局，成功新增岗乌镇为市级培育示范小城镇，同步推进上关、断桥、坡贡、沙营、新铺小城镇建设。新老城区建设齐头并进，商贸行政组团、教育产业组团、休闲居住组团初具规模，商贸金融、行政办公、生态宜居、休闲度假等功能逐步完善。县城建成区面积拓展到 12.2 平方公里，城镇总人口达 14.24 万人，户籍人口、常住人口城镇化率分别为 40.08%、45.64%。城镇宜居指数大幅提升。大力完善城镇公共交通网络，开通 4 路公交线，增设易地搬迁同心社区至汽车站摆渡车，满足搬迁群众“行有所乘”需求。大力完善城镇基础设施，建成花江、永宁示范小城镇“8+X”项目 46 个。岭秀国际、信达、水韵佳缘等房开项目稳步推进。实施棚户区改造项目 14 个，签约改造 3519 户。持续加大背街小巷整治力度，始终保持城区干净、整洁，城市“颜值”显著提升。美丽乡村活力持续焕发。大力推动乡村多规合一，完成 120 个村庄规划编制。加快推进“四在农家·美丽乡村”基础设施建设，累计完成庭院硬化 1.82 万户，串户路硬化 757 千米，“小康电”“小康讯”完成投资 1.39 亿元，行政村宽带覆盖率达 100%，自然寨宽带覆盖率达 99.82%、4G 信号覆盖率达 94.8%。探索推广乡村治理“道德超市”，引领村民向上向善、敬老爱亲、重义守信、勤俭持家，乡风民风焕然一新。

（五）致力绿色发展，牢牢守住两条底线，生态文明建设取得显著成效。生态建设持续加快。深入贯彻“绿水青山就是金山银山”理念，加强生态建设，综合治理岩溶面积 32.49 平方公里、石漠化面积 33.71 平方公里、水土流失面积 20.11 平方公里。划定生态红线，启动实施 33 万亩林业生态产业项目，打造“六带八园”生态产业布局，完成营造林 14 万亩，森林覆盖率达 49.68%，成功创建省级“森林城市”。环境质量稳步提升。牢牢守好发展和生态两条底线，强力推进污染防治攻坚战，环保督察反馈问题整改率达 100%。大力发展绿色交通，加强施工扬尘治理及秸秆禁烧综合利用，环境空气质量优良率达 99%。深入推进河长制，全面取缔网箱养鱼，重要江河水功能区、集中式水源点水质达标率均达 100%。县城污水处理二期工程加快推进，新建一体化污水处理站 23 座，污水处理率达 90%。建成污染源自动监控平台，扎实开展重点行业污染治理，医疗废弃物处置率达 100%。

（六）致力共享发展，补齐民生短板，社会保障和民生福祉持续增进。社会事业持续提升。全面推进“两类学校”建设，实施续建项目学校 11 所，改造义务教育薄弱学校 16 所，新建、改扩建学前教育学校 7 所，有效化解“大班额”问题，义教均衡发展通过国家评估验收。学前三年毛入园率达 90.17%，义教阶段巩固率达 95.04%，高中阶段毛入学率达 87.18%。医疗卫生资源持续优化，市人民医院关岭分院加快建设，县妇幼保健院主体工程完工，各乡镇标准化卫生院陆续投用，深度贫困村、易地搬迁安置点标准化卫生室实现全覆盖。新增多彩贵州“广电云”户户用工程 1.2 万户。成功承办安顺市纪念“顶云经验”40 周年系列活动，公开出版新一轮县志及历史大事记，全县文化事业蓬勃发展。社会保障持续改善。深入实施积极的就业和社会保障政策，织牢织密民生保障兜底网。城镇新增就业 5650 人。深入推进全民参保登记工作，社会保险参保累计 28.8 万人，社会保险覆盖率达 91.6%。城乡低保平均标准分别提高到 570 元 / 月、3876 元 / 年，分别增长 7.14%、9.86%。“十件民生实事”18 个子项已完成 17 项，正在推进 1 项。（“45 个贫困村出列”事项完成出列 17

个，主要原因为部分易地扶贫搬迁农户意愿改变，不愿意搬迁。根据省指导精神，这类对象不得脱贫，导致所在村达不到出列标准。对于剩下的贫困村，我们将加快补齐短板，确保今年实现 50 个以上贫困村出列。）社会治理持续强化。持续加强社会治安综合治理，深化扫黑除恶专项斗争。成功创建 7 个省级、11 个市级民主法治示范村。荣获“全国法治县创建活动先进单位”“全国人民调解工作先进集体”等荣誉称号。排查矛盾纠纷、信访问题 249 件，化解 227 件、化解率达 91.16%。狠抓重点行业领域安全监管，排查治理隐患 7000 余条，生产安全事故持续“双降”。群众安全感、满意度“双提升”成效明显。过去一年，文联、科协、外事侨务、民族宗教、国防教育、征兵工作、国防后备力量建设再上新台阶，工青妇、儿童、残疾人、红十字和老龄事业有了新发展，审计、统计、科技、机关事务、档案管理、保密和地方志工作迈出新步伐，邮政、通讯、气象、防灾减灾等工作取得新成绩。

（七）致力提升效能，作风建设持续加强，政务服务更加高效便捷。始终旗帜鲜明讲政治，永葆忠诚敢担当，大力培育和弘扬新时代贵州精神，认真践行“马上就办、真抓实干”的作风，推进中央、省委巡视反馈问题全面整改落实。下大力气清理整治脱贫攻坚领域作风问题，营造在脱贫攻坚战中力争上游、不甘落后、比学赶超的浓厚氛围，广大干部精气神焕然一新。全面推进政府系统党风廉政建设各项工作。监察、审计监督力度不断加大，反腐倡廉深入推进。认真执行县人大及其常委会决定决议，自觉接受县人大的法律监督和县政协的民主监督。办复人大代表建议案 70 件、政协委员提案 79 件，办复率、满意率均达 100%。深入推进“放管服”改革，及时更新权责清单和公共服务事项清单，公布办事指南事项 3106 项，实现在线审批项目 552 个。持续推进政务服务向乡村延伸，镇村两级累计办件 6326 件，政务服务“最后一公里”更加通畅。

各位代表，一年来的发展成就来之不易，这是市委、市政府和县委坚强领导与科学决策的结果，是县人大、县政协监督支持的结果，是历届政府砥砺奋进的结果，是广大党员干部和人民群众携手共进的结果。在此，我代表县人民政府向全县人民，向各位人大代表、政协委员，向各民主党派、工商联、人民团体和无党派人士，向驻关部队、武警官兵，向所有关心、支持、参与关岭脱贫攻坚和改革发展的各界朋友，致以诚挚的敬意和衷心的感谢！

在总结成绩的同时，我们也清醒地看到，当前关岭发展中还存在不少困难和问题，主要表现在：一、脱贫攻坚任务艰巨，全县还有 57 个贫困村，未脱贫人口 26286 人，确保今年达到全县退出标准，还需持续投入大量的人财物力。二、经济实力整体偏弱，工业基础差，龙头企业带动乏力，对经济总量的贡献小，实现经济提速发展的压力大。三、“放管服”改革不够到位，政策落实存在“中梗阻”“最后一公里”等问题，个别单位不作为、慢作为、乱作为现象时有发生。四、生态环境保护任务重，城乡综合治理需要进一步加强，民生领域存在较多短板，交通、教育、医疗、住房、养老等方面与人民群众的需求还有差距。对此，我们一定高度重视、强化措施，着力加以解决，决不辜负全县人民的期望。

二、2019 年政府工作总体考虑

2019 年是新中国成立 70 周年，是我县全力强措施、补短板，决战决胜脱贫攻坚战的关键之年，做好全年工作意义十分重大。

今年政府工作的总体要求是：以习近平新时代中国特色社会主义思想为指导，全面贯彻党的十九大和十九届二中、三中全会精神，认真落实中央、全省、全市经济工作会议，精神省、市人代会精神，深入贯彻落实习近平总书记对贵州工作的重要指示精神，牢记嘱托、感恩奋进，统筹推进“五位一体”总体布局，协调推进“四个全面”战略布局，坚持稳中求进工作总基调，坚持新发展理念，坚持推动高质量发展，坚持以供给侧结构性改革为主线，坚持深化市场化改革，继续打好三大攻坚战，着力激发微观主体活力，统筹推进稳增长、促改革、调结构、惠民生、防风险工作，保持经济运行在合理区间，贯彻落实“六稳”要求，提高人民群众的获得感、幸福感、安全感，守好发展和生态两条底线，推动三大战略行动，持续打好“一二四”攻坚战，决战脱贫攻坚、决胜同步小康，保持经济持续健康发展、社会大局稳定，奋力续写新时代“生态关岭”高质量发展的新篇章，为全面建成小康社会收官打下决定性基础，以优异的成绩庆祝新中国成立 70 周年。

今年经济社会发展的主要预期目标是：经济增长目标：地区生产总值增长 11% 以上，500 万元以上固定资产投资增长 18% 以上，规模以上工业增加值增长 15% 以上，社会消费品零售总额增长 13% 以上，一般公共财政预算收入增长 6% 以上。

脱贫攻坚目标：全年减少贫困人口 2.1 万人以上，出列贫困村 50 个以上，贫困发生率降到 1.6% 以下，全县达到摘帽退出标准。

高质量发展目标：科技进步贡献率提高到 53% 左右，户籍人口、常住人口城镇化率分别达 43%、47.2%，全县空气质量优良率保持在 95% 以上，森林覆盖率提升 3 个百分点左右，节能减排降碳指标控制在上级下达计划范围内。

民生保障目标：城镇新增就业 5700 人，城镇登记失业率控制在 4.1% 以内，城乡居民人均可支配收入分别增长 10%、11% 以上。

当前，面对错综复杂的形势、艰巨繁重的发展任务，我们要始终牢记习近平总书记的嘱托，以强烈的感恩之心激发强大的奋进激情，更加坚定必胜信心、保持昂扬斗志，做好打硬仗、攻难关、破难题的充分准备，努力提高谋划推动发展的本领，真正成为抓经济工作的行家里手；要大兴调查研究之风、真抓实干之风、勤政廉政之风，紧盯矛盾问题和薄弱环节，围绕群众关心关注的热点难点焦点问题，干好事、办实事、解难事，让人民群众生活一天比一天好起来，展现执政为民新担当，开拓“生态关岭”发展新天地。

（一）聚焦同步小康，坚决夺取脱贫攻坚决胜之年全面胜利。今年是我县彻底撕下贫困标签的关键之年，我们必须拿出攻坚决战的姿态，全力以赴、尽锐出战、超常奋斗，确保夺取最终胜利，如期实现脱贫摘帽目标。

（1）*全力补齐脱贫短板*。坚持把脱贫攻坚作为最大的政治、最重的任务、最严的责任，瞄准决战决胜目标，深入开展大走访、大排查、大帮扶、大培训、大整改、大宣传活动，围绕“一达标，两不愁，三保障”核心指标，全面排查所有村寨安全饮水、教育医疗、住房保障、基础设施等短板，对标对表脱贫标准，坚持“一户一策”“缺什么补什么”原则，下足绣花功夫，逐村逐组逐户精准补齐短板，实现稳定脱贫退出。加快推进低保提标工作，确保符合条件的大病、慢性病、残疾人应保尽保，坚决不让一户掉队。持续深入开展“五个专项治理”，提升扶贫质量，让广大群众真真切切感受到脱贫攻坚带来的民生改善、优质服务，不断提高群众的获得感、认可度、满意度。

（2）*全面发起脱贫总攻*。深入推进农村产业革命，大力培育和引进各类市场主体，抓好 500 亩以上坝区和 25 度以下坡耕地产业结构调整，坚决调减玉米等低效作物种植面积，着力完善利益联结和产销对接机制，确保每户贫困户有 2 个以上见效益的产业项目覆盖。大力推进民生工程建设，彻底消除贫困群众居住危房或透风漏雨老旧房现象，彻底解决贫困群众饮水不安全问题。完成 2018 年度易地扶贫搬迁入住 9641 人，加快完善安置点基本公共服务、培训和就业、社区治理体系，让搬迁群众“搬得放心、住得安心、生活舒心”。全力做好就业扶贫，办好扶贫车间，力争组织劳务输出 3000 人以上，开发保洁员、护林员、巡河员等公益性岗位 3000 个以上，着力解决贫困群众就近就业问题。深化“四个聚焦”，坚持扶贫与扶志、扶智相结合，强化东西部扶贫协作及定点帮扶工作，不断创新方式和载体，着力激发贫困群众脱贫致富的内生动力。

（3）*全面推进乡村振兴*。加强脱贫攻坚与乡村振兴统筹衔接，立足资源禀赋、产业特色，做优做强农村产业，巩固和提升脱贫成效。用好新一轮西部大开发和乡村振兴政策，深入实施“四在农家·美丽乡村”小康升级行动计划，推进农村厕所革命、农村生活垃圾治理、农村生活污水治理、村庄清洁 4 个专项行动。加快农村水网、电网、地下管网和互联网等基础设施建设，补齐农村公共服务设施短板，推动资金、技术、人才、信息等要素与农村资源有效对接。深化“道德超市”和法治扶贫工作，加强农村群众性自治组织建设，探索现代乡村社会治理新模式，着力打造一批村庄整治工作示范村、示范点。

（二）聚焦提质增效，全力以赴推动经济高质量发展。紧盯投资、招商两个关键，推动新型工业化、农业现代化、旅游产业化、新型城镇化同步发展，加快新旧动能转换，推动经济不断向高质量发展迈进。

（1）*全力推动投资与招商齐头并进*。致力打造高质量发展引擎，围绕脱贫攻坚，在特色产业、生态保护、乡村振兴等方面积极谋划实施一批大项目好项目，争取纳入国家和省投资计划。全年实施重大项目 123 个，完成投资 130 亿元以上。持续开展产业大招商行动，精细编制招商项目 88 个以上。重点围绕关岭牛全产业链、特色农产品深加工、搬迁群众就业等方面，谋划一批牛肉、食品、饲草、生物制药、有机肥加工、服装玩具等劳动密集型项目，实现精准招商。全年引进省外投资 500 万元以上项目 77 个以上，新增到位资金 118 亿元以上。引进新入黔 500 强企业 1 家以上。千方百计扩大有效投资，确保关花大道如期建成通车，六安高速，戈林、上坡贡、大坪水库按期开工，中医院、永花线改造、通村通组路网全覆盖等重大项目如期完工。

（2）全力推动工业经济转型升级。深入实施工业强县战略，扎实推进“双千工程”，推动工业项目大建设、产业大发展、经济大跨越。打好产业园区平台升级攻坚战，新建成标准厂房20万平方米，同步完善配套设施，打造优质高效的创业就业环境。加强对鑫源环保、安东尼服饰等重大工业项目的服务和调度，推动现代工业做优做强。积极帮助煤矿企业解决困难，促进复工复产。指导黔林塑业、贵州益源菌业等企业入规工作。深入实施“万企融合”大行动，扎实推进大数据与实体经济深度融合，争取引进1家以上有影响力的大数据企业，着力打造融合标杆项目。

（3）全力推动现代农业优化升级。牢牢把握“八要素”、用好“五步工作法”，坚定实施“牛猪鹅、菜果药”和食用菌主导产业不动摇，大力培育和引进一批农产品精深加工龙头企业，新增省、市级龙头企业5个以上，推广“公司+合作社+农户”发展模式，做大做强“关岭牛”品牌，深化“饲草+关岭牛”产业发展模式，新增牧草种植5万亩、安格斯能繁母牛5000头，新增“关岭牛”存栏2万头以上。抓好立竿见影的“短平快”扶贫产业发展，继续实施好600万棒食用菌产业，完成蔬菜种植30万亩以上，新增花椒种植1万亩以上，提等改造火龙果、花椒1万亩以上。加大对新铺万亩精品水果、岗乌高老庄生态养殖等标准化基地及产业龙头的支持力度。积极开展各类推介、展示活动，推动关岭牛、关岭火龙果、板贵花椒等优质绿色农特产品走出关岭、走向全国。

（4）全力推动第三产业提速发展。深入开展全域旅游创建。抓好地质公园提质升级，强化古生物化石保护。加快推进花江大峡谷开发建设。巩固提升永宁明清古镇、冰雪小镇、木城丽水、九仙洞天等项目建设成果，强化乡村旅游、民族特色旅游、生态度假旅游、体育休闲旅游等融合发展。全年接待游客650万人次以上，旅游总收入67亿元以上。大力实施服务业创新发展十大工程，新增入库3家以上限上批零住餐企业，力争培育1家进出口外贸企业。抓好中天文化旅游、中厦物业管理等4家企业培育和入库工作。持续推进“移动网络全覆盖”工程，实现“组组通宽带、组组通4G”，完成信息基础设施建设投资1亿元以上。

（5）全力推动新型城镇化融合发展。掀起新型城镇化建设新高潮。加大老城区、乡镇棚户区改造进度，注重连片开发效益，快速盘活新老城区待开发土地。因地制宜完善货币化安置政策，抓好棚改专项债券发行。大力完善顶云新区城市功能，持续加大各组团开发力度，加快岭秀国际六期、卓越信达四期、睿创·中央御景等房开项目建设。推动新老城区基础设施提档升级，创新完善城市管理体制，启动数字化城市管理平台建设，提高精细化、规范化、数字化管理水平。加快关花大道和花江镇功能布局，持续培育打造永宁、上关、断桥、岗乌等示范小城镇，强化产业支撑，提升产城融合能力。

（三）聚焦绿色发展，全力以赴推进生态文明建设。深入贯彻习近平生态文明思想，以更强烈的使命担当、更坚定的拼劲韧劲、更务实的举措作风，全面加强生态环境保护，开创生态文明建设新局面，让“生态关岭”更加出彩。

（1）加强生态建设。牢固树立绿色财富观、资源观、开发观，让生态优势成为发展优势。深入贯彻新一轮绿色贵州建设行动计划，重点实施十大生态修复工程、森林扩面增效三年行动计划、石漠化综合治理三年攻坚行动，统筹实施好33万亩林业生态产业，着力发展“五大林业基地”，全年完成营造林14万亩以上。治理岩溶面积32.56平方公里、石漠化30.91平方公里、水土流失26平方公里，实现绿水青山与金山银山“双赢”。

（2）狠抓污染防治。扎实推动中央生态环保督察“回头看”反馈问题整改，打好污染防治攻坚战。坚决打好“蓝天、碧水、净土、固废治理、乡村环境整治”五大战役。持续推进“双十工程”，深入开展扬尘污染和“散乱污”企业综合治理行动。加强高寨水库集中饮用水源地保护，完成县城污水处理二期工程，加快城乡排水、污水处理工程进度，全面落实河长制。城镇污水处理率保持在90%以上，集中式饮用水水源地水质达标率保持100%。

（3）倡导绿色生活。加强生态文明宣传教育，大力倡导绿色文明、低碳出行的环保新理念，提升群众对生态文明建设的参与率、知晓率、满意率。大力创建绿色家庭、绿色学校、绿色社区、绿色商场、绿色餐馆。加快清洁能源汽车推广应用，倡导绿色出行。大力推动生活垃圾分类收集处理。全面推动移风易俗，落实好主城区烟花爆竹禁放工作。坚决遏制婚丧喜庆“大操大办”等不良习俗，引导广大群众勤俭办事。

（四）聚焦动能转换，全力以赴推进改革开放。坚定改革开放再出发的信心决心，大力弘扬敢为人先的“顶云经验”、战天斗地的“板贵精神”，推动重点领域改革、更宽领域开放，为实现高质量发展蓄积能量。

（1）深化重点领域改革。推动改革开放走深走实，完成县级机构改革。坚决落实“巩固、增强、提升、畅通”八字方针，深入推进供给侧结构性改革，落实“三去一降一补”各项任务，坚决落实减税降费政策和降成本措施。积极推进财税体制改革。深入推进“三权”促“三变”改革，持续推广“塘约经验”。抓好国有企业改革，聚焦县属集团公司主业，加快转型发展，在实体化、市场化上迈出新步伐，实现县域经济与企业发展“双赢”。

（2）深化“放管服”改革。以自我革命精神持续转变政府职能，加大“互联网＋放管服”改革力度，对所有涉及市场准入的行政审批事项按“证照分离”模式进行分类管理。将企业开办时间压缩至3个工作日以内，工程建设项目审批时间压缩至80个工作日以内，不动产登记办理时间压缩至5个工作日以内。持续推进政务服务“一网一门一次”改革，尽快实现“一网覆盖、一次办好”目标。坚持放权到位、管理增效、服务提质，推广政务服务APP，加快网上审批服务向基层延伸，全面提高行政服务效率。

（3）深化民营经济服务改革。坚持打造优质高效的营商环境、法治环境，加大清理、精简涉及民间投资管理的行政审批事项和涉企收费，规范中间环节、中介组织行为，落实减轻企业税费负担的各项举措，降低要素成本，让民营企业轻装上阵、加快发展。持续开展政银企对接，坚持政府主导、企业和银行参与，建立健全县级担保平台，设立县级担保基金，深入推进“互联网＋金融”，搭建金融机构与民营企业沟通平台，落实好“125”目标，帮助民营企业解决“融资难、融资贵”问题。着力构建“亲、清”新型政商关系，主动靠前服务，为企业发展壮大保驾护航，以实际行动让民营企业家放心、舒心。

（五）聚焦安全稳定，全力以赴防范化解重大风险。切实担负起防范化解重大风险的政治责任，全力维护全县社会大局和谐稳定，持续提升群众的安全感、满意度。

（1）加强金融债务风险管控。严格落实“七严禁”“1+8”债务管理系列政策，健全“借用还”与“责权利”相统一的债务管理机制。抓好国有闲置资产摸底清查及处置，提高政府偿债能力。平衡好稳增长与防风险的关系，着力培植财源，做大财政收入总量、提升质量。大力压缩一般性支出，加大涉农资金整合力度，保障脱贫攻坚、乡村振兴、生态环保、民生改善等领域支出。持续开展非法集资专项整治行动，防止经济金融领域风险向社会领域蔓延。

（2）加强社会安全风险管控。时刻绷紧安全生产这根弦，深入推进重点领域、重点行业安全生产大检查、大排查、大整治活动，把不安全、不稳定因素消灭在萌芽状态。加强社会管理综合治理，提高应对处置突发事件的能力，深入开展扫黑除恶专项斗争，确保社会大局稳定。高度重视意识形态领域安全，依法打击处置宗教领域非法行为，强化网络舆情监管，发出关岭“好声音”、宣传关岭“好故事”。

（六）聚焦普惠发展，全力以赴谋求民生福祉。民生连着民心，民心关乎振兴。我们必须坚持把保障和改善民生放在突出位置，心系群众、服务群众，一张蓝图绘到底、一年接着一年干，把实事办好、把好事办实。

（1）强化社会保障。坚持把稳就业摆在突出位置，全面实施新一轮就业创业政策，促进高校毕业生、农民工、退役军人就业创业，多渠道、多方式加强职业培训和就业服务，提高转岗再就业能力。提升劳务输出组织化程度，向每位贫困劳动力推荐3个以上就业岗位，全力促进农村劳动力转移就业。实施好支持和促进重点群体创业就业补贴政策。持续健全社保体系，基本社会保险覆盖率达92%以上。统筹推进城乡社会救助体系建设，健全特困人员救助供养机制，加强农村“三留守”人员、城镇困难职工、失独失能老人等弱势群体的关爱保护，推动社会救助、社会福利等事业加快发展。

（2）强化公共服务。持续推进“两类学校”建设，推动城乡义务教育一体化发展，着力解决“大班额”等突出问题，全面提升县域学校管理水平和教育教学质量。加大教育扶贫工作力度，运用法治手段，强化“控辍保学”，保障学生平等接受义务教育的权利。推动学前教育普惠提质，继续实施好学前儿童营养改善计划。巩固深化贵阳一中与县民中“1+2”办学模式。拓展高中阶段多元办学模式，实现普职协调发展，提高高中阶段普及率。实施医疗卫生服务能力提升八大工程，全面推进县乡村医联体建设，构建市、县、乡一体化医疗服务大格局。深入推进医疗扶贫工作，抓好“三个一批”统筹实施分类救治。规范医疗服务行为，优化医疗服务流程，为广大群众看病就医提供更多的便利和实惠。落实好基本公共卫生服务项目，提升服务均等化水平。

（3）办好惠民实事。始终把人民对美好生活的向往作为奋斗目标，坚持尽力而为、量力而行，继续实施十大民生工程，办好十件惠民实事：①减少贫困人口 2.1 万人以上，贫困村出列 50 个以上，易地扶贫搬迁人口全部搬迁入住；②全面解决农村人口饮水安全问题；③建成县第三中学、坡贡镇凡化幼儿园、坡贡幼儿园；④实现全县所有乡镇（街道）卫生院中医馆（国医馆）全覆盖、村级卫生场所及村医全覆盖；⑤全面完成农村老旧住房透风漏雨整治工作；⑥城镇新增就业 5700 人，新增创业 800 户，创业带动就业 2400 人；⑦建成 10 个乡镇生活垃圾收集中转站；⑧新建、改建 4G 基站 20 个，新增多彩贵州“广电云”户户用工程 3000 户以上；⑨新建改造农村户用卫生厕所 1.1 万户、农村公共卫生厕所 52 个；⑩农村公路安全生命防护工程处置隐患里程 300 公里。

（七）聚焦高效履职，全力以赴加强政府自身建设。决胜脱贫攻坚，让全县人民步入全面小康生活，是时代赋予我们的神圣使命。我们必须坚持不忘初心、牢记使命，提振精气神、跑出加速度、干出高质量，努力建设人民满意的政府。

（1）*坚定政治立场，筑牢忠诚之魂。*深学笃用习近平新时代中国特色社会主义思想，牢固树立“四个意识”、坚定“四个自信”，坚决做到“两个维护”。扎实推进“两学一做”学习教育常态化、制度化，开展“不忘初心、牢记使命”教育，深化“牢记嘱托、感恩奋进”教育。全面落实“一岗双责”，坚决落实全面从严治党主体责任。深入贯彻习近平总书记对贵州工作重要指示精神，认真落实上级党委政府和县委推动发展的重大决策部署，确保政令畅通、令行禁止。

（2）*加强法治建设，提升执政本领。*坚持法治思维、依法行政，自觉学法守法用法，严格按照法定权限和程序用权履职，健全完善政府议事规则和决策程序，做到法无授权不可为、法定职责必须为。自觉接受县人大及其常委会的法律监督、县政协的民主监督，全面接受监察监督，主动接受新闻媒体、社会各界监督，广泛听取民主党派、工商联、无党派人士和人民团体、社会各界人士的意见建议。围绕让群众“看得到、看得清、看得全、看得懂”的目标，大力推动政务村务公开，让权力在阳光下运行。

（3）*勇于担当作为，凝聚奋进合力。*坚持严管与厚爱相结合，完善容错纠错机制，为敢于担当、敢于碰硬、不谋私利的干部撑腰鼓劲，让广大干部想干事、能干事、干成事，全面提振干事创业精气神，凝聚推动发展的强大合力。树立底线思维，增强忧患意识和风险意识。大力倡导说了就办、定了就干、干就干好的实干精神，注重培养干部斗争精神，增强斗争本领，敢于向贫穷落后宣战，敢于向矛盾困难宣战，敢于向不正之风宣战，不断提高政府系统的执行力、战斗力。

（4）*强化作风建设，提振工作效能。*牢固树立“围绕中心、服务大局”的宗旨意识，深入开展“作风整治年”活动，把践行“三严三实”贯穿于政府全部工作之中，坚定不移兴“三风”、纠“四风”、树新风。坚决整治“庸懒散拖”，牢固树立奋力争先的赶超意识、勇争一流的工作作风和齐心协力的团队精神，推动全县各级干部以高度的责任感、事业心，以勤勤恳恳、扎扎实实的作风，以百折不挠、知难而进的勇气完成党和人民交给的各项任务。

（5）*保持清正廉洁，树立良好形象。*坚持把纪律和规矩挺在前面，以制度管权、管事、管人，把权力关进制度的“笼子”。切实履行党风廉政建设主体责任，紧盯重大工程、重点领域、关键岗位，无禁区、全覆盖、零容忍惩治腐败。扎实抓好巡视整改各项工作，即知即改、立行立改，深入开展“回头看”，深化标本兼治，夯实治本基础。坚决向群众身边不正之风和腐败问题亮剑，坚决纠正损害群众利益的行为，筑牢拒腐防变的“防火墙”，争当为民服务的“好公仆”。

各位代表，新的征程任重道远，新的使命催人奋进。让我们高举习近平新时代中国特色社会主义思想伟大旗帜，更加紧密地团结在以习近平同志为核心的党中央周围，在市委、市政府和县委的坚强领导下，不忘初心、牢记使命，勇往直前、砥砺奋进，为开创新时代生态关岭建设新局面、谱写全县人民美好生活新篇章而努力奋斗！

镇宁布依族苗族自治县政府工作报告

（2019年1月9日在镇宁自治县第十三届人民代表大会第五次会议上）

镇宁自治县委副书记、县长 潘登岭

各位代表：

现在，我代表县人民政府向大会作工作报告，请予审议，并请县政协委员和其他列席同志提出意见。

一、2018年工作回顾

过去的一年，是全县上下披荆斩棘、砥砺奋进的一年。面对错综复杂的宏观经济形势、艰巨繁重的改革发展稳定任务，我们在省委省政府、市委市政府和县委的坚强领导下，在县人大、县政协的监督支持下，全县上下认真学习党的十九大精神和习近平新时代中国特色社会主义思想，大力培育和弘扬新时代贵州精神，按照“守底线、走新路、奔小康”的工作总纲，坚持主基调、主战略，强力推进大扶贫、大数据、大生态三大战略行动，持续打好“一二四”攻坚战，全力决战脱贫攻坚，全县经济社会发展不断向高质量迈进。

——过去一年，我们砥砺奋进，经济发展持续向好。经济社会发展在2017年首次突破“五个百亿元”的基础上稳步前进，呈现出“运行平稳、稳中有进、进中有变、喜中有忧”的态势。全县地区生产总值完成108.7亿元、增长13.8%，在全市排名第一；财政总收入8.23亿元，增长6.98%；一般公共预算收入5.6亿元，增长2.23%；500万元以上固定资产投资增长11.3%；规模以上工业增加值增长13.7%，在全市排名第二；社会消费品零售总额22.53亿元、增长8.3%，在全市排名第二；金融机构存贷款余额分别为112亿元、122亿元，其中贷款余额同比增长26.46%；新引进项目投资总额105.36亿元，新增到位资金131.5亿元，营商环境、招商引资工作评价指数分别位居全市第一、第二。

——过去一年，我们尽锐出战，脱贫攻坚战果丰硕。深入推进振兴农村经济的产业革命，扶贫主导产业加速发展，农户利益联结机制不断完善，成立农民专业合作社630个，全年调减低效农作物种植9.11万亩，打造19个产业基地，辐射带动贫困群众2万余户7.41万人增收，减少贫困人口31850人（含黄果树镇），实现56个贫困村出列，贫困发生率从2017年的10.84%下降到1.78%，为全县实现减贫摘帽奠定了坚实基础。

——过去一年，我们致力民生，人民福祉全面增进。始终以人民为中心，不断满足人民日益增长的美好生活需要。城镇、农村居民人均可支配收入分别达28014元、8822元，分别增长9.4%、10.1%，分别排名全市第一、第三。群众获得感持续增强。成功创建国家卫生县城、国家级电子商务进农村示范县、省级农商互联示范县和全省第一个省级园林县城，高荡景区成功创建国家4A级旅游景区。义务教育均衡发展，顺利通过“国检”验收。医药卫生体制改革不断向纵深迈进，实现医疗扶助保障市、县“一站式”即时结报。扎实开展全国文明城市创建工作，“文明在行动·满意在贵州”活动年度考核排名全省第22位。基本完成年初向全县人民承诺的“十件民生实事”。

一年来，我们牢记嘱托、感恩奋进，主要做了以下工作：

（一）万众一心，脱贫基础更加坚实。

凝心聚力攻坚克难。坚持把习近平总书记有关扶贫工作重要论述作为打赢脱贫攻坚战的理论法宝，以脱贫攻坚统揽经济社会发展全局，举全县之力打赢脱贫攻坚战。制定全县脱贫攻坚三年行动实施方案，建立健全“1+15+204”的县乡村三级指挥、调度、督导三大攻坚体系，全力打好脱贫攻坚“春风行动”“夏秋攻势”。全县所有干部不忘初心、牢记使命，深耕扶贫一线，3018名干部下沉帮扶21458户贫困户，大力开展脱贫攻坚“1+5”问题专项治理，群众认可度不断提高。东西部扶贫协作不断深化，在全市率先实现与青岛对口帮扶城市胶州的乡镇级友好协作全覆盖，争取到青岛市帮扶资金4357.11万元。“千企帮千村”行动深入推进，58家非公企业结对帮扶72个贫困村，为1688名贫困人口解决就业问题。县人大以“五抓五促”为抓手，积极为全县扶贫工作问诊、把脉、开方，提出26条意见并督促问题及时整改。县政协脱贫攻坚“百千万行动”扎实推进，通过捐资助困、产业扶持、智志双扶等多种方式，帮助500余户贫困户走出困境。县纪委监委紧盯扶贫领域的不正之风，大力开展专项治理，全力护航脱贫攻坚。县法院发挥法律专业优势，崇德向善，发出通告督促赡养人履行赡养义务，确保老人与子女共同脱贫。县检察院发挥检察职能，依法从严打击扶贫领域刑事犯罪，主动开展贫困户司法救助。全县上下心往一处想、劲往一处使，凝聚了镇宁脱贫攻坚的强大合力。

“四场硬仗”持续用力。紧紧依靠群众，狠下“绣花功夫”苦干实干，投入19.4亿元补“短板”。聚焦产业扶贫主攻方向，全覆盖推广“塘约经验”，流转土地20.51万亩，实施产业项目88个，帮助农民人均增收900余元。农村“组组通”公路建成295.25公里，有效解决贫困群众出行难问题。完成农村危房改造及“三改”1827户，完成透风漏雨老旧住房整治2494户，实施连户路和庭院硬化266.51万平方米，实施农村饮水安全工程289处，14.25万群众的生产生活条件得到极大改善。完成2017、2018年度易地扶贫搬迁工作，已搬迁群众就业2354人，实现每户至少1人稳定就业。资助建档立卡贫困家庭学生1.13万人，发放教育扶助金1021.43万元。建档立卡贫困人口医保参保率、家庭医生签约率均达100%，健康扶贫惠及13423人次，发放医疗扶助金5077万元，实际补偿比达93.54%。实施大病救治326人次459.26万元。“一达标，两不愁，三保障”更加有力，脱贫基础更加坚实。

（二）开拓进取，产业结构更加优化。

现代农业提速增效。在发展规划、主体培育、产销对接、利益联结等方面持续发力，形成精品水果、绿色蔬菜、有机茶叶、中药材、生态牧养齐头并进的态势，推动贫困群众持续稳定增收。全年种植精品水果28.96万亩、蔬菜29.13万亩、茶叶7.55万亩、中药材13.43万亩。生态畜牧业持续向好，柳江三期项目实现投产，全年全县家禽出栏145万羽，禽蛋产量2.1万吨，生猪出栏13.5万头。农业品牌化建设稳步推进，镇宁黑茶列入全省茶产品发展五大品种之一，镇宁蜂糖李荣获“全国优质李”金奖，全县蔬菜、水果、茶叶等获得无公害农产品产地认证面积54.1万亩、有机农产品认证6个，特色农产品市场竞争力和影响力进一步扩大。预计全年实现一产增加值23亿元，增速达7%。

工业经济逆势奋进。不断完善产业园区基础设施建设，优化园区产业布局，镇宁产业园区成功列入省级开发区名录。红星集团生产经营创历史新高，纳税金额首次突破亿元大关。持续打造日用快消品园区，形成“以商招商、延链补链、抱团发展”的产业发展模式。生活用纸、纺织、特色食品、旅游商品等“名片”产业提升成效显著。传统产业转型升级进程不断加快，天韵石尚、晨春石业进入省级2018年度“千企改造”龙头企业，红星发展等3家企业进入省级2018年度“千企改造”高成长性企业名单进行调度，县域龙头企业的核心竞争力、美誉度进一步巩固。预计完成工业投资8亿元。

现代服务业提质升级。坚持规划先行，编制完成全域旅游和乡村旅游发展总体规划，加快打造全域旅游产业升级版。坚持服务提升，完成镇宁旅游集散中心、旅游官网及微信公众号平台建设。坚持品牌打造，夜郎洞景区完成升级改造，成功举办第十三届贵州镇宁黄果树国际半程马拉松赛、镇宁樱桃采摘季等重大活动，完成马厂飞行小镇项目签约及机场选址工作。预计全年接待游客720万人次，同比增长30%；实现旅游总收入73亿元，增长32%；旅游带动脱贫4000人，旅游业持续“井喷”。电子商务成效明显，预计全年网络零售额完成2亿元，绝对值位居全省县域第三方阵甲类县第一。电商“创客”蓬勃发展，蜂糖李等特色农产品线上销售额增长100%以上，户均增收1.8万元。

（三）扩大开放，发展动力更加强劲。

重点项目强势推进。全年实施市级重大工程、重点项目92个，完成投资88.74亿元。红星山海生物辣椒素项目实现投产，镇宁民族中学新校区、实验二小、县人民医院新院区建设项目和中医院二期建设项目顺利推进，板打路完成升级改造，白沙水库基本完工，都安高速公路镇宁段进展良好，投资4.7亿元启动建设革利风电项目。千企引进质量齐升。大力开展产业大招商工作，全年新引进招商引资项目84个，新引进省外企业14家，成功引进大唐集团、碧桂园、中城投等一批500强企业，引入制鞋、电子元器件等一批劳动密集型项目，有力带动了易地扶贫搬迁群众增收。风险防控扎实有效。在扩大开放的同时，积极打好风险防治攻坚战。通过PPP项目谋划和实施，打破投融资要素瓶颈，减轻政府对基础设施投资负担。通过培植税源和盘活国有资产，做大财税"蛋糕"，切实提高政府可偿债能力。通过用活存量资金，加大债务化解力度。目前，政府债务规模适度、风险可控。

（四）统筹发展，城乡面貌更加靓丽。

综合试点稳步推进。深入实施"一分三向"模式，有序引导农业人口向县城、重点城镇转移，常住人口城镇化率达47.86%。坚持规划引领，启动县城总体规划修编，完成180个行政村庄规划编制，实现全县村庄规划全覆盖。大力推进江龙镇、简嘎乡、扁担山镇示范小城镇建设，江龙镇27个"8+X"项目已基本建成，城镇基础设施和服务功能不断完善。通过"住房租赁服务公有云"平台管理房源数据，推动租赁市场平稳健康发展。

城乡面貌日新月异。聚焦城市"颜值"提升，打通石博大道至环翠新区、二桥路至县体育中心断头路，新建及改造公厕、旅游公厕19个，改造背街小巷3条，新建成红旗湖、城南农贸市场、老公安大楼、新中医院、白马湖卫生院等5个停车场，主城区面貌更加靓丽。城镇供水二期项目正式启用，大力改善镇宁河（穿城河）水体质量，加大城区生活垃圾转运和焚烧处置，生活垃圾无害化处理率达89.72%。全力打造"美丽乡村"升级版，实施12个乡镇农村人居环境整治项目，完成8个乡（镇）垃圾收运系统建设。"四好农村路"和公路"安防工程"全面推进，农村出行"村村通"服务平台顺利建成，群众出行安全更有保障。

管理水平不断提高。扎实开展文明创建，深入宣传和践行社会主义核心价值观，重点实施城区市场秩序、交通秩序、卫生秩序等整治行动，市容市貌持续改善。大力实施棚户区改造工作，改造火金山片区等7个片区共2300户。"两违"管控更加有力，采用无人机巡查等新技术进行监管，缩小巡查盲区，查处县城规划区内新增违法用地193户，查处县城规划区内的违法建筑214户，拆除"两违"建筑118户、13579平方米。

（五）和谐共生，生态环境更加秀丽。

生态建设持续推进。扎实开展森林保护"六个严禁"专项行动，新增造林14.4万亩，森林覆盖率达59%。坚持水土共治，综合治理岩溶面积40.63平方公里、石漠化面积23.56平方公里、水土流失面积96平方公里。全面落实河长制，编制完成19条河流"一河（湖）一策"实施方案，选任县级河长30名、乡级河长39名、村级河长165名，实现县、乡、村三级河长全覆盖。完成生态红线划定，受保护面积占全县面积的30%以上。全面推进绿色矿山建设和矿山地质环境治理恢复工作，完成荣兴砂石矿山等5个历史遗留矿山的治理工作。落实永久基本农田面积49.95万亩，完成基本农田保护面积49.87万亩。规模以上工业增加值能耗下降3%以上，完成高污染燃料锅炉年度淘汰任务。全年空气质量优良率和集中式水源地水质达标率持续保持100%。县域生态环境质量稳中趋好，在全省36个国家重点生态功能县考核中位列第一。

环保整改落到实处。扎实有效抓好中央、省委环保督察反馈问题整改工作，全面配合完成中央环保督察"回头看"、省委第二轮环保督察。完成县城污水处理厂提标改造并投入运营，实施丁旗污水处理厂二期管网建设及江龙污水处理厂管网疏通，进一步增强城镇污水处理能力。突出"划、立、治"三个整治重点，加快推动桂家湖饮用水源地环保问题整改。强化重点水域水环境保护，完成黄龙湖库区、翁元电站水库网箱网具拆除。抓实环保督察信访转办件办理，办结信访转办件12件。

（六）锲而不舍，改革开放更加深入。

重点改革有序推进。以改革开放40周年为契机，持续推进"三权"促"三变"改革，着力推动农村生产力变革，1539处小型水利工程产权得到明晰，完成103.64万亩林地勘界确权和颁证，全面启动农村"宅基地房地一体"工作。继续深化"放管服"改革，精简保留的329项县级行政审批事项全部纳入政务大厅办理，压缩办理时限66.46%，其中，131项提速为即时办结。积极推进商事登记制度改革，全年发放"五证合一"营业执照2661户。大力推进民营企业改革，促进民营企业健康快速发展，全年完成民营经济增加值65.6亿元，完成民间投资70.5亿元。强化质量品牌培育创建，组织红星发展等5家企业申报其产品为贵州省名牌产品，荣获全市质量考核工作

A 级。

对外开放成效明显。成功承办第四届贵州安顺国际石材博览会，先后组织企业参加中国厦门国际石材展览会、中国首届进口博览会等展会，不断提升开放合作的平台。举办外出招商等“走出去”活动 41 次，各地客商“请进来”洽谈项目 100 余次，不断细化开放合作的措施。培育金瀑农产品等 5 家出口企业，成功引入外资企业黔澳生物科技公司，外贸进出口稳步推进。全年预计完成外贸进出口 1000 万美元，实际利用外资 500 万美元。

（七）共建共享，民生保障更加坚实。

文教事业协调发展。完成义务教育农村薄弱学校改造项目 12 个，思源实验学校、县第二小学新建校舍投入使用。积极探索“集团化”办园模式，促进学前教育均衡化发展。大力开展文化惠民行动，组织“扶贫扶志”综艺节目到深度贫困村巡演 40 场，开展文化下乡演出 60 场，完成多彩贵州“广电云”12430 户，完成“百县万村”137 个村综合文化服务中心示范点建设，建成高荡、马鞍山两个市级文化产业示范基地，沙子乡陆瑞光烈士革命活动遗迹、良田镇板袍红三军团渡江作战旧址列入省级文物保护单位。“扫黄打非”文化环境整治行动有序开展，群众性文化活动蓬勃发展，成功举办 2018 年全国青少年及大学生掷球锦标赛。

卫生事业快速发展。在 14 个乡（镇、街道）实现深度贫困村卫生室规范化建设、易地扶贫搬迁安置区卫生室规范化建设、农村中小学校医务室标准化建设、妇幼保健机构远程医疗、疫苗数字化监控系统建设“五个全覆盖”，医疗保障力度不断加大，基层医疗机构服务脱贫攻坚能力显著提升。合理利用优势医疗资源，提升医院医疗服务能力，顺利推进公立医院医联体建设，成功与中南大学湘雅三医院、贵州省人民医院、贵州省中西医结合医院等机构建立合作关系。爱国卫生运动深入开展，丁旗街道成功创建国家卫生乡镇，募役镇、良田镇、革利乡、沙子乡成功创建省级卫生乡镇，刘官村等 12 个村成功创建省级卫生村。

民生保障稳步提升。城乡居民基本养老保险基础养老金上调至每人每月 93 元，失业金上调至每人每月 1344 元。就业创业工作均衡推进，新增就业人数 5632 人、同比增长 10.67%，城镇登记失业率控制在 3.16% 以内；创业带动就业 1418 人，发放创业贷款 1940 万元，实现农村富余劳动力转移就业 11532 人。着力构建和谐劳动关系，全年处理拖欠农民工工资投诉案件 155 件。城市、农村最低生活保障标准分别增长 7.14%、9.86%，发放低保金 5233.21 万元，保障困难群众 1.45 万人。不断提高特困供养水平，投入 385 万元供养 391 人。有效整合资源托底健康扶贫，对城乡医疗救助对象进行参合缴费资助，全年投入 305.8 万元、资助 42877 人次。县养老服务中心荣获贵州省十大养老示范机构称号。

社会治理持续加强。坚持全面强化社会治理，切实维护平安和谐稳定的良好局面。“平安镇宁”建设深入推进，大力推广“枫桥经验”，强化立体化社会治安防控体系建设，社会治安秩序持续稳定，白马湖街道南街社区成功创建为全国综合减灾示范社区，人民群众的安全感、满意度分别达 98.67%、98.28%，安全感排名全省第 4 位。推动基层民主自治工作向纵深发展，建立健全村级民生监督员制度，投入 360 万元选聘 200 名村务监督员。强化矛盾纠纷排查化解，着力打造“阳光信访”“责任信访”“法治信访”。全面落实安全生产责任制，强化齐抓共管工作格局，全县安全生产形势良好。顺利完成“七五”普法中期验收工作，实现全县 200 个村（居）法律顾问全覆盖。民族宗教关系更加和谐，高荡村、茂良村分别荣获全国、全省民族团结进步创建示范单位，幸福村、黄马社区被命名为全省第三批少数民族特色村寨。

（八）务实重行，行政效能更加高效。

行政效率持续提升。始终坚持全面推进依法治县，抓好中央、省委巡视及巡视“回头看”发现问题全面整改，以国务院大督察为契机，不断提高行政效率、服务质量。26 个部门整体入驻县政务服务中心，全县所有乡（镇、街道）、村（居、社区）实现实体政务大厅、网上办事大厅全覆盖，将 7 项常规工作纳入一门办理，让群众和企业“只进一扇门、最多跑一次”。深入推进“互联网 + 政务服务”，实现让“数据多跑路、群众少跑腿”，不断构建便民利企的政务服务体系。一年来，实体政务大厅及网上办事大厅为群众受理办结服务事项 224758 件。

决策机制持续健全。始终依法全面履行政府职能，坚决惩处失职、渎职行为。全面践行“五步工作法”，不断提高行政决策质量。推进政府行政执法体制改革，不断提高行政争议化解能力。自觉接受人大法律监督、政协民主监督、社会舆论监督、审计监督、民生监督，努力形成科学有效的权力运行制约和监督体系。全面推动政务公开，坚持重要决策部署、重大民生实事广泛向社会征求意见，办理情况及时公开。一年来，办理人大代表建议 45 件、政协委员提案43件，满意率分别达97%、100%。

廉政建设持续加强。始终坚守廉洁从政“一条红线”，强化倡俭治奢、转变职能、依法行政、督促检查、重点惩治等“五个抓手”，强化行政监察、审计监督和民生监督，执纪问责力度不断加大，廉政建设工作取得新成效。严格控制“三公”经费支出，全面执行公务活动“八项规定”，用政府的“紧日子”换来群众的“好日子”，切实增强了政府公信力。

此外，国防动员、外事侨务、档案管理工作迈上新台阶，工会、共青团、妇女儿童、科协、工商联、残联、红十字会、关心下一代工作进一步加强，统计、史志、通讯、气象、人防、保密等工作持续进步。

各位代表，春华秋实，天道酬勤；不忘初心，方得始终。过去一年，全县上下在后发赶超的浪潮中解放思想、感恩奋进，在脱贫攻坚的战场上众志成城、苦干实干，以“人一之我十之、人十之我百之”的超常规干劲，向“贫困山头”发起总攻。过去一年，我们更加深切体会到，在经济下行压力不断增大的形势下，我县仍然能够实现持续快速发展，成绩来之不易。这是省委省政府、市委市政府和县委坚强领导的结果，是县人大、县政协及各位人大代表和政协委员监督支持与参政议政的结果，是全县广大干部群众顽强拼搏、锐意进取的结果，更是不断顺应人民对美好生活向往的结果。在此，我谨代表县人民政府，向全县各族人民，向各民主党派、工商联、人民团体和社会各界人士，向全体驻县部队官兵、武警、消防救援、政法干警和各垂直管理单位，向所有关心、支持镇宁发展的离退休老领导、老同志，表示衷心感谢并致以崇高敬意！

各位代表，在看到成绩的同时，我们更要清醒地认识存在的问题和不足，这主要表现在6个方面：一是经济总量偏小、抵御风险能力弱，发展质量和效益仍需提升；二是农业产业转型慢、群众增收渠道窄，全面小康压力大；三是城乡基础设施薄弱，城镇凝聚力、带动力不足，乡村振兴任重道远；四是人民群众对公共服务均等化有更多期盼，财政收支平衡压力增大；五是环境资源约束趋紧，节能减排、污染防治任务艰巨；六是政府职能转变不到位，少数干部不作为、慢作为、乱作为，发展环境有待进一步优化。对此，我们一定高度重视、直面问题、认真研究、攻坚克难，决不辜负人大代表、政协委员的信任，决不辜负全县人民的重托。

二、2019年工作重点

2019年是新中国成立70周年，是全县决战脱贫攻坚、决胜同步小康的关键之年，是“十三五”规划的冲刺之年。做好全年各项工作，意义重大、使命光荣。

今年政府工作的总体要求是：以习近平新时代中国特色社会主义思想为指导，全面贯彻党的十九大和习近平总书记对贵州工作的系列重要指示批示精神，认真落实中央、全省、全市、全县经济工作会议精神，按照省委十二届二次、三次、四次全会部署，大力培育和弘扬新时代贵州精神，统筹推进“五位一体”总体布局，协调推进“四个全面”战略布局，坚持稳中求进的工作总基调，坚持新发展理念，按照高质量发展要求，以供给侧结构性改革为主线，坚持深化改革、扩大开放，坚持以脱贫攻坚统揽经济社会发展全局，守好发展和生态两条底线，持续打好防范化解重大风险、精准脱贫、污染防治攻坚战，加快转型升级、提质增效，全面实施乡村振兴战略，奋力续写新时代开放镇宁高质量发展的新篇章。

今年全县经济社会发展的主要预期目标是：地区生产总值增长11%，500万元以上固定资产投资增长15%，规模以上工业增加值增长12%，社会消费品零售总额增长11%，财政总收入增长7%，一般公共预算收入增长7%，城乡居民人均可支配收入分别增长9%、10%。

团结凝聚力量，实干创造未来。围绕实现上述目标，我们将重点抓好9个方面工作：

（一）全力以赴减贫摘帽，持续巩固脱贫成果。

脱贫攻坚是摆在我们面前最大的政治任务，是压倒一切的头等大事，是当前镇宁的第一民生工程。按照省委省政府、市委市政府要求，镇宁今年要通过国家脱贫攻坚第三方评估验收，正式退出贫困县。军令如山，我们唯有勇往直前、背水一战，坚决打赢脱贫攻坚这场输不起的战役，实现如期脱贫、精彩脱贫。

全面扣牢责任链、任务链。不断完善全县脱贫攻坚指挥体系，明确各专项调度组工作职责，推动干部力量向扶贫一线下沉，县直部门主要负责人驻村调度，驻村工作队靠前落实，确保贫困户和包保干部做到“13个说得清”。调整优化财政支出结构，各类资金向脱贫攻坚倾斜。聚焦“一达标，两不愁，三保障”精准发力，做好靶向帮扶，一个问题一个问题加以解决。高度重视做好边缘户的走访帮扶工作，坚持扶志扶智相结合，全面激发贫困群众内生动力。聚焦深度贫困村精准发力，建强村级公司，选准产业发展路子，夯实深度贫困村脱贫基础。

全面打好打赢"四场硬仗"。对标"两不愁，三保障"、对表"三率一度"，全力推进脱贫攻坚冲刺阶段各项工作。全面推进农村道路"畅返不畅"项目建设，升级改造县乡道 35 公里。加快构建全县骨干水源工程支撑、安全人饮项目保障、应急水源补充的城乡供水保障格局，确保人畜生产生活饮水安全。重点关注搬迁群众的后续发展、后续生存能力，切实帮助搬迁群众完成从农民向市民适应转变，完成旧房拆除复垦 300 户。继续抓牢教育扶贫工程，决不让一个贫困家庭学生因贫失学、因贫辍学。持续抓实健康扶贫工程，有效遏制因病致贫、因病返贫。持续抓好农村危房改造工程，完成 350 户农村危房改造及"三改"任务，全面消除住房安全隐患。

全面深化农村产业革命。继续以农村产业革命"八要素"为重心，抓实产业扶贫根本之策，稳步推进农业产业结构调整"555"工程，抓好生态畜牧、精品蔬菜、茶叶、中药材、食用菌"五大产业"，打造"一县一业"蜂糖李、樱桃、火龙果、百香果、杧果"五朵金花"，培育 500 亩以上坝区的产业标准化示范带建设。做好省级现代高效农业示范园区平台建设，加快农产品"三品一标"发展步伐，积极开展农产品地理标志保护，将镇宁打造为全省黑茶生产中心，新增农产品有机认证 10 个。培育壮大新型农业经营主体，大力发展订单产业，在冷链物流、产销包装、精深加工上下功夫。实现全县第一产业增加值增长 7% 以上，畜牧业产值占农业总产值比重达 40% 以上，经济作物占种植业比重稳定在 70% 以上。

全面实施乡村振兴战略。编制实施具有可行性、可操作性的《镇宁自治县乡村振兴战略规划》，在"五个振兴"方面持续发力。抓好产业振兴，紧紧围绕"一县一业、一乡一特、一村一品"产业发展模式，继续深化农村土地制度改革，加快推动农业产业特色化、规模化、标准化、品牌化、绿色化发展，加强产业链条延伸和市场渠道建设。抓好人才振兴，积极培养本土农业科技人才，完善外出务工人员联系服务体系，鼓励外出能人返乡创业，鼓励大学生村官扎根基层，为乡村发展注入新的血液。抓好文化振兴，大力开展专项文明行动，积极推进移风易俗，做好传统村落、建筑、民俗等优秀文化遗产的保护和传承。抓好生态振兴，做好农村垃圾处理、生活污水治理、农村厕所革命，大力改善农村人居环境。抓好组织振兴，完善现代乡村社会治理体制，强化农村群众自治，加强乡村文明教育、民风家风、村规民约建设，提升农村基层组织依法治理能力、德治水平。

（二）全力以赴防控风险，持续化解发展隐患。

有效防控政府债务风险。严格贯彻落实政府债务管理"七严禁"制度，建立健全债务风险预警、处置协调、责任追究和金融突发事件处置等机制。加大国有资产处置盘活力度，继续化解存量债务。严厉打击非法集资等违法行为，积极开展非法集资宣传教育和风险排查工作，守住不发生系统性风险的底线。

全力防控社会安全风险。加强社会治安防控体系建设，加大扫黑除恶力度，加强重点领域动态研判评估预警，全力打好治安突出问题整治攻坚战。认真抓好全国禁毒示范县创建工作。深入贯彻落实党政领导干部安全生产责任制，加快构建安全生产"双控"体系，强化食品药品全链条监管，加强对道路交通安全、地质灾害、消防安全等方面的隐患排查和治理，有效遏制重特大事故的发生。加强突发事件应急管理，提高突发事件的快速响应和应急处置能力。加强信访积案、矛盾纠纷调解力度，依法依规处理各类信访案件。全面整顿和规范市场秩序，加大知识产权保护力度，严厉打击质量违法行为，维护公平有序的市场环境。

（三）全力以赴保护生态，持续抓实污染防治。

强化问题整改。深入贯彻习近平生态文明思想，全力推动绿色发展，全面落实中央环保督察、国家土地例行督察问题整改。打赢蓝天保卫战，确保空气质量优良率持续保持 100%。开展好高污染燃料禁燃区工作，中心城区全面禁放烟花爆竹，依法取缔城区周边非法砂石采矿企业，管控施工工地扬尘污染。打好碧水保卫战，实现中心城区污水处理率达 94% 以上。实施最严格的水资源管理制度，扎实推进农村千人以上饮用水源地及城区备用水源地规范化建设。深入推进"百千万"清河行动、河长制工作，完成 19 条县管河流的河（湖）划界，实施红旗湖水质治理提升专项行动。打好净土保卫战，实施分类、分行业、分区域管控，加快土壤治理与修复试点示范步伐。严守耕地红线，牢固树立保护耕地的政治意识，形成数量、质量、生态"三位一体"的耕地保护新格局。创建一批绿色工厂，狠抓固废治理攻坚，提升固体废物资源综合利用率，完成红星发展钡渣填埋场二期建设。

厚植生态优势。实施森林扩面提质增效三年行动计划，完成营造林建设 4.4 万亩，完成综合治理岩溶面积 49.08 平方公里、石漠化面积 20 平方公里，治理水土流失面积53.3平方公里。开展国家森林城市、园林县城创建工作，加强湿地和自然保护区保护，建设1个中型森林公园，规划建设湿地保护小区1个，启动镇宁蜂糖梁子杜鹃自然保护小区建设，继续推进北盘江大峡谷国家湿地公园镇宁境建设。

坚持绿色发展。实施绿色制造三年专项行动，完善绿色准入制度，大力发展生态“四型”产业、循环经济，支持节能降耗技术改造，打造绿色产业园区。实施全面节能行动计划，强化节能目标管理，开展节约型机关、绿色家庭、绿色学校、绿色社区创建，倡导绿色生活、引导绿色消费。扩大清洁能源使用范围，大力推动生活垃圾分类收集处理和焚烧发电。

（四）全力以赴引资引智，持续增加经济总量。

突出重点抓好产业招商。围绕精细化工、生态石材、食品加工、大健康医药、文化旅游、通用航空、电子信息等产业，积极面向长三角地区、粤港澳大湾区、京津冀地区和胶州等对口帮扶城市开展招商，面向央企、500强企业、优强企业、行业十强企业重点招商，着力产业建链、补链、强链、延链。全年引进产业项目70个以上，新增到位资金120亿元以上。

千方百计加快项目建设。严格实行“一个项目、一名领导、一套班子、一抓到底”工作机制，着力加快项目建设。积极支持配合贵安大道等重点交通项目建设，完成X411公路六马至轮山段建设，加快推进板岩路口至坝草公路、梨树关至二桥公路、镇宁至夜郎洞旅游公路项目建设。加快“印象瀑乡”文旅项目建设进度，统筹做好白马湖旅游综合体、马厂飞行小镇项目前期工作，力争贵州西线旅游集散中心项目落地镇宁并启动建设。

（五）全力以赴完善体系，持续推动工业提质。

做大产业园区规模。着力强化园区配套设施，进一步夯实园区基础，形成“两园七核多点”的新型生态工业布局。着力建设完成高新产业示范园标准化厂房建设项目，推动园区土地集约化使用，着力解决产业园区污水处理、供热供气等基础设施短板，不断提升园区承载力。采取“招大商、大招商”举措，重点引入高技术、高投入、高产出项目落户园区，实现园区总产值27.5亿元、同比增长10%以上。

优化企业帮扶政策。深入实施“双服务”“领导干部联系服务重点企业”工作，解决企业发展难题，大力营造助力企业发展的良好环境。不断优化营商环境，最大限度缩减行政审批流程，坚决落实减费降税的各项政策，竭尽所能帮助企业降低用地、用能、物流方面的成本，支持企业申报各类扶持专项基金，不断支持实体经济发展壮大。

发挥特色产业优势。不断完善镇宁特色的“10+3+2”工业体系，依托县域优势产业、优强企业，引导人才、资本、技术持续汇聚，支持精细化工、生态石材、轻工纺织、特色食品、日用快消品等产业不断发展壮大。开展“万企融合”大行动，推动大数据与实体经济融合发展。深入实施“千企改造”工程，提升产品科技含量，完成技改投资7亿元以上。

（六）全力以赴丰富业态，持续做优现代服务业。

做强文化旅游产业。围绕挖掘文化之魂，突出红色、民族等文化元素，推动文化与旅游深度融合。围绕打造精品景区，积极支持安顺国家路游公园建设，用好温泉资源，不断完善景区配套服务设施。围绕旅游扶贫带动，不断丰富乡村旅游业态，开拓创新“赏花季”“采摘季”“徒步行”等全新体验游项目和品牌健康赛事，力争带动增收5120人以上。完成全年接待游客921.6万人次，增长28%；旅游总收入突破94.9亿元，增长30%。

做优生产性服务业。开展服务业创新发展十大工程，大力发展商贸物流业，打通农村物流配送的“最后一公里”。大力培育新兴服务业，通过完善政策措施，加快发展文化创意、检验检测、信息服务等新型业态，培育发展总部经济。加快发展电子商务，发挥网络第三方交易平台在农产品产销对接中的积极作用，促进“线下”实体经营与“线上”网络销售融合发展。用足用好中国（安顺）石材城“现代服务业集聚区”这块牌子，积极吸引更多生产性服务业企业入驻，不断拓展园区服务功能。

（七）全力以赴协调发展，持续加快城乡融合。

加快宜居城市建设。围绕“让群众生活更舒适、更方便、更安全”目标，持续推进“五型城市”建设。不断完善城乡规划体系，深入推进“多规合一”，完成县城总体规划修编、海绵城市专项规划编制、“城市双修”和地下综合管廊规划编制。强力推进全国文明城市创建，增加镇宁城市魅力。加快推进北外环路、东外环路、凹厂至西外环路建设，打通城区“断头路”，畅通交通微循环。加快实施城市棚户区改造，实施好配套安置房建设，推进历史文化街区建设。

细致精致管理城市。加快推进城市管理综合执法体制改革，组建城市综合执法局，建立城市精细管理长效机制。对县城规划区域进行“网格化”管理，统筹处理好“两违”管控与“城边村”居民住房改善刚性需求之间的关系，加快推进白岩山、黄草、大新等集中安置点建设，确保城市良性发展。不断扩大城区环卫市场化运行覆盖面积，努力做到全覆盖、无死角，打造清洁靓丽、宜居宜游的城市环境。力争开通中心城区至丁旗、双龙山、黄果树的公交车，实现常住人口城镇化率达48.5%以上。

促进城乡融合发展。积极引导人才、资本、信息、技术等要素向乡村集聚，加快推进农业农村现代化。持续推进示范小城镇建设，实施好“8+X”项目，推动基础设施向基层延伸，加快公共服务向农村覆盖。持续推进美丽乡村建设，完成10个村的农村人居环境整治项目，全面完成农村饮水安全巩固提升工程，做好农村电网改造和通信扶贫工作，切实改善农村生产生活条件。

（八）全力以赴深化改革，持续激发发展活力。

深化重点领域改革。加快促进基本公共卫生服务均等化，切实解决群众看病难、看病贵问题。加快教育体制改革，促进教育更加均衡发展。加快金融领域改革，支持镇宁农村信用联社完成农商行改制工作。完成机构改革任务，严格全口径预算管理，不断提高财政资金使用效益。加快创新驱动发展，推动科技成果转化，科技进步综合指数达70%以上。

推动区域联动发展。积极融入“一带一路”建设、长江经济带发展，把优质产品推出去，把优强企业、高端人才、先进技术引进来。进一步深化东西部协作，在扶贫、科教、卫生、经贸等方面加强开放与合作，不断探索与沿海发达地区“山海协作、产业互补、互利共赢”的发展模式。

大力激发市场活力。全面落实中央、省民营企业座谈会精神，营造公平竞争环境，让民营经济创造活力充分迸发。大力实施“大众创业、万众创新”，不断完善创新创业扶持政策，鼓励支持大中专毕业生、复退军人、农村富余劳动力等创新创业。用好国家基础设施投融资试点县的政策机遇，降低民间资本进入环保、交通能源、社会事业等重点领域的门槛。加强政、金、企对接沟通，着力解决中小企业融资难、融资贵问题。鼓励、引导民营企业加大科技创新力度，培育和发展产业集群，健全上下游产业链。完善重点企业帮扶联系制度，减轻企业税费负担，构建“亲、清”新型政商关系，实现民营经济增加值70亿元以上。

（九）全力以赴改善民生，持续彰显发展魅力。

优先发展教育事业。坚持深化教育综合改革，把教育作为拔穷根的根本之策，均衡配置教育资源，抓紧消除“大班额”现象。完成县实验二小项目建设，推动义务教育基本均衡向优质均衡迈进，努力办好人民满意的教育。完成镇宁民族中学整体搬迁，鼓励与优质社会教育资源进行联合办学。

加快发展卫生计生事业。继续巩固、扩大基本医疗保障覆盖面，启动实施以全科医生为重点的基层医疗卫生队伍建设。抓好卫生计生基础设施项目建设，加快推进县人民医院新院区、县中医院二期项目建设。鼓励、引导社会力量办医，将符合条件的非公立医疗机构纳入医保定点范围。

加速发展社会保障事业。促进高校毕业生、农村转移劳动力、城镇就业困难人员、易地扶贫搬迁群众等重点群体多渠道就业，做好退役军人安置和创业扶持。加快推进多层次社会保障体系建设，完成社会保险费征缴工作，按时足额发放社会保险待遇。严厉打击拖欠农民工工资违法行为，构建和谐劳动关系。完善社会救助体系，确保贫困户与低保户“两线合一”，实现应保尽保。着力提升防灾减灾救灾能力，不断健全防灾减灾救灾工作机制。

全面发展文化体育事业。坚持以群众需求为出发点，精准定制公共文化服务。加快推进融媒体中心建设，继续完成57个村的“百县万村”综合文化服务中心项目建设，继续开展好世界读书日、“书香镇宁”全民阅读、双阅读分享等活动，继续办好贵州黄果树国际半程马拉松赛事、全国青少年及大学生掷球锦标赛。

各位代表，民生是为政之本。围绕保障和改善民生，我们今年将继续办好十件实事：（1）打好脱贫攻坚战，实现5000人以上脱贫、20个以上贫困村退出。（2）完成农村公路生命安全防护工程140公里以上，改造农村“畅返不畅”公路30公里以上，完成12公里简喜路升级改造；实施好农村安全饮水工程，实现204个村（居、社区）安全饮水全覆盖，启动龙井湾水库、革窍水库建设。（3）新（改、扩）建公办幼儿园3所，新增学位810个，加快推进镇宁民族中学省级示范性高中创建。（4）完成棚户区改造综合整治1100户，打通南北大街至寄宿制中学的断头路、凹厂至西南外环断头路，新增非占道公共停车位120个。（5）按照创建文明县城、卫生县城要求，完成城北、城南农贸市场改造，新建县城农贸市场1个；完成天然气长输管网及门站建设，启动城区天然气管网铺设，实现通气。（6）城镇、农村居民最低生活保障标准在2018年基础上提高6%以上，完成33.35万人的城乡医保筹资任务。（7）完成高荡村、茂良村、新发村24.6公里健身步道建设，实现贵州镇宁黄果树国际半程马拉松赛事提质升级。（8）开展就业技能培训3700人，完成城镇新增就业5600人，完成新增创业350户。（9）完成智能交通管理系统建设，其中城区斑马线行人辅助设施20套、石博大道红绿灯设施5套、道路违停抓拍系统20套。（10）实施好国家级电商进农村综合示范项目，实现14个乡（镇、街道）电商服务站全覆盖，全年网络零售额完成1亿元以上。

三、加强政府自身建设

政府肩负着全面建成小康社会的重任，承载着全县人民的重托。面对新时代、新任务、新要求，我们务必增强政治意识、大局意识、核心意识、看齐意识，加快转变政府职能，以依法、高效、诚信、创新、廉洁的工作作风推动发展、服务人民，让党放心、让人民满意。

（一）旗帜鲜明讲政治。全面增强“四个意识”、坚定“四个自信”，深学笃用党的十九大精神和习近平新时代中国特色社会主义思想，自觉在思想上、政治上、行动上同以习近平同志为核心的党中央保持高度一致；做到“两个维护”，全力推动中央、省、市和县委的各项决策部署落地落实。严格履行全面从严治党主体责任，不断加强政府党组建设，抓好中央、省委巡视问题整改，扎实做好巡视“后半篇文章”。

（二）依法行政尽责任。自觉把政府管理经济社会的行为纳入法治轨道，提高决策透明度、公众参与度。认真执行县人大及其常委会各项决议并报告工作，主动与县政协协商讨论重大事项，自觉接受人大法律监督、政协民主监督、监委纪律监督、社会舆论监督，认真办理人大代表建议（议案）、政协委员提案。全面推行政务公开、信息公开，保障群众的知情权、参与权、监督权，确保政府权力在阳光下运行。

（三）担当作为抓落实。强化责任落实，始终保持创先争优、后发赶超的干事创业氛围，把务实高效作为日常追求，把开拓创新作为工作常态，把破解难题作为工作的突破口，切实把改革发展稳定各项任务压实靠牢。不断深化“七天督办制”，健全注重实效的行政效能考核体系，大力整治不作为、慢作为、乱作为。深入推进“互联网+”政务服务，全面深化“放管服”改革，进一步简政放权、放管结合，有效提升服务质量。

（四）廉洁从政守底线。始终把纪律和规矩挺在前面，全面落实党风廉政建设责任制。认真执行中央八项规定、省委十项规定、市委实施意见精神，持之以恒纠正“四风”。加强对公共资源交易、工程招投标、政府采购、行政审批等重点领域、关键岗位、重要环节的监管，强化不敢腐的震慑、扎牢不能腐的笼子、增强不想腐的自觉。加强纪律教育、强化纪律执行，让党员干部知敬畏、存戒惧、守底线。

各位代表，百舸争流，奋楫者先；千帆竞发，勇进者胜。习近平总书记多次强调，世界正面临百年未有之大变局，变局中危与机同生并存。在复杂多变的国际国内环境中，在经济持续下行的巨大压力下，必须更加坚定地坚持和加强党的集中统一领导，镇宁的发展才能更加健康、更可持续。让我们更加紧密地团结在以习近平同志为核心的党中央周围，在县委的坚强领导下，紧紧依靠全县各族人民，上下同心、迎难而上，奋力续写新时代开放镇宁新篇章，以更多、更优异的成绩向新中国成立70周年献礼！

紫云苗族布依族自治县政府工作报告

（2019年1月11日在紫云自治县第十六届人民代表大会第四次会议上）

紫云自治县委副书记、县长 王永胜

各位代表：

现在，我代表县人民政府向大会作工作报告，请予审议，并请县政协委员和其他列席会议的同志提出意见。

一、2018年工作回顾

过去的一年，我们坚持以习近平新时代中国特色社会主义思想为指导，牢记嘱托、感恩奋进，深入贯彻党的十九大和习近平总书记在贵州省代表团重要讲话精神，在市委、市政府和县委的正确领导下，在县人大、县政协的监督支持下，团结带领全县各族人民，认真贯彻落实省委十二届三次、四次全会，市委四届四次全会和县委十三届三次全会精神，紧紧围绕“绿色紫云”发展主线，以脱贫攻坚统揽经济社会发展全局，着力稳增长、调结构、促改革、惠民生，全面推进三大战略行动，全力打好“一二四”攻坚战，顺势而为、迎难而上、苦干实干，脱贫攻坚取得阶段性成果，全县经济社会持续健康发展。

全年预计实现地区生产总值72亿元，增长11%；规模以上工业增加值2.5亿元，增长7%；社会消费品零售总额20.8亿元，增长13%；一般公共财政预算收入4.75亿元，完成预算的91.58%；金融机构存贷款余额91.8亿元、74.97亿元，分别增长3.63%、14.47%；城镇、农村居民人均可支配收入分别为26869元、8867元，分别增长10%、11%。

过去的一年，我们重点抓了以下工作：

（一）坚持精准发力，脱贫攻坚战果丰硕。

紧盯“四场硬仗”，用好“五步工作法”，凝心聚力抓好“春风行动”“夏秋攻势”，持续掀起脱贫攻坚热潮。极贫乡镇大营镇脱贫攻坚各项工作快速、有序推进，脱贫基础进一步夯实。全年减少贫困人口25414人，10个贫困村出列，贫困发生率下降至11.49%。

脱贫措施更加有力到位。全面强化县乡村三级脱贫攻坚指挥体系，四大班子领导战区挂帅、一线督战，带头包保偏远贫困村，1467名在职干部与贫困户结对帮扶，凝聚攻坚合力。出台《紫云自治县按时打赢脱贫攻坚战行动方案》等系列文件，进一步明确脱贫路线、传导攻坚压力。有力推动东西部协作及对口帮扶，实施土地增减挂钩指标跨省流转，获得帮扶资金4010.5万元，实施项目23个，汇聚攻坚助力。投入财政专项扶贫资金1.26亿元，整合各类资金4.46亿元，实施项目166个，脱贫攻坚全面发力。

基础设施更加夯实完备。整县推进农村“组组通”公路建设项目，建成通组公路700余公里，春节前将全面竣工，提前一年实现30户以上村民组全部通水泥路。解决2万农村人口饮水安全问题，农村集中供水率、自来水普及率分别提高到75%、70%。投入2.2亿元实施农村电网改造工程，农村电网供电可靠率达99.72%、电压合格率达99.5%，提前两年实现国家用电三大指标，实现偏远贫困地区从“用上电”到“用好电”的提升。新建通信基站81个、改造升级240个，通光纤（宽带）里程5376公里，完成“广电云”户户用1.5万户，乡村通信网络不断完善、质量不断提升。

易地搬迁更加成效突显。2018年度易地扶贫搬迁任务2016户8579人，主体工程全部完工，搬迁入住有序推进。建立易地扶贫搬迁安置点基层党组织6个，对搬迁群众的服务管理水平进一步提升。充分盘活“三块地”，累计流转土地近5000亩，规划建设一批以农特产品种植、生态畜牧养殖为主的产业基地，覆盖2700余户，一批搬迁群众实现就近务工或自主经营，2016、2017年度“一户一就业”落实率达100%，搬迁群众增收渠道进一步拓宽，稳定发展能力持续增强。

产业扶贫更加精准有效。强化利益联结。紧扣产业发展“八要素”，成功探索板当“循环产业”、松山“红色股份”等一批新型产业扶贫模式，“一村一公司”实现全覆盖，“村社合一”“家庭农场”等产业模式成效凸显。90%的贫困人口参加农民专业合作社或村级公司，6717户建档立卡贫困户与企业、合作社形成利益联结，1000余贫困人口到企业、合作社务工。强化资金投入。投入各级财政扶贫资金7570万元、特惠贷资金3580万元、扶贫产业子基金5300万元、“一县一业”发展基金1500万元，引导贫困群众发展一大批特色种养殖业和其他各类扶贫产业，贫困户增收路子更宽更广。强化产销对接。通过校农结合、农超对接、帮扶城市促销、帮扶单位采购等渠道，依托展销会、推介会、电商等平台，积极为农特产品找订单、拓销路，签订订单5295吨、销售4096吨。完成贫困劳动力全员培训5863人，推荐就业3000余人，东西部对口劳务协作有力推进。

“三保障”更加扎实到位。开设高中阶段“绿色通道”，全面实现农村建档立卡贫困学生无障碍入学。组织177名贫困学生进入省属16所职业院校精准脱贫班就读，并在县职业技术中学开办精准脱贫班。发放各类助学补助1397.43万元，办理生源地国家助学贷款2243.7万元。全面完成11个乡镇卫生院提档升级和53个深度贫困村、9个易地扶贫搬迁安置点村卫生室规范化建设，建成130个标准化农村中小学医务室。落实2018年健康扶贫医疗保障救助资金400万元。建档立卡贫困人口、慢性病患者家庭医生签约应签尽签。对患7类13种大病的78名患者进行免费救治，救治率达100%。建档立卡贫困人口100%参合，住院产生费用实际报销比例达90%，报销金额4289.5万元。筹资1.78亿元用于住房安全兜底保障。建成小康房430户，完成危房改造3781户，同步实施“三改”，贫困群众住房条件极大改善。

（二）坚持协调推进，产业发展壮大升级。

农业在调整中快速壮大。扎实抓好500亩以上坝区农业产业结构调整，大力发展蔬菜、中药材、精品水果、菌草等高效产业，调减低效作物面积10.37万亩；新增蔬菜3.5万亩、精品水果3.5万亩、中药材0.89万亩、其他经济作物0.78万亩；种植红芯红薯1.5万亩、烤烟1.75万亩，收购烟叶293万斤；在S209省道两侧种植6000余亩经果林，辐射里程110公里，7852户3.07万贫困人口受益；6个省级高效现代农业示范园区稳步发展，粮经比优化为36：64。大中牲畜存栏58.94万头，出栏39.68万头；禽存栏248.58万羽，出栏690.21万羽，生态畜牧业快速发展，畜牧产业不断壮大。全县农林牧渔业总产值预计完成40.41亿元，同比增长7.8%。

工业在积累中不断成长。以招商引资为主抓手，持续发力产业培育，黔冠科技、科润电力等一批生产、制造型企业入驻园区，欧莉莎、月华新材料、西南水泥等一批鞋业制造和建材加工企业健康稳定发展，产业园区加快成长，实体经济持续壮大。新增入园企业6户，到位资金3.55亿元，入规入统企业2户。全年完成工业投资6.8亿元，实现工业总产值8.5亿元、工业增值税0.6亿元。把企业生产加工链向易地扶贫搬迁小区和其他乡镇延伸，贫困群众在家门口就能就业；把职业学校制鞋专业直接开设到园区，学生毕业后即可就地就业。工业园区全年累计解决就业1200余人，工业扶贫成效明显。

旅游业在转型中蜕变升级。以承办第五届安顺旅游产业发展大会为契机，投入资金10余亿元，实施绿化景观工程、旅游公路改造、旅游景区提升等一批基础设施升级工程，打造亚鲁王城、攀岩公园、帐篷酒店等一批新兴旅游景点，旅游设施不断完善，旅游要素不断丰富。亚鲁王城实现民族文化资源向旅游产业成功转化，格凸国际攀岩公园促进体旅深度融合，帐篷酒店填补安顺没有高端休闲度假酒店的空白。承办2018年全国U11青少年足球赛、全国攀岩联赛、中国·格凸2018“一带一路”国际攀岩大师赛等系列体育赛事活动，荣获“国家攀岩训练基地”“2018中国攀岩联赛赛事承办特别贡献奖”等国字号头衔和美誉，紫云的知名度、吸引力大幅提升。在去年9月举办的全市旅游产业发展大会上，紫云旅游新业态、新面貌、新气象得到参会省、市领导和社会各界人士频频点赞，紫云旅游破茧成蝶。全年接待各类游客1005万人次，同比增长32.4%；旅游总收入达99亿元，增长33%，旅游业保持“井喷式”发展势头。

其他服务业在开放中繁荣发展。建设电商服务站点74个，网络交易额预计完成5.4亿元，获评“国家级电子商务进农村综合示范县”，电子商务服务半径极大延伸。金融服务、快递物流、批发零售、住宿餐饮、文化娱乐等服务业快速发展，规模以上其他盈利性服务业增加值预计完成 5.73 亿元、增长 25%。

（三）坚持强基固本，发展基础日趋夯实。

基础设施短板不断补齐。围绕中央、省市重大建设规划，着力抓投资、推项目、补短板。实施省、市重大工程和重点项目 48 个，总投资 196.91 亿元、完成投资 70.2 亿元。紫望高速、G354 国道紫云段、白云产业大道、S211 板桐关至茶叶哨、S315 构皮寨至克座等交通项目有序推进，二关至坝寨旅游公路基本建成，县乡道“建养一体化”基本竣工，完成交通类基础设施投资 29.24 亿元。2018 年农村饮水安全巩固提升、河道治理、小型农田水利灌溉和三岔河、苦竹湾水库除险加固等水利工程基本完成；县城二期供水项目有力推进，春节前可向县城区供水；黄家湾大型水利枢纽工程成功截流，打冲沟水库快速推进，完成水利投资 10.06 亿元。

城乡统筹发展协调推进。城市棚户区建设攻坚战全面打响，完成签约 2496 户，投资 10.32 亿元。全面推行城区环卫保洁市场化，环境卫生明显改善。以承办旅发大会为契机，在县城区域实施一批绿化亮化美化工程；以小城镇“8+X”建设为抓手，实施城镇路网、路灯、垃圾转运站建设及人行道改造、镇乡风貌整治等项目 32 个，完成投资 8.66 亿元；以格凸河省级示范小城镇为引领，大力推进板当、大营等 5 个乡镇小城镇标准化建设，“一镇一特”的山地特色城镇化新风貌逐渐显现，城乡“颜值”明显提升。积极推进农民市民化，新增城镇人口 8106 人，城镇化率达 43.02%，中心城区的吸引力、承载能力不断增强。猴场打哈村、火花九岭村、坝羊云上组成功入选第五批中国传统村落，松山枫香村、五峰海子村和格凸河坝寨村 3 个少数民族特色村寨命名挂牌；完成 158 个行政村 30 户以上居民点规划编制，美丽乡村建设高起点、高标准推进。

生态安全屏障日益牢固。始终牢固树立绿水青山就是金山银山的发展理念，持续加强生态建设，生态“安全网”不断织密织牢。划定生态红线区 142.44 万亩，启动石漠化治理 4.2 万亩，水土流失综合治理 45 平方公里。补充耕地 2030.14 亩，耕地保有量达 84.06 万亩，牢牢守住耕地红线。格凸河成功申报“国家级地质公园”，国土资源保护进一步加强。完成林业投资 10.01 亿元，实施营造林 6 万亩、低产低效林 2 万亩，公益林纳入政策性保险 126.51 万亩，森林病虫害防治 12.37 万亩，打击破坏森林资源违法犯罪行为 114 起，森林火灾发生率大幅下降，森林覆盖率达 64.81%、连续 4 年全市第一，创建省级森林城市通过验收。严格落实河长制，全面推进“百千万”清河工程。翠河成功申报省级湿地公园，湿地保护提上重要日程。全面抓好中央、省委环保督察反馈问题整改，有效堵住环境保护漏洞、环境污染口子，城镇污水处理率达 90%、垃圾无害化处理率达 85.73%、空气质量优良率达 98.5%，县城集中式饮用水水源地水质、乡镇千人以上集中式饮用水水质达标率 100%，区域内重点河流——格凸河断面水质均达到Ⅲ类、达标率 100%。

（四）坚持深化改革，发展活力日益增强。

“放管服”改革坚定有力。编制发布 2018 年度权责清单及行政权力运行流程图，实现权力运行规范化、可视化。有力推进“双随机、一公开”监管工作，实现对企业“一次抽查、全面体检”。深入推进商事制度和收费清理改革，降税政策全面落实，企业开办时间再减一半，企业负担持续降低，营商环境更加优化，改革红利不断释放，市场主体户数增速达 38.4%，在全省 10 个国家扶贫开发重点县中排名第四。大力推进“互联网 + 政务服务”“一网通办”，31 家行政审批职能部门全部入驻政务服务大厅，实现网厅全覆盖。乡镇（街道）政务服务中心、村（居）便民服务站全部挂牌，实现乡村多点可办。取消 21 项证明材料，在松山街道试点推行民生事务代办员制度，成立“集成套餐”窗口，300 平方米以下个体工商户注册等事项一个窗口办完所有手续，实现少跑快办。全市首家获评贵州省政务服务标准化建设示范县。全年预计完成民间投资 20 亿元，民营经济增加值 38 亿元、同比增长 15.7%。

招商引资再上台阶。围绕大扶贫、大旅游、大健康、高新技术产业开展产业大招商，四大班子领导多次带队赴山东、云南、北京、湖南、广东、河北等地开展招商引资考察推介。编制重点产业招商项目 80 个，成功转化 36 个。新引进省外企业 25 家、项目 71 个，新增投资额 500 万以上产业项目 56 个、同比增长 300%，新增项目投资 67.9 亿元，产业项目开工率达 100%。招商引资到位资金 102.55 亿元，增长 6.7%。

（五）坚持和谐发展，民生福祉持续改善。

民生保障不断加强。易地扶贫搬迁困难群众、“两无”贫困人口、暂时不能脱贫人口全部纳入低保保障，城市、农村低保标准提高到 570 元 / 月、3876 元 / 年，分别增长 7%、10%；发放城市、农村低保资金8546.5万元，惠及2.54万人；发放冬春救灾款210.24万元，受灾群众基本生活得到有效保障。新农合参合33.03万人，参合率达99.7%；城镇医保参保8920人，完成目标任务的100%；发放医疗救助金462.71万元，直接救助3743人次。新增创业382户，新增就业4150人，城镇登记失业率控制在4.2%以内。

社会治理全面提升。全面推进扫黑除恶专项斗争，打击涉嫌黑、恶势力8个，社会治安状况持续好转，群众的安全感、满意度稳步提升。滥办酒席整治力度空前，初步形成“婚事新办、丧事简办、违规酒席禁办”的良好局面。县、乡两级全部建立公共法律服务中心，法律服务工作站实现行政村（居）全覆盖，一村一法律顾问制度全面铺开。火花禾弘等4个村（社区）获评“贵州省民主法治示范村”。信访工作责任制度进一步完善，食药品安全监管不断加强，安全生产形势保持稳定。

社会事业稳步推进。投资2.7亿元，实施“改薄”项目94个，添置教学计算机5029台、图书34.68万册，办学条件进一步改善。民办学校不断成长壮大，民办教育健康发展。义务教育均衡发展通过国家验收。成功申报高新技术企业1家，省级“星创天地”2家、“农业科技园区”1个、“可持续发展实验区”1个，通过贵州省第三批县域经济知识产权战略推进工程验收。国家卫生县城创建工作全面启动，省级卫生应急规范化建设达标县创建通过验收，卫生应急能力、管理水平全面提升。县人民医院在东西部对口帮扶考核中排名全国第三，县妇幼保健院在全市各县（区）首家成功创建二级甲等妇幼保健院。举办“四月八”“六月六”等系列民族文化活动，文化惠民工程深入推进。建成农体健身工程9个、路径健身工程4个，连续30年举办“五峰杯”足球赛，“格凸”国际攀岩节“多彩贵州”公开赛荣获贵州省“十佳体育赛事”称号，获评贵州省“十佳全民健身示范县”。此外，外事侨务、民族宗教、人民武装、国防动员、国防教育、人民防空、防灾减灾、档案管理、应急管理、妇女儿童、残疾人、地方志、红十字等各项事业取得新进步。

（六）坚持自我提升，政府建设成效显著。

牢固树立“四个意识”、更加坚定“四个自信”、坚决做到“两个维护”，以中央、省委巡视整改为契机，大力抓好党风廉政建设，全面从严治党不断深入推进。坚持依法行政，认真贯彻实施宪法、监察法等法律法规，健全依法决策机制，完善政府法律顾问制度，行政应诉案件比上年下降59.57%。自觉接受人大法律监督、政协民主监督、社会舆论监督、审计监督、民生监督，依法办理县人大代表建议29件、县政协委员提案89件，办复率均达100%。深入贯彻落实中央八项规定实施细则精神及省委、市委、县委作风建设有关意见，全面深入基层一线，积极研究问题、破解难题，精准施策、久久为功，各项工作落细落实。

各位代表，回顾2018年，我们深切感受到：这一年，县委坚强领导、统揽全局，在复杂严峻的形势中定向领航，进一步形成了凝心聚力谋发展的良好局面；这一年，县人大、县政协有效监督、鼎力支持，在攻坚克难的征途中凝聚共识，进一步形成了同向共为促发展的良好氛围；这一年，全县广大干部群众齐心协力、锐意拼搏，在决战脱贫攻坚决胜全面小康的进程中艰辛努力，进一步形成了脱贫引领抓发展的良好势头。在此，我谨代表县人民政府，向全县各族人民，向给予政府工作大力支持的人大代表、政协委员，向各民主党派、无党派人士和各人民团体，向人武部指战员、武警官兵、消防指战员、公安政法干警，向所有关心、支持紫云发展的各界人士，表示最衷心感谢并致以崇高敬意！

在肯定成绩的同时，我们也清醒地认识到存在的问题和不足，主要表现在：一、经济发展仍是最大瓶颈。经济总量小，二、三产业发展速度不快，产业结构不优、带动能力不强，经济发展质量不高。二、财政增收面临严峻挑战。传统税源单一，新兴税源培育不够，财税收入未实现预期目标。三、脱贫攻坚仍然压力空前。农村基础设施不够完善，公共服务欠账大，产业扶贫利益联结不够紧密，“三保障”落实不够到位，帮扶责任压得不实。四、自身建设还存在薄弱环节。政府治理能力有待提升，少数干部拼劲不足、担当不够，作风建设还需持续发力，等等。针对这些问题，我们将高度重视，在今后的工作中采取有效措施切实加以解决，决不辜负人大代表、政协委员的信任，决不辜负人民群众的期望、重托。

二、2019年工作重点

2019年是新中国成立70周年，是紫云决战脱贫攻坚、决胜全面小康的冲刺之年。做好全年政府工作，要以习近平新时代中国特色社会主义思想为指导，全面贯彻落实党的十九大和习近平总书记在贵州省代表团重要讲话精神，认真落实省委十二届历次全会、市委四届四次全会、县委第十三次党代会精神，以脱贫攻坚统揽经济社会发展全局，坚定不移贯彻新发展理念，统筹推进“五位一体”总体布局，协调推进“四个全面”战略布局，切实打好三大攻坚战，守牢发展和生态两条底线，坚持稳中求进工作总基调，切实防范化解金融债务风险，深入开展扫黑除恶专项斗争、公共安全大整治，全面做好稳增长、调结构、促改革、惠民生、防风险各项工作，提前谋划“十四五”工作，凝心聚力、顽强拼搏，奋力开启紫云跨越发展新征程，谱写人民美好生活新篇章。

今年全县经济社会发展的主要预期目标是：地区生产总值增长11%以上，500万元以上固定资产投资增长15%以上，工业增加值增长10%以上，一般公共预算收入增长6.2%以上，社会消费品零售总额增长11%以上，城镇居民人均可支配收入、农村居民人均可支配收入分别增长9%、10%以上，节能减排降炭指标控制在国家和省、市下达的计划范围内。

围绕上述目标，我们将重点抓好以下9个方面工作：

（一）全面聚焦精准施策，奋力夺取脱贫攻坚新胜利。

尽锐出战、奋战到底、纵深推进，全面打好“四场硬仗”，全力推进极贫乡镇大营镇脱贫攻坚各项工作，实现2.9万贫困人口脱贫、45个贫困村出列，贫困发生率下降到3.45%，为2020年全面脱贫奠定扎实基础。

全面补齐基础设施短板。全面推进村组路网全覆盖工程，打通农村交通网络的“神经末梢”，为贫困群众铺好致富路。加快推进农田水利灌溉项目，6月底前全面解决农村人口饮水安全问题。扎实推进新一轮农村电网改造升级工程，进一步提升电力普遍服务水平。继续推进数字电视进农村工作，实现12乡镇（街道）全覆盖。整合移动、联通、电信、广电网络等各家资源力量，在偏远贫困村实施一批通信网络提升工程，打造“小康讯”升级版，扫除农村通信盲区和死角，为脱贫攻坚提供有力支撑。大力推进厕所革命、“三改”工程，全面开展农村人居环境整治行动，加快改善农村群众生活条件。

全面实现易地搬迁顺利收官。完成2017年度项目扫尾工作，6月底前实现2018年度2016户、8579人全部搬迁入住，同步抓好旧房拆除、复绿复垦、后续服务管理工作，全面完成“十三五”规划的2.021万人易地扶贫搬迁工程。以“八率一度”为统揽，全面落实“五个三”综合配套政策，切实做好搬迁群众就学、就医、养老、社会治理等服务。突出抓好搬迁群众就业保障，依托对口帮扶城市，提高劳务组织化程度和就业扶贫覆盖面；增设多种形式的公益岗位，吸纳贫困家庭劳动力参与保洁、保安、护林、护路等工作，并引导各类企业优先雇用贫困搬迁群众，确保有劳动力的家庭至少有1人实现稳定就业。引导搬迁群众转变观念，不断丰富精神文化生活，让他们快速融入新环境，乐居新家园、共享新生活，真正成为适应城市生活的新市民。

全面构建产业扶贫体系。做好500亩以上坝区产业结构调整新文章，全面推进产业提升工程，加快发展扶贫效应明显的休闲农业、农产品加工业、特色手工业、乡村旅游业、服务业，形成主导产业支撑强、其他产业全面开花的良好产业扶贫格局。加快设施建设新进程。通过“政府补贴、项目撬动、企业自建”等方式，进一步加大交通、灌溉、冷链等农业产业基础设施配套力度，加快农业规模化、标准化、信息化进程，全面提升农业产业抗风险能力。推动产业衔接新提升。积极引进农特产品生产、加工、销售等优强龙头企业，支持现有龙头企业扩大再生产，扶持各类中小微农业生产经营主体发展壮大，延长产业链、提升价值链。推开产业扶贫新模式。深入推进“三权”促“三变”改革，继续推广用活“塘约经验”，试点和推广板当“循环农业”、松山“红色股份”、蓝莓“三部曲”、教育“校农结合”等产业扶贫模式，大力推动“一县一业”产业发展，形成更加有效稳定持久的产业扶贫利益联结机制，为乡村振兴战略实施先行打好产业基础。提升市场主体新能力。加大“一村一公司”培育引导力度，提升村级公司经营管理能力、项目承载实施能力、参与市场开发竞争能力。拓宽产销对接新路子。进一步强化产销衔接，加快发展农村电子商务，采取线上线下、批发订单结合等方式，充分利用好中航集团、南方电网、青岛即墨、贵阳经开区等帮扶平台销售农特产品，促进农产品经济效益快速转化。全年实现特色蔬菜种植28万亩（次）、茶叶5万亩、中药材3.5万亩、精品水果2万亩、烤烟2万亩、红芯红薯1.8万亩、菌草饲草1万亩、食用菌1000亩，实现生猪出栏35万头、牛出栏3.5万头、羊出栏4万只、家禽出栏700万羽。

全面落实“三保障”政策。深入实施教育脱贫行动。进一步充实农村学校紧缺学科师资力量，着力加强乡村教师队伍建设，全面提升农村学校教学水平；抓好控辍保学，落实好教育精准扶贫各项政策；办好免费订单职业教育精准脱贫班，提升职业教育助脱贫能力。深入实施健康扶贫工程。确保城乡居民基本医疗保险实现建档立卡贫困人口全覆盖，继续抓好大病救治、“一站式”即时结报等便民惠民措施落实，确保贫困群众在定点医疗机构转诊住院产生费用实际补偿比例达90%；提高家庭医生签约履约率，全面建立个人健康档案；继续抓好东西部医疗卫生扶贫协作。深入实施农村住房保障计划。分类实施农村二次危房、无能力建房救助兜底和农村老旧住房整治2838户，统筹推进“三改”工程，全面实现农村住房安全有保障。

全面加强对口帮扶扶贫协作。深入贯彻习近平总书记关于东西部扶贫协作的系列重要讲话精神，充分发挥互派挂职干部作用，积极与对口帮扶城市、对口帮扶单位开展多层次、多形式、全方位的扶贫协作，着力抓好交流互访、贫困村帮扶、产业发展、农特产品加工销售、文化旅游、招商引资、人才支援、劳务协作等工作，争取更多帮扶资金和项目，进一步夯实帮扶基础，凸显帮扶效果，推动扶贫协作再上新台阶。

（二）全面聚焦产业培育，奋力实现工业发展新突破。

以完善园区基础设施配套为支撑，以盘活闲置土地为平台，以精准招商为抓手，全面聚集发展动能，将产业园区打造成涵盖特色食品、建材、鞋服加工、装备制造的现代综合性工业园区。依托特色种养殖产业，着力引进农特产品精深加工企业，全力以赴推动中华食品、百灵精深加工项目入驻园区，建成1家以上农产品精深加工企业。依托丰富优质的石材资源，不断壮大建材加工产业规模，着力构建产业循环经济圈，实现石材产业精品化、精细化发展。确保塑木型材、晨春石材落地发展，实现鸿基石材、淋金灿石材年内投产，推进西南水泥300万吨砂石骨料及配套商品混凝土生产项目加快建设，建成2家以上建材企业。加快科润电力输变电设备生产线建设，打造电力装备生产基地。力争贵飞集团航空产品零部件加工项目落地，填补全县装备制造业空白，实现高技术产业零突破。继续推动制鞋、制衣企业加快发展，积极引进劳动密集型产业入驻，实现园区标准化厂房入驻率达90%以上、用工2000人以上。新增规模以上工业企业2户以上，规模以上工业增加值增长10%以上。

（三）全面聚焦三产发展，奋力打造经济增长新动能。

全面推动全域旅游发展。着力构建“自然观光+休闲度假+科考探险”复合型旅游，推动文体农旅深度融合，发挥旅游助脱贫积极作用。抓住一个龙头景区。继续抓紧抓好格凸河景区创5A工作、国家地质公园建设，全面完成景区提升改造工程，尽快建成开园，发挥好旅游龙头引领作用。打造一个文化旅游精品。继续推进亚鲁王城、攀岩小镇项目建设，培育一系列具有鲜明民族特色和民俗体验的文旅融合业态。开发一批优质旅游资源。积极开展旅游产业大招商，加快推进猫营地热温泉及黄鹤营、洗鸭河、三岔沟、翠河流域旅游资源开发，着力打造新的旅游产业带。培育一批乡村旅游示范点。围绕农业产业结构调整成果，培育打造板当蓝莓和菌草、坝羊茶叶、火花葡萄等一批农旅融合示范项目。办好一系列体育赛事。继续办好攀岩、足球等各类体旅赛事，大力发展山地运动旅游，促进体旅产业融合发展。推出一批旅游商品。围绕原生态的苗族、布依族文化，抓好民族服饰、旅游纪念品、民族工艺品等旅游商品的设计与制作，实现与现代消费需求有效衔接。构建一条旅游环线。积极争取省、市级支持，加强与周边县（区）合作，推动形成青岩—屯堡—黄果树—龙宫—格凸河旅游黄金环线。全年接待游客人次、旅游总收入分别增长22%、30%以上。

做大做强现代服务业。以“国家级电子商务进农村示范县”成功创建为契机，进一步健全县乡村三级农村电子商务公共服务体系。建立县级物流仓储配送中心、乡村配送点，推动物流产业快速发展。实现乡镇电商服务站覆盖率达100%，建成村级电商服务站点100个以上，覆盖所有贫困村，电商培训1500人次以上，网络零售额年增长20%以上，电子商务年交易额达5亿元以上、增长20%以上。大力发展文化服务、养老服务、康养服务、旅游服务、教育服务、居民生活型服务等服务行业，推动新城区商业服务圈不断繁荣发展，促进新老城区商业经济协调发展。

（四）全面聚焦项目投资，奋力强化跨越发展新支撑。

紧紧围绕国家重点投向，结合紫云发展实际，实施重点工程、重大项目53个，总投资209.38亿元、完成投资39.7亿元以上。着力抓好攀岩基地、帐篷酒店、亚鲁王城、中医院、妇幼保健计划生育服务中心等社会事业类项目续建工作，进一步夯实社会公共服务保障基础。大力推进S315构皮寨至克座公路改扩建工程，完成G354营盘至紫云县城、S211板桐关至茶叶哨公路改扩建和白云产业大道建设等重点交通项目，进一步完善县域内外交通网络。实施生命安全防护工程 200 公里，切实提升农村公路通行安全系数。全面实施耕地（水田）提质改造、石漠化综合治理、占补平衡、土地综合整治等项目，加快推进猫营河、翠河流域综合治理和黄家湾水利枢纽、新龙堡、打冲沟、堰沟、纳盖水库等项目建设。

（五）全面聚焦生态优先，奋力推动绿色发展新跨越。

坚持绿色发展，千方百计守住山青、天蓝、水清、地洁 4 条底线。打好生态建设攻坚战。扎实抓好第三次国土调查工作，核清国土资源底数。启动 20 万亩战略储备林建设，加强山水林田整体保护、系统修复、综合治理，增强自然生态系统的稳定性。继续巩固森林城市创建成果，建成一批森林乡镇、森林村寨、森林人家。大力培育生态产业，新增茶叶 3000 亩、构树 5000 亩、菌草 7000 亩以上。加快推进浪风关森林康养小镇和森林公园基础设施建设，力争建成省级森林公园。加快推进黑颈长尾雉自然保护区科考、申报工作，加快建设翠河省级湿地公园。加强中小河流生态治理，继续实施退耕还林工程，营造林 3 万亩以上，石漠化综合治理 20 平方公里以上，森林覆盖率提高到 66% 以上。打好污染治理突围战。持续完善城乡环保基础设施，铁腕推进治水、治气、治土、治渣行动。完善城区污水收集管网建设，建成猴场、板当和火花污水处理设施，中心城区污水处理率达 93% 以上，治理河道 10 公里以上。认真落实大气污染防治计划，抓好建筑工地扬尘、餐饮油烟、农村秸秆焚烧等污染治理。打好环境监管持久战。用好森林保护“六个严禁”、环境保护“六个一律”两把利剑，加快疑似占用林地案件查处进度，消化存量，严控增量。加强污水处理、工业废渣处置、水泥脱硝等重点减排工程设施运行监管。抓好机动车环保管理，确保空气质量优良率达 98.5% 以上。强化水源地、水库、河流环境保护，实现垃圾收运系统覆盖到村，城乡生活垃圾无害化处理率达 86% 以上、县城集中式饮用水水源地水质达标率达 100%、农村千人以上饮用水水源地达标率达 100%。

（六）全面聚焦统筹融合，奋力助推城乡建设新发展。

完善城乡规划。强化城乡各类规划融合衔接，完成《紫云自治县城市总体规划》修编，完成九岭等 4 个中国传统村落保护规划编制，优化发展空间布局，推动城乡基础设施与生态建设协调发展。深化户籍改革。加快推进户籍人口城镇化，促进有能力在城镇稳定就业、生活的农业转移人口举家进城落户，并与城镇居民享有同等权利和义务，城镇化率达 45% 以上。加快城市改造。坚持老城改造与新城建设并重，积极推进 2018 年棚户区改造后续工作，实施棚户区改造 815 户，全力推进屯脚、团坡片区基础配套设施建设。完成椅子山、观音山山体公园建设，全面提升绿地率、绿化覆盖率和人均公园绿地面积。进一步完善新城区路网，有力推进“城市双修”和城市综合体建设，建设数字化城管平台，加大“两违”打击执法力度，提高城市管理水平、提升城市形象。建设精品小镇。积极推广“一分三向”新型城镇化模式，大力实施示范小城镇“8+X”工程，因地制宜建成一批有支撑产业、文化印记、环境优美的精品特色小镇，提升城镇综合承载、人口吸纳、可持续发展能力。促进城乡融合。均衡配置城乡建设发展要素，加快缩小城乡公共服务差距，积极引导农业人口向新城区、产业园区转移和定居，形成县乡村组团式集聚、串珠式链接的山地特色新型城镇化发展格局。着力加快海子、打饶、黄鹤营等“四在农家·美丽乡村”建设，培育一批“看得见山、望得见水、记得住乡愁”的特色村寨。

（七）全面聚焦民生事业，奋力增进人民生活新福祉。

继续加大教育投入，实施教育基础设施配套项目 16 个，进一步改善办学条件。大力整顿学前教育办学秩序，解决“入园难”“入园贵”问题，推动学前教育普惠健康发展。加强扶贫与保障兜底制度相衔接，确保应兜尽兜、应保尽保。加强医疗卫生服务县乡一体化、远程医疗服务体系建设，完成基层医疗卫生服务能力三年提升计划。积极开展双向转诊，建立上下联动的分级诊疗模式。做好跨省异地就医住院医疗费用直接结算工作，进一步完善健康保障。创建国家卫生县城。新增 2 个省级充分就业社区，抓好贫困劳动力全员培训，积极落实创业就业优惠政策，实现城镇新增就业 4250 人、新增创业 390 户以上，城镇登记失业率控制在 4.2% 以内。加强劳动维权执法，切实保障农民工合法权益。抓好科技平台建设工作，打造猫营科普惠民小镇，实施一批农业产业科技培训项目，进一步提升综合科技进步指数。完善公共文化服务体系建设，办好群众性文艺活动，不断满足人民群众多样化的精神文化需求。大力发展社区体育，促进群众性运动广泛发展。进一步健全完善安全生产责任体系，强化安全监管，遏制重特大事故发生，保持安全生产形势稳定。纵深推进扫黑除恶专项斗争，继续推进“无邪教示范县”“全国禁毒示范县”创建，大力打击非法集资，提升公众的安全感、满意度，建设“平安紫云”。此外，积极支持工会、共青团、妇联、残联、科协、工商联、文联、红十字会等群团组织依法按章履行职责，加快发展慈善、养老、残疾人、妇女儿童权益保障等事业，进一步做好国防教育、民族宗教、史志、档案等工作。

各位代表，增进民生福祉是发展的根本目的。围绕保障和改善民生，今年我们将继续办好“十件民生实事”：（1）减少农村贫困人口 2.9 万人以上，完成 2.1 万农村人口饮水安全巩固提升工程；（2）城镇、农村居民最低生活保障标准在 2018 年基础上分别提高 4%、5%；（3）新建、改扩建公办幼儿园 6 所；（4）完成棚户区改造 815 户；（5）完成农村危房改造 668 户；（6）新建农民工综合劳务市场 1 个；（7）推进贫困地区生鲜农产品直通车进城市社区，以城市每千户聚居区为单位，建成 2 个生鲜农产品超市；（8）完成村级农体工程 4 个；（9）完成县城老城区人居环境、路面、照明改善工程；（10）新建城区农贸市场 1 个。

（八）全面聚焦深化改革，奋力激发经济发展新活力。

进一步强化人员、经费、技术、设备、培训等方面保障，确保下放事项接得住、办得好，对行政审批事项进行再清理，坚决消除改革“绊脚石”。全面加强事中事后监管，强化跨部门联合监管，切实提升监管实效。深入推进精准放权、协同放权，破除市场准入壁垒，在县级权限范围内最大限度放宽健康养老、医疗康复、技术培训、文化体育等领域准入门槛。持续推进商事制度改革，大力开展企业投资项目代办制，精简合并投资项目报建审批事项，完善跨部门全流程“套餐服务”，营造良好营商环境，激发社会投资领域活力，支持民营企业发展壮大，完成民营经济增加值 40 亿元以上、增长 5% 以上。大力推进“互联网 + 政务服务”“一云一网一平台”建设，全面提升政务服务效能。

（九）全面聚焦自身建设，奋力开创政府治理新局面。

新时代、新战略、新目标、新任务，对政府工作提出了更高要求。我们将始终坚持以习近平新时代中国特色社会主义思想为指导，刀刃向内、自我革命，努力建设党和人民群众放心、满意的政府。

筑牢忠诚之魂。时刻从灵魂深处树牢“四个意识”、坚定“四个自信”、坚持“两个维护”，任何时候都做到头脑清醒讲政治，严格遵守党的政治纪律、政治规矩，坚决维护中央、省委、市委、县委的权威，坚决执行中央、省委、市委、县委的决策部署，全心全意办好紫云的事。

牢记使命初心。时刻把干事创业谋发展、加快脱贫促小康作为政府的最大责任，始终把人民群众放在心中第一位置，初心不改、矢志不渝。在全心全意为人民服务中提升政治站位，在倾听人民呼声中解决群众难题，在真心实意向人民学习中丰富工作经验，在虚心接受人民监督中进行自我提升，永远保持同人民群众的血肉联系。

强化法治思维。时刻坚持“法无授权不可为、法定职责必须为”原则，自觉增强法治意识、弘扬法治精神，决不允许政府工作偏离法治轨道。进一步规范权责清单管理运行，督促行政机关规范执法，探索创新行政执法监督方式，充分发挥政府法律顾问在行政事务上的参谋作用，切实提升依法行政能力和水平。自觉接受人大法律监督、政协民主监督，诚恳接受新闻舆论、社会公众监督，高度重视社会各界人士的意见和建议，让县政府决策在阳光下运行。

挺起担当铁肩。时刻保持旺盛的革命斗志，始终把担当尽责作为政府自觉，造就一副铁肩，切实担起责任、担起风险，勇于挑最重的担子、敢于啃最硬的骨头、善于接最烫的山芋，围绕脱贫攻坚目标任务，聚焦经济社会发展难题，苦干实干、攻坚克难，以“钉钉子”精神担当尽责、开拓前进、狠抓落实，坚决杜绝形式主义，久久为功建设全面小康。

擦亮廉洁本色。时刻坚持“高线”、严守“底线”，切实履行全面从严治党主体责任，扎实抓好党风廉政建设，持之以恒纠“四风”，坚定不移推动全面从严治党向纵深发展。充分用好大数据手段，切实扎牢数据铁笼，不断提升审计监督、政府治理能力，全面管好公共权力、公共资金、公共资源、公务人员，坚决打掉权力寻租空间，营造风清气正的发展环境，实现干部清正、政府清廉。

各位代表，新时代开启新征程、新使命呼唤新作为，激情点燃梦想、实干铸就辉煌。让我们紧密团结在以习近平同志为核心的党中央周围，认真贯彻落实中央、省、市和县委的各项决策部署，紧紧依靠全县各族人民，鼓足干劲、迎难而上、锐意创新，续写新时代绿色紫云新篇章，以更加优异的成绩向新中国成立 70 周年献礼！

安顺经济技术开发区管理委员会工作报告

（2019 年 1 月 7 日在西秀区第五届人民代表大会第四次会议上）

各位代表：

根据会议安排，现报告安顺经济技术开发区管理委员会工作，请予审议。

一、2018 年工作回顾

过去的一年，是艰苦卓绝创业的一年，是励精图治有为的一年。一年来，在市委、市政府的坚强领导下，全区上下以习近平新时代中国特色社会主义思想为指引，深入学习贯彻党的十九大和习近平总书记在贵州省代表团重要讲话精神，以脱贫攻坚统揽经济社会发展全局，深入推进三大战略行动，勠力同心、众志成城，下苦功、打硬仗、克难关，成功“脱贫摘帽”，成功承办第八届安顺市新型城镇化推进暨小城镇建设发展大会，产业转型升级步伐加快，城乡面貌变化显著，人民群众的幸福感、获得感日益增强，经济社会发展的基本面由脱贫攻坚向实现全面小康稳步转变。

一年来，我们坚持以供给侧结构性改革为主线，在经济下行压力持续加大的情况下，妥善应对各项挑战，统筹抓好稳增长、促改革、调结构、惠民生、防风险工作，各项经济指标实现较快增长，综合实力大幅跃升。据统计部门反馈，预计（下同）地区生产总值完成 135 亿元，同比增长 13%；规模以上工业增加值完成 33.5 亿元，同比增长 13.3%；财政总收入完成 14.95 亿元，同比增长 8.34%；一般公共预算收入完成 8.53 亿元，同比增长 11.56%；城镇常住居民人均可支配收入 31697 元，农村常住居民人均可支配收入 12179 元。

一年来，我们尽锐出击、全力冲刺，狠抓精准脱贫，成功撕掉贫困标签。幸福都是奋斗出来的。我们变压力为动力，拿出“愚公移山、不胜不休”的精神状态，尽锐出战掀起“战天斗地、改天换地”的攻坚热潮。全区贫困发生率下降到 0.8%，与西秀区一道脱贫出列。

从“春风行动”到“夏秋攻势”，脱贫攻坚连战连捷、再战再胜，向实现总目标步步为营推进。我们瞄准市场，推动 3000 余亩传统农业向绿色高效农业转变，食用菌成为脱贫攻坚主导产业，“十里荷廊”田园生态成为乡村振兴新典范；打造绿色特色品牌，认定无公害产地 3 万亩、莲藕绿色产品 3 个，实现产业帮扶精准到户，400 余户、2000 余名贫困户致富有了门路。着力改善人居环境，对 1438 户农村建档立卡贫困户实施“七改”，对 2017 年以来实施的 752 户、4 类重点农村危房改造对象房屋进行提升改造，群众有了更舒适的居住环境。着力构建助学体系，1618.9 万元教育资助、539.67 万元助学贷款惠及 19059 贫困学生。共担就业脱贫重任，开展订单式培训就业 453 人，开发公益性岗位安置就业 221 人，政策购买并开发环卫保洁、生态护林、水务河道保洁等公益性村级“一村七岗”扶贫岗位 378 个，校农结合项目落实就业 298 人。

“山海相牵、真情相连”，我们深入开展东西部扶贫协作，实现两地干部、企业常态化交流互访 139 人次，获赠西海岸新区捐赠资金 1444.8 万元，对口帮扶城市西海岸新区为我区培训干部 1300 余人，提供就业岗位 3000 余个。

一年来，我们披荆斩棘、昼夜兼程，狠抓城镇化建设，城乡面貌改观显著。把“EPC+PPP”化为“四两拨千斤的杠杆”，以少量财政资金撬动上百亿元社会资本参与项目建设，加快新型城镇化建设步伐，让经开区外具“颜值”、内涵“气质”。

最辉煌的成就，总是因艰苦卓绝的奋斗而生成。我们融入“城市双修”“海绵城市”理念，仅用5个月时间就建成娄湖生态公园，在观摩会中被市委主要领导称为“奇迹”之作。念念不忘、必有回响，幺铺镇同样以此次观摩会为契机，按照小城镇建设“8个标准”，先后改造建成民国特色小镇、犇牛广场等项目；与城西可采莲的“十里荷廊”、具有深厚历史渊源的黄齐生故居和戴安澜广场、神骏生态文旅小镇、澳维酒吧风情街、澳维·天下乐城等旅游目的地进行串联，使整个经开区成为“目光所致皆可成诗”的旅游打卡新去处。

在城镇化建设进程中，我们采用智慧系统控制灯光照明，娄湖环湖路、开九路、开十三路、机场路等多条道路都可随人流量、车流量及时间早晚自动调整路灯光线明暗，实现“车来灯亮、车走灯暗”。相比传统路灯，可降低60%的耗能，用行动践行了生态文明。

“风好正是扬帆时，不待扬鞭自奋蹄。”全区示范小城镇建设齐头并进，各项投资达12亿元，新增“8+X”项目13个。马厂村“江南古风·美丽乡村”项目、豪生温泉度假酒店成功申报为全省“1+5个100工程”。

一年来，我们扭住重点、主攻难点，狠抓军民融合，全力推动工业提质发展。“好风凭借力，扶摇九万里。”我们紧紧抓住国家推动军民融合深度发展的重大战略机遇，积极推动军民融合创新，全力争创国家军民融合创新示范区。贵飞公司与中航宝胜、明日宇航、中航国际物流、长沙天映飞机维修等19家企业组成工业联合体，自主研发FTC-2000G外贸飞机下线，成功打入国际军贸市场，创下批产飞机交付总量、营业收入两个历史最高纪录。贵飞工业联合体作为观摩项目参加全省第二次项目建设观摩会、全市工业项目观摩会、全市开发区改革创新暨项目观摩会，得到省、市领导高度评价。成功举办2018年贵州安顺黄果树飞行大会，展示贵飞公司无人机、相关航空企业生产的通航飞行器、云雀Q1型号轿车等安顺航空文化、地方特色。以“双千工程”为抓手，为企业查找大数据与企业深度融合的技术难点、解决应用方案，促进企业转型升级。全年完成技改投资11亿元、“千企改造”投资16.8亿元，黔中（安顺）物流园作为全省唯一上榜单位获批为第二批国家级示范物流园区。

一年来，我们攻坚克难、攻关拔寨，狠抓项目建设，着力扩大有效投资。项目是产业发展的“干细胞”。细胞活跃，经济肌体方能强健。

我们把项目谋划摆在发展首要位置。储备项目130个，涉及投资727.37亿元；新建项目78个，涉及投资337.2亿元。全年谋划向上争取项目78个，获批各类奖补资金5.08亿元，撬动投资7.24亿元。我们把项目要素保障作为发展重中之重。完成房屋征收1427栋，拆除总面积约60万方；完成棚户任务7239户，交付安置房1819套，棚户区改造工作获全市棚改大会战综合考核第一名。我们把项目引进放在发展头版头条。先后赴澳大利亚及北上广等地开展多形式招商推介活动40余次，成功引入航天氢能小镇、非金属材料生产基地、安顺飞机维修基地等项目。组织7家企业参加首届中国国际进口博览会，达成意向性订单3.8亿元。完成电商销售额9021.42万元。我们把项目推进作为发展总抓手。重点围绕57个省、市重大工程和重点项目开展“一站式”“店小二”“全天候”服务，为项目建设保驾护航，促进重大工程、重点项目完成投资130亿元。此外，市人大、市政府高度重视的二手车市场搬迁，也在我们的高效服务下建成投用，已入驻商户63家。

一年来，我们求真碰硬、标本兼治，狠抓污染防治，生态环境质量持续改善。望得见山水，才记得住乡愁。我们牢牢守住生态和发展两条底线，围绕中央、省委环保督察反馈问题进行整改，取得“碧水、蓝天、净土”三大保卫战阶段性胜利。

治理污水，保护水源。完成娄家坡主坝溢洪道至花牌坊段等6段黑臭水体治理，使沟澄碧水再现。提升空气质量，使废物得以再利用，秸秆不再随处焚烧，尘埃落地不轻飞扬，蓝天之上纤云不染。有效管控农用地、城市建设用地，集中强化土壤污染管控和修复，加快推动垃圾收集治理，实施林地改造、异地补植复绿、生态修复1.64万亩，实施隆鑫村、猫猫洞村旱改水等7个土地整治项目，使青山凭窗览、净土留乡愁。

完成整改中央环保督察期间交办涉及我区的投诉案件7件、省委环保督察案件12件；中央环保督察“回头看”期间交办我区的投诉案件4个、市级案件1个，已办结4个；省委第二轮环保督察交办我区的投诉案件14个已全部办结，其余案件正有序推进整改。在生态环境部、住建部联合对城市黑臭水体整治开展的专项巡查中，我区黑臭水体治理工作得到巡查组充分肯定，中央电视台《焦点访谈》、中国环境新闻网、《贵州日报》等多家媒体做了正面报道。

一年来，我们心系民情、尽力而为，狠抓社会治理，民生福祉全面增进。民之所愿，就是我们工作努力的方向；民之所怨，就是我们改革攻坚的目标。我们响应人民群众对美好生活的向往，全面推动教育、医疗等民生事业发展，不负人民重托。

筑牢教育基石。累计投入7087.3万元，使36所义务教育学校、6所幼儿园的孩子们拥有食堂、浴室、功能房、运动场和更加宽敞明亮的教室、美丽整洁的校园；通过深化“互联网+教育”，创新开发优课观看APP，实施“同步课堂带动计划”“一师一优课、一课一名师”等工程，让农村学校、薄弱学校的孩子们享受到均等教育机会。我区与西秀区一道，通过义务教育基本均衡发展国家级评估验收。

补齐医疗短板。在财政资金紧缺的情况下，撬动社会资金1500余万元，把幺铺镇敬老院升级打造为公建民营模式的“医养结合”养老示范点；吸收民营资本1000余万元，把三合生态养老中心建成医养结合养老示范点，被省民政厅评为“全省十大养老服务示范园区”。幺铺镇建立健全长效管理机制，不断巩固与发展创卫成果，在国家卫生乡镇创建活动通过现场验收。三合亲情医养中心被省卫健委、省民政厅评为“全省医养结合服务示范单位”，三合生态养老中心、鸿源大健康被认定为全市首批大健康产业发展示范基地。

致力和谐稳定。建成“开发区城乡社会治理质态云图”“矛盾纠纷多元化解调处微信公众平台”，在和兴村开展“雪亮工程”试点，构建基层、公安、行业、司法、重特大矛盾纠纷“五位一体”的多元化矛盾纠纷调解联动机制，提高基层社会治理社会化、法治化、智能化、专业化水平，畅通群众诉求渠道，化解矛盾纠纷168件、化解率达92.8%。青松社区、南新社区获批“全省民主法治示范村社区”，将军岩社区获批“全国民主法治示范村社区”。四届市委全面深化改革领导小组第十六次会议暨创新发展新时代“枫桥经验”推进基层社会治理现代化现场会在我区召开，我区基层社会治理工作成效获市委主要领导点赞。

树立文化自信。《大明屯堡》实现从露天演出到剧场演出的华丽转身，编撰《石公黄齐生》《将军山纪事》等书籍，融合提升后的经开区屯堡、民族、“三线”、抗战历史等文化更具魅力；在全市2018多彩贵州歌唱活动选拔赛中，斩获一等奖4个、二等奖1个，代表安顺参加全省比赛获最高奖“优秀奖”，通俗唱法、美声唱法、合唱比赛分获第一名、第二名、第四名的优异成绩；在全市第二届运动会上荣获优秀组织奖，成人A组奖牌数、青少年围棋、游泳比赛团体均获第一名，多项竞技收获大满贯，展现了经开区体育竞技文化风采；举办书画摄影展、“走进100个美丽乡村”、自行车比赛等大型群众文体活动30余场次，厚铸了经开区崇文尚武文化之“魂”。

一年来，我们积极求索、勇于实践，狠抓改革创新，为发展不断添活力增动力。“咬定青山不放松，立根原在破岩中。千磨万击还坚劲，任尔东西南北风。”2018年是改革开放40周年，安顺经开区本身因改革开放应运而生，更因改革开放而蓬勃发展。改革，是经开区的内生动力，更是经开区人的精神内核。这一年，我们继续紧盯改革、紧抓改革，打造娄湖生态公园、黄铺新区规划馆、安顺综合保税仓、贵飞工业联合体等，继续塑造“经开区奇迹”、擦亮“经开区特色”、累积“经开区经验”，在市级出彩、在省级出众、在中央亮相。

农村改革释放原动力。48个村（居）0.93万户农民获得土地确权证书，流转土地1.3万亩。以“三变”改革、农业产业结构调整为抓手，构建了“风险共担、利益均沾”的利益共同体。“放管服”改革增添吸引力。制定公布网上办理、当场办理、承诺办理、限时办理、便民化服务、从严监管6张清单，涉及事项1324项。政务服务大厅实现行政审批、公共服务事项“应进必进”，所有政务服务事项均开通网上申请受理，让数据“多跑路”、让百姓少跑腿。推出二手房交易“集成套餐服务”，实现“一窗通办”；在亿丰国际汽车物流园建成全省第一个“直通式”车辆入户平台，实现新车入户15分钟办结。教育改革激发办学新活力。国有平台公司与民营资本合作，成立高端新型混合所有制学校——大洋实验学校，为探索多元化办学模式成功“探路”。投入100万元基金，创新设立教育突出贡献奖、教育终身奉献奖，充分调动全区广大教育工作者教书育人的积极性。社会治理改革提升自治力。践行新时代“枫桥经验”，打造龙井社区便民服务中心，形成综治中心、网格化、信息化“三位一体”的基层治理数据化服务平台；在和兴村试点建设“雪亮工程”，构建“打、防、控”一体化城乡综合治理现代化管理体系。国有企业改革增强竞争力。对区属国有企业进行整合重组，改变区属国有企业“多、小、散”的现状，采取“横向联合、纵向整合”方式，构建完善的国有资产联合运营体系。

一年来，我们依法行政、规范用权，狠抓勤政廉政，行政效能不断提升。扎紧制度的篱笆，在重大决策、项目推进、资源开发、招商引资等过程中，加强合法性审查及论证，做到依法决策、依法行政，自觉运用法律手段解决各种矛盾和问题。全面落实管委会党组全面从严治党主体责任，整治扶贫领域“四风”问题，紧盯农村集体“三资”管理、征地拆迁等重点领域腐败问题和基层干部“雁过拔毛”“刁难群众”等不正之风，扎实开展“访村寨、重监督、助攻坚”专项行动，所有村居建成“民生监督云”数据平台全覆盖，延伸民生监督触角，维护群众切身利益。坚持厉行节约，规范财务管理，压缩“三公”经费，全面执行“禁酒令”，排查茅台酒乱象，人大代表意见和建议、政协委员提案办复率均达100%。

这些成绩的取得，得益于市委、市政府坚强有力领导，益于西秀区委、区政府、区人大、区政协的关心和支持，得益于全区广大干部的团结拼搏。今后，我们将不忘初心、继续加力、感恩奋进。

成绩来之不易，问题不容忽视：产业转型升级依然任重道远，面临经济增长与转型升级的双重压力；生态环境改善、社会文明水平等，与广大人民群众的期待还有差距，面临开放发展与环境保护的双重挑战。

二、2019年工作安排

2019年是全面贯彻党的十九大精神的开局之年。作为新的历史起点，是我区由摆脱贫困转向巩固提升的首战之年、由脱贫攻坚转向实现全面小康的衔接转换之年。站在新的历史起点，我们要拥抱新时代、聚焦新目标、落实新部署、实现新作为。以习近平新时代中国特色社会主义思想为指引，全面贯彻党的十九大和习近平总书记在贵州省代表团重要讲话精神，紧扣社会主要矛盾变化，继续以脱贫攻坚统揽经济社会发展全局，全力实施三大战略行动，持续打好三大攻坚战，按照高质量发展要求，坚持稳中求进工作总基调，力争“进中向好、好中争先”，以供给侧结构性改革为主线，重点抓好产业转型升级、军民融合发展、黄铺新区建设、风险防控化解，保持经济持续健康发展、社会大局稳定，为全面建成小康社会收官打下坚实基础。

全区经济社会发展的主要预期目标是：地区生产总值增长12%，规模以上工业增加值增长13%，500万元固定资产投资增长18%，财政总收入增长7%、一般公共预算收入增长7%，城乡居民人均可支配收入分别增长10%、11%。

目标决定方向，行动决定结果。今年，我们将着力聚焦8个方面、力争实现八大突破：

——聚焦脱贫巩固，实现乡村振兴大突破。

“雄关漫道真如铁，而今迈步从头越。”把巩固脱贫成果与实施乡村振兴战略统筹起来，继续执行“1+10”专项精准脱贫工作机制，帮扶743名贫困人口脱贫出列，让脱贫攻坚的经开区篇章书写得更加充实、精彩。持续推动产业发展，坚持强龙头、创品牌、带农户的思路，用足用好绿色产业扶贫投资基金，加快农业产业结构调整，下大力气把聚福菌、坤达农业、天赐贵宝、天地人和等骨干企业培育成行业“单打冠军”；持续推动农村合作社发展，鼓励有实力的合作社跨村发展，通过挂靠“3个15万元”政策等方式，统筹解决合作社发展资金难题；持续完善利益联结机制，力争实现每个建档立卡户至少有两个增收产业或两项利益联结收入；持续推动交通提档升级，启动乡村旅游公路建设计划，开展“四好农村公路”示范创建；持续推进教育扶贫，压缩党政机关行政经费的6%用于教育事业发展，探索引导区内优质教育资源帮扶建档立卡户在读子女；持续推进“四重医疗保障”制度，防止因病致贫、因病返贫；持续推动易地扶贫搬迁“五个三”综合配套政策落实，健全完善安置点社区服务功能；持续推动东西部扶贫协作，争取更多的产业、资金、人才等要素进入我区，争取在青岛设立农产品分销中心、大型超市设置销售点，助力“安货出山”。

——聚焦产业发展，实现投资拉动大突破。

抓实项目谋划。结合我区发展实际需要，准确把握投资政策、投资方向和重点，加强向上沟通衔接，争取将民生改善类、教育提升类、乡村基础设施、黑臭水体治理、农村环境综合整治等全区短板项目，更多纳入国家和省、市的盘子。抓细项目前期。做深做足项目前期研究论证工作，确保符合用地、环保、节能、技术、安全等准入标准，为项目落地打牢基础。抓紧项目推进。及时协调解决项目建设过程中的困难、问题，着力解决项目业主提出的合法合理合情问题，确保云雀新能源汽车城及黄铺新区、高铁新城、航城、娄湖片区新建项目顺利推进，形成持续的投资量和税源。抓牢项目资金。加大上争力度，积极争取国家和省、市的各类产业基金、各项发展资金及补助资金，充分利用各类政策性贷款。运用PPP模式有效引导、撬动更多社会资本参与投资，形成政府投资、社会投资、招商引资的聚合效应。进一步规范工程实施，杜绝工程“结算超预算、预算超概算、概算超估算”现象；通过引入第三方提供金融担保等方式，切实解决企业融资难等问题。抓严项目质量。围绕项目审批、安全施工、资金审计、质量监管等关键环节，突出精细管理、科学组织实施，把各类项目打造成利长远、惠民生的精品工程、德政工程。

——聚焦军民融合，实现产业转型大突破。

推动贵飞工业联合体签约项目落地，实现弘安鑫晟、明日宇航等落地项目投产达产；全力促成今年计划实施的中航宝胜等12个军民融合重大项目落地；实现风雷公司整体搬迁，加快推进安吉精铸产业园项目、长沙天映飞机维修项目、金属靶材项目，确保完成军民融合产业工业总产值37亿元以上。引导新扬复材等申报绿色产业发展基金，指导符合条件的企业申报省、市、区工业与信息化专项资金，解决资金难题，支持企业做大做强。深入实施“千企改造”工程，加快绿色化改造进度，大力推动大数据与工业实体经济融合，促进企业信息化、智能化发展，催化实现裂变式增长；加强对百灵固废资源化循环利用特大型沼气、天赐贵宝1万吨金刺梨深加工改扩建等项目的“双服务”力度，力争全年完成“千企改造”投资5亿元以上。对项目手续不完备、融资难等影响产能释放的贵联生物等产业项目，加强跟踪服务，综合运用各项措施化解难题。鼓励和支持宝林中药、黄果树金叶、天赐贵宝等高成长性企业实施品牌战略，积极申报贵州省省长质量奖、贵州省著名商标；支持贵飞公司、安吉公司、文杰公司、龙飞公司等申报贵州省工业企业品牌培育试点。

——聚焦产城融合，实现城乡发展大突破。

紧紧抓住成功举办全市第八届城发会带动我区城镇化建设进入快速发展期的机遇，集中抓好中核·时代城、仟坤天朗、澳维·中央公园美邸等一批综合体项目，继续挖掘城市文化基因、项目自身特性，打造出一批更具本土化、国际化、精细化、主题化的经典项目。加快推进经四路、经七路等城市道路基础设施建设。借助我区独有的交通优势，将澳维·天下乐城、万象旅游城、兴伟石博园、神骏生态文旅小镇、羊场十里荷廊、黄齐生故居、戴安澜广场、三合苗寨、云马“三线记忆美丽乡愁”文化产业园等项目“串珠成链”，增强深度体验，发展一批旅游新路线。全力以赴打好棚改大会战，切实把棚户区改造作为提升城市品质、改善城市面貌的关键一招，全力推进总投资5.73亿元的5个棚改项目。大力发展大健康、养生避暑产业，依托三合养老养生中心、豪生温泉度假酒店等22家（温泉）酒店和百灵苗药、宝林中药、风雷氧业等产业要素优势，借助良好的区位条件、交通优势，把产业优势转变为市场优势，引领健康养生与休闲度假产业联动发展、互相促进、齐头并进。借助亿丰国际、黔中商贸、天晟国际、奥维天下乐城、黄果树·川渝电商产业园等形成的大商圈和产生的人流、物流、信息流、资金流优势，顺应消费结构升级趋势，推动经营模式、服务方式创新，积极助推批、零、住、餐、汽车贸易等实现线上线下消费融合，提升生活性服务业发展水平。

——聚焦链式招商，实现开放合作大突破。

思路决定出路，格局决定结局。切实转变招商引资思路，以现有产业链为基础，加强与发达地区园区、商会、企业结对合作，力争每个季度引入一个带动性强的产业项目，弥补产业链薄弱环节。紧扣“强链”抓产业大招商。立足军民融合主导产业，重点围绕贵飞工业联合体，瞄准航空产业中带动性强的链条项目及链条后端的通航运营、文化创意、衍生服务等产业，实施精准招商，使航空产业集群实现数量级、质量级增长，形成倍增效应。紧扣“延链”抓产业大招商。瞄准农业产业链缺失环节，在加强培育现有企业的同时，大力引入龙头企业，通过前展后延、集群发展，推动农业“接二连三”，以延长产业链提高农业发展附加值，力争新增省级龙头企业1家、市级龙头企业2家。紧扣“增链”抓产业大招商。围绕现代物流、科技服务、大健康医药、教育培训、文化旅游等新兴服务业，开展以商招商、定向招商、二次招商，引进与现代服务业相关的企业、产业上下游配套项目。

——聚焦绿色发展，实现生态建设大突破。

坚持守牢生态底线，打通绿水青山向金山银山转换的通道，不断释放生态红利。坚持治理与整改并重。加大对燃煤锅炉、餐饮烟油、排放不达标车辆的监管、取缔力度，严格管控砂石矿山、建筑粉尘、道路扬尘污染，确保全区空气优质天数比例保持在98%以上；下大力推动中央环保督察“回头看”案件、省委第二轮环保督察案件整改见底见效。运用“五步式地道战”工作法，确保今年5月前完成黑臭水体治理任务。坚持发展与保护共赢。强化水源保护，健全城区河岸、河面管护制度；扎实抓好畜禽养殖、生活垃圾、生活污水等污染防治，不断完善城市排污设施设备，确保污水处理率达93%以上。严控生态制度，严守永久基本农田、林业保护红线，建立部门联合执法机制，严查污水、垃圾处理设施设备虚假运行，严查违法占用林地、破坏森林资源案件，着力开展“大棚房”整治。严格落实河长巡河制度，区级河长每季度巡河不得少于1次，镇级河长每月巡河不得少于1次。坚持建设与管理同步。扎实抓好文明城市创建，探索整合各类数据资源建立“数字城管”，破解城市管理难题，不断提高城市管理的精细化、规范化水平。

——聚焦民生改善，实现公共服务大突破。

坚持办好人民满意的教育。着力解决“择校热”“大班额”“早教”等问题，完成集圣中学、行知高中等学校建设，支持、规范社会力量兴办教育，加强校农合作、校企结合的横向纵向合作，促进教育均衡发展。坚持办好人民满意的医疗卫生事业。深化“医联医共体”改革，大力提升医疗服务质量，加快建设玉龙医院、鸿源大健康等新建、改扩建项目，实现村卫生室、中小学校医务室标准化，让群众就近就地享受优质的医疗资源。强化食品药品全链条监管，确保“舌尖上的安全”。实施日间照料中心、幸福院项目建设，稳步推动社区养老事业发展。提高弱势群体生活水平，关注低收入群体生活，加强对留守儿童、困境儿童等群体的关爱、保护，稳定提高“两无”贫困人口补助标准，落实城乡最低生活保障、医疗救助等社会救助及兜底保障。做好农民工工资支付保障工作，严厉整治恶意拖欠农民工工资行为。提高就业质量、收入水平，拓展就业空间、加强就业保障，实施高效毕业生就业创业促进计划，深入推进“雁归兴安”促进返乡创业、东西部对口帮扶劳务输出、新型职业农民培训工作，加强就业困难人员就业帮扶，确保登记失业率控制在3.5%以内。提高基层社会管理水平。深化扫黑除恶专项斗争，加强社会治安防控体系建设。继续强化“大政法”工作机制，依法打击非法宗教活动，加强重点行业领域安全生产隐患专项排查整治，确保社会大局稳定。

——聚焦作风转变，实现效能提升大突破。

全面落实“一岗双责”，推动政府系统党风廉政建设向纵深发展，加强对公共资金、公共资产、公共资源等领域的审计，开展重大民生工程及基础设施项目建设纠偏，坚决纠正、查处侵害群众利益的不正之风、腐败问题。深化“放管服”改革，深入开展“六个一”行动，逐步推行项目并联审批（预审）制度，力争全部事项时限压缩超过70%，企业、群众办事提供材料减少60%，以优质高效的政务服务打造全市最优的发展软环境，积极申报全市“放管服”改革示范区。

各位代表，最强的力量是说到做到、言行若一，最好的落实是一抓到底、抓出成效。行胜于言，让我们在市委、市政府的坚强领导下，用实干苦干会干凝聚全区32万干部群众的磅礴之力，形成无往不胜的强大合力，立说立行、锐意进取，以优异的成绩庆祝中华人民共和国成立70周年！

黄果树旅游区党工委关于黄果树旅游区2018年工作总结及2019年工作计划的报告

（2019年1月31日）

中共安顺市委：

2018年，在市委、市政府的坚强领导下，我区深入学习宣传贯彻党的十九大精神和习近平新时代中国特色社会主义思想，坚持主基调、主战略，积极适应经济发展新常态，按照省委提出的“五步工作法”，以打造“天下大瀑布、世界度假村、中国黄果乡”品牌为目标，以推进全域旅游、脱贫攻坚工作统揽经济社会发展大局，努力转变政府职能、和工作作风，深化脱贫攻坚、生态保护、全域旅游、招商引资、产业发展、基础建设、民生保障7项重点工作，压实责任、主动作为、奋力攻坚，不断推动旅游“井喷式”增长，全区经济社会继续保持平稳的发展态势。

一、2018年工作回顾

（一）主要指标平稳增长，发展基础得到夯实。2018年，全区GDP完成23.87亿元、同比增长10.6%，在全市排名第三。其中，第一产业增加值3.4亿元，同比增长6.9%；第二产业增加值2.74亿元，同比增长1.6%；第三产业增加值17.73亿元，同比增长12.4%。全年固定资产投资增速为0.1%。重大工程、重点项目建设方面，累计到位资金14.65亿元，完成投资32.26亿元，占年度投资任务31.17亿元的103.5%。财政总收入累计完成38，429万元，同比增长11.83%。一般公共预算收入累计完成30，991万元、同比增长11.53%，在全市排名第二；一般公共预算支出累计完成84，986万元、同比增长24.22%，在全市排名第二。农村居民人均可支配收入10391元，同比增长9.7%；城镇居民人均可支配收入28260元，同比增长8.6%。（预计）累计接待游客2239.35万人次（不含屯堡景区），同比增长34.77%；接待游客507.21万人次，实现门票收入4.66亿元；旅游综合收入达223.27亿元，同比增长34.39%。

（二）脱贫攻坚扎实推进，同步小康步伐加快。一是扎实开展脱贫攻坚“春风行动”。认真开展脱贫攻坚“春风行动”、“1+5”专项治理等脱贫攻坚专项行动，积极推动建档立卡贫困人口减少计划落实。截至目前，全区建档立卡贫困户2961户、11959人，其中，未脱贫贫困人口（含返贫）448户、1373人，贫困发生率下降到2.04%；其中，2018年共脱贫686户、2741人，较上年贫困发生率下降4.06个百分点。二是狠抓农旅融合产业扶贫。找准全区3个乡镇产业发展定位，大力推动全区脱贫攻坚3个乡镇产业发展，全力打造多彩花海龙宫镇、绿色蔬菜黄果树镇、金果之乡白水镇；制定《黄果树旅游区产业扶贫子方案》《黄果树旅游到户产业项目补助办法》《大力发展黄果产业促进农旅融合发展的实施意见》等配套文件，抓好产业扶贫。全区产业扶贫取得明显成效，呈现出黄果、玫瑰、草莓、生姜、桃子、金盏菊、食用菌等扶贫产业竞相发展的良好态势，调减玉米种植5000亩，发展各类经果林种植50900亩，粮经比达到3：7。成功打造龙宫玫瑰爱情湾项目，并列入省、市产业项目观摩点进行观摩。同时，建设和打造金盏菊种植基地、食用菌基地、翁寨果蔬基地等，进一步夯实了产业发展基础。三是完善农村基础设施。完成农村“组组通”公路62.27公里建设及验收，完成31个村居人畜饮水安全工程，太阳能照明路灯实现村村全覆盖，污水管网、消防管网、通信管网、天然气管网等多网共建工程全面推进，全面完成殷家庄、乌拉村2处农村垃圾处理设施，人居环境大大改善。四是务实推进民生事业。制定《黄果树旅游区2018年“夏秋攻势”教育脱贫攻坚工作实施方案》，对446名建档立卡家庭经济困难的学前教育幼儿资助实现全覆盖，发放资助资金22.3万元；实施农村义务教阶段家庭经济困难寄宿制学生生活补助，共计资助资金388.57万元，惠及3261名农村家庭经济困难中小学生；2018年，办理在省外就读高中（含中职）以上建档立卡贫困家庭在校学生教育精准扶贫资助人数180人，发放资助资金83.114万元，发放补助高中（含中职）及以上建档立卡贫困家庭学生157人、56.544万余元；建立“学校＋合作社＋农户（贫困户）”的校农结合模式，创新产业扶贫模式。健康扶贫工作积极开展，四重医疗保障工作扎实推进，印发《黄果树旅游区2018年建档立卡贫困人口医疗扶助实施方案》，累计实施医疗救助639人次、64.12万元。完成农村危房改造421户，其中，建档立卡贫困户等4类重点对象326户，4类重点对象外其他对象95户，实现农村困难群众有安全住房保障。五是完成易地扶贫搬迁任务。完成2017年易地扶贫搬迁73户、319人（自愿退出5户、22人）全部搬迁入住，解决具有劳动能力家庭每户一人的就业问题，实现搬迁对象就业、医保、低保、养老保险、子女入学、户籍迁移同步落地。

（三）全域旅游不断推进，景区面貌持续改善。一是旅游服务设施不断完善。开工建设S105旅游公路，积极推进Y415、S428、大石公路改扩建等公路建设，完成景区旅游公路、西山北路、黔中路建设，宁龙黄旅游公路、贵安大道做到施工要素全方位保障；以星级标准新建、改建旅游厕所10座，洲际假日酒店建设全面推进，柏联温泉酒店进入外环境整治阶段，预计今年10月试营业。二是旅游业态发展不断丰富。瀑韵天城旅游业态进一步丰富，招引商家30余户入驻开业；农旅融合积极推进，龙宫玫瑰爱情湾等农旅融合发展项目相继开放，采摘、休闲、观光、体验产业逐步形成一定规模；民宿产业积极发展，匠庐·阅山民宿游客反响良好，全国网评点赞率名列前茅，匠庐·村晓、帝贝松轩等一批精品民宿开工建设。三是旅游秩序整治工作有序推进。非法营运、揽拉客、市场经营秩序等综合整治工作持续深入开展，查处扣留涉嫌非法营运车辆30余辆，有效震慑非法营运活动，景区封闭运行效果明显。通过省级食品安全示范区、示范镇创建工作，加大辖区食品安全整治力度，为全区110家主要餐饮酒店安装“视频可视厨房”，让游客吃得放心，在全市观摩活动中受到肯定；对全区36家接团餐饮单位进行行政约谈，确保接团单位食品安全主体责任落实到底。四是重大活动有序开展。成立工作领导小组、工作专班，协助举办生态文明贵阳国际论坛2018年年会黄果树分论坛、黄果树·屯堡世界遗产申报研讨会、中国·黄果树坝陵河大桥低空跳伞国际邀请赛，成功举办黄果树第四届国际啤酒节等重大活动。

（四）改革工作深入推进，改革成效逐步显现。一是深化国有企业实体化运营改革，新增培育新税源。成功组建贵州建工集团黄果树建设工程公司，负责全区各种基础设施项目建设，预计2018年完成项目产值5亿多元、缴纳税收1500万元；成功组建黄果树汇远集团公司，进一步盘活全区各种国有资产。新公司的成立和运营，为黄果树培育了稳定的新税源，为实现税收快速增长作出了积极贡献，得到市委、市政府主要领导充分肯定。二是深化住建改革，加快特色城镇建设。探索“一分三向”城镇化模式，聘请德国欧博迈亚公司用国际视野完成策划、规划，打造黄果树易地扶贫搬迁安置点幸福社区，在全省观摩中获得肯定；抓实住房体制改革，大力实施棚改，2018年棚改项目完成房屋测绘、确权、签约476户，签约率达100%；创新公共租赁住房制度，放宽申请条件，实行租购并举的分配制度，确保符合申请条件的对象有房可住。三是深化生态改革，打造绿色生态环境。探索实行林长制，建立区、镇、村、组四级林长制体系，力争尽早实现2020年全区森林覆盖率达65%以上的目标。制定旅游区湿地保护相关制度，有力保护全区湿地环境。深入开展河流环境治理河长制，实现区、镇、村三级巡河管护常态化，重点流域水质优良比达80%以上。通过总投资10.35亿元的黄果树风景名胜区重点流域水污染防治项目建设，形成黄果树流域城镇、农村面污染源防治建设污水管网、人工湿地、生态防护带、污水处理系统、水源保护工程、污水处理厂改扩建等生态环保体系，使黄果树生态环境再上新台阶。

（五）招商引资成效明显，重大项目建设加快。一是招商引资工作取得初步成效。通过成功举办在黄企业新年座谈会、深圳黄果树旅游产业暨养生养老产业招商引资恳谈会、黄果树民宿招商推介大会、黄果树·大理精品民宿招商推介会等大型招商引资活动，预计2018年全区实现新增到位资金43亿元，新引进省外项目100个，完成目标任务的181.8%；新增项目开工率达 93%，新引进项目投产数为 33 个，完成目标任务的 100%；新引进高新技术企业 2 家、省外企业 14 家，完成目标任务的 100%。二是重大项目建设积极推进。2018 年全区安排重大工程、重点项目 14 个，计划投资 31.17 亿元；通过实行领导包保项目责任制，目前已开工建设 5 个，S105 旅游公路、重点流域水污染防治、棚户区改造等重大工程、重点项目积极推进；储备重大建设项目 241 个，总投资达 396.7 亿元，涉及农林水利、交通、城市基础设施、社会民生事业等领域；争取中央预算内投资项目 4 个，计划总投资 26324.71 万元，争取中央预算内资金 13806.71 万元。

（六）城镇化步伐加快，城镇设施不断完善。一是小城镇建设有序推进。黄果树小城镇全年完成投资 34100 万元，新增城镇人口 170 人，积极推进特色小镇二组团经营性用房建设；龙宫小城镇全年完成投资 21330 万元，新增城镇人口 142 人；白水镇特色小镇规划基本完成。二是城镇服务设施不断完善。完成黄果树新城背街小巷、广场、旧菜场环境卫生整治，新城农贸市场投入使用，道路绿化美化进一步提升，通过外包服务等措施不断改善环境卫生；完成黄果树新城路灯 EMC 节能改造工程，启动荡上安置自建区供电改造工程，新增市政道路 2.8 公里，完成并启用 6 个旅游公厕，新建、改建黄果树新城污水管网 4600 米，建设白水镇洒把规划区给排水管网 2832 米，投资 2250 万元扩建黄果树城供水工程。三是棚改安置项目扎实推进。依托黄果树特色小镇、龙宫特色小镇规划，将全区棚户区改造安置项目纳入小镇范围进行建设，目前已完成施工招标，正积极有序推进征地等各项工作，预计今年全面建成。

（七）坚持生态发展战略，景区环境日益改善。坚持绿色生态发展，深入贯彻落实中央、省、市生态文明建设相关会议及环保工作会议精神，严格执行市委、市政府关于加快绿化造林步伐推进生态文明建设的实施意见，继续扎实推进“绿色黄果树”行动计划，抓好“抢占 100 天”造林工作，完成造林 1.4 万余亩，预计完成林业投资 8.5 亿元，占全年目标任务 8 亿元的 106%。实施绿色贵州建设三年行动计划补植补造工程 2226 亩及科技推广项目，完成巩固退耕还林成果经济林、花卉 1.2 万余亩，通过打翁黄果基地、龙宫爱情玫瑰湾基地、元宝枫基地等林业产业示范点建设，预计全年完成林业产值 21 亿元，占目标任务 18 亿元的 117%。实施完成 2017 年林业有害生物紫茎泽兰除治工程，完成除治面积 1 万亩，启动实施 2018 年林业有害生物任务面积 2 万亩，完成 12 万亩公益林政策性森林保险投保工作。全区森林覆盖率达 60% 以上，核心景区森林覆盖率达 79% 以上，全区环境空气质量优良率保持 100%。高度重视中央环保督察反馈问题，完成沪昆高速过境论证、“天然画卷”整治评估工作，拆除景区影响景观设施，整改工作扎实推进。完成生态红线区域保护规划编制，将风景名胜区保护区内的公益林全部划为生态红线保护区域，实行最严格的保护制度。

（八）社会民生事业有序推进，人民群众幸福指数不断提升。一是民生保障进一步加强。新增城镇就业 1161 人，完成目标任务的 101%；失业人员实现再就业 111 人，就业困难人员实现就业 120 人，新增创业户 131 户，创业带动就业 503 人，农村劳动力转移就业 1008 人，均圆满完成年度目标任务；建档立卡贫困劳动力就业创业 1003 人，完成目标任务的 100%；易地扶贫搬迁实现一户一人以上就业 65 户 147 人，无零就业家庭；城镇登记失业率为 1.86%，低于目标控制 4.2% 的警戒线。义务教育均衡发展工作积极推进，黄果树小学足球场、蔡官小学新校区等一批教育基础设施启动建设；加强与对口帮扶城市青岛市优质教育资源合作，实现青岛大学附属黄果树民族中学挂牌、青岛大学实习基地挂牌，与青岛市李沧区实行教育结对。全区新农合参合人数 57572 人、参合率达 100.3%，其中建档立卡贫困人口 11959 人、参合率 100%；传染病得到有效监控，传染病登记报告 9 例、网络查报 9 例，报告率达 100%、及时报告率达 100%，无突发公共卫生事件；完成龙宫镇火麦村等 6 个村级卫生室建设。二是安全生产形势整体平稳。通过深入开展安全生产大检查专项行动，加大对辖区重点行业、领域和重要时段的安全监管力度，全区安全生产形势整体平稳。全年发生事故 4 起，伤 2 人、死亡 2 人，均为道路交通事故；辖区非煤矿山、建筑施工、工矿商贸、水上交通等行业企业未发生事故。三是社会和谐稳定持续保持。实施“12349”县域信访管理新模式，认真落实区级领导公开接访制度，有效化解一批历史遗留问题、信访案件，得到群众认可。收到省、市交办“百日攻坚战”信访案件 8 件，均已化解；交办“五个攻坚”2 件，均已化解。完善社区矫正管理教育工作机制，引进社区服刑人员电子手环定位系统，已有 26 人佩戴，实现对社区服刑人员全程监控。

二、存在的问题和困难

我区各项工作任务基本实现年初预定目标，经济社会事业有序向前推进，但也存在一些问题和困难：一是经济总量小，债务负担较大，受政策影响融资困难，承担民生任务过重，与“两县一区”缺乏有效沟通机制；二是全域旅游规划未完成编制，农业发展、城镇建设等未能紧密围绕全域旅游创建工作开展，黄果树对龙宫、屯堡的带动作用有待进一步增强；三是旅游业态不够丰富，旅游产品单一，旅游秩序有待进一步规范，景区旅游标示标牌不完善；四是小城镇等重大项目建设进展缓慢，固投增长速度较慢；五是管理机制体制有待进一步理顺；六是由于规划限制，许多招商项目落地困难；七是受景区规划、住建部整改要求等因素影响，景区建设项目与景区保护之间的矛盾突出，轨道交通、洲际酒店、游客服务中心、交通枢纽中心等重点项目进展缓慢。

三、2019 年工作打算

2019 年是我区黄果树镇与镇宁县同步全面完成脱贫攻坚任务的关键之年，各项工作任务繁重艰巨。我们将不忘初心、牢记使命、继续奋斗，以新的思想、新的理念、新的目标统筹推进各项工作，继续扎实推进全域旅游创建，持续改善经济社会发展环境，扎实打好脱贫攻坚战，推动景区发展迈上更高层次、更高阶段、更高水平。

（一）狠抓重要经济指标提升工作，为民生发展夯实打牢基础。一是抓好支撑主要经济指标增长的谋划。继续加大财政八项支出力度，确保财政八项支出较高增速；加大项目推进力度，确保固定资产投资增速；根据其他营利性服务业企业的营业收入情况，及时安排部署，确保其他营利性服务业企业的营业收入增速保持增长。二是加强税收征管。认真研究国家、省、市重大政策调整，充分调动各方力量加强税收组织，发挥好税务作用，加强对重点税源的监控，提升征管效率。三是科学处理财政增收与改善民生的关系。加大对农业、教育、医疗卫生、社会保障与就业、保障性住房、公共交通发展的支持力度，提高民生支出占公共财政比重，推动经济增长、结构调整，确保惠民政策落实到位。四是加强对全区 GDP、固投、招商引资等重要经济指标的调度分析。及时召开专题会议、经济分析会等加强分析调度，找准问题和困难，采取有针对性的措施对症下药，确保各项工作积极推进、各项指标顺利实现。

（二）狠抓全域旅游示范区创建，推动三大景区提质增效。一是加快编制全域旅游规划。按照全市全域旅游规划及黄果树、龙宫、屯堡 3 个景区总体规划，加快编制全区全域旅游发展规划，更好地指导全区全域旅游创建工作。二是加快完善景区基础设施。重点加快完善景区旅游标示标牌、临时停车场、游客行程导游指示、景区固定重要节点电子地图数据更新等建设，加快 S105 旅游环线建设，积极推进大型游客服务中心、交通枢纽中心项目建设。三是狠抓旅游秩序整治。严厉打击扰乱景区旅游秩序、影响景区形象的各种违法违规行为，加大对尾随兜售、搓拉客、非法营运、市场经营秩序等行为的综合整治力度，尤其是加强对出租车规范运营的整治，不断创新管理，使当前取得的成效继续保持。四是不断丰富景区旅游业态。积极培育特色餐饮、特色客栈、高端酒店、休闲避暑、养老养生等旅游产业，打造高品质旅游产品，积极推进洲际酒店、匠庐·村晓精品民宿酒店等建设。五是积极推动农旅融合发展。紧紧围绕旅游发展需求、现代农业发展方向，加快推动休闲农业、观光农业、体验采摘农业发展，促进农旅融合深度发展。六是着力提升景区服务管理质量。积极推进景区保护管理条例及管理办法编制工作，加强与青岛大学深入合作，加强景区旅游从业人员培训和管理，持续优化提升景区服务环境，积极妥善处理游客投诉，认真落实好景区对外优惠政策，切实提高游客对景区的满意度。七是推动景区宣传营销升级。进一步加强景区智慧旅游大数据建设，通过丰富移动支付、电子终端应用平台前移等智慧旅游建设，建立一站式“智慧服务”平台。充分打通、整合全区天网系统与旅游数据平台端口，实现一套系统、多项服务功能。

（三）狠抓脱贫攻坚全面工作，加快乡村振兴同步小康步伐。按照全面实现脱贫的工作目标，强化脱贫措施，确保全面完成今年的扶贫工作任务。继续深入打好产业扶贫、基础设施建设、易地扶贫搬迁、教育医疗住房三保障“四场硬仗”。一是持续抓好产业扶贫。按照全省农业产业结构调整工作要求，大力推动农业产业结构调整，支持发展经济价值较高的经济作物，积极搭建电商平台，促进农特产品出山。二是持续抓好基础设施建设。重点抓好“组组通”、农村安全饮水、农村电网改造、“通村村”平台、互联网、电商网点、金融服务等项目建设，为便利农村的生产生活做好充分保障。三是继续完善易地扶贫搬迁工作。继续加强搬迁后居民的对接服务，做好就业、就医、就学等各项保障，让他们切实能够稳得住、能发展。四是扎实抓好教育、医疗、住房三保障工作。认真贯彻落实国家关于教育医疗精准扶贫的各项政策，继续加大贫困户危房改造、小康房建设力度，确保辖区群众住房安全。

（四）狠抓招商引资和固投工作，不断夯实全区发展基础。一是继续加大招商引资力度。深化对外开放合作，扎实开展产业链招商研究，制定优惠政策措施，定制招商地图，挂图作战招商，继续拓展全区招商引资良好局面。二是快速推进重大项目建设。加快推进轨道交通、王三田坝游客综合服务中心及交通枢纽中心、S105旅游公路、洲际假日酒店、黄果树人民医院等重大工程、重点项目建设，确保重大项目取得实质性进展。加大对已批未建或停工项目的清理解决力度，确保辖区重大项目及时顺利建设。加大项目督促检查力度，实行按月督查调度，确保项目顺利推进、投资任务按时完成。

（五）狠抓特色小城镇规划建设，持续改善旅游区人居环境。一是加快特色小城镇建设步伐。完成黄果树镇、白水镇、龙宫镇总体规划和详细规划，加快推进黄果树镇小城镇建设，严防严控各镇“两违”建筑。二是加快完善市政基础设施。全面完成黄果树新城污水管网收集工程、污水处理提标改造工程、供水厂扩建工程、荡上和五里坝安置自建区基础设施建设工程，积极推进城镇大道、旅游公路等市政道路建设，完成白水河大桥改造。三是积极推进美丽乡村建设。扎实推进乡村振兴战略，统筹抓好乡村产业发展、乡村综合治理，提升乡村文明发展水平。

（六）狠抓体制机制改革各项工作，不断增强全区发展活力。一是持续抓好旅游体制机制改革、机构改革。以中央、省、市机构改革为指引，进一步改革完善全区管理机构、景区机构设置，切实优化机构设置；继续推进景区所有权、管理权、经营权“三权”分离改革，谋划好大黄果树旅游圈格局。二是抓好供给侧结构性改革。大力推进农业、旅游业供给侧结构性改革，增加绿色优质农产品、高品质旅游产品供给，抓好精品旅游线路规划设计，积极推出黄龙屯旅游线路套餐；运用好土地确权登记颁证成果，整合资源、激发活力，推动优质规模农产品不断泉涌，持续发展壮大村集体经济，促进农民脱贫致富。三是举办好系列重大活动。认真总结办节经验，继续策划举办好黄果树啤酒节、生态论坛、黄果节等重大活动，培育新产业、丰富新业态，推动景区对外开放，进一步提升景区的知名度、影响力。

（七）狠抓绿色生态文明建设，全面推动经济社会持续发展。一是持续推动中央环保督察反馈问题整改不放松。加快完成区级污水处理厂提标改造、重点流域水污染防治项目、污水管网建设工作；继续加大景区水环境综合治理力度，促进景区水质持续改善；加强对景区新开工建设项目的环评监管，确保所有建设项目具备环评手续；加大农村环境综合整治力度，改善农村生活环境。二是扎实推进“绿色黄果树”行动计划。大力推进绿化造林、核心景区周边山体景观提级改造等重点生态工程，加大创建贵州省园林城镇工作力度，全面铺开核心景区可视化范围绿化；积极推进黄果树国家湿地公园验收工作，加快推进黄果树至龙宫森林步道建设。三是完善并推行河长制工作。加大联合执法、巡河工作力度，严格项目准入，确保河长制“一季一巡”工作落实到位；实施一批水利民生项目，加快推进中小河流治理、小农水工程等重点民生项目，精心打造一批水利项目，把黄果树国家湿地公园河段建成新的旅游亮点。

（八）狠抓社会民生改善事业，不断提高人民群众生活水平。一是继续抓好教育均衡发展工作。加快推进蔡官小学新校区建设，完善辖区各校设施设备建设、配备工作，巩固全区义务教育均衡发展成果。二是统筹做好困难群体就业保障工作。建立就业信息化平台，积极扶持小微企业发展，通过组织开展全民创业、强化职业技能培训、扩大劳务输出等方式，做好困难群体就业创业工作，实现以产业促进就业、以创业带动就业。三是巩固提升社会保障覆盖面。实现新农合、城镇居民医疗保险有效对接，加大医疗保险、养老保险扩面征缴力度。四是加强医疗卫生服务能力建设。加快卫生服务体系建设，尽快启用黄果树镇卫生院、龙宫镇卫生院及新建的6个村级卫生室，切实发挥好卫生院、卫生室的服务功能；启动建设黄果树人民医院，全面提高医疗卫生服务水平和能力。五是抓好安全生产工作。继续深入开展全区安全生产大检查、各行业各领域安全生产工作，加强对旅游景区、道路交通、食品卫生、学校等重点领域、重点行业的安全管理，确保全区无重大安全责任事故发生。六是做好信访维稳工作。抓好“平安景区”创建工作，加快推进景区“平安细胞工程”，加强农村群防群治工作，织牢社会治安防控网，抓好农村社会治安，确保群众安全感、满意度指数达98%以上。完善矛盾纠纷排查化解稳控处置“四位一体”工作机制，确保全年无进京、无赴省非访发生。全面做好农民工工资保障，切实维护农民工的切身利益。七是全面推进依法治区、电子政务工作。切实抓好依法行政、依法执政、普法宣传教育工作，积极推进综合执法工作；加快完成全区电子政务工程建设，确保实现电子政务办公全覆盖。

做好今年全区经济社会发展工作，任务艰巨、责任重大。我们将以更加饱满的激情、更加振奋的精神、更加务实的作风，凝心聚力、真抓实干，全力以赴推动经济社会加快发展。

毕节市

毕节市政府工作报告

（2019 年 1 月 4 日在毕节市第二届人民代表大会第二次会议上）

毕节市委副书记、市长 张集智

各位代表：

现在，我代表市人民政府向大会报告工作，请予审议，并请市政协委员和其他列席人员提出宝贵意见。

一、2018 年工作回顾

2018 年，是毕节试验区建立 30 周年。习近平总书记对毕节试验区工作作出重要指示，要求“按时打赢脱贫攻坚战，努力把毕节试验区建设成为贯彻新发展理念的示范区”，为我市发展提供了根本遵循、注入了强大动力。省委、省政府召开支持毕节试验区按时打赢脱贫攻坚战建设贯彻新发展理念示范区推进大会，出台了一系列含金量极高的政策。一年来，在市委的坚强领导下，在市人大、市政协的监督支持下，我们坚持以习近平新时代中国特色社会主义思想为指导，全面落实中央、省委、市委各项决策部署，坚持新发展理念，落实高质量发展要求，全力打好三大攻坚战，认真落实“五步工作法”，扎实推进“113 攻坚战”，较好地完成了市二届人大二次会议确定的各项目标任务。

一年来，我们牢记嘱托、感恩奋进、苦干实干，呈现出 9 个工作亮点。一是脱贫攻坚初战告捷。黔西县脱贫攻坚精彩出列，荣获“2018 年全国脱贫攻坚组织创新奖”；脱贫成效获 2018 中非合作论坛参会外宾赞赏，得到乌蒙山片区区域发展与脱贫攻坚部际联席会议高度肯定。二是环保督察反馈问题整改成效明显。威宁草海治理由被央视曝光的负面典型，转变为贵州省环保整改正面典型上报生态环境部。三是“五城同创”深入推进。入围创建“全国文明城市”提名城市，国家卫生城市、国家环境保护模范城市、国家园林城市、全国双拥模范城创建工作有序实施，“19456”工程扎实推进，城市形象大幅提升。四是经济运行稳中有进。预计地区生产总值突破 2000 亿元，上半年综合排名由 2017 年同期第 8 位上升到第 4 位，预计全年综合排名取得新突破。五是农业产业结构调整成效初显。深入践行农村产业革命“八要素”，调减玉米种植面积 183 万亩，占全省五分之一以上，为全省农村产业革命提供了“抓关键少数”的毕节经验。六是煤矿“两化”改造、煤化工产业取得突破性进展。按照省委、省政府“千企改造”“加快煤炭工业转型升级高质量发展”要求，完成 28 对煤矿机械化、55 对煤矿智能化改造，完成数量全省第一，获奖补资金占全省 37.16%，采煤机械化程度达 77.2%；黔希煤制乙二醇项目建成投产，织金煤制聚烯烃项目实质性动工。七是成功创建国家公共文化服务体系示范区。名列西部 12 个省（区）创建工作第 2 名，5 项创新实践得到文化和旅游部认可。八是所有县（区）义务教育基本均衡发展通过国家评估验收。九是“十大员”就业扶贫工作成为全国典型。创新开发护洁、护路、护河等“十大员”就业扶贫专岗，招募贫困劳动力 5.7 万名，带动近 17 万人收入达标，该做法得到农业农村部充分肯定，成为全国人社领域精准扶贫 20 个经典案例之一。

2018 年，预计全市完成地区生产总值 2050 亿元、增长 10.5%，一般公共预算收入 130.1 亿元、增长 5.06%，固定资产投资增长 12%，规模以上工业增加值增长 10.5%，社会消费品零售总额 390 亿元、增长 10.5%；金融机构存款余额 1953.9 亿元、贷款余额 1605.5 亿元，存贷款余额增长 8.74%；城镇常住居民人均可支配收入29670元、增长8.6%，农村常住居民人均可支配收入9371元、增长10.5%。

（一）精准脱贫攻坚战取得新进展。深入开展“春风行动”“夏秋攻势”，预计实现30.29万以上贫困人口脱贫、601个村出列。一是打好“四场硬仗”。扶贫产业覆盖贫困人口65.7万人；建成“组组通”公路9632公里，7303个村民组通硬化路，占总计划的77.6%；106.74万人饮水安全项目全面启动，88.6%的贫困人口实现饮水安全；19.5万易地扶贫搬迁群众全部入住，累计建成安置房62143套；教育精准扶贫资助贫困家庭学生51万人、资金8.1亿元，贫困人口参保率实现全覆盖，住院费用实报比达92%以上，完成农村“危改”“三改”5.9万户，老旧房整治1.2万户。二是抓实“五个专项治理”。创新开展村自查、乡镇班子成员包村查、乡镇交叉查、县领导包乡查、县（区）交叉查、市级抽查“六查”工作，精准识别建档立卡贫困人口81.82万人。中央第四巡视组、省委第五巡视组巡视反馈问题全面整改。三是扎实推进帮扶工作。统一战线、全国工商联对口帮扶力度加大，广州市投入帮扶资金3.24亿元；恒大集团帮扶资金到位60亿元，金元集团、盘江集团、中国建设银行贵州分行对口帮扶工作有序推进，“千企帮千村”取得新成效。

（二）污染防治攻坚战取得新进展。一是打好“三大保卫战”。出台污染防治三年攻坚行动计划，除纳雍县外其余县（区）环境空气质量优良天数比例达96%以上。提前完成县级集中式饮用水水源地整改工作，水质达标率为100%，获省级补助资金1.47亿元、占全省的52.6%。全面落实河长制，完成15个县城污水处理厂提标改造，建成180个污水处理项目。“四个片区”垃圾发电项目加快推进，提前两年实现农村垃圾收运全覆盖。二是筑牢生态屏障。植树造林128.79万亩，治理石漠化面积160.2平方公里、水土流失面积91.84平方公里，森林覆盖率预计达56.13%。七星关、大方、黔西、金沙、织金、纳雍、赫章7个县（区）获得“省级森林城市”称号。

（三）防范化解重大风险攻坚战取得新进展。在全省率先出台防范化解重大风险“1+8”措施，实行“一风险一预案”。一是金融风险可控。积极稳妥实施存量债务置换，地方政府综合债务率低于警戒线，金融机构不良贷款率全省最低，PPP模式得到进一步规范。二是安全形势总体平稳。深入开展安全生产隐患大排查大整治，实现“双降”目标，降幅全省最大。非洲猪瘟疫情得到有效防控。紧盯地灾隐患点，实行市县乡村联动机制，坚持汛前排查、汛中巡查、汛后复查，紧急转移群众261户、948人，实现地灾“零伤亡”。三是社会治理成效明显。“法治毕节”创建、扫黑除恶专项斗争深入开展，刑事发案率下降20.9个百分点，“两抢一盗”发案率下降29.5个百分点。依法分类处理信访诉求，扎实抓好积案化解。

（四）农业产业结构调整取得新进展。一是抓“关键少数”。明确县（区）4名领导各抓5000亩示范点、乡（镇）4名领导各抓1000亩示范点，调减玉米183万亩，种植蔬菜、香葱、食用菌、特色经果林、茶叶、中药材等经济作物。二是抓技术保障。4652名农技人员深入田间地头开展技术服务。对联系示范点的986名农技人员进行绩效考核、奖惩挂钩，获评优秀231名、合格727名、不合格28名。三是抓产销对接。内抓农校、农医、农企对接，外抓华南、华东、华中、西南和东南亚市场，引进千喜鹤集团在8个县（区）成立农民专业合作社联合会，广州江楠果蔬市场销售良好，助推“毕货出山”。四是抓督查问效。成立8个督查组，对县（区）开展4轮督查，下发提示单26次、反馈整改意见785条，98名领导干部因工作滞后被提醒谈话。

（五）实体经济取得新进展。一是工业经济逐步壮大。新增上规入统工业企业103户，增长6%。发电420亿千瓦时、增长4.79%，工业用电量41.11亿千瓦时、增长9.37%；种植烤烟55万亩，收购烟叶132.85万担、增长16.44%，烟农收益17.9亿元、同比增收3.9亿元；卷烟产值59.67亿元、增长7.1%，白酒产值5.5亿元、增长8.5%。能源工业成效明显，煤矿“两化”改造实现机械化换人、智能化减人，产煤4200万吨、增长8.89%；预计供应电煤2730万吨，全省第一。贵航新能源锂电池等55个项目建成投产，黔希煤制乙二醇、织金煤制聚烯烃、纳雍煤制清洁燃料、威赫电厂高效超超临界发电项目取得突破性进展。新兴产业稳步成长，大数据电子信息、大健康医药、装备制造、新型建筑建材等产业实现产值240亿元。产业园区发展加快，每季度召开一次现场推进会，完成投资280亿元，实现工业增加值260亿元、税收50亿元。二是服务业逐步壮大。成功召开第十一届毕节旅游产业发展大会，百里杜鹃管理区入选第四批全国旅游标准化试点；大方县奢香古镇成功创建4A级景区，黔西县中果河景区通过4A级评审，新增3A级景区17家，新增酒店和客栈814家、床位15775个，旅游总收入、接待人次增速均超过30%。11个物流项目加快建设。消费市场持续活跃，市场主体户数位列全省第三。入围国家级电子商务进农村综合示范整体推进市名单。成功引入光大银行设立分行，赫章农信社改制为农村商业银行。三是民营经济逐步壮大。认真落实支持民营经济发展的政策措施，民营经济经营主体达38.18万户、增长30.94%，完成增加值1286亿元、占GDP比重的59%。

（六）项目投资取得新进展。一是建立综合项目库。谋划储备项目9235个、总投资3.94万亿元，录入财政部PPP综合信息平台项目221个，总投资1877.38亿元。二是项目争取力度加大。争取中央预算内项目200个、投资42.34亿元。争取省级专项绿色产业发展基金50亿元。获南方电网追加投资43.62亿元，排名全省第一。三是项目引进成效明显。推进“千企引进”工程，深入开展“产业大招商突破年”行动，引进产业项目848个、500强企业10家，预计招商引资到位资金增长18%。四是有效投资持续扩大。对市县乡三级6000余名干部进行项目谋划、包装、建设等培训。新开工亿元项目160个，总投资837.89亿元；776个省、市重大项目完成年度投资目标的101.8%，建成183个。

（七）基础设施取得新进展。一是交通基础设施建设取得新成效。成贵快铁、叙毕铁路、毕节客运枢纽中心加快建设；织金至普定、六盘水至威宁、黔西至大方高速公路东关至清丰段建成通车，新增通车里程222公里，高速公路通车里程达979公里；镇雄至赫章、赫章至六盘水、威宁至围仗3条高速公路加快推进。完成普通国省道改造304公里、改建农村公路557公里，完成中心城区4个高速公路收费站升级改造。威宁机场建设加快推进，毕节飞雄机场通达20个城市，旅客吞吐量突破120万人次。二是水利基础设施建设取得新成效。夹岩水利枢纽工程累计完成总投资的60.83%，建成七星关双河口、大方野螺沟等7座水库，开工建设纳雍环城、大方青山等10座水库。三是电力及通讯基础设施建设取得新成效。威宁500千伏输变电工程、成贵快铁牵引变系统等项目加快建设，毕节武家寨电站、赫章白水电站增效扩容投入运行，建成威宁关口电站。100兆光纤宽带到乡村工程顺利推进。

（八）城乡建设取得新进展。按照市委提升城镇建设发展高度、服务厚度、文化温度、平台广度、产业兴度、统筹力度“六度”要求，扎实抓好城市建设，预计常住人口城镇化率提升到42.5%，城镇建设、商品房开发投资占总投资的40%。一是七星关—金海湖—大方同城化进程加快推进。完成毕节市城市总体规划修订，启动花海大道、北环路等同城化主干道规划，毕节南山公园、倒天河整治、金海湖湿地公园和奥体中心等“19456工程”加快建设。二是县（区）城市建设提速。实施城市建设项目296个，新增城镇建成区17平方公里；改造棚户区4.69万户，启动海绵城市建设项目12个，销售商品房556万平方米。三是小城镇建设加快。按照“六型小城镇”建设要求，以16个省市级示范小城镇为引领，重点推进120个特色小城镇建设。164个镇村联动建设点加快推进。四是村庄规划建设步伐加快。启动乡村振兴战略规划编制，完成2828个乡村规划；织金营上古寨和大方黄泥塘镇背座村、雨冲乡油杉河村入选全国第五批传统村落。深入推进农村卫生专项整治，农村庭院、村庄卫生取得新成效。

（九）改革创新取得新进展。一是重点改革深入推进。谋划实施22个方面83项改革，七星关区创新引领土地节约集约利用的做法获国务院办公厅通报表扬。“三去一降一补”持续推进。“放管服”改革取得实效，政务服务中心行政审批事项进驻率达86.95%，取消各类证明材料1152项；推行“不见面审批”“一网通办”，网上办理53.14万件，是2017年的10倍。公共资源交易在全省率先实现全流程电子化。财政改革持续深化，在全省率先实现国库集中支付电子化管理。二是开放平台加快建设。毕节铁路东站开通运营，毕节国际内陆港、保税物流中心建设加快，市级粮食产业园启动建设。成功入选55个全国供应链创新与应用试点城市。三是科技创新力度加大。毕节经济开发区列入中国开发区审核公告目录，贵州工程应用技术学院、市一医获批省级院士工作站。新增省级众创空间1个、市级工程技术研发中心1个，完成专利申请1141件，高新技术企业达19家。

（十）民生事业取得新进展。24项民生实事完成21项，七星关区中医院，赫章、金海湖、七星关三县（区）养老示范项目和织金凤凰公园、宝桢公园受融资影响，未按时完工。一是教育事业持续进步。新（改扩）建农村义务教育薄弱学校100所、乡镇及社区幼儿园134所、山村幼儿园1360所。义务教育“超大班额”化解率达100%。招聘“特岗”教师2504人。学前教育三年毛入园率、九年义务教育巩固率、高中阶段毛入学率分别达88.12%、89.51%、88.7%。师德师风专项治理深入开展。二是医疗卫生工作扎实推进。市一医金海湖分院、市二医主体完工。深化多形式医疗联合体建设，建成覆盖市县乡三级的远程医疗服务体系。启动医学人才能力提升计划。有效遏制医疗费用不合理增长。成功创建省级食品安全示范城市。三是文体事业发展加快。乡（镇、街道）综合文化站、村（社区）综合文化服务中心、农民体育健身工程实现全覆盖；我市选手获省十运会奖牌数全省第三。威宁籍运动员赵超荣获亚运会赛艇项目金牌。赫章县阿西里西广场舞是贵州唯一参加全国展演队伍，获全国优秀组织奖。四是就业服务保障有力。城镇新增就业 8.5 万人，转移农村劳动力就业 17.4 万人，城镇登记失业率为 3.34%。成功举办第二届“决战贫困·创赢毕节”全民创业大赛。发放创业补贴 271.8 万元。五是民族宗教事务管理加强。中央、省巡视督察反馈问题全面整改，161 个宗教关系和谐示范单位获省委统战部命名。23 个民族村寨获评“全省第三批少数民族特色村寨”，12 家单位获省第三批“少数民族传统手工艺传习所”命名。六是社会保障能力提升。净增 3.45 万名城乡困难群众纳入低保，总数达 63.34 万名。城乡低保平均保障标准分别提高到每月 583 元、每年 3888 元，分别增长 6.89%、9.68%。留守儿童关爱保护工作进一步加强。

此外，双拥、外事、国防后备力量建设、人民防空、气象、妇女儿童、老龄、残疾人、地方志、红十字会、档案等各项工作全面进步。

各位代表，过去一年面对复杂严峻的外部环境、经济下行的内部压力，成绩来之不易。我们深切体会到：做好政府工作，必须坚持党对一切工作的领导。党政军民学、东西南北中，党是领导一切的。必须坚定不移以习近平新时代中国特色社会主义思想统领各项工作，认真落实中央、省委、市委各项决策部署，坚持每个季度向市委常委会汇报经济工作，全力推进“113 攻坚战”。必须坚持以脱贫攻坚统揽全局。把贫困群众脱贫致富作为最大的政治责任，坚定“贫困不除、愧对历史，群众不富、寝食难安，小康不达、誓不罢休”的决心，尽锐出战、务求精准，确保按时打赢脱贫攻坚战。必须坚持改革开放不动摇。改革激发动力，开放带来活力。鼓励大胆试、大胆闯，实事求是、善作善成，形成全方位、多层次、宽领域的全面改革开放新格局。必须坚持用好“五步工作法”。聚焦“干什么”抓政策设计、“怎么干”抓工作部署、“谁来干”抓干部培训、“谁来管”抓督促检查、“干不好怎么办”抓追责问责，对各项工作实行“周调度跟踪、月小结提示、季通报约谈”，全力推动中央、省、市各项决策部署落地生根、开花结果。

各位代表，这些成绩的取得，主要得益于党中央、全国人大、国务院、全国政协的亲切关怀，得益于省委、省政府的坚强领导，得益于中央统战部、各民主党派中央、全国工商联、国家有关部委、试验区专家顾问组、东部十省（市）统一战线的鼎力支持，得益于省直各部门倾斜支持、广州和深圳对口帮扶、恒大集团及社会各界大力帮助，得益于市委的坚强领导和市人大常委会、市政协的监督支持，得益于历届党委、政府打下的坚实基础和老领导、老同志的关心支持，得益于各级干部、广大群众的顽强拼搏。在此，我代表市人民政府，向人大代表、政协委员，向各民主党派、工商联、无党派人士、各人民团体，向驻毕人民解放军、武警部队官兵、驻毕单位和所有关心、支持毕节发展的社会各界人士，致以崇高的敬意和衷心的感谢！

我们也清醒地看到，当前我市发展不平衡、不充分的问题还比较突出：一是决战脱贫攻坚任务重。全市预计还有 51.53 万贫困人口，约占全省四分之一、全国五十分之一。扶贫产业特色化、规模化、标准化、品牌化、绿色化、商品化水平不高，贫困群众的内生动力不足。二是产业结构不优。预计三次产业结构比为 19.5 ：37.6 ：42.9，一产占比大、二产支撑不足、三产短板较多，传统产业转型慢，新动能成长不快，经济质量和效益不高。三是项目谋划推动能力不强。项目谋划、包装、争取、推进比较滞后，导致东西部协作、脱贫攻坚、产业发展等项目准备不充分，资金使用率、报账率低。四是城乡建设欠账大。预计常住人口城镇化率为 42.5%，与《毕节市城市总体规划》“到 2020 年城镇化率达 50%”的目标差距较大。县域乡镇、村庄规划滞后，村庄建设普遍存在“民不申请、村不上报、镇不把关、县不审批”“一条路两排房、一块田一栋房”的无序状态。五是政府自身建设还有差距。个别地方和部门的形式主义、官僚主义仍不同程度存在，个别领导不担当，表态快、落实慢，调门高、行动少。对于这些问题，我们将采取措施切实加以解决。

二、2019 年主要目标任务

2019 年是新中国成立 70 周年，是决胜全面建成小康社会第一个百年奋斗目标的关键之年，是落实习近平总书记 7 月 18 日对毕节试验区重要指示精神的开局之年。我们一定要保持战略定力、工作定力、作风定力，抢抓机遇、苦干实干，圆满完成年度目标任务。

总体思路：以习近平新时代中国特色社会主义

思想为指导，全面贯彻党的十九大和习近平总书记对贵州、毕节工作的系列重要指示批示精神，认真落实中央、全省经济工作会议决策部署，统筹推进“五位一体”总体布局，协调推进“四个全面”战略布局，坚持稳中求进工作总基调，坚持新发展理念，坚持推动高质量发展，坚持以供给侧结构性改革为主线，坚持深化市场化改革、扩大高水平开放，牢记嘱托、感恩奋进，继续打好三大攻坚战、推进三大战略行动，聚焦“113攻坚战”目标，统筹推进稳增长、促改革、调结构、惠民生、防风险工作，扎实做好稳就业、稳金融、稳外贸、稳外资、稳投资、稳预期工作，保持经济持续健康发展、社会大局稳定，为打赢攻坚战建设示范区奠定坚实基础，以优异的成绩庆祝中华人民共和国成立70周年。

主要预期目标：地区生产总值增长10%左右，固定资产投资增长14%左右，规模以上工业增加值增长10%左右，一般公共预算收入增长5.5%，社会消费品零售总额增长11%，重点产业招商引资到位资金600亿元，实现进出口总额2亿美元，城镇、农村常住居民人均可支配收入分别增长9%、10.5%，城镇登记失业率控制在4.2%以内，居民消费价格指数、节能减排指标控制在国家、省下达的计划范围内。

围绕实现全年目标，要重点抓好以下10个方面工作：

（一）千方百计打好精准脱贫攻坚战。围绕“一达标，两不愁，三保障”，坚决打好“四场硬仗”，减少贫困人口30万以上，大方县顺利实现脱贫摘帽，七星关区、织金县全面决战脱贫攻坚。一抓“两业”。产业，按照农村产业革命“八要素”要求，继续抓“关键少数”，县（区）4名领导各抓5000亩以上示范点、乡（镇）4名领导各抓1000亩以上示范点，通过示范引领，再调减低效玉米种植200万亩以上；按照市委“654311”部署，抓好500亩以上坝区产业结构调整，今年重点在耕作条件较好的地方发展蔬菜、食用菌100万亩以上，在15度以上坡耕地发展刺梨、茶叶、皂角各20万亩，套种南瓜30万亩，大力发展生态畜禽养殖产业；力争到2020年，发展精品蔬菜、食用菌100万亩（带动发展蔬菜300万亩）、刺梨100万亩、茶叶100万亩、皂角100万亩。留足3年轮作150万亩基本烟地，推动烤烟产业高质量发展。就业，抓好农村劳动力转移就业服务，组织农村劳动力到产业园区、生产基地就近就业；扩大“十大员”就业扶贫专岗，为无法离乡、无业可扶、无力脱贫和有劳动能力、有就业意愿的“三无两有”贫困群众提供就业机会，实现增收脱贫。高度关注收入略高于建档立卡贫困户的群体，切实帮助解决困难。二抓“两通”。交通，继续实施省道和县乡道建设“三年行动计划”，力争到2020年完成2067公里省道、县乡道提级改造和大修工程，今年建成通乡干线公路300公里、通组公路1600公里，实现30户以上自然村寨通硬化路目标。流通，深入实施冷链物流体系建设三年行动，重点推进市县冷链物流中心、乡镇预冷设施建设，新增库容4.5万吨；继续推动农产品进超市、进机关食堂、进学校、进医院、进工矿企业，实现订单生产、订单销售；充分用好广州、深圳的销售窗口，借力千喜鹤集团、江楠果蔬等销售平台，办好马铃薯产业博览会、中国·毕节试验区乌蒙山农产品博览会等展销活动，助力“毕货出山”，增加农民收入。三抓“两训”。干部培训，继续开展脱贫攻坚大讲习大培训活动，围绕脱贫攻坚“扶持谁、怎么扶、谁来扶”开展培训，重点提升县乡干部谋划项目、包装项目、争取项目的能力，让干部知扶贫、会扶贫、扶好贫。群众培训，充分利用新时代农民（市民）讲习所、职业教育培训机构，加强蔬菜（香葱、食用菌）、刺梨、皂角、茶叶、中药材、畜禽养殖等实用技能培训，提高贫困群众的生产技能。四抓“三保障”。教育保障，落实好建档立卡贫困学生精准资助政策，不让贫困学生因贫辍学、因贫失学；医疗保障，做好重病慢性病患者、残疾人、孤寡老人等特殊贫困群体保障工作，实现健康扶贫医疗保障救助全覆盖；住房保障，认真落实易地扶贫搬迁有关政策，确保“十三五”规划的32.5万搬迁对象如期搬进新家，加快农村“危改”“三改”、老旧房整治，实现农村住房安全有保障。五抓帮扶工作。用好统一战线帮扶资源，做好东西部扶贫协作、对口支援工作，加大与广州、深圳等帮扶城市的对接力度，聚焦产业、教育、医疗等重点，推动帮扶协作落地落实。

（二）千方百计打好防范化解重大风险攻坚战。进一步增强风险意识、强化底线思维，着力化解重大风险。一是从严管控债务风险。严格落实“七个严禁”，健全“借用还”与“责权利”相统一的地方性债务管理机制。用好地方政府专项债券工具。通过土地出让、盘活存量国有资产、平台公司实体化转型、城乡建设用地增减挂钩结余指标调剂、依法依规组织财政收入等多种渠道，积极筹集偿债资金，提高偿债能力。二是着力防范金融风险。持续开展非法集资、交易场所和互联网金融专项整治行动，提高群众风险识别能力和防范意识。强化政银企联动，创新地方政策性金融产品，缓解中小企业、"三农"等融资难题。强化"特惠贷"风险管控，让"特惠贷"真正惠民解忧。三是有效防范化解社会风险。推进"法治毕节"创建，多元化解矛盾纠纷，妥善解决群众的合理诉求，快速稳妥处置突发事件。深化扫黑除恶专项斗争，依托社会治安防控"六张网"，提高预测预警预防能力。加快推进基层治理体系建设，提高社会化、法治化、智能化、专业化水平，维护社会和谐稳定，提升人民群众的安全感、满意度。四是有效防范化解安全风险。加大对交通运输、煤矿、非煤矿山、地质灾害、建筑工地、烟花爆竹、危化物品、食品卫生、消防等重点行业领域的安全隐患专项排查整治力度，坚决遏制重特大事故发生。继续抓好非洲猪瘟疫情防控工作。

（三）千方百计打好污染防治攻坚战。深入践行习近平生态文明思想，努力为人民群众提供更多优质生态产品、优美生态环境。一是巩固环保督察成果。全面完成中央、省生态环保督察反馈问题和信访问题整改；健全长效机制，强化跟踪督办，巩固治理成效，防止问题反弹。二是打好"三大保卫战"。打好蓝天保卫战。抓好扬尘、柴油货车、工业企业、燃煤及油烟等污染治理攻坚行动，县城以上环境空气质量优良天数比例达96%。打好碧水保卫战。开展城市黑臭水体、饮用水水源地保护攻坚行动，新开工40个污水处理项目，严查污水、垃圾处理设施虚假运行，主要河流出境断面水质优良率保持在100%，1000人以上饮用水水源地水质全部达标。打好净土保卫战。重点围绕耕地重金属污染突出区域，开展污染源排查整治，扎实推进土壤污染综合防治试点示范，提高环境管理能力。实施农药化肥减量增效行动，严控除草剂使用。三是抓好生态建设。深入推进"绿色毕节"行动，分步实施好434万亩国家储备林项目，完成造林绿化125万亩，治理石漠化169.8平方公里、水土流失90平方公里，森林覆盖率达58%。完善土地和矿产资源有偿使用制度，推进矿山环境治理修复工程、"兴地惠民"整治项目。扎实抓好草海综合治理、踪岭地灾综合整治等山水林田湖草保护修复重大工程。争创长江经济带环境综合治理试点示范城市。推行"林长制"，新增护林员1500名以上。

（四）千方百计推动乡村振兴。认真落实习近平总书记"做好同2020年后乡村振兴战略衔接"的重要指示，按照产业兴旺、生态宜居、乡风文明、治理有效、生活富裕的总要求，实施好乡村振兴战略。一是守住3条红线。守住生态红线。深入践行绿水青山就是金山银山理念，加大风景名胜区、地质公园、森林公园、湿地公园、饮用水源保护区、500亩以上耕地大坝、生态公益林、石漠化敏感区等生态保护力度，以绿色发展引领乡村振兴。守住基本农田保护红线。巩固永久基本农田控制线，加强农田水利基础设施建设，提升耕地质量。守住村庄建设控制红线。实施好乡村规划，用好山水、田园、村庄三大资源，低密度、组团式打造集约高效的生产空间，营造宜居适度的生活空间，保护山清水秀的生态空间，推动建筑融入自然环境，打造有山有水、依山傍水、显山露水的绿色新村。落实好《贵州省加强农村住房规划建设管理的实施意见》，农村住房建设层数原则不超过3层，每户建筑面积控制在240平方米以内，底层层高不超过3.6米、标准层层高不超过3.3米。二是突出2个处理。深入学习浙江"千村示范、万村整治"工程经验，扎实推进农村人居环境整治。突出垃圾处理。坚持减量化、资源化、无害化，实现"户分类、村收集、镇转运、县处理"，建成4个垃圾焚烧发电项目，建设偏远乡镇小型无害化处理设施，城乡生活垃圾无害化处理率达85%以上。突出污水处理。坚持分散化、生态化、小型化，对人口集中地区接入污水管网集中统一处理，对人口分散地区采取建设小型人工湿地等方式进行处理，实现25%以上的中心村污水集中收集处理。三是做大做强1个主导产业。坚持"一乡一业、一村一品"，注重特色化、规模化、商品化，每个村发展一个优势主导产业，建立紧密利益联结机制，打造特色农业产业集群。四是制定1套乡风文明治理有效的制度规范。发挥村规民约在基层治理中的独特功能，借鉴塘约"红九条""黑名单"管理机制，健全道德激励约束机制，逐步构建自治、法治、德治相结合的乡村治理体系。五是选优配强1个村级班子。以农村基层党组织为核心，选优配强村级班子，优化农村基层干部队伍结构，努力培养一批懂农业、爱农村、爱农民的乡村振兴新型三农人才队伍。

（五）千方百计扩大有效投资。把抓项目作为稳经济增长的重要任务。一是做实项目谋划争取。认真落实《国务院办公厅关于保持基础设施领域补短板力度的指导意见》，落实好省委、省政府支持毕节试验区建设46项政策措施，加快谋划一批脱贫攻坚、基础设施、乡村振兴项目。加大对接汇报力度，最大限度争取中央专项建设、中央预算内资金支持。确保获批省绿色产业扶贫投资基金200亿元以上。二是抓好产业大招商。努力把投资意向变成协议、协议变成合同、合同变成投资、投资变成实物工程量，大力引进煤磷化工、锂电池、钢铁铸造、食用菌、中药材、茶叶、刺梨、皂角深加工等产业项目，力争引进500强企业3家以上。落实民间资本投资负面清单，降低民间资本进入环保、交通、能源、社会事业等重点领域门槛，引入投资650亿元以上。坚持优化和整治并重、激励和惩处并举，对破坏营商环境典型案例加大通报和曝光力度，构建“亲、清”新型政商关系。三是加快项目建设。着力破解征地难、拆迁难等问题，细化固定资产投资任务，明确工作目标，努力实现固定资产投资增长14%左右。加快实施“六网会战”专项行动：扩大路网投资。启动毕节交通新发展理念示范市建设，加快叙毕铁路建设，实现成贵快铁建成通车，如期迈入“高铁时代”；推进昭黔铁路、六威昭城际铁路项目前期工作，力争纳水铁路开工建设；加快镇雄至赫章、赫章至六盘水、威宁至围仗项目建设，开工建设修文经金沙至古蔺、纳雍经六枝至晴隆、纳雍至赫章高速公路；推进毕节飞雄机场改扩建、威宁草海机场和百里杜鹃、织金、纳雍、金沙、赫章5个通用机场建设，完成交通投资152亿元。扩大水网投资。推进夹岩水利枢纽、赫章河口等大中小型骨干水源建设，力争完成大方青山、赫章新寨等5个骨干水源项目，实施2座水库除险加固和6个中小河流治理项目，建成覆盖106.74万人的农村饮水安全提升工程，完成水务投资60亿元。扩大电网、互联网基础设施投资。新建和改造35千伏及以上变电站22座、线路691.7千米，推进“无线网络·满格毕节”行动，完成投资34亿元。扩大油气网、地下管网投资。推进“气化毕节”行动，建成遵义至赫章天然气管道，加快建设赫章至威宁、金沙经黔西至纳雍天然气管道，完成投资18亿元。

（六）千方百计推动工业高质量发展。推进“千企改造”十大专项行动，加快构建新型工业体系，做大做强实体经济，新增规模以上工业企业90家。一是“立足煤”。煤是毕节的优势战略资源，有煤才有电，大煤保大电。继续推进煤矿“两化”改造，完成机械化改造20个、智能化改造25个，机械化程度达88%。推动织金肥田煤矿、文家坝二矿和金沙龙凤煤矿等大中型现代化矿井建设，力争煤炭产量达4500万吨以上。二是“做足煤”。促进煤电协调发展，力争完成电煤保供2625万吨以上，发电455亿千瓦时以上、增长8.3%；加快推进威赫高效超超临界发电项目。做强煤化工产业，实施好国家能源局批复的《毕节试验区新型能源化工基地规划》，推进黔希煤制乙二醇项目达产，加快织金煤制聚烯烃项目建设，争取纳雍煤制清洁燃料项目环评获批。引进乙二醇下游聚酯树脂、吸湿剂等产业，聚烯烃下游新材料、医疗器械等产业，推动产业集群集聚，做大做强煤电和煤化工产业。三是“不唯煤”。深挖烟酒产业增长潜力。扩大优质卷烟比例，增强金沙窖酒、毕节大曲等品牌白酒竞争力，实现产值66亿元。培育壮大新兴产业。紧盯“中国制造2025”，加快发展电子制造、新能源等产业；持续抓好大数据产业，实施政府应用“系统迁云”，开放数据全部接入“云上贵州”；力争电子信息制造业、软件和信息服务业、电子商务交易额达3.8亿元。做大做强园区平台。打造发展平台，各产业园区选准做强主导产业，最大限度释放产能，实现工业增加值300亿元、税收55亿元。打造开放平台，围绕煤磷化工、轻纺服装等17条产业链招大引强，引导关联企业向园区集中，不断强链补链增链；培育3家省级外贸转型升级示范基地，推动七星关、织金、纳雍、威宁等产业园区省级外贸出口基地建设。打造创新平台，积极争取毕节经济开发区获批省级高新技术产业开发区，启动创建国家级高新技术产业开发区申报工作，抓好纳雍经济开发区规划调整；鼓励企业自主创新，建设1个科技企业孵化器。打造服务平台，依法下放项目建设、土地、环保等审批权限，优化园区项目代办服务，提高办事效率，企业开办时间压缩至3个工作日；探索中小企业融资新模式、政银企合作新途径，解决融资难、融资贵问题。

（七）千方百计推动新型城镇化高质量发展。新型城镇化是推动毕节试验区改革发展的重大战略，全面落实好《毕节市城乡规划条例》，统筹城乡协调发展。一是做大中心城区。实施好新修订的《毕节市城市总体规划》，推进七星关—金海湖—大方同城化发展，建成毕节客运枢纽中心，开工建设花海大道。深入实施“五城同创”，启动中心城区“城市双修”试点。二是做强县城。坚持“新区做加法、老城做减法”，统筹推进棚户区改造与新区开发，完成棚户区改造9074户，加快16个城市新区和8个省级城市综合体建设。大力整治问题楼盘。加强城市路网、污水管网、停车场、地下综合管廊、海绵城市建设，提高县城公共服务水平。推进黔西县撤县设市、大方县撤县设区。三是做特集镇。坚持统一规划、统一建设、统一管理集镇。60%的建制镇建成生活污水处理设施，完成小城镇建设投资110亿元。强化用地审批和国土资源执法工作，严禁违法建房和土地私下交易，规划区内严禁新增自建房。

（八）千方百计推动服务业高质量发展。加快服务业提质升级转型，积极扩大内需，新增规模以上服务业企业90户。一是扎实抓好旅游业。承办好省第十四届旅游产业发展大会。抢抓“高铁时代”带来的机遇，沿成贵快铁布局一批景区景点，加快创建国家全域旅游示范区。旅游总收入、接待人次分别增长36%以上。谋划精品线路，旅游重点是做“线”，着力打造“黄果树瀑布—织金古城—织金洞—百里杜鹃—奢香古镇—慕俄格古城—鸡鸣三省景区”“遵义会址—百里杜鹃（黄家坝战役遗址）—慕俄格古城—鸡鸣三省景区”等4条精品旅游线路，把旅游珍珠串起来，把旅游黄金线连起来，把旅游总量做上来。加快景区建设，运用好旅游资源大普查成果，每个县（区）新打造1个景区，确保织金洞通过5A级景区景观质量评审，创建4A级景区5个、3A级景区10个以上。构筑“五大板块”，以金海湖新区为新增长点，打造七星关—金海湖旅游集散服务板块；以百里杜鹃为中心，开发避暑度假、户外运动、乡村旅游等多元产品，打造百里杜鹃—黔西—大方旅游精品板块；以威宁草海和赫章韭菜坪为中心，发展山地避暑旅游，打造威宁—赫章气候养生板块；以织金洞景区为龙头、织金古城为核心，纳雍鸽子花生态城为支撑，打造织金—纳雍生态休闲板块；强化体旅融合，开发体育康体产品，丰富“温泉＋旅游”产品，打造金沙山地运动康体板块。二是着力扩大消费。落实好个人所得税专项附加扣除政策，增强消费能力。推动房地产市场健康发展，大力发展住房租赁市场特别是长期租赁。加快打造一批商业步行街，促进城镇居民消费增量提质。新增农村商业网点1000个以上，逐步缩小城乡居民消费差距。严厉打击假冒伪劣商品违法活动，努力创建安全放心的消费环境。三是扎实抓好商贸物流业。加快毕节国际内陆港、中石化石油储备库、保税物流中心、粮食产业园、黔西北农产品物流园建设。积极创建全国供应链创新与应用试点城市。推进电子商务县乡村三级物流体系建设，鼓励企业将分支机构延伸到乡村，让电商成为群众增收致富的新渠道，网络零售额突破4亿元。四是扎实抓好金融服务业。推进金沙、纳雍、威宁农村信用社改制，支持村镇银行发展，金融业增加值突破90亿元。力争1家以上企业在“新三板”挂牌，贵州股权交易中心挂牌企业200家以上。增强金融服务实体经济能力，推广“4321”新型政银担合作模式，逐步提高担保放大倍数。争取将集中连片1000亩以上的特色农产品纳入价格保险，构筑脱贫产业发展“防火墙”。

（九）千方百计推动改革开放。把改革开放作为后发赶超关键一招，以改革增动力、以开放促发展。一是深入推进“放管服”改革。坚持放而有度、管而有方、服而有效，继续大力简政放权，工程建设项目审批时间压缩至80个工作日以内，不动产登记办理时间压缩至5个工作日以内。建好市县乡三级综合实体政务大厅，“一窗”分类受理事项超过70%，市县政务服务事项网上可办率达80%，企业、群众办事提供材料减少60%以上。推动公共资源交易识别码应用，项目交易做到应进必进。深化“证照分离、多证合一”改革，新增市场主体6万户以上；推行“双随机、一公开”监管，完善守信激励、失信惩戒机制，让市场主体“一处违法、处处受限”。二是推动开放创新。主动融入“一带一路”、长江经济带、成渝经济圈、泛珠三角区域，参与省内外产业链、供应链、价值链分工。争取毕节经济开发区申报为国家级外贸转型升级示范基地。加快推进“毕节·广州产业园”建设，全力打造承接广州产业转移重要基地。抓好高新技术企业培育认定工作，新增10家高新技术企业。三是做强民营经济。实施政策落实、金融服务、降本减负、扩大民间投资、营商环境整治、领导干部联系服务企业“六大专项行动”，推进百亿民营企业培育工程，深入开展中小企业“星光”行动，用好“服务民营企业市长直通车”，搭建政府与民营企业的“连心桥”。力争民营经济增加值达1360亿元以上。

（十）千方百计推动民生事业发展。让老百姓过上好日子，是我们一切工作的出发点、落脚点。一是优先发展教育事业。巩固提升义务教育基本均衡发展成果，实施学前教育普惠提质、义务教育优质均衡、普通高中示范引领、职业教育兴黔富民行动计划，推动教育内涵式发展。结合实际抓好双语教学。新（改扩）建幼儿园100所、农村寄宿制学校100所、城镇义务教育学校2所、普通高中学校10所，消除义务教育学校“大班额”1000个，小学、初中辍学率分别控制在0.6%、1.8%以内。推进毕节职教城二期建设。支持贵州工程应用技术学院特色优势学科和“双一流”建设，支持毕节职院创建省级优质职业院校。深化校外培训机构专项治理，规范社会力量办学。持续整治师德师风，树立良好的师德风尚。二是推进健康毕节建设。推进市一医金海湖分院、妇幼保健院（妇产医院、儿童医院）等重大项目，力争每千人床位数达5.48张。强化医疗卫生人才队伍建设，千人执业医师（助理医师）数达1.95人、万人全科医师数达1.5人。加强城市卫生对口支援农村工作。优化生育服务管理，促进人口均衡发展。加强食品药品安全监管，保障人民群众“舌尖上的安全”。三是抓好创业就业工作。落实创业就业政策，做好高校毕业生、化解过剩产能企业困难职工、城镇就业困难人员、易地搬迁户劳动力等重点群体就业创业工作。创建扶持一批创业孵化示范基地。开展拖欠农民工工资专项治理，构建和谐劳动关系。完成职业技能培训5万人、农民培训19.8万人，城镇新增就业8.2万人。四是大力发展文体事业。巩固提升国家公共文化服务体系示范区创建成果。新增多彩贵州“广电云”用户8万户。继续加强革命遗址挖掘、保护和利用，持续办好乌蒙文化节。推动群众体育、竞技体育与体育产业协调发展，办好毕节试验区首届国际马拉松赛。五是抓好民族宗教工作。依法管理宗教事务，强化宗教工作“三支队伍”培训，支持宗教界加强自身建设。抓好民族团结进步工作，保护和发展少数民族特色村寨。六是完善社会保障体系。落实特困供养人员救助制度。加快养老服务业改革发展，推进养老项目建设。抓好留守儿童（困境儿童）关爱保护工作，严格落实监护人责任。加强特殊困难群体关爱救助，兜住困难群体民生网底。推进城乡社区建设，提高管理能力、服务水平。城乡居民医疗保险参保754万人，城镇职工基本养老保险参保51.5万人、城镇职工基本医疗保险参保34.5万人、失业保险参保25.15万人、工伤保险参保37.3万人、生育保险参保26.3万人、城乡居民养老保险参保350万人。加强市场监管，保持物价水平总体稳定。积极稳妥推进殡葬改革。

此外，加强国防后备力量建设、人民防空建设，加大外事工作投入保障力度，支持驻毕部队、监察委、法院、检察院、工会、妇联、共青团、文联等工作，加强国家安全、双拥优抚、残疾人、老龄、统计、邮政、气象、侨务、对台、地方志、档案等工作。

坚持尽力而为、量力而行，扎实抓好重点民生实事：（1）对7.9万建档立卡贫困学生实施教育精准扶贫资助；（2）转移农村劳动力16.5万人，新增“十大员”就业扶贫专岗10000个；（3）建成赫章疾病预防控制中心、威宁妇女儿童医院和20个乡镇卫生院（社区卫生服务中心）中医馆、100个智慧卫生急救站；（4）建设公共停车位3000个，改造农村户用厕所20.35万户，改造（新建）农村公共厕所774个、城镇公共厕所65座、旅游厕所25座；（5）新建3000个“雪亮工程”视频监控；（6）实施农村公路危险路段安全防护工程1500公里；（7）完成农村电影公益放映2.72万场，送戏下乡100场；（8）建成绿色健身步道500公里。

三、加强政府自身建设

我们将恪守政治纪律、政治规矩，践行“五步工作法”，不断提升履职能力，努力建设人民满意、群众放心、运行高效的新时代服务型政府。

（一）坚定不移全面从严治党。把对党绝对忠诚摆在首位。牢固树立“四个意识”、坚定“四个自信”、落实“四个服从”、践行“两个维护”、杜绝“七个有之”，不折不扣贯彻党的路线、方针、政策，坚决服从省委、省政府和市委的领导。深入开展“不忘初心、牢记使命”主题教育，常态化、制度化推进“两学一做”学习教育，认真做好巡视整改工作，营造风清气正的政治生态。认真落实“一岗双责”。扎实推进政府系统党风廉政建设，严格执行《中国共产党廉洁自律准则》《中国共产党纪律处分条例》，加强对公共资金、国有资产、国有资源、脱贫攻坚等重点领域的审计监督。

（二）坚定不移依法全面履职。坚决维护宪法权威。把政府工作纳入法治轨道，自觉尊法学法守法用法，深入推进执法规范化建设，推动法治政府建设。坚持科学民主依法决策。把公众参与、专家论证、风险评估、合法性审查、集体讨论决定作为重大行政决策法定程序，提高决策科学化、民主化、法治化水平。强化行政权力监督。自觉接受人大法律监督和政协民主监督，主动接受新闻媒体舆论监督和社会各界监督，习惯在约束中干事、在监督下履职；高度重视民主党派、工商联、无党派人士和人民团体的意见；加强政务公开，让权力在阳光下运行。

（三）坚定不移提升能力素质。提升谋划发展的能力。加强政府系统干部培训，不断增强“八大本领”，积极参加省委新时代学习大讲堂、市委脱贫攻坚大讲堂学习，让各级干部成为新时代各领域的行家里手。提升执行落实的能力。坚决把中央、省和市委决策部署落实到位，满怀激情投入到决战脱贫攻坚、决胜同步小康伟大实践；完善正向激励和容错机制，奖励政治坚定、奋发有为的干部，惩戒慢作为、不作为、乱作为的干部。

（四）坚定不移推动作风转变。驰而不息纠“四风”。坚决贯彻落实中央八项规定实施细则和省委、市委有关规定，大力培育和弘扬新时代贵州精神，把“三严三实”贯穿政府工作，将整治形式主义、官僚主义作为正风肃纪、反对“四风”的首要任务。经济工作坚持靠数据说话、靠作风吃饭，加强政府诚信建设，打击数据造假。坚决纠正“新官不理旧账”，提高政府公信力。扎实推进服务窗口作风建设。统筹规范督查检查考核，为基层“迎评迎检”减负。坚持不懈兴“三风”。大兴调查研究之风，围绕落实上级决策部署开展调查研究，与时俱进研究问题、破解难题；大兴真抓实干之风，坚持政府工作常态化调度，坚持“周调度跟踪、月小结提示、季通报约谈”机制，强化问效问责、提高行政效能；大兴勤俭节约之风，严控政府“三公”经费，树立务实节俭的政府工作新风尚。

各位代表，伟大的时代呼唤着我们，伟大的事业激励着我们。新的一年，我们将在习近平新时代中国特色社会主义思想指引下，在省委、省政府和市委的坚强领导下，牢记嘱托、感恩奋进、苦干实干，确保按时打赢脱贫攻坚战，努力建设贯彻新发展理念示范区，以实干实绩向新中国成立70周年献礼！

七星关区政府工作报告

（2019年1月9日在七星关区第二届人民代表大会第三次会议上）

七星关区委副书记、区长 胡敬斌

各位代表：

现在，我代表区人民政府向大会报告工作，请予审议，并请列席会议的区政协委员和其他同志提出意见。

一、2018年工作回顾

过去的一年，在省委省政府、市委市政府和区委的坚强领导下，在区人大、区政协的监督支持下，区政府以习近平新时代中国特色社会主义思想为指导，全面贯彻落实党的十八大、十九大精神，坚持稳中求进总基调，突出打好防范化解重大风险、精准脱贫、污染防治三大攻坚战，全面落实区委"1136"工作规划，大力推动高质量发展，全区经济社会持续稳定健康发展。

——过去的一年，精准脱贫攻坚战成效明显。 坚持聚焦"一达标，两不愁，三保障"，围绕脱贫攻坚"四场硬仗"，以"五通、五改、五覆盖、五保障、五个机制、五个专项治理"为抓手，实现80个贫困村标注出列，贫困发生率下降到4.56%，全面小康创建综合实现程度预计达96.3%，精准脱贫攻坚战夺取关键性胜利。

基础设施短板加快补齐。东清高速建成通车，全区高速公路通车里程达209公里；海子街至小吉场、草堤至总溪河、大箐至二龙关、花牌坊至赤水河4条国省干道提级改造有序推进，大银至仁和、猫场至阴底县乡道改造全面完成，青场至大河、草堤至千溪等7条县乡道提级改造工程启动建设；赤水河沿河公路建设有序推进，列入省级重大项目库；建成通村路259.63公里、通组路453.53公里，"六级公路大会战"战果显著，实现高速公路"大动脉"与通村通组路"毛细血管"全方位联通。夹岩水库1265米水位线下移民搬迁安置及库底清理工作全面完成；双河口水库全面建成，龙官桥水库完成大坝封顶；野角水库、普宜水库、狗跳岩水库建设有序推进。农村饮水安全巩固提升工程2017年度112个项目全面完成、2018年度289个项目基本完成，12个集镇供水工程扎实推进。建成燕子口、野角35千伏变电站，安装变压器221台，实施10千伏及以下配电网项目79个，架设供电线路828千米，更换智能电表16.2万个。多彩贵州"广电云"户户用完成安装3.23万户。新建4G通信基站1526个，迁改传输线路2722公里，光缆总长达2.95万公里，行政村通光纤实现全覆盖，脱贫攻坚"五通"成果丰硕，群众出行难、吃水难、用电难等实际问题得到有效解决。

易地扶贫搬迁全面推进。完成2016年度827户搬迁群众旧房拆除、复垦复绿工作，2017年度4500户、20521人全部搬迁入住，2018年度易地扶贫搬迁梨树安置点全面启动建设。柏杨林安置点配套建成盛丰农业科技示范园，4.6万平方米智能温室大棚、中药材组培中心、育苗中心、饲料加工厂建设加快推进，医疗、教育、就业等保障不断完善，实现有劳动力的搬迁家庭每户至少1人就业，有效解决搬迁群众后续发展问题，贫困群众"挪穷窝、斩穷根"的效果逐步显现。

产业就业扶贫精准高效。实施到户产业项目2442个，惠及贫困群众1.73万户、7.8万人。帮助2.35万户贫困群众申请特惠贷9.58亿元。启动建设恒大帮扶蔬菜产业、食品加工产业等5个项目，覆盖贫困群众1748户。建成蔬菜大棚5705个，覆盖贫困群众 23287 人。建设蔬菜基地 6000 亩、设施大棚 14 万平方米，奖励农业品牌企业 22 家。成功举办首届“农民丰收节”，表彰 100 名优秀农民代表、20 家优秀农业企业和专业合作社代表。开展贫困劳动力培训 1.56 万人次，促进 1.25 万贫困劳动力就业创业。开发“10+N 个一批”就业扶贫公益专岗 1.13 万个，解决贫困劳动力就业 1.07 万人。产业脱贫更加精准、就业脱贫更加稳定，脱贫效果更具可持续性。

教育医疗住房保障扎实有力。发放助学贷款 1.46 亿元、教育补助资金 6225.65 万元，减免贫困高中学生学杂费 235.43 万元，营养改善计划覆盖学生 19.72 万人。新农合参保 119.96 万人，建档立卡贫困人口参保率、家庭医生签约履约服务率均达 100%。全面推行健康扶贫医疗保障救助“一站式”结报，补助资金 1.38 亿元，惠及贫困群众 4.02 万人次。改造农村危房 10333 户，同步实施厨房、厕所、圈舍和环境卫生改造，群众的居住环境、卫生健康条件明显改善。

——过去的一年，产业发展质量更好。坚持贯彻高质量发展要求，一产更稳、二产更强、三产更优的发展势头逐渐形成，脱贫攻坚产业支撑能力进一步增强。

工业经济持续向好。预计工业总产值增长 14.11%，烟酒行业产值增长 6.79 %，光电技术、纺织服装等产业产值增长 25.26 %。纳入“千企改造”项目企业 13 家，新增规模以上企业 12 家。毕节热电厂发电 17.55 亿度，产值实现 5.4 亿元，热电联产项目获批并启动实施。经济开发区累计实现产值 45 亿元，入驻企业 75 家，解决就业 9000 多人；新建标准厂房 13.1 万平方米，启动 48 万平方米标准厂房建设。大数据电商产业园、朱昌特色食品产业园、长春建材产业园建设步伐不断加快，何官屯、青场、清水铺等 9 个乡镇小微企业创业园建设有序推进，建成厂房 22.7 万平方米、入驻企业 137 家、解决就业 2771 人，“一区十二园”产业布局初步形成。

农业产业结构调整取得初步成效。大力推进农业供给侧结构性改革，调减玉米种植面积 30.06 万亩，种植蔬菜 43 万亩、茶叶 1.5 万亩、经果林 13 万亩、中药材 2.9 万亩，收购烟叶 9 万担，生猪存栏 79 万头、出栏 86.7 万头，牛存栏 17.5 万头、出栏 4.79 万头，羊存栏 6.9 万只、出栏 4.6 万只，家禽存栏 308 万羽、出栏 334.98 万羽。培育省级龙头企业 10 家、市级龙头企业 39 家，236 个农产品入驻贵州省绿色农产品网，全国农产品质量安全县创建通过省级评估验收。成立农民专业合作社 2170 个，覆盖贫困群众 7.8 万人。预计实现农业总产值 125.55 亿元，非粮农业增加值占第一产业增加值比重达 94.1%。主要农作物耕种收机械化率提高到 19.3%，农业产业化、机械化水平稳步提升。

服务业提速发展。建成农产品冷链物流集配中心、区级农村电商公共服务中心和 486 个村级电商综合服务站，快递物流区级分拨中心、5 个乡镇二级分拨中心投入使用，农村电商公共服务、快递物流服务、乡村电商站点实现全覆盖，解决就业 1765 人，网络零售额达 1.26 亿元、增长 31.3%；省级农商联动示范县、省级电子商务进农村综合示范县创建通过验收，国家级电子商务进农村综合示范县启动创建。建成碧海木材市场和毕节市商品综合批发市场二期，黔西北农产品物流园一期建成投用、二期有序推进。全域旅游战略发展规划初步编制完成，制定“一带百村”乡村振兴旅游发展方案。鸡鸣三省旅游景区一期建成试运营，七星古镇建设有序推进，砂锅寨、盛丰农业科技示范园被评为国家 3A 级景区。

——过去的一年，城乡建设实现新跨越。坚持统筹推进城市提升、农村脱贫“两个战场”、“双线作战”，城乡面貌明显改善，城镇带动能力显著提升。

城市建设取得新进展。7 个卫星城镇总规和控规编制完成，“七星捧月”中心城市布局更加完善，30 个乡镇 342 个村庄规划实现全覆盖。旧城改造、新区开发有序推进，完成棚户区改造 12560 户，塘坊·河畔、流仓二期等 14 个安置点项目启动建设；“19456”工程全面推进，倒天河两岸通畅整治、碧阳二道环境整治基本完成；提升改造城区道路 15 条 31.7 公里，新建城市道路 17.8 公里，城市建成区面积达 54 平方公里，常住人口城镇化率提高到 49.5%。商品房销售面积达 178 万平方米，房地产业健康发展。

城市管理水平实现新提升。“五城同创”全面推进，获得全国文明城市提名资格，“文明在行动·满意在贵州”评比排名全省第五。强化智慧城管建设，城市管理精细化水平不断提高，城区生活垃圾无害化处理率达 100%。新建公共停车位 2500 个、公厕 11 个，天河广场农贸市场、百花山农贸市场项目建设有序推进。建成同心林广场、南山公园、马鞍山公园、营盘山公园，新增公园绿地面积 146 万平方米，人均公园绿地面积达 14.89 平方米，园林胜景随处可见，城市内涵更加丰富，生态宜居的山水园林城市正在形成。

农村面貌展现新变化。225 个小城镇项目启动建设，新增“8+X”项目 44 个。农村环境卫生专项整治三年行动深入推进，建成乡镇垃圾收运系统 32 个、农村环境综合整治污水处理项目 136 个、农村生活垃圾无害化处置项目 3 个，80% 以上行政村生活垃圾得到有效治理，城乡垃圾无害化处理率达 85. 8%。

——过去的一年，污染防治攻坚战取得阶段性成效。坚持绿色发展理念，持续推进蓝天、碧水、净土三大保卫战，优美的生态环境日益成为广大人民群众新的需求。

环保督政扎实推进。深入实施扬尘污染治理、大气污染防治、饮用水水源地保护、垃圾污染防治、农村面源污染治理等 15 项攻坚行动，污染防治“六大工程”持续推进。2017 年中央环保督察交办 96 个信访件全部办结，22 个反馈问题、自查自纠 18 个突出环境问题全部整改销号。2018 年中央环保督察“回头看”交办 82 个信访件、省委环保督察交办 189 个信访件全部办结。

环保能力持续提升。创建国家环境保护模范城市工作有序推进，建成城区中水回用项目和大新桥、八寨、林口、水箐、生机 5 个乡镇污水处理厂，铺设污水管网 41 公里，全年污水处理量达 3700 万吨。大银、对坡等 14 个乡镇污水处理厂及配套管网启动建设，省级节水型社会创建顺利通过验收。河长制全面落实，赤水河、白甫河等重点流域环境综合整治深入推进。医疗废物处置二期项目、餐厨垃圾处理中心建成运营，处置医疗废物 1440 吨、餐厨垃圾 1200 吨。依法严厉打击各类环境违法行为，立案查处违法案件 35 起。

生态环境更加优美。完成各类造林 15.44 万亩，森林覆盖率达 56.2%。森林保护“六个严禁”执法专项行动深入开展，办理涉林案件 123 起。前所河柏杨林汇口段河道治理工程全面完成，观音河干沟段、桥头段河道治理工程有序推进，沔鱼河龙洞段、两岔河五十亩段河道治理工程启动建设。千人以上集中式饮用水水源地水质达标率为 100%，环境空气质量优良天数比达 96.8%。

——过去的一年，发展活力集聚倍增。坚持以改革增活力、以开放促转型、以创新促发展，重点领域、关键环节改革取得明显进展，经济社会发展活力进一步增强。

各项改革纵深推进。政府机构改革启动实施。“放管服”改革持续推进，“减证便民”行动深入开展，“集成套餐”政务服务改革扎实推进，政务服务智能化水平有效提升，行政许可办结时限缩减一半。区政府门户网站获全国政务网站领先奖。医药卫生体制改革和公立医院综合改革持续推进，全面取消药品加成，医联体建设不断强化。农村“三变”改革、财税体制改革不断深入，土地确权登记颁证通过市级核查。

开放水平不断提高。飞雄机场旅客吞吐量突破 120 万人次，毕叙铁路、成贵铁路建设有序推进。产业大招商突破年行动深入开展，引进奥丽侬内衣、亚麻纺织等产业项目 123 个，实际到位资金 104.67 亿元。扎实推进招商引资项目“大排查、大整改、大促进”专项行动，营商环境持续优化，民营经济实现增加值 157.95 亿元、增长 29.13 %。进出口贸易额预计实现 4600 万美元，增长 20%。

创新能力稳步提升。年度科技投入达 2.57 亿元，综合科技进步指数提高到 88.1%。精工不锈钢制品公司、联尚科技公司获批贵州省高新技术企业，贵州致福光谷“半导体照明工程技术研究中心”被纳入市级科技创新平台建设项目。完成商标注册 255 件，申请专利 703 件、获授权 325 件，“碧秀佳”牌白萝卜等 7 个产品荣获贵州省名牌产品称号。创新推进城乡建设用地增减挂钩、高标准基本农田建设，国土资源管理水平不断提高，土地节约集约利用典型经验获国务院通报表扬。

——过去的一年，民生保障不断强化。坚持把保障和改善民生作为工作的出发点、落脚点，着力解决群众最急需、最迫切、最关心的现实问题，群众幸福指数不断提升。

教育事业发展实现基本均衡。教育攻坚三年行动计划取得明显成效，建成学生宿舍项目 140 个、教师周转房和公租房 7504 套；2017 年及以前年度 75 个“改薄”项目全部完成，2018 年度 21 个“改薄”项目实质性开工；毕节十五小、毕节二十一小、碧海阳光小学等城区义务教育阶段学校建设有序推进；新增学位 1 万个，“超大班额”问题全部解决，“大班额”问题有效化解；新增计算机 7000 台、“班班通”2000 套，招聘引进教师 291 名，培训教师 8.29 万人次。学龄前儿童入园率达 88%，小学、初中、高中入学率分别达 99.96%、95.51%、91.63%，“三类残疾”儿童少年入学率达 92.54%。义务教育基本均衡发展成功通过国家评估认定，人民群众对教育公共服务的满意度大幅提升。

卫生健康事业协调发展。基层医疗卫生服务能力三年提升计划深入推进，区级远程医疗会诊中心建成投入使用，区第二人民医院、区肿瘤微创中心主体完工，区中医院、区疾控中心建设加快推进；建成乡镇卫生院中医馆7个，完成20个乡镇卫生院公租房附属设施建设，深度贫困村卫生室、农村中小学校医务室、易地扶贫搬迁安置点卫生室实现全覆盖。居民健康档案建档率达80.46%，孕产妇保健管理率达90.4%，儿童系统管理率达91.2%。公立医院分级诊疗制度建设不断完善，基层诊疗量达235万人次、增长6.5%。创建国家卫生城市工作扎实推进，病媒生物预防控制通过省级考核，慢性病综合防控示范区创建通过市级考核。

社会保障更加有力。城乡居民社会养老保险参保任务完成率达106%，城镇职工基本医疗保险参保任务完成率达105%。发放城乡低保资金2.56亿元，8.41万困难群众生活得到有效保障。发放困难群体救助资金1.29亿元、优抚对象生活补助金3952.13万元、高龄老年人生活补贴1688万元、孤困儿童基本生活保障金635.57万元。留守儿童“合力监护·相伴成长”专项行动深入开展，“心晴家园”“春苗乐园”规范运行；流浪未成年人救助保护中心建成投用，建成农村幸福院9个、老年人日间照料中心5个、示范型城市社区居家养老服务站3个。城镇新增就业1.45万人，失业人员再就业2195人，城镇登记失业率控制在4.2%以内。基本建成保障性住房1655套，发放住房租赁补贴284.57万元。

文体广电等事业加快发展。新建乡镇综合文化站10个、改造32个，建成农民健身工程458个，新建乡镇广播影视综合服务站3个，公共文化服务设施进一步完善，公共文化服务体系示范区创建通过国家验收。贵州抗日救国军司令部旧址被列为全国爱国主义教育基地，鸡鸣三省会议会址、城隍庙、麻窝口洞遗址、毕节卫城墙被列为省级文物保护单位。“微七星关”位居全省政务宣传类微信公众平台第一，七星关广播电视台被评为全国百佳县级广播电视台。融媒体中心建设稳步推进，主流舆论阵地进一步巩固，意识形态领域风险防控能力不断增强。宗教关系和谐示范区创建工作有序开展，宗教工作法治化、规范化、科学化水平不断提高。

此外，全国双拥模范城市创建、精神文明建设、国防教育、人民防空、人民武装、民兵预备役、外事侨务、对台事务、气象、民族、邮政、工商联、供销、档案、史志、残疾人、红十字、工会、共青团、妇女儿童等事业健康发展。

——过去的一年，社会环境和谐稳定。坚持践行“大安全”理念，持续推进防范化解重大风险攻坚战，公共安全体系不断健全，社会治理能力稳步提升。

群众工作持续向好。排查矛盾纠纷、信访问题2268件，全部录入“三个四级个案台账”。办理省、市交办案件1600件，开展“公道评说”20次，化解信访疑难积件121件。村（社区）公共法律服务点实现全覆盖。“12349”信访管理新模式深入实施，人民调解、行政调解、司法调解与群众工作、社会治安综合治理衔接机制进一步完善。麻园街道望城社区等7个村（社区）被评为“省级民主法治示范村”，长春堡镇清塘村人民调解委员会被评为“全省先进人民调解组织”。

治安环境持续改善。“法治毕节”创建六大工程深入实施，扫黑除恶专项斗争深入推进，依法严厉打击恶势力犯罪集团8个、犯罪团伙11个，破获涉恶类案件46起。刑事案件下降13.8%，“两抢一盗”案件下降31.8%。“公安三所”主体完工，“雪亮工程”启动建设，新建人脸识别系统、“鹰眼”系统。“五位一体”特殊人群教育服务基地作用发挥更加明显。

安全生产持续加强。地方党政领导干部安全生产责任制有关规定全面落实，安全生产大排查、大整治、大提升工作深入开展，整治煤矿、非煤矿山、道路交通、危险化学品、烟花爆竹、建筑工地等行业领域隐患4904个，安全生产事故总量、死亡人数同比实现双降。141处地灾隐患点防治成效明显，非洲猪瘟疫情防控取得阶段性成效。质量监督、食品药品监督工作进一步加强，朱昌镇荣获“贵州省食品安全示范镇”称号。

——过去的一年，政府自身建设不断加强。坚持依法行政、为民服务、实干担当，推动大兴调查研究之风、真抓实干之风、勤俭节约之风，政府服务能力明显提升。

牢固树立“四个意识”、坚定“四个自信”，坚决维护以习近平同志为核心的党中央权威和集中统一领导。全面从严治党“两个责任”有效落实，中央、省委、市委巡视巡察反馈问题整改深入推进。严格执行中央八项规定及实施细则和省委、市委、区委十项规定，持续整治“四风”。严格落实意识形态工作责任制，意识形态工作能力不断提高。主动接受人大、政协、司法和社会监督，区人大常委会、区政协领导同志列席政府常务会议更加制度化、规范化，政府决策更加民主、更加科学。办理人大代表建议101件、政协委员提案279件，办结率均达100%。严格实施政府权力清单、责任清单，狠抓重点领域、重点行业监管，全面推进依法治区。预决算公开全面落实，政府工作部门全部纳入公开范围。财政金融体制改革持续推进，防范化解风险综合能力明显提升。全面开展“作风扫码评价”，获市委、市政府肯定，经验在全市推广。大力支持监察体制改革，廉政建设、反腐败工作扎实推进。

各位代表，这些成绩的取得，是市委、市政府和区委正确领导的结果，是区人大、区政协大力支持的结果，是各民主党派、各人民团体、各界人士积极参与的结果，是全区各族人民群众团结拼搏的结果。在此，我代表区人民政府，向全区各族群众、各级干部，向人大代表、政协委员，向各民主党派、各人民团体、各界人士，向驻区人民解放军、武警官兵、人民警察、消防救援队伍，向离退休老干部、老同志，表示衷心感谢并致以崇高敬意！

各位代表，在肯定成绩的同时，我们也清醒地看到，在推进脱贫攻坚、同步小康的进程中，还存在不少困难和问题。一是城乡结构性矛盾突出，农村基础设施短板依然存在，农业产业化水平不高，脱贫攻坚任务十分艰巨；二是产业体系不够健全、产业结构不合理，产品附加值低、创新能力不足、核心竞争力不强；三是发展资金融通困难，支出矛盾突出，抗风险能力不强；四是社会治理水平不高，社会事业发展欠账太大，基本公共服务能力还需进一步提高；五是作风问题依然存在，部分干部工作不踏实、责任不落实、执行力不强。针对这些问题，我们将采取有效措施认真加以解决。

二、2019年工作安排

2019年是新中国成立70周年，是全面建成小康社会的关键之年，是毕节建设贯彻新发展理念示范区的开局之年，是我区如期打赢脱贫攻坚战的决胜之年。我们将坚定信心、不忘初心、感恩奋进，以更加宽广的视野谋划发展、更加昂扬的斗志迎接挑战、更加务实的作风勤勉工作，全力满足人民群众日益增长的美好生活需要。

今年，我们将更加突出抓好5个方面工作：一是更加突出打好防范化解重大风险、精准脱贫、污染防治三大攻坚战。坚决守住不发生系统性区域性风险的底线，确保经济持续健康发展、社会大局和谐稳定。坚决做到脱真贫、真脱贫，确保脱贫成效得到人民认可、经得起历史检验。坚决打好蓝天保卫、碧水保卫、净土保卫、固废治理、乡村环境整治五场标志性战役，努力走出一条百姓富、生态美有机统一的发展新路。二是更加突出推动绿色发展、人力资源开发、体制机制创新。牢牢守住发展和生态两条底线，把创新作为第一动力、人才作为第一资源，推动形成绿色发展方式、生活方式，科学布局生产空间、生活空间、生态空间，让人民群众生活在天更蓝、山更绿、水更清的优美环境之中。三是更加突出统筹城市提升、农村脱贫“两个战场”、“双线作战”的关系。坚持以人民为中心的发展思想，统筹推进城市“五城同创”、农村脱贫攻坚。抓好脱贫攻坚与乡村振兴衔接，用乡村振兴巩固脱贫攻坚成效，用脱贫攻坚成效夯实乡村振兴基础。四是更加突出把握产业、就业两个关键。坚持把发展产业、带动就业作为脱贫攻坚的根本之策，因地制宜走出一条规模化、特色化、市场化的产业发展之路，以产业促就业、以就业促增收。五是更加突出保障和改善民生。聚焦广大人民群众所需所急所盼，加快推动教育、医疗、育幼、养老、文化等事业发展，让人民群众有更多、更直接、更实在的获得感、幸福感、安全感。

总体思路是：以习近平新时代中国特色社会主义思想为指导，全面贯彻落实党的十九大和十九届二中、三中全会及习近平总书记对贵州、毕节试验区的重要指示批示精神，统筹推进“五位一体”总体布局，协调推进“四个全面”战略布局，坚持稳中求进工作总基调，坚持新发展理念，坚持推动高质量发展，坚持以供给侧结构性改革为主线，坚持深化市场化改革、扩大高水平开放，继续打好三大攻坚战、推进三大战略行动，围绕市委、市政府“113攻坚战”安排部署和区委“1136”工作规划，认真执行本次大会的决议决定，统筹推进稳增长、促改革、调结构、惠民生、防风险工作，扎实做好稳就业、稳金融、稳外贸、稳外资、稳投资、稳预期工作，着力推动绿色发展、人力资源开发、体制机制创新，确保按时打赢脱贫攻坚战，保持经济持续健康发展、社会大局稳定，奋力在建设贯彻新发展理念示范区的新征程中树标杆、走前列、作表率。

主要预期目标是：地区生产总值增长10%左右，规模工业增加值增长10%以上，固定资产投资增长14%左右，一般公共预算收入增长6%左右，社会消费品零售总额增长11%以上，城镇常住居民人均可支配收入增长9%左右、农村常住居民人均可支配收入增长11%左右，贫困发生率下降到2%以内，单位GDP能耗、主要污染物排放总量控制在上级下达的指标范围。

围绕以上预期目标，我们将主要抓好以下工作：

（一）尽锐出战、务求精准，确保按时打赢脱贫攻坚战。聚焦“一达标，两不愁，三保障”，坚持精准扶贫、精准脱贫，围绕脱贫攻坚“四场硬仗”，以“六个五”工作机制为抓手，全力推进水、电、路、讯、广“五通”，房、厕、圈、厨、卫“五改”，易地搬迁、产业扶贫、乡村规划、脱贫攻坚合作社、产销衔接“五覆盖”，教育、医疗、社会、就业、文化“五保障”，全力深化纪律、组织、法治、资金、督查考核“五个机制”，深入推进“五个专项治理”，精准落实省委、省政府决策部署，全面补齐脱贫攻坚短板，实现3.2万人脱贫、贫困村全部出列，达到片区县脱贫退出标准。

精准推进易地扶贫搬迁。全面落实“六个坚持”，加快易地扶贫搬迁柏杨林安置点、金海湖新区梨树安置点建设，确保2018年计划搬迁7386人和新增18084人全部搬迁入住。充分借鉴运用“五个三”工作经验，推进配套产业建设，做好搬迁群众后续服务，实现有劳动力的搬迁家庭每户至少有1人稳定就业，确保群众搬得出、稳得住、能致富。

精准实施产业就业扶贫。充分整合财政涉农资金，积极争取绿色产业扶贫投资基金，提高各类扶贫资金的使用效益，大力发展刺梨、茶叶、蔬菜产业，实现特色主导产业覆盖所有贫困村、见效快的产业落实到户、精准到人。大力培育新型农业经营主体，支持脱贫攻坚合作社发展壮大，完善“公司 + 合作社 + 农户”模式，实现贫困户利益与农业经营主体利益有效联结。充分利用广州荔湾区对口帮扶机遇，持续强化东西部扶贫协作，进一步深化教育、医疗、就业、市场、人才等方面合作，加强农超对接、农校对接、农医对接，全力实现以销促产、产销衔接，促进贫困群众持续稳定增收。深入推进创业带动就业工作，力争实现城镇新增就业1.16万人以上、就业困难人员就业1700人以上。持续巩固扩大“10+N个一批”就业扶贫公益专岗，促进贫困劳动力就地就业。开展贫困劳动力职业技能培训7000人以上，促进贫困劳动力就业1.13万人以上，力争在每个有脱贫任务的乡镇街道至少建立1个就业扶贫车间。

精准保障群众住房安全。进一步加强农村住房规划建设、农村宅基地管理，全面推动农村环境卫生整治。完成3174户农村危房改造，同步实施“改厨、改厕、改圈”；统筹实施无房户、已享受危改政策的危房户住房改造，完成农村“四类重点对象”老旧住房透风漏雨整治556户，完成规划控制区贫困群众危房改造530户，完成住房拥挤贫困群众住房配建1199户；继续做好城区低收入住房困难群众住房保障工作，让贫困群众住有所居。

精准补齐基础设施短板。加快推进毕叙铁路建设，力争成贵铁路建成通车。持续推进“六级公路大会战”，完成海子街至小吉场、草堤至总溪河、大箐至二龙关、花牌坊至赤水河国省干道提级改造；完成对坡至林口县道大修，加快推进赤水河沿河公路建设和青场至大河、草堤至千溪、放牛场至层台等7条87公里县乡道提级改造；完成98.92公里通村路、161.73公里通组路建设。加快推进夹岩水利枢纽及黔西北供水工程建设，全面建成龙官桥水库、野角水库，加快推进普宜、林口等6座水库建设；完成12个乡镇集镇供水工程建设，做好农村饮水安全巩固提升工程后续管护和运营，确保村村有饮水工程、组组有稳定水源、户户有安全饮水。新建供电项目1917个，推进德溪、碧海等7个35千伏及以上输变电工程和79个10千伏以下配电项目建设，安装变压器739台，架设供电线路887千米。加大4G基站投入，实现全区通讯信号全覆盖。

精准提升公共服务能力。深入实施健康战略，全面履行政府办医职责。充分利用民盟贵州省委、贵州医科大学附属医院、广州荔湾区医院的医疗帮扶资源，将区人民医院创建为三级综合医院。建成区第二人民医院、区肿瘤微创中心和区疾控中心，新建6个社区卫生服务中心。传承发展中医药事业，加快推进区中医院建设，建成乡镇卫生院中医馆5个。提升妇幼保健水平，强化6个片区妇幼卫生中心建设。健全完善“控辍保学”机制，认真落实教育惠民政策，确保建档立卡贫困学生资助全覆盖，坚决防止因学致贫和因贫辍学。扩大城乡医保和社会养老保险覆盖面，力争城乡居民医疗保险参保率达100%，城乡居民养老保险参保人数达49万人，未标注脱贫的建档立卡贫困人口“三类人员”参保实现全覆盖。统筹实施最低生活保障、特困人员供养等各项救助制度，不断提高特困对象供养质量。继续做好残疾人、精神病人等重点人群关爱救助工作，做好空巢老人、留守儿童、困境儿童关爱工作。全面完成区儿童福利院、老年养护楼建设，启动建设区养老院，扩建朱昌敬老院、对坡敬老院。巩固提升国家公共文化服务体系示范区创建成果。完成多彩贵州“广电云”户户用安装4万户。建成拱拢坪生态体育公园，推进“三官寨彝族祭祀”申报国家级非物质文化遗产保护名录工作。

精准实施乡村振兴战略。按照产业兴旺、生态宜居、乡风文明、治理有效、生活富裕的总要求，科学编制实施乡村振兴战略规划，大力推动产业兴、人才兴、文化兴、生态兴、组织兴。围绕“532”农业产业发展布局，来一场振兴农村经济的深刻产业革命，推动产业扶贫、农村产业结构调整取得重大突破。围绕高铁、高速公路带，推动实施“一带百村”乡村振兴项目。深入开展农村人居环境整治三年行动，完善城乡垃圾收运系统、城镇生活污水处理设施及配套管网建设。深入推进“厕所革命”，改造农村厕所2.49万个、村级公厕108个。大力弘扬社会主义核心价值观，加强农村思想道德建设，崇尚文明向上的社会风气，不断提高乡村文明程度。加强农村基层组织建设，逐步健全村民自治、居民自治和法治、德治相结合的乡村治理体系，让乡村社会充满活力、安定有序。深化农村集体产权制度改革，壮大村级集体经济。稳步推进农村房屋不动产登记和土地确权登记颁证工作，探索盘活用好闲置农房和宅基地，拓宽农民增收渠道。

各位代表，打赢脱贫攻坚战不是等得来、喊得来的，而是拼出来、干出来的。2018年，我们在决战决胜脱贫攻坚的征途上披荆斩棘、奋力前行，广大干部职工在脱贫攻坚的伟大事业中挥洒了辛勤汗水、留下了铿锵足迹。艰难困苦，玉汝于成。惟其艰难，才更显勇毅；惟其笃行，才弥足珍贵。实践证明，我们有一支敢于担当、作风过硬的队伍，这是一支敢打硬仗、能打胜仗的队伍。

今年，我区要达到片区县脱贫退出标准，确保如期打赢脱贫攻坚战。在这“船到中流浪更急、人到半山路更陡”的紧要关头，更加需要全区干部群众众志成城、尽锐出战、奋勇冲锋，更加需要全区干部群众增强定力、咬紧牙关、担当作为。我们有勇挑时代重任的担当精神、决胜脱贫攻坚的坚强意志、同步全面小康的热切期盼，我们有信心、有决心、有能力打好打赢这场书写历史的脱贫攻坚战。

（二）着力推动绿色发展，提高发展质量与效益。深入贯彻落实习近平生态文明思想，牢牢把握发展和生态两条底线，推动实现“生产空间集约高效、生活空间宜居适度、生态空间山清水秀”。

持续推动城乡统筹发展。以“五城同创”为统领，深入实施“市政建设提质、交通综合整治、绿色城市攻坚、环境卫生整治、满意度提升”五项行动，更高水平推进城市规划建设管理。努力建设服务型城市。持续推进“19456”工程，不断完善公共服务设施，持续改善居住环境，提高城市服务水平。全面完成倒天河治理节点工程，新增公共停车位1000个以上，改扩建公厕10个。完成城市棚户区改造5000户，加强公租房分配管理，发放住房租赁补贴600户。大力发展城市经济，鼓励和支持房地产业健康有序发展，完成商品房销售150万平方米。全面推进全国文明城市创建工作，深入推进网格化、数字化城市管理，强化综合执法，加强市政设施设备建设管护，提升城市文明形象。打造一批功能完善、管理有序、环境优美的文明和美社区。努力建设紧凑型城市。贯彻落实最严格的耕地保护制度和节约用地制度，全面完成第三次全国国土调查，提升国土资源管理精准化水平。大力发展公共交通，统筹好人行、车行关系，强化各城市组团的有机联结，让市民出行更便捷、更舒适。启动百花山、通津坊项目建设，推进北客运站、西客运站搬迁工程。建成阳山隧道，加快白虎山隧道建设，改造提升东安路、建设路、箱子路，拓宽司法路与环北路连接线，力争建成德溪二号路延伸段、洪南路南段二期、深圳路延伸段等城区路网工程。努力建设生态型城市。按照“一河百园”城市生态功能网布局，全力推进国家园林城市创建工作，加快推进月亮湖公园、龙蟠山公园、德溪植物园建设，启动国家级节水型城市创建。围绕“七星捧月”中心城市规划布局，全面完成青场、清水铺等8个示范小城镇建设，加快推进朱昌、长春堡等7个卫星城镇建设，启动实施172个“8+X”项目、20个“1+N”镇村联动项目。

持续推动产业转型升级。对标高质量发展要求，用好用活“贵园信贷通”“三个十五万”“黔微贷”“特惠贷”等金融政策，大力支持市场主体做大做优做强，推动民营经济蓬勃发展，让民营企业活力迸发。加快推动工业转型发展。大力推进“千企改造”工程，实现烟酒电产值67.44亿元。进一步完善“一区十二园”产业布局和基础设施配套，完成经济开发区50万平方米标准厂房建设，推进何官屯、林口小微创业园和长春产业园二期等项目建设。加快推动农业产业结构调整。牢牢把握产业结构调整“八要素”，围绕“532”农业产业布局，大力发展刺梨、茶叶、蔬菜三大主导产业，新增种植刺梨8万亩、茶叶6万亩、蔬菜5万亩、其他经济作物14万亩，调减玉米种植面积33万亩。充分发挥示范引领作用，打造5000亩区级示范样板点4个、1000亩乡级示范样板点124个。全面推进100亩以上坝区建设和产业结构调整工作，巩固完善10万亩基本烟田规划和保护工作，种植烟叶5万亩。加快推动现代服务业健康发展。扎实推进国家级电子商务进农村综合示范县项目建设，加快推进颐高七星云电商大数据小镇项目建设。启动石桥快递分拣中心建设，推进冷链物流项目建设。围绕"一带百村"乡村旅游规划布局，打造一批红色体验、生态康养、避暑休闲旅游项目；编制完成鸡鸣三省·贵州地质公园景区旅游发展规划，全面完成七星古镇项目和鸡鸣三省旅游景区二期项目建设，启动拱拢坪景区二期、鸡鸣三省旅游景区三期项目建设，力争鸡鸣三省旅游景区创建为国家4A级旅游景区。新建和改扩建旅游景区公厕8所，新增四星级酒店2家，力争旅游总收入达135亿元。

坚决打好打赢污染防治攻坚战。严格落实环境保护"一岗双责"责任制，保护好、修复好绿水青山，让七星关天更蓝、水更清、山更绿、环境更优美、人民生活更美好。进一步加大环境保护力度。以打好蓝天保卫、碧水保卫、净土保卫、固废治理、乡村环境整治"五场战役"为重点，进一步深入实施大气污染防治、饮用水水源地保护、农村面源污染治理等15项攻坚行动，全力巩固中央、省委环保督察和中央环保督察"回头看"反馈问题整治成效。持续推进中心城区集中式饮用水水源地保护，全面完成倒天河水库、利民水库一级保护区覆绿工程和二级保护区、准保护区污水收集处理点建设，彻底消除库区生活面源污染。深入落实河长制，扎实推进"百千万"清河行动。完成6个一体化垃圾焚烧站、14个乡镇污水处理厂建设，加强镇村垃圾收运系统运营管理，确保城乡垃圾无害化处理率提高到90%以上。进一步加大生态建设力度。完成造林绿化8.64万亩，治理水土流失20平方公里。持续深入开展森林保护"六个严禁"执法专项行动，严格林地资源使用管理，依法打击各类破坏森林资源违法犯罪行为，加强森林防火日常管控，加大造林绿化力度，力争森林覆盖率达58%以上。

（三）着力推动体制机制创新，增强区域改革发展活力。坚持向改革要活力、向开放要潜力、向创新要动力，防范和化解各种风险，推动重点领域、关键环节改革创新取得实质性进展。

坚决打好打赢防范化解重大风险攻坚战。强化红线意识、底线思维，完善风险应急处置机制，妥善防范化解各类风险。积极防范化解意识形态领域风险。深入贯彻以习近平同志为核心的党中央对意识形态工作的一系列重大决策部署，牢牢掌握意识形态工作主动权，始终保持清醒头脑，坚决防范化解意识形态领域风险。深入推进"宗教关系和谐示范区"创建工作，强化宗教团体、宗教活动场所规范化管理，构建和谐宗教关系。积极防范化解金融风险。建立完善风险评估和防控管理长效机制，盘活各类资源资产，多渠道化解政府债务。优化土地资源配置，进一步做好国有公司市场化、实体化转型，提高国有企业市场竞争力。积极防范化解社会风险。深入推进扫黑除恶专项斗争，大力开展禁毒防毒、防邪反邪、扫黄打非等专项行动，坚决防止冲击社会心理底线、严重危害社会稳定的事件发生。坚持依法分类处理信访诉求，加快推进"三调解两中心"建设。建成"公安三所"，加快建设"雪亮工程"，实现村（社区）主要路段监控全覆盖。积极防范化解安全风险。全面落实地方党政领导干部安全生产责任制有关规定，深入开展"打非治违"专项行动，强化煤矿、非煤矿山、道路交通、危险化学品、烟花爆竹、建筑施工、食品药品等重点行业领域专项整治，有效减少一般事故、坚决遏制重特大事故。持续巩固非洲猪瘟防控成效。

大力发展民营经济。坚持"两个毫不动摇"，做到"六个支持"、营造"六大环境"，让民营经济成为脱贫攻坚、高质量发展的重要支撑力量。强化营商环境建设。始终保持"亲、清"新型政商关系，依法支持民营企业合法诉求，完善全程代办、绿色通道等服务，打通政策执行"最后一公里"。持续推进营商环境集中整治，全面提升项目资金到位率、开工率、投产达产率。促进民营经济增量提质。落实促进民营经济发展的各项措施政策，减轻民营企业运行负担，加大财税金融政策支持力度，促进现有民营企业发展壮大。深入推进大众创业、万众创新，鼓励和支持在外务工人员返乡创业，大力发展中小企业和个体工商户，培养一批有活力的民营企业。力争全年新增民营企业4000家、个体经营户15000家，新增注册资本4400亿元。增强对外开放实效。大力实施"千企引进"工程，坚持引资引技引智并举，引进行业龙头企业、领军企业、核心配套企业和关联企业，拉伸延长产业链条。力争引进各类产业招商项目100个以上，到位资金100亿元以上。强化与广州荔湾区东西部扶贫协作力度，深化产业、教育、医疗、就业、市场、人才等方面合作。

不断深化重点领域改革。不断深化供给侧结构性改革，继续推进"三去一降一补"。不断深化"放管服"改革，推进行政审批制度改革、综合执法改革、商事制度改革，全面实施"双随机一公开"监管。不断深化"集成套餐"政务服务改革，推进不动产登记"一窗式"办理，让政务服务更加高效便民化。完成政府系统机构改革，不断深化财税金融、规划管理、医药卫生体制改革，推进殡葬改革、生态文明体制改革、城市公立医院综合改革和社会信用体系建设。继续推进农村土地制度改革，落实好第二轮土地承包期限到期后再延长30年的政策。

持续强化创新能力培育。以经济开发区为主阵地，打造企业创新平台，深入培育企业自主知识产权和自有品牌，加强名品名牌打造，增加专利申请量、授权量。加大品牌建设力度，争创一批省级、国家级“金字招牌”，扎实推动“三品一标”认证，申报认证无公害农产品12个、绿色食品2个、有机食品3个。力争完成商标注册500件，成功创建毕节白萝卜地理标志保护产品，全力申请毕节白茶、毕节刺梨、毕节蚕茧地理标志证明商标。

（四）着力推动人力资源开发，增强区域发展后劲。激发人才创造活力、创新激情、创业热情，推动科技创新，促进经济社会转型发展。

强化人才培育基础。深入实施教育攻坚三年行动计划，巩固提升义务教育基本均衡发展成果；办好学前教育、特殊教育、职业教育，支持和规范民办教育发展；深化高中教育改革，积极探索高中资源集中办学模式，推动集团化办学取得新成效。合理配置农村教育资源，启动12所乡镇幼儿园和5所农村义务教育阶段学校建设。加快推进毕节二中、毕节四中迁建和毕节六中扩建，完成毕节六小、毕节九小、毕节十五小、毕节二十一小、前所小学、碧海阳光小学、毕节十一中等城区中小学校建设，全面解决“大校额”“大班额”问题。进一步加强教师队伍和师德师风建设，培养高素质教师队伍。

搭建人才开发平台。充分利用东西部扶贫协作机制，在荔湾区人才交流市场设置广州·毕节人才交流平台，在经济开发区打造毕节·广州产业园区，深入开展高层次人才与项目对接，搭建科技创新、产业转移、成果转化、高新技术产业发展的载体和平台。依托毕节众创平台大数据云服务外包基地，积极探索跨区域合作、校企合作模式，开展“订单式”人才培养，完善人才引、育、用机制，破解人才资源不足难题，做大做强服务外包产业。主动融入“一带一路”倡议，充分利用生态优势、后发优势、劳动力优势，主动承接东部沿海地区产业转移，吸引资金、技术、人才集聚。

实施人才引领工程。进一步建立完善人才引进扶持政策、人才创业支持政策、人才服务优惠政策，大力营造人尽其才、才尽其用的良好环境。进一步发挥政府对人才资本投资导向作用，加大人才发展资金投入力度，精心举办各类科技项目、资本对接活动，加速集聚高层次、领军型创新创业人才。进一步深化职业教育产教融合、校企合作，形成政府人才人事职能部门、大中专院校和企业三者相结合的人才培育模式，充分发挥我区人力资源优势，培养一批技能型、实用型、创新型人才。

此外，统筹推进精神文明建设、国防教育、人民防空、人民武装、民兵预备役、民族事务、外事侨务、对台事务、双拥、气象、供销、邮政、工商联、档案、史志、残疾人、红十字会、工会、共青团、妇女儿童等工作。

三、持续加强政府自身建设

各位代表，如期打赢脱贫攻坚战，必须坚定不移加强政府自身建设，推动职能作风新转变、治理能力新提升，建设人民满意政府。

（一）切实提高政治站位。坚持牢固树立“四个意识”、坚定“四个自信”，坚决维护习近平同志核心地位，坚决维护党中央权威和集中统一领导，紧跟总书记步伐、紧扣党中央节拍，做到思想上高度认同、政治上坚决维护、组织上自觉服从、行动上紧紧跟随，始终同以习近平同志为核心的党中央保持高度一致，不折不扣落实省委省政府、市委市政府和区委的决策部署。

（二）全面深化依法行政。严格遵守宪法法律，加快法治政府建设。严格规范公正文明执法，有权不任性，用权受监督。认真落实行政执法“三项制度”，让权力在阳光下运行。认真办理人大代表建议和政协委员提案，自觉接受人大法律监督、工作监督和政协民主监督，主动接受司法监督、社会监督、舆论监督，认真听取各民主党派、工商联、无党派人士和各人民团体意见。

（三）坚持恪守为民情怀。深入开展“不忘初心、牢记使命”主题教育。深入推进政府机构改革，调整优化政府机构职能，全面提高政府效能，建设人民满意的政府。推进政务公开、信息公开，畅通民意诉求渠道。深化“互联网+政务服务”，让企业、群众办事像“网购”一样方便，努力把群众所有的“烦心事”“操心事”一件一件办好。

（四）持续改进工作作风。紧贴新时代历史任务，紧贴建设贯彻新发展理念示范区使命，全面提升“八种本领”。坚持讲真话、出实招、做实事、求实效，一锤一锤钉钉子、一项一项抓落实。持之以恒纠正“四风”，大力整治形式主义、官僚主义问题，从严整治不作为、慢作为、乱作为。

（五）始终坚守廉政底线。认真履行党风廉政建设“一岗双责”，加强对重点领域、关键少数的监督。严明政治纪律、政治规矩，严格执行中央八项规定及实施细则，不折不扣完成中央、省委、市委巡视巡察反馈问题整改。始终保持惩治腐败高压态势，坚决从严查处各类腐败问题和侵害群众利益行为。

各位代表，2018年区人民政府认真执行区二届人大二次会议的决议决定，着力实施“十件民生实事”，完成情况已书面向本次大会报告。今年，我们将按照本次大会的决议决定，全力实施好各项民生实事。

各位代表，新征程任重道远，新使命催人奋进。让我们更加紧密地团结在以习近平同志为核心的党中央周围，以习近平新时代中国特色社会主义思想为指导，在省委省政府、市委市政府和区委的坚强领导下，大力弘扬团结奋进、拼搏创新、苦干实干、后发赶超的新时代贵州精神，牢记嘱托、感恩奋进，为按时打赢脱贫攻坚战、建设贯彻新发展理念示范区而努力奋斗、不懈奋斗，以经济社会发展的优异成绩向新中国成立70周年献礼!

赫章县政府工作报告

（2019年1月15日在赫章县第十七届人民代表大会第三次会议上）

赫章县委副书记、县长　胡海

各位代表：

现在，我代表县人民政府向大会作工作报告，请予审议，并请各位县政协委员和其他列席人员提出宝贵意见。

一、2018年工作回顾

一年来，在市委、市政府和县委的坚强领导下，在县人大、县政协的监督和支持下，全县上下深入学习贯彻习近平新时代中国特色社会主义思想，坚持一切工作围绕经济工作转、经济工作围绕脱贫攻坚转，着力稳增长、促改革、调结构、惠民生、防风险，经济社会发展持续向好，呈现出“稳中有进、转型加快、质量提升、活力增强、民生改善”的良好态势。预计完成地区生产总值162亿元，同比增长12%；财政总收入17.73亿元，同比增长5%；一般公共预算收入4.78亿元，同比增长8.14%；固定资产投资96.45亿元，同比增长23.07%；规模以上工业增加值增长11.5%；社会消费品零售总额28亿元，同比增长11%；城镇常住居民人均可支配收入28322元、同比增长8.2%，农村常住居民人均可支配收入8820元、同比增长10%；金融机构存款余额135.47亿元、同比增长1.6%，贷款余额102.45亿元、同比增长32.54%。

2018年，我们始终牢记嘱托、感恩奋进、苦干实干，8个方面工作取得了显著成效：

最鼓舞士气的是，脱贫攻坚再战告捷。深入开展脱贫攻坚“春风行动”“夏秋攻势”，坚持每月轮流在乡镇召开集“疆场比武、经验交流、表优罚劣”于一体的脱贫攻坚现场推进会，形成浓厚的“比学赶超”氛围。全年减少贫困人口4万人，47个贫困村出列，贫困发生率下降到10.97%。海雀村作为脱贫攻坚先进典型参加全国“决胜2020——脱贫攻坚展”，得到中央领导充分肯定、省扶贫办发文表彰。一是“四场硬仗”战果凸显。围绕“八要素”，强力推进“一棵树”“一根葱”“一个蛋”“一只鸡”“一头猪”等特色优势产业，辐射带动4.8万余名贫困群众增收致富。“组组通”公路建设提前圆满收官，建成里程2091公里。完成覆盖2.83万贫困人口的农村饮水安全工程，全面启动19.55万人脱贫攻坚农村饮水安全项目。2017年易地扶贫搬迁18956名群众全部搬迁入住，累计建成安置房4442套；搬迁群众后续发展保障措施落实有力，社区工厂基本覆盖各搬迁安置点，“楼上住新房、楼下进工厂”的格局初步形成。教育精准扶贫资助贫困家庭学生14.33万人、资金1.11亿元，建档立卡贫困户参合率达100%，城乡居民住院补偿3.78亿元；完成“危改”“三改”4623户。二是“五个专项治理”成效显著。扎实开展村自查、乡镇班子成员包村查、乡镇交叉查、县领导包乡镇查工作机制，新增识别建档立卡贫困人口8677人。中央、省市巡视组巡视反馈问题全面整改。三是帮扶工作推进有力。中央统战部、台盟中央、省委统战部、省自然资源厅、省住建厅、广州市番禺区、恒大集团、盘江集团、中天金融集团在项目、产业、资金、政策及各类民生实事上倾情倾力帮扶，有效助力我县脱贫攻坚。今天的赫章，干部群众共克时艰，贫困面貌显著改观，决战脱贫攻坚的步伐坚实迈进。

最难能可贵的是，生态底线牢牢守住。全面完成中央、省委环保督察反馈问题整改。一是“三大保卫战”持续打响。严格节能环保准入，严控高耗能、高污染行业新增产能，能耗总量、强度“双控”均完成市目标任务，全年空气质量达标率为97.2%。全面落实河长制，扎实推进流域污染综合治理，主要河流水质全部达标。完成县城污水项目一、二期提标改造，县城第三期污水处理厂及罗州、哲庄、古达、可乐等乡镇污水处理项目加快推进。完成22个垃圾处理站建设，城乡生活垃圾无害化处理率达80%，县城集中式饮用水水源地水质达标率为100%，乡镇集中式饮用水水源地水质达标率为98.6%。土壤环境质量有效改善，重金属污染物监测达标率为100%。二是生态屏障不断夯实。完成退耕还林12.48万亩、天然林资源保护54.86万亩、石漠化综合治理20平方公里。加强主要河流、水库岸线生态保护和水岸绿化，实现河道林木绿化率达80.4%。森林覆盖率达58.32%，居全市第一，获得“贵州省森林城市”称号，水塘林场被列为全省森林康养试点基地。今天的赫章，绿色屏障直挂千峰，丛林净水涵养万物，绿色银行普惠大众。

最令人欣慰的是，重大风险全面可控。认真落实防范化解重大风险攻坚战“1+8”措施，实行“一风险一预案”。一是债务风险可控。按照“谁使用、谁偿还”的原则，建立“借、用、管、还”政府债务管理机制，采取政府存量债务置换、PPP模式化解债务等方式，有效防范潜在债务风险隐患，金融机构不良贷款率为1.8%、较年初下降0.66个百分点，全县债务率指标低于警戒线。二是安全形势平稳。坚持常态化、制度化抓安全生产，全年未发生较大以上事故、重大社会影响事件，死亡人数下降27.27%，受伤人数下降72.72%。三是社会治理有效。始终保持严打高压态势，大力开展扫黑除恶专项斗争、严打整治专项行动，依法打击各类违法犯罪活动。刑事案件同比下降15.8%，治安案件同比下降12.56%，人民群众的安全感、满意度测评居全省第29位、全市第2位。依法分类处理信访诉求，扎实抓好积案化解。突发“非洲猪瘟”疫情得到有效控制。今天的赫章，治理体系日趋完善，处置能力不断增强，人民群众的安全感、满意度日益提升。

最动人心弦的是，产业发展提质增效。大力推动产业融合发展，三次产业结构调整为29.63∶21.3∶49.07，经济发展质量不断提高。一是山地农业生机盎然。大力调整农业产业结构，调减玉米种植16.7万亩，粮经比调整为35.27∶64.73。成立农业专业合作社1486个，引进农业龙头企业30家。致力打造“乌蒙山宝·毕节珍好”区域公共品牌，“赫之林”牌核桃乳被中国绿色食品发展中心认定为绿色食品A级产品，辣椒、生猪、马铃薯等15个农产品获无公害农产品认证，彻底改写我县农产品“光着身子（没包装）、没有牌子（没品牌）、没有房子（没冷库）、没有车子（没冷链）、没有厂子（没加工）”的历史，绿色优质农产品销售额达18亿元。完成省级现代高效农业示范园区总产值83.86亿元，同比增长2.26%。畜牧业增加值占农林渔业增加值比重为29.89%，同比增长18.56%。粮食产量22.9万吨，农业增加值达48.88亿元。二是工业发展换挡提速。威赫电厂2×660兆瓦超超临界循环流化床工艺示范项目取得突破性进展，全面完成鸿发煤矿、青松煤矿“两化”改造。年产7000万只燃气灶炉头、年产1000万只地弹簧缸体在全国同行业市场份额举足轻重，赫章县泉盛五金铸造加工有限公司等3户短流程铸造企业实现上规入统，短流程铸造产业再度复苏、产值达9.36亿元，占全县规模以上工业产值的21%。工业用电量2.76亿千瓦时、增长35.21%，是5年来增幅最大的一年。7000万只肉鸡加工项目、生鲜农产品冷链物流园区等一批重大项目加快推进。新引进赫章县睿博金属铸造有限公司、贵州三铭机械铸造有限公司等15家企业入驻园区投资兴业，园区入驻企业达72家，完成工业总产值141.01亿元。产业园区发展得到市政府充分肯定，圆满承办2018年第四季度全市产业园区发展现场推进会。三是文旅产业方兴未艾。成功创建全国第三批国家公共文化服务体系示范区。电影《文朝荣》在全国上映引起强烈反响。圆满举办第二届夜郎故里·赫章2018国际高原山地穿越挑战赛，彝族舞剧《坪上花开》被选送赴广州参加国际“广州文化艺术节”，广场舞《阿西里西》获国家文化和旅游部、体育总局优秀表彰，苗族芦笙舞蹈“飞笙踏月”、彝族“彝山恋歌”分获贵州省第九届少数民族传统体育运动会一等奖、三等奖。阿西里西音乐狂欢节震撼空前，吸引来自全国各地的游客，阿西里西风行天下、旅游品牌接续打响。可乐国家考古遗址公园、湿地公园等一批特色旅游景区初步建成，九股水温泉水上乐园荣膺国家3A级景区。完成旅游基础设施投资25.5亿元，旅游接待884.67万人次、同比增长40.81%，旅游业持续“井喷式”发展。四是新兴产业风生水起。成功入围2018年国家级电子商务进农村综合示范县，建成电子商务运营平台3个、县级运营中心1个、村级电商服务站54个（含邮乐购）、冷链物流冷库3个。林翁生物科技发展有限公司在“新四板”成功挂牌上市。今天的赫章，经济结构更加合理，文旅产业蓄势待发，包罗万象的新兴业态不断衍生。

最让人欣喜的是，城乡建设稳步推进。紧紧围绕“神秘夜郎·古韵赫章”城镇品牌定位，推动产、城、景融合发展。一是城市建设稳步推进。塔山山体公园、后河湿地公园、城关至野马川城市干道、西城区客运站等城市重点项目基本建成，城市给排水改扩建、城镇供水工程、“一院三馆”等项目全力推进，中央城、水岸华府、帝景湾畔等 12 个房开项目建设如火如荼，棚户区改造货币化安置完成 1439 套，城市建设投资达 34.93 亿元。城乡建设用地增减挂钩、土地综合整治等工作有效推进，实现土地收益 15.05 亿元。“四大行动”助推“五城同创”的经验做法，得到市委领导肯定并批示学习。常住人口城镇化率达 35%。二是城镇建设各美其美。六曲河省级示范小城镇，平山、松林 2 个市级小城镇，妈姑、珠市、可乐、兴发 4 个县级示范小城镇加快建设，其他乡镇小城镇建设同步推进，完成投资 13.2 亿元。三是人居环境持续改善。全面完成 27 个乡（镇、街道）357 个村（居）村庄规划编制工作。第一批 66 个村农村人居环境综合整治项目完成投资 6.53 亿元。投入 3240 万元，配齐 4500 余名村级卫生保洁员。今天的赫章，功能配套日趋完善，城乡面貌明显改观，大美赫章的立体颜值不断升级。

最提振精神的是，基础支撑强劲有力。始终坚持以项目建设为引领，一切围绕项目转、一切盯着项目干，不断夯实发展基础。一是项目建设取得新进展。谋划储备项目 853 个、总投资 1594.36 亿元；录入财政部 PPP 综合信息平台项目 6 个，总投资 53.56 亿元。深入开展“千企引进”和“产业大招商突破年”行动，引进项目 134 个，完成招商引资项目省外到位资金 155.05 亿元、同比增长 10.84%。二是基础设施取得新突破。赫镇、赫六高速公路隧道、桥梁等控制性工程有序建设，“赫奎”路、“六财”路改扩建工程稳步推进，县乡道“建养一体化”项目 66.7 公里全面完工，全县通车里程达 3829 公里。交通“大动脉”与“毛细血管”交融互通、完美对接，出行便捷、快速通畅的城乡交通网络基本形成。海雀水库、娃二沟水库、海雀山塘全面完工，建成总投资 5.26 亿元的水利基础设施项目 21 个，河口水库建设有序推进。完成第一、二批中心村电网改造升级及第一、二批低电压整治工程，白水电站增效扩容并投入运营。完成“广电云”户户用工程 3.2 万户。新增 4G 基站 760 个，实现 465 个村（居）4G 网络全覆盖。今天的赫章，大小项目星罗棋布，发展后劲不断增强，富裕赫章的建设步履铿锵有力。

最弥足珍贵的是，改革创新活力释放。深入实施创新驱动战略，不断激发经济发展新活力。一是重点领域改革深入推进。谋划实施 11 项改革，《一颗核桃引发赫章县农村深刻的产业革命》在全省改革办会议上作为例文学习，并在《贵州调研》2018 年 6 月专栏产业革命“八要素”典型调研上刊登；“五张清单”深化农村殡葬改革得到省、市改革办领导高度认可，人民群众厚养薄葬的意识进一步增强。建立每周一次政府碰头会、每月一次常务会制度，变“等议题”为“找议题”，有力推动决策与落实。安方公司等国有融资平台逐步向实体化、市场化、产业化转型。赫章农信社成功改制为农村商业银行。全面深化商事制度改革，办理换发“多证合一、两证整合”营业执照 8930 本，新增市场主体 6980 户，注册资本 58 亿元。深入推进“三变”改革，实现农民变股东 5.36 万人。在 465 个村（居）成立“村社一体”合作社，投入财政资金 4000 万元助力村级集体经济发展。“三去一降一补”持续推进。智慧赫章项目加快建设。认真落实支持民营经济发展的政策措施，民营经济经营主体达 2.54 万户，完成增加值 113.85 亿元、占 GDP 比重 65%。二是“放管服”改革取得实效。非行政许可审批事项全面取消，政务服务中心行政审批事项“4+X”进驻率 55%，取消各类证明材料 13 项；推行“不见面审批”“一网通办”，全年办理行政审批服务事项 25.3 万件，其中网上办理 5.9 万件，是 2017 年 847 件的 70 倍。今天的赫章，改革开放活力空前，创新驱动后劲强势，互利共赢的良好局面正在形成。

最凝心聚力的是，民生福祉全面增进。10 个方面民生实事 17 件，已完成 13 件，完成投资 23.9 亿元，其余 4 件正加快推进；认真办理人大议案 101 件、政协提案 180 件，办复率、满意率均达 100%。一是教育事业充满活力。义务教育基本均衡发展工作顺利通过国家督导评估验收，提前两年实现基本均衡发展目标。扎实推进“全面改薄”计划、学前教育“三年行动”计划，建成教育项目 147 个，改扩建中小学（幼儿园）99 所。“超大班额”化解率达 100%，学前教育三年毛入园率达 88.34%、九年义务教育巩固率达 91.05%、高中阶段毛入学率达 90.78%，“三残”儿童少年入学率达 91.16%，人均受教育年限为 10.2 年。师德师风建设成效明显，圆满承办全市师德师风建设工作现场会。二是卫计工作扎实有力。县第二人民医院、疾控中心加快建设，古达、财神等13个乡镇卫生院附属工程基本完工，县、乡两级远程医疗服务体系全面建成。农村卫生专项整治三年行动成效初显，承办全市农村卫生专项整治三年行动现场推进会。人口出生率14.28‰、自然增长率7.6‰，政策外多孩率为5.54%。三是扩大就业精准发力。大力开展“订单”“定岗”培训，完成技能培训17976人，促进9669名贫困劳动力就业。全面落实自主创业补贴、企业吸收就业奖励及社会保险补贴等就业扶持政策，发放创业担保贷款3301万元、各类补贴766万元，扶持2269人稳定创业，带动就业4549人。创新机制组建就业扶贫公司和就业扶贫劳务合作社，搭建“政府+公司+合作社+劳动力”就业服务平台，建成县就业创业远程视频服务平台，完成农业劳动力转移就业17907人。深入实施“十大员”就业扶贫工程，开发就业岗位6361个、招募上岗5697人。完成城镇新增就业6870人。圆满承办全省就业扶贫现场会。四是民宗事务管理得力。全面完成中央、省委巡视督察反馈宗教领域29个问题整改工作。圆满承办全省宗教信息数据库建设现场会。民族团结进步示范创建工作深入推进。五是民生保障持续用力。城乡居民养老保险参保人数36.49万人，完成目标任务的102.78%。城乡居民基本医疗保险参保72万余人，实现常住人口参保率达100%。发放各类救助金2.24亿元，代缴城乡低保对象参合资金614.3万元。此外，史志、外侨、档案、气象、消防、邮政等工作扎实开展，人民武装、国防建设、人民防空、民兵预备役等工作不断加强，工青妇、老龄、科协、慈善、文联、红十字和关心下一代等事业取得新成绩。今天的赫章，民生事业稳步推进，人民群众幸福安康，富强和谐的康庄大道越拓越宽。

各位代表，过去的一年我们按下“快进键”、跑出“加速度”，全力“赶”、加快“转”、奋力“超”，绘就了“神秘夜郎故里·多彩贵州之巅”的崭新画卷。我们付出艰辛与努力，也收获成功与喜悦，一年的发展进一步启示我们：必须坚持党的领导。全面增强“四个意识”，坚决维护习近平同志核心地位，时刻不忘用习近平新时代中国特色社会主义思想武装头脑、指导实践，真正把忠诚刻进心坎里、写在岗位上、融入事业中，在解放思想上有新进步、在改革开放上有新突破、在后发赶超上有新成效、在全面建成小康社会进程中有新跨越。必须坚守两条底线。牢牢守住发展和生态两条底线，坚持稳中求进工作总基调不动摇，全力打好“三大攻坚战”，努力在后发赶超中转型跨越，做到既要绿水青山、又要金山银山，实现两条底线一起守、两个成果一起收，在加速发展中实现加快转型、提质增效。必须坚定攻坚意识。始终把“尽锐出战、务求精准，按时打赢脱贫攻坚战”的政治重任扛在肩上，始终以脱贫攻坚统揽经济社会发展全局，深入推进“五大战略”，坚持投资拉动经济、交通引领发展、项目厚植基础，持续保障和改善民生，做强实体经济，推动高质量发展，坚决打好“113攻坚战”。必须强化改革创新。始终把“五步工作法”作为抓工作的根本遵循，坚持问题导向、需求导向，深处着力、精准发力、持续用力，深化供给侧结构性改革、“放管服”等重点领域改革，不断突破思想桎梏，破除体制机制障碍，让生产要素有序流动、市场要素自由竞争、内在活力竞相迸发。必须做到民生为先。坚持把民之所望作为施政所向，针对人民群众关心的突出问题精准施策、持续发力，着力补齐民生短板，不断满足人民群众日益增长的美好生活需要，实现经济发展与民生福祉互促共进。必须聚合攻坚力量。团结一切可以团结的力量，凝聚一切可以凝聚的智慧，汇聚起万众一心谋发展、众志成城攻难关、群策群力促跨越的强大力量，一任接着一任干、一张蓝图绘到底，全力决战决胜2020年脱贫攻坚、同步小康。

各位代表，这些成绩和经验的取得，得益于市委、市政府和县委的坚强领导，得益于县人大、县政协的监督支持，得益于全县干部群众的艰苦奋斗，得益于社会各界的鼎力相助，得益于中央统战部、台盟中央、省委统战部、省自然资源厅、省住建厅、广州番禺区、恒大集团、盘江集团、中天金融集团的倾力帮扶。在此，我谨代表县人民政府，向全县各族人民、各级干部致以崇高的敬意！向各民主党派、工商联、人民团体、无党派人士，向驻赫武警消防官兵和民兵预备役人员、公安干警，向历届老领导、老同志及所有关心、支持赫章经济社会发展的各界人士，表示衷心的感谢！

喜见繁花结硕果，更立壮志谱新篇。今天的赫章，对口帮扶、政策倾斜、资金支持等多种有利条件叠加、无数崭新机遇聚合，只要我们始终保持永不懈怠的精神状态、一往无前的奋斗姿态，就定能不辱使命、不负重托。在肯定成绩、看到机遇的同时，我们也要清醒地认识到，外部环境复杂严峻、国内经济持续下行，经济运行稳中有变、变中有忧。当前，我县发展不平衡、不充分的问题还比较突出：一是决战脱贫攻坚任务重。全县还有8.4万贫困人口，约占全市

18.9%、全省5.4%。扶贫产业特色化、规模化、标准化、品牌化、绿色化、商品化水平不高；贫困群众的内生动力不足，"靠着墙根晒太阳、等着别人来帮忙"现象仍然存在。二是产业结构不优。一产质量不优、二产支撑不足、三产短板较多，传统产业撑不起、新兴产业接不上，经济质量与效益不高。三是项目谋划推动能力不强。项目谋划、包装、争取、推进比较滞后，一些乡镇和部门项目谋划不多、不精准，前期工作滞后，大多是"一句话项目"，资金使用率、报账率低。四是城乡建设欠账大。城镇化水平与"2020年城镇化率达45%"的目标差距较大，县域乡镇、村庄规划滞后，村庄建设存在"民不申请、村不上报、（乡）镇不把关"的无序状态。五是基础设施短板较多。产业用水和部分集镇供水不足，全县还需修建的山塘水库有12个，缺口资金9.5亿元。交通网络依然存在在"中梗阻""断头路"等问题，还有县乡道、乡镇与高速路连接通道378.95公里待修建，缺口资金45.47亿元。乡村垃圾、排污设施建设滞后。六是公共服务水平不高。主要体现在乡村医疗上，设施设备不足、医务人员欠缺，离实现"小病不出村、大病不出乡"的目标还比较远。七是政府自身建设有差距。少数地方和部门的形式主义、官僚主义仍不同程度存在，个别干部不担当，表态快、落实慢，调门高、行动少。对于这些问题，我们将采取有效措施切实加以解决。

二、2019年目标任务和重点工作

2019年，是赫章决战脱贫攻坚、决胜全面小康的关键之年。我们要应势而谋、顺势而为、乘势而起，圆满完成各项目标任务。

总体思路是：以习近平新时代中国特色社会主义思想为指导，深入落实习近平总书记对毕节试验区的重要指示精神、统一战线参与毕节试验区建设座谈会精神和中央、省、市经济工作会议精神，统筹推进"五位一体"总体布局，协调推进"四个全面"战略布局，坚持稳中求进工作总基调，坚持新发展理念，坚持推动高质量发展，紧扣社会主要矛盾变化，以供给侧结构性改革为主线，继续打好"三大攻坚战"、深入推进"五大战略"，着力推动绿色发展、人力资源开发、体制机制创新，深入推进乡村振兴战略，努力在建设贯彻新发展理念示范区的实践中走前列、当表率、做示范，以优异的成绩向新中国成立70周年献礼。

主要预期目标是：地区生产总值增长12%、达到187亿元，一般公共预算收入在上年预算数的基础上增长5%、达到5.01亿元，500万元以上固定资产投资增长达16%，社会消费品零售总额增长13.2%、达到32亿元；城镇居民人均可支配收入增长9.5%、达到31240元，农村居民人均可支配收入增长11%、达到9790元；金融机构存款余额增长7.69%、达到145.89亿元，贷款余额增长31.62%、达到134.84亿元；居民消费价格指数、节能减排指标控制在国家、省、市下达计划范围内。

围绕总体思路、预期目标，我们将着力抓好以下工作：

（一）坚持补齐短板，全力打好精准脱贫攻坚战。以攻坚拔寨的勇气向深度贫困发起总攻，确保实现66个贫困村出列，5.5万贫困人口脱贫。坚决打好"四场硬仗"。充分发挥交通在脱贫攻坚中的先导作用，大力消除"断头路"，实现30户以上自然村寨通硬化路目标。扎实抓好"组组通"公路后续维护管理。全面完成2017年易地扶贫搬迁3651户旧房拆除工作和2018年19182人搬迁入住任务，扎实抓好"五个三"生计保障及后续发展配套措施。加快推进以发制品生产、电子元件组装为主的社区工厂建设，确保1户1人以上稳定就业，切实做到安居与乐业并重，搬迁与脱贫同步。扎实推进"村社一体"，充分发挥国有产业投资公司作用，集中人力财力规模化发展中药材、食用菌、蔬菜、生态畜牧业等特色产业，实现贫困人口特色产业全覆盖，带动贫困人口脱贫比例达60%以上。深入实施学生精准资助、办学条件改善等计划，坚决阻断贫困代际传递。深入实施健康扶贫行动，全面落实建档立卡贫困人口医疗救助政策全覆盖，防止群众因病致贫、因病返贫。全面完成农村危房改造任务，同步实施改厨、改厕、改圈工程；完成农村老旧房透风漏雨整治380户；改造人均安全住房面积不足13平方米住房2282户，确保群众住有所居。扎实抓好对口帮扶工作。用足用好东西部扶贫协作、国家定点帮扶等政策和资源，聚焦产业合作、民生帮扶、教育扶贫、健康扶贫、人才支援、劳务协作、社会帮扶、携手奔小康行动八大重点，抓好项目谋划申报，规范资金使用管理，推进更多项目落地见效。全面完成2018年度东西部扶贫协作项目建设，2019年项目建设进度、资金使用率达100%。通过深度产业融合和紧密利益联结，推动对口帮扶、定点帮扶由政府主导向政府搭桥、市场主导转变，由单纯给钱给物向互惠互利、合作共赢转变，充分释放东西协作、对口帮扶的多元效应。

（二）坚持科学治理，全力打好防范化解重大风险攻坚战。牢固树立稳定压倒一切的思想，控源头、抓治理，确保社会和谐。全力防范化解债务风险。正确把握“立足当前抓化债、守底线、防风险，着眼长远兴产业、增财源、减债务”的原则，牢牢守住“底线”，决不触碰“红线”，规范政府举债行为，实现化债与减债有机结合，细化落实化债方案，严格控制增量，盘活资产存量，逐步消化债务存量。科学发行政府债券，持续推进国有公司实体化转型。全力防范化解金融风险。加强对金融机构的引导与监管，坚决打击非法集资、恶意逃（废）债等行为，坚决守住不发生系统性风险底线。强化政银企联动，创新地方政策性金融产品，缓解中小企业、“三农”等融资难题。强化“特惠贷”风险管控，让“特惠贷”真正惠民解忧。全力防范化解安全生产和社会矛盾风险。健全“党政同责、一岗双责、齐抓共管、失职追责”的责任体系，狠抓重点行业领域安全管控；聚焦重要节点、敏感问题和关键环节，切实做好征地拆迁等重点领域的矛盾纠纷和信访突出问题的排查化解工作；持续开展“扫黑除恶”专项斗争、禁毒人民战争，依法严厉打击各类违法犯罪活动；建立科学完善的食品药品安全监管治理体系，切实保障人民群众“舌尖上的安全”；积极创建“法治赫章”“智慧赫章”，提升社会治理能力和治理水平现代化、智能化，不断提高人民群众的安全感、满意度。

（三）坚持绿色发展，全力打好污染防治攻坚战。牢固树立绿水青山就是金山银山的理念，科学合理划定生态保护红线，加快建设绿色美丽新赫章。在“建”上下功夫。大力实施青山、碧水、蓝天、净土工程，突出资源保护、生态修复和产业发展，以森林资源总量扩张为核心，以森林资源保护为保障，以林业产业升级为支撑，加快绿化荒山荒地，筑牢“两江”上游生态安全屏障。实施造林绿化5万亩以上，全县林地面积达268.67万亩，森林覆盖率60%以上，城镇绿地率达30%以上，治理石漠化面积190平方公里，努力实现“金山银山”与“绿水青山”双峰竞秀。在“治”上求突破。大力实施“水十条”“气十条”“土十条”，全面推进环保督察“回头看”问题整改，以零容忍的态度打击环境违法行为。加快推进4.68亿元的山水林田湖草环境综合整治项目及城市黑臭水体治理和垃圾处理设施建设，启动古基、双坪、铁匠、水塘堡等集镇污水处理项目建设，将各项环境污染指标控制在规定范围内；大力实施历史遗留废渣、水土流失治理项目，全面加快生态环境修复；强化农业面源污染治理，减少农业化学物品使用量和污染物排放量，确保土壤源头健康。县城集中式饮用水源水质达标率100%，乡镇集中式饮用水源水质达标率95%以上，主要河流断面水质达三类以上（含三类）标准，县城环境空气质量优良天数比例达95%以上。在“产”上见成效。狠抓生态产业，做强绿色经济，积极推广“林草、林药、林豆、林禽”等林下经济模式，巩固传统优良品种，培育新型良种，打造核桃、樱桃、矮化砧木苹果等一批特色经果林产业示范基地，实现林下经济产值3.9亿元。

（四）坚持优化产业，聚力培育转型发展新动能。牢固树立产业是经济之本的理念，聚力育产业、强实体。深入推进“工业强县”战略。加快推进“千企改造”步伐，力争12家以上企业纳入“千企改造”工程，确保建成投产8家以上。大力破除无效供给，以处置“僵尸企业”为重要抓手，推动化解过剩产能。立足煤、铁、铅锌矿产资源优势，以产业园区为载体，围绕炉灶头、地弹簧、挂锁等产业，开展全产业链招商引资，力争引进并启动4个以上生铁铸造深加工项目和1个以上铅锌产业项目，切实做大做强短流程铸造产业。加快推进铁匠建材园区建设，全力打造“一园四区”工业发展格局，力争将产业园区申报为百亿元产值省级经济开发区。加强指导并督促煤矿推进“两化”改造，力争实现煤炭年产量120万吨以上，确保完成电煤供应目标任务。加快推进威赫电厂2×660兆瓦超超临界循环流化床工艺示范项目、日产4000吨新型干法水泥熟料生产线技改、赫章县兴发二期光伏等重大项目建设。紧扣关键领域、重点产业、薄弱环节，聚焦建链补链强链，力争新开工工业项目40个以上（亿元以上项目8个）、工业固定资产投资25亿元以上，培育入统规模以上工业企业3户以上，规模以上工业增加值增速10%以上。实现发制品企业出口创汇3000万美元。深入推进“农产富县”战略。坚持“走生态路、打有机牌”，牢牢把握“八要素”，在巩固产业结构调整成果的基础上，继续抓好“关键少数”，确保县4名领导各抓5000亩以上示范点、乡（镇、街道）4名领导各抓1000亩以上示范点，通过示范引领，再调减低效玉米种植15万亩以上。聚焦农业规模化、特色化、商品化，做大做强核桃、半夏、可乐猪、肉牛、蛋鸡（肉鸡）、香葱、矮化砧木苹果、食用菌、大头菜等地方特色优势产业，真正实现“一县一业”“一乡一特”“一村一品”。依托野马川农特产品加工园区，进一步延长农业产业链、提升附加值。加快高海拔山区马铃薯脱毒种薯基地建设，强化可乐猪遗传资源保护与产业开发利用。留足15万亩三年轮作基本烟地，推动烤烟产业高质量发展。大力发展绿色有机无公害农产品，力争获批“三品一标”认证10个以上。全年新增精品水果1万亩，嫁接改良核桃4万亩，发展中药材3万亩，种植烤烟5万亩，实现规模蛋鸡场存栏168万羽、可乐猪存栏16.99万头、牛存栏17.06万头、羊存栏46.6万只。完成农业总产值52.2亿元，同比增长7%。深入推进“文旅兴县”战略。持续打好“夜郎大遗址·阿西里西风”旅游品牌，坚持市场化运作的原则，继续筹办好夜郎故里·赫章2019国际高原山地穿越挑战赛、阿西里西音乐狂欢节等活动，深入推进文化旅游产业融合发展。加快推进阿西里西·韭菜坪景区提质改造工程，力争建成阿西里西大草原、九股水温泉旅游度假区、可乐国家考古遗址公园、松林千年杜鹃、韭菜坪河漂流等景区并投入运营，全力打造以韭菜坪为中心的山地避暑旅游气候养生板块。建成九股水温泉酒店，加快推进阿西里西国际大酒店、天空大酒店、瑜希温德姆大酒店建设。建成2万户多彩贵州“广电云”户户用工程。完成“智慧旅游”建设。力争启动天上石林等旅游项目建设。实现接待游客1079.58万人次，同比增长24%。大力发展流通产业。深入实施冷链物流体系建设三年行动，重点推进野马川生鲜农产品冷链物流园区、乡镇预冷设施建设。以实施国家级电子商务进农村综合示范项目为契机，新建县级电子商务公共服务中心1个以上、县乡级物流配送中心5个以上，全力助推“赫货出山”。

（五）坚持城乡融合，聚力提升新型城镇新形象。 牢固树立以人为本的城镇化发展理念，围绕到2020全县城镇化率达45%、2030年城镇人口30万人以上、县城区面积30平方公里以上的目标，统筹推动城乡融合发展。做“大”县城。坚持规划先行，牢牢把握建设气候适应型城市试点机遇，科学规划市政道路、供水、供电、供气等公共服务配套实施，健全城乡垃圾、生活污水、餐厨剩余物、医废物处理系统。坚持“新区做加法、老城做减法”，积极抢抓棚改“窗口期”，全面推进旧城改造。扎实抓好“五城同创”工作，全力打造“神秘夜郎·古韵赫章”城市品牌。加快推进体育馆城市综合体、会展中心广场，城关至达依六曲、白果至水塘快速通道建设，着力推进“同城化”步伐，确保完成城市项目建设投资22亿元以上。做“活”新区。加快推进水塘堡、达依、六曲河、野马川、平山等城镇新区规划建设，聚力打造辐射带动强、聚集效益佳、城乡互补优的新兴产业，形成“老区促动、新区带动、整体联动”的城市发展态势。全力做大城市经济，助推新型城镇化进程。扎实抓好25个乡镇18万亩高标准农田建设工程，用好用活土地增减挂钩、土地综合整治、“旱改水”扶贫政策，着力盘活土地资产，实现土地收益30亿元。做“特”集镇。以“六型城镇”为引领，充分挖掘地方特色文化、特色产业，凸显新型小城镇文化元素，大力发展温泉休闲、养生养老、农旅结合等产业，力争将六曲河镇省级示范小城镇申报为国家级特色小城镇；全力打造兴发芳香小镇、财神核桃小镇等特色小城镇，带动全县小城镇生活、生态、生产全方位升级，确保完成小城镇建设投资10亿元以上。

（六）坚持做美乡村，聚力擘画乡村振兴新蓝图。 牢固树立实施乡村振兴战略是推进农业农村现代化重要举措的理念，按照产业兴旺、生态宜居、乡风文明、治理有效、生活富裕的总要求，加快《乡村振兴战略规划》编制，着力推动乡村振兴。守住“三条红线”。守住生态红线。深入践行“两山”论，科学划定风景名胜区、地质公园、森林公园、湿地公园、饮用水源保护区、生态公益林等生态保护红线，以绿色发展引领乡村振兴。守住基本农田保护红线。强化主体责任，强化耕地保护意识，强化土地用途管制，严格落实占补平衡制度，加强农田水利基础设施建设，提升耕地质量。守住村庄建设控制红线。严格实施乡村规划，加大农村新建乱建住房管控力度，着力打造集约高效的生产空间、营造宜居适度的生活空间，保护山清水秀的生态空间。推进“三项工程”。推进垃圾处理工程。坚持减量化、资源化、无害化，努力实现“户分类、村收集、乡（镇）转运、县处理”，建成垃圾焚烧项目7个，实现城乡生活垃圾无害化处理率85%以上。推进污水处理工程。坚持分散化、生态化、小型化，按照人口集中区域实行村镇集中收集处理、人口分散区域实行农户分散收集处理的要求，加快村级污水处理项目规划建设，切实提升污水处理能力。推进厕所革命。严格按照《推进农村“厕所革命”三年行动方案》的要求，坚持统筹规划，分类推进“厕所革命”，掀起新一轮建设高潮，让“厕所革命”成为树立文明新风、推动乡村振兴的重要发力点。筑牢“三个保障”。做大1个产业。大力发展村级集体经济，突出农业绿色化、优质化、特色化、品牌化，力争每个村发展一个优势主导产业，着力解决“有钱办事”的问题。制定1套制度。充分发挥村规民约在乡村治理中的重要载体作用，坚持以自治为基、法治为本、德治为先，不断健全“三治融合”治理新体系，着力解决“有章理事”的问题。配强1个班子。以城市社区、农村基层组织为核心，选优配强村（居、社区）班子，着力解决“有人管事”的问题，激活乡村振兴的“一池春水”。

（七）坚持项目带动，聚力跑出裂变赶超新速度。牢固树立抓项目就是抓发展的理念，推动县域经济高质量发展。以超前谋划的思维抓项目储备。按照“定目标、定主体、定模式、定额度、定计划”的要求，建立项目前期工作考核评价机制，紧紧围绕国家产业政策和投资导向，在工业化、新型城镇化、农业规模化、旅游产业化、基础设施等建设方面储备一批重大项目，大力培育市场主体，扎实抓好PPP项目融资、绿色产业扶贫投资基金等项目谋划包装。确保全年谋划储备项目500个以上、总投资800亿元以上。以锲而不舍的拼劲抓项目争取。按照争取项目资金在上年基础上增长10%的目标要求，进一步加大“跑部进省赴市”对接汇报力度，最大限度争取中央、省、市政策和资金支持。围绕交通运输、污水、教育、医疗、旅游、特色小镇等领域，积极引进社会资本投资合作。紧盯省委、省政府支持毕节试验区发展的46项政策措施，找准结合点和着力点，让更多重大项目挤进中央、省级规划盘子，力争申报省、市重大项目62个，投资310.8亿元，努力形成“大项目顶天立地、小项目铺天盖地”的良好格局。以只争朝夕的干劲抓项目推进。用好项目调度“一张表”，建立重大项目日调度、面上项目周调度、固定资产投资月统计机制，倒排工期，挂图作战，切实加快项目推进步伐。继续实施重点工作和重点项目集团攻坚行动，确保新建项目如期开工、续建项目如期完工、完工项目如期投产、投产项目如期达产。

（八）坚持强基固本，聚力推动承载能力新突破。牢固树立夯实支撑平台就是加速经济发展的理念，加快完善基础设施网络体系。加快完善交通体系。扎实抓好昭黔铁路赫章段、河镇（滇黔界）至双坪高速公前期工作，加快推进赫六高速、赫纳高速、赫镇高速等高速公路和通用机场建设，全力攻坚普通省道S309赫章后河至奎香（滇黔界）和S533雉街至红星公路建设；全面完成六曲至财神、松林至花苗寨公路和妈姑至可乐至舍虎公路大修工程；力争完成发纳冲隧道建设工程，启动鹰哥嘴至罗州公路、则姑至结构公路改扩建项目。确保年内完成交通项目投资9亿元以上。加快完善水利设施。扎实抓好啰拉溪水库、罐子窑水库、洗菜河水库建设前期工作，加快推进河口水库、平顶水库、万家沟水库、和平水库等建设，完成新寨水库主体工程，全面建成河头上水库和2017年17处农村饮水安全工程。开工建设2019年中央财政小型农田水利项目。加快完善电讯基础。启动建设110千伏六曲输变电工程、2019年农村电网改造升级工程。加快推进5G基站建设，以高速光网、移动物联网等新一代信息基础设施建设为重点，全力打造“无线网络·满格赫章”，全面夯实信息基础设施建设。

（九）坚持改革开放，聚力打造创新发展新引擎。牢固树立创新是引领发展第一动力的理念，以开放倒逼改革，着力破解经济社会发展体制机制瓶颈制约。蹄疾步稳深化改革创新。深入推进“放管服”工作，深化“最多跑一次”及要素市场化配置改革，完善“一窗受理、平台处置、网格出件”新模式，加快打破“信息孤岛”，推进大数据“聚通用”，真正实现“数据跑”代替“群众跑”，政务服务事项网上可办率达80%，企业和群众办事提供材料减少60%以上。加快推进“智慧赫章”项目建设，实现治理能力和治理水平现代化、智慧化。进一步抓好商事制度改革，推动“证照分离”等各项改革落实，实现“照后减证”“减证便民”。深化企业登记全程电子化改革，提高审批效能，压缩审批时间，工程建设项目审批服务时间压减至80个工作日以内，不动产登记办理时间压缩至5个工作日以内。进一步深化县乡财税体制改革，让乡镇有更多的自主权和积极性。建立健全政策性担保体系，用好用活“特惠贷”。全面实施殡葬改革，加快推进各乡镇公墓建设。积极探索新型集体经济发展模式，彻底消除“空壳村”。健全进城落户农民土地承包经营权、宅基地使用权、集体收益分配权制度。积极探索人才“引育并举”“以引带育”新模式，逐步完善引进和培育人才体系，促进人力资源向人才资本转化。行稳致远推动开放发展。打开山门，让清风进来，不断深化对外开放。紧紧抓住东部产业转移黄金机遇期，大力承接产业转移。积极参与全省内陆开放经济试验区建设，加强与长三角、珠三角的战略合作，抢抓中央统战部、台盟中央、广州番禺区、恒大集团及省直部门帮扶机遇，用足用活国家在国土资源、财税、产业扶持等优惠政策，强化争的意识、抢的劲头、引的力度，掀起产业大招商热潮。切实用好东部市场，瞄准新目标，激发新活力，使夜郎故里成为融商汇智、撷英荟萃之地，力争产业招商超额完成省市下达的目标任务。勇毅笃行做强民营经济。深入贯彻落实习近平总书记在民营企业座谈会上的重要讲话精神，切实帮助民营企业解决发展中的困难，助推民营经济跨过市场的“冰山”、融资的“高山”、转型的“火山”，保障民营经济依法平等使用生产要素、公平参与市场竞争、同等受到法律保护，让民营经济创新源泉充分涌流，让民营经济创造活力充分迸发。大力实施“六大专项行动”，推动民营企业培育工程。深入开展中小企业“星光”行动，积极帮助中小企业开拓市场，更好激发非公有制经济活力，切实把民营经济推上新高度、迈向新征程。力争实现民营经济增加值124亿元以上，同比增长12.5%以上。持之以恒抓好营商环境。“鱼无定止，渊深则归；鸟无定栖，林茂则赴”。围绕营造良好的政策环境、法治环境、政务环境，加大营商环境典型问题查处曝光力度，创新推动营商环境“四个转变”，全力打造公平、稳定、透明的营商环境新高地。

（十）坚持惠民利民，聚力实现人民群众新希冀。 牢固树立以人民为中心的发展理念，努力把好事办好、实事办实。着力推动教育事业振兴发展。巩固义务教育基本均衡发展成果，推动学前教育普惠性发展、义务教育优质均衡发展、普通高中教育跨越发展、中等职业教育特色发展，努力促进全县教育提质升级。大力实施教育扶贫“六大工程”，扎实推进全面改薄项目，着力抓好教育园区建设，全面完成西城区高级中学建设。加快推进赫章一小建设进度，尽快启动县幼儿园改扩建工程。加大与上海新纪元教育集团等优强教育团队合作，以优势资源激活教育细胞。学前教育三年毛入（园）班率达89%以上，义务教育巩固率达93%以上，高中阶段毛入学率达90.78%以上。持续推进师德师风建设，全力优化教师队伍建设。着力推动卫计服务提质升级。加快第二人民医院、县中医院、赫章德康精神病专科医院等项目建设，继续抓好深度贫困村卫生室标准化、易地扶贫搬迁安置点卫生服务中心（站）建设，建成1个500张床位以上的医养结合示范养老项目；健全完善和落实健康扶贫保障救助政策，确保所有贫困人口全部参合，医疗保障救助实际补偿比达90%；强化医疗卫生人才队伍建设，力争每千人床位数达4.95张、千人执业医师（助理医师）数达1.65人、万人全科医师数达1.4人。优化生育服务管理，促进人口均衡发展。着力推动就业创业高质高效。围绕“一人就业、全家脱贫”，继续加大“十大员”就业扶贫公益专岗开发，就近就地解决“三无两有”人员就业。依托劳务协作站和就业扶贫劳务公司开展劳务输出，加强与对口帮扶城市、东部发达省份对接，确保2019年劳务输出人员1800人以上。引导高校毕业生多渠道就业创业，大力扶持自主择业军队转业干部就业创业。以易地扶贫搬迁劳动力培训为工作重点，完成贫困劳动力全员培训9800人、职业技能培训6000人。城镇登记失业率控制在4.2%以内。着力推动民族宗教规范管理。坚定不移贯彻落实好国家宗教工作基本方针，积极引导宗教与社会主义社会相适应。坚持宗教中国化方向，用社会主义核心价值观引领和教育宗教界人士及信教群众，努力把宗教教义同中华文化相融合，政治上团结合作、信仰上互相尊重。扎实抓好民族团结进步工作，保护和发展少数民族特色村寨。着力推动民生保障日趋完善。全力抓好城乡居民基本养老保险征缴及发放，加大“五大社会保险”征缴稽核力度，确保社会保险待遇按时足额发放。强化民生兜底保障、稳步提高城乡低保、社会救助等标准，持续做好留守儿童等特殊群体的关爱服务工作。加强城乡困境儿童保障，健全社会救助体系，支持公益慈善事业发展。倾情倾力做好兜底保障工作，努力实现法安社会、德润人心。

坚持尽力而为、量力而行，扎实抓好重点民生实事：（1）完成总投资2530万元的城关镇第三小学等14个全面改薄项目，对就读高中至本科阶段的农村户籍建档立卡贫困学生2万人次实施教育精准扶贫资助，建成一所省级示范性高中，将赫章县中等职业学校建成省级示范性中等职业学校；（2）新建15个村标准化卫生室，完成20个村卫生室改扩建、赫章县疾病预防控制中心项目，按标准配齐113个深度贫困村村卫生室常用医疗设备；（3）完成1317户棚户区改造、2300户农村危房改造工程；（4）解决19.55万人农村饮水安全问题；（5）建设公共停车位200个，改造农村户用厕所6126户，改造（新建）农村公共厕所85座、城镇公共厕所30座、旅游厕所34座；（6）建设100个农村电商扶贫站点、30个文体活动广场、40个村垃圾收集处理设施；（7）转移农村劳动力17840人，新增“十大员”就业扶贫专岗1000个，公益性岗位安置就业困难人员749人，完成城镇新增就业6880人；（8）实施农村公路危险路段安全防护工程220公里，建成县城绿色健身步道7公里，新建4000个“雪亮工程”视频监控。

三、加强政府自身建设

各位代表，为官避事平生耻，重任千钧惟担当。我们要时刻牢记职责使命，恪守政治纪律、政治规矩，深入践行“五步工作法”，以一抓到底的气势、久久为功的韧劲、驰而不息的精神，持之以恒转变政府职能、锲而不舍改进作风，努力建设人民满意政府。

（一）增强政治意识，保持一颗忠诚心。坚持以习近平新时代中国特色社会主义思想为指导，自觉维护党中央权威和集中统一领导。坚决把贯彻落实党的十九大精神和中央、省、市重大决策部署作为首要政治任务，全力推动党中央决策部署在赫章落地生根。坚决在县委领导下开展工作，增强落实能力，确保县委的决策全面贯彻到政府工作中。

（二）增强服务意识，保持一颗为民心。坚持以人民为中心的发展思想，大兴调查研究之风、真抓实干之风、勤俭节约之风，倾听群众心声、反映群众意愿、解决群众困难，把群众满意作为第一准则，着眼于解决老百姓的痛点、堵点、难点问题，集中更多时间、精力办好人民最关心、最直接、最现实的民生实事，以干部的辛苦指数提升群众的幸福指数。

（三）增强担当意识，保持一颗责任心。建立健全容错纠错、激励引导机制，旗帜鲜明地为敢为、善为、有为者撑腰，为想事、干事、成事者搭台，切实激发干部干事创业热情。完善追责问责机制，加大对懒政怠政行为的追责问责力度，严厉整治行政不作为、慢作为、少作为、乱作为，让敢于担当、善于担当蔚然成风。坚决遏制乱问责、错问责、问错责现象，制止追责方向跑偏，问责用力过度，严禁“凑数”式问责。坚决扫除一切阻碍发展的“拦路虎”和“绊脚石”，敢打攻坚战、善啃硬骨头、勇做改革者，着力破解征地难、拆迁难、招商难等问题，以敢于担当、善于作为提升政府公信力。

（四）增强法治意识，保持一颗自律心。严格遵守宪法、法律和行政法规，坚持法定职责必须为，法无授权不可为，自觉运用法治思维和法治方式推动工作，坚决杜绝以集体名义违法违规决策，推进政府及其部门职责法定化。依法接受人大法律监督、工作监督，自觉接受政协的民主监督，主动接受社会监督、舆论监督。坚持依法决策和依法办事相统一，严格遵守法定权限和程序，进一步提高依法行政的能力和水平。扎实推进政务公开，运用全媒体手段及时回应社会关切，不断提高政府工作的透明度、群众满意度，让权力在阳光下运行。

（五）增强廉政意识，保持一颗敬畏心。严守政治纪律和规矩，严格落实全面从严治党主体责任，认真做好巡视整改工作，深入推进政府系统党风廉政建设和反腐败斗争，筑牢拒腐防变的思想道德防线，始终保持“不忘初心、方得始终”的清醒，“如临深渊、如履薄冰”的警醒，“君子检身、常若有过”的自省。严格落实中央八项规定，驰而不息抓“四风”、持之以恒正作风，坚持勤俭办事，建设廉洁政府。强化制度建设，坚持用制度管权管事管人，抓好重点领域、重要环节、关键岗位的廉政风险防控，坚定不移惩治腐败，大力营造风清气正的政治生态，切实做到干部清正、政府清廉、政治清明。

各位代表，破浪迎晨曦，聚力战贫困。让我们更加紧密地团结在以习近平同志为核心的党中央周围，在市委、市政府和县委的坚强领导下，大力弘扬新时代贵州精神，以更加开阔的眼界、更加务实的作风、更加昂扬的斗志，不忘初心、牢记使命、尽锐出战，为决战脱贫攻坚、决胜同步小康而努力奋斗！

纳雍县政府工作报告

（2019年1月16日在纳雍县第十七届人民代表大会第三次会议上）

纳雍县委副书记、县长 许晓鹏

各位代表：

现在，我代表县人民政府向大会作工作报告，请予审议，并请县政协委员和其他列席人员提出宝贵意见。

一、2018年工作回顾

2018年，在县委的坚强领导下，在县人大、县政协的监督支持下，我们深入学习贯彻党的十九大和习近平总书记系列重要讲话及对毕节试验区的重要指示精神，全面落实中央和省、市各项决策部署，坚持稳中求进的工作总基调，以脱贫攻坚统揽经济社会发展全局，团结奋进、拼搏创新、苦干实干、后发赶超，统筹做好改革发展稳定各项工作，经济发展负重前行，经济社会呈现出“总体稳定、转型加快、质量提升、民生改善、社会和谐”的发展态势。8个方面工作振奋人心、催人奋进：一是脱贫攻坚再战告捷。“四场硬仗”取得阶段性胜利，实现姑开、左鸠戛、锅圈岩3个贫困乡摘帽，1.12万户、4.83万贫困人口脱贫，75个贫困村出列的目标。“乡编村用”配强扶贫一线“特种兵”、民主党派监督“四个三”机制助力脱贫攻坚改革创新工作，入围全省深化改革优秀案例评选。二是环境治理取得明显成效。顺利拆除珙桐自然保护区和石板河、沿河街盖河违章建筑物50余个，完成吊水岩水库一级保护区内44户居民搬迁和补植复绿，遗留多年的历史难题得到有效解决，中央环境保护督察组交办案件全部办结。三是重大风险防控有力开展。在发展与化解风险的双重压力下，守住不发生债务风险、系统性区域性金融风险的底线，防汛减灾及信访维稳措施具体有效，安全生产形势整体平稳。四是民生领域重点、难点工作有效推进。夹岩水库移民搬迁安置有序开展，骔岭地灾避险搬迁安置工作稳步推进，张家湾镇普洒安置点建设完成全部搬迁入住。五是农业结构调整、环境地质工作实现新突破。践行农村产业革命“八要素”，调减低效玉米种植21.9万亩；生态土鸡、食用菌产业实现从无到有，生态土鸡全产业链发展、食用菌裂变发展思路和建设成果多次获省领导、有关专家肯定。成功申报创建国家级有机产品示范县、省级农产品安全出口示范县。大坪箐国家湿地公园通过验收，国家3A级景区增至3个。省级森林城市创建通过验收，金蟾大山获“贵州公园纳雍金蟾大山”预命名，实现省级地质公园零突破。六是教育事业取得长足发展。继一中成功申示、基本普及十五年教育通过省级评估验收后，义务教育基本均衡发展通过国家评估验收，义务教育阶段“超大班额”现象有效化解，穷县办大教育的做法得到充分肯定。七是社会治理集成创新卓有成效。公安大警种、大部门制改革更加便民高效，骔岭“七人议事”村民自治、勺窝“诉调对接”化解信访矛盾机制和复退军人服务管理工作得到省领导批示肯定，群众安全感、满意度测评位列全市第一。八是对口帮扶、东西部扶贫协作工作进入新阶段。民革中央首次在纳雍召开全国性的民革定点扶贫工作会议，组织30个省级民革组织到我县调研指导脱贫攻坚工作，7个民革省级组织与我县7个极贫乡正式结成帮扶对子；广州天河区协调106家企业、街道商会结对帮扶我县98个深度贫困村，实现天河区结对帮扶纳雍深度贫困村全覆盖，贵阳国家高新区、恒大集团、金元集团持续帮扶，开启了民革对口帮扶、东西部扶贫协作、社会帮扶工作新局面。

一年来，经济发展基本实现预期目标，预计实现地区生产总值235亿元，增长12%；一般公共财政预算收入9.05亿元，增长5.07%；规模以上工业增加值增长10.5 %，固定资产投资增长15%，社会消费品零售总额增长11%，城镇、农村居民人均可支配收入分别增长9%、10%，金融机构贷款余额增长20.9%。

（一）致力于夯实基础，脱贫攻坚持续推进。一是“四场硬仗”纵深推进。产业扶贫方面：投入中央、省财政专项扶贫资金1.54亿元，整合各类涉农资金6.57亿元，发放“特惠贷”2859.47万元，用于扶贫产业发展。组建281个农民专业合作社，2.27万户、9.56万名贫困群众与产业联结。基础设施方面：完成年度662条735.54公里农村“组组通”建设任务，实现30户以上自然村寨通硬化路；完成12处覆盖2.34万人农村饮水安全工程。城乡生活垃圾无害化处理率达84.86%，污水处理率达88.5%。农网改造升级项目10千伏及以下配电线路架设414.33公里。数字电视覆盖275个行政村。易地搬迁方面：“十三五”期间规划易地扶贫搬迁9201户、42098人，其中，建档立卡贫困人口6682户、31088人。2016年和2017年共4171户、18881人，全部搬迁入住；2018年5030户、23217人，预计今年6月底前完成搬迁入住。教育医疗住房保障方面：实现高中、中职、大专、大学贫困户子女资助全覆盖，营养午餐改善计划受益学生14.23万人。贫困户参合率达100%，补偿医疗费用9368.37万元。完成5862户危房改造并同步实施“三改”。发放低保金2.08亿元，发放困难救助金1171.32万元。二是强化“专项治理”。开展脱贫攻坚“五个专项治理”，排查非贫困人口15.6万户、63.3万人，排查建档立卡贫困人口6万户、23.88万人，提高了“两率”精准度。深入开展财政专项扶贫资金使用规范专项治理，资金备案率、拨付率、报账率得到提升。三是深化社会帮扶。争取到民革中央及各地民革组织帮扶援引项目30个，涉及资金851.25万元。广州天河区帮扶项目13个，投入帮扶资金3009.5万元。贵阳国家高新区帮扶项目涉及资金610万元。省自然资源厅帮助争取地灾防治资金1.07亿元，争取土地整治项目资金1.68亿元。省农业农村厅派驻29名干部深入一线开展脱贫攻坚帮扶工作，共实施帮扶项目140个，涉及资金1.7亿元。恒大集团帮扶项目投入资金7.35亿元。金元集团帮扶资金1000万元。四是优化利益联结。鼓励建档立卡贫困户通过发展产业脱贫，拨付产业奖励资金7138.7万元。对各类扶贫资金用于发展产业项目实现的收益，统一由村集体实行二次分配，根据贫困户参与公益劳动、遵守法律法规及村规民约、家庭环境卫生考核评比等情况张榜公示发放，进一步提高村级组织的凝聚力、战斗力，有效激发了贫困群众的内生动力。

（二）致力于防范风险，经济社会持续稳定。一是债务风险可控。持续深化国库集中支付改革，加大对涉农整合资金及项目监管力度，资金运行使用更加安全。严格债务管理，债务风险总体平稳可控。二是金融秩序稳定。全面排查化解金融领域存在的风险隐患，守住了不发生系统性、区域性金融风险底线，金融机构不良贷款率下降0.55个百分点。三是安全形势平稳。深入开展扫黑除恶行动，全县立刑事案件785起、同比下降33.53%。6起命案全部破获，发案率同比下降33.33%。两抢一盗案件432起，同比下降39.91%。新增吸毒人员168人，同比下降64.33%。“法治纳雍”深入推进，群众的安全感、满意度不断提升。开展安全生产检查3114次，检查企事业单位和场所3852家次，查出隐患1.8万余条、整改率达98%。安全生产形势整体平稳。

（三）致力于污染防治，生态环境持续巩固。一是抓好环保督察问题整改。坚决贯彻落实中央、省、市关于生态环境保护的决策部署，累计投入环保资金1.98亿元，对全县生态环保问题进行整改。中央生态环境保护督察“回头看”转办信访件28件全部办结。二是打好蓝天碧水净土“三大保卫战”。认真落实“气十条”“水十条”“土十条”规定，累计执法911人次，检查企业363家次，处罚金额340.18万元。环境空气质量优良率94%，集中式饮用水源水质达标率100%，断面水质达到Ⅲ类标准。建成乡镇垃圾收运站21座，初步形成村收集、镇转运、县处理的格局。投资4500万元，建成农村生活污水处理点41处。完成造林8.73万亩，森林覆盖率提高到55.28%。三是加强建章立制和责任追究。制定《纳雍县生态环境损害党政领导干部问责暂行办法》，督促全县领导干部依法履行生态环境保护管理职责。通报批评4个乡镇，问责15人、刑事拘留1人、行政拘留1人。

（四）致力于结构调整，产业革命持续深化。一是合理谋划产业。突出“一县一业”，围绕生态土鸡全产业链发展、食用菌产业裂变发展目标，谋划以生态土鸡、食用菌等为主的脱贫主导产业，打造相互融合发展互为生态循环产业链。依托恒大集团帮扶优势，着力打造优质肉牛养殖大县和蔬菜种植大县。生态土鸡产业投入资金3亿元，建成13万羽育苗育种场1个、育雏半育成场24个、生态放养场88个，年产30万吨生态饲料加工厂、年屠宰3000万羽屠宰冷链物流中心、年加工600万羽生态土鸡食品加工厂即将建成投产，开设直销店6个，百凤庭餐饮总店正式运营，生态土鸡一二三产全产业链基本形成。已注册纳雍土鸡蛋商标，"乌蒙乌骨鸡"被评为"贵州省十大优质特色禽产品"，源生牧业股份有限公司被评为全省脱贫攻坚先进集体、贵州省安全诚信示范企业、中国森林食品原材料认证基地。畜禽科技发展有限责任公司被认定为省级重点龙头企业。食用菌产业投入资金3亿元，年产原种、栽培种200至300万瓶（袋）食用菌工程技术中心和年产3000万棒菌棒生产厂建成并投入运营，规划建设4000个层架式大棚，已完成1600个大棚设计。食用菌申请受理专利15项，其中发明专利13项、实用新型专利2项，为产业发展奠定了坚实的技术基础。肉牛产业投入资金1.56亿元，建成26个肉牛养殖基地，共引进肉牛3645头，其中，原种安格斯3025头、西门塔尔620头。蔬菜产业投入资金2.55亿元，建成蔬菜大棚6323栋、育苗中心5个、蔬菜预冷库4座，引进和发展蔬菜生产企业3家、加工企业1家、蔬菜专业合作社50个，种植蔬菜35.07万亩；发展省级蔬菜农业园区2个，建设30至500亩连片商品蔬菜基地50个、面积1.85万亩。二是示范打造带动。打造县乡两级产业示范点108个，种植蔬菜、食用菌、特色经果林、茶叶、中草药等经济作物。三是强化产销对接。加强农超对接工作，纳雍生态土鸡、蔬菜、玛瑙红樱桃、茶叶等农产品进入贵阳、毕节、六盘水市场并远销北京、广东、山东、河北、黑龙江、江苏、四川、湖南等地。组建了纳雍县农民专业合作社联合会，成员11万人，出资总额22亿元。建立农产品集中配送中心、69个农村电商网点，推动销售蔬菜8.41万吨、食用菌2278.5吨、茶叶1400吨、玛瑙红樱桃3600吨。

（五）致力于补齐短板，发展条件持续改善。一是交通建设有序推进。完成纳赫和纳六晴高速公路工程可研编制。A2级通用机场、纳水铁路、化作至梯子岩公路项目前期工作顺利推进。G246国道提级改造工程完成进度60%。完成寨乐至沙子坡、维新至干河公路建设，巴雍至昆寨公路工程完成进度90%，预计2019年上半年建成通车。全县公路里程达5437.26公里。二是水利工程有序推进。夹岩水利枢纽工程完成阶段性目标，环城、得勒科水库开工建设，金珠、马场等9座水源性工程前期工作有序推进。实施昆寨乡、董地乡12个村中央预算内农村饮水安全巩固提升工程。完成城东、城北、阳长镇、维新镇污水处理厂在线监测设备采购及安装，12个乡镇污水处理工程可研审查通过。三是电讯设施不断完善。农村电网改造升级工程完成投资1.46亿元，完成35千伏锅圈岩输变电工程前期工作。新建光缆1099公里、3G/4G基站1061个。有线数字电视覆盖387个行政村（社区），用户达7.8万户。

（六）致力于转型升级，发展路径持续扩展。一是工业经济巩固提升。完成"千企改造"项目12个，完成煤矿采掘综合机械化改造1个、煤矿生产辅助智能化改造5个。生产原煤387.53万吨、增长15.85%，火力发电50.73亿度、增长1.02%，生产水泥106.55万吨、增长12.5%。新增对外贸易备案登记企业7家。年产200万吨煤制清洁燃料项目申报顺利推进。龙场和大滥坝风电场首批机组并网发电。二是园区发展加快推进。博润环保、大拓新能源、唯特高等环保节能企业发展势头良好。纳雍经济开发区进入国家开发区目录，在全省开发区综合发展水平第三方考核评估中位列第39位，顺利通过贵州省煤电化一体化产业化示范基地复查复核。三是民营经济加速发展。民营市场主体4.71万户。民间投资149.16亿元，增长5.14%。民营经济增加值124.31亿元，增长18.65%。四是第三产业快速增长。县内酒店、宾馆、农家旅社床位增至8174张，接待国内过夜游客38万人次，同比增长15%；接待入境过夜旅客120人次，同比增长500%；实现旅游总收入51亿元，同比增长32%。销售商品房49万平方米。引进和培育电商企业17家，完成57个农村电商精准扶贫运营中心建设，建成村级电商服务站点137个，大数据电子信息制造业增加值11亿元、电商交易额3.4亿元。

（七）致力于提升品质，城乡面貌持续改观。一是科学规划村庄振兴。统筹考虑山水、田园、乡村、城镇等要素，完成377个行政村（社区）村庄规划及乡村振兴战略规划编制工作。以玉龙坝镇岩脚村新发展理念示范点、寨乐镇乡村振兴示范点建设带动全县乡村振兴"五星示范户"建设。创建国家级文明村镇1个、文明村1个，省级文明乡镇1个、先进乡镇4个、文明村13个、先进村3个。二是加快推进城市建设。持续实施"北改南拓、东扩西连"城区建设战略，县城建成区达16.54平方公里，初步实现常住人口城镇化率42.02%。实施雍熙和骔岭片区2个棚户区改造项目，改造棚户区2978户、面积25.13万平方米。温州商贸城农贸市场建成投入使用。投入资金近2亿元，建成发展大道、复兴西路、文体路绿化工程及垃圾收运系统。完成文体路改扩建，建成新径路五眼桥至发展大道段。优化公交线路，提高公交出行分担率，有效缓解老城区交通压力。三是着力打造特色小镇。特色小城镇建成区面积扩容至32.99平方公里。勺窝镇、龙场镇、乐治镇3个示范小城镇“8+X”项目达标验收64个，新增城镇人口1826人、就业人口2134人，培育小微企业91户，启动“镇村联动”美丽乡村建设49个。

（八）致力于深化改革，发展活力持续释放。一是“放管服”改革深入开展。公布实施2018年行政审批中介服务事项清单及行政许可事项目录、县乡两级行政权力运行流程图及权责清单。核发“五证合一”营业执照3164张。政务服务大厅面积扩大到5080平方米，进驻大厅部门31个，13个事项实现“集成套餐”办理，“最多跑一次”事项增至82项。开展“减证便民”工作，取消证明材料37个、保留证明材料4个。二是财税制度改革持续深化。深入推进国库集中支付改革，加大对涉农整合资金及项目监管力度，严格实行乡级财政报账制、政府采购制和公示公告制，资金运行使用安全高效。三是项目建设持续推进。围绕政策方向和资金投向谋划项目452个，总投资1659.47亿元。争取到中央、省级各类资金4.65亿元。成功申报扶贫产业子基金项目3个，获批基金4.95亿元。63个重大工程和重点项目完成投资140.08亿元。四是营商环境持续改善。深入开展招商引资项目“大排查、大整改、大促进”工作。全年新引进项目80个，到位资金123.58亿元、增速为20.23%。

（九）致力于共享发展，民生福祉持续增进。一是教育方面。投入教育经费3.24亿元。建成县第八小学，全县新增教学用房11.35万平方米、运动场（馆）10.22万平方米、图书136.73万册、学位1.68万个。招聘教师615名，交流教师741名。助学贷款、教育资助达1亿余元，惠及学生2.15万名。二是医疗卫生方面。深入推进医药卫生体制改革，县中医院通过二级甲等中医院复评审。加快推进跨省异地就医结算，全面开展大病专项救治、精准扶贫建档立卡贫困户“先诊疗，后付费”和健康扶贫医疗保障救助政策，城乡居民医保补偿95.56万人次、3.09亿元。居民健康档案电子建档率达97.47%，常住人口出生率9.1‰，孕产妇住院分娩率达97.41%。三是文体广电方面。县图书馆、文化馆面积均达1500平方米，数字资源系统与乡镇文化站实现网上资源共享，县、乡、村文化阵地免费开放。创建国家公共文化服务体系工作通过验收，举办首届非物质文化遗产民族民间二胡唢呐展演等文化活动40场，农村电影公益放映3204场，观影人数14.86万人次。完成4个乡级农体工程、187个村级农民健身工程建设。四是民族宗教方面。投资699万元，完成17个少数民族发展资金项目。11个少数民族示范村寨分别获省、市命名。县、乡、村三级联系服务指导宗教活动场所体制机制日臻完善。五是就业和社会保障方面。城镇新增就业9869人，失业人员再就业1735人，城镇登记失业率为3.4%，农村劳动力转移就业2.05万人。开发“10+N个一批”公益性专岗1.07万个，招募上岗6001人。完成25个农村敬老院标准化建设。投入资金434.91万元，对1.78万名留守儿童、困境儿童进行精准管理。补助和代缴建档立卡、低保和特困人员养老保险金715.29万元。完成1.5万名退役军人和其他优抚对象信息采集工作。六是民生重点项目方面。夹岩水库移民搬迁完成协议签订2076户9744人，占总户数的98.72%。骔岭地灾避险搬迁安置签订协议1158户5411人，占总户数的90.7%，安置点建设完成投资1.7亿元，房屋主体封顶7栋。张家湾普洒安置点建成投用，195户935名涉灾群众全部迁入新居。

一年来，我们深入学习贯彻党的十九大精神，坚决落实全面从严治党战略部署，驰而不息纠正“四风”，审计监督、责任追究、反腐倡廉等工作力度不断加大，政府自身建设不断加强。全年查处违反中央八项规定问题14件、28人，受理信访举报432件，立案172件、216人、党纪政纪处分195人。认真执行人大及其常委会决议决定，自觉接受人大、政协和社会各界监督，办理人大代表建议126件、政协提案108件，办复率均达100%。

此外，双拥、国防后备力量建设和军民融合、档案、统计、外事侨务、人防、气象、妇女儿童、老龄、残疾人等各项事业全面发展。

各位代表，过去一年全县政府性债务进入还款高峰期，脱贫攻坚、项目建设和张家湾普洒、骔岭地灾避险搬迁安置等重大民生工程项目资金需求量大，保工资、保民生、保运转、保重点、保发展和化解政府存量债务的压力前所未有。面对诸多矛盾困难、外部经济金融形势及政策调整等压力，取得的成绩来之不易。实践告诉我们：面对新形势、新任务、新要求，必须坚持党的领导不动摇。坚定不移以习近平新时代中国特色社会主义思想统领各项工作，认真落实中央、省委、市委、县委各项决策部署，理性应对复杂多变的经济形势，不断汇聚力量战胜困难、破解难题、砥砺前行，推动经济社会实现跨越发展。必须坚持加快发展不犹豫。坚持发展第一要务，把国家政策、市场需求与自身优势相结合，抢抓各种战略机遇，聚力发展主导产业，加快形成新的经济支柱，不断壮大经济实力、赢得发展主动权，确保按时打赢脱贫攻坚战。必须坚持改革开放不停步。坚持解放思想、实事求是、改革创新，不断破除体制机制障碍，拓展发展思路，创造性地开展工作，把激活内力与借助外力结合起来，形成全方位、多层次、宽领域的改革开放新格局，为经济社会发展提供强大动力支撑。必须坚持为民务实不懈怠。坚持执政为民、富民优先，处理好稳与进的辩证关系，把发展经济与造福百姓相统一，用好“五步工作法”，切实加强过程管理，推动各项决策部署落地见效，让发展成果最大程度惠及人民群众。

各位代表，这些成绩的取得，得益于中央、省、市的大力支持和持续关心，得益于民革中央的倾力帮扶，得益于广州天河、省自然资源厅、省农业农村厅、贵阳国家高新区、恒大集团、金元集团及社会各界的大力帮助，得益于县委的正确领导和县人大、县政协的监督支持，得益于县几大班子领导成员、各乡镇（街道）、县直各部门和全县各族群众的团结拼搏与共同努力。在此，我谨代表县人民政府，向人大代表、政协委员，向各民主党派、工商联、无党派人士、各人民团体和社会各界人士，向驻纳军警、驻纳单位和所有参与、关心、支持纳雍改革发展的社会各界、各行各业的同志们、朋友们，致以崇高的敬意和衷心的感谢！

在肯定成绩的同时，我们也清醒地认识到，我县发展不平衡、不充分的问题还比较突出，工作中存在的困难仍然较多：一是脱贫攻坚任务艰巨。我县仍有贫困人口8.07万人，约占全市的18.13%、全省的5.2%；贫困发生率为8.36%，高于全市2.9个百分点。扶贫主导产业仍处于起步阶段，扶贫资金缺口较大。二是新旧动能转换较慢。煤炭、电力、烟草等传统支柱产业增长乏力，对经济的支撑动力减弱。煤制清洁燃料、风力发电等新能源重大项目推进缓慢，对经济的贡献率低。三是财政收支矛盾突出。税源结构单一，税收增收因素较少，后续财源基础薄弱，公共财政收入占比较低且持续放缓，刚性支出需求增加，化解政府性存量债务压力巨大。四是民生领域短板较多。城乡基本公共服务供给不足，交通、水利、文化、体育、垃圾和污水处理等配套设施欠账较大。五是社会矛盾复杂多样。城乡区域发展不平衡、不充分，安全生产、地质灾害防治形势严峻，生态环境保护任重道远，群众利益诉求多元复杂。六是自身建设存在差距。部分干部传统思想观念转变慢、开拓进取精神不足，执行落实有差距；个别乡镇和部门作风不实，个别领导和干部担当不够，形式主义、官僚主义仍不同程度存在。我们一定要正视困难、直面问题、深入研究，采取措施切实加以解决。

二、2019年主要目标任务

2019年是新中国成立70周年，是决胜全面建成小康社会第一个百年奋斗目标的关键之年，是落实习近平总书记对毕节试验区的重要指示精神的开局之年，是全省打赢脱贫攻坚战的决战之年。省长将纳雍列为联系帮扶县，市几大班子领导联系、支持纳雍。我们一定要抢抓机遇，感恩奋进、苦干实干，全力抓好各项工作。

总体思路是：以习近平新时代中国特色社会主义思想为指导，全面贯彻党的十九大精神，习近平总书记对毕节试验区的重要指示精神，统一战线参与毕节试验区建设座谈会精神，中央、省、市经济工作会议精神，统筹推进“五位一体”总体布局，协调推进“四个全面”战略布局，坚持稳中求进工作总基调，坚持新发展理念，坚持推动高质量发展，坚持供给侧结构性改革，深化资源市场化配置、扩大高水平开放，牢记嘱托、感恩奋进，继续打好三大攻坚战、推进三大战略行动，以“113攻坚战”为统领，聚焦打赢脱贫攻坚战目标，统筹推进稳增长、促改革、调结构、惠民生、防风险工作，扎实做好稳就业、稳金融、稳投资、稳预期工作，保持经济持续健康发展、社会大局稳定，为打赢脱贫攻坚战建设示范区、实现同步全面小康作出新贡献。

主要预期目标是：地区生产总值增长10%左右，固定资产投资增长14%左右，规模以上工业增加值增长10%左右，一般公共预算收入增长6%，社会消费品零售总额增长11%，城镇、农村常住居民人均可支配收入分别增长9%、11%，城镇登记失业率控制在4.2%以内，居民消费价格指数、节能减排及环境质量指标控制在国家、省、市下达的计划范围内。

围绕预期目标，今年将突出抓好10个方面工作：

（一）全力以赴推动脱贫攻坚决战夺取新胜利。抢抓建设贯彻新发展理念示范区各项政策机遇，推动脱贫攻坚各项决策部署落细落实，力争实现4.9万贫困人口脱贫、55个贫困村出列，全县贫困发生率下降到3.58%以下。一是全力打赢“四场硬仗”。聚焦“一达标，两不愁，三保障”贫困户脱贫标准，全面补齐农村基础设施短板。做大做强扶贫主导产业，加快163处农村贫困人口安全饮水等基础设施项目建设，确保2018年度易地扶贫搬迁5030户、23217人6月底前搬迁入住，实现有劳动能力家庭每户至少1人稳定就业。持续推进教育医疗住房“三保障”，落实教育资助、医疗救助和农村危房改造政策全覆盖。二是持续推进深度攻坚。坚持“四个聚焦”，整合各类资金，有针对性地对极贫乡镇、深度贫困村和贫困户安排财政资金和项目，确保每个极贫乡镇、深度贫困村有财政资金保障、每户贫困户有扶贫项目支撑，通过产业发展带动，不断补齐农村脱贫攻坚短板。三是持续深化扶贫协作。充分利用民革中央、广州天河、省自然资源厅、省农业农村厅、贵阳国家高新区、恒大集团、金元集团等帮扶契机，积极争取资金、技术等支持，推动在产业发展、农产品产销对接、文化旅游、人才培养、劳务输出、干部培训等方面深化合作，全力加快脱贫攻坚进程。

（二）全力以赴推动防范化解重大风险实现新进展。进一步增强风险意识、强化底线思维，有效防范化解重大风险。一是从严管控债务风险。坚持“既捡芝麻又抱西瓜”，强化税源管控、税收征管，进一步巩固基础财源、培育新兴财源，有效增加财政收入、化解收支矛盾。加快平台公司实体化转型，做大做强国有资本。强化建设项目调度管理，依法依规推进项目收益与融资平衡，通过控制项目规模、压缩公用经费、处置存量资产、PPP化债等方式，积极稳妥消化存量债务。完善债务风险联动预警机制，防止发生区域性、系统性债务风险。二是严密防范金融风险。加强金融监测监控，建立信息反馈机制，强化业务培训和风险隐患排查，持续开展打击和处置非法集资三年行动，加强反洗钱工作，确保不发生系统性、区域性金融风险。不断规范互联网金融，着力推进体制机制建设，深化全面风险管理，加强信息科技风险防控。三是有效防范安全风险。全面落实安全生产责任制，强化源头管控和隐患排查治理，突出抓好煤矿、非煤矿山、道路交通（水上交通）、建筑施工、消防、危险化学品和烟花爆竹、锅容管特、食品药品等重点行业领域的安全生产工作，坚决打击非法采煤采矿，从严查处安全生产领域各类非法违法、违规违章行为。落实地灾隐患点“人防、物防、技防”措施，严防灾害事故。深入开展扫黑除恶专项斗争，抓好矛盾纠纷排查化解，维护社会和谐稳定。

（三）全力以赴推动绿色发展取得新成效。认真践行习近平生态文明思想，坚守发展底线和生态红线，坚定不移走“生态优先、绿色发展”路子。一是巩固督察成果。坚持问题导向，聚焦突出问题，以高度的政治自觉，切实抓好中央生态环保督察“回头看”交办和省委环保督察反馈问题整改，推动生态环境持续向好发展。二是打好“三大保卫战”。严格污染源管控，强化多部门联防联控和重污染天气应对，切实改善大气环境质量，确保县城环境空气质量优良率达96%以上。加强集中式饮用水源地保护，确保集中式饮用水源地水质100%达标。抓好城乡生活污水、城市黑臭水体治理。强化土壤污染管控和修复，推进城乡垃圾无害化处理，切实减少面源污染。三是抓好生态建设。持续实施“绿色纳雍”行动，实施好公益林建设、石漠化综合治理等项目，加强造林补植、补造、抚育管护，完成造林绿化30万亩、石漠化治理18平方公里，森林覆盖率达58.6%。稳步实施天然林保护工程，统筹山水林田湖草系统治理，加强基本农田保护，严守耕地红线。开展森林保护“六个严禁”执法专项行动，加强珙桐省级自然保护区与大坪箐国家湿地公园珍稀植物资源、湿地资源保护，加快林业生态建设步伐。持续加强河长制工作力度。

（四）全力以赴推动城乡建设展现新面貌。坚持以乡村振兴为引领，统筹城乡协调发展。一是做特城镇。加快完善新老城区道路交通基础设施及公共配套设施建设。启动城西农贸市场建设。加快推进棚户区改造拆除地块建设，建设老城区城市综合广场。建设公厕8所。积极化解房地产业遗留问题，推动房地产业健康良性发展。在挖掘内涵、提升品位上做文章，重点突出龙场镇、乐治镇省定示范镇和维新镇、化作乡、张家湾镇市定示范镇，逐一完善“8+X”项目，全力推进小城镇升级改造，打造我县特色小城镇建设升级版。二是做美村庄。树立“城乡融合、一体设计、多规合一”理念，将乡村振兴规划和村庄规划、土地规划、城镇规划等各项专项规划有机统一。推进农村人居环境整治三年行动，加快农村生活污水、生活垃圾处理设施建设。全面完成农村危房改造和透风漏雨老旧房屋整治工作。围绕“道路硬化、卫生净化、村庄亮化、环境美化、生活乐化”目标，打造一批富美宜居新村。加快完善农村教育、医疗、卫生、金融服务等配套设施建设步伐，不断提升农村居住环境和生活服务质量。三是做活旅游。加强旅游基础设施建设，继续谋划打造“九洞天—金蟾大山”旅游黄金线路、“总溪河片区—化作枪杆岩—董地”风情小镇景区。推进九洞天旅客服务中心建设。打造玉龙坝镇九龙潭万亩田园综合体、寨乐镇乡村振兴示范点，推动以鸽子花城生态休闲旅游为龙头的现代服务业快速发展。加强滚山珠、箐苗服饰等非物质文化遗产保护、传承和宣传，不断提升纳雍旅游的美誉度、影响力。

（五）全力以赴推动农村产业革命迈出新步伐。将生态土鸡、食用菌、茶叶等脱贫主导产业深加工、品牌打造、市场拓展作为农业产业发展工作的重中之重，持续推动农业产业结构调整，实现经济、生态、社会价值有机统一。一是发展高附加值农业产业。按照“特色化、规模化、标准化、绿色化、品牌化、商品化”思路，聚焦纳雍生态土鸡、食用菌、肉牛等脱贫主导产业，加大资金和技术投入力度，把特色产业做特、主导产业做强。完善生态土鸡“生产—屠宰加工—冷链物流—深加工—品牌销售—餐饮文化”、食用菌“菌种研究—菌棒生产—大棚层架式栽培、仿野生栽培、野生菌抚育—深加工销售”全产业链，促进一二三产业融合高效发展，打造新的产业支柱。实现生态土鸡出栏1000万羽，食用菌日生产菌棒10万棒的目标。加快推进标准化繁育站点建设，引进原种安格斯能繁母牛4000头以上，新建或改扩建一批标准化肉牛养殖场，打造高端肉牛品牌。二是调减传统低效玉米种植。结合土壤、气候、区位、种植习惯等综合因素，因地制宜选好产业，在19个500亩以上的坝区开展规模化种植，力争完成蔬菜种植36万亩、茶叶种植10万亩，完成15万亩刺梨和15万亩皂角的育苗工作。在巩固2018年调减低效玉米种植的基础上，新增调减低效玉米种植面积22万亩。扎实推进“三品一标”认证，打造纳雍农特产品，创建10个以上生态农特产品品牌。三是加快商贸物流体系构建。加快推进冷链物流体系建设，力争建成10个以上农产品生产基地预冷库。加快建设农村电子商务综合服务平台、农村电子商务产业园和特色农副产品运营服务中心，促进县乡村三级服务体系建设。四是拓展稳定销售市场。坚持市场导向和以销定产，推动农产品进机关、学校、社区、医院、企业、超市，建立稳定直销渠道和直供关系。积极对接农产品物流园及大型农产品批发市场，引进一批有实力的企业建设农产品直供基地。做大做强农业专业合作社，优化贫困户利益联结机制，培育一批农业龙头企业辐射带动发展，建立“产销一体化”新型经营模式。

（六）全力以赴推动基础设施建设实现新跨越。继续夯实基础设施，为发展奠定坚实基础。一是加快交通基础设施建设。推进A2级通用机场建设。推动纳六晴、纳赫高速启动建设。争取纳水铁路早日开工建设。全力推进G246国道提级改造，加快县乡道修缮建设，推进巴雍至昆寨、化作至梯子岩等公路建设。推进农村“组组通”硬化路建设扫尾及安保工程、危桥改造、公路养护工作。二是加快水利基础设施建设。推进环城、坪山、得勒科水库建设，马场水库开工建设，完成金珠水库前期工作，力争鸽子花水库可研获得批复，稳步推进其他骨干水源工程建设前期工作，实现农村安全饮水全覆盖。三是加快电讯气基础设施建设。开工建设35千伏锅圈岩输变电工程，完成110千伏猫场输变电工程前期工作。新建及改造10千伏及以下线路756.3公里。完成新一轮农村电网改造升级投资1.67亿元。加快以行政村为单位的通信网络基站、宽带线路建设，实现电话信号无盲区、宽带网络到末梢。建设新城区至老城区、经开区至香密欧城中压管道8公里，新增天然气用户2000户。

（七）全力以赴推动工业经济再创新业绩。坚持“立足煤、做足煤、不唯煤”的工作思路，充分利用全县煤炭资源优势，做强“煤电”经济，加快推进新型工业化进程。一是提升传统产业。加快煤矿综合机械化改造和生产辅助系统智能化改造，推进煤矿标准化建设，提高煤矿安全保障能力和生产效率，正确处理安全与生产的关系，实行安全与生产同考核、同奖惩，促进煤炭产业转型升级，最大限度释放产能。持续加大服务力度，力争电厂发电90亿度以上、水泥生产93万吨以上。种植烤烟3.5万亩，收购烟叶7万担。二是壮大新兴产业。大力发展特色轻工、新型节能环保、农特产品加工产业。培育壮大“互联网+”、农村金融服务平台、现代物流园、大健康医药养生、新型建材等新兴产业。三是做实园区经济。扎实抓好园区总体规划修编和产业发展规划编制工作，推动农特产品加工、新能源新材料、电子制造、大数据信息等产业向经开区集群集聚。加快推进增量配电改革，着力推动高载能产业快速发展。以源生牧业股份有限公司、金蟾大山生物科技有限公司、百凤庭食品有限公司和百凤庭餐饮文化公司为龙头，推进“纳雍生态土鸡”“纳雍食用菌”品牌走向全国，促进农业产业三产融合高效发展。四是推动新能源发展。大力推进风力、光伏发电，力争年产200万吨煤制清洁燃料项目核准、环评通过，建成唯特高新三元镍钴锰二期并投产。

（八）全力以赴推动产业招商获得新突破。持续加大产业招商引资力度，切实做好项目储备，坚持领导带头招商、沿链招商，为经济社会发展注入更多活力。一是强化项目谋划。抢抓国家、省支持毕节试验区贯彻新发展理念示范区建设和实施乡村振兴的机遇，聚焦脱贫攻坚、乡村振兴、社会民生等重点领域，围绕基础设施、产业发展、文化旅游、生态环保、民生保障等方面，充实完善项目库，力争项目谋划不少于460个，投资不少于480亿元。二是加强招商引资。强化主要领导带头招商、小分队招商、主导产业链招商、对口帮扶资源招商，大力引进茶叶、食用菌、中药材、锂电池、电子电声、农特产品深加工等产业项目，实现重点产业招商引资到位资金60亿元。三是优化营商环境。持续开展“双服务”活动，着力解决企业个性问题，破解资金、土地、人才、市场拓展等方面制约企业发展的难题，巩固营商环境集中整治成果，进一步提升要素保障能力、服务水平。

（九）全力以赴推动改革开放实现新作为。坚定不移深化改革创新，以改革增强动力、以创新促进发展。一是推进“放管服”改革。坚持接而有序，全力承接好国家和省、市下放事项，做到“审管同步、一批就管、无缝衔接”。坚持管而有方，全面推行“双随机、一公开”，建立和完善守信联合激励、失信联合惩戒机制，让市场主体一处违法、处处受限。坚持服而有效，加强综合性实体政务大厅服务能力建设，最大限度“减事项、减次数、减材料、减时间”，切实完善线上服务，实现互联互通，为服务对象和审批人员“双减负”。二是实施创新驱动。结合“千企引进、千企改造”，大力推动科技型企业成长梯队建设，推荐申报1至2家高新技术企业，进一步促进企业转型升级提质增效。积极推荐企业申报省级知识产权试点示范项目，提高创新发展和企业知识产权创造、管理和应用水平。三是强化金融服务。建立健全企业信用监管体系，不断完善中小企业融资服务体系，强化政、银、企对接，为企业融资创造良好环境，加大民营经济和小微企业扶持力度，促进企业健康高效发展。四是抓好教育培训。充分利用干部培训、劳务输出培训、农民讲习所讲习、群众会宣讲等载体，加大干部群众培训力度，拓展干部创新工作思路，提升执行力、落实力，引导群众积极参与扶贫产业，通过劳动脱贫致富，全面激发干部创造力、群众内生动力。

（十）全力以赴推动民生事业再上新台阶。持续加大民生领域投入，着力发展各项民生事业，不断增强人民群众的获得感、幸福感、安全感。一是着力发展教育事业。保障教育投入，统筹推进全面改薄、中央预算内投资、寄宿制学校建设攻坚工程，巩固义务教育基本均衡发展成果，启动优质均衡发展工作。全面加强学校党的建设工作，深化新时代教师队伍建设改革，加大师德师风建设力度，强化正向考核和负面清单管理。强化学校安全管理，突出违法违规办学行为清理整治。健全完善教育质量考核机制，全面提高教育教学质量和管理水平，推进教育现代化，建设特色教育强县。二是着力推进健康纳雍建设。继续深化医药卫生体制改革，全面加强公立医院党的建设。实现县医院整体搬迁，推动中医院快速建设，启动县妇幼保健院建设，提高乡镇卫生院标准化建设水平，加快深度贫困村卫生室建设。加大公共卫生服务项目推进力度，完善疾病预防控制体系。深入推进爱国卫生运动。优化生育服务管理，将服务端口前移，切实提高计生服务能力。三是着力发展文体广电事业。切实抓好公共文化服务体系建设，免费开放公共文化服务设施，开展丰富多彩文体活动，着力挖掘和打造地方特色文化。新增多彩贵州“广电云”户户用用户2万户，完成30个村级农民体育健身工程。四是着力抓好民族宗教工作。巩固中央、省巡视督查整改成果，强化主要领导主体责任，规范宗教行政执法行为，切实提高宗教事务服务管理能力。全面开展宗教关系和谐示范区、少数民族团结示范创建。五是着力做好人力资源开发。完善公共就业创业服务体系，健全村级就业创业服务站，加强高校毕业生、农民工、退役军人等群体就业创业工作。持续加大“10+N个一批”公益专职岗位开发力度，确保“三无两有”家庭每户至少有1人通过就业实现脱贫。积极探索实施“企业+扶贫车间+贫困户”模式，让更多建档立卡贫困劳动力在家门口就业增收。加强与广州天河区、贵阳国家高新区对口帮扶劳务协作工作对接，加大劳动力培训转移就业工作力度，持续稳定扩大就业，进一步加强主导产业实用型人才引进，助力产业健康发展。六是着力完善社会保障体系。持续实施全民参保计划，深入推动养老服务事业发展，建立健全“预防、康复、补偿”工伤制度体系相互衔接的养老保险体系，积极推进“五险合一”经办管理体系建设，加强保险基金监管和稽核。完善城乡最低生活保障制度，健全医疗、救助、临时救助、社会福利及慈善事业体系，完善防灾减灾救灾机制，强化重点人群关爱服务，推进行政区划调整、移民安置点的社区建设。加大劳动争议调处力度，切实维护农民工合法权益。

此外，加强国防后备力量建设、人民防空建设，积极支持驻纳军警、监察委、法院、检察院、工会、妇女儿童、共青团、文联等工作，加强国家安全、双拥优抚、统计、老龄、残疾人、邮政、气象、外事、侨务、对台、地方志、档案等工作。

各位代表，2018 年我们实施了“十件民生实事”。经过各部门、乡镇的共同努力，民生实事基本完成。由于地方性存量债务大、棚改及融资政策调整，资金保障困难，水东烟山及骔岭地灾避险搬迁安置工作未如期完成，将全力推进。今年，我们将尽力而为、量力而行，更加科学、更加合理地安排和推进各类民生项目，确保把好事办好、实事办实。

三、全面深化政府自身建设

新时代对政府工作提出了新的更高要求。全面深化政府自身建设，是民之所望、政之所向。面对新时代社会主要矛盾的深刻变化，面对繁重艰巨的改革发展稳定任务，我们将不忘初心、牢记使命，恪守政治纪律、政治规矩，不断提高施政能力、服务水平，努力建设党放心信任、人民满意信赖的政府。

（一）坚持党的领导。坚持与以习近平同志为核心的党中央保持高度一致，增强“四个意识”、坚定“四个自信”、践行“两个维护”，全方位、全过程将党的领导贯彻到经济社会建设发展各项工作中。坚决贯彻落实中央、省、市及县委各项决策部署，把党的指导思想和方针政策转化为干部群众的思想共识、行动自觉，在县委正确领导下团结带领全县干部群众，奋力推动全县经济社会建设发展迈上新台阶。

（二）严格依法行政。全面推进法治政府建设，健全依法决策机制，依法接受人大法律监督、工作监督和政协民主监督，发挥法治固根本、稳预期、利长远的作用，推动人民群众对美好生活的向往更多向民主、法治、公平、正义、安全等方面延伸。建立完善促进公平竞争、鼓励诚实守信的制度机制，激发创业创新活力，推动经济社会建设发展跑出纳雍“加速度”。

（三）突出责任担当。坚定理想信念，树立正确的政绩观，敢于直面矛盾困难，立足当前、着眼长远，科学谋划和推动工作。坚持政策设计、工作部署、干部培训、监督检查、追责问责“五步工作法”，不断完善激励与监督问责机制，切实增强使命感、责任感，以求真务实的作风、积极向上的态度、勇于担当的精神，不折不扣贯彻落实好各项决策部署，脚踏实地干好每一项工作。

（四）强化勤政廉政。把党风廉政建设摆在突出位置，把加强对领导干部特别是“一把手”的监督作为管党治党的关键环节，聚焦突出问题，全面开展自查自纠。认真贯彻落实中央八项规定、作风建设相关要求，持之以恒反对“四风”，深入开展反腐败斗争，坚决防止和纠正一切损害群众利益的违纪违法行为，保持政府清正廉洁的良好形象。

（五）加强队伍建设。全面加强政府系统干部教育培训，不断提升学习、政治领导、改革创新、科学发展、依法执政、群众工作、狠抓落实和驾驭风险“八大本领”，完善干部考评和激励约束机制，切实调动广大干部的积极性、主动性。以干部作风建设为抓手，打造一支善于学习、政治过硬、业务精湛、作风优良、实绩突出的干部队伍。

各位代表，新时代赋予新使命，新征程期待新作为；实干成就梦想，奋斗铸就辉煌。让我们在市委、市政府和县委的坚强领导下，牢记嘱托、感恩奋进、苦干实干，以永不懈怠的精神状态、一往无前的奋斗姿态，奋力谱写新时代纳雍改革发展新篇章，奏响脱贫攻坚最强音，向党和全县人民交上一份满意的答卷，向新中国成立 70 周年献礼！

黔西县政府工作报告

（2019年1月17日在黔西县第十七届人民代表大会第三次会议上）

黔西县委副书记、县长 杨汉华

各位代表：

现在，我代表县人民政府向大会报告工作，请予审议，并请县政协委员和其他列席人员提出宝贵意见。

一、2018年工作回顾

2018年，是全县攻坚克难、成果丰硕的一年，是黔西发展实现历史性跨越的一年。一年来，在市委、市政府和县委的坚强领导下，在县人大、县政协的监督支持下，我们深入学习贯彻党的十九大精神特别是习近平总书记对毕节试验区的重要指示精神，全面落实中央、省、市的各项决策部署，以脱贫攻坚统揽经济社会发展全局，坚决打好三大攻坚战，认真落实“五步工作法”，深入推进“113攻坚战”，较好地完成年初既定的各项目标任务。以教育、医疗、就业、住房等为重点的民生实事稳步推进，建设文明富庶、社会和谐、经济高质量发展的美丽黔西取得新的重要进展，我们站在了决胜全面建成小康社会新的历史起点上。

2018年，预计全县完成生产总值233.55亿元，增长11.5%；一般公共财政预算收入9.02亿元；规模以上工业增加值增长12%；固定资产投资增长10%；社会消费品零售总额40.3亿元，增长12%；招商引资到位资金184.41亿元，增长9.8%；城镇、农村常住居民人均可支配收入分别为29226元、9464元，分别增长9%、10.5%；金融机构存贷款余额分别达215亿元、191亿元，分别增长10%、15%。经济运行稳中有进，发展态势良好。

回首过去一年，我们有9个方面的大事令人难忘、催人奋进：一是习近平总书记对毕节试验区工作作出重要指示。他强调，要确保按时打赢脱贫攻坚战，努力把毕节试验区建设成为贯彻新发展理念的示范区。这赋予新时代毕节试验区新的历史使命，使黔西建设步入新时期。二是率先在全市实现脱贫摘帽。脱贫攻坚顺利通过国家第三方评估验收，综合贫困发生率为1.68%、错退率为0、群众认可度为96.06%。省政府同意黔西县退出贫困县，成为毕节市第一个脱贫摘帽的县（区），并荣获“2018年全国脱贫攻坚奖组织创新奖”。三是煤化工产业取得突破性进展。黔希煤化工年产30万吨煤制乙二醇项目建成投产，“工业富县”战略地位日益凸显。四是城镇建设水平不断提高。率先在全市建成“智慧工地”监管和应急指挥平台，城镇建设工作得到全市通报表扬，并获得3000万元补助。五是城市功能日益完善。建成凤凰山公园、全民健身中心、县城供水二期等项目，改造县城老城区雨污分流管网21.3公里。开通金碧、甘棠、洪水等城乡公交线路。开通坪子收费站，将黔西至贵阳的距离缩短至68公里。六是“五城同创”再创佳绩。创建贵州省园林县城工作顺利通过验收评审，成为全省第二个荣获“省级园林县城”荣誉的县（区）。七是“撤县设市”取得重大进展。市委二届三次全会同意撤销黔西县，设立县级水西市，申报工作已进入最后冲刺。八是群众安全感全面提高。安全感、满意度测评连续两年获全市第一。九是主动承接承办重大会议及活动。2018“中非合作论坛——减贫与发展会议”代表团到黔西参观考察，全省第一次、第二次项目建设现场观摩会到黔西观摩，全省民政部门2018年脱贫攻坚夏秋攻势动员部署暨民政兜底脱贫现场会、全市城镇发展暨项目观摩会等会议在黔西召开。

一年来，我们主要抓了以下工作：

（一）全力战贫困，脱贫攻坚精彩出列。坚持把脱贫攻坚作为头等大事、第一民生工程，全力打好“四场硬仗”，脱贫攻坚取得决定性胜利。以精准施策取胜。紧盯“两不愁，三保障”目标，按照“四个切实”“五个一批”“六个精准”要求，完成国家、省、市督查反馈问题整改1813条，贫困识别、帮扶、退出更加精准。全年再减少贫困人口5926人，贫困发生率下降至0.95%，剩余的43个贫困村全部出列。以凝心聚力取胜。建立健全指挥、调度、督导三大攻坚体系，40名县级领导、6443名县乡干部结对帮扶贫困户，积极争取民建中央及民建东部十省（市）、广州市花都区、恒大集团等单位和企业帮扶，形成党政抓统筹、干部齐上阵、社会广聚力的大扶贫格局。以真抓实干取胜。大力补齐产业发展、基础设施等短板，贫困群众持续稳定脱贫。6500头安格斯能繁母牛、1.22万栋蔬菜大棚、3.2万群中华蜂收益直接与贫困户联结，贫困群众增收更加有保障。贫困村通组路硬化达1016.79公里，10至30户自然村寨道路硬化达238.33公里。建成易地扶贫搬迁锦绣花都安置点，恒大集团捐赠家具、家电等生活用品，16852人完成大迁徙；完成2018年易地扶贫搬迁惠风花园安置点主体工程建设。围绕“五子行动”抓整治，农村贫困家庭人居环境卫生发生深层次、全方位改变。以开拓创新取胜。探索就业扶贫“10+N个一批”工程，开发公益专岗6203个，解决4477个农村贫困零就业家庭增收难题。充分利用514个新时代农民（市民）讲习所，开展各类讲习1.58万余场次，有效激发群众的内生动力，涌现出一批“我要脱贫”的生动典型。以政策落实取胜。健全学生资助体系，发放资金6305万元，惠及学生7.3万人次，建档立卡贫困学生资助实现全覆盖，学生资助“六位一体”做法在全国学生资助工作会议上作经验交流发言。完善“先诊疗，后付费”“一站式”即时结算机制，结算补偿8758.15万元，住院医疗费用实际报销比例达91.54%。完成农村危房改造、贫困户安全住房建设和旧房整治15743户，配套完成“三改”5162户，贫困群众实现住有所居、居有所安。

（二）着力调结构，质量效益同步提升。深入推动产业结构调整，经济发展质量与效益持续提升。农业产业结构不断优化。按照农村产业革命“八要素”要求，调减玉米种植面积24.27万亩，重点培育经果林、牧草、蔬菜等高效益产业，经济作物种植占比65.15%。建成县乡示范样板点120个，示范面积13.6万亩。建成1000亩以上蔬菜标准化生产基地4个、300亩以上核心基地15个。收购烟叶10.18万担，牛存栏16万头，生猪存栏41万头，家禽存栏320.9万羽。工业经济乘势而上。工业增加值增速持续保持全市领先水平。黔希煤化工实现工业产值4.88亿元，提供就业岗位1000余个。洪水沟、鑫黔、大坝等16对煤矿复产复建，生产原煤501.76万吨。发电98.54亿度，增长40.29%。完成“千企改造”工程11个。成功引进黔西红木家具、制鞋产业园、节能环保产业孵化园等一批项目。全域旅游方兴未艾。实施“旅游品牌创建、旅游服务设施、旅游发展质量”三大提升工程，组建县文化旅游发展有限公司。中建营盘、大关丘林、锦星白泥、莲城坪子等乡村旅游项目有序推进。素朴象祠、林泉海子、洪水解放3个景点获批3A级景区，中果河景点成功通过国家4A级景区质量景观评定。启动观音洞遗址建设，完成武庙、大关盐号修缮。成功举办全县第二届旅游产业发展大会。全年接待游客1230.8万人次，旅游综合收入117亿元。产销对接更加通畅。发展电商经营主体85家，打造185个乡村电商服务站，加快电商产业孵化园和95个村级电商精准扶贫运营中心建设，国家电子商务进农村示范县建设有序推进。成功引导广州和毕节60余家企业在黔西成立“广毕同心黔行产销扶贫联盟”。网络零售额6906.93万元，增速90%。

（三）极力促统筹，城乡面貌焕然一新。坚持城市发展“六度”理念，城镇化水平持续提高，城市综合实力显著增强。城市建设加快推进。建成城市主干道7.06公里。改造公交车站台87套。改造阳光大道、同心大道、金黔大道路灯485盏。贵毕路加宽改造、站前大道建设加快。全力建设“城市绿肺”，湾角龙潭得到有效治理，观农台公园、龙山公园建设取得实质性进展。完成棚户区改造4253户。莲城金街、同心锦绣城等22个房地产项目加快推进。城镇化率达48.64%。乡村建设加快推进。建成中建营盘等乡村联动示范点50余个。建成城镇路网、污水处理厂、农贸市场、医院等“8+X”项目200余个。投入7.5亿元启动水务一体化PPP农村饮水安全巩固提升工程。国道212金沙五里坡至黔西大锡、大锡至甘棠公路建成通车；完成协和至太来、铁石至钟山、中坪至重新等6条县乡道改造。投入3.5亿元实施农村电网改造升级工程，新增变压器1250台。铺设通信光缆达7.42万公里，累计建设移动基站3262个，30户以上自然村4G网络覆盖率达90%。

（四）奋力优生态，人居环境明显改善。坚持“生态立县”战略不动摇，建青山、护绿水、守净土，生态文明建设持续推进。强力推动环保督察问题整改。完成中央、省委环保督察反馈问题整改83个。完成贯城河整治，拆除沙坝河网箱，加强附廓水库饮用水源地保护区、凉风洞垃圾填埋场、甘棠垃圾填埋场等环境治理。投入2000余万元完成县城污水处理一期、二期提标改造工程，城区污水处理达到一级A标排放标准。污染防治攻坚战成效显著。大力改善大气环境，划分县城禁燃区、限燃区，城区空气质量优良天数比例达98.2%。全面推行河长制，建立县乡村三级河长体系，15条河流实现挂牌管理；投入4785万元开展附廓水库集中式饮用水源地综合整治，集中式饮用水源水质达标率为100%。投入6300万元建成城乡垃圾收运系统，新增城乡垃圾收运车辆98台，安装垃圾箱1300个，实现乡村生活垃圾集中处理。完成营造林建设7.5万亩，石漠化综合治理面积20平方公里，经果林面积新增10.83万亩。森林覆盖率达50.5%。建成区绿化覆盖总面积708.56公顷，“300米见绿、500米见园”的绿地系统初具雏形。创建“省级森林城市”顺利通过省级核查验收。红林乡雷响孔村成为毕节唯一入选的“全国生态文化村”。监管执法问责更加严格。深入开展“六个一律”“六个严禁”森林保护专项执法和“守护多彩贵州，严打环境犯罪”专项行动，出动执法人员1501人次，办理各类森林案件253起。

（五）强力促改革，发展活力不断释放。“放管服”改革深入推进。大力推行“互联网＋政务服务”，向社会“晒权责”，累计清理公布行政权力清单3730项，动态调整公布权责清单38项。通过贵州政务服务网黔西站，率先开展网上全程电子化业务，梳理全程网办事项、即办事项168项。县乡村三级8617个行政审批服务事项办事指南录入贵州政务服务网，16个部门、153项行政许可事项进驻县级实体政务大厅，数据“多跑路”、群众“少跑腿”改革加快。大力开展营商环境集中整治行动，着力解决企业反映的一批突出问题。综合改革深入推进。全面取消“砂票”“调拨单”“建筑材料准运证”等事项，企业办理行政审批服务事项时间平均减少52%。组建村务（民生）监督委员会，优选1092名村务监督员充实监督队伍。完善建立农村土地承包经营权流转工作新机制，确权登记颁证农村承包地126.3万亩；强力推进113个“三变”试点村改革；全面推广“塘约经验”，金碧红寨、大关七里、林泉海子试点村改革成绩突出。科技创新成果显著。海悦科技、永润天泽化工获高新技术企业认定，高新技术企业实现零突破。高原蓝梦菇、飞乐云网络成功遴选为小巨人成长企业和科技型种子企业，新增科技型企业备案65家。

（六）聚力惠民生，社会事业全面进步。坚持民生优先，人民群众的获得感、幸福感、安全感不断增强。教育发展更加均衡。深化教育综合改革，全力促进教育优质均衡发展，教育教学质量全面提升。划分7个学区，成立22个教育集团，投入6000万元夯实“村校复兴”基础设施；新建中小学23所，建成幼儿园10所。学前教育普惠率达80%以上。城区超大班额全面消除。完成教育园区幼儿园和第一高中教学楼主体工程建设。高中学校“名校攻关”行动初见成效，高考本科综合上线率大幅提高。卫生服务水平不断提升。投入1743万元改善基层医疗条件，建成82个村级标准化卫生室、20个乡镇卫生院数字化预防接种门诊室，13个易地扶贫搬迁安置点卫生室全覆盖；开通省内跨市州异地就医及时结报。文体广电事业繁荣发展。建成国家公共文化服务体系示范区。新建9个乡镇综合文化站；文化馆、新图书馆、智慧图书馆投入使用。正式挂牌成为全省首家“中国合唱协会合唱基地”。以脱贫攻坚为题材的院线电影《村官不难当》在黔西实景拍摄。新建12个乡镇级、198个村级农民体育健身工程，实现农体工程全覆盖。广泛开展全民健身运动，承办“健康黔西·快乐行走”2018年全国徒步大会、“银河实业杯”全国象棋公开赛等体育活动。新增多彩贵州“广电云”户户用18849户。社会保障体系更加完善。新增城镇就业10741人，转移农村劳动力就业22105人。开展贫困劳动力全员培训6535人，安置就业5026人。城乡居民基本养老保险参保34.94万人，发放养老金7074万元。发放城乡低保金1.43亿元。“平安黔西”建设成效明显。深入开展扫黑除恶专项斗争，保持严打整治高压态势，刑事案件发案率下降19%。积极推进“法治黔西”创建工作，荣获第四批“全国法治县创建活动先进单位”、大兴社区荣获第七批“全国民主法治示范社区”称号。成功防范非洲猪瘟，疫情零发生。全年未发生较大及以上安全生产事故，安全形势持续平稳向好。

（七）大力转作风，政府自身建设不断加强。认真贯彻新时代党的建设总要求，深化落实中央八项规定精神，驰而不息纠正“四风”，牢固树立“四个意识”，扎实推进“两学一做”学习教育常态化、制度化。认真履行党风廉政“一岗双责”，始终保持务实高效的作风，强化责任担当，深入开展“三个大兴”活动。加强审计监督，深入推进反腐败斗争，廉洁自律防线更加牢固，政府公信力、行政效能不断提升。自觉接受县人大法律监督、县政协民主监督，办理人大代表建议160件、政协委员提案111件，办复率、满意率均达100%。

此外，人武、消防、市场管理、供销、民族宗教、外事侨务等工作取得新成效，青年、妇女儿童、老龄、残疾人、气象、档案等事业取得新进步。

各位代表，回首过去一年，我们万众一心、拼搏奋进，工作成效显著。最令人振奋的是，习近平总书记对毕节试验区工作作出重要指示，为“努力把毕节试验区建设成为贯彻新发展理念的示范区”提供了根本遵循；最令人瞩目的是，改革开放40年特别是毕节试验区建立30年以来，黔西经济实力突飞猛进、生态环境日益优化、人口素质全面提高，城乡发生了翻天覆地的变化；最令人鼓舞的是，省、市领导对我县脱贫攻坚高度重视，统一战线特别是民建中央和民建各级组织、广东花都区、恒大集团等各方力量倾力帮扶，激励全县人民尽锐出战；最令人欣慰的是，城乡基础设施得到前所未有的改善，人民群众内生动力不断增强，过上了向往已久的幸福新生活；最令人感动的是，万名干部奔赴脱贫一线，战天斗地、合力攻坚，撕掉了贫困落后的标签，以苦干实干赢得人民群众的点赞，干群关系更加密切。

这些成绩的取得，得益于上级党委政府的坚强领导、深切关怀，得益于县委的统揽全局、科学决策，得益于县人大、县政协的监督支持，得益于各级各部门和全县各族人民的团结奋斗、顽强拼搏。在此，我谨代表县人民政府，向全县人民、人大代表、政协委员，向离退休老同志、各人民团体和社会各界人士，向驻县部队、武警官兵和政法干警，向参与黔西建设、支持黔西发展的各界，表示衷心感谢并致以崇高敬意！

我们取得的成绩有目共睹，但当前发展面临的问题、困难也不容忽视：经济发展质量不高，增长后劲不足；财政刚性支出大，收支矛盾突出；补齐民生短板、巩固提升脱贫成果任务艰巨，全面建成小康社会时间紧、任务重；农业产业化程度低、工业实体经济薄弱，第三产业发展动力不足；少数部门行政效能低，少数干部懒政、怠政。对此，我们一定高度重视、直面问题，认真加以解决，绝不辜负全县人民的厚望。

二、2019年主要工作

2019年是新中国成立70周年，是决胜全面建成小康社会第一个百年奋斗目标的关键之年，是贯彻落实习近平总书记2018年7月18日对毕节试验区作出重要指示精神的开局之年。今年的机遇千载难逢，今年的工作使命光荣、意义重大。

总体思路是：以习近平新时代中国特色社会主义思想为指导，全面贯彻党的十九大和习近平总书记对贵州、毕节工作的系列重要指示批示精神，认真落实中央和省、市经济工作会议决策部署，统筹推进“五位一体”总体布局，协调推进“四个全面”战略布局，坚持稳中求进工作总基调，坚持新发展理念，坚持推动高质量发展，坚持以供给侧结构性改革为主线，聚焦市委“113攻坚战”、县委“12345”奋斗目标，把推动绿色发展、人力资源开发、体制机制创新贯穿工作始终，深入推进“生态立县、科教兴县、工业富县、基建强县”战略，统筹推进稳增长、促改革、调结构、惠民生、防风险工作，为打赢攻坚战建设示范区奠定坚实基础，在全市建设全面小康社会进程中争当桥头堡、力做排头兵，以优异的成绩向新中国成立70周年献礼。

今年，我们将“突出稳、着眼干，打好三大攻坚战，经济发展高质量，社会和谐保稳定”。*主要预期目标是*：生产总值增长10%左右，规模以上工业增加值增长10.5%，固定资产投资增长16%左右，一般公共预算收入增长6%，社会消费品零售总额增长11%以上，城镇、农村常住居民人均可支配收入分别增长9.2%、10.8%，城镇登记失业率控制在4.2%以内，旅游总收入、接待人次均增长30%以上，森林覆盖率提高3个百分点以上，城镇化率达50%以上，居民消费价格指数、节能减排降碳指标控制在国家、省下达的计划范围内。

围绕全年目标，要重点抓好9个方面的工作：

（一）稳步推进脱贫攻坚，着力补齐全面小康基础短板。全力推进剩余贫困人口精准扶贫工作，持续巩固出列贫困村脱贫成果，提升脱贫质量，为创建全面小康社会奠定坚实基础。狠抓精准度大提升。按照“五个一批”要求，突出抓好“五个专项治理”，扎实开展“回头看”“持续帮”，推进贫困人口动态管理常态化，着力解决贫困户错评、漏评、错退问题。狠抓基础设施大提升。全面打通村组断头路，补齐村组公路短板。持续推进农村饮水安全巩固提升工程建设，农村饮水标准人均每天提升到80L以上。贫困村全部通动力电。狠抓产业扶贫大提升。借鉴“塘约经验”，推进“村社一体”，不断完善利益联结机制，确保贫困群众持续稳定增收。继续抓好绿色产业扶贫投资基金工作。充分发挥1.22万栋蔬菜大棚经济效益，不断巩固出列村产业。鼓励贫困户发展种植、养殖业，建档立卡贫困家庭牛存栏达5万头、猪存栏15万头、蜂3万群、家禽321万羽以上，经果林达8.87万亩以上。狠抓群众内生动力大提升。充分利用新时代文明实践中心（站、所），继续开展“大讲习”，把贫困群众主动脱贫的志气“扶”起来。办好职业教育精准脱贫班，继续开展贫困劳动力全员培训，把贫困群众自我发展的能力“提”起来，引导贫困人口就业5780人以上。

（二）稳步推动风险防控，着力营造和谐稳定发展环境。坚持把防范化解重大风险摆在更加突出位置，加强重点领域风险防控，织密安全网底。着力防范化解债务风险。加强地方政府性债务管理，通过土地出让、盘活存量国有资金、平台公司实体化转型、城乡建设用地增减挂钩结余指标调剂等渠道，积极筹集偿债资金，提高偿债能力。规范PPP项目实施。围绕供给侧结构性改革，落实企业信贷政策、优化风险分担机制，严控新增债务。积极稳妥消化存量债务，力争化解政府隐性债务8.89个百分点以上。着力防范化解金融风险。建立健全防范处置非法集资、互联网金融监管、交易场所清理整顿等工作机制，筑牢金融风险“防火墙”。引导金融资本更好服务实体经济，促进金融和实体经济、金融和房地产、金融体系内部良性循环。坚决打击违法违规金融活动。推进社会诚信体系建设，规范民间借贷，维护金融环境，确保不发生系统性区域性金融风险。着力防范化解安全稳定风险。加大交通运输、煤矿、地质灾害、建筑工地、危化物品、食品药品、消防等重点行业领域安全隐患专项排查整治，坚决遏制重特大事故发生。深入推进“法治黔西”创建，强化综治中心实体化运行，多元化解矛盾纠纷，妥善解决群众合理诉求，坚决打击闹访、缠访、非访行为。加强意识领域防控体系建设，坚决防范和打击邪教等各类非法组织渗透破坏性活动。严厉打击网络造谣传谣、利用网络散布传播虚假有害信息等违法行为。持续开展扫黑除恶专项斗争，坚决打赢新时代禁毒人民战争，维护社会和谐稳定，提高人民群众的安全感、满意度。

（三）稳步推动绿色发展，着力创造良好生产生活环境。坚持绿水青山就是金山银山的绿色发展理念，牢牢守住发展和生态两条底线。抓实环保督察整改。全面完成中央、省生态环保督察反馈问题和信访问题整改。建立健全长效管理机制，强化跟踪督办，巩固治理成果，坚决防止问题反弹。抓牢环境污染防治。继续打好蓝天、碧水、净土“三大保卫战”。抓好扬尘、柴油货车、工业企业、燃煤及油烟污染治理，县城环境空气质量优良天数比例达95%以上。持续开展河长大巡河、河湖“清四乱”专项行动，抓好集中式饮用水水源地保护，确保千人以上集中式饮用水水源地水质达标率100%；推进19个乡镇污水处理厂项目建设，综合治理河道6.9公里，城镇污水处理率达50%。完成第三次全国国土调查工作；严格落实耕地保护制度，严格用地准入；抓好农业面源污染防治、固体废物污染防治；加快推进矿山地质环境恢复治理；实施水泥窑协同处理垃圾扩能提标改造工程，持续完善城乡垃圾收运设施，城乡生活垃圾无害化处理率达80%以上。抓好绿化建设工程。全面实施新一轮生态修复工程，造林绿化10.74万亩，石漠化治理14平方公里，森林覆盖率预计达54.46%以上。力争水西柯海国家湿地公园试点通过国家验收。启动国家园林县城创建工作。抓严生态环境监管。建全联动执法机制，深入开展森林保护“六个严禁”“六个一律”环保利剑等专项行动。严厉打击非法占用林地等违法行为。继续加强国土资源执法监察，严厉查处国土资源违法行为。

（四）稳步推进项目建设，着力提高项目投资质量效益。坚持质量第一、效益优先，以振兴实体经济为着力点，扎实抓好项目管理，以项目促投资、稳增长。优化投资结构。围绕乡村振兴、民生事业、绿色产业等方面全方位多角度谋划一批支撑作用大、带动能力强、市场前景好的大项目，建好用活项目库。继续推广PPP模式，千方百计拓宽融资渠道，全方位扩大有效投资。遴选申报省市重大项目98个、总投资315.56亿元，其中，省重大项目28个、总投资163.74亿元。加大招商引资。坚持领导带头招商，强化重点产业链招商，抓住民建中央、东西部协作、恒大集团等帮扶机遇，加强精准对接，完善对外推介合作机制。进一步巩固“三大行动”和营商环境集中整治成果，搭建“绿色通道”，全力打造公平、稳定、透明的营商环境新高地，力争重点产业招商引资到位资金60亿元以上。加强投资管理。严格财政预算，规范专项资金管理。积极探索中小企业融资新模式，切实解决中小企业融资难、融资贵问题。强化项目跟踪调度，解决项目实际困难和问题，确保获批项目及时开工、在建项目有序推进、完工项目按时验收。建成站前大道，加快贵毕路加宽改造等项目建设，推进凤凰国际、海博名邸等一批优质房地产项目建设。力争完成省市重大项目投资63.73亿元以上。

（五）稳步推动产业发展，着力抓好传统产业优化升级。深化供给侧结构性改革，推动一二三产业深度融合发展。推进农业现代化。牢牢把握农村产业革命“八要素”，强力推进农业产业结构调整，调减玉米种植17万亩，把经济作物种植占比提高到66%以上。大力发展设施农业，加快农田喷灌设施建设，不断夯实农业水利基础。科学谋划产业布局，打造8000亩以上县级领导示范点8个，2000亩以上乡级领导示范点228个；打造500亩以上坝区34个、100至500亩坝区144个。持续巩固烤烟、油菜、中药材等优势经济产业。大力发展绿色有机无公害农产品，着力打造农产品黔西特色品牌，提高品牌竞争力。以东西部扶贫协作为契机，加强对接广州、上海、深圳等重点城市，拓宽“黔货出山”绿色通道。加快完善动物防疫、植物预警防控体制机制，不断扩大农业保险覆盖面，提高农业抗风险能力。推进工业新型化。坚持“立足煤、做足煤、不唯煤”，加快推进新型工业化进程。深入推进“千企改造”工程，推动15户以上企业转型升级，重点推进煤矿兼并重组，煤炭产量提升到520万吨以上。积极探索发展黔希煤化工年产30万吨煤制乙二醇项目下游产业，提升产品附加值。加快发展以电子设备制造、服装箱包生产、食品加工为主的轻工业。全力处置“僵尸企业”。推进旅游全域化。依托“五高一铁”交通优势，推进柳岸水乡田园综合体核心项目建设、A级景区创建工作，力争把中果河景区建成国家4A级景区。力争全县接待游客1600万人次，实现旅游综合收入152亿元。推进大数据融合化。深化大数据“万企融合”行动，建成规模化农业物联网示范基地1个，推动大数据与产业发展深度融合；加快推进“雪亮工程”建设，推动大数据与社会治理深度融合；全力推进大数据中心项目建设，推动大数据与政府管理深度融合；加快推进大数据溯源系统平台及黔西电商生鲜农产品冷链物流园建设，推动大数据与电商深度融合。

（六）稳步推进基础建设，着力提升经济发展承载能力。坚持补短板、强支撑，不断完善经济社会发展基础。持续完善综合交通运输网络。全力做好成贵快速铁路黔西境建设协调服务，加快推进南部新区站前多功能换乘中心等配套基础设施建设，实现城市公交与快速铁路有效衔接。续建国道321洪家渡至金凤、省道211桃园至望城坡国省道改造项目，修缮新仁至化屋、林泉至红林等乡村公路，畅通县乡村组公路，形成较为完善的综合交通运输网络。加强农村公路管养，争创国家“四好农村路”示范县。持续推进水利设施建设。配合做好夹岩水利枢纽和凹水河水库工程建设，完成樱桃坪水库下闸蓄水，加快仙人洞水库建设进度，力争开工建设登高、黄泥坡、新发等水库。县城供水二期工程实现供水，全面解决城区居民用水问题。力争开工建设4座病险水库除险加固工程，提高防洪能力。持续推动电讯升级改造。加快小康电、110千伏莲城输变电、2018年第三批10千伏及以下配电网工程建设。加强农村广播影视综合服务站管理。加快小康讯行动，实现30户以上自然村4G网络全覆盖，加快启动5G网络建设。

（七）稳步推动乡村振兴，着力构建城乡协调发展格局。按照乡村振兴战略总要求，不断激发农村发展活力，缩小城乡差距，促进城乡协调发展。推动农业优化。以绿色发展引领乡村振兴，注重特色化、规模化、商品化，每个村发展一个优势主导产业，建立紧密利益联结机制，打造特色农业产业集群。继续推进35个农业园区建设，围绕农畜产品生产、加工、销售，培育发展新型农业经营主体46家以上。大力发展农业采摘园，着力打造有山有水、依山傍水、显山露水的休闲观光农业示范村。推动农村美化。大力实施六项小康行动计划，深入推进农村人居环境整治“三年行动”，加快补齐农村公共服务短板，不断改善农村生态环境。着力保护传统村落，鼓励传统手工艺复兴，让群众记得住乡愁。创建国家级卫生乡镇2个，打造美丽乡村的黔西样板。推动农民转化。发挥村规民约在基层治理中的独特功能，借鉴塘约“红九条”“黑名单”管理机制，着力构建自治、法治、德治相结合的乡村治理体系，引导农民转变观念、自力更生，让农民变股民抱团发展。选优配强村级班子，优化农村基层干部队伍结构。努力培养一批乡村振兴新型三农人才队伍，着力培训一批新型职业农民，促进农业发展、农村进步、农民增收。推动城乡一体化。坚持“多规合一”，加快形成田园乡村与现代城镇各具特色、交相辉映的城乡发展形态。继续推进城市建设提质扩容“23456工程”，着力抓好城市路网、公园、公厕、停车场等为重点的基础设施建设，完善城市服务功能，提升城市生活品位。优化城市公交线路6条。深入推进“五城同创”，实施“数字城管”“智慧工地”“智慧城市”建设，推动城市管理智能化转变。加快推进林泉、金碧等乡镇“8+X”项目建设。积极加强对接，奋力实现撤县设市。

（八）稳步推动改革创新，着力增强经济社会发展活力。以打破才能出生机的改革气魄，着力创新体制机制，积极探索经济社会发展新方法、新路子。推进“放管服”改革。继续在“多证合一、一照一码”和“证照分离”登记制度改革方面取得突破，放宽市场准入和退出便利化。全面推行“五清单、二平台、一张网”改革，规范行政权力运行。全面实施公平竞争审查制度，实行“双随机、一公开”，推动执法行为向事中事后监管模式迈进。大力推行“互联网+政务服务”，完善网上审批流程，实现市场主体各个业务环节“不见面申请”“不见面审批”。推进政府机构改革。对标中央和省级机构改革，着力改革政府机构设置，优化职能配置、合理划分事权、理顺权责关系，构建系统完备、科学规范、运行高效的机构职能体系。加快推进县级融媒体改革。推进农村综合改革。全面推广农村“三变”改革，逐步壮大村级集体经济。持续推进电子商务进农村综合示范县创建工作，扩大电商农际推广，外引内育电商人才和平台，壮大电商发展力量，打造电商发展新业态。

（九）稳步推进民生事业，着力保障人民共享发展成果。坚持在发展中保障和改善民生，不断增进民生福祉，不断满足人民群众日益增长的美好生活需要。大力发展有质量的教育。纵深推进集团化、学区化办学。着力配齐农村幼儿教育资源，推动义务教育优质均衡发展，狠抓高中分层次教学质量，创新办好职业教育，抓好特殊学校办学质量。推进城区划片招生，大力支持民办教育。加强师德师风建设，着力提高教师队伍整体素质。推动锦绣学校等20个项目建设。大力提高健康服务水平。继续推进“健康黔西”建设，加快推进县第二人民医院、妇幼保健院建设，新建5个乡镇卫生院标准化建设。鼓励社会资本兴办大型民营医院。加强出生缺陷防控，提升出生人口素质。加强疾病预防控制和妇幼卫生保健工作，提升人民群众健康水平。健全引才留才机制，大力引进医疗卫生紧缺专业人才。大力发展文体事业。完成图书馆、文化馆总分馆体系建设，提高公共文化服务基础承载力。全面完成黔西观音洞文化遗址项目建设和三楚宫戏楼修缮工程。加大“文琴戏”等文化遗产保护与传承力度。加快推进创建全民运动健身模范县进程，启动300公里健身步道建设，推动文体产业协调发展。抓好就业创业工作。全面落实就业创业政策，引导和鼓励黔西籍在外创业务工杰出人才返乡创业。增加安置“十大员”就业扶贫专岗600个。城镇新增就业11000人。开展拖欠农民工工资专项治理，构建和谐劳动关系。完善社会保障体系。继续推进全民参保计划，完善失业、工伤等保险制度。抓好城乡低保核查，加强农村低保与扶贫开发两项制度有效衔接。鼓励支持社会大力发展养老、托幼、残疾人等服务业，加强互助幸福院管理，扎实抓好空巢老人、留守儿童、困境儿童、孤儿、残疾人等特殊困难群体关爱救助工作。

此外，大力促进民族团结奋进，积极支持武警部队、监察委、法院、检察院、工会、妇联、共青团等工作，加强民族宗教、双拥优抚、审计、统计、气象、档案等工作。

各位代表，新的一年我们将坚持尽力而为、量力而行，扎实办好“十件民生实事”：（1）全面完成省、市分解的减贫任务，持续巩固197个出列贫困村成果，提升2.96万户、12.16万人的脱贫质量；（2）实施农村饮水安全攻坚决战行动，稳定解决2.03万农村人口饮水问题；（3）建成30个城乡垃圾收运系统压缩中转站，实现城乡垃圾收运系统全覆盖；（4）实施棚户区改造4600户，不断完善老城区功能；（5）建成城区公共厕所2座；（6）建成杜鹃湖公园，提升城市品位；（7）加快推进看守所至向阳桥1.7公里环西路建设；（8）建成城乡幼儿园8所，改扩建农村中小学6所；（9）开通雨朵、金兰、甘棠新街田、洪水长堰城乡公交线路，力争开通钟山、锦星白泥城乡公交线路，方便群众绿色出行；（10）完成县政务服务实体大厅标准化建设，推进群众办事“最多跑一次”改革。

三、加强政府自身建设

各位代表，打赢攻坚战、建设示范区，对政府工作、自身建设提出了更高要求。我们一定恪守政治纪律、政治规矩，努力建设人民满意、群众放心、运行高效的新时代服务型政府。

一是旗帜鲜明讲政治。坚定不移用习近平新时代中国特色社会主义思想武装头脑、指导实践、推动工作，坚定理想信念不动摇，牢固树立“四个意识”、坚决落实“两个维护”、切实坚定“四个自信”。不折不扣贯彻党的路线、方针、政策，坚决服从中央、省、市和县委的领导，做到党委有号召、政府有行动，党委有要求、政府有落实。

二是守法尽责晒权力。深入推进法治政府、阳光政府建设。健全完善政府法律顾问、公职律师制度，让人民群众在每一个行政案件中都感受到公平正义。自觉主动接受人大法律监督、政协民主监督。人民的政府为人民，我们的工作体现人民的意愿，就要全面接受人民的监督，让权力在阳光下运行。

三是求真务实勇担当。深入开展“大兴三风”活动，驰而不息纠正“四风”。牢固树立为人民服务的宗旨意识，把解决人民群众最关心、最直接、最现实的利益问题摆在首位，把脱贫攻坚、同步小康的重任扛在肩上，以求真务实的作风抓牢抓实政府工作，不断增进人民福祉。

四是创新管理提效能。以“放管服”为抓手，以大数据为载体，积极探索新时代政府管理运行模式，不断加强信息化、数字化政府建设，推动政务服务、公共资源、电子政务深度融合，逐步实现“进一扇门、办全部事，进一张网、办全县事”目标，为老百姓提供高效便捷的公共服务。

五是清正廉洁树形象。全面落实中央八项规定和省委、市委、县委各项要求，从严落实党风廉政建设责任制，全面加强审计监督，加大重点领域、关键环节惩腐力度，严肃查处违法违纪案件，扎实推进政府系统惩防体系建设，全面打造“制度铁笼”，扎牢不敢腐、不能腐、不想腐的“笼子”，保持干部清正、政府清廉、政治清明的好形象。

各位代表，时代造就英雄，人民创造历史。伟大的时代，必有不凡的作为，新理念指导新实践、新作为谱写新篇章。新的一年，在习近平新时代中国特色社会主义思想指引下，在省委、省政府，市委、市政府和县委的坚强领导下，在人大、政协的监督支持下，我们要牢记嘱托、感恩奋进、艰苦奋斗、戒骄戒躁、只争朝夕，奋力开创“机制活、产业兴、百姓富、生态美”的美丽黔西新未来！

大方县政府工作报告

（2019年4月11日在大方县第十七届人民代表大会第三次会议上）

大方县委副书记、县长 陈 萍

各位代表：

现在，我代表县人民政府向大会报告工作，请予审议，并请县政协委员和其他列席人员提出意见。

一、2018年工作回顾

2018年，是我县发展史上充满艰辛、极不平凡的一年。一年来，在市委、市政府和县委的坚强领导下，在县人大、县政协的监督支持下，我们深入贯彻党的十九大和习近平总书记对毕节试验区的重要指示批示精神，全面落实中央、省、市重大决策部署，坚持稳中求进工作总基调，以脱贫攻坚统揽经济社会发展全局，以推进供给侧结构性改革为主线，认真落实高质量发展根本要求，始终聚焦“113攻坚战”，深化改革、锐意创新、埋头苦干、同心攻坚，经济社会呈现出“稳中有进、转型加快、质量提升、民生改善、社会和谐”的良好发展态势。

这一年，我们顺利接受整县退出第三方评估。牢记习近平总书记“按时打赢脱贫攻坚战”的嘱托，举全县之力向千百年贫困发起最后总攻，已于今年3月接受第三方评估，评估结果将在5月公布，根据评估反馈问题初步测算，漏评率、错退率、群众认可度等核心指标均达到整县退出标准，全县上下正信心满满准备迎接国家抽查，脱贫攻坚取得了阶段性胜利。这一年，我们有效化解重大债务风险。面对还本付息巨大压力，采取短债化长债、出让土地、盘活国有资产、聚焦各类金融产品、协调银行展期、推动公司转型等办法，有效化解了政府债务风险，在还本付息高峰之年挺过风险、渡过难关。这一年，我们全面完成环保整改任务。完成2017年中央环保督察反馈涉及70个问题整改工作、2018年省级环保督察25件信访件整改任务，中央环保督察“回头看”存在问题有序整改。这一年，我们成功承办全市旅发大会。加快推进旅游项目建设，成功承办市第十一届旅游产业发展大会，着力打造“花海毕节·美丽大方”旅游品牌，展示“古彝圣地·美丽大方”良好形象。这一年，我们有力维护向好安全态势。认真落实安全生产责任制，强化履职、督查、考核、问责“四落实”，未发生较大及以上生产安全事故和煤矿安全生产事故，安全生产事故起数、死亡人数实现“双降”。

一年来，我们在集中精力打赢脱贫攻坚战的同时，统筹推动经济社会协调发展。完成地区生产总值192.12亿元，增长10.1%；500万元以上固定资产投资增长11.5%；财政总收入完成29.49亿元、增长9.7%，其中一般公共预算收入完成6.22亿元、一般公共财政预算支出完成50.93亿元；规上工业增加值增速为12.3%；全社会消费品零售总额完成31.9亿元，增长10.7%；金融机构存款余额达206.01亿元，贷款余额达147.47亿元；城镇常住居民人均可支配收入28800元、增长9.5%，农村常住居民人均可支配收入9469元、增长10.9%。

一年来，我们主要做了8个方面的工作：

（一）致力脱贫摘帽强攻坚。开展“春风行动”、发起“夏秋攻势”、启动“百日攻坚战”，抓实“五个专项治理”，向脱贫摘帽宣战。发展产业缩穷面。大力实施财政扶贫、农业结构调整、恒大结对帮扶、东西部协作等扶持项目，产业扶贫项目覆盖19.14万人。建好公路破穷途。全面完成1482公里“组组通”公路建设任务，农村通达条件极大改善，打通群众脱贫致富“最后一公里”。易地搬迁挪穷窝。搬迁安置贫困人口 2 万人，入住率达 100%。奢香古镇三期工程项目主体全面完工，应搬群众即将全部搬迁入住。教育资助拔穷根。办理助学金及免除学费共计 4298 万元，惠及学生 3.5 万人；兑现教育扶贫资助 1594 万元，惠及高中及以上建档立卡贫困户学生 7471 人。医疗保障治穷身。贫困人口新农合参保率达 100%，住院综合实际报销比例达 94.12%。建档立卡贫困人口家庭医生签约服务实现全覆盖。危房改造变穷貌。完成农村“危改”“三改”9575 户（其中，危改配套三改 2973 户），老旧住房整治 6846 户，人均安全住房面积不足 13 平方米配建 2389 户。金融扶助换穷业。累计发放“特惠贷”6.12 亿元、“惠民贷”6770 万元、“创业贷”3746 万元、“金牛贷”3000 万元、“养牛贷”1160 万元。就业增收鼓穷囊。创新开发护河、护路、护寨等“十大员”就业扶贫专岗，招募贫困户劳动力 8703 人，带动 1.8 万群众收入达标。

（二）致力产业发展强增效。牢牢把握产业革命“八要素”，推动产业结构调整，三次产业结构比为 17.4 ：39.2 ：43.4。农业结构大调整。调减玉米种植面积 20.2 万亩，种植蔬菜 49.3 万亩、马铃薯 59.1 万亩、牧草 14.4 万亩、中药材 14.9 万亩。种植烤烟 6.42 万亩，收购 13.02 万担。完成 10 万亩猕猴桃产业发展规划。猪存栏 27.4 万头，牛存栏 8.2 万头，羊存栏 3.79 万头，家禽存栏 175 万羽。粮经比 35：65，实现农业产业总产值 71.88 亿元。工业效益大增加。完成工业投资 13.3 亿元；生产原煤 257.25 万吨、水泥 165 万吨，同比分别增长 3.91%、16.18%。大方电厂发电 52.87 亿千瓦时。实施煤层气勘探开发井 33 口，瓦斯发电总装机组达 21 台，累计发电 1.3 亿千瓦时。实施“千企改造”工程 10 个，累计完成投资 9.65 亿元。清理“僵尸企业”10 家，清理厂房 4 万平方米。新开工产业项目 12 个。第三产业大发展。慕俄格古城、油杉河景区建设累计完成投资 4.7 亿元。新增酒店 2 家、床位 205 张，接待国内外游客、旅游综合收入分别增长 30.54%、31.08%，旅游收入在全省第一方阵中位列第七（上升 11 位）。电商产业园累计入驻企业 14 家，建成 20 个快递物流转捎点、20 个贫困村电子商务服务站、2 家网销平台。

（三）致力基础设施强支撑。省、市重大工程和重点项目完成投资 122 亿元，中央预算内项目完成投资 2.41 亿元。水利短板不断补齐。长征水库、野螺沟水库、青山水库建设有序推进，完成投资 3.34 亿元。实施农村饮水安全巩固提升工程项目 37 个，完成投资 5.4 亿元。电力设施逐步夯实。建成 110 千伏金龙变电站。启动建设威宁—大方 500 千伏输电线路工程、110 千伏瓢井输变电工程。实施新一轮农村电网改造项目，新建及改造配变 351 台。道路交通日益完善。实施道路交通建设项目 109 个，总投资 10.21 亿元；启动 21 条主干公路大修、灾毁恢复及改造工程，总投资 3.2 亿元。建成进寨路 367 公里。通讯网络快速便捷。完成 468 个 4G 基站扩建升级，实现 100% 行政村通宽带、自然村通电话、行政村 4G 信号全覆盖。启动“户户用”工程 4.89 万户，新增 2.54 万用户。

（四）致力城乡融合强统筹。完成城市建设投资 18.1 亿元，城镇化率提高到 42.81%。城市功能日趋完善。完成城市总体规划、43 个修建性详规和 9 个专项规划编制。建成奢香古镇北路、东路、南路，启动同心大道 3 标、九驿大道增加段等项目建设。新增城市道路 12.1 公里、建成区 2.13 平方公里、城镇绿地 491.53 亩。棚户区改造开工率达 102.1%。完成房地产开发投资 19.47 亿元，销售商品房 51.74 万平方米。集镇特色更加彰显。完成 24 个乡镇 210 个行政村村庄规划编制。完成凤山、雨冲、六龙、黄泥塘等小城镇“8+X”项目，新增达标省定小城镇“8+X”项目 6 个，累计完成投资 13.63 亿元。城乡一体深度融合。黄泥塘镇背座村、雨冲乡油杉河村入选全国第五批传统村落名单。启动 13 个“镇村联动”美丽乡村项目建设。农村环境综合整治项目完成投资 7.5 亿元，农村面貌变化巨大。

（五）致力环境保护强治理。自觉扛起生态文明先行示范区的政治责任，生态优先、绿色发展理念深入人心。狠抓生态环境治理。完成营造林 29.78 万亩，治理水土流失 63 平方公里，森林覆盖率达 53%。政策性森林保险投保 151.4 万亩。创建省级森林城市通过核查验收，并获得“贵州省森林城市”称号。狠抓排污设施建设。建成赤水河流域生活垃圾收运系统并投入运行，完成县城污水处理厂一、二期提标改造工程，启动 14 个乡镇污水处理厂建设。县城生活垃圾填埋场投入使用，建成乡镇垃圾中转站 11 个、地埋式垃圾收运系统 16 个。城乡生活垃圾处理率达 78.39%。狠抓环境违法打击。深入开展森林保护“六个严禁”、环境保护“六个一律”执法专项行动，侦破森林刑事案件 10 件，查处涉林行政案件 53 起。持续加大扬尘治理力度，新建项目“环评”执行率达 100%。严厉打击各类环境违法行为，立案查处并责令整改环境违法企业 13 家。全年县城空气质量优良天数比例达 98%，集中式饮用水源水质达标率达 100%。

（六）致力改革开放强动力。坚持把改革开放作为“关键一招”，持续推进重点领域、关键环节改革，着力解决制约经济社会发展的突出问题。“放管服”改革深入推进。3519 项权力事项纳入清单管理，办理“多证合一、一照一码”企业 1269 户、专业合作社 247 户。开展随机抽查 520 次，随机抽取执法人员 2114 人次，随机抽取检查对象 8232 家。开展“减证便民”行动，精简不合理证明 11 项，网上办事大厅累计受理办件 18.31 万件，省政务服务中心授予我县“全省政务服务标准化建设示范县”称号。设立招商引资项目代办服务中心 28 个，代办事项 223 项。改革创新持续发力。完善分税制财政管理体制，依托财税大数据平台对税源实行动态监管和精细管理，完成国有林场改革并通过省级验收。新增各类市场主体 1.23 万户，民营经济市场主体达 4.03 万户，实现民营经济增加值 126 亿元。受理发明专利申请 31 件，“大方豆干”被评为国家地理标志保护产品。招商引资再创辉煌。新增招商引资项目 123 个，新增投产项目 102 个，招商引资实际到位资金 195.3 亿元。招商引资指数从 2017 年全省 56 位上升到 2018 年的第 14 位，营商环境指数从 72 位上升到第 16 位，营商环境进一步优化。

（七）致力民生福祉强保障。把改善民生摆上重要议事日程，不断增强广大群众的获得感。教育事业优先发展。实施幼儿园建设项目 13 所、全面改薄项目学校 31 所。学前三年毛入园率达 85%、义务教育巩固率达 91%、高中阶段适龄人口毛入学率达 89%。兑现学前资助、寄宿生补助、高中助学金、中职助学金及减免学费共计 4298 万元，惠及学生 3.5 万人。医疗服务水平提升。在全市率先推行县域内医疗保障救助政策定点医疗机构“一站式”即时结报。健康扶贫医疗保障救助政策受益贫困人口 5.96 万人次，完成县级医院“5+2”重点学科建设 13 个，乡镇特色专科建设 18 个，远程医疗实现全覆盖。每千人口拥有床位、执业医师、注册护士分别达 5.0 张、1.8 人、3.2 人。社会保障持续发力。完成职业技能培训 1.72 万人，贫困劳动力全员培训 1.68 万人，转移农村劳动力就业 2.35 万人。实行工程项目农民工实名制管理，受理劳动人事争议案件 280 件。城乡居民基本养老保险参保 36.37 万人。新增城镇就业人员 7295 人，失业人员再就业 1997 人。发放城乡居民基本养老金、城市低保金、特困供养金、困境儿童生活保障金 3.46 亿元。文体事业精彩纷呈。创建“国家公共文化服务体系示范区”通过文化和旅游部验收，成功举办中国·大方油杉河山地马拉松暨第二届中国国际露营大会系列活动，完成油杉河生态体育公园 5 公里健身步道建设。

（八）致力社会和谐强整治。深入开展扫黑除恶专项斗争，持续开展命案侦破、禁毒整治专项行动，群众的安全感、满意度不断提升。严厉打击违法犯罪。破获各类刑事案件 761 件，查处各类治安案件 1754 起，行政拘留 820 人，打掉各类犯罪团伙 16 个。破获毒品刑事案件 96 件，缴获各类毒品 6196 克。认真做好群众来信来访。办理省委第五巡视组转办信访事项 104 件。接待群众来访 3482 人次，办结国家、省、市转办信访事项 514 件。成功调解民间纠纷 1448 件。坚决守住安全底线。各行业各领域安全生产大检查常态化开展，事故起数、死亡人数分别下降 35.71%、53.66%，安全生产平稳态势持续向好。

此外，国防、人防、国家安全、人民武装、民族宗教、双拥优抚、地方志、档案、侨务、对台、气象、老龄、工青妇、关心下一代、慈善、残疾人、红十字、爱国卫生等各项事业全面发展。

各位代表，过去一年面对复杂严峻的外部环境，面对经济持续下行的巨大压力，面对脱贫摘帽的艰巨任务，面对政治生态遭受的各种质疑，县委团结带领全县上下重振行装、淬炼意志、共克时艰、破浪前行，打赢了一场场硬仗，攻破了一道道难关。大方的 2018 年过得十分不易，脱贫攻坚顺利接受评估来之不易，经济社会持续发展来之不易，社会大局保持稳定来之不易。

我们深切体会到：做好政府工作，必须坚持党的绝对领导。党是领导一切的，政府工作更是如此。必须始终坚持党的领导，坚定不移以习近平新时代中国特色社会主义思想为指导，认真贯彻落实中央、省委、市委、县委各项决策部署，以“大党建”为统领，坚持定期向县委常委会汇报工作，按照县委定的原则、把的方向、谋的大局开展工作、抓好落实。必须坚持以脱贫攻坚统揽经济社会发展全局。脱贫攻坚是首要政治任务，经济发展是第一要务。我们坚持一手抓脱贫、一手抓发展，坚定“贫困不除、愧对历史，群众不富、寝食难安，小康不达、誓不罢休”的决心，尽锐出战、务求精准，在脱贫攻坚取得阶段性胜利的同时，经济社会实现全面协调可持续发展。必须坚持用好“五步工作法”。按照省、市部署，我们围绕“干什么”“怎么干”“谁来干”“谁来管”“不落实”，抓政策设计、工作部署、干部培训、督促检查、追责问责，全力推动各项决策部署落地生根、开花结果。必须坚持以人民为中心的发展思想。始终把保障和改善民生作为一切工作的出发点、落脚点，坚持做到发展为了人民、发展依靠人民、发展成果由人民共享，把人民群众对美好生活的向往作为政府工作的奋斗目标。

各位代表，这些成绩的取得，是市委市政府正确领导、亲切关怀、高度重视的结果，是社会各界无私援助、倾力帮扶、鼎力支持的结果，是县委统揽全局、协调各方、科学领航的结果，是县人大和县政协积极支持、广泛参与、有效监督的结果，是广大干部群众团结一心、众志成城、拼搏奉献的结果。在此，我代表县人民政府，向全县各族人民、广大干部，向全县人大代表、政协委员，向农工党各级组织，各民主党派、工商联、无党派人士、各人民团体和各界人士，向驻方部队、武警官兵、民兵预备役、驻方单位，向广州市天河区、恒大集团及所有关心、支持大方脱贫攻坚、改革发展的领导们、同志们、朋友们，致以最崇高的敬意、表示最衷心的感谢！

在肯定成绩的同时，我们也清醒认识到，发展不足仍是大方最大的短板，保持经济高质量发展面临巨大压力。一是脱贫攻坚任重道远。2018年脱贫目标完成后，全县还有24个贫困村未出列，4986户、1.52万贫困人口未脱贫，实现同步小康要补齐的短板还很多、要投入的资金还很大，巩固脱贫成果还有许多工作要做。二是投资拉动增长乏力。项目包装谋划所需经费不足，项目对接争取难、资金保障难、落地实施难。煤、电等传统产业仍然占据工业主导地位，大健康医药、现代高效农业、乡村旅游等新兴产业尚未形成产业支柱，老产业潜力疲惫、新产业增长乏力。三是财政收支矛盾突出。财政收入偏低、财政增收乏力，历史欠账大，一般公共预算收入呈下滑趋势。地方政府性债务、民生欠账等风险点不断增多，项目匹配资金和刚性支出需求不断增大，财政严重"收不抵支"，资金短缺与发展需要的矛盾十分突出。四是民生领域短板较多。城区学校"大班额"现象仍然突出，城乡教育卫生发展不均衡，难以满足人民群众对优质教育、卫生服务的需求。公共停车场、农贸市场、公园、厕所等公共服务配套设施不健全。五是社会治理压力叠加。随着工业化、城镇化步伐加快，征地拆迁、矿群矛盾、产权纠纷、涉法涉诉信访等社会矛盾日益增多、错综复杂，需要投入大量人力、物力和财力。六是作风建设仍需加强。"四风"问题隐形变异，工作不严不实现象依然存在。基层"微腐败"量大面广，腐败和作风问题易发多发，反腐败斗争形势依然严峻复杂。针对以上问题，我们一定采取有效措施加以解决，决不辜负组织的重托、全县人民的期望。

二、2019年工作任务

2019年是新中国成立70周年，是决胜全面建成小康社会第一个百年奋斗目标的关键之年，是落实习近平总书记"7·18"重要指示精神的开局之年，是大方即将精彩出列、向全面小康阔步前进的起步之年。新岁次呈现新气象，新气象赋予新使命，新使命铸就新辉煌。新的一年，我们将不忘初心、牢记嘱托、践行使命，抢抓习近平总书记重要指示批示带来的政策机遇、社会各界无私援助产生的动力机遇、乡村振兴战略实施赋予的发展机遇、几大班子齐心协力干事创业汇聚的政治机遇、干部群众积极进取凝结的时代机遇，克难攻坚、砥砺前行，用实际行动在这片热土上续写跨越发展的时代乐章。

工作思路是：全面贯彻党的十九大和习近平总书记系列重要讲话精神，以习近平新时代中国特色社会主义思想为指导，坚持稳中求进工作总基调，统筹推进"五位一体"总体布局，协调推进"四个全面"战略布局，坚持以供给侧结构性改革为主线，统筹推进稳增长、促改革、调结构、惠民生、防风险各项工作，坚决打好打赢防范化解重大风险、精准脱贫、污染防治三大攻坚战，紧紧围绕"113攻坚战"，强"三基"、聚"三力"、守"三线"，推动经济高质量发展，夺取脱贫攻坚的全面胜利，迈步同步小康的新征程，开创建设贯彻新发展理念示范区高地的新未来。

主要目标是：地区生产总值增长11%左右，规模以上工业增加值增长10.5%左右，固定资产投资增长14%以上，一般公共预算收入增长2.56%，社会消费品零售总额增长11.5%以上，招商引资到位资金180亿元以上，城镇、农村常住居民人均可支配收入分别增长9%、11%，旅游总收入、接待人次增长36%以上，全面小康综合实现程度达90%以上，城镇登记失业率控制在4.2%以内，居民消费价格指数、节能减排指标控制在国家下达的计划范围内。

为实现以上目标，我们将着重抓好以下10个方面工作：

（一）全力以赴巩固脱贫成效。聚焦问题整改，提升脱贫质量，坚持脱贫不脱政策，巩固脱贫成果，确保脱真贫、真脱贫。聚焦脱贫标准，按时摘帽出列。根据交叉考核及第三方评估反馈意见，逐一对标对表查缺补漏，抓好“一核两补双提升”。以“三率一度”为核心，补齐脱贫攻坚短板，提升群众扶贫认可度，确保顺利摘帽、精彩出列。聚焦未脱对象，坚决消除贫困。持续巩固和提升脱贫帮扶成果，对已出列的140个贫困村及18万脱贫人口继续保持现有扶持力度，集中优势兵力，确保队伍不散、政策不减。向剩余的24个贫困村、1.52万贫困人口攻坚，统筹资源、加大力度攻下最后一道难关，确保小康路上不落下一户一人。聚焦搬迁对象，提升群众幸福感。扎实抓好安置点基本公共服务体系、就业服务体系、文化服务体系、社区治理体系、基层党建体系建设，推动搬迁群众在城镇获得均等发展机会，公平享有公共资源、社会福利，增强群众的认同感、归属感、幸福感。聚焦政策衔接，谋划乡村振兴。深化农业产业结构调整，培育“规模化、标准化、品牌化”产业。探索多形式利益联结机制，激发群众致富主动性、参与度，带动农户实现持续增收。加大致富带头人培育、新型农民培训力度，激活农村发展内核。增强公共服务供给能力，着力改善农村人居环境。强化基层党建，提高乡村治理水平，构建和谐社会环境。

（二）全力以赴化解重大风险。进一步强化风险意识、底线思维，坚决防范化解各类重大风险。着力防范化解债务风险。坚持“花钱必问效、无效必问责”，切实提高财政资金使用效益。采取短债化长债、出让土地、盘活国有资产、聚焦各类金融产品、协调银行展期、推动公司转型等办法化解债务风险。着力防范化解金融风险。全面排查股权市场、互联网金融、债券违约、小额信贷、融资担保、非法集资等领域风险隐患，主动防范、加强整治，确保金融重点领域不出事。着力防范化解安全风险。扎实推进“双控体系”建设工作，继续抓好煤矿、非煤矿山、交通运输、建筑施工、消防安全、危化品、工贸、群众性活动等重点行业领域的安全隐患整治，严防安全事故发生。持续开展扫黑除恶专项斗争，坚决维护社会和谐安定。着力防范化解意识形态风险。充分注重群众的知情权和参与权，牢牢掌握网上舆论工作话语权，有效处置舆情问题，营造风清气正的网络空间；规范宗教活动的管理，严厉打击各种邪教活动。着力防范化解政治安全、扶贫领域、生态环境、社会保障、科技领域、党的建设等方面的重大风险，推进“大安全”建设，营造平安稳定的发展环境。

（三）全力以赴守护碧水蓝天。牢固树立“绿水青山就是金山银山”的理念，坚决守住发展和生态两条底线。巩固督察成果。全面完成省级环保督察信访件、反馈问题和中央环保督察“回头看”交办信访件整改落实，持续全面巩固好环保督察问题整改成效，建立健全长效管理机制，坚决防止问题反弹回潮。重拳整治污染。坚决打好污染防治攻坚战，健全完善生态环境保护管理体系，全面创新污染治理方式，实施行业综合治理，打好蓝天、碧水、净土三大保卫战。抢抓长江经济带大保护战略机遇，谋划推进一批流域治理、生态保护、垃圾污水处理、河道整治等项目。筑牢生态屏障。深入实施绿色发展专项行动，推进国家储备林项目建设，完成造林绿化15万亩，治理水土流失63平方公里、石漠化面积14平方公里，力争森林覆盖率达56%以上，发展林下经济面积6万亩以上。全面完成乡镇集中式饮用水源地划定和治理，启动赤水河、白甫河流域排污口排查整治。深入开展“六个严禁”执法专项行动，全力打击破坏生态环境违法犯罪行为。

（四）全力以赴推动产业转型。产业是经济之基、发展之源、民生之本，产业强则县域经济强、产业弱则县域经济弱。持续推进供给侧结构性改革，推动三产融合发展、转型升级。加速推进工业转型。加大“千企改造”工程及重点项目跟踪力度，力争完成工业投资25亿元。改造达产煤矿11个，煤炭产量达400万吨、水泥产量达150万吨，发电总量达53亿千瓦时以上。加快煤层气地面抽采综合利用项目建设，建成羊场煤层气井口，启动羊场至东关长输管线、LPG储备站、油电气一体加油加气站建设。加快推进“气化大方”项目建设，完善城区燃气管网，大力推广城市居民用气。持续加大陶瓷产业、天麻产业、电暖炉产业服务力度，助推新型工业发展。加快结构调整步伐。牢牢把握“八要素”要求，深入推进农村产业革命。围绕“3+2+N”产业规划，大力实施“55441111”特色产业提升工程，做大做强特色优势产业，完成天麻（冬荪）种植3.5万亩、辣椒种植10万亩、大豆种植10万亩、猕猴桃种植3万亩、10万头优质肉牛产业配套饲草种植7万亩，种植烤烟6.4万亩、中药材13万亩；完成调减玉米14万亩，替代种植茶叶1万亩、刺梨6万亩、蔬菜0.5万亩、青贮玉米5.5万亩、其他经果林1万亩。完善500亩以上坝区基础设施及配套项目建设，新增建设辣椒烘干房1个、冷库7个。加大品牌建设和扶持力度，努力建设“北上广深”绿色农特产品供应基地，助推绿色优质农特产品不断“泉涌”。积极探索“公司＋合作社

（基地）+农户”发展模式，加快推进农业产供销一体化发展。加速发展现代服务业。完善各类要素，推动全域旅游快速发展。狠抓政府数据共享与开放，全面推动“聚通用”政策落实，促进大数据产业发展。完善金融服务体系，持续加大对小微企业的扶持力度，采取“循环贷”“接力贷”等方式缓解企业资金周转困难等问题。大力推广“政融保”普惠金融发展模式，直接向农业保险客户提供融资支持。着力打造品牌建设梯队，引导优势产业、特色市场实施“互联网+商标品牌”战略。

（五）全力以赴推动乡村振兴。及时把工作重心转移到乡村振兴战略部署上来，做好脱贫攻坚与乡村振兴有机衔接，奠定全面小康的坚实基础。高定位抓规划。组织编制《大方县乡村振兴规划（2019—2023年）》，制定《大方县乡村振兴年度实施方案》，指导乡镇全面制定乡村振兴规划。高效益抓产业。扎实开展产业兴村强乡强镇行动，坚持“一乡一业、一村一品”，注重特色化、规模化、商品化。完善科技支撑、质量控制、市场营销体系，建立紧密利益联结机制，打造特色农业产业集群。高标准抓示范。结合资源禀赋和乡村特色，启动实施一批乡村振兴示范项目，积极培育一批集聚提升类、特色保护类、城郊集约类、搬迁撤并类示范村寨社区，打造一批农旅结合、文旅结合、康旅结合的特色示范乡村，将木寨、火封丫、五营盘、菱角、海龙、箐口、红旗村、马白寨等村寨建设成为市级乡村振兴示范点。高质量抓环境。坚持减量化、资源化、无害化，实现“户分类、村收集、镇转运、县处理”，加大治污投入，确保城乡生活垃圾无害化处理率达85%以上，行政村垃圾无害化处理率达90%以上。加强生活污水源头减量和尾水回收利用，对人口集中地区接入污水管网集中统一处理，实现25%以上的中心村污水集中收集处理。高要求抓班子。以农村基层党组织为核心，选优配强一位村支部书记，选优配强一套村级班子，优化农村基层干部队伍结构，努力造就一批懂农业、爱农村、爱农民的乡村振兴新型三农人才队伍。

（六）全力以赴统筹城乡发展。依托毕节中心城市发展规划，确立城市发展定位，坚持经营城市路径，走好山地特色城镇化道路。提升中心城区辐射能力。加快建成同心大道四标段、九驿大道南段等8条市政道路，不断拉伸城市发展框架，形成“八纵八横”城市路网格局；积极完善城市次干路和支路，逐步打通二号路、三号路、五号路等断头路，疏通城区交通“毛细血管”，畅通城市交通网络。紧紧围绕人、财、地等主要因素，着力打造新客运站组团、教育园区组团、奢香古镇组团以及高铁站组团，形成新的城市增长极，以中心城区发展辐射振兴乡村。提升集镇示范带动能力。按照“优化布局、完善功能、提高质量、体现特色、宜业宜居”的要求，加强规划引领、区划调整、政策扶持和市场运作，重点打造羊场、马场、猫场、瓢井等绿色小镇，示范带动全县特色城镇发展。持续改善农村人居环境，建设精致、特色、宜居的美丽乡村，助推乡村振兴战略深入实施。加快推进小屯乡、雨冲乡撤乡建镇，东关乡改设街道办事处、奢香古镇增设街道办事处等各项工作。提升城乡点面融合能力。按照生态修复、城市修补的要求，全力做好在建或拟建公园、广场、停车场、农贸市场、公厕等项目规划管理服务，统筹推进城市综合管廊、通讯网络、垃圾污水处理等市政设施规划建设，加快推进城市棚户区改造项目建设，完成城市基础设施建设投资18亿元。启动建设公园4个、广场2个、停车场12个、农贸市场3个；新建城区公厕26座、改造现有公厕31座，完成年度“厕所革命”建设目标。以《大方县历史文化名城保护规划》为基础，切实做好乡村旅游规划，以乡村旅游助力乡村振兴。

（七）全力以赴打造旅游名片。加大旅游项目投入，包装特色旅游产品，深化旅游宣传推广，不断实现旅游“井喷”发展。做大旅游项目。围绕“十个一”旅游发展定位，完善全域旅游规划，加快景区景点建设，打造旅游精品线路，培育旅游产品商品，建好智慧旅游平台，提升旅游服务质量，确保慕俄格古彝文化旅游景区4A级通过省级复核验收，把大方打造成西南地区休闲度假、康养避暑旅游目的地。挖掘旅游资源。充分挖掘川滇黔省革命委员会遗址，将军山、梯子岩等战役遗址，乌鸦洞航空发动机厂等丰富的文化遗迹，传承彝族、苗族、白族、蒙古族、水族等缤纷多彩的少数民族文化，将大方传统文化、红色文化、民族特色文化交相辉映、融合发展。做优旅游产品。依托大方传统具有的诗词、书法、绘画、楹联、灯谜、漆器等，着力打造一批特色旅游产品。加快推进旅游项目建设，推动油杉河景区PPP项目（一期）等重点项目建成并投入运营，加快推进崔苏坝露营基地等旅游项目建设。做实旅游推介。充分挖掘景区景点及乡村旅游点历史文化内涵，依托农工党各级组织、广州市天河区帮扶的机遇及“花海毕节·月月旅游”活动，全面盘点避暑旅游资源和目的地游客需求，推出一批适宜不同消费层次的避暑旅游产品，多角度宣传推介大方文化旅游资源，宣传好大方“19度的夏天”。制定互惠让利政策措施，精心策划“走出去”“请进来”，增加省外游客、入境游客、过夜游客。

（八）全力以赴破解发展瓶颈。不断破除基础设施建设瓶颈，增强高质量发展源动力。破除水的瓶颈。加快骨干水源工程、污水处理、高效节水、河道治理、饮水安全巩固提升等68个水利项目建设。完成37处农村饮水安全巩固提升工程建设，解决70万人安全饮水问题。加快推进水库工程建设，完成野螺沟水库大坝蓄水验收、长征水库工程竣工验收，全面建成青山水库。开工建设白岩水库、民生水库和一批小山塘项目。完成大硝洞、大岩洞、大垭口3座水库除险加固工程，开工建设九股水、新街、倒锌冲3座水库除险加固工程。破除电的瓶颈。加强主网建设，加快落实220千伏金门变，110千伏大山变、绿塘变、对江变、复兴变站址选址工作。规划建设110千伏顺园变、罗寨变、合中变、双龙变，持续推进新一轮农村电网改造项目建设。力争年底前所有配变建成投运，进一步解决农村电网供电可靠性低、电压稳定性差等问题。破除路的瓶颈。全力推进成贵铁路大方站综合交通枢纽项目建设，力争今年建成投入使用。加快国省干道和县乡道提级改造。完成六号路延伸段建设，推进沙子坡互通工程二标段项目建设，推进白布河渡改桥、果宝河渡改桥项目建设。破除讯的瓶颈。大力实施无线网络工程，加快推进4G基站和光纤到户建设步伐，完成全县30户以上的自然村寨4G网络覆盖90%以上。持续推进多彩贵州“广电云”村村通项目建设。

（九）全力以赴推动改革开放。坚持把改革开放作为跨越发展的有力抓手，以改革增动力、以开放强活力。推进“放管服”改革。全面推行“双随机、一公开”监管，建立守信联合激励、失信联合惩戒机制，让市场主体“一处违法、处处受限”。提升政务大厅办事服务效率，最大限度“减事项、减次数、减材料、减时间”，“一窗”分类受理事项超过70%，政务服务事项网上可办率达80%，企业、群众办事提供材料减少60%以上，工程建设项目审批服务时间压减至80个工作日以内。加快推进“证照分离”改革，深化“多证合一”改革，推行电子营业执照和企业登记全程电子化，持续开展“减证便民”行动，让政府权力“瘦身”，为市场主体“减负”。推进重点领域改革。扎实做好行政机构改革工作，统筹推进事业单位改革和行政审批制度改革。加快推进农村“房地一体”不动产权籍调查，做好农村宅基地及房屋权籍调查、数据检查入库、确权登记等工作。加快推进户籍和住房制度改革，建立多主体供给、多渠道保障、租购并举的住房保障制度。推进城乡土地规划管理体制机制改革，促进城镇低效用地开发、城乡建设用地增减挂钩、土地整治指标流转，有效遏制违法违规用地，提高土地利用效率。深入推进医药卫生体制改革、司法体制改革、校长职级制度改革、旅游管理机构改革、城市执法体制改革暨综合行政执法体制改革、殡葬改革及各领域综合改革。推进民营企业改革。大力实施百亿民营企业培育工程，深入开展中小企业“星光”行动，加快形成大企业“顶天立地”、小企业“铺天盖地”的发展局面。积极探索中小企业融资新模式、政银企合作新途径，不断拓宽融资产品，切实解决中小企业融资难、融资贵问题。力争今年全县民营经济增加值达135亿元，占GDP比重达58%以上。推动招商引资引智。扎实抓好重点产业招商、营商环境提升两大专项行动。聚焦产业链招商，围绕“10+5”产业大招商、“3+2+N”产业规划，大力开展对口帮扶资源招商、党政主要领导带头招商、以商招商及委托招商，以天麻、辣椒、大豆、猕猴桃、刺梨、电商产品、旅游等产业项目为主导，力争引进一批500强企业、高新技术企业、省级及以上农业龙头企业，引进重点产业项目到位资金75亿元以上。推行“九个一”工作机制、“暖企行动”三服务常态化机制、县级领导联系服务企业机制、项目代办服务全覆盖机制，切实解决营商环境突出问题。

（十）全力以赴满足人民需求。以人民对美好生活的向往为不懈追求，努力抓好保障和改善民生各项工作，不断增强人民的安全感、获得感、幸福感。满足人民教育需求。优化调整学校布局规划，解决城区“大班额”现象；振兴乡村教育，减轻城区学校压力；加大教育投入力度，合理配置师资力量；用足用好各类帮扶资源，办好职业教育，支持和规范社会力量兴办教育，推进城乡教育均衡发展。满足人民健康需求。深入实施健康扶贫，扎实开展“优质服务基层行”活动，扎实做好基本公共卫生服务和重大公共卫生服务，进一步抓好东西部协作健康扶贫工作，抓好恒大医院运营工作。完善母婴安全保障工作急救体系，孕产妇死亡率、婴儿死亡率、5岁以下儿童死亡率分别控制在十万分之二十、千分之七点五和千分之十点三以下。满足人民就业需求。抢抓广州市天河区帮扶机遇，以就业扶贫劳务公司为平台，做好劳务输出工作。管好用好就业扶贫公益专岗，解决贫困人员及易地扶贫搬迁劳动力的就业问题。加大创业担保贷款力度，引导创业带动就业。大力整合各部门就业扶贫资金，确保就业扶贫资金产生最大效益。满足人民生活需求。加快推进城乡特殊困难群众社会救助体系建设，建立和完善救灾救济、城乡医疗救助、临时救助等相关制度。抓好孤儿、困境儿童、留守儿童等关爱保护救助工作，抓好各乡镇敬老院提升改造，做好恒大儿童福利院、恒大敬老院管理服务工作，健全完善社区服务、社会福利体系。满足人民住房需求。牢记“房子是用来住的、不是用来炒的”，切实做到稳房价稳投资稳预期。大力整治问题楼盘，防范化解房地产市场风险，促进房地产市场平稳健康发展。加快房地产开发项目建设，保持投资和销售稳定增长，完成房地产开发投资20亿元，销售商品房48万平方米。持续推进乡镇公租房建设，保障困难群体住房需求，努力实现“住有所居”目标。满足人民安全需求。按照中央、省、市安排部署，深入开展扫黑除恶专项斗争，扫除一切黑恶势力，推动社会治理取得新成效，形成平安有序和谐稳定的社会局面。

民生连着民心，民心凝聚民力，民力推动发展。我们将围绕群众的所需所盼，努力办好以下民生实事：（1）完成S214省道大方县城至木空河段改造工程，完成县乡道改造21条214公里；（2）完成三中至三角花园道路建设；（3）新建城区公共厕所5座、旅游厕所3座，新建（改造）农村公用厕所70座，改造农村户用厕所2万户；（4）全面完成农村饮水安全巩固提升工程，解决70万人饮水安全问题，新建乡镇污水处理厂3个；（5）加快推进大方一中迁建（新校区）、改扩建（老校区）项目建设，新建大方县民族中学、大方县第七中学，新建、改扩建城乡幼儿园13所；（6）完成恒大医院、果瓦乡卫生院、顺德街道卫计服务中心建设并投入使用；（7）启动新一批农村电网改造升级工程，新建配变510台，新建10千伏线路278千米、400伏及以下低压线路1300千米；（8）实施大方县“雪亮工程”，在全县建设4100个监控点；（9）实施农村公路安全隐患处置648公里、安全防护工程60公里；（10）实施农村电影公益放映1932场，送戏下乡100场以上。老百姓关心的这些实事，就是我们的工作重点、奋斗目标，无论付出多大代价、花费多大投入，我们必须保质保量完成。

此外，大力促进民族团结进步，切实加强国防后备力量建设，加快山地特色人民防空建设，积极支持人民武装、监察委、法院、检察院、工会、妇联、共青团等工作，加强国家安全、双拥优抚、宗教事务、统计、老龄、残疾人、邮政、气象、外事、侨务、对台、地方志、档案等工作。

三、加强政府自身建设

为人民服务、对人民负责、受人民监督、让人民满意，是政府的职责与使命所在。我们必须以时不我待的紧迫感、夙夜在公的使命感，更加奋发有为、更加勤勉务实，切实提升管理服务效能，努力使政府工作赢得人民群众的信任和支持。

（一）提高政治站位。用习近平新时代中国特色社会主义思想武装头脑、指导实践、推动工作，坚决维护以习近平同志为核心的党中央权威和集中统一领导。坚决服从县委领导，做到“县委有号召、政府有行动，县委有安排、政府有落实”，确保县委的决策在政府系统落细落实。坚持一分部署、九分落实，用好碰头会议制度，充分发扬“钉钉子”的精神，创造出经得起历史和人民检验的工作实绩。

（二）强化宗旨意识。坚持以人民为中心的发展思想，把人民的期盼作为奋斗的目标。推动政务公开、信息公开，畅通民意诉求渠道。深化“互联网+政务服务”，让企业、群众办事像“网购”一样方便。坚持讲真话、出实招、做实事、求实效，努力办好群众的“烦心事”“操心事”。加强政府系统干部培训，不断提升理论学习、政治领导、改革创新、科学发展、依法执政、群众工作、狠抓落实和驾驭风险“八大本领”，打造一支勤于学习、善于学习和敢作敢为、善作善成的干部队伍。

（三）坚持依法行政。坚决维护宪法权威，严格按照法定权限和程序行使权力。健全完善依法决策机制，提高政府决策科学化、民主化、法治化水平。认真办理人大代表建议、政协委员提案，自觉接受人大法律监督、政协民主监督，主动接受社会监督、舆论监督。认真听取人大代表、政协委员、各民主党派、工商联、无党派人士和各人民团体意见，让权力在阳光下运行。坚决查处各类违法违规行为，坚决追责所有行政不作为人员。

（四）恪守廉洁底线。扎实开展“不忘初心、牢记使命”主题教育。坚决贯彻中央八项规定及其实施细则和省委、市委、县委有关规定，把整治形式主义、官僚主义作为正风肃纪、反对“四风”的首要任务、长期任务，从严整治不作为、慢作为、乱作为。加强廉洁政府建设，自觉履行“一岗双责”，扎实推进党风廉政建设和反腐败斗争，一体推动不敢腐、不能腐、不想腐，努力营造风清气正的政治生态。

各位代表，推动一方发展、维护一方安宁，需要我们不忘初心、兑现承诺，才能完成组织交办的重任；站在新的历史起点，唯有倾注激情与热血，才能担当时代重任、不负人民重托。大方的脱贫摘帽、同步小康召唤着我们，大方的转型发展、跨越赶超催促着我们，容不得我们有任何折腾、犹豫与懈怠，倒逼着我们必须刚毅、果敢和执着。让我们更加紧密地团结在以习近平同志为核心的党中央周围，高举中国特色社会主义伟大旗帜，深入学习贯彻习近平新时代中国特色社会主义思想，在市委、市政府和县委的坚强领导下，凝心聚力、开拓创新、奋力拼搏、扎实苦干，夺取脱贫攻坚的全面胜利，谱写建设贯彻新发展理念示范区的大方篇章，以改革发展的优异成绩向新中国成立70周年献礼！

织金县政府工作报告

（2019年1月11日在织金县第十七届人民代表大会第三次会议上）

织金县委副书记、县长 潘发勇

各位代表：

现在，我代表县人民政府向大会作工作报告，请予审议，并请县政协委员和其他列席人员提出意见。

一、2018年工作回顾

2018年是全面贯彻党的十九大精神的开局之年，是毕节试验区建立30周年，是决战贫困、决胜小康的关键之年，更是全县人民向第一个一百年目标迈出铿锵步伐的一年。一年来，在市委、市政府和县委的坚强领导下，在县人大、县政协的大力支持下，我们始终坚持以习近平新时代中国特色社会主义思想为指导，树牢“四个意识”、坚定“四个自信”，坚决做到“两个维护”，认真贯彻新发展理念，落实高质量发展要求，坚持稳中求进工作总基调，着力打好三大攻坚战，认真落实“五步工作法”“四到工作机制”，坚决打好“113”攻坚战，加快“三大变革”，较好地完成县十七届人大二次会议明确的各项目标任务，全县呈现出“经济质量持续向好、综合实力显著提升、社会大局和谐稳定、执政水平明显提高”的良好态势。

预计2018年地区生产总值达215亿元，同比增长10.2%；农业增加值达44.3亿元，同比增长7%；规模以上工业增加值达28.5亿元，同比增长13.3%；规模以上固定资产投资同比增长5%；社会消费品零售总额40.43亿元，同比增长10.5%；城镇常住居民人均可支配收入28749元、同比增长9%，农村常住居民人均可支配收入9388元、同比增长11%；财政总收入达33.83亿元，同比增长41%；一般公共预算收入10.55亿元，同比增长21.9%；金融机构存款余额220亿元、同比增长0.96%，贷款余额200亿元，同比增长8.3%。

（一）精准发力拔穷根，脱贫攻坚成效显著。全面落实“五个一批”“六个精准”攻坚方略，精准定位扶贫靶向，围绕“四场硬仗”、突出“四个聚焦”，扎实推进脱贫攻坚“春风行动”“夏秋攻势”，全年减贫7万人、出列106个贫困村，贫困发生率下降到7.3%。始终坚持尽锐出战，全面集结攻坚力量。党政主要领导亲自挂帅，“五大战区”同步发力，全力吹响脱贫攻坚总攻冲锋号。积极开展万名干部下基层活动，选派驻村干部（第一书记）1684名进驻开展精准帮扶工作，6000余名干部与全部贫困人口结成帮扶对子。始终坚持补短补软，坚决打好“四场硬仗”。实施通组路1158条、1232.75公里，解决3万农村人口安全饮水问题，农村电网网改率达100%。投入财政专项扶贫资金1.79亿元，顺利实施到村到户扶贫项目475个，产业覆盖贫困人口15.96万人次。发放扶贫小额信贷资金5.38亿元，惠及建档立卡贫困户11744户。完成易地扶贫搬迁5998户、27260人，平远新城集中安置点建设有序推进。实现家庭经济困难学生教育资助全覆盖，资助各级各类学生89214次、资助资金1747.1万元。全面落实“四重医疗”保障制度，贫困人口参合率达100%，建档立卡贫困人口签约率达100%，贫困人口住院实报比达90%。建成2018年计划出列贫困村、易地扶贫搬迁安置点卫生室项目113个。完成农村“危改”“三改”3212户。建成28个乡村旅游扶贫重点村、100户乡村旅游扶贫示范户，开展旅游从业技能培训10批，带动4250人脱贫。建成农村电商精准扶贫运营中心225个。始终坚持问题导向，扎实开展“五个专项治理”。新识别漏评11534户、26065人，清退错评4091户、10652人，清理错退1920户、8270人。排查整改扶贫资金使用、扶贫项目领域存在问题8个，清理符合政策库存危房3466户、不符合“危改”政策需政府兜底危房户5062户。始终坚持用好帮扶资源，着力构建“大扶贫”格局。组织参加全国工商联帮扶织金主题推介活动2次、落地项目11个，协调224家企业投入资金9.44亿元、实施帮扶项目329个，惠及贫困户4205户、11272人。“百企帮百村”精准扶贫行动有序推进。恒大集团投资13.5亿元，在我县落实产业扶贫、易地搬迁扶贫、吸纳就业扶贫、教育扶贫等项目98个；落实广州援建资金5102.5万元。“锦绣计划”助力脱贫攻坚获省、市高度肯定。

（二）绿色发展守底线，生态文明成果丰硕。中央环保督察问题整改进度在全市排名前列，“六个一律”环保“利剑”执法专项行动、环保执法“风暴”专项行动深入开展。空气质量明显提升。扎实开展城区环境空气质量整治“百日攻坚”行动，深入开展大气污染防治7个专项行动，全县环境空气质量优良天数比例达97%以上。水体质量明显提升。河长制监管职责全面落实。完成全县27个千人以上集中式饮用水源地综合治理。完成大新桥、金鱼池2个饮用水源地防护设备和二级保护区生活污水处理厂建设，大新桥水库、金鱼池饮用水源水质达标率为100%，饮用水源地整治工作获国家生态环境部表扬。完成县城一、二期污水处理厂提标改造，建成桂果污水处理厂和西湖桥周边5座一体化污水处理终端。30个乡镇（街道）集中式饮用水源、4条地表水河流断面6项水质监测达到Ⅲ类标准。净土质量明显提升。猫场、后寨水土流失综合治理项目完工。完成织金河10万吨建筑垃圾、凤凰山片区煤矿废水工程治理项目污泥堆存场所、绮陌街道墨峰村1万吨商混废料、5万吨污泥整治。419家医疗机构医疗废弃物纳入清单化管理。绿化质量明显提升。全县森林覆盖率达56.99%，获“省级森林城市”称号、“中国煤炭城市可持续发展杰出贡献奖”，桂花林场获全国“十佳林场”称号。造林21.38万亩，打造森林小镇4个、森林村寨18个、森林人家62个。森林资源保护“六个严禁”执法专项行动深入开展。

（三）齐心协力防风险，社会大局和谐稳定。金融风险可防可控。积极稳妥实施存量债务置换，地方政府综合债务率低于警戒线，牢牢守住不发生系统性金融风险的底线。非法集资防范处置有力。安全生产态势平稳。未发生较大及以上安全生产事故，事故起数、死亡人数实现“双降”，非煤矿山、烟花爆竹、危化物品、职业卫生和工贸等行业领域实现“零事故、零死亡”目标。社会治理成效显著。深入开展扫黑除恶专项斗争，涉黑恶犯罪立案侦办21件97人，刑事立案下降35%、命案下降46.67%。综治中心、“雪亮工程”建设全面铺开，排查各类矛盾纠纷3200件，调解成功3140件。外流贩毒被打击人数下降27.14%，吸毒人员动态管控率达98.08%，因毒致贫家庭795户、1353人顺利脱贫。宗教领域督查反馈问题切实整改到位。成功抵御非洲猪瘟等重大动物疫情。

（四）持之以恒调结构，产业革命成效凸显。产业规模持续扩大。围绕农业产业结构调整“八要素”，调减低效玉米种植22.06万亩。新增市级龙头企业5家。新增种植蔬菜46.9万亩、食用菌2.3万亩、牧草10.08万亩、水果4.1万亩、茶叶1.5万亩、中药材1万亩。烤烟种植面积达4.1万亩。恒大援建蔬菜大棚建成6323栋，援建肉牛养殖场完工18处、引进优质肉牛4430头。县农业发展投资有限公司、林业发展投资有限公司、丰盛源有限公司实体化运行。农业产业园区加速发展。省级农业园区完成投资24亿元，建成标准化种植基地14.7万亩，培育经营主体52个，创建省级以上优质农产品1个，无公害农产品产地认定12.5万亩，三品一标有效认证26个。县乡级园区完成投资5亿元，建成种植基地5.7万亩，入驻企业58个、农民专业合作社85个，总产值达1.9亿元。各类农业园区优良主导品种覆盖率达98%，转化应用国内外先进科技成果12个，园区农产品质量安全水平达100%。农业技术保障全面加强。160名农技人员深入田间地头精准开展技术服务。创建经果林、蔬菜、竹荪、马铃薯、养殖、中药材、农村电商、检测等8支新时代科技特派员专家团，形成助力脱贫攻坚和乡村振兴协同攻关方阵。协调21家科研院校（院所）42名科技专家对口帮扶我县96个贫困村，开展专家基层行活动600次。农村改革深入推进。完成土地权属实测563个村、21.36万户、142.63万亩。农民专业合作社累计达2070个。208个行政村纳入农村“三变”改革试点。建成集体经济实体的村达150个，农村集体资产总额达5.8亿元。

（五）坚持不懈促创新，新兴产业提质增效。工业经济持续壮大。规模以上工业企业达53户，规模以上工业增加值达28.5亿元、同比增长13.3%，保持全市第一。完成工业投资61.9亿元。水泥产量突破百万吨大关。发电总量达64.85亿千瓦时。实现进出口交易额1600万美元、电子商务交易额2.85亿元、网络零售额 5112.5 万元。煤炭产量达 1213 万吨，同比增长 17%。实现煤炭税收 10.76 亿元。煤矿“两化”升级改造走在全市前列，综合机械化煤炭矿井升级改造 6 处、辅助系统智能化矿井改造 17 处。化解过剩产能 477 万吨 / 年。瓦斯抽采量达 2.03 亿立方米、利用量达 1.07 亿立方米。新建瓦斯发电站 3 处，新增装机容量 1.31 亿千瓦。少普镇 LNG 煤气站、文家坝煤矿煤层气综合开发利用项目顺利实施。新能源发电 5.08 亿千瓦时，县域小水电发电 2.1 亿千瓦时。大数据发展持续延伸。规模化农业物联网示范基地和乌蒙利民农业大数据中心 2.0 示范项目建成。马家田、岩脚等 4 个煤矿大数据智能化改造项目完工。荣获“国家级电子商务进农村综合示范县”称号。旅游产业持续井喷。全年接待游客 1475.05 万人次，旅游综合收入 130.73 亿元，同比分别增长 32.06%、30.85%，旅游综合评价指数在全省第一方阵中排名第二。入境过夜游客达 6497 人次，同比增长 205.7%。织金洞游客服务中心启动建设，官寨至下红岩旅游观光公路即将完工，织金古城（东片区）综合开发进度过半，古城风貌提升项目全面启动；织金洞休闲农业观光园即将完工，织金洞国家 5A 级旅游景区创建工作积极推进，建成省级乡村旅游示范点 2 个、市级乡村旅游示范点 3 个。民营经济持续发展。认真落实国家各项减税降费政策，切实降低生产成本、减轻民营企业负担，努力营造民营企业公平参与竞争的市场环境，民营经济经营主体达 5.6 万户，民营经济增加值达 151 亿元。

（六）全力以赴扩投资，内生动力不断增强。项目建设加速推进。中石化织金 60 万吨 / 年聚烯烃项目实质性动工。以织金经济开发区为龙头、乡镇产业园区为补充的工业经济发展平台实现产值 80 亿元。实施省、市、县重大工程和重点项目 292 个，完成投资 190.68 亿元。新争取中央预算内投资和省级投资项目 21 个，完成投资 2.46 亿元。项目争取加速推进。争取上级项目 27 个、资金 2.14 亿元。总投资 103.3 亿元的 16 个 PPP 项目进入省级 PPP 项目预备库，城乡生活垃圾收运系统、水环境综合治理（景观）2 个 PPP 项目入选国家财政部第四批政府与社会资本合作示范项目。项目引进加速推进。招商引资到位资金达 215.82 亿元，同比增长 9%。深入推进“千企引进”工程，积极开展“产业大招商突破年”行动，新引进产业项目 102 个，“千企引进”项目 70 家，引进首次入黔 500 强企业 1 家，引进项目开工率达 100%。

（七）强基固本谋发展，基础设施提质升级。交通网络更加完善。新增公路通车里程 50.17 公里，织普高速建成通车，金洪大道、S106 三甲至官寨段、织重线改造等一批重大交通基础设施建设项目完工，全县高速公路出入口达 10 个。水利设施更加完善。白泥坡水库工程进度过半，铁厂坝水库基本完工，洗马塘水库开工建设。农村饮水安全巩固提升工程累计完成投资 2563.58 万元。织金河水系连通工程完成投资 6500 万元。电网设施更加完善。完成电网投资 1.21 亿元，启动 120 个深度贫困村电网升级改造工程，完成 10 千伏甲民线、10 千伏甲绮线电网升级改造和鸡场输变电工程建设。通讯设施更加完善。32 个乡镇（街道）全部实现 4G 网络及光纤接入。光纤入户端口数占总端口数的 40%，行政村通光缆 312 个，移动基站总数达 3209 个。

（八）凝心聚力强建设，城乡融合步伐加快。新增城市建设投资 18 亿元，新增城镇建成区 1.9 平方公里、城镇道路 12 公里，常住人口城镇化率达 45%。城市规划水平实现新提升。完成县城总规修订、城市“双修”规划和古城提质改造规划设计方案，多规合一步伐加快。城市重大项目建设水平实现新提升。宝桢湖、织金古城、凤凰生态公园、平安大道、杜仲路、唯亭路等一批重大城市项目有序推进，完成投资 12.7 亿元。完成西大街、北大街农贸市场升级改造，建成城乡生活垃圾收运系统。小城镇建设水平实现新提升。完成示范小城镇专项引导投资 5000 万元、小城镇建设投资 17.54 亿元，新增省级示范小城镇“8+X”项目 7 个，示范小城镇新增人口 2885 人、新增就业 2850 人。住房保障水平实现新提升。完成棚户区改造 3300 户，征收面积 27 万平方米。公租房累计分配 5110 套。村庄规划水平实现新提升。全面启动乡村振兴战略规划，515 个村庄规划编制完成，建成“四在农家·美丽乡村”小康房 310 户。营上古寨入选全国第五批传统村落名单。深入推动农村卫生专项整治，村庄、庭院卫生整治取得新成效。

（九）蹄疾步稳抓改革，发展活力竞相进发。重点领域、关键环节改革取得新进展。坚持县政府双周碰头会常态化，全面落实重大事项督办制度和提示制度。全面推动依法行政，强化法制审查、行政复议、法律顾问工作，行政违法、行政不当行为得到及时纠正。全面深化“放管服”改革，涉企证照实现“三十四证合一”。放宽市场主体登记条件，推行简易注销、企业注册登记全程电子化、注册登记管理环节程序化，企业登记从法定 20 个工作日缩短至

3个工作日内办结。行政审批涉及中介服务事项缩减到32项。推进大企业供电改革，累计降低企业用电成本371.42万元。为123户企业（项目）提供全程代办服务407项。“互联网+政务服务”实现网上办事大厅全覆盖，29个审批服务部门及32个乡镇（街道）审批服务事项全部进驻网上办事大厅。政务大厅办公面积达5000平方米，“一窗受理、集成服务”扎实推进。“双随机、一公开”监管开展随机抽查活动157次，随机抽查监管对象3039户，随机选派执法人员1362人次。科技创新取得新进展。综合科技进步水平指数达70%，科技型企业备案41家、发明专利申请113件、规上企业研究与试验发展经费支出、高新技术产业产值跃居全市前列。科技型企业备案41家，全市排名第一。发明专利申请量达113件，全市排名第一。高新技术产业产值全市排名第一。规上企业研究与试验发展（R&D）经费全市排名第二。有效发明拥有量达83件。启动建设生产力促进中心1家、农村电商服务中心3家、工程技术研究中心3家，加快形成“研发—中试—产业化—技术服务”一条龙推进的科技创新服务体系。《煤矿井下无人少人采掘系统的研发与应用示范项目》获省级工业技术榜单科技重大专项立项。

（十）千方百计惠民生，社会事业长足进步。全县十个方面民生实事完成投资53.36亿元，占计划投资的103.19%。就业形势持续稳定。新增就业1.21万人，城镇登记失业率控制在4.0%以内。农村青壮年培训1.65万人，贫困劳动力就业技能培训1.63万人。“10+N个一批”公益性岗位解决“三无两有”劳动力就业4974人。积极促进高校毕业生多渠道就业，扎实做好退役军人安置工作。社会保障持续健全。纳入城低保对象4478户、8727人、农低保对象43482户、79038人，发放城乡低保金2.69亿元。临时救助、自然灾害救助、优待抚恤全面落实到位。城乡居民养老保险参保人数达46.3万人。4个社区老年人日间照料中心、4个农村幸福院投入使用，建成全市第一家规范性公建民营养老机构，城乡中心敬老院、7所乡镇敬老院提质改造完工。教育质量持续提升。投资6308万元实施“全面改薄”项目，涉及46所学校13.62万平方米。30个教师周转宿舍楼竣工。迁建第三小学、中心幼儿园，新建第八小学、官塘幼儿园、平远新城第一、二幼儿园、平远新城安置点小学（第十小学）。投资2556万元改（扩）建乡镇（街道）第二幼儿园21所，投资1640万元扩建高中2所。职业教育办学质量不断提升，校校合作、校企合作等多元化合作模式全面推广。农村学校营养餐管理不断规范，校园安全管理水平不断提升。各级各类学校信息化教学设备全覆盖。小学适龄儿童入学率达99.7%、九年义务教育巩固率达94.06%，学前三年毛入园率达88.09%、高中阶段毛入学率达89.55%，义务教育基本均衡发展顺利通过国家评估认定。卫生医疗水平持续提高。全县注册医疗机构达628家，每千人拥有执业（助理）医师1.87人、注册护士3.16人、医疗卫生机构床位5.49张。城乡居民医保参保96.59万人，参保率达105.46%。为低保户、计生两户及残疾人等9万人代缴参保金750.9万元，发放医疗救助金2554.59万元。妇幼健康服务持续强化，实现异地就医联网结算，启动农村卫生专项整治三年行动。常住人口符合政策生育率达89.84%。继续取消药品加成，实行药品零差额销售。公共文化服务持续拓展。创建国家公共文化服务体系示范区顺利通过国家文化和旅游部验收。重大历史题材电视连续剧《丁宝桢》即将开机拍摄。县公共图书馆、文化馆提升改造完成。建成县级全民健身中心和32个乡镇（街道）综合文化站、文化信息资源共享工程服务点，公共文化服务场所全部免费开放，县图书馆新增图书3.19万册，562个农家书屋补充图书5.06万册。扎实开展“文艺讲习”“非遗品牌创建”“平安文化市场创建”“扫黄打非进基层”活动，开展脱贫攻坚文化惠民活动70场次。启动国家级非遗品牌申报工作。“广电云”户户用新增用户19035户。

此外，双拥、外事侨务、民族宗教、国防教育、人民防空、气象、妇女儿童、老龄、残疾人、地方志、红十字、档案等各项事业全面发展。

各位代表，这些成绩的取得，得益于以习近平同志为核心的党中央的坚强领导，得益于习近平新时代中国特色社会主义思想的科学指引，得益于省委省政府、市委市政府和县委的科学决策，得益于县人大、县政协的有效监督、大力支持，得益于各民主党派、人民团体、工商联、东西部协作、社会各界的关心支持、鼎力相助，得益于驻织单位的积极参与、无私奉献，得益于全县人民的艰苦奋斗、励精图治和广大外出乡贤的积极参与。在此，我代表县人民政府，向全县各族人民、各级干部致以崇高的敬意！向人大代表、政协委员，向各民主党派、各人民团体和各界人士，向驻织人民解放军、武警官兵、驻织单位，向所有关心、支持织金改革发展的各界朋友，表示衷心的感谢！

在充分肯定成绩的同时，我们也清醒认识到，织金经济社会发展不平衡、不充分的问题仍然突出，我们的工作与党的要求、人民的期望还有很大差距。一是脱贫攻坚任务还十分艰巨。7.7万贫困群众尚未脱贫，剩下的是贫中之贫、艰中之艰、难中之难，需要各级干部、社会各界齐心协力、勠力奋战，才能取得脱贫攻坚战根本性胜利。二是发展质量有待提升。经济下行压力较大，产业结构对接发达地区生产力能力不足，新旧动能转换期间产业换代衔接不够紧密，各类新兴业态缺乏市场竞争力，示范产业带动作用发挥不够好，产业集聚效应不强，经济发展尚处于积储力量、爬坡过坎阶段，提升发展效率、实现高质量发展任重道远。三是防范化解重大风险压力较大。"三期叠加"的阶段性发展特征，对当前防范与化解重大风险工作构成了较大影响，各领域长期以来积累的各类矛盾加快凸显，强化社会治理、构建和谐社会还存在较大压力。四是政府职能仍待转变。一些单位和干部政治站位不高、担当意识不足，仍有求稳怕乱思想，服务意识、担当精神仍需进一步强化，执行力、落实力尚需进一步提高。对于这些问题，我们将采取措施切实加以解决。

二、2019年主要目标任务

2019年是新中国成立70周年，是决胜全面建成小康社会第一个百年奋斗目标的关键之年，是落实习近平总书记对毕节试验区重要指示精神的开局之年。坚决夺取脱贫攻坚战根本性胜利，为决胜全面建成小康社会奠定坚实基础，是我们的历史使命、政治责任。我们一定牢记嘱托践于行、不负使命写华章，坚定不移推动政府各项工作落到实处。

今年工作的总体思路是：以习近平新时代中国特色社会主义思想为指引，深入贯彻落实党的十九大和习近平总书记对毕节试验区的系列重要指示批示精神及中央、省、市、县经济工作会议精神，统筹推进"五位一体"总体布局，协调推进"四个全面"战略布局，坚持稳中求进的总基调，坚持新发展理念，聚焦省委"三大战略行动"、市委"113攻坚战"、县委建设"七个织金"目标，坚持以供给侧结构性改革为主线，深化市场化改革、扩大高水平开放，加快建设现代化经济体系，继续打好三大攻坚战，统筹推进稳增长、促改革、调结构、惠民生、防风险工作，保持经济运行在合理区间，进一步稳就业、稳金融、稳外贸、稳外资、稳投资、稳预期，提振市场信心，增强的获得感、幸福感、安全感，努力争取在示范区建设中走前列、作表率，奋力夺取脱贫攻坚战决战之年的根本性胜利，以优异的成绩庆祝新中国成立70周年。

做好全年工作，我们将坚持以人民为中心的思想不动摇，坚持以脱贫攻坚统揽全局，着力解决人民日益增长的美好生活需要与不平衡、不充分发展之间的矛盾，从脱贫攻坚着手，从群众最关心、最迫切的问题着手，不断完善公共服务、改善人民生活，努力实现全体人民迈进小康、一个都不能少；我们将坚持改革开放不动摇，以供给侧结构性改革为主线，全面夯实发展基础、改善发展条件，释放发展活力、激活发展动力，把实体经济做实做强做优；我们将坚持高质量发展不动摇，继续巩固"三去一降一补"成效，增强微观主体活力，发挥企业、企业家的主观能动性，以营造稳定、公平、透明、可预期的营商环境为突破口，为实现高质量发展注入强劲动力；我们将坚持激发干事创业激情不动摇，积极营造干部勇于担当、群众顺利创业、企业高效发展的浓郁氛围，努力推动织金干部群众在建设贯彻新发展理念示范区的伟大实践中勇立潮头；我们将坚持绿色发展理念不动摇，牢固树立绿水青山就是金山银山的理念，高品质加强生态环境保护和建设，努力建成"生态织金"。

今年工作的主要预期目标是：地区生产总值增长10.5%，规模以上固定资产投资增长16%，一般公共预算收入增长7.5%，社会消费品零售总额增长11%，规模以上工业增加值增长13.5%，农业增加值增长7.2%，重点服务业营利性服务业营业收入增长10%，城镇登记失业率控制在4.2%以内，城镇、农村常住居民人均可支配收入分别增长9%、11%，居民消费价格指数、节能减排指标控制在省、市下达的计划范围内。

围绕上述目标，我们将重点抓好以下10个方面工作：

（一）坚定不移打赢脱贫攻坚战。确保农村贫困人口稳定实现"两不愁，三保障"，所有贫困村全部达到出列标准，全县脱贫6.02万人、贫困发生率降到1.6%以下，实现整县脱贫摘帽目标。聚力打赢"四场硬仗"。对公共服务水平提升、"两不愁，三保障"等内容进行全排全查，逐项建立台账、补齐短板。力争新建农村"组组通"硬化路936公里。全面推进农村饮水安全巩固提升工程建设，完成脱贫水务工程投资4.41亿元以上。加快实施电力、网络扶贫行动，统筹推进电、讯及其他乡村基础设施建设，创新推行"互联网+"扶贫模式。全面强化易地扶贫搬迁安置点基础设施建设和公共服务体系，确保完成1203户、4901人搬迁计划。确保有劳动力的贫困家庭至少实现1个劳动力稳定就业。落实产业扶贫投资

1.9 亿元以上，培育引进一批新型农业经营主体。争取绿色产业扶贫投资基金投放 25 亿元以上。确保恒大帮扶项目全部投入使用。实现贫困户教育资助政策全覆盖，确保不发生因贫失学辍学问题。全面巩固健康扶贫医疗保障救助机制，确保建档立卡贫困户 100% 参保医保、建档立卡贫困人口住院费用实际报销比例达 90% 以上、家庭医生签约和服务全覆盖，全面落实“先诊疗，后付费”“一站式”即时结算。扎实推进农村危房改造和住房保障三年行动计划，分类推进农村危房改造、地质灾害防灾避险搬迁、无房户住房救助兜底、农村老旧住房整治。聚力推进东西部扶贫协作和定点帮扶。加强与广州市花都区沟通协调，聚焦“八大扶贫协作重点”，推动帮扶协作项目化、机制化、常态化，全力推动广州（广东）企业在织投资项目落地见效。聚力推进全社会参与扶贫。充分发挥试验区优势，争取统一战线、全国工商联、社会力量参与支持脱贫攻坚。深入推进“百企帮百村”行动，引导企业积极开展产业扶贫、就业扶贫、公益扶贫。鼓励社会各界爱心人士参与扶贫志愿服务。聚力推进扶贫领域腐败和不正之风专项治理。深入推进“护民生、促脱贫”监督执纪问责，强化脱贫攻坚领域监督检查，扎实开展扶贫领域作风建设，严肃查处贪污挪用、截留私分、虚报冒领、强占掠夺等行为，严肃查处扶贫领域“四风”问题、涉黑涉恶问题。

（二）坚定不移打好防范化解重大风险攻坚战。妥善应对金融风险。健全防范化解风险管理体制和运行机制，建立债务化解储备金和债务偿还资金池，积极稳妥化解债务。积极创新融资方式，大力争取国家和省政府债券额度，推广应用 PPP 模式。严格落实防范和处置金融风险责任，扎实防范和处置非法集资专项行动。深入开展金融领域失信问题整治，严厉打击违法违规金融活动。有效应对安全风险。严格落实地方党政领导干部安全生产责任制，全方位落实安全生产责任，最终把安全生产责任压实到企业、落实到岗位。进一步健全安全生产体制机制，强化基础性、根本性措施，一以贯之将防控重大安全生产风险摆在突出位置，盯紧煤矿、危化品、非煤矿山等重点行业领域，持续排查消除各类安全隐患，确保全面完成各项安全生产控制指标。强力应对社会风险。深入推进扫黑除恶专项斗争，大力推进“法治织金”创建，加快推进综治中心、“雪亮工程”建设。严厉打击各类涉毒违法犯罪活动。完善矛盾纠纷排处机制，强化社会矛盾纠纷排查化解。加大突发恶性事件、敏感事件预测预判预警和处置工作力度。加快推进“天网”“地网”等工程建设。创新特殊群体管理机制，有效遏制特殊群体违法犯罪活动。

（三）坚定不移打好污染防治攻坚战。大力筑牢生态基础。严格执行生态修复、生态保护、生态补偿“三大制度”，抓好重点林业产业结构调整、“六个严禁”专项执法行动、森林防火、林业有害生物防治、国家储备林建设五项重点工作，确保全县森林覆盖率达 59% 以上。大力抓好环保督察反馈问题整改。紧扣中央、省委环保督察反馈问题和中央巡视贵州反馈生态环保问题，全面落实长效工作措施，坚决防止相关问题反弹。大力打好蓝天保卫战。全面落实打赢蓝天保卫战三年行动计划，明确禁止和限制发展的行业、生产工艺和产业目录，严控“两高”行业产能，强化“散乱污”企业综合整治，持续推进工业重点行业治污减排行动，深入开展燃煤锅炉综合整治，加快实施能源消耗总量和强度双控行动，有序发展水电、稳妥发展风电等清洁能源和新能源，加快构建绿色交通体系，建好新空气质量自动监测站，确保大气环境质量及管理指数达 1.81 以上、二氧化硫、氮氧化物排放总量控制在省、市下达指标范围内，主要污染指标得到有效控制，县城空气质量优良天数比率保持在 96% 以上，防止雾霾天气发生。大力打好碧水保卫战。积极开展城市黑臭水体整治和饮用水源地保护攻坚行动，建成一批饮用水源水质监测设施，严格按照“河长制”要求抓好地表水治理，持续改善水环境质量，推进农村生活污水的集中收集与处理，确保主要河流出境断面水质优良率保持在 100%、1000 人以上饮用水源地水质全部达标、水环境质量及管理指数达 1.91 以上。大力打好净土保卫战。加强对医疗废弃物、医疗废水的集中收集与处理，强化放射源排查监管。加大危废物品管理力度，严厉打击非法收集处置废机油行为。积极建设标准化渣场，提高工业固体废物无害化处理率及利用率，积极利用好生活垃圾收集转运系统，加大生活垃圾集中处理力度，确保土壤环境质量及管理指数达 1.97 以上。扎实开展第二次污染源普查入户调查，有序开展污染源日常环境监管随机抽查，完成十大行业治污减排整改，强化城区噪声污染防治，确保创国家环境保护模范城市顺利通过验收。

（四）坚定不移推动乡村振兴。全面加快同 2020 年后乡村振兴战略衔接步伐，推动新时代织金乡村全面振兴。紧扣产业兴旺，全面深化农村产业革命。认真落实“八要素”要求，加快实施种植业“5211”、畜牧业“3311”产业发展规划，调减低效玉米种植面积 28 万亩以上，大力发展特色优势产业。加强“织金竹荪”“织金皂角”等农特产品商标及地理标志商标的注册和保护，积极落实皂角产业发展规划，因势利导建成一个皂角苗圃场、做大一个50万亩以上的皂角基地、建好一个皂角研发所、打造一座皂角文化城、创办一个皂角文化旅游节。重点抓好今冬明春20万亩皂角、37万亩蔬菜、2万亩竹荪、1万亩茶叶规划种植。着力引进一批龙头企业参与农业发展。力争国有产业投资公司与全县20%以上建档立卡贫困户建立利益联结机制。支持各类农业企业在产品精深加工、养生、餐饮、旅游等方面融合发展。鼓励农业生产经营主体申报农产品认证，加快提升“三品一标”产品比重。加快“中霭万家”项目建设进度，确保完成投资6300万元以上。围绕绿色农产品销量泉涌行动，大力培育微信、电子云平台等新型流通业态，重点培育2个以上本地特色线上品牌，建成农村电子商务服务站点80个以上。积极组织农特产品参加各类“农博会”“农交会”，打造一批品牌农产品。培育一批利益联结合理、运营模式新颖、贫困群众参与面广的农民专业合作社。加强农业新品种、新技术、新材料、新农机培训与指导，确保完成技术培训5.5万人次以上。实现100%的贫困村建立农民专业合作社、100%的贫困农户参加农民专业合作社、100%的农民专业合作社实现技术指导团队覆盖。建成一批规模大、科技含量高的主导产业试验基地。强化农产品省外定向直通，积极推动农产品“六进”，建成一批农产品直供基地。紧扣生态宜居，建设美丽乡村新家园。强力打造“四在农家·美丽乡村”升级版，促进城乡基础设施互联互通，推动农村基础设施提档升级。重点实施农村公路“七大工程”，优化加密农村路网，推进城乡客运服务一体化，加快农村物流网络节点建设。着力构建大中小微结合、骨干和田间衔接、长期发挥效益的农村水利基础设施网络，提高农业灌溉能力、改善农村水环境。深入推进农村能源生产和消费革命，推动农村电网升级改造，加快实施“气化贵州”工程、农村能源清洁化工程。起步实施宽带乡村、数字乡村建设。扎实推进农村环境综合整治两年攻坚行动计划，紧紧围绕“五美”农村环境目标，以农村垃圾、污水治理、村容村貌提升为主攻方向，深入开展厕所革命、农村“八乱”治理。紧扣乡风文明，推动乡村文化振兴。巩固农村思想文化阵地，强化村规民约作用，推进社会主义核心价值观践行。强化乡村传统文化保护传承，重塑乡村文化生态。健全乡村文化服务体系，强化乡村公共服务供给，丰富乡村文化活动。积极推进蜡染、刺绣、陶艺等地方民族文化资源产品化、产业化、品牌化。紧扣治理有效，推动乡村组织振兴。以农村基层党组织为核心，选优配强村级班子，优化农村基层干部队伍结构，努力培养懂农业、爱农村、爱农民的乡村振兴新型三农人才队伍。紧扣生活富裕，提升农民获得感。优先发展农村教育事业，全面推进健康乡村建设，强化农村社会保障体系建设，提升农业发展服务能力。深入实施城乡居民收入倍增计划，推动农村大众创业万众创新，促进农民充分就业，激活农民财产增收潜能，拓宽农村外部增收渠道，构建农民增收体系。

（五）坚定不移推动工业经济高质量发展。加快转换工业经济发展动能。大力推动中石化织金60万吨/年聚烯烃项目建设。坚持以煤炭供给侧结构性改革为主线，以煤层气开发综合利用为抓手，加快煤炭产业转型升级，确保原煤产量达1300万吨。积极推进肥田煤矿、文家坝二矿等现代化矿井建设，加快戴家田煤矿、红梅煤矿建设进度。抓好煤矿瓦斯（煤层气）综合利用，大力推动煤矿瓦斯发电，争取瓦斯综合利用率达50%以上、瓦斯抽采量达2.2亿立方米以上、瓦斯利用量1.23亿立方米以上。新增上规入统12户，工业增加值达13.5%。加快培育新兴工业产业。积极推进中寨风电场、铁厂坝风电场建设。依托“千企改造”、冷链物流设施建设，着力提升农产品仓储、冷藏、保鲜、运销水平，确保建成1个以上农产品集配中心，新增30个基地预冷设施，新增冷库容量1万吨。加快筑牢工业经济发展平台。加快织金碧云公司、城投公司实体化运作，积极推进园区标准化厂房、污水处理厂及配套管网工程建设。科学合理布局产业链，织牢产业网，构筑更大空间的商业体系网。统筹推动“产业填补”，推进智慧小镇、生态产业园等“产业包”建设。加快推动大数据、大健康产业向园区集群集聚。

（六）坚定不移推动服务业高质量发展。大力发展全域旅游。借力全省第十四届、全市第十二届旅游产业发展大会在织金召开，以织金洞景区为龙头，以会兴旅、以旅兴城，创建国家全域旅游示范区和山地康养度假旅游目的地。确保织金洞通过5A级景区景观质量评审，积极融入“黄果树瀑布—织金古城—织金洞—百里杜鹃—奢香古镇—慕俄格古城—鸡鸣三省景区”精品旅游线路、“织金—纳雍生态休闲板块”，强化“一代名臣丁宝桢”“天下第一洞织金洞”“织金财神庙”三大旅游资源对外形象推介，着力打造乌江源休闲文化旅游带和宝桢盐道文化体验之路，确保接待游客1500万人次以上、旅游综合收入150亿元以上、国内过夜游客90万人次以上、入境过夜游客6000人次以上，力保旅游综合评价指数在全市排名第一、在全省第一方阵保持前列。大力发展商贸物流。加快织金经济开发区省级外贸出口基地建设。巩固“国家级电子商务进农村综合示范县”创建成果，建立健全农村电子商务综合服务网络体系，确保农村商品物流配送能力和农特产品商品化、网货化率大幅提高，建成1家以上农商互联集配中心。大力发展金融服务。引导金融机构精准对接脱贫攻坚“四场硬仗”金融需求，持续推进扶贫小额信贷，支持村镇银行发展，缩短金融机构存贷差。增强金融服务实体经济能力，推广“4321”新型政银担合作模式，逐步提高担保放大倍数。

（七）坚定不移夯实发展基础。全力提升道路通达水平。完成交通基础设施建设投资5.5亿元以上，启动国省道改造、县乡道升级改造和通村通组路建设，推进S106三甲至八步改扩建公路建设。配合抓好织金至六枝、百里杜鹃管理区至织金洞风景区和织金县城至鸡场高速公路建设，努力实现对外“大动脉”与内部“毛细血管”互联互通。健全农村公路养护管理体系，完善养护管理机制。完善打击非法营运工作长效机制，深化出租车、网约车改革。大力推动织金通用机场开工。全力提升水利设施建设水平。完成鱼颈河治理工程建设，启动歹阳河喇叭河段和康家河河道治理工程。推动洗马塘、白泥坡水库蓄水验收和铁厂坝水库竣工验收，加快西悬水库建设进度，完成喊天坝水库前期工作。完成饮水工程项目384处，解决饮水安全86586户、331738人以上。建设上坪寨克老坝排洪工程，开展龙场干河坝排洪工程前期工作，推进恒大产业扶贫项目配水工程建设。全力提升电力资源保障水平。完成配电网改造升级投资2.27亿元以上，基本消除低电压，户均配变容量提前达到2.0国家标准。建成35千伏龙场输变电工程，开工建设110千伏猫场输变电工程。全力提升信息化发展水平。快速启动电信第一期行政村光纤宽带建设和新一批基站建设，确保电信网络全覆盖。积极建设智慧城市，提高城市信息化水平，继续推进“速率倍增行动”，积极推出电信行业服务小微企业特惠项目，加快推进“云光惠企”项目。

（八）坚定不移推动新型城镇化发展。坚持做强县城、做特集镇、做美村庄，加快山地特色新型城镇化进程，大力促进城乡融合发展。加快县城扩容提质。坚持高起点规划、高标准建设、高效能管理，以打造新型城镇化试点县为目标，以“城市双修”为抓手，科学布局生产、生活、生态“三生”空间。积极构建城市产业生态体系，促进城市一体化发展，确保中心城区人口规模达到28万人以上，城区建成面积达24.5平方公里以上，常住人口城镇化率达47%以上。加快平安大道、杜仲路、唯亭路建设，加快推进织金古城（东片区）、凤凰生态公园、西湖大道改扩建、宝桢湖南湖、城区沿道景观打造等城市建设工程，强力推动城市棚户区改造。大力推进城市环境综合整治，加快推进垃圾焚烧发电、城市天然气利用项目建设。着力推进绮陌、三甲、八步、茶店产业新城建设。加快小城镇特色化发展。以桂果和猫场2个省级示范小城镇建设为重点，统筹推进珠藏、三塘、以那、鸡场、化起等13个特色小城镇建设，着力打造一批交通枢纽型、旅游景观型、民族风情型、绿色产业型、商贸集散型、移民安置型等各具特色的示范小城镇，努力打造小城镇建设升级版。加快“五城同创”建设步伐。深入实施“市政质量提质、交通综合整治、绿色城市攻坚、环境卫生整治、满意度提升”五项行动，提升城镇建设发展高度、服务厚度、文化温度、平台广度、产业兴度、统筹力度，并将工作向集镇、村庄延伸，形成统筹推进、共建共享的良好格局。

（九）坚定不移深化改革开放。深入实施创新驱动战略，不断激发发展新动能、增添发展新活力。全面深化“放管服”改革。大力推进行政审批制度改革，优化审批流程、提高审批效率，探索实施行政审批“六个一”改革，持续降低制度性交易成本，抓好“优化营商环境”工作，着力做好“减证便民”清理。持续开展窗口规范化建设，大力推动“互联网+政务服务”平台向基层延伸。以“全覆盖服务、全联通服务、全方位服务、全天候服务、全过程服务”为核心，推动政务服务“群众最多跑一趟”“只进一扇门”，打通服务群众的“最后一公里”。支持税收征管改革，强化税务失信惩戒，抓好综合治税平台建设，完善纳税信息共享机制，推动社保费、非税收入划转。全面推进农村综合改革。将农村集体产权制度改革推向纵深，扎实推进农村土地制度改革各项工作，全面完成土地确权颁证工作。深入借鉴“塘约经验”，深化“三变”改革，完善利益联结机制，建好“村社一体、合股联营”合作社，全面消除“空壳村”。积极推广扶贫产业项目“契约式”运作模式。深化水务一体化改革。全面扩宽开放渠道。用好用活全国工商联、广东花都区帮扶我县优势条件，积极对接全国直属商会、行业商会及经济发达地区区域性商会，利用帮扶纽带拓宽开放渠道，全力承接广州产业转移。精准编制具有引领性、示范性的重点产业招商引资项目80个以上，确保引进投资规模3000万元以上省外（境外）合同项目100个以上，新增省外到位资金150亿元以上，引进项目代办覆盖率达100%。

（十）坚定不移筑牢民生底线。坚持以人民为中心的发展思想，让人民群众共享更多发展成果。全面提升教育发展水平。持续推进义务教育均衡发展、高中阶段教育提质升级、规范化学校建设、师德师风建设四项重点工作，着力加强教师队伍建设、教育教学管理、办学条件改善、教育精准扶贫、教育综合改革五项工作，努力实现教育质量新提高，确保三年毛入园（班）率达89%以上、小学适龄儿童入学率达99.7%以上、九年义务巩固率达95%以上。加快普及高中阶段教育，实现普职在校生比例大体相当，高中阶段教育毛入学率达90%以上。抓好县城核心区（含经济开发区）校点布局规划。合理调整县城核心区中小学、幼儿园规划布局。加快薄弱学校改造进度，完善教育信息化设施设备。积极推动县中等职业学校内涵发展，鼓励民办职业教育发展。启动县城一幼、二幼、三幼建设和织金二小、织金九中扩建工程，进一步解决教育资源不平衡、发展不充分问题。全面提升就业创业水平。积极争取上级就业补助资金，有效覆盖就业扶贫各领域。加强与发达地区交流合作，积极开展“订单式培训”。以贵州管家帮培训机构入驻为示范，多渠道引进培训机构。健全网络化岗位收集平台，拓宽劳动力网络化自主择业渠道，确保劳动力精准输出。全面推进职业技能培训和农民培训，实现城镇新增就业1.38万人。全面落实“大众创业、万众创新”各项优惠政策，新增一批众创、众包、众扶、众筹等“大众创业、万众创新”支撑平台。简化创业项目审批流程，完善创业投融资扶持机制，大力推进创业担保贷款，发挥“黔微贷”“电商信用贷”等融资产品作用，强化对创业创新企业、新型农业经营主体的信贷扶持。力争建成“农村劳动力转移就业工作示范县”，建设一批“小微企业创业创新基地”“小微企业创业创新示范园”“小微企业创业创新孵化园”“创业创新型小城镇”“巾帼创业示范基地”。全面提升卫生医疗水平。巩固创建国家卫生县城、卫生乡镇成果，按时完成城乡居民医保筹资工作，确保建档立卡贫困人口参合率达100%，家庭医师签约服务、贫困户签约服务率达100%，深化农村贫困人口大病专项救治工作，落实“定点医院、定诊疗方案、定单病种收费标准、定联动报销比例”“大病集中救治一批、慢病签约服务一批、重病兜底保障一批”。积极推进“智慧村医”工程建设。深入开展健康扶贫义诊巡诊进基层、进乡村、进贫困户活动。抓好妇幼卫生、疾病预防控制、卫生监管、老年健康及人口计生工作，稳步推进医药体制改革工作。下大气力抓好食品、药品安全监管，确保人民群众舌尖上的安全、用药安全。全面提升社会保障救助水平。不断提高城乡低保、特困人员、特殊群体救助保障标准，深入实施农村低保专项治理行动，提升农村敬老院管理水平，认真落实孤儿供养、困境儿童救助、留守儿童关爱保护政策，完善困难儿童关爱救助保护体系。全面提升文化体育发展水平。巩固创建国家公共文化服务体系示范区成果，夯实县、乡、村三级公共文化服务网络基础。积极创建平安文化市场，全面实施文化产业扶贫三年行动计划。全面推进村居（社区）综合文化服务中心建设，实现村级公共文化服务数字化。深入开展文化事业单位体制改革和县公共图书馆、文化馆总分馆制改革，实现县、乡、村三级公共文化服务共建共享。抓好非物质文化遗产保护传承，积极推动国家级非遗名录申报。加强文物修缮、保护、管理和利用，全面强化文物保护“四有”工作。广泛开展文化艺术精品创作和群众文化惠民活动。推进政府向社会购买公共文化服务机制，积极引导文化消费。借助国家体育总局帮扶契机，完善体育基础设施，强化体育产业发展，推进全民健身运动，提升体育竞技水平。

此外，抓好第四次经济普查、第六次人口普查，加强国防后备力量建设、人民防空建设，加大外事工作投入和保障力度，支持驻织部队、监察委、法院、检察院、工会、妇联、共青团等工作，加强国家安全、双拥优抚、残疾人、老龄、统计、邮政、气象、侨务、对台、地方志、档案等工作。

各位代表，我们还将继续用政府的“紧日子”换取老百姓的“好日子”，全力办好10个方面的民生实事：（1）完成农村危房改造8528户，开展7498户老旧住房整治；（2）建成农村供水工程224处、小水窖11144口；（3）建成5000平方米织金县残疾人康复中心主体工程；（4）新建第十中学、第十小学初中部、八步二幼、猫场三幼；（5）建成宝桢公园南湖、城区公厕5所，启动织金六中停车场、运动场建设；（6）建成织金县金鱼池水质自动监测站；（7）完成X5P9官寨至下红岩公路改扩建7.87公里；完成10千伏及以下珠独线、新林线、牛实线、桂黑线、猫营线等配电网建设工程；（8）完成劳动力全员培训1.4万人；（9）新增“天网工程”三期项目建设，建成农村电商服务中心200个、“智慧村医”360个，建成织金全域旅游智慧平台；（10）建成文腾街道、金凤街道2个社区卫生服务中心。

三、全面加强政府自身建设

各位代表，奋进新征程、建功新时代，我们将始终坚持党的全面领导，坚持以人民为中心，不忘初心再出发、忠诚履职勇担当，雷厉风行、快干实干，全面提高推动高质量发展能力，努力建设人民满意的政府。

一是忠诚看齐讲政治，始终坚持党的领导。坚持把忠诚、看齐作为为政之本。全面强化对党绝对忠诚。坚决拥护以习近平同志为核心的党中央，牢固树立"四个意识"、坚定"四个自信"、落实"四个服从"、践行"两个维护"、杜绝"七个有之"，严格遵守党的政治纪律、政治规矩，党中央号召的坚决响应、党中央决定的坚决执行、党中央禁止的坚决不做。全面落实党委部署。坚决服从县委领导，始终与县委同心同德、同心同向、同心同行，忠诚担当、奋勇前进，确保上级及县委各项决策部署在政府系统不折不扣、落细落小落实。

二是履职尽责讲担当，深入推进责任政府建设。坚持把守责、担责、尽责作为为政之要。努力提升履职担当能力。大力倡导知责明责、守责尽责的担当精神，激发你追我赶、比学赶超的干事创业热情，增强敢于担当的勇气、提升敢于担当的能力。全面完成机构改革，进一步优化政府部门职责。加强干部培训，增强"八大本领"，让各级干部成为新时代各领域的行家里手。保持"开局就是决战、起跑就是冲刺"的工作劲头，坚持一张蓝图干到底、真抓实干求实效，努力在新一轮高质量发展中抢占先机、赢得主动。努力提升科学决策水平。加快完善和落实鼓励创新、宽容失败的容错机制，营造锐意改革、勇于担当的良好环境。高度重视民主党派、工商联、无党派人士和人民团体的建议，广泛征求群众意见，把政府决策过程变为汇聚民意、集中民智、凝聚民心的过程。注重久久为功，一步一个脚印担负起兴一方经济、富一方百姓、建一方文明、保一方稳定的政治责任和政治担当。

三是依法行政讲规矩，深入推进法治政府建设。坚持把依法行政作为为政之纲，贯穿于政府决策、执行、监督全过程。切实完善依法行政制度。严格按照法定权限和程序行使权力、履行职责，将政府工作全面纳入法治化轨道。提升法律援助和司法救助水平，自觉接受人大及其常委会的法律监督、工作监督，自觉接受政协的民主监督。及时办理人大代表建议、议案和政协委员提案，提高办理质量和满意度。切实提高依法行政水平。健全政府权力清单、责任清单、负面清单，切实做到法无授权不可为、法定职责必须为，不断增强政府的透明度、公信力、执行力。

四是深化作风建设讲效率，深入推进服务政府建设。坚持把转作风、提效能、求实效作为为政之基。坚定不移纠"四风"，坚持不懈优化发展环境，强化对权力运行的公开和监督。严控"三公"经费，严防"四风"问题反弹，以更高标准建设忠诚、干净、担当的新时代干部队伍。对"吃拿卡要"、办事不公等问题重拳出击，坚决清除"奇葩证明"等乱象。坚定不移兴"三风"，大兴调查研究之风、勤俭节约之风、真抓实干之风，时刻把群众的安危冷暖放在心上，继续创新用好"五步工作法""四到工作制"，竭尽全力为群众办好事、办实事。围绕工作部署、具体目标、工作承诺，全面落实"时间表、路线图、责任书"，台账式管理、项目式推进、销号式落实，全面强化各项工作全程跟踪督办、即时问责问效和终身认责追责，推动各项决策部署落地见效，创造经得起人民和时间检验的成绩。

五是廉洁自律讲奉献，深入推进清廉政府建设。坚持严明、廉明、开明的为政之德。严守政治纪律。把纪律和规矩挺在前面，认真贯彻新形势下党内政治生活若干准则和党内监督条例，认真贯彻落实中央八项规定及实施细则和省市县十项规定。认真落实"一岗双责"。扎实推进政府系统惩防体系建设，坚决反对特权思想和特权现象，保持惩治腐败高压态势，做到无禁区、全覆盖、零容忍。强化权力运行制约，深化政务公开、财政预决算公开和绩效管理，加强对政府采购、工程招投标、财政资金使用等重点领域、关键环节的监督管理和风险防控。强化民生监督工作，坚决纠正侵害群众利益的不正之风，确保民生资金监管更加有效、民生项目实施更加规范。全面加强对公共资金、国有资产、公共资源、公职人员的审计监督。努力营造干部清正、政府清廉、政治清明、正气充盈的政治生态。

各位代表，砥砺奋进新时代，蹄疾步稳踏新程；宏伟目标激励人心，历史重任催人奋进。让我们更加紧密地团结在以习近平同志为核心的党中央周围，高举习近平新时代中国特色社会主义思想伟大旗帜，认真贯彻落实党的十九大和十九届二中、三中全会精神，在省委省政府、市委市政府和县委的坚强领导下，不忘初心、牢记使命，夙兴夜寐、勇毅前行，奋力夺取脱贫攻坚决战之年的根本性胜利，努力谱写建设贯彻新发展理念示范区的织金新篇章，以优异的成绩向新中国成立70周年献礼！

金沙县政府工作报告

（2019年1月22日在金沙县第十六届人民代表大会第三次会议上）

金沙县委副书记、县长 李涛

各位代表：

现在，我代表县人民政府向大会报告工作，请予审议，并请县政协委员和其他列席人员提出意见。

一、2018年工作回顾

一年来，全县上下坚持以习近平新时代中国特色社会主义思想为指导，深入学习贯彻党的十九大和十九届二中、三中全会精神，全面贯彻落实习近平总书记对贵州、毕节的重要指示批示精神，牢记嘱托、感恩奋进，坚持稳中求进总基调，落实高质量发展要求，紧盯“百姓富、生态美”发展定位和三大战略行动，聚力打赢“113攻坚战”，坚持“全省增比进位、全市示范引领、全县提质增效”的发展定位，奋力打造金沙之路升级版、建设幸福美丽新金沙，全县呈现出“发展基础不断夯实、发展动力持续增强、发展质量日益提升”的良好态势。预计完成地区生产总值280亿元，同比增长11.6%；规模以上工业增加值77.5亿元，同比增长12.5%；500万元以上固定资产投资同比增长3%；一般公共预算收入20.35亿元，同比增长7.06%；税收总收入36.1亿元，同比增长5.93%；社会消费品零售总额44.83亿元，同比增长13.1%；金融机构人民币存贷款余额319.17亿元，同比增长7.44%；城镇、农村居民人均可支配收入分别达31378元、10321元，同比分别增长8.6%、9.5%。

2018年，我们聚焦聚力，重点抓了以下7个方面的工作：

（一）尽锐出战，整体脱贫在精准施策中成效显现。建立健全县乡村三级脱贫攻坚作战体系，扎实开展脱贫攻坚“春风行动”“夏秋攻势”“五个专项治理”等行动。组建25个由县级领导任队长的帮扶工作队，实现联系乡（镇、街道）全覆盖；选派525名干部驻村，实现87个贫困村驻村工作全覆盖；县乡村6217名干部与23198户贫困群众结成帮扶对子，实现贫困户结对帮扶全覆盖。完成贫困村出列21个、贫困人口脱贫15270人，贫困发生率下降到2.86%，实现全县整体脱贫。狠抓基础设施建设。完成1352公里组组通硬化路建设，实现30户以上自然村寨通硬化路全覆盖。实施25个贫困村、8349户、31210人饮水安全巩固提升工程，实现出列贫困村全覆盖。新建10千伏线路52.5千米、低压线路235.7千米，新增配电变压器139台，实现贫困村通动力电全覆盖。进一步完善贫困村通信网络配套，贫困村村委会所在地及周边光纤网络、4G网络覆盖率达100%。狠抓产业扶贫。完成村集体“三资”量化1.24亿元，吸纳农户用耕地、林地加入村集体经济股份合作社，通过资源资产抵押贷款8600万元投入特色产业发展。面向贫困村采购各类农产品，支付资金1456.57万元。进一步健全完善利益联结机制，90%以上贫困户通过土地流转租金、入股分红收益、劳动务工薪酬等多渠道增收。狠抓易地扶贫搬迁。1796户、7476名贫困群众搬迁入住“光明小镇·幸福家园”安置点，旧房拆除复垦复绿工作同步推进。组织就业培训7期，促进就业5679人。新设立3个移民社区，零距离服务搬迁群众。狠抓教育医疗住房保障。全面实现教育资助应助尽助，完成学前教育、义务教育、高中阶段教育资助66893人次、5593.94万元，受理生源地信用助学贷款6406人次、4426.66万元。全面实现医疗保障应保尽保、应助尽助，资助319.22万元帮助贫困群众全部参保。全面落实贫困人口“先诊疗，后付费”、住院就医补偿、14种大病救治、慢性病就医补偿等工作，支付就医补偿6295.77万元，惠及贫困群众24233人次，补偿比例超过90%。实施农村危改和“三改”5508户，完成农村老旧住房整治454户，统筹做好地质灾害防灾避险搬迁、无房户住房民政救助兜底等住房保障工程。狠抓“十大员”就业扶贫。开发就业扶贫公益专岗3440个，招募上岗3321人，促进人均增收5200元以上。狠抓对口帮扶、扶贫协作。民进中央和民进各级组织到金沙县开展帮扶活动17次，培训教师、医务人员3100余人次。“泛海助学”筹资25万元资助贫困学生50名。深化与广州市荔湾区东西部扶贫协作，选派干部、专技人员赴粤挂职和学习272人次，培训专技人员5258人次，推动村村结对、村企结对7对，实施扶贫项目16个，推动“金货入粤”销售3470万元。广州各界爱心捐赠314.16万元，帮助贫困学生110名，帮扶贫困群众1835人。恒大集团倾情帮扶金沙发展产业、开展就业培训、推进易地扶贫搬迁项目建设。深入开展“荣誉村主任”“百企帮百村”等工作，凝聚脱贫攻坚强大合力。

（二）锐意进取，产业结构在转型升级中更加优化。深入推进供给侧结构性改革，三次产业结构从12.2 ：54.2 ：33.6调整到11.4 ：54.3 ：34.3。加快农业产业结构调整。完成农业增加值33亿元，同比增长7%，粮经比调整到30 ：70。调减玉米种植16.2万亩，种植茶叶10.05万亩、辣椒10.04万亩、中药材1万亩、有机高粱12万亩、烤烟3.75万亩，实施高标准设施农业基地2.25万亩，绿壳蛋鸡存栏72.03万羽。建设县、乡领导示范点100个13.81万亩。累计培育市级以上农业龙头企业63家、新型农业经营主体2552个。持续强化品牌创建，积极推进国家有机认证示范区建设，荣获中国茶叶百强县称号，冷水河牌大米获第十九届中国食品博览会金奖。加快工业提质转型。完成全部工业增加值125亿元，同比增长11.5%。工业用电量达6.55亿度，同比增长3.7%。大力实施“千企改造”“千企引进”工程，推动煤、电、酒、电子信息、五金制造等产业加快发展。完成煤矿机械化改造19家，机械化率达72.34%，完成智能化改造21家。产煤1602.54万吨，同比增长2.14%；发电130.56亿度，同比增长4.45%，原煤产量和发电量再创历史新高。生产成品酒7697千升，同比增长20.21%。生产水泥303万吨，同比增长10.11%。加快经济开发区新兴产业集群发展。扎实抓好产业链招商和腾笼换鸟工作，不断夯实电子电声、电镀五金主导产业基础。清理占而未用标准厂房6万余平方米，清收土地294亩。华资、奇力自建产业园部分主体完工，恒伟玻璃制品项目建成投产。开发区完成规模工业产值164.65亿元、税收6亿元、进出口贸易额9200万美元，促进就业2811人。加快第三产业提速发展。完成第三产业增加值96亿元，同比增长13%。举办杜鹃花节、牡丹花节、荷花节、玉簪花节等文化旅游推介活动，“锦绣西洛·梦幻田园”综合体被评为国家3A级旅游景区，柳塘金新村获“全省甲级旅游村寨”称号。智慧金沙建设有序推进，新增电商企业25家、农村电商服务站100个，完成网络零售额1亿元，同比增长241.68%。扎实抓好贵园信贷通、就业贷、小微企业贷、工程贷、农担贷等金融惠民工作。发放扶贫小额信用贷款5631户、2.81亿元，争取绿色产业扶贫投资基金9.3亿元。持续加大农业保险投入，赔付政策性农业保险4302万元，农房灾害保险740万元。商贸物流、批零住餐等行业稳步向前发展。大力支持民营经济发展壮大。持续优化营商环境、完善要素保障，兑现扶持微型企业资金1998万元。新增市场主体12420户，同比增长43%。完成民营经济增加值190.12亿元，占GDP比重达67.9%。

（三）统筹推进，城乡面貌在加快建设中持续改观。坚持规划引领，推动县城、小城镇、农村（社区）三级城镇化协同发展。新增城镇建成区面积1.5平方公里、城镇道路7.2公里、城镇人口15012人，城镇化率达46.49%。14条市政道路、箐河公园、紫金智能停车场等建设进展顺利。完成12698户棚改签约。枫格语林、开明同心城三期等房开项目加快建设，完成房地产开发144.2万平方米。深入开展整县推进小城镇建设试点工作，乡镇集镇道路、供水、环卫等配套设施进一步完善，打造完成沙土风貌一条街。深入推进美丽乡村人居环境综合整治，打造示范型村寨8个、提升型村寨10个、普及型村寨60个，受益农户14629户58802人。新建8个乡级、60个村级文体广场，完成239个村（社区）综合文化服务中心建设，实现乡村两级文体广场全覆盖。修金古高速公路（金沙段）前期工作进展顺利，夹岩水利枢纽工程金沙分干渠建设加快推进。基本完成212国道五里坡至黔西、208省道老木孔至岚头、740县道石场至清池等道路改扩建工程。完成油沙河水库和供水管网工程、小洋溪水库应急供水工程建设，关渔塘梯级水电站投入运营。实施35千伏后山变、35千伏清池变2号主变扩建，更换智能电表12万只，实现远程抄表、电子化结算。通信光纤网络覆盖所有行政村，新增4G基站332个，全县30户以上自然村寨4G移动信号覆盖率达88.97%。

（四）守牢底线，生态环境在建设保护中更加优美。坚决打好污染防治攻坚战，厚植发展后劲。紧盯退耕还林、天然林保护、封山育林、植树造林、石漠化综合治理等生态工程，治理水土流失面积20平方公里，完成营造林14.97万亩，森林覆盖率达57.93%，成功创建省级森林城市。创新推进化竹等7个煤矿环境治理和生态修复工程，治理面积3449亩。建成环境大数据监控平台，持续加大环境监察执法力度。抓牢抓实县城集中式饮用水源地存在问题和中央环保督察“回头看”问题整改工作，60件交办案件全部上报办结。乌江库区及其他水域养殖网箱全部拆除，编制完成冷水河自然保护区功能区划分方案。提标改造县城一期、二期污水处理厂，完成沙土、安底、茶园污水处理厂技术改造和禹谟污水处理厂工程建设。强化空气污染源头管控，县城空气优良天数达96.1%。全面落实县乡村三级河长制，赤水河、偏岩河水质达到现状Ⅱ类，水边河、花滩河、金沙河水质达到现状Ⅲ类。扎实开展千人以上集中式饮用水源地整治，饮用水达标率达100%。城乡生活垃圾收运系统建成投用，城乡生活垃圾无害化处理率达85%，医疗废物处置率达100%。

（五）奋力破局，发展动能在改革开放中更加强劲。深入推进农民住房财产权抵押贷款工作，完成颁证43122份，累计贷款4202笔、4.03亿元。深入推进社会信用体系建设，发布“七天双公示”信息56900条，春秋酒业公司被授予“毕节市诚信示范企业”。深化商事制度改革，全面落实“多证合一、一照一码”登记制度改革。创新开展政务服务向乡村延伸、减证便民、“集成套餐服务”，陆续推出企业开办、城乡医保等30类“集成套餐服务”，“民爆物品购运套餐”获得国务院肯定，金沙荣获全省政务服务标准化建设示范县和全省服务业名牌称号。先后承办全省政务服务现场推进会、全市优化营商环境提升企业开办效率现场推进会。扎实推进产业大招商工作，党政主要领导带队深入京津冀、长三角、珠三角等地区精准招商，新引进项目156个。

（六）共建共享，民生保障在持续改善中更加坚实。坚持以人民为中心的发展思想，着力解决群众最关心、最直接、最现实的利益问题，持续提升群众的获得感、幸福感、安全感。教育方面：实施各类教育工程26个，宏志中学一期完工投入使用。巩固提升“新两基”成果，学前三年毛入园率达89.39%、义务教育巩固率达88.2%、高中阶段毛入学率达90.65%、“三残”儿童少年入学率达95.23%，全面消除66人以上超大班额，普通高考二本以上综合上线率连续两年位列全市第一。第四批国家级职业教育成人教育示范县创建工作通过省级复评，县特殊教育学校成功创建为首批省级示范性特殊教育学校。全面开展师德师风专项治理，持续加强教师队伍建设，全面落实立德树人教育根本任务。医疗健康方面：扎实推进“基层医疗卫生服务能力三年提升计划”，全力推进“百院大战”，持续提升县乡村三级基层医疗卫生机构服务能力。加强县级医院提质达标建设，完成县人民医院、县中医院“5+2”重点学科建设。加强乡村医疗机构规范化建设，完成8个中心乡镇卫生院一级甲等创建，建成5个标准化卫生院、33个村卫生室、19家基层医疗机构中医馆。深入推进医联体建设和远程医疗、分级诊疗和家庭医生签约服务，不断满足群众的卫生健康需求。文化体育方面：巩固提升中华诗词之乡创建成果，鼓场、清池创建为中华诗词之乡，县检察院、新化中学等10个单位获诗教先进单位称号，累计创建市级以上中华诗词之乡、诗词校园和诗教先进单位119个。持续加强民族民间文化保护传承，后山、长坝被命名为“省级民间艺术之乡”，公共文化服务体系示范区创建通过国家验收。新增文化类企业76家，新增广电云“户户用”22818户，放映农村公益电影1823场。连续承办全国溯溪越野挑战赛、天空跑国际山地竞速挑战赛、全国象棋公开赛等赛事。全民健身运动蓬勃发展，举办各类群众性体育赛事100余场。积极组团参加省市体育竞技比赛，在全省第十届体育运动会上，金沙运动员获得14枚金牌，金牌数位列全市第一。科技方面：科技投入占财政支出3%以上，新增2家高新技术企业，完成60家科技型企业备案，申报100件发明专利。人力资源开发方面：实现城镇新增就业11794人，城镇登记失业率3.4%。完成贫困劳动力全员培训3615人，促进贫困群众7132人就业。社会保障方面：完成城镇职工基本养老保险参保58768人，城乡居民养老保险参保32.13万人，社会保障卡持卡人数达24.31万人。民族宗教方面：建立县乡村三级联系服务指导宗教活动场所责任制，在21个开放宗教活动场所开展“国旗、宪法和法律法规、社会主义核心价值观、中华优秀传统文化”四进活动，推进宗教工作法治化、规范化、制度化。安洛乡木杉戛村、高坪镇金凤苗寨荣获第三批“贵州省少数民族特色村寨”，县民族中学获评“全省第三批民族教育双百工程民族特色示范建设学校”。民政事业方面：完成179名退役士兵、士官接收安置工作，累计发放各类优抚补助资金639万元、城乡低保金8389.26万元、特困供养金2073万元、农村低保季节性缺粮户救助粮63.4万斤。医疗救助、临时救助等工作规范开展；留守儿童、残疾人、老年人关爱救助工作扎实推进。社会治理方面：坚持守土有责、守土尽责，守土有方、守土有效，坚决打好防范化解重大风险攻坚战。制定《地方性债务风险应急处置预案》等7个政策文件，认真开展政府债务、隐性债务化解工作，采取盘活存量资产、存量资金、推进PPP模式转化存量债务等方式降低综合债务率。从严打击非法集资等违法活动，守住不发生系统性区域性金融风险的底线。深入开展煤矿、道路交通、非煤矿山等行业和领域安全隐患大排查大整治，事故起数、死亡人数分别下降59.3%、56%。建成金黔食品检测中心，荣获省级食品安全示范县称号。坚持以“平安金沙”建设为抓手，全力以赴抓好社会矛盾化解、扫黑除恶、禁毒整治、信访维稳、法制宣传教育等各项工作，排查化解矛盾纠纷1471起，万人刑事犯罪率同比下降2.4，群众的安全感、满意度达98.27%。成立金沙县民意调查测评中心，汇聚民智助力发展。

（七）务实重行，行政效能在干事创业中更加高效。严格执行“三重一大”集体决策制度，自觉接受县人大、县政协和社会各界的监督，办理市人大代表建议1件、政协委员提案10件，县人大代表建议263件、政协委员提案163件，办复率、满意率均达100%。深入推进“放管服”改革。调整县直部门、乡镇、街道“两单合一”目录3449项、89项、59项。将行政执法人员全部纳入动态管理平台，开展“双随机一公开”抽查337次、4744户，抽查事项1302项，查处违法违规行为306起。县政务大厅进驻部门增加至40个、窗口增加至87个，进驻事项增加至583项，削减行政审批服务事项证明材料495个。建立公共法律服务机构265个，县乡两级行政机关实现法律顾问全覆盖。持续开展“两学一做”专题教育，严格执行中央八项规定、省市县十项规定及实施细则，认真整改“四风”突出问题。持续加强反腐倡廉工作，惩治和预防腐败体系建设取得新成效。

此外，大力支持人民武装、监察委、法院、检察院开展工作，积极促进工会、共青团、妇联、残联、工商联、科协、史志、红十字会、关心下一代等工作长足发展，全力推动老龄、双拥、档案、气象、外事侨务、国防教育、人民防空等工作不断进步。

一年来，面对中央环保督察“回头看”、国务院大督查、国家脱贫攻坚成效考核、省委巡视等政治检验，我们坚定立场、知难而进；面对金融政策调整和经济下行压力，我们坚韧不拔、积极作为；面对防范化解重大风险、精准脱贫、污染防治三大攻坚战，我们坚持不懈、奋勇攻坚；面对多次风雹、连续高温等自然灾害和非洲猪瘟防控等工作，我们同心同德、同舟共济。我们激扬坚定的政治担当、强烈的责任使命，在爬坡过坎的艰难跋涉中取得了阶段性成绩。

各位代表，2018年的成绩来之不易，这是市委、市政府和县委坚强领导，县人大、县政协监督支持的结果；是全县广大干部群众、驻金部队官兵、驻金单位及社会各界齐心协力、团结拼搏的结果。在此，我代表县人民政府，向所有参与、关心、支持金沙改革发展的各级各界、各行各业的同志们、朋友们，表示衷心的感谢并致以崇高敬意！

在回顾成绩的同时，我们要清醒看到发展过程中存在的困难和问题：一是发展质效亟待提升。三次产业整体层次低、链条短，融合发展不充分。新增带动性产业项目不多，大项目支撑不足。企业创新能力弱，产品科技含量低，市场竞争力不强。受投资、融资等因素影响，地区生产总值、固定资产投资、财税收入、城镇和农村居民可支配收入增速放缓，未达到预期目标。二是城乡发展基础欠账大。农业农村基础薄弱，小城镇配套设施亟需完善，老城区改造、新城区建设推进缓慢。城乡统筹发展、乡村振兴建设任务艰巨。污水治理、垃圾处理、固废清理等项目进展缓慢，生态建设和环境保护任务艰巨。三是财政收支平衡压力大。金融政策持续收紧，政策性减税降费等导致财政税收增幅较小，保障全县干部职工工资及城乡低保等刚性支出所需资金、还本付息资金、政府性项目投入资金压力较大。四是保障改善民生任务艰巨。决战脱贫攻坚、决胜同步小康与人民群众关心关注的教育、医疗、就业、收入、社保、养老、居住、环境等方方面面，还有很多短板需要加快补齐。针对这些问题，我们将高度重视，立足发展实际、采取更加有力的措施，逐步予以解决。

二、2019年工作打算

2019年是新中国成立70周年，是打赢脱贫攻坚战、全面建成小康社会的决战之年，是贯彻落实习近平总书记对毕节试验区建立30周年的重要指示精神的开局之年。做好全年各项工作，机遇千载难逢，意义十分重大。

总体思路是：坚持以习近平新时代中国特色社会主义思想为指导，深入学习贯彻党的十九大和十九届二中、三中全会精神，全面贯彻落实习近平总书记对贵州对毕节的重要指示批示精神，统筹推进“五位一体”总体布局，协调推进“四个全面”战略布局，聚焦“百姓富、生态美”发展定位和三大战略行动，聚力打赢“113攻坚战”，全力做好稳增长、促改革、调结构、惠民生、防风险各项工作，紧紧围绕按时打赢脱贫攻坚战，夯实贯彻新发展理念示范区建设基础工作重点，坚持稳中求进总基调，落实高质量发展要求，坚持“全省增比进位、全市示范引领、全县提质增效”的发展定位，加快推进农业现代化、新型工业化、特色城镇化、旅游全域化，促进信息化与实体经济加快融合，推动经济社会平衡充分发展，建设幸福美丽新金沙，以优异的成绩庆祝中华人民共和国成立70周年。

主要预期目标是：地区生产总值增长10%左右，500万元以上固定资产投资增长12%左右，规模以上工业增加值增长10%左右，一般公共预算收入增长5.5%左右，社会消费品零售总额增长11%左右，绿色经济、新经济、制造业占地区生产总值比重逐步提高，常住人口城镇化率达48%左右，城镇、农村居民人均可支配收入分别增长8.5%、9.5%左右，居民消费价格指数涨幅控制在3%左右。

为实现上述目标，我们必须牢牢把握4个重点：一是更加注重质量效益。坚持项目推动，顺应发展趋势，正确处理发展速度与转型升级的关系。深入推进供给侧结构性改革，做特农业、做强工业、做大城市经济和第三产业，持续扩大总量、提高增速，推动经济更有质量、更有效益地增长。二是更加注重改革创新。坚持创新驱动，紧盯体制机制创新、金融支持、国有平台公司实体化转型、优化营商环境、产业大招商等重点工作，推动全县实现遵循经济规律的科学发展、遵循自然规律的可持续发展、遵循社会规律的包容性发展。三是更加注重民生福祉。坚持发展为了人民、发展依靠人民、发展成果由人民共享，把人民对美好生活的向往作为我们的奋斗目标，多谋民生之利、多解民生之忧，在发展中补齐民生短板，让人民群众共享改革发展成果。四是更加注重苦干实干。坚持把干事创业作为政府工作的基本要求，既尽力而为、又量力而行，坚决不搞急功近利的短期行为、虚报浮夸的表面文章、劳民伤财的政绩工程，务求各项工作得到群众认可、经得起历史检验。

为完成全年目标任务，我们将扎实推进10个方面的工作：

（一）扎实推进脱贫攻坚。对标“一达标”“两不愁”“三保障”“四个切实”“五个一批”“六个精准”要求，实现12个贫困村全部出列，减少贫困人口16000人以上。严格落实“4433”“六包”结对帮扶责任制，提升干部帮扶质量效益。继续加大水、电、路、讯等基础设施投入，加快补齐短板。通过发展茶叶、蔬菜、有机高粱等富民产业，覆盖更多建档立卡贫困户，力争实现“户户有增收项目，人人有脱贫门路”。加快推进易地扶贫搬迁工程，确保6月底前完成“大水小镇·美丽家园”建设并实现搬迁入住。着力构建搬迁群众后续发展“五个体系”，确保搬得出、稳得住、能致富。全面落实教育扶贫相关免补资助政策，确保教育资助应助尽助。全面落实建档立卡贫困人口健康扶贫，有效遏制因病致贫、因病返贫。集中力量完成剩余危改及配套“三改”和老旧房专项整治，确保群众住有所居，保障群众住房安全。坚持扶贫与扶志、扶智相结合，激发群众的内生发展动力，杜绝“保姆式”扶贫，严防政策“养懒汉”。扎实推进技能培训、就业提升工程，确保农村贫困劳动力全员培训达100%，促进有劳动力和就业意愿的建档立卡贫困户家庭实现至少1人就业。持续加强与民进各级组织、广州荔湾和社会各界联络对接，深入推进“百企帮百村”，凝聚各方力量助力决战脱贫攻坚。加强财政扶贫资金动态监管，推动资金整合，确保每一分钱都用得精准、用出效益。

（二）扎实推动产业发展。紧盯发展要务、突出质量效益，做特做强做大实体经济。深入推动农业产业结构调整。按照“巩固、增强、提升、畅通”八字方针，落实“八要素”要求，注重特色化、规模化、标准化、商品化、品牌化、绿色化，深入实施绿色农产品“泉涌”工程，推动农业高质量发展。调减传统玉米种植13万亩，力争新增茶叶10万亩，种植商品蔬菜30万亩（其中，设施农业5万亩、辣椒5万亩）、有机高粱15万亩、优质烤烟3.5万亩，全面开工建设剩余2万亩设施农业基地。重点将500亩以上26块坝区建成高效农业示范区和结构调整的引领区，确保100亩以上坝区全面完成产业结构调整。加快推进茶叶机械加工厂、贡茶工业园等配套项目建设。新增市级以上农业龙头企业6家以上，培育县级以上村集体经济股份合作社示范社5个以上。引导农业园区、农业企业、合作社与县内机关、学校、企业等食堂和农贸市场、超市签约，定向采购本地生鲜农产品达 80% 以上；积极拓展县外市场，构建以销定产、以销促产、产销紧密衔接的农产品市场体系。深入推进绿色防控技术和“三品一标”认证，加快建设农产品质量可追溯体系。巩固提升传统支柱产业。推动煤矿生产矿井机械化、智能化改造全覆盖，实施茶园电厂超低临界技改工程，确保贵州卓为石膏砌块项目建成投产。完成煤炭产量 1600 万吨以上，发电 120 亿度以上。围绕打造“酱香金沙”70 亿级的白酒产业集群发展目标，积极支持金沙窖酒、安底斗酒等技改扩能，同步带动其他白酒企业梯度发展，生产成品酒 1 万千升以上。进一步优化白酒上下游配套产业，推动白酒与原料生产、包装制造、电商物流、文化旅游等产业融合发展。围绕市场需求，稳定生产水泥 300 万吨以上。推动新兴产业加快发展。加大“千企引进”“千企改造”力度，围绕电子电声、电镀五金等产业，不断延伸产业链，做强园区主导产业。推进华资、奇力等企业自建产业园建成投用，推动铜棒及阀门水暖卫浴项目和表面处理项目建成投产。夯实电子商务发展基础，积极争创国家级电商示范县，力争实现电商网络零售额达 1.1 亿元以上。加快推进智慧金沙建设，推动大数据与实体经济融合发展，着力培育新的增长点。加快旅游产业发展。启动玉簪花海、壮飞广场建设，推动朗月酒店投入使用，丰富“温泉 + 旅游”产品，打造山地运动康体板块，提升旅游服务供给，持续提升五彩金沙美誉度，实现旅游总收入增长 30% 以上。推动民营经济发展壮大。实施政策落实、金融服务、降本减负、扩大民间投资、营商环境整治、领导干部联系服务企业“六大专项行动”，大力支持小微企业发展。统筹推进商贸物流、批零住餐、金融保险等行业加快发展。

（三）扎实推进城乡建设。严格城乡规划管理，强化用地审批和国土资源执法，严禁违法建房和土地私下交易，严禁规划区内新增自建房。完成《金沙县城市总体规划（2011—2030）（修改）》编制及 21 个镇乡总体规划批复工作，优化城乡功能布局，促进基础设施互联互通和公共服务资源均衡配置，推动城乡融合发展。围绕“六城同创”，全力推进国家园林县城、国家园林城镇创建工作，完成省级园林县城申报评估工作，全力承办好全市城镇发展暨项目观摩会。加快新老城区建设。加快推进 14 条市政道路及地下综合管廊、经济开发区集中供热（冷）PPP 项目，启动西洛河、岩孔河、金沙河河道治理及景观打造等 PPP 项目建设。全面完成箐河公园建设，启动实施玉簪花城市中央公园、金沙公园（二期）建设。稳步推进老城区改造步伐，力争完成棚户区改造签约 10000 户以上。扎实抓好 2017 年、2018 年棚户区改造房屋拆除工作。推进老城区环境整治，完善老城区市政公用设施，完成金沙二中、二小通道建设，新建停车场 5 个、农贸超市 6 个和一批街头小广场（公园）、游憩园。依法整治问题楼盘，妥善解决房地产开发遗留问题。加快推进箐河广场、香林美域、海悦现代城等房地产开发项目建设，力争完成房地产开发 120 万平方米以上，新建商品住房投入市场 100 万平方米以上。加快特色集镇建设。创新投入运营机制，加快补齐小城镇基础设施建设及市政公用设施短板。按照资源集约利用、功能集合构建、要素集中配套的要求，着力推动产业与城镇建设同步规划、协调发展，着力打造一批特色鲜明的小城镇。加大项目倾斜力度支持西部六乡镇，进一步提升西部乡镇集镇承载能力，推动区域协同发展。加快美丽乡村建设。扎实推进农村人居环境整治三年行动，严格落实乡村规划和村庄规划，因地制宜、分类推进，用好山水、田园、村庄资源，低密度、组团式打造集约高效的生产空间、宜居适度的生活空间、山清水秀的生态空间，推动建筑融入自然环境，建设有山有水、依山傍水、显山露水的绿色新村。加强农村精神文明建设，深入开展农村“厕所革命”和垃圾、污水治理，加快补齐农村基础设施短板，推进以“三清一改”为重点的村庄清洁行动，大力改善农村人居环境。

（四）扎实推进基础设施建设。全力支持和服务配合修金古（金沙段）高速公路、夹岩水利枢纽工程金沙分干渠、金沙通用机场等重大项目建设。加快推进 212 国道寒婆岭至外寨、306 省道清池至卧牛河、307 省道平坝至沙土、208 省道中心至长坝、后山至壮飞大桥等“建养一体化”公路改扩建工程项目建设，抓好禹谟至协兴、木孔至湾子、果把底至清江县乡公路改造工程建设，启动沙三大桥建设。加快油沙河水库后续设施建设，确保实现向城区供水。全面推进饮水安全巩固提升 PPP 项目建设，保障农村安全饮水全覆盖。加快推进唐家沟水库建设，全面完成龙塘沟小流域综合治理项目。开工建设 110 千伏新城、35 千伏桂花和 35 千伏外岩线输变电工程，新建 10 千伏线路 235 千米，配电变压器 287 台。完善通讯网络建设，实现 30 户以上自然村寨 4G 移动网络覆盖率达 95% 以上。配合做好金沙经黔西至纳雍天然气管道建设工程，加快气化金沙建设。

（五）扎实推进生态环境建设。坚持产业生态化、生态产业化，推动生态效益、经济效益、社会效益多赢。积极推行林长制，全面推进茶叶种植、退耕还林、石漠化治理，实施15.2万亩国家储备林项目，加快推进矿山环境治理修复工程，构建山地特色生态产业经济体系，森林覆盖率达60%左右。坚决打好打赢蓝天保卫、碧水保卫、净土保卫、固废治理、乡村环境整治五大战役。全力推进生态环保突出问题整治，完成中央环保督察“回头看”交办问题及省、市反馈问题整改落实。深入推进县乡村三级河长制，编制41条河流“一河一策”，力争完成马路河、花滩河、箐河、金沙河152公里的划界和“一河一档”；扎实推进垃圾焚烧发电厂、县城污水处理厂三期和剩余乡镇污水处理厂建设，完成乡镇千人以上集中式饮用水水源地“划、立、治”工作，力争完成自然村寨生活污水处理设施PPP项目建设。实现县域主要河流出口断面水质全部达标，县城、乡镇污水处理率分别达95%、85%左右，集中式饮用水源地水质达标率达100%，城乡生活垃圾无害化处理率达85%左右，空气优良天数保持在95%左右。

（六）扎实推进项目建设。牢固树立抓项目就是抓发展的理念，着力推动“十三五”规划重大项目落地见效。做好项目谋划储备。抓住国家补短板机遇，按照“强基础、利长远、补短板、惠民生”要求，围绕九大领域投向，重点针对产业发展、脱贫攻坚、基础设施、民生改善等薄弱环节，认真安排部署，精心谋划近期、中期、远期项目。做实项目前期工作。紧盯总投资478.9亿元的176个储备项目，用好5000万元项目前期工作专项经费，加快推动项目落地建设，激发投资活力。强化上级资金争取。积极争取中央预算内投资、部门切块资金、专项资金，大力争取绿色产业扶贫投资基金，力争在省、市重大项目投资上实现新突破。强化招商引资。坚持资源链引商、产业链招商、服务链安商，持续推进领导干部带头招商、小分队招商、驻点招商，巩固发展“以商招商”，用好招商引资项目审批“绿色通道”，持续提升服务质量效益，着力提升项目签约率，力争招商引资到位资金达85亿元以上。扎实推进PPP项目，汇入更多社会资本加快项目建设。健全调度机制。坚持按月调度经济运行、按周调度项目推进情况，突出问题导向，进一步完善项目全生命周期管理、联动推进、招商网络体系、要素保障、拆迁安置、督查考核等工作机制，推动更多项目落地建设和投产达效。

（七）扎实推动改革创新。深化“放管服”改革，创新用好30个政务服务“集成套餐”，打造便民利企、务实高效的“一站式”服务平台。扎实推进机构改革，着力构建规范高效的政府职能体系，进一步提升服务发展的能力和水平。加快信用社改制，推动普惠金融向乡村延伸。扎实推进“一县一担”试点工作，撬动更多金融资本投入农业产业。创新土地利用方式，推动3万亩土地整治项目有序实施。深化农民住房财产权抵押贷款试点工作，积极推进林权等农村集体产权制度改革，加强“村社一体化”建管运营，激活农村沉睡资源，让广大群众成为集体经济发展的真正参与者和受益者。支持国有平台公司按市场化参与竞争，加快实体化转型。创新金融、担保等支持机制，助力民营企业、小微企业发展。加快推进信用中国贵州金沙网站建设，巩固提升信用体系试点工作成效。

（八）扎实推动财税金融保障。盯紧盯牢财税、金融等重点领域，为经济社会发展提供资金保障。优化财政支出结构。全力保基本、保民生、保重点、降成本，严控一般性支出，严禁铺张浪费。全面执行新的政府会计准则制度，全面实施预算绩效管理，持续提升财务管理水平。强化财税征管。深入推进税务征管体制改革，细化落实税收政策，持续提升纳税服务质量。强化税收协同共治，着力涵养税源，增强财力。强化资产盘活。进一步清理国有资产，通过市场化手段，促进政府资产保值增值。严格落实政府性债务管理“七严禁”要求，坚持依法合规举债，积极争取地方政府专项债资金额度和一般性转移支付额度，缓解发展资金压力。强化债务化解。落实还款来源，细化还债计划，通过财政预算偿还一批、债券置换一批、PPP转换一批、资产盘活解决一批，切实防范债务风险。强化金融支持。创新金融产品，提升金融服务实体经济的针对性、实效性，全面推动保险业支持县域产业结构调整。

（九）扎实推动社会治理。牢固树立风险防范意识，扎实抓好各行业、各领域风险等级管控和隐患排查治理双重预防体系建设，持续推进风险防范化解工作。持续加大对非法集资等金融违法行为的打击力度，防范系统性金融风险。严格落实党政领导干部安全生产责任制，全面推行安全生产基层网格化管理，持续做好煤矿、道路交通、人员密集场所及各行业领域安全生产工作，坚决遏制较大及以上事故，减少一般事故。健全社会治安综合防控体系，加快推进天网工程、雪亮工程、智慧交通系统及综治中心建设。持续开展命案防控、扫黑除恶、禁毒等专项斗争，为经济社会发展保驾护航。严格落实信访工作责任制，妥善解决合理诉求，依法处置非访违法行为，扎实开展信访积案攻坚，有效化解存量、遏制增量。深入开展“七五”普法，强化法治宣传教育，完善法律援助制度，扎实开展人民调解，健全完善矛盾纠纷排查、预警、调处、化解机制，努力把各类矛盾纠纷化解在萌芽状态。

（十）扎实推动民生事业改善。坚持幼有所育、学有所教、劳有所得、病有所医、老有所养、住有所居、弱有所扶，持续提升群众的获得感、幸福感。保障教育事业优先发展。积极争取资金启动实施全面改薄工程；力争启动教育PPP项目，加快城区“136”教育工程建设。全力做好“新两基”巩固提升工作，持续缩小城乡、校际办学差距，基本消除56人以上大班额。扎实抓好“申示”创建工作，着力提升优质教育供给。深化教育综合改革，继续补充完善教育信息化基础设施，梯次推进教育信息化2.0行动，统筹推进公办教育和民办教育协调发展，持续提高教育教学质量。全面完成校外培训机构专项治理，持续推进师德师风建设。推动医疗健康提速发展。加快推进县人民医院（一期）新门诊、住院综合大楼装修工程，力争启动二期项目建设；加快县中医院周边棚改拆迁，启动县中医院扩建工程建设；积极推动开发区二级医院建设；统筹抓好县中心血库，茶园、石场等10个乡镇卫生院以及村（社区）标准化卫生室建设。进一步深化医共体建设，规范分级诊疗，促进医疗卫生资源优化配置，持续提升医疗供给质量。积极支持民间资本投入大健康产业，力争启动华龄康养基地建设。积极探索食品药品安全智慧监管，建立可视化监管平台。完成金黔食品检测中心认证，建立健全运行机制。持续加大食品药品监管力度，严厉查处制假售假行为。推动文化、体育、科技事业蓬勃发展。统筹推进社会诗教、校园诗教、国民诗教，深入推进诗词进农村、社区、学校、机关、企业、景区景点、农家“七进”活动。多形式推进全民阅读，推动书香金沙建设。加快推进融媒体中心建设，力争建成县文化产业园和文化产业孵化园，集中力量打造1个以上特色文旅小镇和3个以上文旅结合示范点，谋划申报2个以上市级重点文化产业项目。力争启动奥体中心PPP项目和岩孔、源村、安底3个足球场项目建设。持续推进全民健身运动，推动体育事业向前发展，继续承办好溯溪、山地竞速、象棋等重大赛事，创造性举办区域赛事。保障科技投入占财政支出3%以上，新增1家高新技术企业，完成60家科技型企业备案，综合科技进步指数提高到81左右，研究与试验发展投入强度提高到0.2%左右。推进人力资源开发提质发展。抓牢抓好就业、创业、培训等工作，确保新增就业1万人以上，城镇登记失业率控制在4%以内，全员劳动生产率达8万元/人左右。建立人才需求目录，做好“脱贫攻坚专项”人才引进及急需紧缺高层次人才引进服务管理。加快推进实名制管理指挥中心建设，健全完善县乡村三级劳务服务平台管理体制机制。推动社会保障长足发展。征缴社会保险基金7.5亿元以上，城乡居民养老保险基金2300万元，基本社会保险覆盖率达90%以上。继续抓好就业扶贫公益专岗招募管理工作。确保在建工程农民工实名制和工资保障金缴纳均达100%。推进民族宗教、民政等其他社会事业全面进步。深入开展民族团结进步创建暨宗教关系和谐示范乡镇、示范场所建设，着力打造化觉镇前顺村、岩孔街道上山社区等省级少数民族特色村寨。巩固提升国家级双拥模范县创建成果，做好退役军人服务工作。加快烈士陵园、气象台站建设，启动岩孔、柳塘、马路敬老院等项目建设。扎实做好防灾减灾救灾工作，完成全国减灾综合示范社区创建。继续巩固殡葬改革成果。统筹推进留守儿童、残疾人等特殊人群关爱救助保护工作。

此外，大力支持人民武装、监察委、法院、检察院、工会、共青团、妇联等工作，持续推动国防教育、人民防空、双拥优抚、老龄、邮政、气象、档案、外事、关心下一代等其他各项工作全面进步。

三、加强政府自身建设

面对新使命、新目标，要有新作为、新局面。在按时打赢脱贫攻坚战、夯实贯彻新发展理念示范区建设基础征程中，必须加强政府自身建设、提高行政效能，更好地服务人民、服务决策、服务落实、推动发展。

（一）坚定理想信念，提高政治站位。坚持把对党绝对忠诚摆在首位，牢固树立“四个意识”、坚定“四个自信”、落实“四个服从”、践行“两个维护”、杜绝“七个有之”，不折不扣贯彻党的路线、方针、政策。严格落实“一岗双责”，扎实推进政府系统党风廉政建设。深入开展“不忘初心、牢记使命”主题教育，常态化、制度化推进“两学一做”学习教育，锻造绝对忠诚于党、忠诚于人民的政治品德。严守政治纪律、政治规矩，不折不扣地贯彻落实党中央、国务院，省委、省政府，市委、市政府和县委的决策部署，谱写改革发展新篇章。

（二）坚持法治为范，提高履职能力。坚持依法行政，坚决维护宪法权威，自觉尊法学法守法用法，深入推进执法规范化建设。坚持科学民主决策，把公众参与、专家论证、风险评估、合法性审查、集体讨论决定作为重大行政决策法定程序，提高决策科学化、民主化、法治化水平。加强执法监管，全面落实“双随机、一公开”制度，保障公正文明执法。坚持政务公开，全面提高政府工作的透明度、公信力。自觉接受人大法律监督、政协民主监督，强化审计监督，主动接受社会监督和舆论监督。高质量办理人大代表建议、政协委员提案，积极回应社会各界关切，不断提高群众的满意度。

（三）坚持责任担当，提高服务效能。坚持实干兴政，破除坐而论道。强化科学担当，锻造担当的宽肩膀和成事的真本领。不断增强“八大本领”，全面落实“五步工作法”。持续加强“三农”干部培养、管理、使用，打造一支懂农业、爱农村、爱农民的“三农”工作队伍。健全完善正向激励和容错纠错机制，奖励政治坚定、奋发有为的干部，惩戒慢作为、不作为、乱作为的干部，营造肯干事、能干事、干成事的浓厚氛围。持续提升政府的执行力、落实力，让层层抓具体、层层抓深入蔚然成风。

（四）坚持清正廉洁，提高自律要求。坚持廉洁从政，始终把纪律和规矩挺在前面。严格执行中央八项规定、省市县十项规定及实施细则，驰而不息反“四风”、转作风、树新风，引导广大干部知敬畏、存戒惧、守底线。大兴调查研究之风，围绕落实上级决策部署开展调查研究，与时俱进研究问题、破解难题；大兴真抓实干之风，坚持政府工作常态化调度，全力提升现场办公效能；大兴勤俭节约之风，牢固树立过紧日子思想，严控政府“三公”经费，树立务实节俭的政府工作新风尚。全面构建“亲、清”政商关系，营造风清气正的发展环境。

各位代表，风潮浪涌，自当扬帆破浪；任重道远，更须策马加鞭。让我们在县委的坚强领导下，紧密团结和依靠全县各族人民，把全部心血倾注到干事业上来，把全部智慧凝聚到促发展上来，把全部精力集中到抓落实上来，努力在按时打赢脱贫攻坚战、建设贯彻新发展理念示范区上走前列、作示范，全面建设幸福美丽新金沙，以优异的成绩向新中国成立70周年献礼！

威宁彝族回族苗族自治县政府工作报告

（2019 年 1 月 15 日在威宁自治县第十七届人民代表大会第三次会议上）

威宁自治县委副书记、县长 陈 波

各位代表：

现在，我代表第十七届自治县人民政府向大会报告工作，请予审议，并请各位县政协委员和其他列席人员提出宝贵意见。

一、2018 年工作回顾

过去一年，我县发展面临诸多矛盾叠加、风险隐患交汇的严峻挑战。在省委省政府、市委市政府、自治县委的坚强领导下，在自治县人大、政协的监督支持下，我们坚持以习近平新时代中国特色社会主义思想为指导，认真贯彻落实党的十九大和习近平总书记对贵州、对毕节工作的重要指示批示精神，全面落实中央、省、市和自治县委各项决策部署，坚持稳中求进、保持战略定力、注重稳扎稳打，抓重点带全局，有效应对各种风险及挑战，统筹抓实稳增长、促改革、调结构、惠民生等工作，较好地完成了自治县第十七届人大二次会议确定的各项目标任务。

一年来，我们牢记嘱托、感恩奋进、苦干实干，呈现出 9 个工作亮点：一是脱贫攻坚深入推进。全县减贫 1.3 万户 6.4 万人，3 个贫困乡镇“减贫摘帽”、105 个贫困村出列，贫困发生率从 2017 年的 11.4% 下降到 6.7%，所有贫困乡镇全部“减贫摘帽”。二是经济运行稳中有进。预计地区生产总值首次突破 300 亿元，增速位列全市第一，在全省第三方阵甲类阵营县域经济综合测评半年考核中首次位列第一。三是中央环保督察问题整改成效明显。腾退草海国家级自然保护区、杨湾桥饮用水源地保护区的生态用地 9.6 万亩，拆除各类建筑物近 100 万平方米；“回头看”得到充分肯定，威宁草海环保问题整改由被央视曝光的负面典型，转变为贵州省环保整改正面典型上报生态环境部。四是彻底遏制外流贩毒人员趋高态势，摘除“全国禁毒重点关注县”的帽子。五是全力推进社会治安综合治理工作。社会安全感、满意度在全省由第 87 位上升到第 67 位，摘除“全省社会治安重点整治县”的牌子。六是义务教育基本均衡顺利通过国家评估认定。七是深入践行农村产业革命“八要素”。农村产业结构调整取得新进展，调减玉米种植面积 29.4 万亩。八是都香高速威宁段建成通车。九是草海机场开工建设。

2018 年，全县完成地区生产总值 260.93 亿元，同比增长 11.4%；一般公共预算收入完成 12.22 亿元，同比增长 9.0%；规模以上工业增加值同比增长 10.6%；500 万元以上固定资产投资同比增长 16.9%；社会消费品零售总额完成 40.67 亿元，同比增长 9.9%；金融机构存贷款余额分别达 189.33 亿元、180.30 亿元，同比分别增长 1.1%、45.6%；城镇、农村居民人均可支配收入分别达 28748 元、9324 元，同比分别增长 9.8%、10.7%；全面小康实现程度预计达 90.7%。

（一）我们致力拔穷根歼贫困，脱贫攻坚步伐更加坚实。深入开展“春风行动”“夏秋攻势”，强化督促调度，夺取脱贫攻坚战关键性胜利。一是打好“四场硬仗”。扶贫产业覆盖贫困人口 13.1 万人。建成农村“组组通”公路 4100 公里，实现 1427 个村民组通硬化路，占总计划的 64%；30.31 万人饮水安全项目全面启动，82.6% 的贫困人口实现饮水安全。累计建成安置房 9731 套，实现 3.23 万易地扶贫搬迁群众入住。发放各类教育资助金 1.6 亿元，资助贫困学生 19.5 万人次。贫困人口参保率达 100%，住院费用实报比达90%以上。二是抓实“五个专项治理”。认真开展村自查、乡镇班子成员包村查、乡镇交叉查、县领导包乡查工作，精准识别建档立卡贫困人口33.4万人。中央第四巡视组、省委第五巡视组巡视反馈问题全面整改。三是扎实推进对口帮扶、就业扶贫工作。广州番禺区、招商局集团、九三学社中央、恒大集团、建行贵州省分行等对口帮扶工作扎实开展，开发“10+N个一批”就业扶贫公益性岗位7228个，吸纳5645名贫困劳动力就近就业。

（二）我们致力除污染护环境，绿色生态底色更加靓丽。一是打好三大保卫战。出台大气污染防治意见，扎实推进扬尘、油烟等治理，环境空气质量优良率达99%以上。全力推进杨湾桥饮用水源地环境污染问题整改，水质达标率为100%。全面落实河长制，完成草海污水处理厂、县城一二期污水处理厂提标改造，建成双龙、金钟、二塘、东风4个乡镇污水处理项目。垃圾焚烧发电项目有序推进，完成34个乡镇（街道）生活垃圾中转站建设，城乡生活垃圾无害化处理率达85%以上。二是筑牢生态屏障。完成营造林81万亩，治理水土流失面积68平方公里、石漠化面积20平方公里，森林覆盖率达44.1%以上。

（三）我们致力除隐患控风险，安定和谐局面更加巩固。出台防范化解重大风险“1+8”措施，实行“一风险一预案”。一是金融风险可控。积极稳妥实施存量债务置换，地方政府综合债务率低于警戒线，金融机构不良贷款率平稳可控，PPP模式得到进一步规范。二是安全形势总体平稳。深入开展安全生产隐患大排查大整治，安全生产形势持续向好。加强边界巡查防控，有效防止非洲猪瘟疫情蔓延至我县。紧盯地灾隐患点，实行县乡村联动机制，坚持汛前排查、汛中巡查、汛后复查，紧急转移群众132户、518人，实现地灾“零伤亡”。三是社会治理成效明显。“法治威宁”创建、扫黑除恶专项斗争深入开展，“两抢一盗”发案率同比下降2.26%。依法分类处理信访诉求，扎实抓好积案化解。

（四）我们致力调结构促转型，现代产业体系更加完善。一是特色农业逐步壮大。抓点做样调结构。通过4个县级领导人均5000亩、129名乡级领导人均1000亩的示范点建设，调减玉米29.4万亩，一批特色经济作物的种植规模进一步扩大。善借外力调结构。通过恒大集团援建，新增规模化养牛场10个、养殖规模6000头，新增大棚（含灌溉系统）9336个，新建冷库7个5000平方米、育苗中心3万平方米。中垦薯业、江楠集团、开心公司、海升集团等龙头企业，领办种植标准示范基地近3万亩。产销衔接调结构。内抓农校对接，外抓华南、华中、西南和东南亚市场拓展，充分利用江楠集团、千喜鹤集团、开心公司等企业的营销优势，组织农民专业合作社抱团拓展市场，助推“威货出山”。抓督查问效，成立13个督查组，对39个乡镇（街道）开展9轮督查，下发督查通报9次，反馈整改意见32条。二是工业经济逐步壮大。新能源建设取得新成效，“水风光”三电装机容量180.3万千瓦，发电30.12亿千瓦时、同比增长146.2%，工业用电量3.36亿千瓦时、同比增长8.25%。全年生产原煤57万吨，淘汰落后产能15万吨。贵州威宁经济开发区产业转型步伐加快，一批新兴产业、集群化产业逐步成型，发展后劲进一步增强。完成投资28.69亿元，实现规模以上增加值23亿元。三是服务业逐步壮大。大力推进全域旅游项目建设，旅游宣传、品牌打造、服务设施、人才培育等现代化旅游服务体系加速构建，旅游业延续“井喷”式增长态势。新增住宿单位284家、床位4000余个，接待游客、旅游综合收入分别同比增长44.81%、36.82%。建成农贸市场47个、冷库25个，农产品仓储、冷藏、保鲜、运销服务体系加快构建。消费市场持续活跃，新增各类市场主体12436户。大力发展电子商务，实现电子商务交易额5亿元。四是民营经济逐步壮大。认真落实支持民营经济发展的政策措施，民营经济经营主体达5.5万户、同比增长21%，完成增加值167亿元、占GDP比重的54.63%。

（五）我们致力补短板强支撑，生产生活条件更加改善。一是交通基础设施建设取得新成效。昭黔铁路、六威昭城际铁路前期工作扎实推进，都香高速威宁段建成通车，威宣高速威宁段开工建设；启动实施国省道改造86公里，推动705公里县乡道提等升级改造、完成247公里。二是水利基础设施建设取得新成效。小米、落水洞、川洞海子、雪山水库扩建4个骨干水源工程快速推进，赖子河、新民、开心等7个骨干水源工程前期工作有序开展；新建、整治山塘362座，实施产业供水工程31个，增加灌溉面积2.5万亩。三是电力、通讯基础设施建设取得新成效。500千伏输变电工程开工建设，建成10千伏及以下线路436公里，实施智能电表、低压集抄两个全覆盖项目27万户，综合供电可靠率、综合电压合格率分别达99.37%、97.23%。100兆光纤宽带到乡村工程顺利推进。

（六）我们致力抓统筹拓功能，城乡一体发展更加协调。牢固树立人民城镇为人民的理念，着力建大城、强小镇、美村子，预计常住人口城镇化率提升到45.14%。一是县城建设提速。县城总规修编已报省政府审批。奥园广场、公园王府等24个房地产项目建设快速推进，建成商品房72万平方米、销售65.3万平方米，完成投资24.3亿元，房地产稳定向好势头强劲带动钢材、水泥、运输、装饰等行业蓬勃发展。深入推进“五城同创”，城区环境不断改善。二是小城镇建设加快。按照“六型小城镇”建设要求，以8个省、市级示范小城镇为引领，重点推进石门特色小城镇、板底彝寨、双龙风情小镇建设，30个镇村联动建设点加快推进。三是村庄规划建设步伐加快。启动乡村振兴战略规划编制，完成167个乡村规划。深入推动农村卫生专项整治，农村庭院、村庄卫生取得新成效。

（七）我们致力推创新增动能，提速发展后劲更加充足。一是重点改革深入推进。谋划实施12项改革。“三去一降一补”持续推进。大力推广“塘约经验”、“三变”改革，累计建成“塘约试点”107个、“三变”改革试点216个。“放管服”改革取得实效，政务服务中心行政审批事项进驻率达100%，取消各类证明材料113项；推行“不见面审批”“一网通办”，网上办理9.2万件。财税、供销、水务、教育、卫生等领域改革深入推进，改革红利叠加释放。二是招商力度持续加大。深入开展“产业大招商突破年”“优化营商环境集中整治”行动，完成新增省外项目到位资金185.2亿元、同比增长7.67%。三是科技创新力度加大。新增科技型企业备案数54个，万人发明专利申请量达51件，综合科技进步水平指数提高3.2个百分点。

（八）我们致力兜底线保民生，共建共享成果更加普惠。一是教育事业持续进步。新（改扩）建农村义务教育薄弱学校27所、乡镇及村幼儿园28所，义务教育“超大班额”化解率达100%，招聘“特岗”教师725人，学前教育三年毛入园率、九年义务教育巩固率、高中阶段毛入学率分别达86.1%、90.01%、88.3%，师德师风专项治理深入开展。二是医疗卫生工作扎实推进。县医院整体搬迁、妇女儿童医院新建项目扎实推进；深化多形式医疗联合体建设，建成覆盖县、乡两级的远程医疗服务体系；实施医学人才能力提升计划，石门、迤那成功创建省级食品安全示范乡镇。三是文体事业发展加快。乡镇（街道）综合文化站、村（社区）综合文化服务中心、农民体育健身工程实现全覆盖；威宁体育人才佳绩频传，高原耐力型训练人才基地的资源禀赋更加凸显，威宁籍运动员赵超、赵长虹在雅加达第十八届亚运会比赛中取得佳绩，威宁的体育人才资源优势进一步彰显。四是就业服务保障有力。城镇新增就业1.1万人，转移农村劳动力就业1.45万人，城镇登记失业率为3.43%，发放创业补贴120万元。五是民族宗教事务管理加强。建立县乡村三级联系服务指导宗教活动场所责任制，完成中央、省委巡视组巡视反馈宗教问题整改，创建宗教关系和谐示范区活动取得明显成效，建成省级少数民族特色村寨3个。对247处合法宗教场所开展“四进”活动，引领宗教界人士爱国爱教、正信正行。六是社会保障能力提升。净增9888名城乡困难群众纳入低保，总数达12.6万名。城乡低保平均保障标准分别提高到每月570元、每年3876元，分别增长9.3%、9.1%。留守儿童关爱保护工作进一步加强。

（九）我们致力转作风优服务，政府自身建设更加深入。牢树“四个意识”、坚定“四个自信”，向中央、省、市及自治县委决策部署看齐，做到提倡的坚决响应、决定的坚决执行、禁止的坚决不做。扎实推动依法行政，县、乡法律顾问制度实现全覆盖，一村一居法律顾问制度有序落实。自觉接受人大法律监督、政协民主监督、社会舆论监督、审计监督，依法办理人大代表意见和建议113件、政协委员提案41件。强力落实从严治政，深入推进“两学一做”学习教育常态化、制度化，严格执行中央、省委、市委、自治县委作风建设规定，严肃查处形式主义、官僚主义突出问题77个，问责79人。开展“作风评价”专项行动，全县服务对象、群众共计扫码评价2.1万次，督促整改283条、问责79人。聚焦民生开展监督执纪，查处扶贫领域突出问题369个，给予党纪政务处分175人、督促返还资金246.65万元。

此外，双拥、外事、人民防空、气象、妇女儿童、老龄、残疾人、红十字、档案等各项事业取得新进步。

过去的一年，面对复杂严峻的外部环境、经济下行的内部压力，这些成绩来之不易。我们深切体会到：做好政府工作，必须坚持党对一切工作的领导。党政军民学，东西南北中，党是领导一切的。必须坚定不移以习近平新时代中国特色社会主义思想统领各项工作，认真落实中央、省委、市委、自治县委各项决策部署。必须坚持以脱贫攻坚统揽全局，把贫困群众脱贫致富作为最大的政治责任，坚定“贫困不除、愧对历史，群众不富、寝食难安，小康不达、誓不罢休”的决心，尽锐出战、务求精准，确保按时打赢脱贫攻坚战。必须坚持改革开放不动摇。改革激发动力，开放带来活力。鼓励大胆试、大胆闯，实事求是、善作善成，形成全方位、多层次、宽领域的全面改革开放新格局。必须坚持用好“五步工作法”，聚焦“干什么”抓政策设计、“怎么干”抓工作部署、“谁来干”抓干部培训、“谁来管”抓督促检查、“干不好怎么办”抓追责问责，对各项工作实行“周调度跟踪、月小结提示、季通报约谈”，全力推动中央、省、市及自治县委各项决策部署落地生根、开花结果。

各位代表，过去一年的成绩，是省委省政府、市委市政府和自治县委坚强领导的结果，是自治县人大、政协监督支持的结果，是各级各界关心帮助的结果，是全县广大干部群众团结奋斗的结果，是老同志们热忱关注的结果。在此，我代表自治县人民政府，向全县各族人民、各级干部致以崇高的敬意！向人大代表、政协委员，向各民主党派、各人民团体和各界人士，向驻威解放军指战员、武警部队官兵、公安政法干警，向所有参与、关心、支持威宁改革发展的各级各界朋友，表示衷心的感谢！

在充分肯定成绩的同时，我们也清醒地认识到，发展不平衡、不充分的问题还比较突出：一是决战脱贫攻坚任务重。我们面临全省最大的建档立卡脱贫任务（9.6万人）、最大的易地扶贫搬迁城镇安置任务（6.6万人）、最大的农村危房改造任务（3.3万户）、最大的农村“组组通”公路建设任务（5293公里），在实现“一达标，两不愁，三保障”基本任务、打好“四场硬仗”重点任务方面都面对巨大的考验和挑战。二是项目谋划推动能力不够强。项目谋划、包装不力，到省、市主动对接寻找信息、争取资源的主动性不强、协调力度不够，“跳起来摘桃子”的主观能动性还需强化。三是融资能力不足。资金筹措的方法不多、路子不宽、平台不强、素质不高，社会资本、金融资金的争取力度和水平还有待提高。四是政府自身建设有差距。个别部门形式主义、官僚主义仍不同程度存在，个别干部不担当、不作为，表态快、落实慢，调门高、行动少，存在“玻璃门”“弹簧门”现象。对于以上问题，我们将在下步工作中逐一认真研究解决。

二、2019年重点工作

2019年是新中国成立70周年，是决胜全面建成小康社会第一个百年奋斗目标的决战之年，是落实习近平总书记2018年7月18日对毕节试验区重要指示精神的开局之年。我们一定保持战略定力、工作定力、作风定力，抢抓机遇、苦干实干，圆满完成年度目标任务。

总体思路是：以习近平新时代中国特色社会主义思想为指导，全面贯彻党的十九大和习近平总书记对贵州、毕节的系列重要指示批示精神，认真落实中央、全省、全市经济工作会议决策部署，统筹推进“五位一体”总体布局，协调推进“四个全面”战略布局，坚持稳中求进工作总基调，坚持新发展理念，坚持以脱贫攻坚统揽经济社会发展全局，坚持推动高质量发展，坚持以供给侧结构性改革为主线，坚持深化市场化改革、扩大高水平开放，牢记嘱托、感恩奋进，聚焦聚力三大攻坚战，按照省、市三大战略行动和“113攻坚战”战略部署，加快“四化同步”进程，统筹推进稳增长、促改革、调结构、惠民生、防风险工作，扎实做好稳就业、稳金融、稳外贸、稳外资、稳投资、稳预期工作，保持经济持续健康发展、社会大局稳定，为打赢脱贫攻坚战建设示范区奠定基础，以优异的成绩庆祝中华人民共和国成立70周年。

主要预期目标是：地区生产总值确保增长11%、力争达12%，规模以上工业增加值增长12%，500万元以上固定资产投资增长16%以上，一般公共预算收入确保增长9%、力争达10%，社会消费品零售总额增长13%，金融机构存、贷款余额分别增长10%、20%以上，城镇居民人均可支配收入增长9%以上、农村居民人均可支配收入增长11%，城镇登记失业率控制在3.8%以内，居民消费价格指数、节能减排指标控制在国家、省下达的计划范围内。

围绕实现全年目标，我们将重点抓好以下工作：

（一）坚定不移夺取脱贫攻坚决战之年根本性胜利。自治县委、县人民政府从威宁实际出发，明确今年是全县脱贫攻坚决战之年。组建战区、细化责任，务求通过全年的集团作战、攻坚克难，全面系统地围绕脱贫攻坚考核验收标准，查漏洞、补短板。认真落实战区责任制，加大入户遍访力度，以问题为导向加强排查，建立问题台账并挂账销号，通过排查清理、发现问题、处理问题，不断消减问题总量。重点强化脱贫攻坚政策理论宣传、培训，不断提高干部、群众的应知应会能力，实现知行合一。坚持每两周一次的战区例会制，围绕“三率一度”加大督查考核力度，用督查考核倒逼问题全面排查、消化处理，进一步巩固遍访成果。在确保今年完成123个贫困村出列、6.6万人脱贫任务的基础上，为2020年迎接考核验收打下坚实基础。

聚力打好“四场硬仗”。抓实农村公路、饮水安全工程建设硬仗。一季度力争完成剩余1193公里农村“组组通”公路建设，实现30户以上村民组100%通硬化路目标；全面解决农村人口饮水安全问题。抓实产业扶贫硬仗。坚持“大企业引领大产业、大产业带动大发展、大发展助推大扶贫”的工作思路，全力争取省、市绿色产业发展基金，利用好金融扶贫资源，坚定不移地继续做大马铃薯、烤烟、苹果、高山冷凉蔬菜、中药材、畜牧业等山地特色农业，夯实产业扶贫发展基础，拓展贫困群众增收渠道。抓实易地扶贫搬迁硬仗。加快推进五里岗工业园区、石门乡集镇安置点建设，确保6月底前完成2018年“十三五”计划内18206人和新增2万人搬迁任务。采取园区就业、设置公益性岗位、劳务输出等综合手段，确保搬迁劳动力家庭至少有1个劳动力实现稳定就业；同步强化对已搬迁群众的旧房拆除、复垦复绿工作，做好“三块地”后续管理工作。抓实建档立卡贫困人口教育、医疗、住房“三保障”硬仗。继续压缩8%的行政经费支持教育脱贫攻坚，贫困家庭学生教育资助政策实现全覆盖。抓实33.5万贫困人口参保缴费财政补助政策和“先诊疗，后付费”、“一站式”即时结算等便民惠民措施，确保城乡居民基本医疗保险覆盖所有建档立卡贫困人口，贫困群众在定点医疗机构住院费用实际补偿比例达90%以上。完成32533户农村危房改造（其中贫困户9135户），继续推进人居环境“三化”工程建设。全力提高扶贫质量。完善“1+5”专项治理方案，压实领导责任，深入推进贫困人口漏评错评、错退、危房改造不到位、资金使用不规范、扶贫领域的腐败和不正之风“五个专项治理”，按季度及时调整新识别和自然增减人口，年底统一开展脱贫人口标注，确保真扶贫、扶真贫、真脱贫。聚焦重点领域扶贫、社会扶贫。推动扶贫资金、扶贫协作、基础设施建设、帮扶力量向123个贫困村聚焦，力争年度全部出列。抓好定点帮扶、对口帮扶、社会帮扶、企业帮扶工作，深入推动东西部扶贫协作，力求在产业合作、劳务输出、教育医疗等方面取得实效。抓实就业扶贫，新增“十大员”就业扶贫专岗1300个以上。大力鼓励和引导公路、建筑等项目施工企业优先吸纳当地贫困人口参与工程建设，通过增加劳务收入脱贫致富。

（二）坚定不移打好污染防治攻坚战。坚持生态优先、绿色发展，坚定为子孙后代守好绿水青山的自信，努力让威宁的天空更湛蓝、水体更清澈、土壤更洁净。

坚决打好环保问题整改战。立足治水、治土、治气、治山等领域环保问题，进一步优化管理机制、管理制度，切实巩固整改成效。旗帜鲜明地推动中央生态环保督察“回头看”交办尚未办结的4件信访件、反馈问题整改，抓好省委环保督察组交办尚未办结的3件信访件和反馈尚未完成的4个问题整改。坚决打好草海保卫战。实施“山水林田湖草”项目，全力争取草海综合治理的各类专项投入，努力打造“生命共同体”、建设“示范核心区”。修改完成草海保护区管理条例，完成草海国际重要湿地申报工作；继续加大锁黄仓国家湿地公园建设、管理力度，扎实做好迎接国家验收基础性工作。抓实巡湖行动，重拳打击在草海保护区范围内乱搭乱建、乱捕乱捞、乱排乱倒、乱划乱游、乱垦乱挖等违法行为，建立完善立体化、常态化草海保护体系，继续推进“退城还湖、退村还湖、退耕还湖、治污净湖、造林涵湖”五大工程。坚决打好碧水保卫战。全面落实河长制，抓实133条乡级以上河流巡河行动，着力排查治理一批“欺河建市”“挤河建房”“垃圾侵河”等问题，努力让辖区大小河流永续河畅水清、碧波潺潺。重点完成北门河一期污水治理、杨湾桥水库保护区一小迁建办学工程，建成二级保护区污水收集管网，抓实常态化巡护，强力管控违法违规人类活动，倾力保护县城“大水缸”永续清澈安全。抓实31个千人以上集中式饮用水水源地环境综合整治，持续确保水质监测达标率稳定在100%。全面修补完善破损及盲点污水管网，抓实草海和县城一、二期等投运污水处理厂运维，建成迤那、猴场、中水、石门污水处理系统，开工建设小海、牛棚等乡镇污水处理设施，规范化推动城镇污水处理厂污泥处理，提升城乡污水收集处理水平。坚决打好增绿保卫战。启动新一轮“绿色威宁”建设，加快实施关停矿山、地质灾害区及采矿、采砂等区域的造林绿化项目，落实石漠化综合治理政策，筑牢生态安全屏障。完成营造林105万亩，治理水土流失面积70平方公里、石漠化面积30平方公里，森林蓄积量达1900万立方米、森林覆盖率达50%以上。抓好国家储备林建设工程，实现荒山增绿、群众增收；全面落实“林长制”、领导干部“巡山制”，持续开展森林保护“六个严禁”专项执法行动。坚决打好蓝天保卫战。严格按照扬尘污染治理“6个100%”标准，抓实建筑工地扬尘污染治理；加强非煤矿山扬尘污染治理，打造一批绿色矿山。建成“气化威宁”项目，全面划定城区禁燃区，稳步实现“煤改气”目标；依法推动餐饮油烟、汽车尾气排放、挥发性有机物、露天煤堆等整治，力争全县环境空气质量优良天数比例达100%。坚决打好净土保卫战。大力实施畜禽粪污资源化整县推进项目，推动农村面源污染治理，重点抓实废弃农膜回收利用工作；建成垃圾焚烧发电项目，建立完善县乡村生活垃圾规范化收集运转体系，实现生活垃圾处理率达90%。完成板底登底村、二塘产底村、金钟联民村等7个历史遗留重金属污染治理项目。

（三）坚定不移打好风险防控攻坚战。进一步增强风险意识、强化底线思维，坚决防范化解重大风险。

从严管控债务风险。用好用活地方政府债券资源，依法合规保障好重点项目合理融资需求，推动项目收益与融资自求平衡，积极稳妥消化存量债务。抓好金融风险防范。制定债务风险化解规划、建立风险应急处置机制，综合采取控制项目规模、压缩公用经费、处置存量资产、引入社会资本、置换债券再转贷发行等措施，筹集资金消化存量债务，牢牢守住不发生系统性区域性金融风险的底线。抓实安全生产工作。严格落实属地管理、部门监管责任，强化企业主体责任，突出抓好重点、关键领域隐患排查治理，防范遏制各类安全事故发生。强化食品药品全流程、全链条监管，严厉打击各种违法生产经营行为，保证群众吃上用上放心、安全的食品药品。抓实287处地质灾害隐患点防治。全力织牢社会治安防控“六张网”，持续重拳打击8类严重刑事犯罪、“九类十二种”黑恶势力犯罪，切实维护公共安全、人民群众生命财产安全。加快“雪亮工程”建设进度，实现城乡电子监控全覆盖。全面完成公安“三所”建设，改造新时代标准化派出所24个，不断提升城乡一体化治安防控能力。进一步加大“12340”民调电话宣传力度，围绕安全感、满意度提升，在队伍建设、管理机制、硬件投入上下功夫、求实效。加强未成年人、困境儿童、失独失能老人、农村“三留守”人员关爱保护。建立完善畜牧、抗震等应急防控体系，继续抓好非洲猪瘟疫情防控。

（四）坚定不移抓实产业结构调整。综合运用“五步工作法”、精心落实“八要素”，大力实施供给侧结构性改革，建强现代化经济体系，支撑高质量发展。

做强农业。举全县之力承办好毕节市首届中国南方马铃薯博览会，充分展示威宁马铃薯一二三产业融合发展的最新成果，全力打造全市、全省一个重要的农业产业化展示平台。大力推动47个农业园区转型升级。支持已入驻我县的一批大型农业龙头企业继续做大做强，大力扶持发展农民专业合作社、家庭农场，重点引导好对恒大集团援建农业产业化项目和设施的合理、充分利用，引领全县农业朝着选育种、种植、田间管理、分拣、包装、加工、储运、销售等全产业链标准化方向发展。按省、市要求调减玉米种植面积50万亩，大力发展坝区农业，抓实53个500亩以上坝区、54个集中连片100亩至500亩坝区农业产业结构调整，创建500亩以上坝区领导示范样板点41个，带动周边农户转方式、调结构、增收入。大力发展特色农业，规划种植马铃薯190万亩、蔬菜100万亩、中药材41万亩，新增经果林78万亩，稳定发展烤烟26万亩。加快2万亩青贮饲料基地建设，着力将威宁建成全市重要的饲草饲料基地；依托恒大集团积极引进扶持中禾恒瑞公司、宁夏壹加壹公司，在我县发展规模化肉牛养殖产业。加强动物防疫体系建设，确保全县畜牧业安全发展。抓实利益联结机制建设，确保群众在产业发展中获得更多红利。全力打造农业品牌，完成农产品无公害产地认证100万亩以上、产品认证30个以上，打造区域公用品牌4个以上。做大工业。强化贵州威宁经济开发区发展平台建设，充分利用产城互动的突出优势，特别是利用好大量易地扶贫搬迁移民安置落户、劳动力资源充沛的优势，大力推动经开区产业结构调整优化。在继续利用贵州省绿色产业发展基金做大做强特色农产品加工的同时，集中力量扶持、引导服装鞋帽箱包加工业、橡塑车饰用品加工业、电商冷链物流业、新型建材加工业等劳动密集型产业集群发展，为大量易地扶贫搬迁移民提供广阔的就业空间，促进经开区向特色化、集群化转型升级。开发总部经济，承接金元集团威宁能源公司、富民村镇银行威宁总部落户经开区。重点扶持金元集团威宁能源公司在年内获批上市。推动存余10万千瓦风电项目尽快建成达产，鼓励在原有风电场实施风光互补项目，提高新能源综合利用率，力争光伏扶贫项目获批启动建设，继续拓展壮大全县新能源开发规模。抓实传统工业。做好“三证一照”齐全生产矿井、在建矿井的技术指导服务工作，支持克沟煤矿、得磨煤矿智能化、机械化升级改造，积极推动核桃坪、大山等停产生产矿井复工复产，继续抓实煤炭去产能工作，力争原煤产量达80万吨以上。做深服务业。围绕“一点一环两线”发展思路，编制完成《威宁自治县旅游总体规划》，全领域、多维度推进乌江源、板底古彝寨等重点景区景点建设，大力推进宣传、营销、服务体系建设，吸引一大批观光客、写生客、康养客等群体前来旅游观光、养生度假，拉动旅游经济快速发展，力争旅游收入、接待人次增速均达30%以上。制定批零住餐业振兴发展措施，支持有序强劲发展。抓实服务业重点企业培育、“上规入统”工作，力争新增规模以上服务业企业20个以上。加快仓储、冷藏、保鲜、运销服务体系建设，推动农特产品走向国内各大市场、国外东南亚市场，力争向东南亚市场首发马铃薯1000吨以上，助力特色农产品“裂变”发展、“泉涌”增长。推动县内批发市场、电商企业、大型超市、学校、医院等与农民专业合作社、农业企业建立长期稳定的产销关系，实现以销定产、以销促产、产销衔接。全面启用经开区电商产业园，着力引进落户一批特色优强团队，大力发展电子商务产业。

（五）坚定不移推进基础设施建设。深入推进交通基础设施建设。全力推进威宁草海机场建设，加快推进昭黔铁路、六威昭城际铁路项目前期工作，建成中水经黑土河至石门32公里高等级公路，全力推进威围28公里高速公路建设；完成境内威彝高速前期工作，力争年内启动建设；建成省道大山营经雪山至格拉河87公里，启动省道牛街子经哈喇河至黑石头、雪山至兔街71公里改造升级工程；建成秀水至海拉、金钟经龙场至新发、牛棚至中水、黑石至海拉等10条410.9公里主骨架路网，启动实施293公里县乡道改扩建工程，力争实现100%乡镇通三级公路目标；抓好10633公里农村公路日常管养工作。深入推进水利基础设施建设。建成小米水库、川洞海子水库、落水洞水库工程，力争开工建设赖子河、土地山等4个骨干水源工程；完成6条中小河流治理，建成31个产业基地供水项目、362座山塘建设工程，新开工建设山塘150座。深入推进电网基础设施建设。建成500千伏输变电项目，开工建设110千伏输变电项目2个、35千伏输变电项目3个，改造提升一批10千伏及以下线路，全面提升县域输配电水平。全力推进通讯基础设施建设，满足数字经济发展及群众用讯需求。

（六）坚定不移促进城乡协调发展。抓实全域新型城镇化总体规划编制，深入实施“大县大城”战略，力争城镇化率达46%以上。

推动新老城区协调发展。依托贵州金控（贵民）集团统筹组织，全力推进乌撒大道以西“产业新城”项目落地建设，打造威宁城镇化发展新高地。继续推动棚户区改造。完成草海北坡生态公园（一期）建设，开工建设望海公园、文化公园、科普公园。规划实施一批停车场、公共厕所、农贸市场、充电桩、步道等服务设施，不断提升城市服务功能。结合新城区提速扩容的发展趋势，合理规划布局房地产、商业中心发展区域，合理调配土地供应量、建设规模，选优选强投资主体，着力提升城市品质，确保房地产市场健康有序发展。探索实施建成区市政保洁社会化服务，提升环卫保洁质量。推进特色小城镇建设，加快石门小城镇、双龙风情小镇、板底彝寨建设。强化用地审批、国土资源执法工作，严禁违法建房、土地私下交易，重拳打击乱搭乱建行为，确保集镇健康有序发展。全面实施集镇垃污收集处理工程，提升集镇保洁、市政管理水平，加大集镇道路改造力度，配强市政保洁实施装备，构建乡村垃圾集中收集清运系统，打一场提升威宁集镇形象的攻坚战。推进美丽村寨建设。大力实施乡村振兴战略，着力推动农村产业发展，深入开展农村生产生活环境综合治理，全面提升农民道德素质，让农业成为有奔头的产业、农民成为有吸引力的职业、农村成为安居乐业的美丽家园。

（七）坚定不移抓好改革创新。深化重点领域改革。完成县内国有企业战略性重组，着力培育1至2家2A评级国有企业。统筹推进“多证合一”和“证照分离”改革。推进农村供水设施产权制度改革，深化投融资、财政税收、园区管理、城乡规划、生态环保、医疗卫生、教育、司法体制等领域改革。深化林权制度改革，完成农村集体林地确权颁证登记工作。完成新一轮机构改革。持续推行农村“三变”改革和“塘约经验”，吸引资本、技术、人才等要素更多向乡村流动，支撑乡村振兴发展。加大对内对外开放力度，充实招商专班力量、创新招商引资方式，不断改善提升营商环境。力争引进产业项目90个以上，完成省外到位资金136亿元、力争完成150亿元。大力培育一批高新科技型企业，力争科技进步综合指数达70%以上。

（八）坚定不移增进民生福祉。继续落实“3个15万元”扶持政策、创业担保贷款、就业补助等就业创业政策，大力开拓一批公益性岗位，支持就业困难人员、退役军人、高校毕业生及返乡农民工等群体就业。

抓实教育事业。完成城乡教育协调发展规划编制，引领全域教育大发展。进一步完善农村学校配套设施建设，大力推进城区学校项目建设。切实巩固义务教育基本均衡发展成果，推动学前教育、普通高中教育、现代职业教育、特殊教育协调有序发展。支持民办教育办大办强，支持江西辰林教育集团收购贵州工贸职业学院并重组建设、办学。深入实施营养改善计划，规范食品采购、贮存、加工、留样、配送等流程，确保学生吃得安全、吃出健康。按照中央、省的要求，在两年内将教师工资提升到公务员工资水平。强化教师队伍培养培训，努力打造一支师德高尚、业务精湛、结构合理、充满活力的高素质、专业化教师队伍。抓实“健康威宁”建设。加快一批县城骨干公立医院、村级卫生室建设进度，重点强化易地扶贫搬迁安置区医疗保障能力建设，推进3所以上精神病专科医院建设，建成六桥街道社区服务中心、海边街道社区服务中心。扎实推进智慧医疗建设，建成39个乡镇（街道）卫生院（卫生服务中心）远程医疗诊疗系统，助推城乡医疗事业协调发展。全面提升计划生育服务与管理水平，推动人口事业均衡发展。继续加大医技人才引进力度。坚决打击黑诊所办医、无证行医、借证开店等违法行为，切实保障群众就医安全。实施食品安全放心工程、药品质量安全提升行动。抓实文化体育事业。推进藏、羌、彝文化走廊建设，力争申报省级非遗13个、国家级非遗2个。推进高原耐力型训练基地建设。大力开展各类体育赛事，促进竞技体育与群众体育协调发展。抓实社会保障。稳步提高城乡低保标准，加大对农村留守儿童、困境儿童、留守老人、特困供养对象、流浪乞讨人员等重点人群的关爱、帮扶力度，巩固提升养老保险、医疗保险、失业保险、工伤保险、生育保险、城乡居民基本养老保险水平，全面织牢民生保障网底。推进“社保+大数据”平台建设，努力让群众办理社保更加便捷、快速。抓实民族宗教工作。深入推进民族团结进步工作，加强少数民族特色村寨保护与发展。全力做好宗教领域重点、难点工作，围绕有声音、有影子、有氛围、有成效的“四有目标”，继续开展好宗教关系和谐示范区创建活动。积极支持宗教界加强自身建设，加大宗教政策法规培训力度，重点加大宗教工作“三支队伍”培训力度，提高依法管理宗教的能力和水平。

此外，大力支持监委、法院、检察院、工会、妇联、共青团等工作，加强双拥优抚、统计、老龄、残疾人、邮政、气象、档案等工作。

今年，我们将尽力而为、量力而行，着力办好10个方面的民生实事：（1）减少贫困人口6.6万，实现123个贫困村出列；（2）建成妇女儿童医院和六桥、海边社区卫生服务中心，争取招商局集团援建村级标准化卫生室200个以上，启动县人民医院二期、县中医院项目建设；（3）加快推进异地新建威宁民族中学、招商局集团援建威宁五小（幸福小学）建设，建成威宁六小、十一中，异地新建民族幼儿园、二幼、三幼，完成农村中小学27个薄改项目建设，力争启动八小、九小项目建设；（4）建成县乡道改造项目264公里，实现60%以上乡镇通二三级公路目标，全面建成农村“组组通”公路5293公里；（5）继续推进厕所革命，建成新老城区公厕10座、停车位200个、城区垃圾中转站1座；（6）建成231处农村人口饮水安全工程，解决13.7万农村人口、学校师生饮水安全问题，全面启动乡镇污水处理厂建设，基本建成县乡村垃圾收集清运处理系统，完成北门河一期治污工程；（7）完善提升县城“天网工程”系统运行处理能力，完成乡镇“雪亮工程”一期建设，建成公安智能化大数据综合指挥调度系统；（8）全面完成2018年易地扶贫搬迁项目和新增2万人搬迁项目建设，确保“十三五”规划搬迁对象如期入住新家，实施“三化”工程4.5万户；（9）实施棚户区改造工程2757套；（10）加大城乡电网建设力度，实现用电户均配变容量2.03千伏安的目标。

三、加强政府自身建设

各位代表，打赢脱贫攻坚战、全面建设小康社会，建设贯彻新发展理念示范区，对政府工作、自身建设提出了更高要求。我们将坚持刀刃向内、敢于自我革命，加快转变政府职能，努力建设忠诚型政府、法治型政府、务实型政府、清廉型政府，进一步提高政府的公信力、执行力，让人民满意。

（一）打造忠诚型政府。始终把政治建设摆在首位，牢固树立“四个意识”、坚定“四个自信”、践行“两个核心”，坚决反对分散主义、自由主义、本位主义、山头主义，决不允许上有政策、下有对策，决不允许有令不行、有禁不止，决不允许在贯彻执行上级和自治县委决策部署上打折扣、做选择、搞变通，永葆忠诚干净担当政治本色。坚定理想信念，自觉从政治上把握大局、看待问题，从政治上谋划事业、推进工作，做到大公无私、公私分明、先公后私、公而忘私，坦坦荡荡做人、光明正大用权，把对党绝对忠诚体现在提高政治站位、保持政治定力、强化担当作为的自觉行动上。

（二）打造法治型政府。深入推进政府数据“聚通用”工程，全面建成公共资源阳光交易平台，运用大数据等现代信息技术手段实现政府重大决策、重大部署数据化、痕迹化管理。完善行政执法公示、过程全记录和重大行政执法决定法制审核制度，推动文明执法纵深发展。加大公权力监督力度，自觉接受党内监督、人大监督、民主监督、司法监督、社会监督，让公权力在阳光下运行。依法公开权力运行流程，让公权力在公开中接受监督、在监督中保证正确行使、在正确行使中更好服务于民。建立行政执法人员以案释法制度，强化普法工作，切实提高群众知法、懂法、守法、用法能力。

（三）打造务实型政府。牢固树立正确的政绩观，始终把人民高兴不高兴、满意不满意、答应不答应作为检验工作的根本标准，保持“功成不必在我”的胸襟、“功成必定有我”的情怀，多做让老百姓看得见、摸得着、得实惠的实事，多做“作铺垫、打基础、利长远”的好事，坚决不搞“形象工程”“政绩工程”。建立健全正向激励、容错纠错机制，旗帜鲜明地给身处脱贫攻坚、污染防治火热战场中的干事者鼓劲、担当者撑腰，营造想干事、敢干事、能干事、干成事的良好氛围，引导全县上下撸起袖子加油干，干出气势、干出血性、干出水平，以干事创业的积极成效取信于民、造福于民。

（四）打造清廉型政府。坚决贯彻中央八项规定及其实施细则精神和省委、市委、自治县委有关作风建设规定，大兴“三风”，驰而不息纠治“四风”突出问题新表现。严格遵守《中国共产党章程》，严格执行《关于新形势下党内政治生活的若干准则》《中国共产党党内监督条例》《中国共产党纪律处分条例》，着力擦亮监督之眼、扬起问责之鞭，让制度“长牙”、纪律“带电”，做到“探头”处处有、监督全覆盖，使不正之风无处遁形、违规违纪者无处藏身。全面加强公共资金、国资国企、公共资源交易、群众身边腐败等重点领域监管，以反腐败永远在路上的坚韧和执着，坚决清除一切腐败分子，保证干部清正、政府清廉、政治清明，为扎实推进新时代新威宁建设营造海晏河清的政治生态。

各位代表，幸福都是奋斗出来的，奋斗本身就是一种幸福。让我们高举习近平新时代中国特色社会主义思想伟大旗帜，在自治县委的坚强领导下，不忘初心、牢记使命，锐意进取、苦干实干，将改革开放进行到底，将决胜脱贫攻坚、决胜同步小康进行到底，将建设贯彻新发展理念核心区进行到底，不断实现全县人民对美好生活的向往，为创造让世人刮目相看的新的威宁奇迹而努力奋斗！

百里杜鹃管理区工作总结及谋划

2018 年，在省委、省政府和市委、市政府的坚强领导下，百里杜鹃管理区坚持以习近平新时代中国特色社会主义思想为指引，按照“旅游统揽、全域打造、全时延伸、实干升级”的发展思路，深入贯彻落实习近平总书记对毕节试验区作出的重要指示精神和国家、省、市有关安排部署，统筹推进稳增长、调结构、促改革、惠民生、防风险、保稳定各项工作，聚焦聚力推动旅游发展升级、打赢脱贫攻坚硬仗，不断激发干事创业激情，全区经济社会持续健康、和谐稳定发展。

一、2018 年主要工作开展情况

（一）坚定不移抓好脱贫攻坚。一是抓好组织保障。成立“1+9+68”三级脱贫攻坚指挥体系和 7 个督导组，用好“五步工作法”，落实农村产业革命“八要素”，适时召开会议对脱贫攻坚工作进行安排部署，扎实推进脱贫攻坚“春风行动”“夏秋攻势”，黔西片区以“零差错”配合黔西县顺利通过国家第三方评估。二是打好“四场硬仗”。普金旅游公路等重大交通项目顺利开工，建成油路 35 公里、撤并建制村通村水泥路 59 公里、“组组通”公路 161 公里、进寨路 288 公里，改造危桥 1 座，处置道路交通安全隐患 208 公里。解决黔西片区 22508 人、大方片区 87604 人安全饮水问题。2017 年易地扶贫搬迁 167 户、686 人全部搬迁入住，2018 年易地扶贫搬迁项目投入使用。发展烤烟、茶叶、经果林、食用菌、花卉等产业 10.57 万亩，覆盖农户 1.21 万户。投入财政资金 17914.45 万元，推动教育、医疗、住房“三保障”全面落细落实。三是做好精准管理。深入开展脱贫攻坚“五个专项治理”“六查”等工作，贫困发生率下降至 1.82%。对已脱贫农户、2018 年计划脱贫农户及“边缘户”“边远户”，本着“缺什么补什么”的原则，补齐基础设施、增收产业短板，整改销号“一达标，两不愁，三保障”“三率一度”等方面问题 2.43 万个，切实将“三率”控制在 2% 以下。四是聚好各界合力。围绕就业扶贫、产业发展、智力支持抓好增城区对口帮扶工作，旅游、教育、医疗等领域交流互动富有成效。恒大集团投入资金 1 亿元，支持我区发展中药材、花卉、蔬菜等扶贫产业，着力抓好幸福三村等项目管护；充分整合统一战线资源，联引 13 家企业开展“千企帮千村”帮扶活动，聘请 39 名非公有制经济人士、农村致富能手开展“荣誉村主任”帮扶活动。

（二）坚定不移抓好风险防控。一是抓好风险排查。建立健全“1+8+N”工作责任体系，对经济金融、公共管理、安全生产、地质灾害等八大领域风险点进行分解细化、全覆盖式排查，将排查出的 90 个风险隐患纳入防范化解重大风险隐患台账进行管理，实现风险隐患排查横到边、纵到底。二是抓好风险稳控。在制定重大政策、实施重大工程、举办重大活动时，全面开展风险隐患排查评估工作，确定风险隐患等级、制定管控措施，落实防控责任人；根据风险隐患等级、具体风险实际，采取实地督查、电话调度等方式，对各风险点防控措施落实情况进行全面调度，确保风险隐患稳得住、控得下。三是抓好风险化解。按照“一风险、一专班”要求，成立工作专班，对重特大风险进行专案研究、包保化解，得到市政府肯定并作为县（区）工作亮点在全市推广。

（三）坚定不移抓好生态文明。一是抓好植树造林。深入抓好“抢战 100 天”造林工作，完成造林 2.06 万亩、营造林 1.99 万亩。纵深推进绿化工程建设，完成杭瑞高速百里杜鹃段 102 亩绿化项目、通组路绿化 50.3 公里和桥头、箐门污水处理厂绿化工作。森林覆盖率达 67.65%。二是抓好森林管护。强化林业资源保护与经营，完成 1331 名贫困群众生态护林员拟聘工作，完成森林抚育 0.9 万亩、采伐森林抚育 0.5 万亩。健全林业有害生物监测预警机制、重大林业有害生物应急处置机制，林业有害生物防治成灾率为零。加大森林火灾管控力度，全年未发生森林火灾。三是抓好环境保护。深入开展环保执法“风暴”专项行动、“百日攻坚”行动，督促重点企业环保设施运行率、运行达标率均达 100%。中央环保督察 20 个反馈问题已完成整改 18 个，8 个生态环境突出问题已完成整改 7 个，其他问题整改正加快推动。建成空气自动监测站项目并投入使用。加强千人以上集中饮用水源地整治，卷洞门、污泥河、双龙潭、龙洞 4 个水源地完成围网、界桩、界碑等工作并通过验收。完成全国第二次污染源普查清查建库工作。《毕节百里杜鹃风景名胜区条例》经省人大常委会批准实施，为百里杜鹃生态保护提供了有效支撑。

（四）坚定不移抓好全域旅游。一是进一步完善旅游规划。加快推进《百里杜鹃景区旅游发展总体规划》编制工作，完成奢香军营山地公园、彝山花谷景区修建性详细规划专家评审工作和米底河景区修建性详细规划、普金景区概念性规划设计编制工作，正在开展老虎箐、杜鹃花王景区修建性详细规划工作。二是进一步丰富旅游业态。在抓好普底、金坡两个杜鹃花观花旅游的同时，加快推进奢香军营山地公园、洞福天等新业态景区建设，彝山花谷景区正式开园运营，有效延长旅游时限、丰富旅游业态。投入资金 700 余万元，成功打造夜游花海项目并推向市场；成功引进贵州产投集团投资 2.8 亿元，对启化温泉进行整体打造。成功打造黄泥乡槽门村等乡村旅游景点，全区接待乡村旅游游客 108.5 万人次。三是进一步提升旅游服务。投入资金 2900 万元，完成金坡景区停车场提级改造工程；启动奢香军营山地公园西入口游客服务中心及配套工程建设；授权百旅集团对景区进行整体经营、管理，实现景区经营管理市场化。新增花漾四季酒店等酒店、民宿 68 家，全区旅游床位数达 6800 余张。成功入选第 4 批全国旅游标准化试点单位、全国 100 个休闲农业和乡村旅游精品景点、中国最佳健康养生休闲旅游胜地名录，米底河度假山庄获评“全省精品级乡村旅游客栈”。百里杜鹃旅游对外知名度、美誉度稳步提升，全年接待游客 380.6 万人次，实现旅游综合收入 26.26 亿元。

（五）坚定不移抓好工业升级。一是抓好煤炭经济发展。协调煤矿与市内电厂签订煤电供应长期协议 22 份，拨付电煤保障供应奖励资金 219.62 万元，供应电煤 130 万吨。5 对煤矿获批智能机械化改造项目奖补资金 1617 万元，完成黔金煤矿生产辅助系统智能化改造。全年完成煤炭产量 272 万吨，抽采瓦斯 3100 万立方米、利用瓦斯 1300 万立方米。二是抓好煤炭经营管理。全面落实科级领导联系验票站制度、科级领导挂任煤炭验票站站长制度，进一步规范煤炭验票站管理；煤炭税费监控管理系统三期建成并投入使用，进一步规范煤炭经营管理。开展煤炭税费路检路查 140 余次，抽查车辆 660 余辆，约谈煤矿企业 17 矿次。三是抓好民营经济发展。上报大数据与实体经济深度融合标杆企业 2 个，指导航鑫生态建材加快项目建设。预计全年完成民营经济增加值 31.48 亿元，民营经济增加值占 GDP 比重的 65%。新增注册登记企业 165 户，注册资本 157506 万元；注册登记个体工商户 868 户，注册资本 9451 万元，市场主体增速达 31%。

（六）坚定不移抓好农业转型。一是抓好产业发展。管委会出资 2 亿元成立瑞禾集团，新增注册登记农民专业合作社 30 户，调减玉米等农作物种植面积 4.5 万亩，完成茶叶种植 2.6 万亩、烤烟 2.6 万亩、蔬菜 3.2 万亩、中药材 0.51 万亩、花卉 0.95 万亩、食用菌 0.24 万亩、经果林 0.43 万亩、新增退耕还林 1 万亩。农业产业结构调整获得市委、市政府通报表扬，并获得一次性奖励资金 1000 万元。华洲农业获得有机食品（猴头菇）产品认证，实现百里杜鹃有机农产品零突破。二是抓好农村改革。大力践行“塘约道路”、助推“三变”改革，初步建成塘约试点村 8 个、“三变”试点村 4 个，农村土地确权颁证率达 95% 以上，完成农村清产核资、“两区划定”等相关改革工作。创新推进“支部 + 公司 + 农户”“支部 + 合作社 + 基地 + 农户”等工作模式，大力发展村集体经济，全区 68 个行政村村集体经济积累总额达 1005.58 万元。三是抓好利益联结。积极探索“国有公司 + 合作社（村集体）+ 农户（贫困户）”发展模式，引导广大群众积极参与农业产业结构调整、农业基础设施建设，将群众利益合理嵌入产业发展链条上，让群众共享产业发展红利。目前，茶产业吸纳群众承包地、荒山荒地 4 万余亩，带动 15 万人次群众参与务工，实现务工收入 1200 余万元。

（七）坚定不移抓好城乡统筹。一是花海文化城建设稳步推进。完成花海文化城征地326.87亩，签订房屋拆迁协议21户，征用林木5.6万株、林地259.7亩。完成城市建设投资8.72亿元，新增城镇建成区0.92平方公里，城市建成区面积新增绿地136公顷、城镇道路5.8公里，建设完成城市公厕4个、改扩建公厕1个、城市地下综合管廊6.3公里、城市停车位400个。加强花海文化城建成区日常管理，完成绿化修剪8万平方米、清除杂草12万平方米，摆放花卉13万余株。二是城镇规划建设稳步推进。启动乡村振兴规划编制工作，初步完成涵盖605个自然村寨的村庄规划编制工作、县域村庄建设规划和多规合一。全年示范小城镇预计完成投资7300万元，新增城镇人口228人，新增城镇就业人口145人。三是商业体系建设稳步推进。加大限上企业清理核查和培育力度，全年完成线上社会消费品零售总额14313.61万元、增速为29.2%。把"旅游+电商"作为激活内需消费的金钥匙，建立农村电商服务网点24个，已完成电商交易额1912万元、网络零售额810万元。组织辖区农产品企业赴省内外参加各种展销会、贸易洽谈会5次，签订意向性订单800余万元。完成5个基地预冷设施建设，新增冷库容量600吨。

（八）坚定不移抓好民生改善。一是抓好创业就业。完成劳动力培训人数1621人，占市政府下达目标450人的360%；开发就业扶贫岗位2777个，实现上岗就业2698人；完成城镇新增就业1762人、就业困难人员就业145人、农业劳动力转移就业5415人，城镇登记失业率为3.25%。二是抓好民生教育。加快推进全面改薄、山村幼儿园、教师周转房等项目和学校信息化建设，百里杜鹃教育平台正式开通，百里杜鹃二中与毕节一中正式合作办学，11名教师被认定为市级骨干教师培养对象、1名教师被认定为省级乡村名师，"三残"儿童入学率达90.32%、学前三年毛入园率达89.05%、小学入学率达99.7%、初中入学率达96.35%、九年义务教育巩固率达88.1%、高中阶段毛入学率达89.1%。三是抓好卫生事业。全区有准入医疗机构121家，在职医技人员605人、执业助理以上医师125人、执业护士以上223人；开放床位545张，按10万人口计算，每千人拥有床位5.45张。联合市一医、市三医、市中医院等医疗机构，建立一体化、区域性医疗联合体，以抱团方式推动医疗事业发展。新农合参合12.47万人、参合率达100%，已补偿26.31万人次、补偿金额8871.55万元，基金使用率达116.57%、群众受益率达210.90%。四是抓好文化体育。以创建国家公共文化服务体系示范区为抓手，完成黄泥乡乡级综合文化服务站建设工作，实现乡村两级综合文化服务设施建设全覆盖。组建乡级文艺宣传队19支、村级文艺宣传队72支，招募文化志愿者68名，全面夯实基层文化基础。成功举办第三届贵州诗歌节、中国女子围棋甲级联赛、越野跑、神鼓节、音乐节、武术大赛等体育文化活动。五是抓好社会保障。城市低保保障标准从532元/月·人提高到570元/月·人，农村低保保障标准从3528元/年·人提高到3876元/年·人，全年预计发放农村低保资金2018.44万元、城市低保资金23.14万元。深入开展双拥优抚工作，发放351名重点优抚对象优抚、生活补助资金286.37万元，及时解决优抚对象生活、就医、就业培训等困难。通过"四个一批"措施减少留守儿童719名，有序推进中心敬老院、老年养护院、救灾物资储备库、公益性公墓等项目建设。

（九）坚定不移抓好安全稳定。一是安全生产持续稳定。严格落实《地方党政领导干部安全生产责任制规定》，以煤矿、非煤矿山、危险化学品和烟花爆竹、食品药品、职业健康等行业领域为重点，扎实开展风险分级管控、隐患排查治理双重预防性控制体系建设。"企业照单自查自改、部门照单依法监管、两单核查闭环管理"工作模式得到市安委会肯定，推出煤矿安全生产题材微电影《噩梦》，出品新歌曲《新时代安监人》、微动漫《新时代安全生产使命》，在国家和省、市平台播放。全方位开展重点行业安全专项整治，全年组织检查2664次，组织检查人员8070人次，检查企业4134家次，排查治理隐患10748条，督促整改10633条、整改重大隐患2条，严厉打击各类违法违规生产建设行为29起，责令60家企业停产停业停工、处罚款217.4万元。二是信访维稳总体平稳。精心谋划、周密部署"两会"、春节、杜鹃花节、省市党代会等重要节点期间的稳定工作。坚持实行工作日县级领导轮班接访制度，严格落实属地管理、"一岗双责"机制，排查并成功调处矛盾纠纷532件。深入开展扫黑除恶专项斗争，排查出涉恶线索5条，已立案侦查3条，打掉恶势力团伙3个。三是社会综治纵深推进。严厉打击"两抢一盗"、黄赌毒、涉众型经济等影响人民群众安全感、满意度的各类违法犯罪。提起公诉的案件保持审结率、有罪判决率、定性准确率、出庭成功率100%，实现刑事案件无错捕、无错诉、无无罪判决、无超期审理。以普底乡综治中心建设为代表的综治中心实体化建设有序推进，进一步规范矛盾纠纷排查、特殊人群服务管理等工作。在8月份全市群众安全感、满意度测评中，群众安全感比率为98.80%，排名全市第1位。

（十）坚定不移抓好自身建设。一是优化政务服务。政务服务中心新大厅建成并投入使用，全区25个具有行政审批职能的单位全部进驻政务服务中心，基本实现“只进一扇门、办好全区事”。政务服务窗口从6个增加至30个，政务大厅面积从200平方米扩大到7553平方米，区直27个部门434项审批服务事项全部进驻政务服务大厅、进驻率达100%，各类政务服务事项提前办结率达93.5%、服务对象满意率达98%以上。二是优化政府执法。扎实推进“双随机、一公开”工作，具备行政执法事项的27个单位全部完成“一单两库一细则”制定、录入工作，录入行政检查抽查事项882项、行政检查对象10854家、执法人员258名，已开展抽查活动140次，涉及抽查事项178项，涉及检查对象428家。三是优化发展环境。出台扶贫领域腐败、不正之风专项治理工作方案，确保专项治理有序推进。采取专项监督、巡察监督、媒体监督、群众监督、网络监督等相结合的方式，构建立体化监督格局。将扶贫领域腐败问题、形式主义、官僚主义、不作为、慢作为、乱作为等突出问题作为执纪审查重点，以“零容忍”态度坚决惩治扶贫领域腐败、不正之风。此外，质量管理、司法行政、国教人防、档案区志、妇女儿童、老龄、残疾人等各项事业取得新进步。

二、存在的困难和问题

在总结成绩的同时，百里杜鹃管理区在发展中还存在一些困难和不足。一是脱贫攻坚短板较多。当前，虽然黔西片区21个村已配合黔西县顺利通过国家第三方评估，但大方片区还有47个村需在2018年配合大方县接受国家第三方评估，水、电、路、讯、房等基础设施建设任务还很重。二是项目投资后劲不足。虽然我区始终把项目投资作为拉动经济社会发展的火车头，着力推进项目建设工作，但为保护好国家级森林公园、省级自然保护区、省级风景名胜区“三块牌子”，红线外的区域发展空间小，招商引资、项目建设推进难度大。三是产业结构不够合理。虽然我区着力推动产业结构战略性调整，但以原煤生产为主的工业经济仍然占国民经济的主导地位，农业产业“小、散、弱”的情况还比较普遍，旅游产业还未完全突破季节性瓶颈，对经济社会发展的贡献率偏低。

三、2019年工作谋划

2019年，百里杜鹃管理区将继续以习近平新时代中国特色社会主义思想为指导，全面贯彻党的十九大和习近平总书记对贵州、毕节工作的系列重要指示批示精神，认真贯彻落实中央和省、市经济工作会议决策部署，统筹推进“五位一体”总体布局，聚焦“113攻坚战”目标，围绕“旅游统揽、全域打造、全时延伸、实干升级”的发展思路，坚持新发展理念，坚持推动高质量发展，统筹推进稳增长、促改革、调结构、惠民生、防风险工作，扎实做好稳就业、稳金融、稳投资、稳预期工作，坚决夺取决胜脱贫攻坚、决战同步小康新胜利，为开启新时代百里杜鹃旅游富民强区新征程而努力奋斗，以优异的成绩庆祝中华人民共和国成立70周年。

预期目标是：预计完成地区生产总值增长11%左右，农业增加值增长6.5%左右，固定资产投资增长13%左右，规模以上工业增加值增长11%左右，一般公共预算收入增长7%，社会消费品零售总额增长11%左右，重点产业招商引资到位资金10亿元以上，城镇、农村常住居民人均可支配收入分别增长9%、10.5%，旅游综合收入增长30%，城镇登记失业率控制在4.2%以内，居民消费价格指数、节能减排指标控制在国家、省、市下达的计划范围内。

（一）全力决胜精准脱贫攻坚战。紧紧围绕“一达标，两不愁，三保障”，坚决打赢“四场硬仗”，确保大方片区与大方县一同按国定标准通过评估、实现脱贫摘帽。全年减少贫困人口150人，脱贫出列2个贫困村，贫困发生率下降至1.9%以下。

一是突出产业扶贫。按照农村产业革命“八要素”要求，围绕“33357”农业产业发展目标，重点发展茶叶2.28万亩、烤烟2.48万亩、蔬菜1.5万亩、中药材0.3万亩、花卉0.2万亩，着力打造40个农业产业结构调整领导示范点，同步健全群众参与利益联结机制，实现群众稳定增收。二是补齐脱贫短板。全面补齐水、电、路、讯等基础设施短板，借助新时代农民讲习所等有效载体，组织群众到生产经营一线、田间地头开展技能技术、创业就业等方面的学习实践，增强群众脱贫攻坚的内生动力。三是凝聚帮扶力量。全面落实教育精准扶贫学生资助政策，逐户落实健康扶贫医疗保障救助政策，精准落实民政兜底政策。抓好广州市增城区对口帮扶和恒大集团、千喜鹤集团帮扶机遇，引导企业积极参与脱贫攻坚，凝聚社会帮扶合力。四是强化就业增收。在用好已开发的2777个“十大员”公益扶贫专岗的基础上，着力抓好未就业或就业质量不高搬迁户、一般贫困户劳动力全员培训，统筹推进未就业或就业质量不高非贫困户职业能力培训工作，提升群众就业技能；落实大学生、返乡农民工、易地扶贫搬迁户等重点群体就业创业帮扶政策，加大劳动力转移输出力度，把就业扶贫工作做细做实，帮助各类劳动力实现更充分、更高质量的就业。五是抓好巩固提升。在确保打赢黔西片区脱贫攻坚保卫战、大方片区脱贫摘帽攻坚战的基础上，坚持脱贫不脱政策，以“三率一度”为核心，瞄准全面建成小康社会硬任务，保持队伍不散、干劲不松、力度不减，为全面建成小康奠定坚实基础。

（二）全力决战全面小康攻坚战。按照“2019年提前全面建成小康社会，2020年迎接市级达标验收”的小康创建目标，坚持把保障和改善民生作为工作的出发点、落脚点，对照小康创建体系，持续发展社会事业，增强全社会的幸福感、获得感，确保今年综合实现程度达95%以上，三项核心指标、三项前置指标符合验收要求。

一是全面推动高质量发展。坚持稳中求进工作总基调，牢固树立新发展理念，保持经济持续健康发展。力争完成一般公共预算收入3.58亿元、税收收入4.3亿元，人均地区生产总值达41000元、人均固定资产投资达36000元、人均税收收入达4175元。继续加大农业产业结构调整力度，提升农业发展效益，确保农业增加值增长6.5%。深化“证照分离、多证合一”改革，培育新增市场主体1300户，万人拥有企业数达125户、个体工商户户数500户。加大科技支出力度，确保科技支出占一般公共财政支出比重不低于3%。申报1家科技园区或1家星创农业天地，综合科技进步水平指数实现程度力争达100%。二是全面提升社会和谐程度。用好用活纳入《藏羌彝文化产业走廊总体规划》的政策红利，保护、发展少数民族特色村寨，做好少数民族发展项目申报、实施工作，确保民族团结和睦指数实现程度巩固达100%。加快养老服务业改革发展，推进百里杜鹃老年养护院、华西睡眠康养中心、中医治“未病”等项目建设。扎实开展留守儿童（困境儿童）关爱保护行动，严格落实监护人责任；加强特殊困难群体关爱救助，兜住困难群体的民生网底。做好养老、医疗等保险征收工作，确保城镇职工基本医疗保险参保4200人、城乡居民医疗保险参保124753人、城镇职工基本养老保险参保7000人、城乡居民养老保险参保60500人。落实创业就业政策，做好高校毕业生、城镇就业困难人员、易地搬迁户劳动力等重点群体就业创业工作。开展拖欠农民工工资专项治理，构建和谐劳动关系。完成职业技能培训1200人、农民培训1200人，城镇新增就业1700人，确保城镇登记失业率控制在4.2%以内。三是全面提高人民生活质量。通过加快旅游产业发展、推动农业产业结构调整等措施增加居民收入，确保农民人均可支配收入增长10.5%、城镇居民人均可支配收入增长9%。全面启动白果小区、杜鹃地产一期和三期项目建设，加快庙脚安置点二期、大方片区安全住房建设，改善居民居住条件，住房指数实现程度巩固达100%。加强通村通组公路管理养护，实施30公里农村公路安全防护工程，开通花海文化城至各乡（管理区）客运班线、花海文化城便民服务公交车，最大限度方便群众出行，使群众出行便捷指数实现程度达80%以上。加快推进人民医院、乡卫生院、村卫生室等项目建设，强化医疗卫生人才队伍建设，千人执业医师（助理医师）数达1.8人，千人拥有卫生机构床位数达6张，5岁以下儿童死亡率小于10.4‰，全面提高医疗保障水平。优化生育服务管理，促进人口均衡发展。加强市场监管，保持物价水平总体稳定；加强食品药品安全监管，保障人民群众“舌尖上的安全”。四是全面加强民主法治建设。加强农村社区建设，完成48个农村社区项目建设任务，使农村社区建设覆盖率、和谐社区建设达标率均达100%。加强村（社区）务公开民主管理，严格实行村（社区）务公开考核，使村（社区）务公开民主管理完善率达100%。深化扫黑除恶专项斗争，用好社会治安防控“六张网”，加强社会治安巡逻防控，加强道路交通安全隐患排查整治，持续开展黄赌毒专项行动，切实提高人民群众的安全感、满意度，使每万人刑事犯罪率控制在4.82人以下、交通事故死亡率在2.2人以下，力争每万人火灾事故死亡率、工伤事故死亡率下降为0，人民群众对社会治安的满意度达95%以上。五是全面发展文化教育事业。加大文化产业投入，设立文化产业发展基金260万元，探索政府购买文化服务模式，支持文化企业发展壮大；积极培育发展规划文化产业，确保文化产业发展指数实现程度达80%以上、文化支出占一般公共财政预算支出比重达1.5%以上。优先发展教育事业，启动实施黄泥乡云峰小学、龙塘小学、百纳中学全面改薄项目，规范实施营养改善计划，狠抓师资队伍建设、强化师德师风建设，确保九年义务教育巩固率达89%、高中阶段入学率达90%以上。

（三）全力推进乡村振兴战略实施。按照产业兴旺、生态宜居、乡风文明、治理有效、生活富裕的总要求，编制完善《百里杜鹃管理区乡村振兴战略规划（2018—2022年）》，用好全区605个自然村寨的村庄规划，开工建设大荒、岩脚、龙塘、槽门、大堰5个乡村振兴示范项目，全面推进乡村振兴战略实施。

一是坚持产业振兴，建设富裕乡村。围绕保障旅游产业发展需要，树牢质量兴农、绿色兴农理念，支持瑞禾集团、百旅集团做大做强，突出抓好"33357"农业产业发展目标，积极推动农业产业发展，拓宽群众增收渠道。二是坚持人才振兴，建设活力乡村。用好用活《百里杜鹃乡村民宿管理办法》《百里杜鹃旅游商品管理办法》《百里杜鹃旅游发展资金管理办法》等政策，邀请和支持从辖区走出去的企业家、专家学者、乡土人才等参与农业发展、旅游开发等经济建设，鼓励私企、个体户投资建设生态休闲农庄、开办农家乐、发展乡村旅游，带动培养一批懂旅游、会经营的新型农民，推动全区旅游产业快速健康发展，让旅游带动辐射全区贫困村寨发展、贫困群众脱贫奔小康。三是坚持文化振兴，建设魅力乡村。充分挖掘少数民族文化、杜鹃花文化、红色文化、民俗民间文化，全力打造普底乡迎丰村、黄泥乡槽门村、金坡乡锦星村、戛木管理区大堰社区等少数民族文化村寨，不断丰富乡村旅游资源。争取举办全国青少年冬令营、中国国际露营大会等活动，提升打造山地自行车赛、越野跑等体育品牌，做到"月月有活动、周周有演出、天天有篝火"，推动文化与旅游深度融合。四是坚持生态振兴，建设宜居乡村。巩固和提升国家生态旅游示范区创建成果，深入实施蓝天、碧水、宁静、绿地、田园"五大环保行动"，加快城乡垃圾污水处理设施建设，管好用好花海文化城污水处理厂等环境保护设施，持续抓好退耕还林、天然林保护、石漠化治理及杜鹃花科研、病虫害防治、培育、种植等生态工程建设，强化47.32万亩森林资源管护，让绿色发展理念深入人心。五是坚持组织振兴，建设和谐乡村。不断创新利益联结机制，着力抓好农村"三变"改革、村干部专职化改革，深入践行"塘约道路"，推广"群众会+"工作模式，健全党委领导、政府负责、社会协同、公众参与、法治保障的乡村社会治理体系，推动自治、法治、德治相结合，为深入实施乡村振兴战略夯实基础。

（四）全力打好污染防治攻坚战。深入践行习近平生态文明思想，努力为人民群众提供更多优质生态产品、优美生态环境。

一是巩固环保督察成果。全面贯彻落实《毕节百里杜鹃风景名胜区条例》，继续抓好中央、省生态环保督察反馈问题、信访问题整改；健全长效机制、强化跟踪督办，巩固治理成效，防止问题反弹。二是打好"三大保卫战"。抓好扬尘、柴油货车、工业企业、燃煤及油烟等污染治理攻坚行动，城乡环境空气质量优良天数比例达95%以上；开展城乡集聚区黑臭水体、饮用水水源地保护攻坚行动，建成大水、金坡、仁和、沙厂、黄泥、百纳、戛木污水处理厂并投入使用，加强普底、花海文化城污水处理厂运营管理，严查污水、垃圾处理设施虚假运行，确保全区城镇污水处理率达85%、1000人以上饮用水水源地水质全部达标；重点围绕耕地重金属污染突出区域，开展污染源排查整治，扎实推进土壤污染综合防治试点示范，提高环境管理能力。三是抓好生态建设。深入推进"绿色百里杜鹃"行动，重点抓好2万亩森林抚育、1.2万亩石漠化治理项目，积极申报国家储备林项目，加快推进凹水河生态综合体前期工作，加快编制山水林田湖草项目实施方案，积极争取上级资金支持；有序推进花海文化城、小集镇、重点村寨、景区景点周边、主要交通干线景观绿化和历年退耕还林项目管护，森林覆盖率达68.65%。巩固城乡垃圾无害化处理设施建设，使垃圾无害化处理率巩固达85%。完善土地、矿产资源有偿使用制度，推进矿山环境治理修复工程。

（五）全力打好防范化解重大风险攻坚战。进一步增强风险意识、强化底线思维，着力化解重大风险。

一是从严管控债务风险。严格落实政府性债务"七个严禁"，合理控制债务规模，依法依规举债，做到举债适度、效益优先、风险可控，最大限度降低政府债务风险。坚持防风险与保发展并重，严格执行地方政府性债务限额管理，健全"借用还"与"责权利"相统一的地方性债务管理机制。用好地方政府专项债券工具，通过财政预算偿还一批、债券置换一批、PPP化解一批、资产盘活解决一批，积极筹集偿债资金，提高偿债能力。二是着力防范金融风险。严格落实防范金融风险的属地责任，促进金融与实体经济、金融与房地产、金融体系内部良性循环，坚决打击非法集资、金融诈骗等违法违规金融活动，提高群众的风险识别能力、防范意识。强化政银企联动，创新地方政策性金融产品，缓解中小企业、"三农"等融资难题。强化"特惠贷"风险管控，让"特惠贷"

真正惠民解忧。三是有效防范化解安全稳定风险。严格落实安全生产责任制，按照“全覆盖、零容忍、严执法、重实效”的要求，开展大排查大管控大整治行动，坚决遏制重特大事故发生。持续抓好非洲猪瘟疫情防控工作。深入推进“法治百里杜鹃”创建，多元化解矛盾纠纷，妥善解决群众合理诉求，快速稳妥处置突发事件。加快推进基层治理体系建设，提高社会化、法治化、智能化、专业化水平，维护社会和谐稳定。

（六）全力推动旅游升级发展。坚持“旅游统揽、全域打造、全时延伸、实干升级”的发展思路，做好“花期之外、花区之外”两篇文章，着力构建“春赏花、夏避暑、秋休闲、冬康养，白天观光体验、晚上夜景民俗”的全域全时旅游格局，力争成功创建国家级旅游度假区、国家全域旅游示范区。

一是丰富旅游业态。推动“普金”景区提级打造，提级夜游花海项目，加快彝山花谷、奢香军营、花海温泉及 9 个乡村旅游示范点建设，加大米底河、山地田园综合体等开发力度，启动大水温泉、初水花源温泉等开发，启动“普金”景区休闲观光道、驿站等建设；积极探索空中观花、4D 观花体验及“茶旅融合”休闲、度假体验旅游新业态，谋划大草原滑索、天坑蹦床体验、露营基地、彝山花谷等研学旅行项目，力争建成全省乃至全国研学旅行示范基地。二是完善要素保障。推进“花好月圆·爱情庄园”、帐篷酒店、启化精品酒店、大草原网红酒店等建设，开展十大名小吃、十大名早餐、十大名厨相关活动，加大酒店、民宿、农家乐培育力度，打造甲级村寨 1 个，新增精品客栈 3 家；加快东门景、大草原西、南入口、米底河、老虎箐等服务中心建设，启动花王景区运营。遵照乡村民宿管理办法，提质升级旅游饭店、餐饮接待服务，新增餐位 10000 个以上；完善智慧景区建设，强化水、电、讯保障，实现“村村通光纤、户户能上网、4G 信号全覆盖”。开通遵义、贵阳、安顺等景区直通车，实现高铁落地换乘无缝对接，着力构建大进大出集散格局，完善“快旅慢游”服务体系。三是提升旅游形象。积极申请国家级旅游度假区、国家全域旅游示范区验收，组织好贵州省旅游安全突发事件应急演练，配合做好全省第十四届旅游产业发展大会工作，办好国际杜鹃花节、乡村旅发大会、国际彝族火把节等节庆活动。加强景区景点、村寨、公路沿线环境整治，规范设置环境卫生标识标牌。在杭瑞高速、黔大高速周边及景区沿路栽花种草，实现“一路一景一特色”，提升和美化旅游环境；在景区重要节点培育 1 至 2 个文化产品，提升景区文化品质。培训旅游从业人员 1200 人次以上。开展十佳解说员评比活动。探索建立厕所开放联盟，建设一批“第三卫生间”，优化城乡厕所环境，不断提高旅游环境品质、管理服务水平。四是健全商业体系。围绕吃、住、行、游、购、娱六要素，抓好商业服务体系建设。提级改造普底小吃街，推进花海大道原风物馆、西门景停车场商业综合区、花海大道传奇餐吧、金坡停车场小吃街、云景大道售票大厅购物场所、奢香军营山地公园商业街区建设，谋划水口至西门旅游商业体系建设。搭建“旅游商业平台 +”，带动商业体系快速发展。完善文旅类、旅游服务类等品牌商标注册，逐步建立覆盖面广、功能齐全、规范有序的商业市场体系。五是推行共建共享。以乡村振兴、全域旅游为抓手，以增强贫困村寨发展内生动力为根本，立足于让利于民、着眼于提高农民收入，积极探索大草原等景区运营新模式。搭建“平台 + 愿乡”基地、“公司 + 创客”基地、“合作社 + 农户”、“平台 + 旅游商圈”等，依托大景区带动，鼓励旅游村寨建立旅游专业合作社。完善体制机制，出台金融、土地、规划等支持乡村旅游发展的相关奖励措施和政策。

（七）全力调整优化产业结构。紧盯产业结构调整不放松，深入推动“三去一降一补”任务落地实施，释放产业新活力、培育发展新动能。

一是稳定工业。大力实施“千企改造”“万企融合”工程，加快渝兴、黔鑫、金象 3 个煤矿技改项目建设进度，力争启动滴水岩、黔金、梯子岩、庆兴 4 个煤矿技改项目，实施渝兴、黔鑫 2 个煤矿“两化”改造项目，力争建成滴水岩、九龙湾子 2 个煤矿瓦斯发电项目，完成生产原煤 350 万吨、供应电煤 150 万吨，瓦斯抽采 3000 万立方米、利用 1200 万立方米。二是调优农业。紧盯调减 1.5 万亩玉米等农作物种植面积的目标任务，全力抓好恒大花卉产业园和仁和、桃园 2 个 500 亩以上坝区香葱基地建设，高标准打造大青山茶场、茶博园、大竹山茶场，规划建设茶叶加工厂 4 个及配套基础设施，推动农业规模化生产、组织化经营、市场化发展。全面加强农畜产品质量安全工作，围绕天麻、食用菌、中药材、花卉、蔬菜等特色优势产业，大力发展无公害、绿色有机产品，积极培育和申报地理标志商标、驰名品牌。三是健全服务业。大力发展医疗保健、智慧养老、休闲旅游等健康服务业，大力发展酒店、乡村客栈、精品民宿，在 2018 年的基础上力争新增床位数 10000 张。推进电子商务县乡村三级物流体系建设，鼓励企业将分支机构延伸到乡村，让电商成为群众增收致富的新渠道，网络零售额突破900万元。加快推动贵阳银行、贵州银行、农业银行、工商银行等金融机构在百里杜鹃设立分支机构，增强金融服务实体经济能力。整顿规范市场秩序，推进商贸诚信体系建设，建设法制化经营环境，突出抓好花节期间的保供稳价工作。

（八）全力推动项目投资。坚持扩大有效投资，厚植发展优势，积蓄新动能。

一是做实项目谋划争取。认真落实《国务院办公厅关于保持基础设施领域补短板力度的指导意见》，紧盯省委、省政府支持毕节试验区建设的46项政策措施，加快谋划一批脱贫攻坚、基础设施、乡村振兴项目。加大PPP项目工作力度，力争更多项目入库并落地建设；加大对接汇报力度，最大限度争取中央专项建设、中央预算内资金支持。二是抓好产业大招商。大力引进旅游文化产业、现代山地高效生态农业、现代服务业、大健康产业等产业项目，紧盯国内外500强、央企国企和上市名企，攻关产业链条长、税收贡献大的项目，努力把投资意向变成协议、协议变成合同、合同变成投资、投资变成实物工程量，力争落地建设10个康养项目、2个研学旅行项目。坚持优化与整治并重、激励与惩处并举，对破坏营商环境典型案例加大通报、曝光力度，按规定及时兑现优惠政策，构建“亲、清”新型政商关系。三是全力抓好项目建设。用活用足2500万元项目前期工作专项经费，加快今年申报中央预算内投资草案34个项目等前期工作进度。坚持分类分级建立台账工作机制，落实项目建设“六个一”要求，以工作专班为核心，强化精准调度、精细化服务，强力推进2018年10个中央预算内投资项目、今年22个省市重大工程和重点项目等项目建设，确保完成重大工程、重点项目投资25.6亿元。

（九）全力推动新型城镇化发展。坚持规划引领，树立以人为本、尊重自然的理念，全力推动新型城镇化发展。

一是抓好城乡规划统筹。按照“多规合一”要求，推动规划谋划衔接，结合自然保护区、风景名胜区、森林公园、饮用水源保护区、生态公益林、基本农田、石漠化敏感区等生态保护红线及土地利用总体规划、经济社会发展规划、环境保护规划实施，谋划好东北片区旅游集散地项目，全面完成产业发展总体规划、城乡发展总体规划，清晰界定城乡开发边界、空间功能定位、总体产业布局、生态环境红线。二是完善花海文化城城市功能。加快推进花海文化城双回路供电工程、高原水库自流水、水厂等项目建设，开工建设花海文化城城市景观工程，石牛一期文化广场、花海文化城湿地公园全面建成并投入使用，确保城镇建成区绿化覆盖率达35%以上；完成八号路地灾治理并建成投入使用，加强城市路网、污水管网、停车场、地下综合管廊、海绵城市建设，提高城市公共服务水平；全面启动白果小区、庙脚安置点二期等项目建设，加快推进黔宜国际、水乡花都、西南丽景等招商引资项目建设，提高花海文化城建设整体水平；加强城市社区规范化建设管理，完成鹏程城市社区标准化建设，建成花海文化城综合农贸市场，抓好水口、石牛、庙脚等小区管理及商业体系打造，增强经济发展活力。加强城市综合执法、管理创新，提升城市管理科学化、精细化水平。三是加快推进特色小城镇建设。坚持统一规划、统一建设、统一管理集镇，抓好黄泥乡、仁和乡等小城镇建设，完成小城镇建设投资0.5亿元。加强乡村风貌整体管控，注重单体个性设计，建设立足乡土社会、富有地域特色、承载田园乡愁的乡村旅游升级版，避免千村一面，防止乡村景观城市化。强化用地审批、国土资源执法工作，严禁违法建房、土地私下交易，规划区内严禁新增自建房。

（十）全力推动改革开放。把改革开放作为后发赶超的关键一招，以改革增动力、以开放促发展。

一是抓好机构改革。根据《中共贵州省委关于市县机构改革的总体意见》《中共贵州省委改革办关于印发〈支持和帮助解决毕节改革面临的困难和问题清单〉》精神，有序推进机构改革工作，进一步理顺、完善行政体制，提升服务效能。二是深入推进“放管服”改革。坚持放而有度、管而有方、服而有效，继续大力简政放权，工程建设项目审批时间压缩至120个工作日以内，不动产登记办理时间压缩至5个工作日以内。建好县乡村三级综合实体政务大厅，完成区政务大厅标准化建设，“一窗”分类受理事项超过70%，政务服务事项网上可办率达80%，企业、群众办事提供材料减少60%以上。推动公共资源交易识别码应用，项目交易做到应进必进。推行“双随机、一公开”监管，完善守信激励、失信惩戒机制，让市场主体“一处违法、处处受限”。三是做强民营经济。用足用好支持民营经济发展的各项政策，构建“亲、清”新型政商关系，通过创优环境增强民营经济活力；全面实施市场准入负面清单制度，破除歧视性限制、各种隐性障碍；做好清理拖欠民营、中小企业账款工作，不断为民营企业发展壮大、经济社会持续健康发展营造良好环境，力争民营经济增加值达32亿元以上。

铜仁市

铜仁市政府工作报告

（2019 年 1 月 20 日在铜仁市第二届人民代表大会第三次会议上）

铜仁市委副书记、市长 陈少荣

各位代表：

现在，我代表市人民政府向大会作工作报告，请予审议，并请市政协委员和其他列席人员提出意见。

一、2018 年政府工作回顾

过去一年，面对复杂严峻的国际国内经济环境，在市委的坚强领导下，在市人大、市政协的监督支持下，我们坚持以习近平新时代中国特色社会主义思想为指导，认真贯彻党的十九大和习近平总书记对贵州工作的系列重要指示批示精神，全面落实党中央、国务院、省委、省政府和市委各项决策部署，坚守发展和生态两条底线，围绕建设“一区五地”目标，坚持稳中求进、进中求转工作总要求，突出绿色化、高质量，注重协同性、承载度，提升保障力，以供给侧结构性改革为主线，打好三大攻坚战、推进三大战略行动，统筹抓好稳增长、促改革、调结构、惠民生、防风险各项工作，经济社会发展呈现出“总体平稳、稳中有进、质量提升、民生改善”的良好态势。全市实现地区生产总值 1066.52 亿元、增长 9.6%，高于全省 0.5 个百分点；固定资产投资增长 17.6%；规模工业增加值增长 5%；一般公共财政预算收入、支出分别为 69.15 亿元、413.89 亿元，分别增长 5.3%、3.5%；社会消费品零售总额 212.8 亿元，增长 8.2%；城镇、农村居民人均可支配收入分别为 29422 元、9267 元，分别增长 9.2%、10%；金融机构人民币存贷款余额分别为 1381.3 亿元、1208.12 亿元，分别增长 -2.5%、21.8%。三次产业结构比由 22.2 ：28.8 ：49 调整为 21.6 ：28.2 ：50.2。经济发展稳的基本面没有变、持续增长的潜力没有变、后发赶超的势头没有变。

一年来，我们牢记嘱托、感恩奋进，重点抓了 6 个方面工作：

（一）全力战贫困、防风险、治污染，三大攻坚战果丰硕。

脱贫攻坚连战连捷。4 个区（县）顺利脱贫出列，印江、石阡脱贫摘帽工作扎实推进。预计全市减少贫困人口 16.65 万人，实现 519 个贫困村出列，贫困发生率从 8.41% 下降到 4.4%，成功探索“76554”工作方法。农村产业革命调减玉米种植其他经济作物 79.61 万亩，覆盖贫困人口 21.6 万人。省扶贫产业子基金项目投放速度全省第一，市级匹配脱贫攻坚专项资金 42 亿元、全省力度最大；金融扶贫贷款余额 310.17 亿元，城乡建设用地增减挂钩筹集资金 3.2 亿元。万山区敖寨农村集体经济“622”分配模式，入选国家博物馆庆祝改革开放 40 周年大型展览。建成“组组通”公路 8458 公里，累计建成 12103 公里，提前一年完成三年大决战任务。解决 18.16 万贫困人口饮水安全问题，深度贫困地区电网改造升级全面完成，基本实现光纤网络、4G 网络行政村全覆盖。生态扶贫扎实推进。完成易地扶贫搬迁 11.34 万人，其中跨区域搬迁 1.25 万户 5.68 万人，17 个新建安置点全部完成主体工程，建成跨区域搬迁安置区学校 21 所、社区服务中心（站）24 座，完成 102 个易地扶贫搬迁安置区村卫生室标准化建设。教育、医疗、住房“三保障”全面落实。资助学生 93.25 万人次、资金 12.14 亿元，建档立卡贫困人口参合率达 100%，医疗报销费用比例达 92.32%，完成农村危房改造及“三改”36550 户。扎实开展脱贫攻坚作风建设年活动，群众认可度大幅提升。东西部扶贫协作、社会帮扶成效明显，与苏州市、水利部、中国气象局、新华社、大连民大、中国五矿、中广核集团等帮扶协作进一步深化，铜仁·苏州产业园上升为省级战略，武陵山片区区域发展与扶贫攻坚试点联席会在我市召开。金融债务风险稳定可控。出台《铜仁市政府性债务管理暂行办法》《铜仁市偿债风险应急资金池资金使用管理办法》，设立偿债应急资金池。稳妥化解政府隐性债务，运用PPP模式化解地方债务12.4亿元，累计置换政府存量债务629亿元，综合债务率同比降低11个百分点。5条高速公路升级为省级高速，争取省级资金位居全省第一。强化金融风险防范，金融秩序稳定向好，守住不发生区域性、系统性风险的底线。污染防治务实扎实。高标准整改中央环保督察反馈问题，重拳整治汞锰重金属污染，松桃河木溪出境断面水质稳定达标，土壤污染综合防治先行区建设扎实推进。推行环保执法联防联控联打协作机制，污染防治长效化、常态化机制更加健全。深入落实河长制，乌江、锦江等流域网箱养殖全面取缔，德江县白果坨等6个国家级湿地公园通过国家验收。完成全域绿化“六绿”攻坚112.32万亩，森林覆盖率达63.5%、排名全省第二。全市环境空气质量优良率达97%，地表水稳定达到Ⅲ类水质标准以上，县级以上集中式饮用水水源地水质达标率为100%。全国发改系统生态保护与修复经验现场会在我市召开，生态文明贵阳国际论坛2018年年会铜仁分会成功举办。铜仁市及万山区、松桃县、德江县、沿河县成功创建为“省级森林城市”，碧江区入围“全国绿色发展百强县”。

（二）全力重实体、调结构、促转型，发展质量不断提高。

深入实施实体经济三年攻坚、产业大招商突破年行动，新能源新材料、智能终端、大数据等战略性新兴产业加速发展，梵能移动产业园、智能终端产业园、中伟锂电产业园建设有序推进，大龙开发区列入国家新型工业化产业示范基地。实施“千企改造”企业197户，完成投资145亿元。铜仁卷烟厂建成投产。“千企引进”成效显著，招商引资到位资金1500.7亿元，完成目标任务的131.41%。全省推进产业大招商现场经验交流会在我市召开。全市市场主体突破23.9万户，民营经济占比达63%。数字经济势头强劲，实施“五个一”工程，科大讯飞、神州数码等大数据企业落地铜仁，新增大数据企业62家、增长39.2%。成功打造省级融合标杆项目6个，以铜仁案例为重要内容的人和数据大数据服务精准扶贫，入选联合国计划开发署2018年可持续发展五星推荐经典案例；山久长青“智慧营养餐”大数据监管平台及校农合作模式，获联合国世界粮食计划署肯定。大数据运营中心（一期）初步建成，政府数据共享交换平台上线运行。全市完成软件和信息服务业营业收入2.6亿元、增长84%，电信业务总量164亿元、增长160%。碧江区、玉屏县获“中国电商百佳县”称号。现代农业加快发展，新晋国家级重点龙头企业1家，新认定省级重点龙头企业57家，新增农民专业合作社1104家，新增省级农业园区9个、新增数量全省第一。全省山地生态畜牧业发展现场推进会在我市召开，印江县食用菌裂变式发展获省委书记孙志刚肯定性批示。全域旅游不断深化，“一带双核”项目有序推进，石阡温泉、万山朱砂古镇国家级服务业标准化试点工作进展顺利，德江陶缘水乡获批为国家4A级景区，沿河南庄通过国家4A级景区质量评审，全市游客数、旅游收入分别增长48.1%、36.3%。成功举办“数博会”铜仁分论坛、市第七届旅发大会、“水博会”、抹茶文化节等活动，铜仁的知名度、美誉度持续提升。

（三）全力扩投资、夯基础、增后劲，发展支撑更加有力。

项目攻坚行动深入实施，460个省、市重大项目完成投资1096亿元。完成公路、水路固定资产投资350亿元，排名全省第一。铜仁凤凰机场国际航站楼建成投用，黔北（德江）机场项目预可研获中央军委联合参谋部会议通过；铜吉高铁前期工作加快推进，渝怀铁路复线及德务、铜怀等7条高速公路建设有序推进；沿河沙坨特大桥主拱圈成功合龙。提级改造国省干道、县乡道795公里，石阡县成功创建国家级“四好农村路”示范县。大兴水利枢纽工程下闸蓄水，44座骨干水源工程加快建设，思南花滩子、江口车坝河大型水库前期工作进展顺利。增量配网试点项目（一期）具备供电条件，南网首座500千伏数字化变电站碧江变、500千伏诗碧线建成投运，打通铜仁与黔北的电网大通道。湄潭至思南天然气支线管道全线铺通，凯里至铜仁天然气支线管道开工建设。

（四）全力优布局、强功能、提品质，城乡面貌持续改善。

铜仁市城市总体规划实施评估顺利启动，乡村振兴战略发展规划及空港高铁经济区、黔东城镇组群、乌江经济走廊城镇群、铜仁古城核心区发展规划编制工作加快推进，完成脱贫攻坚村庄规划编制2389个。全市新增城镇建成区面积13平方公里，城镇化率达49.34%。川硐教育园区、凉湾新区、谢桥新区加快建设，碧桂园、恒大、国瑞等大型房井项目落地铜仁，中心城区新增建成区面积2.1平方公里，总面积达49.6平方公里。中心城区提升工程深入推进，新增停车位4198个，开工城市道路21条，完成主城区客车站搬迁。建成城市公园及市民休闲空间45个、地下综合管廊7.11公里，实施棚户区改造42027套，27个示范小城镇完成投资37.56亿元。出台《铜仁市违法建筑查处办法》，铜仁市省级园林城市通过复核验收。城乡生活垃圾无害化处理率达80%以上，中心城区国控点空气质量监测优良天数比例达95.9%。

（五）全力抓改革、扩开放、促创新，发展动能不断增强。

中央、省委明确涉及我市的97项改革事项全面落实。供给侧结构性改革深入推进，减免企业各类税费27.68亿元。承接梵净山管理权限下放，市县乡村四级联动保护体系逐步完善。深化“放管服”改革，持续开展“减证便民”专项行动，市级取消证明材料217项，取消比例为39.45%；实现中心城区居民用电办理“一日通”，一般工商业电价下降10%。市不动产登记中心入围全国“百佳不动产登记便民利民示范窗口”。及时公布权责清单，网上集中公开各类行政权力事项4002项；推动政务服务“一网通办”，实现零跑动事项85项、最多跑一次事项518项，占办理事项总数的61.9%。实施营商环境专项整治行动、“双随机、一公开”改革，深化商事制度改革，营商环境更加优化；市级机构改革顺利推进，国企改革、投融资体制改革、农村综合改革、医药卫生体制改革等重点改革事项有序推进。对外开放取得突破，铜仁凤凰机场开通泰国曼谷直飞航线，大龙保税仓建成投运，黔东无水港、思南乌江综合港区配套物流园区建设有序推进。我市成为全省唯一的国家绿色货运配送示范工程创建城市。创新驱动战略深入实施，拟上市企业纳入省级后备库6家，赴“新三板”挂牌企业2家。新增省级工程技术研究中心1家、省级农业科技示范园区5个，实现高新技术产业产值110亿元。完成发明专利申请850件，成交各类技术150项、成交额10.02亿元，增长790%、增速位居全省第二。

（六）全力补短板、重保障、惠民生，群众福祉稳步提升。

优先发展教育事业。新建、改扩建幼儿园30所，实施学校全面改薄工程20所，组建城乡中小学集团学校98个。实现县域义务教育基本均衡，高考一本上线率位居全省第二。川硐教育园区扩容提质，铜仁学院、铜仁职院、铜仁幼专、贵州健康职业学院、贵州工程职业学院等大专院校综合办学水平明显提升。公共文化体育服务设施不断完善，建成农村欢乐院坝及乡村大舞台示范点384个、农体工程268个、乡愁馆8个。医疗卫生服务能力得到加强。市人民医院建成区域远程影像诊断中心，实现市县乡三级公立医院远程医疗全覆盖；恢复建设市二医并实现如期开诊，成功引进宏昕康新中医医院；德江县中医院成功创建三乙中医院，江口县人民医院被评为全国综合医院中医药示范单位。县域医共体建设率先在全省实现全覆盖，城市公立医院综合改革效果评价考核获全省第二。推进加入三明联盟药品联合限价采购工作，药品采购价格下降27.46%。城镇职工医保“先诊疗，后付费”试点工作顺利启动。疾病防控扎实有效，妇幼健康服务能力显著提升，二级以上妇幼保健机构比例达80%以上。社会保障能力不断提高。城乡居民基本医疗保险参保率达99.6%，城乡低保标准分别增长6.78%、9.68%，特困人员基本生活标准增加7%。新增城镇就业5.39万人，城镇登记失业率控制在4.2%以内。社会救助体系和留守老人、困境儿童关爱救助机制更加健全。提质改造养老院24所，创建星级示范养老院10所，在全省率先探索“五型”互助幸福院养老服务新模式。“十件民生实事”基本完成。“平安铜仁”建设深入推进，群众安全感达99.03%、位居全省第三。铜仁“一分析、三报告”社会治安治理新模式被《公安内参》《法制内参》刊发并在全国推广，智能平安小区、禁毒链条式管理系统入选全国“智慧警务”创新优秀案例，网格化管理在全省推广。沿河县成功创建“国家级信访三无县”，万山区达到“国家级信访三无县”标准。扫黑除恶专项斗争成效明显，安全生产形势稳定向好，没有重特大安全事故发生。

一年来，我们加强政府自身建设，牢固树立“四个意识”、坚定“四个自信”、践行“两个维护”，始终坚持依法行政、为民执政，持续深化作风建设，把解决群众最关心、最直接、最现实的利益问题作为工作重点，向市人大及其常委会报告专项工作20项，承办省人大代表建议、省政协委员提案36件，积极办理市人大代表议案和建议118件、市政协委员提案223件，代表对办理答复满意率达95.8%、委员满意率达96.9%。支持监察机关深化国家监察体制改革、对公职人员监察工作。此外，审计、统计、档案方志、民族宗教、机构编制、外事侨务、国防教育、文化体育、人防战备、退役军人、应急管理、水文气象、工青妇、红十字、人口计生、残疾人、老龄和关工委等事业全面发展，人民群众满意度、社会认可度、政府公信度不断提高。

各位代表，回首过去一年，我们积极应对国际国内形势错综复杂、各种矛盾交织叠加、风险挑战不断增多、经济下行压力持续加大的不利形势，抢抓机遇、主动作为，办成了几件对全市经济社会发展具有历史性、突破性和深远影响的大事喜事：一是碧江、万山、玉屏、江口4个区（县）顺利退出国家贫困县行列；二是梵净山列入世界自然遗产名录、获批为国家5A级旅游景区；三是铜玉城际铁路建成通车；四是铜仁凤凰机场开通临时航空口岸；五是梵能移动能源产业园一期建成投产；六是地区生产总值首次突破千亿元。实践证明，只要坚定不移地贯彻落实好党中央、国务院、省委、省政府和市委各项决策部署，昂扬奋发、艰苦奋斗，就一定能够战胜各种风险挑战，就一定能够把“一区五地”奋斗目标不断推向前进。

各位代表，过去一年取得的成绩来之不易，这是省委、省政府和市委坚强领导的结果，是市人大、市政协监督支持的结果，是全市各族人民共同奋斗的结果。在此，我代表市人民政府，向全市各族人民致以崇高的敬意！向人大代表、政协委员，向各民主党派、工商联、人民团体、无党派人士，向驻铜人民解放军、武警官兵和人民警察，向中央、省驻铜单位和省直各部门及兄弟市（州），向铜仁的老领导、老同志及所有关心、支持铜仁发展的社会各界人士，表示衷心的感谢！

在看到成绩的同时，我们也清醒认识到，全市经济社会发展还有不少短板、问题亟待解决。一是经济总量小、人均水平低，加速发展、后发赶超任务艰巨。我市国内生产总值仅为全省的7.11%；人均GDP2.42万元，仅为全省的60.6%，仍处于全省第三梯队。二是贫困人口多、贫困程度深，脱贫攻坚仍有不少难啃的“硬骨头”。贫困群众的内生动力不足，全市还有17.38万贫困人口，未出列贫困县都是人口大县、深度贫困县，越往后攻坚难度越大。三是实体经济弱、融资压力大，推动高质量发展的制约因素较多。产业基础薄弱，规模工业总量小，部分工业企业经营困难，实体经济高质量发展的基础支撑不强；地方政府债务负担重，到期债务偿还压力大。去年，受国家财政金融政策调整、政府投资项目融资渠道收紧等多重因素制约，玉铜松及思印城市快速干道、五馆三中心、奥体中心、传媒中心等重大项目，中心城区公共停车场、市民休闲空间等民生实事未能完成既定目标。四是地方财力弱、民生欠账大，发展不平衡、不充分问题突出。我市人均财力仅为2190元，相当于全省的45.41%；加之受结构性减税等政策影响，政府财源进一步收紧，自我造血功能弱，与人民日益增长的美好生活需要不相适应。五是创新能力不强、人才支撑不足，工作效能有待进一步加强。科技创新能力弱，人才总量小、质量不高；政策落实还存在“中梗阻”“一刀切”“最后一公里”问题，个别干部不作为、慢作为、乱作为现象仍然存在，企业、群众对办事难问题反映仍然较为强烈。这些问题虽不是主流，但对发展的阻碍极大。我们必须以事不避难、敢于担当的勇气去直面，以为发展履责、为历史负责、为人民尽责的态度去解决，不断营造干事创业的良好环境，不断汇聚“一区五地”建设的磅礴力量。

二、2019年主要目标任务

2019年是新中国成立70周年，是决胜全面建成小康社会第一个百年奋斗目标的关键之年，是向脱贫攻坚发起总攻、夺取全胜的决战之年。做好我市经济社会发展各项工作，至关重要、意义重大。今年政府工作的总体要求是：以习近平新时代中国特色社会主义思想为指导，全面贯彻党的十九大和十九届二中、三中全会精神，深入贯彻落实习近平总书记对贵州、铜仁工作的系列重要指示批示精神，认真落实中央、全省经济工作会议精神，牢记嘱托、感恩奋进，统筹推进“五位一体”总体布局，协调推进“四位一体”战略布局，坚持新发展理念，守好发展和生态两条底线，继续打好三大攻坚战，深入推进三大战略行动，坚持“稳中求进、进中求转”工作总要求，坚持突出绿色化、高质量，注重协同性、承载度，提升保障力，坚持以供给侧结构性改革为主线，坚持深化市场化改革、扩大高水平开放，坚定不移实施实体经济三年攻坚行动，加快建设现代化经济体系，着力激发微观主体活力，统筹推进稳增长、促改革、调结构、惠民生、防风险工作，保持经济运行在合理区间，进一步稳就业、稳金融、稳外贸、稳外资、稳投资、稳预期，提振市场信心，提高人民群众的获得感、幸福感、安全感，坚决夺取脱贫攻坚决战之年的根本性胜利，为全面建成小康社会打下决定性基础，推动“一区五地”建设迈上新台阶，以优异的成绩庆祝中华人民共和国成立70周年。

今年经济社会发展的主要预期目标是：地区生产总值增长10%左右，规模以上工业增加值增长

11.5%，固定资产投资增长 16% 左右，社会消费品零售总额增长 10% 左右，外贸进出口总额增长 18.2%，一般公共财政预算收入增长 5% 左右，金融机构存贷款余额分别增长 8%、16%，城镇化率提高到 50%，城镇、农村居民人均可支配收入分别增长 8.8%、9.8% 左右，居民消费价格指数涨幅控制在国家、省调控目标范围内，节能减排降碳指标控制在国家下达计划内。

围绕实现上述目标，要重点抓好 9 个方面的工作：

（一）坚定不移打好精准脱贫攻坚战，奋力夺取决战之年根本性胜利。坚持以脱贫攻坚统揽经济社会发展全局，用好“五步工作法”，紧扣“七个极”总要求、“三真三因三定”工作原则，按照“76554”工作方法，打好“四场硬仗”“春夏决战”“秋冬决战”，抓好 4 个出列区（县）巩固提升和石阡县、印江县出列迎检工作，扎实推进松桃县、思南县、德江县脱贫摘帽，完成沿河县脱贫摘帽 80% 的工作量。全市出列贫困村 300 个，减少贫困人口 11.08 万人，贫困发生率下降到 1.46%。

深化农村产业革命。紧扣产业发展“八要素”，围绕六大主导产业，推动 500 亩以上坝区产业结构调整，全面完成产业结构调整 147.64 万亩，粮经比调整为 32 ∶ 68。全市定植茶园 18 万亩、中药材 12 万亩、精品水果 6.5 万亩、油茶 8 万亩，蔬菜种植稳定在 230 万亩，发展食用菌 4.5 亿棒，烟草种植稳定在 12.5 万亩，发展畜禽家庭农场 1000 户。积极培育新型经营主体，加强重点企业扶持，新增市级农业龙头企业 50 家以上、市级以上农民专业合作社示范社 40 家以上。推行“公司 + 合作社 + 农户”等发展模式，加快冷链物流体系建设，深化电商扶贫，强化产销对接、利益联结，促进群众稳定增收。打好易地扶贫搬迁硬仗。按照“六个坚持”“五个三”要求，加快建设 2018 年易地扶贫搬迁项目，确保 6 月底前 11.57 万搬迁群众全部入住。加快推进旧房拆除、复垦复绿工作，深入推进生态扶贫。全面落实“1+7”后续扶持政策，完善“五个体系”，做好就业、就学、就医、社会保障等相关工作，推进搬迁群众市民化，确保搬迁群众稳得住、融得进、能发展。持续完善农村基础设施。抓好县乡道提级改造，巩固“组组通”公路建设成果，扎实推进“四好农村路”创建工作，新（改）建农村公路 500 公里以上。实施农村饮水安全巩固提升工程，6 月底前全面解决 30 户以上自然村寨 46.68 万农村人口饮水安全问题。全面完成农村电网改造、4G 网络建设。强化教育、医疗、住房“三保障”。深入开展教育扶贫行动，严格兑现教育资助政策，继续压缩党政机关 6% 的行政经费支持教育扶贫，建设跨区域易地扶贫搬迁安置学校 5 所。深入开展健康扶贫行动，完善深度贫困村卫生室、易地扶贫搬迁安置区医疗卫生服务机构建设，确保建档立卡贫困人口经转诊住院费用实际报销比例达 90% 以上。深入开展住房保障行动，持续改善贫困群众居住环境。加强扶贫资金管理，提高资金使用效益，研究制定收入水平略高于建档立卡贫困户群体的支持政策。全力打造扶贫协作升级版。用好对口帮扶、定点帮扶、社会帮扶资源，深化苏铜对口帮扶协作，着力打造园区建设合作、农业产业合作等升级版。力争每个区（县）打造 1 个扶贫协作产业园区，将铜仁·苏州产业园打造成东西部扶贫协作示范园区。深化与新华社、水利部、中国气象局、大连民大、中国浦东干部学院、中国五矿、中广核等帮扶单位合作，开展“千企帮千村”“同心战贫困·赤子报春晖”行动，发动社会资源参与脱贫攻坚。

（二）坚定不移深化供给侧结构性改革，持续推动实体经济高质量发展。围绕“巩固、增强、提升、畅通”八字方针，深化供给侧结构性改革，扎实开展实体经济三年攻坚行动、产业大招商提升年行动，推动产业转型升级，加快建设现代产业体系。

大力推动新型工业高质量发展。坚持高端化、绿色化、集约化，抢抓全省打造 10 个千亿级工业产业机遇，以“双千工程”为抓手，推动传统产业转型升级、新兴产业培育壮大，提高工业发展质量，新增入规企业 60 户以上。谋划发展锂电新能源新材料、移动能源、智能终端制造 3 个千亿级产业，全力打造以大龙中伟及汇成等企业为代表的锂电循环经济产业园、以梵能为依托的移动能源产业园、以中宇手机及德威模具为重点的智能终端制造产业园。突出黔东工业聚集区龙头带动作用，铜仁高新区主要抓好移动能源、智能终端制造产业，力争实现生产总值连续 3 年每年翻番，年内实现产值 120 亿元；大龙开发区主要抓好锂电新能源新材料产业，力争生产总值 4 年翻两番，年内实现产值 230 亿元；碧江经开区主要做大做强“一心三品”等轻工业，力争生产总值 5 年翻两番，年内实现产值 140 亿元。其他工业园区产值增幅不低于 30%。强力推进“千企改造”，重点推动锰、铁合金等产业转型升级，改造企业 100 户，完成技改投资 66 亿元以上。抓好“两烟”工作，完成铜仁复烤厂技改，确保铜仁卷烟厂产值、产量、税收增长30%以上。扎实抓好“千企引进”，聚焦九大产业链深入开展全产业链招商，重点加大产业类项目引进力度，促进产业集群发展，引进项目700个以上，到位资金1221亿元以上。用好“水博会”平台，规划建设水博园，做响“梵山净水·健康水都”“梵山净水·泡茶好水”品牌，把水产业打造成重要支柱产业，实现水及关联产业产值150亿元以上。依托省智能制造产业联盟，搭建智能制造高端交流合作平台，推动制造业高质量发展，力争登“云”企业突破200家。大力推动数字经济高质量发展。抢抓贵州建设国家大数据综合试验区的机遇，围绕建设国家大数据创新应用示范市的战略目标，按照“1234567”大数据产业发展思路，深入推动“万企融合”，壮大数字经济规模。坚持以应用驱动为切入，挖掘大数据政用、商用、民用价值，加快行业大数据开发运用，新谋划大数据应用场景50个以上。推动大数据与实体经济深度融合，建设融合标杆项目6个，实施融合示范项目60个，带动融合企业90户以上。组建大数据产业基金，用好“数博会”铜仁分论坛平台，强化大数据招商引资，新增大数据企业30家以上，谋划培育大数据潜在“独角兽”企业。夯实通信网络基础，推进“一云一网一平台”建设，开展5G网络体验基站建设，城域网上链带宽达1800Gbps。加强大数据平台建设，组建城市数据运营中心，建成大数据运营中心项目（一期）。大力推动现代农业高质量发展。深入实施绿色农产品“泉涌”工程，突出抓好“六大”主导产业、烤烟等传统产业，建设一批规模化、标准化、商品化生产基地，农产品加工转化率超过50%。推广“园区+N”发展模式，新增省级现代高效农业示范园区3个以上；推广“龙头企业+”发展模式，推进德康集团100万头欧标猪养殖、圣迪乐村60万羽种蛋鸡、北京顺鑫集团3万头肉牛养殖等项目建设，壮大山地生态农业。开展质量提升行动，健全特色农产品标准体系，强化农产品质量安全监管，增加优质绿色农产品供给，持续打响“梵净山珍·健康养生”“梵净抹茶·香溢天下”品牌。大力推动文旅融合高质量发展。按照“市级抓龙头品牌、区县抓精品景区、乡镇抓特色亮点”的思路，推动市内景区串珠成链，建设一批精品旅游路线，推动重点旅游景点抱团发展，奋力创建国家全域旅游示范区，打造文化旅游胜地。深入实施“一带双核”战略，加快建设“铜仁古城·乡愁故园”、铜仁至梵净山“一带”项目。扩大梵净山世界自然遗产、5A级景区的品牌影响力，推动朱砂古镇创建5A级景区，提升文化旅游产品、服务质量。按照“旅游+”多产业融合发展理念，推动旅游要素集聚、旅游商品开发、旅游业态培育，打造一批文旅融合示范项目。办好市第八届旅发大会等活动，实现接待国内过夜游客500万人次以上、入境过夜游客1.5万人次以上。

（三）坚定不移打好防范化解重大风险攻坚战，营造和谐稳定的发展环境。牢固树立风险意识，扎实做好重点领域风险防范工作，提高风险防控能力，为稳增长创造良好环境。

抓好政府债务风险防控。认真贯彻落实中央、省关于做好政府债务风险防控有关要求，严格执行政府性债务管理“七严禁”，积极争取扩大地方政府债券规模，依法依规融资举债，全力化解存量债务。做实做大偿债应急资金池，完善使用管理机制，为有效防范化解隐性债务风险奠定基础。盘活资源资产，加快国有投资公司实体化转型，提升市场竞争力。树立“过紧日子”思想，加强预算统筹，全面实施预算绩效管理。涵养税源、培植财源，实现财政收入增量提质，千方百计保工资、保运转、保脱贫、保民生。鼓励社会组织承担必要的社会管理和服务职能，激发民间投资活力，减轻地方政府支出压力。抓好金融风险防控。强化政金企联动，统筹指导金融机构化解不良贷款。完善信用采集机制，加强诚信体系建设，引导金融资本更好服务实体经济和助力脱贫攻坚。强化民间投融资中介机构、互联网金融、影子银行、房地产行业等重点领域金融风险防控，坚决打击非法集资、金融诈骗及其他违法违规金融活动，营造良好的金融生态环境。抓好社会风险防控。严格落实安全生产责任制，加大重点行业领域事故隐患大排查大整治，确保安全生产形势稳定向好。全面落实社会稳定风险评估机制，开展重大矛盾纠纷信访问题领导包案化解，依法管理宗教事务，维护社会和谐稳定。巩固“全国社会治安综合治理优秀市”成果，深化“平安铜仁”建设，纵深推进扫黑除恶专项斗争，推进平安警务云、“雪亮工程”、智能平安小区建设，不断提升人民群众的安全感。

（四）坚定不移打好污染防治攻坚战，推动绿色发展取得新突破。抢抓贵州建设国家生态文明试验区的机遇，牢牢守好两条底线，共抓大保护、不搞大开发，写好绿水青山与金山银山大文章，加快建设绿色发展高地。

厚植绿色屏障。抓好全域绿化“六绿”攻坚行动收官工作，实施森林扩面提质增效三年行动计划，完成造林绿化53万亩、石漠化治理15万亩，确保森林覆盖率达 64.5%，力争铜仁市、印江县创建“国家森林城市”取得突破。实施绿化示范工程，各区（县）分别打造 2 个以上不低于 100 亩的绿化示范点，提升各类示范带（点）、湿地公园，改善生态环境质量，让群众共享生态福利。坚持铁腕治污。坚决扛起环保督察问题整改政治责任，健全环保督查督办长效、常态化制度，加强汞锰重金属污染治理及自然保护区、风景名胜区、饮用水水源地保护，抓好锰渣无害化处理和资源化利用，力争土壤污染综合防治先行区建设取得突破。打好生态环保“五大战役”，推进“双十”工程和“百千万”清河行动，加快推进全市城乡垃圾污水治理 PPP 项目，确保中心城区、县级集中式饮用水水源地水质达标率 100%，县城以上城市环境空气质量优良天数比例达 96% 以上。加强生态保护。严格落实生态保护红线制度，执行“三线一单”，完善绿色发展考评机制。抓好《铜仁市梵净山保护条例》贯彻实施，深入推进梵净山保护管理体制改革。严格落实河长制、湖长制，推行林长制，严格执行《铜仁市锦江流域保护条例》，配合制定出台《铜仁市农村饮用水管理条例》等地方性法规，力争在守护青山绿水上取得突破。加强环保执法监管，探索建立重要生态廊道跨区域联合执法机制，严厉打击破坏环境违法犯罪行为，为长江经济带上游环境保护作出铜仁贡献。

（五）坚定不移扩大投资促进消费，为经济平稳较快发展提供有力支撑。抢抓国家加力提效的财政政策、松紧适度的货币政策机遇，发挥投资对优化供给结构的关键性作用，增强消费对经济发展的基础性作用，千方百计确保经济平稳较快增长。

持续扩大有效投资。抢抓国家加大基础设施领域补短板力度政策机遇，充分发挥项目对投资的拉动作用，提高投资质量和效益，完成 426 个省、市重大项目投资 733 亿元。加强基础设施建设，完成交通投资 310 亿元、城镇基础设施投资 200 亿元、水利投资 18 亿元、能源基础设施投资 17.5 亿元、电网建设投资 10 亿元、信息基础设施投资 8 亿元以上。围绕建设武陵山区域高铁枢纽，争取开工建设铜吉高铁，推进玉屏经黎平至从江铁路、贵阳北至铜仁城际快速铁路前期工作，争取渝湘高铁及昭黔、涪柳铁路过境铜仁，加快渝怀铁路复线、铜仁货运东站建设；加快将铜仁凤凰机场打造成武陵山区域国际旅游中心机场，争取开工建设黔北机场；确保德务、铜怀（铜仁段）、印秀（印江至木黄段）高速公路建成通车，加快石玉、江玉、沿印松、石湄高速公路建设，争取开工建设德江至余庆高速公路，推进铜仁环城、德江至印江高速公路和铜仁互通前期工作；提级改造普通国省道 490 公里、县乡道 350 公里。强化水利设施建设，争取开工建设思南花滩子大型水库和印江罗星溪等 6 座中小型水库，续建印江偏岩、万山下溪等 39 座中小型水库。加快推进凯里至铜仁天然气支线管道建设。促进消费稳定增长。用好用足刺激消费增长政策，瞄准市场多样化需求，大力培育限额以上批零住餐企业，增加有效供给，实现社会消费品零售总额 236 亿元以上。发展住房租赁市场，加强新能源汽车充电设施建设。推动集道地药材、民族医药、休闲康养、智慧健康为一体的大健康服务产业发展，培育消费新增长点。办好农交会、抹茶文化节等节会活动，扩大特色农产品市场影响力。整顿和规范市场秩序，加强消费者权益保护。加快农商互联整市推进，实现产地型预冷库和区域冷藏库全覆盖。大力发展电子商务，加快国家级电子商务进农村综合示范县整市推进、电子商务示范市建设，助推“铜货出山”，实现网络零售额 7.5 亿元、增速 14% 以上。

（六）坚定不移优化环境提升服务，促进民营经济快速健康发展。坚持“两个毫不动摇”，把民营经济作为推进供给侧结构性改革、推动高质量发展、建设现代化经济体系的重要主体，着力破除制约瓶颈，推动民营经济发展壮大。

全面强化政策支持。严格落实中央、省关于民营经济发展的政策措施，全面贯彻省委、省政府“1+6”政策文件，出台支持民营经济发展系列政策措施；开展政策落实、金融服务、降本减负、扩大民间投资、营商环境整治、领导干部联系服务企业六大专项行动，为民营经济发展创造更加公平的环境。鼓励、支持民营企业积极参与脱贫攻坚、农村产业革命，推动民营经济为全市脱贫攻坚、高质量发展作出更大贡献。全力破除发展障碍。整合涉及民营经济发展的各专项财政资金，按每年不低于 60% 的比例支持民营经济发展。探索设立过桥转贷资金，引导金融机构落实“125”目标，努力解决民营企业特别是中小企业融资难融资贵问题。落实更大规模的减税和更明显的降费措施，降低民营企业制度性交易成本和融资、物流、用能等成本，为企业降低各类成本 20 亿元以上。坚决破除审批许可、招投标、经营运行、军民融合等方面歧视性限制和隐蔽性障碍，确保全年新增市场主体 2 万户以上，民营经济占比达 68% 以上。构建新型政商关系。抓好“服务民营企业省长直通车”交办事项，积极支持民营企业合法诉求，依法保护民营企业家人身和财产安全。深入开展政府部门和国有企业拖欠民营企业账款大排查大整治，全力解决拖欠民营企业账款问题。严守纪律规矩，坦荡真诚与民营企业家接触交往，完善政企沟通机制，积极主动为民营企业服务，着力构建“亲、清”新型政商关系。

（七）坚定不移深化改革扩大开放，培育加速发展后发赶超新动能。坚持向改革要活力、向开放要潜力、向创新要动力，不断激发经济社会高质量发展的新动能。

深化改革激活力。深化“放管服”改革，用好“两清单、四平台”，推进“证照分离”改革、企业开办全程网上办理“零见面”改革试点。推动“互联网+公共资源交易”，实现交易全流程电子化；深化“互联网+政务服务”，推进“一网一门一次”改革，确保当场办理事项100%网上办理，企业、群众办事提供材料减少60%以上，零跑腿事项超过20%。持续提高办事效率，确保工程建设项目审批、开办企业、不动产登记办理时间分别压缩至80个、3个、5个工作日以内。深化锰钡新材料产业聚集区增量配电业务试点改革，进一步清理规范政府定价管理的涉企经营服务性收费，推进居民生活用气阶梯价格改革。稳妥推进国企改革、财税体制改革、机构改革、农村土地制度改革等重点改革工作。做实平台促开放。加快建设内陆开放要地，主动融入“一带一路”和长江经济带发展。扎实做好铜仁凤凰机场航线培育、口岸建设，进一步优化航线设置，实现出入境旅客2.5万人次以上，推动国际航空口岸正式获批。强化商贸物流园区建设，运营好大龙保税仓，加快建设黔东无水港，培育思南乌江综合港区配套物流园区，用好出口退税政策，推进外资、外经、外贸融合发展。借助进口博览会、生态文明贵阳国际论坛、“数博会”、“酒博会”等平台，扩大铜仁的知名度、影响力。强化创新增动能。按照“政府主导、市场主体、充分授权、封闭运行”的原则，深入推进园区管理体制改革，逐步将项目审批、土地规划、财政等管理职能下放工业园区，给予园区更大自主发展权限。加快推动大龙开发区、碧江经开区变更认定为省级高新区，积极申创国家级高新区。实施高新技术企业培育计划，建立高新技术企业滚动培育库。加大科技创新，注重产学研结合，鼓励企业与高专院校、科研院所成立科技公司，为产业发展提供技术支撑。提升产业园区科技创新能力，新增省级农业科技园区3个、高新技术企业6家，实现高新技术产业产值120亿元；新申请专利1000件，科技进步贡献率达48%以上。

（八）坚定不移推进乡村振兴战略，全力促进城乡区域协调发展。深入实施区域协调发展战略，夯实城镇基础设施，不断完善城镇功能，持续推动城乡融合发展。

大力实施乡村振兴战略。坚持农业农村优先发展，促进脱贫攻坚与乡村振兴有机融合，编制完成乡村振兴战略规划，推动乡村实现“五个振兴”。深入实施质量兴农、绿色兴农，推动农业生产要素跨界配置、有机整合，促进农村一二三产业融合发展，推动乡村产业振兴。实施农业科研杰出人才计划、农技推广服务特聘计划，加强新型职业农民培训，推动乡村人才振兴。深入开展专项文明行动，完善村规民约、推动移风易俗，加强传统村落保护，推进88个传统村落基础设施建设，建立少数民族特色村寨数字化保护中心，抓好松桃大湾、石阡楼上和印江团龙3个省级传统村落示范村建设，推动乡村文化振兴。深入推进农村人居环境整治三年行动，完成10.47万户农村户用卫生厕所、1003个村级公共卫生厕所建设改造，打造“四在农家·美丽乡村”小康行动升级版，建成富美乡村30个以上，推动乡村生态振兴。深化农村综合改革，推进“三权”分置改革，完成农村集体产权制度改革。加强农村基层基础工作，建立健全乡村治理体系，提升农村治理能力，推动乡村组织振兴。全力推进区域协调发展。深入实施城镇化带动战略，启动铜仁市国土空间规划编制工作，完成铜仁市城市总体规划实施评估及黔东城镇组群、乌江生态经济走廊城镇群、铜仁古城（乡愁故园）、空港高铁经济区规划编制。建成玉铜松城市快速干道，打造碧江、万山、松桃、玉屏东部城市群，做强铜仁中心城市；支持德江、思南撤县设市，建成思印城市快速干道，推动思德印融合发展；支持石阡打造温泉旅游示范城市，思南、沿河打造西部最美江城。加快新型城镇化建设，稳步推进玉屏县国家级、德江县省级新型城镇化试点工作。新增城镇人口8万人，常住人口城镇化率50%以上。着力增强城镇承载能力。深入推进中心城区提升工程，实施锦江东路、共青西路等道路改扩建20条，建成过街设施5处，新建（改造）城镇公厕47个，新增公共停车位3000个。推进城中村、老旧小区改造，实施城市交通基础设施建设项目60个，完成投资70亿元。实施城市公园、广场、景观提质升级工程，建成城市公园（山体公园、湿地公园）及市民休闲空间50个。抓好城市二次供水统建统管、地下综合管廊和海绵城市建设。加强房地产市场调控，推动房地产健康发展，力争完成房地产投资

121亿元以上。实施小城镇建设发展“3个1”工程，完成“8+X”项目投资33亿元，促进特色小城镇高质量发展。实施城市棚户区改造5077套，建设小康房2500套。新建、改建城镇配电线路1800公里，实施台区改造项目3500个。努力提升城乡管理水平。严格执行《铜仁市违法建筑查处办法》，扎实推进“五城联创”工作，全力冲刺创建全国卫生城市。加快建设智慧城市，完善智慧交通、智慧住建、智慧城管等平台，强化城市综合执法，推动铜仁市行政综合执法云平台上线运营，提升城市建设管理智慧化、精细化水平。加快城乡生活垃圾处理设施建设，扩大生活垃圾收集覆盖面，确保铜仁中心城区生活垃圾无害化处理率达95%、县城达80%、建制镇达50%。

（九）坚定不移保障和改善民生，不断提升人民群众的获得感、幸福感。更加重视民生事业，做到民生支出只增不减，着力办好“十件民生实事”，加快建设安居乐业福地。

突出抓好就业创业。落实就业创业政策，完善就业创业服务平台，深入推进“大众创业、万众创新”。强化东西部劳务协作，实施高校毕业生就业创业促进计划、基层成长计划，做好企业改制下岗职工和退役军人安置、就业创业服务工作。实施农民全员培训计划和“雁归工程”，促进农民就业创业。新增城镇就业5.1万人，城镇登记失业率控制在4.2%以内。优先发展教育事业。以实施教育信息化2.0行动计划为契机，扎实推动智慧教育发展。加快学前教育提质升级改革，推进城乡义务教育一体化发展，实施中小学改薄工程10所，新建城镇义务教育学校3所，改扩建普通高中3所。推动职业教育、高等教育内涵发展，支持铜仁学院“双一流”创建和国家100所应用型本科高校项目建设，推进铜仁职院国家优质校和特高校创建，支持铜仁幼专、贵州健康职业学院、贵州工程职院提质发展。启动市委党校改扩建建设项目。实施文化惠民工程。健全现代公共文化服务体系，巩固发展农村文化种子工程，提升乡镇综合文化站服务效能。围绕建国70周年开展丰富多彩的文化活动。加强文物和非物质文化遗产发掘保护与利用，做好第八批全国重点文物保护单位申报工作。持续推进“智慧广电”工程建设。大力发展乡村旅游，培育壮大文化产业，举办第二届文化创意大赛。完成《武陵山（黔东）苗族土家族文化生态保护区规划纲要》编制工作。设立铜仁市政府文艺奖，全力推进文艺事业大繁荣大发展。提高公民科学素质，力争公民具备科学素质比例达5.6%。积极打造“健康铜仁”。深化医药卫生体制改革，推进医联体、医共体建设，落实“分级诊疗”制度。推进“互联网+医疗健康”，振兴中医药事业发展，深化公立医疗机构加入三明联盟药品耗材联合限价采购工作。抓好市中心血站迁建、市妇计中心改扩建，力争建成市二医二期工程，推进“百院大战”建设，启动印江县、沿河县人民医院创建三级医院工作。抓好重大疾病预防工作，巩固提升妇幼健康水平。建立食品药品安全常态化、长效化监管机制，深入开展食品药品打假专项行动，突出抓好学校周边等重点区域食品安全监管。完善体育基础设施，加快“万里健身绿色步道”和农体工程建设，开展全民健身运动，提高全民身体素质。提升社会保障水平。抓好保障农民工工资支付工作，深化城镇职工医疗保险改革，推进城镇职工医疗保险“先诊疗，后付费”。筑牢以城乡低保、医疗救助、临时救助和特困供养为基础的社会救助网，发展志愿服务、专业社会工作和慈善事业。启动老年大学和老干活动中心改扩建工程。有序推进农村养老服务综合改革，鼓励、引导社会资本进入养老领域，提升养老服务质量。

三、加强政府自身建设

新时代对政府自身建设的要求更高，我们将始终坚持以人民为中心的发展思想，把政治建设摆在首位，全面加强法治、效能、作风、廉政建设，进一步提升执政能力，建设人民满意的政府。

（一）加强政治建设。深学笃用习近平新时代中国特色社会主义思想，增强“四个意识”、坚定“四个自信”、做到“四个服从”、践行“两个维护”，严守政治纪律、政治规矩，始终对党绝对忠诚。深入推进“两学一做”学习教育常态化、制度化，扎实开展“不忘初心、牢记使命”教育，深化“牢记嘱托、感恩奋进”教育，始终同以习近平同志为核心的党中央保持高度一致，坚决贯彻中央、省委、市委各项决策部署，始终对党绝对忠诚。

（二）加强法治建设。深入推动依法治市，坚决维护宪法权威，带头尊法守法，规范公正文明执法。严格执行重大行政决策程序制度、合法性审查制度、终身责任追究制度和责任倒查机制。认真执行市人大及其常委会决议和决定，坚持重大事项报告制度，自觉接受人大法律监督、政协民主监督，办好人大代表建议、政协委员提案。认真听取各民主党派、各人民团体和各界人士意见，深入推动政务公开，让权力在阳光下运行。

（三）加强效能建设。按照政治过硬、本领高强的要求，增强学习研究、改革创新、依法行政、推动发展、群众工作、狠抓落实、驾驭风险等本领，提高政府系统执政能力和水平。坚持严管与厚爱相结合，坚持正向激励与负向约束相结合，严格落实干部关怀激励机制，大力褒奖和鼓励政治坚定、奋发有为的干部，警醒和惩戒不作为、慢作为、乱作为的干部，让干事者有平台、能干者有舞台、干成者有机会。

（四）加强作风建设。严格执行中央八项规定及其实施细则精神和省委、市委实施办法，大力培育、弘扬新时代贵州精神，深入践行“三严三实”，坚定不移兴“三风”、纠“四风”、树新风，严格执行民主集中制，提高政府决策科学化、制度化、民主化水平。全面推行“五步工作法”，以“钉钉子”的精神推动中央、省委、市委各项决策部署落地落实。

（五）加强廉政建设。坚决落实全面从严治党主体责任，推动全市政府系统党风廉政建设、反腐败斗争向纵深发展。严格落实意识形态工作责任，牢牢把握意识形态工作主动权。进一步完善权力运行监督机制，积极支持监察机关对公职人员的监察，深化民生监督、加强审计监督，实现公职人员监察、公共资金使用审计全覆盖。严格落实“两准则、四条例”，严格执行廉洁从政各项规定，建设为民务实清廉的人民政府。

各位代表，百舸争流千帆过，勇立潮头竞风流。让我们在市委的坚强领导下，在市人大、市政协的监督支持下，大力弘扬新时代贵州精神，牢记嘱托、感恩奋进，为决战脱贫攻坚、决胜同步小康，加快实现“一区五地”奋斗目标，奋力谱写百姓富、生态美的多彩贵州新未来铜仁篇章，以优异的成绩庆祝中华人民共和国成立70周年！

今年拟办“十件民生实事”：

（1）解决松桃县、思南县、德江县、沿河县农村饮水安全问题，解决省级核定30户以上自然村寨46.68万农村人口饮水安全问题；新改建农村公路500公里。

（2）跨区域易地扶贫搬迁安置学校建设主体完工5所，城镇义务教育学校项目主体完工3所，中小学薄弱学校改造主体完工10所，学前教育新建、改扩建项目主体完工20所。

（3）完成10.47万户农村户用卫生厕所、1003个村级公共卫生厕所建设改造任务。

（4）市妇计中心门急诊大楼主体工程完工，市人民医院肿瘤中心投入使用。

（5）制定出台小区物业管理服务标准，重拳整治小区物业管理乱象，在主城区打造星级小区7个（碧江5个、万山2个）。

（6）打通大江坪路、执信路、桐梓巷路、宽信路4条断头路，建成时代商汇、老客车站、君逸凯悦酒店路口、北门口、血站过街设施5处。

（7）新建农贸市场1至2个、改造农贸市场10个，新建惠民生鲜直营超市10个。

（8）建成省道201川硐匝道口至雅山塘段改扩建二期工程。

（9）加大中心城区停车场建设力度，新增公共停车位3000个以上。

（10）创建10所星级示范养老院，市老年公寓养护楼建成投用。

碧江区政府工作报告

（2019年1月17日在碧江区第二届人民代表大会三次会议上）

碧江区委副书记、区长 黄洪州

各位代表：

现在，我代表区人民政府向大会作工作报告，请予审议，并请各位区政协委员和其他列席人员提出意见。

一、2018年政府工作回顾

过去的一年，在市委、市政府和区委的坚强领导下，在区人大、区政协的监督支持下，我们以习近平新时代中国特色社会主义思想为指导，深入贯彻党的十九大和习近平总书记在贵州省代表团重要讲话精神，全面贯彻党的十九届二中、三中全会精神，全面落实省委、市委决策部署，大力培育、弘扬新时代贵州精神，按照“五位一体”总体布局、“四个全面”战略布局，深入践行五大新发展理念，全力打好三大攻坚战，深入实施三大战略行动、“四化同步”发展战略，加快“一区五地”建设，较好地完成区二届人大二次会议确定的各项目标任务，呈现出“经济发展稳中有进、生态环境持续优化、民生福祉持续改善、社会大局和谐稳定”的良好局面。

过去的一年，是碧江发展史上极不平凡的一年，是经济发展质量提升、城乡面貌显著变化、群众得实惠最多的一年。一年来，我们众志成城、攻坚克难，经济社会发展取得显著成绩。综合实力再创佳绩。预计地方生产总值完成177亿元，增长11%；500万元以上固定资产投资增长18%；规模以上工业增加值增长8%；社会消费品零售总额完成58亿元，增长11%；一般公共财政预算收入完成14.58亿元，增长12.9%；金融机构存、贷款余额分别为348亿元、300亿元；GDP、工业、财政收入等主要经济指标增速排在全市前列，一般公共财政预算收入和支出、财政八项支出增速及产业投资比重占比4项指标排名全市第一。民生事业再创新绩。脱贫攻坚成果丰硕，以“零漏评、零错退、群众认可度达97.64%”的优异成绩顺利通过国家第三方评估检查，摘掉一直以来扣在碧江头上的贫困区（县）帽子，开启崭新的历史征程。民生领域支出25.4亿元，城乡基础设施、污水处理、教育卫生等一批便民利民项目相继建成，民生实事基本完成，实实在在地推动全区面貌大改变、民生大改善，城镇居民、农村居民人均可支配收入分别达31758元、12610元，分别增长9%、10%，均超过全省平均水平，人民群众的获得感、幸福感明显增强。碧江美誉再添新彩。被评为2018年全国绿色发展百强区、中国电商示范百强县，碧江经济开发区被纳入全省30个重点产业园区……，一系列沉甸甸的荣誉，在提升碧江美誉、展现碧江形象的同时，进一步点燃了全区人民干事创业的激情。

过去的一年，是扶贫成果丰硕、脱贫攻坚取得阶段性胜利的一年。聚焦脱贫摘帽政治任务，全力巩固脱贫成果，全区累计脱贫6278户22896人，贫困村全部实现出列，贫困发生率降至1.25%。一是产业发展成效明显。整合资金2.3亿元，因地制宜发展中药材、精品果蔬、生态养殖等特色产业，实现建档立卡贫困户产业覆盖3项以上。实施产业项目66个，带动51个村（社区）建档立卡贫困户增收。聘用贫困群众护林员530人，实现人均增收1万元。争取扶贫产业基金8.59亿元，到位资金4.89亿元。二是基础设施全面改善。整合资金5.4亿元，完成“五改一化一维”30627户、农村危房改造2193户，实现“应改尽改”；投入资金5.9亿元，实施“组组通”道路建设847公里；投入资金1500万元，实施683个村民组寨内道路硬化建设556公里；投入资金6500万元，发展村集体经济、实施“亮化”工程。三是政策保障全面落实。投入资金1733万元，对贫困户以每户补助5000元以内的标准添置生活必需品；为4886户建档立卡户发放“精扶贷”2.3亿元。发放教育资助金4198万元，惠及贫困学生4.19万人次，实现教育资助建档立卡学生全覆盖；基层医疗服务能力、公共卫生服务水平显著提升，建档立卡贫困人口参合率、参保率、家庭医生签约服务覆盖率均达100%。对入住易地扶贫搬迁贫困户、农村低保对象，以1500元/人的标准发放一次性临时救助金633万元；将998户、1443名重病重残人员纳入农村低保，兜底保障建档立卡贫困户2035户、4274人。四是易地扶贫搬迁扎实推进。全力承接跨区（县）易地扶贫搬迁任务，完成灯塔白岩溪、打角冲、矮屯（一期）易地扶贫搬迁安置点建设，矮屯（二期）、正光易地扶贫搬迁安置点项目顺利推进。完成区内搬迁入住724户、3216人，跨区域搬迁交房6720套。五是东西部协作成效显著。与昆山对口帮扶合作纵深推进，两地建立高层联系沟通机制，产业协作、教育医疗、劳务合作、人才交流等领域全面展开。成功举办首届“昆山市·碧江区”教育论坛、昆山·碧江农业展销会，开设“百佳惠”等2个“冠名班”，提供就业岗位1.5万个。建立多层面结对、点对点帮扶机制，两地各13个乡（镇、街道）实现双向结对全覆盖、8个深度贫困村结对全覆盖。争取各类东西部扶贫协作帮扶资金4304万元，两地互派专业技术人才362人次，教育、医疗、科技、劳务等协作进一步深化。两地“七结对”工作模式入选全国携手奔小康培训会典型案例汇编。

过去的一年，是融资渠道多元拓展、债务风险有效化解的一年。面对全国金融政策转向的融资环境，在保持经济社会稳定发展的同时，做到债务风险工作平稳、有序、可控，守住不发生债务风险的底线，政府债务控制在全省限额风险可控范围内。出台区属国有平台公司实体化转型方案、防范区域债务风险应急预案、隐性债务化债方案，率先在全市开展区属国有平台公司实体化转型工作。实行政府性债务全口径管理、动态监控，开源节流、多管齐下，全面拓宽融资渠道、盘活存量资产，融资到位资金45亿元，向上争取政府置换债券转贷资金3.31亿元，按时偿还到期债务44.95亿元；组织增减挂钩土地指标1955亩，实现经济收益2.29亿元；开发新增耕地指标2756亩、旱改水备案指标3000余亩，储备收益10亿元；组织土地挂牌出让成交15宗，实现收益10.4亿元，为区域经济发展奠定基础。加强国有资产管控，抓好审计突出问题整改，严格控制新上政府投资类项目；对无预算、未落实建设资金来源或来源不合规的项目，一律不予审批。

过去的一年，是绿色发展纵深推进、生态环境持续优化的一年。大力实施大气、水、土壤污染防治行动计划，全力打好“五大战役”，生态文明建设、环境保护成效显著。国家土壤污染治理修复示范区建设、第二次全国污染源普查工作扎实推进；全面完成环保督察反馈“27+6+7”问题整改，43件信访件全部销号，顺利迎接中央第五生态环保督察组“回头看”。矿山生态环境恢复治理、裸露山体覆绿、历史遗留含汞废渣污染综合治理等生态修复治理工程成效显著，完成洪水洞等7个历史遗留含汞废渣污染综合治理工程，碧江国家湿地公园通过国家评估验收。创新“环保银行”试点，建立垃圾兑换商品的激励机制，实现垃圾收运集中处理、循环利用。严格执行《铜仁市锦江河流域保护条例》，继续落实河长制，完成区乡村三级河长“一河一策”编制工作；持续开展清河大行动，加大环保执法力度，全面取缔锦江河网箱水产养殖，取缔40户244口；加强水源、空气质量等污染环境行为管控，县级以上饮用水源地水质、地表水质和出境断面水质达标率均为100%，空气质量优良率达97.6%。“六绿”攻坚行动扎实推进，完成“六绿”绿化4万亩，森林覆盖率达64.78%。

过去的一年，是产业结构不断优化、实体经济提质升级的一年。农业现代化不断加快。紧扣农业供给侧结构性改革主线、农村产业发展“八要素”，大力发展果蔬、中药材、油茶、生态畜牧、食用菌等主导产业，深入实施坝黄枇杷、川硐香柚、桐木坪黄桃等“一乡一特”产业提升工程，支持培育珍珠花生、白水大米等特色品牌，白水贡米荣获全市第二届十佳农产品称号。完成蔬菜种植4.6万亩、水果种植1.3万亩、食用菌种植551万棒，特色农产业品销售额近1亿元。五新农业杜仲全产业链项目、御诺乳业奶山羊养殖和特色羊乳制品加工项目加快推进，桃李春风花生食品项目建成投产；宏畅果蔬、华联玛客等农贸市场项目顺利推进；继续推广铁骑力士“1211”生猪代养利益联结模式，发展生猪代养260户。累计建成现代高效农业园区12个，入驻企业51家，完成总产值14.4亿元，累计培育龙头企业95家，其中市级以上28家；新增农民专业合作社60家、家庭农场

27家，完成产品认证12个。完成农林牧渔业总产值25.34亿元。新型工业不断壮大。铜仁·苏州产业园上升为省级战略合作园区，启动6.18平方公里核心区建设，“一心三品一基地”产业布局初见成效，碧江经开区纳入全省百亿级园区名单和高质量发展目录及“全省30个重点产业园区”。完成配套基础设施建设投资35亿元，建成标准化厂房30万平方米，已入驻企业202家；仁惠路建成通车，1号路、兴仁路、质仁路、柑子冲大道顺利推进，园区配套设施不断完善。“双千工程”扎实推进，金瑞锰业、百丽鞋业等建设顺利推进，鲲鹏智能终端、一鸣科技、科创机械制造等项目建成投产，御诺乳业（一期）、超呵婴幼儿用品（一期）、农夫山泉45万吨天然饮用水生产线等项目投入运营。海螺水泥产能持续扩大，年产值达16.2亿元。新开工项目19个，新投产项目13个，完成技改项目8个；产业大招商成效显著，新引进项目100个，到位资金212亿元。文化旅游产业不断推进。完成《碧江区全域旅游总体规划（2018—2020年）》修订；百花渡农业观光园冰雕馆二期投入运营，九龙洞温泉康养一体化、武陵山原生态虎林公园、武陵山茶产业公园等项目顺利推进。新增市级乡村旅游示范点2个、星级农家乐20家，完成旅游公厕14座。“旅游+”等旅游产品全面开发，旅游产品深度融合。成功举办全省油菜花农旅一体现场会暨山地旅游活动、首届武陵山兰花博览会，碧江美誉度进一步提升。接待游客1378万人次，实现旅游收入144.7亿元，分别同比增长41%、42%。大数据产业不断发展。建成智慧产业园省级数字经济示范园区及智慧云、物流大数据、旅游大数据、智慧社区等平台，成功申报省级农商互联示范县，物流大数据平台合作企业达8000余家。新增市场主体6876户，扶持微型企业170户。山久长青“智慧营养餐”大数据监管平台及校农合作模式获联合国世界粮食计划署充分肯定，线上交易额突破11亿元。农村电商服务站行政村覆盖率达90%以上。大数据与实体经济融合企业达200余家，大数据企业收入达9.5亿元、网络零售额达3.12亿元。

过去的一年，是城乡建设齐头并进、乡村面貌焕然一新的一年。坚持城乡并重、区域协调发展，统筹抓好城乡重要基础设施和公共服务设施建设，完成规划区外43个行政村村庄规划编制，61个省市重点项目有序推进，45个500万元以上项目开工建设，16个收尾项目建成，城镇化率达74.37%。配合市级抓好渝怀铁路二线、环城高速公路、铜吉高铁等重大项目建设，铜玉城际铁路建成通车，碧江进入高铁时代。“一带双核”乡愁故园项目扎实推进，完成拆迁安置4000余户；市中、河西、环北片区等棚户区改造项目快速推进，完成改造11466户；整治“两违”建筑444宗6.8万平方米。改建智能电子公交站台137个，文笔峰山体公园主体完工，新建金滩桥头、渔梁滩、滨江大道等市民休闲空间6个，清水湾滨江景观带、木杉河两岸景观提升改造等工程快速推进。白岩溪和打角冲安置点市政道路基本建成，公安三所建成并投入使用。武陵山（铜仁·国际）汽车城二期顺利推进，恒大、碧桂园、国瑞生态城等项目全面铺开，新区规模逐步壮大。成功申创宋家坝、茶园山、克兰寨、瓮慢、板栗园等5个传统村落，创建坝黄至竹田、坝黄至太平等15条“四好农村路”。瓮南溪水库、龙塘水库顺利推进，开工建设村寨污水处理工程154处，完成90处污水处理厂（站）建设，完成12个乡（镇、街道）56个行政村208个项目点饮水提升改造工程，农村安全饮水实现全覆盖，在全省走在前列。信息基础设施不断完善，铺设通信光缆2310公里，行政村通讯网络实现全覆盖。完成9个中心村电网改造，110千伏、35千伏、10千伏输变电工程投入使用。人居环境改善工程深入推进，创新实施“四化机制”，推行乡村生活垃圾全覆盖，引进智慧环卫云管理平台，设置6.5万个分类式塑料垃圾桶，智能垃圾收集清理点1056个，建成垃圾转运站17座、城乡生活垃圾智能无害化处理率达96%以上，在全省率先实现城乡“智能环卫”全覆盖，探索总结城乡垃圾治理“四化”经验做法，得到谌贻琴省长充分肯定，成为全省样板。

过去的一年，是改革开放深入推进、发展活力显著增强的一年。坚决贯彻落实中央、省、市各项改革部署，7项先行试点改革、7项精品改革和8大重点领域改革有序推进。旅游供给侧改革、易地扶贫搬迁“五化”机制获全市改革创新奖；《碧江区法院积极探索“简案快办”新机制》《铜仁·苏州三机制打造东西部扶贫协作示范园区》等改革成果获《贵州改革情况交流》刊发，《碧江区构建学前教育规范管理保障机制》改革成果在省委办公厅《贵州信息》刊发，系列经验在全省推广；工会职工异地维权经验走在全国、全省前列。“放管服”改革深入推进，授予碧江经开区行政审批、执法等29项管理权限。深化国税地税征管体制改革，完成国地税机构合并。减免税费3.31亿元，切实减轻企业负担。深化“民心党建+‘三社’融合促‘三变’+春晖社”改革，激发农村发展活力，推动农村土地流转，完成农村“三变”改革试点村37个，集体耕地入股4825亩，承接经营主体96个，实施“三变”改革股份合作项目96个，实现收入8569万元。碧江区被列为国家级健全党组织乡村治理体系改革试验区。

过去的一年，是社会事业长足进步、民生福祉持续改善的一年。教育事业加快发展。新建易地扶贫搬迁安置点配套学校（园）11所，改扩建中小学8所，坞坭、木秀坪等5所小学、云董坡等2所幼儿园建成并投入使用。新增城区义务教育阶段学位6750个、学前教育学位720个，大班额问题得到有效化解。教学质量稳步提升，铜仁一中初级中学中考平均成绩排名全市第一，高考一本上线2705人，本科上线率达70.81%，排名全市第一。就业创业取得新突破。全面推进“大众创业·万众创新”，统筹推进就业和再就业，转移农村劳动力就业3645人，新增城镇就业13162人，促进易地扶贫搬迁人员就业2680人，城镇登记失业率控制在3.86%。安置退伍军人108人、自主择业军转干部7人。医疗卫生工作不断加强。大力实施医疗卫生三年行动两年攻坚计划，投入6.8亿元推进城区医院新建改扩建、乡镇卫生院（村卫生室）提级改造工程。区妇幼保健院、铜仁宏昕康新中医医院建成使用，启动区中医院三级甲等中医院创建工作。新增易地扶贫搬迁点社区卫生服务中心（站）4个，完成8个深度贫困村村卫生室规范化建设。4个乡镇卫生院获全国“群众满意乡镇卫生院”称号。社会保障体系日趋完善。各类社会保险参保人数达25.5万人次，完成各项社会保险基金征缴2.3亿元；完善基本医疗保险制度，实现跨省异地就医即时结算；启动3个智慧居家养老服务和养老信息网络平台建设试点；提质改造2所敬老院，新建农村互助幸福院4所、城市社区老年人日间照料中心2个；启动养老服务中心建设2个；杨柳塘殡仪馆建成并投入运营；城市低保月标准由600元提高至636元，农村低保年标准由3612元提高至3936元。文体事业加快发展。新建体育场地103个、6000平方米，人均体育场地面积达2.2平方米，荣获全省“十佳全民健身模范县”及“十佳体育旅游示范县”等称号。完成东山古建筑群安防、万式炯故居修缮、周逸群陈列馆提升工程，克兰寨生态博物馆建设项目进展顺利。在全省率先实施“多彩贵州·广电云”户户用工程；全省首个“移动公共数字文化方舱”落户碧江。社会治理协同推进。“天眼工程”、平安警务云、“智能零发案小区”建设加快推进，构建立体化社会治安防控体系，成为全国唯一将立体云防系统引入智能零发案小区治安防范建设的区（县），全区2018年人民群众安全感为99.30%，全省排名第一，政法机关综合满意度为99.84%，全省排名第二，两项指标全省同类城市和全市均排名第一，创历史最好成绩。安全生产形势稳定好转，未发生较大以上生产安全事故；扫黑除恶深入开展，矛盾纠纷和信访问题排查化解力度加大；对所有历史遗留问题进行排查梳理、实行分类包保化解，群众合法权益得到切实维护。

过去的一年，是政府自身建设不断加强、公共服务水平显著提升的一年。依法行政深入推进，自觉接受人大法律监督、政协民主监督和社会各方面监督，办理人大代表议案和建议99件、政协委员提案75件，办复率均为100%。强化审计监督，审计查出违规资金0.97亿元、管理不规范资金49.8亿元，实施政府投资审计项目10个，审减政府投资1.66亿元。大力简政放权，取消行政审批6项，受理各类办件60余万件，办结率达99 %，公布权责清单共1484条，新增141项，取消317项，行政审批服务效能进一步提升。强化办公用房的规范管理和使用，对全区所有单位办公用房进行了清查；建立了公务用车信息化平台，提升公车使用效率，遏制公车私用的情况发生。深化民生监督，立案102件，党纪政务处分79人，工作作风得到有效改善。

此外，国防教育、民族宗教、外事侨务和统计、供销、档案、方志、气象等工作取得新业绩，老龄、残疾人、共青团、妇女儿童、红十字等事业取得新进步。

各位代表，事非经过不知难，成如容易却艰辛。一年来，面对脱贫攻坚、中央环保督察、省委巡视的政治大考、作风大考、能力大考，我们坚定立场、攻坚克难；面对经济下行、金融债务的巨大压力，我们坚韧不拔、毫不懈怠；面对城市建设、园区发展的繁重任务，我们坚持不懈、迎难而上。我们激扬巨大的政治勇气、强烈的使命担当，同心同德、同舟共济，在爬坡上坎的艰难跋涉中取得了难能可贵的新业绩。这是市委、市政府和区委坚强领导的结果，是区人大、区政协有力监督和大力支持的结果，是各民主党派、各人民团体、社会各界人士鼎力支持的结果，是全区上下众志成城、勠力同心、创新实干的结果。在此，我代表区人民政府向全区各族人民、广大干部职工，向各民主党派、工商联、人民团体、无党派人士，向驻碧官兵、公安政法干警，向历届老领导老同志及所有关心支持我区经济建设和社会发展的各界人士，表示崇高的敬意和衷心的感谢！

在看到成绩的同时，也要地认识到，我区经济发展还面临很多短板和问题，主要表现在：一是城乡发展不平衡、不充分的问题仍然存在，城区教育、医疗、养老等公共服务水平与群众期盼还有不小差距；城市治理精细化程度不高，交通拥堵、停车难、基础设施建设滞后等问题依然突出。二是部分重大项目推进缓慢、新增亿元项目较少，部分指标增速低于预期；产业项目少，难以形成新的增量；实体经济支撑不足，新能源、新材料、智能终端等新兴产业还处于建设期或逐步投产期，工业高端化、集约化程度不高，经济发展内生动力释放不够；政策兑现难、兑现慢，兑现率不高，造成有的企业投资信心不足。三是受信贷政策的影响，大多数有贷款需求的企业在银行贷不到款，企业融资难，流动资金严重短缺已经成为共性问题；融资贵、融资难度加大、债务偿还形势严峻。四是资金、土地、人才等要素保障跟不上，制约发展的短板依然突出；社会风险压力加大，信访维稳、政府债务、生态环境、安全生产等领域潜在风险隐患依然存在，一些征地拆迁等遗留问题尚未化解，影响社会稳定的不确定因素增多。五是执行力有差距，少数干部在新形势下怕担责不敢为、本领少不会为，抓具体抓深入力度不够。对于这些问题，我们将以事不避难、敢于担当的勇气和决心，切实加以解决。

二、2019年工作任务和重点工作

2019年是新中国成立70周年，是深入实施“十三五”规划承上启下的关键之年，是三大攻坚战纵深推进之年。做好这一年的工作，事关全局、意义重大。

今年政府工作的总体要求是：以习近平新时代中国特色社会主义思想为指导，全面贯彻党的十九大和十九届二中、三中全会精神，深入贯彻落实习近平总书记对贵州工作系列重要指示批示精神，认真落实中央、全省、全市经济工作会议精神，牢记嘱托、感恩奋进，统筹推进“五位一体”总体布局、“四个全面”战略布局，坚持五大新发展理念，坚持稳中求进、进中求转工作总基调，持续打好三大攻坚战，深入推进三大战略行动，协调推进“四化同步”发展战略，统筹推进稳增长、促改革、调结构、惠民生、防风险工作，保持经济运行在合理区间，进一步稳就业、稳金融、稳外贸、稳外资、稳投资、稳预期，增强人民群众的获得感、幸福感、安全感，守好发展和生态两条底线，坚定不移实施实体经济三年攻坚行动，进一步巩固脱贫攻坚成果，加快实现高质量发展，全面夺取决战之年根本性胜利，推动“一区五地”建设迈上新台阶，以优异的成绩庆祝中华人民共和国成立70周年。

主要预期目标是：地区生产总值增长10.5%左右，规模以上工业增加值增长12%，固定资产投资增长17%左右，社会消费品零售总额增长11%左右，一般公共预算收入增长6%，金融机构存贷款余额分别增长4%、8%以上，旅游总收入增长30%，城镇、农村居民人均收入分别增长9%、10%左右，居民消费价格指数涨幅控制在国家、省调控目标范围内，节能减排降碳指标控制在国家下达计划内。

围绕上述目标，要重点抓好以下7个方面工作：

（一）聚焦后续发展，提高扶贫成效，在巩固脱贫成果上有新作为。按照“76554”工作方法、“543”工作要求，全力巩固脱贫成效、提升脱贫质量，完善落实794户未脱贫建档立卡贫困户脱贫措施，力争实现1100人顺利脱贫。一是落实惠民政策。按照“政策不变、力度不减，强化保障、巩固提升”的原则，全面落实教育、医疗、住房等扶贫政策。完善贫困家庭学生教育资助政策，对贫困学生从学前教育到大学阶段进行全程扶持，不让一名贫困家庭学生因贫辍学。健全和提升乡级公共卫生服务功能，完善乡村公共卫生服务设施，让农村群众就近享受优质的医疗健康服务。落实健康扶贫医疗保障救助政策，防止因病致贫、因病返贫。加大资金投入，分类推进农村危房改造、地质灾害防灾避险和水库移民避险搬迁、无房户民政救助兜底等工作，确保应改尽改、应搬尽搬、应保尽保。建立健全综合社会保障体系，为完全丧失劳动能力和部分丧失劳动能力，且无法依靠产业就业帮扶脱贫的贫困人口提供兜底保障。二是因地制宜发展产业。坚持脱贫攻坚与新型城镇化、新型工业化、农业现代化与文化旅游产业化深度融合，壮大现有产业、拓展新的有前景的产业；大力发展壮大致富产业，培育农村电商、劳务经济和乡村旅游等服务产业，切实增强发展后劲。三是持续深化东西部扶贫协作。进一步丰富碧江·昆山结对帮扶内涵，加大产业合作，深化教育医疗、旅游及文化等领域交流协作，实现无缝对接和有效共建；深化与昆山农业扶贫协作，依托昆山先进的农业技术，把碧江的自然资源优势转化成农业发展优势，推动碧江农特产品进苏州、进昆山。继续推进乡镇、村项目结对，贫困村覆盖结对，家庭广泛结对，村企柔性结对，争取新结对村

30个、家庭300户；鼓励企业、个人、社会组织参与扶贫协作。

（二）聚焦财源建设，提高财政支撑能力，在防范金融债务风险上有新作为。牢固树立风险意识、过紧日子思想，扎实做好金融债务风险防控工作，加强债务风险源头管理，确保化解债务45亿元以上，不发生区域性债务风险。认真贯彻落实中央、省、市关于做好政府债务风险防控有关要求，严格执行地方债务管理“七严禁”，抓好政府债务风险防控。抓好财税收入入库、罚没收入、耕地占补平衡指标、土地挂牌及出让金清缴工作，做优财政收入质量，确保有钱偿债、有钱运转、有钱发展；做活土地文章，增加财政收入，完成土地收储189公顷以上、组织土地报件400公顷以上。加大跨区域易地扶贫搬迁自筹、市级配套等资金催缴工作。加大征地拆迁等遗留问题化解力度，加快拆迁安置进度，切实减轻过渡费发放压力。向上争取专项转移支付资金等补助资金，抓好地方政府新增债券需求的申报工作，为债务化解提供财源保障。高水平编制符合政策导向、银行信贷投向项目，围绕水利、交通设施、生态建设等谋划包装一批项目。进一步抓好绿色产业基金申报工作，积极向上争取资金支持，推进项目融资。加大国有平台公司存量资产处置力度，加快存量资产变现、资金回笼；全面盘活开发区标准化厂房、老城区房产等闲置资产，确保资源利用最大化。深化国有平台公司实体化转型，做好公司综合评级授信，提升公司融资担保能力和自身“造血功能”。强化民间投融资中介机构、P2P网络借贷、虚拟理财、影子银行、房地产行业等重点领域风险防控，坚决打击非法集资、金融诈骗等违法违规金融活动，确保不发生系统性金融风险。

（三）聚焦环境优化，释放改革活力，在增强发展动能上有新作为。一是加强生态环境建设。大力实施十大污染源治理和十大行业治污减排“双十”工程。深入开展以改善城区空气质量为核心的建筑工地及道路扬尘、餐饮油烟整治工作，确保环境空气质量优良天数达标。积极开展土壤污染治理与修复，切实抓好农业面源污染治理，着力打好汞、锰重金属污染治理项目攻坚战，消除历史遗留废渣环境隐患。深入推进新一轮绿色贵州建设行动部署，实施好十大生态修复工程，做好迎接新一轮省级生态环保督察准备工作。全面落实河长制，严格执行《锦江河流域保护条例》，持续开展清河大行动，完善湿地公园保护管理体系，确保主要河流出境断面水质优良率、集中式饮用水源地水质达标率保持100%。深入实施新一轮退耕还林、天然林保护等工程，加快推进全域绿化“六绿”攻坚行动，完成全域绿化面积4万亩；大力实施绿化示范工程，森林覆盖率达65%以上。二是加大改革力度。狠抓试点、精品和重点领域改革，着力解决政府干预过多、服务管理不到位问题，推动质量变革、效率变革、动力变革，让改革成果惠及广大人民群众。对标营商环境评价指标，坚持问题导向，持续深化“放管服”改革，以清单制推进简政放权，优化政务环境。持续深化商事制度、投融资制度改革，推行“多证合一”“证照分离”。深入推进税收征管、盐业体制、农业经营制度改革。建立健全“环保绿色银行”体制机制，深入推进“环保绿色银行”试点改革，建设农村“环保银行”67个。优化营商环境，推进“一网一门一次”改革，确保当场办理事项100%网上办理，企业和群众办事提供材料减少60%以上，零跑腿事项超过20%；深化行政审批“放管服”改革，持续推进“证照分离”，工程建设项目审批时间、企业开办时间、不动产登记办理时间分别压缩至80个、3个、5个工作日以内。加快兑现招商引资优惠政策和推动项目落地。落实好减税降费各项政策，为企业减轻负担。三是拓展开放视野。围绕关键领域、重点产业和薄弱环节，聚焦建链补链强链，拓宽园区企业上下游产业链。继续完善“4+1”招商机制，紧盯长三角、珠三角等重点区域，围绕新能源、新材料、电子信息、装备制造、文化旅游、高效农业等领域，加大全产业链招商，加快引进一批符合园区产业规划的大项目、好项目落户碧江，推动产业集群发展，不断提升园区企业产品质量和市场竞争力。全方位开展与苏州、昆山交流合作，建设碧江对外经济综合商务区。确保新引进项目80个以上、到位资金160亿元以上。

（四）聚焦项目建设，优化投资拉动，在提升发展能力上有新作为。加快推进项目建设，着力夯实发展基础，确保实施省市重大项目62个以上，完成投资62亿元以上。一是做优项目储备。根据中央、省政策投资导向，围绕延伸项目产业链、市场需求、区域功能互补、东西部对口协作等领域，谋划储备一批重大项目，确保谋划储备亿元项目50个以上、向上争取项目资金18亿元以上。二是加快项目建设。加快启动杭瑞高速铜仁西互通工程建设，配合市级抓好渝怀铁路二线、铜怀高速、碧江至江口城市快速干道、松玉城际快速干道、环城高速公路等项目建设；开工建设铜仁义乌城至茅溪（碧江段）道路，复工建设盘信至清水塘扶贫公路改扩建工程，启动S305碧江龙塘至灯塔公路修建工程。开工建设密槽水库、马岩水厂，加快推进瓮南溪水库、龙塘水库、烂泥山水库等工程建设。确保奶山羊养殖基地及羊奶粉加工（一期）、粮油物流体系等14个收尾项目投产运行。三是做精项目管理。严格履行项目报件、预决算、招投标、竣工验收及附属设施配套等建管程序，完善项目建设涉及的土地、环保及项目审批、核准、备案等相关手续，确保拟建项目尽早开工。在确保工程质量和安全生产的前提下，抢工期、抓进度，将实物工作量作为衡量项目建设进度的硬指标，千方百计促项目早日完工见效；规范项目管理，对重点工程立项、招投标、工程进度、资金使用等实行全过程监管。

（五）聚焦产业优化，大力培育新业态，在壮大实体经济总量上有新作为。坚定不移抓好实体经济发展，持续推动全区经济转型升级。一是全力做强新型工业。继续抢抓国家产城融合示范区和东西部扶贫协作机遇，争取苏黔两省出台促进铜仁·苏州产业园发展的政策措施，围绕500亿元级园区战略目标，加快推进6.18平方公里核心区建设。围绕“一心三品一基地”产业体系，做大做强食品加工、特色轻工、新医药、商贸物流等产业，推进产业集群发展；完善园区“新九通一平”，加快1000万吨火车货运东站扩建提级增容，推进武陵山片区重要区域性物流基地建设，提升园区承接东部产业转移能力。加快推进鸿典包装、盛鸿大业、汽车城二期等项目建设，确保金瑞锰业、御诺乳业二期、好彩头食品二期、超呵婴幼儿用品二期等项目达产增效。围绕食品、药品、用品产业“拓辐增链”，启动建设高端装备制造产业园，积极承接苏州等东部发达地区新材料、电子信息、节能环保、高端装备制造等新兴产业和现代服务业，推动铜仁·苏州产业园升级发展。确保规模以上工业增加值完成35亿元、工业固定资产投资70亿元以上；新开工产业项目10个以上，投产项目10个以上，新增入规企业4户以上。二是全力做优现代农业。要紧扣农业供给侧结构性改革这根主线，按照农村产业发展“八要素”要求，围绕主城区50万人消费市场做文章，深入推进农村产业革命。要把500亩以上坝区作为农业产业结构调整的重要载体，加快完善水库、沟渠、机耕道等配套设施。大力发展精品果蔬、食用菌、花卉苗圃等产业，打造一批标准化示范基地。培育壮大珍珠花生、白水大米等特色优势产业。做强做优油茶产业，扩大油茶种植面积，通过精深加工延伸产业链、提升油茶产品附加值。全力推进圣迪乐蛋鸡、五新农业、桃李春风等企业农产品研发、加工、销售及全产业链种养基地示范场建设，推动农业产业接二连三融合发展。大力发展青贮玉米、杜仲种植，完善利益联结机制，带动更多群众增收致富。确保完成蔬菜种植面积5万亩、中药材5000亩、精品水果2000亩、食用菌500万棒以上，新增生猪代养52户以上，年出栏生猪15万头以上。大力发展“四小经济”，实现“纵向有长有短，横向有大有小”产业全覆盖。建立果蔬市场、超市等平台的乡镇农产品集配点10个。大力培育农业经营主体，新增农业龙头企业6家以上、家庭农场25个以上，完成5个以上无公害畜产品认证；新增市级园区1个以上，实现总产值14.5亿元以上，总销售收入11亿元以上，完成总投资4亿元以上。三是全力做活第三产业。加快推进“一带双核”项目建设，全面完成铜仁古城拆迁工作。加快推进大明边城景区、九龙洞旅游景区、山茶特色小镇、白龙山景区等景区建设。加快推进大明边城4A级景区、百花渡3A级景区提质改造创建工程。按照“旅游+”多产业融合发展理念，推动旅游要素集聚、旅游商品开发、旅游业态培育，着力打造路腊、板栗园、茶园山等一批精品旅游村寨，发展民宿客栈等体验式旅游新业态，新增市级乡村旅游示范点1个、区级乡村旅游示范点4个。加快完善旅游公厕，建成旅游公厕14座。强化旅游宣传营销，拓展旅游市场。充分发挥“文化+旅游”融合功能，依托红色文化、商贾文化、民俗文化等特色文化资源，加大挖掘包装力度，布局一批文化产业项目，做大做强文化产业。确保接待游客1400万人次以上，实现旅游收入150亿元以上。积极落实发展中小微企业非公经济优惠政策，吸引更多专业技术人才、大中专院校毕业生、回乡务工等优秀人才创办经济实体。鼓励民营企业实施品牌战略及中小企业“专精特新”培育工程，转变发展方式。组织民营企业积极申报《贵州省工业及省属国有企业绿色发展基金》，缓解企业融资问题。加强名优品牌、绿色品牌申请认定，打造一批拥有知识产权的知名品牌，增强企业核心竞争力。确保新增市场主体6500户以上，扶持微型企业170户，培育注册商标44件，完成民营经济增加值88亿元以上。推动企业转型升级，推动大数据与实体经济融合示范应用。稳步推进国家级电子商务进农村综合示范区建设，建设国家级电子商务进农村运营中心，发挥60个农村电商服务站的优势，依托10个乡（镇）区域性农产品物流集配站，破解农产品上行物流瓶颈，助推“碧货出山”。

（六）聚焦乡村振兴，加快双轮驱动，在统筹城

乡发展上有新作为。坚持老城提升、新区提速“双轮驱动”战略，增强城市综合承载力、吸引力和竞争力。一是深入推进新型城镇化。加快实施主城区功能提升三年行动计划，新建一批主次干道，大力推进城市道路项目建设，打通大江坪路、桐梓巷路、执信路、宽信路4条断头路；加快推进城市道路提级改造、井盖智能改造、病害路面修复，实施铜兴大道、清水路、锦江东路、共青西路等道路改扩建20条；加快推进付家山、文笔峰等山体公园建设，完成木杉河、着力抓好清水大桥至花果山桥段沿江景观工程及15个市民休闲空间建设。加快新区公共基础设施建设，加快推进马岩水厂、行政中心休闲公园建设，完成老塘商务中心环线步道建设，迅速集聚“人气”“财气”。发挥主城区人流、物流、资金流汇聚节点的区位优势，引领现代服务业发展，强化辐射带动功能。大力发展数字经济、总部经济、楼宇经济，建设一批商贸物流中心、仓储基地和配送中心。聚焦文化、健康、养老等新兴消费领域，培育新的经济增长点。开发城市公益、家政安保、餐饮零售、商贸物流等辅助性岗位2500个，社消零售总额达58亿元以上。二是加快推进易地扶贫搬迁。落实“六个坚持”总体要求，用好“五个三”改革配套经验，完善“五化工作法”，统筹抓好易地扶贫搬迁工作。完成2.4万人易地扶贫搬迁任务，为城市扩容增量提供“新鲜血液”。加快推进易地扶贫搬迁安置点建设，完成正光、矮屯2个安置点建设，同步完善水、电、路、讯等基础设施和教育、医疗等配套公共服务设施。三是提升城市管理水平。扎实推进“五城联创”，树立城市品牌。加快建设智慧城市，用好智慧交通、智慧住建、平安警务云等平台，强化城市综合执法，推进行政综合执法云平台上线运营，提升城市建设管理智慧化精细化水平。加快城乡生活垃圾污水处理设施建设，扩大生活垃圾收集覆盖面，确保城区生活垃圾无害化处理率达95%、乡镇达96%以上，城区生活垃圾回收利用率达35%以上。四是深入推进乡村振兴。立足乡村地形地貌、资源禀赋、人文历史等实际情况，加快推进乡村振兴战略规划编制工作。全面完成乡村振兴发展规划，统筹谋划产业发展、基础设施、公共服务、生态环保、传统村落保护等布局，形成田园乡村与现代城镇交相辉映的城乡融合发展格局。大力发展生态农业、休闲农业、都市农业、观光农业等新型业态，进一步拓展延伸产业链条，实现产业集群发展。推进“四好农村路”建设，创建省级“四好农村路”示范区（县）及“四好农村路”20条。建设农村村寨小广场25个，满足农民群众娱乐健身需求。加快村庄整治力度，大力推进绿化、美化、亮化工程，巩固提升农村饮水安全、垃圾和污水无害化处理，完成200个自然村寨人居环境改造；完成滑石、坞泥、芭蕉、白岩溪、打角冲等输变电工程。深化“民心党建+‘三社’融合促‘三变’+春晖社”农村综合改革、农村土地“三权”分置试点改革，打造2个以上全国农村“三变”改革示范村；进一步健全土地流转机制，激活资源要素，为促进农业适度规模化发展创造有利条件。

（七）聚焦民生实事，增强民生福祉，在提升人民群众幸福感上有新作为。一是优先发展教育事业。巩固义务教育优质均衡发展工作，加快城乡义务教育一体化建设。抓好农村学校硬件设施改善，着力抓好农村学校“厕所革命”。积探索职业教育校企合作办学模式，推进订单式就业。启动铜仁二中一类省级示范性高中、第十五中学省级特色高中申报工作。启动第二十三小学、第二十五小学、第二十六小学迁建工程建设；推进区职校、铜仁二中、第七小学、第十一小学、第十二小学改扩建工程建设。二是狠抓就业创业工作。持续推进大众创业·万众创新，做好返乡农民工、高校毕业生、城镇困难人员、搬迁移民等重点群体就业，建立职业技能培训体系，创建职业技能培训学校1所，实现职业技能全覆盖，确保完成城镇新增就业1.3万人以上，转移农村劳动力3500人以上，城镇登记失业率控制在4%以内。三是强化医疗卫生服务。启动区中医院二期工程和区人民医院项目建设。增强基层服务能力，方便群众就近就医，切实减轻群众医药负担。大力发展医联体、医共体服务模式，提高基层卫生医疗机构的医疗综合服务能力。四是繁荣文化体育事业。加强公共文化服务体系建设，扎实开展形式多样的群众文化体育活动。举办2019年中国龙舟公开赛暨中国传统龙舟赛、全国公开水域游泳主体赛。完成文化馆（二级馆）评估定级工作，推进数字图书馆建设；加快推进“多彩贵州”户户用工程，实现所有乡镇街道有线电视全覆盖。完成东山古建筑群保护利用设施建设、克兰寨古建筑群民居修缮，克兰寨生态博物馆投入使用。五是完善社会保障体系。健全城乡低保标准稳定增长机制，扩大社会保障覆盖面。要及时将符合条件的特殊困难群体纳入救助范围，实现应保尽保、应助尽助。全面提升居家养老专业化服务水平，确保全区每千名老年人平均拥有养老床位数达35张以上，扩建4所星级敬老院，新增1家民办福利养老机构。六是创新社会综合治理。

严格落实安全生产责任制，加强隐患排查治理力度，确保安全生产形势持续稳定向好。做好征地拆迁等历史遗留问题化解工作，加快推进依法分类处理信访诉求，加大信访积案化解力度，解决盛世铭城、睿力国际等10个房开项目的历史遗留问题，整治小区物业管理乱象及小区电梯安全问题。深化“平安碧江”建设，妥善排查化解社会矛盾。扎实开展扫黑除恶专项行动，着力打好禁毒人民战争。加快推进“公安三所”及智慧派出所项目建设。

扎实抓好“十件民生实事”：（1）建成时代商汇、金滩广场、天源酒店、北门等过街设施5处，新增红绿灯及电子警察监控设备17处；（2）新建城镇公厕5座，新增公共停车位1000个；（3）建成中小学校5所（打角冲小学、灯塔小学、龙田小学、福和希望小学、打角冲中学），新增学位7260个；（4）升级改造2个农贸市场，新建5个惠民生鲜超市；（5）启动城区垃圾分类收集工作，建设50个垃圾分类点；（6）加快推进龙田井坎、五显庙等城市棚户区改造和檀木桥等安置区建设；（7）完成东关至桐达山韵人行道建设工程及道路提升工程；（8）完成2.4万人易地扶贫搬迁任务，完成正光、矮屯2个安置点建设，完善水、电、路、讯等基础设施和教育、医疗等配套公共服务设施；（9）打通大江坪路、桐梓巷路、执信路、宽信路4条断头路，完成木杉河、着力抓好清水大桥至花果山桥段沿江景观工程及15个市民休闲空间建设；（10）全力解决10个房开历史遗留问题，重拳整治小区物业管理乱象，重点整治小区电梯安全问题。

三、全面加强政府自身建设

面对新形势、新任务，政府必须有新作为、新业绩。我们将以习近平新时代中国特色社会主义思想为指导，全心为民谋福利、竭力兴区促发展，勇挑担当之责、大兴实干之风，努力打造人民满意政府。

（一）加强为民服务能力建设。坚持以人民为中心的发展思想，时刻把群众安危冷暖放在心上，所有工作都要重民心、顺民意、关注民生；对群众反映的合理诉求，及时处置，明确回复，以实际行动赢得人民群众信任和支持。大力推行“互联网+政务服务”，持续开展“减证便民”，大幅精简办事事项，进一步完善区乡村三级政务服务体系，实现审批服务事项“马上办、网上办、一次办”，积极推动“集成式套餐服务”落地，不断深化一窗式办理，进一步提升办事效率。

（二）加强法治行政能力建设。强化宪法意识和法治理念，带头遵法信法学法用法守法，把政府工作全面纳入法治轨道，所有工作坚持手续完备、程序合法、依法依规。主动接受人大及其常委会法律监督和政协民主监督，虚心接受社会监督、舆论监督，让政府权力在阳光下运行。严格执行公众参与、专家论证、风险评估、合法性审查、集体讨论决定的重大行政决策程序，确保决策制度科学、程序正当、过程公开、责任明确。

（三）加强执行能力建设。弘扬苦干实干作风，践行“四勇四敢”狮子型干部标准，坚持推行干部容错纠错机制，持续加强作风建设，切实提高执行力，让干部敢干事、想干事、能干事、干成事。坚持推行负面清单制度，严厉查处推诿扯皮、敷衍塞责等不作为、慢作为和乱作为行为，加强追责问责，提高行政效能。坚持谋实事、出实招、求实效，对定下的目标、出台的政策、下达的任务，马上就办、立即就干，营造干事创业良好氛围。

（四）加强廉政能力建设。严格遵守党章党规，深入落实从严治党要求，认真落实党风廉政建设主体责任、“一岗双责”，推进党风廉政教育常态化、制度化、规范化。进一步完善权力运行监督机制，加强对公共资金、国有资产、公职人员审计监督，拓展民生监督，实现公职人员监察、公共资金使用审计全覆盖；优化良好的营商环境，着力构建“亲、清”新型政商关系，织牢不能腐的制度铁笼。严格执行中央八项规定实施细则精神，认真落实《中国共产党廉洁自律准则》《中国共产党纪律处分条例》，严格执行廉洁从政各项规定，努力营造干部清正、政府清廉、政治清明的政务环境。

各位代表，不忘初心，鞭策我们永不懈怠；牢记使命，激励我们一往无前。让我们在市委、市政府和区委的坚强领导下，以习近平新时代中国特色社会主义思想为指导，立足新时代、践行新思想、开创新局面、实现新跨越，苦干实干干出成效、创业创新创出辉煌，为建成更高水平全面小康社会、开启新时代基本现代化新征程而不懈奋斗！

思南县政府工作报告

（2019年2月15日在思南县第十七届人民代表大会第四次会议上）

思南县委副书记、县长 席龙海

各位代表：

现在，我代表县人民政府向大会作工作报告，请予审议，并请各位县政协委员和其他列席人员提出意见。

一、2018年工作回顾

过去一年，在市委、市政府和县委的坚强领导下，在县人大、县政协的监督支持下，我们坚持以习近平新时代中国特色社会主义思想为指导，深入学习贯彻党的十九大和习近平总书记对贵州工作的系列重要讲话精神，坚持新发展理念，树牢“四个意识”、做到“两个维护”，打好三大攻坚战，深入推进“一区五地”建设，较好地完成年初确定的各项目标任务，全县保持经济增长、民生改善、社会和谐的良好态势。

全年实现地区生产总值140.2亿元，增长10.5%；固定资产投资增长16.2%；规模以上工业增加值25.5亿元，增长5.2%；一般公共预算收入5.22亿元，增长2.2%；社会消费品零售总额30.33亿元，增长7.8%；城镇、农村居民人均可支配收入分别为28702元、8899元，分别增长9.5%、10%；金融机构存贷款余额分别达138.82亿元、129.21亿元，分别增长0.7%、13.2 %。经济社会发展综合测评排在全省第二方阵第11位，顺利实现增比进位目标。

一年来，我们重点抓了8个方面的工作：

（一）着力打好精准脱贫攻坚战，减贫成效明显提升。大力实施脱贫攻坚战三年行动，落实“76554”工作方法，扎实开展“春风行动”“夏秋攻势”“五个专项治理”，全县减少贫困人口27837人、出列126个贫困村，贫困发生率降至6.06%，完成脱贫摘帽80%以上的工作量。农业产业结构调整成效明显。按照产业发展“八要素”要求，全县调整种植结构25.1万亩，调减玉米等低效作物14.95万亩，种植生态茶3.29万亩、经果林2.14万亩、中药材7.5万亩、蔬菜30.44万亩，抚育管理油茶5万亩，发展食用菌2328.8万棒，出栏生态畜禽246万头（羽），带动6.7万贫困人口增收。易地扶贫搬迁稳步推进。板桥、塘头、双塘安置点全面建成，完成2017年度县内搬迁入住1622户、6960人，跨区域搬迁至万山安置点1555户、6938人。全面落实“五个三”措施，各安置点绿化、亮化、美化及后续保障逐步完善，就学、就医、就业问题得到妥善解决，实现搬迁群众就业5352人，组建搬迁安置点社区3个、便民服务中心2个，拆除2016年度搬迁群众旧房996户，647.79亩宅基地复垦复绿通过验收。基础设施明显改善。建成农村“组组通”公路1980公里，30户以上村民组100%通硬化路。建成农村基础设施水利扶贫一期供水工程和117处安全饮水巩固提升工程，解决25.5万农村人口饮水安全问题。农村电力通讯设施进一步改善，综合供电可靠率达99.7%、电压合格率达98.8%，4G网络实现行政村全覆盖。教育医疗住房“三保障”全面落实。兑现教育资助金1.66亿元，资助学生24.87万人次，全县义务教育阶段在校生实现“零辍学”。医疗保障补偿建档立卡贫困人口2.37万人次9193.12万元、补偿比例达91.8%，家庭医生签约服务1.18万贫困人口、签约服务率达100%。完成住房安全评定5.96万户，实施农村危房改造7050户，安全住房保障率达96%。专项治理扎实有效。开展“两错一漏”专项治理，精准管理水平明显提升。实施农村老旧住房透风漏雨专项整治5912户。整改“扶贫资金使用不规范”问题22类。严查严处“扶贫领域腐败和不正之风”，干部作风明显好转。帮扶协作全面推进。深化常熟·思南东西部扶贫协作，各类人才培训交流148批次2026人次，帮扶资金6431万元，实施帮扶项目55个，结对帮扶14个乡（镇、街道）、28个贫困村。北京有研集团、大连民族大学、省移民局定点帮扶工作务实推进。扎实开展民营企业“千企帮千村”活动，县内120家民营企业结对帮扶120个贫困村，建立春晖扶贫产业基地28个，调动社会力量参与扶贫捐资捐物2889.2万元。

（二）着力打好重大风险防范化解攻坚战，发展大局和谐稳定。全面加强各类风险摸排研判，积极作为、主动应对，守住不发生区域性、系统性风险的底线。切实防范金融风险。通过多渠道加强小贷公司、担保公司、资金互助社等金融机构监管，组织开展国开行小额贷款、农商行贷款清收，严厉打击非法集资、民间高利贷等违规金融活动，全县不良贷款率控制在2%以内，金融机构存贷款比例处于合理区间。积极化解政府债务。严格落实政府性债务管理“七严禁”规定，通过发行专项收益债券、增加土地出让收入、开展税源普查与税收清理、推动平台公司实体化转型等方式，切实加强债务风险防范，全面完成存量债务债券置换。有效防范社会风险。深入推进“平安思南”建设，重点抓好平安警务云、雪亮工程等智能化建设，“雪亮工程”视频点位安装运行实现县乡村全覆盖。实施禁毒“链条式”管理，成功摘掉外流贩毒重点整治关注县“帽子”。全面开展扫黑除恶专项斗争，侦破涉恶类刑事案件27起，打掉涉恶犯罪团伙10个、集团犯罪2个。信访工作加力提效，化解疑难信访件88件。全面推行安全生产“网格化”管理，排查整改事故隐患138处、燃气隐患70余处。全面落实食品安全“四个最严”措施，查处无证经营门店5家。

（三）着力打好污染防治攻坚战，生态环境持续改善。深入推进大生态战略行动，较真碰硬抓整改、铁腕治污抓保护。环保问题完成整改销号。强化污水治理，建成经开区污水处理厂，完成县城污水处理一、二期提标改造、县城西岸排水口污水收集工程和文家店、三道水、牛角岩3座污水处理厂改造，累计铺设污水管网22.5公里，修复污水管网5.5公里。强化城区扬尘、油烟污染治理，建筑工地添置雾炮、$PM_{2.5}$监测器各38台，549家餐饮单位安装运行油烟净化器。强化自然保护区监管，四野屯自然保护区内13家养殖场整改完毕。强化环保设施建设，建成医疗废物集中处置、乌江国控断面水质自动监测站等项目。按照中央环保督察问题整改时序，35个环保问题完成整改销号，30件信访转办件全部办结，顺利通过中央环保督察“回头看”下沉督察。生态屏障植厚筑牢。完成全域绿化“六绿”攻坚15.54万亩、营造林12万亩、退耕还林10.22万亩、湿地保护与修复6.4万亩、矿山生态修复10座、石漠化治理2.4万亩、水土流失综合治理3720亩，创建“绿道”示范带2条、“绿园”“绿景”示范点4个。白鹭湖国家湿地公园试点建设通过验收。生态环保监督监管有力有效。通过开展森林保护“六个严禁”“绿盾2018”等专项行动，查办涉林案件147件，依法查封环境违法企业4家，立案查处环境违法案件23件。实施“一河一策”管理县级河流18条，河长制管理纵深推进。

（四）着力推动稳增长促转型，实体经济加快发展。启动实施实体经济三年攻坚、产业大招商突破年行动，全力调结构、稳增长、促转型。现代农业不断提质。快速推进农业园区建设，完成省级高效农业示范园区建设投资17.33亿元，实现产值30.46亿元，全县新增1个省级、3个市级农业园区。大力培育新型农业经营主体，成功引进北京顺鑫鑫源食品、联合利华立顿茶叶、贵州詹姆斯芬利茶叶等“产加销”一体化农业企业，新增县级以上农业龙头企业32家，农产品加工转化率达49.8%。积极培育农业品牌，新增无公害农产品产地认定19.43万亩、无公害农产品认证20个、绿色食品认证3家，“思南黄牛”获国家农产品地理标志登记保护，“思南晏茶”地理证明商标通过初审。成功创建为“全国农村创业创新典型县范例”。新型工业不断升级。完成工业投资14.8亿元，新开工项目17个，新投产项目12个，实现规模以上工业总产值102亿元，新增入库企业5户。大力实施“双千工程”，“千企改造”投资5.2亿元，改造企业12户，“千企引进”企业20户，到位资金61.03亿元，投达产项目5个。产业大招商引进“五大产业”项目42个，到位资金52.9亿元。思南梵山山泉饮业被省水协授权为“多彩贵州水”指定生产企业，并荣获“最具影响力品牌”。第三产业不断增效。积极发展旅游经济，启动申报4A级景区2个、3A级景区1个，接待游客763.87万人次，实现旅游收入64.54亿元、增长35%。电商物流快速发展，新建和改造农村电子商务站点290个，发展网货供应商30余家，实现交易额5亿元。推动大数据与实体企业融合发展，实现主营业务收入4.2亿元。累计发展物流企业39家、快递公司7家，实现营业额6亿元。新增民营市场主体8501户，增速排全省第二方阵第4位，完成民营经济增加值74亿元。双塘现代服务业集聚区成为全省第七批现代服务业集聚区。

（五）着力推进重大项目建设，发展后劲持续增强。扎实开展项目攻坚行动，完成40个省、市重大工程和重点项目投资77.62亿元，基础设施领域补短板力度进一步加大。交通方面，完成交通投资21亿元，开工建设项目1175个。乌江综合港区、环白鹭湖公路、合兴至余庆高速公路等前期工作稳步推进。湄潭至石阡高速公路（思南段）、思印城市快速干道等项目建设有序推进，思南塘头至石阡本庄（塘头至山口坳段）、县城至灯油坝公路完成路基工程，张家寨至胡家湾、王寨至长坝、张家寨至宽坪、合兴高速收费站至亭子坝4个县乡道改造工程加快推进，重建国省干线灾毁公路37.1公里，建成农村公路安保工程213.98公里，新建客运站2个、便民码头2个。水利方面，完成水利投资6.3亿元，烂田沟水库开工建设，龙洞、双河口水库和农村基础设施水利扶贫二期供水工程建设加快推进，任家岭、枹木寨、过水湾水库基本建成。黑鹅溪、小河、赵家坝、张家岭等7个水库前期工作进展有序，花滩子大型水库可研报告通过复审。2018年中央财政小型农田水利设施项目完成管道安装34.87千米，实现高效灌溉节水灌面4190亩。旅游方面，完成旅游投资6.96亿元。基本建成石林景区升级改造二期、郝家湾景区园林项目、九天温泉二期；白鹭湖国家湿地公园、腾龙峡等景区建设加快推进。电力方面，完成电力投资2.28亿元，实施农网改造项目68个，新建和改造农村电网1306.78公里，新增配变879台，安装低压集抄和智能电表12.3万只。通讯方面，建成移动4G基站415个、移动物联网站点298个、800兆基站512套，实现“云上思南”免费WiFi城区公共区域、重点景区全覆盖。

（六）着力推动城乡统筹发展，城乡面貌明显改观。以建设山地特色新型城市为龙头、示范小城镇建设为纽带、富美乡村建设为支点，扎实推动城乡统筹发展。建设用地保障有力。完成高标准农田建设2.7万亩，城乡建设用地增减挂钩2000亩，新增城镇建设规划用地1026亩。城镇主板功能明显增强。新老城区连接更加紧密，县城新区连接线、中和大道延伸线建设加快推进，县城新区一桥成功合龙，西站大道建成投用。加大老城区改造力度，完成城市棚户区改造45.6万平方米，投资25.95亿元，建成商品房21.75万平方米，实现建筑业总产值45.87亿元。府后街智能停车场基本建成，凉水沟、月亮湾山体公园即将建成，6个市民休闲空间建成并投入使用。加快推进示范小城镇建设，投资6.2亿元，建成塘头、许家坝、长坝3个示范小城镇“8+X”项目23个，集镇配套设施更加完善。农村人居环境明显改善。实施“四在农家·美丽乡村”升级版八项行动计划，完成农村改水9338户、改厨14135户、改厕22034户、庭院硬化21718户，建成连户路2279.43公里，新增移动式垃圾压缩车8辆，增设乡村垃圾桶7500个，城乡生活垃圾无害化处理率达77.74%。城市管理持续加强。依托“数字城管”平台，强化城区乱停乱靠、占道经营、乱搭乱建动态监管，整体搬迁集贸市场，规劝流动商贩3.2万人，违章广告、车辆违停等得到有效整治。实施城区垃圾中转站附属设施建设、市政维修工程，市容市貌明显改观，城市管理排名全市第一。

（七）着力推动深化改革创新，发展活力不断释放。深化“放管服”、商事制度等重点改革，实施“减证便民”行动，清理证明事项768项、取消80项，成功颁发首张电商营业执照。“民心党建+‘三社’融合促‘三变’+春晖社”农村综合改革、农村产权交易制度改革等重点改革事项有序推进，土地确权登记颁证工作通过省级验收，并获“优秀”等次。集中治理食品小作坊守护“舌尖上的大安全”、编织“骨干水网”破解山区用水难题等改革经验在省、市推广。培育高新技术企业4家，98汽车大数据被评为“国家高新技术企业”，高新技术产业产值达7.03亿元。培育外贸企业15家，1000吨大宗绿茶出口英国、越南、泰国等地，实现外贸进出口总额320万美元，“囍”文化土家刻纸走出国门在尼泊尔展出。

（八）着力推动民生事业发展，群众福祉持续增进。完成八项民生支出39.93亿元，占一般公共预算支出的75.99%，优先保障民生事业发展。教育优先发展地位凸显。投资4.58亿元，启动学校整体搬迁5所、扩建2所，实施学前教育项目15个、“全面改薄”学校项目21个、学校改厕项目122个，义务教育校舍改造、大班额化解全面完成。组建“协作型”教育联盟13个、“一体型”教育集团5个，促进城乡教育资源均衡共享。小学、初中教学质量明显提升，高中教学质量保持省市前列。义务教育基本均衡发展高质量通过国家评估验收，县职校成功创建为“国家中等职业教育改革发展示范学校”。卫生健康服务能力不断增强。县人民医院新院建设全面完工，塘头、许家坝等 8 个乡镇卫生院和县疾控中心完成整体搬迁。深度贫困村、搬迁安置点和农村中小学医务室标准化建设实现全覆盖。组建县域“医共体”2 个，申报市级以上临床重点专科 7 个，异地就医即时结算全面推进。就业创业加力加速。城镇新增就业 6210 人，登记失业率控制在 4.2% 以内，培训农村劳动力 7892 人次，促进转移就业 1.52 万人，引导扶持“雁归”人员返乡创业就业 8000 人，扶持微型企业发展 226 户。社会保障更加有力。社会保险参保人数达 51.2 万人，征缴基金 4.67 亿元，发放待遇 4.69 亿元，待遇发放率超 100%。城乡低保救助、特困供养全面提标，城乡低保平均补助标准分别提高 10%、7%。养老院建设实现乡镇全覆盖，集中供养率达 53.7%。文化事业快速发展。大型花灯剧《田秋》完成立排，花烛、花灯戏成功申报“省级非物质文化遗产代表性项目”，板桥、瓮溪两个红军驻地旧址获批“省级文物保护单位”。实施“广电云”户户用工程 1.67 万户，建成村级文化活动阵地 40 个，启动县级融媒体中心建设，“明珠思南”APP 客户端上线运行，田秋纪念馆建成开馆。同时，关心下一代工作得到创新发展，我县被评为“全省基层关工委样板县”。

一年来，我们积极回应群众关心关注的热点、难点问题，承办县人大代表建议案、县政协委员提案 244 件，回复率、满意率均达 100%。此外，国防动员、后备力量建设进一步加强，应急、统计、税务、审计、法制、供销、外事侨务、民族宗教、政务服务、政务公开、机关事务、气象、消防、档案方志、双拥、老龄、住房公积金、社会救助、工会、共青团、妇联、工商联、红十字、残联、科协、文联等事业得到全面发展。

各位代表，过去一年成绩的取得，得益于县委的坚强领导，得益于县人大、县政协的监督支持，得益于全体人大代表、政协委员的建言献策，得益于全县 70 万各族人民的奋力拼搏。在此，我代表县人民政府向各位人大代表、政协委员，向全县广大干部群众、各民主党派、工商联、无党派人士和人民团体，向驻思部队、人民警察、武警官兵和消防队员，向省市驻思单位，向离退休老领导、老同志及所有关心、支持思南建设发展的各界人士，致以崇高的敬意和衷心的感谢！

在肯定成绩的同时，我们也清醒地认识到，全县经济社会发展还存在不少短板和问题：一是受经济下行影响，融资难、融资贵、成本高等制约因素增多，部分企业发展较为困难；二是经济总量小、增收渠道窄、发展需求大，财政收支矛盾突出；三是农业产业基础薄弱，农村经济乏力，群众稳定增收保障不力，脱贫攻坚任务艰巨；四是少数干部作风不实、服务发展能力不强，行政效能还需进一步提高等等。对于这些短板、问题，我们不躲不避、尽锐出战，全力推动全县经济社会高质量发展，绝不辜负各位代表、全县各族人民的信任和重托。

二、2019 年工作安排

2019 年是新中国成立 70 周年，是我县脱贫攻坚发起总攻、夺取全胜，实现整县脱贫摘帽的决胜之年。做好今年的政府工作，意义十分重大。

今年政府工作的总体要求是：以习近平新时代中国特色社会主义思想为指导，深入贯彻落实党的十九大和习近平总书记对贵州工作的重要指示精神，统筹推进“五位一体”总体布局，协调推进“四个全面”战略布局，认真践行“两个维护”，全面落实“六个稳”工作要求，统筹推进稳增长、促改革、调结构、惠民生、防风险工作，坚持以脱贫攻坚统揽经济社会发展全局，持续打好三大攻坚战，着力激发微观主体活力，守好发展和生态两条底线，推进三大战略行动，如期实现整县脱贫摘帽，加快建设贵州内陆开放型经济试验区试点县、乌江生态经济走廊具有较强辐射带动力的区域性经济文化中心，以优异的成绩庆祝新中国成立 70 周年。

今年全县经济社会发展的主要预期目标是：地区生产总值增长 11% 左右，规模以上工业增加值增长 11.5%，固定资产投资增长 16% 以上，社会消费品零售总额增长 11%，一般公共预算收入增长 5% 左右，金融机构存贷款余额分别增长 8%、16%，城镇、农村居民人均可支配收入分别增长 9%、10% 左右，旅游收入增长 20% 以上，城镇登记失业率、节能减排降碳指标控制在国家下达的计划范围内。

围绕上述目标，要重点抓好 9 个方面的工作：

（一）聚焦整县脱贫，群策群力打赢精准脱贫攻坚战。坚持以脱贫攻坚为统揽，聚焦“两不愁，三保障”突出问题，统筹研究解决收入水平略高于“建档立卡贫困户”的农村人口政策保障问题，用好五步工作法、“76554”工作方法，瞄准总攻点、打好主动仗，确保全县出列贫困村 96 个、减少贫困人口 2.7 万人，实现整县脱贫摘帽。

持续打好打赢“四场硬仗”。打赢产业扶贫硬仗。深化农村产业革命，重点发展生态茶、生态果蔬菌、中药材、生态畜禽四大主导产业，加快推动18个500亩以上大坝产业结构调整，完成去冬今春新植茶园4.3万亩，实施幼年茶园管护5.8万亩，发展中药材1.4万亩、经果林5000亩、油茶5000亩、食用菌2000万棒，蔬菜种植稳定在30万亩以上，出栏生态畜禽246.4万头（羽）。加快形成以“一县一业”为龙头、“四大主导产业”为重点、区域性特色产业为补充，产销对接顺畅、利益联结紧密的扶贫产业发展新格局。打赢基础设施建设硬仗。全面完成30户以上农村“组组通”公路建设扫尾工作，落实好养护措施。建成投用农村基础设施水利扶贫二期主体工程和100个非贫困村饮水安全巩固提升工程，确保6月底前全面解决农村人口饮水安全问题。打赢易地扶贫搬迁硬仗。6月底前，实现易地扶贫搬迁21144人搬迁入住，全面完成“十三五”规划的易地扶贫搬迁安置任务。落实“五个三”措施，完成2016年搬迁群众复垦复绿宅基地确权登记、2017年搬迁群众旧房拆除及宅基地复垦复绿。支持国盛鞋业、福建金鸡鞋服、新丝南服饰织造等劳动密集型企业发展，促进搬迁群众就近就业。扎实做好搬迁群众就学、就医、医保、社保、林地耕地经营权流转无缝衔接，让搬迁群众实现安居乐业。打赢教育医疗住房“三保障”硬仗。全面落实建档立卡农村贫困家庭学生资助政策，加大控辍保学力度，确保贫困家庭子女顺利完成义务教育。全面落实健康扶贫医疗保障政策，确保建档立卡贫困人口补偿比例达90%以上，大病慢性病集中救治、签约服务达100%。全面落实安全住房保障政策，扎实开展农村危房改造“回头看”，集中整治危改不到位、透风漏雨老旧住房，确保农村安全住房保障率达100%。加强扶贫资金管理，提高资金使用效益。

用好用活“三大资源”。推动东西部扶贫协作升级。深化常熟·思南“携手奔小康行动”，着力打造产业扶持、人才培训、园区共建、产销对接、旅游联盟、结对帮扶升级版，新增结对帮扶乡镇6个，力争在江苏省内开设思南商品销售店3家以上，带动全县优质农特产品销售额达1000万元以上，从长三角地区、东部沿海地区引进企业5家以上，着力将双塘产业园区打造成东西部扶贫协作示范园区。深化定点帮扶。加强与北京有研集团、大连民族大学、省移民局定点帮扶单位对接，争取更多帮扶项目、资金落地。强化社会帮扶。深化“同心战贫困”行动，发动社会资源项目化参与脱贫攻坚，力争协调落实社会帮扶资金4000万元以上，着力将三道水红薯粉加工厂打造成“同心战贫困·赤子报春晖”品牌企业。持续抓好生态、旅游、电商等扶贫行动。

全力实施乡村振兴战略。按照乡村振兴战略“20字”总要求，完成《思南乡村振兴战略规划》编制，重点推进“三农”振兴。推动产业振兴。积极争取省级绿色产业扶贫投资基金，加大产业投入，通过“引育转”“龙头企业+”的方式，清理处置一批农民专业合作社“空壳社”“僵尸社”，融合带动一批小农户、薄弱社、家庭农场转型升级，切实解决小农户发展难、经营难的问题，积极推进优质农特产品实现“产加销”一体化发展。建设宜居乡村。加快推进示范小城镇建设“8+X”“两改一化一道”等项目，持续实施“四在农家·美丽乡村”建设升级版八项行动计划，重点抓好道路建设、饮水安全、供电保障、通讯网络、房屋建设、美化绿化、人居环境综合整治等，打造3个富美乡村示范村。全面推进农村“厕所革命”，新建和改扩建2万户（所）以上，行政村公厕普及率达75%以上。培育新型农民。依托新时代讲习所、“三农专家服务团”、农村劳动力全员培训等平台，深入开展农民教育培训，着力培养造就懂发展、有技术、会经营的新型农民。同步推动乡村生态振兴、基层组织振兴。

（二）聚焦安全稳定，群策群力打赢重大风险防范化解攻坚战。牢固树立风险忧患意识，全面增强风险防范能力，着力营造安全稳定的发展环境。

严密防控政府债务风险。严格执行“七严禁”“1+N”等债务管理系列政策，建立完善政府债务“借用管还”等债务管控机制。树立过紧日子思想，坚持量入为出、量力而行，千方百计保工资、保运转、保民生、保脱贫。积极申报发行政府专项债券，促进县域重大项目建设。加快推动县属国有平台公司实体化转型，厘清政府与市场关系，有效盘活经营性国有资产，实现债务风险可控、经济发展双促进。严密防范金融风险。指导县内金融机构清收化解不良贷款，引导金融机构创新开发支持实体经济发展的金融产品，严防抽贷、压贷、断贷影响民营企业发展。严厉打击非法集资、金融诈骗、网络借贷等违法违规金融活动，营造良好的金融生态环境。严密防范社会风险。严格落实安全生产责任制，强化安全生产网格化管理，增强应急管理能力，确保全县安全生产事故发生率、死亡率双下降。继续推进“平安警务云”“雪亮工程”“智能平安小区”建设，着力构建社会治安立体化防控体系。深入开展对敌反邪、防恐防暴、电信网络诈骗犯罪和“扫黑除恶”专项斗争，坚决打击传销、非法直销，集中整治消费市场乱象，依法打击非法宗教活动，切实保障人民群众的生命财产安全。积极探索行政处理决定取代信访答复、信访事项“复查听证”等制度创新。全面加强食品药品质量、农残监测监管，全力保障人民群众“舌尖上的安全”。

（三）聚焦生态环保，群策群力打赢污染防治攻坚战。坚持生态优先、绿色发展，协同推动经济发展与环境保护，奋力打造生态优美的“绿色明珠”。

强力推进污染防治。扎实抓好中央环保督察“回头看”反馈问题整改，坚决打好蓝天、碧水、净土保卫战，加快推进县城空气质量监测新站建设，扎实开展工业污染、城市扬尘污染、烟尘污染等专项治理，$PM_{2.5}$年平均浓度控制在35微克每立方米以内，县城空气质量优良天数比例保持在95%以上。加强县城饮用水源保护区保护、完成农村千人集中式饮用水源地治理，饮用水源水质达标率100%。建成双塘片区污水管网工程，加快推进孙家坝、板桥污水处理厂建设和香坝、亭子坝、大河坝污水处理厂前期工作，加快推进乌江船舶防污改造和船舶污水收集泵建设，实现乌江船舶污水进入城乡污水处理系统集中处理，确保乌江国控断面出境水质优良率达100%。严格执行固体废物环境监管，启动全县农村生活垃圾、餐厨垃圾收运系统和2个乡镇“垃圾兑换银行”建设，城乡垃圾无害化处理率达85%以上。强力推动生态保护修复。实施森林扩面提质三年行动计划，抓好全域绿化“六绿”攻坚行动收官工作，完成造林绿化4万亩、石漠化综合治理2.4万亩、发展生态产业基地5万亩，打造2个标准不低于100亩的绿化示范点，落实森林保护156万亩，重要湿地保护6.4万亩，生态红线保护率达24%，森林覆盖率达60%以上。大力实施生态清洁小流域建设，完成生态修复4万亩、矿山修复19座，坡耕地水土流失综合治理2.48平方公里。强力推进生态环保监管。严格执行生态环境保护责任追究制度、生态保护报告制度、项目建设环评审批“三同时”制度，坚持河长制，建立林长制、湖长制、库长制，扎实开展“六个一律”利剑行动、森林保护“六个严禁”专项执法行动，重拳整治破坏生态环境违法行为。

（四）聚焦项目建设，群策群力夯实发展基础。持续深化项目攻坚行动，有效释放内需潜力，着力夯实高质量发展基础。

全力谋项目争资金。落实前期工作经费3000万元，围绕思德印同城化发展、脱贫攻坚、乡村振兴等，用好省政府重大民间投资项目工程包，谋划现代物流、市政基础、产业发展、生态环保、社会民生等重大基础设施项目800个以上，总投资2000亿元以上，规范做好项目可研、初设、用地、环评等前期工作。重点做好乌江综合港区、思南通用机场、大岩关隧道及延伸线、黔北机场快速干道等重大项目前期工作。强势推进上争外引，积极破解资金难题，争取中央、省预算内投资达3.6亿元，招商引资到位资金达98亿元，签约PPP项目3个，引进社会资本47亿元。全力抓进度扩投资。以推进35个省、市重点工程和重大项目建设为重点，完成固定资产投资57.6亿元以上。加快完善交通体系，争取开工建设合兴至余庆高速公路，开工建设环白鹭湖公路、狮子口大桥，实施省道大河坝至青杠坡和县道瓦房沟至香坝、青杠坡至杨家坳通乡油路改造，加快建设湄潭至石阡高速公路（思南段）、思南乌江综合港区配套物流园区，建成思印城际快速干道，完成王寨至长坝、张家寨至胡家湾、张家寨至宽坪、合兴高速收费站至亭子坝等扶贫公路改造。加快完善水利设施，开工建设赵家坝、何家湾水库，力争开工建设花滩子大型水库，加快推进龙洞、烂田沟、双河口水库和县城新区河道治理PPP项目、中小河流治理项目建设，建成沙坝水库水源工程，完成2019年中央财政小型农田水利设施项目建设，治理病险水库12座。加快完善电力通讯设施，开工建设110千伏香坝输变电工程和35千伏三道水输变电工程，升级改造农村电网562.96公里，新增配变355台，农村智能电表安装率达100%，综合供电可靠率达99.8%、电压合格率达99%。加快推动城乡光纤网络改造，行政村通光纤100兆以上接入能力达80%，加密4G基站建设40个，30户以上自然村寨4G网络覆盖率达85%以上。全力建机制强保障。建立健全“一个项目一个专班”项目建设联动机制，开通项目审批、手续办理、工程推进“绿色通道”，切实解决项目手续办理耗时长、施工组织保障弱等问题。完善项目建设廉政档案，强化重点项目督查、调度和跟踪审计，确保项目快速安全推进。严肃整治干部作风、项目建设领域不正之风，科学配置土地资源，依法合理保障群众权益，及时解决项目建设土地、资金、征拆等难题。

（五）聚焦产业增效，群策群力做大做强实体经济。持续实施实体经济三年攻坚、产业大招商行动，积极促进传统产业转型升级，加快构建一二三产业融合发展的现代产业发展体系。

做大现代高效农业。加快推进现代农业“六个三园”建设，着力实施园区景区化“十个一”工程，构建“园区+N”农村产业融合发展模式，完成省级农业园区建设投资10亿元，实现园区总产值32亿元。全年创建1个省级、2个市级、3个县级农业示范园区，提质改造4个星级农业园区，全面推进塘头“农业产业强镇示范”建设。加快推进农业综合开发，整治低效土地300亩。加快推进北京顺鑫肉牛、温氏生猪、创辉蛋鸡养殖等农业龙头项目建设，全力拓展农业产业链价值链。大力实施品牌化战略，全面落实农产品产地准出制度和农产品质量安全追溯制度，完成无公害农产品产地认定6万亩，无公害农产品认证5个、绿色食品认证1个，全年实现农业总产值67.4亿元、增长6.8%以上。做大新型工业。围绕思南经开区200亿级园区创建目标，大力推进“双千工程”，完成技改投资3.5亿元，实施“千企改造”10户、“千企引进”13户，新增规模工业企业5户。围绕特色农产品深加工、轻工业制造、新能源、船舶装备制造等产业，着力引进行业龙头企业、领军企业及核心配套企业、关联企业产业项目14个，实现到位资金32亿元以上，全力推动工业企业延链补链强链。依托省级石材产品质量监督检验中心，加力发展石材产业，确保年产石材在250万平方米以上，实现销售收入5亿元以上。开工建设年产20万吨优质活性石灰、年产300万吨精品环保砂石骨料生产线、箱包服饰生产加工等项目，加快推进贵州詹姆斯芬利茶叶加工、十万亩青花椒深加工项目和酱园、鼎一牲畜屠宰加工异地迁建项目建设，积极促进兴黔船业投产达产。完成工业园区营业收入达170亿元以上。做优现代服务业。以双塘现代服务业集聚区建设为重点，加快提升居民消费产品供给水平，深入推动划行归市，促进汽贸汽修、建材家居、文化旅游、装修装饰等商贸服务业，向西南国际商贸城、万丰国际商贸城、黔东汽贸城、思丰财富广场等专业市场集聚发展。以农商联动示范县建设为抓手，加快推进智慧仓储物流园、电商产业园和关中坝物流园区建设，全力构建县、乡、村三级现代物流体系。大力培育商贸流通主体和产业配套企业，新增商贸入库企业8户、外贸备案企业3户，实现外贸进出口总额350万美元，培育5000万元以上集配企业1家。积极发展交通、住宿、餐饮、零售等传统服务业。做活大数据产业。深入推进国家级电子商务进农村综合示范县建设，累计新建或改造农村电子商务服务站300个以上，其中贫困村站点达140个以上，行政村覆盖率超过50%，电子商务交易额突破5.15亿元。加快推进“互联网+”大数据产业“云、网、端”基础设施建设，构建“三农”综合信息服务平台，力争建立“三农”数据采集、运算、应用体系，推动大数据与实体经济融合发展，培育融合发展企业10户，实现大数据主营业务收入4.5亿元，积极发展软件和信息服务业。坚持“两个毫不动摇”，严格落实中央、省、市关于民营经济发展的政策措施，全面贯彻省委、省政府“1+6”政策文件，开展政策落实、金融服务、降本减负、扩大民间投资、营商环境、领导干部联系服务企业六大专项行动，为民营经济发展创造更加公平的环境。积极引导金融机构落实“125”目标，深入推动“贵园信贷通”“特惠贷”“助保贷”“微企贷”等产品落实，搭建中小微企业融资服务平台，努力解决民营企业特别是中小企业融资难、融资贵问题。全年实现民营经济增加值80亿元。

（六）聚焦全域旅游，群策群力推动文旅融合发展。全面完成旅游运营体制改革，加快发展旅游经济，全年实现旅游收入70亿元、增长20%以上。

加强景区景点建设。加快推进思南古城景区、郝家湾景区二期、白鹭湖旅游度假区一期、腾龙峡4A级景区和10个重点乡村旅游示范点，建成思南石林景区升级改造二期、郝家湾景区一期、兽王山温泉景区一期、九天温泉二期。加快推动乡村旅游与新型城镇化、乡村振兴融合发展，努力打造一批旅游特色小镇、精品村寨。启动郝家湾4A级景区申报工作。加强宣传推介。以打响“千年古郡邑·百里水天堂”核心旅游品牌为契机，全力打造“乌江之心”旅游形象品牌、“思南之喜·喜动中国”旅游核心品牌。探索建立“旅游+”多产业融合发展新模式，加快推动文旅、康旅等八大融合，扎实抓好产业升级、形象包装、品牌塑造、文化创新。深入实施旅游联盟、景区联动机制，加强与旅行商、旅游网站、旅游俱乐部、客源地旅游联盟等涉旅企业合作，做到线上线下宣传推介同频共振，全面提升思南旅游的知名度、美誉度。打造精品线路。主动融入武陵山生态文化旅游圈、环梵净山金三角文化旅游创新区、遵义红色旅游等旅游节点，以石林、茶叶公园、白鹭湖、九天温泉、思南古城等重点景区为支撑，以府文庙、周家盐号、旷继勋纪念馆等文物景点为重要节点，以“囍”文化为核心，深度融入古郡文化、乌江文化、民间民俗文化、历史文化、书院文化等元素，系统打造彰显思南特色、展现思南形象、讲述思南故事的文化旅游精品线路，提高思南旅游的引爆点、关注度，促进全域旅游持续“井喷”。

（七）聚焦城镇建设，群策群力打造最美江城。以深化“六城联创”为抓手，对标“撤县设市”要求，加快推进山地特色新型城镇化进程，着力打造更宜商住、更有魅力、更富活力的“绿色明珠·最美江城”。

强化用地保障。完成高标准农田耕地提质改造1.5万亩，城乡建设用地增减挂钩1000亩，争取用地指标1800亩。强化规划引领。对标市委、市政府培育和发展铜仁西部城镇组群，打造市域城镇体系发展极核要求，规划建设30万城区人口县级市，完成县城新区、城北片区、双塘片区、河东片区“四大区域”控制性详细规划和塘头镇示范小城镇总规修编。提高乡规委运行效率，按照“一村一品、一村一景、一村一韵”做好村庄规划。提升城区承载力。着力加密城市路网，开工建设云山路、大同路、三才口至城北农贸市场、腾龙西路、滨江大道至盐市街连接线等，重建梧桐路，全面建成县城新区一桥、县城新区连接线、中和大道延伸线等骨干道路。着力完善城市配套设施，启动建设城南、凉水沟、老县委3个小农贸市场，双塘城市客厅第四板块建设，城北老农贸市场改建为市政广场，建成投用老车站、老教育局2个智能停车场和凉水沟、月亮湾2个城市山体公园。改善居住条件。积极完善住房市场体系和住房保障体系，加快推进城市棚户区改造，全面完成思唐、双塘、关中坝、邵家桥棚户区改造区域房屋拆除，建成凉水沟等安置房600套，投资房地产开发12亿元以上，加快推进金府壹号、尊龙世纪城、西南国际商贸城二期、多维国际等房地产建设，积极发展住房租赁市场。提高城镇管理水平。组建综合执法力量，推动综合执法由城区向集镇下沉、向乡村延伸，综合运用数字城管、雪亮工程等大数据平台，严控城乡“两违”行为，全面整治城乡公共秩序、环境卫生等，重点抓好居住小区、专业市场、老旧院落、农贸市场、汽车站、厂区、景区、宾馆、酒店等物业整顿、消防整治、综合治理、文明创建，全面巩固文明城市、卫生城市创建成果。

（八）聚焦改革创新，群策群力激发发展活力。坚持改革推动、强化创新驱动、突出开放带动，持续释放改革创新活力，积极营造清新、清朗的发展环境。

抓实政府职能领域改革。完成县级机构改革，全面优化政府机构、职能配置，形成职责要点清晰、底线清单明晰的“两要点、两清单”。持续深化“放管服”改革、商事登记制度改革、“证照分离”改革等重点领域改革，加快推进乡、村两级政务服务平台建设，全面推行“互联网＋政务服务”，持续优化审批服务流程、压缩审批时限，实现“一网通办”“最多跑一次”。抓实经济领域改革。以农业供给侧结构性改革为主线，继续推进农村产权交易、农业经营制度、农村集体产权制度、农业水价综合改革等农业农村改革，积极探索多种集体经济发展模式，努力打造“民心党建＋‘三社’融合促‘三变’＋春晖社”农村综合改革升级版。稳妥推进财税体制、税收征管、招商引资事前评估、国资国企等经济领域改革，不断完善公共资源交易市场体系，优化市场资源配置，全面激发市场主体活力。纵深推进教育、医药卫生、行政综合执法、信访维稳等民生领域改革，让人民群众得到更多改革红利。突出创新引领。大力实施创新驱动战略，组织企业申报市级以上科技项目15个，申请专利80件以上，力争全年新增科技型企业备案15家以上，全力支持大博金太阳能光电、98汽车大数据等高新技术企业发展，加快推进省级可持续发展实验区建设，争取年内申报成功。强化开放带动。以更加开放的姿态主动融入“长江经济带”建设，着力打造思南乌江水运口岸开放平台，积极支持思福实业、俄罗斯福建闽南商会、贵州詹姆斯芬利茶叶等外贸企业成长，促进外贸、外经、外资融合发展。借助“数博会”“酒博会”“茶博会”“石博会”等平台，围绕八大产业链大力实施招商引资，积极引进优强企业、高端人才、先进技术。

（九）聚焦民生事业，群策群力提升群众幸福指数。坚持以人民为中心的发展思想，持续压缩行政经费支出、加大民生投入，着力办成一批民生实事好事。

积极促进就业创业。深入开展“双创”活动，扎实推进高校毕业生、退役军人、返乡农民工、贫困劳动力、易地扶贫搬迁群众等就业创业，继续落实“3个15万元”政策，扶持小微企业160户，实现城镇新增就业6161人，新增“雁归人员”创业就业8000人，完成农村贫困劳动力全员培训6000人，促进农村富余劳动力转移就业1.5万人以上。推进教育强县建设。启动义务教育优质均衡发展工作，开工建设青杠坡中学、长坝中学、亭子坝中学、合朋溪小学等整体搬迁项目，加快推进第八中学改扩建、第九中学整体搬迁、乌江职业技术学院建设，完成长坝波司登小学等9所学校改扩建。支持思南中学申创省级一类示范性高中、第六中学申创省级示范性高中、民族中学和第九中学申创省级特色学校。持续推进集团化办学，有序推动教师交流、培训，积极开展教育人才引进和特岗教师招聘，着力打造一支高素质的教师队伍，全面提升教育教学质量。优化医疗健康服务。全面加强疾病预防控制、妇幼健康、卫生监督、临床重点学科和基层医疗机构特色专科建设，推进两个县域“医共体”实体化运行，进一步落实分级诊疗制度，确保县内就诊率达90%以上。完成县人民医院、中医院整体搬迁和妇幼保健院一期项目建设，启动县人民医院三级甲等医院、县中医院三级乙等中医医院和塘头镇、许家坝镇卫生院二级综合医院创建工作，建设县中医康养医疗中心，全力抓好医养结合试点工作。织牢社会保障网底。扎实开展参保企业缴费稽核，重点抓好“三类人员”参保，确保全年各险种参保人数达50万人以上，征缴基金4.1亿元以上。落实农民工工资支付各项制度。全面落实农村低保救助、城市低保保障政策，加强农村“三留守”人员、城镇困难职工、失能人员救助帮扶。加强乡镇敬老院运行管理，确保农村养老、特困人员集中供养率增长2%以上。全面建立基本殡葬服务保障制度和节地生态奖补制度，形成覆盖城乡居民殡葬公共服务体系。扎实做好拥军优抚工作，创建全省第九批、全国第七批“双拥模范县”。丰富群众精神生活。建成基层公共文化服务示范点10个。抓好“田秋文化”“书院文化”等课题研究，全面推进“智慧广电”工程建设、文化下乡、农村公益性电影放映，举办好“温泉文化展示暨囍文化艺术节”，不断培育壮大文化产业，构建多彩繁荣的文化生态。加快完善体育基础设施，提高县体育馆、茶叶公园自行车赛道等体育场所使用效率。

此外，全力支持监察委、法院、检察院、民兵预备役工作，积极促进统计、审计、机关事务、档案方志、民族宗教、退役军人、供销、水文、气象、住房公积金、科协、工会、共青团、妇联、文联、工商联、残联、计生协、红十字、政务服务、政务公开、外事侨务、关心下一代等社会事业全面协调发展。

三、切实加强政府自身建设

打铁必须自身硬。面对新时代、新期盼、新要求，我们将不忘初心、牢记使命，切实加强政府自身建设，全面提升履职水平，努力建设人民满意的政府。

（一）全面加强政治建设。始终把政治建设摆在首位，深学笃用习近平新时代中国特色社会主义思想，增强“四个意识”、坚定“四个自信”、做到“四个服从”、践行“两个维护”，严明政治纪律、政治规矩，自觉接受党对经济工作的领导，确保令行禁止、政令畅通。深入推进“两学一做”常态化、制度化，扎实开展“不忘初心、牢记使命”教育，始终同党中央保持高度一致，坚决贯彻执行中央、省、市决策部署，始终对党绝对忠诚。

（二）全面加强法制建设。带头学法尊法守法用法，持续深化法律顾问制度，加快建设法治政府，切实做到依宪施政、依法行政，增强运用法治思维、法治方式推进工作、解决问题的能力。规范公正文明执法，有权不任性，严格执行重大行政决策程序制度、合法性审查制度、终身责任追究制度、责任倒查机制。认真办好人大代表建议、政协委员提案，自觉接受人大法律监督、工作监督和政协民主监督、社会公众监督、媒体舆论监督，广泛听取民主党派、工商联、无党派人士和各人民团体的意见建议，确保行政权力依法公正、透明高效运行。

（三）全面加强效能建设。用实干应对危机、用实干推动发展，大兴调查研究之风，切实提高发现问题、研究问题、破解难题的能力。全面提升执行落实的政治自觉、行动自觉，深化县政府月度工作例会制度，强化绩效考核，健全行政责任体系，对重要工作、重大项目、重点任务实行台账管理，建立任务链、责任链、时间轴。用好激励约束、容错纠错机制，旗帜鲜明给积极干事者撑腰鼓劲，对庸政懒政者严肃问责。

（四）全面加强廉政建设。认真落实党风廉政建设、意识形态工作主体责任，严格履行“一岗双责”，强化重点部门、重要领域、重大资金监管审计，坚决铲除滋生腐败的土壤，严惩各类腐败行为。严格执行中央八项规定及其实施细则精神和省委、市委、县委相关作风建设规定，驰而不息整治“四风”，力戒形式主义、官僚主义。

各位代表，幸福都是奋斗出来的。我们要更加紧密地团结在以习近平同志为核心的党中央周围，在县委的坚强领导下，奋力拼搏、开拓进取，全力决战脱贫攻坚、决胜同步小康，以优异的成绩庆祝新中国成立70周年！

江口县政府工作报告

（2019 年 3 月 5 日在江口县第十六届人民代表大会第四次会议上）

江口县委副书记、县长 杨 云

各位代表：

现在，我代表县人民政府向大会作工作报告，请予审议，并请县政协委员和其他列席人员提出意见。

一、2018 年工作回顾

2018 年，我们在县委的坚强领导下，在县人大、县政协的监督支持下，在社会各界的关心帮助下，全县上下深入学习贯彻党的十九大和习近平总书记在贵州省代表团重要讲话精神，围绕“五位一体”总体布局、“四个全面”战略布局，树牢“四个意识”、坚定“四个自信”、践行“两个维护”，坚持以脱贫攻坚统揽经济社会发展全局，圆满完成县十六届三次人代会确定的目标任务，全县经济发展持续稳定、城乡面貌持续改善、民生福祉持续增进、社会大局更加和谐、干群关系更加密切、政治生态更加清明。全年完成地区生产总值 59.39 亿元，增长 9%；固定资产投资增长 17.6%；社会消费品零售总额 11.33 亿元，增长 8.6%；金融机构存、贷款余额分别达 83.98 亿元、69.42 亿元，分别增长 12.3%、14.6%；财政总收入达 4.37 亿元，增长 9.1%；一般公共财政预算收入 1.81 亿元；城镇、农村常住居民人均可支配收入分别为 29186 元、9105 元，分别增长 9.2%、9.9%。

过去一年，面对错综复杂的形势、前所未有的困难，我们迎难而上、排难而进，拼全力争全胜、拼团结争荣光、拼实干争担当、拼匠心争卓越，集中力量干成干好了 3 件大事：

——我们用美丽战胜贫困，脱贫攻坚取得重大胜利。历史必将铭记这浓墨重彩的一页：24 万江口人民同频共振，涌现出很多先进典型、感人事迹，努力闯出一条不负美丽不负卿的脱贫之路。我们成功实现减贫摘帽，全县减少贫困人口 2169 人，建档立卡贫困人口减至 2048 人，综合贫困发生率降至 0.96%。在国务院第三方评估中，以“零错退、零漏评、群众认可度达 99.05%”的成绩位居全省同批出列县（区）之首。在全省 2018 年市、县两级党委和政府脱贫攻坚工作成效考核中，江口再获“零错评、零漏评、零错退、群众认可度达 100%”的优异成绩。

——我们用绿色引领发展，生态保护取得重大突破。千年守护，数载艰辛，今朝圆梦。梵净山正式列入世界自然遗产名录，成为全国第 13 处、全省第 4 处世界自然遗产，填补全市没有世界自然遗产、世界级绿色生态品牌的空白，开创全省独立申报世界自然遗产之先河，梵净山保护开发管理工作获习近平总书记重要批示。

——我们用匠心铸造品牌，文化旅游取得重大成果。这一年，我们百尺竿头、更进一步，梵净山成功申创国家 5A 级旅游景区，成为全省第 6 家、全市第 1 家 5A 级景区。旅游事业实现跨越发展，梵净江口名片更加闪亮，旅游品牌全面打响。

在干好以上大事的同时，我们重点抓了以下 8 个方面工作：

（一）强投资、促提升，发展动力更加强劲。编制项目 182 个。27 个省、市重大项目完成投资 41.96 亿元。新引进全口径项目 52 个，其中省外 3000 万元以上项目 49 个，开工 42 个、投产 31 个，完成到位资金 72.7 亿元，“千企引进” 46 家、500 强企业 1 家。一是交通设施快速完善。江玉高速、渝怀铁路二线江口境内建设工程有序推进。开工建设凯德至韭菜塘、盐井河至张屯公路提级改造项目。红石至寨抱、怒溪至太平扶贫公路建成通车。提级改造省道29.16公里、县乡道48.9公里。完成县道路面装修48公里，建成通村通组公路1213公里、联户路290万平方米，实现30户以上自然村寨100%通水泥路、户户通联户路。二是水利建设稳步推进。完成水利投资2.19亿元，石宝岩水库主体完工，军屯水库建设有序推进。大力实施农田水利、高效节水等项目。新增、恢复、改善灌溉面积1.04万亩，新建防洪堤7.6公里。全面完成农村饮水安全全覆盖工程，实现龙头一打开，清水自然来的目标。三是能源通讯持续优化。投入1.2亿元，完成城乡电网升级改造工程，35千伏清水变电站建成投运。全县综合电压合格率达99.61%。铺设天然气管网46公里，入户安装1200户。完成"广电云"户户用4810户，行政村光纤宽带覆盖率达100%，移动4G网络信号交叉覆盖率达96%。

（二）强质量、促转型，产业结构更加优化。大力推动产业融合发展，江口成功列入全国农村一二三产业融合发展先导区创建名单，产业结构比例调整为28.3 ：25.5 ：46.2。实现一产增加值16.8亿元、同比增长7.3%，二产增加值15.13亿元、同比增长9%，三产增加值27.44亿元、同比增长9.9%。一是生态旅游再上新台阶。旅游产业继续保持"井喷式"增长势头，预计全年接待游客1216万人次，实现旅游综合收入85.66亿元，增长25%。获评全省甲级乡村旅游村寨1个，新增四星级标准以上酒店3家，四星级农家乐1家、精品民宿3家，建成旅游公厕8所。梵净山景区全面实行实名制网络售票，并率先在全国推出智慧入园叫号管理系统，云闪付、支付宝、微信等线上支付方式实现景区全覆盖。积极开展旅游景区食品安全和市场秩序专项整治行动。成功在上海举办"世界遗产地·梵净江口城"旅游资源推介会，江口文化旅游知名度和景区对外形象不断提升。二是现代农业取得新成效。农业总产值实现27.7亿元，粮食总产量达5.2万吨，粮经比调整为22.03 ：77.97，调减玉米补种经济作物3.3万亩。持续加大生态茶园建设、品牌创建力度，江口抹茶品牌成功推向市场。特色水产养殖面积新增1000亩，总面积达6450亩、产量3287吨，排名全省第一。发展猕猴桃5700亩、蔬菜15.48万亩、中药材1.21万亩，完成11万亩粮食生产功能区、重要农产品生产保护区划定工作。顺利启动江口县省级有机产品认证示范区创建工作，完成无公害产地认证2.6万亩、产品认证13个，成功创建国家农产品质量安全县。积极推进农产品溯源体系建设试点工作，农产品质量合格率达100%。新增省级重点农业龙头企业4家、农民专业合作社22家、家庭农场11家。三是绿色工业实现新进展。扎实开展"双千工程"，新增入规企业2家，新开工项目3个，规模以上工业增加值6.56亿元，同比增长1.9%。完成凯德特色产业园区基础设施建设投资1.56亿元，园区承载力不断提升。贵茶产业园项目（一期）、屈臣氏饮用矿泉水开发项目（一期）建成投产，农夫山泉项目快速推进。市场主体不断壮大，全年扶持微型企业80户，新登记各类市场主体3566户，市场主体增速34.4%。农村电商工作深入推进，新增农村电商扶贫综合服务站点40个，完成"江货出山"网络零售额7852.48万元。国家级电子商务进农村综合示范县项目顺利通过国家第三方验收。大数据与实体经济融合发展，全县107户企业融入省大数据平台。

（三）强建管、促提升，城乡面貌更加美丽。积极开展城市建设突破年行动，加快实施城乡一体化建设。一是城市建设稳步推进。县城建成区面积达8.8平方公里，绿化率达40%，城镇化率提高到48%。完成梵净山—太平河风景名胜区总规和凯德3号路等29个专项规划。旧城棚改有序推进，签订房屋征收协议2381户，拆除房屋1456户（栋），拆除面积约20万平方米。破除烂尾楼14栋7.2万平方米。投资26亿元，完成梵净山北路二期道路、凯德3号路、磨湾大道改造、县委党校等项目建设。建成6个市民休闲空间、5座公厕。完成20公里雨污分流改造工程。锦江华府二期、金义城、丰源·家居华城等房开项目强势推进。沙子坳降坡、县城大型垃圾中转站等基础设施项目开工建设。二是城市管理不断提升。扎实推进环卫保洁及垃圾收运市场化运作全覆盖工作，实现5个乡镇（街道）35个村（社区）公共区域环境卫生保洁清运市场化运行，主次干道实现"全覆盖、全方位、全天候"常态化保洁。城区生活垃圾无害化处理率达100%。建成全县智慧建筑运行中心，实现重点项目工地实时管控。成功创建锦江华府、江城国际、梵景铭苑3个文明示范小区。三是乡村建设不断加快。大力实施"四在农家·美丽乡村"小康行动计划升级版，改善农村人居环境。全年完成48个行政村村庄规划，9个行政村完成"两规合一"规划，行政村村庄规划实现全覆盖。完成农村危房改造2315户、"五改一化一维"工程3.1万户，新建农村公厕50座，建成美丽乡村示范点6个。

（四）强治理、促和谐，生态屏障更加坚固。认真学习贯彻落实习近平生态文明思想和对梵净山的重要批示精神，坚持走生态优先、绿色发展之路，认真落实环境保护“党政同责、一岗双责”责任制。一是生态环境不断优化。大力实施“六绿”攻坚、森林质量提升工程，完成全域绿化建设 7.21 万亩，森林覆盖率达 75.84%，排名全省第二、全市第一。全县空气质量优良，主要河流水质均保持在Ⅱ类及以上水体，集中式饮用水源地水质达标率 100%。获评“2018 中国最美县城”、国家森林旅游示范县和全省林业产业发展示范县。太平镇被评为全国森林特色小镇。全国生态保护与生态修复现场会在江口观摩。二是环境治理成效显著。深入推进河长制，扎实开展“百千万”清河行动、“自然保护区绿盾行动”等系列环保专项行动，大力整治燃煤锅炉和汽车尾气。全面完成中央、省委环保督察反馈和铜仁自查“20+6+4”问题整改办结销号，并顺利通过中央环保督察“回头看”。完成县域生态保护红线划定，《梵净山—太平河风景名胜区总体规划》《梵净山—太平河风景名胜区黑湾河片区详细规划》获省人民政府批复。完成梵净山核心区 143 户、501 人原住民搬迁。切实开展全国第二次污染源普查，全面完成 192 家普查数据收集和专网录入。完成 15 个农业污染源点的抽样调查工作。全年查处环境违法案件 16 起，罚款金额 66 万元。三是环保意识普遍提升。广泛宣传环境保护法律法规，充分利用“3·12”植树节、“3·22”世界水日、“6·5”世界环境日、“6·18”贵州生态日等公益性节日开展生态环保宣传活动，干部群众的环保红线意识、责任意识不断增强。

（五）强改革、促创新，经济社会更加开放。坚持问题导向，着力破除体制机制弊端，发展动力不断增强。脱贫攻坚领域，江口被全国扶贫宣传教育中心确定为全国 19 个“贫困县摘帽案例研究”调研点之一，《江口县“四变”助同心战贫困“千企帮千村”》被《贵州改革动态》刊载，《江口县“三大战役、三项标准、三个机制”“333”举措决战脱贫攻坚整县退出》被《贵州改革情况交流》刊载，“四下沉、四结合、四覆盖”群众工作法在全省推广。农业农村领域，完成农村土地确权登记颁证 4.6 万户，颁证率达 95%。完成农村集体产权制度改革 3 个试点村清产核资工作。建立“垃圾兑换银行”破解乡村卫生治理“三难”工作，获省委书记孙志刚表扬，被央视新闻频道、《贵州日报》头版和《贵州改革情况交流》报道采编，并在全市推广。生态文明领域，《江口县精准推动国家级生态文明示范工程试点》获《铜仁改革交流》刊载。文化旅游领域，乡村民宿助推全域旅游发展模式在全国乡村民宿发展现场会上作经验交流发言，“景区带村”模式带动 13 个村寨走上旅游发展之路。民生社会领域，县域医共体试点建设纵深推进，慢性病“5+5”免费服务模式在全国第一期国家基本药物培训班上作交流发言。集中供养改革经验在全省集中供养工作现场会上作经验交流发言。《江口县食品安全监管机制破解小作坊管控难题》被《贵州改革工作动态》刊载。

（六）强化解、促防控，发展环境更加稳定。全力做好各类矛盾风险防范化解管控工作，切实维护社会大局稳定。一是政府债务风险有效化解。出台《江口县防范债务风险实施方案》《江口县设立偿债风险应急资金池工作方案》，多渠道筹集资金偿还存量政府债务。争取置换债券资金 9.1 亿元用于置换存量政府债务，全县债务风险整体可控。二是金融风险有效防控。通过严格监管小贷公司、担保公司“两类机构”，大力开展防范非法集资宣传等举措，有效防范和化解非法集资风险，区域性金融风险防线进一步夯实。三是社会治理风险有效稳控。深入推进平安江口建设，成功创建“无毒害县”，闵孝派出所成功创建全省规范化派出所。全力开展扫黑除恶专项斗争，人民群众的安全感达 99.6%、居全市第二，人民群众的满意度达 98.07%、居全市第三。全力化解网络舆情风险，全年无重大网络舆情事件发生。深入推进领导接访包案督访工作，妥善解决人民群众合理诉求，全县呈现出“三无一稳”良好局面。全面落实食品安全责任制，全年无较大以上食品安全事故发生。严格落实安全生产“一岗双责”，江口成为全市唯一一个连续 5 年无较大以上生产安全事故县。

（七）强统筹、促共享，民生保障更加有力。始终坚持以人民为中心的发展思想，全面抓好民生事业发展，不断增进人民福祉。一是教育事业优质发展。深入推动教育综合改革、义务教育优质均衡发展。完成江口中学改扩建、第五中学和凯德中心幼儿园新建项目主体工程，启动闵孝第二小学建设项目。持续巩固“新两基”成果，2018 年高考成绩创历史新高，中考排名全市第一。二是卫生事业不断提升。完成村级卫生室提质改造工程，完成县中医医院、疾控中心项目主体建设。县域医共体建设和医养结合工作扎实推进，完成“五个全面建成”工作，在全省率先实现乡镇卫生院中医馆全覆盖。县医院被评为全国综合医院中医药示范单位。太平镇卫生院被评为全省医养结合示范单位。三是保障水平持续提高。落实教育资助资金 8387.45 万元，惠及学生 13 万余人次。补偿健康扶贫医疗保障资金 2659.31 万元，惠及贫困户 8648 人次，建档立卡贫困人口参合率、家庭医生签约率均为 100%。城镇新增就业 2757 人，城镇登记失业率控制在 4.2% 以内。城乡居民养老保险等各类社会保险参保达 15.5 万人次，基金收入达 2.2 亿元。农村低保标准提高到 3876 元 / 年、城镇低保标准提高到 570 元 / 月，全年发放城乡低保资金 1.03 亿元。全面完成 2017 年度易地扶贫搬迁项目建设，1845 户 7828 名搬迁对象搬出大山、搬进新居。四是公共文化服务不断增强。建成文体广场 82 个、村级综合文化站 106 个、文化墙 31 个，实现公共文化服务阵地村级全覆盖，举办"美丽梵净山·铜仁过大年"等各类文体活动 6 次。成功申报省级文物保护单位 3 家，完成 2 项省级非遗项目数字化平台建设。

（八）强作风、促效能，政务服务更加高效。自觉与以习近平同志为核心的党中央保持高度一致，在县委的坚强领导下，切实增强"四个意识"，牢牢把握正确的政治方向。严格落实党风廉政建设"一岗双责"，认真贯彻中央八项规定精神和省、市有关作风建设的规定，持之以恒纠治"四风"，党风廉政建设群众满意度位居全市第一。全面实行政府"管采分离"，认真开展楼堂馆所建设清理及办公用房管理工作，严格执行公务用车管理制度。切实加强意识形态、民族宗教、"茅台酒乱象"整治等中央和省、市巡视巡查反馈问题的整改落实。积极推行政务"集成套餐"和网上办理服务，审批服务协同化、便民化进一步提高。全面推动依法行政，深入实施"七五"普法，建成公共法律服务中心，推进社会矛盾化解联调联动。持续改进机关作风，不断增强服务意识，不断提升服务水平。自觉接受人大、政协监督，办理落实人大建议 67 件、政协提案 63 件。

一年来，我们在取得以上成绩的同时，审计、统计、统一战线、机构编制、电子政务、政务服务、外事侨务、国防教育、文化体育、人民武装、人防战备、档案方志、水文气象、工青妇、红十字、残联、老龄、关工委等事业全面发展，取得了新成绩、作出了新贡献。

各位代表，人民群众对美好生活的向往，是我们永远的奋斗目标。过去一年的成绩来之不易、令人振奋，这是市委、市政府和县委正确领导与科学决策的结果，是县人大、县政协监督支持与群策群力的结果，是全县各族人民同心同德、苦干实干的结果。在此，我谨代表县人民政府，向全县广大干部群众表示崇高的敬意！向县人大代表、政协委员，向各民主党派、无党派人士、人民团体，向驻江部队、公安政法干警、武警消防官兵，向各级驻江单位和对口帮扶城市、单位，向老领导、老同志及所有关心、支持、参与我县发展的各界人士，表示衷心的感谢！

各位代表，在总结成绩的同时，我们也清醒地认识到，在推进江口建设社会主义现代化的道路上，还存在一些不容忽视的问题：一是脱贫攻坚成果巩固任务艰巨。在农村新建设施管护、亮丽环境保持、良好民风巩固及预防返贫、新致贫等方面，仍需绵绵用力。二是实体经济总体质量不高。市场主体活力缺乏，产业层次较低，开发利用方式比较粗放，产业链协同发展程度不够，发展质量还有待提高。三是经济社会发展潜藏隐患。地方债务、征地拆迁、安全生产、社会治安等方面的隐患风险仍然存在，防范化解压力较大，抗风险能力有待增强。四是营商环境有待优化。一些部门不作为、慢作为、乱作为的现象时有发生。五是地方财力总体偏弱。受国家财政金融政策调整、政府投资项目融资渠道收紧等因素制约，乡镇（街道）垃圾集中收运全覆盖、县城殡仪馆整体搬迁、建成狮子山山体公园和县城综合农贸市场 4 件民生实事未能完成既定目标。对此，我们一定以对党和人民高度负责的态度，保持清醒头脑，勇于担当、直面问题，采取更加有力有效的措施切实加以解决。

二、2019 年重点工作

2019 年是新中国成立 70 周年，是深入实施"十三五"规划至关重要的一年，是巩固脱贫攻坚成果、全面建成小康社会的关键之年，做好全年政府工作至关重要。今年政府工作的总体要求是：坚持以习近平新时代中国特色社会主义思想为指导，全面贯彻党的十九大和十九届二中、三中全会精神，全面落实省第十二次党代会、省委十二届历次全会，市第二次党代会、市委二届历次全会精神，认真落实中央和省委、市委经济工作会议精神，深入贯彻落实习近平总书记对贵州、对铜仁和对江口工作系列重要指示批示精神，牢记嘱托、感恩奋进，统筹推进"五位一体"总体布局，协调推进"四个全面"战略布局，坚持稳中求进工作总基调，坚持新发展理念，坚持推动高质量发展，坚持以供给侧结构性改革为主线，坚持深化市场化改革、扩大高水平开放，加快建设现代化经济体系，继续打好三大攻坚战，统筹推进稳增长、促改革、调结构、惠民生、防风险工作，进一步稳就业、稳金融、稳外贸、稳外资、稳投资、稳预期，提振市场信心，提高人民群众获得感、幸福感、安全感，守好发展和生态两条底线，推动三大战略行动，实施“三个提升年”行动，推进“一核两区”建设，决战决胜全面小康，保持经济持续健康发展、社会大局稳定，以优异的成绩庆祝中华人民共和国成立70周年。

主要指标预期目标是：地区生产总值增长10%左右，规模以上工业增加值增长6%，固定资产投资增长16%左右，社会消费品零售总额增长10%，一般公共财政预算收入增长5%左右，金融机构存款余额增长8%、贷款余额增长17%，城镇、农村常住居民可支配收入分别增长8.8%、9.8%左右，城镇新增就业人数实现2640人，城镇登记失业率控制在4.2%以内，旅游总收入增长35%，城镇化率提高到49%左右，居民消费价格指数涨幅控制在国家调控目标范围内，节能减排降碳指标控制在国家下达计划内。

围绕上述要求和目标，我们将重点抓好以下9个方面工作：

（一）全力巩固脱贫成果，夺取全面小康新胜利。 健全完善巩固脱贫攻坚机制，防止已脱贫人口返贫或出现新的贫困人口，切实做到摘帽不摘责任、不摘政策、不摘帮扶、不摘监管，确保全年减少贫困人口1800人，贫困发生率下降到0.2%以内。

一是全面完成易地扶贫搬迁任务。严格按照“六个坚持”的要求，完成2018年度易地扶贫搬迁工程项目建设，实现612户、2479名搬迁对象5月底前全部搬迁入住。落实易地扶贫搬迁后续扶持“1+7”系列文件精神，完善“五个体系”，推进搬迁群众市民化。多措并举支持搬迁群众就业创业，确保有劳动力的搬迁家庭至少1人稳定就业。二是强化基础设施运行管护。围绕省级农村“四好农村路”示范县创建工作，设立江口农村公路建设管理养护资金池。建立完善“县级统筹、乡镇落实、村组主抓、部门协同”的农村公路管护体系。建立健全农村安全饮水管护机制，全面深入推进农村饮水安全工程产权制度和管理体制改革，形成“以水养水”良性运行模式。三是推动保障机制落地落实。完善社会保障体系，落实教育医疗住房“三保障”政策，增强特殊救助能力。按照《江口县完善社会保障机制巩固脱贫成果实施方案》要求，将全县年人均纯收入4000元以下的低收入家庭纳入监管，建立资金池，精准实施临时救助、灾害救助、就业救助等保障，实现全县农村人口收入不低于国家脱贫标准。四是加强扶贫协作和社会帮扶。深化与苏州市姑苏区的扶贫协作，强化领导互动、人才培训、产业合作和劳务协作，打造结对帮扶升级版。深化与中国浦东干部学院、大连民族大学等对口帮扶单位合作，深入开展国有企业“百企帮百村”、民营企业“千企帮千村”和“百千万行动”，实现国有企业、民营企业帮扶全覆盖。五是加快扶贫领域问题整改。加快“五改一化一维”、农村联户路、组组通、农村饮水等项目工程的竣工验收、审计及结算。全面完成省委巡视组、省审计组对我县扶贫领域反馈问题的整改，强化财政扶贫资金监管，提升使用效率。注重扶贫与扶志、扶智相结合，激发贫困群众的内生动力。

（二）全力做好风险防控，适应高质发展新要求。 牢固树立风险意识，扎实做好重点领域风险防范工作，提高风险防控能力，营造和谐稳定的发展环境。

一是抓好政府债务风险化解。认真贯彻落实中央、省、市关于做好政府债务风险防控有关要求，严格执行县委、县政府出台的系列债务风险防范化解方案、增收节支过紧日子实施方案和项目“瘦身计划”实施意见，树立过紧日子思想，健全债务“借、用、管、还”相统一的管理机制，坚持增收与节支并举，开源与节流并重，集中财力防风险、稳增长、惠民生、促发展。严控严管新上项目，所有政府新建项目必须制定资金平衡方案，并通过县委、县政府审查才能立项批复和开工建设。加快推进土地整治三年行动和土地指标流转，加快盘活国有资产，增加国有企业经营收益，增强政府财力和偿债能力。二是抓好金融风险防控。理顺部门间的协同联动机制，强化金融突发紧急情况的应对措施。统筹指导县内金融机构化解不良贷款，引导金融资本更好服务实体经济。强化民间投融资中介机构、影子银行、房地产行业等重点领域监管、防控，坚决打击非法集资、金融诈骗等违法违规金融活动，确保不发生区域性系统性金融风险。三是抓好社会治理风险稳控。加强和创新基层治理，推进基层治理系统化、科学化、智能化、法治化，建设更高水平的平安江口、法治江口。严厉打击“四类”突出犯罪，深化基层综治工作中心建设，强化特殊人群和社区网格化服务管理。完善信访工作体制机制，强化源头和重点管控，开展好“四大源头”治理工程。依法管理民族宗教事务，维护民族宗教领域和谐稳定。推动安全生产领域改革发展，严格落实安全生产责任制，强化打非治违，坚决防范较大及以上生产安全事故发生。加强应急管理和救灾物资储备，提升防灾减灾救灾能力。对农产品、食品、药品实行最严格的全过程监管。

（三）全力推动绿色发展，打造生态文明新样板。以绿色低碳、循环发展为基本原则，全力推进生态文明示范区建设，把生态资本转化为发展资本。

一是扎实推进生态保护。全面落实习近平总书记对梵净山生态保护重要批示精神，全力做好梵净山、太平河保护管理工作。大力抓好中央环保督察“回头看”交办事项和中央、省委巡视反馈环保问题后续整改提升工作，继续抓好全国第二次污染源普查工作。加快推进乡镇污水处理工程项目建设、城乡生活垃圾处理能力建设，完成太平河流域主要村庄环境综合整治，完成民俗街、小磨王、杨澜桥片区雨污分流治理工作，加强污水处理厂、集中式饮用水源地等日常监管，地表水稳定在Ⅱ类水质标准以上，集中式饮用水源地、河流断面水质达标率100%。强化秸秆燃烧管控和烟花爆竹禁燃工作，加强工地扬尘整治，力争城市空气质量优良率达98%以上。争取2019年我县大气、水质、土壤治理效果排全省、全市前列。二是坚决抓好污染防控。围绕打好蓝天、碧水、净土保卫战和固废治理、乡村环境整治五大战役，认真贯彻落实《铜仁市梵净山保护条例》《铜仁市锦江流域保护条例》《铜仁市长江经济带战略环评“三线一单”》等相关规定，严把项目准入关，严禁高污染高能耗企业入驻，加大源头控制力度、协调引导力度。加大对生态破坏、生活垃圾污水处理、河道治理等重点领域的环保执法力度，形成常态化监管体系。围绕减排任务，加强对重点行业、重要时段和敏感地区的监控排查，严厉查处违法排污行为，确保企业排放达标。跟踪督查部门及领导干部环境保护履职情况，及时通报各种违纪违法行为，对违反环保法律法规的单位或个人依法严肃查处，对包庇或纵容违法行为、损害群众环境权益的案件重点查处。三是切实筑牢生态屏障。深入推进森林保护“六个严禁”、“森林督查”等执法专项行动。实施天然林保护、防护林建设、植被恢复建设、石漠化综合治理、水土流失治理及“六绿”攻坚等生态修复工程。继续开展碳汇林建设，争取完成碳汇交易1笔。启动熊家坝花卉苗木及活立木交易基地建设。启动国家储备林、全域森林康养等项目的规划编制工作。建设长江防护林0.4万亩，森林抚育6万亩。

（四）全力抓好投资拉动，增强经济发展新动能。不断扩大开放程度，坚持“引进来”“走出去”并重，扎实开展产业大招商提升年，推动经济开放型发展。

一是加强重大项目争取。抢抓国家加大基础设施领域补短板力度政策机遇，认真谋划一批、储备一批、建设一批、投产一批重大项目，全年新增5000万元以上项目入统30个以上，推进省市重大项目30个，完成固定资产投资27.59亿元。全力争取地方政府专项债券3亿元以上。加快推进江玉高速、渝怀铁路二线江口段建设工程。启动G354江口凯德至两路口公路提级改造、新岭水库、车坝河水库、农村环境综合整治、乡镇污水、云瓦安置区一期、凯德综合农贸市场等项目。完成复退军人（民兵）综合培训基地主楼工程、武警中队营房建设工程。二是加大招商引资力度。紧盯产业结构调整风向和产业转型发展趋势，围绕山地高效农业、大健康医药产业、山地旅游业等优势产业，推行专业化、集团化、精准化招商，力争新引进项目50个以上，签约资金100亿元以上，引进500强企业1家以上。持续巩固“三个三”营商环境整治成果，通过加大行政审批制度改革力度，进一步提高行政办事效率，努力构建“亲清”政商环境。三是加快发展民营经济。新登记各类市场主体2750户，扶持微型企业80户，新增规模以上工业企业4家，实现市场主体累计达1.5万户以上。落实国家减税降费政策，支持民营企业降本减负。着力维护民营企业合法权益，加强企业知识产权、自主经营权保护，保护企业家的人身、财产安全。

（五）全力加快转型升级，产业发展迈上新台阶。坚持高质量发展、绿色发展要求，以供给侧结构性改革为主线，扎实开展实体经济三年攻坚行动，推动产业转型升级。

一是做强龙头产业。以深化文化旅游体制机制改革为抓手，大力推动进文旅、农旅、工旅融合发展，加快推动县文化旅游发展有限公司、净山旅游投资开发有限公司等国有旅游企业实体化运营，开发一批具有文化内涵的旅游文创商品，推出一批具有江口特色文化的旅游线路。重点创建3个精品民宿示范点、1个旅游示范村、1个旅游商品示范企业、1个旅游研学旅行基地，建成星级旅游公厕2座。全面完成云舍4A级景区整改提质。积极配合市委市政府理顺梵净山管理体制，全力推进“一带双核”涉江项目。全年实现旅游过夜游43万人次。二是做优绿色产业。加快推进大健康示范区建设进度，在健康产品基地、健康疗养中心、健康运动基地等大健康业态和链条上有较大突破。启动净云省级森林康养试点及亚木沟、黄岩森林康养基地建设。加快屈臣氏饮用水项目建设，确保一期全面上市、力争二期年内建成；加快农夫山泉项目建设，确保年内运营投产。继续推进凯德特色产业园区“腾笼换鸟·提质增效”，完成

“僵尸”企业清理整顿3家以上。三是做大新型产业。持续推进大数据与实体经济融合发展，新增录入省大数据平台企业150户，实现大数据企业主营业务收入超过2.4亿元。不断壮大电商主体，新增电商企业20家，指导传统企业电商转型3家，培育孵化本地优秀电商企业2家，新增注册网店10家。以电商体系建设助力“江货出山”，完成网络零售额5000万元以上。积极实施农商互联示范县项目，加快完善冷链项目、农产品质量检测等服务配套设施。

（六）全力推动乡村振兴，续写美丽乡村新篇章。坚持农业农村优先发展，全面贯彻落实乡村振兴战略“二十字”总要求，加快推进农业农村现代化进程。

一是建设产业兴旺新农村。以28个500亩大坝为核心，突出抓好“3+2”产业。在艾坪、边江、闵家场、骆象、高墙等10个500亩以上大坝，发展茶叶、精品果蔬、特色水产及中药材、食用菌等高效经济作物，新增中药材0.6万亩、精品水果0.6万亩，完成蔬菜种植15万亩、食用菌500万棒，调减玉米等低产低效作物种植面积1万亩以上。新建茶叶基地2万亩，其中抹茶基地1.2万亩，新建碾茶生产线10条，建设“中国抹茶之都”核心示范区。完成凯德鱼子酱加工厂厂房建设，新增特色水产养殖面积500亩。闵孝、坝盘两个园区要盘活用好已建大棚等闲置资产，骆象园区要实现茶叶基地集中连片和茶青交易市场的正常运营。加大主体培育力度，培育省级农业龙头企业4家、家庭农场10家。建强乡村“三支队伍”，实施新型职业农民培育工程，培训农民3000人次；实施农业专家服务“三农”行动、农业科研人才培训计划、农技推广服务特聘计划。二是打造生态宜居新农村。继续实施“四在农家·美丽乡村”小康行动计划升级版，不断改善提升乡村人居环境。开展最美农村公路改造提升、县乡道提级改造和窄路面扩宽工程，完成47条473.9公里农村公路生命安全防护工程。建立生活垃圾分类、回收利用和无害化处理等相衔接的收运体系。深入推进“厕所革命”，新建农户卫生厕所342座；新增公共厕所6座，改扩建24座，完成农村中小学校厕所革命3所。打造3个生态宜居县级示范点，每个乡镇（街道）规划建设1个美丽乡村示范点。三是创建乡风文明新农村。用好用活“四下沉、四结合、四覆盖”群众工作法，深化村民自治实践，积极创新城乡社区治理模式，打造乡风文明、和谐有序、充满活力的美丽乡村。继续深入开展农村法律明白人培养工程，加大推进“一村（居）一法律顾问”，实现村（居）法律顾问全覆盖。健全乡村综治体系，人力实施农村“雪亮工程”，深入开展扫黑除恶专项斗争，严厉打击农村黑恶势力、宗族恶势力及其背后的保护伞。

（七）全力提升城市品质，展示宜居宜游新形象。以推进“城市建设提升年”为抓手，努力将江口建设成为生态宜居之城、休闲度假之城、会议会展会客中心。

一是加快城市建设。建成云瓦路网、滨河路、凯德4号路等城市道路，完成环城西路改造提升工程，建成2.3千米地下管沟。快速推进旧城改造项目一期建设及云瓦安置区建设。全面启动陀街片区、白沙片区、杨家寨片区拆迁工作。加快推进锦江华府、凯旋国际、金义尚城等续建房开项目建设进度，全力推进沿河景观、城区绿化、亮化建设，实现城建投资27亿元。新建城区停车场5个，停车位达6500个以上。二是完善城市功能。坚持旅游城市定位，加快推动城市餐饮、商住、购物、休闲、地产等产业行业发展，促进城市经济繁荣。建成民族特色美食城、信用联社灾备中心等项目，建成梵天印象大酒店、江口大酒店、镇江新区3个星级酒店。建成丰源家居、庄尚大厦、建材综合市场、特色餐饮市场、文玩花鸟市场等专业市场。激活城市道路冠名权、广告经营权、供热供气特许经营权等无形资产。三是优化城市管理。有序推进城市精细化管理和划行归市工作，集中整治梵净山大道、象狮大道、三星路等城市主要道路占道经营、乱堆乱放行为。加大农贸市场、马路市场整治力度。常态化开展违章停车、工程车带泥上路等专项治理。积极探索物业管理新模式，提升小区物业管理水平，创建物业管理示范小区3个。严格执行《铜仁市违法建筑查处办法》，加强“两违”建筑专项整治，全面开展违法用地建房清理行动，杜绝新增“两违”建筑。

（八）全力创新体制机制，驱动改革发展新引擎。用改革之火点燃创新引擎，不断激发经济活力、发展潜力。

一是深入推进经济领域改革。结合农村产业革命，探索“产业＋保险＋担保”合作模式，增强产业保障水平，丰富保险种类，重点开展“3+2”产业保险。紧紧围绕城市建设、乡村振兴、全域旅游、农业产业、大健康产业等领域，大胆探索项目合作经营模式，不断提升梵净山控股及其子公司实体化经营能力，着力盘活麻粟董凤凰花园、凯德公租房等国有资产，增强市场竞争能力，年内实现盈利5000万元以上。紧紧抓住中央支持民营经济发展政策机遇，深入推动政银担合作，解决民营企业融资难、融资贵问题，实现实体企业贷款投放5亿元以上。二是持续推进农业农村改革。推进农民承包地和农村集体土地、农村林地等确权颁证工作，完成农村集体产权制度改革工作，壮大集体经济，实现集体经济组织覆盖率达100%。加快农村产权交易平台建设，力争实现乡镇（街道）产权交易平台建设达100%，平均交易率达80%以上。深入实施农村“三变”改革，确保在60%以上行政村推行落实，破解“三农”发展难题。扎实做好村级护林员、巡河员、交通协管员等乡村公益性岗位整合工作。三是有序推进政府机构改革。按照中央、省委、市委要求和县委机构改革实施意见，督促指导政府部门按照人岗相适、权职统一的要求，在2月底完成人员转隶，3月底前完成“三定”规定和其他涉改工作。结合“三定”规定梳理制定“两要点两清单”，细化政府部门、个人岗位职能职责，明确底线红线，促进履职尽责，构建高效运行的政府体系。四是加大“放管服”改革力度。构建一体化网上政务服务体系，确保当场办理事项100%网上办理，努力实现企业、群众办事“一网办、一门办、一次办”目标。对所有涉及市场准入的行政审批事项按“证照分离”模式进行分类管理。按照省、市要求，压缩工程建设项目审批、开办企业、不动产登记办理时间，提高办事效率。

（九）全力增进民生福祉，积极回应群众新期盼。始终把增进人民福祉作为发展的出发点、落脚点，谋民生之利、解民生之忧，坚决完成2018年民生实事欠账，积极为群众办好事、办实事、办成事。

一是优先发展教育事业。以教育改革“四变四破”为统领，升级实施“681”工程，积极争取启动县第四小学、第四幼儿园建设工作，启动实施县第一小学、第三中学改扩建项目。持续提升教育教学质量，力争高考成绩再创新高，中考成绩保持全市第一。二是加快发展健康卫生事业。全面完成中医医院整体搬迁、疾病预防控制中心、残疾人康复中心、妇幼保健院等项目建设。深入推进县域医共体试点建设，完善分级诊疗制度，大力实施慢性病“5+5”免费服务模式。三是加大民生保障力度。转移就业农村劳动力4980人以上。持续提高城乡低保标准，不断提升保障水平。建成全县社会保险基础数据库。继续开展“零欠薪”县创建工作，保障农民工工资支付。加快民生福利园建设，建成老年养护院和残疾人托养中心。加快推进殡葬制度改革，建成城市公益性公墓1个，农村公益性公墓5个。四是推动文化繁荣昌盛。继续办好中国“8·8全民健身月”、国际抹茶文化节、“美丽梵净山·铜仁过大年”等活动。全面启动标准十一人制足球场、观音山山体公园和环梵净山生态体育公园等文体项目建设。实施村级农体工程35个。深入推动文物文化保护与开发利用，完成第二批市级文物保护单位推荐申报工作，完成红十七、十八师会师旧址一期修复工程。启动怒溪乡愁馆建设，完成金钱杆、江口豆腐干传统制作工艺非遗数字化平台建设。

三、加强政府自身建设

新时代开启新征程，新征程承载新使命。我们始终把全县人民对美好生活的向往作为奋斗目标，以永不懈怠的精神状态、一往无前的奋斗姿态，努力建设人民满意的政府。

（一）加强政治建设，坚持党的领导。自觉接受党委领导，围绕党委重大决策部署，从政治上想问题、观大势、谋发展。不断强化政府党组党建工作，深入推进“两学一做”学习教育常态化、制度化，开展“不忘初心、牢记使命”教育，深化“牢记嘱托、感恩奋进”教育。认真贯彻落实新形势下党内政治生活若干准则，严肃党内政治生活，严守政治纪律、政治规矩，坚决落实党组全面从严治党主体责任，树牢“四个意识”、增强“四个自信”、做到“两个维护”，强化对党绝对忠诚的政治品格。

（二）加强依法行政，规范履职行为。强化法治思维，切实做到法无授权不可为、法定职责必须为，让行政行为制度化、规范化、程序化，坚决杜绝政府职能错位、越位、缺位现象。自觉接受人大及其常委会和人民政协、新闻舆论、人民群众监督，认真办理人大代表议案、建议和政协委员提案，积极听取社会各界的意见建议。加大政府信息公开力度，加强政策解读，强化网络舆情分析应对，主动回应社会关切。加强法制教育，完善公共法律服务体系，深入开展“七五”普法，让尊法学法守法用法成为全社会的共同追求、自觉行动。

（三）加强能力建设，提高服务水平。按照“既要政治过硬，也要本领高强”的要求，着力提升“八个本领”，强化政府系统执政能力。政府机关要开展系统化、规范化培训，让干部具备专业思维、专业素养、专业能力，成为新时代各领域的行家里手。树立底线思维、增强忧患意识，提高风险的发现力、处置力。坚持严管与厚爱相结合、正向激励与负向约束相结合，为精通业务、务实落实、清正廉洁的干部撑腰鼓劲，打造一支想干事、能干事、干成事的干部队伍，全力推进学习型、效能型、服务型政府建设。

（四）加强作风建设，提升执行能力。深入贯彻中央八项规定精神和省、市、县关于作风建设和执行力建设的规定，把践行“三严三实”贯穿于政府工作始终，坚定不移兴“三风”、纠“四风”、树新风。大力发扬斗争精神，落实“深入实际、摸清实情，研究问题、破解难题，扭住不放、一抓到底，敢于斗争、善于斗争”要求，将抓落实作为全部工作的主题，全面推行“五步工作法”，以“钉钉子”的精神推动各项决策部署落地生根、开花结果，让抓具体、抓深入在政府系统蔚然成风。

（五）加强廉政建设，筑牢拒腐防线。按照县委加强党风廉政建设、反腐败工作的总体部署，结合政府工作实际，认真履行“一岗双责”。强化监督检查、严格追责问责，重点开展扶贫资金使用不规范、扶贫领域腐败和不正之风“两项治理”，坚决查处重点领域侵害群众利益的腐败问题。全面加强反腐倡廉制度建设，健全廉政风险防控机制，推动审计监督全覆盖，严防权力失控、决策失误、行为失范，树立政府系统为政清廉、干净干事的良好形象。

各位代表，拼搏正当其时，圆梦适得其势。让我们在习近平新时代中国特色社会主义思想指引下，在市委、市政府和县委的坚强领导下，乘发展之势、鼓实干之劲、聚攻坚之力，抢抓机遇、开拓创新、砥砺前行，坚决完成全年经济社会发展各项任务，深入推进新时代江口建设社会主义现代化新征程，以优异的成绩庆祝新中国成立70周年！

石阡县政府工作报告

（2019年4月1日在石阡县第十七届人民代表大会第三次会议上）

石阡县委副书记、县长 田运栋

各位代表：

现在，我代表县人民政府向大会报告政府工作，请各位代表给予审议，并请各位县政协委员和列席同志提出宝贵意见。

一、2018年工作回顾

过去的一年，在市委、市政府和县委的坚强领导下，全县上下以习近平新时代中国特色社会主义思想为指导，认真贯彻落实中央和省、市各项重大决策部署，坚持以脱贫攻坚统揽经济社会发展全局，紧扣实现整县脱贫摘帽目标，统筹推进稳增长、促改革、调结构、惠民生、防风险各项工作，脱贫攻坚连战连捷、经济持续健康发展、社会大局和谐稳定，为决胜全面建成小康社会打下了坚实基础。全年地区生产总值完成95.52亿元、增长9.6%，规模以上工业增加值增长7.1%，固定资产投资增长17.7%，社会消费品零售总额完成12.9亿元、增长8.2%，一般公共财政预算收入完成3.96亿元、增长4.8%，城镇、农村常住居民人均可支配收入分别完成28403元、9066元，分别增长9.3%、10.6%。

（一）脱贫攻坚全面胜利。贯彻落实“春风行动”“夏秋攻势”部署，紧扣“一达标，两不愁，三保障”和“两率一度”标准，按照“五步工作法”、“三真三因三定”工作原则、“76554”工作方法，强力推动责任落实、政策落实、工作落实。一是统筹资金聚焦扶贫。整合涉农资金4.01亿元、争取财政专项扶贫资金1.06亿元、争取省级脱贫攻坚扶贫产业子基金4.27亿元、融资资金11.32亿元投入脱贫攻坚。实施扶贫项目409个、总投资9502.7万元。累计向9750户贫困户发放扶贫小额贷款4.5亿元，兑现贴息资金1800.69万元。二是全力攻坚“四场硬仗”。全县“1+3”产业新植茶园6.2万亩、果树4.3万亩、苗木苗圃4810亩，发展食用菌2627.6万棒，出栏牲畜35.3万头、家禽160.2万羽，产业覆盖带动贫困人口26227户、106601人增收。建成通村路164.83千米、“组组通”1416.95千米、硬化串户路448.8万平方米，群众出行更加便利；完成220处安全饮水巩固提升工程，惠及18.86万农村人口，农村安全饮水实现全覆盖。投入4.63亿元新建罗家寨易地扶贫搬迁安置点，完成县内安置1761户、7360人，跨区县搬迁1140户、4700人，易地搬迁脱贫1624户、7175人。教育、医疗、住房“三保障”精准落实，教育资助学生11.2万人次、资助金额9154.9万元，建档立卡贫困人口住院医疗补偿9026.9万元、补偿比达90%以上；改造农村危房5746户、排查整治疑似危房6212户，实施“三改一维一化”61482户，农村人居环境极大改善。三是对口帮扶成效明显。抢抓新华社、苏州相城区、省农科院、贵州师范大学等帮扶机遇，争取新华社投入565万元帮扶发展产业，592万元购买石阡农产品，捐赠价值800万元核磁共振机1台。苏州市及相城区东西部扶贫协作到位资金3878.65万元，实施项目41个，带动12774人受益增收，直接带动贫困人口1938人脱贫。贵州师范大学购买石阡农产品378万元，省农科院投入110万元、实施科研项目14个。狠抓“五个专项治理”，扶贫领域突出问题有效解决，脱贫质量全面提升。全年实现8332户、29046人贫困人口脱贫，去年底全县还有贫困人口2380户、7247人，贫困发生率从2014年的27.07%下降至1.92%。今年3月9日至14日，顺利迎接全省第三方评估。

（二）风险防控有力有效。一是金融风险有效防控。加强金融风险预警和处置，严厉打击非法集资、金融诈骗等违法活动，全县金融运行态势总体平稳，金融机构存贷款余额均突破 100 亿元，服务实体经济力度加大，全年累计扶持企业 1638 户、贷款金额 40.13 亿元。二是政府债务风险有效防控。严格执行“七严禁”和“1+8”债务管理系列政策，建立完善“借、用、管、还”管理机制，偿还债务本息 13.7 亿元，政府性债务风险总体可控。三是社会领域风险有效防控。强化矿山、道路交通、食品药品等重点行业领域专项整治，积极防控非洲猪瘟疫情，安全生产形势持续稳定。依法加强宗教事务管理，宗教领域巡视整改工作扎实开展，宗教“四员”管理模式在全省民宗委主任会议上作经验交流发言，得到副省长魏国楠作肯定性批示。全力推动信访、矛盾纠纷化解，深入开展扫黑除恶专项斗争，打掉涉黑组织 1 个、涉恶组织 2 个。“无毒害县”巩固工作通过省市复核验收，全县社会大局和谐稳定。

（三）生态环境持续改善。一是生态建设成效明显。完成营造林 10.8 万亩、全域绿化“六绿”攻坚 10.47 万亩，新植油茶 4000 亩、改造油茶低产低效林 1.5 万亩。全县森林覆盖率提高到 67.78%。扎实抓好生态效益补偿、退耕还林补助脱贫，6.77 万户 24.62 万人受益增收，478 名建档立卡贫困人口聘为生态护林员、户均增收 1 万元。全国生态保护与修复经验交流会走进石阡观摩，中国气象服务协会授予石阡“中国天然氧吧”称号。二是环保问题整改成效明显。44 个中央和省、市环保督察反馈问题整改完成率达 100%，投入环保问题整改及基础设施建设资金 2 亿元，完成佛顶山核心区原住居民搬迁、贵州闲草堂医药公司生产设施拆除和复绿。新建污水管网 3 千米，新建成龙川河日处理污水 2000 吨水质提升工程，冷龙国控断面水质达Ⅱ类标准，顺利取缔县城万安卡塘坳饮用水源点。三是污染防治成效明显。全县环境空气质量优良率达 98.3%、城镇污水处理率达 89%、地表水稳定达到Ⅲ类水质标准、集中式饮用水源地水质达标率 100%。建成 14 个乡镇垃圾中转站，城镇生活垃圾有效处理。严格生态环境执法，严厉打击生态环境领域违法行为，破获林业刑事案件 26 件、环保立案查处 18 件。

（四）实体经济加快发展。一是工业经济持续向好。完成工业总产值 23.8 亿元。规模以上茶叶加工企业年生产精制茶 0.8 万吨、实现产值 16 亿元。探索生产黑茶 100 吨，攻克破解红茶存放时间短难题。高原清泉矿泉水厂、佛顶山水泥厂实现投产。19 个“千企改造”项目完成投资 6.36 亿元。大龙石阡产业园入驻企业 21 户、投产 9 户，完成工业总产值 3.8 亿元、增加值 0.9 亿元。落实国家和省市支持民营经济发展的优惠政策，减免企业所得税 3429.46 万元，用好用活“3 个 15 万元”政策，扶持发展小微企业 90 户。二是现代农业持续发展。完成农林牧渔业生产总值 48.75 亿元、增长 6.76%，新增省级以上农业龙头企业 8 家，农产品加工转化率为 49.7%，烤烟收购 4.55 万担、收购金额 5783.28 万元，茶叶产量 2.4 万吨、实现综合产值 23.76 亿元。新增认定省级、市级农业园区各 2 个，28 个农业园区实现总产值 26 亿元、销售收入 23.5 亿元；新增国家有机农产品认证企业 3 家、无公害农产品产地认定 45 家、无公害农产品 52 个、绿色食品认证 1 家。大力开展“大棚房”问题“拉网式”清查整治，涉及 8 个项目 16 个问题全部整改完成。三是旅游业持续增长。佛顶山景区累计完成投资 1.38 亿元，佛顶山温泉小镇正式营业，白沙知青农场创建为 3A 级景区，投入 3600 万元打造聚凤农旅一体油茶基地，旅游扶贫带动建档立卡贫困人口 5596 人增收，全年接待游客 631 万人次、实现旅游综合收入 58.51 亿元。

（五）城乡基础更加夯实。一是城乡建设不断推进。完成城建投资 32.69 亿元，城镇化率预计提高到 37.5%。房地产开发投资 3.52 亿元。万金庄、劝龙亭等棚改项目有序推进，城北快速干道全线贯通，西外环建成通车。国荣、聚凤、中坝等小城镇建设完成投资 4.2 亿元。完成 275 个行政村村庄规划编制，17 个中国传统村落完成投资 7992 万元，第八届海峡两岸传统村落保护现场会在我县召开。二是交通路网不断完善。完成交通投资 42.2 亿元，石玉、石湄高速加快建设，香树园至河坝、塘头至本庄、五德长坳至石固等国省县乡道提级改造工程加快推进，建成人车通行桥 15 座。农村公路建设和管理取得重大突破，荣获全国“四好农村路”示范县、获 2000 万元投资奖励。三是民生水利不断夯实。完成水利投资 5.8 亿元，木瓜溪、杀牛冲水库下闸蓄水；木瓜溪水厂建成供水，为县城供水提供了有力保障；獐子沟水库建成启动蓄水验收，龙河沟、二塘水库开工建设，完成龙川河岸线规划，改造完成启灵桥至北塔大桥段防洪堤。四是电讯质量不断提升。城乡电网、通信网络升级改造加快推进，完成电网投资 2.46 亿元、建设项目 97 个，新建或改造通信基站 432 个，全县供电可靠性达 99.59%，30 户以上自然村寨 3G、4G 网络覆盖达 95%。

（六）改革开放深入推进。一是深化"放管服"改革。扎实开展"减证便民"专项行动，取消各类证明材料 137 项，梳理"最多跑一次"事项 105 个，企业、群众办事提供材料减少 30%。落实商事制度改革各项举措，市场主体总量突破 2 万户。"互联网 + 政务服务"深入推进，网上办事大厅累计录入事项 6601 项。完成 4 个乡镇（街道）、62 个村（社区）政务服务标准化建设。二是深化重点领域改革。农村改革扎实推进，完成 26 个试点村集体资产清产核资，土地承包经营确权登记颁证率达 95.7%，有序推动土地流转 16.7 万亩。加强投融资体制改革，持续推动县级国有投资公司实体化运行，全年实现项目融资到位资金 25.52 亿元。党政机构改革严格按照中央和省、市精神有序推进。三是扎实开展招商引资。以开展产业大招商突破年、营商环境整治"两大行动"为抓手，外出江苏、海南、厦门等地开展招商引资活动 45 次，客商来阡考察 121 批次 501 人。全面优化营商环境，积极兑现招商引资落地企业优惠政策。全年新引进省外 3000 万元以上项目 55 个，总投资 102 亿元、到位资金 86.1 亿元，新引进项目开工率达 100%、投产 36 个。

（七）民生福祉大幅提升。一是教育事业持续发展。投入教育资金 5.28 亿元，实施教育工程项目 61 个、单体项目 242 个，提质升级山村幼儿园 32 所。全县学前三年入学率达 95.8%、义务教育阶段入学率达 100%、高中入学率达 97.5%。二是医疗服务能力明显提升。医药卫生体制改革深入实施，公立医院法人治理结构改革稳步推进，县域医共体基本建成。申报创建省、市、县级重点专科 9 个，投入 1.05 亿元实施县乡村卫生计生基础设施项目 12 个，建成深度贫困村标准化卫生室 14 个。我县列入省级第二批医养结合试点单位，县医养结合示范基地正式运营。新农合参合率达 98.14%，基本医疗补偿 2.1 亿元。三是社会保障政策全面落实。全年发放低保金 1.6 亿元、兜底保障 3.94 万人，社会救助 5.81 万人次、资金 2.12 亿元。全县社会保险参保人数 29.77 万人。实现城镇新增就业 4158 人，开展农村贫困劳动力全员培训 10002 人，开发护路员、护河员等公益性岗位安置贫困户 2130 人。实施棚户区改造 2415 套、保障性住房 1168 套。实施地质灾害综合治理项目 4 个，投入治理资金 1468.62 万元，解除受地质灾害威胁群众 550 户、2180 人。四是文体惠民工程加快推进。建成 63 个村级、1 个乡镇级农民体育健身工程，完成多彩贵州"广电云"户户用 1.15 万户，开展"文化进基层、文艺助脱贫"下乡活动 75 场次。

一年来，我们持续加强政府自身建设，深学笃用习近平新时代中国特色社会主义思想，全面贯彻落实党的十九大和习近平总书记对贵州工作的重要指示批示精神，树牢"四个意识"、坚定"四个自信"、做到"两个维护"。认真贯彻落实县委决策部署，及时向县委报告工作，自觉接受人大、政协监督，办理人大代表建议 90 件、政协提案 82 件，办复率均达 100%。严格执行中央八项规定，深入推进政府系统党风廉政建设，坚决纠正"四风"，扎实开展"脱贫攻坚作风建设年"活动，行政效能、服务意识持续提升。此外，工会、团委、妇联、科协、文联、残联、工商联、红十字会等群团组织作出新贡献，审计、统计、档案、机构编制、外事侨务、国防教育、人防战备、水文气象、应急管理等工作取得新业绩。

各位代表，2018 年是石阡发展极不平凡、具有里程碑意义的一年。面对百年未有之大变局，全县上下沉着应对风险防范化解、环保持续攻坚、经济下行压力加大的严峻挑战，千方百计克服资金短缺困难、补齐民生短板压力，尽锐出战、众志成城、攻坚克难、砥砺奋进，脱贫摘帽攻坚战取得了决定性进展、实质性成果。这一年，全县发展收获最大。佛顶山水泥厂、高原清泉矿泉水厂建成投产，城北矿泉水厂启动建设，西外环建成通车，木瓜溪水库下闸蓄水，建成木瓜溪水厂，脱贫攻坚实现目标任务，全县产业发展迈上了新台阶。这一年，农村基础提升最快。农村交通、水利、电讯、人居环境等基础建设是我县历年来规模最大、投资数额最多、建设速度最快的一年，为乡村振兴奠定了坚实基础。这一年，人民群众受益最多。坚持一切力量、一切资源聚集脱贫攻坚，在幼有所育、学有所教、劳有所得、病有所医、老有所养、住有所居、弱有所扶上取得了新成效、新进展。这一年，干部职工最辛苦。奋斗在脱贫攻坚战线上的干部职工，大力发扬新时代贵州精神，用责任、担当、奉献谱写一曲曲脱贫攻坚的时代赞歌，以苦干实干赢得了群众的理解、认同和尊重。回顾一年来的工作，既有拼搏奋斗的艰辛，也有攻坚决战的成效。我们深切体会到：在决战脱贫攻坚、决胜同步小康征程中，不管攻坚的任务多么艰巨繁重、面临的困境多么严峻复杂、前进的道路多么曲折坎坷，只要我们始终保持政治定力、战略定力、改革定力、发展定力，艰苦奋斗、团结奋斗、不懈奋斗，鼓足攻坚斗志、坚定必胜信心，就一定能够创造无愧于心、无愧于民、无愧于党、无愧于历史的新业绩。

各位代表，一年来取得的成绩和进步，主要得益于市委、市政府的坚强领导、关怀支持，得益于县委统揽全局、科学决策，得益于县人大、县政协和社会各界有效监督、大力支持，得益于全县干部群众凝心聚力、苦干实干。在此，我代表县人民政府，向全县46万干部群众，向所有关心、支持、参与石阡脱贫攻坚和经济社会发展的各界人士，表示衷心感谢并致以崇高的敬意！

在客观总结成绩的同时，我们也要清醒地认识到，经济总量小、财政收入少，发展不足、结构不优依然是现阶段的基本县情，一些深层次矛盾、问题还未从根本上解决：一是经济提质增效基础较差，推动转型发展困难增多；二是民生领域仍有不少短板，全面稳定脱贫任务艰巨；三是社会治理存在薄弱环节，防范化解风险压力较大；四是部分干部作风能力与新时代要求还有差距，急需加快改进提升。这些问题，需要我们在发展中采取更加积极、更加有效的措施加以解决。

二、2019年主要任务

2019年是新中国成立70周年，是巩固脱贫攻坚成效、深入实施“十三五”规划、决胜全面建成小康社会的关键之年、奋进之年，做好全年工作至关重要。今年政府工作的总体要求是：以习近平新时代中国特色社会主义思想为指导，全面贯彻党的十九大和十九届二中、三中全会精神，深入贯彻落实习近平总书记对贵州工作的系列重要指示批示精神，认真落实中央和省市经济工作会议、全国全省全市“两会”精神，牢记嘱托、感恩奋进，统筹推进“五位一体”总体布局，协调推进“四个全面”战略布局，坚持新发展理念，守好发展与生态两条底线，继续打好三大攻坚战，深入推进三大战略行动，坚持稳中求进、进中求转总要求，坚持突出绿色化、高质量，注重协同性、承载度，提升保障力，坚持以供给侧结构性改革为主线，坚持深化市场化改革、扩大高水平开放，加快建设现代化经济体系，着力激发微观主体活力，统筹推进稳增长、促改革、调结构、惠民生、防风险工作，坚决夺取脱贫攻坚决战之年的根本性胜利，为全面建成小康社会打下决定性基础，加快“三地一枢纽”建设进程，以优异的成绩庆祝中华人民共和国成立70周年。

今年经济社会发展的主要预期目标是：地区生产总值增长10%，固定资产投资增长17%，规模以上工业增加值增长11.5%，社会消费品零售总额增长10%，一般公共财政预算收入增长2%，城镇、农村常住居民人均可支配收入分别增长9%、10%。

围绕实现上述目标，我们将着重抓好以下工作：

（一）聚力抓好脱贫攻坚。紧扣省、市脱贫攻坚决战之年的部署要求，坚持政策不变、力度不减、责任不松，巩固提升脱贫成效，完成年度减贫目标任务。

一是深入推进农村产业革命。紧扣“八要素”，大力推动“1+3”产业发展，新植茶园10万亩、管护幼龄茶园8.5万亩，种植精品水果1.5万亩，蔬菜种植稳定在30万亩以上，发展食用菌3500万棒以上，建成苗木苗圃基地2万亩，种植烤烟1.79万亩。积极争取省绿色产业扶贫投资基金，为产业发展提供资金保障。推行“公司＋合作社＋农户”等发展模式，强化产销对接、利益联结，推动贫困户持续稳定增收。二是做好易地扶贫搬迁群众后续工作。全面落实“1+7”后续扶持政策，重点抓好基本公共服务、培训和就业、文化服务、社区治理、基层党建五个体系建设，确保搬迁群众尽快融入城市、集镇生活。多措并举支持搬迁群众就业创业，确保有劳动力的搬迁家庭至少1人稳定就业，加快旧房拆除和复垦复绿，统筹迁出地、安置地各项资源，落实各项扶持政策，确保群众搬得出、稳得住、能致富。三是巩固提升农村基础设施条件。实施通村公路项目17个61公里，实施建制村通硬化路“畅返不畅”整治工程11个、69.8公里，加大全县道路管护力度，巩固“四好农村路”创建成果。加强农村人饮安全工程运营管理，确保农村供水保证率达100%。持续推进农村电网升级改造、4G网络建设。四是精准落实教育、医疗、住房“三保障”政策。坚持脱贫不脱政策，全面落实建档立卡贫困家庭学生资助政策，加大控辍保学力度，确保贫困家庭子女不因贫辍学。精准落实基本医疗保险、大病保险、医疗救助政策，加大乡镇卫生院、村级卫生室功能建设，着力提升医疗服务能力。巩固提升住房安全保障，持续改善群众居住环境。五是统筹用好扶贫资金。持续加大财政扶贫、涉农资金统筹整合力度，加强扶贫资金监管，建立扶贫资金投资跟踪成效考核评价机制，加强贫困户利益联结，确保资金精准使用、发挥效益。六是全力用好帮扶资源。持续推动东西部扶贫协作，加快“相城·石阡”共建现代农业产业园建设，深化与新华社、贵州师范大学、省农科院等帮扶单位沟通汇报对接，力争在产业协作、资金支持、人才交流、医疗帮扶等方面取得更大实效。

（二）聚力抓好风险防控。严格按照中央、省、市和县委关于风险防范的决策部署，紧扣“六防六化”工作方法，坚守风险底线，全力保持和谐稳定的发展环境。

一是抓好金融风险防控。健全防控机制，强化预警监测，加强金融运行分析研判，坚决打击非法集资、金融诈骗及其他违法违规金融活动。加强金融机构信贷风险防控，依法处置不良贷款，严厉惩戒失信行为，营造良好的金融生态环境。引导金融资本更好服务实体经济、助力乡村振兴，加大中小微企业、民营经济、“三农”等领域融资支持。二是抓好政府债务风险防控。严格落实“七严禁”“1+8”债务管理系列政策，制定好还本付息偿债方案，建好“偿债应急资金池”，盘活资源资产，全力偿还债务 17 亿元。加快县级国有投资公司实体化转型，提高经营收入，增强偿债能力。健全财政资金使用问效机制，加强审计监督，确保财政资金安全高效运转。三是抓好意识形态、宗教领域风险防控。牢牢把握意识形态工作主动权，加强形势分析研判，守护好、巩固好、发展好主流思想舆论阵地，坚决打好防范化解意识形态领域风险主动仗。贯彻落实党的民族宗教政策，开展宗教政策法规宣传，教育引导教职人员、信教群众遵纪守法，自觉维护宗教活动场所安全稳定；推行宗教“四员”管理模式，依法打击非法宗教和邪教活动。

（三）聚力抓好污染防治。强化环境治理、生态建设，提升生态环境质量。

一是持续打好污染防治攻坚战。巩固中央环保督察反馈问题整改成果。打好蓝天、碧水、净土保卫战和固废治理、乡村环境整治五大战役，确保县城空气环境质量优良率达 96.5% 以上、全县地表水稳定达到Ⅲ类水质标准、县城饮用水源地水质达标率达 100%。加大农村垃圾收运力度，完成乡镇垃圾中转站建设，加快推进城乡污水处理 PPP 项目，加强乡镇污水处理厂运营管理，确保城乡垃圾有效处理、污水达标排放。深入推动土壤污染监管、治理、修复，加强农业面源污染防治，开展畜禽养殖污染专项治理。二是持续加强生态建设。扎实推进森林扩面提质增效三年行动计划，深入实施“绿色贵州”“六绿”工程，稳步提升全县森林覆盖率、生态综合指数。完成营造林 14 万亩，治理石漠化 45 平方公里，实施全域绿化“六绿”攻坚 2.8 万亩，打造 2 个以上不低于 100 亩绿化示范点。加大废弃砂石矿山环境恢复治理。加强佛顶山生态保护，巩固提升省级森林城市创建成果。三是持续强化生态环境保护。严格落实河（湖）长制、路长制，推行林长制。严守生态环境保护红线，严格生态环境准入，加大执法力度，严厉打击生态环境领域违法犯罪行为。加强生态文明宣传教育，倡导绿色低碳生活方式，提升生态文明建设水平。

（四）聚力抓好实体经济。深入开展实体经济三年攻坚行动，加快建设现代产业体系。

一是大力推动工业发展。加快高原清泉矿泉水厂、佛顶山水泥厂达产，推动城北矿泉水厂建成投产，加快城北综合物流园区、节能建材园区、黔东粮食物流园区建设。实施“农商互联示范县”项目，推动农产品加速流通。实施“千企改造”工程 10 个、完成投资 5.8 亿元。二是大力推动农业发展。以 500 亩以上坝区建设为重点，完成产业结构调整 2 万亩以上。持续壮大农业经营主体，培育市级农业龙头企业 4 个。加大现代农业示范园区建设力度，创建省级农业示范园区 1 个。持续实施农业“三品”工程，扎实开展国家有机产品认证示范区、国家级出口茶叶质量安全示范区、国家农产品质量安全县第三批试点单位创建。深化“大棚房”问题专项整治，加强新建项目用地审批监管，坚决遏制农地非农化。三是大力推动旅游业发展。引进、培育旅游龙头企业，加大旅游开发经营力度。加快建设县城游客集散中心，大力推进佛顶山温泉小镇、鸳鸯湖、红二·六军团革命遗址、仙人街等景区景点建设，提质升级佛顶山景区，开工建设佛顶山旅游环线、2 条红色旅游公路，启动佛顶山温泉小镇 4A 级景区、四星级旅游酒店创建，完成 5 座旅游公厕改扩建。加大旅游宣传和营销，提升旅游服务质量。加强与旅行社合作，拓展客源市场，全面提升旅游知名度、影响力，力争实现旅游综合收入 60 亿元。四是大力支持民营经济发展。落实国家和省、市支持民营经济发展政策，研究出台我县支持民营企业发展的政策措施；开展政策落实、金融服务、降本减负、扩大民间投资、营商环境整治、领导干部联系服务企业六大专项行动。鼓励、支持民营企业积极参与脱贫攻坚、农村产业革命，推动民营经济为全县脱贫攻坚、高质量发展作出更大贡献。全力破除制约民营经济发展的各类障碍，为民营企业打造公平竞争环境。构建“亲、清”新型政商关系，依法保护企业家人身、财产安全，让企业放心投资、安心创业发展，确保全年新增民间投资 75 亿元以上、实现民营经济占比 70% 以上。

（五）聚力抓好项目建设。坚持以项目引领发展、支撑发展、保障发展。

一是持续扩大有效投资。紧盯国家政策导向，加强政策研究，做好精准对接，着力在特色产业、基础设施、生态保护、乡村振兴等方面，谋划实施一批大项目好项目。持续强化项目建设攻坚，加速在建项目建设，力争有效投资的力度不减、速度不减，确保36个省、市、县级重大项目完成投资31.63亿元。二是加强基础设施建设。抢抓国家加大基础设施领域补短板力度的政策机遇，夯实城乡交通、水利、电讯等基础设施，争取涪柳铁路过境石阡，力争开工建设德江至余庆高速公路，全力推进石玉、石湄高速公路建设，加快香树园至河坝、本庄至塘头二级公路和中坝经国荣至白沙扶贫旅游公路建设，完成长坳至青阳、龙塘坳至新坝、石固至火麻乡道提级改造，做好"四好农村路"全国示范县复查验收。加快推进龙河沟、二塘水库建设，力争开工建设南安山、两岔河水库，实施中坝至大沙坝段防洪堤二期工程，新增和改善灌溉面积500亩，完成水利投资1.9亿元。持续优化电网结构，实施总投资1.8亿元电网升级改造项目478个，提升电网可靠性和电压质量。持续完善信息基础，提升宽带、通讯、电视网络质量。加快县城天然气综合利用项目建设，确保早日投入使用。

（六）聚力抓好城乡建设。致力城乡一体，构筑均衡发展新局面，着力提升新型城镇化发展水平。

一是推动乡村振兴。坚持农业农村优先发展，加强脱贫攻坚与乡村振兴统筹衔接，编制完成全县乡村振兴战略规划。精准落实"五个振兴"要求，深化农村产业革命，深入推进"四在农家·美丽乡村"小康升级行动计划，抓好农村人居环境整治三年行动，大力实施"十县百乡千村"乡村振兴工程示范乡1个、示范村11个，完成16个传统村落建设，打造一批富美乡村。二是推进城镇建设。坚持规划引领，完成古城区提升改造修建性详规。继续实施棚户区改造项目，完成劝龙亭、老车站片区等6处安置房建设。加快城北快速通道、金泉大道等市政道路建设，争取老城改造、佛顶山大道提级改造、罗家寨至大沙坝城市干道列入省级补短板项目。建成2个物流集散中心，改造提升县城公交车站台，启动北塔综合体建设。争取新增建设用地指标800亩以上，加大土地收储力度，力争实现国有土地出让收入2亿元以上。支持乡镇紧扣生态、产业、文脉等资源禀赋，打造特色小镇，完成"8+X"项目建设投资4.6亿元，持续推进集镇道路、供水、环保、绿化等公共设施建设，增强乡镇集聚带动能力。三是加强城市管理。完善城市管理体制，推动城市管理向集镇延伸。围绕争创"国家卫生县城"目标，扎实开展市容市貌整治、公共设施修缮管理、市民素质提升等行动。强化拆违控违，加强城乡社区治理，开展小区物业管理专项整治，实现104个小区物业管理全覆盖。

（七）聚力抓好改革开放。以改革促进开放、以开放倒逼改革，增强发展动力活力。

一是持续推进改革。深化"放管服"改革，落实权责清单管理制度；深化商事制度改革，持续优化审批流程，实现企业开办时间压缩至3个工作日以内、工程建设项目审批时间压缩至80个工作日以内、不动产登记办理时间压缩至5个工作日以内；推进政务服务"一网一门一次"改革，确保政务服务网上可办率不低于70%。持续、纵深、完善推进党政机构、事业单位、综合执法改革，深入推进医药卫生、社会保障、文化、农村等领域改革。二是持续扩大开放。围绕省、市"10+5+12"产业类项目，深入推动产业大招商，借势借力推动全县"1+3"产业、新型工业、文化旅游等产业发展。更加注重招商方式创新，强化以商招商、以企招企，推动形成全域招商、全员招商的氛围。严格落实招商引资政策，完善督查考核机制，全方位优化营商环境，确保已签约项目尽快落地、尽快建设、尽快投产，力争全年招商引资项目50个、到位资金60亿元以上。完善电子商务三级服务网络，发展壮大电商经营主体，强化外销体系建设，促进特色优质农产品实现网上销售，逐步打造一批竞争力强的电商品牌。

（八）聚力抓好民生事业。坚持以人民为中心的发展思想，努力提升全县人民的获得感、幸福感。

一是全力促进就业创业。落实积极创业就业政策，大力开展职业技能培训，多渠道开发就业岗位，建立完善劳务协作对接机制，确保实现城镇新增就业4500人、城镇登记失业率控制在4%以内，促进农村劳动力转移就业8500人。二是推动教育均衡发展。规范发展学前教育，巩固提升义务教育均衡发展成果，提升高中办学质量。推动县域内校长、骨干教师轮岗交流，提升教师队伍整体素质。深入推动义务教育集团化办学，逐步缩小校际教育教学差距。建成国荣中学，加快推进思源实验学校、第四初中、石固小学、川岩坝小学建设，启动第三初中建设，着力化解"大班额""择校热"问题。三是提升医疗卫生服务水平。持续推进县域医共体建设，推动分级诊疗服务，健全完善全民医疗保障体系，扎实开展家庭医生签约后续服务。稳定新农合参保率达98%以上。完成省级“精神卫生综合防治示范县”创建，启动县级公立医院9个省市县级临床重点专科建设。加快县医院内科综合大楼建设。加强与对口帮扶医院联系对接，助力提升医技水平。四是加大社会保障力度。健全城乡社会救助体系，落实好城乡低保、特困人员救助供养、临时救助等政策。扩大社会保险覆盖面，稳定社会保险参保人数29万人以上。落实退役士兵安置和权益保障政策。加强敬老院管理及星级敬老院创建，建成老年养护楼并实现入住。落实农民工工资保障制度，全力维护农民工合法权益。五是全力办好“十件民生实事”。（1）完成9个农村幸福院建设；（2）建成2个乡镇级、78个村级农民体育健身工程；（3）建成10个标准化村级卫生室；（4）建成1个生态停车场；（5）实现出列29个贫困村、脱贫4900人；（6）完成正冲、高坪等4座小二型病险水库除险加固工程；（7）建成县城区2所幼儿园；（8）建成泉都220千伏输变电工程；（9）打造10个物业规范化管理示范小区；（10）完成29个农村千人以上饮用水源地标准化建设。

（九）聚力抓好社会治理。持续深化“法治石阡”“平安石阡”建设，确保全县社会大局和谐稳定。

一是深化扫黑除恶专项斗争。聚焦涉黑涉恶问题突出的重点地区、重点行业、重点领域，统筹各方力量资源，加大扫黑除恶宣传、线索核查、案件侦办力度，迅速形成对黑恶势力犯罪的压倒性态势。坚持扫黑除恶与反腐败斗争、基层组织建设有机结合，坚决打掉黑恶势力“关系网”“保护伞”，彻底铲除黑恶势力滋生土壤，坚决打赢扫黑除恶专项斗争这场硬仗。二是加强安全生产监管。严格落实安全生产责任制，深化道路交通、食品药品、消防等重点行业领域安全生产专项整治，坚决防止重特大安全事故发生。持续加大非洲猪瘟疫情防控力度。加强自然灾害、突发事件等应急管理体系建设，增强应对和处置突发事件能力，全力保障人民生命财产安全。三是着力抓好社会维稳。实行重大矛盾纠纷、信访问题领导包案化解制度，加大公共安全防控、监管力度，推进“平安警务云”、“雪亮工程”、智能平安小区建设，持续巩固“无毒害”“反邪防邪”“无传销”县创建成果，提升群众的安全感、满意度。

三、加强政府自身建设

时代的重任、人民的重托，对政府工作提出了更高要求。我们将顺应时势、牢记使命，在县委的坚强领导下，以更高标准、更严要求、更实作风提升施政能力和服务水平，建设人民满意的政府。

（一）加强政治建设。牢固树立“四个意识”、坚定“四个自信”，坚决做到“两个维护”。深入学习贯彻党的十九大和十九届二中、三中全会精神，坚持以习近平新时代中国特色社会主义思想武装头脑、指导实践、推进工作。建立完善常态化学习制度，增强学习研究、改革创新、依法行政、推动发展、群众工作、狠抓落实、驾驭风险等本领，推动中央、省、市和县委的决策部署落地落实，坚持以苦干实干的业绩诠释对党的忠诚。

（二）加强法治建设。坚持县政府常务会学法制度，推动政府系统党员干部自觉遵法守法用法。严格执行“三重一大”集体决策制度，坚持民主集中制，推动依法、科学、民主决策。严格按照法定权限和程序行使权力、履行职能、承担责任。坚持重大事项向县委报告制度，依法接受人大及其常委会的监督，自觉接受政协的民主监督，主动接受社会、舆论监督。深化政务公开，提高政府工作透明度，增强公信力。

（三）加强效能建设。推行“五步工作法”，力求在精准施策上见实招、在精准推进上下实功、在精准落地上见实效。严格绩效考核，加强重大事项、重点项目、重要工作督办督查，强化督查考核结果运用，坚持激励约束并重，为干部大胆创新探索撑腰鼓劲，坚决向庸政、懒政、怠政行为亮剑，向不作为、慢作为、乱作为行为开刀，增强执行力，提升行政效率。

（四）加强廉政建设。落实全面从严治党要求，认真履行党风廉政建设主体责任，严格执行中央八项规定，驰而不息纠正“四风”、改进作风。深化廉政风险防控，加强对精准扶贫、工程项目、公共资源交易、财政资金使用等重点领域的审计监督。牢固树立过紧日子思想，大力压缩一般性支出。支持纪委监委、司法机关办案，严肃查处各类违法违纪行为，全力营造风清气正的政务环境。

各位代表，征程万里风正劲，重任千钧唯担当。让我们紧密地团结在以习近平同志为核心的党中央周围，在省委省政府、市委市政府和县委的坚强领导下，牢记嘱托、感恩奋进，为全面建成小康社会、加快实现“三地一枢纽”目标而努力拼搏，奋力谱写百姓富、生态美的多彩贵州新未来、早日实现铜仁“一区五地”目标的石阡篇章而努力奋斗，以优异的成绩庆祝新中国成立70周年！

德江县政府工作报告

（2019 年 2 月 25 日在德江县第十七届人民代表大会第四次会议上）

德江县委副书记、县长 秦智坤

各位代表：

现在，我代表县人民政府向大会报告工作，请予审议，并请县政协委员和其他列席人员提出意见。

一、2018 年政府工作回顾

过去的一年，是德江发展历程中具有特殊意义的一年。面对复杂严峻的宏观环境、压力叠加的多重挑战，在市委、市政府和县委的坚强领导下，在县人大、县政协的监督支持下，我们坚持以习近平新时代中国特色社会主义思想为指导，认真贯彻党的十九大和习近平总书记对贵州工作的系列重要指示批示精神，坚决落实中央、省委、市委、县委各项重大决策部署，坚持以脱贫攻坚统揽经济社会发展全局，围绕建成新时代黔东北交通枢纽、区域性中心城市目标，牢牢守住发展和生态两条底线，落实高质量发展要求，集中精力打好三大攻坚战，迎难而上、扎实工作，全县经济社会发展负重前行、稳中有进、基本面好，取得了令人欣喜的成绩。全年完成地方生产总值 122 亿元、增长 10.8%，排名全市第 2 位；一般公共预算收入增长 2%；固定资产投资增长 18%；规模以上工业增加值增长 6.1%；社会消费品零售总额增长 8.1%；金融机构年末贷款余额增长 29.7%；城镇、农村常住居民人均可支配收入分别增长 9.6%、10.4%。经济社会综合测评排名全省第二方阵第 7 位，比上年提升 2 位。

在保持经济发展持续向好、社会事业同步提升、民生福祉不断改善的同时，我们还顺利实现县域义务教育基本均衡发展目标，高质量承办铜仁市第七届旅游产业发展大会，成功创建国家卫生县城，快速建成武陵陶缘 4A 级景区、白果坨国家湿地公园等一批重大项目，全县发展环境实现大提升，德江对外形象站上新高度，朝着全面小康迈出了新的坚实步伐。

一年来，我们全力攻重点、密集补短板，三大攻坚战取得阶段性成效。脱贫攻坚战果丰硕。深学活用“五步工作法”，牢牢把握产业发展“八要素”，扎实抓好“春风行动”“夏秋攻势”“秋后喜算丰收账”“冬季充电”，全年实现 58 个贫困村出列、24898 名贫困人口脱贫，贫困发生率降至 5.66%，成功接受国家脱贫攻坚考核第三方评估。深入推进农村产业革命，调减玉米种植其他经济作物 11.06 万亩，六大主导产业完成产值 32.42 亿元，带动 4.8 万建档立卡贫困人口稳定增收。建成农村“组组通”公路 2383 公里，解决 11.95 万人安全饮水、15 万户群众安全用电问题，基本实现所有行政村通 4G 网络、光纤宽带，完成 2.66 万户“五改一化一维”。建成楠木园安置点房屋 1417 套，6014 名贫困人口搬入县城新居，10804 名贫困人口搬往大龙开启新生活。累计拨付教育资助金 1.1 亿元，资助学生 19.42 万人次，其中惠及贫困学生 21768 人；建档立卡贫困人口参合率和家庭医生签约服务率均达 100%，兑现医疗费用补助 1.07 亿元；实施农村危房改造 3163 户。围绕产业扶贫、园区建设、人才交流、教育文化医疗等领域，密切开展东西部扶贫协作，定点帮扶、社会帮扶取得新成效。桶井极贫乡累计实施项目 403 个，累计完成投资 7.4 亿元，发展面貌发生根本改变，产业结构调整获省委书记、省人大常委会主任孙志刚肯定性批示。重大风险有效防范。制定出台《德江县政府性债务管理暂行办法》，严格执行“七严禁”和项目审批规定，严控新增政府债务。按照“1+8”债务管控和化解思路及“五化”要求，建立“借用还”“责权利”相统一的债务管理新机制，千方百计筹措偿债资金，有效防范和化解债务风险。常态化开展防范非法集资宣传教育、摸底排查工作，群众自我保护意识有所增强，坚决整治和有力打击非法集资、违法违规套利等非法活动，金融秩序持续趋好。污染防治成效显著。全面完成中央环保督察反馈的23个问题整改工作。完成全域绿化“六绿”攻坚工程18万亩，实施退耕还林13.66万亩，石漠化治理17.42平方公里，矿山和煤矿复绿45公顷，全县森林覆盖率达60.59%，县城区空气质量优良率达97.7%，成功创建省级森林城市。县城区、关口片区污水收集管网和经开区、长堡、潮砥、望牌4个污水处理厂提标改造全面完成，县城污水处理三厂、桶井污水处理厂建设稳步推进，建成医疗废物处置中心。深入落实河长制，扎实开展全域河流保洁“清四乱”专项行动，县城集中式饮用水水源地水质达标率100%。严格落实环境影响评价和环保“三同时”制度。持续开展森林保护“六个严禁”执法专项行动，查处各类林业环保案件160起。过去一年，奋战在攻坚一线的广大干部群众很投入、很辛苦、很给力，他们挥洒汗水、埋头苦干、连续作战，我们为他们顾全大局、不畏劳苦、无悔付出的敬业精神点赞。

一年来，我们奋力稳增长、加速调结构，实体经济呈现高质量态势。工业经济发展质量持续提升。新增规模以上工业企业5户，纳入市级调度工业产业项目31个，完成企业技改投入12.78亿元，实现工业企业转型升级20家。城北工业园区“退二进三”有序落实，共和黄金水道物流园、煎茶农特产品加工园建设有序推进，关口汽贸园完成土地挂牌，签约（入驻）汽贸企业9家。深入开展大招商行动，引进产业项目46个，到位资金42.34亿元，新增市场主体5786户，完成民营经济增加值65.9亿元。现代农业产业化成效显现。实现一产增加值30.48亿元，完成高标准农田建设3.19万亩，新增省级农业龙头企业8家、市级农业园区3个、规模以上农产品加工企业1家，完成合兴鸟坪蔬菜、潮砥精品水果等5个园区改造升级，完成烟叶收购8.05万担。全面推动“三品一标”农产品认证，新增无公害农产品产地认定21个20万亩，无公害农产品认证13个、有机食品认证8个，“有机德江”建设持续深化。探索“互联网+生态农业”联合体模式，上线销售额达1238万元、增长107%。新型农业经营主体获融资担保贷款1亿元，获得各类贷款贴息资金1345万元、保费补贴1700万元。第三产业发展活力不断增强。大力实施“旅游+”战略和旅游扶贫工程，完成旅游项目投资13.1亿元。武陵陶缘景区建成开放，白果坨国家湿地公园顺利通过国家验收并成功创建3A级景区，藏龙谷景区、新滩梦屿旅游扶贫项目建设扎实推进，桶井、煎茶新场分别获评全省旅游“1+5个100工程”旅游名镇、旅游名村，黔中、灵犀、乌江3家星级酒店建成投用。“乌江秘境·欢乐德江”品牌唱响德江旅游，全年接待旅游总人数、旅游总收入分别增长33.8%、35%。积极推动大数据与实体经济深度融合，实施融合示范项目3个；深入实施“电商十大工程”，完成信息基础设施投资1.53亿元，“一园六中心”配套功能不断完善。成功获批全省农商互联示范县。

一年来，我们大力扩投资、拼劲搞建设，城乡面貌实现大幅度改善。项目建设深入推进。聚焦基础设施薄弱环节，全年实施重点项目168个，完成投资83.2亿元。黔北（德江）机场项目预可研获中央军委总参会议通过。德务高速楠杆至务川段通车运营，德江至印江、德江至余庆、沿河经德江至务川三条高速通过规划评审，G352县城至道角、共和港口至两河口和S303县城至桶井提级改造加快建设。朝溪水库完成大坝封顶，五谷溪水库、万坝水库获初设批复，桶井片区人饮和玉溪河生态补水管网全面完工，共和水库、县城供水二期项目启动实施。完成电力基础设施投资1.78亿元，220千伏龙泉变电站、35千伏泉口变电站投入运行，基本完成老城区架空线入地改造。城市功能加速完善。全面完成县城总体规划实施评估，常住人口城镇化率达50.1%，增幅位居全市第二。武陵南路（思源中学至民族风情街）、玉城中路等城市干道全面建成，武陵北路（国土局至德江站）、洋山河路（武装部至黄木丫）等市政道路加快推进，城区路网骨架全新构建成型。建成人民公园三期、幸福公园、大洞沟湿地公园、德龙广场、玉龙广场5个城市休闲空间。新建和提级改造农贸市场5个、城区公厕20座，新增停车位3634个。实施城市棚户区改造5478户，井堡池、关庄等5处保障性住房配套设施基本建成，公园华府、学府壹号等房开项目加快推进。深入发起创卫攻坚行动，重拳整治城市管理痛点，千方百计化解城市堵点，城区卫生与秩序得到根本扭转。乡村环境更加美丽。县域村庄规划全面完成，美丽乡村建设整体发力，开通城乡公交线路2条，快旅慢游拉近城乡距离。全面实行“村收集、乡转运、县处理”生活垃圾处理模式，农村环境脏乱顽疾得到有效治理。大力实施农村人居环境提升工程，累计完成厕所改造22977个，农村圈厕不分、人畜混用问题得到稳步解决。长堡成功创建国家卫生乡镇，长丰、楠杆成功创建省级卫生乡镇，桶井场坝、潮砥青草成功创建省级卫生村。

一年来，我们竭力破瓶颈、不断释活力，改革开放取得开创性成果。供给侧结构性改革深入推进，减免企业各类税费1.55亿元。深化“放管服”改革，持续开展“减证便民”专项行动，取消证明材料109项；及时公布权责清单，网上集中公开各类行政权力事项1627项；推进政务服务“一网通办”，实现零跑动事项145项、最多跑一次事项270项，占办理事项总数的25.5%。实施营商环境专项整治行动、“双随机一公开”改革，深化商事制度改革，创新推行工程建设领域“多评合一”“联合验收”模式，程序繁、环节多、衔接不畅等突出问题得到有效解决。全力支持监察体制改革，税收征管体制改革稳步推进，县消防救援大队完成授衔换装，退伍军人服务保障体制加快建立。县级公立医院改革、农村综合改革、投融资体制改革等一体推进。德江县价格认证中心被表彰为全国先进价格认证机构。大力推进经开区对外开放平台建设，引进项目70个、到位资金110.5亿元。强化与五矿集团、苏州吴中区等对口协作，建成食用菌产业基地3个。深入实施创新驱动战略，申请获批发明专利6项，与县内外有关高校开展课题联合攻关19项，实现成果转化20项，政、产、学、研融合发展加快推进。

一年来，我们着力强保障、全面促和谐，民生福祉获得整体性提升。坚持尽力而为量力而行，“十件民生实事”较好完成。升级改造完成山村幼儿园65所，实施“全面改薄”项目52个，德江八小、德江七中顺利开班办学，城区“大班额”问题稳步解决，城乡义务教育实现整体提升；德江二中完成整体搬迁，乌江学院、贵州工程职业学院规范化建设步伐加快，职成教育国家级示范县顺利通过省级评估。县人民医院整体搬迁项目、县民族中医院医养一体化建设项目、疾控中心整体搬迁项目主体完工，完成21个乡镇卫生院（社区卫生服务中心）中医馆、63个村卫生室标准化建设，县民族中医院成功创建三级乙等中医院，我县荣获“全国基层中医药工作先进单位”称号。实现农村劳动力转移就业1.17万人，新增城镇就业6329人，城镇登记失业率降至2.67%。扎实开展城乡低保提标核查工作，发放城乡低保金1.9亿元、惠及5万余人。德江县社会福利院建成投用，城市中心敬老院、儿童福利院和复兴镇、荆角乡幸福院主体完工，发放特困供养金1223万元。成功承办第二届中国梵净山傩文化学术研讨会、全市西片区第七届老年人运动会；德江火龙节被中国社会科学院列为中国影像志重点课题，中共黔北工委旧址、桶井春晖文化乡愁苑先后获批为“贵州省爱国主义教育基地”。持续深化“平安德江”建设，深入开展扫黑除恶专项斗争，扎实打好禁毒人民战争，有力整改宗教领域存在突出问题，全力防控非洲猪瘟疫情；强化地质灾害防范和演练，“9·13”荆角角口特大滑坡成功避险案例获省、市表彰。狠抓重点时段、重点部位、重点行业领域安全生产，持续开展安全隐患大排查大整治专项行动，全年未发生较大以上安全生产事故，全县安全形势总体稳定，人民群众的安全感、满意度分别达98.66%、97.93%。

一年来，我们努力优服务、持续增效能，自身建设得到进一步加强。始终做到“两个维护”、牢固树立“四个意识”、更加坚定“四个自信”，不折不扣抓好中央省委巡视巡察、国务院大督查反馈意见整改落实。严格履行“约法三章”、重申“三个严禁”，推进“家生态”建设，推动政府系统全面从严治党向纵深发展。完善重大决策合法性审查机制，在全省率先建立覆盖全县的统一集中法律顾问制度。自觉接受人大、政协和社会各界监督，办理人大代表建议116件、政协委员提案80件。严格贯彻落实中央八项规定及其实施细则精神和省、市、县委相关规定，“三公”经费支出持续下降。强化审计结果运用，扎实开展重点工作督查督办。深入推进政府系统党风廉政建设，强化“一岗双责”，严肃查处“四风”和腐败问题，营造了风清气正、干事创业的良好政治生态。

此外，调查统计、档案方志、民族宗教、机构编制、外事侨务、国防教育、人防战备、退役军人、双拥共建、应急管理、水文气象、工青妇幼、老龄人、残疾人和关工委等事业全面发展，人民群众满意度、社会认可度、政府公信度不断提高。

各位代表，事非经过不知难，成如容易却艰辛。过去一年，面对中央省委巡视巡察、环保大督察的政治检验，我们坚定立场、闻过即改；面对精准脱贫、防范化解重大风险、污染防治的繁重任务，我们尽锐出战、克难而进；面对金融政策调整、经济增长下行、财税增速放缓的严峻考验，我们保持定力、沉着应对。我们以巨大的政治勇气、强烈的使命担当，在危机中抓机遇、在困难中求突破、在逆势中稳增长，各项工作取得了显著成绩。这是县委总揽全局、坚强领导的结果，是县人大、县政协有力监督与鼎力支持的结果，是各位人大代表、政协委员理解信任与建言献策的结果，更是全县上下牢记嘱托、感恩奋进的结果。在此，我代表县人民政府，向全县各族人民、各级干部表示崇高的敬意！向人大代表、政协委员，向各民主党派、各人民团体和各界人士，向驻德武警官兵和人民警察，向所有关心、支持德江发展的同志们、朋友们，表示衷心的感谢！

在总结成绩的同时，我们也清醒地认识到，奋进中的德江还面临多重困难与挑战，发展不平衡、不充分的问题还比较突出。一是脱贫摘帽任务十分艰巨。脱贫攻坚越往后难度越大，全县还有50个贫困村未出列、2.63万贫困人口未脱贫，基础设施、扶贫产业成效、易地扶贫搬迁后续保障有待进一步提升。二是实体经济还很薄弱。三次产业结构不优，一二三产业融合不足，工业基础薄弱、结构单一等瓶颈性问题还没有得到突破，龙头企业支撑不足，民营企业经营困难。三是财政保障能力还不强。财政收入增长放缓与刚性支出需求矛盾较为突出，重点领域补短板、偿还政府性债务等资金需求很大；受结构性减税等政策影响，政府财源进一步收缩，可用财力有限，资金调度压力大。四是自身建设仍需加强。少数干部艰苦奋斗精神缺乏、破解难题能力不足、改革创新力度不大，不作为、慢作为、乱作为现象在一定程度上还存在。对此，我们将正视困难不畏惧、直面问题不回避，系统研究、全力解决，决不辜负全县人民的期望和重托。

二、2019年主要目标任务

2019年是新中国成立70周年，是决胜全面建成小康社会第一个百年奋斗目标的关键之年，是向脱贫攻坚发起总攻、夺取全胜的决战之年。做好全年经济社会发展工作，至关重要、意义深远、责任重大。处在这个十分关键的节点，我们既承担全面消除德江绝对贫困的政治重任，又承载与全国全省同步全面小康的使命荣光，左肩挑着历史、右肩担负未来。置身新时代，我们既要顺应发展变化主动作为，又要善抓政策机遇乘势赶超，以新理念、新坐标、新视野推进各项工作，加快谱写建成新时代黔东北交通枢纽、区域性中心城市的新篇章。

根据县委总体部署，今年政府工作的总体要求是：以习近平新时代中国特色社会主义思想为指导，全面贯彻党的十九大和十九届二中、三中全会精神，认真落实中央、全省、全市经济工作会议精神，深入贯彻落实习近平总书记对贵州工作的系列重要指示批示精神，牢记嘱托、感恩奋进，统筹推进“五位一体”总体布局，协调推进“四个全面”战略布局，坚持新发展理念，坚持稳中求进、进中求转工作总要求，坚持以供给侧结构性改革为主线，坚持深化市场化改革、扩大高水平开放，加快建设现代化经济体系，继续打好三大攻坚战，着力激发微观主体活力，统筹推进稳增长、促改革、调结构、惠民生、防风险工作，保持经济运行在合理区间，进一步稳就业、稳金融、稳投资、稳预期，提振市场信心，提高人民群众的获得感、幸福感、安全感，守好发展和生态两条底线，深入推进三大战略行动，坚定不移实施实体经济三年攻坚行动，把确保实现整县脱贫摘帽作为核心目标，紧紧围绕同步小康创建达标、撤县设市申报成功重要目标，着力在融入成渝经济圈、打造乌江生态经济走廊重要节点、推动德思印融合发展、加快建成区域性中心城市、更好满足人民群众对美好生活的需要方面开创新局面，为全市“一区五地”建设贡献德江力量，以优异的成绩庆祝中华人民共和国成立70周年。

综合考虑整个大环境和我县发展实际，今年经济社会发展的主要预期目标是：地方生产总值增长10%左右，规模以上工业增加值增长11.5%，固定资产投资增长17%，社会消费品零售总额增长10%，一般公共预算收入增长5%，金融机构存贷款余额分别增长8%、16%，城镇、农村居民人均可支配收入分别增长9%、10%，城镇化率提高到52%以上。减少贫困人口18500人以上，贫困发生率降至1.7%以内，实现50个贫困村出列，全面小康实现程度达95%以上。节能减排降碳指标控制在国家下达计划范围内，居民消费价格指数涨幅控制在国家、省调控目标范围内。

围绕上述目标任务，我们将重点抓好以下工作：

（一）坚持全员作战，坚决夺取脱贫攻坚历史性胜利。必须把脱贫攻坚作为重中之重、急中之急，对标“一达标，两不愁，三保障”，决胜“四场硬仗”，确保整县脱贫摘帽，开启全面小康新征程。

全面补齐基础设施短板。完成总里程2752公里的农村“组组通”公路建设任务，确保30户以上自然村寨100%通硬化路，实现农村居住户连户路全覆盖。快速推进40个农村安全饮水点巩固提升工程，切实加强已建饮水工程管护工作，建立“以水养水”管理长效模式，实现全县安全饮水不漏一户、不漏一人。全面实施电力、通讯、农村卫生室等乡村基础设施建设，确保所有村动力电、光纤网络全覆盖和30户以上自然村寨4G移动信号全覆盖。

持续打好易地扶贫搬迁和“三保障”硬仗。认真落实“六个坚持”“五个三”部署，全面完成跨区域搬迁11664人；用好城乡增减挂钩政策，加快推进旧房拆除和复垦复绿工作；落实好易地扶贫搬迁“五个体系”和“1+7”后续扶持政策，确保有劳动力的搬迁家庭至少1人稳定就业。全面落实贫困家庭学生资助政策，加大控辍保学力度，确保贫困家庭子女顺利完成义务教育；继续压缩党政机关行政经费的6%支持教育扶贫、2%支持医疗扶贫；做好重病慢性病患者、残疾人、孤寡老人等特殊贫困群体的保障工作。全面整治农村村庄人居环境，全面完成剩余危房改造和“五改一化一维”项目建设，基本消除农村老旧住房透风漏雨现象。

全面深化农村产业革命。围绕“六大”主导产业，完成“两区”划定工作，深入推动500亩以上坝区产业结构调整，粮经比调整为3∶7，基本实现全县基本农田种植高效经济作物。全县定植茶叶2万亩、花椒4万亩、天麻40万平方米、精品水果1万亩，轮作蔬菜29万亩，食用菌稳定在6000万棒，烤烟种植稳定在3.35万亩，出栏肉牛3.3万头。全力抓好产业管护，切实让已建产业发挥成效。全面抓实贫困户“一长两短”项目，建立健全利益联结机制，确保贫困户产业覆盖率达100%。积极培养一批爱农村、懂农业、善经营的农场主或农业经纪人，引导他们领办或管理农民专业合作社，促进合作社规范化、实体化运行，为来一场深刻的农村产业革命奠定坚实基础。

全面统筹用好各方资源。深化与五矿集团、苏州吴中区、省文化和旅游厅等帮扶单位的合作，共建扶贫协作产业示范园区1个以上，着力打造园区建设合作、农业产业合作等升级版。深入开展“千企帮千村”“同心战贫困·赤子报春晖”行动，抓好生态、旅游、“文军”、体育、消费等扶贫，大力推广教育、医疗等“组团式”帮扶机制，广泛发动社会资源参与脱贫攻坚。

全面激发群众内生动力。紧扣群众满意度，更加注重扶贫与扶志、扶智相结合，持续深入开展“两走进”活动，积极组织开好群众会，做深做细贫困群众的宣传、教育、培训等工作，教育引导广大群众感党恩、听党话、跟党走。深入开展农村社会秩序、乡村文明治理行动，大力实施法治扶贫，依法惩戒干扰脱贫攻坚等违法行为。充分培育和推树脱贫攻坚先进典型，认真开展“脱贫之星”“卫生家庭户”等评选活动，切实发挥示范引领作用，有效提升贫困群众自我管理、自我服务、自我监督的能力和水平，不断提振脱贫致富的信心和决心。

建立健全决战决胜保障机制。持续推进“三级作战指挥体系”，强化县总指挥部统筹调度，着力提升战区指挥部的攻坚能力、村级作战指挥所的主战能力。继续实行部门帮村和干部帮户机制，加大干部下沉帮扶增派力度，实现人力物力财力向脱贫攻坚一线高度聚焦。进一步强化涉农资金整合，管好用好专项扶贫资金，加大扶贫资金审计力度，从严查处贪污挪用、截留私分等行为。加大补短板投融资力度，大力争取省级绿色产业扶贫投资基金，深入落实城乡建设用地增减挂钩政策和扶贫小额贷款、再贷款政策。突出扶贫政策衔接，对已脱贫的保持政策不变、力度不减、责任不松，防止脱贫人口返贫。

各位代表，行百里者半九十。越是接近全面胜利，越要保持战略主动、战力集中，牢牢掌握总攻决战的主动权、制胜权。我们要在彻底撕掉贫困标签的同时，高度聚焦全面小康“三项核心指标”“三项前置指标”，夯实基础、巩固成果、壮大优势，确保今年同步小康创建达标。我们要紧紧依靠、充分发动全县各族人民，全面实现整县脱贫摘帽目标，坚决夺取脱贫攻坚的历史性胜利，向着同步全面小康的伟大目标昂首进发。

（二）坚持底线思维，深入打好重大风险防控攻坚战。时刻绷紧风险这根弦，始终保持高度警惕、做到居安思危，把防范化解重大风险的各项工作真正落到实处。

持续管控政府性债务风险。严格落实“七严禁”和“1+8”债务管理系列政策，健全“借用还”“责权利”相统一的地方政府性债务管理机制。抢抓机遇争取更多专项债券，着力涵养和培植财源，做大财政收入总量、提升质量。全面盘活存量资源资产，全力化解政府债务，严控新增隐性债务。牢固树立过紧日子思想，严控“三公”经费，压减一般性支出。鼓励社会组织承担必要的社会管理和服务职能，减轻政府支出压力。

持续防范化解金融风险。树立政银企协作共进理念，强化金融风险联防联控机制，牢牢守住不发生系统性金融风险的底线。深入开展防范和处置非法集资宣传活动，重点整治乱办金融、违法违规套利、高杠杆投资炒作等严重干扰金融市场秩序行为。完善金融风险监测、预警和处置机制，强化政银企协作配合、公检法互联互动，提高动态监测、实时预警能力，做到风险源头早识别、早预警、早发现、早处置，全力营造良好金融生态。加大对“影子银行”的监管力度，坚决防控金融风险。

持续防范化解安全稳定风险。严格落实安全生产责任制，加大重点行业领域事故隐患排查整治力度，快速稳妥处置各种安全事故、突发事件，确保安全生产形势持续稳定向好。全面落实社会稳定风险评估机制，开展重大矛盾纠纷信访问题领导包案化解，固化十项信访维稳工作机制。加强民族团结进步示范县建设，创建宗教关系和谐示范县，依法打击非法宗教和邪教活动。加大公共安全防控和监管，巩固提升“平安德江”建设成果，纵深推进扫黑除恶专项斗争、禁毒人民战争，深入推进平安警务云、智能平安小区建设，完善立体化数字化社会治安防控体系，全力维护社会稳定。

（三）坚持强基固本，扎实推动实体经济高质量发展。坚决落实“巩固、增强、提升、畅通”八字方针，扎实推进实体经济三年攻坚行动，全面完成第四次全国经济普查工作，着力提高实体经济发展质量。

加快推进一区三园建设。围绕经开区实现年产值75亿元以上目标，不断夯实经开区综合型生产性服务业集聚区发展基础，加快健全体制机制和完善功能配套，全面完成土地资源资产清理，深入推进“退二进三”工作，启动建设高新技术孵化园项目，规划建设综合物流中心，培育1家年交易额5000万元以上集配企业，引进一批重大服务业项目落地建设。加快实施煎茶农特产品加工园（一期）路网项目，启动煎茶冷链物流园规划建设，积极引进农特产品加工企业入园生产。加快完善关口汽贸园基础设施建设并实现首期投运。有序推进共和黄金水道物流园场平工作。引导关联企业向园区集中，不断强链补链增链，推动各园区逐步实现链条式、集群化发展。

持续促进产业转型升级。培育省级农业园区1个，新增市级农业园区1个、市级以上龙头企业6家、市级家庭农（牧）场10家、休闲农业与乡村旅游示范点1个，加快培育引进一批农产品精深加工龙头企业，实现农产品加工转化率达52%以上。大力实施“千企改造”工程，完成规模工业企业技改项目8个，积极争取茶叶智能化、天麻大数据及天麻工程研究中心等项目纳入中央预算盘子，努力提高工业投资比重，新增规模企业5户、限上企业8户。深化大数据与工业深度融合，完成融合示范项目3个，新增“两化”融合企业5户。推动大数据基础设施升级，配合做好“一云一网一平台”，完善全县政务数据资源体系，启动规划5G网络体验基站，深化光网德江、满格德江、宽带乡村建设，完成信息基础设施投资8000万元。

扎实推动壮大旅游产业。按照“抓龙头、连金线、做亮点”的总体思路，扎实抓好重点景区景点规划编制工作。启动建设合朋一二三产业融合示范项目、泉口万亩草场景区和城北温泉度假中心，加快建设新滩梦屿项目，快速推进藏龙谷景区建设并争取年内实现对外开放，建成德江圆梦廊桥。持续提升武陵陶缘休闲度假区、白果坨国家湿地公园等景区品质，巩固A级景区建设成果。大力申报全省旅游“1+5个100工程”名录项目，积极打造一批山水相依、景田相望、农旅相生、文旅相融的精品民宿、农家乐、乡村旅游示范村寨。争取创建A级旅游景区1个、星级酒店2家，实现旅游接待人次、旅游总收入分别增长30%以上。

大力支持民营经济发展。严格落实中央、省、市关于民营经济发展的政策措施，全面贯彻省委、省政府“1+6”政策文件，深入开展“六大专项行动”，着力破解制约民营经济发展的瓶颈，推动民营企业、小微企业爬坡过坎、发展壮大。整合涉及民营经济发展专项财政资金，按不低于60%的比例支持民营经济发展，实现普惠金融信贷资金投放2亿元以上。大力扶持实体企业，全面落实减税降费普惠性政策，实现减税降费1亿元以上。全年谋划民间投资重点项目5个、民间投资90亿元，确保新增市场主体3000户以上，实现民营经济增加值70亿元。加快构建“亲、清”新型政商关系，推行“企业特派员”制度，坚决办好“服务民营企业省长直通车”交办事项，聚焦企业差异化诉求，提供点单式定制服务，当好“五星级服务员”，让民营经济倍加壮大。

各位代表，实体经济是GDP稳步增长的关键支撑，民营经济已成为推动发展不可或缺的力量。在全面建成小康社会的新征程中，我们要始终坚持“两个毫不动摇”，加力加速推进园区建设，坚定坚决扶持民企发展，求真求实优化营商环境，真正实现平台好、实体兴、市场活，确保实体经济三年攻坚行动关键之年取得突破性进展。

（四）坚持优化供给，多措并举扩大有效投资和消费。发挥投资对优化供给结构的关键性作用，增强消费对经济发展的基础性作用，千方百计确保经济平稳较快增长。

坚定不移扩大有效投资。抢抓基础设施领域补短板的政策机遇，充分发挥投资对经济的拉动作用，提高投资质量和效益，谋划固定资产投资支撑项目137个、总投资343亿元。开工建设黔北（德江）机场。积极对接协调做好昭黔铁路、渝柳铁路过境德江前期工作。建成德务高速公路，开工建设德江至余庆高速公路，加快推进德印高速公路规划建设事宜，对接做好务川至沿河高速公路德江段前期工作。建成G352提级改造工程荆角至高山段，加快S303县城至桶井提级改造工程建设，开工建设夹石大桥，力争开工建设县城至沙溪、长堡至潮砥公路改扩建工程。建成朝溪水库、大木尧水库，开工建设共和水库、万坝水库，完成沙滩水库、煎茶水库项目前期工作，建成城区供水二期工程。建成投运县城污水处理三厂、垃圾焚烧发电厂，开工建设共和、稳坪、荆角和煎茶园区4个污水处理厂，力争启动建设县城污水处理四厂。加大项目合理资金需求的统筹保障力度，确保项目顺利实施。

千方百计促进消费增长。以高质量的供给催生创造新的市场需求，更好满足人民群众对美好生活的向往，实现社会消费品零售总额增长10%以上。依托市场交易平台，有序推进老旧汽车报废更新、二手车交易市场建设，全面落实新能源汽车补贴政策，进一步优化机动车管理措施，更好满足居民汽车消费需求。积极创造条件推动老旧小区、老年家庭适老化改造，加快发展住房租赁市场，加大对社会力量开展3岁以下婴幼儿托育服务的支持力度。持续办好休闲农业、乡村旅游系列主题活动，着力挖掘农村网购、旅游消费潜力，实现“德货出山”网络零售额增速14%以上。大力发展连锁化、品牌化便利店，积极开展有机产品认证，提升食品农产品供给质量。进一步优化消费市场环境，全面落实修改后的个人所得税法及其实施条例，进一步加大消费者权益保护力度。

（五）坚持建管并重，加快推进区域性中心城市建设步伐。围绕今年撤县设市申报成功目标，优化空间布局、强化功能配套，统筹城乡发展，打造宜居宜业、宜商宜游、宜学宜养的绿色发展城市。

强化规划引领，凸显区域性中心城市首位度。研究编制城市空间规划，优化城市生产、生活、生态空间布局，推动“多规融合”、实现“多规合一”。围绕融入成渝经济圈、对接黔中城市群、推动德思印融合发展，打造乌江生态经济走廊、北融重庆重要节点城市，认真开展区域协调发展规划、县域城镇体系规划、城市总体规划修编，实现“一张图”规划、“一盘棋”建设、“一体化”发展，严格国土空间用途管制、加强土地空间生态保护修复。争取在国家新一轮城镇体系规划中，更加凸显德江区域性中心城市地位，提升区域性中心城市首位度，引领铜仁西片区、贵州东北部、黔渝湘三省交汇区域协同发展。扎实推动钱家、龙泉、煎茶、堰塘、共和同城化发展，有序推动教育、医疗等公共服务设施延伸覆盖。对照撤县设市指标，千方百计补齐各项短板，新增城镇人口1万人以上，常住人口城镇化率提高到52%以上。

强化项目牵引，提升区域性中心城市承载力。优化城市路网结构、完善城市道路功能、研究城市综合交通，建成北京南路（董家水井至物资局段）、武陵北路（国土局至德江站）等主次干道，推进观音湖大道、关庄至安家渡道路建设，加快建设连接支路，形成南北贯通、东西畅通、互联互通、内联外畅、快联快通的城市交通路网。优化公共服务布局，进一步优化城市供水排水、强电弱电、燃气管网等基础设施规划，形成供水分区分级环网、排水分区分级网络，加快推进海绵城市、综合管廊和管网建设、架空线缆入地，规划建设城北、水岸豪庭片区2个农贸市场，新建城市公共休闲空间5个，新增城市公共停车位1000个，进一步解决停车难问题。优化城市空间环境，持续开展“城市双修”，深化玉溪河综合治理，推行垃圾分类收集处理。完成玉溪河、玉龙湖、大洞沟、周家湾、小窝堡、庄子上等棚改安置房建设，完成北京南路、南客片区、楠木园片区棚户区房屋拆迁并启动安置房建设；加快推进浙江三杭、贵州麒龙等房开项目前期工作，基本建成公园华府、学府壹号等房开项目。切实提升城市居住小区物业管理水平，着力打造环境示范小区；持续改善城市环境卫生，不断巩固国家卫生县城创建成果。

强化融合发展，推动乡村振兴取得新突破。坚决落实乡村振兴战略、“五个振兴”要求，制定县级乡村振兴战略五年规划。坚守“农地姓农”底线，实施高标准农田建设3.2万亩，完成第三次全国国土调查工作。全面开展农产品加工业提升行动，推动茶叶、花椒、天麻、食用菌等全产业链开发。学习借鉴浙江“千万工程”经验，抓好农村人居环境整治三年行动，扎实开展农村厕所革命、农村生活垃圾治理、农村生活污水治理、村庄清洁4个专项行动。打造“四在农家·美丽乡村”升级版，建成富美乡村示范点3个以上、特色自然村寨2个以上。完成大棚房清理整治工作。积极重塑乡村文化，强化少数民族特色村寨保护，推进智慧农家书屋、乡愁馆建设，建成农民体育健身工程15个以上，实现农村外在美与内在美的和谐统一。

各位代表，追梦无止境，奔跑不停步。德江撤县设市、建成区域性中心城市，是历届县委、县政府的不渝初心，是全县各族干部群众的矢志追求，凝聚了全县上下民心和力量。我们要本着对德江历史、人民和发展高度负责的态度，以坚如磐石的信心、只争朝夕的劲头、坚韧不拔的毅力，坚定不移推进区域性中心城市建设步伐，确保今年撤县设市申报成功。

（六）坚持生态优先，坚定不移打好污染防治攻坚战。牢牢守住发展和生态两条底线，大力呵护“山水林田湖草”生命共同体，让绿色成为发展的主色调。

厚植绿色生态屏障。抓好全域绿化“六绿”攻坚行动收官工作，完成今冬明春营造林5万亩、全域绿化9.6万亩，打造2个以上不低于100亩的绿化示范点，森林覆盖率达62%以上。实施全域山水林田湖草生态保护修复，加快推进德江（楠杆）省级自然保护区申报工作，不断丰富省级森林城市的发展内涵。开展石漠化综合治理三年攻坚，治理石漠化16平方公里、水土流失20平方公里。实施森林扩面提质增效三年行动计划，实行林长制，加强油茶等林业产业基地建设，推动林产品配套精深加工。深入实施绿色制造三年专项行动，创建绿色园区、建设绿色工厂、开发绿色产品、延长绿色链条。

强力推动铁腕治污。持续巩固中央环保督察反馈问题及“回头看”交办问题整改成果，坚决打好蓝天、碧水、净土保卫战和固废治理、乡村环境整治五大战役。扎实开展全国第二次污染源普查工作，深入开展扬尘污染治理，集中整治建筑工地、城市道路、工业企业扬尘，城区空气质量优良率保持在96%以上。持续深化河长制、“双十工程”及“百千万”清河行动，加大乌江、玉溪河等重点流域污染源排查、治理力度，加快推进城区污水主管网改造工程建设，确保地表水稳定在Ⅲ类水质标准以上，主要河流出境断面水质达标率100%，县城集中式饮用水水源地水质达标率100%，全面完成乡镇集中式饮用水水源地规范化建设，城乡生活垃圾无害化处理率达90%以上。全面实施土壤污染防治行动计划，有序开展土壤污染普查工作，强化土壤污染管控和修复。

完善生态文明制度。加强生态文明宣传教育，倡导简约适度、绿色低碳的生活方式。大力推进绿色进家庭、学校、社区、商场、餐馆“五进”活动。推行绿色消费、提倡绿色居住，节约用水用电用气。健全完善生态文明绩效评价考核体系，继续推行生态环境损害赔偿制度，建立保护发展森林资源目标责任长效机制。实现重心前移，严守项目建设环评审查关口。严格环保执法，持续开展森林资源保护“六个严禁”行动，严厉打击破坏森林资源的违法犯罪行为。

（七）坚持改革创新，全面激活改革开放引擎新动能。坚持以开放倒逼改革、以改革拉动经济，持续释放发展活力。

坚定推进重点领域改革。全面完成政府序列机构改革，加快整合完善新机构职能职责。推进城市管理综合执法改革，建立健全相关职权剥离、执法接续等配套机制。推进财税体制改革，实施零基预算管理和预算绩效管理，启动财政涉农补贴资金“一折通”集中统发工作。推动政府平台公司转型改革，以强德公司、城投公司为主，有序整合其他平台公司，逐步剥离政府性融资业务，加快向集团化、实体化、市场化转型。深化“放管服”改革，用好“两清单四平台”，推动“互联网＋公共资源交易”“互联网＋政务服务”，确保当场办理事项100%网上办理，企业、群众办事提供材料减少60%以上，零跑腿事项超过20%。持续提高办事效率，确保工程建设项目审批、开办企业、不动产登记办理时间分别压缩至80个、3个、5个工作日以内。深入推进农村集体产权制度改革，全面完成清产核资工作，开展农村村民居住地一体登记发证工作试点。

全面提升对外开放水平。围绕打造内陆开放要地，发挥德江区位优势，全面融入成渝经济圈，积极构建内外联动、安全高效的开放型经济体系。深化金融供给侧结构性改革，加快普惠金融、绿色金融、消费金融体系建设，争取引进商业银行1家。提升政务服务理念，进一步构建市场化、法治化营商环境，加大招商引资力度，引进项目65个，实现到位资金100亿元以上。用好梵净山品牌，广泛推介我县农特产品，积极拓展成渝、长三角等地市场，努力打造绿色农产品供应基地。坚持国际视野，实现对外贸易零突破。全力做好外籍人员在德管理服务工作，为留学生学习、交流服务提供便利。

持续激发创新创造活力。创新人才队伍梯度培养机制，以发展的眼光培育人才，提高人才科学化管理水平。充分借助五矿集团、苏州吴中区、省文化和旅游厅的对口帮扶资源优势，充分发挥帮扶人员的桥梁纽带作用，使更多的产业、信息、人才、资金等发展要素汇聚德江。继续优化教育、医疗领域的帮扶机制，加强与重庆新桥医院、遵医附院等帮扶单位的医疗交流。加大科技创新力度，注重产学研结合，为产业发展提供技术支撑，申请专利80项以上。充分发挥万名专家下基层的有效带动作用，开展课题联合攻关，加快成果转化增值。

（八）坚持民生至上，不断织密扎牢民生福祉保障网。坚持在发展中保障和改善民生，不断提升人民群众的获得感、幸福感、安全感。

倾力办好各项社会事业。以教育优质均衡为目标，持续调整城乡学校布局，优化教育资源配置，建成一批城乡公办幼儿园，建成开办德江九小、德江六中，推进城乡义务教育一体化改革发展；启动德江县第三高级中学建设，启动德江一中省级一类、德江二中省级二类示范性高中申创工作；继续加力支持乌江学院、贵州工程职业学院发展壮大，紧扣德江发展实际办人民更满意的职业教育；加强教师队伍引进交流工作，强化师德师风建设，规范校外教育培训机构。以健康德江建设为目标，扎实推进卫生健康服务能力提升“八大工程”行动计划，深入推进“医共体”建设，落实“分级诊疗”制度，确保县域内就诊率达90%以上；完成县人民医院整体搬迁，同步启动三级甲等综合医院创建工作，建成投用县民族中医院医养一体项目，全面完成疾控中心整体迁建项目，建成省级疫苗临床检测基地；强化医保基金预算管理，改革医保支付方式，落实“同病同价”。抓好枫香溪国家文物保护单位抢救性保护修缮工作，建成德江县档案馆爱国主义教育基地，创建国家一级文化馆，继续推进全民阅读，不断丰富书香德江内涵。深入推进殡葬改革，启动城区公益性公墓建设，落实惠民殡葬政策。

更加健全社会保障体系。坚定不移保障和改善民生，努力让发展更有温度、幸福更有质感。完善就业创业政策服务体系，大力实施农村贫困劳动力全员培训行动计划，促进农村贫困劳动力就业创业。严格落实“7个100%”要求，切实保障农民工合法权益。全面落实“全民参保”工程，稳步推进机关事业单位养老保险制度改革。健全社会救助体系，分别提高城乡低保标准3.5%、5.2%，切实保障困难群众基本生活。持续深化留守儿童关爱保护行动，健全“四位一体”关爱保护体系。扎实做好退役军人管理服务工作，全力争创全国双拥模范县。充分运用食安云平台加强食品监管，切实保障人民群众舌尖上的安全。

扎实办好“十件民生实事”。从解决好人民群众普遍关心的突出问题入手，千方百计为群众办实事、办好事。（1）完成50个拟出列贫困村人居环境综合整治，全面解决农村人口安全饮水及住房保障问题；（2）建成国省道150公里，完成农村“组组通”公路614公里、农村公路生命防护工程470公里，加密城乡公交线路3条；（3）建成城区中压燃气管网10公里，完成3500户居民入户供气安装；（4）建成开办德江县第六幼儿园、第七幼儿园等7所城乡公办幼儿园，新增城区义务教育阶段学位2800个；（5）建成县人民医院体检综合楼、楠木园社区卫生服务中心；（6）创建星级敬老院1个以上，实现农村生活不能自理特困人员集中供养率达45%；（7）新增多彩贵州“广电云”户户用10000户，完成50个贫困村文体设施、15个农民体育健身工程建设，建成玉水街道全民健身中心；（8）新增城镇就业岗位5000个以上，累计完成3年培训任务12000人以上，实现农村劳动力转移就业10000人以上；（9）新建和改造城乡公共卫生厕所5座、旅游公厕5座、农村户用卫生厕所18500个；（10）实施棚户区改造3500户，建成玉龙湖、玉溪河等5个片区棚改安置房4533套。我们要通过办好一件一件的实事，让广大群众的生活一年更比一年好、人民的幸福指数一年更比一年高。

三、切实加强政府自身建设

打铁必须自身硬。面对艰巨繁重的改革发展任务，我们将始终坚持以人民为中心的发展思想，把政治建设摆在首位，始终做到信念过硬、政治过硬、责任过硬、能力过硬、作风过硬，切实履职、真抓实干，努力建设人民满意的服务型政府。

（一）突出政治站位，全力加强政治建设。把政治意识作为政府工作的第一品格。牢固树立“四个意识”、坚定“四个自信”、做到“两个维护”，把坚持党对一切工作的领导贯穿政府工作各方面、全过程，始终对党绝对忠诚。深学笃用习近平新时代中国特色社会主义思想，全面贯彻习近平总书记对贵州工作的重要指示批示精神，全面贯彻落实新形势下党内政治生活若干准则，认真落实中央和省、市、县委决策部署，确保政令畅通、令行禁止。

（二）突出依法行政，全力加强法治建设。把依法行政作为政府工作的第一准则。坚持依法、民主、科学决策，落实重大行政决策事项公众参与、专家论证、风险评估、合法性审查和集体讨论规定。完善执法体制机制，推进执法规范化建设，加强行政执法与刑事司法有机衔接。强化行政权力运行监督，自觉接受县人大法律监督、政、协民主监督、党内纪律监督和国家监察监督，主动接受社会公众、新闻媒体舆论监督，高度重视民主党派、工商联和无党派人士的意见建议。落实重大事项向县人大及其常委会报告、向政协通报、向社会公开制度，让权力在阳光下运行。

（三）突出务实重行，全力加强效能建设。把务实重行作为政府工作的第一要求。按照政治过硬、本领高强的要求，针对知识弱项、能力短板、经验盲区，开展系统化、规范化培训，努力提升各级干部的专业思维、专业素养、专业方法，提高风险的发现力研判力处置力。深入贯彻中央八项规定及其实施细则精神和省、市、县委关于作风建设的规定，把践行“三严三实”贯穿于政府全部工作中，坚决反对一切形式主义、官僚主义。深入开展“政府系统深化落实年”活动，全面推行“五步工作法”，崇尚实干，埋头苦干，奋力开创各项工作新局面。

（四）突出清廉本色，全力加强廉政建设。把廉政建设作为政府工作的第一保障。紧盯重大工程、重点领域、关键岗位，加大督查审计力度，实行公共资源配置全程公开、全程监管。严控“三公”经费，坚决整治领导干部利用茅台酒等特殊资源特殊产品谋取私利问题。强力正风肃纪，以最严格问责推进作风整改。针对表态多、调门高、行动少、落实差等突出问题，采取过硬措施坚决加以整治，确保干部清正、政府清廉、政治清明。

各位代表，幸福从来不会凭空而降，唯有奋斗才能创造历史。我们要始终坚持以习近平新时代中国特色社会主义思想为指导，在县委的坚强领导下，在县人大、县政协的监督支持下，牢记嘱托、感恩奋进，同心同德、同向发力，为确保实现整县脱贫摘帽、同步小康创建达标、撤县设市申报成功而努力拼搏，奋力谱写建成新时代黔东北交通枢纽、区域性中心城市的新篇章，努力干出无愧于时代和人民的新业绩，以优异的成绩庆祝新中国成立70周年！

万山区政府工作报告

（2019 年 1 月 15 日在万山区第二届人民代表大会第三次会议上）

万山区委副书记、区长 张吉刚

各位代表、同志们：

现在，我代表万山区第二届人民政府向大会报告工作，请予审议，并请区政协委员和列席会议的同志提出宝贵意见。

一、2018 年工作回顾

2018 年是习近平总书记视察万山 10 周年、对万山转型发展作出重要批示 5 周年，是深入学习贯彻党的十九大精神、习近平总书记在贵州省代表团重要讲话精神的关键之年，是加快建设新时代现代化魅力新万山的突破之年，是决战决胜三大攻坚战里程碑意义之年。一年来，面对复杂的环境，在市委、市政府和区委的坚强领导下，在区人大、政协的监督支持下，我们攻坚克难、奋力拼搏，全区呈现出“经济健康发展、社会和谐稳定、干群感恩奋进”的良好局面。

一年来，我们重点抓了以下 6 个方面的工作：

（一）举全力打硬仗，三大战役再战告捷。坚持以脱贫攻坚统揽经济社会发展全局，坚决打好防范化解重大风险、污染防治攻坚战，保障社会和谐稳定。

脱贫攻坚取得决定性胜利。认真落实和践行习近平总书记关于扶贫工作的重要论述，始终将脱贫攻坚作为最大政治责任、最重工作任务，聚焦“五个一批”、突出“六个精准”、落实“76554”工作法，把人力、物力、财力向脱贫攻坚领域倾斜，发起脱贫攻坚“春风行动”“夏秋攻势”“秋后喜算丰收账”“冬季充电”等战役。一是产业扶贫踏出增收“致富路”。全面推广“九丰农业 +”模式，在各乡镇（街道）设立 500 万元大棚蔬菜启动基金，建成标准化大棚蔬菜基地 57 个、1.2 万亩，与 5160 户、1.82 万贫困群众建立利益联结机制，得到省委、市委批示肯定，省、市脱贫攻坚项目观摩会现场观摩。为各贫困村提供 100 万元产业发展基金，培育壮大村级集体经济。兑现贫困户产业奖补 536 万元，帮助 1590 户贫困群众自主脱贫。新增农民合作社 47 个，实现贫困村全覆盖。二是易地搬迁筑起脱贫“安居梦”。全面建成 2017 年度旺家花园、城南驿、观山雅居安置点，完成思南、石阡、印江 3 个县 3524 户、15241 人，区内 1165 户、4970 人搬迁任务，妥善解决就医、就学、就业等后续保障问题，实现了搬出大山、住上新房、过上好日子。建成 2018 年度旺家花园、西南商贸城、微企园、龙生安置点主体工程。“安得广厦千万间，大庇天下寒士俱欢颜”，1200 多年前仁人志士的美好愿望得以实现。三是夯实基础谱写乡村“新乐章”。党员干部冲锋在前，翻山越岭、跋山涉水、风餐露宿、不辞艰辛，打通了农村水、电、路、讯最难的关卡。投入 4.66 亿元，新修农村“组组通”公路 647 公里、“四好农村路”100 公里，有序推进 PSL 贷款县、乡道改造项目。投入 2.2 亿元，建成人饮工程 396 处，实现村组安全饮用水全覆盖；完成老山口水库、梅子溪水库、中洞水库主体工程和下溪水库大坝截流工程。投入 3.1 亿元，实施农村电网升级、行政村光纤宽带提速工程，实现 100% 行政村通宽带、100% 自然村通电话、4G 网络乡镇全覆盖。四是补齐短板落实“三保障”。教育补助农村建档立卡贫困学生 5964 人 782 万元，实现学前教育、城乡义务教育阶段学生免费营养午餐全覆盖。建档立卡群众大病商保达 100%，家庭医生签约服务率达 100%；医疗保障补偿 3048 人次 1368 万元，保障率达 94%。投入 10.2 亿元，完成“五改一化一维”2.5 万户、危房改造 607 户、小康房 270 户，实现农村群众安全住房保障全覆盖。

在这场史无前例的脱贫攻坚战中，我们斗志坚定。全区 20 多万干部群众汇聚成一股无坚不摧的强大力量，以“贫困不除，愧对历史；群众不富，寝食难安；小康不达，誓不罢休”的坚定意志，回应历史呼唤、群众期待。大家讲政治、讲奉献，不谈条件、不计得失，勠力同心、苦战实战，自愿牺牲所有休息和照顾老人、孩子的时间，不论高温酷暑、天寒地冻，夜以继日、全力以赴扑到脱贫攻坚一线，头顶星辰、肩挑日月、脚踏泥泞，行进在山川河谷之间、奔忙在田园土地之上、穿梭在贫困群众之中，有的带着嗷嗷待哺的小孩、有的身怀六甲、有的带病坚守，彰显了坚定的政治担当、对父老乡亲的深情厚谊。在这场消除绝对贫困的脱贫攻坚战中，我们尽锐出战。成立区、乡、村三级指挥部，统筹推进脱贫攻坚工作；建立“5321”干部帮扶机制，实现建档立卡贫困户干部帮扶全覆盖。抽调 300 名优秀干部精准突击脱贫攻坚，选派 360 名干部到村居（社区）担任第一书记或驻村干部，把最精干的力量沉入基层、战在一线，成为群众心中最信得过、最靠得住的“亲人”。区人大代表、政协委员全力汇聚智慧、力量和资源，建真言、献良策、见实效；各帮扶单位、各村居（社区）“三委”及社会各界贤达人士主动担当、积极作为，帮助群众增收脱贫，成为新时代群众心中点赞、喝彩的人。在这场创造中国奇迹的脱贫攻坚战中，我们英雄辈出。首创《督查问政》《脱贫攻坚进行时》电视栏目，分别播出 72 期、142 期，树立“勤劳致富、脱贫光荣”导向。建立“新时代农民（市民）讲习所”110 个，累计开展讲习活动 5000 余场次，组织召开院坝会群众会 3000 余场次，发放宣传资料 3 万余份。开展“明礼知耻·崇德向善”等主题实践活动，涌现出一批先进人物典型，毛照新同志被授予“全国农业劳动模范”“文朝荣式的好支书”“全省优秀共产党员”，杨长余夫妇被评为“全国最美家庭”，华茜、张程等被列为铜城仁者先进典型、脱贫攻坚群英谱。在各乡镇（街道）推广“漫画话扶贫·干群心连心”、村规民约文化墙，在每个村开展“最美卫生户”“最美儿媳”“最美公婆”等评选活动，用群众的身边人作榜样，引导和激励群众自我发展意识、主动脱贫意识，形成了党的政策好、人居环境好、社会风气好、干群关系好的浓厚氛围。经国务院扶贫办认定、省人民政府批复，以零漏评、零错退，综合贫困发生率为 1.19%、群众认可度达 96.37% 的优异成绩，实现贫困县整县出列，脱贫攻坚工作取得了决定性胜利。

政府性债务风险得到有效防范。严格落实政府性债务管理“七个严禁”要求，牢牢守住债务风险底线，严防区域性、系统性债务风险。一是争取项目支持，增强资金活力。重点围绕易地扶贫搬迁、水利、交通等基础设施包装一批项目，全年获批上级补助项目 416 个，到位资金 20.4 亿元。按照“缓、停、减、保、转”的原则，审核缩建政府类投资项目 1 个、缓建 16 个、停建 4 个、保建 140 个、结转 16 个，减少政府投入 66.8 亿元。二是拉长债务期限，缓解财政压力。利用资源优势与第三方金融机构磋商，科学制定偿还计划，分层化解债务资金。置换存量债务 3.2 亿元，展期还本资金 5.5 亿元，延长债务期限 5 至 10 年。三是盘活固定资产，增加财政收入。加强观山雅居、旺家花园、城南驿安置区配套商业门面等国有资产综合利用，盘活“大众创业·万众创新”产业园、标准化厂房及公租房、老城区房产等闲置资产，有效实现资金回笼。四是强化项目融资，提升偿债能力。区属平台公司创新融资模式，主动对接银行金融机构，有效应对财政金融收紧政策，实现融资到位 29.75 亿元。五是开展专项整治，稳定金融市场。强化民间融资市场的风险排查和防治，打击恶意逃废债、非法集资等违法违规金融活动，坚决把失信人员、失信企业纳入“黑名单”，促进金融体系良性循环。工商银行、贵阳银行等区内各金融机构主动作为，帮助化解政府债务危机。

污染防治筑牢绿色发展根基。深入贯彻落实习近平生态文明思想，牢固树立“绿水青山就是金山银山”理念，把污染防治工作放在重要位置，以发现问题不放过、整改不彻底不放过、群众不满意不放过的铁的要求，蓝天碧水净土一个都不能少的雄心壮志，坚决打赢污染防治攻坚战。一是建立健全体制机制。扎实推进矿山治理和重金属、水源地、农业面源、大气环境等污染防治工作，建立环保包案督察、巡视检查、突出问题整改等机制，出台《生态修复实施方案》《湿地保护修复制度实施方案》。二是强力推进问题整改。投入 4.37 亿元，提前四个半月完成经开区固废填埋场（北库）项目建设，仅用 70 天完成 17 万立方米库容的生态修复工程；按期完成四坑历史遗留废渣治理、下溪河汞污染治理和黄道锰渣污染综合整治等工程。完成中央、省、市环保督察反馈问题 34 个、信访件 22 件整改任务，整改率 100%。三是大力厚植绿色基础。推行“水改旱”土壤治理模式，与乡村振兴战略有机结合，发展生态扶贫产业。完成土壤污染重点行业空间位置遥感和农用地详查点位核实。落实河长制，实现河道、水库等各类水域监管全覆盖，取缔网箱养鱼 1200 口，搬迁、整改污染主体 22 家。开展“环保十二件实事”、森林保护“六个严禁”等专项行动，治理水土流失 9.8 平方公里，营造林 15.4 万亩，新建油茶基地 1100 亩，森林覆盖率达 64.8%，排名全省 18 个城区方阵第一。技改升级企业 13 家。新引进朱砂工艺品、凯燕眼镜等 7 家环保企业，完善汞化工企业环保设施。万元 GDP 能耗、工业增加值能耗、二氧化硫等排放总量均控制在节能减排指标范围内，城市集中式饮用水水源达标率 100%，中心城区环境空气质量优良率达 97.9%。

（二）调结构促转型，实体经济加快发展。紧扣“工业强区、农业惠民、旅游兴业”的发展思路，主动顺应产业发展新态势，促进产业转型升级。

一是工业经济迎难奋进。完成工业产业投资 23.2 亿元，新增规模工业企业 7 家，规模以上工业增加值同比增长 10%。纳入“千企改造”重点项目 23 个，完成投资 18.14 亿元。建成万仁新能源汽车项目冲压、焊接、涂装、总装四大车间，引入机器人智能作业，首款自主研发微卡实现批量生产，标志着万山重装备制造业从有到优。以百万年薪引进钾资源综合开发利用专业管理人才，利用远盛钾业专利、厂房与区平台公司合作，组建开盛钾业科技有限公司，全力推动钾资源开发利用，标志着万山国企增资扩股私企实现新突破。二是园区建设成效显著。编制经开区《“九通一平”及“新九通一平”专项规划》，完成经开区生活污水收集管网及污水处理设施项目、老山口 220 千伏输变电工程并投入使用，加快推进丹砂路项目，启动忠义路、紫燕路项目建设。园区入驻企业 78 家，发放“贵园信贷通”贷款 1.03 亿元。三是现代农业特色彰显。围绕农村产业革命“八要素”，调减玉米 3.4 万亩，种植蔬菜 15.5 万亩、食用菌 0.5 万亩、精品水果 5.02 万亩、油茶 0.5 万亩、中药材 0.2 万亩。累计建成生态刺葡萄、香柚、油茶种植基地 9.6 万亩。引进温氏集团等畜牧龙头企业，发展规模以上畜牧业 139 个，出栏生猪 14.8 万头、肉牛 0.9 万头、肉羊 1.2 万只、生态家禽 71 万羽、禽蛋 960 吨。预计实现农林牧渔总产值 18 亿元，同比增长 10%。四是新兴业态蓬勃发展。完成全国旅游标准化试点创建工作申报资料。朱砂古镇创建国家 5A 级景区工作有序推进，完成万亩红枫种植，建成“那个年代”一条街、酒吧一条街、高山瀑布、放下山庄等景点。与华夏微影合作，建成朱砂古镇微电影小镇。彩虹海陆地公园正式营业，被列入全国优秀旅游项目名录。长寿湖国家湿地公园顺利通过国家林业和草原局验收，正式成为“国家湿地公园”。梅花湖、黄腊洞等景区建设快速推进，石竹、牙溪、挞扒洞等乡村旅游蓬勃兴起。全年接待国内过夜游客 13.6 万人次，同比增速排名全市第二；接待入境过夜游客 1.19 万人次，同比增速排名全市第一。文化产业企业入库 105 家，规模以上企业 14 家，产业增加值增幅排名全省 18 个城区方阵第二、全市第一。朱砂工艺品产业园入驻企业 32 家，万山朱砂被授予贵州省文化产业“十佳品牌”，在北京、杭州、凤凰古城、张家界等地开设朱砂专卖店，朱砂产业年产值突破 6 亿元。启动铜仁市大数据创新应用产业园创建工作，引进信融九洲、超脑大数据、梵华科技等 8 家大数据企业，注册区域电商品牌“味万山”，电商交易额 4.92 亿元、网络零售额 1.2 亿元。

（三）拓城区优功能，城市发展蹄疾步稳。坚持以城市建管为抓手，快速推进“一带两路一走廊”新区建设，实现城镇化率达 48.9%。

一是主城区拓展优化。从仁山、谢桥、茶店、鱼塘析置设立丹都街道，新成立旺家花园、丹苑等 5 个主城区社区，拓展城市发展空间，城市管理更加精细。二是城市品位集聚提升。政务服务中心办事大厅顺利搬迁新址办公。义乌城三期、万和星城三期、浙商大厦、居然之家、周家农贸市场、九宜城商业综合体等重大项目快速推进。建成仁山主题文化公园、凯潮溪滨河公园 2 个城市公园，体育馆广场等 12 个市民休闲空间。三是城市基础更加完善。项目用地保障有力，获批各类新增建设用地指标 1398 亩。实施棚户区改造 3126 套，提档升级全国特色小城镇。实施城市管理大会战，构建“网状化”城市道路循环系统，完成棕榈大道、香樟大道等城市干道改造，打通正信路、明信路、莲花大道延长线等“毛细血管”。投入 360 万元，规范十字路口、重要节点路段安全防护设施、交通信号灯和标识标牌。铜大高速公路茶店互通项目建成通车，铜玉铁路及朱砂古镇站建成运营，万山正式迈入高铁时代。四是城市商贸经济更加繁荣。建成特色商业步行街、西南商贸物流中心、太平洋百货购物中心、寸草堂等项目，楚溪大酒店、朱砂大酒店二期、木杉河大酒店 3 家星级酒店建成运营，主城区商气、人气、财气集聚提升。

（四）抓改革扩开放，发展动能持续增强。坚持以改革、开放、创新、合作催生新活力，不断释放改革红利。

一是改革工作稳步推进。深化“放管服”改革和“三位一体”供销社综合改革。528项行政审批事项保留276项，148项工商登记前置审批事项保留28项。完成国地税征管体制改革，落实减税降负政策，减免各项税收4985万元。水权改革试点通过国家验收，农田水利设施产权制度、创新运行管护试点改革通过省级验收。二是招商引资取得突破。创新“4+N+5”产业招商模式，在全省产业招商经验交流会上作交流发言。在北京等8个城市设立驻外招商办，党政主要领导外出招商29次，引进广东温氏、碧桂园、浙江盾安集团等500强企业来万投资兴业，引进光伏发电、桃园泊岸·埠上桃源、居然之家、凯宾斯基酒店、万亩车厘子等重点项目。全年引进全口径签约项目103个，到位资金171.1亿元，同比增长11.7%。三是科技创新取得实效。企业专利授权24件，其中发明专利12件。新增省级科技型企业备案24家，省级众创空间1家，完成技术交易额1200万元。银河化工、远大教学设备被认定为高新技术企业，与铜仁学院建立实践教学基地。四是扶贫协作更加紧密。推动两地部门、学校、医院等领域全面结对，互访1000余人次，达成协议项目34个，签订共建园区框架协议，引进苏高新集团食行生鲜供应链中心、泰迪旅游综合体等重点项目。市交通学校与江苏企业合作，采取产教融合“2+1”人才培养模式，开办轨道交通、机电技术等专业订单班。举办扶贫协作招聘会1场，开展劳务培训11期，实现就业490人。在全国“携手奔小康”行动培训班上作书面典型经验交流。

（五）惠民生强保障，群众福祉稳步增进。坚持以民为本，狠抓基本公共服务提升，民生支出13.17亿元，占一般公共预算支出的62.4%。

一是教育医疗水平显著提高。完成黔东中学一期项目建设，8月27日正式开学，标志着万山历史上有了第一所民办高中。市二十二小学、大坪中学等项目有序推进，提质升级山村幼儿园9所，“全面改薄”学校8所。学前教育毛入园率、义务教育巩固率、高中阶段毛入学率分别达98%、100%、95%。建成区人民医院二期及中医院、妇幼保健院、疾控中心合建项目主体工程。新建搬迁安置区社区卫生服务站5个，完成贫困村卫生室规范化建设26个。全区参合率达100%。病媒生物防制达到国家C级标准并通过省级验收。二是社会保障能力显著提升。成功创建社会养老服务中心星级养老院，完成鱼塘、大坪敬老院提级改造。医疗救助城乡困难群众1954人次，发放救助资金307万元。城市低保标准调整到每人每月636元、增幅为6%，农村低保标准调整到每人每年3936元、增幅为9%，保障城市低保对象5273人、农村低保对象10193人。新增城镇就业1261人，新增“雁归人员”就业创业4012人。三是丰富文化多样性。打造《丹都巨变》《淘砂声声》等文艺精品。以万山历史为背景的大型电视连续剧《看万山红遍》，完成剧本编写。建成全民健身中心1个、村级示范性综合文化服务中心4个、乡镇综合文化站10个、文化体育活动场所86个、农村数字图书馆105个。开展“三下乡”文艺活动7场，放映农村公益电影920场。四是社会综合治理能力显著增强。全力推进扫黑除恶专项斗争和各类治安突出问题专项整治，破获涉恶九类案件11起，群众安全感99.4%。完成民族宗教领域督察反馈问题整改，民族团结和睦指数100%。“平安万山”建设快速推进，整合建设“天网工程”“雪亮工程”，打造冲广坪社区、朱砂古镇、仁山公园等10个智能平安小区，实现命案、“两抢”零发案。禁毒工作扎实开展，禁毒执法工作排名全市第一。坚持领导干部定期接待群众来访、下访约访、领导包案制度，化解各类疑难矛盾纠纷541起，成功申报全国信访工作“三无县”。安全生产、食品药品安全形势总体稳定，未发生较大以上安全生产事故、食品药品安全事故。

（六）守法治转作风，行政效能不断提升。严格落实社会稳定风险评估，深化行政执法体制改革，全面加强法治政府建设。

一是坚持依法行政。自觉接受区人大及其常委会的法律监督、工作监督，自觉接受区政协的民主监督，办理人大议案68件、政协提案60件。主动接受社会监督、舆论监督，公开重大政府信息300余条。二是改进机关作风。开展作风整顿和效能建设活动，强化权力监督，规范权力运行。强化行政监察和审计监督，完成项目审计87个，核减建设成本5000余万元。三是加强廉政建设。不断完善惩治和预防腐败体系，开展责任提醒谈话54人次、采用约谈函询处置问题线索34件，廉政建设取得新成效。

此外，国防动员、后备力量改革和建设取得实效，荣获全市民兵和专武干部比武双项综合第一名，省储备物资管理局、大连民族大学、茅台集团等对口帮扶单位工作成效显著，应急管理、机关事务、公积金、烟草、气象、侨务、档案、保密、老龄等工作取得新成绩，石油、供水、燃气、邮政等保障工作迈上新台阶，工会、共青团、妇联、科协、残联、文联、红十字会、关工委、工商联等作出新贡献。

各位代表、同志们，过去一年收获伴随艰辛、成功凝结智慧。一年的奋斗，付出了非同寻常的心血与汗水；一年的实践，积累了弥足珍贵的经验和财富；一年的发展，留下了难以忘怀的历程及启迪。万山人在转型崛起的鲜活实践中底气十足、势头正旺，幸福感、获得感更强。这一年我们迎难而上，把一项项目标变成现实，兑现了向全区人民的庄严承诺。

——2018年是我们倍感喜悦的一年。我们牢记嘱托，坚持把应对经济下行压力、找准稳增长和调结构的平衡点作为最大目标，坚定不移践行新发展理念，干出了“万山速度”。预计完成地区生产总值53.3亿元、同比增长10.5%，三产结构调整为19.7 ：40.9 ：39.4；一般公共预算收入3.5亿元，同比增长5.6%；500万元以上固定资产投资同比增长19%；社会消费品零售总额同比增长11%；金融机构存贷款余额分别完成48亿元、50亿元；城乡居民可支配收入30400元、9400元，同比分别增长9.5%、10%，全面建成小康社会总体实现度达97%。

——2018年是我们倍感振奋的一年。我们感恩奋进，坚持把强化对外宣传、唱响主旋律作为最大追求，汇聚正能量、传播好声音，亮出了“万山风采”。成功举办贵州铜仁梵净山“我的乡愁”微电影节、大型报告文学《看万山红遍》研讨会暨中国著名作家“万山行”采风、中国·万山首届资源枯竭型城市转型发展高峰论坛等重大活动。全国50余家新闻媒体点赞万山转型盛况，《人民日报》《经济日报》等主流媒体专题专版报道。中央和省、市级媒体分别刊播万山新闻、专题报道359条次、1130条次、4210条次，在《贵州日报》、贵州卫视头版播发期数排名全市第一。被授予“中国十佳最具绿色（旅游）投资价值城市”“全省文明城市”“省级森林城市”“《人民文学》创作基地”等称号。

——2018年是我们倍感骄傲的一年。我们不忘初心，坚持把提升群众幸福感、获得感作为最大的价值导向，决战决胜“三大攻坚战”，彰显了“万山担当”。在全区党员干部群众齐心协力、众志成城努力下，累计减少贫困人口7214户、24413人，出列贫困村37个，综合贫困发生率在全省第二批14个退出区（县）中最低。聚焦中央、省、市环保督察反馈问题，对标对表、举一反三、综合施策，顺利通过中央环保督察“回头看”下沉区县的检验，无一人因环保整改被问责，工作成效获中央环保督察组高度评价。全面落实政府管控债务规模、规范债务管理、防范化解风险的主体责任，未发生区域性、系统性金融风险。

——2018年是我们倍感荣耀的一年。我们砥砺前行，坚持把改革创新作为新常态下加快发展的最大动力，全力破解体制机制障碍，展示了“万山活力”。从全国2000多个区（县）中脱颖而出，被中宣部选定为改革开放40周年“百城百县百企”的“百县”之一，中国社会科学院《贵州万山：绝地重生，强势转型》调研报告纳入《改革开放与中国县域发展》出版发行。敖寨乡中华山村“622”扶贫机制被列为中组部党建扶贫教材案例、贵州省全面深化改革优秀案例，入选“伟大的变革——庆祝改革开放40周年大型展览”，陈列于国家博物馆。“九丰农业+”产业发展模式列入全省产业扶贫十大案例之一。资源枯竭型城市转型可持续发展列为国家级样板工程。易地扶贫搬迁“五进四优三不”模式，得到省委、市委充分肯定。

各位代表、同志们，2018年成绩的取得，靠的是市委、市政府和区委坚强领导，靠的是区人大及其常委会和区政协大力支持，靠的是全区人民奋力拼搏。在此，我代表区二届人民政府，向各位人大代表、政协委员、离退休老同志，向驻万部队、消防官兵、政法干警及所有关心、支持万山发展的各界人士，向广大干部职工、脱贫攻坚一线干部，致以崇高的敬意和衷心的感谢！

在肯定成绩的同时，我们也清醒地认识到发展中存在的不足和差距，主要表现在：经济总量小，创新能力不足，集中财力办大事的能力不够；城市管理精细化、智慧化程度不高，文明城市建设常态化机制还不健全；服务意识、办事效率、行政效能与人民群众期望还有很大差距。对于这些困难和问题，我们将采取有力举措，切实加以解决。

二、2019年目标任务

新时代开启新征程、引领新发展、展现新作为。2019年是打赢脱贫攻坚战的决战之年，是巩固脱贫成效、实施乡村振兴、决胜同步小康、推动转型跨越的关键之年。我们要坚定信心、抢抓机遇、担当实干，推动万山跨越发展、转型崛起。

今年政府工作的总体要求是：以习近平新时代中国特色社会主义思想为指导，全面贯彻党的十九大和十九届二中、三中全会精神，认真落实中央、省、市经济工作会议精神，深入贯彻落实习近平总书记对贵州工作系列重要指示批示精神和对万山转型发展重要批示精神，牢记嘱托、感恩奋进，统筹推进“五位一体”总体布局，协调推进“四个全面”战略布局，坚持稳中求进总基调，坚持新发展理念，推动高质量发展，以供给侧结构性改革为主线，深化市场化改革、扩大高水平开放，加快建设现代经济体系，继续打好三大攻坚战，深入推进三大战略行动，守住发展和生态两条底线，激发微观主体活力，统筹抓好稳增长、促改革、调结构、惠民生、防风险工作，决战脱贫攻坚，决胜同步小康，推动经济持续健康快速发展和社会大局稳定，为与全国同步全面建成小康社会打下决定性基础，以优异的成绩庆祝中华人民共和国成立70周年。

今年经济社会发展的主要预期目标是：实现地区生产总值59.7亿元，同比增长12%左右。其中，一产完成11.3亿元，增长7%；二产完成24.6亿元，增长13%；三产完成23.8亿元，增长13.5%。完成500万元以上固定资产投资同比增长18.5%；完成一般公共预算收入3.8亿元，同比增长8.6%；实现规模以上工业增加值增长12.5%，社会消费品零售总额增长11.5%；实现城乡居民人均可支配收入33440元、10434元，分别增长10%、11%。

我们将全年经济增长预期目标定为12%左右，高出全省3个百分点、全市2个百分点，主要基于以下3个方面考虑：一是顺应宏观经济形势。整体经济形势长期处于重要战略机遇期，中央将调控积极的财政政策和稳健的货币政策来稳增长，实施更大规模的减税降费，较大幅度增加地方政府专项债券规模，深化国资国企、财税金融、土地、市场准入、社会管理等领域改革，为我们提供了政策机遇。二是实现跨越发展需要。我区经济体量小，别人可以等，我们却不能等，如果步伐不再大一点、步子不再快一点，就会亦步亦趋跟在别人后面。因此，我们要统一思想、主动作为、乘势而上，在遵循对标上级、实事求是、稳中求快的原则下，统筹全区稳增长的现实需要，推动高质量快速发展。三是综合支撑有保障。从政策优势来看，万山是习近平总书记作过重要批示的地方，省委、省政府和20多个省直部门制定出台支持万山转型发展的政策措施，对我们争取项目资金赢得更大空间。从区位优势来看，铜仁凤凰机场17条航线直达22个城市，铜玉铁路、朱砂古镇站、铜大高速茶店站开通，拉近了我们到贵阳、重庆、长沙等城市的距离，新能源汽车、精品蔬果、朱砂工艺品等出口对经济增长的拉动效应加快显现。从重大项目达产效益来看，工业方面，万仁新能源汽车、开盛钾业等新兴产业将实现规模化生产，净山酒业等特色企业稳定生产。农业方面，“九丰农业+”模式全面铺开，现代农业产业快速发展，农村基础设施条件、生产生活环境已发生历史性蜕变，为我们推动乡村振兴打下了坚实基础。乡村产业布局、产业发展形成独具特色的“万山体系”，大棚蔬菜、食用菌、香柚、生态刺葡萄、生猪、肉兔等特色种养殖规模不断壮大，形成“乡乡有大棚基地、村村有集体经济、户户有增收途径”的发展格局。旅游业方面，朱砂古镇放下山庄等新项目相继建成投入使用，彩虹海陆地公园已投入运营。商业方面，太平洋百货购物中心、西南物流园、奥特莱斯、居然之家、朱砂大酒店二期、楚溪大酒店、木杉河大酒店、浙商大厦等全面建成，周家农贸市场、九宜城商业综合体、义乌城三期、特色商业步行街等城市商贸项目相继建成，主城区商气、人气、财气集聚提升。从城市发展后发优势来看，我区城市改造、新城拓展更具优势，出台《关于支持现代商贸服务业发展的意见》等政策，国内高端品牌纷纷入驻，房产销售如火如荼，城市集聚力更加强劲。因此，经济增长12%左右的目标是有基础、有条件的。

围绕上述目标要求，我们将重点抓好以下7个方面工作：

（一）坚持巩固脱贫攻坚成效，提升群众幸福指数。以脱贫攻坚为统领，扎实推进农村产业革命、易地扶贫搬迁、农村人居环境改善、民生保障等工作，全面促进乡村振兴。

增强群众幸福感、获得感。坚持帮扶力量、帮扶政策、帮扶措施、帮扶责任不变，按照“一达标，两不愁，三保障”标准，巩固提升脱贫成效。一是巩固提升“三保障”。实施教育“9+3”计划、“4+2”教育突破工程、校长队伍优化工程和教师素质提升工程。提质改造山村幼儿园，改善农村办学条件，学前三年毛入学率、小学适龄儿童入学率、初中适龄少年入学率分别达99%、100%、98%。完善贫困村卫生室基础条件，建档立卡贫困人口经转诊住院费用实际报销比例达90%以上，大病、慢性病集中救治、签约管理服务率达100%。推进健康乡村建设，完善“普惠+特惠+精扶惠+医疗费用兜底及非医疗费用专项救助”农村医疗扶贫救助模式，建成“30分钟乡村健康服务圈”。动态监测住房安全，保障农村群众100%住上安全房。二是完善社会保障体系。落实城乡低保、临时救助和医疗救助政策，提升社会救助能力。加快乡村敬老院建设，创建 1 所星级敬老院。实施“雨露计划”“三女培育”“锦绣计划”等工程，不断提升贫困劳动力就业创业能力，完成贫困劳动力全员培训和易地扶贫搬迁劳动力培训 1100 人以上。做好优待抚恤和退役军人安置，维护军人军属合法权益，完成退役军人和其他优抚对象信息采集。优化社区建设，推广冲广坪社区“554”模式，打通服务群众“最后一公里”。

夯实农村基础设施。实施道路通畅、安全饮水、网络信息等巩固提升工程，提级改造农村公路 50 公里以上，全面解决 30 户以上农村人口饮水安全问题，自来水普及率、农村集中供水率分别达 100%、90%。加快推进老山口综合枢纽客运站、大龙至万山货运铁路专线、敖寨至谢桥隧道、谢桥至挞扒洞、谢桥至岩屋坪公路和 PSL 贷款县、乡道等项目。完成王灵观至下溪公路提级改造、万麻公路维修改造和通乡、通村道路安全防护工程。投入 500 万元，完成 10 个村庄整治工作，新建村级卫生厕所 30 个。加快推进下溪水库工程建设，完成梅子溪水库、中洞水库扫尾工作，顺利下闸蓄水。投资 1900 万元，建成 110 千伏谢桥变 10 千伏谢仁 1 至 5 回线电缆工程。

抓实易地扶贫搬迁。完成旺家花园、西南商贸城、微企园、龙生易地扶贫搬迁安置点项目建设，统筹安置点学校、医疗服务点、农贸市场、便民超市、金融网点、公交客运、文化广场等配套设施建设，平稳有序安置石阡、思南、印江、松桃搬迁群众，确保 6 月前 2.67 万移民群众搬迁入住。推行“五进四优三不”机制，建立社区便民服务中心，开设就业、教育、医保、社保等公共服务，为搬迁群众提供全程代办一站式服务。开展 2017 年度易地扶贫搬迁户旧房拆除及土地复垦复绿，完成承包地、宅基地和林地的盘活处理任务。

全力实施乡村振兴战略。扎实推进“四在农家·美丽乡村”行动，打造“八个小康行动计划”升级版，编制《万山区乡村振兴战略规划》，高标准打造 2 个定位鲜明、亮点纷呈的示范村。持续深化“民心党建 +‘三社’融合促‘三变’+ 春晖社”农村综合改革。优化乡村发展布局，全面推广“九丰农业 +”模式，并在每个乡镇（街道）重点打造 1 至 2 个特色产业。丹都、仁山、谢桥加快推进城郊“自驾游”“亲子游”“周末经济”产业发展，围绕挞扒洞长寿湖、泰迪旅游综合体等项目打造新的消费热点。茶店围绕梅花湖景区，发展垂钓、车厘子采摘、农家乐等项目，带动区域发展；做强车轮经济、匝道经济。按照“一核两带”产业布局，以九丰农业为核心，加快推进高楼坪、黄道、敖寨、下溪农旅产业观光带和大坪、鱼塘农牧花卉产业带建设，做优高楼坪大棚蔬菜、蜜枣，鱼塘生态畜牧、粮油加工，大坪经果林种植、中华蜂及肉兔养殖，黄道香柚、油茶，敖寨食用菌，下溪生态刺葡萄、梅花鹿养殖等特色产业。

（二）坚持防范化解重大风险，保障社会安全稳定。牢固树立风险意识，坚持在发展中积极防范化解政府隐性债务、金融等风险，营造安全稳定的发展环境。

化解政府性债务风险。严格落实政府性债务管理“七个严禁”要求，加强建设项目和资金管理，严格把控过度超前、资金保障不足的政府投资项目，规范融资行为。继续发挥政府财政资金引导作用，开源节流，盘活国有资产，增加收益。创新融资方式，通过设立投资基金、特许经营、投资补助等方式，撬动社会资本参与基础设施、公共服务等重点领域建设。

推动金融行业健康发展。加强对民间融资市场的风险排查和防治，坚决打击非法集资等违法违规金融活动。推动实施“互联网 +”行动计划，加快金融保险、电子商务等引领性服务业发展，优化城乡流通模式和结构布局。实现金融机构存贷款余额同比分别增长 15%、30%。

强化社会稳定风险防控。扎实推进扫黑除恶专项斗争，巩固全区安定和谐的良好局面。强化民族宗教事务管理，开展民族团结进步创建，坚持宗教中国化方向。深化“平安万山”建设，构建立体化、信息化、法治化社会治安防控体系，集中打击整治突出犯罪行为。加强重点领域稳控，做好涉众型、风险型经济犯罪利益诉求等特殊群体稳控工作。加大“两欠”监管力度，打击恶意“欠薪”行为，切实保障群众合法权益。落实安全生产责任制，突出抓好建筑施工、道路交通、景区景点等重点行业领域和人员密集场所专项整治，坚决遏制较大及以上安全事故发生。加强社会治安综合治理，依法处置信访问题，提升群众的安全感。

（三）坚持推动污染防治，夯实绿色发展基础。坚守发展和生态两条底线，大力实施“青山、碧水、蓝天、净土”工程，写好“绿水青山就是金山银山”的大文章。

筑牢绿色屏障。对标中央、省、市环保督察反馈问题，推动生态文明建设制度化、问题整改长效化、执法监管常态化。开展森林保护“六个严禁”执法专项行动，严厉打击各类破坏森林资源的违法行为，实现行政案件查结率、刑事案件移送率达100%。强化林业资源管理，严格征占林地监管和审核审批，手续审批率达100%。严格执行《铜仁市锦江流域保护条例》，落实河长制，完成省、市下达目标任务。

强化生态治理。做好中央环保第二轮督察迎检工作，加快土壤污染防治先行示范区建设。强化经开区固废填埋场（北库）运营管理。推进全域绿化“六绿”攻坚行动，新增营造林4万亩，建成“六绿”工程示范点3个，重点打造2个100亩以上绿色示范点，完成造林绿化2.4万亩，森林覆盖率达65%以上。加强扬尘污染治理，城市集中式饮用水水源达标率、中心城区环境空气质量优良率分别达100%、95%。

建设绿色家园。推进山地特色新型城镇化建设，打造生态宜居、服务完善、开放包容的山水园林城市和一批绿色乡镇、美丽乡村、和谐社区。加强绿色文化宣传教育，重点开展以“文明”“生态”“绿色”“最美”等为标准，以城市、乡村、机关单位等为主体的评比创建活动，创建一批生态文明建设领域示范典型。深入实施城市管理大会战，提级改造桂花大道、金鳞大道等主次干道、公园绿地、绿化景观，争创国家园林城市。

（四）坚持深化供给侧结构性改革，提高实体经济发展质量。以供给侧结构性改革为主线，落实“巩固、增强、提升、畅通”八字方针，推进实体经济三年攻坚行动，加大民营经济支持力度，提升发展质量和效益。

大力打造产业品牌。一是壮大现代工业品牌。新增规模以上工业企业5家。加快万仁新能源汽车项目及产业链发展，新增汽车类配套服务企业5家以上，力争实现电动皮卡批量生产、高速乘用车完成产品试制，推动万仁新能源汽车在全市推广，扩大区域影响力。以开盛钾业为龙头，充分发挥优秀人才管理作用，创新运营模式，实现开盛钾业顺利搬迁，含钾水溶肥、有机无机混合肥规模化生产。继续推进“千企改造”和“百千万”工程，督促企业在严守生态环保底线的同时，最大限度释放产能，实现稳产达产。推进恒健制药、正丰矿业、聚源复合肥和苏高新科技等建设，尽快投产达效。扩大东奇电气、凯燕眼镜、顺宇电气等企业生产规模，加大产品出口量，增加年度外汇收入。重视民营经济发展，确保全区市场主体2万家以上。开展政策落实、金融服务、降本减负、扩大民间投资、营商环境整治、领导干部联系服务企业专项行动，着力解决民营企业融资难问题。推动经开区转型升级，出台《促进开发区改革和创新发展实施方案》，抓好与大龙开发区、玉屏经开区联合申报国家级高新区工作。夯实配套设施，开工建设忠义路、紫燕路项目，完成丹砂路项目建设。实现园区入驻企业88家、产值56亿元。二是做优特色农业品牌。坚持特色化、差异化、品牌化发展思路，充分发挥九丰农业博览园示范效应，新增大棚蔬菜1万亩。2月前完成大棚蔬菜种植任务布局，成立区乡两级蔬菜产业专项领导小组和办公室，统筹大棚蔬菜技术指导、业务培训、产销对接、绩效考评等工作，打响规模化、标准化、绿色化的“武陵菜都”品牌。科学制定500亩以上坝区产业规划，盘活土地资源、优化产业结构、提升品牌效应。大力发展高效生态农业，3月前建成谢桥现代生态养殖项目，5月前建成温氏生猪一体化项目。新增农民专业合作社20家以上，生猪养殖15.3万头、肉牛0.8万头、肉羊1.1万只、家禽90万羽，新增香柚、花卉苗木基地2000亩、食用菌5000万棒，把食用菌、蔬菜、家禽等绿色农产品做成大产业、大品牌。推广产业扶贫“622”模式，扩大食用菌、竹荪等产业规模，延伸农业产业链条，推动基地建设生态化、品牌化。实现农林牧渔服务业总产值20.2亿元，同比增长12%。三是做强文化旅游品牌。有序推进朱砂古镇国家5A级景区创建工作，加快朱砂古镇三期工程和特色小镇开发步伐，完善景区停车场、餐饮、住宿、购物、专线车停靠点等配套设施，丰富影视基地业态。完成仙人洞加固保护，8月前完成辰砂王酒店建设，建成万山的地标性建筑。以朱砂古镇为龙头，推进朱砂古镇—江南水乡·滨河公园—九丰农业博览园—朱砂工艺品产业园—朱砂古镇高铁站为一体的旅游观光带建设，与乡村旅游高度融合，丰富休闲、游乐元素。开通铜仁市区到朱砂古镇直通车，主动融入高铁经济圈。加快夜郎谷旅游景区建设，完成梅花湖、黄腊洞旅游景区建设任务并开园运营，连成一条新的景观线。新建彩虹海网红吊桥、儿童乐园、萌宠动物园等景点，引进鸵鸟、袋鼠等动物。积极推动城区景区化，加快凯潮溪滨河公园、木杉河湿地公园、彩虹海、风筝放飞基地、长寿湖国家湿地公园景区融合发展，创建国家4A级景区，打造休闲旅游度假区。推进长寿湖国家湿地公园建设，优化资源配置，打造得天独厚、宜居宜游的湿地公园和天然氧吧。利用全国第四批旅游标准化试点单位和全省满意旅游示范景区品牌优势，补齐短板，高质量筹办第八届全市旅游发展大会、微电影节，提升万山知名度和美誉度。完成大型电视连续剧《看万山红遍》拍摄。全年接待国内过夜游客 19 万人次以上，入境过夜游客 1.5 万人次以上。科学编制乡村旅游规划，新建旅游公厕 4 个，创建星级村寨 3 个。提级改造朱砂工艺品产业园，完善配套设施，抓好朱砂工艺品行业秩序整顿，建立地理标识，不断提升技术水平，优化发展规模，拓宽销售市场，推动朱砂工艺产品有序化、规模化、标准化、高端化发展，打响万山朱砂文化品牌。

大力保障产销对接。成立蔬菜营销集团，实行公司化、市场化运营，采取订单式管理，根据各乡镇（街道）蔬菜大棚建设规模，签订生产合同，实行统一收购、统一包装、统一标识、统一品牌、统一对外销售，提高市场竞争力。建立“区内直供、区外铺网、公司兜底”的长期稳定供销关系，加快农超、农校、农市对接，推动农产品进机关、进学校、进超市、进社区。在茶店建立蔬菜物流交易中心，配套建设储藏室、冷库室，形成农产品冷链物流体系。建成区、乡、村三级物流配送网点，力争“万货出山”销售额增长 30% 以上。加大电商发展扶持力度，新增电商企业 5 家以上。深化与电商云、邮乐购等大型网络销售平台的合作，打响“梵净山珍·健康养生”“味万山”品牌，实现农产品电商交易额 2000 万元以上。

大力发展大数据产业。促进“互联网 +”在旅游、商务、农业、健康养生、医疗卫生、现代物流等产业发展和运用，新增大数据企业 5 家以上，支持发展电子商务、云计算、物联网等核心产业。完善大数据创新应用产业园配套设施，完成铜仁市数据大厦项目建设，启动 2019 年数博会铜仁分论坛应用场景项目建设。以“大众创业·万众创新”产业园为平台，壮大互联网金融业；以“智慧园区”为服务器，为企业提供环保监测、信息发布等服务。

大力抓好上争外引。围绕民生工程、实体经济等狠抓项目储备和前期工作，争取项目 400 个、到位资金 22 亿元以上。推行“4+N+5”产业招商模式，健全招商机制，强化与长三角、珠三角等区域对接，提升招商成效，聚焦新兴产业、特色乡旅休闲业、新型现代服务业，引进一批承接万仁新能源汽车配套产业、朱砂工艺品、精品蔬果精深加工等有资质、有实力的大企业、好企业。力争引进 500 万元以上项目 68 个，到位资金 175 亿元。

（五）坚持推进城市建设管理，打造宜居宜业宜游魅力新城。狠抓“一走廊七组团”建设，促进产业与城市深度融合。实施区域协调发展战略，提升城市管理服务精细化、科学化水平，提高新型城镇化质量，城镇化率达 50%。

加强城市建设管理。建成雅信路、守信路等城市道路。完善城市硬件设施，提高城市承载力和服务水平，开工建设星级酒店 3 家。启动谢桥城区和万山镇出租车运营服务，加密城区公交线路。建立市容环境综合整治长效机制，加快建设智慧城市，用好智慧交通、智慧住建、平安警务云等平台，推进城市执法体制改革和行政执法平台线上运营。实施“全域保洁”和环卫作业服务市场化运作。以“五城联创”为契机，开展占道经营集中整治和乱摆摊点、乱设广告、乱倒垃圾“三乱”治理行动，美化城市环境、规范城市秩序。加快城市生活垃圾污水处理设施建设，城市生活垃圾无害化处理达 95% 以上。

提高教育医疗水平。压缩党政机关 6% 的行政经费，增加教育资源供给，出台政策意见支持和推动民办教育发展。启动区第九幼儿园、十二幼儿园及市三十小学、十八中建设，支持黔东中学扩建。完成市二十二小学搬迁、八中综合楼装修工程和省级示范性高中创建目标，9 月前完成市十七中、二十四小学和区第二幼儿园建设任务。建成区人民医院改扩建项目及区中医院、妇幼保健院、疾控中心合建项目并投入使用。做好城乡居民基本保险制度建设，参合率达 98% 以上。完善异地就医联网直接结算政策，优化转诊、报销流程，实现外出务工人员、双创人员省内外住院医疗费用即时结算。

提升城市品质品位。做大做强城市商贸服务业，不断汇聚人气商气财气。以“大众创业·万众创新”产业园、大数据产业楼为中心，启动金融一条街建设，引进法律、金融等业态，推动金融商务商圈提质。以太平洋百货购物中心、九宜城商业综合体、棕颐国际城、万和星城为支撑，引进和培育高端品牌、时尚品牌，推动购物中心、休闲广场、写字楼、星级酒店融合发展。建成棕颐国际城、万和星城三期项目，确保太平洋百货购物中心、居然之家、奥特莱斯开业运营，加快推进九宜城商业综合体、万和星城商业广场建设。以木杉河、凯潮溪为轴，大力发展沿岸文旅休闲产业、精品住宅区，加快推进桃园泊岸·埠上桃源城市商业综合体、天都综合体建设，确保浙商大厦开业运营。引进和启动一批新商业地产、文旅产业、大健康产业项目，培育发展高端医疗、康复保健、休闲养生等新业态，打造“长寿万山”养生品牌。加快推进西南商贸城、鼎盛国际、龙生安置区一体化建设，启动龙生特大桥到挞扒洞沿线开发，与风筝放飞基地、彩虹海、木杉河连成一片，打造丹都新区。推进西南商贸城、万盛智慧物流园、义乌小商品城物流中心发展，完善配套服务功能，吸纳易地扶贫搬迁群众就近就业。完成新华文化综合体、仁山公园农贸市场建设任务，实现特色商业步行街、周家农贸市场等商业体实质性运营，加快构建城市核心商圈。

（六）坚持推动改革创新，激活经济增长潜能。秉持改革的勇气、创新的锐气，激发各类市场主体、社会主体的活力，增强发展内生动力。

深化重点领域改革。稳步推进机构改革，严格按照中央、省、市决策部署，结合我区实际，3月前构建系统完备、科学规范、运行高效的机构职能体系。推进“放管服”改革，取消不合法、不合理的各种证明、佐证材料。推进政务服务“一网、一门、一次”改革，重点领域、高频事项基本实现政务服务“一网通办”和企业群众办事“只进一扇门”“最多跑一次”。完善“双随机一公开”和信用体系平台建设，落实社会保险费和非税收入征管职责划转和个人所得税改革，不断释放经济社会发展活力。

加强文体科技创新。重视文物保护，着力打造一批文艺精品。建成村级综合文化服务中心示范点4个，完成3个社区、2个行政村公共体育健身设施建设，丰富村民精神文化生活。修缮保护黄道瓦寨、敖寨石头寨、高楼坪水眼坪等传统村落，挖掘传承朱砂文化、鼟锣文化、古屯文化、挞扒洞长寿文化等民俗文化，重塑传统村落和民俗文化的活力。引领高新技术产业聚集发展，培育国家级高新技术企业2家，新增省级科技型企业备案12家，申报省、市科技计划项目10个，申请专利100件以上，授权发明专利10件以上。

深化东西部扶贫协作。加强与苏州高新区在项目建设、产业发展、人才交流、劳务协作、携手奔小康等领域的合作。发挥苏州南环批发市场、展示中心的窗口作用，推动“万货进苏”。加快苏高新集团食行生鲜供应链中心、泰迪旅游综合体等重点项目建设，启动铜仁·苏州大厦项目建设。启动“高新区慈善基金会万山区扶贫基金”，加强与群众的利益联结。

（七）坚持政府自身建设，塑造良好政府形象。围绕转型发展大局改进工作作风，切实提高行政效能、施政水平，努力建设法治、务实、服务、廉洁的政府。

建设法治型政府。依法自觉接受区人大及其常委会的法律、工作监督，自觉接受区政协的民主监督，认真听取工商联、无党派人士和各人民团体的意见，不断改进政府工作。加强法治政府建设，依法设定、行使权力，强化权力制约和监督，落实重大行政决策合法性审查制度、重大决策终身责任追究制度及责任倒查机制，将政府活动全面纳入法治轨道。

建设务实型政府。坚持问政于民，认真听取群众呼声，真实反映群众意愿，真情关心群众疾苦。严格执行财经管理制度，严控“三公”经费。最大限度精简会议、压缩文件，把更多精力用在出实招、办实事、求实效上。

建设服务型政府。推动政务公开，完善管理体制、优化运行机制，简化办事程序、压缩办事时限。运用传统媒体和网络等新兴媒体，及时传递政务信息、回应社会关切，拉近政府与群众的距离。

建设廉洁型政府。认真落实中央八项规定及省委、市委十项规定，开展纠正“四风”和作风纪律专项整治，严明政治纪律和政治规矩，坚持标本兼治，纵深推进政府系统党风廉政建设和反腐败斗争。

各位代表，同志们，新时代孕育着新机遇、新挑战、新任务。让我们紧密地团结在以习近平同志为核心的党中央周围，在省委省政府、市委市政府及区委的坚强领导下，牢固树立“四个意识”、坚定“四个自信”、践行“两个维护”，牢记嘱托、感恩奋进，不忘初心、砥砺前行，志向笃定、苦干实干，精彩谱写百姓富、生态美多彩贵州新未来的万山篇章，向伟大的新中国70周年生日献礼！

印江土家族苗族自治县政府工作报告

（2019 年 2 月 12 日在印江自治县第八届人民代表大会第三次会议上）

印江自治县委副书记、县长 张浩然

各位代表：

现在，我代表自治县人民政府向大会作工作报告，请予审议，并请县政协委员和列席会议的同志提出意见。

一、2018 年工作回顾

过去的一年，面对复杂严峻的国际国内经济形势，我们坚持以习近平新时代中国特色社会主义思想为指导，认真贯彻党的十九大和习近平总书记对贵州工作的系列重要指示批示精神，在市委、市政府和县委的坚强领导下，在县人大、县政协的监督支持下，坚持稳中求进、进中求转工作总要求，以供给侧结构性改革为主线，以脱贫攻坚为统揽，以“整县摘帽”为目标，全力攻克三大攻坚战、深入实施三大战略行动、扎实推动“三大突破”、加快推进“四化进程”，统筹抓好稳增长、促改革、调结构、惠民生、防风险各项工作，较好地完成了自治县八届人大二次会议确定的目标任务。2018 年，全县完成地区生产总值 101.42 亿元、增长 10.5%，突破百亿元大关；完成财政总收入 6.77 亿元，增长 18.29%；一般公共财政预算收入 3.06 亿元，增长 9.42%；规模以上工业增加值增长 6.3%；限额以上固定资产投资增长 17.6%；社会消费品零售总额 16.57 亿元，增长 8.4%；城镇、农村居民人均可支配收入分别为 28478 元、8888 元，分别增长 9.4%、10.3%；金融机构存贷款余额分别为 142.7 亿元、119.5 亿元，分别增长 12.6%、21.9%。经济发展增比进位在全省县域第三方阵甲类县中排名第 5 位、全市同类县第 1 位。全县呈现出“经济稳步增长、基础不断夯实、产业蓬勃发展、民生持续改善、社会和谐稳定”的良好局面。

一年来，我们重点抓了以下 6 个方面工作：

（一）全力攻坚克难、尽锐出战，三大攻坚战成果丰硕。坚决将打好精准脱贫、防范化解重大风险、污染防治三大攻坚战作为重大政治任务和政治责任，聚焦聚力、全力攻坚、扎实推进。脱贫攻坚取得根本性胜利。紧扣“两不愁，三保障”和“三率一度”标准，扎实开展“春风行动”“夏秋攻势”“百日攻坚”“暖冬行动”，全力打好“四场硬仗”，坚决抓好“五个专项治理”，出列贫困村 77 个，减少贫困人口 7789 户、28057 人，综合贫困发生率从 8.26% 下降到 1.89%。投入资金 11.85 亿元，实现农村“组组通”公路、农村安全饮水工程全覆盖，农村基础设施显著提升。投入资金 5.56 亿元，大力发展茶叶、食用菌、精品水果、生态畜牧等产业，实施产业项目 236 个，累计带动 1.4 万户、5.32 万名贫困群众增收，实现所有贫困村均有 1 个以上集体经济组织或专业合作社，产业扶贫成效明显。投入资金 6.5 亿元，用 6 个月时间，完成 2018 年 24 万平方米易地扶贫搬迁安置房建设，2017 年 13194 人、2018 年 11929 人易地扶贫搬迁对象有序搬迁入住。兑现各类教育资助资金 1.47 亿元，惠及学生 2.8 万人次。兑现医疗保障救助资金 9615 万元，1.98 万人次受益。投入资金 9.38 亿元，完成农村危房改造 6612 户，实施农村人居环境“四改一化一维”5.5 万户，建成联户路 1130 公里，实施村级“五小工程”216 个，实现行政村路灯全覆盖。各乡镇（街道）指挥长既当指挥员又当战斗员，2623 名驻村干部、6802 名结对帮扶干部真蹲实驻、真情帮扶，帮扶措施精准有力，帮扶成效可圈可点。污染防治成效显著。中央环保督察问题整改“回头看”和省、市环保督察问题整改取得阶段性成效，建成甲山、燕子岩6000吨一体化污水处理设施，新建桶溪河、九道河沿岸污水收集管网12.7公里，合水、朗溪污水处理厂建成投用，印江河流域综合治理效果显著。完成县城垃圾填埋场渗漏液处理站扩建工程，云阳、启明电解锰厂尾矿库得到有效治理，城镇集中式饮用水和主要河流出水断面水质达标率100%，环境空气质量综合指数排全市第一。全面落实河长制，深入推进“六个一律”“六个严禁”专项行动，自然保护区和城乡生活污水治理等环境问题得到有效解决。扎实推进全域绿化“六绿”攻坚行动，完成退耕还林10万亩，实施绿化造林工程15.96万亩，森林覆盖率达68.37%，排全市第二。风险防范有力有效。严格执行政府性债务管理“七严禁”规定，科学制定政府性债务偿还方案，完善债务“借用管还”工作机制，政府债务风险整体可控。坚决打击非法集资、高利贷等违法违规金融活动，金融环境稳定向好。深入推进社会治安综合治理、信访维稳、安全生产等工作，未发生一起较大以上安全事故。扫黑除恶专项斗争取得积极成果，全县社会治安持续好转，人民群众安全感达99.46%，成功创建全省“无毒害示范县”，社会稳定大局持续巩固。

（二）全力优化结构、提质增效，实体经济加快发展。扎实开展实体经济、产业招商、文化旅游发展“三个突破”行动，产业转型升级步伐加快，高质量发展基础不断夯实。现代农业加快发展。围绕农村产业革命“八要素”，流转土地15万亩，调减玉米6万亩，发展茶叶3.38万亩、食用菌1.5亿棒、精品水果3.76万亩、中药材2.53万亩、订单辣椒2.2万亩，产业规模不断壮大。农业示范园区建设有力推进，新增入园企业5户、专业合作社42家，累计建成食用菌专业村64个，完成木黄食用菌园区智能化生产基地建设。深入开展“三品一标”认证，获得无公害农产品产地认证企业18家。全力拓展产业市场营销思路，产销对接成效明显。茶产业抱团发展取得实效，梵净山翠峰茶获第二届中国国际茶叶博览会“金奖”。食用菌裂变式发展获省委书记孙志刚肯定性批示。特色工业稳步发展。完成规模以上工业总产值38亿元，新增规模以上工业企业12户，成功引进铁近科技、万吨风味食醋、农商互联冷链物流等项目，印江·吴江“两江”产业园区扎实推进。组建白酒产业发展总公司，白酒产业改革取得初步成果。建成“电商驿站”120家，实现电商交易总额5.7亿元。文化旅游持续发展。协助申创梵净山世界自然遗产地和国家5A级旅游景区，完成朗溪石漠化生态公园、木黄凤仪景区提升工程，大圣墩景区实现试运行，启动木黄红色文化旅游小镇项目建设，成功举办长沙旅游资源推介会、杜鹃花节等活动，梵净山西线旅游热度持续提升。申报省级文物保护单位9个，新建村级文化广场167个，举办文艺下乡活动300余场次，主旋律电影《凤仪》全国首映，文化事业繁荣发展。

（三）全力扩大投资、夯实基础，发展后劲不断增强。深入开展项目攻坚行动，策划生成项目690个、总投资1687亿元，向上争取到位资金18.52亿元，完成重大项目投资55.45亿元，中央预算内投资到位资金总量排全市第一。交通项目加快推进。印秀高速、沿印松高速、印思城际快速干道稳步推进，G211沿河黑獭至县城、G352县城至两河口、乐茂江至慕龙工程顺利实施；完成云半至新寨等县乡道提级改造工程，建成农村“组组通”公路553公里，实施农村公路安全防护工程300公里。水利项目有序推进。罗星溪中型水库和毛寨、龚家坨2座小（一）型水库工程前期工作扎实推进；清渡河、马尿水2座小（一）型水库工程开工建设；偏岩中型水库和绿荫塘、山岔2座小（一）型水库工程加快推进；栗子园中型水库下闸蓄水，铺设城区供水主干道管网8公里，县城供水二期工程投入试运行。完成317个行政村农村饮水安全工程。电力通讯保障有力。开工建设110千伏洋溪输变电工程，建成10千伏供电线路1400公里，新建城乡供电配变850台区，城乡供电保障更加稳定。新建通信基站126个，完成364个村宽带网络改造，实施广电云“户户用”工程1.88万户，实现城乡广电网络全覆盖，信息化应用更加广泛。

（四）全力优化布局、提升品质，城乡统筹扎实推进。深入实施区域协调发展、乡村振兴战略，启动新一轮县城总体规划修编，完成30户以上集中居民点村庄规划320个，实现乡村规划全覆盖。加快推进城乡融合发展，城北片区、坪兴寨北片区、岩底片区等棚户区改造扎实推进，万润温泉、东方国际城等项目加快实施，城镇化率提升2个百分点。完成南环、北环公路沿线景观提升工程，提级改造观音沟湿地公园、农业公园2个城市公园，打造城西河滨公园、县城西出口等6个市民休闲空间，完成新寨、紫薇等11个乡镇（街道）棚改综合整治项目，城乡基础设施和公共服务明显改善。稳步推进城市精细化智能化管理，城市管理数字化平台投入使用，国家卫生县城通过复审。实施城乡建设用地增减挂钩1.5万亩，完成高标准农田建设2.4万亩。大力推进农村环境整治，新建集镇垃圾中转站 16 座，配置垃圾收运车 52 台，农村人居环境显著提升。

（五）全力深化改革、破立并举，发展活力持续释放。深入推进供给侧结构性改革，淘汰落后产能企业 11 户，房地产库存去化周期降至 15.8 个月。深化“放管服”改革，持续开展“减证便民”专项行动，取消证明类材料 46 项。有力推进商事制度改革，深入实施营商环境专项整治行动和“双随机、一公开”，新增市场主体 3989 户，扶持微型企业 190 户，完成民营经济增加值 61 亿元。持续深化医改工作，组建两大县域医共体，县乡医疗机构药品采购加入市级“三明联盟”联采平台，分级诊疗成效初显。农村“三变”综合改革取得实效，启动第三次全国土地调查和第四次全国经济普查，食用菌发展获省人民政府科技成果转化二等奖，新寨茶叶园区成功申创省级农业科技示范园区。国有投资公司实体化运作取得初步成效。深入实施创新驱动战略，组织申报省、市级科技项目各 3 项，申报专利 62 项。

（六）全力保障民生、补齐短板，群众福祉稳步增进。坚持量力而行、尽力而为，努力办成一批民生实事，群众的获得感、幸福感不断提升。教育发展更加均衡。加快推动职校、木黄中学、第六小学整体搬迁，完成新寨小学等“学校改薄”工程 10 个，新建幼儿园 2 所，提质升级山村幼儿园 12 所，各类教育协调发展，超大班额基本消除。学校内涵式发展成效明显，第四幼儿园成功创建“市级示范幼儿园”，实验小学成功创建“全国文明校园”。学前三年毛入园率、九年义务教育巩固率、高中阶段毛入学率、职业教育首次就业率分别达 94.6%、95.6%、95.7%、92.0%，教育教学质量稳步提升。健康事业更加完善。完成县医院门诊楼、医技楼、住院楼和妇保院、木黄镇、天堂镇卫生院主体工程，实施村级卫生室标准化建设 138 个。“智慧医疗”上线运行，县乡远程医疗会诊平台、危重孕产妇与新生儿救治中心和 120 急救调度指挥室建成投用，新农合参合率达 99.8%，大病救助补偿比达 100%，县医院“二甲”复评获省级批复。全力推动计划生育服务转型升级，成功创建省级妇幼健康优质服务示范县，成功召开全省计生协特殊家庭扶助工作现场会。就业保障更加充分。完成农村劳动力转移就业培训 6484 人次，新增贫困户公益性岗位 920 个，新增城镇就业 6690 人，城镇登记失业率控制在 3.3% 以内。完成各类社会保险参保 30.24 万人，城镇低保从每月 532 元提高到 570 元，农村低保从每年 3528 元提高到 3876 元，分别提高 7.0%、9.8%。

一年来，我们始终加强政府自身建设，树牢“四个意识”、坚定“四个自信”、践行“两个维护”，重大事项主动向县委汇报，重点工作及时提请县委研究，按规定向人大报告工作，与政协开展民主协商，全力支持纪检监察工作。全年办理人大代表建议 60 件、政协委员提案 139 件，办复率、满意率均达 100%。此外，审计、统计、民族宗教、机构编制、人民防空、退役军人事务、档案方志等工作取得新成绩，工青妇、红十字、工商联、文联、残疾人、老龄等事业取得新进步，供销、农机、气象、科技、应急管理、国防教育、外事侨务、民兵预备役等工作实现新发展，群众满意度、社会认可度、政府公信度不断提高。

各位代表，2018 年是极不平凡的一年，是我们面临困难最多、经受考验最大的一年。全年投入脱贫攻坚资金 35.8 亿元、各类项目建设及配套支出 29.55 亿元、生态环保投入 2.26 亿元、各类民生支出 33.95 亿元，加之正值政府性债务偿还高峰期，资金筹措压力前所未有。三大攻坚战任务艰巨，项目建设任务繁重，全县在建高速公路 2 条、城际干道 1 条、县乡道公路 3 条，改扩建国道 2 条，在建中型水库 2 座、小（一）型水库 4 座，县城棚户区改造、易地扶贫搬迁安置房等项目建设体量庞大，征拆任务繁重，工作压力前所未有。尽管我们投入了大量人力物力财力，但受整体经济下行影响及自身结构性矛盾制约，限额以上固定资产投资、规模以上工业增加值等部分指标未能完成任务，G352 县城至两河口公路、乐茂江至慕龙公路等项目没有按序时进度完成。在此，我代表自治县人民政府向各位代表、全县人民表示歉意，并郑重承诺争取尽快完成。

各位代表，奋斗充满艰辛，成绩催人奋进。一年来，面对复杂多变的经济环境、艰巨繁重的工作任务，全县上下齐心协力，在逆境中前进、在艰难中突破，战胜了各种严峻考验和挑战，三大攻坚战硕果累累，实体经济发展提质增效，城乡融合发展步伐加快，社会民生福祉稳步提升。各项成绩的取得，是县委统揽全局、坚强领导的结果，是县人大、县政协有力监督、鼎力支持的结果，是各位代表、政协委员理解信任、建言献策的结果，是全县人民同心同德、奋力拼搏的结果。一年来，让我们感动的是：全县各级干部舍小家、顾大家，在脱贫攻坚战场上冲锋在前、挥洒热血、夜以继日、披荆斩棘，有的身患疾病坚守干、有的放弃休息连轴干，在炎热酷暑中穿越、在天寒地冻中跋涉，破解了一个又一个难题，干成了一件又一件实事，干出了印江人的颜值气质，演绎了新时代可歌可泣的感人事迹，展示了特别能吃苦、特别能战斗、特别能奉献的精神风采。让我们难忘的是：在发展的各个关头，许多老领导、老同志老骥伏枥，为发展倾真情、鼓与呼、洒余晖，大批成功人士情系山乡、献智献力、回报桑梓，广大群众识大体、明大理、顾大局。在此，我代表自治县人民政府，向各位代表、政协委员及历任老领导、老同志，向全县各族人民、公安干警、武警官兵，向所有关心、支持印江经济社会发展的各界人士，表示衷心的感谢并致以崇高的敬意！

各位代表，过去皆为序章，发展永无止境。我们也清醒认识到，印江经济社会发展还面临不少短板和难点：经济下行压力大、政府债务风险高、稳定脱贫任务重，仍是我们稳定发展的最大考验；经济总量小、财源结构单一、财政收支矛盾突出，仍是我们推动发展的最大短板；经济结构不优、产业层次不高、创新动力不足，支撑高质量发展能力弱，仍是我们加快发展的最大瓶颈；少数干部动力不足不想为、能力不足不会为、担当不足不敢为，仍是我们持续发展的最大隐忧。对此，我们将直面难题不回避、破解问题不畏难，把苦干实干作为人生坚守，把落细落实作为工作要求，用辛劳、汗水换取人民幸福。

二、2019 年工作任务

2019 年是新中国成立 70 周年，是我县迎接脱贫攻坚评估验收、全面建成小康社会的关键之年，做好全年经济社会发展各项工作至关重要、意义重大。当前，面对百年未有之大变局，国际国内经济形势错综复杂，经济下行压力持续加大，我们的工作任务仍然十分繁重，风险防范仍然十分艰巨，发展压力非比寻常。我们必须居安思危、知危思进，保持战略定力、工作定力、作风定力，因势而谋、应势而动、乘势而上，努力推动经济社会持续健康发展。

今年政府工作总体要求是：坚持以习近平新时代中国特色社会主义思想为指导，全面贯彻党的十九大和十九届二中、三中全会精神，认真落实中央和全省、全市经济工作会议精神，深入贯彻落实习近平总书记对贵州工作的系列重要指示批示精神，牢记嘱托、感恩奋进，统筹推进“五位一体”总体布局，协调推进“四个全面”战略布局，坚持稳中求进、进中求转工作总要求，以脱贫攻坚统揽经济社会发展全局，全力打好三大攻坚战，深入实施三大战略行动、“一区五地”战略部署，全力推动农业产业结构调整、产业招商引资、文化旅游“三大突破”，加快推进“四化进程”，统筹推进稳增长、促改革、调结构、惠民生、防风险各项工作，确保如期实现“整县摘帽”，保持经济持续健康发展、社会和谐稳定，为全面建成小康社会打下决定性基础，以优异的成绩庆祝中华人民共和国成立 70 周年。

主要预期目标是：全县生产总值增长 10.0% 左右，规模以上工业增加值增长 10.6% 左右，限额以上固定资产投资增长 16.0% 左右，一般公共财政预算收入增长 5.0% 左右，社会消费品零售总额增长 10.0% 左右，城镇、农村居民人均可支配收入分别增长 9.0%、10.0% 左右，金融机构存贷款余额分别增长 10.0%、16.0%，城镇化率提高 2 个百分点。居民消费价格指数涨幅控制在国家和省、市调控目标范围内，节能减排降碳指标控制在国家下达计划内。接受贫困县退出评估验收，实现“整县摘帽”。

围绕上述目标，要重点抓好以下 8 个方面工作：

（一）坚定不移抓好稳定脱贫，众志成城决胜全面小康。坚持将决胜“整县摘帽”作为压倒性任务，用好“76554”工作方法，发扬“工匠”精神、下好“绣花”功夫，掌握总攻决胜的主动权、制胜权，奋力夺取脱贫攻坚、全面小康根本性胜利。全力抓好备战迎检。紧紧围绕“两不愁，三保障”和“三率一度”标准，加快完成基础设施、产业扶贫、易地扶贫搬迁、教育医疗住房“三保障”目标任务，迅速补齐佐证资料收集、人居环境改善、环境卫生整治等短板。持续强化政策宣传和感恩教育，全力提升群众政策知晓率和认可度。继续压紧压实责任，强化督查指导，全力抓好责任落实、政策落实和工作落实，确保脱贫工作务实、脱贫过程扎实、脱贫结果真实，顺利通过省级评估和国家验收。全面筑牢返贫防线。千方百计加大投入，整合财政涉农资金，用好用活专项扶贫资金，完善农村基础设施，提升群众生产生活条件。千方百计巩固产业扶贫，重点培育带动力强、辐射面广的龙头企业，健全完善利益联结机制，实现贫困群众稳定增收。千方百计落实易地扶贫搬迁后续扶持政策，完善“五个体系”，确保每个有劳动力搬迁家庭至少 1 人就业，实现搬迁群众稳定脱贫。千方百计推进政策兜底保障，加大对低保户、重病户、残疾人户、无劳力户群众的帮扶力度，确保脱贫人口生产生活可持续、不返贫。深化东西部协作、对口帮扶和定点帮扶，深入实施春晖扶贫、“千企帮千村”、爱心帮扶等活动，推进社会扶贫制度化、长期化。建立健全长效机制。继续实施教育扶贫、健康扶贫和社会救助政策，着力防范因学、因病、因灾返贫，提高脱贫的稳定性。坚持扶贫与扶志扶智并举，激发贫困群众内生动力，增强群众自我发展能力。坚持脱贫不脱责任、脱贫不脱政策，确保脱贫成效得到群众认可、经得起历史检验。

（二）坚定不移抓好产业发展，量质并举发展实体经济。坚持以供给侧结构性改革为主线，深入实施实体经济三年攻坚行动，加快推动实体经济高质量发展。大力推动现代农业提质增效。聚焦农村产业革命“八要素”，用好“五步工作法”，围绕“2+N”产业布局，做大做强茶叶、食用菌两大主导产业，做优做特精品果蔬、生态畜牧业、中药材等特色产业，精心抓好管护，强化产销对接，全力提高产值，稳步扩大规模。加快推进新寨、紫薇、杉树3个茶叶高效示范园区高标准建设，启动木黄食用菌国家级现代高效农业示范园区创建工作，努力将13个500亩以上坝区建成为具有特色优势的农业高产高效示范园区。创新推进专业技术人员服务产业体制改革，全力提高产业发展技术服务水平。加大农业经营主体培育，新增市级以上龙头企业8家，发展专业合作社20个、家庭农场30户，扎实推进茶叶、食用菌主导产业抱团发展。突出抓好品牌创建，加大“梵净山珍·健康养生”品牌宣传力度，强化“三品一标”认证，提高农产品生产、分拣、包装标准化水平，提升“梵净翠峰”等品牌形象，增强茶叶、食用菌等产业市场竞争力。大力发展“订单农业”，注重“校农结合”“农超对接”，抢抓对口帮扶机遇，做好产销对接，开拓更大市场。力争创建“国家有机产品认证示范区”“国家食用菌栽培标准化示范区”。大力推进特色工业提速增量。深入实施“千企改造”“百千万”工程，加强工业运行调度，强化生产要素保障，全力保障金顶水泥、富鼎科技等企业开足马力生产，培育规模以上工业企业6户以上，实现规模以上工业增加值12亿元以上。坚决淘汰一批落后产能企业，关闭清退“僵尸”企业，盘活经开区土地、厂房等闲置资源。加快推进万吨风味食醋、茶叶精制加工等项目建设，推动冷链物流产业园建成投产，引进并培育1家年交易额5000万元以上的集配企业，实现园区产值增幅不低于30%。加快提升白酒产能，推动白酒产业向规模化、全产业链发展，实现白酒产值1亿元以上。大力推进吴江·印江“两江”产业园区建设，新引进产业项目5个以上，着力打造“承接产业转移示范基地”。深入推进大数据应用，加快农村电子商务发展，推进农产品定向直销，实现电商交易额6亿元以上。大力推进文化旅游融合发展。持续推进“文化旅游突破”行动，用好梵净山世界自然遗产和5A级景区品牌资源，全力提升梵净山西线旅游服务品质。实现大圣墩景区开门迎客，完成木黄会师革命遗址保护提升工程，加快推进木黄红色小镇、东郊温泉小镇等项目建设，持续推进甘川、凤仪等乡村旅游健康发展，打造团龙省级传统村落示范村，筹办环梵净山国际自行车邀请赛（印江站），启动木黄红色博物馆建设，高端谋划紫薇康养度假小镇项目。强化旅游产品的宣传和营销，力争全年接待游客人次、旅游综合收入分别增长30%以上。大力推进民营经济健康发展。制定出台支持民营经济发展实施意见，积极落实减费降税政策，新增限额以上商业企业4户以上，力争市场主体达1.77万户以上，实现民营经济增加值68亿元。全力做好要素服务保障，着力破解企业融资难、招工难、用地难、审批难等问题，让企业放心投资、安心生产、顺心办事、舒心创业。着力挖掘消费潜力，创新消费模式，支持社会力量扩大教育、医疗、文化、体育等服务消费，全力增强消费对拉动经济发展的基础作用。

（三）坚定不移抓好项目建设，全面夯实经济发展基础。抢抓国家政策机遇，科学策划和建设一批重大项目，健全完善项目建设、管理工作机制，持续扩大有效投资，不断夯实县域经济发展、城乡公共服务基础。抓紧抓实项目谋划。围绕新一轮西部大开发、长江经济带发展、生态文明建设、乡村振兴等重大战略，加强“十三五”中期项目库修规，认真筛选、科学论证一批补短板、夯基础、利长远的项目，确保新增入统亿元项目30个以上。立足补齐城乡基础设施、农业农村发展、生态环境保护、公共服务提升等领域短板，加大向上对接和争取力度，争取中央和省级预算内投资3亿元以上，行业专项资金15亿元以上。全心全力建设项目。稳步推进通用机场、德江至印江高速公路、龚家坨水库项目前期工作；开工建设罗星溪中型水库、毛寨小（一）型水库；加快推进印思城际快速干道、沿印松高速、偏岩中型水库、清渡河小（一）型水库、110千伏洋溪输变电工程等重大项目建设；建成印秀高速朗溪至木黄段，完成绿荫塘、山岔2座小（一）型水库工程验收，完成G352县城至两河口、天堂至沙子坡、乐茂江至慕龙公路改扩建工程，新建10千伏以上线路118公里、通信基站182个。盯紧盯牢项目管理。坚持“分管领导月调度、政府双月调度、县委季度调度”，强化“一个项目、一位领导、一个团队、一套方案、一抓到底”机制，及时解决项目建设过程中的困难和问题，保障重大项目顺利推进。超前谋划省、市现场观摩会项目，严格执行项目建设廉政档案工作制度，确保项目建设资金安全、质量过关、效益良好。

（四）坚定不移抓好城乡统筹，持之以恒推进协调发展。深入实施区域协调发展战略，大力推动乡村振兴，着力提升新型城镇化质量，全面夯实农业农村发展基础，加快推动城乡融合发展。稳步推进城镇建设。完成新一轮县城总体规划修编。加快推进城北片区、坪兴寨北片区、岩底片区棚户区改造，快速推进金玉小区东片区、邛江古镇和中寨口片区回迁安置房建设，着力改善城区群众居住条件。加快完善城区基础设施建设，启动城乡生活污水PPP项目建设，加快推进县城东郊、西郊客车站建设，延伸玉屏路、滨江大道市政干道，提升城市公共服务功能。加快实施万润温泉、东方国际城（三期）等城市建设项目，完成天堂、沙子坡等10个乡镇（街道）棚户区综合整治项目。加强城市监管执法，全面开展“两违”整治，提高城市精细化智能化管理水平，城镇化率提升2个百分点以上。大力推动乡村振兴。全面贯彻落实乡村振兴战略“20字”方针，实现脱贫攻坚与乡村振兴有效衔接，推进农村基础设施和公共服务提档升级，推动乡村实现“五个振兴”。深入推进农村人居环境改善，积极开展“千万工程”，加快推进“农村厕所”三年行动，切实抓好农村生活垃圾治理、污水处理、河渠治理、规范建房和村容村貌改造，启动洋溪河中小流域治理工程，完成印江河紫薇、合水段防洪堤项目建设。深入实施“四在农家·美丽乡村”小康行动计划升级版，积极探索“美丽乡村＋特色产业”发展模式，鼓励民间资本融入农村经济发展，建成一批精品型美丽乡村。强化农村公路、供水设施等公共服务工程的运行管理，最大限度提升服务效益。大力弘扬社会主义核心价值观，加强农村法治教育、道德教育、家风教育，深化星级文明户、文明家庭创建，使良好的村规民约、社区公约和家风家教成为群众的自觉遵循。

（五）坚定不移抓好污染防治，加快推进生态文明建设。牢牢守好发展和生态两条底线，共抓大保护、不搞大开发，写好“绿水青山与金山银山”的大文章，加快建设绿色发展高地。扎实推进“六绿”攻坚行动，持续巩固印江河流域绿化治理和城周森林屏障工程，打造大圣墩、云半至新寨“六绿”工程示范点，完成退耕还林1万亩，争取实施26万亩国家储备林建设项目，森林覆盖率达69%以上，创建“国家森林城市”。严格遵守《铜仁市梵净山保护条例》，全面落实主体功能区制度，严守生态保护红线，深入开展“六个严禁”专项行动，严厉惩治未批先建、偷排漏排等违法行为，推进自然保护区、集中式饮用水源地、印江河流域环境综合执法常态化。深入贯彻水土“双十条”，持续打好“蓝天、碧水、净土、固废治理、乡村环境整治”五大战役，创建“国家生态文明示范县”。全力开展第二次污染源普查，持续抓好环境监测，坚持从源头控制生态环境风险，严格执行城区禁（限）放烟花爆竹规定，确保县城区空气质量优良率达96%以上。全面推进河长制常态化管理，加快实施印江河流域污染综合治理工程，实现城乡生活垃圾无害化处理率达85%以上，确保城镇集中式饮用水源地和主要河流出境断面水质达标率100%。

（六）坚定不移抓好风险防范，有力保障经济稳健发展。强化战略思维、底线思维、红线思维，牢固树立风险意识，着力防范化解重大风险。稳妥化解债务风险。严格落实“七严禁”规定，切实履行政府性债务“借用管还”主体责任，积极争取地方专项债券和转移支付规模，全力减轻财政负担。牢固树立过紧日子思想，严格落实政府投资项目“停减缓保转”要求，严禁新上无资金来源的项目，严控“三公”经费，大力压缩一般性支出，坚决取消无效支出。稳步推进平台公司实体化转型，积极盘活土地资源和闲置资产，着力拓宽融资渠道和财源税源。加快推进土地增减挂钩（旱改水）项目，确保土地增减挂钩（旱改水）指标交易取得实效。积极开展政府与社会资本合作（PPP），促进经济社会健康有序发展。坚决防范金融风险。加强社会信用体系建设，营造优良信用环境。扎实开展金融风险防范整治攻坚专项行动，坚决打击非法集资、违规融资行为，牢牢守住不发生系统性、区域性金融风险底线，确保全县金融秩序良好。激励金融机构开展产品和服务创新，引导金融机构加强对重点发展需求、重大项目建设的信贷支持，缓解中小企业、“三农”等融资难题。全面维护社会稳定。深化推进“平安印江”建设，深入开展扫黑除恶专项斗争，依法严厉打击各类违法犯罪行为。严格落实安全生产主体责任，加强对道路交通、非煤矿山、建筑施工、危险化学品等重点行业领域的安全监管，坚决遏制较大以上安全事故发生。完善信访工作机制，畅通信访渠道，依法解决群众合理诉求。深入推进“七五”普法教育，健全社会诚信体系，增强应急管理、防灾减灾救灾能力，持续巩固和谐稳定社会大局。

（七）坚定不移深化改革开放，蹄疾步稳激活发展动能。坚持改革开放战略不动摇，以改革促开放、以开放促发展，聚焦重点领域，破解制约瓶颈，释放发展活力，激活发展源泉。全面推进深化改革。深入推进供给侧结构性改革，持续释放产业发展红利。深化“放管服”改革，制定公共资源目录清单，着力精简审批事项、优化审批流程、缩短审批时限。深化商事制度改革，大力开展“互联网 + 政务服务”，推行并联审批和容缺审批，增强市场主体活力。深化医药卫生体制改革，提升群众就医获得感。深入推进农村综合改革、集体产权制度改革，完成全国第三次国土资源调查和全国第四次经济普查。抓好税收征管体制改革、县乡财政事权改革，提高财税服务水平。强化国有资产管理，确保国有资产保值增值。全力扩大开放成效。深入实施“产业招商引资突破”行动，创新招商引资方式，大力推进“千企引进”工程，完善招商引资优惠政策，加大“走出去、请进来”力度，力争在农产品加工、特色工业、水资源利用、文化旅游资源开发等领域招商实现突破，力争全年引进产业项目 20 个以上。加强部门联动，积极运用 PPP 等模式吸引社会资本参与基础设施和公共服务建设。大力优化营商环境，增强项目审批和产业发展部门服务意识，切实提高项目履约率、资金到位率和开工投产率。

（八）坚定不移保障民生事业，全心全意增进群众福祉。坚持以人民为中心的发展思想，努力办成一批利当前管长远的民生实事。优先发展教育事业。完成职校整体搬迁工程，建成第六幼儿园，加快建设木黄中学搬迁项目，新增学位 8000 个。深化教育教学管理，加强教师队伍建设，实施学前教育集团化办园，推动义务教育优质均衡发展，实施高中教育提质工程，支持印江一中创建“省级综合实践活动特色示范学校”，支持民办教育发展，持续提升教育教学质量。加快卫生事业发展。加快县医院项目建设，启动县医院三级综合医院创建工作。完成县妇保院和木黄镇、天堂镇卫生院建设并投入使用。强化公立医院管理，加强医生队伍建设，支持民营医疗卫生事业发展，深入推进智慧医疗，着力提升医疗卫生服务水平，促进各类医院高质量办医。稳妥有序实施全面“二孩”政策。强化食品药品安全监管，确保人民群众饮食、用药安全。抓好就业社保服务。深入推动大众创业、万众创新，发放创业小额贷款 1600 万元以上，完成农村劳动力转移就业培训 6000 人以上，实现城镇新增就业 6300 人以上，城镇登记失业率控制在 4% 以内。完成各类社会保险参保 30 万人以上，完成各类基金征缴 2.8 亿元。筑牢城乡低保、医疗救助、临时救助和特困供养社会救助网，稳步提高城乡低保标准。

此外，扎实抓好民族宗教、电子政务、民兵预备役、退役军人事务、供销、气象等工作，全力抓好工会、老龄、科协、文联、共青团、工商联、红十字、妇女儿童、残疾人等社会事业。

三、加强政府自身建设

各位代表，为政之要，贵在落实、重在实干。我们必须坚定政治方向、不忘初心使命，抢抓机遇、奋勇搏击，以舍我其谁的担当、久久为功的韧劲，展现新状态、拼出新作为。

（一）旗帜鲜明讲政治。坚持用习近平新时代中国特色社会主义思想武装头脑、指导实践、推动工作。树牢“四个意识”、坚定“四个自信”、践行“两个维护”，把坚持党对一切工作的领导贯穿政府工作各方面、全过程。严守政治纪律和政治规矩，全力贯彻落实党中央、省、市和县委决策部署，确保政令畅通、令行禁止，以实干业绩诠释对党和人民的绝对忠诚。

（二）对标对表抓落实。加强学习和调查研究，提高落实政策、破解难题的能力，坚持把抓具体、抓深入作为推动工作的重要方法，说了就办、定了就干、干就干好，以踏石留印、抓铁有痕的精神，一件一件抓落实，一项一项求突破。严格落实重要工作清单制、承诺制、问责制，以排头兵的身影、实干家的姿态、施工队长的身份，推动各项工作任务落地见效。

（三）勇于担当破难题。大力倡导知责明责、守责尽责的担当精神，在履职尽责上主动担当、在服务大局上勇于担当、在艰难险阻中敢于担当。坚决整肃不敬畏、不作为、不在乎问题，坚决纠正表态多、调门高、行动少、落实差行为。树立“功成不必在我、功成必定有我”的实干思维，重任面前敢想敢干、难题面前敢闯敢试，营造在其位、谋其政、尽其责、倾其力的良好氛围。

（四）依法行政重规范。坚持用法治思维、法治方式履行职责，做到法定职责必须为、法无授权不可为。坚持民主集中制，严格落实“三重一大”制度，加强重大决策、规范性文件合法性审查。依法接受人大法律监督、工作监督，自觉接受政协民主监督，全面接受监察监督，主动接受社会、舆论监督，习惯在约束中干事、在监督下履职，确保权力在阳光下运行。

（五）倡廉崇洁树清风。认真落实党风廉政建设“一岗双责”，严格执行廉洁从政各项规定，驰而不息纠正“四风”，牢固树立过紧日子思想，坚决制止铺张浪费。注重培养斗争精神，增强斗争本领，敢于跟贫穷落后、矛盾困难、不正之风作斗争，坚决维护社会公平正义，切实提高群众的获得感、幸福感、安全感。全力推动全县政府系统党风廉政建设和反腐败斗争向纵深发展，大力营造风清气正的政治生态。

各位代表，前进的道路虽万重关山但前途似锦，发展的征程虽荆棘丛生但斗志不衰。让我们更加紧密地团结在以习近平同志为核心的党中央周围，在市委、市政府和县委的坚强领导下，开拓创新、锐意进取、奋勇争先、勇往直前，实现“整县摘帽”，决胜全面小康，努力续写新时代产业强、百姓富、生态美的印江新篇章，以优异的成绩庆祝中华人民共和国成立70周年！

今年拟办“十件民生实事”：

（1）接受贫困县退出评估验收，实现“整县摘帽”；出列贫困村19个，减少贫困人口5200人，综合贫困发生率下降到1%以内。

（2）完成县职校整体搬迁工程，建成第六幼儿园，新增学位8000个，解决好易地扶贫搬迁群众子女上学问题。

（3）发放创业小额贷款1600万元以上，完成农村劳动力转移就业培训6000人以上，实现城镇新增就业6300人以上。

（4）完成县妇幼保健院和木黄镇、天堂镇卫生院建设并投入使用，启动县医院三级综合医院创建工作。

（5）完成G211沿河黑獭至县城（一期）公路改扩建工程及G352县城至两河口、乐茂江至慕龙公路工程建设。

（6）完成山岔、绿荫塘水库工程，提升6.5万人的安全饮水保障水平，解决9.6万亩良田灌溉问题。

（7）完成110千伏洋溪输变电工程建设，新建10千伏以上线路118公里、供电配变231台区，新建通信基站182个。

（8）完成大圣墩索道建设，实现大圣墩景区开门迎客；建成县城图书馆。

（9）新建峨岭街道易地扶贫搬迁安置区域农贸市场、停车场。

（10）启动城乡生活污水PPP项目建设，新建新寨、板溪、天堂、罗场1000吨污水处理厂，新建、改造农户卫生厕所1800座。

沿河土家族自治县政府工作报告

（2019年1月14日在沿河自治县第八届人民代表大会第三次会议上）

沿河自治县委副书记、县长 何支刚

各位代表：

现在，我代表县人民政府向大会作工作报告，请予审议，并请县政协委员和其他列席同志提出宝贵意见。

一、2018年工作回顾

过去一年，是沿河发展进程中极为艰难的一年。面对复杂严峻的国际国内形势，我们牢记嘱托、感恩奋进，在县委的坚强领导下，在县人大、县政协的监督支持下，坚持以习近平新时代中国特色社会主义思想为指导，紧紧围绕中央、省、市和县委决策部署，坚持稳中求进、进中求转工作总基调，顶住经济持续下行压力，克服金融政策调整等重重困难，统筹推进稳增长、调结构、惠民生、促改革、防风险各项工作，较好地完成县八届人大二次会议确定的目标任务，全县经济社会发展呈现出“总体平稳增长、转型逐步加快、质量不断提升、活力明显增强、民生持续改善”的良好态势。

——经济增长稳中有进。预计地方生产总值完成113.1亿元，增长9.2%；财政总收入完成10.29亿元，增长7.4%；500万元以上固定资产投资增长3%；社会消费品零售总额完成23.8亿元，增长11.8%；金融机构存贷款余额分别达149亿元、109亿元，分别增长4%、37%；全面小康实现程度达93%。

——脱贫攻坚再战告捷。脱贫攻坚战向纵深推进，“春风行动”“夏秋攻势”“冬季充电”捷报频传，“四场硬仗”“五个专项治理”成效显著，全年出列贫困村78个、减少贫困人口2.76万人，贫困发生率下降到7.41%。在习近平总书记的亲切关怀下，东西部扶贫协作持续深化，浙江省安吉县“白叶一号”扶贫项目落户中寨镇，更加坚定了全县上下如期打赢脱贫攻坚战的信心、决心。

——城市品位魅力彰显。乌江湿地公园通过国家验收，乌江渔港码头、望江楼、屹望阁等项目基本建成，温泉大道、县城管网暨道路改造等工程投入使用，乌江丽都、金红国际、黔渝星城等商住小区相继建成，城市净化、亮化、绿化、美化“四大工程”全面推进，沿河成功入选“2018年全国百佳深呼吸小城”“贵州省森林城市”，城市面貌焕然一新。

——民生改善持续发力。“十件民生实事”基本完成，民生领域支出达33.6亿元，占一般公共预算支出的70%；城镇、农村常住居民人均可支配收入分别达28287元、8843元，分别增长9.5%、10.3%。特别是随着一批教育、医疗、卫生项目相继实施，一批就业、创业、创新措施陆续出台，一批优服务、强保障、惠民生实事落地见效，人民群众的获得感、满意度持续上升。

——社会发展亮点纷呈。探索形成可推广、可复制的东西部扶贫协作“善登高峰”范例，得到孙志刚书记、谌贻琴省长的充分肯定；创新实践义务教育“七个三”新机制，义务教育基本均衡发展顺利通过国家评估认定；率先提出棚户区改造“四个三”新举措，吸引重庆酉阳、湖南新晃、遵义仁怀等省内外区（县）前来考察；官舟智慧移民小区建设的创新做法，被誉为新时代“枫桥经验”在全国视频直播。

——最美江城好戏连台。联合国教科文组织“美丽中国·跨界科考”第四季“探秘画廊乌江·情满山歌沿河”系列活动独具特色，全国2018年内陆渔业水上突发事件应急演练亮点频闪，全省2018年

“三下乡”“我们的节日·重阳”等活动效应突出，全市2018年环梵净山国际公路自行车赛中国沿河·画廊乌江站精彩呈现，全县“长江水·乌江情”文化交流周、“洲俱杯”四国职业篮球冠军赛、“中核杯”边区足球赛、第五届传统龙舟赛等竞相上演，极大提升了“画廊乌江·山歌沿河”的知名度、美誉度。

一年来，我们勠力同心、苦干实干，主要抓了以下工作：

（一）坚定不移举全力、打硬仗，脱贫攻坚成果丰硕。坚持把脱贫攻坚作为头等大事、第一民生工程来抓，强化使命担当、全力发起总攻，各项工作取得阶段性胜利。农村基础设施不断改善。实施农村“组组通”硬化路建设850.37公里、农村基础设施交通扶贫工程906公里，实现30户以上自然寨100%通硬化路；完成农村饮水安全巩固提升工程162处，解决21.75万人饮水安全问题；投资2.74亿元启动农村电网改造升级，新增农村配变电压器782台；新增4G基站252个，新增多彩贵州“广电云”村级综合服务站6个、用户18921户。产业扶贫成效不断提升。实施产业扶贫子基金项目8个，授信金额9.46亿元，投放2.32亿元；获批中央、省级财政专项扶贫资金1.5亿元；整合涉农资金3.79亿元，实施项目655个；投入产业扶贫资金18亿元，实施项目2616个，覆盖贫困群众3.5万人。易地扶贫搬迁不断加快。官舟集镇、土地坳竹花（二期）、和平联桥（二期）等安置点全部建成入住，思州A、B区易地扶贫搬迁安置点完成主体工程60%，全年完成县内搬迁1403户、6756人、跨区域搬迁1557户、7338人。教育医疗住房保障不断巩固。发放教育资助资金0.7亿元、资助贫困学生6.06万人，投入农村营养改善资金0.74亿元、惠及学生8.6万人，补偿健康扶贫医疗保障资金2.2亿元、惠及贫困人口3.2万人，完成农村危房改造及同步“三改”5650户、脱贫出列房屋安全评定30007户，建成小康房320套。结对帮扶领域不断拓展。张家港市12个市直部门与我县12个县直部门实现帮扶联姻，10个区镇结对帮扶我县22个乡镇（街道），14个市直部门、18个行政村、18家企业“一对一”结对帮扶我县50个深度贫困村，62所学校与我县75所学校协作结对，累计实施援建项目66个、援助资金5282万元。同时，中国农科院、中国五矿集团、中冶集团、大连民族大学、省司法厅、省工商联、省能源局、乌江水电开发公司、贵州广播电视大学等帮扶单位倾力支持，累计投入帮扶资金2766万元。

（二）坚定不移促转型、提质效，产业结构持续优化。深化供给侧结构性改革，推动产业发展，壮大实体经济，发展质量和效益不断提升。特色农业提质发展。完成农业产业结构调整22.71万亩，调减玉米种植12.3万亩，新增茶园1万亩、果园4.2万亩、油茶1.79万亩、中药材2.2万亩、饲草1.75万亩、食用菌717万棒，新增省级龙头企业6家、市级示范家庭农场15家、农民专业合作社429个，完成烟叶收购8万担，实现畜牧业总产值17.4亿元。注重品牌培育和市场营销，认证无公害农产品12个、绿色食品2个、有机食品3个，成功打造“梵净山·洲州茶”品牌，新增省内外营销窗口24个。后坪小龙虾、客田百香果、新景柑橘、土地坳铁皮石斛、夹石和谯家大棚蔬菜等特色产业星罗棋布，中界狮子山生态农业旅游观光园升级为省级农业园区，玫兰图斯田园综合体被命名为铜仁市第四批休闲农业与乡村旅游示范点。新兴工业稳步发展。贵州沿河经济开发区稳步推进转型升级，新增招商引资签约项目16个，成功引进全市唯一一家建筑垃圾再生利用处理高新技术企业，全年完成工业固定资产投资3.17亿元，实现规模以上工业产值32.1亿元。全县改造工业项目10个，新增规模以上工业企业5家，完成大数据+工业融合项目2个，建设大数据+实体经济融合示范项目3个、融合企业5家、登云企业10家。现代商贸繁荣发展。新增限额以上规模商贸流通企业3户、市场主体8928户，扶持微型企业127家。培育省长质量奖企业1家、省服务业名牌1家、省名牌产品5家、商标157件。成立电子商务行业协会，建成电子商务产业园区、“贵农网”电子商务运营中心、电商服务站191个、邮政电商便民服务站和电商扶贫服务站140个，实现电商交易额5.1亿元。生态旅游快速发展。《沿河旅游地图》《沿河旅游宣传折页》新版发行，乌江黎芝峡4A级景区、中界狮子山3A级景区、玫兰图斯田园综合体试运营，沙子南庄4A级景区通过国家景观质量评定，全年共计接待游客581.86万人次、增长36.96%，实现旅游总收入44.59亿元、增长31.07%。

（三）坚定不移强基础、补短板，发展条件不断改善。坚持打基础、利长远，重点推进一批续建或新建基础设施项目建设。立体交通网络加快形成。加快推进乌江三桥建设，稳步推进国道211黑獭至印江、省道411官舟至侯渡坪、省道203朗溪至葛普洞、坝坨至淇滩等公路改扩建工程，协同推进沿印松高速公路、沙沱特大桥重建、夹石特大桥等项目建设，统筹推进县乡道提级改造、公路管养、安全防护及航道整治等工作，累计完成交通基础设施投资 43 亿元。水利基础设施不断夯实。甘溪水库、当坝水库可以下闸蓄水，岩门口水库破土动工，县城污水处理二期工程、县城供水扩建工程、黄金山片区供水工程、官舟示范小城镇供水工程投入试运行，实施产业配水、中小河流治理、农田灌溉等水利项目 187 个，综合治理河道 4 公里，改善恢复灌溉面积 4100 亩，累计完成水利基础设施投资 3.89 亿元。供电保障能力持续增强。加快后坪 35 千伏输变电工程、10 千伏及以下配电网工程建设，新增线路 1196 千米、容量 5.9 万千伏安，治理重过载配变 277 台、低电压台区 65 处，清理输配电线路 3.56 万处，配电无人机巡线 286 千米，累计完成电力基础设施投资 3.29 亿元。通讯服务水平加快提升。完成县城区及景区无线 WiFi 设备安装 100 个，新增行政村电信服务试点 364 个，实现光纤、"广电云"村村通行政村全覆盖，累计完成通讯基础设施投资 1.51 亿元。

（四）坚定不移提品质、增内涵，城乡面貌日新月异。坚持城乡统筹与乡村振兴同步，环境保护与生态建设并举。县城发展品位更高。新一轮总规修编取得初步成果，河东、河西片区棚户区改造全速推进，城区环卫保洁、园林绿化市场运作，建成智慧城管指挥中心，推行城区限时停车新机制，实现新能源公交全覆盖，城市功能逐步完善，城市管理持续加强，城市文明不断彰显，完成城镇基础设施投资 21 亿元、房地产投资 14.7 亿元，去房地产库存 31.4 万平方米，拆除违法建筑 2 万平方米，新增城镇人口 2.4 万人，城镇化率达 44.7%。乡村振兴基础更实。完成官舟、板场、洪渡示范小城镇建设投资 3.12 亿元，完成 2 个乡镇控制性详细规划、374 个村庄规划和 1991 个农村居民点建设规划编制工作，建成标准公厕 35 座，改造农村厕所 4726 户。深入开展"大棚房"、农村老旧危房透风漏雨专项整治，成功打造团结街道石坝沟村、夹石镇闵子溪村省级"四在农家·美丽乡村"示范点，基本建成后坪乡葫芦湾、新景镇桃山传统村落，思渠镇马福园村、客田镇红溪村被列入全国第五批传统村落名录。创建省级"村规民约示范村"18 个、县级"村规民约示范村"20 个，创建国家级"民主法治示范村"2 个、省级"民主法治示范村（社区）"6 个、市级"民主法治示范村"22 个。生态环境质量更优。深入开展"六绿"攻坚行动，"六个严禁""六个一律"专项执法行动，大力实施退耕还林、石漠化综合治理、植被恢复、森林抚育等工程，完成绿化及营造林面积 18.8 万亩，创建省级森林村寨 15 家、森林人家 13 家，查处林业案件 202 起，全县森林覆盖率达 60.75%。建成农村生活污水治理智能管理运维中心、洪渡镇垃圾热解气化处理厂、27 个污水处理示范站点，城镇空气质量优良率达 97.3%、污水处理率达 80.12%。完成中央环保督察反馈问题整改 37 个，办结中央环保督察"回头看"信访事项 13 件，查处环境违法案件 13 起。全面推行"河长制"，乌江干流及支流水质量常年保持在Ⅲ类以上，水质达标率 100%。

（五）坚定不移抓改革、扩开放，发展活力稳步释放。坚持把深化改革、扩大开放作为加快发展的战略举措来抓，县域经济社会发展动能持续增强。做活改革文章。深化农业产业结构性调整，累计流转土地 22.7 万亩，144 个行政村纳入"三变"改革试点，全县粮经比优化为 35∶65。积极探索深度贫困县土地增减挂钩指标跨区域交易，完成第一期跨省指标流转 1189 亩，申报第二期跨省指标流转 3057 亩。深化"放管服"改革，清理删减证明类材料 56 项、相同证明类材料 63 项，减少申请材料 742 项，取消证明类事项 13 项。深化"双随机、一公开"改革，有序推进县级机构、国企、投融资体制等一批重点改革事项，县域发展壁垒加快破解、活力不断释放。做实招商项目。深入开展优化营商环境集中整治行动，积极构建"清、亲"型政商关系，新增省外 3000 万元以上项目 79 个（含民营 500 强企业 1 家），总投资 131.91 亿元、到位资金 117.03 亿元；新增项目开工 75 个，开工率达 94.94%；新增项目投产 37 个，投产率达 46.84%。做大金融蛋糕。加快县级投融资公司实体化转型发展，积极支持畅达公司发行企业债券，认真落实"深扶贷""惠农贷"等政策，全年申报融资项目 28 个、融资到位资金 30.69 亿元。

（六）坚定不移惠民生、促和谐，民生福祉日益增进。始终关注民生热点、保障民生底线，发展成果不断惠及全县人民。社会保障全面加强。城市低保标准由月人均 532 元提高到 570 元，农村低保标准由年人均 3528 元提高到 3876 元。纳入最低生活保障复员退伍军人 2692 人，救助救济各类困难群众、特殊群体 5.35 万人次。成立春晖青年联盟，引导和扶持雁归人员回乡创业就业 5654 人，城镇新增就业 5716 人。全员培训贫困劳动力 6461 人，转移农村劳动力 14602 人。受理拖欠民工工资投诉案件 33 起，追回民工工资 1412.4 万元。办理法律援助案件 315 件、劳动人事争议案件 153 件。深入开展非洲猪瘟疫情防控，强化县内猪肉保供措施，肉类流通价格整体稳定。社会事业协同推进。实施智慧中学校园建设3所、标准化考场建设10所、学前教育工程24所、B级食堂创建37所、学校功能房建设77所、校园文化建设145所、运动场提质改造62所，配送一师一机7167台、学生计算机11668台。县人民医院通过二级甲等医院复审，创建国家级卫生乡镇1个，完成16个乡镇卫生院标准化建设、159所农村中小学医务室规范化建设。完成黔东特区革命委员会旧址纪念馆修缮，建成乡镇乡愁馆1个、村级乡愁馆1个、农体工程60个、村级文化服务中心157个。组建县乡两级第四次经济普查机构，累计普查单位7294个、个体户15533户。成功创建省级民族团结示范县，获省命名“民族贸易企业”23家。中国人保财险沿河支公司全年保费收入突破亿元大关，成为全市首家亿元支公司。实现宗教活动场所、民间信仰点、宗祠寺庙制度化、规范化备案管理。社会治理富有成效。坚持“一巩固、二控制、三确保、四提高”信访工作目标，全年办理各类信访案件1957件、调处矛盾纠纷1543件。加快“雪亮工程”建设，安装安全监控摄像头1453个。深入开展扫黑除恶、盗抢骗、黄赌毒等专项打击行动，刑事发案率同比下降29.32%，成功摘掉毒情通报警示县的“帽子”。建成县第七中学，实现对铜仁市西五县未成年人违法犯罪集中收治全覆盖。“七五”普法顺利通过省委、省政府中期督导验收。持续开展重点行业和重点领域安全隐患排查整治行动，事故起数同比下降42%、死亡人数同比下降30.13%，社会大局和谐稳定。

（七）坚定不移守底线、转作风，行政效能明显提升。坚持依法行政、从严治政，推动政府工作法制化、规范化、程序化，勤政廉政建设取得新进展。债务风险总体可控。加强政府隐性债务清理化解，提高债务管控和资产经营能力，建立规范举债融资机制，累计申报获得融资债券2.45亿元，偿还债务本息1.9亿元，综合债务率下降至风险提示以下。行政效能持续提升。自觉接受县人大的法律监督、县政协的民主监督，办理人大代表建议107件、政协委员提案167件，回复率、办结率、满意率均达98%以上。建立健全权责清单动态调整机制，公布县直部门行政权力2668项，受理审批事项13.4万件，按时办结率达100%。作风建设不断加强。压紧压实党风廉政建设“两个责任”，加强对“一把手”监督，全县53名党员领导干部因履职不力受到责任追究。先后开展电视访谈17期，巡察乡镇、部门18个，立案查处民生领域案件197件、给予党纪政务处分198人，受理信访举报351件、给予党纪政务处分259人，查处违反中央八项规定精神及形式主义、官僚主义问题48起，运用监督执纪“四种形态”处理586人次。

此外，审计、退役军人事务、档案方志、机构编制、政务服务、外事侨务、国防教育、人防战备、水文气象、工青妇、红十字、人口计生、残疾人、老龄、关工委等事业全面发展，人民群众满意度、社会认可度、政府公信度不断提高，经济社会发展的群众满意度持续上升。

各位代表，过去一年我们迎难而上、克难攻坚，在决战脱贫攻坚、决胜同步小康的征程中迈出坚实步伐，提振了全县各族干部群众干事创业、奋勇争先的精气神。这些成绩的取得，是市委、市政府和县委坚强领导的结果，是县人大、县政协监督支持的结果，是全县各族人民团结奋斗的结果。在此，我代表县人民政府，向全县各族人民、各级干部致以崇高的敬意！向人大代表、政协委员，向离退休老同志、民主党派、工商联、人民团体、无党派人士，向驻沿部队、武警官兵、政法干警，向所有关心、支持沿河发展的各界人士表示衷心的感谢！

各位代表，过去一年的发展实践告诉我们：梦在前方、路在脚下、事在人为，只要我们同心同向、敢干敢拼，就一定能撕下贫困的标签、贴上靓丽的名片。在肯定成绩的同时，我们也要清醒地看到，全县经济社会发展还面临诸多困难与和挑战：一是脱贫攻坚任务依然繁重。全县仍有贫困人口45233人，绝大部分是贫中之贫、困中之困，加上扶贫产业基础薄弱，基础设施欠账较大，群众发展的内生动力不强，打赢深度贫困脱贫攻坚战任务艰巨。二是加快发展任务依然繁重。传统产业比重大，新兴产业规模小，工业化发展相对滞后，实体经济总体偏弱，缺乏引领性、带动性产业，税源和就业的支撑能力有限，新旧动能转换步伐较慢。三是防范风险任务依然繁重。金融领域、社会领域、安全生产领域、生态环境领域的风险防范压力较大，风险防范体制机制还需进一步完善，防范化解和管控各类风险的能力还要不断提高。四是要素配置任务依然繁重。以人为核心的软环境建设仍然滞后，学习、理解和实践与经济社会发展的矛盾仍然突出，营商环境有待优化，人才紧缺、资金短缺问题较为突出，金融产品创新不够。五是保障民生任务依然繁重。公共产品和公共服务供给不足，特别是教育、医疗、养老、住房等公共服务还满足不了人民群众日益增长的美好生活需要。六是自身建设任务依然繁重。部分干部思想观念落后，担当意识不够强，落实决策部署不够有力，不作为、不会为、乱作为的现象还不同程度存在。对此，我们将以事不避难、敢于担当的勇气，直面问题、破解难题，绝不辜负人大代表、政协委员的信任，绝不辜负全县各族人民的期盼。

二、2019年工作安排

2019年是中华人民共和国成立70周年，是实施“十三五”规划承上启下的关键一年，是向深度贫困发起总攻的决战一年，做好全年工作事关全局、意义重大、影响深远。只要我们牢记嘱托加油“干”、抓住机遇全力“赶”、团结一致奋力“超”，因势而谋、顺势而为、乘势而上，就一定能够在新的起点上开创新局面、在新的征程中铸就新辉煌。

今年政府工作的总体要求是：以习近平新时代中国特色社会主义思想为指导，深入学习贯彻党的十九大精神，认真落实中央经济工作会议精神，按照省、市和县委决策部署，围绕建设“一区五地”目标，坚持以脱贫攻坚统揽经济社会发展全局，坚持新发展理念，坚持稳中求进工作总基调，坚持以供给侧结构性改革为主线，深入实施大扶贫、大生态、大数据三大战略行动，继续打好防范化解重大风险、精准脱贫、污染防治三大攻坚战，统筹好稳增长、促改革、调结构、惠民生、防风险各项工作，决战决胜脱贫攻坚，保持全县经济持续健康发展、社会大局稳定，为全面建成小康社会打下决定性基础，以优异的成绩向中华人民共和国成立70周年献礼。

今年政府工作的预期目标是：地方生产总值增长11%，力争达12%；一般公共预算收入增长6.3%，力争达7%；固定资产投资增长16%以上，力争达18%；社会消费品零售总额增长10.5%以上，力争达12%；规模以上工业增加值增长11.5%以上，力争达12%；城镇、农村居民人均可支配收入分别增长9%以上、9.8%以上；金融机构存贷款余额分别增长8%以上、16%以上；全面小康实现程度达95%。

围绕上述目标，我们将重点抓好8个方面工作：

（一）以脱贫攻坚为统揽，在决战贫困上展现新作为。深入实施大扶贫战略行动，聚焦主攻点、打好总攻仗，实现70个贫困村出列、2.7万贫困人口脱贫，确保脱贫摘帽工作完成总量80%以上、贫困发生率下降至3%以下。

实现水、电、路、讯“四个通达”。建成农村饮水安全巩固提升工程189个，全面解决农村人口饮水安全问题，实现贫困群众“户户通水”。完成《“十三五”中低压配电网规划修编》，加快重点供电项目建设，全面提升城镇、农村安全用电保障能力，完成电力投资1.99亿元以上，实现贫困家庭“家家通电”。完成农村基础设施交通扶贫工程，加快农村公路生命安全防护工程建设，实现贫困村寨“寨寨通路”。加快4G基站及通讯网络建设，完成通讯投资1.5亿元以上，实现偏远乡村“处处通讯”。形成易地扶贫搬迁、产业扶贫、合作社、产销衔接“四个覆盖”。坚持“不搬就通、不通就搬”原则，全面完成县内和跨区域搬迁任务，认真落实“五个三”生计保障和后续发展配套措施，实现易地扶贫搬迁安置点医院、幼儿园、社区管理委员会全覆盖。进一步培育壮大茶叶、果蔬、畜牧、中药材、食用菌“五大扶贫产业”，新增茶园1万亩、精品水果0.8万亩、中药材基地2万亩、食用菌1000万棒，种植蔬菜27万亩，出栏生猪、肉牛、肉羊、家禽205.6万头（只），实现拟出列贫困村扶贫产业全覆盖。积极推广“公司+合作社+农户”模式，细化完善利益联结机制，组织贫困群众加入专业合作社，实现拟出列贫困村专业合作社全覆盖。强化农超对接、农校对接、电商营销，促进农产品多渠道销售，实现产销衔接全覆盖。实施教育扶贫、健康扶贫、住房保障、文化引领“四个行动”。深入实施教育扶贫行动，精准落实教育资助政策，坚决防止因学致贫、因贫辍学。深入实施健康扶贫行动，全面落实医疗保障救助政策，加快拟出列贫困村和深度贫困村卫生室建设，坚决防止因病致贫、因病返贫。深入实施住房保障行动，着力抓好农村老旧住房透风漏雨专项整治，全力改善贫困群众居住环境。深入实施文化引领行动，办好新时代农民讲习所，积极开展思想文化“六进村”、全民健身等活动，加快村级活动场所、农体工程等文化基础设施建设，完成农村贫困劳动力全员培训6800人次以上。用好定点帮扶、对口帮扶、部门帮扶、社会帮扶“四个资源”。用好省委常委、省委宣传部部长慕德贵、市委书记陈昌旭等领导的定点帮扶资源，争取更多扶贫政策、扶贫项目、扶贫资金向沿河倾斜。用好东西部扶贫协作张家港市对口帮扶的资源，全力打造市县、乡镇、园区、企村、村村“五位一体”协作模式升级版，不断拓展农业产业、文化旅游、人才智力等合作领域，推动两地扶贫协作取得更大成效。用好中冶集团、省司法厅、省能源局等部门帮扶的资源，推动一批合作项目落地实施。用好爱心企业、沿河籍在外人士、春晖使者倾力支持我县发展的资源，发动各方人士参与脱贫攻坚事业，项目化推进社会帮扶。强化组织、纪律、要素、督查“四个保障”。坚定不移强化组织保障，压紧压实县乡村三级责任，发挥好基层组织的战斗堡垒作用，深入开展干部结对帮扶，完善驻村工作督查考评机制。坚定不移强化纪律保障，加大民生扶贫领域的执纪监督，做到法不留情、纪不留面。坚定不移强化要素保障，打好财政金融“组合拳”，力争申报基金总额9.35亿元以上、整合涉农资金3.86亿元以上；用好用活国家土地政策，完成土地增减挂钩指标跨省流转7000亩以上。坚定不移强化督查保障，严格考核问责，强化结果运用，倒逼责任落实、工作落地。

（二）以风险防范为前提，在维护稳定上开创新局面。牢固树立“大安全”理念，时刻绷紧防范化解重大风险这根弦，坚决维护好和谐稳定的发展环境。

防范化解债务风险。牢牢把握政府债务风险防范化解主动权，建立政府债务动态管理、风险预警和应急处置机制，建立政府应急偿债资金池，加强政府债务管理，加大存量债务化解，盘活存量资源资产，依法依规融资举债，严控新增政府债务，举全县之力将债务风险控制在有效范围以内，确保有钱还债、有钱发展、有钱运转。防范化解金融风险。强化金融领域风险防控化解，统筹指导县内金融机构化解不良贷款，引导金融资本更好地服务实体经济。强化民间投融资中介机构、P2P网络借贷、虚拟理财、房地产行业等重点领域风险防控，强化民营企业信贷支持，规范农民资金互助合作社、小额贷款公司、供销股金服务社，坚决打击非法集资、金融诈骗等违法违规行为，扎实推进金融领域社会诚信体系建设，确保不发生县域金融风险。防范化解社会风险。持续巩固国家信访“三无县”创建成果，深入推进诉访分离改革和县域信访改革，持续抓好信访积案化解，认真解决群众合理合法诉求，坚决打击闹访、缠访、非访等行为。深化“平安沿河”建设，健全社会治安防控体系，持续开展“扫黑除恶”、盗抢骗、禁毒等专项整治行动，严厉打击各类刑事犯罪。加强人民调解工作，不断加大社区服刑人员管理力度。强化食品药品安全监管，精心守护老百姓“舌尖上”的安全。深入开展“七五”普法，落实“谁执法、谁普法”责任制，切实加强公共法律服务体系建设。严格落实“党政同责、一岗双责”安全生产责任制，重点抓好隐患排查、专项整治，坚决遏制较大以上安全事故发生，不断巩固全县安全稳定的良好局面。

（三）以污染防治为重点，在生态建设上迈出新步伐。深入实施大生态战略行动，下更大决心整治环境问题、下更大力气推进生态建设，促进生态环境质量持续改善。

厚植绿色发展屏障。全面推动山水林田湖系统、生物多样性保护，深入开展“城镇修补”“生态修复”，稳步推进退耕还林还草、石漠化综合治理等重点工程，抓好全域绿化“六绿”攻坚行动收官工作，完成绿化造林8万亩，打造不低于100亩的绿化示范点2个以上，发展生态经济林1万亩以上，确保森林覆盖率达63%以上。强化生态环境治理。坚持全民共治、源头防治，严守生态红线、基本农田、城镇开发三条控制线，坚决执行生态环境保护责任追究制度和环境损害赔偿制度，强化扬尘、尾气、油烟、尾矿库、船舶等污染源监管治理，确保空气质量优良率达98%以上。全面落实“河长制”，积极推行“林长制”，持续开展“生态日”系列活动，抓好乌江干流、支流及集中式饮用水源地生态保护。启动实施绿色增产增效、高产高效示范创建工程，积极推广绿色防控、水肥一体、节水灌溉等农业技术，强化土壤污染管控和修复。建立健全永久基本农田保护机制，切实加强农村宅基地管理，有效推进耕地占补平衡。夯实环境保护根基。持续抓好中央生态环境督察“回头看”交办事项办理，着力改善环保基础设施建设，做到彻底解决不反弹、持续用力不回潮。完善部门联动执法新机制，深入开展森林保护“六个严禁”和环保执法“六个一律”专项行动，对环境违法行为“零容忍”。严格项目准入和环保“三同时”“双公示”制度，做到污染环境的企业坚决不引、破坏生态的项目坚决不立。

（四）以项目建设为载体，在经济发展上激活新引擎。坚持把抓项目扩投资作为推动经济发展的重要支撑，通过有效投资优化经济结构、保障改善民生、提高发展质量。

优化项目储备。紧盯中央、省、市政策投资导向，抢抓国家对深度贫困地区发展建设政策倾斜的机遇，紧紧围绕交通运输、脱贫攻坚、棚户区改造、农田水利等方面，超前谋划储备一批重大工程、重点项目，确保谋划储备亿元以上投资项目50个以上、完成固定资产投资150亿元以上、向上争取项目资金12亿元以上。加快项目建设。加快沿印松高速公路、夹石特大桥、国道211黑獭至印江公路改扩建工程等项目建设，完成省道411官舟至侯渡坪段、省道203

新景至黄土段等公路建设，建成乌江三桥、沙沱特大桥、坝坨至淇滩快速干道，启动省道 302 龚溪口至麻青、省道 303 淇滩至新滩等公路改扩建工程。基本建成邓家溪水库，加快推进岩门口水库建设，启动小溪水库、大桥水库建设。强化项目管理。全面推行重大项目实施管理办法，建立健全重大项目集中开工、挂图作战、包保服务、统筹调度、现场观摩、廉政档案、督查考核等工作机制，做深做细项目前期工作，提高决策的可行性。严格遵循基本建设程序，规范项目管理，对重点工程立项、招投标、工程进度、资金使用等实行全过程监管，促进主体建设与配套建设同步设计、同步施工、同步建成。做大项目融资。发挥县级投融资公司“金融推手”作用，创新融资方式，拓宽融资渠道，力争实现融资到位资金 20 亿元以上。抢抓国家债券发行、资产证券化、基金投放等政策机遇，用好用活国家扶持国有企业政策，积极推动畅达公司发行企业债券，确保募集债券资金 10 亿元以上。

（五）以产业革命为主线，在结构调整上取得新成效。坚持以供给侧结构性改革为主线，以培育壮大特色产业为重点，积极推动实体经济壮大规模、提升质量。

加快发展现代农业。坚持“主导产业集中连片、新兴产业百家争鸣”发展理念，不断扩大生态茶叶、生态畜牧、生态果蔬、生态中药材四大产业规模，大力推动北部后坪、新景等乡镇发展烟叶及经果林产业，积极引导南部中界、板场等乡镇发展养殖及特色农业，全年调减玉米种植 1.13 万亩，新建茶叶初制加工厂 10 座、碾茶生产线 5 条，新增畜牧渔业规模养殖场、专业合作社、养殖大户 207 个（户），改造低产低效果园 2 万亩，打造蜜甜香型山地生态烟叶产业带 3.5 万亩、实现产能 8 万担，新增市级龙头企业 10 家、市级家庭农场 15 家，确保粮食作物播种面积控制在 56.4 万亩以内。加快发展新型工业。紧扣打造百亿级产业园区目标，加快推进铁皮石斛产业园区建设，引进大型制药企业及茶多酚生物提炼、沿河山羊、空心李等全产业链深加工项目入驻经济开发区，全年完成产业及技改投资 6 亿元以上，新增技术改造项目 10 个以上、投产企业 8 家以上、规模企业 5 家以上。加强与郑州果树研究所、华南同创研究院合作，建成空心李实验站，完成空心李规范化栽培管理、深加工和系列产品开发等技术攻关。加快发展商贸服务业。把发展商贸服务业作为推动高质量发展的重要抓手，新增餐饮住宿、休闲娱乐、交通运输、家政服务、物业管理等市场主体 8000 户以上。积极创建金融信用县，推动中国建设银行县支行开业营运，实现信用乡镇、信用村组覆盖率 100%。持续深化“政、银、企”合作，积极构建普惠金融、绿色金融体系。大力支持民营经济发展，努力破解中小企业融资难、融资贵问题，确保新增民间投资 7 亿元以上，完成民营经济增加值 71 亿元以上。加快发展大数据产业。深入实施大数据战略行动，推动互联网、大数据与实体经济深度融合，加快智慧医疗、智慧旅游、智慧城市等项目建设，逐步实现数据共通共享。加快建设国家级电子商务进农村综合示范县，积极创建省级农商互联示范县，加快农产品现代流通中心建设，建成沙子冷链物流园区、邮政物流配送中心，搭建“以销定产”平台，助推“网货进村、沿货出山”，完成电商交易额 6 亿元以上。加快发展文化旅游业。按照“山林园一体”“水陆空共建”“村镇城媲美”的思路，积极创建“国家全域旅游示范区”，编制实施《沿河土家族自治县旅游三年行动计划（2019—2021）》，重点打造“乌江胜景·霸王奇观”“乡愁古镇·盐商记忆”“旖旎水乡·醉美江城”“田园风光·森林公园”等文化旅游品牌，加快推进淇滩文化旅游综合开发、十二盘森林公园等景区建设，不断提升乌江黎芝峡、玫兰图斯田园综合体、沙子南庄等景区旅游品质，启动麻阳河国家级自然保护区生态旅游项目建设，全面推进旅游扶贫、“1+5 个 100 工程”，大力开展旅游宣传推介和营销活动，不断推动旅游要素集聚、旅游商品开发、旅游业态培育，实现全年旅游人数 800 万人次以上、旅游总收入 60 亿元以上。

（六）以城乡融合为目标，在区域协调上构建新格局。深入实施区域协调发展战略、乡村振兴战略，逐步健全城乡融合发展体制机制，全面提升城乡颜值、全力培树江城气质。

拓展县城空间。持续加大县城新区、思州新区、黄金山片区等开发建设力度，完成县消防大队、县气象局整体搬迁，建成乌江湿地公园（三期）工程，全面推进河东、河西片区棚户区改造，稳步推进崔家村、枕头堡片区整体打造，进一步提升城市功能、完善基础设施、拓展城市空间、优化城区面貌、拉开市政路网，完成城镇基础设施投资 20 亿元以上、房地产投资 10 亿元以上，城镇化率达 47%。打造特色集镇。统筹推进城镇规划建设管理，着力打造生产生活生态相融、民族民俗文化鲜明的特色集镇，稳步推进乡镇扩容、人口聚集和产业培育，大力推动乡镇联动协调发展。有序推动淇滩同城化发展，加快官舟商贸集镇、淇滩旅游古镇、思渠土家古镇、洪渡风情小镇建设，统筹推进晓景、谯家、后坪等特色小镇建设，完成集镇基础设施投资1亿元以上。建设美丽乡村。坚持农业农村优先发展，按照“产业兴旺、生态宜居、乡风文明、治理有效、生活富裕”的总要求，依托现有山水脉络、村庄风貌和民族特色，深入实施“八个小康行动计划”，着力打造“四在农家·美丽乡村”升级版，新增农村“垃圾兑换银行”试点30个，实施夹石山羊、泉坝三坝2个传统村落，建成中界狮子山、玫兰图斯2个田园综合体，打造淇滩皂渡、中界罗家寨、思渠上庄3个富美乡村。加快构建自治、法治、德治“三位一体”乡村治理体系，开展移风易俗行动，提升群众精神面貌，努力培育文明乡风、良好家风、淳朴民风。强化城乡管理。深入推进城市管理综合执法体制改革，用好“智慧城管”“平安警务云”等平台，积极推行城市综合执法“721”工作法，加快“百姓拍”APP建设，下重拳整治人乱行、车乱停、道乱占、棚乱搭、物乱扔、墙乱贴等城市管理痛点，不断提升城市管理精细化、人性化、智能化、法制化水平。加快城乡生活垃圾污水处理设施建设，启动乡镇沿线、集镇、村寨、旅游景区污水处理示范站点建设，确保县城、乡镇生活垃圾无害化处理率分别达85%、50%以上。

（七）以改革创新为动力，在增添动能上释放新活力。坚持改革推动、开放带动、创新驱动，不断激活县域经济社会发展新动能。

全面深化改革。深化“放管服”、行政审批制度改革，执行“两牌四书”制度，实施乡村“六小长”小微权力清单制度，进一步规范行政权力运行；深入实施“互联网+政务服务”改革，力求让群众“最多跑一次”，确保当场办理事项网上办理达100%、企业、群众办事提供材料减少60%以上、零跑腿事项20%以上；深化综合行政执法体制改革，推动“双随机一公开”监管全覆盖；深化“多证合一、一照一码”商事制度改革，放宽市场准入，完善市场退出机制；深化农村集体产权制度改革，全面完成农村土地确权登记颁证及档案建立；持续深化教育、医疗、户籍、住房、供销等领域改革。推进开放合作。加快推进内陆沿江开放“桥头堡”建设，加快融入成渝经济圈、长江经济带、乌江生态经济走廊发展规划，积极争取财政转移支付、生态修复补偿、人才支撑、项目建设、金融优惠等方面的政策支持。围绕主导产业和新型经济“建链、补链、强链”，优化营商环境，落实优惠政策，力争全年新引进项目50个以上、签约资金100亿元以上、到位资金70亿元以上。强化创新驱动。坚持把创新作为引领发展的第一动力，完善人才引进激励机制，加快产、学、研融合发展，深化与高等院校战略合作，加强创新平台和公共配套建设，培育高新技术企业2家以上，新增农业科技示范园区1个以上，新增“雁归人员”创业就业3500人以上、创办企业和个体工商户数500户以上，新增返沿专业技术人才、经营管理人才和技能人才300人以上，新建村级春晖社50个以上、礼聘春晖使者300人以上。

（八）以社会事业为根本，在民生改善上增添新福祉。牢固树立以人民为中心的发展思想，继续加大投入、持续提高质量，推动社会事业全面发展。坚持教育惠民。加快推进鸾塘教育园区建设，建成县第二高级中学，完成县第三中学、黄土中学整体搬迁，启动县第二完小、县第四完小整体搬迁，力争启动后坪初级中学、中寨初级中学整体搬迁。全面推进学前教育工程三年行动计划，大力实施“减负、增效、提质”行动，加快推进义务教育一体化建设、集团化办学，积极构建校园文化建设体系，不断夯实教育基础设施建设，切实提高教育教学水平。坚持健康护民。全面深化医疗卫生体制改革，完成县疾控中心整体搬迁，加快县民族中医院（妇保院）、县第二人民医院建设，积极推行远程会诊，稳步实施分级诊疗，全面落实计划生育目标管理责任制，不断加强重大疾病防控、重点学科建设、人才队伍培养，努力提高医疗卫生服务质量。持续保持非洲猪瘟防控的高压态势，健全食品药品最严格监管和全过程追溯管理体系，让人民群众吃得放心、吃出健康。坚持保障安民。坚持大众创业、万众创新，加快县、乡、村三级就业创业服务平台建设，发放创业担保贷款3500万元以上，城镇新增就业人员6000人以上、转移劳动力就业15000人以上。启动县城新殡仪馆建设，加快推进农村公益性公墓建设，稳步推进乡镇敬老院提级改造，实现智慧社区建设全覆盖。扎实开展退役军人优抚安置和拥军优属、拥政爱民工作。持续抓好经济普查工作，强化经济基础数据支撑。全面落实新农合、基本医保、医疗救助、重大疾病、城乡居民最低生活等保障制度，严厉打击恶意欠薪、拖欠民工工资等违法行为，坚决兜住民生底线。坚持文化强民。精心筹备全省老年人体育运动会、第二十五届黔渝湘鄂四省（市）边区篮球赛，不断促进群众体育、竞技体育、体育产业协调发展。启动鹤鸣书院、鸾塘书院复建工程，办好土家学会与乌江文化高峰论坛、美食文化节及民俗文化节等“文化沿河”系列活动，积极申报“中国柔力球之乡”“中华诗词之乡”“中国长寿之乡”，全力创建全国民族团结示范县、宗教关系和谐示范县及全省民主法治示范县，全面提升土家文化影响力。

此外，积极支持武警部队、监察委、法院、检察院等工作，推动审计、国防人防、民族宗教、机关事务、机构编制、档案方志、外事侨务、水文气象、新闻出版、防灾减灾、人口计生、公积金管理、工青妇、红十字、老年人、残疾人等事业再上新台阶。

各位代表，我们将尽力而为、量力而行，全力办好“十件民生实事”:（1）实施易地扶贫搬迁工程，建成思州 A、B 区易地扶贫搬迁安置点，全年完成县内搬迁 8130 人、跨区域搬迁 14295 人；（2）实施道路提升工程，建成省道二级路 11.5 公里，完成县乡道油路中修 30.3 公里、农村公路生命防护栏 500 公里、农村基础设施交通扶贫工程 906 公里；（3）实施水利治理工程，完成山洪沟治理、河道综合治理、水库除险加固等工程 207 处，改善恢复农田灌溉面积 2520 亩，治理水土流失面积 2.4 平方公里，解决 21.38 万农村人口饮水安全问题；（4）实施义务教育“薄改”工程，完成 7 所农村义务教育学校改扩建工程、28 所 B 级食堂创建、77 所学校高低压专变专电工程;（5)实施医疗提标工程，创建县人民医院三级综合医院，实现乡镇（街道）中医馆全覆盖，确保全县千人床位达 5.5 个以上；（6）实施敬老养老工程，启动民政园区建设，建成黑水、土地坳、思渠 3 个乡镇敬老院，创建星级敬老院 1 个以上；（7）实施文化惠民工程，建成村级文化服务中心 58 个、村级农民体育健身工程 60 个，新增多彩贵州“广电云”户户用 0.8 万户；（8）实施电力保障工程，完成贫困村 10 千伏及以下配电网工程建设，新建鱼溪 110 千伏输变电工程，扩建板场、新景 35 千伏输变电工程；（9）实施厕所改造工程，大力推进厕所革命，新建和改造村级公共卫生厕所 100 个以上、农村户用卫生厕所 10000 户以上；（10）实施城乡清洁工程，建成城乡生活垃圾收运系统，实现乡镇（街道)、行政村垃圾收运处理全覆盖。

三、加强政府自身建设

各位代表，新时代呼唤新作为，新时代要有新担当。我们一定不忘初心、牢记使命，用心用情用力、上心上手上阵，做到从严治政、依法行政、务实勤政、廉洁从政，努力建设让党放心信任、让人民满意信赖的政府。

（一）始终维护核心，做到从严治政。坚持把从严治政作为推动政府工作的出发点，用习近平新时代中国特色社会主义思想武装头脑、指导实践、推动工作，旗帜鲜明讲政治，切实增强“四个意识”、牢固树立“四个自信”，坚决维护以习近平同志为核心的党中央权威，在政治立场、政治方向上同以习近平同志为核心的党中央保持高度一致。始终与县委同心同德、同心同向，做到“县委有号召、政府有行动，县委有安排、政府有落实”，确保县委的决策在政府系统落地生根、开花结果。

（二）始终尽责履职，做到依法行政。坚持把依法行政作为推动政府工作的落脚点，严格遵守宪法精神，自觉将法治思维、法治方式落实到工作的各个方面，加快建设法治政府。进一步完善重大行政决策程序制度、合法性审查制度、终身责任追究制度和责任倒查机制，建立社会共商、共建、共治、共享机制，健全政府法律顾问制度。依法接受县人大及其常委会的监督，自觉接受县政协的民主监督，主动接受社会、舆论监督，确保政府科学决策、民主决策。

（三）始终实干担当，做到务实勤政。坚持把务实勤政作为推动政府工作的聚焦点，“干”字当头、“实”字为要，不断提升“八大本领”，全面推行“五步工作法”，完善高效有力的调度督查机制，健全激励机制、容错纠错机制，跟踪督办重大决策、重点工作，以激励促落实、以问责求实效。统筹推进“脱贫攻坚决战年”“干部作风优化年”，以逢山开路、遇水架桥的勇气，挑最重的担子、啃最硬的骨头、接最烫的山芋，迎着挑战上、顶着压力干，努力让沿河加速发展的基础更牢固、步伐更坚定、成效更显著。

（四）始终坚守底线，做到廉洁从政。坚持把廉洁从政作为推动政府工作的立足点，强化教育引导，严格落实党风廉政建设主体责任、“一岗双责”，推进党风廉政教育常态化、制度化、规范化，进一步筑牢“不想腐”的思想堤坝。强化制度约束，加强对公共资金、国有资产、公职人员的行政监察、审计监督，逐步实现公职人员监察、公共资金使用审计全覆盖，进一步织牢“不能腐”的制度笼子。强化惩治震慑，严防严控重点工程、重点领域廉政风险，坚决整治以权谋私、与民争利、损害群众利益的问题，进一步强化“不敢腐”的警示震慑。

各位代表，积力所举，无往不胜；众智所为，无所不成。新的一年，让我们更加紧密地团结在以习近平同志为核心的党中央周围，在县委的坚强领导下，在县人大、县政协的监督支持下，不忘初心、砥砺前行，毫不犹豫、绝不懈怠，为决战脱贫攻坚、决胜同步小康，奋力谱写百姓富、生态美贵州新未来的沿河篇章而努力奋斗！

玉屏侗族自治县政府工作报告

（2019 年 2 月 14 日在玉屏自治县第九届人民代表大会第三次会议上）

玉屏自治县委副书记、县长 杨德振

各位代表：

现在，我代表县人民政府向大会报告政府工作，请予审议，并请县政协委员和其他列席人员提出意见。

一、2018 年政府工作回顾

2018 年，在市委、市政府和县委的坚强领导下，在县人大、县政协的监督支持下，我们坚持以习近平新时代中国特色社会主义思想为指导，认真贯彻党的十九大和习近平总书记对贵州工作的系列重要指示批示精神，坚决落实中央、省、市及县委各项决策部署，全面贯彻落实省委十二届三次、四次全会，市委二届五次、六次全会，县第十三次党代会、县十三届三次党代会、县九届人大二次会议精神，坚持以脱贫攻坚统揽经济社会发展全局，坚持新发展理念，坚守发展和生态两条底线，全年经济社会发展主要目标任务较好完成，经济社会发展呈现稳中有进、结构趋优、生态向好、质量提升、民生改善的新气象，为实现更长时期、更好水平、更高质量的可持续发展奠定了坚实基础。

——**经济运行稳中有进。**实现地区生产总值 84.29 亿元，增长 8%；其中，一产完成 10.64 亿元、增长 7.2%，二产完成 45.01 亿元、增长 6.5%，三产完成 28.64 亿元、增长 10.4%。工业增加值 39.78 亿元，增长 5.7%；固定资产投资 108 亿元，增长 16.5%；一般公共预算收入县本级 5.21 亿元，增长 3.6%；社会消费品零售总额 12.30 亿元，增长 8.5%；城镇、农村居民人均可支配收入分别增长 9.1%、10.1%，分别达 3.04 万元、1.16 万元；金融机构人民币存贷款余额分别为 74.46 亿元、74.18 亿元，分别增长 -6.3%、17.3%。三次产业结构由 12.21 ：54.33 ：33.46 调整为 12.62 ：53.40 ：33.98。

——**脱贫攻坚连战连捷。**通过国家脱贫专项评估验收，实现整县出列，率先夺取脱贫攻坚决定性胜利。纵深推进产业革命、“10113”产业全覆盖工程，贫困户户均年增收 3000 元以上。积极推行“村社合一”“四融合”模式，全县村集体经济平均达 18 万元以上。2018 年省级扶贫成效考核我县，贫困发生率从 2014 年的 17% 下降到 1.46%，错评率、漏评率均为 0，群众认可度达 100%。

——**改革创新不断深化。**县级机构改革、“放管服”改革稳步推进，政府职能加快转变；整合 17 家平台公司为 3 家公司，即城乡开发投资（集团）公司、文化旅游、农业投资（集团）公司、扶贫开发投资有限责任公司，更好助力全县经济社会发展；成立全省首个医疗领域院士专家创新工作站——台州市第一人民医院博士团玉屏工作站，提升医疗服务水平；创新建立“政策落地、权益保护、村民自治、司法服务、乡村治理”法治扶贫“五个精准”模式；紧扣农村“三变”改革，创新建立“村两委 + 群众众筹 + 公司”模式、“企业 + 村集体经济 + 贫困农户”等产业扶贫利益联结机制；农村集体产权制度改革启动实施，土地确权登记有序推进；《人民日报》头版刊发我县创新开办安置点“扶贫车间”“微工厂”经验及平溪街道“四点半课堂”做法。

——**魅力玉屏持续发声。**“玉屏箫笛 YPXD 及图”荣膺中国驰名商标，玉屏箫笛成为全省文化产业“十大品牌”之一；玉屏黄桃荣获国家地理标志证明商标，黄桃联合社被中华全国供销合作社评为农民专业合作社示范社；成功创建“国家级电子商务进农村综合示范县”“中国电商示范百佳县”“2018年农商互联示范县”“贵州省政务服务标准化建设示范县”“2018—2020年度‘贵州民间文化艺术之乡’”；荣获“全国文明城市”提名城市资格，是全省提名城市中唯一一个县城；人力资源社会保障部、全国博士后管委会批准贵州玉屏千林林业有限公司设立博士后科研工作站；承办全国经济林产品标准化技术委员会2018年年会，揭牌成立“国家林草局油茶工程技术研究中心西南山地油茶资源创新利用中心”；建立“贵州省油茶工程技术研究中心”，是全省首个建在县一级的省级科研平台。

实践证明，只有坚定不移贯彻执行中央、省、市和县委决策部署，只要全县上下凝心聚力谋发展、抓落实，我们就能创造更加可喜的成绩、开创更加美好的未来。

（一）过去的一年，是脱贫攻坚持续发力的关键之年。我们深入学习贯彻习近平总书记关于扶贫工作的重要论述，紧扣“一达标，两不愁，三保障”，聚焦“五个一批”“六个精准”，遵循“三真三因三定”工作原则，按照“五步工作法”及“76554”工作方法，全力主攻“产业革命”“五个专项治理”“春风行动”“夏秋攻势”“四场硬仗”，实现了脱贫攻坚全面向好、乡村振兴全面开局。乡镇街道全部摘帽，实现全县44个贫困村、6280户、22501人出列。投入5.53亿元，建成“组组通”公路482公里，实现30户以上村民组100%通硬化路；完成大自然村寨产业路、旅游路356.9公里，完成清塘、洞老下2个便民码头建设，完成116.4公里安防工程。完成易地扶贫搬迁建档立卡贫困户237户、987人，建成2所安置区卫生服务站，彰寨村土星寨组24户村民全部搬迁入住新居。农村贫困劳动力全员培训2200余人次，实现贫困搬迁家庭至少1个劳动力稳定就业。全面解决剩余1739人建档立卡贫困人口安全饮水问题。产业扶贫深入推进，调减低效玉米种植面积1.82万亩；发放“精扶贷”2.35亿元、惠及贫困户4700余户，发放“小康贷”0.56亿元、惠及贫困户1130余户，贫困户覆盖率93%；“五员”举措惠及贫困劳动力1197人，年人均收入3600元以上。深入实施“一维四改五化”工程，农村人居环境和公共服务全面提档升级。实现组组通动力电，村村建有标准化活动室和卫生室、文化广场，4G网络和有线电视、太阳能路灯、农村公交或客运班线实现全覆盖。人均GDP、人均年用电量、人均存款余额、私家车户均拥有量等指标名列全市前茅。教育医疗住房“三保障”全面落实。资助贫困学生6.06万人次，资金4293万元；全面推行贫困人口“先看病后付费”一站式即时结算服务，深入实施健康扶贫医疗保障救助制度，建档立卡人口参合率达100%，医疗保障补偿费用4320万元，补偿比例达97.3%；完成农村危房改造及“三改”386户。深入实施东西部扶贫协作“20183”工程，苏州太仓提供1000万元项目建设帮扶资金，引进投资额2000万元以上企业3家；两地产业园区、劳务输出、农产品销售、教育医疗、文化交流、人才培训等领域合作不断深化。

（二）过去的一年，是发展基础持续夯实的攻坚之年。我们狠抓重大项目建设、新旧动能转换、人才科技支撑，积极培育打造新的经济增长点。中国建材集团西南水泥公司产能减量置换项目获省政府批准。玉安爆破成为“新三板”挂牌企业。白岩河水利风景区获批为第十八批国家水利风景区，新建和改造山塘18座、人饮工程235处，新建沟渠55公里，全面建成野鸡坪防洪堤和木弄河流域综合治理工程，全面建成谢家桥水库并投入运行，开工建设尖坡水库、芭蕉湾水库工程，青山冲、大洋溪水库工程前期工作稳步推进。铜玉城际铁路建成通车，玉屏交通区位优势更加突显。全力推进玉铜松快速道路、石阡至玉屏高速公路、江口至玉屏高速公路玉屏段建设。开工建设G242国道田坪至洞坡改扩建工程、新增省道S201朱家场至安坪公路、PSL彰寨至水尾、长岭至酒店塘、大朱公路、屏山公园公路、杨柳至混寨产业路、七眼大桥扩建工程、洞坪大桥、芦茅冲桥，开工建设芭蕉坪、林家山等5座危桥改造工程。县境内公路客货运输总周转量增长20%以上。新建改造10千伏及以下线路429公里，实现低压智能电表全覆盖。深入实施产业大招商突破年行动，新引进项目48个、投产项目31个，招商引资到位资金75亿元。稳步推进优化营商环境集中整治年行动，企业和个体工商户达1.29万户、增长26.27%。积极防范化解地方政府债务风险，制定出台政府隐性债务化解举措并稳步实施，守住了不发生区域性金融风险的底线。全县综合科技进步水平指数达83.2%，获批省、市科技项目9项，授权发明专利18件，有效发明专利74件。聘用食用菌产业专家顾问8名，校地合作助推产业发展持续深化。

（三）过去的一年，是产业结构持续调整的转型之年。我们致力做大一产、做强二产、做活三产。成功创建市级以上山地现代高效农业示范园区1个，申报国家级农民专业合作社示范社1家、省级龙头企业2家。新增农民专业合作社61家，实现村级集体合作社全覆盖。全力打造油茶、黄桃、生猪、食用菌四大主导产业，新增油茶种植面积0.28万亩、达到20.7万亩，实现产值1.66亿元；新增精品水果种植面积0.7万亩、达到6.5万亩，实现产值1.33亿元；全年生猪养殖出栏量32.89万头、产值8.15亿元；建成食用菌生产基地10个，实现规模8010万棒、产值2.1亿元。全县规模以上工业企业主营业务收入165亿元，增长13%。新增2000万元规模以上工业企业5户、达到23户。旅游业持续发展，全县游客数和旅游收入分别增长35.07%、35.03%。茶花泉景区路线入选中国体育旅游精品线路，玉屏侗乡风情园成功创建为国家AAA级旅游景区。朝阳村、安坪村、黄母冲村、郭家湾村、老寨村、大湾村入选贵州省乡村旅游村，田坪村被列为市级乡村旅游示范村，北侗庄园、桃源居被评为贵州省四星级农家乐。实现全县贫困村电商服务站点功能全覆盖，网络零售额2800万元以上。

（四）过去的一年，是城乡融合持续推动的加速之年。我们狠抓城乡基础设施建设、城乡人居环境改善，新型城镇化、特色小城镇建设深入推进。全县城镇规划区达到69.5平方公里，城镇建成区面积14.96平方公里，新增4.76平方公里，城镇化率提高到55.7%。荣获省政府新型城镇化建设奖励资金1000万元。启动修编《玉屏侗族自治县城乡总体规划》，完成县域乡村规划及64个村庄规划，实现乡镇规划委员会实体化运行。铺设完成县城区燃气管道16.4公里，实现县城天然气管道建设全覆盖。全域公交稳步推进，新开通城乡公交、省际公交4条班线，投入新能源公交车22辆，全县行政村通公交率达85%。成功创建省级“四好农村路”示范县。启动建设环㵲阳河健康步道，棚户区改造完成投资6.8亿元，北门廊桥商业综合体、昌昊时代广场等建设项目有序推进，建成保障性安居工程120套。县城污水处理厂整体搬迁完成“三通一平”。玉屏大龙同城化发展取得新突破，撤销大龙镇行政建制，设立大龙街道、麻音塘街道，启动规划七里塘、安坪、铜仁南站、黄母冲等同城化重要节点，推进实施贵州师范大学附属中学大龙分校、高铁城、㵲阳河沿岸景观带。田坪移民新区及田园综合体、朱家场新区、云起小镇建设项目加快推进。“厕所革命”深入推进，新建或改造厕所4860余座。新店镇污水处理厂、朱家场镇污水处理厂投入使用，建成沙子坳村等13个村的污水处理设施，开工建设茅坡村等3个村污水处理设施，城乡垃圾无害化处理率达98.5%。完成田冲村、桐木村市级“小康田园”试点建设任务。新店镇及大湾村被分别命名为2018年“国家卫生乡镇”“省级卫生村”。马头田村、铁家溪村、田冲村、大湾村、丙溪村成为贵州省第三批少数民族特色村寨。郭家湾村荣获第七批“全国民主法治示范村”，田冲村、马头田村、紫气山社区荣获贵州省第四批“省级民主法治示范村（社区）”。

（五）过去的一年，是生态环境持续向好的提升之年。我们坚决守住发展和生态两条底线，从严从实抓问题整改、生态建设、污染防治、环保执法。高标准、严要求整改完成中央及省反馈问题、市自查问题和“回头看”交办事项34个，整改完成率达100%。全力实施清水、护蓝、洁土、治渣“四大攻坚行动”，全面完成水、气、土“三个十条”任务。完成全域绿化“六绿”攻坚2.94万亩，森林覆盖率上升到54.29%。建设湿地公园1个，建成市民休闲空间绿化项目6个。深入推进森林保护“六个严禁”执法专项行动，林地保护管理、森林防火工作稳步进行。全面落实河长制，实现治水常态化。㵲阳河国家级湿地公园建设稳步推进，县级集中式饮用水源地水质达标率100%，县城区空气质量优良天数比例达97.4%。开展全国第二次污染源普查工作，大力开展土壤、大气、水环境污染治理。完成声功能区、高污染燃料禁燃区规划，全县医疗机构医疗废物实现无害化处理全覆盖。持续保持环保执法高压态势，立案查处环境违法案件21起，行政处罚356万元。

（六）过去的一年，是民生保障持续改善的突破之年。我们狠抓创业就业、教育发展、卫生事业、文化发展、社会治理等工作，人民群众的获得感、幸福感、安全感明显增强。政府法律顾问制度、依法行政制度建设取得新突破，动态调整政府部门权责清单3100项、乡镇街道553项。建成“城区30分钟、农村1小时”公共法律服务网。积极推行“一网通办”“集成套餐”，实现县、乡、村三级便民服务体系全覆盖，基本实现公共资源交易全流程电子化运行。新增城镇就业2541人，完成目标任务的108.13%，城镇登记失业率控制在2.79%以内。大力实施“雁归工程”，发放创业担保贷款1846万元。城乡低保标准分别提高到每月570元、每年3876元，增长7%、10%，发放城乡低保金4874万元。特困人员基本生活标准提高到每月760元、增长7%，发放特困供养金398万元。实现城乡居民养老保险制度全覆盖，大龙城市中心敬老院成功创建全市星级敬老院，提质改造朱家场敬老院和新店敬老院。坚持以教育教学质量为核心，教育事业稳步发展，教师评价机制、流动机制和职称评聘改革深入推进。大龙第二、第三、第四幼儿园投入使用，率先在全市实现公办幼儿园乡村全覆盖。加快形成“一所高中、四所初中、八所小学”的骨干学校布局，“148”城乡教育均衡发展体系初步形成。启动义务教育一体化改革试点工作，成立玉屏第一中学，引进太仓管理团队进行管理试点改革。全面实施农村义务教育阶段学生营养改善计划。玉屏民族中学迁至飞凤新校区。县级公立医院综合改革持续推进，基本建立现代医院管理机制。实施村级医疗服务能力提升工程，完成 74 所村卫生室标准化建设。乡镇卫生院远程医疗服务与县级公立医院实现数据通、业务通。荣获“省级妇幼健康优质服务示范县”“省级基层卫生应急规范化建设达标县”称号。着力打造公共文化服务升级版，启动实施“晒文化”活动、多彩贵州“广电云”户户用工程。成功举办首届“中国农民丰收节”系列活动。承办 2018 多彩贵州自行车联赛（总决赛）玉屏站暨第五届贵州·玉屏“相约茶花泉”山地自行车赛，荣获“贵州省自行车训练基地”“贵州省击剑训练基地”称号。县文化志愿者服务总队入围全国“最佳志愿者服务组织”。文物修缮保护工作力度不断加大，文化市场不断净化。有力有序防控非洲猪瘟，确保市场猪肉稳定供应。积极推进电子围栏、智能零发案小区、“平安警务云”、“雪亮工程”建设。县司法局荣获“全国人民调解工作先进集体”。大力弘扬传承侗族传统文化，依法管理宗教事务。扫黑除恶专项斗争取得压倒性胜利。信访形势平稳向好。安全生产形势稳定向好，货运车辆非法改装和超限超载专项治理取得实效。

各位代表，2018 年我们加强政府自身建设、依法履行政府职能，把全县人民对美好生活的向往作为政府工作的出发点、落脚点，解决了一批群众最关心、最直接、最现实的困难问题。办理县人大代表议案和建议 56 件、县政协委员提案 65 件，回复率、满意率均达 100%。此外，审计、统计、档案方志、机构编制、外事侨务、国防教育、人防战备、文化体育、退役军人、应急管理、水文气象、工青妇、红十字、人口计生、残疾人、老龄和关工委等事业得到全面发展。

回顾过去一年，矛盾与困难叠加，压力与机遇并存。我们攻坚克难、久久为功，取得了全方位、多领域、关键性的发展成果。成绩来之不易，经验弥足珍贵。这是习近平新时代中国特色社会主义思想科学指引的结果，是市委、市政府和县委正确领导的结果，是县人大、县政协有效监督、有力支持的结果，是各位人大代表和政协委员积极建言献策的结果，是全县干部群众团结奋斗的结果。在此，我代表县人民政府，向全县各族人民，向人大代表、政协委员，向工商界、无党派人士、人民团体和离退休老同志，表示诚挚感谢！向驻玉人民解放军、武警和消防官兵、民兵、预备役、人民警察，表示诚挚感谢！向所有关心、支持、参与玉屏经济社会发展的各界人士，表示诚挚感谢！

各位代表，居安思危，方能久远。在肯定成绩的同时，我们也清醒地认识到，我县经济社会发展依然存在不少短板和问题亟待解决：一是发展质量有待增强。我县 8% 的地区生产总值增速，低于全省 9.1%、全市 9.6% 的地区生产总值增速，财政收支及工业经济回落的突出问题必须高度重视。二是产业结构有待优化。三次产业结构比调整幅度不大，特色优势产业相对单一，结构问题表面上是比例问题，实质上是质量问题、效益问题，说明亟需加快优化产业结构、产品结构、市场主体结构。三是实体经济水平有待提升。工业经济上带一产下促三产能力较弱，部分工业企业生产经营较为困难，新开工项目个数和投资出现下降。市场主体活力没有充分激发，生产要素保障、服务效率及水平有待加强。四是民生事业有待强化。部分民生事业推进不力，国家禁毒委员会挂牌我县为“全国毒品重点关注整治县”。“十件民生实事”有 3 件未完成，承诺事项中仍有新建县疾控预防中心项目、生态半岛安置点未完成，乡镇街道公益性公墓项目不同程度存在推进迟缓问题。五是城市建设没有达到预期要求，特别是棚户区改造中的馆驿片区、钟鼓楼片区，工程推进缓慢，建设及管理滞后，谋划、推进力度都需要加强。六是干部工作作风有待转变。少数干部工作作风不实，依然存在不作为、慢作为、乱作为的现象，精气神、斗争精神不足。一些干部谋划项目不积极，推进项目不主动，责任落实不到位，抓改革、求突破的路径方法不多，谋创新、求变革的力度、深度不够。这些问题，虽然有客观因素影响，但也与我们自己努力不够、担当不够有关。下一步，我们将坚定信心、破题求变，爬过这个坡、迈过这道坎，无愧使命担当、不负群众重托，全力再上新台阶。

二、2019 年主要目标任务

2019 年是中华人民共和国成立 70 周年，是同步全面建成小康社会的决战之年，抓好全年政府工作至关重要、意义重大。

今年政府工作的总体要求是：以习近平新时代中国特色社会主义思想为指导，全面贯彻党的十九大和十九届二中、三中全会精神，深入贯彻落实习近平总书记对贵州工作的系列重要指示批示精神，牢记嘱托、感恩奋进，统筹推进“五位一体”总体布局，协调推进“四个全面”战略布局，坚持稳中求进总基调，坚持新发展理念，坚持高质量发展，继续打好防范化解重大风险、精准脱贫、污染防治三大攻坚战，统筹推进稳增长、促改革、调结构、惠民生、防风险工作，守好发展和生态两条底线，深入实施大扶贫、大数据、大生态三大战略行动，保持经济持续健康发展和社会大局稳定，大力培育和弘扬新时代贵州精神，围绕市委“一区五地”战略部署，紧扣“城乡融合样板县、循环经济示范县、新型城镇试验区、山清水秀魅力城”奋斗目标，决战脱贫攻坚、决胜同步小康，全力建设“幸福玉屏、活力玉屏、开放玉屏、秀美玉屏、宜居玉屏、和谐玉屏”，奋力开启新时代玉屏乡村振兴新征程，为高水平全面建成小康社会打下决定性基础，以优异的成绩庆祝中华人民共和国成立70周年。

今年经济社会发展的主要预期目标是：地区生产总值增长10%左右，规模以上工业增加值增长11.5%，固定资产投资增长17%左右，社会消费品零售总额增长10%左右，一般公共财政预算收入县本级增长5%左右，金融机构存贷款余额分别增长8%、16%，城镇化率提高到56%，城镇、农村居民人均可支配收入分别增长8.8%、9.8%左右，物价涨幅控制在省、市调控目标范围内，节能减排降碳控制在国家下达计划内。

围绕实现上述目标，按照县十三届四次党代会提出绘好“六个玉屏”新蓝图的部署，要着重抓好以下6个方面工作：

（一）提升脱贫成效、聚力乡村振兴，开启“幸福玉屏”新征程。深入贯彻习近平总书记关于扶贫工作的重要论述，按照全省、全市坚决夺取脱贫攻坚决战之年根本性胜利的部署要求，坚持“政策不变、力度不减、责任不松”原则，全面巩固提升脱贫成效，全力推动农业全面升级、农村全面进步、农民全面发展。

一是深入推进农村产业革命。紧扣产业发展“八要素”，做大做强四大特色主导产业。按照“全产业链发展、全要素链融合、全责任链压实”的思路，千方百计增加农民收入，培育壮大村级集体经济，充分激发农村发展的内生动力。加快布局全县15个500亩以上坝区产业，重点种植蔬菜、中药材等短平快产业，实现亩产值1万元以上。积极培育新型经营主体，强化示范带动能力，累计培育农民专业合作社达400家以上、家庭农场达220家以上、示范带动产业5万亩以上。大力推行“公司+合作社+农户”发展模式，加快“互联网+农业”应用。继续实施“10113”产业全覆盖工程，建立更加紧密的利益联结机制和供销关系，促进群众持续稳定增收。二是加大创业就业帮扶力度。深入推进就业扶贫工作，有效链接园区、工业企业做好以产业就业为重点的就业帮扶工作。有效整合培训资金资源，提升培训就业转换率，实现新增城镇就业2500人以上、转移农村劳动力3600人以上，完成职业技能培训1700人次以上。促进扶贫工作与生态、旅游、体育等领域深度融合，切实用好“中国社会扶贫网”。三是进一步改善农村人居环境。深入实施“四在农家·美丽乡村”小康行动计划升级版、“四清四化五改”工程，加强农村人居环境建设，进一步改善村容村貌。强化农业面源污染防治，从严惩治畜禽粪污乱排乱放。将农村“厕所革命”这一文明工程、民生工程进行到底，以小厕所推动农村社会大进步，改造农村厕所2780个以上。四是巩固易地扶贫搬迁成果。按照“六个坚持”和“五个三”要求，全面落实“1+7”后续扶持政策，建立完善“五个体系”，强化后续扶持和社区管理，加快实现安置点基本公共服务均等化，确保搬迁群众稳得住、融得进、能发展。加快推进旧房拆除，推进复垦复绿工作。五是持续落实教育医疗住房“三保障”。着力巩固提升脱贫成效，防止“边缘贫困户”因病、因学致贫，脱贫户因病、因学返贫。严格兑现教育资助政策，深入开展教育帮扶行动。继续推行贫困人口“先看病后付费”一站式即时结算服务，深入实施健康扶贫工程，完善基层医疗卫生服务能力建设，健全贫困群众医疗保障制度；深入开展住房保障工作，持续改善贫困群众生活生产环境。

（二）优化产业结构、扩大有效投资，释放“活力玉屏”新动能。坚持以供给侧结构性改革为主线，着力在“巩固、增强、提升、畅通”八个字上下功夫，切实以全国第四次经济普查为契机，加快建设现代产业体系，推动实体经济高质量发展。

一是全力推进新型工业。加快建设现代工业体系，实现全县规模以上工业产值24亿元（玉屏片区），确保新增入规企业5户。促进玉屏经开区转型升级，年内实现产值42亿元以上。布局形成双桥至大龙、麻音塘至田坪工业经济带。稳步推进玉屏大龙共建新型合金循环产业园项目。加快推进总投资15亿元的中国建材集团西南水泥公司产能减量置换项目，年内完成投资3亿元。完成总投资5亿元、年产2万吨的温氏食品深加工项目。建成中和石油3万方成品油库建设项目化验室、控制室、油罐区等部分工程，年内完成投资1.45亿元。开工建设新能源汽车“4S”店建设项目，全力推进中广核清洁能源项目一期工程。加快发展现代物流体系，推进投资7亿元的贵州省农产品（玉屏）现代流通产业园。严格落实《贵州省铜仁市产业准入负面清单》，深入实施“千企引进”行动。完成500万元口径工业投资5亿元以上，确保新开工工业项目5个以上、新投产工业项目4个以上。破解工业企业发展难题，全力推动企业复工复产。实现传统高载能、高排放产业在工业中占比下降到20%以下。二是全力推进现代农业。以农村产业革命为突破口，全力打造油茶、食用菌、精品水果（黄桃）、生猪养殖四大主导产业，加快建设“4+N”现代农业产业体系。调减玉米种植面积5000亩以上，新建油茶林2000亩以上，发展林下养殖基地1000亩以上、花卉苗木基地1万亩以上，生产食用菌6700万棒以上，年出栏生猪32万头以上。培育发展朱家场油茶特色小城镇，提升“中国油茶之乡”品牌效应。建成油茶全产业链项目研发中心，实施油茶抚育、油茶苗木培育工程，完成投资1.21亿元以上。打造老寨经沙水坪、瓮阳、杨柳至混寨以桃为主的精品水果产业带5000亩以上。发展以玉铜松快速道路为轴线的油茶产业带1000亩、中药材产业带1000亩以上。建设谢桥经茅坡、桐木至街上的花卉苗木产业带800亩以上。培育以洞坪为起点、龙江河为射线的蔬菜产业带2000亩以上。积极培育新型经营主体，申报市级农业龙头企业2家以上，完成农业签约项目2个以上，力争县级以上农业龙头企业达到55家以上。充分利用刺激消费增长政策，培育扶持一批、改造提升一批、引导促进一批批零住餐企业，实现社会消费品零售总额13.6亿元以上。三是全力推进旅游产业。按照“县级抓精品景区、乡镇抓特色亮点”的思路，全面启动全域旅游示范县创建工作，实现旅游人次和旅游收入增速30%以上。抓好茶花泉景区管理和升级打造，以政府与社会资本合作（PPP模式）为抓手，加快推进天沐温泉旅游开发项目进程。建设田坪田园综合体项目，完成观光步道、观景台及游客接待中心建设。打造田坪旅游集散地、康养基地品牌。以田坪康养项目带动云起小镇精品民宿及康养产业的发展壮大。加快建设朱家场镇、新店镇、亚鱼乡田园综合体。鼓励各乡镇街道发展休闲农业、乡村旅游等产业，探索集生产功能与观光采摘、农业科普、农事体验等于一体的旅游新业态，依托农业园区、旅游景区，提升接待能力和服务水平。四是全力推进数字经济。建成电子商务服务中心、物流中心，实现全县贫困村电商服务站点全覆盖。建立完善农特产品流通机制，推动“网货下乡”“玉货出山”，确保电子商务交易额增长15%以上、网络零售额增长10%以上。加快大数据与实体经济深度融合，实施融合示范项目3个，新谋划大数据应用场景2个，新增大数据企业2家以上。五是全力推进民营经济。严格落实中央、省关于民营经济发展的政策措施，全面贯彻省委、省政府民营经济“1+6”政策文件，制定支持县域民营经济发展系列举措。建立完善领导干部联系服务重点企业制度，构建亲清新型政商关系，认真抓好“服务民营企业省长直通车”交办事项，促进非公有制经济健康发展、非公有制经济人士健康成长。不断优化民营企业发展环境，引导金融机构落实“125”目标，着力解决民营企业特别是中小企业融资难融资贵问题。鼓励、支持民营企业广泛参与农村产业革命和乡村振兴。充分激发微观主体活力，新增市场主体1000户以上、达到1.2万户以上。六是全力推进项目建设。紧密结合全县产业发展、城镇建设、乡村振兴战略等领域，实施更加精准、更大力度的产业链招商，确保全年新引进招商引资项目30个以上、到位资金30亿元以上。争取中央预算内等各类项目资金1亿元以上。配合做好玉铜松快速道路、石阡至玉屏高速公路、江口至玉屏高速公路玉屏段建设，完成七眼大桥、洞坪大桥、芦茅冲桥和国道G242田坪至洞坡公路改扩建工程、省道S201朱家场至安坪公路、屏山公园公路，开工建设60公里“畅返不畅”工程，完成9个渡改人行桥建设工程。完成混寨河流域综合治理、田坪镇长岭河重点山洪沟治理建设，继续推进青山冲、尖坡、芭蕉湾水库工程建设，开工建设大洋溪水库工程，推进毛湾、架枧等10余个水利项目前期工作。

（三）深化改革创新、加强区域协作，构建“开放玉屏”新格局。按照“创新是第一动力”“区域协作促进区域协调发展”的理念，全力打造联动发展升级版。

一是不断释放改革红利。对标重点领域、关键环节改革，完成政府机构改革，深化“放管服”改革，着力优化营商环境。坚持政务服务高效化，实现县、乡镇街道政务服务事项“应进必进”，深化“互联网＋政务服务”“集成套餐”服务，实现企业和群众办事线上“一网通办”、线下“只进一扇门”、现场办理“最多跑一次”，确保政务服务事项网上可办率不低于80%，企业、群众办事提供的材料减少60%以上。推进电子交易平台建设，加强公共资源交易平台运行维护和安全防护。加快农村集体产权制度改革，深化统计、科技、司法、安全生产、文化旅游、环保、户籍、商事制度等领域改革，进一步释放改革红利。完成玉屏信用联社改制农村商业银行，引导金融资本更好服务地方经济发展。推动社会保险费征管职能划转，移交税务部门征收。探索“市民下乡”助农增收路径，制定出台奖补措施。支持农村集体经济组织以出租、合作等形式，鼓励城镇居民采取租赁等方式，盘活利用空闲农房和宅基地，用于发展农家乐、民宿经济、休闲旅游等产业，促进农村空闲农房资源资本化。二是推动国有平台公司转型发展。坚持以市场为导向，加快县属平台公司实体化转型，不断提高国有资本运营效率。县城乡开发投资（集团）公司重点推进生态半岛安置点项目、皂角坪安置点项目、馆驿片区棚户区改造项目。着力抓好商砼站生产经营，力争完成混凝土生产销售15万立方米，销售额4500万元。启动远达财智中心招商工作，合作开发商务酒店，加快公司实体转型步伐。县文化旅游和农业投资（集团）公司主要加强资产管理，对下属子公司现有资产进行清理核算，全面掌握资产底数。盘活现有资产，对下属子公司进行市场化经营。继续发展壮大油茶全产业链项目。对接好天沐温泉集团公司，完善提升茶花泉景区基础设施建设及管理。对接好侗锦屏公司，抓好田坪康养项目运营管理工作。县扶贫开发投资有限责任公司进一步健全完善扶贫产业项目利益联结机制，指导好乡镇扶投公司盘活菌棚、猪圈舍等资产。着力引入社会资本盘活云起小镇、火车站移民安置点空置门面和商铺，充分挖掘利用存量资源，拓展开发各类实体领域投资。三是深化太仓玉屏扶贫协作。巩固完善对口帮扶联席会议制度，围绕两地产业发展、教育教学、医疗卫生等领域，不断提升合作层次和内涵。着重打造太仓·玉屏东西部扶贫协作产业园区，构建产业园共商、共建、共享、共赢格局。争取东西部扶贫协作援助资金1100万元以上。“村村结对帮扶”扩大到35个村，重点打造太仓雅鹿村与大湾村“五位一体”深度帮扶示范点。对接服务好太仓100家商会及行业协会投身玉屏开展“万企帮万村”帮扶行动。四是推动玉屏大龙同城发展。进一步理顺体制机制，深化基础设施等领域协商合作，加大区域资源整合力度。着重建设七里塘、安坪、铜仁南站、黄母冲等同城化重要节点，加快推进贵州师范大学附属中学大龙分校、高铁城、㵲阳河沿岸景观带建设。全力支持大龙申报国家级高新区。五是加强对外区域协作及交流合作。不断深化与周边区县在经济社会、基础设施建设、生态保护、污染防治、信访维稳、安全生产、文化交流等领域协商合作。深化与中国林科院亚热带林业研究所、大连民族大学、贵州科学院、贵州农科院等科研院所对接合作，借力强化技术支持、人才支撑。

（四）狠抓污染防治、推进生态建设，展现“秀美玉屏”新形象。深入贯彻习近平生态文明思想，践行“绿水青山就是金山银山”的理念，夯实生态优先、绿色发展基础。

一是加大重点污染治理力度。巩固环保问题整改成效，严格落实河长制、湖长制，推行林长制，贯彻执行《㵲阳河河长制水生态环境系统保护规划（2018—2030年）》，确保我省首个河长制水生态环境系统保护规划落到实处。扎实开展玉屏农村生活污水综合治理示范创建工作，积极推进总投资1.08亿元的农业废弃物资源化综合利用、生物资源科学利用中心项目，着力解决畜禽养殖污染隐患。深入开展餐饮业油烟污染治理，加大以新区开发建设、旧城改造区域、道路交通施工为重点的扬尘污染、“散乱污”综合治理力度。强化城镇生活污染、产业园区生产污染治理，完成县城污水处理厂整体搬迁项目主体工程，实现新店镇污水处理厂镇区污水处理系统有效运营，开工建设亚鱼乡污水处理工程。深化环境监测改革，提高环境监测数据质量，确保县城区城市空气质量优良天数比例稳定在95%以上，城镇集中式饮用水源地水质达标率100%。二是构筑生态安全屏障。坚持生态优先、绿色发展，推进新一轮绿色玉屏建设，深入推进森林保护“六个严禁”行动，建立健全全域绿化“六绿”攻坚后续长效管护机制。加大饮用水源保护力度，完善县城集中式饮用水源保护设施，完成千人以上饮用水源划分整治工作，确保人民群众饮水安全。全面开展森林生态产业资源大普查，加快推动森林生态优势向经济优势转变。深入开展㵲阳河国家湿地公园巡护管理工作，全面实现湿地公园科研监测。加快森林城市建设，高质量完成“绿城”行动计划，绿化提升过境高速公路全路段，实现新造林绿化面积1.2万亩以上。完成义务植树1万株以上。全县森林覆盖率达58%，城市建成区绿化覆盖率达31%以上。三是健全环境执法联动机制。提升环境监管能力，严格落实新《环境保护法》等相关环境保护法律法规，坚决打击各类环境违法行为，切实解决人民群众关心、关注的环保难点、热点问题。积极推动㵲阳河流域跨区域环境保护，共同探索建立健全跨区域环境保护监管协调机制。出台生态环境保护损害赔偿制度改革实施方案，进一步健全“谁污染谁治理”的环境保护监管机制，激励、倒逼企业自发推动转型升级。

（五）加快城乡融合、促进全域联动，打造“宜居玉屏”新样板。坚决贯彻“城镇化是现代化的必由之路”的要求，促进镇村联动、产城互动、全域推动。

一是完善城乡基础设施。加快实施中心城区提升工程，不断优化城市功能布局，建成南环线一期工程。加快推进棚户区改造，完成皂角坪公租房配套基础设施，完成生态半岛实物安置点主体工程。积极争创国家级“四好农村路”示范县。二是全力推进国家新型城镇化试点。完成《玉屏侗族自治县城乡总体规划》修编。建成昌昊时代广场、解放路棚户区改建工行宿舍片区（印山学府）、商业步行街建设项目，年内完成投资1.25亿元。开工建设音乐小镇项目，累计完成投资2.5亿元。探索玉屏老年公寓公建民营运营模式，推进康养医结合疗养中心建设项目。设立大龙街道移民搬迁点两个社区居委会。三是提升城乡管理水平。全力推进“全国文明城市”创建工作，力争成功创建“全省环卫保洁试点县”。健全完善网格化管理，提升公共停车位管理和建设力度，倡导限时免费停车。加强对市政道路、小区和背街小巷基础设施建设和管护投入力度。推进“智慧城管”平台建设，强化城市综合执法及部门协同机制，实现城区灯光亮化智能化管控及信息资源共享。严格执行《铜仁市违法建筑查处办法》，修订完善《玉屏侗族自治县农村建房管理办法》，有效管控农村建房，依法从严打击违法用地及违法建设行为。建立健全乡村治理体系，提升农村治理能力。四是优先发展教育事业。坚持把立德树人作为根本任务，深入实施素质教育，改革学生综合素质评价体系。强化教师队伍建设，凸显教育教学质量的核心地位，围绕质量提升深化教育改革；推进学前教育教改责任区建设，提升学前教育保教质量；深化义务教育一体化改革，逐步实现资源共享、师生共赢，促进教育资源均等化。深化课堂教学改革，确保中、高考质量提升到全市中等水平。深化职业教育校企合作，全力打造汽车与智能制造等优势专业、箫笛吹奏等本土化专业。推进县第二小学、城区幼儿园和薄弱学校改造，进一步优化中小学布局，全面加强乡村小规模学校和乡镇寄宿制学校建设，办人民满意的教育。五是着力发展卫生健康事业。大力实施卫生健康服务能力提升“八大工程”行动计划，促进卫生健康事业与经济社会协调发展。深入推进医共体与医联体建设，着力发展远程医疗，深化家庭医生签约服务。强化“三医”联动综合改革，统筹推进医疗价格调整和公立医院绩效考核，推进异地就医直接结算。积极构建更加成熟有效的分级诊疗制度，引导医疗优质资源下沉。持续推进县级公立医院综合改革，完成县人民医院现代医院管理制度省级试点工作。推进县级疾病预防控制机构、妇幼保健机构标准化建设。完成全县79个村卫生室信息化建设。完成亚鱼乡“国家卫生乡镇”创建工作，实现“国家卫生乡镇”全覆盖。深入开展食品药品打假专项行动，着重抓好学校周边、车站等重点区域食品安全监管。六是促进文化体育全面发展。坚持以社会主义核心价值观为引领，培育乡村特色文化活动品牌，大力弘扬侗族优秀传统文化，持续推进“智慧广电”工程建设。办好庆祝新中国成立70周年系列文化活动及第二届“中国农民丰收节”。有效承载乡村振兴战略文化内涵，促进城乡文化和信息服务均等化、标准化。增加公共文化产品和服务供给，优化整合县级文化馆、图书馆、箫笛博物馆和群众文化艺术中心等公共文化资源，充分发挥村级文体广场作用，广泛开展全民健身运动，承办2019“多彩贵州”自行车联赛玉屏站暨第六届贵州·玉屏“相约茶花泉”山地自行车赛。积极开展“文艺轻骑兵下基层”“赶坳”“龙舟赛”及文化志愿服务等文化惠民活动。加强文物发掘保护工作，深化文化资源普查，营造“文化强县”的浓厚氛围。七是提升社会保障水平。建立完善农村留守儿童关爱保护工作体系，关注留守儿童心理健康。推进公办养老服务机构改革，试点启动敬老院开展面向社会服务的改革工作。进一步统筹城乡社会保障制度体系建设，落实被征地农民养老保险政策。同时，统筹抓好“十件民生实事”。

（六）强化风险防范、创新社会治理，开创“和谐玉屏”新局面。坚决贯彻“打好防范化解重大风险攻坚战”“提高社会治理社会化、法治化、智能化、专业化水平”的要求，全力营造良好发展环境、和谐社会氛围。

一是坚决防范化解风险。牢固树立过紧日子的思想，加强财政资金预算绩效管理、财政部门内控支付管理。采取项目资金“事前防控、事中控制、事后监督”的全过程监管方式，提高财政资金使用效率。深入贯彻落实中央、省、市关于做好政府债务风险防控有关要求，严格执行政府性债务管理“七严禁”，坚决防范政府债务风险，盘活资源资产，全力化解存量债务。鼓励社会组织承担必要的社会管理和服务职能，激发民间投资活力。深入开展金融风险防控，不断强化政金企联动，支持金融机构化解不良贷款，坚决打击非法集资、金融诈骗及其他违法违规金融活动，牢牢守住不发生区域性系统性金融风险的底线。常态化开展清理欠薪专项检查，强化部门联合作战机制。全面贯彻党的宗教政策，坚决抵御宗教渗透，促进宗教关系健康和谐。二是巩固安全生产持续向好形势。切实履行《地方党政领导干部安全生产责任制规定》《贵州省党政领导干部安全生产责任制实施细则》，从严落实“党政同责、一岗双责、齐抓共管、失职追责”安全生产责任制，深化安全生产网格化管理，明确各级网格长和网格员，规范小区物业管理，重点整治小区电梯安全问题、高空坠物安全隐患，巩固全县安全生产形势持续稳定向好局面。三是创新社会治安综合治理。强化矛盾纠纷多元化解，努力创建“国家级信访三无县”，维护群众合法权益。加快县、乡镇街道、社区（村）综治中心规范化建设，实现社会治理综合治理中心全覆盖。深入开展扫黑除恶专项斗争，坚决摘掉“全国毒品重点关注整治县”的帽子。巩固维护社会和谐、持续彰显公平正义，不断提升群众的安全感。

三、全面加强政府自身建设

各位代表，加强政府自身建设是事业所需，推动政府职能转变是群众所盼。我们将始终坚持以人民为中心的发展思想，努力造就一支忠诚干净担当的干部队伍，持续打造为民、务实、清廉的人民政府。

（一）坚持党的领导，对党绝对忠诚。坚持以习近平新时代中国特色社会主义思想为指导，不断增强“四个意识”、坚定“四个自信”、做到“四个服从”、践行“两个维护”。严明政治纪律、政治规矩，始终做到政治过硬、使命坚定。自觉在政治立场、政治方向、政治原则、政治道路上，同以习近平同志为核心的党中央保持高度一致，自觉在市委、市政府和县委的领导下开展政府工作。始终保持对党绝对忠诚的政治品质，建设对党绝对忠诚的人民政府。

（二）坚持依法行政，提升法治水平。坚持以自我革命的勇气和决心，加快政府职能转变，深入推进依法治县，全面正确履行机构职能，推动实现更高质量、更有效率、更加公平、更可持续的发展。严格执行民主集中制，不断强化法治思维、提升法治素养、优化法治环境，全面提升政府工作法治化、科学化、民主化水平。全面推行行政执法公示制度、执法全过程记录制度、重大执法决定法制审核制度，着力推动行政执法透明、规范、合法、公正。自觉接受县人大及其常委会的法律监督，自觉接受县政协的民主监督。更加注重人大代表建议、政协委员提案及“十件民生实事”办理工作，积极主动回应群众关切。加大政务公开力度，让权力在阳光下运行，建设民主、阳光、法治的人民政府。

（三）坚持求真务实，强化责任担当。我们怎么干，玉屏就怎么变。喊破嗓子，不如做出样子。我们要坚持实事求是、涵养斗争精神，增强政治担当、历史担当、责任担当。始终坚持问题导向、发展导向、改革导向、目标导向，常思民生之策、笃行利民之举，稳扎稳打，绝不务虚走空。大力培育和弘扬新时代贵州精神和玉屏人文精神，凝聚谋发展、抓落实、促改革的工作合力。鼓励开展创新试点示范，尊重人民群众的首创精神。加大正向激励力度，落实“三个区分开来”要求，为担当者担当、为干事者撑腰。全面推行“五步工作法”，建立完善重点工作承诺制，确保中央、省、市及县委各项决策部署落地见效，建设干事、担当、有为的人民政府。

（四）坚持廉政建设，保持廉洁本色。严格遵守党章党规，切实履行党风廉政建设“一岗双责”，做到守土有责、守土尽责、守土负责。更加注重意识形态工作，牢牢掌握意识形态工作主动权。严格遵守中央八项规定精神和省委市委十项规定、县委“十要十不准”精神，严格落实“两准则、四条例”。完善权力运行监督机制，强化民生监督、行政监察、审计监督，完成省、市巡视巡查及审计整改事项。坚持标本兼治、突出重点，以较真促认真、以碰硬求过硬，严肃查处侵害群众利益的不正之风和腐败问题。共同营造风清气正的政治生态，建设为民、务实、清廉的人民政府。

各位代表，砥砺前行新征程，感恩奋进新时代。让我们在习近平新时代中国特色社会主义思想的科学指引下，在市委、市政府和县委的坚强领导下，在县人大、县政协的监督支持下，坚持以人民为中心的发展思想，牢记嘱托、感恩奋进，苦干实干、锐意进取，续写新时代玉屏高质量发展新篇章，向党和全县人民交上一份满意的答卷，以优异的成绩庆祝新中国成立70周年！

今年拟办“十件民生实事”：

（1）实施脱贫攻坚巩固提升工程，减少贫困人口1600余人，贫困发生率控制在0.14%以内。

（2）实施教育提质升级工程，改扩建县第二小学，新建田坪镇第二小学。

（3）实施文化惠民工程，免费对外开放县群众文化艺术中心、文化馆、图书馆、城市规划馆。

（4）实施棚户区改造工程，累计完成棚户区改造2500户以上。

（5）实施水利治理工程，新建㵲阳河皂角坪段防洪堤工程，完成混寨河流域综合治理、田坪镇长岭河重点山洪沟治理。

（6）实施污水处理工程，完成20个村庄污水处理。

（7）实施安居保障工程，深化“平安警务云”“雪亮工程”建设，建成23个智能平安小区。

（8）实施农村公共交通全覆盖工程，创新完善公共交通运营模式，实现县域公交车全覆盖。

（9）实施民生保障工程，完成残疾人康复中心建设，儿童福利院投入使用。

（10）实施城区基础设施工程，完成㵲阳河北门廊桥至茅坪大桥段健康步道建设。

松桃苗族自治县政府工作报告

（2019年2月25日在松桃自治县第十六届人民代表大会第三次会议上）

松桃自治县委副书记、县长 龙群跃

各位代表：

现在，我代表县人民政府向大会报告工作，请予审议，并请县政协委员和其他列席人员提出宝贵意见。

一、2018年政府工作回顾

过去的一年，是我县发展进程中极为艰难、极不平凡的一年。面对经济下行、动能转换的双重压力，面对环境治理、风险防范的双重任务，我们苦干实干、攻坚克难，战胜了各种严峻挑战，既守住政府债务不发生系统性风险的底线，又全面完成中央、省、市反馈的环境污染问题整治，还取得了脱贫攻坚关键之年的决定性胜利。一年来，在市委、市政府和县委的坚强领导下，在县人大、县政协的监督支持下，我们坚持以习近平新时代中国特色社会主义思想为指导，认真贯彻党的十九大和习近平总书记对贵州工作的系列重要指示批示精神，全面落实中央、省、市和县委各项决策部署，坚持新发展理念，坚持稳中求进工作总基调，坚持以脱贫攻坚统揽经济社会发展全局，落实高质量发展要求，牢牢守住发展和生态两条底线，全力打好三大攻坚战，保持经济平稳健康发展、社会大局稳定，为2019年整县脱贫奠定了坚实基础。

这一年，我们牢记嘱托、感恩奋进，集中精力主要做了以下工作：

（一）过去的一年，我们全力抓统筹，经济发展质量更好。在各种矛盾交织叠加、风险挑战不断增多的情况下，我们保持思想定力、战略定力、工作定力，坚守底线、负重前行，战胜经济下行压力逐渐加大等方面的考验，促进各项工作取得了新业绩。经济保持平稳增长。全县实现地区生产总值138.5亿元，同比增长9.7%；实现财政总收入12.19亿元，其中，一般公共预算收入6.42亿元，完成县人大常委会同意调整后的目标任务；500万元以上固定资产投资增长12.2%；完成社会消费品零售总额28.98亿元，同比增长7.9%；金融机构存贷款余额分别达139.15亿元、132.84亿元；城镇、农村居民人均可支配收入分别为28526元、8891元，分别增长9%、10.2%。部分指标增速虽然未达到预期，但总量持续增加、质量逐步提升。风险防范有力有效。认真贯彻上级相关文件、会议精神，制定切实可行的政府债务化解措施，组建政府债务风险防控指挥部进行常态化统筹调度。实施土地整治新增耕地1.53万亩，实施“旱改水”耕地提质改造1.8万亩，生产城乡建设用地增减挂钩节余指标1.1万亩，通过跨市（州）流转新增耕地、城乡建设用地增减挂钩节余指标获得收益11.65亿元。通过多方努力，全年综合债务率同比降低4.58个百分点，较好守住不发生系统性风险的底线。将15家县级国有投资公司整合为3家集团公司，重新优化资源配置、调整资产结构，扎实推进公司实体化改革，为经济及各项事业健康发展提供了有力支撑。发展基础不断夯实。完成“十三五”规划中期评估，完成项目审批396个、总投资525亿元，41个省、市重大项目完成年度投资57.7亿元。交通条件不断改善，公路提级改造工程有序推进，沿印松高速（松桃段）累计完成投资20亿元，印秀高速（松桃段）累计完成投资2.3亿元。水利设施不断完善，大兴水利枢纽、妙隘水库、大水溪水库、岩桑坝水库下闸蓄水，白泥、盐井等水利工程扎实推进，平举电站实现蓄水发电，完成 21 座病险水库除险加固，松江河流域（城区）综合治理工程完成投资 2.05 亿元。能源和信息保障不断增强，完成电网“十三五”规划修编，电网建设完成投资 1.29 亿元，完成信息基础设施投资 1.55 亿元，实现光纤网络行政村全覆盖。

（二）过去的一年，我们全力战贫困，脱贫攻坚纵深推进。认真贯彻精准扶贫、精准脱贫基本方略，健全县乡村三级脱贫攻坚作战指挥体系，着力打好“四场硬仗”，狠抓“五个专项治理”，扎实推进“春风行动”“夏秋攻势”“冬季充电”，取得了脱贫攻坚关键之年的决定性胜利。全年实现贫困人口脱贫 6222 户、25485 人、贫困村出列 87 个，全县贫困发生率下降至 5.25%。产业扶贫硕果更丰。推行“公司 + 基地 + 合作社 + 农户”的产业发展模式，扎实推进产业革命，完成产业结构调整 20.31 万亩，出栏生猪 65.12 万头、肉牛 4.04 万头、家禽 274.88 万羽，直接带动 2.88 万户贫困群众获得收益。农民专业合作社达 1811 家，实现贫困村全覆盖。基础设施扎得更牢。新建农村“组组通”公路 916 公里，完成投资 7.7 亿元，农村出行条件得到极大改善。开工建设农村饮水安全工程 178 处，解决 20.02 万人口饮水安全问题。实施农村电网升级、42 个深度贫困村电网改造，进一步改善农村生产生活用电条件。建成农村通讯基站 101 个，解决 6869 户通讯未覆盖问题。易地扶贫搬迁推进更实。2017 年度易地扶贫搬迁 5322 户、23324 人全部搬迁入住，2018 年度易地扶贫搬迁工程完成既定目标任务。落实搬迁群众 4870 人就业，消除搬迁户“零就业”现象。筹建天龙湖完小、大兴二完小，将有效解决 3760 户易地扶贫搬迁户随迁子女就近入学问题。33 个易地搬迁安置点医疗服务实现全覆盖。教育医疗住房保障更好。发放各类教育资助资金 5078.73 万元，资助学生 63697 人次。实现农村义务教育、学前教育学校实施学生营养改善计划全覆盖。建档立卡贫困人口就诊 28589 人次，减免医疗费用 1031 万元，实际补偿达 90%。建档立卡贫困人口家庭医生签约服务率达 100%。完成农村危房改造 4529 户。社会扶贫成效更大。获得苏州帮扶资金 3000 万元，引导企业实际投资 16.02 亿元，一大批帮扶项目顺利实施。发动 106 家企业和商会结对帮扶 127 个贫困村，投入资金达 8.89 亿元。开发“护河员、护路员、护洁员、护林员”等“四大员”农村就业扶贫专岗 1800 余个，有效推动贫困人口就业稳定脱贫。

（三）过去的一年，我们全力调结构，产业转型步伐加快。坚持以高端化、绿色化、集约化为主攻方向，全年招商引资新签约产业项目 61 个，实体经济三年攻坚行动实现良好开局。生态农业提质扩面。园区累计引进企业 95 家，实现农林牧渔业增加值 33.38 亿元，同比增长 6.7%。完成粮食产量 22.2 万吨，累计发展茶叶 21.02 万亩、水果 10.28 万亩、蔬菜 27.12 万亩、食用菌 1235 万棒。种植业地产认定 18 万亩、“三品”认证 54 个。建成种养循环示范点 28 个、高标准基本农田 9853 亩。全省山地生态畜牧业现场会在我县召开，“苗王顶芽”荣获国际茶叶博览会金奖。工业经济换挡升级。全县规模以上工业企业达 59 户，民营经济实体户数发展到 29642 户，完成民间投资 100.67 亿元。实施“千企改造”工程项目 34 个，完成投资 19 亿元。大数据与实体经济融合更强，完成 10 家企业登入工业云系统，大数据融合示范项目 3 个、数字经济项目 2 个。电商蓬勃发展，完成电商交易额 4.16 亿元、网络零售额 0.52 亿元。锰产业转型升级蹄疾步稳，锰渣制砖项目投入生产，锰渣治理上升到省、市战略层面。经济开发区的基础设施、功能配套逐步健全。文化旅游局面喜人。全年接待游客 816.29 万人次，同比增长 38.82%；实现旅游总收入 76.37 亿元，同比增长 37.3%。苗王城景区完成 4A 级标准化升级改造，“腊尔山红石林”景区获得省级地质公园命名。完成乡村旅游发展规划编制，成功打造 5 个乡村旅游扶贫示范点，带动 5000 余名群众增收。

（四）过去的一年，我们全力优生态，人居环境持续改善。城镇建设有序推进。完成城镇基础设施建设投资 42.9 亿元。县城南门与云落屯、马田龙与麻旦等 5 个片区棚户区改造项目有序推进，获得农发行授信贷款资金 31.29 亿元，累计拨付资金 2 亿元。金阳农贸市场正式投入使用。“七星廊桥”项目稳步实施。县城一、二期污水处理提标改造项目竣工运行，盘信、孟溪、寨英污水处理设施完成改造升级，县城污水三期和盘石、长兴等 7 个乡镇污水处理项目有序推进。智慧城管项目顺利竣工，全市城管工作交流现场会在我县召开。富美乡村加快打造。牢固树立、践行“绿水青山就是金山银山”的理念，统筹山水林田湖草系统治理，以绿色发展引领乡村振兴。坚持因地制宜、循序渐进，积极实施村庄规划编制工作。目前，已经完成 369 个行政村规划编制及批复。落实最严格耕地保护制度，确保 101 万亩耕地数量不减少、质量不降低、生态有改善。18 个村寨被列入中国传统村落名录，23 个村评为全市文明村寨。正大、甘龙、大坪场成功通过“国家卫生乡镇”审批。环境质量明显改善。中央环保督察反馈23项突出环境问题高质量整改到位，45件信访交办件高效办结，74项国家土地例行督察问题整改完成，松桃河木溪出境断面水质稳定达标，环境空气质量优良率达97.7%，环境保护“党政同责、一岗双责”责任制基本建立，顺利迎接中央生态环境保护督察“回头看”，污染防治攻坚战取得阶段性成效。扎实推进“民心党建+河长制”，形成“组织引领、党员示范、群众参与”的强大合力，构建“共建共治共享”的河流治理新格局。69个千人以上集中式饮用水源地水质达标率均为100%。深入开展“六绿”攻坚行动，完成退耕还林7万亩、国土绿化14.12万亩，森林覆盖率达60.79%，荣获“省级森林城市”称号。

（五）过去的一年，我们全力促改革，发展活力更加增强。我们向改革要动力、以改革增活力，重点领域改革稳步推进。深化商事制度改革取得新进展。全县新增市场主体6418户，新增注册资金52.63亿元，发放“多证合一”营业执照6120张；累计减免税费1.76亿元，市场活力得到有效激发。深化“放管服”改革取得新成效。全县行政审批事项压缩到185项，精简率为42%；清理取消证明材料110条，同比减少25%。全面打造阳光交易平台，实现所有交易进平台，平台之外无交易。农业农村改革释放新红利。全面推进“三变+三金”“三变+三社”改革，253个行政村有村集体经济收入，“空壳村”正加快消除。创新驱动取得新成果。新增省级高新技术企业1家、省级农业科技园区1个，专利授权73件。“铜仁学院博士工作站”在我县挂牌成立。开放合作取得新业绩。新签约项目73个、签约资金145.96亿元，新（续）建项目累计到位资金126.44亿元。教育改革成果谱新篇。实现全县355所山村幼儿园提质升级全覆盖，形成山村幼儿园建设“松桃标准”，并应邀在“第六届反贫困与儿童早起发展国际研讨会”上作经验交流发言。教师信息技术应用能力提升培训模式入选中央电教馆“信息技术支持下的区域研修模式研究及试点”项目，成为全国35个试点县之一。

（六）过去的一年，我们全力惠民生，人民福祉不断增进。坚持以人民为中心的发展思想，全年完成民生支出达31.89亿元，“十件民生实事”基本完成，人民生活持续改善。社会事业更加进步。县域义务教育基本均衡发展顺利通过国家督导评估认定。乡镇（街道）中心幼儿园建园率达100%。扎实推进教育工程建设，50所学校“全面改薄”项目竣工，群希学校完成一期建设并开学。成功举办中国滚龙文化艺术节等文体活动35场次；金秋文艺队荣获“2018中俄中老年文艺大汇演”金奖，歌曲《驻村干部》荣获第七届贵州省政府文艺奖——音乐奖。成功申报10处红色文化旧址为省级重点文物保护单位、欧百川故居为省级国防教育基地。“苗族（东部方言）口传经典”系列丛书列入国家重点出版物项目。卫生健康事业持续发展，县医院新院建设加快推进，县中医院苗医苗药科被评为全市第一批临床重点专科，引进医疗卫生高层次及急需紧缺人才55人，新农合补偿3.38亿元，群众看病难、看病贵问题逐步缓解。文化惠民工程深入实施，163个行政村综合文化服务中心“十个一”覆盖工程投入使用。铜仁市东部片区第七届老年人运动会在我县圆满举办。社会保障更加完善。农村低保标准提高到3876元/年、增长10%，城市低保标准提高到570元/月、增长7%；发放城乡低保金2.35亿元。民政福利园区被授予“省级第一批养老服务示范园区”称号。社保大厅建成投入使用，成为全市第一个社保经办标准化场所。引进高层次及急需紧缺人才123人，新招聘事业单位工作人员224人。完成农村贫困劳动力培训4300人，实现城镇新增就业7224人。发放创业小额贷款3368万元。“松桃驻苏州工业园区劳务协作工作站”正式建立。社会治理更加有力。扎实开展扫黑除恶专项斗争，立破涉黑涉恶刑事案件43起，打掉恶势力犯罪团伙16个，抓获犯罪嫌疑人114人。“全国外流贩毒重点关注县”成功摘帽，人民群众安全感实现大幅提升达99.49%，位居全省前列。接待群众来访406批1208人次，办理上级信访转交件237件，化解信访疑难件88件。完成智慧交通监管云平台建设。食品检验检测中心投入使用。地质灾害防治工作扎实开展。非洲猪瘟疫情有效防控。全县安全生产形势保持平稳。此外，国防、双拥、民兵预备役、统计、档案、气象、老龄、慈善、红十字会、外事侨务、住房公积金管理等工作都取得新成绩，工会、共青团、妇女儿童和残联等事业迈上新征程。

在推动经济社会加快发展的同时，我们着力抓好政府自身建设。健全完善政府常务会例行学习制度，依法行政、科学决策能力得到增强。办理人大代表建议131件、政协委员提案100件，办结率均达100%，办理质量、实效显著提高。扎实开展脱贫攻坚作风建设年活动，民生领域不正之风、腐败问题得到有效治理，廉政建设取得新进展。

各位代表，2018年在外部环境深刻变化、各种矛盾交织叠加的情况下，我县经济社会发展能够取得这样的成绩，确实来之不易。这是习近平新时代中国特色社会主义思想科学指引的结果，是县委总揽全局、科学决策的结果，是县人大和县政协履职监督、倾力支持的结果，凝聚着各级各部门及广大人民群众的艰辛和智慧。在此，我谨代表县人民政府，向各位人大代表、政协委员、离退休老同志和全县广大干部群众，向驻松官兵、武警指战员，向所有关心、支持和参与松桃建设发展的同志们、朋友们，表示衷心的感谢和崇高的敬意！

在肯定成绩的同时，我们也清醒地看到，我县经济社会发展还面临不少困难和问题，主要体现在：经济总量不大、人均水平较低，发展不平衡、不充分的矛盾依然突出，优质教育医疗、农村环境治理等方面还欠账较多；实体经济支撑弱，新兴产业成长慢，防范风险压力大，民生领域短板多，决胜全面小康任务艰巨，生态环境保护任重道远；历史遗留问题与深化改革发展出现的新问题交织叠加，亟待加大力度破解；少数干部担当精神不够、艰苦奋斗精神缺乏，懒政怠政、执行不力和“四风”问题仍有发生，政府效能有待提高。对此，我们将高度重视、深入研究，拿出务实、管用的措施，切实加以解决。

二、2019年主要目标任务和重点工作

2019年是新中国成立70周年，是全面建成小康社会的关键之年，也是松桃整县脱贫“摘帽”之年，任务艰巨、繁重。做好全年经济社会发展各项工作至关重要、意义十分重大。

综观发展大势，我们仍处于大有可为的重要战略机遇期。从发展面临的新形势看，中央经济工作会议作出我国发展仍处于并将长期处于重要战略机遇期的重大判断，并赋予新的内涵，统筹利用国内国际两个市场两种资源的空间将进一步拓展，经济发展长期向好的基本面没有变，为我们在深刻复杂变化的国内外形势下认识机遇、把握机遇提供了根本遵循。国家深入推进三大攻坚战、大力扩大内需补短板、加大对西部地区支持力度、大幅增加地方政府专项债券规模、保持经济稳定增长的宏观政策，特别是国家将在“三农”、保障性安居工程、重大基础设施、节能环保、生态建设等7个方面加大投资力度，且提前实施“十三五”规划后两年及中期评估报告中明确的重大工程项目，为我们推动全县经济社会加快发展提供了良好的外部条件、重大政策机遇，“时”“势”总体于我们有利。从我县所处的历史方位看，我们正处在脱贫攻坚与乡村振兴战略实施的交汇期，实现脱贫摘帽、建成全面小康社会胜利在望，政策叠加效应更加明显，改革红利持续释放，发展后劲、内生动力不断增强。我们要从长期大势认识当前形势，既要正视困难和挑战，增强忧患意识、做好应对准备；更要看到机遇和优势，坚定信心、保持定力，抢抓机遇、苦干实干，推动全县经济社会发展取得新的更大成绩。

今年政府工作的总体要求是：以习近平新时代中国特色社会主义思想为指导，全面贯彻党的十九大和十九届二中、三中全会精神，认真落实中央和全省、全市经济工作会议精神，深入贯彻落实习近平总书记对贵州工作的系列重要指示批示精神，牢记嘱托、感恩奋进，统筹推进“五位一体”总体布局，协调推进“四个全面”战略布局，坚持新发展理念，坚持稳中求进工作总基调，坚持突出绿色化、高质量，注重协同性、承载度，提升保障力，坚持以供给侧结构性改革为主线，坚持深化市场化改革、扩大高水平开放，加快建设现代化经济体系，继续打好三大攻坚战，着力激发微观主体活力，统筹推进稳增长、促改革、调结构、惠民生、防风险工作，保持经济运行在合理区间，进一步稳就业、稳金融、稳外贸、稳外资、稳投资、稳预期，提振市场信心，提高人民群众的获得感、幸福感、安全感，守好发展和生态两条底线，深入推进三大战略行动，围绕“一区五地”建设目标任务，坚定不移实施实体经济三年攻坚行动，深入推进“五县五化”发展战略，走好“六条新路”、推进“六区共建”，坚决夺取脱贫攻坚决战之年的根本性胜利，为全面建成小康社会收官打下决定性基础，以优异的成绩庆祝中华人民共和国成立70周年。

今年全县经济社会发展的主要预期目标是：地方生产总值增长10.5%左右，其中，一产增长6.8%、二产增长10.5%、三产增长12.2%；规模以上工业增加值增长11.5%；500万元以上固定资产投资增长16%左右；一般公共预算收入增长8%；社会消费品零售总额增长11.5%；金融机构存贷款余额分别增长10%、18%；城镇、农村居民人均可支配收入分别增长9%、10%；城镇化率提高2.92个百分点；城镇登记失业率控制在4%以内；节能减排降碳指标控制在国家下达计划内。

围绕全年目标任务，我们将重点抓好8个方面的工作：

（一）决胜整县脱贫，开启全面小康新征程。今年实现整县脱贫“摘帽”，是我县的首要政治任务、

头号民生工程，是同步全面建成小康社会的底线目标，也是对全县人民的庄严承诺。我们将深入贯彻落实习近平总书记关于扶贫工作的重要论述精神，按照省委、省政府决策部署和市委、市政府“76554”工作方法，围绕零漏评、零错退、零问题、社会满意度达98%的“00098”工作目标，做好顶层设计，抓牢组织、制度、绩效三大体系，尽锐出战、精准施策，汇聚向脱贫攻坚发起总攻、夺取全胜的磅礴力量，坚决确保全年减少贫困人口2.5万人以上、出列贫困村60个，贫困发生率下降至2%以内，让千百年来松桃的绝对贫困问题在我们这一代人的手里历史性地得以解决。

（1）全面补齐摘帽短板。对标“两不愁，三保障”，切实在精准上下足“绣花”功夫，全面补齐“四块短板”。补齐基础设施短板。强化涉农项目整合力度，重点投向2019年出列的贫困村，加快推进一批农村基础设施项目建设，实现村村通动力电，实现贫困村安全饮用水、安全道路、宽带网络全覆盖。统筹农村文化教育、医疗卫生、社会养老等设施建设，加快补齐公共服务短板。补齐群众增收短板。突出产业和就业两大重点，强化产业扶持，坚持长短结合、龙头企业带动、合作社联动，大力推广“龙头企业+合作社+农户”、股权合作模式，因地制宜发展畜禽养殖、果蔬种植等生态特色产业，推动形成“一村一品、多村一品、多乡一品”的产业发展格局。突出抓好产销对接，推动农产品进学校、进机关、进社区、进超市、进对口帮扶单位等，形成更加稳定的供销关系。加强贫困户技术培训，提高贫困户创业就业能力。大力开发农村“四大员”就业扶贫岗位，推动贫困人口就近就地就业。积极探索扶贫新业态，大力推动乡村旅游、生态补偿、电商扶贫，促进困难家庭劳动力就近就地务工增收。补齐安全住房短板。加快推进2018年易地扶贫搬迁项目建设，确保6月底前30850名搬迁群众全部入住。加强后续扶持和社区管理，全面落实省委、省政府易地扶贫搬迁“五个三”政策要求，加大旧房拆除力度，统筹迁出地和安置地两个资源，建设一批“扶贫车间”“扶贫就业基地”，完善安置点配套基础设施，全面提升搬迁安置后续保障质量，切实解决搬迁群众就业、就学、就医问题，实现一步住上新房子、快步过上好日子。坚持标准、整合资源，加大危房改造和集中建房力度，全面消除农村老旧住房透风漏雨现象。补齐自我发展短板。认真落实贫困家庭在校生教育资助、毕业生就业创业帮扶政策，做到贫困学生上学、就业帮扶全覆盖，从根本上阻断贫困代际传递。完善医疗救助制度，确保贫困人口参加基本医保、大病保险、养老保险全覆盖。对丧失劳动力的特殊贫困人口，综合实施保障性扶贫政策，确保病有所医、残有所助、生活有兜底。更加注重推动扶贫与扶智、扶志相结合，根除思想上的贫穷、精神上的贫困，切实增强贫困人口脱贫的内生动力。

（2）压紧压实攻坚责任。充分发挥脱贫攻坚作战指挥体系作用，均衡配置帮扶力量，强化帮扶薄弱环节，同步提升贫困村、非贫困村和已退出村、已脱贫户帮扶效果，确保实现整县脱贫摘帽、精彩出列。整合各方资源，统筹调整安排新一轮定点扶贫，实现全县行政村驻村工作队全覆盖，进一步夯实干部驻村帮扶工作。把全面从严治党要求落实到脱贫攻坚全过程，层层压实县乡村组帮扶责任，确保脱贫攻坚各项政策落地生根，经得起实践和历史检验。抓好项目资金监管，加大对扶贫项目资金的审计、监管力度，提高扶贫资金使用效益，形成更加立体完整的监管体系。

（3）凝聚攻坚强大合力。深入推进社会扶贫，用好各方资源，积极争取东西部扶贫协作和国家、省、市定点帮扶单位更大支持，着力推动一批帮扶项目落地落实。深入推进“千企帮千村”“爱心扶贫”等扶贫行动，着力构建大扶贫工作格局。创新金融扶贫机制，用好城乡建设用地增减挂钩政策、绿色产业扶贫投资基金，加强与国开行、农发行、贵阳银行、贵州银行、信用社等金融机构合作，鼓励、支持社会资本及金融资金投入扶贫开发，着力破解资金瓶颈制约。大力宣传扶贫政策，全面营造浓厚的决战氛围。

（二）聚焦实体经济，推动产业发展新升级。深入实施实体经济三年攻坚行动，以产业结构转型升级为重点，推动经济高质量发展，走出一条生态产业化、产业生态化、产业特色化的绿色发展新路。

（1）扎实推动现代农业提质增效。围绕农业供给侧结构性改革，牢牢把握农业产业革命“八要素”，完善农业产业化扶持政策，推进农业产业实现质的飞跃。扩大供给规模。全力抓好茶叶、蔬果、食用菌及中药材等优势产业发展，新建茶叶基地2.1万亩，茶叶基地面积达23.12万亩；新建蔬菜示范基地1万亩，蔬菜种植面积达27万亩；新增精品水果0.45万亩，水果面积达10.73万亩；完成食用菌生产2500万棒；新增中药材面积1.9万亩；实现烟叶收购2.2万担。重点抓好53个500亩以上坝区产业结构调整，将500亩以上坝区建成特色优势农业高产高效示范区，实现经济作物种植面积占65%以上，推动全县产业结构调整取得重大突破。推动种养循环。按照“大力发展生猪、突出发展肉牛、积极发展家禽”的思路，以德康农牧、铁骑力士、圣迪乐、梵净牧业、苗王高科、同仁望乡等公司为依托，采取“公司+基地+农户”的订单养殖一体化模式，带动村集体经济快速发展。全年实现出栏肉猪75万头、出栏肉牛4.2万头、出栏家禽350万羽，大水面健康养殖3万亩、特种水产养殖1000亩，实现畜牧渔业总产值32亿元以上。加快推进年产36万吨猪饲料生产线项目建设，整县推进畜禽粪污资源化利用提升工程。着力推广“园区+N”农村产业融合发展模式，以苏州·松桃共建现代农业产业园区为载体，打造一二三产业深度融合发展的典范。提高供给品质。引导龙头企业加快标准化建设，推动产业向规模化、专业化、品牌化的生产方式转变，年内力争德康农牧、铁骑力士总部经济落户松桃。大力支持龙头企业开展农产品精深加工，确保农产品加工转化率达50%以上。全面抓好农业科技推广应用，提质发展农民专业合作社、家庭农场、种养大户等规模经营主体，加强粮农、菜农、果农、茶农、林农、药农劳动技能培训，不断增强农业发展动力。大力开展“三品一标”农产品认证，打响做亮绿色农产品品牌。

（2）扎实推动工业经济不断壮大。工业是强县之基，是我县实体经济发展的着力点。我们要坚持扩大总量与优化结构并举，着力提升工业经济实力，把工业做强做优，推动工业经济规模进一步壮大、结构进一步优化、竞争力进一步增强。推动工业企业做大做强。加强对重点行业、重点企业分类指导，加强水、电、原材料等生产要素供应保障，稳定工业生产基本面。积极争取省工业绿色发展基金，精准扶持各行业龙头企业，大力支持现有企业扩产提能、技改升级，全年技改投入占工业企业固定资产投资50%以上。深入推进“千企改造”工程、“万企融合”行动，推动全县民营经济高质量发展，确保完成民营经济增加值80亿元以上。完善中小微企数据库建设，加大政策扶持、兑现力度，推动小微企业孵化、中小企业成长、骨干企业培育，年内新增市场主体2400户以上。加快工业项目建设投产。按照“控制总量、消化存量、杜绝增量、以消定产”的工作思路，重点围绕锰渣制砖、水泥、生产路基材料及矿山充填材料等，着力推进锰渣无害化处理、资源化利用工作取得重大突破，推动锰产业转型升级实现高质量发展，促进地方经济快速回暖。加快推进金源矿业石煤钒矿综合利用技改、20万吨中柔山泉生产线、御元堂中药饮片加工等项目竣工投产，着力形成新的经济增长点。大力发展民族特色产品加工业，重点支持发展以苗族刺绣、苗族服饰、苗族银饰、竹木石雕等为主的本地民族特色产业。稳步推进经开区改革和创新发展。加快推进年产300万羽商品野鸭产业项目、大川纺织二期工程、出口茶叶精加工示范基地、油茶加工厂、现代粮油物流园、汽车配件制造产业园、万桥物流产业园二期、希望星厨项目建设，力争经开区产值达200亿元以上。同时，重点围绕农特产品加工、锰系列产品研发、文化旅游发展等三大领域引进一批实力雄厚、带动性好、发展势头强劲的企业，着力构建特色优势产业体系，推进园区绿色化、高端化、集约化发展。

（3）扎实推动现代服务业繁荣发展。按照市委、市政府“一带双核”精品旅游规划，抢抓扩大梵净山世界自然遗产和5A级景区品牌影响力、打造梵净山大旅游圈的机遇，着力提升旅游发展水平，全面推动服务业蓬勃发展。抓好文化旅游深度融合。围绕“全域旅游”理念，打好自然生态、民族文化两张特色牌。实施重点景区攻坚计划，年内完成苗王城旅游综合体项目、松旅驿站建设任务，加快推进天龙湖、寨英古镇、腊尔山、桃花源、响水洞等景区提速建设，全年确保接待游客人数、旅游收入增幅均在30%以上。深入推动“旅游+”产业融合，力争在田园综合体、精品民宿、康养项目上实现突破。抓好精准营销品牌活动。做好全媒体营销，依托电视、大型网站、自媒体等渠道，宣传“绝技苗乡·神奇松桃”旅游形象。做好旅行社营销，加强与主要客源市场的区域协作，全力经营“苗乡风情”“梵山净水”“红色之旅”3条精品线路。做好节会营销，对接旅游市场，打造一批精品民族节事节会，充实提升文化旅游品牌内涵，力争推出“季季有主题、月月有惊喜”的特色体验活动。抓好新兴服务业态培育。改造提升传统商贸零售和餐饮服务业，新增限额以上商贸企业4家；同时，促进金融、邮政、保险、通讯电信业务总量实现扩张。

（4）深入实施大数据战略行动。加快推进数字产业化、产业数字化，推动大数据与实体经济深度融合发展，培育高成长型大数据企业1家以上。深化与阿里巴巴合作，完善县乡村三级电商服务网络，继续扩大农村电商覆盖面，推动电子商务增量提质，完成电子商务交易额5亿元以上。建好50个“三社一中心”电商精准扶贫服务站，助力“松货出山”，不断巩固提升国家电子商务进农村综合示范县创建成果。

（三）扩大有效投资，夯实县域经济新基石。 千方百计做好项目投资工作，通过项目引领带动，加快构建现代经济体系，为县域经济实现高质量发展打牢坚实基础。

（1）全力以赴争取项目。抢抓国家大力支持革命老区、民族地区、贫困地区发展的政策机遇，精准对接重点投向，在基础设施、生态环保、乡村振兴、特色产业、民生改善等方面，积极谋划实施一批大项目、好项目，不断扩大有效投资。全年完成项目谋划950个以上，新增项目审批350个以上，新开工项目35个以上。

（2）竭尽全力推进项目。加大交通基础设施建设力度。继续做好沿印松、印秀高速（松桃段）的征地拆迁、协调服务工作，积极配合做好松桃至吉首高速公路项目前期工作，加快推进渝怀铁路二线工程建设，继续抓好孟溪货场建设；建成G352长坪支线、牛郎至贵阳溪、两河口至石花（两河口至长兴段）等二级公路；新开工建设S304牛郎至普觉、黄连至螺丝懂等公路提级改造工程；力争开工建设县城经九江至妙隘公路改扩建项目；做好农村公路小修保养、公路水毁路段修复和清理工作。紧跟政策导向，依法合规创新项目运作模式，加快推进松桃至孟溪城市主干道建设。加大骨干水源工程建设力度。完成马乾溪水库、大河水库、苏麻河水库、九江水库可研，启动沙坝河水库、地所湾水库前期工作，力争开工建设白水河、陆家坝、毛溪沟水库。完成2018—2020年农村饮水安全巩固提升工程建设任务，实现全县农村饮水全覆盖、全保障、全达标。开工建设蓼皋、太平、大路等河道治理工程。加大能源和信息工程建设力度。计划投资1亿元实施农村电网升级改造，加快推进110千伏大路变电工程建设；力争盘石49.5兆瓦风电场项目年底建成投产。放宽低压供电容量限制，打造用电营商环境样板工程。深入推进多彩贵州“广电云”户户用工程，铺设光纤5650公里，新增用户1.8万户，力争实现农村“光纤宽带”“数字化”广电网络全覆盖。

（3）千方百计引进投资。提升投资服务水平。继续推动全方位对外开放，进一步加大招商引资力度，深入推进产业大招商，采取以商招商、以链招商、以企招企，引进更多优质关联企业。创新招商引资服务机制，抓好重大招商项目督办工作，提高合同履约率、项目开工率和资金到位率。全年完成招商引资引进项目65个以上，实现到位资金118亿元以上。强化项目要素保障。抢抓国家财政政策加力提效、增加地方一般性转移支付、增发地方政府专项债券等一系列重大政策机遇，力争获得更大支持；积极争取中央和省级专项资金，用好农发行、贵阳银行等基金，大力推广运用PPP模式，努力拓宽资金保障渠道。积极推进城乡建设用地增减挂钩和工矿废弃地复垦调整利用，盘活存量建设用地，挖掘闲置和低效用地，促进土地集约高效利用，为经济社会发展提供用地保障。有序推进工程建设项目审批制度改革，压减工程审批时间，建立项目全方位管理服务体系，加大项目施工要素保障力度。

（四）聚力融合发展，绘就城乡一体新画卷。 城镇化是经济发展的重要引擎，是扩大经济总量的有效途径。我们要以山地特色新型城镇化为抓手，打造山水人文县城、建设美丽宜居乡村，统筹推动城乡融合发展。

（1）着力提升城镇建设水平。强化规划引领。启动城市（县城）总体规划中期评估、城市“双修”工作，科学规划城市总体空间布局，着力优化空间结构、提升城市品质。加快完善乡村规划。加强规划执法，规范建设秩序，有效遏止违法建设问题的发生，确保一张蓝图绘到底。加快城市建设。把棚户区改造作为今年县城区建设的主战场，用好用足棚户区改造政策机遇，切实加强项目运作，力争完成棚户区改造房屋征收安置补偿工作，加快5个片区的开发进度，着力解决停车难、入学难等城市病，加快完善城市功能、提升人居环境，建设富有高质量生活品质的魅力县城。加强城市管理。充分发挥“智慧城管”平台作用，着力加强城市经营管理，持续巩固国家卫生县城、省级文明城市创建成果，打造一流生态宜居城市，让来者津津乐道、居者引以为自豪。规范管理房地产市场，促进房地产行业健康发展。统筹推进特色小城镇品质提升工程。在积极向上争取政策和资金支持的同时，着力盘活资产资源，深化政府和社会资本合作，吸引社会资本参与城镇基础设施和公共服务设施建设运营，更好发挥示范带动作用，推动小城镇建设高质量发展。采取PPP模式与省水投公司合作，加快推进城乡污水处理项目建设，实现城乡人居环境大幅改善。

（2）大力推进乡村振兴战略实施。结合县情实际，统筹推动脱贫攻坚与乡村振兴有机结合、相互促进，以产业振兴、人才振兴、文化振兴、生态振兴、组织振兴为载体，因地制宜、凸显特色、先行先试、分类推进，探索建设一批乡村振兴试点。以农村生产、生活、生态“三生”环境改善为重点，扎实推进农村人居环境整治三年行动，深入推进“四在农家·美丽乡村”小康升级行动计划，因地制宜确定村庄整治类型，实施好农村厕所革命、农村生活垃圾治理、农村生活污水治理、村庄清洁四个专项行动，实现农村外在美、内在美、持续美的和谐统一，让广大农民在乡村振兴中有更多获得感、幸福感。同时，积极争取中央、省级少数民族发展资金，抓好少数民族特色村寨、传统村落建设。扎实开展新时代农村精神文明建设，大力弘扬和践行社会主义核心价值观，大力推进文明村镇、文明家庭创建，积极培育文明乡风、良好家风、淳朴民风，着力提升乡村社会文明程度，让乡村的美好生活既有物质的富裕、又有精神的丰盈。

（五）深化改革创新，释放经济发展新活力。

深化“放管服”改革。根据国务院及省、市政府取消审批事项决定，最大限度取消行政审批事项，并实时调整权责清单。做好“减证便民”清理工作，大幅缩减各类证明材料，推行“集成套餐服务”，提升服务效能。建立健全联席会议制度，加大企业用地、用工、用能、融资等难题破解力度，进一步降低制度性交易成本，着力优化营商环境。深化县级机构改革。按照中央、省、市部署要求，加强领导、蹄疾步稳，确保县政府部门机构改革工作在3月底前完成，全面推进体制机制创新，为决胜脱贫攻坚、实现经济高质量发展提供坚强有力的保障。深化农村产权交易改革。积极探索农村产权交易“互联网+全覆盖、全联通、全方位、全天候、全过程服务”模式，推动农村产权交易平台实体化运行。深化医药卫生体制改革。巩固提升县级公立医院综合改革，优化公立医院运行机制，统筹推进人事薪酬制度、医疗服务价格、药品耗材采购、医保支付等重点改革事项。建立健全分级诊疗制度，全面推进紧密型县域医疗服务共同体建设，逐步使县域内就诊率提高到90%以上。深化科技创新发展改革。积极推进科技创新平台建设，组织申报省级农业科技示范园区1个、省级农业星创天地2个。做好知识产权工作，全年专利申请量50件以上，专利授权量增长10%以上。深化林业发展改革。学习借鉴浙江、福建等地林业“三变”改革经验，大力开展林权流转、林权抵押融资，着力增加农民财产性、经营性收入，年内力争完成林业资源抵押融资贷款1亿元以上。全面完成国有林场改革。稳妥推进事业单位公务用车改革。积极承接、完成好各级改革试点任务，形成一批有分量的改革成果、先行经验。

（六）建设美丽松桃，开创生态文明新局面。绿色生态是最普惠的民生，也是松桃最浓厚的底色，我们必须格外珍惜、倍加呵护，同心构筑天更蓝、地更洁、山更绿、水更清的美丽家园。加快生态林业发展。深入践行“绿水青山就是金山银山”理念，加快推进“六绿”攻坚行动，力争森林覆盖率达62%以上，国土绿化5万亩，新建花卉苗木基地2000亩，完成商品林投保1000亩，完成500名以上生态护林员聘请。加快退耕还林步伐，对25度以上坡耕地、15度至25度的重要水源地、严重石漠化耕地、矿区矿山重金属污染耕地实施退耕还林。抓好森林公园、湿地公园和自然保护区建设，加快推进永红森林公园项目建设，确保湿地保有量保持27.47平方公里，生态系统保护与修复率达100%。全面推进森林小镇、森林村寨、森林人家建设申评。加强生态环境治理。按照“大气十条”“水十条”“土十条”要求，持续打好蓝天、碧水、净土保卫战。全面落实建设项目环境影响评价、“三同时”制度，严格落实河长制、湖长制，推行林长制，严厉打击各类环境违法行为。扎实开展环保督察问题整改，确保松桃河出境断面水质继续保持稳定达标，持续巩固良好生态环境。扎实推动第二次污染源调查，积极争取重金属污染综合治理项目支持。加强城区空气质量管控，加大建筑施工扬尘、道路扬尘、汽车尾气、油烟等管控力度，确保空气质量得到有效提升。加强环境信访投诉办理，确保件件有回音、办结见成效。强化环保大数据监管平台运用，实现环保执法监管全覆盖。

（七）坚持综合施策，构建社会治理新格局。

（1）着力抓好金融债务风险防范化解。严格落实中央、省、市关于防范金融债务风险的决策部署，切实加强政府债务管理，严格控制增量、稳妥化解存量，严禁各类违法违规举债、担保行为，完善债务风险预警应急处置机制，坚决守住不发生系统性风险的底线。抓好财源建设，提升财力保障，把争取项目资金作为做大做强财政“蛋糕”的重要抓手。大力推动土地开发及指标流转，将土地资源转化为真金白银。全力抓好产业项目建设发展，加快推进平台公司向市场化、实体化转型，培育可支撑、稳定的财源产业。树立过紧日子的思想，加强预算统筹，全面实施预算绩效管理，千方百计保工资、保运转、保脱贫、保民生。积极争取国家一般债券和专项债券支持，置换符合政策规定的债务，有效化解政府隐性债务风险。多途径盘活国有闲置资产，盘活矿产、土地、森林等优质资源，提升资源变现能力，最大限度筹集资金。加大非法集资案件查办力度，推进社会诚信体系建设，引导金融资本更好服务实体经济。

（2）着力抓好安全生产风险防范化解。严格落实安全生产“党政同责、一岗双责、齐抓共管、失职追责”责任体系，减少一般事故发生，坚决遏制较大以上安全事故发生。深入开展隐患排查治理专项行动，统筹抓好重点领域、重点行业以及人员密集场所的安全生产，确保人民群众生命财产安全。继续加强非洲猪瘟防控处置，确保生猪产业健康发展。抓好防灾减灾救灾工作，推进地质灾害隐患自动化监测建设，提高突发事件防控处置能力。

（3）着力与时俱进加强和创新社会治理。深入推进扫黑除恶专项斗争三年攻坚行动，确保将黑恶势力打深打透打彻底。保持严打高压态势，持续巩固禁毒工作成果。加强铜仁平安警务云的深度运用，充分发挥大数据在平安松桃建设中的突出作用。深入推进“法治松桃”建设，扎实开展“七五”普法，把法律服务工作站、法律工作室延伸到村，提高基层法律援助的能力和水平。依法打击非法宗教和邪教活动，依法管理宗教事务，促进民族团结、宗教和顺。坚持领导干部接访下访工作制度，健全矛盾纠纷多元化解机制，深入开展好“五个攻坚”化解工作，依法分类处理信访诉求。深化食品药品等多项专项整治，使人民群众安全感更加充实、更有保障。

（八）增进人民福祉，提升民生保障新水平。民之所望，政之所向。人民对美好生活的向往，就是我们的奋斗目标。我们将尽心尽力把民生实事办实、好事办好，进一步增强广大群众的获得感、幸福感。

（1）始终坚持教育优先。深入实施振兴松桃教育三年提升行动，统筹推动义务教育城乡一体化发展，在中小学布局调整、大班额化解、集团化办学等方面下大力，推动义务教育基本均衡向优质均衡迈进。突出特色办好职业教育，扎实推进县职校申创省级示范性中等职业学校。全力推进县第七中学、天龙湖完小、思源实验学校、第二完小、第六完小、特殊教育学校、高平实验学校高中部、群希学校高中部等教育工程项目建设，确保按期完成建设任务。

（2）大力发展文体事业。开展好群众文化活动，进一步提升苗族“四月八”、“六月六”、寨英滚龙艺术节、孟溪花灯艺术节等文化品牌，实现全民共享文化大餐。抓好苗族绝技、苗族四面花鼓舞、苗绣等优秀民族文化项目保护和技艺传习工作。建设好文化阵地，抓好村级综合文化服务中心示范点、村级综合文化服务覆盖工程建设。完善农民体育健身工程，开展全民健身运动，提高全民身体素质。做好《苗族“巴狄熊”口传经典》《苗绣》项目申报国家级非遗项目工作。

（3）推进健康松桃建设。用好用活苏州对口帮扶资源，建立健全医学领军人才、拔尖创新人才引进培养体系，强力推进临床重点专科建设，完善运作机制，推进县医院新院建设运行，促进县域医疗水平实现新提升。全力推进国家健康教育促进示范县建设，持续推进慢性病综合防控示范县建设。进一步提升妇幼健康及卫生监督能力，进一步推进村级卫生室标准化建设、加强乡村医生队伍管理。发挥中医药特色优势，大力发展中医药健康服务。

（4）积极扩大就业创业。实施就业优先政策，全年新增城镇就业人员7130人以上，转移农村劳动力就业15420人以上，确保城镇登记失业率控制在4%以内。培训农村贫困劳动力（含易地搬迁劳动力）6300人。审核发放小额担保贷款3000万元。完善创业孵化链条，力争组织企事业单位申报众创空间2个，服务创业企业50家。继续做好农民工工资清欠工作，切实保障农民工劳动报酬权益。

（5）提升社会保障水平。按照国家和省、市部署，稳步提高社会保险待遇水平，做好城镇居民医疗保险与新农合并轨工作。推进城乡客运公交一体化运营，逐步实现公交线路乡镇全覆盖。建成救灾物资储备仓库、残疾人托养中心项目。加大社会组织管理力度，充分发挥社会组织在创新社会治理中的积极作用。加强未成年人、困境儿童、农村“三留守”人员关爱保护，完善临时救助、医疗救助、特困人员供养等救助制度，兜住民生网底。

此外，统筹做好国防动员、双拥共建、民兵预备役、统计、调查、气象、社会科学、住房公积金等工作，支持工会、妇联、共青团等群团组织改革发展。

三、加强政府自身建设

面对艰巨、繁重的改革发展任务，我们必须做到信念过硬、政治过硬、责任过硬、能力过硬、作风过硬，全面提升履职水平，始终对党绝对忠诚，努力建设人民满意的政府。

（一）深入推进全面从严治党。坚持把政治建设摆在首位。严明政治纪律、政治规矩，把坚持党对一切工作的领导贯穿政府工作各方面、全过程，牢固树立“四个意识”、坚定“四个自信”、落实“两个维护”，不折不扣地贯彻落实上级重大决策部署，确保政令畅通。坚持用新思想武装头脑。认真落实党组学习制度，全面理解、准确把握习近平新时代中国特色社会主义思想的丰富内涵和精神实质，把思想武装的精神力量转化为做好工作的强大动力。坚持强化党风廉政建设。坚决落实党组全面从严治党主体责任，认真履行“一岗双责”，推进政府系统全面从严治党向纵深发展，全力支持县纪委监委严肃查处各类违纪违法案件，巩固发展反腐败斗争压倒性胜利。

（二）深入推进法治政府建设。严格依法行政。坚持“法定职责必须为、法无授权不可为”，带头学法守法用法，确保严格规范公正文明执法。健全公众参与、专家论证、风险评估、合法性审查和集体讨论决定程序，确保决策科学、民主、合法。积极稳妥处理行政应诉案件，提高依法行政水平。规范权力运行。依法接受县人大及其常委会的法律监督和工作监督，主动接受县政协民主监督。认真办理人大代表建议、政协委员提案，建立定期会商协商机制，重大决策向人大报告、向政协通报，重点工作接受人大监督、政协评议。加强审计监督。优化预算管理和绩效评价机制，做到花钱必问效、无效必问责；加强重大政府投资建设项目、公共资金管理使用、经济责任履行情况等方面监督审计。全力支持法院、检察院依法开展工作。

（三）深入推进政府作风建设。优化服务职能。以自我革命精神深化“放管服”改革，优化行政审批流程，推动“不见面审批”“一次办”，促进政府工作更加务实高效。加快完善县、乡、村政务服务体系，全面推进政务服务“三集中三到位”改革，让群众办事更加方便快捷。强化作风整治。进一步加大督查问效力度，以更高标准、更严要求正风肃纪，对思想不重视、主观不努力、群众有意见、造成坏影响的严肃问责，着力提振干部精气神。深入贯彻落实中央八项规定及其实施细则精神和省、市十项规定，防止“四风”问题反弹回潮。健全激励机制。加强容错纠错机制运用，最大限度调动干部的积极性、主动性、创造性，激励干部担当作为、加强学习、调查研究，为松桃实现跨越发展凝聚干事创业的磅礴力量。

各位代表，征程万里风正劲，重任千钧再奋蹄。让我们更加紧密地团结在以习近平同志为核心的党中央周围，在县委的坚强领导下，牢记嘱托、感恩奋进，扎实工作、奋勇前行，坚决完成全年经济社会发展各项任务，为决胜脱贫攻坚、同步全面小康，加快谱写百姓富、生态美多彩贵州新未来的松桃篇章作出新的更大贡献，以优异的成绩庆祝新中国成立 70 周年！

今年拟办“十件民生实事”：

（1）年内确保县第六完小、群希学校高中部竣工投入使用。

（2）启动修建松桃苗族自治县第二人民医院。

（3）实施完成“广电云”户户用工程 4000 户，完成 163 个村“十个一”覆盖工程调频广播器材安装工作。

（4）开发就业扶贫岗位 10000 个以上，最大限度解决建档立卡贫困人口就业问题。

（5）建设全县 30 户以上通组公路漏报、漏建项目，建设 100 公里农村公路窄路基路面拓宽工程。

（6）投资 1000 万元，建设大路镇 5 个村组 19000 余人集中式供水工程（桂牙水厂）。

（7）做好保障性安居工程建设，完成棚户区改造项目任务 4437 户，租赁补贴发放 800 户。

（8）建设县级政务服务实体大厅，满足政务服务事项全部进驻办理要求，实现必须到现场办理的事项“只进一扇门”。

（9）全面推进派出所基层基础建设，年内确保 17 个派出所业务用房建成竣工并投入使用，进一步提升公安机关维护稳定、服务群众的能力。

（10）采取 BOO 模式建设垃圾发电厂项目，采取 PPP 模式建设城乡生活垃圾收运系统一体化项目。具体是从今年起，用两年时间完成两个项目建设，年内完成工程总量的 50%、2020 年两个项目建成运行，全面实现城乡生活垃圾无害化处理。

在2018年工作总结暨2019年工作部署大会上的讲话

大龙开发区党工委副书记、管委会主任 陈代才

（2019年1月24日）

同志们：

刚才，启明书记的重要讲话，全面贯彻中央、省、市经济工作会议和市“两会”精神，高度总结2018年工作，提出2019年工作的总体要求、目标任务、工作重点，具有很强的政治性、思想性、指导性，我们要认真学习领会、全面贯彻落实。下面，我讲三点意见。

一、2018年工作回顾

2018年，全区上下坚持以习近平新时代中国特色社会主义思想为指导，深入贯彻落实党的十九大和习近平总书记对贵州工作的系列重要指示批示精神，牢记嘱托、感恩奋进，紧紧围绕中央、省委省政府、市委市政府和党工委的决策部署，紧扣黔东工业聚集区“火车头”、铜仁工业经济发展“顶梁柱”、贵州内陆开放要地“桥头堡”的战略定位，围绕“争创国家级开发区、打造千亿级园区、建设生态文明工业新城”的战略目标，主动适应经济发展新常态，认真践行新发展理念，牢牢守住发展和生态两条底线，着力打好三大攻坚战，千方百计聚产业、一心一意聚人气、竭尽全力强基础，建设平安大龙、和谐大龙、幸福大龙，经济社会发展在重压中前行、在艰难中突破、在新的起点上持续前进，园区建设、经济社会发展继续取得了良好成效。

2018年，是经济运行稳中有进的一年。在经济下行的形势下，全年完成规模以上工业总产值151.2亿元，完成规模以上工业增加值33.26亿元；新增规模以上工业企业9家，规上工业企业达61家；完成固定资产投资57.7亿元，占年度争取承诺目标任务55亿元的104.91%；完成财政总收入51913万元，增长3.33%；完成一般公共预算收入28071万元，增长2.06%；部分指标增速虽然未达预期，但质量逐步提升，经济运行在合理区间，经济发展稳的基本面没有变、持续增长的潜力没有变、转型升级跨越发展的势头没有变。

2018年，是脱贫攻坚全面推进的一年。认真落实“76554”工作方法，全力投入脱贫攻坚，顺利通过国家第三方评估验收，实现脱贫攻坚整县出列，贫困发生率下降到1.54%。“组组通”建成72.2公里。农村人居环境改善投入资金1061.98万元，代缴新农合45.28万元。“四改一化一维”投入资金2300万元，“10113”入股分红774户、236.07万元，村集体分红59.985万元；“易扶贷”入股704户、380.85万元，集体分红38.25万元。跨区域易地扶贫搬迁稳步推进，顺利承接3批、2635户、12808人入住。围绕“留得下来、融得进去、和谐发展”的工作目标，就业、就学、就医、公共服务等后续服务保障工作扎实推进。

2018年，是防范化解重大风险扎实有效的一年。严格控制债务增量，多措并举化解债务存量，累计偿还政府性债务20.45亿元、置换政府债务46.34亿元。安全生产形势总体平稳，应急管理、应急救援能力进一步加强。“跨省共建民生通道和跨省合力应对自然灾害、一村一警五员保民生”等工作得到省应急管理厅积极肯定，双控系统应用全年均名列前茅。平安大龙、和谐大龙、幸福大龙建设深入推进，扫黑除恶专项斗争扎实开展，社会治安秩序向好。

2018年，是污染防治成效明显的一年。扎实推动环保督察反馈问题整改。中央、省反馈问题完成整

改率达 100%，市反馈问题完成整改率达 75%，中央环保督察“回头看”没有出现大的环境问题。完成建设项目环评审批 28 个，完成污染源在线监控设施安装 8 家。累计建设污水管网 42 公里。完成金利、永盛锰业锰渣库土壤修复项目，并通过省环保厅验收。优化调整马面坡车坝河集中式饮用水源地并获省政府批复，完成车坝河饮用水源水质自动监测站建设。

2018 年，是实体经济加快发展的一年。“千企引进”成效明显。完成签约项目 58 个，完成全年目标的 105.5%；到位资金 134.33 亿元，完成全年目标的 141.4%。15 万吨电池生产项目、中伟金川、贵州北新锂电池梯次利用项目、碳素产业园项目等一批大项目好项目落地。“千企改造”继续深化。实施“千企改造”项目 17 个，完成全年目标的 100%；累计完成投资 15.57 亿元，完成全年目标的 119.77%。

2018 年，是重点项目继续推进的一年。安排项目前期工作经费 3459.61 万元，完成征地 6000 余亩，争取中央、省预算内投资 12889 万元，占全年任务的 187%。继续开展项目建设大比武，组建 60 个项目指挥部，形成“比、赶、追”的良好氛围。跨区域易地扶贫搬迁项目及配套设施、金川中伟、汇成新材料改扩建、轻工产业孵化园等重大项目快速推进。

2018 年，是基础设施建设持续发力的一年。全年在建基础设施项目 27 个，总投资 101.65 亿元、完成投资 31 亿元。增量配电项目、G320 国道、园区 2 号主干道、3 号主干道、污水管网等一批重点基础设施建设项目快速推进。

2018 年，是社会事业同步推进的一年。落实城乡医疗救助政策，补助资金 119.5 万元。扎实开展社会保险工作，参合 28045 人，基金征缴 4820.01 万元、支付待遇 2141.46 万元。扎实推进新增就业工作，完成城镇新增就业人数 1007 人，城镇登记失业率控制在 4.2% 以内。发放创业担保贷款 4952 万元，扶持 410 人创业。扎实推动教育事业发展，投入资金 3.5 亿元，加快跨区域易地扶贫搬迁学校及配套项目建设，大龙第二小学、大龙第三幼儿园、大龙第四幼儿园建成投入使用。投入资金 1035 万元解决学校教学设备购买、基础设施建设，改善学校教育教学环境。

2018 年，是亮点突出捷报频传的一年。顺利完成撤镇设街道工作。成功创建国家新型工业化产业示范基地，产业转型升级、工业提质增效进一步加快。重力科技牵头起草全国首部废汞触媒行业国家标准《废汞触媒处理处置方法》，中伟新材料三元前驱体年产量排行全国第三。土地集约评价工作位列全省省级开发区前三。跨区域搬迁后续服务保障“三个三”做法，得到市委书记陈昌旭的肯定性批示。

在看到成绩的同时，也要清醒认识到，我们仍然面临诸多问题与挑战。一是脱贫攻坚任务仍然艰巨。全区还有 138 户 398 人未脱贫，扶贫产业与贫困群众利益链接长效机制还未健全。承接跨区域易地扶贫搬迁配套的社会事业、公共服务任务艰巨，现有师资、医疗卫生人员、城市管理、社会治理等力量配置薄弱。二是资金保障压力大。一方面，重大产业、基础设施、跨区域易地扶贫搬迁项目及配套建设需投入大量资金；另一方面，由于国家宏观调控政策依然收紧，当前金融环境形势严峻，再加上今明两年仍然处于还债高峰期，政府偿债压力大。三是实体经济支撑仍然不足。辖区重点企业产能还没能完全释放，民营企业、中小企业发展动力不足，产业链条短，延链补链强链任重道远。四是建设用地压力大。当前，我们面临着发展空间不足、耕地后备资源匮乏的现状，现有规划建设用地指标已不能满足发展需求。五是城乡融合发展不充分。城市建设、城市功能发展滞后，教育、医疗、卫生、住房、养老等社会事业发展不充分，与人民对美好生活需要还有差距。这些问题，都需要我们认真研究、全力加以解决。

二、2019 年重点工作任务

2019 年是新中国成立 70 周年、开发区成立 20 周年，是推动开发区新一轮转型升级、跨越发展的关键之年。按照全年工作总体要求，今年经济社会发展的主要目标是：完成规模以上工业总产值 230 亿元以上，同比增长 35% 以上；完成规模以上工业增加值同比增长 15% 以上；完成固定资产投资 58 亿元，力争完成 60 亿元左右；新增 5000 万元以上项目 15 个，力争完成 18 个；新增规模以上工业企业 8 户，力争完成 9 户；外贸进出口总额同比增长 20% 以上；财政总收入增长 8% 以上，一般公共预算收入增长 8% 以上。

根据中央、省委省政府、市委市政府和党工委的决策部署，围绕全年工作总体要求、经济社会发展主要目标和启明书记提出的工作要求，我们要全力推进以下重点工作：

（一）全力打好精准脱贫攻坚战。一是打好脱贫攻坚巩固提升硬仗。坚持扶贫政策不变、工作强度不减，着力解决脱贫攻坚新问题，研究解决收入水平略高于建档立卡贫困户群体缺乏政策支持的新问题，防止“边缘贫困户”因病、因学致贫。注重扶贫同扶志、扶智相结合，激发贫困群众的内生动力。加大对中央、省委巡视反馈问题整改力度，探索稳定脱贫长效机制。完成下达的年度减贫任务。二是打好跨区域易地扶贫搬迁硬仗。积极争取设立开发区移民局。全力加快跨区域易地扶贫搬迁安置区项目及配套建设，第五幼儿园、第六幼儿园、第三小学、第二中学投入使用。扎实抓好2018年项目收尾工作，确保6月底前2018年搬迁群众全部实现入住。扎实抓好后续服务保障工作，围绕“搬得进来、融得进去、和谐发展”的总体目标，深化“三个三”工作内容，健全跨区域易地扶贫搬迁群众后续服务保障机制。三是打好乡村振兴硬仗。谋划好脱贫攻坚与乡村振兴战略有机衔接。按照“产业兴旺、生态宜居、乡风文明、治理有效、生活富裕”的总要求，建设一批经济强村、美丽乡村，打好乡村振兴硬仗。深入实施“四在农家·美丽乡村”建设，打造产业振兴、乡村振兴示范点3个。

（二）全力打好防范化解重大风险攻坚战。一是抓好政府债务风险防范。严格落实“七严禁”和“1+8”债务管理系列政策，健全债务“借、用、管、还”管理机制、预警机制、调度机制。多措并举抓好融资，千方百计化解债务。多途径盘活存量资产、国有闲置资产，加大批而未供和闲置土地处置力度，运用市场化方式规范运作项目，提高政府偿债能力。二是抓好防范化解安全生产风险。严格落实安全生产责任制，狠抓安全隐患大排查大整治。强化安全监管基础建设，推进“双控系统”试点建设。探索建立应急会商和部门联动工作机制，提升应急管理和应急救援能力。三是抓好防范化解维护稳定风险。建好平安警务云，深入开展智能零发案小区创建行动，深入推动社会治安综合治理，深入推进扫黑除恶专项斗争。依法加强宗教领域管理。深化“平安大龙、和谐大龙、幸福大龙”建设，维护社会大局和谐稳定。

（三）全力打好污染防治攻坚战。一是积极推进绿色发展先行示范园区建设。用好用活用足“国家级循环化改造示范试点园区”“国家级新型工业化产业示范基地”两块“国”字招牌，积极争取绿色“红利”。大力发展节能环保产业，巩固提升环保化工产业，建设以锰、钡、汞、煤电、建材为核心的循环型工业产业链。继续坚持低碳、循环的绿色发展理念，推动资源全面节约、循环利用，全面推动绿色发展先行示范园区建设，加快生态文明工业新城建设。二是坚决抓好生态环保问题整改工作。全面抓好中央环保督察回头看和中央、省委巡视生态环保问题整改工作，确保问题100%整改到位。完成污水处理厂提标改造工程。三是坚决抓好污染防治。打好“青山”“蓝天”“碧水”“净土”保卫战和固废治理、农村环境整治五大战役。深入实施“双十”工程、“百千万”清河行动，全面落实河长制，持续推动舞阳河、车坝河等重点流域环境综合治理。加大环境监管执法力度，推进生态环境网格化监管体系建设，积极探索与玉屏、新晃生态环境治理协作机制，严厉打击环境违法行为。

（四）全力推动招商引资。一是继续实施“千企引进”工程。围绕产业集群招大引强，制定5年招商引资专项规划。继续加大领导带队招商力度，强化以商招商、产业链招商，突出招大引强、补链强链、集群集聚，提升项目履约率、入园率、开工率、投产率。全年招商引资签约项目60个，签约资金120亿元以上、到位资金100亿元以上（含续建项目）；新引进产业项目18个，产业项目到位资金85亿元以上；引进500强企业1家。二是继续优化营商环境。持之以恒深化作风建设，持续大兴“三风”，大力整治形式主义、官僚主义等问题，推动干部作风效能大提升。推动构建亲清政商关系，保障市场经济主体平等获得市场要素、参与市场竞争。加强招商服务，落实优惠政策，优化政务环境、信用环境、社会环境。三是继续强化招商引资项目落地。强化重大招商引资项目联席协调调度，推动招引项目尽快落地。建立重大招商引资项目建设联席协调会议办公室，统筹推进重大招商引资项目落地实施，会同督查室开展重大招商引资项目督查督办、定期通报、目标考核等工作。建立重大项目开工预警制度，将新开工重大项目倒排工期，临近3个月、2个月、1个月开工项目分别给予黄灯、橙灯、红灯提醒，督促项目尽早开工。

（五）全力推进项目建设。一是抓好项目谋划。加大项目谋划编制力度，做深做实前期工作。项目库项目谋划68个以上，投资总额228亿元以上。二是抓好项目资金争取。深入研究国家投资导向，精心谋划、编制、筛选、上报一批事关开发区长远发展的好项目、大项目，力争获得中央、省预算内资金1.5亿元以上。三市抓好项目建设调度。加快重点产业项目、重点配套项目、重点基础设施项目建设，统筹抓好存量项目、在建项目、新落户项目建设。继续实行项目指挥长负责制，项目指挥部办公室延伸到科局级副职。继续开展项目建设大比武，形成“比、赶、追”良好氛围。继续实行以“一个项目、一个领导、一个团队、一套方案、一抓到底”为主要内容的“五个一”项目推进机制。四是抓好项目建设保障。完善项目审批、核准、备案、服务工作机制，积极做好审批事项的“接、管、收”工作。坚持提升服务效能，帮助企业加快项目前期手续办理。依法严厉打击“两违”建设、“三强”行为。继续推动项目征拆攻坚，强化矛盾纠纷排查化解，全力保障项目顺利快速推进。

（六）全力推动实体经济高质量发展。一是推动民营经济发展壮大。坚持“两个毫不动摇”，着力破除制约民营经济发展的瓶颈，推动民营经济发展壮大。严格落实国家、省出台的各项税费减免政策，全面清理规范涉企收费。制定支持民营经济发展政策措施。制定联系重点龙头企业工作制度，主动上门服务、前置服务，及时帮助重点龙头企业解决困难和问题。推进“信易贷”融资新模式，力争参加试点的中小企业达5家，实现融资规模10亿元。开展百亿民营企业培育工程、中小企业“专精特新”工程，重点培育领军企业、骨干企业、成长型企业8户以上。二是推动主导产业发展壮大。打造锂电新能源新材料千亿级产业集群，培育战略竞争力。实现锂电池隔膜、电解液等项目引进，力争在锂电动力电池组装生产、储能产业等方面取得招商新突破，力争引进5家以上新材料企业入驻。重点抓好金川中伟项目、汇成改扩建等项目试产投产，抓好动力锂电池梯次利用与回收、南策文院士工作站、碳素科技产业园等项目落地投产。围绕贵州北新新能源有限公司，开展固态电池产业项目引进，实现新的产业聚集。轻工产业孵化园项目基本建成，引进轻工产业10个以上。三是继续实施“千企改造”工程。促进结构优化提升，实现产业转型升级，推动工业提质增效、园区创新发展。实施“千企改造”项目16个，完成“千企改造”投资13亿元、力争完成15亿元。完成大龙华电实施1号机组烟气超低排放改造，银星汞业搬迁项目试产投产，中伟新材料年产高性能动力型锂离子电池三元正极材料改造，汇成新材料年产四氧化三锰0.6万吨、高纯硫酸锰3万吨改造，红星锰业年产3万吨动力电池用高纯硫酸锰及6000吨电解二氧化锰扩建项目试产、格瑞特1.5万吨锂电池负极材料及1万吨石墨化加工建设扩建项目部分生产线试产。加快合金循环产业园建设，推动铁合金产业转型升级。四是推进高新技术产业和质量提升工程。围绕争创国家级高新区，实施高新技术产业发展规划，制定支持高新技术产业发展政策措施。实施创新驱动，推动科技创新、质量提升。实施标准化战略，强化品牌带动战略，力争年内工业标准委员会落户大龙。

（七）全力推进基础配套建设。全年实施基础设施项目25个以上，力争完成投资30亿元以上。东部陆港项目建成投运，G320、2号主干道、3号主干道建成通车，轻工产业孵化园基本建成，启动工业污水处理厂建设工作，完成车坝河水厂改扩建工程，供热管网、燃气管网投入使用，增量配电网上半年实现用电直供。强化园区基础配套规划与建设，狠抓园区供水、供热、供电、污水处理及口岸建设工作，探索污水系统一体化管理建设。提升大龙保税仓运营发展水平，推进多式联运大通道建设，推进工业物流园建设。

（八）全力推动城乡融合发展。一是坚持规划引领。坚持高质量发展、协调发展，增强规划的前瞻性。推进城乡规划与土地利用总体规划两规统一的城市空间规划编制工作，完成27平方公里中心区域控制性详规的修编工作。围绕新能源新材料和高新技术产业发展，制定高新产业发展规划。围绕完善基础配套建设，完成供水、供热、电网和污水处理（污水管网）专项规划。提升乡镇规划委员会运行效率。二是补齐城乡短板。完善城市交通功能，完善市政道路网络和公共交通体系，优化城区交通组织，推进公交首末站、枢纽站、停靠站和智能管理系统建设。推进高铁南站客运枢纽项目建设。优化公共设施服务，加快现代服务业功能布局，加快建设高铁新城商贸、金融、信息等立体复合设施服务区，打造新的城市功能核，不断提升高铁新城的繁荣度、吸引力。健全城市管理体制，积极争取设立开发区城市管理综合执法分局。加快停车场、过街设施建设，加强城区破损路面、人行道改造维修和提升工作，建立城市基础设施维护、城乡垃圾处理市场“一体化”管理体系，探索城市管理服务外包机制。结合旧城改造、棚户区改造、德龙新区、龙江新区建设，扎实推进农贸市场建设，加快城市公园、广场建设，打造一批城市文化精神地标，增加市民文化活动场所。三是推动玉屏大龙同城化发展。坚持“发展规划同城设计、基础设施同城共建、产业发展同步共荣、政策机制同施共为、公共服务同襟共享、社会事务同商共管、生态环境同城共治”的思路，稳步推动玉屏大龙同城化发展。

（九）全力推动保障和改善民生。一是推进就业创业工作。依托园区轻工劳动密集型产业优势，积极吸纳群众就业，引进轻工产业10个以上，有效解决就业岗位2000个以上。推进“企业+劳务合作社+劳动力”模式，实现劳动力资源向劳动资产转化。深入开展“双创”活动，继续落实创业经营税费减免、“雁归工程”、小额创业贷款、“3个15万”等创业就业政策。二是推动教育卫生事业发展。加快跨区域易地扶贫搬迁学校及配套项目建设，继续落实贫困教育兜底政策、幼儿学生教育免费政策。加大学校教学设备购买及基础设施建设力度，改善学校教育教学环境。继续落实医保基本补偿、大病保险、民政医疗救助、医疗健康扶贫兜底及“先诊疗，后付费”、“一站式”结算等医疗扶贫惠民政策。做好异地就医直接结算工作。完善安置区卫生服务站建设，加快三级综合医院、康养中心建设工程项目。加强与玉屏县卫生部门对接，积极促进大龙卫生院升格二级综合医院。三是推进社会保障工作。落实农民工工资保障制度，扎实开展拖欠农民工工资专项行动。继续落实好城乡低保、城乡医保、养老保险、工伤保险、社会救助政策及其他民政优抚政策，落实好被征地农民参保养老保险政策。

（十）全力推动要素保障，夯实发展基础。一是狠抓人才保障。积极推进编外聘用、劳务派遣、外包、雇员等管理体制，完善绩效考核机制。建立集人才招聘、教育培训、人才公寓建设等为一体的人才服务平台。大力培养引进金融经济类、科技创新类、技术骨干类及高层次管理人才10个，培养创新创业团队1个，新建创新创业平台1个。二是狠抓资金保障。积极实施“引金入大”工程，推动银行、保险、证券等金融机构设立分支机构。大力推进融资工作，加大与政策性、商业性银行项目对接力度，开展多渠道融资，深挖资产有效运营，筑强良性融资结构。积极推动项目收益债及重点项目贷款。实现融资到位资金40亿元以上，其中汇源公司完成融资25亿元以上、扶投公司完成融资15亿元以上。稳步推动资产运营，设立开发区资产管理公司，成立供应链金融平台，推动“资源变资产、资产变资金”。积极推动平台公司实体化转型升级，建立健全平台公司市场化、实体化有效运营机制，积极推动平台公司转型发展取得改革性突破。积极推动政策性担保公司正式运行，积极推进产业基金设立工作。三是狠抓用地保障。科学编制实施年度土地储备和供应计划，建立多元化供地机制。力争完成获批农村集体建设用地1公顷，获批国有建设用地40公顷。

关于“六个一”工作部署：一是启动国家级高新区争创工作。由胡志勇、袁丽君两位同志牵头，社发局具体负责，党政办、经发局、国土分局、招商局、规划分局等部门积极配合，2月底前完成争创工作专班组建，对照4个核心指标、40个指标制定工作方案，积极组织相关部门、人员赴安顺、怀化和重庆等地考察学习申创工作，8月底前争取科技部、科技厅考察指导，力争年内进入省级高新技术产业园区序列。二是编制高新产业发展规划。由陈勇同志牵头，规划分局具体负责，经发局、国土分局、社发局、招商局等部门积极配合，2月底前形成初步规划方案，报党工委管委会研究。三是制定支持民营经济发展的实施意见。由胡志勇同志牵头，经发局具体负责，党政办、组织人事部、监察分局、财政局、国土分局、招商局、住建局、安监局、环保局、税务局、质监分局、工商分局、社保局等部门积极配合，结合省、市相关优惠政策和开发区实际，2月底前起草实施意见报党工委管委会研究。四是建立一支产业基金。由胡志勇同志牵头，财政局具体负责，经发局、汇源公司、扶投公司等部门积极配合，6月底前获批并发行。五是推动政策性担保公司实体化运行。由李朝强同志牵头，财政局具体负责，组织人事部、税务局、汇源公司、扶投公司等部门积极配合，力争5月底前实现实体化运行。六是建立联系重点龙头企业工作制度。由胡志勇同志牵头，经发局具体负责，1月底前制定联系工作制度报党工委管委会研究后，印发实施。

三、2019年一季度“开门红”工作安排

当前，2018年各项工作已全部进入尾声。踏入2019年新征程，我们要坚持目标导向、问题导向，以起步就是冲刺、开局就是决战的姿态，强化调度、跟踪推进、聚焦聚力、奋力冲刺，全力夺取一季度经济运行“开门红”。

一是突出抓好经济指标，努力实现经济增长“开门红”。盯紧规模以上工业总产值、规模以上工业增加值、固定资产投资等重点指标，管委会分管领导、主要经济部门要一项一项调度、一项一项抓实，确保规模以上工业总产值增长10%以上、规模以上工业增加值增长11%以上、固定资产投资完成14亿元。

二是突出抓好复工复产，努力实现工业经济“开门红”。对节后可能影响企业正常生产的用工、融资、生产要素调度等问题，经发局牵头指导企业提前制定复产措施，排出复产时间表，合理安排生产周期，储备生产原料，加快推进相关企业环保整改工

作，督促企业尽快复工复产。2月15日前复工复产率达90%以上，拉动工业经济大幅回升。

三是突出抓好项目建设，努力实现有效投资“开门红”。加大重点产业项目、跨区域易地扶贫搬迁项目、中央环保督察反馈问题整改项目、重大民生类项目建设力度，充分发挥投资对优化供给结构的关键作用，提高投资质量和效益，继续呈现出“质量提高、总量增大、速度增快、成效显著”的良好势头。谋划集中开工一批项目，力争新建的重点工程、重大项目一季度开工60%以上。围绕中央预算投资、中央专项建设基金及省、市支持方向，有针对性地推进一批重点项目开展前期工作，谋划储备一批重大项目，建立“谋划一批、储备一批、开工一批、建成一批”的良性滚动机制。

四是强化招商引资，努力实现企业引进“开门红”。围绕产业集群招大引强，突出主导产业补链强链招商，继续加大领导带队招商力度，力争一季度招商引资引进项目15个，引进到位资金30亿元以上。

五是强化资金保障，全力保运转、保发展、防风险。按照“有钱运转、有钱发展、有钱还债”的要求，财政、税务部门加强财源培植，加快形成新的财源增长点，一季度实现公共预算收入增长8%以上，确保有钱运转；将金融债务风险防范工作作为重中之重来抓，尤其是要防范好春节期间、一季度的债务风险，决不能因为过节而忽略债务风险防控工作；平台公司要盯紧新材料产业园场平工程合作开发资金，紧盯现行项目贷款、融资租赁、“工程贷”、项目收益专项债等，积极对接有关银行金融机构，力争一季度融资到位资金10亿元以上（汇源公司到位8亿元以上、扶投公司到位2亿元以上），确保有钱发展、有钱还债。

六是切实抓好民生改善，增强人民群众的获得感、幸福感、安全感。盯紧跨区域易地扶贫搬迁项目及学校建设，确保按时间节点快速推进。春节期间，全力保障市场供应、全力抓好食品安全，组织开展好春节走访慰问活动，做好困难党员、困难群众、特殊群体的生活保障，组织开展好舞水腾龙闹新春系列活动，营造祥和浓厚的节日氛围。

七是切实做好安全、环保、信访、农民工工资工作，全力维护社会大局和谐稳定。切实做好岁末年初安全生产工作，重点抓好道路交通、危化物品运输、烟花爆竹、森林火灾、消防安全、建筑施工、特种设备等领域安全风险防范；严明工作纪律、强化应急值守，落实应急管理措施，继续加强非洲猪瘟疫卡点值班值守和防控工作，提前部署实施防洪、防汛工作；切实抓好重点整治工地扬尘污染，加强工业企业监管，坚决抓好道路扬尘治理，做好烟花爆竹禁燃宣传及管控工作。切实抓好全国、全省“两会”期间信访维稳工作，周密部署、紧密安排，多举措做好征地拆迁、山林土地权属纠纷等重点问题及涉军、残疾人、农民工集体上访等重点人群信访维稳工作；切实抓好农民工工资清欠支付工作，集中解决一批拖欠农民工工资问题，劳动监察、公安部门要采取坚决有力措施，严厉打击恶意欠薪、恶意讨薪行为，努力实现春节前欠薪案件、涉及人数、金额明显下降，确保不发生因欠薪问题引发群体性事件或极端事件。

同志们，踏入新征程、肩负新使命，让我们继续在市委、市政府和开发区党工委的坚强领导下，深入贯彻落实党的十九大和习近平总书记对贵州工作的系列重要指示批示精神，继续发扬优良作风、保持战略定力、狠抓工作落实，万众一心凝聚力量、枕戈待旦振奋精神，保质保量完成各项目标任务，为推动开发区实现新一轮转型升级、跨越发展作出新的更大贡献！

黔东南苗族侗族自治州

黔东南苗族侗族自治州政府工作报告

（2019年1月15日在黔东南自治州第十四届人民代表大会第三次会议上）

黔东南自治州委副书记、州长 罗 强

各位代表：

现在，我代表州人民政府向大会报告工作，请予审议，并请各位州政协委员和列席会议的同志提出意见。

一、2018年工作回顾

一年来，在省委、省政府和州委的坚强领导下，在州人大、州政协的监督支持下，全州上下坚持以习近平新时代中国特色社会主义思想为指导，深入贯彻党的十九大和习近平总书记在贵州省代表团重要讲话精神，坚持稳中求进工作总基调，贯彻新发展理念，落实高质量发展要求，坚持以脱贫攻坚统揽经济社会发展全局，牢牢守好发展和生态两条底线，坚决打好三大攻坚战，统筹推进稳增长、促改革、调结构、惠民生、防风险各项工作，全州经济社会发展企稳回升、增速提质、后劲增强、民生改善，呈现出新的气象。

初步预计，2018年全州地区生产总值完成1050亿元，增长8%；规模以上工业增加值增长9%；500万元以上固定资产投资增长8%；一般公共预算收入完成66.38亿元，下降23.3%；城镇、农村常住居民人均可支配收入分别为30093元、9210元，分别增长8.8%、9.8%；减少贫困人口30.51万人，贫困发生率从14.42%下降到7%左右；居民消费价格指数同比上涨2%。

过去一年的工作成效，主要体现在7个方面：

（一）脱贫攻坚连战连捷。脱贫基础更加夯实。坚决扛起脱贫攻坚政治责任，将脱贫攻坚作为州政府常务会常设议题，集中火力攻坚深度贫困堡垒。聚焦“两不愁，三保障”，深入开展“春风行动”“夏秋攻势”，扎实推进“八个专项治理”，贫困人口漏评率、错评率、错退率分别下降到1.12%、0.33%、0.32%。产业扶贫成效显著。全力推进振兴农村经济的深刻产业革命，投入产业扶贫资金38.97亿元，落实“八个到村到户到人”，产业扶贫覆盖40.1万贫困人口。脱贫条件明显改善。建成农村公路5708公里，30户以上村民组全部通硬化路，解决11.29万农村建档立卡贫困人口饮水安全问题，完成农村“危改”“三改”2.86万户。13.7万人通过易地扶贫搬迁住进新房，实现有劳动力搬迁家庭户均1人稳定就业。内生动力不断激发。智志“双扶”深入开展，“三扶三转”模式加快推广，培训农村贫困劳动力7.04万人，自主创业能力得到增强。宣扬脱贫攻坚群英谱，548名先进个人、226个集体受到中央、省、州表彰表扬，激励干部群众奋力撕掉贫困的标签。帮扶工作扎实有效。13个中直机关定点帮扶、杭州对口帮扶精准有力，与澳门特别行政区政府签署扶贫合作框架协议，国有企业“百企帮百村”、民营企业“千企帮千村”成效显著。专项扶贫强力推进。新聘用建档立卡贫困人口中的6822名为护林员，乡村旅游带动6.68万贫困人口增收，电商村级综合服务站（点）覆盖77%的行政村。6个县减贫摘帽工作进展顺利，全州最后13个贫困乡镇全部出列。

（二）风险防范从严从实。政府性债务风险总体可控。切实控增量减存量，全面清查债务底数，严格落实政府性债务管理“七严禁”和“1+8”系列政策，设立州级债务风险应急资金池。对2018年到期存量政府债务本金进行全置换，完成到期企业债券还本付息，牢牢守住不发生系统性、区域性债务风险的底线。金融风险化解扎实推进。重点银行金融机构风险隐患处置化解有效推进，非法集资、各类交易场所和互联网金融专项整治持续深入，金融风险防范市场化、法制化处置不断强化。社会领域风险防控有效。安全生产“双控”体系建设扎实推进，重点行业领域专项整治不断深化，安全生产形势总体平稳可控，全年未发生重特大安全生产事故。扫黑除恶专项斗争形成压倒性态势。矛盾纠纷多元化解机制不断完善，社会治安防控体系进一步健全，人民群众的安全感进一步提升。雷山县被表彰为全国法治县创建活动先进单位。

（三）污染防治有力有效。生态优势持续提升。全面打响污染防治“五场战役”，深入实施“双十”“双源”行动，开展“绿盾2018”专项行动，抓好中央环保督察、“回头看”督察反馈问题整改。治理水土流失169平方公里、石漠化52平方公里，营造林51.69万亩，退耕还林5.12万亩，全州森林覆盖率提高到67.37%、稳居全省第一。全州城市（县城）环境空气质量优良天数比例为98.9%，33个地表水监测断面优良比例为100%，县城以上集中式饮用水源地水质全部达标，节能减排降碳指标控制在省下达计划范围内。环保设施建设长足进步。凯里生活垃圾焚烧发电厂日均处理垃圾600吨，三穗和黎平生活垃圾焚烧发电项目建设加快推进。建成21个乡镇生活垃圾收运系统项目、15座污水处理设施，城镇生活垃圾无害化处理率、污水处理率分别达86%、80%。建成生态环保大数据公共服务平台。生态文明制度加快完善。扎实推进自然资源统一确权登记试点，完成“多规融合”矢量平台建设。落实领导干部自然资源资产离任审计制度。推进企业环境信用体系建设，推行信用承诺管理制度。凯里市国家环境污染第三方治理试点建设基本完成。

（四）发展条件持续优化。基础设施日臻完善。实施交通重大项目33个，荔榕高速建成通车，雷榕、剑榕、黎靖、凯里北环等10条高速公路加快推进，142个乡镇实现半小时上高速。改造国省干线83公里、县乡公路99公里。都柳江郎洞、温寨和清水江旁海、平寨4个航电枢纽工程全面开工建设。建设中小型水库60座，解决20万农村人口饮水安全问题。电力总装机容量达到358万千瓦，3个县通管道天然气，30户以上村寨4G网络覆盖率达85%。城乡面貌持续改善。加快推进山地民族特色新型城镇化，新增城镇人口12万，城镇化率提高到47.4%。城镇基础设施完成投资152亿元，新增城市道路30公里、城镇停车位3996个，建成城市公园、休闲广场22个，三穗至镇远、凯里至都匀快速通道建设加快推进。实施棚户区改造1.01万户。“四在农家·美丽乡村”新农村建设完成投资70亿元，农村人居环境整治三年行动扎实推进，新增、改造卫生厕所11.29万个。营商环境不断向好。深入推进优化营商环境集中整治行动，聚焦“六大整治内容”完成问题整改351个。全面落实减税降费政策，着力降低要素成本和制度性交易成本，全年为企业降低成本20亿元。开展政策文件公平性审查，畅通政企沟通渠道，营造稳定公平透明的营商环境。

（五）产业转型质效双升。农村产业革命扎实推进。对照“八要素”推动产业结构调整取得新进展，调减玉米57万亩改种附加值高的经济作物，粮经比调整为32∶68。食用菌、蔬菜、蓝莓等11大农业产业发展壮大，建成52个林下经济示范基地，农业增加值增长6.8%。启动“苗侗山珍”区域公用品牌创建工作，新增国家有机产品认证证书168张。工业发展提质增效。大力实施“双千工程”，133个改造项目完成投资55亿元，引进优强企业和高新技术企业203家。工业增值税完成14.1亿元，同比增长29.3%。服务业质量不断提升。成功承办第十三届贵州旅游产业发展大会，开通旅游景区直通车，全州接待游客总人次、旅游总收入分别增长31%、36%。交通银行黔东南分行完成筹建。金融机构存贷款余额增长4.5%，保险业总保费增长18%，电信业务总量增长196%，规模以上其他营利性服务业增长20%，社会消费品零售总额增长9.8%。开工建设5个产地型冷库，国家级电子商务进农村综合示范县全覆盖，“黔货出山”销售额增长12%。

（六）改革创新深入推进。重点领域、关键环节改革不断突破。深化“放管服”改革，公布州直部门401项“最多跑一次”事项，政务服务实体大厅与网上大厅实现州县乡村4G全覆盖，行政审批时限压缩一半，新增市场主体3.2万户。州县两级机构改革有序推进，国税地税征管体制改革进展顺利。农村集体产权制度改革整州试点全面启动，农村“三变”改革试点覆盖所有乡镇，全州土地确权登记颁证工作基本完成，颁证88万本、确权536万亩。州属国有企业战略性重组为9大集团公司。炉碧经开区增量配电改革试点扎实推进。对外开放力度不断加大。黎平肇兴“2018央视春晚分会场”取得圆满成功。成功举办“中国国际民歌合唱节”“苗族姊妹节”等重大节庆活动。黔东南州陆港镇远羊坪作业区建成运营、凯里西作业区加快推进。招商引资到位资金650亿元，实际利用外资1.05亿美元，进出口总额增长24.8%。创新发展水平不断提升。获批建设省级以上科技创新创业平台29个，新增省级科技型企业备案489家，登记技术合同交易额10.4亿元。新增高技能人才2115人，获得专利授权1271件，州级综合科技进步指数提高到57.6%。新增有效注册商标1975件。凯里市入列全国首批创新型县市建设名单。

（七）民生福祉不断改善。就业创业持续稳定。 城镇新增就业8万人，登记失业率为3%。返乡农民工就业创业3.8万人次。帮助零就业家庭成员、大龄失业人员、退役军人等就业困难人员实现就业7141人。教育事业加快发展。16个县（市）全部通过国家义务教育基本均衡发展评估验收，完成“全面改薄”等教育工程建设项目425个，全面消除超大班额现象。学前教育营养改善计划受益儿童23万人次。锦屏县赛村、天柱县润松村小幼连贯制学校纳入教育部试点项目。医疗卫生条件显著改善。建成深度贫困村规范化卫生室1025个、易地扶贫搬迁安置区卫生室31个。启动实施146种疾病按病种付费，全州58家定点医疗机构实现全国联网，29家定点公立医院实现全省联网。黎平县被评为国家级妇幼健康优质服务示范县。社会保障水平不断提升。新农合参合率达99.6%，建档立卡贫困人口参合率达100%，全年支出医疗救助资金1.08亿元。城乡低保平均标准分别提高到每月582元、每年3887元。特困供养年保障标准提高到10260元。文化体育事业蓬勃发展。新增100个中国传统村落。新增多彩贵州“广电云”户户用24.4万户。实施10个生态体育公园建设，建成绿色健身步道104公里。成功举办2018贵州环雷公山超100公里国际马拉松赛事。在省第九届民运会上取得一等奖、奖牌数“双第一”。“十件民生实事”顺利推进。36项民生实事任务已完成33项、正在推进3项，累计完成投资110亿元。此外，国防动员、双拥优抚、司法行政、民族宗教、外事、侨务、对台、人防、气象、档案、方志、文史、妇女、儿童、老龄、残疾人等各项事业取得新进步。

各位代表，过去一年的成绩来之不易，积累的经验弥足珍贵。我们深切感受到：做好政府工作，必须始终扛起推动发展的政治责任，牢固树立“四个意识”、坚定“四个自信”，坚决做到“两个维护”，坚持发展第一要务，在州委的坚强领导下，推动中央、省的决策部署在我州落地生根、开花结果；必须始终保持高质量发展的战略定力，全面落实新发展理念，一以贯之推进供给侧结构性改革，实施大扶贫、大数据、大生态、大健康战略行动，深化改革、扩大开放，推进经济发展质量变革、效率变革、动力变革；必须始终坚持重点突破的方法路径，以脱贫攻坚统揽经济社会发展全局，突出打好防范化解重大风险、精准脱贫、污染防治三大攻坚战，狠抓有效投资、实体经济，努力补齐民生短板、投资短板、产业短板，夯实脱贫攻坚、全面小康基础；必须始终秉持为民务实的发展情怀，坚持践行以人民为中心的发展思想，牢固树立“功成不必在我、建功必须有我”的政绩观，坚持科学调度、依法统计，不贪大求洋、不急功近利，以实实在在的发展业绩赢取人民群众的信赖和支持；必须始终提升执行落实的能力水平，全面推行“五步工作法”，大兴“三风”、纠“四风”，开展“晒比述评”，树立重实干、重实绩的鲜明导向，不断激发干部在新时代有新担当、新作为。

各位代表，过去一年我们感恩奋进、负重拼搏，进一步壮大了产业建设根基、巩固了绿色发展优势、强化了民生福祉保障、开创了改革开放新局，牢牢稳住了经济社会发展大盘，为推动高质量发展奠定了坚实基础。这些成绩的取得，是以习近平同志为核心的党中央关怀厚爱的结果，是省委、省政府和州委坚强领导的结果，是州人大、州政协监督支持的结果，是全州各族干部群众团结奋斗的结果。我代表州人民政府，向全州各族人民、各级干部表示崇高的敬意！向各位人大代表、政协委员，向各民主党派和人民团体，向驻州人民解放军、武警官兵、人民警察和消防救援指战员，向中央和省各单位、澳门特别行政区、杭州市，向所有关心、支持黔东南州建设发展的各界人士，表示衷心的感谢！

在肯定成绩的同时，我们也清醒地认识到，政府自身建设有待进一步加强，对高质量发展内涵的认识不够深入，应对经济环境变化之策不够及时，层层传导压力、推动合力攻坚力度不够大，年初明确的主要预期目标还有多项未实现，经济增长与预期还有差距，人民群众日益增长的美好生活需要与不平衡、不充分发展之间的矛盾在我州还比较突出，面临的挑战还十分严峻。一是脱贫攻坚任务紧迫繁重。全州仍有28.59万贫困人口，贫困发生率仍为全省最高，脱贫攻坚仍有不少“硬骨头”。二是实体经济依然比较薄弱。三次产业基础支撑弱，产业链不全不强，新旧动能转换不足，缺乏引领性、带动性、旗舰型产业。三是营商环境亟需优化改善。行政审批、公共服务、法规政策等环境还不够优，少数干部不作为、慢作为依然存在，转作风、提效能任重道远。四是社会民生事业发展滞后。财税收支增长压力大，教育、医疗、养老等公共服务欠账多，发展不平衡、不充分问题十分突出。对这些问题，我们将采取务实、管用的举措，切实加以解决，不辜负全州人民的期望。

二、2019 年工作目标和主要任务

2019 年是新中国成立 70 周年，是决胜全面建成小康社会第一个百年奋斗目标的关键之年，是打赢脱贫攻坚战的决战之年，做好全州经济社会发展工作责任重大、意义深远。我们既要看到宏观经济环境依然复杂严峻，经济下行压力逐步增大，更要看到我州发展面临的难得机遇、有利条件。我国经济长期向好的基本面没有变，中央在深化供给侧结构性改革、新时代实施西部大开发、振兴实体经济、打赢脱贫攻坚战、推动乡村振兴等方面的政策效应叠加释放，为我们强弱项补短板、调结构促转型提供了有力支撑。我州基础设施持续改善、生态优势不断凸显，新产业、新业态方兴未艾，全州上下竞相发展的氛围更加浓厚、团结干事的激情持续高涨。只要我们保持定力、精准发力、持续用力，沉下心来抓产业发展、抓项目建设、抓招商引资、抓主体培育、抓改革开放创新，就一定能够把黔东南的事情办得更好。

今年政府工作的总体要求是：以习近平新时代中国特色社会主义思想为指导，全面贯彻党的十九大和十九届二中、三中全会精神，认真落实中央和省、州经济工作会议精神，深入贯彻落实习近平总书记对贵州工作的系列重要指示批示精神，牢记嘱托、感恩奋进，统筹推进“五位一体”总体布局，协调推进“四个全面”战略布局，坚持稳中求进工作总基调，坚持新发展理念，坚持推动高质量发展，坚持以供给侧结构性改革为主线，坚持深化市场化改革、扩大高水平开放，坚持守好“两条底线”、用好“两个宝贝”，把产业作为经济工作的“牛鼻子”、把项目作为总抓手，加快建设现代化经济体系，继续打好三大攻坚战，统筹推进稳增长、促改革、调结构、惠民生、防风险各项工作，进一步做好“六稳”工作，在“巩固、增强、提升、畅通”上下功夫，保持经济持续健康发展、社会大局稳定，为全面建成小康社会收官打下决定性基础，以优异的成绩庆祝中华人民共和国成立 70 周年。

全州经济社会发展的主要预期目标是：地区生产总值增长 9% 左右，其中，一二三产业分别增长 6.8%、10%、10% 左右；一般公共预算收入增长 3%，固定资产投资增长 15%，社会消费品零售总额增长 11% 左右；减少农村贫困人口 21.14 万人，黄平、岑巩、天柱、黎平、台江 5 个县脱贫摘帽，易地扶贫搬迁入住 10.37 万人，全面完成 30 万人搬迁任务；常住人口城镇化率提高到 48.7%，州级综合科技进步指数提高到 58%，城市（县城）环境空气质量优良天数比例保持在 95% 以上，森林覆盖率稳定在 68% 左右；城镇、农村常住居民人均可支配收入分别增长 9%、10.5%，城镇新增就业 7.2 万人以上，城镇登记失业率控制在 4.2% 以内，居民消费价格指数涨幅控制在 3% 以内；节能减排降碳指标控制在省下达计划范围内。

今年，我们将重点抓好以下 7 个方面的工作：

（一）全力打好精准脱贫攻坚战，坚决夺取决战之年的根本性胜利。坚决扛起脱贫攻坚政治责任，把脱贫攻坚作为重中之重、急中之急，尽锐出战、务求精准，对标“两不愁，三保障”，统筹实施好“四场硬仗”“八个专项治理”“四个聚焦”及农村产业革命，深入推进专项扶贫行动，确保今年脱贫攻坚取得根本性胜利。

全面打好脱贫出列歼灭战。持续抓好丹寨、麻江等 6 个县的精准脱贫工作，确保脱贫摘帽取得全胜；全面推进黄平、岑巩等 5 个县的脱贫摘帽各项工作，确保如期脱贫退出；加大对 4 个深度贫困县的支持力度，充实帮扶力量，争取更多社会帮扶资源，优先安排农村基础设施、产业扶贫项目。巩固提升人口较少民族村的脱贫攻坚成效，统筹解决好非贫困县的贫困人口脱贫问题，防止、减少脱贫人口返贫。持续提升产业扶贫成效。巩固提升玉米种植调减成果，大力推广经济效益高的农作物，确保每个县（市）有 2 至 3 个主导产业、每个乡镇有 1 个特色种类、每个村有 1 个优势品种。加强与东部城市产销对接，完善冷链物流体系，大力发展农村电商，推动更多农产品进超市、进学校、进机关、进医院、进社区。大力发展农业市场主体，引进、培育州级以上农业龙头企业 50 家。持续抓好易地扶贫搬迁。实施好在建安置房项目，完成 9.8 万建档立卡贫困人口搬迁任务。加大后续扶持力度，推进“一建三进”工作，着力完善基层党建、基本公共服务、培训和就业服务、文化服务、社区治理 5 个体系，配齐幼儿园、中小学、社区卫生服务中心（站）、警务室，解决好搬迁户看病就医、子女入学、社会融入等问题。多措并举支持搬迁群众就业创业，确保有劳动力搬迁家庭至少 1 人稳定

就业。用好城乡建设用地增减挂钩政策，有效盘活耕地、林地、宅基地等资源。持续抓好基础设施建设、“三保障”工作。大力推进乡镇与高速公路连接线通畅工程。不断完善农村公路建管养机制，提升农村公路好路率。实施农村安全饮水巩固提升工程，全面解决农村饮水安全问题。全面落实建档立卡农村贫困家庭学生资助政策，加大控辍保学力度，继续办好职业教育精准脱贫班。全面落实医疗保障制度，新农合参合率达100%。大力加强住房保障，推动农村危房应改尽改，同步实施“三改”、老旧房透风漏雨整治。充分用好帮扶资源。项目化推进东西部扶贫协作、定点帮扶、社会帮扶、企业帮扶。重点推进凯里经开区与杭州合作创建“飞地园区”，鼓励各县与杭州对口帮扶区（县、市）合作建园。引导更多社会力量助力脱贫攻坚，强化机关事业单位定点帮扶考核。全面激发脱贫内生动力。坚持扶贫与扶志、扶智相结合，大力开展感恩教育，选树、宣传、表扬脱贫攻坚先进典型。深入开展“三扶三转”活动，加强扶贫领域诚信体系建设，广泛调动群众脱贫致富的积极性、主动性，树立勤劳致富、脱贫光荣的价值取向、政策导向，形成有劳才有得、多劳多得的正向激励，防止政策养懒汉，杜绝不劳而获、“等靠要”等不良风气。大力实施乡村振兴战略，统筹推动脱贫攻坚、乡村振兴，巩固提升脱贫成果。着力推动规划衔接。科学编制乡村振兴规划，上半年完成州、县规划编制工作，加快建立“多规合一”、有机衔接的城乡规划体系。以脱贫出列村为重点，制定完善村庄建设规划，保障乡村建设、产业发展用地需求。加大规划执法力度，强化“两违”建筑清理整治。积极推动“五个振兴”。全面落实产业革命“八要素”，区域化布局乡村主导产业，加快形成工农互促、城乡互补的产业体系，推动乡村产业振兴。开展农民工返乡创业行动、青年建功行动、巾帼行动，实施万名农业科技人才服务“三农”行动计划，大力培养农村职业经理人、特色产业示范带头人、电商人才，推动乡村人才振兴。健全乡村公共文化服务体系，加强农村思想文化阵地建设、乡风文明建设，支持民族民间优秀文化传承发展，推动乡村文化振兴。持续开展农村人居环境整治，抓好农村废弃物资源化利用，严禁工业和城镇污染向农业农村转移，推动乡村生态振兴。加强服务型、发展型村级组织建设，规范建强农民专业合作社，促进乡村（社区）治理和服务重心下移，推动乡村组织振兴。统筹推动城乡融合。优化空间布局，增强城镇对乡村振兴的辐射带动能力，大力推进凯里新城建设，加快推动黔东片区、南部片区发展，鼓励支持撤县设市，积极推动下司、舟溪、旧州、隆里、施洞等特色小城镇高质量发展，着力构建城乡融合的发展格局。大力推动棚户区改造，不断完善配套设施，增强城镇综合承载能力。强化公共服务融合，健全城乡一体的基本公共服务体系，加快农业转移人口市民化。

（二）全力打好防范化解重大风险攻坚战，坚决守住不发生系统性区域性风险的底线。加强政府性债务风险防控。积极争取再融资债券资金，妥善化解地方政府债务。采取安排年度预算资金、盘活财政存量资金、经营收入偿还等方式化解政府隐性债务。认真落实政府性债务管理“七严禁”要求，健全“借用还”与“责权利”相统一的债务管理机制，规范政府举债融资行为，坚决防止形成新的政府隐性债务。加强金融风险防控。推动防范化解金融风险与服务实体经济有机结合，持续促进中小法人银行流动性风险防范化解，加大银行不良贷款处置力度。健全互联网金融监管机制，持续整治非法集资、违法违规套利等严重干扰金融市场秩序行为。加强社会风险防控。深入推进“平安黔东南”建设。纵深推进扫黑除恶专项斗争。创新社会治理，积极化解各种社会矛盾，深化基层平安创建，不断提高群众的安全感、满意度。坚持不懈抓好安全生产，全面推进安全生产风险和隐患排查治理“双控体系”建设，坚决防范遏制重特大事故、群体性事件发生。

（三）全力打好污染防治攻坚战，坚决守好生态底线构筑绿色发展新优势。加强生态环境污染治理。坚决打好生态环境保护“五场战役”，深入开展各项污染防治攻坚行动。推动都柳江、㵲阳河流域县城污水处理厂提标改造，实施鱼洞河流域环境综合治理工程等中小河流治理项目10个以上，开工建设城镇生活污水处理设施项目35个以上，加快乡村垃圾收运系统建设，确保县城垃圾无害化处理率达90%以上、城镇生活污水处理率达83%，县城以上集中式饮用水源地水质达标率保持100%。建成三穗生活垃圾焚烧发电项目，开工建设黎平生活垃圾焚烧发电项目。持续巩固中央、省环保督察反馈问题整改成效。加快生态工程建设。完成营造林41万亩，治理水土流失140平方公里、石漠化50平方公里。开展森林扩面提质增效行动，优化林种结构。大力推进国家森林城市创建。加速绿色经济培育。深入推进绿色经济倍增计划，培育壮大“绿色+”新业态，稳步提升绿色经济占比。加强工业园区环保设施建设，完善重点企业环保监管机制，促进产业生态化。建设蓝莓、有机茶叶、油茶、竹、花卉苗木盆景、珍贵林木、木本中药材、工业原料林等八大林业产业基地，加快发展林下特色种养殖、林产品采集加工、森林景观综合利用等林下经济，推进生态产业化。加强生态治理机制建设。强化生态环境保护主体责任，落实国家生态文明试验区制度性改革任务。建立生态环境突出问题整治领导干部包干督察制，完善环境质量监控和发布制度，加快推进排污许可制度。争取省级生态产品价值实现机制试点。加强生态环境保护执法。落实河长制，实行林长制。完善绿色绩效考核机制，加强领导干部自然资源资产离任审计，加大县（市）生态文明建设评价考核力度。

（四）狠抓重大项目建设，着力发挥有效投资的关键性作用。坚持把项目建设作为推动经济发展的第一抓手，全年新开工亿元以上项目200个。

强化重点领域投资。聚焦关键领域、薄弱环节，着力实施补短板工程。加快三施、剑榕、黎靖3条省高和雷榕、凯里北环等8条地高建设进度，完成凯里至都匀快速通道境内段建设，改造10条国省干道，加快推进天柱机场前期工作、黎平机场改扩建方案研究及前期工作，完成交通投资200亿元。开工建设宣威水库、中小型骨干水源工程6座以上，完成水利水务投资50亿元以上。加快推进棚户区改造及配套基础设施项目建设，完成城镇基础设施投资130亿元、房地产投资100亿元、易地扶贫搬迁投资50亿元、棚户区改造投资30亿元。加快完善工业园区配套设施，完成工业投资60亿元。扎实推进民生、旅游、农业等领域建设，完成社会事业投资50亿元、文化旅游投资40亿元、农业产业投资25亿元。实现10个县通管道天然气，完成能源投资10亿元。扩大民间投资。全面落实国家激发民间投资活力各项政策措施，制定民间资本投资负面清单，鼓励和引导民间资本投资基础设施、公共事业和高新技术行业，引导社会力量积极参与学前教育、健康、养老等服务供给，在交通、城建、水利水务等领域推出一批投资回报机制明确、商业潜力大的项目。着力拓宽投融资渠道，完成社会投资170亿元。大力招商引资。深入开展产业大招商行动，精心策划优势产业和补链延链产业项目，发挥好招商专员作用，扩大以商招商、委托招商、驻点招商成效，提升项目履约率、入园率、开工率、投产率。招引100家技术含量高、成长性好的企业，其中500强企业3家以上，新引进优质产业项目200个以上，招商引资产业类实体经济到位资金增长10%以上。深化营商环境大整治，充分发挥营商环境监督员作用，重拳整治“黑中介”“红顶中介”。坚持招商与安商并重，加强对企业引进、落地、生产全过程服务，杜绝“新官不理旧账”。强化金融支持。抓好重点项目和重大工程融资服务对接工作，增强金融服务实体经济的能力。加大“引金入州”力度，培育引进金融机构5家以上。争取投放绿色产业扶贫投资基金及绿色产业专项贷款50亿元以上，积极服务、指导企业申报省工业及省属国有企业绿色发展基金。

（五）狠抓实体经济振兴，着力构建体现黔东南优势、特色的现代产业体系。深入实施供给侧结构性改革，坚持高端化、绿色化、集约化的主攻方向，全面推动三次产业经济高质量发展，培育壮大主导产业、培植壮大有效财源，新增市场主体2.6万户。

推动工业扩量提质。规模以上工业增加值增长11%左右。落实省打造十大千亿级产业决策部署，大力发展新型建材、现代化工、健康医药、清洁高效电力、先进装备制造等产业。深挖能源、木材、酒类增长潜力，全力推动冶金、化工、建材高质量发展，稳住工业经济基本盘。做强特色优势产业，加快发展以酸汤、蓝莓、茶叶、油茶等为重点的特色食品精深加工业，以银饰、刺绣等为重点的民族工艺品加工业，以生态木屋、高端家具等为重点的家居产业，以蓝莓果酒、花酒、特色低度米酒等为重点的优质特色酒产业。深入推进“双千工程”，推动100户以上企业转型升级，完成技改投资55亿元以上，新增规模以上工业企业50户以上。深入实施“万企融合”行动，推动大数据与实体经济深度融合，完成30个融合示范项目，大数据引领的电子信息制造业产值增长20%。深入开展工业经济高质量发展“六个专项行动”，推动产业园区转型整合，加快园区功能配套提档升级，引导关联企业向园区集中，发展壮大园区主导产业。推动农业优质高效。推进农业“十一大产业”三年行动计划，优化农业结构，粮经比调整到31∶69。加快推进有机农业大州建设，新增“三品一标”产品认证120个、认证面积100万亩、有机产品认证示范创建区2个。大力实施茶叶、油茶、竹林“3个100万工程”，新增茶叶10万亩、油茶12万亩、竹林9万亩。着力提高产业集中度，实施“苗侗山珍”区域公用品牌战略，解决好农产品标准、规模及销售等关键问题，攻克追溯、检测、物流等瓶颈，年内实现公用品牌县域全覆盖。大力发展与二三产业融合基础较好的优势农特产业，推动粮经饲统筹、种养加结合、农文旅融合发展。加强农业园区功能配套，推进200亩以上坝区农业基地标准化、规模化建设。推动农业保险扩面、增品、提标。加强对农民专业合作社的扶持培育，规范财务管理，完善组织架构，做好生产、销售、信息等服务，增强自我发展和带动能力，新增州级农民专业合作社示范社100家以上。推动文化旅游业上档升级。大力发展文创、演艺、影视、动漫等产业，培育壮大一批文化产业市场主体。加强旅游景点景区建设，新增4A级景区2家以上，加快创建镇远古城、西江苗寨5A级景区和肇兴侗寨国家旅游度假区。全面落实乡村旅游“三个标准”，创建省级乡村旅游村寨10个以上、乡村旅游客栈和乡村旅游农家乐100家。加快完善交通、住宿、餐饮、购物、标识标牌等旅游配套设施。依托民族节庆、重大活动平台，加强旅游市场营销。大力发展智慧旅游，通过大数据提升全域旅游服务质量。加大旅游市场监管力度，严厉惩处损害游客利益行为。全年接待游客总人次、旅游总收入分别增长25%、30%以上。推动现代服务业加快发展。稳步推进现代服务业发展“十百千”工程，抓好全州重点现代服务业集聚区、服务业重大项目建设。加强电商公共服务中心建设，农村电商综合服务站点建制村覆盖率提高到80%。完善县乡村三级物流配送体系，力争“黔货出山”增长20%以上。加快大健康产业项目建设，培育创建省级大健康示范基地4家以上，发展壮大健康医疗、健康医药、健康养老、温泉疗养等业态。强化措施促进消费，规划建设一批露营基地、综合市场、充电桩等项目，促进文体、汽车、信息等热点消费。实施服务业重点企业培育行动，新增限额以上批零住餐企业45户以上、规模以上服务业企业20户以上。推动民营经济发展壮大。全面落实国家减税降费政策，清理规范涉企收费。全面执行省“1+6”政策文件，大力开展服务民营经济“六大专项行动”，常态化开展政金企对接，鼓励、支持金融机构将资源向中小微企业倾斜。开设“服务民营企业直通车”，千方百计为民营企业排忧解难，着力构建“亲、清”新型政商关系，激励投资商发扬企业家精神投身地方建设发展。及时回应解决民营企业反映的问题，加大对本土企业的扶持力度。大力实施“四转”工程，加强民营经济主体培育，民营经济占全州生产总值比重达54%以上。

（六）狠抓改革开放创新，着力激发经济社会发展动力与活力。持续深化改革。深化“放管服”改革，推动“证照分离”，不断提升政务服务标准化水平，促进政务服务“一门进、一网办、一次成”，企业开办时间压缩至3个工作日以内，工程建设项目审批时间压缩至80个工作日以内，不动产登记办理时间压缩至5个工作日以内。深化国有企业改革，加快完善现代企业制度。全面完成工业园区体制机制改革，加快推进开发区职工薪酬制度改革，大力推行岗位聘用制、雇员制、绩效工资制。推进凯里（炉碧）经开区增量配电改革，加快岑巩经开区、黔东经开区申报第四批增量配电试点。深化农村集体产权制度改革，推动农村“三变”改革行政村全覆盖。推进城市社区管理体制改革，规范提升物业管理服务水平。推进财税体制改革，全面实施零基预算管理和预算绩效管理。全面完成政府系统机构改革，深化教育综合改革、医疗卫生体制改革，推进社会保障费、非税收入职能划转征收改革，统筹抓好统计、司法、文化旅游、供销等领域改革。着力扩大开放。主动融入“一带一路”、长江经济带、粤桂黔高铁经济带，推动交通互联互通，推动资本、技术、信息、劳动力等要素自由流动。加强与粤港澳大湾区合作，拓宽农产品供给渠道，共同打造世界级精品旅游线路。配套完善陆港羊坪作业区功能，推进海关公共监管区域建设。支持凯里经开区争创国家级经济技术或高新技术开发区，打造一批对外开放示范园区。大力开展全国民族团结进步示范州创建工作，认真筹办第八届全省小城镇建设发展大会，继续办好环雷公山超100公里国际马拉松、苗族姊妹节等国内外知名赛会、节庆活动。全力推动创新。继续推进国家农业科技园区、国家火炬特色产业基地、省级农业科技园区等平台建设。培育建设制造业创新中心，开展制造业重点领域关键共性技术研究、产业化应用示范。加大省级高新区申报力度。加强知识产权保护和运用，完成发明专利申请650件以上。

（七）狠抓民生事业发展，着力提升人民群众的幸福感、满意度。始终把改善民生作为一切工作的出发点、落脚点，不断满足人民日益增长的美好生活需要。

积极促进就业创业。大力开展“双创”活动，以创新创业带动更多就业，着力解决好城镇就业困难人员、退役军人、大学生等群体就业创业问题，高校毕业生就业率达90%以上。完成职业技能培训2万人、农村贫困劳动力全员培训4.7万人。加强与对口帮扶城市劳务协作，拓宽农村劳动力就业渠道，完成农村劳动力转移就业7万人以上。办好人民满意教育。继续压缩党政机关行政经费6%用于教育事业发展。实施第三期学前教育行动计划，推动义务教育优质均衡发展，促进高中教育优质发展，办好中职教育和特殊教育，推动高等教育转型发展、内涵提升。统筹推进城乡义务教育、农村寄宿制学校标准化建设，狠抓控辍保学，解决中小学“大班额”“择校热”等问题，努力提供更多优质公共教育资源。高质量办好台江县中等职业技术学校。支持社会资本兴办各类民办教育，鼓励开展合作办学。加强师德师风教育、师资建设，注重名师引进，加大教师培训力度。切实改善教师待遇，实现中小学教师平均工资不低于公务员平均工资。提升健康卫生服务水平。大力推进健康黔东南建设。着力提升县级医院综合能力，完善分级诊疗制度，健全县乡村三级医疗卫生服务体系。建成州儿童医院并投入使用。进一步做好传染病、地方病综合防控。传承发展中医药、民族医药事业，支持社会办医。抓好援黔医疗卫生对口帮扶工作，加大医疗卫生人才培养和引进力度。加强食品药品安全监管，保障人民群众“舌尖上的安全”。积极申报创建国家卫生县城，力争每个县市创建 1 个国家卫生乡镇。促进文化体育事业发展。深入推进国家级民族文化生态保护实验区建设，开展侗族村寨世界文化遗产申报工作，实施侗族大歌、苗族飞歌集中连片保护工程，加强传统村落保护传承发展。加快构建现代公共文化服务体系。建成州文化馆、州图书馆并投入使用。大力发展体育事业，支持少数民族传统体育基地建设，加快推进乡村农民体育健身工程。增强社会保障兜底功能。全面推进全民参保计划，着力扩大社会保险覆盖范围。健全完善临时救助制度。提高城乡低保标准和优抚补助标准。全面开展重特大疾病医疗救助，加强医疗救助与医疗保险有效衔接，推动救助费用“一站式”即时结算。关爱困难弱势群体，做好“三特三留”人员关爱工作。重视国防动员、后备力量建设，支持军队、武警部队建设和监察委、法院、检察院工作。

从解决人民群众普遍关心的突出问题入手，扎实办好“十件民生实事”:（1）新建、改扩建公办幼儿园 100 所、义务教育阶段学校项目 50 个；（2）实现村医配备、培训全覆盖；（3）解决 34 万农村人口饮水安全问题，实施农村公路安全生命防护工程，处置隐患 800 公里，改造农村危房 5000 户；（4）新聘用建档立卡贫困人口中的 2070 名为生态护林员；（5）推动 30 户以上自然村 4G 网络覆盖率达 90% 以上；（6）新建、改造农村公共卫生厕所 1000 个、学校厕所 150 个、旅游厕所 41 个、城镇社区公厕 93 个;（7）新建“雪亮工程”视频监控 2275 个，建成 50 个重点村寨农村消防综合管控系统平台；（8）新增公共停车位 3000 个；（9）新建 10 个乡镇级、100 个村级农民体育健身工程，建成 50 公里健身绿道；（10）城乡居民基本养老保险基础养老金提高到每人每月 93 元。这些实事，我们将用心用情用力办好，让群众生活一年更比一年好。

三、加强政府自身建设

各位代表，面对经济社会发展新形势、人民群众新期待，我们将不断加强自我完善、自我革新，加快转变政府职能，不断提高行政效能，勤勉敬业、善作善成，努力建设人民满意、群众放心、运行高效的新时代服务型、法治型、廉洁型政府。

（一）坚定不移加强党的建设。始终把政治建设摆在首位。旗帜鲜明讲政治，牢固树立“四个意识”、坚定“四个自信”、做到“两个维护”，在思想和行动上同以习近平同志为核心的党中央保持高度一致，确保令行禁止。严格执行新形势下党内政治生活的若干准则。自觉接受州委领导，定期向州委常委会汇报工作。始终把纪律规矩挺在前面。严格遵守政治纪律、政治规矩，坚决贯彻中央八项规定及其实施细则，严肃查处顶风违纪行为，坚决防止“四风”反弹回潮。抓好巡视巡察发现问题整改，营造风清气正的政治生态。始终把党风廉政建设落到实处。全面落实党风廉政建设主体责任，强化“一岗双责”，组织开展经常性党风廉政教育活动，筑牢思想防线、坚守廉洁底线。严肃查处侵害群众利益的不正之风、腐败问题，巩固发展反腐败斗争压倒性胜利。加强制度建设，聚焦重点领域和权力运行关键点、监督管理薄弱点、问题易发风险点，打造“制度铁笼”。

（二）持之以恒推进法治建设。坚决维护宪法权威。严格遵守宪法法律，坚持依宪施政、依法行政，带头尊崇宪法、学习宪法、维护宪法、运用宪法，开展普法教育活动，推进法治黔东南建设。依法全面履行政府职能。全面推进简政放权，织密权力瘦身的“紧身衣”，防止权力任性。公布行政权力清单、责任清单和权力运行流程图，按法定权限、权责清单用权，把政府活动全面纳入法治轨道。健全依法行政制度体系。健全政府及部门重大行政决策程序制度、合法性审查制度、决策执行纠偏机制和终身责任追究制度。不断完善政府规章、规范性文件定期清理和公布制度，对所有规范性文件进行备案审查。规范公正文明执法，推行行政执法公示制度、执法全过程记录制度和重大执法决定法制审核制度。强化权力运行制约监督。依法接受州人大及其常委会的法律、工作监督，自觉接受州政协的民主监督，全面接受监察监督，主动接受社会、舆论监督，认真听取民主党派、工商联、无党派人士和人民团体意见。强化政务公开，让权力在阳光下运行。

（三）坚持不懈狠抓作风建设。铸牢人民至上的“心实”情怀。牢固树立以人民为中心的发展思想，把满足人民对美好生活的向往作为最大追求。坚持问政于民、问需于民、问计于民，将群众满不满意、高不高兴、答不答应作为衡量工作实绩的标准，顺应群众所思、所想、所盼。坚持勤政为民的“求实”取向。坚持正确的政绩观，大力倡导说实话、谋实事、做实功、求实效，树立正确的价值取向和用人导向。坚持依法统计、科学统计，加大对弄虚作假、欺上瞒下的惩戒力度，坚决反对“假大空”，坚决不搞“形象工程”“政绩工程”。倡导苦干实干的“务实”作风。大力弘扬新时代贵州精神和黔东南精神，扛起主责、抓好主业，使“晒比述评”“比学赶超”成为常态。坚持把“五步工作法”贯穿政府工作全过程，健全抓落实的责任链任务链，推动各项决策部署落地见效。着力推动精文简会，统筹规范督查检查考核。弘扬担当有为的“落实”精神。全面提升各级政府抓工作的执行力、落实力，坚持立说立行、速决速行、雷厉风行，在职责履行上“担担子”、在任务落实上“钉钉子”。大力推行一线工作法，沉下身去解剖麻雀，把问题解决在基层。鼓励干事创业，探索推行激励机制、容错纠错机制，旗帜鲜明为敢于担当干事者撑腰鼓劲，满怀热情关心关爱干部。

各位代表，艰辛成就新伟业，奋斗创造新辉煌。让我们更加紧密地团结在以习近平同志为核心的党中央周围，在省委、省政府和州委的坚强领导下，以坚如磐石的信心、只争朝夕的劲头、坚韧不拔的毅力，攻坚克难、奋发有为，全面完成今年经济社会发展各项目标任务，为决战脱贫攻坚、决胜同步小康打下决定性基础，以优异的成绩庆祝新中国成立70周年！

凯里市政府工作报告

（2019 年 1 月 22 日在凯里市第九届人民代表大会第三次会议上）

凯里市委副书记、市长 罗 杰

各位代表：

现在，我代表市人民政府向大会作工作报告，请予审议，并请市政协委员和列席会议的同志提出意见。

一、2018 年工作回顾

过去一年，在州委、州政府和市委的坚强领导下，在市人大、市政协的监督支持下，全市上下坚持以习近平新时代中国特色社会主义思想为指导，深入贯彻党的十九大和习近平总书记在贵州省代表团重要讲话精神，坚持稳中求进工作总基调，贯彻新发展理念，落实高质量发展要求，坚持以脱贫攻坚统揽经济社会发展全局，打好三大攻坚战、实施“七大工程”，统筹推进稳增长、促改革、调结构、惠民生、防风险各项工作，经济社会发展呈现出“总体平稳、结构优化、质量提升、民生改善”的良好态势。

预计全市生产总值完成 240.56 亿元，增长 4.8%；规模以上工业增加值完成 22.02 亿元，增长 10%；固定资产投资完成 131.86 亿元，增长 10%；一般公共预算收入完成 19.37 亿元，地方税收收入占一般公共预算收入比重达 70.97%；社会消费品零售总额完成 132 亿元，增长 10.5%；城乡居民人均可支配收入分别达 32026 元、11865 元，分别增长 9.1%、10%；出列贫困村 50 个、脱贫 13008 人，贫困发生率下降至 2.37%；城镇化率提高到 72.35%，在 2018 年中国西部百强县（市）中排第 33 位。

一年来，我们的主要工作成效体现在以下 10 个方面：

（一）脱贫攻坚战果丰硕。产业扶贫成效凸显。全年投入农业产业发展资金 2.89 亿元，带动 2.6 万农民增收。实施 2018 年财政专项扶贫资金项目 44 个。流转土地 3.8 万亩，建成种植示范基地 88 个、畜禽养殖基地 20 个，覆盖贫困户 5593 户 19984 人。建成社区扶贫农产品直销点 10 个，实现 246 所学校、3 家企业、5 家医院农产品直通直供。通过农产品收购，帮助 772 户贫困户户均增收 1962.3 元。易地扶贫搬迁深入推进。完成 2017 年度市内搬迁入住 1655 户、7653 人，跨区域搬迁入住 2533 户、11705 人。东出口移民安置点建成住房 3775 套，入住 1400 套。强化移民后续扶持，有劳动力搬迁家庭 1 户 1 人就业率达 100%。农村基础设施逐步完善。建成农村“组组通”公路 110.2 公里，实现“组组通”目标，完成农村公路中修工程 52 公里、“四好农村路”66 公里。完成 8 个深度贫困村电网建设项目。巩固提升 7.63 万人饮水安全，农村自来水普及率达 89.5%。教育医疗住房有效保障。落实教育精准扶贫学生资助政策，发放资助金 2315 万元。在搬迁安置点配套修建学校 8 所。落实医疗健康扶贫政策，救助贫困人口 9335 人次。建成深度贫困村规范卫生室 27 个、安置社区卫生计生服务站 4 个。农村危房改造开工 3547 户并同步实施“三改”，竣工 3342 户，完成省级任务的 250.34%。东西部扶贫协作成效突出。深化与西湖区结对帮扶，教育、医疗协作实现新突破，深度贫困村对口帮扶实现全覆盖。用足用好扶贫资金，直接带动 3843 人脱贫增收。凯里市农产品杭州销售中心等四大平台在杭州电子商务产业园挂牌。

（二）风险防范稳妥有效。政府债务风险平稳可控。严格执行政府性债务管理“七严禁”，切实控增量稳存量，全市综合债务率控制在规定范围内，没有发生系统性区域性债务风险。金融风险化解扎实有力。加强地方金融机构监管，大力开展金融领域风险排查整治，坚决打击违法违规金融活动，金融环境持续改善。社会领域风险防控有效。非煤矿山、危化品、食品药品、特种设备等行业领域实现全年安全生产零事故。扫黑除恶、维稳安保等工作深入开展。刑事案件发案率下降20.74%，全年刑事命案零发生。全国禁毒示范城市创建成效显著，提前摘掉“全省禁毒重点整治地区”帽子。

（三）污染防治成效明显。环保督察反馈问题积极整改。中央环保督察交办的83件群众信访投诉案件全部办结，反馈问题整改完成率达95.5%。建成鱼洞河无主煤矿酸性废水处理站3座。全力整改中央生态环保督察“回头看”指出问题。环境污染治理水平明显提升。完成城镇污水处理设施提标改造，城镇污水处理率达98.45%。全年市区空气质量达标天数比例达98.1%，中心城市集中式饮用水水源地水质达标率达100%。环保能力建设持续增强。建成生活垃圾在线计量系统，实施大坡生活垃圾填埋场封场环境治理，凯里生活垃圾焚烧发电厂日均处理垃圾600吨，城乡生活垃圾无害化处理率达99.8%。落实河长制，35条重点河流310公里河段实行第三方保洁。加大环境监管执法力度，查处环境违法案件56起，办结群众环保投诉343件。环境保护税正式开征。绿色发展理念更加坚定。国家级节水型城市创建通过专家现场验收。公交车辆实现100%新能源化，市公交公司近零碳排放交通示范工程获省发改委批复。

（四）产业结构优化升级。工业经济平稳增长。扎实推进“双千工程”，实施“千企改造”工程项目29个，累计完成投资8.1亿元。招商引资签约项目96个，到位资金134.11亿元。工业用电量完成13亿千瓦时，增长8%。推动企业签约电力市场化交易，节约企业用电成本1600万元。加强高新技术企业培育，全世通、古苗疆工业设计中心通过省级验收，煌缔科技获工业强基补助资金1948万元。农业现代化稳步推进。围绕“八要素”优化农业产业结构，完成玉米改种5.83万亩，建立“一减四增”示范点17个，规划建设党建农业产业扶贫园50个。品牌建设成效显著，荣获“中国蓝莓果酒之乡”称号，“凯里香葱”通过国家地理标志评审。第一产业增加值预计完成17.69亿元，增长7.4%。现代服务业持续提升。完成10个城区农贸市场升级改造，银田物流园冷链物流项目加快推进。县域电商发展指数迅速提升，排名中国电商示范百佳县第9位。金融机构存贷款余额达870.42亿元，保险业总保费实现16.84亿元。电信业务总量完成57.6亿元，增长179.3%。房地产开发完成投资54.46亿元，增长26.1%，商品房销售面积达117万平方米。民营经济加快发展。10家民营企业入列国家民贸产品定点生产企业。其亚铝业位列2018年贵州民营企业百强第9位，煌缔科技上榜“贵州省最具成长潜力民营企业百强”。民营经济占全市GDP比重达50.3%。

（五）城市品质持续提升。基础设施进一步完善。建成杭州路、红星美凯龙至银桂大道等一批城市主干道，环城高速北段、凯都快速通道等项目加快实施。公交都市创建有序推进，建成区公交站点500米半径覆盖率达90.5%，市区公交出行机动化分担率达56.2%。实施市政基础设施项目60个。城市管理水平进一步提升。取缔城区露天夜市，拆除违法建筑6.8万平方米。创建国家卫生城市顺利通过复审。旁海镇通过“国家卫生乡镇”评估。社区管理水平不断提高，未来城社区获“全国最美志愿服务社区”称号。人居环境进一步改善。完成棚户区改造总体规划和49个棚改项目单项规划。城市绿化水平进一步提升，新增城镇绿化面积68.5万平方米。

（六）乡村振兴稳步推进。农村产业革命深入实施。种植结构持续优化，商品蔬菜、精品水果、苗木花卉、中药材等经济作物累计种植28.9万亩。大力发展休闲农业和乡村旅游，建成旅游线路3条、休闲体验园区5个。新型农业经营主体不断壮大。农民专业合作经济组织增至348家，种养大户增至178户，家庭农场增至378个，家庭农庄增至44个。组建街镇工贸公司19个、村级集体经济公司168个。乡村面貌全面提升。完成193个村庄规划编制。实施59个村人居环境改善工程，安装太阳能路灯11700盏。农村老旧住房透风漏雨整治稳步推进。人口较少民族聚居区基础设施更加完善。

（七）全域旅游“井喷”发展。景区景点提档升级。嘎醉河风情小镇等项目有序推进，新增国家3A级景区3个。下司古镇、云谷田园入列全省100个重点旅游景区工程名录，南花村、洛棉村、曼洞村、三棵树镇入列全省名村名镇建设工程名录，16个村寨入列国家级、省级少数民族特色村寨。旅游服务能力不断提升。新增星级酒店4家、等级农家乐9家、乡村客栈3家、乙级旅游村寨2个，培训涉旅行业服务人员1万人次。旅游营销成效凸显。承办2018贵州国际民间工艺品博览会等活动。接待游客总人次、旅游综合收入分别增长25%、30%，获“贵州最具活力旅游县（市区）”称号。

（八）改革创新不断深化。重点领域、关键环节改革扎实有效。8个国家级、6个省级改革试点同步推开，一批改革经验获省州推广。在76个试点村全面推进“三变”改革，农村土地确权登记颁证工作通过省级验收。深化“放管服”改革，调整公布行政权力清单和责任清单6683项，公布“六个一”改革事项5976项、“最多跑一次”事项967项，审批和服务事项提前办结率达99.9%，群众满意率达99.2%。深化注册资本登记制度改革，新增市场主体10706户、增长17.55%。深化律师制度改革，率先在全省落实一村（居、社区）一法律顾问。对外开放环境不断优化。凯里海关、黔东陆港凯里西作业区等开放平台建设有序推进。营商环境持续优化，荣获“十佳最具投资营商价值城市”称号。创新发展取得新成效。全社会研发投入1.09亿元。新增省级科技企业孵化器1个、高新技术企业5家，获省级以上科技项目31项。有效发明专利拥有量达110件。入选全国首批创新型县（市）建设名单。

（九）“数字凯里”建设亮点纷呈。大数据与实体经济有效融合。新签约大数据关联企业15户，与华为签署战略合作协议。完成大数据财源综合服务平台建设。大数据营业收入完成69.1亿元，增长98%。凯里市第四次全国经济普查州级综合试点工作顺利推进。信息基础设施加快完善。光纤宽带、4G网络实现行政村全覆盖。建成全省首个县级数据共享交换平台和数据开放平台，建成大数据产业园标准厂房11.3万平方米。信息基础设施完成投资3.09亿元。智慧城市建设加快推进。智慧城市顶层设计通过专家评审。成立智慧城市管理指挥调度中心。省网上办事大厅覆盖市、镇、村三级。公交出行、自来水缴费等实现智慧支付。

（十）民生保障水平不断提高。创业就业扶持力度持续加大。开展农村贫困劳动力全员培训81期3282人，培训后就业率达67%。发放一次性创业补贴39.15万元，发放创业小额担保贷款2805万元。城镇新增就业2.44万人。教育事业得到优先发展。投入教育资金11.01亿元。实施义务教育建设项目39个，新增义务教育学位7680个。补充专任教师351名。农村学前和义务教育营养改善计划投入5057万元。启动实施“智慧教育”项目。医疗卫生服务水平持续提升。市属医院与杭州市结对医院实现远程医疗互联互通。实施“城市+社区”医联体建设。新增执业（助理）医师55名、乡村全科医生25名，家庭医生签约服务13.47万人。一批社区卫生服务中心、镇卫生院和特色门诊获国家卫健委表彰。文化体育事业繁荣发展。完成多彩贵州“广电云”户户用工程安装20029户。农村公益电影放映2770场。建成22个篮球场、4个五人制足球场等体育基础设施，提升改造3个村农民健身工程和15个村体育健身器材。周末篮球联赛、足球联赛群众参与度和影响力显著提升。全市竞技体育屡创佳绩。社会保障事业全面进步。新型农村合作医疗参合率达100%，城乡低保标准分别提高6%、9%。城乡居民基本养老保险基础养老金人均达127.22元/月，待遇水平全州最高。交付使用公租房1948套，解决低收入家庭5844人住房困难。“十大民生工程”有序实施。完成“组组通”等项目12个，教育、文体等民生项目积极推进，累计完成投资22.36亿元。此外，国防动员、双拥优抚、司法行政、民族宗教、外事、侨务、对台、人防、统计、档案、方志、气象、妇女、儿童、老龄、残疾人、慈善、红十字等各项事业取得新成绩。

各位代表，过去一年我们取得了来之不易的成绩、积累了极其宝贵的经验。我们深切感受到：做好政府工作，必须始终保持政治定力，树牢“四个意识”、坚定“四个自信”、做到“两个维护”，在市委的坚强领导下，推动中央、省、州各项决策部署在我市落地生根，开花结果；必须始终保持战略定力，全面落实新发展理念，突出打好三大攻坚战，持续深化改革扩大开放，推进经济发展质量变革、效率变革、动力变革；必须始终保持工作定力，坚持以脱贫攻坚统揽经济社会发展全局，推动脱贫攻坚与高质量发展互促互进，努力做到局部工作有特色、难点工作有突破、整体工作有提升；必须始终保持作风定力，全面推行“五步工作法”、积极推行“晒比评述”，大兴“三风”纠“四风”，全力以赴抓落实、勇于担当破难题、廉洁自律守底线、实干担当有作为。

各位代表，过去一年取得的成绩，是习近平总书记和党中央深切关怀的结果，是省委省政府、州委州政府和市委坚强领导的结果，是市人大、市政协监督支持的结果，是全市干部群众团结拼搏的结果。我代表市人民政府，向全市各族人民、各级干部表示崇高的敬意！向人大代表、政协委员，向离退休老同志，向各民主党派、工商联、人民团体，向驻凯部队，向对口帮扶的杭州市、西湖区、杭州经济开发区，向所有关心、支持凯里发展的社会各界人士，表示衷心的感谢！

在肯定成绩的同时，我们也清醒地看到，我市经济社会发展还存在一些差距和不足，主要表现在以下几个方面：一是经济总量不大，实体经济仍然薄弱，民营企业、中小微企业生产经营困难。重大产业、高新技术产业项目相对缺乏，投资后劲不足，新动能培育还需加强。二是财力不强、税源不足，财政收支矛盾突出，防范债务风险压力依然较大。受资金等因素影响，2018 年十大民生工程部分项目进展缓慢。三是城市管理、社会治理能力有待提升，教育、医疗等民生资源配置不均衡，基本公共服务水平总体不高。四是营商环境仍需优化改善，一些制约发展的体制机制障碍还不同程度存在，少数干部不作为、慢作为依然存在，转作风、提效能任重道远。针对这些问题，我们将采取更加扎实、有效的措施加以解决。

二、2019 年工作目标和主要任务

2019 年是新中国成立 70 周年，是全面建成小康社会的关键之年，是我市打赢脱贫攻坚战的决胜之年，做好全年工作意义重大、影响深远。我们要深刻领会党中央对重大形势的科学判断、对重大工作的决策部署，深刻把握重要战略机遇期新内涵，结合省情、州情、市情，持续深化对凯里发展战略的认识。一要跳出凯里看凯里。我们要站位全州大局抓落实，切实在黔东南各项工作中走前列、作表率。二要跳出全州看凯里。我市位列全省城区方阵，就要按照“总人口 100 万，建成区 100 平方公里”的目标定规划，站位全省大局干工作，切实在提升城市首位度上出实招、求实效。三要跳出贵州看凯里。我市入列西部百强县，就要按照“引进来、走出去”的要求扩视野，站位全国大局谋发展，切实在打造黔湘桂区域性中心城市上敢担当、有作为。任务越艰巨，使命就越光荣。我们坚信，只要全市上下凝聚起抢抓机遇、迎难而上、善作善成的信心和决心，坚持战略思维、把握战略主动、保持战略定力，苦干、实干、加油干，努力做到细致、精致、极致，就一定能把凯里的事情办得更好，向全市人民交上满意的答卷。

今年政府工作的总体要求是：以习近平新时代中国特色社会主义思想为指导，牢记嘱托、感恩奋进，统筹推进“五位一体”总体布局，协调推进“四个全面”战略布局，坚持稳中求进工作总基调，坚持新发展理念，坚持推动高质量发展，坚持以供给侧结构性改革为主线，坚持深化市场化改革、扩大高水平开放，以脱贫攻坚统揽经济社会发展全局，守好“两条底线”、用好“两个宝贝”，统筹推进稳增长、促改革、调结构、惠民生、防风险工作，增强人民群众的获得感、幸福感、安全感，保持经济持续健康发展、社会大局稳定，全力在黔东南走前列、作表率，全力提升城市首位度，全力打造黔湘桂区域性中心城市，唱响宜居宜业宜游的“苗侗明珠·山水凯里”品牌，以优异的成绩庆祝中华人民共和国成立 70 周年。

今年的主要目标是：地区生产总值增长 9%；减少农村贫困人口 6000 人以上，剩余 15 个贫困村全部脱贫出列，贫困发生率降至 0.5% 以下；固定资产投资增长 17%；规模以上工业增加值增长 11%；社会消费品零售总额增长 10%；一般公共预算收入增长 3%；城镇、农村居民人均可支配收入分别增长 9%、11%；城镇登记失业率控制在 3.5% 以内；常住人口城镇化率提高到 73%；森林覆盖率提高到 57%；节能减排降碳指标控制在省下达计划范围内。

围绕实现上述目标，我们将重点抓好以下工作：

（一）坚持守好底线，在打好三大攻坚战上展现新作为。切实强化政治责任、底线思维，全力以赴继续打好三大攻坚战。

一是坚决夺取脱贫攻坚决定性胜利。持续打好“四场硬仗”，巩固提升脱贫成果。深入推进农村产业革命，确保贫困户产业项目覆盖率达 100%。全面完成“十三五”易地扶贫搬迁任务，推进“一构架三清单”和“一建三进”工作。加大易地扶贫搬迁后续扶持力度，建成东出口搬迁后续发展创业孵化基地，开发 500 个贫困劳动力公益性岗位，确保有劳动力搬迁家庭至少 1 人稳定就业。不断提升农村公路好路率，持续巩固农村饮水安全。提高教育医疗住房“三保障”水平，全面落实好学生资助政策和医疗健康扶贫政策，持续实施好农村“危改”“三改”和老旧住房透风漏雨整治。积极打造东西部扶贫协作示范市，实施好帮扶项目，加快建设西湖·凯里文化产业协作园，大力推进“凯货入杭”。深化结对帮扶工作，推动各方扶贫资源向深度贫困村聚集。更加注重扶贫与扶志扶智相结合，激发贫困人口内生动力。二是从严从实防控重大风险。落实政府性债务管理“七严禁”，建立健全政府隐性债务风险评估预警机制，消除隐性债务隐患风险点。积极争取新增政府债券限额和政府再融资债券资金，进一步盘活存量资产，妥善化解地方政府债务，牢牢守住不发生区域性和系统性债务风险的底线。建立完善金融协调工作机制，加大力度打击非法集资等严重干扰金融市场秩序行为。深入推进“平安凯里”建设，深化“扫黑除恶”专项斗争，突出抓好道路交通、食品安全等重点行业安全监

管和隐患排查整治，加强灾害性天气监测预警，强化信访法治化建设，持续加大人员密集场所公共安全防控力度，确保社会和谐稳定。三是扎实推进“生态立市”。认真落实市委九届八次全会精神，全面加强生态环境保护，坚决打好污染防治攻坚战。持续抓好中央环保督察反馈问题及“回头看”指出问题整改。坚决打好污染防治“五场战役”，深入开展各项污染防治攻坚行动。完成朗利、南花、南江等传统村落农村环境综合整治。建成应急垃圾填埋场，加快建设城市污水收集系统工程一期、生活垃圾收运系统二期和3个镇污水收集处理工程。确保城镇污水处理率、生活垃圾无害化处理率分别达90%、99.8%以上，空气质量优良率保持在95%以上，“水十条”考核断面优良比例达86%以上，中心城市集中式饮用水水源地水质达标率保持100%。全面落实河长制、湖长制，实行林长制。实施生态环境损害赔偿制度，完善环保行政执法与司法联动机制，严厉打击环境违法犯罪。

（二）坚持优先发展，在推动乡村振兴上迈出新步伐。坚持把实施乡村振兴战略作为新时代“三农”工作的总抓手，推动农业转型升级，让农村成为安居乐业的美丽家园。

一是加快发展高效农业。按照“生活富裕”的要求，突出“产业兴旺”重点，大力发展都市农业，推动农业产业化、园区化、规模化发展。以50个党建农业产业扶贫园为抓手，编制项目包，吸引社会资本参与建设。启动8个500亩以上产业结构调整坝区建设，建成商品蔬菜基地2万亩、标准化精品水果基地2万亩，发展竹产业1万亩、茶产业3000亩。实现畜牧业增加值占农业增加值比重达40%以上，农产品加工转化率达30%以上。依托新型经营主体销售农产品占生产总量70%以上。完成旱改水1万亩以上。加快完善农田水利基础设施，有效解决3.4万亩农业生产用水。二是大力发展特色产业。落实产业革命“八要素”，持续抓好“一减四增”农业结构调整，布局一批酸系原料种植基地和特色养殖基地，积极推进以凯里酸汤、香炉山鸡等为重点的生态特色食品加工。大力发展有机绿色农业，推进农业全产业链开发，加强农产品质量安全及溯源管理，在“三品一标”产品、产地认证方面有新突破。充分挖掘乡村旅游资源，培育州级以上乡村旅游示范村1个以上。三是着力打造美丽乡村。突出“生态宜居”这个关键，推进农村人居环境整治。推进农村“厕所革命”，新建农村无害化厕所2万个，行政村公共厕所普及率达75%以上。抓好农村废弃物的资源化利用，实现农药化肥施用负增长。四是全力推动乡村文明。突出“乡风文明”“治理有效”两个保障，完善乡村公共文化服务体系，倡导现代文明理念和生活方式。健全自治、法治、德治相结合的乡村治理体系。发挥街镇工贸公司、村级集体经济公司作用，大力扶持村级集体经济发展，不断增强村集体自我发展、自我服务、自我管理能力。

（三）坚持工业强市，在产业提质增效上谋求新跨越。积极参与贵州内陆开放型经济试验区建设，主动融入“一带一路”建设、长江经济带发展、粤桂黔高铁经济带建设，持续优化产业布局、丰富产业业态，着力稳存量、扩增量，做大总量，持续提升工业经济在全州的占比。

一是加快推动开发区发展。以开发区优化整合改革为契机，加快产业发展，切实增强园区发展产业、服务企业能力和水平。加快完善园区基础设施和公共服务配套设施，科学布局房地产、高端商务等城市经济业态。推动新型建材、高端装备制造、大数据、民族医药、文化创意等产业加快发展，继续在园区实施好“僵尸企业”治理、营商环境治理、招商引资大比武等行动。围绕打造千亿级开发区目标，提升开发区每平方公里GDP产出率，把凯里经济开发区建设成为全市工业发展的强大引擎，为申报国家高新技术产业开发区奠定基础。二是做大做强优势企业。深入推进“千企改造”，推动其亚铝业、雪花啤酒、瑞安建材、欧玛陶瓷、雅宝研磨材等重点企业释放产能。推动闽源锰业二期、昌昊药业、宝鑫矿业等扩能技改项目建成投产，确保技改投资增长10%以上。加大规上企业培育力度，新增规上工业企业10户以上。推进40万吨铝型材加工、其亚铝业60万吨氧化铝等项目落地，加快建设铝型材加工产业园，打造凯里铝工业基地。三是加快发展酸汤产业。完成凯里酸汤、香醋等酸食系列产业规划，以碧波园区为中心，建设集生产、加工、销售、体验和酸汤博物馆等功能为一体的酸汤产业园。实施酸汤技术提升、酸汤人才培育、酸汤营销提速、酸汤标准体系建设、生态环境保护等酸汤产业发展五大工程，设立酸汤行业协会，设立发展专项资金，扶持培育以酸汤为代表的特色产业，推动凯里酸汤走出去，打响“中国酸汤美食之都”品牌。四是更大力度服务企业。开展“企业服务年”活动。成立专班，对企业精准施策、分类指导，逐户完善企业法人治理结构，想方设法延长企业产业链、推动企业上市、扩大企业产能。全面落实减税降费政策，切实减轻企业发展负担。设立5000万元以上工业发展专项扶持资金，支持企业发行债券，多渠道帮助企业解决融资难题。推动校企联动，着力解决企业用人难题。建立能矿企业原料保障供应机制，发展铝土矿加工和供应企业2家以上。抓好炉碧园区增量配电网试点改革，降低企业用电成本。加快推进60万平方米的标准厂房建设。加快凯里西站货场二期、黔东陆港凯里西作业区等平台建设，加强与中通、传化等物流企业对接，积极推动浙商物流园、凯里西物流园开工建设，开通开发区至长三角、珠三角物流专线，降低企业物流成本。

（四）坚持繁荣三产，在发展康养旅游上走出新路子。充分挖掘利用民族文化、生态环境“两个宝贝”，以商贸活市、旅游活市为引领，大力推动康养旅游产业与一二三产业融合发展。

一是积极打造康养圣地。深入实施大健康战略行动，实施“医养、文养、动养、住养、食养、观养”行动计划。提升康养旅游城市发展规划，谋划布局一批康养旅游开发项目，建设一批养生养心养老基地，打造一批养生文化、健康饮食、疾病疗养相结合的具有民族特色的康养小镇或康养街区，完善多元化康养旅游产品。引导现有景区、中高端酒店配套相应康养业态，丰富游客体验。以苗侗医药文化街为基础，创建苗侗医药孵化平台。筹建康养服务行业协会，在市一职校设立康养服务相关专业，加大康养行业从业人员培训力度，推动养生、洗浴、按摩、足浴等康养行业规范化、标准化发展。二是加快发展全域旅游。按照“一座城就是一个景区”的总体思路，实施旅游产业发展“十项工程”，全力打造贵州东线旅游集散中心，不断提升宜游水平。推进国家5A级景区创建工作，创建省级旅游度假区1个、国家3A级景区2个以上，开展“凯里十景”系列评选命名活动。推进城市民族化建设，新增一批具有苗侗等民族元素的特色建筑，丰富人文景观艺术内涵。大力开发培育文化体验游、休闲度假游、生态养生游、运动康体游等新旅游业态。积极引入一批国内外知名酒店品牌，新增星级饭店2家以上，培育一批精品民宿、乡村客栈。推出特色旅游商品，重点培育发展本土名店、名火锅、名小吃等餐饮品牌，开展“凯里十八菜”评选命名活动。继续加大涉旅行业人员培训力度，提升旅游“窗口”服务质量。承办好黔东南州第十届旅游产业发展大会。全年接待游客总人次、旅游综合收入均增长20%以上。三是全力做活商贸服务。深入推进现代服务业“十百千”工程，抓好凯里现代服务业聚集区和服务业重大项目建设。加大企业培育支持力度，做大商贸经济总量，新增限额以上批零住餐企业10户以上。加强城市经济业态布局，围绕楼宇经济、总部经济，做好城市商圈规划，全面摸排商业楼宇，规划建设中央商务区。加强专业市场规划，推进划行归市。加快商业综合市场、农贸市场建设。

（五）坚持项目驱动，在扩大有效投资上干出新成绩。坚持抓项目就是抓发展的理念，以大项目带动大投资，以大投资推动大发展。

一是科学谋划编制项目。吃透上级政策，在棚户区改造、基础设施建设、工业园区配套及民生、能源、康养旅游等重点领域谋划一批项目，确保项目储备总投资达3000亿元以上，其中产业项目总投资达1000亿元以上。二是加快推进项目实施。想方设法实施一批新项目，持续有力推进在建、续建项目。交通方面，实施一批国省干道、县乡公路改造，启动实施火车站至湾水公路改扩建，完成挂丁至脚高坡公路大修工程，全力支持凯都快速通道、凯里环城高速北段加快推进。水利水务方面，加快乡镇供水工程、嘎醉河水库、加劳河水库等项目建设，扎实推进煤矿酸性废水处理、园区和镇村污水处理、清水江生态治理等项目建设。城镇配套方面，重点推进城市路网建设，启动实施北京西路延伸段至省林汽立交路网等工程。积极推进农业、工业、服务业、能源及社会事业等领域项目建设。三是全力做好要素保障。强化项目服务，统筹解决好土地、资金等瓶颈制约因素，确保项目有序推进。开展闲置土地清理，多方式盘活土地资源。强化预算管理，加大财税组织力度，争取更多政策性信贷资金支持，多渠道解决资金需求。加大“引金入凯”力度，引进金融机构1家以上，争取绿色产业扶贫投资基金5亿元以上。四是持续扩大民间投资。全面落实国家激发民间投资活力各项政策措施，鼓励民间资本投资学前教育、健康医疗等收益较好的领域，规范有序推进PPP项目。五是大力开展招商引资。深化营商环境大整治，推行“企业特派员”制度，加强对企业引进、落地、生产全过程服务，持续巩固“亲、清”新型政商关系。构建全员招商机制，围绕铝及铝加工、装备制造、电子信息、医药制药等产业开展建链、强链、补链招商。引进技术含量高、成长性好的企业60家以上，引进亿元项目10个以上，招商引资产业类实体经济到位资金增长12%以上。

（六）坚持规划引领，在提升城市品质上勇攀新高峰。运用城市经济学理念，牢固树立品质意识，着力扩大城市规模、做强城市经济、完善城市功能、塑造特色风貌、改善城市环境，全面提升城市规划、建设、发展水平和宜居竞争力。

一是高起点优化城市规划。按照“总体规划、总体开发、资金封闭、滚动使用”的思路，加快新城建设和旧城改造的联动耦合。按照绿化、稀化、美化、亮化的原则，出台城市规划导则并抓好实施。抓好控制性详细规划修编以及专项规划编制，继续优化综合交通规划、城市公共交通发展规划、停车专项规划。打造凯里教育城，在城东、城西片区分别优化布局义务教育园区、高等教育园区，以教育吸纳人口，带动城市发展。严格执行土地利用总体规划、年度土地利用计划和建设用地供应政策，科学安排建设用地。二是高标准完善基础设施。积极争取棚户区改造政策，加大棚改项目招商引资力度，稳步推进棚户区改造。完成高速公路凯里出口改造、凯里综合客运枢纽二期、新一中至东出口市政道路建设，加快推进城北客运站等项目。加强向上对接，力争凯里至都匀城际铁路早日开工。全面推进公交优先战略，新开通公交线路 3 条，优化线路 5 条。继续推进海绵城市、慢行系统建设，不断完善城市供排水、供气、通讯、电力、污水和垃圾处理、停车场、公厕等城市基础配套设施，加快建设文化广场、景观小品和公共文体空间等人文设施，逐步完善城市功能。持续推进人行道板及路面改造，加快升级交通信号灯。加快城区电网建设。建成一批新能源汽车充电桩。三是高效率推动城市管理。继续抓好全国文明城市、全国双拥模范城等国家级城市品牌创建。加快智慧城市建设，推动城市管理智能化、精细化。加强城市规划管控，突出城市天际线设计，加大“两违”建筑打击力度。强化环境卫生管理，推行清洁施工，实现道路管网统一、规范施工。建成餐厨垃圾回收再利用项目。扎实推进前期物业承接查验，推动智慧物业发展。四是高水平建设特色小城镇。积极筹备第八届全省小城镇建设发展大会，扎实推进波兰花卉小镇等特色小镇建设，加快实施“整县推进示范小城镇建设”各项工程，提高特色小镇建设水平。

（七）坚持改革创新，在激发活力、动力上实现新突破。大力弘扬敢为人先的开拓创新精神，以改革释放红利、以开放激发活力、以创新推动发展，全面激发发展潜能。

一是持续深化重点领域、关键环节改革。深入推进国家级和省级改革试点，确保国家级政务服务标准化试点等改革通过验收。继续推进“放管服”改革，全面推进政务服务“一门进，一网办，一次成”，压缩企业开办时间至 3 个工作日以内、工程建设项目审批时间至 80 个工作日以内。推进“双随机、一公开”监管全覆盖。探索开展水权制度改革、农业综合水价改革，巩固农村水利工程产权制度改革。稳步推进政府机构改革。二是推动市属国有企业转型。加快政府投融资平台公司转型发展，不断提高承贷、偿债和资本运作能力。推进国有资产监管机构职能转变，完善现代企业制度，健全公司法人治理结构。深化企业内部用人制度改革，完善激励约束机制，探索发展混合所有制经济。三是着力扩大对外开放。积极对接、主动融入国家战略，加强区域合作。加快凯里商贸物流规划编制，全力打造凯里商贸物流中心、仓储物流中心，主动融入全省“陆港”群联动发展。加强与国际友好城市及东西部协作城市的沟通交流，充分用好对口帮扶资源。办好重大节庆活动和品牌赛事。四是全面加强创新能力建设。加大科技投入，抓好高新技术企业、企业技术中心、星创天地、科技孵化器等平台的培育及申报工作。加强知识产权保护和运用，实现有效发明专利拥有量达 130 件以上，综合科技进步水平指数达 80% 以上。大力推进“质量强市”，全面提升工业产品、食品药品、建筑工程、服务及生态环境质量水平。五是大力支持民营经济发展。加快推进“4321”政银合作模式，制定支持民营经济发展政策措施，鼓励、支持金融机构将资源向中小微企业倾斜，针对微型企业的贷款总额达 8000 万元以上。加大对本土企业扶持力度，大力实施企业家培训计划。实现“个转企”50 户以上，私营企业数增加 12% 以上，民营经济市场主体比重 80% 以上，民营经济占 GDP 比重 51% 以上。

（八）坚持民生为本，在增进人民福祉上交上新答卷。坚持把人民群众对美好生活的向往作为工作的出发点、落脚点，用心用情解决好群众最关心、最直接、最现实的利益问题，不断提升宜业宜居水平，让凯里更加便捷、更加安全、更加温馨，成为一座有温度的城市。

一是全力做好稳就业工作。坚持就业优先战略和积极就业政策，加大就业创业扶持政策兑现力度，加强职业技能培训，着力解决好贫困群众、退役人员、大学生等群体就业问题，培训农村建档立卡贫困劳动力 2880 人次，城镇新增就业 2.5 万人。二是大力发展教育事业。坚持科教兴市，有序推动学前教育、义务教育优质发展，有效化解城区 56 人以上大班额。完善学校、幼儿园布局，在棚户区改造及房地产开发中同步配建，开工建设凯里市第十五中学，建成“又诗小学综合楼”“龙井村幼儿园”等项目。进一步整合城乡教育资源，加大农村寄宿制学校建设力度。加快推进“贵州电子信息职业技术学院新校区”“凯里北大培文学校”等项目建设。建成市培训服务中心。三是全力建设“健康凯里”。加强食品药品安全监管，确保人民群众“舌尖上的安全”。开展基层医疗机构医养结合试点，按照二级综合医院标准打造炉山、下司等卫生院。加强疾病预防控制，确保法定传染病发病率控制在省、州规定指标内。合理规划布局城乡体育健身场地，继续抓好镇级体育馆和村级党建文体广场建设，实施1个镇级和5个村级农民健身工程。继续推进体育场地设施免费向市民开放，推动全民健身。四是大力发展文化事业。继续开展“百村群众文艺汇演”“百姓大舞台”等群众性文化活动。大力推进“书香凯里”建设，规划引进一批知名书店，建设一批社区图书馆，升级6个镇级文化站，启动档案方志馆建设。建设农村“寨寨响”应急广播，建成市级平台1个、镇级平台18个、村级广播站228个。五是全力织牢民生保障网底。严格执行城乡居民基本医保政府补助标准、优抚对象抚恤补助标准。重点保障城乡低保对象基本生活，稳步提升托底保障水平。加强农村“三留守”人员、城镇困难职工关爱保护，完善社会救助标准与物价上涨联动机制。抓好养老机构建设，优化养老服务质量。加快推进九寨公墓建设，提升殡葬服务水平。以发放住房租赁补贴等方式，持续扩大住房保障面。支持武装部、武警部队建设和监察委、法院、检察院工作，切实做好民族宗教、国防动员、外事、双拥、人防、统计、气象、残疾人、档案、方志、红十字会等工作。

扎实做好“十件民生实事”：（1）大力推进“全面改薄”建设项目，建成凯里市二十小、二十三小、二十五小等一批教育设施项目；（2）大力推进卫生健康服务工程，建成市残疾人康复中心，加快推进正在实施的医院扩建迁建项目，建成114个村卫生室远程门诊；（3）大力推进饮水安全工程，全面完成集中式饮用水水源地环境保护专项整治，解决11190名农村人口安全饮水巩固提升问题；（4）大力推进厕所革命，新建、改造城镇公厕27座、乡村公厕75座、旅游公厕5座，加快实施农村户用厕所无害化改造，提升卫生厕所普及率；（5）大力推进公园广场建设，建成未来城社区运动广场、玻璃厂公园，继续推进已开工公园广场建设；（6）大力推进体育健身场馆建设，建成苗侗风情园室内新型材料运动馆、3个城区体育健身场地；（7）大力推进易地扶贫搬迁小区配套设施建设，建成杭州路社区服务中心、东出口易地扶贫搬迁小区智慧集市；（8）大力推进爱国主义教育基地提升工程，完成金泉湖烈士陵园改扩建核心区建设工程；（9）大力推进道路交通提升工程，建成凯棠至台盘快速通道，完成农村公路生命防护工程400公里以上；（10）大力推进城市畅通工程，完成友庄南路拓宽提升及文化北路、州府路、营盘东路升级改造等城区治堵项目，加快公交系统规划建设，建成公交优先通道10公里以上。

三、努力加强政府自身建设

各位代表，面对经济社会发展新形势、人民群众新期待，我们必须坚持执政为民，加快转变政府职能，着力增强改革创新精神、实干争先意识，勤勉尽职、苦干实干，不辱时代使命、不负人民重托。

（一）坚定不移加强党的建设。始终把政治建设摆在首位。旗帜鲜明讲政治，树牢“四个意识”，坚定“四个自信”，做到“两个维护”，在思想上、政治上、行动上同以习近平同志为核心的党中央保持高度一致，确保令行禁止。全面抓好政府系统党组工作，不断强化党支部建设。自觉接受市委领导，定期向市委汇报工作。以落实巡视整改为契机，举一反三、标本兼治，全面提高工作成效。始终把纪律规矩挺在前面。严格遵守政治纪律和政治规矩，坚决贯彻中央八项规定及其实施细则精神，大兴“三风”、纠正“四风”，认真落实办文办会等各项规定。严肃查处顶风违纪行为，营造风清气正的政治生态。始终把党风廉政建设落到实处。组织开展经常性党风廉政教育，以身边反面典型为戒，筑牢思想防线，坚守廉洁底线。保持惩治腐败高压态势，严肃查处侵害群众利益的不正之风和腐败问题。认真落实党风廉政建设责任制，进一步改进作风。强化重要领域、关键岗位的行政监察和审计监督，加强财政资金使用绩效监管，加大对违法违纪案件查处力度，扎牢“制度铁笼”。

（二）持之以恒推进法治政府建设。坚决维护宪法权威。坚持依宪施政、依法行政，持续推进普法教育，把政府工作全面纳入法治轨道，进一步健全科学民主机制，完善重大行政决策程序。加强权力运行监督。依法接受市人大及其常委会的法律和工作监督，自觉接受市政协的民主监督，全面接受监察监督，主动接受社会监督、舆论监督，进一步做好人大代表议案、建议和政协委员提案办理工作。健全法治制度体系。完善重大行政决策合法性审查制度，健全法律顾问制度。全面推行行政执法公示制度、执法全过程记录制度、重大执法决定法制审核制度，切实做到规范公正文明执法。全面加强行政规范性文件合法性审核、清理公布及备案审查工作。加快建设职能科学、权责法定、执法严明、公正公开、廉洁高效、守法诚信的法治政府。

（三）坚持不懈强化执行力建设。坚持做“抓落实”的表率。紧紧围绕省、州和市委的决策部署，持续推进政府绩效管理，力戒消极怠慢、有令不行、推诿扯皮等行为，确保政令畅通。倡导立说立行、马上就办，营造“比学赶超”的浓厚氛围。坚持做“敢担当”的表率。全面提升政府系统抓工作的执行力、落实力，坚决摒弃“不求有功、但求无过”的思想，大力倡导“勇于改革、锐意创新”的风气。加大治庸治懒力度，为敢于担当干事的撑腰鼓劲，让不作为、慢作为、乱作为的无立足之地。坚持做“办实事”的表率。用好“五步工作法”，深化“一线工作法”，用工业化的理念、城市化的意识研究推进工作，做到细致、精致、极致，在解难题上下功夫、在办实事上出实招、在促发展上见实效。

各位代表，新时代不忘初心，新征程催人奋进。让我们更加紧密地团结在以习近平同志为核心的党中央周围，在省委省政府、州委州政府和市委的坚强领导下，团结带领全市广大干部群众锐意进取、担当实干，以永不懈怠的精神状态、一往无前的奋斗姿态、一丝不苟的过硬作风，全面完成全年各项目标任务，坚定不移推动凯里经济社会高质量发展，以优异的成绩庆祝新中国成立 70 周年！

麻江县政府工作报告

（2019 年 1 月 10 日在麻江县第十七届人民代表大会第三次会议上）

麻江县委副书记、县长 夏景卓

各位代表：

现在，我代表县人民政府向大会报告工作，请予审议，并请各位政协委员和列席会议的同志提出意见。

一、2018 年工作回顾

一年来，在州委、州政府和县委的坚强领导下，在县人大、县政协的监督支持下，全县上下坚持以习近平新时代中国特色社会主义思想为指导，深入贯彻党的十九大和习近平总书记在贵州省代表团重要讲话精神，坚持稳中求进工作总基调，贯彻新发展理念，落实高质量发展要求，坚持以脱贫攻坚统揽经济社会发展全局，牢牢守好“两条底线”，坚决打好“三大攻坚战”，统筹推进稳增长、促改革、调结构、惠民生、防风险各项工作，全县呈现出“经济运行平稳、扶贫成效明显、产业结构优化、城乡统筹加快、民生协调发展、人民幸福安康”的良好态势。

2018 年，全县生产总值完成 34.67 亿元，增长 8.8%；500 万元以上固定资产投资完成 25.7 亿元，增长 19.8%；规模以上工业增加值完成 1.73 亿元，增长 13%；财政总收入完成 2.66 亿元、增长 13.8%，一般公共预算收入完成 1.31 亿元、增长 9.4%；“八项支出”完成 9.29 亿元，增长 11.2%；金融机构人民币各项存款余额完成 53.85 亿元、下降 0.8%，贷款余额完成 43.93 亿元、增长 8.8%；社会消费品零售总额完成 5.56 亿元，增长 7.2%；农村居民人均可支配收入 8887 元、增长 10.4%，城镇居民人均可支配收入 29111 元、增长 8.8%；城镇登记失业率控制在 4.2% 以内；全面小康实现程度达 95%。

过去的一年，我们始终以脱贫攻坚统揽经济社会发展全局，工作取得了显著成效，主要体现在 8 个方面：

（一）全力发起总攻，脱贫攻坚再战告捷。基础信息更精准。严格按照“该识别的一户不漏、不该识别的一户不留”要求，组织全县 63 个村级脱贫攻坚小分队和帮扶干部对所有农户进行拉网式排查，扎实开展漏评、错评专项治理和扶贫对象动态管理，全县共计新增识别贫困人口 4604 人，清退或减少贫困人口 3740 人。帮扶力量更凝聚。坚决扛起脱贫攻坚政治责任，全县下派 40 名县级领导、980 名县乡干部到村驻点，吃住在村，一线作战，2244 名帮扶干部与贫困村、贫困户无缝对接，全面向脱贫攻坚发起总攻。加大深度贫困村帮扶力度，按照“下抓两级”原则，四大班子主要领导、县委常委会成员结对帮扶 16 个深度贫困村，实现尽锐出战。攻坚投入有保障。加大脱贫攻坚资金投入，整合财政涉农资金 1.3 亿元，争取上级财政专项扶贫资金 0.69 亿元，县级投入脱贫攻坚资金 7.98 亿元，杭州市滨江区、南京农业大学、省直机关工委、双龙航空港经济区等东西部扶贫协作和对口帮扶资金 0.55 亿元，社会捐赠资金 0.12 亿元，全面开展基础设施建设、产业发展、民生保障工作。收入达标有实招。出台农业生产奖补、就业创业、开发公益性岗位等政策，通过实施项目、东西部扶贫协作、对口帮扶、保障兜底等措施，采取项目带动、生产奖补、社会救助、教育培训、干部引导等方式，全面激发群众内生动力，全县 15442 户建档立卡贫困户 59691 人，人均收入达到 8078 元，实现不愁吃、不愁穿。保障工作有实效。抓实教育保障，建立健全 8105 户 12282 名建档立卡贫困家庭学生精准管理台账，劝返义务教育阶段辍学生63人，开展送教上门活动1073人次，在国家、省、州资助政策基础上，全县另投入1206万元资助金，兑现各类教育补助98948人次5026.87万元，全面实现教育精准扶贫“应助尽助”。抓实医疗保障，完成16个深度贫困村卫生室规范化建设、25个农村寄宿制中小学校医务室标准化建设、2个易地扶贫搬迁安置点社区卫生服务站建设，建档立卡贫困人口参合率达100%，家庭医生服务签约率达100%，实行“先诊疗，后付费”机制，实施医疗救助7543人次3853.56万元，合规住院报销比例达90%。抓实住房保障，投入1.07亿元实施农村危房改造及“三改”2160户，农村老旧住房透风漏雨整治4898户；投资5.5亿元，在后坝实施213栋1348套安置房及水、电、路、讯等配套设施建设，5527人通过易地扶贫搬迁到县城居住，900人通过跨区域搬迁到凯里经济开发区居住。减贫摘帽显成效。按照“一达标，两不愁，三保障”脱贫标准，全县完成贫困人口脱贫14789人，占省下达减贫计划12500人的118.3%。25个贫困村均实现通硬化路、通水、通电、通移动电话、通宽带，村内无危房，每村均有产业、有合作社、有集体经济、有文化活动场所、有停车场、有卫生保洁机制、有教育保障机制。25个贫困村年末贫困发生率均低于3%、实现出列目标，占省下达贫困村出列任务的178.57%。全县年末贫困发生率降至1.57%，控制在国家脱贫核心指标范围内，国定标准减贫退出顺利通过州级审查并完成公示。

（二）着力排查化解，各类风险有效防范。政府债务风险防控有效。落实省委巡视反馈问题整改要求，严格按照贵州省政府性债务管理“七严禁”规定，加强政府性债务管理，健全完善债务管理长效机制，通过采取预算安排资金偿还、核销核减、PPP化解和剥离政府债务等多种方式核减存量债务，全县综合债务率控制在预警线内。争取政府置换债券资金1.12亿元，对2018年到期存量政府债务本金进行全置换，未发生区域性、系统性债务风险。金融风险化解有序。依托省级地方金融风险监测防控平台，对所有金融活动实行全覆盖监管，深入开展非法集资、互联网金融整治等活动，有效推动重点银行金融机构风险隐患处置化解，金融风险防范市场化处置不断强化，不良贷款余额和不良贷款率持续下降。社会领域风险总体可控。安全生产“双控”体系建设扎实推进，重点行业领域专项整治不断深化，全年未发生较大及以上生产安全事故。食品安全党政同责深入实施，药品监管体系进一步规范。非洲猪瘟有效防控，全县肉类食品安全保障有力。加强矛盾纠纷和信访问题化解，全县69个村（居）法律顾问实现全覆盖。全面开展扫黑除恶专项斗争，治安突出问题得到有效遏制，人民群众安全感指数达99.67%、排名全州第1位。

（三）倾力防治污染，生态建设成效明显。生态环保责任进一步压实。制定《麻江县党政领导干部生态环境损害责任追究实施细则（试行）》，全县领导干部生态环境保护职责进一步强化，完成中央环保督察反馈问题整改18个。污染治理深入开展。全面打响污染防治“五场战役”，新增划定饮用水源保护区2个，1000人以上饮用水水源地水质监测实现全覆盖，有序推进摆沙河流域水污染治理和真黔锰业公司废渣库闭库治理，完成高污染燃料禁燃区、畜禽养殖禁养区划定工作。环保设施加快建设。县环境监测站、县城饮用水源自动监测站、县城污水处理厂提标改造、宣威污水处理厂等设施全面建成，城乡垃圾收运系统加快实施，县城污水管网改造工程、谷硐污水处理厂启动建设。农村人居环境整治稳步推进，建成3个片区垃圾压缩转运站，配置3万个垃圾桶，1147个垃圾斗，39辆垃圾转运车，率先在全州实现农村垃圾“村收集、乡转运、县处理”。城乡生活垃圾无害化处理率、城镇污水处理率均达80%。生态优势持续提升。启动大生态战略行动和国家生态文明建设示范县创建，划定生态红线35万亩，严守耕地红线30万亩，营造林3.12万亩、退耕还林2376亩，全县森林覆盖率提高到59.87%。环境空气质量优良率达98.9%，县城、乡镇集中式饮用水水源地水质达标率100%，清水江断面水质优良比为100%，节能减排降碳指标控制在州下达计划范围内。

（四）大力推进项目，发展条件持续优化。扎实开展项目攻坚年活动，全面推进34个省、州重点项目建设；年内开工亿元以上项目9个，新增入库5000万元以上项目10个；争取扶贫产业子基金项目3个，投入资金2.6亿元。基础设施加快完善。建成“组组通”公路133公里，实现30户以上村寨通公路。凯都大道、都安高速、凯里环北高速麻江段加快建设，县城至高枧城市快速通道开工建设。实施水利项目7个，改善和新增灌溉面积1.14万亩，建成农村饮水安全工程352处，解决9.18万人饮水困难问题，农村饮水安全实现全覆盖。完成农村电网新建与改造10千伏线路49.62公里、低压线路368公里，配电安装253台，农村低电压问题基本解决，全县

63个行政村（村委会所在地）网络及“村村通宽带”实现全覆盖，30户以上村寨4G网络覆盖率86.67%。城乡面貌持续改善。新增城镇人口6587人，城镇化率提高到43.82%。县城2号路、19号路基本建成并通车，后坝民族民俗博览园加快推进。实施城镇保障性安居工程住房150套，棚户区改造200户。村寨硬化、亮化、绿化、净化、美化工程加快实施，农村人居环境整治扎实推进，整治村寨405个，改厨17150个、改厕16520个，新增污水处理系统146处。城乡建设用地保障有力。获批城乡建设用地增减挂钩指标1810亩，城镇建设用地空间得到拓宽。

（五）强力调整结构，产业发展量效并举。农村产业革命扎实推进。全面落实农村产业革命“八要素”，调减玉米7.58万亩，发展蔬菜种植13.58万亩，新建蓝莓基地10466亩，提升改造蓝莓基地6100亩，兑现农业生产奖补34582户4235万元。新增农民专业合作社25个、州级龙头企业2家，认定家庭农场13家、种养殖大户12户。新增有机认证主体1个，认证基地面积156.45亩，5个蓝莓基地获国家出口水果果园备案登记。工业实现提质增效。强力推进“千企改造”工程，6家企业完成技术改造。开展“万企融合”行动，推动企业大数据融合提质增效，完成工业投资2.18亿元、增长3.5%。服务业发展加快。马鞍山生态体育公园建成3A级景区，成功举办麻江县第三届乡村旅游节暨蓝莓文化节、品菊季，全年接待游客296万人次、增长38.02%，旅游综合收入18.94亿元、增长40.08%。利用电商平台助推“黔货出山”，实现电子商务交易额9500万元。

（六）聚力改革创新，发展活力持续释放。重点领域、关键环节改革取得突破。农村集体产权制度改革试点全面启动，全县土地确权登记颁证31980户，顺利通过州级核查、省级验收。28个行政村“三变”试点改革、财政专项扶贫资金项目“四权到乡”改革和村干部脱贫攻坚专项激励机制改革稳步推进。完成2016—2017年度9项改革课题成效评估工作。营商环境不断向好。开展营商环境集中整治，启动实施“证照分离”改革，开展政策文件公平性审查，畅通政企沟通渠道，营造公平透明营商环境，新增企业200户，小微企业60户。对外开放力度不断加大。通过党政主要领导带头招商、小分队外出招商、以商招商等多种方式，新增省外境内招商引资项目16个、投资总额39.66亿元，新增项目开工16个，新增项目到位资金18.89亿元。创新发展能力不断提升。获批省级科技计划项目5个，新增科技型企业备案20家、国家中小型企业备案2家。完成专利申请114件，完成技术市场合同交易20项1.07亿元。选派省级三区科技人才和州、县级科技特派员87人，全县63个村实现科技服务全覆盖。我县代表贵州省在科技部2018年科技特派员贫困村全覆盖工作座谈会上作经验交流发言。

（七）奋力保障民生，人民福祉不断增进。就业创业持续稳定。城镇新增就业2071人，失业人员再就业390人，就业困难人员就业276人；规范化培训贫困劳动力3348人；农村富余劳动力转移就业3603人；完成1661人贫困人口转为生态护林员、护河员、护路员、保洁员和脱贫攻坚助理员；发放创业担保贷款1240万元，扶持246人创业，带动就业739人；兑现务工补贴18860人980.6万元。城镇登记失业率为2.13%，控制在4.2%以内。教育事业加快发展。凤凰嘉园幼儿园改建工程、共和小学教学综合楼新建工程完工并投入使用，基东、河坝、坝芒3所小学改扩建和县第三小学、同穌小学等项目加快实施。“校长职级制”“教师无校籍”管理改革工作深入推进，“三名工程”建设成效显著，实现省级教学名师“零”突破，2018年评选省级教学名师2名，新增省级教育家培养对象1名、省级乡村名师2名、省级骨干教师2名，全县县级以上名校长、名教师、名班主任91名，建设省、州、县级名师工作室22个。高考教学质量再创新高，一本应届上线人数182人，比2017年增加18人；高考应届600分以上共40人，创历届高考600分以上人数最好纪录。医疗卫生工作成效显著。智慧医疗建设不断完善，实现县级远程心电诊断、远程超声、远程影像诊断及远程检验质控中心与乡镇互联互通。全县新农合参合率达95.5%，合规住院报销补偿比为78.6%。大病、慢病、重病患者家庭医生服务签约率达100%。2018年10月，健康扶贫工作得到国家卫健委、国务院扶贫办通报表扬。文化体育事业蓬勃发展。成功举办贵州省第五届中老年篮球邀请赛暨毗邻五省市中老年篮球邀请赛，顺利承办2018年黔东南州青少年锦标赛暨省十运会选拔赛、黔东南州第二届县际篮球公开赛。河坝枫香印染技艺传承人列入第五批国家级非物质文化遗产代表性项目传承人名单。完成多彩贵州“广电云”户户用接入10390户。社会保障水平不断提升。深入实施全民参保登记计划，全县基本养老保险参保10.13万人、覆盖率达99.71%，社保代缴城乡居民基本养老保险7686人。城镇、农村低保标准较2017年分别提高6%、9%，特困供养金提高到954元/月。医疗救助、临时救助等资金按时按标准发放。建成6个村级新型社区，剩余10个社区已完成主体工程，全县基层阵地建设明显改善。民族事业成效显著。投入少数民族发展资金1040万元，16个人口数量较少民族村基础设施明显改善、产业发展明显增强，平定、瓮袍、复兴、高枧、孟江5个村通过省级人口数量较少民族村率先小康工作评估验收。民族团结进步创建成绩突出，1个集体、2名个人获全省第八次民族团结进步表彰大会表彰。“十件民生实事”扎实推进。开发贫困人口公益岗位、农村劳动力转移就业、规范化培训贫困劳动力、城镇新增就业、压缩6%行政办公经费用于教育精准扶贫、县城环卫工作社会化服务工作全面完成；深度贫困村卫生室、“组组通”公路、农村危房改造及“三改”、光纤宽带和4G网络、公共安全视频监控联网“雪亮工程”、电网改造提升、县第二中学运动场、新型农村社区建设项目工程全部完工；县第三小学、同稣小学新建和基东、河坝、坝芒3所小学改扩建项目工程总体建设进度完成70%；完成167个30户以上自然寨农村人居环境整治、48个农村公厕建设；因国家政策调整，300户棚户区改造任务正在进行200户测绘，并启动评估工作。

（八）鼎力提高效能，自身建设有效加强。政府职能加快转变。把深入推进“放管服”改革作为转变政府职能的重要突破口，做到审批更简、监管更强、服务更优。梳理公布群众、企业到政府办事“最多跑一次”事项190项，公布企业设立后经营许可事项目录97条，行政审批时限压缩20%，新增市场主体1320户。依法行政扎实有效。实行权责清单管理，公布县政府各部门权责清单3268项，乡镇权责清单505项。全面推动政务公开，在县政府网站公开各单位“三公”经费、财政预决算、政府采购、公共资源配置、公共服务等信息509条。自觉接受人大法律监督、政协民主监督，定期向县人大报告工作、向县政协通报工作，办理人大代表建议119件、政协委员提案102件，办理社情民意46件。自觉接受舆论、群众监督，积极听取民主党派、工商联和无党派人士的意见建议，充分发挥工青妇等人民团体的桥梁、纽带作用。廉政建设力度加大。紧紧围绕政治建设、作风建设、脱贫攻坚，保持反腐败高压态势，严肃查处仍然不收敛不收手的党员领导干部、损害基层群众利益的腐败问题和失职渎职行为。给予开除公职1人、政务撤职2人，政务降低岗位等级3人、政务记过9人、政务警告14人。

此外，宗教、外事侨务、工会、共青团、妇女儿童、红十字会、老龄、残疾人工作取得新进展，人民武装、国防后备力量建设、人民防空、双拥、档案、供销、史志、科普、气象、防灾减灾等工作取得新业绩。

各位代表，在经济下行压力加大的严峻形势下，这些成绩来之不易。这是中央、省、州关心支持的结果，是县委正确领导的结果，是县人大、县政协监督支持的结果，是全县各族干部群众团结奋进、苦干实干的结果。在此，我谨代表县人民政府，向奋战在各条战线、各个领域的干部群众，致以崇高的敬意！向给予政府工作大力支持的人民代表、政协委员，向工商联、民主党派、无党派人士、人民团体，向驻县部队、武警、消防官兵、民兵预备役人员，向长期以来关心、支持麻江建设发展的各级各部门、社会各界人士，表示衷心的感谢！

同时，我们也清醒地认识到，全县经济社会发展还面临一些困难和挑战，主要体现在：一、实体经济基础薄弱。我县实体经济发展规模不大、质量不高、带动不强，抗风险能力弱，还没能够对经济形成有力的支撑。二、民生改善任务依然艰巨。县级财税增收压力加大，面临公共产品和公共服务供给不足、农村基本公共服务和基础设施建设滞后等短板，与群众的期待还有较大差距。三、营商环境亟需优化改善。还存在一些部门对进驻政务大厅事项授权不充分，乡镇政务服务中心、村级便民服务站建设不规范等问题。四、干部担当作为能力有待提高。部分干部担当意识不强、主动作为不够，推诿、拖拉等现象仍然存在，扶贫领域作风、腐败问题依然突出，转作风、提效能任重道远。针对这些问题，我们将采取有效措施加以解决。

二、2019年工作目标和主要任务

2019年是新中国成立70周年，是我县迎接脱贫攻坚评估验收、检验扶贫成效的大考之年，是打牢高质量发展、乡村振兴基础的重要一年，是全面建成小康社会的关键之年。我们面临的发展机遇更加难得、发展优势更加凸显、发展后劲更加有力，只要牢记嘱托加油干、抢抓机遇加快赶，乘势而上、顺势而为，就一定能开启新时代麻江发展新征程。

今年政府工作的总体要求是：以习近平新时代中国特色社会主义思想为指导，深入贯彻落实十九大、十九届二中和三中全会精神，贯彻中央、省、州、县经济工作会议精神，统筹推进“五位一体”总体布局，协调推进“四个全面”战略布局，坚持以供给侧结构性改革为主线，统筹推进稳增长、促改革、调结构、惠民生、防风险各项工作，大力推进“三大变革”，坚决打好三大攻坚战、守好“两条底线”，大力实施三大战略，突出六个发展重点，加快推进“五县建设”、乡村振兴，全力促进经济社会平稳健康发展。

今年经济社会发展的主要预期目标是：地区生产总值力争增长9%，固定资产投资增长15%以上，规模以上工业增加值增长10%以上，社会消费品零售总额增长11%，一般公共预算收入增长5%，城镇、农村居民人均可支配收入分别增长9%、11%，城镇登记失业率控制在4.2%以内，城镇化率提高2个百分点；新增营造林3.04万亩，森林覆盖率稳定在60 %左右；节能减排降碳指标控制在国家下达计划范围内；计划减少贫困人口1000人，全面小康实现程度达96%。

围绕实现上述目标，我们将重点抓好以下8个方面的工作：

（一）聚焦巩固脱贫成效，夯实乡村振兴基础。全力抓好迎检工作。按照中央提出脱贫攻坚战由“打赢”向“打好”转变要求，做到摘帽不摘责任、不摘政策、不摘帮扶、不摘监管，以饱满的迎检热情、百倍的必胜信心，全力做好迎接今年3月省第三方评估、6月国家复查验收准备工作。全面夯实脱贫基础。对剩余贫困人口、已脱贫人口、非建档立卡低收入人口、返贫人口实行动态管理，全面巩固提升脱贫成果精准性。强化扶贫巩固提升。做到扶持政策不减、资金投入不减，继续实施产业奖补、就业创业、教育医疗等扶贫政策，千方百计拓宽农户收入渠道，确保群众收入来源长期稳定，杜绝因贫失学，遏制因病致贫返贫。继续做好结对帮扶。组织全体帮扶干部，紧紧围绕“三项行动”，抓好查缺补漏、抓紧补齐短板、抓实宣传教育，做到摘帽不摘帮扶，全面提升群众认可度，确保实现国定标准退出。抓好移民后续发展。实施县城新村综合集贸市场、后坝移民农贸市场建设，继续推动易地扶贫搬迁“六个坚持”“五个三”综合配套政策落实，将易地扶贫搬迁工作重心从搬迁建设向后续脱贫发展、社会融入管理全面落实转变。大力实施乡村振兴战略，巩固提升脱贫成果。扎实抓好统筹谋划。科学编制乡村振兴规划，上半年完成县规划编制工作。加快制定完善村庄建设规划，保障乡村建设和产业发展用地需求。大力推动产业振兴。围绕农业结构调整重点产业，区域化布局乡村主导产业，大力发展“一村一品”，坚持一二三产业融合发展，着力推进产业链、价值链建设，提高市场化水平。大力推动人才振兴。实施新型职业农民培育工程，实施农民工返乡创业行动、青年建功行动、巾帼行动，培养一批农村特色产业示范带头人、农村电商人才，扶持一批农业职业经理人。大力推动文化振兴。健全乡村公共文化服务体系，推进基本公共文化服务标准化、均等化。加强传统村落、优秀农耕文化及农村文物古迹保护，支持民族民间优秀文化传承发展。加强乡风文明建设，促进村民自治。大力推动生态振兴。持续推动农村人居环境整治，对还未实施的村寨要全面启动。大力推进农村厕所革命。进一步完善“村收集、乡转运、县处理”的农村生活垃圾收运处置体系。抓好农村废弃物资源化利用，促进农药化肥施用负增长。大力推动组织振兴。加强服务型、发展型村级组织建设，在致富带头人、复员军人、大学生村官群体中培养村级后备干部。加强农民专业合作社规范化建设，全面清理“空壳”合作社。加强农村（社区）治理创新，完善村民自治制度，推动乡村（社区）治理、服务重心下移。

（二）聚焦社会稳定，打好风险防范攻坚战。加强政府债务风险防控。积极争取地方政府专项债券资金、再融资债券资金，妥善化解政府存量债务。采取安排年度预算资金、超收收入、盘活财政存量资金、经营收入偿还等方式化解政府隐性债务，确保全县综合债务率控制在预警线内。加强金融风险防控。促进防范化解金融风险与服务实体经济有机结合，探索银行业金融机构多元化不良资产处置方式，“一对一”贴身盯防中小法人银行流动性风险。严厉打击非法金融活动，维护全县金融秩序。加强社会风险防控。纵深推进“扫黑除恶”专项斗争，依法严厉打击各类违法犯罪活动。加快以“天网”为龙头的立体化治安防控体系建设，积极化解各种社会矛盾，深入推进“平安麻江”建设，不断提升群众安全感和满意度。以禁毒示范城市创建为契机，不断巩固“无毒害县”创建成果。加强食品药品质量安全监管，抓实非洲猪瘟防控，全面禁止泔水饲养生猪。严厉打击宗教组织或宗教团体非法传教行为，坚决抵御宗教渗透。全面推进安全生产风险分级管控和隐患排查治理“双控”体系建设，有效防范各类生产安全事故，坚决遏制重特大事故发生，确保人民群众生命财产安全。

（三）聚焦绿色发展，打好污染防治攻坚战。抓实环保督察整改。全面落实生态环保政治责任，完成中央、省委生态环保督察反馈和交办信访问题后续整改，持续巩固环保督察整改成效。深入污染防治攻坚。坚决打好蓝天、碧水、净土、固废治理和乡村环境整治战役。持续开展重点企业大气污染治理、“散乱污”整治，空气质量优良率保持在95% 以上。完成县城污水管网改造和城东、谷硐、龙山、贤昌污水处理设施建设，落实县城、重点镇水源地整治，持续推进三级河长制，确保河流断面和水源地水质持续 100% 达标。建成城乡垃圾收运系统，启动洗布河贤昌段土壤污染治理。加快生态工程建设。推进新一轮绿色贵州建设行动，实施山、水、林、田、湖生态保护工程，实施国土绿化、森林管护、生态公益林建设、退耕还林、天保工程和森林抚育等重点生态工程，加强自然保护区、森林公园、湿地公园等生态功能区建设，全面推进矿山生态恢复治理。加速绿色经济培育。加快“三线一单”落实，严格控制重点区域、重点流域环境风险项目，调整优化产业布局、规模和结构。加快实施绿色经济倍增计划，推进大生态工程包、绿色经济工程包项目建设，着力构建“四型”产业。

（四）聚焦投资拉动，狠抓重大项目建设。抢抓国家完善支持西部大开发的政策措施机遇，紧盯中央和省、州出台的重大政策，及时编制一批符合政策导向、满足政策要求的好项目、大项目。全年固定资产投资完成 30 亿元以上，重大工程和重点项目建设完成投资 24 亿元。抓实交通项目建设。做好都安高速、凯里环北高速、瓮马铁路、凯都大道等一批重点交通项目建设服务，今年 9 月底前完成凯都大道建设通车；加快县城至高枧城市快速通道建设；完成 S206 线（原 S309 麻兴线）谷宾坡重大安全隐患治理工程；完成龙江便民码头和三小至官井移民新村公路新建工程；巩固完善农村公路“建管养运”一体化模式，创建全国“四好农村公路”示范县。抓实水利工程建设。推进甘河山、白岩、龙口水库前期工作，加快西牛滩水库建设，做好宣威水库建设服务；新建和加固防洪堤 3 公里以上，新增和改善恢复灌溉面积 0.83 万亩以上，逐步完成城乡供水巩固提升，全面完成农村饮水安全运行管护机制全覆盖。抓实能源通讯建设。深入实施广播电视“户户用”，巩固提升行政村通光纤、4G 网络全覆盖。进一步深化农村电网改造升级，完成新建及改造 10 千伏线路 58.06 公里、台区 173 个，新增变压器容量 14380 千伏安，改造 0.4 千伏及以下线路 196.63 公里。抓实城镇项目建设。加快实施蓝欣国际花园、城东锦园、金桂园等房地产项目，推进棚户区改造及配套基础设施项目建设，启动县城 1 号路延伸段、2 号路延伸段建设工程，组织实施麻江县 1 号、2 号、16 号、19 号路边坡整治工程。

（五）聚焦产业支撑，促进实体经济发展壮大。推动工业扩量提质。依托国家农村一二三产业融合发展试点示范县、国家农村产业融合发展示范园建设，大力发展绿色生态工业。依托凯都大道建成后的交通区位优势，做好“一城两区”规划，争取在龙山、宣威一带建设绿色生态产业园区。强力推进“千企改造”工程，完成技改投资 0.5 亿元以上。加强信息化建设和运用，深入实施“万企融合”行动，促进企业提质增效。推动农业优质高效。持续稳定推进东部生态蓝莓区域带、中部花果源现代高效生态农业区域带、西部高山冷凉蔬菜区域带，集聚东部、中部、西部三大优势产业区域。着力减玉米调结构，重点发展蓝莓 0.78 万亩、商品蔬菜 6.5 万亩、烤烟 0.9 万亩，生猪出栏 16.5 万头，加快培育酸食原料、花卉、中药材等特色产业。借助农商联动平台，加强东西部扶贫协作和对口帮扶，助推“黔货出山”，实现订单农业 4 万吨以上，利益联结 1.3 万户，带动贫困人口 3.2 万人以上。加快推进有机农业大县建设。着力强龙头，引进、培育州级以上龙头企业 2 家，专业大户 3 户、农民专业合作社联社 1 个。加快 24 个 200 亩坝区、18 个 500 亩坝区农业结构调整和基础设施建设，积极申报创建以蓝莓为主导产业的国家现代农业产业园。推动旅游业上档升级。全力落实好州旅发大会在麻江召开的前期准备工作，加快推进中国农业公园、夏同龢状元文化产业园及乡村旅游精品村寨建设，力争蓝莓生态旅游景区建成国家 4A 级景区。加快完善吃、住、行、游、购、娱等旅游配套设施，提升服务质量。依托民族节庆和重大活动平台，全年旅游接待游客总人数、旅游总收入分别增长 30%、31% 以上。推动现代服务业加快发展。大力培育发展现代商贸流通服务业，完善三级物流配送体系。大力发展电子商务，实现“黔货出山”增长 30% 以上。加快大健康产业项目建设，发展壮大健康医疗、健康医药、健康养老等业态。实施服务业重点企业培育行动，新增限额以上批零住餐企业各 1 户以上，规模以上其他营利性服务业企业 2 户以上。推动民营经济发展壮大。鼓励、支持金融机构将资源向中小微企业倾斜，加大对本土企业的扶持力度，全力支持民营企业发展，民营经济增加值占全县 GDP 比重达 56% 以上。

（六）聚焦重点领域，推动改革开放创新。持续深化改革。统筹推进政府系统机构改革、事业单位改革。转变政府职能，加快“证照分离”改革，企业开办时间再减一半、项目审批时间再砍一半，推动政务服务“一门进，一网办，一次成”。继续推进农村“三变”改革，全面完成农村集体产权制度改革。加快推进国有企业转型升级，优化国有企业治理结构。积极推进财税体制改革，全面实施零基预算管理、预算绩效管理。不断扩大开放。主动融入“一带一路”、长江经济带、粤桂黔高铁经济带，利用区位优势推动公路互联互通，推动资本、技术、信息、劳动力等要素自由流动，提升投资贸易便利化水平。继续办好乡村旅游节暨蓝莓文化节、品菊季等节庆活动。全力推动创新。充分利用省、州、县科技人才资源，服务蓝莓、蔬菜、烤烟、生猪养殖等种养殖产业。加大企业培育力度，新增省级科技型备案企业22家以上。强化知识产权创造、保护、运用，促进科技成果转化，助力科技扶贫，提升综合科技进步指数。加大全民科普力度，努力提高公民科学素质。深入开展质量提升行动，全力推进质量强县建设。

（七）聚焦发展保障，全面提升服务质量。全力改善投资环境。深入开展营商环境整治，坚决整治项目落地建设过程中的不作为、慢作为、不诚信等行为，不断提升办事服务效率，进一步优化投资环境，全力推动项目速引快落。全力做好资金保障。搞好项目谋划，争取项目资金5亿元以上。瞄准优强企业精准招商，确保年内招商引资落地项目10个以上、到位资金9亿元以上，招商引资产业类实体经济到位资金增长10%以上。积极探索完善融资新渠道新模式，不断加大项目融资力度。全力做好用地保障。积极盘活现有闲置土地资源，向上争取用地计划指标，用足用好土地增减挂钩政策，力争年内报批土地600亩以上，保障项目建设用地。加大违法占地、违章建房清理整治力度。全力推动第三次全国国土调查，进一步完善土地调查、监测、统计制度，实现成果信息化管理。

（八）聚焦改善民生，推动社会事业发展。积极促进就业创业。完成城镇新增就业2000人以上，城镇登记失业率控制在4.2%以内；实现农村劳动力转移就业3500人以上；发放创业担保贷款1100万元；完成就业技能培训2200人以上。办好人民满意教育。加快实施第三期学前教育行动计划，推动34所公助民办幼儿园收回转为公办幼儿园。加快推进隆昌幼儿园、新场幼儿园和宣威中学扩建项目建设。制定教师建设改革方案，建立健全教师编制管理、职称评聘、绩效管理考核机制，继续深化“校长职级制”“教师无校籍”两项管理改革。通过“国培计划”等各级培训，实现教师培训2700人次以上。深入推进“三名工程”建设，继续培养各级名校长、名教师、名班主任。强力推进“课堂革命”，建设高素质专业化师资队伍，促进提质增效；强化高考备考调度，确保麻江一中高考一本、二本实现双达标，高分段有突破。提升卫生健康服务水平。继续推进建档立卡贫困人口“先诊疗，后付费”制度和分级诊疗制度，健全县、乡、村三级医疗卫生服务体系，实现县域远程诊断系统与三级以上医院互联互通。全县综合参合率达95%以上，建档立卡贫困人口参合率达100%，建档立卡贫困人口合规住院费用报销比例达90%。全面开展重特大疾病医疗救助，加强医疗救助与基本医疗保险和大病保险的有效衔接，进一步规范医疗救助费用“一站式”即时结算。传承发展中医药、民族医药事业，支持社会办医。抓好援黔医疗卫生对口帮扶，加大医疗卫生人才培养和引进力度。实施“食品安全战略”，着力构建食品安全治理新格局，确保人民群众“舌尖上的安全”。促进文化体育事业发展。继续办好“迎元旦·马鞍山游园会”等群众性文化活动，传承和弘扬全县民族民间艺术文化。完成枫香印染非物质文化遗产保护利用设施项目工程，启动苗族织锦技艺数字化建设，推动非物质文化遗产保护与传承。大力推进乡村农民体育健身工程，着力打造具有竞争力的体育品牌。推进多彩贵州“广电云”户户用工程建设。增强社会保障网底功能。巩固提升全民参保登记计划，扩大社会保险覆盖范围。健全临时救助制度，完成城乡低保提标、“双清双退双入”工作，确保“两项制度”有效衔接。关爱困难弱势群体，做好“三特三留”人员关爱工作，落实复退军人困难帮扶机制。全力助推人口数量较少民族村发展。积极争取少数民族发展资金，加大中寨、岩莺、琅琊、基东等人口数量较少民族村基础设施建设、产业发展投入力度，稳步推进全面小康建设。

从解决人民群众普遍关心的突出问题入手，扎实办好“十件民生实事”：（1）继续巩固脱贫攻坚成果，减少贫困人口1000人；（2）完成后坝农贸市场建设，抓实移民后续发展，确保移民户实现一户一就业，移民低保户完成城市低保转换；（3）新建精品蓝莓种植基地7800亩、蓝莓种苗繁育基地80亩，完成1万平方米蓝莓冷链冷库建设；（4）完成县城新村综合集贸市场建设，完成麻江县电子商务公共服务中心、物流快递仓储配送中心建设；（5）完成县第三小学、城东幼儿园、新场幼儿园、后坝卫生服务中心工程建设；（6）完成后坝移民新村至县城三小公路、省道 206 谷宾坡重大安全隐患治理专项工程建设；（7）深化农村电网改造升级，新建改造 10 千伏线路 58 公里、台区 173 个，新增变压器容量 14380 千伏安，改造 0.4 千伏及以下线路 196 公里；（8）完成景阳河谷硐段治理项目工程建设；（9）完成谷硐镇、贤昌镇便民服务中心和干塘、兰山、大坪、城中、瓮袍、共和、坝河、乐坪、水城 9 个农村社区服务中心建设；（10）完成 193 个 30 户以上村寨农村人居环境整治。

三、加强政府自身建设

各位代表，新时代、新任务、新征程，对政府工作提出了新的更高要求。我们将按照"忠诚、干净、担当、务实、创新、奉献"的要求，加强廉洁政府、法治政府、服务政府、效能政府建设，不断提高行政能力，努力打造人民放心满意、信赖的政府。

（一）坚持党的领导，做到廉洁履职。始终把政治建设摆在首位。旗帜鲜明讲政治，牢固树立"四个意识"、坚定"四个自信"、做到"两个维护"，在思想和行动上同以习近平同志为核心的党中央保持高度一致，确保令行禁止。落实意识形态责任制，严格执行新形势下党内政治生活的若干准则。自觉接受县委领导，定期向县委常委会汇报工作。始终把纪律规矩挺在前面。严格遵守政治纪律、政治规矩，坚决贯彻中央八项规定及其实施细则精神，大兴"三风"、纠正"四风"，着力推动精文简会，严肃查处顶风违纪行为，坚决防止反弹回潮。始终把党风廉政建设落到实处。组织开展经常性党风廉政教育活动，筑牢思想防线、坚守廉洁底线。保持惩治腐败高压态势，聚焦重点领域，严肃查处侵害群众利益的不正之风、腐败问题。加强制度建设，聚焦权力运行关节点、监督管理薄弱点、问题易发风险点，打造"制度铁笼"。

（二）坚持依法行政，做到规范履职。坚决维护宪法权威。严格遵守宪法法律，坚持依宪施政、依法行政，带头尊崇宪法、学习宪法、维护宪法、运用宪法，开展普法教育活动，推动法治麻江建设。依法全面履行政府职能。全面推动简政放权，织密权力瘦身的"紧身衣"，防止权力任性。公布行政权力清单、责任清单和权力运行流程图，按法定权限用权、按权责清单用权，把政府活动全面纳入法治轨道。强化权力运行制约监督。依法接受县人大及其常委会的法律、工作监督，自觉接受县政协的民主监督，主动接受社会、舆论监督，认真听取人大代表、政协委员意见，听取民主党派、工商联、无党派人士和各人民团体意见。强化政务公开，让权力在阳光下运行。

（三）坚持转变作风，做到高效履职。坚持不忘初心。将群众满不满意、高不高兴、答不答应作为衡量工作实绩的具体标准，切实顺应群众所思、所想、所盼。始终保持群众感情、工作热情、创业激情，突出问题导向，及时回应群众关切，着力解决社会关注的热点、难点问题。坚持苦干实干。大力倡导"一线工作法""群众工作法"，切实将工作重心、工作阵地下移，领导在一线指挥、干部在一线干事、民意在一线掌握、民诉在一线化解、民风在一线引领、民生在一线改善，真正打通联系服务群众的"最后一公里"。坚持担当作为。全面推行政策设计、工作部署、干部培训、监督检查、追责问责"五步工作法"，推动各项工作落到实处、取得实效。坚持"三个区分开来"，鼓励干事创业、区别对待失误，为作风正派又敢作敢为、锐意进取的干部撑腰鼓劲，让不作为、慢作为、乱作为者无立足之地，营造干事创业、朝气蓬勃、积极进取的良好环境。

各位代表，迈进新时代，担当新使命。让我们紧密地团结在以习近平同志为核心的党中央周围，以习近平新时代中国特色社会主义思想为指引，在州委、州政府和县委的坚强领导下，牢记嘱托、感恩奋进、砥砺前行，为决战脱贫攻坚、决胜全面小康，奋力开启新时代麻江发展新征程而努力奋斗！

黄平县政府工作报告

（2019年1月9日在黄平县第十六届人民代表大会第三次会议上）

黄平县委副书记、县长 杨智

各位代表、同志们：

现在，我代表县人民政府向大会作工作报告，请予审议，并请各位县政协委员和列席会议的同志提出意见。

一、2018年工作回顾

一年来，在州委、州政府和县委的坚强领导下，在县人大、县政协的监督支持下，全县上下坚持以习近平新时代中国特色社会主义思想为指导，深入贯彻落实党的十九大和习近平总书记在贵州省代表团重要讲话精神，坚持稳中求进工作总基调，落实高质量发展要求，以脱贫攻坚统揽经济社会发展全局，牢牢守好发展和生态两条底线，坚决打好三大攻坚战，统筹推进稳增长、促改革、调结构、惠民生、防风险各项工作，全县经济社会呈现出“总体平稳、结构趋优、质量提升、民生改善”的态势。初步预计，全年地区生产总值完成62.54亿元，增长6%；500万元以上固定资产投资完成23.6亿元；财政总收入完成4.73亿元，一般公共预算收入完成2.76亿元；社会消费品零售总额完成15.3亿元，增长11%。

经过全县上下的共同努力，2018年我县经济社会发展呈现出诸多新变化、新亮点。一是贫困人口不断减少。3个贫困乡镇摘帽、40个贫困村出列、27081人脱贫，贫困发生率下降到8.94%。二是经济结构逐步趋优。三次产业结构比重由2017年的30.5：11.4：58.1调整为29：11：60。调减玉米种植4.76万亩，粮经作物种植比由2017年的44：56调整为38：62。民间投资比重、产业投资比重分别由2017年的56%、7.7%上升至58 %、17%。三是基础设施进一步完善。基础设施建设项目共计75个，投入资金19.2亿元。新建通组公路362.75公里，全县通车里程达2458.47公里；实施饮水安全巩固提升工程11处，解决全县11367人饮水安全问题；改造电网线路1266公里。四是供给侧结构性改革成效明显。为各类市场主体减免税收1.5亿元，较2017年增加158.87%。一般工商业电价降低10%。五是人民生活水平稳步提高。城镇、农村居民人均可支配收入分别达29735元、8804元，较上年分别增加2455元、800元。

过去一年的工作成效，主要体现在以下8个方面：

（一）狠抓精准施策，脱贫攻坚更富成效。围绕省委、省政府下达的2018年2.24万人脱贫、3个贫困乡镇摘帽、40个贫困村出列的目标任务，以“春风行动”“夏秋攻势”“冬季充电”为抓手，举全县之力决战脱贫攻坚。产业扶贫成效显著。以农业产业结构调整为重点，大力发展以太子参、白及为主的中药材，以蓝莓为主的精品水果及现代烟草、生猪养殖、种草养牛等优势扶贫产业。引进贵州七环、和顺农业，促成贵州农博翔等优强企业带动产业发展，建成谷陇镇20万头生猪养殖基地、东坡种草养牛示范基地、红梅乡村印象农业观光园、一碗水乡万亩中药材示范园等一批扶贫产业项目。投入财政扶贫资金5760.1万元，实施扶贫产业93个，扶持贫困农户9338户、38154人，户均增收2000元以上。移民搬迁强力推进。2017年县内5个安置点项目建设已全面完成并达到搬迁入住条件，路网、绿化、亮化及景观工程等配套设施全部完成，安置小区环境形象不断提升。2017年县内搬迁安置任务15471人已搬迁入住，2018年度搬迁对象1118人已落实。2016

年度旧房拆除 764 户，完成 100%，复垦复绿验收合格 230 户 21514 平方米。2017 年度旧房拆除工作有序推进。建立搬迁对象劳动力就业台账，在安置点开展培训班 6 期 158 人，5 个安置点开发公益性岗位 301 个。社区办公室已经入驻，图书室、卫生室等附属设施正在筹备和试运行，移民小区服务功能不断完善。脱贫基础明显增强。聚焦脱贫攻坚“八个专项治理”，全县选派 1200 余名干部参与脱贫攻坚网格化行动，错评、漏评、错退率明显下降。投入扶贫产业子基金 17.43 亿元实施谷陇镇极贫乡镇基础设施建设项目 324 个，40 个出列村基础设施不断完善。教育医疗住房“三保障”落实到位。全面落实教育精准扶贫政策，为 4.51 万名贫困学生减免各种费用和发放补助 3380.5 万元。870 名残疾孤儿学生及贫困大学生获中国农业银行总行助学资助 344 万元。全县各级各类学校食堂采购县域农副产品 2563.74 吨，带动 866 户建档立卡贫困户增收 1773.51 万元。全面落实健康扶贫医疗保障救助政策，农村建档立卡贫困人口经转诊住院医疗费用实际补偿比达 90%，实现深度贫困村健康巡诊义诊全覆盖。完成 81 个深度贫困村、3 个易地扶贫搬迁安置点卫生计生室规范化建设。着力推进农村危房改造，全年完成任务 1399 户。我县获得 2018 年度城镇保障性安居工程省级奖励资金 1000 万元，是全州唯一获此殊荣的县。帮扶工作扎实有效。中国农业银行总行捐赠帮扶资金 606 万元，实施项目 17 个，支持农村电网改造、城市棚户区改造项目扶贫贷款 7.5 亿元。杭州市拱墅区对口帮扶项目 22 个，落实帮扶资金 2850 万元，计划外财政资金 215.1 万元，调动社会各界捐赠 389.52 万元。省水利厅安排资金 3800 万元支持谷陇镇实施项目 31 个，省水利实业公司捐赠 100 万元用于谷陇 10 个村发展村集体经济，贵州水利水电职业技术学院帮扶 20 余万元为黄平县开设“全免费订单精准扶贫班”，招收建档立卡贫困户中职学生 50 人。

（二）狠抓风险防范，防控措施更加有力。政府债务风险总体可控。严格落实政府性债务管理“七严禁”等系列政策举措，加快推动 PPP 化债进程、融资平台公司市场化转型。2018 年争取到 4.16 亿元上级债券转贷资金，对历年来到期存量政府债务本金进行全置换，对 2018 年到期的债券资金进行再融资债券偿还，牢牢守住不发生区域性系统性风险的底线。金融风险化解扎实推进。强化宣传教育影响力，从源头上遏制金融风险，认真开展风险隐患排查，对非法集资、各类交易场所和互联网金融的专项整治深入开展，重点银行金融机构风险隐患处置化解有效推动，金融风险防范市场化处置不断强化，不良贷款余额、不良贷款率持续下降。社会领域风险防控有效。安全生产“双控”体系建设扎实推进，重点行业领域专项整治不断深化，安全生产形势总体平稳可控。完善矛盾纠纷多元化解机制，调解各类纠纷 692 件，办理法律援助案件 301 件，化解办结信访案件 294 件。狠抓社区矫正管理，免费办理公证 474 件。社会治安防控体系进一步健全，刑事案件发案数大幅下降，人民群众的安全感、满意度大幅提升。

（三）狠抓污染防治，生态建设更显亮色。抓好中央环保督察组反馈意见整改。全力抓好中央环保督察组反馈的 18 个问题，完成整改的 16 个问题已在县政府门户网站中央环保督察组反馈意见整改专栏进行销号公示。妥善处理中央环保督察组交办信访件 13 件，办结率、回复率均达 100%。污染治理扎实有效。认真开展第二次全国污染源普查，全面打响污染防治“五场战役”，划定生态红线保护区 38664.84 公顷，深入实施“双十”“双源”行动，开展“绿盾 2018”专项行动，停产封闭旧州镇 313 张砖瓦窑。完成县城污水处理厂提标改造工作，建成槐花工业区日处理 2000 吨污水处理厂，7 个乡镇污水处理厂投入运营。城镇生活垃圾全部实现无害化处理，县城空气质量优良率为 98.5%、综合指数 2.68，县城集中式饮用水源地水质达标率 100%。加大环境监察执法力度。深入开展“守护多彩贵州·严打环境犯罪”（2018—2020 年）执法专项行动，重点打击监测数据作假、违法违规建设等环境违法犯罪行为。受理环境信访投诉 20 件，办结 20 件、满意率 100%。大力实施矿山地质环境恢复治理，督促 9 家矿山业主完成复垦复绿。争取省级第一批补助资金 428 万元，对谷陇镇极贫乡镇地质灾害进行整治。着力抓好人居环境整治。持续抓好农村“清洁风暴行动”“庭院革命”，投入 3789.67 万元完成 11 个乡镇“庭院革命”示范点建设。投入 4354.22 万元对旧州镇川心和谷陇镇黑冲、凤山等 7 个村庄环境卫生进行整治，投入 6600 万元对谷陇镇 24 个村人居环境进行改造，完成 212 个村的村庄整治规划编制。新建村级公厕、旅游厕所 8 个。我县城市管理工作在全省住房城乡建设系统环卫行业获得“工人先锋号”称号。积极发展绿色经济。认真践行“绿水青山就是金山银山”的发展理念，大力开展全民植树造林活动，完成营林面积 4.57 万亩、森林抚育 2 万亩，100% 实现森林保护“六个严禁”，森林覆盖率达 59.64%。

（四）狠抓经济转型，发展质量更趋良好。农业产业结构调整扎实推进。抓好"一减四增"工作，对照"八要素"推动农村产业结构调整取得新进展，成功举办全省早熟马铃薯全程机械化暨绿色增产增效技术示范推广项目交流培训会。大力推动"一县一业"种草养牛全产业链建设，全县规模养牛场达139家。培育发展新型农业经营主体107家，其中新增农业产业化龙头企业4家，发展农民专业合作社89家，培育农业专业大户6户，认定家庭农场6户，休闲农业与乡村旅游示范点2个。完成无公害农产品产地认定18.86万亩，无公害农产品认证9个、绿色食品1个，获得有机产品证书3张。工业经济平稳运行。加强工业经济运行调度，制定《关于进一步推进工业经济高质量发展实施方案》，全年规上工业增加值稳定增长，工业增值税和投资总量明显提升。深入推进园区管理体制和运行机制改革，开工建设返乡创业园、职工宿舍及配套设施，园区新建道路1.82公里，入园企业39家。全力支持企业技改，实施千企改造2个，闽航硅业二期2万吨硅精粉扩能技改项目已建成并试产，富城实业年产8万吨棕刚玉技改项目、回转窑生产线建设项目进展顺利。第三产业提速升级。充分利用我县厚重的历史文化、独特的民族文化和良好的生态环境资源优势，推动旅游产业提质增效，旧州古镇成功创建国家4A级旅游景区，全县预计接待旅游人数352万人次，实现旅游综合收入28.5亿元。与上海乐百年健康产业集团公司成功签约㵲阳湖康养旅游小镇建设项目。旧州机场获A2通用机场使用许可证，成为省级公安交警警用无人机驾驶资质培训基地。航空飞行小镇总体规划设计正式启动。完成大数据融合示范项目3个，融合企业3个，完成全县142个行政村光纤和4G全覆盖。大力实施省级电子商务进农村综合示范工作，建成村级电商服务站89个，预计全年实现电子商务网络零售额400万元，同比增长64.61%。2018年，我县获批"国家级电子商务进农村示范县""全省农商互联示范县"荣誉称号。

（五）狠抓改革开放，创新发展更具活力。各项改革有序推进。"放管服"改革力度加大，县乡"权责清单"、涉企收费清单动态调整形成常态。全面落实各项税收优惠政策，民营经济发展活力增强。公布县直部门670项"最多跑一次"事项，行政审批时限压缩50%，新增市场主体3199户，增长23.15%。农村集体产权制度改革整县试点全面启动，"三变"改革试点覆盖所有乡镇，全县土地确权登记颁证工作基本完成，颁证76018本56.3万亩。发放不动产登记产权证书1708件、不动产登记证明2499件。全面深化妇联改革工作，全县乡镇、村（社区）妇联组织改建实现全覆盖。同步推进户籍制度、生态文明、园区体制等改革。招商引资成效显现。深入开展"产业大招商突破年"和"营商环境整治年"活动，依托省、州招商活动平台和中国农业银行总行、杭州市拱墅区对口帮扶的契机，开展"走出去"招商活动共29批次，拜访企业47家；"请进来"考察洽谈活动共91批次119家企业。引进省外招商引资项目27个，新增合同投资总额44.73亿元，新增项目开工27个、投产15个。创新驱动能力不断增强。创新金融服务路径，全年累计发放"特惠贷"1756.21万元，带动374户贫困户拓宽增收渠道。建立"绿色金融MAX+"模式，投入扶贫再贷款3.05亿元，发放绿色贷款达3.31亿元。创建"国家级有机产品认证示范区"实现"5证5000亩"认证。扶持微型企业110户，新增科技创新平台3个，申请专利146件，商标注册132件。全县拥有自主知识产权的企事业单位50家，综合科技进步水平指数达55.4%，黄平"美女寨"牌腌汤菜荣获"贵州省名牌产品"称号。

（六）狠抓投资拉动，项目推进更加有力。重大项目顺利推进。500万元以上项目开工38个，启动建设东坡至谷陇公路，黄平至贵阳高速公路有序推进。上塘永爱、重安安江、纸房西堰等防洪治理工程进展顺利。印地坝水库大坝主体工程正在浇筑，土牙坡水库完成形象进度90%以上。继续推进农村电网升级改造，全年电网投资建设1.8亿元，新装配变设施566台，农网升级改造工程实现行政村全覆盖，解决了56家扶贫产业安全用电问题。新增4G移动基站161个、联通基站20个、电信基站20个。县城旅游景区停车场、三里湾夜市和谷陇镇旧城改造等重大项目稳步推进。县城棚户区改造完成协议签订713户，兑现补偿资金2.56亿元。社会投资拉动有力。绿城新洲、御园一二号、且兰新天地、星宸国际二期等房地产开发项目扎实推进，预售商品房1546套。加快县城至机场大道、医疗基础设施、农村环境整治等PPP项目前期筹建工作，县城污水处理二期项目已完工，贵州久华生态农业、贵州苗疆蜂业等产业项目强力推进。狠抓绿色产业项目储备。围绕省委省政府"一减四增"产业结构调整要求，储备并纳入国家重大项目库亿元项目35个，项目总投资122.89亿元，意向性协议落实绿色产业扶贫子基金3.2亿元，着力发展"一县一业"种草养牛全产业链，规划万头养殖小区4个。

（七）狠抓民生事业，人民生活更加美好。教育事业加快发展。继续压缩6%行政经费用于教育精准扶贫。投入323.89万元全面回收21所公建民营幼儿园，新建4所移民区幼儿园，学前教育设施布局明显改善，入园率达89.9%；九年义务教育巩固率达91.79%，高中阶段毛入学率达91.8%。实施"薄改工程"25所学校39个单体项目，基本消除大班额现象。中高考成绩在全州排名均居前列。谷陇中学《"品德+特长=人才"落实学生核心素养》入列2018年全国中小学德育工作典型经验名单。医疗卫生条件显著改善。深入推进公立医院综合改革，全面实施县域医共体建设。全县新农合参合33.28万人，参合率为103.46%，全县建档立卡贫困人口实际参合率100%；健康扶贫医疗保障救助政策共补偿2.04亿元，补偿60.19万人次。我县获得"国家级妇幼健康优质服务示范县""公立医院综合改革省级示范县""全省人口计生利益导向示范县"称号。文化体育事业蓬勃发展。大力实施文化惠民、文化扶贫工程，加强文物保护管理，公布全县第二批"非遗"项目代表性传承人325名。成功举办且兰文化活动周暨第三届贵州黄平飞来者大会活动。县体育馆项目顺利推进。建成乡村农民体育健身工程121个。完成多彩贵州"广电云"户户用工程安装目标任务2.19万户。推动黄平文化综合体项目规划建设，完成项目概念性规划，与投资商签订投资框架协议。启动县级融媒体中心建设。谷陇镇被贵州省苗学会授予"天下苗族第一镇"称号，申报获批省级民族特色村寨4个。就业创业持续稳定。完成城镇新增就业4397人，城镇登记失业率控制在目标任务4.2%以内。转移农村劳动力4978人，完成失业再就业362人、高校毕业生就业323人，开展建档立卡贫困劳动力全员培训6565人次。高度重视保障农民工工资支付工作，全年调解拖欠农民工工资问题18件。社会保障水平不断提升。全年发放城市、农村低保金7565.8万元，43.87万人次；发放城乡医疗救助金、临时救助金、特困供养金1264.21万元，4.74万人次；发放优抚金1354.04万元，2.93万人次；发放高龄补贴322.98万元，7.98万人次；发放重度残疾人护理补贴320.08万元，3162人次；投入39.35万元为248名残疾人开展康复救助。加快残疾人托养中心、乡镇敬老院和老年养护楼建设进度，新建黄平县流浪未成年人救助中心、救灾物资储备仓库。社会保持和谐稳定。继续开展重点地区治安整治、扫黑除恶、盗抢骗、缉毒执法等专项工作，成功摘掉黄平县全省禁毒"重点关注地区"的帽子，整改销号3个全州禁毒重点整治挂牌乡镇、1个全州社会治安重点整治乡镇，创建野洞河等6个州级无毒害示范乡镇。加强"天网工程""雪亮工程"建设与监管，提升了群众安全感、满意度。大力开展民族团结进步活动，积极推进宗教关系和谐示范创建工作。

（八）狠抓自身建设，依法行政更为扎实。作风建设纵深推进。深入推进"两学一做"学习教育常态化、制度化，认真履行县政府党组党建主体责任，坚决执行向县委报告工作制度、重大问题向县委请示报告制度。强化审计监督和财政监管，政府作风加快转变。严格落实党风廉政建设责任制和中央八项规定精神，持续反对"四风"、改进作风。加强政府目标管理，实施效能问责，强化政务督查，工作效率明显提高。法治建设不断强化。依法接受人大法律监督、工作监督，自觉接受政协民主监督、社会舆论监督，办理人大代表建议151件、政协委员提案149件，代表、委员满意率均达96%以上。规范性文件备案7件。办结县长信箱19件和行政复议案件4件。行政机关负责人出庭应诉制度进一步健全完善，政务信息全面主动公开。"七五"普法深入推进，村（居）法律顾问制度实现全覆盖，人民调解组织的职能作用进一步显现。廉政建设持续深化。深入推进政府系统党风廉政建设和反腐败斗争，切实担负起全面从严治党主体责任，努力营造风清气正的发展环境。切实抓好中央、省委、州委、县委巡视巡察反馈意见整改落实，加强重点领域的审计监督，严查侵害群众利益的不正之风、腐败问题，促进政府系统廉洁行政。全面推行"清单"、一线工作法，严格督查问责，行政效能得到加强，政府系统扎实开展干部约谈常态化工作，突出抓早抓小，全年常态化约谈干部1200余人次。此外，国防动员、双拥优抚、外事、侨务、对台、人防、应急、档案、史志、气象、老龄、妇女儿童等各项事业均取得新成绩。

各位代表、同志们，以上成绩的取得，是州委、州政府坚强领导与深切关怀的结果，是县委统揽全局、科学决策的结果，是县人大、县政协履职监督与倾力支持的结果，是全县人民齐心协力、苦干实干的结果。在此，我代表县人民政府，向奋斗在各条战线的广大干部群众，向县人大代表、政协委员，向关心、支持黄平建设与发展的社会各界人士，向驻黄单位、人民团体及武警官兵，致以崇高的敬意和衷心的感谢！

在肯定成绩的同时，我们也清醒地认识到，人民群众日益增长的美好生活需要与不平衡不充分发展之间的矛盾在我县还比较突出，面临的挑战还十分严峻。一是脱贫攻坚任务紧迫繁重。全县仍有8673户、31676人未脱贫，贫困发生率仍然较高，脱贫攻坚任务还十分艰巨。二是实体经济依然比较薄弱。三次产业基础支撑较弱，产业链不全不强，新旧动能转换不足，缺乏引领性、带动性产业。三是营商环境亟需优化改善。行政审批、公共服务、法规政策等环境还不够优，少数干部不作为、慢作为依然存在，转作风、提效能任重道远。四是社会民生事业发展压力较大。财税收支增长乏力，基础设施和公共服务欠账较多，发展不平衡不充分问题比较突出。对于这些问题，我们将采取有效措施加以解决，不辜负全县人民的期望。

二、2019年工作目标和主要任务

2019年是新中国成立70周年，是打赢脱贫攻坚战、实现整县摘帽的决战之年，是打牢高质量发展、乡村振兴基础的重要一年，做好全县经济社会发展工作责任重大、意义深远。当前我县基础设施持续改善，生态优势不断凸显，新产业新业态方兴未艾，全县上下竞相发展的氛围更加浓厚、团结干事的激情持续高涨。只要我们保持定力、精准发力、持续用力，就完全能够把黄平的事情办得更好，向全县人民交出满意答卷。

今年政府工作的总体要求是：以习近平新时代中国特色社会主义思想为指导，深入贯彻落实党的十九大和习近平总书记对贵州工作的系列重要指示批示精神，认真贯彻落实中央、全省及全州经济工作会议精神，统筹推进“五位一体”总体布局，协调推进“四个全面”战略布局，坚持稳中求进工作总基调，落实新发展理念，坚持以提高发展质量和效益为中心，在“巩固、增强、提升、畅通”八个字上下功夫，进一步稳就业、稳金融、稳外贸、稳外资、稳投资、稳预期，提振市场信心，提高人民群众的获得感、幸福感、安全感，继续打好三大攻坚战，全面做好稳增长、促改革、调结构、惠民生、防风险各项工作，促进经济平稳健康发展、社会和谐稳定。

今年经济社会发展的主要预期目标是：地区生产总值增长10%左右，农业增加值增长7%左右，规模以上工业增加值增长13%左右；全县计划脱贫2.53万人，74个贫困村出列，年末贫困发生率降至2%以内；500万元以上固定资产投资增长12%以上，社会消费品零售总额增长11%左右，一般公共预算收入增长5%以上，城镇、农村居民人均可支配收入分别增长9%、11%；城镇失业率控制在4.2%以内；常住人口城镇化率提高到46%；森林覆盖率提高到60%以上，节能减排降碳指标控制在省、州下达计划范围内。

为全面完成以上目标任务，我们将重点抓好以下工作：

（一）打好精准脱贫攻坚战。紧盯全年整县脱贫摘帽目标任务，加强深度贫困地区攻坚力量，完善督查巡查机制，全力打好打赢“四场硬仗”。高质量打好基础设施建设硬仗。启动黄平至瓮安高速公路建设，加快东坡至谷陇公路改扩建步伐，完成对所有农村“组组通”项目的验收和提交审计工作，对新增省道、县乡道进行大中修，切实改善县城通往各乡镇路面路况。推进境内路网社会化养护，推行“路长制”建设机制。继续推进重大水利设施建设，全面解决农村饮水安全5.8万人。着力推进农村电网升级改造，新增变压器160台，改造线路140公里。高质量打好易地扶贫搬迁硬仗。积极争创州级易地扶贫搬迁示范点，完成1118人易地扶贫搬迁，推进旧房拆除复垦复绿工作。加大后续扶持力度，强化就业技能培训，确保有劳动力贫困搬迁家庭至少有1人稳定就业。高质量打好产业扶贫硬仗。落实产业革命“八要素”，全年确保产业发展投入达1.5亿元以上。大力引进培育一批农业产业化龙头企业，创新种养大户、农民合作社、家庭农场、龙头企业等经营主体与贫困户的利益联结机制。创建“一县一业”种草养牛规模示范基地3个以上。加强产销对接，提高农副产品转化成为商品的比例。高质量打好教育医疗住房“三保障”硬仗。继续推进教育精准扶贫，确保建档立卡贫困家庭学生资助政策不折不扣落到实处。全面落实健康扶贫医疗保障救助政策，按质按量完成建档立卡农村贫困人口参合任务，确保因病致贫、因病返贫得到有效遏制。完成上级下达的农村危房改造任务，做好1.38万户农村老旧危房透风漏雨整治工作，力争完成2019年总投入9.36亿元的1300户棚改工程，切实解决贫困群众的住房安全问题。充分用好帮扶资源。深化与发达地区的交流合作，切实抓好与中国农业银行总行、杭州市拱墅区的对口帮扶项目推进，持续用好省州帮扶资源要素，加大谷陇镇极贫乡镇基础设施建设力度，拓宽产业发展途径。激发群众内生动力。坚持扶贫和扶志扶智相结合，大力开展感恩教育，选树、宣传、表扬脱贫攻坚先进典型。深入开展“三扶三转”活动，广泛调动群众脱贫致富积极性、主动性，树立勤劳致富、脱贫光荣的价值取向和政策导向，形成有劳才有得、多劳多得的正向激励，杜绝政策养懒汉、助长不劳而获和“等靠要”的不良风气。倡导企业履行社会责任，发挥龙头企业带动作用，开展“村企共建”帮扶活动。建立跟踪回访制度，坚决防范返贫现象发生。

（二）抓好实体经济发展。按照高质量发展要求，切实提高供给体系质量，发展壮大实体经济。推动农业产业优质高效。加快优化农业产业结构，推进粮经饲统筹、种养加结合、农文旅融合循环发展。新增“三品一标”8 个、产地认证面积 10 万亩。加强农业园区功能配套，推进 200 亩以上坝区农业基地标准化、规范化建设。引进和培育州级以上龙头企业 1 家。加强对合作社的扶持培育，做好生产、销售、信息等基本服务，增强合作组织自我发展和带动能力。推动工业经济高质量发展。全力推进园区管理体制和运行机制改革，实行县领导、县直相关部门定点联系企业、联系项目制度，抓好在库企业跟踪服务。加快富城扩能技改步伐，贵州七环公司 3 万吨饲料生产一体化项目、15 万头生猪屠宰加工厂建成投产。推进谷陇铭川水泥生产项目、珍稀药材公司白及加工项目实质性动工。力争年产 3000 吨红酸汤系列产品、年产 5000 吨鲜红薯生产线两个项目开工建设。扎实抓好工业经济“六个专项行动”，不断壮大全县工业经济总量。推动文化旅游业上档升级。大力推进“旅游 +”发展模式，实施文化旅游精品示范工程，加快发展文化创意、健康养生、户外运动等旅游新业态。加强与大企业、大集团合作发展，力促㵲阳湖康养旅游小镇、红梅印象田园综合体、浪洞“云上有山”、旧州特色飞行小镇等重点旅游项目早日建成。加快旅游业态培育，拓展旅游市场，推动且兰文化旅游产业升级发展，打响“且兰古国”品牌。推动现代服务业加快发展。深入实施电子商务进农村综合示范项目，完善县、乡、村三级物流配送机制。加强农村电商人才培养，丰富乡村综合服务站业态，行政村覆盖率达 100%。开工建设贵州冷投黄平县农产品现代流通中心，为农产品上行、消费品下行提供更为便捷的线上线下服务。加快大健康产业项目建设，发展壮大健康医疗、健康医药、健康养老、温泉疗养等业态。实施服务业重点企业培育行动，新增限额以上批零住餐企业 3 户以上、规模以上服务业企业 1 户以上。推动民营经济发展壮大。全面落实国家减税降费各项政策，大力开展金融服务专项行动，加快推动“4321”政银担合作模式，加大对本土企业扶持力度，全力支持民营企业发展。着力构建“亲”“清”新型政商关系，激励投资商发扬“企业家精神”支持地方发展。

（三）大力实施乡村振兴战略。坚持农业农村优先发展，坚持资源要素、公共服务等向乡村倾斜，在加快推进农业农村现代化中创造“黄平特色”。深化农村改革，激发乡村发展活力。深化农村集体产权制度改革，加快盘活农村集体资源、资产和资金，不断壮大村级集体经济。学习推广“塘约经验”，吸引资本、技术、人才等要素更多向乡村流动。提升优质农特产品、制造加工精品供给能力，培育一批省级、州级知名品牌，多渠道增加农民收入。聚力发展产业，增强乡村振兴动力。着力构建现代农业产业体系、生产体系、经营体系，促进农村一二三产业融合发展，发展壮大农业农村经济。充分发挥农民群众主体作用，积极培育新型农业经营主体，新增州级以上农业龙头企业 3 户、农民专业合作社示范社 4 家、示范家庭农场 5 家，打造田园综合体示范点 1 个以上，创建乡村旅游示范村 3 个。健全农业社会化服务体系，全面实施信息进村入户工程，推动小农户和现代农业发展有机衔接。加快建设农产品质量安全信用体系，力争创建成为省级农产品质量安全县。打造“四在农家·美丽乡村”升级版。围绕“八个小康行动计划”，着力改善农村基础设施和人居环境；加强乡风文明建设，遏制农村乱办酒席等不良风气。抓好传统村落保护与发展规划编制，积极推进“庭院革命”、厕所革命，着力打造新州镇太翁村、旧州镇川心村、谷陇镇仰朵村等一批升级版美丽乡村示范村寨。

（四）着力增加财政金融投资。增强金融创新服务能力，提升投资对优化供给结构的关键作用。扩大有效投资。紧盯国家宏观经济政策，谋划论证一批符合国家产业政策、科技含量高、带动能力强的优势项目，争取更多项目纳入国家、省州投资计划。全年计划新建 500 万元以上项目 37 个，项目总投资 86.02 亿元，力争完成投资 13.2 亿元。续建项目力争完成投资 13.5 亿元。管好用好财政资金。全面落实好“营改增”等减税降费政策，强化部门协税护税征管，加大对重大项目和房地产企业等重点投资行业和企业的税源清理。进一步优化财政支出结构，加大对供给侧结构性改革、脱贫攻坚、科技创新、生态环保、教育医疗卫生等领域和重点项目的支持。加大税源培植力度，强化预算支出管理，严控预算外支出，放大资金使用效益。增强金融服务实体经济能力。加强与金融机构对接，千方百计做大信贷总量，加大绿色信贷发放力度。创新对乡村振兴和中小微企业的金融服务质量和效率，解决中小企业融资难、融资贵的问题。做好风险防范化解工作。扎实做好政府债务、规范融资、财政收支风险化解工作，强化财政风险安全意识，提高风险防控能力。切实做好金融风险防范工作，坚决打击违法违规金融活动。

（五）切实改善生态环境质量。要像保护我们眼睛一样保护黄平的绿水青山、蓝天净土，切实加强生态保护和环境监管执法力度，加快推动生态文明建设。加大生态环境保护力度。建立生态文明建设考核目标体系、绿色发展指标体系和生态责任离任审计制度。着重提升生态环境保护治理能力，积极开展植树造林活动，加强公益林、水源林保护，完成人工造林4000亩以上。加大土地复垦力度，保持全县土壤环境质量总体基本稳定。加大水土流失、石漠化治理力度。着力解决突出环境问题。坚决打好生态环境保护“五场战役”，扎实推进大气、水、土壤等各项污染防治行动。全面落实河长制，编制“一河一策”实施方案，重点抓好污水处理厂达标运行、水源地保护、河道综合整治、重点流域整治等工作，确保断面水质达标。加大农村污染物回收利用力度，防治农业面源污染。常态化开展全域无垃圾创建活动，逐步建立“农户分类、村组收集、乡镇转运（处理）、集中处理”的农村垃圾治理体系，确保城乡垃圾无害化处理率达86%以上，城镇生活污水处理率达87%以上。着力提升城镇品位。以县城总规修编为工作重点，优化县城发展方向，引导县城形成新州城区、旧州城区、机场空港区和槐花工业区联动发展格局。加快城镇专项规划编制进度，抓好重点地段、重点节点城市设计，树立绿色城镇发展理念，注重城镇风貌建设，突显地域文化。继续抓好城市地下综合管廊和海绵城市建设工作。启动实施城区景观绿化美化亮化提升工程。抓好社会停车场、夜市市场、建材市场等专业市场及城市环城路建设。加大城镇管理执法整治力度，提升城镇管理智能化、精细化水平。

（六）全面推动改革开放创新。坚定不移深化改革，全方位扩大开放，不断激发全社会创造力和发展活力。深化重点领域改革。深化“放管服”改革，持续推进行政管理体制改革，完成乡镇权力清单和责任清单动态调整。完善政府工会协商列席会议制度，进一步维护职工群体的权益。深入推进教育医疗体制改革，提高公共服务均等化水平。深化投融资机制改革，有效防范金融风险。统筹推进农村集体产权、户籍制度等各领域改革。全面加强对接合作。坚持激活内力和借用外力相结合，推动形成全面开放新格局。完善招商引资优惠政策，打造“敬商、安商”的营商环境，围绕我县特色旅游资源、特色食品、中药材等优势产业，着力引进一批产业关联度高、辐射带动力强、环境品质较好的项目落户黄平。全力推动创业创新。完善创业创新扶持奖励办法等政策措施，激发企业创业创新活力。强化知识产权保护和运用，完成专利发明申请100件以上，加强科技要素与经济发展的有机链接，推动科技成果转化运用，力争我县综合科技进步水平指数达60%以上。鼓励支持大中专毕业生、农村返乡能人等投身创业创新。优化电子商务小微企业创业环境，对符合标准的小微企业给予低门槛、免租金等政策扶持。

（七）着力提高和改善民生水平。始终把人民对美好生活的向往作为奋斗目标，不断提升人民群众的获得感、满意度。稳步推进各项社会事业。继续实施2018年农村义务教育阶段“全面改薄”、教师周转房、中央预算内投资义务教育等工程。加快黄平民族中学新校区和谷陇第二小学的建设步伐，确保按时投入使用。抓好“校农结合”工作，力争采购贫困户农副产品总量达到40%以上；做好“应助尽助”和“保学控辍”工作，确保义务教育阶段学生不因贫失学。打造“且兰三名工程”，着力做优教育医疗卫生人才队伍建设。继续扩大全面深化公立医院综合改革，加强基层医疗卫生服务能力建设，加快推进县域医共体试点改革和城乡居民基本医保制度整合，开展家庭医生签约服务。加快推进县人民医院和县第二人民医院扩建、县疾控中心新建项目、谷陇镇民族中心卫生院整体搬迁项目建设和黄平县卫生室建设项目。支持职工文化阵地建设，完成县城体育馆建设并投入使用。加强文物和文化遗产保护利用。全面完成多彩贵州“广电云”户户用工程建设任务。重视民族宗教工作，完成第四次全国经济普查。完善社会保障体系。落实好就业创业优惠政策，抓好高校毕业生、返乡农民工等重点群体就业创业；实施社会保险“惠民工程”，不断提高社会保障待遇，发挥社会保障兜底作用，规范低保动态管理，实现应保尽保。完善城乡社会救助体系，确保低收入群体和残疾人等弱势群体的基本生活得到保障。加大困难群众医疗救助和职工医疗互助力度，深入开展重安镇中心敬老院医养结合“公办民营”试点工作。完成黄平社会福利院、老年养护楼和残疾人康复中心建设并投入使用；完成老年人日间照料中心和农村幸福院建设，大力发展红十字、慈善、老龄事业，支持关心下一代工作。维护社会安全稳定。开展“扫黑除恶”等专项行动，打击违法犯罪行为。完善矛盾纠纷排查调处机制，畅通群众诉求渠道，全力抓好信访维稳工作。落实安全生产责任，深化重点行业领域专项整治，防范各类安全事故发生。全面整顿和规范市场秩序，维护公平有序的市场环境。

三、加强政府自身建设

各位代表，面对经济社会发展新形势、人民群众新期待，我们将不断加强自我约束和革新，加快转变政府职能，不断提高行政效能，勤勉敬业、善作善成，不辱时代使命、不负人民重托。

（一）坚定不移加强党的建设。始终把政治建设摆在首位。旗帜鲜明讲政治，牢固树立“四个意识”、坚定“四个自信”、做到“两个维护”，在思想上和行动上同以习近平同志为核心的党中央保持高度一致，确保令行禁止。严格执行新形势下党内政治生活的若干准则。自觉接受县委领导，定期向县委常委会报告工作。始终把纪律规矩挺在前面。严格遵守政治纪律、政治规矩，坚决贯彻中央八项规定及其实施细则，大兴“三风”、纠正“四风”，着力推进精文简会，严肃查处顶风违纪行为，坚决防止反弹回潮。始终把党风廉政建设落到实处。组织开展经常性党风廉政教育活动，筑牢思想防线，坚守廉洁底线。扎实做好中央、省委巡视，州、县巡察反馈意见的整改落实。聚焦重点领域，严肃查处侵害群众利益的不正之风、腐败问题。加强制度建设，聚焦权力运行关节点、监督管理薄弱点和问题易发风险点，打造“制度铁笼”。

（二）持之以恒推进法治建设。坚决维护宪法权威。严格遵守宪法法律，坚持依宪施政、依法行政，开展普法教育活动，推动法治黄平建设。依法全面履行政府职能。全面推进简政放权，织密权力瘦身的“紧身衣”，防止权力任性。公布行政权力清单、责任清单和权力运行流程图，按法定权限用权、按权责清单用权，把政府活动全面纳入法治轨道。健全依法行政制度体系。建立政府及部门重大行政决策程序制度、合法性审查制度、决策执行纠偏机制和终身责任追究制度。不断完善政府规章、规范性文件定期清理和公布制度。严格规范公正文明执法，推行行政执法公示、过程全记录和重大行政执法决定法制审核制度。强化权力运行制约监督。依法接受县人大及其常委会的法律和工作监督，自觉接受县政协的民主监督，主动接受社会和舆论监督，认真听取人大代表、政协委员和社会各界的意见。强化政务公开工作，让权力在阳光下运行。

（三）坚持不懈狠抓作风建设。筑牢人民至上的“心实”情怀。牢固树立以人民为中心的发展思想，把满足人民对美好生活的向往作为最大追求。坚持问政于民、问需于民、问计于民，做任何事都将群众满不满意，高不高兴、答不答应作为衡量工作实绩的具体标准，切实顺应群众所思、所想、所盼。坚持勤政为民的“求实”取向。树立正确的政绩观，大力倡导说实话、谋实事、做实功、求实效。加大对弄虚作假、欺上瞒下行为的惩戒力度，坚决反对工作中存在的“形式主义”“官僚主义”。倡导苦干实干的“务实”作风。大力弘扬新时代贵州精神和黔东南精神，扛起主责、抓好主业，倡导苦干实干作风，健全抓落实的责任链任务链，强化督查考核问责，推动各项决策部署落地见效。弘扬担当有为的“落实”精神。坚持“立说立行、速决速行、雷厉风行”，在职责履行上“担担子”，在任务落实上“钉钉子”。鼓励干事创业，把本领体现在会干事，干成事上，探索推行激励机制和容错纠错机制，旗帜鲜明为敢于担当干事的撑腰鼓劲，满怀热情关心关爱干部，让不作为、慢作为、乱作为者无立足之地。

各位代表，新征程催人奋进，新使命光荣神圣。让我们更加紧密地团结在以习近平同志为核心的党中央周围，在州委、州政府和县委的坚强领导下，主动作为、担当有为，团结带领全县各族人民群众同心协力、奋勇拼搏，以实干推动发展、以实干赢得主动，坚决夺取 2019 年脱贫攻坚的根本性胜利，向全面建成小康社会的宏伟目标坚实迈进！

施秉县政府工作报告

（2019年1月9日在施秉县第十六届人民代表大会第三次会议上）

施秉县委副书记、县长 张双红

各位代表：

现在，我代表县人民政府向大会作工作报告，请予审议，并请各位县政协委员和列席人员提出意见。

一、2018年工作回顾

过去的一年，是我县发展历程中非常特殊、极不平凡的一年。在州委、州政府和县委的坚强领导下，在县人大、县政协的监督支持下，在全县干部群众的共同努力下，我们坚持以习近平新时代中国特色社会主义思想为指导，认真贯彻党的十九大和习近平总书记在贵州省代表团重要讲话精神，全面贯彻落实中央、省、州和县委的各项决策部署，坚持以脱贫攻坚统揽经济社会发展全局，全力打好三大攻坚战，经济实力稳步提升，高质量发展初露端倪，脱贫攻坚扎实推进，城乡面貌变化显著，民生福祉持续改善，各项事业得到全面发展。

全县生产总值预计完成39.75亿元，增长7.4%；财政总收入完成33258万元，一般公共预算收入完成16480万元；500万元以上固定资产投资预计完成22.6亿元，增长7.5%；社会消费品零售总额预计完成9.67亿元，增长7.0%；金融机构存贷款余额预计完成83.62亿元；城镇居民、农村居民人均可支配收入预计分别完成29298元、9555元，同比增长9.3%、10.2%。

过去的一年，我们苦干实干、奋勇拼搏，重点抓了以下工作：

（一）坚持精准扶贫精准脱贫，“脱贫摘帽”扎实推进。脱贫基础更加夯实。坚决扛起脱贫攻坚重大政治责任，成立17个工作专班、1个督查问责组，强化网格化管理，全力打好“四场硬仗”，深入开展“春风行动”“夏秋攻势”，全年投入脱贫攻坚各类资金超过10亿元。狠抓“十二个专项治理”，聚力打好“九大歼灭战”，漏评率、错评率、错退率大幅下降，群众认可度显著提高，实现建档立卡贫困人口3312户、14243人脱贫，14个贫困村出列，综合贫困发生率下降到1.82%，“脱贫摘帽”顺利通过州级评估。产业扶贫成绩喜人。大力推动“5+N”产业发展，中药材、优质烤烟、精品水果、林下“虫草鸡”及香菇等规模特色种养业富民效果凸显，投入专项扶贫资金4400万元，实施重点产业扶贫项目75个，实现贫困户扶贫产业全覆盖，贫困户户均增收1000元以上。实现全县33个贫困村建立合作社，贫困户100%加入合作社。基础设施加快完善。完成“组组通”项目172个共计332.15公里，实现全县30户以上及其他具备条件的村民组通硬化路。完成农村饮水安全巩固提升工程79个，解决3.8万农村居民饮水安全问题，实现全县所有农户饮水安全。全面实施农村电网改造。新增“广电云”户户用10329户。实现行政村所在地宽带网络和手机4G网络全覆盖，宽带通达率达100%。易地扶贫搬迁任务顺利完成。完成2017年度易地扶贫搬迁房建设29栋、1191套，累计实现2016和2017年度搬迁入住1683户、7942人。配套发展农业产业园，实现易地扶贫搬迁对象产业发展全覆盖。大力开展移民搬迁劳动力全员培训，搬迁对象就业创业3448人，实现“一户至少有一人就业”，全面落实教育、医疗等后续保障政策。建立飞凤社区、南官营社区，建成安置区卫生室，安置区管理服务逐渐完善。教育医疗住房“三保障”稳步推进。全面落实教育精准扶贫资助政策，落实教育资助政策资金2907万元，惠及学生29239人次，义务教育阶段无学生因贫辍学；落实学生（儿童）营养改善计划资金 1279 万元，惠及学生 17540 人次，实现学前教育、义务教育阶段营养改善计划全覆盖。全面提升健康服务水平，实现建档立卡贫困人口参合率、参合资助率 100%、家庭医生服务签约率 100%、经转诊到定点医疗机构住院报销实补比达 90% 以上，全面落实“先诊疗，后付费”“一站式”即时结算便民服务措施。完成危房改造 1249 户，实施老旧房透风漏雨整治 437 户。农村人居环境综合整治、“10 个 1”工程建设全面推进。实施 784 个村民小组人居环境整治，新建停车场 193 个，新增农村路灯 8910 盏、连户路 19 万平方米、公共排污沟 156 公里；大力实施“10 个 1”工程，惠及 33446 户、150507 人，新建改造户用卫生厕所 11729 个、卫生节能灶台 11738 个、庭院硬化 15 万平方米，农村居民生产生活条件明显改善。群众内生动力不断激发。深入宣传扶贫政策，积极开展感恩教育，抓好法治扶贫、德治扶贫，贫困群众“等靠要”思想转变明显。精心策划《脱贫攻坚大家谈》《脱贫攻坚在行动》《脱贫攻坚榜》《扶贫大讲堂》等栏目，激励贫困群众脱贫致富。宣扬脱贫攻坚群英谱，14 名先进个人、4 个先进集体受到省、州表彰表扬。大扶贫格局加快构建。深化与中投公司、省外事办、州检察院等定点帮扶单位和临安区东西部扶贫协作帮扶城市交流合作。获得中投公司帮扶资金 7200 万元，有效推进党建扶贫、教育扶贫、旅游扶贫、农村人居环境综合整治、“10 个 1”工程等工作。获得杭州市临安区东西部扶贫协作帮扶资金 4490 万元，实施项目 32 个，实现东西部扶贫协作帮扶 8 个乡镇全覆盖。社会各界力量积极参与扶贫帮扶，营造人人参与扶贫、人人支持扶贫的良好氛围。此外，我们积极抓好就业扶贫、生态扶贫、旅游扶贫、金融扶贫、兜底保障扶贫、电商扶贫等有关工作，全力助推我县“脱贫摘帽”。

（二）坚持积极稳妥统筹施策，风险防范化解取得实效。政府债务风险平稳处置。严格落实中央和省、州关于加强地方政府性债务管理的要求，坚决执行省委、省政府“七严禁”规定，政府债务风险防范化解有序有力。制定《施秉县地方债务风险应急处置预案》《施秉县存量隐性债务风险化解实施方案》，2014 年清理甄别认定的存量债务全部置换完毕，全年偿还到期置换债券利息 0.4 亿元，偿还隐性债务 8.2 亿元，牢牢守住不发生区域性、系统性债务风险的底线。金融风险防范有力。狠抓金融机构风险防控，出台《施秉县防范和处置金融风险应急预案》，金融风险防范市场化处置机制不断完善。加大涉嫌非法集资风险排查力度，经济金融市场秩序得到有效维护。社会风险防控有效。安全生产形势稳定，全年未发生安全生产事故，安全生产实现“双降”。矛盾纠纷调解机制不断完善，扫黑除恶专项斗争形成压倒性态势，群体性事件、刑事案件持续下降。信访维稳工作全面加强，依法严厉打击各类违法犯罪行为，社会治理水平不断提升，社会大局和谐稳定，人民群众的安全感、满意度进一步提升。

（三）坚持生态优先绿色发展，污染防治推进有力。生态环境持续优化。完成营造林 2.47 万亩、退耕还林 180 亩、石漠化治理 24 平方公里、水土流失治理 19 平方公里、义务植树和社会造林 15.3 万株，森林覆盖率稳步提升；新增城市绿地面积 2 万平方米；集中式饮用水源地水质达标率达 100%，城市空气质量指数年优良率达 100%；编制 2018 年度“耕地占补平衡”土地综合整治项目 79 个，获得旱地新增耕地指标合格证书 1328 亩；重点生态功能区通过国家考核。环保设施逐渐完善。县城污水处理厂二期工程、牛大场污水处理厂建设进入收尾阶段，启动实施农村污水治理整县推进项目，城乡生活垃圾无害化处理率、污水处理率分别达到 86%、85%。启动实施 7 个乡镇生活垃圾收运系统项目，完成 6 个污水处理设施建设。实施绿化美化村寨 30 个，完成绿化面积 15.3 万平方米，栽植苗木 11.7 万株。生态文明制度日臻完善。有序推进第二次全国污染源普查工作，积极开展“保护母亲河·河长大巡河”活动，强化水环境综合治理，全面拆除“网箱”。扎实开展自然资源资产负债表编制工作，严格落实领导干部自然资源资产离任审计制度，在 2018 年度自然资源资产离任（任中）审计中被评为“较好”等次。中央环保督察反馈问题整改工作有序推进。全年共查处各类林业案件 73 起，查处环境违法行为 8 起。

（四）坚持高质量发展要求，产业发展提质增效。第一、第二、第三产业分别完成 9.77 亿元、8.70 亿元、21.28 亿元，同比分别增长 6.5%、7.1%、7.8%，三次产业比重调整为 24.6 ∶21.9 ∶53.5，产业结构不断优化。农业经济整体向好。完成调减玉米 2.41 万亩，粮经比调整为 31.82 ∶68.18。“5+N”产业发展体系活力倍增，完成中药材种植 8.5 万亩，烤烟种植 3.86 万亩，收购烟叶 9.66 万担，新增精品水果种植 5000 亩，累计完成精品水果种植 6.75 万亩，发展林下虫草鸡养殖 60 万羽，发展香菇种植 252 万棒，生态家禽、蔬菜种植等其他产业规模不断扩大。制定 100 亩以上坝区产业发展规划方案，全力推动坝区农业产业结构调整。工业经济转型升级加快。新红产业园区完成投资1.9亿元，基本实现“九通一平”，建设观光厂房及配套设施8栋，招商拟入驻台商企业9家，实现投产1家。桃子湾产业园区新增10家企业入驻，累计入驻企业25家，实现投产18家。施秉临安电商公共服务中心、物流配送中心基本完工。旅游服务业蓬勃发展。获批国家3A级旅游景区1处，新增三星级酒店1家，完成旅游厕所建设7座。云台山旅游服务中心全面投入运营，南泥湾康养中心实现市场化运营。预计全年接待游客596.7万人次，旅游综合总收入42.64亿元，分别同比增长30.08%、31.35%。全年新增培育各类企业397户、登记个体工商户831户、限上服务业企业3家。新增网商109家，电子商务交易额达1.6亿元、同比增长23.1%，网络零售市场交易额（农产品上行）完成3300万元。

（五）坚持补齐短板夯实基础，城乡面貌持续改善。基础设施不断完善。完成县城规划中期评估。棚户区改造工作有序推进。启动实施“幸福家园”“舞阳春天”等一批房开项目，深入推动背街小巷整治，完成鼓楼社区姚家沟及农贸市场市政设施、雨污沟清理工程建设，完成县城西街口至平宁社区道路、农贸市场道路改造，下河坝河滨道路建成通车，供销社农贸市场建成投入使用。启动S103打础岩至镇远羊场公路、S204施秉至张家院水毁公路等项目建设，三施高速建成通车，上舞阳河码头建成投用，云台山快速通道双向通车，G211施秉段竣工通车。完成安全生命防护工程治理里程140公里。白头旺水库建设进度加快，潭子湾水库完成主体工程，黄金树水库、小岗河水库等重点项目验收蓄水。城市管理成效明显。集中开展环境卫生、占道经营、车辆停放等专项整治行动，强力推动农贸市场专项整治、“两违”建设专项整治工作。积极探索城区市容和环境卫生管理办法，“垃圾不落地”管理模式被省、州作为先进模式进行推广。出台垃圾收费管理办法，“城管APP”信息平台投入使用，城市文明素质不断提升。乡村振兴稳步推进。科学制定乡村振兴实施方案，完成县域30户以上自然寨规划编制工作。集镇环境综合整治不断强化，乡镇基础设施和公共服务配套规划建设更加合理。土地承包再延长30年政策有效落实，乡镇“两违”建设和农村宅基地管理不断加强。“四在农家·美丽乡村”八项行动计划深入推进。

（六）坚持深化改革扩大开放，改革创新深入推进。重点领域、关键环节改革不断突破。稳妥推进国税地税征管体制改革。积极推广“三变”改革经验，全县新增农民专业合作社38家，申报州级以上龙头企业3家，新增家庭农场7家。深化“放管服”改革，完成“最多跑一次”事项公布，行政审批时限整体压缩50%以上，新增市场主体1200户。工业园区管理体制运行机制改革有序推进。农村集体产权制度改革试点工作全面启动，基本完成农村土地确权工作。深化农村宅基地、土地增减挂钩等专项改革。创新发展水平不断提升。完成“三品一标”认证面积8.66万亩，无公害产品认证5个。新增科技型企业备案37家，累计完成科技型企业备案183家，位列全州第2位。引进“三区”科技人才18人，获得专利授权60件，科技进步综合指数达60.5%。积极向东南亚出口优势农产品，销售额达207万元。“中国特产·施秉扶贫馆”在京东网上线运营，黔农印象·贵州扶贫助农特产旗舰店落地广州，临安—施秉特色农产品展示中心开馆运营。“通村村”APP应用平台全面推广。招商引资成效明显。深入推进产业招商大突破、营商环境集中整治行动，完成县政务服务中心升级改造，营商环境持续改善。推动新希望集团年出栏20万头仔猪项目、龙文化旅游特色小镇、望城—高碑田园综合体等一批重点招商项目落户。新引进合同项目17个，签约资金29.15亿元，新开工项目17个、开工率达100%，新投产项目13个，完成到位资金29.17亿元。县城及乡镇污水处理工程成为全省PPP项目合作的优秀案例。

（七）坚持以人为本服务人民，民生事业全面发展。教育事业强力推进。全县学前三年毛入园率、九年义务教育巩固率、高中阶段毛入学率分别达86.65%、85.31%、89.18%。新建、改扩建村级幼儿园17个，完成全县44所中小学医务室标准化建设。启动实施城关镇第四小学、县职校实训楼、运动场及附属工程建设，县新一中项目有序推进。医疗条件不断完善。启动县人民医院医技综合楼、县疾控中心实验楼等医疗基础设施建设。全县新农合参合率达98.89%。全面建成县医院“5+2”重点学科，加快村卫生室建设项目，实现行政村卫生室标准化建设全覆盖，县、乡实现远程会诊、远程诊断、远程教育、远程会议等功能，县、乡、村三级医疗卫生服务能力进一步提升。就业创业形势稳定。新增城镇就业3015人，转移农村劳动力4295人，城镇登记失业率为3.62%。开展贫困劳动力全员培训4873人次，培训后创业就业率达85.2%，完成劳动力转移就业2792人。文体事业蓬勃发展。全面实施文化惠民工程，启动第八批文物保护单位申报工作。农体工程实现乡镇、行政村全覆盖。成功举办春节系列活动、“三月三”登山赛、端午节龙舟赛等群众喜闻乐见的系列民俗赛事活动，贵州元宵晚会分会场在我县成功举办。社会保障水平稳步提升。全面落实各项社会保障政策，实现城乡困难群众应保尽保、应助尽助，农村低保保障标准提高至3876元/人/年，城市低保保障标准提高至570元/人/月，特困人员基本生活保障金提高至855元/人/月，孤儿基本生活标准提高至800元/人/月。“十件民生实事”快速推进。除疾控中心、乡镇客运站等项目受宏观政策、客观因素影响正在加快推进建设外，其余民生实事已全部完成。此外，国防动员、双拥优抚、司法行政、民族宗教、外事侨务、人防、史志、档案、供销、粮食、妇女、青年、儿童、老龄和残疾人等各项事业取得新成绩。

各位代表，过去一年取得的成绩来之不易、积累的经验弥足珍贵。回顾一年的实践，我们深切感受到：做好政府工作，必须坚持以习近平新时代中国特色社会主义思想为指导，树牢“四个意识”、坚定“两个维护”，不折不扣落实中央、省、州和县委的各项决策部署；必须坚持发展是第一要务，以脱贫攻坚统揽经济社会发展全局，打好三大攻坚战，主动扛起推动经济社会发展的政治责任；必须坚持新发展理念，求真务实、真抓实干，奋力推动经济社会实现高质量发展；必须坚持解放思想、深化改革开放，以攻坚拔寨的勇气推动经济劈波斩浪、行稳致远；必须坚持以人民为中心的发展思想，践行全心全意为人民服务的根本宗旨，让更多发展成果惠及人民。

各位代表，过去一年的成绩，是习近平总书记和党中央关怀厚爱的结果，是省委省政府、州委州政府和县委坚强领导的结果，是县人大、县政协监督支持的结果，是全县各族干部群众团结奋斗的结果。我代表县人民政府，向全县各族人民、各级干部表示崇高的敬意！向人大代表、政协委员、各人民团体和工商联，向驻县部队、武警、消防官兵和政法干警，向中央和省州帮扶单位、扶贫协作城市，向所有关心、支持施秉县建设发展的各界人士，表示衷心的感谢！

在肯定成绩的同时，我们也要清醒认识到，我县发展不平衡不充分问题还比较突出，面临的挑战还比较多。一是脱贫攻坚任务依然艰巨。扶贫领域仍然存在不少“短板”，个别帮扶干部帮扶效果还有差距，少数群众还存在“等靠要”思想，推动剩余贫困人口脱贫和巩固脱贫成果任务依然繁重，我们稍有不慎就可能前功尽弃。二是政府性债务风险防范化解压力剧增。经济下行压力加大，财政收支矛盾更加突出，偿债压力加大，保工资、保运转和保民生等基本支出压力大。三是市场主体规模较弱小。缺乏支撑力强、引领性优的龙头企业带动，产业发展“小”而“散”的局面没有根本改变。四是民生保障还有不少薄弱环节。医疗、教育、养老、住房等公共服务保障与人民对美好生活的向往还有差距，安全生产、社会治理等领域还存在短板。五是少数干部作风还有差距，还存在不担当、不作为、慢作为、推诿扯皮等现象。我们将正视问题、直面挑战，转变观念、创新思路，拿出过硬措施加以解决，不辜负全县人民的期望。

二、2019年工作目标和主要任务

2019年是新中国成立70周年，是决胜全面建成小康社会第一个百年奋斗目标的关键之年。做好全年工作责任重大、意义深远。我们既要看到宏观经济环境依然复杂严峻，更要看到我县发展面临的难得机遇、有利条件。我们要保持战略定力、工作定力、作风定力，抢抓机遇、奋力拼搏，咬定目标、苦干实干，向全县人民交出满意答卷。

今年政府工作的总体要求是：以习近平新时代中国特色社会主义思想为指导，全面贯彻党的十九大和十九届二中、三中全会精神，深入贯彻落实习近平总书记对贵州工作的系列重要指示批示精神，认真落实中央、全省、全州及全县经济工作会议精神，牢记嘱托、感恩奋进，统筹推进“五位一体”总体布局，协调推进“四个全面”战略布局，坚持稳中求进工作总基调，坚持新发展理念，坚持推动高质量发展，坚持以供给侧结构性改革为主线，坚持深化市场化改革、扩大高水平开放，坚持守好“两条底线”，把产业作为经济工作的“牛鼻子”、把项目作为总抓手，继续打好三大攻坚战，统筹推进稳增长、促改革、调结构、惠民生、防风险工作，在巩固增强提升畅通上下功夫，保持经济持续健康发展、社会大局稳定，为全面建成小康社会收官打下决定性基础，以优异的成绩庆祝中华人民共和国成立70周年。

全县经济社会发展的主要预期目标是：地区生产总值增长9%左右；农业增加值增长7%左右，规模以上工业增加值增长11%左右，第三产业增加值增长11%左右；一般公共预算收入力争增长5%；500万元以上固定资产投资力争增长15%；社会消费品零售总额力争增长11%；城镇化率提高2个百分点；新增就业岗位3000个以上，城镇居民、农村居民可支配收入分别增长9%、10.5%左右；城镇污水处理率达90%，城乡生活垃圾无害化处理率达88%，森林覆盖率稳定在58.8%以上；确保顺利通过国家、省级脱贫摘帽验收，再减少农村贫困人口1000人以上、12个贫困村出列，全面小康社会实现程度达95%。

各位代表，实现上述目标关键是要落实好县委的各项决策部署，集中精力狠抓产业发展，集中精力狠抓项目建设，集中精力狠抓招商引资，集中精力狠抓主体培育，集中精力狠抓改革开放创新，重点抓好9个方面的工作：

（一）坚决打好脱贫攻坚战，持续巩固提升脱贫攻坚质量。严格按照国家、省级脱贫验收标准，紧紧围绕“一达标，两不愁，三保障”“三率一度”核心指标，全面提高脱贫质量、持续巩固脱贫成果，确保实现如期脱贫、精彩出列。

一是全面补齐脱贫短板。重点补齐住房安全短板。在摸清掌握底数的情况下，对全县农村危房进行大排查，对“危改”“三改”效果开展“回头看”，对透风漏雨住房开展全面整治。重点补齐教育医疗短板。全面落实教育和健康精准扶贫资助政策，扎实开展好控辍保学和家庭医生签约服务，做好合医费用收缴工作，确保建档立卡贫困人口参合率100%，贫困人口住院医疗费用按政策规定及时得到补偿，确保不因教育和医疗原因致贫返贫。重点补齐基础设施短板。加快“组组通”工程收尾工作，完善农村安全饮水巩固提升工程，指导村组建立完善养护管护机制，让老百姓出行更方便，喝水更安全。重点补齐农村人居环境整治短板。在不跑偏、不走样的情况下，稳妥推动农村人居环境综合整治、“10个1”工程，全面开展“六净六好”活动，进一步改善农村居民生产生活水平。二是全面提高脱贫质量。持续推进农村产业革命。按照“五步工作法”和产业发展“八要素”，紧紧围绕“6+N”产业发展，加快调整农业产业结构，有序推进集中连片坝区建设，做强优势产业。积极发展农民专业合作社，指导合作社规范化运营。全面推行“公司+党支部+合作社+农户”模式，注重农户参与度，强化项目利益分红，确保贫困户有稳定收入来源。持续推进搬迁后服工作。实施易地扶贫搬迁“1+7”后续扶持政策，加快完善易地扶贫搬迁飞凤社区和南官营社区基本公共服务功能，为移民群众提供户籍变更、子女入学、就业就医等政策服务，加快南官营社区集中安置点学校和社区医疗点建设步伐，支持搬迁群众自主创业和到园区就业，鼓励搬迁户积极入股搬迁所在地农民专业合作社。三是全面激发内生动力。坚持扶贫同扶志、扶智相结合，注重调动贫困群众的积极性、主动性、创造性，采用生产奖补、劳务补助、以工代赈等机制，教育和引导广大群众用自己的辛勤劳动实现脱贫致富。强化干部下村，开展扶贫政策宣传和感恩教育，帮助群众办实事、解难事，让群众有更多的认同感。加大正面典型宣传和反面典型曝光力度，选树、宣传、表扬脱贫攻坚先进典型，坚决杜绝政策养懒汉，依法严厉打击威胁、恐吓扶贫工作人员、阻碍扶贫项目、民生工程施工以及不赡养老人等阻挠脱贫攻坚违法犯罪行为。四是全面巩固脱贫成果。利用好各类政策。抢抓国家加大脱贫攻坚政策支持的机遇，加大对未脱贫人口的帮扶力度。坚持脱贫不脱政策、脱贫不脱帮扶、脱贫不脱责任，巩固提升已脱贫人口帮扶，减少和防止贫困人口返贫。研究解决好收入水平略高于建档立卡贫困户的群体缺乏政策支持等新问题。利用好各类资源。充分发挥各类帮扶力量“扶上马，送一程”的优势，深化与中投公司定点帮扶，杭州市临安区东西部扶贫协作和省外事办、州检察院等帮扶单位的对接联系，继续开展“千企帮千村”精准扶贫行动，引导更多企业和社会力量助力脱贫攻坚。利用好各类资金。加大上级财政专项资金、社会帮扶资金争取力度，加大涉农资金整合力度，加强扶贫资金监督管理，提高资金使用效率。

（二）坚决防范化解重大风险，全力抓好财政金融工作。按照坚定、可控、有序、适度的要求，积极化解政府债务风险，全力将风险控制在可承受范围内，积极稳妥走出政府性债务有效管控新路子。

一是稳妥处理政府性债务风险。严格落实中央和省州关于加强地方政府性债务管理的有关要求，严格执行“七严禁”和“1+8”债务管理系列政策，严格按规定办事，严控新增债务。积极争取政府置换债券资金，建立县级债务应急资金池，采取安排年度预算资金、盘活财政存量资金、经营收入偿还等多种方式化解政府性债务，确保债务率控制在预警线内。加大土地出让力度，挖掘“增减挂钩”潜力，全面盘活国有资产，继续开展国有资产清理，加大对闲置资产的处置力度，提高偿债能力。支持平台公司实体化经营，规范国有资产运营，盘活存量资产，严控隐性债务增量，不断提高运行的经济效益、社会效益及生态效益，确保国有资产的保值增值。二是千方百计抓好财税金融。着力涵养税源、培植财源，严禁财政收入虚收空转和征收“过头税”，合理控制非税收入占比，实现财政收入增量提质。积极优化财政收支结构，建立厉行节约长效机制，合理安排支出，压缩一般性支出，盘活财政存量资金，保障脱贫攻坚、重大项目、民生工程等领域支出。严格执行预算法，坚持无预算不开支，树立过紧日子的思想，不举借债务用于经常性开支，不脱离实际发展水平设定过高民生标准。强化国家融资政策研读，拓宽合法融资渠道，抓好重点项目和重大工程融资服务对接工作，增强金融服务实体经济的能力。在棚户区改造、产业扶贫基金、旅游发展基金等领域项目融资上力争取得新突破。全面完成第四次全国经济普查工作。推进防范化解金融风险和服务实体经济相结合，积极引导金融资本更好服务实体经济，坚决打击金融诈骗、非法集资等违法金融活动，坚守不发生区域性金融风险的底线。

（三）坚决打好污染防治攻坚战，全力推动生态环境持续优化。深入贯彻落实习近平生态文明思想，牢固树立“两山”理念，把生态文明建设融入经济社会发展全过程，着力建设美丽施秉。

一是筑牢“绿色屏障”。统筹“三生空间”，推进“三水共治”，加快生态工程建设，全面落实生态环境保护主体责任，全面推行绿色发展理念，全面加强施秉喀斯特世界自然遗产和风景名胜区保护力度，尽快启动相关规划调整。实施石漠化三年攻坚战，完成石漠化治理20平方公里、水土流失治理24平方公里，完成营造林3.2万亩、义务植树和社会造林30万株以上。二是推进“绿色治理”。打好污染防治“五场战役”，深入开展各项污染防治攻坚行动，扎实抓好舞阳河、清水江等流域治理，加快完善城乡生活污水处理设施、生活垃圾处理设施，加快乡镇政府所在地污水处理厂建设，加快城乡垃圾收运系统建设，确保中心城市集中式饮用水源地水质达标率达100%、城市空气质量优良天数平均比例保持100%，城镇污水处理率达90%，城乡生活垃圾无害化处理率达88%以上。三是强化“绿色监管”。全力抓好中央环保督察反馈问题整改、领导干部自然资源审计问题整改，完成第二次全国污染源普查工作、第三次全国国土调查工作。严格执行环境保护“六个一律”、森林保护“六个严禁”，继续加大对违法占用耕地、基本农田、生态公益林及电鱼、毒鱼等各类环境违法行为的查处力度。认真落实好河长制、启动林长制，建立县级生态保护基金，开展好“环境保护生态日”活动。

（四）聚焦做特现代农业，夯实乡村振兴发展基础。坚持以乡村振兴战略作为新时代“三农”工作的总抓手，推动产业振兴、人才振兴、文化振兴、生态振兴、组织振兴。

一是加快发展农业产业。坚持“上规模、强龙头、创品牌、带农户”，全力推动乡村产业振兴。加快产业结构调整，持续推进“一减四增”工作，启动45个连片坝区的农业产业结构调整工作，每个乡镇建成不少于1个示范点。在推进“5+N”产业的基础上，着力推进生猪养殖产业发展，逐渐形成“6+N”产业格局，完成中药材种植8.6万亩、新增精品水果3000亩、生猪存栏8.6万头，优质烤烟稳定在4万亩左右，积极稳妥发展林下“虫草鸡”和香菇产业，争取每个产业扶持2家以上龙头企业。强力推进“三品一标”认证工作，新增“三品一标”产品认证6个、认证面积4.5万亩以上。启动牛大场太子参交易中心建设，确保新希望集团年出栏20万头仔猪项目投产。大力推动农村电商发展，全县网商数量超过500家，网络交易额突破2亿元，农村网络零售额增长30%以上。培育新型农业经营主体，健全农业社会化服务体系，实现小农户和农业发展有机衔接。加强农民专业合作社规范化建设，全面清理“空壳”合作社，新增农民专业合作社10个、家庭农场5家、农业专业大户5户。二是加快培育乡村人才。实施新型职业农民培育工程，培养一批农村特色产业示范带头人。实施农业科技人才服务“三农”行动计划，推进行政村专业人才联系服务全覆盖。实行全县电商从业人员培训全覆盖，新培养电商扶贫骨干20名以上。实施农村公共服务提升计划，大力提升农村义务教育学校教师素质和能力，乡镇卫生院全科医师覆盖率达100%。鼓励支持农民工返乡创业，建立“扶贫车间”，吸引更多人才投身乡村振兴。三是加快丰富乡村文化。大力开展送文化下基层活动，不断丰富群众的精神文化生活。开展专项文明行动，加强乡风文明建设，推进移风易俗、遏制乱办酒席等不良风气和陈规陋习，抵制封建迷信活动，打击传销、赌博等违法行为。健全乡村公共文化服务体系，推进基本公共文化服务标准化均等化。加强农村思想文化阵地建设，推进村级综合文化服务中心建设，兴办新时代农民讲习所。四是加快改善乡村面貌。深入开展村容村貌提升工程，积极推进农村“厕所革命”，结合“10个1”工程，引导群众自发参与、自行实施，不断提高农村户用卫生厕所普及率。全面推进以“三清一改”为重点的乡村清洁行动，着力加强农业面源污染防治，推进农村生活垃圾治理，不断提高30户以上自然寨简易垃圾卫生填埋场覆盖率。五是加快推进组织建设。加强农村基层党组织建设，持续激发基层党组织活力，建设服务型、发展型村级组织，发展壮大村集体经济。加大在优秀青年农民中发展党员力度，在致富带头人、复员军人、大学生村官群体中培养村级后备干部。关心支持村支两委工作，全方位提供保障，让他们轻装上阵，充分发挥他们在乡村振兴过程中的关键作用。健全自治、法治、德治相结合的乡村治理体系，制定完善自治章程、村规民约，引导村民共建共享，深入开展农村扫黑除恶专项斗争，提升村级综合治理水平。

（五）聚焦做大旅游产业，着力构建施秉大旅游格局。坚持把旅游产业作为发展经济的主抓手、全县第一支柱产业来抓，持续推动旅游业“井喷式”增长，实现全年接待游客人次、旅游综合收入均同比增长30%以上。

一是完善旅游基础设施。进一步完善好云台山、杉木河等景区旅游基础配套设施，完成杉木河景区和云台山景区智慧化建设。盘活南泥湾旅游服务中心、南泥湾康养中心等旅游资产资源。启动云台山和杉木河两大核心景区联合申报国家5A级旅游景区前期工作。积极支持具备条件的景区申报国家4A级景区，力争引进知名旅游企业1家，创建等级乡村旅游村寨、农家乐、客栈15家以上。二是强化旅游宣传营销。多措并举拓宽旅游宣传营销渠道，开展市场宣传推介5次以上、举办各类文化旅游节庆活动5次以上。继续加强与周边景区的联合营销，加强对口帮扶城市和重点客源市场的旅游推介。策划一批贯穿全年的旅游引爆点活动，充分依托旅游民俗、体育赛事活动，进一步强化旅游宣传营销，切实提高施秉的知名度、美誉度，不断做大做强施秉旅游品牌。三是推动“旅游+”融合发展。不断丰富景区景点旅游业态，延伸旅游产业产品链，做好“旅游+”文章，全面挖掘少数民族文化、红色文化内涵，推进旅游和文化体育、生态、农业、扶贫深度融合发展。大力发展乡村旅游，推动“农旅结合、以农促旅、以旅强农”，支持建设集乡土文化展示、农事体验、乡村休闲娱乐、商业服务、休闲度假等项目于一体的休闲农业和乡村旅游综合体，支持农户、农村集体经济组织以出租、合作等方式盘活利用闲置资源发展乡村旅游，鼓励、引导社会资本参与乡村旅游发展建设。四是抓好旅游服务管理。加强旅游人才队伍建设，开展旅游从业人员培训800人次以上，提升旅游服务标准化水平。加大旅游管理执法力度，建立健全旅游安全保障体系，开展旅游市场秩序整治、建立长效管理机制，确保旅游市场有序发展。

（六）聚焦做强新型工业，推动工业转型升级取得新突破。坚定不移实施工业强县战略，大力推动工业经济加快发展，奋力推动工业发展、园区建设再上新台阶。

一是加快完善园区基础配套。继续加快桃子湾产业园区、新红产业园区基础设施建设，推动新红产业园区实质性入驻企业7家以上，确保园区发展产生效益。完成施秉县临安电商物流扶贫产业园建设并投入运营，实现对全县快递物流企业进行集中管理。加快推进施秉县农商旅互联综合体项目建设，不断完善仓储冷链物流基础设施，力争全县冷库库容达2万立方米，冷藏能力达1.5万吨以上。二是强化产业化企业培育。持续推进“双千工程”，支持鼓励传统工业企业改造升级，新增规上企业3家、微型企业100户。全面提升我县服务业综合水平，支持培育各类现代服务企业，新增限上服务业企业4家。重点围绕新兴产业、大健康医药产业，积极对接引进现代服务业和大型医药企业落户园区，力争引进企业15家以上，实现投产8家以上。培育壮大一批民族文化旅游企业和一批特色加工企业，逐步提高工业经济占比。三是加强企业生产要素保障。深入开展“六项行动”，扎实推进“双服务”行动，大力推进营商环境整治行动，全力优化营商环境。做好已签约企业入驻园区落地建设服务工作，开展企业一对一服务。重点加大企业登记、备案审批、土地供应、电力保障、消防验收等问题的协调，切实为企业解决建设、生产、运营中遇到的具体困难和问题。

（七）聚焦新型城镇化建设，大力提升城镇辐射带动功能。统筹谋划城镇融合协调发展，聚焦规划建设管理环节，优化生产生活生态布局，进一步提升城市品质，不断丰富发展内涵，切实增强城镇辐射带动能力。

一是不断完善城镇基础设施。坚持规划先行，强化规划意识、法制意识，加快乡镇所在地规划编制，做到“多规合一”。充分用好国家棚改政策“红利”，积极稳妥推进棚户区改造。分步完善城乡路网、污水管网、停车场等功能配套，持续加大破损基础设施修复力度，完成城区厕所升级改造。提前规划城区背街小巷整治工作，有序推进城中村、老旧小区改造。完成屠宰场搬迁建设任务，完成乡镇客运站、垃圾运转站建设。加快推进新汽车站建设，推动老汽车站片区开发。谋划启动5G网络试点县建设。二是不断提升城镇品质品味。积极推进绿色城市、人文城市建设，全面提升城镇内在品质。加快改造城镇传统业态，支持酒店、夜市摊点等升级改造，创新发展新型业态，大力推动住宿餐饮、咨询服务、现代物流、文化创意、电子商务、休闲旅游等城市经济发展。盘活广场、步道、绿地等功能性项目，不断配套完善休闲娱乐功能，推动“城景一体化”纵深发展。重点推动一批旅游小镇、医疗康养中心等项目建设，启动建设四星级酒店1家、三星级酒店2家。强化城镇产业支撑，引导聚集效应强的产业加快发展，提高城镇人口吸纳能力。三是不断强化城镇综合管理。深化“垃圾不落地”改革，优化划行规市方案，扩大“城管”APP成果运用，发挥天网工程作用，全力整治县城农贸市场，建立健全长效管理机制。常态化开展占道经营、扬尘污染、违章停车、工程车带泥上路等专项治理，积极创建国家卫生县城、卫生乡镇。全面开展“两违”集中整治专项行动，依法依规、疏堵结合，打击“两违”。理顺乡镇规划执法关系，加强居民建房和宅基地管理。

（八）聚焦深化改革扩大开放，着力激发经济社会发展动力、活力。坚持改革不停顿、开放不止步，以更坚定的信心决心、更有力的举措把改革开放不断推向深入。

一是深化重点领域改革。全面完成政府系统机构改革，持续深化事业单位改革。加快推进“放管服”“证照分离”改革，不断压缩工程建设审批、企业开办、不动产登记办理时间，精简企业和群众办事材料数量，推进商户开办时间再减一半、项目审批时间再砍一半。完善以责任追究制为重点的行政审批制度改革，推进审批服务便民化。加快推进国有企业转型升级，全面完成工业园区管理体制机制改革，充分激活园区内生动力。加快供销社改革、农村“三变”改革、农村集体产权制度改革、农村土地经营权流转改革。全面完成宅基地、房产、林权、承包经营权不动产登记整合。持续开展农村宅基地和集体建设用地“房地一体”确权登记颁证工作。积极推进旅游、司法、统计、生态文明等领域改革。二是深化对内对外开放。毫不动摇鼓励支持引导非公有制经济发展，全面落实国家激发民间投资活力各项政策措施，鼓励、引导民间资本参与脱贫攻坚、乡村振兴、产业发展、公共事业等领域。持续开展优化营商环境集中整治行动，加强对企业引进、落地、生产全过程服务，打造服务和效率高于周边、成本和负担低于周边的营商环境新高地。深入开展产业大招商行动，大力提高招商引资质量，建立招商项目限时办结机制，切实解决招商项目落地难、审批长、投产慢的问题，确保全县招商引资落地合同项目15个以上，招引带动能力强、成长性好的企业3家，力争全年招商引资到位资金20亿元以上。

（九）聚焦民生事业发展，着力提升人民群众的幸福感、满意度。坚持以人民为中心的发展思想，既尽力而为、又量力而行，使人民的获得感、幸福感、安全感更加充实、更有保障、更可持续。

一是提升教育发展质量。统筹推进城乡义务教育学校标准化建设，改扩建城镇义务教育学校4个，完成县职校实训楼、城关镇第四小学（一期）项目建设并投入使用，有效解决中小学“大班额”“择校热”等问题。加强农村寄宿制学校标准化建设，完成“全面改薄”项目，提高优质公共教育资源保障。进一步优化全县教育资源布局。实施学前教育提升计划，推进高中教育优质发展，办好中等职业教育。大力实施“三名”队伍培养工程，全面提升教育教学质量，打造“智慧校园”。二是提升卫生服务水平。完成县疾控中心实验楼建设，加快实施县人民医院医技综合楼项目，力争启动县中医院建设项目。深入推进基层医疗卫生服务能力三年提升计划，健全和完善县、乡、村三级医疗卫生服务体系。深化医药卫生体制、县级公立医院薪酬制度改革，加快推进“医联体”“医共体”建设。抓好临安区东西部扶贫协作帮扶县人民医院和城关卫生院工作，加大人才培养和引进力度。继续开展二级甲等妇幼保健院创建工作。加强食品药品安全监管。三是提升基础设施建设。积极谋划推动实施一批基础设施和公共配套设施项目建设。启动实施沙坪大桥建设；完成红卫桥等5座危桥改造；加快推进S103施秉打碓岩至镇远羊场公路、紫荆至马溪公路、赖洞坝至上舞阳河景区公路建设。加快推进实施白头旺水库、老县水库、雷洞沟水库建设；扩建翁塘水库，完成7座山塘水库维修加固，新建防洪堤14.8公里。四是提升就业创业空间。解决好易地扶贫搬迁户、城镇就业困难人员、退役军人、大学生等群体就业创业，多渠道开发就业岗位，储备就业岗位5000个以上，确保城镇新增就业3000人以上，高校毕业生就业率达90%以上。开展职业技能培训、农村贫困劳动力全员培训1980人次以上。加强劳务输出合作，完成农村劳动力转移就业4100人以上。五是提升社会保障能力。全面推进“全民参保登记计划”，着力扩大社会保险覆盖范围。提高城乡居民基本医保政府补助标准和优抚对象抚恤补助标准。提高城乡低保标准，加强养老服务体系建设。全面开展重特大疾病医疗救助，加强医疗救助与基本医疗保险和大病保险的有效衔接。统筹城乡社会救助体系建设，加强农村“三特三留”人员、失独失能老人关爱保护。做好防灾减灾救灾工作。六是提升社会治理能力。全面推进安全生产风险和隐患排查治理“双控体系”建设，强化重点行业和领域专项排查治理，加大人员密集场所公共安全防控力度，提高应急管理能力，快速稳妥处置各种安全和突发事件，坚决防范较大及以上安全事故、群体性事件发生。深入推进“平安施秉”建设，纵深推进扫黑除恶专项斗争，加强社会治安防控体系建设，强化矛盾纠纷多元化解，依法打击非法宗教和邪教活动，重点做好重大节日和活动期间的信访维稳工作。七是提升文体事业发展。持续推进生态体育国家公园建设。加强农村和城市社区健身路径建设，加大非遗技艺传承培训，继续申报和升级我县非遗项目，加快数字文化馆建设。积极筹办系列民俗民间赛事活动，不断丰富群众文化生活。此外，我们还将继续支持军队、武警部队建设和监察委、法院、检察院工作，加快国防动员、双拥优抚、司法行政、民族宗教、外事侨务、人防、史志、档案、供销、粮食、妇女、青年、儿童、老龄和残疾人等各项事业发展。

坚持把人民群众的小事当成自己的大事，坚持以人民为中心，从人民群众的操心事、烦心事、揪心事做起，扎实办好“十件民生实事”：（1）完成S204施秉至张家院水毁公路建设，完成农村公路安全生命防护工程220公里建设；（2）新增就业岗位3000个，完成贫困劳动力全员培训1980人；（3）新建5个乡镇产业扶贫冷冻库；（4）新建10个社区农体工程项目，完成20个农民体育健身路径建设；（5）完成多彩贵州“广电云”户户用三期工程，新增用户6600户；（6）完成县城污水处理厂（二期）工程并投入使用；（7）完成33个贫困村党支部活动阵地建设；（8）实施施秉县域内国有景区对施秉籍居民免费门票政策；（9）提高城乡居民基本养老金，城乡低保标准平均提高5%、7.5%；（10）完成城关镇第四小学一期工程建设。

三、加强政府自身建设

各位代表，全面深化政府自身建设是民之所望、政之所向，我们将全面加强政府自身建设，努力建设人民满意、群众放心、运行高效的新时代服务型政府。

（一）加强党的建设，坚持依法行政。坚持党对一切工作的领导，坚持全面从严治党，牢固树立“四个意识”、坚定“四个自信”、切实做到“两个维护”，坚持把党的建设摆在政府自身建设的首要位置。进一步加强意识形态建设工作。把政府工作全面纳入法治轨道，所有政府公职人员都要自觉尊法学法守法用法。认真落实《法治政府建设实施纲要（2015—2020年）》，按照法定权限和程序行使权力、履行职能、承担责任，坚持定期向县委汇报、向人大报告、向政协通报制度，自觉运用法治思维、法治方式推进工作，切实做到法定职责必须为、法无授权不可为。

（二）加强能力建设，坚持科学理政。把高质量体现到政府工作的方方面面，按照政治过硬、本领高强的要求，切实提升“八个本领”，增强攻坚克难的能力，着力打造一支动真碰硬、勇于创新、敢于担当、善于胜利的高素质专业化政府系统干部队伍。全面推进政府系统机构改革，不断优化政府职能配置，持续推动简政放权，提高行政效能。深入推动政务公开，大力推动电子政务建设、行政管理创新，全面提升政府服务能力。

（三）加强作风建设，坚持高效施政。坚定不移兴“三风”、纠“四风”、树新风，坚决贯彻中央八项规定、省委十项规定、州委和县委十二项规定精神及实施细则。加强政府诚信建设，坚决杜绝“新官不理旧账”，提高政府公信力。牢固树立正确的政绩观，多做打基础、管长远的事情，坚决反对“假大空”，杜绝“形象工程”“政绩工程”。把抓执行力作为政府工作的生命线，不断增强干部担当干事能力，推动工作提速、提质、提效，全力抓好巡视巡察、审计、督查反馈问题整改。完善权责清单、负面清单制度，深化“马上办”“最多跑一次”的服务理念。用好“五步工作法”，推动中央、省、州和县委的决策部署落细落小落实。

（四）加强廉政建设，坚持廉洁从政。强化行政权力运行制约监督，自觉接受县人大及其常委会的法律监督、县政协的民主监督，认真办理人大建议、政协提案，高度重视人民团体、工商联和无党派人士的意见建议，接受新闻舆论、社会公众监督，真正实现“让权力在阳光下运行”。全面落实“一岗双责”，推动政府系统党风廉政建设向纵深发展，巩固反腐败斗争压倒性胜利，整治群众身边腐败和作风问题。严格执行《中国共产党廉洁自律准则》、新修订的《中国共产党纪律处分条例》，干干净净干事、清清白白做人，做全心全意为人民服务的好公仆。

各位代表，真抓才能攻坚克难，实干方显使命担当。让我们更加紧密地团结在以习近平同志为核心的党中央周围，在县委的坚强领导下，紧紧团结和依靠全县人民，更加苦干实干、更加担当作为、更加奋力拼搏，为全面夺取脱贫攻坚全面胜利，全力开创百姓富、生态美的施秉新未来而努力奋斗！

三穗县政府工作报告

（2019 年 1 月 9 日在三穗县第十七届人民代表大会第三次会议上）

三穗县委副书记、县长 付乐欣

各位代表：

现在，我代表县人民政府向大会报告工作，请予审议，并请各位县政协委员和其他列席会议的同志提出宝贵意见。

一、2018 年工作回顾

过去一年，是我县发展极不平凡的一年，也是向贫困发起总攻的决战之年。在州委、州政府和县委的正确领导下，在县人大、县政协的监督支持下，我们团结依靠全县各族人民，深入学习贯彻落实习近平新时代中国特色社会主义思想和党的十九大精神，坚持以脱贫攻坚统揽经济社会发展全局，坚定不移实施“工业强县、城镇带县、商贸活县”主战略，紧扣整县减贫摘帽目标，以决战的斗志、饱满的热情、务实的作风，撸起袖子加油干、凝心聚力抓落实，较好地完成了县十七届人大二次会议确定的目标任务。

初步预测，2018 年全县完成地区生产总值 48.27 亿元，增长 8%；规模以上工业增加值增长 1.5%；500 万元以上固定资产投资增长 6%；社会消费品零售总额 17.42 亿元，增长 10.6%；一般公共预算收入完成 2.1 亿元；金融机构存款余额 51.82 亿元、贷款余额 44.24 亿元，分别增长 0.3%、9.9%；城镇、农村居民人均可支配收入达 30327 元、9499 元，分别增长 9.5%、10.5%。全县经济社会发展呈现出“经济稳步增长、民生持续改善、社会和谐稳定”的良好态势。

一年来，我们迎难而上、砥砺奋进，重点抓了以下工作：

（一）众志成城战贫困，脱贫攻坚战果丰硕。始终把消除贫困作为最大的政治任务、历史使命，制定印发减贫摘帽“1+17”系列文件，全县 1376 名干部吃住在村、工作到户，整合各类资金 33.86 亿元投入脱贫攻坚，深入开展“春风行动”“夏秋攻势”“百日攻坚”行动，向贫困发起全面总攻。全年减少贫困人口 6420 户、22750 人，出列贫困村 54 个，贫困发生率下降至 1.53%，各项指标基本达到贫困县退出标准。群众增收渠道更加广阔，围绕“1+2+N”产业布局，着力发展三穗鸭、商品蔬菜、精品水果等“短平快”与“长中远”相结合的产业，投入资金 3.68 亿元实施产业项目 108 个，实现贫困户产业效益全覆盖；实施产业直补项目 2567.2 万元，覆盖贫困群众 6918 户、26799 人，实现户均增收 4000 元；开发护林员、护路员、保洁员、管水员等扶贫专岗 1823 个，公益性岗位 2243 个，解决群众就业问题 4066 人，实现年人均收入达 6400 元以上。易地扶贫搬迁基本完成，建成县内安置房 4311 套，实现“十三五”期间 18177 人的搬迁目标，2016—2017 年度搬迁的有劳动力家庭实现一户一就业。基础设施大幅改善，硬化联户路 328 公里，建成“组组通”公路 95.8 公里，全县 30 户以上村民组通硬化路达 100%；改造农村危房 2888 户，“三改一化”15446 户和安全房屋透风漏雨整治 8194 户；新建、改造农村安全饮水工程 50 处，解决 2.78 万农村群众饮水安全问题；安装路灯 3.2 万盏，完成深度贫困村卫生室规范化建设 43 个，建成村级文体广场 96 个。村村实现“五通五有”，户户喝上安全水、人人住上安全房，农村群众的生产生活条件得到明显改善。政策扶持精准有力，累计发放教育资助资金 3517.8 万元、县级财政兜底资助资金 1598.4 万元，实现建档立卡贫困学生应助尽助，因贫辍学彻底成为历史。全面落实健康扶贫医疗保障政策，实行家庭医生签约服务、“先诊疗，后付费”、一站式即时结算服务，建档立卡贫困人口参合率达100%，经转诊在定点医疗机构住院医疗费用实际补偿比达90%。农村低保、扶贫开发两项制度实现有效衔接，全县5365名“两无”人员全部纳入兜底保障，实现应保尽保。定点帮扶、对口帮扶、社会帮扶强力推进，争取到杭州市江干区、华侨城集团等帮扶资金5563.3万元，有力助推了脱贫攻坚。

（二）坚持不懈调结构，产业发展加快升级。坚持以供给侧结构性改革为主线，深入推动产业结构调整，一二三产业加速融合，三次产业结构调整为19.2∶21.6∶59.2。现代农业提质增效，牢牢把握“八要素”推进农村产业革命，经济作物种植面积占比提高到68%，“三品一标”认证70个、认证面积达13万亩。成功申报“国家有机产品认证示范创建区”。三穗鸭主导产业加速发展，完成三穗鸭全产业链项目投资2亿元，年出栏商品鸭930余万羽，新增涉鸭企业10家，开设直营连锁店54家，实现鸭业综合产值达6.6亿元。新增州级现代高效农业示范园区2个、省级农业龙头企业3家，州级以上农业龙头企业累计达20家，农民专业合作社发展到397家，农业产业规模化、集约化、品牌化、标准化水平不断提高。持续加大政策性农业保险财政补贴力度，实现政策性农业保险行政村全覆盖。工业发展提速转型，深入实施工业强县战略，制定出台支持工业企业发展42条政策措施，为企业发展送上实实在在的“政策红包”，对符合条件的7家企业兑现政策奖励173万元。坚持以经济开发区为载体，大力推进“双千工程”“力可为电子”“半橡皮童装”等8个项目建成投产，完成“千企改造”项目11个，规模以上工业企业发展到23家，外贸出口总额完成1700余万美元，陶老者食品、老张家土特食品分别荣获“贵州省著名商标”，以针织服装、轻工制造、特色食品为重点的工业体系持续发展壮大。第三产业提档升级，培育市场主体1542户，民营经济增加值占GDP比重达50%；旅游发展持续“井喷”，木良、寨头成功创建为国家3A级景区，颇洞、贵洞景区和木良乡村旅游示范区被纳入省级“1+5个100旅游工程”建设，屏树村、寨头村获评“贵州省乙级乡村旅游村寨”。预计全年接待旅游总人数231.3万人次，实现旅游总收入15.5亿元，分别增长35%、33%；电商产业快速发展，成功创建“国家级电子商务进农村综合示范县”，实现电商交易额1100余万元，有力助推了“穗货出山”。

（三）全力以赴推项目，发展基础更加夯实。坚持以项目建设促投资、稳增长，为经济高质量发展提供强劲支撑。项目储备更加充足，全年完成项目储备2727个，项目动态储备保持在710亿元以上；获批中央预算内投资项目12个，总投资9.54亿元。项目建设有力推进，全年实施项目63个，其中省、州重点项目23个，实现重大项目投资22亿元。以交通、水利、电力、通信为重点的基础设施建设加快推进，三施高速建成通车，长雪公路改造工程、310省道瓦寨至三穗段大修工程全面竣工；金昌沟水库即将下闸蓄水，白剑坡水库加快建设，新增、恢复和改善灌溉面积7203亩；完成农网升级改造563.1公里，惠及群众3.64万户，全县行政村动力电覆盖率达100%；建成通讯光缆755公里、通讯基站151个，全县所有行政村（社区）4G信号及光纤宽带实现全覆盖。项目招引成效明显，深入开展产业大招商突破年行动、优化营商环境集中整治行动，通过领导带头招商、小分队招商、以商招商、网上招商等方式，全年引进省外项目45个，到位资金48.5亿元。

（四）不遗余力抓建设，城乡面貌不断改善。坚持新型城镇化、美丽乡村建设两手抓，推动城乡一体协调融合发展，预计全县常住人口城镇化率达47%。城乡规划逐步完善，县域规划、美敏大道片区城市规划、4个乡镇总规和126个村庄规划全面完成，城乡发展空间进一步拓展。“三区联动”协调发展，黔东（三穗）移民第一村基本建成并达到入住条件，黔东（三穗）综合客运枢纽站、地下综合管廊及路网等项目加快推进，高铁新区承载能力不断增强；第三小学建成投用，三黎高速美敏互通及其连接线即将竣工通车，经济开发区基础配套设施日趋完善；城东片区道路“白改黑”工程全面完成，商贸物流园、三穗湾、新陆国际二期等项目建设稳步推进，新增商品住房17.8万平方米，房地产投资完成5.5亿元，城市环境更加优化、功能更加完善，一座宜居宜业的魅力县城雏形初现。美丽乡村加快建设，投入资金4.83亿元建成“八个小康计划”项目113个，持续开展农村人居环境整治、清洁风暴行动，实现农村人居环境村庄改善全覆盖，广大农村面貌发生改头换面、脱胎换骨的变化，勾勒出一幅幅“望得见山、看得见水、记得住乡愁”的美丽乡村新画卷。

（五）毫不动摇守底线，生态环境持续向好。坚守生态环保底线，始终把绿色作为三穗高质量发展最鲜明的底色，全力打好污染防治攻坚战。持续加强生态建设，探索建立县、乡、村三级林长制，全年完成植树造林、封山育林、植被恢复造林面积 1.95 万亩，建成生态廊道示范点 2 个、绿化示范村寨 8 个，森林覆盖率提高到 63.5%。大力完善环保基础设施，黔东（三穗）医疗废物集中处置中心、县城污水处理厂提标改造项目全面完工并投入运行，稳步推进生活垃圾发电、6 个农村污水治理试点等项目建设，城区生活污水处理率达 92%。严格落实县、乡、村三级河长制，水生态环境持续改善。中央环保督察问题整改工作扎实推进，持续加强城区餐饮油烟、建筑工地扬尘、噪声污染等专项整治，县城空气质量综合指数达 2.47，居全省第 9 位；县城、乡镇集中式饮用水源地水质达标率均达 100%，出境断面水质优于省、州下达标准。

（六）坚定不移促改革，发展活力充分释放。聚焦发展中的重点、难点、痛点，以改革创新破解发展难题。持续深化“放管服”改革，累计承接上级下放行政审批事项 28 项，取消行政许可、非行政许可、公共服务事项 71 项，梳理公布群众、企业“最多跑一次”事项 294 项，审批时间缩减 52.3%，公共服务事项办结率达 100%。荣获全省“政务服务标准化建设示范县”称号。农村土地“三权”分置、集体产权制度等改革扎实推进，积极推行“三变·五金”模式，推动农户与企业、合作社建立起多种形式的利益联结机制，农村沉睡资源有效盘活，农民增收门路明显增多。园区改革、财税体制、商事制度、媒体融合、教育卫生、供销合作、盐业监管等改革稳步实施。推动国有融资平台向实体化、市场化、集团化、产业化转型，依托城投、扶开、园投等国有平台公司整合重组县产业投资公司，组建县国有资产租赁、中穗建筑、一禾劳务派遣 3 家实体公司，国有企业整体竞争力和抗风险能力进一步提升。科技创新能力持续增强，新申报完成省级科技项目 14 个，新增科技型企业备案 21 家，完成专利申请 120 件，综合科技进步水平指数达 65%。

（七）锲而不舍惠民生，社会事业全面进步。始终把改善民生作为政府工作的出发点、落脚点，全年民生领域支出 14.5 亿元，占一般公共预算支出的 77.67%，人民群众的幸福感、获得感显著提升。除县城供水二期工程、滨河路（东门口至高铁新区）慢行系统因受国家金融政策调整影响未完成建设外，其余民生实事全部完成。积极落实就业政策，城镇新增就业 3309 人，农村富余劳动力转移就业 4893 人；城镇登记失业率控制在 4.2% 以内。优先发展教育事业，投入 4.69 亿元，全面完成 54 所中小学标准化建设，新建改扩建幼儿园 9 所，城乡办学条件得到根本改善，呈现出“最好建筑是学校、最美风景在校园”的新局面。教学质量逐年攀升，2018 年高考二本及以上上线 832 人，上线率达 63%、居全州第 2 位。卫生事业长足进步，全面完成“五个全覆盖”建设任务，县人民医院顺利通过“二甲”复审，县妇幼保健院成功创建“二级甲等妇幼保健院”，荣获“省级妇幼健康优质服务示范县”称号。文体事业繁荣发展，深入实施农民体育健身工程，实现公共体育健身设施乡镇全覆盖；圆满承办 2018 年全州青少年田径锦标赛；新增“广电云”户户用工程 1.3 万余户，全面打通广播电视从村到户“最后一公里”。社会保障持续强化，八弓镇老年人日间照料中心和良上、瓦寨中心敬老院全面竣工并投入运营，城乡低保保障标准分别提高 7.1%、9.8%，累计发放城乡低保、医疗救助、临时生活救助等资金 6492 万元，惠及困难群众 2.5 万余人。为全县 6744 名“两保一孤”人员购买重大疾病、意外伤害保险，实现特困人群大病救助保险全覆盖。平安创建扎实推进，持续加强信访维稳、社会治安、扫黑除恶、应急管理、安全生产、禁毒等社会治理工作，“天网工程”二期、“雪亮工程”全面竣工并投入使用，实现县城区、所有行政村（社区）重点区域视频监控全覆盖，城市治安防控智能化水平全面提升，人民群众的安全感、满意度持续向好。此外，妇女儿童、青少年、红十字、关心下一代和老龄、残疾人等事业取得新进步，国防动员、双拥优抚、司法行政、民族宗教、外事侨务、人防、档案、史志、供销、邮政通信、新闻和气象等工作实现新发展。

（八）持之以恒转作风，自身建设持续加强。坚持把全面从严治党要求贯穿政府工作全过程，持之以恒兴“三风”、纠“四风”，执政能力、服务水平得到全方位提升。严格落实党风廉政建设责任制，切实履行主体责任，推进中央八项规定精神、国务院“约法三章”常态化、长效化。坚决执行公务活动“禁酒令”，严控“三公”经费支出，用政府的“紧日子”换群众的“好日子”。持续强化对公共资金、公共资产、公共资源、重要民生等重点领域的审计，推动审计质量、效能不断提升。全面贯彻依法治国基本方略，深入推进“七五”普法，建立健全法律顾问制度，实现县直部门、乡镇、村（社区）法律顾问全覆盖。严格遵守“三重一大”决策程序，坚持重大事项向县委汇报、人大报告和政协通报，主动接受县人大及其常委会的法律监督、工作监督和县政协的民主监督，办理人大代表建议74件、政协委员提案113件，办复率、满意率均达100%。强化政务公开，畅通政民互动渠道，办理回复书记县长信箱群众留言83件、回复率达100%。严格落实中央和省、州、县改进作风各项规定，进一步精简会议和文件，持续整治懒政怠政惰政行为，政风行风明显好转。

各位代表，天道酬勤，春华秋实。回顾过去一年的工作，我们更加深切地体会到：这一年，是全县所有工作向脱贫攻坚聚焦、所有资源向脱贫攻坚聚集、所有力量向脱贫攻坚聚合的一年；这一年，是三穗发展历程中任务最艰巨、投入最密集、干部最辛苦的一年；这一年，是干部受教育最深、群众得实惠最多、“三农”工作变化最大的一年。经过一年的努力，我们脱贫出列的基础更牢、信心更强、底气更足，为打赢脱贫攻坚战、全面建成小康社会奠定了坚实基础。

各位代表，过去一年我们走过的道路很不平坦，在严峻、复杂的形势下，大家认准了路在干、铆足了劲在拼，取得的成绩来之不易。这是县委总揽全局、坚强领导的结果，是县人大和县政协有效监督、鼎力支持的结果，更是全县上下凝心聚力、苦干实干的结果。在此，我代表县人民政府，向辛勤工作在各条战线上的全县广大干部群众，向全体人大代表、政协委员、离退休老领导、老同志及民主党派、工商联、无党派人士、省州驻穗单位和各人民团体，向驻穗解放军、武警、消防救援队伍和政法公安干警，向所有关心、支持三穗建设发展的社会各界人士，表示最衷心的感谢和最崇高的敬意！

各位代表，过去一年的成效深刻启示我们：在新的历史条件下推动跨越式发展、开创美好未来，最根本的是坚持和加强党的全面领导，始终做到对党绝对忠诚，自觉在思想上、政治上、行动上同以习近平同志为核心的党中央保持高度一致；最关键的是坚持把发展作为解决一切矛盾和问题的根本出路，推动创新成为第一动力、协调成为内生特点、绿色成为普遍形态、开放成为必由之路、共享成为最终目的，真正实现高质量发展；最重要的是坚持以人民为中心的发展思想，多干打基础、利长远、惠民生的事，不断顺应人民群众对美好生活的向往，让人民群众最大限度共享改革发展成果；最可贵的是坚持团结一切可以团结的力量，凝聚一切可以凝聚的智慧，心往一处想、劲往一处使，不断汇聚形成全县决战脱贫攻坚、决胜同步小康的磅礴力量。

在充分肯定成绩的同时，我们也清醒地看到存在的问题、面临的挑战，主要是：经济总量不大、结构不优，产业支撑不强，推动产业转型升级任重道远；重大项目投资不多，社会投资不热，支撑经济发展的动力不强；城乡发展不平衡不充分，教育医疗、文化体育等民生事业仍有欠账，与人民群众对美好生活的向往、期盼还存在一定差距；脱贫攻坚成效还需进一步巩固提升，整县“减贫摘帽”任务依然艰巨；一些部门、干部的工作效能还有待提升，为民办事本领还有待提高，工作作风还有待改进。对于这些问题，我们将高度重视，采取有效措施切实加以解决。

二、2019年工作任务

2019年是决胜全面建成小康社会、实施“十三五”规划承上启下的关键一年，更是三穗脱贫攻坚迎国检、摘穷帽的大考之年，做好全年工作责任重大、使命光荣。我们必须树立“不破楼兰终不还”的决心，拿出“敢教日月换新天”的勇气，保持定力、精准发力、持续用力，坚决夺取脱贫攻坚战全面胜利，向党和人民交出一份满意的答卷。

今年政府工作的总体要求是：以习近平新时代中国特色社会主义思想为指导，全面贯彻党的十九大和习近平总书记对贵州工作的系列重要指示批示及中央、省、州经济工作会议精神，坚持以脱贫攻坚统揽经济社会发展全局，坚持稳中求进工作总基调，坚持新发展理念，坚持推动高质量发展，坚持以供给侧结构性改革为主线，坚持深化市场化改革、扩大高水平开放，坚持守好发展和生态两条底线，持续打好防范化解风险、精准脱贫、污染防治三大攻坚战，深入实施大扶贫、大生态、大数据、大健康战略行动，进一步做好“六稳”工作，决胜整县减贫摘帽，保持经济持续健康发展、社会大局稳定，为全面建成小康社会收官打下决定性基础，以优异的成绩庆祝中华人民共和国成立70周年。

今年全县经济社会发展的主要预期目标是：地区生产总值增长9%左右，500万元以上固定资产投资增长15%左右，规模以上工业增加值增长10%左右，一般公共预算收入增长5%左右，社会消费品零售总额增长11%以上，城镇、农村居民人均可支配收入分别增长10%、11%左右，城镇登记失业率控制在4.2%以内，节能减排控制在州下达计划范围内，全面小康实现程度达94%，如期实现整县按国标减贫摘帽。

围绕上述目标任务，要重点抓好以下8个方面工作：

（一）决胜脱贫出列，开启全面小康新征程。坚持把脱贫攻坚作为压倒一切的头等大事，全力冲刺、奋力攻坚，全面完成“一达标，两不愁，三保障”目标，确保顺利通过国家第三方评估验收，实现如期摘帽、精彩出列。

进一步补齐基础设施短板。围绕生产、生活、生态条件改善，继续加大农村基础设施投入力度，实施巩固提升工程，全面补齐农村水、电、路、网等基础设施短板，彻底打通基础设施建设的“最后一公里”，持续改善农村发展条件。进一步抓实易地扶贫搬迁。全面完成2017年度易地扶贫搬迁对象旧房拆除、复垦复绿，让迁出地各类资源成为搬迁群众的收入来源。建立健全易地扶贫搬迁“五个体系”，推进社区移民公共服务标准化、制度化建设，全覆盖做好搬迁群众就学、就医、就业、社会保障、社区管理等后续服务工作，确保搬迁群众就业有岗位、生活有保障、发展有平台，让搬迁群众一步住进新房子、快步过上好日子。进一步强化产业、就业扶贫。聚焦主导产业、特色优势产业，因地制宜发展“一乡一特、一村一品”，力争每个村都发展有1个以上特色优势产业或产品，持续完善贫困户与企业、合作社之间长效利益联结机制，确保村村都有产业引领、户户实现稳定增收。通过统筹整合财政扶贫资金、绿色产业扶贫投资基金、涉农资金等投入7.23亿元，实施产业扶贫项目200个，带动贫困人口62667人实现增收。围绕“就业一人、脱贫一户”的目标，通过发展产业带动就业、开发公益性岗位、东西部协作劳务输出等方式，强化就业扶贫，确保有劳动力的建档立卡贫困家庭稳定实现户均1人以上就业。进一步抓好民生保障提升。全面落实国家精准资助政策，让教育资助及时惠及每个贫困家庭学生；扎实抓好控辍保学，确保每一个学生不因贫辍学、每一个家庭不因学返贫。认真落实健康扶贫政策，全面提升基层基本医疗卫生服务、医疗保障能力，切实为群众撑起健康“保护伞”。深入推动扶贫与社会救助“两线融合”，实行救助对象、兜底保障对象动态管理，确保脱贫路上不漏一户、不落一人。进一步凝聚帮扶资源。加强对口帮扶、定点帮扶、社会帮扶工作，努力在产业合作、劳务输出、招商引资、教育医疗等方面取得新成效。积极引导、鼓励各类企业、社会组织等力量投身脱贫攻坚，进一步聚集各类帮扶资源、凝聚各方力量不断巩固脱贫成效。

（二）狠抓项目投资，打造经济增长新引擎。始终把抓项目、稳投资作为经济发展的“生命线”“主推手”，不断积蓄发展后劲，力争全年固定资产投资46亿元以上，新开工500万元以上项目26个以上。

抓实项目谋划。紧盯国家和省、州政策投向，精心谋划一批基础设施、特色产业、生态环保、大健康产业和民生改善等项目，进一步完善充实项目库，力争更多的项目挤进国家和省、州的“盘子”，努力形成大项目“顶天立地”、小项目“铺天盖地”的良好态势。全年实施省、州重点项目19个，完成重大项目投资21亿元以上；力争获批中央、省预算内投资项目资金1亿元以上。抓实项目推进。建立健全重大项目建设机制，加快项目建设进度，确保46个在建项目全面完工、26个新建项目全面开工。建成黔东（三穗）综合客运枢纽站，加快推进三穗至镇远、三穗至青溪快速通道建设，进一步凸显黔东交通枢纽区位优势。建成投用金昌沟水库，加快白剑坡水库、县城供水（二期）工程建设进度，切实保障群众生产生活用水。实施农村电网改造111公里，实现供电可靠率达99.8%以上；新建4G基站140个、传输网710公里。抓实项目招引。坚持“走出去、引进来”双向开放，深入开展“全员招商”“以企引企”“三回工程”，积极扩大与长三角、珠三角等地区的交流合作，着力突破一批重大优质产业项目招商，力争引进投资强度大、科技含量高、成长性好的企业10家以上。抓实项目保障。严格落实“五个一”责任，持续开展服务企业、服务项目活动，简化项目审批程序，开辟“绿色通道”，抓好财政、金融、土地等要素保障，努力将三穗打造成为开放高地、投资洼地、聚商福地。

（三）致力产业优化，推动实体经济新升级。持续深化供给侧结构性改革，大力推动制造业集群化、新兴产业规模化、特色产业品牌化、传统产业高端化、农业高效化、服务业现代化，全面促进产业转型升级发展。

做优现代农业。紧紧围绕农村产业革命“八要素”，深入践行“五步工作法”，持续深化农业产业结构调整，进一步扩大商品蔬菜、精品水果、食用菌、中药材等特色优势产业的规模和效益，推动绿色优质农产品“泉涌”发展，确保全县经济作物种植面积占比提高到69%以上，新增“三品一标”认证产品10个以上、认证面积15万亩以上。大力发展三穗鸭主导产业，新建区域性现代化养殖示范基地2个，引进亿元以上龙头企业1家，建成三穗鸭美食一条街，加快推进三穗鸭全产业链项目建设，努力打造成西南地区水禽集散中心。力争商品鸭养殖量达1200万羽，实现年综合产值8亿元以上。做强新型工业。坚定不移实施工业强县战略，深入实施“六项行动”，推动经济开发区提质升级，促进工业经济高质量发展。强力推进“双千工程”，围绕建链、补链、延链，着力招引一批产业关联度高、带动能力强、市场前景好的项目入驻，推动欧联汽配、黔麟电子、迪瑞服饰等项目建成投产达产，完成技改项目11个，力争全年新增规模以上企业4家以上、新增就业1000人以上，园区产值达10亿元以上。做活第三产业。持续推进商贸活县战略，实施现代服务业“十百千”工程，加快推进商贸物流、住宿餐饮、汽车贸易等领域开放市场建设，新增规上服务业企业2家以上，服务业占GDP比重提高到59%以上。大力发展全域旅游，启动高铁新区旅游服务综合体建设，加快颇洞、贵洞景区提档升级，推动木良、屏树等乡村旅游蓬勃发展，积极承办第十一届黔东南州旅游发展大会，全年实现接待游客人次、旅游综合收入分别增长32%、35%以上。巩固提升“国家级电子商务进农村示范县”创建成果，积极引导县内特色产品、企业触网、融网，逐步形成覆盖县、乡、村三级的电商经营服务网络，实现电子商务交易总额1500万元以上。

（四）聚焦融合发展，构建宜居城镇新格局。坚持以人为核心的城镇化，按照“建设与管理并重、扩容与提质并举”的思路，深入实施城镇带县战略，力争城镇化率达48%。

坚持“三区联动”协调发展。稳步改造老城区，重点推进三穗湾、新陆国际二期、滨河公馆等房开项目建设，完成房地产投资4亿元以上；继续完善和提升一批休闲广场、城市绿地等公共设施，让市民“推窗见绿、出门即景、移步闻香”。提质升级经济开发区，启动实施四路沟至美敏岑巴道路、杨梅岭10万平方米标准厂房等项目建设，统筹推进建材与制造产业园、物流园、食品园等建设，加快园区基础设施互联互通、产业互融互补。加速打造高铁新区，全面完成黔东（三穗）移民第一村建设，大力推进高铁站前广场、黔东（三穗）医养产业园、地下综合管廊及路网等基础配套建设，增强新区综合承载能力，加快把高铁新区打造成为三穗新的经济增长极。加强城市精细化管理。围绕创建“省级文明县城”目标，积极搭建数字化城市管理共享平台，探索实施环卫保洁及垃圾收运市场化运作，深入开展“文明在行动·满意在三穗”活动、“两违”整治行动，不断加大市容市貌监管力度，推动形成网格化、全天候、全覆盖的长效管控体系，让三穗的“颜值”更高、“气质”更佳。全面推进特色小城镇建设。结合文化旅游、生态禀赋、自然资源等要素，因地制宜走特色化、差异化发展道路，继续支持台烈示范小城镇建设，进一步完善各乡镇水、电、路、讯等基础设施，加快推进基本公共服务均等化，着力打造一批产业“特而强”、功能“聚而合”、形态“小而美”的山地新型特色小城镇，实现集镇功能形象、内涵品质同步提升。

（五）加快乡村振兴，激发农业农村新活力。把实施乡村振兴战略作为做好新时代“三农”工作的重中之重，按照“产业兴旺、生态宜居、乡风文明、治理有效、生活富裕”的总体要求，着力推动基础设施、公共服务向农村延伸，促进农村繁荣发展。

突出规划引领。年内完成全县所有乡镇总规、集镇规划和乡村振兴产业发展、生态保护、民生保障等领域专项规划，形成城乡融合、区域一体、多规合一的规划体系，打造一批“产业发展型、乡村旅游型、民族特色型、生态保护型、城郊集约型、文化传承型、康体养生型”示范村寨，积极探索乡村振兴“三穗模式”。建设美丽乡村。深入实施“四在农家·美丽乡村”建设，持续打造小康业、路、水、电、讯、房、绿、寨“八个行动计划”升级版，实现美丽乡村建设全覆盖。保护好传统村落、民族村寨，守住青山绿水，传承好红色文化、“穗”文化、鸭美食文化、竹编文化等“三穗名片”，着力打造一批能“留住乡貌、唤醒乡愁、渗透乡情”的美丽乡村。提升农村环境。围绕“道路硬化、卫生净化、村庄亮化、环境美化、生活乐化”的目标，深入开展整体改善农村人居环境“10+N”行动计划，持续推进厕所革命，加快建设美丽宜居新农村。实现农村无害化厕所普及率达75%，打造农村人居环境改善精品村寨9个以上。强化乡村治理。建立健全自治、法治、德治相结合的乡村治理体系，发挥好自治章程、村规民约作用，大力弘扬艰苦奋斗、勤俭节约、遵纪守法的优良传统，形成文明乡风、良好家风、淳朴民风，让农村成为安居乐业的美丽家园。力争创建省级民主法治示范村2个以上。

（六）加强环境保护，实现生态文明新突破。坚守生态红线，像爱护生命一样爱护生态环境，持续发出“绿色三穗拒绝污染”的最强音。

着力构筑生态屏障。深入实施新一轮绿色贵州建设行动计划，常态化开展森林保护“六个严禁”执法专项行动，完成各类造林4.3万亩，森林覆盖率提高到 64% 以上。深入落实县、乡、村林长制、河长制，扎实推进护林、治水常态化。强力抓好污染防治。集中火力打好“五场战役”，持续推进“双十”工程、“百千万”清河行动，抓好重点领域、重点行业、重点企业污染治理，严厉打击生态环境违法犯罪行为，县城空气质量指数达到省、州标准，县城、乡镇集中式饮用水源地水质达标率均保持 100%，城乡生活垃圾无害化处理率达 90% 以上，县城生活污水处理率达 92% 以上。建成生活垃圾发电项目、城乡垃圾收运系统，加快乡镇污水处理厂建设进度，进一步完善环保基础设施。继续加大中央环保督察反馈问题整改力度，全面完成整改任务，同步建立健全长效机制，严防问题反弹。大力推动绿色发展。坚持用绿水青山构筑金山银山，积极培育和引进绿色产业，加快传统产业绿色化改造，变生态优势为发展优势、经济优势。严格实施环保准入制度、建设项目环保“三同时”制度，拒绝高耗能、高排放项目落户三穗。

（七）深化改革创新，增添跨越发展新动能。坚持以改革促开放、以开放促开发，不断破除制约发展的体制机制障碍。

蹄疾步稳推进深化改革。持续深化“放管服”改革，在“多证合一、一照一码”和网上审批等方面取得突破性进展，推动市场准入、退出全程便利化，新增市场主体 1100 户以上，民营经济比重达 51% 以上。全面完成政府系统机构改革，为决战脱贫攻坚、决胜同步小康提供有力的制度保障。扎实推进农村“三变”改革，积极探索农村土地“三权”分置，不断提升“党社联建”发展模式、“三变·五金”利益联结机制，进一步盘活用好农村自然资源、存量资产、人力资本。深入推进投融资体制改革，强化政府性债务管控，促进政府与社会资本深度合作，积极稳妥化解政府性债务风险。深入推进经济开发区体制机制改革，探索推行“基本工资 + 绩效工资”的薪酬制度，建立健全更加开放灵活的用人机制，着力破除开发区发展的瓶颈制约。继续加强财税金融、教育文化、医疗卫生、社会保障、国资国企等重点领域改革，切实增强发展活力。深入推动创新驱动发展。持续加大科技投入力度，引导科技资源向主导产业、向企业、向科技成果转化集聚。新申报国家、省级科技项目 8 个以上，新增科技型企业备案 15 家以上，完成专利申请 110 件以上，综合科技进步水平指数稳定在 65% 以上。大力推进人才聚集工程。建立健全人才引进“绿色通道”，优先引进符合我县产业发展和转型升级方向、用人单位急需的专业技术、高级管理人才，力争引进高层次、紧缺专业技术人才 6 人以上。

（八）抓好民生实事，增进人民群众新福祉。坚持在发展中保障和改善民生，不断加大民生投入，始终稳定保持一般公共预算支出民生占比达 75% 以上，努力让发展更有温度、幸福更有质感。

积极促进创业就业。全面落实更加积极的就业创业政策，扎实开展职业技能培训、农村贫困劳动力全员培训，持续推动高校毕业生、返乡农民工、贫困劳动力转移人员等群体就业创业，加强对零就业家庭成员、复退军人、残疾人等就业困难人员的就业帮扶，城镇新增就业 3300 人以上、转移农村劳动力 5000 人以上。全面推行农民工工资分账管理、实名制发放工作，实现在建工程项目覆盖率达 85% 以上。办好公平优质教育。始终坚持教育优先发展战略地位，制定实施《优质教育三年行动计划》，加快完善中小学、幼儿园等教育基础设施建设，积极鼓励、引导优质教育资源来穗合作办学，着力构建高水平教育服务体系，推动教育优质均衡发展，让每个孩子都能享有公平而有质量的教育。全面加强师德师风、专业能力建设，努力打造一支师德高尚、业务精湛的高素质教师队伍。强化学生德育、校园安全管理，创造良好的育人环境。提升卫生健康服务水平。巩固完善“五个全覆盖”建设成果，抓好县中医医院、县疾控中心、乡镇卫生院等重点工程项目建设，启动三级中医医院创建工作。加强全科医生队伍和医联体建设，推动优质医疗资源向基层下移，切实解决农村群众“看病远、看病难”问题。落实人口发展战略，全面推动生育健康全程服务，不断提升妇女儿童健康水平。加快发展文体事业。完成 10 个村农民体育健身工程建设，新增公共体育场地面积 1.1 万平方米，确保全县人均体育健身场地面积达 1.4 平方米以上。加强非物质文化遗产保护、有效利用，完成一批州级以上非物质文化遗产代表性项目名录申报，大力培养一批文化传承人。健全社会保障体系。深入实施全民参保计划，加快推进社保金融一体化服务平台建设，持续扩大社会保险覆盖面，实现应保尽保。适度提高城乡低保标准、优抚补助标准。加快构建新型退役军人服务模式，切实保障退役军人多样化服务需求。关爱困难弱势群体，全力做好“三特三留”人员关爱工作。强化社会综合治理。深入推进“平安三穗”建设，持续深化扫黑除恶专项斗争，进一步加强禁毒工作，加大特殊人群管理力度，加快推动社区网格化服务管理，不断完善立体化社会治安防控体系，着力打造“共建、共治、共享”的社会治理新格局。扎实推进社会诚信体系建设，让守信者路路畅通、失信者寸步难行。积极打造阳光信访、责任信访、法治信访，依法合理解决群众诉求。严格落实“四个最严”要求，建立健全食品药品安全监管网络，确保人民群众“舌尖上的安全”。全面加强应急管理、安全生产、自然灾害防治等工作，深入推进安全生产风险管控、隐患排查治理“双控体系”建设，坚决有效防范和遏制较大以上事故发生。

与此同时，做好国家安全、国防教育、国防动员、人民防空、征兵和双拥优抚工作，支持驻穗部队、消防救援队伍建设和法院、检察院工作，增进军政军民团结。统筹抓好妇女儿童、工会、残联、共青团、老干老龄和关心下一代等工作，促进邮政通信、外事侨务、民族宗教、档案、史志、供销、新闻、科协、气象等社会事业全面进步。

各位代表，民生是为政之本，我们将本着尽力而为、量力而行的原则，全力办好“十件民生实事”：（1）建成投用县第四中学，实施城关一小改扩建工程，切实化解“入学难”“大班额”问题；（2）实施本年度小农水项目，完成灌溉面积6000亩以上；（3）完成X833县道长坡至良士公路改造工程建设，让亚岭、杉木、马鞍、羊古等10个村沿线群众出行更加便捷；（4）进一步完善通讯基础设施建设，实现30户以上自然村寨4G网络覆盖率达95%以上；（5）城乡居民基本养老保险基础养老金提高到每人每月93元，城乡低保标准在现行标准的基础上提高5%以上；（6）全面实现全县生活垃圾“村收集、镇转运、县处理”无害化处理，有效解决生活垃圾处置难问题；（7）完成县生猪定点屠宰场整体搬迁，实现县城牲畜标准化集中屠宰；（8）创建州级以上林下经济示范点3个以上，带动1000人以上贫困人口稳定增收，选（续）聘655名建档立卡贫困人口转化为生态护林员；（9）完成黔东（三穗）移民第一村（鱼塘水库安置区）项目建设，确保鱼塘水库（三穗库区）移民顺利搬迁入住；（10）完善易地扶贫搬迁安置点公共服务设施，配齐配强管理服务队伍，健全后续服务制度，实现1.8万搬迁群众社区化管理全覆盖。

三、全面加强政府自身建设

各位代表，党的十九大报告指出，打铁必须自身硬。新时代的发展重任和人民重托，对政府工作、政府自身建设提出了新的更高要求。我们将牢记嘱托、勇于担当、携手拼搏，时刻把高质量发展的使命抓在手上，时刻把改革发展稳定的重担扛在肩上，时刻把三穗广大人民群众的所想所盼放在心上，不断提高施政能力、服务水平，努力建设组织放心、人民信赖的满意政府。

（一）强化政治定力，始终做到忠诚干事。坚持把政治建设摆在首位，旗帜鲜明讲政治，不断坚定“四个自信”、树牢“四个意识”，坚决做到“两个维护”，始终在政治方向、政治路线、政治立场、政治主张上同以习近平同志为核心的党中央保持高度一致，确保中央、省、州和县委决策部署在三穗落地落实。严格落实重大事项请示报告制度，定期向县委常委会汇报工作，始终把政府各项工作置于县委领导之下。认真做好巡视整改“后半篇文章”，努力营造风气清正的政治生态。深入推进“两学一做”学习教育常态化、制度化，严格落实“三会一课”、领导干部双重组织生活制度、理论中心组学习制度，不断加强和规范政府系统党建工作，把对党忠诚、为党分忧、为党尽职、为民造福作为根本政治担当，永葆共产党人政治本色。

（二）强化依法行政，始终做到规范干事。忠实履行宪法和法律赋予的职责，主动公布责任清单、权力清单，切实做到法无授权不可为、法定职责必须为。认真办理人大代表建议、政协委员提案，自觉接受人大法律监督、政协民主监督、社会舆论监督，让权力在阳光下运行。健全依法决策机制，严格执行重大行政决策程序、重大事项合法性审查、社会公示和听证制度，不断提升依法行政水平。全面实行行政执法公示、过程全记录和重大行政执法决定法制审核制度，切实提高行政执法透明度。深入开展“七五”普法，全面推进严格执法、公正司法、全民守法，大力营造全社会尊法学法守法用法的良好氛围。

（三）强化务实担当，始终做到为民干事。坚持把人民放在心中的最高位置，全心全意为人民服务，多谋民生之利、多解民生之忧，着力解决好事关群众切身利益的热点、难点问题，做到民有所呼、我有所应。依托“互联网＋政务服务”，加快推进政务服务标准化、审批智能化、审管信息一体化建设，坚持在服务内容上做“加法”、在办事流程上做“减法”，最大限度方便群众、企业办事。深入推动政务公开，切实保障群众的知情权、参与权、监督权，让群众更好地监督政府，让政府工作更好地体现民意。坚持正向激励与负面约束相结合，持续整肃庸政懒政怠政行为，不断完善正向激励、容错纠错机制，强化负面追责问责，旗帜鲜明地为想干事、敢担当、有本领的干部鼓劲撑腰，让不作为者、慢作为者、乱作为者无立足之地。

（四）强化廉洁从政，始终做到干净干事。牢固树立过紧日子的思想，严控“三公”经费支出，反对铺张浪费，集中更多财力用于促发展、惠民生。坚决贯彻落实全面从严治党各项要求，认真履行党风廉政建设“一岗双责”，严格执行“两准则、四条例”，教育、引导各级干部从严要求、清廉为政，进一步筑牢“不想腐”的思想堤坝。健全完善权力运行制约、监督机制，充分发挥审计监督作用，坚决抓好行政权力运行全过程监管，进一步扎紧“不能腐”的制度铁笼。始终把纪律和规矩挺在前面，持之以恒正风肃纪，及时纠治“四风”突出问题新表现，坚决整治、查处侵害群众利益的不正之风、腐败问题，进一步强化“不敢腐”的警示震慑，努力做到干部清正、政府清廉、政治清明。

各位代表，关山初度尘未洗，策马扬鞭再奋蹄。新一年乘势进发的使命激励着我们，减贫摘帽的重任考验着我们，全面小康的目标鞭策着我们。让我们更加紧密地团结在以习近平同志为核心的党中央周围，高举新时代中国特色社会主义伟大旗帜，本着对三穗发展的崇高责任，带着对三穗人民的真情实感，不忘初心、继续前进，举全县之力、集全民之智，坚决打好打赢脱贫攻坚这场输不起的战役，坚定不移向着全面建成小康社会的宏伟目标阔步迈进！

天柱县政府工作报告

（2019年1月9日在天柱县第十七届人民代表大会第四次会议上）

天柱县委副书记、县长 吴绍东

各位代表：

现在，我代表县人民政府向大会作工作报告，请予审议，并请各位县政协委员和其他列席人员提出意见。

一、2018年工作回顾

过去一年，我们坚持以习近平新时代中国特色社会主义思想为指导，认真贯彻党的十九大和习近平总书记在贵州省代表团重要讲话精神，紧密团结和依靠全县人民，全面落实中央和省州各项决策部署，坚持新发展理念，落实高质量发展要求，以脱贫攻坚统揽经济社会发展全局，牢牢守好两条底线，大力实施主基调主战略，经济运行稳中有进，质量效益明显提升，人民生活持续改善，社会大局和谐稳定。

经初步统计，全县地区生产总值预计完成86亿元，同比增长6.5%；减少贫困人口24520人、50个贫困村出列，贫困发生率下降到7.7%；一般公共预算收入完成3.52亿元，同比下降36.0%；规模以上工业增加值完成2亿元，同比增长3.0%；500万元以上固定资产投资完成30.05亿元，同比增长6.0%；社会消费品零售总额完成24亿元，同比增长12.0%；城镇、农村居民人均可支配收入分别达29574元、9456元，同比分别增长9.2%、10.2%，常住人口城镇化率预计达45.8%，全面小康预计实现程度为93.3%，三次产业占比预计调整为21.6 ：28.9 ：49.5。

一年来的工作，主要体现在以下几个方面：

（一）脱贫攻坚再战告捷。脱贫基础更加夯实。深入开展“春风行动”“专项治理”“夏秋攻势”“冬季充电”，压紧压实“五主五包”责任，建立健全“1+15”“1+4+16”立体化作战体系，6600余名各级干部与贫困户结对帮扶，统筹整合涉农资金4.44亿元投入脱贫攻坚。“四场硬仗”成效显著。建成“组组通”公路469公里，实现30户以上村民组100%通水泥路目标。实施农村饮水安全巩固提升工程445个，解决114个村、13.5万人饮水安全问题。硬化串户路69.6公里、庭院3.74万平方米，完成16个村909盏太阳能路灯项目建设。建成2017年度易地扶贫搬迁安置房7栋2100套，全面完成1964户8498人搬迁安置任务，实现一户一人稳定就业。投入财政专项扶贫资金5096万元，发展生态土鸡、油茶、中药材等特色产业项目198个，覆盖贫困户5862户、22276人。全面落实教育精准扶贫政策，资助各类学生16.86万人次，发放资金1亿元。强化医疗扶贫，贫困人口新农合参合率100%，家庭医生签约应签尽签，住院报销比例达90%。完成农村危房改造2359户，实施“三改”2260户。帮扶工作深入开展。进一步强化定点帮扶、对口帮扶交流合作，推进社会帮扶，争取到帮扶项目资金3500万元，实施项目32个。33家企业对口帮扶37个村，“千企帮千村”累计投入资金5141万元。

（二）风险防控扎实有效。政府债务风险总体可控。严格落实“七严禁”和“1+8”债务管理系列政策举措，严控政府性债务增量，妥善化解存量。争取到1.77亿元政府置换债券资金，对2018年到期存量政府债务本金进行应换尽换，全县综合债务率控制在合理区间。积极推动国有融资平台向实体化、市场化转型，做大做强国有资本，总资产达76.19亿元。金融风险化解稳步推进。强化对投资公司、理财公司、小额信贷公司等经营主体日常业务监管，建立健全监测预警和早期预防机制，加强对影子银行、互联网金融等领域的监控，持续做好防范、打击和处置非法集资工作。收回不良贷款1.76亿元，不良贷款率持续下降。社会领域风险防控持续有效。深入开展矛盾纠纷“百日攻坚”源头治理，加大信访积案化解，依法治理信访秩序，全力推进“三无”县创建。围绕“有黑扫黑、无黑除恶、无恶治乱”扎实开展扫黑除恶工作，织密治安防控网。认真开展禁毒示范城市创建，严厉打击“四类突出犯罪”，全年“命案”“两抢”案件零发生。严格落实安全生产和食品安全责任制，扎实推进“双控”体系建设，加强重大隐患排查整治，全县安全生产形势平稳向好。

（三）污染防治成效显著。环保问题整改坚决有力。以中央、省、州环保督察为契机，扎实推进“气十条”“水十条”“土十条”污染防治工作，抓好突出生态环境问题整改工作，办结环保问题17个、群众信访投诉24件。生态环保巩固提升。治理水土流失8.61平方公里，营造林2.50万亩，森林覆盖率提高到66.9%，县城环境空气质量指数优良天数比例为98%。稳步推进城郊5.62万亩生态屏障保护体系建设，建成高标准基本农田2.44万亩。大力推进绿色矿山创建活动，积极构建矿产资源开发与矿山地质环境保护新格局。全面推行“河长制”，启动2018年度饮用水水源地安全保障达标建设，县城及1000人以上集中式饮用水源水质达标率保持在100%，地表水出境断面达Ⅲ类水质。环保设施不断完善。完成县城区二期污水管网及6个污水直排点治理、县城污水处理厂升级改造和工业园区污水处理厂建设，建设县城垃圾中转站和坪地、蓝田等8座垃圾无公害焚烧处理场，配套3500万元用于各乡镇（街道）垃圾收运设施采购。城镇污水处理率达86.0%、生活垃圾无害化处理率达86.9%。

（四）实体经济稳步发展。现代农业加快发展。紧扣农业产业革命“八要素”，深入推进农业供给侧结构性改革。粮食总产10.30万吨，调减玉米种植3.51万亩。大力发展“一县一业”土鸡产业，新增规模化养鸡场32个，土鸡出栏314万羽。完成油茶林低改5万亩、新造油茶林1.14万亩，“天柱茶油”通过国家地理标志保护产品评审。完成中药材种植1.76万亩，精品水果种植4.93万亩，被中国林学会授予国家林下经济脱贫攻坚试验区。发展食用菌菌棒1490万棒。大力发展坝区经济，建成渡马龙盘蔬菜基地。有机产品认证1.50万亩，入选贵州省有机产品认证示范创建区。工业经济不断壮大。深入开展工业“百千万”、“双千”工程、“双服务”行动，实施“千企改造”项目10个，完成投资5.80亿元，贵州宏泰钡业建成试产，中大矿业、晶盛实业等完成技改并投产，新增5家规上企业。加强重晶石资源开发管控，促进重晶石产业规范健康发展。产业大招商成效显著。精准对接“走出去、请进来”招商引资活动196批次，签订产业项目合作协议27个，成功引进华鼎服饰、浙江润农、昆明郑继兰花卉等企业落户。现代服务业快速成长。新增5家商贸企业入库。建成农商联动项目，新增农村电商服务站点30个，成功申报国家级电子商务进农村综合示范县。旅游产业加快发展，三门塘成功创建3A级景区，甘溪、南康被评为乙级旅游村寨，全年接待旅游总人数和旅游总收入同比分别增长37.6%、40.9%。

（五）城乡面貌不断改善。城市功能逐渐完善。积极推动城区、园区、景区、移民新区融合发展，新增城镇人口11269人。完成环城路立面及滨河南路改造，启用新汽车站，新增公共停车位300个。推动老汽车站、老粮食局等片区棚户区改造，2015—2016年度项目协议签订率达100%，加快房地产综合开发，商品房销售面积15.30万平方米。乡村建设成效明显。完成4个乡镇总体规划、285个村庄规划编制工作。三门塘、抱塘、甘溪等8个村寨入选第五批中国传统村落名录公示。六项行动计划累计完成投资4.32亿元，建成小康房200户。扎实推进农村人居环境整治三年行动计划，新增、改造农村卫生厕所6401个。旅游项目加快推进。基本完成金凤山景区广场、大门建设，完成金凤国际旅游中心一层主体；三门塘景区完成核心区房屋立面改造78栋；凤园项目基本完成基础设施建设、产业种植400余亩；三十里水景长廊完成28公里河道整治及污水管网建设。发展基础不断完善。建成通村油（水泥）路271公里，G242天柱新寨至锦屏大同公路天柱段、大河边至大湾塘矿区公路改造基本完成，S402县城至远口公路改扩建项目基本完成路基和防护工程。鱼塘水库复建工程通过475高程蓄水自验，完成4座水库除险加固，县城供水升级改造完成32公里输水管道建设。4G网络覆盖率达97.5%，完成农村电网改造856公里，新铺设天然气管道12公里。

（六）改革开放深入推进。重点领域改革取得新突破。教育综合改革、医疗卫生体制改革等取得新进展。“放管服”改革深入推进，取消减免各项税费24项，为各类市场主体减负6859万元。新增各类市场主体4200户，新增微型企业140家。同源中药有限公司被全国工商联表彰为民营企业调查点工作示范企业。全县民营经济占县域经济比重达60%以上。农村“三变”改革覆盖所有乡镇（街道）、村（居），土地确权登记颁证工作基本完成，颁证8.36万本40.03万亩。农村集体产权制度改革全面启动。积极推进新一轮的党政机构改革工作。对外开放力度不断加大。招商引资稳中有升，新引进招商引资项目37个，协议总投资36亿元，到位资金16.57亿元。实现代理出口贸易150万美元。创新发展能力不断提升。新增省级科技型备案企业28家，申报受理专利64件，全县综合科技进步水平指数达49.2%。

（七）民生福祉持续增进。“十件民生实事”顺利推进，25项内容已全面完成19项，6项需跨年度完成事项正有序推进，累计完成投资5.12亿元。教育质量不断提升。完成28个薄改项目建设，引进优秀教师19名。学前教育取得新突破，润松小幼连贯制学校纳入教育部学前教育改革试点。基础教育稳步提升，天柱三中、凤城二小等5所中小学被评为全州基础教育质量先进学校。高考成绩创历史新高，600分以上108人，二本及以上1372人，上线率达61.1%，3人分别考入清华、北大。医疗服务体系不断健全。完成4个乡镇卫生院、12个中心村卫生室和83个深度贫困村卫生室标准化建设。稳步推进县级公立医院综合改革，探索建立“3+2+1”医联体推进分级诊疗新模式。新农合参合率达95.1%，补偿122.41万人次、资金2.37亿元。健全疾病预防控制体系，强化卫生监督执法，医疗卫生服务质量和全民健康素质不断提高。就业创业稳中向好。开展就业创业培训6655人，组织专场用工招聘会5场次，农村劳动力转移就业5216人。发放创业贷款、小额担保贷款2350万元。城镇新增就业4662人，城镇登记失业率3.4%。文体工作蓬勃发展。成功举办贵州广播电视台跨年直播晚会天柱分会场篝火晚会、庆祝改革开放40周年文艺汇演等文体活动。新增多彩贵州“广电云”户户用2.87万户。社会保障全面增强。全县80周岁以上老年人享受高龄补贴，发放城乡低保及救灾救济资金1.10亿元。启用入住4所乡镇敬老院，完成县老年养护楼和3个农村幸福院建设，农村社区示范建设及村务公开民主管理通过省级验收。

（八）自身建设不断加强。全面从严治党向纵深发展。将全面从严治党要求贯穿政府工作全过程，树牢“四个意识”、坚定“四个自信”、做到“两个维护”。不折不扣抓好中央和省委巡视、国务院大督查反馈意见整改落实。严格落实中央八项规定及其实施细则，全面推行“五步工作法”，持之以恒兴“三风”、纠“四风”。依法行政全面推进。坚持学宪法学党章，建立全县行政机关及乡镇权责清单和权力运行流程图并向社会公布。坚决落实县委决策部署，定期向县委、县人大报告工作，向县政协通报情况，自觉接受人大法律和工作监督、政协民主监督，群众监督、社会舆论监督。办结人大代表建议165件、政协委员提案129件，办结率、满意率不断提高。服务效能不断提升。建成并正式启用标准化的县政务服务中心，建成7个乡镇政务服务大厅，行政审批、服务事项办结率达99.8%。公布“最多跑一次”事项741项。全面推动政务公开，规范政府投资项目建设程序，强化监督审计，节约资金8040万元。建立厉行节约长效机制，树立过紧日子的思想，完善公务支出管理制度，加强“三公”经费预决算公开，将有限资金用于脱贫攻坚和保障民生。

此外，统计、民族、档案、机构编制、工会、共青团、妇女儿童、科协、老龄、残疾人、红十字会、应急管理、气象、公积金、国防动员、外事等工作取得新成绩。

各位代表，过去一年我们坚守底线、负重前行，取得了来之不易的成绩，这是县委坚强领导的结果，是县人大、县政协监督支持的结果，更是全县上下众志成城、苦干实干的结果。在此，我代表县人民政府，向全县各族人民、广大干部职工，向人大代表、政协委员，向各民主党派、人民团体，向驻县部队武警官兵和人民警察，向帮扶我县的杭州市余杭区、贵阳市乌当区、华侨城集团及贵州广播电视台，向所有关心、支持、参与天柱改革发展的社会各界人士，表示崇高的敬意和衷心的感谢！

发展充满艰辛，成绩来之不易。决战脱贫攻坚、决胜同步小康是我们当前最大的政治任务和最光荣的历史使命，为此，我们必须绝对忠诚、感恩奋进，坚持以习近平新时代中国特色社会主义思想为指导，牢固树立“四个意识”、坚定“四个自信”、践行“两个维护”，牢记嘱托、感恩奋进，以苦干实干的业绩诠释对党的绝对忠诚；必须保持定力、加快发展，紧紧扭住发展这个第一要务，牢牢扛起脱贫攻坚第一责任，保持战略定力不动摇，不折腾、不等待、不懈怠，坚定发展信心，抢抓发展机遇、破解发展难题，把握节奏力度，蹄疾步稳推动改革发展；必须担当尽责、善作善为，把使命放在心上、把责任扛在肩上，发扬求真务实、真抓实干的作风，切实提高执行力和抓落实的能力，在困难面前不退缩、在矛盾面前不回避，以踏石留印、抓铁有痕的劲头和“钉钉子”的精神担当尽责，真正做到善始善终、善作善成；必须践行宗旨、以民为本，坚持以人民为中心的发展思想，把造福人民作为一切工作的出发点和落脚点，既不急功近利、也不贪大求全，着力解决人民群众最关心、最直接、最现实的利益问题，不断增进民生福祉，让人民群众最大限度共享改革发展成果；必须团结拼搏、有所作为，坚持上下同心、凝心聚力，以百倍的用心、千倍的用力和干部的辛苦指数换取群众的幸福指数。树立重实干重实绩的鲜明导向，不断激发广大党员干部在新时代有新担当新作为，不断开创改革发展的新局面。

在充分肯定成绩的同时，我们也清醒地看到，前进的道路上还面临着许多挑战，发展的征程中还面临着诸多困难，主要表现在：经济下行压力大，经济运行质量不高，部分指标未能达到预期目标，经济总量不大、人均水平较低，贫困面广、贫困程度深，越往后越是难啃的硬骨头，决战脱贫攻坚、决胜同步小康任务仍然繁重；农业产业发展滞后，工业产业粗放、链条短，旅游、服务产业培育不足，实体经济发展困难，产业支撑基础薄弱，优化产业结构、促进转型升级任务仍然繁重；财政收支矛盾突出，偿债压力大，教育、医疗、养老、城市配套等公共设施和服务欠账较多，污染防治、安全生产、信访维稳等领域还存在诸多薄弱环节，保障改善民生、加强社会治理任务仍然繁重；行政审批、公共服务、营商环境还不够优，一些部门服务意识不强，有的干部表态多调门高、行动少落实差，慢作为、不作为、乱作为的问题还不同程度存在，转变政府职能、提高行政效能任务仍然繁重。面对决战脱贫攻坚、决胜同步小康的重大历史使命，我们一定要正视困难、直面问题，采取有力措施，认真加以解决。

二、2019年主要目标任务

2019年是新中国成立70周年，是实施“十三五”规划的关键一年，更是我们脱贫攻坚决战决胜之年，做好全年政府工作责任重大、意义深远。

今年政府工作的总体要求是：以习近平新时代中国特色社会主义思想为指导，全面贯彻党的十九大和十九届二中、三中全会精神，深入学习贯彻习近平总书记对贵州工作的系列重要指示批示精神，认真落实中央及省、州、县经济工作会议精神，统筹推进“五位一体”总体布局，协调推进“四个全面”战略布局，坚持稳中求进工作总基调，落实新发展理念，以提高发展质量和效益为中心，坚持以供给侧结构性改革为主线，以脱贫攻坚统揽经济社会发展全局，守好发展和生态两条底线，继续打好三大攻坚战，推进四大战略行动，统筹做好稳增长、促改革、调结构、惠民生、防风险工作，进一步做好“六稳”工作，保持经济持续健康发展和社会大局稳定，坚决打赢脱贫攻坚战，确保实现整县“减贫摘帽”，以优异的成绩向新中国成立70周年献礼。

全县经济社会发展的主要预期目标是：地区生产总值增长9%以上，其中第一、第二、第三产业增加值分别增长6.5%、10.4%、11.2%；减少贫困人口2.20万人以上，87个贫困村出列，贫困发生率降到2%以下；500万元以上固定资产投资增长15%以上；一般公共预算收入增长5%以上；规模以上工业增加值增长12%以上；社会消费品零售总额增长12%以上；城镇、农村常住居民人均可支配收入分别增长9.5%、10.5%以上；城镇登记失业率控制在4.2%以内；全面完成省、州下达的节能减排降碳任务。

上述目标，我们将重点抓好以下9个方面工作：

（一）决战决胜脱贫攻坚，全力冲刺减贫摘帽。把脱贫攻坚作为当前全县最大的政治、最大的大局、最中心的工作，举全县之力、集全民之智，确保整县“减贫摘帽”，坚决夺取脱贫攻坚决定性胜利。

压紧压实责任链。建立健全县、乡、村、组四级指挥作战体系，从严落实县委政府、县直部门、乡镇、村级组织和驻村工作队“五个层面”责任，形成工作同责、考核同严、奖惩同步、责任同追的责任落实机制。推动人力、物力、财力向脱贫攻坚一线聚集，选派机关三分之一以上干部进村入户开展“网格化”精准管理。调整优化财政支出结构，整合各类项目资金10亿元以上用于脱贫攻坚，优先保障脱贫攻坚资金需求。认真按照“一达标，两不愁，三保障”和“三率一度”要求，对标国家考评标准，精准查缺补漏。持续巩固83个出列贫困村7.91万人的脱贫成果。继续打好“四场硬仗”。打好基础设施建设硬仗，全面补齐“五通四有五覆盖”短板。创建“四好农村路”60公里。全面完成农村安全饮水巩固提升工程。打好易地扶贫搬迁硬仗，全面完成2018年度易地扶贫搬迁项目1872套房源建设及搬迁任务。落实产业、就业、帮扶、培训、服务“五个全覆盖”，确保一户一人以上稳定就业和稳定增收脱贫。打好产业扶贫硬仗，围绕土鸡、油茶、中药材、食用菌、精品水果、蔬菜等主导产业，完成绿色产业基金申报使用5亿元以上，确保每个贫困村培育1项以上特色产业，每个贫困户至少有1个以上持续稳定的脱贫致富产业项目覆盖。打好教育医疗住房“三保障”硬仗，全面落实教育扶助政策，对贫困学生实行动态管理，决不让一个家庭因学返贫、不让一个孩子因贫失学。完善医疗保障体系，进一步扩大大病救治病种范围，建立贫困户健康档案，开展大病集中救治、慢病签约服务，杜绝因病致贫、因病返贫。全面完成省、州下达的危房改造及“三改”任务，对农村透风漏雨老旧住房实施整治，确保贫困人口住房安全有保障。激发群众内生动力。坚持扶贫与扶志、扶智相结合，强化政策宣传、思想教育，深挖发展潜力，实现“输血”与“造血”并重。强化法治扶贫，依法治理扶贫领域不正之风，弘扬勤劳致富、脱贫光荣的良好风气，激发群众自主脱贫内生动力。用好帮扶资源。推动社会资源向扶贫领域集中，广泛动员社会力量参与脱贫攻坚，全面深化东西部扶贫协作和交流，认真实施好华侨城集团、余杭区、乌当区、省电视台帮扶项目。深入开展“千企帮千村”行动。确保脱贫实效。严守脱贫标准、严格脱贫程序、严把脱贫质量，建立健全贫困人口精准管理常态化工作机制。用好智慧扶贫云、扶贫专线，加强扶贫资金监管，推动涉农资金全面整合。实施正向激励和负面惩戒，开展扶贫领域腐败和作风问题专项治理，对弄虚作假、数字脱贫等行为“零容忍”，确保漏评率、错退率低于2%，群众对扶贫工作认可度达90%以上。

（二）狠抓重大项目建设，全力增强发展后劲。坚持把项目建设作为扩大投资、推动发展的重要抓手，不断积蓄发展后劲。

全力谋划储备项目。以特色资源优势及产业配套为重点，紧盯国家产业政策和投资导向，特别是围绕国家关于保持基础设施领域补短板政策机遇，精准对接国家和省州重大战略政策新走向，超前谋划储备项目，全年新谋划编制项目100个、资金300亿元以上，常态化项目储备1000亿元以上，全年争取国家项目资金5亿元以上。全力加快项目建设。做深做细项目前期工作，全年安排实施500万元以上项目134个，新开工亿元项目10个以上。旅游项目，建成三门塘景区，确保凤园农业示范园5月份开园，建成三十里水景长廊一期、金凤山景区一期工程。交通项目，积极推进天柱机场前期工作，完成S402天柱至远口、金寨山至竹林、白市至蒲稳公路改造，完成X8G3水口至槐花坪、西门桥至润松公路改造和S311远口至代化公路（天柱段）灾毁复建工程，实施凸洞至冲敏水毁公路复建工程，完成窄路面拓宽30.8公里。水利项目，重点抓好骨干水源工程建设，加快下王水库建设，启动建设三门塘水库，开展麦溪水库、铜鼓水库、江头山水库前期工作，完成县城供水升级改造、应急供水和乡镇集镇供水工程，完成年度中央财政农田水利项目县建设任务。工业及产业项目，加快贵州宏泰钡业渣场及二期建设项目、华鼎服饰标准厂房、畜禽屠宰冷链物流等项目。城市建设及房地产开发项目，重点抓好棚户区改造、县城环境整体提升工程、滨河东路、金凤广场智能停车场等建设。社会民生项目，重点加快易地扶贫搬迁、县人民医院搬迁（一期）、天网二期、农村基础设施等项目建设。全力强化要素保障。切实抓好资金、土地、能源等要素保障，提前介入、主动服务，加快行政审批和报建报批速度，加大向上对接及指标争取力度，为项目落地、顺利推进创造良好条件。强化政银企沟通对接，充分发挥金融机构融资主渠道作用，创新融资方式，提高金融服务实体经济的能力，金融机构存贷款余额增长12%以上。依法依规开展闲置土地清理，坚决清退僵尸企业，落实产业用地政策，确保项目用地有保障。

（三）围绕加快乡村振兴，全力推动农业农村现代化。按照乡村振兴的总要求，结合脱贫攻坚，统筹项目资金向农村倾斜，推动农业升级、农村进步、农民发展。

做大特色农业产业。持续推进农业供给侧结构性改革，落实产业革命“八要素”，主攻“1+5”主导产业。稳定粮食产量在10万吨以上。实现土鸡出栏500万羽。全力抓好200亩以上大坝产业结构调整，调减玉米种植5000亩，完成蔬菜种植14万亩，新增中药材种植2.2万亩，精品水果4.7万亩，食用菌菌棒2000万棒，新建油茶林3万亩、低改油茶林4万亩。大力发展林下经济，持续推动骡鸭、生猪、肉牛等产业发展。抓好烤烟生产，完成烤烟种植6000亩。要精准对接产销，畅通农产品销售渠道，解决农民后顾之忧。建设美丽宜居乡村。投入5亿元以上，继续推进“四在农家·美丽乡村”基础设施建设六项行动计划，力争实现行政村全覆盖。加快实施农村基础设施建设项目，重点抓好农村垃圾处理、污水治理、农村消防、太阳能路灯安装、停车场及公厕等建设。推进30户以上集中连片农村消防规划建设，完善农村通讯电网基础设施，力争行政村4G网络、30户以上自然寨宽带网络全覆盖。加强传统村落的保护，抓好民族特色村寨建设。常态化推动农村人居环境整治，实现城乡垃圾收运处理系统全覆盖。培育壮大农业经营主体。积极培育职业农民，组织开展各类技能培训5000人次以上。深入推进“三变”改革，完善统分结合的双层经营体制。新增州级以上农业龙头企业5家以上，新增农业“三小”工程120家。积极推进村社联建，促进农民专业合作社发展，提高农业经营组织化程度。抓好农业品牌建设。大力推动“三品一标”认证，申报“天柱骡鸭”地理标志，积极推进有机农产品示范县、国家农产品质量安全县创建工作，新增无公害产地认定15万亩、认证品牌10个以上，推动绿色农产品“泉涌”。

（四）坚持扩量提质增效，全力增强工业实力。坚持“工业强县”战略不动摇，不断做优做强工业经济。

推动园区扩容提质。加快推进工业园区机制体制改革，优化工业园区规划体系功能布局。盘活园区资源资产，加大对园区内僵尸企业、闲置土地、闲置厂房清理力度，新增标准厂房4万平方米，完成园区200亩土地收储。完善工业园区配套设施，建设工业园区4号路、2号路、5号路延伸工程，提高园区的吸纳力、承载力。积极创建省级经济开发区。做大做强钡盐产业。加快编制天柱县重晶石产业发展规划、钡盐产业园专项规划，加强重晶石矿山企业规范化管理，促进资源就地产业化。保障贵州宏泰钡业正常生产，加快启动二期建设。积极推动天柱化工技改搬迁入园，力争完成中大矿业技术改造、晶盛实业黑变白，打造钡业化工产业集群。立足我县重晶石资源优势，精心谋划优势产业和补链延链产业项目，围绕上下游产业，实施精准招商、以商招商，力争引进2家以上重晶石精深加工企业落户。做优做强工业经济。全力推进工业倍增计划，完善帮扶措施，认真做好现有企业服务，新建竹节参中药加工、华顺食品项目，光电能源LED照明产业项目，建成二甲醚燃气充装站、恒生源油茶精深加工、加气砖等项目，新增6户规模以上工业企业入库。积极争取省州支持，完善黄金矿山恢复开采相关程序，推进黄金产业园区、绿色黄金矿山项目建设。

（五）深入推动文旅融合，全力推动三产发展。加快实施“旅游活县”战略，促进全域旅游发展，大力发展服务型经济。

加快发展全域旅游。抢抓国家实施乡村振兴战略和打造全域旅游发展机遇，积极搭建旅游融资平台，引导和支持社会资本参与重点景区、重点旅游村寨项目建设。积极推进三门塘4A级景区和金凤山、凤园3A级景区创建工作。培养一批旅游管理人才，引导社会资本投资旅行社、酒店（饭店）、旅游车队、旅游商品、农家乐、客栈等行业，全面提升酒店（饭店）服务水平。启动实施“邦洞温泉”项目。推动农文旅融合发展。围绕脱贫攻坚积极创建天柱旅游品牌，重点支持渡马、凤城、白市、蓝田、社学等发展农业体验游，支持坌处、远口、瓮洞等发展水上休闲游，支持邦洞、高酿、石洞等发展康养休闲和农耕体验游。积极引导当地群众通过乡村旅游增收脱贫。充分挖掘家祠文化内涵，唱响家文化品牌。传承四十八寨歌节非遗文化，探索推动侗家功夫文化，全面提升注溪社节、邦洞耕牛节、远口龙舟节、渡马七月二十坪等民间办节水平。举办民族服装设计、原唱歌曲创作、美食、旅游商品研发大赛等系列活动。加快商贸物流业发展。完善冷链物流、农村物流服务建设，实现乡镇（街道）物流网点全覆盖。推进国家级电子商务进农村综合示范县建设，积极引导农业企业入驻阿里巴巴等第三方平台，新增村级电商服务站点30个、升级改造60个，完成行政村全覆盖，实现网络零售额800万元以上。

（六）持续统筹城乡发展，全力建设宜居城市。全面推进以人为核心的城镇化，加快县城扩容提质，不断提升城市品位。

拓展城市发展空间。按照“一城两翼”发展布局，打通邦洞经县城至社学的大通道。全力推进联山安置点移民社区建设，完善中小学、幼儿园、社区医院等配套设施，将联山安置点建设成为精准脱贫与城乡一体化协调发展宜居宜业新区。力争新增城镇人口1万人以上，全县常住人口城镇化率达48%以上。完善城市配套建设。加快县城区环境整体提升项目建设，实施天柱汽车站附属工程、县城公交总站一期工程，新建平滩路、农贸二街道路。完成城镇污水处理及配套管网工程。加快推进县城排水规划建设，完成县城防洪排涝治理规划，启动“海绵城市”建设。完善停车场等公共设施，新增城镇停车位600个以上，进一步提升城市服务功能。全力推进城市棚户区改造及配套基础设施建设，加快实施天泽郡天玑组团、东方首府二期、体育场东侧地块等房地产开发。提升城市管理水平。持续深入开展“文明在行动·满意在贵州”活动，提升文明城市创建工作水平和社会文明程度。强化市容市貌治理，规范市政及水、电、管线等开挖建设。始终保持高压态势，开展常态化日常巡查，强化综合执法，确保“两违”问题零增长，促进城乡建设良性有序发展。强化大数据管理，提升城市管理、社会治理、医疗服务、政务服务等方面的应用水平。加快社区服务阵地建设，加强小区物业管理。科学规划布局公交线路，开通新能源公交车。积极推进撤县设市工作，创建国家卫生县城。

（七）突出做好污染防治，全力推动绿色发展。 牢固树立生态文明理念，强化生态底线思维，坚决打好污染防治攻坚战。

强力抓好污染防治。认真落实生态环保“党政同责、一岗双责”，巩固和完善中央、省、州环保督察问题整改落实成果。严格落实项目建设环保“三同时”制度，抓好重点行业全面达标排放。加强工地、矿山、道路等扬尘污染治理，县城环境空气质量优良天数比例达98%以上。筑牢生态屏障。认真落实河长制，做好饮用水源地保护、水功能区划，推进将军坡省级森林公园建设。地表水水质优良比例达90%以上，集中式饮用水源水质达标率100%。抓好国土绿化、植被恢复、森林生态效益补偿等工作，治理水土流失14平方公里，实施森林抚育4万亩，人工造林0.5万亩。落实重点林区森林资源管护104万亩，森林覆盖率达67.1%以上。持续加强生态治理。加大执法检查力度，扎实推进蓝天、碧水、净土三大行动，抓好重点领域、重点行业、重点企业污染治理，强化农村面源污染治理，深入实施农村污水治理试点建设。改造城区污水配套管网，大力整治城区黑臭水体。完成6座集镇污水处理厂建设，启动5座污水处理厂升级改造，城镇生活污水处理率达90%以上。大力推动绿色发展。积极适应经济发展新常态，以生态优势助推绿色发展，着力优化产业结构，加快传统制造业绿色化改造，培育和引进绿色产业，变生态优势为经济优势。强化对重点用能、重点排放单位监管，推广使用太阳能、风能等清洁能源，推动形成绿色低碳的生活方式、消费模式。

（八）全面深化改革开放，全力激发发展活力。 坚持把改革开放创新作为推动发展的强大动力，纵深推进各项改革，扩大对外开放、强化创新驱动，进一步释放发展潜能。

突出抓好重点领域改革。持续深化“放管服”改革，大力推行“互联网+政务服务”，县、乡、村三级政务服务实现全覆盖。推动“双随机一公开”监管全覆盖，纵深推进行政执法“三项制度”改革。推进“证照分离”改革，激发市场主体活力。加强市场监管，确保物价基本稳定。全面完成农村集体产权制度改革，积极探索“三权”分置。深化投融资体制改革，引导各类要素资源集聚，着力激活民间投资。防范化解政府债务和金融风险。全面摸清各类债务底数，建立规范透明、标准科学、约束有力的预算制度，严格落实政府性债务管理“七严禁”要求，抓好债务存量化解和增量控制。强化金融监管，严厉打击非法集资和逃废金融债务行为，筑牢金融安全“防火墙”，坚决守住不发生系统性、区域性金融风险底线。强化财源建设和税源管控。加强对重点税种、重点行业、重点区域的动态监管，严查跑冒滴漏，确保应收尽收和税收公平。加强后续财源建设，千方百计壮大实体经济，努力争取上级资金支持，积极培育多元化、有后劲的财税支撑体系。全力做好增收节支和融资工作，不断提升财政保障能力。持续深化对外开放。主动融入“一带一路”、长江经济带、粤港澳大湾区等，深化交流合作。争取举办全国重晶石高峰论坛。深入开展产业大招商。结合产业基础和资源优势，突出建链补链强链，抓好招商引资项目库建设，提高项目谋划、包装、论证工作质量。认真研究重点招商地区产业转移特点，坚持县级领导带队招商，做好重点招引企业跟踪服务，提高招商工作的精准度。确保招商引资产业类实体经济到位资金增长10%以上。大力发展民营经济。认真落实支持民营经济发展各项政策措施，鼓励民营资本进入金融、旅游、民生、城市基础设施投资运营等领域。持续开展营商环境整治，加强政务诚信建设，认真兑现政府承诺，全力做好要素保障，完善县级领导帮扶服务企业机制，支持本地企业做大规模、做优质量、做强品牌。加强科技创新。大力实施人才聚集工程，提高企业自主创新意识、创新能力。新增各类人才2000人以上，新增科技型备案企业28家、高新技术企业1家以上，实现高新技术产业产值1亿元以上。

（九）持续改善保障民生，全力增进人民福祉。 坚持以人民为中心的思想，从群众最关心、最直接、最现实的利益问题入手，不断满足人民日益增长的美好生活需要。

办好人民满意教育。坚持把教育事业放在优先发展位置，实施“全面改薄”项目20个，着力解决城区“大班额”问题。进一步优化教育资源配置，启动天柱民族中学升一类示范高中创建及新校区建设，启动联山新区幼儿园和中小学九年一贯制学校建设。深入推进教育综合改革，围绕脱贫攻坚办好特色职业教育，推进农村小幼连贯制学校试点改革。大力引进和培养高层次急需人才，全力提高教育教学质量。提升健康服务能力和水平。继续推进基层医疗卫生服务能力三年提升计划，完善分级诊疗制度，健全县、乡、村三级医疗卫生服务体系，完成省人民医院与县人民医院紧密型“医联体”建设，加快推进县乡“医共体”建设，启动县人民医院搬迁项目（一期）建设工作，加强医疗人才队伍培养和引进，大力支持县人民医院重点特色学科建设，切实解决群众看病难、看病远的问题。完成县妇计中心二级甲等妇幼保健院创建工作。传承中医药发展，提升中医服务水平。加强医德医风建设，提高医疗服务水平。完善社会保障体系。坚持积极的就业政策，加大对农村转移劳动力、零就业家庭成员、退役军人、残疾人等群体的就业帮扶，城镇新增就业 4700 人，促进农村富余劳动力转移就业 5200 人，完成职业技能培训 1450 人次，农村贫困劳动力全员培训 4400 人次以上。完善城乡居民基本养老保险、医疗保险、工伤保险等保障体系，社会保险覆盖率达 98% 以上。健全社会救助体系和最低生活保障制度，全面提升社会救助水平。新农合参合率达 96% 以上，城乡低保标准年人均分别提高 4%、5%。抓好养老服务体系建设，推动养老服务多元化。发展文化体育事业。大力实施文化下乡工程，健全公共文化服务体系，深入开展全民健身、文体活动和精神文明创建。完成三门塘古建筑群、江东杨氏宗祠等文物保护项目。建成县档案馆、非遗文化、历史文化、家祠文化、凤文化展示馆等。建成农民体育工程 12 个。全面加强社会治理。深化“平安天柱”建设，扎实推进扫黑除恶专项斗争。大力开展“无毒害县”创建。深化信访问题“百日攻坚战”，加大依法治访力度，依法解决群众合法合理诉求，深入推进“三无”县创建。牢固树立安全发展理念，完善安全隐患排查治理长效机制，筑牢灾害监测预警和防治安全网，提升应急处置能力和水平。强化食品药品安全管理，保障群众“舌尖上的安全”。深入开展“七五”普法，开展宪法宣传活动，增强全民法治观念。加强国家安全和社会治安大防控体系建设，依法严厉打击各类违法犯罪活动，形成群防群治、齐抓共管工作格局，确保城乡安全、群众安宁、社会安定，持续提升群众的安全感、满意度。

我们将尽力而为、量力而行，全力办好“十件民生实事”：（1）完成 2462 户 10057 人易地扶贫搬迁；（2）建成凤城七小、凤城第一、第二幼儿园；（3）完成 3 个乡镇卫生院改造、10 个村级卫生室建设；（4）完成安全生命防护工程 150 公里，改造危桥 10 座；（5）完成农村卫生厕所改造 4500 户，改造村级公共卫生厕所 105 个，新建旅游厕所 6 座；（6）完成 151 个村饮水安全巩固提升工程，解决 5.45 万人饮水安全问题；（7）建成蓝田、渡马、白市、高酿、石洞、竹林 6 座集镇污水处理厂；（8）实施 4550 户城镇棚户区改造安置房建设；（9）新建 52 个、扩建 8 个、修缮 38 个农村基层活动阵地；（10）建成金凤广场智能停车场，新增停车位 280 个。

三、加强政府自身建设

发展需要勇担当，打铁必须自身硬。面对决战脱贫攻坚、决胜同步小康的重大历史使命，我们必须忠诚履职、勇挑重担，务实进取、廉洁从政，全面提升执政能力和服务水平。

一要旗帜鲜明讲政治，坚决做到依法行政。坚持以习近平新时代中国特色社会主义思想为指导，深入贯彻党的十九大精神，切实强化“四个意识”、坚定“四个自信”，坚决维护以习近平同志为核心的党中央权威和集中统一领导，认真贯彻落实中央、省、州和县委各项决策部署，确保政府工作始终沿着正确的方向扎实推进。切实加强法治政府建设，弘扬宪法精神，坚决维护宪法权威。完善政府议事规则和决策程序，全面推动简政放权，公布行政权力清单、责任清单和权力运行流程图，按法定权限和权责清单用权履职。自觉接受县人大及其常委会的法律监督和县政协的民主监督，进一步提高建议提案办理的落实率、满意率。

二要忠诚履职惠民生，坚决做到为民理政。坚持以人民为中心的发展思想，牢记为民初心，推动政策向民生聚焦、服务向民生覆盖、资源向民生倾斜，把为民服务的成果立在天柱大地上，写进群众心坎里。践行党的群众路线，多渠道了解社情民意，问政于民、问计于民、问需于民，深入群众开展调查研究，精准破解发展中的痛点难点，让发展实绩更有“温度”，让富民答卷更有“厚度”。要多下基层、广接地气、善听民意，对事关群众切身利益的事情认真谋划、敢于决策，定一件干一件、干一件成一件，将工作做就做实、干就干好。坚持为民务实，“少求面上光、多务民生事，少说不能办、多想怎么干”，团结和带领全县人民，同心同向，务实进取，朝着共同富裕的目标奋勇前行。

三要转变作风强担当，坚决做到高效从政。把“五步工作法”贯穿到政府工作全过程，大力弘扬求真务实、马上就办、办就办好的工作作风，坚决整治不作为、慢作为、乱作为。对确定的工作真抓实干、务求实效，一线调度、现场落实。严格执行政府工作规则，对重点工作、重要任务落细落小、明晰工作责任、层层传导压力，坚持领导带头、以上率下，盯人、盯事、盯结果。面对困难和挑战敢于直面问题，敢于动真碰硬，敢于担当负责。加强学习和调查研究，提升工作谋划的本领和解决问题的能力。健全督查问效机制，建立重大决策、重点工作调度督办清单制度。完善正向激励和容错机制，为担当者担当、为干事者撑腰，以实际行动、实际成效取信于民。

四要以身作则严要求，坚决做到清廉为政。始终把纪律和规矩挺在前面，大力加强政府系统廉政建设，认真贯彻党内政治生活若干准则、党内监督条例、党组工作条例等党内法规，严格落实政府党组全面从严治党主体责任，严守政治纪律和政治规矩，持之以恒贯彻中央八项规定及其实施细则。严格执行民主集中制，建立健全“三重一大”集体决策机制。强化重点领域和关键岗位廉政风险防控，完善政府权力运行监督机制，扎紧“制度铁笼”。持续做好反腐败斗争，做到惩治腐败力度不减弱、“零容忍”态度不改变，教育引导政府系统干部从严要求、清廉为政，切实在推动发展上真付出、真努力、真投入，全力打造干部清正、政府清廉、政治清明的政务环境。

各位代表，伟大梦想不是等得来、喊得来的，而是拼出来、干出来的。我们唯有只争朝夕、苦干实干，不驰于空想、不骛于虚声，才能书写天柱历史、创造美好未来。让我们更加紧密地团结在以习近平同志为核心的党中央周围，在县委的坚强领导下，不忘初心、牢记使命，开拓进取、攻坚克难，向决胜脱贫攻坚减贫摘帽发起总攻，为同步全面建成小康社会，续写新时代百姓富、生态美天柱新篇章而努力奋斗！

锦屏县政府工作报告

（2019 年 1 月 22 日在锦屏县第十七届人民代表大会第三次会议上）

锦屏县委副书记、县长 刘明波

各位代表：

现在，我代表县人民政府向大会报告工作，请予审议，并请各位县政协委员和其他列席会议的同志提出意见。

一、2018 年工作回顾

过去一年，是我县向脱贫攻坚发起总攻的关键之年，也是锦屏发展历程中极不平凡的一年。面对前所未有的压力和挑战，县人民政府在县委的坚强领导下，在县人大、县政协的监督支持下，深入贯彻新发展理念，落实高质量发展要求，坚持以脱贫攻坚为统揽，着力打好三大攻坚战，全县经济社会发展呈现稳中有进、增速加快、后劲增强、民生改善的新局面。

——坚持稳中求进总基调，发展质量持续向好。预计全县地区生产总值完成 45.3 亿元，同比增长 6%，其中，一二三产业分别完成 9.6 亿元、12.7 亿元、23 亿元；一般公共预算收入完成 2.06 亿元，增速居全州第二；规模以上工业增加值完成 7.8 亿元，同比增长 1.8%；500 万元以上固定资产投资完成 12.29 亿元，同比增长 20%；全社会消费品零售总额完成 12.74 亿元，同比增长 10%；城镇、农村居民人均可支配收入分别达 29040 元、8544 元，同比分别增长 9.2%、10.1%；全县金融机构存、贷款余额分别为 69.47 亿元、57.06 亿元，同比分别增长 10.31%、37.7%，增速居全州第一。

——坚持精准施策抓落实，脱贫攻坚连战连捷。聚焦“一达标，两不愁，三保障”，组织发动“春风行动”“夏秋攻势”“秋后喜算丰收账”“冬季充电”，开展“万名干部下基层·蹲驻一线促脱贫”行动，组建 15 个乡镇“攻坚连”、193 个村（社区）“尖刀班”，选派 77 名第一书记、3896 名干部到贫困村开展帮扶。脱贫攻坚“四场硬仗”成效明显。投入产业扶贫资金 6769.3 万元，累计覆盖 7.8 万贫困人口；投入 1.06 亿元，新建“组组通”公路 266.2 公里，累计建成 491.6 公里；完成易地扶贫搬迁 1235 户、5585 人；教育扶贫应助尽助资金 4900 万元；健康扶贫结算报销 9100 余人次、4600 余万元；农村“危改”“三改”完成 216 户，新增、改造卫生厕所 753 个。492 名建档立卡贫困人口聘为生态护林员。中国农业发展银行、省市场监管局、州林业局等 12 个单位定点帮扶和富阳区对口帮扶精准有力，全年帮扶资金 5300 万元。预计全县 34 个贫困村出列，减少贫困人口 18139 人，贫困发生率下降到 10.17%。

——坚持从严从实强管控，风险化解有力有效。严格政府债务限额管理，稳步推动 PPP 模式化债、平台公司实体化转型剥离债务，争取到地方政府债券转贷资金 1.18 亿元，完成 2018 年到期存量债务置换，坚决守住债务风险底线。金融风险化解扎实推进，强化金融监管，严厉打击违法金融活动，全县非法集资案件“零发生”。深入推进安全生产“双控”体系建设，加强地质灾害防治工作，全年未发生较大以上安全生产事故；创新“三个三”信访维稳工作机制，锦屏荣获第二届全国“法治信访进步奖”；扫黑除恶、禁毒工作、“扫黄打非”专项行动成效明显，“平安锦屏”建设深入推进，“十有十无”平安法治村（社区）创建有序开展，社会领域风险防控有效，社会治理水平不断提高。

——坚持铁腕治污不动摇，生态优势更加凸显。深入推进“绿色锦屏”建设，完成人工造林

1.86万亩，城乡绿化植苗11.5万株，森林覆盖率达72.12%。坚决打好污染防治"五场战役"，扎实开展农村清洁风暴行动，县城空气质量优良率达99.7%，5个污水处理厂建成投入使用，城乡生活垃圾无害化处理率达88.3%，城乡污水处理率达83%。认真抓好中央环保督察反馈问题和"回头看"督察新增问题整改，投入1.8亿元，拆除三板溪库区网箱5278亩；实行"河长制"常态化管护，清水江出境断面水质达标率为100%；完成14个集中式饮用水源地保护区勘界立标，集中式饮用水源地水质达标率达100%。

——坚持优化结构促转型，产业发展量效齐升。大力发展"五大产业"。中药材种植达7.11万亩，油茶7.2万亩，精品水果7.64万亩，蔬菜15.38万亩，食用菌2200万棒，畜禽养殖150.7万头（羽），水产养殖14.9万亩；有机认证面积达3.52万亩，有机证书达13张，贵州省名牌产品达5个。以"千企改造"为抓手，投入2000万元完成5家工业企业改造升级，3家企业列为省级"专精特新"工业企业品牌培育试点，2家企业认定为贵州省2018年企业标准"领跑者"企业。创新农商联动精准扶贫"1+1+2=6"模式，冷链物流网络不断完善，建设冷库17个，总库容4800立方米。成功创建隆里古城4A级景区和文斗苗寨、龙池多彩田园2个3A级景区，全年接待游客391.1万人次，旅游收入31.9亿元。服务业质量不断提升，限额以上商贸服务企业达14家，锦屏被列入国家级电子商务进农村综合示范县，预计全年网络交易额完成1.4亿元、网络零售额达2670万元。三次产业比例调整到21.3∶29.5∶49.2。

——坚持城乡统筹夯基础，发展条件持续优化。县城基础设施不断完善。第四中学新校区、县政务服务大厅、汽车南站、消防大队新营房投入使用；新增棚户区安置房14.1万平方米，改扩建市政道路10.9公里，新增广场面积2000余平方米、社会公共停车场5个、车位438个，城镇化率提高到43.34%。锦屏经开区建设深入推进。县委党校、县职校投入使用，工业二横路、三横路一期和琴凼安置二期等项目全面建成，园区入驻企业达39家。农村人居环境持续改善。投入5.2亿元，完成农村人居环境整治一期工程；投入1.8亿元，完成76个贫困村电网升级改造；"四在农家·美丽乡村"建设完成投资2.1亿元；全县通信光缆达1.4万公里，行政村网络覆盖率达100%，"广电云"用户接入1.2万户。交通和水利设施不断夯实。完成G242天柱新寨至锦屏大同改造工程12.6公里，修复县城至茅坪公路9.68公里、航道整治56.8公里，实施损毁公路恢复、危桥改造和农村公路生命安全防护等工程，完成交通投资3.69亿元；实施饮水安全巩固提升工程等水利项目25个，解决2.1万人饮水安全问题，完成水利投资4.56亿元。"文明卫生县城"创建工作在全省排名上升18位，由62位上升到44位。

——坚持改善民生为宗旨，社会事业协调发展。新增城镇就业2831人，农村劳动力转移就业4565人，公益性岗位就业281人，城镇登记失业率3.09%；发放创业担保贷款1779万元，促进790人创业就业。实施"全面改薄"学校9所，教育质量不断提升，高考万人录取率居全州第三，县民族中学基础教育居全州第四，偶里乡赛村小幼连贯制学校纳入教育部试点。完成75个深度贫困村卫生室建设，建成易地扶贫搬迁安置点卫生室3个、农村中小学医务室47个。脱贫攻坚春节文体活动、县乡村全民健身羽毛球联赛有效开展，激活民间资本成功举办第三届隆里国际新媒体艺术节。《黔东南苗族侗族自治州锦屏文书保护条例》顺利通过地方人大立法。城乡低保年平均标准分别提高到6840元、3876元，8557人纳入最低生活保障，城乡居民年人均养老金达1164元。新型农村合作医疗参合任务完成率达100%、贫困人口参合率达100%。"十件民生实事"顺利推进，28项实事任务已完成20项，正在推进8项，累计完成投资7.5亿元。

——坚持改革创新促开放，发展活力加速释放。深化"放管服"改革，严格实行"最多跑一次"承诺事项，行政审批时限压缩65%，"互联网+政务服务"体系实现县乡村全覆盖，税制改革及税收政策调整为企业减免税收8876万元。创新"1+4"医疗共同体建设，成立锦屏院士工作站和"互联网医院"。农村集体产权制度改革扎实开展，完成确权到户4.26万户。深化集体林权制度改革成效明显，锦屏成为全省唯一被列为"全国33个集体林业综合改革试验区"的试点县，率先在全省获得森林资源收储贷款1580万元。对外开放越来越大，中央金融单位定点扶贫工作推进会、医共体推进健康中国示范村镇建设峰会等高层次会议相继在锦屏召开，成功举办中国农业发展银行2018年助推锦屏县产业扶贫招商引资对接会，现场接受捐赠1128万元。营商环境不断优化，产业大招商引进太平洋建设集团、福建永诚农牧科技集团等企业35家，招商引资到位资金29.19亿元，新增市场主体2034户，全县营商环境评价指数排全州第4位，较上年度提升7位。创新能力不断增强，完成专利申请103件。

——坚持从严治党提效能，政府建设全面加强。始终坚持从严治党，切实加强政府自身建设，严格落实中央八项规定，深入开展铸魂、铸勤、铸廉和“治转提”等专项行动。全面开展党风廉政建设“森林管护区”创建工作，全年共约谈党员干部599人次。深入开展反腐败工作，全县政府系统共立案55件、55人，党纪政务处分51人，移送司法机关2人；查处违反中央八项规定精神问题13起，处理22人。自觉接受县人大、县政协和社会各界监督，不断完善政府向人大及其常委会报告、向政协通报工作制度。全年办理人大代表建议247件，政协提案102件，办复率、满意率均达100%。

此外，国防动员、国防教育、人口计生、机构编制、民族宗教、统计、审计、档案、供销、气象、烟草、邮政、地方志、公积金等工作取得新成绩，工会、共青团、妇联、科协、工商联、文联等群团工作取得新进步，妇女儿童、老年服务、残联、关心下一代、慈善等事业取得新进展。

各位代表，过去一年我们攻坚克难、砥砺前行，顶住了经济下行的巨大压力，取得了来之不易的发展成绩。这是县委正确领导的结果，是县人大、县政协及社会各界有力监督与鼎力支持的结果，是全县人民众志成城、奋力拼搏的结果。在此，我代表县人民政府向在各个领域和岗位上辛勤工作、作出贡献的全县干部群众，向给予我们支持与监督的人大代表、政协委员、工商联、人民团体和离退休老同志，向大力支持我们工作的驻锦单位、对口帮扶单位、定点帮扶单位，向驻锦部队官兵、公安政法干警，向所有关心、支持、参与锦屏改革发展的各界人士，表示崇高的敬意和衷心的感谢!

在充分肯定成绩的同时，我们也清醒地看到，在改革发展的道路上还面临不少挑战与困难，政府工作还存在不少差距和不足，主要表现在：一、脱贫攻坚时间紧任务重。全县仍有2.07万贫困人口，贫困发生率依然较高，到2020年要实现同步全面小康，时间非常紧迫，任务十分繁重。二、实体经济依然比较薄弱。三次产业支撑基础较弱，缺乏引领性、带动性产业，经济增长动力不足，长期积累的产业结构和经济结构问题还未得到根本性解决。三、社会民生保障水平不高。教育、医疗、养老等公共服务设施欠账多，发展不平衡不充分问题依然突出。四、推动高质量发展的能力亟待增强。少数干部执行力不强，办事效率不高，服务质量有待进一步提升，一些关系群众切身利益的问题还没有得到彻底解决。对于这些问题，我们将高度重视，拿出有力措施加以解决。

二、2019年主要工作任务

2019年是新中国成立70周年，是脱贫攻坚决战之年，是全面建成小康社会的关键之年，做好全年工作责任重大、意义深远。我们要牢牢抓住新时代机遇，坚定同步小康的信心决心，乘势而上、克难奋进，勇于担当历史赋予的神圣使命。

今年政府工作的总体要求是：以习近平新时代中国特色社会主义思想为指导，深入贯彻落实党的十九大、十九届二中和三中全会精神，统筹推进“五位一体”总体布局，协调推进“四个全面”战略布局，坚持稳中求进工作总基调，坚持以脱贫攻坚统揽经济社会发展全局，以推进供给侧结构性改革为主线，以提高发展质量和效益为中心，紧扣“夜郎遗珠·有机锦屏”战略定位，突出产业发展、城乡建设、全域旅游三大板块，持续打好防范化解重大风险、精准脱贫、污染防治三大攻坚战，统筹推进稳增长、促改革、调结构、惠民生、防风险各项工作，进一步做好“六稳”工作，在“巩固、增强、提升、畅通”上下功夫，保持经济持续健康发展和社会大局稳定，为全面建成小康社会收官打下决定性基础，以优异的成绩庆祝中华人民共和国成立70周年。

今年全县经济社会发展的主要预期目标是：地区生产总值增长8%以上，其中，一二三产业分别增长6.8%、9.3%、8.2%以上；一般公共预算收入增长5%以上；规模以上工业增加值增长9%以上；500万元以上固定资产投资增长20%以上；社会消费品零售总额增长10%以上；城镇居民、农村居民人均可支配收入分别增长9%、10%以上；城镇化率提高到44.8%；全面完成省、州下达各项目标任务和控制性指标。

围绕上述目标，要重点抓好以下10个方面工作：

（一）坚定不移抓脱贫攻坚，夺取决战之年新胜利。牢牢把握省委、省政府把我县纳入深度贫困县政策支持范围的机遇，全力向深度贫困发起总攻，全县贫困发生率降至4.3%左右。高质量打好基础设施建设硬仗。以建设“四好农村路”为目标，完善县乡村公路管养机制。继续实施村寨亮化工程，安装太阳能路灯2.5万盏。加快补齐农村基础设施、公共服务设施短板，确保所有出列村达到“五通五有”退出标准。高质量打好易地扶贫搬迁硬仗。全面完成7189人搬迁入住，扎实推进“一建三进”工作，解决好移民搬迁户教育医疗、就业创业等问题，确保有劳动力的贫困搬迁家庭至少有1人稳定就业。加大旧房拆除、复垦复绿工作力度，有效盘活耕地、林地、宅基地等资源。高质量打好产业扶贫硬仗。发展壮大“五大产业”，全县中药材种植达11.5万亩、油茶达8.2万亩、精品水果达7.8万亩、蔬菜达14万亩，水产养殖达15.1万亩，畜禽出栏257万头（羽），5660名贫困人口实现发展产业脱贫。强化产业扶贫农业保险工作，拓展“1+1+2=6”农商联动扶贫模式，加快构建冷链物流网络，力争全县冷库库容达7200立方米。高质量打好教育医疗住房“三保障”硬仗。全面落实各级各类学生教育精准扶贫资助政策，构建从学前教育到高等教育学生资助政策全覆盖体系，建档立卡贫困学生应助尽助。全面落实健康扶贫医疗救助保障政策，贫困人口参合率保持在100%，转诊住院费用实际报销比例达90%。大力加强住房保障，同步推进农村“危改”“三改”和透风漏雨房屋整治。充分用好帮扶资源。继续用好中国农业发展银行、省市场监管局、州林业局和富阳区等帮扶资源，推进定点帮扶、东西部扶贫协作和对口帮扶项目实施；持续开展国有企业“百企帮百村”、民营企业“千企帮千村”行动，促进全社会力量全面助力脱贫攻坚。着力提高脱贫实效。全面落实“六个精准”基本要求。坚持扶贫与扶志、扶智相结合，大力推广“十户一体”抱团发展模式，深入开展“三扶三转”活动，抓好公益性岗位开发，树立勤劳致富的政策导向，形成有劳才有得、多劳多得的正向激励，防止政策“养懒汉”，杜绝不劳而获、“等靠要”等不良风气，不断激发群众脱贫内生动力。充分发挥驻村工作组和“攻坚连”“尖刀班”的作用，统筹打好各类专项扶贫战役，不断提高脱贫工作成效。

（二）坚定不移抓风险防范，完善化解防控新机制。始终坚持防范化解重大风险，坚决守住不发生系统性风险的底线。加强政府债务风险防控。严格执行政府性债务管理“七严禁”政策，继续压缩一般性支出，有效盘活闲置未用土地、财政存量资金等资产，规范发展PPP模式转化存量债务，做好新增债券项目申报工作；开展隐性债务再核查，防止形成新的债务，确保不发生重大风险。加强金融风险防控。推动防范化解金融风险与服务实体经济有机结合，持续开展打击非法集资、互联网金融专项整治行动，从源头对金融风险进行有效遏制，完善金融风险应急机制，保障金融市场安全。加强社会风险防控。巩固“平安锦屏”创建成果，纵深推进扫黑除恶专项斗争、第二轮三年禁毒人民战争，加快“雪亮工程”视频监控系统建设。积极化解各种社会矛盾，坚持不懈抓好安全生产，坚决防范遏制重特大事故和群体性事件发生，营造安定和谐的发展环境，不断提高群众的安全感、满意度。

（三）坚定不移抓污染防治，构筑绿色发展新格局。加强生态环境污染治理。持续打好生态环境保护“五场战役”，深入开展各项污染防治攻坚行动、专项行动。加快城乡污水处理和垃圾处理设施建设，分区域建成6个垃圾集中焚烧场，城乡生活垃圾无害化处理率达90%，城乡污水处理率达85%。集中式饮用水源地水质达标率达100%。实施生态修复工程，严控砂石开采加工点增量，整合提升生产能力，全面开展规模畜禽养殖污染治理，减少土壤面源污染。扎实推进绿色家园建设。厚植绿色文化，建设一批绿色机关、绿色学校、绿色社区、绿色企业，打造一批以绿色示范单位为主体的生态文化宣传教育基地，积极开展绿色回收“五进”活动，推行绿色出行“135”计划，确保绿色示范创建取得实效。大力推动绿色经济发展。深入实施绿色制造三年行动计划，培育壮大“绿色+”新业态，推动企业开发绿色产品、延长绿色链条，力争绿色经济占比达60%以上。实施森林扩面提质增效三年行动计划，大力发展林下经济，全面推动林产品精深加工，实现林业增加值增长12%以上。加强生态治理机制建设。全力抓好中央和省环保督察反馈问题整改。全面落实《国家生态文明试验区（贵州）实施方案》《贵州省生态环境损害党政领导干部问责暂行办法》，坚决守住“三条红线”。完善河长制常态化巡查机制、县乡村河段长效保洁体系，全力推进污染减排工作，确保出境断面水质达标率稳定在100%。

（四）坚定不移抓全域旅游，打造有机体验新高地。完善旅游功能要素。紧扣“国内外知名木商文化旅游目的地”和“中国山地有机生活体验第一县”建设目标，加快打造三江国家水利风景区、隆里古城景区、“三板溪水天堂”等旅游综合体，创建国家3A级旅游景区1个，新建旅游公厕5座、游客服务中心1个、旅游停车场1个，完成旅游投资1.2亿元以上。全年建成特色民宿客栈5户，星级农家乐评定5家，培训旅游从业人员500人以上，不断提升旅游服务质量和管理水平。加快旅游业态发展。深入实施“旅游+”行动计划，抓好苗侗银饰、侗族刺绣、苗侗农家千层底布鞋和隆里花脸龙等地方特色旅游产品研发生产。投资5000万元以上，完成龙池多彩田园综合体蓝莓山庄改造提升工程和园区观光道路改扩建工程，培育一批观光采摘、山地（水上）户外运动、康体养生、餐饮休闲等有机生活体验新业态，着力打造全省林农文旅一体化旅游样板。加强文化旅游品牌创建。大力宣传《黔东南苗族侗族自治州锦屏文书保护条例》，加强对锦屏文书挖掘整理、出版研究，全力申报“中国重要农业文化遗产——林粮间作复合系统”国家级名录和“中国林下经济示范县”称号，扎实推进锦屏文书亚太地区记忆遗产名录申报工作。围绕锦屏文书文化品牌，做好启蒙嘎溜、九寨嘎花、河边腔苗歌、十二诗腔、新化水龙等文化项目打造，继续办好隆里古城舞龙狂欢节、锦屏文书文化节、隆里国际新媒体艺术节，实现旅游总收入38亿元以上。

（五）坚定不移抓乡村振兴，激发农业农村新活力。以脱贫攻坚为抓手，按照试点先行、分步实施的原则，全力推动乡村振兴。加快人居环境改善提升。深入推进人居环境整治项目（二期）建设，完成187个村环境综合整治。大力开展农村“厕所革命”，持续推进农村清洁风暴行动。强化城乡生活垃圾收运系统建设，加强日常管护，确保垃圾收运工作有效运转。推动农业优质高效。着力夯实农业生产基础，实施200亩以上坝区规模化、标准化和小型农田水利等基础设施建设，确保粮食总产量稳定在5.8万吨以上。加快推进农村产业步道、产业路建设，不断改善农村生产生活条件。深入实施绿色农产品“泉涌”工程，以创建国家有机产品认证示范区、国家农产品质量安全县为重点，新增有机种植认定面积3000亩以上、有机证书10张以上。培育壮大农业经营主体。以农产品加工和农村“双创”为重点，着力培育种养大户、家庭农场、农民专业合作社等新型农业经营主体，组织农业专家、农技人员开展驻村入社蹲点服务480人次以上，认定和审批农业经营主体60个以上，培育重点龙头生产企业15家以上。加强农民专业合作社规范化建设，全面清理“空壳社”，充分发挥农民专业合作社在产业发展、脱贫攻坚的带动作用。推动农民素质全面提升。开展农村专项文明行动，推动移风易俗，遏制陈规陋习。实施新型职业农民培育工程，贫困劳动力全员培训3930人次以上。实施农村公共服务提升计划，建设17个村级综合文化服务中心。深入实施农业科研杰出人才计划、农技推广服务特聘计划，吸引更多人才投身乡村振兴。

（六）坚定不移抓融合发展，提升宜居城乡新颜值。加快县城建设。加快县城至茅坪25米大道、县城环城道路、三江六岸市政道路建设，全面建成旅游精品示范小区、三江广场。继续推动县城棚户区1074户、15.4万平方米改造。力争启动地下综合管廊、城区雨污收集管网项目建设，大力推进县城建筑风貌整治提升工程，持续抓好县城绿化、亮化工作，实施县城背街小巷综合整治，不断提高城市品位。加快锦屏经济开发区建设。继续实施新城区（敦寨）城市棚户区改造，加快推进敦寨集镇亮江河流域治理、迎宾大道二期工程建设，启动实施迎宾大道至九南坡脚、健康产业园至高速匝道口市政道路建设。全力推进“两材入园”工作，大力实施“亚狮龙”“风彩油茶”“黔晟药业”等重点项目建设，着力建成以文化体育用品、医药康养、农特产品加工、木材精深加工为主导产业的综合性工业园区。加快隆里古城建设。强化隆里古城历史文物保护，严格规划建设管控，保持原有传统风貌。深入推进综合服务区、南门游客服务中心、农贸市场等项目建设。加快建设盛丰农业生态园，推动军屯文化、农耕体验、田园观光、休闲度假等一体化发展。统筹乡镇建设。加快全县山地特色新型城镇化融合发展，着力打造农村宜居示范工程，加大全县11个传统村落保护开发力度，推进“森林城镇”“森林村寨”“森林人家”创建。深入实施信息基础设施建设，新建和改造5G基站85个。加快推进农村电网改造升级工程，实施城区10千伏线路智能化改造，启动220千伏锦屏变电站建设。坚持长效管理与集中整治相结合，规范农村电、讯、网络等各类线路铺设，严厉打击和处置“两违”行为。

（七）坚定不移抓项目建设，激活投资拉动新引擎。加强重点领域投资。重点围绕脱贫攻坚、乡村振兴、农村环境整治等领域，在保障性安居工程、文化旅游提升、卫生医疗保障、社会服务兜底等方面编制项目21个。完成交通投资2亿元以上、水利投资4亿元以上、电力投资1.1亿元以上。加快重大项目建设。抓好财政、金融、土地要素保障，加快推进三江六岸江河治理、剑河至黎平高速公路锦屏段、锦屏移民园、农村污水处理等重点项目建设。实施巨寨至阳艾、八受至王家榜公路改扩建工程，建成马背水库、代冲溪水库、聚龙滩公交停保场、排洞码头站房等项目。扩大民间投资。全面落实国家激发民间投资活力各项政策措施，大力推广PPP项目模式，鼓励、引导民间资本投资基础设施和公共事业，在交通、水利、学前教育、健康养老等领域，推出一批投资回报率高、商业潜力大的项目，力争完成社会投资2亿元以上。强化金融支持。鼓励金融机构围绕脱贫攻坚、乡村振兴、产业发展加大资金投放力度，加强对实体经济、特别是民营企业实施项目的信贷支持。深入开展融资性担保业务，为项目融资提供更为有力的增信支持。

（八）坚定不移抓实体经济，厚植县域竞争新优势。推动工业扩量提质。深入实施“千企改造”工程，完成技改投资3000万元以上，推动转型升级企业3户以上。持续推进“百企培育”工程，新增工业企业入库3户以上。推动现代服务业加快发展。稳步推进现代服务业“十百千”工程，巩固锦屏电子商务进农村示范县成果，建制村电商综合服务站点覆盖率达100%。着力引进中冷物流仓储项目，完善三级物流配送体系，力争“锦货出山”增长30%以上。大力实施服务业重点企业培育行动，新增限额以上批零住餐企业3户以上、规模以上服务业企业2户以上。加快大数据综合运用。深入推进数字锦屏建设，加快实施“腾讯·为村”项目，启动建设30个贫困村试点工程，促进实体经济向数字化、网络化、智能化转型，全年实现网络交易额1.5亿元以上，网络销售额3000万元以上。推动民营经济发展壮大。全面落实国家减税降费各项政策，大力开展金融服务专项行动，全力支持民营企业发展壮大。建立健全政银企对接机制，加快推动“4321”政银担合作模式，鼓励、支持金融机构将资源向中小微企业倾斜，全年新增市场主体1300家以上，民营经济占比达51%以上。

（九）坚定不移抓改革创新，增强转型发展新动能。持续深化重点领域改革。全面完成政府系统机构改革，持续推进“放管服”改革，继续深化商事制度、投融资体制、医疗共同体、水务一体化、国企国资等改革。着力抓好农业农村改革。扎实推进农村集体产权制度、“三权”分置制度和“三变”改革，继续深化林业综合改革，全面推广“塘约经验”，用好用活集体资源，发展村集体经济，增加农民收入，促进农业可持续发展。不断扩大对外开放。在经济、文化、旅游、投资等领域，加强与沿海经济发达地区、成渝地区、富阳区等地的交流合作。深入开展“百强引进”招商、党政领导带头招商、对口帮扶招商、产业链招商活动，全年编制招商引资项目60个以上，新引进项目36个以上，到位资金30亿元以上。全力推动创新驱动发展。深入实施创新驱动战略，以创新激发动力、增强活力。加强各类科技项目申报，全年完成申报各类科技项目8个以上；加强知识产权保护和运用，申请专利50件以上。切实优化营商环境。严格执行《锦屏县优化营商环境八条规定（试行）》，深入开展产业大招商突破年、优化营商环境集中整治“两大行动”，创新创优招商工作方式，推行“首席服务员”机制，切实为企业提供服务保障，营造良好的营商环境。加快实体公司发展。根据清水江集团公司、金森林投公司、杉乡旅投公司等九家国有公司职能定位，按照现代企业管理制度，科学确定经营业态布局，推动资源优化整合，促进企业资源优势转化为企业经营效益，实现国有资产保值增值。

（十）坚定不移抓民生改善，推动社会事业新提升。积极促进就业创业。以建档立卡贫困户、易地扶贫搬迁户劳动力就业创业为重点，加快就业扶贫劳务输出，做好退役军人安置、就业创业服务等工作，新增城镇就业3000人以上，城镇登记失业率控制在4.2%以内。办好人民满意教育。全面深化教育“四制一体化”改革，鼓励社会力量兴办职业教育、学前教育。启动县民族中学、城关三小、城关五小（潘寨小学）、城关六小（平金小学）改扩建，着力化解“大班额”问题。建成隆里古镇幼儿园、茅坪镇第二中心幼儿园，继续补齐学前教育基础设施“短板”。加强师德教育，加大教师培训力度，不断提升教育教学质量，着力打造锦屏教育品牌。提升健康卫生服务水平。深入推进医共体建设，完成全省健康促进示范县和全省慢病防控示范区创建验收。加快残疾人康复中心建设，全面建成钟灵乡卫生院业务楼，启动5个乡镇卫生院业务楼升级改造、4个乡镇卫生院中医馆建设。加大优秀卫生人才培养、引进力度，不断提高县乡村医疗机构诊疗和服务水平。促进文化体育事业发展。加快融媒体中心建设，启动易地扶贫搬迁安置区农民健身工程、乡村农民体育健身工程、羽毛球场馆等建设。深入实施非遗保护工程。继续开展春节期间系列文体活动，办好全县羽毛球联赛，不断丰富群众文化生活。增强社会保障网底功能。巩固和完善城乡医疗保险制度，推动医疗救助费用“一站式”及时结算，慢性病家庭医生签约救治率达100%，贫困人口签约率达100%。持续推进农村低保治理工作，提高优抚对象抚恤和生活补助、城乡低保补助标准，织密扎牢困难群众民生网底。统筹发展其他社会事业。加强国防教育、国防后备力量建设，支持驻锦部队建设和法院、检察院、监察委工作，统筹推进工会、妇联、共青团、编制、审计、统计、供销、科普、气象、县志、档案、人防、民族宗教、外事侨务、养老服务、慈善事业、关心下一代等工作。

各位代表，今年县人民政府将全力办好以

下“十件民生实事”：（1）持续推进大扶贫战略行动，实现40个贫困村出列，减少贫困人口1.4万人；（2）转移农村劳动力4000人以上，公益性岗位安置就业困难人员280人以上，新增生态护林员115人以上；（3）城乡居民基本养老保险基础养老金提高到每人每月93元，城乡低保标准平均提高5%、7.5%；（4）建成城关四小、三江镇第二中心幼儿园，对2000名6—24月龄儿童免费发放营养包；（5）建成易地扶贫搬迁安置房1724套，改造农村危房799户；（6）完成县城、农村安全饮用水巩固提升工程，孟伯水库实现向县城区输送供水；（7）全面完成G242锦屏大同至黎平高屯公路改扩建，完成农村公路生命防护工程464公里，建成行政村公共停车场70个、城镇公共停车场3个，开通县城至茅坪、大同的城乡公交车；（8）建成县流浪未成年人救助保护中心、县疾控中心和飞山、码头、步行街、风雨桥4个社区服务中心，新建、改造农村卫生厕所560户、农村公共卫生厕所62个、城镇社区公共卫生厕所6个；（9）新建、改造电力线路320千米以上，30户以上自然村寨4G网络覆盖率达90%以上；（10）建成县城日处理100吨生活垃圾焚烧处理系统，配置15个乡镇日处理100吨生活垃圾转运设备，完成187个行政村垃圾、污水处理基础设施建设。

三、加强政府自身建设

各位代表，打铁还需自身硬。我们将切实加强自身建设、全面提升履职能力，努力建设运行高效、人民满意的政府。

（一）强化政治意识，建设忠诚担当的政府。始终把政治建设摆在首位，认真贯彻《关于新形势下党内政治生活的若干准则》《中国共产党党组工作条例（试行）》，增强“四个意识”、坚定“四个自信”、做到“两个维护”，在思想和行动上同以习近平同志为核心的党中央保持高度一致。深入开展“不忘初心、牢记使命”主题教育，常态化、制度化推进“两学一做”学习教育。自觉接受县委领导，定期向县委常委会汇报工作，做到中央有号召、省州有要求、县委有部署，县政府就有行动、有落实。

（二）强化法治意识，建设依法履职的政府。依法全面履行政府职能，严格执行政府重大行政决策程序制度，全面推行“双随机、一公开”监管，把政府活动全面纳入法治轨道，防止权力任性。依法接受人大及其常委会的法律监督，自觉接受政协的民主监督，主动接受社会公众和新闻舆论监督，认真听取人大代表、政协委员、工商联、人民团体和社会各界意见，强化权力运行制约监督，不断推动法治锦屏建设。

（三）强化效能意识，建设务实高效的政府。牢固树立以人民为中心的发展思想，坚持问政于民、问需于民、问计于民，做任何事都将群众满不满意、高不高兴、答不答应作为衡量工作实绩的具体标准，切实顺应群众所思、所想、所盼，把满足人民对美好生活的向往作为最大追求。树立正确的政绩观，大力倡导说实话、谋实事、做实功、求实效，坚决不搞“形象工程”“政绩工程”。始终把“五步工作法”贯穿政府工作全过程，大力弘扬“诚信、和谐、创新、奋进”的新时代锦屏精神，全面提高政府工作执行力、工作效率，健全抓落实的责任链、任务链，推动各项工作部署落地见效。

（四）强化廉政意识，建设清正廉洁的政府。严格遵守政治纪律和政治规矩，切实履行“一岗双责”，始终把党的建设和党风廉政建设责任落到实处。全面贯彻落实中央八项规定及其实施细则，大兴“三风”、纠正“四风”，坚决防止反弹回潮。始终保持政府系统反腐倡廉高压态势，严肃查处侵害群众利益的不正之风、腐败问题，切实把权力关进制度的笼子。认真做好省委巡视和省、州专项审计发现问题整改，加强对公共资金、公共资产、公共资源、重要民生等重点领域的监管，严控“三公”经费支出，强化预算资金管理，提高资金使用效率。严格执行《中国共产党廉洁自律准则》《中国共产党党内监督条例》《中国共产党纪律处分条例》，营造风清气正的政治生态。

各位代表，雄关漫道真如铁，而今迈步从头越。让我们更加紧密地团结在以习近平同志为核心的党中央周围，在县委的坚强领导下，以昂扬进取的精神状态、只争朝夕的豪迈干劲、众志成城的强大合力，奋斗新时代、拼搏新征程，坚决夺取脱贫攻坚决战之年根本性胜利，以优异的成绩庆祝新中国成立70周年！

黎平县政府工作报告

（2019年1月23日在黎平县第十七届人民代表大会第三次会议上）

黎平县委副书记、代理县长 王春雷

各位代表：

现在，我代表县人民政府向大会报告工作，请予审议，并请各位县政协委员和列席人员提出意见。

一、2018年工作回顾

一年来，在省委省政府、州委州政府和县委的坚强领导下，在县人大、县政协的监督支持下，我们以习近平新时代中国特色社会主义思想为指导，坚持以人民为中心的发展思想，以脱贫攻坚统揽经济社会发展全局，牢牢守住发展和生态两条底线，落实高质量发展要求，着力打好防范化解重大风险、精准脱贫、污染防治三大攻坚战，经济社会发展呈现脱虚向实、企稳向好、民生改善的新气象。全年地区生产总值预计完成92.79亿元，增长11.6%；财政总收入完成5.99亿元；500万元以上固定资产投资完成26.85亿元，增长12.5%；规模以上工业增加值完成3.33亿元，增长11.7%；社会消费品零售总额完成24.8亿元，同比增长7.8%；城镇、农村居民人均可支配收入分别达29798元、8735元，分别增长9.6%、9.7%。

过去一年的工作成效，主要体现在以下方面：

（一）脱贫攻坚连战连捷。按照“春风行动”“夏秋攻势”要求，扎实推进脱贫攻坚战。投入财政专项扶贫资金1.13亿元，整合涉农资金5.7亿元，全力推进农村产业革命，实施产业扶贫项目394个，覆盖贫困人口2.92万户9.15万人；新建扶贫车间85个，覆盖贫困户3391户1.27万人；建成农村“组组通”公路285条692公里；完成157个自然寨农村饮水安全工程；新建易地扶贫搬迁住房3458套，实现3308户14480人搬迁入住；实施教育精准扶贫资助6.1万人次，发放资金4795万元，农村营养改善计划实现农村义务教育和学前教育阶段全覆盖，惠及7万余名学生；全面实施健康扶贫医疗保障救助政策，贫困人口到县内各级医疗机构看病全部实现“先诊疗，后付费”与“一站式”即时结报服务；完成农村危房改造4600户，同步完成“三改”3164户；扎实开展脱贫攻坚作风建设年活动，群众认可度大幅提升；全面加强与中旅集团、省政协办公厅、省旅发委、杭州市下城区等帮扶单位的扶贫协作，定点帮扶、对口帮扶、社会帮扶成效显著。全年减少贫困人口6589户、27375人，56个贫困村出列，贫困发生率从13.57%下降到8.09%。

（二）风险防控从严从实。把防范化解重大风险工作摆在更加突出的位置。狠抓政府性债务管理各项政策的贯彻落实，全年偿付本息4.5亿元，通过化解、核销腾出存量债务空间3.3亿元。着力防范化解金融风险，引导和鼓励金融资源向民生领域和实体经济倾斜，金融机构存贷款余额分别完成110.35亿元、92.94亿元，同比增长2.8%、8.1%。扎实推动社会风险防范，圆满完成“央视春晚”“省旅发大会”等重大节会节点期间的安保维稳任务；矛盾纠纷和信访问题化解率分别达95.91%、92.55%；重拳开展“扫黑除恶”专项斗争，共抓获涉恶违法犯罪嫌疑人132人；完成23个乡镇（街道）350个村1940个“雪亮工程”视频监控点位建设，新增“天网工程”二期视频监控探头1079个；着力抓好非洲猪瘟疫情防控工作；安全生产“双控”体系建设扎实推进，深入开展公路超载超限运输治理，重点行业领域专项整治不断深化，守住了不发生区域性系统性风险的底线。

（三）污染防治有力有效。坚决守好发展和生态两条底线。整改完成中央环保督察反馈问题 21 个；全面办结中央第七环保督察组、省委第四环保督察组、中央第五环保督察“回头看”交办信访案件 33 件；立案查处环境违法企业 17 家。全县环境空气质量优良率达 98.5%。建设营造林 7 万亩，选聘生态护林员 1177 名，森林覆盖率稳定保持在 72% 以上。顺利摘掉农村“清洁风暴”行动黄牌。全面推行河（湖）长制，开展各级河长巡河 1 万余人次；拆除网箱养鱼 225 个；启动建设农村生活污水、垃圾处理及饮用水源地保护工程 90 个，县城一污、二污提标改造及中潮污水处理厂全部建成，城镇生活污水和垃圾无害化处理率分别提高至 78%、95%，出境断面和集中式饮用水源地水质达标率保持 100%。获“全国生态示范区”命名。

（四）特色产业质效双升。继续抓好文化旅游，共实施旅游项目 82 个、完成投资 2 亿元；新增国家 3A 级旅游景区 6 个；成功举办或承办了央视春晚黔东南分会场、省旅发大会观摩会、国际划骑跑、国际民歌合唱节、中国侗年等系列活动，肇兴侗寨荣获央视魅力中国城“年度魅力乡村旅游目的地”称号，“侗都黎平·颐养胜地”形象品牌得到进一步推广，“春晚”效应充分释放，全年共接待游客 609 万人次，同比增长 36.77%，民航旅客吞吐量达 5 万人次，接待境外游客 6424 人次，实现旅游综合收入 48.8 亿元，同比增长 42.1%。继续抓好绿色农业，“两茶一药一蔬”种植面积达 130 万亩，食用菌出产 2600 万棒，出栏生态禽畜 186 万羽（头），涌现出平寨天麻、九潮胡蜂、龙额钩藤、洋洞有机系列等一批有亮点、有特色、有规模的示范点；“三品一标”认证稳步推进，新增黎平山茶油、黎平雀舌 2 个国家地理标志保护产品以及黎平青菜、黎平红蒜、黎平香菇、黎平古钱茶、黎平黄牛 5 个省级地域特色农产品，“黎平红茶”成为全州地方标准，黎平荣登“2018 中国茶叶百强县”第 52 位；州级以上龙头企业达 56 家（其中，省级龙头企业 14 家），农民专业合作社达 1292 家，建成省级示范农业园区 6 家、州级 6 家、县级 20 家。继续抓好生态工业，新增入园项目 13 个，完成标准厂房建设 2 万平方米、企业技改 2 家、厂房清理 5880 平方米、土地清理回收 27 亩，“六个专项行动”卓有成效；“中国好粮油示范县”通过省级评审，顺利通过国家级电子商务进农村综合示范县绩效评价。

（五）基础设施逐步完善。争取到中央预算内投资（含省预算内）项目 27 个资金 3.26 亿元；新开工重大工程和重点项目 76 个。加快推进黎靖高速、G242、S403 等国省干道和县乡公路改造，完成矮枧至岩洞、迪洞至蒲洞、罗团至界牌段等项目工程。正式启动长溪水库建设，继续推进高贡水库、枫树屯水库二期渠系工程。完成新建及改造 10 千伏及以下供电线路 926 公里、配变 479 台。新建及改造升级通讯基站 138 个，铺设光缆 1910 公里，行政村 4G 网络覆盖率达 100%，城市宽带 50 兆、农村宽带 12 兆覆盖率达 75%。县城区面积拓展到 13 平方公里，常住人口达 13 万人，全县城镇化率达 42%。新建改造城镇社区公厕 13 个，完成 29 个贫困村公厕建设，建成村寨停车场 121 个。完成 66 个传统村落消防安全改造，实现传统村落常高压消防系统全覆盖。

（六）改革开放深入推进。扎实推进重点领域、关键环节改革，推动平台公司实体化转型，众合公司改制后全年实现纯收益 470 万元；深入推进农村土地“三权”分置改革，流转土地 2 万亩，涉及 1.2 万户，综合年产值达 3.4 亿元；继续推进肇兴景区“三变”改革，景区群众共享旅游红利 230 万元；扎实推动“多证合一、一照一码”，全年新增市场主体 4400 户以上；深化放管服改革，实现进驻政务中心“最多跑一次”事项 1534 项，取消县直部门证明材料 112 项，进驻行政审批事项从 399 项增加到 518 项，另进驻公共服务事项 101 项，出台《黎平县重大投资项目绿色通道服务办法（试行）》，累计发放“绿卡”7 张，新引进项目全部纳入代办范围，我县在全省县域营商环境评估中排位较上年提升 36 位，在全州排名第 2 名，彻底扭转了连续两年挂末的局面；大力实施医疗、医药、医保联动改革，长期以来的以药补医机制得到有效破除。扎实开展“产业大招商突破年”活动，新引进 500 万元以上招商项目 30 个，合同投资总额 26.7 亿元，累计完成 500 万元以上招商项目（含往年续建项目）到位资金 34.21 亿元。

（七）民生福祉全面增进。着力解决群众最关心、最迫切的问题。投资 2.2 亿元，实施学前教育工程 71 个、“全面改薄”工程 66 个，城关二小分校、县特殊教育学校等投入使用，顺利通过国家义务教育发展基本均衡县验收，高考 600 分以上考生达 125 人，创历史新高。完成 108 个贫困村、9 个易地扶贫搬迁点和 267 所农村寄宿制学校卫生室和医务室建设，获得“国家级妇幼健康优质服务示范县”称号。累计发放城乡居民养老保险金 80 万人次 7280 万元，为 1.78 万户 4.96 万人发放城乡低保金 1.6 亿元，为 2016—2017 年度易地扶贫搬迁贫困人口 3813 户 16692 人发放一次性临时救助金2504万元。扶持8068名贫困群众接受技能培训，帮助5935名贫困群众实现就业，实现新增城镇就业7015人。完成108个村级文化阅览室、403个村多彩贵州“广电云”户户用信号覆盖工程建设。乡、村农民体育健身工程覆盖率分别达72%、76.4%。

各位代表，过去的一年，我们打响了夺取脱贫攻坚全面胜利的攻坚战；我们铭记了“大战五十天、一生春晚情”，央视春晚黎平分会场精彩震撼，创造了“黎平速度”、展示了“黎平形象”；我们抢抓全省旅发大会契机，黎平旅游发展和城乡面貌取得质的提升；我们大力推进中央和省委环保督察及“回头看”、中央第四巡视组巡视贵州、省委第七巡视组巡视黔东南、省委第八巡视组巡视黎平等系列整改和城市“双创”巩固提升，一批事关群众利益、多年遗留问题得到妥善处置。同时，档案县志、外事侨务、民族宗教、双拥优抚、妇女儿童、青少年、红十字、老龄、残疾人等事业取得新发展，工会、科协、文联等人民团体、协会作用得到更好发挥，巩固了民族团结进步、社会和谐稳定的良好局面。这些成绩的取得，得益于以习近平同志为核心的党中央的英明决策、坚强领导，得益于省委省政府、州委州政府的关心支持，是县委总揽全局、县人大依法监督、县政协民主协商的结果，是广大干部群众迎难而上、共同奋斗的结果，凝聚了方方面面的智慧与汗水。在此，我代表县政府，向全县人民，向人大代表、政协委员，向民主党派、工商联、各人民团体和社会各界人士，向老干部，向对口帮扶和定点帮扶城市、单位和企业，向驻黎单位、驻黎部队、武警官兵、政法干警和消防救援队伍指战员，向所有关心支持黎平发展的朋友们，向广大建设者们，致以崇高的敬意和衷心的感谢！

各位代表，对标上级要求、群众期待和减贫摘帽标准，我们还存在许多差距和问题。一是对脱贫攻坚要素保障不足。部分乡镇贫困程度仍然很深，认真对照“两不愁，三保障”，我县农村基础设施建设和农村人居环境改善欠账多。二是产业发展支撑能力弱。农业大而不强，全县45块200亩以上坝区，产业规划率还很低；虽然主导产业“两茶一药一蔬”规模已经达到130万亩，但品牌不响、销路不宽、效益不高；全县第一产业增加值仅为20.86亿元，人均一产增加值5294元，比全州平均水平低687元。工业经济发展步履维艰，目前全县在库工业企业仅为16家，2018年新增入库企业仅2家，退库企业却多达5家，全县第二产业增加值仅为15.8亿元，比第一产业还低。旅游业仍处于初级阶段，景区管理体制不活，宣传营销力度小，旅游产品不丰富，规划、产业、业态、服务都需下大力气提升。目前，仅有肇兴景区实现正常售票，但门票收入不足以维持景区运转，仍需县财政投入补助。三是自身财力薄弱。因缺乏支撑性强的市场主体，新增税源空间较窄，一次性收入占比较大，预算收支平衡难。加上土地出让等政府性基金收入大幅减少，可用财力严重萎缩，保脱贫、保民生、保运转、保偿债支出压力大。四是少数干部理念观念、方式方法与新时代要求还有一定差距，工作协作不够，对困难问题研究不深入，理解把握政策有差距，抓落实能力不足，慢作为、乱作为，推诿扯皮现象不同程度存在。五是道路交通、农村消防、建筑安全事故易发多发，征地拆迁、房地产开发等领域信访问题突出，一些不稳定因素依然没有得到有效解决。对此，我们将高度重视，坚持问题导向，全面梳理、认真研究、努力解决。

二、2019年目标任务和重点工作

2019年是我县打赢脱贫攻坚战的决战决胜之年，做好全年工作责任重大、使命光荣。迈向新的一年，黎平与全州、全省一样，既面临严峻复杂的外部形势、持续加大的经济下行压力，更迎来加快发展的大好机遇。从外部环境看，我国经济长期向好的基本面没有变，黎平仍处于大有可为的机遇期。从政策机遇看，中央持续加大脱贫攻坚投入，明确大幅度增加地方政府专项债券和一般性转移支付，省委加强顶层设计，州委支持我县打造“一城一地一品牌”，一批批实打实的项目落地黎平，为我们补短板和加速发展带来了重大政策利好。从自身基础看，黎平区位好、人口多、干部强、资源富、交通畅，发展平台逐步夯实，发展内生动力强劲。只要我们团结一心、凝心聚力，找准方向、奋力攻坚，完全可以少走弯路，推动经济后发赶超。

今年政府工作的总体要求是：以习近平新时代中国特色社会主义思想为指导，全面贯彻党的十九大、十九届二中及三中全会，省委十二届四次，州委十届五次及六次，县委十二届六次及七次全会精神，认真落实中央、全省、全州、全县经济工作会议精神，以脱贫攻坚为统揽，团结一心、聚力攻坚，认真落实“五个沉下心来”的要求，努力建设农业强县、旅游强县、生态工业县，加快打造“一城一地一品牌”，推进撤县设市工作，全面解决民生短板问题，全面提升群众认可度，保持经济持续健康发展和社会大局稳定，坚决夺取脱贫攻坚决战之年的根本性胜利，为全面建成小康社会打下扎实基础，以优异的成绩庆祝中华人民共和国成立70周年。

今年全县经济社会发展的主要预期目标是：地区生产总值增长9%左右，力争突破100亿元大关；规模以上工业增加值增长12%左右；500万元以上固定资产投资增长16%左右；财政总收入增长8%左右；城镇、农村居民人均可支配收入分别增长9%、10.5%左右；减少农村贫困人口3.28万人左右，贫困发生率下降至1.5%左右，剩余123个贫困村全部出列、实现减贫摘帽。

围绕上述要求和目标，我们将全力抓好以下工作：

（一）全力打好精准扶贫攻坚战，坚决夺取决战之年根本性胜利。全面摸清底数。对标“两不愁，三保障”和“三率一度”，全面落实精准管理，实现农村人口全覆盖，确保漏评率、错退率降低到2%以下，群众认可度达90%以上，贫困户信息准确率达100%。全面摸清贫困村基础设施建设、产业发展等状况，分行业、按标准进行摸底排查，精准拿出项目台账，以便精准筹资按时保质解决。全力攻克堡垒。采取超常规举措打好“四场硬仗”。全力打好基础设施建设硬仗，全面完成通组公路扫尾工程，实现30户以上自然村寨全覆盖；开工建设黎剑高速；力争启动县乡公路维修改造及灾毁维修恢复工程，有效解决县乡道路“中梗阻”问题；完成208个村408处人饮工程建设，确保在6月底前实现农村安全饮水全覆盖；完成215个村825个自然寨电网改造升级，有效解决农村配电台区容量小、电压低问题；深入实施“宽带乡村”工程，力争实现1049个30户以上自然村寨4G网络全覆盖。全力打好500亩以上坝区农村产业革命硬仗，落实产业发展“八要素”，推动农村“三变”改革行政村全覆盖；大力引进优强企业，完善利益联结机制，实现企业带动全覆盖；大力推广农校对接等产销模式，确保各中小学校食堂全年定向采购贫困村农产品量占采购总量的40%以上。全力打好易地扶贫搬迁硬仗，加快安置房建设，精准搬迁对象，确保6月底前实现1.8万余人顺利搬迁入住；加大后续扶持力度，推进移民社区“扶贫车间”建设，实现有劳动力搬迁家庭至少1人稳定就业；推进“一建三进”工作，着力完善“五个体系”，解决好搬迁户看病就医、子女入学等问题。全力打好教育医疗住房“三保障”硬仗，对建档立卡贫困户及“边缘户”贫困学生进行教育精准扶持资助，不让一个孩子因贫辍学，对升不了普通高中的学生，全部动员就读职业学校，实现“职教一人、就业一人、脱贫一家”目标；落实好健康扶贫医疗保障救助政策，确保建档立卡贫困人口参合率、家庭医师签约服务率达100%，经转诊到各级定点医疗机构住院费用实际补偿比达90%以上；全面完成农村透风漏雨等不达标住房整治，实现安全住房全覆盖。积极筹措资金。通过充分整合绿色产业扶贫投资基金、涉农资金、财政扶贫资金以及金融政策性贷款等方式，全力保障脱贫攻坚决战之年的资金需求。压紧压实责任。深入推进定点帮扶、对口帮扶、社会帮扶、企业帮扶、干部帮扶工作，压实战区指挥长责任、部门挂帮责任、乡镇主体责任、结对帮扶责任以及驻村责任，确保驻村帮扶干部每月驻村不少于20天，冲刺阶段不少于2/3的干部沉下村寨，形成合力攻坚态势。进一步强化扶贫工作过程督查，对不作为、慢作为、乱作为的严肃追责问责。坚持扶贫与扶志扶智相结合，广泛调动群众脱贫致富积极性、主动性，杜绝“保姆式”扶贫和养懒汉。

（二）全力打好防范化解重大风险攻坚战，坚决做到不出事。稳妥处理政府性债务风险。积极争取省政府新增债券资金；强化与金融机构、上级融资平台公司对接协商展期降息，减轻偿债压力；严把政府投资项目立项关口，暂缓实施或终止无预算安排的项目，控制债务增量，减少隐性债务；用好用足政策性银行对脱贫攻坚补短板的专项贷款支持；全力盘活各类国有存量资产，实现保值增值；推进平台公司实体化改革步伐，剥离政府性债务，增强公司自身造血功能，减少政府兜底压力；全面压缩政府相关支出用以偿还政府债务。高度重视防范金融风险。健全金融风险预警机制，完善应急预案，加大对非法集资等非法活动的打击力度，依法维护金融秩序和社会稳定。严格防范社会风险。纵深推进扫黑除恶专项斗争，依法打击非法宗教和邪教活动，加大禁毒示范城市创建力度和整治力度。加强重点行业领域安全生产隐患排查整治，全力压实责任，构建大安全格局。重点针对征地拆迁、林地纠纷及房地产开发等矛盾突出领域以及特殊利益群体，做好排查化解，努力解决人民群众合理诉求。深刻认识意识形态工作的极端重要性，守好阵地、把住重点关口，讲好黎平故事。

（三）全力打好污染防治攻坚战，坚决守好生态底线。持续巩固生态环境保护督察整改成效。对督察整改问题进行“回头看”，着力巩固提升整治效果。

持续加强生态环境污染治理。着力打好“蓝天”“碧水”“净土”“固废治理”“乡村环境整治”等5场标志性战役；确保黔东南州南部片区生活垃圾焚烧发电项目年底运营；全年县城环境空气质量综合指数（AQI）稳定控制在3.0以内、达标率达95%以上，可吸入颗粒物（PM_{10}）、细颗粒物（$PM_{2.5}$）、二氧化硫（SO_2）等主要环境空气污染物有所下降，高屯南田、洪州草坪2个出境断面水质稳定达到或优于Ⅲ类；城镇污水和生活垃圾无害化处理率分别达85%、90%以上。大力加强生态文明建设。完成5.5万亩营造林、3.3万亩森林抚育。继续深入开展森林保护“六个严禁”专项行动。认真落实河（湖）长制，实行林长制。

（四）大力推进项目建设，充分发挥投资对稳定经济增长的关键性作用。加强政策研究。学好弄通上级有关政策，用足用好国家补短板扩内需增后劲、新时代加大对西部地区支持力度以及长江经济带发展的机遇，把握好扶贫搬迁、农村人居环境整治、棚户区改造、生态保护、特色产业、社会民生等政策投向，为高质量谋划项目奠定政策基础。抓好项目编制。紧扣脱贫攻坚头等大事和高质量发展大局，因地制宜谋划一批农村饮水、农村人居环境治理、县乡道路、农网改造、保障性安居工程、污水垃圾处理及生态环保、特色产业、社会治理、民生保障等领域项目。全力争资金跑项目。研究出台全县各级各部门争资跑项考核评估制度，加大上州、跑省、进京汇报对接力度，争取在国家一般性转移支付、预算内投资、专项投资、地方债券和绿色产业扶贫投资基金、省工业及省属国有企业绿色发展基金等方面获得更多资金和项目支持。扭住关键环节。捆绑招标开展项目前期工作，加快项目前期工作进度的同时，减轻财政压力。加大土地收储和城乡建设用地增减挂钩工作力度，依法收回闲置土地和腾退低效用地，全力做好征拆，力争盘活存量土地并适度新增用地指标。建立项目研究审查机制，对未落实资金渠道的项目原则上不予立项批复实施。做好项目服务。尽快开工建设老年养护楼、大宗油料生产基地等4个2018年中央预算内投资项目，加快今年中央（省）预算内项目前期工作，确保投资计划下达后3个月内开工建设。围绕脱贫攻坚、棚改、污水垃圾等领域认真谋划编制一批融资项目清单，进一步拓展融资空间。对大型水库、城乡供水等存量项目建立专班，点对点研究，确保项目尽快实质性推进。依据有关法规与政策，进一步放宽民间投资准入，鼓励民间资本投资相关领域。

（五）大力推进城市建设，同步推动乡村振兴。科学编制城乡规划。以打造黔湘桂交汇区域中心城市、具有侗族文化特色的国际化旅游目的地和撤县设市为目标，完成县城总体规划修编和城南、城北片区控制性详细规划优化工作，进一步拓宽城市建设范围，优化功能分区、功能定位，提升城市品位。科学编制乡村振兴规划。充分利用已编制完成的30户以上村寨的村庄规划并制定农村（含城中村）建房管理办法。严肃规划指导城乡建设的权威性。加快城市改造和配套工程建设。推进工业大道、世纪大道建设，建成文彩路、西河路、五贵路延伸段、忠武路等城市道路；启动花坡路、逍遥路、侗都大道、文化路建设。加快三中至马家岭、兰花园、梅家垴、玉皇阁、平街脚、砖瓦厂等存量城市棚户区改造工作，启动实施城南片区、北塔桥片区1500户城市棚户区改造工程。完成城北温泉小镇地热水勘探，争取年内启动温泉小镇建设。完成城乡生活垃圾收运系统建设。启动萨玛公园至广西桥段污水主管网、城北水厂供水管网建设。争取实施五开大道地下综合管廊项目。丰富城市业态。启动城北汽车交易市场、建材市场等专业市场建设；启动城南、空港新区现代物流园建设；启动以侗文化旅游商品、民族手工艺品、侗族特色餐饮为主题的古城侗街建设；按照与古城翘街景区传统业态互补原则，启动以时尚新兴业态为主的古城墙商业街；加快推进南部商圈建设。提升城乡管理水平。推动城区划行规市，重点整治乱搭乱建、乱摆乱设、乱停乱放现象。深入开展“两违”清理整治专项行动，按照“坚决遏制增量、逐步消化存量”目标，重拳整治“两违”毒瘤，并建立长效管理机制。抢抓机遇促进传统村落的保护和开发。结合申报侗族村寨世界文化遗产、“生态博物馆＋传统村落”以及“互联网＋乡村记忆”工程，进一步提升传统村落文化的保护传承水平；结合“互联网＋创意乡村”工程，提高传统村落文创产业的质量效益；结合“美丽乡村”建设和“改善农村人居环境”，有效改善传统村落居住条件；结合“百里侗寨旅游扶贫示范带”建设，激发传统村落的生机活力。

（六）大力发展现代农业，实现农业转型升级助推脱贫攻坚。改变传统农业的工作模式，真正通过实践现代农业改变农业大而不强的现状，努力建设农业强县。加强结构调整。以26个500亩以上坝区为突破口，大力调减低效作物种植，发展蔬菜、食用菌、中药材等有市场需求的高效经济作物及草食性生态畜牧业。按照因势利导、因地制宜的原则，积极发展有群众基础的产业，坚决杜绝出现群众不参与、自娱自乐的“假产业”。同时，在发展产业中构建好联系贫困户的利益联结机制，保证涉农资金尤其是扶贫资金的安全。加强示范带动。选优择强一批农业龙头企业，大力创建一批种养殖、加工、冷链物流、一二三产业融合示范点，确保每个乡镇至少有一个农业园区，每个村至少有一个示范基地。做强林下经济。完成茶叶、油茶、竹林“3个100万工程”建设任务。重点发展天麻、铁皮石斛、茯苓、林菌、林鸡等林下产业，力争林下经济产值达1.7亿元以上。加强品牌建设。新增“三品一标”种植面积6万亩以上，力争黎平古钱茶、黎平黄牛、黎平青菜获批国家地理标志保护产品，确保顺利通过国家有机产品认证示范区验收。加强要素保障。积极争取绿色产业扶贫投资基金及财政专项扶贫资金，充分发挥基金及财政资金的撬动作用；有针对性地开展农业保险；加大冷链物流等基础设施建设力度；创造条件促进广大农技干部切实加快加强对现代农业知识技能的学习，自觉适应现代农业发展的需要，跟上时代前进的步伐，主动置身当前脱贫攻坚大力发展现代农业的主战场，通过实践着力锻造一批适应现代农业发展需要的农业干部。加强产销对接。组织实施绿色农产品进机关、学校、医院、企业、社区、超市等实现内销；对外采取与对口帮扶和定点帮扶城市、单位和企业建立消费扶贫协作机制、举办产品推介会、创建电商平台、开办驻外销售点等实现外销，全面推动“黎货出山”。

（七）大力发展文化旅游，倾力打造体现黎平优势、特色的富民产业。以创建全域旅游示范区为抓手，以打造侗文化国际旅游目的地为目标，充分抓住中旅集团帮扶的重大机遇，全面推动旅游合作，努力建设旅游强县。做好规划编制。进一步完善我县《国家全域旅游发展规划》，加快推进肇兴侗寨、翘街和八舟河等主要景区景点规划编制工作，推动我县文化旅游业高质量发展。加大景区开发力度。深入推进“创A工程”，力争肇兴景区国家旅游度假区及翘街国家4A级旅游景区创建成功。确保黎平府衙历史记忆工程一期完工。进一步打造“百里侗寨”精品旅游线路，大力培育民宿、徒步、康体养身、全域体育旅游、红色文化党性教育等旅游业态，推动“旅游+”深度融合。培育市场主体。加快酒店、车队、旅行社等配套建设，争取新增星级酒店3家、精品酒店5家、民宿10家、旅游大巴10辆以上，做大做优现有旅行社。加强宣传推介。深入开展文化走出去活动，加强与各大旅行商沟通对接，积极拓展市场营销渠道，进一步打响“侗都黎平·颐养胜地”品牌。力争全年实现旅游接待700万人次以上、同比增长15%，旅游综合收入60亿元以上、同比增长23%。其中过夜游客达80万人次以上，国外入境过夜游客8000人次以上。

（八）大力发展生态工业，充分发挥工业经济助推脱贫攻坚的作用。按照“高端化、绿色化、集群化、集约化”要求，推进生态产业化、产业生态化，加快建设生态工业县。建好园区平台。以开发区为主战场，按照上级工作部署，推进经开区管理体制机制改革工作。下大力气完善园区基础设施，全力抓好标准厂房、机场110千伏变电站、园区道路等基础设施建设，引导企业向园区聚集。做大做强亮江公司，完善公司法人治理结构，推动公司实体化改革。加快释放闲置土地，着力解决资金不足问题。做强优势产业。大力发展茶叶、山茶油、中药材、食用菌、大米、白酒、山泉水、石材、木材、竹子等优势产业和特色农产品精深加工，延长产业链条，培优扶强澳尔华、侗乡米业、承德酒业等一批扎根本地的农产品加工企业。加强木材加工企业清理和整顿，规范整合入园。加强企业服务。对华新建材、华润风电、信源星宇建材三家产值高、税收贡献大的企业进行重点支持，稳定企业生产，加快肇兴风电、九潮风电建设进度，力争早日投产达效；推进德顺风电、敖市石材产业园等开工建设；加大对自来水公司、华都建材、鑫兴钢化玻璃等保库企业跟踪服务，切实协调解决好企业生产存在的困难和问题；加大征拆力度，确保华润风电运维中心年内基本建成；对冠盛电子产业园招商引资政策进行梳理，加大标准厂房建设力度，推动冠盛电子产业园顺利落地。

（九）大力推进平台公司实体化改革，破解资金瓶颈激发发展活力。推动政府平台公司战略性重组，组建肇兴文化旅游集团公司、农业产业集团公司、天壹集团公司，着力解决当前县属国有企业主业不突出、结构不合理、管理不科学的问题，实现资产集中、人才集中、业务集中。建立现代企业制度，开展国有资本授权经营，推动国有企业面向市场，提高企业抗风险能力和造血能力。围绕县委、县政府中心工作，公司按照“边界清晰、分工合作”的方式参与全县经济建设，推动国有资本向重要行业和关键领域集中，做强做大做优县级国有资本，着力破解制约我县发展的瓶颈问题，为化解政府偿债压力创造良好条件。

（十）大力抓好招商引资，持续优化营商环境。

扩大对外开放力度。按照“非禁即准”“非限即入”原则，放宽准入条件，重点在招大引强上下功夫，确保年内党政主要领导各外出招商8次以上，实现“引三开二”目标。进一步明确责任主体，强化考核兑现奖惩，形成全员抓招商的态势。强化跟踪服务，对招商项目推行“五个一”的跟踪、谈判、调度、服务机制，重点协调解决水、电、路、讯、房等基础配套，强化项目用地、企业用工等要素保障。确保完成引入产业项目30个、合同约定投资额40亿元、新增产业项目到位资金25亿元的年度目标任务。持续优化营商环境。对符合规定的政策承诺和签订合同兑现落实情况进行再清理，及时兑现政府承诺。严把招商政策条款审核关，在招商项目谈判、合同审定期间，多部门联动，在集体研究的基础上，充分征求律师团队意见，推动项目有效落地。全面落实领导干部联系企业制度，四大班子领导每月定期走访企业，对企业反映困难问题实行台账管理，及时协调解决。大力发展民营经济。全面落实国家减税降费政策，清理规范涉企收费。全面执行好省“1+6”配套文件，大力开展服务民营经济“六大专项行动”，真正做到“六个支持”、营造“六大环境”，全力帮助企业降成本、优环境、维权利。

（十一）大力发展民生事业，不断提升人民群众的获得感、幸福感、满意度。推动教育跨越发展。继续压缩党政机关行政经费6%用于教育精准扶贫，支持教育事业发展。坚持“推进学前教育、均衡义务教育、提质高中教育、发展职业教育”工作主线，切实改善办学条件，优化资源配置，促进各类教育协调发展，实现从教育大县向教育强县跨越。提升卫生健康水平。推动县人民医院与州人民医院开展组团式帮扶，通过选派优质管理及技术团队，全面提升县级医疗管理及技术水平，带动全县基层医疗卫生服务能力提升，确保县域就诊率达90%以上。加强食品药品安全监管，保障人民群众“舌尖上的安全”。加强社会保障服务。着力推动社保扩面，深入实施“全民参保登记计划”；完善临时救助、医疗救助、灾害救助等社会救助制度，健全妇女儿童、空巢老人、残疾人等特殊群体关爱服务体系。积极促进创业就业。深入实施高校毕业生就业创业促进计划、基层成长计划、“雁归兴黎”行动，加强零就业家庭成员、残疾人等就业困难人群的就业帮扶，实现城镇新增就业7250人以上。加快文体事业发展。实施好侗族大歌连片保护及多彩贵州广电云“户户用”工程，加快推进乡村农民体育健身工程建设。加强全民国防教育。关心、支持国防和军队建设，充分发挥其在维护国家安全和社会稳定、支持地方建设的作用，切实维护好退役军人权益，巩固军政军民团结。

各位代表，今年我们将聚焦减贫摘帽，围绕“两不愁，三保障”，在继续完成2018年未完成的民生实事基础上，全力做好“十件民生实事”：（1）全面打赢易地扶贫搬迁硬仗，建成易地扶贫搬迁安置房4380套，实现1.8万余人搬迁入住，全面完成农村危房改造、农村老旧住房透风漏雨专项整治，全面解决农村人口饮水安全问题；（2）创建扶贫车间、社区工厂、就业扶贫驿站等各类就业扶贫载体300个，吸纳贫困劳动力就地就近就业3000人以上；（3）新建、改扩建农村寄宿制学校3所，新建村级幼儿园7所，加快黎平八中建设，启动黎平八小、黎平九小、何家庄龙形安置区幼儿园建设；（4）开工建设县医院外科综合楼，完成县中医院住院大楼装修并投入使用；（5）开工建设黎剑高速公路，完成S403锦屏敦寨至黎平高屯、G242黎平中潮至从江贯洞、锦屏大同至黎平高屯公路（黎平段）改扩建，启动县乡公路维修改造及灾毁维修恢复工程，力争实施农村公路生命安全防护工程处置隐患里程800公里以上；（6）建成五贵路、平街、鼓楼坡、和谐家园4个停车场并配套公厕，新增城市停车位800个；（7）建成城北水厂，保障县城用水，实现黔东南州南部片区生活垃圾焚烧发电项目年底运营；（8）建成龙额、四寨35千伏输变电工程，完成215个村825个自然寨电网改造升级；（9）配套建设10个产业物流冷库，完成茶叶、油茶、竹林“3个100万工程”建设任务；（10）城乡居民基本养老保险基础养老金提高到每人每月93元，城乡低保标准平均提高5%、7.5%以上。

（十二）全面加强政府自身建设，打造人民满意的政府。提高政治站位，以政府机构改革为契机，进一步转变职能、改进作风，努力建设“五型”政府。坚持和加强党的全面领导。切实增强“四个意识”，严守政治纪律和政治规矩，坚决服从县委领导，做到“县委有号召、政府有响应，县委有部署、政府抓落实”。建设法治型政府。把遵守宪法和法律作为施政的根本原则，加快推进“三重一大”等制度建设，坚持科学民主依法决策，推动政府工作全面纳入法治轨道。坚决遏制“新官不理旧账”，全面摸排，建立台账，加快聘用和组建政府律师工作团队，严格遵循“尊重历史、实事求是”原则，积极依法依规化解历史遗留问题。建设学习型政府。大兴学习之风，强化政策法规和业务知识学习，着力提升干部素质，有效解决干部能力恐慌问题。建设创新型政府。激励全县政府系统开动脑筋、勇于实践，以创新的思路和办法来解决问题、破解难题。建设廉洁型政府。切实履行管党治党主体责任，贯彻落实《中国共产党廉洁自律准则》《中国共产党纪律处分条例》，严格执行中央八项规定精神和实施细则。加强监察监督和审计监督，坚决查处群众身边不正之风和腐败问题，坚决整治“不作为、慢作为、乱作为”等行为，坚决查处涉黑涉恶“保护伞”，着力构建良好的政治生态。建设服务型政府。强力推进“放管服”改革，推动政务服务“一门进，一网办，一次成”，企业开办时间压缩至3个工作日内，工程项目建设审批时间压缩至75个工作日内，不动产登记办理时间压缩至5个工作日以内。

各位代表，面对重大使命、人民期待，我们要团结一心齐奋斗、凝心聚力谋发展。一要谋发展。黎平的发展等不起也慢不得。实现整县减贫摘帽，既是压力、更是重大机遇，历史和未来昭示我们要坚定发展的信心，坚决扛起政治责任，肩负起历史使命，啃硬骨头、挑重担子，始终把思想统一到发展上、把心思集中到发展上、把力量凝聚到发展上，在发展中解决民生短板问题，让发展的成果更多惠及民生。二要讲团结。团结出凝聚力、团结出生产力、团结出战斗力。我们要深刻认识团结对于我们的重要性，摒弃一切私心杂念，不折不扣地贯彻落实党中央、省委、州委及县委决策部署，定期向县委汇报工作、向人大报告工作、向政协通报工作，广泛听取各方面意见和建议，坚决维护团结局面。把人心聚拢起来，把干劲提振起来，把各方力量都动员起来，激发起昂扬的斗志，凝聚起磅礴的力量，尽锐出战，务求全胜。三要齐奋斗。贫困不除、愧对历史，群众不富、寝食难安，小康不达、誓不罢休。我们要大力培育和弘扬“团结奋进、拼搏创新、苦干实干、后发赶超”的新时代贵州精神和“敢闯新路、敢于突破、敢于胜利”的黔东南精神，“跳起来摘桃子”，以不破楼兰誓不还的斗志，对定下来的工作、看准了的事情，先干不争论、先试不议论，以最快的节奏、最实的作风，坚决打赢这场输不起的攻坚战。

各位代表，脱贫攻坚冲锋号已经吹响，在这场伟大的战斗中，我们每一位都是主角、每一个都是先锋，我们都将是这一伟大历史进程的见证者、参与者。让我们紧密地团结在以习近平同志为核心的党中央周围，在省委省政府、州委州政府和县委的坚强领导下，以决战之心打赢决胜之战，确保如期实现“减贫摘帽”，用我们的智慧与汗水，在黎平的发展史册上写下光辉灿烂的一页！

从江县政府工作报告

（2019年1月22日在从江县第十七届人民代表大会第三次会议上）

从江县委副书记、县长 涂 刚

各位代表：

现在，我代表县人民政府向大会报告工作，请予审议，并请各位县政协委员和列席会议的同志提出意见。

一、2018年工作回顾

一年来，在州委、州政府和县委的坚强领导下，在县人大、县政协的监督支持下，全县上下坚持以习近平新时代中国特色社会主义思想为指导，深入贯彻党的十九大和习近平总书记在贵州省代表团重要讲话精神，坚持稳中求进工作总基调，贯彻新发展理念，落实高质量发展要求，坚持以脱贫攻坚统揽经济社会发展全局，牢牢守好发展和生态两条底线，坚决打好三大攻坚战，统筹推进稳增长、促改革、调结构、惠民生、防风险各项工作，全县经济社会发展持续向好。初步预计，2018年全县地区生产总值完成66.7亿元、增长6.5%，规模以上工业增加值完成2.95亿元、增长11.2%，500万元以上固定资产投资完成37亿元、增长3.4%，一般公共预算收入完成2.21亿元、下降45.27%，城镇、农村常住居民人均可支配收入为30007元和9366元、分别增长9%和11%，减少贫困人口2.83万人，贫困发生率从21.92%下降到14.77%。

过去一年的工作成效，主要体现在8个方面：

（一）脱贫攻坚连战连捷。坚决扛起脱贫攻坚政治责任，将脱贫攻坚作为县政府常务会常设议题，集中火力攻坚深度贫困堡垒。聚焦“两不愁，三保障”，深入开展“春风行动”“夏秋攻势”，扎实推进“十二个专项治理”，贫困人口识别、退出精准度得到进一步提升。全力推进振兴农村经济的深刻产业革命，投入产业扶贫资金4950万元，落实“八个到村到户到人”，产业扶贫覆盖1.26万贫困人口。“组组通”公路783.6公里基本完成，30户以上村民组全部通硬化路，实施农村安全饮水提升工程60处，解决1.05万农村建档立卡贫困人口饮水安全问题，完成农村“危改”“三改”1800户。9358人通过易地扶贫搬迁住进新房，实现有劳动力搬迁家庭户均1人稳定就业。紧紧抓住中国贸促会、澳门中联办、澳门特区政府、杭州市萧山区、省交通厅、农业银行贵州省分行等帮扶我县的机遇，全面加强定点帮扶、对口帮扶、社会帮扶等工作，开展多领域、深层次的东西部协作，在政策、产业、就业、教育、医疗、技术及信息等方面取得明显成效，大扶贫格局已经形成。

（二）风险防范从严从实。切实控增量稳存量，全面清查政府债务底数，严格落实政府性债务管理“七严禁”和“1+8”系列政策，2018年获得置换债券资金1.4亿元，牢牢守住不发生系统性、区域性债务风险的底线。安全生产“双控体系”建设扎实推进，重点行业领域专项整治不断深化，安全生产形势总体平稳可控，全年未发生较大及以上安全生产事故。扫黑除恶专项斗争形成压倒性态势。矛盾纠纷多元化解机制不断完善，社会治安防控体系进一步健全，人民群众的安全感、满意率达99.15%。

（三）污染防治有力有效。认真贯彻落实习近平生态文明思想，全面打响污染防治“五场战役”，深入实施“双十”“双源”行动，开展“绿盾2018”专项行动，抓好中央环保督察和“回头看”督察反馈问题整改。完成营造林7600亩，全县森林覆盖率提高到68.76%。环境空气质量优良天数比例为99%以上，全县地表水监测断面优良比例为 100%，县城集中式饮用水源地水质达标率稳定在 100%。启动实施 14 个乡镇生活垃圾收运系统项目和下江污水处理设施，城镇生活垃圾无害化处理率、污水处理率分别达 86.3%、70.94%。认真开展森林保护“六个严禁”工作，全年共查处破坏森林资源案件 786 起，制定从江史上最严厉的天然林保护措施，全面开展打击“毁林造林、砍阔种杉”专项行动，有效保护我县天然林资源。

（四）发展条件持续优化。实施交通重大项目 8 个，完成宰便至加勉二级公路 24 公里、加勉至加鸠三级公路 20 公里，改造县乡公路 26.39 公里，加快推进下江至宰便二级公路建设。都柳江航电枢纽工程从江、大融两级电站下闸蓄水发电。实施水利重大项目 10 个，在建中小型水库 5 座，完成 6 个农村污水处理试点项目。实施农网改造升级工程项目 10 个，完成投资 1.43 亿元，县城天然气管道项目扎实推进，30 户以上村寨 4G 网络覆盖率达 78.6%。加快推进山地民族特色新型城镇化，新增城镇人口 8200 人，城镇化率提高到 42.02%。城镇基础设施完成投资 13.3 亿元，新增城市道路 5 公里，新增城镇停车位 200 个，建成休闲广场 3 个，完成棚户区改造 1912 套。“四在农家·美丽乡村”新农村建设完成投资 3.8 亿元，农村人居环境整治三年行动扎实推进，新增和改造卫生厕所 1800 个。深入推进优化营商环境集中整治行动，全面落实减税降费政策，全年为企业降成本 5700 万元。开展政策文件公平性审查，畅通政企沟通渠道，营造稳定公平透明的营商环境。

（五）产业发展步伐加快。对照“八要素”推动产业结构调整取得新进展，香猪、食用菌、稻鱼鸭、椪柑、油茶等农业产业发展壮大，完成 500 亩以上坝区农业产业规划 2 个，建成 4 个林下经济示范基地，创办农业产业示范点 76 个，农业增加值增长 6.5%。新增国家有机产品认证证书 3 张，“三品一标”认证总数达 57 个。大力实施“双千工程”，完成投资 1.4 亿元，引进优强企业和高新技术企业 6 家，新增入库规上企业 1 户。成功举办“中国农民丰收节”暨香禾产业发展大会、国际环雷公山超 100 公里马拉松赛从江段、庆祝改革开放 40 周年暨第十五届侗族大歌节等重大节庆活动，成功承办第十三届贵州旅游产业发展大会，全县接待游客总人次、旅游总收入分别增长 32%、35%。

（六）示范区建设稳步推进。积极探索推进“两区合一、县区合一”管理体制，侗乡大健康产业示范区托管我县移交工作平稳推进。厦蓉高速从江东收费站扩建工程投入使用，完成在建标准厂房 1.8 万平方米，示范区城市道路绿化提升和环境整治工程全面完成，市政设施明显改善。全年引进示范区项目 9 个，签约资金 5.29 亿元，新开工项目 6 个，四季大通集团从江农业科技产业园项目奠基开工，累计入驻示范区企业 35 家，已投产 15 家。全面做好治理“僵尸”企业、闲置土地、营商环境整治等“六个专项行动”，主动解决企业存在困难和问题 50 余件，为企业代办证照 10 余件。完成合同融资 20.29 亿元，到位资金 8.36 亿元，“贵园信贷通”放贷 6900 万元，示范区融资难、融资贵、融资慢问题得到逐步解决。

（七）改革创新不断深化。深化“放管服”改革，行政审批时限压缩一半，新增市场主体 3161 户。县级机构改革有序推进，国税地税征管体制改革进展顺利。农村集体产权制度改革全面启动，全县土地确权登记颁证工作基本完成，颁证 7.1 万本，确权 39.8 万亩。招商引资到位资金 35 亿元，进出口总额增长 125%。获批建设省级以上科技创新创业平台 2 个，新增省级科技型企业备案 26 家，登记技术合同交易额 3300 万元，专利申请 182 件，获得专利授权 106 件，县级综合科技进步水平指数达 49.6%。

（八）民生福祉不断改善。城镇新增就业 5063 人，登记失业率控制在 3.43% 以内。顺利通过国家义务教育基本均衡发展评估验收，完成“全面改薄”等教育工程建设项目 34 个，学前教育营养改善计划受益儿童 2.02 万人次。建成深度贫困村卫生室 159 个、易地扶贫搬迁安置点卫生室 3 个。启动实施 146 种疾病按病种付费，全县 5 家定点医疗机构实现全国联网，县人民医院实现全省联网。新农合参合率达 100%，建档立卡贫困人口参合率达 100%，城乡低保平均标准分别提高到每月 582 元、每年 3887 元。特困供养年保障标准提高到 10260 元。新增多彩贵州“广电云”户户用 2.12 万户，建成绿色健身步道 12 公里，启动加勉、谷坪 2 个乡镇应急广播工程。“十件民生实事”推进顺利，32 项民生实事任务已完成 27 项，正在推进 5 项。此外，国防动员、双拥优抚、司法行政、民族宗教、外事、侨务、人防、气象、档案、方志、文史、妇女、儿童、老龄、残疾人等各项事业取得新进步。

各位代表，过去一年的成绩来之不易，积累的经验弥足珍贵。我们深切感受到，做好政府工作，必须始终扛起推动发展的政治责任，牢固树立“四个意识”，坚定“四个自信”，坚决做到“两个维护”，坚持发展第一要务，在县委的坚强领导下，推动中央和省、州的决策部署在我县落地生根、开花结果；必须始终保持高质量发展的战略定力，全面落实新发展理念，一以贯之推进供给侧结构性改革，实施大扶贫、大健康、大旅游战略行动，深化改革扩大开放，推进经济发展质量变革、效率变革、动力变革；必须始终坚持重点突破的方法路径，以脱贫攻坚统揽经济社会发展全局，突出打好防范化解重大风险、精准脱贫、污染防治三大攻坚战，狠抓有效投资、实体经济，努力补齐民生短板、投资短板、产业短板，夯实脱贫攻坚、全面小康基础；必须始终秉持为民务实的发展情怀，坚持践行以人民为中心的发展思想，牢固树立“功成不必在我、建功必须有我”的政绩观，坚持科学调度、依法统计，不贪大求洋、不急功近利，以实实在在的发展业绩赢取人民群众的信赖和支持；必须始终提升执行落实的能力水平，全面推行“五步工作法”，大兴“三风”、纠“四风”，开展“晒比述评”，树立重实干、重实绩的鲜明导向，不断激发干部在新时代有新担当、新作为。

各位代表，过去一年我们感恩奋进、负重拼搏，进一步壮大了产业建设根基、巩固了绿色发展优势、强化了民生福祉保障、开创了改革开放新局面，牢牢稳住了经济社会发展大盘，为推动高质量发展奠定了坚实基础。这些成绩的取得，是州委、州政府和县委坚强领导的结果，是县人大、县政协监督与支持的结果，是全县各族干部群众团结奋斗的结果。我代表县人民政府，向全县各族人民、各级干部表示崇高的敬意！向各位人大代表、政协委员，向各民主党派和人民团体，向驻从人民解放军、武警官兵、人民警察和消防救援指战员，向中央和省州各单位、澳门特别行政区、杭州市萧山区，向所有关心、支持我县建设发展的各界人士，表示衷心的感谢！

在肯定成绩的同时，我们也清醒地认识到，政府自身建设还有待进一步加强，对高质量发展内涵的认识不够深入，应对经济环境变化之策不够及时，年初明确的主要预期目标还有部分未实现，经济增长与预期还有差距；人民群众日益增长的美好生活需要与不平衡不充分发展之间的矛盾在我县还比较突出，面临的挑战还十分严峻。一是脱贫攻坚任务艰巨繁重。全县仍有4.9万贫困人口，贫困发生率仍为全省最高，脱贫攻坚任务还十分艰巨。二是产业发展依然比较滞后。三次产业基础支撑弱，产业链不全不强，新旧动能转换不足，缺乏引领性、带动性、旗舰型产业。三是营商环境亟需优化提升。行政审批、公共服务等环境还不令人满意，少数干部不作为、慢作为依然存在，转作风、提效能任重道远。四是社会民生事业问题突出。财税收支增长和政府债务压力大，教育、医疗、养老等公共设施和服务欠账多，发展不平衡、不充分问题，与既要建设发展、又要还债的矛盾十分突出，园区建设融资难、推进慢。对于这些问题，我们将采取有效措施加以解决，不辜负全县人民的期望。

二、2019年工作目标和主要任务

2019年是新中国成立70周年，是决胜全面建成小康社会第一个百年奋斗目标的关键之年，是打赢脱贫攻坚战三年行动的冲刺之年，是打牢高质量发展、乡村振兴基础的重要一年，做好全县经济社会发展工作责任重大、意义深远。我们既要看到宏观经济环境依然复杂严峻，更要看到我县发展面临的难得机遇、有利条件。中央在深化供给侧结构性改革、新时代实施西部大开发、振兴实体经济、打赢脱贫攻坚战、推动乡村振兴等方面的政策效应叠加释放，为我们强弱项补短板、调结构促转型提供了有力支撑。我县基础设施持续改善，生态优势不断凸显，新产业新业态方兴未艾，全县上下竞相发展的氛围更加浓厚、团结干事的激情持续高涨。只要我们保持定力、精准发力、持续用力，沉下心来抓产业发展、抓项目建设、抓招商引资、抓主体培育、抓改革开放创新，就一定能够把从江的事情办得更好。

今年政府工作的总体要求是：以习近平新时代中国特色社会主义思想为指导，以脱贫攻坚统揽经济社会发展全局，全面贯彻党的十九大和十九届二中、三中全会精神，认真落实中央和省、州、县经济工作会议精神，深入贯彻落实习近平总书记对贵州工作的系列重要指示批示精神，牢记嘱托、感恩奋进，统筹推进“五位一体”总体布局，协调推进“四个全面”战略布局，坚持稳中求进工作总基调，坚持新发展理念，坚持推动高质量发展，坚持以供给侧结构性改革为主线，坚持深化市场化改革、扩大高水平开放，坚持守好“两条底线”、用好“两个宝贝”，把产业作为经济工作的“牛鼻子”、把项目作为总抓手，加快建设现代化经济体系，继续打好三大攻坚战，统筹推进稳增长、促改革、调结构、惠民生、防风险各项工作，在“巩固、增强、提升、畅通”上下功夫，保持经济持续健康发展、社会大局稳定，为全面建成小康社会收官打下决定性基础，以优异的成绩庆祝中华人民共和国成立70周年。

全县经济社会发展的主要预期目标是：地区生产总值增长9%左右，农业增加值增长6.8%，规模以上工业增加值增长10%，服务业增加值增长10%，一般公共预算收入增长7%，固定资产投资增长15%，社会消费品零售总额增长10%；减少农村贫困人口3.6万人，99个贫困村实现脱贫出列；城镇、农村居民人均可支配收入分别增长9%、10%；城镇登记失业率控制在4.2%以内；城镇化率提高到45%；森林覆盖率提高到68.78%，节能减排降碳指标控制在省、州下达计划范围内。

今年，我们将重点抓好以下9个方面的工作：

（一）全力抓好脱贫攻坚。坚决扛起脱贫攻坚政治责任，对标"两不愁，三保障"，统筹实施好"四场硬仗"、"十二个专项治理"、"四个聚焦"和农村产业革命，深入推进专项扶贫行动，确保全年脱贫攻坚取得根本性胜利。一要科学构建决战决胜脱贫攻坚指挥体系。深化干部工作重心下移、责任前移，进一步优化县乡村三级脱贫攻坚指挥体系，特别是要建强建实村级脱贫攻坚力量，选派优秀干部到村组建脱贫攻坚指挥所，切实推动脱贫工作落实到村到户到人，形成决战决胜脱贫攻坚的浓厚氛围和强大合力。二要狠抓产业扶贫。按照"1+3+N"产业发展思路，着力打造"一县一业"全产业链项目示范创建，确保每个乡镇有1—3个特色种类、每个村有1个优势品种。加强产销对接，完善冷链物流体系，大力发展农村电商，确保农产品卖得出、卖得好。培育壮大一批龙头企业，推动农民合作社规范化建设。三要狠抓易地扶贫搬迁。努力完成17243人易地扶贫搬迁及拆旧和复垦复绿工作任务，加大后续扶持力度，解决好搬迁户社会融入、教育医疗、就业创业等问题，确保有劳动力搬迁家庭至少1人稳定就业。四要狠抓基础设施建设和"三保障"工作。进一步加大农村公路建设力度，不断完善农村公路建管养机制，提升农村公路通畅度和承载力。实施农村安全饮水巩固提升工程，全面解决农村饮水安全问题。全面落实建档立卡农村贫困家庭学生资助政策，加大控辍保学力度，继续办好职业教育精准脱贫班。全面落实医疗保障制度，新农合参合率达100%，正确引导群众就医，确保建档立卡农村贫困人口住院医疗费用实际补偿比达90%。大力加强住房保障，推动农村危房应改尽改，同步实施"三改"和老旧房透风漏雨整治。五要用好帮扶资源。项目化推进东西部扶贫协作、定点帮扶、社会帮扶和企业帮扶，引导更多社会力量助力脱贫攻坚，强化机关事业单位定点帮扶考核。六要激发脱贫内生动力。坚持扶贫和扶志扶智相结合，大力开展感恩教育，选树、宣传、表扬脱贫攻坚先进典型。深入开展"三扶三转"活动，加强扶贫领域诚信体系建设，广泛调动群众脱贫致富积极性、主动性，树立勤劳致富、脱贫光荣的价值取向和政策导向，形成有劳才有得、多劳多得的正向激励，防止政策养懒汉，杜绝不劳而获、"等靠要"等不良风气。七要稳步推进乡村振兴战略。按照"产业兴旺、生态宜居、乡风文明、治理有效、生活富裕"总要求，统筹推动脱贫攻坚、乡村振兴，巩固提升脱贫成果。以出列村为主战场，深入推进"四在农家·美丽乡村"小康行动计划升级建设，因地制宜启动建设乡村振兴示范工程，重点加强基层组织建设、加快产业转型升级、增加公共服务供给、重塑乡村文化生态、提升乡村治理能力，完善多元化投入保障机制，积极推进农业农村现代化。

（二）全力抓好风险防控。建立健全政府债务、金融监管、社会风险防控工作机制，全力打好防范化解重大风险攻坚战，坚决守住不发生系统性区域性风险的底线。一要抓好政府性债务风险防控。积极争取再融资债券资金，妥善化解地方政府债务。采取安排年度预算资金、盘活财政存量资金、经营收入偿还等方式化解政府隐性债务。认真落实政府性债务管理"七严禁"要求，规范政府举债融资行为，坚决防止形成新的政府隐性债务。二要抓好金融风险防控。推动防范化解金融风险与服务实体经济有机结合，加大银行不良贷款处置力度。健全互联网金融监管机制，持续整治非法集资、违法违规套利等严重干扰金融市场秩序行为。三要抓好社会风险防控。深入推进"平安从江"建设。纵深推进扫黑除恶专项斗争。创新社会管理，积极化解各种社会矛盾，深化基层平安创建，不断提高群众安全感满意度。坚持不懈抓好安全生产，全面推进安全生产风险、隐患排查治理"双控体系"建设，坚决防范遏制较大事故、群体性事件的发生。

（三）全力抓好污染防治。深入实施大生态战略行动，全力打好污染防治攻坚战，坚决守好生态底线构筑绿色发展新优势。一要加快环境治理。坚决打好生态环境保护"五场战役"，深入开展各项污染防治攻坚行动。加快建制镇污水处理设施、乡村垃圾收运系统建设，确保城乡垃圾无害化处理率达90%以上、城镇生活污水处理率达80%，全县所有集中式饮用水源水质达标率保持100%，完成县城第2个环境空气质量监测站房建设，持续巩固中央和省环保督察反馈问题整改成效。二要加大生态保护。坚持绿水青山就是金山银山的理念，持续开展森林保护“六个严禁”执法专项行动，严厉打击各类破坏森林（湿地）资源违法犯罪活动，常态化开展打击“毁林造林、砍阔种杉”专项行动，全力保护好我县天然林资源，加大对野生动物保护力度，严厉打击乱捕滥猎野生动物的违法犯罪行为。三要健全治理机制。建立生态环境突出问题整治领导干部包干督察制，完善环境质量监控和发布制度，加快推进排污许可制度。严格落实河长制，推进巡河制度化、常态化。完善企业环保监管机制，促进产业生态化、生态产业化。

（四）全力抓好项目建设。坚持把项目建设作为推动经济发展第一抓手，全年新开工亿元以上项目5个。一要抓好重点领域投资。聚焦关键领域和薄弱环节，着力实施补短板工程，加快下江至宰便二级公路建设进度，力争启动党扭经加榜梯田至加勉旅游公路改造和停洞至东朗至加鸠、西山至翠里、洛香至庆云、秀塘至广西达洞等公路大修项目，完成交通投资10亿元以上。开工建设水利重点项目工程6个以上，完成水利投资3亿元。加快农网改造升级进度，完成电力投资9186万元。加快推进棚户区改造及配套基础设施项目建设，完成城镇基础设施建设投资7亿元、房地产投资4亿元。扎实推进民生、旅游等领域建设，完成社会事业投资10亿元、文化旅游投资2亿元。二要抓好民间投资。全面落实国家激发民间投资活力各项政策措施，鼓励、引导民间资本投资基础设施和公共事业，引导社会力量积极参与学前教育、健康、养老等服务供给，在交通、城建、水利等领域推出一批投资回报机制明确、商业潜力大的项目，着力拓宽投融资渠道，力争完成社会投资15亿元。三要抓好招商引资。用好从江特色资源和对口帮扶资源，紧紧围绕产业扶贫深入开展产业大招商行动，精心策划包装优势产业项目，建立项目库实施精准招商，扩大以商招商、委托招商、产业链招商成效，提升项目履约率、入园率、开工率、投产率，确保招商引资产业类实体经济到位资金增长10%以上。深化营商环境大整治，坚持招商与安商并重，加强对企业引进、落地、生产全过程服务，杜绝“新官不理旧账”。

（五）全力抓好产业发展。深入实施供给侧结构性改革，坚持高端化、绿色化、集约化的主攻方向，全面推动三次产业经济高质量发展，培育壮大主导产业，新增市场主体3100户以上。一要抓好农业优化。深入推进农业产业两年行动计划，加快优化农业结构调整，畜牧业增加值占第一产业增加值达25%。加快推进有机农业建设，新增“三品一标”产品认证3个、认证面积2500亩。大力发展山地特色生态产业，启动实施10.5万亩油茶和15.39万亩竹林“双百工程”。加强农业园区功能配套，推进200亩以上坝区农业基地标准化、规模化建设。推动农业保险扩面、增品、提标。加强对农民专业合作社的扶持培育，规范财务管理，完善组织架构，做好生产、销售、信息等服务，增强自我发展和带动能力，培育州级农民专业合作社示范社10家以上。二要抓好旅游业升级。加强旅游景点景区建设，新增3A级以上景区4家，加快岜沙景区5A级创建工作。全面落实乡村旅游“三个标准”，创建州级乡村旅游村寨10个以上、乡村旅游客栈和乡村旅游农家乐20家。加快完善交通、住宿、餐饮、购物、标识标牌等旅游配套设施，建成A级旅游厕所6座以上。依托民族节庆和重大活动平台，加强旅游市场营销，大力发展智慧旅游，通过大数据提升全域旅游服务质量，全年接待游客总人数和旅游总收入分别增长30%、32%以上。三要抓好工业提质。深入推进“双千工程”，加快推进明达水泥厂第2条200万吨新型干法水泥生产线技改项目，推动3户以上企业转型升级，完成技改投资1.2亿元以上，新增规模以上工业企业3户以上。大力培育新兴产业，新型能源、医药制造、新型建材等新兴产业实现产值15亿元以上。深入开展工业经济高质量发展“六个专项行动”，推动产业园区转型整合，加快园区功能配套提档升级，引导关联企业向园区集中，发展壮大园区主导产业。四要抓好服务业壮大。稳步推进现代服务业发展“十百千”工程，抓好全县服务业重大项目建设。加强电商公共服务中心建设，农村电商综合服务站点建制村覆盖率提高到100%。完善物流配送体系，力争网络零售额增长30%以上。加快大健康产业项目建设，培育创建大健康产业示范基地3家以上。实施服务业重点企业培育行动，新增限额以上批零住餐企业2户以上、规模以上服务业企业3户以上。

（六）全力抓好民营经济。全面贯彻落实中央和省、州决策部署，着力打造更加公平的市场环境、政策环境、法治环境、社会环境，全力支持民营企业发展，民营经济占比达60%以上。一要解决民营企业融资难题。推动中央和省、州关于金融支持民营企业的各项政策措施落地生效，积极指导、帮助民营企业申报绿色产业扶贫投资基金、省工业及省属国有企业绿色发展基金，建立常态化民营企业金融服务对接机制，“一企一策”协调解决融资困难。二要减轻民营企业运行成本。全面落实进一步支持和服务民营经济发展26条具体措施、政府性基金和行政事业性收费清理优惠政策等，确保民营企业税费优惠及时兑现，县级涉企行政事业“零收费”。积极推动职校与民营企业开展订单培训、岗前培训、定向培训，为民营企业降低用工成本、提供用工保障。三要支持民营企业公平竞争。坚决清除一切妨碍市场公平竞争的规定和做法，在市场准入、审批许可、经营运行、招投标、资源要素配置等方面打破各种“卷帘门”“玻璃门”“弹簧门”“旋转门”，使各类企业在同等的市场环境里同台竞技，实现资源最优配置，促进民营企业公平参与市场经济发展。四要推动民营企业转型发展。要大力帮助支持民营企业实施创新驱动战略，推动创新成果向民营企业转化、创新人才向民营企业流动、创新政策向民营企业倾斜，引导民营企业走高端发展之路。五要维护民营企业合法权益。认真落实联系服务企业制度，实地深入民营企业走访服务，关心关注民营企业生产经营状况，采取“一企一策、一事一策”措施，全力帮助企业解决遇到的困难和问题。要着力改善涉企执法环境，规范涉企执法检查活动，大力整治“阎王不好见、小鬼更难缠”现象，切实消除政策执行“中梗阻”，为民营企业解决涉法涉诉纠纷提供法律服务，保护好民营企业合法权益。六要鼓励民营企业助推脱贫攻坚。鼓励引导更多的民营企业参与脱贫攻坚，积极支持民营企业参与贫困地区基础设施建设、优势资源开发，支持民营企业参与种养殖、深加工、冷链物流、农村电商等全产业链，在带动群众脱贫致富的同时拓展自身发展空间。

（七）全力抓好示范区建设。加快示范区产业发展规划编制工作，优化产业发展布局，做大做强工业经济、实体经济。加快示范区总体规划报批工作，科学引领新城区规划布局和建设发展。全力推动在建项目复工，有序启动一批急需开工项目，形成更多的实物工程量，力争完成工业投资8亿元。继续开展产业大招商、优化营商环境集中整治“两大行动”和治理“僵尸”企业、闲置土地等六个专项行动，不断加大招商引资力度，借助外力加快促进园区建设、工业经济发展。切实落实好各项放管服改革措施，着力提高服务企业、服务项目的能力、质量和水平，解决企业实际困难和问题，促进项目快引快落。积极探索推行“两区合一、县区合一”“管委会＋投资公司”“全员聘任制”等管理体制机制和运作模式改革，全面提高工作效率、服务水平。全力支持侗乡公司不断发展壮大，培育发展实体经济，增强融资能力和规模，抓好项目申报、土地出让等工作，积极破解项目建设资金难题，防范化解债务和社会风险。

（八）全力抓好改革创新。始终把改革开放创新作为加快发展的关键一招，认真贯彻落实中央和省、州全面深化改革安排部署，以改革的办法破解难题。一要深化改革。深化“放管服”改革，推动“证照分离”，不断提升政务服务标准化水平，推动政务服务“一门进，一网办，一次成”。加快推动县属国有企业转型升级，优化国有企业治理结构。加快农村集体产权制度改革，推动农村“三变”改革行政村全覆盖。全面完成政府系统机构改革，深化教育综合改革、医疗卫生体制改革、社区管理体制改革和财税体制改革，统筹抓好统计、司法、文化旅游、生态文明、供销等领域改革。二要扩大开放。主动融入“一带一路”、长江经济带、粤桂黔高铁经济带，推动资本、技术、信息、劳动力等要素自由流动。继续办好香禾文化节、侗族大歌节等节庆活动。三要推动创新。加快推进农业科技园区等平台建设，培育建设一批制造业创新示范点，加强知识产权保护和运用，完成专利申请125件以上，力争县级综合科技进步水平指数达55%以上。

（九）全力抓好民生事业。始终把改善民生作为一切工作的出发点、落脚点，不断满足人民日益增长的美好生活需要。一要优先发展教育。继续压缩党政机关行政经费6%用于教育事业发展，实施第三期学前教育行动计划，推动义务教育优质均衡发展，推动高中教育优质发展，办好中职教育和特殊教育。统筹推进城乡义务教育、农村寄宿制学校标准化建设，狠抓控辍保学，努力解决中小学“大班额”“择校热”等问题，努力提供更多优质公共教育资源。支持社会资本兴办各类民办教育，鼓励开展合作办学。加强师德教育、师资建设，加大教师培训力度。切实改善教师待遇，实现中小学教师平均工资不低于公务员平均工资。二要狠抓医疗卫生服务。实施新一轮医疗卫生机构能力提升计划，加强重点学科建设，完善分级诊疗制度，健全县乡村三级医疗卫生服务体系。传承发展中医药、民族医药事业，支持社会办医。抓好东西部协作医疗卫生对口帮扶工作，加大医疗卫生人才培养和引进力度。加强食品药品安全监管，保障人民群众“舌尖上的安全”。积极创建省级慢性病防控示范区、妇幼健康示范县，申报创建二级甲等县妇幼保健院，创建1个国家级卫生乡镇。三要狠抓文化体育事业。深入实施文化惠民工程，加强文化、体育、广播电视基础设施建设，广泛开展丰富多彩的群众文化活动、全民健身运动。充分挖掘和保护、利用好民族文化这一“宝贝”，加强文物保护利用和非物质文化遗产保护传承，积极推进黔桂湘三省（区）侗族村寨申报世界文化遗产工作，大力推动文化产业发展。四要狠抓社会保障兜底。全面推进全民参保计划，着力扩大社会保险覆盖范围。健全完善临时救助制度，提高城乡低保标准和优抚补助标准。全面开展重特大疾病医疗救助，加强医疗救助与医疗保险有效衔接，推动救助费用“一站式”即时结算。关爱困难弱势群体，做好“三特三留”人员关爱工作。重视国防动员、后备力量建设，支持军队、武警部队建设和监察委、法院、检察院工作。

各位代表，今年县政府将继续多渠道筹措资金，重点围绕群众最关心、最直接、最现实的利益问题，扎实办好“十件民生实事”：（1）减少农村贫困人口3.6万人，实现99个贫困村出列；（2）改造农村危房745户，实施棚户区改造2504户；（3）新增城镇就业5100人，转移农村劳动力就业6000人，完成职业技能培训、贫困劳动力全员培训6586人；（4）建成村级公厕126个、农村户用卫生厕所6200个、A级旅游厕所6座；（5）启动党扭经加榜梯田至加勉旅游公路改造和停洞至东朗至加鸠、西山至翠里、洛香至庆云、秀塘至广西达洞等公路大修项目；（6）实施农村安全饮水工程185处，解决13.49万农村人口饮水安全问题；（7）完成9个传统村落农村环境综合整治，启动第五批37个传统村落保护发展编制工作，启动丙梅一村、丙梅三村、平瑞村中寨地质灾害隐患点受灾群众搬迁安置工作；（8）启动实施10.5万亩油茶、15.39万亩竹林建设任务，启动2个500亩以上坝区农业基地标准化、规模化建设和5个200亩以上坝区结构调整规划工作；（9）实施“天网工程”二期项目，完成高清监控点535个、车辆卡口88个、人像卡口80个、电子警察和测速25个、违停抓拍和礼让行人86个、红绿灯4套；（10）新建、改扩建义务教育学校及幼儿园20个，建成从江渔港项目，完成县城慢行系统2公里。

三、加强政府自身建设

各位代表，面对经济社会发展新形势、人民群众新期待，我们将不断加强自我完善、自我革新，加快转变政府职能，不断提高行政效能，勤勉敬业、善作善成，努力建设人民满意、群众放心、运行高效的新时代服务型、法治型、廉洁型政府。

（一）全面加强党的建设。始终把政治建设摆在首位，旗帜鲜明讲政治，牢固树立“四个意识”、坚定“四个自信”、做到“两个维护”，在思想和行动上同以习近平同志为核心的党中央保持高度一致，确保令行禁止。严格执行新形势下党内政治生活的若干准则。自觉接受县委领导，定期向县委常委会汇报工作。始终把纪律规矩挺在前面，严格遵守政治纪律和政治规矩，坚决贯彻中央八项规定及其实施细则，严肃查处顶风违纪行为，坚决防止“四风”反弹回潮。抓好巡视巡察发现问题整改，营造风清气正的政治生态。始终把党风廉政建设落到实处，全面落实党风廉政建设主体责任，强化“一岗双责”，组织开展经常性党风廉政教育活动，筑牢思想防线，坚守廉洁底线。严肃查处侵害群众利益的不正之风和腐败问题，巩固发展反腐败斗争压倒性胜利。加强制度建设，聚焦重点领域和权力运行关键点、监督管理薄弱点、问题易发风险点，打造“制度铁笼”。

（二）全面推进法治建设。严格遵守宪法法律，坚持依宪施政、依法行政，带头尊崇宪法、学习宪法、维护宪法、运用宪法，开展普法教育活动，推动法治从江建设。全面推动简政放权，织密权力瘦身的“紧身衣”，防止权力任性。公布行政权力清单、责任清单和权力运行流程图，按法定权限、权责清单用权，把政府活动全面纳入法治轨道。建立政府及部门重大行政决策程序制度、合法性审查制度、决策执行纠偏机制和终身责任追究制度。不断完善政府规章、规范性文件定期清理和公布制度，对所有规范性文件进行备案审查。规范公正文明执法，推行行政执法公示制度、执法全过程记录制度和重大执法决定法制审核制度。依法接受县人大及其常委会的法律和工作监督，自觉接受县政协的民主监督，全面接受监察监督，主动接受社会、舆论监督，认真听取民主党派、工商联、无党派人士和人民团体意见。强化政务公开，让权力在阳光下运行。

（三）全面抓实作风建设。牢固树立以人民为中心的发展思想，把满足人民对美好生活的向往作为最大追求。坚持问政于民、问需于民、问计于民，将群众满不满意、高不高兴、答不答应作为衡量工作实绩的标准，顺应群众所思、所想、所盼。坚持正确的政绩观，大力倡导说实话、谋实事、做实功、求实效，树立正确的价值取向和用人导向。坚持依法统计、科学统计，加大对弄虚作假、欺上瞒下的惩戒力度，坚决反对“假大空”，坚决不搞“形象工程”“政绩工程”。大力弘扬新时代贵州精神，扛起主责、抓好主业。使“晒比述评”和“比学赶超”成为常态。坚持把“五步工作法”贯穿政府工作全过程，健全抓落实的责任链任务链，推动各项决策部署落地见效。着力推动精文简会，统筹规范督查检查考核。全面提升政府系统抓工作的执行力和落实力，坚持立说立行、速决速行、雷厉风行，在职责履行上“担担子”，在任务落实上“钉钉子”。大力推行一线工作法，沉下身去解剖麻雀，把问题解决在基层。鼓励干事创业，探索推行激励机制、容错纠错机制，旗帜鲜明为敢于担当干事者撑腰鼓劲，满怀热情关心关爱干部。

各位代表，艰辛成就新伟业，奋斗创造新辉煌。让我们更加紧密地团结在以习近平同志为核心的党中央周围，在州委、州政府和县委的坚强领导下，以坚如磐石的信心、只争朝夕的劲头、坚韧不拔的毅力，攻坚克难、奋发有为，全面完成今年经济社会发展各项目标任务，为决战脱贫攻坚、决胜同步小康打下决定性基础，以优异的成绩庆祝新中国成立70周年！

榕江县政府工作报告

（2019年1月11日在榕江县第十七届人民代表大会第三次会议上）

榕江县委副书记、县长 侯美彪

各位代表：

现在，我代表县人民政府向大会作工作报告，请予审议，并请县政协委员和其他列席人员提出意见。

一、2018年工作回顾

一年来，在州委、州政府和县委的坚强领导下，在县人大、县政协的监督支持下，我们坚持以习近平新时代中国特色社会主义思想为指导，深入学习贯彻党的十九大和习近平总书记对贵州工作的系列重要指示批示精神，全面落实中央、省、州和县委各项决策部署，强化“四个意识”、坚定“四个自信”、做到“两个维护”，认真贯彻新发展理念，落实高质量发展要求，坚持以脱贫攻坚统揽经济社会发展全局，牢牢守住发展和生态两条底线，全力打好风险防范、精准脱贫、污染防治三大攻坚战，着力稳增长、促改革、调结构、惠民生、防风险，脱贫攻坚取得阶段性成效，全县经济社会发展呈现出总体稳定、后劲增强、民生改善的良好态势。初步预计，全年地区生产总值完成71.02亿元，增长7.8%；固定资产投资完成90.1亿元，增长12%；规模以上工业增加值完成2.91亿元，增长11.7%；社会消费品零售总额完成17.7亿元，增长10%；金融机构存贷款余额分别完成85.98亿元、90.44亿元，分别增长10%、24.9%；一般公共预算收入完成3.05亿元，一般公共预算支出完成29.6亿元。

过去的一年，是榕江发展历史上极不平凡的一年。面对国家宏观政策的不断调整、外部环境的深刻变化、经济下行的巨大压力、政府债务的风险防控、脱贫攻坚的繁重任务、各种矛盾的交织叠加，我们在县委的坚强领导下，始终保持思想定力、战略定力、工作定力，不忘初心、振奋精神、夙夜在公、动真碰硬、苦干实干，克服了一个又一个困难，完成了一个又一个艰巨的任务，为今年决战脱贫攻坚奠定了坚实基础、提供了强大动力。

（一）坚持尽锐出战、务求精准，脱贫攻坚连战连捷。坚决扛起脱贫攻坚政治责任，全力打好“四场硬仗”，狠抓“十二个专项治理”，扎实开展脱贫攻坚作风建设年活动，漏评率、错评率、错退率大幅下降，群众认可度大幅提升。部门包干帮扶、驻村帮扶、“1098”结对帮扶扎实推进，国家铁路局定点帮扶、省政协主席定点包干帮扶、省妇联党建帮扶、瓮福集团结对帮扶、杭州市桐庐县对口帮扶和社会力量帮扶成效显著。深入开展脱贫攻坚“春风行动”“夏秋攻势”，按照“八要素”要求，大力推进农村产业革命，实施扶贫产业子基金项目4个，投放资金6600万元，累计发放“特惠贷”达到4.88亿元。投入财政专项扶贫资金1.11亿元，实施产业扶贫项目131个，累计种植中药材3.77万亩、蔬菜16.17万亩、食用菌1302亩，生态家禽出栏153.5万羽、肉牛出栏2.01万头、生猪出栏21.02万头，茶叶投产面积3367亩，惠及农村群众17.33万人。创新产销衔接机制，成立销售专班，畅通农校、农超、农企对接渠道，引进杭州桐君堂药业等龙头企业发展订单农业。总结推广财政扶贫资金扶持产业发展29种模式，利益联结到村到户到人。加大劳务输出力度，开展农村贫困劳动力全员培训220期，培训贫困劳动力9948人次，带动就业6217人，带动脱贫9587人。阳光、特和易地扶贫搬迁安置小区完成房屋主体建设

2535 套，实现 2017 年 1801 户、7399 人移民群众搬迁入住，就业安置 1885 人。精准落实教育扶贫政策，资助贫困家庭学生 5.76 万人。全面落实健康扶贫医疗保障救助、重大疾病及慢性病救助政策，实现建档立卡贫困人口“先诊疗，后付费”“一站式”服务，住院医疗报销比例达 90%；统筹财政资金按每人 50 元对建档立卡贫困人口参合进行资助，建档立卡贫困人口参合率达 100%。整合水利、交通等各类涉农资金向出列村倾斜，实施项目 339 个；完成“组组通”硬化路 688.2 公里，贫困村主干道实现路面硬化；新改扩建供水工程 36 个，保障 3.5 万人饮水安全。持续开展农村人居环境综合整治，实施小康寨及“一事一议”财政奖补项目 380 个、农村危房改造和同步“三改”3951 户，安装村寨太阳能路灯 9940 盏，新建和改造城镇社区公厕 14 个，全面完成 30 户以上村庄规划编制，群众生产生活条件不断改善。预计，全年减少贫困人口 25656 人，水尾乡、定威乡“减贫摘帽”，36 个贫困村出列，贫困发生率下降到 12.27%。

（二）坚持统筹施策、全力施为，风险防范守住底线。严格落实“七严禁”“1+8”债务管理系列政策举措，积极推动 PPP 模式化债、平台公司实体化转型剥离债务等，全年共偿还政府性债务和隐性债务本息 10.79 亿元，坚决守住不发生区域性、系统性债务风险的底线。严打非法集资、整治金融乱象，有效推动金融机构风险隐患处置化解，金融风险防范市场化处置不断强化，不良贷款余额、不良贷款率持续下降。坚持实事求是，大力挤干水分，经济发展脱虚向实，财税质量不断提升。建立健全安全生产“双控”体系，持续深化重点行业领域专项整治，安全生产形势总体平稳，全年未发生重特大安全生产事故。深入开展扫黑除恶专项斗争，扫除 3 个恶势力犯罪团伙；不断完善矛盾纠纷“三调联动”机制，启动建设“天网工程”二期 +“雪亮工程”+“县乡村三级综治中心”公共视频工程，社会治安防控体系进一步健全，刑事案件发案总体可控，全国信访“三无县”创建成果持续巩固，政法和信访战线 3 名同志获州委记二等功，人民群众的安全感、满意度显著提升。

（三）坚持绿色发展、铁腕治污，生态环境持续改善。打响污染防治“五场战役”，强力实施“双十工程”，着力推进绿色榕江建设。完成生态红线划定上报。新增营造林 1.99 万亩，活立木蓄积量保持在 2721 万立方米，森林覆盖率达 73.89%，成功申报丹江国家森林康养基地试点建设单位。全力抓好中央环保督察反馈问题整改，完成问题整改 14 个。持续开展“六个一律”环保利剑行动和生态执法，森林保护“六个严禁”案件“四个率”实现百分之百目标。扎实推动工业废气、建筑工地和道路扬尘、餐饮业油烟污染等整治，县城空气质量 AQI 优良天数比达 100%。严格执行河长制，开展河道采砂专项整治，全面拆除都柳江流域网箱养殖。开展县城三角井、归九溪饮用水源一级保护区整治，完成县城新老城区污水兜底管网建设，全县重点流域区域生态系统实现良性循环，县城及乡镇集中式饮用水源地水质达标率为 100%。启动实施城乡生活垃圾收运一体化及清扫保洁项目，建设县城清扫保洁垃圾运输系统以及 16 个垃圾中转站，城镇生活垃圾无害化处理率达 66%。

（四）坚持主线不变、调优结构，产业培育势头良好。超额完成“一减四增”任务，调减玉米种植面积 3.31 万亩，粮食总产量完成 8.02 万吨，农业总产值增长 11.4%，粮经比由 34.86：65.14 调整到 33.01：66.99。编制完成 19 个 200 亩以上连片大坝规划。大力实施土地整治项目，建成高标准基本农田 2.16 万亩，新增耕地面积 1370 亩。累计培育州级以上重点龙头企业 24 家，新增农民专业合作社 85 个、家庭农场 12 个、种养殖大户 10 个、“三品一标”认证 8 个，推出两汪青白茶、平阳青钱柳、寨蒿麻饼、锡利贡米等一批特色品牌。实行“一企一策”、逐企评估，清理“僵尸”企业 15 家，新增入园企业 15 家、规模以上工业企业 6 家。商贸物流、餐饮住宿等现代服务业加快发展，批发、零售业销售额和住宿、餐饮业营业额分别增长 10%、11%、11.5%、12.5%，限上商贸企业增至 22 户，扶持发展微企 112 户，新增市场主体 4703 户，成功申报省级农商互联示范县、国家级电子商务进农村示范县、中国好粮油示范县，民营经济占地区生产总值比重为 59%。建成农村电商服务站 102 个，培育电子商务企业及个体 113 家。创办 6 个扶贫车间，带动贫困群众就业 2000 余人。强化美食策划，举办榕江美食“山河故里·味觉古州”等系列活动，相继推出卷粉王、汤粉王、腌生王、清明宴等系列民间厨艺赛事，重塑老街文化、打造旅游新亮点。突出“乡建 + 文创”引领，充分挖掘民间工匠技艺，培育成立文创公司，推出家具、服饰、伴手礼、刺绣、蜡染等 20 余种特色文创产品。大力发展乡村旅游，推出“苗山侗水·醉牛之旅”精品旅游线路，申报评定 1 个甲级旅游村寨、2 个 3A 级景区、2 家精品级和 3 家优品级乡村旅游客栈、1 家四星级农家乐及 4 家标准客栈，引导开设 9 家乡村客栈和农家乐，成立 2 个榕江本土旅行社。编撰完成 4 张电子名片、1套旅游宣传推介PPT和讲好榕江故事系列书籍，“苗山侗水·甜甜榕江”的影响力、知名度不断提升，全年接待游客298.15万人次，旅游总收入完成24.15亿元，分别增长46.61%、53.26%，实现持续“井喷式”增长。

（五）坚持真抓实干、重点突破，改革开放深入推进。认真落实中央、省、州和县委深化改革各项举措，持续推进行政审批制度改革，基本实现行政许可事项办理“零超时”。落实国地税征管体制改革，成立国家税务总局榕江县税务局，扎实推动社会保险费、非税收入征管职责划转。完成工业园区“管委会+公司”管理体制改革、新城公司实体化改革。推进移风易俗改革，农村大办滥办酒席得到有效遏制。推进殡葬改革，县城区实现集中治丧。农村土地承包经营权确权登记颁证、农村集体产权制度改革、公立医院综合改革稳步推进。教育体制改革取得实效，榕江一中成功培养出第一名清华大学学生。强化科技创新，成功申报小香鸡农业科技示范园区等一批重大科技项目。集中优化营商环境，党政主要领导带头招商13批次，新签约500万元以上投资项目32个，完成到位资金44.46亿元。对外开放力度不断加大，黔东南无水港榕江作业区规划建设加快推进，承办黔东南州第九届旅游产业发展大会圆满成功，荔波至榕江高速公路建成通车。

（六）坚持补齐短板、夯实基础，发展条件持续优化。强化项目储备，开展项目建设年活动，实施重点项目139个，固定资产投资完成90.1亿元。雷山至榕江高速公路建设加快推进，剑河至榕江高速公路建设如火如荼。新改扩建国省道和县乡道118公里，实施生命安全防护工程292公里，改造农村公路危桥9座，“通村村”农村客运服务平台实现全覆盖，全县农村公路总里程达2608公里。扎实推进溪口水库、平龙溪水库、归九溪水库等骨干水源工程和小型农田水利项目县建设，新增和改善灌溉面积7760亩，建成乐里、仁里、两汪、三江、塔石防洪堤，完成水土流失治理面积20平方公里。实施农村消防常高压给水系统68个、完工38个，农村消防基础进一步夯实。新增完成20个村农网升级改造，新建和改造10千伏电力线路71公里、低压线路703公里、变压器153台，有效解决农村生产生活用电问题。建设4G基站184个，行政村宽带、4G网络覆盖率达100%；多彩贵州“广电云”户户用新增农村贫困群众入网1.78万户，行政村数字电视入网安装实现全覆盖。

（七）坚持为民服务、全力保障，民生福祉全面增进。城镇新增就业5020人、劳动力转移就业5247人，城镇登记失业率控制在4.2%以内。建成榕江县第五初级中学（车江中学改扩建）、10所村级幼儿园，忠诚镇安乐小学3月份即可投入使用，提前一年通过国家义务教育基本均衡发展评估验收。完成3个乡镇和7个村级农民体育健身工程、7个全民健身路径工程建设，荣获“贵州省优秀体育后备人才基地”称号。新增城镇道路5.18公里，打通湘榕路至滨江花园连接线，建成桥北、北门、南门停车场，有效缓解城区行车、停车问题，城镇化率提高到44.5%。城镇、农村居民人均可支配收入分别完成29562元、8800元，分别增长9%、10.3%。城镇、农村低保保障标准分别提高到每人570元/月、3876元/年；城乡居民基本养老保险综合参保率达100.69%、续保率达92.91%。全面完成基层卫生能力提升三年行动计划任务，新改扩建112个深度贫困村卫生室和6个易地扶贫搬迁移民小区卫生室，建成新县中医院并投入使用，县疾控中心业务用房完成主体工程，远程医疗会诊平台与省、州医疗机构实现互联互通。此外，国防动员、双拥优抚、民主法治、民族宗教、外事侨务、人防、档案、史志、气象等各项工作取得新进展，老龄、妇女、儿童、残疾人等各项事业取得新成绩。

（八）坚持依法行政、履职担当，政府建设不断加强。坚持把全面从严治党贯彻到政府工作全过程，切实转变政府职能，不断提高政府的公信力、执行力。牢固树立“四个意识”，不折不扣抓好中央巡视、省委巡视、州委巡察、审计发现和国务院大督查反馈问题整改落实。严格执行中央八项规定、省委十项规定、州委十二项规定及其实施细则，持之以恒兴“三风”、纠“四风”。全面落实“五步工作法”，制定推行县政府党组《关于加强执行力建设的十条规定》《关于提高政府决策效率、推进决策落实的三条原则》《县长交办任务通知书制度》，县政府班子成员率先垂范、以身作则，机关干部作风明显好转，乡村干部一线真抓实干，行政效能显著提升。高度重视人大代表、政协委员及社会各界人士的意见建议，县政府常务会议多次专题研究落实人大、政协调研报告，人大代表建议、政协委员提案办复率、满意率均达100%。持续推进“放管服”改革，全面促进政务服务“一网通办”，编制公布县乡行政权力清单、责任清单和权力运行流程图。强化督察督办、审计监督、民生监督，勤政廉政建设取得新成效。同时，完成“十三五”规划中期评估，规划重点任务进展顺利，重大战略得到全面推进，47项规划指标基本达到规划序时进度以上的有37项，占指标总数的78.7%；进展未达到规划序时进度的有10项，占指标总数的21.3%。

各位代表，过去一年取得的成绩来之不易、积累的经验弥足珍贵，这是习近平总书记和党中央关怀厚爱的结果，是省委省政府、州委州政府和县委坚强领导的结果，是县人大、县政协大力支持与有效监督的结果，是全县各级各部门团结协作、顽强拼搏的结果，是全县各族人民同心同德、共同奋斗的结果。在此，我代表县人民政府，向各位人大代表、政协委员，向各民主党派、人民团体和离退休老同志，向驻榕中国人民解放军、武装警察部队和公安干警，向中央和省、州各单位及杭州市桐庐县，向全县人民及所有关心、支持榕江发展建设的各界人士，表示衷心的感谢！

在看到成绩的同时，我们也清醒地认识到，经济下行压力持续加大，债务风险隐患有所暴露，政府自身建设有待加强，合力攻坚力度有所欠缺，经济社会发展与年初的预期目标还有差距，人民群众日益增长的美好生活需要与不平衡不充分发展之间的矛盾还比较突出，我们面临的困难、挑战依然十分严峻，具体表现在：一、全县仍有4.1万贫困人口，且大部分贫困群众居住分散、自身发展能力弱，持续增收、稳定脱贫难度大，推进脱贫攻坚任务艰巨繁重。二、经济总量小、人均水平低的现状仍未得到根本转变，工业化、城镇化相对滞后，三次产业基础支撑弱，产业链不全不强，缺乏引领性、带动性企业，实现更高质量发展任务艰巨繁重。三、基础设施建设历史欠账多，教育、医疗等公共服务供给不足，社会治理仍存在不少薄弱环节，保障和改善民生任务艰巨繁重。四、地方政府投资项目融资渠道全面收窄，县级财政承受能力十分有限，发展和建设资金严重短缺，重大项目推进艰难，扩投资稳增长任务艰巨繁重。五、行政审批、公共服务、法规政策等有待进一步健全，少数干部不作为、慢作为，少数部门推诿扯皮、敷衍塞责，营商环境亟需优化改善，转变政府职能任务艰巨繁重。对于这些问题，我们将牢牢坚持问题导向，不回避、不推诿、不畏难，坚持抓重点、补短板、强弱项，采取有力有效措施一个一个地解决，决不辜负全县人民的厚爱和期望。

二、2019年主要目标任务

2018年是脱贫攻坚关键之年，2019年是脱贫攻坚决战之年，也是新中国成立70周年，做好今年的工作事关长远、至关重要。面对百年未有之大变局，我们既要看到宏观经济环境依然复杂严峻，更要看到我县经济社会发展面临的有利条件、迎来的新机遇。我国经济长期向好的基本面没有变，中央在实现高质量发展、做强实体经济、推动乡村振兴、支持西部发展等方面的政策效应正在叠加释放，国家在保持基础设施领域补短板、重点支持深度贫困地区脱贫攻坚的政策倾斜力度正在不断加大。这些都为我们强弱项补短板、调结构促转型、打赢脱贫攻坚战提供了百年难得的机遇。随着我县对外开放不断扩大，交通等基础设施全面改善，生态优势不断凸显，营商环境大幅优化，新兴产业迅猛成长，全县上下合力攻坚、奋发有为的氛围空前浓厚，决战脱贫攻坚、决胜同步小康的磅礴力量正在加速凝聚。只要我们坚定不移地贯彻落实好中央、省、州和县委的决策部署，拿出敢打敢赢的态度、攻坚拔寨的勇气、坚定不移的决心，坚持量力而行、尽力而为的原则，全面聚焦脱贫攻坚、聚焦深度贫困，保持定力、精准发力、深挖潜力，咬定目标、苦干实干、奋勇争先，就一定能够在新的起点上开创新局面、展现新作为，在新的征程中取得新成就、实现新跨越，向全县人民交出一份精彩答卷，创造属于我们这一代人的辉煌。

今年全县经济社会发展的主要预期目标是：减少贫困人口2.5万人以上，实现50个以上贫困村出列；地区生产总值增长9%左右，其中，第一产业增长6.8%、第二产业增长8.4%、第三产业增长10.9%；规模以上工业增加值增长11%；500万元以上固定资产投资增长15%；一般公共预算收入增长5%；社会消费品零售总额增长11%；农村居民人均可支配收入增长10.6%，城镇居民人均可支配收入增长9.2%；金融机构存贷款余额分别增长10%、15%；城镇新增就业4950人，城镇登记失业率控制在4.2%以内；节能减排降碳指标控制在省、州下达计划范围内。

为如期完成既定目标任务，我们将坚持以脱贫攻坚统揽经济社会发展全局，持续推进九大攻坚战：

（一）持续推进脱贫攻坚战，全力夺取脱贫攻坚决战之年根本性胜利。坚持把脱贫攻坚作为当前全县最大的大局、最中心的工作，对标“两不愁，三保障”、对标“三率一度”、对标基本公共服务领域等主要指标，进一步抓好责任落实、政策落实、工作落实，持续开展脱贫攻坚作风建设年活动，确保脱贫攻坚再战再捷。深入推进农村产业革命。认真对照“八要素”要求，坚定“1+N”产业思路，以中药材为主导，做大做强蔬菜、食用菌、生态家禽、生猪、肉牛、锡利贡米和优质果品等特色产业。加快林种结构调整，连片打造油茶、白茶、花椒产业带，推进产业规模化、标准化、绿色化，确保每个乡镇有1个特色产业、每个村有1个优势品种，实现建档立卡贫困户产业扶贫项目全覆盖。强化产销对接，完善冷链物流网络，大力发展农村电商，打造绿色优质农产品品牌，让本地农产品主导县内市场、抢抓县外市场。全面推行“公司＋合作社＋农户”模式，强化政策激励，培育壮大一批龙头企业，扎实推进农民合作社规范化建设，明确贫困群众在产业链、利益链、价值链各个环节中的份额，实现持续稳定增收。深入推动易地扶贫搬迁。坚持“一步搬到位、五个全覆盖”，完成阳光、特和小区安置房建设，今年6月全面实现搬迁入住。加大政策宣传力度，确保6月底全面完成2017年度旧房拆除、宅基地复垦复绿任务。强化后续保障，全面推进基本公共服务、培训和就业服务、文化服务、社区治理、基层党建五大体系建设，确保搬迁群众在社会保障上同等享受城镇居民待遇，全面融入城镇，推进搬迁群众市民化。加强对搬迁群众的就业引导和技能培训，建立移民就业创业台账，采取转移就业、本地创业、园区务工、公益岗位安置等多种方式，确保有劳动力的搬迁家庭至少1人稳定就业，确保搬迁群众“搬得出、稳得住、能致富”。深入推进基础设施建设。全面完成农村饮水安全巩固提升工程，解决农村饮水安全问题。全面完成30户以上农村“组组通”硬化路建设，维修改造一批严重影响群众出行的国省道和县乡道，建立完善农村公路建管养机制，确保农村群众生产生活出行更通畅、更便捷、更安全。深入推进教育医疗住房“三保障”。扎实做好“控辍保学”工作，全面落实各级各类教育精准扶贫资助政策，确保从学前到高等教育学生资助政策全覆盖。完成贫困劳动力全员培训3700人，进一步提高就业创业能力。全面落实医疗保障制度，确保贫困人口住院医疗费用在政策范围内及时得到补偿。全力推动农村危房改造、同步“三改”和透风漏雨住房整治，保障贫困群众基本住房安全。统筹用好帮扶资源。全面深化与国家铁路局、杭州市桐庐县及省、州帮扶单位的帮扶合作，完善帮扶协调机制，推动政策、资金、项目等精准落地落实。借智借力，与杭州市桐庐县进一步深化产业协作和携手奔小康合作，推动两地乡镇、部门间深度交流合作。强化帮扶考核，全面压实部门包干帮扶、干部“1098”结对帮扶责任。持续推进“百企帮百村”行动，引导更多社会力量助力脱贫攻坚。更加注重扶心扶志，大力开展感恩教育，选树、宣传和表彰脱贫攻坚先进典型，引导贫困群众自立自强、勤劳致富，坚决杜绝政策养懒汉和“等靠要”等不良风气，积极营造多劳多得、脱贫光荣的政策导向和社会氛围。

（二）持续推进防范化解重大风险攻坚战，坚决守住不发生系统性、区域性风险的底线。全力防控政府债务风险。着力涵养税源、培植财源，用好用活综合治税平台，合理控制非税收入占比，持续推动社会保险费和非税收入征管职责划转，确保全年财政总收入完成6.9亿元、一般公共预算收入完成3.2亿元以上。进一步压减一般性支出，积极盘活财政存量资金，保障脱贫攻坚、重大项目、民生工程等支出。严格落实政府性债务管理“七严禁”要求，严控新增债务，妥善化解存量债务，及时消除重大债务风险隐患。坚决打击各类高利贷活动，重点整治非法集资、违法违规套利等干扰金融市场秩序行为。全力防控社会稳定风险。深入推进“平安榕江”建设，按照有黑扫黑、无黑除恶、无恶治乱的工作思路，纵深推进扫黑除恶专项斗争，全力维护社会大局稳定。依法及时就地解决群众合理诉求，着力化解山林权属矛盾纠纷、征地拆迁等影响社会稳定的历史遗留问题。加强劳动保障监察，妥善解决好拖欠农民工工资问题。全力防控安全生产风险。进一步推进安全生产“双控”体系建设，加强防汛抗旱、道路交通、农村消防、森林防火等重点领域安全监管，实现集中连片100户以上木质房屋村寨达到消防建设标准，有效预防各类安全生产事故，努力实现“双降”目标。结合机构改革，建立统一管理的应急管理体系，提升应急管理综合能力和应急救援水平，更加有效维护公共安全。

（三）持续推进污染防治攻坚战，坚决守住发展和生态两条底线。打好碧水保卫战役。消除城市黑臭水体，完成重点乡镇污水处理厂项目，力争城镇污水处理率达80%以上。继续排查整治水源保护区内的违法违规问题，确保县城及乡镇集中式饮用水源地水质达标率稳定在100%。严格落实河长制，推进巡河项目化、常态化。加强渔业资源管理和巡查执法，保护水域生态环境。打好蓝天保卫战役。持续开展餐饮业油烟污染整治和城区建筑工地扬尘规范化防治监管。规范洗车场管理，加强“脏车”入城管控，减少城市道路交通扬尘。规范工业物料堆场、建筑材料和建筑垃圾堆场管控，禁止城镇周边露天焚烧垃圾。限期治理污染防治设施不达标企业，关闭取缔污染严重、治理难以达标的“散乱污”企业，确保县城空气质量AQI优良天数比达95%以上。打好净土保卫战役。实施土壤污染防治行动，持续整顿规范砂石场、砖厂、瓦厂。完善城镇垃圾清运系统，整治规范县城垃圾填埋场，加快推动垃圾分类处理。排查整治都柳江流域渣库，严格控制都柳江流域环境风险。打好村寨环境整治战役。加快重点村寨污水处理、垃圾收运系统建设，力争城镇垃圾无害化处理率达90%以上。大力推进厕所革命，新改扩建农村卫生厕所4000个、行政村公厕50个以上。加强农村面源污染防治，抓好农村废弃物资源化利用和畜禽养殖污染防治，促进农药化肥施用零增长，严禁工业、城镇污染向农村转移。强化督查问责，严格履行生态环境保护主体责任，全面推动中央和省委环保督察及“回头看”反馈问题整改落实。建立生态环境突出问题整治党政领导干部包片督察责任制，完善环境治理监控体系，建成县环境监测站，确保完成年度主要污染物减排任务。

（四）持续推进产业升级攻坚战，大力推动实体经济高质量发展。继续着力深化供给侧结构性改革，下决心做大做强三次产业。推动工业提质升级。深入实施“千企改造”，推进“万企融合”行动，新增规上工业企业5个以上，完成1个标杆企业、3个示范企业、6个融合企业上报培育和32个企业大数据与实体经济深度融合评估。积极引进劳动密集型企业，在易地扶贫搬迁安置区和每个乡镇各创建1个以上扶贫车间。按照“一区六园”发展定位，积极开展“六个专项”整治行动，全面释放园区发展活力。进一步完善全程代办服务机制，用好营商环境特派专员，切实提高项目履约率、入园率、开工率、投产率。充分运用“贵工贷”“贵园信贷通”等优惠政策，缓解企业融资难、融资贵问题。完善工业园区发展规划，继续深化工业园区管理体制改革和配套制度建设，大力实施绿色园区建设行动计划，推动工业企业向园区聚集，力争将榕江工业园区升级为省级经济开发区，着力打造承接东中部产业转移的重要平台。推动农业优质增效。建设绿色优质农产品标准化示范基地，扩大无公害绿色有机农产品种植面积，新增“三品一标”产地认证1万亩、无公害产品认证3个以上。增加农业保险品种，扩大农业保险覆盖面，深入推进农业生产保险、价格保险等特色农业保险，消除龙头企业、合作社和群众发展产业的后顾之忧。积极引进和培育农产品加工及营销企业，打通产销渠道。全力抓好200亩以上坝区农业结构调整，大力发展商品蔬菜和西瓜等特色产业，实现规模化、集约化经营。实施粮安工程，建成3万吨粮库一期工程，确保粮食总产量稳定在8.5万吨左右。推动现代服务业提标增量。深入推进现代服务业“十百千”工程，扎实开展服务业重点企业培育行动，继续实施扶持微型企业发展战略，确保全年社会消费品零售总额完成19.65亿元。实施电子商务进农村综合示范县项目，充分发挥电子商务助力脱贫攻坚产业发展的积极作用，重点培育2个县域电商产品，新建30个村级电商服务站。

（五）持续推进项目建设攻坚战，着力抢抓机遇补齐短板。狠抓重点领域投资。加快剑河至榕江、雷山至榕江高速公路建设，完成国省道、县乡道维修改造180公里、窄路基路面改造234公里、农村公路隐患治理540公里，改造农村公路危桥20座，完成交通投资3.1亿元。加快推进溪口水库、平龙溪水库建设，完成归九溪水库主体工程、高赧病险水库除险加固工程，开工建设送马坡水库、岑王水库，实施农田水利项目县、车江现代山区水利项目、国家水土保持重点项目、以奖代补项目建设，完成寨蒿河太平灌区、车江万亩灌区河道治理工程，整治提升防洪堤1.95公里，完成水利投资1.9亿元。全面完成农村电网升级改造，持续改善偏远地区通讯条件，实现30户以上自然村寨3G/4G通信信号全覆盖；全面完成多彩贵州“广电云”户户用和扶贫宣传智能广播“寨寨响”工程，完成信息基础设施投资1.4亿元。加快推进棚户区改造及配套基础设施建设，完成城镇基础设施投资10亿元、房地产投资3亿元。加快完善工业园区配套设施，完成工业投资2.1亿元。努力扩大民间投资。制定发布民营经济优先发展投资目录，给民间资本创造充足市场空间。大力推进政府和社会资本合作（PPP）示范项目，重点鼓励和支持民间资本积极参与脱贫攻坚、产业革命、城乡基础设施和城市燃气等市政公用项目投资，鼓励、支持社会办医，引导社会力量发展学前教育、健康养老等产业，完成社会投资10亿元。大力招商引资。坚持把带动能力强、投资强度大、环保能达标、发展潜力优、吸纳就业多作为引企业、上项目的硬标准，深入开展产业大招商行动，精心策划优势产业项目和补链延链产业项目，实施精准招商，采取党政主要领导带头招商、小分队招商、以商招商、平台招商、金融招商、委托招商、网上招商等方式，招引5家以上技术含量高、成长性好的企业，新引进优质产业项目10个以上。全力争取金融支持。积极争取深度贫困县扶贫再贷款和绿色产业扶贫投资基金，强化“政金企”合作，增强金融服务实体经济能力。发挥财政资金杠杆作用，制定完善财政专项资金整合管理实施方案，集中有限财力支持脱贫攻坚和基础设施建设。

（六）持续推进乡村振兴攻坚战，加快推动城乡融合发展。围绕产业振兴、人才振兴、生态振兴、组织振兴，统筹谋划城乡产业发展、基础设施、公共服务、生态环保等布局，今年上半年编制完成乡村振兴规划。提升城镇功能。有序推动新老城区环境综合整治、城市形象提升，引导规范城市住宅小区物业管理，持续整治背街小巷、老旧小区。新改扩建城市路网10公里、污水收集管网6公里，新增城市绿地面积10万平方米，着力完善公共配套设施。健全“两违”清理整治长效机制，严格规范执法管理，坚决整治“两违”建筑。强化经营城市理念，盘活利用国有资产资源，鼓励社会资本通过特许经营等方式参与城市基础设施建设和运营。持续整治乡镇环境卫生，加快完善乡镇公共服务设施，着力开发乡镇新区，努力打造特色精品小城镇。加强农村精神文明建设。继续开展多彩贵州专项文明行动，全面整治提升农村人居环境，引导村寨修订完善村规民约，推动移风易俗，持续整治乱办酒席，遏制陈规陋习。健全乡村公共文化服务体系，加强农村思想文化阵地建设，抵制封建迷信活动，打击传销、赌博等违法行为。严格保护传统村落和乡村古建筑、古树名木，支持民族民间优秀文化传承发展。实施新型职业农民培育工程，完成新型职业农民培训700人以上。实施农民工返乡创业行动、青年建功行动、巾帼行动，培育一批农村特色产业示范带头人、农村电商人才，扶持一批农业职业经纪人。提振农村绿色经济。积极争取生态补偿资金，力争1414名建档立卡贫困人口转化为生态护林员。推进国家生态文明建设示范县、国家重点生态功能区建设，大力发展林下经济、森林康养产业。扎实开展绿色贵州三年行动计划，推动25度以上坡耕地退耕还林，新增营造林2万亩以上，完成30平方公里水土流失治理。建立林业产权交易中心，积极盘活全县林业资源。深入实施绿色经济倍增计划，推动林产品配套精深加工；建立健全自然资源产权管理、资源有偿使用、绿色金融体系和生态补偿机制，着力发展生态利用、循环高效、低碳清洁、环境治理“四型产业”。

（七）持续推进乡村旅游攻坚战，切实增强旅游综合竞争力。继续用好用活民族文化、生态环境两个宝贝，将乡村旅游与精准脱贫深度融合，突出“乡建＋文创”引领，推动旅游产业持续“井喷”。转变旅游发展方式。充分挖掘榕江原生民族文化优势，不走千篇一律的模仿小镇建设和破坏性且不可逆的粗放旅游开发套路，践行人文理念，去景区化、去旅游化，因势利导、因地制宜、因人而异，实现浸入式旅游，针对不同类型的村寨推行不同的乡村旅游发展模式，打造多元价值和多种模式复合的全域旅游千岛。科学规划业态布局。围绕“苗山侗水·醉牛之旅”精品旅游线路，加快推进大河口码头、忠诚特色小镇、乌公露营基地、乐里七十二寨斗牛城、苗疆古驿小丹江等标志性工程建设，精心打造加宜、大利、宰荡等特色旅游村寨。推行“旅游＋”产业融合扶贫模式，引导社会资本以租赁、承包、联营、股份合作等形式投资开发乡村旅游项目，成立旅游专业合作社，引进1家以上品牌酒店、精品民宿，培育一批旅行社、旅游车队、汽车租赁公司和优秀导游，着力提升旅游接待能力。全面推行“乡建＋文创”。充分发挥两湖会馆文创中心引领作用，将丰富多元的民族文化、手工艺设计研发成更具市场价值的商品，大力开发旅游商品、伴手礼、家居用品等文创产品，带动贫困村寨手艺人成立合作社抱团发展、脱贫致富。继续打造榕江美食品牌。重点包装培养一批民族厨艺名师、美食名店，宣传推广榕江名菜，扶持榕江特色餐饮企业发展壮大，持续开展系列美食活动，努力推动榕江系列美食品牌化、产业化。强化旅游策划营销。继续办好萨玛节等民族主题节庆活动，不断丰富活动内涵。充分抓好厦蓉高速、荔榕高速全线开通及渝黔高铁通车机遇，加强与黎平、从江、雷山、荔波等县抱团开展整体旅游营销，打造区域旅游精品线路。

（八）持续推进改革开放攻坚战，加速集聚经济发展动能。坚持问题导向，抓好重点领域改革，进一步激发发展动力、活力。持续深化改革。全面完成政府系统机构改革，深化事业单位改革，理顺乡镇与县政府部门的关系，支持、保障乡镇政府加快职能转变，优化服务功能。加快县政务服务大厅标准化建设，全面推进“放管服”改革，清理规范行政审批中介服务事项，力争工程建设审批时间压缩至80个工作日、企业开办时间压缩至3个工作日、不动产登记办理时间压缩至5个工作日，企业、群众办事提供材料减少60%以上。深化县属国有企业改革，优化法人治理结构，以新城公司为试点，推行企业化管理全员岗位聘用制和绩效工资制。盘活用好国有企业资源资产，推进实体化进程，进一步激发国有企业活力。完成农村集体产权制度改革，推动农村“三变”改革覆盖45%的行政村。推进城市社区管理体制改革，规范提升网格化管理服务水平。深化公立医院综合配套改革、教育领域综合改革、旅游管理体制改革，统筹推进司法、文化、统计等领域改革。全力扩大开放。推动民营经济发展壮大，支持民营企业解决融资难题、降本减负、公平竞争、转型发展。落实民营经济发展相关政策措施，执行国家发布的《市场准入负面清单》，负面清单以外的皆可依法平等进入。加大对本土民营企业的扶持力度，民营经济占比提升到65%以上。着力构建“亲、清”新型政商关系，坦荡真诚地与企业家交往，主动为企业服务，鼓励发扬企业家精神支持地方发展。深化营商环境整治，用好“服务民营企业县长直通车”、营商环境投资投诉热线、营商环境义务监督员，及时协调解决民营企业反映强烈的问题，对民营经济项目落地建设、生产运营过程中推诿扯皮、吃拿卡要的坚决问责。加强对外开放平台建设，主动融入“一带一路”、长江经济带、珠江—西江经济带、左右江革命老区、粤桂黔高铁经济带，充分发挥交通区位优势，推动资本、技术、信息、劳动力等要素加速流动，提升投资贸易便利化水平。加快推动创新。加大农业科技人才引进力度，培育用好扶贫产业乡土人才，强化少数民族骨干人才队伍建设。鼓励企业与高等院校、科研院所开展产学研合作，加快科技成果转化，综合科技进步水平指数提高到52%以上。

（九）持续推进保障民生攻坚战，不断提升群众的获得感、幸福感、安全感。不断满足人民日益增长的美好生活需要是我们一切工作的出发点、落脚点，人民群众在什么方面感觉不幸福、不快乐，我们就在哪方面下功夫。继续加强社会保障。深入实施全民参保登记计划，扩大社会保险覆盖面，确保城镇职工基本医疗保险续保率达100%、新型农村合作医疗参合率稳定保持在95%以上、建档立卡贫困人口参合率达100%。全面落实特困人员救助供养制度，加强临时救助，全力做好“三特三留”人员关爱工作。继续实施农房保险、“两保一孤”、“一元民生险”等惠民保险，多措并举做好防灾减灾工作。积极扩大就业创业。扎实开展职业技能培训和农村贫困劳动力全员培训，完善创新培训方式，积极推行“以工代训”培训模式，加强与东西部劳务协作，重点解决好城镇就业困难人员、退役军人、搬迁移民等群体创业就业。优先发展教育事业。推动学前教育多元发展，建立政府主导、社会参与、公办民办并举的办园体制，加快消除县城义务教育大班额，构建城乡学校教研联合体，促进优质教育资源共享。继续优化学校布局调整，巩固义务教育基本均衡发展成果。加快教育工程建设，建成1所省级标准化示范幼儿园，新改扩建10所村级幼儿园。加快建设健康榕江。严格食品药品全链条监管，确保人民群众“舌尖上”的安全。全面深化医药卫生体制改革，全面落实“三个一批”工程，强化家庭医生签约服务，加大农村贫困人口8类14种大病筛查力度，建立大病集中救治台账。巩固提升基层卫生能力三年行动计划成果，全力推进“乡村能力、三级创建、妇幼服务、公共卫生、远程医疗、健康养老、中医振兴、党建引领”八大提升工程，增强县医院等医疗机构综合服务能力，重点打造片区中心乡镇卫生院，全面完成村级卫生室建设，逐步完善更加成熟定型的分级诊疗制度，切实解决老百姓“看病难、看病贵、看病远”问题。蓬勃发展文化体育事业。推进民族文化、民族体育进校园工作，继续创建一批民族特色学校。扎实开展体操、足球等体育活动，大力培育后备人才，打造榕江体育品牌。启动中国侗寨申遗工作，推进大利村古建筑群文物保护利用综合试点项目建设，扶持非遗传承人、民族民间手工匠人，加强技艺传承培训，编辑、整理非物质文化遗产成果。加强和创新社会治理。突出抓好县城交通秩序整治，着力完善社会矛盾排查预警和多元化解机制，依法做好民族宗教事务管理工作。加强社会治安防控体系建设，完成社会治安综合治理基地（阳光综合体）和“天网工程”二期+“雪亮工程”+“县乡村三级综治中心”公共视频项目建设，确保顺利通过全国禁毒示范城市验收。纵深推进扫黑除恶专项斗争，严厉打击黄赌毒、盗抢骗等违法犯罪活动，不断提升社会公众的安全感。

此外，支持军队、武警部队建设和监察委、法院、检察院改革工作，加强国防后备力量、国家安全、司法行政、外事侨务、人防、档案、保密、气象、史志等工作，支持工会、共青团、妇联、残联、工商联、红十字、关工委、科协等工作，发展妇女、儿童、老龄等各项社会事业。

结合脱贫攻坚、同步小康总体要求和人民群众反映强烈的问题，今年要用心、用情、用力办好“十件民生实事”：（1）完成贫困劳动力全员培训3700人、城镇新增就业4950人，引导劳动力转移就业5050人，城镇登记失业率控制在4.2%以内；（2）完成寨蒿至朗洞、乐里至两汪、三洲至崇义县道维修、定威至水尾省道大修、古州至凉亭国道升级改造工程，实现30户以上自然寨全部通硬化路；（3）完成县城集中式饮用水源地能力提升达标建设，建成饮水安全工程117处，全面解决农村饮水安全问题；（4）完成农村太阳能路灯全覆盖工程，实现村村寨寨有路灯；

（5）完成古州路、西环路、滨江花园路、车江1–3村及忠诚镇等县城规划区路灯盲点整治提升工程；（6）完成县妇计中心业务综合楼、村级卫生室建设，实现村级卫生室全覆盖；（7）完成县城新牲畜定点屠宰场建设，整治县城垃圾填埋场，完善县殡仪馆停车场、路灯、道路连接线等配套设施；（8）完成车民小学、栽麻中心校改扩建工程，新改扩建10所村级幼儿园；（9）完成1个24小时自助借阅室、3个乡镇综合文化站示范点建设；（10）完成"天网工程"二期+"雪亮工程"+"县乡村三级综治中心"公共视频建设。

三、加强政府自身建设

各位代表，进入新时代，政府工作要有新气象、新作为。我们将始终把政治建设摆在首位，树牢"四个意识"、坚定"四个自信"、做到"四个服从"，坚决维护习近平总书记党中央的核心、全党的核心地位，坚决维护党中央权威和集中统一领导，严格落实全面从严治党要求，加强政府自身建设，有效提升政府的执行力、公信力，努力建设人民满意的政府。

（一）依宪施政、依法行政，建设阳光公开的法治政府。大力弘扬宪法精神，学习宪法、维护宪法、遵守宪法。强化政府公职人员的法治教育、法治意识，充分运用法治思维，依法履职、依法决策，妥善处理历史遗留问题，化解各种社会矛盾，切实增强群众公平正义感、政府公信力。充分运用公众参与、专家论证、风险评估、合法性和公平竞争审查、重大行政决策、法律顾问机制，提高政府决策科学化、民主化、法制化水平。加强行政权力运行制约和监督，自觉接受县人大及其常委会的法律、工作监督，自觉接受县政协的民主监督，主动接受社会、舆论监督，强化审计监督、司法监督，进一步做好人大代表建议、政协委员提案办理工作，把政府行为全面纳入法治轨道。

（二）履职担当、狠抓落实，建设苦干实干的高效政府。严格执行县政府党组《关于加强执行力建设的十条规定》《关于提高政府决策效率、推进决策落实的三条原则》，全面推行"五步工作法"，发挥县政府班子、全体政府公职人员的整体合力，紧扣发展目标、强化责任担当，履职尽责、团结协作、苦干实干。深化"互联网+政务"，创新推动政务公开、信息公开，畅通民意诉求渠道，努力把群众所有的"烦心事""操心事"一件一件办好办实。加强政府诚信建设，注重发挥领导干部的示范带动作用，做到一级抓一级、一级带一级，一件事情接着一件事情办、一年接着一年干，咬定青山不放松，任尔东南西北风。坚决反对形式主义、个人主义、好人主义，对拒不执行县委县政府决策部署、刁难群众、吃拿卡要、消极应付、推诿扯皮、弄虚作假、欺上瞒下的，一律提请纪检监察机关依法依规处理，坚决确保中央、省、州和县委决策部署及各项任务落地落实，坚决确保全县经济工作会议、政府工作报告确定的目标任务全面完成。

（三）对党忠诚、廉洁行政，建设政治坚定的廉洁政府。坚决落实新时代全面从严治党要求，自觉接受县委领导，定期向县委常委会汇报工作。严格执行《中国共产党廉洁自律准则》和新修订的《中国共产党纪律处分条例》，认真落实《中国共产党党组工作条例》，全面履行"一岗双责"，经常性开展党风廉政教育，自上而下筑牢思想防线、坚守廉洁底线，坚决维护风清气正的良好政治生态。借助机构改革机遇，推进政府自身改革，自觉做好巡视、巡察、审计、督查发现问题整改，推动公共资源阳光交易，管好盘活公共资产，加强公共工程项目监管，严管民生项目和款项，着力解决损害群众利益的突出问题。以县政府班子为示范，深入推进工作作风革命，引导全县政府公职人员清清白白做人、干干净净做事，不辜负人民的信任和重托。

各位代表，雄关漫道真如铁，而今迈步从头越。我们深知幸福不会从天而降，好日子都是干出来的。让我们紧密地团结在以习近平同志为核心的党中央周围，在县委的坚强领导下，牢记使命、攻坚克难、锐意进取、奋发作为，全力履行好新时代赋予我们这一代人的责任和使命，努力创造出无愧于这个伟大时代的新业绩，以优异的成绩庆祝新中国成立70周年！

丹寨县政府工作报告

（2019 年 1 月 8 日在丹寨县第十六届人民代表大会第三次会议上）

丹寨县委副书记、县长 徐刘蔚

各位代表：

现在，我代表县人民政府向大会作工作报告，请予审议，并请县政协委员和其他列席人员提出意见。

一、2018 年工作回顾

过去的一年，在县委的坚强领导下，在县人大、县政协的监督支持下，我们坚持以习近平新时代中国特色社会主义思想为指导，深入学习贯彻党的十九大和习近平总书记在贵州省代表团重要讲话精神，坚持以脱贫攻坚统揽经济社会发展全局，聚焦实现国定标准“减贫摘帽”目标，全力打好三大攻坚战，脱贫攻坚取得重要进展，全县经济社会发展呈现出“总体平稳、稳中有进、重点突破、民生改善”的良好态势。初步预计，全年地区生产总值完成 32.25 亿元，同比增长 4.5%；500 万元以上固定资产投资完成 20.3 亿元；城镇居民人均可支配收入达 30010 元、增长 9.2%，农村居民人均可支配收入达 9011 元、增长 10.2%，增速有望连续 6 年排名全省前四。

——脱贫攻坚成效显著。全力推进“春风行动”“夏秋攻势”“冬季充电”，继续深入实施“四增到户”模式，突出打好“四场硬仗”，“6 个 1”产业扶贫工程深入推进，争取到脱贫产业子基金 6.1 亿元，超额完成省、州预分配任务，实际投放等各项指标排名全州前列。调减玉米种植面积 2.5 万亩，蓝莓种植 2.88 万亩、中药材种植 2.99 万亩、蔬菜种植 9.16 万亩、食用菌种植 0.22 万亩；茶园面积 11.72 万亩，荣获“2018 年度全国重点产茶县”称号；黑猪存栏 6.25 万头、出栏生猪 11.83 万头；生态家禽存栏 56.5 万羽、出栏 87.34 万羽，禽蛋产量 1540 吨。完成“组组通”公路建设 143.57 公里，3 年累计完成 234.37 公里，全县 30 户以上村民小组 100% 通硬化路。采取一家一户全覆盖模式推进安全饮水提升工程建设，完成投资 6900 余万元，实现管道供水到每家每户，饮水水质、水量、方便程度、保证率“四项标准”全部达标，全县农村饮水困难问题得到历史性解决。易地搬迁 2017 年搬迁任务数 5599 人、2018 年搬迁任务数 4093 人全部实现分房入住。建设移民社区 7 个，全力做好移民群众管理和服务工作。对全县 10968 名建档立卡贫困学生资助实现全覆盖、零遗漏，资助金额达 4162 万元。加大建档立卡贫困户学生“控辍保学”力度，义务教育阶段学生没有因贫辍学失学。严格落实健康扶贫医疗保障救助政策，全县建档立卡贫困人口参合率 100%，家庭医生签约服务率 100%，大病分类专项救治率 100%，医疗保障补偿覆盖率 100%；为全县 57760 人次贫困群众看病就医支付费用 4220.54 万元，实际补偿比达 93.64%。完成农村危房改造 2534 户，并对 4 类重点人员同步实施“三改”，在此基础上采取一户一策方式对全县存在安全隐患的 2 万多户农村住房进行改造维修，做到“三不、一平、一分、两平安”，全县农村住房条件得到极大改善。完成贫困劳动力全员培训 8112 人，实现就业脱贫 2203 人。落实林业生态扶贫政策，带动 2392 户 10141 名贫困人口实现增收。调整优化万达扶贫产业基金机制，利用万达扶贫产业基金在全县新设立村寨保洁员、护林员、护路员、治安消防员、管水员、巡河员等扶贫劳动公益性岗位，吸纳 6300 余户有劳动力贫困户稳定就业，年户均增收 5000 余元。东西部协作进一步深化，2017 年项目全面完成、

2018年项目有序推进。全年减少贫困人口23366人，62个贫困村出列，贫困发生率降至1.67%，顺利通过省脱贫攻坚“五个专项治理”交叉检查；顺利通过省级脱贫退出县调研；顺利通过州级审查并实现零漏评、零错退的“双零”目标，群众认可度达98.67%；顺利通过市、县两级党委和政府脱贫攻坚成效考核。一年来，全县各级干部职工深入基层、真蹲实驻、倾情帮扶，战酷暑、斗严寒，跋山涉水、坚守一线，放弃休息、远离家庭，脱贫攻坚各项工作取得巨大成效，为夺取脱贫攻坚全面胜利奠定了坚实基础。

——污染防治积极有效。深入开展“清水、护蓝、洁土、治渣”行动，完成县城、金钟、兴仁污水处理厂维护维修和提标改造，完成丹寨县汞矿化工厂车间历史遗留32万立方米含汞废渣治理，完成兴仁和南皋铅锌废渣场场地调查和风险评估。大力整治县城区燃煤锅炉淘汰和柴油货车超标排放。强化各级河长巡河履职，加大水利综合执法力度，完成河流网箱养殖拆除工作。完成义务植树6.4万株、新一轮退耕还林5000亩，全县森林病虫害无公害防治率达90%以上，未发生重大森林火灾、人员伤亡事故。扎实开展“绿剑2018”专项行动，以零容忍态度惩治涉林违法犯罪，查处违法犯罪人员91人。顺利通过中央生态环境保护督察及“回头看”。全县森林覆盖率达70.68%，在全省排名第9位。县城空气质量优良率提升至100%；集中式饮用水源地水质达标率持续保持在100%；省控清水江流域兴仁桥断面水质优于规定的地表水Ⅲ类水质标准，州控南皋卡乌出境断面水质达到国家规定标准；单位生产总值能耗、排放均达到国家控制性指标要求。

——产业结构不断优化。通过深入推进供给侧结构性改革，大规模调整农业结构，加快实施“双千工程”，狠抓以旅游业为龙头的服务业，推动三次产业全面提升。全县农林牧渔业总产值预计完成13亿元，同比增长7.5%；规模以上农产品加工总产值完成2.21亿元。获批国家农业农村部蓝莓有机肥替代化肥试点县、农村一二三产业融合发展产业兴村强县。坚持“工业强县”战略不动摇，实施工业项目18个，完成投资9.79亿元；实施技术改造项目12个，完成技改投资2.26亿元。茅台生态公司蓝莓果干生产线、浙江朗佑堂保健药品生产线、欣紫鸿原料药生产线、佳沃蓝莓组培中心等产业项目建成投产，蓝莓、中药材全产业链基本形成。第三产业迅速发展，社会消费品零售总额、限上零售业、限上餐饮业增速排名全州前2位。成功引进中国农业发展银行入驻丹寨并启动运营，农商行完成改制。电子商务迅猛发展，启动“我有半亩园”电商精准扶贫项目建设，顺利通过国家级电子商务进农村综合示范项目绩效评价验收，全县累计实现网络交易额1.95亿元。

——旅游发展势头强劲。抢抓万达小镇带来的大好发展机遇，围绕“一山一城两镇五园八寨”全域旅游体系，加快完善旅游服务设施、服务功能，全县旅游发展持续“井喷”。初步测算，2018年全县接待游客567.12万人次、同比增长54.17%，实现旅游综合收入46.78亿元、同比增长61.19%。其中，接待国内过夜游客同比增长42.76%、入境过夜游客同比增长83.52%。万达小镇演艺剧场及会议中心建成投用，游客集散中心、山水体旅等二期项目开工建设。万达小镇已实现751名贫困户的稳定就业，通过农产品、手工产品销售直接带动全县贫困户4704人实现增收，间接带动从事农家乐、住宿、餐饮、民族手工、乡村旅游等的贫困户3202户12810人实现增收。完成石桥景区南北大门、风雨桥、停车场、公厕等配套设施项目建设。成立首家地接旅行社，全县酒店宾馆增至97家，房间数增至1759间，餐饮农家乐增至749家，旅游接待能力不断增强。

——城乡建设日新月异。城镇化率达41.48%，增长2.83个百分点。完成振兴东路延伸段、东湖老桥至卡拉路口道路改造等市政骨干路网建设，完成7个停车场、8个公厕等市政配套设施建设。完成东街、西街、南街三条背街小巷路面、雨水沟改造及县城区交通指示、龙泉大道休闲座椅安装；扎实开展占道经营、乱停乱放、夜市摊点、破旧广告等城市“痛点”专项治理，“国家卫生县城”进一步巩固。取缔振兴路、兴泉路、兴泉西路道路两侧临时停泊车位，逐步还路于民。启动丹寨县建筑垃圾处理场及排调、雅灰、南皋、兴仁垃圾中转站建设，垃圾清运范围扩大到各乡镇，在全县114个村居配备保洁员750名，累计转运至凯里焚烧发电厂处理1.6万吨，全县生活垃圾无害化处理率达82%。农村人居环境整治和厕所革命深入推进，农村面貌、卫生状况大幅改善。凯里至丹寨天然气管道支线开工建设，三独高速丹寨境段完成形象进度97%，丹雷线至羊望村等农村公路改造完成，排调镇高峰村至雷山县大塘镇和平村等一批农村扶贫公路、以工代赈示范项目、新建桥梁和危桥改造项目快速推进。吊洞水库完成蓄水验收，龙泉水库、孔庆水库、水碾湾水库、坡头上水库建设顺利推进，一批小型农田水利项目、河道治理工程启动建设。完成10千伏丹汞线完善工程及第一批、第二批中心村电网改造项目。重点旅游景区景点、重点民族村落、高速沿线等区域实现 4G 网络全覆盖，行政村通光纤宽带覆盖率达 100%。

——改革创新蹄疾步稳。重点领域、关键环节改革取得重大突破。建立完善政府债务和金融风险防范机制，全县综合债务率控制在上级下达的限额内，政府债务风险总体可控。全县金融机构 15 家，各银行业金融机构营业网点 49 个，存贷款余额 89.32 亿元，较上年同期增长 5.55%。不良贷款余额和不良贷款率持续下降。万达集团社会扶贫创新工作成效显著，得到中央、省、州各级领导和社会各界的高度评价、广泛赞誉。国家知识产权强县工程试点县工作顺利通过验收；公立医院综合改革试点工作取得实效，有效控制医药费用不合理增长、大幅提升诊疗能力，群众看病就医费用同比下降 5.6%。全年列入国家、省级科技项目 20 项，位列全州第 2 位。新增获批贵州省传统发酵食品工程技术研究中心，全县省级工程技术研究中心已达 2 家；新增获批省级硒锌米农业科技示范园区、省级硒锌茶农业科技示范园区，全县省级科技示范园区已达 5 个。新增认定国家高新技术企业 1 家，全县拥有国家高新技术企业 4 家，位列全州第 2 位。4 家企业列入国家火炬基地建设，“锦绣谷”获批国家和省级星创天地。专利申请 133 件、授权 106 件，万人发明专利平均拥有量达 1.63 件，列全州第 3 位。

——民生福祉不断增进。教育事业向高水平均衡迈进，全县学前三年毛入园率达 93.9%、义务教育巩固率达 98.91%、高中阶段毛入学率达 95.02%、三残儿童入学率达 100%、义务教育阶段在校生寄宿率达 55.6%，均高于省、州平均水平。学前教育实现集团化管理全覆盖，城镇、农村幼儿入园难问题基本缓解。万达职院在校学生达 1197 人，其中建档立卡贫困生 386 人。城关一小获教育部国防教育示范学校称号。中考成绩以人均总分 448.2 分排名全州第 1 位，高考本科上线率达 57.48%，人均总分排名全州第 3 位。县民族中医院、县医院业务用房扩建项目、龙泉社区卫生服务中心建设快速推进，排调卫生院二期完成主体工程建设。完成 62 个深度贫困村卫生室、43 个校医务室、5 个移民安置区卫生室、疫苗数字化监控系统、县级妇幼保健机构远程医疗建设，实现“五个全覆盖”。实施县医院与排调卫生院医共体建设，开通乡镇远程医疗和网上预约挂号门诊。积极开展爱国卫生运动、疾病预防控制、公共卫生监督、家庭医生签约服务和健康卫生知识宣传教育，群众健康卫生意识得到加强。认真落实国家人口发展战略，积极推进计划生育服务转型升级，人口发展各项指标符合国家规定。成功申报增加 4 名国家级非遗传承人、9 项州级非物质文化遗产项目，举办“云上丹寨·大美非遗”系列文化活动，启动非遗数字化保护工程。坚持以创业带动就业，新增个体工商户 379 户、小微企业 10 家，完成职业技能培训 2239 人。新增城镇就业 5715 人，城镇登记失业率控制在上级下达指标要求以内。城乡低保提标工作全面落实，城低保标准提至 570 元 / 月，农低保标准提至 3876 元 / 年。全年发放城低保 869.78 万元、农低保 2505.52 万元、救助粮食 134.64 吨。城乡居民养老保险参保率 100%。国防动员和全民国防教育工作扎实推进，双拥优抚保障水平进一步提高，全年发放各类优抚资金 595.68 万元。全面推进安全生产“双控”体系建设，重点行业领域专项整治不断深化，全年未发生较大及以上安全生产事故，安全生产形势持续稳定向好。坚持专项治理与整体防控相结合，完成“一中心两工程”建设，深入开展扫黑除恶专项斗争，各类刑事案件发案和矛盾纠纷大幅度下降，全县社会大局安全稳定，人民群众安全感满意率达 99.63%，位居全省前三位，连续 5 年荣获“平安建设先进县”称号。

——对外形象大幅提升。全年国内外媒体记者近 600 人次走进丹寨，中央广播电视台播出丹寨新闻 30 条、贵州卫视新闻联播播出 81 条；国内主流媒体刊登丹寨稿件 1679 篇，《人民日报》单月采用丹寨稿件达 10 条。《人民日报》、《贵州日报》、新华网等各级媒体刊发我县工作经验和成效，中央、省级主要媒体刊发转载报道达 1.2 万余条次。我县多次代表贵州到北京、香港、杭州、南京等地开展民族文化对外交流活动，锦鸡舞亮相 2018 中央电视台春节联欢晚会。6 名丹寨少年出任俄罗斯世界杯开幕式揭幕战护旗手，成为历史上首次担任世界杯揭幕战护旗手的中国人，国内媒体各类平台宣传报道超 2000 余条次，阅读量累计突破 30 亿人次，丹寨的知名度、美誉度大幅提升。

中共中央政治局常委、全国政协主席汪洋，中共中央政治局委员、中央书记处书记、中央统战部部长尤权，全国人大常委会副委员长陈竺、曹建明，国务院扶贫办党组书记、主任刘永富，省委书记孙志刚，省长谌贻琴等领导莅临丹寨调研，对丹寨脱贫攻坚工作及经济社会发展所取得的成绩给予充分肯定，极大地提振了全县干部群众干事创业的精气神，更加坚定了全县上下坚决打赢脱贫攻坚战的信心和决心！

各位代表，过去一年的成绩来之不易，这是习近平总书记和党中央关怀厚爱的结果，是省委省政府、州委州政府和县委坚强领导的结果，是国家审计署、国务院扶贫办、大连万达集团、省政府办公厅、省审计厅、贵州银行、杭州市滨江区等社会各界倾力相助的结果，是县人大、县政协监督支持的结果，是全县各族干部群众团结奋斗的结果。在此，我代表县人民政府，向全县各族人民、各级干部致以崇高的敬意！向人大代表、政协委员，向各民主党派和各人民团体，向驻丹部队和人民警察，向各位老领导、老同志，向所有关心、支持丹寨改革发展的各界人士，表示衷心的感谢！

在充分肯定成绩的同时，我们也清醒地认识到，政府工作仍然存在很多短板，一些领域面临的挑战还很严峻。一是脱贫攻坚任务依然繁重。虽然近期几次考核取得不错的成绩，但是也暴露出我们工作当中的不少问题，还有大量复杂细致的工作要做。同时，继续抓好脱贫成果的巩固和提升，确保稳定脱贫不返贫的任务依然十分艰巨。二是产业发展基础薄弱。大企业、好企业少，市场主体不足，在经济下行的大背景下举步维艰。文化旅游产业增长较快，但总体上仍处于培育期，对全县经济发展的带动作用仍不够突出。融资形势日趋严峻，为资金要素保障带来巨大挑战。三是民生领域还有不少短板。医疗、教育等公共服务和交通、水利等基础设施条件较为薄弱，农村生产生活条件仍然较差，农村空心化问题突出，乡村振兴、全面建成小康社会任务艰巨。四是政府职能转变和作风建设不够到位。一些部门单位和干部研究问题、破解难题能力不足，对上级政策和业务知识掌握层次不高。少数干部不作为、慢作为，不敢担当、推诿扯皮现象仍然存在。对此，我们将高度重视，采取有效措施努力加以解决。

二、2019年政府工作任务

2019年是新中国成立70周年，是丹寨县按照国定标准顺利通过“脱贫摘帽”验收、夺取脱贫攻坚全面胜利的关键之年，做好全年政府工作意义十分重大。

今年政府工作的总体要求是：以习近平新时代中国特色社会主义思想为指导，全面贯彻党的十九大及十九届二中、三中全会和习近平总书记对贵州工作的系列重要指示批示精神，牢记嘱托、感恩奋进，统筹推进“五位一体”总体布局，协调推进“四个全面”战略布局，坚持稳中求进工作总基调，落实新发展理念，坚持以脱贫攻坚统揽经济社会发展全局，以提高发展质量和效益为中心，以推进供给侧结构性改革为主线，深化市场化改革、扩大高水平开放，守好“两条底线”、用好“两个宝贝”，加快建设现代经济体系，继续打好三大攻坚战，统筹推进稳增长、促改革、调结构、惠民生、防风险工作，进一步做好“六稳”工作，在巩固增强提升畅通上下功夫，促进经济平稳健康较快发展、社会和谐稳定，为全面建成小康社会打下决定性基础，以优异的成绩庆祝中华人民共和国成立70周年。

今年经济社会发展的主要预期目标是：地区生产总值增长9%左右，规模以上工业增加值增长10%左右，城镇新增就业5700人左右，城镇居民人均可支配收入、农村居民人均可支配收入分别增长9%、10%，城镇化率提高到42%以上，节能减排指标控制在州下达指标内，按照国定标准顺利通过“脱贫摘帽”验收。

围绕上述目标，我们将着力抓好以下7个方面的工作：

（一）坚决打赢脱贫攻坚决胜之战，全力确保顺利实现高质量“减贫摘帽”。继续紧盯“减贫摘帽”目标不动摇，坚决克服厌战情绪、懈怠思想，继续保持高昂斗志，紧紧围绕“一达标，两不愁，三保障”“三率一度”，对标退出评估检查标准，全力抓好脱贫攻坚各项工作，确保高质量通过省级评估验收、国家抽查，夺取脱贫攻坚的全面胜利。继续深入落实“精准”方略，按照建档立卡贫困户不漏评、不错退、贫困村贫困户信息准确无误的标准要求，加强各系统数据的一致性，再次把基础数据信息弄准搞实，高度关注风险户、疑似户，全力补齐建档立卡信息基础不扎实、档案资料不完善“短板”，确保村村过关、户户过关、人人过关。继续深入推进农村产业革命，围绕产业发展“八要素”，深化“三带”产业模式，推进“6个1”产业扶贫工程，重点抓好7个500亩以上坝区产业推进、200亩以上规模连片耕地农业特色产业建设，确保新增种植蓝莓0.5万亩、中药材1万亩；完成蔬菜种植11万亩（次）、高标准低产茶园改造1万亩；年出栏生猪15万头；年出栏生态家禽100万羽。加大农业龙头企业的引进和培育，力争引进农业龙头企业1家以上；加大“三品一标”认定和保护力度，力争无公害农产品20个、绿色食品1个；搭建农产品电商平台4个，乡村电商服务站点79个，强化产销对接和利益联结机制，加快完善物流、仓储、冷链等配套建设。加快推进易地扶贫搬迁，完成2018年易地扶贫搬迁工程附属设施建设，完善生产生活配套设施，加快社区建设，提升公共服务水平。深入推进后续扶持工作，通过开发公益性岗位、就业推荐引导、组织劳务输出等，多渠道引导搬迁劳动力就业创业，全力帮助搬迁群众解决就业创业难题，确保一户有一人以上稳定就业。扎实推进基础设施建设，在全面做好“组组通”收尾工作的基础上，加大对水毁路段的修复和农村公路窄路基路面的改造，保障人民群众出行方便、安全。在提升农村饮水安全的基础上，通过引导村民自治，加快构建农村“以水养水”长效机制，确保农村水利基础设施管得好、用得久。全面抓实教育医疗住房“三保障”工作，精准落实教育、医疗保障政策，加大新农合参保宣传和征收力度，防止因病、因学致贫返贫。加快农村住房保障工作扫尾，确保不漏一户、不漏一人。着力抓好就业扶贫，多措并举创造更多就业岗位，让更多群众实现稳定就业脱贫，力争完成农村劳动力培训2831人以上，实现培训后转移就业1840人以上。加大生态扶贫项目争取和实施力度，力争带动1700户7204人实现稳定增收。继续用好用活万达扶贫产业基金。扎实开展“帮、教、管、查、奖、罚”六项行动，深入细致做好群众思想工作，全面激发群众内生动力，让广大群众懂政策、感党恩、革陋习、图自强，在全县形成“我脱贫我光荣”的良好氛围。下大力纠正扶贫领域不正之风，严肃整治虚报冒领、贪污挪用扶贫资金行为，进一步强化扶贫资金绩效管理。着力推动脱贫攻坚与乡村振兴战略有机衔接，以实施乡村振兴为统揽，集聚要素资源，全面加强农村建设，持续巩固和提升脱贫成果，加快促进区域协调发展。

（二）全面从严做好风险防控，坚决守住不发生区域性系统性风险的底线。加强政府债务风险防控。严格落实“七严禁”和“1+8”债务管理系列政策，进一步加强政府性债务管理，规范政府举债融资行为。严格预算执行，加强财务管理，压缩“三公”经费等公用经费支出，积极争取地方政府置换债券转贷支持和新增地方政府债券。下大力推进政府融资平台公司市场化转型，多渠道增强政府债务的偿债能力。加强金融风险防控。推进防范化解金融风险和服务实体经济有机结合，健全互联网金融监管体系，完善打击非法金融活动工作机制，深入开展打击恶意逃废债务专项行动，重点整治乱办金融、非法集资、违法违规套利等严重干扰金融市场秩序行为。加强社会领域风险防控。深入推进“平安丹寨”建设，积极化解各种社会矛盾，纵深推进禁毒人民战争、赌博专项治理、“扫黑除恶”专项斗争、打击“两抢一盗”、命案防控“五大攻坚战”，不断提高群众安全感满意度。坚持不懈抓好安全生产，全面深化全县安全生产风险和隐患排查治理“双控体系”建设，坚决防范遏制重特大事故、群体性事件发生，确保全县社会安全稳定。着力加强应急管理体系和救援处置能力建设，提高防灾减灾救灾能力。

（三）坚定走好绿色发展新路，永葆丹寨的青山绿水和蓝天净土。加大污染防理。持续巩固中央和省环保督察反馈问题整改成效，坚决打好“蓝天保卫”“碧水保卫”“净土保卫”“固废治理”和“乡村环境整治”五场战役，确保县城空气质量优良率、“水十条”考核断面优良比例、县城集中式饮用水源地水质达标率均保持在100%，区域环境噪声、重金属污染防治、年度主要污染物总量减排目标、单位生产总值能耗及排放均达到国家控制性指标要求。启动千人以上集中式饮用水源地环境综合治理，加快龙泉镇龙洞村、排调镇排调村也改村农村环境综合整治和丹寨县城集中式饮用水源地环境综合整治。大力推进城乡生活垃圾收运系统建设，力争6月底前全县6个乡镇生活垃圾收运系统竣工验收并投入使用，同步配齐配全各乡镇环卫垃圾收集箱、收集车、中转站等环卫设施设备，实现生活垃圾收集全覆盖，确保农村垃圾无害化处理率达80%以上。建设生态屏障。加大植树造林、退耕还林、封山育林、防火护林力度，强化林业资源管理，纵深推进生态文明建设，确保森林覆盖率持续保持在70%以上。发展绿色经济。继续依托清华科技园、昌昊公司、浙丹公司等企业，大力发展药材种植、食用菌培植、土鸡饲养、林下养蜂等林下经济。认真落实全州“两个100万”林业产业基地建设部署，完成新建竹产业基地2万亩。

（四）加快构建现代化经济体系，全力推动经济高质量发展。坚持高质量发展要求，狠抓实体经济发展，沉下心来抓产业，不断做大总量、提高质量。促进工业经济高质量发展。坚持“工业强县”战略不动摇，深入推进“双千工程”，继续做强做大装备制造、大健康医药、特色食品加工主导产业，支持茅台生态、兴富祥、九鼎车辆做强做大，确保昌昊一期、朗佑、欣紫鸿二期、龙润一期全面投产。加快银饰、刺绣、蜡染等特色产业发展。深入开展工业园区“六个专项行动”，分类清理园区圈而不建企业、建而不产项目，盘活存量厂房和土地资源。认真落实支持民营经济发展的政策措施，千方百计缓解工业企业融资难、融资贵难题。加快农产品加工产业发展，突出茶叶、食用菌、畜禽、蔬菜、酸食等精深加工产业发展，促进一二三产业融合发展，支持万达扶贫茶园做强做大并拓展茶叶旅游。推动现代服务业加快发展。积极发展各种三产业态，深入推进现代服务业发展“百千万”工程，狠抓限上市场主体培育工作，全力做好限上企业的服务。支持万达小镇实现部分业态优选升级。大力推进大数据与实体经济融合发展，加快电子商务创业园和云上丹寨综合电商平台、农村电商体系建设，农村电商综合服务站点建制村覆盖率达90%。全县服务业增加值增长19%以上。

（五）加快构建全域旅游体系，全力打造旅游扶贫新名片。加快旅游项目建设。全力推进万达小镇二期项目，确保游客集散中心、研学基地、山体运动、水上乐园、智慧全域旅游平台项目年内建成，熊猫谷、温泉度假区、茶旅项目全面开工。加快推进龙泉山蚩尤文化城、石桥景区、高要景区等项目建设，加快龙泉山风景区客运索道建设，力争启动金瓜洞、金汞矿遗址项目等景区景点建设，支持卡拉、高要、交圭、王家、排佐、摆泥、清江、稀饭寨、排倒莫等一批特色村寨发展乡村旅游，进一步拉长旅游产业链，开辟丹寨一日游、两日游旅游线路。提升旅游服务质量。深入开展旅游服务质量创建活动，继续巩固我县A级旅游景区景点成果，持续开展乡村旅游村寨、经营户（农家乐）和客栈质量等级评定工作，强化旅游人才培训，不断提升我县旅游服务质量。加强旅游市场监管。积极推进综合监管机制的创新管理，推动旅游、市场监管、公安等综合监管机构齐抓共管，支持旅游业协会充分发挥职能，积极营造安全、放心、有序的旅游环境。严厉查处和打击哄抬价格、扰乱市场价格秩序的违法违规行为，树立我县良好的对外旅游形象。推动旅游融合发展。做好“旅游+”文章，加快推进州级休闲农业与乡村旅游示范点、州级旅游商品加工示范点、旅游扶贫示范村建设，加快打造以万达小镇为中心的三条精品旅游环线建设，辐射带动周边景区景点和乡村旅游深度体验游发展，把旅游产业的链条延伸到更广阔的领域，切实带动更多脱贫户实现持续稳定增收。

（六）加快推进项目建设，着力促进有效投资。全力争取项目。积极争取上级支持开工建设丹寨至都匀快速通道、排调至三都打鱼接厦蓉高速互通道路，继续争取丹寨至黎平高速公路，锲而不舍争取国家审计署和国家铁路总公司支持凯里经丹寨至都匀高速铁路尽快立项开工建设。加快推进项目。加快推进龙泉时代城市综合体、金融大厦等项目建设。配合推进宣威水库建设，争取大兴水库2019年启动建设，完成孔庆水库、龙泉水库等项目建设。力争全年固定资产投资达23亿元以上，新开工亿元以上项目5个，力争500万元以上固定资产投资增长15%以上。扩大对外开放。以打造贵阳、重庆等地通往珠三角及东南沿海“桥头堡”为目标，主动融入贵广高铁经济带发展，加强与凯里、都匀同城化发展，构建多层次全方位的开放新格局。进一步做优金钟经济开发区和绿海蓝星现代高效农业园区，夯实产业承接平台基础。进一步加大招商引资力度，重点跟进广药集团、宝能集团、山东爱佳等重点项目，力争年内引进企业20家以上、落地项目10个以上。强化要素保障。抓好重点项目和重大工程融资服务对接工作，增强金融服务实体经济的能力，加大绿色产业基金和省工业化专项基金争取力度。加大与各银行机构的合作，扎实推进“4321”担保，支持企业发展。优化营商环境。加快建立损害营商环境行为问责机制，对营商环境工作不重视、职责不履行、措施不到位、效果不明显及推诿扯皮、工作拖沓、失职渎职、贪污腐败、企业群众集中反映强烈的单位和个人，坚决做到发现一起惩处一起，努力构建“亲、清”新型政商关系，打造优良营商环境。

（七）千方百计增进民生福祉，不断提升群众的满意度、幸福感。坚持教育优先发展。扎实推进全县中小学第二轮教学质量提升三年行动计划和学校特色文化建设工作，启动实施新一轮义务教育薄弱学校改造，完成金钟移民安置点配建学校金钟一小的改扩建项目建设，完成排中小学改扩建项目建设，完成排调二小和烧茶小学的校舍维修改造，完成丹中改扩建项目学生宿舍楼建设。支持社会资本兴办各类民办教育、开展合作办学，全力支持万达职业技术学院、丹寨职业技术学校办好办强。积极推进健康战略。精准实施健康扶贫医疗保障政策，严格落实医疗保障各项便民惠民措施，进一步巩固提升公立医院综合改革成果，有效控制医疗费用不合理增长，切实减轻群众看病就医负担。加强基层卫生健康服务能力建设，排调卫生院二期项目建成投用，完成县民族中医院、县医院业务用房扩建项目、龙泉社区卫生服务中心主体工程建设，启动雅灰卫生院业务楼建设；强化县乡村三级医疗机构人才队伍和学科建设，实施精准管理和绩效考核，巩固提升医共体建设成果，全面提升基层卫生健康服务能力。认真落实国家人口发展战略，大力提升妇幼保健服务水平。积极开展爱国卫生运动，加大卫生健康知识培训，切实抓好疾病防控、卫生监督和基本公共卫生工作，织牢基层卫生健康保障的网底。加快文体事业繁荣。持续深入开展好非物质文化遗产普查、保护、传承工作。指导部分村寨文体活动场地建设，启动全民健身活动中心项目建设，加快鼓楼鼎无线发射站扩建工程项目建设进度。深入推进科技创新。加快省级科技示范园、省级工程技术研究中心、“丹寨锦绣谷”国家星创天地建设，积极融入国家火炬黔东南苗侗医药、苗侗工艺特色产业基地。不断筑牢民生保障。大力开发公益性岗位，鼓励和引导好高校毕业生、农村富余劳动力、城镇登记失业人员等群体就业创业，确保城镇新增就业5700人左右。强化城镇三无人员、孤儿、困难群众、低保人员、优抚对象保障工作，着力做好2019年城乡低保提标工作，提高保障水平。完成儿童福利院改扩建项目，力争完成残疾人康复中心主体项目建设和场口老年人日间照料中心项目建设，完成老年养护楼项目建设，力争实现公建民营运营管理，充实完善养老服务体系。加强城乡基层政权和社区建设工作指导，进一步提高自治能力和服务水平。完善城乡社区治理机制，构建和谐有序、绿色文明、创新包容、共建共享的幸福家园。全面深化改革。完成政府机构改革和承担行政职能的事业单位改革，抓好“放管服”改革、公立医院综合改革试点、“三变”改革、工业园区体制机制改革等重点领域和关键环节改革。

此外，抓好国家经济普查，继续支持司法行政、民族宗教、外事侨务、对台、人防、档案、地方志、文史、文联、科协、气象、青少年、妇女儿童、老龄、残疾人、工商联、红十字等各项事业发展。

三、加强政府自身建设

各位代表，新时代、新形势、新任务对政府工作提出了新的更高要求。我们要不忘初心、牢记使命，切实加强政府自身建设，努力建设人民满意的政府。

（一）加强党的建设。始终把政治建设摆在首位，旗帜鲜明讲政治，牢固树立“四个意识”，坚定“四个自信”，坚决做到“两个维护”，自觉在政治上、思想上、行动上同以习近平同志为核心的党中央保持高度一致，确保令行禁止。严格执行新形势下党内政治生活若干准则。自觉接受县委领导，定期向县委常委会汇报工作。严守党的政治纪律和政治规矩，严肃党内政治生活。

（二）加强法治建设。深入贯彻全面依法治国要求，加快建设法治政府。深化行政审批制度改革，健全依法决策机制，加强行政决策制度建设，完善行政决策监督机制，深入推进法律顾问制度。强化行政权力制约和监督，自觉接受人大及其常委会的法律和工作监督，自觉接受政协的民主监督，高度重视民主党派、工商联和无党派人士的意见建议，充分发挥工青妇等人民团体桥梁纽带作用，接受新闻舆论、社会公众监督，强化政务厂务村务公开，实行不公开事项目录管理，让权力在阳光下运行。

（三）加强作风建设。进一步转变政府职能、提升工作效能。强化政府工作人员职责担当，提高政府工作效率、专业化水平。保持危机意识、本领恐慌，加强干部培训，不断掌握新知识、熟悉新领域、开拓新视野，提高适应新常态、研究新问题、破解新难题的能力，推进学习型政府建设。既要量力而行，又要尽力而为，解决好事关群众切身利益的热点、难点问题，多做打基础利长远、增效益惠民生的实事，严禁搞“形象工程”“政绩工程”，严禁弄虚作假、欺上瞒下。推行“五步工作法”，健全抓落实的责任链任务链。加强正向激励，强化负面问责，建立容错机制，整肃懒政、庸政、怠政。

（四）加强廉政建设。认真落实全面从严治党要求，把党风廉政建设和反腐败工作不断引向深入。强化政府系统从严治党和廉政建设主体责任。加强审计监督、部门专项监督。保持惩治腐败高压态势，聚焦重点领域，严肃查处侵害群众利益的不正之风、腐败问题。坚决贯彻落实中央八项规定及其实施细则和省、州相关规定精神，一以贯之纠正“四风”。牢固树立过紧日子思想，厉行节约、勤俭办事。

各位代表，新的一年我们站在新的起点上，面临新的重任。让我们更加紧密地团结在以习近平同志为核心的党中央周围，认真贯彻落实中央、省、州各项决策部署，在县委的坚强领导下，凝心聚力、攻坚克难，坚定夺取脱贫攻坚的全面胜利，努力推动全县经济社会实现又好又快、更好更快发展，奋力开创百姓富、生态美的云上丹寨美好新未来，以优异的成绩庆祝新中国成立70周年！

岑巩县政府工作报告

（2019年1月9日在岑巩县第十六届人民代表大会第三次会议上）

岑巩县委副书记、县长 吴昌盛

各位代表：

现在，我代表县人民政府向大会报告工作，请予审议，并请各位县政协委员和其他列席人员提出意见。

一、2018年工作回顾

一年来，在州委、州政府和县委的正确领导下，在县人大、县政协的监督支持下，全县上下以习近平新时代中国特色社会主义思想为指导，坚持稳中求进工作总基调，贯彻新发展理念，落实高质量发展要求，牢牢守住发展和生态两条底线，大力实施主基调主战略，以脱贫攻坚统揽经济社会发展全局，全力打好三大攻坚战，统筹推进稳增长、调结构、促改革、惠民生、防风险各项工作，全县经济社会呈现出“企稳回升、结构优化、质量提升、生态良好、民生改善”的良好态势。

——过去的一年，我们不忘初心、砥砺前行，发展态势稳中有升。预计全县完成地区生产总值50.6亿元、同比增长7.1%，其中一二三产业增加值分别完成9.45亿元、14.9亿元、26.2亿元，分别增长6.4%、9.1%、5.8%；500万元以上固定资产投资完成28亿元，增长10%；一般公共预算收入3亿元，下降7.7%；税收收入4.89亿元，增长13.9%；金融机构存贷款余额118.32亿元，增长10%。

——过去的一年，我们万众一心、众志成城，精准脱贫全面推进。打好“春风行动”“夏秋攻势”的“组合拳”，全力推进“四场硬仗”、农村产业革命、“十个专项治理”，脱贫攻坚取得阶段性成效。全年减少贫困人口17258人、29个贫困村出列，贫困发生率降为5.06%，产业扶贫“异地置业”模式获省政府领导批示肯定。

——过去的一年，我们攻坚克难、补齐短板，基础设施不断夯实。江口至玉屏、石阡至玉屏高速公路过境段建设完成投资37.52亿元。解决1.9万贫困人口安全饮水问题，新增、改善和恢复灌溉面积9680亩。电力、通讯等短板不断补齐，支撑发展的基础更加牢固。

——过去的一年，我们开拓创新、加快转型，发展动能持续增强。招商引资落地的一批产业项目，将成为拉动岑巩经济增长的有力支撑，发展潜力加快释放。对外贸易持续扩大，预计全年进出口额达800万美元。古思州府、黔东南大峡谷景区项目稳步推进，乡村旅游蓬勃发展，旅游业态初步凸显。

——过去的一年，我们以人为本、改善民生，群众福祉持续提升。“黔东教育高地”加快推进，全面落实健康精准扶贫政策，社会保障水平不断提升，农村、城市低保标准分别提高9.86%、7.14%。预计社会消费品零售总额14.21亿元，增长10.1%；城镇居民人均可支配收入29301元、增长8.6%，农村居民人均可支配收入9225元、增长9.5%。

一年来，我们主要抓了以下几个方面的工作：

（一）坚持精准扶贫，脱贫攻坚连战连捷。围绕“一达标，两不愁，三保障”目标，在责任落实、精准施策、资金投入、激发内生动力上狠下功夫，全力推进脱贫攻坚工作。实施扶贫通组公路、农村“组组通”建设817.23公里。投入产业扶贫资金4051.1万元，发放“特惠贷”1709户8039万元，投放扶贫产业子基金、绿色产业扶贫投资基金共计15296万元。扎实推进“一减四增”“一县一业”，落实“五个到村到户到人”，产业带动贫困户 5.81 万人。完成 2017 年度易地扶贫搬迁任务 9060 人（其中，跨区域搬迁 272 人）。2018 年大坪 124 套移民房全面完工，达到搬迁入住条件；新建城区安置点移民房 1200 套，主体工程基本完工。实现建档立卡贫困学生教育扶贫全覆盖，发放助学金、生活补助 1964.28 万元，免除学费、教科书和住宿费 354.99 万元，为 2474 名大学生办理生源地助学贷款 1694.1 万元。认真落实健康扶贫医疗保障政策，资助贫困人口参合 6.45 万人，贫困人口参合率达 100%。选聘 443 名建档立卡贫困人口为生态护林员。实施“危改”“三改”3015 户，治理透风漏雨住房 483 户。深化与建德市东西部扶贫协作和电子科技大学定点帮扶，累计投入 3192.22 万元。用好各方帮扶资源，落实项目 22 个、帮扶资金 2990 万元。“扶贫日”募集慈善捐款 909.4 万元，评选表扬 188 名脱贫攻坚先进个人、18 个先进单位。

（二）坚持科学施策，风险防控从紧从严。通过争取上级债券置换、财政预算安排、土地出让金收入、上级专款等方式积极化解政府债务，防范债务风险。国有企业不断发展壮大，县属 10 家国有企业实现经营收入 26848.84 万元，利润总额 6970.19 万元，缴纳税金 3573.67 万元。流转新增耕地水田指标 1002 亩，为财政创收 1.34 亿元。全面拓展投融资渠道，做实做强投融资平台，争取辖区内外金融机构和投资机构批复项目 9 个、资金 31.07 亿元；3 个项目进入 PPP 项目库，总投资 43.32 亿元。持续开展非法集资、各类交易场所和互联网金融三大专项整治行动，全力防范化解金融风险。扫黑除恶专项斗争形成压倒性态势，信访维稳工作全面加强。强化安全生产责任体系，完善应急管理机制，启动非洲猪瘟防控应急响应，全县未发生疫情及较大以上安全生产事故和突发事件，社会和谐稳定。

（三）坚持生态优先，污染防治扎实有效。深入实施“青山”“蓝天”“碧水”“净土”和环保能力提升工程，筑牢绿色屏障。修订生态红线区域总面积 368.42 平方公里，完成我县小顶山州级自然保护区调规工作，实施营造林 1.89 万亩，全县森林覆盖率达 59.75%。完成水尾集镇污水处理工程，实施龙田、注溪集镇污水处理工程，开工建设 6 个乡镇集镇污水处理项目集镇管网工程。扎实推进全国第二次污染源普查、“绿盾 2018”等六大专项行动污染防治攻坚工作，城市环境空气质量优良天数达标率 95.2%，12 个集中式饮用水水源地水质达标率 100%。切实抓好中央和省委环保督察反馈问题及“回头看”发现问题整改，将反馈问题做到真改实改。

（四）坚持调转并举，产业结构持续优化。农村产业革命扎实推进，完成玉米调整优化 3.34 万亩，实施杂稻制种 4.48 万亩，种植烤烟 2.34 万亩，发展蔬菜 12.58 万亩、中药材 2.14 万亩，出栏大宗牲畜 14.3 万头（只），粮经比结构优化为 33 ：67。完成有机产品认证面积 0.67 万亩、无公害农产品面积 7.3 万亩。工业经济质效提升，实施重点项目 12 个，扶持企业 11 家，完成千企改造 6 家，清理僵尸企业 9 家。预计，全县完成工业增加值 9 亿元（含供电），实现工业增值税 5603 万元。完成《岑巩龙鳌河风景名胜区总体规划》修编工作。马家寨景区开放运营，天马玉门洞创建为国家 3A 级旅游景区，培育“大有木召”“注溪周坪”“客楼下寨”等一批乡村旅游扶贫示范点。成功举办首届“中国·思州农民丰收节暨马家寨民俗文化周”等系列活动，赴建德市等地开展旅游宣传暨招商推介。思州大酒店投入试运营，旅游接待能力大幅提升。

（五）坚持扩大投资，发展基础不断夯实。2018 年实施重点项目 45 个，受国家对地方政府债务实行限额管理、金融政策收紧收窄等因素影响，对部分项目进行优化，全年完成投资 35.84 亿元。实施国省干道改扩建、县乡公路改造、旅游公路等建设 68.4 公里，累计完成投资 8.35 亿元。完成下溪水库工程下闸蓄水阶段验收，正在铺设供水管网，春节前实现异溪河向城区供水。都素水库、下湾水库工程前期工作有序推进。实施城区供水改造工程和 9 个乡镇集镇供水工程。思旸城区防洪堤基本完工，城北新区防洪堤工程开工建设。新增建设用地指标 51.74 公顷，优先为易地扶贫搬迁、示范性高中等重点项目提供用地保障。天然气供应基础设施建设稳步推进，改造 10 千伏及以下线路 333.1 公里，启动实施通讯基站 198 个。

（六）坚持规划引领，城乡面貌明显改善。启动县城总体规划修编、《新兴城区控制性详细规划》编制工作，完成 11 个乡镇集镇总体规划、121 个行政村村庄规划编制。扎实推动新兴城区、城北新区、经开区和思旸、大有集镇联动发展，实施经开区Ⅱ号路，思旸老城凉水井至二道水、大坪至大有城市干道基本建成，实现城市干道路网互连互通。实施公租房和保障性安居工程配套基础设施项目 11 个，启动棚户区改造一期项目建设。加快户籍制度改革和落地步伐，预计 2018 年常住人口城镇化率达 45.39%。实施

11个村农村人居环境整治，新建、改扩建和提升84个中心村村级活动场所建设。建成3个乡镇垃圾焚烧站、23个村级垃圾收运体系，改造农村户用厕所5500户。农村土地确权登记颁证工作基本完成，承包合同签订率达98.92%、颁证率达91.8%。

（七）坚持改革创新，发展活力持续释放。加快推进供给侧结构性改革，着力推进国税地税征管体制、医疗卫生、行政审批、教育、水务、供销等各项改革。农村“三变”改革、农村集体产权制度改革工作有序推进。大力推进“放管服”改革、“互联网+政务服务”工作，创新推行不动产“集成套餐”服务。深化商事制度改革，全面实施“多证合一、一照一码”，新增各类企业317户、个体工商户1536户。创新能力持续提升，申报各类科技项目5项，完成专利申请83件，授权75件，高新技术企业达3家。现有注册商标147件，申报贵州名牌产品3家。对外开放力度加大，营商环境持续优化。新签约项目22个，签约资金96.28亿元、到位资金44.98亿元（含续建），项目开工率达100%。

（八）坚持改善民生，群众福祉不断增进。城镇新增就业3122人，城镇登记失业率控制在4%，开展建档立卡劳动力全员培训3218人。打造黔东教育高地，推进新一中、县第四小学、县第二幼儿园、县第二小学教学综合楼、县第三中学综合楼和2017年教师周转宿舍建设项目，今年高考二本及以上上线人数达1331人。全州教育质量分析会在岑巩召开，我县8项关键指标居全州第一，“三优一激”打造普惠式教育模式获州政府主要领导批示肯定。扎实推进医疗卫生高地建设，县医院门急诊综合楼、县妇幼保健院和县疾控中心建设项目主体完工。公立医院综合改革全面推开，基本药物制度让利群众720万元。实施8个深度贫困村卫生室规范化建设，完成易地扶贫搬迁安置区亚坝、大坪卫生室建设和40所学校医务室标准化建设。文体事业蓬勃发展，成功举办春晚、脱贫攻坚文艺巡演等系列文体活动，新增多彩贵州“广电云”户户用工程1.38万户。实施农村低保、医疗救助、临时救助等兜底脱贫，纳入城乡最低生活保障12363户，实现应保尽保。全县养老机构达41所（个），县社会福利中心公建民营试点正式投入运行，基本形成城乡分级分类养老服务供给发展格局。社会保险征缴不断扩面，城乡居民养老保险参保率稳定在98%以上，城乡居民基本养老保险工作连续4年在全省名列前茅，城镇职工医疗保险实现全国联网异地报销。2018年拟办“十件民生实事”共涉及30个单项，其中完成10项、正在加快推进19项、缓建1项，累计完成投资17.42亿元。受宏观政策、客观因素影响，未能如期完成。

（九）坚持转变作风，政府自身建设明显加强。深入学习贯彻党的十九大精神，推进“两学一做”学习教育常态化、制度化。不折不扣抓好中央巡视、国务院大督查和省委巡视、审计反馈意见的整改落实。制定出台县政府项目投资审查、财政资金管理等一系列务实管用制度，有效推动工作落实。积极推进简政放权，清理规范纳入政务中心办理的行政审批和公共服务事项1755项（小项2681项）。科学民主决策机制不断健全，依法行政深入推进。依法受理行政复议案件8件，办结率达100%。自觉接受县人大法律监督、县政协民主监督，办理人大代表建议100件、政协委员提案102件，满意率（含基本满意）均达100%。严格落实公务活动“禁酒令”，“三公”经费持续下降。加大政府系统党风廉政建设、反腐败工作力度，行政处分27人。此外，国防动员、双拥优抚、外事侨务、对台、人防、统计、供销、方志、文史、档案、民族宗教等各项事业全面发展，青年、妇女、儿童、老龄、残疾人、红十字、气象等事业取得新进步。

各位代表，一年来面对错综复杂的宏观经济形势、面对改革发展的重重困难、面对脱贫攻坚的艰巨任务，我们始终牢记嘱托、感恩奋进，在把握机遇中创造优势，靠苦干实干赢得主动，取得了来之不易的成绩，开创了岑巩经济社会发展新局面。这些成绩的取得，是习近平总书记和党中央对贵州关怀厚爱的结果，是州委、州政府和县委正确领导的结果，是县人大、县政协监督支持的结果，是全县人民和社会各界团结奋斗、凝心聚力的结果。在此，我代表县人民政府向各位人大代表、政协委员，向奋战在各条战线上的全县人民，向中央、省、州驻岑单位，向驻岑武警官兵、公安民警，向所有关心、支持和参与岑巩建设发展的社会各界人士，致以崇高的敬意和衷心的感谢！

在总结成绩的同时，我们也清醒地认识到，年初既定的经济发展部分指标未能如期实现，全县经济社会发展还面临诸多困难和挑战，主要体现在：一、脱贫攻坚任务艰巨。距离2019年“整县摘帽”仅有300余天时间，全县尚有10517人未脱贫，存在的问题、短板仍然比较突出，确保今年实现“整县摘帽”时间非常紧迫、任务非常繁重。二、实体经济支撑不足。传统产业转型升级亟待突破，新兴产业尚未形成强力支撑，实体经济发展面临不少困难，支持实体经济发展的政策措施、营商环境需进一步加强和改善。三、民生事业短板较多。优质教育、医疗、养老服务等方面的供给与人民群众期盼仍有差距，城乡区域协调发展水平需进一步提升，基础设施建设仍存在不少短板。四、社会矛盾复杂多样。生态环境保护任重道远，政府性债务、安全生产等领域的风险隐患不容忽视，公共服务、社会治理与人民群众的需求还有很大差距。五、政府职能转变仍需加强。政府服务效能还不够高，作风建设面临新考验，少数干部动力不足、主动性不够、担当意识不强，还不能适应新时代新要求。对此，我们一定高度重视，采取有力措施切实加以解决。

二、2019年的主要目标任务

2019年是新中国成立70周年，是脱贫攻坚"整县摘帽"的决胜之年，是全面建成小康社会的决战之年，做好全年工作责任重大、使命光荣。

今年政府工作的总体要求是：以习近平新时代中国特色社会主义思想为指导，全面贯彻党的十九大和十九届二中、三中全会精神，认真落实中央、全省、全州及全县经济工作会议精神，深入贯彻落实习近平总书记对贵州工作的系列重要指示批示精神，统筹推进"五位一体"总体布局，协调推进"四个全面"战略布局，坚持稳中求进工作总基调，坚持新发展理念，坚持以脱贫攻坚统揽经济社会发展全局，坚持以供给侧结构性改革为主线，坚持守好"两条底线"，把产业作为经济工作的"牛鼻子"、把项目作为总抓手，加快建设现代化经济体系，继续打好三大攻坚战，统筹推进稳增长、促改革、调结构、惠民生、防风险工作，进一步做好"六稳"工作，确保按国标实现"整县摘帽"，全力促进经济平稳健康发展、社会和谐稳定。

全县经济预期目标是：地区生产总值增长9%以上，农业增加值增长6.8%，规模以上工业增加值增长9%；服务业增加值增长10%；全县综合贫困发生率降到3%以内，26个贫困村出列，实现整县"减贫摘帽"；固定资产投资增长15%；社会消费品零售总额增长11%；一般公共预算收入增长7%以上；城镇、农村居民人均可支配收入分别增长9%、10.8%；城镇失业率控制在4.2%以内；城镇化率提高到46%；森林覆盖率提高到61.5%左右，节能减排降碳指标控制在省下达计划范围内。

为实现上述目标，今年我们将重点抓好以下几个方面的工作：

（一）决战脱贫攻坚，着力在整县"减贫摘帽"上开创新篇章。今年是我县"减贫摘帽"之年，我们将紧紧围绕"一达标，两不愁，三保障"，集全县之力补齐短板，确保贫困人口漏评率和错退率在2%以下、群众认可度在90%以上，以绝对保证通过国家高质量评估为目标，实现脱贫攻坚精彩出列。全面凝聚攻坚合力。深入推进集团化作战体系，强化20个工作专班、11个战区指挥部工作调度，压实"987"结对帮扶责任，持续开展脱贫攻坚作风建设年活动，逐级扣牢脱贫攻坚责任链任务链，确保脱贫攻坚一盘棋，上下一致、行动统一。坚决打赢基础设施硬仗。全力打好改善农村人居环境歼灭战，大力开展农村"厕所革命"，行政村公共厕所普及率达75%。持续深入实施"四在农家·美丽乡村"小康行动计划升级版，加快水利、电力、通讯等乡村基础设施建设，补齐短板，确保贫困村基础设施达到出列标准，不断改善城乡生产生活条件。坚决打赢产业扶贫硬仗。认真落实产业发展"八要素"，巩固提升玉米种植调减成果，区域化布局乡村主导产业，确保每个乡镇有1个至2个主导产业、每个村有1个优势品种。大力推进"公司+合作社+农户"发展模式，加快冷链物流体系建设，进一步强化"农校对接"等工作，形成更加稳定的供销关系。持续打好非洲猪瘟防控持久战。用好用活绿色产业扶贫投资基金。继续扩大"特惠贷"覆盖面，力争全年发放总额达1.5亿元以上。坚决打赢易地扶贫搬迁硬仗。全力推进2018年易地扶贫搬迁项目实施进度，在保质量、保安全的前提下，倒排工期，确保4月底前达到搬迁入住条件，6月底前实现全面搬迁入住。扎实推进2017年易地扶贫搬迁旧房拆除复垦复绿工作。将工作重心转移到后续扶持和社区管理上，扎实推进"一建三进"工作，实施公共服务均等化行动，通过开展劳务输出、公益性岗位安置、园区就业等形式，做实易地扶贫搬迁户就业扶持。坚决打赢教育医疗住房"三保障"硬仗。全面落实教育精准扶贫资助政策，构建从学前到高等教育学生资助政策全覆盖体系。全面落实医疗保障制度，对建档立卡贫困人口经转诊到定点医疗机构住院实际报销比例达90%，建档立卡农村贫困人口100%参合。基本消除农村老旧住房透风漏雨现象。全面利用各方帮扶资源。认真落实东西部扶贫协作三年行动计划，进一步深化建德市、电子科技大学对口帮扶和定点帮扶工作，继续深化多层级、多领域的协作，争取更多支持，助力全县脱贫攻坚。用好用足企业和社会帮扶力量，持续开展“千企帮千村”“百千万行动”，带动全县“整县摘帽”。发挥工商联、群团组织等作用，聚集社会各方面资源助力脱贫攻坚。全面激发脱贫内生动力。坚持扶贫和扶志扶智相结合，大力开展感恩教育，选树、宣传、表扬脱贫攻坚先进典型。深入开展“三扶三转”活动，进一步激发群众脱贫致富的内生动力，强化技能培训，营造好就业环境，变“输血”为“造血”，全力助推打赢脱贫攻坚战。

（二）强化底线思维，着力在抵御重大风险上展现新作为。一以贯之增强忧患意识，正确处理好稳增长与防风险的关系，强化重大风险防控，做到守土有责、守土尽责。着力防范化解债务风险。严格落实“七严禁”要求，坚决防止形成新的政府隐性债务。积极争取中央转移支付和省级资金支持，健全“借用还”和“责权利”相统一的政府性债务管理机制，通过“八个一批”，有效化解存量隐性债务，逐步降低债务率。推动投融资平台公司市场化转型、实体化经营。树立过紧日子的思想，厉行勤俭节约，压缩一般性支出，腾出更多资金保障和改善民生。着力防范化解金融风险。积极帮助县内金融机构化解不良贷款，重点整治乱办金融、非法集资、违法违规套利等干扰金融秩序行为。加强小额贷款公司和融资性担保机构日常监管，维护金融环境。着力防范化解安全和社会稳定风险。扎实推进应急管理体制改革，严格执行安全生产“党政同责、一岗双责、齐抓共管、失职追责”制度，全面加强非煤矿山、危化物品、建筑施工、道路交通等重点行业领域安全生产专项整治，坚决遏制重特大事故发生。完成“雪亮工程”建设，实施天网二期工程。积极化解各种社会矛盾，深化基层平安创建，不断提高群众的安全感、满意度。深入推进扫黑除恶专项斗争，全力维护平安和谐的社会环境。

（三）厚植绿色屏障，着力在优化生态环境上得到新提升。深入实施大生态战略行动，坚持用绿水青山构筑金山银山，深入推进生态文明建设，坚定不移走绿色发展之路。筑牢生态安全屏障。大力实施森林扩面提质增效三年行动计划，继续实施封山育林、植树造林、退耕还林等工程。实施黔东南大峡谷景区绿化、“绿色村寨”绿化美化、交通要道绿化、油茶示范林等项目建设，打造优美的生态线、靓丽的风景线、惠民的致富线。深化农村土地综合整治，完成高标准农田建设任务 1.2 万亩，力争完成 2 万亩，实施田土坎削减土地整治项目 10 个，新增水田面积 5000 亩。加强环境保护治理。持续推进中央环保督察反馈问题及“回头看”发现问题的整改，全力打好“五场战役”。全面落实生态环境保护主体责任。用好森林保护“六个严禁”、环境保护“六个一律”两把“利剑”，强化生态红线和环境污染防治“两个问责”，守牢生态底线。序时推进污染源普查，持续推进“双十”工程和“百千万”清河行动。实施县城污水处理提标改造工程，加快城镇污水处理设施和乡村垃圾收运系统建设，确保城镇生活污水和生活垃圾无害化处理率达 80% 以上，集中式饮用水源地水质达标率保持在 100%。深入开展扬尘污染和“散乱污”企业综合治理行动，确保县城环境空气质量年优良率达 95% 以上，并达到国家环境空气质量二级标准。认真落实河长制，实行林长制。深入实施生态环境损害赔偿制度，建立龙江河、龙鳌河两河流域生态补偿制度。推行排污许可制度。加速发展绿色经济。深入实施绿色经济倍增计划，大力发展“四型十五类”产业，培育壮大“绿色+”新业态，绿色经济占比稳步提升。重点完善企业环保监管机制，促进产业生态化。大力发展思州柚、中药材、思州鸡、蜂蜜等绿色产业，加快发展林下特色种养殖、林产品采集加工等林下经济，推进生态产业化。

（四）突出提质增效，着力在促进转型升级上激活新动能。坚持以供给侧结构性改革为主线，加快构建现代化产业体系，推动实体经济加快发展、提质增效。全力推进工业做大做强。采取“管委会+公司”模式，完善园区体制机制改革。深入实施亿元民营企业培育工程和“万企融合”工作，大力发展特色农产品加工、碳产业及新能源材料、新型建材、打火机生产及配套、新型化工等产业，做大工业经济增量，推动工业优化升级。着力推进柏森香料二期、兴隆碳素二期、蓝海环保固废处理、废旧轮胎回收利用、佳德赛新材料、菌草板材、砷碱渣处理等一批在建项目，争取项目早日建成投产。深入开展工业经济高质量发展“八个专项行动”，加快园区功能配套提档升级，发展壮大园区主导产业。全力推进农业做优做特。对我县 12 万亩粮食生产功能区、4.5 万亩重要农产品保护区进行划定。加强农业园区功能配套，加快推进特色优势产业、200 亩以上坝区农业基地标准化、规模化建设。持续巩固杂稻制种、优质烤烟、两茶、精品水果、蔬菜花卉、生态畜牧渔业六大支柱产业，加快推进湖羊、蚕桑、牧草、西红花、芳樟等新兴产业，打造“一县一业”“一乡一特”“一村一品”特色产业。用好东西部协作帮扶资源，大力推进“一园两中心十基地”建设。实施杂稻制种3.9万亩、油茶5000亩、芳樟5000亩、种桑养蚕5000亩、牧草种植2万亩。着力实施“一减四增”，调减玉米种植新增经济作物1.36万亩。加快推进国家有机产品认证示范县创建步伐，力争申报有机农产品认证12个、产地认证3万亩，新增“三品一标”认定面积3.6万亩以上。推动农业保险扩面、增品、提标。全力推动服务业做好做实。重点打造黔东南大峡谷景区PPP项目，全力推进惊险大峡谷、多彩小花滩、烽火隘门关、缘聚大树林四个板块旅游基础设施建设。完成思州府综合开发项目一期工程，开工建设思州国际温泉城一期工程。力争将黔东南大峡谷景区创建为国家4A级旅游景区，红豆杉景区、夜郎山生态旅游度假区创建为国家3A级旅游景区。培育一批乡村旅游示范点，通过以奖代补的方式，扶持思州石砚等传统手工业，积极发挥旅游扶贫示范带动作用。扎实推进国家电子商务示范县和农商互联示范县建设，加强优质农产品、特色食品、民族工艺品等产业电商平台和品牌建设，畅通产销对接机制，打通农产品生产、加工、流通、销售全链条，增加农民收入。推动民营经济发展壮大。全面落实国家减税降费政策，清理规范涉企收费。大力开展服务民营经济“六大专项行动”，常态化开展政银企对接，鼓励和支持金融机构将资源向中小微企业倾斜。构建“亲、清”新型政商关系，激励投资商发扬企业家精神投身地方建设发展。及时回应解决民营企业反映的问题，加大对企业的扶持力度。

（五）狠抓项目建设，着力在扩大有效投资上形成新增量。全年计划完成500万元以上固定资产投资32亿元以上。狠抓项目储备。紧紧抓住中央补短板扩内需增后劲的政策机遇及省委、省政府实施路网、水网、电网、油气网、地下管网、互联网基础设施“六网会战”专项行动机遇，围绕特色产业、基础设施、生态保护、乡村振兴、脱贫攻坚、民生改善等重点领域，积极谋划一批关键性和带动性强的大项目、好项目，形成“储备一批、开工一批、建设一批”梯次推进格局，全力争取上级资金支持。全年谋划重点项目32个，年度计划投资25.43亿元。加快项目实施进度。优先抓好易地扶贫搬迁、农村人居环境改善、垃圾污水处理等脱贫攻坚和生态项目，制定项目推进计划，明确时间表、责任人，倒排工期、挂图作战，全力推进项目建设。大力推进中央和省预算内投资项目建设，抓紧完善项目建设程序，确保项目开工率达100%。进一步加大项目建设环境整治力度，努力营造良好的项目建设环境。强化要素保障。加大对国有闲置资产处置和国有存量土地招拍挂力度，不断增加新的财力。加强国有企业与金融机构对接，确保重点项目资金能及时到位。提高融资担保公司资金实力，扩大担保合作范围，推进担保贷款真正实现市场化运作，缓解中小企业融资难。创新融资方式，通过PPP模式、招商引资、民间投资等方式，多元化、多渠道吸引资金投入项目建设。稳步推进第三次全国国土调查，强化用地保障，优先考虑脱贫攻坚项目、民生项目用地。

（六）全力补齐短板，着力在夯实发展基础上迈向新台阶。全面推进现代基础设施网络建设，努力破解瓶颈制约，增强基础设施对全县经济社会发展的支撑和引领能力。织密交通网络。实施交通内联外接畅通工程，加快推进江口至玉屏、石阡至玉屏高速公路过境段建设，力争启动实施岑巩至镇远高速公路。加快推进G320下新岑大桥至上新岑大桥公路建设，完成S201羊桥至朱家场公路改扩建、河塘至兴隆公路、兴隆至大有公路、水尾花滩大桥危桥改造工程和白水至驾鳌慢行系统、白水至七里冲等旅游公路建设，“组组通”及扶贫通组公路实现全覆盖。做足水利文章。完成下溪水库建设，加快推进都素水库前期工作。完成城区供水改造工程和乡镇集镇供水工程，加快推进城北新区防洪堤建设。完善气电讯设施。配合做好凯里至铜仁天然气管道建设项目过境段建设，扎实推进天然气供应基础设施建设。推动农网升级改造，完成改造10千伏及以下线路504公里。加大通讯基础设施建设力度，确保通信网络全覆盖。

（七）促进乡村振兴，着力在统筹城乡发展上开启新征程。加快城乡一体化进程，增强农村发展活力，逐步缩小城乡发展差距。拓展城镇发展空间。围绕黔东“一体化”发展，按照“区域联动、产业跨越、核心聚焦、交通引领、生态支撑、文化提升”的思路，深入推进“多规合一”，推动城镇建设向生态化、特色化、景区化迈进。进一步完善城乡规划，完成《岑巩县县城总体规划》《新兴城区控制性详细规划》修编。强化城市经营和管理，进一步完善智能信息基础设施，不断拓展城市发展空间，完善公共服务，提升城市品位，增强汲聚能力。加快城乡提质发展。以建设宜居宜游宜业的山水园林城市为目标，统筹推动城市市政基础设施、公共服务设施向城市新区拓展。加快推进新兴大道下段北侧1#片区道路工程建设、综合管廊建设、城市市政道路等项目建设进度。用好国家、省的相关政策，推动老城提质改造、城北新区扩容开发、产城一体化发展。建成棚户区改造一期项目，实施公租房建设，有序推进房地产开发项目，加快推进农贸市场、停车场等公共服务设施的规划建设。促进特色小镇和特色小城镇高质量发展。推动乡村融合发展。按照“产业兴旺、生态宜居、乡风文明、治理有效、生活富裕”的总要求，科学制定乡村振兴实施发展计划，大力促进城乡融合发展。坚持一二三产业融合发展，着力推进产业链、价值链建设，提高市场化水平。扎实推进以“三清一改”为重点的村庄清洁行动，持续推进农村人居环境综合整治。大力开展移风易俗，倡导科学文明卫生的生活方式。加强农村（社区）治理创新，推动乡村（社区）治理和服务重心下移。

（八）激发创新活力，着力在深化改革开放上实现新突破。改革开放的广度决定着发展的维度，越是欠发达地区，越要深化改革、扩大开放。打造改革活力引擎。扎实推进“放管服”改革，持续推进政务服务“一网一门一次”改革，重点在“证照分离”和网上审批等方面取得突破。实施公平竞争审查制度，推进“双随机、一公开”监管全覆盖。积极推动农村“三变”改革行政村全覆盖，加快农村产权制度改革、农村“房地一体”不动产权籍调查等改革。全面完成政府系统机构改革，深化事业单位改革，纵深推进投融资、财政税收、医疗卫生、教育、户籍、供销等领域改革。打造开放动力引擎。全面落实开放型经济拓展提升行动计划，积极融入国家“一带一路”建设、珠江—西江经济带等国家区域发展，拓展开放型经济发展新空间。壮大开放主体，鼓励外贸企业开展出口创汇。用好对外劳务合作服务平台，带动对外劳务输出再上规模。狠抓产业大招商，围绕“补链、延链、强链”，瞄准珠三角、长三角、京津冀等重点区域优强企业精准招商，力争在引进投资规模大、关联度强的重大产业项目上实现突破。力争新引进产业项目12个以上，实现签约资金50亿元以上，到位资金18亿元以上。打造创新潜力引擎。健全以市场为导向、企业为主体的产学研用机制，建设符合主导产业发展的科研平台和成果转化平台，新增高新技术企业1家、科技型企业10家。拓展校地合作空间，促进科研成果转化。全面落实科教兴县和人才强县战略行动计划，重点针对教育、医疗卫生等领域，引进高层次和紧缺人才。加强与建德市、电子科技大学人才交流合作，继续选派党政系统干部、教学骨干、医技人员挂职学习。

（九）筑牢民生网底，着力在提升幸福指数上取得新成效。坚持促发展与惠民生相结合，加大教育发展、医疗卫生、就业创业、社会保障等方面投入，不断筑牢民生事业网底，持续增强人民群众幸福感。全面发展优质教育。全面贯彻落实全国、全省教育大会精神，扎实推进义务教育学校薄改计划、普通高中突破性工程和公办幼儿园建设。加快推进县一中创建省级一类示范性高中，鼓励县二中、县四中、羊桥中学等创办特色优质教育，继续完善中职教育和培训体系。抓紧消除城镇义务教育学校大班额，减轻中小学生课外负担。全面推进“智慧教育”项目建设，实现网络校校互通，优质课堂远程共享。加强“名校、名校长、名班主任、名教师”创建和培养力度，全面提升学校管理水平和教师队伍整体素质。巩固提升教育质量成果，力争2019届高考二本以上上线人数达到1350人以上，其中一本上线人数突破400人。增强医疗卫生保障。大力提升医疗卫生服务能力，全面推进分级诊疗，加快建设县域医共体，确保县域内就诊率达80%以上。加快县人民医院门急诊综合楼装修建设进度，完成县妇计中心、县疾控中心建设项目并投入使用。以提高全县居民健康素质为目标，着力推进省级慢性病综合防控示范区、二级妇幼保健院创建工作。巩固国家卫生县城创建成果，力争创建2个国家级卫生乡镇、1个省级卫生乡镇。全面落实“先诊疗，后付费”、“一站式”结报、“一单清”便民政策。大力发展文化事业。大力弘扬社会主义核心价值观，增强文化自信。加快思州傩技傩戏演艺中心、国家级非物质文化遗产代表性名录等非物质文化遗产项目申报力度，加强文化古迹、遗址保护和修缮加固。实施文化惠民工程，积极申报55个贫困村文体建设项目。开展文化下基层，办好群众文体活动，丰富群众精神文化生活。围绕实施“文化+”行动，促进文化产业融合发展。兜牢社会保障底线。全面推进全民参保计划，着力扩大社会保险覆盖面。提高城乡低保标准和优抚补助标准，健全医疗、救助、社会福利及慈善事业体系。关爱困难弱势群体，做好“三特三留”人员关爱工作。加快完成从思旸镇析置潕水街道，科学合理设置新兴城区社区居民委员会。重视国防动员和后备力量建设，支持武警部队建设和监察委、法院、检察院工作。加强国家安全、司法行政和民族宗教、外事、侨务、人防等工作。

从解决人民群众普遍关心的突出问题入手，扎实办好“十件民生实事”：（1）全面解决贫困人口饮水安全问题，建成乡镇集镇供水工程；（2）开工省道S103龙田经平庄至凯本公路改造工程；（3）开工建设县第三幼儿园；（4）实施农村人居环境提升工程，重点实现照明路灯、串户路全覆盖；（5）完成全县 11 个乡镇垃圾中转站建设，新建改造农村户用卫生厕所 500 户、公共厕所 19 个；（6）完成县中医院主体工程建设、8 个深度贫困村卫生室规范化建设；（7）新增开发扶贫公益性岗位 300 个，完成建档立卡贫困劳动力全员培训 2638 人；（8）新增 70 名建档立卡贫困人口转化为生态护林员；（9）城乡居民基本养老保险金提高到每人每月 93 元，农村、城市低保标准分别提高到省、州标准；（10）新增多彩贵州“广电云”户户用工程用户 8000 户。

三、努力建设人民满意政府

各位代表，新形势、新任务对政府自身建设提出了新的更高要求。我们将始终围绕核心、不忘初心、秉持公心、服务民心，坚定不移跟党走，做到政治过硬、本领过硬，全面加强政府自身建设。

（一）始终坚持党的领导。用习近平新时代中国特色社会主义思想武装头脑，树牢“四个意识”、增强“四个自信”，坚决与以习近平同志为核心的党中央保持高度一致，坚决维护党中央权威和集中统一领导，让党的各项方针政策在思州大地落地生根、开花结果。深入开展“不忘初心、牢记使命”主题教育，推进“两学一做”学习教育常态化、制度化。自觉接受县委领导，定期向县委常委会汇报工作。严守政治纪律和政治规矩，规范党内组织生活，认真执行民主集中制，最大限度汇聚各方智慧，齐心协力攻坚克难。

（二）始终坚持依法行政。坚持把法治精神、法治思维、法治方式贯穿于政府工作的全过程、各方面。扎实开展“七五”普法，完善政府法律顾问制度，深入推动服务型执法，严格落实行政执法责任制，真正做到科学决策、民主决策、依法决策，着力打造法治政府。坚决贯彻执行县委决议决定，认真办理人大代表议案、建议和政协委员提案，自觉接受人大法律监督、政协民主监督、社会舆论监督，依法推动政务公开，让权力在阳光下运行。

（三）始终坚持实干担当。树立正确的政绩观，坚持用百姓的感受来检验政府工作的成效，发扬“马上就办、真抓实干”的作风，大力推行“五步工作法”，按下快进键、跑出加速度，确保落实效果。把三大攻坚战扛在肩上、抓在手上、落实在行动上，严禁形式主义，严禁表面文章，严禁空喊口号，严禁搞花架子，让政府的工作更能体现人民意志、增进人民福祉。坚持三个区分开来，建立容错机制，为敢于负责者负责，为敢于担当者担当，激励广大干部在干事创业中大胆改革、勇于创新。

（四）始终坚持廉洁从政。坚持整治“四风”不止步，锲而不舍落实中央八项规定和省委、州委、县委各项规定，厉行勤俭节约，把更多的财力、精力用在谋划发展、改善民生上。严格履行党风廉政建设责任制，认真落实“一岗双责”，扎紧纪律约束的“笼子”，保持惩治腐败高压态势，强化“不想腐”“不敢腐”“不能腐”的惩戒机制。加大对公共资金、重点项目、土地出让、政府采购等重点领域的监察和审计力度，强化公共资源交易监管，切实做到政治清明、政府清廉、干部清正。

各位代表，时代赋予重任，实干成就梦想。让我们高举习近平新时代中国特色社会主义思想伟大旗帜，更加紧密地团结在以习近平同志为核心的党中央周围，在州委、州政府和县委的正确领导下，汇聚起 23 万岑巩儿女万众同心的磅礴力量，不忘初心、牢记使命，同心协力、攻坚克难、苦干实干，坚决打赢脱贫攻坚这场输不起的硬仗，以优异的成绩庆祝新中国成立 70 周年！

雷山县政府工作报告

（2019 年 1 月 11 日在雷山县第十七届人民代表大会第三次会议上）

雷山县委副书记、县长 袁刚

各位代表：

现在，我代表县人民政府向大会报告政府工作，请予审议，并请县政协委员和其他列席会议的同志提出意见和建议。

一、2018 年工作回顾

2018 年，我们坚持以习近平新时代中国特色社会主义思想为指导，全面贯彻党的十九大和十九届二中、三中全会精神，深入贯彻落实习近平总书记对贵州工作的系列重要指示批示精神，在上级党委政府和县委的坚强领导下，在县人大、县政协的监督支持下，以脱贫攻坚统揽经济社会发展全局，落实好新发展理念，守好发展和生态两条底线，用好民族文化、生态环境两个“宝贝”，坚决打好精准脱贫、防范化解重大风险、污染防治三大攻坚战，积极应对新挑战、有效化解新矛盾，推动经济社会持续健康发展。

初步预计，全县地区生产总值完成 36.2 亿元、增长 10.5%，其中第一产业增加值完成 8.62 亿元、增长 6.7%，第二产业增加值完成 5.72 亿元、增长 10.1%，第三产业增加值完成 21.86 亿元、增长 13%，三产占比为 23.8 ∶15.8 ∶60.4；500 万元以上固定资产投资完成 31 亿元，增长 15%；农业增加值完成 7.9 亿元，增长 6.7%；规模工业增加值完成 4120 万元，增长 10%；财政总收入完成 3.02 亿元，其中一般公共预算收入完成 1.37 亿元；城镇、农村居民人均可支配收入分别为 29786 元、9330 元，分别增长 9.8%、11%；社会消费品零售总额完成 8.63 亿元，增长 10.5%。各项主要经济指标增速排在全州前列。

一年来，我们紧扣脱贫出列目标，尽锐出战打好精准脱贫攻坚战。一是抓牢抓实精准识别。围绕“一达标，两不愁，三保障”要求，累计新增识别贫困人口 795 户、1921 人，清退不符合政策贫困户 437 户、1451 人。二是抓牢抓实易地扶贫搬迁。2017 年度 1798 户、7598 人已搬迁入住；完成 2018 年度 1398 套安置房建设，已搬迁 1347 户、5279 人。三是抓牢抓实农村基础设施建设。投入 5309 万元，建成“组组通”公路 143 公里，全县 30 户以上自然寨通组公路硬化基本实现全覆盖。投入 1921 万元，完成 89 个村庄亮化工程，完成 144 个村寨串户步道硬化 205 公里。投入 3208 万元，完成 60 个村饮水安全工程，农村安全饮水实现全覆盖。四是抓牢抓实产业扶贫。积极推动“乡村旅游 + 产业扶贫”建设，大力发展茶、药、菜、畜（禽）等特色产业。获批财政专项产业扶贫资金 9405 万元，实施产业扶贫、因户施策项目 65 个，贫困户人均“1 亩茶、半亩药、半亩菜（菌）、1 头猪”的目标基本实现。五是抓牢抓实住房教育医疗“三保障”。投入 5092 万元，完成农村危房改造 1718 户、破旧房改造 4128 户，群众安全住房问题得到解决。开通贫困家庭学生资助“绿色通道”，累计落实教育资助资金 1697 万元，资助学生 5204 人次，确保全县适龄儿童不因贫因残辍学。投入 2100 万元新建和改扩建村级卫生室 92 所，招聘村医 121 名，基本实现村村有卫生室、村医；建档立卡贫困户参合率 100%、家庭医生签约率 100%、住院报销达 90% 以上，“先诊疗，后付费”一站式服务得到较好落实。六是抓牢抓实专项扶贫。全面落实扶贫小额信贷政策，累计发放“特惠贷”“惠农贷”资金 5.28 亿元，受益 1.07 万户。抓好生态扶贫，累计发放公益林补偿资金 1254 万元，受益 6100 户 2.48 万贫困人口；聘用 437 名贫困人口为生态护林员，每人每年收入近 1 万元。完成农村贫困劳动力全员培训 198 期、1.19 万人。七是抓牢抓实大塘极贫镇深度脱贫。累计投入 2.46 亿元，启动实施九十九园区、大塘景区、九丰生态农业园、黔晟国资中药材全产业链基地等一批项目建设；累计投入 9300 万元，完成土地整治、串户路硬化、饮水安全、危房和破旧房改造等一批项目建设，大塘镇基础条件显著提升，特色产业加快发展。全年实现脱贫 933 户、3347 人，贫困发生率由 15.95% 下降到 2.01%。八是抓牢抓实定点帮扶和对口帮扶。国务院扶贫办、省纪委监委、省国资委、杭州市上城区等帮扶单位，累计协调落实各类资金 2.5 亿元。中国农业银行、吉利集团、中国三星、融创集团、浙江传化集团、贵州黔晟国资、贵州高速集团、贵州建工集团、贵州老倪青钱柳公司等企业全力帮助雷山发展，特别是贵州黔通智联公司把总部从贵阳迁移落户雷山助力发展。雷山东西部扶贫协作得到中共中央政治局常委、全国政协主席汪洋批示肯定。2018 年，全县预计出列贫困村 53 个，脱贫 4562 户、16965 人，贫困发生率从 2017 年的 14.05% 下降到 1.9%，脱贫出列工作已通过州级审查。

一年来，我们坚守安全风险底线，打好防范化解重大风险攻坚战。严格落实政府性债务管理“七严禁”，妥善处置存量债务、坚决防止新增隐性债务，大力开展金融风险排查、不良贷款清收，积极筹措资金化解债务 2578.35 万元。深入推进扫黑除恶专项斗争，依法查处 3 起涉黑案件。“雪亮工程”、三级综治中心建设顺利推进，完成视频监控建设 445 个，实现 154 个村全覆盖。深入开展禁毒“两打两控”等行动，无毒害县创建成果进一步巩固。完成重点行业重点领域安全隐患专项排查整治，全县未发生重特大安全生产事故，被评为“全国平安农机示范县”。普法依法治理工作成效显著，被表彰为第四批全国法治县（市）创建先进单位。

一年来，我们不断提高治理能力，打好污染防治攻坚战。扎实推进森林保护“六个严禁”、环境保护“六个一律”行动，全面完成中央环保督察反馈问题整改。投入 8240 万元，完成 53 个传统村落农村环境综合整治项目建设。加大执法力度，检查整治油烟餐饮烧烤门面摊点 110 家，责令污染企业停业整顿 20 家，处理娱乐场所噪声污染投诉 35 件。加强环境质量监测，县城环境空气质量优良天数率达 99.7%，各集中式饮用水源水质达标率达 100%，城乡生活垃圾无害化处理率达 90%。投入 2600 万元，完成新一轮退耕还林 1.01 万亩、人工造林 1.92 万亩，森林覆盖率达 72.56%。

一年来，我们坚持产业引领，实体经济加快提档升级。一是文化旅游业稳步发展。西江索道、悦榕庄酒店、大塘短裙苗精品民宿、西江盛典（大塘版）等项目建设有序推进。苗年系列活动转为民间主办获得成功。多彩贵州中国原生态国际摄影大展永久落户郎德苗寨，并建立原生态文化艺术中心。第六届“雷公山之巅·巴拉河之夏”山地自行车赛等系列活动完美落幕。“非遗 + 扶贫”绣娘技能培训成效显著，雷山纳入全国首批十个“非遗 + 扶贫”重点支持地区之一，承办全国非遗工作站现场会。大型舞剧《蝴蝶妈妈》正式向社会公演。全县文化产业增加值占 GDP 比重为 9.05%，排在全省第三方阵乙类县第一位。接待游客 1255.27 万人次，旅游综合收入 106.69 亿元，分别增长 30.04%、37.88%。西江旅游公司获得省长质量奖提名奖、贵州省文化产业十佳企业。二是农业结构调整加快。完成粮食总产量 4.58 万吨。调减玉米种植 2.2 万亩，完成中药材种植抚育 1.8 万亩、药用玫瑰种植 2200 亩，建成食用菌生产大棚 628 亩。加强农产品产销对接，完成生鲜农产品销售 1800 吨，销售收入 3621 万元。完成低产茶园及幼龄茶园改造 2 万亩，茶产品产量 3900 吨，实现综合产值 10.5 亿元。全国农产品安全县创建通过考核验收。预计全县农林牧渔业总产值完成 12.72 亿元，增长 6.7%。三是工业商贸提质升级。启动乌开工业小区二期基础设施、康利 6 万吨山泉水等项目建设。投入 450 万元扶持小微企业 100 户。新增市场主体 1347 户，增长 28.73%。借助淘宝、京东、苏宁易购、网易严选等电商平台，积极创新电商扶贫模式，推进农特产品“出山”。联合网易投入 1000 万元在西江苗寨建设全国第一家扶贫体验馆—网易“严选·雷山”体验馆。全县电商网络零售额突破 2 亿元，顺利通过国家级电子商务进农村示范县绩效考评，列入阿里巴巴重点打造的 10 个电商脱贫样板县之一，荣获“中国社交电商消费扶贫示范县”称号。民营经济对全县经济的贡献率达 51.2%。

一年来，我们坚持城乡统筹，基础设施日臻完善。一是交通运输发展加快。累计投入 6.72 亿元，启动雷榕高速、大塘快速通道、永乐至榕江平阳、雷山至西江、雷山至舟溪等公路建设，自加压力完成 30 户以下村寨“组组通”公路建设 90 公里，建成农村客运招呼站 56 个，完成郎德至望丰公路改造等项目建设。投入 420 万元加强县内公路日常养护。二是水利设施得到完善。累计投入6.27亿元，加快推进西江、望丰（排卡）、翁养等水库建设。累计投入3900万元，完成沟渠防渗51.1公里和大塘农田水利设施、巴拉河灌区节水改造，改善和恢复灌溉面积1.3万亩。投入3453万元，完成丹江河河道治理8.85公里。三是农村条件全面改善。投入2270.6万元，完成改厨2873户、改厕1907户、改圈357户、配备移动灶台3833户。投入1940万元，完成4个村污水处理和消防设施建设。投入465万元，建成10个停车场、16个村级公厕，为96个村配备垃圾桶4180个、手推垃圾车285辆。投入6000余万元，完成58个传统村落消防设施改造，建成数字博物馆12个。格头村荣获"2018年中国最美村镇·生态宜居奖"，新申报的10个国家级传统村落通过住建部审查公示。投入1.27亿元，完成129个村寨农村电网升级改造，建成西江110千伏、大塘35千伏变电站，建成10千伏以下线路299公里，10千伏配变193台，实现村村通动力电。"广电云"户户用新增8178户，自然寨4G网络覆盖率达99.8%。四是县城加速提质扩容。申报获批用地指标622亩。推动环卫市场化试运行，城镇精细化管理水平得到提升。加大"两违"清理，依法强制拆除"两违"建筑33处。永乐南路和城北棚户区改造有序推进，完成罗浪洲地、红枫水岸、苗都公馆、苗疆华府等房地产项目建设，羊排易地扶贫搬迁特色小镇基本建成，县城区逐步延伸到莲花、陶尧片区，城镇化率提高到42.02%。

一年来，我们持续深化改革，红利释放明显增多。一是深化"放管服"改革。完成行政审批服务事项清理1908项，完善办事指南1628项。完成第一批"最多跑一次"事项清理826项。"减证便民"专项行动扎实推进，完成27个单位、125项证明清理，取消证明事项26项。二是深化农业农村改革。整合资金5489万元，推进71个试点村开展"三变"改革，形成股金4683万元，量化到村集体2526万元、量化到户2157万元，受益农户8939户3.36万人。农村土地确权登记颁证工作通过省级验收，颁发证书3.14万户，确权面积24.55万亩。整合现有涉水资产，推进西江、永乐供水运营水务一体化改革。三是创新开放取得成效。申报科技项目12个，争取项目资金230万元；完成专利申请240件，专利授权49件，有效发明专利累计8件。成功创建省级"四好农村路"示范县，在全国率先推出"通村村"农村智慧交通服务平台，被交通运输部列为农村客运智能化应用示范项目在全国推广。加大产业大招商力度，新引进项目10个，到位资金23.34亿元。成功引进贵州高速石油公司、贵州农旅共济实业公司等一批企业落户雷山。

一年来，我们注重民生保障，人民生活持续改善。一是教育发展不断推进。投入1434.9万元，完成5所村级幼儿园、12个标准食堂建设，配齐60所幼儿园（班）设施设备，完成掌批、小乌等8所学校运动场改造。将陶尧小学撤并到县思源实验学校，将大塘、莲花小学并入大塘小学莲花新校区办学。高考录取1207人，录取率达90.14%。与省财政学校等合作开设全免费精准脱贫班，完成招生100人。全年累计投入3.64亿元用于教育事业。二是健康保障水平明显提高。完成县妇幼保健院和大塘、西江、郎德卫生院建设，丹江、永乐、西江卫生院成功创建为一级甲等中心乡镇卫生院。启动县医院与永乐卫生院"医共体"试点建设。全县新农合参合率达99.9%，住院补偿15.61万人次、7283.87万元。居民电子健康档案建档率达97.78%。办理适龄儿童预防接种证1.29万人，建证率为99.84%。三是社会保障更加有力。完成老年养护楼、儿童福利院建设。累计发放低保、救济款物等8325万元，发放城乡居民养老金2210万元，发放特困供养人员补助515万元，发放1886名残疾人护理补贴131万元。新增城镇就业2217人，城镇登记失业率为3.06%。"十件民生实事"除县殡仪馆建设因适应县城发展需调整规划设计未完成外，其余民生实事已全部完成。

一年来，我们不断加强自身建设，政府作风效能明显转善。自觉接受人大、政协和社会监督，办理人大代表建议155件、政协委员提案117件，满意率均达99%以上。严格落实党风廉政建设责任制，严格执行中央八项规定，严厉整治"四风"，强化行政监察和审计监督，行政效能明显提升。共选派968名干部脱产到村开展脱贫攻坚工作，组织全县2419名结对帮扶干部下村到户开展帮扶工作，吃住在村、工作在村，与广大群众同甘共苦、攻坚克难，建立深厚感情，干群关系更加融洽。此外，国防动员、后备力量建设、双拥共建取得新成果，应急救援、外事侨务、民族宗教、气象保险、档案县志、邮政通讯、烟草盐务、供销石油、智力支边等工作取得积极成效，与工会、共青团、妇联等人民团体的联系进一步加强。

各位代表，回顾过去一年，全县上下面对脱贫出列的繁重任务，我们坚持不懈、迎难而上；面对中央环保督察、省委巡视的政治检验，我们坚定立场、立行立改；面对经济下行、市场低迷和财税增速放缓的巨大压力，我们坚韧不拔、毫不懈怠。我们激扬巨大的政治勇气、强烈的使命担当，同心同德、同行同向，同甘共苦、同舟共济，在爬坡过坎的艰难跋涉中取得了难能可贵的新业绩。这是上级党委政府和县委统揽全局、坚强领导的结果，是县人大和县政协有效监督、全力参与的结果，是各级帮扶单位和对口帮扶城市鼎力支持、共同努力的结果，是全县干部群众齐心协力、苦干实干的结果。在此，我代表县人民政府，向全县各界人民群众，向给予我们大力支持的人大代表、政协委员、离退休老同志，向助力雷山发展的广大投资者、民营企业家，向驻雷武警官兵、公安政法干警，向国务院扶贫办、省纪委监委、省国资委等中央、省州有关单位和杭州市上城区及所有关心、支持雷山建设发展的社会各界人士，向奋斗在脱贫攻坚第一线的指挥长、第一书记、驻村干部、网格员、帮扶干部、村组干部，表示衷心的感谢和崇高的敬意！

在充分肯定成绩的同时，我们也清醒地认识到，发展不平衡、不充分的问题还比较突出，面临的挑战还比较多。一是脱贫出列任务仍然繁重，后扶工作还需加大。目前，"减贫摘帽"验收条件基本具备，但离精准脱贫、精彩出列和实现高质量稳定脱贫，任务还相当繁重。扶贫产业发展滞后，还不能支撑长期稳定脱贫。二是经济下行压力较大，收支矛盾较为突出。受经济下行和结构性减税等影响，财政收入增长缓慢，中央转移支付补助增幅下降，财政金融政策趋紧，而以脱贫攻坚为重点的各方面保障任务只增不减，财政保障压力不断增大。三是产业基础薄弱，辐射带动力不强。新型工业化、城镇化和农业现代化进程相对滞后，农业基础薄弱，工业支撑不够，民营经济实力不强，市场化发育不足，缺乏支撑性、引领性、带动性。四是民生兜底保障面大，社会综合治理有待加强。群众对教育、医疗等领域需求不断提高，公共服务还不能满足群众期望。随着经济社会加快发展，社会矛盾风险隐患交织叠加，群众的安全感、获得感还有待提升。五是干部干事创业激情不够，能力素质还需提升。在工作上创新不够、方法不多，有的干部责任心、事业心不强，敢于善于担当不够，等等。对于这些问题，我们将予以高度重视，认真加以解决。

二、2019年工作重点

2019年是中华人民共和国成立70周年，是实施乡村振兴战略、"十三五"规划承上启下的关键之年，是我县实现脱贫出列、决胜全面建成小康社会的重要一年，做好全年政府工作至关重要、意义重大。

今年政府工作的总体要求是：以习近平新时代中国特色社会主义思想为指导，全面贯彻党的十九大和十九届二中、三中全会精神，认真落实中央、全省、全州、全县经济工作会议精神，深入贯彻落实习近平总书记对贵州工作的系列重要指示批示精神，统筹推进"五位一体"总体布局，协调推进"四个全面"战略布局。坚持以脱贫攻坚统揽经济社会发展全局，坚持稳中求进工作总基调，坚持新发展理念，坚持推动高质量发展，坚持以供给侧结构性改革为主线，坚持守好"两条底线"、用好"两个宝贝"，统筹推进稳增长、促改革、调结构、惠民生、防风险工作，进一步做好"六稳"工作，在巩固增强提升畅通上下功夫，坚定不移地走"一主导，四围绕"特色发展之路，继续打好三大攻坚战、推动三大战略行动，保持经济持续健康发展、社会大局稳定，确保如期实现整县高质量脱贫出列，为全面建成小康社会收官打下决定性基础，以优异的成绩庆祝中华人民共和国成立70周年。

今年全县经济社会发展的主要预期目标是：地区生产总值增长9%以上，农业增加值增长6%以上，规模以上工业增加值增长12%以上，服务业增加值增长13%以上，固定资产投资增长15%以上，社会消费品零售总额增长11%以上，一般公共财政预算收入增长5%以上，城镇、农村居民人均可支配收入分别增长9.5%、10.5%，其他目标控制在上级下达的计划以内。

为实现上述目标，我们将重点抓好以下工作：

（一）继续打好精准脱贫攻坚战，夯实全面建成小康社会基础。始终坚持以脱贫攻坚统揽经济社会发展全局，对标对表"一达标，两不愁，三保障"，确保7个贫困村出列、减少贫困人口500人以上，贫困发生率巩固在1.9%以内，力争下降到1.5%以下。

持续提升精准脱贫质量。围绕"三率一度"核心指标，继续打好"四场硬仗"，全面完善易地扶贫搬迁、危旧房改造、破损路面修复、串户路硬化、安全人饮、村卫生室建设收尾工作，确保2月底前全面完成各项硬件设施建设。重点抓好统一建档立卡、农村人居环境整治和提升群众认可度；扎实做好数据比对和分析，确保各方面数据全面准确、逻辑关系清楚。把握好时序要求，加大问题整改力度，积极筹备做好迎检工作，确保顺利通过第三方评估，实现"减贫摘帽"、脱贫出列。持续巩固脱贫攻坚成果。落实中央、省、州关于打赢打好脱贫攻坚战各项决策部署，保持工作定力，始终坚持摘帽不摘政策、摘帽不摘责任、摘帽不摘帮扶，抓好脱贫出列“回头看”，以问题为导向，紧盯薄弱环节，建立“扶上马、送一程”后续扶持机制，全面补齐短板、夯实工作基础，统筹衔接乡村振兴战略实施，巩固提升脱贫攻坚成果，确保实现稳定脱贫、防止返贫，向全面小康迈进。持续加大就业扶贫力度。深入落实易地扶贫搬迁后续综合扶持政策，做好搬迁群众“一步搬到位、六个全覆盖”的后续扶持工作，着力解决搬迁户“一户一就业”问题。开展好搬迁劳动力全员培训，依托对口帮扶城市、帮扶企业及县内企业，推动就业意愿、就业培训、就业技能与就业岗位精准对接，提高劳务输出组织化、就业扶贫全覆盖。持续发展壮大扶贫产业。投入8000万元，实施因户施策、家庭农场等项目，落实好项目利益联结机制。积极发展茶叶、笋用竹、中药材、精品水果、蔬菜、黑毛猪、土鸡等扶贫产业，采取“1+N”模式，发展壮大“一乡一业”和“一村一品”经济，确保贫困户有稳定增收项目，每个村集体经济年收入达3万元以上。持续聚焦深度贫困扶贫。汇集各类资源、政策优先向极贫乡镇、边远乡镇、深度贫困村、边远村寨倾斜；聚焦弱势群体，统筹社会救助体系建设，促进扶贫开发与社会保障有效衔接，健全农村留守儿童和妇女、老人及困境儿童关爱服务体系，充分发挥农村低保等社会救助制度在稳定脱贫中的保障作用。持续凝聚脱贫攻坚力量。最大限度利用帮扶资源，抓好定点帮扶、结对帮扶，推进东西部扶贫协作，发动社会力量，加大项目资金筹集、基础设施改善、智力文化帮扶、旅游开发推介等争取支持。充分运用东西部扶贫协作帮扶资源，帮助完善易地扶贫搬迁安置区学校、幼儿园、卫生室等配套设施。实施好东西部扶贫协作项目，带动贫困户增收。广泛动员社会各界参与脱贫攻坚，形成大扶贫工作格局。持续激发群众内生动力。注重扶贫与扶志、扶智、扶技相结合，通过召开群众大会、小组会、院坝会、入户走访等形式，加大扶贫政策宣传、解读力度。持续开展“我要脱贫、助你脱贫”等主题活动，加强对自力更生脱贫先进典型的宣传报道，加大对反面典型的曝光力度，充分激发、调动贫困群众脱贫致富的内生动力。加强感恩教育，帮助、指导贫困群众提升脱贫致富综合素质，树立“宁愿苦干、不愿苦熬”观念，增强“自我造血”功能，真正实现贫困群众通过自己的辛勤劳动脱贫致富。

（二）继续打好防范化解重大风险攻坚战，营造良好发展环境。树立底线思维、强化问题导向、做好风险防范，全力营造领域更广泛、人民更满意的发展环境。

化解政府债务风险。坚决贯彻中央和省、州防范化解重大风险要求，认真落实政府性债务管理“七严禁”，落实管控债务规模、规范债务管理、防范化解风险的主体责任。强化对国有企业和事业单位监管，加强举债必要性审查，管控好新增项目融资。争取发行地方政府专项债券解决土地收储、棚改等项目资金，破解融资难问题。积极盘活资产化解债务，加强债务风险隐患排查、处置和化解，确保政府债务风险总体可控。强化防控金融风险。持续开展非法集资、各类交易场所和互联网金融三大专项整治行动，依法联动制裁“老赖”行为，推动银行不良贷款清收。完善金融风险防范机制，坚决杜绝各种金融乱象，防范金融市场各类风险隐患，坚决守住金融风险底线。加强社会风险防控。深入推进扫黑除恶专项斗争，抓好反恐防恐工作，着力提升基层社会治理水平。强化毒品预防教育和缉毒执法力度，完善吸毒人员管控机制，巩固无毒害县创建成果。强化矛盾纠纷多元化解，依法治理信访突出问题。全面推进“雪亮工程”“天网工程”建设，健全完善社会治安防控体系。强化应急管理、应急处置，加大重点领域、重点行业安全隐患综合整治力度，切实增强群众的安全感、满意度。强化食品药品安全监管，加强非洲猪瘟疫情防控处置，保障人民群众“舌尖上的安全”。

（三）继续打好污染防治攻坚战，坚守生态保护发展底线。深入贯彻习近平生态文明思想，坚定“生态立县”战略不动摇，加强环境污染防治，促进绿色发展。

严格落实监管责任。严格落实生态环境保护“党政同责、一岗双责”，推进森林保护“六个严禁”、环境保护“六个一律”执法行动，继续开展环保执法“风暴”“利剑”行动。加强生态治理机制建设，深入落实“水十条”“土十条”及河长制。强化信用管理，落实企业环保“黑名单”制度。严厉打击非法占用林地湿地、肆意破坏森林和野生动植物资源的违法犯罪行为。抓好环保督察反馈问题及“回头看”发现问题整改工作。强化环境污染防治。完成县环境监测站业务用房、沿河村寨农村生活污水和生活垃圾治理项目建设。启动西江连城河口污水处理厂、西江景区污水处理厂改扩建工程建设。完成县城区高污染燃料禁燃区划定和整改，完成县城区、西江景区餐饮企业油烟净化设施安装。加强土壤环境监测监管和噪声污染整治。加强工业企业、建筑工地、道路运输扬尘治理。确保集中式饮用水源地水质达标率100%、县城环境空气质量综合指标优良率达98%以上。保护利用生态资源。深入推进新一轮绿色贵州建设行动计划、十大生态修复工程、森林扩面提质增效三年行动计划，加快推进国家重点生态功能区建设。持续开展自然保护区、饮用水源等生态环境保护。积极推进营造林工作，完成人工造林 2.64 万亩，确保森林覆盖率在 72.56% 以上。

（四）坚持不懈狠抓文化旅游，切实提高服务承载能力。围绕国家旅游度假区创建，狠抓景区提质扩容，发展壮大文化旅游业，力争接待游客 1300 万人次以上、旅游综合收入增长 30% 以上。

推送全域旅游提质增效。加快全域旅游化、全县景区化步伐，大力发展满意旅游、优质旅游、智慧旅游，着力打造世界知名的苗族文化旅游目的地，确保通过全域旅游示范县验收。力争西江景区 5A 创建成功，推进雷公山景区创 4A 工作。启动雷山风景名胜区各景区详细规划编制，积极谋划精品旅游线路，打造白岩、龙塘等一批乡村旅游示范村。推进乡村旅游标准化建设，评定通过标准级以上旅游村寨 2 个、农家乐及客栈 10 家以上。加快景区开发建设。推进西江苗寨群景区建设，加快西江景区“两索道”、悦榕庄酒店、旅游观光火车、控拜生态博物馆建设；启动西江小北门多层停车场、诺纳达生态文化旅游区、北大门至干荣古村落项目、西江南门综合体、西江枫林民宿酒店项目建设。加快郎德景区完善提升，完成第三期郎德上寨古建筑群修缮建设，着力打造报德、南猛等民族村寨，拓展景区容量。推进大塘景区建设，完成大塘景区短裙苗精品民宿、旅游驿站、服务设施和西江盛典（大塘版）项目建设。加快推进雷公山景区开发建设。提高旅游服务综合能力。围绕旅游六要素优化旅游供给结构，大力发展田园观光、果蔬采摘、民俗体验、休闲度假，做实周末游、节庆游，促进旅游与一二三产业融合。推进智慧景区建设，加快完善交通、住宿、餐饮、购物、标识标牌等配套设施，大力发展电商、物流、金融、创意、设计等服务业。积极引进旅游专业人才，规范旅行社、导游人员准入机制，提高导游服务水平。扎实开展西江景区去商业化专项整治，规范景区市场秩序，提升旅游服务质量，继续做大做强西江旅游品牌。加强文化旅游宣传促销。加大旅游宣传推介力度，继续在主要客源城市开展宣传促销活动，巩固重点客源市场，拓展北方市场、境外市场。加强与各类媒体和网络运营商对接，依托新闻媒体、旅游达人、网络自媒体等平台加强宣传。办好“雷山苗年”、“多彩贵州”第十二届中国原生态国际摄影大展、环雷公山超 100 公里跑国际马拉松、苗岭之晨国际徒步大赛、“雷公山之巅·巴拉河之夏”山地自行车赛、苗岭斗牛大赛等活动，让观光游变成体验游，增加过夜游客比重。促进文旅融合发展。积极申报国家、省、州级非物质文化遗产项目和代表性传承人。开展手工艺品公共品牌、手工艺品工作坊、非遗扶贫就业工作坊建设，加大对银饰、刺绣等小微企业的扶持力度，传承民间技艺、丰富旅游产品，力争民族传统手工艺品电商销售平台运营。支持具有民族特色的文创企业发展，培育形成文化产业发展新亮点。加强民族文艺精品创作，提高民族传统歌舞展示表演水平。做好民族村寨保护提升，加快发展乡村文化旅游业。

（五）着力夯实农业农村基础，扎实推进乡村振兴战略。深入推进农村产业革命，不断激发农村发展活力，促进农业增效、农民增收、农村繁荣。

着力培育山地高效农业。提升发展茶产业，完成低产茶园改造 5 万亩。完成吉利集团茶旅文化扶贫示范项目建设，完成初级加工厂建设 2 家，新增认证 SC 企业 2 家以上。积极推动“雷公山”公共商标品牌宣传和成果运用。加大茶叶农药化肥管控力度，开展茶叶技术、茶产品质量安全等培训 1200 人次以上。完成茶产品产量 4000 吨以上，产品产值达 5.8 亿元，实现综合产值 10 亿元以上。全力发展茶园套种桂花树等经济林产业，完成茶园套种桂花树 5 万亩，建成示范基地 1000 亩，建成桂花树育苗基地 70 亩。加快发展竹产业，完成笋用竹基地建设 3 万亩、抚育 1 万亩。稳定粮食生产，推进粮食生产功能区和重要农产品生产保护区划定，确保粮食总产量稳定在 4.5 万吨左右。扩大特色养殖规模，肉类总产量达 8600 吨以上，水产品产量达 1060 吨以上。加快发展林下鸡、蜂蜜等林下产业，实现林下经济产值 2 亿元以上。扎实推动乡村振兴发展。科学编制乡村振兴实施方案，完善村寨建设规划，区域化布局乡村主导产业。加大“两违”“大棚房”清理整治，保障乡村建设、产业发展用地需求。大力培养重技术、懂经营、善管理的新型职业农民，培养一批产业示范带头人、农村电商人才。扎实推进小康行动计划、“四在农家·美丽乡村”建设。注重传统村落保护与开发，完成贵州省传统村落保护发展示范村项目建设。推进乡村农民体育健身工程全覆盖建设。实施“广电云”户户用工程 2000 户以上。加快农村电网升级改造，推动“数字雷山”智能化电网建设，提前完成国家新一轮农网升级改造目标。稳定扩大乡村、交通沿线和旅游景区 4G 网络覆盖面。完善农业服务体系建设。积极培育农村产权交易体系、创新农业经营体系，完善社会化服务体系。持续抓好产销对接，突出抓好“农校、农超对接”，深入推动“农旅结合”。加大农村专业合作社培育力度，提升生产营销服务能力。实施农业科技人才服务“三农”行动计划，引导、鼓励农技人员扎根一线、服务“三农”，推动154个村专业人才联系服务全覆盖。完成农机推广2000台以上。切实改善农村人居环境。加强村寨环境卫生整治，强化农户室内外环境卫生治理，引导群众形成讲究卫生良好习惯。充分发挥每村10万元人居环境整治经费作用，推动道路水沟清理、整治乱堆乱放、拆除危险建筑物，推进农村环卫保洁常态化。继续推进厕所革命、垃圾治理工作，改善村容寨貌。推进“讲卫生、除陋习、树新风”行动，遏制乱办酒席等不良之风，打击邪教、传销、赌博等违法行为。创新开展“三下乡”服务，支持举办民间歌舞、体育赛事、民族节庆等活动，丰富群众精神文化生活。

（六）全力以赴扶持特色工业，推动实体经济健康发展。以绿色循环理念引领转型升级，扩大营销渠道、提高经营效益，努力构建多点支撑的经济发展模式。

力促工业园区扩能增效。扎实推进工业园区建设，着力将乌开工业小区、螺丝山工业园区打造成为移民搬迁创业就业扶贫园区；完善九十九等农业园区企业布局规划，增强园区承载能力。探索“园区办+国企”管理模式，进一步规范工业园区管理。开展“僵尸企业”、闲置厂房及土地清理，发挥资产效益最大化。工业固定资产投资完成2.3亿元以上。加强培育市场经营主体。完成黔晟国资中药材加工厂、吉利云尖茶叶加工厂、贵州绿野谷生物公司果汁厂等项目建设，推进年产200吨魔芋系列产品加工、康利、尚品源山泉水技改项目建设，启动西江公司西江山泉水项目建设。研究做好益明食品厂扶持服务机制。落实好减税降费、放宽融资等政策，推动民营经济发展壮大。积极支持贵州黔通智联公司加快上市步伐。清理注册未生产经营主体，引导企业守法诚信经营。加大“四上企业”培育力度，扶持“个改企”5户、企业技术改造2家，新增市场主体1500户。培育规上工业企业2家以上，规上工业增加值达5000万元以上。打响特色产品质量品牌。抓好“苗侗山珍”区域公用品牌使用，巩固西江公司省长质量奖提名奖成果，加快省级名牌产品培育申报，争取新增贵州名牌、贵州著名商标2家以上，推动雷山鱼酱酸申报国家地理标志产品。推进雷公山茶省级知名品牌示范区创建。打造“有机绿色雷山”品牌，推进“三品一标”认证工作，争取通过国家有机认证示范区创建验收，完成认证1.5万亩。提高电子商务发展水平。加快省级农商联动示范项目建设，完善物流、收集配送、销售、溯源等体系。整合供销、西江旅游商品开发公司等资源，深化与淘宝、京东、网易严选、苏宁等知名企业合作，推动线上平台维护运营。加强产品包装、设计及营销，打造雷山特色旅游商品，推动“黔货出山”。完成网易严选·雷山体验馆建设并投入运营，集聚打造西江苗寨电商品牌效应，激发县、乡、村三级电商站点活力，加快线上线下一体化建设，实现电商网络零售额稳定在2亿元以上。积极促进社会消费增长。完成县级冷链、物流集配中心和达地、望丰、大塘等乡镇冷库建设。推动副食、百货、民贸、物资等企业改制，培育城投公司等转型承接新的商贸业务。结合棚户区和移民搬迁聚集区，打造餐饮、休闲等特色创业基地，建设羊排、观音阁等区域农贸市场。规范房地产交易，加强物业管理服务。培育壮大限上批零住餐企业，力争入库6家以上，实现社会消费品零售总额9亿元以上。

（七）持之以恒抓好项目建设，不断扩大有效投资。发挥投资的关键作用，抓好重点领域项目建设，注重扩大有效投资，加快补齐城乡基础设施短板。

做好项目谋划争取。紧紧抓住中央补短板、扩内需、增后劲政策机遇，聚焦重点领域、薄弱环节，加强项目储备库建设，谋划储备一批重大项目，争取更多重大项目进入国家、省投资计划，确保争取中央预算资金2亿元以上，启动和推进重大项目60个以上，年度完成投资41亿元以上。加强城镇基础设施建设。启动县城控制性详细规划编制，加快建立“多规合一”、有机衔接的城乡规划体系，做好郎德、望丰、方祥、永乐、达地等特色小城镇规划建设，搭建“一心一带五点”特色城镇化空间骨架，为项目落地奠定基础。完成县城南部路网、生活垃圾收运系统二期、“智慧雷山”一期等项目建设。实施棚户区改造800户以上，加快推进县城区周边路灯安装工程、银饰街公路连接线、羊排风貌整治等项目建设。启动供水改扩建二期建设，启动红枫水岸二期等5个房地产开发项目建设，争取启动莲花小镇项目建设。加快设施维护、园林绿化养护、清扫保洁等市场化步伐，提升城镇管理水平。加快交通路网项目建设。完成雷山经黄里至西江、雷山至舟溪、塔石至达地、朗利至西江、达地至乌空、夺鸟至背略、营上至白水河路面拓宽修复，完成永乐至平阳、九十九经掌批至开屯坳公路建设。加快雷榕高速公路、雷山至大塘快速通道、永乐环线等项目建设。新增实施一批农村公路安全防护工程、农村客运招呼站和公交站台建设。积极争取凯里至雷山快速通道、西江环线旅游公路项目。实施水利重点工程项目。完成鸡鸠水库输水管网、水土流失综合治理、小型农田水利、甘益河治理等项目建设，完成望丰（排卡）水库、翁养水库建设，推进西江水库项目建设。启动乔兑、大塘水库建设和达地、柳乌、排苟水库前期工作。完成渠道防渗50公里以上，改善灌溉面积9300亩以上。强化项目要素保障。做好资金保障，全力争取国家一般性转移支付、专项投资、地方债券等方面支持；强化金融支持，深化政银担合作，抓好项目融资对接服务，增强金融服务地方经济发展能力。加强用地保障，强力推动在建项目征地拆迁，确保有效供地，切实解决“项目等地”问题；抓好旱改水工作，做好占补平衡，争取更多用地指标。提高服务水平，倡导“立即就办”，对项目审批实行绿色通道，提高项目审批效率。

（八）毫不动摇深化改革创新，推动经济高质量发展。坚决破除一切不合时宜的体制机制，选准发力点推动创新发展，激发全社会的创造力、发展活力。

深化重点领域改革。全面完成新一轮政府机构改革，深化事业单位、综合行政执法改革；狠抓“放管服”“最多跑一次”改革。加大“双随机一公开”力度，推进“证照分离”“多证合一”商事制度改革。深化农业供给侧结构性改革、农村集体产权制度改革，抓好农村集体建设用地和宅基地确权登记。全面推进水务一体化和生态文明、食品安全监管体制改革。深化文化旅游、教育科技、医疗卫生、国有企业、财税体制等领域改革。实施创新驱动发展。加强技术集成、流通模式创新步伐，提高生产、现代物流及施工设备技术水平，新增省级科技型企业备案10家、知识产权试点企业5家以上，新增专利申请60件、专利授权50件以上。完善综合治税措施，创新征管工作方式，重点加强对西江景区税收征管。鼓励保险公司创新民生保险、特色农业保险等产品。抓好第四次全国经济普查、第三次全国国土调查工作，为推动经济社会高质量发展摸清底数。提升招商引资质量。加大“走出去、请进来”力度，抓好产业链“延链、补链、强链”招商，强化要素保障，提升招商引资质量。高质量编制项目40个，新引进产业项目20个以上，新增产业项目到位资金15亿元以上，力争新引进全国500强企业1家。优化营商发展环境。紧盯重点领域、薄弱环节，采取积极有效的措施，扎实开展营商环境整治，建立营商环境定期调度分析研判机制。推行“精细化”“保姆式”服务，加强与企业沟通服务、与意向企业跟踪对接，切实破解企业融资难、用地难、审批难等问题，进一步优化营商环境，让企业放心投资、安心生产、顺心办事、舒心创业。

（九）坚定不移保障民生福祉，推动社会事业全面发展。突出民生福祉，织密扎牢民生保障网，提升人民群众的获得感、幸福感。

教育优质均衡发展。加大教育投入力度，启动县第三幼儿园建设，加快移民搬迁安置区学校配建，积极争取第五中学建设、桃江小学搬迁项目。进一步优化永乐、郎德等乡镇校点布局。强化“三名工程”师资提升培养，实施师德师风建设工程，落实乡村教师生活补助政策，营造尊师重教的氛围。持续推进义务教育阶段“两免一补”、农村营养餐改善计划。落实教育资助政策，实现“应助尽助”。加快普高、职业教育发展，高中阶段毛入学率达90%以上；加快普及幼儿教育，全县幼儿园入园人数达5100人以上。提高全民健康水平。巩固提高“五个全面建成”、县级公立医院综合改革成果，优化计生服务，持续推进健康扶贫工作。完成西江、郎德、达地卫生院中医馆建设，推进永乐、望丰、达地卫生院扩建，启动西城社区卫生服务中心建设。积极争取县医院扩建、县城移民新区卫生院项目建设。建设疫苗数字化监控系统、县级妇幼保健机构远程医疗系统，全面推动分级诊疗，加大远程会诊服务力度。巩固卫生基层基础，加强家庭医生签约服务，提升医疗服务水平。建立考核激励机制，充分调动医护人员工作积极性。加大社会保障力度。落实国家各项社会救助政策，在城乡低保、特困供养、自然灾害生活救助、孤儿保障、医疗救助、临时救助等方面开展社会保障兜底工作。健全完善社会救助、养老服务体系，认真做好大病、重病医疗及精神病人等特殊人群救助。推动城乡居民养老保险等社会保险制度平稳运行。完成救灾物资储备库项目建设。着力促进创业就业。成立城南社区服务中心、观音阁社区服务中心，不断提升移民安置区服务水平。通过建立就业扶贫车间、加工点等多种渠道，为贫困劳动力搭建就业平台。深化与杭州上城区劳务协作，实施劳动力全员培训计划，推动农村劳动力转移。扶持退役军人就业创业，做好高校毕业生就业促进工作。确保城镇失业率控制在3.5%以内。

全力抓好“十件民生实事”：（1）完成劳动力技能培训3000人次以上，新增城镇就业2000人以上，完成“非遗＋扶贫”就业工坊8个、就业扶贫车间

30个，吸纳就业1000人以上，确保有劳动力的移民搬迁家庭实现每户1人以上就业；（2）启动县城第四小学建设，完成8所幼儿园及丹江小学运动场建设；（3）完成县中医院、丹江卫生院、丹江社区卫生服务中心建设并投入使用，实现全县137个行政村卫生室、村医及村医培训全覆盖，为每个乡镇卫生院配备1辆救护车；（4）全面普及推广“通村村”应用，全面推动通村公路破损路面修复和养护，解决交通运输服务群众的“最后一公里”问题；（5）完成县城污水处理二期工程，日处理能力从3000吨提高到8000吨，完成县城污水管网改扩建15公里；（6）整县推进农村生活垃圾收运处置体系建设，确保农村垃圾无害化处理率达90%以上；（7）城乡居民基本养老保险基础养老金提高到每人每月93元，城乡低保按省、州提高标准做好提标发放；（8）完成10个村水污染防治项目、10处1000人以上集中式饮用水源地环境保护设施项目建设；（9）完成县政府政务服务中心办事服务大厅建设；（10）启动县城规划区背街小巷亮化绿化美化工程，完成消防大队至第三小学、羊排移民小区至雷山民中及县城移民搬迁小区亮化美化工程建设，加强行政村和自然寨亮化路灯、串户步道硬化建设并实现全覆盖。

三、加强政府自身建设

各位代表，发展的重任、竞争的态势、人民的期盼，对政府自身建设提出了更高要求，必须把全面从严治党要求落实到从严治政之中。打铁还需自身硬，我们将在县委的坚强领导下，坚持以新理念引领政府工作、以新思路推动发展建设、以新形象凝聚民心民力，努力建设让群众满意的人民政府。

（一）坚持依法行政，全力推进法治型政府建设。围绕打造法治政府，忠实履行宪法和法律赋予的职责，自觉运用法治思维和法律方式推动工作。以政府机构改革为契机，大力推行权力清单、责任清单、负面清单制度，及时向社会公开。自觉接受人大法律监督、政协民主监督、社会公众监督，认真办理人大代表建议、政协提案，坚持重大事项向人大报告和向政协通报制度。坚持民主集中制，坚持公众参与、专家论证、风险评估、合法性审查和集体讨论重大决策法定程序。落实“谁执法、谁普法”责任制，深入推进“七五”普法，推行法律顾问制度。全面推进政务公开，加强决策、执行、结果等事项公开，接受社会公众监督。

（二）坚持担当作为，全力推进务实型政府建设。进一步强化责任担当、效率意识，完善考核问责机制，严格效能督查、责任倒查、全程问责机制，坚决整治乱作为、慢作为、不作为。加快政府职能转变，推进政府规范化和效能建设，坚持实事求是的原则，坚决纠正表态调门高、行动少、落实差的行为，严厉查处懒政怠政、推诿扯皮的行为，破除政令不通，增强执行力。抓好巡视审计发现问题的整改，弘扬实干之风，做到察实情、干实事、求实效，切实把心思和精力放到破解难题、推动发展上。落实好激励干部担当作为干事创业办法、支持干部改革创新合理容错办法，加大奖优罚劣力度，旗帜鲜明为敢于担当、踏实做事、不谋私利的干部撑腰鼓劲，激发全县上下干事创业的积极性。

（三）坚持从严治政，全力推进廉洁型政府建设。始终把政治建设放在首位，牢固树立“四个意识”、坚定“四个自信”、做到“四个服从”，坚决维护习近平同志核心地位，拥护党中央权威和集中领导。认真落实《中国共产党纪律处分条例》《中国共产党廉洁自律准则》《中国共产党支部工作条例（试行）》以及中央八项规定及实施细则，营造风清气正的政治生态。认真履行“一岗双责”，加强重点领域、关键岗位、重要环节监管，加强对公共资金、公共资产、公共资源、民生等领域的审计监督，严厉查处各类违法违纪案件，确保干部清正、政府清廉、政治清明。

（四）坚持转变作风，全力推进服务型政府建设。进一步增强宗旨意识、为民意识、服务意识，深入推进“两学一做”学习教育常态化、制度化，持之以恒纠治“四风”，扎实推进作风建设。坚持问题导向，完善联系群众、服务企业常态化机制，从群众最期盼、企业最迫切的难事着手，创新服务模式，积极为群众排忧解难。深化政民互动，提高政府感知群众期盼、服务公众需求的能力。用好新媒体为民服务平台，规范扶贫专线管理，积极回应社会关切，打通联系服务群众的“最后一公里”，不断提高政务服务效能。

各位代表，实干成就梦想，奋斗赢得未来。让我们更加紧密地团结在以习近平同志为核心的党中央周围，在县委的坚强领导下，始终坚定信心不动摇、埋头苦干不懈怠、昂扬进取不停步，以百折不挠的坚定信念、敢闯敢干的开拓精神，凝心聚力、攻坚克难，为雷山人民创造更加幸福美好的生活而努力奋斗，以优异的成绩庆祝中华人民共和国成立70周年！

台江县政府工作报告

（2019 年 1 月 22 日在台江县第十七届人民代表大会第三次会议上）

台江县委副书记、县长 杜贤伟

各位代表：

现在，我代表县人民政府向大会报告工作，请予审议，并请县政协委员和列席同志提出意见。

一、2018 年工作回顾

2018 年，是脱贫攻坚、全面小康的关键之年。一年来，在州委、州政府和县委的坚强领导下，在县人大、县政协的监督和支持下，在中央、省州组织部门的大力帮扶下，我们坚持以习近平新时代中国特色社会主义思想为指导，深入学习贯彻党的十九大和习近平总书记系列重要讲话精神，坚持以脱贫攻坚统揽经济社会发展全局，坚决打好三大攻坚战，全面推进稳增长、促改革、调结构、惠民生各项重点工作，实现全县经济社会持续健康发展。

2018 年，全县地区生产总值预计完成 39.14 亿元、同比增长 12%，比 2015 年的 25.46 亿元增加 13.68 亿元。其中，第一产业增加值 8.3 亿元、增长 6.8%，比 2015 年的 6.01 亿元增加 2.29 亿元；第二产业增加值 7.44 亿元、增长 19.8%，比 2015 年的 4.72 亿元增加 2.72 亿元；第三产业增加值 23.4 亿元、增长 10.5 %，比 2015 年的 14.73 亿元增加 8.67 亿元。500 万元以上固定资产投资预计增长 20%；规模以上工业增加值预计增长 28%；财政总收入突破 5 亿元大关，完成 5.41 亿元、增长 49%，比 2015 年的 2.72 亿元增加 2.69 亿元；一般公共预算收入完成 2.19 亿元、下降 7.4%，比 2015 年的 2.03 亿元增加 0.16 亿元；一般公共预算支出完成 16.79 亿元、增长 1.3%，比 2015 年的 12.03 亿元增加 4.76 亿元；社会消费品零售总额预计完成 7.84 亿元、增长 13%，比 2015 年的 5.53 亿元增加 2.31 亿元。农村居民人均可支配收入预计完成 8477 元、增长 12%，比 2015 年的 6171 元增加 2306 元；城镇居民人均可支配收入预计完成 28867 元、增长 10%，比 2015 年的 22230 元增加 6637 元。顺利实现了“一年有起色、两年见成效、三年大变样”的目标。

（一）脱贫攻坚取得新胜利。2018 年，全县超额完成省、州下达的减贫指标任务，实现贫困村出列 31 个，脱贫人口 3113 户、13597 人，方召镇脱贫摘帽，实现无贫困乡镇的目标任务，全县农村贫困发生率降至 8.19%。脱贫基础更加牢实。围绕“一达标，两不愁，三保障”“三率一度”目标要求，动员全县各方力量投身脱贫攻坚，深入开展“春风行动”“夏秋攻势”，扎实推进“八个专项治理”，启动“28+3+3”干部集中到村蹲点工作模式，组建 10 个督查组和 156 个蹲点工作组，实现所有乡镇和行政村全覆盖，蹲点排查不留死角、不漏一户，贫困人口漏评率、错评率、错退率经省交叉考核均低于 2%。产业扶贫成效显著。贯彻落实“五步工作法”，不断推动三个主导产业、六个特色产业发展壮大，农业产业结构调整取得阶段性成果。全年投入财政扶贫资金 6704.2 万元用于产业扶贫、基础设施、培训管理等领域，项目资金覆盖全县 9 个乡镇（街道）156 个村，受益农户累计达 2.75 万户、11.79 万人次，涉及贫困户 1.4 万户、5.62 万人次，户均增收 1086 元以上。完成精品水果种植 2.65 万亩、稻田综合种养 4.3 万亩、马铃薯种植 1.5 万亩、中药材种植 1.26 万亩、茶叶种植 3000 亩、蔬菜种植 10.5 万亩；建成 15 个食用菌生产基地，出菇大棚 698 个，栽培香菇、灰树花等各类食用菌 2200 亩；30 万头生猪养殖项目建成投产3个，在建28个，正流转土地38个；建成规模蛋鸡场5个，存栏蛋鸡14.9万羽，产蛋量2300吨；发展养蜂项目3300群。新增获批生态护林员110人，累计818名贫困群众受聘为生态护林员，全年兑现国家及地方公益林补助资金达655万元以上。脱贫条件明显改善。全面完成农村公路“组组通”项目建设计划，县域农村公路通达率实现100%。农村公路生命防护工程完成隐患治理206.6公里。大力实施农村饮水安全巩固提升工程，有效解决93547人安全饮水问题，惠及建档立卡贫困户4381户14255人。建成移民安置房1613套，完成1057户5441人的易地扶贫搬迁目标，解决搬迁移民就业1909人。搬迁户旧房拆除和宅基地复垦复绿工作扎实推进。教育医疗住房保障有力。兑现落实好教育资助政策，全年共发放“两免一补”“两助三免”“营养改善计划”“贫困寄宿生生活补助”等资金4462.73万元，涉及贫困学生62763人次。全面落实健康扶贫医疗保障政策，全县贫困人口参合率达100%，补偿建档立卡贫困人口15.63万人次4297.29万元，贫困人口重病慢病患者住院医疗保障补偿报销比例达96.37%。完成保障性住房分配3508套。全面完成农村危房改造100户目标任务，同步推进“三改”工作。金融扶贫成效明显。投放扶贫产业子基金2.91亿元；投放“助保贷”“三农保证保险贷”共1280万元，支持扶贫产业项目6个；投放“特惠贷”8826万元，惠及贫困家庭1846户；提供“两保一孤”3825人意外险保额4970万元；“金穗圆梦”工程发放助学金109万元支持建档立卡贫困大学生入学。积极推进“平安扶贫贷”台江模式，争取平安保险公司捐赠5.8万名建档立卡贫困人口人身意外保险，捐赠食用菌目标价格险、种植险等。东西部扶贫协作推进有力。投入帮扶资金4500万元建成香椿种植大棚、粽叶加工厂等扶贫项目7个，开工建设食用菌种植、民宿改造等扶贫项目13个，产业帮扶项目覆盖贫困人口2390余人，人均年增收500元以上。积极搭建杭州市“黔货入杭”平台，助销台江农特产品791.56万元。深化与余杭区乡镇、村居的结对帮扶，帮联范围拓宽到中小学、幼儿园。大力推进人才交流培训计划，选派党政干部、教师医生、农技专家129人到杭州挂职锻炼，选送65名村干部到余杭区村居（社区）挂职轮训，组织贫困劳动力78人到杭州参加产业发展学习培训，干部群众干事创业和脱贫致富内生动力不断增强。劳务协作、文旅合作进一步深化。

（二）发展质量得到新提升。三次产业比由21.5 ：17.8 ：60.7调整为21.2 ：19 ：59.8，产业结构进一步优化。农业发展提质增效。全县农林牧渔业总产值预计完成12.5亿元，同比增长8%。调减玉米地种植蔬菜、食用菌、中药材、茶叶等经济作物面积2.52万亩。培育农业产业龙头企业23家，巴拉芳华等农业园区建成并投产，实现产值3360万元。“三品一标”认证工作成果丰硕，获得进出口自报资质8家，新增国家生态原产地产品保护、质量认证体系各1个，新增有机认证2个、出口备案2个。种植业无公害产地认定4.83万亩，畜牧（渔业）产地认定7个，无公害产品认证12个。新增农民专业合作社58家，累计发展至488家；新增家庭农场6家，累计发展至31家。“两区划定”、农村承包地确权登记颁证、“三变”试点、农村集体产权制度改革试点等工作有序推进。工业发展快速提升。全年规模以上工业产值预计完成35.74亿元，增加值预计完成8.67亿元、增速达28%。做大做强台江经济开发区循环经济产业链，力促全县工业经济快速发展。引进行业龙头企业天能集团对园区铅酸电池产业进行优化重组，永鑫、保诚新材料等企业新一轮重大技改提升企业产能效率50%以上，火麒麟能源科技公司实现产值11.59亿元、完成税收2.17亿元。加快园区建设，开发区已建成面积3平方公里，落户企业56家，投产21家，其中2000万元以上规模企业投产13家，逐步形成了北部（革一）片区以发展新能源、冶金等重工业为主，南部（台盘）片区以发展轻工业和农文旅产业为主的“一区两园”产业发展格局，全区从业人数突破1万人。服务产业繁荣活跃。批发业销售额13.53亿元，增长11%；零售业销售额11.7亿元，增长11%；住宿业销售额2713万元，增长13%；餐饮业销售额1.75亿元，增长12%。以银饰、刺绣为主的文化产业增加值预计实现2.11亿元，增长16.5%。旅游综合收入预计达16.3亿元、增长46.2%，旅游接待人数累计210.2万人次、增长39.6%。成功承办第八届黔东南州旅游产业发展大会、贵州环雷公山超100公里国际马拉松赛事。锦绣长滩景区、红阳万亩草场景区成功获批3A景区，长滩村通过发展乡村民族文化旅游，实现旅游综合收入200万元、分红50万元，红阳村旅游综合收入48万元、分红19.2万元。舞龙嘘花节、苗族姊妹节、独木龙舟节等节庆活动拉动经济效应日益明显。

（三）城乡建设呈现新面貌。加快推进民族特色新型城镇化建设，新增城镇人口3555人，城镇化率提高到42.55%。县域路网建设加快推进。完成S311施洞至革一段公路改扩建工程，县城经坝场至老屯公路改扩建、县城至方召公路改扩建、县城至台盘城市干道、汪江至交密漂流起点公路等项目有序推进，县域交通路网进一步优化。重点水利工程建设扎实推进。空寨水库、南开水库项目累计完成投资 2.04 亿元。城区供水升级改造、城镇污水处理及配套管网“三水共建”等项目有序推进，累计完成投资 1.87 亿元。平寨航电项目有力推进，防洪灌溉、农田水利、水土保持、农村小水电等工程取得较大进展。城市基础设施不断完善。大力推进翁你河综合治理工程，建成人行步道 5860 米、亲水平台 862 米、安全护栏 5800 米、景观长廊 360 米，县城生活环境得到明显改善；完成县城主干道绿化及县城路灯升级改造、城南环路、洋汪停车场等项目建设，城市品位明显提升。城乡垃圾收运系统和污水处理设施不断完善，城镇生活污水处理率、城乡生活垃圾无害化处理率分别提高到 80%、89%。美丽乡村建设持续加快。完成 121 个村庄规划编制。红阳、交宫、下南刀、水寨等 4 个村寨入选第五批中国传统村落名录。22 个建档立卡农村扶贫基础设施建设项目完成投资 3.3 亿元，阳芳、稿仰、桃树榜等民族村寨基础设施不断完善。“小康讯”、“小康电”、“广电云”户户用等建设工作成效明显，全县 9 个乡镇（街道）、67 个行政村（居、社区）实现宽带覆盖率 100%、4G 网络覆盖率 100%；完成小康电示范县创建，广电云用户数达 15836 户。

（四）改革创新迈出新步伐。坚持深化改革、扩大开放、推动创新，为加快发展提供强大动力。重点领域改革不断突破。深化“放管服”改革，公布县直部门 77 项“最多跑一次”事项，行政审批时限压缩 88.7%。市场主体培育成效明显，全县市场主体达 16441 户，新设立 3939 户，增速 31.51%。农村集体产权制度改革全面启动，全县土地确权登记工作完成颁证 2.37 万本、15.46 万亩。公立医院改革不断深化，持续推进医保总额预付支付方式，落实药品采购“两票制”，推进分级诊疗和基层首诊，全面实施家庭医生签约服务制度。县级机构改革、户籍制度改革、县属国有平台公司及国有企业综合改革、投融资体制改革有序推进。对外开放成效明显。深入开展产业大招商和优化营商环境整治两大行动，全县新增项目 41 个，新增投资总额 25.47 亿元，累计到位资金 41.23 亿元，开工项目 41 个、投产项目 52 个，项目开工率达 100%。引进国内 500 强企业理士集团落户台江，实现招大引强。创新创业能力明显提升。深入实施“双培育”行动计划，新增省级科技型中小企业备案 30 家、累计 120 家。新增高新技术企业 2 家，累计 4 家；完成技术合同交易 8820 万元，申报专利 123 件。

（五）生态文明开启新征程。环保攻坚有力推进。深入开展“蓝天保卫”“碧水保卫”“净土保卫”“固废治理”“乡村环境整治”五场战役，积极开展饮用水源地环境保护、“清废行动”、“绿盾 2018”等环境执法专项行动，扎实推进中央环保督察问题整改，全面推进环境保护督察工作常态化、制度化。完成县城高污染燃料禁燃区划定、网箱养殖取缔、全国第二次污染源普查清查等工作，实施农村环境综合整治、水源地涵养及保护、水质自动监测站、县级环境监测实验室标准化建设等环保项目 55 个，完成台江县第二污水处理厂、革一生活污水处理厂建设，环保基础设施进一步夯实。森林生态保护不断加强。完成湿地调查保护 2.2 万亩、营造林 3.69 万亩，森林覆盖率达 68.82%，全县森林生态系统服务功能价值达 63.86 亿元。扎实开展森林保护“六个严禁”执法专项行动，坚决打击破坏森林资源的各种违法犯罪行为，立案查处涉林刑事案件 71 起，办结各类行政案件 133 起，责成生态补植复绿 45.4 亩。生态环境质量持续改善。划定生态红线区域总面积 479.96 平方公里，占国土面积的 44.51%。全县（县城）全年环境空气质量综合指数为 3.05，空气优良率达 97.8%。县城和乡镇饮用水源地水质监测、地表水监测均达到国家Ⅲ类标准以上，地表水监测断面水质达标率为 100%。声环境、辐射环境质量总体良好。

（六）社会事业再上新台阶。教育事业取得突破性进展。全面实施“教育综合能力提升工程”，选派近 500 名校长、教师到杭州等地跟岗学习培训。“组团式”教育帮扶成效显著，高考创历史最好成绩，一本上线 73 人，净增 30 人；二本以上上线 504 人，净增 210 人；600 分以上 8 人，突破我县多年来未有 600 分的高考瓶颈；本科上线率从去年的 29.82% 上升到 50.63%；专科以上上线率达 99.1%。义务教育质量稳步提升，中考人均分和及格率分别排全州第四、第六。高中优质生源回流势头良好，社会对教育信任度、满意度大幅提升。卫生健康事业快速发展。全面推进县三级综合医院、乡镇卫生服务中心、深度贫困村卫生室改造等县乡村卫生项目建设，完成心脏介入中心等重点学科专科和新技术、新项目 35 项，县医院门、急诊诊疗和手术人次分别增长 39%、24.7%，转诊人次下降 3.45%。全面实施贫困人口“先诊疗，后付费”和“一站式”即时结算服务，实现与 2400 多家省内外医院异地就医现场直接结算。成功处置布鲁氏菌病等疫情，卫生应急防控能力明显增强。大力开展爱国卫生运动，南宫镇成功创建国家级卫生乡镇，南宫、石灰河、阳芳、反排等成功创建省级卫生村寨。深化计划生育服务管理改革，强化出生人口监测，开展农村计生"两户"人居环境改造、万千财富助学工程。就业创业持续稳定。新增城镇就业1779人，登记失业率控制在4.2%以内。开展就业技能、农村实用人才、民族手工艺等全员培训3162人，带动就业创业1726人。发放创业担保贷款116户、1115.5万元，带动就业451人，农村富余劳动力转移就业4164人。社会保障体系不断健全。积极落实社会保障制度，城乡居民养老保险参保人数达80601人，完成州级下达任务的103.99%。全力推进城乡低保提标与核查工作，城镇、农村低保标准分别提高7%、10%，累计发放低保金9455.71万元。加大医疗救助、临时救助、特困供养、孤儿救助等工作力度，累计发放救助金1008.84万元。认真贯彻落实残疾人"两项补贴"政策，累计发放补贴556.7万元。便民利民事业加快推进。县级政务服务中心建成并投入使用，完成第一批23个村党群服务中心建设，残疾人康复中心、全民健身中心、"四馆一台"等项目加快建设。"综治中心""天网工程""雪亮工程"有序推进，扫黑除恶专项斗争取得阶段性战果，社会治安、公共安全持续向好。食品药品、消防、交通、住建、地质灾害等行业领域安全生产形势总体稳定，无较大及以上安全事故、涉稳案（事）件发生。

（七）政风行风展示新形象。严格落实政府系统全面从严治党主体责任，深入推进"两学一做"学习教育常态化、制度化和铸廉铸勤行动，刚性执行中央八项规定精神，驰而不息整治"四风"，严格落实"一岗双责"，严肃查处违纪违法案件，给予党纪政务处分87人。扎实推进法治建设，加强规范性文件审查，规范行政执法，办理行政复议案件12件，行政诉讼案件24件。持续推进政务公开，深化行政审批标准化改革，清理精简行政审批事项，不断提高政府系统执行力、公信力和服务水平。强化审计监督职责履行，切实加强扶贫领域等民生资金的审计监督，进一步提升审计整改及成果运用。自觉接受县人大依法监督、县政协民主监督，认真听取社会各界对政府工作的意见、建议，办理人大代表建议157件、政协委员提案56件，所有建议、提案全部办理完毕，代表、委员满意率分别为98%、100%。统筹推动各项事业发展，征兵和国防建设工作取得新成绩，实现56年57次无责任退兵。全县民族团结进步基础进一步铸牢，民族团结和睦指数监测达99.78%，荣获省级民族团结进步创建示范县称号。此外，外事侨务、人防、供销、档案、新闻出版、工会、妇女、儿童、共青团、老龄、气象、史志、红十字等各项事业取得新进步。

各位代表，成绩来之不易，奋斗蕴含艰辛。这是习近平总书记和党中央关怀厚爱的结果，是州委、州政府和县委坚强领导的结果，是县人大、县政协监督支持的结果，是中央和省、州组织部门及各级帮扶单位鼎力支持的结果，是全县人民奋力拼搏的结果。在此，我代表县人民政府，向全县各族人民、各级干部表示崇高的敬意！向各位代表、政协委员，向各人民团体，向驻县人民解放军、武警官兵、人民警察和消防救援指战员，向各级帮扶单位和帮扶干部，向所有关心、支持和参与台江改革发展的各界人士，表示衷心的感谢！

在总结成绩的同时，我们也清醒地认识到存在的问题和不足，人民群众日益增长的美好生活需要与不平衡、不充分发展之间的矛盾在我县还比较突出，面临的挑战还十分严峻。一是整县脱贫摘帽任务繁重。贫困人口底数、动态管理、档案资料等脱贫基础有待进一步夯实，扶贫产业覆盖还不够广，利益联结机制还需进一步完善，农业专业合作社作用发挥不够明显，农村危房改造进度迟缓，实现整县脱贫摘帽还需付出巨大努力。二是项目建设要素保障不足。部分项目征地补偿、房屋拆迁及拆迁安置等民事工作难度大，用地保障不足；加之受国家政策收紧影响，融资渠道收窄，融资困难，项目资金缺口较大，导致项目建设进展缓慢。三是营商环境还不够优化。部门间信息共享联动服务还不足，行政审批互为前置，办事程序还较为繁琐，政务服务意识还不够强，少数干部不作为、慢作为问题依然存在，工作效率有待进一步提高，转作风、提效能还任重道远。四是环境综合管理能力有待提升。污水处理厂、工业渣场等环保基础设施总量不够，环境质量预测预警能力建设不足，环境监管服务水平还不适应新形势经济发展的需求。对于这些问题、困难，我们将采取有力措施加以解决。

二、2019年重点工作

2019年是新中国成立70周年，是脱贫攻坚、全面建成小康社会的决战之年，做好全县经济社会发展工作责任重大、意义深远。我们既要看到宏观经济环境依然复杂严峻，经济下行压力逐步增大，更要看到我县发展面临的难得机遇、有利条件。我国经济长期向好的基本面没有变，中央在深化供给侧结构性改革、新时代实施西部大开发、振兴实体经济、打赢脱贫攻坚战、推动乡村振兴等方面的政策效应叠加释放，为我们强弱项补短板、调结构促转型提供了有力支撑。

今年政府工作的总体要求是：坚持以习近平新时代中国特色社会主义思想为指导，深入贯彻落实党的十九大和习近平总书记对贵州工作的系列重要指示批示精神，认真贯彻中央、全省及全州经济工作会议精神，统筹推进“五位一体”总体布局，协调推进“四个全面”战略布局，坚持稳中求进工作总基调，贯彻新发展理念，推动高质量发展，坚持以脱贫攻坚统揽经济社会发展全局，以供给侧结构性改革为主线，深化市场化改革、扩大高水平开放，坚持守好“两条底线”、用好“两个宝贝”，把产业作为经济工作的“牛鼻子”、把项目作为总抓手，继续打好三大攻坚战，全面做好稳增长、促改革、调结构、惠民生、防风险各项工作，促进经济平稳健康发展、社会和谐稳定，坚决夺取脱贫攻坚的全面胜利，以优异的成绩庆祝中华人民共和国成立70周年。

全县经济社会发展的主要预期指标是：地区生产总值完成43亿元以上，增长9%左右；农林牧渔业增加值完成8.9亿元以上，增长6.5%左右；规模以上工业增加值完成10亿元以上，增长15%以上；规模以上服务业增加值完成3400万元以上，增长10%以上；500万元以上固定资产投资完成29亿元以上，增长15%以上；财政总收入完成5.6亿元以上，增长5%以上；一般公共预算收入完成2.3亿元以上，增长5%以上；社会消费品零售总额完成8.6亿元以上，增长10%以上；城镇、农村居民人均可支配收入分别达30865元、9145元，分别增长8.5%、11%以上。各项约束性指标控制在省、州规定范围内。

围绕上述目标要求，我们将重点抓好7个方面的工作：

（一）全面决胜脱贫攻坚。坚持尽锐出战，集中全部精力，全力推进脱贫攻坚，确保全县贫困人口错退率、漏评率控制在2%以内，群众对脱贫攻坚认可度达90%以上，实现52个贫困村出列、不少于9300人脱贫，贫困发生率降至3%以下，全县农村居民人均可支配收入增幅高于全省平均水平，实现整县“脱贫摘帽”目标。

一是抓实精准扶贫、精准脱贫基础。继续开展干部集中驻村蹲点工作，对全县贫困情况进行再摸底再核实，精准掌握工作底数，及时查缺补漏，切实抓好问题整改，全面抓实精准扶贫精准脱贫基础。二是强力推动扶贫产业落地见效。巩固提升三个主导产业、六个特色产业，全县推广稻田综合种养4.5万亩、马铃薯种植1.5万亩，发展中药材示范种植4000亩，生产食用菌3000万棒，种植茶叶5000亩、辣椒1万亩、优质大米1万亩。持续推进30万头生猪养殖全产业链项目建设，家庭农场全部开工建设，竣工投产达80%以上，存栏20万头，出栏10万头。巩固发展蛋鸡养殖产业，存栏蛋鸡20万羽，产蛋量2500吨。发展蜂群5000群。三是巩固提升基础设施。启动“四好农村路”创建工作，全面提升农村公路通行条件，力争实现农村客运全覆盖。继续推进农村饮水安全巩固提升工程，有效解决全县农村2.3万人安全饮水问题。加快台盘、交孟沟、方黎湾易地扶贫搬迁安置点建设，确保完成2887人搬迁入住任务。四是全面落实教育医疗住房保障。全力抓好控辍保学工作，进一步落实好“两免一补”、“两助三免”、国家助学贷款等惠民政策，确保我县建档立卡贫困学生不因贫失学。深化教育“组团式”帮扶，积极争取教育对口帮扶支持，进一步改善办学条件，不断提升教育基础能力。加强资助政策宣传，拓宽捐资助学渠道，做好学生资助工作，扩大群众知晓率、覆盖面。全面兑现健康扶贫医疗保障政策，扎实推进家庭医生签约服务，提升基本公共卫生服务水平。落实健康扶贫三年攻坚行动，推动健康促进与教育进村入寨，提高城乡居民健康素养。加快推进农村“危改”“三改”工作，全面完成农村老旧危房透风漏雨专项整治任务，确保贫困群众住房安全。五是全面深化东西部扶贫协作。加快余杭浙商扶贫产业园一期项目建设，引入中国妇女发展基金会“妈妈制造”扶贫项目，促进村集体和贫困群众增收。用足用好东西部就业扶贫政策，安排专项资金开展精准培训。引入劳务公司，加大贫困劳动力输出。继续开发公益性岗位，帮助贫困劳动力和残疾人就近就业。继续选送初高中毕业生到杭州接受免费职业教育，提升就业技能。继续深化“爱在黔方”手拉手助学行动。设立台江民中“余杭班”，免费为品学兼优贫困家庭学生提供高中三年全程就读服务。

（二）着力构建现代产业体系。坚持新发展理念，狠抓实体经济，全面推动一二三产业高质量发展。

一是大力推动农业高质量发展。加快完成现有4个省级农业示范园区建设，打造集生态种植、循环种养、休闲体验为一体的新型高效生态农业模式，推动农业产业规模化品牌化。围绕产业布局，强化龙头企业带动，着力打造打革坝至排羊灰树花产业带、台盘至革一茶树菇和秀珍菇产业带、南宫香菇产业带，全力推进30万头生猪全产业链建设。实施“质量强农”战略，继续抓好“三品一标”认证，积极推动特色农产品质量安全溯源体系建设。实施“电商营销”战略，推动更多本土特色农产品线上交易走向市场，继续扩大和培育区域公共品牌。二是大力推动工业高质量发展。以“千企改造”为抓手，加快推进全县工业企业转型升级。继续加大园区基础设施建设，加快台江经济开发区220千伏变电站、企业服务中心等项目建设，完成返乡创业示范园标准厂房建设，不断完善园区配套服务设施，改善园区投资环境。加快在建项目建设，大力推进民族医药康养小镇建设，中科鑫筑装配式建筑项目建成投产。加大工业项目引进，实现新增工业项目10个以上，投资总额达10亿元以上，推动工业经济整体水平提高。壮大园区主导产业，天能集团台江循环经济产业园项目上半年建成投产，加快理士国际台江项目进度，着力推动和构建汽车动力能源产业发展和园区产业链条。三是大力推动以旅游业为龙头的现代服务业高质量发展。抓好银饰刺绣特色产业发展，大力支持和培育一批500万元以上规模银饰刺绣骨干企业发展。全力推进施洞苗族文化景区、白水洞瀑布景区建设，完善锦绣长滩景区、红阳万亩草场景区、西施旅游环线、环雷公山旅游精品线、美丽乡村旅游步道等旅游项目配套设施建设，推出一批具有市场竞争力的景区景点。深入挖掘文化旅游产业拉动效应，打造2个至3个高端民宿，推出3个至5个乡村旅游脱贫示范村，推动舞龙嘘花节、苗族姊妹节、独木龙舟节等民族节庆市场化、民间化运作，丰富旅游业态。四是大力发展民营经济。全面落实国家减税降费政策，清理规范涉企收费。大力开展服务民营经济“六大专项行动”，常态化开展政金企对接，鼓励、支持金融机构将资源向中小微企业倾斜，帮助解决企业发展难题，构建“亲、清”新型政商关系。深入推进“减证为民”和全程代办服务，提高部门主动服务企业积极性，切实做好“一站式”服务，创造良好营商环境。大力扶持本土企业发展，积极引导支持现有企业优先参与全县各行业、各领域重大项目建设。力争今年实现编制招商引资产业项目50个，引进招商引资产业项目20个、开工建设20个。

（三）全力抓好重大项目建设。加强项目储备，紧紧围绕高端装备制造、新型材料、节能环保、生物医药及物流仓储等新产业、新业态，集中对接、储备一批转型项目，增强转型后劲。突出抓好在建重点项目，继续实行“一个项目、一名领导、一套班子、一包到底”工作机制，大力推进2018年106个重点项目，全力抓好今年拟实施的105个重大工程和重点项目，总投资216.66亿元，年度计划投资45.74亿元，新开工项目50个。

一是完善交通、水利等基础设施建设。汪江至交密漂流起点公路、X845县城至方召公路改扩建、县城经坝场至老屯公路改扩建等项目上半年建成通车。开工建设G211台江至施洞公路改造、S311革一至台盘段改扩建、X845方召至反排公路改扩建等项目。启动县城饮用水源点白鸡山水库项目，继续推进空寨水库、南开水库、县城“三水共建”等重点水利项目建设。强化资金保障，确保防洪灌溉、中小河流治理、农田水利、水土保持、农村小水电等工程有序开展。二是加快城市建设项目。启动洋汪城市综合体、南浓寨片区棚户区改造及城镇天然气管道建设工程，力争建设完成民族体育中心工程，全面完成翁你河综合治理项目，城南环路实现全线贯通。三是强化要素保障。加强财源建设，不断优化大数据综合治税信息共享平台，积极推进外地企业“本地化”；继续大力发展工业经济，培植壮大主体财源；加大对企业扶持力度，加强税收征管，提高收入质量，严禁采取“空转”等方式虚增财政收入。优化支出结构，继续压缩一般性支出，加大对扶贫、教育、卫生、社保、住房保障等关系群众切身利益的重点领域支出。强化金融支持，抓好重点项目和重大工程融资服务对接工作，增强金融服务实体经济的能力，积极争取绿色产业扶贫投资基金支持。强化用地保障，盘活闲置土地和低效用地，积极引导企业使用获批闲置土地，大力实施城乡建设用地增减挂钩，拓展用地指标来源，解决城乡发展用地需求。完成第三次全国国土调查，启动农村“房地一体”确权登记颁证工作。

（四）扎实推进乡村振兴战略。统筹推动脱贫攻坚、乡村振兴，巩固提升脱贫成果。

一是科学编制产业规划。全面落实产业革命“八要素”，区域化布局乡村主导产业，加快形成工农互促、城乡互补的产业体系，推进乡村产业振兴。加快农业产业结构调整，在确保粮食总产量的基础上，经济作物占种植业的比重提高到64%以上，畜牧业占农业总产值比重提高到28%以上。实施基础工程，重点做好老屯长滩至望虎屯、报效至南你、台盘阳芳至空寨大坝等8个200亩以上坝区产业结构调整。二是全面深化农村改革。围绕“三变”改革、土地确权工作，重点抓好农村集体产权制度改革。深化农业供给侧改革，大力实施“科技兴农”战略，深化与山东农科院、省农科院等科研院校合作，提高农业科技水平。探索建立林权制度改革，完善集体林权确权颁证办法，推进集体林地、林木“三权”分置。加快政策性森林保险工作力度，建立健全林地、林木抵押贷款和投融资体系建设，持续推进生态扶贫工程。大力培育家庭林场、专业大户等新型经营主体，引导发展林果、林禽、林菌、林药等林下经济。三是加快美丽乡村建设。持续抓好农村清洁风暴工作，加大农村人居环境综合整治力度，加快农村基础设施提升工程建设，统筹推进城乡发展，实现80%以上的自然村寨生活垃圾得到有效治理，农村卫生厕所普及率达75%以上，推动全县农村人居环境质量明显提升。加强传统村落和传统建筑的保护发展，继续完善41个传统村落消防基础设施和农村环境综合整治工程，着力打造一批传统村落保护发展利用示范村。四是大力推进基层组织建设。加强服务型、发展型村级组织建设，在致富带头人、复员军人、大学生村官群体中培养村级后备干部。加强农民专业合作社规范化建设，围绕主导产业组建县乡合作总社，全面清理“空壳”合作社。加强农村（社区）治理创新，完善村民自治制度，推动乡村（社区）治理和服务重心下移。

（五）坚决抓好重大风险防控。时刻绷紧防范化解重大风险这根弦，强化政治意识、提高政治站位，切实抓好重点领域风险防范化解。

一是抓好政府债务风险防控。积极争取再融资债券资金，妥善化解地方政府债务。采取安排年度预算资金、盘活财政存量资金、经营收入偿还等方式化解政府隐性债务。认真落实政府性债务管理“七严禁”要求，健全“借用还”与“责权利”相统一的债务管理机制，规范政府举债融资行为，坚决防止形成新的政府隐性债务。二是抓好金融风险防控。推进防范化解金融风险和服务实体经济有机结合，“一对一”贴身盯防中小法人银行流动性风险。健全互联网金融监管机制，完善打击非法金融活动工作机制。深入开展打击恶意逃废债务专项行动，重点整治乱办金融、非法集资、违法违规套利等严重干扰金融市场秩序行为。三是抓好社会风险防控。深化民族团结示范县创建，巩固提升平安台江建设，深入开展扫黑除恶专项斗争。健全完善矛盾纠纷多元化解机制，深入开展矛盾纠纷信访问题防范化解攻坚。强化重大项目重大事项社会稳定和信访风险评估，做好风险隐患的源头防范。严格落实安全生产责任体系，持续加大对非煤矿山、危险化学品、烟花爆竹、冶金工贸等重点行业领域专项整治和执法力度，着力推进企业安全生产规范达标创建活动。全面推进安全生产风险和隐患排查治理“双控体系”建设，坚决防范遏制重特大事故、群体性事件发生。四是抓好意识形态领域风险防控。深刻认识做好意识形态工作的极端重要性，严格落实意识形态工作责任制，加强意识形态阵地建设管理，抓好网络意识形态工作，牢牢把握意识形态工作领导权，确保意识形态领域绝对安全。

（六）持续推进生态文明建设。坚决守好生态底线，践行“绿水青山就是金山银山”的理念，推动绿色发展。

一是全面加强生态环境建设。实施好生态林业重点工程，突出抓好天然林保护、林业综合开发、植被恢复等重点工程建设，完成3.3万亩退耕还林任务。大力实施水土保持项目，积极抓好土壤污染治理和修复，扎实推进县城集中式饮用水源保护区涵养与保护，完成环境监察监测能力达标建设。二是坚决打好污染防治攻坚战。持续巩固中央、省环保督察及通报问题整改工作。全面完成全国第二次污染源普查后续工作。深入推进环境保护五场战役，确保集中式饮用水源地水质达标率100%，地表水断面、空气质量达标率控制在省州下达目标任务范围内。推行环境保护网格化监管制度，严厉打击环境违法行为，严防新的环保问题发生。加快城乡污水处理厂、垃圾收运系统建设，确保垃圾无害化处理率达90%以上，城镇生活污水处理率达85%以上。三是全面夯实生态环境工作基础。强化生态保护红线、环境质量底线、资源利用上线的硬约束，建立生态环境突出问题整治党政领导干部包干督察制。严格落实河长制，推进巡河项目化、常态化。加快环保基础设施建设任务，切实补齐治污能力短板。完善重点企业环保监管机制，促进产业生态化。强化环境监管队伍建设，积极推进生态环境监管执法队伍装备现代化、队伍专业化、管理制度化，全面提升环境监管队伍业务能力、服务水平。

（七）着力保障和改善民生。始终把改善民生作为一切工作的出发点、落脚点，全面提升人民群众的获得感、满意度。

一是办好群众满意教育。加大教育投入，启动台江民中扩建项目，加快推进台江职校高质量发展项目，继续巩固义务教育基本均衡发展和基本普及十五年教育成果。完成“全面改薄”、教育信息化、校园文化等教育工程建设，为实现“优质均衡”教育目标打好基础。继续深化教育改革，加强学校德育工作，实施好杭州市对口帮扶台江县教育综合能力提升工程，全面提升教师教育教学能力，努力提高办学质量。高质量完成省州下达的年度教育工作目标任务，努力创建群众满意的“幸福教育”。二是全面提升卫生健康水平。持续深化公立医院综合改革，加快推进以县级公立医院为龙头、乡镇卫生院为枢纽、村级卫生室为网底的县域医共体建设。加快县乡村三级医疗基础设施设备建设。深入推进爱国卫生运动，加强公共卫生、重大疾病防控工作，不断提高应急处置能力。实施好妇幼保健服务、贫困地区儿童营养改善、新生儿疾病筛查等工作。加强医疗卫生人才队伍建设，巩固深化“组团式”帮扶模式，全力推进医疗健康扶贫全覆盖。三是繁荣发展文化事业。加快公共文化服务体系建设，完成“四馆一台”、全民健身中心、东山环线绿色健身步道等项目建设。丰富乡村文化生活需求，抓好文化惠民工程建设，深化文化科技卫生“三下乡”长效机制，增加优秀乡村文化产品和服务供给，推动乡村旅游与新农村建设和富民工程相结合。加强非遗传承培育，积极谋划“传统工艺振兴计划”，实施非遗技艺“十百千万”培训工程，促进传统手工技艺和民族医药的传承发展。稳步推进文物保护利用工作，积极申报文昌宫全国重点文物保护单位。继续做好广电基础设施建设，加快推进多彩贵州“广电云”户户用二期工程，扩大县级广播电视自办覆盖范围，实现地面电视无线发射。大力发展体育事业，推进乡村农民体育健身工程建设。四是着力加强社会保障。实施全民参保计划，实现基本养老、基本医疗保险全覆盖。加强就业创业工程，抓好农村劳动力技能培训和转移就业，力争转移农村劳动力就业4164人以上，城镇新增就业1779人。建立完善城乡社会救助体系，强化“政策保”对象和“四有”人员核查清理，抓好城乡低保提标工作，切实做到“应保尽保、应退则退”。继续加大医疗救助、临时救助、特困供养及残疾人“两项补贴”发放工作力度，为脱贫攻坚奠定社会兜底基础。加快老年养护楼和残疾人康复中心项目建设，着力改善民生基础设施薄弱现状。

三、全面加强政府自身建设

各位代表，顺应人民群众新期待，适应实践发展新要求，我们将始终坚持执政为民理念，不忘初心、牢记使命，认真履职、勤勉工作，全面建设人民满意的服务型政府。

（一）全面加强政治建设。坚持和加强党的全面领导，深入学习宣传贯彻习近平新时代中国特色社会主义思想和党的十九大精神，牢固树立“四个意识”、增强“四个自信”、做到“两个维护”，在思想和行动上同以习近平同志为核心的党中央保持高度一致，确保令行禁止。自觉接受县委领导，定期向县委常委会汇报工作，坚决贯彻执行县委各项决策部署。严格执行新形势下党内政治生活的若干准则，严肃党内政治生活，加强党内监督，不断加强政府系统党的建设。

（二）全面加强法治建设。坚决维护宪法权威，全面推动依宪施政、依法行政，深入开展普法教育活动，推动法治台江建设。坚持科学民主依法决策，健全依法行政制度体系，严格规范公正文明执法，加大行政执法监管力度，大力推动落实政府法律顾问制度并向有条件的村延伸。强化权力运行制约监督，依法接受县人大及其常委会的法律、工作监督，自觉接受县政协的民主监督，主动接受社会、舆论监督，认真听取民主党派、工商联、无党派人士和各人民团体意见。强化政务公开，让权力在阳光下运行。

（三）全面加强廉政建设。始终把纪律规矩挺在前面，严格政治纪律、政治规矩，坚决贯彻中央八项规定及其实施细则精神，大兴“三风”、纠正“四风”，着力推动精文简会，严肃查处顶风违纪违法行为，坚决防止“四风”反弹回潮。始终把党风廉政建设作为政府廉政建设主体责任抓紧抓实、抓出成效，组织开展经常性党风廉政教育活动，筑牢思想防线、坚守廉洁底线。保持惩治腐败高压态势，聚焦重点领域、重点人群，深化廉政风险防控，聚焦权力运行关键点、监督管理薄弱点和问题易发风险点，严肃查处侵害群众利益的不正之风、腐败问题，努力营造风清气正、廉洁高效的政务环境。

（四）全面加强作风建设。牢固树立以人民为中心的发展思想，坚持问政于民、问需于民、问计于民，切实顺应群众所思、所想、所盼。坚持正确的价值取向和用人导向，大力倡导说实话、谋实事、做实功、求实效，坚决反对“假大空”，坚决不搞“形象工程”“政绩工程”。坚持把“五步工作法”贯穿政府工作全过程，倡导苦干实干作风，健全抓落实的责任链条，强化督查考核问责，在职责履行上“担担子”、在任务落实上“钉钉子”。鼓励干事创业，激励干部把本领体现在会干事、干成事上，探索推行激励机制、容错纠错机制，旗帜鲜明为敢于担当干事的撑腰鼓劲，满怀热情关心关爱干部。

各位代表，新时代的蓝图已经绘就，前进的号角已经吹响。让我们更加紧密地团结在以习近平同志为核心的党中央周围，在州委、州政府和县委的坚强领导下，团结和依靠全县人民，勠力同心、开拓创新，为全面决胜脱贫攻坚、全面建成小康社会、谱写新时代台江发展新篇章而努力奋斗，以优异的成绩庆祝新中国成立70周年！

剑河县政府工作报告

（2019年1月9日在剑河县第十七届人民代表大会第三次会议上）

剑河县委副书记、县长 肖金城

各位代表：

现在，我代表县人民政府向大会作工作报告，请予审议，并请各位县政协委员和列席会议的同志提出宝贵意见。

一、2018年工作回顾

一年来，在州委、州政府和县委的坚强领导下，在县人大、县政协的监督支持下，全县上下深入学习贯彻落实习近平新时代中国特色社会主义思想，坚持以“生态脱贫·绿色发展”统领经济社会发展全局，以深化供给侧结构性改革为主线，牢牢守住发展和生态两条底线，坚决打好三大攻坚战，深入推进“工业强县、城镇带县、旅游富县”三大战略，着力稳增长、促改革、调结构、惠民生、防风险，经济社会发展保持稳中有进、进中向好的良好势头。

——这一年，我们凝心聚力发展，彰显了剑河实力。初步预计，全县地区生产总值完成50.21亿元，增长12.1%；500万元以上固定资产投资完成36.47亿元，增长21.3%；全社会消费品零售总额完成13.6亿元，增长12%；财政总收入完成4.24亿元，其中一般公共预算收入完成2.14亿元；金融机构存贷款余额达111.5亿元，增长11.9%；城乡居民人均可支配收入分别为29711元、8741元，分别增长9.2%、10%。

——这一年，我们抢抓发展机遇，展示了剑河作为。抓紧抓实中直单位、省、州定点帮扶和东西部协作帮扶机遇，强力推动帮扶事项落地生根、开花结果。临床医疗科技专项试点、农村环境科技整治专项试点、农户“三网融合”专项试点等工作在全省范围内率先试行。全面推广“财政扶持撬动＋保险融资带动＋保险保障全面”的普惠金融发展模式，贫困户在生产、生活各个方面实现愿保尽保，解决贫困户“后顾之忧”，金融助推脱贫攻坚示范县创建取得阶段性成果。

——这一年，我们工作取得突破，展现了剑河活力。“十三五”易地扶贫搬迁任务提前完成。在全省率先完成土地增减挂钩指标跨省流转工作，在全州率先完成农村土地承包经营权确权登记颁证、房地一体登记等工作。全面启动街上村棚户区改造工程。“两违”清理推动我县立体防违控违体系全面建立，拆除违法建筑1.4万平方米，城乡风貌大为改善。

——这一年，我们获得多方肯定，体现了剑河担当。顺利通过义务教育基本均衡发展国家评估认定。县人民医院通过省二级甲等综合医院复审。在全省率先开展公安派出所备勤室改造建设，得到省、州领导的高度评价，并在全省范围推广。全省2018年生态家禽产业技术体系建设助推脱贫攻坚现场推进会、全州2018年农业结构调整暨产业扶贫现场推进会等会议，先后在我县召开。荣获“国家级防震减灾工作先进县”“贵州民间文化艺术之乡”“省级财政支持村集体经济示范县”“省级食品安全示范县”“省级森林城市”等荣誉。

回顾一年来的工作，主要体现在以下几个方面：

（一）脱贫攻坚扎实有力。全面落实中央、省、州脱贫攻坚政策，扎实推进脱贫攻坚“春风行动”“夏秋攻势”，民营企业“千企帮千村”行动稳步推进，脱贫攻坚各项工作取得阶段性胜利，全年减少贫困人口16328人，32个贫困村按国标出列，贫困发生率从2017年的17.7%下降到11.06%。脱贫力量全面加强。设立“五大战区”，规范脱贫攻坚“作战室”建设，组建驻村工作队127支、安排结对帮扶干部6000余人，实现驻村帮扶、结对帮扶全覆盖。扎实开展脱贫攻坚“1+8”专项治理，贫困人口动态调整实现精准识别。产业扶贫成效明显。按照“1+3+X”的产业发展布局，大力发展“一县一业”食用菌产业，重点发展小香鸡、钩藤、生猪产业，同步发展稻田养鱼、竹鼠养殖、蔬菜种植、精品水果、中药材等产业。投入财政扶贫资金9775.2万元，整合各类涉农资金3.12亿元，实施重点产业扶贫项目65个，确保有劳动力的贫困户至少有1个稳定增收项目。易地扶贫搬迁有序推进。完成2017年易地移民搬迁安置房2896套，实现县内搬迁安置11810人。完成跨区域搬迁2251人。完成2016年度旧房拆除州级调度指标。着力抓好搬迁人住后续保障工作，社区管理服务工作逐步完善。教育医疗扶贫落实有力。中职学生675人全部免除学费，资助贫困学生3248人次，共700余万元；依托政校合作，在省内高职、中职院校举办“全免费订单职业教育精准脱贫剑河班”，招收571名学生。全县建档立卡贫困人口获得医疗救助13.23万人次，补偿金额6017.79万元；累计救治7类13种大病患者1060人次，救助金额645万元。脱贫基础日趋完善。实施“组组通”项目147个、483公里，建成“通村村”平台指挥中心，农村客运网络覆盖所有乡镇。新建农村安全饮水工程54处，惠及1.9万余人。完成农村危房改造2597户。

（二）风险防控卓有成效。努力培植壮大财源、加快处置存量资产、积极盘活存量资金，债务风险在可控范围之内。严格落实“七严禁”和“1+8”债务管理系列政策举措，PPP模式化债等稳步推进。完成政府债务还本付息5917万元。深入开展非法集资、各类交易场所专项整治，银行金融机构风险隐患处置化解有效推动，金融风险防范市场化处置不断强化，不良贷款余额、不良贷款率持续下降。

（三）生态建设走向深入。严格执行生态环境保护“党政同责”“一岗双责”，建立健全县乡村三级河长体系，加强对县境内河流管理保护。全面完成中央环保督察组反馈问题整改工作。完成营造林面积2万亩、退耕还林4000亩，落实生态管护面积108万亩。生态护林员增至2215名，全年兑现生态效益补偿资金1636.54万元。深入实施“双十”“双源”行动，新增城市绿地面积8.85万平方米，森林覆盖率达72.15 %。集中式饮用水源地水质达标率达100%，空气质量指数优良率达95%以上。

（四）产业发展成效显著。一二三产业分别完成12.08亿元、8.68亿元、29.52亿元，同比分别增长6.8%、20.6%、12%，三次产业比重调整为23.9 ：17.3 ：58.8，产业结构不断优化。现代农业稳步发展。种植业粮经比为42.71 ：57.29，粮食播面达29.77万亩、产量达6.1万吨，出产鲜菇1.25万吨，出栏小香鸡130万羽、生猪15万头，钩藤达产面积5.8万亩，种植蔬菜11万亩、精品水果4.6万亩。新增省级龙头企业3家、州级龙头企业2家、农民专业合作社79个。完成“三品一标”产地认定10.75万亩、无公害产品认证8个、有机产品认证2个。工业经济提速发展。实施“千企改造”项目6个，完成工业投资1.77亿元；新增规模以上企业2家，预计完成工业总产值3.14亿元，同比增长12.6%。完成招商引资项目24个，签约资金68.79亿元、到位资金27亿元，重点引进食用菌产业园、高端活性炭等一批重点产业项目。旅游产业持续井喷。景区基础设施和服务设施不断完善，建成智慧旅游系统。全年预计接待游客337万人次，实现旅游综合收入25.68亿元，分别增长35.6%、35.5%。现代服务业健康发展。新增电商企业6家，个人网点、微店120家，完成网上交易额9000余万元。

（五）城乡建设持续加强。坚持规划引领、强化用地保障，大力推进城乡建设，县城建成区面积达6.67平方公里，新增城镇人口1.1万余人，城镇化率达45.47%。城乡建设协调发展。强力推进锦盛龙都、清江金府、江北岸新区以及岑松示范小城镇建设，城镇基础设施累计投资达6.18亿元，建筑业产值完成7.3亿元。推进城区绿化、亮化、美化，推广实施“垃圾不落地”管理，全面提升城市“颜值”。乡村建设扎实推进。深入实施柳川集镇和展架、屯州、基佑等10村1集镇的人居环境整治项目。完成农村“厕所革命”2202户，完成全县农村老旧住房透风漏雨整治排查工作，完成460个30户以上农村居民点村庄规划编制。基础设施逐步夯实。剑榕高速公路剑河段建设进度加快，国省干线及县乡道改造工程稳步推进。南岑塘水库、青山界水库已完成蓄水验收，地豆水库主体工程完工。实施第二轮农村电网改造工程建设，电信、移动、联通、广电网络等光纤接入率和4G网络覆盖率进一步提高。

（六）民生事业全面进步。坚持新增财力70%以上用于民生建设，办好民生实事。社会保障更加完善。农村低保、城市低保分别增长9.86%、7.14%。城镇新增就业4121人。新农合参保率达101.2%，其中建档立卡贫困人口参合率100%；农村养老保险参保率达99.8%；农房参保率达100%。教科事业不断巩固。全面推进“全面改薄”项目，投资9992万元，建成城关五小、南明小学、稿旁小学等学校；投入5600万元，完成义教阶段47所学校维修改造工程和23所学校运动场升级改造；投入7606万元，配置中小学实验仪器、班班通等设备设施。全县学前三年毛入园率、九年义务教育巩固率、高中阶段毛入学率分别达91.5%、93.1%、89%。高考二本以上上线人数首次突破千人大关、达到1047人，上线率达61.6%。全面推进省、州“三区人才”科技服务工作，举办农业技术培训79期、3576人次，创办种养殖科技示范点15个，推广新技术、新品种31个。健康事业积极推进。全力推进“五个全覆盖”工程，完成94个深度贫困村卫生室规范建设、3个易地扶贫搬迁安置区卫生室建设、102个农村中小学医务室标准化建设。完成民族中医院住院楼建设，实施疾控中心实验楼、民族中医院内科楼、仰阿莎街道社区卫生服务中心等建设项目。实现乡镇卫生院中医馆全覆盖。县域内就诊率达91.2%。新增15个农村聚餐“放心食堂”。文体事业卓有成效。成功举办2018年剑河仰阿莎文化周、全州第四届民歌赛等活动。新建久仰、敏洞2个乡镇健身场所和南包、关口等42个村健身场所，启动县体育场维修改造工程，完成江北岸生态体育公园建设。完成多彩贵州广电云“户户用”工程1.35万户。积极组织参加省十运会、全州青少年锦标赛、全州县际篮球公开赛等赛事并获佳绩。社会综治有效加强。集中开展“扫黑除恶”社会治安集中整治“百日攻坚战”等专项行动，全年各类刑事案件发案率为全州最低，“两抢”案件实现零发案，人民群众的幸福感、满意度越来越高。实现政府部门法律顾问全覆盖，组建县、乡、村三级公共法律服务中心。久仰居委会、基佑村获得“全省民主法治示范村（社区）”表彰。建成高清视频接访系统和阳光信访信息系统。顺利通过省级无毒害示范县巩固验收。安全生产“双控”体系建设试点工作成效明显，全年无较大以上生产安全事故发生。

（七）政务环境更加优良。深化行政审批制度改革，减少行政审批事项16项。推进政务服务标准化建设，完成县政务服务中心搬迁工作，初步建成集政务、商务、事务“三位一体”的“互联网＋政务服务”平台。自觉接受人大、政协监督，办理人大代表建议249件、政协委员提案133件。扎实推进“法治剑河”建设，全面完成普法任务。深化政府党风廉政建设，严格落实中央、省、州各项规章制度，惩防体系构建取得新成效。此外，应急、人防、统计、税务、机构编制、外事侨务、民族宗教、机关事务、国防教育、气象、消防、档案史志、住房公积金等工作取得新成绩，工青妇、工商联、红十字会、慈善、残联、科协、文联、关心下一代等工作实现新发展。

各位代表，过去一年的成绩来之不易，这是州委、州政府和县委正确领导的结果，是各位人大代表、政协委员参政议政、鼎力支持的结果，是全县人民团结一心、锐意进取的结果。在此，我代表县人民政府，向全县各族人民、各级干部表示崇高的敬意！向人大代表、政协委员，各民主党派、各人民团体，向驻剑人民解放军、武警官兵、人民警察和消防救援指战员，向中央和省州帮扶单位、对口帮扶城市，向所有关心、支持剑河建设发展的各界人士，表示衷心的感谢！

在看到成绩的同时，我们也清醒地认识到，发展不平衡不充分的问题还比较突出，面临的挑战还比较多。一是贫困群众自我发展能力较弱，稳定脱贫增收的措施还有待完善，脱贫攻坚任务紧迫繁重；二是经济总量小、人均水平低，实体经济发展有待提速；三是公共服务均等化水平有待提高，就业、教育、医疗等民生问题有待更好解决；四是政府职能还需进一步转变，创造力、执行力还需进一步增强。短板就是重点、差距就是潜力，对于这些困难和问题，我们将创新思路、迎难而上，拿出过硬措施加以解决，决不辜负全县人民的厚望。

二、2019年工作目标和主要任务

2019年是深入实施“十三五”规划的重要之年，更是脱贫攻坚决战之年。科学研判发展形势、准确把握发展机遇，对于做好今年的工作至关重要。纵观大势，政策机遇叠加。中国特色社会主义进入新时代，国务院西部地区开发领导小组第一次会议召开，国家、省出台一系列重大政策、重大规划、重大改革举措；东西部协作、对口帮扶力度不断加大；中央、省、州为深度贫困县制定的倾斜政策效应叠加释放，基础设施、产业发展等项目和资金支持力度持续加大，这些都为我们谋求更高层次、更高质量发展注入了强劲动力。分析现状，基础优势扎实。经过多年努力，剑河已经站在新的发展起点，绿色发展、协调发展有优势，深化改革、创新发展有闯劲，结构调整、产业升级有基础，特别是随着剑榕、剑黎高速公路等一批重大项目的开工建设，脱贫攻坚、乡村振兴战略全面展开，赶超跨越正当其时。面对重任，内源动力充足。全县上下心齐气顺，干部群众士气高涨，机制体制活力迸发，政治生态风清气正，创先争优蓄势待发。只要我们保持定力、精准发力、持续用力，以“逢一必争、逢冠必夺”的信心和决心，就完全能够把剑河的事情办得更好，向全县人民交出满意答卷。

今年政府工作的总体要求是：以习近平新时代中国特色社会主义思想为指导，全面贯彻落实党的十九大和习近平总书记对贵州工作的系列重要指示批示精神，认真落实中央、省、州经济工作会议精神，统筹推进“五位一体”总体布局，协调推进“四个全面”战略布局，坚持稳中求进工作总基调，坚持新发展理念、坚持高质量发展，坚持以供给侧结构性改革为主线，坚持以“生态脱贫·绿色发展”统领经济社会发展全局，举全县之力决战脱贫攻坚、决胜同步小康，继续深入推进“工业强县、城镇带县、旅游富县”三大战略，守好“两条底线”、用好“两个宝贝”，构建以旅游业为龙头的强县富民产业体系，继续打好三大攻坚战，全面做好稳增长、促改革、调结构、惠民生、防风险各项工作，进一步做好“六稳”工作，全力促进经济社会持续健康发展、社会和谐稳定，为全面建成小康社会收官打下决定性基础，以优异的成绩庆祝中华人民共和国成立70周年。

全县经济社会发展的主要预期目标是：地区生产总值增长10%以上，规模以上工业增加值增长15%以上，固定资产投资增长20%以上，社会消费品零售总额增长11%以上，一般公共预算收入增长10%以上，城乡居民人均可支配收入分别增长9%、11%以上，城镇登记失业率控制在4.2%以内。全年实现50个以上贫困村出列，减少农村贫困人口1.5万人以上，贫困发生率下降到4.8%左右。节能减排降碳指标控制在国家下达计划范围内。

围绕实现上述目标，我们将重点抓好以下7个方面的工作：

（一）聚焦生态脱贫、绿色发展，确保脱贫攻坚取得新胜利。以脱贫攻坚统领经济社会发展全局，坚决扛起脱贫攻坚政治责任，持续推进“四个聚焦”，深入实施专项扶贫行动，主攻深度贫困村脱贫。

压实脱贫攻坚责任。紧盯到2020年现行标准下农村贫困人口全部脱贫、消除绝对贫困、全县按国标“减贫摘帽”这一目标，不降低、不拔高，不动摇、不松懈，聚焦“一达标，两不愁，三保障”，确保焦点不散、靶心不变，向脱贫攻坚发起总攻。进一步加强充实脱贫攻坚力量，进一步完善“县有指挥部、乡有作战团、村有工作队、户有责任人”的脱贫攻坚作战体系，切实做到党政同责同抓、四大班子以上率下、全县上下全员上阵，构建横向到边、纵向到底的脱贫工作格局。进一步增强使命感、责任感和紧迫感，尽锐出战，坚持工作力度再加强、结对关系再紧密，强化驻村帮扶干部包保脱贫，层层扣牢压实脱贫攻坚责任，以铁的纪律确保脱贫攻坚总攻胜利。精准落实脱贫措施。以超常规举措打好“四场硬仗”，坚决打赢产业扶贫硬仗。强力推进“一县一业”食用菌全产业链示范县创建工作，全面发展“1+3+X”脱贫产业，确保每个乡镇有1个主导产业，贫困户实现产业全覆盖。加强产销对接，完善冷链物流，大力发展农村电商，促进农产品卖得出、卖得好。推动农民合作社规范化建设。加强产业扶贫农业保险工作。坚决打赢基础设施硬仗。建好“四好”公路，提升农村道路通畅度和承载力。强化“通村村”智慧交通云平台的推广应用，切实保障群众出行需求。加快实施农村安全饮水巩固提升工程。进一步加快贫困村通信基础设施建设。坚决打赢易地扶贫搬迁硬仗。全面落实“五个三”综合配套政策，加快盘活“耕地、林地、宅基地”等资源，着力打造易地扶贫搬迁和谐社区、活力社区，切实做好搬迁群众就学、就医等服务，确保有劳动力的贫困搬迁家庭至少有1人稳定就业。坚决打赢“三保障”硬仗。全面落实各类教育精准扶贫资助政策，构建从学前到高等教育学生资助政策全覆盖体系，做到应助尽助；继续办好职业教育精准脱贫班。全面落实医疗保障制度和基本养老保险制度，确保贫困人口“应补尽补”“应保尽保”。大力加强住房保障，同步推进农村“三改”和透风漏雨住房整治工作。激发群众内生动力。贫困并不可怕，可怕的是甘于贫困。要围绕贫困群众“想干”抓扶志、“能干”抓扶智、“肯干”抓扶持，确保激发内生动力过得硬。加大正面典型宣传、反面典型事例曝光力度，补齐贫困群众“精神短板”，汇聚脱贫攻坚正能量，营造脱贫光荣的浓厚氛围。充分用好帮扶力量。深化与中央农办、农业农村部、淳安县、观山湖区定点对口帮扶合作，加强与省科技厅等帮扶单位的联系，继续推进“千企帮千村”精准扶贫行动，积极引导更多企业和其他社会力量助力脱贫攻坚。

（二）加快转型升级、结构调整，不断厚植产业发展新优势。发展产业是实现脱贫的根本之策。因地制宜把培育产业作为推进脱贫攻坚的根本出路，培育出能支撑县域经济发展、农民增收的主导产业、支柱产业，把生态建设与经济发展有机统一起来，推进传统产业规模化、特色产业绿色化、新兴产业集约化。

发展山地生态循环高效农业。坚持质量兴农、绿色兴农，构建现代农业产业体系、生产体系、经营体系。坚持“什么能赚钱就种养什么、什么能脱贫就发展什么”，革除小农经济等传统种养模式，问群众种养意愿、问市场效益好坏、问技术风险防控。一是因地制宜下好“产业选择”先手棋，破解产业选择不精准的难题。大力发展山地生态循环农业，坚持“一县一业”食用菌产业做大做强不动摇，通过工厂化生产推动贫困户靠就业脱贫，通过耕地种植推动贫困户靠产业脱贫。坚持食用菌一二三产业深度融合发展不动摇，大力推广大田应季种植食用菌，积极探索林下仿野生食用菌栽培、合理利用厂房空间，开展层架式立体的集约化、规模化、规范化反季节周年栽培食用菌，把剑河打造成全省食用菌产业助推脱贫攻坚标杆县。全力促进展报、南岑沟、南高、五河五岔等食用菌菌种研发、生产和种植基地建设，全年食用菌种植1.2亿棒以上、生产各类菌棒2亿棒以上、实现产值8亿元以上。念好“山字经”，抓好“林下经济”，让“X”产业百花齐放。大力发展“林—畜禽”“林—果药”“林—菌菜”“稻—菌菜”等业态，实现年出栏小香鸡100万羽以上、产值达1亿元以上；养殖生态猪15万头以上，实现产值3亿元以上；新增中药材5000亩以上，新增产值1500万元以上。二是因人施教办好“农民培训”大课堂，破解产业发展不懂不会的难题。坚持“发展什么产业，就引进什么技术团队”“产业延伸到哪里，农民技术培训就覆盖到哪里”。切实整合涉农部门培训资源，实行统一调配培训资源、统一安排参训学员、统一设计培训内容、统一进行培训管理、统一检验培训成果。坚持按需培训，“缺什么补什么、用什么教什么”，把培训课堂设在“田间地头”“基地公司”，真正手把手地教、面对面地学，变大水漫灌、走马观花为精准滴灌、靶向治疗，充分调动农民参训的积极性，全年完成农民技能培训4000人以上。三是全面筑牢专家团队“技术服务”基石，破解田间地头指导难题。积极开展科技助力扶贫行动，围绕产业发展、特别是“一县一业”，打造专业团队并实现固定化、常态化。让专业团队深入农村、走近百姓，采取讲解授课、面对面问答等方式，就科技知识、技能与村民进行交流互动，进一步增强他们的发展技能、提高就业创业能力，实现产业科研团队县、乡、村、合作社、农民技术服务全覆盖。四是整合资源用活用好“资金筹措”保障，破解产业发展融资难题。坚持资源聚焦“一县一业”原则，“花钱必问效、问效必追责”，不撒“胡椒面”，聚指成拳、拳拳有力。积极拓展思路，全方位筹集资金，将分散在各个渠道、各个领域、各个行业、各个部门的资金，实行源头无条件聚焦到脱贫攻坚中，形成“多个渠道引水、一个水池蓄水、一个龙头放水、一个产业用水”的扶贫资金管理使用新格局。五是强化创新“组织形式”黏合剂，破解经营主体带动弱的难题。坚持“强龙头、创品牌、带农户”的思路，采取村民联动、村社共建、社会帮扶等多种形式，优化资源配置、凝聚各方力量，激发脱贫攻坚的持久动力。加强对农民合作社的扶持培育，摸清底数，规范财务管理、完善组织架构，增强合作社自我发展、带动能力，让农业生产从分散走向集约，促进适度规模经营，推动规模化种植、标准化生产、产业化经营，让剑河农业“腾笼换鸟”“鸟枪换炮”。六是打通“产销对接”关键一环，破解“卖不出、不会卖”的难题。产销对接是农村产业革命成败的关键一环，这个环节如果没做好，前面的生产就前功尽弃，后面的利益联结也无从谈起。推广“龙头企业+合作社+农户”等产销模式，坚持以销定产、效益优先原则，坚持和完善“农校对接”“农超对接”“农社对接”等产销对接机制，持续推动农产品进学校、进机关、进医院、进企业、进社区、进超市、进酒店。借力对口帮扶机制，积极拓展省内外市场，为剑河绿色优质农产品培养“粉丝”。大力发展农产品电商，坚持“线上”“线下”同时发力，让剑河农产品乘上网络快车“泉涌”出山。七是构建“利益联结”共同体，破解农民利益保护弱的难题。推广“政府平台公司+龙头企业+科研团队（合作社）+贫困户”等模式，明确贫困户在产业链、利益链、价值链中的环节和份额。一方面要“联得上”，把龙头企业、基地、农户各种生产要素组合好、配合好，向规模、品牌、市场要效益，建立科学合理的利益分配格局，不断提高农民积极性；另一方面要“结起来”，牢牢把握结构调整“八要素”，深入研究产业链、价值链，做到认识、方法都“结得上”，不能“一股了之、一分了之”。八是夯实“基层党建”战斗堡垒，破解基层组织活力弱的难题。来一场产业深刻革命，各级党组织必须打头阵，每位党员同志必须冲在前，做给群众看、带着群众干。着力加强基层党组织带头人队伍建设，提升基层党组织能力和水平，切实增强带头意识、服务意识、示范意识。调动群众的积极性、主动性、创造性，使党的政治领导力、思想引领力、群众组织力、社会号召力进一步增强。

加速发展工业经济。大力实施“工业强县”战略，深入推进“双千工程”，切实抓好工业园区建设，推动新型工业发展。确保全年工业总产值完成5亿元以上，同比增长12%以上。重点培育全产业链发展的园方公司、珍源公司、剑荣公司、荣达公司等企业，拥有专利技术、高新技术发展的香瑞莱公司、中和时代科技公司和森环活性炭有限公司等企业，总部经济发展的香瑞莱公司低碳汽油添加剂等项目，打造新的增长极、飞地工业，全年新增规上工业企业3户以上。进一步盘活、用好现有资产，培植工业经济后发优势，对长期占地不建设、占房不生产等“僵尸企业”进行清理。对能耗较大、效益不优的企业，督促进行转型或技改。全面贯彻落实省委、省政府“1+6”政策文件，深入实施“六大专项行动”，开展支持民营经济发展政策“回头看”，常态化开展政银企对接，引导金融机构提供符合民营企业需求的金融产品，力争民营经济占比提高到62%以上。围绕扶贫、农业、旅游等实施“互联网+”行动计划，积极发展大数据融合实体企业，支持龙头企业、农民专业合作社入驻第三方交易平台，加快“线下”实体经营与“线上”网络经营融合发展，确保电子商务网络交易额突破1亿元以上。

全力助推全域旅游。围绕构建以旅游业为龙头的强县富民产业体系，大力实施“旅游富县”战略，助推旅游业持续“井喷”，力争接待游客、旅游收入分别增长30%以上。推动景区提升。以温泉景区为核心，以打造长三角、珠三角入黔第一泉为目标，以仰阿莎文化为品牌，提升苗侗文化核心竞争力。加大文化旅游资源整合、项目结合、产业融合，培育多样化旅游产品。巩固剑河温泉国家4A级旅游景区创建成果，建立健全温泉景区绩效目标考核机制。启动基佑、巫包等村国家3A级旅游景区创建工作。推进县旅游公共服务设施、八郎旅游基础设施等项目，完成屯州村乡村旅游示范点建设。规划打造民族特色旅游线路，推出景区精品线路、乡村旅游线路各1条以上。完善功能要素。围绕“旅游十二要素”，进一步完善旅游服务功能，大力发展满意旅游。加强景区配套设施建设，推进旅游厕所、景区停车场等建设，实施景区道路亮化、美化、彩化工程，打造“最美旅游公路”。依托大数据智慧旅游平台，发挥“导航、导游、导览、导购”作用，提升智慧旅游功能。丰富旅游业态。坚持文化与旅游融合发展，用文化理念发展旅游、旅游方式传播文化，做到宜融则融、能融则融。立足做活“水文章”，打好“文化和生态牌”，大力发展养生养老旅游、森林康养旅游、休闲度假旅游、科普体验旅游、亲子游等业态；充分挖掘苗侗文化，进一步加强传统村落、非遗文化保护与利用，把文化元素植入景区景点、融入城市街区、嵌入美丽乡村，让传统文化“活”在当下。讲好剑河故事，推动旅游与文化融合取得“1+1>2”的效果；注重旅游节庆，办好仰阿莎文化旅游周，丰富节日活动，让剑河旅游有行头、有看头、有吃头、有住头、有玩头。特别是温泉城旅游景区要丰富旅游业态，不能“一泡了之”，力争满足游客二次、三次消费，延长游客游览时间。建成产品业态丰富、服务功能完善、集散舒适便捷、环境安全友好，具有国家级吸引力、竞争力的旅游目的地。全年新增星级酒店2家以上、星级乡村旅游经营户5家以上、标准级以上乡村旅游村寨5个以上。主攻市场营销。以沪昆、贵广高铁和沪昆高速公路为主线，发挥1小时、2小时“旅游导入”效应，打造交通便利的全域大景区，将剑河旅游资源与周边旅游市场打包营销，实现客源精准；整合利用各类宣传营销手段，将剑河旅游产品与民族文化打包营销，打响“苗疆圣水”品牌，实现品牌精准；将旅游景区与农特产品和手工艺品打包营销，做实旅游后备箱工程；扶持民族民间工艺品与旅游商品企业，鼓励贫困户从事特色农产品、手工艺品等加工销售，实现旅游精准扶贫。

（三）坚持投资拉动、风险防控，全力打造项目建设新形象。项目是经济发展的“牛鼻子”。千方百计争资金、不遗余力跑项目，不断提高经济社会发展质量，切实有效防范化解重大风险。

突出抓好项目谋划。准确把握国家和省、州政策，按照“十三五”规划要求，立足剑河实际，围绕脱贫攻坚、三大战略行动，着力加强项目库建设，建立健全“储备一批、开工一批、建成一批”的良性滚动机制。全年完成项目谋划800个以上，实施500万元以上固定资产投资项目110个，总投资达320亿元。千方百计抓好投资。加快推进剑榕、剑黎高速公路建设，力争完成S311革东至五河公路、S405三穗堡子至圭类湾公路升级改造、敏洞至顺洞县乡道改造等工程，力争完成交通投资25亿元以上。全面加快南甲、打脑、白水溪水库建设进度，实施清水江五河段大江大河治理等项目，力争完成水利投资5亿元以上。以实施棚户区改造为抓手，加快城西未来城、江北岸新区等开发建设进度，力争完成城建投资10亿元以上。全力抓好电网建设42个主项项目。建成通讯光缆100公里以上。力争完成电力通讯投资1亿元以上。全力抓好财政金融。着力涵养税源、培植财源，严禁财政收入虚收空转和征收“过头税”，合理控制非税收入占比，充分调动乡镇、部门协税护税积极性，确保应收尽收、颗粒归仓，实现财政收入增量提质。积极争取中央、省财政转移支付力度，加强预算执行和财政资金绩效管理，树立过紧日子的思想，把该花的钱花在刀刃上。积极挖掘潜力，整合优良资产、优质资源向国有平台公司聚焦，做大做优做强国有平台公司，向市场化实体转型；积极争取银行融资和各类基金支持，创新融资思路、破解融资难题。加大土地出让力度，挖掘土地用地指标潜力。完成高标准基本农田建设5000亩以上，增减挂钩500亩以上。防范化解重大风险。牢固树立“四个意识”，切实增强风险意识、底线思维，防微杜渐，坚决打赢防范化解重大风险攻坚战。坚决防范化解债务风险。进一步摸清政府性隐性债务底数，采取有效措施稳妥处置，强化债务管理责任落实和问责问效。加快推动PPP化债。坚决落实好政府性债务管理“七严禁”，防止形成新的地方性债务。坚决防范化解金融风险。认真履行防范和处置金融风险的职责，对违法违规金融活动坚决依法打击。重点整治乱办金融、非法集资、违法违规套利等严重干扰金融市场秩序行为，引导金融资本更好地服务实体经济，坚决守住金融风险底线。全面加强社会风险防控。深入推进“平安剑河”建设，纵深推进扫黑除恶专项斗争。全面推进安全生产风险、隐患排查治理“双控体系”建设。加强信访维稳工作，积极化解各种社会矛盾，不断提高群众的安全感、满意度。坚决防范遏制重特大事故、群体性事件发生，确保社会大局和谐稳定。

（四）坚守生态底线、环境优先，积极构建美丽剑河新模式。深入学习贯彻习近平生态文明思想，统筹“三生”空间、实施“三水”共治，坚决打好污染防治攻坚战。

加强生态环境污染治理。坚决打好污染防治“五场战役”，深入开展各项污染防治攻坚行动，确保城市环境空气质量达标率达95%以上。认真落实长江经济带“三线一单”战略性保护措施，持续推进“百千万”清河行动，出境断面水质优良率达100%，集中式饮用水源地水质全部达标。加快城镇污水处理设施、乡村垃圾收运体系建设，确保城镇生活污水处理率达85%以上、城乡垃圾无害化处理率达95%以上。持续巩固中央和省、州环保督察反馈问题整改成效。全面加强生态保护修复。落实生态环境保护主体责任。实施丨大生态修护工程，以森林资源保护和培育为核心、城乡美化和通道绿化为重点，大力实施生态文明建设工程，完成造林1.8万亩，管护好108万亩公益林，抓好退耕还林、植被恢复和国家储备林等工作，做好仰阿莎国家森林公园保护与开发利用工作。积极构建生态治理体系。全面落实国家生态文明试验区建设任务，进一步落实河长制，深入推动清水江流域、城市黑臭水体治理，做美绿色生态家园。建立最严格的源头严防、过程严管、后果严惩制度。落实重大环境污染“一票否决”，加强生态环境保护，重拳打击各类环境违法行为。

（五）深化城乡统筹、优势互补，科学构建协调发展新格局。以打造“森林温泉湖滨旅游县城”为目标，努力将城市做大规模、做优品质、做出特色。

精心打磨精品县城。继续完善城市功能设施，充分调动群众参与，分步骤开展城区背街小巷和城郊结合部的环境综合整治，为城市增绿添彩。继续加大破损基础设施修复，完成320国道县城区域等路面改造。积极稳妥推动棚户区改造，力争城镇化率提高2个百分点以上。巩固国家卫生县城成果，让“垃圾不落地”深入人心，集中开展环境卫生、集贸市场、占道经营、城市扬尘、车辆停放、违章建筑、噪音油烟及特殊行业八个专项整治行动，重点开展“两违”建设清理，严禁新增“两违”建筑。全心推动乡村振兴。把实施乡村振兴战略作为做好新时代“三农”工作的总抓手，推动产业振兴、人才振兴、文化振兴、生态振兴、组织振兴。按照“产业兴旺、生态宜居、乡风文明、治理有效、生活富裕”的总要求，科学编制《乡村振兴战略规划》，继续推进岑松特色小城镇建设、柳川集镇扩容，强化集镇环境综合整治。按照“缺什么、补什么”原则，推动农村人居环境整治，积极推进厕所革命，实施一批以垃圾处理、污水治理和亮化为重点的整治项目，改善农村居住环境，让农民生活更舒适。狠抓乡风文明建设，注重传统文化保护与开发，破除歪风陋习、繁荣乡村文化、培育优良家风，遏制乱办酒席等不良风气，抵制封建迷信活动，打击传销、赌博等违法行为，真正使民风乡风美起来、人居环境美起来、文化生活美起来。加强服务型、发展型村级组织建设，在致富带头人、复员军人、大学生村官群体中培育村级后备干部。加快农村经济培育，鼓励、支持加快发展壮大村集体经济。开展农民工返乡创业行动、青年建功行动、巾帼行动，培养一批农村特色产业示范带头人、农村电商人才，发挥他们在产业发展中的引领带动作用。通过大力实施乡村振兴战略，不断巩固提升脱贫成果，让农村生态环境“值钱”、农村社会环境“值钱”、农村资源资产“值钱”，使农村更具吸引力。

（六）深化改革开放、互动创新，加快实现高质量发展新跨越。坚持创新引领、开放崛起，积极推进重点领域、关键环节改革，为经济社会发展不断增添新动能。

深化重点领域改革。全面落实中央和省、州的各项改革举措，完成政府机构改革，推进行政综合执法改革，持续推动简政放权便民服务，不断拓展商事制度改革深度、广度，推进“证照分离”改革，企业开办时间再减一半、项目审批时间再砍一半，促进政务服务“一门进、一网办、一次成”。全面推进农村集体产权制度改革，深化农村承包地和宅基地“三权”分置改革，积极推进农村“三变”改革。推进城市社区管理体制改革，规范提升物业管理服务水平。提升招商引资质量。深化对口帮扶合作，持续开展产业大招商行动，实施分行业精准招商，加强对企业引进、落地、生产全过程服务，全力招引一批“带动能力强、投资强度大、环保能达标、发展潜力优、税收贡献高、吸纳就业多、脱贫有带动”的好项目，强化招商引资责任制，提升项目履约率、入园率、开工率、投产率，力争引进项目20个以上，到位资金20亿元以上。大力优化营商环境。持续开展优化营商环境集中整治行动，着力整治服务企业不积极、办事不便利、程序不简化、时限不缩短、落实不到位等影响营商环境的问题，全面营造稳定、透明、公平、公正的营商氛围，全力打造服务、效率高于周边的营商环境新高地。

（七）持续改善民生、增进福祉，全民共享改革发展新成果。始终把改善民生作为一切工作的出发点、落脚点，全面提升人民群众的获得感、满意度。

加快发展教育为民。巩固提升义务教育均衡发展成果，启动推进义务教育优质均衡发展工作，提升区域教育发展内涵。建成移民安置点幼儿园，完成岑松中学食堂、学生宿舍以及和平小学教学楼等6所义务教育阶段学校建设。同步规划县中等职业学校、第五中学、第六小学、第七小学、城西幼儿园等学校。控制好中小学校“大班额”和解决好“择校热”等问题，努力提供优质公共教育资源保障。大力实施“名校长、名班主任、名教师”工程，加强教师队伍建设，提升师资整体水平和教学质量。强化义务教育控辍保学，不断提高义务教育巩固率，确保学前三年毛入学率达93%以上、九年义务教育巩固率达94%以上、高中阶段毛入学率达90%以上。推动健康剑河利民。全面提升县级公立医院综合改革，巩固“五个全覆盖”建设成果。加快推进县民族中医院内科楼、县疾控中心标准化、仰阿莎街道社区卫生服务中心等项目建设，完成10所以上标准化村级卫生室建设。继续推进全员人口信息平台建设，创新实施“互联网+”医疗服务、家庭医生签约服务等。加强县域内医疗卫生资源整合，全力推进重点学科建设。加强食品安全监管，保障人民群众“舌尖上的安全”。健全社会保障惠民。积极落实创业就业政策，以创新创业带动更多就业，解决好城镇就业困难人员、退役军人、大学生等群体就业创业问题。统筹推进城乡社会救助体系建设，加强农村“三留守”人员、城镇困难职工、失独失能老人关爱保护，兜住困难群体民生网底。做好防灾减灾救灾工作。加强文体事业亲民。支持开展形式多样的文体活动，举办区域性乡村民族民间文化活动，丰富群众文化生活、激活乡村经济发展。加大非遗保护与利用力度，实施非遗生产性保护示范基地（村）建设，大力发展“非遗经济”。实施村级公共数字文化服务提档升级建设工程，加大农民体育健身工程建设力度，不断完善农村文化体育设施。实施多彩贵州广电云“户户用”工程1.2万户。

办好“十件民生实事”：（1）完成30户以上自然村寨全部通硬化路，农村公路安全生命防护工程处置隐患300公里以上；（2）实现农村饮水安全巩固提升全覆盖；（3）对就读高中至本科阶段农村建档立卡贫困学生2712人实施教育精准扶贫资助，新建9所公益性幼儿园；（4）建成3个智慧卫生急救站，为贫困地区85%以上的6—24月龄儿童免费发放营养包；（5）完成城镇新增就业4000人以上，转移农村劳动力就业4000人以上；（6）城乡低保标准平均提高5%、7.5%；（7）扎实推进棚户区改造工作，完成农村老旧住房透风漏雨整治3500户以上；（8）新建、改造农村户用卫生厕所3000户以上、农村公共卫生厕所60个、旅游厕所10个、城镇社区公共卫生厕所6个；（9）实现县级应急广播体系建设全覆盖；（10）新安装农村路灯1万盏以上。我们要用心用情用力把这些实事办好，让群众生活一年更比一年好。

三、加强政府自身建设

各位代表，新时代、新形势、新任务，对政府工作提出了新的更高的要求。我们将始终围绕核心、不忘初心、秉持公心、服务民心，坚定不移跟党走，做到政治过硬、本领过硬，全面加强政府自身建设。

（一）始终坚持党的领导。深入学习贯彻习近平新时代中国特色社会主义思想，进一步增强全面从严治党永远在路上的意识，始终把政治建设摆在首位，牢固树立“四个意识”、坚定“四个自信”、做到“四个服从”，坚决维护以习近平同志为核心的党中央权威和集中统一领导。强化理论武装、坚定理想信念，坚决杜绝“七个有之”、做到“五个必须”，始终对党绝对忠诚。扎实开展“不忘初心、牢记使命”主题教育，推进“两学一做”学习教育常态化、制度化，在学习中找思路、找方法。自觉接受县委领导，定期向县委常委会汇报工作。

（二）始终坚持廉洁从政。巩固落实中央八项规定精神成果，大兴“三风”、纠正“四风”，认真落实党风廉政建设主体责任，严格履行“一岗双责”，强化重点部门、重要领域和重大资金监管审计，坚决铲除滋生腐败的土壤。坚持把纪律规矩挺在前面，严格遵守政治纪律、政治规矩，加强廉政建设、抓好廉政教育、强化纪律执行，让干部知敬畏、存戒惧、守底线，干干净净干事、清清白白做人。

（三）始终坚持依法行政。进一步推进依法治县工作，加强法治政府建设，提升法律思维、法律意识。严格按照法定权限和程序管理经济社会事务，切实把依法行政贯穿于政府决策、执行和监督的全过程，用法治方式推动政府工作。健全重大事项公众参与、专家论证、风险评估和政府决策相结合的决策机制，健全合法性审查制度，全面推动科学民主依法决策。认真办好人大代表建议和政协提案，自觉接受人大法律监督、政协民主监督、社会公众监督、媒体舆论监督，听取民主党派、工商联、无党派人士和各人民团体意见。强化政务公开，让权力在阳光下运行。

（四）始终坚持高效执政。注重提高执政能力、增强执政本领，坚决按照习近平总书记指出的“既要政治过硬，也要本领高强”要求，全面增强“八大本领”。树立正确的政绩观，坚持正确的价值取向、用人导向，大力倡导说实话、谋实事、做实功、求实效。加大对弄虚作假、欺上瞒下行为的惩戒力度，坚决反对“假大空”，坚决不搞“形象工程”“政绩工程”。坚持“立说立行、速决速行、雷厉风行”，在职责履行上“担担子”、在任务落实上“钉钉子”。全面推行“五步工作法”，大力推行“一线工作法”，沉下身去“解剖麻雀”，把问题解决在基层。鼓励干事创业，把本领体现在会干事、干成事上，探索推行激励机制、容错纠错机制，旗帜鲜明为敢于担当干事的撑腰鼓劲，满怀热情关心关爱干部，让不作为、慢作为、乱作为者无立足之地。

各位代表，发展充满希望，拼搏铸就辉煌。让我们更加紧密地团结在以习近平同志为核心的党中央周围，以习近平新时代中国特色社会主义思想为指引，不忘初心、继续前进，凝心聚力、真抓实干，以只争朝夕的豪迈干劲、众志成城的强大合力，全力以赴抓落实，为确保全面建成小康社会而努力奋斗！

镇远县政府工作报告

（2019 年 1 月 8 日在镇远县第十七届人民代表大会第三次会议上）

镇远县委副书记、县长 茹 捷

各位代表：

现在，我代表县人民政府向大会作工作报告，请予审议，并请县政协委员和其他列席人员提出意见。

一、2018 年政府工作回顾

一年来，我们以习近平新时代中国特色社会主义思想为指导，在县委的坚强领导下，在县人大、县政协的监督支持下，坚持稳中求进工作总基调，贯彻新发展理念，落实高质量发展要求，坚持以脱贫攻坚统揽经济社会发展全局，牢牢守住发展和生态两条底线，全力打好三大攻坚战，统筹推进稳增长、促改革、调结构、惠民生、防风险各项工作。通过全县上下团结一心、苦干实干加油干，全县经济社会发展呈现出“稳中有进、提质增效、后劲增强、民生改善、稳定和谐”的良好态势。

——经济指标稳中有进。初步预计，全县地区生产总值完成 72.59 亿元，同比增长 5.4%；农业增加值完成 14.55 亿元，同比增长 6.7%；规模以上工业增加值完成 12.39 亿元，同比增长 6.8%；500 万以上固定资产投资完成 30 亿元，同比增长 8.0%；一般公共预算收入完成 2.84 亿元，同比下降 51.1%；社会消费品零售总额完成 17.49 亿元，同比增长 9.8%；城镇居民人均可支配收入 29995 元、同比增长 9.4%，农村居民人均可支配收入完成 9317 元、同比增长 9.8%；全县森林覆盖率达 62.68%；全面小康实现程度达 97.6%。

——脱贫攻坚成效显著。围绕退出贫困县目标，聚焦重点难点、综合施策发力，狠抓精准扶贫、精准脱贫。基础数据更加精准。扎实开展“八个专项治理”，精准锁定全县贫困人口 13823 户、51980 人。实现 29 个贫困村脱贫退出，减贫 508 户、1758 人，贫困发生率降至 1.75%。产业扶贫稳定增收。深入推进农村产业革命，狠抓“一减四增”，农业产业化水平不断提升。调减籽粒玉米 4.12 万亩，种植烤烟、蔬菜、花卉、精品水果、中药材、茶叶等经济作物 31.8 万亩，实现建档立卡贫困户产业扶贫全覆盖，户均增收 5000 元以上。认定“三品一标”农产品产地 17 万亩、认证产品 12 个。积极申报创建国家有机农产品认证示范县，共 9 家企业获得有机产品示范认证，认证有机种植基地 664.61 公顷，有机养殖基地 51.33 公顷。易地移民安居乐业。完成 2018 年度搬迁任务 694 户、3010 人，拆除搬迁户旧房 470 栋，复垦复绿 22846 平方米。落实搬迁户就业岗位 9250 个，贫困户劳动力就业 2892 人，实现搬得出、能就业、稳得住。基础设施更加完善。完成 30 户以上 727 个村庄规划编制工作。完成 1211 公里“组组通”公路建设，覆盖 561 个 30 户以上村民小组。新建农村安全饮水项目及巩固提升项目点 669 处，新增供水管线 208 万米，新建和维修泵房 147 个，新修水池 1.1 万立方米，实现农村安全饮水全覆盖。农村电网升级改造完成 400 个台区，农村供电更加安全。新建 22 个通讯基站，解决 46 个 30 户以上自然村寨通讯盲区、268 个自然村寨通讯信号不强的问题。大力推进农村村寨整体提升工程，庭院硬化 153 万平方米，连户道路硬化 225 万平方米，安装路灯 9283 盏。教育医疗住房保障有力。兑现教育扶贫资金 3447.62 万元，惠及学生 63141 人次，实现建档立卡贫困户学生教育扶助全覆盖。认真落实保学控辍“双线”责任和“七长”责任制，做到无因贫辍学发生。兑现贫困人口医疗补偿救助资金 4493.2 万元，住院医疗费用实补比达 92.33%，实现病有所医。完成危改和“三改”2952 户，整治透风漏雨房屋 2283 栋，完成美丽乡村小康房建设 150 户，实现住有安居。完成青溪坪阳、都坪对河、报京高看、㵲阳板滩等小康寨项目建设。专项扶贫成果丰硕。深化东西部扶贫协作，西湖区对口帮扶镇远力度之大前所未有。投入项目帮扶资金 3500 万元，捐赠 1350 万元援建镇远县杭州西湖实验小学，协调企业向贫困村、贫困学生捐助 600 余万元。加强农产品产销对接，在西湖区设立 3 个农产品直销点。校农、校企合作不断深化。就业扶贫成效明显，开发公益性岗位 144 个，吸纳就业 144 人，聘用建档立卡贫困户 760 人为生态护林员。电商扶贫、乡村旅游带动贫困人口 9500 人增收。整合“特惠贷”资金 7145 万元投入产业项目，实现 1429 户贫困户每年保底分红。

——风险防范扎实有力。严格落实“七严禁”“1+8”债务管理系列政策举措，在保工资、保运转、保民生、保扶贫的前提下，多渠道筹资偿还到期债务 7.64 亿元，守牢债务风险底线。深入开展县内金融机构、融资平台风险隐患排查整治百日攻坚、涉嫌非法集资风险专项排查、集中宣教等活动，遏制非法集资等行为，不良贷款余额和不良贷款率持续下降。加强“平安镇远”建设，深入开展扫黑除恶专项行动，扎实推进“全国禁毒示范城市”创建工作，天网工程、智能交通、雪亮工程、智慧磐石工程、县联合作战大楼等项目有序推进，社会治安防控体系进一步健全。一批信访问题和宗教领域问题得到稳妥处理。安全生产“双控”体系建设扎实推进，持续开展道路交通、消防安全、建筑工地、非煤矿山等重点行业领域隐患排查整治，全县安全生产形势保持总体稳定，人民群众的安全感、满意度不断提升。

——污染防治扎实推进。全力写好“绿水青山就是金山银山”这篇大文章，镇远的天更蓝、山更绿、水更清、土更净。持续推进森林保护“六个严禁”“六个一律”环保“利剑”执法专项行动。坚持最严格的耕地保护、水资源管理制度，深入落实河长制，县、乡、村三级巡河常态化。严把环境保护准入关，落实建设项目审批“三同时”制度，拒绝新上高能耗高污染项目。完成营造林 5.52 万亩，古城区和新城区新增绿化 30 万平方米，启动国家级森林城市创建工作，全县森林覆盖率提升 0.37 个百分点。狠抓绿色施工、道路运输扬尘防治、县城区油烟和公共场所噪音整治等工作。精准防治大气污染，县城空气质量 AQI 优良天数达标率达 99.7%，在全省 88 个县市综合排名第一位。县城区污水管网新增敷设 4.1 万米，蕉溪、羊坪等污水处理厂加快建设；城乡环卫一体化建设稳步推进，实现 43 个村垃圾集中收运处理，全县城镇污水、生活垃圾无害化处理率分别提高到 60%、86.23%。强力推动中央环保督察反馈问题整改，宏宇锌业矿渣、犀牛洞饮用水源地保护、青溪污水处理厂等环保问题已全面落实整改。持续抓好禁养区畜禽养殖场整治，强化农业面源污染防治，土壤污染管控和修复取得成效。重点行业重金属污染物减排控制在年度目标以内。

——产业发展势头良好。围绕构建现代产业体系，全力推动产业转型升级。酿酒、电力、建材等传统产业升级改造持续发力，实现产值 35.05 亿元。埃柯赛环保材料、源单塑管材料、贵涂堡建材、云睿电子等新兴企业相继落地投产，投资总额达 13.34 亿元，新旧动能转换持续加快。快递、批零住餐、家政等生产性服务业稳步发展。电信业务量同比增长 177.1%。中国银行进驻镇远设点。电商产业快速发展，获得国家级电子商务进农村示范县称号。文化旅游业快速发展，古码头修复、滨河栈道、灯光优化提升、古城景区门禁、游客接待中心、景区标识标牌等旅游配套设施建设成效显著，㵲阳河景区成功创建为国家 4A 景区，创建国家全域旅游示范县、古城创 5A 景区的基础更加夯实。全县接待游客达 1060 万人次，实现旅游总收入 90.96 亿元。

——发展条件持续优化。全年新开工、在建重点项目 27 个，总投资达 261.62 亿元；完工项目 7 个，累计完成投资 32.35 亿元，城乡基础设施不断完善。以交通水利为重点的工程项目稳步推进。三穗经镇远至施秉高速公路、黄桑田至江古公路、G211 镇远火车站至台江公路改造项目全面完成。建成撤并建制村硬化公路 98.5 公里，实现撤并建制村通畅率 100%。三穗至镇远快速通道建设有序推进。塘冲水库实现下闸蓄水，狗鱼塘水库、翁共水库等 7 座骨干水源工程加快建设。以开发区为主阵地的工业基础设施不断完善。320 国道改扩建工程、黔东无水港（羊坪作业区）、沪昆线羊坪站进货场道路、产业主干道 C 标段、龙井河一桥、黔东工业渣场和白酒产业园二期标准厂房 5 号厂区建成投用。以古城新区为核心的城镇建设扎实推进。完成了芽溪城市主干道与高速路出口互通永坡连接线、县城区延伸市政道路改造、县城污水管网改造提升、镇远新城公交专用综合充电站、商业文化综合体等项目建设，古城创5A景区的基础条件更加优化。芽溪拆迁安置房建设有序推进。开通县城区至芽溪新城公交车，县城区配套设施加速提质，新城新区功能日趋完善。营商环境持续改善。深入开展营商环境大整治行动，聚焦“六大整治内容”完成14个问题整治。深入开展“放管服”工作，政务服务环境持续优化，政企沟通渠道更加顺畅，营商环境更加公平透明。

——改革创新取得实效。农村集体产权制度改革有序推进，颁发承包经营权证书47756本；县级国有企业改革重组完成，不动产登记、供销、司法、户籍制度等改革有序推进，体制机制不断完善。“蔡酱坊”牌豆腐乳、“苗桃寨”桃、“花山沟”牌土鸡蛋获得贵州省名牌产品公示。完成专利申请89项。新增市场主体6809户。贵州银江康大信息技术有限公司获得“贵州省高新技术企业”称号。成功申报各类科技项目39个。主动融入长江经济带发展，黔东南州无水港运营良好，年吞吐量33万吨、营业额2700万元，降低企业物流成本120万元。招商引资成效明显，新增省外500万元以上签约项目19个、到位资金43.3亿元，新项目开工19个、开工率100.00%，新增投产项目23个、投产率达90.77%。

——社会事业全面进步。“十件民生实事”工程建设取得成效，解决一批群众最关心、最直接、最现实的问题。教育事业加快发展。深入实施教育三年行动计划，扎实推进教育工程项目建设，城乡办学条件持续改善。新建幼儿园3所，改扩建幼儿园10所，改造农村义务教育薄弱学校21所，基本完成镇远中学迁建主体工程。落实《镇远县第三期学前教育行动计划》，均衡配置县乡村教育资源。县机关幼儿园被评为省级示范幼儿园。加强教师队伍建设，教育教学质量得到提升，镇远职校全面托管成效明显。医疗服务水平不断提升。新建县中医医院、县疾控中心项目稳步推进。完成57个村级卫生室和3个易地扶贫搬迁安置区卫生室、74所农村中小学医务室标准化建设，医疗服务环境得到改善。顺利通过国家卫生县城现场复审。全县新农合参合率达100%，贫困人口家庭医生签约服务全覆盖。社会保障能力不断增强。深入实施全民参保计划，城乡居民基本养老保险参保106286人，城镇职工基本养老保险参保18223人。累计发放农村低保金2729.40万元，惠及5640户、12944人；累计发放城市低保金544.78万元，惠及1043户、1758人。就业创业持续稳定。城镇新增就业4139人，农村劳动力转移就业4778人，技能培训3643人，引导高校毕业生自主创业32人。城镇登记失业率为3.5%。文体事业不断进步。完成2个乡镇级、9个村级农民体育健身工程建设。完成7个村级文化活动室文化设备配置、11个乡镇综合文化站设备数字化升级改造。完成第五批省级非物质文化遗产代表性项目名录申报。新增多彩贵州广电云“户户用”用户15476户。此外，司法、民族、宗教、外事、侨务、对台、人防、档案、史志、文联、科协、气象、妇女、儿童、老龄、残疾人、红十字等各项事业全面发展。

——政府建设不断加强。将全面从严治党要求贯穿政府工作全过程，持续转变政府职能，不断提高公信力、执行力。牢固树立“四个意识”、坚定“四个自信”、做到“四个服从”，坚决维护习近平同志核心地位，坚决维护党中央权威和集中统一领导。不折不扣抓好国务院大督查、省委巡视、省州审计反馈问题的整改落实。严格落实中央八项规定实施细则精神，持之以恒兴“三风”、纠“四风”。全面推行“五步工作法”，各项重大决策部署落到实处。自觉接受县人大法律监督、县政协民主监督，完成157件人大代表建议、89件政协提案办理，办结率均达100%。制定《镇远县人民政府重大决策程序规定（试行）》《镇远县人民政府重大行政决策第三方后评估办法（试行）》，依法决策机制更加完善。依法受理行政复议案件11件，结案7件；行政应诉案件15件；废止规范性文件9件，法治政府建设深入推进。坚持以“零容忍”态度惩治腐败，审计监督不断加强，政府系统党风廉政建设取得新进展。

各位代表，过去一年成绩的取得，是县委坚强领导的结果，是县人大、县政协监督支持的结果，是全县人民凝心聚力、苦干实干、团结奋斗的结果。我代表县人民政府，向全县人民、各级干部致以崇高的敬意！向各位人大代表、政协委员，向驻县部队、武警官兵、省州驻县单位和人民团体，向所有关心、支持镇远建设发展的社会各界人士，表示衷心的感谢！

在充分肯定成绩的同时，我们也清醒地认识到，受诸多因素制约影响，年初既定的目标指标任务还未能完全实现，经济增长与预期还有差距，全县发展不平衡不充分的问题还比较突出，面临的困难、挑战还比较多，主要体现在：一、全县还有1个深度贫困村未出列，1716户、4119人未脱贫，“四场硬仗”尚未取得全面胜利，持续稳定脱贫任务依然繁重。二、政府性债务负担沉重，扩投资稳增长、优产业促增收后劲不足，财税增收十分困难，债务风险防范压力前所未有。三、城乡环保基础设施不完善，生态保护力度不够大，全民环保意识有待进一步增强，生态文明建设任重道远。四、传统产业转型不够，新兴产业培育不足，产业规模偏小、产业链不长，市场竞争力不强，产业基础依然十分薄弱。五、社会保障体系不够健全，教育、医疗、养老等公共服务保障与人民群众的需求还有较大差距，保障改善民生仍需持续发力。六、行政机关效能建设有待加强，营商环境需进一步优化，不作为、慢作为、欠担当，工作不严不实在少数部门还不同程度存在，改进工作作风、转变政府职能依然在路上。对此，我们要正视问题、直面挑战，切实增强责任感、紧迫感，采取积极有效的措施破解难题、补齐短板。

二、2019年工作安排

2019年是新中国成立70周年，是我县“脱贫摘帽”大考交卷年，是决胜全面建成小康社会的冲刺年，做好全县经济社会发展工作责任重大、意义深远。

今年政府工作的总体要求是：以习近平新时代中国特色社会主义思想为指导，深入贯彻落实党的十九大和习近平总书记对贵州工作的系列重要指示批示精神，认真贯彻中央、省、州各项决策部署，在县委坚强领导下，统筹推进“五位一体”总体布局、“四个全面”战略布局，坚持五大发展理念，坚持稳中求进工作总基调，坚持以供给侧结构性改革为主线，按照高质量发展要求，以脱贫攻坚统揽经济社会发展全局，守牢发展和生态底线，全面做好稳增长、促改革、调结构、惠民生、防风险各项工作，继续打好三大攻坚战，实现退出贫困县目标，落实乡村振兴战略行动，保持全县经济持续健康发展、社会大局稳定，为全面建成小康社会收官打下坚实基础，以优异的成绩庆祝新中国成立70周年。

今年全县经济社会发展的主要预期目标是：地区生产总值增长9%左右，农业增加值增长6.5%左右，规模以上工业增加值增长10%左右，固定资产投资增长15%左右，服务业增加值增长10%，社会消费品零售总额增长11%左右，一般公共预算收入增长5%左右，城镇居民人均可支配收入增长9%左右、农村居民人均可支配收入增长10%左右，城镇失业率控制在4.2%以内，居民消费价格总指数、节能减排、空气质量改善目标控制在上级下达的计划范围以内。

为实现上述目标，我们将重点抓好以下工作：

（一）全力冲刺退出贫困县，持续巩固壮大脱贫成果。紧紧围绕“三率一度”考核指标，坚持问题导向、下足绣花功夫查缺补漏，稳定巩固脱贫成效。多管齐下确保决战决胜。强化动态监管，确保扶贫脱贫基础信息精准。全力打好“四场硬仗”，深入落实就业、教育、医疗、危房改造、社保兜底等扶贫措施，重点解决好实现“两不愁三保障”面临的突出问题。深化东西部扶贫协作，加快对口帮扶产业发展、公益事业等项目建设，进一步壮大西湖区对口帮扶镇远成果。深入实施农村村寨整体提升等民心工程，进一步增强群众获得感。坚持扶贫与扶志、扶智相结合，深入开展“三扶三转”活动，发掘用好脱贫攻坚正反典型案例，激发群众内生动力。大力开展感恩教育，密切干群关系，凝聚强大力量打赢脱贫攻坚战。扎实巩固脱贫攻坚成果。坚持脱贫不脱政策、不脱项目、不脱帮扶、不脱投入，全力减少、防止脱贫人口返贫。积极研究解决那些收入水平略高于建档立卡贫困户的群体缺乏政策支持等新问题，妥善处理非贫困户合理诉求。大力推进社会扶贫，引导、鼓励社会各界积极参与扶贫事业。深入推进乡村振兴行动。突出产业兴旺这个重点，深入推进农村产业革命，继续落实“一减四增”，持续扩大经济作物种植面积，促进群众稳定增收。抓住生态宜居这个关键，全力保障农村居民住房安全，着力完善农村污水、生活垃圾无害化处理设施，深入推进农村厕所革命，卫生厕所覆盖农户达95%以上；持续开展农村清洁风暴行动，探索建立村庄保洁制度，长效解决农村“脏、乱、差”问题。强化乡风文明这个保障，积极引导移风易俗，破除农村陈规陋习，有效遏制农村滥办酒席反弹回潮，坚决刹住农村“打麻将”赌博歪风；着力完善农村文化娱乐和健身设施，积极开展丰富多彩的群众性活动，增强群众主人翁意识，引导群众投身乡村振兴行动。打牢治理有效这个基础，加强农村基层基础工作，深入推进“可持续基层党建+创新城乡社区治理+长效脱贫机制”工作，坚持以人为本，结合村规民约、法制宣传和乡贤文化，健全自治、法治、德治的乡村治理体系。积极扶持村级集体经济发展，不断增强村集体自我发展、自我服务、自我管理能力。大力实施镇村公共服务设施提升工程，逐步建成集党建、服务、文化、娱乐、商业、医疗、养老等为一体的农村新社区，真正让农民更幸福、农村更美好，为全面建成小康社会打下坚实基础。

（二）着力优化产业结构，培优扶强各类市场主

体。坚持扩大产业规模与提升产业质量并重、改造传统产业与培育新兴产业并行，优化产业结构，振兴实体经济。做大做强工业。以黔东经济开发区为主战场，深入实施工业振兴行动计划，推动工业扩量提质。大力实施“千企改造”工程，巩固传统的电冶、建材支柱产业，依法清理“僵尸企业”，推进黔东电力和东立水泥及冶炼企业节能技改、装备升级和稳定生产，力争全年实现产值35亿元以上。大力实施“千企培育”工程，精心培育酿酒、食品等优势主导产业。建立校企联合产学研基地，帮扶贵州青酒、金奇谷绩曲酒、贵州花酒、穗蓝蓝莓酒等企业科研创新、资源共享和市场营销，力争全年酿制酒品5000吨、实现产值3亿元以上；支持乐豆坊、蔡酱坊、名城食品厂等企业创新发展，增强特色食品工业发展后劲。大力实施“千企引进”工程，瞄准沿海产业转移动向，加快承接新兴的装备制造先导产业，紧盯埃柯赛、源单科技、云睿电子等落户企业延链补链，力争全年引进企业10户以上。确保全年新增规模以上工业企业5户以上。大力支持民营经济发展，全面落实国家减税降费政策，清理规范涉企收费；扎实开展服务民营经济“六大专项行动”，加强政金企沟通对接，助力破解中小企业融资难问题；及时回应并解决民营企业反映的问题，大力扶持本土企业发展，鼓励、引导一批民营企业投身地方产业发展和基础设施建设，在同等条件下优先使用本土企业产品，不断壮大民营经济。大力提升园区产业承载能力，完善园区道路、给排水、供电、通讯、环保等产业基础设施，配套仓储物流、金融服务、劳务用工、技术咨询等产业服务功能，加大土地征收储备、盘活存量土地和闲置土地处置力度，力争全年盘活土地300亩以上。做稳做精农业。加快构建现代农业产业体系，对全县农业产业特别是200亩以上坝区进行统筹规划。因地制宜规模发展经济作物和草地生态畜牧业，粮经作物种植比调整到32∶68。以创建国家有机农产品认证示范县为抓手，在稳烤烟、扩蔬果、强养殖、增花卉上保基数、扩增量。积极开展“三品一标”认证，力争认证“三品一标”农产品10个，建成“三品一标”农产品基地50000亩以上、有机农产品基地10000亩以上。大力发展林下经济，探索林旅、林禽、林药等复合经营模式，全县利用森林面积达20万亩，建成10个以上示范基地，林业总产值达5亿元以上。以低产林改造为突破口，大力发展竹产业，种植竹子10000亩以上。大力培育新型农业经营主体，新增农民专业合作社6家、家庭农场2家。做活做优服务业。稳步推进现代服务业“十百千”工程，以黔东无水港为中心，加快构建辐射黔东区域县区、农村的物流网络体系。大力发展电商产业，加快完善县、乡、村三级电商服务站点和物流配送网络，助推农产品线上线下畅销。加快金融保险、电子信息、教育培训、健康养老等服务业发展，促进居民康养、文体、汽车、信息等热点消费。实施服务业重点企业培育行动，新增规模以上服务业企业6户以上。

（三）全力夯基础创品牌，推动文化旅游上档升位。深入实施“文化旅游强县”主战略，完善旅游基础设施，优化旅游产品供给，强化旅游市场管理，努力把镇远建成国内知名的人文休闲度假旅游目的地。加快实现旅游市场化运作。坚持旅游市场化、产业化发展方向，加大文旅企业市场化改革力度，以镇远九州文旅投集团为突破口，引入一批懂经营、善管理的旅游人才，把镇远优质的文化旅游资源变成优质品牌，打造精品旅游目的地，提升人气和财气。加强优质旅游产品供给。围绕构建“快旅慢游”服务体系，以镇远古城景区为核心，以实施古城景区拓展提升工程为抓手，重点打造镇远古城、镇远新城区、古城外环线旅游板块。加大对古城区内古建筑、古民居、古巷道、古遗址等文物古迹、历史建筑的保护开发利用力度，打造明清一条街，开发利用镇远剧场和大公场，做好古城“水上游”文章。加快推进㵲阳河、石屏山、高过河、铁溪等景区全面开发建设，新建一批文化旅游景点，将镇远古城创建成国家5A级景区、高过河创建成国家4A级景区，不断丰富镇远旅游产品。强化旅游宣传和管理。办好民族传统节庆活动，用好“互联网＋旅游”营销手段，加强与其他旅游县区合作，合力打造精品游线，唱响“心居何处·自在镇远”宣传品牌。强化旅游市场监管，严惩损害游客合法权益行为。实现旅游人次、旅游综合收入“双提升”。

（四）全力扩投资稳增长，不断夯实经济社会发展基础。坚持以项目建设为主抓手扩大有效投资，促进经济快速发展。积极争取省、州重大项目落地。紧盯中央和省、州政策走向，申报省、州重大工程和重点项目30个以上、投资88亿元以上，争取到项目资金2亿元以上。加快重点领域项目建设。完成S509镇远至岑松公路路面大修工程、柏杨坪至㵲阳河公路、S103施秉打础岩经都坪至岑巩龙田公路建设项目，加快镇远至三穗快速通道建设，开工建设镇远至玉屏（大龙）高速公路，进一步改善交通环境。积极争创省级“四好农村路”示范县。完成交通建设投资

4.5亿元以上。实现翁共、狗鱼塘水库下闸蓄水，加快天印水库、黄泥堰水库、金盆水库、小河口水库等骨干水利工程建设，力争开工马路河水库，完成犀牛洞、金堡、尚寨三个水厂及覆盖区管网延伸建设。完成水利水务投资7亿元以上。加快推进古城整体提升、棚户区改造及新城新区基础设施建设，完成城镇建设投资7亿元、房地产投资1.5亿元。启动黔东无水港配套基础设施和仓储、交易、配送等物流服务设施建设，扎实推进开发区供排水管网、电力设施升级改造工程，加快完善园区配套设施，完成工业投资2.5亿元。扎实推进民生、旅游、社会治理等公共服务领域项目建设，完成投资3.5亿元。强化要素保障。积极争取用地指标1000亩以上，保障建设用地需求。积极开展政金企合作，融资到位10亿元以上；积极盘活国有资源资产，保障政府项目建设投资。大力实施“三名”工程，积极创造条件引进特殊人才，培养一批专业人才，提供可靠的人才支撑。

（五）推动城乡融合发展，加快构建现代新型城镇体系。严格规划管理。坚持规划先行，结合新修订的镇远县城乡总体规划和总体城市设计，加强各类规划衔接，实施一批专项规划和重点区域控制性详细规划修编。加大行政综合执法力度，保持对“两违”的高压态势，切实规范城乡建设秩序。协调推进城乡一体化建设。按照“保护古城、建设新城”思路，扎实做好以水润城、以绿荫城、以文化城、以业兴城文章，力争三年内县城大提升、新城初建成。加快启动东城区、金家湾片区、大菜园闲置土地开发建设，扎实推进棚户区改造工程，进一步拓展优化县城空间。完成文化园广场建设，新建停车场、地下商场、河底隧道投入使用。加大县城区沿街沿河节点房屋建筑、人行通道、公共服务设施等的整治力度，完善城区污水收集处理支管网、垃圾集中收运点、人行道（滨河栈道）护栏、标识标牌等配套服务设施，提升城市功能和品位。大力推进镇远新城区建设，加快镇远中学、中医医院、疾控中心、档案馆、新城“三馆”、保障房和安置房等公益设施项目进度，力争年内建成投用；完成芽溪新城主干道延伸段建设；有序推进电力通讯、供水供气、雨污管网等市政建设。加快推动新城区商业开发，积极稳妥处理房地产开发遗留问题，促进房地产市场有序健康发展。大力推动黔东新城产城联动发展，完善文教卫健、市政公共、商业娱乐等产城服务功能。大力支持各乡镇特色小城镇建设，以蕉溪、尚寨为试点启动乡村振兴计划，培育打造一批特色小城镇和美丽乡村。强化城市管理。以巩固国家级卫生县城为目标，加快建成投用智慧城市系统，整合资源实行网格化巡控，持续开展公共卫生、交通秩序、市场经营等专项整治行动。强化物业小区、移民安置新区等区域的管理，营造良好人居环境。加快农业转移人口市民化，新增城镇人口5000人左右。

（六）牢牢守住生态底线，全力打好污染防治攻坚战。大力实施“蓝天、碧水、青山、净土”工程，下大力抓好中央环保督察、自然资源资产审计反馈问题整改，加强环境治理和生态保护，建设绿色镇远。扎实推动大气污染防治。坚持标本兼治，突出监管重点区域、重点行业、重点时段，狠抓“六控”措施落实，加强扬尘、油烟、工业企业大气污染等整治，取缔县城区经营性燃煤炉具，强化预测预警和日常监管，确保空气质量优良。扎实推进水污染防治。深入落实“河长制”，坚持全域治理、系统治理、源头治理，上下游、点面源、干支流协调治理，启动㵲阳河生态水系治理工程，全面完成污水截污整治，确保出境断面水质稳定达标。建立地表水环境质量监测网，强化集中式饮用水源地保护，完成县城饮用水源地犀牛洞水质在线自动监测项目、千人以上集中式饮用水源地保护项目，确保饮用水源地水质100%达标。加快推进镇村污水处理设施试点建设，完成金堡镇贵界村、爱和村及报京乡集镇、屯上生活污水处理设施建设，进一步提高城乡污水处理率。扎实推进生态保护修复。加快生态环境监测网络体系建设，建立智慧环保监测监管系统，创新环境科技监控手段。实行“林长制”，持续加强林业建设，深入实施生态优先绿色发展森林扩面提质增效三年行动，统筹抓好城乡绿化和沿㵲阳河流域生态廊道建设，新增营造林2万亩，力争年末森林覆盖率达62.8%以上。加大矿山治理和生态环境修复力度，严控砂石场数量，依法取缔非法砂石场，构筑绿色发展屏障。积极开展生态日活动，增强全民生态环保意识。

（七）深化改革开放创新，激发经济发展动力活力。坚持深化重点领域改革。深化“放管服”改革，再取消一批行政审批事项，工程建设项目审批时间、企业开办时间、不动产登记办理时间分别压缩至80个、3个、5个工作日以内。扎实推进县政务服务中心、乡镇便民服务中心、村级便民服务点标准化建设。深化国有企业改革，完善现代企业制度，增强企业自我造血功能。全力配合工业园区体制机制改革和开展黔东片区地方电网改革试点。深化财税体制改革，全面推行零基预算管理和预算绩效管理，改革税收征管体制。深化农村改革，稳步推进农村集体产权制度改革、农村承包地和宅基地“三权”分置改革、农村“三变”改革，加快农村产权交易市场建设。深化社会领域改革，全面完成政府系统机构改革，深化事业单位改革。积极推进教育、卫生、供销、司法、公安户籍、文化旅游、社区管理等领域改革。坚持强化招商引资。围绕集中力量建设黔东产业集聚区、全域旅游示范区、国家有机农产品示范县目标，抢抓东西部扶贫协作、中东部产业转移等机遇，深入开展产业大招商行动，坚持领导干部带头招商，以商招商、以企招企。持续开展优化营商环境集中整治行动，构建亲清新型政商关系，积极稳妥解决招商项目建设遗留问题。强化招商引资项目服务包保责任制，提升项目履约率、落地率、开工率、投产率，确保招商引资产业类实体经济到位资金增长10%以上。对项目落地建设过程中不作为、慢作为和不诚信的，坚决进行问责。坚持科技创新驱动。运用大数据提升公共服务智能化水平，扎实推进电子政务、智慧交通、智慧旅游、智慧公安等公共服务体系建设，促进实体经济企业与大数据深度融合发展。加强与省内高校合作，建成一批产学研基地。加强知识产权保护和运用，申报科技项目30个以上，完成专利申请70件以上；培育高新技术企业3家以上。县级综合科技进步指数稳步提升。

（八）扎实抓好财政金融工作，全力防风险促发展。提升财政保障能力。着力涵养税源、培植财源，强化税收征管，实现财政收入增量提质。牢固树立过紧日子的思想，压缩一般性支出，坚持保工资、保运转、保基本民生、保脱贫攻坚。扎实防范债务风险。积极采取争取债券资金、盘活财政存量资金、出让国有资源资产收益等方式置换和偿还政府性债务，坚决把我县综合债务率、一般债务率和专项债务率控制在预警线以内。全面排查国有企业经营风险、债务风险、互保风险，引导企业强化风险意识，加强财务管控，积极筹措资金还本付息，确保企业健康有序发展。积极防范金融风险。持续做好非法集资、违法违规套利等行为的防范和处置，加强融资性担保公司监管。强化政金企联动，着力缓解中小微企业、“三农”等领域融资难融资贵问题，大力支持不良贷款清收和处置工作，积极推进信用体系建设。加大企业上市培育和支持力度，促进贵州青酒集团、银江股份公司早日上市。推动农业保险扩面、增品、提标，助力农业产业发展。

（九）繁荣各项社会事业，全力提升公共服务水平。坚持把改善民生作为政府工作的出发点、落脚点，解决群众身边急难事，让群众有更多获得感、幸福感、安全感。积极促进就业创业。加大就业创业政策宣传和落实力度，做好城镇就业困难人员、退役军人、大学生等群体就业创业服务工作。实施农民全员培训计划、“雁归兴贵”计划，促进农民就业创业。扎实抓好开发区“创业示范点”，扩大“创业孵化基地”示范带动效应，营造大众创业、万众创新的浓厚氛围。办好人民满意教育。全面深化教育领域改革，立足保普惠抓好学前教育，促均衡抓好义务教育，增内涵抓好高中教育，强特色抓好职业教育，促进各类教育高质量发展。统筹推进城乡义务教育和农村寄宿制学校标准化建设，确保完成“全面改薄”项目，优化县城区中小学和幼儿园布局，合理配置优质公共教育资源，着力解决中小学“大班额”“择校热”等问题。加大教师队伍建设，大力实施教育“三名”工程，力争引进100名专业化教师，加强师德师风建设，全面提升教育教学质量。提升医疗卫生水平。健全和完善县、乡、村三级医疗卫生服务体系，实现县乡两级医院信息化移动支付全覆盖，进一步提升医疗服务能力。加大医疗卫生人才培养和引进力度。开工建设县妇幼保健院，加快推进县中医医院项目建设。继续实施好基本公共卫生和重大公共卫生项目，巩固国家卫生县城和卫生乡镇创建成果。加强食品药品安全监管，让人民群众吃得更放心、用药更安全。繁荣文化体育事业。加快推进县全民健身中心、体育馆等项目建设，切实保障公共服务产品有效供给。实施县文化馆基础设施升级改造，高质量迎接全国文化馆第六次评估定级。积极备战黔东南州第十届运动会。强化民生兜底保障。进一步完善城乡社会救助体系，全面落实医疗救助、临时救助等政策。健全自然灾害应急救援机制，建成县级救灾物资储备库。继续做好城乡低保专项治理工作，做到“应保尽保、应退尽退”。加快养老等社会福利和慈善事业发展。织密织牢安全网底。以信访“三无县”创建工作为抓手，进一步压实信访责任，狠抓信访积案化解，妥善处理特定利益群体、房地产领域、农民工工资等突出问题，严格依法治访。深入开展“扫黑除恶”专项斗争，扎实推进创建“全国禁毒示范城市”工作。依法打击非法宗教和邪教活动。牢固树立“安全第一、生命至上”理念，突出道路交通、农村消防、建筑施工、地质灾害、疫情病害等隐患源头管控和治理，坚决遏制重特大安全事故发生。严厉打击假冒伪劣商品、传销等违法活动，创建安全放心的消费环境。加强应急救援及防灾减灾工作，提升应急防范处置能力。坚定支持驻县部队、人民武装建设和监察委、法院、检察院工作，坚持重视国防动员、人民防空、国家安全、司法行政、民族宗教等工作。

在落实省、州“十件民生实事”的同时，扎实办好我县“十件民生实事”：（1）全力巩固脱贫成果，确保已脱贫人口稳定脱贫、不返贫，实现报京乡贵洒村出列；（2）公益性岗位安置就业困难人员120人，转移农村劳动力4778人，完成贫困劳动力技能培训2814人，新增75名生态护林员；（3）启动实施县污泥处置中心、县城二期污水处理厂和江古、羊场、都坪、金堡4个建制镇污水处理厂建设；（4）完成除濞阳镇外的11个乡镇生活垃圾中转站建设，全县30户以上自然寨垃圾集中收运实现全覆盖；（5）完成镇远中学迁建项目建设，积极稳妥回收25所“公助民办”村级幼儿园；（6）实施农村公路生命安全防护工程建设150公里；（7）深入推进厕所革命，新建、改造农村户用卫生厕所3200户、村级公共卫生厕所40个、旅游厕所10个；（8）完成棚户区改造255户；（9）新增多彩贵州广电云“户户用”用户1.1万户；（10）城乡居民基本养老保险基础养老金提高到每人每月93元，按省、州要求提高城乡低保标准。

三、加强政府自身建设

各位代表，贯彻新思想、呼唤新作为、树立新形象，新时代对政府工作、自身建设提出了新的更高要求。我们将不忘初心、牢记嘱托、奋发进取，努力建设人民满意的政府。

（一）坚持从严治党、廉洁履职。始终把政治建设摆在首位，牢固树立“四个意识”，坚定“四个自信”，坚决维护习近平同志的核心地位，坚决维护党中央权威和集中统一领导，在思想和行动始终与党中央保持高度一致，始终对党忠诚。自觉服从县委领导，定期向县委常委会汇报工作。深入开展“不忘初心、牢记使命”主题教育、“两学一做”学习教育，强化理论武装、坚定理想信念、提高政治站位。不折不扣地抓好巡视巡察发现问题整改，营造风清气正的政治生态。全面落实“一岗双责”，扎实抓好政府系统党风廉政建设，管好“森林”、护好“树木”、守牢底线。加强对公共资金、公共资产、公共资源和重要民生等重点领域审计，强化对重点领域、重点工程和权力重点机构的监管，对发现的问题严肃查处。强化不敢腐的震慑、扎牢不能腐的笼子、增强不想腐的自觉，做到政治清明、政府清廉、干部清正。

（二）坚持依法行政、规范用权。坚决维护宪法权威、法律尊严，把政府工作全面纳入法治轨道，所有政府公职人员都自觉尊法学法守法用法。坚持依法决策、民主决策、科学决策，进一步完善重大行政决策程序制度、合法性审查制度、决策执行纠偏机制，全面推行政府法律顾问制度。加强行政复议、行政应诉、行政裁决，积极化解行政争议。强化行政权力运行监督，自觉接受县人大及其常委会的法律、工作监督和县政协的民主监督，定期向县人大、县政协及其常委会报告和通报工作，坚决执行人大决议决定，认真办理人大代表议案建议、政协委员提案，积极回应社情民意。充分发挥工青妇等人民团体的桥梁、纽带作用，主动接受新闻舆论监督、社会公众监督。加强重点领域、重要事项等信息公开，强化依申请公开管理，让行政权力在阳光下规范运行。

（三）坚持改进作风、务实担当。坚决贯彻中央八项规定及实施细则精神和省、州及县委各项作风建设规定，坚定不移兴“三风”、纠“四风”、树新风。把担当作为、务实落实作为政府工作的根本要求，坚持重实干、办实事、求实效，把全部心思和精力都用到干事创业上，把确定的事一抓到底、作出成效。积极推动落实鼓励担当的容错、纠错、防错机制，惩治庸政、懒政、怠政的问责机制，鼓励探索、支持创新、宽容失误，旗帜鲜明地为敢于担当者担当，为苦干实干者撑腰，警醒和惩戒慢作为、不作为、乱作为、怕担当的干部，进一步提振干部精气神。全面推行“五步工作法”，确保中央、省、州和县委决策部署得到全面落实，见成效。

各位代表，新思想孕育新希望，新使命寄望新作为。让我们紧密团结在以习近平同志为核心的党中央周围，以习近平新时代中国特色社会主义思想为指导，在县委的坚强领导下，紧紧依靠和团结全县人民，以“功成不必在我”的精神境界、“功成必定有我”的责任担当，以更加振奋的精神、更加务实的作风、更加有力的举措，不忘初心、砥砺前行，为实现顺利“减贫摘帽”、如期打赢脱贫攻坚战、全面建成小康社会、建成全省经济强县和文化旅游大县目标而努力奋斗！

黔南布依族苗族自治州

黔南布依族苗族自治州政府工作报告

（2019年2月14日在黔南自治州第十四届人民代表大会第四次会议上）

黔南自治州委副书记、州长　吴胜华

各位代表：

现在，我代表州人民政府向大会报告工作，请予审议，并请州政协委员和其他列席人员提出意见。

一、2018年政府工作回顾

2018年，是全面贯彻党的十九大精神的开局之年，是脱贫攻坚的关键之年。一年来，在州委的坚强领导下，在州人大、州政协的监督支持下，我们坚持以习近平新时代中国特色社会主义思想为指导，认真贯彻党的十九大和习近平总书记在贵州省代表团重要讲话精神，全面贯彻落实中央、省委、省政府和州委各项决策部署，强化“四个意识”、坚定“四个自信”、践行“两个维护”，坚持新发展理念，坚守发展和生态两条底线，以脱贫攻坚统揽经济社会发展全局，积极应对经济持续下行压力，全力打好三大攻坚战，强力推进“3366”发展战略，较好地完成了州十四届人民代表大会第三次会议确定的各项目标任务。

过去的一年，我们把发展经济作为第一要务，克难奋进，综合实力稳步提升。全州完成地区生产总值1313.46亿元，增长10.8%。规模以上工业增加值增长10.3%，固定资产投资增长17.2%，社会消费品零售总额增长8.3%，一般公共预算收入119.7亿元。金融机构存贷款余额分别为1631.8亿元、1613.59亿元。城镇、农村常住居民人均可支配收入分别突破3万元、1万元，达到31136元、10721元。全面小康实现程度达96%。经济发展综合测评排全省第三，连续6年稳居全省“第一方阵”。

过去的一年，我们把脱贫攻坚作为头等大事，精准施策，减贫摘帽连战连捷。全州上下闻令而动、遵令而行、尽锐出战，“春风行动”“夏秋攻势”成效明显。全年减少农村贫困人口21.15万人，超计划5.8万人；285个贫困村出列，超计划73个村；农村贫困发生率从2017年的9.95%下降到4.65%。瓮安、龙里按国标退出贫困县，拟“摘帽”的贵定、惠水均达到贫困县退出标准，脱贫攻坚取得了关键之年决定性胜利。

过去的一年，我们把环境保护作为重要任务，齐抓共管，生态之州更加靓丽。重点区域大气、重点流域水环境质量明显改善，受到国务院通报表扬。推行磷化工企业“以渣定产”，磷石膏综合利用率达81.9%，高于全省10个百分点。启动国家森林城市创建工作，全州森林覆盖率达64.2%。县域环境空气质量优良率达98.7%，县城及以上城市集中式饮用水源地水质达标率100%。

过去的一年，我们把强基础、补短板作为破局之策，攻坚克难，基础设施有了突破。世界之最的罗甸大小井特大桥成功合龙、平塘特大桥顺利封顶，全州高速公路里程突破1000公里，占全省15%。建成农村“组组通”公路5860公里，全面完成30户以上自然村寨组组通硬化路。实现了“县县有中型水库、乡乡有稳定供水水源”的阶段性目标。

过去的一年，我们把民族团结进步作为奋斗目标，全州联动，示范创建圆满成功。五年接力推进，创建工作结出硕果，民族团结进步示范单位数量居全省之首，正式获“全国民族团结进步示范州”命名，探索出一条符合实际、独具特色的创建之路，为民族团结进步示范创建工作提供了黔南方案。

一年来，我们统筹兼顾、突出重点，着力抓了以下工作：

（一）全力攻坚克难，三大攻坚战成效突出。坚持聚焦聚神聚力，盯住盯紧盯牢，全面总攻战果丰硕。脱贫攻坚深入推进，贫困面貌加速改观。深化落实“七个一”机制，打好“四场硬仗”，狠抓“1+6专项治理”，突出“四个聚焦”，推进农村产业革命。启动500亩以上坝区农业产业结构调整，调减低效作物面积119万亩。新建易地扶贫搬迁安置点22个，建成住房2.4万套。改造农村危房2.6万户，整治老旧住房5.7万户。资助困难学生86万人（次），4.3万名学生通过“绿色通道”顺利入学，12.9万贫困群众实现就业创业，贫困人口家庭医生签约服务全面实施。争取广州投入财政帮扶资金4.65亿元，增长245%。实施中央单位定点扶贫项目72个，投入资金2.1亿元。防范化解重大风险攻坚深入推进，社会治理能力持续提升。严格落实“七严禁”要求，完善政府债务管理制度，用好用足政府债券资金，发挥州级偿债应急资金池作用，积极开展展期降息，妥善置换存量债务，争取再融资置换债券36.8亿元，政府综合债务率下降27.68%。严厉打击违法违规金融活动，非法集资案件发生起数下降25%。深入开展安全生产隐患大排查大整治，事故起数和死亡人数实现“双降”。全面推进矛盾纠纷多元化解，持续推进立体化治安防控体系建设，深入推进扫黑除恶专项斗争，社会大局和谐稳定，人民群众安全感、满意度全省排名“双第一”。污染防治攻坚深入推进，生态文明建设不断加强。聚焦“水、气、土”三大污染治理，不折不扣抓好中央和省环保督察反馈问题整改，时序整改率达100%。瓮福片区大气污染深度治理有序推进。全面取缔网箱养鱼，得到中央巡视组肯定。瓮安河、重安江主要控制断面实现阶段性达标。建成污水处理厂18座、污水收集管网100公里。成功举办第六届“水生态文明·黔南论坛”。完成营造林91.36万亩。治理水土流失240平方公里、石漠化141平方公里。全面推行河（湖）长制，创新出台“派工单”管理办法，河（湖）长制工作从“有名”向“有实”转变。

（二）突出优化结构，实体经济持续发展。坚持优化存量和培育增量并举，供给需求协调推进，质量效益同步提升。农业综合生产能力稳步增强。深入实施农业“185提升工程”和绿色农产品“泉涌工程”，茶、菜、果、菌、药、畜等优势特色产业不断壮大，经济作物占种植业比重提高到70.4%，农业增加值完成228.04亿元，增长6.8%。新增省州龙头企业91家、合作社1024家，95个州级以上农业园区实现总产值450.9亿元，黔南国家农业科技园区通过国家验收。认定无公害产地517.3万亩、绿色食品9个、有机农产品30个、地理标志产品14个，都匀毛尖荣获“中国茶叶区域公用品牌价值十强”。第二产业质量效益稳步提升。启动“千企改造”企业307户，24户入选省级“双百强”企业。瓮福集团获国家级技术创新示范企业，28户企业列入省级品牌培育试点。惠水王老吉日产100万罐生产线建成投产。净增规模以上工业企业65户，总量达939户，居全省第二。高技术产业增加值、装备制造业增加值分别增长25.9%、20.5%。新增建筑业企业412家，建筑业总产值完成197亿元。第三产业多点联动蓬勃发展。深入实施旅游“九大工程”，成功举办第十二届州旅发大会，景区提质升级效果初显。荔波县荣获2018年中国旅游影响力品牌，贵定“金海雪山”景区晋升国家4A级旅游景区，瓮安千年古邑旅游区成功创建省级旅游度假区。全年接待国内过夜游客753万人次、增长14%，入境过夜游客1.47万人次、增长37.9%。推进“5+2物流平台”建设，贵州（昌明）国际陆港（一期）建成运营。伽太利华评为全省十佳信息软件企业，大数据与实体经济融合发展指数从28提高到32.2，大数据产业产值达210亿元，软件和信息服务业收入10.18亿元，增长95.4%。社会消费品零售总额完成287.55亿元，网络零售总额突破9亿元。瓮安、平塘、罗甸获“全国电子商务进农村示范县”称号。文化产业园累计完成投资176.1亿元，文化产业增加值占GDP比重达4.5%。

（三）抓项目补短板，发展支撑更加坚实。坚持项目驱动、投资拉动，全年实施省、州重大工程项目660个，累计完成投资1420亿元。交通基础设施持续优化。贵南铁路控制性工程全面开工，瓮马铁路南延伸线启动建设。交通领域完成投资401.5亿元，新增高速公路143公里，建成国省干线231公里、农村公路1128公里、农村公路安防工程1970公里。水利设施不断改善。完成水利投资80亿元。建成68个农村饮水安全工程，解决24.8万农村人口饮水安全问题，巩固提升15.2万人饮水条件。11个中央财政小农水项目县建设任务全面完成，发展耕地灌溉面积19.27万亩、高效节水灌溉面积4.2万亩。能源信息设施逐步完善。电力投资完成12.78亿元，农村电网改造升级加快覆盖。天然气“县县通”工程稳步推进。完成信息基础设施投资15亿元，新增多彩贵州“广电云”户户用工程12.9万户，实现行政村4G网络全覆盖。

（四）注重提质升级，城乡面貌明显变化。坚持抓建设、强基础、提品质，统筹推进城市品质提升和乡镇环境整治，城乡融合加快发展。城镇品质有效提升。完成城建投资433亿元，常住人口城镇化率达52.05%。抓好都匀、独山、三都等国家新型城镇化综合试点。市政基础设施和公共服务配套不断完善，棚户区改造开工4.46万套，建成3.2万套，新增城镇道路101公里、健康绿道217公里，新建停车位1.23万个，建成海绵城市项目14个。贯彻落实支持都匀发展的政策措施，推进都匀棚户区改造、城市路网、公共交通等基础设施建设，城区面积扩展到68平方公里。成功承办全省第七届小城镇建设发展大会。城镇管理日趋精细。深入推进城市管理综合行政执法改革，建立了州、县（市）城市管理综合行政执法机构，城市管理执法边界、权力清单更加明晰。加快推进城乡执法一体化，设立76个乡镇综合行政执法分局，城镇管理执法覆盖面不断扩大。建立城市管理大数据智慧指挥平台，提高了城镇管理效率。农村环境明显改善。村庄规划实现全覆盖。“四在农家·美丽乡村”小康行动深入推进，民族特色村寨保护与发展八大工程有序实施，推进农村垃圾、污水处理和“三改”工程，改造卫生厕所2.61万户，建成小康房2700户，完成自然村寨垃圾收运项目建设4446个。

（五）突出改革开放，发展动能充分释放。坚持全面深化改革，扩大开放，不断增强发展动能、激发活力。推进重点领域和关键环节改革。谋划推进重点改革事项125项，形成改革成果101项。深化“放管服”改革，全面推进“最多跑一次”改革。深化农村“三变”改革，全面完成农村土地承包经营权确权登记颁证。公立医院改革取得新突破，实现“三控三升三降”目标，福泉成为“全国公立医院示范县”。“校农结合”模式获省委主要领导批示肯定。住房公积金制度改革被列为全省改革优秀案例。开放合作水平不断提升。主动参与“一带一路”和粤桂黔高铁经济带建设，加强与贵广、沪昆高铁沿线城市合作，抓好与广州对口帮扶协作，黔南·广州产业园建设步伐加快。深化与贵阳、贵安合作，黔中龙溪内陆开放型经济发展先导区获省级批复设立。成功举办都匀毛尖（国际）茶人会、中国物流（都匀）国际峰会。市场活力不断激发。推进“产业大招商突破年”和“营商环境整治”两大专项行动，州县联动，主要领导带头招商，京津冀、粤港澳大湾区、长三角和成渝等重点区域招商取得新突破，引进500强企业12家，首次入黔500强企业4家，引进省外500万以上投资项目到位资金962.78亿元，增长12.1%。进出口总额完成3.18亿美元。新增市场主体3.5万户。获得专利授权1270件，综合科技进步水平指数达59%。民营经济增加值812.29亿元，占GDP比重达61.8%，新增就业5.3万人，占新增城镇就业总人数的62.7%。

（六）坚持民生优先，生活水平稳步提高。坚持以人民为中心的发展思想，不断满足人民对美好生活的向往。民生领域完成投资130.82亿元，“十件民生实事”全面完成。教育卫生事业快速发展。平塘、贵定、三都、罗甸顺利通过国检，黔南提前两年实现县域义务教育基本均衡发展目标。新建（改扩建）幼儿园187所、城镇义务教育学校7所。营养改善计划惠及48.78万名学生，成功承办全国农村义务教育营养改善计划现场会，黔南经验得到充分肯定。医疗卫生服务能力三年提升计划成效显著，完成84个县级综合医院重点学科和152个乡镇卫生院特色专科建设，医疗卫生建设实现“四个全覆盖”。社会保障体系更加完善。农村合作医疗参合人数达346万人，建档立卡贫困人口实现应保尽保。22万低保人员和特困群众基本生活得到保障。建成16个老年人日间照料中心和32个农村幸福院。新增城镇就业8.53万人，农村劳动力转移就业11.35万人，城镇登记失业率2.94%，优于省定范围。住房公积金新增缴存人员2.56万人，增长37.5%。建成农村公益性公墓365处。文化体育事业稳步发展。《木楼古歌》入选第八届长江流域戏剧节展演项目，31项文艺作品获省级以上奖项，创历史新高。成功举办第六届“好花红”文化旅游节系列活动。一批影视剧在黔南选景拍摄，《星火云雾街》在央视播出，《无名之辈》《斗破苍穹》等热播影视剧催生一批黔南网红景点。成功举办中国足协国际足球锦标赛。精心组织参加省第十届运动会、省第六届残疾人运动会，金牌数和奖牌数均实现历史性突破。

（七）加强自身建设，行政效能明显提升。坚持把全面加强政府自身建设作为扎实推进各项工作的基础和保障，进一步提升政府为民服务水平。廉政建设取得新进展。贯彻落实全面从严治党要求，严格履行主体责任，发挥审计“利剑”作用，强化重点领域监督检查，有效压缩权力寻租空间，减少腐败问题滋生。严格执行中央八项规定、省委十项规定和州委九项规定及其实施细则精神。扎实抓好中央、省委巡视和国务院大督查反馈意见整改落实。效能建设取得新进展。推进简政放权，抓好行政审批“六个一”改革，加快注册登记便利化，持续开展“减证便民”专项行动，清理规范州政府工作部门行政审批中介服务事项 26 项，企业开办时间压缩至 4.5 个工作日以内。民主法治取得新进展。强化依法行政，制定落实政府系统主要负责人推进法治建设职责清单。加强阳光政府建设，畅通群众诉求渠道，主动公开政府规范性文件，认真落实政策解读。自觉接受人大法律监督和政协民主监督，提请州人大常委会审议法规草案 3 件，制定州政府规章 2 件。办理人大代表建议 168 件、政协建议案和委员提案 286 件，沟通、答复率均达 100%。

此外，国防动员、双拥优抚、国资监管、公共资源交易、民航事业、天文科普、供销合作、外事侨务、人民防空、军供保障、妇女儿童、青年、老龄、残疾人、地方志、档案、保密、气象等各项工作全面进步。

各位代表，过去一年面对复杂的外部环境、经济下行压力，我们能够取得这些成绩，主要得益于党的民族政策光辉照耀，得益于省委、省政府和州委的坚强领导，得益于省直各部门倾力支持、广州对口帮扶、中央单位定点帮扶及社会各界的大力帮助，得益于州人大、州政协的有效监督与鼎力支持，得益于历届政府打下的坚实基础和老领导、老同志的关心支持，得益于各级干部群众的同心同德、奋力拼搏。在此，我代表州人民政府，向全州各族人民群众，向人大代表、政协委员，向各民主党派、工商联、无党派人士和人民团体，向驻黔南解放军、武警官兵、消防救援和政法干警，向中央和省驻黔南单位，向广州市和各定点帮扶单位，向关心、支持黔南发展的各界朋友，致以崇高的敬意和衷心的感谢！

过去一年，是改革开放 40 周年。40 年来，全州各族干部群众不甘落后、艰苦创业、开拓创新、感恩奋进，一批典型经验、先进人物在黔南涌现，一大批重点项目、重大工程在黔南落地，黔南城乡面貌发生翻天覆地的变化，经济综合实力明显增强，GDP 增长 64 倍、人均 GDP 增长 46.2 倍。踏上新征程，我们将坚定改革开放再出发的信心和决心，用好弥足珍贵的发展经验，奋力书写改革发展新篇章。

过去皆为序章，发展永无止境。在前进道路上，我们还面临不少发展“短板”“痛点”：一是决战脱贫攻坚任务繁重。脱贫攻坚进入决战期，剩下的 16.26 万贫困人口，贫困程度深，攻坚难度大。今年，荔波、长顺、独山、平塘 4 个贫困县须“摘帽”出列，力争罗甸达到退出条件，任务非常艰巨。二是实体经济面临不少困难。市场经营主体少、龙头弱，产业规模不大、结构不优、创新不足，农业生产组织化、标准化、规模化、品牌化程度不高，工业经济结构不优，服务业业态低端等问题还不同程度存在。三是民生保障领域短板突出。就业、教育、医疗、养老等方面与群众的需求还有差距，特别是在财政收入增速放缓、政府偿债压力较大的情况下，保障和改善民生的任务更加艰巨。四是政府自身建设存在差距。政府职能转变还不够，依法行政能力还不强，创新能力还不足、服务水平还不优。对于这些问题，我们将认真对待，切实加以解决。

二、2019 年工作安排

2019 年是新中国成立 70 周年，是决胜全面建成小康社会第一个百年奋斗目标的关键之年，是脱贫攻坚决战之年，做好全年工作意义重大。我们要勇于肩负起新时代赋予的历史使命，从国家大战略中找动力、在发展大环境中找机遇，主动作为、创新突破，努力创造新业绩。

今年政府工作的总体要求是：以习近平新时代中国特色社会主义思想为指导，牢记嘱托、感恩奋进，全面贯彻落实党的十九大和中央、省、州经济工作会议精神，坚持党对一切工作的领导，坚持稳中求进工作总基调，坚持新发展理念，以供给侧结构性改革为主线，以提高发展质量为中心，以发展实体经济为重点，以乡村振兴为抓手，继续打好三大攻坚战，深入实施“3366”发展战略，统筹推进稳增长、促改革、调结构、惠民生、防风险各项工作，进一步稳就业、稳金融、稳外贸、稳外资、稳投资、稳预期，提振市场信心，加快打造民族地区创新发展先行示范区，决战脱贫攻坚、决胜同步小康，保持经济持续健康发展、社会大局稳定，提高人民群众的获得感、幸福感、安全感，为全面建成小康社会收官打下决定性基础。

今年政府工作的总体目标是：地区生产总值增长 10.5% 左右，其中，第一二三产业分别增长 7%、10.3%、15%。规模以上工业增加值增长 11%。固定资产投资增长 15%。社会消费品零售总额增长 11%。一般公共预算收入增长 5%。金融机构人民币存款、贷款余额分别增长 3%、20%。城镇、农村居民人均可支配收入分别增长 9%、10%。减少农村贫困人口 11.44 万人。城镇新增就业 7.8 万人，登记失业率控制在 4.2% 以内。常住人口城镇化率提高到 53.5%。森林覆盖率达 65%。居民消费价格指数、节能减排降碳指标控制在省定范围内。

围绕总体要求、总体目标，要重点做好9个方面的工作：

（一）紧盯靶向目标，高质量推进脱贫攻坚。以脱贫攻坚统揽经济社会发展全局，严格对标“一达标，两不愁，三保障”，更加聚焦2020年全面脱贫目标，精准发力，全面夺取脱贫攻坚决战之年根本性胜利。一是更加注重分类推进。对标对表，查缺补漏，奋力冲刺，确保贵定、惠水两县按国家标准退出贫困县，100个贫困村出列；稳步推进荔波、长顺、独山、平塘4个贫困县脱贫摘帽，力争罗甸县达到退出条件。坚持“四个聚焦”，落实支持三都、罗甸打好打赢脱贫攻坚战的政策措施，集中力量攻克深度贫困，加快深度贫困地区脱贫步伐。二是更加注重四场硬仗。在全面完成“组组通”建设任务的基础上，切实抓好农村公路养护和管理。扎实推进农村饮水安全工程，全面解决农村饮水安全问题。加快易地扶贫搬迁项目建设，搬迁入住10.13万人，抓好易地扶贫搬迁后续扶持和社区管理。提升贫困人口“造血”功能，用好绿色产业扶贫投资基金，全力推动“一县一业”发展，产业覆盖60%以上农户，实现贫困户全覆盖，带动农民人均增收2500元以上。严格落实教育扶贫政策和贫困人口医疗保障救助政策，让贫困家庭得到有效保障。全面推进农村老旧房屋透风漏雨专项整治，农村危房改造存量实现“清零”。三是更加注重扶贫质量。深化“七个一”机制，巩固和扩大“1+6”专项治理成果，坚决防止老问题反弹，遏制新问题滋生。坚持扶贫同扶志、扶智相结合，注重发挥贫困群众主体作用，杜绝“保姆式”扶贫。深化与广州扶贫协作，力争实现贫困县中小学、医院结对帮扶全覆盖。拓展中央单位定点帮扶，深入推进“百企帮百村”，凝聚帮扶合力。

（二）防范债务风险，高质量抓好财税金融。强化风险意识、树牢底线思维，坚决打好防范化解政府债务风险的主动仗。一是着力化解政府债务风险。严格落实“七严禁”“1+8”债务管理政策，健全“借用还”与“责权利”相统一的地方政府性债务管理机制，压实县（市）属地责任和主体责任，盘活各类资金、资产、资源，做大用好债务风险应急资金池，妥善化解政府债务风险，守住不发生重大风险底线。二是着力增强财政保障能力。积极涵养和培植财源，做大财政收入总量、提升质量，确保税收占财政收入比重70%以上。落实好综合治税管费措施，加大土地出让收益、国有资产出让收入征缴力度，增强财政统筹保障能力。全面实施预算绩效管理，优化支出结构，压缩一般性支出，保障脱贫攻坚、乡村振兴和民生工程等领域支出。三是着力强化金融支撑作用。加快地方金融体系建设，推动农商行、农信社及村镇银行业务聚焦普惠实业本源，充分发挥金融支持和服务地方经济发展的作用。深入实施推进企业上市挂牌三年行动计划，推动1家以上企业进入IPO或新三板挂牌，确保5家企业在贵州区域股权中心挂牌。做好地方政府债券、企业债、绿色债等债券申报。严厉打击非法集资、金融欺诈，对跟风违约、恶意逃避债务等进行专项治理，加大不良贷款处置力度，强化企业债券存续期本息兑付风险排查和监管，维护良好金融秩序。

（三）守住生态底线，高质量建设生态文明。以筹办第四届中国绿化博览会、举办第二十九届兰花博览会为契机，实行治、建、管并举，厚植生态优势。一是狠抓污染防治。集中力量打好“五场标志性战役”，推进并巩固提升环保督察反馈问题整改。全面推进农村千人以上集中式饮用水源地“划、立、治”环境保护工作，持续加强重安江、瓮安河、都柳江等重点流域水环境治理，确保地表水水质优良比例达90%以上，县城以上集中式饮用水源地水质达标率保持100%。深入开展扬尘、工业企业大气污染等治理行动，确保县级以上城市环境空气质量指数年优良率达98%以上。抓好医疗废物、危险废物等污染防治，加强土壤污染及治理修复工作，确保重金属历史遗留废渣治理率达83%以上。抓好工业渣场安全运行、工业固废综合利用，推动磷化工产业“以渣定产”，力争磷石膏综合利用率达100%。二是狠抓生态修复。以创建国家森林城市为引领，扎实开展美丽黔南林业提质增效三年行动，大力推进通道绿化、生态绿地、毁损山体补绿，不断夯实绿色底板。完成石漠化治理148平方公里、水土流失治理180平方公里。大力发展刺梨、林下经济、花卉苗木、森林康养等精品林业产业，集中力量建设万亩铁皮石斛基地，确保林业总产值突破400亿元。三是狠抓制度约束。认真落实《国家生态文明试验区（贵州）实施方案》，全面落实覆盖全民所有自然资源资产有偿出让制，开展领导干部自然资源资产离任审计，编制自然资源资产负债表，实施生态环境损害赔偿制度，开展国土空间规划及管制试点工作。深化推进河（湖）长制，探索实施林长制试点。抓好环保“六个一律”、森林保护“六个严禁”专项执法行动，依法打击各类破坏生态环境的违法行为。

（四）坚持提质升级，高质量推动工业发展。以“双千工程”为抓手，深入实施工业强州战略，推动工业高端化、绿色化、集约化发展。一是做大产业。加强数字经济示范试点培育，抓好大数据“四个融合”工作，确保实现产值260亿元，增长30%。围绕省定十大千亿级产业，打造一批“十亿级、百亿级”支柱性产业，确保建材、化工产值分别达220亿元和200亿元，农副产品加工业、战略性新兴产业、装备制造业产值分别达150亿元、150亿元、100亿元，冶金工业、能源工业产值均达45亿元。二是做优园区。加快工业园区聚集化发展，确保新引进工业项目落户园区200个以上。支持惠水建设军民融合产业示范区。支持瓮安、福泉建设磷煤循环经济生态工业基地。进一步理顺园区管理体制，推行一站式服务，支持福泉、龙里推进园区企业化、市场化转型。开展园区僵尸企业、闲置土地清理行动，推进土地再开发再利用，提高土地产出效益。确保工业园区规模工业总产值达1200亿元以上。三是做强企业。持续抓好“双服务”，加快推动卡布特色产业园、瑞和药业总部、金孟新型锰材料等重点项目建设，形成一批具有影响力的龙头骨干企业，新增规模以上入库工业企业80家、总数突破1000户。增强工业企业技术创新能力，重点抓好贵州省磷化工清洁生产工程技术研究中心、黔南州装备制造协同创新中心等创新平台建设，新启动改造企业100户，累计启动改造规模企业90%以上。

（五）扩大有效需求，高质量夯实发展基础。坚持扩总量、夯基础、促消费，稳住经济增长的基本面。一是千方百计扩大有效投资。强化项目谋划储备支撑，动态储备项目总投资6000亿元以上。动态实施省、州重点项目600个以上，完成投资1000亿元以上。优化投资结构，确保民间投资占50%以上、产业投资占40%以上，工业、农业、旅游等领域分别完成投资420亿元、75亿元和50亿元以上，城建、交通、水利投资分别完成500亿元、330亿元和75亿元以上。二是加快基础设施补短板。统筹推进基础设施“六网会战”专项行动。加快贵南铁路、瓮马铁路及南北延伸线建设，力争瓮马铁路投入运营。全面推进新时代高速公路建设五年决战，加快三都至独山、平塘至罗甸、贵阳至黄平、都匀至香格里拉等高速公路项目建设，建成高速公路100公里以上。加快推进福泉凤山大型水库建设，新开工建设水库7座、续建水库24座，建成污水处理厂30座，实施500亩以上坝区小型农田水利灌溉项目30个。统筹推进航空、港口航运、能源、电信等基础设施项目建设，加快推进智慧黔南综合平台建设，加快4G网络向30户以上自然村延伸，确保4G网络覆盖率达90%以上，电网供电可靠率达99%以上。三是坚持不懈激发消费需求。大力实施服务业创新发展十大工程，确保新增规模以上服务业企业30户以上。深入实施旅游“九大工程”，加快都匀旅游集散中心建设，支持荔波申报创建国家旅游度假区，支持都匀、龙里、瓮安创建国家全域旅游示范区，力争创建2个以上国家4A级旅游景区。扎实开展“季季有主题、月月有活动”旅游营销，旅游总收入和入黔南游客分别增长30%以上。办好第十三届州旅发大会。持续办好“好花红”文化旅游节系列活动，推出一批文化创意产品。实施新一轮大健康产业三年行动计划，加快中铁国际生态城太阳谷国家级养生养老示范区、福泉黄丝温泉生态养老省级示范园区、罗甸县养老服务中心、独山县阳光养老中心等健康养老产业园建设。完善城乡消费体系，开展城乡配送高效试点，每个县市打造1条商贸特色步行街，建设一批标准化乡村小超市和社区便利店，繁荣消费市场。新增限额以上批发、零售、住宿、餐饮企业100家以上。加强市场监管，保护消费者权益。

（六）做实五篇文章，高质量推动乡村振兴。坚持农业农村优先发展，统筹抓好乡村振兴与脱贫攻坚有机衔接，加快乡村振兴步伐。一是做强产业兴旺文章。深入推进农村产业革命，大力发展茶、菜、果、菌、药、畜等特色优势产业，打造一批现代农业示范区，新增调减低效作物面积40万亩，粮经比调整为28：72，确保农业增加值完成240亿元，增长7%。新增种植业产地认定面积70万亩以上、产品认证65个、绿色食品产地认定10个、有机食品产地认定12个，主导产业“三品一标”认定覆盖率达65%以上。扶持家庭农场、农民合作社健康发展，确保新增州级及以上农业龙头企业91家。抓好产业融合发展，推动农产品加工转化率突破50%，实现500亩以上农业坝区冷链全覆盖。坚决清理和取缔大棚房，禁止农地非农化开发。二是做足生活富裕文章。大力发展农耕体验、文化创意、乡村民宿等休闲度假新业态，稳定增加农民经营性收入。狠抓技能培训和转移就业，培训新型职业农民1.1万人，千方百计增加农民工资性收入。深化“三变”改革，依托山地、林地、土地等优势资源拓宽增收渠道，鼓励引导工商资本下乡投资助民增收，支持事业单位科技人员到贫困地区挂帮带民致富。三是做美环境宜居文章。学习借鉴浙江“千万工程”经验，扎实推进乡镇环境整治三年行动，强化农村风貌管控，严格建房审批程序，重点抓好垃圾污水处理、厕所革命、村容村貌提升，建立完善农村垃圾收集转运体系，垃圾收集转运设施覆盖3000个自然村寨，行政村公厕普及率达75%以上。四是做好乡风文明文章。培养200名非遗传承人和农村文艺骨干，保护和传承农村非物质文化遗产、少数民族文化、乡村传统优秀文化。建成一批乡村文化活动室、文化院坝、文化长廊等公共文化活动场所。加大力度推动移风易俗，整治酗酒赌博、大操大办、厚葬薄养、人情攀比等陈规陋习。五是做深治理有效文章。强化农村群众性自治组织建设，深入推进法治宣传教育，不断提高农村自治能力和法治建设水平。深入推进县乡村三级综治中心、农村网格规范化建设，逐步建立健全自治、法治、德治相结合的乡村治理体系。

（七）聚焦扩容提质，高质量推进城镇建设。坚持以人为核心，大力实施城镇化带动战略。一是加快提升都匀首位度。建设绿博园、打造绿博城、办好绿博会，支持都匀统筹好旧城区改造和匀东新区连片开发，完善市政基础设施，补齐城市功能短板，合理布局教育、医疗、文体、娱乐等公共服务设施，做强产业支撑，不断提高都匀的承载力、辐射力、带动力，提升城市品质。新增建成区面积5平方公里，新增城镇人口1.5万人以上。二是推动城镇协调发展。进一步完善市政基础设施、公共服务配套，重点推进一批市政道路、海绵城市、停车场、智慧停车库等项目建设，新增城镇道路100公里以上，建成健康绿道100公里以上，新增停车位1.2万个以上，建设新能源汽车充电桩500个以上。支持平塘县建设现代化区域中心城市，做大县城体量，提高承接“中国天眼”周边移民的能力，强化“中国天眼”安全运行环境支撑。加快城市基础设施互通、产业分工互补，推动惠水、龙里、长顺对接贵阳、贵安发展。支持福泉建设都凯安（都匀、凯里、瓮安）区域中心节点城市，瓮安建设黔中城市群区域性次中心城市。推广“1+N”镇村联动模式，加快推进乡镇“8+X”项目建设，完善小城镇配套功能，加快培育一批各具特色、富有活力、美丽宜居的特色小镇。三是提高城镇管理水平。重点整治交通、经营、卫生、建设“四大秩序”，突出抓好市场秩序管理、城市卫生清洁、小区环境整治、交通文明出行等工作。全面推进城市网格化管理，探索实施“大数据+城市管理”模式，强化社区管理，提升城市管理精细化水平。深入推进乡镇市政管理体制机制改革，扩大乡镇综合执法管理范畴，确保机构、人员、经费到位，提高乡镇管理水平。

（八）深化改革开放，高质量促进动能转换。用好改革开放关键一招，激发全社会创造力和发展活力。一是推动改革创新。全面完成创新改革试验任务，形成一批可复制可推广的经验。深化农业、工业、旅游、房地产、财税金融等领域专项供给侧改革。推进教育综合改革和医药卫生体制改革。全面完成新一轮政府机构改革。深化商事制度、证照分离、行政审批“六个一”、相对集中行政许可权等“放管服”改革，将企业开办时间压缩至3个工作日以内，工程建设项目审批时间压缩至80个工作日以内，不动产登记办理时间压缩至5个工作日以内，新登记注册市场主体数量增长10%以上。深化科技体制创新，研究完善支持技术研发、技术创新的政策举措，新增科技创新服务平台5个以上，培育省级以上科技型企业30家以上，研发与试验发展经费支出占地区生产总值比重0.48%以上，综合科技进步水平指数64%以上。二是深化开放合作。加快融入国家重大开放战略步伐，依托粤桂黔高铁经济带建设，深度对接粤港澳大湾区。加快都匀经济开发区创建国家级开发区步伐，推动7个省级开发区创新发展，加快广东（贵州）产业园、粤桂黔高铁经济带合作试验区（贵州园B区）建设，推进黔中龙溪内陆开放型经济发展先导区建设。高水平办好都匀毛尖（国际）茶人会、中国物流（都匀）国际峰会、都匀国际摄影博览会等对外开放活动。支持福泉国家外贸转型升级基地和独山·香港产业园等外向型平台建设，培育外贸企业30家以上，实际利用外资增长14%以上，进出口总额增长10%以上。三是全力招商引智。实施“建链补链强链”工程，打造一批上下游配套紧密、优质高效的优势产业，新增重点产业项目到位资金500亿元以上，新引进科技含量高、成长性好的企业130家以上、重点产业类项目400个以上，其中具有标志性、引领性产业项目20个以上，首次入黔500强企业3家以上。落实人才招引政策，实施创领人才集聚计划、黔归人才计划和高技能人才振兴计划，人才资源总量达39万人以上。四是推动民营经济发展。深入实施六大专项行动，清理不公平性附加限制，深入实施民营企业培育工程，做大市场主体。建立“服务民营企业州长、县长直通车”，有效破解民营企业准入难、融资难、降成本增效益难、政策落地难、用工难、创业创新难、转型升级难等问题，构建“亲、清”新型政商关系。确保民营经济增加值完成910亿元以上，占 GDP 比重达 63% 以上。

（九）狠抓民生福祉，高质量打造“幸福黔南”。 建立完善覆盖城乡的公共服务体系、社会保障体系，努力补齐民生短板。一是筑牢民生保障体系。抓好“春潮行动”“红棉计划”，重点解决好高校毕业生、农民工、退役军人等群体就业，实现零就业家庭动态清零。深入实施全民参保计划，城乡居民基本养老保险、城镇职工基本医疗保险、城乡居民基本医疗保险参保人数分别达 214.02 万人、29.8 万人、350 万人以上。完善社会救助标准与物价上涨联动机制，城市、农村低保标准分别提高 3.2%、5.2%。将符合条件的农业转移人口纳入住房保障范围。拓宽住房公积金保障覆盖面，新增缴存人员 2.1 万人以上。推进城乡养老服务标准体系建设，确保敬老院入住率 35% 以上，农村生活不能自理特困人员集中供养率达 45%。抓好城乡基本殡葬服务。积极支持残疾人事业发展，全力做好“三特三留”人员关爱工作。二是加快社会事业发展。推进第三期学前教育行动计划，确保学前三年入园率提高到 91.5%。启动义务教育优质均衡发展，推动普通高中特色示范发展，力争县县有示范性高中。优化职业教育专业结构，坚持高等教育内涵式发展，办好特殊教育。实施医疗卫生服务能力提升八大工程，扎实推进“百院大战”等基础设施建设，完善医疗服务体系，加强医共体建设，不断提高县域内就诊率。扎实推进食品药品监管，加大疾病预防控制力度，大力发展中医药、民族医药事业，支持社会办医。启动州社会福利院、贵定县县级养老机构、罗甸县农村敬老院改革示范试点工作。深入实施文化“五大工程”，持续加强“一县一品”打造，加快水书申报《世界记忆遗产名录》前期工作，抓好文化遗产保护和开发。办好亚洲体育舞蹈国际公开赛、州第六届运动会。三是维护社会和谐稳定。全面推进安全生产风险和隐患排查治理双重预防机制建设，加强消防、交通、特种设备管理，扎实做好重点领域安全生产工作。健全应急预案，加强灾害防治，提升处置能力。完善城乡社会治安防控体系，深化扫黑除恶专项行动，强化矛盾纠纷排查调处，依法处理各类信访问题，巩固提升“平安黔南”建设成果。探索“互联网 + 民族团结”云平台建设，持续巩固全国民族团结进步示范州创建成果。强化国防动员和后备力量建设，推动军民融合深度发展。

民之所盼，政之所为。今年，我们将着力抓好“十件民生实事”：（1）压缩 6% 行政经费用于教育扶贫，精准落实建档立卡困难家庭子女就学资助政策，实现农村学前教育营养改善计划全覆盖；（2）转移农村劳动力 10 万人，其中培训农村劳动力 2.5 万人，安置就业困难人员 4000 人，实现有搬迁劳动力家庭一户一人以上稳定就业；（3）新增落户城镇人口 4 万人，易地扶贫搬迁安置地落户“应落尽落”；（4）为 1.1 万就地脱贫人口人均整治 1 亩优质农田；（5）完成 13 个城市社区卫生服务中心标准化项目建设、15 个项目设备购置，实现全州城市社区卫生服务中心标准化建设全覆盖；（6）提质改造 5 个农村敬老院、10 个城镇日间照料中心、32 个农村幸福院，每个县（市）启动公共区域适老项目 2 个，实施无障碍社区改造 2 个；（7）持续加大农村危房改造力度，改造农村危房 1800 户，完成农村老旧住房透风漏雨整治 7000 户；（8）解决 8.15 万人农村人口饮水安全问题，发展耕地灌溉面积 10 万亩；（9）城市低保平均标准提高到 600 元每月每人，农村低保平均标准提高到 4090 元每年每人；（10）加快推动农村人居环境整治，完成 56 个行政村环境综合整治。

三、努力建设人民满意的政府

各位代表，我们将始终坚持正确的政治方向，不忘初心、牢记使命，勤勉敬业、善做善成，不负人民重托，努力建设人民满意的政府。

一是增强政治自觉，提高政治站位。 深学笃用习近平新时代中国特色社会主义思想，把政治建设摆在更加突出位置，树牢“四个意识”、坚定“四个自信”、践行“两个维护”，坚决贯彻党中央方针政策，坚决落实省委、省政府和州委决策部署，确保政府工作沿着正确政治方向前行。扎实开展“不忘初心、牢记使命”主题教育，坚定理想信念，坚定思想自觉、政治自觉、行动自觉。

二是坚持依法行政，建设法治政府。 加强和改进政府立法制度建设，完善规章制定程序，健全公众参与政府立法机制。自觉接受州人大的法律监督、工作监督和州政协的民主监督，全面接受监察监督，主动接受新闻媒体和社会各界监督。认真听取民主党派、工商联、无党派人士和人民团体意见。大力推进政务村务厂务公开，让权力在阳光下运行。遵守重大行政决策程序，深入推进重大决策、重大工程项目风险评估，提高政策的科学性、民主性、有效性。

三是深化廉政建设，恪守公仆本色。 持续推进廉洁政府建设，认真落实全面从严治党主体责任和“一岗双责”，持续用力正风肃纪，深入推进政府系统党风廉政建设、反腐败斗争。以零容忍的态度，紧盯工程建设、资源开发、产权交易、金融等重点领域，加强征地拆迁、扶贫、保障性住房等民生工程监管，强化审计监督，严管扶贫、低保、医保等款项，对可能发生腐败的苗头性、倾向性问题及时研究处置，多念“紧箍咒”、早打“预防针”，严惩截留侵吞、优亲厚友、虚报冒领等违纪违法行为。

四是持续转变作风，主动担当作为。严格落实中央八项规定、省委十项规定、州委九项规定及其实施细则精神，驰而不息整治“四风”、大兴“三风”，大力整治不作为、慢作为、乱作为，以抓铁有痕、踏石留印的韧劲抓落实。牢固树立过紧日子的思想，建设节约型政府。建立预防政府失信机制和绿色举报通道，坚决查处行政失信行为，提高政府公信力。深入开展“三大行动”，针对群众最盼、最急、最忧、最怨的问题，认真研究解决措施和办法，以造福人民为最大政绩，用政府新作为展示黔南新形象。

各位代表，奋斗成就梦想，实干铸就辉煌。让我们更加紧密地团结在以习近平同志为核心的党中央周围，在州委的坚强领导下，牢记嘱托、感恩奋进，坚决以奋斗者的姿态全面夺取脱贫攻坚决战之年根本性胜利，以优异的成绩迎接新中国成立 70 周年！

都匀市政府工作报告

（2019 年 2 月 26 日在都匀市第十三届人民代表大会第三次会议上）

都匀市委副书记、市长 邓忠学

各位代表：

现在，我代表市人民政府向大会报告工作，请予审议，并请市政协委员和列席人员提出意见。

一、2018 年工作回顾

2018 年是改革开放 40 周年，是我市建市 60 周年，也是市委提出的“打基础”之年。在州委、州政府正确领导和市委坚强领导下，在市人大及其常委会法律监督和市政协民主监督下，我们坚持以习近平新时代中国特色社会主义思想为指引，牢固树立“四个意识”、坚定“四个自信”、做到“两个维护”，全力打好三大攻坚战、强力推进三大战略行动，扎实推进“1224”工程，基本完成了市十三届人民代表大会第二次会议确定的各项目标任务。

过去的一年，我们攻坚克难、滚石上坡，顶住经济下行压力，保持经济平稳发展。实现地区生产总值 236.83 亿元，增长 9.4%；500 万元以上固定资产投资增长 2.2%。

过去的一年，我们尽锐出战、务求精准，脱贫攻坚在破解难题中连战连捷。全年 1.74 万贫困人口脱贫、15 个贫困村出列，贫困发生率降至 2.81%。

过去的一年，我们主动应对、综合施策，财政金融取得明显成效。一般公共预算收入 21.22 亿元，增长 1.84%；金融机构存贷款余额分别达 415.60 亿元、377.59 亿元；社会消费品零售总额 80.51 亿元，增长 7.8%。

过去的一年，我们重拳出击、铁腕治污，生态环境质量持续改善。森林覆盖率提高到 62.84%，空气质量、水环境质量、土壤环境质量均位于全省前列。

过去的一年，我们尽力而为、量力而行，民生福祉持续增进。城镇登记失业率控制在 4.2% 以内，农村居民人均可支配收入 12046 元、增长 9.9%，城镇居民人均可支配收入 33686 元、增长 9%。

一年来，面对经济社会发展的新情况、新变化，我们抓重点、克难点，主要做了以下几方面工作：

（一）聚力脱贫攻坚，精准扶贫卓有成效。深入实施脱贫攻坚“春风行动”“夏秋攻势”，开展扶贫领域突出问题“九个专项治理”，按照“七个一”工作模式，实现脱贫攻坚连战连捷。产业扶贫取得突破。财政投入 1.79 亿元，重点发展茶叶、海花草、蔬菜、食用菌、家禽及生猪养殖等扶贫产业，受益贫困人口达 1.05 万人以上；大力推进村级合作社建设，实现 3 个全覆盖。基础设施不断改善。建成 107 条“组组通”公路 190 公里。建成 15 个村级文化广场、38 个村级卫生室、17 个村级幼儿园；完成 1602 户农村危房改造，落实 1602 户农村“三改”；改造 52 个贫困村电力设施。在 130 个自然村新建物理基站，实现光纤宽带接入、4G 信号覆盖。易地扶贫搬迁有序推进。王司、坝固安置点达到入住条件，班庄安置点如期完成主体建设。1112 户、4461 人搬迁入住城南等四个安置点。安置移民就业 1540 人，移民子女入学 87 人，配套建好社区服务中心、卫生服务中心。政策保障全面落实。教育资助 34450 人次、2760 万元，民政兜底 3363 户、7068 人，培训贫困人口 8403 人次，医疗救助 77660 人次、5695 万元，贫困家庭医生签约率 100%。对口帮扶深化协作。实施黄埔区对口帮扶都匀市 2018—2020 三年行动方案，争取到黄埔区财政资金 831 万元，推动绿茵湖办事处、毛尖镇、归兰水族乡及 22 个深度贫困村与黄埔区达成“结对子”帮扶。

（二）致力产业发展，经济实力稳中有进。以供给侧结构性改革为主线，全面推动产业振兴，增强综合经济实力。农业产业规模不断壮大。全市农林牧渔业总产值29.99亿元，非粮产业增加值占农林牧渔业增加值比重达93.5%，畜牧业增加值占农林牧渔业增加值比重的21.7%，实现粮食总产量9.09万吨、肉类总产量6.57万吨。农业园区入驻企业75家、农民合作社79个，从业农民11万人。全市农业龙头企业91家、专业合作社679个，其中国家级示范社3个。加快推进“六园五带”农业产业建设，推动农业产业规模化、集约化发展。完成全市31个500亩坝区“一坝一策”的制定，完成17个坝区产业结构调整。全面推进“553311”工程，建成特色种植基地69个、养殖基地125个，种植茶叶面积37万亩、蔬菜面积30万亩次、刺梨2.3万亩、海花草2.5万亩。蔬菜标准化种植基地建设得到国家部委领导和专家肯定。“双千工程”扎实推进。扶持实体经济发展，增强工业企业发展能力，工业增加值完成49.34亿元。新培育中源建材、匀城管业、浩森玻璃等14户规上企业。深入实施“千企改造”，推动灵峰科技、剑江酒业、华昌食品等24户企业技术改造，有效提升企业技术水平、生产能力、市场占有率。新山地纳入省级“千企改造”工程高成长型企业，绿卡能荣获“贵州省最具成长潜力民营企业100强”称号。开展品牌创建，匀酒厂、妹幺花生公司等10户企业品牌影响力得到扩大。大力实施“千企引进”，推进产业园区管理体制改革，组建服务专班，完善企业入驻园区标准化厂房管理办法等制度，加强园区项目用地管理，提高园区承载力，全年入园企业20家。全域旅游持续发展。积极推进旅游“九大工程”，实现旅游井喷发展。全年接待国内过夜游客217万人次，同比增长16%；接待入境过夜游客3537人次，同比增加43%。扎实抓好黔南州第十三届旅游产业发展大会筹备工作，推进“三大场所”建设，螺丝壳景区项目正式启动建设，三线文化园旅游集散中心初具规模，秦汉影视城建成营运。巨升影视基地、茶博园、毛尖小镇、青云湖公园等旅游设施得到完善。星级酒店、旅游车队、旅行社等旅游企业服务水平得到提升。启动杨柳街到斗篷山旅游公路建设。墨冲良田坝、匀东绕家平寨、格多苗寨等乡村旅游点得到发展。商贸物流欣欣向荣。星力百货、万达广场、剑江国贸等商业综合体加快建设，沃尔玛购物中心正式运营；绿茵湖铁路货场有序推进，冷链物流冷库库容30800立方米。小围寨农贸市场、市北农贸市场等投入使用。推进农村电子商务建设，建成94个农村电商服务站点。房地产市场健康发展。碧桂园、南州国际、剑江半岛等一批高端楼盘陆续投放市场。商品房网签备案182万平方米、增长31%，销售金额86.32亿元、增长39.8%。大数据产业方兴未艾。加快推进大数据产业发展，主营业务收入30亿元；城区宽带全面升级，行政村宽带接通率100%；投资9676万元，实施“万企融合”行动项目7个；成立大数据发展平台公司，全面启动智慧交通、智慧城管、智慧旅游、智慧农业等模块建设。

（三）全力补齐短板，发展基础不断夯实。坚持城乡融合发展，补齐城乡发展短板，推动城乡高质量发展。加快城市建设步伐。始终坚持以“显山、露水、透绿”为原则，用足全国新型城镇化综合试点等政策，大力推动城市建设和棚户区改造工作，城市品质不断提升。继续完成《都匀市总体规划》《公共服务设施和布点规划设计》等专项规划，编制完成《路网建设三年行动计划》。实施棚户区改造三年行动计划，采取“政府主导、市场化运作”为主的改造方式，全面推动大西门、蒙家桥等七大棚户改造，按照“整体推进、连片发展、肥瘦搭配、包包相连、总体平衡”的原则，对各棚户区涉及的路网、教育、医疗等基础设施和公共服务配套设施等重新测算，科学划分为东、西、南、北、中5个棚改包，引入铜锣湾集团、金科集团等社会资本方参与合作开发，融资43.65亿元，到位资金12亿元，完成征收8454户。建成观澜、河西片区二期等公租房984套；建成马鞍山、七星、河西等棚改安置房11932套，分配8485套。都匀西客运站、城北公交枢纽站加快建设；幸福里路、剑江南路、小围寨大桥改扩建等项目全面实施，南出口大道联络线、风啸路延伸大道等城市道路顺利推进。夯实农村发展基础。启动都匀市乡村振兴战略规划编制工作，完成农村人居环境建设规划编制，以乡村规划为指导，全面加强农村基础设施建设。完成2018年中央财政小型农田水利建设任务，新增耕地灌溉面积1万亩。加快骨干水源工程建设，大河水库大坝浇筑至831米高程。加强农村水环境治理和饮用水源保护，实施农村生态小流域建设。实施173岔口至团寨公路、墨冲经尖坡至马蹄岩公路改扩建项目，撤并建制村通硬化路项目79个、396公里，路基加宽项目11个、86公里。推进城乡客运公交一体化改革，开通墨冲、毛尖两条公交试点线路。积极稳妥推行殡葬改革，遏制大操大办、厚葬薄养等陈规陋习。实施“双百行动”计划，提升村干部能力水平。提升城乡管理水平。推进综合执法制度改革，实行市乡村三级联动，推动城乡管理一体化。推动最严城管与最美城管结合，试点打造中心城区 7 条严管街，开展清垃圾、清污泥、清乱搭乱建等集中专项整治，清理占道经营 1850 户、店外延伸 693 家，拆除乱搭乱建 39 家，清理乱堆乱放 176 起。加大市政设施维护管理，完成水毁道路、公共设施、亮丽工程修复。推进城乡环卫一体化，市容市貌、乡容乡貌得到明显改善。实施二手车市场、洗车场市场等专项整治，城乡秩序井然有序。在全省“多彩贵州文明行动”考核中，取得全省第四名的历史最好成绩。加大打违治违力度，查处违建 860 户 14 万平方米，拆除 396 户 9.6 万平方米。全面加强城市园林绿化工作，顺利通过省级园林城市复核验收。

（四）奋力扩大投资，发展空间更加广阔。继续实施投资拉动战略，积极拓展发展空间，增强经济社会发展后劲。着力推动重点项目建设。全年列入省、州重点项目 44 个，总投资达 369.28 亿元。25 个应开工项目全部开工。绿博园项目建设全面启动，御府湾、滨江汇、水岸铭门等一批住宅小区全面实施，都匀二中马鞍山校区基本建成。都香高速公路全面启动，都凯大道顺利推进，都独大道基本建成，红牛大道全面通车。大力开展招商引资。全面落实产业大招商突破年、营商环境集中整治行动要求，以更加开放的态度、更加规范的制度、更加优良的环境，全面开展多形式、广领域的招商引资活动。在党政主要领导带头招商推动下，新增省外招商引资到位资金 141 亿元，省外境外 500 万元以上新增投产项目 89 个。新增产业项目 66 个，到位资金 34.49 亿元，新增产业项目开工率 90% 以上。吸引中交集团、中铁集团等央企到匀投资，恒大集团、铜锣湾集团等民营经济到匀发展。引进天天向上集团公司总部落户都匀，形成种植、加工、销售全产业链发展新模式。新农人、海大、新供销等项目落地建设。西部铝材城、西南红木家具博览城、杰傲新型材料、老木棉艺术酒店等项目全面开工，蒂菲尔服饰、石塑产业园、广得利制药等项目建成投产。

（五）竭力坚守底线，绿色发展不断优化。以落实环保督察整改为抓手，全力推进生态文明建设，不断优化城乡生态环境。抓好环保督察整改。中央环保督察反馈的 24 个问题 85 条措施，除 1 个问题 1 条措施按省部署未到办结时限外，其余 23 个问题 84 条措施已经全部落实。在“回头看”期间，中央督察组转办信访件 54 件、办结 54 件，责令整改 10 家、立案处罚 5 家、立案侦查 6 家，群众满意率得到提升。抓好森林经营。实施美丽都匀林业提质增效三年行动计划，完成退耕还林 3.5 万亩，森林蓄积量达 901 万立方米，实现林业产值 36.47 亿元。扎实推动特色林产业发展，青云湖森林公园成为省级康养试点。抓好水环境治理。全面推行河长制，市乡村三级 284 名河长巡河 6156 次。落实最严格水资源“三条红线”管理制度，建成日供水 2.2 万吨再生水回用项目。深入开展集中式饮用水水源地专项整治工作，新建 7 座污水处理站，修缮 4 座，日处理污水能力 282 吨，城市水源地水质达标率 100%。建成剑江河流域截污系统 12 公里。抓好中小河流治理，完成河道综合治理 9 公里。顺利推进石龙水库前期工作。抓好土壤治理。完成“两区划定”工作，守好土地生态红线。实施 24 个高标准农田建设项目，建成高标准农田 3.99 万亩。水土流失综合治理 16 平方公里。建成日处理 600 吨的生活垃圾发电厂、日处理 10 吨的医疗废物处置中心，提高污染防控能力。推动绿博园建设。以建设生态文明新标杆为目标，组建绿博园工作专班，完成社会投资方谈判、立项、可研、修规、PPP 入库、用地预审等前期工作。征拆 339 户房屋，征收土地 5326 亩，东南部展园区场平全面完成，中南部展园场平、西南部展园场平顺利推进，北部展园场平、园区道路建设全面启动。

（六）着力改革开放，发展动能全面激活。以改革促发展、以创新促进步、以开放促活力，全面激活发展动力。实施对内改革。顺利完成监察体制改革；扎实推进供给侧结构性改革；全面深化“放管服”改革，推行行政审批“三集中、三到位”，清理规范行政审批中介服务，升级打造便民“一站式”服务，实现“最多跑一次”；实施权责清单制度，加快减证便民服务；加快乡镇、村级服务中心建设，实现政务服务全覆盖；创新推出二手房交易一窗受理服务，作为“都匀经验”在全省推广；深入推进“互联网 + 政务服务”，率先在全省推行商事登记全程电子化、一体化；推进税收征管体制改革，完成国地税机构整合，创新设立 9 个自助办税服务点；深入开展法律顾问制度改革和行政执法监督改革。推进企业战略重组。深化国企改革，完成国有资产清理，对全市 138 家国有企业进行清产核资，组建农投、产投、旅文投等几大集团公司，推进公司实体化，提高政府资产经营化程度，发挥市场对资源的配置作用。深化对外开放。高质量办好 2018 都匀毛尖（国际）茶人会、第五届中国物流国际峰会，全面提升都匀的知名度、美誉度。规范招商引资管理，创新建立“五级管理机制”，实行招商引资项目市级领导包保责任制，执行招商引资会审联席制度，重点做好企业服务、招商推荐、营商环境等工作。全球500强企业沃尔玛落户都匀，12家企业直营出口业务。做好经开区服务工作。顺利接收经开区社会事务管理工作；成立服务经开区工作专班，设立经开区政务服务中心，为企业落户经开区提供便捷服务，推动经开区与都匀市融合发展。

（七）倾力改善民生，社会福祉不断增进。坚持以人民为中心的执政理念，全面抓好社会民生事业，增强人民群众获得感。全面建设城市文明。扎实开展全国文明城市创建活动，深入创建文明单位、文明社区、文明机关、文明校园，推动文明行动常态化，获评“全国文明城市提名城市”。全面开展卫生城市创建活动，扎实开展病媒生物防制工作，顺利通过省级验收；推进省级慢性病单防控示范区创建，推广“三减三健”居民健康生活方式。推进教育事业。投资2.5亿元，建成实验小学和第三幼儿园并投入使用，实施都匀二中马鞍山校区、十一小、五中等40所改扩建项目，新（改）建山村幼儿园28个。投入1.9亿元，配置中小学信息技术设备，推进教育现代化。农村义务教育阶段营养改善130所中小学全覆盖，补助资金1549万元，惠及23808人。教育资源调整优化取得新进展，初中阶段实行集中办学，高中阶段实行整合办学，设立完全高中3所。继续推进集团化办学和校长职级制度改革，缩小城乡办学差距。推进医疗卫生事业。推进公立医院改革，方便群众就医看病；配合推进州中医院扩建、贵医三附院北院改扩建项目；巩固提升“五个全面建设成果”，实现远程医疗网络全覆盖；持续加强医疗卫生监管，开展行业巡查1100户次，立案115件；扎实开展妇幼健康优质服务工作，荣获贵州省妇幼健康优质服务示范县称号。夯实民生保障。落实低保提标政策，发放低保金2069万元，发放救助医疗金507万元；开展主题招聘活动10场，提供就业岗位20952个；新农合参合率达96%以上；大力开展居家养老服务工作，建成剑南、环西、龙潭三个社区老年人日间照料中心，建成归兰大定、平浪沙拉河、毛尖摆桑三个村级幸福院，完成归兰中心敬老院、平浪中心敬老院项目建设；双拥工作扎实推进，军民感情进一步融洽。丰富群众文化。免费开放15所体育场所，组织开展各类公益性演出、巡演近100场，农村公益放映电影1350场次，市图书馆免费借阅图书近10万册次，成功举办春节文化系列活动、半程马拉松赛、羽毛球大赛等，获得第七届全国服务农民、服务基层文化建设先进集体称号，《木楼古歌》获第八届长江流域戏剧艺术节优秀展演剧目，全程在我市取景拍摄的电影《无名之辈》全国热播。加强非物质文化保护工作，国家级非物质文化遗产代表性名录项目达3项。保障食品安全。开展食品安全生产执法检查8136户次，查办食品违法案件119件，确保人民群众“舌尖上”的安全。绿茵湖办事处通过省级食品示范乡镇验收，19家食品经营单位获得省、州示范创建称号。加强社会治理。深入开展扫黑除恶专项斗争，对黑恶势力保持严打高压态势，打掉两个恶势力集团，持续开展命案防控，开展打击“盗抢骗”专项行动，命案全破，两抢全破。继续深化“平安都匀”建设，社会治安防控体系不断完善，群众安全感、满意度综合排名全省同类城市第一。全面落实社会稳定工作“一岗双责”，落实矛盾纠纷“三排查三化解三稳控三处置”工作机制。深入推进阳光信访、责任信访、法治信访建设，扎实开展防范风险“五个攻坚”，完成“多中心合一”改革工作。全面清理2003年以来七大类40个问题房开项目，已基本化解27个。充分发挥人民调解组织作用，调解各类矛盾纠纷1608件，成功率98.75%。全面推进社区治理网格化管理，提高网格员待遇。落实安全生产责任制，完善应急救援体系，安全生产事故和死亡人数实现“双降”，煤矿、非煤矿山、建筑施工等行业领域实现零死亡。民族团结进步示范创建工作成效明显，龙潭社区获全省民族团结进步模范集体称号。

（八）注力自身建设，政府效能不断提升。坚持“严”字当头，强化政府自身建设，提升群众满意度。全面加强政治建设。深入学习党的十九大精神，全面领会习近平新时代中国特色社会主义思想，坚持与党中央保持高度一致，维护中央、省、州和市委决定，自觉接受市人大及其常委会法律监督，执行市人大及其常委会决定决议，办理市人大代表建议94件。支持市政协履行职能，接受民主监督，把协商民主贯穿政府履职全过程，办理市政协委员提案153件。邀请市人大、市政协领导出席政府常务会议，将监督向政府决策环节延伸。坚持民主集中制原则，修订《都匀市人民政府工作规则》，创新实行市政府工作例会制度。全面推进依法行政。把依法行政贯穿到政府工作全过程，全面推进权力清单制度。完善政府重大决策、规范性文件合法性审查，重大改革、重大决策做到于法有据。全面规范行政执法行为，做到规范文明执法。积极推动政务公开，广泛听取群众意见，接受群众监督。全面推进从严治政。严格执行中央八项、省委十项、州委九项、市委九项规定，规范“三公”经费等一般性支出，艰苦奋斗、厉行节约。严明纪律、畅通政令，创新实行“红黄蓝”牌管理机制，对一个部门实施蓝牌警示，重点整治不作为、乱作为、慢作为问题。对确定的目标、制定的政策、安排的工作，严格一抓到底，做到事有专管之人，人有明确之责，责有限定之期。全面推进廉洁从政。认真执行《中国共产党廉洁自律准则》《中国共产党纪律处分条例》，保持反腐败高压态势，对腐败问题“零容忍”。强化项目投资评审，加强土地出让、工程招投标、政府采购等重点领域和关键岗位的审计监督。积极预防职务违纪、职务犯罪，强化内部流程控制，防止权力滥用。全面加强监督管理，推动干部队伍作风转变，群众满意度位于全省前列。

一年来，全市国防教育、人民防空、外事侨务、档案史志、妇女儿童、残疾人、宗教、气象、老龄等各项事业取得新进展。

各位代表，这些成绩的取得，是州委、州政府正确领导的结果，是市委总揽全局、坚强领导的结果，是市人大、市政协和社会各界齐心协力、合力攻坚的结果，是全市广大干部群众团结拼搏、艰苦奋斗的结果。在此，我谨代表市人民政府，向全市各族人民、各级干部致以崇高的敬意！向人大代表、政协委员，向各民主党派、省州驻匀单位、驻匀部队、武警官兵和公安干警，向全市各行各业劳动者及所有关心、支持都匀发展的各界人士，表示衷心的感谢！

我们还要看到，影响都匀经济社会发展的困难、问题依然突出，都匀跨越发展任重道远。一是实体经济不强。尚未工业化便开始去工业化问题突出，茶、酒两大特色优势产业发展不够，徒有虚名。实体经济总量较小，规上企业数量少规模小。二是基础配套不优。土地存量有限，碎片化问题突出，直接制约产业经济发展。市政、交通、教育、卫生等设施与群众高质量生活需求差距较大。三是抗风险能力不足。政府性债务体量大，还款时间错位差，资金投向结构差，优质项目打包难，招商引资谈判难，运转和发展保障难。四是乡村发展不力。农村基础设施薄弱，农业经济增长方式单一，农民增收困难，剩余贫困人口脱贫难。五是干部作风不硬。一些干部思想僵化，创新意识不强，缺乏工作主动性，不会解决、不能解决、不敢解决问题的现象比较突出。我们将高度重视这些问题，逐步化解困难、矛盾，努力改进政府工作，不辜负全市各族人民对我们的重托与希望。

二、2019年主要目标任务

一元复始，万象更新。2019年是新中国成立70周年，是决胜全面建成小康社会第一个百年奋斗目标的关键之年，是脱贫攻坚冲刺之年，是州委、州政府大力支持我市发展之年，是市委提出“见成效”之年。在这发展的重要战略机遇期，处于“滚石上山、爬坡过坎”的关键时期，面对“前有标兵、后有追兵”的激烈竞争，做好经济社会发展各项工作至关重要、意义重大、使命光荣。

今年经济社会发展的总体要求是：以习近平新时代中国特色社会主义思想为指引，深入贯彻落实党的十九大和习近平总书记系列重要讲话精神，坚定不移贯彻落实“五位一体”总体布局，坚持稳中求进工作总基调，坚持新发展理念，坚持高质量发展，坚持以供给侧结构性改革为主线，坚持深化市场化改革、扩大高水平开放，坚持以脱贫攻坚统揽经济社会发展全局，守好两条底线，持续打好三大攻坚战，推进三大战略行动，统筹推进稳增长、促改革、调结构、惠民生、防风险工作，进一步做好“六稳”工作，争当民族地区创新发展示范区建设排头兵，发扬“艰苦奋斗、精诚团结、诚实守信、争先创优”的都匀精神，凝心聚力加快“1224”工程建设，保持经济持续健康发展、社会大局稳定，为全面建成小康社会收官打下决定性基础，以优异的成绩庆祝中华人民共和国成立70周年。

按照上述总体要求，围绕市委提出的“一年打基础、两年见成效、三年出拐点、五年大变样”目标，落实好“认清形势、理清思路、打好基础、明确目标、抢抓机遇、内外发力、开动脑筋、积极作为、有备而战、力求完胜”的要求，牢牢把握“一个引领、两个转变、三个坚持”，今年要“跳起来摘桃子”，大担当、大实干、大作为，全面完成市委确定的各项目标任务，努力做到“四个持续”。一是经济发展持续向好。地区生产总值增长10.5%以上，固定资产投资增长15%以上，规模工业增加值增长12%以上，社会消费品零售总额增长12%以上，引进省外500万元以上产业项目到位资金增长10%以上。二是发展质量持续转优。工业投资占产业投资比重的50%以上，产业投资占固定资产投资比重的30%以上，民间投资占比达55%以上；市场主体户数增长20%，森林覆盖率提高到63%，一般公共预算收入增长6%。三是脱贫成果持续扩大。减少农村贫困人口8000人，剩余13个贫困村全部出列，贫困发生率控制在0.3%以内，完成2610人建档立卡贫困人口易地扶贫搬迁任务。四是群众获得感持续增强。城镇登记失业率控制在4.2%以内，新增就业26000人以上，农村居民人均可支配收入与城镇居民人均可支配收入均增长10%以上，群众的安全感、满意度继续排在全省前列。

按照中央、省、州要求和市委部署，我们将重点抓好以下工作：

（一）坚定不移加快转型升级，推动实体经济新发展。按照“企业跟着市场走、政府跟着企业走、群众跟着政府走”的思路，大力推动产业转型升级，注重发挥平台公司、民营企业、乡镇（办事处）三大主体作用，全面提升经济发展质量和效益。

一是做特做精农业产业。坚持村集体经济壮大、农村产业革命、乡村振兴战略与一二三产业融合发展，以创建国家山地高效农业试验区为契机，深入开展由政府、国有企业、村集体、村民及社会资本参与的全方位农村产业革命，深挖“三变”、做实“三变”、提升“三变”，全面提升农业市场化、组织化、集约化、标准化、规范化水平，形成种养加、产供销、科工贸、产学研一体化发展格局。大力实施“14539”发展战略，切实发挥好市农投公司作用，依靠天天向上、益生生物、海大、新农人等龙头企业，大力发展订单农业，推动形成农产品产销对接、以销定产的模式，推动农村产业实现一二三产业融合发展。实施500亩坝区农业结构调整引领行动，把30个坝区打造成我市优质农产品示范区，实现冷链全覆盖。全面推进“六园五带”建设，调整种植业结构，因地制宜，合理布局粮食作物、经济作物和饲料作物种植面积，重点发展精品水果、蔬菜、海花草、刺梨等成熟产业，带动其他产业发展。积极推进都匀毛尖茶“11564”发展战略，充分发挥都匀毛尖茶集团公司、都匀毛尖茶产业联盟作用，做强都匀毛尖品牌，提高市场占有率。依托海大集团、天天向上公司，推动全市生猪、家禽养殖业快速发展，增加农村家庭现金收入。积极扶持家庭农场、农民合作社健康发展。二是做大做强工业产业。坚持发展实体经济不动摇，重点发展绿色农产品加工、装备制造、特色轻工、高新技术、新型建材等“生态工业体系”。进一步做好全市工业发展布局规划，初步形成北部中端装备制造产业基地，西部集新型材料、机械成套生产、轻工纺织为一体的产业聚集区，东南部工业物流动态联动区，中部商业及生活配套服务区的产业格局。加快推动绿茵湖产业园区和绿茵湖办事处体制整合，加强“政校企”三方联系、“银企园”三方合作，充分发挥好绿茵湖产业园区的龙头带动作用，开设园区涉企一站式服务窗口，推进绿茵湖产业园区基础设施建设，持续建设配套完善园区电力、给排水、污水治理、燃气等生产要素方面的基础设施，结合棚户区改造进一步完善拉伸路网，释放土地提升园区承载能力。做优营商环境，引导资金、技术、项目、人才等要素向园区集聚。积极谋划“一园多区”总部经济模式，按照“乡镇抓经济、园区谋拓展”要求，加强联动，培育各具特色的重点产业上下游产业链。深入实施“百千万”“千企改造”工程，加大对匀酒厂、水表厂、黄麻厂、绿卡能、天天向上、益生生物等企业的改造、扶持力度，助其尽快上市。推动三佑公司、杰傲玻璃等一批企业尽快建成投产。深入实施“千企引进”工程，做实产投集团，积极引进一批有实力、有市场、有技术、有前途的企业，推动实体经济“引入—助推—造血”良性发展。推动与经开区联动发展，积极为经开区发展提供更便捷服务，积极引导投资企业落户都匀经开区，推动都匀经济开发区升级为国家级经济开发区。三是做实做活服务产业。以打造粤港澳大湾区的扩展区为目标，坚持发展商贸物流、全域旅游、健康养生、大数据四大服务业态。加大培育和提升以南州国际星力城为中心的中南部商业圈，以万达广场、国贸大厦为核心的城北商业圈，以新都汇滨水商业街为核心的中部商业圈，以都匀东站为核心的东部商业圈。全面提升石板街商贸特色步行街品质。以“匀城优品”为切入点，加快发展电子商务、网络购物等新业态，尽可能扩大消费。开展“电商助农”行动，扩大农产品销售渠道，增加农民收入。发展对外贸易，充分利用与俄罗斯贵州商会合作等平台，扩大都匀毛尖茶、海花草出口。加快绿茵湖铁路货场建设，推进冷链项目、物流通道、城乡配送体系建设，促进物流产业规范化、规模化。坚持“三园三线两城”的旅游发展布局，推进都匀地区旅游产业提质增效五年行动。加快都匀旅游集散中心建设，全力推动创建国家全域旅游示范区建设。发挥好旅文投公司的作用，打造一批文化体验、康体养生、自驾休闲、山地运动等旅游产品。启动毛尖镇一线、平浪镇和墨冲镇一线、归兰水族乡一线的景点景区打造。完成杨柳街到斗篷山旅游公路建设。实施“旅游+”“生态+”模式，支持农村家庭经营小餐馆、小旅店，吸引城市居民进村入户体验农耕文化，促进乡村休闲旅游快速发展。用好汉唐影视基地、毛尖小镇、巨升影视城等资源，促进影视文化产业快速发展。实施“引银入匀”工程，大力发展金融服务业。发挥都匀市大数据发展公司平台引领作用，积极推进“万企融合”。实施大健康产业三年行动，推动康养产业发展。四是做优做多民营产业。坚持非禁即入原则，鼓励、支持民营企业发展，贯彻落实国家和省、州支持民营经济发展的各项政策举措。在数量上做多、质量上做优、体量上做大，提高民营经济占比。清理不公平性附加限制，深入实施民营企业培育工程，做大市场整体，着力解决民营企业准入难。融资难、降成本增效益难、政策落地难、用工难、创业创新难、转型升级难等问题，推动民营经济快速发展。

（二）坚定不移夯实基础设施，建设贵州南部新都市。以建设国家新型城镇化综合试点为契机，按照量入为出和轻重缓急原则，将全景打造与乡村振兴、棚户区改造相结合，与州旅发大会、绿博园建设相契合，以环境整治、环境巩固、环境提升为切入点，以净化、绿化、美化、亮化为着力点，坚持补短板、强支撑，加快完善基础设施体系，进一步构建山地特色新型城镇化体系。

一是做大城市。坚持把握“增强综合承载力、改善公共服务水平、建设生态宜居环境、提升市民文明素养”4个重点环节，着力处理“宜业与宜居、地上与地下、软件和硬件、新区和老区”4个方面关系，做大做强中心城区。围绕“一圈两翼”布局，突出中心城市地位，加快“双百城市”建设步伐。做优城市规划，依托城市“双修”，以剑江河为发展轴，做到显山露水、步桥渗绿，把茶文化、民族文化融入城市建设，逐步建成具有独特魅力的山地城市。继续实施棚户区改造三年行动，按照“整体规划、连片发展”思路，全面推进剑东、蒙家桥、育英巷、大西门、谢官冲、绿茵湖、匀东等棚户区改造。完成河西、七星、马鞍山等棚户区回迁工作。继续推进“2688”城市骨干路网建设，全面完成都匀西客运站、城北公交枢纽站、幸福里路、小围寨大桥改扩建、南出口大道联络线、凤啭路延伸大道等项目建设。实施主干道、次干道和交通节点改造，推进城区路网交通流量均衡，疏通区域交通微循环。加快推进以教育、医疗、商贸为重点的配套设施建设，满足城市居民高品质生活需求。推进环卫设施、市政设施为重点的基础设施升级改造工程，逐步解决停车难、重点时段出行难、地面反复开挖等市民意见大的问题。加强城市小区物业管理水平，创造良好的居住环境。以城市管理执法改革为抓手，重点整治交通、经营、卫生、建设四大秩序，增加严管街数量，推动社会共治和阳光运行。加强房地产企业监管，推动房地产市场健康发展。加强拆违控违工作，严控增量，消化存量。二是做特城镇。坚持树立“小而精、小而富、小而美、小而特”理念，结合历史、文化、人文、民族、资源等实际，科学和超前规划，建设好毛尖“茶旅融合小镇”、平浪“农旅融合小镇”、墨冲“商旅融合小镇”、归兰“文旅融合之乡”，争取更多乡镇纳入全省重点乡镇盘子。坚持产城融合，坚持兴镇富民理念，打造特色产业。充分发挥乡镇、办事处发展经济的积极作用，匀东镇依托都匀东站和都匀经济开发区，规划发展物流园、返乡创业园等经济园区。墨冲镇以豪龙水泥厂为重点，谋划推进墨冲工业园建设，配合新农人推进农业科技产业园项目。小围寨办事处重点盘活农产品加工园，年内正式运营。毛尖镇重点谋划茶叶加工、海花草加工等项目。平浪镇配合海大集团推进生猪养殖项目，谋划以优质大米为重点的农产品精深加工项目。其余乡镇（办事处）都要结合实际，谋划形成特色的产业园区。坚持建管并举，完善集镇道路街区、农贸市场、电力、通讯、供排水、绿化等配套设施，提升综合承载能力，建设人口相对集中、功能相对完善的特色生态小镇。深入推进乡镇市政管理体制改革，扩大乡镇综合执法管理范畴，提高乡镇管理水平。三是做美乡村。坚持“产业兴旺、生态宜居、乡风文明、治理有效、生活富裕”的总要求，积极推动乡村振兴与新型城镇化建设、脱贫攻坚、旅游发展有机结合，率先走好乡村振兴路。用打造景点的标准建设美丽村庄，着力打造一批产业强、环境美、生活富、村风好的美丽家园。重点抓好特色产业发展相结合，形成“一村一品、一村一特”的乡村休闲旅游经济带，发展绿色经济产业，实现村强民富生活美。深入实施农村人居环境整治规划，强化农村风貌管控，严格农村建房审批程序，重点做好垃圾污水处理、厕所革命、村容村貌提升，切实改善农村居民生活环境。加强乡村文化建设，进一步挖掘释放乡村历史文化底蕴，组织开展丰富多彩的文体活动，引导群众移风易俗，实现村风文明和谐美。推进沙包堡办事处和墨冲镇的10个乡村振兴示范点建设。持续推进大河、羊安、林荫、东湖水库建设，力争石龙水库开工建设；全力抓好农村饮水安全巩固提升工程建设，加快推进平浪、匀东、墨冲、毛尖、归兰5个乡镇饮水安全项目建设，解决和改善5.76万人饮水条件；实施农田水利工程，恢复和改善灌溉面积7730亩。全面实施村（社区）干部“双百提升”三年行动计划，加强村干部和村级能人队伍建设。加强农村社会治理管理，积极探索“组管委”管理模式。完善乡村公共文化服务体系，全面加强乡村文化服务中心、活动室建设。稳妥推进农村殡葬改革。

（三）坚定不移抓好精准脱贫，决胜全面小康新征程。继续把脱贫攻坚作为头等大事、第一民生工程，全力以赴打赢脱贫攻坚战，夺取脱贫攻坚根本性胜利。

一是提高脱贫质量。以13个出列村为重点，统筹考虑已出列村、非贫困村，全面加强农村交通、饮水、住房、教育、医疗等基础设施建设，夯实贫困群众脱贫基础；持续推进农村“组组通”公路建设，抓好安防、绿化等附属设施建设；扎实推进农村安全饮水工程建设，全面解决农村安全饮水问题；加快推进农村电网改造升级，确保供电可靠率达99%以上；实施数字提升行动，提升“广电云”户户用、4G网络覆盖率。继续把产业扶贫作为群众脱贫的根本手段，严格落实“八要素”要求，深入实施农村产业革命，积极发展优势产业，确保每个贫困村有1至2个主导产业，鼓励、支持农业龙头企业将产业向贫困村、贫困户延伸，建立产销对接、利益联结机制，做到扶贫产业对贫困人口全覆盖，增强贫困群众造血功能。认真落实好教育扶贫、医疗扶贫、生态补偿、民政兜底、就业扶贫、金融扶贫等扶贫政策，确保贫困人口脱贫质量。加快推进农村危房改造和“三改”工作，稳妥有效消除破旧危房。持续巩固脱贫成效，对已出列村、已脱贫的建档立卡贫困户，坚决落实脱贫不脱钩、脱贫不脱策，坚决避免“边脱贫、边返贫、再扶贫”的困境。抓好易地扶贫搬迁，城南、班庄、王司、坝固等移民安置点全面投入使用，加快搬迁进度和旧房拆除力度，确保2610人顺利搬迁入住，全面提升旧房拆除率、复垦复绿率。继续抓好搬迁群众后续“五个三”工作，采取就近就业、劳务输出、自主创业等方式，多渠道解决搬迁群众生存和发展问题，强化安置点社区服务管理功能，提高搬迁群众归属感，促进搬迁群众融入城市生活。二是提高脱贫攻坚工作水平。继续发挥市乡村三级扶贫指挥部作用，盯死“两率一度”，进一步深化“七个一”工作机制，实行网格化管理，继续实施“51412”帮扶机制，落实“六个精准”“五个一批”脱贫措施，持续推动“九个专项”治理，深入开展脱贫攻坚精准识别、精准退出大排查、大落实、大提升。以“1143”农村基层治理为抓手，扎实推动“智志”双扶，引导贫困户自力更生、勤劳致富。大力动员全社会参与扶贫，引导国有企业、民营企业、社会机构投身脱贫攻坚，形成专项扶贫、行业扶贫、社会扶贫新格局。三是加强东西部对口帮扶协作。全面推进都匀·黄埔区东西部扶贫协作三年行动计划，重点抓好产业帮扶、基础设施建设、人员培训、就业帮扶等方面工作。加快帮扶项目实施进度，提高帮扶资金使用率。

（四）坚定不移防范重大风险，筑牢经济社会发展新防线。坚决打好防范化解重大风险攻坚战，做好重点领域风险防范及处置，促进社会稳定和谐。

一是紧盯防范政府债务风险。严格落实政府债务“七严禁”要求，积极发挥市投融委“借用还”中枢作用，统筹做好我市债务的近、中、远期计划，锁定存量，控制增量，进一步摸清家底、优化结构、科学施策。组建银行债务、社会资本债务等工作专班，主动开展一对一的展期谈判，积极稳妥应对债务还本付息工作。抓住中央“较大幅度增加地方政府专项债券额度”机遇，做好土地储备、水利建设、易地扶贫搬迁等项目储备，争取地方政府债券发行额度。抢抓基础设施和民生领域补短板的政策机遇，积极与各家银行对接，扩大新融资规模。抢抓棚改政策窗口期，积极申请棚改资金，推进棚户区改造。加快平台公司转型和实体化经营改革，做大做强农投、产投、旅文投、毛尖茶产业发展集团公司。强化项目管理，合理控制投资预算，杜绝超标建设。严格执行《预算法》，从严控制非急需、非刚性支出。盘活存量资金、经营性资产，提高资金和资产的使用效益。二是扎实防范社会稳定风险。持续推进扫黑除恶专项斗争，严格落实“两个一律”要求，深挖黑恶势力背后的“关系网”“保护伞”。深入推进“平安都匀”建设，加快推进社会治安防控体系、应急联动指挥中心建设，推进乡村“雪亮工程”“互联网+公安政务”建设。全面推进安全生产风险、隐患排查治理“双控体系”建设，实现生产安全事故和死亡人数持续“双降”；扎实抓好民族宗教工作，维护民族团结、宗教和谐局面；全力化解问题房开、部分退役人员等重大信访问题；加强防范互联网金融、民间借贷、私募股权基金等非法集资问题，打击违法违规金融活动。

（五）坚定不移建设生态文明，拓展绿色发展新境界。牢固树立生态优先理念，坚守生态环保底线，创造更加优美的生活环境。

一是推动污染防治。扎实推进蓝天、碧水、净土、固废治理、乡村环境整治5场防治攻坚战，抓好重点领域、重点行业、重点企业污染治理。全面推进大气污染防治工程，重点抓好油烟、工地扬尘等治理工作，确保城市环境空气质量优良天数比例 98% 以上。加强集中式饮用水源地环境保护，确保集中式饮用水源水质达标率保持 100%。加强城镇污水处理设施建设管理，城镇污水处理率达 90% 以上。实施环卫一体化改革，充分发挥首创垃圾焚烧发电厂作用，力争城乡生活垃圾无害化处理率达 90% 以上。发挥医疗废物处置中心作用，确保医疗废物、废水得到有效处置。严防“非洲猪瘟”，推进餐厨垃圾集中处理。持续加大中央、省委环保督察整改反馈问题和国家土地督查反馈问题整改力度，严把招商引资环保关。二是推动环境整治。以乡镇环境整治三年行动计划为抓手，以“一引领、保两洁、三提升、治七乱”为重点，加快推进乡镇市政基础设施建设、公共服务配套设施建设，健全完善农村垃圾收集处理机制，全面杜绝垃圾围村、垃圾围河、垃圾围坑现象。三是发展绿色经济。全力建设绿博园，坚持绿色理念，坚持生态优先，围绕把绿博园打造成为“绿水青山新画卷，生态文明新标杆”工作目标，严格落实工作职责，确保绿博园主体工程年内基本完工。培育、引进一批生态修复专业化企业。大力发展生态农业、生态旅游业、康养业，推进生态产业化，注重培育特色经果林、林下经济、森林生态旅游，开发一批茶产品、水产品，真正实现“绿水青山就是金山银山”。四是实施生态建设。狠抓植被恢复、封山育林等项目，加强森林资源管护，深入推进森林保护“六个严禁”专项行动，实施林业提质增效三年行动，完成森林抚育 1 万亩。全面推进河（湖）长制，加强河流水体保护，推进水生态系统建设，确保地表水水质达标率 100%。巩固国家园林城市建设成果，实施靓丽景观、绿化美化提质工程，提高城市绿地覆盖率。

（六）坚定不移推动改革开放，助力经济社会新变革。以改革开放为突破口，全面释放生产力，激活经济社会发展活力。

一是抓好改革驱动。按照中央和省、州机构改革要求，今年 3 月底前全面完成政府系统机构改革，着力解决机构重叠、职责交叉、权责脱节等突出问题；深化供给侧结构性改革，全面落实“1+5”政策，深入推动“三去一降一补”；全面深化“放管服”改革，扎实推动简政放权，深化行政审批改革、商事制度改革，降低实体经济成本；深化农村综合改革，全面推进农村集体产权制度改革，持续推进农村“三变”改革；深入推进国家新型城镇化综合试点、农村一二三产业融合发展试点、社会信用体系建设试点等各项改革试点任务；全面实施公平性竞争审查制度，实现“双随机、一公开”监管全覆盖；统筹推进教育、医疗、户籍、住房等领域改革。二是抓好开放带动。坚持互利共赢原则，主动融入国家“一带一路”、长江经济带、左右江革命老区等发展体系，深化与贵阳、贵安、两广等合作，聚集发展要素，引进先进生产力，推动都匀发展。坚持“以办会促发展”为思路，以政府搭台、企业唱戏、市场运作、总体平衡为原则，承办好黔南州第十三届旅游产业发展大会，按照州政府“三会合一”要求，持续办好都匀毛尖（国际）茶人会、都匀国际摄影博览会，努力打造全方位、宽领域、深层次开放合作平台，全面提升开放合作水平。三是抓好招商引资。建立“党政主要领导高位推动、招商引资专班专门负责、五级招商程序高标引入”的招商机制，坚持市级领导带头招商，管行业必管招商，坚持招商项目市级领导包保制度。以绿茵湖产业园区为重要平台，围绕主导产业谋划项目，增强项目吸引力。重点围绕先进制造业、大数据电子信息产业、大健康医养产业、特色高效农业、旅游业五大产业，背靠贵阳、成渝经济圈，面向京津冀、长三角、粤港澳大湾区，盯住重点目标企业，充分发挥招商中介作用，强化沟通对接、做实服务工作，以我们的诚心诚信赢得企业家的信任。全面加强营商环境建设，严格落实招商引资优惠政策，努力打造“亲、清”新型政商关系，从严查处影响招商引资的人和事，营造“人人都是招商使者、个个都是都匀形象”的投资环境，确保企业招得来、落得下、能发展。

（七）坚定不移增进民生福祉，推动社会事业新跨越。把增进人民福祉作为出发点，着力改善民生、发展社会事业，增加人民群众的获得感、幸福感。

一是优先发展教育事业。坚持高质量办学方向，启动都匀二中创建省级一类示范高中行动，都匀民中争创省级著名体艺特色高中。继续加强学校基础设施建设，推动都匀二中学生宿舍楼建设，完成民中、八小、九小、江洲中心校、奉合中心校、匀东三小、联芒小学、摆忙幼儿园等 26 个改扩建项目。都匀二中马鞍山校区正式启用。加强师资队伍建设，强化师德师风建设，年培训教师 6000 人次，实现中小学、幼儿园教师全员培训。持续推进集团化办学和校长职级制改革，加快城乡义务教育一体化发展。推进教育“管、办、评”分离管理体制改革，以提高质量、实现公平为导向，实施“一年均衡发展、两年内涵发展、三年优质发展”三年行动计划，让优质教育普惠每一个家庭和孩子，努力办好人民满意的教育。二是提升医疗卫生服务水平。积极对接广州市黄埔区，引入广州市优质医疗及康养资源，依托州医院、州中医院、贵医三附院，建立紧密型医联体，加强市医院重点医疗学科、人才培养、康养理疗等建设。继续推进州中医院业务综合楼、贵医三附院北院综合医疗楼项目建设，推动都匀妇儿医疗综合中心项目建设。不断改善基层群众就医条件，推进基本公共卫生服务均等化，推进13个贫困村卫生室规范化建设，新建墨冲镇凤峠村卫生室。全面开展国家卫生城市创建活动，倡导文明健康的生活方式，增强市民的公共卫生意识。建成畜禽屠宰中心，严防禽流感发生。三是强化社会保障。全面落实新一轮就业创业政策，统筹高校毕业生、复退军人、残疾人、贫困劳动力等重点群体就业，努力提高劳动力就业率。积极推进社保征管体制改革，建立健全多层次社保体系，深入实施全民参保计划，全市城镇企业职工基本养老保险完成7.38万人，城乡居民社会养老保险完成19.8万人，城镇基本医疗保险完成17.95万人，新型农村合作医疗参保完成31.35万人；逐步提高城乡低保标准和优抚补助标准；全面落实个人所得税六项专项附加扣除政策，减轻群众负担；深入推进住房制度改革，拓宽住房制度保障覆盖面。加大退役军人安置和服务保障力度。四是提升市民素质。全力开展全国文明城市创建活动，培育、践行社会主义核心价值观，推进利民“八大工程”建设，积极组织全市人民广泛参与创建活动，提升市民文明素质，提高城市整体文明程度；按照州市统筹原则，积极盘活公共文体服务资源，补齐公共服务短板，推进基层公共文体设施建设均等化，推动公共文体服务资源向农村倾斜，让全民共享文化成果。

（八）坚定不移转变政府职能，激发自身建设新活力。站在新起点，面对新形势、新任务，我们要主动适应新常态、积极应对新挑战，切实加强政府自身建设，不断增强执行力、公信力。

一是坚持依法行政，深入推进法治政府建设。依法履行职责，做到“法无授权不可为、法定职责必须为”。自觉接受市人大的法律监督、市政协的民主监督，及时向人大报告工作，向政协通报情况，高质量办理人大代表建议、政协委员提案。严格执行重大决策程序规定，充分听取意见建议，提高政府决策科学化、规范化、民主化水平。二是坚持担当作为，深入推进务实政府建设。继续强化干部队伍建设，推动学习常态化，提高政府执行力、落实力。把脱贫攻坚、同步小康使命扛在肩上，把万家忧乐放在心头，以对党和人民高度负责的精神，担负起承前启后、继往开来的时代使命，以干事创业的实绩造福于民，增强群众的获得感、幸福感。强化工作调度、绩效考核，完善政务督查、行政问责等机制，发扬“钉钉子”精神，以铁的作风贯彻落实决策部署，整肃庸政、懒政、怠政行为。三是坚持优化服务，深入推进服务政府建设。把群众是否满意作为衡量政府工作的标准，充分了解群众诉求、听取群众意见，全方位做好民生保障。全面梳理规范服务事项、服务行为，优化政务服务流程，推进政务服务标准化建设，推行一站式服务、上门服务、网上办理等便民措施，打通服务领域的“最后一公里”。大力推行“互联网+政务服务”，着力构建覆盖城乡全方位、全天候、全过程的高效便捷政务服务体系。四是坚持从严治政，深入推进廉洁政府建设。全力抓好政府系统党风廉政建设，认真落实全面从严治党主体责任，把党风廉政建设、创建廉洁服务型政府工作列入重要工作日程，坚持常抓不懈。严肃党内政治生活，以政治定力、战略定力、工作定力，推动中央、省、州决策部署和要求落到实处，维护风清气正的政治生态。强化重点领域、重点项目、重点资金审计监督，营造廉洁高效的政务环境。

各位代表，风帆劲满将破浪，跨越发展正当时；历史赋予重任，辉煌更需续写。让我们高举中国特色社会主义伟大旗帜，紧密团结在以习近平同志为核心的党中央周围，在市委的坚强领导下，励精图治、真抓实干，以更加昂扬的斗志、更加饱满的激情、更加务实的作风，全面夺取脱贫攻坚决战之年根本性胜利，以优异的成绩迎接新中国成立70周年！

龙里县政府工作报告

（2019年2月26日在龙里县第十七届人民代表大会第三次会议上）

龙里县委副书记、县长 陈 曦

各位代表：

现在，我代表县人民政府向大会作工作报告，请予审议，并请县政协委员和其他列席人员提出宝贵意见。

一、2018年工作回顾

一年来，在县委的坚强领导下，在县人大和县政协的监督、支持、帮助下，在全县各族干部群众的共同努力下，我们全面贯彻党的十九大精神，习近平总书记在贵州省代表团重要讲话精神，中央、省、州、县委经济工作会议精神，以习近平新时代中国特色社会主义思想为指导，坚持稳中求进工作总基调，贯彻新发展理念，落实高质量发展要求，大力培育弘扬新时代贵州精神、“三不三有”干事创业精神，以供给侧结构性改革为主线，统筹推进稳增长、促改革、调结构、惠民生、防风险各项工作，着力打好防范化解重大风险、精准脱贫、污染防治三大攻坚战，推动经济社会发展质量效益持续提升。

一年来，我们不忘初心、牢记嘱托、感恩奋进，凝心聚力干了几件意义重大、振奋人心、群众拥护的事：

——成功退出国家贫困县序列，拉开乡村振兴战略的序幕。我们精准施策、精准发力，全力决战决胜脱贫攻坚，于2018年9月成功退出国家贫困县，书写了载入史册的新篇章，开启了新时代乡村发展的新格局。

——获批黔中龙溪内陆开放型经济发展先导区，龙里区域经济开放发展取得新突破。我们着眼实现高质量发展，奋力打造区域开放合作样板区，获得省级批复设立黔中龙溪内陆开放型经济发展先导区，龙里经济社会发展迎来了新机遇。

——改革创新亮点纷呈，高质量发展动力不断增强。我们全面落实中央、省、州和县委安排部署，全力推动各项改革任务落地见效，4项具有龙里特色的改革创新案例专报中央改革办，“龙里县三招打造‘中国物流实验基地’”被评为全省优秀改革案例。

——GDP突破100亿元大关，经济社会发展综合实力稳居全省前列。面对宏观经济下行的巨大压力，我们保持经济社会发展良好势头。完成地区生产总值101.22亿元，同比增长12.9%；固定资产投资同比增长20.6%；财政总收入28.08亿元、同比增长25.15%，其中一般公共预算收入12.37亿元、同比增长13.07%；全县金融机构各项存贷款余额分别为174.3亿元、132.3亿元，同比分别增长7.79%、30.35%。

一年来，我们抢抓机遇、克难奋进，重点抓了以下工作：

（一）持之以恒攻堡垒、克难题，三大攻坚战强力推进。聚焦难点，着力加强风险防控，决战决胜脱贫攻坚，深入开展污染防治并取得阶段性成效。

防范化解重大风险取得阶段性成效。不断加强各类风险管控，切实营造稳定和谐社会氛围。严控政府隐性债务风险，坚决遏制政府隐性债务增量，着力盘活财政存量资金、资产资源，大力培植可持续财源，推动国有企业实体化转型，守住不发生区域性、系统性债务风险的底线。严控系统性金融风险，大力防范非法集资，不断加强监测预警，全面排查整治P2P网络借贷平台、股权众筹等互联网金融平台，全年未发生金融风险案件。严控各类重大社会风险，加强对自然灾害、公共卫生、食品药品安全、疫病疫情等隐患排查整治，全年未发生较大及以上生产安全事故。不断加强县、镇、村人民调解三级联动建设，民间纠纷调解率100%，调解成功率达99.5%。深入推进扫黑除恶专项斗争，全年“命案”“两抢”零发案，社会和谐稳定得到有力保障。脱贫攻坚取得阶段性成效。持续打好“六场硬仗”，扎实开展“春风行动”“夏秋攻势”“冬季充电”，贫困发生率下降至1.05%。实施危房改造1820户、危旧房整治3983户、老旧房局部整治2435户，完成通组路150公里、安保工程200公里、串寨串户路324.48公里，管护农村安全饮水工程298处。投入财政专项扶贫资金6254.6万元，实施财政专项扶贫资金项目57个，覆盖贫困户23408户次。坚持就业扶贫“三精准”服务，培训农村劳动力3345人，实现训后就业3318人，开发农村公益性岗位4004个，全县贫困劳动力家庭“一户一人”以上就业率达95.76%。全面落实“五个三”后续服务保障机制，洗马和县城两个易地扶贫搬迁集中安置点搬迁入住1189户、4769人，入住率达80.34%。全面巩固医疗保障救助政策，受益群众5320人次，报销费用3254.02万元，建档立卡贫困人口100%参合；累计发放临时救助471.94万元、医疗救助658.95万元。下达教育扶持政策资助资金4107万元，惠及学生79680人次。获得东西部扶贫协作对口帮扶资金3316.5万元，27个对口帮扶项目快速建设。污染防治取得阶段性成效。整改完成中央环保督察反馈问题23个，办结中央生态环境保护督察“回头看”信访交办案件33件。从严执行环境保护制度，全面打响污染防治“五场战役”，严格执行水资源管理制度“三条红线”“四项制度”，深入推行河长制，完成34条县镇两级河流一河一策编制。着力完善环保基础设施，积极推进城乡污水处理一体化、城乡供排水一体化，安装雨污管道45.26公里，完成北环线、环城路、石头寨片区等污水管网改造工程；完成县城污水处理厂提标改造、经济开发区2万吨污水处理及中水回用工程、谷脚镇千家卡片区污水处理工程、洗马镇污水处理工程，新建龙山镇、醒狮镇、洗马镇、湾滩河镇垃圾转运站，全县城镇集中式饮用水水源地水质达标率100%。大力推进生态龙里建设，深入开展森林保护“六个严禁”执法行动，查处案件56件。完成营造林、百万亩森林资源增量工程3万亩，全县森林面积达141.53万亩，森林覆盖率达61.49%，空气质量优良率达99.4%。成功承办“第六届水生态文明·黔南（龙里）论坛”。

（二）持之以恒抓改革、促开放，对外合作程度不断深入。2018年是改革开放40周年，我们一如既往深化各领域改革工作，着力打造区域开放合作样板区。

重点领域改革不断深化。“放管服”改革持续推进，动态调整权责事项15项，废止规范性文件4件。扎实推进“集成套餐”服务、“三集中、三到位”改革。商事制度改革成效突显，电子化登记网上申报率达90%，企业登记时间由法定的15个工作日压缩至3个工作日。顺利完成龙里县国税地税征管体制改革，成立全省首个功能最齐全的24小时自助办税服务厅，累计办理业务28万笔，办理量位居全省第一。农村各项改革进展顺利，完成农村土地承包经营权确权登记颁证工作，24个村“三变”改革试点工作顺利推进，农村集体资产清产核资全面铺开。对外开放水平不断提升。扎实开展“产业大招商突破年”活动，着力实施“千企引进”，新引进省（境）外项目136个，引进州外到位资金308.24亿元。龙里经济开发区通过《中国开发区审核公告目录》（2018年版）审核，成功创建“龙里工业园区（食品药品）新型工业化示范基地”。龙溪先导区发展已见雏形，碧桂园凤凰城、阳光城、德尚国际医院等项目建设有序推进。龙溪大道完成投资16.66亿元，贵龙纵线二期完成投资7.88亿元，贵龙城市经济带纵一路、纵三路实现通车。积极强化对外协作，实际利用外资4752.87万美元、同比增长89%，进出口总额648万美元、同比增长171.13%。

（三）持之以恒调结构、促增长，实体经济稳步健康发展。坚持经济建设“三个一”调度机制，大力支持民营经济发展。强化要素保障，为企业转贷资金1.49亿元、担保金额2.4亿元，争取建设用地指标17908亩，购买增减挂钩建设用地指标3450亩，96个重点项目完成投资178.25亿元，经济社会发展基础不断夯实。

工业发展质量不断提高。完成规模工业总产值258.4亿元，同比增长18.7%；规模工业增加值67.69亿元，同比增长11.6%；新增规模以上工业企业16户，全县规模以上工业企业达151户，居全州第一位；全县高新技术企业18家，完成高技术制造业增加值18.1亿元，占规模以上工业增加值的25.6%。卡布婴童用品一期建成投产，二期主体建设快速推进；卓程彩印瓦楞纸、宁凯包装、高森制罐、永吉印务建成投产；投入技改资金23亿元，启动50户规模企业“千企改造”工程。稳步推进知识产权质押融资，4家企业获得专利权质押贷款1.1亿元。30家民贸民品企业获得优惠贷款5.05亿元。盘活“僵尸企业”5家、闲置土地165.8亩、厂房2.5万平方米。农业产业结构不断优化。完成农林牧渔业总产值22.2亿元，同比增长7.3%。按照“3+N”产业模式，以500亩以上坝区为重点推进产业结构调整，完成玉米种植面积调减5.55万亩，蔬菜种植34.01万亩、食用菌种植525万棒、茶叶种植1.89万亩、水果种植3.5万亩、烤烟种植4037亩，累计出栏生猪14.6万头、生态家禽78.5万羽；新增有机农产品认证2个、绿色食品认证1个、无公害农产品认证11个，无公害农产品产地面积6.8万亩。现代服务业带动不断增强。第三产业发展迅速，全县社会消费品零售总额19.74亿元、同比增长9.1%。旅游发展风生水起，油画大草原一期、龙里水乡水街相继开放，双龙镇巫山峡谷二期、龙门镇二期、福朋喜来登酒店、悦榕庄酒店等10余个项目快速建设。全年累计接待游客591万人次，同比增长35.82%；旅游总收入53.51亿元，同比增长54.2%。商贸物流效益突显，深国际综合物流港一期、中通二期等5个项目建成投运，聚百汇建材商贸市场、精英健康大数据产业园等11个项目快速推进。贵州快递物流园日均快件处理量达160万票以上，占全省的90%；贵州双龙农副产品批发市场二期投入运营，蔬菜日均交易量3500吨以上。电子商务网络零售额达8000万元，建成贫困村电商服务站点49个、旅游景区线下电商体验店6个，新设计包装农特产品32个。

（四）持之以恒抓建设、树形象，城乡面貌焕然一新。坚持规划引领，加快城镇建设，完成城镇建设投资76.82亿元，城镇建成区面积达45平方公里，城镇化率达56.02%。

城镇建设品质持续提升。完成龙里火车站二期、东城片区等棚户区改造1100户，启动各镇（街道）棚户区改造2411户。贵龙华府、江南赋、伯爵阳光里等项目顺利推进。县城西区滨河大道建成通车，完成大、小十字路网和大十字至腾龙路道路改造，纬二线南段道路、西区至高新技术产业园区道路建设稳步推进。新增地下停车位1010个，新建新能源汽车充电桩87个。城镇管理水平精细高效。实施县城区绿化亮化提质工程，强化违法建设管控，实行餐厨垃圾、园林垃圾、建筑垃圾分类处置。深入开展“文明在行动·满意在贵州”活动，以治“七乱”为重点，强力推进乡镇环境整治。完善智慧城管综合执法服务平台，推进智慧环卫、智慧工地和智慧路灯建设，城市管理、服务水平不断提升。乡村振兴开启新征程。出台《龙里县关于乡村振兴战略的实施意见》，建立“1+14”战略行动体系，完成40个行政村村庄及6个示范点村庄规划编制。建成窄冲、龙滩、石龙沟等水库，新增年供水量2252万立方米；新增农田有效灌溉面积6505亩。完成农村电力改造新建线路23.5公里，安装通讯基站111个，铺设通讯光缆470公里。完成S422龙里至草原提等改造、X992龙里至十字路、X991龙里至冒沙井（高新区至三元段）公路主体工程、农村客运“通村村”平台建设，荣获“2016—2017年度全国交通运输行业文明单位”称号。

（五）持之以恒补短板、惠民生，人民福祉持续增进。不断满足群众对美好生活的向往，全力补齐民生短板，提高人民福祉。

教育事业节节攀升。教育总投资2.1亿元，完成第一小学改扩建，建成第六小学、思源实验学校，新建、改扩建城乡幼儿园16所，完成农村中小学医务室规范化建设59所，启动建设龙里县中等职业学校实训楼等17个项目。深入推进教育综合改革，龙里四小被评为“全国中小学国防教育示范学校”。高考成绩再上新台阶，600分以上人数占参考人数比值位列全州第二。卫计事业稳步向前。县中医院建设按计划推进，实施县医院和洗马镇中心卫生院医共体试点建设，所有中心卫生院达到甲等卫生院标准，建成12家中医馆，完成22个深度贫困村卫生室维修及改扩建。全面实施“二孩”政策，计划生育服务管理不断加强。文体事业繁荣发展。获得“省级非物质文化遗产——太平花灯”示范基地称号，县图书馆被评为“国家二级图书馆”，观音山、倪儿关、清杠堖和播箕桥四处遗址被列入省级文物保护。成功举办国际木球公开赛等赛事，龙里被评为“2018年中国山地自行车公开赛年度最佳赛区”。组织参加“2018年全国残疾人游泳锦标赛”“2018年贵州省运动会”，获得金牌17枚、银牌6枚。社会保障能力持续增强。完成城镇新增就业6902人，农村劳动力转移就业7539人。城镇常住居民人均可支配收入31917元、同比增长9.4%，农村常住居民人均可支配收入11221元、同比增长10.1%。城市低保提高到每人每月570元，农村低保提高到每人每年3876元，特困供养提高到每人每月855元。政策性农业灾害保险实现全覆盖，冠山街道水桥社区成功创建国家综合减灾示范社区。

（六）持之以恒转作风、优服务，行政效能持续提升。坚决落实全面从严治党各项规定，努力营造高效、便捷的发展环境。

营商环境不断优化。制定支持民营企业加快发展相关政策，扎实开展服务企业服务项目大行动，成立30个县级工作组，累计走访企业1450人次，解决企业反映的困难、问题108个。启动公平竞争审查工作，清理文件、政策措施8338份。依托中小企业大数据服务平台，累计为企业解决诉求75条，解决率100%。充分发挥“企业特派员”作用，累计为项目和企业代办各类手续2400余件，帮助企业争取项目资金2.5亿元、争取贷款9.6亿元。自身建设不断加强。以“两学一做”学习教育为载体，认真学习习近平新时代中国特色社会主义思想、党的十九大精神，不断增强“四个意识”、坚定“四个自信”、践行“两个维护”。深入开展自查自纠，坚持立行立改，认真开展巡视巡察整改。强化重点行业、重点项目和扶贫资金监管，完成审计项目85个，财政评审项目244个，审减金额2.45亿元。持续开展政府系统大兴调查研究之风，积极破解政府性债务、脱贫攻坚、社会民生等领域难题。认真落实民主集中制，坚持“三重一大”决策制度，自觉接受人大工作监督、法律监督和人民政协民主监督，积极听取各民主党派、工商联、无党派人士和人民团体的意见，累计办理省、州、县人大代表议案建议77件，办理州、县政协委员提案58件，办复率均达100%。

此外，全县国防动员、人民防空、新闻宣传、双拥、消防、档史、供销、工会、共青团、妇联、文联、科协、残联、红十字会、气象、邮政等各项工作取得新进展。

各位代表，幸福是奋斗出来的，过去一年取得的成绩，是中央、省、州和县委坚强领导的结果，是县人大、县政协和社会各界鼎力支持的结果，是全县干部群众艰苦奋斗的结果。在此，我代表县人民政府，向辛勤工作在各条战线上的全县广大干部群众，向各位人大代表、政协委员，向在龙里投资兴业的企业家和各界人士，向参与和支持龙里建设的驻县单位、部队、武警官兵，向所有关心、支持龙里经济社会发展的同志们、朋友们，致以崇高的敬意和衷心的感谢！

各位代表，成绩已是过去，奋斗正当其时。在肯定成绩的同时，我们也清醒地认识到，人民日益增长的美好生活需要与不平衡、不充分发展之间的矛盾还比较突出，面临的挑战还比较多。在脱贫攻坚方面，扶贫产业规模化、市场化水平不高，群众内生动力不足，脱贫质量还需进一步提高；在要素保障方面，资源和环境约束趋紧，资金、土地等要素保障与发展需求之间的矛盾依然突出，项目落地难、推进慢等问题仍然存在；在高质量发展方面，经济总量比较小，龙头企业数量不够多，科技创新能力不强，缺少特色知名品牌，核心竞争力较弱。我们将一如既往地把研究问题、破解难题作为政府工作的抓手，一项一项抓落实、一件一件抓到位，推动县域经济更快更好发展。

二、2019年政府重点工作

2019年是新中国成立70周年，是全面建成小康社会的关键之年，是我县向高质量发展转换的重要之年，是全县政府系统深化落实年。处在经济转型发展、新旧动能转换的关键时期，做好全年工作尤为重要。

根据中央、省、州和县委的安排部署，今年政府工作的总体要求是：以习近平新时代中国特色社会主义思想为指导，全面贯彻党的十九大和十九届二中、三中全会精神，认真落实中央、省、州经济工作会议精神，统筹推进“五位一体”总体布局，协调推进“四个全面”战略布局，大力培育弘扬新时代贵州精神、黔南大射电精神、“三不三有”干事创业精神，坚持稳中求进工作主基调，坚持新发展理念，坚持推动高质量发展，坚持以供给侧结构性改革为主线，深化改革、扩大开放，继续打好三大攻坚战，统筹推进稳增长、促改革、调结构、惠民生、防风险工作，加快推进贵阳副中心城市建设，保持经济运行在合理区间，提高人民群众的获得感、幸福感，保持经济持续健康发展、社会大局稳定，为全面建成小康社会收官打下决定性基础，以优异的成绩庆祝中华人民共和国成立70周年。

今年全县经济社会发展的主要预期目标是：地区生产总值增长13%以上、完成118亿元以上，力争增长13.5%、完成122亿元；规模工业增加值增长12.8%以上、完成77亿元以上，力争增长13.5%、完成80亿元；固定资产投资增长21.1%以上、完成208亿元以上，力争增长22.5%、完成212亿元；财政总收入增长8.87%以上、完成30.57亿元，其中一般公共预算收入增长10%、完成13.6亿元；社会消费品零售总额增长10%以上、完成22.88亿元以上，力争增长11%、完成23亿元；城镇常住居民人均可支配收入增长10.2%以上、完成35428元以上，力争增长10.5%、完成35493元；农村常住居民人均可支配收入增长11%以上、完成12500元以上，力争增长12%、完成12556元；招商引资到位资金增长11.1%以上（省外500万元以上项目）、完成181.5亿元以上，力争增长13%、完成212亿元。

实现上述目标，我们要在县委的全面领导下，按照“巩固、增强、提升、畅通”八字方针，深化供给侧结构性改革，推动高质量发展，继续打好三大攻坚战，重点抓好以下工作：

（一）着力打好防范化解重大风险攻坚战，持续推动和谐龙里建设。密切关注各类风险点，精准“排雷”，坚决守住不发生系统性风险的底线。

全力防范化解政府隐性债务风险。严格落实政府债务“七严禁”要求，大力压减一般性支出，创新方法化解存量债务，积极探索专项债务发行，健全完善规范地方财政举债融资机制。在不新增政府债务前提下，合理安排预算，统筹推进项目建设和民生事业，坚决遏制隐性债务增量。积极支持县域民营经济发展，培植可持续财源，不断做大做强财政蛋糕。深入推进国有企业市场化、实体化转型升级，鼓励和支持发展混合所有制经济，提升企业盈利水平，增强国有企业抗风险能力。开展全县国有资产清理，进一步激活有效资产的收益作用。全力防范化解系统性金融风险。持续加大防范非法集资宣传教育活动，提高群众对非法集资风险防范意识，组织开展涉嫌非法集资风险、互联网金融风险等专项排查；支持金融机构创新金融服务产品，不断优化县内金融市场环境。全力防范化解社会各类风险。全面落实食品药品安全监管“四个最严”。深入推进扫黑除恶专项斗争和打击整治枪支爆炸物品违法犯罪专项行动，依法打击和惩治黄赌毒黑拐骗及高利贷等违法犯罪活动。加强网络舆情监管，强化舆论引导，依法依规妥善解决群众合理诉求。加强灾害性天气预警预报，强化重大疫情防控。严格落实安全生产“一岗双责”制度，坚决杜绝较大及以上生产安全事故发生，保障社会和谐稳定。

（二）全面实施乡村振兴，持续巩固脱贫攻坚成效。着眼更高水平的小康社会，认真落实“五步工作法”“八要素”要求，继续强化脱贫攻坚与乡村振兴统筹衔接，力争减少贫困人口1800人以上，贫困发生率下降至0.12%以下。

充分发挥示范引领作用。严格落实乡村振兴“20字方针”，各镇（街道）以村为单位，全力打造2至3个乡村振兴示范点，并先行实施农村个人建房审批管理和农村住宅建筑风貌管控，不断提高村寨建设水平。全面推进农村“三变”改革，完成79个村农村集体资产产权制度改革，提高农村各类资源要素配置和利用效率。深入推进农村产业革命。用好财政专项扶贫资金、涉农资金整合、绿色产业扶贫投资基金等政策，持续优化产业结构、扩大产业规模、提升产业带动效益。完成农林牧渔业总产值23.9亿元，增幅达7.5%以上。完成刺梨低产低效林改造2万亩，全年种植蔬菜18万亩以上、食用菌1200万棒以上，出栏生猪16万头以上、生态家禽100万羽以上。推进冠山街道三合村、湾滩河镇走马村等500亩以上坝区农业产业结构调整试点工作。完成冠山街道、洗马镇、湾滩河镇10000亩油茶等经济（果）林种植基地建设。大力引进和培育农业龙头企业，新增州级以上农业龙头企业2家以上，农产品加工转换率达50%以上。深入实施农民专业合作社专项整治提升行动，积极盘活清理“僵尸合作社”“空壳合作社”。依托贵州双龙农副产品批发市场，合理布局产地交易市场，继续巩固和完善镇（街道）60个收购点建设，通过“村企、农超、农校、农社”对接，抓好产销对接，有效带动贫困户增收。不断夯实农村发展基础。积极协调贵阳东环线（龙里段）开工建设，同步实施三元、湾滩河联络线；建设农村公路安保工程150公里。建成叫水冲、大竹芒、下巴比3座小型水库并下闸蓄水，完成枧槽冲水库主体工程，开工建设歪寨水库，新增年供水量940万吨以上。持续提升易地扶贫搬迁后续管服水平。打造易地扶贫搬迁安置点社会治理“龙里样板”，扎实推进易地扶贫搬迁旧房拆除及宅基地复垦复绿工作，有效盘活搬迁群众“三地”资源，持续推动就业进家庭，促进搬迁户长效增收。不断加大就业创业扶持力度。着力推进龙里县结合新型城镇化开展支持返乡农民工等人员创业试点工作，重点解决好高校毕业生、农民工、退役军人等群体就业，开展职业技能培训和创业培训2000人以上，培育自主创业者2000人以上，带动就业10000人以上，确保贫困劳动力家庭“一户一人”以上就业率达96%。扎实推进东西部扶贫协作。用好用足东西部扶贫协作政策，积极争取广州市对口帮扶资金支持，加快推进对口帮扶项目建设，积极承接广东地区产业转移，力争引进3个项目落户龙里。加大人才协作帮扶力度，成批选派优秀干部人才到广州南沙区挂职锻炼，积极探索教育、卫计等领域“组团式帮扶”。着力推进村民自治、法治、德治建设。结合新时代文明实践中心建设试点县创建工作，加强农村思想道德建设，大力开展移风易俗行动，树立乡风文明新风尚。完成所有村（社区）村规民约（居民公约）修订，在全县12个村或自然村寨实施“村民自治试点”工作。

将专业调解委员会职能职责向农村延伸，推动法律援助进村（社区），确保群众100%得到及时、专业的法律服务。

（三）深入贯彻绿色发展理念，持续打好污染防治攻坚战。认真贯彻中央、省、州环境保护相关精神，积极创建生态文明建设示范县。

严格落实生态保护要求。认真开展全国土壤污染状况调查、第二次全国污染源普查等工作。全力抓好污染源头防控，严格执行国家重点生态功能区产业准入负面清单，严把建设项目环评审批关、清洁生产强制审核关，推动项目建设环保“三同时”，严防新增污染物；完成集中式饮用水源地保护区10个村及石板滩水库集中式饮用水源保护区污水治理工程；全面落实县域河流一河一策，从严执行水资源管理制度，完成220个千人以下水源保护区建设，确保主要河流出境断面达功能区环境质量标准；治理水土流失16平方公里以上，切实营造良好生态环境。全面推动人居环境提质。大力开展村（社区）污水处理厂（站）建设，实施县城区水系连通工程，完成城区河道污水收集主管道改造及兴龙路雨污管网提质改造，城镇污水处理率达90%以上，饮用水水源地水质达标率100%，人饮安全达标率在95%以上；积极推行厕所革命，全面推进城乡生活垃圾处理一体化建设，切实改善城乡人居环境。积极打造绿色生态城市。深入开展美丽黔南林业提质增效三年行动计划，抓好12个乡村振兴绿化示范点建设，完成造林绿化3万亩，实现森林覆盖率增长1个百分点以上；大力推广新型节能建筑材料，全面打造生态、宜居城市。

（四）大力实施工业强县战略，持续提升发展质量效益。坚持工业强县战略不动摇，全力推动经济社会有速度、有质量、有效益发展。

以实施“千企改造”盘活存量。全面推动新一轮企业技术改造，推动规模以上企业技术改造20家以上，完成投资10亿元以上。加大国家级高新技术企业培育力度，力争新申报高新技术企业5家。积极开展“僵尸企业”处置工作，盘活僵尸企业5家以上。以加快项目建设做大增量。全面落实工业项目建设“双服务”机制，加快卡布婴童用品二期、三五三七厂、达利食品建设，力争年内建成投产。加大规上企业培育、扶持力度，新增2000万元以上规模企业10户，积极做大做强工业经济。以优化服务激发民营经济活力。着力构建“亲、清”新型政商关系，促进民营企业健康发展。实施民营经济倍增计划，严格落实《龙里县关于促进民营经济发展的实施办法》，推动降成本、降税费、降门槛，着力破解企业融资难、贷款贵等问题。充分发挥“企业特派员”、中小企业服务中心、大数据服务平台作用，全面做好要素保障、服务工作。引导民营企业加快转型升级，积极支持瑞和制药等企业主板上市。以产学研合作增强创新能力。打造产学研服务平台，进一步加强与高校合作，通过承接科研院所技术成果转让、实行技术研发外包等形式提升企业装备、产品研发水平。做好创新基金、火炬计划、知识产权推进项目等省级科技项目申报服务工作，力争申报科技项目资金2000万元以上；深化实施县域经济知识产权战略推进工程，鼓励企业积极申报专利，力争完成专利申请300件以上。以大数据融合促进转型。深入实施“万企融合”行动，招引一批大数据核心业态、关联业态和衍生业态相关企业入驻，力争完成大数据主营业务收入3.8亿元以上。加快推进智慧消防、雪亮工程等大数据平台建设，着力提升社会治理、应急救援等工作效率和水平。以扩园提质加快园区发展。完成龙里经济开发区产业发展规划编制，启动龙里高新技术产业园区环评、规划等工作。快速推进龙里高新技术产业园区商业地块开发，龙里高新技术产业园区五号路延伸段建成通车，不断提升园区配套服务能力。持续推进龙里经济开发区体制机制改革，成立贵州龙里兴园城市开发有限公司，实现实体化运营，增强园区发展动力与活力。

（五）聚焦扩大经济发展有效需求，持续稳住经济增长势头。更加重视、扩大有效需求，大力发展现代服务业。

推动有效投资稳定增长。加快制定出台分产业、分行业的招商引资优惠办法，准确把握生物医药、信息技术、新型建材、高端装备等新兴产业方向，引进一批成长性好、附加值高、带动性强的项目落户发展，力争引进投资10亿元以上项目2个、5亿元以上项目10个，确保全年引进项目140个。认真研究和把握国家政策投向，结合政府投资三年滚动计划，抢抓全省实施“六网会战”专项行动机遇，精心谋划包装项目，力争新增亿元入库项目10个。实施省、州重大项目99个以上，总投资达1506.37亿元，完成投资169.5亿元以上。推动旅游产业升级发展。创建国家全域旅游示范县，启动旅游接待基地规划。加快推进朵花大桥、悦榕庄酒店建设，龙里水乡完成核心区主体工程，福朋喜来登酒店完成主体装修；开展龙里县域内温泉旅游规划，开工建设龙里大草原国际旅游度假区朵花四季温泉城，实现中铁问水温泉小镇正式营业；大力引进民宿酒店，力争1至2家五星级酒店落户。推动乡村旅游发展，完成1个乡村旅游示范点打造。加大A级旅游景区申报力度，力争成功申报4A级旅游景区、3A级旅游景区各1家，全年接待游客人数、旅游总收入分别增长35%以上。推动商贸物流加快发展。出台优惠政策，引导商贸物流企业将结算中心设在龙里。建成聚百汇建材商贸市场一期、一均物流产业园等项目并投入运营；加快推进深国际综合物流港二期、红星美凯龙智慧物流产业园等项目建设。新增培育限额以上企业10家以上，实现进出口额300万美元以上，利用外资300万美元以上。完善生鲜农产品流通环节配套服务设施，完成贵海冷链仓储物流配送体系设施建设，全县建成冷库容量10万立方米以上。实现网络零售额8900万元以上，新设计包装农特产品10个以上，坚持产品销售线上与线下并举，拓宽销售渠道。

（六）大力提升建管水平，持续加快新型城镇化进程。按照“道路成网、生态成系、商业成集、居住成区”的规划思路，加快推进“一城一带一区多点”建设，新增城镇人口5000人以上，城镇化率达57.2%以上。

推动老城区提质。加快县城西区和东城区开发力度，不断拓展县城空间布局。持续完善县城区路网结构，建成县城西区纬二线南段道路，完成北环线道路改造。启动夹山坡山体公园建设，建成龙山大道人行天桥。用好用足债券资金，启动交通局片区棚户改造项目。推动先导区提速。完成黔中龙溪内陆开放型经济发展先导区规划，积极争取贵洽论坛在龙溪先导区设立专场。加快龙溪先导区路网建设，有序推进龙里至水场、鸡场至草原、厦蓉高速新增龙溪互通工程等主干道建设，力争龙溪大道、贵龙纵线二期在5月1日前建成通车。着力推动龙溪先导区产业集聚、产城融合，加快推进民达康贵龙医养院、当代置业等重点项目建设。高标准推进贵龙城市经济带建设，着力完善水、电、气、讯等基础设施，切实提高区域管理服务水平。大力支持星华·龙里商旅小镇、融创九宸府、金科龙里东方等项目建设。推动小城镇提档。完成醒狮镇、洗马镇、湾滩河镇相关规划编制。完善各镇路网、农贸市场、大型车辆停车场等乡镇环境14项基础设施建设任务，年内完成90%以上。以“8+X”项目为抓手，完成醒狮镇外环路、洗马镇农贸市场、龙山镇群众服务中心建设。逐步推行城乡供排水管理“厂网一体化、城乡一体化、供排一体化”改革，探索城乡供排水一体化管理新模式，实现“以水养水”目标。推动城市管理提标。深入推进综合行政执法体制改革，完成县城区智慧环卫、智慧工地和智慧路灯建设。依法打击违法违规建筑，重点整治和规范流动摊贩、占道经营、车辆乱停乱放、不文明养犬等行为。完成龙山大道、兴龙广场周边及贯城河等区域亮化、绿化提标提质。继续巩固好国家卫生县城创建成果，顺利通过国家卫生县城复审，力争获得全国文明城市县级提名资格。

（七）狠抓社会事业发展，持续改善民生福祉。抓住人民群众最关心、最直接的利益问题，扎实做好保障和改善民生工作，不断增强人民群众的获得感、幸福感、安全感。

全力发展教育事业。持续压缩公用经费的6%用于教育扶贫，继续推进中职校实训楼、龙里中学教师周转宿舍项目建设，启动第七小学二期、湾寨中学教学楼、龙里二中学生宿舍扩建。继续实施学前教育“三年行动计划”，扎实推动“集团化”办园，有效缓解“入园难”问题；新建岱林幼儿园，改扩建走马幼儿园，完成渔洞幼儿园、摆主幼儿园建设。狠抓控辍保学工作，全面落实“七长”责任制，小学、初中辍学率分别控制在0.5%、1.8%以内，确保实现学前教育毛入学率、义务教育巩固率、高中阶段毛入学率分别达93%、93%、89%以上。加强公共文化服务体系建设，完成3个镇（街道）图书馆分馆建设。强化医疗卫生服务。县中医院建成投用，完成二级甲等妇幼保健院创建及龙山镇、谷脚镇、醒狮镇、湾滩河镇中心卫生院医共体建设。将村医待遇从每人每月1500元提高至2700元。继续实施十四项基本公共卫生服务项目，加强家庭医生签约服务工作，实现贫困人口100%签约、100%服务。确保新农合参合率达96%以上；创建省级慢性病综合防控示范区。全面实施“二孩”政策，进一步加强计划生育服务管理工作。提升社会保障水平。严格落实建筑施工领域农民工实名制管理推广工作，全面治理拖欠农民工工资违法行为。完成龙山镇、谷脚镇、洗马镇镇级防灾减灾室建设，切实提高防灾救灾抢险能力。新建农村幸福院2个，龙里县城市养老服务中心投入使用，新增养老床位300个。做好退役军人安置、服务保障等工作，让广大退役军人有更多的获得感。全力推动全民参保，稳步提高城乡低保标准，有效保障困难群众基本生活。

民生之所在，党心之所系，政令之所行。今年，我们通过广泛征求民意，将重点抓好以下“十件民生实事”：（1）完成龙里县环城路龙羊立交桥连接西区道路工程形象进度30%以上；（2）完成龙里县康养中心建设项目形象进度40%以上；（3）新建龙里汽车站，年内完成形象进度50%以上；（4）完成乡村振兴战略29条村组道路加宽工程共计70公里；（5）新建县级融媒体中心并投入使用；（6）完成龙里北站广场及西区路网建设形象进度30%以上；（7）全面建成新时代文明实践站所；（8）建成体育路、和平巷智能停车场；（9）完成龙里县城乡垃圾一体化处理项目；（10）完成龙溪污水处理厂形象进度50%以上。

（八）加强政府自身建设，持续优化政务环境。 全面落实从严治党要求，加强政府自身建设，不折不扣抓好中央、省委巡视反馈问题整改，把抓落实作为第一要务，努力建设人民满意的政府。

坚持从严治党，建设廉洁政府。认真贯彻执行《中国共产党廉洁自律准则》、《中国共产党纪律处分条例》，压实党风廉政建设"两个责任"，狠抓"四风"整治。加强政府投资项目建设管理和审计监督，充分利用龙里县项目监察平台，进一步规范项目建设。用好公务消费监管平台，促进公务消费公开透明，自觉接受公众监督。保持惩治腐败高压态势，紧盯工程建设、房地产开发、公共财政支出等领域，加强对征地拆迁、扶贫项目、保障性住房等民生工程监管，严厉查处群众身边腐败问题，切实营造风清气正的干事创业环境。坚持依法行政，建设法治政府。大力弘扬宪法精神和社会主义法治精神，不断增强法律意识。坚持依法决策，严格执行"三重一大"决策制度。自觉接受县人大及其常委会的法律监督、工作监督和县政协的民主监督，认真办理人大代表建议和政协委员提案，高度重视民主党派、工商联、无党派人士的意见和建议，主动接受社会、舆论监督。坚持作风转变，建设服务型政府。坚决执行中央八项规定精神及实施细则，自觉遵守省委、州委和县委各项规定，大力培育发扬新时代贵州精神、县委"三不三有"干事创业精神。逐步完善正向考核评价体系，健全正向激励、容错纠错机制。坚持为民务实，改进调查研究，深入基层了解群众急需解决的困难，真正把功夫下到察实情、出实招、干实事、求实效上，坚决整治不作为、慢作为、乱作为问题。坚持深化改革，建设高效政府。深入贯彻落实中央、省、州推进改革开放一系列决策部署，结合机构改革，进一步转变政府职能。持续推进"放管服"改革，简政放权，继续清理规范行政审批、公共服务事项，全面清理涉及群众办事的不合理证明和手续，让人民群众办事更加便捷。深化便民利民服务管理体制改革，理顺管理关系，全力推动"互联网+政务服务"，抓好各镇政务大厅、村（社区）便民服务站建设，持续提高政府工作效率，积极营造亲商、富商、安商的良好氛围。

各位代表，新时代是奋斗者的时代，新时代应有新作为。让我们高举习近平新时代中国特色社会主义思想伟大旗帜，更加紧密地团结在以习近平同志为核心的党中央周围，在县委的坚强领导下，凝聚龙里人民新时代奋进的伟大力量，不忘初心、牢记使命、勇于担当、深化落实，全面完成既定的各项目标任务，全力推动龙里经济社会高质量发展，以优异的成绩庆祝新中国成立70周年！

贵定县政府工作报告

（2019 年 1 月 16 日在贵定县第十八届人民代表大会第三次会议上）

贵定县委副书记、县长 张丽芳

各位代表：

现在，我代表县人民政府向大会作工作报告，请予审议，并请各位县政协委员和其他列席同志提出意见和建议。

一、2018 年工作回顾

2018 年是贯彻党的十九大精神的开局之年，是改革开放 40 周年。一年来，在州委、州政府和县委的正确领导，县人大、县政协的监督支持下，我们紧扣社会主要矛盾变化，沉着应对经济持续下行的巨大压力，聚焦聚力加快实体经济发展，坚决扛起脱贫攻坚的使命重任，扎实推进“三大攻坚战”，统筹推进稳增长、促改革、调结构、惠民生、防风险各项工作，全县经济社会发展保持了“稳中有进”“进中有质”的良好态势，经济发展水平居全省县域第二方阵前列。

预计全年地区生产总值增长 12%，规模工业增加值增长 10.5%；固定资产投资增长 5.58%，产业投资占固定资产投资的比重达 36.91%；社会消费品零售总额增长 11%；金融机构存贷款余额增长 12.6%；完成财政总收入 34.16 亿元（上缴上级国库 27.54 亿元）、增长 19.18%，一般公共预算收入 6.62 亿元；城镇、农村居民人均可支配收入分别达 30019 元、10739 元，分别增长 9.5%、10.3%；贫困发生率下降至 1.56%，小康实现程度达 98.3%。

一年来，我们凝心聚力、攻坚克难，重点抓了以下工作：

（一）坚持举全力打硬仗，脱贫攻坚强力推进。坚持精准扶贫、精准脱贫基本方略，统筹各类资金 8.39 亿元，强力推进“春风行动”“夏秋攻势”，全年减贫 17814 人、出列贫困村 35 个。农村人居环境大幅改善。按照“四场硬仗”“六山行动”路径全面改善基础设施，改造危房 2391 户、整治透风漏雨老旧房 5669 户；完成“户户连”273.94 公里、“组组通”213.64 公里；实施农村安全饮水巩固提升工程 52 个，有效解决 4.45 万名群众饮水安全问题；新增打造示范型小康寨 11 个。易地扶贫搬迁精准落实。建成昌明、云雾、县城东福二期和福来二、三期五个安置小区，完成 2017 和 2018 年度搬迁任务 1816 户、7175 人；认真落实“五个三”后续扶持政策，新组建枫林社区、福来社区居委会，强化管理服务，群众搬迁后实现就业 2230 人。产业就业扶贫成效明显。申报获批到位扶贫产业子资金 2.58 亿元。完成“村社合一”改革，发展专业合作社 109 个。落实“三小工程”7295 户。开发城镇、农村公益性岗位就业 7100 人，贫困劳动力家庭“一户一人”以上就业 7020 户、13900 人。政策扶持保障有力。落实普通高中、中职“两助三免（补）”和高校“两助一免”等政策，建档立卡贫困户全面享受教育扶贫政策。健全“三重医疗保障”体系，医疗救助、扶助兑现率 100%，住院实际补偿比例 90% 以上，建档立卡贫困户、慢性病大病户家庭医生签约服务全覆盖。建立“两线合一”低保标准量化调整机制，低保兜底保障 3043 人。兑现公益林及新一轮退耕还林资金 1754.3 万元，424 名贫困群众聘为生态护林员。对口帮扶、社会帮扶持续发力。争取对口帮扶资金 6453 万元、结对帮扶深度贫困村 22 个，建立劳务合作关系企业 62 家。广泛动员社会力量参与脱贫攻坚，社会捐助累计达 2700 余万元。

（二）坚持提质量促转型，实体经济加快发展。 大力推进“四个突破年”行动，供给侧结构性改革取得积极进展。工业发展提质增效。完成“千企改造”24家，黔山秀水列为省“千企改造”龙头企业，老干妈、苗姑娘进入高成长性企业名单。轩贵钢构等7家民营企业成为省级工业品牌培育试点企业。摆哈煤矿是黔南州第1家完成30万吨兼并重组和智能化机械化改造获得开工令的企业。全县规模以上工业增加值45.99亿元，新增入库规模工业企业16家，完成工业投资30.23亿元。农业结构持续优化。编制完成21个500亩以上坝区发展规划，玉米调减4.25万亩，茶园提质增效2.6万亩，新增刺梨种植5万亩、食用菌3460万棒、蔬菜25万亩次。收购烟叶1.31万担，担均价、上等烟比例均排全州第一。新引进农业项目12个，到位资金3.97亿元。新培育州级以上龙头企业11个。新增“三品一标”认证21个，无公害绿色有机种植面积达13.4万亩。旅游业持续扩量。匠人鲜花小镇、大观园格鲁格桑商业街等景区景点投入运营，“金海雪山”景区获批国家4A级旅游景区。成功承办全州第二届山地运动会，举办第一届“金海雪山”农耕农事文化节，全年入境过夜游客增长37.26%，国内过夜游客增长7.99%。商贸物流加速发展。陆港一期建成投入使用，贵定南千万吨货运物流基地加快建设，高速、铁路、航运三位一体的立体交通运输网络构建逐步深化。预计完成物流增加值11.52亿元，增长10.2%；进出口总额1835万美元，增长8.7%；预计实际利用外资2510万美元，增长15.2%。通过“国家级电子商务示范县”创建中期验收。民营经济比重提升。新增市场主体4757家，其中个体、私营企业主体占比96.69%。新增“四上企业”入库48家。晟扬管道、恒伟玻璃等13家民营企业入选2018年第一批省“专精特新”中小企业。全县民营经济增加值达56.8亿元，增长20%；民营经济占GDP的比重达56%。

（三）坚持抓统筹强特色，城镇乡村协调发展。 大力推进城镇化，夯实乡村振兴发展基础，全县城镇化率提高到52.21%。老城改造和新区建设同步推进。实施平北社区、迎宾社区和杨柳片区棚户区改造，征收房屋3706户。金南二道全线通车，建成金南小广场，改造完成洄水湾、陵园路，烟厂路、金山美食城加快建设，碧桂园、恒德大都会、锦江华府华悦、中科恒大、蓝城桃李春风等项目快速推进，伯爵新贵华庭、德能渝贵佳苑等项目即将动工。科学规划与规范管理更加强化。完成乡村振兴战略规划（2018—2020）、定南组团控制性详细规划和洛北河风景名胜区总体规划（2018—2035）编制工作，完善云雾、盘江、沿山、昌明总体规划，修订规划区外农村个人建房图集，农村建设申报程序进一步规范。以思想扶贫推进村组寨“村规民约”“全民公约”全覆盖，“建管结合”长效机制初步形成。城镇功能和乡村环境不断优化。以第七届全省小城镇建设发展大会为抓手，实施“8+X”项目41个。谌贻琴省长在大会讲话中特别指出：“盘江到昌明一线，交通十分便捷，产业聚集程度高，民居风貌颇有特色，污水垃圾处理设施健全，街容村貌整洁干净，乡村治理文明有序，实现镇村联动、产城互动、全域推动。”建成海螺水泥厂CKK二期技改项目，日处理能力提高到220吨，新建垃圾转运站3个，配套垃圾箱上千个，“村收集、镇转运、县处理”为主、“碳化减量”为辅的垃圾处理模式基本形成，城乡垃圾无害化处理率82.98%。

（四）坚持破瓶颈强支撑，发展基础不断夯实。 抓好以交通水利为重点的基础设施、重点项目建设，投资实现合理增长。项目建设有效加快。成功申报中央预算内资金项目15个。84个重点项目完成投资占年度目标的108.97%。卷烟厂易地技改、宝塔石化等项目有序推进，茶叶全产业链等项目启动建设，“中央厨房”等项目正式投产。围绕“十三五”规划中期评估，从脱贫攻坚、乡村振兴、基础设施建设等方面谋划2018—2020年计划项目248个，形成谋划储备一批、开工建设一批、竣工投产一批的梯次跟进格局。基础设施更加完善。贵黄高速、都香高速、贵南高铁三大重点工程征地拆迁等工作保障有序。G321辣子关至昌明主体工程完成建设，贵定北综合枢纽站投入使用。完成铜宝水厂4万吨供水改造、运营，有效缓解了县城用水供需矛盾，实施昌明水厂扩建工程。建设各类水利工程76处，上冲、小河、乐芒等骨干水源工程建成待验收，花甲、高粱坝水库顺利封顶，音寨、新民、河山墩水库加快建设。新增改造10千伏线路61.53公里，新增配变312台；建成通讯基站38个，增设通信管道171.34公里。招商引资成效明显。引进500万元以上项目45个，新增投产项目16个；编制项目41个，签约转化率78.05%。完成民间投资38.43亿元，占固定资产投资比重的46.81%。百定鞋业、皇冠陶瓷、龙辰电气等重点项目建成投产，老干妈油制辣椒产业园即将投产，晟扬管道二期等项目加快建设。组织召开实体经济发展表彰大会，授予59家企业各类奖项84个，兑现奖励资金1057.92万元。

（五）坚持强举措守红线，环境质量更加改善。守好发展和生态两条底线，深入推进国家生态文明建设示范县创建工作。污染防治深入开展。认真抓好中央环保督查“回头看”、巡视反馈环保问题整改和建章立制工作，整改完成率达96%。启动全面加强生态环境保护坚决打好污染防治攻坚战三年行动，治理水土流失面积14平方公里，全县森林覆盖率达64.8%，县城环境空气质量优良率、县域集中式饮用水源地水质达标率均达100%。生态布局趋于合理。完成县域生态红线划定、第二轮全国污染源普查方案编制和污染源普查清查建库。严格控制畜禽养殖禁养区，严格落实项目引进“四个决不允许”，强化红线管控。生态设施加快建设。完成沿山、天福污水处理工程和乐芒水库等饮用水源地标准化建设，县城、昌明（旧治）污水处理厂实现提标改造，城乡供水、污水处理全面纳入市场运营管理。完成5项农村环境综合整治工程，全县农村环境综合整治整县推进工程列入省级环保项目库。新增高效节水灌溉面积4100亩、耕地灌溉面积8200亩。监管体系健全完善。严格执行生态环境保护“党政同责、一岗双责”责任制，深入开展环境执法“利剑行动”“守护多彩贵州·严打环境犯罪”执法专项行动。查处环境违法行为8件、涉林案件22起。

（六）坚持抓统筹守底线，债务风险防范有力。切实抓好金融债务风险防范化解工作。风险防范意识、能力不断强化。成立政府性债务管控专班、政府性投资项目决策委员会，制定政府性投资项目资金管理、政府性债务管理债务风险预警及应急处置机制等制度，强化风险防范事前预防、事中控制、事后应对的系统化管理。完成3个项目展期降息工作，审批发布PPP项目10个，争取化债奖补资金3815万元，累计化解债务4.32亿元。依法治税能力不断强化。全面完成税务管理体制改革，新增3处纳税人自助办税服务厅，开通绿色服务通道。制定交通运输、建筑装修、砂石矿产等10个行业综合治税方案，增缴行业税收4053万元。金融服务实体经济能力不断强化。支持实体经济贷款余额（不含房地产贷款）44.89亿元，同比增加15.37亿元。“银政通”贷款余额5420万元，惠及企业27家；“贵园信贷通”贷款余额6680万元，惠及企业16家；“贵工贷”贷款余额2200万元，惠及企业3家；民贸民品优惠利率贷款余额1.6亿元，惠及企业17家。持续开展“4321”政银担保合作，贷款余额1.11亿元。

（七）坚持惠民生促和谐，社会大局和谐稳定。着力解决民生服务供给不平衡、不充分问题，人民群众的幸福感、获得感持续增强。教育事业均衡发展。按照“小学分散、初中集中”原则，完成第二轮18所学校布局调整。投资3.47亿元对69所义务教育学校进行改造，在国家义务教育基本均衡发展督导检查验收中获得全省第3名。全县高考二本以上上线917人，同比增加79人，上线率达55%、居全州第三；树人中学中考成绩平均分排名全州第一，教学质量稳步提升。狠抓控辍保学，入学（园）率、巩固率不断提高。医疗体系更趋完善。巩固“五个全面建成”成果，启动县妇幼保健院项目建设，建成沿山、盘江卫生院和22个深度贫困村卫生室。县人民医院胸痛中心通过国家论证，成为全省能对胸痛患者进行急诊支架手术的两家基层医院之一。全面实现县域内医疗保障“一站式”即时结算。全县新农合参合率达96%。社会保障更加有力。完成职业技能培训5209人，新增城镇就业7912人，城镇登记失业率控制在2.43%以内。大力推动全民参保，征缴各类社保基金3.7亿元，发放社保金5.3亿元。开展“双清双入双退”工作，实现“应保尽保、应退则退、按标施保”，发放各类救助金1.32亿元。文体事业健康发展。成功承办贵州省老年人气排球等活动。完成4个“非遗数字化”、5个民间歌谣等“十套文艺”采集编撰工作；实现行政村农体工程及广电云“户户用”全覆盖；县图书馆获评国家三级图书馆。社会治理格局不断优化。深入开展扫黑除恶、“八大行动”等专项整治，“雪亮工程”“天网工程”实现行政村全覆盖；成立“历史遗留问题处置办”，努力化解历史遗留问题。严格执行信访“七个一”包保机制，完成“多中心合一”改革。全年未发生较大以上安全生产事故，社会大局和谐稳定，群众安全感排在全省第17位。

（八）坚持促改革扩开放，发展活力加速释放。一批重点改革任务落地见效，对经济发展的引领、支撑作用不断增强。质量变革纵深推进。申报获批省级名牌产品2个，完成守合同重信用企业复核省级8家、州级15家。新注册商标156件。成功申报科技项目6项，专利授权35件。新增科技型企业8家、高新技术企业14家，实现产值20.6亿元。恒伟玻璃获批省级“科技型小巨人企业”。企业投入研究与实验发展经费达到全国平均水平，综合科技进步指数预计达73%。效率变革纵深推进。全面落实“非禁既允”、公平竞争审查制度，清理妨碍公平竞争政策16份，废止2份。推动多层次资本市场工作，融信天利、景都实业、恒伟玻璃等3家企业在贵州股权交易中心挂牌。持续推行“证照分离”“多证合一”等商事制度改革，核发营业执照4669张。推进国企、国资改革，完成贵定卷烟厂、际华3535厂、铁路段家属区分离移交。动力变革纵深推进。全面推进昌明经济开发区体制改革。深化32个村“三变”改革，办理林权、宅基地使用权抵押贷款4075万元，基本完成农村土地承包经营确权登记颁证工作。全面实施教育领域综合改革，深化“合作办学”“托管办学”“集团化”等多元化办学模式。县镇医疗卫生机构一体化公立医院改革稳步推进，初步构建省州县镇四级医联体。与省水投水务集团合作加快城乡供排水一体化改革，供水工程与水源地保护、饮水安全与水资源保护工作同步推进。深化金融领域改革创新，召开信用联社改制农商行创立大会。深入推进执法体制改革，新组建县综合行政执法局，跨领域集中行使269项行政执法权，有效解决执法力量分散、多头执法等问题。

（九）坚持守规矩转作风，自身建设不断深化。深入开展“不忘初心、牢记使命”主题教育，牢固树立“四个意识”、坚定“四个自信”，坚决做到“两个维护”。坚决维护县委权威，向县委请示“三重一大”事项42项、按季度报告议事决策事项325项。自觉接受县人大法律监督、县政协民主监督，向县人大专题报告工作18项、县政协专题通报5项；办理代表建议230件、委员提案152件，办复率均达100%。严格落实党风廉政“主体责任”“一岗双责”，自觉主动接受省委、州委巡视巡察，坚持“边巡边改、立说立改”抓好问题整改落实工作，查处民生领域案件180件、“四风”问题案件43件。全面加强审计监督，对36个单位开展随审监督，节省财政资金2.58亿元。修订完善《县政府党组工作规则（试行）》《县政府“三重一大”事项集体决策制度》，严格规范政府决策权力行使，实现政府法律顾问全覆盖。深入推进“放管服”改革，重新修订30家职能部门权力事项397项，公布实施第一批“最多跑一次”事项266项，营商环境不断改善。

此外，积极服务和支持党委部门、民盟和工会、共青团、妇联、残联、科协、文联、红十字会等群团组织开展工作，国防动员、人民防空、武警消防和民兵预备役等方面工作取得新成绩，气象、档案、史志、民宗、侨务、老龄等各项事业有了新进步。

各位代表，过去一年，我们大力弘扬并积极践行“团结奋进、拼搏创新、苦干实干、后发赶超”的新时代贵州精神，在决战脱贫攻坚、决胜同步全面小康的征程中迈出了坚实的步伐、取得了令人欣慰的成绩，极大地鼓舞和提振了全县各族干部群众干事创业、奋力争先的精气神。

非常值得肯定的是，全县各级各部门自觉服务和服从于脱贫攻坚大局，77家部门选派2/3的干部与8个镇（街）4/5的干部一道，2100余名干部驻村到组，共同组成95个行政村脱贫攻坚驻村工作队，实行“划小承包、网格管理”，夯实一线力量，为打赢这场输不起的攻坚战奠定了坚实基础。栗山村“危改”及老旧木房整治颇有特色；杨柳村“小手拉大手·文明家家有”整治村庄卫生；底至村“企农合作”激发群众发展内生动力；新龙村“以奖代补”创新“十必备”补短方式；森山村“校农合作”“稻鸭共育”发展产业；石板村“群众自治”推动乡村旅游；丰收村彻底解决出行难问题；高枧坝村群众思想大转变；晓丰村产业快速发展，基本上家家种上刺梨；四寨村争取700万元东西部协作资金，夯实产业基础；宝山村改写“无安全饮水”的历史；胜利村群众住新居、生活换新颜；鼓坪村建感恩馆、促思想转变；新良田村建群众“十问广场”排难解疑；新沿村整村搬迁谱新篇；大塘村山间清泉全面牵引到户；摆城村苗院旧貌换新颜；燕子岩村走出“扶贫＋旅游”富村新路径；关口村村头村尾通村路全部贯通；谷丰村路不通寨、寨不亮灯、水不稳定成为历史；竹坪村晒家风铭家训、志智双扶促脱贫；乐邦村油茶种植助推产业脱贫。22个深度贫困村紧扣致贫原因，寻找脱贫路径，把握脱贫措施，各村取得了很大变化，其余的73个村也有着各自的精彩。

非常值得点赞的是，在脱贫攻坚的主战场，还涌现出“离任不离责”老支书——新华村陈斗和、“带领群众斗天斗地”支书——贾戎村袁华宁、“志智双扶”支书——燕子岩村罗荣富、“洗脸”支书——茶山村丁国祥、“扶志带头”支书——新华村陈文举、“铁娘子”支书——竹坪村廖德琼、“脱贫致富带头”主任——光明村刘元瑞、“服务群众贴心”主任——关口村罗海波、“代课”书记——竹坪村黄俊月、“穷根救治”书记——红光村赵成炀、“政策传递”书记——长江村陈实、90后书记——丰收村陈鑫、助人“急先锋”书记——春光村周维兵、“暖心伙计”书记——高原村陈明权等一批优秀的村支书（主任）和第一书记，涌现出“贴心阿姨”——民宗局唐益萍、“共享秋裤”——水务局张进、“退而不休的老干部”——宋正德、苗语“联亲”——政协办雷家辉、“退伍不褪色”——盘江镇罗凯、“家书干部”——盘江镇卢韬、“爱心姐姐”——昌明镇赵丽敏、驻村“女汉子”——组织部王才慧、“蜜蜂队员”——金南街道杨安松等一批典型事迹和驻村干部。他们只是过去一年在脱贫攻坚一线的部分代表，充分体现了贵定干部吃苦耐劳、勇于奉献的无私精神，充分体现了贵定干部肩扛责任、勇于担当的优良品质。

特别值得一提的是，各单位留守干部职工团结协作，全力克服人少事多的困难，确保各项工作有质有效开展，顺利接受了中央环保督察、国家土地例行督察、省委第十巡视组第四轮巡视和州委第八巡察组交叉巡察、国家民族团结示范创建、国家义务教育均衡发展等督察检查，成功承接了广东·贵州东西部扶贫协作两省党政主要领导率团赴贵定视察脱贫攻坚、全省两次项目观摩会、全省第七届小城镇建设发展大会等重大会议和活动。贵定被国家普法办表彰为“第四批全国法治县创建活动先进单位”，被民政部确定为“全国农村社区治理实验区”；昌明镇文江村被司法部、民政部表彰为“第七批全国民主发展示范村”，沿山镇星溪村被农业农村部评为“全国休闲美丽乡村”；云雾镇长寿蔬菜种植农民专业合作社被供销合作总社表彰为“全国示范社”；新巴镇乐邦村调解委员会被省政府表彰为“全省先进人民调解组织”；昌明敬老院被评为全省示范性敬老院。这些都充分彰显了贵定干部拼搏创新、善作善成的能力和本领。

各位代表，过去一年的成绩与收获，是州委、州政府和县委科学决策与坚强领导的结果，是县人大、县政协有效监督与大力支持的结果，是全县干部群众锐意拼搏、不懈奋斗的结果，也是社会各界人士团结协作、携手共进的结果。在此，我代表县人民政府，向奋战在各条战线上的广大干部职工，向全县各族人民群众，向人大代表、政协委员和离退休老领导、老同志，向县民盟、工商联、人民团体和无党派人士，向驻县部队、武警官兵、消防队员和公安政法干警，向中央、省、州驻县单位和企业，向各对口帮扶单位，向给予我们关心、帮助、支持的社会各界人士，致以崇高的敬意和衷心的感谢！

在肯定成绩的同时，我们也清醒地看到，发展不平衡、不充分的矛盾仍然存在，与满足人民群众对美好生活的需求还有较大差距，发展中面临的困难、挑战还比较多。一是扶贫产业规模化、市场化水平还不高、群众内生动力还不足，如何有效解决贫困户实现稳定脱贫、防止返贫的问题，需要认真思考。二是发展的新旧动能转换不畅，有效投资增长乏力，资源和环境约束趋紧，如何有效解决高质量发展的问题，需要认真思考。三是外部环境深刻变化、各种矛盾交织叠加，如何有效应对风险和困难明显增多、不确定性更加突出的问题，需要认真思考。四是随着贵黄、都香高速及贵南铁路加快建设，在“东进西融南拓北联”立体交通网络全面构筑的情况下，如何更好地解决和运用好人流、物流、信息流成果转化的问题，需要认真思考。面对这些问题，我们将始终坚持开放的理念、发展的办法、改革的举措、扎实的作风，迎难而上、负重前行、锐意进取，认真研究加以解决。

二、2019年工作安排

2019年是新中国成立70周年，是决胜全面建成小康社会第一个百年奋斗目标的关键之年，是深入实施“十三五”规划、乡村振兴战略、巩固提升脱贫攻坚工作成效至关重要的一年。今年工作的总体要求是：坚持以习近平新时代中国特色社会主义思想为指导，统筹推进“五位一体”总体布局，协调推进“四个全面”战略布局，坚持稳中求进工作总基调，坚持新发展理念，坚持推动高质量发展，坚持以供给侧结构性改革为主线，坚持深化市场化改革、扩大高水平开放，持续打好防范化解重大风险、精准脱贫、污染防治三大攻坚战，统筹推进稳增长、促改革、调结构、惠民生、防风险工作，进一步提高人民群众的获得感、幸福感、安全感，为全面建成小康社会收官打下坚实基础。

综合考虑高质量发展这一根本要求，主要预期目标是：地区生产总值增长11.5%左右，规模以上工业增加值增长12%；固定资产投资增长15%，产业投资占固定资产投资的比重达40%；社会消费品零售总额增长11%，稳定一般公共预算收入水平，金融机构存贷款余额增长11.5%，城镇、农村常住居民人均可支配收入分别增长9.4%、10.2%，贫困发生率控制在1.56%以下。

围绕上述目标，我们将认真落实、推进县委提出的“管党治党深化年、决战攻坚优胜年、民营经济服务年、实体经济增效年”各项工作任务，坚持统筹兼顾、突出重点，持续抓好以下工作：

（一）决胜脱贫稳定摘帽，在提高脱贫质效上持续发力。始终把脱贫攻坚作为头等大事、第一民生工程，全面巩固提升脱贫成果、提升脱贫质量，确保高质量通过省级评估、国家检查。

打好精准脱贫基础工作巩固提升战。紧紧围绕“一达标，两不愁，三保障”和漏评率、错退率、贫困发生率、群众认可度核心指标，聚焦第三方评估指挥棒，对非贫困户和已脱贫对象是否“返贫”、2018年计划脱贫对象是否“达标”等进行逐户梳理，按照“缺什么补什么”原则精准施策、精准脱贫，确保识贫不漏一户一人、脱贫不错一户一人，基础信息100%精准。打好产业和就业扶贫巩固提升战。对标“八要素”要求，着力发挥产业扶贫的“造血”功能，以21个500亩以上坝区为突破口，大力推广“公司＋合作社＋农户”等好的利益联结机制模式，提高贫困户在产业链、利益链、价值链中的地位和份额。推动老干妈、苗姑娘等龙头企业与合作社、家庭农场、种养大户等经营主体实现紧密连接，形成“利益同享、风险共担”的利益联结机制，确保利益有效联结3年以上。依托“扶贫车间”、公益性岗位、对口帮扶劳务协作等，大力推进就业扶贫。打好政策保障巩固、易地扶贫搬迁后续发展提升战。紧盯“三保障”，全面落实建档立卡农村贫困家庭学生资助政策和“三重医疗保障”制度，做好重病慢性病患者、残疾人、孤寡老人等特殊群体的保障工作，全面消除农村老旧住房透风漏雨现象，确保无一人辍学、无一人因病返贫、无一户住房不达标。把工作重心由搬迁为主向后续扶持和社区管理转移，全面落实“五个三”综合配套政策，切实做好搬迁群众就医、就学、养老等各项工作。打好壮大村级集体经济巩固提升战。深入推进“村社合一”改革，积极创新发展模式，激活农村各种资源要素，通过盘活集体资金、资产、资源等方式，不断增加村级经济积累，充分调动农民群众与村集体抱团发展的积极性，增强村集体在脱贫攻坚中的带动、引领作用。打好农村人居环境整治巩固提升战。排查补齐“组组通”“户户连”“家家到”等基础设施缺漏，实现“组组通”由“农村生产生活路向产业路、发展路、致富路”拓展，“户户连”由“出门不粘泥向规范管理”拓展，“家家到”由“有水吃向稳定长久”拓展，全面实现村村有照明设施、寨寨有通讯网络、户户有安全水电，全县乡村由“环境改善”向“环境提质”转变。用足用好各方扶贫资源。把产业帮扶、人才支持、市场对接、劳务协作、旅游协作、资金支持等作为协作重点，加强与广州市南沙区扶贫协作，推动“携手奔小康行动”向贫困村延伸。继续广泛动员各类社会组织、企业等参与脱贫攻坚工作，不断凝聚各方力量向扶贫一线聚焦。打好基层组织建设巩固提升战，进一步深化“志智双扶”、强化“三抓三讲”，不断激发群众内生动力。

（二）防范化解重大风险，在筑牢安全防线上持续发力。切实增强底线思维、强化风险意识，科学防范、坚决打好重点领域防范化解重大风险攻坚战。

着力防范化解债务风险。围绕深入分析评估风险，认真分析债务规模、投向、成本、可变现资产、综合财力和债务率、偿债率等情况，建立债务管理台账，做到底数翔实、整体可控。围绕“八个一批”，分类制定化债举措、分类明确偿债责任，多渠道争取项目资金、化债资金和展期降息等政策资金支持；坚决避免“短融长投”，谨慎对待“非标产品”，通过“借新换旧”，实施滚动性融资，推进资产证券化、融资项目市场化、债转股等拓宽融资渠道，组织融资到位资金22亿元以上；积极促成PPP化债项目落地；减轻政府偿债压力，做到路径清晰、化债有方。围绕增强偿债能力，加大土地储备力度，制定土地开发三年行动计划，有序推进土地出让，增加土地基金收入；加快盘活闲置资产，及时清理处置老城区公产房屋、土地资产等存量资源；加强国有资产管理运营，推行平台公司实体化运营绩效目标管理制和二级子公司经理年聘制，强化国有资本经营收益上缴和划转力度，做到盘活家底、措施有效。围绕贯彻落实“七严禁”“十个坚决”“七个一律不许”要求，严格执行政府重大投资项目审批报备制度、严格项目建设过程监管，严格控制政府性投资项目成本。按照“满足需求、一定预留、控制成本”的原则，结合地方财政承受能力合理控制投资预算，切实提高政府投资项目精准性、有效性、合理性，有效预防和控制投资风险，做到严控增量、防范有力。着力防范化解金融风险。强化金融监管联动，坚决打击非法集资、金融诈骗等严重干扰金融市场秩序行为。有重点地加强高风险人群、领域的非法集资防范宣传和处置工作，开展互联网金融、校园借贷、P2P网络借贷等新领域风险专项排查整治工作。强化非银行业金融机构监管，加强政策性融资担保公司合规经营引导。着力防范化解安全生产风险。严格落实党政领导干部安全生产责任制，突出抓好煤矿、交通运输、建筑施工、地质灾害等重点领域和重点企业的隐患排查治理。将“面上”排查检查向行业标准、技术规范检查转变。强化人员密集场所公共安全防控，坚决遏制较大及以上安全生产事故。着力防范化解社会矛盾风险。紧盯征地拆迁、环境保护、山林土地水事权属和农民工工资等矛盾多发领域，加大排查化解力度。深入推进领导干部包保责任制落实，建立复杂疑难信访问题会商会审制度。以解决群众合理诉求为出发点和落脚点，注重从源头上化解矛盾，减少赴省进京访。加快推进“雪亮工程”“天网工程”应用，紧扣脱贫攻坚、信访维稳、社会治理、征地拆迁等重点领域和建筑工程、矿产资源、商贸集市等重点行业，持续推进扫黑除恶治乱专项斗争等行动。着力防范化解意识形态领域风险。进一步落实政府系统意识形态工作责任制，全面做好广大群众思想引导、情绪疏导、认识开导工作，积极化解公众情绪、引导公众积极思想、凝聚社会公众认识、汇聚公众力量。注重抓好风险点排查和化解，着力加强重大活动、重大项目舆情分析、研判、预警，着力加强新闻传媒机构、政府网站及网络舆论等管理工作，牢牢掌握意识形态主动权，确保意识形态领域安全。

（三）防治污染严守底线，在建设生态文明上持续发力。坚持生态文明建设六项原则，加快构建生态文化、生态经济、目标责任、生态文明制度、生态安全五大体系，牢牢守好发展和生态两条底线。

持续打好“五场标志性战役”。打好“蓝天保卫”战。认真落实“气十条”，全力推进县城禁燃区、建筑施工扬尘管控、道路交通扬尘治理、城市餐饮油烟治理等工作，扎实开展矿山无尘化生产标准化建设，推行行业单元化管理模式，逐个制定减尘降污方案，确保县城环境空气质量全年达标率100%。打好“碧水保卫”战。认真落实“水十条”，完善河长制信息平台，持续开展非法侵占水域、滩涂、岸线专项整治和清河行动，建立问题台账，健全水质恶化倒查、污染来源追溯机制，开展各类巡河活动100次以上；着力提升污水治理能力，县城全部纳入系统管网，其他黑臭水体全面开展污染源清理和整治，确保县城主要河流和出境断面水质达Ⅲ类以上，保持县城及千人以上集中式饮用水源地水质达标率100%。打好“净土保卫”战。认真落实“土十条”，执行好“占一补一、占优补优、占水田补水田”的耕地占补平衡新政和县内建设项目占用优质耕地实施耕作层剥离再利用机制，严控违法占用基本农田与破坏性采矿行为，持续开展耕地提质改良工程，强化监督，减少农药、化肥使用，不断改善全县耕地质量。打好“固废治理”战。以完善危险废物和固体废物的监管机制为切入点，全面排查整治病危渣库和尾矿库，抓好医疗和汽修行业废弃物收集、储存、转运工作，确保各类危废无害化处置率100%，一般工业固体废物综合利用处置率90%以上。打好“乡村环境综合整治”战。大力巩固和推进农村生活垃圾、生活污水整治整县推进成果，加大城镇和村寨污水处理基础设施建设，完成县城生活污水处理厂三期、昌明工业污水处理厂、云雾和新巴污水处理厂、独木河空岩至水口寺河道治理等项目建设，建成10座以上城镇、农村污水处理设施，城乡垃圾无害化处理率保持在90%以上；全面落实规模畜禽养殖企业污染防治工作，确保养殖废物无害化处置率达100%。大力开展生态系统保护修复。以中央环境保护督察和“回头看”为契机，完善矿山地质环境恢复治理动态监管机制，及时消化废弃矿山治理存量，确保关闭矿山恢复治理率100%；深入实施“美丽黔南林业提质增效三年行动计划”，推行“林长制”，持续推动生态系统保护和修复，完成营造林2万亩，提高森林覆盖率1个百分点以上。全面推进生态文明创建。紧紧围绕37项指标，逐项对照组织推进，确保年底前所有镇基本达到生态文明建设示范乡镇标准、各项县级创建指标基本达到国家生态文明建设示范县指标要求。积极开展节约型机关、绿色学校、绿色社区等创建活动，开通县生态环境问题举报热线，及时回应、及时解决。

（四）做强实体做优经济，在促进提质增效上持续发力。坚持把经济发展着力点放在实体经济上，不断提高供给体系质量。

深入推动工业提质升级。围绕园区、产业、企业三大发展核心，深入推进“千企改造”，加快工业经济扩总量、调结构、促转型、增效益，实现规模工业增加值55亿元。切实强化企业服务。加快新旧动能转换，推动装备制造产业、新型建材产业、特色食品产业、生产性服务业“四业”升级，提高高端化、信息化、绿色化水平，不断增强工业综合实力、核心竞争力和可持续发展能力。改造规模以上工业企业12家，新增规模工业企业20家。深入开展中小企业培育工程，培育“专精特新”中小企业19家。深入加快园区发展。强化昌明经济开发区工业主战场地位，理顺完善改革后人、财、物管理机制，确保形成新的凝聚力和向心力。改造完善园区水电路网等基础设施，健全园区商业及公共服务配套，推动园区实现重点突破，确保新增入园企业20家。深入推进产业大招商。围绕“新型工业产业、现代生态农业、康养文旅产业、城镇建设产业、现代服务产业、物流及大数据产业”等六大产业编制完善项目库，提高项目签约转化率。借助已落地企业、商协会、对口帮扶等平台，加大以商招商、以企招企力度。切实提高招引企业数、签约落地开工数、建成投产数，新增签约项目60个、投产20个以上，力争引进500强企业1家。

实际利用外资3000万美元。深入推进科技创新品牌建设。加大企业技术改造、品牌创建等方面的扶持力度。新增高新技术企业2家、省级科技小巨人企业1家、专利授权30件以上，高新技术产业产值达21亿元，科技进步指数提高到76.5%。建立“县长质量奖”，申报省级品牌产品12件，申报州级及以上“守合同重信用”单位27家。

推动农业提质增效。坚持用工业化理念发展现代农业，更深层次推动农村产业革命，农业增加值增长7%以上。大力调整农业产业结构。调减玉米等低效作物5000亩，划定粮食生产功能区不少于15.2万亩。依托老干妈、中企食用菌、山王果等龙头企业，大力发展刺梨、蔬菜、食用菌等特色种植业，推动黔之冠、海大、光华生态生猪养殖等项目投产达产。建成蔬菜基地60个、种植食用菌4000万棒、畜禽规模养殖基地5个，茶叶、刺梨提质改造分别达2.6万亩、1.2万亩，粮经作物种植比调整为28 ：72。大力发展农村经济。围绕推动乡村产业振兴，有效推进500亩以上坝区产业结构调整，大力发展高效经济作物。培育一批“拳头产品”，扩大“生态蔬菜”等一批特色品牌的影响力，力争茶园无公害认证面积15万亩、有机茶园茶地建设3万亩，创建特色农产品品牌10个，新增“三品一标”品种30项以上，新增州级以上龙头企业10家。新招引农业企业16家，各镇（街）分别招引农业项目10个以上。农产品加工转换率达60%，畜牧业产值占农业总产值比重达26%。大力激活农村发展要素。围绕推进农村集体产权和“三变”改革，不断激活农村资源要素。培育农村新型标准示范型合作组织5个，家庭农场、养殖大户有大幅增长。健全利益联结模式，鼓励“中央厨房”、中企食用菌等企业通过“公司 + 合作社 + 农户”等形式壮大规模，形成主体带配套、上中下游互动的产业链条。

推动服务业提质增效。加快以旅游业、商贸物流业为主的现代服务业发展，三产增加值增长13.2%。提升旅游服务供给水平。坚持用工业化理念推动旅游市场化，深入推进“旅游九大工程”。加快推进阳宝山二期PPP项目、喇亚旅游度假区、相思湾养老养生和世界之巅文化展览中心等项目建设，新增3A级景区1个。加大配套功能建设，重视抓好旅游营销，每季度均谋划开展创意主题活动1次。入境过夜游客和国内过夜游客增长15%以上。提升现代服务业供给水平。加快推进铁路物流基地建设，与贵州（昌明）国际陆港形成联动效应。加快推进重庆初好集团贵定县冷链交易市场开工建设，构建区域型冷链配送中心。大力培育仓储物流企业，新增入规仓储物流企业4家以上。持续加大生活性服务业扶持培育力度，新增入库“四上”企业53家。继续巩固提升全国电子商务进农村综合示范县成果，软件和信息服务业收入、网络零售额均增长35%。提升文化体育供给水平。加快推进公共文化服务体系和体育惠民工程建设，启动县文化馆申报为国家三级文化馆、县图书馆申报为国家二级图书馆和乡镇图书馆分馆数字平台建设，建成县级老年体育活动中心。支持发展文化创意产业，大力挖掘和培育生态文化、民族文化、乡土文化、美德文化，融合丰富旅游产品，新增文化旅游类规模企业8家以上，文化产业占GDP比重达5%。

推动民营经济提质增效。深入实施民营经济发展“六大专项行动”，新增市场主体4000户。民营经济增加值达60亿元，占GDP比重达58%。开展政策落实专项行动。认真贯彻落实省委、省政府“1+6”政策文件，不折不扣落实国家税务总局26条、国家知识产权局10条、省检察院46条等政策，同步调整完善县鼓励扶持民营经济发展政策体系。开展金融服务专项行动。继续用好“银政通”“工程贷”等创新于贵定的金融产品和“贵工贷”“贵园信贷通”“金融进园区作推介”等其他产品和服务方式，着力提高金融服务实体经济的意愿和能力，解决民营企业融资难融资贵问题。指导帮助实现2家以上企业挂牌。开展降本减负专项行动。全面落实好降低企业成本政策措施，持续降低企业税费、用电、物流等成本，对标落实一般工商业电价降价10%的政策。开展扩大民间投资专项行动。建立民间资本推介项目工作机制，谋划发布一批重大民间投资项目工程包，规范有序推动PPP项目落地，实施44个重点民间投资项目，确保民间投资占固定资产投资50%以上。开展营商环境整治专项行动。全面落实降低融资成本、推进降本减负、保障准入公平、扶持创新转型等职能职责，为企业纾难解困。将企业和群众办理的高频事项、热点事项“集成套餐服务”，“一窗受理、内部流转、一窗发证”全面覆盖到各镇（街）政务服务中心。持续推进“五减五砍”政务服务改革，继续落实“三集中三到位”改革要求，不断优化审批事项及公共服务事项办事流程。坚持信守承诺，处理好历史遗留问题，畅通民营企业维权通道，探索推行工业企业律师挂牌服务等机制，着力营造良好的政务、法治和社会环境。开展领导干部联系服务企业专项行动。深入开展民营企业大走访，继续推行政府常务会议研究解决企业问题“直通车”等制度，围绕手续办理、要素供给、融资服务、权证办理、企业用工、权益保护、企业技改、市场营销、落户及子女入学、货物运输、治安环境、政治待遇、经常性服务等13个方面，尽心竭力为民营企业创造良好环境、担当负责为民营企业解决问题、理直气壮为民营企业撑腰鼓劲，构建“亲、清”新型政商关系，以“优质服务”让贵定发展环境“更有温度”。

（五）扩大投资做好保障，在夯实发展基础上持续发力。充分发挥有效投资对优化供给结构的关键性作用、政府投资引导带动作用，在防风险的前提下加快建设一批确有必要、关系国计民生的重点项目。

强化项目建设和管理水平。围绕“脱贫攻坚和实体经济配套项目要保、社会投资项目要快、政府投资项目要控”的原则，抓实项目谋划包装，加强项目前期论证，切实提升项目管理水平。实施省州县重点项目63个，年度计划投资42.85亿元。按照债务管理“七个一律”，健全完善规范政府投资项目报批管理和决策机制。服务好过境高速公路、铁路项目建设。加快推进新民水库、河山墩水库、江边窑水电站等项目建设，全面实现“乡乡有稳定供水水源”目标。持续提高通讯宽带覆盖面，建设4G基站307个、宽带传输线路800公里，新增230个30户以上自然村4G网络覆盖。推进电网升级改造，新改建10千伏线路112公里、低压线路234公里，着力解决供电受限问题。强化项目谋划和争取力度。抢抓国家、省基础设施领域补短板机遇，紧盯脱贫攻坚“三大攻坚工程”、经济转型“三大升级工程”、基础设施补短板“三大提升工程”、民生共享发展“三大惠民工程”、政策平台载体“三大合力行动”等新领域投资重点和方向，谋划储备三年滚动计划项目300个以上。向上争取落实政府性各类投资12.8亿元以上，实现5000万元以上入库项目40个以上。争取贵阳东二环盘江冒沙井至龙里县城、至贵定县城县际快速干道尽早启动前期工作；加快县城至新巴接贵黄高速公路快速干道建设，尽早打开贵定“北大门”。强化项目建设用地保障。制定土地开发三年行动计划，全力推进土地收储和存量盘活，出台城乡建设用地增减挂钩项目建设和县镇（街）村三级收入分成方案，新增耕地指标4000亩（其中，水田2500亩）、增减挂钩指标4000亩、建设用地指标2000亩，全力保障工业、物流等重大项目和重点招商引资项目用地。

（六）城镇提质乡村振兴，在推动协调发展上持续发力。统筹推动城乡融合发展、镇村联动，落实“城市双修”要求，促进协调、协同发展。

加快县城功能提质升级。加快实施城市提质三年行动计划，分步抓好荷花片区、西门桥片区、关外街片区、杨柳片区等区域棚改扫尾工作，征收棚户区改造房屋10万方以上，抓好安置房项目及配套市政基础设施建设。着力整治管线乱象，在增绿、增亮、增彩上下功夫，提升城市品质。加快推进杨柳大道、碧桂园、东门鑫都二期、美联商贸城二期、江南黔园二期、德能渝贵佳苑、伯爵新贵华庭、金南伯爵酒店综合体、盘江蓝城桃李春风等项目建设。加快山地特色新型城镇化建设。围绕小城镇规划、建设、管理三大重点工作，巩固昌明、盘江示范小城镇建设成果。围绕补齐小城镇基础设施和公共服务设施建设短板，建成“8+X”项目60个以上，基本完成云雾、沿山“8+X”项目，尽早启动德新、新巴小城镇建设，城镇化率达53%，小城镇集中供水普及率达95%。大力实施乡村振兴战略。围绕推动乡村基础设施便利化、易地扶贫搬迁人口市民化、乡村产业规模化和公共服务均等化，着力提升农村基础设施建设和公共服务水平，建设一批“10+N”项目。深入推进农村人居环境三年行动计划，每个镇（街）打造1个村貌美、生态优、产业强、乡风好的示范新农村。序时推进“厕所革命”三年行动计划，行政村公共厕所普及率达75%。

（七）补齐短板做优长板，在提高幸福指数上持续发力。进一步健全基本公共服务和社会治理体系，不断补齐公共服务供给短板，切实把高质量发展落脚到满足人民日益增长的美好生活需要上。

坚持教育优先发展。切实践行“办好教育是给全县人民发最好福利”的理念，教育“四大提升工程”“四项行动计划”的实施和推动要更具体、更翔实、更全面。深化教育综合改革，进一步强化校长引领作用，激发教师主体活力，优化教育教学管理，着力提升办学质量。扎实落实学前教育“三年行动”；启动全国义务教育优质均衡发展县创建行动，稳步推进城乡义务教育一体化发展，抓好控辍保学，稳步提高入学率和巩固率，中考质量排全州前5位；启动高中教育新一轮质量提升行动，确保高考成绩有质的提升，一本、二本上线率排全州前5位，名牌学校录取人数提高10%以上；实施职业教育富民兴县行动，推进校企合作、产教融合。培养州级骨干教师60名，申报省级特色示范性高中和示范性特殊学校各1所。推进健康贵定建设。深入践行“抓好卫生事业是给全县人民送最长久健康”的理念，全面加强县级公立医院和乡镇卫生院服务能力建设。稳步推进县级公立医院综合改革，优化各级医疗机构功能定位，完成医疗集团组建并正式运行，构建优质高效分级诊疗格局，促进城乡医疗卫生服务资源共享，实现县域内就诊率达90%、基层首诊率达60%以上。进一步加强基层医疗卫生服务、疾病预防控制和卫生应急体系建设，提高公共卫生服务水平。农业人口新农合参合率达100%。扎实抓好卫生创建活动，创建国家卫生乡镇2个、卫生村15个，引进民营医疗机构1家。认真落实“四个最严”，切实加强食品药品安全监管。稳定提升居民收入水平。认真践行“抓好就业是给全县人民提供最稳定收入”的理念，把稳定就业放在更加突出的位置，确保工资、教育、社保等基本民生支出，促进技能人才、新型职业农民等重点群体增收，完善大学生就业扶持政策，抓好劳动力培训和转移就业，城镇新增就业8000人以上，城镇登记失业率控制在4.2%以内。完善社会保障体系。努力践行“抓好社会保障是给全县人民兑现最有效兜底”的理念，深入实施全民参保计划，持续加强社会保险扩面征缴，稳定基本养老保险、医疗保险覆盖率；加快推进残疾人康复中心项目建设，农村生活不能自理特困人员供养率达到35%；进一步织牢民政保障兜底网，推进社会救助平台建设。高质量完成第十一届村民委员会换届工作；大力倡导简约适当的婚俗礼仪，稳步推进殡葬改革第四阶段工作。

（八）深化改革扩大开放，在增添发展动能上持续发力。持续深化重点领域改革，着力打造政策好、成本低、服务优的发展环境，释放发展动能。

全面完成政府机构改革工作。以推进政府职能机构优化协同高效为着力点，改革机构设置，优化部门职能配置，实现权责、职能全面重组。科学制定各单位“三定方案”，合理核定人员编制、内部职责职能，着力构建系统完备、科学规范、运行高效的机构职能体系，推动制度机制再建。重新调整完善镇（街）内设机构及下属事业单位，完善镇（街）运行机制，增强社区服务能力，推动理念思路、方式方法创新。持续扩大“放管服”改革。深化农业、工业、旅游、房地产和金融五个专项领域供给侧改革，落实“三去一降一补”任务。继续围绕“五减五砍”深化“最多跑一次”改革，持续做好业务流程再造，逐项制定事项审批和办理的规则标准，企业开办时间压缩至3个工作日以内，工程建设项目审批和不动产登记办理时间均压缩至5个工作日以内。全面建立“一网通办、一窗通办、同城通办、就近办理、全天办理”的服务审批模式，除对场地有特殊要求的事项外，县、镇（街）政务服务事项要100%进驻实体政务大厅，县级政务服务网上可办率达到80%。全面推进“前台综合受理、后台分类审批、综合窗口出件”，“一窗”分类受理事项要达到70%以上，真正转变“群众跑”为“政府跑”。抓好重点领域改革。以提高质量、促进公平、增强活力为目标，以健全“管、办、评”机制、优化资源配置、强化队伍建设等为重点，全面推进教育领域综合改革。以构建“服务共同、责任共同、利益共同、管理共同”的县域医疗集团为目标，全面推进集团化办医体制改革。围绕建立景区“共建、共治、共享”长效机制，深化旅游景区管理改革。着力优化配置农村资源，构建归属清晰、权能完整、流转顺畅、保护严格的农村集体产权制度，全面推进农村集体产权制度改革，激发乡村振兴内在活力。加快推进水源地管理体制改革，年内完成供水环节监管从政府自建自管到企业建设、管理转变。深化交通运输综合行政执法改革和多样化道路养护改革，建立“建、管、养、运”长效管护机制。深化文化、统计、科技、司法等领域改革。

三、加强政府自身建设

各位代表，新的一年要展现新气象、新面貌，新的任务要体现新作为、新成绩。我们将持之以恒加强政府自身建设，推动政府职能转变，不断提升履职水平。

（一）全面加强政治建设。深学笃用习近平新时代中国特色社会主义思想，把政治建设摆在更加突出位置，持续抓好“两学一做”学习教育常态化、制度化，深入开展“不忘初心、感恩奋进”主题教育，切实树牢“四个意识”、不断增强“四个自信”，坚决维护习近平同志在党中央的核心、全党的核心地位，坚决维护党中央权威和集中统一领导，坚决贯彻党中央方针政策，坚决落实省、州和县委决策部署，确保政府工作沿着正确政治方向前行。

（二）全面加强从严治党。认真履行全面从严治党主体责任和“一岗双责”。严格遵守《中国共产党章程》，严格执行《中国共产党廉洁自律准则》《中国共产党纪律处分条例》，落实双重组织生活制度。坚决防止权力商品化，强化监督执纪问责，驰而不息整治“四风”，让干部知敬畏、存戒惧、守底线。强化重点领域、关键环节和要害岗位监管，不断完善土地出让、财政资金支出、工程项目招投标、公共资源交易等领域制度，加强审计监督和审计发现问题的整改工作，随审覆盖率达 30% 以上，县级审计发现问题整改率达 100%。

（三）全面推动依法行政。加快建设法治政府，把政府活动全面纳入法治轨道。依法接受县人大及其常委会的监督，自觉接受县政协的民主监督，认真听取人大代表、政协委员意见，民主党派、工商联、无党派人士及各人民团体意见，主动接受社会和舆论监督。坚持科学、民主、依法决策，执行好“三重一大”议事决策制度。推行行政执法公示制度、执法全过程记录制度和重大执法决定法制审核制度“三项制度”，紧扣程序意识、证据意识和出庭应诉意识三大关键环节，推进行政执法透明、规范、合法、公正。建立公益诉讼联席会议制度，加强与“两院”的沟通协作，行政执法部门及其执法人员均要自觉接受执法监督。推行政府法律顾问制度和组建政府法律人才库、一村一居法律顾问相结合的工作模式，实现民生问题与法律资源相匹配，解决法律保障和监督的问题。

（四）全面优化作风效能。健全机构改革后相关工作机制和管理制度，形成职责明确、依法行政的政府治理体系。不断增强学习本领、政治领导本领、改革创新本领、科学发展本领、依法执政本领、群众工作本领、狠抓落实本领和驾驭风险本领，打造高效服务型政府。对改革发展中的各种矛盾困难、对人民群众关切的重大问题，敢于知难而进、迎难而上、破难而行，做到“民有所呼、我有所应”，切实增强政府公信力。

各位代表，拼搏的过程最艰辛，奋斗的人生更幸福。面对新的征程、新的坐标、新的使命，让我们更加紧密地团结在以习近平同志为核心的党中央周围，在县委的坚强领导下，以坚如磐石的信心、以只争朝夕的劲头、以坚韧不拔的毅力，奋力决胜脱贫攻坚战优质优胜，奋力推动经济社会高质量发展，以更加优异的成绩献礼新中国成立 70 周年！

福泉市政府工作报告

（2019年2月24日在福泉市第六届人民代表大会第三次会议上）

福泉市委副书记、代理市长 曾薇

各位代表：

现在，我代表市人民政府向大会报告工作，请予审议，并请市政协委员和其他列席人员提出宝贵意见。

一、2018年工作回顾

2018年，是我市经济社会发展面临严峻挑战的一年，面对经济下行压力增大、风险隐患交汇的多重考验，在州委、州政府和市委的坚强领导下，在市人大、市政协的监督支持下，我们始终坚持以习近平新时代中国特色社会主义思想为指导，深入学习贯彻党的十九大精神和习近平总书记在贵州省代表团重要讲话精神，认真贯彻落实中央、省、州和市委各项决策部署，统筹推进"五位一体"总体布局，协调推进"四个全面"战略布局，树牢"四个意识"、坚定"四个自信"，坚决做到"两个维护"，以脱贫攻坚统揽经济社会发展全局，立足建设"黔中转型升级示范区"发展定位和"五个福泉"战略目标，深入实施"十大战略行动"，着力推进"两基地一中心一名城"建设，团结带领全市人民，牢固树立新理念，主动适应新时代、积极应对新形势，有效化解新矛盾，圆满完成全年目标任务，经济社会发展取得了显著成效。

——跻身全省综合测评县域第一方阵十强。地区生产总值完成176.16亿元、同比增长12.6%，增速位居全州第二；其中，一产完成16.34亿元、同比增长7%，二产完成79.19亿元、同比增长11.7%，三产完成80.63亿元、同比增长14.7%；2018年全省增比进位综合测评位列县域第一方阵第六，较2017年上升6个位次，荣膺"2018中国西部百强县（市）"称号。

——发展的高质量初步显现。税收收入占一般公共预算收入比重达68.35%，位居全州第四，同比上升9个位次；民间投资、产业投资、工业投资占固定资产投资的比重分别达46%、51%、39%，比上年分别提高9、14、19个百分点；商品房待售量比2017年下降63.55%；规模工业产销率达99.55%，发展质量、效率明显提升。

——乡村的人居环境变化喜人。投入3.6亿元实施"五改五化"工程，惠及5.3万户、20.59万人，乡村面貌焕然一新。

——生活的美好目标更近一步。减少建档立卡贫困人口1.4万人，贫困发生率从7.16%降至1.85%以下，香坪、安谷等13个贫困村全部出列，实现贫困村"清零"。城乡常住居民人均可支配收入分别为32050元、11058元，同比分别增长9.4%、9.8%，距人民群众向往的美好生活目标越来越近。

一年艰辛，"三大攻坚"尽锐出战，全面小康基础夯实。精准脱贫攻坚战取得决定性胜利。围绕60个村、1.5万户、5.2万贫困人口，紧盯"一达标，两不愁，三保障"核心指标，补齐短板，投入5.72亿元建设乐岗新区安置点，建成城南、牛场、道坪3个易地扶贫搬迁安置点，安置1252户、5068人。投入3.66亿元建成农村"组组通"公路284条、496.85公里，实现30户以上自然村寨100%通硬化路。投入4700万元建成农村饮水安全工程11处，实现3万农村人口安全饮水。投入2518.4万元建成扶贫项目44个，覆盖带动贫困人口4.8万人。补助建档立卡贫困人口医疗费3751.11万元，发放教育扶贫资金1561.2万元。以"五引导五教育"为抓手，深入推进"志智双扶·感恩奋进”思想扶贫，全面激发贫困群众内生动力。仙桥乡党委书记杨时江同志作为贵州省脱贫攻坚一线代表参加“全国打好精准脱贫攻坚座谈会”，得到习近平总书记亲切关怀。污染防治攻坚战取得阶段性成果。全力整改中央和省委环保督察反馈问题40个，投入2.5亿元升级改造工业气相设施15套，空气质量优良率达97.7%。投入1.25亿元完成金山、马场坪污水处理厂升级改造，启动陆坪、仙桥等3座污水处理厂建设，城镇污水处理率达92.5%。完成瓮福发财洞废水治理等项目13个，重安江出境断面水质持续稳定达标，县城以上集中式饮用水源水质达标率100%。完成营造林、退耕还林、矿山复垦复绿12.76万亩，治理水土流失16平方公里，森林覆盖率达60.39%，高于全省平均水平。风险防范攻坚战实现良好开局。集中开展金融机构摸底排查、电子商务平台清理整顿工作，清退贵州“汇信行”非法吸收公众存款涉案资金109万元。置换存量债务1.62亿元，综合债务率控制在80%以内，金融机构存款余额增速扭负为正。湘福商贸城、百乐创富等闲置项目全面盘活。

一年拼搏，产业转型提质增效，结构调整趋优向好。经济增长有新支撑。招引签约产业项目151个，投资额达254.84亿元，中国民营经济500强海螺投资公司垃圾焚烧发电项目落地福泉。72个省州重点项目累计完成投资198亿元，位列全州第一。21个中央预算内投资项目获支持资金3.53亿元，同比增长137.2%。工业转型有新突破。实施电厂超低排放、温氏饲料加工等企业改造75户，2018年省“千企改造”工程龙头企业和高成长性企业入围数居全州第一。成功引进上海道邦、深州嘉信等15个重点工业项目，川恒二水改半水、越都异地技改等19个项目建成投产，工业投资增速位列全州第一。规模工业企业增至141家，产值达245亿元。投入3200万元设立磷石膏资源综合利用专项资金，推进新型磷石膏建材产业园建设，成功举办中国磷石膏综合利用技术研讨会，磷石膏利用企业增至11家，利用率达79%。农业发展有新优势。调减低效农作物种植9.29万亩，改种中药材、精品果蔬等高效经济农作物8.62万亩，粮经比优化为34∶66。温氏贵州总部建成投运，全市无公害饲料年产量突破30万吨。生猪年出栏达45万头，跃升为全省生猪调出大县。万盛冷链、“云农优品”等项目建成运营，带动全市农产品销售2万余吨。成功打造“福农宝”“贵农网”农商旅一体化电商平台，网络零售额同比增长76.6%。农林牧渔业增加值完成16.6亿元，同比增长7%，位居全州第一。三产推进有新增长。投入5.39亿元建成平越军民府、茅以升旧居等旅游提质扩容项目5个，黄丝江边景区入选全省20个乡村旅游基地。聚集4A级运输企业1家、规模以上物流企业11家，优化布局电子商务服务站点131个，福泉物流园区连续两年获评“全国优秀物流园区”，再次获评“国家外贸转型升级基地”。

一年奋进，城乡统筹协调发展，人居环境持续改善。城镇品质更优化。绿城时代、平越古城等中高端商住区相继启动，香林美域、洒金河畔等楼盘陆续交房，墨香书院、洒金公园等市政项目建成投用，建成区面积拓展至17.4平方公里，常住人口城镇化率达56.63%。投入2200万元推进乡镇旧住宅区综合整治、基础设施建设等项目28个，牛场镇获评“全省小城镇建设工作先进单位”。城乡环境更宜居。改造泉东、泉北等农贸市场3个，新增停车位2597个，城市建成区绿化覆盖率37.89%，获“全国文明城市”创建提名资格，获“国家卫生城市”创建准入资格。完成老旧住房透风漏雨整治1239户、农村“危改”876户、小康房建设343户。城乡联结更紧密。瓮马铁路、龙仙公路等项目有序推进，双拥大道建成通车，改造国省道、县乡道、撤并建制村硬化路612.8公里，客运总站、公交枢纽站投入运营，城乡公交一体化有序铺开。凤山、力刀、全家湾等7座骨干水源工程推进有力。

一年勤勉，民生福祉共建共享，生活质量显著提升。社会事业不断发展。投入3.8亿元，实施特殊教育学校、泉飞幼儿园等60所校舍改扩建工程，财政支出835.57万元用于免除5071名高中学生学费，宏福实验学校获教育部授予“2018年中小学国防教育示范校”。投入2940万元实施县级公立医院“5+2”重点学科、乡镇卫生院特色专科等医疗卫生服务建设，实现远程医疗全覆盖。市一医搬迁启用，获国家级“胸痛中心”授牌。聘任贵医附院外科主任、留美博士后左石同志为市一医名誉院长，让福泉人在家门口就能享受到省级专家的医疗服务。社会保障逐步健全。城市、农村低保提高至每人每年7632元、3936元，发放城乡低保金5012万元。投入1282万元建成救灾物资储备库、未成年人救助保护中心等民生项目，在全省率先推进儿童之家延伸至村组。城乡居民基本养老保险参保覆盖面达93%以上。城镇新增就业8210人。“市—乡—村”三级退役军人服务机构成功组建，国防教育馆开馆，“全国双拥模范城”九连冠创建推进有力。社会治理成效显著。矛盾纠纷多元化解福泉“112”模式下沉至村组、延伸至楼栋，全年调处矛盾纠纷3429件，调处成功率达96.15%，马场坪黄丝村获评“全国民主法治示范村”。实施“扫黑除恶”“整肃毒害”等专项行动，依法扫除“4·23”“10·19”案等涉黑涉恶团伙。抓实危化、煤矿等重点行业领域安全管理，推进政务110平台、天网及雪亮工程建设，社会持续安定和谐有序。

一年探索，改革开放持续深化，发展活力不断激发。深化改革触及末端。统筹推进经济、生态等7个领域30项改革，综合行政执法、生态殡葬等国家级改革试点稳步推进，“三下沉、三整合、三融合”基层治理新机制获国家民政部主要领导调研肯定。公立医院改革取得新突破，福泉成为“全国公立医院示范县”。减负便民改革步伐加快，减免税8.2亿元。技术创新触及尖端。新增高新技术企业3家，获省州科技项目9项，瓮福集团获贵州省省长质量奖，瓮福、兰鑫石墨等企业专利成为磷化工行业重点技术，保利食品获评国家级“泉康元·星创天地”，综合科技水平指数首次位列全省第一。开放合作触及高端。与国务院发展研究中心达成战略合作协议。建成广州海珠区销售中心。西南交通大学附属福泉中学成功挂牌。农业种植技术跨国引进，黄丝江边以色列智能温室大棚投入使用。发起首届“中国福”城市文化交流活动，获中国福文化之乡、中国福文化研究基地称号。承办国际自行车节等各类节庆赛事活动80余次，古城福泉声名远扬。

一年秉承，履职尽责依法依规，政府政务阳光有序。我们忠诚于党，坚决贯彻全面从严治党的战略部署，主动接受中央、省、州巡视巡察，反馈问题照单全收，全面整改。我们忠于法律，坚持依法行政，法律顾问制度获全州推广。强化复议、应诉，行政诉讼胜诉率达91%。我们忠于人民，依法接受人大的法律监督、工作监督，自觉接受政协的民主监督，主动接受社会监督、舆论监督和其他各方的监督，办理人大代表建议95件、政协提案119件，沟通、答复率均达100%。公共资源、供销合作、外事侨务、人民防空、工会、妇女儿童、青年、老龄、残疾人、档案、保密、气象等各项事业取得新成绩，为全市经济社会发展作出了积极贡献。

各位代表，单丝不成线，孤木不成林。我们所做的每一项工作、取得的每一点成绩、赢得的每一次掌声，无不体现着上级党委、政府和市委的坚强领导，倾注着人大、政协的鼎力支持，饱含着代表、委员的关心拥护，凝聚着全市各族群众和各方人士的奋勇拼搏，积淀着商贾贤达的信任投入。谨此，我代表市人民政府，向人大代表、政协委员，向工商联、无党派人士、人民团体和各界人士，向驻泉武警、消防救援队伍和人民警察，向一直以来关心、支持、帮助福泉经济社会发展的社会各界朋友们，表示诚挚的感谢和崇高的敬意！

各位代表，成绩属于全市人民群众，归功于全体干部职工。作为人民政府、政府机构各人员，我们应冷静思考、清醒看到，对照党的十九大精神和省、州“两会”要求，全市经济社会在高质量发展中面临着“四重压力”，主要体现在：自然风光、历史人文等资源小、散、杂，“黔中古郡·大道福泉”品牌效应尚未发挥，优势资源整合面临较大压力。政府债务、刚性支出较大，财政收入增长乏力，信访维稳形势严峻，安全生产监管点多面广，风险隐患化解面临较大压力。贫困群众发展动力弱，产业带动缓慢，效益发挥面窄，脱贫短板还未全面补齐，脱贫攻坚决胜面临较大压力。磷化工企业“以渣定产”目标任重道远，污染治理成本高、技术攻坚难、循环利用率低，生态红利释放面临较大压力。压力催生动力，困局终须破局。我们将坚持问题导向，以抓铁有痕的姿态、踏石留印的劲头，不回避、不惧怕，坚守初心、坚定前行，开辟新路径、趟出新路子、迈上新征程。

二、2019年工作目标任务

2019年是新中国成立70周年，是深入学习、贯彻习近平新时代中国特色社会主义思想和党的十九大精神及实施“十三五”规划重要之年，是巩固脱贫成效、决胜全面建成小康社会关键之年，是建设都凯安区域中心的起步之年，做好全年工作，意义非同寻常。我们要以非同一般的作风、非同一般的本领、非同一般的干劲，把短板变跳板、把危机变战机，绵绵用力、久久为功，全力推动经济社会高质量发展。

今年政府工作的总体考虑是：始终坚持以习近平新时代中国特色社会主义思想为指导，全面贯彻党的十九大和十九届二中、三中全会精神，深入贯彻落实习近平总书记对贵州工作重要指示精神，牢记嘱托，感恩奋进，在市委的坚强领导下，认真落实中央和省、州、市经济工作会及省、州“两会”精神，统筹推进“五位一体”总体布局，协调推进“四个全面”战略布局，树牢“四个意识”、坚定“四个自信”、践行“两个维护”，坚持稳中求进工作总基调和新发展理念，围绕都凯安区域中心建设目标，守好发展和生态两条底线，以供给侧结构性改革为主线，以高质量发展为中心，以发展实体经济为重点，以振兴乡村为抓手，持续打好“三大攻坚战”，紧盯“五个福泉”战略目标，统筹推进稳增长、促改革、调结构、惠民生、防风险各项工作，进一步做好稳就业、稳金融、稳外贸、稳外资、稳投资、稳预期工作，提振市场信心，保持全市经济平稳运行在合理区间，社会大局稳定在方寸之间。以优异成绩庆祝中华人民共和国成立70周年。

按照上述总体要求，综合考虑发展实际，今年经济社会发展的主要预期目标是：经济增长目标：地区生产总值增长11.5%左右，其中，一二三产业分别增长7%、11%、12.8%；一般公共预算收入增长6.3%，规模以上工业增加值增长11.5%，固定资产投资增长15.5%左右，社会消费品零售总额增长11%左右。脱贫攻坚目标：减少农村贫困人口4000人以上，贫困发生率降至0.3%以下。高质量发展目标：综合科技水平指数在全省县域经济第一方阵保持第一，常住人口城镇化率提高到57%以上，空气质量优良率力争达98%以上，森林覆盖率提高到61%以上。民生保障目标：城镇新增就业8400人左右，城镇、农村居民人均可支配收入分别增长9%、12%左右。

围绕发展取向、目标导向，紧扣市委提出的“五个建设年”，我们满怀信心、敦本务实、只争朝夕，抓重点、攻难点、消痛点、出亮点，以点的突破带动全市改革开放、经济社会各项事业高质量发展。今年，我们将重点实施“九大行动”：

（一）推进“脱贫巩固行动”，突出强农惠农，开启发展新征程。始终坚持以脱贫攻坚统揽经济社会发展全局，紧紧围绕“一达标，两不愁，三保障”要求，持续打好“四场硬仗”，巩固脱贫成果，夯实乡村振兴基础，实现脱贫攻坚高质量推进。

扎实推进农村产业革命。对照产业发展“八要素”，全力推进“1+N”农业产业发展模式。加快推进温氏、大北农等生猪养殖规模化、绿色化发展，完善生猪养殖全产业链，着力做大福泉生猪品牌，力争生猪年出栏达60万头，实现畜牧业增加值达4.5亿元以上。以20个500亩以上坝区为重点，大力发展蔬菜、中药材、茶叶、精品水果等特色经济产业，辐射带动坝区周边产业发展，完成蔬菜种植面积22万亩以上，中药材种植面积达3万亩以上，标准化果园扩展至8万亩以上，高标准改造茶园1万亩以上。加快推进以陆坪罗坳、凤山羊老、牛场水源和马龙井为核心的5000亩优质蔬菜基地建设，大力发展以大福姜为主的精品果蔬产业。全面推行“双公司+合作社+农户”模式，充分发挥龙头公司带动作用，推动农业产业组织化、专业化、现代化发展，农产品加工率突破50%。用好中农城投、广州江楠等企业市场营销网络，畅通农产品销售“广州通道”，创建“全国农产品质量安全示范县”，积极开展农产品“三品一标”产地认证，壮大“福”系列农产品品牌。强化非洲猪瘟、禽流感等疫病防控，加快推进朗坤年处理20万吨病死畜禽无害化处理项目建设。进一步完善农业保险制度，提高农业产业抗风险能力，实现农业增加值达17.77亿元以上。持续打好易地扶贫搬迁后续发展硬仗。加快推进乐岗新区安置点建设，完成1325户5955人搬迁入住，带动2062名建档立卡贫困人口搬迁脱贫，有序推进2017年旧房拆除项目复垦复绿达60%以上。围绕“就业有需求、岗位有保障”目标，为搬迁群众提供就业岗位1500个以上。全面落实“五个三”后续扶持机制，保障搬迁对象就近入学、便利就医。全面推行“五新社区”易地扶贫搬迁新型社区治理模式，实现搬迁入住零成本、公共服务零距离、后续生活有保障。持续做好基础设施和“三保障”工作。大力推进凤山水库建设，完成高车水库省级验收及官阳冲、土库槽、瓮偿3座水库下闸蓄水，加快推动酒金桥水厂二期日供水5万吨项目建成投运，增强20万人饮水保障能力。完成农村老旧住房透风漏雨专项治理1500户。投入6900万元完成县乡道改造24.9公里，安全生命防护工程处置隐患28.9公里，改造危桥2座。全面落实教育扶贫资助政策，精准落实基本医疗保险、大病保险、医疗救助政策。以脱贫成果夯实乡村振兴基础。聚焦农业发展、农村治理、村庄整治、农民教育、城市特困人口救助，加强脱贫攻坚与乡村振兴统筹衔接，深入推进农村产权制度和“三变”改革，完成农村集体资产清产核资，壮大新型农村集体经济。深化集团帮扶和“321”结对帮扶机制，对13285户47107名已脱贫人口坚持政策不变、力度不减、责任不松，统筹扶贫资金、社会力量，着力提升贫困群众“造血”能力，坚决杜绝返贫现象。坚持“志智双扶·感恩奋进”思想扶贫，纵深推进“五引导五教育”，持续深化“三下沉三整合三融合”农村基层治理模式，广泛推行“三组两榜一规一训”村寨管理经验，不断加强文化保护传承，移风易俗，推进乡村治理由“三治”结合向“三治”

融合转变。培育一批爱农业、懂技术、会经营的新型职业农民1800人以上，为巩固脱贫成效，实现乡村振兴提供人力支撑。

（二）推进“风险防范行动”，优化经济运行，抢占发展新高地。始终坚持用发展的理念解决发展中出现的风险，坚持底线思维、增强忧患意识，不断优化经济运行，守牢重大风险防控底线，高质量化解债务，防范金融风险。

防控债务风险，强化金融支撑。严格落实政府性债务管理“七严禁”“1+8”债务管理政策，建立健全政府性债务管理、风险防控机制，动态加强金融领域风险监测与防范，深入开展跟风违约、恶意逃避债务等专项治理行动，重点整治违规金融业务交易、涉众型经济犯罪等严重干扰金融秩序行为，加大不良贷款处置力度，维护良好金融秩序。加快推进兴泉集团实体化、市场化转型，不断优化福润、润泉集团资源配置，大力支持福润集团推进上市（挂牌）前期准备工作，全面提升市属国有企业综合发展实力，有效盘活各类资金、资产和资源，多渠道化解政府债务，守住不发生重大风险底线。持续实施“引金入泉”工程，积极吸纳民间资本参与基础设施投资建设。坚持创新发展与风险防范统筹，进一步优化金融服务实体经济环境，积极争取地方政府专项债券、企业债券、绿色债券等政策，用活“绿色产业基金”“贵园信贷通”等金融产品，探索设立续贷周转资金池，实现信贷投放净增2亿元以上。培育新财源，调优新结构。积极涵养和培植财源，聚焦实体经济，瞄准珠三角、长三角、成渝等重点经济区域，围绕“五大新兴产业”，深入实施工业、农业、文旅等产业延链、补链、强链招商。做大财政收入总量、提升质量，瞄准乡村振兴、生态文明、基础设施补短板等领域再谋划、再储备一批重大项目，实施重大项目269个，年度计划投资155亿元。优化产业结构，形成多点支撑、多业并举、多元发展的产业格局，确保税收占财政收入比重68%以上，税收收入占一般公共预算收入的比重保持在68%左右。保障发展要素，增强发展承载力。完成第三次全国国土调查，启动实施中心城区和牛场集镇中心区2000坐标1：500地形图测量工作，开展农村集体建设用地、宅基地（房屋）确权登记颁证工作，推进集体经营性建设用地入市、宅基地“三权”分置工作。用好用活土地开发占补平衡指标和增减挂钩指标，开展批而未供、供而未用、欠缴土地出让金和闲置土地清理行动，清理“僵尸”企业50个以上，力争实现土地利用率达85%以上。全面落实人才保障政策，注重重点行业、重点领域和战略新兴产业人才招引培养，鼓励人才创新创业，新增引进高层次技术人才70人以上。落实好综合治税管费措施，加大土地出让收益、国有资产出让收入征缴力度，增强财政统筹保障能力。全面实施预算绩效管理，优化支出结构，保障脱贫攻坚、乡村振兴、民生工程等领域支出。全面落实减税降费政策，优化财政性资金支出结构，实现降税额达9.5亿元以上。

（三）推进“工业升级行动”，加快转型步伐，培育发展新支撑。始终坚持以供给侧结构性改革为主线，牢固树立“工业兴则福泉兴、工业强则福泉强”意识，牢牢抓住工业发展的主导作用，振兴实体经济，破解转型发展难题，加快质量、效率、动力三项变革，推动工业经济高质量发展。

区域化加快园区建设。以园区“三化三分离”改革为抓手，深度推进“区企合一”，不断提升园区造血功能。以经开区为中心，优化调整园区产业发展规划，加快建设马场坪园区、龙昌园区、双龙园区、罗尾塘园区，逐步形成“一区四园”的发展格局。围绕马场坪园区高新技术产业和资源循环综合利用基地建设，推进磷石膏新型建材、装配式建筑等项目建设；围绕龙昌园区特色产业基地建设，重点支持特色农产品、生物医药等项目发展；围绕牛场双龙园区服务带动型工业基地建设，重点支持“钛—磷—硫”全资源循环等项目发展；围绕罗尾塘园区重化工北移基地建设，加快推进川恒矿化一体、川东化工、星河危废处理等项目建成投产。投入1.8亿元加快完成园区道路、供排水等5个项目建设，提升园区具备300亿元产值规模，稳妥推进园区向400亿级迈进。深挖工业存量。加快淘汰落后产能和产业升级步伐，构建共生耦合、循环发展的全产业体系。深入开展“千企改造”工程，抓好聚磷酸铵、甲酰胺等21个项目建设，推动磷化工产业转型升级，鼓励企业开展技术创新、技能改造，确保累计启动改造率达90%以上。深入实施磷化工企业“以渣定产”，倒逼传统磷化工产业转型升级，坚持湿热并举推动磷化工产业精细化、高端化、集群化、绿色化、品牌化发展。开拓工业增量。以建设都凯安区域中心为契机，利用工业优势强化上下游产业配套衔接，加强与周边县市资源、技术、人才交流互通，优化现有产业发展环境，与都匀、凯里、瓮安共同构建互动发展机制，打造新兴产业链。深入开展“千企引进”工程，围绕磷化工主导产业和磷石膏新型建材产业延链拓幅，引进新材料、环保、精细化工等项目15个以上。加强企业服务。

坚持把“双服务”作为优化营商环境、助推工业实体经济发展的重要抓手，在机制完善上下功夫、在服务方式上求创新、在解决问题上求突破。推行“三单”管理模式，开展“一企一策”精准帮扶，实现规模以上工业企业新入规10户以上，规模工业增加值增速11.5%以上。

（四）推进“城乡共建行动”，提升形象品质，构建发展新格局。始终坚持规划先行，提升建管水平，打造宜居环境，努力实现城乡高质量发展。

强化基础设施建设。投入350万元启动《福泉市总体规划》修编，突出抓好龙昌次中心城镇规划管控，启动都凯安区域中心发展规划编制。强化“六纵六横”交通路网建设，规划建设福泉至都匀、福泉至瓮安2条城市快速通道，投入9.5亿元推进马场坪至龙昌、龙昌至仙桥、牛场至罗尾塘、牛场至道坪等7条内联外通路网建设。启动福泉3A级通用航空机场建设前期工作。力争瓮马铁路投入运营。合理布局教育、医疗、文体、娱乐、养老等公共服务设施，提高“一城四区”承载力。提升城乡居住品质。统筹加快金山、马场坪等3600户棚改步伐，全面抓好27万平方米棚改安置房建设，加快平越古城、紫云台、畔山华庭、绿城时代等20个商住项目建设，培育发展1条以上特色商业步行街区，实现新增城镇人口8000人以上。培育壮大牛场、凤山等特色乡镇，支持陆坪、道坪、仙桥等乡镇加快发展。新建充电桩80个、停车位1500个以上、慢行步道5公里以上、行政村公厕普及率达80%以上。借鉴浙江“千万工程”经验，多元启动仙桥森林小镇、双谷梨花小镇、江边农旅小镇等6个特色小镇和田园综合体规划建设。全面执行“一户一宅”“十严禁”，强化农村风貌管控，推动乡村建筑融入自然环境，建设绿色新村，让群众感受到规划的魅力、管控的好处、生活的有序。推动城乡规范管理。启动实施大数据中心建设，推进“大数据+城市管理”模式，强化社区管理，提升城市管理精细化水平；适度扩大乡镇综合执法管理范畴，提升乡镇管控水平。有序实施划行归市，严厉打击“两违”建筑。用好“通村村”农村出行服务平台，不断完善“天网工程”，持续推进“雪亮工程”“网格化”巡防等建设，让群众感受到安全就在身边、服务就在门口。

（五）推进“文旅融合行动”，发挥品牌效应，探寻发展新路径。始终遵循发展定位差异化、业态塑造全域化、日常经营精准化理念，强化文化植入、紧盯营销策划，聚焦目的地建设，助推文化旅游高质量发展。

多元化盘活资源。依托南卓旅业进一步市场化盘活古城景区、三丰主题文化馆等资产，厚植平越军民府、雄镇楼等古建筑、古城墙文化内涵，创新黄丝江边、金山双谷3A级景区运营模式。注重文旅融合，完成平越府国际大酒店、平越驿站等4家涉旅酒店及3处景点文化植入。实施福泉剧院功能升级改造，提高南方首部大型行进式观演情境体验剧《梦归平越》商演品质。继续推动福泉古城墙申遗工作。注重康旅融合，培育发展黄丝温泉生态养老省级示范园区，支持大健康产业发展。工匠化建设景区。聚焦“快旅慢游”体系建设，积极推进全域旅游规划编制、洒金谷省级风景名胜区规划修编。投入1.5亿元开工建设洒金谷景区一期悬崖酒店、玻璃栈道等项目。匠心推进古城景区三期、福泉山维修等项目建设，新增景区停车场2000平方米、旅游公厕5座，完善导览服务、商品销售等配套服务设施，全力推动福泉古城5A级景区打造。完成双谷生态体育公园露营基地后续工程，力争将黄丝江边、金山双谷提质申报为4A级景区。大力开发农耕体验、文化创意、乡村民宿等休闲度假新业态。加大景区观光车、自助讲解、自动售卖等设备投放力度，持续开发和扶持仙桥小花苗民族饰品、万康乐牌苦荞茶等一批特色旅游商品发展。支持凤山竹王城、龙昌龙井等5个特色景点建设，着力构建“一核发光、多点绽放”福泉旅游升级版。品牌化营销旅游。聚焦“黔中古郡·大道福泉”品牌市场建设，促进福泉更好融入省州旅游经济圈。投入400万元建成福泉智慧旅游平台，深化与知名旅游企业及媒体合作，让福泉名声在外。以体旅、文旅融合推动旅游产业发展，以“月月有活动、季季有赛事”为抓手，组织办好春节庙会、“福”文化节、双谷梨花节、道坪阳戏文化节、陆坪“6·24”民族文化节、仙桥苗族“杀鱼节”等文化节庆活动举办，组织办好福泉国际自行车节、第三届职工运动会等体育赛事活动，实现旅游总收入增长30%以上。

（六）推进“绿色生态行动”，强力防治结合，营造发展新环境。始终坚持良好生态环境是最普惠的民生福祉，像保护眼睛一样保护生态环境，像对待生命一样对待生态环境，高质量推进生态文明建设。

抓实生态修复。完成原重钙厂、磷肥厂区域土地修复，实现重点区域主要防控重金属污染物指标达标率100%。投入1200万元推进石漠化综合治理，投入280万元开展天然林资源保护，投入1800万元推进植被恢复，有序推进城区周边山体绿化生态工程，石漠化治理30平方公里，完成营造林9万亩。完成牛场迴龙、陆坪洞铁等7个农村环境综合整治项目建设。抓紧污染防治。扎实做好中央和省委环保督察反馈问题整改，持续加强重点流域和集中式饮用水源地水环境治理，加快龙井湾清水引流隧道工程、瓮福发财洞废水应急处理三期等项目建设，保持集中式饮用水源地水质达标率达100%。投入3亿元推进2×6兆瓦生活垃圾焚烧发电项目建设。实施川福异地搬迁工程，加快推进国电福泉电厂、川恒等大气污染深度治理项目建设，实现环境空气质量指数年优良率98%以上，让福泉的天空更蔚蓝，空气更清新。持续推进磷化工企业“以渣定产”，启动磷石膏新型建材推广应用“三年行动”，推动1800亩新型磷石膏建材产业园建设，力争结束磷石膏堆存增长的历史。抓严制度约束。启动“省级生态文明示范县”“无废城市”创建，深入推进河（库）长制，稳步推进“林长制”试点。加大环境联动执法，充分发挥“生态法庭”作用，抓好环保“六个一律”、森林保护“六个严禁”专项执法行动，依法严厉打击各类环境违法行为。

（七）推进“动能变革行动”，释放发展活力，提升发展新效率。始终坚持改革开放是发展动力、重要法宝，以开放推动创新、以创新倒逼改革、以改革破解瓶颈，激发动力活力，高质量推动动能转换，跑出福泉“加速度”。

全效推进改革。持续深化综合行政执法、县管校聘等国家级示范改革，让“福泉改革”为全省做示范、供“样本”。大力推进“最多跑一次”改革，着力降低办事成本。深化矛盾纠纷多元化解福泉“112”模式，向村组、社区、楼栋延伸，提升社会治理水平。深入推进中小学教育管理体制、公立医院改革、县乡医疗一体化等民生改革，打通服务群众的“最后一公里”，让群众感觉改得有获得感、幸福感。全面深化开放合作。持续深化与广州市海珠区在带动就业、冷链物流、对口帮扶上的合作，深化与西南交大等高校的协作。加强与周边兄弟县市交流合作，完成州委、州政府交给我市助力三都县脱贫攻坚任务。聚焦“10+5”产业项目，探索市场化招商新路径，紧紧围绕精细化工、新型磷石膏建材、精品果蔬、旅游服务、商贸物流等重点领域，着力引进产业链互补性强、产品附加值高、市场成长性好的产业项目35个以上，新增省外招商引资到位资金126亿元以上。入驻福泉500强企业增至7家以上。巩固电子商务产业园、综合商贸产业园等外向型经济平台建设，完善国际陆港现代物流平台功能，抓好对外开放优惠政策落实，鼓励外商入泉，实现进出口总额1亿美元以上，全力打造国家外贸转型升级基地。全力推动科技创新。重点支持高端装备制造、环保产业等方面科技创新，持续推进以色列科技大棚、磷石膏综合利用等项目成果扩散。强化产学研合作平台，完善国家级重点实验室、博士后科研工作站等7个国家级、12个省级创新技术机构，新增高新技术企业2家以上、科技型企业备案20家以上，完成技术交易额登记1亿元以上，高新技术产业产值达70亿元以上，申请上级各类科技计划项目8项以上，兑现创新驱动百万元发展补助资金。全力支持民营经济发展。把民营企业当作自己的企业，把企业家当作自家人，制定扶持民营经济发展实打实措施，清理不公平性附加限制，破除民营经济发展壁垒，在市场准入、审批许可、招投标等方面给予最大空间。强化民营企业土地、水电等要素保障，解决民营企业融资难、用工难、创业创新难、转型升级难等问题。着力推进政府、银行、企业三方合作，用好用活“六税两费”减免、“减证便民”等利好政策，切实降低民营企业成本，让民营企业倍加壮大。新增规模以上民营企业7家以上，民营经济增加值完成100亿元以上。

（八）推进“幸福民生行动”，笃行利民举措，共享发展新成果。始终坚持以人民为中心、群众利益高于一切，不断满足人民群众对美好生活的需求，高质量打造“幸福福泉”。

用心保障，让群众幸福触手可及。推动城乡义务教育优质均衡发展，投入5.7亿元推进市三中、牛场二中等项目建设。加强师德师风建设，强化校外培训机构和民办幼儿园专项治理，提升教育教学质量。着力实施高中教育三年攻坚行动，继续投入1000万元免除福泉中学学生学费。扩大职业教育办学规模，开工建设贵州应用技术职业学院南校区。抓实城乡医疗救助，扎实推进健康扶贫，深化县域综合医疗改革，实现县乡医疗一体化。扶持仙桥苗药种植加工、推广运用，带动全市中医药产业发展，建设健康福泉。完善城乡最低生活保障制度，城市、农村低保提高至每人每年7800元、4140元。城乡居民基本养老保险基础养老金提高到每人每月93元。规范社会救助工作，统筹抓实城乡特困人员、重度残疾人、留守儿童等关爱工作，建设农村幸福院3个。启动殡仪馆搬迁建设工作。用心改善，让实惠惠及千家万户。深入实施就业创业优先政策，城镇登记失业率控制在4%以内。深入实施全民参保计划，加强医保监管和支付方式变革，抓好异地就医直接结算工作。城镇职工基本医疗保险、城镇居民基本医疗保险参保人数分别完成2.85万人、3.195万人。建设城乡供水管网700公里，新增光缆2000公里、通讯盲区4G基站8个，行政村宽带速率达100兆以上，中心城区管道天然气气化率达4以上，电网供电可靠率达99%以上。用心创建，让群众生活更安全更幸福。全力创建“国家卫生城市”“全国文明城市”，健全公共文化服务、公共卫生服务体系，为群众营造宜居宜业的生产生活环境。全力巩固民族团结进步示范创建成果，促进各民族大团结、大繁荣、大发展。加强防灾减灾救灾体系建设。深入开展应急管理、安全生产和自然灾害防治工作，推动食品药品安全防范建设，坚决遏制重特大安全生产事故发生。推进社会治安立体防控体系建设，深入开展“扫黑除恶”专项斗争。强化矛盾纠纷排查调处，依法处理各类信访问题。强化国防动员和后备力量建设，推动军民融合深度发展，誓夺“全国双拥模范城”九连冠。

民之所盼、政之所为，人民政府为人民。今年，我们将把群众最实际、最关心、最直接的利益放在心中、办到家中，全力推进“十件民生实事”：（1）完成7.6万农村人口饮水安全巩固提升工程；（2）完成撤并前建制镇、大道旁、景区边、水源地、大村寨等城乡污水处理项目30个；（3）完成22个“小康电”项目建设；（4）完成牛场至道坪、龙昌至仙桥二级公路建设；（5）开通福泉至陆坪、福泉至凤山、福泉经龙昌至牛场3条城乡公交专线，实现城乡公交一体化运营所有线路的安全隐患治理；（6）完成多彩贵州“广电云”户户用工程建设3000户；（7）完成市四小、乐岗新区、哲港等9所小学和泉飞、桂花等4所幼儿园新建及改扩建工程；（8）完成市妇幼保健院、市疾控中心、市中医院业务综合楼项目建设并投入使用；（9）启动实施全市60个村级卫生室服务能力三年提升项目，实施道坪、乐岗新区2个易地扶贫搬迁安置点卫生室建设；（10）完成60个行政村“五改五化”工程（含村寨亮化路灯安装3万盏），实现应改尽改。通过抓好一项一项的民生实事，让全市人民的日子一天更比一天好。

（九）推进“行政规范行动”，压实政治责任，激活发展新能量。始终绷紧讲政治、懂规矩、守纪律这根弦，认真践行“五步工作法”，扎实推动干部职工作风教育，完成市、乡两级政府机构改革，提升履职水平，建设人民满意的政府。持续夯实政治建设基础。始终把政治建设摆在首位，深学笃用习近平新时代中国特色社会主义思想，坚决贯彻落实中央、省、州和市委的决策部署，坚决做到令行禁止。深入开展“不忘初心、牢记使命”主题教育，持续推进“两学一做”学习教育常态化、制度化，认真做好巡视巡察整改工作，牢牢把握意识形态主动权，营造风清气正的政治生态环境。持续依法全面履行职能。坚决维护宪法权威，树牢法治思维，坚持依法行政。坚持科学民主依法决策，深入推进重大决策、重大工程项目风险评估，行政首长出庭率达50%以上。自觉接受各方面监督，重视各方面意见。加强政务村务厂务公开，让权力在阳光下运行。支持武警部队、消防救援队伍建设和监委、法院、检察院工作。持续提升干部能力素质。加强政府系统干部培训，让各级干部成为新时代各领域的行家里手，满怀激情投入到脱贫攻坚、都凯安区域中心建设的伟大实践中。以工作实绩为基础，以群众认可为标尺，以推动福泉高质量发展为目标，健全完善干部激励、容错机制，让能干事的干部有舞台，让会干事的干部有平台。持续加强政府廉政建设。持续用力正风肃纪，保持反腐败高压态势。强化审计监督。坚决纠正损害群众利益的行为。坚决整治领导干部利用茅台酒等特殊资源、特殊产品谋取私利等问题。全体政府工作人员都要带头践行社会主义核心价值观，干干净净干事、清清白白做人。持续推进政府作风转变。坚定不移兴“三风”、驰而不息纠“四风”。经济工作坚持靠数据说话、靠作风吃饭。加强政府诚信建设，打击数据造假。坚决纠正“新官不理旧账”问题，提高政府公信力。牢固树立过紧日子思想，继续压缩行政经费6%用于教育精准扶贫，再调减行政事业单位公用经费人均1000元用于重点工作。扎实推进服务窗口作风建设。统筹规范督查检查考核，为基层“迎评迎检”减负。

各位代表，我们在重点推动“九大行动”工作落实的同时，将统筹推动人民防空、妇女儿童、外侨事务、档案保密、工会、青年、老龄、气象等各项事业均衡发展，高度重视人大代表建议、政协提案办理，推动人大代表建议、政协提案件件有落实、事事有回音。

各位代表，风正一帆悬，奋斗正当时。让我们紧密团结在以习近平同志为核心的党中央周围，高擎习近平新时代中国特色社会主义思想伟大旗帜，在市委的坚强领导下，解放思想、开拓创新，苦干实干、发奋图强，高质量、高标准完成今年各项任务，全面开启都凯安区域中心建设新征程，以优异的成绩向中华人民共和国成立70周年献礼！

瓮安县政府工作报告

（2019年2月26日在瓮安县第十七届人民代表大会第三次会议上）

瓮安县委副书记、县长 黄桂林

各位代表：

现在，我代表县人民政府向大会报告工作，请予审议，并请县政协委员和其他列席同志提出宝贵意见。

一、2018年政府工作回顾

2018年，在省委省政府、州委州政府和县委的坚强领导下，在县人大、县政协的监督支持下，我们坚持以习近平新时代中国特色社会主义思想为指导，全面贯彻党的十九大和习近平总书记在贵州省代表团重要讲话精神，树牢“四个意识”、坚定“四个自信”、践行“两个维护”，按照高质量发展要求，坚持主基调主战略和战略行动，以脱贫攻坚统揽经济社会发展全局，守住发展和生态两条底线，牢记嘱托、感恩奋进，团结拼搏、锐意进取，积极应对经济持续下行压力，大力实施五个“三年重点计划”，全县经济社会呈现出“经济稳中有进、攻坚连战连捷、民生持续改善、质量不断提升”的良好局面。

——这一年，我们牢记使命，脱贫攻坚精彩出列。综合贫困发生率降到1.04%，建档立卡贫困人口降到1761户、4331人，顺利通过国家第三方评估。2018年9月21日，省人民政府通告瓮安退出贫困县，脱贫攻坚实现精彩出列。同步小康实现程度达99.4%，顺利通过省级验收。

——这一年，我们聚焦要务，经济发展稳中有进。实现地区生产总值增长10.8%，财政总收入增长7.8%，一般公共预算收入增长11%，规模以上工业增加值增长10.6%，固定资产投资增长15.9%（含跨境项目投资），社会消费品零售总额增长7.9%，金融机构存、贷款余额分别增长1%、16.3%，城镇、农村常住居民人均可支配收入分别增长9.1%、10.1%。

——这一年，我们筑牢防线，债务化解有力有效。综合债务率降至省规定的风险预警范围以内。核减政府债务8.06亿元，全面完成存量债务置换。债务结构不断优化，政策性银行、商业性银行、“非标”金融产品融资占比实现5：4：1目标。全年融资到位资金49.09亿元，平均综合成本6.5%以内，有力促进了经济社会健康发展。

——这一年，我们守住底线，生态建设成绩显著。水环境质量综合测评排名全省第一方阵第8位。率先在全省建立“莱茵河”污染治理模式，瓮安河天文出境断面水体中总磷浓度月均值0.2毫克/升以下，达到地表水三类水质标准。顺利通过中央环保督察“回头看”。瓮安县环保局荣获贵州省生态环境治理先进集体。

——这一年，我们坚持民生至上，群众幸福指数持续提升。教育、医疗、水利等民生支出40.82亿元，位居全州第一位。胜土水库向县城集中供水，县城饮水安全全覆盖。全县农村饮水安全、行政村所在地有线宽带、村级农民体育健身工程全覆盖。基本社会养老保险和医疗保险覆盖率100%。城镇登记失业率控制在4%以内。整脏治乱实现“双三”目标，群众满意度排名全省第四位。人民群众安全感、政法机关满意度分别排名全省第5位、第3位，继续保持全省第一方阵。

——这一年，我们抓住改革创新关键一招，对外开放活力加速释放。基层民政工作“六个一”“乡村网格化”等城乡社区治理模式获国家民政部充分肯定。率先在全州启动领导干部自然资源资产离任审计工作。工业园区增量配电改革成功获得售电资质，首单售电8100万度。金正大、芭田参与的磷资源清洁利用与重污染固废源头近零排放技术获得国家重点研发计划项目。行政审批企业开办时间压缩至2个工作日内。机构改革精简高效，政府工作部门及管理机构减为26个。

2018年，是瓮安经济社会发展极不平凡的一年，是我们打赢打好三大攻坚战的关键一年，是我们经受国际国内多重要素影响的一年，经济下行压力加大，企业生产经营困难增多。我们用智慧、实干克服新困难，用辛勤、汗水彰显正能量，用努力、成绩发出好声音，努力实现了县第十七届人民代表大会第二次会议确定的目标任务。

一年来，我们主要抓了9个方面工作：

（一）尽锐出战，精准施策，脱贫攻坚“减贫摘帽”。紧盯“一达标，两不愁，三保障”“三率一度”，打赢打好“六大歼灭战”，实现脱贫攻坚“减贫摘帽”精彩出列。惠民政策保障应助尽助。全面落实普通高中、中职“两助三免（补）”和普通高校“两助一免”政策，实现建档立卡贫困学生资助全覆盖，享受教育资助66249人次、5588.88万元。建立完善多重医疗保障体系，贫困户参合（保）率达100%。规范实施健康扶贫医疗保障救助政策，住院实际补偿比例达98.58%。农村低保标准提高到3876元，实现“两线合一”。产业就业扶贫助民增收。全县109个企业、99个合作社等经营主体与86个村（社区）进行产业链接，利益联结覆盖贫困户16810户、62850人，实现村（社区）建立、贫困人口参加、技术团队覆盖农民专业合作社“3个100%”。开展精准扶贫对象专场培训17080人次，转移贫困群众外出务工22560名。面向农村困难群众提供就业岗位6000个，安排建档立卡贫困户和困难群众就业3126人。农村生活环境大幅改善。建成饮水安全巩固提升工程817个（处）。建成蓄水池675口，安装各型水管4760.58公里、水泵487台，实现农村饮水安全全覆盖。建成30户以上村民组通水泥路862条1356.66公里。完成银盏镇、建中镇易地扶贫搬迁项目建设，搬迁入住1224户5450人。完成朵云、江界河两个易地扶贫搬迁安置点1748套房屋主体工程建设。

（二）紧盯债务，多管齐下，风险防控扎实有效。坚持稳增长、防风险、谋发展，多管齐下做好风险化解工作。融资结构质量优化。坚持以政策性银行贷款为重点，商业银行贷款为支撑，债券、基金、租赁融资等金融产品为补充，积极采取债务核查、存量债务置换、PPP化解存量债务、资产与债务剥离、严控违规新上项目、规范平台公司融资举债行为等方式，持续优化债务结构。推行“高改低”“短改长”，实现成本高低结合，期限长短结合，政府债务风险防控有效。存量债务置换工作获省财政厅表扬。金融秩序规范有序。大力开展以担保公司、小额贷款公司、投融资理财信息中介机构为重点的涉嫌非法集资集中整治专项行动，严厉打击扰乱金融秩序的违法行为，全力维护好全县经济金融秩序。社会大局和谐安定。县级“雪亮工程”总平台投入使用，建成124个镇村级综治（监控）中心。全年累计调处各类矛盾纠纷3897件。瓮安县联合人民调解委员会被司法部表彰为全国人民调解工作先进集体。扎实开展扫黑除恶专项斗争，全县累计107天刑事零发案、364天“两抢”零发案。全面落实安全生产责任，安全生产事故起数、死亡人数分别下降20%、9.09%。

（三）凝心聚力，奋发有为，三大产业齐头并进。三次产业结构调整为18.7∶35.1∶46.2。新型工业转型增效。实施“千企引进”工程，引进岑文化工年产5万吨苯酐、盛世荣创年产50万吨再生纸、挑战狼服饰加工等工业项目32个，到位资金37.68亿元。德国康朴（中国）有限公司落户瓮安。推进“千企改造”工程，实施改造规模工业企业59家，实施项目78个，累计技改投资73亿元。金正大、芭田、龙马磷业、瓮福黄磷等企业产能进一步释放，实现产值59亿元。新增规模工业企业12家。全县完成工业总产值283亿元，工业增加值44.72亿元。文旅商贸繁荣兴旺。草塘古邑旅游景区、猴场特色古镇升级改造，草塘十二塘“西五塘”建设加快，建成景区基础设施20个。瓮安千年古邑旅游区成功创建省级旅游度假区。瓮安雍江水利风景区成功申报国家级水利风景区。全年接待游客808.38万人次，实现旅游综合收入70.08亿元、增长30.7%。全县新增文化企业75家，文化产业增加值占地区生产总值4.19%，文化产业增加值占比连续三年排名全省县域经济第一方阵第三位。新建或提升改造电商服务站20个，完成网络零售额2609.87万元、电子商务交易额9.7亿元。瓮安县荣获国家级电子商务进农村综合示范县、省级农商互联示范县。全县三产增加值66.79亿元，增长13.1%。现代农业蓬勃发展。建成“贵州绿茶”国家级农产品地理标志示范样板县，“瓮安白茶”“瓮安黄金芽”获国家地理标志产品称号，都匀毛尖瓮安欧标茶知名度不断提升，实现茶叶产值13.5亿元。积极创建贵州省现代农业烤烟高质量发展转型升级示范县，实现“两烟”税收1.04亿元。调减玉米17.93万亩。辣椒产值突破10亿元。全县新增无公害产地认定面积17.8万亩，认定123个无公害农产品。农业增加值达28.22亿元，位居全州第一。

（四）坚守底线，绿色先行，生态底板更加厚实。坚持人与自然和谐发展，着力治理环境污染，补齐生态短板，生态治理和环境保护取得实效。环境保护整改有力。完成县城、乡镇集中式饮用水源地保护建设10个，完成水冲河饮用水源二级保护区警犬基地污染物集中收集处理。全面推进河（湖）长制，深入实施水生态文明示范建设十大工程，制定36条河流“一河一策”方案，设置21个水质监测断面。定期清理磷矿淋溶水收集池，严防矿山堆场含磷水外流污染。提标改造县城一、二期污水处理厂，建成投运经济开发区工业污水处理厂，全县城镇污水处理率86.35%。完成瓮安河河道治理18.11公里。全面完成青坑工业园区敏感区152户居民搬迁和长达四年久拖不决的中心槽养殖场环境问题整改。率先在全省依法全面取缔乌江流域瓮安段网箱养殖718.23亩，“三定、六无、两治、一保障”做法得到省政府主要领导的肯定。建成投运瓮福、龙马黄磷尾气发电项目。县城区城市空气质量优良率达100%。生态治理全面提速。生态红线面积占县域国土面积14.59%，完成森林管护160.95万亩，实施营造林8.5万亩、新一轮退耕还林6.5万亩，森林覆盖率达60.95%，高于全省3.95个百分点。加快白沙重晶石、那乡硫铁矿山等地质环境防治工程治理，复绿面积153.05亩。全力推动45个农村环境综合整治点治理，新建珠藏、建中等7座垃圾转运站并投入使用，全县生活垃圾实现“村收集、镇转运、县处理”全覆盖。完成农业面源污染样品采送161个，实施农作物病虫害绿色防控12.73万亩、统防统治16.74万亩。环境执法力度空前。建立健全县长、法院院长、检察长、公安局局长、环保局局长“五长”联席会议制度，全面推进环保行政执法与公安等刑事司法协作配合机制，联合执法33次，出动执法人员816人次，检查企业320次，立案查处环境违法行为为80起，环保公益诉讼1起，行政拘留20人、约谈60人，罚款金额700万元，45家违法企业被移送司法机关，全县“散乱污”环境整治取得成效。

（五）统筹兼顾，精准发力，城乡面貌日新月异。坚持宜居、宜业、宜游城市建设标准，全面强基础提品质，城乡人居环境持续改善。空间布局更加优化。完成县城城市总体规划修编，同步启动主城区控制性详细规划。完成朵云拓展区控制性详细规划、县域乡村建设规划和83个行政村村庄规划编制。县城区“北调南育中改西控东扩”的“三生”空间布局基本形成。县城建成区23平方公里，县城人口23万人，城镇化率54.1%、城镇绿地率33.18%，城镇化进程指数、示范小城镇综合发展指数稳居全省第一方阵。城镇建设固定资产投资75亿元，增长25%。房地产投资13.81亿元，销售商品房39.94万平方米。实施房票安置政策，安置商品房442套（间）4.5万平方米。建筑业产值19.52亿元，增长178.97%。县内贵州靖沣建筑公司实现建筑业产值6.27亿元、税收1.04亿元。城市品质魅力彰显。新增城市道路5.07公里，朵云拓展区“三纵四横”主干路网基本成型。完成瓮安事件警示教育基地、法治文化广场（公园）等项目建设。文峰大道地下综合管廊及道路改扩建工程入库PPP项目。草塘十二塘旅游项目建设初见成效，飞练湖湿地公园、清涟湖湿地水街、八小地下通道等项目加快推进。大力开展北部新城、盛世彩虹、时代家园等房地产整治，依法维护业主合法权益。强化城市管理，加强小区物业治理，完善提升城市功能配套，巩固提升国家卫生县城创建成果，中国生态魅力县瓮安魅力更加彰显。美丽乡村提质扩面。完成“千年古邑”B1区古建改造工程，加快推进平定营镇迎宾大道、珠藏镇环镇区道路、玉山镇镇区河道治理、岚关乡朱家山迎宾大道、天文至方家坪迎宾大道、瓮安县云中港至岚关一级公路永和连接线等建设项目。乡镇建成区新建或改造公共停车场车位445个、水冲式卫生公厕10座。完成猴场等8个乡镇集贸市场建设及改造提升工程。改造农村老旧住房35956户，全面消除农村危房及老旧房安全隐患。改厕16353户、改厨12147户、改圈5856户，完成农户院坝硬化60万平方米，安装庭院路灯31516盏。

（六）围绕发展，补短强薄，基础设施更加夯实。坚持项目驱动、投资拉动，全力夯实发展根基。交通设施更加完善。完成交通领域固定资产投资39.82亿元。实现客运周转量533174万人公里、货运周转量577081万吨公里。建成瓮安县云中港至岚关一级收费公路沙子坡至岚关段、S205瓮安县银坑水至雍阳茅坡公路。改造和大修农村公路58公里，完成农村生命防护工程197公里。瓮马铁路及南北延伸线、G354瓮安银坑水至肖家坳公路改扩建项目、S308道坪至建中公路改扩建项目有序推进，瓮开、遵余高速公路瓮安段全面开工建设，完成乌江航运瓮安港总体规划和工程可行性研究报告。水利工程建设加速。

完成擦耳岩水库19.8公里管线建设，改造城区管网16.1公里。县城日供水保有量4.6万吨。开工建设大岩水库，完成下角溪和简家塘水库除险加固工程。擦耳岩、桐木、塘坎上等水源工程有序推进。全面完成2018年中央财政农田水利设施建设。信息能源互联共享。新建基站106个，30户以上自然村寨4G网络覆盖率90%以上。新建或改造低压台区195个、10千伏及以下线路255千米，更换智能电表3万余只，改造低压集抄12万余户，110千伏珠藏变电站正式投入使用。新建改扩建加油站7座。启动都匀至瓮安天然气支线管道瓮安末站、新能源汽车充电桩建设。

（七）厚植动能，激发活力，改革创新阔步向前。坚持解放思想，全面深化改革、扩大对外开放，不断提高经济社会发展活力。创新驱动引领转型。积极推进园区改革创新发展、实体化企业化管理改革，实现配套产业规模化、集聚化、绿色化发展。加快县属国有公司实体化转型改革，优化配置国有资产，做大做强经济实体。依托创新孵化平台为企业提供科技服务150余次，辅助企业专利申请121项、商标注册12项。开放水平不断提高。连续6年高规格承办国际（全国）山地户外运动系列赛事，连续3年承办国际男篮、女篮巅峰争霸赛、全国健身交谊舞锦标赛暨全国健身舞大赛等一系列国际级、国家级和省、州重大活动，瓮安城市的知名度、吸引力持续提升。对外协作不断加强，在广州成立县属国有公司瓮海投资运营有限责任公司，设立贵州瓮安特产馆和绿色优质农产品销售专柜，助推“瓮货出山”。积极开展产业大招商，全年签约项目126个，招商引资到位资金221.69亿元、增长10.7%。深化改革成效显著。完成国家级相对集中行政许可权试点改革，综合行政执法体制改革获州批复，完成监察体制改革和国税地税征管体制改革。教育、医疗、乡镇行政体制改革稳步推进。深化“放管服”改革，发展市场主体7138户。稳步推进土地“三权”分置工作和农村集体产权制度改革，土地承包经营权确权登记工作通过省级验收。新增农村“三变”改革试点村31个，完成全国农村改革湄潭试验区对比试验试点县验收。深化金融改革，支持中小微企业贷款余额36亿元，中小微实体经济活力持续增强。加强诚信体系建设，信用中国（贵州瓮安）网站成功上线运行。

（八）坚持不懈，改善民生，群众幸福感、获得感满满。坚持把保障和改善民生作为政府工作的出发点、落脚点，让群众实实在在享受发展成果。教育医疗均衡发展。撤并教学点3个，新建瓮安九小、猴场二小等学校5所，改造农村义务教育薄弱学校7所，建成标准化“留守儿童之家”3个。全县义务教育巩固率、高中阶段入学率分别为98.3%、93.5%。高考二本以上上线人数连续三年突破2000人。县教育局荣获全国青少年五好公民主题教育读书活动“红旗飘飘，引我成长”先进集体。建成县中医院标准化项目和7个乡镇卫生院中医馆。完成县人民医院、县中医院“5+2”重点学科建设，瓮安县成功申报全国基层名老中医药专家传承工作室建设项目。社会保障拓宽覆盖。实施财政供养单位编外聘用人员公积金缴存补贴政策，为1927名财政供养单位编外聘用人员缴纳住房公积金。整合各类社会救助政策，基本社会保险覆盖率100%。城乡低保实现应保尽保，救助留守儿童（困境儿童）1581名。完成县养老综合服务中心项目主体工程。开展“春风行动”等各类招聘会76场，实现省内外就业2.2万余人，城镇新增就业5622人。发放各类创业贷款6048万元，完成创业培训和职业技能培训2880人。实施城市棚户区改造6688户、94万平方米。稳步推进富水桥、朵云、工业园区17.48万平方米公租房和韦家坡、七星、戴家院等75万平方米安置房建设，完成住房回迁安置831户、1482套，门面回迁安置176户、182个。文体事业蒸蒸日上。完成4个村级群众文化舞台建设，开展“幸福进万家·瓮水长歌文化精品乡村行”305场，猴场镇获“贵州省民间文化艺术之乡”荣誉称号。县文化和旅游局荣获第七届全国服务农民、服务基层文化建设先进集体。县图书馆被评为全国县级公共图书馆一级馆。完成2018年多彩贵州“广电云”户户用工程建设，新增用户20447户，新建通组光缆2600公里。选拔17人代表黔南州参加省十运会获奖牌9枚。参加黔南州青少年跆拳道锦标赛获奖牌17枚，荣获全州团体第1名。瓮安县荣获贵州省十佳全民健身模范县。猴场会议会址被省政府命名为“贵州省国防教育基地”。积极支持群团和文艺工作，率先在全州启动文军扶贫、演军扶贫，地方志工作获全州一等奖。此外，国防动员、双拥优抚、国资监管、民族宗教、外事侨务、粮食安全、妇女儿童、红十字会、青少年、残疾人等工作取得新成绩，统计、档案、物价、气象、对台、老龄、保险等工作实现新进步。

（九）强基固本，务实清廉，自身建设实现新提高。坚持依法行政，积极转变服务职能，大力提升行政效能，持续推动政风转变。依法行政持续深化。落实“三重一大”决策议事规则，重大行政决策合法性审查率100%。自觉接受人大法律监督和工作监督，主动接受政协民主监督，支持政协开展民主协商。办理人大代表建议106件、政协委员提案148件，沟通、答复率均达100%。公开各类政府信息38420条，重点政策解读12条。政务效能持续提升。全面推进“互联网+政务服务”，推行政务事项线上线下同步，各类事项办理提速65%，群众满意率达100%。完善社会信用体系建设，拘留失信被执行人197人，强制执行失信被执行人履行到位金额600余万元。办理回复省州县扶贫专线31件、书记县长信箱466条。办理“政务110”3329件，办结率达96.8%、满意率达98.71%，综合排名全州第二。搭建公共资源交易阳光平台，完成公共交易132宗12.79亿元，节约资金452万元。廉政建设持续加强。从严从实抓好中央、省委巡视组反馈问题整改。坚定不移抓好政府党风廉政建设，坚决向群众身边不正之风、腐败问题亮剑，深入开展城乡居民养老保险基金、村级公益事业建设“一事一议”财政奖补等重点项目、重点领域专项监察与巡察，核查国家惠民专项资金约11.7亿元，审计查出问题资金4.33亿元，移送审计线索2条，涉及金额812万元，提出审计建议11条，受理群众信访举报160件次，处置问题线索296条，立案193件193人，党纪处分126人、政务处分64人、移送司法机关6人，全面打造风清气正的政务环境。

在这里要说明的是：2018年“十件民生实事”中，残疾人康复中心因选址调整未能建成使用，其余全部完成。对此，我们深表歉意。

各位代表，2018年是改革开放40周年。40年来，瓮安生产总值增长140倍，固定资产投资增长1613倍，一般公共预算收入增长233倍，金融存、贷款分别增长1459倍、1307倍，城镇居民人均可支配收入增长40倍，农村居民人均可支配收入增长42倍。瓮安从一个欠开发、欠发达的山区小县，交通不便的“孤岛”，一跃成为贵州明星县城，成为贵州黔中交通的“大十字”。这是历届县委、县政府和全县各族人民用勤劳、智慧、勇气干出来的，我们为瓮安翻天覆地的发展变化感到无比自豪、无比骄傲。

这些成绩的取得，是州委、州政府和县委坚强领导的结果，是历届四家班子团结奋斗的结果，是全县人民牢记嘱托、感恩奋进，大力弘扬新时代贵州精神的结果。在此，我代表县人民政府，向全县各族人民、广大干部职工表示崇高的敬意！向人大代表、政协委员，向民主党派、工商联、无党派人士和人民团体，向驻瓮解放军、武警官兵、公安干警和消防援救队伍指战员，向离退休老同志及所有关心、支持瓮安发展的社会各界人士，表示衷心的感谢！

在充分肯定成绩的同时，我们也清醒地看到存在的问题，主要是：资源依赖型的经济发展模式还未改变，产业转型升级、生态环境保护任务艰巨；财政收支矛盾比较突出，政府债务化解、金融风险管控任务艰巨；巩固提升脱贫成效仍然存在薄弱环节；城乡发展中不平衡、不充分的矛盾依然存在，群众盼发展、思发展的美好期盼没有更好落实；部分干部思想素质、能力水平与新时代高质量发展要求还有差距，等等。对于这些问题，我们要强化措施认真加以解决。

二、2019年政府工作任务

2019年是新中国成立70周年，是决胜全面建成小康社会第一个百年奋斗目标的关键之年，也是我县巩固提升脱贫攻坚成效全面开启社会主义现代化建设新征程的决战之年，做好全年经济社会发展工作至关重要、意义重大。

今年政府工作的总体要求是：以习近平新时代中国特色社会主义思想为指导，全面贯彻落实党的十九大和中央、省、州、县经济工作会议精神，坚持党对一切工作的领导，坚持稳中求进工作总基调，坚持新发展理念，坚持推动高质量发展，坚持以供给侧结构性改革为主线，继续打好三大攻坚战，统筹推进稳增长、促改革、调结构、惠民生、防风险各项工作，进一步稳就业、稳金融、稳外贸、稳外资、稳投资、稳预期，切实提高人民群众获得感、幸福感、安全感，聚焦“五大跨越任务”“五大精准行动”，大力实施五个“三年重点计划”、生态文明“六大专项行动”，守好发展和生态两条底线，保持经济持续健康发展、社会大局稳定，持续巩固提升脱贫攻坚成效，为乡村振兴打下坚实基础，以高质量发展的成绩向新中国成立70周年献礼。

今年经济社会发展的主要预期目标是：地区生产总值增长11%左右（其中，一二三产业分别增长6.8%、12%、15%），固定资产投资增长6%左右（不含跨境项目投资），规模以上工业增加值增长11.5%，一般公共预算收入增长2%，社会消费品零售总额增长13.5%，城镇、农村常住居民人均可支配收入分别增长9.5%、10.5%左右，居民消费价格指数、节能减排降碳指标控制在省规定的范围内。

围绕上述目标，我们将重点抓好8个方面工作：

第一，坚持以农村产业革命为重点，巩固脱贫攻坚成果，夯实乡村振兴基础。立足县情农情，从短板补起、从薄板抓起，全面巩固提升脱贫攻坚成果，促进乡村振兴。

巩固脱贫攻坚成效。推进“乡村网格化”常态化、制度化，全面落实“三下沉、五示范”，支持乡镇产业扶贫项目落地落细落实，全面完成财政扶贫专项资金、广州市对口帮扶资金项目建设。继续加强东西部扶贫协作，依托瓮海投资运营有限责任公司，做好人才交流、农特产品销售、劳务输出各项工作。抓好药用银杏、茶叶、烤烟、辣椒、肉兔、中药材等产业链接，确保贫困人口利益联结全覆盖。推动农村产业兴旺。认真落实农业产业发展“八要素”，推行500亩以上坝区“一坝一策”。依托9个省州级农业园区调整农业结构，调减玉米1.89万亩以上。力争种植药用银杏10万亩，配套建成药用银杏烘干厂，将药用银杏产业培育成为主导产业。新增欧标茶茶叶种植1万亩以上。稳定种植辣椒20万亩以上。加快推进全省现代农业烤烟高质量发展转型升级示范县建设，种植烤烟4万亩以上，收购烟叶8万担以上，力争全省烤烟项目观摩会在瓮安举办。稳定出栏生猪62万头，生态家禽120万羽，完成珠藏镇肉兔拓展实验示范项目建设，出栏商品兔150万只以上。争创国家农村产业融合发展示范园，培育新型经营主体21家。新增“三品一标”农产品种植7万亩以上，争创国家级农产品质量安全县。全县农业增加值增长6.8%以上。夯实乡村振兴基础。出台《瓮安县乡村振兴战略规划（2018—2022）》。完成1000个垃圾池建设，建成30个偏远村寨垃圾处理设施，改造或新建农村卫生厕所1000户、村级水冲式公厕20座。绿化村庄庭院18万平方米，改造农村住房庭院环境10000户、住房风貌2000户，硬化村内串户路150公里，亮化安装路灯10000盏，修建划定小型零散停车位1000个。培育新型职业农民200人以上。广泛开展农村精神文明星级文明户、文明家庭等群众性精神文明创建活动，全面提高农村社会治理水平，夯实乡村振兴基础。

第二，坚持以高质量发展为重点，促进三次产业融合，实现经济稳中向好。认真践行新发展理念，保持转型发展战略定力，扎实抓好三次产业融合发展，振兴实体经济。

推动农业“接二连三”。依托益沁园、冬秀孃等农特产品加工企业，推行“公司+合作社+农户+基地”生产经营模式，完成规模以上农产品加工产值25亿元以上、增长15%。以龙头企业、特色产品为主，指导一般商标注册10件以上。重点支持镇村级企业、农特产品企业做特做优，发展微型企业80户以上。推进“互联网+现代农业”，推进国家级电子商务进农村综合示范县建设，实现电商服务站行政村覆盖率达50%以上，拓宽绿色优质农产品销售渠道，实现黄金芽、白茶、黄粑、皮蛋等农产品“瓮货出山”。坚持农旅结合，重点打造建中田园综合体示范点、平定营花卉苗圃基地等，实现农旅融合发展。加快工业提质升级。大力实施“双千工程”，推进天一矿业、龙马磷业二期等一批亿元项目开工建设，促进金正大、芭田等重点企业持续释放产能，加快推进岑文化工年产5万吨苯酐系列产品项目、盛世荣创50万吨再生纸生产等重大项目建设。着力提高磷化工产业发展“四个比重”，鼓励企业加大研发、技改力度，确保高档化肥的比重从72.7%提高到75%、精细化工产品的比重从2.9%提高到15%、共生矿综合利用项目争取落地、磷石膏综合利用比重100%。有序推进煤矿技改扩能，完成夹山、新井煤矿智能化改造，实现煤炭产业脱胎换骨。全年完成工业固定资产投资30亿元，实现规模工业产值121亿元，规模工业增加值28.45亿元。优化工业发展要素质量，加快建成工业园区铁路物流站。完善天然气、蒸汽、商务中心等功能配套，推进3万吨成品油库等项目建设。加快算水坝精细化工区、青坑黄磷集聚区水电路网建设进度。大力发展现代服务业。积极创建国家全域旅游示范区，深入实施“旅游九大工程”，大力推进猴场镇葵会（中国）贵州医养中心、春上温泉、南接待中心等项目建设，启动建设唐风遗韵文化产业项目，加快草塘千年古邑旅游景区乡村旅游综合体建设。推进草塘千年古邑国家4A级景区投入营运，力争引进1至2家全产业链的旅游企业，1家100辆旅游大巴的旅游车队企业，20家旅游商铺，5家以上旅游度假酒店。开工建设建中清水河旅游度假区。全年接待国内旅游人数887.69万人次，实现旅游综合收入88.06亿元。加大文化产业培育力度，新增文化企业30家，培育规模以上文化企业2家。支持金正大、芭田申报省长质量奖及提名奖。深入挖掘瓮安地理标志资源，积极申报国家地理标志产品。支持县内龙头企业通过品牌嫁接、资本运作、产业延伸等方式，打破产业界限，实现发展壮大。

第三，坚持以化解政府性债务为重点，筑牢三大风险防控体系，坚决打好重大风险防范化解攻坚战。坚定不移地把防范化解重大风险摆在更加突出的位置，步步为营、严防死守，确保获得全胜。

坚决筑牢防线防范化解债务风险。坚持以人民为中心，牢固树立正确的政绩观，严格落实政府性债务管理“七严禁”和“1+8”债务管理政策，把年度还款计划细化分解到月，采取“六个一批”落实偿债资金。严格控制新增债务，严格审批投资项目。扎实抓好债务展期降息，用足政策性银行融资红利，不断优化债务结构。强化政府债务预算管理，安排财力6亿元用于偿还政府性债务本息。设立“政府＋金融”债务管理应急风险资金池。继续采取PPP化债、资产与债务剥离、债权转股权等方式积极化解政府性债务，确保政府性综合债务率控制在省规定的风险预警范围以内。坚持疏堵结合防范化解金融风险。继续打击非法集资等违法违规金融活动，强化P2P网络借贷平台以及网络借贷信息中介等机构的监管，全年开展专项排查2次以上。创新银政企合作发展模式，让金融回归服务实体经济本源，共同促进经济和金融良性循环健康发展，营造良好的金融生态环境，确保不发生系统性金融风险。坚持创新治理防范化解安全生产和社会矛盾风险。持续深化“平安瓮安”建设，强力推进扫黑除恶专项斗争，坚决落实“六个绝不放过”，加快“天网工程”升级改造，整合“雪亮工程”“天网工程”和社会视频监控资源，实现县、乡、村三级联网贯通。继续深化“5531”社会治理模式，深入抓好社会矛盾风险排查化解。围绕“阳光信访”“责任信访”“法治信访”三大主线，创新新寨邻社区服务模式，建好“组管委”管理机制。强化安全生产工作，狠抓“双控体系”建设，大力提高综合应急救援和防灾减灾救灾能力，确保人民群众生命财产安全。

第四，坚持以创建国家生态文明示范县为重点，实施“六项行动”，实现生态文明共建共享。大力实施生态文明“六大专项行动”，全力推进国家生态文明示范县创建，打造青山常在、碧水长流、空气常新的大美瓮安。

扩大绿色生态空间。科学布局县域发展空间，不断调优北部工业园区产业，加快形成北重南轻、渐次隔离的空间布局。加大南部生态保育区培育力度，划定重点开发区、限制开发区和禁止建设区，优化空间结构，提高空间利用效率。深入实施“护林植绿”行动计划，种植1万亩园林绿化成型用林和银杏经济林。完成瓮马、贵瓮、安江、道瓮等境内高速公路可视区域内20公里防护林工程。坚决关停生态保护区内违法违规项目，严厉打击无证非法开采和私自收购、运输、销售非法开采矿产品行为，严格落实准入制度，防止高污染高能耗项目进入生态保育区、风景名胜区、农业产业园等区域，从严从实从源头上保护生态空间。加大污染防治力度。持续推进河（湖）长制，大力推行“莱茵河”污染治理模式，确保水环境质量“只能更好、不能变坏”。大力推进县城区雨污分离，加快乡镇污水处理厂验收整改，中心城区、城镇生活污水集中处理率分别达93%、88%以上。完成乡镇1000人以上集中式饮用水水源地规范化建设，水质达标率100%。编制完成“三线一单”，全面排查整治“散乱污”企业。规范成功磷业、龙腾磷化等基础产业区黄磷企业尾气集中收集处理，实现金正大、芭田等高架源外排污染物超低排放。大力整治餐饮业油烟污染，县城空气质量优良天数比率达99%以上。加快推进垃圾焚烧发电项目建设，完善城乡垃圾收运无害化处理体系，工业危险废物、医疗废物安全处置率100%，县城生活垃圾无害化处理率达83%以上、乡镇达70%以上。提升环境治理能力。出台《瓮安县生态环境损害赔偿办法》，加强领导干部自然资源资产离任审计，促进自然资源资产节约集约利用和生态环境安全。加快建设瓮安智慧环保暨河长大数据平台，建成运行瓮安河流域重要监测监控断面15个在线水质自动监测站。强化城市扬尘和企业烟气排放监测，完成县城和工业园区8个空气自动监测站建设运营。下大力气解决环保力量薄弱问题，大力引进化工、环境工程、给排水等专业人才，培养专业环保技术骨干。抓好环保“六个一律”、森林保护“六个严禁”专项执法行动，依法打击各类破坏生态环境的违法行为。

第五，坚持以城乡融合为重点，优化“三生”空间布局，构建宜居宜游宜业环境。加大城乡融合力度，优化“三生”空间布局，构建以中心城市为核心、特色集镇为支撑、美丽乡村为节点的城乡梯度发展格局。

用工匠精神建设城市。建成朵云拓展区“三纵四横”骨干路网，推动朵云湖、梅花湖周边生态修复，加快启动朵云政务中心、学校、医院等公共基础设施建设。抓好文峰大道地下综合管廊及道路改扩建PPP项目建设，启动县城北门5万平方米广场市政综合体建设，积极谋划文峰广场市政综合体和社区公园建设。推动打石冲片区、怡人泉至野鸡井片区棚户区改造，打通淮海路、兴隆路与朵云拓展区连接路网，促进新老城区协调发展。建成清涟湖湿地水街、飞练湖湿地公园、八小地下通道项目。全面完成麒龙·湖山悦府、锦美·河畔阳光、坤邦·城市公园等城市综合体建设。下绣花功夫治理城市。实施城市生态修复，启动《瓮安县中心城区城市双修专项规划》《瓮安县中心城区海绵城市专项规划》编制。继续加快推动城区绿地植入，启动2万亩环城林带和干线防护林建设。严控西门河以西区域开发，优化城市人口密度。完成餐厨垃圾处理厂建设，实现城区餐厨垃圾资源化利用、无害化处理。继续抓好房地产整治，加强住宅小区物业服务管理。加快城市管理数字化平台建设，加大市政、环卫、绿化管理管护和违法建设监管，实现县城区23平方公里市容市貌“点对点”管理，全面唱响“全国卫生城市”主旋律。以宜居标准丰富城乡内涵。完成《瓮安县城市总体规划（修编）（2018—2035）》《瓮安县主城区控制性详细规划》修编，推进产业、生态、交通、旅游等专项规划融合衔接。增强城市承载能力、县域辐射带动作用，县城建成区面积增加0.5平方公里以上，小城镇建成区面积增加1.5平方公里以上。实施农村人居环境整治三年行动，补齐基本公共服务短板，全力打造珠藏镇北部次中心城镇，稳步推进玉山和天文镇区人居环境改造，实施平定营、岚关等6个乡镇法治文化广场（公园）建设，打造精品型或提升型村庄11个，促进乡村山水田园相映生辉，全面改善提升乡村人居环境。

第六，坚持以构建要素保障为重点，全面织牢“三张网”，不断夯实发展基础。着力优化发展“硬环境”，继续织牢交通、水利、信息能源“三张网”，全面提升发展保障能力。

加快织牢便捷高效的综合交通网。全面建成瓮马铁路瓮安段，开工建设瓮马铁路北延伸线。瓮开、遵余高速公路瓮安段总体形象进度分别完成30%、40%以上。启动瓮黄高速公路瓮安段建设。力争乌江航运瓮安港基础设施开工建设。建成G354瓮安银坑水至肖家坳（鱼河至肖家坳段）、S308道坪至建中、S205瓮安珠藏至瓮水司段公路、瓮安县云中港至岚关一级公路永和连接线。大力推广应用“通村村”农村出行服务平台，让百姓出行快、农货出山入山快。加快织牢保障有力的现代水利网。完成胜土水库蓄水监测后续工作。全面推进大岩水库建设，加快推进塘坎上、桐木、广山、金翠湖、冷水沟、荒田沟、白水水库扩容增效等水源工程前期工作，确保按期开工建设。扎实抓好瓮安河五福段、平定营段、工业园区段及岩根河流域治理工程。加快织牢安全可靠的信息能源网。持续加大农网升级改造力度，全面完成新一轮农网升级改造和低电压台区改造。建成瓮马铁路配套双电源线路。改造升级全县通讯盲区、信号弱区基站，开展县城区5G网络建设前期工作，推动信息网络向村组延伸。加快实施都匀至瓮安天然气支线管道和充电桩项目建设，新（迁）建加油站8座、充电桩42个。

第七，坚持以改革创新为重点，继续扩大对外开放，为高质量发展提供强劲引擎。以自我革新的勇气推进重要领域、关键环节改革，以铿锵有力的行动深化全方位开放，以坚如磐石的决心促进全领域创新。

释放深化改革新红利。持续推进供给侧结构性改革，降低企业融资、物流、用电等生产成本。深入推进输配电价改革试点，完成配售电2.9亿度，降低大工业企业用电成本2000万元以上。围绕服务实体经济和防控金融风险，创新银政企合作发展模式，促进实体经济健康有序发展，全年融资到位资金30亿元以上。深入推进县属国有企业战略性重组，实现花竹山置业公司、兴瓮实业公司与新组建的文旅集团公司“三驾马车”并驾齐驱。深入推进教育、医疗、乡镇行政体制改革。深化商事制度、证照分离、行政审批“六个一”、园区体制改革。坚持放管结合，强化产品质量和服务监管，打造高效便捷、公平竞争的营商环境和市场秩序。全面落实好减税降费政策，实现民营经济增加值80亿元以上。培育创新驱动新动能。狠抓“大学生就业促进计划”“万名大学生创业计划”“高校毕业生就业见习计划”，促进高校毕业生返乡创业就业，增加县域人才质量和总量。加大科技投入力度，全社会研发经费提高到2.3亿元以上，综合科技进步水平指数稳定在85%左右。依托“磷人家园”，培育新增高新企业2家以上，高新技术产业产值40亿元以上。支持贵州瓮安农商行和贵州源翼磷系新材料公司挂牌上市。实现对外开放新突破。继续高质量承办国际男篮、女篮巅峰争霸赛，中国·瓮安国际山地户外运动锦标赛，全国体育舞蹈技术等级公开赛等大型国际国内赛事活动，高质量开展全民健身活动，提升“全国群众体育先进县”的品牌影响力。继续高质量承办2019国际现代磷化工博览会，继续放开广州结对帮扶窗口，不断提升瓮安知名度和影响力。大力推进产业大招商三年行动，持续优化招商引资环境，以专班招商为重点，以安商亲商为抓手，完成引进州外到位资金245亿元以上，引进项目40个以上。构建人流、物流、资金流、信息流、技术流、文化流等融合共生的对外开放新体系，构筑瓮安对外开放新格局。

第八，坚持以保障和改善民生为重点，想人民之所想，努力顺应人民群众对美好生活的向往。人民对美好生活的向往就是我们的奋斗目标，要全力做好各项保障和改善民生工作。

提高办学水平共享优质教育。继续实施好第三期学前教育行动计划，加强乡村幼儿园、小区幼儿园建设，学前三年毛入园率达90%以上。推动义务教育优质均衡发展，小学辍学率控制在0.6%以内、初中控制在1.5%以内、九年义务教育巩固率达95%以上。关心重视特殊教育，“三残”儿童少年入学率达90%以上。认真贯彻《中小学生减负措施》，积极探索建立教育教学激励机制，激发教师内生动力，改进教学方式，丰富课后服务，适应高考改革，推动职业教育特色发展，全面提高教育教学质量。建设健康环境共享健康生活。完成残疾人康复中心建设、17个乡镇卫生院中医馆建设。大力推进健康扶贫工作，建立“三个一批”救治工作长效机制，深入推进家庭医生签约服务。持续推进食品药品安全专项整治及质量提升行动，严厉打击各种违法生产经营行为，让人民群众吃得放心、用得安心。丰富精神文明共享文体盛宴。依托中国辞赋之乡、全国文化先进县，围绕新中国成立70周年开展辞赋等系列文艺活动，繁荣地方特色文化。持续开展“幸福进万家·瓮水长歌文化精品乡村行”公益文艺演出300场以上，放映农村公益电影700场以上。积极组团参加黔南州第六届运动会，继续保持优异成绩。强化社会保障共享发展红利。深入推广加强基层民政工作“六个一”工作法，全力做好“三特三留”人员关爱工作，充分发挥社会救助的托底保障功能，有效保障农村困难群众基本生活。积极维护退役军人合法权益，扎实开展军烈属优抚工作，让军人成为全社会尊崇的职业。成功申报5500户城市棚户区改造，加快工业园区、五里街等9个安置房（保障房）建设。坚持不懈推进撤县设市工作。

全面抓好“十件民生实事”：（1）减少农村贫困人口3800人，贫困发生率控制在0.5%以下，城乡低保标准分别提高到590元/月/人、4080元/年/人；（2）完成朵云、江界河镇易地扶贫搬迁项目建设，搬迁安置7001人；（3）实现城镇新增就业6500人，城镇登记失业率有效控制在4.2%以内，转移农村富余劳动力10000人，完成创业培训、职业技能培训2850人，发放各类创业贷款6000万元，完成农业实用技术培训10000人次，新增市场主体4000户；（4）建成瓮安融媒体中心，完成农村群众文化舞台建设4个、多彩贵州广电云户户用4800户；（5）全面建成瓮安一小综合楼、瓮安九小及河西、富水桥、小河边、张家坡、香榭水岸小区幼儿园5所，启动朵云一小、瓮安第七幼儿园建设；（6）建成雍阳街道办事处社区卫生服务中心，开工建设县疾病预防控制中心并完成主体工程建设；（7）完成朵云拓展区一期应急供水工程建设，建成营运县城三期污水处理厂；（8）完成45个农村环境综合整治点治理，完成10个乡镇集中式饮用水源保护区规范化建设及环境问题整治；（9）大修农村公路30公里以上，建成生命防护工程180公里以上；（10）全面完成全国殡葬综合改革试点工作，建成瓮安县城市公益性公墓项目、猴场镇集中治丧示范点。我们要用心用情用力办好这些实事、好事，让人民群众过得更加实在、更加安逸。

三、建设对党忠诚、人民满意的服务型政府

人民政府为人民，这是党对我们的要求。我们要筑牢初心、尽责担当，全面建设对党忠诚、人民满意的服务型政府。

（一）坚持党委领导，全面从严治党。坚持以党的政治建设为统领，深学笃用习近平新时代中国特色社会主义思想，认真贯彻落实党的十九大精神，旗帜鲜明讲政治，牢固树立“四个意识”、坚定“四个自信”、做到“两个维护”，坚持把党对一切工作的领导贯穿政府工作全过程，始终对党绝对忠诚。全面贯彻习近平总书记对贵州工作的重要指示精神，自觉服从县委在推动瓮安发展中总揽全局、协调各方的领导，以永不懈怠的精神状态、一往无前的奋斗姿态，用实际行动确保党中央国务院、省委省政府、州委州政府和县委各项决策部署落到实处。扎实开展“不忘初心、牢记使命”主题教育。严肃党内政治生活，认真贯彻落实新形势下党内政治生活若干准则，严守政治纪律和政治规矩，全面落实“一岗双责”，坚决落实党组全面从严治党主体责任。

（二）坚持依法行政，全面依法履职。坚持法治思维、依法行政，政府活动全面纳入法治轨道。全面推动政务村务厂务公开，加大对权力运行的规范、制约力度，严格规范公正文明执法，筑牢有权不任性、用权受监督的制度笼子，让权力在阳光下运行。加强决策合法性审查，推行政府法律顾问制度。强化行政权力运行监督，自觉接受人大依法监督、政协民主监督，全面接受监察监督，主动接受新闻媒体、社会各界监督。认真听取各民主党派、工商联、无党派人士和各人民团体、社会各界人士的意见建议，及时将合

理意见纳入政府决策。认真办理人大代表建议、政协委员提案和协商意见，提高办结率、满意率。支持驻军、武警部队建设和法院、检察院工作。

（三）坚持担当有为，全面提升服务。注重培养干部的斗争精神，增强斗争本领，树立底线思维、增强忧患意识，提高风险的发现力、研判力、处置力。坚持严管与厚爱相结合，完善激励约束、容错纠错机制，为负责任的干部负责，为敢担当的干部担当，警醒和惩戒慢作为、不作为、乱作为的干部。大力推行“一线工作法”，兴“三风”、纠“四风”。全面推动“互联网 + 政务服务”，推行政务服务事项线上线下同步，让企业、群众办事像“网购”快捷方便。完善“12345”民心热线、“政务 110”和书记县长群众直通交流运行机制。大力提升公共资源交易能力，加强县、乡、村三级农村产权交易平台建设，构建更加便捷高效的政务服务体系。

（四）坚持清正廉洁，全面转变作风。全面加强党风廉政建设，锲而不舍贯彻落实中央八项、省委十项、州委九项、县委八项规定精神，把权力关进制度的笼子，坚持腐败行为零容忍。坚决整治形式主义、官僚主义，坚决打击享乐主义、奢靡之风。继续深化标本兼治，持续推动扶贫领域、民生领域、涉黑涉恶腐败、移风易俗等专项治理，严厉整治发生在群众身边的腐败、作风问题。强化国有资产、国有资源和领导干部经济责任审计监督，落实审计整改责任，严明财经纪律，发现问题坚决查处。坚决整治领导干部利用茅台酒等特殊资源特殊产品谋取私利的问题。建立健全健康干净的工作关系，杜绝把政府公共资源用于个人或者单位结“人缘”、拉关系、谋好处的行为，构建“亲、清”新型政商关系。

各位代表，宏伟的蓝图是顺应人民群众的美好期盼，是靠干出来的。让我们更加紧密地团结在以习近平同志为核心的党中央周围，在县委的坚强领导下，紧紧依靠全县各族人民，团结一致向前看、撸起袖子加油干，为谱写新时代瓮安高质量发展的新篇章而努力奋斗！

独山县政府工作报告

（2019 年 2 月 27 日在独山县第十七届人民代表大会第三次会议上）

独山县委副书记、县长 蒋海航

各位代表：

现在，我代表县人民政府向大会报告工作，请予审议，并请县政协委员和其他列席人员提出意见。

一、2018 年政府工作回顾

2018 年，是极不平凡的一年。过去一年，在州委、州政府和县委的坚强领导下，在县人大和县政协的监督支持下，我们以习近平新时代中国特色社会主义思想为指导，以脱贫攻坚统揽经济社会发展全局，以奋斗的姿态、实干的劲头，强力推进稳增长、促改革、调结构、惠民生、防风险各项工作，迎接一个又一个挑战、战胜一个又一个困难，交出了一份来之不易的沉甸甸的答卷：完成地区生产总值 94.3 亿元、增长 12.5%，规模以上工业增加值增长 11%，500 万元以上固定资产投资增长 19.8%，社会消费品零售总额 22.4 亿元、增长 9%，财政总收入 9.47 亿元，地方公共财政收入 4.77 亿元、增长 5.9%，全面小康实现程度达 98%。

——这一年，我们高举旗帜、奋发有为，贯彻党的十九大精神胜利开局。我们自觉把独山经济社会发展放到十九大描绘的新时代大背景中去谋划，成功创建国家卫生县城、全省森林城市，获评全国森林旅游示范县，飞凤湖入选首批国家森林特色小镇试点，翁奇村获评中国美丽休闲乡村。全县贫困发生率从 2017 年的 12.2% 下降到 5.05%，创造了独山脱贫史上较好成绩。

——这一年，我们勇于担当、奋起直追，促进经济高质量发展起步良好。一年来，我们按下高质量发展的“快进键”，获批中国电商示范百佳县、第八批国家新型工业化产业示范基地（经开区）、省级大学生创业孵化基地（经开区）、省级农民工创业示范园（麻尾园区）。通过效率变革激发发展活力，全要素生产率加快提高，逐步形成以产业园区为载体、支柱产业和主导产业为内涵的现代化经济体系。通过动力变革点燃发展引擎，新旧动能加快转换，产业结构更趋优化，高质量发展元年高位起步、顺利开局。

——这一年，我们拼搏创新、奋勇争先，推动改革开放取得跨越性成就。改革开放 40 年来，独山人民顺应时代潮流，大胆地试、勇敢地改，闯出一条特色鲜明的发展之路。“贵州南大门”以开放的姿态搭建发展平台、构筑投资洼地，为发展提供强有力支撑，为投资营造良好环境。一批事关全局发展的重点改革加快推进，一些长期制约发展的突出矛盾逐步破题，奏响了改革开放的时代强音。

一年来，我们迎难而上、砥砺前行，主要抓了以下工作：

（一）突出抓防控、补短板，“三大攻坚”更加有力。沉心静气啃下“硬骨头”，奋力夺取跨越全面小康关口的阶段性胜利。一是风险防范不断加强。增强忧患意识，牢牢守住风险底线。政府债务稳步化解。严格落实“七严禁”，严控新增债务，完成 2014 年底以前存量债务置换，综合债务率稳步下降。通过展期谈判、争取财政资金、对接银行贷款、土地出让收益、规范融资和项目建设等方式，有效缓释、防范到期债务风险。金融风险稳妥防控。严打非法集资，整治优化金融环境，金融秩序持续趋好，初步达到金融信用示范县创建标准；4 家基金管理公司注册登记；金融机构存贷款余额 107 亿元、111 亿元。重点领域稳定安全。落实生产、消防、卫生、社会治安、食品等领域风险防范化解责任制和措施，依法打击各类犯罪行为，扫黑除恶专项斗争扎实推进，积极化解信访问题、社会矛盾，维稳形势持续向好，社会大局和谐稳定。二是脱贫攻坚不断深入。全县上下闻令而动、尽锐出战，“四场硬仗”打出新成效。5个较少民族村率先小康通过省级评估，19个贫困村出列，25069人脱贫。责任落实精准精细。县政府常务会议每月2次以上专题研究脱贫攻坚；探索“格长制”管理，将责任锁定到网格，做到脱贫户“户户过堂”，出列村“村村体检”。“前指管总、兵团主战、排格主攻、专班主抓”的作战体系、责任体系更加精准有力。四场硬仗稳扎稳打。建成2017年度易地扶贫搬迁安置房1944套，8176名群众住进新房。建成“组组通”公路642公里；农村安全饮水惠及5.24万名群众；改造危房1634户。教育医疗住房“三保障”政策落地落实。累计发放“特惠贷”5.36亿元，实施“六园六场”，加快产业结构调整和产业脱贫。社会扶贫抓紧抓实。“扶贫济困·你我同行”筹集捐款735万元，其中企业捐款占80%。14个广帮项目加快实施，东西部扶贫协作成效凸显。设立就业和社区扶贫车间，技能培训5576人次，新增公益岗位700个、生态护林员400名，贫困群众的内生动力不断增强。三是生态底线不断夯实。践行“两山”理念，森林覆盖率达61.03%。生态建设成效明显。退耕还林6万亩、荒山造林9.8万亩、封山育林3.3万亩。积极探索“林长制”试点。环境治理成效明显。麻尾、城北污水处理厂试运行，建成凉亭污水处理厂。定期开展河长巡河。认真抓好中央和省委环保督察反馈问题整改，处置环保投诉104件、查处环境违法案件15件。都柳江锑污染综合治理取得阶段成效，土地问题有序整改。开展第二次全国污染源普查。绿色发展成效明显。发展林下经济4万亩、特色经果林2万亩，林业产值10.8亿元；玉水、上司完成森林小镇编制，建成一批森林步道。振发20兆瓦、安聚40兆瓦光伏并网发电；投放90辆新能源出租车。

（二）突出抓工业、促转型，实体经济更有质量。规模工业企业突破百家，工业用电量增长34.3%、达到11.26亿度。一是优势产业竞争力持续增强。支柱产业、主导产业对规模以上工业的贡献率达97.2%，其中装备制造业产值27.7亿元、增长30.7%。翔音电子、中科晶元等一批电子信息企业集聚发展。轴承和机电产值增长53.5%、57.6%，轴承生产线发展到1200条，实现从“校政企”向“产学研”转型升级。启动技改企业31家。新增市场主体3718家；民营经济增加值64.2亿元，占GDP比重68%，对税收收入贡献55%。二是特色园区影响力持续提升。经开区列入《中国开发区审核公告目录》。香港产业园成为全省开放型经济示范园区，创建玻璃等重点项目建成投产。麻尾高新产业园投入使用，泗亭循环经济产业园开工建设。园区改革与创新深入推进。三是重大项目拉动力持续释放。标准电机二期等项目竣工投产，LNG等项目开工建设。建成矿热炉13台，金孟3、4号炉顺利点火。东峰锑业获批国家级质量标杆企业，绿健神农、黔旺风味获批省级名牌产品，8家企业获评省级“专精特新”中小企业。

（三）突出抓产业、兴乡村，农业发展更可持续。实施乡村振兴战略，农业农村加快发展。一是农业渐强。完成农业增加值21.03亿元，玉米替代种植6.05万亩；核准500亩以上坝区60个，“六园六场”推进效果明显。恒盛、日泉、金维益等企业“龙头效应”更加明显；铁皮石斛产业综合研发实训基地基本建成。国家级农产品质量安全县加快创建，新认证有机食品2个、无公害产品13个。探索种桑养蚕“五化五为主”、铁皮石斛产业“五带促五有”等模式。二是农村渐美。编制完成55个乡村规划和4个村土地利用规划。完成花园村、三里村、拉旺村、水岩村农村环境综合治理试点。建成乡村候车亭244个，建制村通客运率达100%。滥办酒席、房屋违建得到遏制，麻尾村获评省级文明村，摆罗村、北盛村、花园村获评省级民主法治示范村，20个村获评省级卫生村。三是农民渐富。新增省级龙头企业3家、州级龙头企业4家，专业合作社41个、家庭农场124家。突出产销对接，建成农产品网货开发中心，新增农村电商服务站116个，获批全省农商互联示范县。农村劳动力转移就业11456人；农村居民人均可支配收入10565元，增长10.3%。

（四）突出抓服务、强旅游，商贸经济更加繁荣。现代服务业势头强劲，全域旅游加快发展。一是旅游产业质量提升。净心谷通过4A级景区省级景观质量评定，天洞、深河桥获批3A级景区，古国毋敛启动3A级景区评审，大河口开园运营，菩提湖一期基本建成，麻往等12个乡村旅游扶贫项目加快建设；国内过夜游客54.9万人次，增长5.7%。二是商贸物流发展提速。通过国家电子商务进农村综合示范县验收；建成电商公共服务中心、旅游商品线下体验中心，电商培训5800人次，网店突破200家，电商交易额9.2亿元。西南国际五洲物流港一期正式运营，

B型保税物流中心、独山港区加快建设；物流增加值12.4亿元，电商上行物流成本全州最低。新增冷库容量4000吨；储备粮食3500吨。三是服务产业比重提高。培育限上企业9家。中央城、盛源国际等一批城市商圈更加成熟，医疗、养老等生活性服务业蓬勃发展，智慧服务、体验服务成为新业态。

（五）突出抓招商、优环境，发展后劲更加厚实。坚定不移扩大有效投资，项目攻坚有力有效。一是投资结构优。完成产业投资42.5亿元，增长4.5个百分点。省州重大项目投资、工业投资及民间投资分别完成65亿元、38.4亿元、45.6亿元，其中，民间投资占固定资产投资的43%，增长9个百分点。二是基础设施全。交通方面，启动贵南客专征拆，通用机场规划通过评审。开通直达龙洞堡机场专线。建成北互通主体、S312改线段，外延道路3.8公里、主城区道路4.9公里，打通西环大道。建成3条旅游公路；农村公路三级养护管理全面推开。水利方面，甲摆水库设计通过水利部专家评审，尧弄水库开工建设，打渔河水库下闸蓄水。完成城乡供水一体化一期建设。获全省第九批中央财政农田水利设施考核第一名。电讯方面，改造农村电网360公里；建设通讯基站53个，基本实现通讯网络全覆盖。三是产业招商强。以产业大招商突破年为抓手，以商招商、委托招商成效明显，省外3000万元以上招商引资到位资金74.7亿元，产业招商取得新突破。四是营商环境好。在全州率先实现不动产交易"一窗式"服务。工商登记由15个工作日缩短至2.5个工作日；聘任28名营商环境监督员；颁发全州首张全程电子化营业执照。累计办理企业电费担保7000万元、融资担保2.29亿元。助力企业招工4000余人。

（六）突出抓功能、强配套，区域发展更加协调。深入推进国家绿色新型城镇化综合试点，常住人口城镇化率达53.7%。一是布局科学。完成城镇总体规划编制。实施棚户区改造2404套，中央城、温泉城等二期工程顺利完工；恒大、蒙苏里等项目启动建设，商品房销售49.8万平方米。二是设施完善。京都国际、中心广场等区域实现天然气通气；新增城区绿地面积10万平方米、健康休闲步道10公里，建成区绿化覆盖率36.7%。三是城乡统筹。"一镇一特"加快建设，城乡公共服务资源更加均衡。麻尾、基长和猫寨垃圾中转站投入运行；镇区综合执法力度加大。基长、上司通过国家卫生镇评审。

（七）突出抓改革、激活力，开放发展更加坚定。以全面深化改革致敬改革开放40年，传递独山改革开放好声音。一是深化改革添活力。机构改革稳步推进。探索国有企业经营业绩考核和薪酬管理制度；完成农村集体承包地确权颁证，农村集体产权制度改革试点村完成清产核资；国地税顺利合并，征管体制改革稳步推进；完成城管综合行政执法体制改革，有效解决权责交叉、多头执法等问题。完成出租车改革。二是创新驱动结硕果。新增科技型企业备案127家，专利授权94件。丰达轴承认定为国家级高新技术企业，济生、川旺饲料等4家企业入库省级科技型中心企业，秀峰药业、御龙尊等6家企业通过省级知识产权管理体系认证；"贵州大学产学研合作基地"在麻尾挂牌。举办首届"青创汇"青年创新创业大赛、首届技术能手大赛。招引急需紧缺人才90人，引进研究生数量全州最多。三是开放合作促发展。在全省实现县级进出口总额、出口退税办理速度、组织企业参加国内外展会次数、开办国际信用证和国际信用担保"五个第一"；进出口总额1.4亿美元，实际利用外资6000万美元，均居全州第一。与广州开发区签订共建黄埔产业新区合作协议。青龙农林获批黔台农业合作示范基地。10家企业在贵州股权交易中心挂牌。

（八）突出抓共享、惠民生，群众生活更有温度。践行为民宗旨，民生福祉持续增进。一是就业增收渠道更宽。"六个一"优质就业服务网织得更牢，劳务服务公司实现村级全覆盖，城镇新增就业25405人，城镇登记失业率2.11%；城镇居民人均可支配收入30426元，增长9%。二是教育医疗服务更优。建成新二小，完成15所幼儿园改扩建和26所学校薄改。中考成绩全州第一，三中四夺全州中考桂冠；高考一本上线率全州县级第一，2名学子考取清华大学。县中医院（南部医疗中心）建成主体，妇女儿童医院加快建设，县人民医院迁建项目完成前期工作。县公立医院实现网络挂号诊疗服务，通过"全国基层中医工作先进县"复审。三是社会保障覆盖更广。城乡居民养老保险和新农合参保率均达100%。殡葬改革全面实施，13个农村公益性公墓投入使用。麻万获评省级食品安全示范镇。建成阳光养老中心并入选全省首批十大养老示范园区。四是文体活动载体更多。建成图书馆、档案馆、花灯展演馆主体工程，深河桥半程马拉松、第六届花灯艺术节等文体活动多姿多彩，《扇韵》斩获"群星奖"舞蹈类三等奖。麻尾获评省级民族团结先进单位；下司获评贵州民间文化艺术之乡。通过国家语言文字督导评估。新兵征集大学生比例达62%。消防部队顺利转隶地方。科技、气象、档案史志、工商联、文联、残联、红十字会、工青妇等工作取得了新成绩。

（九）突出抓治理、提效率，从严治政更有保障。加强自身建设，增强政府公信力和执行力。一是拥抱新时代。学习贯彻党的十九大精神，执行民主集中制，大力践行“五步工作法”，大兴“三风”，一以贯之纠治“四风”，精简会议和文件，严格执行“禁酒令”，落细落小落实各项工作。二是扛起新担当。自觉接受人大法律监督、政协民主监督、审计监督和社会监督，办理人大建议71件、政协提案109件，办复率、满意率均达100%。法律顾问制度全面推行，法治政府建设深入推进，“七五”普法顺利开展。三是提升新效能。“双随机一公开”监管全覆盖，政务大厅累计办理各类事项45万件，日均办件2045件；完成803项行政审批项目和审批时限清理压减。

各位代表，回顾过去一年，全县改革发展稳定任务之重超出预期，困难矛盾问题之多超出预判，全县上下知难不言难、迎难不畏难、攻坚勇克难，成绩来之不易、经验弥足珍贵，需要倍加珍惜。过去一年的工作启示我们，做好政府工作要始终做到“五个必须坚持”。一是必须坚持党的领导。越是矛盾多、困难大，越要树牢“四个意识”、坚定“四个自信”、践行“两个维护”，自觉在县委领导下开展政府工作。二是必须坚持稳中求进。从长远认清把握大势，科学处理好稳和进、量和质的辩证关系，坚持新发展理念、贯彻高质量发展要求，才能更好地推动经济社会健康持续发展。三是必须坚持底线思维。增强忧患意识和进取精神，从最坏处着想、从最好处努力，守牢风险、发展、生态、民生、安全等底线，确保经济社会发展行稳致远。四是必须坚持民生为本。人民群众是社会物质财富和精神财富的创造者，是社会变革的决定力量，必须践行以人民为中心的发展思想，不断满足群众对美好生活的新期盼。五是必须坚持苦干实干。幸福都是奋斗出来的，只有“干”字当头，真抓实干、埋头苦干，才能谱写新时代独山发展新篇章。

各位代表，过去一年成绩的取得，根本在于习近平新时代中国特色社会主义思想的科学指引，关键是州委、州政府和县委的坚强领导，得益于县人大、县政协和社会各界的大力支持，凝聚着全县广大干部群众的心血和汗水。在此，我代表县人民政府，向全县各族人民，向人大代表、政协委员、各民主党派、各人民团体和社会各界人士，向驻独人民解放军指战员、民兵预备役人员、武警消防官兵和人民警察，向老领导、老同志，向所有关心、支持独山建设的各界友人，表示衷心的感谢并致以崇高的敬意！

在肯定成绩的同时，也要清醒看到全县经济运行稳中有变、变中有忧，一些深层次矛盾、问题尚未根本解决，又出现一些新的困难、挑战。一是脱贫攻坚责任不实。对脱贫攻坚重视不够，把脱贫攻坚作为最大发展机遇认识不足，产业发展成效不明显，精准方略还需深入贯彻。二是集中偿债压力较大。没有处理好发展与风险的关系，没有形成完善的“借用还”和“责权利”相统一的债务管理机制，债务总量大、还款时间集中，债务逾期存在“破窗”风险。三是项目建设不规范。项目建设管理机制不健全，程序不规范、手续不完整，固定资产投资增速持续下滑，实体经济支撑乏力。四是矛盾纠纷高发易爆。在基础设施、城镇建设、项目投资等方面堆积了一批历史问题，这些问题矛盾程度深、稳控压力重、解决难度大，民工讨薪、网络舆情高位运行。五是提升效能任务紧迫。一些干部研究问题、破解难题的能力有待增强，对新时代下新常态、新矛盾的认识和把握不够，改革破题办法不多、干事创业本领不强、防风险意识不足，不作为、慢作为、乱作为等问题不同程度存在。同时，实现高质量发展、推动乡村振兴任重道远，产业发展、结构调整任务艰巨，“三大攻坚”、要素保障压力加大，创新驱动、深化改革仍需发力，职能转变、作风建设永远在路上。这些问题，都需要我们以坚韧不拔的毅力、持之以恒的精神、求真务实的作风，逐一研究、逐一破解，确保独山经济社会沿着高质量发展的道路行稳致远。

二、2019年工作打算

2019年是新中国成立70周年，是决胜全面建成小康社会第一个百年奋斗目标的关键之年，也是独山“脱贫摘帽”决胜之年，做好全年各项工作意义重大。审视2019年，挑战与机遇并存、压力与动力同在。当今世界正面临百年未有之大变局，外部环境深刻变化、各种矛盾交织叠加、经济下行压力加大，越是不确定性因素增多，越要保持战略定力、工作定力、作风定力。我们既要看到严峻形势、增强忧患意识，更要看到长期向好的基本面、坚定发展信心。中央作出我国发展重要战略机遇期没有变的重大判断，将实施加力提效的财政政策、松紧适度的货币政策，更大规模的减税降费，在大幅度增加地方政府专项债券、一般转移性支付的同时，脱贫攻坚、乡村振兴、兴强实体、新时代实施西部大开发战略等政策叠加，为我们补短板强弱项、调结构促转型提供了难得机遇。特别是随着我县产业集群发展壮大、外向型经济抢占先机、一批重大项目落地投产，发展的基础更加坚实。只要我们敏锐捕捉、因势利导、抢抓机遇，苦干实干加巧干，就一定能化挑战为机遇、变困难为希望，推动经济社会又好又快发展，不断增强人民群众的获得感、幸福感、安全感。

今年政府工作的总体要求是：以习近平新时代中国特色社会主义思想为指导，全面深入贯彻落实习近平总书记对贵州工作的系列重要指示批示精神，牢记嘱托、感恩奋进，统筹推进“五位一体”总体布局，协调推进“四个全面”战略布局，坚持稳中求进工作总基调，守好发展和生态两条底线，贯彻新发展理念，按照高质量发展要求，坚决落实“巩固、增强、提升、畅通”八字方针，以脱贫攻坚统揽经济社会发展全局，继续打好三大攻坚战，持续抓好“六稳”工作，牢牢把握“六对关系”，统筹推进稳增长、促改革、调结构、惠民生、防风险工作，聚焦抓脱贫、强化解、保稳定、促发展四大任务，深入推进供给侧结构性改革，深化市场化改革、扩大高水平开放，加快建设高质量现代化经济体系，保持经济持续健康发展、社会大局稳定，坚决夺取脱贫攻坚决战之年根本性胜利，向新中国成立70周年献礼。

今年经济社会发展的主要预期目标是：地区生产总值增长11%左右，规模工业增加值增长12%左右，500万元以上固定资产投资增长20%以上，招商引资到位资金增长30%左右，财政总收入增长8%左右，一般公共预算收入增长8%左右，城镇、农村居民人均可支配收入分别增长9%、10%以上，金融机构存、贷款余额分别增长10%、20%左右，社会消费品零售总额增长12.5%左右，居民消费价格指数控制在省定目标范围内，城镇化率达55%、森林覆盖率达62%，全面小康预计实现程度达98.5%。

今年，我们将突出“八个着力”，抓好以下工作：

（一）着力精准脱贫与乡村振兴同步推进，夺取决战之年根本性胜利。突出脱贫攻坚头等大事，将脱贫攻坚与实施乡村振兴战略相互融合、统筹推进，坚持目标不变、靶心不散、频道不换，确保贫困村全部出列，全县农村建档立卡贫困人口应脱尽脱，贫困发生率下降到1.5%以下，实现全县“脱贫摘帽”。一要紧盯“决战决胜”、促进生活富裕。坚持兵团作战体系，建立“县级干部包兵团（镇）、科级干部包村、尖刀排成员包组、帮扶干部包户”四级包保责任制，实行指挥前移、力量下沉、分类歼灭，选派1200名干部下沉一线，全面打赢“七大攻坚战”。通过全面总攻，落实“八个好”，在3月底前集中补短板、集中大排查、集中大落实；通过全面攻坚，落实“八个实”，在7月底前集中开展思想大动员、项目大推进、环境大提升；通过全面决胜，落实“八个全”，从8月至省级验收、国家抽检结束，用最严格的方法全面自查，全面完成各项指令，做到开门迎检，确保漏评和错退率为0、群众认可度98%以上。二要紧盯“生产生态”、促进产业兴旺。以增加农民收入为核心，实施好财政扶贫资金项目和广帮项目，通过长短结合、以短养长发展“六园六场”农业产业，培育一批龙头企业，抓好产销对接、电商扶贫等工作，实现产业到村、合作社到户、利益联结到贫困户“三个100%”，着力壮大集体经济。三要紧盯“补齐补优”、促进生活宜居。全面完成“组组通”公路建设，农村人口安全饮水全覆盖，实现村村通宽带、组组通网络、户户通通讯。打好易地扶贫搬迁攻坚战，确保搬迁户入住率100%，完成旧房拆除复垦复绿任务，落实“五个三”后续保障，实现一户一就业。实施以“一引领、保两洁、治七乱”为重点的村庄环境综合整治，开展农村“厕所革命”，行政村公共厕所普及率75%以上，提升农村生态宜居水平。四要紧盯“创新创业”、促进乡风文明。狠抓“志智双扶”，推进“百企帮百村”“千企带万户”“百千万行动”。开展贫困群众技能培训，落实生态和公益岗位。强化政策宣传，集中整治乡风，引导贫困群众用勤劳双手撕掉贫困标签。发挥东西部扶贫协作和中央定点扶贫作用，凝聚全社会力量聚焦脱贫攻坚、聚力乡村振兴。五要紧盯“基层基础”、促进治理有效。完善基层民主决策程序，健全农村公共法律服务体系，引导村民参与公共事务，促进民主法治、村民自治与乡村德治相结合，推动乡村治理体系、治理能力实现新突破。

（二）着力防范化解债务、金融风险，坚决守住不发生区域性风险的底线。牢牢守住“不能出事”的底线，确保不能在债务管理方面出问题、不能再“冒泡”、不能再出负面舆情，严格落实“七严禁”“1+8”债务管理政策，健全“借用还”与“责权利”相统一的政府债务管理机制，按照坚定、可控、有序、适度的要求，压实属地责任、主体责任，在发展中防范化解风险，探索出一条政府债务风险防范化解的新路。一要稳妥处置债务风险。完成全县政府平台公司全覆盖审计，全面摸底查清全县债务底数、项目底数、资产底数、资金使用底数等，优化完善长期化债方案和年度债务风险防范化解措施。通过积极争取地方政府债券转化，协商延期支付到期应付工程款，审计核定核减债务，统筹财政预算、上级转移支付、政府基金预算、行政事业单位资产变现、平台公司房产变现、平台公司市场化改造等措施化解政府隐性债务。通过资产运营处置，争取预算内项目资金回补已实施基础设施补短板项目，土地综合开发收益，平台公司整合转型，展期谈判延长债务期限等措施防范化解关注类债务风险。强化日常调度，规范项目管理，积极稳妥化存量、遏增量，严密监控舆情炒作，守牢不发生区域性风险底线。二要坚决防控金融风险。加大不良贷款处置力度，依法坚决打击和惩处非法集资等行为，坚决防止金融领域风险向社会领域蔓延，牢牢守住金融风险底线。三要优化财政支出结构。统筹稳增长和防风险的关系，实施财政精细化管理，着力涵养和培植财源，合理控制非税收入占比，做大财政收入总量、提升质量。大力压缩一般性支出，坚决取消无效支出，收回长期沉淀资金，有效盘活财政存量资金，保障脱贫攻坚、重大项目、民生改善等领域支出。四要提升金融服务水平。引导金融更好服务实体经济和脱贫攻坚，强化政银企合作，创新金融产品和服务，着力缓解中小微企业、民营经济、“三农”等领域融资难融资贵问题。新增小贷公司、典当公司，实现三级金融服务网络全覆盖。加快社会信用体系建设，创建金融信用示范县。支持标准电机、东峰锑矿挂牌上市。新增至少1家企业挂牌新三板或IPO，2家企业挂牌贵州股权中心。

（三）着力深化供给侧结构性改革，加快推动以制造业为重点的三次产业高质量发展。按照“巩固、增强、提升、畅通”要求，加快推动结构调整、产业转型升级。一要以创新为驱动，做强新型工业。重点推动香港产业园申报外贸转型示范基地，深化园区创新改革，完善园区功能配套设施，引导要素资源和配套服务向园区集聚发展。实现规模工业总产值增长13.5%；新增规模企业12家以上。围绕冶金建材业全循环路子，抓好金孟锰材料及热电联产动力车间项目，促进麻尾铁合金企业加快异地技改升级；围绕装备制造业集群化路子，推动以新型板材、建材玻璃为引领的产业链集群发展；围绕电子信息产业数据化路子，完善电子信息产业园建设，培育壮大一批有规模、有技术的龙头企业；围绕食品加工及生物医药业品牌化路子，做大秀峰药业、品泉玉水二期等骨干企业，强化中药产业链条配套；围绕新能源新材料绿色化路子，加快南方科技、中科晶元、新型干法水泥等项目建设，打造新能源新材料产业示范基地。加快中小企业“个转企、企转规、规转股、股转上”，培育10亿元以上企业2家，培育税收1000万元以上企业5家。实施“双千工程”，完成8家规模工业企业技改。大力发展主导产业，加快轴承产业集群升级，提升标准电机自动化水平。大力扶持劳动密集型、以工带农型产业发展，创造更多扶贫岗位。二要以高效为方向，做大现代农业。落实“八要素”，将农业产业革命推向深入，完成农业增加值22亿元以上。建好“六园六场”出精品。调减玉米0.5万亩以上，新增桑园3万亩、药园5万亩、茶园2.4万亩、菜园15万亩、辣椒园2.5万亩、果园3.1万亩，完成养殖猪场75万头、牛场0.55万头、羊场1.6万头、禽场100万羽、花木场1.6万亩、肉兔50.7万只、蜜蜂6300箱。突出“一县一业”创品牌。坚持强龙头、创品牌、带农户，重点发展种桑养蚕、生猪养殖，分别实现产值2亿元、10亿元。支持铁皮石斛、刺梨、板蓝根、桑蚕等产业加快发展。力争培育新增州级龙头企业2家。加快“调整结构”促产业。以500亩以上坝区和25度以下坡耕地为重点，突出“亩产效益”，加快农业产业结构调整，提高规模化、组织化、标准化水平，建成上司筹洞、麻尾三棒等示范坝区。加快青山科技板蓝根深加工等项目建成投产，金维益、苗斛等饮料投入市场。突出质量强农，新认证无公害、绿色、有机农产品5个，地理标志产品1个，创建国家级农产品质量安全县取得实质性进展。三要以电商为牵引，做实服务产业。围绕做强国家级农村电商综合示范试点县，完善县镇村三级物流体系，开展城乡高效物流试点，逐步实现500亩坝区冷链设施全覆盖。加大电商运营、物流仓储等配套项目招引力度，力争电商交易额突破10亿元。围绕促进居民消费，打造1条商贸特色步行街，力争培育限额以上“批零住餐”企业8家以上，加快发展信息、文创等生产性服务业，提质发展养老、育幼、医疗等生活性服务业。四要以提质为主导，做优旅游产业。深入实施“旅游九大工程”，净心谷通过4A级景区复核；天洞启动4A级景区申报；龙井湖、大河口启动3A级景区申报。推进飞凤湖、大河口景区规范化建设，深河桥游客服务中心投入使用。菩提湖景区开园运营。着力提升接待能力，推进智慧旅游。开展“季季有主题、月月有活动”旅游营销。力争旅游总收入增长30%。

（四）着力扩大有效投资，不断发展壮大民营经济。进一步优化营商环境，推动项目提质提效。

一要突出项目主引擎。抢抓西部大开发20周年机遇，加强政策研究，结合“十三五”中期评估，启动“十四五”规划纲要编制。用好用活国家和省州支持深度贫困地区的政策“红利”，着力在脱贫攻坚、乡村振兴等领域储备一批优势项目、精准包装一批重点项目，确保产业投资、民间投资分别占40%和50%以上。二要突出招商主抓手。强化党政领导带头招商，用好以商招商、以企招商及“第三方招商平台”，实现省外3000万以上招商引资到位资金72亿元以上。对重大签约项目实行全程跟踪、限时办结、超时预警、办结销号，提升项目履约率、入园率、开工率、投产率。三要突出保障主要素。交通方面，加强贵南高铁独山段项目协调；力争启动通用机场建设；三独高速建成通车。加快都独同城快速干道、南互通、南三环等项目建设。抓好“四好农村路”示范工程。水利方面，加快甲摆大型水库前期工作，力争年内开工建设；推进尧弄、天波湖等水利工程建设；启动玉水供水管网建设；编制上司、下司、麻尾供水城镇一体化设计方案。电讯方面，新建改造10千伏线路78公里；新增改造配变212台、15975千伏安；新建改造低压线路275公里。建成通讯基站200座，实现30户以上自然寨4G网络覆盖率达90%以上。四要突出服务主旋律。深化“放管服”改革，大力开展政策落实、金融服务、降本减负、扩大民间投资、营商环境整治、领导干部联系服务企业六大专项行动，建立“服务民营企业县长直通车”，将企业开办时间压缩至3个工作日以内、不动产登记办理时间压缩至5个工作日以内、工程建设项目审批时间压缩至80个工作日以内。启动“诚信独山”建设，将2019年确定为“诚信独山”建设年，推动诚信政务、诚信商务、诚信司法等行动取得实效，让诚信价值根植人心。五要突出民营主力军。大力支持民营企业发展，落实各项税收优惠和减免政策，降低企业用地、用能、融资、物流等经营成本。健全建设用地增减挂钩机制，按照工业用地先租后让、租让结合、弹性出让等机制，确保重点项目持续推进。实现民营经济增加值65亿元以上。营造公平竞争市场环境，加强民营企业人才培养，弘扬企业家精神，鼓励企业家积极参与脱贫攻坚公益事业，着力构建“亲、清”新型政商关系。

（五）着力全方位对外开放，充分激发动力活力。将改革开放进行到底，让发展动力更加强劲。一要挖掘改革深度。按照省、州机构改革要求，确保机构改革如期完成。以改革创新的精神破解脱贫攻坚难点问题。按照能减尽减、能合则合的原则，统筹推进“证照分离”“多证合一”，加强事中事后监管，开展“减证便民”行动，全面推行电子营业执照、企业登记全程电子化。深化农村集体产权制度改革，完成行政村清产核资工作，扩大“三改三变”改革试点，确保覆盖45%的行政村。完成14个村改居，析置毋敛、学府街道办事处。二要拓展开放广度。沿着“一带一路”方向“走出去”，大力发展外向型经济，力争外贸进出口总额2亿美元，实际利用外资6500万美元。积极申报B型保税物流中心；加快黄埔产业新区建设，增强独山港区集聚功能，形成全方位、多层次、宽领域开放新格局。三要提升创新高度。实施创新驱动战略，支持高新区等园区创建国家小型微型企业创业创新示范基地，加大“专精特新”中小企业支持力度，打造一批制造业“双创”企业。鼓励企业参与关键共性技术研发，促进成果转换应用。启动创建国家火炬特色产业基地，申报省级以上科技孵化器1个以上，新认定3家高新技术企业，新增2家以上科技型梯队企业。

（六）着力区域协调发展，全面加快新型城镇化建设。牢固树立协调发展理念，推动城乡统筹发展。一要优化城市发展新格局。坚持“多规合一”，科学划定“三区三线”，启动新型城镇化综合试点第二阶段工作。推进恒大项目建设，加快绿地建设，提高城区绿化覆盖率。完成老城区部分路段强弱电入地。二要提升城市管理新水平。持续抓好停车位扩容、拥堵点整治、占道经营管理、小区物业管理、卫生长效保洁等专项行动，推动城市管理向智能化、网格化、精细化转变。启动城区停车场建设；新增城区充电桩100个。整合共享信息化资源，启用“智慧交通云”，实施“智慧城市”工程。三要打造城镇建设新亮点。完成城镇总体规划修编和评审。推进统筹城乡“六个一体化”，缩小城乡基本公共服务配置差异。推动示范小城镇建设。加强镇区卫生环境整治和综合执法力度。支持下司创建国家级卫生镇。抓好以易地扶贫搬迁群众为重点的户籍制度改革，力争农业转移人口市民化8000余人。

（七）着力生态优先，牢牢守住发展和生态两条底线。聚焦生态五个100%，持续打好污染防治攻坚战。一要加强生态保护。新增营造林4万亩，造林成活率95%以上。构建生态廊道和生物多样性保护网络。加强生态护林员管理，积极探索“林长制”试点。开展森林保护“六个严禁”、环境保护“六个一律”专项执法行动。拓展城市绿色空间，努力创建国家森林城市。二要深化环境治理。抓好环保督察反馈问题整改，守牢生态保护红线、永久基本农田、城镇开发边界三条控制线。认真落实河长制，抓好黑神河治理。做好城区园区雨污分流、截污纳管改造。强化土地集约利用。合力打击工业废气、施工扬尘、垃圾焚烧等行为。促进生活垃圾减量化、资源化、无害化。三要推进绿色发展。发展工业、建筑、新能源等领域低碳循环经济。充分发挥林业生态扶贫优势，将营造林和经果林建设有机结合，实现林业经济产值 12 亿元。发展森林康养产业，新建森林小镇 2 个、森林步道 20 公里。新增 180 辆油电混合出租车。提高环保意识，倡导绿色出行、绿色消费。

（八）着力以人民为中心，保障和改善民生。补齐民生短板，让民生答卷更有“温度”。一要强化社会保障。突出就业优先，抓好高校毕业生就业，解决好易地扶贫搬迁群众就近就业。基本社会保险覆盖率达 90% 以上。健全养老服务体系，推行医养结合、智慧养老、扶贫养老，实现阳光康养中心入住率达 40%。做好退役军人安置、就业创业服务和“三特三留”人员关爱工作，特困供养集中供养率达 50% 以上。二要打响独山教育品牌。深入创建“三名”工程，鼓励三中全民营化办学，兴农中学探索公私合营或全民营化办学，高级中学发挥示范性高中作用。支持黔南师院独山校区申办二级学院、贵州航空职业学校和贵州少林华翰国际文武学校扩大办学规模。中考县均分和三中实现“五连冠”，高考本科上线率力争提高到 56%。推动学前教育普惠提质，突出特色办好职业教育。三要构建健康独山体系。着力为群众提供全方位、全周期健康服务，逐步构建“基层首诊、双向转诊、分级诊疗”新格局。加快妇女儿童医院和麻尾中心医院建设。推行县镇两级医疗卫生机构移动支付。推广家庭医生签约服务，提升基层医疗服务水平。四要繁荣文化体育事业。弘扬优秀传统文化，践行社会主义核心价值观，加快省级文明城市创建。图书馆、档案馆、花灯展演馆投入使用，持续打造“春赏灯、夏骑行、秋恋歌、冬长跑”四大文体旅品牌活动。抓好文物和非物质文化遗产保护和利用。五要增强群众安全指数。严格落实安全生产责任制，健全应急管理机制，加强重点行业领域安全生产隐患专项排查整治，做好防灾减灾救灾工作，快速稳妥处置各种安全和突发事件。学习推广“枫桥经验”，强化矛盾纠纷多元化化解，依法解决群众合理诉求。依托“天网工程”，推进社会治安防控体系建设和数据警务建设，依法严厉打击违法犯罪，持续开展“扫黑除恶”专项斗争，着力整治黄赌毒，提高人民群众的安全感、满意度。重视国防动员和后备力量建设，支持监察委和法检两院工作。

三、全面加强政府自身建设

各位代表，我们将全面强化“五大思维”、增强“八大本领”，以“减贫摘帽”为主战场，坚决做到“五个过硬”，全面建设人民满意政府。

（一）旗帜鲜明讲政治。深学笃用习近平新时代中国特色社会主义思想，增强“四个意识”、坚定“四个自信”、践行“两个维护”，坚决执行县委决策。严守政治纪律和政治规矩，落实党风廉政建设“一岗双责”，贯彻中央八项规定精神，树牢规矩意识，坚持“红线、底线”一起守，“不为、乱为”一起治，将“严”字长期坚持下去。进一步压缩“三公”经费，厉行勤俭节约。树立正确的政绩观和发展观，秉持忠诚、干净、担当的政治本色，推动形成心齐、气顺、劲足、实干的良好局面。

（二）依法履职强本领。自觉接受人大依法监督、政协民主监督以及监察监督、社会监督，加强审计监督、司法监督。深入推进政务公开。严格执行政府重大决策公众参与、专家论证、风险评估、合法性审查和规范性文件审查备案制度等程序，提高政策科学性、民主性、有效性。进一步完善公共法律服务体系，实现党政机关法律顾问全覆盖。深入推进“七五”普法。提高运用法治思维和法治方式深化改革、推动发展、维护稳定的能力。扎实开展全国第四次经济普查。

（三）改进服务提效能。始终弘扬奋发有为的优良作风，锲而不舍抓项目，担当有为惠民生。坚持管好与放活并举，深化机构和行政体制改革，理顺政府与社会和市场的关系。深化对新一轮科技革命认知，提升运用大数据精准治理能力。深入推进“最多跑一次”改革，推广“互联网 + 政务服务”，打破信息孤岛，加快数据共享，让更多事项实现“不见面审批”。努力在提供最优制度供给、最佳营商环境上更进一步、更快一步，营造风清气正的干事创业环境。

（四）倡导实干抓落实。大力开展“五治五立”活动，弘扬求真务实的工作作风，深入基层、深入群众、深入企业，查实情，抓具体、抓深入，做到工作项目化、项目清单化、清单责任化，提高政府执行力和落实力。坚持开短会、讲短话、行短文，把时间和精力用在干实事、促脱贫、抓落实上。坚持诚信施政、说到做到，提升政府公信力。健全正向激励和容错纠错机制，让干多干少不一样、干好干差不一样，为担当者担当、为干事者撑腰。

各位代表，路虽远行则将至，事虽难做则必成。让我们紧密团结在以习近平同志为核心的党中央周围，在县委的坚强领导下，同心同德、苦干实干，以永不懈怠的精神状态、一往无前的奋斗姿态，全面夺取决战之年根本性胜利，为同步全面小康社会打下决定性基础，以更加优异的成绩迎接新中国成立70周年！

今年拟办“十件民生实事”：

我们将尽力而为、量力而行，努力办好“十件民生实事”。一是16个贫困村出列，贫困发生率下降到1.5%以下，达到退出国定贫困县标准，实现2个较少民族村全面小康；二是完成2018年度易地扶贫搬迁7408人入住，建成鄗家山、尧梭花园、麻尾安置点3个标准化社区服务中心，全面解决农村住房安全问题；三是新二小投入使用、新二中主体完工，启动新建麻尾、玉水2所幼儿园，改扩建两所乡村幼儿园，完成3所学校食堂标准化建设，继续推进西南职教基地建设；四是推进县中医院（南部医疗中心）建设，新增镇级医生50人、乡村医生50人，对建档立卡贫困户开展家庭医生签约服务并确保签约率100%；五是改造危桥14座，建成166公里通组公路，完成打羊至上司、上司至拉旺、基长至打香、甲良至麻尾、玉水至三独交界道路改造，完成基长至玉水公路建设，完成黄埔大道、尹珍路铁路下穿及北大门路铁路上跨建设；六是全面解决农村饮水安全问题，推动城乡供水一体化向玉水镇延伸，玉水、影山、下司污水处理厂建成投运，城南（基长）、上司污水处理厂启动建设，建成麻万、影山、上司、玉水生活垃圾中转站，为300个30户以上自然村寨配置生活垃圾前端设备；七是建成中石油独山首站、中石油独山羊凤分输站及中缅支线并投入使用，实现独山主城区一体两翼及影山主管网全覆盖并全面供应管道气，启动独山至麻尾高压管道及麻尾供气站、独山至基长中压管道建设；八是建成玉水35千伏变电站，启动麻尾220千伏变电站改扩建，实施光纤宽带入村工程，实现村村通宽带；九是城乡低保标准分别提高7%、10%，残疾人康复中心投入使用，开展“三镇三村”农村养老服务综合改革试点；十是城镇新增就业1万人、农村劳动力转移就业1万人，培训农村劳动力5000人，开设困难人员就业专岗1000个。

平塘县政府工作报告

（2019 年 3 月 1 日在平塘县第十六届人民代表大会第三次会议上）

平塘县委副书记、县长 莫君锋

各位代表：

现在，我代表县人民政府向大会报告工作，请予审议，并请县政协委员和其他列席会议的同志提出意见。

一、2018 年工作回顾

过去的一年，是全面贯彻落实党的十九大精神的开局之年，是改革开放 40 周年。在中共平塘县委的坚强有力领导下，在县人大和县政协的监督、支持、帮助下，我们始终坚持以习近平新时代中国特色社会主义思想为指导，深入贯彻落实党的十九大精神和习近平总书记系列重要论述和重要批示精神，坚持稳中求进工作总基调，紧扣州委州政府和县委工作部署，以脱贫攻坚统揽经济社会发展全局，强力推进县委“3351”发展总思路，竭力抓好稳增长、促改革、调结构、惠民生、防风险各项工作。全县呈现经济持续向好、社会和谐文明、生态环境优美、政治风清气正、人民安居乐业的良好局面。

一是经济发展持续向好。完成地区生产总值 72.41 亿元，同比增长 12%；固定资产投资完成 64.27 亿元，同比增长 19.1%；规模工业增加值完成 7 亿元，同比增长 10.8%。县域经济发展综合测评，2018 年继续位居全省第三方阵甲类县第 2 名。

二是脱贫攻坚连战连捷。投入各类资金 10.91 亿元，众志成城攻坚“四场硬仗”，齐心协力打好“七大战役”。“四最规格”推动易地扶贫搬迁，1795 户、7714 人贫困家庭搬进县城住上新家；16 个毛南族聚居村实现率先小康；全县 69 个贫困村级合作社实现 3 个 100% 全覆盖；全年减少贫困人口 4981 户、20707 人，12 个贫困村顺利出列，贫困发生率由 11.2% 降至 4.33%，预计全面小康实现程度达 95% 以上。

三是实体经济日益壮大。精准发力强化工作抓手，县域实体经济不断壮大。集团招商硕果累累，州外项目到位资金达 156.03 亿元、增长 30%。农业园区新增入驻企业 6 家，3 个农业园区获评全州“十强”“十佳”殊荣；新增引进工业项目 27 个，盘江龙盟新型环保纸被命名为省级名牌产品；天文小镇荣获“国家首批研学基地”，旅游经济持续“井喷式”增长。

四是改革创新成效显著。深入开展“三大三新”活动。县域医共体建设经验得到肯定并在全省推广；成功申创国家级电子商务综合示范县和省级农商互联示范县；“校农结合”教育扶贫模式、脱贫攻坚“单兵较量”、“兵团作战”等改革创新举措闪亮全省；“中国天眼”乡村振兴战略示范区创建工作获得省州肯定。

五是基础设施日臻完善。平罗高速公路县城至牙舟段建成通车，世界第一高混凝土桥塔（平塘特大桥塔）顺利封顶；项五水库基本完工，旧司水库开工建设；大塘镇村供水一体化工程顺利竣工并投入使用，有效解决 2.5 万余人饮水困难问题。

六是民生福祉普惠共享。城镇新增就业 2633 人，转移农村劳动力 10827 人；城镇、农村居民人均可支配收入分别达 29408 元、10065 元，分别增长 9.5%、10.7%。全面实现城乡公交一体化，农村客运班车公交化运行率达 100%。县域义务教育基本均衡发展顺利通过国家督导评估验收，综合测评得分位居全省第二。城乡居民医疗保险参合参保率达 99% 以上，建档立卡贫困人口参合参保率达 100%；统筹基本医保、大病保险、医疗救助、医疗扶助资金 2.41

亿元，实施医疗保障 111 万人次。城乡居民幸福指数连续攀升，经济发展群众满意度位居全省县域第三方阵甲类县第 1 名。

过去的一年，持续的经济下行，投资后劲乏力；脱贫攻坚量多面广，短板凸显；土地、环保要素趋紧，化解债务和各种挑战明显增多。面对前所未有的困难，我们坚决贯彻落实县委的决策部署，始终保持战略定力、工作定力、作风定力，以矢志不渝、不胜不休的决心，提振了全县干事创业的精气神，汇聚了加快发展的正能量，传递了蹄疾步稳的好声音，夯实了脱贫攻坚同步小康基础，取得的成绩来之不易。

一年来，我们着力抓了以下工作：

（一）坚持着力扶贫开发、同步小康，脱贫步伐不断加快。始终把脱贫攻坚作为头等大事、第一民生工程，强力实施脱贫攻坚春风行动、夏秋攻势和“六个专项治理”，扎实有效推进精准扶贫。一是基础提升工程捷报频传。着力补齐基础设施短板，建成农村“组组通”公路 444.57 公里，30 户及以上自然村寨全面实现通组硬化路；建成农村饮水巩固提升工程 14 个，有效改善 8.47 万农村人口饮水安全；新建农村电力项目 113 个，新增 14 个行政村通光纤网络，基本实现行政村光纤宽带和 4G 网络全覆盖。二是易地扶贫搬迁工程成效显著。严格按照“六个坚持”，深化拓展“五个三”后扶机制，扎实推动易地扶贫搬迁，完成投资 4.83 亿元，县城新兴社区实现分房搬迁 1882 套，北环社区建成住房 1494 套，陆续建成幼儿园、卫生室、社区服务中心等配套设施，为“搬得出、留得住、能发展”奠定了坚实基础。三是教育医疗住房保障有力。学生营养餐改善计划惠及 4.5 万名学生，资助家庭经济困难学生 17665 人次，发放补助资金 1795.05 万元；健康扶贫实现“一个目标”“两个精准”“三个全覆盖”，医疗保障水平大幅提升；农村危房改造竣工 3452 户。四是产业扶贫硬仗成效明显。持续深化农村产业革命，调减玉米面积 18.45 万亩，替代高效经济作物种植 11.34 万亩；新增发放特惠贷资金 7209.55 万元，脱贫攻坚六大主导产业累计覆盖贫困人口 6.49 万人。

（二）坚持着力产业支撑、优化结构，发展质量不断提升。全面发力供给侧结构性改革，积极推动经济发展转型升级。一是农业发展步伐加快。深入实施农业“185 提升工程”和绿色农产品“泉涌工程”，推进 9 个州级以上农业园区建设。新增茶园 4000 亩，投产茶园达 16.44 万亩；蔬菜种植 23.24 万亩；生猪出栏 27.12 万头，生态家禽出栏 89.77 万羽；种植精品水果 12.52 万亩，发展中药材 4.91 万亩；完成食用菌生产 1032 万棒；新增认证“三品一标”产品 19 个。塘边蜂糖李、甲茶百香果、大塘金丝皇菊等优势特色产品“黔货出山”。二是工业转型持续推进。建立五大产业和 11 个镇（乡、街道）招商集团，高位推进“产业大招商突破年”“营商环境大整治”行动。成功引进大瑭本草、文搏智能、中汉口腔等一批高新项目，实现工业投资 18.37 亿元，启动“千企改造”企业 22 户，兴发煤矿启动技改建设，拉安电站建成并网发电，曹渡河流域水能开发稳步推进，以“石土经济”、能源开发等为重点的工业格局巩固提升。三是第三产业蓬勃发展。实施旅游九大工程，旅游业态不断丰富，景区景点联动共赢，国内过夜游客 36 万人次，增长 30.07%；入境过夜游客 2254 人次，增长 53.75%。商贸物流欣欣向荣，建成物流配送中心 1 个，新增入库“四上企业”34 家，培育壮大电商企业 40 家，网络零售额达 4886.41 万元。

（三）坚持着力城乡一体、统筹推进，人居环境不断优化。强力推进山地特色城镇建设，完成城建投资 22.3 亿元，新增城镇人口 21709 人，城镇化率达 41.5%。一是东部县城蓄势待发。建平桥竣工通车，金科桥、玉水桥快速推进，新增健康绿道 10 公里，绿化城市景观 6.13 万平方米，县城路网更趋完善；财税业务用房建成投用，金融街区初具规模；棚户区改造 2011 户，楼宇地产持续上扬，新建精品商住 30 万平方米，销售商品房 25.5 万平方米；物流城、美食街、商业步行街等配套设施建成发挥效益，城市品位显著提高，承载功能更加完备。二是城乡面貌得到改善。持续推动改善城镇配套基础设施建设，示范小城镇建设完成投资 17.25 亿元；扎实推进人居环境改造，者密四寨、甲茶西凉、大塘云上等社区面貌焕然一新。聚力攻坚乡村振兴，加大美丽乡村建设，大力促进乡村发展，塘边双河、克度金山等一批美丽乡村颜值气质俱佳。三是城镇管理提质升级。强化城镇管理综合行政执法改革；建成停车泊位 1573 个；集中开展“十乱”整治，城乡容貌更加洁净；积极开展文明城市创建，61 家单位荣获全国和省、州文明称号表彰，6 个村入选省级“村规民约示范村”。

（四）坚持着力夯实基础、重点突破，发展后劲不断增强。强力推进重点项目、基础设施建设，实施重大工程重点项目 30 个，完成年度投资 65.82 亿元。一是交通基础设施持续优化。实现交通领域投资 6.12 亿元。平罗高速完成总体工程进度 91.8%；建成省道改扩建扫尾工程 30 公里，掌布至蚊子山公路通过省级首个“建养一体化”项目验收；实施省级“四好农村路”示范项目 143.47 公里，荣获“四好农村路”省级示范县称号。二是水利基础设施持续改善。实现水利领域投资 10.06 亿元。擦耳岩、五里坝等水库建设快速推进；实施农村饮水安全巩固提升项目 33 个；建成完善集镇污水处理厂 2 个，新建收集管网 37.7 公里；实施河道综合治理 12.76 公里，建成小型农田水利灌溉项目 5 个，新增耕地灌溉面积 8891 亩。三是电力通讯设施持续提升。实现电力通讯领域投资 1.76 亿元，完成农村电网改造 353.96 公里，新建更换配变设备 435 台，电力网架结构不断优化；新增通信基站 592 个、传输光缆 500 公里，全县城镇及行政村实现 4G 网络全覆盖，基本消除公路交通沿线及旅游景区盲区盲点；完成多彩贵州“广电云”户户用工程 12500 户。

（五）坚持着力生态文明、绿色发展，环境质量不断提升。坚守发展和生态两条底线，全力打赢污染防治攻坚战，促进人与自然和谐共生。一是抓好环保问题整改。深入实施“双十”“双源”整治工程，完成 17 个中央环保督察组反馈问题整改和 25 个上地例行督察问题整改；治理废弃矿山 6 家，清查治理污染源 171 家；全面清理曹渡河流域网箱养殖，拆除网箱 7466.6 平方米。县城环境空气质量指数年优良率达 99.2%，集中式饮用水质继续保持 100% 达标率，地表水监测断面水质达到或优于三类水体比例达 100%。二是抓好生态工程建设。持续推进森林资源保护“六个严禁”专项行动，抓实森林防火工作，严控火灾发生率在 3‰以下；深入实施退耕还林、石漠化综合治理等林业生态建设工程，退耕还林 12.06 万亩，治理水土流失 14 平方公里、石漠化 17 平方公里；启动实施美丽平塘林业提质增效三年行动计划，完成营造林 12.26 万亩，森林覆盖率达 68.27%，居全州第 3 位，平塘湿地公园获批国家湿地公园试点单位。三是抓好重点区域保护。实施重要生态系统保护和修复重大工程，强化“中国天眼”宁静区等重点区域生态保护，关闭核心区通讯基站 7 个，降低中间区功率基站 1 个，新增搬迁核心区居民 358 户、1556 人。强化访客管控，规范访客管理，全力抓好“中国天眼”运行环境安全保障工作。四是构建污染防控体系。强化生态环保“两把利剑”“两个问责”，全面落实河长制，推动形成县乡村三级河湖管理体系，实现管治全覆盖，城镇污水处理率、城乡生活垃圾无害化处理率提高至 87.3%、83%。

（六）坚持着力深化改革、扩大开放，发展活力不断释放。一是重点领域改革持续推进。实施县级重点改革任务 10 项，出台破题方案 15 项；纵深推进上级改革任务 10 项，以“医共体”为重点的医药卫生体制改革落地见效，我县代表全州接受省级试点考核验收。二是对外开放合作持续深化。主动抢抓国家对口扶贫发展机遇，持续深化广州白云区对口协作工作，获得对口帮扶资金 3225.5 万元。深度融入黔中城市圈、成渝经济区、长江经济带等区域发展，党政主要领导带头招商，累计引进合作项目 9 个。“中国天眼”落成启用入围贵州改革开放 40 年 40 事评选，入选国家《改革开放四十年大事记》；“中国天眼”安全运行并在脉冲星探索上取得重大突破。三是创业创新环境持续优化。商事制度改革激发市场活力，新增各类市场主体 4710 户。大众创业、万众创新广泛开展，落实“3 个 15 万元”财政补助资金 495 万元，扶持发展微型企业 110 户。减税降费政策红利显现，政策性减免税收 1.04 亿元。大力推进科技创新工程，综合科技进步水平指数达 33.2%。全力以赴抓服务、优环境，构建“亲”“清”政商关系，民营经济增加值达 37.65 亿元，占地区生产总值比重达 52%。营商环境排名全省第 23 位、全州第 2 位。

（七）坚持着力改善民生、持续投入，发展成果不断惠民。聚力攻坚民生福祉提升工程，统筹推进“1+7 民生工程”建设，切实办好“十件民生实事”。一是民生事业持续发展。新建和改扩建公办幼儿园 6 所、义务教育阶段学校 14 所，平塘民中五期工程完成投资 2600 万元；基本普及十五年教育稳健实施，学前三年入园率、九年义务教育巩固率、高中阶段毛入学率分别提高至 93.59%、95.54%、90.98%。扎实推进基层医疗卫生服务能力三年提升计划，县医院（二期）建成投入使用；完成 24 个深度贫困村、5 个易地移民搬迁安置点卫生室规范化建设，实现全县农村中小学校医务室标准化建设全覆盖；掌布、克度成功创建“国家卫生乡镇”，10 个中心乡镇卫生院成功创建一级甲等乡镇卫生院。二是保障体系更加完善。巩固提升困难群体保障水平，城乡低保分别提标 7.1% 和 9.8%；基本社会保险覆盖率、医疗保险覆盖率分别达 95.4%、95.86%；城镇登记失业率控制在 3.23% 以内。抓实城乡医疗救助、养老服务体系建设，特困供养对象、农村留守对象关爱救助实现全覆盖；社会福利、慈善事业等工作取得长足发展。持续深化殡葬改革，完成 10 个农村公益性公墓建设。三是文体事业稳步向前。非遗传承和保护工作顺利开展；民族民间文化品牌塑造取得实效，举办“幸福进万家”文化惠民活动180余场次，通州“五推五破”乡村重点文化发展模式获得全州推广。全民健身和竞技体育实现较好突破，水龙节暨龙舟争霸赛入选中国体育旅游精品项目；完成县文化艺术中心工程建设。省级民族团结进步示范县创建工作取得成功，探索了符合实际、特色鲜明的创建之路，提供了“平塘方案”，得到了充分肯定。此外，国防动员、双拥优抚、外事侨务、档案方志、人民防空、妇女、儿童、青年、老龄、消防、气象等各项事业同步发展。

（八）坚持着力积极稳妥、统筹施策，风险防范有力有效。严格落实政府性债务管理“七严禁”“1+8”系列政策，聚力攻坚防范化解金融债务风险，多措并举深化“政银企”合作，村镇银行挂牌营业，服务县域经济发展的金融体系日趋完善，金融机构存贷款余额分别达79.75亿元、108.12亿元。严格落实安全生产责任制，安全生产水平日渐提升；扎实开展扫黑除恶专项行动，有效净化社会环境，不断完善立体化社会治安防控体系；社会治安形势持续向好，政务110服务效果明显，“平安平塘”建设不断夯实，人民群众的安全感、满意度显著提升，分别位居全省第13名、全州第3名。

（九）坚持着力转变职能、改进作风，发展合力不断汇聚。加强政府自身建设，不断优化政府职能。一是党风廉政建设更加深化。认真落实党要管党、全面从严治党要求，扎实抓好中央和省委巡视反馈问题整改，严格落实中央八项规定及其实施细则精神，扎实开展“两学一做”学习教育，严格落实党风廉政主体责任、一岗双责。加强行政监察和审计监督，开展项目审计53个；规范公共资源交易行为，公共资源交易成交额达4.1亿元。严厉整治“不作为、慢作为、乱作为”问题，切实提高执行力、落实力。二是政务服务工作更加优化。不断推进“互联网+政务服务”标准化建设，持续深化放管服改革，动态调整权力清单和责任清单，大力推进行政审批“三集中三到位”，全县42家部门、645项行政权力事项进驻政务大厅，累计受理业务57.29万件，办结57.18万件，群众满意率达99.8%，荣获“贵州省政务服务标准化建设示范县”称号。三是民主法治建设更加有力。修订完善《政府工作规则》，健全政府法律顾问制度，实现县直部门和镇（乡）、行政村（居）法律顾问全覆盖。全面推进依法治理工作进程，克度金科、者密平河等村荣获“全省民主法治示范村”称号；“七五”普法通过州级中期评估。阳光政府建设扎实推进，群众诉求渠道更加畅通；主动公开政务信息，认真落实政策解读。坚持“三重一大”决策制度，自觉接受人大法律监督和政协民主监督，认真办理人大代表建议154件、政协委员提案93件，答复满意率达99%以上，是23个全州2018年建议提案办理工作突出单位中的唯一县市。

各位代表，一年砥砺奋进，一年负重前行。一年来，我们既经历了结构调整、动力转换的发展“阵痛”，也收获了城乡发展、民生改善的成长喜悦；既承受了经济下行、增速放缓的压力挑战，也增强了跨越发展、同步小康的信心决心。我们在危机中抓机遇、在困境中求突破、在逆势中稳增长，取得了发展实力显著提升、群众收获显著增多、生态环境显著改善的新成效，平塘又站到了一个新的历史起点上。

回顾过去一年的艰辛历程，我们深刻感受到：只有坚持党的领导，才能把握正确的前进方向，汇聚起义无反顾的发展定力；只有坚持务实担当，才能在逆境中披荆斩棘，在危难中坚强崛起；只有坚持群众主体，才能把好事办实、实事办好，升腾起万众一心的磅礴力量；只有坚持同心同力，才能凝聚起建设美丽家园的不竭动力，聚集起推动平塘转型发展的强大合力。

各位代表，正是由于全县上下和衷共济、奋力拼搏、苦干实干，我们才闯过一道道难关、迈过一道道陡坡，让“天眼平塘”扬帆起航，各项事业蒸蒸日上。在此，我代表县人民政府，向人大代表、政协委员、离退休老同志，向全县各族人民、各级干部，向驻县解放军、武警官兵和政法干警，向所有关心、支持平塘发展的同志们、朋友们，表示衷心的感谢，并致以崇高的敬意！

各位代表，在充分肯定成绩的同时，我们也清醒地认识到，今年的工作还存在不少困难和问题：一是全县还有15个村、4563户、12956人口尚未脱贫，实现全县摘帽出列挑战不少，少数贫困群众脱贫内生动力不足、易地扶贫搬迁后续扶持任务艰巨。二是一些领域风险不容忽视。财政刚性支出压力较大，政府债务、隐性债务、关注债务负担较重风险较大；安全生产、社会稳定等领域存在薄弱环节。三是经济仍在下行，投资拉动经济增长的方式压力空前；实体经济面临困难明显增多，部分企业经营困难、开工不足，融资难、融资贵等问题仍然存在。四是营商环境需进一步优化。简政放权还不到位、服务工作还不够主动，“门好进、脸好看、事难办”的顽疾尚未根除。五是少数干部动力不足“不愿为”，瞻前顾后“不敢为”、缺乏学习“不会为”等问题还不同程度存在，党风廉政建设还存在薄弱环节，等等。对于这些问题，我们将高度重视，拿出务实管用的举措认真加以解决。

二、2019年工作总体思路

2019年是新中国成立70周年，是我县脱贫攻坚决胜之年，是全面建成小康社会、实现第一个百年奋斗目标的关键之年，做好全年工作意义特殊、责任重大、影响深远。今年政府工作的总体要求是：以习近平新时代中国特色社会主义思想为指导，全面贯彻党的十九大精神和十九届二中、三中全会精神，统筹推进“五位一体”总体布局，协调推进“四个全面”战略布局，坚持稳中求进工作总基调，全面贯彻新发展理念，守好发展和生态两条底线，打好三大攻坚战，认真落实全州、全县经济工作会议精神，以供给侧结构性改革为主线，统筹推进稳增长、促改革、调结构、惠民生、防风险工作，保持经济在合理区间运行，进一步抓好“六稳”工作，提振市场信心，提高人民群众的获得感、幸福感、安全感，深化拓展县委“3351”发展总思路，以脱贫攻坚统揽经济社会发展全局，决战决胜脱贫攻坚，继续保持全县经济健康发展、社会大局稳定，努力开创百姓富、生态美的平塘新未来，以优异的成绩向中华人民共和国成立70周年献礼。

今年政府工作的预期目标是：地区生产总值增长11%左右，固定资产投资增长18%左右，规模工业增加值增长11%左右，一般公共预算收入增长2%左右，金融机构存贷款余额分别增长3%、19%以上，招商引资到位资金增长10%以上，社会消费品零售总额增长11%左右，城镇、农村居民人均可支配收入分别增长9%、10%以上。

围绕上述目标，需要着重抓好以下8个方面工作：

（一）坚定不移决战决胜脱贫攻坚，如期实现“脱贫摘帽”。举全县之力、聚全民之智，以破釜沉舟的决心决战，以时不我待、舍我其谁的战斗意识，落实网格长负责制、网格员一包到底要求，纵深推进“兵团作战”，聚焦“六个精准”，全力以赴发起总攻，坚决打赢脱贫攻坚硬仗，全年减少贫困人口9368人以上，15个贫困村全部出列，贫困发生率降至1.2%以内，确保全县脱贫精彩摘帽。一要坚决打好“四场硬仗”。3月底前全面完成“组组通”后续工程。6月底前实现农村饮水安全全覆盖，1426户、5934人易地扶贫搬迁，确保搬迁有劳动力家庭户均1人以上稳定就业。3月、9月底前，全县建档立卡户子女不漏一户一人全面享受教育扶贫政策。以户为单位，3月底前实现“家庭医生”应签尽签签约100%，确保健康扶贫政策得到全面落实。6月底前全面完成农村危房和老旧住房改造任务，实现户户有达标安全住房。筑牢基本民生和脱贫兜底防线，确保民政兜底3674人应保尽保。紧扣农村产业革命“八要素”，全面巩固提升扶贫产业模式，确保六大扶贫主导产业实现贫困人口全覆盖，贫困人口人均可支配收入达到3747元以上。二要聚集攻坚强大合力。持续深化“七个一”工作机制，深入落实“六个专项”治理，紧盯“一达标，两不愁，三保障”，以绝对保证通过国家评估为目标，切实抓好扶贫开发成效考核和第三方评估工作。用好国家开发投资公司定点扶贫机遇，统筹整合各类扶贫资金，认真落实金融和产业扶贫政策，落实好脱贫摘帽退出机制、激励约束机制和能人带领工程；精准开展“志智”双扶，引导贫困群众自力更生、勤劳致富，提升自身“造血”能力，切实凝聚社会力量，形成攻坚合力。三要拓展东西部扶贫协作。进一步推动平塘与广州白云区在产业合作、招商引资、人才培养、劳务输出等方面帮扶协作。积极争取白云区精准脱贫建设项目资金支持，签订重点扶贫协作项目5个以上，启动1个精准脱贫示范村建设。力争在白云区建成1个以上绿色农产品销售基地，创新产销对接机制，拓展市场扩大销售，拓宽贫困群众致富门路。争取穗平共建产业园，引进承接广州日用品产业转移。

（二）坚定不移强化风险防控意识，切实筑牢稳定防线。一要着力防范化解金融债务风险。严格执行政府债务管理“七严禁”规定，继续落实重大项目批准制度。采取预算内资金化解一批、争取置换债券化解一批、利用资产化解一批、盘活资源化解一批、国有企业经营收入化解一批、展期降息化解一批、推出PPP项目化解一批等方式，全力以赴防范化解债务风险。坚决打击违法违规金融活动，提高金融风险预警能力。加大教育宣传力度，杜绝学生网贷行为。深化民间投融资市场清理整顿工作，促进民间投融资市场健康稳定发展。二要着力防范化解意识形态领域风险。持续加大法律政策宣传力度，加强正面舆论引导，规范民族宗教工作，严防“三股势力”渗透，确保全县政治稳定。三要着力防范化解社会稳定风险。深入推进“平安平塘”建设，坚决打赢扫黑除恶专项斗争硬仗。加快完善农村社会治安防控体系和应急指挥体系建设，大力推广“雪亮工程”“互联网＋公安政务”向乡村地区延伸；深入推进重大决策、重大工程项目风险评估；抓实政务110服务工作，依法处理各类信访问题，深入细致做好群众工作，提高群众满意度、安全感。严格依法依规，积极稳妥推动征地拆迁、项目建设等工作，全面做好矛盾纠纷排查调解，扎实做好历史遗留问题化解，妥善解决群众的合理诉求，确保全县社会稳定。四要着力防范化解安全生产风险。严格落实安全生产“一岗双责”，突出抓好道路交通、煤矿、非煤矿山、危化品和易燃易爆品、建筑施工、地质灾害等重点行业领域安全生产工作，坚决杜绝较大及以上生产安全事故发生，切实营造平安和谐的发展环境。

（三）坚定不移加强生态文明建设，全力建设“美丽平塘”。牢固树立生态优先理念，坚持严守生态环保底线，坚决打赢污染防治攻坚战。一要抓实环境污染治理。强化环境保护“六个一律”，加大源头监管，坚持铁腕治污；深入实施“双十”“双源”整治工程，扎实推进蓝天、碧水、净土、固废治理、乡村环境整治5场防治攻坚战；加大中央环保督察反馈问题“回头看”和土地例行督察发现问题整改力度，统筹抓好大气、水体、土壤污染防治和废弃矿山的综合治理工作；扎实做好第三次国土调查工作。全面落实县乡村三级河（湖）长制，保障县域主要河流出境断面达到生态功能区环境质量标准，确保县城环境空气质量优良天数比例达95%以上，地表水水质优良比例达90%以上，集中式饮用水水源地水质达标率保持在100%，城镇生活污水处理率、城乡生活垃圾无害化处理率分别达88%、85%以上。二要抓实生态保护修复。扎实开展美丽平塘林业提质增效三年行动，深入实施退耕还林、石漠化综合治理等林业生态建设工程和绿色经济倍增计划。用好森林保护“六个严禁”和环保执法“六个一律”两把利剑，继续强化生态保护修复与地质灾害防治，切实抓好“中国天眼”、交通廊道周边等重点区域生态系统保护和修复重大工程，确保“中国天眼”安全运行。守牢耕地保护与永久基本农田、城镇开发边界三条控制红线。完成营造林6.8万亩、退耕还林1万亩以上，石漠化治理26平方公里、水土流失治理14平方公里，森林覆盖率达70%以上，争创国家森林城市。三要抓实绿色制度改革。深化林业体制机制改革。探索“林长制”试点工作。全面落实覆盖全民所有自然资源资产有偿出让制，开展好领导干部自然资源资产离任审计，探索碳汇资源交易，推进自然资源资产负债表编制。完善资源有偿使用、破坏环境终身追责等制度，健全环保考评体系，建立企业环保诚信档案，落实企业主体责任。四要抓实绿色文化培育。倡导绿色生活方式，树立生态文明新风，大力培育绿色文化，继续巩固创建省级文明城市成果，全面推进国家生态文明示范县创建工作，让绿色理念深入人心，牢牢守住“两条底线”，真正实现百姓富与生态美有机统一。

（四）坚定不移推动产业转型升级，做优做强实体经济。坚持以供给侧结构性改革为主线，突出三产联动抓大产业，推动县域经济持续高质量发展。一要推动现代农业规模扩张。扎实推进500亩以上坝区农业结构调整，加快县城周边及邻近镇乡农业结构和区域布局调整。实施茶园提质增效4万亩，巩固投产茶园面积达16万亩以上；发展蔬菜种植23万亩以上；确保畜牧业增加值占农业增加值比重达25%以上，实现农业投资4亿元以上。引导农业龙头企业发展订单生产和农产品精深加工，形成种养加、贸工农一体化产业体系，培育新型农业经营主体8家以上。以创建国家级农产品质量安全县为抓手，不断强化农特产品品牌打造，培育壮大2个以上农特产品品牌。大力开展“电商助农”，推动农特产品“泉涌工程”加快发展。二要推动新型工业集群发展。积极改造提升工业园区，打造电磁环境友好型经济，实现规模工业增加值7.8亿元、工业投资20亿元以上。深入实施“千企改造”工程，重点加快石材产业、装饰建材等传统产业改造提升，推动规模企业转型改造3户以上；扶持服务企业发展，推动雅海、逢缘、澳华、登鸿、安泰等企业复工复产；继续强化“千企引进”工程，加快农特产品加工、旅游商品制造等园区建设，确保引进一批优强企业和高新项目入驻，新增规模企业6户以上。扎实抓好能源产业聚集发展，完成能源投资3.5亿元，沙坝、岜令水电站建成发电，完成茅草桥水电站大坝主体施工，力争甲茶、甲江水电站开工建设，兴发煤矿投产试产。三要推动第三产业快速崛起。以“旅游九大工程”为引领，强化提质扩容，完善景区业态，整合县域旅游资源，探索建立旅游联盟，加快全域旅游产业培育，推出一批精品旅游线路；着力系统谋划“旅游＋”融合裂变，持续推进旅游“井喷式”增长，加快野奢酒店引进，推进特色餐饮、旅游商品加工等旅游产业发展，力争打造国内知名旅游商品1个以上；全年接待国内过夜游客47万人次，增长30%；入境过夜游客3000人次，增长30%。积极推广“两加两带”旅游扶贫模式，发展乡村旅游促进脱贫1950人以上。大力发展现代商贸、现代物流等服务业，完成冷链物流项目建设，新建或提升电商服务站69个以上，开展电商人才培训3000人次，农村电商、物流覆盖率达80%以上。

（五）坚定不移持续深化项目建设，不断夯实发展基础。持续深化“项目投资打基础”发展部署，全力推进基础设施建设，打造经济增长强劲驱动引擎。一要千方百计抓好招商引资。主动围绕国家政策投资方向，精心包装和争取项目60个以上的同时，强化以商引商、集团招商、定制招商，继续加大产业招商引资力度，紧盯国内500强企业、大型央企和民营巨头，积极引进养生养老、文化旅游、总部经济等领域企业入驻，力争全年引进项目70个，招商引资到位资金170亿元以上。二要集中精力抓好项目建设。继续巩固“项目建设年”发展成果，实施省州重大工程重点项目28个，完成投资38亿元以上。加快交通运输网络建设，确保平罗高速公路平塘段建成通车，力争启动贵阳至平塘高速公路建设。加快水利基础设施建设，快速推进擦耳岩、五里坝、旧司水库建设，确保项五水库竣工验收，力争开工建设甲塘水库，全年完成水利投资7亿元以上。加快电力基础设施建设，继续推进农村电网升级改造，完成电力投资1.5亿元以上。加快通讯基础设施建设，新建基站92个，推进“多彩贵州广电云”“户户通、户户用”工程建设，完成通讯设施投资0.6亿元以上。三要不遗余力抓好要素保障。用足用好土地增减挂钩等利好政策，实行差异化项目用地保障，聚力项目协调服务，确保签约项目早开工，开工项目早建成，实现新开工建设项目40个以上。着力提高金融服务实体经济能力，帮助企业用好绿色产业基金、贵园信贷通等金融产品，积极谋划推动一批符合政策导向的企业债、专项债、绿色债等金融产品申报，扎实推进“小微贷”工作，切实解决企业融资难、融资贵的问题。严格落实县级领导联系帮扶企业机制、“金字塔五级一轴”督查机制，为项目建设和企业生产经营提供优质服务保障。

（六）坚定不移加快乡村振兴步伐，推动城乡融合发展。一要聚力攻坚城镇建设提升工程。争取启动《平塘县城现代化区域中心城市规划》编制，稳步推进棚户区改造工程，开发精品楼宇50万平方米；完成2座廊桥建设，打造城市靓丽风景；加快商贸、物流等配套设施建设步伐，完善县城功能增强辐射带动能力，吸引西部人口向县城东移。深入推进智慧城市建设，规范城市网格管理，不断提升城市管理水平。二要切实加快城镇建设步伐。严格按照《“中国天眼”宁静区发展规划（2019—2023年）》，以保障大国重器安全运行为前提，稳妥推进通州—克度—塘边天文城镇集群建设。加强产城景文旅互动，推动山水田园城融合，打造“高原避暑茶城——大塘”“地质奇观城镇——掌布”“名陶陶艺小镇——牙舟”“边贸综合城镇——者密”“生态旅游名镇——甲茶”“毛南风情之乡——卡蒲”等特色鲜明、产业发展、绿色生态、美丽宜居的特色城镇。三要大力实施乡村振兴战略。坚持高标准编制《平塘县乡村振兴建设规划》，结合实际，分类实施，做足特色，各美其美。突出产业兴旺、生活富裕，继续推进农业产业结构调整，扎实抓好玉米种植结构调整，调减玉米种植面积1.4万亩以上，替代特色经济作物种植13万亩以上，推动农业接二连三，促进农民增收；按照生态宜居，以“六个小康行动升级版”为抓手，以乡村改造、环境整治、文化传承为重点，积极谋划生成一批田园综合体，全力打造美丽乡村。围绕乡风文明、治理有效，完善乡村公共文化服务体系，建立健全乡村文化服务平台，用好新时代农民讲习所，推动乡风文明传播；深入推进“事管委”“组管委”建设，健全自治、法治和德治相结合的村民组治理体系，完善村民自治制度，共建共享乡村文明新秩序，快步让农业强起来、农村美起来、农民富起来，让乡村留住绿水青山、记住美丽乡愁。

（七）坚定不移深化改革扩大开放，全面激发创新活力。聚力攻坚改革创新提升工程，持续增添经济发展强劲动力。一要深入推进重点改革。全面完成政府机构改革，有序推进事业单位机构改革，强化治理体系和治理能力建设。全面落实供给侧结构性改革“1+5”政策，认真落实减税降费等政策措施，切实降低实体经济成本；全面推进农村集体产权制度改革，继续推进农村“三变”改革；着力深化商事制度和行政审批“六个一”改革，将企业开办时间压缩至3个工作日以内，工程建设项目审批时间压缩至80个工作日以内，不动产登记办理时间压缩至5个工作日以内。全面实施公平性竞争审查制度，激发更多市场主体活力。纵深推进县级10项重点改革任务，重点突出行政服务“全程代办制”，着力打造优质高效政务服务环境。二要持续扩大开放合作。依托“中国天眼”品牌优势，主动融入“一带一路”、长江经济带、左右江革命老区等国家重大区域发展，积极参与粤港澳大湾区、粤桂黔高铁经济带建设，加快世界天文科普研学基地和贵州南部旅游康养中心建设。强化与国家天文台、贵州天文台战略合作，积极推进航天科普研学基地和大射电数据处理中心项目建设。用好国际射电天文研讨会、贵州春茶第一壶品鉴活动等重大平台，提升对外交流合作水平，培育发展外贸经济，实现利用外资0.6亿元以上。三要积极支持创业创新。着力建立市场主导、企业主推、产学研用深度融合的创新生态体系，鼓励和支持企业创新驱动发展，切实提高科技创新能力。落实人才招引政策，完善人才激励机制，全面提供人才保障。大力支持民营经济发展，修改完善优惠政策，鼓励支持外出务工能人返乡创业，全面开展大众创业、万众创新，建设一批双创示范基地和扶贫示范企业，民营经济增加值完成44.6亿元以上，占地区生产总值比重达55%以上，实现民营经济新增就业人数1500人以上。

（八）坚定不移着力补齐民生短板，持续改善人民生活。办好“十件民生实事”，建立健全保障体系，努力补齐民生短板。一要发展社会事业。统筹推进义务教育优质均衡发展，实施第三期学前教育行动计划，加强标准化农村寄宿制学校建设，办好特殊教育，提升高中教育，积极引进优质民办教育资源，确保实现学前三年毛入园率达93%以上、九年义务教育巩固率达95%以上、高中阶段毛入学率达90%以上；积极推动全县基础教育提质升级，加强文化体育事业发展。深入推进公共文化服务体系建设，深入实施“一县一品”打造，抓好文物和民间文化的保护和利用，广泛开展全民健身运动。加快提升医疗卫生服务水平，强化“医共体”建设，打造公立医院省级改革示范样板，传承发展中医药、民族医药事业，支持社会力量办医。强化动植物疫情防范，创新食品安全监管方式，保障人民群众饮食安全。二要强化社会保障。深入实施全民参保计划，扩大社会保险覆盖面，确保全县城乡居民基本养老保险、城镇职工基本医疗保险、城乡居民基本医疗保险参保人数分别完成19.45万人、1.22万人、29万人以上；适度提高城乡低保标准和优抚补助标准；深入推进住房制度改革，拓宽住房制度保障覆盖面；扎实打牢基础工作，积极推进殡葬改革；全力做好“三特三留”人员关爱工作，有效治理拖欠农民工工资问题，保障农民工合法权益。加大退役军人安置和服务保障力度，做好退役人员服务管理工作，依法保护其合法权益；切实抓好养老服务，积极发展残疾人事业。

三、加强政府自身建设

各位代表，行者方致远，奋斗路正长。面对新形势、新常态，我们要始终坚持正确的政治方向，不忘初心、牢记使命、感恩奋进、不负重托，努力建设人民满意的政府。

（一）旗帜鲜明讲政治。深学笃用习近平新时代中国特色社会主义思想，树牢“四个意识”、坚定“四个自信”、做到“两个维护”，自觉在思想上、政治上、行动上同以习近平同志为核心的党中央保持高度一致。要始终强化政治责任，保持政治定力，把准政治方向，提高政治能力，坚守对党绝对忠诚的政治品格。树牢政治纪律和政治规矩，令行禁止、不打折扣，坚决贯彻落实党中央、国务院方针政策，坚决落实州委州政府和县委决策部署，确保政府工作沿着正确的政治方向前进。坚持以人民为中心的发展思想贯穿政府工作全过程，持续推动政府系统思想大解放，破除一切不利于发展的桎梏，激活一切有利于创新的动能，以时不我待、只争朝夕的精神状态，努力为全县广大人民群众创造更加满意的生活。

（二）规范履职崇法治。严格按照法定权限和程序履行政府职能，依法接受人大法律监督和工作监督，主动接受政协民主监督，自觉接受监察监督、群众监督和舆论监督，把政府工作全面纳入法治轨道。健全重大事项集体决策机制，遵守重大行政决策和项目实施程序。开展行政执法监督检查，规范执法行为，认真履行行政复议职责和行政诉讼义务。健全政务公开、新闻发布和网络诉求跟踪办理等制度，提升政务服务热线、扶贫专线办理质量。

（三）勤政廉政守纪律。坚决扛起全面从严治党主体责任，落实一岗双责，严守八项规定，持之以恒纠治“四风”，重点整治形式主义、官僚主义，持续用力正风肃纪，深入推进政府系统党风廉政建设和反腐败斗争。抓实巡视反馈问题整改，坚持反腐败无禁区、全覆盖、零容忍，紧盯工程建设、资源开发、公共资源交易等重点领域，聚焦征地拆迁、扶贫、保障性住房等民生工程，严管扶贫、低保、医保等款项，严惩截留侵吞、优亲厚友、虚报冒领、土地私下交易等违纪违法行为。树牢“过紧日子”的思想，严控“三公”经费和一般性支出。全县政府工作人员，要严以修身立政德、勤勉踏实干事业，树立勤政廉政的良好形象。

（四）真抓实干敢担当。今年的工作任务艰巨而光荣，特别是决战决胜脱贫攻坚的号角已经吹响，“兵团作战”的阵势已经拉开，容不得我们半点犹豫和松懈。我们必须深入一线作战，更多地到户到组、到项目现场、到困难和问题多的地方去，切实找准问题、认真研究问题、敢于解决问题，把各项工作向深处、向细处、向实处精准推进。坚持一切工作项目化、重点任务清单化，健全工作责任分解机制，加强过程管理和考评问效，确保既定的工作干一件、成一件。下大力精文简会，简化目标考核，控制一般督察检查、材料报表的总量和频次，切实松绑减负。

各位代表，战鼓声声，号角长鸣。我们要更加紧密地团结在以习近平同志为核心的党中央周围，在州委、州政府和县委的坚强领导下，在县人大、县政协的监督支持下，以鹰击长空的气魄、驼行大漠的意志、狮吼旷野的激情，久久为功、善作善成，为决战脱贫攻坚取得根本性胜利、开创平塘发展新局面而努力奋斗！

今年拟办“十件民生实事”：

1. 城镇新增就业3000人以上，转移农村劳动力1万人以上，实现有搬迁劳动力家庭“一户一人”以上稳定就业；

2. 持续加大农村住房安全保障力度，改造农村危房1155户，完成农村老旧住房透风漏雨整治515户；

3. 解决7.9万人农村人口饮水安全问题，新增耕地灌溉面积5200亩；

4. 新建2所以上公办幼儿园，改扩建2所以上义务教育阶段学校，新建3个学校足球场；

5. 完成多彩贵州“广电云”户户用工程6000户以上，新建110千伏线路15千米，改造10千伏线路100千米；

6. 启动建设1个光荣院，完成2个易地搬迁安置点社区卫生室、1个社区卫生服务中心建设并投入使用；

7. 新增新能源汽车充电桩200个以上，新增停车泊位1000个以上，新增共享电动车200个；

8. 开展县城污水处理厂提标改造，实现出水水质达到一级A标准；

9. 完成玉水五路延伸段、纵一路延伸段建设；

10. 完成S311掌布至团部口道路改造工程。

荔波县政府工作报告

（2019年2月26日在荔波县第十七届人民代表大会第三次会议上）

荔波县委副书记、县长 叶霖

各位代表：

现在，我代表县人民政府向大会报告工作，请予审议，并请各位县政协委员和其他列席人员提出意见。

一、2018年工作回顾

2018年，是全面贯彻党的十九大精神的开局之年，是脱贫攻坚的关键之年。一年来，在县委的坚强领导下，在县人大、县政协的监督支持下，我们坚持以习近平新时代中国特色社会主义思想为指导，认真贯彻党的十九大和习近平总书记在贵州省代表团重要讲话精神，全面贯彻落实中央、省州和县委各项决策部署，强化“四个意识”、坚定“四个自信”、践行“两个维护”，坚持新发展理念，坚守发展和生态两条底线，以脱贫攻坚统揽经济社会发展全局，积极应对经济下行压力，全力打好“三大攻坚战”，强力推进全域旅游发展战略，决战决胜全面建成小康社会，全县经济社会发展呈现出稳中有进、稳中向好的良好态势。完成地区生产总值61.74亿元、增长9.3%，固定资产投资增长19%，规模以上工业增加值增长10.2%，社会消费品零售总额完成12.75亿元、增长8.4%，一般公共预算收入3.73亿元、增长1.4%，城镇居民人均可支配收入30363元、增长8.7%，农村居民人均可支配收入10246元、增长10%，金融机构人民币各项存贷款余额分别为75.1亿元、82.7亿元。经济发展综合测评继2014年起，连续5年位列全省县域第三方阵10个乙类县第一。

（一）坚持深耕细作、勠力同心，脱贫攻坚取得决定性胜利。一是众志成城合力攻坚。1037名选派干部冲锋在前、奋战一线，帮扶单位并肩作战、协同发力，全县上下宵衣旰食、攻城拔寨，压茬推进“春风行动”“夏秋攻势”“专项治理”任务，扎实开展“户户过堂、村村过关”，整合财政涉农资金2.8亿元，实施项目282个，惠及农户8927户、3.57万人。全年减贫4566户、16646人，15个贫困村出列，贫困发生率降至6.03%，小康实现程度达97.8%。荣获“2018年度中国十佳脱贫攻坚与精准扶贫示范县市”称号。二是“四场硬仗”捷报频传。“1+5+N”产业扶贫体系成为脱贫攻坚主引擎，惠及农户8206户、3.15万人。获批绿色产业扶贫投资基金5.99亿元，投放4.05亿元，居全州第1位、全省第18位，桑蚕全产业链项目列入州级“一县一业”示范县建设并作为全省典型示范推广。桑蚕、精品水果、青梅、蔬菜、中药材分别发展到3.5万亩、13万亩、2.11万亩、20万亩次、1.3万亩，瑶山鸡出栏220万羽、生态牛存栏5.8万头。贫困村实现农产品产销对接全覆盖，扶贫产业带动3.6万群众增收。完成年度易地扶贫搬迁安置任务，建成县城樟江苑、瑶山梦柳、甲良、佳荣4个安置点，提前完成“十三五”易地扶贫搬迁15302人建设任务。积极推进“五个三”后扶政策落实，启动建设建材家居市场、社区服务中心、县五小等配套服务设施，就近对口开发就业岗位2000个以上，开展贫困劳动力全员培训3801人次，实现户均1.5人就业。“八个小康”行动计划稳步推进，投资3.3亿元全面建成219条514公里通组公路，提前一年实现30户以上自然寨“组组通”目标。投资2亿元，解决和改善7.2万人饮水安全问题。全面落实教育医疗扶持政策，推行“一站式”健康扶贫和贫困人口家庭医生签约服务，健康扶贫医疗保障救助补偿

5319 万元，医疗费用实际补偿比达 95%，教育扶贫补助资金 4223 万元，受益学生 5.39 万人次。统筹实施全县农村危房、透风漏雨老旧房改造和“三改”工程，1526 户贫困群众实现“安居梦”。三是帮扶纽带全面增强。对口帮扶、定点帮扶、结对帮扶全方位深化，共实施 19 个东西部协作项目，援助资金达 3823 万元，带动脱贫 1543 户、5244 人。全面落实定点帮扶各项措施，林业经济、生态护林员等项目直接带动脱贫 10121 人。四是志智双扶激荡人心。“志智双扶·感恩奋进”行动成效显著，全县上下掀起比拼实绩、抢先争优、相互赶超的热潮，推出岜马村“改乡村环境·聚群众活力·激内生动力”、大土村“六讲六比”等思想扶贫亮点经验，苗家“愚公”龙贵雄在中国民生发展论坛上被授予“2018 年最美奋斗者”荣誉称号。

（二）坚持生态优先、化解风险，社会发展迈出稳健性步伐。一是污染防治攻坚深入推进。扎实推进以水、土、气为重点的污染防治攻坚战，不折不扣落实中央和省委环保督察、国家土地例行督察、国家森林督查、省委巡视各项反馈问题整改任务，茂兰保护区移民搬迁问题整改获州表扬。严厉打击违法占用林地及基本农田、违法排污等破坏生态环境行为，牢牢守住生态保护、永久基本农田、城镇开发边界和水资源保护四条红线。全面开展“三巡”活动，县域 30 条河流实现河长制“一河一策”方案全覆盖，新增污水收集管网 23 公里，县城三期（时来片区）污水处理厂建成投用，播尧、拉欧、新街污水处理厂基本完工，完成三岔河茂兰段河道治理。土壤污染防治工作有序推进。县域河流国省控断面水质达标率、集中式饮用水源地水质达标率均为 100%，县城环境空气质量优良率 98.5%，城市垃圾无害化处理率 97%，城镇生活污水处理率 88%。二是生态文明建设卓有成效。全面启动美丽荔波林业提质增效三年行动计划，五大林业提质增效工程累计完成 19.73 万亩，水土流失治理 36 平方公里，石漠化治理 16.8 平方公里，完成营造林 6.25 万亩，森林覆盖率提升至 70.38%，荣获“百佳深呼吸小城”称号。三是债务防控堤坝越筑越牢。出台政府性债务化解配套政策，组建 12 支化债攻坚队，积极采取 PPP 化债、创新资源配置、盘活经营性资产、展期降息、发行专项债券等方式逐步有序化解债务，预测政府综合债务率下降 50.67%。总投资 89 亿元的樟江景区提质升级工程和老荔波文化古城修复 2 个 PPP 化债项目正在稳步推进。服务业综合治税成效显著，增加税收 1904 万元。成功争取到国家资源枯竭城市和世界自然遗产地专项保护的政策支持，预计获补助资金 1.6 亿元以上。成功争取地方政府置换债券转贷资金 35.27 亿元，获批到位融资 35.9 亿元。县属国有企业做大做强，进一步向旅游地产、建筑建材、文旅开发等行业领域拓展延伸。四是社会各类风险有效防范。全面推进安全风险分级管控和隐患排查治理“双控”工作，安全生产考核获全州一等奖。社会治安防控体系更趋完善，持续推进社会矛盾风险防范和多元化解，深入开展扫黑除恶专项斗争，刑事打击效能考评名列全州第一，现行命案及“两抢”案件均实现“零发案”，政务 110 平台高效顺畅运行，结案率和群众满意率均达 95% 以上，群众安全感名列全省第一，满意度位列第一方阵。

（三）坚持旅游引领、量质并举，产业融合发生内涵式变化。一是旅游迈进旅居度假业态。围绕争做贵州旅游“样板”和“龙头”目标定位，全面实施旅游“九大工程”、服务质量提升“711”工程，以国际视野高标准编制国家旅游度假区和大茂兰景区旅游总体规划并通过评审，樟江风景名胜区调规进展顺利，主要景区旅游服务配套设施不断完善。精品旅游业态供给更加丰富，建成冰雪水世界（二期）、低空飞行基地，佳怡国际大康养项目、茂兰音乐谷露营基地、嘉年华小镇有序推进，成功推出精彩震撼的 5D 飞翔影院和惊险刺激的“车技坊”表演。大力实施“星宿计划”，精品民宿建设运营持续火爆，发展宾馆酒店至 483 家，乡村旅游接待单位 554 家，精品民宿 75 家，总床位达 2.8 万个。大小七孔景区实现“一票制”顺畅运行、“网格化”高效管理，荔旅集团荣获“贵州省服务业名牌”称号。智慧旅游体系初具雏形，各行业部门数据基本实现互联互通共享，智慧荔波大数据平台完成政务数据采集 87%，智慧全域旅游 APP 试运营，建成智慧综合指挥中心，大数据主营业务收入 7 亿元。深入实施“厕所革命”，累计建成旅游公厕 34 座，获评 A 级 8 座，全州乡村旅游扶贫暨旅游厕所建设现场观摩会在荔波召开。496 家市场主体纳入“明码实价·诚信荔波”体系试点创建，建成旅游咨询中心 16 个、旅游警务站 5 座，涉旅投诉办结率和满意率均达 100%，国庆期间樟江景区高居全国景区好评榜第四，连获央视六次点赞，成为全国景区“以游客为中心”的优质服务典范。营销中心向南宁、广州、重庆三大客源地精准前移，成功引导 265 家签约涉旅企业自主宣传营销。航空带动旅游产业作用凸显，荔波机场年吞吐量达 18 万人次、增长 77.4%。全年接待游客 1616 万人次，增长 38%；过夜游客 156 万人次，增长 71%；旅游总收入142亿元，增长34%。荣获2018年中国旅游影响力品牌、中国最佳国际休闲目的地、全国百佳乡村旅游目的地等称号，全域旅游带动全域脱贫项目列入全国2018年民生示范工程。二是工业实现双向拓展延伸。亿隆之家青梅加工生产线（二期）建成投产，绿宝石缫丝厂完成技改扩能，年鲜茧吞吐量达6000吨，桑蚕、青梅、蜜柚三大特色产业向全链式发展。成功研发并向市场推广旅游商品248种，销售额2712万元，旅游商品生产企业达22家。电子商务迅猛发展，网络零售额达1.81亿元，位居全州第一，成功入选“中国电商示范百佳县”。园区改革创新稳步推进，驾播、瑶庆、播尧、甲良4个园区共落户企业27家，玉屏、朝阳2个扶贫产业园建设有序推进，全县园区工业总产值达12.49亿元。启动“千企改造”10家，扶持微型企业80家，新增规模工业企业4家，“四上企业”累计达132家。煤炭工业企业加快向机械化、智能化技改升级。民营经济增加值39亿元，占GDP比重63%。新建4G基站38座、扩容升级44座，新增宽带站点50个，实现全县行政村4G信号和光纤网络全覆盖。完成69个农村电网改造提升项目，开工建设110千伏驾欧输变电工程。三是农业形成品牌规模体系。农村产业革命深入推进，农业产业稳步向规模化、标准化、品牌化和全产业链发展，形成以桑蚕为主导，精品水果、青梅、中药材、特色养殖、蔬菜等齐头并进的“1+5+N”产业体系。仿野生铁皮石斛和百香果产业得到国家林草局及赴荔调研的省委书记孙志刚高度肯定，并作出在全省科学有序推广的重要批示，为全省生态产业扶贫提供了“荔波方案”。完成玉米调减3.83万亩，占任务数125%。驼背树、鲁翁、拉岜、洞塘梅原等一批“创意农业”接连涌现，初步形成春赏桃花、夏品枇杷、秋尝蜜柚、冬游梅原的四季休闲农旅品牌体系，休闲农业营收突破28亿元。积极开展创建国家农产品质量安全县，“三品一标”产地认定累计达87个，认证面积13.5万亩。农村土地承包经营权确权登记颁证工作通过省级验收。建成营运冷库5家，总库容0.6万吨，基本实现城乡冷链物流配送体系全覆盖。农商旅互联综合体项目有序推进，荣获省级农商互联示范县。县级以上农业龙头企业达41家，家庭农场67个、专业合作社419个，农业增加值达11.6亿元。

（四）坚持夯实基础、扮靓城乡，发展环境步入高标准行列。一是有效投资和基础项目实现双拉动。项目库完成提质升级，动态储备1613个，总投资3477亿元。全年实施5000万元以上项目62个，39个省、州重点项目完成投资78亿元，争取到上级补助资金16.89亿元，获批中央预算内投资资金2.79亿元。三荔高速（三都中和至荔波段）、荔榕高速建成通车，贵南高铁、机场改扩建项目有序推进，荔波至环江高速纳入两省（区）规划并启动前期工作，启动大土至茂兰、茂兰至荔波、茂兰至大沙坡3条省道二级公路改扩建工作，6座危桥改造和4座渡改桥竣工投用。完成县城一级客运站搬迁。全面推行农村公路养护“路长制”，荣获全国“四好农村路”示范县称号。推动公共交通、绿色交通优先发展，启动“运游一体化”试点改革。尧柳、大土水库全面建成，拉毛、拉寨水库和县城行洪卡口拓宽工程稳步推进，平林水电站工程形象进度达88%。建成灌溉管渠45.6公里，小型农田水利项目建设考核连续4年荣列全省第一。二是城镇提质和乡村振兴实现双促进。荔波城市总体规划报审待批，中心城区实现控制性详细规划全覆盖，县城整体环境更加宜居宜游，荣获“2018中国最美县域城市”称号。建成江滨路、民族路延伸段，“一环两纵五横”城市路网结构基本形成。老荔波文化古城修复项目有序推进，民族体育活动中心（三期）基本完工，城北出口停车场及物流配送中心（一期）投入运营。房地产销售31.5万平方米，增长40%。常住人口城镇化率达45.1%。完成出租车行业改革工作，新增40辆出租车投入运营，国家首批城市停车场试点示范项目有序推进，县城、大小七孔景区新增停车位8449个，樟江印象、樟江部落智能停车楼启动建设，停车难、打车难问题得到有效缓解。持续严厉打击“两违”行为，实现县城区“违建”零增长。7个特色旅游小镇“九个一”工程有序推进，基础设施逐步优化提升。编制完成县域乡村建设规划，30户以上自然寨实现乡村规划全覆盖。全面实施农村人居环境改善工程，污水、垃圾处理及交通、文体设施配套加速推进，乡村环境整治考核位列全州前列。深入实施经营乡村三年行动计划，“三变”改革试点覆盖30个村，3.8万群众受益。三是精准招引和营商环境实现双突破。深入推进“产业大招商”“营商环境整治”两大行动，党政主要领导率队外出招商28次，成功引进新商网络技术公司，实现高新技术企业引进零突破，签约上亿家居建材城、大染坊丝绸织造、农旅产业合作开发、生态汽车自驾游等一批重大项目，全年新增招商引资项目121个，到位资金147.37亿元。实施服务工业企业行动，县领导带队服务工业企业166次。实施“减证便民”行动，全面推行“最多跑一次”改革和“集成套餐服务”，荣获“全省政务服务标准化建设示范县”荣誉称号。

亲商安商护商力度不断加大，荣获“中国营商环境百强区县”“中国发展营商环境奖”。

（五）坚持尽力而为、多措保障，社会事业取得突破性进展。一是教育卫生事业加快发展。深化“民办公助”办学体制改革，成功引进广文现代实验学校等民办教育，实现荔波民办教育新突破。邓恩铭干部学院正式挂牌成立。荔波高级中学迁建等学校建设有序推进。国家三类城市语言文字工作通过省级督导评估，职业教育内涵发展成效显著，高考成绩继续位列全州第一方阵。医疗卫生服务体系向纵深覆盖，“医共体”管理体制和中医药运营机制改革深入实施，荣获全国基层中医药工作先进单位。县医院扩建（二期）、县疾控中心、玉屏卫生服务中心开工建设，完成 21 个深度贫困村和 8 个易地扶贫搬迁安置点卫生室标准化建设。成功创建 15 个州级文明单位，全国文明县城顺利通过复核，连续 14 年蝉联“国家卫生县城”称号。成功创建省食品安全示范县，小七孔镇荣获省级食品安全示范乡镇称号。二是文化体育事业稳步发展。8 个村落入选省级民族特色村寨，1 个单位和 4 名同志荣获贵州省民族团结进步模范集体（个人）。水书申报《世界记忆遗产名录》有序推进，县级档案馆和水书展馆开工建设。成功举办承办“小康之约”2018 荔波喀斯特马拉松、第十三届梅花节等文体赛事活动，活动宣传效应全面彰显。县融媒体中心正式挂牌，成为全省县级融媒体建设试点。以《荔波宣传》公众号为主要阵地的政务新媒体外宣综合影响力排名全州第一、全省前列，“纯净山水·心上荔波”宣传口号深入人心。成功引进《将夜》《双世宠妃 2》等影视作品在荔波取景拍摄并在多家主流媒体上映，荔波知名度和美誉度不断攀升。新增多彩贵州“广电云”户户用 2948 户，现代公共文化服务体系不断向村组延伸，文化惠民工程成效显著。三是社会保障体系更加完善。新增就业人员 2117 人，城镇登记失业率控制在 2.95% 以内，新农合参合率 100%，基本社会保险综合覆盖率 97%。黎明关敬老院完成主体工程，天怡健康养老中心开院入住，全县特困人员集中供养率达 22.5%。救灾物资仓库、新革命烈士陵园、长宁殡仪馆（二期）及 28 个农村公益性公墓建成并投入使用。出台并落实《荔波县农民工工资支付管理办法》，劳动合同用工备案签订率达 97%，有效保障农民工合法权益。红船社区、大土村、益觉村荣获“省级民主法治示范村（社区）”称号。深入落实粮食安全责任制，启动建设 2.5 万吨粮食储备库项目，县粮食购销公司获评省级农业产业化经营重点龙头企业。此外，国防教育、人民防空、应急管理、妇女儿童、老龄、残疾人、红十字、外事侨务、机构编制、科技、档案、供销、气象等各项事业稳步发展。

（六）坚持依法履职、真抓实干，行政效能得到全方位提升。一是廉洁政府建设力度空前。贯彻落实全面从严治党要求，严格履行主体责任，发挥审计“利剑”作用，强化重点领域监督检查，有效压缩权力寻租空间，减少腐败问题滋生。严格执行中央八项规定、省委十项规定和州委九项规定及其实施细则精神，扎实抓好中央、省州巡视巡察和国务院大督查反馈意见整改落实。二是效能政府建设亮点纷呈。稳步推进全县政府系统机构改革，“放管服”改革工作不断深化，市场活力进一步激发，社会创造力有效提升，内生动力不断增强，内需潜力持续释放。三是法治政府建设全面深化。严格执行行政机关负责人出庭应诉制度，政府系统实现法律顾问体系全覆盖，向上级政府、同级党委及人大常委会报告法治政府建设情况成为常态。群众诉求渠道更加畅通，政务公开工作更加透明。进一步主动接受县人大的法律监督、工作监督和县政协的民主监督，办理县人大代表建议 191 件、政协委员提案 95 件，答复满意率均达 100%。

在这里需要说明的是：2018 年“十件民生实事”共实施项目 35 个，现已完成 30 个。因上级政策和项目规划调整，A 级景区创建、全国民族团结进步示范县创建、县城免费 WiFi 全覆盖、汽车城、智能生态停车楼 5 个项目正在加快推进。

各位代表，过去的一年，在经济下行和债务风险等诸多矛盾交织叠加、多重困难与挑战并存的形势下，我们凝心聚力、尽锐出战“攻脱贫”，厚植优势、因地制宜“兴产业”，全员出击、建链补链“强招商”，突出谋划、聚焦发展“抓项目”，全县经济社会发展顶住压力、攻克难题、经受考验，取得了来之不易的成绩。这是习近平新时代中国特色社会主义思想指引的结果，是省、州关心支持的结果，是县委坚强领导的结果，也是全县上下共同努力的结果。在此，我代表县人民政府，向全县各族人民，向人大代表、政协委员，向各民主党派、工商联、无党派人士和人民团体，向驻荔解放军指战员、武警官兵、消防救援和政法干警，向上级驻荔单位，向各对口帮扶、定点帮扶、结对帮扶和社会帮扶单位，向将生命奉献给扶贫事业的覃红建、舒志和两位先锋战士，向关心、支持荔波发展的各界朋友，致以崇高的敬意和衷心的感谢！

回眸过去，我们风雨兼程，成绩斐然；展望未来，我们机遇在握，信心百倍。但我们也清醒认识到，在前进道路上，还面临不少“短板”“痛点”。一是决战决胜脱贫攻坚任务艰巨，脱贫攻坚进入决战期，未脱贫人口自身发展能力、内生动力都较弱，“两无”人员占比较大，要实现脱贫摘帽，贫困发生率下降到1.8%以下，任务越发艰巨。二是经济增长动力不足，产业规模不大、结构不优、创新不足，农业标准化、规模化、品牌化有待进一步加强，工业提质增效困难，民间投资和产业投资乏力，民营经济发展相对滞后。三是风险隐患仍需防范，财政收入增速放缓，政府债务压力与民生刚性支出等多重矛盾并存，债务化解渠道不足，仍需在PPP化债等方面下更大功夫。污染防治、安全生产等其他领域风险不容忽视。四是政府职能转变还不到位，简政放权有待深化，下放权限“接不住、管不好”现象时有发生，业务系统“百花齐放”，服务型政府建设仍需努力。对此，我们要以底线思维做好万全准备，从最坏处着想、向最好处努力，防患于未然。

二、2019年主要目标任务

2019年是新中国成立70周年，是决胜全面建成小康社会第一个百年奋斗目标的关键时期，是我县决战脱贫攻坚、决胜出列摘帽的总攻之年。综合分析形势，荔波全域旅游带动效应正在加速释放，不断优化的城乡发展环境、基础设施配套夯实了产业发展基础，荔波正处于乘势而上、大有可为的战略机遇期。做好今年工作意义非凡、责任重大。我们必须把握大势、因势而进，奋力前行、争先进位，努力创造出全面小康、跨越赶超的时代新业绩。

今年政府工作的总体要求是：以习近平新时代中国特色社会主义思想为指导，全面贯彻党的十九大和习近平总书记在贵州省代表团重要讲话精神，统筹推进“五位一体”总体布局，协调推进“四个全面”战略布局，坚持稳中求进工作总基调，坚持新发展理念，坚持以供给侧结构性改革为主线，坚决打好打赢三大攻坚战，持续抓好“六稳”工作，统筹稳增长、调结构、促改革、惠民生、防风险，加快建设高质量现代化经济体系，继续深化实施全域旅游发展战略，全力打造贵州旅游“样板”“龙头”，全面总攻决战决胜脱贫攻坚，为全面建成小康社会收官打下决定性基础，以优异的成绩庆祝中华人民共和国成立70周年。

今年经济社会发展的主要预期目标是：地区生产总值增长10%左右，固定资产投资增长12%左右，规模工业增加值增长10.5%左右，社会消费品零售总额增长11.5%左右，一般公共预算收入增长4%左右，金融机构存、贷款余额分别增长2%、20%左右，城镇、农村常住居民人均可支配收入分别增长9%、10%左右，全面完成县级“脱贫摘帽”的目标任务。

今年，我们将集中力量办好“十件民生实事”：（1）全面完成“脱贫摘帽”任务，全县减贫6680人，18个贫困村出列，贫困发生率降至1.8%以下；（2）加大“1+5+N”产业扶贫实施力度，桑园、青梅、仿野生铁皮石斛、百香果均新增1万亩以上；（3）建成脱贫攻坚贫困人口饮水安全工程、城乡供水巩固提升项目，全面解决农村人口饮水安全问题，完成县城行洪卡口拓宽工程、拉毛水库大坝主体工程；（4）建成总里程102公里的大土至茂兰、茂兰至荔波、茂兰至大沙坡二级公路改扩建主体工程；（5）完成“全国县域义务教育优质均衡发展县”创建，建成县城五小、梦柳小学、联山湾小学和县城四幼、五幼、甲良二幼、联山湾幼儿园等学校；（6）全面加强医疗卫生服务体系和质量建设，建成县人民医院（二期）和县疾控中心标准化建设主体工程；（7）新增城镇就业2300人，转移农村劳动力5000人，全员培训农村劳动力3000人次；（8）全面做好弱势群体社会保障服务工作，开工建设县精神障碍康复中心，解决精神病人医养难题；（9）全力推进停车场专项债发行工作，建成樟江部落和樟江印象智能停车楼并投用，启动茂兰景区智能停车场建设；（10）实施大小七孔景区“双提升”工程，完成3个3A级景区创建和瑶山景区提质升级，力争创建一个4A级景区。

围绕全年目标任务，我们将集中力量做好9项重点工作：

（一）全力决战决胜，推动脱贫攻坚高质量出列。坚决把脱贫攻坚作为头等大事、第一民生工程，把各项工作向脱贫攻坚聚焦、各种资源向脱贫攻坚聚集、各方力量向脱贫攻坚聚合，全力总攻决胜脱贫攻坚，夺取全面胜利，贫困发生率降至1.8%以下，18个贫困村全部出列，确保2019年退出国家贫困县。一是总攻“四场硬仗”，助推脱贫摘帽。加快补齐基础设施短板，在实现30户以上自然村寨100%通硬化路目标基础上，以“四好农村路”标准分级精细管护。建成脱贫攻坚贫困人口饮水安全工程和城乡供水巩固提升工程，实现农村人口饮水安全全覆盖。加强以垃圾处理、污水治理为主的农村人居环境整治，加快推进农村电网改造提升工程和通讯基站建设，实现贫困村电子商务网点全覆盖，切实扎牢脱贫基础。健全移民安置区基层组织管理体制，持续做好“五个三”后续扶持工作，实现“一户一人”以上稳定就业。紧扣“八要素”深入推进农村产业革命，巩固壮大“1+5+N”产业发展体系，打造“一乡一品、一村一特”，完善产销对接和利益联结机制，充分发挥旅游扶贫优势，实现产业扶贫助推贫困群众长效增收。推进教育精准扶贫学生资助、贫困人口享受健康扶贫医疗保障救助政策全覆盖，住院医疗费用实际报销比例达90%。全面完成农村危房、透风漏雨老旧房改造和“三改”工程，保障群众住房安全。二是总攻精准施策，提升扶贫成效。围绕“三率一度”，聚焦“一达标，两不愁，三保障”和“户脱贫、村出列、县摘帽”目标，把“精准”二字贯穿始终、落到实处。坚持“四个聚焦”，集中力量攻克深度贫困，加大对佳荣、瑶山“两山”地区及甲良偏远地区支持力度。进一步深化“七个一”机制，深入开展扶贫领域突出问题“十三个专项治理”，认真落实东西部扶贫协作“六大任务”，确保通过扶贫开发成效考核和脱贫出列第三方评估，让脱贫成效真正获得群众认可、经得起历史检验。三是总攻志智双扶，凝聚攻坚合力。抓好“志智双扶·感恩奋进”思想扶贫，落实脱贫摘帽退出机制、激励约束机制和能人带领工程，持续深化“六个一”、“三有”评选、“改乡村环境·激内生动力”等工作机制，不断强化脱贫光荣导向，引导贫困群众自力更生、勤劳致富，提升自身“造血”能力，进一步动员凝聚全社会力量，形成脱贫攻坚强大总攻合力。

（二）守住风险底线，推动经济发展高质量迈进。 强化风险意识、树牢底线思维，坚决打好防范化解风险的主动仗。一是着力化解政府债务风险。严格落实政府性债务管理“七严禁”和“1+8”系列政策，健全“借用还”与“权责利”相统一的债务管理机制，综合运用PPP模式、创新资源配置、政府性债务置换、盘活土地政策和国有资产、提高国有企业经营收益、强化项目审计核减等方式逐步有序化解债务，推动樟江景区提质升级工程和老荔波文化古城修复两个PPP项目落地实施，推进生态智慧停车场专项债、易地扶贫搬迁专项债、绿色债发行，力争全年融资到位资金35亿元，守住不发生重大风险底线。二是着力增强财政保障能力。积极涵养和培植财源，加大争资争项力度，做大财政收入总量、提升质量。落实好综合治税管费措施，持续开展服务业涉税信息采集和清理整顿，进一步提升税收征管效能。强化预算绩效管理，优化支出结构，从严控制投资预算，规范投资项目，压缩一般性支出，保障脱贫攻坚、乡村振兴和民生工程等领域支出。加快推进国有企业市场化、实体化、产业化转型升级，引导金融资本更好地服务实体经济。三是着力防范化解社会风险。坚持未雨绸缪，抓早抓小，积极有效防范化解金融风险、安全生产和社会稳定风险，深入推进重大决策、重大工程项目风险评估，强化食品药品安全监管，保持社会大局和谐稳定。

（三）聚焦绿色引领，推动生态文明高质量建设。 协同推动经济发展与环境保护，做到治、建、管并举，促进生态优势转化为稳步发展态势。一是重拳防治环境污染。扎实推进蓝天、碧水、净土、固废治理、乡村环境整治五大污染防治战役，抓好重点领域、重点行业、重点企业污染治理，加大中央、省委环保督察和国家土地例行督察反馈问题整改力度。启动实施县城四期（板旺片区）、瑶山、黎明关3个污水处理工程。县域河流国省控断面水质达标率、集中式饮用水源地水质达标率保持100%，城镇生活污水处理率、城市垃圾无害化处理率、县城环境空气质量优良率分别达90%、98%、99%以上。二是筑牢绿色生态屏障。贯彻落实习近平生态文明思想，树立山水林田湖草生命共同体理念，扎实开展美丽荔波林业提质增效三年行动，积极创建“国家森林城市”，申报一批森林康养基地、森林小镇、多彩森林村寨，加快形成绿色生态走廊和绿色产业体系。落实国土绿化行动，完成水土流失治理16平方公里、营造林4.5万亩以上，县城区绿化覆盖率达37%，森林覆盖率提高至71%以上。三是狠抓生态制度约束。深化推进河长制，探索实施林长制试点，进一步严格执行水资源“三条红线”管理制度，抓好环保“守护多彩贵州·严打环境犯罪”、森林保护“六个严禁”专项执法行动，依法打击各类破坏生态环境的违法行为。

（四）突出质量双升，推动旅游率先高质量突破。 紧盯世界知名、国内一流综合旅游目的地目标定位，以精品景区“量”的变化推动旅游业态实现“质”的提升，以旅游率先突破之力带动形成县域经济高质量发展全面推进之势。一是拓展旅游产业体系。积极申报创建国家旅游度假区，优化编制完成全域旅游发展规划。大力实施旅游“九大工程”，提质一批、打造一批、推出一批精品景区景点，加快大小七孔景区“双提升”工程，按照5A级景区标准加快大茂兰景区建设，深度开发水春河旅游综合体，加快黄江河国家湿地公园、万亩梅原、洪江艺术家村落等

A 级景区创建，实现“一乡一 3A”。启动建设 1 个露营基地，加大观音峰、捞村大峡谷、月亮山、联山湾民宿等新景区引资开发力度，力争 2019 年开工 1 个以上。围绕旅游“十二要素”，深入推进农旅、文旅、林旅、体旅深度融合，大力培育康养、赏梅、滑雪、温泉、徒步、采摘等精品业态，建成自驾车营地和新低空飞行基地。抓好寨票、水浦、懂蒙、氧心谷等精品民宿运营，加快赛娥民宿打造升级，逐步开发樟江、淇江流域沿线民宿村寨，形成山水田园民宿产业带。按照旅游综合体“四个一”要求，启动建设 1 个以上乡村旅游综合体。全年旅游总收入增长 36% 以上。二是提升旅游服务质量。实施“温馨荔波·品质旅游”服务质量提升战略，抓好“711”服务质量提升工程，持续优化服务环境，综合治理市场秩序，完善咨询服务体系，推动旅游服务标准化覆盖率达 70% 以上，游客满意度达 95% 以上，实现出游便捷化、食宿舒适化、监管无缝化的满意型旅游。三是突出旅游精准营销。进一步扩大“纯净山水·心上荔波”品牌影响力，聚焦珠三角、长三角、环渤海、成渝等国内客源市场，探索日韩、东南亚、欧美等国际客源市场。深化政府与旅行社营销合作，认真策划客源地、冬季游、过夜游营销策略，谋划推广一日游、多日游精品线路，过夜游客率增长 30% 以上。

（五）聚力乡村振兴，推动城乡一体高质量融合。实施乡村振兴战略，推进山地特色新型城镇化，着力构建工农互促、城乡互补、全面融合、共同繁荣的城乡高质量发展体系。一是聚焦乡村振兴发力突破。完成乡村振兴战略规划和村庄建设规划编制，大力实施整体改善农村人居环境三年行动计划“六项重点任务”，深入推进“四在农家·美丽乡村”小康升级行动计划，启动农村垃圾污水处理、村容村貌提升、厕所革命等村庄整治工程，深化推进“三改”工程，加快补齐人居环境突出短板。巩固壮大“1+5+N”农业产业体系，大力扶持仿野生铁皮石斛和百香果产业加快发展，力争桑园面积突破 4.5 万亩、青梅 3.1 万亩、蔬菜 21 万亩次、生态牛存栏 6.5 万头、生态禽出栏 250 万羽，全力推进 13 万亩精品水果提质增效。加快调优粮经种植结构突破 3：7，农业增加值达 12.5 亿元以上。以创建“国家农产品质量安全县”为目标，新增“三品一标”认证 5 个，主要农产品质量监测合格率达 99% 以上，无公害产地认定和产品认证率达 40% 以上。推进大物流战略发展，加快冷链物流体系建设，落实产销对接服务。推进农村产权制度改革和制度创新，全面完成乡镇农村产权交易平台建设。全面加强村（社区）阵地建设。健全“自治、法治、德治”治理体系，大力开展移风易俗行动，传承农村优秀传统文化，焕发兴盛乡风文明。二是聚焦城镇发展加快提质。牢固树立“富规划”意识，坚定国际化旅游城市、生态园林城市和贵州南部旅游集散中心定位，合理优化县城区结构，完成玉朝新区城市功能分区布局。加快推进老荔波古城修复，开工建设汽车小镇，有序推进高铁小镇，着力打造体旅、文旅、农旅深度融合的旅游综合体，形成县城旅游新业态。积极开展“城市双修”，补齐老城区功能形象短板，推动城市集约科学发展。全力推进城中村、老旧小区改造，加快城市地下空间开发利用，探索海绵城市建设，力争建成 1 个以上海绵型项目。加快城市开发边界划定，继续推进绿色建筑。疏解优化县城道路，实现“内部成网、外部成环、快进快出”。按照“七星抱玉”城乡发展规划，深化实施特色小镇“九个一”工程，着力把特色小镇打造成为脱贫辐射带动地、产业聚集区和经济增长极。三是聚焦精细管理补齐短板。实施城市管理提升三年行动计划，加快建设智慧城管平台，对市政公用、市容环卫、园林绿化、城乡风貌等实行一体化管理，科学开展城市执法，提升城市管理水平。深入推进乡镇环境整治三年行动计划，重点整治城乡“两违”“七乱”现象，实施城乡环卫一体化，持续改善乡村卫生环境。

（六）扩大有效投资，推动发展环境高质量提升。坚持扩投资、补短板、夯基础，持续优化提升发展环境，稳住经济增长的基本面。一是强化重大项目建设。抢抓中央补短板政策机遇，精准包装、主动对接，争取更多项目挤进国家和省州盘子，强化项目储备支撑，确保动态储备项目 1800 个以上。全面实施 69 个总投资 443 亿元的重大工程项目，力争完成投资 97 亿元以上。二是补齐基础设施短板。统筹推进基础设施“六网会战”专项行动。积极配合贵南高铁荔波段建设，全力推进荔波至环江高速公路前期工作，力争荔波经下司至平塘接贵阳高速公路启动建设，继续推进玉屏至播尧、瑶山至捞村、板寨至王同、甲良至播尧、甲良至阳凤公路改造，完成 5 座危桥改造。加快推进拉寨水库建设和三荔、的马、架桥等水库前期工作，全面建成平林水电站，新启动建设 1 座水库。完成 220 千伏水丰输变电工程立项批复，继续深化农村电网升级改造工程，推进全县通讯网络全覆盖。三是不断优化投资结构。围绕优化投资结构、提升投资效益，谋划推动一批投资体量大、投入产出比高、关联带动性强的产业类项目落地实施，力争民间投资、产业投资占比均提高10%以上。

（七）加快提质增效，推动实体经济高质量振兴。以绿色集约工业化道路为方向，以工业园区改革集聚特色产业，着力引领振兴实体经济。一是做大做强绿色工业。重点扶持桑蚕、精品水果等农产品精深加工，加大农特产品上、中、下游产业链配套引进，形成产、加、销一体化的全产业链发展模式。全面推进茂兰青梅酒厂建设，力争建成青梅系列产品加工生产线。加快煤炭、建材等传统产业转型升级，推行机械化、智能化新技术，狠抓电煤保供。大力培育“四上企业”“四众平台”等工业实体，推动“千企改造”，鼓励大众创业、万众创新。二是全面深化园区改革。全力推进“一园一核四片区”建设，加大政策和资金支持力度。继续实施镇级工业园区建设，确保招商引资项目有效落地。努力提升基础设施配套建设，积极引导资金、技术、项目、人才等要素向园区集聚，推进体制机制、运行模式、财政体制和人事薪酬等改革。着力引进新型建材、特色农林产品深加工、民族制药、电子轻纺等新兴产业，提高产业聚集水平，园区产值达12.6亿元。三是发展壮大民营经济。深入实施“六大专项行动”，清理不公平性附加限制，坚决破除民营企业投资隐性障碍。构建“亲清”新型政商关系，搭建常态化政企沟通机制，认真落实领导干部和部门联系服务民营企业制度，及时回应企业合理诉求，协调解决企业发展难题。深入实施民营企业培育工程，着力培育壮大一批大型民营企业，扶持一批小微企业，确保市场主体新增2900户以上。

（八）深化改革创新，推进动力效率高质量变革。紧盯动力变革、效率变革、质量变革，全方位深化各领域改革，聚力聚焦产业大招商，进一步释放荔波创新发展优势。一是抓好重点改革。以“巩固、增强、提升、畅通”八字方针为遵循，纵深推进各领域供给侧结构性改革，进一步激发市场活力和社会创造力。全面完成新一轮政府机构改革，优化事业单位职能配置和机构设置，着力构建系统完备、科学规范、权责清晰、顺畅高效的政府机构职能体系。积极推进财税金融体制改革，全面实施零基预算管理和预算绩效管理。加快教育综合改革和医药卫生体制改革。深化科技体制创新，力争新认定省级高新技术企业1家以上，综合科技进步水平指数63%以上。二是强化精准招引。实施“建链补链强链”工程，打造一批上下游配套紧密、优质高效的优势产业。围绕“五大新兴产业”，找准对主导产业进行“建链”的龙头企业，找准对断链产业进行“补链”的关键环节，找准对传统产业进行“强链”的核心要素，推进领导带头招商、专业招商、小分队招商、以商招商、中介招商，用好用活招商优惠政策，提高招商引资和对外开放规模水平。招商引资到位资金力争突破150亿元。三是优化营商环境。聚焦营商环境整治，开展司法环境、政策环境、工作服务环境专项提升行动，继续推行县四家班子领导牵头服务重点项目制度，加强签约项目落地精细化服务，不断提升招引项目的履约率和开工率，着力打造服务和效率高于周边、成本和负担低于周边的营商环境新高地。

（九）坚持民生优先，推动人民福祉高质量增进。坚持以人民为中心的发展思想，把保障和改善民生作为出发点、落脚点，针对群众关心的热点、难点问题精准施策，不断提升群众的幸福感、获得感。一是加快发展社会事业。全面发展优质教育，完成“全国县域义务教育优质均衡发展县”创建，培育和支持优质民办教育发展壮大，推进教育现代化，实现学前三年入园率达90.5%、义务教育巩固率达95%、高中阶段毛入学率达90%。扎实推进荔波高级中学迁建项目。加强医疗卫生服务体系和质量建设，完善人民群众全生命周期健康保健服务体系，传承发展中医药、民族医药事业，支持社会办医，深入实施乡镇卫生院和村卫生室标准化建设。加强文化体育事业发展，抓好文物和民间文化的保护利用。深化与都匀经济开发区影视城外景拍摄合作，引进更多影视作品到荔波取景拍摄。广泛开展全民健身行动，大力推广山地户外运动。完成全国民族团结进步示范县创建，不断加强宗教事务管理，维护民族团结和宗教和谐。推进县级综合档案馆和水书展馆建设，加快水书申遗步伐，着力打造“中国陀螺文化节”品牌。二是筑牢民生保障体系。深入实施全民参保计划，扩大社会保险覆盖面。做好就业创业“四个一”工作。有效治理拖欠农民工工资问题，保障农民工合法权益。加强社会救助、灾害救助，进一步提高城乡低保标准，继续推进农村低保专项治理，特困人员集中供养率达35%以上。进一步深化“三位一体”农村殡葬改革，实现惠民殡葬政策全覆盖。做好“三特三留”群体关爱工作，建成残疾人康复中心。三是维护社会和谐稳定。全面构建安全生产风险和隐患排查治理“双控”体系，扎实做好重点领域安全生产工作，实现“双降”目标。持续推进“平安荔波”建设，深入开展扫黑除恶专项斗争，加快完善城乡社会治安防控体系，建成“雪亮工程”，大力推广“互联网+公安政务”向乡村延伸。强化矛盾纠纷排查调处，依法处理各类信访问题，进一步增强公众安全感和满意度。

三、努力建设人民满意政府

顺应人民新期待、开启发展新征程，我们必须不忘初心、牢记使命、勤勉敬业，努力建设人民满意政府。

（一）忠诚核心，做到担当兴政。深学笃用习近平新时代中国特色社会主义思想，树牢“四个意识”、坚定“四个自信”、践行“两个维护”，把政治建设放在首位，知敬畏、存戒惧、守底线，始终做政治上的明白人。坚决贯彻党中央方针政策，坚决落实省州和县委决策部署，深入推进“两学一做”学习教育常态化、制度化，以高度的思想自觉、政治自觉、行动自觉，以争先进位、后发赶超、只争朝夕的精神状态，努力为全县人民创造更加满意的生活，用苦干实干业绩诠释对党的忠诚。

（二）优化服务，做到依法行政。认真贯彻依法治县理念，带头维护宪法权威、捍卫宪法尊严。严格按照法定权限和程序履行政府职能，把政府工作全面纳入法治轨道。健全“三重一大”决策机制，把公众参与、专家论证、风险评估、合法性公平性审查和集体讨论决定作为重大决策的必经程序，提高决策的科学性、民主性、有效性。全面推动政府职能转变，深化“放管服”、行政审批制度改革，加强行政应诉、行政复议工作，严格落实“首访”责任制。主动加强政务公开，积极回应群众关切，增强政府工作的透明度和公信力。认真执行县人大及其常委会的决议决定。自觉接受县人大的法律监督、工作监督，县政协的民主监督、县纪委监委的专责监督，强化审计监督，畅通社会监督渠道。

（三）干净干事，做到廉洁从政。坚持以党章党规为遵循，以《中国共产党纪律处分条例》《中国共产党廉洁自律准则》为准绳，严明政治纪律、政治规矩，全面落实党风廉政建设主体责任和“一岗双责”，推进以案促廉、约谈提醒制度化常态化，确保红线不碰、底线不破、边线不越。紧盯招商引资、工程建设、资源开发、产权交易、金融市场等重点领域，加强脱贫攻坚、生态环保、保障性住房等关键环节监管，聚焦侵犯群众切身利益的“微腐败”，持续推进廉洁政府建设，大力营造风清气正、干事创业的发展环境。

（四）转变作风，做到勤勉施政。整县“脱贫摘帽”迫在眉睫，全面建成小康社会目标逼近、任务艰巨，需要我们勇于担当、奋发有为。坚持把群众的“表情包”作为政府工作的“晴雨表”，大力弘扬新时代贵州精神，把脱贫攻坚、同步小康、后发赶超的责任牢牢扛在肩上，把全部心思定到干事业上、把所有精力定到抓落实上。严格执行中央八项规定、省委十项规定、州委九项规定及其实施细则精神和县委有关要求，大兴“三风”，驰而不息纠治“四风”，全面开展“三大”行动，着力整治不敬畏、不在乎、喊口号、装样子的问题，持续把作风建设和优化发展环境引向深入。把效能作为政府工作的基本标准，说实话、谋实事、出实招、求实效，不断提高政府工作的执行力，以发展实绩赢得群众的“点赞”。

各位代表，脱贫攻坚鏖战正酣，小康梦想就在眼前。今年打赢脱贫攻坚战，荔波绝对贫困将在我们这一代人手中得到彻底解决，数百年来荔波的贫困标签将由我们彻底摘除，荔波与全国同步全面小康的百年目标将由我们参与贡献。这是我们人生的大幸，既是时代的使命，更是年轮的重任。让我们在习近平新时代中国特色社会主义思想指引下，在县委的坚强领导下，团结全县各族人民，以坚如磐石的信心、只争朝夕的劲头、坚韧不拔的毅力，集聚千里奔涌、万壑归流的洪荒伟力，坚决打赢脱贫攻坚战，答好荔波“脱贫摘帽”的时代问卷，书写荔波发展历史新传奇！

惠水县政府工作报告

（2019 年 1 月 21 日在惠水县第十八届人民代表大会第三次会议上）

惠水县委副书记、县长 王文旭

各位代表：

现在，我代表县人民政府向大会作工作报告，请予审议，并请各位县政协委员和列席会议的同志提出宝贵意见。

一、2018 年政府工作回顾

2018 年，在省、州党委政府和县委的坚强领导下，在县人大和县政协的监督支持下，我们始终坚持以习近平新时代中国特色社会主义思想为指导，认真学习宣传贯彻党的十九大和习近平总书记在贵州省代表团重要讲话精神，树牢“四个意识”、坚定“四个自信”、做到“两个维护”，以脱贫攻坚为统领，遵循“五步工作法”，全面落实中央、省州及县委各项决策部署，统筹推进稳增长、促改革、调结构、惠民生、防风险各项工作，决战脱贫攻坚、同步全面小康取得重大进展，经济社会展现了新气象、开启了新征程。

这一年，我们牢记嘱托、感恩奋进，全县综合实力大踏步前进。全县地区生产总值首次突破 100 亿元，达 113.1 亿元、增长 10.8%；金融机构存款余额突破 100 亿元，达 109.22 亿元；固定资产投资增长 13%；规模工业增加值增长 11.3%，位列全州第二；财政总收入完成 13.83 亿元，一般公共预算收入突破 7 亿元；社会消费品零售总额增长 8.5%；城镇人均可支配收入首次突破 3 万元达 30803 元，农民人均可支配收入首次突破 1 万元、达 10800 元，分别增长 8.9%、10.2%。

这一年，我们同心聚力、克难奋进，脱贫攻坚取得决定性胜利。易地扶贫搬迁“五年任务、三年完成”全面告捷，全年减少农村贫困人口 6719 户、25034 人，出列 66 个贫困村，农村贫困发生率降至 1.54%，较 2017 年下降 6.19 个百分点。在 2018 年全省市县两级党委和政府脱贫攻坚成效考核中实现“零”漏评、“零”错退，群众认可度达 99.42%。

这一年，我们主动应对、综合施策，重大风险防控有力有效。守住不发生区域性、系统性金融债务风险的底线，政府综合债务率大幅下降；扫黑除恶成效显著，全县安全形势持续稳定。

这一年，我们较真碰硬、铁腕治污，生态环境质量持续向好。城乡生活垃圾无害化处理率提升至 80%。城镇污水收集处理率达 85%。全县空气质量优良天数比例达 98.6%。集中式饮用水源地水质达标率保持 100%。

这一年，我们迎难而上、全力攻坚，农村面貌焕然一新。基本实现村村寨寨、家家户户通水泥路；基本消除危旧房透风漏雨现象；基本达到 4G 网络、电信宽带村村通；基本实现安全饮水全覆盖；农村“脏、乱、差”得到有效整治。

这一年，我们抢抓机遇、远谋近施，投资建设成果丰硕。全年实施省州重大项目 57 个，完成投资 121 亿元。第五中学建成招生；天亿国际、五洲国际商贸城建成营业；碧桂园一期建成入住，江南水乡、剑桥小镇等城市项目快速推进；都香高速公路惠水段建设全面加快；王老吉、东海钢构等企业建成投产。

这一年，我们解放思想、主动求变，对外形象再度提升。成功承办 2018 年数博会百鸟河分会暨全国 CIO 大会、全国农村学生营养改善计划现场推进会、全国藤球锦标赛等重大开放活动。先后荣获“2017—2018 年电商示范百佳县”“2018 年全国百佳深呼吸小城”“全国防震减灾工作先进县”等称号。

好花红镇、新民社区获评“全国民族团结进步创建示范区”“贵州省民族团结进步模范集体”。

一年来，我们脚踏实地、砥砺前行，重点抓了以下工作：

（一）坚定不移打好“攻坚战”，同步小康在苦干实干中快步迈进。深学笃用习近平总书记有关扶贫开发工作重要论述，聚焦整县“脱贫摘帽”目标，扎实推进脱贫攻坚“春风行动”、“夏秋攻势”、“冬季充电”，“四场硬仗”捷报频传，脱贫攻坚连战连捷。一是产业扶贫成效突出。围绕“221111”产业扶贫工程，大力推进“一村一场一园一社”建设。农民专业合作社发展至643户；建成规模养殖场178个、种植园268个；出栏生猪37.31万头、生态家禽826.7万羽；发展蔬菜30.17万亩；新增花卉苗木2万亩、中药材1.2万亩、水（干）果2.65万亩、食用菌414万棒。“五小经济”助推20641户建档立卡贫困户实现户均增收2000元。佛手瓜种植基地、百香果种植基地、优质米生产基地、花卉苗木生产基地在全省规模领先。二是基础设施突飞猛进。累计建成通村通组路2382公里、串户路1700公里，农村交通条件发生翻天覆地变化。累计实施农村饮水安全巩固提升工程项目187个，新（改）建水池104座、900立方米以上水厂10座，铺设供水管道4350公里，解决194个行政村32.28万人饮水安全问题。完成38个深度贫困村卫生室建设，实施126所农村中小学医务室标准化建设。改造农村电网2209公里，新建4G通讯基站108个，架设电力线路、光纤4300余公里。新增多彩贵州“广电云”户户用1.64万户、宽带用户2.7万户。建成66个贫困村文体活动场所。三是易地搬迁成效显著。累计建成安置房5692套、41.8万平方米，4210户、17670人搬迁入住。6个移民社区分别建成社区服务中心、卫生室、警务室、老年活动中心、群团服务中心；惠民幼儿园、龙泉幼儿园、惠民小学建成招生，2399名移民子女实现就近入学；搬迁群众实现户均就业1.62人；累计发放土地入股分红资金751.82万元、一次性临时生活救助金1908万元；落实移民农村低保转城市低保639户2086人。搬迁群众后续发展得到全面保障。四是人居环境大幅改善。累计完成危房改造3万余户、老旧房整治7587户，同步实施“三改”6557户。实施庭院硬化80.76万平方米；安装太阳能路灯2.31万盏，覆盖全县1550个自然村寨。农村环境进一步美化、亮化。五是政策扶持保障有力。农村建档立卡贫困学生享受教育补助28666人（次）共2890.85万元，义务教育阶段贫困户子女实现零辍学。全额补贴建档立卡贫困户合医费共921.16万元，住院医疗费用实际补偿比达90%，家庭医生签约服务率100%。发放扶贫小额信贷7760.4万元，惠及1573户贫困家庭。农村低保覆盖困难群众23092人。开展农村贫困劳动力培训5300人（次），促进就业4240人，建档立卡贫困劳动力家庭“一户一人”就业率达93%。发放生态公益林补偿金1545.45万元，覆盖贫困家庭7189户。1501名贫困人口转为护林员，户均实现年增收1万元。六是精准帮扶力度空前。东西部扶贫协作持续加强，争取广州市、南沙区援助资金8622.9万元。“百企帮百村”等社会帮扶持续给力。建立县、镇、村三级脱贫攻坚作战指挥体系，41名县处级领导分片包保、104家部门组建201支扶贫攻坚队尽锐出战、7000余名干部结对帮扶20641户贫困户。强化“智志双扶”，2200户贫困家庭获评“脱贫光荣户”。全县上下众志成城、攻坚克难，广大群众感党恩、知奋进，为如期实现“脱贫摘帽”奠定了坚实基础。

（二）坚定不移把好“生态关”，污染防治在齐抓共管中得到加强。坚持“生态优先、绿色发展”理念，扎实推进污染防治攻坚战，生态文明建设取得新成效。一是环境治理扎实有力。不折不扣抓好中央、省委环保督察及“回头看”反馈问题整改，整改完成率95.1%。建成经开区污水管网14.6公里，涉水企业实现达标排放。城区燃煤锅炉全面淘汰。完成县城污水处理厂提标改造，摆金污水处理工程竣工运行，完成5个镇级污水处理厂区建设；新建（改造）城乡污水收集管网12公里，城镇污水日处理能力达3.43万吨。完成5个农村环境综合整治项目。建成3个县城集中式饮用水源地水质自动监测站。二是绿色屏障持续加固。启动实施“美丽黔南”林业提质增效三年行动计划，治理石漠化17平方公里，完成营造林4.55万亩、森林抚育3万亩，打造“千里多彩生态廊道”30公里，森林覆盖率提升至60.04%。“河长制”“坝长制”全面落实。完成耕地保护79.9万亩、基本农田保护62.3万亩。划定生态环境保护红线627平方公里。出动执法人员600余人次，立案查处环境违法行为28起。

（三）坚定不移走好“转型路”，产业实力在调整升级中不断壮大。始终以供给侧结构性改革为主线，调结构、促转型，实体经济发展质量不断提高。一是新型工业向高质量方向迈进。启动实施工业园区提质发展三年行动计划，新增园区路网5公里，改造电力线路3.5公里，建成标准化厂房28万平方米。推进

“双千工程”，对31家规上企业实施技术改造，引进优强企业14家。新增18家规模以上工业企业。助推24个项目开工建设、30家企业建成投产，中航永红、金田新材料、味莼园等重点企业产能不断释放。二是现代农业向高质量方向迈进。调整500亩以上大坝产业结构7.5万亩，调减玉米种植10.53万亩，发展果蔬、烟叶、花卉苗木、中药材等67万亩，粮经比调整为32：68。生态家禽、生猪、禽蛋、冷水鱼等实现销售16.69亿元，畜牧业增加值占比为22.3%。发展农业产业化龙头企业至45家，农产品加工转化率达55.51%。新增“三品一标”产地认证面积19.8万亩。全县农业总产值完成46.14亿元，增加值完成27.31亿元、增长7.1%。获批“中国好粮油示范县”“2018年农商互联示范县”。三是第三产业向高质量方向迈进。大数据战略行动取得新进展，“百鸟河数字小镇”品牌影响力不断增强，入驻企业达81家，全年完成大数据产业主营业务收入12.78亿元，软件和信息服务业主营业务收入7.9亿元；实施“万企融合”项目12个，融合指数位列全州第二。网络零售额完成8113.98万元，增速170.37%，位居全省前列。大力实施“旅游九大工程”，好花红景区营运管理水平进一步提升，好花红民族文化博物馆建成开放。新增限额以上贸易企业14家、市场主体5381户，民营经济比重提高至64%。

（四）坚定不移下好“统筹棋”，城乡面貌在建管并举中提档升级。深入实施新型城镇化带动战略，统筹规划、建设、管理三大环节，“山水田园生态城”建设强力推进。一是城市品质持续提升。实施一小、上马路、凤山等棚户区改造4000户。碧桂园二期、麒龙涟江生态城等房开项目快速推进，年度销售商品房60万平方米。新建滨江西路、米丹路等城市道路15公里，实施雨污分流管网5公里，建成城北城市综合管廊1.47公里，新增停车位1665个。依法拆除违章建筑面积1.07万平方米。成功通过2018年“国家卫生县城”省级公示。二是特色集镇加快发展。好花红、摆金示范小城镇累计完成投资6.59亿元；王佑、雅水、羡塘等启动镇区道路改造及雨污管网建设。各镇交通路网、农贸市场等基础设施不断完善，集镇服务功能、承载能力不断提升。三是乡村振兴稳步推进。编制审批194个行政村改善农村人居环境村庄规划。建设小康房2500户。300名农村公路管护员受聘上岗，创建“四好农村路”61.56公里。建设改造农村户用卫生厕所1.6万户、村级公共厕所45个。涟江、司濛、大新等7个较少民族聚居村提前通过全面小康评估验收，排楼村荣膺“全国民主法治示范村”。

（五）坚定不移打好“创新牌”，发展活力在改革开放中持续迸发。紧紧抓住全面深化改革关键一招，优化环境、合作共赢、创新创业取得新成绩。一是深化改革蹄疾步稳。19个重点改革强力推进，10项州级试点改革取得明显成效。完成城乡供排水一体化试点改革。“放管服”和经济体制改革持续深化。贵州惠水经济开发区改革取得阶段性成效。推动4家县属国有企业战略性重组成立涟江集团。完成城乡公交一体化改革，农村客运班线客车票价下浮30%。农村集体产权制度改革清产核资有序推进，成立6个镇级综合产权交易中心。启动66个农村“三变”改革试点。“法律e家”获省州肯定。二是开放合作深化拓展。南沙—惠水交流合作全面加强，惠水与贵阳及周边区县融合发展取得实质性进展。深入开展“产业大招商突破年”活动，新签约项目98个，引进500强项目1个、国家级高新技术企业2家，预计实现招商引资到位资金220亿元，其中省外到位资金达75亿元。三是创新创业纵深推进。成功举办贵州省“百鸟河杯”首届青年创新创业大赛暨2018年“创客中国”贵州省创新创业大赛，人才资源总量达1.092万人。专利申请量227件、授权量95件。打造农业科技示范园区3个。高新技术产业产值增长9.63%，位列全州第二。全县综合科技进步水平指数预计提升至74%。

（六）坚定不移办好“民生事”，群众生活在共建共享中稳步提高。坚持不断满足人民的美好生活需要，投入民生资金20.17亿元，占全县一般公共预算支出68.6%。一是民生保障扎实有力。发放各类民政保障资金1.22亿元。城乡低保标准分别增长7%和10%。特困人员供养救助标准提至855元/月。敬老院实现镇（街道）全覆盖运行。城乡居民社会养老保险参保人员24.7万人。促进农村劳动力转移就业9000人，城镇新增就业7200人。二是教育事业再创佳绩。改造薄弱学校5所，新建城区幼儿园3所、小学2所、中学2所，各镇（街道）分别新建或改造公办幼儿园1所。高考高分段及二本以上录取人数位列全州第一，成功跻身全省教育十强县。探索形成农村义务教育营养午餐从“吃得饱”到“吃得好”的惠水经验，得到教育部充分肯定，成为贵州模式、黔南样板。三是文体事业成果丰硕。成功申报非遗代表性传承人国家级1人、州级5人，布依古歌、榜郎长歌、苗族谷蔺锦列入州级非遗项目，“好花红”文化得到进一步挖掘和传承。惠水运动健儿代表黔南州参加贵州省第十届运动会获得5金、4银、2铜的佳绩，金牌数和奖牌数均实现历史性突破。四是健康惠水稳步推进。好花红等5个中心卫生院向二级医院加快推进，长田卫生院等9个中医馆建成投用，25个社区卫生服务中心实现远程医疗全覆盖应用，城乡居民健康档案管理率达91.66%。新型农村合作医疗参合人数达38.89万人。新增健身路径7条，建成农民体育健身工程53个。五是社会大局和谐稳定。全面落实安全生产责任制，食品药品监管得到加强，非洲猪瘟疫情有效防控。建成四级视频接访系统，中央、省州交办信访案件化解率达100%。深入实施“雪亮工程”，治安防控体系进一步完善，群众安全感不断提升。

（七）坚定不移当好“勤务员”，行政效能在从严治党中显著提升。旗帜鲜明讲政治，高站位、严要求全面推进政府系统全面从严治党，政府自身建设不断加强。一是权力运行更加规范。坚决贯彻落实县委各项决策部署，自觉接受人大法律监督和政协民主监督，办理人大代表建议意见103件、政协委员提案107件。依法公开政府信息1.4万余条。完善县政府领导班子“三重一大”决策制度，认真开展会前学法，政府决策科学化、民主化、法治化水平持续提升。二是办事效率显著提高。全面推行“互联网+政务服务”，累计办理服务事项29万件，办结率达99.8%；梳理公布“最多跑一次”事项403项，取消证明材料33项，政务服务事项办事流程平均减少60%以上，营商和便民服务环境不断优化。三是作风建设得到加强。严格落实党风廉政“主体责任”和“一岗双责”，强化行政监察、审计监督和民生监督，“三公”经费同比下降3.3%，勤政廉政建设取得新成效。此外，国防教育、双拥优抚、应急人防、气象消防、档案史志、残联科协、民族宗教、防震减灾、爱国卫生、红十字、工青妇、关心下一代等各项事业亮点纷呈。

各位代表，一年的探索实践启示我们：在新的历史条件下推动新跨越、续写新篇章、开创新未来，最根本的是坚持党的领导，始终以习近平新时代中国特色社会主义思想为指导，牢固树立“四个意识”、坚定“四个自信”、践行“两个维护”，不折不扣地贯彻落实中央、省州和县委的决策部署；最关键的是坚持新发展理念，牢牢把握绿水青山就是金山银山发展理念，统筹速度、质量、效益，推动经济社会高质量发展；最重要的是坚持以人民为中心，积极主动适应社会主要矛盾的变化，不断增进民生福祉，让人民群众最大限度分享改革发展成果；最可贵的是坚持不忘初心、牢记嘱托、感恩奋进，团结一切可以团结的力量，万众一心谋发展、众志成城攻难关，对党忠诚、担当尽责，不断开创百姓富、生态美多彩贵州新未来的惠水新篇章。

各位代表，过去一年的成绩，是中央、省州党委政府和县委正确领导的结果，是县人大依法监督和县政协民主监督的结果，是全县干部群众牢记嘱托、感恩奋进的结果。在此，我谨代表县人民政府，向广大干部群众，向各位人大代表、政协委员、离退休老同志，向各民主党派、工商联、无党派人士和人民团体，向驻惠部队、武警官兵，向所有关心、支持惠水经济社会发展的各界人士，致以最崇高的敬意和最衷心的感谢！

在充分肯定成绩的同时，我们也清醒地认识到，发展中仍存在不少问题和挑战，主要是：经济总量小、人均水平低，发展不平衡不充分仍是主要矛盾；脱贫攻坚仍有不少硬骨头，脱贫成效仍需进一步巩固提升；一产不够优，二产不够强，三产不够旺，产业转型升级任务艰巨；金融、生态环境、安全生产等领域潜在风险隐患仍然存在；城乡基础设施不够完善，人居环境品质与群众期盼还有差距；公共服务资源配置尚不均衡，民生改善力度仍需加大；少数干部对新时代经济发展形势认识不足，执行落实力尚有差距。对此，我们将高度重视，采取有效措施认真加以解决，决不辜负全县人民的期望。

二、2019年工作目标和主要任务

2019年是中华人民共和国成立70周年，是决胜全面建成小康社会第一个百年奋斗目标的关键之年，更是我县决胜脱贫攻坚实现“脱贫摘帽”的达标验收之年，做好全年工作意义重大、使命光荣。我们要勇于肩负起新时代赋予的历史使命，从国家大战略中寻找动力，在发展大环境中寻找机遇，坚定信心加油干、牢记嘱托加快赶，努力创造无愧于党、无愧于人民、无愧于时代的工作业绩。

今年政府工作的总体要求是：以习近平新时代中国特色社会主义思想为指导，全面贯彻党的十九大和十九届二中、三中全会精神，认真落实中央、全省、全州经济工作会议精神，深入贯彻落实习近平总书记对贵州工作的重要指示批示精神，牢记嘱托、感恩奋进，统筹推进“五位一体”总体布局，协调推进

“四个全面”战略布局，坚持稳中求进工作总基调，坚持新发展理念，坚持推动高质量发展，坚持以供给侧结构性改革为主线，坚持深化市场化改革、扩大高水平开放，加快建设现代化经济体系，继续打好三大攻坚战，统筹推进稳增长、促改革、调结构、惠民生、防风险各项工作，保持经济运行在合理区间，贯彻“六稳”要求，提振市场信心，提高人民群众的获得感、幸福感、安全感，守好发展和生态两条底线，深入实施“四大战略行动”，决胜脱贫攻坚，同步全面小康，保持经济持续健康发展、社会大局稳定，为全面建成小康社会收官打下决定性基础，以优异成绩庆祝中华人民共和国成立70周年。

今年经济社会发展的主要目标是：全县地区生产总值增长11%左右，其中，一二三产业分别增长7%、11.8%、12.2%左右；固定资产投资增长20%，规模工业增加值增长12%，一般公共预算收入增长5%，社会消费品零售总额增长11.3%，城镇、农村常住居民人均可支配收入分别增长9.2%、10.2%以上，贫困发生率下降到0.6%以内。

围绕上述目标，我们将突出抓好以下9个方面重点工作：

（一）集中力量决胜脱贫攻坚，以更实举措夺取根本性胜利。坚持以脱贫攻坚统揽经济社会发展全局，对标对表、一鼓作气、奋力冲刺，高质量迎接省级第三方评估和国家复查复核，确保在现行标准下如期实现“脱贫摘帽”。一是全力备战迎评。围绕“一达标，两不愁，三保障”“三率一度”深化排查整改，进一步加大对大病户、低保户、贫困边缘户、残疾人户等重点人群帮扶力度，坚决防止错评、漏评、错退。围绕“智志双扶”持续开展“四项教育”，引导群众克服“等靠要”、摒弃“比看怨”，提高认可度。围绕国务院扶贫办信息系统、一户一档、明白卡进行比照核查，确保基础信息不错不漏、真实准确。围绕扶贫资金项目，完善程序手续，确保投向合理和使用效益。二是巩固脱贫基础。持续打好“四场硬仗”，全面巩固提升贫困村、贫困户脱贫成果，年度再减少贫困人口3500人以上。进一步提升产业扶贫水平，用好涉农资金整合、扶贫小额信贷等政策，积极争取绿色产业扶贫基金，持续推进“221111”产业扶贫工程，提质做优“一村一场一园一社”，切实抓好“五小经济”实施，强化“农校对接”“农超对接”，确保“村有产业，户有增收”。进一步深化易地扶贫搬迁“五个三”综合配套政策，全面完成2017和2018年度旧房拆除和宅基地复垦复绿，确保有劳动力家庭实现户均就业1.75人以上，完成高镇中学改扩建满足移民子女就学需要，健全社区居民自治机制，促进搬迁群众稳定入住，实现市民化转变。进一步完善农村基础设施，抓好农村组组通、串户路等交通道路完善和验收，加强农村饮用水监测站建设，持续提升农村供电、通讯质量。进一步夯实教育医疗住房“三保障”，压缩6%行政经费用于教育扶贫，认真落实建档立卡农村贫困家庭学生资助政策；做好重病慢性病患者、残疾人、孤寡老人等特殊群体保障工作；完善贫困人口参合政府补助制度；抓好危房改造及老旧房整治安全鉴定及验收。开展贫困劳动力全员培训1800人（次），促进贫困劳动力实现就业2000人以上。新增135名建档立卡贫困人口生态护林员。三是筑牢返贫防线。持续加强东西部扶贫协作，坚持帮扶资金向贫困村贫困户倾斜，联手打造产业示范园区，拓宽畅通产销渠道，助推特色产品“出惠入粤”。严格落实各项保障性政策，不断扩大覆盖范围，坚决防范杜绝因病返贫、因灾返贫、因学返贫、因残返贫。压实后续帮扶责任，坚持摘帽不摘责任、不摘政策、不摘帮扶、不摘监管，确保脱贫成效得到人民认可、经得起历史检验。完善社会帮扶机制，总结扶贫经验，扩大社会宣传，充分调动企业、高收入群体、热心人士参与扶贫的积极性，实现社会扶贫长期化、制度化。

（二）全力以赴防控重大风险，以更强责任维护社会稳定。严格按照“增强忧患意识、防范风险挑战”要求，有效防控各类风险，为高质量发展提供重要保障。一是全力防范化解债务风险。严格落实“七严禁”要求和债务管理系列政策，健全“借用还”与“责权利”相统一的管理机制，采取压减资本性支出、盘活国有资产和做大国有企业经营收入、向省申请专项债券置换等方式化解存量债务，坚决遏制增量债务。支持主导产业、优强企业做大做强增创税收，千方百计增加可用财力。积极跟进脱贫攻坚、乡村振兴、特色产业等国家支持领域项目融资，不断增强财政支出保障能力。理清政企边界，规范向企业注资行为，盘活各类资产，加快平台公司市场化、实体化转型。二是全力防范化解金融风险。持续开展非法集资、交易场所、互联网金融专项整治行动，加大不良资产处置力度，依法惩处非法集资、非法吸储等行为，坚决遏制和打击跟风违约、恶意逃避债务及各类高利贷活动。积极创新融资方式，通过设立投资基金、特许经营、投资补助补贴等方式，撬动社会资本参与基础设施、公共服务设施及产业培育发展等重点领域建设，激活金融市场活力。三是全力防范化解安全风险。全面落实安全生产责任制，持续强化非煤矿山、交通运输、建筑施工等重点行业领域专项排查整治，坚决杜绝重大及以上事故。深入推进扫黑除恶专项斗争，依法严惩黑恶势力及其“保护伞”。全面推进“雪亮工程”建设，构建共建共治共享的社会治理格局。深入推进阳光信访，抓好积案化解，坚决依法打击闹访、缠访、非访等行为。实施食品药品放心工程，精心守护老百姓“舌尖上”的安全。

（三）持之以恒加强污染防治，以更高标准建设“生态惠水”。以全省推进国家生态文明试验区建设为契机，全面加强生态环境保护和污染治理，实现生态环境质量持续提升。一是着力打好“五场战役”。持续打好“蓝天保卫战”，深入开展扬尘、工业企业大气污染专项治理行动，实现县城环境空气质量指数优良天数比率保持98%以上。持续打好“碧水保卫战”，加快县城区和6个镇级污水收集处理系统工程建设，确保城镇污水收集处理率达85%以上；进一步压实“河长制”工作责任，全面实施“百千万”清河行动，继续实施河道治理工程，地表水水质达到或优于所在功能区水质要求，县城以上集中式饮用水水源地水质达标率保持100%。持续打好“净土保卫战”，扎实推进土壤污染防治，加强农业面源污染防治，逐步减少农田化肥施用量，保障农产品质量和人居环境安全。深入推进固废治理，加大工业、医疗等行业固体废物处置，推动固体废物实现全过程监管，确保工业固体废物综合利用率达95%以上，医疗废物处置率达100%。加大乡村环境整治，加快乡镇垃圾集中收集转运项目实施，加大集镇和农村污水收集处理系统投入，确保城镇生活垃圾无害化处理率达85%以上。二是着力厚植生态优势。扎实推进国土绿化行动，持续开展“美丽黔南”林业提质增效三年行动，完成营造林5万亩、森林抚育3万亩、低效林改造2.5万亩，治理石漠化3.3万亩，实施水土保持面上治理工程22平方公里，森林覆盖率提升至61%。加大长安自然保护区保护力度。稳步推进历史遗留矿山地质环境恢复治理。三是着力推行绿色发展。大力抓好能源消耗总量与强度“双控”工作，支持鼓励工业企业实施清洁生产改造。积极发展刺梨、特色商品林、林下经济、花卉苗木、森林康养等产业，实现林业总产值突破40亿元。积极倡导绿色生活方式，鼓励绿色出行。强化“河长制”“坝长制”，推行“坡长制”“林长制”。探索实施生态环境损害赔偿制度，严格项目准入和环保“三同时”规定。加大环保执法力度，持续深入开展森林保护“六个严禁”和“六个一律”环保利剑执法专项行动，坚决对环境违法行为“零容忍”。

（四）坚定不移加快转型升级，以更高质量壮大实体经济。以供给侧结构性改革为主线，在“巩固、增强、提升、畅通”八字上下功夫，加快推动三次产业协调发展、协同提质。一是突出抓好新型工业提效发展。大力推进工业园区基础设施建设，升级改造供水管网11.2公里，建设污水收集管网10.9公里，改造10千伏电力线路10.7公里，架设电力主线40公里，建成路网6公里，建设标准化厂房30万平方米。加快经开区扩容提质，积极打造省级高新技术产业开发区。快速推进军民融合、电子信息等“园中园”建设，争创军民融合示范区，打造中国散热行业制造基地。进一步完善宁旺国际烟花产业园区基础设施，扶持园区企业发展壮大，力争实现产值5亿元以上。深入推进“双千工程”，实施企业技术改造25家，引进产业项目15个以上。切实抓好“双服务”“百千万”工程，引进5个以上军民融合产业项目，推动中航永红配套项目、吉祥建材二期等30个项目开工建设；助推味莼园二期等20个重点项目建成投产；培育新增规模以上工业企业20家。二是突出抓好现代农业升级发展。完成公路沿线、500亩以上坝区产业结构调整10万亩以上，调减低效作物面积9万亩以上，建成2个以上规模化标准化农产品基地，打造1000亩以上连片规范化示范种植基地10个，粮经比调整为30：70。持续增加优质农产品供给，新增“三品一标”产地认证面积10万亩。加快农业产业园区提质增效，完成州级以上农业园区投资16.5亿元。坚定不移强龙头、创品牌、带农户，引进和培育农业龙头企业10家，发展农民专业合作社40家、家庭农场10家。大力推进优质米、辣椒、肉牛、鸡鸭等深加工，力争农产品加工转化率提升至58%。三是突出抓好大数据融合发展。进一步提升百鸟河数字小镇园区承载能力，启动大数据服务产教一体化基地和“国家中医药健康旅游示范基地”等项目建设。深入开展“寻苗行动”，全年引进落地大数据相关企业30家、总部经济企业10家以上，培育高新技术企业5家，全年完成大数据主营业务收入15亿元以上。深入实施“万企融合”大行动，建设融合示范项目6个，助推20家实体经济企业与大数据深度融合发展。深度推进政府数据聚通用，推动电子政务网实现县乡村三级全覆盖。四是突出抓好全域旅游提质发展。围绕黔南州天文科普研学之旅、黔中休闲之旅，以实施

“旅游九大工程”为抓手，开发布局研学旅游产品及布依美食、摄影等体验产品业态，打造百鸟河数字小镇科普旅游示范带，建成好花红景区智慧旅游系统，提升22个乡村旅游村寨服务设施，全面提升景区运营管理水平。高标准承办第二十九届中国兰花博览会，加大民族旅游手工艺品和纪念品开发力度，不断扩大“好花红”旅游品牌知名度。实现国内过夜游、入境过夜游分别增长10%。五是突出抓好商贸物流蓬勃发展。加快推进天亿国际二期等项目建设，促进现代服务业集聚发展，培育新增限额以上贸易企业10家以上。积极谋划建设电商物流产业园，推进县、镇、村三级快递物流整合，打造全渠道网店矩阵。加快推进冷链物流体系建设。培育“享涟江”县域公共品牌，开发10个“三品一标”特色农产品，申报电商农特产品SC认证2个以上，补齐“下行”“上行”短板，全年实现网络零售额超1亿元、增长85%。

（五）千方百计扩大有效投资，以更高效率推进项目建设。充分发挥项目建设对投资的拉动作用，着力破瓶颈、强保障，持续稳住经济增长良好势头。一是优化投资结构。积极引导资金更多投向补短板、调结构、促创新、惠民生等领域，谋划重大项目200个以上，动态储备项目总投资1000亿元以上。全年完成民间投资占50%以上、产业投资占40%以上。工业、城建、交通、水利等领域分别完成投资44亿元、40亿元、11亿元和12亿元以上。二是激活民间投资。落实好国家激发民间投资“新十条”，出台支持民营企业发展配套政策，大力推广PPP模式，鼓励和引导民间资本进入交通、水利、市政等基础设施建设领域。扎实开展“六大专项行动”，支持和引导民营企业在农村产业革命、大数据、新型工业、服务业中做强做优。深入实施民营企业培育工程，全年新增市场主体4000户以上，民营经济增加值完成82亿元，占GDP比重提高到65%以上。深化“一对一”联系服务企业制度，建立“服务民营企业县长直通车”，及时回应解决民营企业的合理诉求和发展难题。三是狠抓重大项目。全年实施省、州重大项目38个，完成投资54.5亿元。严格落实项目包保责任制，加强精准调度和要素保障，全年新开工亿元项目50个以上。重点启动县城客运站建设；完成G321猪帘洞至长顺公路、S104摆金至羡塘、S315摆金至团部口等改扩建工程建设，加快推进都香高速惠水段建设；启动新华水库、冯家桥水库、拉力水库建设，加快巴蟒冲水库、打梦河水库、平寨水库建设，建成龙骨坡水库。

（六）坚持不懈提升城镇品质，以更高水平统筹区域发展。着眼于融入贵阳都市圈，以更大力度推动区域融合、产城融合、要素融合，加快建设更高品质的“山水田园生态城”。一是优化县域空间形态。坚持规划引领，完成《惠水县县城总体规划（2016—2030年）》修编，进一步梳理功能布局、产业布局和交通布局，促进城乡空间布局优化和要素高效配置。加强城市发展新一轮规划编制，促进形态、文态、业态、生态协调统一。加快对外融合交通路网规划方案报批，推动县城与贵阳、平塘等周边县市形成无缝衔接。加快推进惠水FAST宁静区综合发展规划编制，完成所涉乡镇总体规划和33个村庄规划修编。加大乡镇规划和建筑设计指导，促进集镇产业层次、功能品质和环境秩序同步提升。二是完善基础服务功能。着力构建循环畅通交通网络，启动建设希望中路、县府北路等城市干道，改造升级贵惠大道，打通同心路、和谐路、纸酒路等市政主次干道，建成城市道路10公里以上。加快完善城市综合管廊等市政基础设施，新增城市停车位1500个以上。完善小超市、菜市场等配套设施，打造15分钟社区生活圈。全力实施小城镇“8+X”项目，统筹推进集贸市场、文化活动场所等建设，全年完成小城镇投资6亿元以上。三是提升城镇发展品位。加快老城区提质改造，实施凤山、一小、原水务局等棚户区改造2000户以上，推进圆台边农贸市场改造。加快城远御府、怡心园三期、聚商公园壹号、江南水乡二期、英伦城邦等房开建设，实现商品房销售80万平方米以上。深入开展多彩贵州文明行动，持续开展路面、街面等“十面”专项整治，积极推动城区划行归市，不断提高城市管理精细化水平。建立健全“两违”清理整治长效机制，坚决打击“两违”建筑。

（七）凝势聚力狠抓乡村振兴，以更大力度提升“三农”水平。坚持农业农村优先发展，按照“产业兴旺、生态宜居、乡风文明、治理有效、生活富裕”的总要求，高质量推动农业全面升级、农村全面进步、农民全面发展。一是在优化农村产业结构上下功夫。认真落实农村产业革命“八要素”要求，新增花卉苗木2万亩、中药材1.4万亩、佛手瓜5000亩、精品水果2万亩，种植精品蔬菜30万亩、优质大米20万亩、烟叶2万亩、生态茶1万亩、饲草饲料4800亩，发展食用菌500万棒，出栏生态家禽1000万羽、生猪50万头。加快发展休闲农业和乡村旅游，评定等级乡村旅游村寨8个、经营户10家。深入推行“三变”改革，积极鼓励村集体经济兴办各类新型农业经营主体，大力支持集体土地、荒山荒坡等资源入股产业发展和项目投资，确保村级集体经济收入达10万元—50万元的村超过30%。二是在改善农村人居环境上下功夫。深入实施“四在农家·美丽乡村”小康升级行动计划，推进农村基础设施提档升级。加大农村风貌管控，严格建房审批程序。大力推进以“三清一改”为重点的村庄清洁行动，全面整治垃圾山、污塘沟、畜禽粪污堆、垃圾围坝等环境污点，引导群众摒弃乱扔、乱堆等不文明行为。快速推进全县生活垃圾收集转运一体化项目，积极推进所有自然村寨垃圾设施全覆盖。深入推进农村“厕所革命”，实现行政村公共厕所普及率达75%以上。加大传统村落、传统民居和历史文化名村保护力度。三是在发展农村社会事业上下功夫。继续实施“雁归兴贵”促进农民工返乡创业就业行动计划，引导农民工返乡创业就业2000人以上。实施农村公共服务提升计划，实现乡镇卫生院全科医师覆盖率达100%。全力做好“三留守”人员关爱工作，推动农村生活不能自理特困人员供养率达55%以上。继续推进殡葬改革，加快建设村级公益性公墓。四是在加强农村自治管理上下功夫。充分调动村官、驻村干部等服务农村的热情，培养一批懂农业、爱农村、爱农民的“三农”队伍。强化德治和自治，制定完善村规民约，创建村规民约示范村100个，破除陈规陋习，营造良好家风、寨风、民风。大力开展“法律进村”活动，引导农民学法、守法、用法。巩固“一村一警”、村级森林防火等应急队伍建设。

（八）与时俱进加强改革创新，以更高层次推动开放发展。坚持问题和需求导向，持续向改革要活力、向开放要潜力、向创新要动力。一是加大重点改革力度。按照省州机构改革要求，稳步推进政府系统机构改革。纵深推进“放管服”改革，加快政务服务中心标准化建设，企业开办时间压缩至3个工作日内，工程建设项目审批时间压缩至80个工作日内，不动产登记办理时间压缩至5个工作日内。全面落实供给侧结构性改革“1+5”政策，进一步降低实体经济企业成本。加快推进财税体制改革，积极压缩一般性支出。切实抓好农村集体产权制度改革，推动农村“三变”改革覆盖50%以上行政村。深化经开区、百鸟河数字小镇改革，推进园区企业化运作。持续深化户籍制度、综合行政执法、城乡水务一体化、城乡公交一体化等重点改革。统筹推进教育、医疗、文化等领域改革。二是提高对外开放水平。深化与贵阳、贵安区域合作，启动花溪—惠水区域共建共管“产业园区”可行性研究，建成贵阳市“菜篮子”保供基地，不断厚植对外开放比较优势。深入推进产业大招商，实施“建链补链强链”工程，以装备制造、电子信息、新材料、旅游、环保等为重点，强化央企、国企、外企、民企招商对接，力争全年签约项目100个以上，实现招商引资到位资金240亿元、增长9%以上，其中省外招商引资到位资金100亿元。三是提升科技创新能力。加大对企业创新支持力度，鼓励企业加大科技研发投入，年度科技型企业备案15家以上，申报高新技术企业6家以上，专利申请量230件，综合科技进步水平指数升至74.5%左右。落实人才招引政策，完善人才激励服务保障机制，加大知识型、技能型、创新型人才的引进力度。

（九）尽心尽力发展社会事业，以更大投入增进民生福祉。坚持把保障和改善民生作为发展的根本目的，尽力而为、量力而行办好民生实事，不断提高群众的获得感、幸福感、安全感。一是办好公平优质教育。巩固义务教育均衡发展成果，促进城乡教育一体化发展，实现学前三年入园率达91%以上、九年义务教育巩固率达96.1%以上、高中阶段毛入学率达91.1%以上，新增学前教育学位2380个、义务教育学位1900个。办好特殊教育，完善职业教育培训体系。加快贵州大学科技学院二期建设，力争贵州中医药大学惠水校区开工建设，持续深化产教融合、校企合作。加强新时代教师队伍建设，推进教育现代化，建设特色教育强县。二是加强社会民生保障。深入实施全民参保计划，扩大社会保险覆盖面。深入推动城乡低保专项治理，适度提高城乡低保和优抚补助标准。开展养老院服务质量提升专项行动，实现敬老院入住率35%以上。有效治理农民工工资问题，切实保障农民工合法权益。加大退役军人安置和服务力度，新建县荣誉军人光荣院。认真落实就业创业政策，支持创业担保贷款3000万元以上。三是提升医疗服务水平。扎实推进“健康惠水”建设，实施医疗卫生服务能力提升八大工程，全面推行分级诊疗，加快建设县域医共体，加强临床重点学科和特色专科建设，实现县域内就诊率达90%以上。扎实推动民族医药传承发展，支持社会办医。建成濛江、涟江、明田等社区卫生服务中心。完善计生服务管理，促进人口均衡发展。深入开展爱国卫生运动，积极推进国家级卫生县城创建。做好新农合参合工作，确保参合率96%以上。四是加快文化体育发展。建好新时代文明实践中心，抓好道德讲堂、农家书屋规范化建设，完成乡镇综合文化站专项整治。广泛开展“黔南书香”全民阅读活动，开展“幸福进万家”、群众文艺展演、送文化下乡等活动30场（次）以上。加大好花红文化保护和利用，完善重要革命遗址和各级文物保护单位管护基础设施。持续提升藤球、毽球等品牌运动项目影响力，高水平高质量承办黔南州第六届运动会。

为切实巩固夯实脱贫攻坚成果，进一步提升群众的获得感、幸福感，我们将着力办好以下民生实事：（1）继续加大教育投入，实施改扩建10所幼儿园，建设县城第七小学，着力化解农村学前教育和城区大班额问题，完成10个独立中学信息化网络建设；（2）积极拓宽就业渠道，建成县人才招聘中心，新增城镇就业6500人，农村劳动力转移就业5000人，开发就业困难人员专岗500个；（3）进一步夯实群众生活保障线，提高城乡低保标准5%、2%，城乡低保平均标准分别提高到598元/月/人、3953元/年/人；（4）加强农村电力保障，实施农村电网改造306公里，推动农村用电安全；（5）着力解决群众出行难、出行贵问题，调整优化城市公交线路15条，投放新能源城市公交车47辆，新增出租车50辆，推进城乡公交一体化，加密乡村公交路网，让农村群众出行更加便捷；（6）加强人居环境整治，建设垃圾池（箱）500个以上、转运站50座，投用转运车30辆，深入推进厕所革命，建成农村户用卫生标准化厕所1500户、村级公共厕所45个；（7）扎实推进“四好农村路”建设，实施农村公路管养2000公里以上，完成农村公路安全防护工程400公里，实现农村道路标识标牌全覆盖，提升农村出行安全保障水平；（8）深化“平安惠水”建设，推动“雪亮工程”60%行政村全覆盖，加快建设“天网”二期工程，增强群众安全感；（9）加强公共文化建设，启动建设县图书馆、县档案馆，实施孔庙保护性修复工程；（10）巩固农村人饮安全成果，实施“城乡供排水一体化”管理和区域供水水费同网同价，农村水价不超过3元/吨，确保群众吃得起、吃得好安全放心水，提高农村饮水安全保障，完成30个千人以下农村饮用水水源地保护项目建设。

三、加强政府自身建设

各位代表，民之所望，政之所向。我们将始终遵照习近平总书记“信念过硬、政治过硬、责任过硬、能力过硬、作风过硬”的要求，牢固树立以人民为中心的发展思想，以服务型政府建设为引领，进一步提高政府自身建设水平，为广大群众提供优质、高效的服务。

（一）全面从严治党，旗帜鲜明讲政治。始终把政治建设摆在首位，深学笃用习近平新时代中国特色社会主义思想，牢固树立“四个意识”、坚定“四个自信”，时时事事处处践行“两个维护”，坚决把中央大政方针、省州党委政府和县委的决策部署不折不扣落到实处，以实际行动确保党的政令畅通。严格落实管党治政的政治责任、主体责任，始终把全面从严治党要求落实到政府工作各领域和全过程，自觉从政治上把握大局、看待问题，从政治上谋划事业、推动工作，把对党绝对忠诚体现在提高政治站位、保持政治定力、强化政治担当的自觉行动上。

（二）深化法治建设，依法履职严用权。深入推进法治政府建设，增强宪法法律意识，持续提升政府公职人员法治观念、法治思维和法治能力，严格依法用权、依规履责、依章办事，持续规范政府行为，确保政府工作在法治轨道上运行。自觉接受人大法律监督、工作监督，自觉接受政协民主监督，广泛听取民主党派、工商联、无党派人士、离退老同志和人民团体意见，主动接受社会和舆论监督，让权力在阳光下运行。严格规范文明执法，全面落实行政执法责任制。牢固树立依宪施政、依法行政意识，健全依法、科学、民主决策机制，大力推行政务公开、政府信息公开，增强决策透明度和公众参与度。加强法治教育，完善公共法律服务体系，让尊法、守法、学法、用法成为全社会的共同追求和自觉行动。

（三）恪守廉洁本色，风清气正固根本。严格落实全面从严治党要求，加强纪律建设，切实履行“一岗双责”，深入推进政府系统党风廉政建设和反腐败斗争。带头严格执行中央八项规定及其实施细则精神，驰而不息纠“四风”、正作风。深化廉政风险防控，不折不扣抓牢抓实各级巡视发现问题的整改，以整改成效推动经济社会健康发展。严格财经纪律，严控“三公”经费。强化权力运行监督制约，加强对公共资金、国资国企、公共资源交易、群众身边腐败等重点领域监管，严肃查处违纪违规行为，持续把作风建设和优化发展环境引向深入。严格执行《中国共产党廉洁自律准则》和《中国共产党纪律处分条例》，强化监督执纪问责，保证干部清正、政府清廉、政治清明，以实际行动赢得群众信任和支持。

（四）锤炼过硬作风，勤政务实保初心。始终把群众的满意度、幸福感、获得感作为工作标准，多做打基础、管长远的工作，向上对标要求，向外集聚要素，向内激发活力，向下狠抓落实，形成干事创业强大合力。始终遵循“五步工作法”，在全县形成察实情、讲实话、鼓实劲、办实事、求实效的氛围。强化服务意识，持续推进政务服务“一网一门一次”改革，实现群众和企业办事“只进一扇门或只进一张网”。大兴学习之风、调研之风、落实之风，大力整治不作为、慢作为、乱作为，不断提升执行力。树立正确政绩观，练就宽肩膀，提升真本领，争当主攻手，推动各项工作部署掷地有声、落地生根，以干事创业的积极成效取信于民、造福于民。

各位代表，时代是出卷人，我们是答卷人，人民是阅卷人。新的一年，让我们更加紧密地团结在以习近平同志为核心的党中央周围，在省、州党委政府和县委的坚强领导下，不忘初心、牢记使命，紧紧依靠全县人民，以永不懈怠的精神状态、一往无前的奋斗姿态，全力谱写新时代惠水高质量发展新篇章，坚决夺取脱贫攻坚决战之年根本性胜利，以优异的成绩庆祝中华人民共和国成立70周年！

长顺县政府工作报告

（2019 年 2 月 25 日在长顺县第十七届人民代表大会第三次会议上）

长顺县委副书记、县长 李友军

各位代表：

现在，我代表县人民政府向大会报告工作，请予审议，并请各位县政协委员和其他列席会议的同志提出意见。

一、2018 年政府工作回顾

过去的一年，是我县发展历程中具有特殊意义的一年。一年来，在州委、州政府和县委的坚强领导下，在县人大、县政协的监督支持下，我们高举习近平新时代中国特色社会主义思想伟大旗帜，认真学习贯彻党的十九大和习近平总书记在贵州省代表团重要讲话精神，围绕建成“三区三基地”目标，深入实施“三大战略”、奋力抒写“三篇文章”，坚定不移推进“七大战略行动”，全力稳增长、促改革、调结构、惠民生、防风险，较好地完成各项目标任务，谱写了长顺经济社会发展的新篇章。

全年实现地区生产总值 67.67 亿元，同比增长 11.8%，增速排名全州第六；规模以上工业增加值完成 15.87 亿元，同比增长 11.2%，增速排名全州第三；固定资产投资完成 63.79 亿元，同比增长 19.7%，增速排名全州第三；社会消费品零售总额完成 12.42 亿元，同比增长 8.8%；一般公共预算收入完成 3.38 亿元，同比增长 10%；城镇常住居民人均可支配收入完成 28724 元、同比增长 9.3%，农村常住居民人均可支配收入 10172 元、同比增长 10.4%；金融机构存贷款余额完成 172.52 亿元，同比增长 12.6%。减少贫困人口 2.25 万人，21 个贫困村如期出列，贫困发生率降到 6.45%；建成易地扶贫搬迁安置房 1788 套，改造农村危房 1500 余户。建成神泉谷、广顺州署文化园等一批景区景点，成功承办全州第十二届旅发大会、国际山地马拉松、国际山地自行车等系列会事、赛事活动。成功创建“国家农产品质量安全县”“国家电子商务进农村综合示范县”“国家农村产业融合发展示范园”“全国森林康养基地试点建设单位”，荣获“贵州省‘四好农村路’示范县”“国画之乡”等一批荣誉称号。全省农业产业结构调整暨 500 亩以上坝区农业产业结构调整现场会在我县召开。

一年来，我们突出“五个坚持”，重点抓了以下工作：

（一）坚持精准方略尽锐出战，脱贫攻坚取得关键之年决定胜利。围绕建成“全省脱贫攻坚示范区”的定位，坚持精准方略，全力打好“四场硬仗”，狠抓“五个专项治理”，按照“八要素”要求大力推进农村产业革命，深入开展“春风行动”“夏秋攻势”“冬季充电”，脱贫攻坚取得关键之年决定性胜利。实施产业扶贫“三个一”工程，建成种植示范基地 78 个、养殖示范基地 69 个、82 个村级集体经济全部“脱壳”，吸纳建档立卡贫困户 21692 户（次）、86472 人（次）。累计投资 6 亿余元，建成通组路 343 公里、解决 4.6 万农村贫困群众饮水安全问题、实施贫困村电网改造一户一表 7028 户、贫困村通讯网络实现全覆盖、深入开展农村综合环境整治“三个一”“五个一”工程，农村面貌焕然一新。完成 2018 年度 1788 套易地扶贫搬迁安置房建设任务，完成 2017 年度 7644 人搬迁入住，同步落实“一户一人”就业 3205 人。成立锦顺社区、南福新苑等 4 个社区，“五个三”后续扶持保障政策有效落实。资助高中以上贫困家庭学生 5270 人 1712.73 万元。完成贫困户家庭医生签约18567户64950人，实现贫困人口全员参合；培训农村贫困劳动力6655人，贫困劳动力转移就业4693人，金融扶贫惠及贫困户5925户21257人。贵阳市、广州越秀区、北京邮电大学、贵州省检察院对口帮扶扎实推进。

（二）坚持项目拉动扩大投资，“五个十大”工程推动基础设施根本改变。深入实施项目拉动战略，坚持县领导领衔推进、项目调度和月督查工作机制，大力推行一线工作法，实行“挂图作战”，“五个十大”工程取得重大突破，36个省州重点项目中15个政府投资项目完成年度计划的137.9%，39个县级重点项目加快推进，建成了一批交通、水利、产业、市政等打基础、利长远的重大项目。板从水库、天坡物流等项目进展顺利，G354等一批公路项目竣工投入使用。狠抓项目储备包装和主动对接，358个项目进入州重大项目储备三年滚动计划，储备2019年中央预算内投资项目229个、总投资103.63亿元，争取到上级各类资金12.31亿元，获批全国首支社会领域产业7亿元专项债券。全力推进产业大招商突破年行动，引进了贵阳农投、桂林力源、广州江楠等一批农业龙头企业项目落地，全年引进招商引资项目83个，到位资金152亿元。

（三）坚持三产融合加快发展，经济结构优化增添综合发展动力。一是现代农业量效齐增。深入推进农村产业革命和农业供给侧结构性改革，高标准启动贵阳万亩蔬菜保供基地等11个重点坝区建设，贵阳农投、桂林力源、广州江楠等一批产销通畅的龙头企业推动了“公司+基地+合作社+农户”的利益联结模式日趋完善，代化打傍、鼓扬红岩、摆所松港、白云山思京、广顺来远、长寨所把及塘房桥等一批现代农业种植基地呈现雏形。新增绿壳蛋鸡553万羽，生猪存栏13.13万头，商品蔬菜种植核心面积达3.2万亩，紫王葡萄、高钙苹果、小米核桃管护水平不断提升。实现农业增加值16.14亿元，增长6.9%，增速全州排名第二。二是工业经济升级壮大。广顺110千伏安变电站有序推进，“一园三区”水、电、路、气、讯等基础设施不断完善，新增入驻工业企业28家，入园项目39个，总投资达88.2亿元，新增规模以上工业企业12户。凯升建材、天顺通达等一批项目顺利建成投产，长泰源、电气云产业园等项目快速推进，以新型建筑建材、装备制造、轻工业为重点的工业格局正加快形成。三是第三产业活力迸发。建成神泉谷休闲旅游度假区、凤凰坝乡村休闲度假旅游区2个国家3A级旅游景区及广顺州署、玉带河公园等一批景点并对外开放，建成潮井国际大酒店、阳光度假酒店、但家花园酒店等一批旅游酒店；成功承办全州第十二届旅发大会，带动了城市建设、交通建设、配套服务建设、精神文明建设的全面提升，实现旅游产业井喷式增长，过夜游客增长11.5%，入境过夜游客增长319.6%。加大服务业发展扶持奖励力度，发放促进服务业发展奖励资金345万元，新增民营企业724户，新培育限上商贸企业11户，发展电商经营主体188家，激发了第三产业发展活力。

（四）坚持城乡统筹补齐短板，全面彰显长顺盆景城市强大魅力。按照“山水园林盆景城市”的发展战略，奋力抒写“三篇文章”，抓规划、重建设、强管理、优环境，多管齐下推动城乡统筹发展，预计常住人口城镇化率达45.4%。一是规划引领展新貌。更加注重规划引领，启动了山水园林盆景城市风貌专项规划，完成30余个重点项目规划编制的评审和管控，同步推动城镇详细规划、县域乡村建设规划、30户以上自然村寨规划的编制和实施，高起点、高标准完成72个行政村村庄规划。城市风貌管控有力有效，实行“两违”建筑月调度管理机制，城乡建房秩序进一步规范，城镇风貌特色进一步彰显。二是内涵提升树形象。天灯坡、东门片区棚户区改造深入推进，长征大道、和平西路等城区街道的风貌整治和亮化升级工程、长顺大道及城南大道绿化升级改造工程顺利完成，天灯坡公园、体育馆等一批市政基础配套项目对外开放，城市面貌焕然一新。顺城风情商贸街、东朝三期、顺城未来城、龙江·长顺壹号等房开项目快速推进，成功打造一批城市“新地标”。福臻广场、广顺夜郎城、环宇天下等项目成功盘活。城市管理改革创新实施，环卫服务向第三方购买，关键地段停车转入地下，广场文化丰富多彩，城市品质和城市形象大幅提升。三是城镇建设显成效。加快推进城镇建设三年行动计划，以广顺示范小城镇建设为引领，全面完成广顺州署、南一路、南二路等一批重大项目，作为县城拓展区的“黔中古镇·大美广顺”承载能力迅速增强；代化、摆所、鼓扬、白云山、敦操小城镇建设成效显著，构建各具特色、互动发展的现代城镇体系。四是乡村振兴添活力。推进农村综合环境整治“三个一”“五个一”工程，启动210个组“三个一”工程、285个组“五个一”工程，完成串户路硬化369公里、路灯10201盏、垃圾池109个、活动场所6.3万平方米。大力推进中央、省委环保督察反馈问题整改，时序整改率达100%；全县境内15条河流38座水库全部纳入河长管理体系，重要江河湖泊水功能区水质达标率预计达 100%；完成 18.99 平方公里石漠化面积治理，完成营造林 7 万亩，全县森林覆盖率预计达 62.5%，县城集中式饮用水源水质达标率达 100%，生态文明建设成效显著。以镇带村、镇村联动的乡村振兴模式有效形成，农村面貌大幅改观，美丽乡村魅力更加彰显。

（五）坚持成果共享改善民生，群众“三感”提升全面激发内生动力。从群众最关心的就学、就医、就业等民生问题做起，不折不扣落实各项惠民政策，群众安全感、获得感、幸福感持续增强。一是教育水平稳步提升。加快广顺三小、县城四小、县城四幼、威远二幼等城镇标准化学校项目建设，县城二小、广顺二小、广顺中学等 13 个薄改项目有序推进，继续深化教育布局调整，高中教育改革得以突破，办学条件和办学水平全面提质升级。二是医疗卫生普惠可及。深入推进医疗集团改革，代化、白云山、鼓扬标准化卫生院及摆塘等 6 个中医馆建成投入使用，24 个深度贫困村村级卫生室全面提质升级，健康扶贫制度全面推行，研究出台《乡村医生管理办法》，基层医疗服务能力稳步提升。三是社会保障持续加强。转移农村劳动力 6600 人，发放城乡低保、特困供养、临时救助等资金共计 8000 万元，启动棚户区改造 3100 套，全面推行住房公积金建缴扩面工作，支持低收入职工改善住房条件。四是风险防控有力有效。切实做好项目建设风险评估，严格落实政府性债务管理“七严禁”要求，政府债务风险安全可控。扎实开展矛盾纠纷排查化解，凯峰水泥、福臻广场、长顺职校、凯佐易地移民搬迁等历史遗留问题逐步化解。狠抓安全生产、道路交通、危化品运输、食品药品等领域安全监管，安全生产形势持续平稳。持续开展扫黑除恶专项行动，严厉打击各类违法犯罪活动，社会大局和谐稳定。

不折不扣抓好省委巡视和各类检查审计反馈意见整改落实，严格落实中央八项规定及其实施细则。自觉接受人大法律监督、工作监督和政协民主监督及司法监督、群众监督，全年办理人大代表建议、政协提案各 73 件，沟通、答复率均达 100%。“放管服”改革深入推进，审核公布县级部门行政权力 3065 项，县乡村三级公共服务事项 109 项。强化审计监督和民生监督，廉政建设取得新进展。

此外，法制建设、应急管理、人民武装、国防教育、人防战备、外事侨务、民族宗教、科技、气象、档案史志、工青妇、红十字、老龄和残疾人等事业全面发展。

各位代表，一年来所取得的成绩，凝聚着广大干部群众的心血和汗水，汇集了社会各界人士的智慧和力量。有大家的共同努力，长顺的今天变得更加美好；有大家的团结拼搏，长顺的明天充满无限希望。在此，我代表县人民政府，向全县广大干部群众，向各位人大代表、政协委员和社会各界人士，向离退休老领导、老同志，向驻县部队、武警官兵、公安干警，向各级驻县单位，向所有关心、支持长顺发展的同志们、朋友们，表示衷心的感谢并致以崇高的敬意！

船到中流浪更急，人到半坡路更陡。在肯定成绩的同时，我们也清晰地看到，全县经济社会发展还存在不少突出矛盾和问题：脱贫攻坚剩下不少“硬骨头”，如期实现全县整体脱贫摘帽是我们当前最大的任务；经济总量小、财政增收难和基本公共服务与群众多元化的需求存在较大差距；中央严控地方政府债务，发展资金短缺问题是我们当前最大的制约；高质量发展要求与我们本领恐慌矛盾越来越突出。对于这些问题，我们绝不回避，将千方百计予以解决。

二、2019 年工作目标及思路

2019 年是新中国成立 70 周年，是我县实现整县脱贫摘帽目标的全面决胜之年，做好全年经济社会发展各项工作至关重要、意义深远。今年政府工作的总体要求是：以习近平新时代中国特色社会主义思想为指导，全面贯彻党的十九大和十九届二中、三中全会精神，认真落实中央、省、州、县经济工作会议精神，深入贯彻落实习近平总书记对贵州工作的系列重要指示批示精神，统筹推进“五位一体”总体布局，协调推进“四个全面”战略布局，坚持稳中求进工作总基调，坚持新发展理念，推动高质量发展，坚持以供给侧结构性改革为主线，深化市场化改革、扩大高水平开放，加快建设现代化经济体系，继续打好三大攻坚战，统筹做好稳增长、促改革、调结构、惠民生、防风险、保稳定各项工作，守好发展和生态两条底线，深入实施“3366”发展战略，紧扣“三区三基地”发展目标，按照“两稳八进”的要求，坚持把“四共”机制贯穿经济社会发展始终，继续做好“三篇文章”，持续推进“七大战略行动”，决战决胜脱贫攻坚，保持经济持续健康发展、社会大局稳定，为全面建成小康社会收官打下决定性基础，以优异的成绩庆祝中华人民共和国成立 70 周年。

今年经济社会发展的主要预期目标是：地区生

产总值增长11%（其中，一产7.1%、二产11.2%、三产15%），规模工业增加值增长11%，固定资产投资增长18%，一般公共预算收入增长6%，社会消费品零售总额增长11.5%，省外招商引资到位资金增长10%；金融机构人民币存贷款余额增长15%，城镇、农村居民人均可支配收入分别增长10%、11%。减少贫困人口1.15万人，按国定标准实现“脱贫摘帽”目标。

在具体工作中，我们将注重把握以下5个关键：

一是必须坚持党的核心领导。越是打大战役，越要牢固树立“一盘棋”思想。全县上下必须在县委的领导下，精准把握习近平新时代中国特色社会主义思想实质，树牢“四个意识”、坚定“四个自信”、做到“两个维护”，心往一处想、劲往一处使，以全局的眼光、辩证的思维推动全县经济社会发展，努力形成衔接顺畅、运转高效的工作推进机制。

二是必须保持加快发展定力。经过近年来的持续发力，全县一产“4+N”特色产业发展格局更加清晰，基地建设初具规模，农民增收基础进一步夯实；二产“一园三区”基础设施日渐完善，新型建筑建材、装备制造、轻工产业等主导产业持续壮大，工业经济实力不断增强；三产交通基础设施、景区基础设施、城镇承载能力等项目加快推进，文化旅游产业发展后劲十足。要保持定力，坚持把发展作为解决一切问题的基础和关键，主动钻研，用对、用好、用足国家政策，乘势推动全县经济社会发展。

三是必须更加注重统筹协调。当前，我县正处于脱贫攻坚的决胜期，要做到目标不变、靶心不散、频道不换，以脱贫攻坚为统领，将脱贫攻坚与实施乡村振兴战略、推动高质量发展、促进城乡协调发展、保障和改善民生等工作相互融合、统筹推进，做到脱贫攻坚和各方面工作都有新进步。

四是必须确保社会和谐稳定。坚持稳中求进总基调，以稳固安、以进促稳，正确处理好抓发展与防风险的关系，积极运用市场手段破解项目融资难题，坚持一手抓债务增量控制，一手抓债务存量化解，坚决做到坚定、可控、有序、适度；加强社会领域安全风险防控，全面落实安全生产责任制，扎实开展社会矛盾排查调处，确保社会大局和谐稳定；继续打好污染防治攻坚战，要坚守阵地、巩固成果，努力让长顺的天更蓝、水更清、环境更优美。

五是必须强化责任担当意识。始终把攻坚克难作为第一担当，进一步提高政治站位，举全县之力攻坚克难、扑身实干，强化责任意识，把心思用在发展上、把精力集中在干事上，遇到难题不绕道、直面矛盾敢碰硬、面对风险勇担责，按照“五步工作法”的要求，未雨绸缪、突出重点，把握好时序、力度和节奏，力争取得新的突破。

三、2019年工作任务

（一）突出底线思维，立足有力有效，稳住长顺安全和谐发展大局。坚持“稳定压倒一切”的原则，居安思危、常怀忧患之心，吃透用好中央、省、州稳增长的政策机遇，按照“两稳八进”的要求，千方百计稳住经济增长的基本盘、稳定安全和谐的社会发展大局。

坚决防范化解政府性债务风险。坚持问题导向，严格落实政府性债务管理“七严禁”“1+8”配备管理政策，按照“坚定、可控、有序、适度”的原则，四措并举化解政府债务风险。一是开展全县政府隐性债务再核查，进一步摸清债务家底，创新思路制定政府性债务化解三年计划。二是盘活资源，清理规范全县企业、行政事业单位的有效资产和门面，对闲置低效资产实行租让并举，发挥最大效益。三是加快推进平台公司实体化改革，厘清政府和平台公司债务边界，落实债务管控主体及偿还责任，采取联合、股份、资产证券等各种形式，增加优质资产的经营效益，增强偿债能力。四是深化投融资体制改革，积极争取国家专项债券、省绿色产业扶贫投资基金等支持，创新发展PPP模式转化存量债务，力争将符合规定的债务进行置换，拓宽融资渠道，努力实现控制增量、减少存量。坚决推动社会治理、安全生产。严格按照“党政同责、一岗双责、失职追责”的要求，坚持重大决策社会稳定风险评估机制，提高重大决策群众参与度。落细落小信访动态排查化解机制，完善矛盾纠纷多元调解，继续化解凯峰水泥、威远青龙城等历史遗留问题；健全社会治安防控体系，深入推进“雪亮工程”，加快推进“平安长顺”建设；深入开展扫黑除恶专项斗争，保持违法犯罪行为严管严打高压态势。严格落实安全生产责任制，坚决防止发生重大及以上生产安全事故。深化平安长顺创建，稳步提升群众安全感和满意度。坚决守住污染防治和生态底线。建立健全生态环境保护长效机制，落实大气污染防治行动计划，开展建筑工地和道路扬尘污染及砂石敞篷超载运输三个专项治理，确保全年空气质量优良天数比例达98%以上。压紧压实“河长制”“林长制”责任链条，深化农村水环境治理，强化“三条红线”管控，力争生活污水处理率达89%以上。抓好森林保护“六个严禁”执法专项行动，实施重要生态系统保护和修复重大工程，优化生态安全屏障体系，森林覆盖率达63.5%以上，城市建成区绿地率达42%以上。加大农业面源污染防治力度，实施农药和化肥增效减施行动，强化畜禽养殖污染综合防治。

（二）突出目标导向，坚持八方用力，全面推动经济社会长足发展。

（1）聚焦脱贫攻坚，纵深推进“脱贫摘帽”根本胜利。实现“脱贫摘帽”是今年我们首要的政治任务、最大的民生工程，必须以破釜沉舟的决心、背水一战的勇气，按照攻坚目标再侦察、四场硬仗齐冲锋、战场清理全覆盖、群众教育增动力4个阶段尽锐出战、转段销号。举全县之力向整县“脱贫摘帽”发起总攻，坚决夺取脱贫攻坚全面胜利。紧盯脱贫攻坚目标。紧紧围绕“一达标、两不愁、三保障”要求，严格对照户脱贫、村出列、县摘帽的验收标准，确保12个贫困村全部退出，减少贫困人口1.15万人，全县贫困发生率降至1.5%以内，实现“0098”目标，以过硬的成效确保脱贫质量群众满意、社会认可、国家认定，精彩出列。完善指挥作战体系。一是健全上下联动的指挥体系。深化“七个一”工作模式，全面充实脱贫攻坚队及网格力量，把最强的力量派到驻村帮扶第一线，坚持“作战图”会战、“军令状”督战，全面压实县、乡、村、队工作责任，确保各级指令畅通无阻、工作推进快捷高效。二是健全左右联动的作战体系。坚持脱贫情况动态监测，实现目标再侦察，进一步强化13个工作专班责任，本着“缺什么、补什么”的原则，实行“清单制+责任制”管理，提升脱贫攻坚的精准度、时效性，打赢脱贫攻坚短板歼灭战。三是健全内外联动的合作体系。整合贵阳市、广州越秀区、北京邮电大学及省州帮扶单位等帮扶资源，积极引导社会力量参与帮扶，用好用活帮扶资金和资源，形成内外合围攻坚之势。全面打赢“四场硬仗”。一是产业扶贫再落细。紧扣产业革命“八要素”，深入推进产业扶贫“三个一”工程，在巩固提升“长顺四宝”的基础上，依托村合作社和富之源、力源、但家香酥鸭、贵阳农投集团、贵州永和公司、广州江楠等种养殖龙头企业的合作，用生猪、蔬菜等短平快项目进行利益联结，鼓励贫困人员深度参与产业发展，进一步完善地租保底、务工增收、股份分红等受益方式，做到“一户一措施、一户一产业”，确保产业持续发展、贫困户稳定受益。二是基础短板再精准。紧扣“水电路讯房寨”短板问题，坚持“补短板”与“促提升”两手抓，贫困村与非贫困村同推进。开展基础设施“回头看”活动，实现道路村村通、组组通、户户通，6月底前全面解决农村饮水安全问题，确保农村用电一户一表入户率达100%，实现移动通讯全覆盖。全面打响农村综合环境整治“三个一”“五个一”工程歼灭战，千方百计改变农村脏、乱、差面貌，提振群众精气神。三是易地搬迁再深入。加快推进2018年易地扶贫搬迁入住进度，确保3月底前全部搬迁入住，全面实现“十三五”期间易地搬迁工作目标。深入推进“五个三”后续服务保障工作，继续完善教育、医疗等公共服务场所，金融服务、社区服务等便民服务窗口，重点攻克以搬迁群众为主的贫困群众培训就业创业工作，确保在一户一就业的基础上应就尽就，实现“一步住进新房子、快步过上好日子”的小康梦。四是“三个保障”再提升。全面落实教育扶贫各项政策措施，以控辍保学为重点，以教育精准扶贫学生资助为保障，确保每个贫困家庭子女无障碍就学，阻断贫困代际传递。全面落实医疗保障政策，确保农村建档立卡贫困人口参合率达100%、家庭医生签约服务率达100%，按健康扶贫医疗保障救助政策实现应助尽助。6月底前全面完成危房改造、农村老旧住房透风漏雨整治和同步“三改”任务，确保建档立卡贫困户全部住上安全住房。激发脱贫内生动力。坚持扶贫与扶志、扶智与扶技并举，注重激发贫困户内生动力，围绕“就业一人、脱贫一户”的目标，用好用足创业就业扶持政策，培养一批勤劳致富、自主脱贫、依靠劳动改变生活的典型。转移贫困劳动力5500人以上，依托联韵耳机等本地企业及各类种养基地吸纳带动贫困户就近就业3000人以上。对出列村和脱贫户开展巩固成果“回头看”，研究解决贫困边缘户的政策支持问题，防止返贫与继续攻坚共同发力，坚定脱贫群众致富信心。

（2）聚焦投资拉动，融合推动政府和民间投资落地。抢抓政策机遇，把政府投资项目攻下来。深度研究国家和省产业战略，吃透上级投资、财政、金融政策，及时掌握项目实施动态，大胆策划包装，全力争取中央预算内投资、地方政府专项债券、中央财政技改专项资金等方面的支持。用好项目前期经费，围绕脱贫攻坚、乡村振兴、农村综合体、交通水利、教育卫生、民生保障等重点领域，策划200个总投资300亿元以上重大项目，推动审批办证、征地、规划等前期要素再提速，力争更多项目挤进中央和省计划盘子。强化招商引资，把民间投资项目引进来。继续推进产业大招商、营商环境大整治工作，建立和完善招商引资月联席会议制度，强化招商引资督办和定期研判，把好项目预审关。围绕康体旅游、避暑养生、农旅融合、装配式建筑、新型建材、特色轻工、坝区农业、农产品精深加工等闭合产业链，形成土地、环保、政策等要素整合，上门招商、精准招商，拉伸长板、补齐短板，着力引进一批产业链节点项目、关键项目。力争省外招商引资到位资金达65亿元，产业投资占比40%以上、民间投资占比50%以上，推动招商引资在数量、质量、效益和环境上取得新突破。强化调度管理，把有效投资聚起来。继续落实重点项目县级领导领衔机制，围绕开工、竣工、达产等关键环节，健全月督查通报、季观摩点评等常态化调度机制，全力加快项目建设进度。全力配合推动都香高速等重大交通项目建设，加快推进板丛水库、天坡物流、外环东路、G321惠水珠帘洞至长顺马路、敦操至代化公路、城市房地产等重点项目建设，让有效投资真正发挥作用，稳住我县发展基本盘。

（3）聚焦实体经济，组合推动二三产业做大总量。坚决落实“巩固、增强、提升、畅通”八字方针，深入推进供给侧结构性改革，积极转变发展方式，改造提升传统产业，大力培育新兴产业，推动经济社会高质量发展。做强工业壮大实力。以“双千工程”为抓手，进一步完善“一园三区”基础设施，提升服务功能。一是落实领导挂帮企业帮扶服务机制，引导秦泰药业、联韵耳机、高矿重工、杭萧钢构等企业通过管理创新和业务流程再造，提升产品竞争力、市场占有率。二是推进项目建设，力促食品产业园、长泰源、电气云产业园等项目建成投产，新增规上工业企业10户以上。三是对园区项目建档立卡回头看，研究制定《问题企业退出办法》，对园区土地环境容量等进行梳理整合，围绕强链补链进行精准招商，引进工业项目50个以上，完成到位资金30亿元以上。做活三产聚集人气。以全省乡村休闲旅游基地建设目标为统揽，以聚人气、财气、名气为抓手，做好旅发大会后半篇文章。一是打好整合牌，整合景区、整合团队、整合思想打造神泉谷、杜鹃湖、中华银杏王、凤凰坝、广顺州署文化园、玉带河精品旅游线路，拓展多条乡村游线路，持之以恒把人吸进来。二是继续设立旅游发展基金，围绕徒步、康体、体验策划开展丰富多彩的活动，让县内群众动起来，把县外游客聚起来。三是立足顺文化，做足吃文章，开发夜文化，依托神泉谷和广顺州署文化园，紧紧盯住贵阳上班族，在周末和假日策划开展参与度高、吸引力强的“长顺难忘之夜”等活动，集中加大宣传力度，把人引进来。四是创新服务业态，提升服务水平，加快完善神泉谷漂流、栈道、射击场、民宿等新兴业态；创造条件推进黄家寨水库、中华银杏王等旅游项目开发，常态化构思和开展酒店、餐饮、出租、导游培训，提升服务水平。五是在考察借鉴的基础上，研究出台市民下乡、农民进城优先优惠政策，围绕“六要素”，按照“月月有活动、季季有亮点、全年无淡季”的思路加大宣传营销。拓展农旅结合、医养结合、康养结合，打造集健身休闲、医疗养生、避暑旅游为一体的大健康养老基地。全力加快国家电子商务示范县创建步伐，做足农产品上行文章，最终让财气旺起来。大力发展民营经济。高质量完成第四次全国经济普查工作，科学规划指导县域产业发展。认真落实省促进民营经济发展42条政策措施，立足解决中小企业实际困难，分类修改和完善民营经济一二三产业支持政策，扶持一批市场前景广阔、成长性好的中小企业形成大集群。发挥民营企业作为就业创业主渠道的作用，确保城镇新增就业3000人以上，城镇登记失业率控制在4.2%以内。

（4）聚焦产业革命，创新推动“八个要素”开花结果。今年是我县“脱贫摘帽”决胜之年，也是农业结构调整之年，要按照县委“确保我县农村产业革命在全省走前列”的要求，牢牢把握“八要素”这个方法论，以服务贵阳市民餐桌为目标，以产业扶贫“三个一”为载体，以各攻坚队为主力，在“管好提升山区、聚焦主攻坝区、科学布局养区”上来一场深刻的产业革命。在山区，结合实际，继续管护提升“4+N”产业，让已种、已养项目早见效，真见效。在坝区，突出广顺这个重点，以23个坝区为平台，采取一个坝区、一名领导、一个团队、一套方案、一抓到底的“五个一”模式，围绕“思想观念”这个产业革命的关键，突破“倒田坎”这个小农意识的难题，打破“三通一转”这个现代农业的瓶颈，依托贵阳农投、广州江楠等龙头企业，努力建设一批规模化、标准化、现代化特色农产品基地，构建“公司+基地+农户”的生产组织模式，实现新增商品蔬菜核心面积1万亩以上，把广顺建成集生产、加工、物流为一体的贵州农产品集散地。在养殖上，充分发挥富之源、桂林力源、但家香酥鸭、三原公司等产销通畅和资金保障的龙头企业优势，用好绿壳蛋鸡产业发展基金，把握好环境、土地两个关键要素，科学布局100个生猪养殖小单元、10个生态绿壳蛋鸡和樱桃谷鸭养殖小单元，新增生猪存栏10万头、绿壳蛋鸡400万羽以上。着力强化“农校对接”“农监对接”“农超对接”等产销模式，创新企业、合作社、集体、农民在产业链、利益链各环节联结方式，增加农民主体地位和利益上的获得感。规范农产品质量安全监管，大力发展绿色、有机、无公害农产品，努力提升农产品供给质量。

（5）聚焦节约集约，融合推进土地开发保障要素。按照节约、集约原则，优化土地利用结构，提高土地使用效率。一是优化土地空间结构。以全国第三轮土地资源调查为契机，启动县城国土空间规划，按照“多规合一”的要求，加快推进经济社会发展规划、城乡规划、产业发展规划和土地利用总体规划的有效衔接。因地制宜、科学合理地制定年度用地计划，把好计划管控和指标审查关，加强土地征收、供应、建设的监管。二是盘活土地闲置资源。认真清理城乡及园区批而未供、供而未用、用不见效、现实无用的闲置土地资源，租、让、转、收分类施策，最大限度提高土地使用效益。三是注重土地开发整治。进一步摸清土地资源底数，大力推进高标准基本农田建设和水田开发，认真谋划和实施一批耕地占补平衡和城乡建设用地增减挂钩项目，年内完成土地开发4000 亩以上，6 月底前完成城乡建设用地增减挂钩项目 2000 亩，确保乡村振兴有资金来源、产业发展有用地空间、外来投资有用地保障。

（6）聚焦城乡统筹，持续推动乡村振兴城乡一体。深入推进“山水园林盆景城市”建设，年内实现 1 万人以上人口到城镇落户，常住人口城镇化率达 49% 以上。一是巩固提升靓县城。启动县城国土空间规划，按照多规合一的要求，强化城市规划设计，提升城市建设品位。紧紧抓住最后一轮棚户区改造机遇，实施老城区基础设施提升行动，持续改善人民群众居住水平。加快绿城时代中心、顺城天灯坡商业街、东方明珠二期、伴山铭都二期、御景金湾三期等项目建设，盘活青龙城、民族风情街两个问题楼盘，不断提升城区承载力。把小区物业管理新课题纳入管理重点，规范提升小区物业管理，推动物业服务行业健康有序发展。进一步实施城区绿化、净化、美化行动，巩固省级文明城市创建成果，争创国家卫生县城。加快实施“智慧长顺”项目，同步推进城市管理数字化、打非治违智能化、行业监管可视化等大数据系统建设，用数字化手段提升城市管理水平。启动开展停车下地、让道于民专项行动，持续开展乱停乱放、占道经营、环境卫生等专项治理，规范违建认定和处置程序，推动城市管理精细化。二是规范有序兴集镇。以广顺、代化示范小城镇为引领，分类指导，鼓励各乡镇充分挖掘产业、生态等特色，完善集镇建设规划，引导各乡镇争取一批田园综合体产业项目，以产兴镇、以镇促产，打造一批各具特色的小镇。坚决维护农业人口土地承包权、探索宅基地使用既有权益，科学引导农民自愿有偿转让相关权益，进入集镇居住，提升农业转移人口市民化的积极性。把环境卫生及秩序整治作为加强集镇建设管理的重点，重点治理道乱占、车乱开、摊乱摆、房乱建等“七乱”，狠抓主要干道、镇郊结合部等重点部位的规范整治，打造干净有序的集镇形象。三是建管并重美农村。按照乡村振兴“二十字”方针总要求，坚持规划引领，大力实施小康业、路、水、电、讯、房、绿、寨“八个小康行动计划”，全面覆盖农村综合环境整治“三个一”“五个一”，切实改善农村面貌，实施“三清一改”村庄清洁行动，打造美丽乡村升级版。坚持推动以农村公路管护为主的农村基础设施管护，注重群众良好生活习惯的教育引导，建设良好乡风，推进村民自治，坚决整治大操大办、铺张浪费、聚众赌博、封建迷信等活动，正确引导群众移风易俗。健全公共文化服务体系，完善县、镇、村三级文化基础设施网络，不断加强文艺人才队伍建设，满足人民群众日益增长的文化需求。

（7）聚焦民生实事，回应群众关切推动成果共享。坚持以民为本、民生优先，加快发展社会事业，聚焦人民群众最关心、最直接、最现实的利益问题，尽力而为、量力而行，持续用力、久久为功，抓好“十大民生工程”，不断提升人民群众的获得感、安全感、幸福感。一是实施脱贫解困工程。实现长坡等 12 个贫困村出列，减贫 1.15 万人，贫困发生率降至 1.5% 以内，实现整县脱贫摘帽目标。二是实施教育惠民工程。建成广顺三小并投入使用，建成县第四小学、第四幼儿园、威远二幼，加快推进第一和第二小学改扩建工程，化解城镇大班额。三是实施基础设施工程。完成外环东路、G321 长顺段、X964 敦操至代化公路建设，全面完成农村综合环境整治“三个一”“五个一”工程，全面完成广顺 110 千伏安变电站建设。四是实施环境提升工程。启动县城区二级污水管网收集系统和威远广顺污水支管网收集系统，完成代化、白云山污水处理厂建设并投入运营，力争启动鼓扬、摆所、敦操 3 个乡镇污水处理厂建设。全面启动“厕所革命”工作。五是实施百姓安居工程。全面完成 3100 户棚户区改造任务，力争新启动棚户区改造 300 户，启动老东门片区、威远片区、河坝、摆托等片区改造建设。全面完成 1292 户老旧住房透风漏雨专项整治工作。六是实施医卫利民工程。完成长顺县医疗集团中心医院组建，与2家以上乡镇卫生院组建紧密型医共体试点，充实一批乡村医生，建成长寨、摆塘社区卫生院。七是实施出行便民工程。巩固“四好农村路”省级示范县创建成果，争创“四好农村路”国家级示范县，推动广顺出租车上线运行，积极稳妥扩大城乡公交一体化改革。八是实施平安工程。完成长寨派出所、交警大队改造搬迁，推进雪亮工程及“智慧长顺”一期工程。九是实施就业促进工程。因人施策，分类培训，完成以易地移民为重点的劳动力培训8000人次，实现转移和增加就业10000人，其中就近就业3000人以上。十是实施社会保障工程。推动农村低保标准与扶贫标准“两线合一”，继续实施城乡低保提标扩面工作，农村低保平均标准提高到4080元/年，城市低保平均标准提高到7080元/年。

（8）聚焦改革开放，合力推动重点领域释放活力。坚持问题导向，在重点领域、关键环节改革上出硬招、出实招，推进质量变革、效率变革、动力变革。一是以改革推动思想解放。以政府机构改革为新的起点，迅速理顺人、财、事，责、权、利的关系，站在新的起点上，重新审视创新长顺发展，摒弃不适合甚至违背新阶段长顺发展的认识和行为，以争先创优的胆识和勇气推进制度创新、管理创新、方法创新，推动形成更加浓厚、更有活力的发展氛围。二是以改革增强发展动力。继续深化义务教育、高中教育改革，加快推进职教、幼教改革，积极引进社会投资实现多元化的幼儿教育，完善职业教育培训体系，探索政企、校企合作模式，推动产教融合，实现职业教育大进步，加强教师队伍建设，积极探索义务教育学校间集团化结队帮扶和办学模式，促进县域内中小学师资力量均衡。全面推动医疗卫生体制改革，按照分级诊疗的思路，构建“县、镇、村”三级紧密型医共体，全力破解“看病难”问题。以“三变”改革为抓手，抢抓农村产业融合发展示范县创建机遇，深化农村集体产权制度改革，按照“成熟一个、推动一个”的原则，引进专业机构创新合作方式，畅通农村资源、资产、交易市场闭合链条，构筑乡村振兴和农业投融资平台，实现资源产业化、产业资产化、资产证券化的投融资新体系，破解农村发展小、散、弱和资金瓶颈，推动农业结构调整中以“流转”为主向以“股份”为主转变，增强农村发展内生动力。积极稳妥推进城乡公交一体化及出租车改革，破解城乡公交发展不均衡、偏远群众出行难问题。加快推进“智慧长顺”项目实施，持续深化城市管理执法体制改革。进一步整顿规范物业服务市场，优化提升物业管理水平，建立健全长效物业管理机制，改善居民生活环境。三是以开放促进开发。紧紧抓住《省人民政府关于支持黔南自治州加快推进绿色发展建设生态之州的意见》（黔府发〔2019〕3号）实施的重要机遇，细化、深化“融贵阳·融贵安”战略，以贵阳、广州越秀等对口帮扶为契机，不断丰富完善“6+N”的区域协作模式，促进全方位、多层次、多领域一二三产业深度合作。强化贵安新区重要拓展区，黔中城市群功能定位，加快广顺开发区开放平台建设，增强贵阳卫星城的承载力、影响力。

（三）突出作风建设，增强执政本领，建设人民满意的服务型政府。新时代要有新气象，新征程更要有新作为。我们将按照党的十九大提出的“建设人民满意的服务型政府”要求，做到讲政治、强本领、提效率、守底线，着力提升政府公信力、执行力。

（1）旗帜鲜明讲政治。始终把政治建设摆在首位，牢固树立“四个意识”，坚决维护以习近平同志为核心的党中央权威和集中统一领导，在政治立场、政治方向、政治原则、政治道路上同以习近平同志为核心的党中央保持高度一致，认真落实上级党委、政府和县委的决策部署，确保政令畅通、令行禁止。坚定“四个自信”，把坚定理想信念作为首要任务，深学笃用习近平新时代中国特色社会主义思想，高质量开展“不忘初心、牢记使命”教育，深入推进“两学一做”学习教育常态化、制度化，自觉遵守政治纪律、严守政治规矩。

（2）依法履职促发展。严格按照法定权限和程序行使权力、履行职责，严格执行权责清单，做到“法无授权不可为、法定职责必须为”。健全完善“三重一大”集体决策制度，规范决策程序。严格规范性文件制定，完善政府法律顾问制度，进一步提高依法行政能力水平。着力提升政府依法治理能力，坚持把依法行政贯穿到政府决策、执行和监督全过程。自觉接受党内监督、法律监督、民主监督、司法监督、审计监督、群众监督、舆论监督，认真办理人大代表建议和政协委员提案。大力推进政务村务公开，让权力在阳光下运行。

（3）增强本领勇担当。坚持以“善学习、补短板、敢担当”的姿态，说实话、出实招、干实事，不断提高抓落实的能力。以机构改革为契机，理顺职能体系，强化干部队伍建设，结合“热点”“难点”“痛点”问题，强化学习教育和培训，不断增强学习本领、改革创新本领、科学发展本领、依法行政本领、群众工作本领、狠抓落实本领、驾驭风险本领。保护担当者、支持干事者、宽容失误者、问责不为者、惩戒违纪者，着力营造风清气正的政治生态和干事创业的良好氛围。

（4）改进作风提效率。坚持为民办实事，着力解决人民群众关心关注的热点、难点问题，切实提高政府公信力。持续开展“减证便民”行动，深化“最多跑一次”改革，打造事项最简、流程最优、成本最低、服务一流的至简审批服务模式。大兴调查研究之风，做到情况在一线了解、工作在一线落实、问题在一线解决、作风在一线转变，在破解一件件大事难事中展示形象、体现作为。加大督查考核力度，强化问责问效，坚决整治不作为、慢作为、乱作为和“中梗阻”现象，以督查考核倒逼责任落实，提升政府运转效率。

（5）廉洁行政守底线。全面落实从严治党主体责任，严格履行“一岗双责”，深入推进政府系统党风廉政建设和反腐败斗争，坚决防止“四风”问题反弹回潮，厉行节俭，严控“三公”经费支出。强化对政府公权力的制约和监督，完善对重点领域、关键环节、重要岗位权力运行等长效监管机制，严肃查处乱收费、办事不公、滥用职权等损害群众利益问题，以优良的政风带动社风民风，努力打造廉洁政府。

各位代表，落实是最大的担当，行动是最美的蓝图。让我们紧密团结在以习近平同志为核心的党中央周围，在上级党委、政府和县委的坚强领导下，不忘初心、继续前行，撸起袖子加油干，为决战脱贫攻坚、决胜全面小康而努力奋斗，以优异的成绩庆祝新中国成立70周年！

罗甸县政府工作报告

（2019年3月7日在罗甸县第十七届人民代表大会第三次会议上）

罗甸县委副书记、代理县长 朱泉

各位代表：

现在，我代表县人民政府向大会报告工作，请予审议，并请县政协委员和其他列席人员提出意见。

一、过去一年工作回顾

2018年，是全面贯彻落实党的十九大精神的开局之年，是改革开放40周年。一年来，在县委的坚强领导下，在县人大、县政协的监督支持下，我们以习近平新时代中国特色社会主义思想为指引，始终把抓落实作为政府工作的第一要务，积极应对经济下行压力，坚决扛起脱贫攻坚责任担当，扎实推进大扶贫、大生态、大健康战略行动，全县经济社会继续保持稳中有进、稳中向好的发展态势，较好地完成了年度既定目标任务。

（一）经济社会发展取得新成绩。全年完成地区生产总值82.37亿元、同比增长11.1%，固定资产投资增速10.1%，工业增加值增速10.4%；一般公共预算收入4.2亿元、同比增长11.68%，财政总收入突破10亿元大关；社会消费品零售总额增速8.1%；金融机构存贷款余额分别为80.21亿元、80亿元，同比增长2.93%、20.32%；城镇、农村常住居民人均可支配收入分别为29028元、10483元，同比增长8.6%、9.5%。经济社会发展综合测评，排在全省县域第三方阵甲类县第7位。

（二）决战脱贫攻坚取得新胜利。突出精准方略，聚焦全域攻坚，“四场硬仗”快速推进，专项治理成效明显，攻势行动战果丰硕。实现40个贫困村出列，减少贫困人口25940人，贫困人口发生率降至12.6%。一是支撑体系更加全面给力。获得省“14+2”深度贫困县重点扶持、州26条利好政策有力支持。扎实推进东西部协作、定点帮扶，国投公司、广州越秀区及省州有关部门帮扶力度不断加大。建立“1+1+11+9+2”指挥体系，强化县乡村三级协同作战，下派干部1192名，实施1671个网格到户到人管理，建档立卡贫困人口识别更加精准。二是基础设施更加注重边远村寨。整合各类资金3.08亿元，全域推进农村基础设施建设。完成50个单寨饮水项目，解决农村6万人饮水安全。罗望高速、平罗高速县城至沫阳段建成通车，改造国省道174公里，实施农村公路大修40公里，全面完成933公里“组组通”建设任务。建成通讯基站1364个，实现行政村4G网络全覆盖。新建、改扩建村级办公用房66个，基层阵地建设不断完善。三是易地扶贫搬迁更加注重安置质量。全面完成2017年度11493人搬迁任务，提前启动实施2018年度安置点建设。设立“扶贫车间”“微工厂”，灵活就近解决搬迁群众就业1500人。四是产业扶贫更加注重实际效果。引进农业龙头企业10家，培育微型企业180户，带动实施扶贫产业项目57个，覆盖贫困户2.8万户。开发就业岗位3.12万个，完成贫困劳动力培训0.93万人，实现转移就业1.36万人。实施59个村“三变”改革试点，2543户、10807名贫困群众受益。成功获批国家级电子商务进农村示范县，产业扶贫带民增收有了新平台。五是教育医疗住房更加注重有效保障。认真落实“三保障”政策，建立教师结对贫困学生、医生结对大病重病贫困家庭帮扶机制，教育资助贫困学生42295人次、3591万元，补偿贫困人口就医44.09万人次、1.37亿元，完成危房改造并配套“三改”2609户，全县农村危房基本消除。

（三）实体经济发展取得新突破。坚持扩大产业体量、提升产业质量、优化产业结构，发展壮大实体经济。一是农业产业质效提升。贯彻省委、省政府“来一场振兴农村经济的深刻产业革命”要求，牢牢把握产业发展“八要素”，哈密瓜、金花茶、砂糖橘、澳洲坚果等一批新兴产业示范扩面，“差异化”发展步伐稳健。实施蔬菜、火龙果、脐橙等标准化、基地化种植，积极开展品牌宣传、产销对接，罗甸脐橙亮相央视频道，农产品精深加工产业链条不断延伸，提质发展成效明显，农业增加值完成18.73亿元。二是工业经济加速发展。抓好“千企改造”“万企融合”，落实县级领导联系企业制度，启动企业改造11家，实施融合项目3个，新增规模企业6家。打火机“主业＋配套”全产业链项目有力推进，神农本草“基地＋工厂”快速建设，“集中＋分散”式光伏发电达7万千瓦，石材、农产品精深加工企业良性运行，工业增加值完成21.67亿元。三是第三产业活力增强。依托暖冬气候、长寿品牌，大力实施旅游“九大工程”，红水河景区、玉湖公园等旅游基础设施不断完善，休闲观光、采摘体验、湖泊垂钓等乡村旅游不断兴起，全年接待游客177.99万人次，实现旅游总收入16.17亿元，同比增长47.5%。民营500强企业红星·美凯龙成功进驻，高速玉都物流园引商入园，中航玉丰玉石原料拍卖中心建成投运，艾力康电子商贸城基本完工。成功引进村镇银行。新增限上商贸企业6家、服务业企业5家，第三产业增加值完成36.03亿元。四是营商招商成效明显。大力实施营商环境专项整治，抓实企业项目“派工单”“双服务”，帮助企业解决生产发展难题51个，营商环境排全省第40位、全州第7位。扎实开展产业大招商突破年行动，着力精准招商、产业链招商，签约落地项目48个，省外到位资金达60亿元，招商引资指数排三甲县第5位。

（四）城乡建设取得新变化。坚持以人为核心的新型城镇化理念，内提品质、外塑形象，城乡一体化发展统筹推进。一是抓实规划落地，城镇建设蹄疾步稳。完成县城总规修编，开展县城核心区城市设计，乡镇总规、村庄规划编制实现全覆盖。八吝大坝如期建成蓄水，马草、老城片区棚改征收全面完成，县群众工作中心、王乃山半山公园建成投用，东部新城“五桥二路”加快推进。完成城镇建设投资13.55亿元，增加城市绿地13公顷、道路10.54公里，销售商品房36.75万平方米，新增城镇人口11591人，常住人口城镇化率达42.74%。二是强化配套完善，城市管理规范有序。建成投用新农贸市场，实施大小圆盘人行安全岛建设，完成斛滨巷、创新巷、下沙沟等8条背街小巷整治，新增停车位1203个，城市功能更加完善。推进城市管理体制改革，完成综合行政执法局组建。依托“天网工程”打造城市管理指挥中心，实施数字化、网格化综合治理，城市管理更加有效。三是突出循序渐进，乡村振兴试点先行。按照“产业兴旺、生态宜居、乡风文明、治理有效、生活富裕”的要求，研究制定落实乡村振兴战略实施意见。委托国内知名智库，启动乡村振兴战略规划编制，初步成果基本完成。抓实麻怀村、床井村试点，实施环境整治，加大产业投入，村寨治理不断完善，乡村文明共创共建。

（五）生态文明建设取得新成效。以环保问题整改为契机，算好“生态账”、走好“绿色路”。一是抓问题整改不打折扣。高度重视生态建设，定期研究环保问题，对标对表抓实整改，完成中央环保督察反馈问题整改22个、国家土地督察反馈问题整改41个、自然资源资产审计发现问题整改12个。二是抓环境治理不遗余力。投入2000余万元，全域取缔1230亩网箱养殖。完成莲花河“沟改管”及补水工程，县城饮用水源地实现物理隔离，污水处理厂三期建成投运、达标排放，县城集中式饮用水源、重点河流断面水质达标率100%。淘汰黄标车55辆，整治非法改装车163辆，县城空气质量优良天数比例达97.7%。三是抓绿色发展锲而不舍。大力实施绿色罗甸建设，完成石漠化治理17平方公里、水土流失治理20平方公里，新增营造林8.87万亩，森林覆盖率达57.79%。严格执行国家重点生态功能区产业准入负面清单，健全生态考核机制，扎实开展环境执法专项行动，圆满完成省、州下达的节能减排降碳任务和第二次全国污染源普查阶段工作。绿色能源示范县建设不断推进，绿色发展理念深入人心。

（六）社会各项事业取得新进步。坚持以人民为中心的发展理念，在发展中保障和改善民生，不断提升群众的获得感、幸福感、安全感。一是社会保障不断增强。实施全民参保计划，扩大社会保险覆盖面，完成城乡居民基本养老保险参保15.87万人、医疗保险参保2.48万人、合医参保32.29万人。实施城乡低保提标，抓实低保有效转接，新增城镇就业9560人，实现返乡创业8200人，城镇登记失业率控制在4.2%以内。二是民生事业加快发展。组建7个教育集团2个学区，推进教育资源均衡配置，建成投用边阳中学新校区、越秀实验小学、高平实验学校、育柏幼儿园边阳分园，义务教育基本均衡发展通过国家评估验收，巩固率达94.1%。投入1379.6万元完善乡镇卫生院设施设备，推进县医院、中医院与多家院校、医疗机构组建联合体，就医诊疗水平不断提升。建成凤亭村、沫村村等7个农村幸福院，养老事业加快发展。三是社会治理取得实效。"七五"普法扎实推进，法律顾问制度全面推行。强化安全监管，全年未发生重大安全事故。建成天网一、二期工程，扎实开展扫黑除恶专项斗争，积极化解矛盾纠纷信访问题，群众安全感、满意度分别排名全省第23位、46位。积极回应人大代表、政协委员关切，办理建议55件、提案93件，办复率达100%，满意率达99%。此外，国防、双拥、气象、科技、档案、老龄、人防等工作扎实推进，荣获全国县级防震减灾综合考核先进县，消防大队被省总队评为改革整训"先进大队"，工青妇、红十字、残疾人等事业不断取得新进步。

各位代表、同志们，过去一年取得的成绩，离不开县委的坚强领导、统筹谋划，离不开县人大、县政协的依法监督、鼎力支持，离不开全县人民的齐心协力、奋力拼搏，离不开社会各方的持续关心、倾情相助。在此，我代表县人民政府，向全县各族人民，向人大代表、政协委员，向离退休老同志和各人民团体，向驻县部队、武警官兵和政法干警，向所有关心罗甸发展的社会各界人士，向所有支持罗甸建设的企业家、投资者，表示衷心的感谢并致以崇高的敬意！

各位代表、同志们，一年来虽然我们的工作取得了一些成绩，但前进的道路上仍面临不少发展"短板"和弱项。一是脱贫攻坚任务还十分艰巨。全县仍有49个贫困村、4.01万贫困人口未脱贫出列。扶贫产业规模化、市场化程度不高。易地扶贫搬迁就业压力大，后续扶持任务艰巨。部分贫困群众脱贫内生动力不足。二是实体经济面临不少困难。工业基础薄弱，园区配套不完善，载体滞后于主体，吸引力和承载力不强。农业缺乏优强龙头企业带动，规模化、组织化、标准化、市场化程度不高。旅游产业起步晚，三产带动力不强。民营经济整体规模较小，支撑发展能力弱。三是防控风险形势依然严峻。政府债务风险仍需高度戒备、积极化解。破坏生态环境行为时有发生，生态文明建设任务艰巨。安全生产、社会治理还有不少薄弱环节。防范化解重大风险的能力还有待加强。四是政府工作存在诸多不足。政府职能转变不够、工作机制不畅、依法行政能力不强、创新能力不足、服务水平不优。面对矛盾和问题，少数干部的斗争精神、担当作为、能力素质、工作作风与新形势、新要求和人民群众期盼还有差距。对此，我们将高度重视，按照省委、省政府"抓工作要抓具体、抓深入"的要求，主动作为，切实加以解决。

二、2019年工作总体考虑

2019年是新中国成立70周年，是决胜全面建成小康社会第一个百年奋斗目标的关键之年，是我县脱贫攻坚决战之年，做好全年各项工作至关重要、意义重大。今年政府工作的总体要求是：以习近平新时代中国特色社会主义思想为指引，全面贯彻党的十九大和十九届二中、三中全会精神，认真落实中央、省州和全县经济工作会议精神，深入贯彻落实习近平总书记对贵州工作重要指示精神，牢记嘱托、感恩奋进，统筹推进"五位一体"总体布局，协调推进"四个全面"战略布局，坚持稳中求进工作总基调，坚持新发展理念，坚持推动高质量发展，坚持以供给侧结构性改革为主线，着力抓好实体经济，继续打好三大攻坚战，统筹推进稳增长、促改革、调结构、惠民生、防风险工作，落实稳就业、稳金融、稳投资、稳预期要求，提高人民群众的获得感、幸福感、安全感，守好发展和生态两条底线，推进三大战略行动，加快"一枢纽三基地一湖城"建设，决战脱贫攻坚、决胜同步小康，保持经济持续健康发展、社会大局稳定，为全面建成小康社会打下决定性基础，以优异的成绩庆祝中华人民共和国成立70周年。

按照上述总体要求，结合县情实际，今年经济社会发展的主要预期目标是：经济增长目标，地区生产总值增长11%左右，工业增加值增长10.5%左右，固定资产投资增长15%左右，社会消费品零售总额增长11%以上，经济发展综合测评排在全省同类县中游以上位次。脱贫攻坚目标，确保41个贫困村出列、3万以上贫困人口脱贫，贫困人口发生率降至3%左右，力争达到脱贫退出条件。高质量发展目标，一般公共预算收入增长6%，税收占比73%以上；常住人口城镇化率提高到45%以上；县城空气质量优良天数比例达98%以上，森林覆盖率达59%以上。民生保障目标，新增城镇就业0.97万人，转移农村劳动力就业1.2万人，城镇、农村常住居民人均可支配收入分别增长9%、10%以上。

实现上述目标任务，我们必须坚定信心、抢抓机遇、迎难而上，注重把握好以下发展路径。一是围绕脱贫攻坚、实体经济，不断探索发展新路向。坚持以脱贫攻坚统揽经济社会发展全局，抢抓省、州对我县脱贫攻坚大力支持的机遇，加大改革创新力度，积极转变发展方式、优化经济结构、转换增长动力，大力发展实体经济，推动一二三产业同时发力、融合发展，着力解决群众增收、就业问题。强化税源培植，做大财政蛋糕，为确保如期打赢脱贫攻坚硬仗提供有力保障。二是围绕资源禀赋、区位变化，不断夯实发展新基础。抢抓贵百高速年底全线贯通带动罗甸区位重大提升的机遇，充分发挥罗甸的暖冬气候、物产、劳动力、长寿品牌等优势，为加快建设“一枢纽、三基地、一湖城”夯实基础。三是围绕招商引资、扶持民企，不断增添发展新动力。切实按照“稳就业、稳金融、稳投资、稳预期”目标，加大对民营企业扶持，为发展提供新活力；加强招商引资引智，为发展注入新血液；支持金融服务实体，为发展注入“源头活水”。四是围绕风险防范、和谐稳定，不断优化发展新环境。着力稳住经济增长基本面，全力守好风险防范底线，有效化解政府债务风险。深入推进“放管服”改革，强化矛盾纠纷排查调处，依法处理各类信访问题，严厉打击各种违法犯罪，为推动高质量发展营造良好环境。

三、全面决战决胜脱贫攻坚

坚持把脱贫攻坚作为头等大事，对标“一达标，两不愁，三保障”，聚力“四场硬仗”，尽锐出战、全力总攻，誓夺决战之年根本性胜利，为2020年彻底撕下贫困标签打下坚实基础。

（一）全力抓好产业扶贫。按照“八要素”要求，围绕“菜、果、药、畜（禽）、林（茶）、烤烟”六大农业主导产业，培育引进龙头企业，规范农民专业合作社经营管理，大力发展特色种植、生态养殖，着力实施“一长两短”产业进村入户工程，全面落实“五个到村、到户、到人”举措，确保贫困人口实现特色产业全覆盖。健全经营主体带动、能人大户带动、庭院经济带动、金融保险带动等多元利益联结机制，确保带动1.8万以上贫困群众稳定增收脱贫。

（二）全力抓好易地扶贫搬迁。围绕“六个坚持”推进搬迁安置，落实“五个三”后扶机制，完善“五个体系”建设，全面完成“十三五”期间搬迁任务。着力强化就业培训与劳务输出，多渠道、多方式增加就业岗位，确保有劳动力搬迁家庭实现一户一人稳定就业。强化公共服务和后续管理，持续开展“六包”活动、建设“五联”社区，完善学校、农贸市场、服务中心等公共设施，抓好搬迁群众入学、就医等服务保障，让搬迁群众尽快融入城镇。

（三）全力抓好教育医疗住房保障。突出城区和中心乡镇寄宿制学校建设，全力抓好“全面改薄”，加快教育资源增量扩容，建成平岩、罗沟、兴隆等6所幼儿园，加快推进县城第三小学扩建、第六小学新建和逢亭小学迁建，充分盘活县城周边闲置校舍资源，持续加强学位保障。落实教育资助政策，加大控辍保学力度，确保贫困家庭子女顺利完成义务阶段教育。扎实推进医疗资源“双下沉、两提升”，深入开展健康扶贫“三个一批”行动计划，落实好基本医疗保险、大病保险、医疗救助等政策措施，确保贫困群众医无所顾、治无所虑。抓好残疾人、孤寡老人等特殊贫困群体保障工作，加快推进农村老旧房屋整治，基本消除透风漏雨现象。

（四）全力抓好基础设施完善。在全面实现“组组通”的基础上，实施县乡道修复和国省道灾毁修复工程，提高公路通畅率。加快54个单寨饮水、9个片区供水项目建设，全面解决和巩固提升农村饮水安全。推进农村电网改造、网络通信建设，确保农村供电可靠率达99%以上，30户以上自然寨4G信号覆盖率达90%以上，力争行政村通宽带率达100%。深化扶贫协作、对口支援，加快推进帮扶项目尽快建成、发挥效益。

（五）全力夯实乡村振兴基础。完成乡村振兴战略规划编制，提前谋划打赢脱贫攻坚战后续工作，加快农村特色产业发展，防止脱贫后返贫。着力推进农村厕所革命、垃圾污水治理、村容村貌提升，持续改善农村人居环境。坚持自治、法治、德治相结合，推进乡村治理，培育文明乡风，引导群众管好、护好、用好农村水、电、路、讯等基础设施，着力整治农村违法用地、违规建房行为，坚决破除大操大办、薄养厚葬、人情攀比等陈规陋习，不断激发群众内生发展动力。

四、推动经济向高质量发展迈进

坚持“巩固、增强、提升、畅通”八字方针，牢牢把握推动高质量发展的根本要求，加快质量变革、效率变革、动力变革，不断推动经济持续健康发展。

（一）抓管控守底线，全力防范化解重大风险。坚持问题导向、增强忧患意识、树立底线思维，应对好可能出现的各种风险。一是严防政府债务风险。严格落实“七严禁”“1+8”债务管理系列政策，建立监测预警、应急处置有效机制，严格执行重大项目报备制度，禁止违规变相举债，严控新增政府债务。牢固树立过紧日子的思想，严控“三公”经费，压缩非急需、非刚性支出，保障脱贫攻坚、民生改善等领域支出，把有限资金用在刀刃上。加快政府融资平台公司市场化实体化转型。多方筹集资金，增强偿债能力，确保不发生政府债务风险。二是强化金融监管服务。加强金融生态环境建设，依法严厉打击非法集资、非法吸储、高利贷等违法违规金融活动，引导民间资本合法、规范投资。加大宣传教育，强化金融失信惩戒，开展公职人员失信专项治理。支持金融机构更好服务实体经济、服务地方发展。三是守牢安全生产底线。按照“党政同责、一岗双责、齐抓共管、失职追责”的要求，压实安全生产主体责任和监管责任，持续抓好隐患排查、打非治违，深入开展水陆交通、建筑工地、食品药品等领域专项整治，扎实推进安全生产标准化建设，有效预防和减少一般安全事故，坚决遏制较大以上事故发生。加强FAST核心区、宁静区保护，全力保障“中国天眼”环境安全。

（二）抓投资促消费，着力扩大有效需求。充分发挥投资、消费对稳定经济增长的重要作用，积极促进有效投资、扩大消费需求。一是抓实项目建设。动态调整完善重点项目库，主动跑上对接，力争更多项目纳入规划盘子。强化重大项目联审联批，加快推进项目前期工作，落实“五个一”工作机制，注重项目质量、项目安全和资金监管。开工建设纳闹、纳庆水库，加快推进林霞、兰西水库和城乡供排水一体化项目建设，建成抗村水库、八总港一期工程便民码头，启动建设城西交燕第二条隧道。二是强化招商引资。立足资源特色、发展需要，瞄准珠三角、长三角，持续推进产业大招商，着力引进一批行业龙头企业、产业关联企业、核心配套企业和劳动密集型企业。围绕企业入驻、项目落地，强化跟踪协调、专班服务，着力提升企业开工率、资金到位率和投产达产率。力争引进企业20家以上，省外到位资金同比增长10%以上。三是发展民营经济。落实省委、省政府“1+6”政策措施，扎实开展“六大专项行动”，推行工业用地“先租后让、租让结合”，严格落实减税降费政策，降低企业经营成本。压缩企业开办时间至3个工作日以内，实行项目手续“一窗受理、集中审批”，加快“电子税务局”建设，打造优质高效营商环境。规范涉企执法检查，开通“服务民营企业县长直通车”投诉热线，保护民营企业合法权益。力争民营经济增加值占GDP比重达58%以上。四是促进消费增长。科学布局商业网点，培育引进商贸企业，着力提升传统消费，大力培育新兴消费，加快批发零售、住宿餐饮、物流快递等服务业发展，实施农商旅综合体项目，启动现代物流园建设，新增限上服务业企业5家以上。大力发展信息中介、教育培训、健康养老、文化体育等服务产业，拓展消费领域、创新消费模式。强化市场监管，严厉打击假冒伪劣商品，维护消费者合法权益，营造安全放心的消费环境。

（三）抓产业提质效，着力壮大实体经济。坚持把发展产业、壮大实体作为推动高质量发展的重中之重，不断夯实经济发展基础。一是突出特色做优一产。深入推进农村产业革命，以农业园区和100亩以上坝子为重点，调减低效作物3万亩以上，打造100亩以上坝子核心示范点12个，建成投产4000头生猪繁育基地、9个示范养殖场，打造木引水果之乡，建设逢亭百香果、八总砂糖橘、罗悃红秀柑、龙坪脐橙、沫阳烤烟等5个千亩种植产业示范带，新增水干果种植1.4万亩，发展种植金花茶2500亩、中药材9000亩，新增鳄鱼养殖5000尾，实现年出栏牲畜30万头、家禽150万羽，完成农业增加值20亿元以上。加快发展农产品精深加工，提升农产品加工转化率。启动农产品交易批发市场建设，建成投运县电商公共服务中心。深入开展“农超、农校、农企”对接，拓宽销售渠道，推动更多优质农产品线上交易。二是突出主导做强二产。开展“一园四区”规划修编，推进工业园区管委会人事制度改革，加快完善边阳工业园区、县城城西食品药品园区基础设施，提升园区承载能力。加快推进信邦制药、欣甸彩印、德龙食品实施“千企改造”，推动中汉口腔、鼎科食品、高原净土等项目尽快落地，确保中焰环兴、智特打火机和神农本草、润腾食品等企业投产达产，建成上立亭电站投产发电，新增规模工业企业5家以上。三是突出支撑做活三产。围绕打造大健康养生基地目标，编制完成全域旅游发展规划、大健康养生规划。扎实推进旅游“九大工程”，建设玉石文化旅游休闲综合体，实施红水河景区提质工程，抓好蓝城水上游乐园、城东康养服务中心建设，确保县老年养护院、城东城西日间照料中心建成投运。大力发展以旅游为重点的现代服务业，加快服务载体建设。

（四）抓建设严管理，着力提升城镇化水平。围绕打造黔桂交界区域重要节点城市，坚持产城景融合发展，加快构建宜居宜业“最美湖城”。一是以完善功能为目标，提升县城品质。加快斛兴南路和东部新城三期道路建设。实施老水务局、国土局等片区棚户区改造，建设滨湖家园、乐亭苑等安置新区。改造提升老农贸市场。东部新城“五桥二路”建成通车。开工建设商品房40万平方米以上，销售30万平方米以上。二是以强化管理为抓手，推动文明创建。深入推进城市管理综合行政执法，着力提升数字化、智能化管理水平，抓实省级文明城市创建。充分发挥“政务110”、数字化城市管理指挥中心平台作用，加大城区环境卫生秩序整治，持续开展背街小巷、农贸市场、校园周边、街面人行道综合治理，完善配套设施，增强公共服务水平，解决群众反映强烈的突出问题。三是以特色示范为引领，加快小城镇建设。以边阳镇、沫阳镇为重点，着力提升小城镇规划、建设、管理、运营水平。巩固提升边阳省级“双示范”成果，抓实路网完善、棚户区改造，实施镇区电子交通管理监控改造，建成边阳新客运站、供排水一体化项目。启动沫阳老镇区改造。加快推进逢亭、罗悃、木引、红水河、茂井、凤亭小城镇建设。

（五）抓治理重保护，着力构建生态文明。深入贯彻习近平生态文明思想，强化环境治理，坚守生态底线，持续推进环保督察问题整改，建设美丽罗甸。一是打好污染防治“五场战役”。实施扬尘、企业和机动车排放治理，持续提升县城空气质量优良天数。强化水源地保护及主要流域整治，实施县城饮用水源地规范化建设和自来水改造提升工程，启动千人以下饮用水源保护工作，完成千人以上饮用水源保护工程建设，确保集中式饮用水源点水质达标率保持在100%。加快城镇污水处理厂建设，着力提升污水处理能力。开展土壤污染状况详查，推进垃圾收集转运、环保处理，确保县城垃圾无害化处理率达90%以上。强化工业、医疗、建筑固废治理，推动固废综合利用。二是加强生态环境保护。加强蒙江湿地公园、罗羊自然保护区管理，严格落实“河长制”，实施蒙江、红水河、曹渡河、坝王河限捕禁捕，加大渔业资源增殖放流。完成第三次国土资源调查，加强基本农田和耕地保护，实施石漠化治理20平方公里、水土流失治理20平方公里。深入推进林业提质增效三年行动计划，实施封山育林、植树造林、退耕还林等重点生态工程，完成营造林6.2万亩以上。三是强化监管责任落实。严把项目环评准入关、用地审批关和排污许可关。加强环保行政执法与刑事司法衔接，抓好“守护多彩贵州·严打环境犯罪”执法专项行动，严厉查处破坏生态环境违法行为，坚决落实最严格环境保护制度。

五、坚持保障和改善民生

始终坚持把保障和改善民生放在心上、抓在手上，量力而行、尽力而为，扎实办好民生实事，着力增进民生福祉。

（一）扎实推动教育均衡发展。加强教师队伍建设，强化良好师德师风培养，落实好中小学教师待遇保障。持续加大教育投入，优化学校布局调整，抓好教育基础设施配套建设，抓紧解决义务教育“大班额”问题，推动义务教育向优质均衡发展。借力发达地区教育资源，深入推进名师、名校长和品牌学校建设，积极应对新高考改革，全力提高教学质量，提升办学水平。加强学前教育普惠提质，规范幼儿园办园行为。推动产教融合、校企合作，全力支持县职校创建省级示范。积极支持社会力量参与办学、竞相发展，努力营造关心教育、支持教育的良好氛围。

（二）着力提升健康服务水平。深化县级公立医院综合改革，推进县医院、中医院人事薪酬制度改革。实施乡村卫生职能整合，配齐配强乡村医生队伍。着力提升医疗联合体、分级诊疗、家庭医生签约服务水平。启动中医院边阳分院二级医院创建，实施残疾人康复中心建设，建成投用斛兴街道社区卫生服务中心。加强肺结核、手足口病等重点传染疾病防控，深入开展生育健康全程服务。

（三）不断提高社会保障能力。落实就业创业扶持政策，强化实用技术技能培训，做好退役士兵安置、农村劳动力转移就业，确保城镇登记失业率控制在4.2%以内。抓好社会保险征缴扩面，完成居民养老保险参保16万人以上、基本医疗保险参保2.55万人以上，确保应保尽保。扎实抓好“治欠保支”，强化用工实名制、工资保障金专户管理，加大欠薪违法惩戒力度，保障农民工合法权益。加强特殊困难群体关爱保护，确保基本生活得到有效救助。

（四）大力发展文化体育事业。推动体育竞赛产业发展，广泛开展文化下乡、全民健身活动，继续办好“跑贵州”山地越野跑等系列赛事。加快完善乡村公共文化场所，实施图书馆数字化建设。深入挖掘优秀民族文化，抓好非物质文化遗产传承和传统村落保护，努力创作一批文艺精品，不断丰富人民群众文体生活。

（五）切实加强社会有效治理。充分发挥多元化调处中心作用，加大矛盾纠纷排查预警，扎实推进信访积案有效化解。强化宗教事务管理，严防民间组织、境外机构破坏渗透。高度重视网络舆情导控，抓好意识形态领域安全。健全完善社会治安立体化防控体系，强化线上、线下管控，深化扫黑除恶专项斗争，依法严厉打击违法犯罪，确保政治安全、社会稳定，持续提升人民群众的安全感、满意度。

各位代表，民生至上、民本为先。今年，我们将扎实抓好“十件民生实事”：（1）完成3.3万农村人口饮水安全工程，完成9.67万农村人口饮水安全巩固提升工程；（2）完成农网改造升级项目，新建、改造10千伏及以下线路386千米，新增及改造配电变压95台；（3）完成罗妥、大亭、交砚、平岩、云干等社区108公里公路大修；（4）完成“广电云”户户用工程8000户；（5）完成农村老旧房屋整治2570户；（6）建成县城第五小学；（7）建成农村公厕30个，改造农村户用厕所5000个；（8）新增停车位1500个，建成县城城北新客运站；（9）实施联城桥至城西大道、河滨安置区至环城大道、移动大楼至蓝城隧道3条市政道路建设；（10）启动县人民医院改扩建工程。

六、切实加强政府自身建设

打铁还需自身硬。面对艰巨繁重的脱贫攻坚、改革发展任务，我们要牢记嘱托、感恩奋进，始终把为民、务实、清廉作为价值追求，全面加强政府自身建设，全力打造人民满意政府。

（一）全面加强思想政治建设。坚持用习近平新时代中国特色社会主义思想武装头脑、指导实践、推动工作，树牢“四个意识”、坚定“四个自信”、践行“两个维护”，始终保持清醒头脑、沉稳定力，紧紧围绕中央和省州党委、政府及县委的决策部署，确保一张蓝图干到底。严格落实新形势下党内政治生活若干准则，严肃党内生活，严守政治纪律、政治规矩。认真履行好全面从严治党责任，深入开展“不忘初心、牢记使命”主题教育，扎实推进“两学一做”学习教育常态化、制度化，着力推动政府自身建设再上新台阶。

（二）全面加强政府法治建设。严格按照法定权限和程序行使权力、履行职责，自觉运用法治思维、法治方式推动政府工作。完善行政决策机制，坚持把公众参与、专家论证、风险评估、合法性审查、集体讨论决定作为重大行政决策必经程序，既注重实体合法、更注重程序合法，从源头上有效遏制行政诉讼案件高发态势。完善政府法律顾问制度，探索建立打通基层法治“最后一公里”机制。以新一轮机构改革为契机，进一步优化机构设置和职能配置，全面加强执法队伍建设，开启法治政府建设新征程。

（三）全面加强政府能力建设。围绕推动高质量发展存在的知识弱项、能力短板、经验盲区，加大政府系统干部学习培训力度，更加注重培养干部的底线思维、系统思维、专业思维，善于结合实际创造性开展工作。更加注重培养干部的斗争精神，增强斗争本领，敢于善于跟贫穷落后斗争、跟困难矛盾斗争。坚持严管和厚爱结合、激励与约束并重，鼓励奋发有为、大胆创新，严防慢作为、不作为、乱作为。

（四）全面加强政府作风建设。坚持把群众满不满意作为衡量政府工作的重要标准，大力推行“三三”工作制，强化用心服务、靠前服务、精准服务。进一步优化财政支出结构，严格执行“约法三章”，继续压缩行政经费6%用于教育。严格会议报批和备案制度，严把公文前置审核，统筹规范督查检查考核，大幅精简材料表格报送，压减公文、会议数量5%。坚持开门纳谏，广听民意，高质量办理人大代表建议、政协委员提案。实行县政府班子领衔重点工程、重大项目推进公示制度，完善民生问题跟踪办理机制，确保事事有交代、件件有着落。

（五）全面加强政府效能建设。深入推进“放管服”改革，通过资源整合、平台建设、系统优化、流程再造，实现审批服务提速增效。全面推行“双随机、一公开”，加快推进行政审批标准化，开展“减证便民”专项行动，全面清理各种证明手续，最大程度方便群众。创新大数据治理手段，探索“互联网+政务大厅”线上线下、虚实一体的双模式，让企业和群众少跑腿、好办事、不添堵。

（六）全面加强政府廉政建设。深入开展政府系统党风廉政建设和反腐败工作，坚决贯彻中央八项规定精神，驰而不息纠“四风”、树新风，让廉洁从政成为政府工作的鲜明底色。坚决落实巡视巡察、督察、审计反馈问题整改，进一步规范政府工程项目建设，突出抓好扶贫领域腐败和作风问题专项治理，严惩违纪违法行为。自觉接受社会各界监督，始终做到在“聚光灯”下行使职权、在“放大镜”下履职尽责，让权力在阳光下运行。

各位代表、同志们，为政之要，贵在落实。今年是政府系统深化落实年，我们将把抓落实作为全部工作的主题，全面推行“五步工作法”，带头做到知行合一，以“抓铁有痕、踏石留印”的劲头，把工作抓具体、抓深入，让中央和省州党委、政府及县委的各项决策部署在罗甸落地生根、开花结果，以苦干实干的业绩诠释对党的忠诚。

各位代表、同志们，砥砺前行逐梦想，不忘初心再启航。让我们更加紧密地团结在以习近平同志为核心的党中央周围，在县委的坚强领导下，弘扬大关精神、鼓足麻怀干劲，以坚强的意志、决战的态势，团结一心、迎难而上、苦干实干，坚决夺取脱贫攻坚决战之年根本性胜利，以优异的成绩庆祝新中国成立 70 周年！

三都水族自治县政府工作报告

（2019 年 2 月 24 日在三都自治县第十六届人民代表大会第三次会议上）

三都自治县委副书记、县长 潘仕进

各位代表：

现在，我代表县人民政府向大会报告工作，请予审议，并请各位县政协委员和其他列席人员提出意见。

一、2018 年政府工作回顾

2018 年，是我县披荆斩棘、攻坚克难的一年，也是绝地反击、战果喜人的一年，更是凤凰涅槃、华丽转身的一年。一年来，我们以习近平新时代中国特色社会主义思想为指引，认真贯彻党的十九大和习近平总书记在贵州省代表团重要讲话精神，在县委的坚强领导下，在县人大、县政协的监督支持下，全面贯彻落实中央、省委、省政府和州委、州政府的各项决策部署，强化“四个意识”、坚定“四个自信”、践行“两个维护”，按照县委十二届七次全会明确的发展路径，坚持以脱贫攻坚统揽经济社会发展全局，大力弘扬“自信自强、苦干快赶”的新时期三都精神，勠力攻坚、奋力突围，重点突破“四场硬仗”、全力推进“五大工程”，以务实之举作答“三个之问”，全县经济社会发展取得了较好成绩。

一年苦干快赶，经济发展稳步提升。全年完成地区生产总值 76.3 亿元、同比增长 11.3%，固定资产投资增长 18.3%；规模工业增加值增长 10.9%；一般公共预算收入完成 3.07 亿元，社会消费品零售总额完成 16.14 亿元，存贷款余额分别完成 92.62 亿元、93.48 亿元。招商引资到位资金增长 15%。城镇居民、农村居民人均可支配收入分别增长 9.2%、10%。

一年苦干快赶，脱贫攻坚捷报频传。49 个贫困村精准出列，2.54 万贫困人口稳定脱贫，贫困发生率从 17.55% 降至 11.66%，脱贫攻坚精准管理数据质量位居全省前列；易地扶贫搬迁打了一个漂亮的翻身仗，县城安置点工程建设排名居全省第 1 位；危房改造成效综合排名居全省深度贫困县第 1 位；组组通公路、饮水安全、通讯网络、农村电网等基础设施强力推进，超额完成年度任务。

一年苦干快赶，改革创新亮点纷呈。“最多跑一次”改革在全省首创成功，率先探索建立“集成套餐服务”窗口；殡葬改革实现全州“五个之最”，万家山殡仪馆入选“全国优秀殡仪馆”；“148”法律援助得到省、州点赞。

一年苦干快赶，文化事业繁荣发展。《过端》纪录片收获国际大奖，《人鼓情》等各类文艺体育项目在省、州获奖创历史之最。新增国家级传统村落 30 个。移风易俗形成健康文明新风尚。

一年苦干快赶，三都形象全面重塑。全县干部“苦干”成为本色、“快赶”成为常态，比学赶超、争创一流、合力攻坚的面貌蔚然成风。干群关系持续向好，凝心聚力攻脱贫、抓经济、促发展，年度综合目标考核由多年垫底跃升至全州第一方阵。中央、省、州各级各类媒体持续发出三都好声音、讲出三都好故事。

回顾一年的政府工作，我们不忘初心跟党走、感恩奋进加油干，重点抓了以下工作：

（一）坚持尽锐出战，脱贫攻坚成效显著。坚决贯彻落实“约法三章”，持续打好“四场硬仗”，举全县之力向贫困发起总攻。“两率一度”大幅提升。常态化开展脱贫攻坚“大比武”活动，创新实行网格化管理，集结 3819 名干部下沉村组，对农村户籍人口进行大走访、大排查，精准识别率和精准退出率均达到98%以上，群众认可度达90%以上。基础设施加快夯实。全力补齐基础设施短板，完成“组组通”公路建设1160公里、农村寨内硬化49.79万平方米，改善了7.56万人饮水安全、9.6万人用电安全，新增广电云“户户用”工程10438户。扶贫产业聚集发展。全面落实产业发展“八要素”要求，初步形成“三推广两提升一补充”农业产业体系，完成玉米调减种植面积9.76万亩，葡萄、黄桃、食用菌、香猪等脱贫产业规模不断扩大，“一县一业”香猪产业成为全省亮点。强化“互联网+产业扶贫”力度，实现电商农产品销售额1500万元，电商扶贫被中华全国供销总社列为全国新样板。易地搬迁迅速赶超。创新实施“四法”，披星戴月实施易地扶贫搬迁工程，全面完成2017年度10669人搬迁任务，2018年度安置点主体基本完工，提前实现6710人搬迁入住，扭转了易地扶贫搬迁全省垫底的被动局面。持续推进后扶“五个三”工作，抓好就业、医疗、教育等政策落实，实现就业6737人、发放过渡安置费637.05万元。三大保障不断巩固。教育资助5.65万人次，发放资金3677.42万元；实现贫困人口参合率达100%，医疗保障救助35.36万人次，报销费用1.47亿元；投入资金2.12亿元，完成农村危房改造6985户、老旧房整治845户。帮扶资源持续聚集。加强汇报和争取支持，定点帮扶、对口帮扶单位持续给力，投入帮扶资金达1.05亿元；109家企业与75个贫困村结成“一企一村”帮扶关系，成功与黄埔区合办“黄埔·三都民族班”，100名水乡贫困学子顺利进入广州市八十六中就读；州委、州政府专门出台帮扶文件，州直部门和已脱贫县（市）倾力支援三都。

（二）坚持规范投资，债务风险有效防控。严格落实“七严禁”要求，规范政府性项目投资，积极化解债务风险。项目整改扎实推进。基本完成29个停止建设类项目审计工作，完成36个在建项目优化建设方案，办结政府投资项目可研批复、选址意见等前期手续487件。加快推进45个省州重点项目建设，完成投资71.47亿元。三荔、荔榕高速建成通车，三独高速主体完工。项目管理逐步规范。充分吸取前期乱上项目、大铺摊子的教训，严格项目建设程序，规范项目建设，严防“三边”工程发生。成立县级财政投资评审中心，完成61个政府投资项目评审，节省投资5000万元。争取2018年中央预算内投资项目39个，争取资金量排全州第一。风险防控明显增强。制定风险化解责任包保方案，压实风险化解责任，采取展期谈判、借新还旧、发行债券、PPP债务置换等措施，化解项目债务。组建珠江源、金凤凰两大集团公司，提高企业风险防控能力。全力解决农民工工资问题，严守社会风险底线，为全州大局稳定贡献了三都力量。

（三）坚持绿色发展，生态环境持续改善。持续推进环保“六个一律”和森林保护“六个严禁”执法行动，强力推进城乡人居环境整治，牢牢守住生态底线。环保问题整改基本完成。完成中央环保督察反馈18个问题整改销号。集中式饮用水水质达标率达100%，城镇污水处理率达91.8%，建成15座城镇生活垃圾转运站，城乡生活垃圾无害化处理率达83%。绿色生态屏障更加巩固。完成全县生态保护红线划定，综合治理石漠化14.78平方公里，完成退耕还林、营造林6.89万亩，森林覆盖率达70.86%。防污治污措施持续有力。划定高污染燃料禁燃区。全面推行新能源出租车、公交车，实现绿色出行。完成普安王家寨、拉旦选矿厂等6个都柳江流域重金属污染治理工程。全面落实河（湖）长制，专项执法、清岸清河等行动成效初显。

（四）坚持调优结构，实体经济持续壮大。坚持产业生态化、生态产业化，大力发展实体经济，坚定守住发展底线。农业产业持续做特。深入实施绿色农产品“泉涌工程”，大力发展绿色、有机、无公害农业，加大“三品一标”申报力度，完成72个标准化产业示范基地建设，完成无公害农产品产地认定6.2万亩、畜牧业2家，完成20个500亩以上坝区种植结构调整，巫不香猪成为“一县一业”省重点支持产业，香猪出栏7.5万头；完成精品水果种植4.3万亩，蔬菜种植27.1万亩（次），食用菌种植3055万棒，新增茶园面积1.3万亩，生猪出栏30.01万头。工业产业持续做新。全力推进“一区两园”体制机制改革，大力实施“双千工程”，启动12户企业“千企改造”，新增入规企业6户，入园企业7户，完成工业投资1.79亿元，规模工业总产值33.49亿元。旅游产业持续做旺。大力实施“旅游引爆”工程，完成万户水寨非遗一条街、贵州水族文化博物馆等项目提质改造，水族马尾绣传承保护中心实现开馆，成功申报达便、古城、石旺等3个贵州省标准级乡村旅游村寨。建成四星级酒店4家、特色酒店2家、特色民宿2家，新增旅游公厕4座，旅游带动3491名贫困群众增收。招商引资持续做准。围绕山地高效农业、装备制造等产业，大力实施产业大招商，成功引进1亿元以上招商引资项目12个、2000万元以上项目

33个，全年招商引资累计到位资金139.31亿元。城镇管理持续做精。加快山区民族特色新型城镇化建设步伐，河滨南路人行道、风雨桥等一批市政项目投入使用，城镇品位不断提升。深入推进城市管理综合行政执法改革，城市管理权责清单更加明晰。全年开展“两违”、城市交通等各类执法3300次，依法拆除违法建筑5270平方米。“文明在行动·满意在三都”向纵深推进，人居环境、城乡面貌有较大改观。城镇化率提高到48.76%。

（五）坚持改革开放，发展动力全面激活。以改革成效致敬改革开放40周年，坚持向改革要动力、要活力。推进改革有亮点。政府机构改革顺利实施，事业单位改革稳步推进。通过创新设置“集成套餐服务”窗口，办事时间由2339个工作日缩减至479个工作日，缩减率达79.52%。移风易俗与殡葬改革稳步推进，大力推行“革陋习、树新风”行动，城乡乱办滥办酒席得到有效遏制，万家山殡仪馆（公墓）创造了全国民族地区殡葬改革“升级版”。推进创新有看点。大力支持科技创新，苍泰水介质缓速器研制和推广取得重大进展，亘蓝母图公司蜡染专利得到有效发挥，水族博物馆科技含量大幅提升，马尾绣、九阡酒等传统技艺释放新活力。推进开放有特点。积极参与粤桂黔高铁经济带等区域战略合作，聘请智纲智库策划县域经济突破发展战略，全省深度贫困县“一县一业”产业扶贫现场交流会等全省性重要会议在我县成功召开。顺利实施“北才南引”和“雁归工程”。三都与深圳市、广州黄埔区交流进一步增强，全县干部“走出去”步伐越来越快。

（六）坚持尽力而为，民生福祉持续增进。始终坚持以人民为中心的发展思想，不断增进民生福祉，“十件民生实事”扎实推进，努力提升广大群众的获得感、幸福感、安全感。教育卫生健康发展。投入1.37亿元实施73个教育基础设施建设项目，建成猴场独立示范性实验学校，县域义务教育基本均衡发展通过国家验收；县职校被授予省级示范中等职业学校；语言文字工作通过省级评估验收。完成县中医院、县妇幼保健院、县阳光健康养老服务中心主体工程。新建5个移民小区卫生室，完成67个深度贫困村、39个出列村卫生室和129所中小学医务室改扩建；全面实施“光明扶贫工程”、唇腭裂免费微笑行动、大病救治行动。社会保障不断增强。不断完善养老服务基础设施，养老床位达800张。城乡低保标准稳步提高，累计发放城乡低保金、医疗救助金等0.99亿元，累计救助30.1万人次。实现城镇新增就业2465人，城镇登记失业率降至2.83%。社会治理持续提升。全面落实安全生产责任制，全年没有发生一起重大以上安全事故。继续推进“天网工程”三期建设，实现县城区电子监控全覆盖。扫黑除恶专项斗争形成压倒性态势，全县社会治安持续向好。

（七）坚持依法履职，行政效能不断提升。全面提高政治站位，全面抓实巡视反馈问题整改，进一步提升政府为民服务水平。依法行政持续强化。全面推行政府法律顾问工作制度。严格依法履行政府职能，自觉接受人大法律监督、工作监督和政协民主监督，认真听取民主党派、工商联、无党派人士和人民团体的意见建议；办理人大代表议案建议105件、政协委员提案107件，办复率、满意率均达100%。服务效能持续优化。积极打造服务型政府，创新实行“集成套餐服务”，动态管理行政审批“4+X”事项清单，全面升级电子政务系统，行政服务效能快速提升。廉政建设持续深化。以永远在路上的执着，持续推进党风廉政建设，严格标准召开巡视整改专题民主生活会、廉政工作会、警示教育现场会，层层签订党风廉政建设责任状，严格落实党风廉政建设“主体责任”和“一岗双责”，充分发挥审计“利剑”作用，政治生态持续净化。

此外，国防教育、外事侨务、统计、供销、档案、地方志、气象等工作取得新业绩，工会、老龄、残疾人、共青团、妇女儿童、红十字等事业实现新进步。

各位代表，一年来我们勠力同心、艰苦付出、收获满满，这是习近平新时代中国特色社会主义思想指引的结果，是全县人民在上级和县委坚强领导下砥砺奋进的结果，是县人大、县政协有效监督和鼎力支持的结果，是各级帮扶单位、各界人士大力帮扶的结果。在此，我代表县人民政府，向全县各族人民，人大代表、政协委员，民主党派、工商联、无党派人士和各人民团体，驻县武警官兵、政法公安干警、消防指战员，向所有关心、支持三都经济社会发展的帮扶单位、兄弟县（市、区）、各界人士，致以崇高的敬意和衷心的感谢！

在充分肯定成绩的同时，我们必须清醒地看到，我县经济社会发展还面临一些突出矛盾和问题：一是实体经济难点不少，一产不优、二产不强、三产不活的问题依然存在，工业园区支撑亟待突破，旅游品牌打造任重道远，产业招商仍未有大的起色。二是脱贫攻坚任务繁重，还有82个村未出列、39221人未脱贫，越往后脱贫难度越大，已脱贫群众实现稳定增收、巩固脱贫成效压力大。三是债务风险严峻复杂，政府融资政策收紧，债务化解压力大，存量项目遗留问题多，项目盘活还需付出艰辛努力。四是民生事业仍有短板，民生投入缺口较大，民生事业“欠账”较多。五是政府建设还有差距。部分干部“本领恐慌”不同程度存在，依法行政、务实善政能力还不强，项目规程意识弱，服务企业、服务项目韧劲不足。针对这些问题，我们将勇担历史赋予的神圣使命，始终聚焦聚力脱贫攻坚，以奋斗者的姿态攻坚破题，让水乡大地不为一时之难所困，万众一心闯出一片新天地。

二、2019年政府工作安排

2019年是新中国成立70周年，也是夺取脱贫攻坚全胜的决战之年。今年政府工作的总体思路是：以习近平新时代中国特色社会主义思想为指导，深入贯彻落实党的十九大和十九届二中、三中全会以及省委、州委历次全会及经济工作会精神，树牢“四个意识”、坚定“四个自信”、做到“两个维护”，紧扣稳中求进工作总基调，坚持五大发展新理念，坚持推动高质量发展，以脱贫攻坚统揽经济社会发展全局，继续打好三大攻坚战，深入实施乡村振兴战略，统筹推进稳增长、促改革、调结构、惠民生、防风险各项工作，不断增强人民群众的获得感、幸福感、安全感，为决战脱贫攻坚、决胜同步小康打下坚实的基础，以优异的成绩向新中国成立70周年献礼。

今年全县经济社会发展的主要预期目标是：地区生产总值增长11%以上，固定资产投资增长15%以上，规模工业增加值增长11%以上，社会消费品零售总额增长11%以上，一般公共预算收入增长5%以上，金融机构存、贷款余额分别增长5%、12%以上，城镇、农村常住居民人均可支配收入分别增长8%、12%以上，城镇登记失业率、居民消费价格指数控制在省定目标范围内，城镇化率达50%以上，森林覆盖率稳定保持在70%以上，全面完成省下达的减贫目标任务，整县脱贫出列各项指标力争提前实现。

围绕全年目标任务，我们将集中力量做好8项重点工作：

（一）全力聚焦脱贫攻坚，奋力夺取全面总攻新胜利。围绕达到脱贫退出条件，持续打好脱贫攻坚“四场硬仗”“七大战役”，实现贫困村全部出列，3.5万贫困人口脱贫。一是全面压实干部包保责任。进一步优化网格管理，落实40%左右干部下沉，持续压实精准管理责任，扎实开展“志智双扶·感恩奋进”思想扶贫行动，巩固“1+6”专项治理成果，按季度开展脱贫攻坚大比武，确保贫困户进入退出精准率达98%以上。二是全面深化农村产业革命。牢固树立“投入产出比”的理念抓产业，精于运用市场手段和政策工具，重点支持发展香猪、努比亚山羊、葡萄、黄桃等名优产品，不断扩大蔬菜、食用菌、工业辣椒、蓝靛、生态畜禽等短平快产业规模，确保全县有绝对成形的扶贫产业。进一步优化500亩以上坝区农业产业结构调整，坚持龙头企业带动，突出利益联结机制，将周覃威农大坝打造成特色农业产业集中展示区和现代农业技术与乡村旅游有机结合样板区。推动品种、品质、品牌“三品”同步提升，农业、工业、服务业“三业”深度融合，产业链、销售链、价值链“三链”有机衔接，加快农业产业提质升级，实现绿色农产品“泉涌”发展。打造国家农产品质量安全县。力争新增省级和州级龙头企业各1家，新增国家地理标志产品1个，提质葡萄3.5万亩，完成扶贫新建茶园种植项目5000亩，全县蔬菜种植面积稳定在26万亩（次），实现贫困人口人均增收1000元以上。三是全面夯实农村基础设施。补齐交通、安全饮水、机耕道、污水垃圾处理等农村基础设施建设短板，全面完成“组组通”工程扫尾410公里，切实抓好农村公路养护和管理。大力实施农村饮水安全巩固提升工程，改善4.14万农村人口饮水安全问题；完成13个贫困村、0.94万亩小型农田水利重点县项目建设任务。开工建设110千伏城西输变电工程；投资6200万元实施农村电网升级改造工程，改善106个自然村寨、7.63万人的安全可靠用电。大力实施光纤到村到户通讯网络建设工程，确保项目覆盖131个村、15.38万人。四是全面完成易地搬迁任务。严格规范工程管理，全面完成25381人搬迁入住任务。强化后扶“五个三”工作机制，重点加强就业培训，开发就业岗位，妥善解决搬迁人口上学、就业、就医、社会保障等难题，加快推进“三块地”资源盘活，积极推动旧房拆除及复垦复绿工作。规范移民社区管理，引导群众加快融入市民生活，打造移民示范小区。五是全面落实三大保障政策。精准打好教育医疗住房“三保障”硬仗。全面落实国家助学金、营养改善计划、建档立卡贫困学生资助等教育资助政策。狠抓健康扶贫提升，从根本上遏制因病致贫返贫。加快农村危房改造步伐，全面消除农村危房和农村老旧住房透风漏雨专项整治，同步实施“三改”，建成一批农村“幸福大院”，改善贫困群众基本生产生活条件。六是全面用好用足帮扶资源。用足定点帮扶和重点帮扶资源，争取释放更多政策红利。用好广州黄埔区、深圳市对口帮扶资源，深化与广州黄埔区在脱贫攻坚、园区共建等方面合作，打造3个对口帮扶示范点，继续在广州市场拓展农产品销售渠道；持续推动“一企一村”帮扶模式，力争年底实现贫困村全覆盖。用活结对帮扶和社会帮扶资源，争取州内已脱贫县（市）在人才、资金、企业帮扶等方面给予更多支持。

（二）全力防范债务风险，推动财税金融取得新进展。围绕打好防范化解债务风险攻坚战，严格落实“七严禁”和“1+8”债务管理系列政策，高质量抓好财税金融工作。一是有序化解债务风险。健全“借用还”与“责权利”相统一的债务管理机制，压实债务风险管控主体责任，积极采取资产处置、合规融资等措施筹集资金，创新探索非标置换型、资产托管型、资源变现型、续贷展期型、节衣缩食型、担保创新型等化债模式，牢牢守住不发生债务风险的底线。二是持续增强财政保障。按照量力而行、量入为出的原则，既有效化解债务风险，又兼顾经济发展、民生保障和脱贫攻坚。通过调整支出结构、从严控制非急需非刚性支出，积极探索通过盘活国有资产、增加基金收入、增强公共资源收益等方式，增强债务偿还能力。三是不断强化金融支撑。探索政银合作新思路、新机制，持续强化与各金融机构沟通对接力度，创新投融资机制，发挥绿色产业扶贫投资基金杠杆作用，撬动银行扩大信贷规模，保障脱贫攻坚、项目建设等领域资金支出良性循环，促进县域经济持续向好。

（三）持续加大环境保护，推动生态文明实现新发展。深入推进污染防治攻坚战三年行动计划，推进生态文明建设迈上新台阶。一是抓实生态修复。大力推进退耕还林、天然林保护、石漠化治理、湿地保护等重点生态修复工程，探索推行“林长制”，深入落实美丽黔南林业提质增效三年行动计划，完成水土流失治理16平方公里，造林添绿2.3万亩。二是严守生态红线。严格执行“三线一单”要求，深入实施“水十条”“土十条”“大气十条”。全面落实河（湖）长制，做好全县水域综合治理，完成甲晒水库环境综合整治工作，推动全县1000人以上集中式饮用水水源地环境综合治理，实现水质达标率100%。三是加强环境保护。严厉打击各类生态环境违法行为，进一步完善生态环境督察长效机制。坚决打好“蓝天保卫”“碧水保卫”“净土保卫”“固废治理”“乡村环境整治”五大标志性战役，建成县城污水处理三期工程并运行，开工建设污水处理四期工程。完成10个传统村落农村环境综合整治。确保城乡生活污水和垃圾无害化处理率均达90%以上。加强县城区空气污染治理，进一步提升城区大气环境质量。

（四）做大做强主导产业，推动实体经济发展实现新提升。立足交通区位、生态优势，培育壮大优势主导产业，大力振兴实体经济。一是大力发展旅游产业。坚持把旅游业作为主导产业来培育，大力实施旅游“九大工程”，加快旅游配套设施建设，完成姑鲁水寨环境整治，实现姑鲁景区开门迎客。借助党政机关和企事业单位办公场所南迁契机，着力打造一条商贸民族特色步行街，全面盘活万户水寨资源。扎实开展“季季有主题、月月有活动”旅游营销，通过举办葡萄节、桃花节、端节、卯节等系列文旅活动，提升旅游吸引力。加强传统村落的保护和开发，重点打造2至3个民族特色文化旅游村寨。着力打造南部精品旅游线路，大力拓展广州、深圳等地客源市场，旅游接待人数和旅游总收入年均增长30%以上。二是加速发展新型工业。全力推进周覃、中和工业园建设，启动三都·黄埔产业试验园建设，全面盘活大河水乡返乡创业园。开展园区僵尸企业、闲置土地清理行动，推进土地再开发再利用，提高土地产出效益。坚定不移支持民营经济发展，支持九阡酒厂孵化上市。大力实施“双千工程”，加快培育和引进一批农产品加工、特色商品开发项目，推动一批企业转型升级，建成黄桃、工业辣椒等农产品深加工项目。力争全年引进项目10个、签约资金15亿元，完成工业投资14亿元以上，培育新增规上企业5户，规模工业增加值增长11%以上。抓实大数据“四个融合”工作，确保实现主营业务收入6000万元以上。三是积极发展商贸服务业。完善城乡物流体系，启动建设仓储物流中心，建成农商旅互联综合体。加强与阿里巴巴等电商平台合作，培育电商示范网店、示范村各7个，电商扶贫100户。建成农产品集散批发市场1个，引导培育现代金融、仓储物流等新兴服务业，积极培育外贸出口企业。

（五）坚持扩大有效投资，推动项目建设实现新突破。抢抓中央基础设施领域补短板的政策机遇，谋划推进一批事关全局的重点项目，充分发挥有效投资的关键性作用，确保经济持续较快增长。一是加快盘活存量项目。加快停建项目清产核算，进一步优化论证缓建项目，盘活利用民族体育竞技中心、铜鼓广场、水书广场等项目资产；重点加快巫腰收费站至苗龙路口道路改扩建工程、军民两用实训基地、县中医院等项目建设，确保年底建成投入使用并发挥效益。

二是加强重大项目谋划实施。落实“五个一批”项目机制，聘请专业团队帮助策划项目，认真筛选谋划一批符合国家规划、产业政策、环保政策的重大项目，全年谋划储备项目200个以上。实施省州重点项目20个，计划完成投资28.28亿元。加快新建一批基础设施建设项目，建成S205交然桥至懂干、S417周覃至打显道路改扩建、普安综合客运枢纽项目，加快推进S204坝街至扬拱公路改造工程，启动湾滩至坝街道路改扩建工程，完成S204九阡至佳荣、都江至达地项目前期工作并开工建设。做深做细都柳江航电一体化前期工作，争取早日落地开工。建成甲照水库，加快建设拉古纳水库，开工建设鸭寨水库，推进仙人桥、巫荣等水库前期工作，完成水利投资3亿元以上。三是强化项目服务保障。狠抓“双服务”工作，建立“县领导—部门主要领导—企业”点对点帮扶模式，实行全程跟踪服务。针对脱贫攻坚产业项目、棚户区改造、农村危房改造等民生项目，完善项目责任倒逼机制，实行重点项目挂图作战、精细化管理。加强土地等要素保障，优先保障重点项目新增建设用地指标、耕地占补平衡指标。

（六）全面加快城镇开发，推动城乡融合展现新面貌。抢抓高速成网、组组通达和5万移民进城镇的契机，加快推进山地特色新型城镇化建设步伐。一是加快完善城镇功能。盘活县城规划区存量土地，全面加快推进地产开发，集中打造1至2个改善型商住楼盘小区。扎实推进水井湾、中营等片区棚户区改造工作，完成房屋征拆12.43万平方米，开工建设安置房800套以上。完成河滨南路市政基础设施建设，增添补齐一批篮球场、羽毛球场等体育设施，新增停车位1000个以上，完成新城区路灯安装1200盏。支持各镇围绕功能定位，紧盯省级示范小城镇建设标准，加快补齐基础设施短板，提升小城镇品位。二是着力强化城镇治理。通过机构改革，整合规划职能，深入推进“多规合一”“一张图管理”。完成《县城总体规划》《县域乡村建设规划》《乡村振兴战略规划》的编制和报批工作，完成行政村《村庄规划》审批工作。大力开展“两违”整治，着力纠正规划跟着项目走的问题。启动创建智慧城市管理平台，推进城市管理数字化、精细化、智慧化，提升城市管理水平。推进新老城区环卫作业、市政管理市场化运作，提升城区环境质量，改善市民生活品质，加快推进省级文明城市创建。三是大力推动乡村振兴。积极推进“八个小康”行动计划，重点打造2个以上乡村振兴示范点。大力抓好农村垃圾处理，优化完善“村收集、镇转运、县处理”的运行模式，实施行政村人居环境整治60个以上。建成美丽乡村绿色村寨20个，确保每个行政村至少配置一个村级公共卫生厕所。抓好特色镇中心村建设。引导村寨完善村规民约，提升村民自我管理能力，深入推动乡风文明。

（七）持续深化改革开放，推动县域发展增添新动力。以更大的力度推进改革、扩大开放、强化创新，全面激发新动能。一是加快重点领域改革。按照中央和省、州要求，确保3月底前完成政府系统机构改革各项任务，有效解决政府机构重叠、职能交叉、“九龙治水”、“政出多门”等现象。继续推进事业单位分类改革。深化国企国资改革，完善国有企业法人治理结构、运营机制、考评体系，激发企业内生动力；全面清理整合镇（街道）融资平台公司。二是不断优化营商环境。继续深化“放管服”改革，严格按照“六张清单”要求，规范行使权力，深化“最多跑一次”改革，推行“不见面审批”服务新模式。巩固“多证合一”成果，实行“证照分离”，推行“双随机、一公开”监管。制定出台“一高一优”招商引资政策，改进工作作风，强化服务理念，进一步优化经济发展环境。三是积极推进开放创新。大力推进“走出去”战略，继续开展产业大招商，坚持县四家班子每月外出招商2次以上，引进产业类项目35个以上，实现产业类项目引资56亿元以上，力争引进中国500强企业2个。用好深圳、广州黄埔帮扶平台，推动招商引资和村企合作。继续抓好“招才引智”和“雁归工程”，提升干部群众开放意识。推进“大众创业、万众创新”，新增市场主体3000户以上，扶持小微企业100户以上。

（八）切实抓好民生事业，不断满足人民群众新需求。始终坚持以人民为中心，认真倾听人民心声，不断汲取人民智慧，全面增进民生福祉。一是加快科教发展。推广运用现代农业科技，培育省级科技型企业2户，组织申报高新企业1户。完成专利申请80件以上。统筹推进各阶段教育全面协调发展，巩固义务教育基本均衡发展成果，谋划义务教育优质发展，重点支持三都民中申创省级示范性高中。办好特殊教育。启动建设幼儿园5所、小学2所、中学1所，重点推进易地扶贫搬迁安置点教育配套设施建设，确保满足进城镇群众子女就近入学需求。二是提升文卫质量。深入挖掘民族民间文化，创作一批文艺精品和水族特色文化品牌，启动省级、州级非遗名录数字化建设，举办“非遗创意产品设计”大赛，促进非遗文化活态传承。继续推动“水书习俗”项目申报世界记忆名录工作。实施都江古城墙等一批文物保护修缮工程。加快推进县人民医院二期工程、城南卫生院等项目建设，力争县中医院、县阳光健康养老服务中心和县妇幼保健院年内建成投入使用。加快推进水药制剂的研发和生产。三是强化社会保障。城镇新增就业2600人以上、农村劳动力转移就业7850人以上，城镇登记失业率控制在4.2%以内。继续做好“五险一金”扩面工作。加强县镇综合服务平台建设。加快发展社会养老服务业。持续强化城乡低保、各类救助在脱贫攻坚中的兜底保障作用。扎实开展双拥和困难复退军人帮扶工作，全面落实退役士兵安置政策。四是创新社会治理。深入推进“平安三都”“雪亮工程”建设，力争完成1210个视频监控和65套人脸识别系统建设，健全社会治安防控体系，集中整治社会治安突出问题，依法防范和惩治各类违法犯罪。依法分类处理信访诉求，化解疑难信访案件。完善防灾减灾救灾综合管理体制，提升突发事件风险防控能力。全面落实安全生产责任制，切实做到“三个必须”，坚决防控较大及以上生产安全事故发生，各类生产安全事故死亡人数同比下降5%以上。严格落实食品药品党政同责，确保群众舌尖上的安全。

三、加强政府自身建设

面对艰巨繁重的脱贫攻坚、经济发展、债务化解等任务，我们要旗帜鲜明讲政治、守规矩，着力强化自身建设，努力建设人民满意的政府。

一是提高政治站位。把政治建设摆在更加突出的位置，深学笃用习近平新时代中国特色社会主义思想，树牢“四个意识”、坚定“四个自信”，坚决做到“两个维护”，坚决落实中央和省、州决策部署，确保政府工作沿着正确政治方向前行。深入开展“不忘初心、牢记使命”主题教育，坚定理想信念，不断增强思想自觉、政治自觉、行动自觉。以对党绝对忠诚的执着，全面抓实中央、省委巡视反馈问题整改，强化建章立制，严防类似问题发生。

二是加强能力建设。按照政治过硬、本领高强的要求，着力提升“八个本领”。加快打造学习型政府，努力克服知识弱项、能力短板、经验盲区等突出问题，提升干部专业思维、专业素养、专业能力。树立底线思维，增强忧患意识，提高风险的发现力、研判力、处置力。注重培养干部的斗争精神，增强斗争本领，敢于、善于跟贫穷落后作斗争。

三是严格依法行政。牢固树立法治思维，自觉接受人大的法律监督、政协的民主监督，主动接受社会监督、舆论监督。深化行政执法监督体制改革，加强复议应诉工作。规范公共资源交易平台运行，提高公共资源配置效率和效益。深入推进“七五”普法工作，继续推行政府法律顾问制度，建设法治型政府。坚持把纪律和规矩挺在前面，修订完善并严格执行民主集中制和“三重一大”制度，正确行使党和人民赋予的权力，推动政府决策科学化、民主化、高效化。

四是强化廉洁从政。落实主体责任和“一岗双责”，持续推进党风廉政建设和反腐败工作，坚决肃清梁嘉庚遗毒，全面净化政治生态。深入贯彻中央八项规定精神，严控“三公”经费。加强扶贫领域、项目建设等重点行业领域审计监督、财政监管，严惩不作为、慢作为、乱作为的懒政怠政行为，营造干事创业的良好氛围。

各位代表，鏖战脱贫再出发，小康不负追梦人。让我们在习近平新时代中国特色社会主义思想指引下，在县委的坚强领导下，凝聚全县人民的智慧和力量，自信自强、苦干快赶，坚决完成既定的各项目标任务，以奋斗者的姿态夺取脱贫攻坚决战之年根本性胜利，以优异的成绩庆祝新中国成立70周年！

今拟办年“十件惠民实事”：

1. 完成三都县第四小学、第七幼儿园、第八幼儿园建设；

2. 完成出列村、易地扶贫搬迁安置点卫生室建设；

3. 改善4.14万农村人口饮水安全，完成13个贫困村9400亩小型农田水利重点县项目建设任务，发展耕地灌溉面积1万亩；

4. 完成82个出列村电网升级改造；

5. 完成“组组通”公路410公里，实现全覆盖；

6. 完成82个出列村4G网络覆盖，新建4G基站项目109个；

7. 全面消除农村危房、农村老旧住房透风漏雨；

8. 完成贫困劳动力全员培训5899人，城镇新增就业2600人；

9. 完成2018年度易地扶贫搬迁工程建设任务，实现25381人搬迁入住；

10. 实施45个行政村电子商务站点建设。

都匀经济开发区管理委员会工作报告

一、2018 年工作回顾

2018 年，我们在州委州政府、区党工委的坚强领导下，坚持以习近平新时代中国特色社会主义思想为指导，全面学习贯彻党的十九大和习近平总书记在贵州省代表团重要讲话精神，认真贯彻落实中央、省、州和区党工委各项决策部署，紧紧抓住“聚人”“生财”两个主要矛盾，按照“一年见成效、三年大变样”的工作要求，坚守发展和生态两条底线，坚决打好三大攻坚战，推动都匀经济开发区产业发展、城市建设向纵深发展，较好完成 2018 年工作大会确定的目标任务，实现了经济发展稳中有进。完成一般公共预算收入 2.21 亿元，同比增长 20.1%，增速排在全州第一位；固定资产投资 69 亿元，同比增长 18.1%，增速排在全州第七位；规模以上工业增加值 2.7 亿元，同比增长 10.4%；限上批零住宿餐饮业零售额 0.21 亿元，同比增长 41%；招商引资到位资金 115.81 亿元、同比增长 6%，其中省外到位资金 87.7 亿元、同比增长 35%；实际利用外资 92 万美元，外贸进出口总额 184 万美元。

一年来，我们围绕对外开放、产业发展、城市建设主业主责，直面挑战、克难奋进，重点抓了以下工作：

（一）结构优化、实体壮大，产业经济稳中有进。坚持稳中求进工作总基调，努力保持工业平稳运行，推动经济实现高质量发展。产业规划持续完善。编制完成《都匀经济开发区产业发展规划（2018—2030）》《都匀经济开发区（广东〈贵州〉产业园）西南玻璃制品制造基地发展规划》《都匀经济开发区广东（贵州）产业园》西南中医药产品生产基地产业发展规划》等规划，全区产业发展工作思路更加清晰，发展方向更加明确。招商引资持续向好。以“贵州省 2018 产业大招商突破年”为抓手，按照年度招商工作计划，围绕区内龙头企业共谋划招商引资项目 149 个，在贵州省招商项目管理平台发布项目 36 个。主动带队外出开展招商活动 60 余次，吸引多家企业到我区投资考察近 200 次，达成投资意向 90 余个，签约项目 47 个（含框架协议），签约资金 563.2 亿元，其中 5 亿元以上项目 19 个。成功引入石塑工业产业园、广州科学城都匀大健康产业园等项目。工业企业持续发展。石塑工业产业园一期 177 条膜袋生产线、8 条中空板生产线、4 条母粒生产线已安装完毕并投入试产；贵州广得利医药空心胶囊 8 条生产线设备安装完毕，预计今年 6 月份试产。天成循环科技、匀鑫电力等 10 家企业启动“千企改造”工程，完成技改投入 9.08 亿元。新增入规企业 3 家，规模以上工业企业发展到 14 家。文体旅产业持续升级。茶博园、毛尖小镇和秦汉影视城获批贵州省第八批省级现代服务业聚集区，都匀·国际足球小镇、杉木湖景区建成正式开园。影视配套设施不断完善，启动两个标准摄影棚建设，累计签约 35 个影视剧组，完成 30 部影视剧拍摄。目前，《大秦帝国之天下》《鲲鹏与蝴蝶》2 部影视剧正在拍摄，《中国天眼》《寻秦记》《将夜 2》3 部影视剧即将拍摄，《星火云雾街》《无名之辈》《天盛长歌》《斗破苍穹》等充满都匀元素的影视剧成功登陆全国各大卫视及网络媒体平台，其中，《星火云雾街》今年 1 月在央视八套黄金时段播出，全区影视产业产值达 6 亿元。成功举办西南影都大庙会、都匀·国际足球小镇首届球迷狂欢节暨小镇音乐节、中国（都匀）青少年儿童电影艺术节、国际青年女子足球锦标赛等大型文体旅活动近20个。全区吸引省内外游客473万人次，实现旅游综合收入16.23亿元，城市知名度快速提升。营商环境持续改善。以"双服务"工作为抓手，出台《都匀经济开发区"双服务"工作实操守则》，规范服务流程，组建营商环境督察小组，建立"一企一档"263个，完善联络员制度，开展全程免费代办服务。一年来，帮助企业解决问题165个，为企业代办事项132项，延伸代办事项463项，办结率100%。深入开展企业工会组建工作，吸收会员1250名，为解决职工困难开拓新渠道。在东冲建成120套工人宿舍和可容400人就餐的工人食堂，完成人才公寓装修入住；在洛邦启动401套公租房建设，园区产业配套逐步完善。组建黔南优蓝人力资源开发有限公司，建立企业用工数据库，切实帮助企业解决用工难题。对外开放平台建设持续拓展。在广州经济开发区（黄埔区）的支持帮助下，完成都匀经济开发区承接广东（贵州）产业园建设工作方案，成功主办广东（贵州）产业园招商洽谈会。协助省、州举办广东·贵州两省扶贫协作联席会议、都匀毛尖（国际）茶人会、中国物流（都匀）国际峰会。2018年11月，省政府将都匀经济开发区升级为国家级经济技术开发区的请示文件呈报国务院；目前，商务部已将我区列入国家级经济技术开发区培育名单。

（二）规划引领、建设发力，城市品质逐步提升。围绕基础建设、生态优化、品质提升，大力推动城市建设。城市规划管控愈发全面。启动都匀经济开发区六大片区控制性详细规划修编、《都匀经济开发区核心区城市设计》工作，启动道路、绿地、通讯、停车场、水生态、电力、给排水、综合管廊共8个专项规划修编工作，出台《都匀经济开发区城市规划技术管理规定》《都匀经济开发区城市建设用地与容积率管理规定》《都匀经济开发区修建性详细规划编制深度要求》《都匀经济开发区竖向设计管理规定》等系列规定，建立城市规划法定体系，为城市建设提供科学决策依据。交通基础设施持续优化。按照"有所为、有所不为"原则，强化基础设施建设，在建市政道路27条、18.67公里，累计建成道路44条、81.5公里，城市路网体系基本形成。城市配套设施逐步完善。建成都匀·国际足球小镇等公共活动场馆11个，匀东中学、湘才国际实验学校等教育设施12个，医疗服务设施1个，酒店6个、床位2234张。建成匀东商业广场一期、杏江园一期等房开项目4个，杉木湖畔、鸿申翡翠城、宏际风情园等15个房开项目共销售1966套、21.59万平方米，新增中投·蝴蝶谷、天顺华苑、北大资源、飞洋华府、厚德广场商住综合体等8个房开项目落地建设。城市治理日趋规范。通过向社会购买服务，加快城乡生活垃圾一体化收运，推动环卫一体化服务转型。强化市政公共设施管理和维护，实现移交路网保洁、绿化亮化、维护管理全覆盖。

（三）倾心倾力、精准施策，三大攻坚战成效显著。突出重点领域、关键环节，立足当前想长远，全面推动"三大攻坚战"取得阶段性成效。脱贫攻坚倾情助力。积极配合匀东镇完成脱贫攻坚各项目标任务，倾力推动项目实施，建成王司、坝固548套易地扶贫搬迁工程安置房并投入使用，切实改善山区贫困群众发展条件。发挥文体旅产业优势，提供保安、保洁、群众演员等就业岗位2000余个，并开展就业指导及岗位培训，帮助贫困群众就业增收。生态环境保护稳步推进。认真贯彻生态环境保护"党政同责、一岗双责"，将学习贯彻《中华人民共和国环境保护法》及有关精神作为政治任务，常抓不懈，把中央、省委环保督察反馈问题整改作为全区头等大事来抓，完成洛邦、大坪污水处理厂有关问题整改，中央、省委环保督察"回头看"工作取得实效。

（四）加快融合、依法行政，效能建设全面提升。深入开展市区共谋共建，统筹资源要素配置，依法执政、行政、治政，管委会效能全面提升。市区联动发展不断深入。与都匀市进一步完善联动发展机制，拟定都匀市和都匀经济开发区联动发展实施意见，成立市、区联动发展领导小组和五个工作组，共同协商解决市、区发展中的突出问题。完善并联审批、政务服务等机制，区政务大厅于2018年6月实现合署办公。围绕绿博园、贵南客专等项目建设，着力协助都匀市做好征地拆迁、企业搬迁、群众安置等工作，推动洛邦新城项目落地，加快中坝棚户区改造进程，绿博园项目得到有序推进。行政效能全面提升。驰而不息兴"三风"、纠"四风"、转作风，严格落实中央八项规定、省委十项规定、州委九项规定，贯彻落实全面从严治党要求，严格履行主体责任，积极开展党风廉政警示教育活动。扎实抓好中央、省委巡视反馈问题整改。自觉接受州纪委州监委派驻第十四纪检监察组监督，认真办理人大代表建议、政协委员提案，办结率、满意率均达100%。全面推行政务公开，优化政务环境，提高施政效率，建设"智能化"服务并实行"一网通办"，积极推行"最多跑一次"工作，启用"集成套餐服务"模式，受理事项及咨询共计45678件，办结率达100%。制定《都匀经济开发区法治政府建设工作实施方案》，明确法治政府工作目标任务，落实法律顾问制度，推行法律顾问坐班服务，及时应诉率达100%。充实督查督办队伍，完善督查督办工作制度，强化跟踪督办检查，全面提高管委会工作效能。

同志们，2018年是克难奋进的一年，成绩来之不易、经验弥足珍贵。取得的成绩，凝聚了全区上下奋力拼搏、铿锵前行、矢志发展的心血和汗水。在此，我谨代表区管委会向辛勤战斗在各个岗位上的广大干部群众，向为全区经济社会发展献计献力的企业家及社会各界人士，向关心和支持管委会工作的州、市派驻单位全体干部职工，表示衷心的感谢！

发展恰如春潮，攀登未有穷期。我们为一年来取得的成绩倍感欣慰与自豪，但也深知发展中存在的矛盾与问题：新的经济增长点尚不明显，工业经济贡献率较低，发展后劲不足；城市商业业态不完善，聚集人气的吸引力不足；在管委会的自身建设上，制度约束不够全面。面对这些问题，我们要坚定信心、迎难而上，以创新的思路和方法，积极应对和破解难题，全面推动开发区事业大发展、大繁荣。

二、2019年主要工作

2019年是中华人民共和国成立70周年，是全面建成小康社会关键之年，是实现“一年见成效、三年大变样”的承启之年。当前，宏观经济下行压力有所加大，区内部分领域发展的困难、矛盾增多，但审视发展现状，机遇大于挑战。我们要保持定力、强化担当、大胆创新，紧紧抓住东西部扶贫协作机遇，扎实推动国家级技术经济开发区培育，奋力谱写都匀经济开发区高质量发展的新篇章。

今年区管委会工作的总体要求是：以习近平新时代中国特色社会主义思想为指导，牢记嘱托、感恩奋进，全面贯彻落实党的十九大和中央、省、州经济工作会议精神，坚持党对一切工作的领导，坚持稳中求进工作总基调，坚持新发展理念，以供给侧结构性改革为主线，以提高发展质量为中心，以发展实体经济为重点，持续打好三大攻坚战，深入实施“3366”发展战略，统筹推进稳增长、促改革、调结构、惠民生、防风险各项工作，进一步稳就业、稳金融、稳外贸、稳外资、稳投资、稳预期，提振市场信心，保持经济持续健康发展、社会大局稳定。

今年经济社会发展的目标是：完成固定资产投资增长16.5%，达到80亿元以上；规模以上工业增加值增长11.5%，达到3亿元以上；一般公共财政预算收入增长5%，达到2.32亿元以上；招商引资省外到位资金50亿元以上，其中新增“10+5”产业项目到位资金26亿元以上；限上批零住宿餐饮业零售额增长30%以上；实际利用外资增长14%以上，外贸进出口总额增长10%以上。

围绕总体要求、目标任务，我们将着力抓好以下工作：

（一）坚持强化底线思维，千方百计防范化解风险。防范化解重大风险是我区当前工作的重中之重，我们要树牢风险防范意识，强化责任担当，坚决打好风险防范攻坚战，保持社会大局和谐稳定。全面防范债务风险。严格落实“七严禁”，着力开展展期谈判，多手段进行债务置换，尽全力压缩债务总规模，从申请再融资债券、政府性基金、一般公共预算、资产处置盘活、依法依规新增融资，以及国有企业实体化运营收益等方面全面努力，多渠道筹措偿债资金，化解债务风险。核清债务底数，清理融资资金使用情况和非标融资产品结构，科学制定偿债计划，找准化债路径，做到有的放矢化解存量债务。全面清理暂付款、借款，开展清欠工作，确保资金归位。全面清查闲置土地情况，力争3年内全部处理完毕。积极涵养和培植税源，做大做强财政收入总量，提升财政收入质量。持续开展非法集资等专项治理，坚决守住不发生区域性系统性金融风险底线。全面防范社会风险。持续开展反恐防恐、扫黑除恶专项斗争，深入推进“平安开发区”建设。密切关注舆情动态，加强分析研判和正面引导，积极应对处置。加大对拖欠工程款、拖欠农民工工资、征地拆迁、涉法涉诉群体等领域风险排查，制定预案，细化措施，落实责任，及时化解矛盾排除隐患。全面防范安全风险。按照“管行业必须管安全、管业务必须管安全、管经营必须管安全”要求，压实企业安全生产主体责任和部门监管责任，落实安全生产日常巡查制度，强化工作措施，抓好工业企业生产、建筑施工、消防、道路交通、地质灾害等领域安全防范工作。严格执行《贵州省党政领导干部生态环境损害问责实施办法》，把好招商引资项目准入关，持续强化工业、交通、扬尘、噪音、生活等污染治理，加快推进区内排污管网及高铁污水处理厂二期等项目建设，做好土壤污染的管控和修复，确保都匀经济开发区山青水绿地净天蓝。

（二）坚持实体经济根本，千方百计壮大产业规模。深入实施工业强区战略，围绕“五大产业”抓好项目谋划和招商，全面推进产业实体扩量提质。坚持不懈狠抓招商引资。建立以"亩产"为导向的考核评价机制，加大督办考核力度，强化落实招商引资责任，坚持领导带队招商、专班招商、以商招商、购买服务招商等方式，推行产业招商"链长"负责制、"六个一"招商工作机制，着力抓好"10+5"产业大招商大提升行动工作。围绕石塑工业产业园、浩森玻璃等龙头企业开展建链、补链、强链的有效招商。抓好多功能植物提取、汽配件摩配件等项目落地建设。紧盯国内外优质企业，引进一批技术含量高、成长性好、带动性强的产业项目，力争引进产业项目10个以上。坚持不懈优化营商环境。打造以方便企业为导向的政务服务新模式，对入驻企业实行"一门受理、并联审批、限时办结、统筹协调"审批流程，力争让企业"最多跑一次"。强化"双服务"行动，完善"五个一"服务机制，做好招商引资项目和企业全程包保服务，力争成为全州"双服务"工作的样板和示范。坚持不懈抓好实体经济培育。以"千企改造"为抓手，按照强龙头、补链条、聚集群要求培育龙头企业，逐步补齐补强产业链条，形成具有优势的特色产业集群。支持工业企业扩能改造和技术升级，实现规模以上工业企业改造全覆盖。在洛邦重点以玻璃制品、先进制造企业为龙头，围绕上下游产业主动外出招商，推动西南玻璃制品制造基地和先进制造产业园建设；加快产业规划环评修编，推进天成循环经济产业园建设；盘活原明钢公司存量土地，切实做好市区共建新型建材产业园启动工作。在大坪重点抓好盛世龙方、君之堂培育，推进广得利药用空心胶囊等项目建成投产，加快中医药产业集群发展步伐。在东冲重点抓好石塑工业产业园、科学城都匀大健康产业园等项目建设，以贵州石头造环保科技股份有限公司为龙头，推进工业与旅游融合发展。确保2019年工业投资和规模以上工业增加值稳步增长。积极发展大数据产业，依托黔南州科技园，大力招引大数据产业项目，做好神玥软件、医云科技等公司入驻服务，推进全国住房金融大数据中心、大数据医药云平台等项目落地，推动大数据与实体经济融合发展。坚持不懈保障企业发展要素。深入贯彻习近平总书记在民营企业座谈会上的重要讲话精神，抓住当前金融服务实体经济机遇，支持民营经济发展。切实发挥政府桥梁作用，用好用足金融及产业扶持政策，推动银企合作，为企业搭建融资平台，解决企业融资难的问题。设法置换民营企业发展扶持资金，帮助优质企业快速发展，实现产业发展资金循环利用。促进土地节约集约高效利用，充分利用存量用地和盘活闲置土地，全面清理长期未动工的签约项目和"僵尸"企业、成长性差的企业，为优质产业落地腾出发展空间。进一步强化黔南优蓝人力资源公司职能作用，搭建创业就业平台，做好企业招工保障。

（三）坚持对外开放合作，千方百计推动文体旅产业融合发展。抓好东西部协作机遇，按照我区2019年强化黔南·广州产业园建设工作方案，结合产业发展现状及规划，谋划好2019年广州招商引资推介会，招引优质企业入驻，深化两地产业合作，实现区域产业转移，促进地区发展。选派优秀干部到广州开发区（黄埔区）投资促进、金融、园区建设等部门挂职锻炼，促进两地人才交流。以黔南州第十三届旅游产业发展大会为契机，建设足球小镇游客接待中心及智慧停车场系统，完善秦汉影视城游客接待中心，完成杉木湖中央公园、茶文化博览园（含毛尖小镇）、秦汉影视城、都匀·国际足球小镇四个旅发大会观摩点的提质改造及沿线路口景观节点氛围营造、环境绿化、沿途配套设施建设。在巨升影视旅游小镇建设影视文化孵化园，以网络大电影、网剧为切入点，吸引影视文化企业入驻。成立网络大电影协会、群演协会，规范影视服务行业发展。积极探索影视文化、足球体育与旅游业融合发展模式，丰富商业业态，吸引更多游客来匀度假旅游，推动都匀建成贵州南部旅游集散中心。提高对外开放水平，引进恒丰足球俱乐部入驻足球小镇，通过市场化运作继续办好春逛贵州·匀城西南影都大庙会、夏盼球迷狂欢节暨粉丝音乐嘉年华、秋享中国原生态民族歌曲合唱邀请赛、冬观足球跨年杯邀请赛四大品牌活动，争取"2019年全国青超联赛"落户都匀经济开发区，力争月月有活动、季季有赛事，增强开发区对外开放发展的活力和知名度。力争接待旅游人数达580万人次以上，实现旅游综合收入17.5亿元以上。

（四）坚持打造城市核心，千方百计提升城市品质。从满足人民对美好生活的需要出发，深入推进核心区建设，持续完善城市配套，丰富城市业态，努力提升城市品质。高起点完善规划体系。继续完善六大片区城市控制性详细规划、城市核心区设计及生态绿地、生态水体、城市抗震减灾等10个专项规划编制（修编）工作，确保城市核心区建设风貌、造型、空间业态布局符合"文明生态、时尚现代、休闲舒适"的发展定位；加大城市规划执法力度，建立联合执法体系，完善执法巡查制度。严格管控城市核心区房开酒店项目标志性建筑外观、小区景观、公共配套设施，建立监管台账。完善城市招商引资项目规划选址决策制度，确保招商引资项目选址更加合理。高标准完善城市配套建设。继续推进“西塘路 BC 段、旗山大道南段、37 所路”等 18 条、26.91 公里续建路网，“熙春路、云和路”等 7 条 6.7 公里新建路网建设。加快推进匀东片区供水工程、污水处理提标改造工程，加速建设 110 千伏东山变、大坪变及 10 千伏凤凰变等电力工程，配套新建 37 公里电缆线路，启动 110 千伏五星变电站建设。继续推进中投·蝴蝶谷、杉木湖畔二期、题西林壁、北大资源、飞洋华府等 20 个房地产项目建设，预计 2019 年完成总投资 38.43 亿元以上，总建筑面积 115.39 万平方米，力争达到 200 万平方米，实现新增销售房源 5687 套。持续做好鹏强酒店、龙阳福坤酒店、贵州匀鼎酒店、沁和园半山度假酒店等 6 个酒店项目建设，新增床位 532 张。做好州人民医院新院、州电大等州级在建项目服务，加快完善城市新区功能配套，为承接都匀老城区人口转移和州直单位入驻提供保障。高质量推进保障性住房建设。加快棚户区改造工作，建设完成东湖和高铁城 A 区 980 套棚改住房，力争大坪安置区 384 套棚改住房主体完工，推进归兰山和洛邦二期 597 套公租房建设，完成货币化安置 1112 户，确保保障性安居工程任务尽快完成投入使用。高效益经营城市。坚持城市“建管并重”原则，在城市规划、业态布局、环境卫生上下功夫，提升城市形象。全力抓好环境卫生、城市容貌等长效管理，加强建筑工地文明施工管理，使城市管理走向制度化、规范化、科学化。完善全区户外广告规划方案，对户外广告、公交站台等推行市场化运作，充分利用市政资源创造收益。

（五）坚持加强改革创新，千方百计增强发展活力。坚持改革推动、开放带动、创新驱动，推进新时代改革开放再出发，不断激发经济社会的发展动力活力。加速国有企业实体化转型。落实供给侧结构性改革，减轻国企包袱。全面开展区管企业清产核资与运营效益评价工作，清理“僵尸企业”，通过兼并重组、工商注销、关闭破产、托管处置等方式，分类处置低效、无效资产，切实减轻企业负担。全面摸清国有企业债务结构，分类处置存量债务、隐性债务和公司债务，逐步减少国有企业债务规模，保障企业轻装上阵。细化资产三年盘活计划，列出问题清单，制定措施，力争将死资产变成活资源。整合同类资源，优化国资布局。对企业资源合理配置、产业重组，加速形成以清水江城投集团公司、旗山置业公司为运营主体的城市建设板块，以黔南东升公司、大正公司、扶投公司、资本营运公司为运营主体的产业发展板块，以水务公司、东晟公司为运营主体的政府资源运营板块，以纵横公司、新世纪公司、强创公司为运营主体的资本运作板块，构建企业实体化运营新格局。做好板块项目谋划，城市建设重点推进杉木湖畔、杏江园等配套建设项目，产业发展重点推进加油站项目、文体旅整体运营项目，政府资源运营重点推进大坪水厂建设运营项目、污水处理厂建设运营项目、土地整治与开发项目，资本运作重点推进国资平台建设、AA 评级等，以实体项目拉动产业板块，助推企业转型发展，打造主业突出的集团化管理企业。建立现代企业制度，激发国企活力。全面推行“1+7”国资监管系列制度，建立健全公司制的现代企业运营机制，以规范决策机制和完善制衡机制为重点，建立健全董事会决策、监事会监督、经理层经营管理的公司法人治理机制，逐步推行外部董事制度，引入职业经理人、外部董事等经营人才，厘清政企关系，形成与市场化发展相适应的现代企业制度，提升国企市场化管理和运营能力。启动国有企业经营业绩考核，建立国有资本收益分配机制，激发国有企业自主发展的内生动力。探索园区运营管理新模式。积极探索园区资产运营管理托管模式，实现以商招商、专业管理、精准服务，提高园区运营管理水平，营造高效便捷的服务环境。

三、加强管委会自身建设

大道至简，实干为要。我们始终牢记党的根本宗旨，坚持实干兴区、实绩惠民；未来，我们将继续倡导严谨认真、廉洁高效、务实担当的作风，不断提升管委会执行力、公信力，努力建设法治型、廉洁型、服务型管委会。

（一）强化政治意识。落实全面从严治党要求，始终把政治建设摆在首位，树牢“四个意识”、增强“四个自信”，坚决做到“两个维护”。继续在学懂、弄通、做实习近平新时代中国特色社会主义思想上下功夫，深入推进“两学一做”学习教育常态化、制度化，认真开展“不忘初心、牢记使命”主题教育。严守政治纪律和政治规矩，全力抓好中央、省委巡视反馈问题的整改落实。

（二）强化法治意识。深入推动依宪施政、依法行政，加快法治政府建设。主动接受社会、舆论监督，广泛听取各方面意见和建议，认真办理人大代表建议、政协委员提案。坚持政府法律顾问制度，坚持严格公正文明执法，增强管委会公信力，进一步深化政务公开，让权力在阳光下运行。

（三）强化廉洁意识。坚持明大德、守公德、严私德，筑牢拒腐防变的思想道德底线。严格落实党风廉政建设主体责任，坚决落实中央八项规定、省委十项规定、州委九项规定。加强重点领域、重大工程项目、重要岗位的廉政风险防控，构建不敢腐、不能腐、不想腐的有效机制。自觉接受州纪委州监委派驻第十四纪检监察组的监督，打造一支对党忠诚、勇担重任、作风优良的干部队伍。

（四）强化效能意识。持之以恒整治“四风”，着力在精文简会、规范公务接待等方面转变工作作风，坚决整治不担当、不作为、乱作为行为，大力弘扬敢干事、能干事、干成事的实干之风。加大国资国企、政府投资等领域监管力度，促进管委会管理更加规范高效。加强调查研究，规范督查检查考核，推动各项工作落到实处、见到实效，实现服务、效能双提升。聚焦主业主责，认真梳理制定部门“两要点、两清单”，进一步明晰岗位职能职责，明底线知红线，更好地履职尽责，切实提高履职效能。

（五）强化服务意识。牢固树立以人民为中心的发展思路，为企业、群众提供优质高效的服务，干字当头、勤勉敬业，善始善终、善作善成，全心全意为人民谋幸福，为都匀经济开发区创实绩。

同志们，我们都在努力奔跑，我们都是追梦人，在前进的道路上，坎坷、困难不会少，历史只会眷顾坚定者、奋进者、搏击者，而不会等待犹豫者、懈怠者、畏难者。我们既然扬帆远航，就不惧惊涛骇浪。苍茫过往，未来浩荡。我们要以坚如磐石的信心、只争朝夕的劲头、坚韧不拔的毅力继续前往，一步一个脚印地创造不愧于党、不愧于人民的光辉业绩。

同志们，凡心之所向，素履亦能往，生如逆旅，一苇亦以航。中国特色社会主义进入新时代，在我们面前的是时代的使命与担当，让我们在建设开发区这场“接力赛”中，跑好我们手中“这一棒”。不忘初心、牢记使命，在州委州政府、区党工委的坚强领导下，以永不懈怠的精神状态、一往无前的奋斗姿态，勠力同心、克难奋进，奋力书写都匀经济开发区经济发展的新篇章，以优异的成绩庆祝新中国成立 70 周年！

黔西南布依族苗族自治州政府工作报告

（2019年1月9日在黔西南自治州第八届人民代表大会第三次会议上）

黔西南自治州委副书记、州长 杨永英

各位代表：

现在，我代表州人民政府向大会作工作报告，请予审议，并请州政协委员和其他列席人员提出意见。

一、过去一年的工作回顾

刚刚过去的2018年，在州委的坚强领导下，在州人大、州政协的监督支持下，我们认真贯彻省委、省政府和州委的各项决策部署，践行新发展理念，深化供给侧结构性改革，守好发展和生态两条底线，全力打好三大攻坚战，在稳增长、促改革、调结构、惠民生、防风险上主动作为，经济社会呈现稳中有进、提质升位、民生改善的良好态势，较好地完成了州第八届人大二次会议确定的目标任务。预计地区生产总值增长12%，农林牧渔业增加值增长6.5%，规模以上工业增加值（2000万元口径）增长11%，服务业增加值增长16%，500万元以上固定资产投资增长20%，社会消费品零售总额增长12.5%，一般公共预算收入增长3.1%，城镇、农村居民人均可支配收入分别增长10%、11%；城镇新增就业4.02万人，登记失业率控制在4.2%以内；城镇化率提高到46%，森林覆盖率提高到58%。

（一）尽锐出战、精准施策，三大攻坚战取得重大胜利。一是脱贫攻坚战取得决定性胜利。四场硬仗战果显著。建成新市民居住区17个，建成住房36811套，累计实现18.22万人搬迁入住，解决就业创业6.58万人，新市民计划取得实效，得到中央有关部委、省委省政府的肯定；提前一年基本实现30户以上村民组“组组通”硬化路；解决38.68万农村人口饮水安全问题；全州实现10.52万贫困人口脱贫、142个贫困村出列，兴仁市实现减贫摘帽。产业革命卓有成效。认真落实总书记亲自关心的“白叶一号”工程，完成白茶种植1万亩，带动贫困户1093户、3483人；实施“退一进十”工程，调减籽粒玉米种植面积87.67万亩；在全省率先开展“农调扶贫险”，保障农民增收10亿元以上。对口和定点帮扶持续给力。“星火计划·科技扶贫”试验区建设取得新进展，争取中央统战部、各民主党派中央、全国工商联等帮扶项目117个，投入资金7.92亿元；公安部、中国联通分别投入帮扶资金1.04亿元、0.91亿元；宁波市帮扶财政资金3.4亿元，实施帮扶项目135个。五项专项治理成效明显。有效解决了漏评、错评、错退等一批突出问题，群众认可度显著提升。二是污染防治攻坚战取得突破性胜利。扎实推进中央、省委环保督察反馈问题整改，解决了一批突出问题。四大生态工程取得明显成效，完成营造林88万亩，石漠化治理206平方公里，水土保持综合治理322平方公里，实现林业产值351亿元，增长47.6%；建成城镇生活污水处理厂55座、配套管网917公里，城镇生活污水处理率提高到93%；认真落实河长制，扎实开展“四清行动”，万峰湖“清网行动”战果丰硕，“两江一河”网箱全部拆除，县级以上集中式饮用水源地水质达标率保持100%；报废淘汰黄标车3153辆，在全省率先“清零”；兴义等4县市医疗废物处置中心建成投用。三是风险防控攻坚战取得阶段性胜利。严格落实政府债务风险防控措施，一般债务率基本持平、专项债务率降低23%、综合债务率降低8%，全州已由风险提示地区转为无风险地区；加强银行存量不良贷款处置，有效防控金融风险。严格落实安全生产、食品药品安全责任制，有效遏制重特大事故发生。巩固“三维一体”信访维稳源头防控工作机制，全面推行“1+N”大数据警务模式，创新开展“雷霆行动”“夏秋风暴”，推进“扫黑除恶”专项斗争，社会治安形势持续好转。

（二）调整结构、推动转型，高质量发展取得重大进展。一是农业结构调整实现新突破。精品水果发展到35万亩、中药材发展到63万亩、茶叶发展到40万亩、食用菌发展到3.5亿棒；新增省级园区3个，农业园区完成投资156.5亿元，实现销售收入198亿元；新增龙头企业35家、新型合作社685家；完成无公害农产品认定159.6万亩，产品认证118个，“安龙白及”等4种农产品获国家地理标志商标。二是工业转型升级实现新进展。能源保障加快提升。完成煤矿机械化升级改造21个，原煤过站量突破1300万吨，扭转连续5年煤炭产量下滑局面；中电普安电厂建成发电，贞丰自备电厂第1台机组点火试产，册亨丫他等光伏电站建成发电，电力装机突破1000万千瓦，发电量突破300亿度，用电量突破110亿度。传统产业加快升级。实施“千企改造”项目137个，累计完成投资153亿元，24户企业列入省级改造重点，登高煤电铝等一批企业投产达产，煤电网产融合加快推进。新兴产业加快发展。“千企引进”深入实施，新增规上工业企业入库92家。义龙大数据产业园引进蜂巢算力、中联创等30家优强企业，华为黔西南数据中心建成运营；大数据与实体经济融合企业达150家，大数据企业主营业务收入160亿元、增长38%，数字经济占比提高到28%；义龙振华新材料（二期）、锦兴轻合金装备制造等项目加快建设。特色轻工业加快发展。纳入省级中小企业“专精特新”培育名单132户，普安宏鑫茶业、册亨布依酒业等37家企业被评为省级工业企业品牌培育试点。三是服务业提质增效实现新拓展。成功举办2018国际山地旅游暨户外运动大会等重大活动；旅游投资完成120亿元，兴义万峰湖、兴仁放马坪、贵州醇景区获评4A级景区；游客突破6000万人次，旅游收入479亿元，均增长40%以上。建成商业街、综合市场、农贸市场各9个，县域电商运营服务中心8个、示范项目18个，村级电商服务站点覆盖率达69.1%，培育电商市场主体260家、培训电商从业者1.2万人次。

（三）狠抓项目、扩大投资，发展短板实现有效补齐。一是城乡基础设施进一步改善。完成城市基础设施投资180.89亿元，建成海绵城市项目17个、城镇道路73公里、城市公共停车位4143个；争取资金23.67亿元，完成棚改14529户；安龙招堤等3个湿地公园获评“国家湿地公园”，册亨县被评为省级森林城市；小城镇建设完成投资54.2亿元，培育贞丰龙场、普安江西坡等一批特色小城镇，建成54座小城镇生活垃圾转运设施；美丽乡村建设完成投资28亿元，224个示范村加快建设，册亨板万村列入“中国传统村落保护发展示范村”。二是交通基础设施进一步完善。完成投资300亿元，盘兴高铁实质性开工，罗甸至望谟高速公路主线建成通车，紫云至望谟高速公路部分交工验收，兴义环城高速公路加快建设，纳雍至晴隆、六枝至安龙高速公路开工建设，高速公路通车里程突破500公里，兴义市成功创建“四好农村路全国示范县”。三是水利基础设施进一步夯实。完成投资60亿元，马岭水利枢纽等37个骨干水源工程完成投资计划，望谟上亭等12座中小型水库完成大坝主体工程，兴义纳达等6座水库实现截流，晴隆西泌河等7座水库下闸蓄水，普安白水等10座中小型水库开工建设，在全省率先实现“市州有大型水库、县县有中型水库”目标。四是信息基础设施进一步提升。完成投资20亿元，省网核心节点上链带宽达680Gbps，光缆线路总长6.5万公里，基站总数达8500个。

（四）破除障碍、推动创新，发展活力得到充分释放。一是改革推动释放新活力。兴仁成功实现撤县设市；组建州国资委，国有平台公司加快实体化进程；结构性减免退抵税17.03亿元；投资审批制度改革下放5758个项目审核权限，企业登记办理时间缩减到5个工作日，新增市场主体5万户；实施“三权”抵押贷款4.26亿元，探索“林地占补平衡”改革；万峰林、双乳峰等8个景区实现“三权”分离。二是创新驱动激发新动能。建成省级科技企业孵化器2个、州级创业孵化示范基地4个、省州级众创空间10家，创建省级农业科技示范园5家；顶效经济开发区获省政府批复为黔西南州高新技术产业开发区。三是开放带动带来新动力。新增备案外商投资企业9家，利用外资2.46亿美元、增长12%；开放平台加快建设，产业园区完成投资185亿元，实现工业总产值450亿元，分别增长2.8%、9.8%；招商引资到位资金925.25亿元，增长10.29%；兴义海关获批设立，兴义万峰林机场旅客吞吐量突破100万人次。

（五）尽力而为、量力而行，民生福祉得到持续增强。一是教育事业全面发展。九年义务教育巩固率、高中阶段毛入学率分别达89.6%、91.9%，高考本科录取率突破50%；晴隆、册亨、望谟通过义务教育基本均衡发展国家督导评估认定；争取教育项目资金6.9亿元，建设校舍103.19万平方米；学生营养餐全面集中供餐，1450所学校实现“校农结合”。二是就业创业稳中向好。建成州级以上农民工创业示范园6个、示范点17个，引导扶持高校毕业生、返乡农民工等就业创业4.04万人，公益性岗位累计安置困难人员就业6000人，贫困劳动力实现就业创业4.5万人。三是医疗卫生稳步提升。全州县级人民医院全部达到二甲标准，建成州级危重孕产妇和新生儿救治中心4个、县级救治中心8个，完成126个乡镇卫生院标准化建设；创建国家卫生县城1个、卫生乡镇9个。四是文体事业蓬勃发展。新增“广电云”用户9.2万户，新建乡镇广播影视综合服务站21个；农村公益电影放映1.43万场；建成文化服务中心19个、民族文化纪念馆12个；成功承办“海峡杯”女子垒球赛、全国垒球锦标赛等重大赛事；建成103公里健身绿道和8个乡级、60个村级农民体育健身工程。五是社会保障不断加强。纳入城乡最低生活保障27.28万人，发放低保金6.97亿元；城乡居民基本养老参保179.93万人；参加城乡居民、城镇职工基本医疗保险人数分别达295.75万人、19.69万人，实现城乡居民基本医疗保险应保尽保。六是其他社会事业全面发展。成功创建全国民族团结进步示范州，深入创建全国禁毒示范城市，巩固提升双拥模范示范州创建成果；关心下一代、工青妇、红十字、老龄、残联、国安、国防、人防、外事、侨务、对台、气象、档案、史志、宗教等各项事业全面发展；民生项目完成投资131.82亿元，“十件民生实事”全面完成。

各位代表，过去一年的成绩来之不易，这是习近平新时代中国特色社会主义思想正确指引的结果，是省委、省政府和州委坚强领导的结果，是州人大、州政协监督支持的结果，是全州干部群众团结奋斗、开拓创新的结果。在此，我代表州人民政府，向全州各族人民、干部职工表示崇高的敬意！向人大代表、政协委员，向各民主党派、各人民团体，向驻州人民解放军、武警官兵和人民警察，向所有关心、支持黔西南州经济社会发展的各界人士，表示衷心的感谢！

在肯定成绩的同时，我们必须清醒地看到，全州发展不平衡、不充分的问题依然存在，政府工作与满足人民日益增长的美好生活需要还存在不小差距：一是脱贫攻坚任务依然艰巨。全州尚有15.86万贫困人口未脱贫、175个贫困村未出列、6个贫困县未摘帽，33.85万易地扶贫搬迁新市民的后续扶持、就业和社会治理压力大。二是高质量发展基础薄弱。战略性新兴产业、新经济、新业态发展缓慢，传统产业转型升级难度大；农业规模化、品牌化尚未形成，农产品市场竞争力不强；服务业发展质量不高，旅游业态单一，三次产业结构有待进一步优化。三是风险防控任重道远。传统税源支撑下滑，新兴财源培育不够，财税持续增收难度大，地方政府性债务负担较重，非法集资等违法违规金融活动隐患多，安全生产、社会治理等领域还存在薄弱环节。四是干部作风不够务实。少数干部精神不振、能力不足、担当不够，不作为、慢作为、乱作为等现象还不同程度存在。这些困难和问题，我们一定高度重视、切实加以解决，绝不辜负全州人民的重托。

二、2019年重点工作

2019年是新中国成立70周年，是决胜全面建成小康社会、实现第一个百年奋斗目标的关键之年，做好全州经济社会发展各项工作至关重要。今年政府工作的总体要求是：以习近平新时代中国特色社会主义思想为指导，全面贯彻党的十九大和习近平总书记对贵州工作的系列重要指示批示精神，牢记嘱托、感恩奋进，守好发展和生态两条底线，按照十九届二中、三中全会，中央经济工作会议精神，深入贯彻全省经济工作会议、州委七届七次全会部署，统筹推进“五位一体”总体布局，协调推进“四个全面”战略布局，坚持稳中求进工作总基调，坚持新发展理念，坚持推动高质量发展，坚持以供给侧结构性改革为主线，坚持深化市场化改革、扩大高水平开放，围绕建设现代化经济体系，深刻把握“六稳”要求，坚决打好三大攻坚战，大力实施三大战略行动，加快发展山地旅游，扎实推进乡村振兴战略示范创建，统筹推进稳增长、促改革、调结构、惠民生、防风险工作，提高人民群众的获得感、幸福感、安全感，保持经济持续健康发展、社会大局稳定，加快打造民族特色山地经济创新示范区，奋力夺取脱贫攻坚决战之年根本性胜利，为全面建成小康社会收官打下决定性基础。

按照上述总体要求，围绕“十三五”发展规划，今年要迎难而上、大干快上，确保实现三大目标。一是打赢脱贫攻坚年度战役。减少农村贫困人口8万人、70个贫困村出列；安龙县脱贫摘帽通过评估验收，贞丰县、普安县实现脱贫摘帽；易地扶贫搬迁入住15.63万人。二是经济增速稳中有进。地区生产总值增长11%左右，一二三产业增加值分别增长7%、

11%、15%左右；限额以上固定资产投资增长16%左右，社会消费品零售总额增长11%左右；一般公共预算收入增长3%，城镇、农村居民人均可支配收入分别增长9%、10%左右。三是发展质量不断提升。全员劳动生产率提高到每人7.3万元左右，科技进步贡献率提高到50%左右，研究与试验发展投入强度提高到0.9%，绿色经济、新经济、制造业占地区生产总值比重分别提高到42%、20%、25%左右；空气优良天数比例达99%以上，森林覆盖率达60%；城镇新增就业4万人以上，城镇调查失业率、登记失业率分别控制在5.5%、4.2%以内，常住人口城镇化率提高到49%；居民消费价格指数涨幅预期目标控制在3%以内。

围绕上述预期目标，今年要坚决贯彻落实“巩固、增强、提升、畅通”八字方针，全力推进8项重点工作取得新突破：

（一）坚持年度目标不动摇，全力夺取脱贫攻坚根本性胜利。盯紧“1123”脱贫目标，大力实施“4541”工程，对标“两不愁，三保障”、对表“三率一度”，全面推进“六大行动”，坚决打赢精准脱贫攻坚战。全力改善基础设施。深入实施“四好农村路”建设，建成示范路800公里，加快改造建设乡村旅游路、产业路、资源路，切实解决农村出行难问题；深入实施农村饮水安全攻坚决战行动，全面解决农村饮水安全问题；加快推进农网改造，全面提升用电保障；深入实施网络扶贫五大工程，实现光纤到户率99%、行政村光纤网络和4G网络覆盖率100%。全力推进新市民计划。落实好新市民计划“1+13”系列措施，全面完成33.85万人的易地扶贫搬迁任务，完成2017年度已搬迁旧房拆除和复垦复绿任务；实施劳动力全员培训促进家庭就业全覆盖行动，确保有劳动力新市民家庭至少1人稳定就业，消除“零就业”家庭。全力攻坚产业扶贫。深入推进农村产业革命，全面落实“八要素”，加快山地特色种植、生态畜禽养殖等八大产业全产业链、全利益链发展，确保产业链延伸到村、项目覆盖到贫困户，带动10万贫困人口增收。全面落实“三保障”。办好职业教育精准脱贫班，实施贫困学生营养改善计划，确保建档立卡贫困学生资助全覆盖；实行“先诊疗，后付费”等便民惠民措施，完成农村贫困人口13个病种大病专项救治，实现贫困县农村妇女“两癌”免费检查全覆盖、适龄儿童“营养包”发放全覆盖；加大老旧住房透风漏雨专项整治力度，因户施策全面解决农村住房安全问题。精准推进对口和定点帮扶。深入推进“星火计划·科技扶贫”试验区建设，继续争取中央统战部、各民主党派中央、全国工商联加大帮扶力度；推进慈溪－安龙等4个协作产业园建设，分别引进3家以上企业入驻；为各帮扶单位提供优质帮扶项目，争取更多帮扶力量。

（二）坚持高质量发展不动摇，全力推动产业发展取得新突破。深化供给侧结构性改革，加快构建现代化产业体系，全力推进质量变革、效率变革、动力变革，推动实体经济高质量发展。

一是扎实推动新型工业加快发展。坚持工业强州战略，深入实施“双千工程”，完成投资335亿元以上，加快新型工业体系构建。加速煤电网产融合发展。加快推动煤矿“五化”改造，完成5个矿井综合机械化、5个辅助系统智能化改造，实现煤炭过站量1500万吨以上；加快煤层气利用，新增煤矿瓦斯发电装机3600千瓦；推进贞丰自备电厂第2台、安龙自备电厂第1台机组建成发电，大唐兴仁电厂实质性开工；加快地方电网建设，推动“两网融合”，推动低电价区尽快形成竞争优势。加快传统产业转型升级。坚定不移实施“千企改造”，完成投资155亿元，改造企业100户。加快煤电铝、煤电化、黄金等传统优势产业转型发展。加快兴仁登高铝（二期）、锦兴轻合金装备制造等项目建设，促进铝产业全产业链发展；加快阳光万峰实业等生态载能产业提质增效；加快兴电建材、益新装配式建材、阳光兴业等新型建材产业做大做强；加快兴化、宜化迁建，促进化工产业转型发展。推动新兴产业蓬勃发展。加大“千企引进”力度，着力引进世界500强、中国500强行业领军型企业，引进工业项目33个以上，新开工亿元以上项目10个、5亿元以上项目2个。推动义龙振华（二期）项目建成投产，加快贵州路兴新材料30万吨阳极碳素项目建设；推动义龙西子西奥电梯、宝康智能装备等全产业链发展。激发特色产业焕发生机。推进“品牌提升”行动，支持烟、酒、糖、茶、药、水等特色产业做大做强，实现产值300亿元以上。提高烟叶发展质量，促进“两烟”总量提升；支持薏仁米酒、灵芝酒、茶酒等保健酒提升品牌，重振贵州醇酒业；推动贞丰、望谟古方红糖项目建设；推动“普安红”“万峰绿”制茶产业规模化、品牌化发展；加快义龙红星医药产业园建设，促进贵州苗药、德良方等民族制药产业加快发展；支持金州龙泉、阳光清泉、飞龙雨等企业做大规模、做响金州水品牌。推进特色园区加快发展。加强工业主平台建设，完成投资200亿元，实现园区总产值460亿元。整合清水河、威舍园区做强做大，推进生态载能产业集群发展；加快兴仁巴铃重工园区建设，加速生态铝全产业链发展；扩大安龙石材产业园规模，提升中国“木纹石之乡”品牌；加快贞丰龙场循环产业园建设，推进建材产业发展；做强做优义龙郑鲁万工业园，推进新材料、大数据、装备制造、民族制药等产业集群发展；优化普安、晴隆、册亨、望谟工业园区产业定位，推动一二三产业融合发展。二是扎实推动现代服务业发展。实施服务业发展行动计划，服务业增加值占地区生产总值比重50%以上。全力推动旅游业态拓展。加快南北盘江千里精品旅游线培育，推动万峰林5A级景区和安龙招堤、普安茶文化生态旅游4A级景区创建，新增3A级景区5个，办好2019国际山地旅游暨户外运动大会等品牌活动，实施10个乡村旅游扶贫示范项目，推出10类文化旅游产品；推进安龙养生谷、义龙智能康养小镇等重点项目建设，培育一批大健康示范基地和体育运动训练基地；实现全年接待游客人次、旅游总收入分别增长30%以上。加快现代物流业发展。完成商贸物流投资80亿元以上，加快义龙货车帮智慧物流园等5个物流园区建设，推进兴义农产品物流中心、兴仁薏仁米国际交易中心等5个物流工程建设，全州冷库库容、冷链物流车辆分别达到10万吨和100台以上。加快商贸服务业发展。推进新市民居住区商业和综合服务设施全覆盖；加快农商互联示范县建设；加快电子商务进农村综合示范州建设，建成县、乡、村三级电子商务服务站点816个，覆盖90%以上行政村，电子商务交易额增长25%；批零商品销售额分别增长12%、14%以上。推动建筑、房地产业健康发展。大力发展绿色建筑、装配式建筑，实现建筑业产值100亿元；加强房地产市场调控，完成房地产投资100亿元，商品房销售428万平方米，增速10%以上。三是扎实推动大数据产业发展。深入实施大数据战略行动，推动大数据扩量提质，加快数字经济发展，数字经济占地区生产总值比重提高到30%。做强核心业态。加快义龙大数据中心和南方绿色云基地建设，引进大数据优强企业5家、数据增值服务企业10家，培育高成长型大数据企业15家，实现大数据企业主营业务180亿元、增长10%以上。做大关联业态。加快发展电子信息产业、软件与信息服务业，增加值分别增长20%以上，培育一批数字化、网络化、智能化新业态。做特衍生业态。深入实施“万企融合”行动，加快推动大数据应用、产业转型，建设融合标杆项目10个、示范项目100个，带动200户以上实体经济企业与大数据深度融合发展。四是全力支持民营经济加快发展。加大工业绿色发展基金、财政专项资金对民营企业的扶持力度，支持民营企业入驻产业园区、新市民居住区、500亩以上坝区、现代服务业聚集区等重点区域发展。认真落实降低民营企业用地、用能、税费等成本政策措施，加大融资担保支持力度，切实化解拖欠民营企业债务，帮助企业解决发展难题；降低民间资本进入基础设施、公用事业等领域门槛，全面提高民间资本投资占比，促进民营经济加速发展，民营经济占比提高到59%以上。

（三）坚持狠抓“三农”不动摇，全力推动乡村振兴取得新突破。全面落实统筹城乡发展行动，聚焦“五大振兴”，开创农业农村发展新局面。

一是聚焦产业振兴，扎实推进产业革命。在种植业结构调整上取得突破。围绕“一县一业”“一坝一品”，重点推进全州500亩以上坝区、连片坡地产业结构调整，今年38个坝区率先实现亩产万元以上，建成“两江一河”精品水果、安龙石斛、晴普优质茶叶等10个产业示范带（点），新增精品水果、优质蔬菜、薏仁米、油茶各5万亩，新增中药材6万亩、茶叶10万亩、食用菌1.2亿棒，完成烟叶收购64万担以上，经济作物占比提高到75%，加快推进精品水果、优质蔬菜、中药材3个百万亩生态农业产业发展；各县（市、区）建设1至2个万亩以上无公害农产品基地，全州无公害农产品认证数量达260个，新增农产品地理标志颁证3个以上。在生态养殖业发展上取得突破。大力发展种草养畜、林下养禽，新增大牲畜出栏1万头、家禽出栏710万羽、禽蛋产量1万吨以上；加快推进安龙温氏集团100万头生态猪、普安100万只长毛兔、兴义1000万羽矮脚鸡等养殖基地建设；加快推进义龙万屯大牲畜交易集散中心建设；加强动物疫病防控，严防非洲猪瘟等疫情发生。在一二三产业融合发展上取得突破。强化农业园区主平台建设，按照“五个一”标准，各县（市、区）重点建成2个以上一二三产业融合示范园区，各乡镇重点建设1个以上县级农业园区；建设兴义纳灰、兴仁鲤鱼坝、安龙大秦、贞丰龙场、普安江西坡、晴隆沙子、册亨高洛、望谟桑郎、义龙楼纳等一批田园综合体，培育一批品牌园区，促进全州农产品加工转化率提高到43%以上。在拓展农产品市场上取得突破。建设金州农产品营销中心，推动兴仁薏仁米、安龙食用菌、晴普优质茶叶、册望精品水果等农产品集散中心建设，实现农产品销售额增长30%以上；深入推进农产品“十进”工程，实现农产品销售额17亿元以上；大力发展农村电商，实现农产品线上交易额20亿元以上。二是聚焦生态振兴，扎实推进人居环境整治。全面完善农村基础设施。深入实施“四在农家·美丽乡村”六项行动计划，实现农村电网供电可靠率99.8%；建成垃圾收集处理站113个，实现自然村寨垃圾收集设施全覆盖，农村生活垃圾得到有效治理；全面加快农村生活污水处理设施建设，切实提高农村生活污水处理能力。全域推进农村环境治理。全面推行“户收集、村集中、镇转运、县处理”垃圾收运处理模式，切实解决垃圾乱倒问题；全面开展农村生活污水整治，着力解决污水直排问题；严格执行村庄建设管理规划，切实解决房屋乱建问题。全力推进美丽乡村建设。全面开展乡村规划，深入实施“5个100”乡村振兴示范村创建工程，各县（市、区）分别创建民族特色型、小康示范型、文化旅游型、特色产业型、生态文明型美丽乡村1至2个，推动全州美丽乡村建设取得重大进展。三是聚焦人才振兴，扎实推进新型农民培养。大力实施乡村人才振兴计划，围绕山地农业、新型工业、现代服务业、乡村旅游发展和新型城镇化建设，加强职业农民、乡土人才等培训，为乡村振兴提供人才支撑。四是聚焦文化振兴，扎实推进农村文化繁荣。大力实施乡村文化振兴行动计划，完善农村公共文化服务体系建设，放映公益电影1.2万场以上，建成应急广播系统15套、全民健身体育设施项目30个；开展群众文化活动300场以上；完成文化艺术、非遗传承等培训1000人次以上。五是聚焦组织振兴，扎实推进乡村治理。推进依法治村、以德治村和村民自治有机结合，健全乡村治安防控、矛盾化解、公共安全、科技支撑、措施保障“五大”治理体系，不断提高社会治理法治化、社会化、智能化、专业化水平，促进乡村和谐有序。

（四）坚持扩大有效投资不动摇，全力推动基础设施取得新突破。全力实施重大工程、重点项目建设行动，完成投资1130亿元，增强投资对经济发展的拉动作用。

一是全力补齐基础设施短板。改善交通基础条件。完成社会交通固定资产投资200亿元，推进盘兴高铁全线开工，建成紫云至望谟、望谟县城至蔗香连接线高速公路，加快推进纳雍至晴隆、六枝至安龙高速公路建设，力争开工建设贞丰经册亨至田林高速公路，加快普安至兴义一级公路建设，续建普通国省干线改造177公里，全面启动G324国道兴义小店子至顶效羊头山提等改造工程（马岭河大桥段）；续建极贫乡镇二级公路162公里，开工建设县乡道67.8公里；开展潘家庄经紫马至平街、波阳至鸡场二级公路规划修编；推进岩架滚装码头建设，继续推进龙滩电站1000吨级通航设施建设前期工作。加快水利设施建设。完成水利固定资产投资60亿元，推进安龙平桥水库等36座在建骨干水源工程建设，马岭水利枢纽工程下闸蓄水，建成普安三岔河等5座中小型水库。开工建设安龙官山等8座中小型水库和“两江一河”沿江产业带2个提水工程项目，力争安龙美女山水库获水利部批复。夯实电力信息基础。建设兴仁潘家庄110千伏、晴隆220千伏等输变电工程；加快农村电网改造，实现农村地区供电服务全覆盖。加快推进城域网宽带扩容，上链带宽达700Gbps，光缆总长达6.7万公里，4G基站总数达9000个。二是全力推动区域联动发展。加速“一圈同城”。优化兴义、兴仁、贞丰、安龙、义龙城际公交体系，加快构建“兴兴贞安义”半小时经济圈；充分发挥黔西南州高新技术开发区引领作用，推动兴义—义龙大数据、兴仁—义龙新材料、安龙—义龙装备制造、兴仁—贞丰生态载能、安龙—贞丰石材产业跨区域联动发展。助推“两翼齐飞”。加快晴普拓展区建设，全力推进市政基础设施、公共服务设施、特色产业园区等一批重大项目建设，促进晴普两城联动发展；加快册亨岩架、双江及望谟蔗香特色小镇建设，引领“两江一河”立体生态经济带建设，助推册望协同发展。三是全力推动城乡一体化发展。提升山地城市品质。坚持产城景融合发展，加快城市公共配套服务等基础设施建设，完成投资180亿元；抓实兴义市国家级新型城镇化试点，强化生态修复，塑造城市景观，做靓国际山地旅游城市名片；加大城中村、老旧小区改造力度，完成棚户区改造5万户。提升特色小镇品味。完善公共供水、道路、燃气、信息网络等市政基础设施，加强教育、医疗、文化、体育等公共服务设施配套建设，不断完善小城镇发展功能；巩固提升兴仁薏仁、安龙蘑菇、贞丰糯食、普安茶旅等一批特色小镇，规划建设一批以中药材、花卉、精品水果等产业为核心的特色小镇，引领全州特色小镇发展。

（五）坚持改革开放创新不动摇，全力推动动能培育取得新突破。一是坚定不移深化重点领域改革。持续开展“减证便民”行动，企业、群众办事提供材料减少60%以上，工程项目审批、企业开办、不动产登记办理时间分别压缩到80个、3个、5个工作日以内，加快9县（市、区）政务服务中心标准化建设，推进6个开发区管理体制改革和创新发展；加快国有平台公司实体化，积极推进混合所有制改革；全面推进“三权”分置、“三变”改革，加快农村产权交易市场建设；积极稳妥推进机构改革，深化事业单位、医药卫生、教育等领域改革。二是坚定不移扩大对外开放。不断提高招商引资质量。持续开展产业大招商行动，各产业园区重点引进1家以上优强企业，推动百亿级产业扩幅强链；压实招商引资责任，提升招商引资“四率”，引进500强企业1家以上，重点产业招商引资到位资金400亿元以上。不断扩大区域合作。积极参与内陆开放型经济试验区建设，主动融入“一带一路”和长江经济带，推进产业发展、基础设施等对外合作；大力发展外向型经济，实际利用外资增长10%；加快兴义万峰林机场航线开发，旅客吞吐量突破120万人次。三是坚定不移推进创新驱动。加快大数据与实体经济深度融合，推进“数字工业”发展，加强高新技术企业培育，新增高新技术企业5家，国家科技型中小企业评价入库达到30家，实现科技进步水平指数54%以上，高新技术产值120亿元以上。加强科技创新平台建设，创建省级农业科技园区10个，推动黔西南高新技术产业开发区申报国家级高新区。推进喀斯特研究院科技体制改革试点。

（六）坚持守牢风险防线不动摇，全力推动风险防控取得新突破。一是切实防控政府性债务风险。严格落实地方政府性债务风险防范化解主体责任，积极化解存量债务，严格控制增量债务；严格落实“七严禁”，规范政府性投融资行为；认真组织实施财源建设行动，积极盘活资产资源，坚持用发展的办法化解债务。二是切实防控金融领域风险。严格落实属地风险处置责任，深入开展银行机构不良贷款、互联网金融、交易场所、非法集资等领域风险排查监测和处置预警；坚决打击各类违法违规金融活动，确保将各种风险隐患消灭在萌芽状态。三是切实防控安全生产风险。全面落实推进安全生产领域改革发展的实施意见，压实安全生产责任，确保主要指标持续下降；坚持源头严防、过程严管、风险严控，确保食品药品安全。四是切实防控社会矛盾风险。加强社会治安防控体系建设，推进州级应急平台与大数据、“雪亮工程”和“天网工程”等整合，提升风险排查预警等领域数据监测管控能力；深化“扫黑除恶”专项斗争；坚决依法打击非法宗教和邪教活动，全面抓好意识形态工作责任制落实，切实防控意识形态、国家安全领域风险，确保社会大局稳定。

（七）坚持守好生态底线不动摇，全力推动污染防治取得新突破。一是全力打好“青山保卫战”。扎实开展国土绿化、绿色富民、森林资源保护三大行动，完成营造林40万亩、石漠化治理174.61平方公里，发展壮大精品水果、花卉苗木、油茶、板栗、花椒等林业产业，实现产值360亿元，比上年增长23.49%，加快推进生态建设与生态产业融合发展，让山更绿。二是全力打好“碧水保卫战”。加快推进“两江一河”千里水土保持示范带建设，加强生态保护修复，完成水土保持综合治理200平方公里；扎实开展城市黑臭水体治理攻坚行动，推进“两江一河”流域“四清行动”深入开展；加快工业、农业、生活污染源和水生态系统整治，开工建设城镇污水处理厂29个，配套管网101公里，新增污水处理能力5.08万吨，实现建制镇污水处理设施覆盖率达75%，农村污水治理率达30%，县城以上集中式饮用水源地水质达标率保持100%，让水更清。三是全力打好“蓝天保卫战”。深入开展扬尘、工业企业大气污染、散煤燃烧等治理行动，确保城市环境空气质量优良率达99%以上，让天更蓝。四是全力打好“净土保卫战”。实施土壤污染治理行动计划，分类推进土壤环境保护，加强土壤环境修复；扎实推进工业渣场、工业固废综合利用，抓好医疗废物、危险废物等污染防治；启动兴义、兴仁等城市餐厨废弃物处置设施建设；加大“三废”回收管理体系建设，加快推进生活垃圾分类收集处理，开工建设3个垃圾焚烧发电厂，彻底整治垃圾污染，让土更净。

（八）坚持以人民为中心不动摇，全力推动民生保障取得新突破。一是切实增强就业保障。实施高校毕业生就业创业计划和基层成长计划，扶持450名以上高校毕业生创业，选派500名以上高校毕业生到基层锻炼；实施农民全员培训计划，培训农村贫困劳动力、新市民各5万人次以上，培训后实现就业创业2.5万人以上；做好退役军人优抚安置工作。二是切实增强就学保障。深入实施“教育立州”战略，推进义务教育优质均衡发展；推进黔西南州省级师资发展中心建设；规范城区义务教育管理，消除城镇义务教育学校“大班额”，切实减轻中小学生课外负担；强化控辍保学，义务教育巩固率提高到90%以上；推动学前教育普惠提质，学前三年入园率提高到91%以上；办好职业教育，优化兴义师院、黔西南职院学科和专业设置，支持社会力量办学，切实提高办学质量。三是切实增强医疗保障。完成6个在建县级医院、11个社区卫生服务中心项目主体工程，实现36个新市民居住区医疗机构全覆盖；加快推进州区域远程影像诊断中心、妇幼保健院、全民健康信息平台、义龙新区人民医院等项目建设；启动州中医院迁建前期工作；实现跨州跨省异地就医住院医疗费用即时结算；加快建立分级诊疗制度，县域内就诊率达87%左右。四是切实织牢民生网底。统筹推进城乡社会救助体系建设，加大对农村留守儿童、困境儿童、特困供养失能半失能老人的关爱救助力度，实现农村生活不能自理特困人员供养全覆盖，集中供养率达20%；做好易地扶贫搬迁新市民农低保转城低保工作。五是抓实其他社会事业。推进十大运动休闲特色小镇建设，办好汽车拉力、攀岩、露营、越野跑、棒垒球等品牌赛事。扎实推进新一轮全国双拥模范城创建，巩固提升全国民族团结进步示范州创建成果，加强信访工作法治化建设，重视国防动员和后备力量建设，支持军队建设和监察委、法院、检察院工作，加强国家安全、司法行政、民族宗教、外事侨务、人防等工作。

群众工作无小事，我们要把好事办好、实事办实，全面落实"十件民生实事"：（1）全州30户以上自然村寨全部通硬化路，行政村通客运班车率达100%，农村公路安全生命防护工程处置里程500公里；（2）解决20.06万农村人口饮水安全问题；（3）新建2所城镇义务教育学校、10所公益性幼儿园，改扩建10所寄宿制学校、申报1所普通高中省级特色示范学校、1所普通高中省级示范学校，补充特岗教师300名；（4）新建城市公共停车位3000个；（5）公益性岗位累计安置困难人员就业6000人，农业劳动力转移就业5.91万人；（6）完成州市共建养老产业园一期工程，提质改造城乡养老服务机构30所；（7）实施城镇安居工程3300套、改造农村危房4000户；（8）全面推进厕所革命，新建改造农村户用卫生厕所6.79万户、农村公共卫生厕所336个、城镇社区公共卫生厕所52个、旅游厕所125个；（9）新建乡镇老年体育活动中心、农民体育健身设施35个，新建乡镇级"农体工程"8个、村级"农体工程"60个，建设文体活动场所36个、便民设施40个，完成100公里健身绿道建设；（10）新建农村"雪亮工程"视频监控3000个。

各位代表，人民对美好生活的向往就是我们的奋斗目标。以上实事，我们将一项不漏地办实办好，努力提升人民群众的获得感、幸福感、满意度，让全州人民生活一天比一天美好。

三、加强政府自身建设

新形势、新任务，对政府自身建设提出了新的更高要求。我们要提高政治站位，加快政府治理能力、治理体系现代化建设，全面提高落实力、执行力，为人民群众提供优质、高效的服务。

（一）强化政治担当，切实提高执行能力。提高政治站位。树牢"四个意识"、坚定"四个自信"、践行"四个服从"，坚决维护以习近平同志为核心的党中央权威和集中统一领导，自觉从政治上把握大局、看待问题、谋划事业、推动工作，不折不扣执行党中央、国务院，省委、省政府方针政策，雷厉风行落实州委工作安排，做到州委有部署、政府见行动，州委有号召、政府见成效。强化战略谋划。深学笃用习近平新时代中国特色社会主义思想，精准把握党的路线方针政策，大兴学习之风、调研之风、实干之风，坚持问计于民、问需于民、问效于民，聚焦经济社会发展目标和老百姓最急、最需、最忧、最盼的民生热点、难点、痛点、堵点，谋划推出一揽子务实管用的举措，采取一系列立竿见影的工作行动，让党中央各项决策部署在我州落地见效、开花结果。狠抓工作落实。强化"真抓实干、马上就办、办就办好"，迅速将各项决策部署转化为具体行动、转化为发展实效；对既定重大战略、重大工作、重大项目要一以贯之、一鼓作气、一抓到底；面对脱贫攻坚、污染防治、债务化解等急难险重任务，勇于担当、敢于创新，迎难而上加以解决。

（二）坚持依法行政，切实提高治理能力。树牢法治思维。强化法治理念、增强法治意识、守牢法律底线，切实提高运用法治方式深化改革、推动发展、化解矛盾、维护稳定的能力，形成平时学法、办事依法、遇事找法、解决问题用法、化解矛盾靠法的良好法治环境，推动政府权力在法治轨道上运行。健全政府决策机制，完善公众参与、专家论证、风险评估、合法性审查、集体讨论决定等重大行政决策程序，提高科学决策、民主决策、有效决策水平。加强规章建设。进一步完善政府立法机制，科学确定立法项目，切实提高立法质量。加强对城乡建设、环境保护、文化保护等方面立法工作，加快《马岭河风景名胜区保护条例》《新市民权益保障条例》等法规制定，继续抓好规范性文件"三统一"，深入开展政府规范性文件清理，形成科学合理、切实可行、具体管用的制度规范体系。公正文明执法。推行行政执法公示、过程全记录和重大行政执法决定法制审核制度；加强执法人员资格管理；完善执法决策机制、监督机制，规范综合行政、市场监管、安全生产等领域行政执法，开展不规范、不公正、不文明执法行为集中整治行动，做好行政裁决、行政复议、行政应诉，切实营造公正文明执法环境。真诚接受监督。自觉接受人大及其常委会的法律、工作监督，自觉接受政协的民主监督，高度重视民主党派、工商联和无党派人士的意见建议，充分发挥工青妇等人民团体桥梁纽带作用，接受新闻舆论和社会公众监督，认真办好人大代表议案、建议和政协提案，主动回应代表、委员关切事项，提高办理质量。

（三）优化政务环境，切实提高服务水平。营造诚信透明的政策环境。强化政策落实督促检查，在开放平台探索设立“政策兑现窗口”，严格兑现承诺事项，严禁“打白条”“放空炮”。营造公平有序的市场环境。建立和落实市场准入负面清单，降低投资门槛，实行“非禁即入”，清理和废除妨碍统一市场和公平竞争的各种规定和做法，营造宽松便捷的市场准入环境；加强重点领域市场监管，打击传销、制售假冒伪劣商品等违法行为，营造公平有序的市场竞争环境；健全消费维权机制，加强重点人群消费维权，营造安全放心的市场消费环境。营造优质高效的服务环境。加快政务服务标准化建设，确保兴义、册亨、义龙达标；提升“互联网+政务服务”水平，推动跨层级、跨地域、跨系统、跨部门、跨业务的协同管理和服务，实现线上“一网通办”、线下办事“只进一扇门”、现场办理“最多跑一次”，确保服务和效率高于周边、成本和负担低于周边；畅通政企沟通渠道，落实好联系服务重点企业制度，规范政商交往行为，构建“亲、清”新型政商关系。

（四）加强廉政建设，切实守好廉洁底线。扎实开展“不忘初心、牢记使命”主题教育，牢固树立以人民为中心的思想，正确对待手中权力，把实现和发展人民福祉作为检验政府工作成效的第一标准。深入推进干部约谈常态化，教育全体党员干部自警自省，防微杜渐，切实筑牢思想之“堤”，增强“不想腐”的自觉。进一步规范政府系统权力监督制约，建立最严格管理制度，用好大数据监管手段，强化政策性跟踪审计，构建州县乡三级财政资金预算、拨付使用、绩效评估全链条监控机制，强化公共资源招投标管理，推行公共资源交易“远程不见面”开标，管好脱贫攻坚、基础设施建设、公共资源交易等领域资金，把机制建设贯穿权力运行始终，切实织密制度之“网”，扎牢“不能腐”的笼子。坚持有腐必反、有贪必肃、有案必查，严厉查处损害群众利益的各类案件，对“压黄线”的问责、对“闯红灯”的出拳、对“涉禁区”的亮剑，重点整治基层干部损公肥私、贪污挥霍、执法不公、优亲厚友、为黑恶势力充当“保护伞”等腐败问题，高悬惩腐之“剑”，强化“不敢腐”的震慑。

各位代表，脱贫攻坚、同步小康已经到了决战决胜的关键时刻。让我们以习近平新时代中国特色社会主义思想、党的十九大精神为引领，在州委的坚强领导下，牢记嘱托、感恩奋进，扎实工作、奋力拼搏，坚决夺取脱贫攻坚根本性胜利，以优异的成绩庆祝新中国成立70周年！

兴义市政府工作报告

（2019年2月24日在兴义市第八届人民代表大会第四次会议上）

兴义市委副书记、市长 袁建林

各位代表：

现在，我代表市人民政府向大会作工作报告，请予审议，并请市政协委员和其他列席人员提出宝贵意见。

一、2018年工作回顾

过去的一年，在市委的坚强领导下，在市人大、市政协的监督支持下，我们认真贯彻省、州和市委的各项决策部署，践行新发展理念，深化供给侧结构性改革，牢牢守好发展和生态两条底线，主动作为、积极应对，全力抓好稳增长、促改革、调结构、惠民生、防风险各项工作，经济社会呈现出稳中有进、提质升位、民生改善的良好态势，较好地完成了市第八届人民代表大会第三次会议确定的各项目标任务。全市生产总值完成450.07亿元，增长12.2%；一般公共预算收入完成36.34亿元，其中兴义市32.43亿元、增长0.8%，义龙新区兴义片区3.91亿元、下降5%；500万元以上固定资产投资增长19.2%；城镇、农村居民人均可支配收入分别达32369元、12078元，分别增长9.5%、10.4%；社会消费品零售总额完成144.6亿元，增长8.9%。

一年来，我们面对前所未有的挑战、始料未及的困难，充分发扬新时代贵州精神，敢想敢干、能征善战，在一些重点领域、关键环节取得一些具有全局性、决定性、突破性的重大进展，实现了比预期要好的成效、比预想要多的亮点。我们重拳出击、铁腕治污，强力推进万峰湖环境综合整治，在全省率先完成湖面养殖网箱拆除，“清网”工作取得决定性胜利，万峰湖环境综合整治取得阶段性成果。我们牢记嘱托、合力攻坚，全力打好“四场硬仗”，减少贫困人口7456人，贫困村全部出列，贫困发生率从2.66%降到1.33%，脱贫攻坚取得决定性胜利。我们坚持“工业强市”战略不动摇，大力发展新材料产业，以博亿能锂离子动力电池为代表的新材料产业从无到有、逐步壮大，成为工业经济新的增长点。我们加快推进农业产业化进程，建成1000亩特色水果种苗繁育与产业基地，兴义人民记忆犹新的“大红袍”“海子梨”名优特产得到恢复，全年农业产业化项目建设现场观摩考评位列全州第一，取得历史性突破。我们加快发展以旅游业为龙头的第三产业，获批2个4A级景区、3个3A级景区，成功举办第四届国际山地旅游暨户外运动大会、第六届中国美丽乡村·万峰林峰会，得到省、州高度肯定，兴义旅游的知名度、美誉度进一步提升，旅游业持续“井喷”。我们持续完善基础设施，万峰林机场改扩建如期完成投运，旅客吞吐量首次突破100万人次；盘（州）兴（义）高铁实质性开工建设，即将开启兴义高铁时代；环城高速建设如火如荼，高速路网进一步优化；完成330公里“四好农村路”示范项目建设工作，获交通部、农业农村部、国务院扶贫办联合授予“全国四好农村路”示范县（市）。我们坚持教育优先发展，校外培训行业清理整治工作成效突出，获教育部通报表扬；阳光书院列入全国百佳创新校园，兴义八中迈入全国百强中学，14名学子被清华、北大录取，教育事业再创辉煌。更令人欣喜的是，我们的综合实力稳步提升，经济发展综合测评在全省18个城区方阵中排名第5位，比上年提高10个位次；中国西部百强县市排名第10位，全国县域经济投资潜力百强县排名第46位，全国县域经济综合竞争力百强县排名第62位，全国创新创业（双创）百强县（市）排名第100位。

一年来，我们苦干实干、务实推进政府各项工作，重点抓了以下几个方面：

（一）抓重点补短板，"三大攻坚"卓有成效。始终将打好三大攻坚战作为最大的政治任务、第一民生工程，举全市之力合力攻坚，三大攻坚战取得突破性进展。脱贫攻坚卓有成效。累计建成"组组通"公路344条、700公里，实现"三年任务，两年完成"；投入4010.27万元实施农村安全饮水工程，解决5.6万人（其中，贫困人口0.44万人）的饮水安全问题；获批12个扶贫产业项目子基金10.97亿元，到位资金3.58亿元；落实财政专项扶贫资金3755.28万元，实施项目99个，覆盖贫困户5039户、21933人；加强与宁波余姚市的东西部扶贫协作，争取帮扶资金1030万元，实施了三角梅育苗及示范基地等4个产业项目，覆盖贫困户488户、1885人。建成5444套安置住房，搬迁入住5251户、23514人；拆除旧房1819户，复垦复绿30.14万平方米；新市民计划取得实效，解决就业创业16119人，实现一户一人以上就业。安置随迁学生4995人，发放各类教育精准扶贫学生资助金7264.55万元；全市建档立卡贫困人口全部纳入医疗保障；投入4000余万元，完成危改同步"三改"1231户，"三保障"持续有力。防污治污卓有成效。牢固树立"绿水青山就是金山银山"理念，全面推进河长制工作，以"两河一湖"和集中式重要饮用水源地环境综合整治为重点，持续推进"碧水、青山、蓝天、净土"四大工程。拆除万峰湖养殖网箱430.15万平方米，管理棚2612个，钓鱼棚1227个，水上餐厅（超市）40余家；全市主要河流、地表水及兴西湖、木浪河集中饮用水源水质达标率达100%。升级改造城区污水收集管网23公里，建成全省首个城市公园地埋式污水处理厂（滴水），城市污水处理率达86.44%；建成18个垃圾临时中转站，城乡生活垃圾无害化处理率达90%。完成新一轮退耕还林8.19万亩，石漠化治理3万亩，森林植被恢复7600亩，国家储备林建设1000亩，全市森林覆盖率提高至58.5%。全面推广清洁能源，取缔城区生活燃煤188户，整治散煤用户270户；安装烟尘颗粒物在线监控系统16家，实现工业废气污染在线监管；黄标车全面清零，二氧化硫、二氧化氮排放量分别下降30%、5.9%，空气质量优良率持续保持100%。风险防控卓有成效。强化政府债务风险防控措施，全面核查甄别隐性债务，严控新增债务，妥善处理存量债务，政府性债务风险防控有力。整顿22家小额贷款公司、3家融资性担保机构，有效防范金融风险。严格落实安全生产责任制，切实保障食品药品安全，有效遏制重特大事故发生，实现事故起数和死亡人数"双降"目标。巩固"三维一体"信访维稳源头防控工作机制，持续推进"诉访分离""访纪融合"；全面推行"1+N"大数据警务模式，深入开展"扫黑除恶"专项斗争，社会治安形势持续好转，人民群众的安全感、满意度持续提升。

（二）抓产业调结构，发展质量明显提升。大力推动农业结构调整、工业转型升级、服务业提质增效，经济发展创新力、竞争力不断增强。农业结构调整有效突破。按照"鸡草畜果叶花"发展思路，加快产业结构调整，调减低效籽粒玉米种植面积16.06万亩。"一县一业"矮脚鸡实现存栏20万羽，发展安格斯肉牛、艾草、三角梅、百合等特色产业24个，陆基高效循环水渔业项目建成养殖箱体573套。大牲畜存栏45万头，种植热带精品水果3.16万亩、温凉特色作物50.87万亩、优质牧草1.1万亩。培育州级以上龙头企业15家、农民专业合作社122个；全市无公害产地认定基地达62个、"三品一标"认证产品56个、地理标志6个。农业增加值实现43.71亿元，增长7.3%。工业转型升级稳步推进。不断完善"两区三园"基础设施，新增规模以上工业企业17家、总数达108家。新引进工业项目44个，总投资54亿元。兴义电力、贵州苗药、鸿鑫玉石、新滢工艺等19家企业纳入省、州"千企改造"计划，完成技改投资22.04亿元；煤矿"五化改造"提速，基本实现生产矿井综合机械化采掘；兴电脱硫石膏综合利用、金州电力天然气分布式发电、森乾25000千伏安矿热电炉硅锰生产线等7个项目建成投产。规上工业增加值增长12.3%。服务业发展提质增效。完成马岭河峡谷、万峰林、万峰湖三大景区提质改造工程，建成万峰湖润龙湾水上世界、万峰林攀岩等一批旅游项目，新增民宿客栈200余家。全年旅游接待人数、综合收入实现4377万人次、355亿元，均增长40%。商贸物流持续活跃，建成西南医药现代物流中心、兴义市农产品"泉涌"配送中心；加快推进黔西南州二手车交易市场、兴义市农产品交易市场项目建设。培育电商企业500余家，电子商务网络零售额完成10.85亿元、增长47.55%。

（三）抓统筹促融合，城乡面貌日新月异。以建设国际山地旅游城市、黔滇桂三省（区）结合部百万人口区域性中心城市为目标，以"三创"工作为抓手，着力完善城乡基础设施，城乡统筹协调发展，城镇化率达 58.1%。城市建设管理进一步加强。完成桔鑫路、桔群路、桔泰路等道路建设，启动桔园路、桔盛路和园陵路等项目；建成湾塘河水景公园、中央湿地公园和马岭河湿地公园；完成丰都杨柳、冬瓜林棚户区改造项目，实施湖南街、沙井街、将台营等 13 个片区 14459 户棚户区改造。生态城、四季花城、莱蒙悦府等城市房地产综合开发项目加快建设，新增商品房销售面积 253.4 万平方米、增长 15.59%。持续开展“三违”清理专项整治行动，拆除违法违章建筑 15 万平方米；完成绿化植物补植、补种 4.3 万平方米；强化城市精细化管理，对市政设施进行常态化“保修”。“文明在行动·满意在贵州”活动综合考核在全省 88 个县（市）排名第 3 位。重大基础设施进一步完善。完成 246 国道猪场至补西垭口段、赵家渡至小湾段改扩建，改造县道 13.71 公里，实施生命防护工程 130 公里。小龙潭水库全面建成蓄水，加快推进纳达水库、七舍水库、引黄入木等工程建设，新增农业灌溉面积 2940 亩。建成 35 千伏清水河 20 兆瓦时调峰调频储能电站、110 千伏双凤变电站和 110 千伏清双线、110 千伏龙双线；完成敬南农网升级改造项目。美丽乡村建设进一步加快。继续实施“四在农家·美丽乡村”六项行动计划升级版，投入 3.36 亿元，建成 12 个乡镇污水处理厂、实施 45 个行政村污水处理项目，完成 3630 户农户卫生厕所、50 个村级公共卫生厕所建设改造。着力打造万峰林双升“乡愁集市”乡村振兴示范点，“美丽乡村”示范村达 26 个，清水河雨补鲁获评“中国美丽休闲乡村”，万峰林上纳灰获评“全国生态文化村”。

（四）抓改革扩开放，营商环境更为优化。全面启动全市机构改革工作，国家税务总局兴义市税务局顺利挂牌。落实“减税降费”相关政策，全年减免企业各项税费 8.2 亿元。推进“放管服”改革，取消行政权力事项 124 项，下放政务服务事项 75 项，清理取消涉企涉民证明事项 19 项，推出商事登记办理事项“集成套餐服务”13 个。深化国有企业改革，推动国有企业优化重组，实行分类分级管理，“平转实”步伐不断加快。医疗卫生、教育体制、农村土地确权等综合改革有序推进。深入实施产业大招商突破行动，全年共开展招商活动 24 次，接待客商 340 余批次，洽谈项目 110 个，成功签约北京清新环保、四川德仁堂南龙古寨布依风情小镇等项目 20 余个，总投资 317 亿元；新引进恒大集团、红星美凯龙等全国 500 强企业入驻兴义。全年招商引资到位资金 313.29 亿元，增长 15.75%。持续开展营商环境集中整治行动，营商环境不断优化，位列“中国营商环境百强县”第 72 位。

（五）抓实事惠民生，社会事业全面进步。坚持以人民为中心的发展思想，加大民生投入，民生保障持续改善，社会事业全面协调发展。教育持续均衡发展。投入 13.79 亿元，实施教育项目 64 个，兴义五中新校区、洒金万峰中学等项目相继投入使用，新增校舍面积 24.36 万平方米、新增学位 1.02 万个；教育质量不断提高，小学、初中教学质量监测及格率分别提高至 91.75%、79.11%，高考录取率达 90.65%。医疗卫生稳步提升。市医院荣获国家卫健委授予“2018 年度改善医疗服务示范医院”，顺利通过三级甲等综合医院复审，门急诊综合楼一期工程建成投用，开放床位总数增至 1500 张；投入 1600 万元完善乡镇远程医疗中心建设；招考 114 名医技人员充实市人民医院和乡镇卫生院，基本卫生健康服务能力大幅提升。文体事业蓬勃发展。入选州级非物质文化遗产传承人 40 人、非物质文化遗产项目 9 个，南盘江镇获“中国民间文化艺术之乡”；组织各类文艺演出活动 120 余场次，完成 33 个村级文体工程项目建设，新增 9000 户多彩贵州“广电云”户户用，举办世界华人篮球赛、四国女篮邀请赛、中国·兴义白龙山国际山地越野跑公开赛及兴义万峰林国际徒步大会等大型国际性赛事。民生保障不断加强。持续推动大众创业、万众创新，强化就业服务和政策扶持，完成职业技能培训 6438 人次，城镇新增就业 8605 人，城镇登记失业率 3.72%。建成 7 个日间照料中心和 9 个农村幸福院，启动州市共建养老产业园项目建设；城乡居民养老保险、医疗保险、失业保险、工伤保险和生育保险实现全覆盖。社会治理更加有效。全面贯彻党的宗教工作方针，坚持依法管理宗教事务，宗教关系和谐稳定。“七五”普法、“全国禁毒示范城市”创建工作深入开展，“一村（居）一法律顾问”全覆盖，荣获“全国法治县（市、区）创建活动先进单位”。关心下一代、工青妇、红十字、老龄、残联、人防、国防、外事、侨务、对台、气象、档案、供销、史志等各项事业全面发展。

各位代表，过去一年成绩来之不易，这是习近平新时代中国特色社会主义思想正确指引的结果，是州委、州政府和市委坚强领导的结果，是市人大、市政协有力监督和鼎力支持的结果，更是全市上下勠力同心、创新实干的结果。在此，我代表市人民政府，向辛勤工作在各条战线上的全市广大干部群众，向关心、支持政府工作的人大代表、政协委员和社会各界人士，向各民主党派、工商联、各人民团体、无党派人士，向驻兴军警、民兵、预备役官兵，向关心、支持我市经济社会发展的各级领导和离退休老干部，表示衷心的感谢并致以崇高的敬意！

在肯定成绩的同时，我们必须清醒地看到经济社会发展中存在的困难和问题，正视面临的挑战和压力。一是脱贫攻坚任务依然艰巨。脱贫成效需进一步巩固，扶贫产业带动效益还需进一步加强；同时，易地扶贫搬迁后续扶持和管理任务艰巨。二是经济增长支撑不强。工业方面，大项目少、投资规模小，战略性新兴产业、高新技术产业发展缓慢；农业方面，规模化、品牌化、产业化尚未形成，散、小、弱的状况没有得到根本性改变；服务业方面，旅游产品开发不足，业态布置刚刚起步，辐射带动作用不强。三是防范化解重大风险压力很大。地方政府性债务负担重，财政保民生、保工资、保运转等刚性支出压力大，基础设施欠账多；安全生产、社会治理等领域还存在薄弱环节。四是作风还有待加强。一些部门和干部发展意识不强，思想不解放、作风不扎实、工作不主动、执行力不强。对于这些问题，我们要高度重视、深入研究，拿出务实管用举措切实加以解决。

二、2019 年工作重点

2019 年是新中国成立 70 周年，是决胜全面建成小康社会第一个百年奋斗目标的关键之年，也是脱贫攻坚的决战之年，做好全市经济社会发展各项工作至关重要、意义重大。

今年政府工作的总体要求是：以习近平新时代中国特色社会主义思想为指导，全面贯彻党的十九大和十九届二中、三中全会精神，深入贯彻习近平总书记对贵州工作的重要指示批示精神，牢记嘱托、感恩奋进，守好发展和生态两条底线，按照中央、省州和市委的决策部署，统筹推进“五位一体”总体布局，协调推进“四个全面”战略布局，坚持稳中求进工作总基调，坚持以脱贫攻坚统揽经济社会发展全局，坚持新发展理念、坚持高质量发展，坚持以供给侧结构性改革为主线，坚持深化市场化改革、扩大高水平开放，围绕建设现代化经济体系，深刻把握“六稳”要求，坚决打好三大攻坚战，大力实施“工业强市、城镇化带动、乡村振兴、科教兴市”四大战略，统筹推进稳增长、促改革、调结构、惠民生、防风险工作，提高人民群众的获得感、幸福感、安全感，保持经济持续健康发展、社会大局稳定，加快打造国际山地旅游城市，为全面建成小康社会收官打下决定性基础，以优异的成绩庆祝中华人民共和国成立 70 周年。

今年全市经济社会发展的主要预期目标是：完成生产总值 500 亿元，增长 11% 左右；其中，第一产业 43 亿元、增长 7%，第二产业 172 亿元、增长 11%，第三产业 285 亿元、增长 13%。一般公共预算收入 37.43 亿元，增长 3% 左右；500 万元以上固定资产投资增长 16%；社会消费品零售总额 158.4 亿元，增长 9.5%；城镇、农村居民人均可支配收入分别增长 9%、10%。

围绕上述预期目标，今年要坚决贯彻落实“巩固、增强、提升、畅通”八字方针，重点抓好以下工作：

（一）聚焦“三大攻坚”，奠定全面小康坚实基础。全面建成小康社会收官在即，必须把打好防范化解重大风险、精准脱贫、污染防治三大攻坚战看得更重、摆得更前、抓得更紧，为如期全面建成小康社会夯实基础、赢得主动。

第一，打好脱贫攻坚战。对照“两不愁，三保障”要求，持续打好“四场硬仗”，扎实推进“五个专项治理”“六大行动计划”“脱贫攻坚七个争先锋”，实施脱贫攻坚问题歼灭战行动，减少贫困人口 7058 人，贫困发生率下降至 0.07%。持续抓好基础设施建设。进一步扩大 30 户以下通组公路覆盖面；全面巩固提升 11.74 万农村人口饮水安全。持续抓好易地扶贫搬迁。建成洒金新城 2494 套安置住房，搬迁入住 11116 人，完成旧房拆除、复垦复绿，盘活“三块地”；加快“五个体系”建设，推进新市民计划“1+13”措施落小落细落实，确保搬迁群众“搬得出、稳得住、快融入、能致富”。持续抓好产业扶贫。用好用活绿色产业扶贫基金、农担产业贷和政银贷“4321”模式，进一步壮大矮脚鸡、艾草、三角梅等 24 个特色产业发展规模；深化东西部协作力度，积极争取资金、项目、智力帮扶，加快扶贫产业培育。持续抓好教育医疗住房保障。全面落实建档立卡农村贫困家庭学生资助政策，抓好农村贫困人口 8 类、13 种大病专项救治工作，确保贫困户不因学致贫、因病返贫；实施农村老旧住房整治，确保住房安全。持续抓好“五个专项治理”。进一步加强贫困人口漏评错评、错退等专项治理，漏评率、错退率控制在 2% 以内；强化扶贫资金使用监管，确保财政专项扶贫资金管理使用“四率”达 100%。

第二，打好污染防治攻坚战。抓好环保督察问题整改落实，坚决打好“五场战役”，持续深化“四大工程”，加快构建全市生态文明体系，努力实现百姓富、生态美的有机统一。全力打好“碧水保卫战”。深入推进“河长制”工作，加大水源地环境问题整治力度，确保集中式饮用水源地水质稳中有升；巩固万峰湖环境综合整治成效，加快推进集野钓乐园、水上娱乐、生态观光等功能于一体的旅游综合体项目建设；完成城区污水收集管网改造56公里，确保城区污水收集处理率达95%以上。全力打好“青山保卫战”。加快推进国家森林城市创建工作，加大退耕还林、石漠化治理等生态恢复项目建设力度，推进生态建设与生态产业融合发展，森林覆盖率达59.5%。全力打好“蓝天保卫战”。深入开展施工扬尘、工业企业大气污染、散煤燃烧等专项治理行动，加强秸秆露天焚烧管控和综合利用，全面完成“散乱污”企业整治，确保空气质量优良率持续保持100%。全力打好“净土保卫战”。实施土壤污染防治行动计划，开展土壤污染调查和综合治理修复；深入开展工业企业土壤污染防治攻坚行动，加强监督监管力度；减少化肥、地膜、农药的使用量，杜绝使用除草剂，减少农业面源污染。

第三，打好防范化解重大风险攻坚战。全力抓好重点领域风险防范化解工作，牢牢守住不发生区域性和系统性风险的底线。切实防范化解债务风险。严格执行“七严禁”规定，严格控制新增债务，妥善处理存量债务；加快产业发展和财源培育，积极推进平台公司有序转实，提高偿债能力，严防债务风险。切实防范化解金融风险。强化金融监管联动，坚决打击非法集资、金融诈骗等严重干扰金融市场秩序行为。切实防范化解安全风险。严格落实安全生产责任，扎实开展安全生产监督检查，坚决杜绝较大以上事故的发生，确保全市安全生产形势持续稳定。

（二）实施“四大战略”，助推经济提质增效。强力推进工业强市、城镇化带动、乡村振兴、科教兴市四大战略行动，深化供给侧结构性改革，推动经济高质量发展。

第一，全力推进工业强市战略。以“两区三园”为平台，依托区位、电力、资源优势，着力打造“煤电+”产业集群，推动工业经济高质量发展，规上工业增加值增长11%以上。深化“煤电+”产业集群发展。完成朝阳煤矿、兴发煤矿综合机械化改造，推动煤矿兼并重组做优做强，加快兴富煤矿主体矿建设，实现年产煤138万吨。力争引进五矿（湖南）集团钢铁冶炼项目，加快推进万峰实业2×33000千伏安封闭式锰硅合金矿热炉生产线、万峰瑞鑫2×33000千伏安铁合金矿热炉生产线建设，形成100万吨铁合金产能，实现年产值80亿元以上。围绕打造年产值40亿元“煤电化”产业组团目标，推动宜化集团与云南民爆集团、金州电力公司“3个30万”化工项目落地建设。强化盘存量扩增量。深入实施“千企改造”，新增省、州重点改造项目20个以上，全年完成技改投资25亿元以上；大力促进大数据与实体经济融合，打造10个以上融合示范项目，推动酿酒、水泥、化工等产业转型升级、提质增效。加快泰瑞佳碳酸锂新材料项目建设，力争万峰博亿能在清水河新建10GWh锂离子动力电池项目。增强“两区三园”承载能力。完善“两区三园”产业发展规划，明晰园区功能定位和发展目标，多渠道争取和筹集园区发展资金，强化以水、电、路、讯为主的园区基础设施建设，推进工业向园区集聚发展，力争全市工业园区新引进项目50个，完成投资50亿元以上，园区工业增加值占全市工业增加值的85%以上。

第二，全力推进城镇化带动战略。加快建设打造国际山地旅游城市、黔滇桂三省区结合部百万人口区域性中心城市，围绕“治病、强体、壮魂”总体要求，坚持“适度外延、丰富内涵”同步推进，进一步完善城镇功能配套，增强城镇辐射带动能力，城镇化率达59%。精细管理“治病”。推进智慧城市建设，利用大数据等科技手段管理城市。保持对“三违”的严打高压态势，强化城市噪音和渣土运输整治管理。加快立体停车场建设，通过机关单位停车场与住宅小区错时开放试点，推广共享停车。继续巩固网络化管理，推动城市管理由主次干道向背街小巷、老旧小区延伸，城区向集镇延伸。加强和规范城市小区物业管理，提升物业服务品质。规划建设“强体”。以《兴义市城市总体规划（2017—2030年）》为引领，完善各项专项规划编制。强力推进退城还园、划行规市，提升市场品质。适时启动园陵路、建设路、将军环线西段等22条（段）城市道路改造建设和2座人行地下通道、5座车型直通桥建设，打通城市毛细血管；推动智慧交通管理，有效缓解交通拥堵；继续实施黄草、桔山、丰都、木贾、下五屯等片区棚户区改造，完善城市基础设施建设，推进老城更新再生，实现城市“长肉长血”，进一步健强城市体格。繁荣文化“壮魂”。加强城市体育公园、公共文化服务体系建设，扎实开展全民健身活动，新增4个体育活动场所。大力弘扬“讲正义、讲信义、讲情义”城市精神，深入开展讲“三义”、行“三义”、做“三义”活动，构筑精神文明建设高地。植入鸡枞、贵州龙、户外运动等特色元素，让兴义有符号，提升城市形象，提高城市品位。打造特色小镇。构建“中心城区－重点镇－一般镇”三位一体体系，实现城乡联动发展。继续推进清水河、泥凼、乌沙、仓更、捧乍等示范镇、重点镇的建设发展，重点培育临近三大景区、工业园区、高速出口、飞机场、高铁站区域的城镇建设，实现外延扩张。

第三，全力推进乡村振兴战略。坚持狠抓“三农”工作不动摇，全面落实统筹城乡发展行动，聚焦“五大振兴”，全力推进动乡村振兴取得新突破，分类打造特色美丽乡村50个。推动农业产业结构调整。按照“鸡草畜果叶花”发展思路，围绕13个500亩坝区及周边坡地产业结构调整，新增饲草1万亩，实现生态家禽存栏620万羽，饲养安格斯肉牛1万头，恢复发展兴义“大红袍”“海子梨”各3000亩，新增沿江精品水果4000亩，经济作物占比提高到75%以上，申报“三品一标”认证10个以上。推动人居环境整治。深入实施“四在农家·美丽乡村”六项行动计划升级版。建设串户路157公里；新增太阳能路灯2000盏；建设改造村级公共卫生厕所50座、农村户用卫生厕所8772座，农村卫生厕所普及率达85%以上。建设垃圾转运站11座，完成全市所有乡镇污水处理厂建设，建成农村村寨污水收集设施45个，实现城乡生活垃圾无害化处理率达90%以上，乡镇镇区污水收集处理全覆盖，行政村污水收集处理率达50%以上。推动新型农民培训。全面开展农村实用人才培训计划，围绕农产品电子商务、大数据发展需求，完成培训指导2万人次，培养造就一批“土专家”、“田秀才”和产业发展带头人，为乡村振兴提供人才保障。推进农村文化繁荣。深入推进文化惠民工程，完善196个农家书屋的建设；组织各类公益性演出、送电影下基层600场以上；培养一批乡村工匠、文化能人和非物质文化遗产传承人。推进乡村治理有效。推动依法治村、以德治村与村民自治有机结合，健全乡村治安防控、矛盾化解、公共安全、科技支撑、措施保障“五大”治理体系，不断提高社会治理法治化、社会化、智能化、专业化水平，促进乡村和谐有序。

第四，全力推进科教兴市战略。坚持教育为本，把科技、教育摆在经济社会发展的重要位置，加快构建现代人才、教育和科技发展体系，为经济社会发展提供强大的科教支撑、人才保障。优先发展教育，加快培养人才。办好学前教育，均衡发展义务教育，加快发展现代职业教育。在学前教育、中小学校、职业学校培养造就一批教学名师和学科带头人。合理调整职业教育的学科和专业设置，开办规划建设、山地旅游、电子商务等培训班，开展各类人才培训3000人次以上。大力引进高层次急需紧缺人才。围绕“两区三园”产业布局以及“煤电+”“康养+”两大产业集群，深入开展招商引才、项目引才和技术引才等专项活动，采取定期组团招聘、与国内知名高等院校签订战略合作协议等多种形式，引进高层次和急需紧缺人才100人以上，从业人员中科研人员占比达2‰。加快科技成果转化应用。大力引导和支持企业加大科技研发投入，围绕医药、新材料、大数据等领域，加快新科技、新技术成果转化和推广应用。推动和国家有色金属新能源材料与制品工程技术研究中心合作的“纳米能源联合实验室”建设，新增高新企业2家以上，争取省级科技项目资金1000万元以上，科技进步贡献率提高到90%左右。

（三）培育“三大动能”，增强发展动力活力。 坚持强化基础设施有效投资、深化改革开放创新、支持民营经济发展不动摇，大力培育和蓄积新的增长动能。

第一，筑强基础支撑。以水、电、路、讯为重点，持续完善基础设施建设。加快交通路网建设。积极配合推进盘州至兴义高铁、兴义环城高速公路建设；做好兴义至文山高速公路、S105陇岸至鲁布格公路改扩建工程前期工作。完成沿湖公路沧江至洛万段67.8公里续建工作，建好168公里“四好农村路”、79公里“畅返不畅”农村公路。推进水利设施建设。快速推进纳达、革里、七舍、小河边四座中小型水库及引黄入木工程建设，开工建设对门坡、花生宝水库等一批骨干水源工程，有序推进下窑、后河、王子、平寨、岩风洞五座中小型水库和兴西湖重力坝新建工程前期工作。强化电力供应保障。完成雄武、双山110千伏变电站建设，开工建设布雄110千伏变电站，推进贵州金元电投光伏项目、白碗窑、七舍风电场项目建设，实现全年发电280亿度。完善通讯网络设施。支持电信、移动、联通三大通信运营商基站选址建设，推进通信基础设施建设高水平高质量发展，消除城乡通讯、网络信号盲点，为5G时代到来做好准备。

第二，深化改革开放。坚持改革推动，创新驱动，开放带动，不断为经济发展增动力、添活力。持续深化改革。完成政府机构改革，深化行政综合执法改革，提升政府效能。深化“放管服”改革，持续开展“减证便民”行动，企业和群众办事提供材料减少60%以上；推行一窗受理和并联审批，力争工程项目审批时间压缩到80个工作日以内。全面推进农村公路管理养护体制、农村集体产权制度、“三权”分置和“三变”改革。继续推进国有企业改革，完善现代企业制度；统筹推进医疗、教育等社会领域改革。扩大对外开放。主动融入国家“一带一路”倡议、长江经济带，推动实施“左右江革命老区振兴规划”，推动产业发展、基础设施等对外合作，大力发展外向型经济，实际利用外资增长10%。继续开展产业大招商突破行动，按照“强链、延链、补链”原则，瞄准“泛珠三角”“东盟自贸区”等重点区域，充分利用资源招商、节会招商、以商招商、专班招商等方式，全力引进一批投资规模大、辐射带动强的大项目，新引进全国500强企业1家以上、产业链项目19个以上，到位资金46亿元以上。优化营商环境。继续大力开展营商环境集中整治行动，不断优化营商环境，营造“亲、清”新型政商关系，努力用“四心”服务打造“五星”营商环境。通过“一站式代办”“企业特派员”“互联网+政务服务”等方式进一步提升服务质量，帮助企业解决在建设及生产经营过程中遇到的困难和问题，变政府被动服务为主动服务，切实打通服务企业的“最后一公里”，进一步提高项目建设服务水平。

第三，发展民营经济。全面落实中央、省、州关于支持民营企业发展的各项政策措施，推动民营经济健康发展，实现民营经济占比达59%以上。加强对民营经济发展的支持引导。加大工业绿色发展基金、财政专项资金对民营企业的扶持力度，引导民营企业入驻产业园区、新市民居住区、500亩以上坝区、现代服务业聚集区等重点区域。切实减轻民营企业的发展负担。兑现招商引资优惠承诺，切实降低民营企业用地、用电、用水、用气等成本。严格执行国家各项减税降费政策，有效减轻民营企业税费负担。推动化解拖欠民营企业债务，加快清理政府及国有企业拖欠民营企业资金款项。加大对民营企业的培育扶持。实施“小微企业培育计划”100家，“中小企业成长计划”50家及“大型企业壮大计划”20家。加大培育民营企业“个转企、企转规、规转股、股转上”力度，促进民营企业转型升级、提质发展，力争形成一批新兴产业的“领跑者”、转型升级的“示范者”、大企业集团的“后备军”。强化政银企诚信体系建设。搭建好政银企三方沟通交流平台，建立健全政府、银行、融资担保公司与被担保企业紧密协作、多方参与、风险共担的合作机制。加强企业信用监督管理，提升信用服务质量和水平，增强融资担保服务功能，构建良好的政银企诚信体系，助推民营企业发展。

（四）提升“两个水平”，增强民生保障能力。加快发展以旅游业为龙头的第三产业，助推社会民生事业全面协调发展，提高民生保障水平，不断满足人民群众日益增长的美好生活需要。

第一，提升现代服务业发展水平。按照“1+3+3+5+N”发展思路，以产城景互动为主要发展模式，着力打造“户外胜地·百花兴义”，推动以旅游业为龙头的第三产业蓬勃发展。加快发展山地旅游业。启动马岭河峡谷、万峰林、万峰湖三大景区扩容提质规划建设，以更强的接待能力、更丰富的业态、更多彩的文化迎接高铁开通带来的新一轮旅游井喷。对照A级景区标准，持续完善景区基础设施和配套功能建设，力争成功创建5A级景区1个、4A级景区2个、3A级景区2个。整合自然风光、人文景观、科普基地等资源，优化“兴义旅游”精品线路。筹备做好2019国际山地旅游暨户外运动大会、中国美丽乡村·万峰林峰会，继续办好具有国际影响力的徒步、热气球、野钓等赛事活动，加大旅游宣传营销，拓展客源市场，实现全年旅游接待人次、旅游综合收入增长30%以上。加快发展“康养+”产业。推进州市共建养老产业园建设，推动天下山水丰都国际康养小镇、四川德仁堂康养幸福小镇、香港金太阳万峰林国际文旅康养小镇项目落地，启动万峰林贵地湾养生民宿、则戎纳具康养园等项目建设，打造一批具有影响力的大健康示范基地。加快发展现代服务业。完善梦乐城、汇金中心、兴义商城等城市综合体功能配套，引进更多商贸企业入驻。加快兴义市农副产品交易市场建设，启动黔西南农产品冷链物流商贸中心建设，进一步完善物流体系。加快发展信息科技、会展营销等现代新兴服务业，推进住宿餐饮、家政服务等传统产业提质升级，实现第三产业增加值增长13%以上。

第二，提升社会民生事业发展保障水平。坚持尽力而为、量力而行，做实社会民生事业，在发展中补齐民生短板，在改革中增进民生福祉，让群众有更多的获得感、幸福感、安全感。优先发展教育。全力推进大山小学、新屯中学等12个教育项目建设，改善办学条件，新增学位4470个；合理配置师资，强化整体师德师风和教学能力建设，以集团化（学区制）办学全面提升教育质量，推进优质教育均衡发展；支持和规范社会力量兴办教育，强化教育行政联动执法，营造青少年儿童健康成长环境。强化医疗卫生服务。启动全省“健康促进示范县”创建工作，成功创建敬南、七舍等5个国家级卫生乡镇。完成市医院门急诊综合楼二期工程建设，加快推进市中医院建设。推行市医院托管乡镇卫生院模式，探索县域医疗共同体建设，建设以市医院为龙头，捧乍、仓更等乡镇中心卫生院为枢纽，一般乡镇卫生院和村卫生室（站）为基础的医疗共同体。加强民生保障力度。实施农民全员培训计划，围绕制造业、服务业、旅游业、电子商务及民族特色手工艺，完成劳动力职业技能培训8739人次，组织转移农业劳动力7800人，确保城镇新增就业8700人，城镇登记失业率控制在4.2%以内。织牢城乡社会救助网络，城乡低保标准分别提高6%、8.9%。加大对农村留守儿童、困境儿童、特困人员、残疾人和“失独家庭”关爱救助力度。抓实其他社会事业。巩固提升“全国民族团结进步示范市”创建成果，深入开展“全国禁毒示范城市”创建，加强退役军人服务管理，推动军民融合深度发展，支持国防动员、人民防空、民兵预备役等工作，重视外事侨务、档案、老龄、妇女儿童、残疾人等各项事业，促进社会全面进步。

三、加强政府自身建设

打铁必须自身硬，重任千钧唯担当。我们一定旗帜鲜明讲政治，切实珍惜人民信任，坚持更高标准、更严要求、更实作风，不断提高政府工作质量和效率。

（一）加强作风建设，打造服务型政府。带头转变作风，身体力行、以上率下，当好“领头雁”。加快推进政务服务标准化、审批智能化、审管信息一体化建设，坚持在服务内容上做“加法”、在办事流程上做“减法”，进一步提升办事效率。大兴调查研究之风，持续开展研究问题、破解难题活动，积极主动听取群众意见，全力为人民办好事、解难事、做实事，以谋民利、解民忧来赢得群众的信任和支持。

（二）加强依法行政，打造法治型政府。带头学法，尊崇法治、敬畏法律、依法行政。全面推动科学民主依法决策。建立决策执行纠偏机制，完善重大行政决策程序制度、合法性审查制度、终身责任追究制度及倒查机制，减少试错成本、全面推进规范公正文明执法。全面强化行政权力运行制约监督。自觉接受人大及其常委会的法律、工作监督，自觉接受政协的民主监督，高度重视民主党派、工商联和无党派人士的意见建议，充分发挥工青妇等人民团体桥梁纽带作用，接受新闻舆论、社会公众监督，强化政务村务公开，让权力在阳光下运行。

（三）加强工作创新，打造效能型政府。扎实开展“效能提升年”活动，持续推动政风转变，重拳整治“庸懒散”等现象，着力解决“中梗阻”“小鬼难缠”等问题，大力提升行政效能。进一步完善层层负责、科学合理、行之有效的工作机制，列出时间表，绘出路线图，精准持续发力，以“踏石留印、抓铁有痕”的劲头、“钉钉子”的精神抓好各项工作落实。强化督查督办，严肃考核问责，切实提高机关工作质量、工作效率，以锐意进取、奋发有为的精神状态，以勇于担当、敢于作为的使命感，以慢不得、等不起、坐不住的紧迫感，高标准推进工作，高质量完成任务。

（四）加强廉政建设，打造廉洁型政府。严格执行党风廉政建设责任制，认真贯彻“两准则”“四条例”，筑牢制度铁笼和数据铁笼，切实把权力关进制度的笼子。全力支持监察体制改革试点工作，严格执行中央、省、州、市关于廉洁从政各项规定，严控“三公”经费及非预算支出，大幅度压缩一般性开支，把有限的资金用在改善和保障民生事业上。完善权力运行监督机制，加大不作为、乱作为、“四风”等专项治理，全面加强行政监察和审计监督，拓展民生监督，实现公职人员监察全覆盖、公共资金使用审计全覆盖，强化不敢腐的震慑、扎牢不能腐的笼子、增强不想腐的自觉，做到政治清明、政府清廉、干部清正。

各位代表，实干托起梦想，奋斗铸就辉煌。脱贫攻坚、同步小康已经到了决战决胜的关键时刻，让我们高举习近平新时代中国特色社会主义思想伟大旗帜，在市委的坚强领导下，以更加坚定的信心、更加有力的举措、更加务实的作风，牢记嘱托、感恩奋进，扎实工作、奋力拼搏，坚决夺取脱贫攻坚根本性胜利，以优异的成绩庆祝新中国成立70周年！

兴仁市政府工作报告

（2019 年 2 月 24 日在兴仁市第一届人民代表大会第一次会议上）

兴仁市委副书记、市长　方先红

各位代表：

现在，我代表市人民政府向大会报告工作，请予审议，并请市政协委员和其他列席人员提出意见。

一、2018 年工作回顾

刚刚过去的一年，在市委的坚强领导下，在市人大、市政协的监督支持下，我们深入学习贯彻党的十九大和习近平总书记系列重要讲话精神，以习近平新时代中国特色社会主义思想为指导，以脱贫攻坚统揽经济社会发展全局，着力提升发展质量和效益，围绕建设文明生态经济强市目标，锐意进取、攻坚克难，圆满完成了全年各项目标任务。全市地区生产总值完成 164.53 亿元，同比增长 12.3%；人均 GDP 达 39164 元；工业增加值完成 39.01 亿元，同比增长 11.3%；固定资产投资同比增长 19.1%；社会消费品零售总额同比增长 7.5%；一般公共预算收入完成 15.78 亿元，同比增长 5.2%；人均一般公共预算收入达 3782 元；税收收入完成 19.54 亿元，同比增长 7.3%；城镇、农村常住居民人均可支配收入分别达 29515 元、9383 元，同比分别增长 9.4%、10.3%；全面小康实现程度达 97%。经济发展综合测评在全省县域第一方阵排名第 10 位，比 2017 年上升 4 位，经济社会发展实现新跨越，站上了新的历史起点。

一年来，我们主要做了以下工作：

（一）举全力打硬仗，三大攻坚战取得重大突破。脱贫攻坚连战连捷。把脱贫攻坚作为头等大事，按照“三率一度”“一达标，两不愁，三保障”脱贫要求，举全市之力，打好“四场硬仗”“七大战役”。深入贯彻落实“1+32”政策文件，健全市、乡、村三级作战指挥体系，动态管理扶贫对象，坚持干部全员包保帮扶，扎实抓好“春风行动”“夏秋攻势”“冬季充电”，对标对表，精准施策，全面补齐脱贫攻坚短板。建成饮水保障工程 54 个、通组路 853 公里，实现安全饮水、通组路全覆盖。硬化串户路 1057 公里、庭院 35 万平方米，硬化率均达 90% 以上。安装太阳能路灯 59362 盏。实施农网改造项目 175 个。建成城南田坝、东湖陆关安置点，建成易地扶贫搬迁住房 2600 套，搬迁安置 2247 户、9468 人，搬迁对象旧房拆除和宅基地复垦复绿工作扎实推进。深入实施新市民计划，落实“五个三”配套保障措施，为新市民提供优质的基本医疗卫生服务，农低保转城低保 228 人，解决就业 3537 人、就学 313 人。统筹安排财政专项扶贫资金 6256.7 万元，实施扶贫项目 353 个。深入实施产业扶贫，按照农村产业革命“八要素”要求，大力发展种植、养殖短中长期产业，深化“村社合一”合作模式，健全企业、合作社与贫困户的利益联结机制，以产业发展带动贫困户增收脱贫。投入 4.6 亿元实施危改、“温心愿”17907 户，实现“应改尽改”。教育保障资助贫困学生 45210 人，实现“应助尽助”。建档立卡贫困人口医保参保全覆盖，实现“应保尽保”。开发“四员”公益岗位，带动就业 1429 人。对“两无”人员等特殊困难群体实行政策性兜底保障。深化东西部扶贫协作和中央、省级单位定点帮扶工作，争取帮扶资金 8760 万元，实施项目 30 个。深入推进“千企帮千村”行动，强化社会帮扶，形成了政府主导、多方参与的大扶贫工作格局。注重激发贫困人口内生动力，夯实稳定脱贫基础。2018 年，仅剩的 7 个贫困村全部出列，减少贫困人口 999 人，贫困发生率下降到 1.65%，脱贫攻坚成效考核走在全省前列。2018年9月，经国家评估验收、省政府批准，实现贫困县脱贫退出，是全州唯一脱贫退出县，用实际行动践行了“贫困不除、愧对历史，群众不富、寝食难安，小康不达、誓不罢休”的庄严承诺。污染防治成效显著。坚决打好污染防治攻坚战，以“两山”理念为引领，坚持生态优先绿色发展，完成283平方公里生态保护红线划定，生态文明示范区建设深入推进，生态环境持续改善。抓好中央环保督察及“回头看”问题整改，远程煤矿环境恢复治理成效明显，金兴公司环境隐患整改有序推进。开展重点行业大气污染治理，淘汰黄标车和老旧车933辆，实现黄标车“清零”；疏堵结合，加强秸秆综合利用和露天焚烧管控，环境空气质量长期优良。启动麻沙河流域二期4座污水处理厂建设，全市9座污水处理厂正常运行，城镇污水处理率达96.1%。157名三级河（库）长认真履行河（库）长职责，常态化开展巡河；加强集中式饮用水源地保护，主要河（库）和集中式饮用水源地水质全部达标。市医疗废物处置中心建成投用。完成营造林10.85万亩，石漠化治理20平方公里，水土保持综合治理3800亩，实现林业产值28.08亿元，森林覆盖率达48.87%。防范化解重大风险扎实有效。积极稳妥统筹施策，有力有效防范化解重大风险。严格落实政府性债务管理“七严禁”，推进存量债务置换，政府性债务风险可控。强化金融风险防范，严打非法集资，整治互联网金融，金融秩序向好。严格落实安全生产责任制，未发生较大以上安全生产事故。成功创建省电梯安全管理示范区、省食品安全示范市。严密防范和打击犯罪活动，扫黑除恶专项斗争形成压倒性态势，深入开展矛盾纠纷排查化解，重视人民群众来信来访，妥善解决合理诉求，社会大局和谐稳定。

（二）调结构促转型，发展质量不断提升。山地农业蓬勃发展。完成低效玉米调减7.42万亩，种植薏仁米32万亩、蔬菜13万亩、烤烟4.7万亩，茶叶发展到2.8万亩，新增精品水果5100亩、中药材3400亩、食用菌950亩，粮经比提高到31∶69。盘江黄牛养殖、巨菌草种植初具规模。完成21个500亩以上坝区农业产业结构调整方案编制。新增龙头企业6家，州级以上龙头企业达42家。新增农民专业合作社76户。成功举办2018中国（兴仁）薏仁米博览会，“兴仁薏仁米”荣获中国百强农业区域品牌，获“中国好品质”荣誉，以“薏仁米一二三产融合发展”为主题的兴仁市国家农村产业融合发展示范园被7部委认定为国家首批示范园，“兴仁薏仁米”品牌价值全面提升。完成“三品一标”认证20个、认证面积19.32万亩，“一县一业、一乡一特、一村一品”的产业格局基本形成。工业经济稳步增长。投入25.47亿元，实施20个“千企改造”项目。9家煤矿“六化”建设通过省州验收，煤炭过站量402万吨，同比增长22.6%。工业园区水、电、物流、交通等保障能力不断增强，实现南方电网和地方电网“两网融合”，兴仁登高第一条12.5万吨/年铝液生产线、锦兴轻量化交通装备第一条挤压生产线、金州纺织、鑫侑手机触控屏等一批重大项目建成投产，完成煤制乙二醇中试，正积极推进60万吨/年煤制乙二醇产业化，新增规模以上工业企业15户，产业链条不断完善，集聚效应明显增强，带动就业1万余人，园区工业产值突破70亿元，成为全省55个五十亿级工业园区之一，登高煤电铝成为拉动全州工业用电量和工业经济增长的引擎项目，“大电强网+大产业”的工业发展格局初步形成。新兴产业快速发展。大数据与实体经济深度融合发展加快，大数据企业主营业务收入6924万元。电商网络全面铺开，实现进村入户，网络零售额4337.3万元，“泉涌”工程农产品销售额7.2亿元。国家电子商务进农村示范县建设通过验收。现代物流业快速发展，农商旅互联综合体项目建设有序推进。旅游、康养产业方兴未艾，长寿康养园成功申报省级医养结合试点、评为国家森林康养基地，出台宁波游客赴兴仁疗休养优惠政策，接待优惠城市游客2万人次。放马坪、鲤鱼坝景区等5个建设项目列入全省旅游“1+5个100”工程建设。成功举办2018国际山地旅游暨户外运动大会兴仁分会场活动。全年接待游客522万人次、旅游收入38.73亿元，均增长40%以上，旅游业持续“井喷”。

（三）强支撑重改革，发展活力持续增强。基础设施日益完善。大力实施交通、水利、电力、信息基础设施建设，发展环境得到新优化。G354龙场至兴仁公路、S318计屯至百德至巴铃公路提级改造，巴铃至百德区域扶贫大道、西北环线坪上至高武段等项目建设加快推进。创建“四好农村路”150公里。完成526公里农村公路安全生命防护工程建设。行政村通畅率100%。崩土山、响水水库基本建成，完成尖山水库大坝主体工程建设，兴仁水库、木桥水库等9座水库前期工作有序开展。新增供电线路956公里、配变444台。建设通信基站406个、光缆1280公里，行政村光纤、4G网络实现全覆盖。城乡更加美丽宜居。统筹推动城乡协调发展，完成城镇建设投资36.5亿元，建成区面积20.2平方公里，城镇化率达 48.29%。新增城镇道路 14.7 公里，建成环湖东路等 10 条城市道路，北外环路等 7 条城市道路建设加快推进，城市路网不断完善。陆关、真武山公交停保场、体育南路城市停车场建设全面推进，新增城市公共停车位 510 个。东大门、北大门改造、城西客运站建设有序实施。建成兴仁国际会展中心、城市规划馆。东湖生态湿地公园海绵城市示范区基本建成。投入 8.69 亿元，推进棚户区改造。房地产业健康发展，完成投资 7.5 亿元。市政设施和道路景观不断完善，城市管理井然有序，公共服务能力、人居环境质量全面提升，城市发展水平迈上新台阶。梯次推进小城镇建设，潘家庄、百德小城镇基本建成，下山、鲁础营小城镇建设稳步推进，小城镇发展水平不断提升。乡村振兴战略稳步实施，村庄规划实现全覆盖。“四在农家·美丽乡村”小康行动完成投资 15 亿元，建成清水河等 40 个美丽乡村示范村。整市推进农村环境综合整治，建成城乡垃圾收运系统，实现城乡垃圾处理一体化，城乡生活垃圾无害化处理率达 85.29%，农村污水排放逐步得到整治，人居环境持续改善，村容村貌焕然一新。改革开放不断深化。“多证合一”“两证整合”登记制度改革全面推进，新增市场主体 5940 户，从业人员 45089 人。实施户籍制度改革，推动农业转移人口市民化。农村“三变”改革、机构改革、殡葬改革、供给侧结构性改革有序推进。深入开展产业大招商突破年活动和优化营商环境集中整治行动，推行“一站式”“保姆式”“集成套餐”服务，营商环境全面优化，新引进重大项目 14 个，签约项目总投资 66.1 亿元。十年磨一剑，终得梅花香。2018 年 8 月，国务院批准撤销兴仁县、设立县级兴仁市，圆了兴仁人民 20 年的“市民梦”。

（四）惠民生强保障，社会事业繁荣进步。科教文卫长足发展。教育均衡发展成效显著，完成 6 所农村义务教育薄弱学校改造，建成特校、真武山小学、西池幼儿园等 5 所城区学校，办学条件明显改善。实施农村学前教育、义务教育营养计划。深化“校农结合”，助农增收 3174 万元。综合科技进步水平指数达 73.6。编纂完成《兴仁县志（1978—2012）》。文化惠民工程加快推进，公共文化服务体系建设不断完善。深入开展文化科技卫生“三下乡”活动，丰富人民群众精神文化生活。建设完成多彩贵州“广电云”户户用工程 1.35 万户。建成 13 个村级农体工程、4 个全民健身路径工程。荣获“省妇幼健康优质服务示范市”称号。乡镇（街道）卫生院远程医疗全覆盖，下山、马马崖成功创建国家卫生乡镇，医疗卫生服务能力明显提升。就业创业稳中向好。加强东西部劳务协作，组织“春风行动”系列招聘会；搭建创业平台，积极引导扶持返乡人员就业创业，创业园区入驻企业 13 家。城镇新增就业 5621 人。社会保障不断加强。城乡居民基本医疗保险参保 43.36 万人，常住人口基本实现“应保全保”；养老保险参保 26.61 万人。城镇职工医疗保险参保 2.2 万人。实行租售并举的住房保障制度，落实城镇低收入家庭租赁补贴，出租出售保障性住房 1788 套。城乡低保标准分别提高 7%、10%。其他社会事业全面进步。落实残疾人两项补贴和高龄老人津贴。认真开展社会救助，落实优抚安置政策，统筹推动社会福利事业发展。民族团结进步创建、宗教关系和谐示范区创建和双拥模范城创建扎实推进。“十件民生实事”全面完成。关心下一代、工青妇、红十字、残疾人、老龄、科协、人防、国防、外事、侨务、气象、档案、邮政、消防、慈善、文联等各项事业取得新成绩。

（五）提效能优服务，政府建设有效加强。全面从严治党，牢固树立“四个意识”，坚定“四个自信”，做到“两个维护”。切实抓好中央巡视和国务院大督查反馈意见整改落实。严格执行中央八项规定，坚决落实作风建设有关规定。审计监督和民生监督不断强化，廉政建设取得新进展。坚持依法行政，健全依法决策机制，修订出台《兴仁市人民政府工作规则》《中共兴仁市人民政府党组工作规则》《兴仁市人民政府领导班子“三重一大”事项集体决策制度》。严格执行公平竞争审查制度和政府购买公共服务制度，行政规范性文件监督管理不断加强。“放管服”改革深入推进，制定权责清单并实行动态管理，编制审批服务便民化“六张清单”，行政许可事项减少到 450 项。大力推进“互联网 + 政务服务”工作，政务服务标准化建设通过省级验收，获“省政务服务标准化建设示范市”称号。按照“公开是惯例，不公开是例外”的原则，全面推行政务公开。自觉接受人大、政协监督，认真办理各级建议、提案 249 件。人民政府始终坚持执政为民宗旨，强化勤政廉政建设，服务能力、执政水平大幅提升。

各位代表，2018 年是兴仁发展史上具有里程碑意义的一年。面对三大攻坚战，面对经济下行压力增大、民生事业投入加大等诸多新情况、新困难、新要求，我们以背水一战的勇气决心、真抓实干的一贯作风，圆满实现贫困县脱贫退出、“撤县设市”，全面小康创建通过省级评估公示，“三大重点任务”取得历史性突破，经济增长在顶住下行压力中持续向好，

“中国薏乡·康养之城·长寿兴仁”声名远扬。

各位代表，困难中的突破来之不易，压力下的收获弥足珍贵。一年来所取得的成绩，是习近平新时代中国特色社会主义思想正确指导的结果，是中央、省、州和市委坚强领导的结果，是市人大、市政协有效监督与倾力支持的结果，是全市各族干部群众迎难而上、团结奋斗的结果。在此，我代表市人民政府，向全市各族人民表示崇高的敬意！向人大代表、政协委员，向各民主党派、人民团体，向驻市人民解放军、武警官兵、人民警察、民兵预备役和消防指战员，向关心、支持兴仁建设发展的各界人士，表示衷心的感谢！

在肯定成绩的同时，我们也清醒地认识到，全市经济社会发展水平与人民群众对美好生活向往的需要还有很大差距，还存在不少困难和问题。一是金融风险防范化解压力大。受经济下行影响，民营企业、中小企业融资难、融资贵的问题仍然存在。新兴财源培育不够，骨干财源不足，基础设施建设、棚户区改造、脱贫攻坚、社会事业发展等投入大量资金，财政收入和刚性支出平衡难度大，政府性债务负担重，偿还压力大。二是生态环境保护与资源开发利用矛盾突出。如何进一步加强矿产资源开发利用中的生态环境保护，促进资源开发利用和生态环境建设协调发展任重道远。三是产业转型升级步伐较慢。农业现代化程度低，还处于提质增效阶段。煤电铝、煤化工、装备制造等重大产业仍处于培育期。旅游业起步晚、基础薄弱、业态单一，新兴产业总量小，竞争力不强。四是发展不平衡、不充分的问题还比较突出。城镇化水平较低，城乡、区域发展不平衡不充分，统筹城乡区域协调发展，实现乡村振兴任务艰巨。五是政府自身建设还需加强。部分干部的法治思维、责任意识、创新理念和执行能力不够强，解决问题办法不够多，依法行政、高效施政的能力有待提升。对此，我们一定直面问题、科学谋划，采取更加有力的措施加以解决，不辱时代使命、不负人民重托。

二、2019 年目标任务和重点工作

2019 年是新中国成立 70 周年，是兴仁市深入实施乡村振兴战略、巩固脱贫攻坚成效的关键之年，是建市后的开局之年，进入工业提速发展、城镇化进程加快的新阶段，迎来发展新机遇，兴仁的各项事业大有可为、大有作为。

今年政府工作的总体要求是：以习近平新时代中国特色社会主义思想为指导，全面贯彻党的十九大和十九届二中、三中全会以及习近平总书记对贵州工作的重要指示精神，认真落实中央、省、州经济工作会议精神，牢记嘱托、感恩奋进，统筹推进“五位一体”总体布局，协调推进“四个全面”战略布局，坚持稳中求进工作总基调，坚持新发展理念，坚持推动高质量发展，坚持以供给侧结构性改革为主线，坚持深化市场化改革、扩大高水平开放，加快建设现代化经济体系，坚决贯彻落实“巩固、增强、提升、畅通”八字方针，按照市委“1+4+5+3”发展总体部署，继续打好三大攻坚战，大力实施三大战略行动，守好发展和生态两条底线，统筹推进稳增长、促改革、调结构、惠民生、防风险工作，进一步做好“六稳”工作，提高人民群众获得感、幸福感、安全感，保持经济持续健康发展、社会大局稳定，全面建设文明生态经济强市，为全面建成小康社会收官打下决定性基础。

全市经济社会发展的主要预期目标是：地区生产总值增长 11% 左右，其中，一二三产业增加值分别增长 7%、11%、15%；固定资产投资增长 16% 左右，社会消费品零售总额增长 11% 左右，一般公共预算收入增长 3% 左右，城镇、农村常住居民人均可支配收入分别增长 9%、10% 左右；城镇新增就业 6000 人以上，登记失业率控制在 3.5% 以内；居民消费价格指数控制在国家调控范围内，完成州下达的节能减排降碳指标任务。

围绕实现上述目标，按照“一产稳市、二产强市、三产活市、生态立市、文化兴市”的总体定位，要重点抓好以下工作：

（一）持之以恒抓好脱贫攻坚成效巩固提升。坚持“四不变、四不减”，全面落实“1+16”脱贫成效巩固提升系列措施，统筹实施“4541”工程，大力推进“六大行动”，巩固提升脱贫成效。精准帮扶再提升。坚持动态精准管理，按照“应进则进、应退则退”原则，完善监测机制，建立动态管理台账，进一步提高识别和退出精准度。推进扶贫与扶智、扶志相结合，继续开展好干部“大走访”活动，通过“新时代农民讲习所”等载体，教育引导群众转变观念、自力更生，增强内生发展动力。帮扶责任再压实，因户施策落实帮扶措施，推动 7300 个贫困人口脱贫。产业帮扶再提升。牢牢把握农村产业革命“八要素”，纵深推进扶贫产业发展，狠抓扩规模、拓市场、带农户等关键环节，统筹安排各级各类资金，推进山地特色种植、生态养殖等优势扶贫产业全产业链、全利益

链发展，促进农户持续稳定增收。深入推进涉农资金整合，加强财政专项扶贫资金监管和使用，提高资金使用效益。易地扶贫搬迁工作再提升。全力实施新市民计划，按照“搬得出、稳得住、快融入、能致富”目标，完善基本公共服务、培训和就业服务、文化服务、社区治理、基层党建五个体系，推进搬迁群众市民化。抓好易地扶贫搬迁对象旧房拆除和宅基地复垦复绿工作。多措并举支持搬迁群众就业创业，确保有劳动力的搬迁家庭至少1人稳定就业。实施公共服务均等化行动，继续做好农低保转城低保工作，让易地扶贫搬迁群众全面融入城镇。保障能力再提升。全面落实教育精准资助政策。深入推进医疗健康扶贫。排查整治老旧住房，进一步改善农村群众居住条件。强化兜底保障。社会扶贫再提升。用好各方帮扶资源，深化“千企帮千村”工作；扎实推动东西部扶贫协作和定点帮扶工作，进一步完善结对帮扶机制，抓好对口帮扶项目实施，提升产业合作、劳务协作、资金支持和人才支援实效。

（二）驰而不息推进生态文明建设。坚定不移推动绿色发展，建设“美丽兴仁”。打好污染防治攻坚战。深入开展扬尘、工业企业大气污染、散烧燃煤等治理行动，推进以电代煤、以气代煤，推广清洁高效燃煤锅炉，加强烟花爆竹燃放管控，逐步取缔城市规划区内燃放烟花爆竹，提高空气质量，让天空更蓝。坚持污染减排和生态扩容两手发力，扎实开展城市黑臭水体治理攻坚行动，加快污染源和水生态系统整治，实施麻沙河、大田河流域综合治理，建成麻沙河流域二期7座污水处理厂，进一步提高城镇污水处理率，实施19个千人以上集中式饮用水源地规范化建设，集中式饮用水源地水质达标率保持100%，让水流更清。实施土壤污染治理行动计划，分类推进土壤环境保护，加强农药残留治理，让土壤更净。全力做好环保督察及“回头看”问题整改，高标准推进金兴公司尾矿库环境隐患问题整改。抓好危险废物污染防治，推进煤矸石综合利用，提高生活垃圾分类收集处理能力，启动城市餐厨废弃物处置设施建设，提升固体废物无害化、减量化和资源化水平，让环境更洁。大力发展绿色产业。实施绿色制造三年专项行动，大力发展绿色经济“四型产业”，推进绿色低碳循环发展。加快发展新型建筑建材，稳步推广装配式绿色建筑应用。推进生态建设与枇杷、茶叶、中药材等林业生态产业融合发展。完善生态文明制度。持续开展环境保护“六个一律”、森林保护“六个严禁”执法专项行动，深入实施生态环境损害赔偿制度。深化河（库）长制，实行林长制。开展绿色家庭、绿色学校、绿色社区、绿色商场、绿色餐馆等创建行动。节约用水用电，推行绿色消费，减少过度包装。积极发展公共交通，加快清洁能源汽车推广应用，鼓励绿色出行。加强生态保护和修复。严格生态环境准入，加快“三线一单”划定，推进生态保护红线勘界定标。加强自然保护地体系建设和管理，推动耕地、草原、森林、河流、湖泊休养生息，全面保护天然林。加快生态修复治理，开展石漠化综合治理三年攻坚，实施营造林5.9万亩，治理石漠化20平方公里、水土流失2.5平方公里，森林覆盖率提高到52%，让大地更绿。

（三）坚持不懈打好防范化解重大风险攻坚战。切实增强忧患意识，未雨绸缪防范化解重大风险。大力防控政府性债务风险。严格落实政府性债务管理“1+8”系列政策，妥善处理政府性债务风险。加快推动国有平台公司实体化转型，规范发展PPP模式转化存量债务。严格控制增量债务，大力压缩一般性支出，优化完善政府性债务化解方案。盘活闲置土地等存量资产资源，狠抓新财源培植，进一步降低非税收入占比，做大财政收入总量、提升质量，提高政府偿债能力，通过发展的办法化解债务。坚决防控金融风险。持续开展非法集资、交易场所和互联网金融专项整治行动，开展不良贷款风险排查监测和处置预警。建立健全企业信贷诚信监管体系，营造健康有序的金融信贷环境，确保金融风险可控。切实防控发展风险。严格落实安全生产责任制，深入开展煤矿、建筑施工、交通运输、燃气管线、森林防火等重点行业领域隐患排查整治，坚决杜绝较大以上安全事故发生。认真落实意识形态、宗教工作责任制，扎实开展网络舆情的研判和处置，依法打击非法宗教和邪教活动。抓好公共安全、食品药品、自然灾害等方面的风险防控，加强突发事件应急管理。推进社会治安防控体系建设，用好“雪亮工程”“天网工程”和大数据平台，依法打击违法犯罪，深化扫黑除恶专项斗争和禁毒人民战争。加强信访工作法治化建设，做好征地拆迁、社会保障等方面矛盾纠纷多元防范化解，提升群众安全感、满意度。

（四）坚定不移推动高质量发展。推进工业强市战略深入实施。深化工业供给侧结构性改革，推动工业向高端化、绿色化、集约化高质量发展，做强做优工业，规模以上工业增加值增长11%。大力实施“千企改造”，推动89家企业实施改造升级，完成投资30亿元，实现提质增效全覆盖。加快煤矿“六化”

改造和主体矿建设，推动煤矿释能增产，完成煤炭过站量500万吨，电煤供应298万吨。推动园区转型升级，强化电力供应保障，不断补链增链强链，大力发展先进装备制造业。加速生态铝全产业链发展，实现兴仁登高12.5万吨/年铝液生产线达产运行，稳步推进第二条12.5万吨/年铝液生产线投产。力争实现轻量化交通装备整车下线。积极开展60万吨/年煤制乙二醇产业化项目招商和前期工作，力争落地建设。开工建设大唐电厂。加快推进路兴新材料、煤制乙二醇催化剂、薏容生物等项目建设。依托60万平方米标准厂房，加大东部沿海地区产业转移承接力度，注重招大引强，促进轻工加工产业高端化、智能化发展，打造轻工产业集群。加速推动第三产业创新发展。持续推动大数据与实体经济深度融合发展，完善市、乡、村三级电商服务网络，推动薏仁米、五星枇杷、红心猕猴桃、药用玫瑰、蓝莓、阿藏李子、回龙藠头等农特产品线上销售，网络零售额增长20%以上。加快兴仁物流产业园区、薏仁米集散中心、冷链物流体系、农商旅互联综合体建设，完善村级快递物流网络，构建城乡一体化的现代商贸物流体系。大力发展养生养老、家政、住宿餐饮等生活性服务业。加快建设生态民俗商业街。保持房价总体稳定，促进房地产业健康发展。围绕打造山地旅游升级版，发展全域旅游，开展国家全域旅游示范市创建。实施放马坪高山草原精品旅游景区创建和提升工程，启动鲤鱼坝景区提升工程建设，打造优质旅游景区。围绕清水河、北盘江、漏江、大硝洞、回龙天坑等旅游资源，加快旅游规划编制，有序推进开发。发展红色旅游、民俗旅游、乡村旅游，推动特色农产品向旅游商品转化，丰富旅游业态。办好2019国际山地旅游暨户外运动大会兴仁分会场活动、第五届州旅发大会，接待人数、旅游收入均实现增长30%以上。

（五）全力以赴实施乡村振兴战略。坚持农业农村优先发展，落实统筹城乡发展行动，做好乡村振兴与脱贫攻坚衔接，聚焦“五大振兴”，推进乡村振兴示范市建设，开创农业农村发展新局面。加快产业振兴。深入推进农村产业革命，以产业大发展带动乡村振兴。围绕“一县一业、一坝一品”，重点推进21个500亩以上坝区、连片坡地产业结构调整，逐步打造亩产万元以上示范坝区。加强农田水利、用电、机耕道等设施建设，健全农业技术服务体系，稳定粮食产量。全面推进“退一进十”工程，调减低效玉米7.8万亩，以市场为导向，发展“专精特优”农产品，经济作物占比提高到75%。大力建设优质茶园基地，发展特色优势蔬菜种植，利用荒山荒坡种植中药材。新增蔬菜5000亩、食用菌2000亩、茶叶3000亩、精品水果3000亩、中药材5000亩。做强烤烟产业，建设山地优质烟叶产业带。推进核桃产业提质增效。全产业链发展薏仁米产业，种植薏仁米35万亩，扩大标准化种植规模，做实全国绿色食品原料标准化生产基地，高质量建设兴仁国家农村产业融合发展示范园，提升薏仁米加工和高附加值产品的研发能力，推进一二三产业融合发展，实现综合产值20亿元以上。积极开展“三品一标”认证，实现认证产品10个以上，打造无公害农产品基地2个。加强农业园区建设，建成2个一二三产业融合示范园区，各乡镇（街道）建设1个农业园区。大力引进和培育农产品精深加工龙头企业，农产品加工转化率提高到52%。深入实施农产品“十进”“泉涌”工程，推动农产品销售额、线上交易额快速增长，带动农民增收。做强“中国牛肉粉之乡”品牌，全产业链发展牛肉粉产业，有序扩大巨菌草种植规模，建设优质畜草基地，抓好1万头盘江黄牛养殖基地建设，配套发展优质大米、辣椒种植。建设区域食品检验检测中心，提升食品检验检测能力。加强动物疫病防控，严防非洲猪瘟等疫情发生。加快人才、文化、组织振兴。大力实施乡村人才振兴、文化振兴计划，加强职业农民、乡土人才等培训，为乡村振兴提供人才支撑，激活农村发展活力；完善农村公共文化服务体系建设，开展送文化下乡进村演出活动50场次，放映公益电影1500场以上，抓好农家书屋规范化建设，推进农村文化繁荣。加快组织振兴，健全乡村治理体系，推进依法治村、以德治村和村民自治有机结合，不断提高社会治理水平，促进乡村和谐有序。加快生态振兴。继续提升以道路为核心的农村基础设施建设水平，加强农村公路管理养护。实施农村人居环境整治三年行动，严格执行村庄建设管理规划，切实解决房屋乱建问题，完善自然村寨垃圾收运设施，加快农村生活污水处理设施建设，推动农村生活污水、垃圾、畜禽养殖污染防治。深入实施“5个100”乡村振兴示范村创建工程，创建民族特色型、小康示范型、文化旅游型、特色产业型、生态文明型美丽乡村20个，全面建设美丽宜居乡村。

（六）乘势发力打造文明康养之城。立足全州地理中心、工业基地和次中心城市定位，统筹新老城区，按照“东进、西提、南拓、北优”战略和点轴带动模式，打好“建新、改旧、治乱、提质”组合拳，完成城镇建设投资40亿元以上，推动城区扩容提质，城镇化率提高到51%，构建以城区为核心，巴铃、百德等重点镇为支点的市域山地城镇空间体系，建设文明康养城市。建设品质宜居之城。坚持规划先行、推动多规合一，高标准抓好城市总规、控规修编，科学合理布局城市功能区，以规划引领城市建设发展。有序推进中心城区建设。积极谋划北站西移、东站东移。实施好北大门改造，完成东大门改造。加快城西客运站建设。发展公共交通，加快公交停保场、城市停车场建设。深入实施城市交通文明畅通提升工程，新建城市道路20公里以上，完善城市路网，提高连通性。全面建成东湖湿地公园，推动兴仁广场、真武山公园、剑平池公园改造提升，进一步完善市政设施，提升城市服务功能。加快整市推进示范小城镇建设进程，启动条件成熟乡镇的小城镇建设，按照资源禀赋分类打造，实施“8+3”工程，推动小城镇提档升级，建设一批各具特色的小城镇。持续开展“两违”综合整治。通过大数据、物联网等信息技术加强城市管理，提升城镇、小区和智慧城市管理水平。抓好城市环境综合整治，开展文明社区创建，提升城市文明程度和市民满意度，积极开展国家卫生文明城市创建。加强人性化、精细化管理服务，提升城市宜居水平，让居民生活得方便、舒心。建设生态康养之城。充分发挥兴仁气候、生态优势，挖掘“中国长寿之乡”品牌效应，加快建设“全国森林康养基地”，培育壮大森林康养、医疗康养等大健康产业，积极创建全国百佳深呼吸小城，加快推动生态、康养、旅游融合发展。加大兴仁水库前期工作力度，积极争取进入国家规划，促进水生态文明城市建设，为建设全州旅游夜归地和康养之城树立新品牌，打造“望得见山、看得见水”的康养城市。建设文化魅力之城。结合旧城复兴计划实施棚户区改造，保护好老城区历史文化要素，传承千年文化，复兴千年古城，重塑老城区历史风貌。大力挖掘“仁”文化内涵，弘扬红色文化、民族文化、民俗文化、诗词文化、长寿文化、漏江文化、薏仁文化，将兴仁悠久的历史文化融入城市发展建设之中，着力提升城市文化品位，建设更加具有文化魅力的新兴仁。

（七）持续激发发展活力动力。积极扩大投资。强化投资增长带动，以扩大投资总量拉动经济快速发展，以投资结构优化促进经济加快转型。以轻、重工区为载体，加快推进园区落地项目建设，以产业为引擎驱动经济发展，提高工业投资比重。立足轻重工业发展，编制一批煤电铝、煤电化、煤电纺上下游产业和劳动密集型制造业项目。围绕基础设施、社会民生、生态环保、乡村振兴、旅游发展等方面，谋划实施一批带动性强的项目。积极谋划项目，扩充项目储备，加强项目库建设。全力向上争取项目，力争109个以上项目进入省、州重大工程和重点项目库，强化要素保障，年度完成投资110亿元以上。全面深化改革。推进重点领域改革，下大力破除体制机制障碍。深化“放管服”改革，完善155个村级便民服务站建设，进一步提高网上办理率，持续开展“减证便民”行动，取消不合法、不合理证明材料。压缩工程项目审批、企业开办、不动产登记办理时间，激发市场主体活力，新增市场主体3600户以上。加快国有企业改革，聚焦主业做精做强。深化农村集体产权制度改革，扩大“三变”改革覆盖面。积极稳妥推进机构改革。统筹推进医疗卫生体制改革、教育综合改革、新一轮殡葬改革。坚持开放合作。深入推进产业大招商，大力优化营商环境，创新招商方式，借助商协会、中介组织等以商招商，力争在产业链条关键环节和核心项目的引进上取得新突破，引进更多优强企业，实现重点产业招商引资项目总投资70亿元以上。强化招商引资责任制，完善督查考核机制，切实提高项目履约率、入园率、开工率、投产率。健全创新体系，引导和支持市域企业与高等院校、科研院所、优强企业广泛合作，鼓励开展科技创新。积极融入“一带一路”、长江经济带等区域，深化产业、商贸等领域合作。办好2019中国（兴仁）薏仁米博览会，唱响薏仁文化。发展民营经济。全力支持民营经济加快发展，落实降低民营企业用地、用能、税费等成本政策措施，帮助企业解决发展难题。为民营企业打造公平竞争环境，给民营企业发展创造充足市场空间。依法保护民营企业家人身、财产安全，规范与民营企业家交往行为，构建“亲、清”新型政商关系。夯实基础设施。打造便捷高效的交通网络，加快构建“兴兴贞安义”半小时经济圈。大力支持贵阳至兴义铁路项目前期工作。加快推进G354龙场至兴仁公路、鲁础营至义龙迎宾大道、西北环线坪上至高武段等项目建设。启动兴仁北出口至义龙新区道路、马金河至放马坪旅游开发大道、S105巴铃至屯脚公路提级改造等项目建设。做好放马坪至下山迎宾大道建设前期工作。积极配合做好兴仁巴铃至贞丰白层二级公路、兴仁至安龙一级公路建设工作，开展潘家庄经紫马至平街、波阳至鸡场二级公路规划修编。加快推进骨干水源工程建设，为经济社会发展提供强有力的水利支撑。建设潘家庄110千伏输变电工程。大力推进智能电网建设，加快实施新一轮农村电网升级改造，实现农村稳定可靠的供电服务全覆盖。加强新能源汽车充电设施建设。深化宽带乡村建设，完善4G基站建设，实现30户以上自然村寨4G网络全覆盖。推动网络提速降费。积极推动5G网络布局和建设。

（八）久久为功推动社会事业发展。坚持以人民为中心的发展思想，着力解决人民群众所需所急所盼，努力提高人民群众的获得感、幸福感、安全感。优先发展教育。进一步改善基础教育办学条件，加快推进兴仁书院、城北小学、城南小学、城北幼儿园等项目建设，大力实施薄弱学校改造，抓好特校、一小搬迁。推动学前教育普惠提质；着力解决城镇义务教育学校“大班额”等问题，减轻中小学生课外负担；推进普及高中阶段教育；办好职业教育。支持并规范民办教育发展。强化民办幼儿园、校外培训机构监管。加强教师队伍建设，完善中小学教师待遇保障机制，推进教育优质均衡发展。大力发展文体事业。加强文化遗产保护传承和传统村落保护。建设多彩贵州“广电云”户户用工程。实施全民健身“六个身边”工程，启动全民健身中心项目建设。抓好就业创业。落实积极就业创业政策，健全劳动保障平台，深化东西部劳务协作，提高劳务输出组织化、规模化水平。实施农民全员培训三年行动计划、高校毕业生就业创业促进计划和基层成长计划，发挥好创业园区创业平台作用，促进农民、高校毕业生就业创业。做好退役军人优抚安置、就业创业服务工作。做好农民工工资清欠工作，重点解决政府性工程拖欠农民工工资问题，构建和谐劳动关系。提升医疗卫生服务能力。实施卫生健康服务能力提升“八大工程”。加快推进市医院外科病房综合楼、中医院新院区、妇幼保健院病房综合楼、真武山、城北社区卫生服务中心项目建设。推动市医院创建三级综合医院。建设10个智慧卫生急救站。加快医疗信息化进程，推进医共体建设，实现医疗资源有效下沉，市域内就诊率90%左右。加强医保监管和支付方式改革。实现跨州跨省异地就医住院医疗费用即时结算。传承发展中医药事业。加强民营医院监管。严格食品药品全链条监管，消除监管盲区盲点。深入开展生育健康全程服务。织牢民生保障网。城乡居民基本养老保险基础养老金提高到每人每月93元，稳步提高城乡低保标准。保障好退役军人合法权益，建立困难退役军人军属帮扶援助机制。统筹推进城乡社会救助体系建设，加强农村“三留守”人员、城镇困难职工、困境儿童、失独失能老人、残疾人关爱保护。完善民政园区建设。实现乡镇（街道）日间照料中心全覆盖、农村生活不能自理特困人员供养全覆盖。推广医养结合模式，积极发展居家养老服务。统筹发展其他社会事业。抓好新一轮双拥模范城创建，深化民族团结进步创建。重视国防动员和后备力量建设，支持纪委监委、法院、检察院工作，加强国家安全、司法行政、外事侨务、人防等工作。

扎实办好“十件民生实事”：一是完成S318计屯至百德至巴铃、南环线、兴仁至潘家庄公路提级改造，实施“四好农村路”237公里，创建“四好农村路”省级示范市；二是加快建设巴铃至百德区域扶贫大道，累计完成投资20亿元以上、工程形象进度60%以上；三是新建城市公共停车位1000个以上；四是优化公交线路和站点设置，新增20辆新能源公交车；五是实现崩土山、响水、尖山水库下闸蓄水，开工建设母冲、秧田水库；六是新建“雪亮工程”高清视频探头280个、治安卡口监控8套；七是新建村级农体工程、全民健身路径工程12个；八是全面完成乡镇（街道）卫生院标准化建设；九是新建、改扩建10所以上各级各类学校；丨是城乡低保标准平均提高3%、5%。人民对美好生活的向往就是我们的奋斗目标，我们要把群众最关心、最需要的事情做好。

三、加强政府自身建设

新起点、新要求，我们要始终把为民务实、廉洁高效作为价值追求，做到“五个过硬”，全面加强政府自身建设。

（一）建设廉洁政府。深入贯彻落实全面从严治党新要求，把政治建设摆在首位，牢固树立“四个意识”、坚定“四个自信”、做到“两个维护”，始终对党绝对忠诚。全面落实“一岗双责”，坚决落实党组全面从严治党主体责任。全面履行审计监督职责，实现对公共资金、国有资产、国有资源和领导干部履行经济责任情况审计全覆盖。深入推进“两学一做”学习教育常态化、制度化，深化“牢记嘱托、感恩奋进”教育，开展“不忘初心、牢记使命”教育。严格遵守《中国共产党章程》，认真执行“两条例、一准则”，清白做人、干净做事，维护风清气正的良好政治生态。

（二）建设法治政府。推动政府工作人员自觉尊法学法守法用法，严格依法行政，把政府工作全面纳入法治轨道。进一步健全依法决策机制，完善决策制度，规范决策程序。加强决策合法性审查，健全普遍政府法律顾问制度。全面推行行政执法公示制度、执法全过程记录制度、重大执法决定法制审核制度。加强行政规范性文件合法性审查和报备工作。加快建设普惠性现代公共法律服务体系。强化行政权力运行监督，自觉接受人大法律、工作监督，自觉接受政协民主监督，全面接受监察监督，主动接受新闻媒体、社会各界监督。办好人大代表建议、政协委员提案，认真落实市人大及其常委会的各项决议决定。认真听取民主党派、工商联、无党派人士和人民团体的意见。深化政务村务厂务公开，加强政府网站和实体公开，让权力在阳光下运行。

（三）建设效能政府。按照政治过硬、本领高强的要求，着力提升“八个本领”。树立底线思维、增强忧患意识，提高风险的发现力、研判力、处置力。打造学习型政府，加强公职人员培训，提升能力素质，让各级干部成为新时代各领域的行家里手。严格执行中央八项规定，践行“三严三实”，坚定不移兴“三风”、纠“四风”、树新风。统筹规范督查检查考核，压缩数量和频次，让干部从迎评迎检的繁琐事务中解脱出来，集中精力抓落实。坚持严管与厚爱相结合，完善容错纠错机制，大力褒奖和鼓励政治坚定、奋发有为的干部，警醒和惩戒不作为、慢作为、乱作为的干部。我们要干字当头，求真务实，说实话、谋实事、出实招、求实效，以“踏石留印、抓铁有痕”的精神抓好中央、省、州和市委各项决策部署的贯彻落实。

各位代表，百舸争流，破浪者领航；千帆竞发，奋勇者当先。让我们更加紧密地团结在以习近平同志为核心的党中央周围，在省、州和市委的坚强领导下，不忘初心、砥砺前行，为建成文明生态经济强市而不懈奋斗，在新的历史起点谱写兴仁赶超跨越、高质量发展的新时代篇章，以优异的成绩庆祝新中国成立70周年！

晴隆县政府工作报告

（2019年3月6日在晴隆县第十八届人民代表大会第三次会议上）

晴隆县委副书记、县长 查世海

各位代表：

现在，我代表晴隆县人民政府向大会报告工作，请予审议，并请县政协委员和其他列席人员提出意见。

一、2018年工作回顾

过去的一年，在县委的坚强领导下，在县人大、县政协的监督支持下，全县上下凝心聚力、团结奋进，坚持以习近平新时代中国特色社会主义思想为指导，认真落实州委、州政府和县委的各项决策部署，践行新发展理念，深化供给侧结构性改革，守好发展和生态两条底线，坚决打好三大攻坚战，统筹推进稳增长、促改革、调结构、惠民生、防风险等各项工作，经济社会呈现出稳中有进、提质升位、民生改善的良好态势，较好地完成了县十八届人大二次会议确定的目标任务。

——**经济实力稳中有进。**全县地区生产总值完成82.98亿元、增长11.9%，固定资产投资增长18.4%，规上工业增加值增长11.7%，社会消费品零售总额完成8.59亿元、增长8.6%，财政总收入完成11.21亿元、增长13.15%，公共财政收入完成6.03亿元、增长7.27%；城乡居民人均可支配收入分别完成28844元、8356元，分别增长10%、10.2%；金融机构存贷款余额完成77.28亿元、42.17亿元；服务业增加值增长14.6%，农林牧渔业增加值增长6.4%；节能减排降碳指标控制在省下达计划范围内；在全省经济发展综合测评县域第三方阵15个甲类县中综合排名第6位，实现年初预定的保7争6目标。

——**脱贫攻坚连战连捷。**全面聚焦“四场硬仗”，扎实抓好“五个专项治理”，落实落细“四个聚焦”，深入推进“一场产业革命”，先后发起脱贫攻坚“春风行动”“夏秋攻势”，实现减贫22326人、出列贫困村4个，贫困发生率从18.37%下降至11.29%。基础设施逐步提升。建成“组组通”公路416公里，提前一年实现30户以上村民组100%通硬化路。投入1510.76万元，解决农村2.3万人饮水安全问题；完成水利总投资4亿元，西泌河水库下闸蓄水，鲁打水库、塘边寨水库、箐口水库建设项目和三宝水库防渗补漏工程加快推进，县城供水管网改造工程基本完成；投入9377.19万元，新建（改造）供电线路976.13千米、新建（更换）配变387台；投入7500万元，建成基站160个，4G通讯网络覆盖率达到98%，光纤宽带覆盖率达到85%。产业扶贫成效明显。整合涉农资金2.9亿元，争取到位扶贫产业子基金1.97亿元。引进贵州卡拉哈生态牧业有限公司等6家龙头企业带动羊产业发展。建成晴隆县兴鑫茶叶综合加工厂。引进光秀集团、泌泽苗木公司发展脐橙产业。“晴隆羊”“晴隆脐橙”“晴隆糯薏仁”成功通过农业农村部农产品地理标志评审登记。辣木产业快速发展，与中国老年保健医学研究会签订对口扶贫协议，县乡村医养一体化项目列为国家卫健委重点扶贫项目。羊存栏7.9万只、出栏8.8万只。调减玉米8.79万亩，种植茶叶1.5万亩、柑橘3800亩、糯薏仁2.6万亩、蔬菜9.5万亩、食用菌1800万棒，收购烤烟3.36万担。带动1.85万人脱贫。获批省级龙头企业1家、州级8家。易地搬迁扎实推进。建成沙子、南环路、阿妹戚托特色小镇三个安置点；县城拓展区安置点完成总工程量的77%。2016和2017年度6243户、27823人全部搬迁入住；2018年度30018

人搬迁稳步推进。三宝整乡搬迁签订协议1145户、5352人，其中，选房领钥匙1020户、4787人，实际搬迁入住602户、2828人。“新市民”计划大力实施，持续盘活“三块地”，确权颁证5167户，流转土地2768亩；发放林地管护补助235.49万元，培训新市民6238人，实现就业4054人；全县5个安置点全部配套设立卫生服务站、社区党组织、社区管理组织、警务室；阿妹戚托特色小镇卫生院建成投用；完成农低保转城低保595户，1968人；落实最低生活保障1542人，新市民养老保险、基本医疗保险全部按规定完成代缴，购买安居险13428人；新市民子女全部实现就近入学。“三保障”全面覆盖。完成东观教育园区（第四幼儿园、第六小学、第六中学）主体工程建设；资助贫困家庭学生2867人次，发放资助金841万元。投入1184万元，建成41个贫困村标准化卫生室；全县123所（点）农村中小学校实现校园医务室全覆盖；贫困人口医疗保险参合率100%、住院报销4514万元，报销比例达90%。改造农村危房（含“三改”）2639户；专项治理农村老旧房（透风漏雨）300户。对口帮扶取得突破。获中央统战部、省军区、省委办公厅、省民政厅、贵州中烟公司以及东西部协作等帮扶资金2亿元（含物资折价），实施项目60余个，受益贫困人口4万余人，开展培训7期570人次。

——**风险防控扎实有效**。加大政府债务风险防控力度，积极筹措资金，按期还本付息，用好用足政府债券置换政策，政府债务率下降至58.13%，全县政府性债务风险总体可控。加大金融领域风险防控力度，构建金融安全保障体系，坚决打击非法集资行为，加大银行存量不良贷款处置，有效防控金融风险。加大安全生产风险防控力度，严格落实安全生产、食品药品安全责任制，有效遏制重特大事故发生，全县安全生产形势总体平稳。加大社会矛盾风险防控力度，持续巩固“三维一体”信访维稳源头防控机制，深入开展扫黑除恶专项斗争，社会治安持续稳定。

——**污染防治成果明显**。切实抓好中央环保督察组反馈问题整改，22个问题完成整改20个，13件环境信访举报件完成整改11件。严格落实河（库）长制，实现三级河（库）长全覆盖。全力露天煤矿复垦复绿建设项目加快推进，全面取缔光照湖网箱养殖，完成西泌河水源地一级保护区环境整治。光照湖国家湿地公园通过国家林业和草原局评审验收。实施营造林11万亩，森林覆盖率达43.7%。集中式饮用水源地水质达标率保持100%；报废淘汰黄标车289辆，完成率100%；城市环境空气质量优良率保持100%。

——**工业经济转型加快**。投资16亿元，实施“千企改造”项目9个。完成全伦、新华煤矿主体矿井建设，裕华煤矿主体矿井建设稳步推进；完成源兴、久丰紫马、全伦、锦源等煤矿“五化”改造。产煤367万吨、销售283万吨，实现税收3.5亿元。“千企引进”深入实施，引进项目52个，总投资57.25亿元。完成工业投资项目14个（其中亿元以上7个），实现投资20亿元。入统规模以上工业企业26户。完成发电量23亿度，生产水泥200万吨。实现民营经济增加值50亿元，工业增加值万元工业能耗下降4.5%。

——**服务产业稳步提升**。山地旅游加快发展。加快推进二十四道拐4A级景区巩固提升工程；建成旅游厕所5个；引进中天城投集团投资建设阿妹戚托特色小镇民宿酒店；与军事科学院签订《建设二十四道拐抗战文化项目意向书》，着力打造二十四道拐红色旅游升级版。成功举办2018年国际山地旅游暨户外运动晴隆分会场活动（汽车拉力赛、汽车越野赛、第八届彝族火把节）。接待旅游总人数255.9万人次、同比增长65.2%，旅游业总收入17.6亿元、同比增长61.1%。物流电商同步推进。新增物流企业47家，累计建成贫困村电商服务站点37个、电商扶贫示范点14个、网上B2B市场1个，培育电商市场主体34家，开展电商扶贫培训3200人（次），网络零售额预计完成5000万元、同比增长39%。

——**城乡统筹加快推进**。城乡规划全覆盖。完成县城总体规划编制，并报州城规委审查待批复；完成阿妹戚托特色小镇、沙子、小箐等安置点规划和县城地下综合管廊规划；完成紫马、安谷、鸡场等乡镇总规编制及96个村（社区）村庄规划编制。城镇面貌不断改善。完成法院至南环路、民族风情街至晴隆收费站、原煤炭局至老干局道路建设。启动建设畜禽屠宰场。取缔县城三轮车，投入营运城市出租车。建成城镇公共卫生厕所14个。南街片区棚户区改造回迁安置点项目建设稳步推进，启动县城南街二期、张家瓦窑、国税局、教育局等片区棚户区改造项目，货币化安置1503户，兑现补偿款3.1亿元；加快推进大厂、花贡、鸡场等乡镇4200套棚户区改造综合整治项目建设。完成房地产投资5.02亿元、建筑业产值5.69亿元。加快推进茶马、鸡场、中营、大厂等小城镇建设。城镇化率达42.38%。拓展区建设有序推进。完成概念性规划和总体规划，快速通道完成可行性研究报告。测量土地1.19万亩，征收土地4053亩，兑现土地补偿款1.48亿元；丈量房屋953户、1071栋，兑现房屋拆迁安置费652万元；搬迁坟墓2737所，兑现资金1490万元。拓展区易地扶贫搬迁安置点建设完成投资6亿元，蒋坝营回迁安置点建设完成投资8000万元。完成中石化输油管道迁改初步方案；中石油天然气管道迁改完成管道焊接敷设42千米。

——民生保障更加有力。培训就业不断提高。完成劳动力全员培训6136人，通过劳务输出、多渠道开发就业岗位、鼓励创业、公益性岗位兜底安置等方式，吸纳就业9617人，农村劳动力转移就业6235人。教育事业不断发展。实施“全面改薄”项目108个，建成97个。创新办学模式，引进贵州三联教育集团与晴隆三中“合作办学”，带动提升全县教育教学水平。县域义务教育基本均衡发展通过国家评估认定，语言文字工作通过省级督导评估。医疗卫生不断完善。建成县疾控中心、县妇幼保健院，县中医院建设项目和县医院改扩建项目快速推进。县医院开设“5+2”重点科室（学科），14个乡镇（街道）开设疫苗数字化预防接种门诊。成功创建省级妇幼健康优质服务示范县。大厂镇、花贡镇通过国家卫生镇评审考核，鸡场镇、茶马镇通过省级卫生镇评审考核。常住人口出生率为9.9‰，自然增长率为5.53‰。文化体育不断丰富。完成“广电云”户户用工程9000户。建成紫马乡广播电视综合服务站和10个村级综合文化服务中心。开展春节系列文化活动及“送文化下乡”演出等活动110场（次）。社会保障不断加强。建成村（社区）幸福院4个，建成日间照料中心3个，县城中心敬老院建成投用。医疗救助6241人，发放救助金541万元。民族团结进步示范创建取得阶段性成果，成功创建省级民族团结进步示范县。此外，关心下一代、工青妇、红十字、老龄、残联、国防、国安、人防、国教、外事、侨务、对台、气象、档案、史志、宗教等各项事业全面发展。

各位代表，过去的一年，我们坚持不懈地加强政府自身建设，自觉接受人大及其常委会法律监督、政协民主监督，充分听取民主党派、工商联、无党派人士意见。向县人大及其常委会报告工作19项，向县政协通报工作情况3次，提请人代会和人大常委会选举任免县政府及其工作部门人员11次，18人。办理人大代表建议48件、政协委员提案68件，办复率均达100%。持续加快推进“放管服”改革，清理行政权力事项21项，公共服务事项2项。政务服务中心全年受理业务23.98万件，办结率达99.87%。政府党风廉政建设、行政效能建设、机关作风建设等工作取得新成效。

各位代表，2018年确定的“十件民生实事”，已基本办成6件、暂缓建设1件，还有3件正在推进。

各位代表，过去一年的成绩来之不易，这是习近平新时代中国特色社会主义思想正确指引的结果，是省委省政府、州委州政府和县委坚强领导的结果，是县人大、县政协监督支持的结果，是全县上下团结奋斗、奋力拼搏、苦干实干的结果。在此，我代表县人民政府，向在各领域和岗位上辛勤劳动的全县各族人民表示崇高的敬意！向人大代表、政协委员，向民主党派、工商联、无党派人士、人民团体，向驻县人民解放军、武警官兵、公安干警、消防应急救援队伍、民兵预备役人员，向所有关心、支持全县经济社会发展的各界人士，表示衷心的感谢！

在肯定成绩的同时，我们也清醒地认识到，政府工作与满足人民日益增长的美好生活需要还有很大差距，还存在不少困难和问题：一是脱贫攻坚任务十分艰巨。全县贫困程度深、贫困人口多、贫困发生率高，搬迁任务重、就业压力大、旧房拆除难。尚有35590人未脱贫，贫困发生率为11.29%，到2020年实现贫困人口全部脱贫、贫困县摘帽，任务非常艰巨。二是基础设施短板多、欠账大。交通、水利、医疗、教育等基础设施仍然落后，历史欠账大，项目建设成本高，资金缺口大。工程性缺水严重，农村人口还存在饮水安全问题，县城供水成本高。三是高质量发展支撑不强。产业结构调整效果不明显，产业小、散、弱，规模化、标准化、市场化程度不高；大工程和大项目少，投资拉动不足；“一煤”独大格局未根本改变，旅游业、服务业设施不配套。四是营商环境还需进一步优化。简政放权还不够到位，“中梗阻”“最后一公里”等问题还不同程度存在；民营企业发展面临不少隐形壁垒。五是防范化解重大风险压力大。经济总量小，可用财力少，收支矛盾突出，政府性债务负担较重，安全生产、社会治理等领域还存在薄弱环节。同时，一些干部能力不足、作风不实，执行力、落实力有待加强。这些困难和问题，我们一定高度重视，采取有力措施切实加以解决，努力把各项工作做得更好。

二、2019年工作计划

今年全县工作的总体要求是：以习近平新时代

中国特色社会主义思想为指导，全面贯彻党的十九大和习近平总书记对贵州工作的系列重要指示批示精神，牢记嘱托、感恩奋进，守好发展和生态两条底线，按照十九届二中、三中全会和中央经济工作会议精神，深入贯彻全省经济工作会议、州委七届七次全会和县委十三届七次全会决策部署，统筹推进“五位一体”总体布局，协调推进“四个全面”战略布局，坚持稳中求进工作总基调，坚持新发展理念，坚持推动高质量发展，以供给侧结构性改革为主线，深化市场化改革、扩大高水平开放，围绕建设现代化经济体系，深刻把握“六稳”要求，坚决打好三大攻坚战，大力实施三大战略行动，扎实推进乡村振兴战略，统筹推进稳增长、促改革、调结构、惠民生、防风险工作，提高人民群众的获得感、幸福感、安全感，保持经济持续健康发展、社会大局稳定，奋力夺取脱贫攻坚决战之年根本性胜利，以优异的成绩庆祝中华人民共和国成立70周年。

按照上述总体要求，围绕“十三五”发展规划，今年要迎难而上、奋力攻坚，确保实现三大目标。一是打赢脱贫攻坚年度战役。脱贫2.4万人、出列15个贫困村，贫困发生率下降至3.68%；完成易地扶贫搬迁入住30018人，三宝彝族乡实现整乡搬迁。二是经济增速稳中有进。地区生产总值增长11%左右，一二三产业增加值分别增长6.2%、11.1%、13.5%左右；限额以上固定资产投资增长16%左右，社会消费品零售总额增长10%左右；一般公共预算收入增长3.01%，城镇、农村居民人均可支配收入分别增长8.9%、10%左右。三是发展质量不断提升。科技进步贡献率提高到62%左右；空气优良天数比例达100%，森林覆盖率达45.7%；城镇新增就业4300人以上，城镇登记失业率控制在3.6%以内，城镇化率提高到45%。

围绕上述预期目标，我们将坚决贯彻落实“巩固、增强、提升、畅通”八字方针，着力抓好以下重点工作：

（一）坚决打好三大攻坚战，奋力夺取决战之年根本性胜利。

坚决打好脱贫攻坚战。紧紧围绕“四场硬仗”“五项专项治理”“四个聚焦”“一场革命”，全力推进“六大行动”“春季攻势”，尽锐出战、务求精准，坚决夺取脱贫攻坚根本性胜利。一是基础设施再完善。进一步完善“村村通”扫尾工程，加快“互联互通”公路建设。加紧实施农村饮水安全工程，解决1.77万贫困人口饮水安全。加大“四在农家·美丽乡村”基础设施建设投入，统筹推进网络扶贫5大工程，实现光纤到户覆盖率达99%，行政村光纤网络和4G网络覆盖率达100%。二是新市民计划再提升。建成县城拓展区安置点，进一步完善东观安置点（阿妹戚托特色小镇）配套公共服务设施；完成30018人搬迁入住，三宝彝族乡实现整乡搬迁；完成2017年度旧房拆除、复垦复绿任务。深入推进新市民“1+13”计划实施，进一步完善新市民基本公共服务保障、培训和就业服务、文化服务、社区治理、基层建设等五大体系，确保搬迁群众“搬得出、稳得住、快融入、能致富”。三是产业扶贫再创新。聚焦三宝极贫乡、39个贫困村，加大绿色产业投资基金争取、涉农资金整合力度，加快龙头企业引进，采取“龙头企业+合作社+农户”发展模式，以三级联动、三级示范、三方结合为抓手，着力“上规模、强龙头、创品牌、带农户”，确保扶贫产业覆盖到村、覆盖到户，带动2万贫困人口脱贫增收。四是“三保障”再强化。全面落实教育精准资助政策，办好职业教育精准脱贫班，做好建档立卡贫困学生资助工作。全面落实各项医疗保障政策，加大医疗健康扶贫，实行县域内“先诊疗，后付费”等便民惠民措施，继续抓好贫困人口8类14种大病专项救治，农村妇女“两癌”免费检查实现全覆盖。抓好农村危房改造工作，加大老旧房透风漏雨整治力度，切实解决农村住房安全问题。五是六大行动再攻坚。坚持“问题、目标、责任、结果”四个导向，全面发起春季攻势，实施好脱贫攻坚问题歼灭战、易地扶贫搬迁新市民计划、劳动力全员培训促进家庭就业全覆盖、落实“四个聚焦”、振兴农村经济深刻产业革命、乡村振兴示范引领六大行动，推进脱贫攻坚与乡村振兴战略有机结合，确保今年2.4万贫困人口脱贫，15个贫困村出列，贫困发生率下降至3.68%。六是社会帮扶再发力。加大汇报对接力度，用好中央统战部定点帮扶资源，争取更多优强企业结对帮扶贫困村；加大东西部扶贫协作力度，争取更多资金、项目、人才、就业等帮扶支持；抢抓省军区、省委办公厅、省民政厅、贵州中烟公司等帮扶机遇，争取更多支持，不断提升帮扶实效。七是扶贫资金再提效。加大涉农资金整合力度，坚持“谁审批、谁负责，谁使用、谁负责，谁验收、谁负责”的原则，进一步强化过程监督、审计跟踪、竣工验收，确保整合的资金精准用在扶贫上，着力提升扶贫资金绩效。整合涉农资金3亿元以上。

坚决打好风险防控攻坚战。以防范化解地方政府性债务风险、金融领域风险为重点，统筹抓好安全生产、社会矛盾风险防控，牢牢守住不发生区域性和系统性风险底线。强化债务风险防控。严格落实“七严禁”和地方政府性债务风险防范化解主体责任，坚持用发展的办法化解债务，严格控制增量债务。针对收支矛盾突出、偿债压力大、脱贫任务重等问题，认真研判，细化措施，科学制定财政风险防控化解方案，明确牵头领导、责任单位和责任人，根据资金需求时段，通过加大煤炭生产、盘活国有资产和土地资源、增减挂钩指标易地交易、做实平台公司融资、发行债券等方式，多渠道筹措资金，竭尽全力保运转，确保机关单位正常运转、人员工资正常发放；竭尽全力保民生，确保民生事业资金足额投入，把好事办好、实事办实；竭尽全力保信誉，确保按时还本付息、不出现银行不良记录。强化金融领域风险防控。严格落实属地风险处置责任，深入开展银行机构不良贷款、非法集资等领域风险排查监测和处置预警；坚决打击各类违法违规金融活动。强化安全生产和社会矛盾风险防控。严格落实安全生产责任制，强化督查巡查，强化应急值守，强化事故调查处理，推动企业安全生产主体责任落细落小落实；加大社会风险防控排查，深入开展突出矛盾和信访问题集中化解，妥善解决好农民工工资欠薪和工程欠款等突出问题；继续深入开展“扫黑除恶”专项行动，做好维护社会稳定和意识形态工作，营造良好的社会环境。

坚决打好污染防治攻坚战。坚持“绿水青山就是金山银山”的绿色发展理念，坚决打好“蓝天保卫”“碧水保卫”“净土保卫”“固废治理”“乡村环境整治”五场战役，大力实施“青山、碧水、蓝天、净土”四大工程，切实推进退耕还林、天然林保护、石漠化治理、湿地保护等重点生态修复工程，完成营造林2万亩，治理石漠化面积22平方公里，加大光照湖国家湿地公园保护力度，实现森林覆盖率达45.7%。持续加大中央、省委环保督察反馈问题和环境信访举报件、土地例行督察反馈问题整改力度，对尚未完成整改的加大整改督办，逐一整改销号。坚决守紧看牢生态保护、永久基本农田、城镇开发边界三条红线，深入开展西泌河、一望坪等饮用水源保护区污染源治理，加快全力露天煤矿、洞湾煤矿等矿山土地整治，增加用地指标。加大煤矿废水、废渣治理力度，持续开展能源和水资源消耗、建设用地等总量和强度“双控行动”。严格落实河（库）长制，做好全县水域综合治理，确保县城集中饮用水源达标率100%、污水处理率达85%以上，重要江河功能区水质达标率100%。空气质量优良率达98%以上。

（二）狠抓提质增效，推动经济高质量发展。坚持工业强县战略，加快传统工业转型升级。深入实施“双千工程”，推动煤炭、建材等工业企业实现转型升级、提质增效。加快三宝、裕华、沙家坪3对煤矿主体矿井建设和久丰紫马、全伦、锦源、红寨、仁禾、沙家坪、永荣7对煤矿辅助系统智能化改造，完成煤矿固定资产投资16亿元、煤炭过站量335万吨，实现税收4亿元。继续支持光照电站、大桥河梯级电站、盘江水泥等企业发展，切实帮助企业解决生产经营中的困难和问题。实现工业投资20亿元，工业增加值增长11%以上。大力做强山地旅游业，拉动三产繁荣发展。加快推进二十四道拐4A级景区巩固提升工程、二十四道拐遗址公园项目建设，加快完善住宿、餐饮、娱乐等配套服务设施。加大投融资、项目建设管理、景区运营管理、市场营销推广等专业人才引进力度。持续打造晴隆二十四道拐汽车拉力赛等知名赛事品牌，承办好2019年国际山地旅游暨户外运动大会晴隆分会场各项赛事活动。进一步丰富旅游业态，带动商贸、物流、餐饮、住宿等第三产业发展。全年接待游客人次、旅游总收入均增长30%以上。持续优化营商环境，大力支持民营经济发展。进一步优化营商环境，加大政府诚信体系建设、“放管服”改革力度，打通政策执行的“最后一公里”，强化服务意识、诚信意识，始终保持“亲、清”新型政商关系，创造更加公平的市场环境、政策环境、法治环境、社会环境。积极争取工业绿色投资基金、财政专项资金助推民营企业发展，加大融资担保支持力度，调动“政银企”三方力量共同缓解企业融资难问题。支持民营企业入驻产业园区、新市民居住区、500亩以上坝区等重点区域发展。认真落实“减税降费”政策、大力支持民营经济发展壮大的30条措施，切实降低用地、用能、税费等生产经营成本，着力减轻民营企业运行负担，让民营企业“轻装上阵”，奋力推动全县民营经济发展壮大。

（三）深入推动乡村振兴，实现“三农”新发展。围绕农村产业革命，扎实推动产业振兴。全面落实农业产业发展“八要素”，紧紧围绕“规模化、标准化、品牌化、市场化”发展目标，切实加快产业结构调整，促进一二三产业融合发展。围绕“1+3+N”产业布局，以草地畜牧业、茶叶、脐橙（血橙）、糯薏仁为重点，因地制宜发展蔬菜、食用菌、烤烟等产业。加大农业产业结构调整，以500亩以上坝区产业发展为突破，集中打造好安谷丰收坪、碧痕新坪、光照陈庄等三个坝区样板，带动全县产业结构调整。实现羊存栏10万只、出栏9万只以上，家禽出栏130万羽、禽蛋700吨以上，种植糯薏仁2.8万亩、柑橘5000亩、茶叶1.5万亩，着力打造“晴隆羊、晴隆茶、晴隆脐橙、晴隆糯薏仁”等优势品牌。加快推进农产品“十进”工程，加大经营主体培育力度，深入实施“泉涌”工程，建立农产品销售平台，拓展稳定销售渠道。加快县、乡、村三级电子商务服务站点建设，促进农产品线上交易，完成农产品销售额1.5亿元以上。围绕人居环境整治，扎实推动生态振兴。全面推行“户收集、村集中、镇转运、县处理”的垃圾收运处理模式，70%以上行政村生活垃圾得到有效治理，县城、乡村垃圾无害化处理率分别达90%、70%以上；建成大厂、茶马等乡镇污水处理厂。深入实施“5个100”乡村振兴示范村创建工程，紧紧围绕民族特色、产业发展、文化旅游、生态保护等乡村发展要素，将沙子镇创建成乡村振兴示范镇，将长流溪流村、大厂地久社区、紫马新洋村等12个村创建成乡村振兴示范村，带动全县美丽乡村建设。围绕新型农民培养，扎实推动人才振兴。大力实施乡村人才振兴行动计划，围绕山地农业、现代服务业、乡村旅游发展和新型城镇化建设，加强职业农民、乡土人才等培训，努力实现贫困劳动力培训与乡村人才振兴协调推进，培养造就一批技术型职业农民、生产经营型职业农民、社会服务型职业农民。全年培训各类农业农村人才4万余人次以上。围绕农村文化繁荣，扎实推动文化振兴。完成放映农村公益电影800场，送文化下乡演出40场，建成应急广播系统14套。加快二十四道拐爱国主义教育基地建设；深入挖掘彝族、苗族、布依族等文化，精心打造“阿妹戚托”“格尼角抓旮”“布依小打音乐”等民族文化品牌，继续建好“阿妹戚托”艺术团；开展文化艺术人才、非遗传统手工艺传承人培训，提升美丽乡村文化价值，引领农村文明风尚。围绕乡村有效治理，扎实推动组织振兴。推动依法治村、以德治村与村民自治有机结合，健全乡村治安防控、矛盾化解、公共安全、科技支撑、措施保障“五大”治理体系，不断提高社会治理法治化、社会化、智能化、专业化水平，促进乡村和谐有序。

（四）扩大有效投资，着力增强发展动力。狠抓项目建设，强化投资拉动。抢抓国家扶贫资金和项目向深度贫困县倾斜、新一轮西部大开发战略、推动乡村振兴以及省委省政府补短板等政策机遇，紧扣产业政策和资金投向，确保向上争取更多项目资金。围绕产业发展、城镇建设、基础设施、生态保护、乡村振兴、景区建设等方面，谋划和生成一批大项目、好项目，争取进入国家和省州“盘子”。计划实施省州重大工程、重大项目49个，总投资186.27亿元。狠抓基础设施，补齐发展短板。补齐交通短板。完成交通固定资产投资17亿元。积极推动纳（雍）晴（隆）高速公路开工建设；完成沪昆高速晴隆收费站至光照电站旅游路建设，加快推进砂锅经三宝至沙余公路、晴隆花贡至五里碑等公路建设。补齐水利短板。完成水利固定资产投资5亿元，加快推进西泌河中型水库下闸蓄水后系列工程项目建设，实现西泌河水库电厂发电；完成三宝水库防渗堵漏工程，加快推进鲁打水库、塘边寨水库、箐口水库等建设，开工建设普岔河水库，加快上河箐等提引工程建设。补齐电力短板。加快农村电网改造，基本实现全县农村地区供电稳定可靠，建成晴隆220千伏等输变电工程。补齐通信短板。统筹推进网络扶贫5大工程，加快城域网宽带扩容，上链带宽达700Gbps；光缆线路总长达1.5万公里；基站总数达2205个。强化统筹兼顾，推动城乡发展。加快城市基础配套建设。进一步提升城市承载能力，加快完善城市服务功能，动工建设抗战广场至朱家丫口等城市道路，配套建设农贸市场、综合停车场，加快建设通信、广电、供排水等公共服务设施。加快推进南街片区、教育局片区、张家瓦窑片区棚改工作进度。县城二期污水处理厂建成投用。完成房地产投资4亿元。同时，推进中营、茶马、鸡场、沙子、大厂等小城镇建设。加快县城拓展区建设。积极争取省、州支持，启动县城拓展区沙子段快速通道和核心区路网工程建设，完成拓展区安置点连接通道建设，全面建成拓展区易地扶贫搬迁安置点和蒋坝营回迁安置点。逐步完善拓展区公共服务功能配套。完成中石油输气管道迁改，积极协调加快推动中石化输油管道迁改。深化改革开放，增强发展活力。狠抓招商引资。进一步完善招商引资优惠政策和体制机制，强化招商专班工作力度，加大产业大招商“走出去，请进来”的步伐。进一步创新招商方式，采取领导干部带头招商、以商招商、以企招企、园区招商等方式，围绕加工业、草地畜牧业、山地高效农业、康养旅游业、民族特色文化产业、县城拓展区基础配套设施等开展全面招商，持续引进一批投资拉动大、科技含量高、就业带动强、产出效益好、生态环保优的企业，实现到位资金53亿元以上、增长10%以上。狠抓改革创新。坚决贯彻落实“巩固、增强、提升、畅通”八字方针要求，持续深化供给侧结构性改革，力争科技进步贡献率提高到62%左右，切实推动经济高质量发展。深入推进国企改革，完善现代企业制度，规范企业财务管理，健全法人治理结构，加快县城投、翠华、新东观、清泉公司等国有平台公司实体化改革进度；加快县茶业公司、草地公司、粮贸公司等国有企业改革进度。积极稳妥推进机构改革，深化事业单位改革、“三权”分置改革、“三变”改革，加快农村产权交易市场建设。深入推进“放管服”改革，开展“减证便民”专项行动。

（五）强化财税保障，全力推动经济发展。一是狠抓财源建设。加大对煤炭、电力、建材、房地产、烟草及服务业等财源的培育力度，进一步盘活国有资产、土地资源，实施城乡建设用地增减挂钩项目5000 亩、旱改水项目 4000 亩，为全县财税增收提供保障。二是加大融资力度。抢抓增加地方一般性转移支付、增发地方政府专项债券等政策机遇，继续优化银行信贷结构，提高存贷款两项指标余额增速。不断拓宽融资渠道，积极争取农发行、国开行、农商行、贵州银行、贵阳银行等银行贷款，加快推进债券发行工作，用好绿色产业投资基金、涉农资金和社会帮扶等资金。三是强化资金监管。加强财政预算管理，厉行勤俭节约，盘活存量资金。严肃财经纪律，织密织牢“数据铁笼”，构建“用数据说话、用数据决策、用数据管理、用数据创新”的资金管理新机制，提高资金使用安全性。

（六）持续改善民生，统筹推动社会各项事业。一是着力加强就业保障。完善就业创业政策，贫困劳动力转移就业 5173 人，城镇登记失业率控制在 3.6%以内。二是着力加强教育保障。启动义务教育优质均衡发展工作，加快“全面改薄”等项目实施进度，东观教育园区（第四幼儿园、第六小学、第六中学）建成投用，加快解决县城学校大班额及新市民子女入学问题。建立健全“控辍保学”长效机制，全面提高义务教育巩固率。继续引进和培育壮大师资队伍，不断提升教育教学质量。三是着力加强医疗保障。进一步完善城乡居民基本医疗保险制度和大病保险制度，推行多元复合式医保支付方式，实现省内和跨省异地就医住院医疗费用即时结算。加快推进深度贫困乡村两级卫生基础设施建设，统筹县乡村三级医疗卫生人才综合培养，提升医疗卫生服务能力。加快建立分级诊疗制度。加快实施中医院建设项目和县医院改扩建项目。四是着力加强社会保障。扎实做好城乡低保年度核查和提标工作，提高特困人员救助供养水平，为新市民及时办理农低保转城低保。加强农村“三留守”人员、城镇困难职工、失独失能老人关爱保护，实现农村生活不能自理特困人员供养全覆盖。做好防灾减灾救灾工作。五是统筹抓好其他社会事业。实施好文化惠民行动，加快公共文化服务体系建设，抓好新一轮全国双拥模范城创建工作。创新社会治理，深化扫黑除恶专项斗争，加强社会治安防控体系建设，强化矛盾纠纷多元化解，加强信访工作法治化建设。按时间节点推进第四次全国经济普查工作。进一步加强民族团结宣传教育，依法打击非法宗教和邪教活动，加大对农村非法宗教活动、境外渗透活动的打击力度。严格食品药品全链条监管，坚决消除监管盲区盲点。深入推进安全生产领域改革，加强安全基础保障能力建设，确保社会大局稳定。此外，重视国防动员、后备力量建设，支持军队建设和监察委、法院、检察院工作，加强国家安全、司法行政、民族宗教、史志、外事、人防等工作。

今年，我们将努力办好以下民生实事：（1）建成碧痕、大厂社区卫生服务中心主体工程，紫马社区卫生服务中心投入使用；（2）建成县老年养护楼主体工程；（3）建成下规模和东方红便民码头；（4）建成49 公里“四好农村路”示范路；（5）新增 30 辆城市出租车；（6）完成 300 户农村老旧住房透风漏雨整治；（7）解决 3.7 万农村人口饮水安全问题；（8）公益性岗位累计安置困难人员就业 600 人次，完成农村劳动力转移就业 6300 人。

三、加强政府自身建设

（一）强化政治担当，切实提高执行力。提高政治站位，树牢“四个意识”、坚定“四个自信”，坚决做到“两个维护”，自觉从政治上把握大局、看待问题、谋划事业、推进工作，不折不扣执行党中央、国务院，省委省政府、州委州政府和县委决策部署，做到县委有号召、政府见行动，县委有部署、政府见成效。狠抓工作落实，强化“真抓实干、马上就办、办就办好”，迅速将各项决策部署转化为具体行动、转化为发展实效；围绕制定的政策、部署的任务、作出的承诺，制定“时间表、路线图、任务书”，坚持台账式管理、项目化推进、责任化落实，以“钉钉子、扣扣子、担担子”的精神推动各项决策部署落地见效；面对脱贫攻坚、污染防治、债务化解等急难险重任务，坚持抓具体、抓深入，切实扛起主责、抓好主业、当好角色，勇于担当、敢于创新，迎难而上加以解决；对既定重大工作、重大项目一鼓作气、一抓到底。

（二）坚持依法行政，切实提高治理能力。强化法治理念、守牢法律底线，切实提高运用法治方式深化改革、推动发展、化解矛盾、维护稳定的能力，形成平时学法、办事依法、遇事找法、解决问题用法、化解矛盾靠法的良好法治环境，推动政府权力在法治轨道上运行。健全政府决策机制，完善公众参与、专家论证、风险评估、合法性审查、集体讨论决定等重大行政决策程序，提高科学决策、民主决策、有效决策水平。加强规章建设，深入开展政府规范性文件清理，形成科学合理、切实可行、具体管用的制度规范体系。公正文明执法，推行行政执法公示、过程全记录和重大行政执法决定法制审核制度，做好行政裁决、行政复议、行政应诉，切实营造公正文明执法环境。真诚接受监督，自觉接受人大及其常委会的法律和工作监督，自觉接受政协的民主监督，高度重视民主党派、工商联和无党派人士的意见建议，充分发挥工青妇等人民团体桥梁纽带作用，接受新闻舆论、社会公众监督，认真办好人大代表议案、建议和政协提案，主动回应代表、委员关切，提高办理质量。

（三）优化政务环境，切实提高服务水平。营造诚信透明的政策环境，强化政策落实的督促检查。营造公平有序的市场环境，建立和落实市场准入负面清单，降低投资门槛，实行“非禁即入”；加强重点领域市场监管，打击传销、制售假冒伪劣商品等违法行为。畅通政企沟通渠道，落实好联系服务重点企业制度，规范政商交往行为。营造优质高效的服务环境，启动县政务服务中心标准化建设，实行“一站式”审批、“一条龙”服务，努力建设服务型政府。

（四）加强廉政建设，切实守好廉洁底线。全面落实党风廉政建设主体责任、监督责任，认真履行好“一岗双责”，严格执行廉洁从政各项规定。扎实开展“不忘初心、牢记使命”主题教育，牢固树立以人民为中心的思想，正确对待手中权力，把实现和发展人民福祉作为检验政府工作成效的第一标准。强化权力运行制约，深化政务公开、财政预决算公开和绩效管理，加强对政府采购、工程招投标、财政资金使用等重点领域、关键环节的监督管理和风险防控，用好“数据铁笼”监管手段，强化政策性跟踪审计，把机制建设贯穿权力运行始终，切实织密制度之“网”，扎牢“不能腐”的笼子，以更高标准建设忠诚、干净、担当的新时代干部队伍。深入推进干部约谈常态化，教育全体党员干部自警自省，防微杜渐，切实筑牢思想之“堤”，增强“不想腐”的自觉，坚持有腐必反、有贪必肃、有案必查，严厉查处损害群众利益的各类案件。

各位代表，时代赋予重任，奋斗铸就辉煌。让我们更加紧密地团结在以习近平同志为核心的党中央周围，在县委的坚强领导下，团结带领全县各族人民，进一步解放思想、凝心聚力、克难攻坚、奋力拼搏，为全面夺取脱贫攻坚决战之年根本性胜利而努力奋斗！

普安县政府工作报告

（2019年2月24日在普安县第十七届人民代表大会第四次会议上）

普安县委副书记、代理县长 龙 强

各位代表：

现在，我代表县人民政府向大会报告工作，请予审议，并请县政协委员和其他列席人员提出意见。

一、2018年工作回顾

过去的一年，我们牢记嘱托、感恩奋进，在县委的坚强领导下，在县人大、县政协的监督支持下，认真贯彻落实州委、州政府和县委各项决策部署，践行新发展理念，深化供给侧结构性改革，守好发展和生态两条底线，全力打好三大攻坚战，在稳增长、促改革、调结构、惠民生、防风险上主动作为，全县经济社会发展取得了显著成效。

——经济发展稳中有进。地区生产总值完成89.35亿元、增长12.1%，增速高于全州平均水平；固定资产投资完成87.72亿元，增长20.5%；社会消费品零售总额完成10.49亿元，增长9.5%；一般公共预算收入完成8.82亿元，增长4.01%；金融机构人民币存贷款余额完成174.9亿元，增长3.7%；实际利用外资1.74亿美元，实现出口创汇1036万美元；经济发展综合测评在全省县域经济第二方阵中排名第10位，比2017年上升2位。

——脱贫攻坚连战连捷。实现7个贫困村出列、11298人脱贫，超任务脱贫2598人，贫困发生率下降至5.74%，完成易地扶贫搬迁17419人，“五个专项治理”评估验收综合成绩排名全省第一。

——民生福祉持续增进。城镇新增就业4275人，登记失业率控制在4%以内。城镇、农村居民人均可支配收入分别达29164元、8822元，分别增长9.6%、10.6%，增速高于全省平均水平。

一年来，我们尽锐出战、真抓实干，“三大攻坚”战果丰硕。脱贫攻坚战取得决定性胜利。以脱贫攻坚统揽经济社会发展全局，认真贯彻落实省委、省政府脱贫攻坚“3856”和“4541”战略部署，扎实推进“春风行动”“夏秋攻势”“冬季充电”等脱贫攻坚重大行动，朝着脱贫摘帽退出的目标迈出关键步伐。“四场硬仗”纵深推进。建成“组组通”公路172.9公里，提前一年实现30户以上村民组“组组通”硬化路，全县所有村（社区）通村路硬化率达100%；完成20个农村安全饮水工程，解决5.48万人安全饮水问题；完成48个农网改造升级项目，贫困村通动力电100%，行政村光纤覆盖率达90%以上、4G网络覆盖率100%。建成易地扶贫搬迁安置住房4163套，完成旧房拆除复垦复绿1226套；“新市民计划”深入实施，配套建设学校、医院、警务室等服务设施，建成2个新市民社区，办理新市民居住证9093人、“安居险”19703人，解决搬迁群众就业5277人，实现一户一人就业。全面落实教育医疗住房保障政策，资助学生3.7万人（次）2560.46万元，贫困学生100%入学；实现贫困户参保率100%，救助住院建档立卡贫困患者9796人（次）、4193.55万元，实际补偿比例达90%；完成农村“危改”“三改”2569户，小康房建设300户，启动农村老旧危房整治工作和6个贫困村人居环境整治工程。“产业革命”卓有成效。围绕“一红一白”脱贫主导产业，按照“八要素”要求大力推进农村产业革命。实施“退一进十”工程，完成低效玉米替代作物种植9.07万亩，累计收购烟叶13.07万担，种植蔬菜10.3万亩、精品水果4.45万亩、中药材0.92万亩，经济作物比重达60%以上，完成“三品一标”无公害产地认证8.03

万亩，荣获全州农业产业化建设综合评比二等奖。新植茶园4.4万亩，实现干茶产量7150吨，茶叶综合产值11.6亿元，带动7022户茶农增收；"普安红"农产品地理标志通过农业农村部审核，"中国红茶联盟"在普安成立，并发布引领中国红茶发展方向的《中国红茶联盟普安宣言》，省内外"普安红"专卖店（销售中心）达56家。高标准建成习近平总书记亲自关心的"白叶一号"感恩茶园2000亩，覆盖贫困人口2577人，胡春华副总理、孙志刚书记、谌贻琴省长等领导先后对"白叶一号"工程作出批示，茶苗种植也得到国务院扶贫办充分肯定。全年长毛兔存栏58778只，兔毛销售额602.94万元，带动511户贫困户增收；新建长毛兔养殖小区178个，实现所有村（社区）全覆盖，与浙江新大集团合作在西城区打造全产业链长毛兔产业园区，长毛兔扶贫镇海模式入选国家东西部扶贫协作案例汇编，成为全国20个产业合作案例之一。"四个聚焦"持续给力。投入财政资金0.18亿元，整合资金2.67亿元，推进贫困村基础设施建设、扶贫产业发展。公安部加大定点帮扶力度，选派干部到3个深度贫困村担任第一书记，投入帮扶资金6969.21万元，实施教育、医疗、警务、产业四大提升工程。东西部扶贫协作投入帮扶资金4644.96万元，重点对人才交流、劳务输出、长毛兔产业等进行帮扶。省工行贷款26.57亿元，帮助推进县城棚户区改造、白水水库、县医院等项目建设。贵阳市南明区帮助引进老干妈公司，建立辣椒订单农业种植基地，惠及贫困群众387人。利用《贵州日报》全媒体新闻宣传资源，推进实施"文军扶贫"，攻坚合力得到进一步凝聚。"五个专项治理"成效明显。解决了一批贫困人口漏评错评、错退、农村危房改造不到位、扶贫资金使用不规范、扶贫领域腐败和不正之风等5个方面的问题，全县贫困人口识别、退出准确率进一步提高，农村危房改造扎实推进，干部作风持续好转，群众认可度大幅提升。

风险防范攻坚战取得阶段性胜利。政府债务风险防范扎实有效。认真履行"借用管还"主体责任，成立投融资决策委员会、投融资建设及债务风险防控领导小组，出台《普安县偿债风险基金管理办法》，建好风险偿债基金池，有效化解2014年以前债务23.09亿元，按期还本付息10.2亿元。有效规范项目融资，国有平台公司实体化、市场化步伐加快。坚决打击违法违规金融活动，地方政府性债务风险、金融领域风险总体可控。安全生产风险防范扎实有效。强化煤矿、非煤矿山、道路交通、食品安全、烟花爆竹及危险化学品等重点行业领域安全隐患排查整改，全年排查治理一般事故隐患12435条（处），重大隐患7条（处），事故发生起数和死亡人数实现双降，未发生较大以上安全事故，安全生产形势平稳。社会矛盾风险防范扎实有效。强化对历史遗留问题风险点的排查、化解。巩固"三维一体"信访源头防控工作机制，化解信访案95件，化解率达90.4%。全面推进"1+N"大数据警务模式，深入开展扫黑除恶"雷霆行动""夏秋风暴"等专项行动，全年刑事案件、治安行政案件实现"双降"。

污染防治攻坚战取得实质性胜利。推动"青山工程"出实效。完成营造林10.5万亩、水土保持综合治理20.58平方公里，森林覆盖率预计达52%。发放国家和地方公益林生态补偿基金538万元，补助护林员487万元，实现林业产值30亿元。推动"碧水工程"出实效。实施最严格水资源管理"三条红线"，建成青山等4个乡镇污水处理厂，城镇污水处理率提高到89%。深入推进河（库）长制，完成甲金水库饮用水源一二级保护区划分、县城集中式饮用水源替换工作，主要河流水质达标率、集中式饮用水源地水质达标率均保持100%。推动"蓝天工程"出实效。深入实施新一轮大气污染防治计划，淘汰黄标车及老旧车208辆，严控秸秆焚烧，划定县城禁燃区，城市环境空气质量优良率达98.9%。推动"净土工程"出实效。有序推进全国第二次污染源普查、土壤环境状况详查工作。建成县医疗废物处置中心、13座城镇垃圾转运站，垃圾收纳转运日处理能力达595吨，城乡生活垃圾无害化处理率达81.88%、医疗废物无害化处理率提高到90%以上。

一年来，我们精准发力、靶向施策，产业发展优化提升。工业转型升级取得新成效。完成工业投资32.83亿元，实现规上工业总产值51.5亿元。完成6对煤矿智能化升级改造，8对煤矿实现综采，10对煤矿实现综掘，关闭天普等5对煤矿，合理化解产能90万吨，煤炭过站量达167万吨。完成工业园区投资13.12亿元，新增入园企业7家，实现总产值45.5亿元。中电（普安）电厂一期项目实现投产发电，助推全州电力装机突破1000万千瓦。滚动实施"双千工程"，完成11户企业改造，引进省外项目51个，合同投资总额53.42亿元。新兴产业培育取得新进展。稳步推进农商联动示范县项目建设，大力推动农特产品触网销售，开办电商企业32家，新建农村淘宝服务站19个，形成县、乡、村三级物流快速通道，完成电子商务交易额6500万元、各类农特产品网络零售额1121.39万元。横冲梁子风力发电场和青山、新店等4个光伏发电站累计发电3.12亿千瓦时，实现产值2.47亿元。旅游产业发展取得新突破。建成自行车主题公园、神农祠等旅游项目，世界茶源谷景区旅游配套设施逐步完善。打造马家坪古茶树保护区、茶马古道等旅游景点，推出“奇行圣境、溯源朝圣、古道探秘、健康养生”等观光线路。成功举办黔西南州第四届旅游产业发展大会及系列活动，全年接待游客148.2万人（次）、增长58.6%，旅游收入11.1亿元、增长56.3%，旅游产业实现“井喷式”增长。

一年来，我们抢抓机遇、善做善成，发展动力更加强劲。城市空间逐步拓展。启动《普安县城乡规划大纲》编制工作，抓住棚改、易地扶贫搬迁、晴普拓展区建设机遇，推动“一城两区”加快发展。县城劳动街、教育局、消防队等棚户区改造完成投资16.09亿元，完成建筑面积22万平方米，城市印象商业街区投入运营；启动瓦厂、石灰窑等6个片区棚改工程，完成房屋征收2877户，签约率99.9%、拆除率93.3%。县城至东西城区连接线加快建设，沪昆高铁普安县站至县城城市主干道、普安县城至县城东区旅游快速通道累计完成投资16.76亿元；主动将东城区建设布局融入晴普拓展区发展定位，布依茶源小镇二区、民族实验学校、古茶文化城等重点项目扎实推进，交通、水利、电力等配套设施逐步完善；西城区龙溪石砚小镇易地扶贫搬迁安置区、教育城等项目稳步推进。基础设施不断夯实。完成普兴一级公路项目前期工作，S216龙吟至普安段提等升级工程全面建成投用，重建修复灾毁、水毁公路129.48公里，累计建成通村通组路网全覆盖项目900余公里。完成水利固定资产投资6.8亿元，五嘎冲水库大坝实现封顶，大湾、荒田、三岔河、白水等水库工程建设有序推进；县城供水管网正式贯通，甲金水库实现向县城供水，解决了县城长期以来季节性供水困难的历史性难题。小城镇建设持续推进。完成5个乡镇控规及71个行政村村庄规划编制，启动青山铜鼓山夜郎文化展览馆、夜郎城基础设施建设，完成古镇一条街房屋修复与保护工程；投入1.05亿元，完成龙吟州级示范小城镇移民主体工程、生活垃圾转运站、污水处理厂等项目建设。

一年来，我们用心用情、尽力而为，民生保障持续增强。教育持续均衡发展。教育政策、资金、项目、人才持续向薄弱学校倾斜，建成农村边远艰苦地区教师周转宿舍3个，教师交流比例达11%，基本消除小学、初中大班额现象，小学、初中辍学率分别控制在0.6%、1.8%以下。争取教育资金9691万元，实施项目66个，建设校舍7.8万平方米。医疗卫生稳步提升。县人民医院新院区、县中医院建设项目累计完成投资1.8亿元，新（改）建乡镇（街道）标准化卫生院6家、农村标准化卫生室（服务站）117个，实现村卫生室全覆盖。县卫生监督所成功创建贵州省卫生监督机构规范化建设样板单位。文化事业日益繁荣。建成2个多彩贵州“广电云”户户用服务站，覆盖43个行政村。创作《云上之爱》《香遇普安红》等电影作品，《天下普安》原创歌曲在央视音乐频道播出，启动“苗族芦笙舞”“布依小打音乐”非物质文化遗产数字化保护工作，持续开展“送文化下乡”等活动43场，丰富广大群众文化生活。社会保障不断增强。城乡低保标准每人每年分别提高到6840元、3876元，发放城乡低保1.3亿元、养老保险3958万元、特困供养585万元、城乡医疗救助1202万元、临时救助584万元。推动军民深入融合发展，加强国防动员、国防后备力量建设，双拥工作取得新成果；关心下一代、工青妇、宗教、老龄、残联、消防、外事、侨务、档案、史志、科普、禁毒等各项事业取得新进步。

一年来，我们务实笃行、自强体魄，行政效能不断提高。始终把加强自身建设作为推进政府工作的关键来抓，以“作风建设年”为契机，全面加强干部作风和行政效能建设，牢固树立“四个意识”、坚定“四个自信”，自觉同以习近平同志为核心的党中央保持高度一致。法治政府加快建设。健全依法决策机制，修订出台《普安县人民政府工作规则》等重要制度，规范性文件监督管理不断加强。坚持民主集中议事原则，严格遵守“三重一大”决策程序。乡镇（街道）、政府工作部门外聘法律顾问和“一村一法律顾问”实现全覆盖。服务水平不断提升。认真办理建议、提案104件，办复率、满意度不断提升。全面推行决策、执行、管理、服务、结果“五公开”，让人民群众更加有效地监督政府行为。抓好政务服务标准化管理运行，推动“互联网+政务服务”有效落实。廉政建设全面加强。严格落实党风廉政建设责任制，推进“两学一做”学习教育常态化、制度化，深入开展“不忘初心、牢记使命”主题教育，严格执行中央八项规定及其实施细则，大兴“三风”、严厉整治“四风”。用好审计利剑，重点抓好公共资金、国有资产、国有资源、领导干部经济责任审计，完成各类项目审计7个，核减项目资金1500万元。

各位代表，事非经过不知难，过去一年我们在前进路上奋力奔跑，跨过许多沟沟坎坎、越过不少激流险滩，很辛苦、也很充实，有付出、更有收获。奋斗充满艰辛，成绩来之不易。这是习近平新时代中国特色社会主义思想正确指引的结果，是州委、州政府和县委坚强领导的结果，是县人大、县政协监督支持的结果，是全县上下团结奋斗的结果。在此，我代表县人民政府，向全县各族人民、干部职工表示崇高的敬意！向人大代表、政协委员、工商联、各人民团体，向驻县部队官兵和人民警察，向所有关心、支持普安经济社会发展的各界人士，表示衷心的感谢！

在肯定成绩的同时，我们也清醒地认识到发展不平衡、不充分的问题仍然比较突出，政府工作与满足人民日益增长的美好生活需要还有一定差距。主要是：脱贫摘帽退出形势严峻，全县仍有贫困人口1.8万人、贫困村11个，扶贫产业规模化、市场化不高，带动能力还不够强。易地扶贫搬迁后续扶持、社会管理压力较大。产业转型升级任务艰巨，农业产业规模化、品牌化程度低，煤炭产能释放不足、石材产业发展缓慢，现代服务业还未形成核心竞争力。防范化解风险压力较大，传统税源支撑下滑，新兴财源培育不够，财政持续增收难度大，地方政府性债务负担较重。安全生产、社会治理等领域还存在薄弱环节。政府行政效能仍需提升，少数干部精神不振、能力不足、担当不够，执行力、落实力有待提升，不作为、不会为、乱作为，一些领域的不正之风、腐败问题还不同程度存在。这些矛盾和问题，我们一定高度重视，采取有力措施扎实有效解决，决不辜负全县人民的重托。

二、2019年重点工作

2019年是新中国成立70周年，是普安脱贫摘帽退出的决胜之年，做好全县经济社会发展各项工作至关重要、意义重大。总体要求是：以习近平新时代中国特色社会主义思想为指导，全面贯彻党的十九大和习近平总书记对贵州工作的重要指示批示精神，按照中央经济工作会议、全省经济工作会议、十二届县委六次全会部署，牢记嘱托、感恩奋进，统筹推进“五位一体”总体布局，协调推进“四个全面”战略布局，坚持稳中求进工作总基调，坚持新发展理念，坚持推动高质量发展，坚持以供给侧结构性改革为主线、以脱贫攻坚统揽经济社会发展全局，守好发展和生态两条底线，深刻把握“六稳”要求，持续打好三大攻坚战，扎实推进乡村振兴战略示范创建，大力实施“一带一路、建养一体、打通经络、双擎驱动、众志成城、实现赶超”发展方略，着力构建“1+4+3”发展体系，统筹推进稳增长、促改革、调结构、惠民生、防风险工作，提高人民群众的获得感、幸福感、安全感，保持经济持续健康发展、社会大局稳定，实现整县脱贫摘帽退出，以优异的成绩庆祝中华人民共和国成立70周年。

今年全县经济社会发展的主要预期目标是：地区生产总值增长12%左右，一二三产业增加值分别增长7%、11%、15%左右；500万元以上固定资产投资增长17%左右，社会消费品零售总额增长12%左右，城镇、农村居民人均可支配收入分别增长9%、10%左右；城镇新增就业4300人以上，城镇登记失业率控制在4%以内；森林覆盖率提高到55%，城镇化率达45%。

各位代表，“我们都在努力奔跑，我们都是追梦人”，在追逐同步小康梦想的道路上，普安已经走到啃硬骨头、攻城拔寨的决战时期，困难与挑战比我们预想的还要大。我们将“牢牢抓住这一年、努力干好每一天”，全力以赴抓好以下工作：

（一）坚决夺取脱贫摘帽退出全面胜利。今年是普安脱贫摘帽之年，我们将坚决扛起脱贫攻坚政治责任，贯彻落实精准扶贫、精准脱贫基本方略，坚持目标不变、靶心不散、频道不换、尽锐出战，对标对表脱贫摘帽退出指标体系，全面实施“六大行动”，实现11个贫困村出列、减少贫困人口1.25万人以上，贫困发生率下降至1.8%以下，顺利通过省级评估、国家抽查。

全面打响脱贫攻坚问题歼灭战。围绕“一达标，两不愁，三保障”，以“4541”为重点，紧扣作战体系和县、乡、村作战方案，严格落实滚动常态化排查机制、包保解决问题机制、合力攻克问题机制，强化县、乡、村三级联动，对国家、省脱贫攻坚成效考核发现问题，省委第四巡视组反馈脱贫攻坚领域存在问题，以及各级巡察、督导、审计和自查发现问题，精准建立台账，全部进行歼灭，补齐脱贫攻坚短板。全面落实易地扶贫搬迁新市民计划。认真落实“六个坚持”“五个三”部署，加快推进东西城区易地扶贫安置住房及配套设施建设，建成安置住房2416套，确保6月底前实现10304人搬迁入住。完成2017年度3754户旧房拆除复垦复绿工作。深入实施新市民“1+13”系列措施，提高社区管理、治理水平，抓实就业、教育、医疗等后扶管理，做好已搬迁人口的低保、医保和养老保险等各类社会保障的转移衔接，东城区民族实验学校3月份实现开学招生，盘活东城区1400套公产门面，做大、做强商业业态，着力完善双创产业园配套服务功能，加快西城区长毛兔产业园区建设，以产业聚集带动搬迁家庭每户至少1人以上稳定就业，消除“零就业”家庭。全面推进振兴农村经济的深刻产业革命。牢牢把握产业革命“八要素”，以“八大工程”实施为抓手，以绿色产业基金、“农调扶贫险”和科技兴农为要素保障，深入推进农村产业革命。扎实抓好农业产业结构战略性调整。以5万亩茶叶种植为重点，围绕烤烟、中药材、食用菌等特色产业，深入实施“退一进十”工程，完成7.8万亩低效玉米调减。种植烤烟5.58万亩、蔬菜10.5万亩、中药材3.75万亩、食用菌600亩，实施核桃提质增效1万亩，经济作物占比提高到70%以上，实现由“种来吃”向“种来卖”转变。扎实抓好500亩以上坝区规模化调整。坚持“一坝一品”，实行“一个坝区、一名县级领导”包保指导，围绕茶叶、蔬菜等特色高效产业，启动500亩以上坝区产业结构优化调整，引进龙头企业入驻坝区实施高效精品农业示范种植，完成产业项目投资1.5亿元以上，重点打造青山高寒蔬菜、新店茶叶育苗、白沙辣椒种植等3个500亩以上坝区标准化建设示范基地。扎实抓好主导产业发展。坚持“一红一白”脱贫主导产业不动摇，加快茶和长毛兔产业发展步伐。以“一园两区三带”为茶产业发展战略规划，按照新建15万亩茶园基地目标，积极争取绿色产业基金；力争打造5000亩茶叶育苗基地，新植茶园5万亩，每个乡镇（街道）建成1个300亩以上茶叶种植示范基地，实现茶园面积达19.3万亩，综合产值12.2亿元以上；组建普安红集团，加快推进浙茶集团（普安）茶产业园和木本源“普安红”项目建设，统筹引领普安红茶产业发展；新增省内外“普安红”专卖店（销售中心）20家以上，让更多人叫响普安红品牌。全力推进长毛兔产业发展，加快推进西城区全产业链长毛兔产业园区建设，建成170个长毛兔养殖小区，引导1112户贫困户参与养殖，带动1575户贫困户增收。扎实抓好示范带动。全力践行总书记“绿水青山就是金山银山”的理念，以2000亩“白叶一号”感恩茶园为示范带动，建成万亩白茶产业基地，全力推进白茶产业链建设，将白茶做成脱贫攻坚示范产业，实现荒山变茶山、贫农变茶农、山区变景区。着力打造2个以上一二三产业融合示范园区，每个乡镇（街道）打造1个以上县级农业园区。新增州级以上龙头企业2家，培育1家省级示范合作社。围绕特色优势产业，培育一批名优品牌，完成“三品一标”认证产品6个、认证面积4万亩，建设1个万亩以上无公害农产品基地。全面实施深度贫困地区“四个聚焦”。扶贫资金向贫困村聚焦，全面整合财政专项扶贫资金、涉农资金、社会帮扶资金，全力支持贫困村发展。对3个省级深度贫困村全年安排不低于500万元的资金支持。用好省工行、国开行帮扶机遇，在产业策划、融资规划、金融扶贫等方面加大合作力度，破解贫困村产业发展、基础设施建设等资金瓶颈。东西部扶贫协作向贫困村聚焦，借助“镇海区将普安县脱贫摘帽退出作为最大政治任务”的机遇，加大东西部扶贫协作力度，深化资源优势互补，深入开展产业扶贫、智力援助、劳务协作和教育医疗等项目合作，用好用活3000万元以上帮扶资金，将50%以上的帮扶资金用于贫困村长毛兔等产业发展。基础设施建设向贫困村聚焦，按照户户过关的标准，建成农村饮水安全巩固提升工程25个，全面解决农村安全饮水问题；建立健全农村安全饮水管护运行机制，着力解决长期困扰群众的季节性缺水问题，启动水质监测工作，切实让群众喝上“安全水”“干净水”。以房屋“顶不漏雨、墙不透风、门窗完好”为整治目标，完成7000户以上农村透风漏雨老旧住房整治，全面保障群众住房安全。积极推进集中村寨串户路建设。实现农村电网供电可靠率达100%，行政村光纤网络全覆盖。帮扶力量向贫困村聚焦，优化中央定点帮扶方式，围绕产业发展、教育医疗保障和3个省级深度贫困村出列，不断拓宽定点帮扶的深度和内涵，积极争取公安部将东城区纳入全国民警培训基地，切实把公安部帮扶项目建成民心工程。充分借助《贵州日报》报业集团、南明区等结对帮扶单位的支持，进一步凝聚合力，营造良好的攻坚氛围。进一步压实帮扶责任、凝聚帮扶力量，分批次派驻干部下沉到村一线开展脱贫攻坚工作，确保一切力量向脱贫攻坚一线聚焦。全面启动劳动力全员培训促进家庭就业全覆盖。以实现有劳动力的贫困家庭至少1人就业为目标，借助东西部扶贫协作劳务输出等机遇，结合地域特色和资源，强化用工需求监测、技能培训匹配、人员招募对接，开展订单式、定点定向培训，提高劳务输出组织化程度，打造“培训—就业—跟踪服务”一条龙模式，完成贫困劳动力全员培训5400人（次），新市民培训7480人（次），新市民培训率达90%以上。抓好政策扶持、配套服务、优化创业就业环境等工作，引导和扶持外出务工人员返乡就业创业。全面开展乡村振兴示范创建。加强脱贫攻坚与乡村振兴统筹衔接，全力补齐乡村基础设施短板，夯实乡村振兴基础。以农村厕所革命、生活垃圾治理、生活污水治理、村庄清洁为重点，集中打造1个乡镇（街道）乡村振兴示范点、12个以上乡村振兴示范村寨，探索细寨村农村集中养老、乡村运行模式，抓好丫口田、白水等美丽乡村建设，示范引领全县乡村振兴战略实施。

（二）坚持推动经济高质量发展。坚决落实“巩固、增强、提升、畅通”八字方针，深入推进供给侧结构性改革，守牢安全防线、增强投资拉动，全力推动经济发展向高质量迈进。

坚持工业强县战略不动摇，突出工业“主引擎”。推动山地工业转型升级、提质增效，完成工业固定资产投资26亿元，实现规上工业总产值59亿元。推动传统产业升级改造。加快煤矿“五化”进程，完成老虎田等5个煤矿综合机械化改造、补者等5个煤矿扩能建设、云庄等3个煤矿兼并重组，全力破解矿产压覆问题，有效释放煤矿产能，确保综合机械化开采率达70%以上，力争建成1个露天开采煤矿，实现年产煤炭240万吨。推动工业园区加快发展。切实发挥工业园区在工业经济发展中的龙头作用，全年完成园区基础设施投入5亿元，产业投资8亿元，实现总产值48亿元。抢抓省、州大力推进晴普拓展区建设机遇，配齐配强晴普拓展区（东城区）双创产业园基础设施，提高园区经营管理服务水平，引进3家劳动密集型企业入驻；探索绿色循环经济新路径，全力打造青山循环经济产业园区，围绕中电（普安）电厂投产发电，推动煤电深度融合一体化发展，开发利用脱硫石膏、粉煤灰等资源产品，延长煤炭产业链条，提升煤炭产业综合效益；加快贫困地区优势资源的开发利用，推进白沙石材产业园区建设，确保6月底实现2家企业建成投产。推动“双千工程”深入实施。加快煤炭、建材等工业企业转型发展，投资8亿元，完成10户以上企业改造。抢抓东西部扶贫协作、公安部定点帮扶等机遇，建立和完善招商引资项目库，引进项目50个以上，新增省外到位资金75亿元以上。坚持全域旅游战略不动摇，开拓旅游“新战场”。全力推进“旅游+”产业发展模式，持续优化“奇行圣境、溯源朝圣、古道探秘、健康养生”等旅游观光线路，推动全县茶旅、体旅、康旅深度融合发展。集中力量打造1个乡村旅游扶贫示范区（村）、6个乡村旅游扶贫重点村寨、30户乡村旅游扶贫示范点（户），实现全年接待游客、旅游收入分别增长45%以上。坚持大电商战略不动摇，拓展商贸“大渠道”。以“国家级电子商务进农村综合示范县”“农商联动示范县”为抓手，全力打通脱贫产业产销对接最关键环节，完成商贸物流投资2.6亿元以上、批零商品销售额均增长15%以上。推动电子商务提质增量，新建电商市场主体5家、农村淘宝服务站6个，完成电子商务交易额0.7亿元以上。建成1个以上冷库，冷藏运输车达14辆以上，打造省外农产品直营店1家，完成农产品“泉涌”销售额1.5亿元以上。全力推进古茶文化城项目建设，打造黔西南州最大的茶叶集散交流中心。坚持“两个毫不动摇”，壮大民营“主力军”。不折不扣落实中央、省、州关于支持民营企业发展壮大政策措施，民营经济增加值完成60亿元以上，占比提高到58%以上，保障2.5万人以上从业就业。加大绿色产业发展基金、财政专项资金扶持力度，认真落实降低民营企业用地、用能、税费、交通运输等成本措施，帮助企业降本减负。加大融资担保支持力度，切实化解拖欠民营企业债务，帮助企业解决发展资金难题。进一步清理、精简涉企行政审批等事项，实现企业、群众办事申报材料减少60%以上。规范涉企执法检查活动，加大对破坏企业正常生产经营行为的打击力度，保护民营企业合法权益。建立县级领导干部帮扶联系企业制度，规范政企沟通，构建“亲、清”新型政商关系，全面营造民营企业发展良好环境。坚持扩大有效投资不动摇，培育发展“新动能”。抢抓补短板机遇，谋划实施一批大项目好项目，切实增强投资对经济发展的拉动作用。持续改善交通环境。强力推进沪昆高铁普安县站至县城城市主干道、普安县城至县城东区旅游快速通道建设，完成投资11亿元；全力以赴推进普兴一级公路开工建设，打通东西南北“十字形”交通大动脉。配合做好纳晴高速开工建设工作。全力推进汽车客运站建设，完成投资2400万元。续建“建养一体化”项目139公里。推进水利设施建设。投资5.2亿元，持续推进五嘎冲、白水、荒田、大湾、三岔河水库建设，实现五嘎冲水库蓄水验收，甲金水库竣工验收，开工建设红星、小河、河沟头水库工程。夯实电力基础设施。加快输电通道和联网设施建设，完成电网工程投资5234万元，全面保障群众生产生活用电。将110千伏凤凰输变电工程列入投资计划，开工建设35千伏高棉输变电工程，建成金州电力沙子至三板桥电网工程、三板桥110千伏变电站。加快县城棚户区改造。完成劳动街、教育局、消防队等片区改造建设，回迁安置3000余户。扎实推进老车站、南山坡、瓦厂、石灰窑等片区安置房建设。完成棚户区改造项目投资9亿元，逐步完善城市服务功能。加快东西城区建设。配合完成晴普拓展区总规编制，多渠道向上争取项目、资金支持，完善东城区学校、交通、水利等配套设施。全力推进西城区龙溪石砚小镇易地扶贫搬迁安置区、教育城等项目建设。加快特色小镇建设。启动实施“3个1工程”，持续推动青山省级示范小城镇、龙吟州级示范小城镇提档升级，加快楼下采煤沉陷区等项目建设步伐。坚持守牢风险防线不动摇，筑牢风险“防火墙”。严格执行政府性债务管理“七严禁”，增强忧患意识，进一步完善审查、报备制度，加强日常监督监察，制定应急预案措施，理顺工作机制。按照不低于10%的比例提取风险防控基金，建好风险偿债基金池，认真落实还本付息计划，积极稳妥化解存量债务；严格规范政府性融资，绝不搞形象工程和超前工程，争取更多重大项目纳入补短板项目库，缓解项目建设资金压力；围绕煤炭、石材等产业积极培育税源，健全平台公司运行管理机制，加快市场化实体化进程，不断提升政府偿债能力。健全防范处置非法集资等工作机制，深入开展银行机构不良贷款、非法集资等领域的风险排查监测和处置预警，坚决打击违法违规金融活动，确保金融领域各类风险隐患消灭在萌芽状态。坚持深化改革开放不动摇，推动改革“新突破”。大力度深化改革，全方位扩大开放，高效益推动创新，把改革开放创新不断推向深入。深化改革推动。全面推进“三权”分置、“三变”改革，加快农村产权交易市场建设。深化“放管服”改革，加快政务服务中心标准化建设，持续开展减证便民专项行动，加大清理减并力度，全力推动“互联网＋政务服务”，实现政务服务事项网上可办率达80%以上。强化开放带动。持续深入开展营商环境专项整治，建立外来投资投诉处理制度、营商环境协同监督机制，优化营商环境。实施全民大招商、产业大招商计划，提升招商引资“四率”，完成国内国际招商140余次，实现出口创汇增长9%。推进创新驱动。谋划建设长毛兔大数据养殖管理系统，引导10家工业企业加入黔西南州“企业云”平台，完成安福煤矿等企业智能化升级改造，提升电力、煤炭、特色农业等行业智能化水平。

（三）全力打好污染防治攻坚战。深入贯彻落实习近平生态文明思想，彻底抓好中央、省环保督查反馈问题及“回头看”发现问题整改落实，持续打好污染防治攻坚战，在污染防治上展现新作为。

全力打好“青山保卫战”。扎实开展国土绿化、绿色富民、森林资源保护三大行动，完成退耕还林3万亩、荒山造林0.5万亩、石漠化综合治理14平方公里。强化绿色发展，推动生态建设与经济发展相融合，推进9.8万亩战略储备林融资贷款工作，重点抓好林下种植何首乌、野生天麻等生态产业发展。全力打好“碧水保卫战”。推动河（库）长制深入实施，完成千人以上集中式饮用水源地环境整治，集中式饮用水源地、主要河流水质达标率保持100%。加大农村生产生活污水治理力度，实现农村污水治理率达30%以上，切实解决农村污水直排乱排问题。推进城乡水务一体化建设，城镇污水处理率提高到90%以上。全力打好“蓝天保卫战”。深入开展扬尘、工业企业大气污染等治理行动，大力整治城乡秸秆、垃圾焚烧污染，确保城市环境空气质量优良率达100%。全力打好“净土保卫战”。全面完成全国第二次污染源普查、土壤环境状况详查工作，推进“户分类、村收集、镇转运”的垃圾收运处理模式，建成投用71个农村生活垃圾收运系统，探索实施村庄保洁制度，推动城乡环卫一体化管理，城乡生活垃圾无害化处理率提高到90%以上。

（四）着力保障和改善民生。人心是最大的政治，民生民愿重千钧。我们将始终坚持以人民为中心的发展思想，尽心尽力办实事，努力用政府的“紧日子”换取群众的“好日子”，在民生保障上交出新答卷。

着力抓好“三就”保障。做好高校毕业生、退伍军人、下岗失业人员等群体就业保障工作。加快发展学前教育，推动义务教育优质均衡发展，高考升学率提升4个百分点，义务教育巩固率提高到89%以上。建成县中医院、县人民医院新院区，力争创建二级妇幼保健院；加快建立分级诊疗制度，县域内就诊率达90%左右。推动医养、康养结合，积极发展居家养老服务，打造东城区健康养老服务基地。着力织牢民生之网。农村、城镇低保标准分别提高10%、7%。推进城乡社会救助体系建设，加大对农村留守儿童、困境儿童、特困供养老人的关爱救助力度，农村生活不能自理特困供养人员供养率达18%。认真抓好双拥优抚工作，做好复员退伍军人困难帮扶、优抚安置。着力筑牢安全基础。严格落实安全生产责任制，不断深化重点行业领域安全隐患排查整治工作，坚决杜绝较大及以上安全生产事故的发生。全面抓好意识形态工作责任制落实，着力防范化解网络舆情领域风险，深化扫黑除恶专项斗争，深入推进“1+N”大数据警务模式建设，依法严厉打击各类违法犯罪行为，维护社会和谐稳定。着力统筹其他事业。不断加大“两馆一站”免费开放力度，开展常态化主题文化活动、全民健身运动，丰富群众文体生活。加大对村（社区）文化建设的支持力度，推动基本公共文化服务均等化。巩固加强全国民族团结进步示范县、省级卫生县城创建成果。坚决依法打击非法宗教和邪教活动。坚决依法打击扶贫领域威胁恐吓扶贫干部、不赡养老人等违法犯罪行为。全力打赢禁毒人民战争。强化公共法律服务，深入推进司法行政改革。持续推进殡葬改革，积极倡导绿色环保健康殡仪理念。此外，统筹做好应急管理、国防教育、人民防空、国家安全、外事侨务、史志、档案、消防、科普、气象等工作，切实保障妇女、儿童、老龄、残疾人合法权益。

群众工作无小事，我们要从人民群众的操心事、烦心事、揪心事做起，扎实抓好“十件民生实事”：（1）解决3.84万人农村饮水安全问题；（2）建成四好农村路198.64公里；（3）改扩建2所村级幼儿园，实现15所乡镇（街道）幼儿园设备升级，完成15个义务教育全面改薄项目建设；（4）建成惠民小区、西城区易地扶贫搬迁安置区卫生服务中心；（5）完成农村“三改”850户；（6）全面推进厕所革命，新建、改造农村户用卫生厕所7982户、农村公共卫生厕所24个、城镇社区公共卫生厕所3个、旅游厕所3个；（7）建成城镇生活垃圾收运系统，投用生活垃圾转运站14座，实现城镇生活垃圾收运全覆盖；（8）开工建设县城污水处理二期工程；（9）新建2个社区老年人日间照料中心，特困人员分散供养标准提高到每月767元，集中供养标准提高到每月944元；（10）新增“广电云”户户用工程7800户。我们要通过办好一件一件实事，让普安人民的生活过得一年更比一年好。

三、加强政府自身建设

新形势、新任务对政府自身建设提出了新的更高要求。我们将积极稳妥推进地方政府机构改革、事业单位分类改革，优化政府机构设置、职能配置，加快政府治理能力、治理体系现代化建设，全面提高落实力、执行力，为人民群众提供优质、高效的服务。

（一）强化政治担当，切实提高执行能力。提高政治站位。树牢“四个意识”、坚定“四个自信”、践行“四个服从”，坚决维护以习近平同志为核心的党中央权威和集中统一领导，自觉从政治上把握大局、看待问题、谋划事业、推动工作，不折不扣执行中央、省、州方针政策，雷厉风行落实县委工作安排，做到县委有部署、政府见行动，县委有号召、政府见成效。强化战略谋划。深学笃用习近平新时代中国特色社会主义思想，精准把握党的路线方针政策，大兴学习之风、调研之风、实干之风，坚持问计于民、问需于民、问效于民，聚焦经济社会发展目标和群众最需、最忧、最盼的热点难点问题，当好人民公仆，谋划一揽子务实管用的举措，采取一系列立竿见影的工作行动，让上级各项决策部署落小落细落实。狠抓工作落实。坚决抓好巡视反馈问题和审计发现问题的整改落实，推动政府职能转变，大兴调查研究之风，认真研究问题、破解难题。建立高效的工作运行机制和激励约束、容错免责机制，不搞虚假政绩、不搞数字攀比，着力解决“为了不出事、宁可不干事”等不作为、慢作为问题。强化担当精神，锻造担当的宽肩膀、成事的真本领，拿出“敢教日月换新天”的气概，鼓起“不破楼兰终不还”的劲头，冲锋在全县脱贫摘帽退出的战斗最前沿，攻坚克难，不获全胜绝不收兵。

（二）坚持依法行政，切实提高治理能力。树牢法治思维。强化法治理念、增强法治意识、守牢法律底线，切实提高运用法治方式深化改革、推动发展、化解矛盾、维护稳定的能力，推动政府权力在法治轨道上运行。健全政府决策机制，完善公众参与、专家论证、风险评估、合法性审查、集体讨论决定等重大行政决策程序，提高科学决策、民主决策、有效决策水平。公正文明执法。严格执行行政执法公示、过程全记录和重大行政执法决定法制审核制度。完善执法决策机制、监督机制，规范综合行政、市场监管、安全生产等领域行政执法，开展不规范、不公正、不文明执法行为集中整治行动，做好行政裁决、行政复议、行政应诉，切实营造公正文明执法环境。真诚接受监督。自觉接受人大及其常委会的法律、工作监督，自觉接受政协的民主监督，高度重视民主党派、工商联和无党派人士的意见建议，充分发挥工青妇等人民团体的桥梁、纽带作用，接受新闻舆论、社会公众监督，认真办好人大代表议案、建议和政协提案，主动回应代表、委员关切，提高办理质量。

（三）加强廉政建设，切实守好廉洁底线。扎实开展“不忘初心、牢记使命”主题教育，牢固树立以人民为中心的思想。坚持艰苦奋斗，提倡勤俭节约，严格公务接待，从严控制“三公”经费支出。认真落实党风廉政建设责任制，推进党风廉政教育常态化、制度化、规范化，增强公职人员廉洁自律意识，进一步增强“不想腐”的行动自觉。进一步规范政府系统权力监督制约，建立最严格管理制度，加强审计监督，逐步实现使用公权的公职人员审计全覆盖，构建县乡两级财政资金预算、拨付使用、绩效评估全链条监控机制，管好脱贫攻坚、基础设施建设等领域资金，把机制建设贯穿权力运行始终，进一步扎牢“不能腐”的制度笼子。坚持有腐必反、有贪必肃、有案必查，严厉查处损害群众利益的各类案件，重点整治基层干部损公肥私、贪污挥霍、执法不公、优亲厚友等腐败问题，进一步强化“不敢腐”的警示震慑。

各位代表，我们面临的是决胜历史性贫困的艰巨挑战、肩负的是新时代赋予的光荣使命，我们的目标从来没有像今天这样坚定、力量从来没有像今天这样凝聚、斗志从来没有像今天这样昂扬。毛主席说：“我们正在前进，我们正在做前人从来没有做过的极其光荣伟大的事业，我们的目的一定要达到，我们的目的一定能够达到。”脱贫攻坚是前无古人的伟大事业，普安今年实现脱贫摘帽这个目标我们一定要达到；在全县的共同努力下，这个目标一定能够达到。让我们更加紧密地团结在以习近平同志为核心的党中央周围，在州委、州政府和县委的坚强领导下，团结依靠全县人民，牢记嘱托、感恩奋进，务实创新、埋头苦干，坚决夺取脱贫摘帽退出全面胜利，以优异的成绩庆祝新中国成立70周年！

册亨县政府工作报告

（2019年2月26日在册亨县第十七届人民代表大会第四次会议上）

册亨县委副书记、县长 张 茂

各位代表：

现在，我代表县人民政府向大会报告工作，请予审议，并请县政协委员和其他列席人员提出意见。

一、2018年政府工作回顾

过去的一年，在县委的坚强领导下，在县人大、县政协的监督支持下，我们坚持以习近平新时代中国特色社会主义思想为指导，深入学习贯彻党的十九大和习近平总书记系列重要讲话精神，树牢“四个意识”、坚定“四个自信”，坚决做到“两个维护”，坚持新发展理念，坚持稳中求进工作总基调，以脱贫攻坚统揽经济社会发展全局，牢牢守好发展和生态两条底线，全力打好三大攻坚战，经济社会发展取得了较好成绩。

我们抢抓机遇、奋力作为，经济持续健康发展。地区生产总值增长12.5%，固定资产投资增长19%，一般公共预算收入3.61亿元、增长6.32%，一般公共预算支出30.38亿元、增长27.77%，社会消费品零售总额增长10.4%，城镇居民人均可支配收入达28780元、增长9.9%，农村居民人均可支配收入达8278元、增长10.7%。在第三方阵乙类县综合测评中，排名居全省第2位。

我们齐心协力、攻坚克难，“三大攻坚”战果显著。一是脱贫攻坚连战连捷。组织开展“春风行动”“夏秋攻势”“秋后喜算丰收账”“冬季充电”等，全力打好“四场硬仗”，全年出列17个村、脱贫14848人，贫困发生率下降6.63个百分点。易地扶贫搬迁方面：基本完成2016年度旧房拆除复垦复绿任务，完成2017年度13675人搬迁入住；2018年度13437套安置房主体工程基本建成，11625套达到入住条件，累计搬迁入住和分房36295人。深入实施“新市民计划”，建设7个新市民居住区，培训新市民1.9万人次，吸纳就业9436人，就近入学4024人，办理新市民居住证1.9万余张、办理“安居险”1.3万余人。产业扶贫方面：落实产业革命“八要素”，调减玉米种植10.52万亩，实施“农调扶贫险”承保5.83万亩，聘用生态护林员1569名，加快推进木材、糯米蕉、甘蔗、油茶、刺绣、电商等产业扶贫，带动3万余名贫困群众增收。基础设施建设方面：建成“组组通”公路70条、290.2公里，提前一年实现30户以上村民组通硬化路。实施43个农村饮水工程，解决17757人饮水安全问题。“三保障”方面：实现学前和义务教育阶段营养改善计划全覆盖，发放学生助学金3007.94万元，惠及学生43270人次。办理助学贷款3325笔、2178万元。贫困户全部参加城乡医疗保险，贫困人口享受医疗保障政策6502人次，报销费用3144.65万元，实补比例超过90%。实施农村危房改造、“三改”1038户。精准帮扶方面：扎实开展“五个专项治理”，漏评率、错评率、错退率大幅下降，群众认可度明显提升。扎实推进东西部扶贫协作、中央单位定点帮扶工作，争取财政专项扶贫资金和中国联通、保利集团、宁波江北等帮扶资金2.33亿元。创新财政扶贫资金使用利益联结机制，实施“五员”脱贫，激发贫困群众劳动增收、光荣脱贫内生动力，带动1976户贫困户脱贫。二是污染防治力度空前。完成中央和省委环保督察反馈问题整改21个，正在整改3个；完成信访投诉问题整改12个，正在整改1个。完成营造林11.44万亩，石漠化治理35平方公里，实施水土保持综合治理 8.6 平方公里，森林面积达 268 万亩，森林覆盖率提升至 68.62%。完成坝朝水库集中式饮用水水源地专项整治。建成千人以上集中式饮用水水源地 10 个，正在实施 11 个。建成县环境监测三级站和县工业园区、坡妹、丫他污水处理厂，建成庆坪、板万等 6 个农村环境综合整治项目，加快推动农村生活垃圾治理。开展“四清行动”，完成网箱养殖综合整治，荣获全州河湖治理“清网行动”集体二等功。蓝天、碧水、净土、固废治理、乡村环境整治“五大战役”及河（库）长制、林长制扎实推进，县城空气质量综合指数为 2.28、优良率达 100%，排名全省第三、全州第一。国控、省控、州控断面地表水和集中式饮用水源、纳入河长制管理的河（库）水质均在Ⅲ类水质以上，达标率 100%。蝉联全国“百佳深呼吸小城”荣誉称号，成为全省首批、全州首个省级森林城市。三是风险防控坚定有力。严格落实政府债务风险防控措施，一般债务率降低 40%、专项债务率降低 24.22%、综合债务率降低 25.93%。加强处置银行存量不良贷款，有效防控金融风险。严格落实安全生产、食品药品安全责任制，有效遏制重特大事故发生。巩固“全国平安建设先进县”成果，扎实抓好信访维稳，深入开展扫黑除恶专项斗争，成功创建“全省禁毒示范城市”，连续 10 年获评“无毒害创建先进县”，全县社会安定团结、和谐稳定。

我们加快转型、融合发展，三大产业提质增效。一是山地农业结构持续优化。“北畜、中菜、南林”产业带加速成型，规模养殖场达 480 个，存栏大牲畜 5.8 万头（匹）、生猪 12.9 万头、羊 8.3 万只、禽 120.6 万羽、禽蛋产量 3955 吨；香蕉加工厂建成试产，香蕉大数据扶贫产业园、分拣中心加快建设，新增种植甘蔗 9000 亩、蔬菜 6000 亩、糯米蕉 7500 亩，被授予“中国糯米蕉之乡”；现有杉木 90 万亩、桉树 30 万亩、油茶 15.5 万亩，核桃、板栗和花椒等特色经济林 10 万余亩，被授予“国家森林生态标志产品生产基地创建试点县”。新增省级高效农业园区 1 个，无公害农产品产地认定 12 万亩，无公害农产品认证 8 个，地理标志登记保护 1 个，完成一产增加值 20.25 亿元，增长 6.8%。二是山地工业转型升级。丫他光伏电站、大顶柱风电项目 1 号机组建成发电。完成工业投资 7.31 亿元，“千企改造”11 家，“两化融合”示范改造 4 家，新增规上工业企业 5 家、限上商贸企业 6 家，建成农产品直营店 5 家，完成工业总产值 16.59 亿元，增长 24.4%，规模以上工业增加值增长 12.8%。政府“聚通用”数据录入 563 项。三是山地旅游业加快发展。福尧福寨被批准为国家 3A 级旅游景区，万重山、岩架布依风情园等景区基础设施不断完善。大力弘扬和挖掘民族传统文化，被命名为“贵州省布依转场舞民间文化艺术之乡”“贵州省布依戏民间文化艺术之乡”，1 家企业被认定为“全国民族特需商品定点生产企业”，8 家企业被命名为“第三批贵州省少数民族传统手工艺传习所”，红旗村等 8 个村寨被命名为第三批“贵州省少数民族特色村寨”。成功举办国际山地旅游暨户外运动大会册亨系列活动。旅游接待人次、总收入分别增长 43.59%、50%。完成服务业增加值 30.31 亿元，增长 16.1%。

我们深化改革、扩大开放，三大动力持续增强。一是改革开放更加深化。推动投融资平台公司市场化转型。“放管服”改革深入推进，各部门统一到县政务服务中心集中办公，推行“一窗式”改革和“集成套餐服务”，投资项目审批、核准、备案办理时限大幅缩减。整合财政涉农资金 3.68 亿元，探索“村社合一”，持续深化农村“三变”改革。实施“公司 + 合作社 + 农户”模式，加快推进产业脱贫。颁发“多证合一”营业执照 708 份，营商环境持续优化，引进省外投资项目 51 个，省外投资达产项目 63 个。二是投资规模不断扩大。争取中央、省州专项资金 18.32 亿元，增长 31.85%。其中，中央和省预算内项目资金 8.38 亿元，排全州第一。投资 78 亿元，实施重大工程、重点项目 50 个。三是就业创业成效明显。招引人才 250 人，新增城镇就业 2363 人，再就业 855 人，劳动力转移就业 7758 人，城镇登记失业率 2.25%。深入实施“锦绣计划”，新增锦绣坊 1 个、刺绣作坊 4 个，培训绣娘 9 期，带动近 5000 名妇女就业。新增小微企业 60 家，发放创业小额贷款 2000 万元、创业补贴 86 万元。市场主体增加至 1.07 万户，增长 65.4%。

我们集中力量、补齐短板，三大基础得到提升。水利方面：加快“1+16”骨干水源工程建设，推进册亨水库供水灌溉工程、丫他水库等 7 个在建水库建设和 8 个水库前期工作，者述、三岔河水库具备下闸蓄水条件。交通方面：建成册亨至望谟二级公路，完成弼佑经洞里至百口公路改造，百口至坝赖公路加快改造。一批产业路加快建设、建成冗渡、弼佑汽车客运站。城乡建设方面：加快高洛新区大道建设，新建供水、供电、污水管网工程。建成城区停车位 676 个，拆除老旧小区 2 处，棚户区改造完成征收 6756 户。完成 4 个特色小镇规划、109 个村庄规划评审。丫他镇板万村被列入中国传统村落保护发展“示范村”，岩架镇板弄村、秧坝镇福尧村荣获全州第二批“十佳美丽乡村”。新建庆坪、坝赖、秧坝供电所，完成坝赖35千伏变电站增容扩建，升级改造双江极贫乡镇、贫困村电网项目16个，推进第三批农村电网改造升级工程62个。安装电动汽车充电桩10个。新建自然村寨4G基站129个，扩容4G基站25个，完成30个村宽带接入工程、15个新市民居住区网络建设。新建县全民健身中心、5个足球场、9个农民体育健身工程、18个乡村广播影视综合服务站房、通组光缆552公里，新增“广电云”户户用8500户，覆盖率65%。放映农村电影1476场次。实施“数字图书进农家”“数字图书推广”“网络书香工程”手机APP在线学习阅读，打造“书香册亨”品牌。

我们量力而行、尽力而为，三大民生明显改善。投入24.49亿元用于民生支出，占一般公共预算支出80.59%、增长37.25%。一是城乡教育基本均衡。投资8.64亿元，建成和改造册亨中学、册亨四中及13所幼儿园、4栋教师周转房、37个“全面改薄”项目，教学环境得到明显改善。深化与兴义一中教育帮扶合作办学，教育质量稳步提升，义务教育基本均衡发展通过国家评估认定，语言文字工作通过省州督导评估验收。二是医疗卫生服务逐步优化。基本完成县中医院、县妇幼保健院、县疾控中心改扩建主体工程，加快者楼街道社区服务中心和坡妹镇中心卫生院庆坪分院中医馆建设，建成29个深度贫困村标准化卫生室、6个新市民社区卫生室、36个农村中小学标准化医务室，建立危重孕产妇和新生儿救治中心。县医院通过“二级甲等”复审，争取宁波市第一医院、第九医院等6家医院支援县医院，深入推进“5+2”重点学科，新设4个科室。创建2个国家级、2个省级卫生乡镇。三是社会保障不断加强。城乡居民养老保险、医疗保险参保任务完成率分别为101%、99.67%，基本社会保险覆盖率达93%。发放农村低保34469人、8340万元，城市低保2008人、290万元，特困供养资金526人、538万元，实施医疗救助3553人次、270万元，临时救助1029人次、97万元。双拥共建活动扎实开展，军民融合助推脱贫攻坚，驻军部队在急难险重中发挥显著作用，国防动员能力、退役军人服务保障水平进一步提升。民族、宗教、外事、人防、智力支边、气象、档案、青年、妇女、儿童、老龄、残疾人等各项事业取得新成绩。

我们依法履职、提升效能，自身建设持续加强。从严从实抓好省委巡视、州委巡察和各类审计、督查反馈问题整改落实。扎实推进“两学一做”学习教育，严格执行中央八项规定及其实施细则和省、州相关规定，坚决整治形式主义、官僚主义突出问题。修订《县政府工作规则》，制定《进一步加强县人民政府领导班子自身建设的意见》，严格执行“三重一大”制度，不断提高依法行政和科学决策水平，受理行政复议案件13件，应诉案件（行政诉讼）14件。全面推进权责清单制度，建立县、乡责任清单和权力清单4206项。实现26个行政执法部门“双随机、一公开”全覆盖，规范事中事后监管。推行“年初诺职诺廉、季度考评考核、半年研判分析、年终述职述廉”制度，强化过程管理，提高行政效能，通过学习培训、通报表扬、绩效奖励等形式，对先进进行激励。强化审计监督和民生监督，廉政建设取得新进展。

各位代表，过去一年的成绩来之不易，这是习近平新时代中国特色社会主义思想正确指引的结果，是省、州关心帮助的结果，是县委坚强领导的结果，是县人大、县政协监督支持的结果，是全县各族群众牢记嘱托、感恩奋进，大力弘扬新时代贵州精神，团结奋斗、苦干实干的结果。在此，我代表县人民政府，向全县各族人民、干部职工表示崇高的敬意！向人大代表、政协委员，向民主党派、人民团体，向驻县人民解放军、武警官兵、消防救援队伍指战员、人民警察，向奋战在脱贫攻坚一线的第一书记、驻村干部，向所有关心、支持册亨经济社会发展的各界人士，表示衷心的感谢！

各位代表，过去一年的工作极不平凡，全县干部群众勇于面对激流险滩，战胜了各种风险挑战，在拼搏奋斗中收获了更多自信和勇气。只要我们保持坚如磐石的信心、只争朝夕的劲头、坚韧不拔的毅力，一步一个脚印，一起拼搏、一起奋斗，就一定能够战胜前进中的艰难险阻，一定能够创造出无愧于新时代的发展成就。

在总结成绩的同时，我们也清醒地看到发展中存在的困难和问题：脱贫任务非常艰巨。全县还有1个极贫乡镇、36个贫困村（深度贫困村30个），贫困人口6655户、24150人，贫困发生率10.78%，远高于全省、全州。易地扶贫搬迁任务非常艰巨，新市民教育、医疗保障和基本公共服务不够健全。有劳动力贫困家庭培训就业精准度不高。一些贫困群众脱贫内生动力不足。产业支撑偏弱。财政专项扶贫资金使用效率不够高。农业产业化程度偏低，产销对接不充分，利益联结不完善，“一县一业”推进不够快。民营中小企业融资难融资贵等问题依然存在。基础设施仍然滞后。冗渡全贞丰、县城至八渡公路和县城至双江快捷通道等项目进展缓慢。还有近2.6万人农村饮水安全问题亟待解决。工业园区配套设施建设缓慢。民生欠账较多。教育资源“乡村弱”“城镇挤”矛盾未彻底解决。县域医疗卫生资源总体欠发达，人才缺乏、基础薄弱。农村人居环境综合整治问题需加快解决。风险防控压力大。财政收入增长缺乏有力支撑，保工资、保运转、保民生支出压力明显增大。安全生产、社会治理等领域还存在薄弱环节。政府自身工作存在一些不足。形式主义、官僚主义和政策落实“中梗阻”“最后一公里”等问题在一些地方和部门还不同程度存在，少数干部对形势把握不够精准、破解难题能力不足、担当干事有差距。对于这些问题，我们将用好“五步工作法”，坚持“四个导向”，以更坚决的态度、更有力的措施、更务实的作风，认真加以解决，绝不辜负全县人民的重托。

二、2019年政府工作重点

2019年是新中国成立70周年，是脱贫攻坚决战之年，做好全县经济社会发展各项工作至关重要、意义重大。政府工作的总体考虑是：高举习近平新时代中国特色社会主义思想伟大旗帜，全面贯彻党的十九大和十九届二中、三中全会精神，深入贯彻习近平总书记对贵州工作的系列重要指示批示精神，牢记嘱托、感恩奋进，按照中央经济工作会议、全省经济工作会议和州委县委部署，坚持以人民为中心的发展思想，坚持稳中求进工作总基调，坚持新发展理念，统筹推进“五位一体”总体布局，协调推进“四个全面”战略布局，以脱贫攻坚统揽经济社会发展全局，持续深化改革扩大开放，深刻把握“六稳”要求，坚决打好三大攻坚战，全力做好稳增长、促改革、调结构、惠民生、防风险各项工作，不断提高人民群众的获得感、幸福感、安全感，保持经济持续健康发展、社会大局稳定，全面夺取脱贫攻坚决战之年根本性胜利。

按照上述总体要求，综合考虑当前经济形势、我县实际，今年经济社会发展的主要预期目标是：脱贫攻坚方面，减少农村贫困人口1.8万人、出列22个贫困村，贫困人口发生率降至3%以下，全面完成87540人搬迁任务。经济增长方面，地区生产总值增长11.8%左右，一二三产业增加值分别增长6.5%、12%、15%；限上固定资产投资增长19%左右，社会消费品零售总额增长11%左右，一般公共预算收入增长3%左右。民生保障方面，城镇新增就业2800人以上，登记失业率控制在4.2%以内；城镇、农村居民人均可支配收入分别增长9.8%、10.6%以上；居民消费价格指数涨幅控制在1.3%以内。高质量发展方面，综合科技进步水平指数提高到60%以上，高新技术制造业增加值占规上工业增加值的比重提高到3%以上，城镇化率提高到40%以上，空气优良率保持100%，森林覆盖率提高到70%左右，节能减排等各项指标控制在省、州下达的计划范围内。

围绕全年目标，我们将重点抓好以下工作：

（一）紧盯脱贫目标，全力打好“四场硬仗”。 始终把脱贫攻坚作为最大的政治、最重的任务、最严的责任，抢抓深度贫困地区“四个聚焦”机遇，对照“两不愁，三保障”标准，精准施策、尽锐出战、集中火力，落实落细“六大行动”，掌握总攻决胜的主动权、制胜权，为彻底撕下贫困标签打下坚实基础。打好易地扶贫搬迁硬仗，认真落实“六个坚持”“五个三”部署，4月底前完成所有房建任务，举全县之力做细做实做好组织动员，确保6月底前87540人全面搬迁入住，不让群众错过千载难逢的政策机遇而留下阻碍下一代人发展的遗憾。把新市民居住区管理服务作为重点，完善“五个体系”，深入实施新市民计划，确保群众搬得出、稳得住、快融入、能致富，让易地扶贫搬迁成为群众最满意的幸福工程。加快基本公共服务体系建设，千方百计争取省州资金支持，建好新市民居住区水电、通讯、路网，加快完善绿化、亮化、美化工程，配套建设平价购物中心、公交车站、文体活动中心、青春课堂、成长课堂、银发课堂和公办中小学、幼儿园、卫生服务中心（站、室）、警务室，保障好义务教育和学前教育，确保教育学位满足搬迁群众子女就学需求，医疗保障条件比原来居住地有明显改善。根据群众意愿，衔接好低保、医保、养老政策，做好各类社会保障政策的转移接续，确保所有搬迁群众应保尽保，让新市民在社会保障上同等享受城镇居民待遇，打造温馨的服务体系。加快培训和就业服务体系建设，围绕推动搬迁群众生计方式的非农化转变，在全员培训、稳定就业、增收脱贫上持续用力，提高搬迁群众劳动技能，促进搬迁群众自力更生，通过辛勤劳动增加收入、脱贫致富。加大培训资源整合力度，围绕园区企业、重点项目务工需求“以岗定培”，加强职业院校实训对接，抓实“绣娘”培训，开展乡村旅游从业人员特色培训和电子商务培训，对年满16周岁以上有劳动力的新市民全覆盖培训。开办扶贫车间、就业扶贫基地，开发公益性岗位，通过家政服务、保洁、物业管理、锦绣计划和进企业、进车间、进园区、自主创业、劳务输出等方式，拓宽就业渠道，实现有劳动力家庭一户一人以上就业目标，帮助群众全心谋生，有效改变搬迁群众日出而作、日落而息的传统就业方式，解决好持续收入问题。盘活搬出地“三块地”资源，确保群众安心进城。加快文化服务体系建设，围绕“感恩共产党·做好新市民”主题，推进感恩教育、文明创建、公共文化、民族传承“四进社区”，在新市民家中张贴新旧住房对比照片，办好移民夜校、非遗传习所，抓好搬迁氛围营造，做好群众思想工作，有效改变新市民思想观念、行为习惯，引导群众衷心感恩，快步融入城镇生活，促进群众真心相融。加快社会治理体系、基层党建体系建设，合理调整行政区划，申报设立高洛街道办事处和各社区居委会，推进智慧小区建设，规范化管理新市民居住区，保障群众舒心生活。打好产业扶贫硬仗，深入实施振兴农村经济的深刻的产业革命行动，用好绿色产业扶贫投资基金政策，全面落实“八要素”，实施好“八大工程”，加快推进“北畜、中菜、南林、全旅”产业扶贫，抓好500亩以上坝区产业调整，着力抓好3个500亩以上坝区建设，调减玉米种植2.5万亩。在北部乡镇，重点抓好生猪、肉羊养殖和加工，实现全县年末存栏羊10.5万只、大牲畜6万头（匹）、生猪14.2万头、家禽135万羽，出栏羊5.8万只、大牲畜1.9万头（匹）、生猪16万头、家禽160万羽；在中部乡镇，重点抓好糯米蕉等精品水果种植，建成高洛至岩架和洛凡至平华糯米蕉种植示范产业园2万亩，新增种植蔬菜5000亩、甘蔗1.8万亩，建成投用香蕉加工厂；在南部乡镇，加快推进“一县一业”特色林产业，重点抓好4000亩珠防工程、4.5万亩油茶低产林和低效林改造、1万亩竹子、1万亩森林抚育项目建设，完成65.6万亩国储林规划编制，加快2万亩国储林建设；全域开发旅游，加快全省全域旅游示范县创建，申报丫他板万古寨国家级3A旅游景区，完善万重山、岩架布依风情园、陂鼐古寨、福尧福寨等景区设施，提升管理水平。围绕“看得见山、望得见水、记得住乡愁”目标，培育“林养、气养、水养、食养”旅游产品，积极打造生态康养旅游目的地。大力推进“锦绣计划”，建成集土布生产、研发、展示、销售为一体的土布研发园，培育妇女特色手工企业、合作社5家以上，完成绣娘培训1万人次，带动妇女就业8000人，实现产值2亿元。加快发展电商产业助力脱贫攻坚，盘活116个镇、村电商服务站点，建成新市民居住区电商服务站点3个以上。推动大数据与旅游、医疗、康养、物流、文化等服务业融合发展。深化“公司+合作社+农户”发展模式，优化利益联结，支持有条件的贫困村推行“产销一体化”。申报“册亨糯米蕉”等农产品地理标志。依托直营店，举办农特产品展销、品牌推广等活动，完善产销对接，助推“册货出山”。打好基础设施建设硬仗，加快推进以交通、水利为重点的基础设施建设，抓好“四好农村”公路建设，加快实施农村安全饮水巩固提升工程，抓好工程后期管护，解决农村饮水安全问题。打好教育医疗住房“三保障”硬仗，全面落实教育、医疗扶贫政策，深化兴义一中教育帮扶、宁波江北医疗帮扶，办好全免费订单职业教育精准脱贫班，做好重病慢性病患者、残疾人、孤寡老人等特殊群体的保障工作，基本消除农村老旧住房透风漏雨现象。扎实推进励志、温暖、洁净“三项行动”，全面推广“五员”脱贫，激发贫困群众自主脱贫的内生动力。

（二）紧盯重点难点，全力防范化解风险。强化风险意识，高度警惕“黑天鹅”事件，全力防范“灰犀牛”事件，完善“一风险、一预案”，精准分类施策、防范化解，把防范化解重大风险工作做实做细做好。全力防范化解政府性债务、金融风险，严格落实“七严禁”，健全“借用还”与“责权利”相统一的政府性债务管理机制。加快县级平台公司市场化实体化转型发展。盘活新市民居住区门面、停车场、国有土地、国有林场等存量资产，提高政府偿还能力。持续开展非法集资、交易场所和互联网金融专项整治行动，遏制和打击跟风违约、恶意逃避债务等行为，整顿规范表外、理财等业务，加大不良贷款处置力度。在加快发展中防范化解风险，平衡好稳增长和防风险的关系，着力涵养和培植财源，做大财政收入总量、提升质量。大力压缩一般性支出，坚决取消无效支出，收回长期沉淀资金，有效盘活财政存量资金，保障脱贫攻坚、乡村振兴、创新驱动、生态环保、民生改善等重点领域支出。加强金融体系建设，强化政银企联动，加强融资产品创新，着力缓解中小微企业、民营经济、“三农”等领域融资难融资贵等问题。全力防范化解安全生产风险，严格落实安全生产责任制，推行“清单制+责任制+限时化解制”，层层压实责任，周研判、月评估、季考核，扎实抓好各领域安全生产。深入开展交通运输、建筑工地、地质灾害、危险化学品、消防、食品安全、医药卫生等重点行业领域专项排查整治，加强人员密集场所公共安全防控，坚决遏制重特大事故发生。全力防范化解社会矛盾风险，巩固全国平安建设先进县创建成果，扎实抓好意识形态、社会治安、信访维稳、征地拆迁、生态环保、土地林权、民生事业等方面风险防控。持续推进扫黑除恶专项斗争，紧盯涉黑涉恶重大案件、黑恶势力经济基础、背后“关系网”“保护伞”不放，打防并举，标本兼治。创新完善立体化、信息化社会治安防控体系，保持对违法犯罪的高压震慑态势。深入推进社会治理现代化，全面推行新时代“枫桥经验”，创新发展“册亨经验巧马模式”，健全平安建设社会协同机制，从源头上提升维护社会稳定能力和水平，持续提升人民群众的安全感。

（三）紧盯污染防治，全力优化生态环境。树立和践行“绿水青山就是金山银山”理念，扎实抓好中央和省委环保督察及“回头看”问题整改，严格执行《环境保护法》以及大气、水、土壤污染防治等环保法律法规，严厉查处环境违法行为。全面加强生态环境保护，坚决打好以“五大战役”为主的污染防治攻坚战。打好蓝天保卫战，实施大气污染联防联控，严把环评准入关，重点抓好道路扬尘和建设工地“六个100%”扬尘防治措施，抓好烟花爆竹燃禁限放、露天焚烧秸秆垃圾管控以及黄标车、老旧车淘汰等工作，严控汽车尾气排放，有效控制大气污染物排放总量，县城空气质量优良率保持 100%。打好碧水保卫战，重点抓好以坝朝水库和千人以上集中式饮用水源地环境保护、生态屏障建设。深入落实河（库）长制，持续开展城市黑水体整治行动，巩固好南北盘江“四清行动”成果。投运坡妹、巧马、丫他污水处理厂，建成岩架、秧坝、弼佑、冗渡和高洛新区污水处理厂。强化县内国控、省控和州控断面地表水、集中式饮用水源、河（库）水质监测，确保水质均在Ⅲ类水质以上、达标率 100%。打好净土保卫战，抓好土壤污染防治和修复专项行动，有效保护和利用优良耕地。持续推进土壤污染状况详查工作，完成第二次全国污染源普查的第三阶段普查质量成果汇编。生态保护红线区域面积稳定占国土面积 26.58%，森林覆盖率提高至 70% 左右。打好固废治理攻坚战，深入开展“清废”行动，全面完成城乡生活垃圾压缩站、中转站建设并投入运营，力争启动垃圾发电项目建设。依法打击非法排放、倾倒、处置固体废物行为。打好乡村环境整治攻坚战，抓好农村人居环境整治、生活污水治理、生活垃圾治理、农业污染治理，积极推广节肥、节药、节水和清洁生产技术，规范农药经营发证行为，严管畜禽养殖场粪污处置，防控农业面源污染。建成丫他板万、弼佑秧佑等农村环境综合整治项目。全面推行“户收集、村集中、镇转运、县处理”的垃圾收运处理模式，实现自然村寨垃圾收集设施、保洁员配备全覆盖，农村卫生厕所普及率达 85% 左右。

（四）紧盯项目建设，全力扩大有效投资。全员行动、专班推进抓项目，全力以赴、千方百计扩投资，增强投资拉动力。建好项目库，做好项目储备。继续跑省跑州，持续跑部进京，争取更多项目资金，逐步补齐脱贫攻坚特别是易地扶贫搬迁配套基础设施资金短板。争取中央、省州专项资金 18 亿元以上，实施好今年重大工程、重点项目 49 个，其中新建项目 13 个、续建项目 29 个、预备项目 6 个、收尾项目 1 个。加快交通建设，力争开工建设贞丰经册亨至田林高速公路，抓好县城至八渡、冗渡至贞丰、县城至工业园区和双江快捷通道公路建设，建成一批产业路，改造提升一批县乡道，完成百口至坝赖公路改造、岩架滚装码头和县新客运站建设。加密县城区公交班次，新增开通一批公交线路。实现农村客运、3A 景区客运全覆盖。加快水利建设，完成册亨水库收尾工程，者术、三岔河水库竣工投用，丫他、者岳水库下闸储水，开工建设双江、纳也等 5 座小型水库，加快洛王、坝或等 5 座小型水库前期工作。加快城乡建设，抓好城区控制性详细规划和各项专业规划修编，加快推进高洛新区、纳福新区建设和旧城改造，加快城区智能交通建设，规范化管理居民小区。新增安装电动汽车充电桩 40 个以上，实现县城区和 3A 级景区直流快充桩设施全覆盖，完善教育、医疗、供水、供电、污水处理、路灯等基础设施和公共服务设施配套，实施棚户区改造 1900 户，提升特色小镇水平。持续抓好“多彩贵州·文明行动”及“两违”清理。深入实施“四在农家·美丽乡村”六个小康行动计划，扎实推进“厕所革命”。落实乡村振兴示范引领行动，加快推动乡村产业振兴、文化振兴、生态振兴，支持秧坝镇创建州级乡村振兴示范乡镇，支持双江洛央、岩架板弄、纳福秧庆等 11 个村创建州级乡村振兴示范村。

（五）紧盯改革开放，全力积蓄发展后劲。坚持以供给侧结构性改革为牵引，持续用力深化改革、扩大开放、加强创新，持续增进发展动力、释放发展活力。坚定不移深化改革开放，深化“放管服”改革，全面落实农村“三权”分置、“三变”改革，加快农村产权交易市场建设。稳妥推进机构改革，深化推进事业单位、教育、医疗等各领域改革。深化财税改革，持续开展集中治理行动，不断优化营商环境，让企业群众只进一扇门、最多跑一次就能办好事，确保服务和效率高于周边、成本和负担低于周边。持续开展大招商行动，新引进产业项目10个以上，投资总额23亿元以上，到位资金10亿元以上。坚定不移推进驱动创新，加快大数据与实体经济深度融合，加强科技创新平台建设，推进“数字工业”“数字农业”发展，培育高新技术企业5家以上，申报实施省州科技项目15个以上，完成专利申请80件以上，财政科技投入占全县财政公共预算支出比重2.5%以上，科技贡献率达60%以上。坚定不移鼓励创业就业，全面落实创业政策，发放小额信贷资金1000万元，鼓励“互联网+”创业，大力扶持大学毕业生和返乡农民工就业创业。深入落实人才强县战略，持续抓好人才队伍建设。分类落实全员培训促进家庭就业全覆盖行动，开展贫困劳动力全员培训3936人次以上。加快产业扶贫园、小微创业园建设，支撑就业带动创业，新增城镇就业2625人以上。坚定不移加快工业发展，大顶柱风电机组全部并网发电。加快推进年产5万方胶合板及3万方生态板项目、年产10万方智能化定向集成刨花板产业链项目、年产5万方指接生态板、年产1万吨高端活性炭项目、木艺加工、茶油加工和生物质发电项目建设。力争纳入省州“千企改造”4户以上，新增规上入库企业3户，新增市场主体100户以上。实施更大规模的减税降费，落实好降低民营企业成本政策措施，加大融资担保支持力度，降低民间资本进入各领域门槛，持续提高民间资本投资占比，支持民营经济进园区、进坝区、进新市民居住区、进山区，促进民营经济加速发展。

（六）紧盯基本民生，全力提升群众满意度。从群众最关心、最盼望、最急需的问题入手，加大投入，不断满足人民群众日益增长的美好生活需要。优先发展教育，深化教育综合体制改革，加快新市民居住区配套教育项目建设，建成投用高洛新区第一、第二幼儿园和巧马新市民居住区第二幼儿园、冗渡镇新市民居住区第一小学等14个续建项目，新建县第一幼儿园、高洛新区第一小学、第三幼儿园、坡妹镇新市民居住区第一小学等。加强师资队伍建设，优化教育资源配置，巩固义务教育均衡发展成果，不断提升教育质量，入学率、辍学率、巩固率严格控制在国家标准内。全力支持册亨民中申办省级示范性高中，鼓励和支持中职教育、民办教育发展，深入推进民族文化进校园工作，积极创建省、州民族特色示范学校。提高健康水平，加快县中医院、县妇幼保健院和新市民居住区卫生服务中心（站）建设。深入推进医药卫生体制“三医”联动改革，加强建设者楼、冗渡、坡妹、巧马县域医共体，加快实施分级诊疗。整合优化医疗卫生资源，强化医疗卫生人才队伍建设，培训医疗卫生技术人员500人以上，提高基层医疗服务能力。加强县医院“5+2”重点学科建设，抓好县医院胸痛、创伤、卒中中心和肾病泌尿中心建设。稳步建设健康册亨，做好重大疾病防控和公共卫生工作。积极创建二级县妇幼保健院，扎实开展生育健康全程服务。深入开展爱国卫生行动，巩固创卫成果。加强社会保障，深入实施全民参保计划，完善城乡低保和社会救助制度，做到应保尽保。加强未成年人、困境儿童和农村留守儿童、留守妇女、留守老人关爱保护。深化殡葬改革，倡导文明治丧，推进移风易俗。繁荣文体事业，建成3个镇全民健身中心和5个足球场。完成乡镇集镇广电网络光纤改造，启动县城区广电网络改造。大力弘扬、传承、保护和发展民族文化，抓好数字化项目、非遗电视专题栏目建设和国家级非遗项目名录《布依戏》剧目录制，持续推进民族文化进校园、进农村普及活动，办好文体赛事。

（七）紧盯政策机遇，全力做好要素保障。抢抓中央和省、州“四个聚焦”深度贫困地区政策机遇，持续增强决战脱贫攻坚的项目支撑和资金保障。用好国家政策，抢抓新增中央财政扶贫资金主要用于深度贫困地区、“十三五”规划实施优先安排贫困地区补短板项目等重大机遇，尽快补齐交通、水利、教育、医疗等基础设施短板。抢抓国家新增一般债券、专项债券机遇，全力争取对易地扶贫搬迁、基础设施、污染防治、棚户区改造等在建项目工程的债券资金支持。抢抓实施更大规模的减税降费和增加普惠性金融支持机遇，全力支持民营企业和中小微企业发展。抢抓东西部扶贫协作机遇，推动中小学、乡镇卫生院和深度贫困村与宁波江北区结对帮扶全覆盖，争取更多东部对口帮扶资金用于易地扶贫搬迁配套学校、医院建设。用好省政策，抢抓省委省政府把后续扶持作为易地扶贫搬迁工作重点机遇，争取更多资金投入新市民居住区配套公办中小学、幼儿园、社区卫生服务中心（站）、卫生室、警务室建设，推进公共服务均等化。抢抓财政转移支付增量向深度贫困地区倾斜的重大机遇，用好省财政对深度贫困县的1亿元专项扶贫资金，积极改善农村基础设施，大力实施产业扶贫项目，对上级已有资金安排的提前实施。用好城乡建设用地增减挂钩政策和省绿色产业扶贫投资基金。继续落实好扶贫小额贷款政策，加快保险助推脱贫攻坚示范区建设。完善县级脱贫攻坚项目库，争取更多项目纳入省发改、财政等部门向金融机构推荐的“两张清单”。用好州政策，抢抓州级财政存量资金、财政收入增量和压缩一般性支出、行政经费用于支持脱贫攻坚，以及专项安排7.46亿元支持精准扶贫（其中，每村100万元用于深度贫困村扶贫）的机遇。抢抓州财政安排1.2亿元用于实施新市民计划，州财政出资为新市民购买短期就业保险政策的机遇。抢抓州级统筹安排4.3亿元，确保教育、科学技术、文化旅游体育与传媒、社会保障和就业、卫生建设、节能环保等13类共22项民生项目全额配套的机遇。抢抓州级统筹安排工业发展资金不低于1亿元重点支持民营经济发展，安排12亿元支持乡村振兴、大生态、大旅游、大数据、教育事业发展的机遇。

扎实抓好“十件民生实事”：（1）解决2.6万人左右农村人口饮水安全问题；（2）农村公路安全生命防护工程处置隐患里程279公里；（3）建设城市公共停车位200个；（4）建设3所公办幼儿园、2所小学、14个教育续建项目；（5）为6—24月龄儿童免费发放营养包；（6）公益性岗位安置困难人员就业500人，转移农村劳动力6300人；（7）实施城镇安居工程1900套，整治老旧住房透风漏雨房屋718户，建设乡镇生活垃圾处理设施10个、生活污水处理设施11个；（8）改造城乡养老机构2所，建设农民体育健身工程5个、文体活动场所56个、健身绿道2.5公里；（9）新建（改造）农村户用卫生厕所15669户、农村公共卫生厕所40个、城镇社区公共卫生厕所10个、旅游厕所4个；（10）建设农村“雪亮工程”视频监控1880个。

三、加强政府自身建设

使命光荣艰巨，责任重于泰山。我们必须做到信念过硬、政治过硬、责任过硬、能力过硬、作风过硬，持续提升履职水平，努力建设人民满意的政府。

（一）加强政治建设。树牢“四个意识”、坚定“四个自信”，坚决做到“两个维护”，坚持党的领导，始终对党绝对忠诚。深学笃用习近平新时代中国特色社会主义思想，用以指导实践、推进工作。认真落实县委决策部署，确保政令畅通、令行禁止。常态化、制度化开展“两学一做”学习教育，开展“不忘初心、牢记使命”主题教育。认真贯彻落实新形势下党内政治生活若干准则，严肃党内政治生活，严守政治纪律、政治规矩，落实好全面从严治党主体责任和“一岗双责”。

（二）加强法治建设。坚持依法行政，自觉尊法学法守法用法，把政府工作全面纳入法治轨道，运用法治思维和法治方式深化改革、推动发展。坚持民主集中制原则，健全依法决策机制，完善决策制度，规范决策程序。加强决策合法性审查，推行政府法律顾问制度。完善执法体制机制，推进执法规范化建设，加强行政执法与刑事司法有机衔接。加快普惠性现代化公共法律服务体系建设。强化权力运行监督，办好人大议案和政协提案，自觉接受人大法律监督、政协民主监督、人民群众和社会舆论监督，确保权力在阳光下运行。

（三）加强能力建设。加快学习型政府建设，紧盯知识弱项、能力短板、经验盲区，通过选派学习、专项培训等方式，着力提升政府系统“八种本领”，让各级干部成为新时代各领域的行家里手。树立底线思维、增强忧患意识，提高发现、研判、处置风险的能力。培养干部的斗争精神，增强斗争本领，敢于善于跟矛盾困难斗争、跟不正之风斗争。坚持严管厚爱，完善容错纠错机制，大力褒奖和鼓励政治坚定、奋发有为、善作善成的干部，警醒和惩戒不作为、慢作为、乱作为、假作为的干部。

（四）加强作风建设。深入贯彻中央和省委、州委、县委关于作风建设的规定，坚定不移兴“三风”、纠“四风”、树新风，坚决整治形式主义、官僚主义、享乐主义、奢靡之风。持续开展“年初诺职诺廉、季度考评考核、半年研判分析、年终述职述廉”，强化过程管理，保障政府工作有序高效运转。深入开展“三真、两沉、一提效”，坚持工作部署在一线、决策落实在一线、力量整合在一线、问题解决在一线、作风转变在一线、成效体现在一线，做到干一件、成一件。深化政务服务改革，精简审批程序，优化办事流程，为群众提供高效便捷优质的服务。树立“过最紧日子、过最苦日子”的思想，做到集约节约、艰苦奋斗。更加规范督查检查考核，压缩数量和频次，让干部腾出更多精力干事创业。

（五）加强廉政建设。全面落实党风廉政建设主体责任，认真履行“一岗双责”，持续推进全面从严治党。巩固反腐败斗争压倒性胜利成果，紧盯重大工程、重点领域关键岗位，保持高压反腐态势。开展巡视巡察反馈问题整改“回头看”，扎实抓好巡视巡察“后半篇文章”。加强对国有资金、资产、资源和领导干部履行经济责任审计，对发现的问题坚决查处。深入开展警示教育，强化以案促改，坚决整治领导干部利用特殊产品谋取私利问题。向群众身边不正之风、腐败问题亮剑，坚决严惩损害群众利益的行为。

深化标本兼治，夯实治本基础，织牢制度铁笼。带头践行社会主义核心价值观，恪守职业道德，模范遵守社会公德、家庭美德，清白做人、干净做事，当好为人民服务的“施工队长”。

各位代表，今天我们所处的，是一个船到中流浪更急、人到半山路更陡的时候，是一个愈进愈难、愈进愈险而又不进则退、非进不可的时刻。人心齐，泰山移。在脱贫攻坚战场上，册亨有一支政治坚定、作风优良、敢打硬仗、善于攻坚的干部队伍，人民群众思富求变的意愿、决战贫困的信心、奋力赶超的决心，比以往任何时候都更加强烈、更加坚定。脱贫攻坚战鼓响，人生难得几回搏。让我们紧密团结在以习近平同志为核心的党中央周围，在县委的坚强领导下，大力弘扬新时代贵州精神，万众一心、众志成城，苦干实干加油干，坚决夺取2019决战之年根本性胜利，以优异的成绩庆祝中华人民共和国成立70周年！

望谟县政府工作报告

（2019 年 2 月 27 日在望谟县第十七届人民代表大会第四次会议上）

望谟县委副书记、县长 何正祥

各位代表：

现在，我代表县人民政府向大会作工作报告，请予审议，并请各位政协委员和列席人员提出宝贵意见。

一、2018 年工作回顾

2018 年，在省、州的关心帮助下，在县委的坚强领导下，在县人大、县政协的监督支持下，面对经济下行压力不断加大的形势，我们认真贯彻落实省、州和县委的各项决策部署，践行新发展理念，守好发展和生态两条底线，全力打好脱贫攻坚战，在稳增长、促改革、调结构、惠民生、防风险方面抢抓机遇、主动作为，在脱贫任务重、工作基础差、民生欠账多、融资贷款难等条件下，经济社会发展呈现出稳中有进、稳中向好的良好态势，脱贫攻坚再战告捷，较好地完成了县第十七届人民代表大会第三次会议确定的目标任务。

（一）全力抓好经济发展工作，综合实力稳步提升。全县地区生产总值 71.2 亿元，同比增长 13.2%，增速排名全州第二；公共财政预算收入 3.75 亿元，同比增长 10.2%，增速排名全州第二；限额以上固定资产投资 63.08 亿元，同比增长 20.8%，增速排名全州第一；社会消费品零售总额 5.88 亿元，同比增长 9.5%，增速排名全州第三；城镇居民人均可支配收入 28602 元，同比增长 9.8%，增速排名全州第二；农村居民人均可支配收入 8082 元，同比增长 10.8%，增速排名全州第一；人民币存、贷款余额分别完成 109.65 亿元、71.05 亿元，同比增长分别为 5.5%、23.8%，增速均排名全州第一。在全省经济社会发展综合测评中，排县域第三方阵乙类 10 个县第 3 位，实现保位目标。

（二）全力实施精准扶贫战略，脱贫攻坚扎实推进。基础设施全面夯实。采取“三加五保”超常举措，圆满完成 763 公里农村“组组通”公路建设任务，全县新增“组组通”公路里程达 994 公里，超过全州任务的 1/3；完成 2.6 万人农村饮水安全巩固提升工程，全面启动 12.44 万人农村安全饮水工程建设；建成串户路 143 公里、公厕 53 座、产业路 252 公里，安装太阳能路灯 3563 盏。产业扶贫有序推进。紧扣产业革命“八要素”“五个到村、到户、到人”和州委、州政府“退一进十”的要求，按照“因地制宜、长短结合、以短养长”的发展思路，完成产业种植结构调整 12.92 万亩，超额完成省、州下达任务；伏开、桑郎等 500 亩以上坝区建设有序推进；全县贫困人口就地转化为生态护林员 1264 人，兑现管护资金 1059 万元。易地扶贫搬迁稳步实施。围绕“十三五”规划搬迁的 52801 人目标任务，采取片区攻坚、干群联动看房、小手牵大手等措施，深入推进“干群同心谋脱贫·易地搬迁大行动”活动，组织干部深入村组开展搬迁动员 3 万余人次，组织看房 98 批次、1.9 万人次，同时通过持续开展新市民“搬新家·谋新业·好生活”等系列活动，完成易地扶贫搬迁阶段任务。全面落实新市民计划，发放新市民居住证 6591 个，协调转学学生 1612 人，完成搬迁群众农低保转城低保 693 人，调整 1000 万元财政扶贫资金到义龙新区发展食用菌产业，解决部分搬迁群众就业问题，累计实现就业 13327 人。完成高车安置点项目建设，有序推进李子园、甘莱、平郎 3 个安置点项目建设，完成县城安置点选房 7595 人。“三大保障”不断加强。大力抓好控辍保学，中小学辍学率均控制在规定指标内；发放各类教育资助资金989.95万元，资助学生7681人（次）；实施营养改善计划学校112所，惠及学生86845人（次），符合条件的学校覆盖率达100%。全县建档立卡贫困人口城乡居民医疗保险参保率达100%，全年受益7360人（次），补偿资金3296万元；住院报销比例均达到政策要求，有效开展大病专项救治和慢性病规范管理服务。完成农村危房改造2550户年度任务，累计完成5万余户。就业扶贫成效初显。成立县人力资源服务有限公司，出台《抓党建促就业扶贫补贴办法（试行）》，积极对接宁波、贵阳、贵安新区、沿海发达地区，做好劳动力转移工作，实现劳动力转移就业7.6万人；完成贫困劳动力全员培训7305人，超额完成年度培训任务。各方帮扶持续给力。争取到中央和省专项扶贫资金1.08亿元，实施项目163个；中央统战部投入及协调帮扶资金2425万元，实施项目32个；宁波余姚市投入及协调帮扶资金5776万元，实施项目20个；省发改委帮助谋划申报中央和省预算内投资项目114个，争取到上级资金4.15亿元；贵阳市印发《贵阳市帮扶望谟县脱贫攻坚工作方案（2018—2020年）》，安排6个区及相关学校、医院分别结对帮扶我县6个乡镇、5所学校、8家医院，每年从市级财政预算5000万元作为帮扶资金，目前解决帮扶资金6083万元，实施项目15个；省移动公司投入帮扶资金600万元，实施项目3个。专项整治扎实开展。出台“1+5”专项整治方案，全面完成系统漏评补录、错评清退和错退回退工作。通过全县上下共同努力，顺利实现19520人脱贫目标，贫困发生率从16.31%降至10.99%。

（三）全力加快重大项目实施，发展环境不断改善。重大项目顺利推进。实施重大工程、重点项目61个，完成投资78亿元，占年度目标任务的120%。交通条件明显改善。持续做好高速公路协调服务工作，罗望高速公路建成通车，县城至贵阳用时由原来的5小时缩短到2.5小时左右，紫望高速公路望谟西至打易段建成通车，打易至边饶段具备交工验收条件，完成县城至蔗香高速公路形象进度77%；建成G552县城至油迈段二级公路，完成S318县城至乐元二级公路形象进度70%、打易至郊纳二级公路形象进度67%，交通路网基本形成。水利设施不断夯实。纳坝、纳戎、乐元水库正在开展综合验收筹备工作，桑郎水库具备蓄水条件，上亭、大观、八一水库主体完工，新屯水库正在实施大坝填筑；完成三中至甘莱段、边饶镇坎边段、大观镇伏开段等12公里防洪堤建设。电力通讯能力持续提升。建成110千伏变电站1座，新建和改造10千伏及以下线路324公里，新增变压器410台；建成4G基站217个、无线4G小基站48个、高速公路宏站16个，新增宽带光纤1451公里，实现行政村4G网络全覆盖。

（四）全力推动种植结构调整，产业培育进程加快。第一产业初具规模。大力发展板栗、油茶、中药材、八步紫茶等特色产业，全县板栗种植面积达25万亩、油茶21万亩、中药材3.5万亩、八步紫茶6100亩；实现猪出栏25万头，牛出栏3.3万头，羊出栏17.4万只，家禽出栏163万羽。获得中国经济林协会授予“板栗名县”称号，培育州级龙头企业2户、省州重点专业合作社20个；获得国家无公害农产品产地认定面积13万亩、畜牧业产地认定8个、畜牧产品认证9个。在全州2018年上半年农业产业化现场观摩会评比中荣获第2名。第一产业增加值达25.07亿元，同比增长6.6%。第二产业稳步发展。启动“千企改造”工程，完成改造省级重点企业1户、州级重点企业1户、县级重点企业8户。规模以上工业增加值同比增长12.9%，增速排全州第2位；高技术制造业增加值占规模以上工业增加值的比重为18.8%，排全省第三方阵乙类10个县第1位。商品房销售面积15.8万平方米，同比增长33.35%；建筑业增加值4.27亿元，同比增长13.9%。第二产业增加值8.20亿元，同比增长12.8%，增速排名全州第一。第三产业优势渐显。随着高速公路的建成通车，交通条件改善带来的区位优势逐渐凸显，加之国家级电子商务进农村综合示范县项目的实施，商贸、物流、旅游等产业发展进入机遇期。全县旅游总收入8.81亿元，同比增长37.55%。电子商务网络零售额达1698万元，同比增长182%。第三产业增加值达37.93亿元，同比增长17.7%，增速排名全州第一。

（五）全力做好城乡统筹发展，人居环境日益改善。完成《望谟县总体规划（2014—2030）》中期评估、《望谟县县域乡村建设规划》和148个行政村村庄规划编制。建成新宁波桥、县城二期污水处理工程、团结路改造、人社农业环保便民服务中心、汇金财富广场（二期）、锦湖华庭（一期）等项目，城市棚户区改造项目（一期）、坝算小学至老油库大道、档案馆、司法业务用房、看守所、县城二期供水、农产品综合批发市场（冷库）、观山水公馆等项目有序推进，汇金财富广场商业街、布依之春农贸市场、大鸿发超市等便民项目投入使用。调整充实城市棚户区改造工作专班，完善征收补偿政策，健全工作推进机制，多措并举破解征拆难题，成功启动电影院片区和盐业公司片区城市棚户区改造项目建设，顺利完成 2018 年城市棚户区改造征收签约工作，签约率达 100%，全面打开城市建设新局面。启动罗望高速南互通至新解放桥大道（易地扶贫搬迁安置点一号路）、城镇生活垃圾收运系统项目建设。不断加大“两违”整治工作力度，继续推进“文明在行动·满意在望谟”活动，在年度考核中排名全省第 45 位，较上年上升 3 位。郊纳、蔗香、油迈、桑郎等特色小镇建设继续推进，纳丁、水秧、邮亭等美丽乡村建设成效初显。

（六）全力筑牢民生保障网底，社会事业齐头并进。教育事业快速发展。我们选最好的土地建设教育项目、花最多的资金投入教育发展、用最多的编制充实教育队伍，教育事业发展取得的成效最大。实验高中、中职学校、第三小学、郊纳中心小学、同昂央幼儿园建成投用，第一中学恢复独立办学，第五中学、第五小学、坝算小学改扩建项目、桑郎第二幼儿园、油迈中心幼儿园、打易第二幼儿园、乐旺蛮结幼儿园、昂武渡邑幼儿园主体工程完工，平洞小学改扩建工程、打易中心小学迁建项目、郊纳第二幼儿园、边饶第二幼儿园、打易长田幼儿园顺利推进，甘莱小学和李子园、甘莱、平绕幼儿园项目启动建设，84 所中小学“六化四园”建设任务全面完成。全面抓好办学条件改善、师资队伍建设、设备仪器图书配备等各项工作，义务教育基本均衡发展顺利通过国家评估验收。县内高考本科录取 716 人，再创历史新高，录取人数连续两年在全州排名第 4 位。医疗水平逐步提升。完成县妇幼保健院、县疾控中心实验楼建设，县中医院项目有序推进，建成大观、麻山、昂武、桑郎等一批标准化卫生院，继续推行异地就医报销制度，实现建档立卡贫困人口医疗保障全覆盖。社会保障不断加强。城乡居民医疗保险参保率、社会养老保险参保率分别达 96.12%、98.50%，社会医疗保险受益 42.7 万人（次），兑现资金 1.21 亿元；城乡低保受益 50527 人，发放补助资金 1.57 亿元；医疗救助受益 5330 人（次），兑现救助资金 566 万元；临时救助受益 10194 人，发放救助资金 1497 万元。全县新增就业 2800 人，城镇登记失业率 3.26%，控制在省州下达指标以内。文体旅游持续发展。完成《望谟县扶贫旅游规划（2018—2025）》编制工作，新屯村获批为 3A 级景区，成功举办中国望谟“三月三”布依文化节、第七届红水河野钓大赛等系列活动。此外，关心下一代、民族宗教、工青妇、红十字、老龄、残联、国安、国防、人防、双拥、外事、侨务、对台、气象、档案、史志等各项事业全面发展。

（七）全力推进生态文明建设，污染防治有效开展。累计完成新一轮退耕还林 51 万亩，成为全省退耕还林面积最大的县。全面推行河长制，完成 22 个 1000 人以上集中式饮用水源地划定保护工作；累计清理养殖网箱 4190 亩，全面完成辖区内网箱养殖清理任务。扎实推进全国第二次污染源普查工作，加强大气、水体、土壤、噪声污染防治，北盘江和红水河国省控监测断面、县城集中式饮用水水源地水质、城市空气质量达标率均达 100%。建成县级医疗废物集中处置中心项目，中央环境保护督察反馈问题整改基本完成。

（八）全力深化改革扩大开放，发展活力得到释放。继续推进供给侧结构性改革、“放管服”改革、农村集体产权制度改革、公立医院综合改革、教育人事制度改革、农村“三变”改革等工作。新政务服务大厅建成投用，按照“应进必进、因地制宜”的原则，将行政审批、服务事项全部纳入政务服务大厅集中办理，设置对外服务窗口 104 个，全年受理事项 53508 件、办结率 100%，促进政府职能进一步转变。继续加强招商引资工作，采取县级领导带头招商、小分队外出招商、以商招商等方式，外出招商 20 余次，签约项目 16 个，省外到位资金 42.16 亿元。

（九）全力守牢风险防范底线，社会大局和谐稳定。严格落实政府债务风险防控措施，落实地方金融监管职责和风险处置责任，持续深入开展银行机构不良贷款、互联网金融、非法集资领域风险排查，有效防范化解政府债务、金融风险。严格落实安全生产责任制，安全生产事故起数、死亡人数实现“双降”目标。持续巩固“三维一体”信访维稳源头管控工作，深入开展扫黑除恶专项行动，积极开展“无毒县”创建活动，社会治安持续向好。

（十）全力加强政府自身建设，执政能力持续提高。牢固树立“四个意识”、坚决做到“两个维护”，切实抓好中央巡视、国务院大督查、省委巡视等反馈问题的整改落实。严格执行中央八项规定，认真落实省州和县委有关作风建设要求。自觉接受县人大的法律监督、县政协的民主监督，认真办理人大代表议案建议、政协委员提案。严格履行党风廉政建设“一岗双责”，全面落实“两个责任”，行政效能进一步提升，政府自身建设进一步加强。

各位代表，过去一年的成绩来之不易，这是习近平新时代中国特色社会主义思想正确指引的结果，是中央和省、州关心帮助的结果，是县委坚强领导和县人大、县政协监督支持的结果，是全县干部群众齐心协力、艰苦奋斗的结果。在此，我代表县人民政府，向在各领域和岗位上辛勤劳动、作出贡献的全县广大干部群众表示崇高的敬意！向给予政府工作大力支持的人大代表、政协委员、离退休老同志，向各民主党派、工商联、无党派人士、人民团体，向驻县人民解放军、武警官兵、政法干警、消防救援队伍，向奋战在脱贫攻坚一线的同志，向所有关心、支持望谟经济社会发展的各界人士，表示衷心的感谢！

在肯定成绩的同时，我们也清醒地认识到，我县发展不平衡、不充分的问题还比较突出，面临的挑战还比较多。一是脱贫任务依然艰巨。全县尚有3.29万贫困人口未脱贫，且中小学及以下文化人口占比较大，脱贫内生动力不足，脱贫攻坚仍有不少“硬骨头”。二是实体经济发展缓慢。市场主体培育不足，入驻龙头企业较少，招商引资机制不健全，营商环境有待优化。品牌创建力度不够，产品市场竞争力不强。农民专业合作社带动作用发挥不够好，扶贫产业利益联结机制不健全。三是风险防范有待加强。税源结构单一，财政收支矛盾突出，政府性债务还债压力大，非法集资等违法违规金融活动隐患多，安全生产、社会治理等领域还存在薄弱环节。四是工作作风不够务实。部分干部学习不够，破解难题能力不足，担当意识不强，面对困难存在畏难情绪，不作为、慢作为、乱作为等现象还不同程度存在。这些困难和问题，我们一定高度重视，拿出务实管用举措切实加以解决。

二、2019年重点工作

2019年是新中国成立70周年，是决胜全面建成小康社会第一个百年奋斗目标的关键之年，更是我县脱贫攻坚决战之年，做好全年经济社会发展各项工作意义重大。我们要抢抓中央统战部、东西部协作和省、州帮扶机遇，充分发挥交通基础设施改善、政策向深度贫困地区聚焦、乡村振兴战略实施等优势，克难攻坚、苦干实干，全力以赴抓好各项工作。

今年政府工作的总体要求是：以习近平新时代中国特色社会主义思想为指导，全面贯彻党的十九大和习近平总书记对贵州工作的系列重要指示批示精神，不忘初心、牢记使命，按照十九届二中、三中全会及中央经济工作会议精神，深入贯彻全省经济工作会议和州委七届七次全会、县委十二届八次全会部署，坚持稳中求进工作总基调，坚持新发展理念，紧扣社会主要矛盾变化，统筹推进“五位一体”总体布局，协调推进“四个全面”战略布局，以供给侧结构性改革为主线，统筹推进稳增长、促改革、调结构、惠民生、防风险各项工作，重点打好防范化解重大风险、精准脱贫、污染防治攻坚战，守好发展和生态两条底线，增强人民群众的获得感、幸福感、安全感。全力推进“五个望谟”建设，着力创建“经果林大县”“生态畜禽大县”，推动全县经济社会持续健康发展、社会大局稳定，奋力夺取脱贫攻坚决战之年根本性胜利，为2020年全面建成小康社会打下坚实基础。

今年全县经济社会发展的主要预期目标是：生产总值完成80亿元，同比增长12%；人均生产总值完成32700元；公共财政预算收入完成3.86亿元，同比增长3%；限额以上固定资产投资完成74亿元，同比增长18%；社会消费品零售总额完成6.5亿元，同比增长10%；城镇居民人均可支配收入完成31200元、同比增长9%，农村居民人均可支配收入完成8900元、同比增长10%；金融机构人民币存、贷款余额分别完成115亿元、78亿元，同比分别增长5%、10%；新增城镇就业2900人以上，城镇登记失业率控制在4.2%以内。

围绕上述预期目标，我们要坚决贯彻落实“巩固、增强、提升、畅通”八字方针，全力抓好以下9个方面工作：

（一）坚定不移攻克深度贫困堡垒。始终坚持以脱贫攻坚统揽经济社会发展全局，按照“3856”战略部署、“4541”工作要求，对标“两不愁，三保障”、对表“三率一度”，全面推进“六大行动”、坚持“四个导向”，抓好责任落实、政策落实、工作落实，实行“四大战区”“十个工作专班”作战体系，全力打好“四场硬仗”“十大攻坚战役”，确保全年顺利实现2.2万贫困人口脱贫，夺取决战之年的根本性胜利。

打好精准管理攻坚战役。持续开展“五个专项”治理，扎实抓好脱贫攻坚基础工作，确保建档立卡贫困人口漏评率、错评率均低于2%，脱贫人口错退率低于2%，因村因户帮扶工作群众满意度达90%以上；扶贫项目开工率、资金划拨率、资金录入系统备案率均达100%，年度项目资金报账率达92%以上。打好基础设施攻坚战役。全面做好通村组公路管护工作，农村安全饮水实现全覆盖。建成10千伏及以下线路52公里，安装配电变压器239台，供电可靠率达99%以上；建设4G通讯基站160个以上，安装光缆线路1900公里以上，行政村光纤覆盖率达95%以上。打好产业扶贫攻坚战役。全面推进农村产业革命，加快500亩以上坝区建设，出台产业扶贫扶持政策，健全产业扶贫利益联结机制，确保产业覆盖到村、到户。打好易地扶贫搬迁攻坚战役。6月底前全面完成“十三五”规划的52801人搬迁任务，累计解决搬迁群众就业18000人以上，实现有劳动力的家庭户均1人以上就业。按照群众意愿协调搬迁子女转学到兴义、义龙和望谟县城就读，落实好“五个三”和新市民计划各项工作。打好住房安全攻坚战役。对农村安全住房进行鉴定，继续实施农村“危改”“三改”和老旧住房透风漏雨专项整治工作，因户施策全面解决农村住房安全问题。打好医疗保障攻坚战役。加强医疗健康扶贫政策宣传，确保建档立卡贫困人口城乡居民医疗保险参保率达100%，住院费用实际报销比例达到政策要求。不断完善医疗基础设施，努力提升服务水平，继续抓好家庭医生签约服务、贫困人口大病专项救治和慢性病规范管理。打好教育保障攻坚战役。全面落实教育扶贫政策，确保建档立卡贫困户家庭适龄子女在义务教育阶段不因贫失学、辍学，在中职、高中、高校就读的按政策享受精准扶贫教育资助。打好就业扶贫攻坚战役。完善贫困劳动力外出务工激励机制，组织引导建档立卡贫困户劳动力外出务工2万人以上，通过就业促进群众增收。打好生态扶贫攻坚战役。加大对184.61万亩公益林和51万亩退耕还林的管护力度，按照“三长五员”机制就地提供建档立卡贫困户就业岗位，促进贫困户增收脱贫。打好能力提升攻坚战役。强化县乡村三级干部履职能力培训，提升工作履职能力，适应脱贫攻坚岗位履职需求。加强群众励志教育、感恩教育、扶智教育，引导群众积极参与人饮管护、环境整治，自觉尊老爱幼、遵章守法，激活发展内生动力。实施贫困劳动力全员培训5240人（次）以上，不断提升贫困群众素质、劳动技能。

（二）坚定不移狠抓重大项目建设。全力抓好项目谋划。结合“十三五”规划、脱贫攻坚规划和“三长三短”项目库，继续做好2019年项目谋划和申报工作。列入县级重大工程和重点项目72个，总投资352亿元，年度计划完成投资86亿元，同比增长30%；申报中央及省预算内投资项目76个，总投资33亿元，拟申请上级补助资金23亿元。全力抓好项目前期。积极筹措项目前期工作经费，制定完善项目前期工作推进计划，加强与省州汇报对接，积极争取中央和省州给予项目资金更多倾斜。全力抓好项目建设。落实项目包保责任，强化项目过程管理，定期对项目建设情况进行调度，及时协调解决项目建设中遇到的困难问题，确保项目顺利推进。

（三）坚定不移改善基础设施条件。继续做好高速协调服务工作，确保紫望高速公路和县城至蔗香高速公路建成通车，全力支持“多彩贵州·最美高速”创建工作；完成S318县城至乐元、打易至郊纳共69公里二级公路建设，启动建设G552桑郎至县城77公里二级公路提等改造项目，积极开展“畅、安、舒、美”公路创建活动；加大项目资金整合力度，统筹推进农村骨干路网建设；继续推进“四好农村路”建设，建成示范路50公里。加快骨干水源工程建设，桑郎、上亭、大观、八一水库下闸蓄水，完成新屯水库大坝填筑，加快推进郊纳水库，力争开工建设油啥水库，继续抓好纳学、伏开、乐康、打尖、九羊、纳夜、者康、乐宽、里满等水库前期工作；全面落实农村供水工程管理责任制，全力抓好农村人饮安全保障工作。

（四）坚定不移推动产业结构调整。全力培育第一产业。按照“一县一业”“多业并举”的思路，充分利用山地资源和水热条件，大力发展林产品产业，重点抓好板栗、油茶、八步紫茶、热作精品水果等主导产业，采取“林药模式”发展菊花、通草、艾纳香、铁皮石斛等中药材产业，采取“林畜模式”发展养蜂、生态畜禽产业，采取“林菌模式”发展食用菌产业，积极探索产业扶贫“望谟模式”。全年新增板栗种植面积2万亩、低产林改造1万亩，新增八步紫茶种植面积6000亩、育苗300亩，新增油茶低产林改造面积1万亩，新增中药材种植面积1万亩，新增热作产业种植面积1万亩，确保完成4.5万亩产业结构调整任务；养殖胡蜂2万群以上，实现家禽出栏185万羽、生猪出栏28万头、羊出栏19万只、牛出栏3.5万头以上。培育州级以上龙头企业2户，打造县级以上重点专业合作社30个，获批农产品地理标志产品认证2个以上。不断扩大农业保险覆盖面，努力构建“覆盖广、保障强、运转畅”的农业风险保障服务体系。努力做强第二产业。以板栗、木材、中药材等特色农产品加工和新能源开发为重点，以“建链、补链、强链”为核心，采取“五个一”机制为入驻企业做好服务工作，大力实施“千企引进”“千企改造”工程，走“小而特、小而全、小而精”的绿色生态工业发展之路。引进工业项目4个以上，新增规模以上工业企业3户以上，完成技术升级企业4户以上，启动新能源项目1个以上。加快发展第三产业。充分发挥民族文化、生态资源、气候条件等优势，继续加大3A级景区申报力度，持续推进旅游扶贫工作，推动以民俗体验、休闲康养、户外运动为重点的旅游业发展，依托高速路网加快推进商贸物流业发展。

（五）坚定不移推动城乡协调发展。完成《望谟县乡村振兴战略规划（2018—2022）》《望谟县生态修补专项规划》编制工作和《望谟县总体规划（2014—2030）》修编工作，抓好以郊纳为重点的乡村振兴示范创建活动，抓好洛郎、纳丁、铁炉、八步等美丽乡村示范村寨建设。建成罗望高速望谟南互通至新解放桥大道、甘莱至高车丫口大道、坝算小学至老油库大道、布依枫林小区至天主教堂大道、城市棚户区改造项目（一期）、李子园安置点、甘莱安置点、平郎安置点、城镇垃圾收运系统项目、县城二期供水、农产品综合批发市场（冷库）、档案馆、司法业务用房、看守所等项目，继续推进景阳新城至河背大道、布依之春、锦湖华庭（二期）、观山水公馆等项目，拆除并重建王母桥。完成电影院片区和盐业公司片区城市棚户区改造项目安置房主体工程，加快推进2018年城市棚户区改造项目安置房建设。加强城市建设管理，进一步加大“两违”整治工作力度，全力抓好“文明在行动·满意在望谟”活动，积极做好省级森林城市申报工作。

（六）坚定不移抓好生态环境保护。全力打好“青山保卫战”。扎实开展国土绿化、绿色富民、森林资源保护三大行动，完成石漠化治理10平方公里。持续开展森林保护“六个严禁”、环境专项执法检查，严厉打击环境违法行为，确保辖区环境有效保护。全力打好“蓝天保卫战”。加大执法检查力度，确保重点污染源的脱硫脱硝设施正常运行。严格按照“6个100%”标准加强对建筑施工场地管理，积极推动黄标车、老旧车报废淘汰，扎实抓好露天焚烧污染源管控工作，确保县城环境空气质量优良率达100%。全力打好“碧水保卫战”。持续推行河长制工作，重点抓好清“四乱”、治“四水”工作，积极推进新屯、油迈、乐旺等12个乡镇（街道）污水处理设施建设和运行工作，逐年提高城镇污水处理能力。强化企业污水达标排放监管，抓好集中式饮用水源地保护和辖区内水环境质量监测，确保集中式饮用水源地水质达标率保持100%。全力打好“净土保卫战”。严格矿山开采、废机油处置等执法检查，抓好医疗废弃物、废旧电池等危险废物处置监管，严查非法排污、倾倒有毒有害物质等违法行为，积极开展土壤污染防治工作，确保土壤污染事故零发生。

（七）坚定不移实施创新发展战略。深化体制改革。按照中央和省、州要求，全面抓好县级机构改革。统筹推进供给侧结构性改革，着力提升经济发展质量和效益。以“只进一扇门”“最多跑一次”为目标，持续深化“放管服”改革。继续探索“五全模式”，持续推进农村“三变”改革。大力推进殡葬改革，切实抓好集中治丧工作。不断扩大开放。抢抓产业结构调整和东部沿海地区产业转移的机遇，用好用活对口帮扶城市和县域优势资源，严格落实项目服务“五个一”工作机制，全力抓好招商引资工作，进一步优化营商环境。推动创新发展。继续抓好国家级电子商务进农村综合示范县建设，进一步拓宽“望货出山”渠道，提高电商网络零售额。不断加强校地合作、校企合作，以科技手段推动产业发展，实现企业增效农民增收。

（八）坚定不移守牢风险防控底线。防控政府债务风险。调整充实工作专班，建立应急周转资金池，采取有效措施，完善应急处置预案，全力抓好政府性债务风险防范化解工作。防控金融领域风险。严格落实属地风险处置责任，深入开展银行机构不良贷款、互联网金融、交易场所、非法集资等领域的风险排查监测和处置预警，坚决打击各类违法违规金融活动。防控安全生产风险。严格落实安全生产责任制，强化宣传引导、隐患排查、督查巡查、应急值守、事故处置，坚持源头严防、过程严管、风险严控，严防较大以上安全事故发生。防控社会治安风险。深入推进“平安望谟”建设，持续开展扫黑除恶、禁毒专项治理，完善“打防管控服”五位一体的社会治安管理体系，切实增强社会治安防控能力。坚决依法打击非法宗教和邪教活动，全面抓好意识形态工作责任制落实，切实防控意识形态和国家安全领域风险，确保社会大局稳定。

（九）坚定不移加强社会民生保障。将教育作为阻断贫困代际传递的重要途径，树立“穷县办好教育”的理念，以实现“五个教育”为目标，落实教育优先发展战略，全面推进教育领域综合改革，推动学前教育普惠健康发展，巩固义务教育基本均衡发展成果，推动高中多样化特色发展，实施中职学校内涵式发展，提升民族教育、特殊教育水平，以信息化促进优质教育资源共享，稳步提升教育教学质量。建成县中医院、平洞街道社区卫生服务中心等项目，加强医疗健康教育和疾病防控工作，持续推进县级公立医院改革，完善全民医保体系，增强医疗保障能力。继续抓好城乡低保提标、特困人员供养、医疗救助、临时救助和易地扶贫搬迁农低保转城低保工作。加快基本公共文化服务标准化建设，大力推动文化体育事业快速发展，做好民族文化的保护、传承和发展工作。继续办好“三月三”布依文化节、红水河全国野钓大赛等重大活动，进一步提高望谟知名度和美誉度。加大国防动员、后备力量建设，支持驻县军队建设和监察委、法院、检察院工作，加强国家安全、应急救援、司法行政、民族宗教、外事侨务、人防等工作。

我们要坚持以人民为中心，把群众的事当作自己的事来办，扎实抓好“十件民生实事”：一是30户以上自然村寨全部通硬化路，行政村通客运班车率达100%，实施农村公路安全生命防护工程300公里以上；二是实施串户路建设400公里以上；三是解决12.44万农村人口饮水安全问题；四是建成城市棚户区改造项目安置房主体工程40万平方米以上；五是新建城市公共停车位300个以上；六是建成易地扶贫搬迁安置房4475套；七是新建或改扩建并竣工投用初中1所、小学5所、幼儿园11所；八是提供生态护林员、护路员、护水员、保洁员、爱心辅导员就业岗位2000个以上；九是新建或改造农村公共卫生厕所20个以上、农村户用卫生厕所1000户以上；十是新配备村级垃圾收运箱800个以上，安装太阳能路灯3000盏以上。

三、加强政府自身建设

新形势、新任务，对政府自身建设提出了新的更高要求。面对艰巨繁重的改革发展、脱贫攻坚任务，我们要做到信念过硬、政治过硬、责任过硬、能力过硬、作风过硬，全面提升履职水平，努力建设人民满意的政府。

（一）全面加强党的建设。牢固树立“四个意识”、坚定“四个自信”、做到“两个维护”，把坚持党对一切工作的领导贯穿政府工作各方面和全过程，始终做到对党绝对忠诚。深学笃用习近平新时代中国特色社会主义思想，全面贯彻习近平总书记对贵州工作重要指示精神，认真落实省州和县委决策部署，确保政令畅通、令行禁止。深化“牢记嘱托、感恩奋进”教育。认真贯彻落实《新形势下党内政治生活的若干准则》，严肃党内政治生活，严守政治纪律和政治规矩，全面落实“一岗双责”，坚决落实党组全面从严治党主体责任。

（二）全面加强法治建设。全力推动依法行政，坚持依法治县，严格按照法定权限和程序履行职责，不断提升政府公信力和执行力。坚持民主集中制原则，健全依法决策机制，完善决策制度，规范决策程序。加强决策合法性审查，推行政府法律顾问制度。强化行政权力运行监督，自觉接受县人大法律监督，主动接受县政协民主监督，广泛听取民主党派、无党派人士和人民团体意见建议。扎实办理人大代表议案建议和政协委员提案，进一步提高办理质量。

（三）全面加强能力建设。着力提升学习本领、政治领导本领、改革创新本领、科学发展本领、依法执政本领、群众工作本领、狠抓落实本领、驾驭风险本领。树立底线思维、增强忧患意识，提高风险的发现力、研判力、处置力。增强担当意识，在脱贫攻坚、深化改革、项目推进、风险防范、城市建设等工作中敢于担当、善作善成。

（四）全面加强作风建设。深入贯彻中央八项规定及其实施细则精神和省、州关于作风建设的规定，大力培育和弘扬新时代贵州精神，坚定不移兴“三风”、纠“四风”、树新风。大力倡导“真抓实干、马上就办、办就办好”的作风，切实解决不作为、慢作为、乱作为等问题，进一步增强工作的执行力、落实力，迅速将中央、省、州和县委各项决策部署转化为具体行动、转化为发展实效，用苦干实干的实绩诠释对党的绝对忠诚。

（五）全面加强廉政建设。认真贯彻执行《中国共产党廉洁自律准则》《中国共产党纪律处分条例》，严格落实党风廉政建设“两个责任”，紧盯重大工程、重点领域、关键岗位，全面推进惩治和预防腐败体系建设，加大违纪违法案件查处力度，严肃惩治不正之风、腐败行为。严格落实《党政机关厉行节约反对浪费条例》等规定，从严控制“三公”经费支出。

各位代表，幸福是奋斗出来的。脱贫攻坚、同步小康已经到了决战决胜的关键时刻，让我们更加紧密地团结在以习近平同志为核心的党中央周围，在县委的坚强领导下，牢记嘱托、感恩奋进，不忘初心、坚定信心、下定决心，坚决夺取脱贫攻坚根本性胜利，以优异的成绩庆祝新中国成立70周年！

安龙县政府工作报告

（2019年4月1日在安龙县第十七届人民代表大会第四次会议上）

安龙县委副书记、县长 冉隆斌

各位代表：

现在，我代表县人民政府向大会作工作报告，请予审议，并请县政协委员和其他列席人员提出意见。

一、2018年工作回顾

过去一年，在县委的坚强领导下，在县人大、县政协的监督支持下，我们坚持以习近平新时代中国特色社会主义思想为指导，深入贯彻落实党的十九大和习近平总书记在贵州省代表团重要讲话精神，坚持脱贫攻坚统揽经济社会发展全局，坚决打好防范化解重大风险、污染防治攻坚战，全力打造“七个创新示范区”“六乡安龙”，经济保持快速增长，社会事业全面进步，完成了十七届人大三次会议确定的各项目标任务。

一是综合实力稳中有进。我们坚持稳中求进工作总基调，着力抓好产业发展、基础设施建设、民生保障等重点工作，经济社会实现持续健康发展。全县地区生产总值129.49亿元，增长13.3%；规模以上工业增加值24.65亿元，增长13%；固定资产投资101.6亿元，增长18.8%；社会消费品零售总额15.72亿元，增长7.9%；城镇居民人均可支配收入29306元、增长9.7%，农村居民人均可支配收入8991元、增长10.6%；财政总收入21.85亿元、增长9.6%，一般公共预算收入11.14亿元、增长10.76%；金融机构人民币存贷款余额增长5.5%。在脱贫攻坚任务艰巨繁重、经济下行压力不断加大的情况下，经济发展综合测评仍取得全省县域第二方阵第4位的好成绩。

二是脱贫攻坚连战连捷。我们紧盯减贫摘帽目标，全力打好“四场硬仗”，狠抓“五个专项治理”，实施“四个聚焦”，深入开展“春风行动”“夏秋攻势”“秋季喜算丰收账”“冬季充电”，脱贫攻坚取得重大阶段性成果。贫困人口减少2789户、10044人，出列贫困村29个，贫困发生率降至1.52%。全力抓好产业扶贫。按照“八要素”要求，围绕“一主三辅”产业发展体系，进一步完善利益联结机制，大力发展食用菌、温氏养殖等产业，种植食用菌1.3万亩，全县出栏优质商品猪30万头。培育壮大农产品加工企业46家，成立农村合作经济组织525个，实现贫困户加入合作经济组织100%，产业扶贫实现全覆盖。全力抓好基础设施建设。投入资金7.5亿元，实施农村通组路1079公里、串户路727公里，通组串户路硬化实现全覆盖。提级改造供电工程，全面保障农村群众用电安全；建成光纤宽带、4G基站项目263个，行政村宽带、4G网络覆盖率达100%；累计投入资金3.15亿元，实施农村饮水安全巩固提升全覆盖工程，新修集中式供水水池833个，安装供水管道3129.72千米，解决7万余户41万人饮水安全问题，自来水普及率达99.4%。全力抓好易地扶贫搬迁。紧紧围绕“五个体系”建设，按照“六个坚持”的要求，全面落实新市民计划“1+13”系列政策措施。建成五福小镇、双龙小镇、蘑菇小镇3个新市民居住区，新建安置房5908套，累计搬迁5431户、25526人，其中，贫困人口4437户、20884人。全力抓好教育医疗住房“三保障”。大力实施教育精准扶贫，资助95365人、1.43亿元。深入推进校农结合，农产品采购1889.76万元；实施营养改善计划49084人、3272.9万元；办理生源地助学贷款5313笔、3603万元，新市民居住区学校招聘教师95人，搬迁群众子女安置地入学1124人。全面推行医疗健康扶贫保障，87075名贫困人口全员参保，补助贫困人口住院11790人次、1314.3万元，贫困户医疗费用报销比例达90%；实行“一站式结算”服务，实现贫困村卫生室建设全覆盖；建成农村中小学标准化医务室112个，4个新市民居住区卫生服务中心竣工投用。全面落实安全住房保障，危房改造14027户、老旧房透风漏雨修缮整治6320户、贫困户“三改”12970户。全力推进对口帮扶。争取民进中央、宁波慈溪市、省体育局、团省委等对口帮扶协作资金6000余万元，实施产业发展、教育助学、医疗帮扶、文化旅游、劳务协作等项目。

三是重大风险有效防控。我们坚持标本兼治、疏堵并举，全面落实风险防控措施，切实化解各类风险。守住政府债务风险底线。规范举债程序、资金用途，严格控制新增债务，建立健全政府债务规模控制、限额管理、风险预警机制，科学制定偿债计划，采取债务剥离、PPP化解、债券置换等方式化解政府债务，政府性债务有效控制在国家规定指标范围内。严密防范金融风险。加大金融风险防范知识宣传力度，民众防范意识明显提高。加大资产管理、投资理财、小贷担保等领域风险排查整治力度，严厉打击非法集资、金融诈骗等违法行为，立案查处2起，严防集资群众非法聚集事件、极端事件发生。积极化解社会风险。深入开展安全生产大排查、大整治，全年未发生较大以上安全生产事故。完善维稳工作“312”联合指挥机制，实现重大活动期间辖区重点人员赴省进京“零非访”。严厉打击黄赌毒黑拐骗等违法犯罪活动，扫黑除恶专项斗争向纵深推进，成功破获“2·26”“4·17”等系列案件，实现社会和谐稳定。

四是生态环境持续改善。我们以中央环保督察及“回头看”问题整改为导向，严厉打击环境违法行为，立案查处环境违法企业15家、罚款149.06万元。空气环境质量持续向好。关停百兴焦化厂、南海炼锑厂，淘汰黄标车、老旧车159辆，大力开展扬尘、秸秆焚烧等专项整治行动，全县环境空气质量优良率达98.5%。水环境质量持续改善。全面推行河长制，开展退渔还湖环境综合治理，实施“四清”行动，159万平方米网箱全部拆除。城东污水处理厂投入试运行，启动城南、城北污水处理厂和北盘江流域城镇污水处理一期工程。集中式饮用水水源地水质达标率100%。土壤环境质量总体稳定。建立土壤环境基础数据库，确定土壤污染重点行业企业31家。建成豹子洞、万人洞金矿等7个标准化渣场。建成医疗废弃物处置中心。生态建设持续有力。招堤国家湿地公园顺利通过国家级验收，成功创建普坪镇省级生态示范镇。造林5.2万亩，森林覆盖率达53.55%，林业产值达34亿元。选聘县级生态护林员1048名。石漠化综合治理14.08平方公里。启动5万亩速生菌材林基地、山地刺梨大健康特色全产业链项目建设。

五是产业发展成效显著。我们坚持“优一产、强二产、扩三产”的产业发展思路，着力调整产业结构、优化产业布局，经济高质量发展迈出新步伐。现代农业实现新发展。深入推进农业供给侧结构性改革，调减低产值作物13.52万亩，实现粮经比32：68。7个省级现代高效农业示范园区入驻企业50家、合作社74家，带动农户就业5000余人。食用菌龙头企业达19家，建成菌棒生产线18条、精深加工生产线1条，种植面积1.3万亩，年产量6.85万吨，综合产值10.2亿元，成功申报“三品一标”认证3个。建成温氏养殖小区47个、年产18万头种猪场2个。白及、石斛、薏仁米等累计种植面积达23.86万亩。建设花卉基地1500亩。完成烤烟种植4.72万亩，收购烟叶9.45万担。工业转型实现新突破。工业园区累计入园企业70家，完成投资32亿元，投产50家，园区规模以上工业总产值42亿元。实施“千企改造”工程15个，完成投资17.25亿元。完成黑金、鑫发、炜烽3家煤矿30万吨/年主体矿建设，原煤过站量190万吨、增长18%。热电联产动力车间项目完成投资19亿元，大秦光伏四期并网发电；金源铁合金一期第二台30兆瓦直流矿热炉推进迅速，装配式建筑项目建成投产，石材产业园区建成投产企业5家。服务业呈现新活力。旅游产业实现新发展，成功承办国际滑翔伞邀请赛、全国攀岩锦标赛等4次国内外赛事活动。旅游完成投资5.8亿元。招堤4A级旅游景区创建初步通过省级评审，国家山地户外运动示范公园3A级旅游景区创建通过州级复评。旅游接待人数176.36万人次、增长48.92%，旅游总收入13.69亿元、增长53.2%。加快电商物流业发展，引导和培育商贸物流企业2家，建成镇级综合服务社3个、村级服务站点131个，培训电商人才2150人次。

六是城乡面貌日益改善。我们坚持把城市发展与农村建设有机结合起来，推动城乡一体化融合发展。城市空间不断拓展。统筹推进城镇建设与新市民居住区建设，成功申报“中国·安龙蘑菇小镇”，城市建成区面积14.6平方公里，城镇化率达48.57%。完成《安龙县中心城区控制性详细规划》，启动《安龙县中心城区城市设计》《安龙县多规合一规划》等编制工作。棚户区改造签约1442户41万平方米，南部商业街区启动建设。尚水上城等房地产项目完成投资4.49亿元，销售商品房18.8万平方米。全县建筑业企业达16家，完成总产值15.3亿元。城乡基础设施不断完善。完成城镇基础设施建设投资29.74亿元，新增城市道路12.5公里，"一场、三馆、两中心"主体工程完工，新增城市停车位2000个。完成交通投资18.5亿元，龙万公路完成大修并投用，开工建设六安高速公路，完成王马公路、戈大公路大修工程前期工作，安兴一级公路前期工作有序推进。投入资金4.75亿元实施"四在农家·美丽乡村"六项行动计划，人居环境不断改善。启动城乡生活垃圾收运一体化项目，建成垃圾转运站11座。完成水利投资7.8亿元，平桥、科花水库等骨干水源工程顺利推进。改造县城老旧供水管道10公里，管网漏损率控制在15%以内。城乡管理水平不断提升。拆除违章建筑1.25万平方米，开发选聘"三保三员"4427人。

七是发展活力充分激发。我们着力优化服务环境，强化社会信用体系建设，全面提升服务水平。改革力度持续加大。深入推进供给侧结构性改革，稳步推进国企改革和县属国有公司实体化转型改革。完成农村土地承包经营权确权登记颁证工作。财税体制改革等不断深化，全面推开"营改增"，全力支持民营经济发展，减免税费5769.17万元。深入推进综合医改，加强医疗、医保、医药"三医"联动。开放平台建设稳步推进。工业园区、农业园区等开放平台完成投资57亿元，实现产值52.44亿元；慈溪－安龙共建产业园区前期工作稳步推进。金蕙花卉、喜莱莹建材等7个项目纳入"一带一路"建设省级重点项目库，玉林石材获得内陆开放型经济建设投资补助120万元。发展动力不断增强。抓实产业大招商突破年行动，引进中企财富、山东琦泉、辽宁三友、天刺力等优强企业落户安龙，新增省外项目60个，到位资金83.94亿元。储备重大项目335个，总投资587.49亿元；编制完成PPP三年滚动项目28个、纳入省州PPP规划库21个；实施省、州重大工程和重点项目31个，完成投资91.4亿元。服务水平有效提升。开展优化营商环境集中整治行动，"放管服"改革扎实推进，编制公布新版权力清单、责任清单，取消行政审批和行政许可6项。推进跨部门联合执法，扎实开展"双随机、一公开"执法检查。持续推进"减证便民"行动，清理取消证明材料35个。大力推行"互联网＋政务服务"，梳理跑腿次数清单事项629项，进驻政务大厅政务服务事项大项261项、小项532项，政务服务网上可办率逐步提高。

八是群众幸福指数不断提升。我们着力在民生领域补短板、出实招，民生保障水平显著提升。教育事业取得突破。高考一本上线首次突破百人、本科上线首次突破千人。九年义务教育巩固率、高中阶段毛入学率分别提高到93.92%、90.08%。投入资金6095万元，实施学前教育项目29个，完成75所学校教育改薄等项目建设。健康事业稳步推进。全民健康教育有序推进，群众健康意识逐步增强。大力推进乡镇卫生院特色专科建设，完成12个卫生院（分院）数字化预防接种门诊建设。开工建设县医院住院综合大楼，县妇幼保健院、县疾控中心实验楼等项目主体完工。国家级卫生县城创建有序推进，海子镇、龙山镇、万峰湖镇创建国家级卫生镇进入验收阶段。就业创业保障有力。发放创业贷款183户、2342万元，带动392人创业。开展贫困劳动力全员培训5736人，城镇新增就业5509人、失业人员再就业662人，转移农业劳动力7760人，实现建档立卡贫困户和易地扶贫搬迁劳动力家庭至少1人就业。社会保障有序推进。加大社会保险扩面，实现"应保尽保"。企业职工养老、工伤、失业等保险参保4.2万人。城乡低保标准分别提高到570元/月、3876元/年，分别增长7.1%、10%。安龙县老年养护楼等项目建设有序推进，儿童福利院、社区老年人日间照料中心等项目进入收尾阶段。文体事业蓬勃发展。编撰《布依十八河》《梓潼戏》等10个非物质文化遗产项目文本；开展脱贫攻坚民族民间文艺展演、乡村民族风情节文艺演出等40余场次；建成新市民居住区乡愁馆4个；新增数字电视用户13500户，放映公益性电影1224场次。建成投用7个村级农民体育健身工程项目。社会治理效果明显。深化平安安龙建设，积极推进"雪亮工程"建设，"一村一法律顾问"实现全覆盖。食品药品和特种设备安全有效监管，普坪镇获批省级食品安全示范镇。此外，关心下一代、工青妇、科协、残联、工商联、老龄、红十字会等群团组织在经济社会发展中发挥积极作用，物价、气象、档案、史志、外事侨务、国教人防、武警消防、民族宗教等工作取得新成绩。

九是政府服务能力全面提升。我们全面加强自身建设，进一步转变工作作风、改进服务方式、规范服务行为，服务能力不断提升。作风转变更紧。大力弘扬求真务实、讲求实效的优良作风，坚持抓深入抓具体，大兴调研之风，严格控制文件数量和会议规模，力戒官僚主义、形式主义。效能提升更实。自党接受县人大监督，支持县政协履行参政议政、民主监督职能，人大代表建议、政协委员提案办复率100%、满意率达99%以上。坚持政务公开，保障群众的知情权、参与权、监督权。精简审批项目、简化审批程序，提高行政效率、降低行政成本。管党治党更严。加强党风廉政建设，扎实推进"两学一做"学习教育常态化、制度化。严格落实中央八项规定，坚定不移纠正"四风"。严格执行"三重一大"制度，严控"三公"经费。加强行政效能监察、审计监督和绩效考核管理。

各位代表，事非经过不知难，成如容易却艰辛。过去一年，在诸多压力交织叠加、新困难与新挑战并存的形势下，我们牢记嘱托、感恩奋进，坚定信心、保持定力，立足当前、着眼长远，拓思路、解难题，取得了来之不易的成绩。这是州委、州政府和县委坚强领导的结果，是县人大、县政协鼎力支持帮助的结果，是全县各族干部群众团结奋斗、抢抓机遇、奋力拼搏的结果，是社会各界大力支持、共同参与、通力合作的结果。在此，我代表县人民政府，向全县各族人民、干部职工表示崇高的敬意！向人大代表、政协委员，向各民主党派、各人民团体，向驻县军警，向所有关心、支持我县经济社会发展的各界人士，表示衷心的感谢！

在充分肯定成绩的同时，我们更加清醒地认识到，全县经济社会发展仍然存在诸多不容忽视的矛盾和问题，主要表现为：一、巩固提升脱贫攻坚成果任务仍然艰巨。产业基础薄弱，易地扶贫搬迁后续保障压力大，群众内生发展动力不足。二、高质量发展后劲不足。工业战略性支柱产业尚未形成，短期内难以形成工业经济支撑；农业产业规模化、标准化、品牌化程度低，产品竞争力弱；旅游业态拓展进度缓慢，外来游客总量小。三、重大风险防控压力增大。传统税源支撑下滑，新兴财源培育不够，财税持续增收难度大；融资渠道收紧，融资难、融资贵的问题依然存在，防范化解地方政府性债务、非法集资、安全生产、社会治理等风险隐患多。四、城市建设与广大人民群众的期盼仍有差距。棚户区改造"拆建"并举结合不够，新城区空间拓展和功能完善还需进一步加强。对于这些问题，我们将竭尽全力加以解决，绝不辜负全县人民的重托。

二、2019年工作目标

2019年是新中国成立70周年，是夺取脱贫攻坚减贫摘帽全胜、决胜同步小康之年。今年政府工作的总体要求是：以习近平新时代中国特色社会主义思想为指导，全面贯彻落实党的十九大、十九届三中全会，中央、省经济工作会议，州委七届七次全会、县委十二届七次全会精神，坚持稳中求进工作总基调，按照高质量发展要求，统筹推进"五位一体"总体布局，协调推进"四个全面"战略布局，坚持以供给侧结构性改革为主线，坚持创新、协调、绿色、开放、共享发展理念，围绕"摘帽、发展、稳定"中心工作，坚决打赢脱贫攻坚战，全力夺取减贫摘帽全胜，持续打好风险防范、污染防治攻坚战，抢抓全省乡村振兴全面推动示范县建设机遇，深入实施乡村振兴战略，着力推动撤县设市，深入推进"七个创新示范区""六乡安龙"建设，决胜全面同步小康。

今年全县经济社会发展的主要预期目标是：地区生产总值增长12.5%左右，农业增加值增长7%，规模以上工业增加值增长12%，服务业增加值增长14%，一般公共预算收入增长3%以上，规模以上固定资产投资增长17%以上，社会消费品零售总额增长12%左右，城镇、农村居民人均可支配收入分别增长8%、9%左右。

围绕上述预期目标，我们将着力抓好以下重点工作：

（一）持续打好三大攻坚战。第一，坚决打赢脱贫攻坚战。坚决如期摘掉国家级贫困县帽子，夺取脱贫攻坚全面胜利，做好脱贫攻坚后半篇文章，不获全胜决不收兵。对已出列的贫困村、脱贫户，坚持"扶上马、送一程"，对未出列的2个贫困村和未脱贫的2592户、6627人，进一步压实责任实现全部出列、有序脱贫，巩固好脱贫战果。基础设施再夯实。进一步完善通组路管养制度。建立完善农村饮水安全运营管护制度，完成今年中央财政农田水利项目建设，实施高效节水灌溉面积5200亩。加快农网改造升级步伐。巩固行政村4G网络全覆盖成果，实现光纤到户覆盖率达65%以上，行政村光纤网络覆盖率达98%。易地扶贫搬迁再巩固。继续实施好新市民计划"1+13"系列政策措施，不断完善"五个体系"建设，落实好各项后扶措施，着力解决好新市民技能培训、就业、就医、就学、农低保转城低保等问题，有效开发利用"三块地"，盘活国有资产，全面做好易地扶贫搬迁后续工作，确保搬迁群众搬得出、稳得住、快融入、能致富，提升新市民的获得感、幸福感、安全感。"三保障"工作再强化。继续实施教育精准资助政策，实现应助尽助。继续落实健康扶贫医疗保障救助政策，实现城乡医疗保障全覆盖。巩固好农村危房改造、农村老旧住房透风漏雨专项整治成果。建成平桥水库工程移民安置点3个，完成移民搬迁安置602户、2697人。就业创业再引导。实施职业技能提升计划，培训贫困劳动力5000人次以上。大力支持家政服务、物流配送、养老服务等产业发展，拓宽就业渠道，新增就业岗位5000个以上。加大农民工返乡创业政策扶持力度，推动建档立卡人口有序实现市民化。兜底保障再着力。实施城乡低保再提标，城乡低保标准分别提高到590元/月、4080元/年，实现应保尽保。切实加强临时救助、医疗救助、特困供养等各项政策衔接，对无法依靠产业扶持、就业帮助等措施脱贫的家庭实行政策性保障兜底。旅游扶贫再优化。以坝盘、打凼等特色村寨为重点，大力推广景区带村、能人带户、项目带人等旅游扶贫模式，鼓励脱贫群众发展旅游餐饮、农特产品生产销售、民族传统工艺、农家客栈等产业，带动群众持续增收。生态扶贫再深化。大力争取退耕还林、森林生态效益补偿等项目，进一步扩大项目覆盖范围。继续推进林业产业发展，完成种植5万亩速生菌材林、5万亩刺梨，实现林业年产值达35亿元以上。对口帮扶再发力。充分发挥民进中央、宁波慈溪市、省体育局、团省委对口帮扶优势，强弱项、补短板、创新板，争取从产业、项目、资金等方面给予全方位支持。第二，持续打好防范化解重大风险攻坚战。全面强化风险防范措施，扎实推动各类风险防范化解。切实防控政府性债务风险。做好存量政府债务滚动置换工作，建立健全政府性债务风险评估和预警机制，制定完善防范化解方案和应急措施。积极优化产业结构，大力培育新兴产业，发展壮大实体经济。加快推进招堤风景区、8万吨供水扩建工程（县城）等PPP项目建设，转化已形成的实际债务。加快县属国有公司转实体化进程，确保年内实现实体化运营。申请发行专项债券，有效化解工程类债务。制定土地出让计划，努力实现土地资源增值最大化。切实防控金融风险。建立金融风险预警机制，深入开展排查整治工作，深入推进社会信用体系建设，严厉打击金融犯罪，确保不发生区域性金融风险。切实防控安全生产风险。严格落实安全生产责任制，加强安全生产日常监管，有效预防较大以上生产安全事故发生，确保事故起数和死亡人数“双降”。坚持源头防控，强化过程监管，确保食品药品质量安全。切实防控社会风险。加快社会治安防控体系建设，积极推进“雪亮工程”、社会治安综合治理中心建设。加大网络舆情监管力度，深化扫黑除恶专项斗争。严格落实意识形态工作责任制，依法严厉打击非法宗教活动和邪教活动。第三，持续打好污染防治攻坚战。全力抓好中央环保督察及“回头看”问题整改，全面巩固污染防治成效。打好碧水保卫战。完善城东污水处理厂管网建设，城南、城北污水处理厂通水运行，城镇污水处理率达90%以上。建成万峰湖生态堤岸、水土保持综合治理等4个项目，持续开展“四清”行动，巩固整治成效。推动陂塘河、纳利河、北乡河等治理取得实效。完成平桥水库大坝封顶，启动渠系配套工程建设。深入开展集中式饮用水水源地环境问题整治，县级集中式饮用水水源地水质达标率达100%。打好蓝天保卫战。集中开展工业废气、扬尘、餐饮油烟、秸秆及垃圾焚烧、烟花爆竹燃放等专项治理行动，严格控制污染源头，进一步改善空气质量，力争县城区空气质量优良天数比例达100%。打好净土保卫战。建立疑似污染地块和污染地块名录，实行开发利用负面清单管理。启动重金属污染土壤调查、监测及监察能力建设等项目。开展黄金、石材等矿山和医疗机构、汽修厂、废旧电器电子产品回收站等场所固体废物整治。打好青山保卫战。实施天然林保护、新一轮退耕还林还草、石漠化综合治理等重点生态工程，增强生态系统恢复能力。治理石漠化面积16.22平方公里，完成营造林5万亩、义务植树10万株以上，森林覆盖率达58%。

（二）深入推进乡村振兴计划。第一，全面聚焦产业振兴。深入推进农村产业革命，坚持农业农村优先发展，坚持农民主体地位，努力实现农业强、农村美、农民富。在农业结构调整上持续发力。围绕“一主三辅”产业，强化“退一进十”措施，加快完善食用菌全产业链。大力发展生猪、石斛、白及、花卉等产业，提升蔬菜、莲藕等产业，扎实推动烤烟高质量发展。按照“六个一”机制，全力推进第一批6个500亩以上坝区产业结构调整示范区建设，实现亩产值达1万元以上。在种养殖业发展上持续发力。建成食用菌菌种研发中心、菌棒有机肥循环利用项目，力争完成种植食用菌1.7万亩、薏仁米12万亩，种植烤烟4.5万亩、建成烤烟示范区3个，新增种植白及0.3万亩、石斛1万亩、花卉0.5万亩，建成并巩固温氏养殖小区103个，优势主导产业产值突破30亿元。在畅通农产品销售上持续发力。加大食用菌、白及、石斛等农特产品品牌创建，布局省外市场直销直营店，积极组织县内企业参加省内外农产品展示推介活动。加快城区农贸市场建设。深入实施农产品泉涌“十进”工程。推动冷链物流综合体建设，新增冷库库容5000吨。第二，全面聚焦生态振兴。更加注重生态建设，推动习近平生态文明思想深入人心。大力整治农村人居环境。加快提升生活垃圾分类处理能力，鼓励支持招堤、普坪等5个镇（街道）开展生活垃圾强制分类试点，垃圾无害化处理率达90%以上。开工建设农村污水处理项目。深入实施农村“厕所革命”三年行动计划，建设改造农村户用卫生厕所3810户、村级公共卫生厕所31个。大力改善村容村貌。继续实施“四在农家·美丽乡村”行动计划，推动基础设施和公共服务向乡村延伸。实施农村饮水安全全覆盖巩固提升工程，建立健全管护长效机制。实施小康电示范村（居）电压改造工程172个，农村电网供电可靠率达99.8%，新增太阳能路灯3000盏。实施小康房15个示范村亮化民居750栋。第三，全面聚焦人才振兴。开展农业技术、安全知识、应急知识等培训300场次，推进培训资源分配均衡发展。实施乡村干部队伍能力提升计划，鼓励支持龙头企业引进规划、文创、旅游、营销等人才，优化提升乡村干部素质、新型职业农民培育、农村技能人才培养等发展环境。第四，全面聚焦文化振兴。加强农家书屋、广播电视村村通、农村应急广播和共享工程基层服务点建设管理，支持开展布依风情节、好歌旅游节、民间武术展演等群众文化活动，为农村文化振兴注入新活力。发挥好布依学会、苗学会、老年协会、诗词协会等民间组织的作用，宣传好党的政策，传递好正能量。加大古民居、古建筑、古村落保护开发力度，开展文化艺术、非遗传承等培训。第五，全面聚焦组织振兴。健全完善乡村治理体系，加强村级治理能力建设，将依法治村、以德治村、村民自治有机结合起来，提高乡村治理法治化、社会化、科学化水平。严厉打击利用家族、宗族势力横行乡里、称霸一方、欺压残害群众的村霸等黑恶势力。

（三）扎实推动高质量发展。第一，加快推进产业园区建设。坚持把园区建设作为推动产业发展的主阵地，着力完善园区基础设施建设，大力引进培育龙头企业，带动产业聚集发展。狠抓农业园区建设。依托500亩以上坝区优势条件和产业基础，加大贵州黔西南国家农业高新技术产业示范区、国家现代农业产业园等申报力度，新增省级园区2个，争取入围省级引领型园区1个以上，园区入驻州级以上龙头企业15家，累计完成投资25亿元，实现销售收入20亿元。建立“大棚房”清理整治长效机制，坚决打击农地非农化。狠抓工业园区建设。以集约、聚集、集群发展为目标，完善园区基础要素配套，进一步提高园区集聚产业、拉动发展的承载能力，完成园区投资20亿元以上，引导扶持企业经营上轨道、扩大再生产。开工建设慈溪－安龙共建产业园区一期项目，力争入驻服装、家电、建材等劳动力密集型企业20家。第二，加快推动特色工业发展。坚定不移走工业强县之路，规模以上工业增加值达27.36亿元、增速达12%。着力推动产业聚集。热电联产动力车间1号机组建成发电，启动工业独立区固废堆场建设，引进粉煤灰精深利用项目向工业独立区集聚，提高固体废弃物回收利用率。建成金源铁合金一期第二台30兆瓦直流矿热炉，引进铁合金上下游企业向生态载能板块集聚。加快推动装配式建筑业发展。发挥“木纹石之乡”品牌优势、产业集群发展效应，有序发展石材产业，石材园区内6家石材精深加工企业全面达能达产。着力推动传统产业转型升级。深入实施“千企改造”工程，完成贵州玉林石材、金源铁合金等6家企业转型升级。完成广隆、安泰煤矿综合机械化改造，安泰煤矿智能化改造，邱家湾、长湾煤矿主体矿建设，完成煤矿固定资产投资3.5亿元，煤炭过站量200万吨以上。解决好自然保护区与矿区重叠问题。着力推动大数据与实体经济深度融合。推动大数据在创新创业、政府管理、民生服务等方面广泛深入应用，完成大数据与实体经济深度融合企业15家，主营业务收入1000万元以上。第三，加快旅游文化产业发展。充分挖掘安龙厚重的历史文化、民间文化，着力推动张之洞文化进校园、进机关、进社区，丰富安龙博物馆馆藏，不断增强全民文化自信。开展北部乡村旅游规划编制工作，规范乡村旅游发展。加快推进旅游公路、酒店等配套建设，进一步完善旅游基础设施配套，不断提升接待水平。加快推进招堤景区提质改造工程，完成招堤4A级旅游景区、笃山国家山地户外运动示范公园3A级旅游景区创建。依托国际山地旅游暨户外运动大会，举办、承办一批赛事活动，进一步提升安龙知名度，旅游接待人数增长20%、旅游总收入增长25%。第四，加快推动现代服务业。力争全年服务业增加值突破67.1亿元，增加值占GDP比重达45%以上。加快发展健康养生业。加快贵州安龙石斛谷森林康养基地、温泉酒店等项目建设。加快发展健康运动产业，建设体育运动训练基地，鼓励社会力量投资体育场馆建设，开办运动健身、运动康复等各类机构，满足群众健身运动需求。加快发展商贸物流业。持续推进外贸进出口工作，鼓励玉林石材、佩凤服装、金源铁合金等企业开展自营进出口工作；推进新市民居住区商业和综合服务设施建设；加快国家级农村电子商务综合示范县建设，建成镇级综合服务社9个，改造提升村级服务站点131个。限额以上批零商品销售额分别增长15%、17%左右。

（四）大力推进基础设施建设。第一，加强交通基础设施建设。加快推进六枝至安龙高速公路建设，完成王家营至马路河、戈塘至大坝公路大修工程，加快推进万屯至普坪公路、新桥至洒雨公路、招堤片区至打凼“四好”农村路示范项目建设，全力创建省级“四好”农村公路示范县。第二，加强水利基础设施建设。强力推进美女山水库前期工作，加快建设平桥水库、科花水库，开工建设官山水库、龙洞水库，完成投资5.25亿元；加快8万吨供水扩建工程（县城）、污水处理厂及其配套管网工程、北盘江流域乡镇污水处理一期工程，完成投资5.52亿元。第三，加强城镇基础设施建设。坚持尽力而为、量力而行，根据政策和形势变化，多渠道多形式筹集城市建设资金，坚持实物安置为主、货币化安置为辅相结合，加快推进棚户区改造工程建设，建成南部商业街区，启动棚改安置房建设项目，同步加强社区活动阵地建设。加快推进文化教育功能示范区、历史建筑修复、栖凤生态湿地等项目建设。着力推进五福小镇、蘑菇小镇、双龙小镇配套建设，完善停车场、广场、绿化亮化等市政工程，全面提升城市品位。实施小城镇“3个1工程”，引导二三产业向钱相、普坪等小城镇集中，为推动撤县设市奠定基础。

（五）不断增强发展后劲。第一，狠抓改革促发展。坚持向深化改革要活力，不断释放、挖掘发展潜力。深入推进供给侧结构性改革。全面落实“三去一降一补”，减轻企业负担，全力支持民营经济发展壮大。紧盯薄弱环节，补齐创新能力、基础设施、转型升级、民生保障等短板，不断增强经济社会发展的协调性、平衡性。深入推进“放管服”改革。建成投用新政务服务中心，实现审批服务部门全入驻、政务服务事项全进入；强化乡村便民服务中心建设。结合政府部门机构改革，及时调整完善权责清单。深入推进商事制度改革，进一步激发市场主体投资动力和活力。深化投融资体制和国企改革。加快县属国有公司向实体化转型发展，发挥好政府资金引导作用，全面推广政府与社会资本合作，引导民间资本加大投入。加大国企改革推进力度。统筹推进各领域改革。依法推进殡葬改革，积极推行火葬工作；深化户籍、司法、教育、医药、养老保险等专项改革。第二，狠抓招商促发展。深入推进产业大招商行动、优化营商环境集中整治行动，全年新引进产业项目30个，产业到位资金40亿元。突出重点招商产业。以食用菌、生猪、白及、石斛、花卉等种养殖产业为主，着力引进培育2—3家种养殖研发、精深加工等龙头企业。以铁合金、石材等新型载能产业为主，大力引进上下游配套企业。以山地旅游、电商物流等现代服务业为主，力争引进1至2家集策划、建管运营为一体的龙头企业。创新招商方式方法。充分借助省州搭建的各类招商平台，谋划好项目、选好目标企业，举办2至3次专题对外招商推介活动。加快推进市场化招商进程，甄选3至5家专业招商机构，提供招商规划、项目策划、活动推介等服务。打造优良营商环境。严格执行《贵州省外来投资服务和保障条例》，精简审批环节，严格兑现政策。完成招商中心建设，支持民营企业入驻园区、新市民居住区等重点区域，切实落实支持民营经济发展的政策措施，壮大民营经济。第三，狠抓项目促发展。全年实施省、州重大工程和重点项目54个，完成投资83.22亿元。加大项目谋划储备力度。建立项目常态化谋划、分年度谋划等机制，谋划一批促进全县经济发展、生态建设、社会保障及民生改善等方面的项目，力争谋划储备项目400个以上，总投资600亿元以上。强化项目要素保障。创新项目工作推进机制，保障项目稳健有序推进，项目前期经费纳入财政预算。积极创造有利条件，强化项目规划、用地、资金等要素保障，着力加快县医院住院综合大楼、粮油存储设施等项目建设。加强项目过程管理。坚持抓项目统筹调度，全面落实“五个一”项目推进机制、“八个一”项目过程管理机制，全力做好跟踪服务和督查问效，切实提高项目开工率、完工率。

（六）强化民生事业保障。第一，优先发展教育事业。加强教师队伍思想政治建设，制定教师专项培训计划，进一步提升教师队伍素质；培养一批综合能力、服务能力、创新能力强的校长队伍。加快安龙县高级中学、招堤第二幼儿园、钱相第二幼儿园等项目建设。加大义务教育学校标准化建设力度，切实减轻中小学生教育负担。进一步扩大公益性、普惠性学前教育资源，推动学前教育发展。强化“控辍保学”，高中阶段教育毛入学率达90.8%、义务教育巩固率达95%，辍学率分别控制在0.6%、1.8%以下。支持社会力量办学，提高教育发展质量和水平。第二，扎实推进医疗卫生事业。加快推进健康教育，不断提升全民健康素质。深入推进公立医院改革，强化区域医联体、县域医共体建设，完成县医院住院综合大楼主体工程，启动招堤街道、钱相街道社区卫生服务中心建设，强化疾病预防控制和基本公共卫生服务，为群众提供更优质便捷的医疗服务。第三，全力保障就业创业。设立“创业帮扶基金”“就业补贴基金”，为贫困人口创业就业提供基金补贴。进一步拓宽城乡创业就业渠道，大力实施“3个15万元”扶持政策，加强农村转移劳动力、城乡就业困难人员、复退军人等群体就业技能培训。第四，统筹抓好其他社会事业。加强临时救助、医疗救助、特困供养。加强质量发展提升工作。建成融媒体中心。扎实开展“锦绣计划”。加强特种设备监管，确保特种设备安全运转。支持军警部队建设和监察委、法院、检察院工作，统筹推进外事、档案、人防、气象、老龄、红十字等各项事业，支持工会、共青团、妇联、关工委、科协等群团工作。第五，全力办好民生实事。从人民群众的操心事、烦心事、揪心事抓起，扎实办好“十件民生实事”：一是新增城市公共停车位2000个以上；二是全面抓好农村饮水安全全覆盖巩固提升工程；三是深入推进厕所革命，新建改造农村户用卫生厕所3810户、农村公共卫生厕所31个、旅游厕所2个、城镇社区公共卫生厕所21个；四是城镇低保标准提高到590元/月、农村低保标准提高到4080元/年；五是城镇居民基本养老保险基础养老金提高到每人每月98元；六是建成招堤第二幼儿园、钱相第二幼儿园等教育保障工程；七是建成投用社区老年人日间照料中心2个、农村幸福院5个；八是建成投用村级农民体育健身工程10个；九是推动城乡公交一体化运输服务，新增新能源公交车30辆以上，新增通村公交线路10条以上；十是新增提供就业岗位5000个以上。

三、加强政府自身建设

各位代表，拥抱新时代、迈上新征程，新形势、新挑战对政府工作、自身建设提出了新的更高要求。我们将不忘初心、牢记使命，不断深化认识、开拓创新，加快政府治理体系建设，提高治理能力和水平。

一是强化依法行政。增强法治意识、守牢法律底线、用好法治思维，严格执行公众参与、专家论证、风险评估、合法性审查、集体讨论决定的决策程序，提高决策科学化、民主化、法治化水平。强化行政权力运行监督，自觉接受县人大法律、工作监督，自觉接受县政协民主监督，主动接受社会、群众监督，认真听取、吸纳各党派人士和人民团体的意见和建议，大力推动政务公开，确保权力在阳光下运行。

二是强化廉政建设。牢固树立“四个意识”、坚定“四个自信”，坚决做到“两个维护”。扎实开展“不忘初心、牢记使命”教育，深化“牢记嘱托、感恩奋进”教育。严格遵守《中国共产党章程》，严格执行《中国共产党廉洁自律准则》《中国共产党纪律处分条例》等党规党纪，坚定不移兴“三风”、纠“四风”、转作风。织密“制度铁笼”，坚定不移推进党风廉政建设和反腐败斗争，努力营造风清气正的政治生态。

三是强化政务服务。强化政策落实监督，切实兑现承诺。落实市场准入负面清单，实行“非禁即入”。营造公平有序的市场竞争环境、安全放心的消费环境。大力推进“互联网+政务服务”“一窗式”改革，积极开展“集成套餐服务”，提高服务效率。落实好联系服务重点企业制度，构建“亲、清”新型政商关系。

四是强化务实高效。大力提高政府执行力、落实力，坚决扛起脱贫攻坚、同步小康政治责任。坚持问计于民、问需于民、问效于民，察民情、听民意、聚民智、解民忧，抓具体抓深入，坚决把中央、省、州和县委的决策部署落细落小落实。

各位代表，征程万里风正劲，重任千钧再出发。让我们坚持以习近平新时代中国特色社会主义思想为指导，在县委的坚强领导下，牢记嘱托、感恩奋进、同心聚力、破浪前行，为夺取脱贫攻坚根本性胜利、同步实现小康社会而努力奋斗，以优异的成绩献礼新中国成立70周年！

贞丰县政府工作报告

（2019 年 2 月 15 日在贞丰县第十五届人民代表大会第四次会议上）

贞丰县委副书记、县长 郑梦英

各位代表：

现在，我代表县人民政府向大会作工作报告，请予审议，并请各位政协委员和列席会议的同志提出宝贵意见。

奋斗 2018：敢于亮剑 成绩斐然

2018 年是贞丰经济社会发展极不平凡、极其艰难的一年，经济下行压力加大，脱贫攻坚任务艰巨，困难挑战前所未有。一年来，我们始终坚持以习近平新时代中国特色社会主义思想为指导，在州委、州政府和县委的坚强领导下，在县人大、县政协的监督支持下，团结带领全县人民，攻坚克难、砥砺奋进，决战脱贫攻坚、决胜同步小康，续写了新时代贞丰发展的新篇章。

（一）经济发展实现新突破，综合实力跃上新台阶。认真贯彻落实中央和省、州经济工作部署，践行新发展理念，坚持高质量发展，以供给侧结构性改革为主线，深入实施农业稳县、工业强县、旅游旺县、城镇化带动战略，经济发展稳中有进、稳中向好。地区生产总值完成 133.67 亿元，增长 12.8%；规模以上固定资产投资完成 118.76 亿元，增长 18.6%；产业投资占固定资产投资比重达 35%；农业总产值完成 42.25 亿元，增长 7%；工业增加值完成 47.99 亿元，增长 11.7%；社会消费品零售总额完成 12.29 亿元，增长 10%；城镇、农村居民人均可支配收入分别达 29366 元、9187 元，分别增长 9.6%、10.5%；全面小康实现程度达 96%。

（二）脱贫攻坚收获新成果，尽锐出战再夺新胜利。坚持把脱贫攻坚作为头等大事、第一民生工程，深度聚焦“一达标，两不愁，三保障”“三率一度”和“四场硬仗”，扎实开展“春风行动”“夏秋攻势”“真蹲实驻”“五个专项治理”，实现 18 个贫困村出列、1.69 万人脱贫，贫困发生率降至 5.78%。“四场硬仗”再战再捷。基础设施硬仗。建成“组组通”硬化路 276.23 公里，提前一年完成三年大决战 478.43 公里建设任务，实现 30 户以上自然村寨“组组通”全覆盖目标；实施“进户路”494.5 公里。建成投用县城二期水厂、龙场围寨水厂，供水覆盖 17 万人；新建（改扩建）29 个贫困村饮水安全设施，解决 6.94 万人（贫困人口 2.04 万人）饮水安全问题。产业扶贫硬仗。引进宏臻菌业、进源生态等农业龙头企业，整合涉农资金 5.99 亿元，争取绿色产业基金 2.45 亿元、产业扶贫子基金 7.07 亿元，以“公司 + 合作社 + 农户”模式，深入实施“退一进十”工程，完成玉米调减 13.5 万亩，种植蔬菜 1.6 万亩、油菜 10 万亩、茶叶 0.7 万亩、花椒 2.6 万亩、精品水果 4 万亩、食用菌 900 万棒、其他经济作物 4.5 万亩，出栏生猪 22 万头、肉牛 2 万头、家禽 190 万羽，覆盖贫困人口 5 万余人。县财政安排 560 万元投保“农调扶贫险”，有效化解种养风险。新增百城千店“贞丰一品”加盟店 105 家，对接华为公司、贵阳华联超市、省农商旅公司等大中型企业 6 家，高校、军队、酒店餐饮等单位 35 个，有效解决销售问题。易地扶贫搬迁硬仗。2017 年度 3583 户、16483 人全部搬迁入住，2018 年度 3 个新市民居住区 3336 套住房主体工程完工；“新市民计划”高效推进，配套设立新市民服务中心、卫生服务中心、警务室、讲习所等机构，完成户籍迁移 6329 人、农低保转城低保 1332 人，办理新市民居住证 15563 人、

“安居险” 16000 人，实现新市民子女入学 5327 人，解决就业创业 15660 人。“三保障” 硬仗。精准落实教育扶贫政策，所有符合资助政策贫困学生获得教育资助，资助 3788 人 1133.55 万元。精准落实医疗扶贫政策，实施贫困人口医疗保障，建档立卡贫困人口合规转诊住院费用实际报销比例达 90%，报销 17337 人次、6836.59 万元；率先在全州推行健康扶贫·分级诊疗试点，家庭医生签约服务实现应签尽签。加快推动不安全住房改造、透风漏雨老旧住房整治，完成农村危房改造 383 户，同步实施 “三改两化”，改造不安全住房 302 户，整治透风漏雨老旧住房 331 户。对口帮扶再添助力。宁波海曙对口帮扶财政资金到位 4570 万元、社会帮扶资金（含物资）到位 1302 万元，实施帮扶项目 32 个；开工建设贞丰 - 宁波新兴产业园；引导企业到贞注册 6 家，完成投资 2.29 亿元；两地乡（镇、街道）结对帮扶全覆盖，医院结对 17 所、学校结对 12 所，海曙企业与 29 个深度贫困村结对帮扶。中国黄金集团帮扶到位资金 714 万元，招引企业帮扶投资 531 万元，帮助购销扶贫物资 1.46 亿元，助推发展食用菌、砂仁等产业，完善基础设施建设，开馆运营社会扶贫网 “黄金扶贫馆”，连续 4 年开设贞丰县扶贫 “宏志班”，已毕业 92 人全部进入旗下企业就业。

（三）基础设施取得新进展，发展后劲注入新动力。 坚持把补齐基础设施短板作为破局之策，以大投入带动大发展，县域发展整体格局不断优化。交通建设提档加速。贵阳经贞丰至兴义铁路已纳入规划，并启动规划设计和招商；六枝经贞丰至安龙高速已开工建设，贞丰经册亨至田林高速已纳入规划并完成前期工作；完成投资 29.63 亿元，基本建成 G354 鲁容至县城段，稳步推进 S214 贞丰至冗渡段、S315 纳翁至白层段、S105 者相经小屯至龙场段公路改扩建工程；建成投用 “四好农村路” 精品工程 240 公里，荣获省级 “四好农村路” 示范县；“县域通达 1 小时” 路网体系基本形成。水利设施更加完善。完成投资 1.78 亿元，超千水库通过蓄水验收，鲁花水库截流成功，完成打抢水库和秦家湾水库除险加固；实施水土流失坡耕地治理项目，综合治理水土流失面积 2.1 平方公里；实施者相旗上万亩花椒、鲁容杧果、百香果示范园区等产业扶贫节水灌溉工程，有效解决产业配水问题。电讯发展突飞猛进。投资 1.76 亿元，快速推进 110 千伏锅底冲变电站建设，完成 35 千伏鲁容变电站改扩建，新建改造 10 千伏线路 124 千米、低压线路 336 千米，升级改造全县农村电网；新建 4G 基站 81 座，4G 信号基本覆盖所有公路主干线、建制乡镇和村居；铺设光缆 1410 公里，光纤网络实现乡镇全覆盖，到村通达率 100%。

（四）结构调整焕发新活力，三次产业迈出新步伐。 全力调结构、转方式，有效推动三次产业蓬勃发展。现代农业加速发展。围绕 “一县一业” 糯食产业，加快 500 亩坝区结构调整，重点发展糯稻、粽叶、板栗、香料等种植和有机黑猪、小黄牛、金谷黄鸡等养殖，糯食相关产业产值突破 10 亿元；以北盘江沿线为重点，大力发展杧果、百香果、火龙果等亚热带精品水果 8.65 万亩。培育壮大巷诺集团、富之源、裕丰登等省州级龙头企业 48 家、小微企业 30 余家，新增省级现代循环农业示范园 1 个、农民专业合作社 76 个，完成无公害农产品产地认定 12.6 万亩、产品认证 30 个。工业经济顺势奋进。完成工业投资 36 亿元，贵州紫金、贵州锦丰等 14 家企业完成 “两化” 融合改造，正大、高家岩、绿荫塘 3 家煤矿完成机械化升级改造，新鸿发、岔河联营等 6 家煤矿完成主体矿建设，采煤机械化程度提高至 87.5%；白层自备电厂 1 号机组完成主体工程建设，2 号机组和长田下布克农业光伏电站、龙场一期光伏电站建成发电；烂泥沟金矿延深扩能工程、长田金矿和年产 20 万吨精制钙、50 万吨脱硫石粉、60 万吨沥青资源回收利用等亿元项目稳步推进。全年生产黄金 5.11 吨、原煤 125 万吨、水泥 36 万吨、石材 218 万平方米、混凝土气砖 14 万立方米、玻璃 222 万重量箱，发电 35 亿度，实现工业总产值 63.86 亿元。第三产业风头正劲。基本建成土布小镇一期，升级改造望湖宾馆、奇峰酒店，建成投用旅游厕所 27 座，成功创建龙山阳光田园综合体国家 3A 级景区，新增对门山村标准级乡村旅游村寨、相湖渔村乙级乡村旅游村寨；启动 “三岔河 + 双乳峰” 国家 5A 级景区申报，新增农家乐 13 家、其他旅游业态 48 家；成功举办三岔河国际露营大会、“丰收中国·欢聚贞丰”、国际山地半程马拉松赛等重大活动 10 余次；在北京、宁波等地举办招商引资和旅游推介活动 18 次，与 83 家省内外旅行社签订战略合作协议。全年接待游客 394 万人次、实现旅游综合收入 30 亿元，分别增长 61.2%、61.1%，全域旅游再次实现 “井喷”。湿地公园建材市场、翡翠湾家居市场、兴旺超市、佳惠超市等大中型批零市场投入使用；新增民营市场主体 1346 户，全县民营经济市场主体达 16325 户；发展电商 35 家，开设 “金州农产品店” 4 家，完成农产品线上线下销售 2.71 亿元。

（五）城乡建设翻开新篇章，“浪漫贞丰”展示新形象。坚持“撤县设市”战略目标定位，有力有序推进城乡建设。县城面貌更加靓丽。建成投用县城湿地公园一期、生态公园城市综合体二期、星·中心城市综合体、电商批发物流城二期、西城佳苑一二期、同心酒店、上善酒店项目，基本建成金融公园、老招待所片区棚户区改造项目，快速推进山水金城三期、宝华商务会展中心、老农业局片区棚户区改造，开工建设碧桂园贞丰一号，开发商品房21.5万平方米；持续实施城市绿化亮化美化工程，新增绿地面积10万平方米，人均绿地面积11平方米，县城区面积扩展至12.5平方公里，“颜值”进一步提高，品位进一步提升，山水旅游城市初步建成。镇村面貌更具特色。深度打造者相“中国特色小镇”，龙场、北盘江、白层等特色小城镇建设初具规模。投资1.7亿元，打造林用、巧苗、者颡等18个州级美丽乡村示范点，纳孔村荣获国家级民主法治示范村称号。城乡管理更加规范。全面加强城乡规划编制，审查通过《金三角中心城市发展战略规划》，完成《贞丰县城总体规划修编》《贞丰县西城区城市设计》和132个村庄规划，严格住房规划建设和宅基地管理。整体搬迁县城马路市场，规划安置零散摊点，集中整治乱搭乱建、乱停乱放等行为，城市形象全面提升，县城主干道脏、乱、堵现象大幅改善。

（六）生态建设展现新风貌，环境质量实现新提升。始终坚持生态优先、绿色发展导向，严守生态红线底线，贞丰山更绿、水更清、天更蓝。发展底色更绿。深入开展森林保护“六个严禁”执法专项行动，办理案件84起；全面完成2017年退耕还林6.6万亩、荒山造林1.68万亩、石漠化和水土流失综合治理4.41万亩，森林覆盖率达48.28%。河长制深入推进，县乡村三级河长累计巡河1万余次，发现问题186个、整改169个；完成云洞水库环境整治、那郎河道治理，启动白坟水库污染治理；加强纳山岗、水车田水库饮用水源地环境保护，集中式饮用水源水质达标率保持100%；建成投用白层、龙场循环工业园区污水处理厂，启动城镇污水配套管网建设，城镇污水处理率达90.52%。环境治理更严。扎实推进中央、省委环保督查反馈问题整改，持续开展“六个一律”、环保“利剑”“守护多彩贵州·严打环境犯罪”等行动，重拳打击违法排污、超标排放行为，检查排污企业188家（次），查处违法企业26家（次），移送司法机关案件5起；全面淘汰黄标车、老旧车，置换新能源公交车20辆、出租车25辆；整治建筑工地扬尘、煤矿山、非煤矿山污染45起，处罚433万元；坚决整治农作物秸秆、垃圾露天焚烧等行为；城市环境空气质量优良率达98.5%。问题整改更实。整改完成生态环境部“固废清排行动”反馈问题3个、集中式饮用水源地专项督察反馈问题2个、中央环保督查反馈问题20个、省委环保督察反馈问题4个；办结中央环保督察组“回头看”转办信访件4起；办理环保类信访147件，查处率100%，处结率100%。

（七）社会事业再创新业绩，民生改善富有新成效。坚持以人民为中心，不断加大社会事业、民生领域投入，群众的获得感、幸福感、安全感持续增强。教育事业亮点纷呈。全年累计投入教育经费9.45亿元，实现三个增长。义务教育基本均衡成果持续巩固，优质均衡不断推进；投入资金4.8亿元，建成投用贞丰三中、贞丰七小、鲁容第二幼儿园等20所教育工程，基本建成贞丰八小，推进建设贞丰四中、龙场二中、者相二中、鲁贡小学、白层小学，开工建设龙场第三幼儿园、北盘江幼儿园等18所学校，新增校舍建筑面积12.6万平方米，完成教育园区路网等基础设施建设；新增普惠性幼儿园50所，普惠率达77%；县职校“申示”通过省级第一次评估；投入义务教育阶段农村营养餐补助资金2283.41万元，惠及学生49968人；高考本科录取569人，录取率排全州第三。卫生事业不断巩固。县妇幼保健院实现整院搬迁，建成投用县疾控中心实验大楼，建设改造29个深度贫困村医务室，完成12个乡镇卫生院规范化数字预防接种门诊信息化建设；县及乡公立医院改革持续推进，县医院紧密型医联体建设成效显著，医务能力明显提升，获得“2018年改善医院服务管理全国优秀医院案例奖”；鲁容、白层、珉谷卫生院与县医院实行医共体托管，引进临床、影像、检验等专业人才48人，县乡医疗服务能力、水平和效率全面提升。民生保障显著增强。城镇新增就业6121人，完成农村劳动力转移就业7933人；城乡居民医疗保险参保人数达34.58万人，养老保险参保人数达22.93万人，发放养老金5008.59万元，报销医疗保险2.04亿元。城市低保标准由每人每月532元提高到570元，农村低保标准由年人均3528元提高到3876元，发放低保、优抚、临时救助、医疗救助等资金1.5亿元。社会秩序持续稳定。加大重点领域、重点群体、重大矛盾纠纷排查化解力度，调处各类矛盾纠纷778件，全年未发生群体性事件。严格执行“三管、三必管”责任体系，强化企业主体责任意识和安全“红线”意识，安全生产形势持续向好，年终考核全州第一。食品药品安全监管不断加强，舌尖上的安全得到有效保障。深入开展扫黑除恶、“禁毒人民战争”等专项行动，人民群众的安全感、满意度在全省排名分别提高29位、20位。

（八）政府建设彰显新作为，为民服务开创新局面。坚决落实全面从严治党要求，把自身建设贯穿工作始终，立说立行、真抓实干，政府公信力得到全方位提升。民主法治持续提升。自觉接受人大法律监督、政协民主监督；规范政府决策程序，坚持把公众参与、专家论证、风险评估、合法性审查和集体讨论作为政府重大决策必经程序，严格落实“三重一大”制度、政府法律顾问制度及公平竞争审查制度，决策机制不断优化完善。政务环境持续优化。持续推进政府职能转变、“放管服”改革，“多证合一、一照一码”登记制度有效落实，“双随机、一公开”监管机制全面推进，开展陪同、代办、延时和集成套餐、邮政速递免费等政务服务，基层政务公开标准化规范化试点工作通过省级达标验收，营商环境持续优化。廉政勤政持续加强。深入贯彻中央八项规定精神、省委十项规定要求，认真落实党风廉政建设责任制，切实履行“一岗双责”；强化行政管理和审计监督，狠抓督查问责，廉政勤政取得新成效。此外，关心下一代、工青妇、红十字、老龄、残联、人防、国防、双拥、气象、档案、史志、宗教、对台、外事侨务、人民武装等社会事业取得新成绩。

各位代表，2018年我们过得很充实、走得很坚定。事非经过不知难，成如容易却艰辛。一年来，面对中央和省委环保督察、巡视审计整改的反馈问题，我们照单全收，立行立改；面对经济下行、政策性减税的巨大压力，我们破冰出击，迎难而上；面对防范化解重大风险、精准脱贫、污染防治的繁重任务，我们坚持不懈，负重奋战。我们取得了来之不易、令人振奋的新业绩，这是州委、州政府和县委坚强领导的结果，是县人大、县政协和社会各界监督支持的结果，更是全县人民担当拼搏的结果。在此，我谨代表县人民政府，向在各个岗位上贡献智慧、付出心血和汗水的各族干部群众，向人大代表、政协委员、离退休老同志，向无党派人士、各人民团体，向驻贞军警、民兵预备役，向广大投资者、建设者和纳税人，向关心、支持贞丰建设和发展的社会各界人士，表示最衷心的感谢并致以崇高的敬意！

各位代表，在总结成绩的同时，我们也清醒地认识到，奋进的贞丰还面临着多重困难与挑战：一是脱贫攻坚任务艰巨。贫困人口多、贫困程度深，扶贫产业利益联结机制不够好，基础设施建设欠账大，新市民社区管理服务短板多，公共服务保障能力较弱，贫困群众内生动力不足，仍是我们摆脱贫困的最大困难。二是经济增长动力不足。经济发展质量不高，支柱产业转型慢，传统产业规模小，产业发展缺乏大企业、大项目、好项目支撑，重大产业项目储备不足，特有的资源和优势尚未全面转化为发展动能，仍是我们转型发展的最大短板。三是财政收支矛盾突出。传统税源支撑乏力，新兴财源培育不够，两税合一、政策性减税减量，金融政策全面收紧，脱贫攻坚等刚性支出需求量大，仍是我们加快发展的最大瓶颈。四是政府职能转变不够。党风廉政建设不够深入，部分单位执行力落实力不强，依法办事、高效服务的意识和能力有待提高，仍是我们持续发展的最大担忧。解决这些问题，既是责任、更是使命，我们责无旁贷、直面挑战、勇于担当，将以新作为、新风貌、新成效回应全县人民的信任与重托。

决战2019：协同冲锋 再创辉煌

2019年是新中国成立70周年，是我县实现“减贫摘帽”的决战之年，做好各项工作至关重要。县人民政府将按照州委、州政府和县委的要求，抢抓机遇、锐意进取、更有作为。

今年政府工作的总体思路是：以习近平新时代中国特色社会主义思想为指导，全面贯彻党的十九大和十九届二中、三中全会精神，深入贯彻习近平总书记对贵州工作的系列重要指示批示精神，坚持稳中求进工作总基调，坚持新发展理念，坚持推动高质量发展，坚持以供给侧结构性改革为主线，坚决落实省州决策部署，在县委的坚强领导下，以脱贫攻坚统揽经济社会发展全局，继续打好三大攻坚战，坚持“工业强县、城镇化带动、旅游旺县”战略不动摇，守好发展和生态两条底线，保持经济持续健康发展、社会大局稳定，全面实现“减贫摘帽”，进一步增强人民群众的获得感、幸福感、安全感，以优异的成绩庆祝中华人民共和国成立70周年。

今年经济社会发展的主要预期目标是：地区生产总值增长12%，固定资产投资增长17%，规模以上工业增加值增长11%，农业总产值增长7%，社会消费品零售总额增长11%，城镇、农村常住居民人均可支配收入分别增长10%、11%，小康实现程度达98%。

各位代表，大道至简，实干为要。围绕实现上述目标，我们将集中力量打赢三大攻坚战、实施“三大战略”、抓牢“两大保障”：

（一）坚决打赢脱贫攻坚问题歼灭战，确保全面实现减贫摘帽。继续把脱贫攻坚作为头等大事、第一民生工程，紧紧围绕“户脱贫、村出列、县摘帽”的目标，大力实施“4541”工程，全面推进“六大行动”，重点解决好“两不愁，三保障”突出问题，确保出列26个贫困村、脱贫1.68万人，贫困发生率降至1.5%左右。

高质量打好“四场硬仗”。基础设施：完成农村公路“畅返不畅”改造126公里；新建“四好农村路”精品工程158公里，提级改造240公里，争创国家级“四好农村路”示范县。建成投用农村饮水安全城乡供水巩固提升工程，彻底解决农村饮水不安全问题。易地扶贫搬迁。建成投用2018年度县城城西、龙场、北盘江新市民居住区，全面完成14147人搬迁入住任务；积极探索土地流转、退耕还林、种植结构调整、储备林建设等路径，盘活搬迁群众“三块地”资源，解除搬迁群众后顾之忧；强力推进新市民计划，继续完善社区公共配套服务设施，切实解决好搬迁群众就业、就学、就医等关键问题，确保实现一户一人以上就业、适龄学生100%入学、搬迁群众就近就医。产业扶贫：整合涉农资金，争取绿色产业扶贫投资基金，引进培育壮大龙头企业，深化“公司＋合作社＋农户”利益联结机制，稳定玉米调减面积7.5万亩，以“金三角”区域和500亩以上大坝为主，新植花椒2万亩、糯稻2万亩、丹参2万亩、高粱4万亩、茶叶1万亩、蔬菜12万亩、辣椒2万亩、精品水果1万亩、食用菌1500万棒，出栏生猪27万头、肉牛2.5万头、家禽400万羽，建成投用50个家庭农场，确保产业项目100%覆盖贫困户，增收不漏一户。推动白层火龙果农业园区升级，500亩以上坝区（坡地）的乡镇至少引进1家农业企业入驻，建设万亩以上无公害绿色有机农产品基地1个，无公害农产品认证数量达8个，认定面积比重达98%。畅通销售渠道，强化贞丰电商馆、乡镇电商服务站运营管理，每个贫困村至少建立1个电商服务网点，在省内外大型农产品批发市场设立“贞丰一品”销售专区3家以上，参加各类农产品展销会，有效对接销售市场，线上线下销售“贞丰一品”，提升品牌知名度和市场竞争力，实现销售额1亿元以上。“三保障”：全面落实各项教育资助政策，确保资助不漏一人，健全完善控辍保学机制，确保适龄儿童不因贫辍学、因贫失学；坚持职教扶贫，深化“校校合作”“校企合作”，确保“职教一人、就业一个、脱贫一家”。深入实行医疗健康扶贫保障，全面落实建档立卡贫困人口全员参保和医疗保障救助政策，住院费用实际报销比例达90%，切实加强肺结核、重精病等重点对象家庭医生签约服务，大病慢性病签约服务管理达100%；建档立卡贫困户养老保险实现全覆盖，有效防止因病致贫、因病返贫。全面完成476户存量农村危房改造，确保群众住房安全保障有力。全方位加强对口帮扶。深化两地党政互访机制，强化扶贫项目谋划和包装，争取宁波海曙对口帮扶资金到位3800万元以上、引进社会帮扶资金1000万元以上，建成贞丰－宁波新兴产业园；大力开展“黔货出山”“旅客倍增”活动，拓展贞丰农特产品在宁波销售渠道，促进旅游发展；加大人才支援交流，选派优秀干部双向挂职；充分开展两地劳务协作，深度推动公共服务体系结对。争取中国黄金集团定点帮扶资金到位1500万元，引进社会帮扶资金1000万元以上。加大“黄金扶贫馆”宣传营运力度，实现贞丰农特产品销售量在2018年基础上翻两番；继续开办扶贫“宏志班”。

（二）坚决打赢防范化解重大风险攻坚战，竭力维护社会和谐稳定。坚持底线思维，以防范化解地方政府性债务风险、金融领域风险为重点，统筹抓好安全生产、社会矛盾风险防控，牢牢守住不发生区域性、系统性风险的底线。

全力以赴防范化解债务、金融领域风险。坚决落实“七严禁”“1+8”债务管理系列政策，认真落实还本付息计划，通过平台公司实体化、土地增减挂钩、发行债券等方式多渠道筹资消化债务，将部分投资规模大、需求长期稳定的项目，转化为PPP模式等方式减轻政府债务，稳妥处理存量债务；不断规范政府举债行为，严格控制债务增量，确保不突破债务限额；坚决打击各类违法违规金融活动，确保将金融风险隐患消灭在萌芽状态。全力以赴防范化解安全风险。继续严格落实“党政同责、一岗双责、齐抓共管”安全生产责任制，强化企业主体责任和政府监管责任，狠抓源头严防、过程严管、风险严控，深入开展矿山、交通运输、建筑施工、食品药品、特种设备等重点领域常态化大排查大整治，加强对人员密集场所公共安全防控，坚决杜绝重特大事故发生；加快实施地质灾害隐患综合整治，坚决守住人民群众生命财产安全。全力以赴强化社会综合治理。完善社会治安防控体系，持续推进扫黑除恶专项斗争、禁毒示范城市创建，加强社会治安乱点整治，依法打击“黄赌毒黑拐骗”等各类违法犯罪；突出抓好征地拆迁、企业改制等方面的矛盾纠纷排查化解，及时解决群众合理诉求；加强法律援助，保障困难弱势群体合法权益；贯彻党的民族宗教政策，努力构建新时代下积极健康的宗教关系；确保社会持续和谐稳定，巩固提升群众的安全感、满意度。

（三）坚决打赢污染防治攻坚战，倾力打造绿色美丽贞丰。坚决守好生态发展底线，坚定不移推动绿色发展，谋求更佳质量效益。

在“建”上出实招。完成退耕还林、石漠化和水土流失综合治理9.4万亩，全县森林覆盖率提高到52%以上；不断完善城市排污设施设备，启动建制镇污水处理厂建设；推进11个小城镇垃圾转运站项目建设，规划建设城乡生活垃圾一体化处理项目，新增垃圾收集箱310个、环卫车101辆。在“管”上动真格。强化生态红线保护、环境污染防治“两个问责”，持续开展“六个一律”环保利剑、森林保护“六个严禁”执法专项行动，加大对燃煤锅炉、餐饮烟油和排放不达标车辆监管和取缔力度，严格管控砂场、建筑粉尘、道路扬尘污染，以零容忍态度严厉打击环境违法行为；严格执行河长制，强化县城集中饮用水源地保护，扎实抓好畜禽养殖、生活垃圾、生活污水等污染防治。确保城镇污水处理率达91%以上，集中饮用水源地水质达标率100%，城市环境空气质量优良率达99%以上。在“改”上下功夫。建立健全问题整改制度，高标准高质量推动各级环保督察反馈问题整改落实，全面自查、整改环保突出问题，推动全县生态文明建设、环境保护再上新台阶。

（四）坚决实施工业转型升级战略，着力加速培育发展动能。继续以工业供给侧结构性改革为主线，深入实施“千企改造”“千企引进”，深入实施煤矿“五化”改造，加快发展新兴产业，促进工业经济提质增效，全年生产黄金5.5吨、原煤130万吨、玻璃360万重量箱、水泥50万吨，发电55亿度，实现规模以上工业总产值70亿元以上。

持续壮大支柱产业。实施“千企改造”项目10个以上，完成投资15亿元以上；引进优强煤炭企业集团1家，推动新鸿发、绿荫塘、大石堡等8对煤矿主体矿建设，完成正大、岔河联营等5家煤矿“五化”改造，机械化率提高到90%以上；完成贵州紫金、贵州锦丰信息化改造；强化煤电产业链结合，实现白层自备电厂1、2号机组并网发电，推动3、4号机组开工建设，巩固提升煤金电优势产业。做大做强园区经济。补齐完善龙场循环工业园区配套基础设施，为园区企业搞好服务，推动贵耀科技、安达石业等10家企业转型升级；建成投用年产50万吨脱硫石粉、20万吨精制钙、60万吨沥青资源回收利用等亿元项目；力争开工建设李子、丹参、花椒等深加工项目；启动巷糯二期建设；新增规模以上企业8个，实现园区工业产值60亿元。加快培育新兴产业。依托资源优势，出台优惠政策，优化营商环境，强化科技人才支撑，围绕特色轻工、新型玻璃、智能制造、新能源等重点领域，力争引进新能源汽车等一批优质项目落地建设，优化工业产业结构，培育新的经济增长点，实现新旧产能转换新突破。

（五）坚决实施城镇化带动战略，大力推动城乡协调发展。围绕“撤县设市”目标，着力提升城市品质，不断优化新型城镇化空间格局。

提质扩容贞丰县城。加快城镇建设步伐，着力完善城市交通路网，建成通车七星大道县城段，推进者相经小屯至龙场市政道路建设，启动七星新城路网建设；建成金融公园、老招待所片区、老农业局片区棚户区改造和宝华商务会展中心、山水金城三期、碧桂园贞丰一号、金茂中心等房开项目，启动建设森华高原、麒龙地产、美福地产等项目，开发商品房60万平方米以上，完成贞丰古城三期改造；启动建设县汽车商贸服务中心；加快城市地下管线、供水、排水、排涝、排污等设施改造提升，持续实施城市美化、绿化、亮化工程，让县城更加宜居更有品质。做精做美特色城镇。引入市场主体开发建设者相、龙场、北盘江、白层等小城镇，培育创建沙坪、鲁容、长田等一批个性彰显的特色城镇，同步实施城镇美化、绿化工程，让小镇更具特色更有活力；按照“一镇一主业、多业共发展”要求，深入推进“镇园合一”，强化产业载体，不断打造和延长产业链，增强小城镇经济实力，加快推进小城镇高质量发展。全力推进乡村振兴。抢抓国家乡村振兴战略政策机遇，坚持以镇带村、镇村联动，扎实推进产业结构调整，在种植业、生态养殖业、农产品市场上取得突破，打造一批产业名村；大力保护传统村落、特色民居，不断完善农村基础设施，着力开展农村人居环境整治，因地制宜建设一批具有乡土韵味、乡愁记忆的特色村庄，创建普及型美丽乡村10个、提升型10个、精品型5个；完善农村公共文化服务体系建设，开展丰富多彩文体活动，丰富村民文化生活；强化依法治村、以德治村与村民自治有机结合，提高治安防控、矛盾化解水平，促进乡村和谐有序；围绕山地农业、新兴工业、现代服务业、乡村旅游发展和新型城镇化建设，加强职业农民、乡土人才等培训，为乡村振兴提供人才支撑。

（六）坚决实施全域旅游战略，强力推动旅游持续“井喷”。做精做优山地旅游，擦亮民族文化旅游扶贫试验区招牌，力争成为全州旅游业态发展排头兵，创建全域山地旅游示范县。

强势推进全域旅游。完成三岔河国际露营基地、游客服务中心提升改造，推进三岔河温泉度假区建设，启动建设董箐国际垂钓基地、北盘江大峡谷激情户外探险基地，不断完善旅游厕所、旅游交通等基础设施；全力申报创建双乳峰景区为国家5A级景区，北盘江大峡谷、贞丰古城为国家4AA级景区，贞丰民族风情园（必克、岩鱼、纳马）、白层红色旅游景区为国家3A级景区。不断丰富旅游业态。大力实施“旅游+”战略，着力打造“五点一线”旅游走廊，快速推进土布小镇、糯食小镇等旅游风情小镇建设；充分挖掘布依文化、红色文化、糯食文化等优质文化资源，以纳孔村、相湖布依渔村、龙山阳光田园综合体等乡村旅游点为示范，着力开发一批特色鲜明的休闲养生、民俗体验、农耕体验等文化旅游产品；以土布、糯食、茶叶、黄金等特色产品为核心，不断推出一批具有贞丰特色的旅游商品；力争打造5个文化旅游名村、1个省级乡村旅游扶贫示范区（村）、3个州级乡村旅游扶贫村、5家以上星级民宿客栈、30家以上乡村旅游经营户，培育旅行社5家以上。突出强化宣传营销。围绕“神奇山水·浪漫贞丰”旅游形象定位，实施立体化营销模式，开发贞丰智慧旅游APP，进一步深化与宁波、昆明、重庆、南宁等省外重点城市战略协作，拓展与北京、上海等一线城市旅游合作，继续办好二月二、三月三、六月六、三岔河国际露营大会以及房车江湖会、国际山地马拉松等品牌活动赛事，实现以会促游、以节促销，努力提高省外、州外游客比例，确保全年旅游人数、旅游总收入同比增长40%以上。

（七）坚决抓牢基础设施保障，奋力破除制约发展瓶颈。坚持把补齐基础设施短板作为破解当前发展难题的关键，不断夯实发展基础。

继续织密交通运输网络。积极推进贵兴铁路、六安高速（贞丰段）、贞田高速（贞丰段）、巴白公路等项目建设，建成通车G354坝草至县城段，有序推进S214贞丰至册亨段、S315纳翁至白层段建设，开工建设贞丰综合客运枢纽项目，推动挽澜隧道连接线、北盘江至者相、S210工业园区至钟家地改扩建工程建设；加强农村交通物流体系建设，打造“农村交通物流示范县”。加快构建水利保障体系。实现七星水库、鲁花水库建成蓄水，推动双龙、坡马水库工程前期工作并力争启动建设；建成鲁容8000亩杧果基地等产业配水项目；实施挽澜河二期、北盘江村、金井村防洪工程。持续加强电讯保障能力。全面推进农村电网升级改造，新建改造10千伏线路102千米、低压线路235.5千米、配电变压器109台，确保群众生产生活用电100%保障。继续新建及扩容4G基站，提升4G网络覆盖质量，实现30户以上自然村移动4G网络全覆盖。

（八）坚决抓牢民生事业保障，全力提升人民幸福指数。坚持以人民为中心，着力解决群众所需、所急、所盼，让人民共享发展成果，不断增强群众的获得感、幸福感。

坚持教育惠民。启动实施《贞丰县集团化试点办学实施方案》，加快集团化办学模式探索；加大教育基础设施投入，完成鲁贡小学迁建项目建设，加快推动龙场二中、者相二中等建设，启动贞丰五中建设，成功创建贞丰职校为省级示范性职业技术学校；全面落实扶持政策，支持规范民办教育，不断提升民办学校规模、层次和水平；加强师德师风建设，提升教师专业素养，促进城乡师资均衡，推进教育优质发展。坚持卫生康民。全面落实国家卫生计生政策；开工建设三级综合医院，确保完成年度投资1.8亿元；完成康复养老院改扩建；深化与州医院合作，扩展开设内窥镜检查中心、健康管理中心等科室；加快推动基层医疗卫生改革，深化县域内医共体建设，激活提升乡镇卫生院医疗服务水平。坚持保障安民。促进返乡农民工、高校毕业生、退役军人、残疾人等重点群体就业创业，培训农村贫困劳动力4280人次以上、新市民3042人次以上，实现新市民劳动力家庭至少1人就业；发放创业担保贷款2000万元，实现城镇新增就业6000人，城镇登记失业率控制在4.2%以内。全面落实民政兜底、救灾救济、养老服务等保障政策，确保应兜尽兜、应助尽助、应救尽救。启动龙场、者相“三集中”殡葬改革，加快实施乡镇规范性公墓建设。持续巩固双拥模范县创建成果，成功创建新一轮省级双拥模范县。

各位代表，今年我们将更加聚焦群众最操心、最烦心、最揪心的突出民生问题，投入更多财力、倾注更多精力，全力办好“十件民生实事”：一是为全县城乡低保、特困供养、重度精神病患者、国家规定的重大传染病患者、60年代精减职工和重点优抚对象，统一缴纳2019年参合参保费用；二是实施完成全县不安全住房改造1393户、老旧住房跑风漏雨整治 3845 户；三是实施完成"进户路"1000 公里以上、生命安全防护工程隐患治理 210 公里以上；四是新建城市公共停车位 500 个，开工建设建制镇生活垃圾处理设施 9 个、生活污水处理设施 4 个；五是新建、改造旅游厕所 11 座、城市公厕 2 座、农村户用卫生厕所 7250 户；六是新建农村"雪亮工程"视频监控 250 个；七是建成投用贞丰八小、贞丰四中；八是公益性岗位安置就业困难人员 600 人，转移农村劳动力 7500 人，技能培训贫困劳动力 4280 人；九是实施完成村级农体工程 28 个、乡镇级 1 个，全民健身路径工程 23 个；十是建成投用 9000 平方米县政务服务大厅。通过办好一件一件的实事，让广大群众的生活一年更比一年好。

民众之需无小事。今年，县财政将继续安排 300 万元民生资金，专项用于人大代表、政协委员的建议和提案中，急需解决又无项目资金支持的民生问题。

依法行政：担当作为 清正廉洁

各位代表，贞丰将在今年全面实现"减贫摘帽"，推动经济高质量发展，任务艰巨、责任重大、使命光荣。面对发展的重任、上级的重托、人民的期望，我们将更加注重自身建设，全面履行政府职责，诠释对党的忠诚，兑现对人民的承诺。

（一）坚持思想引领，让学习教育成常态。坚持把学习贯彻党的十九大和习近平新时代中国特色社会主义思想贯穿政府工作始终，坚持党的集中统一领导，牢固树立"四个意识"，坚定"四个自信"，做到"两个维护"，深入推进"两学一做"学习教育常态化、制度化，开展"不忘初心、牢记使命"教育，深化"牢记嘱托、感恩奋进"教育，实现思想再解放、认识再升华、能力再提升。

（二）坚持奋发有为，让担当实干成常态。坚持求真务实、高效落实，对制定的政策、议定的事项，执行到位、不讲条件；对分内的工作，履责到位、不打折扣。大力弘扬"定了就干、干就干好"工作作风，全面构建工作任务清单化、跟踪督办常态化、落实成效考核化工作机制，让"实干家"有为有位，让"太平官"无生存空间。

（三）坚持务实为民，让优质服务成常态。坚持问政于民、问需于民、问计于民。大力推行"一线工作法"，切实在企业和基层一线发现问题、解决问题。继续深化"放管服"改革，全面推进"多证合一、一照一码"等商事制度改革，全面启动"六个一"行政审批改革。加快推进"互联网 + 政务服务""一网通办"，实现企业群众办事"只进一扇门""最多跑一次"目标；找准痛点，聚焦问题，重拳出击，着力打造良好营商新环境。蹄疾步稳推进政府机构改革、事业单位分类改革进程，优化政府机构设置、职能配置，确保按时完成目标任务。

（四）坚持依法办事，让公开公正成常态。坚持依法行政、依规施政，大力加强法治政府建设。健全政府法律顾问制度，完善重大决策合法性审查和集体决策机制，全面推行行政执法三项制度，严格规范行政执法。自觉接受人大法律监督、工作监督和政协民主监督，认真办理人大代表建议和政协提案；保障和支持监察、审计等机构依法行使监督权。深入推进政务公开，做到决策、执行、管理、服务、结果全过程透明，切实保障人民群众的知情权、参与权、表达权、监督权，努力提高政府公信力。

（五）坚持清正廉洁，让干净干事成常态。坚定不移推动全面从严治党，严守政治纪律、政治规矩，严格落实党风廉政建设责任制和"一岗双责"，严格执行中央八项规定精神，驰而不息纠正"四风"，强化对重点岗位、重点领域、关键环节权力运行的监督，把权力关进制度的笼子。坚决惩治腐败问题、不正之风，对群众身边的腐败"零容忍"，努力做到干部清正、政府清廉、政治清明。

各位代表，不忘初心才能牢记使命，除掉贫困方可决胜小康。让我们更加紧密地团结在以习近平同志为核心的党中央周围，坚定不移以习近平新时代中国特色社会主义思想为指导，在州委、州政府和县委的坚强领导下，在县人大、县政协的监督支持下，紧紧团结全县人民，锁定目标、尽锐出战、攻坚克难，为全面夺取脱贫攻坚决战之年根本性胜利而不懈奋斗！

贵安新区

贵安新区年度工作报告

（2019年1月21日在贵安新区建城市聚人气广招商招大商动员大会暨2019年工作会议上）

贵安新区党工委副书记、管委会主任 孙登峰

一、2018年工作回顾

2018年，是全面贯彻党的十九大精神的开局之年，是贵安新区转型升级极为重要的一年。一年来，我们坚持以习近平新时代中国特色社会主义思想为指导，深入贯彻党的十九大和习近平总书记视察新区重要指示精神，全面贯彻落实党中央、国务院和省委省政府各项决策部署，在新区党工委领导下，坚持稳中求进工作总基调，践行新发展理念、落实高质量发展要求，牢牢守住发展和生态两条底线，全力打好三大攻坚战、强力实施三大战略行动、着力推动三大变革，开发建设取得了积极成效。

（一）“快”的态势持续巩固。据初步核算，贵安新区直管区实现地区生产总值138.3亿元，同比增长12.9%；工业总产值完成263.7亿元、同比增长42.9%，其中规上企业工业总产值完成251.5亿元、同比增长36.3%；财政总收入完成40.4亿元、同比增长31.6%，其中一般公共预算收入完成20.2亿元、同比增长25.8%；年末金融机构存贷款余额分别达211亿元、159.9亿元，同比分别增长3%、39.2%。

（二）“新”的动能快速增长。以大数据为引领的高科技产业加速发展，大数据产业规模达376.1亿元、同比增长10%，大数据服务业营业收入完成32.4亿元、同比增长188.3%。一批标志性项目加快建设，iCloud服务正式由“云上贵州”提供，苹果公司iCloud数据中心场平回填工程正式开工，华为、腾讯数据中心加快推进，国家电子政务云数据中心南方节点在新区挂牌，新区获中国数据中心产业联盟评为“最适合投资数据中心的城市和地区”。生产手机3131.8万台，手机产量占全省的26.1%；生产浪潮服务器8.5万台，同比增长270.6%。中航发飞机涡轮叶片、泰邦生物制药等重大项目落地建设。旅游业持续高速增长，接待游客607.6万人次，同比增长25.4%；旅游综合收入实现32.8亿元，同比增长26.4%。

（三）“投”的结构不断优化。更加重视发挥投资对优化供给结构的关键性作用，千方百计扩大有效投资，新建、续建项目144个，完成固定资产投资221.7亿元、同比增长8.5%。主动调减、严格控制政府性投资，政府性投资完成121.8亿元、同比下降33.6%。全方位扩大开放，加大招商引资力度，大力激发民间投资，加快提升高科技产业、实体经济、社会资本的投资占比，群升大智汇、恒大童世界、东盟小镇、中铁建山语城、碧桂园贵安1号等项目加快推进，民间投资完成99.9亿元、同比增长373.9%，对投资增长的贡献率达455.9%，民间投资逐渐成为拉动新区投资增长的重要支撑。

（四）“改”的红利加快释放。实施100项改革任务，形成96项改革成果，国家试点试验任务完成24项。获批国家新型工业化产业示范基地、深化服务贸易创新发展试点，大数据与服务贸易融合发展模式获商务部认可。国家绿色金融改革创新试验区建设有效推进，分布式能源获国务院、中财办批准为国家级绿色金融试点项目，绿色金融港一期基本建成。融建模式、管理模式、财政管理方式、国有企业、资源配置方式“五大转型”迈出实质性步伐。持续深化“放管服”改革，市场活力进一步释放，新增市场主体6843户、注册资本931.7亿元。成功举办中国–东盟教育交流周、2018“数博会”贵安系列活动、绿色金融论坛、深圳招商恳谈会等重大开放活动。进出

口贸易总额完成 26 亿美元，货物贸易总额位居全省第二。产业大招商引进项目 71 个，招商引资省外到位资金 141 亿元。

（五）“战”的成果丰硕喜人。防范化解重大风险攻坚战扎实推进，全面落实债务管理“七严禁”，细化落实债务化解政策措施，完成非政府债券类政府债务置换，初步走出一条“双保双防”“双管双化解”的新路子。精准脱贫攻坚战大力推进，深入开展“春风行动”“夏秋攻势”，狠抓“五个专项治理”，农村“组组通”公路建成 108 条、131.6 公里，按照“八要素”要求扎实推进农村产业革命，调减低效玉米种植面积 2.4 万亩，贫困发生率下降至 0.7%，实现整体脱贫。污染防治攻坚战深入推进，中央环保督察反馈的 25 个问题完成整改 22 个；投入 3 亿元依法拆除松柏山饮用水源一级保护区内违法建筑 112 处；坚决打好污染防治“三大战役”，空气质量优良率保持在 98.5%，饮用水源保护区水质达标率 100%，土壤质量总体安全；加快海绵城市试点建设，深入实施“绿色贵安行动计划”，完成植树造林 10.5 万亩，松柏山水库、云漫湖获批为国家级森林康养基地。

（六）“好”的格局加速形成。狠抓“十件民生实事”，解决一批人民群众最关心、最直接、最现实的问题。棚户区改造基本建成 1400 套，新开工 600 套。14 个新型社区加快回迁入住，完成安置 4159 户、房屋 8866 套。义务教育巩固率、高中阶段毛入学率、三残入学率均达 85% 以上，义务教育基本均衡发展工作通过国家评估认定。建制村直接通邮率达 100%，农村邮政条件明显改善。率先实施城乡低保一体化试点，保障标准提高到每人每年 8076 元。新增城镇就业人口 13470 人。城镇、农村居民可支配收入预计分别达 29300 元、13700 元，同比分别增长 8%、9%。安全生产总体态势平稳，扫黑除恶专项斗争取得实质性成效，信访维稳工作全面加强，社会大局和谐稳定，人民群众的获得感、幸福感、安全感不断提升。

回顾过去一年的工作，成绩令人欣慰、成果来之不易，但离高质量发展要求还有较大差距，开发建设还面临不少挑战，主要体现在：产业基础薄弱，规上工业企业仅有 38 户，企业大多处于扶持培育期，产业结构单一、总体规模偏小，高科技产业发展任务艰巨；城市配套功能建设相对滞后，与贵阳、安顺一体化进程较为缓慢，城乡统筹发展力度不大，人气、商气聚集不够，高品质城市建设任务艰巨；民间投资存在不少制约因素，部分实体经济生产经营困难，扩投资稳增长任务艰巨；一些领域矛盾突出，风险隐患多，安全生产、社会治理等工作存在薄弱环节，防范化解重大风险任务艰巨；有的地方和部门行政效能不高，形式主义、官僚主义不同程度存在，有的干部不想为、不敢为、不能为，表态多调门高、行动少落实差，转变作风任务艰巨。对这些问题和挑战，我们要深入研究，拿出务实管用的举措切实加以解决。

二、2019 年形势、任务与预期目标

2019 年是新中国成立 70 周年，是贵安新区转型发展、奋力突破的关键一年，做好开发建设各项工作至关重要、意义重大、使命光荣。当前，我国发展仍处于并将长期处于重要战略机遇期，特别是中央为应对外部环境变化，在决战脱贫攻坚、实现高质量发展、做强实体经济、推动乡村振兴、新时代实施西部大开发战略等方面，作出一系列有针对性的重大决策部署，为我们强弱项、补短板提供了重大机遇。我省经济连接多年保持快速增长，工业化、城镇化加速推进，新区发展面临良好的外部环境；尤为重要的是，省委、省政府对新区发展高度重视、格外关心，近期孙志刚书记专门对新区作出“建城市、聚人气、广招商、招大商”的重要指示，谌贻琴省长提出“五个走前列”要求，新区党工委明确要求在“一城一带”建设上精准发力、加快突破，为新区发展指明了方向、注入了动力。我们要切实增强机遇意识、责任意识、进取意识，紧紧扭住发展第一要务，坚持把改革开放作为关键一招，保持定力、坚定信心、奋力作为，进一步凝聚加快发展的高度共识，进一步形成开发开放的强大动力，进一步开创后发赶超的大好局面，向中央和省委、省政府交出精彩答卷。

今年新区工作的主要任务是：以习近平新时代中国特色社会主义思想为指导，全面贯彻党的十九大和习近平总书记对贵州、新区工作的系列重要指示批示精神，认真落实中央、全省经济工作会议决策部署，统筹推进“五位一体”总体布局，协调推进“四个全面”战略布局，坚持稳中求进工作总基调，坚持新发展理念，坚持推动高质量发展，坚持以供给侧结构性改革为主线，坚持深化市场化改革、扩大高水平开放，牢记嘱托、感恩奋进，全面落实“三化”要求，坚守发展和生态两条底线，坚决打好三大攻坚战，扎实推进三大战略行动，把“建城市、聚人气、广招商、招大商”作为工作重点，聚焦“一城一带”建设，突出实体经济、高科技产业发展，着力推动乡

村振兴，加快城乡统筹发展，奋力打造全省发展的战略支撑、重要增长极，以优异的成绩庆祝中华人民共和国成立70周年。

今年新区发展主要预期目标是：地区生产总值增长20%，固定资产投资增长30%，工业增加值增长20%，限额以上社会消费品零售总额增长20%，财政全口径总收入增长20%以上，森林覆盖率提升4个百分点，空气优良天数比例保持在95%以上，城镇登记失业率控制在4.2%以内，城镇、农村居民人均可支配收入分别增长8%、10%。

三、2019年开发建设重点工作

（一）全力以赴建好大学城。将大学城作为贵安新区当前城市建设的主战场，按照"功能齐全、配套完善、交通便捷、环境优美、管理科学"的发展目标，集聚资源、集成政策、集中火力，全面加快开发建设步伐，着力打造一流现代化新型城市。

一是加快完善服务功能。加大"三纵六横"骨干路网建设力度，建成环城快铁（党武段），加快实施供电、燃气、加油站等一批市政设施项目。全面推进教育、医疗、文体、商住等综合配套设施建设，建成贵州师范大学附属初高中、东盟小镇一期、碧桂园学府1号，积极推进群升大智汇、恒大童世界等项目，大力支持贵州医科大学大学城医院提级改造，新增商业、住宅面积120万平方米以上，加快打造"宜居、宜学、宜创、宜游"的城市空间。二是加快提升城市品质。启动贵安新区总体规划修编，推动大学城控制性详细规划优化提升，编制完成新区城市设计导则，打造精致得当的城市空间形态。大力实施城市美化、靓化、绿化工程，积极推进城市地标建筑规划建设，打造一批城市小品，加快建设松柏山生态公园。着力推进智慧城市建设，建成大学城数智城管、公共信息、智能出行等智慧城市管理平台，加快实施三维可视化平台、智慧大学城协同创新中心项目。三是加快联动发展。深化"五联十同"机制，大力推动新区与贵阳、安顺一体化发展。强化与贵阳交通衔接，加快建设产业大道至花冠路中段、甲秀南路至西二环、思孟路至明珠大道等互联互通道路，建设天河潭至松柏山水库旅游通道，做好轨道S4号线、观潭大道、贵红大道等项目前期工作并适时启动建设，增加大学城至花溪区常规公交线网密度，主动融入大贵阳都市圈。加强"一城一带"板块间联系，积极推进功能板块间通道建设，完善新区公交设施及线路，构建大学城至贵安高铁站中运量通道，实现大学城与其他功能板块直连直通。四是加快产学研融合。紧紧抓住省委、省政府推动高校整体搬迁入驻大学城的契机，全力服务保障高等院校建设，基本完成贵州民族大学二期等5所高校建设项目，推进筹建高校尽快落地实施，加快国际一流高校引入和建设。搭建产学研一体化集成平台，大力推动高校、企业、科研机构对接合作，全面提升科技研发、技术转化、联合创新能力，让城市美起来、老师住下来、学生留下来、产业兴起来、双创干起来。

（二）千方百计做强产业带。全面加快沿产业大道的开发建设，聚焦高科技产业和实体经济，迅速集中布局一批产业项目和创新要素，打造有爆发力的产业发展轴带，切实增强新区发展实力。

一是打造先进制造业集聚区。坚持以制造强国战略和全省十大千亿级工业产业为引领，大力发展先进制造业，加快培育一批成规模、成体系的新兴产业集群，推动新区制造业向产业链中高端延伸，新增规上工业企业10家，电子信息制造业、高端装备制造业工业总产值分别增长25%和40%以上。加快发展以手机为重点的智能终端产业，全力推进华为终端智造战略基地建设，推动富士康、浪潮等骨干企业扩产扩能，智能手机产量达4000万支，浪潮服务器产量达9万台。着力推进新能源生产基地建设，做大做强新能源汽车产业。加快军民融合产业园规划建设，推进磊庄机场军民两用，狠抓中航发飞机涡轮叶片等重大项目，推动军民融合实现重大突破。加快泰邦项目建设，积极发展生物医药产业。二是打造大数据产业先行区。加快实施华为、苹果、腾讯等数据中心和"两大一超"项目，积极推进三大运营商云数据中心二期建设，大力争取公安部大数据中心、人民银行金融大数据灾备中心和清算总中心战略灾备中心、广电数据中心等项目落地，加快形成"6+N"绿色数据中心建设格局。积极开展大数据标准研究，加强超算、云计算等方面的技术合作和攻关，大力发展金融、生物医疗、地理空间等大数据，积极发展软件服务业、呼叫、信息外包等数字经济服务业态。实施政府大数据应用专项行动，大力推进政府数据"聚通用"，加快实施一批融合示范项目，全面提升大数据政用、商用、民用能力和水平。大数据服务业营业收入增长30%以上。三是打造现代服务业引领区。坚持传统与新兴、线上与线下、生产与生活并重，大力培育总部经济、商业贸易、高端居住、现代物流、电子商务、科技服务等业态，加快规划建设一批商业街区、城市综合体和重大服务业项目，全力满足企业和人才入驻配套服务需求，推动物流、人流、资金流、信息流加速涌动，构建与产业大道加快发展相适应的现代服务业体系，新增规模以上商贸企业和服务业企业14家以上。四是打造创新驱动示范区。深入实施创新驱动发展战略，加快培育发展新技术、新产业、新业态、新模式，新增科技企业50家以上，新增科技项目立项20个以上，积极申报一批省级科技计划项目和重大专项，大力申建国家自主创新示范区和科技成果转化示范区。着力推进大众创业、万众创新，依托大学城高校和园区企业，高质量建设国家双创示范基地。

（三）尽锐出战推动招商大突破。把招商引资作为新区发展第一要事，以攻城拔寨的劲头，全力以赴广招商、招大商。

一是聚焦实体经济提高招商实效。以先进制造业、大数据产业、现代服务业等领域实体经济为重点，全力主攻高科技、高税收产业项目，加强产业链、产业布局和产业发展趋势研究，策划编制产业项目100个以上，紧盯建链、强链、延链，对目标企业逐一量身定制招商专案，大力引进一批在产业链构建中起关键作用的旗舰型、基地型、龙头型项目，力争全年招商引资省外到位资金200亿元以上，签约资金500亿元以上，落地产业项目160个以上，500强企业5家以上。二是着力降低企业成本。围绕用电、税费、融资、物流、用地、用房等重点，贯彻落实降低实体经济企业成本政策措施，多措并举降低企业成本。深化配售电侧改革试点，完善企业用电价格形成机制，扩大电力市场化交易范围和规模。全面落实减税降费政策，清理规范行政事业性收费，整顿中介服务事项，切实减轻市场主体负担。深入实施企业上市“春蕾计划”，加强“政银企”合作，设立信贷风险补偿基金，做实新区担保公司，为产业发展搭建多渠道、多层次的金融服务体系。加快建设贵安国际物流港和一批物流项目，积极发展铁路、公路、航空多式联运，降低公路物流运输收费。开展产业用地弹性年期出让试点，探索“租让结合”“先租后让”等新型供地模式。健全经营场所租赁机制，落实好新区经营场所租金补贴办法。三是打造国际化市场化法制化营商环境。按照世界银行公布的营商环境标准，健全完善营商环境评价指标体系，建立影响营商环境通报制度，强化营商环境考核监督。持续开展优化营商环境集中整治行动，建立“服务民营企业直通车”，推行“企业特派员”制度。全面设立“政策兑现窗口”，完善重点项目绿色通道管理办法和服务细则。制定园区基础设施和功能设施建设推进计划，市场化推进道路、供水、供电、供气、通讯等基础设施建设，加快完善园区配套服务功能，增强园区承载力。四是加快完善招商引资机制。完善产业扶持资金兑现机制，设立产业发展引导基金和风险投资基金。贯彻“三化五有四挂钩”精神，开展招商引资“回头看”，建立产业项目跟踪问效机制，对不履行合同、逾期开工、没有实力、占而未建、慢建久拖，甚至恶意圈占资源的项目，开展分类处置，实施有序退出。强化招商引资考核，组强招商引资队伍，大力推动以商招商、驻点招商、中介招商、委托招商等招商模式。加强招商项目落地服务，全面推行重大招商项目一站式服务，实现代办服务全覆盖，确保项目开工率达80%以上、投产率达60%以上。

（四）量质并重扩大有效投资。以“一城一带”为重点，更大力度推进项目建设，更加注重优化投资结构，千方百计扩大有效投资。

一是大力鼓励民间投资。积极营造公平竞争市场环境，落实民间资本投资负面清单，下大力降低民间资本进入环保、交通、能源、社会事业等重点领域门槛，着力激发民间投资活力。力争民间投资完成200亿元，同比增长120%。二是着力加强政府性投资管理。对存量公益、准公益性项目，深入实施停建一批、缓建一批、推进一批“三个一批”管理。对新增政府投资项目，强化“五个严格”（严格基本建设程序、严格控制规模、严格把控质量、严格管理工期、严格管理安全），提高项目质量和投资效益。三是全力推进项目“投转固”。严格执行限、审、结、改、转、盘、追“七大措施”，进一步加快项目建设手续完善、竣工验收、项目审计、工程结算等工作，扎实推进项目“投转固”，加快盘活资产，确保项目管理更加精准、政府投资更有效益。四是强力保障项目实施。加强项目谋划，做深项目前期工作。加快项目审批，确保上半年开工项目建设手续5月前完成，下半年开工项目建设手续10月底完成，实现月月有新项目开工。完善重大项目协调服务机制，强化项目建设要素保障，加强考核督查，营造大干快上的项目攻坚浓厚氛围。

（五）精准发力打好三大攻坚战。坚持抓重点、补短板、强弱项，坚决打好打赢防范化解重大风险、精准脱贫、污染防治三大攻坚战。

一是加强债务金融风险防控。严格落实债务管理“七严禁”要求，完善债务化解政策措施，建立债务风险评估和预警机制，完善债务监督、考核和绩效评价体系，实行政府性债务全口径管理和动态监控，健全“责权利”相对等、“借用还”相统一的债务管理机制。持续开展非法集资、交易场所和互联网金融专项整治行动，坚决防止发生系统性、区域性金融风险。二是巩固脱贫攻坚成果。持续深入推进产业扶贫、基础设施建设和教育医疗住房“三保障”等重点工作，建立健全脱贫长效机制，以大开发大建设引领脱贫攻坚，积极拓宽低收入农户增收渠道。进一步统筹好城乡社会保险、社会救助、社会福利等保障政策，全面惠及低收入群众。加强财政扶贫资金动态监管，加大扶贫领域审计力度，用好扶贫云、扶贫专线，从严从快查处贪污挪用、截留私分等行为。三是狠抓环境污染整治。更大力度抓好中央环保督察、长江经济带生态环境保护审计等反馈问题整改，确保按时按质完成整改任务。扎实开展第二次全国污染源普查工作。集中力量坚决打好蓝天保卫、碧水保卫、净土保卫、固废治理、乡村环境整治“五场硬仗”，加快打造天蓝、水清、土净、地绿、景美的生态样板。

（六）积极稳妥加快城乡统筹。扎实推进山地特色新型城镇化建设，大力实施乡村振兴三年行动计划，推动城乡融合发展，加快建设统筹城乡发展示范区。

一是在推进新型城镇化上下功夫。推动房地产加快健康发展，完成商品房销售100万平方米。积极实施花溪大学城党武片区等城中村棚改项目，深化租售并举住房制度改革，出台租赁住房制度，开工建设公租房625套，基本建成棚改安置房600套，启动1000套租赁住房建设，切实加大住房保障力度。积极推进高峰特色城镇建设。加强新型社区建设，高标准创建富贵安康小镇等一批优质服务社区，完善基层服务体系。全面放宽落户政策，优化落户流程，完善促进大学生落户激励政策措施，加速人气聚集，城镇化率提升到68%。二是在发展现代农业上下功夫。深入推进振兴农村经济的深刻的产业革命，全面推行“八要素”，围绕环高峰山、马场河、麻线河流域及2个万亩大坝，加快发展田园综合体、区域性品牌、特色产业带、新型经营主体，努力形成农旅结合、一二三产联动的产业发展格局。建立紧密利益联结机制，大力推广“公司+合作社+农户”发展模式，引进农业企业3家以上。力争全年完成农业领域投资1.5亿元以上，农业增加值增长8%。三是在完善乡村基础设施上下功夫。坚持基础设施城乡共建共享、互联互通、提档升级，统筹推进“八个小康”建设，大幅度改善农村生产生活条件。开展农村饮水安全问题攻坚决战，确保农村饮水安全率达100%。全面推进“四好农村路”建设，完成农村公路改造提升150公里以上，实现行政村客运班车通达率100%。加快新一代信息网络建设，信息网络覆盖率达100%。实施建制村通邮提升工程。加大低等级电网技改力度，电网供电可靠率达99.8%以上。四是在整治农村人居环境上下功夫。学习借鉴浙江“千万工程”经验，坚持因地制宜、分类推进、量力而行，扎实开展农村人居环境整治。加强乡村规划管理，全面完成直管区所有保留提升型村寨村庄规划编制。深入推进农村污水、垃圾、厕所“三大革命”，完成农村“三改”3000户，建成污水管网50公里，新建农村公共厕所10座。实施“美丽庭院”“美丽田园”“绿满贵安”“美丽河道”四大创建行动，全力打造生态宜居乡村。五是在深化农村改革上下功夫。深化农村产权和土地制度改革，加快农村集体资产全面清产核资，推进农村集体经营性资产股份合作制改革试点，落实“三权”分置工作，创新收益分享模式。加快新区、乡镇和村三级农村产权流转服务体系建设，开展集体产权交易，引导更多社会投资投入乡村建设。深入开展“大棚房”问题专项清理整治，坚决防止农地非农化。深入推进农村“三变”改革，用好“塘约经验”，加快发展壮大集体经济。

（七）有力有效抓好生态文明建设。牢固树立“绿水青山就是金山银山”的绿色发展理念，坚持生态优先、绿色发展，着力巩固新区生态优势。

一是加强生态绿化建设。持续开展“绿色贵安行动计划”，完成植树造林6万亩，打造月亮湖省级湿地公园，申报松柏山湿地公园。积极推进全域海绵城市建设，建设区域达50平方公里，海绵城市建设试点通过国家验收。加快推进污水处理截污工程二期、核心区尾水排放通道等污水处理设施建设。二是大力发展绿色经济。推进车田景区管理体制改革，精心办好樱花季活动，完善提升云漫湖国家4A级旅游景区、北斗七寨省级旅游度假区和松柏山、云漫湖森林康养基地，打造山地森林旅游休闲度假胜地、森林康养基地和林旅结合的国家示范点，接待游客人数、旅游综合收入分别增长16%、20%。大力发展绿色建筑，稳步推广装配式建筑应用。推进绿色企业、绿色园区建设，推广绿色节能、环保技术和产品，大力发展绿色产业，绿色制造技术比重达60%以上，清洁生产示范企业认定比例达30%以上，清洁能源公交、出租投放率达80%，燃气普及率达80%。三是创新生态文明建设机制。规划建设生态文明博物馆。健全环境保护行政执法与刑事司法协调联动机制，加强与贵阳、安顺跨区域、跨流域环境联合执法。建立绿色评价考核制度，加强生态文明统计能力建设。严格河长制、湖长制监管与考核，确保重点流域水污染综合整治取得实效。全面实施环保税制度，完善企事业单位排污许可证管理，全面实现污染源达标排放。四是全力提升环境监管水平。实行最严格的环境保护制度，严格落实生态保护红线、环境质量底线、资源利用上线和环境准入负面清单“三线一单”，强化政策、规划、建设、生产运行等环节全过程环境管理。加大对破坏生态环境等违法行为的执法监察力度，严厉打击各类环境违法行为。加快智慧生态文明建设，推动大数据在农村环境监管执法中的运用。加强环境风险隐患排查整治，强化突发环境事件应急处置能力建设，妥善处置各类环境风险。

（八）蹄疾步稳深化改革创新。以11项国家试点试验为重点，更加扎实有效地推动改革创新，不断激发开发建设的动力、活力。

一是深化供给侧结构性改革。全面贯彻“巩固、增强、提升、畅通”八字方针，巩固去杠杆、降成本、补短板成果，增强微观主体活力，提升产业链水平，畅通经济循环，不断提高经济发展质量和效益。出台推动高质量发展实施意见，形成推动高质量发展的政策支持和绩效考核体系、体现高质量发展的统计指标和评价评估体系，推动经济不断向高质量发展迈进。二是持续深化“放管服”改革。加快投资项目审批改革，项目建设审批时间压缩至40天。推进企业开办时间三天以内、市场主体注册登记“三无”微信全程电子化改革和工业产品“先证后核”改革，确保走在全省前列。推出集成套餐服务项目21种，企业、群众办事提供材料减少50%以上。实施乡镇“综合受理模式”，提升基层政务服务水平。三是加快国有企业转型。完善现代企业制度，健全法人治理结构，稳妥实施国有企业薪酬制度改革，积极推进混合所有制改革，探索开展员工持股试点。围绕提高经营效益、提升项目质量和效益、发展高科技产业、加强资产营运管理、创新体制机制“五个突破”，大力推动开投公司、华芯公司、电投（综保）公司、农投公司市场化实体化转型，确保今年取得重大进展。四是大力推进绿色金融改革创新。建立绿色项目发布、绿色金融风险分担等机制，创建绿色金融标准和绿色认证体系，引导和帮助符合条件的企业发行绿色债券。加快绿色金融港二期建设，大力引进国内外金融机构入驻，积极争取贵州绿色金融交易中心、农村资源产权交易中心、绿色金融综合服务平台落户。五是创新土地开发模式。建立统一规划、统一征收、统一储备、统一开发、统一管理、统一供应“六统一”机制，科学编制土地储备三年滚动计划和年度计划，优化开发时序，加快土地前期开发，高效运作土地资产。对“一城一带”符合“土规”和“城规”的土地，按照应收尽收原则加快储备。加大土地资源盘活力度，强化土地开发周期管理，综合治理低效用地，消化和处置批而未供、供而未用土地，切实提高土地利用效率。六是积极推进“扩权强镇”。以此轮机构改革为契机，优化乡镇机构设置和人员编制，充实乡镇工作力量。稳步推进管理权限下放，赋予直管区乡镇县级经济社会管理权限。创新购买社会服务方式，切实增强乡镇管理能力。

（九）坚定不移推动高水平开放。深入实施开放带动战略，以“两贸一跨”（服务贸易、货物贸易、跨境电子商务）为抓手，全方位、多层次、宽领域扩大对内对外开放，加快打造内陆开放型经济新高地。

一是深化服务贸易创新发展试点。持续推进以服务业为主体、大数据与服务贸易融合发展的“一体两翼”模式，深化产业、政策、区域、上下、内外“五个联动”，争取建设国家数字服务出口基地，积极开展汽车平行进口试点，探索“旅游+保税展示+跨境电商”商业新模式，加快建设综保区、大学城、绿色金融港3个服务贸易核心集聚区，力争服务贸易额达60亿元，新增服务业就业2万人。二是提升开放平台发展能级。以建设跨境电子商务中心、大数据跨境数据中心、全省进口商品批发配送中心“三中心”为目标，加快完善综保区配套服务设施，推动开放功能提档升级，当好内陆开放“桥头堡”。强化综保区、电子产业园、高端装备园、数字经济产业园、绿色金融港“一区、三园、一港”功能互补和联动发展，增强对外开放合力。精心办好中国—东盟教育交流周，积极参与数博会、民博会、贵洽会等重大开放活动，全面树立开放贵安的良好形象。三是推动投资贸易便利化。坚持以制度创新为核心，全面落实准入前国民待遇加负面清单管理制度，在监管模式、开放程度、外汇政策等方面积极探索，大力复制推广自贸区经验，加快完善海关监管机制，推进国际贸易“单一窗口”和海关一体化建设，切实提高通关效率，着力提升投资贸易便利化水平。四是大力加强区域合作。主动融入“一带一路”、长江经济带、粤港澳大湾区建设等发展，加快融入贵广、沪昆高铁经济带，加强与京津冀、长三角、珠三角等重点区域城市和其他国家级新区的常态化交流合作，大力推动中日产业园建设。力争进出口贸易总额完成28亿美元，同比增长13%。

（十）紧盯目标推进增收节支提效计划。千方百计做大财政“蛋糕”，精细管理财政支出，提高资金使用效益，不断增强公共财政保障能力。

一是着力增加“四大收入”。狠抓财源建设，全力推动公共预算、土地出让、国资收益、向上争资“四大收入”增长。以高科技产业发展、总部经济、要素市场建设等为抓手，大力培育后续财源，抓实细化收入征管，确保一般公共预算收入完成20亿元。推动土地规划、收储、报批、出让一体化，加快释放土地价值。强化国有资本经营预算管理，突出国有企业利润、营收等指标考核，千方百计增加国有资本经营收益。积极抢抓国家新一轮稳投资、稳增长窗口机遇期，加大向上对接争取力度，确保向上争取资金增长20%以上。二是着力压减“四大支出”。大兴勤俭节约之风，合理压减本级预算、建设成本、融资成本、征收成本“四大支出”。强化预算刚性约束，优化支出结构，大力压缩一般性支出，从严控制“三公”经费，优先保障产业发展、城市开发、乡村振兴、三大攻坚战、民生事业领域和重点项目等支出。切实增强成本意识，多渠道、多举措降低建设、融资、征收等方面成本。三是着力提升“五大效益”。以项目建设和资金使用为重点，注重投入产出平衡，优化开发建设时序，坚持集约开发、效率优先，借、用、还、发一体管理融资资金，加快财政专项资金拨付、使用，推动效益最大化，大力提升投入产出率、开发集约度、高回报投资优先级、融资资金使用效益、财政资金使用效益“五大效益”。

（十一）盯紧抓实社会事业发展。始终坚持以人民为中心，做好保障和改善民生工作，着力办好民生实事，让人民群众有更多获得感。

一是推动教育优质均衡发展。实施学前教育发展两年攻坚计划，学前教育公办园覆盖率达40%以上、普惠性民办幼儿园覆盖率达20%以上。按照教育优质均衡标准，分步落实办学条件，巩固义务教育均衡发展成果。推进示范高中建设，全面实施中职“强基”、高职“学优”工程，着力优化高等教育。不断完善教育基础设施，重点抓好贵州电子科技职业学院二期、贵安民中、马场中心幼儿园、社区（村）幼儿园等一批教育项目，实施中小学“厕所革命”及运动场改造工程，加快打造优质教育示范区和教育惠民先行区。二是加强医疗卫生服务体系建设。统筹推进同济贵安医院、省妇幼保健院、中医附院项目，加快新区疾病预防控制中心、安置社区卫生计生服务站等项目建设。深化医药卫生体制改革，构建覆盖城乡居民的基本医疗和公共卫生服务体系。加强区乡村三级医疗卫生服务体系建设，推动医疗卫生资源下沉，提高医疗服务能力。启动贵安健康云建设，推进健康医疗大数据应用，实现城乡居民健康电子档案数据库全覆盖，积极建设健康贵安。三是抓好就业创业工作。促进和扩大大学城高校毕业生、城乡居民、退伍军人等群体就业，加快完善就业创业政策服务体系。建设就业云服务平台，积极推进人力资源服务产业园建设。实现城镇新增就业4200人以上、农村劳动力转移就业5000人以上。四是着力提升民生保障水平。全面落实“全民参保”工程，稳步推进城乡居民基本养老保险基础养老金提标工作。健全社会救助体系，巩固城乡低保一体化成效，切实保障困难群众基本生活。持续深化留守儿童关爱保护行动，健全“四位一体”关爱保护体系。加快贵安新区中心敬老院配套建设。五是加快安置社区搬迁入住。全力推进安置点建设、配套设施完善和手续办理，加快商业用房投入使用，确保14个新型社区年底前全部完成搬迁入住。把工作重点转移到后续扶持和社区管理上来，加快建立完善基本公共服务、培训和就业服务、文化服务、社区治理、基层党建“五个体系”，确保入住群众稳得住、融得进、能发展。六是大力发展文体事业。积极开展群众性文体活动，打造活动品牌。新建、提升改造村（社区）文化活动室15个以上，新增、更换农村（社区）体育健身设施10个以上。继续实施多彩贵州广电云“户户用”工程，新增用户4000户以上。加快智慧广电推广应用，争取广电产业园落户新区。建设新区国民体质健康监测站。开展非物质文化遗产项目传承人认定，积极申报牛坡洞、招果洞等国家文物保护单位。七是加强和创新社会治理。深入开展矛盾纠纷信访问题大排查大化解活动，及时预防和化解各类群体性问题和信访突出问题，做好重大活动、敏感节点维稳安保工作。完善社会治安防控体系，深入推进扫黑除恶专项斗争，依法打击各类违法犯罪活动，不断提高人民群众的安全感、满意度。全面落实安全生产责任制，扎实开展安全风险分级管控与隐患排查治理双重预防体系建设，统筹推动安全生产领域改革发展，提高应急管理能力。加强国家安全、民族宗教、外事、侨务、人防等工作，确保社会更加和谐稳定。

四、加强自身建设

“打铁必须自身硬”。面对艰巨繁重的开发建设任务，我们必须全面加强自身建设，努力提高履职能力、服务水平。

（一）加强政治建设，提升凝聚力。牢固树立“四个意识”，增强“四个自信”，做到“两个维护”，在政治立场、政治方向、政治原则、政治道路上始终与以习近平同志为核心的党中央保持高度一致。加强理论武装，自觉用党的十九大精神和习近平新时代中国特色社会主义思想武装头脑、指导实践、推动工作。始终对党绝对忠诚，时时处处事事与党中央同心同德、步调一致，坚决把上级决策部署落实到行动、体现在工作、彰显于业绩。

（二）坚持依法行政，提升公信力。深入推进法治政府建设，加大普法力度，提高公职人员的法治思维、依法行政能力。开展行政规范性文件清理，做好废、改、立工作。认真落实管委会权力清单、责任清单制度，坚决整治办事拖沓敷衍、“懒政、庸政、怠政”等突出问题。完善执法体制机制，规范行政执法行为，构建跨部门综合执法体系。完善行政决策制度，遵循重大行政决策法定性程序，深入推进法律顾问制度。大力推进政务村务厂务公开，让权力在阳光下运行。

（三）严守纪律规矩，提升约束力。把全面从严治党贯穿工作始终，严格执行《中国共产党廉洁自律准则》和新修订的《中国共产党纪律处分条例》，切实履行党风廉政建设“一岗双责”，深化廉政风险防控，推动党风廉政建设向纵深发展。健全行政权力监督制约机制，习惯在约束中干事、在监督下履职。把做好巡视整改、配合审计作为重大政治任务，不折不扣抓好巡视反馈问题后续整改，深化巩固巡视整改成果，无条件支持配合审计工作，依法接受审计监督，努力营造干部清正、政府清廉、政治清明的政治生态。

（四）勇于担当作为，提升战斗力。弘扬新时代贵州精神，增强政治担当、历史担当、责任担当，满怀激情投入到新阶段开发建设伟大实践。坚持严管与厚爱相结合，建立健全容错纠错机制，奖励政治坚定、奋发有为的干部，惩戒慢作为、不作为、乱作为的干部。把高质量体现到工作方方面面，按照政治过硬、本领高强要求，加强干部培训，着力提升“八个本领”，增强攻坚克难的能力，让各级干部成为新时代各领域的行家里手。

（五）强化作风建设，提升执行力。深入贯彻落实中央八项规定实施细则和省委有关规定，坚定不移兴“三风”、纠“四风”、树新风，坚决破除形式主义、官僚主义。统筹规范督查检查考核，完善督查考核考评体系，避免增加基层负担。强化督查考核结果运用，充分发挥督查考核“指挥棒”作用。全面推行“五步工作法”，推动工作高效落地落实。

同志们，攻坚克难彰显担当，接续奋斗筑就梦想。让我们更加紧密地团结在以习近平同志为核心的党中央周围，在省委、省政府和新区党工委的领导下，不忘初心、继续前进，凝心聚力、奋发作为，全力以赴建城市、聚人气、广招商、招大商，为加快打造全省发展的战略支撑、重要增长极作出新的更大贡献！

多彩贵州篇

2018 年 11 月 23 日，贵州省委书记、省人大常委会主任孙志刚（中）在铜仁市调研

铜仁市

铜仁市地处黔湘渝三省结合部、武陵山区腹地，是贵州向东开放的门户、桥头堡，自古有“黔中各郡邑、独美于铜仁”的美誉。全市辖 2 区 8 县、9 个省级经济开发区、1 个省级高新技术产业开发区，总人口 446 万，聚居着汉、苗、侗、土家、仡佬等 29 个民族，少数民族人口占总人口的 70.45%。铜仁是全国民族团结进步示范市、首批国家智慧城市试点市，是省委、省政府定位的绿色发展先行示范区。

铜仁历史绵长，人文荟萃，历史沿革源远流长。秦代为黔中郡腹部地区，汉时改隶武陵郡，蜀汉时始有县治。2011 年 10 月 22 日，国务院批复同意撤销铜仁地区、设立地级铜仁市，开启了铜仁发展的新篇章。湘楚文化、巴蜀文化在这块神奇的土地上交融和浸润，造就铜仁绵长厚重的人文历史，涌现出明朝太子太保兵部尚书田仰、贵州开科取士第一人田秋、清朝太子太傅果勇侯杨芳等名士，孕育了周逸群、严寅亮等历史人物。

铜仁物华天宝，资源富集。全市属中亚热带季风湿润气候区，雨热同季、润物宜人。境内有沅江、乌江两大水系，流域面积 20 平方公里以上河流有 229 条，水资源总量达 162 亿立方米，天然饮用水年流量

日出蘑菇石

梵净云海

铜仁城区一角

达 24 亿立方米，已查明地热矿泉 23 处，县县有温泉。矿产资源富集，已发现 40 多种矿种，其中，锰矿储量 5 亿吨，是全国三大锰矿富集区之一。动植物资源丰富，市内有以黔金丝猴为代表的多种国家一级保护动物，有以天麻、杜仲为代表的药用植物 2000 多种。油茶、梵净山绿茶、石阡苔茶等特色产品畅销国内外。铜仁日渐成为世人神往的康养胜地。

铜仁山川秀美，文化多元。独特的地理地貌、优美纯净的自然风光、淳朴的民族风情，铸就了“梵天净土·桃源铜仁”的品牌形象。2018 年，境内梵净山成功列入世界自然遗产名录、国家 5A 级景区。全市现有国家级自然保护区 3 个、国家级风景名胜区 3 个、省级风景名胜区 9 个、国家矿山公园 1 个、国家级喀斯特地质公园 1 个，历史文化、民族文化、盐运文化在这里交相辉映，熠熠生辉。铜仁还是著名的革命老区。1934 年，贺龙、关向应等老一辈无产阶级革命家在此创立了红军长征前全国八大红色根据地之一的黔东革命根据地。

铜仁区位优越，宜居宜业。沪昆高铁铜仁南站已建成通车，铜玉高铁去年底建成通车；沪昆、杭瑞、思剑等高速公路穿境而过，已实现县县通高速；铜仁凤凰机场国际航站楼建成投用，去年实现旅客吞吐量 127.7 万人次；500 吨级航船可经乌江入长江达东海，高效便捷的水陆空铁立体交通网络初步形成。新型城镇化建设加速推进，以主城区为中心，玉铜松城市带、乌江沿岸绿色城镇为重要支点，特色乡镇特色村落为网点的新型城镇体系日益完善，城乡面貌显著改善。

铜仁发展迅速，势头强劲。紧扣省委、省政府对铜仁“念好山字经、做好水文章、打好生态牌，奋力创建绿色发展先行示范区”的发展定位，坚持以脱贫攻坚统揽经济社会发展全局，打好三大攻坚战、推进三大战略行动，统筹抓好稳增长、促改革、调结构、惠民生、防风险各项工作，大力营造山清水秀的自然生态、活力迸发的经济生态、和谐稳定的社会生态、多彩繁荣的文化生态、风清气正的政治生态，经济社会发展持续保持总体平稳、稳中有进、质量提升、民生改善的良好态势。

2018 年，全市实现地区生产总值 1066.52 亿元、增长 9.6%，高于全省 0.5 个百分点；固定资产投资增长 17.6%，规模工业增加值增长 5%；一般公共财政预算收入、支出分别为 69.15 亿元、413.89 亿元，分别增长 5.3%、3.5%；社会消费品零售总额 212.8 亿元，增长 8.2%；城镇、农村居民人均可支配收入分别为 29422 元、9267 元，分别增长 9.2%、10%；金融机构人民币存贷款余额分别为 1381.3 亿元、1208.12 亿元，分别增长 -2.5%、21.8%。

铜仁夜景

铜仁锦江

2018年10月15日，第六届中国美丽乡村·万峰林峰会在黔西南州举行

黔西南布依族苗族自治州

黔西南布依族苗族自治州成立于1982年5月1日，是全国30个少数民族自治州之一。全州面积1.68万平方公里，下辖兴义、兴仁、安龙、贞丰、普安、晴隆、册亨、望谟8个县（市）和义龙新区；有汉、布依、苗、彝、回等35个民族，总人口350万，其中少数民族人口占42.47%，2018年被国家民委命名为“全国民族团结进步创建示范州”。

三省交汇的节点。黔西南地处珠江上游黔滇桂三省（区）结合部，区位优势突出，素有“西南屏障”“滇黔锁钥”之称，是西南地区重要的物资集散地、商贸物流中心。目前，已建成沪昆、汕昆、惠兴、罗望、盘兴等高速公路网络，开通北京、上海、广州、深圳等城市18条航线，实现了畅通畅达。

能矿资源的宝库。全州拥有煤炭、金矿等40多种矿产资源，其中煤炭远景储量196亿吨以上、黄金远景储量1500吨以上，被中国黄金协会命名为“中国金州”；水能、电能资源充沛，已建成的水电电站、电厂总装机700多万千瓦，并建成兴义电厂、中电普安电厂等一批火电厂，形成水火互济的局面，电力总装机达1000万千瓦。

绿色发展的高地。黔西南州认真贯彻绿色发展理念，以“两江一河”立体生态经济带建设为引领，重点发展精品水果、中药材、茶叶、优质蔬菜4个百万亩特色产业，构筑绿色发展的高地。截至2018年底，全州已发展精品水果35万亩、中药材63万亩、茶叶40万亩、食用菌3.5亿棒，建成47个省级农业产业园区，培育出晴隆羊、兴仁薏仁米、普安红等一批知名度较高

兴仁市登高煤电铝一体化项目电解车间

贵州锦兴轻量化交通循环装备智能制造项目落地黔西南

易地扶贫搬迁安置点——晴隆县阿妹戚托小镇

2018 年 9 月 4 日，贵州省委书记、省人大常委会主任孙志刚（前排中）在黔西南州调研

的特色农业品牌，获无公害农产品认证产品达 289 个。

山地旅游的天堂。黔西南是典型的山地之州，境内奇峰迭起、飞泉流瀑、峡谷幽深、繁花似锦，素有“山水画卷·水墨金州”之美誉。万峰林、万峰湖、马岭河峡谷、双乳峰、安龙招堤、贞丰三岔河等一批景区久负盛名，是山地旅游的天堂、户外运动的乐园。连续成功举办 4 届国际山地旅游暨户外运动大会、6 届中国美丽乡村·万峰林峰会，黔西南州被列入“国家全域旅游示范区”创建名单，兴义市被评为“中国最佳休闲旅游城市”、国际山地旅游联盟总部所在地，纳灰村被评为“中国十大最美乡村”。

康养休闲的乐园。全州空气清新，气候舒适宜人，年平均气温为 19.4℃，无霜期 300 天左右，夏无酷暑、冬无严寒，空气优良天数达 100%、森林覆盖率达 58%，空气负氧离子浓度 M3 15000 至 32000 个，被誉为天然“大氧吧”“大空调”，是最宜居、最舒适的康养圣地。兴义市被评为“中国绿色生态城市”，册亨县被誉为“森林城市”，兴仁市被认定为“中国长寿之乡”。

夜幕下的兴义市体育中心

多彩文化的摇篮。州内有以贵州龙活化石群、兴义猫猫洞古人类遗址、夜郎国遗址、南明“永历行宫”、何应钦先生故居、“晴隆二十四道拐”等为代表的历史文化古迹，有布依族“八音坐唱”、彝族舞蹈“阿妹戚托”、布依铜鼓十二则、查白歌节等绚丽的民族文化特色，还有兴义羊肉粉、兴仁牛肉粉、安龙剪粉、贞丰糯食等特色民族饮食文化代表。

近年来，黔西南州认真落实习近平总书记“牢牢守住发展和生态两条底线”的重要指示精神，践行新发展理念，深化供给侧结构性改革，全力打好三大攻坚战，经济社会呈现出稳中有进、提质升位、民生改善的良好态势。2018 年，全州地区生产总值达 1163.77 亿元、增长 12%，增速排在全省 9 市（州）第 1 位；固定资产投资增长 18.8%，排在全省第 1 位；社会消费品零售总额增长 8.8%，排在全省第 1 位；城镇居民人均可支配收入 30407 元、增长 9.5%，增速排在全省第 1 位；农村居民人均可支配收入 9485 元、增长 10.3%，增速排在全省第 2 位。在全省经济发展综合测评中，名列第 5 位。

2019年4月26日，贵州省委书记、省人大常委会主任孙志刚（前排中）在贵安新区调研

2018年8月7日，贵州省委副书记、省长谌贻琴（前排右）在贵安新区调研

贵安新区

2014年1月6日，国务院批复设立贵安新区，赋予建设“西部地区重要经济增长极、内陆开放型经济新高地、生态文明示范区”三大战略任务。作为第8个国家级新区，贵安新区的规划建设得到了党中央、国务院的亲切关怀。习近平、李克强等党和国家领导人先后亲临贵安新区视察指导，对新区建设给予充分肯定，并寄予厚望。2015年6月17日，习近平总书记视察贵安新区时指出：“中央提出把贵安新区建设成为西部地区重要经济增长极、内陆开放型经济新高地、生态文明示范区，定位和期望值都很高，务必精心谋划、精心打造，新区的规划和建设，一定要高端化、绿色化、集约化，不能降格以求。”省委省政府高度重视新区发展，省委书记孙志刚明确提出“建城市、聚人气、广招商、招大商”总体要求。贵安新区始终坚持高端化绿色化集约化发展方向，紧扣“建城市、聚人气、广招商、招大商”的总体要求，坚决打好“1123”战役，加快“一城一带”建设。

贵安新区地处黔中经济区核心区，规划面积1795平方公里，地处省会贵阳和安顺市的中间地带，北面是成渝经济区，西面紧靠云南和东盟，是国际陆海贸易新通道的重要节点，有便捷的通道与珠三角和长三角相联通。高铁、高速公路横贯全境，龙洞堡国际机场、黄果树支线机场位居两翼，机场半小时核心

贵安新区腾讯七星数据中心效果图

贵安数字经济产业园吸引众多科技企业入驻

华为七星湖数据中心效果图

苹果中国（贵安）数据中心效果图

花溪大学城全景

圈、城市一小时交通圈、高铁三小时省会圈初步构建。区内已建成“七横四纵”路网结构，随着沪昆高铁通车，西南环线即将开通运营，新区将形成内畅外联的交通体系。随着贵安新区海关设立、高铁站即将建成和物流口岸的建设，新区进出口通道进一步畅通，贵安日益登上内陆开放的大舞台。

贵安新区人才优势明显，大学城现已入驻 9 所高校，现有师生近 16 万人。清镇职教城已聚集 19 所学校、10 万师生。新区生态环境良好，中国最大樱花园、西南佛教文化发源地等胜境汇聚于此。新区改革方向明确，获批国家绿色金融改革创新实验区、国家服务贸易创新发展试点、国家相对集中行政许可权试点、国家双创示范基地、国家新型城镇化试点、国家大数据产业发展集聚区、国家绿色数据中心试点、国家海绵城市建设试点、国家美丽乡村标准化试点建设、国家行政执法三项制度改革试点等十大国家试验示范试点，相对集中行政许可权改革成果获李克强总理批示并在全国推广学习。

贵安新区重点发展大数据、高端装备制造、绿色金融等产业，目前已引进项目 355 个。其中，500 强企业 17 家，获科技部认定的高新技术企业 15 家，大数据产业规模达 376.1 亿元、同比增长 10%。2018 年，生产手机 3000 多万台，产量占贵州省的 26.1%，生产浪潮服务器 8.5 万台。苹果公司 iCloud 数据中心项目建设快速推进，三大通信运营商、富士康等数据中心服务器承载能力已达 23 万台，腾讯数据中心一期部分试运行，华为数据中心开工建设。预计到 2025 年，服务器承载能力将达 250 万台。白山、贝格等一批数据应用型企业快速成长。富士康、福爱电子、新特汽车等最先落户贵安的企业运行良好。

贵安新区招商引资在财税、投资、金融、产业、土地等方面相继出台各类优惠政策，同时着力建设国际化、市场化、法制化的营商环境，大力开展“效能革命”，瞄准“最多跑一次”的目标，深化“放管服”改革，创新重大项目审批和手续办理机制。获批服务贸易创新发展试点以来，新区创新“四个联动”机制，探索大数据、云计算、互联网与服务贸易融合发展的“一体两翼”获商务部认可。新区还以创建绿色金融改革创新试验区为契机，努力营造良好金融服务环境，加快集聚多种形态的金融资源，抓牢银企对接，建立绿色金融项目库，设立绿色金融补偿基金，建设绿色金融专家库，成立新区担保公司，着力解决企业融资难、融资贵问题。

贵安新区坚持以广阔的产业平台吸引创业就业者、以宜居的居住空间吸引居住者、以独特的文化生态旅游吸引观光者，在前进的道路上，迎来了从设立到发展的飞跃。贵安新区开放的大门将越开越大，投资兴业的热土将越扩越宽，一个国际化、市场化、法治化的贵安新区，正以崭新的姿态奋力打造贵州省的战略支撑和重要增长极。

中国电信云计算贵州信息园

中国移动贵州大数据中心

中国联通贵安云数据中心

赤水河畔的茅台古镇

仁怀市

仁怀市位于贵州西北部，地处赤水河中游、大娄山脉西段北侧，属云贵高原向四川盆地过渡的典型山地地带，是黔北经济区与川南经济区的连接点、红军长征“四渡赤水”战斗过的地方，也是茅台酒的故乡。2004年7月，仁怀被正式认定为“中国酒都”。

2018年10月，仁怀入选年度“全国投资潜力百强县市”“全国绿色发展百强县市”“全国科技创新百强县市”“全国新型城镇化质量百强县市”；同年11月，入选“2018年工业百强县（市）”，入列中国县级市全面小康指数前100名；同年12月，入选“全国县域经济综合竞争力100强”“投资潜力100强”，获评第二批“国家生态文明建设示范市县”。

聚力稳增长、促转型，产业发展取得新突破。“双千工程”扎实推进，全年新增2000万元规模以上企业5家，6家企业完成兼并重组；规模白酒企业白酒包装销售量完成21.8万千升，产值完成783.55亿元、增长17.3%，销售额完成817.43亿元、增长33.6%。经开区“一区多园”稳步发展，国家级经济开发区创建工作有序推进。新增39个村实施“三变”改革，全面推进农村集体产权制度改革。农业产业结构调整有力，调减玉米8万亩，“4个10万亩”工程稳步推进，完成农业增加值30.4亿元；新增无公害地块16.5万亩、有机地块12万亩、绿色食品2个，“学孔黄花”获农产品地理标志认证。新增4个3A级景区，新建旅游服务中心13个、旅游厕所18个，引进培育旅行社5家，宾馆床位达1.3万个，开展旅游推介20多场，获评“中国十大全域旅游示范县市”；实现旅游接待人数988万人次、增长19.6%，旅游综合收入128.7亿元、增长18%。

聚力补短板、增动力，脱贫攻坚取得新突破。9个贫困村如期出列，2278户、7582人稳定脱贫，全市贫困发生率降至2.44%。投入资金3.1亿元，完成

赤水河被誉为“美酒河”

茅台机场

仁怀酱香工业园产区远眺

仁怀市酒都广场

茅台镇夜景

"三改"2万余户，治理房屋透风漏雨2177户，220户无房户实现住有所居。建成"组组通"公路784公里，实现通组公路全覆盖。完成易地扶贫搬迁854户3468人、水库移民260户1189人，"七个一"专项行动、"六个+"工程有序落实，凤凰小区成为"移民搬迁安置一批"的生动实践。培训农村贫困劳动力3806人次，2155人实现上岗就业。

聚力强特色、添活力，城乡统筹发展取得新突破。完成第五轮城市总规、15个乡镇规划、124个村庄规划修编，"一心、两翼、多点"的城乡融合发展新格局逐步构建。建成区拓展到25.1平方公里，常住人口城镇化率达54%。茅台机场航线增至20条、通达城市24个，成为全国首个通航第一年旅客吞吐量突破百万的支线机场；蓉遵高速仁怀复线破土动工，国道212鲁班至五马段竣工投用，现代立体交通体系加快构建。棚户区改造有序推进，完成产权调换安置1118户、交房1450套。大力推行农村建房通用图集，农民自建房逐步规范。覆盖132个村寨、3.5万户、15万人的农村环境综合整治工程基本完成，实施农村房屋风貌改造3358户，农村人居环境、功能配套大幅改善，乡村振兴开篇起步。

聚力促创新、扩开放，改革发展取得新突破。商事制度改革落实有力，企业平均开办时间从15天缩减到7天，新增企业2800家、个体工商户5100户。成功牵手洋河集团、京东物流等500强企业，招商引资省外到位资金195亿元，为省下达目标的123.4%。茅台学院面向全国招生，协力办好"中国酱香酒节"。创新创业成效明显，综合科技水平稳步提升，建成3家创客空间，完成专利申请540件，获得授权专利167件。

聚力夯基础、惠民生，社会事业取得新突破。认真办好民生实事，人民获得感、幸福感、安全感更有保障、更可持续。城镇新增就业7680人，农村劳动力转移就业1.2万人，城镇登记失业率为3.05%。教育三年创优推进有力，率先在全省实施普通高中免学费、书本费教育，仁怀一中迁建投用、盐津二小开班办学，新开办6所公办幼儿园，城乡办学条件极大改善。中医院成为全省首批县级三级乙等中医院。"五险合一"加快实施，社会保险参保人数达58.3万人，新农合参合率达99.7%，城市解困、救灾救助工作给力有效。文体事业扎实推进，承办、主办系列活动40余场，33处红色遗迹完成申报，新增10处省级文物保护单位，建成20个村级文化活动中心。"模改数"工程全面完成，新增"广电云"户户用1.2万户。

余庆县城一角

余庆县

余庆于明万历二十九年（公元 1601 年）置县，地处贵州中部偏东北、乌江流域中段，为遵义、黔南、黔东南、铜仁 4 市（州）结合部，东邻铜仁市石阡县、南接黔东南州黄平县、西南接黔南州瓮安县、西北界遵义市湄潭县、东南连黔东南州施秉县、东北临遵义市凤冈县，辖区东西最大距离 60.5 千米、南北最大距离 55 千米，总面积 1622 平方千米，占全省总面积 0.9%、遵义总面积 5.3%。辖 8 镇 1 乡 1 街道办事处，56 个村民委员会、15 个社区，2018 年末户籍总户数 104050 户、总人口 30.88 万，常住人口政策生育率为 87.81%，人口自然增长率为 6.48‰。

境内多为亚类型堆积、侵蚀剥蚀溶蚀构造地貌。海拔最高 1386.5 米、最低 400 米，低中山、丘陵、平坝交错并存，500 亩以上的平坝有 33 处，白泥大坝是闻名贵州的万亩大坝。有乌江、余庆河、觉林河三大河流水系，乌江自西向东横贯县境中部，境内流长 61.9 千米，把全县分割为南、北两部。可开发水能资源理论蕴藏量 306.57 万千瓦，建有西电东送标志性工程——装机容量 300 万千瓦的构皮滩电站 1 座。

境内自然资源丰富。有煤、铁、重晶石、硅砂、汞、铅、钒等地下矿藏和石灰岩、陶土等资源。其中，高钙石灰岩可采量数十亿吨，陶土矿储量 400 万吨、钒矿储量 12 万吨。林木资源丰富，有乔灌、草本、藤本、苔藓、菌类、蕨类植物、栽培植物 7 类，6000 余种；有林木树种 82 科、360 种，珍稀树种 10 余种，药用野生植物 400 余种，野生动物 200 余

余庆坊 · 河滨乡村旅游景点

种，国家二级以上保护动物30余种；建有国家级自然保护区1个、面积10公顷，是全国绿化模范县、绿色小康县、国家级生态建设示范县。

境内旅游资源丰富。主要有大乌江省级风景名胜区（2000年省列风景名胜区）、大乌江全国特色旅游景观名镇（2010年首批105个全国特色旅游景观名镇村之一）、乌江飞龙湖国家湿地公园浪水湾景区和飞龙寨景区（2015年列为国家4A级景区）、老林河县级风景名胜景区、余庆都市第三地现代农业观光园、团结水库风光、方竹电站水库风光等景区景点，有以黄金榜、杨柳塘、阳光水岸为代表的富、学、乐、美“四在农家”新农村建设示范点及余庆坊·红渡、余庆坊·玉河、余庆坊·河滨等乡村旅游资源，有他山摩崖石刻、余庆文峰塔、新场字库塔、银坝字库塔等历史文化遗迹景观，有中央红军突破乌迴龙场战斗遗址、余庆红军烈士陵园等红色文化资源，自然景观与人文景观交相辉映。游“贵州第一大湖”、拜“天下第一长龙”、观“亚洲第一高坝”、赏“中国最美乡村”，已成为余庆旅游新名片。

中国特色旅游景观名镇——大乌江镇

乌江飞龙湖风光

子营街道上里村乌杨田园风光

县域经济以农业为主。全县常用耕地面积20.75万亩，人均耕地面积0.9亩。多年来，建成优质水稻基地10万亩、油菜基地12万亩、烤烟基地10万亩、茶叶基地15万亩，是中国优质烤烟生产基地、中国小叶苦丁茶之乡。早在明清时期，纺织、印染、竹编、木器、陶瓷农兼工业已出现。1984年，工业总产值首次突破1000万元。2005年后，相继建成白泥、龙溪、松烟工业园区。到2018年，初步形成以电力、建材、烟花爆竹、木器、石料及农富产品加工为主的工业体系。

余庆是革命老区县。1934年10月至1936年1月，中国工农红军第六军团、第二和六军团、第一和九军团曾3次转战余庆；1935年1月2日，中国工农红军第一军团一师在乌江廻龙场渡口率先突破黔军乌江防线，打通红军北上遵义的通道。余庆先后获得全国绿化模范县、全国文明县城、全国社会治安综合治理暨平安创建先进县、全国人口与计划生育先进县、全国烤烟生产收购先进县、中国西部新农村建设示范县等荣誉。

紫云苗族布依族自治县

紫云格凸河风景区

紫云苗族布依族自治县位于贵州西南部，距省会贵阳 100 公里、安顺市 75 公里，国土面积 2284 平方公里，辖 2 街道 8 镇 2 乡 168 个村（居），总人口 39.55 万，是全国唯一的苗族布依族自治县。紫云因城西有“紫云硐”而得名，“紫气东来，云蒸霞蔚”是对紫云贴切的写照。

紫云旅游资源得天独厚，可开发的旅游资源 922 个，优良级旅游资源单体 112 个，特色突出、类型多样，自然景观与人文景观兼具。尤其是山、水、文化资源分布广，已形成自然生态旅游、文化旅游一体的旅游带。县域内有 4A 级景区格凸河国家级风景名胜区，素有“世界最美喀斯特地貌”的美誉，红军长征过紫云留下宝贵的红色旅游资源，有国家级非物质文化《亚鲁王》英雄史诗及其他少数民族地域特色文化，有极具特色的各民族村寨乡村旅游等。

近年来，紫云县以承办安顺市第五届旅游产业发展大会、创建国家全域旅游示范县为抓手，全县上下主动作为、合力攻坚，旅游发展工作取得了阶段性成效。

基础设施完善。紧紧围绕“村与城镇联动、人与自然和谐”主题，倾力打造“山水田园型、绿色生态型、宜居宜游型、开放创新型、历史文化型”城镇。城市规划建设从 5.03 平方公里扩展到 20 余平方公里，完成海子大道、松山大道、格凸大道、南环大道、迎宾大道等 40 余公里城市主干道建设，配套海子公园、紫云公园等 6 个城市公园及亚鲁王广场、椅子山—国盛广场等 5 个市民广场，新建便民服务中心、星级酒店、医院、学校等公共服务设施，打造格凸河示范小城镇及格井村、鲁嘎村、大坡村等一批省级和市级“四在农家·美丽乡村”，配套乡村旅馆、农家乐等服务设施，极大提升紫云旅游接待能力，为发展全域旅游奠定了坚实的硬件基础。

生态环境质量提升。大力开展退耕还林、植树造林工作，生态环境质量进一步提高。狠抓林业管护，推进造林绿化、石漠化治理、县城周边山体绿化等项目建设，境内森林覆盖率达 62.66%，公路沿线绿树成荫，空气清新怡人。

文化底蕴深厚。紫云是苗族文化的三大文化积成地之一，苗族英雄史诗《亚鲁王》是国家级非物质

亚鲁王城

文化遗产，获2013年度第十一届中国民间文艺“山花奖”；紫云民风淳朴，有毛炯、新驰、红岩、九岭等一批独具特色的传统村落、民族村寨；徒手攀岩、“上刀山，下火海”、竹王崇拜、少数民族山歌、芦笙舞、板凳舞、迁徙舞、彩碟舞、岩上杂技等传统文化，是紫云人民接待客人的必备节目，具有浓郁的人文风情。

品牌效应初显。成功举办12届中国·贵州紫云格凸国际攀岩节。2014年，举办“发现之路·格凸探秘——全球商学院EMBA丛林穿越挑战赛”；2015年，举办洞穴音乐节、苗族四月八风情节、布依族六月六风情节、乐享徒步、洛肯音乐节、五峰杯足球赛、全球精英丛林穿越挑战赛、千名东郎唱史诗等“发现紫云·格凸国际山地运动休闲旅游季”系列活动，极大提升了紫云的知名度、美誉度。紫云“世界攀岩圣地、户外运动天堂、山地旅游首选地”的品牌，正走向全省、走向全国、走向世界。

业态基本成形。2018年，成功举办安顺市第五届旅游产业发展大会。建成亚鲁王城、攀岩基地、攀岩公园、帐篷酒店等一批文旅融合、体旅融合项目，完善、提升全县旅游基础设施建设，推动旅游产业业态发展。

创建全域旅游示范县。始终坚守生态和发展两条底线，全新探索、多元融合发展，按照创新、协调、绿色、开放、共享的发展理念，以全域旅游规划为统领，着力开发“旅游+N”产业模式，深入推进全域旅游发展进程，打造紫云独特地域旅游产品，力争通过3至5年努力，在全县范围形成2284平方公里全领域、全产业、全要素、全时空、全民受惠及多元文化组合参与的全域旅游大格局。

团坡村跳花

迁徙舞

紫云坝羊土红坡茶园

金沙县五龙街道"窑上大桥"雄观

金沙县

中国贡茶之乡——金沙，位于贵州西北部、毕节东部，地处贵阳、遵义、毕节、四川泸州4市交汇处，是贵州省经济强县、中国西部百强县、中国最具投资潜力特色示范县之一。全县总面积2528平方公里，辖25个乡镇（街道）、242个村（社区），总人口70.75万，有1个省级经济开发区、2个副县级管理区。

金沙交通便捷。杭瑞高速、金黔高速建成通车，规划建设修—金—古高速公路、昭黔铁路及1个二类通用机场。金沙物产丰富。清池茶在汉代就被列为宫廷贡品。金沙是"中国酱香酒第二大生产基地"，"中国驰名商标"金沙回沙酒连续蝉联"贵州十大名酒"称号。"金沙回沙酒""金沙贡茶""禹谟醋""湾子辣椒"先后荣获"国家地理标志保护产品"称号。金沙资源富集。境内有煤、铁、硫、磷、硅等19种矿藏，其中煤炭储量72.77亿吨，是全国50个重点产煤县、"西电东送"工程能源基地之一。金沙山川秀美。森林覆盖率达57.93%，有冷水河国家级森林公园、三丈水省级森林公园、钱壮飞烈士陵园、安底温泉、岩孔万亩玉簪花海等旅游景点，连续举办亚洲山地竞速挑战赛、全国溯溪大赛、全国象棋大赛等赛事。

近年来，金沙县充分发挥资源禀赋、区位优势，

金沙县源村镇3000亩茶旅基地

金沙县西洛街道兴产业美乡村

积极调整优化发展布局，探索走出一条开放带动、转型发展的“金沙之路”，全县上下呈现出经济持续向好、社会和谐稳定、人民安居乐业的良好局面，先后获得全国粮食生产先进县、全国科技进步先进县、全国义务教育发展基本均衡县、全国双拥模范县、国家级卫生县城等 30 余项省级以上荣誉称号，金沙的知名度、美誉度持续提升。2018 年，全县完成地区生产总值 262.2 亿元，同比增长 10.9%；完成工业增加值 115.74 亿元，同比增长 11.6%；固定资产投资增长 5.9%；完成税收 36.14 亿元，同比增长 5.93%；城镇、农村居民人均收入 31669 元、10396 元，同比分别增长 9.0%、9.8%；社会消费品零售总额增长 8.4%，金融机构存贷款余额增长 7.44%，森林覆盖率达 57.93%；城镇新增就业人口 11794 人，同比增长 8.7%；减少贫困人口 15270 人，贫困发生率下降到 2.86%。

风劲潮涌，自当扬帆破浪；任重道远，更需快马加鞭。金沙，正日益成为开发的热土、创业的平台、投资的宝地。金沙人民将以宽广的胸怀、优惠的政策、优质的服务、良好的环境，热忱欢迎八方宾朋前来投资兴业，共创全面小康的美好未来。

金沙县平坝镇平庄社区

普底景区游人如织（航拍）

百里杜鹃管理区

百里杜鹃管理区是毕节试验区深化改革试验的典型。自 2007 年 7 月成立以来，全区深入推进“三大主题”实践，认真践行“两新”使命，着力促进托管区域改革发展，统筹推进各项工作，经济社会发展不断取得新进展、新成效。

按照“旅游统揽、全域打造、全时延伸、实干升级”的思路推动旅游全域化发展，着力构建“春赏花、夏避暑、秋休闲、冬康养，白天观光体验、晚上夜景民俗”的全域旅游格局，打造旅游发展“升级版”。

坚持规划引领、全域发展，通过政府投入、招商引资等方式，投入资金 20 多亿元，先后开发、打造、提级“普底、金坡、奢香军营山地公园”“彝山花谷”等景区景点 29 处，打造桥头、大荒等乡村旅游示范村 20 余个。2018 年，百里杜鹃各乡村旅游点共接待游客 108.5 万人次，实现旅游综合收入 6.5 亿元；直接从业人员 4800 余人，人均旅游年收入 4.8 万元，间接从业人员 1.2 万余人，人均旅游年收入 3000 余元。旅游业态进一步丰富、链条进一步延长、服务进一步优化。

百里杜鹃花海

每年都举办国际杜鹃花节、彝族火把节、苗族跳花坡节、满族颁金节、乡村旅游发展大会、民间艺人大赛、旅游商品大赛等节庆活动，常态化举办篝火晚会，形成月月有活动的良好氛围。通过彰显地域文化、民族文化魅力吸引游客，丰富了文化内涵，实现了以节兴旅。2018 年，全区接待旅游总人数 380.6 万人次、同比增长 32.7%，实现旅游综合收入 26.26 亿元、同比增长 36.86%。

以“让游客留得下来”为目标，结合创建国家旅游服务标准化示范区的历史契机，先后制定出台《百里杜鹃管理区关于加快全域旅游发展实施意见》《百里杜鹃管理区关于标准化推进乡村旅游高质量发展的实施方案》《百里杜鹃管理区旅游商品奖励办法》《百里杜鹃管理区乡村民宿管理办法》等政策性扶持措施，在激励政策刺激、发展前景吸引下，新增花冠、花漾四季、时光等酒店客栈 20 余家，新增床位 1400 余张。

百里杜鹃彝山花谷

按照“一产景观化”思路、农旅融合理念，以农业园区为载体，大力培育农业经营主体、龙头企业，推动农业产业结构调整。围绕“普底食用菌、金坡中药材，仁和冷凉蔬菜和大水、戛木、黄泥、沙厂现代烟草，百纳特色养殖、鹏程种花养蜂”的产业布局，突出抓好烟草、食用菌、辣椒、中药材、马铃薯、花卉等优势特色产业。

投资 20 亿元，统筹推进城乡建设。花海文化城路网基本建成，房地产、餐饮、旅店等产业快速发展，成功打造普底彝族风情小镇、石牛旅游小镇等知名旅游集镇及 50 个美丽乡村，城乡面貌日新月异。

有力有效推进生态建设，努力实现“生态美”。牢固树立“绿水青山就是金山银山”理念，推动形成绿色发展方式、生活方式。投入资金 17375.9 万元，实施营造林工程 23.29 万亩；投入资金 2361.55 万元，完成国家森林公园管护设施建设；投入资金 1000 余万元，建成茶花、木兰、樱花、杜鹃、梅花 5 个生态主题公园；投入资金 823 万元，强化对 47.63 万亩森林的管护，完成 45 万亩森林病虫害防治普查。

着力推进生态产业化、产业生态化。大力支持华洲农业、乌蒙菌业、华泰生态农业等一批市场经营主体做大做强，建成省级农业示范园区花卉万余亩、天麻育种示范基地 300 亩、林下食用菌种植基地 300 余亩，农旅融合初显成效。

百里杜鹃花舍民宿一景

百里杜鹃玻璃吊桥

铜仁市人大常委会副主任、碧江区委书记陈代文（中）在川硐街道川硐社区指导脱贫攻坚工作

碧江区委副书记、区长黄洪州（左二）在坝黄镇做搬迁群众思想工作

碧江区

碧江区位于贵州东北部，与湘、渝、鄂三省相邻，素有“黔东明珠”之称，是铜仁市的政治、经济、文化中心及武陵山片区规划的 6 个中心城市之一。全区国土总面积 1012 平方公里，辖 13 个乡（镇、街道），总人口 50 万，居住着汉、苗、侗、土家等 26 个民族，少数民族人口占总人口的 73%。

近年来，碧江区紧扣省委、省政府主基调主战略，按照铜仁市委、市政府的发展战略，全力推动新型工业化、新型城镇化、农业现代化及文化旅游产业发展，全区呈现出“经济快速发展、民生持续改善、社会和谐稳定、政治风清气正、干部奋发有为、工作亮点突出”的良好局面。

2018 年，全区地方生产总值完成 177 亿元、增长 11%，500 万元以上固定资产投资增长 18%，规模以上工业增加值增长 8%，社会消费品零售总额完成 58 亿元、增长 11%，一般公共财政预算收入完成 14.58 亿元、增长 12.9%，金融机构存、贷款余额分别为 348 亿元、300 亿元。GDP、工业、财政收入等主要经济指标增速排在全市前列，一般公共财政预算收入和支出、财政八项支出增速及产业投资比重占比 4 项指标排名全市第一。脱贫攻坚成果丰硕，以零漏评、零错退、群众认可度达 97.64% 的优异成绩顺利通过国家第三方评估检查，摘掉一直以来扣在碧江头上的贫困区（县）帽子，开启了崭新的历史征程。民生领域支出 25.4 亿元，城乡基础设施、污水处理、教育卫生等一批便民利民项目相继建成，“十件民生实事”基本完成，实实在在地推动了全区面貌大改变、民生大改善。城镇、农村居民人均可支配收入分别达 31758 元、12610 元，分别增长 9%、10%，均超全省平均水平，人民群众的获得感、幸福感明显增强。被评为全国绿色发展百强区、中国电商示范百强县，碧江经济开发区被纳入全省 30 个重点产业园区……一系列沉甸甸的荣誉，在提升碧江美誉、展现碧江形象的同时，进一步点燃了全区人民干事创业的激情。

碧江城区一角

石阡县

国家级自然保护区石阡佛顶山风光

石阡县位于贵州省东北部、铜仁市西南部，国土面积2173平方公里，辖19个乡镇（街道）、310个行政村（社区），总人口46万，仡佬族、侗族、苗族、土家族等12个少数民族占总人口的74%，属典型多民族聚居区。这里生态良好、气候宜居，森林覆盖率达67.78%，是国家生态保护与建设示范县、国家重点生态功能区。

历史悠久，文化底蕴深厚。秦嬴政二十八年（公元前219年）置夜郎县，明永乐十一年（公元1413年）贵州建省设石阡府，1914年改府为县。中国工农红军曾两次进入石阡，留下深深的红色革命印迹。这里的荆楚文化与巴蜀文化绵延共生，夜郎文化与民族文化交相辉映，温泉文化与苔茶文化相得益彰，催生了世界级非物质文化遗产1项、国家级非物质文化遗产2项、省级非物质文化遗产9项。

资源富集，开发潜力巨大。拥有温泉、苔茶、石材三大资源，石阡温泉富含多种对人体有益的微量元素，达到饮用、医疗标准，是世界少见、国内独有的地热资源，被誉为"国水石阡""中国温泉之乡""中国矿泉水之乡"；石阡苔茶历史悠久、风味独特，属国家地理标志保护产品，为石阡赢得"中国苔茶之乡"的殊荣，周恩来总理曾题词"茶叶生产，前途无量"；石阡石材量大质优、品种丰富，有10余个品种达到A类石材装饰材料标准，中国石材协会授予石阡"中国石材产业基地"称号。

交通便利，发展后劲充足。石阡位于贵阳至铜仁的中间节点，安江、思剑两条高速公路在阡城交汇互通，石湄、石玉高速公路正在修建中；周边拥有贵阳、遵义、铜仁等5个机场，形成环石阡2小时经济圈，石阡作为黔东立体交通枢纽的重要地位日益凸显。

石阡地处云贵高原向湘西丘陵过渡的梯级大斜坡地带，境内沟壑纵横、山高坡陡，属武陵山集中连片特困区、贵州66个贫困县之一、全国592个国家级贫困县之一。

久困于穷，冀以小康。近年来，石阡县委、县政府坚持以脱贫攻坚统揽经济社会发展全局，认真贯彻精准扶贫、精准脱贫基本方略，紧紧围绕"温泉之城·长寿石阡"目标定位，牢牢把握"三地一枢纽"（武陵山区扶贫攻坚示范地、全国重要的绿色生态产业基地、国际休闲旅游养生目的地，黔东地区重要的立体交通枢纽）奋斗目标，立足并做好山、水、茶、游、石、城及"飞地"几篇文章，坚持走补齐短板富民、城乡联动惠民、绿色崛起丰民、创新引领兴民、和谐稳定安民、强基固本亲民的特色发展新路，全力推动经济社会持续健康发展。2018年，全县地区生产总值完成95.52亿元，同比增长9.6%；农村居民人均可支配收入9066元，同比增长10.6%。

历经5年艰苦奋战，石阡脱贫攻坚取得初步成效。截至2018年底，全县仅有29个贫困村（其中，深度贫困村14个）未出列，2380户、7247名建档立卡贫困群众未脱贫，贫困发生率下降至1.92%。2019年3月，顺利通过脱贫攻坚第三方专项评估验收，经公示无异；4月25日，贵州省政府正式批准石阡退出贫困县序列。

石阡茶园风光

中国少数民族特色村寨——宰荡侗寨（航拍）

榕江县

三宝侗寨晒秋

阳开苗寨

榕江旧称古州，位于湘、黔、桂 3 省（区）结合部中心地带，县域面积 3316 平方公里，总人口 37.2 万。这里历史悠久、文化多彩、生态良好、资源多样，是苗侗祖源文化集散地、国家重点生态功能区、全国文化先进县、中国侗族语音标准音所在地，拥有厚重的民族文化、三国文化、码头文化、红色文化、体操文化、农耕文化、美食文化，有全国重点文物保护单位、中国历史文化名村大利侗寨及天下苗族唯一寺庙苗王庙、天下第一大侗寨三宝侗寨。境内活立木蓄积量 2728 万立方米，森林覆盖率达 73.89%。榕江西瓜曾两进中南海，赢得中央领导好评；忠诚牛瘪、塔石羊瘪、榕江卷粉等特色食品美名远播，锡利贡米、榕江小香鸡、榕江葛根、塔石香羊是国家地理标志保护产品。

党的十八大特别是“十三五”以来，榕江县委、县政府认真贯彻落实中央、省、州决策部署，坚持以脱贫攻坚统揽经济社会发展全局，全力打好风险防范、精准脱贫、污染防治三大攻坚战，全县经济社会呈现出总体稳定、后劲增强、民生改善的良好态势，地区生产总值从 2016 年的 56.69 亿元增至 2018 年

月亮山梯田美景

的 69.19 亿元，社会消费品零售总额从 14.5 亿元增至 16.75 亿元，农村、城镇居民人均可支配收入分别从 7169 元、24566 元增至 8801 元、29267 元。

脱贫攻坚连战连捷。坚决扛起脱贫攻坚的政治责任、光荣使命，紧紧抓住千载难逢的历史机遇，严格对标对表中央和省、州的部署要求，按照“五步工作法”、农村产业革命“八要素”要求，聚焦“两不愁，三保障”突出问题、产业发展，团结带领全县各族干部群众，尽锐出战、全力以赴，奋力拼搏、苦干实干，确保按时打赢脱贫攻坚战。截至 2018 年底，已实现 16 个乡镇减贫摘帽、51 个贫困村出列、9.6 万农村贫困人口稳定脱贫，贫困发生率下降至 12.27%。

产业培育势头良好。工业提速发展，规划总面积 16.4 平方公里的工业园区完成 1.8 平方公里开发建设，基础设施不断完善，基本实现“七通一平”；入园企业达 101 家，规模企业增至 18 家，工业增加值占比达 20.38%，形成了以森工、建材、农产品加工为主的特色工业体系。农业稳步发展，粮经比调整为 33.01∶66.99，经济作物比重提高 19.29 个百分点；锡利贡米、榕江小香鸡、榕江葛根获批为国家地理标志保护产品，推出两汪青白茶、平阳青钱柳、寨蒿麻饼、锡利贡米等一批特色品牌。商贸物流、餐饮

开往秋天的动车

住宿等现代服务业加快发展，批发、零售业销售额及住宿、餐饮业营业额年均分别增长 13.6%、10.71%、10.5%、13.8%；限上商贸企业增至 22 户，培育市场主体 22059 户，建成农村电商服务站 102 个，成功申报为省级农商互联示范县、国家级电子商务进农村综合示范县、中国好粮油示范县，民营经济占地区生产总值比重达 59%。文化旅游业取得新突破，推出“苗山侗水·醉牛之旅”精品旅游线路，游客接待量、旅游总收入年均分别增长 25%、30%。

截至目前，榕江县已成功申报 1 项世界级、9 项国家级非物质文化遗产，4 个中国民间文化艺术之乡、16 个中国传统村落，荣获“中国侗歌文化艺术之乡”“全国文化先进县”“贵州省优秀体育后备人才基地”称号。

龙里县

黔南州委书记唐德智（前排中）在龙里油画大草原调研

黔南州委副书记、州长吴胜华（左三）在龙山镇三和建材厂督查工作

黔南州政协副主席、龙里县委书记刘华龙（右二）在香菇种植基地调研

龙里县委副书记、县长陈曦（右二）在金丝皇菊种植基地调研

龙里县位于贵州中部，东与贵定县交界、南与惠水县接壤，西、西北与贵阳市毗邻，北、东北与开阳县、福泉市隔河相望，距贵阳市中心 28 公里、龙洞堡国际机场 20 公里、州府都匀市区 137 公里；湘黔、黔桂、贵广、沪昆 4 条过境铁路（高铁）通三湘下两广，210 国道及厦蓉、贵新高速横贯东西，贵龙城市干道、在建龙溪城市干道镶嵌黔中、直达贵阳。加上在建的贵黄高速、贵龙纵线二期、龙水路，规划建设的贵阳旅游环线、双龙北线，到“十三五”期末将有至少 10 条快速通道与贵阳互通。

龙里取龙架山之“龙”、乡里之“里”而得名，全县总面积 1521 平方公里，辖 5 镇、1 街道、78 个村（社区），世居民族主要有汉族、布依族、苗族，苗族有白裙苗、红簪苗、青苗、花苗、印苗、海葩苗六大支系。2018 年末户籍人口约 24 万、常住人口约 27 万，少数民族人口约占 41%。

龙里是文化悠韵、民族多彩之乡。“龙里”建置最早见于唐代，留下历史名人王阳明、徐霞客、林则徐，地质学家万鹤仙，国民党高级将领薛岳、吴奇伟等的足迹。红军长征两次过境，完成毛泽东“四渡赤水”战略思想实施，实现了“调出滇军就是胜利”的战略目标；中央红军和红二、红六军团转战龙里，留下了观音山、倪儿关、清水江、播箕桥等红军长征文化遗址及感人至深的故事。还有闻名遐迩的巫山古岩画群、冠山古建筑群、云台古寺、吊洞古人类活动遗址、果里洞棺葬、营屯古营盘等人文景观。龙里民风淳朴、热情好客，民族服饰绚丽多彩、民族工艺品古朴精致，正月跳月、跳洞、四月八、六月六、“七夕”情歌节、端午游百病等民族节日丰富多彩。

龙里是钟灵毓秀、康养休闲之域。境内植被葱茏、生态良好，自然景观千姿百态，拥有 1.33 万公顷集中连片森林覆盖区，森林覆盖率达 59.76%。这里空气清新、气候宜人，冬无严寒、夏无酷暑，是天然氧吧、避暑胜地、养生天堂。地域风光秀美、山水旖旎、苍翠如海，旅游资源丰富，有天然氧吧龙架山国家森林公园、奇特壮美的高山台地大草原、双龙镇·巫山峡谷国家 4A 级景区及龙里大草原、龙架山国家森林公园、茶香十里刺梨沟、湾滩河孔雀寨 4 个国家 3A 级景区；相继建成的龙门镇、龙里水乡、油画大草原等项目，糅合人文精华、吸纳现代元素、融和山水景观，“康养龙里·健康之旅”正在秀出生态之美。

龙里是投资兴业、包容开放之城。全县政通人和、百业俱兴，是一片投资的热土。近年来，龙里以“打造黔南区域经济开放合作样板区，建成贵阳副中

龙里县城夜景

心城市”为定位，以贵龙城市经济带、黔中龙溪内陆开放型经济发展先导区两大经济板块为引领，统筹推动一二三产业协调融合发展，已建成省级农业园区 3 个，形成规模以上工业企业 150 家（位居全州第一、全省第四），有全省最大的快递物流园区及全省较大的蔬菜、水果、海鲜批发市场。

通过聚焦民生改善、产业发展、城镇化建设，龙里全面提升县域综合实力，经济社会发展呈现良好态势。先后获评中国刺梨之乡、国家现代农业示范区、中国物流实验基地、国家科技富民强县、中国最美健康养生旅游名县、国家卫生县城、中国刺梨名县等，2015 年成功创建贵州省同步小康达标县，2018 年获批全省首个内陆开放型经济发展先导区——黔中龙溪内陆开放型经济发展先导区。经济发展综合测评连续位居全省前列。2018 年 9 月 21 日顺利通过国家第三方评估检查，成功退出贫困县。

美丽乡村棉花坡

黔桂、湘黔铁路贯穿龙里县城。

草原“风”光

福泉市

黔中胜景洒金谷

福泉市古城文化旅游景区夜景

福泉市位于贵州中部、黔南布依族苗族自治州北部，总面积1688平方千米，总人口33.5万，辖5镇2街道1乡，有汉、苗、布依、侗、彝、水等25个民族，先后获评“国家新型工业化产业示范基地（磷化工）”“国家外贸出口转型升级示范基地（磷·化工）”“中国传统文化旅游名城”“全国最具投资潜力中小城市百强”“中国最具特色经济发展潜力市”，更有“一朝三翰林”的佳话；抗战期间，著名桥梁专家茅以升带领西南交大迁址福泉办学6年，为国家培养了姚桐斌、陈能宽“两弹一星”元勋等一大批优秀人才。

福泉气候温和，资源富集。全境平均海拔1020米，气候温和、降雨适中，适宜农作物生长。矿产资源丰富：已探明具有开采价值的矿产达20余种，其中，以储量达7.55亿吨的磷矿为优势矿种，享有“亚洲磷都”之美誉，全国最大的磷化工业基地瓮福（集团）公司就在该市。生物资源多样：蕨类、裸子和被子植物遍及全市各地，种属较多；其中，最引以

古风遗韵葛镜桥

福泉太极养生文化

为豪的有载入吉尼斯世界纪录的6000年“银杏王”，中国第一、世界第四的“茶花王”，“金谷福梨”获评国家地理标志农产品，万康乐苦荞茶、保利食品等一批优秀农产品初具规模。水资源丰富：市境属长江流域，拥有两大水系、主干河流24条，东南部为沅江水系，注入洞庭湖；西北部为乌江水系，注入长江。

福泉交通便捷，区位优越。东邻凯里市、黄平县，南与麻江县接壤，西界贵定、龙里、开阳三县，北与瓮安县相连。市区位于湘黔铁路和湘黔、黔桂、马遵3条主干公路交汇处，贵新高速公路、瓮马高速、株六铁路复线贯通市境，至省会贵阳、州府都匀分别只需1小时、半小时车程，是贵州南下北上、东进西出重要的交通枢纽、物资集散地。

福泉经济活跃，后劲十足。2018年，全市地区生产总值完成176.16亿元，同比增长12.6%；规模工业总产值完成246.32亿元、同比增长17.26%，规模工业增加值完成62.33亿元、同比增长11.2%；财政总收入完成24.16亿元，社会消费品零售总额完成27.4亿元、同比增长8.9%；城镇居民人均可支配收入完成32050元、同比增长9.4%，农村居民人均可支配收入完成11058元、同比增长9.8%；森林覆盖率达60.39%，空气质量优良率达97.7%，城乡集中式饮用水源水质达标率100%。在全省增比进位综合测评县域第一方阵中排名第6位。

2018年3月20日，“中国福”首届城市文化交流活动在福泉开幕

荔波小七孔

荔波县

荔波县地处贵州南部，是党的一大代表邓恩铭烈士的故乡，拥有世界自然遗产地、世界人与生物圈保护区两张世界级名片，被誉为“地球绿宝石”“全球最美喀斯特”。全县总面积 2431.8 平方公里，总人口 18 万，以布、水、苗、瑶为主的少数民族占总人口的 92.7%。荔波生态良好、气候宜人，森林覆盖率达 69.55%，负氧离子每立方厘米最高达 18 万个，年平均气温在 18℃左右，是洗肺养心、休闲度假的圣地。

荔波旅游资源富集，集山、林、洞、湖、瀑、险滩、急流于一体，浓缩了贵州山水风光的所有精华，拥有国家 5A 级樟江风景名胜区、7 个 3A 级景区，先后荣获最美中国十佳旅游县、中欧绿色和智慧创新城市、首批国际可持续发展试点城市、中国最具投资潜力的旅游目的地、国家重点生态功能区、国家生态旅游示范区、首批国家全域旅游创建示范区、全国森林旅游示范县、中国候鸟旅居小城等殊荣。

近年来，荔波县委、县政府紧紧围绕“世界知名、国内一流的旅游目的地和休闲度假胜地”的奋斗目标，深化实施全域旅游发展战略，树立“旅游 +”理念，以旅游为核心，把一二三产业及城镇化导入可持续发展轨道，大力发展生态经济、文化经济，推动区域经济社会转型升级，努力建设全国全域旅游先行示范区，奋力开创百姓富、生态美的多彩荔波新未来。2018 年，荔波机场年吞吐量达 18 万人次、增长 77.4%，全年接待游客 1616 万人次、增长 38%，过夜游客 156 万人次、增长 71%，实现旅游收入 142 亿元、增长 34%，获评“年度中国旅游影响力品牌”“中国最佳国际休闲目的地”“全国百佳乡村旅游目的地”等称号，全域旅游带动全域脱贫项目列入全国年度民生示范工程。

当下的荔波，驾荔、三荔、荔榕等“一纵一横”高速公路陆续开通，在现有一个机场的基础上，未来 3 至 5 年贵南高铁还将过境设站，旅游公路全线联通县域各景区景点，铁路 – 公路 – 机场立体交通网络基本形成。为有序开发当地的优质资源、项目，荔波相继出台招商引资、民宿旅游等优惠支持政策，并持续改善营商环境，连续 4 年营商环境排名黔南州第一。

荔波茂兰国家级自然保护区

贵阳农商银行

GRCB 贵阳农商银行

贵阳农商银行 您的增值银行

贵阳农商银行
GUIYANG RURAL COMMERCIAL BANK

贵阳农村商业银行股份有限公司简介

贵阳农商银行是贵阳市委、市政府直接领导下的地方国有银行，是全省规模最大的农村法人金融机构，由有着 50 多年历史的农村信用社改制而成，具有丰富的历史传承和文化底蕴。近年来，贵阳农商银行紧紧围绕党的十九大关于实施乡村振兴战略的总体部署，以“ 打造增值银行 ”为使命，助力农村产业革命，聚焦乡村建设、普惠金融领域和养老金融等领域，大力推动改革创新，全力支持地方经济建设。截止 2019 年一季度末，全行资产总额突破 889 亿元，各项存款余额 720.69 亿元，各项贷款余额 509.92 亿元。

展望未来，贵阳农商银行将在市委、市政府正确领导下，深耕“ 三农 ”，支持小微、服务市民、助力地方，持续推动大数据互联网金融的转型，努力成为一家治理完善、内控严密、服务高效，经营稳健、文化和谐的优质商业银行。

图书在版编目(CIP)数据

贵州经济社会发展报告 . 2018 年 / 贵州经济社会发展报告编审委员会编 . -- 北京 : 当代中国出版社 , 2019.12

ISBN 978-7-5154-0988-7

Ⅰ. ①贵… Ⅱ. ①贵… Ⅲ. ①区域经济发展—研究报告—贵州— 2018 ②社会发展—研究报告—贵州— 2018 Ⅳ. ① F127.73

中国版本图书馆 CIP 数据核字（2019）第 273858 号

出 版 人　曹宏举
责任编辑　隋　丹
特约编辑　王延新
责任校对　康　莹
装帧设计　中黔正文化传播有限公司
出版发行　当代中国出版社
地　　址　北京市地安门西大街旌勇里 8 号
网　　址　http: //www. ddzg. net　邮箱：ddzgcbs@sina. com
邮政编码　100009
编 辑 部　（010）66572264　66572154　66572132　66572180
市 场 部　（010）66572281　66572161　66572157　83221785
印　　刷　浙江新华印刷技术有限公司
开　　本　889 毫米 × 1194 毫米　1/16
印　　张　59.75 印张　插图 109 幅　2097 千字
版　　次　2019 年 12 月第 1 版
印　　次　2019 年 12 月第 1 次印刷
定　　价　468.00 元